"나두 공무원 할 수 있다"

# 나두공

## 9급공무원 국어

### 써머리

## 핵심이론

시험에 출제되는 핵심 내용만을 모아 효율적인 학습이 가능하도록 구성하였습니다. 반드시 알아야 할 내용에 대한 충실한 이해와 체계적 정리가 가능합니다.

## 빈출개념

시험에서 자주 출제되는 개념들을 표시하여 중요한 부분을 한눈에 늘어볼 수 있도록 하였습니다. 합격에 필요한 핵심이론을 깔끔하게 학습하시기 바랍니다.

## 한눈에 쏙~

흐름이나 중요 개념들이 한눈에 쏙 들어올 수 있도록 도표로 정리하여 수록하였습니다. 한눈에 키워드와 흐름을 파악하여 수험에 도움이 되도록 하였습니다.

## 실력 up

더 알아두면 좋을 내용을 실력 up에 배치하고, 보조단에는 SEMI – NOTE를 배치하여 본문에 관련된 내용이나 중요한 개념들을 수록하였습니다.

# 목 차

9급공무원

# 국어

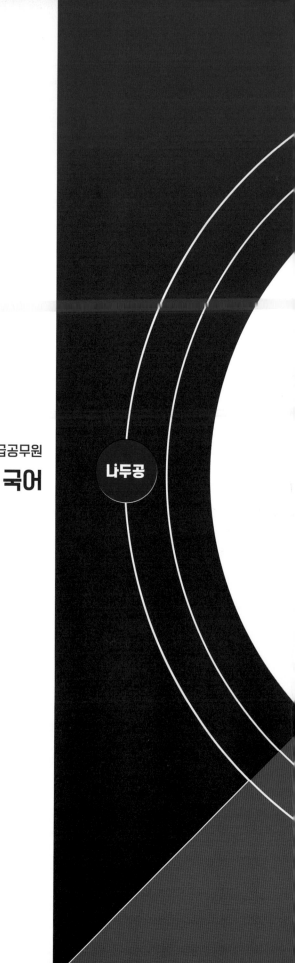

나두공

나두공

# 2025 출제기조 전환대비
# 현장직무형 예시문제

# 제1차 국어

정답 및 해설 26p

**01** 〈공공언어 바로 쓰기 원칙〉에 따라 〈공문서〉의 ㉠~㉣을 수정한 것으로 적절하지 <u>않은</u> 것은?

〈공공언어 바로 쓰기 원칙〉

• 중복되는 표현을 삼갈 것.
• 대등한 것끼리 접속할 때는 구조가 같은 표현을 사용할 것.
• 주어와 서술어를 호응시킬 것.
• 필요한 문장 성분이 생략되지 않도록 할 것.

〈공문서〉

**한국의약품정보원**

**수신** 국립국어원

(경유)

**제목** 의약품 용어 표준화를 위한 자문회의 참석 ㉠ <u>안내 알림</u>

─────────────────────

1. ㉡ <u>표준적인 언어생활의 확립과 일상적인 국어 생활을 향상하기 위해</u> 일하시는 귀원의 노고에 감사드립니다.
2. 본원은 국내 유일의 의약품 관련 비영리 재단법인으로서 의약품에 관한 ㉢ <u>표준 정보가 제공되고 있습니다.</u>
3. 의약품의 표준 용어 체계를 구축하고 ㉣ <u>일반 국민도 알기 쉬운 표현으로 개선하여</u> 안전한 의약품 사용 환경을 마련하기 위해 자문회의를 개최하니 귀원의 연구원이 참석해 주시기를 바랍니다.

① ㉠: 안내
② ㉡: 표준적인 언어생활을 확립하고 일상적인 국어 생활의 향상을 위해
③ ㉢: 표준 정보를 제공하고 있습니다.
④ ㉣: 의약품 용어를 일반 국민도 알기 쉬운 표현으로 개선하여

**02** 다음 글에서 추론한 내용으로 적절하지 <u>않은</u> 것은?

'밤하늘'은 '밤'과 '하늘'이 결합하여 한 단어를 이루고 있는데, 이처럼 어휘 의미를 띤 요소끼리 결합한 단어를 합성어라고 한다. 합성어는 분류 기준에 따라 여러 방식으로 나눌 수 있다. 합성어의 품사에 따라 합성명사, 합성형용사, 합성부사 등으로 나누기도 하고, 합성의 절차가 국어의 정상적인 단어 배열법을 따르는지의 여부에 따라 통사적 합성어와 비통사적 합성어로 나누기도 하고, 구성 요소 간의 의미 관계에 따라 대등합성어와 종속합성어로 나누기도 한다.

합성명사의 예를 보자. '강산'은 명사(강) + 명사(산)로, '젊은이'는 용언의 관형사형(젊은)+명사(이)로, '덮밥'은 용언 어간(덮)+명사(밥)로 구성되어 있다. 명사끼리의 결합, 용언의 관형사형과 명사의 결합은 국어 문장 구성에서 흔히 나타나는 단어 배열법으로, 이들을 통사적 합성어라고 한다. 반면 용언 어간과 명사의 결합은 국어 문장 구성에 없는 단어 배열법인데 이런 유형은 비통사적 합성어에 속한다. '강산'은 두 성분 관계가 대

등한 관계를 이루는 대등합성어인데, '젊은
이'나 '덮밥'은 앞 성분이 뒤 성분을 수식하는
종속합성어이다.

① 아버지의 형을 이르는 '큰아버지'는 종속합
성어이다.
② '흰머리'는 용언 어간과 명사가 결합한 합
성명사이다.
③ '늙은이'는 어휘 의미를 지닌 두 요소가 결
합해 이루어진 단어이다.
④ 동사 '먹다'의 어간인 '먹'과 명사 '거리'가
결합한 '먹거리'는 비통사적 합성어이다.

## 03 다음 글의 ㉠의 사례가 포함되어 있지 <u>않은</u> 것은?

존경 표현에는 주어 명사구를 직접 존경하
는 '직접존경'이 있고, 존경의 대상과 긴밀한
관련을 가지는 인물이나 사물 등을 높이는
㉠ '간접존경'도 있다. 전자의 예로 "할머니
는 직접 용돈을 마련하신다."를 들 수 있고,
후자의 예로는 "할머니는 용돈이 없으시다."
를 들 수 있다. 전자에서 용돈을 마련하는 행
위를 하는 주어는 할머니이므로 '마련한다'가
아닌 '마련하신다'로 존경 표현을 한 것이다.
후자에서는 용돈이 주어이지만 할머니와 긴
밀한 관련을 가진 사물이라서 '없다'가 아니
라 '없으시다'로 존경 표현을 한 것이다.

① 고모는 자식이 다섯이나 있으시다.
② 할머니는 다리가 아프셔서 병원에 다니신다.
③ 언니는 아버지가 너무 건강을 염려하신다
고 말했다.
④ 할아버지는 젊었을 때부터 수염이 많으셨
다고 들었다.

## 04 다음 글의 ㉠~㉢에 들어갈 말을 적절하게 나열한 것은?

소설과 현실의 관계를 온당하게 살피기 위
해서는 세계의 현실성, 문제의 현실성, 해결
의 현실성을 구별해야 한다. 우리가 살고 있
는 이 입체적인 시공간에서 특히 의미 있는
한 부분을 도려내어 서사의 무대로 삼을 경
우 세계의 현실성이 확보된다. 그 세계 안의
인간이 자신을 둘러싼 세계와 고투하면서 당
대의 공론장에서 기꺼이 논의해볼 만한 의제
를 산출해낼 때 문제의 현실성이 확보된다.
한 사회가 완강하게 구조화하고 있는 '가능한
것'과 '불가능한 것'의 좌표를 흔들면서 특정
한 선택지를 제출할 때 해결의 현실성이 확
보된다.

최인훈의 「광장」은 밀실과 광장 사이에서
고뇌하는 주인공의 모습을 통해 '남(南)이냐
북(北)이냐'라는 민감한 주제를 격화된 이념
대립의 공론장에 던짐으로써 　㉠　을
확보하였다. 작품의 시공간으로 당시 남한과
북한을 소설적 세계로 선택함으로써 동서 냉
전 시대의 보편성과 한반도 분단 체제의 특수
성을 동시에 포괄할 수 있는 　㉡　도
확보하였다. 「광장」에서 주인공이 남과 북
모두를 거부하고 자살을 선택하는 결말
은 남북으로 상징되는 당대의 이원화된 이
데올로기를 근저에서 흔들었다. 이로써
　㉢　을 확보할 수 있었다.

| | ㉠ | ㉡ | ㉢ |
|---|---|---|---|
| ① | 문제의 현실성 | 세계의 현실성 | 해결의 현실성 |
| ② | 문제의 현실성 | 해결의 현실성 | 세계의 현실성 |
| ③ | 세계의 현실성 | 문제의 현실성 | 해결의 현실성 |
| ④ | 세계의 현실성 | 해결의 현실성 | 문제의 현실성 |

**05** 다음 진술이 모두 참일 때 반드시 참인 것은?

> • 오 주무관이 회의에 참석하면, 박 주무관도 참석한다.
> • 박 주무관이 회의에 참석하면, 홍 주무관도 참석한다.
> • 홍 주무관이 회의에 참석하지 않으면, 공 주무관도 참석하지 않는다.

① 공 주무관이 회의에 참석하면, 박 주무관도 참석한다.

② 오 주무관이 회의에 참석하면, 홍 주무관은 참석하지 않는다.

③ 박 주무관이 회의에 참석하지 않으면, 공 주무관은 참석한다.

④ 홍 주무관이 회의에 참석하지 않으면, 오 주무관도 참석하지 않는다.

**06** 다음 글을 이해한 내용으로 가장 적절한 것은?

> 이육사의 시에는 시인의 길과 투사의 길을 동시에 걸었던 작가의 면모가 고스란히 담겨 있다. 가령, 「절정」은 크게 두 부분으로 나누어지는데, 투사가 처한 냉엄한 현실적 조건이 3개의 연에 걸쳐 먼저 제시된 후, 시인이 품고 있는 인간과 역사에 대한 희망이 마지막 연에 제시된다.
>
> 우선, 투사 이육사가 처한 상황은 대단히 위태로워 보인다. 그는 "매운 계절의 채찍에 갈겨 / 마침내 북방으로 휩쓸려" 왔고, "서릿발 칼날진 그 위에 서" 바라본 세상은 "하늘도 그만 지쳐 끝난 고원"이어서 가냘픈 희망을 품는 것조차 불가능해 보인다. 이러한 상황은 "한발 제겨디딜 곳조차 없다"는 데에 이르러 극한에 도달하게 된다. 여기서 그는 더
>
> 이상 피할 수 없는 존재의 위기를 깨닫게 되는데, 이때 시인 이육사가 나서면서 시는 반전의 계기를 마련한다.
>
> 마지막 4연에서 시인은 3연까지 치달아 온 극한의 위기를 담담히 대면한 채, "이러매 눈 감아 생각해" 보면서 현실을 새롭게 규정한다. 여기서 눈을 감는 행위는 외면이나 도피가 아니라 피할 수 없는 현실적 조건을 새롭게 반성함으로써 현실의 진정한 면모와 마주하려는 적극적인 행위로 읽힌다. 이는 다음 행, "겨울은 강철로 된 무지갠가보다"라는 시구로 이어지면서 현실에 대한 새로운 성찰로 마무리된다. 이 마지막 구절은 인간과 역사에 대한 희망을 놓지 않으려는 시인의 안간힘으로 보인다.

① 「절정」에는 투사가 처한 극한의 상황이 뚜렷한 계절의 변화로 드러난다.

② 「절정」에서 시인은 투사가 처한 현실적 조건을 외면하지 않고 새롭게 인식한다.

③ 「절정」은 시의 구성이 두 부분으로 나누어지면서 투사와 시인이 반목과 화해를 거듭한다.

④ 「절정」에는 냉엄한 현실에 절망하는 시인의 면모와 인간과 역사에 대한 희망을 놓지 않으려는 투사의 면모가 동시에 담겨 있다.

**07** (가)~(라)를 맥락에 맞추어 가장 적절하게 나열한 것은?

> (가) 다음으로 시청자의 마음을 사로잡을 수 있는 참신한 인물을 창조해야 한다. 특히 주인공이 장애를 만나 새로운 목표를 만들고, 그것을 이루는 과정에서 최종적으로 영웅이 된다. 시청자는 주인공이 목표를 이루는 데 적합한 인물로 변화를 거듭할 때 그에게 매료된다.
>
> (나) 스토리텔링 전략에서 제일 먼저 해야 할 일이 로그라인을 만드는 것이다. 로그라인은 '장애, 목표, 변화, 영웅'이라는 네 가지 요소를 담아야 하며, 3분 이내로 압축적이어야 한다. 이를 통해 스토리의 목적과 방향이 마련된다.
>
> (다) 이 같은 인물 창조의 과정에서 스토리의 주제가 만들어진다. '사랑과 소속감, 안전과 안정, 자유와 자발성, 권력과 책임, 즐거움과 재미, 인식과 이해'는 수천 년 동안 성별, 나이, 문화를 초월하여 두루 통용된 주제이다.
>
> (라) 시청자가 드라마나 영화에 대해 시청 여부를 결정하는 데 걸리는 시간은 8초에 불과하다. 제작자는 이 짧은 시간 안에 시청자를 사로잡을 수 있는 스토리텔링 전략이 필요하다.

① (나)－(가)－(라)－(다)

② (나)－(다)－(가)－(라)

③ (라)－(나)－(가)－(다)

④ (라)－(나)－(다)－(가)

**08** 〈지침〉에 따라 〈개요〉를 작성할 때 ㉠ ~ ㉣에 들어갈 내용으로 적절하지 <u>않은</u> 것은?

**〈지 침〉**

> • 서론은 중심 소재의 개념 정의와 문제 제기를 1개의 장으로 작성할 것.
> • 본론은 제목에서 밝힌 내용을 2개의 장으로 구성하되 각 장의 하위 항목끼리 대응되도록 작성할 것.
> • 결론은 기대 효과와 향후 과제를 1개의 장으로 작성할 것.

**〈개 요〉**

> • 제목: 복지 사각지대의 발생 원인과 해소 방안
> I. 서론
>   1. 복지 사각지대의 정의
>   2. ㉠
> II. 복지 사각지대의 발생 원인
>   1. ㉡
>   2. 사회복지 담당 공무원의 인력 부족
> III. 복지 사각지대의 해소 방안
>   1. 사회적 변화를 반영하여 기존 복지 제도의 미비점 보완
>   2. ㉢
> IV. 결론
>   1. ㉣
>   2. 복지 사각지대의 근본적이고 지속가능한 해소 방안 마련

① ㉠: 복지 사각지대의 발생에 따른 사회 문제의 증가

② ㉡: 사회적 변화를 반영하지 못한 기존 복지 제도의 한계

③ ㉢: 사회복지 업무 경감을 통한 공무원 직무 만족도 증대

④ ㉣: 복지 혜택의 범위 확장을 통한 사회 안전망 강화

**09** 다음 글의 빈칸에 들어갈 결론으로 가장 적절한 것은?

신경과학자 아이젠버거는 참가자들을 모집하여 실험을 진행하였다. 이 실험에서 그의 연구팀은 실험 참가자의 뇌를 'fMRI' 기계를 이용해 촬영하였다. 뇌의 어떤 부위가 활성화되는가를 촬영하여 실험 참가자가 어떤 심리적 상태인가를 파악하려는 것이었다. 아이젠버거는 각 참가자에게 그가 세 사람으로 구성된 그룹의 일원이 될 것이고, 온라인에 각각 접속하여 서로 공을 주고받는 게임을 하게 될 것이라고 알려주었다. 그런데 이 실험에서 각 그룹의 구성원 중 실제 참가자는 한 명뿐이었고 나머지 둘은 컴퓨터 프로그램이었다. 실험이 시작되면 처음 몇 분 동안 셋이 사이좋게 순서대로 공을 주고받지만, 어느 순간부터 실험 참가자는 공을 받지 못한다. 실험 참가자를 제외한 나머지 둘은 계속 공을 주고받기 때문에, 실험 참가자는 나머지 두 사람이 아무런 설명 없이 자신을 따돌린다고 느끼게 된다. 연구팀은 실험 참가자가 따돌림을 당할 때 그의 뇌에서 전두엽의 전대상피질 부위가 활성화된다는 것을 확인했다. 이는 인간이 물리적 폭력을 당할 때 활성화되는 뇌의 부위이다. 연구팀은 이로부터 [⬚⬚⬚⬚⬚⬚⬚]는 결론을 내릴 수 있었다.

① 물리적 폭력은 뇌 전두엽의 전대상피질 부위를 활성화한다
② 물리적 폭력은 피해자의 개인적 경험을 사회적 문제로 전환한다
③ 따돌림은 피해자에게 물리적 폭력보다 더 심각한 부정적 영향을 미친다
④ 따돌림을 당할 때와 물리적 폭력을 당할 때의 심리적 상태는 서로 다르지 않다

[10~11] 다음 글을 읽고 물음에 답하시오.

'크로노토프'는 그리스어로 시간과 공간을 뜻하는 두 단어를 결합한 것으로, 시공간을 통합적으로 이해하기 위한 개념이다. 크로노토프의 관점에서 보면 고소설과 근대소설의 차이를 명확하게 파악할 수 있다.

고소설에는 돌아가야 할 곳으로서의 원점이 존재한다. 그것은 영웅소설에서라면 중세의 인륜이 원형대로 보존된 세계이고 가정소설에서라면 가장을 중심으로 가족 구성원들이 평화롭게 공존하는 가정이다. 고소설에서 주인공은 적대자에 의해 원점에서 분리되어 고난을 겪는다. 그들의 목표는 상실한 원점을 회복하는 것, 즉 그곳에서 향유했던 이상적 상태로 ㉠돌아가는 것이다. 주인공과 적대자 사이의 갈등이 전개되는 시간을 서사적 현재라 한다면, 주인공이 도달해야 할 종결점은 새로운 미래가 아니라 다시 도래할 과거로서의 미래이다. 이러한 시공간의 배열을 '회귀의 크로노토프'라고 한다.

근대소설 「무정」은 회귀의 크로노토프를 부정한다. 이것은 주인공인 이형식과 박영채의 시간 경험을 통해 확인된다. 형식은 고아지만 이상적인 고향의 기억을 갖고 있다. 그것은 박 진사의 집에서 영채와 함께하던 때의 기억이다. 이는 영채도 마찬가지기에, 그들에게 박 진사의 집으로 표상되는 유년의 과거는 이상적 원점의 구실을 한다. 박 진사의 죽음은 그들에게 고향의 상실을 상징한다. 두 사람의 결합이 이상적 상태의 고향을 회복할 수 있는 유일한 방법이겠지만, 그들은 끝내 결합하지 못한다. 형식은 새 시대의 새 인물이 되어야 한다고 생각하며 과거로의 복귀를 거부한다.

**10** 윗글에서 추론한 내용으로 가장 적절한 것은?

① 「무정」과 고소설은 회귀의 크로노토프를 부정한다는 점에서 공통적이다.

② 영웅소설의 주인공과 「무정」의 이형식은 그들의 이상적 원점을 상실했다는 공통점을 가지고 있다.

③ 「무정」에서 이형식이 박영채와 결합했다면 새로운 미래로서의 종결점에 도달할 수 있었을 것이다.

④ 가정소설은 가족 구성원들이 평화롭게 공존하는 결말을 통해 상실했던 원점으로의 복귀를 거부한다.

**11** 문맥상 ㉠의 의미와 가장 가까운 것은?

① 전쟁은 연합군의 승리로 <u>돌아갔다</u>.

② 사과가 한 사람 앞에 두 개씩 <u>돌아간다</u>.

③ 그는 잃어버린 동심으로 <u>돌아가고</u> 싶었다.

④ 그녀는 자금이 잘 <u>돌아가지</u> 않는다며 걱정했다.

**12** (가)와 (나)를 전제로 할 때 빈칸에 들어갈 결론으로 가장 적절한 것은?

> (가) 노인복지 문제에 관심이 있는 사람 중 일부는 일자리 문제에 관심이 있는 사람이 아니다.
> (나) 공직에 관심이 있는 사람은 모두 일자리 문제에 관심이 있는 사람이다.
> 따라서 [　　　　　　　　].

① 노인복지 문제에 관심이 있는 사람 중 일부는 공직에 관심이 있는 사람이 아니다

② 공직에 관심이 있는 사람 중 일부는 노인복지 문제에 관심이 있는 사람이 아니다

③ 공직에 관심이 있는 사람은 모두 노인복지 문제에 관심이 있는 사람이 아니다

④ 일자리 문제에 관심이 있지만 노인복지 문제에 관심이 없는 사람은 모두 공직에 관심이 있는 사람이 아니다

**13** 다음 글의 ㉠~㉣ 중 어색한 곳을 찾아 가장 적절하게 수정한 것은?

> 수명을 늘릴 수 있는 여러 방법 중 가장 좋은 방법은 노화 문제를 해결하는 것이다. 이 방법은 인간이 젊고 건강한 상태로 수명을 연장할 수 있다는 점에서 ㉠ 늙고 병든 상태에서 단순히 죽음의 시간을 지연시킨다는 기존 발상과 근본적으로 다르다. ㉡ 노화가 진행된 상태를 진행되기 전의 상태로 되돌린다거나 노화가 시작되기 전에 노화를 막는 장치가 개발된다면, 젊음을 유지한 채 수명을 늘리는 것은 충분히 가능하다.
>
> 그러나 노화 문제와 관련된 현재까지의 연구는 초라하다. 이는 대부분 연구가 신약 개발의 방식으로만 진행되어 왔기 때문이다. 현재 기준에서는 질병 치료를 목적으로 개발한 신약만 승인받을 수 있는데, 식품의약국이 노화를 ㉢ 질병으로 본 탓에 노화를 멈추는 약은 승인받을 수 없었다. 노화를 질병으로 보더라도 해당 약들이 상용화되기까지는 아주 오랜 시간이 필요하다.
>
> 그런데 노화 문제는 발전을 거듭하고 있는 인공지능 덕분에 신약 개발과는 다른 방식으로 극복될 수 있을지 모른다. 일반 사람들에 비해 ㉣ 노화가 더디게 진행되는 사람들

의 유전자 자료를 데이터화하면 그들에게서 노화를 지연시키는 생리적 특징을 추출할 수 있는데, 이를 통해 유전자를 조작하는 방식으로 노화를 막을 수 있다.

① ㉠: 늙고 병든 상태에서 담담히 죽음의 시간을 기다린다

② ㉡: 노화가 진행되기 전의 신체를 노화가 진행된 신체

③ ㉢: 질병으로 보기 않은 탓에 노화를 멈추는 약은 승인받을 수 없었다

④ ㉣: 노화가 더디게 진행되는 사람들의 유전자 자료를 데이터화하면 그들에게서 노화를 촉진

**14** ㉠을 평가한 내용으로 적절한 것만을 〈보기〉에서 모두 고르면?

흔히 '일곱 빛깔 무지개'라는 말을 한다. 서로 다른 빛깔의 띠 일곱 개가 무지개를 이루고 있다는 뜻이다. 영어나 프랑스어를 비롯해 다른 자연언어들에도 이와 똑같은 표현이 있는데, 이는 해당 자연언어가 무지개의 색상에 대응하는 색채 어휘를 일곱 개씩 지녔기 때문이라고 할 수 있다.

언어학자 사피어와 그의 제자 워프는 여기서 어떤 영감을 얻었다. 그들은 서로 다른 언어를 쓰는 아메리카 원주민들에게 무지개의 띠가 몇 개냐고 물었다. 대답은 제각각 달랐다. 사피어와 워프는 이 설문 결과에 기대어, 사람들은 자신의 언어에 얽매인 채 세계를 경험한다고 판단했다. 이 판단으로부터, "우리는 모국어가 그어놓은 선에 따라 자연세계를 분단한다."라는 유명한 발언이 나왔다. 이에 따르면 특정 현상과 관련한 단어가 많을

수록 해당 언어권의 화자들은 그 현상에 대해 심도 있게 경험하는 것이다. 언어가 의식을, 사고와 세계관을 결정한다는 이 견해는 ㉠ 사피어-워프 가설이라 불리며 언어학과 인지과학의 논란거리가 되어왔다.

〈보기〉

ㄱ. 눈[雪]을 가리키는 단어를 4개 지니고 있는 이누이트족이 1개 지니고 있는 영어 화자들보다 눈을 넓고 섬세하게 경험한다는 것은 ㉠을 강화한다.

ㄴ. 수를 세는 단어가 '하나', '둘', '많다' 3개뿐인 피라하족의 사람들이 세 개 이상의 대상을 모두 '많다'고 인식하는 것은 ㉠을 강화한다.

ㄷ. 색채 어휘가 적은 자연언어 화자들이 색채 어휘가 많은 자연언어 화자들에 비해 색채를 구별하는 능력이 뛰어나다는 것은 ㉠을 약화한다.

① ㄱ      ② ㄱ, ㄴ

③ ㄴ, ㄷ      ④ ㄱ, ㄴ, ㄷ

**[15〜16] 다음 글을 읽고 물음에 답하시오.**

한국 신화에 보이는 신과 인간의 관계는 다른 나라의 신화와 ㉠ 견주어 볼 때 흥미롭다. 한국 신화에서 신은 인간과의 결합을 통해 결핍을 해소함으로써 완전한 존재가 되고, 인간은 신과의 결합을 통해 혼자 할 수 없었던 존재론적 상승을 이룬다.

한국 건국신화에서 주인공인 신은 지상에 내려와 왕이 되고자 한다. 천상적 존재가 지상적 존재가 되기를 ㉡ 바라는 것인데, 인간들의 왕이 된 신은 인간 여성과의 결합을 통해 자식을 낳음으로써 결핍을 메운다. 무속신화에서는 인간이었던 주인공이 신과의 결합을 통해 신적 존재로 ㉢ 거듭나게 됨으로써 존재론적으로 상승하게 된다. 이처럼 한국 신

화에서 신과 인간은 서로의 존재를 필요로 한다는 점에서 상호의존적이고 호혜적이다.

다른 나라의 신화들은 신과 인간의 관계가 한국 신화와 달리 위계적이고 종속적이다. 히브리 신화에서 피조물인 인간은 자신을 창조한 유일신에 대해 원초적 부채감을 지니고 있으며, 신이 지상의 모든 일을 관장한다는 점에서 언제나 인간의 우위에 있다. 이러한 양상은 북유럽이나 바빌로니아 등에 ㉣ 퍼져 있는 신체 화생 신화에도 유사하게 나타난다. 신체 화생 신화는 신이 죽음을 맞게 된 후 그 신체가 해체되면서 인간 세계가 만들어지게 된다는 것인데, 신의 희생 덕분에 인간 세계가 만들어질 수 있었다는 점에서 인간은 신에게 철저히 종속되어 있다.

**15** 윗글을 이해한 내용으로 적절하지 <u>않은</u> 것은?

① 히브리 신화에서 신과 인간의 관계는 위계적이다.

② 한국 무속신화에서 신은 인간을 위해 지상에 내려와 왕이 된다.

③ 한국 건국신화에서 신은 인간과의 결합을 통해 완전한 존재가 된다.

④ 한국 신화에 보이는 신과 인간의 관계는 신체 화생 신화에 보이는 신과 인간의 관계와 다르다.

**16** ㉠~㉣과 바꿔 쓸 수 있는 유사한 표현으로 적절하지 <u>않은</u> 것은?

① ㉠: 비교해

② ㉡: 희망하는

③ ㉢: 복귀하게

④ ㉣: 분포되어

**17** 다음 대화를 분석한 내용으로 가장 적절한 것은?

> 갑: 전염병이 창궐했을 때 마스크를 착용하는 것은 당연한 일인데, 그것을 거부하는 사람이 있다니 도대체 이해가 안 돼.
>
> 을: 마스크 착용을 거부하는 사람들을 무조건 비난하지 말고 먼저 왜 그러는지 정확하게 이유를 파악하는 것이 필요해.
>
> 병: 그 사람들은 개인의 자유가 가장 존중받아야 하는 기본권이라고 생각하기 때문일 거야.
>
> 갑: 개인의 자유로운 선택이 타인의 생명을 위협한다면 기본권이라 하더라도 제한하는 것이 보편적 상식 아닐까?
>
> 병: 맞아. 개인이 모여 공동체를 이루는데 나의 자유만을 고집하면 결국 사회는 극단적 이기주의에 빠져 붕괴하고 말 거야.
>
> 을: 마스크를 쓰지 않는 행위를 윤리적 차원에서만 접근하지 말고, 문화적 차원에서도 고려할 필요가 있어. 어떤 사회에서는 얼굴을 가리는 것이 범죄자의 징표로 인식되기도 해.

① 화제에 대해 남들과 다른 측면에서 탐색하는 사람이 있다.

② 자신의 의견이 반박되자 질문을 던져 화제를 전환하는 사람이 있다.

③ 대화가 진행되면서 논점에 대한 찬반 입장이 바뀌는 사람이 있다.

④ 사례의 공통점을 종합하여 자신의 주장을 강화하는 사람이 있다.

**[18～19]** 다음 글을 읽고 물음에 답하시오.

영국의 유명한 원형 석조물인 스톤헨지는 기원전 3,000년경 신석기시대에 세워졌다. 1960년대에 천문학자 호일이 스톤헨지가 일종의 연산장치라는 주장을 하였고, 이후 엔지니어인 톰은 태양과 달을 관찰하기 위한 정교한 기구라고 확신했다. 천문학자 호킨스는 스톤헨지의 모양이 태양과 달의 배열을 나타낸 것이라는 의견을 제시해 관심을 모았다.

그러나 고고학자 앳킨슨은 ㉠ 그들의 생각을 비난했다. 그는 스톤헨지를 세운 사람들을 '야만인'으로 묘사하면서, ㉡ 이들은 호킨스의 주장과 달리 과학적 사고를 할 줄 모른다고 주장했다. 이에 호킨스를 옹호하는 학자들이 진화적 관점에서 앳킨슨을 비판하였다. ㉢ 이들은 신석기시대보다 훨씬 이전인 4만 년 전의 사람들도 신체적으로 우리와 동일했으며 지능 또한 우리보다 열등했다고 볼 근거가 없다고 주장했다.

하지만 스톤헨지의 건설자들이 포괄적인 의미에서 현대인과 같은 지능을 가졌다고 해도 과학적 사고와 기술적 지식을 가지지는 못했다. ㉣ 그들에게는 우리처럼 2,500년에 걸쳐 수학과 천문학의 지식이 보존되고 세대를 거쳐 전승되어 쌓인 방대하고 정교한 문자 기록이 없었다. 선사시대의 생각과 행동이 우리와 똑같은 식으로 전개되지 않았으리라는 점은 매우 중요하다. 지적 능력을 갖췄다고 해서 누구나 우리와 같은 동기와 관심, 개념적 틀을 가졌으리라고 생각하는 것은 잘못이다.

**18** 윗글에 대해 평가한 내용으로 가장 적절한 것은?

① 스톤헨지가 제사를 지내는 장소였다는 후대 기록이 발견되면 호킨스의 주장은 강화될 것이다.

② 스톤헨지 건설 당시의 사람들이 숫자를 사용하였다는 증거가 발견되면 호일의 주장은 약화될 것이다.

③ 스톤헨지의 유적지에서 수학과 과학에 관련된 신석기시대 기록물이 발견되면 글쓴이의 주장은 강화될 것이다.

④ 기원전 3,000년경 인류에게 천문학 지식이 있었다는 증거가 발견되면 앳킨슨의 주장은 약화될 것이다.

**19** 문맥상 ㉠~㉣ 중 지시 대상이 같은 것만으로 묶인 것은?

① ㉠, ㉢

② ㉡, ㉣

③ ㉠, ㉡, ㉢

④ ㉠, ㉡, ㉣

**20** 다음 글의 밑줄 친 결론을 이끌어내기 위해 추가해야 할 것은?

문학을 좋아하는 사람은 모두 자연의 아름다움을 좋아하는 사람이다. 자연의 아름다움을 좋아하는 어떤 사람은 예술을 좋아하는 사람이다. 따라서 예술을 좋아하는 어떤 사람은 문학을 좋아하는 사람이다.

① 자연의 아름다움을 좋아하는 사람은 모두 문학을 좋아하는 사람이다.

② 문학을 좋아하는 어떤 사람은 자연의 아름다움을 좋아하는 사람이다.

③ 예술을 좋아하는 어떤 사람은 자연의 아름다움을 좋아하는 사람이다.

④ 예술을 좋아하지만 문학을 좋아하지 않는 사람은 모두 자연의 아름다움을 좋아하는 사람이다.

# 제2차 국 어

정답 및 해설 32p

**01** 〈공공언어 바로 쓰기 원칙〉에 따라 수정한 것으로 적절하지 **않은** 것은?

---

**〈공공언어 바로 쓰기 원칙〉**

- 주어와 서술어의 호응
  - ㉠ 능동과 피동의 관계를 정확하게 사용함.
- 여러 뜻으로 해석되는 표현 삼가기
  - ㉡ 중의적인 문장을 사용하지 않음.
- 명료한 수식어구 사용
  - ㉢ 수식어와 피수식어의 관계를 분명하게 표현함.
- 대등한 구조를 보여 주는 표현 사용
  - ㉣ '-고', '와/과' 등으로 접속될 때에는 대등한 관계를 사용함.

---

① "이번 총선에서 국회의원 ○○○명을 선출되었다."를 ㉠에 따라 "이번 총선에서 국회의원 ○○○명이 선출되었다."로 수정한다.

② "시장은 시민의 안전에 관하여 건설업계 관계자들과 논의하였다."를 ㉡에 따라 "시장은 건설업계 관계자들과 시민의 안전에 관하여 논의하였다."로 수정한다.

③ "5킬로그램 정도의 금 보관함"을 ㉢에 따라 "금 5킬로그램 정도를 담은 보관함"으로 수정한다.

④ "음식물의 신선도 유지와 부패를 방지해야 한다."를 ㉣에 따라 "음식물의 신선도를 유지하고, 부패를 방지해야 한다."로 수정한다.

**02** 다음 글을 이해한 내용으로 적절하지 **않은** 것은?

---

조선시대 기록을 보면 오늘날 급성전염병에 속하는 병들의 다양한 명칭을 확인할 수 있는데, 전염성, 고통의 정도, 질병의 원인, 몸에 나타난 증상 등 작명의 과정에서 주목한 바는 각기 달랐다.

예를 들어, '역병(疫病)'은 사람이 고된 일을 치르듯[役] 병에 걸려 매우 고통스러운 상태를 말한다. '여역(厲疫)'이란 말은 힘들다[疫]는 뜻에다가 사납다[厲]는 의미가 더해져 있다. 현재의 성홍열로 추정되는 '당독역(唐毒疫)'은 오랑캐처럼 사납고[唐], 독을 먹은 듯 고통스럽다[毒]는 의미가 들어 있다. '염병(染病)'은 전염성에 주목한 이름이고, 마찬가지로 '윤행괴질(輪行怪疾)' 역시 수레가 여기저기 옮겨 다니듯 한다는 뜻으로 질병의 전염성을 크게 강조한 이름이다.

'시기병(時氣病)'이란 특정 시기의 좋지 못한 기운으로 인해 생기는 전염병을 말하는데, 질병의 원인으로 나쁜 대기를 들고 있는 것이다. '온역(溫疫)'에 들어 있는 '온(溫)'은 이 병을 일으키는 계절적 원인을 가리킨다. 이밖에 '두창(痘瘡)'이나 '마진(痲疹)' 따위의 병명은 피부에 발진이 생기고 그 모양이 콩 또는 삼씨 모양인 것을 강조한 말이다.

---

① '온역'은 질병의 원인에 주목하여 붙여진 이름이다.

② '역병'은 질병의 전염성에 주목하여 붙여진 이름이다.

③ '당독역'은 질병의 고통스러운 정도에 주목하여 붙여진 이름이다.

④ '마진'은 질병으로 인해 몸에 나타난 증상에 주목하여 붙여진 이름이다.

**03** 다음 글의 중심 내용으로 가장 적절한 것은?

> 플라톤의 『국가』에는 사람들이 살아가면서 가장 중요하게 생각하는 두 가지 요소에 대한 언급이 있다. 우리가 만약 이것들을 제대로 통제하고 조절할 수 있다면 좋은 삶을 살 수 있다고 플라톤은 말하고 있다. 하나는 대다수가 갖고 싶어하는 재물이며, 다른 하나는 대다수가 위험하게 생각하는 성적 욕망이다. 소크라테스는 당시 성공적인 삶을 살고 있다고 사람들에게 잘 알려진 케팔로스에게, 사람들이 좋아하는 재물이 많아서 좋은 점과 사람들이 싫어하는 나이가 많아서 좋은 점은 무엇인지를 물었다. 플라톤은 이 대화를 통해 우리가 어떻게 좋은 삶을 살 수 있는지를 보여준다.
>
> 케팔로스는 재물이 많으면 남을 속이거나 거짓말하지 않을 수 있어서 좋고, 나이가 많으면 성적 욕망을 쉽게 통제할 수 있어서 좋다고 말한다. 물론 재물이 적다고 남을 속이거나 거짓말을 하는 것은 아니며, 나이가 적다고 해서 성적 욕망을 쉽게 통제할 수 없는 것은 아니다. 그렇지만 누구나 살아가면서 이것들로 인해 힘들어하고 괴로워하는 경우가 많다는 것은 분명하다. 삶을 살아가면서 돈에 대한 욕망이나 성적 욕망만이라도 잘 다스릴 수 있다면 낭패를 당하거나 망신을 당할 일이 거의 없을 것이다. 인간에 대한 플라톤의 통찰력과 삶에 대한 지혜는 현재에도 여전히 유효하다.

① 재물욕과 성욕은 과거나 지금이나 가장 강한 욕망이다.

② 재물이 많으면서 나이가 많은 자가 좋은 삶을 살 수 있다.

③ 성공적인 삶을 살려면 재물욕과 성욕을 잘 다스려야 한다.

④ 잘 살기 위해서는 살면서 가장 중요한 것이 무엇인지 알아야 한다.

**04** 다음 글의 ㉠~㉣ 중 어색한 곳을 찾아 가장 적절하게 수정한 것은?

> 언어는 랑그와 파롤로 구분할 수 있다. 랑그는 머릿속에 내재되어 있는 추상적인 언어의 모습으로, 특정한 언어공동체가 공유하고 있는 기호체계를 가리킨다. 반면에 파롤은 구체적인 언어의 모습으로, 의사소통을 위해 랑그를 사용하는 개인적인 행위를 의미한다. 언어하기든은 흔히 ㉠ 랑그를 악보에 비유하고, 파롤을 실제 연주에 비유하곤 하는데, 악보는 고정되어 있지만 실제 연주는 그 고정된 악보를 연주하는 사람에 따라 달라지기 마련이다. 그러니까 ㉡ 랑그는 여러 상황에도 불구하고 변하지 않고 기본을 이루는 언어의 본질적인 모습에 해당한다. 한편 '책상'이라는 단어를 발음할 때 사람마다 발음되는 소리는 다르기 때문에 '책상'에 대한 발음은 제각각일 수밖에 없다. 여기서 ㉢ 실제로 발음되는 제각각의 소리값이 파롤이다.
>
> 랑그와 파롤 개념과 비슷한 것으로 언어능력과 언어수행이 있다. 자기 모국어에 대해 사람들이 내재적으로 가지고 있는 지식이 언어능력이고, 사람들이 실제로 발화하는 행위가 언어수행이다. ㉣ 파롤이 언어능력에 대응한다면, 랑그는 언어수행에 대응한다.

① ㉠: 랑그를 실제 연주에 비유하고, 파롤을 악보에 비유하곤

② ㉡: 랑그는 여러 상황에 맞춰 변화하는 언어의 본질적인 모습

③ ㉢: 실제로 발음되는 제각각의 소리값이 랑그

④ ㉣: 랑그가 언어능력에 대응한다면, 파롤은 언어수행에 대응

## 05 다음 글의 핵심 논지로 가장 적절한 것은?

판타지와 SF의 차별성은 '낯섦'과 '이미 알고 있는 것'이라는 기준을 통해 드러난다. 이 둘은 일반적으로 상반된 의미를 갖는다. 이미 알고 있는 것은 낯설지 않고, 낯선 것은 새로운 것을 의미하기 때문이다.

판타지와 SF에는 모두 새롭고 낯선 것이 등장하는데, 비근한 예가 현실에 존재하지 않는 괴물의 출현이다. 판타지에서 낯선 괴물이 나오면 사람들은 '저게 뭐지?'하면서도 그 낯섦을 그대로 받아들인다. 그렇기에 등장인물과 독자 모두 그 괴물을 원래부터 존재했던 것으로 받아들이고, 괴물은 등장하자마자 세계의 일부가 된다. 결국 판타지에서는 이미 알고 있는 것보다 새로운 것이 더 중요한 의미를 갖는다. 이와 달리 SF에서는 '그런 괴물이 어떻게 존재할 수 있지?'라고 의심하고 물어야 한다. SF에서는 인물과 독자들이 작가의 경험적 환경을 공유하기 때문에 괴물은 절대로 자연스럽지 않다. 괴물의 낯섦에 대한 질문은 괴물이 존재하는 세계에 대한 지식, 세계관, 나아가 정체성의 문제로 확장된다. 이처럼 SF에서는 어떤 새로운 것이 등장했을 때 그 낯섦을 인정하면서도 동시에 그것을 자신이 이미 알고 있던 인식의 틀로 끌어들여 재조정하는 과정이 요구된다.

① 판타지와 SF는 모두 새로운 것에 의해 알고 있는 것이 바뀌는 장르이다.
② 판타지와 SF는 모두 알고 있는 것과 새로운 것을 그대로 인정하고 둘 사이의 재조정이 필요한 장르이다.
③ 판타지는 새로운 것보다 알고 있는 것이 더 중요하고, SF는 알고 있는 것보다 새로운 것이 더 중요한 장르이다.
④ 판타지는 알고 있는 것보다 새로운 것이 더 중요하고, SF는 알고 있는 것과 새로운 것 사이의 재조정이 필요한 장르이다.

## 06 다음 빈칸에 들어갈 말로 가장 적절한 것은?

로빈후드는 14세기 후반인 1377년경에 인기를 끈 작품 〈농부 피어즈〉에 최초로 등장한다. 로빈후드 이야기는 주로 숲을 배경으로 전개된다. 숲에 사는 로빈후드 무리는 사슴고기를 중요시하는데 당시 숲은 왕의 영지였고 사슴 밀렵은 범죄였다. 왕의 영지에 있는 사슴에 대한 밀렵을 금지하는 법은 11세기 후반 잉글랜드를 정복한 윌리엄 왕이 제정한 것이므로 아마도 로빈후드 이야기가 그 이전 시기로까지 거슬러 올라가지는 않을 것이다. 또한 이야기에서 셔우드 숲을 한 바퀴 돌고 로빈후드를 만났다고 하는 국왕 에드워드는 1307년에 즉위하여 20년간 재위한 2세일 가능성이 있다. 1세에서 3세까지의 에드워드 국왕 가운데 이 지역의 순행 기록이 있는 사람은 에드워드 2세뿐이다. 이러한 근거를 토대로 추론할 때, 로빈후드 이야기의 시대 배경은 아마도 [        ]일 가능성이 가장 크다.

① 11세기 후반
② 14세기 이전
③ 14세기 전반
④ 14세기 후반

## 07 (가)~(다)를 맥락에 맞게 순서대로 나열한 것은?

북방에 사는 매는 덩치가 크고 사냥도 잘한다. 그래서 아시아에서는 몽골 고원과 연해주 지역에 사는 매들이 인기가 있었다.

(가) 조선과 일본의 단절된 관계는 1609년 기유조약이 체결되면서 회복되었다. 하지만 이때는 조선과 일본이 서로를 직접 상대했던 것이 아니라 두 나라 사이에 끼어있는 대마도를 매개로 했다. 대마도는 막부로부터 조선의 외교·무역권을 위임받았고, 조선은 그

러한 대마도에게 시혜를 베풀어줌으로써 일본과의 교린 체계를 유지해 나가려고 했다.

(나) 일본에서 이 북방의 매에 접근할 수 있는 길은 한반도를 통하는 것 외에는 없었다. 그래서 한반도와 일본 간의 교류에 매가 중요한 물역으로 자리 잡았던 것이다. 하지만 임진왜란으로 인하여 교류는 단절되었다.

(다) 이러한 외교관계에 매 교역이 자리하고 있었다. 대마도는 조선과의 공식적, 비공식적 무역을 통해서도 상당한 이익을 취했나. 따라서 조선후기에 이루어진 매 교역은 경제적인 측면과 정치·외교적인 성격이 강했다.

① (가) - (다) - (나)  ② (나) - (가) - (다)
③ (나) - (다) - (가)  ④ (다) - (나) - (가)

**08** 다음 글에서 추론한 내용으로 가장 적절한 것은?

『성경』에 따르면 예수는 죽은 지 사흘 만에 부활했다. 사흘이라고 하면 시간상 72시간을 의미하는데, 예수는 금요일 오후에 죽어서 일요일 새벽에 부활했으니 구체적인 시간을 따진다면 48시간이 채 되지 않는다. 그렇다면 『성경』에서 3일이라고 한 것은 예수의 신성성을 부각하기 위한 것일까?

여기에는 수를 세는 방식의 차이가 개입되어 있다. 구체적으로 말하면 우리가 사용하는 현대의 수에는 '0' 개념이 깔려 있지만, 『성경』이 기록될 당시에는 해당 개념이 없었다. '0' 개념은 13세기가 되어서야 유럽으로 들어왔으니, '0' 개념이 들어오기 전 시간의 길이는 '1'부터 셈했다. 다시 말해 시간의 시작점 역시 '1'로 셈했다는 것인데, 금요일부터 다음 금요일까지는 7일이 되지만, 시작하는 금요일까지 날로 셈해서 다음 금요일은 8일

이 되는 식이다.

이와 같은 셈법의 흔적을 현대 언어에서도 찾을 수 있다. 오늘날 그리스 사람들은 올림픽이 열리는 주기에 해당하는 4년을 'pentaeteris'라고 부르는데, 이 말의 어원은 '5년'을 뜻한다. '2주'를 의미하는 용도로 사용되는 현대 프랑스어 'quinze jours'는 어원을 따지자면 '15일'을 가리키는데, 시간적으로는 동일한 기간이지만 시간을 셈하는 방식에 따라 마지막 날과 해가 달라진 것이다.

① '0' 개념은 13세기에 유럽에서 발명되었다.
② 『성경』에서는 예수의 신성성을 부각하기 위해 그의 부활 시점을 활용하였다.
③ 프랑스어 'quinze jours'에는 '0' 개념이 들어오기 전 셈법의 흔적이 남아 있다.
④ 'pentaeteris'라는 말이 생겨났을 때에 비해 오늘날의 올림픽이 열리는 주기는 짧아졌다.

**[09~10] 다음 글을 읽고 물음에 답하시오.**

생물은 자신의 종에 속하는 개체들과 의사소통을 한다. 꿀벌은 춤을 통해 식량의 위치를 같은 무리의 동료들에게 알려주며, 녹색원숭이는 포식자의 접근을 알리기 위해 소리를 지른다. 침팬지는 고통, 괴로움, 기쁨 등의 감정을 표현할 때 각각 다른 ㉠ 소리를 낸다.

말한다는 것을 단어에 대해 ㉡ 소리 낸다는 의미로 보게 되면, 침팬지가 사람처럼 말하도록 하는 것은 불가능하다. 침팬지는 인간과 게놈의 98 %를 공유하고 있지만, 발성 기관에 차이가 있다.

인간의 발성 기관은 아주 정교하게 작용하여 여러 ㉢ 소리를 낼 수 있는데, 초당 십여 개의 (가) 소리를 쉽게 만들어 낸다. 이는 성대, 후두, 혀, 입술, 입천장을 아주 정확하게 통제할 수 있기 때문에 가

능한 것이다. 침팬지는 이만큼 정확하게 통제를 하지 못한다. 게다가 인간의 발성 기관은 유인원의 그것과 현저하게 다르다. 주요한 차이는 인두의 길이에 있다. 인두는 혀 뒷부분부터 식도에 이르는 통로로 음식물과 공기가 드나드는 길이다. 인간의 인두는 여섯 번째 목뼈에까지 이른다. 반면에 대부분의 포유류에서는 인두의 길이가 세 번째 목뼈를 넘지 않으며 개의 경우는 두 번째 목뼈를 넘지 않는다. 다른 동물의 인두에 비해 과도하게 긴 인간의 인두는 공명 상자 기능을 하여 세밀하게 통제되는 ㉣ <u>소리</u>를 만들어 낸다.

## 09 윗글에서 추론한 내용으로 가장 적절한 것은?

① 개의 인두 길이는 인간의 인두 길이보다 짧다.

② 침팬지의 인두는 인간의 인두와 98 % 유사하다.

③ 녹색원숭이는 침팬지와 의사소통을 할 수 있다.

④ 침팬지는 초당 십여 개의 소리를 만들어 낼 수 있다.

## 10 ㉠~㉣ 중 문맥상 (가)에 해당하는 의미로 사용되지 <u>않은</u> 것은?

① ㉠      ② ㉡

③ ㉢      ④ ㉣

## [11~12] 다음 글을 읽고 물음에 답하시오.

방각본 출판은 책을 목판에 새겨 대량으로 찍어 내는 방식이다. 이 경우 소수의 작품으로 많은 판매 부수를 올리는 것이 유리하다. 즉, 하나의 책으로 500부를 파는 것이 세 권의 책으로 합계 500부를 파는 것보다 이윤이 높다. 따라서 방각본 출판 업자는 작품의 종류를 늘리기보다는 시장성이 좋은 작품을 집중적으로 출판하였다. 또한 작품의 규모가 커서 분량이 많은 경우에는 생산 비용이 ㉠ <u>올라가</u> 책값이 비싸지기 때문에 자연스럽게 분량이 적은 작품을 선호하였다. 이에 따라 방각본 출판에서는 규모가 큰 작품을 기피하였으며, 일단 선택된 작품에도 종종 축약적 윤색이 가해지고는 하였다.

일종의 도서대여업인 세책업은 가능한 여러 종류의 작품을 가지고 있는 편이 유리하고, 한 작품의 규모가 큰 것도 환영할 만한 일이었다. 소설을 빌려 보는 독자들은 하나를 읽고 나서 대개 새 작품을 찾았으니, 보유한 작품의 종류가 많을수록 좋았다. 또한 한 작품의 분량이 많아서 여러 책으로 나뉘어 있으면 그만큼 세책료를 더 받을 수 있으니, 세책업자들은 스토리를 재미나게 부연하여 책의 권수를 늘리기도 했다. 따라서 세책업자들은 많은 종류의 작품을 모으는 데에 주력했고, 이 과정에서 원본의 확장 및 개작이 적잖이 이루어졌다.

## 11 윗글에서 추론한 내용으로 가장 적절한 것은?

① 분량이 많은 작품은 책값이 비쌌기 때문에 세책가에서 취급하지 않았다.

② 세책업자는 구비할 책을 선정할 때 시장성이 좋은 작품보다 분량이 적은 작품을 우선하였다.

③ 방각본 출판업자들은 책의 판매 부수를 올리기 위해 원본의 내용을 부연하여 개작하기도 하였다.

④ 한 편의 작품이 여러 권의 책으로 나뉘어 있는 대규모 작품들은 방각본 출판업자들보다 세책업자들이 선호하였다.

**12** 밑줄 친 표현이 문맥상 ㉠의 의미와 가장 가까운 것은?

① 습도가 올라가는 장마철에는 건강에 유의해야 한다.

② 내가 키우던 반려견이 하늘나라로 올라갔다.

③ 그녀는 승진해서 본사로 올라가게 되었다.

④ 그는 시험을 보러 서울로 올라갔다.

**13** 갑~병의 주장을 분석한 내용으로 적절한 것만을 〈보기〉에서 모두 고르면?

> 갑: 오늘날 사회는 계급 체계가 인간의 생활을 전적으로 규정하지 않는다. 실제로 많은 사람이 사회 이동을 경험하며, 전문직 자격증에 대한 접근성 또한 증가하였다. 인터넷은 상향 이동을 위한 새로운 통로를 제공하고 있다. 이에 따라서 전통적인 계급은 사라지고, 이제는 계급이 없는 보다 유동적인 사회 질서가 새로 정착되었다.
>
> 을: 지난 30년 동안 양극화는 더 확대되었다. 부가 사회 최상위 계층에 집중되는 것에 대한 우려가 커지고 있다. 과거 계급 불평등은 경제 전반의 발전을 위해 치를 수밖에 없는 일시적 비용이었다고 한다. 하지만 경제 수준이 향상된 지금도 이 불평등은 해소되지 않고 있다. 오늘날 세계화와 시장 규제 완화로 인해 빈부 격차가 심화되고 계급 불평등이 더 고착되었다.
>
> 병: 오랫동안 지속되었던 계급의 전통적 영향력은 확실히 약해지고 있다. 하지만 현대사회에서 계급 체계는 여전히 경제적 불평등의 핵심으로 남아 있다. 사회 계급은 아직도 일생에 걸쳐 개인의 삶에 큰 영향을 미친다. 특정 계급의 구성원이라는 사실은 수명, 신체적 건강, 교육, 임금 등 다양한 불평등과 관련된다. 이는 계급의 종말이 사실상 실현될 수 없는 현실적이지 않은 주장이라는 점을 보여 준다.

> ── 〈보기〉──
> ㄱ. 갑의 주장과 을의 주장은 대립하지 않는다.
> ㄴ. 을의 주장과 병의 주장은 대립하지 않는다.
> ㄷ. 병의 주장과 갑의 주장은 대립하지 않는다.

① ㄱ

② ㄴ

③ ㄱ, ㄷ

④ ㄴ, ㄷ

**14** (가)와 (나)를 전제로 결론을 이끌어 낼 때, 빈칸에 들어갈 말로 가장 적절한 것은?

> (가) 축구를 잘하는 사람은 모두 머리가 좋다.
> (나) 축구를 잘하는 어떤 사람은 키가 작다.
> 따라서 _____.

① 키가 작은 어떤 사람은 머리가 좋다.

② 키가 작은 사람은 모두 머리가 좋다.

③ 머리가 좋은 사람은 모두 축구를 잘한다.

④ 머리가 좋은 어떤 사람은 키가 작지 않다.

**15** 다음 글의 ㉠과 ㉡에 대한 평가로 올바른 것은?

> 기업의 마케팅 프로젝트를 평가할 때는 유행지각, 깊은 사고, 협업을 살펴본다. 유행지각은 유행과 같은 새로운 정보를 반영했느냐, 깊은 사고는 마케팅 데이터의 상관관계를 분석해서 최적의 해결책을 찾아내었느냐, 협업은 일하는 사람들이 해결책을 공유하며 성과를 창출했느냐를 따진다. ㉠ 이 세 요소 모두에서 목표를 달성하는 것은 마케팅 프로젝트가 성공적이기 위해 필수적이다. 하지만 ㉡ 이 세 요소 모두에서 목표를 달성했다고 해서 마케팅 프로젝트가 성공한 것은 아니다.

① 지금까지 성공한 프로젝트가 유행지각, 깊은 사고 그리고 협업 모두에서 목표를 달성했다면, ⊙은 강화된다.

② 성공하지 못한 프로젝트 중 유행지각, 깊은 사고 그리고 협업 중 하나 이상에서 목표를 달성하는 데 실패한 사례가 있다면, ⊙은 약화된다.

③ 유행지각, 깊은 사고 그리고 협업 중 하나 이상에서 목표를 달성하는 데 실패했지만 성공한 프로젝트가 있다면, ⓒ은 강화된다.

④ 유행지각, 깊은 사고 그리고 협업 모두에서 목표를 달성했지만 성공하지 못한 프로젝트가 있다면, ⓒ은 약화된다.

**16** 다음 글의 ⊙을 강화하는 것만을 〈보기〉에서 모두 고르면?

> 신석기시대에 들어 인류는 제대로 된 주거 공간을 만들게 되었다. 인류의 초기 주거 유형은 특히 바닥을 어떻게 만드느냐에 따라 구분된다. 이는 지면을 다지거나 조금 파고 내려가 바닥을 만드는 '움집형'과 지면에서 떨어뜨려 바닥을 설치하는 '고상(高床)식'으로 나뉜다.
>
> 중국의 고대 문헌에 등장하는 '혈거'와 '소거'가 각각 움집형과 고상식 건축이다. 움집이 지붕으로 상부를 막고 아랫부분은 지면을 그대로 활용하는 지붕 중심 건축이라면, 고상식 건축은 지면에서 오는 각종 침해에 대비해 바닥을 높이 들어 올린 바닥 중심 건축이라 할 수 있다. 인류의 주거 양식은 혈거에서 소거로 진전되었다는 가설이 오랫동안 지배했다. 바닥을 지면보다 높게 만드는 것이 번거롭고 어렵다고 여겼기 때문이다. 그런데 1970년대에 중국의 허무두에서 고상식 건축

의 유적이 발굴되면서 새로운 ⊙ 주장이 제기되었다. 그것은 혈거와 소거가 기후에 따라 다른 자연환경에 적응해 발생했다는 것이다.

〈보기〉

ㄱ. 우기에 비가 넘치는 산간 지역에서는 고상식 주거 건축물 유적만 발견되었다.

ㄴ. 움집형 집과 고상식 집이 공존해 있는 주거 양식을 보여 주는 집단의 유적지가 발견되었다.

ㄷ. 여름에는 고상식 건축물에서, 겨울에는 움집형 건축물에서 생활한 집단의 유적이 발견되었다.

① ㄱ, ㄴ      ② ㄱ, ㄷ

③ ㄴ, ㄷ      ④ ㄱ, ㄴ, ㄷ

**[17~18] 다음 글을 읽고 물음에 답하시오.**

> 일반적으로 한 나라의 문학, 즉 '국문학'은 "그 나라의 말과 글로 된 문학"을 지칭한다. 그래서 우리나라에서 국문학에 대한 근대적 논의가 처음 시작될 무렵에는 (가) 국문학에서 한문으로 쓰인 문학을 배제하자는 주장이 있었다. 국문학 연구가 점차 전문화되면서, 한문문학 배제론자와 달리 한문문학을 배제하는 데 있어 신축성을 두는 절충론자의 입장이 힘을 얻었다. 절충론자들은 국문학의 범위를 획정하는 데 있어 (나) 종래의 국문학의 정의를 기본 전제로 하되, 일부 한문문학을 국문학으로 인정하자고 주장했다. 즉 한문으로 쓰여진 문학을 국문학에서 완전히 배제하지 않고, ⊙ 전자 중 일부를 ⓒ 후자의 주변부에 위치시키는 것으로 국문학의 영역을 구성한 것이다. 이에 따라 국문학을 지칭할 때에는 '순(純)국문학'과 '준(準)국문학'으로 구별하게 되었다. 작품에 사용된 문자의 범주에 따라서 ⓒ 전자는 '좁은 의미의 국문학', ⓔ 후자는 '넓은 의미의 국

문학'이라고도 칭할 수 있다.

하지만 이런 절충안을 취하더라도 순국문학과 준국문학을 구분하는 데에는 논자마다 차이가 있다. 어떤 이는 국문으로 된 것은 ㉤ 전자에, 한문으로 된 것은 ㉥ 후자에 귀속시켰다. 다른 이는 훈민정음 창제 이전과 이후로 나누어 국문학의 영역을 구분하였다. 훈민정음 창제 이전의 문학은 차자표기건 한문표기건 모두 국문학으로 인정하고, 창제 이후의 문학은 국문문학만을 순국문학으로 규정하고 한문문학 중 '국문학적 가치'가 있는 것을 준국문학에 귀속시켰다.

**17** 윗글의 (가)와 (나)의 주장에 대해 평가한 내용으로 가장 적절한 것은?

① 국문으로 쓴 작품보다 한문으로 쓴 작품이 해외에서 문학적 가치를 더 인정받는다면 (가)의 주장은 강화된다.

② 국문학의 정의를 '그 나라 사람들의 사상과 정서를 그 나라 말과 글로 표현한 문학'으로 수정하면 (가)의 주장은 약화된다.

③ 표기문자와 상관없이 그 나라의 문화를 잘 표현한 문학을 자국 문학으로 인정하는 것이 보편적인 관례라면 (나)의 주장은 강화된다.

④ 훈민정음 창제 이후에도 차자표기로 된 문학작품이 다수 발견된다면 (나)의 주장은 약화된다.

**18** 윗글의 ㉠~㉥ 중 지시하는 바가 같은 것끼리 짝 지은 것은?

① ㉠, ㉢  　　② ㉡, ㉣
③ ㉡, ㉥  　　④ ㉢, ㉤

**19** 다음 빈칸에 들어갈 말로 가장 적절한 것은?

갑, 을, 병, 정 네 학생의 수강 신청과 관련하여 다음과 같은 사실들이 알려졌다.

- 갑과 을 중 적어도 한 명은 〈글쓰기〉를 신청한다.
- 을이 〈글쓰기〉를 신청하면 병은 〈말하기〉와 〈듣기〉를 신청한다.
- 병이 〈말하기〉와 〈듣기〉를 신청하면 정은 〈읽기〉를 신청한다.
- 정은 〈읽기〉를 신청하지 않는다.

이를 통해 갑이 □□□를 신청한다는 것을 알 수 있게 되었다.

① 〈말하기〉  　　② 〈듣기〉
③ 〈읽기〉  　　④ 〈글쓰기〉

**20** 다음 글을 이해한 내용으로 가장 적절한 것은?

언어의 형식적 요소에는 '음운', '형태', '통사'가 있으며, 언어의 내용적 요소에는 '의미'가 있다. 음운, 형태, 통사 그리고 의미 요소를 중심으로 그 성격, 조직, 기능을 탐구하는 학문 분야를 각각 '음운론', '문법론'(형태론 및 통사론 포괄), 그리고 '의미론'이라고 한다. 그 가운데서 음운론과 문법론은 언어의 형식을 중심으로 그 체계와 기능을 탐구하는 반면, 의미론은 언어의 내용을 중심으로 체계와 작용 방식을 탐구한다.

이처럼 언어학은 크게 말소리 탐구, 문법 탐구, 의미 탐구로 나눌 수 있는데, 이때 각각에 해당하는 음운론, 문법론, 의미론은 서로 관련된다. 이를 발화의 전달 과정에서 살펴보자. 화자의 측면에서 언어를 발신하는 경우에는 의미론에서 문법론을 거쳐 음운론의 방향으로, 청자의 측면에서 언어를 수신하는 경우에는 반대의 방향으로 작용한다. 의사소통의 과정상 발신자의 측면에서는 의미론에, 수신자의 측면에서는 음운론에 초점이 놓인다. 의사소통은 화자의 생각, 느낌, 주장 등을 청자와 주고받는 행위이므로, 언어 표현의 내용에 해당하는 의미는 이 과정에서 중심적 요소가 된다.

① 언어는 형식적 요소가 내용적 요소보다 다양하다.

② 언어의 형태 탐구는 의미 탐구와 관련되지 않는다.

③ 의사소통의 첫 단계는 언어의 형식을 소리로 전환하는 것이다.

④ 언어를 발신하고 수신하는 과정에서 통사론은 활용되지 않는다.

# 제1차 정답 및 해설

## 정답

| | | | | |
|---|---|---|---|---|
| 01 ② | 02 ② | 03 ③ | 04 ① | 05 ④ |
| 06 ② | 07 ③ | 08 ③ | 09 ④ | 10 ④ |
| 11 ③ | 12 ① | 13 ③ | 14 ④ | 15 ② |
| 16 ③ | 17 ① | 18 ④ | 19 ② | 20 ① |

## 해설

**01** ②

**[정답해설]**

대등한 것끼리 접속할 때는 구조가 같은 표현을 사용해야 한다는 〈공공언어 바로 쓰기 원칙〉에 따라 ⓒ은 '관형사 + 명사'의 구조인 '표준적인 언어생활의 확립과 일상적인 국어 생활의 향상을 위해' 또는 '주어 + 술어'의 구조인 '표준적인 언어생활을 확립하고 일상적인 국어 생활을 향상하기 위해'라고 수정하는 것이 적절하다.

**[오답해설]**

① ㉠에서 '안내'는 '어떤 내용을 소개하여 알려줌'의 의미이고 '알림'은 '알리는 일'로 그 의미가 중복된다. 따라서 중복되는 표현을 삼가야 한다는 〈공공언어 바로 쓰기 원칙〉에 따라 '알림'을 삭제한 것은 적절하다.

③ ⓒ이 포함된 문장에서 주어는 '본원은'이므로 서술어는 '제공되다'라는 수동형이 아닌 '제공하다'라는 능동형이 되어야 한다. 따라서 주어와 서술어를 호응시켜야 한다는 〈공공언어 바로 쓰기 원칙〉에 따라 '표준 정보를 제공하고 있습니다.'라고 수정한 것은 적절하다.

④ ㉣에서 '개선'의 대상이 생략되어 불분명하므로 '의약품 용어를'이라는 목적어가 추가되어야 한다. 따라서 필요한 문장 성분이 생략되지 않도록 해야 한다는 〈공공언어 바로 쓰기 원칙〉에 따라 '의약품 용어를 일반 국민도 알기 쉬운 표현으로 개선하여'라고 수정한 것은 적절하다.

**02** ②

**[정답해설]**

'흰머리'는 용언 어간과 명사가 결합한 합성명사가 아니라, 용언의 관형사형(흰) + 명사(머리)로 구성된 합성명사로, 앞 성분(흰)이 뒤 성분(명사)을 수식하는 종속합성어이다.

**[오답해설]**

① '큰아버지'는 용언의 관형사형(큰) + 명사(아버지)로 구성되어 있고 앞 성분(큰)이 뒤 성분(아버지)을 수식하는 종속합성어이다.

③ '늙은이'는 용언의 관형사형(늙은) + 명사(이)가 결합하여 한 단어를 이룬 합성어로, 어휘 의미를 지닌 두 요소가 결합해 이루어진 단어이다.

④ 동사 '먹다'의 어간인 '먹'과 명사 '거리'가 결합한 '먹거리'는 국어 문장 구성에 없는 단어 배열이므로 비통사적 합성어이다.

**03** ③

**[정답해설]**

건강을 염려하는 행위를 하는 주어는 '아버지'이므로 '염려하다'가 아닌 '염려하신다'로 존경 표현을 한 것은 '직접존경'에 해당한다.

**[오답해설]**

① 주어인 '고모'를 높이기 위해 긴밀한 관련이 있는 인물인 '자식'을 '있으시다'라고 높인 것은 '간접존경'에 해당한다.

② 주어인 '할머니'를 높이기 위해 신체의 일부인 '다리'를 '아프셔서'라고 높인 것은 '간접존경'에 해당한다.

④ 주어인 '할아버지'를 높이기 위해 신체의 일부인 '수염'을 '많으셨다'라고 높인 것은 '간접존경'에 해당한다.

**04** ①

**[정답해설]**

㉠ **문제의 현실성**: 1문단에서 '그 세계 안의 인간이 자신을 둘러싼 세계와 고투하면서 당대의 공론장에서 기꺼이 논의해볼 만한 의제를 산출해낼 때 문제의 현실성이 확보된다.'고 하였으므로, 밀실과 광장 사이에서 고뇌하는 주인공의 모습을 통해 '남(南)이냐 북(北)이냐'라는 민감한 주제를 격화된 이념 대립의 공론장에 던진 최인훈의 「광장」은 '문제의 현실성'을 확보했다고 할 수 있다.

㉡ **세계의 현실성**: 1문단에서 '우리가 살고 있는 이 입체적인 시공간에서 특히 의미 있는 한 부분을 도려내어 서사의 무대로 삼을 경우 세계의 현실성이 확보된다.'고 하였으므로, 작품의 시공간으로 당시 남한과 북한을 소설적 세계로 선택함으로써 동서 냉전 시대의 보편성과 한반도 분단 체

제의 특수성을 동시에 포괄한 최인훈의 「광장」은 '세계의 현실성'을 확보했다고 할 수 있다.

ⓒ 해결의 현실성: 1문단에서 '한 사회가 완강하게 구조화하고 있는 '가능한 것'과 '불가능한 것'의 좌표를 흔들면서 특정한 선택지를 제출할 때 해결의 현실성이 확보된다.'고 하였으므로, 주인공이 남과 북 모두를 거부하고 자살을 선택하는 결말은 남북으로 상징되는 당대의 이원화된 이데올로기를 근저에서 흔든 최인훈의 「광장」은 '해결의 현실성'을 확보했다고 할 수 있다.

**05** ④

[정답해설]

'오 주무관이 회의에 참석하면, 박 주무관도 참석한다.'는 명제가 참이고, '박 주무관이 회의에 참석하면, 홍 주무관도 참석한다.'는 명제가 참일 때, '오 주무관이 회의에 참석하면, 홍 주무관도 회의에 참석한다.'라는 명제도 참이라는 결론을 도출할 수 있다. 이때 어떤 명제가 참일 경우 그 대우도 반드시 참이므로, '오 주무관이 회의에 참석하면, 홍 주무관도 회의에 참석한다.'라는 명제의 대우인 '홍 주무관이 회의에 참석하지 않으면, 오 주무관도 참석하지 않는다.'는 반드시 참이 된다.

> 명제 : P → Q (참) ⇔ 대우 : ~Q → ~P (참)

**06** ②

[정답해설]

3문단에 "이러매 눈감아 생각해"에서 눈을 감는 행위는 외면이나 도피가 아니라 피할 수 없는 현실적 조건을 새롭게 반성함으로써 현실의 진정한 면모와 마주하려는 적극적인 행위로 읽힌다고 서술되어 있다. 그러므로 「절정」에서 시인은 투사가 처한 현실적 조건을 외면하지 않고 새롭게 인식함을 알 수 있다.

[오답해설]

① 2문단에서 투사 이육사가 처한 상황은 "매운 계절의 채찍에 갈겨 / 마침내 북방으로 휩쓸려"온 것처럼 대단히 위태로워 보인다고 하였으나, 그런 극한의 상황이 봄, 여름, 가을, 겨울의 뚜렷한 계절의 변화로 드러나 있지는 않다.

③ 1문단에서 「절정」은 투사가 처한 냉엄한 현실적 조건을 제시한 3개의 연과 시인이 품고 있는 인간과 역사에 대한 희망이 제시된 마지막 연의 두 부분으로 크게 나누어지는 것을 확인할 수 있으나, 투사와 시인의 반목과 화해가 나타나 있지는 않다.

④ 1문단에서 「절정」은 크게 두 부분으로 나누어지는데, 투사가 처한 냉엄한 현실적 조건이 3개의 연에 걸쳐 먼저 제시된 후, 시인이 품고 있는 인간과 역사에 대한 희망이 마

지막 연에 제시된다고 서술되어 있다. 그러므로 「절정」에는 냉엄한 현실에 절망하는 시인(→ 투사)의 면모와 인간과 역사에 대한 희망을 놓지 않으려는 투사(→ 시인)의 면모가 동시에 담겨 있음을 알 수 있다.

**07** ③

[정답해설]

(라)에서 시청자를 짧은 시간 안에 사로잡기 위해서는 스토리텔링 전략이 필요하다고 하였고, (나)에서 그러한 스토리텔링 전략에서 제일 먼저 해야 할 일은 로그라인을 만드는 것이라고 하였다. 그러므로 (라) 다음에 (나)가 와야 한다. 또한 (가)에서 다음으로 시청자의 마음을 사로잡을 수 있는 참신한 인물을 창조해야 한다고 하였고, (다)에서 이 같은 인물 창조의 과정에서 스토리의 주제가 만들어진다고 하였다. 그러므로 (가) 다음에 (다)가 와야 한다. 이를 종합해 볼 때, (라)-(나)-(가)-(다)순으로 나열하는 것이 글의 맥락상 가장 적절하다.

**08** ③

[정답해설]

〈지침〉에 따르면 본론은 제목에서 밝힌 내용을 2개의 장으로 구성하되 각 장의 하위 항목끼리 대응되도록 작성하라고 지시되어 있다. 즉, 제목인 '복지 사각지대의 발생 원인과 해소 방안'에 따라 Ⅲ-2.의 ⓒ에는 Ⅱ-2.에 제시된 '사회복지 담당 공무원의 인력 부족'에 대한 해소 방안이 들어가야 한다. 그러나 '사회복지 업무 경감을 통한 공무원 직무 만족도 증대'는 Ⅱ-2.에 제시된 '사회복지 담당 공무원의 인력 부족'에 대한 해소 방안과 관련이 없으므로 ⓒ에 들어갈 내용으로 적절하지 않다.

[오답해설]

① 〈지침〉에 따르면 서론은 중심 소재의 개념 정의와 문제 제기를 1개의 장으로 작성하라고 지시되어 있다. Ⅰ-1.의 '복지 사각지대의 정의'는 중심 소재의 개념 정의에 해당하므로, Ⅰ-2.의 ㉠에는 문제 제기에 해당하는 '복지 사각지대의 발생에 따른 사회 문제의 증가'가 들어가는 것이 적절하다.

② 〈지침〉에 따르면 본론은 제목에서 밝힌 내용을 2개의 장으로 구성하되 각 장의 하위 항목끼리 대응되도록 작성하라고 지시되어 있다. 즉, Ⅱ.가 '복지 사각지대의 발생 원인'이므로 Ⅱ-1.의 ⓒ에는 Ⅲ-1.의 '사회적 변화를 반영하여 기존 복지 제도의 미비점 보완'이라는 해소 방안의 대응 원인인 '사회적 변화를 반영하지 못한 기존 복지 제도의 한계'가 들어가는 것이 적절하다.

④ 〈지침〉에 따르면 결론은 기대 효과와 향후 과제를 1개의 장으로 작성하라고 지시되어 있다. Ⅳ-2.의 '복지 사각지대의 근본적이고 지속가능한 해소 방안 마련'은 향후 과제

에 해당하므로, Ⅳ-1.의 ⓔ에는 기대 효과에 해당하는 '복지 혜택의 범위 확장을 통한 사회 안전망 강화'가 들어가는 것이 적절하다.

---

09  ④

[정답해설]

신경과학자 아이젠버거는 뇌의 어떤 부위가 활성화되는가를 촬영하여 실험 참가자가 어떤 심리적 상태인가를 파악하려는 실험을 진행하였다. 연구팀은 실험 참가자가 따돌림을 당할 때 그의 뇌에서 전두엽의 전대상피질 부위가 활성화된다는 것을 확인하였고, 이는 인간이 물리적 폭력을 당할 때 활성화되는 뇌의 부위와 동일하다는 것을 확인하였다. 그러므로 제시문의 빈칸에 들어갈 결론은 ④의 '따돌림을 당할 때와 물리적 폭력을 당할 때의 심리적 상태는 서로 다르지 않다'가 가장 적절하다.

[오답해설]

① 인간이 물리적 폭력을 당할 때 활성화되는 뇌의 부위도 따돌림을 당할 때의 뇌의 부위와 마찬가지로 전두엽의 전대상피질 부위임을 앞에서 이미 언급하고 있다. 그러므로 물리적 폭력은 뇌 전두엽의 전대상피질 부위를 활성화한다는 내용은 앞의 내용과 중복되므로 적절하지 않다.

② 따돌림을 당할 때 활성화되는 뇌의 부위와 물리적 폭력을 당할 때 활성화되는 뇌의 부위가 전두엽의 전대상피질 부위로 동일하다고 밝히고 있으나, 물리적 폭력이 피해자의 개인적 경험을 사회적 문제로 전환하는지는 제시문의 내용을 통해 확인할 수 없다.

③ 따돌림을 당할 때 활성화되는 뇌의 부위와 물리적 폭력을 당할 때 활성화되는 뇌의 부위가 전두엽의 전대상피질 부위로 동일하다고 밝히고 있으나, 따돌림이 피해자에게 물리적 폭력보다 더 심각한 부정적 영향을 미치는지는 제시문의 내용을 통해 확인할 수 없다.

---

10  ②

[정답해설]

2문단에서 고소설의 주인공은 적대자에 의해 원점에서 분리되어 고난을 겪는다고 하였고, 3문단에서 박 진사의 집으로 표상되는 유년의 과거는 이상적 원점의 구실을 하며 박 진사의 죽음은 그들에게 고향의 상실을 상징한다고 하였다. 그러므로 영웅소설의 주인공과 「무정」의 이형식은 그들의 이상적 원점을 상실했다는 공통점을 가지고 있음을 알 수 있다.

[오답해설]

① 2문단에서 고소설의 주인공이 도달해야 할 종결점은 새로운 미래가 아니라 다시 도래할 과거로서의 미래인 '회귀의

크로노토프'라고 하였다. 반면에 3문단에서 근대소설 「무정」은 이러한 회귀의 크로노토프를 부정한다고 하였다. 그러므로 고소설은 회귀의 크로노토프를 긍정하고 「무정」은 부정한다는 점에서 서로 다르다.

③ 3문단의 '두 사람의 결합이 이상적 상태의 고향을 회복할 수 있는 유일한 방법이겠지만, 그들은 끝내 결합하지 못한다.'에서 이형식과 박영채의 결합은 이상적 상태의 고향을 회복하는 것을 의미한다. 즉, 「무정」에서 이형식이 박영채와 결합했다면 새로운 미래로서의 종결점에 도달하는 것이 아니라 과거로서의 미래에 도달할 수 있었을 것이다.

④ 2문단에서 '그들의 목표는 상실한 원점을 회복하는 것, 즉 그곳에서 향유했던 이상적 상태로 돌아가는 것'이라고 하였으므로, 가정소설은 가족 구성원들이 평화롭게 공존하는 결말을 통해 상실했던 원점으로의 복귀를 거부하는 것이 아니라 회복하는 것임을 알 수 있다.

---

11  ③

[정답해설]

㉠의 '돌아가는'은 '원래의 있던 곳으로 다시 가거나 다시 그 상태가 되다.'라는 의미이다. 마찬가지로 ③의 '그는 잃어버린 동심으로 돌아가고 싶었다.'에서 '돌아가고'도 '원래의 상태가 되다'라는 의미이므로 ㉠과 그 의미가 유사하다.

[오답해설]

① · ② '전쟁은 연합군의 승리로 돌아갔다.'와 '사과가 한 사람 앞에 두 개씩 돌아간다.'에서 '돌아가다'는 모두 '차례나 몫, 승리, 비난 따위가 개인이나 단체, 기구, 조직 따위의 차지가 되다.'라는 의미로 사용되었다.

④ '그녀는 자금이 잘 돌아가지 않는다며 걱정했다.'에서 '돌아가다'는 '돈이나 물건 따위의 유통이 원활하다.'는 의미로 사용되었다.

> **TIP** 돌아가다 〈동사〉
>
> Ⅰ.
> 1. 물체가 일정한 축을 중심으로 원을 그리면서 움직여 가다.
>    ⓔ 바퀴가 돌아가다.
> 2. 일이나 형편이 어떤 상태로 진행되어 가다.
>    ⓔ 일이 너무 바쁘게 돌아가서 정신을 차릴 수가 없다.
> 3. 어떤 것이 차례로 전달되다.
>    ⓔ 술자리가 무르익자 술잔이 돌아가기 시작했다.
> 4. 차례대로 순번을 옮겨 가다.
>    ⓔ 우리는 돌아가면서 점심을 산다.
> 5. 기능이 제대로 작동하다.
>    ⓔ 기계가 잘 돌아간다.
> 6. 돈이나 물건 따위의 유통이 원활하다.
>    ⓔ 요즘은 자금이 잘 돌아간다.

7. 정신을 차릴 수 없게 아찔하다.
　예 머리가 핑핑 돌아간다.
8. (주로 '-시-'와 결합한 꼴로 쓰여) '죽다'의 높임말.
　예 할아버지께서 돌아가셨다.

Ⅱ. 「…에/에게,…으로」
1. 원래의 있던 곳으로 다시 가거나 다시 그 상태가 되다.
　예 아버지는 고향에 돌아가시는 게 꿈이다.
2. 차례나 몫, 승리, 비난 따위가 개인이나 단체, 기구, 조직 따위의 차지가 되다.
　예 사과가 한 사람 앞에 두 개씩 돌아간다.

Ⅲ. 「…으로」
1. 일이나 형편이 어떤 상태로 끝을 맺다.
　예 지금까지의 노력이 수포로 돌아갔다.
2. 원래의 방향에서 다른 곳을 향한 상태가 되다.
　예 입이 왼쪽으로 돌아가다.
3. 먼 쪽으로 둘러서 가다.
　예 그는 검문을 피해 일부러 옆길로 돌아갔다.

Ⅳ. 「…을」
1. 어떤 장소를 끼고 원을 그리듯이 방향을 바꿔 움직여 가다.
　예 모퉁이를 돌아가면 우리 집이 보인다.
2. 일정한 구역 안을 이리저리 왔다 갔다 하다.
　예 고삐를 뗀 소가 마당을 돌아가며 길길이 날뛰고 있다.

**12** ①

[정답해설]
제시문의 내용을 논리 기호로 단순화하면 다음과 같다.

> (가) 노인복지 문제 일부 ∧ ~일자리 문제
> (나) 공직 → 일자리 문제 ≡ ~일자리 문제 → ~공직
> (결론) 노인복지 문제 일부 ∧ ~공직

그러므로 (가)와 (나)를 전제로 할 때 빈칸에 들어갈 결론은 ①의 '노인복지 문제에 관심이 있는 사람 중 일부는 공직에 관심이 있는 사람이 아니다'가 가장 적절하다.

**TIP 정언 삼단 논법**

(대전제) 모든 사람은 죽는다.　　P → Q
⇓
(소전제) 소크라테스는 사람이다.　R → P
⇓
(결론) 그러므로 소크라테스는 죽는다.　R → Q

**13** ③

[정답해설]
2문단에 따르면 현재 기준에서는 질병 치료를 목적으로 개발한 신약만 승인받을 수 있다고 하였으므로, 노화를 멈추는 약을 승인받을 수 없는 이유가 식품의약국이 노화를 질병으로 보지 않기 때문이라고 추론할 수 있다. 그러므로 ⓒ을 '질병으로 보지 않은 탓에 노화를 멈추는 약은 승인받을 수 없었다'로 수정한 것은 적절하다.

[오답해설]
① 노화 문제를 해결하는 것은 '인간이 젊고 건강한 상태로 수명을 연장할 수 있다는 점'에서 기존 발상과 다르다고 하였으므로, ⊙을 '늙고 병든 상태에서 담담히 죽음의 시간을 기다린다'로 수정한 것은 적절하지 못하다.
② ⓛ이 포함된 문장에서 '젊음을 유지한 채 수명을 늘리는 것은 충분히 가능하다'고 서술되어 있으므로, ⓛ에는 '젊음을 유지한 채 수명을 늘리는 것'과 관련된 조건이 들어가야 한다. 그러므로 ⓛ을 '노화가 진행되기 전의 신체를 노화가 진행된 신체'로 수정한 것은 적절하지 못하다.
④ ⓔ이 포함된 문장에서 '이를 통해 유전자를 조작하는 방식으로 노화를 막을 수 있다'고 서술되어 있으므로, ⓔ에는 '유전자를 조작하는 방식으로 노화를 막는 것'과 관련된 내용이 들어가야 한다. 그러므로 ⓔ을 '노화가 더디게 진행되는 사람들의 유전자 자료를 데이터화하면 그들에게서 노화를 촉진'으로 수정한 것은 적절하지 못하다.

**14** ④

[정답해설]
ㄱ. 눈[雪]을 가리키는 단어를 4개 지니고 있는 이누이트족이 1개 지니고 있는 영어 화자들보다 눈을 넓고 섬세하게 경험한다는 것은 특정 현상과 관련한 단어가 많을수록 해당 언어권의 화자들이 그 현상에 대해 심도 있게 경험한다는 것을 의미하므로, ⊙의 '사피어-워프 가설'을 강화한다고 평가한 것은 적절하다.
ㄴ. 수를 세는 단어가 '하나', '둘', '많다' 3개뿐인 피라하족의 사람들이 세 개 이상의 대상을 모두 '많다'고 인식하는 것은 언어가 의식과 사고를 결정한 것이므로, ⊙의 '사피어-워프 가설'을 강화한다고 평가한 것은 적절하다.
ㄷ. 특정 현상과 관련한 단어가 많을수록 해당 언어권의 화자들이 그 현상에 대해 심도 있게 경험한다고 하였으므로, 색채 어휘가 많은 자연언어 화자들이 색채 어휘가 적은 자연언어 화자들에 비해 색채를 구별하는 능력이 뛰어나야 한다. 그런데 색채 어휘가 적은 자연언어 화자들이 색채 어휘가 많은 자연언어 화자들에 비해 색채를 구별하는 능력이 뛰어나다는 것은 이와 반대이므로, ⊙의 '사피어-워프 가설'을 약화한다고 평가한 것은 적절하다

**15** ②

[정답해설]

2문단에 따르면 한국 건국신화에서 신이 지상에 내려와 왕이 되고자 한 것은 천상적 존재가 지상적 존재가 되기를 바라는 것이라고 하였으나, 신이 인간을 위해 지상에 내려와 왕이 되었는지는 알 수 없다. 그러므로 '한국 무속신화에서 신은 인간을 위해 지상에 내려와 왕이 된다.'는 ②의 설명은 윗글을 이해한 내용으로 적절하지 못하다.

[오답해설]

① 3문단에서 다른 나라의 신화들은 신과 인간의 관계가 한국 신화와 달리 위계적이고 종속적이라고 전제한 뒤, 히브리 신화에서 신은 언제나 인간의 우위에 있다고 서술되어 있다. 그러므로 히브리 신화에서 신과 인간의 관계는 위계적이라고 할 수 있다.

③ 1문단에 따르면 한국 신화에서 신은 인간과의 결합을 통해 결핍을 해소함으로써 완전한 존재가 된다고 하였고, 2문단에서도 인간들의 왕이 된 신은 인간 여성과의 결합을 통해 자식을 낳음으로써 결핍을 메운다고 서술하고 있다. 그러므로 한국 건국신화에서 신은 인간과의 결합을 통해 완전한 존재가 된다고 할 수 있다.

④ 2문단에 한국 신화에서 신과 인간은 서로의 존재를 필요로 한다는 점에서 상호의존적이고 호혜적이라고 밝힌 반면에, 3문단에서 신체 화생 신화는 신의 희생 덕분에 인간 세계가 만들어질 수 있었다는 점에서 인간은 신에게 철저히 종속되어 있다고 서술되어 있다. 그러므로 한국 신화에 보이는 신과 인간의 관계는 신체 화생 신화에 보이는 신과 인간의 관계와 다르다는 것을 확인할 수 있다.

**16** ③

[정답해설]

ⓒ의 '거듭나다'는 '지금까지의 방식이나 태도를 버리고 새롭게 시작하다'라는 의미이고, '복귀하다'는 '본디의 자리나 상태로 되돌아가다'를 뜻하므로 서로 바꿔 쓸 수 없다.

[오답해설]

① ㉠의 '견주다'는 '둘 이상의 사물을 질이나 양 따위에서 어떤 차이가 있는지 알기 위하여 서로 대어 보다'라는 의미이므로, '둘 이상의 사물을 견주어 서로 간의 유사점, 차이점, 일반 법칙 따위를 고찰하다'는 의미인 '비교하다'와 바꿔 쓸 수 있다.

② ㉡의 '바라다'는 '생각이나 바람대로 어떤 일이나 상태가 이루어지거나 그렇게 되었으면 하고 생각하다'라는 의미이므로, '어떤 일을 이루거나 하기를 바라다'는 의미인 '희망하다'와 바꿔 쓸 수 있다.

④ ㉣의 '퍼지다'는 '어떤 물질이나 현상 따위가 넓은 범위에 미치다'라는 의미이므로, '일정한 범위에 흩어져 퍼져 있다'라는 의미인 '분포되다'와 바꿔 쓸 수 있다.

**17** ①

[정답해설]

갑과 병은 마스크 착용에 대해 '윤리적 차원'에서 접근하고 있지만, 을은 두 번째 발언에서 마스크를 쓰지 않는 행위를 윤리적 차원에서만 접근하지 말고, '문화적 차원'에서도 고려할 필요가 있다며 남들과 다른 측면에서 탐색하고 있다.

[오답해설]

② 갑이 두 번째 발언에서 '개인의 자유로운 선택이 타인의 생명을 위협한다면 기본권이라 하더라도 제한하는 것이 보편적 상식 아닐까?'라고 말한 것은 앞서 말한 병의 의견을 재반박한 것이지 자신의 의견이 반박되자 질문을 던져 화제를 전환한 것은 아니다.

③ 갑은 전염병이 창궐했을 때 마스크를 착용하는 것은 당연하다며 마스크 착용을 찬성하고 있고, 을은 마스크 착용에 대한 찬성 혹은 반대 입장을 밝히지 않고 있다. 병은 개인의 자유만을 고집하면 결국 사회가 극단적 이기주의에 빠져 붕괴한다며 마스크 착용을 찬성하고 있다. 그러므로 대화가 진행되면서 논점에 대한 찬반 입장이 바뀌는 사람은 없다.

④ 을은 두 번째 발언에서 어떤 사회에서는 얼굴을 가리는 것이 범죄자의 징표로 인식되기도 한다고 사례를 제시하며, 마스크를 쓰지 않는 행위를 문화적 차원에서도 고려할 필요가 있다고 하였다. 이는 사례의 공통점을 종합한 것이 아니라 다른 사례를 제시한 것이다.

**18** ④

[정답해설]

2문단에 따르면 앳킨슨은 스톤헨지를 세운 사람들을 '야만인'으로 묘사하면서 이들은 과학적 사고를 할 줄 모른다고 주장하였다. 그러므로 기원전 3,000년경 인류에게 천문학 지식이 있었다는 증거가 발견되면 앳킨슨의 이러한 주장은 약화될 것이다.

[오답해설]

① 1문단에서 천문학자 호킨스는 스톤헨지의 모양이 태양과 달의 배열을 나타낸 것이라는 의견을 제시했지만, 스톤헨지가 제사를 지내는 장소였다고 언급한 적은 없다. 그러므로 스톤헨지가 제사를 지내는 장소였다는 후대 기록이 발견되면 호킨스의 주장이 강화될 것이라는 평가는 적절하지 않다.

② 1문단에서 천문학자 호일이 스톤헨지가 일종의 연산장치라는 주장을 하였는데, 연산장치는 숫자 사용과 밀접한 관련이 있다. 그러므로 스톤헨지 건설 당시의 사람들이 숫자를 사용하였다는 증거가 발견되면 호일의 주장은 약화(→ 강화)될 것이다.

③ 3문단에서 글쓴이는 스톤헨지의 건설자들이 현대인과 같은 지능을 가졌다고 해도 수학과 천문학의 지식이 보존되고 전승될 문자 기록이 없었으므로 우리와 똑같은 과학적 사고와 기술적 지식을 가지지는 못했다고 주장하고 있다. 그러므로 스톤헨지의 유적지에서 수학과 과학에 관련된 신석기시대 기록물이 발견되면 글쓴이의 주장은 강화(→ 약화)될 것이다.

**19** ②

**[정답해설]**
ⓒ의 '이들'은 '스톤헨지를 세운 사람들'을 가리키고, ⓔ의 '그들'은 '스톤헨지의 건설자들'을 가리킨다. 그러므로 문맥상 ⓒ과 ⓔ의 지시 대상은 동일하다.

**[오답해설]**
㉠의 '그들'은 1문단에서 언급한 '천문학자 호일', '엔지니어인 톰', 그리고 '천문학자인 호킨스'를 가리킨다.
ⓒ의 '이들'은 앞서 언급한 '호킨스를 옹호하는 학자들'을 가리킨다.

**20** ①

**[정답해설]**
제시문의 내용을 논리 기호로 단순화하면 다음과 같다.

| · 문학 → 자연의 아름다움 |
| --- |
| · 어떤 자연의 아름다움 ∧ 예술 |
| (결론) 어떤 예술 ∧ 문학 |

삼단 논법을 통해 '예술을 좋아하는 어떤 사람은 문학을 좋아하는 사람이다.'라는 결론을 이끌어내기 위해서는 '자연의 아름다움'과 '문학'의 관련성을 언급하는 문장이 들어가야 한다. 그러므로 ①의 '자연의 아름다움을 좋아하는 사람은 모두 문학을 좋아하는 사람이다.'가 빈칸에 들어갈 말로 가장 적절하다.

## 제2차 정답 및 해설

### 정답

| | | | | |
|---|---|---|---|---|
| 01 ② | 02 ② | 03 ③ | 04 ④ | 05 ④ |
| 06 ③ | 07 ② | 08 ④ | 09 ① | 10 ① |
| 11 ④ | 12 ① | 13 ② | 14 ① | 15 ① |
| 16 ① | 17 ③ | 18 ④ | 19 ④ | 20 ① |

### 해설

**01** ②

**[정답해설]**
"시장은 시민의 안전에 관하여 건설업계 관계자들과 논의하였다."라는 문장은 여러 뜻으로 해석될 수 있는 중의적 문장이 아니므로, 중의적 표현을 삼가기 위해 별도로 수정할 필요는 없다.

**[오답해설]**
① '국회의원'과 '선출되었다'는 피동의 관계에 있는 주어와 서술어가 되어야 하므로, 목적어인 'ㅇㅇㅇ명을'을 주어인 'ㅇㅇㅇ명이'로 수정한 것은 적절하다.
③ '5킬로그램 정도'가 '금'을 수식하는 지, '보관함'을 수식하는 지 분명하지 않으므로, '금 5킬로그램 정도'라고 수식어와 피수식어의 관계를 분명하게 밝혀 수정한 것은 적절하다.
④ "음식물의 신선도 유지와 부패를 방지해야 한다."는 '음식물의 신선도 유지를 방지해야 한다.'는 잘못된 의미가 포함될 수 있으므로, 대등한 관계를 사용하여 "음식물의 신선도를 유지하고, 부패를 방지해야 한다."로 수정한 것은 적절하다.

**02** ②

**[정답해설]**
질병의 전염성에 주목하여 붙여진 이름은 '염병(染病)'과 '윤행괴질(輪行怪疾)'이며, '역병(疫病)'은 사람이 고된 일을 치르듯[役] 병에 걸려 매우 고통스러운 상태를 말한다.

**[오답해설]**
① '온역(溫疫)'에 들어 있는 '온(溫)'은 이 병을 일으키는 계절적 원인을 가리킨다고 하였으므로, '온역'은 질병의 원인에 주목하여 붙여진 이름이라고 할 수 있다.
③ '당독역(唐毒疫)'은 오랑캐처럼 사납고[唐], 독을 먹은 듯 고통스럽다[毒]는 의미가 들어 있다고 하였으므로, 질병의 고통스러운 정도에 주목하여 붙여진 이름이라고 할 수 있다.
④ '마진(痲疹)'은 피부에 발진이 생기고 그 모양이 삼씨 모양인 것을 빗대어 붙여진 이름이므로, 병으로 인해 몸에 나타난 증상에 주목하여 붙여진 이름이라고 할 수 있다.

**03** ③

**[정답해설]**
제시문에 따르면 플라톤의 『국가』에서 사람들이 살아가면서 가장 중요하게 생각하는 두 가지 요소는 '재물'과 '성적 욕망'이며, 삶을 살아가면서 돈에 대한 욕망이나 성적 욕망만이라도 잘 다스릴 수 있다면 낭패를 당하거나 망신을 당할 일이 거의 없을 것이라고 서술하고 있다. 그러므로 '성공적인 삶을 살려면 재물욕과 성욕을 잘 다스려야 한다.'는 ③의 설명이 제시문의 중심 내용으로 가장 적절하다.

**04** ④

**[정답해설]**
랑그는 특정한 언어공동체가 공유하고 있는 기호체계를 가리키므로, 자기 모국어에 대해 사람들이 내재적으로 가지고 있는 지식인 언어능력과 비슷한 개념이다. 반면, 파롤은 의사소통을 위한 개인적인 행위를 의미하므로, 사람들이 실제로 발화하는 행위인 언어수행과 비슷한 개념이다. 그러므로 ⓔ은 '랑그가 언어능력에 대응한다면, 파롤은 언어수행에 대응'이라고 수정해야 옳다.

**[오답해설]**
① 랑그는 특정한 언어공동체가 공유하고 있는 기호체계를 가리키므로 고정되어 있는 악보에 비유할 수 있고, 파롤은 의사소통을 위한 개인적인 행위를 의미하므로 악보를 연주하는 사람에 따라 달라지는 실제 연주에 비유할 수 있다. 그러므로 ⓐ은 어색한 곳이 없다.
② 랑그가 고정된 악보와 같기 때문에 여러 상황에도 불구하고 변하지 않고 기본을 이루는 언어의 본질적 모습에 해당한다. 그러므로 ⓑ은 어색한 곳이 없다.
③ '책상'이라는 단어를 발음할 때 사람마다 발음되는 소리가

다르기 때문에 '책상'에 대한 발음이 제각각일 수밖에 없다면 실제로 발음되는 제각각의 소리값은 파롤에 해당한다. 그러므로 ⓒ은 어색한 곳이 없다.

**05**　④

**[정답해설]**

제시문에 따르면 판타지에서는 이미 알고 있는 것보다 새로운 것이 더 중요한 의미를 가지며, SF에서는 어떤 새로운 것이 등장했을 때 그 낯섦을 인정하면서도 동시에 그것을 자신이 이미 알고 있던 인식의 틀로 끌어들여 재조정하는 과정이 요구된다고 하였다. 그러므로 '판타지는 알고 있는 것보다 새로운 것이 더 중요하고, SF는 알고 있는 것과 새로운 것 사이의 재조정이 필요한 장르이다'라는 ④의 설명이 핵심 논지로 가장 적절하다.

**06**　③

**[정답해설]**

제시문에 따르면 로빈후드 이야기에서 셔우드 숲을 한 바퀴 돌고 로빈후드를 만났다고 하는 국왕 에드워드는 1세에서 3세까지의 에드워드 국왕 중 이 지역의 순행 기록이 있는 사람이 에드워드 2세뿐이므로 1307년에 즉위하여 20년간 재위한 2세일 가능성이 있다고 하였다. 그러므로 로빈후드 이야기의 시대 배경은 에드워드 2세의 재위 기간인 1307~1327년에 해당하는 <u>14세기 전반</u>으로 추정할 수 있다.

**[오답해설]**

① '왕의 영지에 있는 사슴에 대한 밀렵을 금지하는 법은 11세기 후반 잉글랜드를 정복한 윌리엄 왕이 제정한 것이므로 아마도 로빈후드 이야기가 그 이전 시기로까지 거슬러 올라가지는 않을 것이다.'라는 제시문의 내용을 고려할 때, 로빈후드 이야기의 시대 배경이 11세기 후반은 아니다.

② 제시문에서 로빈후드는 14세기 후반인 1377년경에 인기를 끈 작품 〈농부 피어즈〉에 최초로 등장하며, 로빈후드를 만났다고 하는 국왕 에드워드는 1307년에 즉위하여 20년간 재위한 2세일 가능성이 있다고 하였다. 여기서 1307년은 14세기이므로, 로빈후드 이야기의 시대 배경이 14세기 이전은 아니다.

④ 제시문에서 로빈후드를 만났다고 하는 국왕 에드워드는 1307년에 즉위하여 20년간 재위한 2세일 가능성이 있다고 하였다. 따라서 에드워드 2세의 마지막 재위 연도가 14세기 전반인 1327년으로 추정되므로 로빈후드 이야기의 시대 배경이 14세기 후반은 아니다.

**07**　②

**[정답해설]**

(나)의 마지막 문장에서 임진왜란으로 인하여 교류가 단절되었다고 하였고, (가)에서 조선과 일본의 단절된 관계는 1609년 기유조약이 체결되면서 회복되었다고 하였으므로 (나) 다음에 (가)가 온다. 또한 (가)의 마지막 문장에서 조선은 대마도에 시혜를 베풀어줌으로써 일본과의 교린 체계를 유지해 나가려고 했고, (다)에서 이러한 외교관계에 매 교역이 자리하고 있었다고 서술되어 있으므로 (가) 다음에 (다)가 온다. 그러므로 이를 종합해 볼 때, 맥락에 맞는 글의 순서는 (나)－(가)－(다)이다.

**08**　③

**[정답해설]**

제시문에서 '0' 개념이 들어오기 전 시간의 길이는 '1'부터 셈했고, 시간의 시작점 역시 '1'로 셈했으며 이와 같은 셈법의 흔적을 현대 언어에서도 찾을 수 있다고 하였다. 그러면서 '2주'를 의미하는 용도로 사용되는 현대 프랑스어 'quinze jours'가 그 어원이 '15일'을 가리키는 이유를 예로 들어 설명하고 있다. 그러므로 '프랑스어 'quinze jours'에는 '0' 개념이 들어오기 전 셈법의 흔적이 남아 있다.'는 ③의 설명은 적절하다.

**[오답해설]**

① 제시문에 '0' 개념은 13세기가 되어서야 유럽으로 들어왔고, '0' 개념이 들어오기 전 시간의 길이는 '1'부터 셈했다고 서술되어 있다. 그러므로 '0' 개념이 13세기에 유럽에서 발명된 것은 아니다.

② 『성경』에서 예수의 부활 시점을 3일이라고 한 것은 그의 신성성을 부각하기 위한 것이 아니라, 『성경』이 기록될 당시에 '0' 개념이 없었기 때문에 그 시작점을 '1'로 셈했던 것이다. 그러므로 『성경』에서 예수의 신성성을 부각하기 위해 그의 부활 시점을 활용한 것은 아니다.

④ 제시문에 오늘날 그리스 사람들이 올림픽이 열리는 주기에 해당하는 4년을 '5년'이라는 어원을 지닌 'pentaeteris'라고 부르는 까닭은 시간적으로는 동일한 기간이지만 시간을 셈하는 방식에 따라 마지막 해가 달라졌기 때문이라고 서술하고 있다. 즉, '0' 개념이 없었기 때문에 올림픽이 개최된 해를 '1년'부터 시작하면 다음 올림픽이 개최되는 해는 4년 후인 '5년'이 된다. 그러므로 'pentaeteris'라는 말이 생겨났을 때에 비해 오늘날의 올림픽이 열리는 주기가 짧아진 것은 아니다.

**09** ①

[정답해설]

제시문에 인간의 인두는 여섯 번째 목뼈에까지 이르는 반면에, 대부분의 포유류에서는 인두의 길이가 세 번째 목뼈를 넘지 않으며, 개의 경우는 두 번째 목뼈를 넘지 않는다고 서술되어 있다. 그러므로 '개의 인두 길이는 인간의 인두 길이보다 짧다.'는 ①의 설명은 제시문의 내용과 일치한다.

[오답해설]

② 제시문에 침팬지는 인간과 게놈의 98%를 공유하고 있지만, 발성 기관에 차이가 있으며, 인간의 인두는 여섯 번째 목뼈에까지 이르는 반면에, 대부분의 포유류는 인두의 길이가 세 번째 목뼈를 넘지 않는다고 서술되어 있다. 그러므로 침팬지의 인두가 인간의 인두와 98% 유사한 것은 아니다.

③ 제시문에서 녹색원숭이는 포식자의 접근을 알리기 위해 소리를 지르며, 침팬지는 고통, 괴로움, 기쁨 등의 감정을 표현할 때 각각 다른 소리를 낸다고 서술되어 있다. 이는 자신의 종에 속하는 개체들과 의사소통을 하는 사례를 든 것이므로, 서로 다른 종인 녹색원숭이와 침팬지가 의사소통을 할 수 있는지의 여부는 알 수 없다.

④ 제시문에 따르면 초당 십여 개의 소리를 만들어 낼 수 있는 것은 침팬지가 아니라 인간이다.

**10** ①

[정답해설]

(가)의 '소리'는 인간의 발성 기관을 통해 낼 수 있는 소리이며, ㉠의 '소리'는 고통, 괴로움, 기쁨 등의 감정을 표현할 때 내는 침팬지의 소리이므로 그 의미가 다르다.

[오답해설]

㉡·㉢·㉣은 (가)의 '소리'와 마찬가지로 인간의 발성 기관을 통해 낼 수 있는 소리를 의미한다.

**11** ④

[정답해설]

본문에 따르면 방각본 출판업자들은 작품의 규모가 커서 분량이 많은 경우에는 생산 비용이 올라가 책값이 비싸지기 때문에 자연스럽게 분량이 적은 작품을 선호하였고, 세책업자들은 한 작품의 분량이 많아서 여러 책으로 나뉘어 있으면 그만큼 세책료를 더 받을 수 있기 때문에 스토리를 재미나게 부연하여 책의 권수를 늘렸다고 설명하고 있다. 그러므로 '한 편의 작품이 여러 권의 책으로 나뉘어 있는 대규모 작품들은 방각본 출판업자들보다 세책업자들이 선호하였다.'는 ④의 설명은 적절하다.

[오답해설]

① 제시문에 세책업자들은 한 작품의 분량이 많아서 여러 책으로 나뉘어 있으면 그만큼 세책료를 더 받을 수 있다고 서술되어 있다. 그러므로 분량이 많은 작품이 책값이 비쌌기 때문에 세책가에서 취급하지 않은 것은 아니다.

② 제시문에 방각본 출판업자들은 작품의 규모가 커서 분량이 많은 경우에는 생산 비용이 올라가 책값이 비싸지기 때문에 자연스럽게 분량이 적은 작품을 선호하였다고 서술되어 있다. 그러므로 구비할 책을 선정할 때 분량이 적은 작품을 우선시 한 것은 세책업자가 아니라 방각본 출판업자들이다.

③ 제시문의 마지막 문장에 세책업자들은 많은 종류의 작품을 모으는 데에 주력했고, 이 과정에서 원본의 확장 및 개작이 적잖이 이루어졌다고 서술되어 있다. 그러므로 원본의 내용을 부연하여 개작한 것은 방각본 출판업자들이 아니라 세책업자들이다.

**12** ①

[정답해설]

㉠의 '올라가'는 값이나 통계 수치, 온도, 물가가 높아지거나 커지다의 의미로 사용되었다. 마찬가지로 ①의 '올라가는'도 습도가 상승하다는 의미로 사용되었으므로 ㉠과 같은 의미이다.

[오답해설]

② '내가 키우던 반려견이 하늘나라로 올라갔다.'에서 '올라갔다'는 ('하늘', '하늘나라' 따위와 함께 쓰여) '죽다'를 비유적으로 이르는 말이다.

③ '그녀는 승진해서 본사로 올라가게 되었다.'에서 '올라가게'는 지방 부서에서 중앙 부서로, 또는 하급 기관에서 상급 기관으로 자리를 옮기다의 의미이다.

④ '그는 시험을 보러 서울로 올라갔다.'에서 '올라갔다'는 지방에서 중앙으로 가다, 즉 '상경하다'의 의미이다.

> **TIP** 올라가다(동사)
>
> I. 「…에, …으로」
> 1. 낮은 곳에서 높은 곳으로 또는 아래에서 위로 가다.
>    예 나무에 올라가다.
> 2. 지방에서 중앙으로 가다.
>    예 서울에 올라가는 대로 편지를 올리겠습니다.
> 3. 지방 부서에서 중앙 부서로, 또는 하급 기관에서 상급 기관으로 자리를 옮기다.
>    예 이번에 발령받아 대검찰청에 올라가면 나 좀 잘 봐주세요.
> 4. 남쪽에서 북쪽으로 가다.
>    예 우리나라에 있던 태풍이 북상하여 만주에 올라가 있다.
> 5. 물에서 뭍으로 옮겨 가다.
>    예 물고기들이 파도에 밀려 뭍에 올라가 있었다.

6. ('하늘', '하늘나라' 따위와 함께 쓰여) '죽다'를 비유적으로 이르는 말.
   - 예 가여운 성냥팔이 소녀는 하늘나라에 올라가서 어머니를 만났겠지.
7. 하급 기관의 서류 따위가 상급 기관에 제출되다.
   - 예 나라에 상소가 올라가다.

**Ⅱ. 「…으로」**

1. 기준이 되는 장소에서 다소 높아 보이는 방향으로 계속 멀어져 가다.
   - 예 큰길로 조금만 올라가면 우체국이 있다.
2. 어떤 부류나 계통 따위의 흐름을 거슬러 근원지로 향하여 가다.
   - 예 윗대 조상으로 올라가면 그 집안이 꽤 전통이 있는 집안이다.
3. 등급이나 직급 따위의 단계가 높아지다.
   - 예 바둑 급수가 7급에서 6급으로 올라갔다.
4. 자질이나 수준 따위가 높아지다.
   - 예 수준이 올라가다.
5. 값이나 통계 수치, 온도, 물가가 높아지거나 커지다.
   - 예 집값이 자꾸 올라가서 큰 걱정이다.
6. 물의 흐름을 거슬러 위쪽으로 향하여 가다.
   - 예 그들은 강을 따라 올라가기 시작하였다.
7. 기세나 기운, 열정 따위가 점차 고조되다.
   - 예 장군의 늠름한 모습에 병사들의 사기가 하늘을 찌를 듯이 올라갔다.
8. 밑천이나 재산이 모두 없어지다.

**Ⅲ. 「…을」**

높은 곳을 향하여 가다.
- 예 산을 올라가다.

---

**13**  ②

**[정답해설]**

ㄴ. 을의 주장과 병의 주장은 대립하지 않는다. → (○)
을은 오늘날 사회는 계급 불평등이 더욱 고착화되었다고 주장하고, 병도 또한 현대사회에서 계급 체계는 여전히 경제적 불평등의 핵심으로 남아 있다고 주장한다. 그러므로 을의 주장과 병의 주장은 일치하며 대립하지 않는다.

**[오답해설]**

ㄱ. 갑의 주장과 을의 주장은 대립하지 않는다. → (×)
갑은 오늘날의 사회에서 전통적인 계급은 사라졌다고 주장하는 반면, 을은 오늘날의 사회가 계급 불평등이 더욱 고착되었다고 주장한다. 그러므로 갑과 을의 주장은 서로 대립한다.

ㄷ. 병의 주장과 갑의 주장은 대립하지 않는다. → (×)
갑은 오늘날의 사회에서 전통적인 계급은 사라졌다고 주장하는 반면, 병은 현대사회에서 계급 체계는 여전히 경제적 불평등의 핵심으로 남아 있다고 주장한다. 그러므로 갑과 병의 주장은 서로 대립한다.

---

**14**  ①

**[정답해설]**

| (가) 축구를 잘하는 사람은 모두 머리가 좋다. → 전칭 명제 |
| (나) 축구를 잘하는 어떤 사람은 키가 작다. → 특칭 명제 |

| (가) 축구 → 머리 |
| --- |
| (나) 축구 ∧ 키 작음 |

(결론) 머리 ∧ 키 작음 ≡ 키 작음 ∧ 머리

위의 논리 조건을 종합해 보면 축구를 잘하는 사람은 모두 머리가 좋고, 축구를 잘하는 어떤 사람은 키가 작으므로, 머리가 좋은 어떤 사람은 키가 작다. 따라서 키가 작은 어떤 사람은 머리가 좋다.

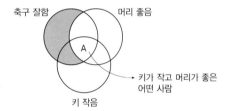

---

**15**  ①

**[정답해설]**

| ㉠ 마케팅 프로젝트 성공 → (유행지각 ∧ 깊은 사고 ∧ 협업) |

| ㉡ (유행지각 ∧ 깊은 사고 ∧ 협업) → 마케팅 프로젝트 성공 |

㉠의 내용을 논리 기호로 나타내면, '마케팅 프로젝트 성공 → (유행지각 ∧ 깊은 사고 ∧ 협업)'이므로 ㉠의 논리 기호와 같다. 그러므로 '지금까지 성공한 프로젝트가 유행지각, 깊은 사고 그리고 협업 모두에서 목표를 달성했다면, ㉠은 강화된다'는 ①의 설명은 적절하다.

**[오답해설]**

② 논리 기호로 나타내면, '(~유행지각 ∨ ~깊은 사고 ∨ ~협업) → ~마케팅 프로젝트 성공'이므로 ㉠의 대우와 같다. 그러므로 성공하지 못한 프로젝트 중 유행지각, 깊은 사고 그리고 협업 중 하나 이상에서 목표를 달성하는 데 실패한 사례가 있다면, ㉠은 약화(→ 강화)된다.

③ 논리 기호로 나타내면, '(~유행지각 ∨ ~깊은 사고 ∨ ~협업) → 마케팅 프로젝트 성공'이므로 ㉡의 이에 해당한다. 그런데 어떤 명제가 참이라고 해서 그 명제의 이가 항상 참인 것은 아니므로 유행지각, 깊은 사고 그리고 협업 중 하나 이상에서 목표를 달성하는 데 실패했지만 성공한 프로젝트가 있다면, ㉡이 강화되는 것은 아니다.

④ 논리 기호로 나타내면, '(유행지각 ∧ 깊은 사고 ∧ 협업) → ~마케팅 프로젝트 성공'이므로 유행지각, 깊은 사고 그리고 협업 모두에서 목표를 달성했지만 성공하지 못한 프로젝트가 있다면, ⓒ은 약화(→ 강화)된다.

**16** ②

**[정답해설]**

ㄱ. 우기에 비가 넘치는 산간 지역에서 고상식 주거 건축물 유적만 발견된 것은 지면에서 오는 각종 침해에 대비해 바닥을 높이 들어 올린 고상식 건축의 특징이므로, 기후에 따라 다른 자연환경에 적응해 발생했다는 ㉠의 주장을 강화한다.

ㄷ. 여름에는 고상식 건축물에서, 겨울에는 움집형 건축물에서 생활한 집단의 유적이 발견된 것은 계절에 따라 건축물의 양식을 달리한 것이므로, 기후에 따라 다른 자연환경에 적응해 발생했다는 ㉠의 주장을 강화한다.

**[오답해설]**

ㄴ. 움집형 집과 고상식 집이 공존해 있는 주거 양식을 보여 주는 집단의 유적지가 발견된 것은 기후에 따라 다른 자연환경에 적응해 발생한 주거 양식이 아니므로, ㉠의 주장을 약화시킨다.

**17** ③

**[정답해설]**

제시문의 마지막 문장에서 한문문학 중 '국문학적 가치'가 있는 것을 준국문학에 귀속시켰다고 하였고, 준국문학은 '넓은 의미의 국문학'에 해당하므로 '종래의 국문학의 정의를 기본 전제로 하되, 일부 한문문학을 국문학으로 인정'하자는 (나)의 주장은 강화된다.

**[오답해설]**

① 국문학의 범위를 확정하는 데 있어 해외에서의 문학적 가치의 인정은 중요 요인이 아니므로, 국문학에서 한문으로 쓰인 문학을 배제하자는 (가)의 주장에 영향을 미치지 않는다.

② 글의 서두에서 한 나라의 문학, 즉 '국문학'은 "그 나라의 말과 글로 된 문학"을 지칭한다고 하였으므로, 국문학의 정의를 '그 나라 사람들의 사상과 정서를 그 나라 말과 글로 표현한 문학'으로 수정하면 (가)의 주장은 약화(→ 강화)된다.

④ 글의 말미에서 훈민정음 창제 이후에도 한문문학 중 '국문학적 가치'가 있는 것을 준국문학에 귀속시켰다고 하였으므로, 훈민정음 창제 이후에도 차자표기(한자의 음과 훈을 빌려 우리말을 기록하던 표기법)로 된 문학작품이 다수

발견된다면 (나)의 주장은 약화(→ 강화)된다.

**18** ④

**[정답해설]**

ⓒ의 '전자'는 '순(純)국문학'을 가리키고, ⑩의 '전자'도 '순(純)국문학'을 가리키므로 지시하는 바가 동일하다.

**[오답해설]**

① ㉠의 '전자'는 '한문으로 쓰여진 문학', 즉 한문학을 가리키고, ⓒ의 '전자'는 '순(純)국문학', 즉 국문학을 가리키므로 지시하는 바가 다르다.

② ⓒ의 '후자'는 국문학을 가리키고, ⓔ의 '후자'는 '준(準)국문학', 즉 한문학을 가리키므로 지시하는 바가 다르다.

③ ⓒ의 '후자'는 국문학을 가리키고, ⓗ의 '후자'는 '준(準)국문학', 즉 한문학을 가리키므로 지시하는 바가 다르다.

**19** ④

**[정답해설]**

- 갑과 을 중 적어도 한 명은 〈글쓰기〉를 신청한다.

갑 · 글쓰기 ∨ 을 · 글쓰기

- 을이 〈글쓰기〉를 신청하면 병은 〈말하기〉와 〈듣기〉를 신청한다.

을 · 글쓰기 → (병 · 말하기 ∧ 병 · 듣기)

대우: ~(병 · 말하기 ∧ 병 · 듣기) → ~을 · 글쓰기

- 병이 〈말하기〉와 〈듣기〉를 신청하면 정은 〈읽기〉를 신청한다.

(병 · 말하기 ∧ 병 · 듣기) → 정 · 읽기

대우: ~정 · 읽기 → ~(병 · 말하기 ∧ 병 · 듣기)

- 정은 〈읽기〉를 신청하지 않는다.

~정 · 읽기

위의 논리 조건을 밑에서 위로 따라가 보면, 정이 〈읽기〉를 신청하지 않으면 병은 〈말하기〉와 〈듣기〉를 신청하지 않고, 병이 〈말하기〉와 〈듣기〉를 신청하지 않으면 을이 〈글쓰기〉를 신청하지 않는다. 따라서 을이 〈글쓰기〉를 신청하지 않는 것이 판명되었고, 처음 조건에서 갑과 을 중 적어도 한 명은 〈글쓰기〉를 신청한다고 하였으므로, 갑이 〈글쓰기〉를 신청한다는 사실을 알 수 있다.

**20** ①

**[정답해설]**

글의 서두에 언어의 형식적 요소에는 '음운', '형태', '통사'가 있으며, 언어의 내용적 요소에는 '의미'가 있다고 하였다. 그러므로 '언어는 형식적 요소가 내용적 요소보다 다양하다.'는

①의 설명은 적절하다.

[오답해설]

② 2문단에서 언어학은 크게 말소리 탐구, 문법 탐구, 의미 탐구로 나눌 수 있는데, 이때 각각에 해당하는 음운론, 문법론, 의미론은 서로 관련된다고 하였다. 그러므로 언어의 형태 탐구는 의미 탐구와 관련되지 않는다는 설명은 적절하지 못하다.

③ 2문단에서 의사소통의 과정상 발신자의 측면에서는 의미론에, 수신자의 측면에서는 음운론에 초점이 놓인다고 하였으나, 의사소통의 첫 단계가 언어의 형식을 소리로 전환하는 것인지는 제시문을 통해 확인할 수 없다.

④ 2문단에서 화자의 측면에서 언어를 발신하는 경우에는 의미론에서 문법론을 거쳐 음운론의 방향으로, 청자의 측면에서 언어를 수신하는 경우에는 반대의 방향으로 작용한다고 하였다. 여기서 문법론은 형태론 및 통사론을 포괄하므로, 언어를 발신하고 수신하는 과정에서 통사론이 활용되지 않는 것은 아니다.

9급공무원
# 국어

나두공

# 나두공

# 01장 현대 문학

SEMI-NOTE

## 01절 문학 일반론

# 1. 문학의 특성

## (1) 문학의 본질과 기원

① 문학의 본질

㉠ 언어 예술 : 언어를 표현 매체로 하는 예술로서, 구비 문학과 기록 문학이 모두 문학에 포함됨

㉡ 개인 체험의 표현 : 개인의 특수한 체험이면서, 인류의 보편적 삶과 합일하는 체험

㉢ 사상과 정서의 표현 : 미적으로 정화되고 정서화된 사상의 표현

㉣ 개연성(蓋然性) 있는 허구의 세계 : 문학에서의 세계는 허구의 세계이나, 이는 실제 생활과 완전히 유리된 것이 아니라 작가의 상상을 통해 실제 생활에서 유추된 세계임

㉤ 통합된 구조 : 문학 속에는 대상에 의한 구체적 미적 표현인 '형상'과 경험을 의식 세계로 섭취하려는 정신 작용인 '인식'이 결합되어 작품을 이룸

② 문학의 기원

㉠ 심리학적 기원설

• 모방 본능설 : 인간의 모방 본능으로 문학이 생겼다는 설(아리스토텔레스, 플라톤)

• 유희 본능설 : 인간의 유희 충동에서 문학이 발생했다는 설(칸트, 스펜서, 실러)

• 흡인 본능설 : 남의 관심을 끌고 싶어 하는 흡인 본능 때문에 문학이 발생했다는 설(다윈 등 진화론자)

• 자기표현 본능설 : 자기의 사상과 감정을 드러내고 싶어 하는 본능에서 문학이 발생했다는 설(허드슨)

㉡ 발생학적 기원설 : 일상생활에서의 필요성 때문에 문학이 발생했다는 설(그로세)

㉢ 발라드 댄스(ballad dance)설 : 원시 종합 예술에서 음악, 무용, 문학이 분화 및 발생하였다는 설(몰톤)

## (2) 문학의 요소와 미적 범주

① 문학의 요소

㉠ 미적 정서 : 어떤 대상을 접했을 때, 마음속에서 일어나는 본능적인 감정을 절제하고 걸러 냄으로써 생겨나는 정서로, 보편성 또는 항구성을 획득하게 하는 요소 → 희로애락(喜怒哀樂)과 같은 인간의 감정을 말함

ⓛ **상상** : 문학을 창조하는 힘의 원천으로 이미지를 형성하고 문학의 독창성을 가능하게 하는 요소

ⓒ **사상** : 작품의 주제가 되는 작가의 인생관이나 세계관의 반영으로 작품 속에 숨겨진 의미

ⓔ **형식** : 작품의 구조와 문체로써 문학 내용을 구체적으로 형상화하는 요소

② 문학의 미적 범주

ⓐ **숭고미(崇高美)** : 경건하고 엄숙한 분위기를 통해 고고한 정신적 경지를 체험할 수 있게 하는 미의식

ⓛ **우아미(優雅美)** : 아름다운 형상이나 수려한 자태를 통해 고전적인 기품과 멋을 나타내는 미의식

ⓒ **비장미(悲壯美)** : 슬픔이 극에 달하거나 한(恨)의 정서를 드러냄으로써 형상화되는 미의식

ⓔ **골계미(滑稽美)** : 풍자나 해학 등의 수법으로 익살스럽게 표현하면서 어떤 교훈을 주는 경우 나타나는 미의식

## 2. 문학의 갈래와 작품 비평

### (1) 문학의 갈래

① **서정 문학** : 인간의 정서 및 감정을 화자의 입을 통해서 독자에게 직접적으로 전달하는 양식으로, 강한 주관성과 서정적인 내용, 운율 있는 언어로 구성

② **서사문학**

ⓐ 문자 언어로 기록되어 다양한 삶의 양상을 형상화하는 양식

ⓛ 이야기를 전달하는 서술자가 존재하며 주로 과거시제로 진행

ⓒ 연속적인 사건을 줄거리로 이야기하는 것

③ **극 문학**

ⓐ 등장인물이 직접 등장하여 말과 행동으로 사건을 보여주는 양식

ⓛ 서술자가 개입하지 않으며 갈등을 중심으로 이야기가 전개

④ **교술 문학**

ⓐ 자아가 세계화되어 정서를 변함없이 전달하는 문학 양식

ⓛ 현실속의 경험, 생각 등을 전달하므로 교훈성과 설득성이 강함

### (2) 문학 작품의 비평 유형

① 비평의 유형(방법)

ⓐ 심리주의(정신분석학적) 비평

• 프로이트의 정신분석학이나 심리학 등의 이론에 근거하여 문학 작품에 반영된 작가의 창작 심리나 등장인물의 심리, 작자의 개인적 상징, 독자가 느끼는 심리적 영향 등을 분석하여 작품을 비평하는 방법

• 작품의 내용을 인간 심성의 측면에서 고찰하거나 무의식의 흐름을 심리학적으로 분석하는 등의 방법을 사용하기도 함

**문학의 종류**
• **운문 문학** : 언어의 운율을 중시하는 문학 → 시
• **산문 문학** : 언어의 전달 기능을 중시하는 문학 → 소설, 희곡, 수필
• **구비 문학** : 입에서 입으로 전해진 문학으로 민족의 보편적 성격 반영
• **기록 문학** : 문자로 기록되어 본격적인 개인의 창의가 반영되는 문학

**작품 비평의 정의와 양상**
• **비평의 정의** : 문학 작품을 해석하고 분류하며 평가하는 일체의 활동
• **비평의 기본 양상**
 – **원론 비평** : 문학의 원론과 장르에 대한 이론 비평
 – **실천(실제) 비평** : 원론 비평의 이론을 적용하여 실제의 작가와 작품을 연구, 분석하는 응용 비평
 – **제작 비평** : 실제 작품의 제작 기술에 관한 논의
 – **비평의 비평** : 원론 비평의 이론을 재검토하고 실천 비평의 타당성을 검토하여 대안을 제시하는 비평 자체에 대한 평가

SEMI-NOTE

**기타 비평의 유형**

• **역사주의 비평**
 – 작품 발생의 배경이 되는 역사적 상황이나 사실을 중시하는 비평
 – 작품의 배경에 해당하는 시대적 조건과 역사적 상황을 떠나서는 문학을 이해할 수 없다는 것을 전제로 하여 문학의 가치를 평가하는 것으로, 작가가 살았던 역사적 배경과 사회 환경, 작가의 생애, 창작 의도나 동기 등과 같은 외적 조건을 중심으로 작품을 분석 및 평가함

• **사회학적 비평**
 – 문학을 사회적 소산으로 보고 문학이 사회, 문화적 요인과 맺는 양상이나 상관관계를 규명함으로써 작품을 이해하는 비평
 – 내용과 현실의 사회적 반영 문제, 문학제도의 연구, 문학의 생산과 소비, 유통의 연구 등을 다룸

• **신화(원형) 비평**
 – 모든 문학 장르와 작품 속에서 신화의 원형을 찾아내어 그것이 어떻게 재현되고 재창조되어 있는가를 분석하는 방법
 – 신화 속에 존재하는 원형은 시대를 넘어 존재하는 것으로 보므로 문학 작품에 드러난 신화소를 분석하고 신화의 원형을 파악하여 문학을 이해하고자 함

ⓒ **구조주의 비평**
 • 문학 작품은 고도의 형상적 언어로 조직된 자율적인 체계라고 보고, 작품의 모든 요소를 통합하고 있는 구조 자체를 파악함으로써 작품을 이해하는 방법
 • 작품을 이해하는데 필요한 자료는 작품 밖에 없으며 작품 속에 모든 것이 갖추어져 있다고 생각하며, 작품을 이루는 음성적, 의미적 요소, 서사적 상황 및 구조에 대한 분석에 관심을 가짐(이러한 측면에서 형식주의 비평과 유사)

② **외재적 비평과 내재적 비평**

**한눈에 쏙~**

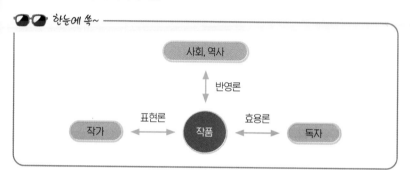

ⓐ **외재적 비평** : 작가에 대한 연구, 작품의 시대 상황 등 작품 외부적 사실로부터 작품을 이해하는 방법
 • **표현론(생산론)적 관점** : 작품을 작가의 체험, 사상, 감정 등을 표현한 것으로 보는 관점. 작품을 창작한 작가의 의도, 작가의 전기, 작가의 심리 상태 등에 관한 연구
 • **반영론(모방론)적 관점** : 작품은 현실 세계의 반영이라는 관점. 작품이 대상으로 삼은 현실 세계에 대한 연구, 작품에 반영된 세계와 대상 세계를 비교·검토, 작품이 대상 세계의 진실한 모습과 전형적 모습을 반영했는가를 검토
 • **효용론(수용론)적 관점** : 작품이 독자에게 어떤 효과를 어느 정도 주었는가에 따라 작품의 가치를 평가하려는 관점. 독자의 감동이 무엇이며, 그것이 구체적으로 작품의 어떤 면에서 유발되었는가를 검토

ⓑ **내재적 비평** : 작품 자체를 완결된 세계로 보고, 작품 연구에만 주력하는 방법
 • **존재론(내재론, 구조론, 객관론, 절대주의)적 관점** : 작품을 이해하는 데 필요한 자료는 작품밖에 없으며, 작품 속에 모든 것이 갖추어져 있다는 관점. 작품을 작가나 시대 환경으로부터 독립시켜 이해하며 작품의 언어를 중시하고, 부분들을 유기적으로 통합하고 있는 작품의 구조를 분석(작품의 구조나 형식, 구성, 언어, 문체, 운율, 표현기법, 미적 가치 등을 중시)

ⓒ **종합주의적 비평** : 문학 작품의 해석에 있어 하나의 관점만 적용하는 것이 아니라 다양한 방법을 통해 종합적이며 총체적으로 이해하려는 관점. 작품의 내적 형식, 다양한 외적 요인들과 연결된 의미를 규명하여 종합적으로 감상

# 3. 문예사조의 형성

## (1) 문예사조의 발생과 특징

① 고전주의
   ⊙ 17세기 프랑스에서 발생하여 유럽으로 전파된 사조로 고대 그리스, 로마의 고전을 모범으로 삼음
   ⓛ 세계를 이성으로 파악하며, 합리성과 감각적 경험에 의한 사실의 실증을 중시
   ⓒ 전통적 감정과 상상은 이성으로 통제, 완전한 형식미, 몰개성적 특성
   ⓔ 내용과 형식의 조화와 엄격성, 규범 등을 중시

② 낭만주의
   ⊙ 고전주의의 몰개성적 성격에 반발하여 18세기 말~19세기 초에 독일, 프랑스에서 일어나 영국으로 전파됨, 비현실적 반항정신과 이상주의적 특성
   ⓛ 꿈이나 이상, 신비감, 이국적이며 초자연적 정서를 중시
   ⓒ 인간의 감정적 욕구와 감상적 자유, 개성, 독창성을 강조
   ⓔ 이성보다는 감성, 합리성보다는 비합리성, 감각성보다는 관념성을 강조

③ 사실주의
   ⊙ 19세기 후반 낭만주의의 비현실적인 성격에 반발하여 있는 그대로를 묘사하려는 경향을 지니며 현대 소설의 주류를 형성
   ⓛ 사회와 현실을 있는 그대로 직시하고, 과장이나 왜곡을 금함
   ⓒ 객관적, 과학적 현실의 진지한 재현을 중시

④ 자연주의
   ⊙ 19세기의 급진적 사실주의로 자연과학적 결정론에 바탕을 둠(환경 결정론적 사조)
   ⓛ 에밀 졸라가 창시했으며 실험적, 분석적, 해부적 특성에 사회의 추악한 측면을 폭로

⑤ 주지주의(모더니즘)
   ⊙ 20세기 초, 영국을 중심으로 유럽에서 발생한 사조로, 기성세대의 모든 도덕과 전통, 권위에서 벗어나 근대적 가치와 문명을 문학적 제재로 강조
   ⓛ 산업사회에 비판적이며, 감각과 정서보다 이성과 지성(知性)을 중시
   ⓒ 정확한 일상어 사용, 구체적인 심상 제시, 견고하고 투명한 시의 추구 등을 강조

⑥ 실존주의
   ⊙ 제2차 세계대전 이후 프랑스를 중심으로 발생한 현실 참여적 문학 운동(현실 참여적 성격이 강함)
   ⓛ 삶의 부조리나 불안, 고독 등 참된 의미의 실존적 자각과 형이상학적 문제들을 다룸

## (2) 국내의 문예사조

① **계몽주의** : 봉건적 인습과 종교적 독단에서 벗어나 민중을 계몽하고자 하는 목적을 지님(예 이광수 「무정」, 최남선 「해에게서 소년에게」 등)

② **유미주의** : 예술지상주의와 상통하는 사조로, 계몽주의를 반대하며 순수문학적 가치를 내걺(예 김동인 「배따라기」, 김영랑 「모란이 피기까지는」 등)

③ **낭만주의** : 꿈의 세계에 대한 동경이나 병적인 감상을 특징으로 하며, 상징적인 언어를 유미적으로 나열(예 이상화 「나의 침실로」, 홍사용 「나는 왕이로소이다」 등)

④ **사실주의** : 계몽주의에 반대하고 인간 생활을 사실적이고 객관적으로 묘사(예 김동인 「약한 자의 슬픔」, 나도향 「물레방아」, 현진건 「빈처」 등)

⑤ **자연주의** : 인간의 추악한 본능에 대해 적나라하게 묘사하고 사회의 어두운 면을 과학적인 태도와 냉혹한 수법으로 표현(예 김동인 「감자」, 염상섭 「표본실의 청개구리」 등)

⑥ **모더니즘** : 개인적 감정보다 현대 문명을 이상으로 해야 한다고 선언하면서 서구적인 기법을 도입(예 김광균 「와사등」, 김기림 「기상도」, 정지용 「고향」 등)

⑦ **초현실주의** : 의식의 흐름, 자동기술법 등의 기법을 사용하는 실험적인 사조의식의 흐름, 자동기술법 등의 기법을 사용하는 실험적인 사조(예 이상 「날개」 등)

⑧ **실존주의** : 6 · 25 전쟁을 계기로 도입되어, 전후의 참담한 현실에서 인간의 실존 의미를 추구(예 장용학 「요한 시집」 등)

## 4. 다양한 언어표현기법

### (1) 수사법

① **수사법의 개념** : 어떤 생각을 특별한 방식으로 전달하는 기술로 표현이나 설득에 필요한 다양한 언어표현기법

② **수사법의 분류** ⭐ 빈출개념

ㄱ **비유법** : 표현하려는 대상을 다른 대상에 빗대어 표현하는 수사법

| 직유법 | 비슷한 점을 지닌 두 대상을 직접적으로 비교하여 표현하는 방법으로, 보조관념에 '같이, ~처럼, ~인 양, ~듯이' 등의 연결어가 쓰임 |
|---|---|
| 은유법 | 'A는 B이다.'와 같이 비유하는 말과 비유되는 말을 동일한 것으로 단언하듯 표현하는 법 |
| 의인법 | 사람 아닌 사물을 사람처럼 나타내는 표현법 |
| 활유법 | 생명이 없는 것을 마치 있는 것처럼 비유하는 법 |
| 의태법 | 사물의 모양과 태도를 그대로 시늉하여 표현하는 법 |
| 의성법 | 자연계의 소리, 인간 또는 동물의 소리를 그대로 본떠 감각적으로 표현하는 법 |
| 풍유법 | 원관념을 숨기고, 비유하는 보조관념만으로 원관념을 간접적으로 드러내는 표현 방법. 속담, 격언, 풍자 소설 등에 많이 쓰임 |

ⓛ **강조법** : 표현하려는 내용을 뚜렷하게 나타내어 독자에게 인상을 남기는 수사법

| 상징법 | 비유이면서도 좀처럼 원관념을 찾아내기 힘든 표현. 추상적인 것을 구체적 사물로 암시하는 법 |
|---|---|
| 과장법 | 실제보다 훨씬 크거나 작게 표현하는 법 |
| 영탄법 | 기쁨, 슬픔, 놀라움, 무서움 따위의 감정을 표현하여 글의 효과를 높이는 법 |
| 점층법 | 어구(語句)의 의미를 점차로 강하게, 크게, 깊게, 높게 함으로써 그 뜻이나 가락을 절정으로 끌어올리는 방법 |
| 대조법 | 서로 상반되는 사물을 맞세워 그중 하나를 두드러지게 나타내는 법 |
| 열거법 | 비슷한 말귀나 내용적으로 관계있는 말귀를 늘어놓는 법 |
| 비교법 | 두 가지 이상의 사물이나 개념의 비슷한 것을 비교하는 법(예 양귀비꽃보다도) |
| 연쇄법 | 앞말의 꼬리를 따서 그 다음 말의 머리에 놓아 표현하는 법 |
| 명령법 | 격한 감정으로 명령하는 법 |

ⓒ **변화법** : 표현의 단조로움을 피하기 위해 문장에 생기를 불어넣는 표현법

| 도치법 | 문법상, 논리상으로 순서를 바꿔 놓는 법 |
|---|---|
| 설의법 | 서술로 해도 무관한 것을 의문형으로 나타내는 법 |
| 돈호법 | 대상을 불러 독자의 주의를 환기시키는 표현법 |
| 대구법 | 가락이 비슷한 글귀를 짝지어 나란히 놓아 흥취를 높이려는 법 |
| 반어법 | 겉으로 표현되는 말과는 반대의 뜻을 나타내는 법 |
| 역설법 | • 표면적으로는 이치에 어긋난 논리적 모순으로 보이지만 그 속에 보다 깊은 뜻이나 시적 진실을 담고 있는 표현법으로, 이를 통해 일상적으로 표현할 수 없는 시인의 느낌이나 감정을 참신하고 효과적으로 전달함<br>• 모순 형용 또는 모순 어법이라고도 함 |
| 문답법 | 스스로 묻고 스스로 대답하는 형식 |
| 생략법 | 어떤 말을 없애도 뜻의 내용이 오히려 간결해져서 함축과 여운을 지니게 하는 법 |

**실력UP 기타 수사법**

• **언어유희** : 말이나 문자, 음운, 발음의 유사성을 이용하여 해학성을 높이는 표현 방법
• **사비유(死比喩)** : 너무 자주 사용되어 개성과 참신함, 본래의 묘미가 사라진 비유
• **감정이입** : 화자의 감정을 다른 생명체나 무생물체에 이입하는 기법, 즉 다른 대상을 통해 감정을 표현하는 것

SEMI-NOTE

**기타 강조법의 특징**

• **중의법** : 하나의 단어에 두 가지 이상의 뜻을 포함시켜 표현하는 법
• **반복법** : 같거나 비슷한 말을 되풀이하여 강조하는 법
• **점강법** : 뜻을 점차로 여리게, 작게, 얕게, 낮게, 약한 것으로 끌어내려 강조하는 법
• **미화법** : 표현 대상을 아름다운 것으로 만들어 나타내거나 높여서 표현하는 방법
• **억양법** : 누르고 추켜 주거나, 추켜세운 후 눌러 버리는 등 글에 기복을 두는 법
• **현재법** : 과거나 미래형으로 쓸 말을 현재형으로 나타내는 법

**기타 변화법의 특징**

• **돈강법** : 감정의 절정에서 갑자기 뚝 떨어지면서 감정의 진정 효과를 주는 법
• **인용법** : 남의 말이나 글 또는 고사, 격언에서 필요한 부분을 인용하는 수사법
 – 직접 인용 : 인용한 부분을 따옴표로 분명히 나타내는 법
 – 간접 인용 : 인용한 부분을 따옴표 등이 없이 문장 속에 숨어 있게 표현하는 법
• **경구법** : 교훈이나 진리를 줄 목적으로 기발한 글귀를 써서 자극을 주는 법
• **비약법** : 일정한 방향으로 나가던 글의 내용을 갑자기 중단하거나 비약시키는 방법

**기타 문체의 특성**

- **개성적 문체** : 개인적이고 독자적인 성격이 드러나는 표현상에서의 특수성. 흔히 문장 양식을 가리키며 특정 작가와 그 작품 속 문장에서 나타남
- **유형적 문체** : 작품 속에서 인정되는 표현상의 공통적 특수성으로, 사회와 밀접한 관련을 맺고 있으며 표기 형식, 어휘, 어법, 수사, 문장 형식 또는 시대나 지역 사회에 따라 달라짐

**시의 정의**

인간의 사상과 감정을 운율 있는 언어로 압축하여 형상화한 문학

**시의 3대 요소**

- 음악적 요소(운율) : 반복되는 소리의 질서에 의해 창출되는 운율감
- 회화적 요소(심상) : 대상의 묘사나 비유에 의해 떠오르는 구체적인 모습
- 의미적 요소(주제) : 시에 담겨 있는 뜻에 의해 나타나는 요소

**시어의 역할**

- **매개체로서의 역할**
  - 시어는 시에서 추억을 떠올리게 하거나 과거를 회상하게 하는 매개체 역할을 수행함
  - 화자의 심경에 변화를 초래하는 매개체가 되기도 함
- **교훈의 대상으로서의 역할** : 바람직한 삶의 모습이나 자세를 주는 교훈의 대상이 되기도 함
- **장애물의 역할** : 화자의 소망이나 목표를 방해하는 장애물이나 난관

## (2) 문체

① 문체의 의미와 구분

ㄱ. 문체의 의미 : 언어 표현의 독특한 양상으로 문장의 개인적인 성벽(性癖)이나 범주를 의미함

ㄴ. 문체의 구분

| 구분 | | 내용 |
|---|---|---|
| 문장의 호흡에 따라 | 간결체 | 문장의 길이가 짧고 수식어가 적어 글의 호흡이 빠른 문체 |
| | 만연체 | 문장이 길고 수식어가 많아 글의 호흡이 느린 문체 |
| 표현의 강약에 따라 | 강건체 | 글의 기세가 도도하고 거세며 탄력 있는 남성적인 문체 |
| | 우유체 | 글의 흐름이 우아하고 부드러워 여성적인 느낌을 주는 문체 |
| 수식의 정도에 따라 | 화려체 | 비유나 수식이 많아 찬란하고 화려한 느낌을 주는 문체 |
| | 건조체 | 비유나 수식이 거의 없고, 간결하며 선명한 압축, 요약된 문체 |

## 02절 문학의 갈래

## 1. 시

## (1) 시의 특성과 시어

① 시의 특성

ㄱ. 함축성 : 절제된 언어와 압축된 형태로 사상과 감정을 표현

ㄴ. 운율성 : 운율로써 음악적 효과를 나타냄

ㄷ. 정서성 : 독자에게 특정한 정서를 환기시킴

ㄹ. 사상성 : 의미 있는 내용으로서 시인의 인생관, 세계관이 깔려 있음

ㅁ. 고백성 : 시는 내면화된 세계의 주관적, 고백적 표현

② 시어(詩語)

ㄱ. 의미 : 시어(시적 언어)는 '시에서 사용되는 언어', '시적인 방법으로 사용된 일단의 말'을 의미하며, 일상어와는 구별됨

ㄴ. 시어의 특징

- 함축적 의미(내포적 의미) : 시어는 통상적인 의미를 넘어 시에서 새롭게 창조되는 의미를 지니며, 여기에는 시어가 지니는 분위기나 다의성, 비유, 상징적 의미 등이 포함됨
- 시적 허용(시적 자유) : 시어는 일상적인 언어 규범과 다른 방식으로 정서나 사상을 표현할 수 있으며, 비문과 사투리, 신조어 등을 사용하여 개성적인 표현이 가능함

- 다의성(모호성) : 시어는 시 속에서 여러 가지 의미를 지니게 되며, 이는 시의 폭과 깊이를 넓힘
- 주관성 : 객관적으로 통용되는 의미를 넘어 주관적 · 개인적으로 해석될 수 있는 의미를 중시함
- 사이비 진술(의사 진술) : 일상적 상식이나 과학적 사실과 다르지만 시적 진실을 통해 감동을 유발함
- 정서의 환기 : 시어는 의미를 전달하는 외에도 시적 상황을 매개로 하여 시적 정서를 환기함

## (2) 시의 갈래와 운율

① 시의 갈래
  ㉠ 형식상 갈래
  - 자유시 : 특정한 형식에 얽매이지 않고 자유롭게 지은 시
  - 정형시 : 일정한 형식에 맞추어 쓴 시
  - 산문시 : 행의 구분 없이 산문처럼 쓰인 시
  ㉡ 내용상 갈래
  - 서정시 : 개인의 주관적 정서를 짧게 압축한 시
  - 서사시 : 신화나 역사, 영웅들의 이야기를 길게 읊은 시
  ㉢ 목적, 태도, 경향상 갈래
  - 순수시 : 개인의 순수한 정서를 형상화한 시
  - 주지시 : 인간의 지성에 호소하는 시로, 기지, 풍자, 아이러니, 역설 등으로 표출됨

② 시의 운율(韻律)

| 외형율 | 음수율 | 시어의 글자 수나 행의 수가 일정한 규칙을 가지는 데에서 오는 운율 → 3 · 4(4 · 4)조, 7 · 5조 | |
|---|---|---|---|
| | 음위율 | 시의 일정한 위치에 일정한 음을 규칙적으로 배치하여 만드는 운율 | |
| | | 두운 | 일정한 음이 시행의 앞부분에 있는 것 |
| | | 요운 | 일정한 음이 시행의 가운데 있는 것 |
| | | 각운 | 일정한 음이 시행의 끝부분에 있는 것 |
| | 음성률 | 음의 장단이나 고저 또는 강약 등의 주기적 반복으로 만드는 운율 | |
| | 음보율 | 소리의 반복과 시간의 등장성에 근거한 운율 → 3음보, 4음보 | |
| 내재율 | | 의미와 융화되어 내밀하게 흐르는 정서적 · 개성적 운율 | |

## (3) 시의 표현

① 심상(이미지)의 개념과 종류
  ㉠ 심상의 개념 : 시를 읽을 때 마음속에 떠오르는 느낌이나 상(象), 즉 체험을 바탕으로 감각기관을 통하여 형상화된 사물의 감각적 영상

ⓒ **심상의 종류** ⭐빈출개념
- 시각적 심상 : 색깔, 모양, 명암, 동작 등 눈의 감각을 이용한 심상
- 청각적 심상 : 음성, 음향 등 소리의 감각을 이용한 심상
- 후각적 심상 : 냄새의 감각을 이용한 심상
- 미각적 심상 : 맛의 감각을 이용한 심상
- 촉각적 심상 : 감촉의 감각을 이용한 심상
- 공감각적 심상 : 두 가지 감각이 동시에 인식되는 심상, 또는 한 감각이 다른 감각으로 전이(轉移)되어 나타나는 표현
- 복합 감각적 심상 : 서로 다른 두 가지 이상의 관련이 없는 감각을 나열한 심상

② 비유 : 말하고자 하는 사물이나 의미를 다른 사물에 빗대어 표현하는 방법으로, 두 사물의 유사점에 근거하여 원관념과 보조관념의 결합으로 이루어짐

③ 상징의 개념과 종류
ⓒ 상징의 개념 : 어떤 사물이 그 자체의 뜻을 유지하면서 더 포괄적이고 내포적인 다른 의미까지 나타내는 표현 방법
ⓒ 상징의 특성
- 상징은 그 의미를 작품 전체에 조응할 때 비로소 파악할 수 있음
- 상징은 원관념이 생략된 은유의 형태를 띠지만, 그 뜻을 완벽하게 밝히지는 않음
- 비유에서는 원관념과 보조관념이 일대일로 대응하지만, 상징에서는 일대다수로 대응

## 2. 시상의 전개

### (1) 시상의 개념과 유형

① 시상의 개념 : 시인의 사상이나 정서를 일정한 질서로 조직하는 것
② 전개 방식
ⓒ **기승전결(起承轉結)에 따른 전개** : 기승전결의 구성 방식, 즉 '시상의 제시 → 시상의 반복 및 심화 → 시상의 전환 → 중심 생각·정서의 제시'의 전개를 통해 완결성을 추구하는 방식
ⓒ **수미상관(首尾相關)에 따른 전개** : 시작과 끝을 같거나 비슷한 시구로 구성하는 전개 방식으로, 시의 균형감과 안정감을 획득할 수 있는 장점을 지님
ⓒ **선경후정(先景後情)에 따른 전개** : 앞에서는 풍경을 묘사하고, 뒤에서는 시적 화자의 정서를 표출하는 방식
ⓒ **점층적 기법에 따른 전개** : 의미나 단어 형태, 진행 과정 등을 점층적으로 변화시키며 시상을 전개하는 방식
ⓒ **연상 작용에 따른 전개** : 하나의 시어가 주는 이미지를 이와 관련된 다른 관념으로 꼬리에 꼬리를 무는 방식
ⓒ **어조의 전환에 따른 전개** : 화자의 정서가 절망과 희망, 기쁨과 슬픔, 체념과 극복의 의지 등으로 전환되면서 주제의식이 부각되는 전개 방식을 말함

**비유의 기능**
- 이미지를 형성하는 수단
- 추상적인 대상을 구체적으로 정확하게 전달할 수 있음

**상징의 종류**
- 제도적 상징(관습적, 사회적, 고정적 상징) : 사회적 관습에 의해 되풀이되어 널리 보편화된 상징
- 개인적 상징(창조적, 문학적 상징) : 개인에 의해 만들어져서 문학적 효과를 발휘하는 상징

**시상의 전개방식**
- 과거에서 현재, 미래로의 흐름
  - 이육사「광야」: 과거 → 현재 → 미래
  - 윤동주「서시」: 과거 → 미래 → 현재
- 밤에서 아침으로의 흐름
  - 김광균「외인촌」: 해질 무렵 → 아침
  - 박남수「아침 이미지」: 어둠 → 아침
- 시선의 이동에 따른 전개
  - 원경에서 근경으로의 이동 : 박목월「청노루」, 김상옥「사향」
  - 그 밖의 이동 : 이병기「난초」(잎새 → 줄기(대공) → 꽃 → 이슬)
- 대조적 심상의 제시
  - 김기림「바다와 나비」→ 흰나비와 바다의 대립
  - 김수영「풀」: 풀과 바람의 대립

## (2) 시적 화자의 어조 및 태도

① 시적 화자와 정서적 거리

  ㉠ 시적화자의 개념

    • 시적 화자란 시 속에서 말하는 사람을 말하며, 시인의 정서와 감정 등을 전달해주는 매개체에 해당함

    • 시인 자신과 같을 수도 있고 다를 수도 있는데, 시인 자신이 화자인 경우 주로 자기 고백적이고 반성적인 성격을 지니며, 다른 인물이 화자인 경우 작품의 주제나 내용을 드러내는데 가장 적합한 인물이 선정됨

  ㉡ 정서적 거리의 개념

    • 정서적 거리는 시적 화자가 대상에 대하여 느끼는 감정과 정서의 미적 거리

    • 감정의 표출 정도와 방식에 따라 가까운 거리, 균제 또는 절제된 거리, 먼 거리 등으로 나눔

  ㉢ 정서적 거리의 구분

    • 정서적 거리가 가까운 경우 : 시적 대상에 대한 화자의 긍정적 정서가 강할 때 드러나며, 대상에 대해 주관적이고 직접적인 감정으로 표현됨

    • 정서적 거리가 절제된 경우 : 시적 화자의 정서가 작품에 드러나기는 하나 직접적이고 적극적으로 표현되지 않고 절제된 어조와 태도를 통해 표현됨

    • 정서적 거리가 먼 경우 : 시적 화자의 정서가 작품 속에 드러나지 않고 숨겨져 있으며 시적 대상만이 전면에 드러나는 경우를 말하며, 대상에 대한 주관적이고 감정적 표현은 자제되고 객관적인 모습의 묘사가 부각됨

② 시의 어조

  ㉠ 개념 : 시적 자아에 의해 표출되는 목소리의 성향으로, 제재 및 독자 등에 대한 시인의 태도를 말함

  ㉡ 어조의 유형

    • 남성적 어조 : 의지적이고 힘찬 기백을 전달

    • 여성적 어조 : 간절한 기원이나 한, 애상 등을 전달

    • 성찰적, 명상적, 기원적 어조 : 경건하고 겸허한 자세로 삶의 가치를 추구하는 어조

③ 시적 화자의 태도

  ㉠ 개념 : 시적 자아가 대상을 바라보는 관점으로, 화자가 핵심으로 말하고 싶은 바를 다양한 감정을 가지고 시로써 표현하는 것을 일컬음

  ㉡ 태도의 유형

    • 반성적 태도, 회한적 태도 : 개인이 처한 상황 또는 사회가 직면한 상황 속에서 적극적이지 못한 자신의 자세를 성찰하는 태도

    • 자조적 태도 : 자기 자신 또는 사회에 부정적이며 염세적인 관점의 태도

    • 미래 지향적 태도 : 미래의 가능성과 전망을 나타내는 시어들로 전달하는 태도

SEMI-NOTE

**시적화자**

시적화자를 다른 말로 시적 자아, 서정적 자아라고도 함

01장 현대 문학

**시적화자의 유형**

• 남성적 화자

  – 이육사 「광야」 → 지사적이고 예언자적인 남성

  – 유치환 「일월」 → 불의에 타협하지 않고 맞서는 남성

• 여성적 화자

  – 한용운 「당신을 보았습니다」 → 권력자에게 능욕당하는 여인(주권을 상실한 백성)

  – 김소월 「진달래꽃」 → 이별의 슬픔을 승화하려는 여인

**기타 어조의 유형**

• 풍자, 해학의 어조 : 사회에 대하여 비판적인 태도를 전달

• 대화체 어조 : 시적 자아가 독자와 대화하듯 친근하고 자연스럽게 말하는 어조

**기타 태도의 유형**

• 찬양적 태도 : 초월적인 존재 및 위대한 존재를 찬양하는 단어들로 시의 분위기를 전달하는 태도

• 희망적 태도 : 긍정적이며 낙관적인 관점 아래에서 대상 및 세상을 바라보는 태도

**각 시점의 제약**

- **1인칭 주인공 시점** : 객관성의 유지와 주인공 이외의 인물 및 사건 서술에 제약이 따름
- **1인칭 관찰자 시점** : 객관적인 관찰자의 눈에 비친 세계만을 다루므로 전체적으로 시야가 제한적이며, 주인공과 세계에 대한 깊이 있는 묘사에 한계가 있음
- **작가(3인칭) 관찰자 시점** : 서술자와 인물의 거리가 가장 멀며, 객관적 사실만 선달하므로 인물들의 심리 묘사와 명확한 해석에 어려움이 따름
- **전지적 작가 시점** : 서술자의 지나친 관여와 해석, 논평으로 인해 독자의 능동적인 참여 기회가 제한되고 객관성을 확보하기가 어려우며, 소설이 도식적이며 논설적 경향으로 흐르기 쉬움

**대표 작품**

- **1인칭 주인공 시점** : 김유정 「봄봄」, 이상 「날개」, 오정희 「중국인 거리」
- **1인칭 관찰자 시점** : 주요섭 「사랑 손님과 어머니」, 채만식 「치숙」
- **작가(3인칭) 관찰자 시점** : 김동인 「감자」, 황순원 「소나기」
- **전지적 작가 시점** : 이효석 「메밀꽃 필 무렵」, 최인훈 「광장」, 염상섭 「삼대」

**주제와 중심내용**

주제는 작품의 모든 요소들의 전체 효과에 의해 형상화된 중심 내용이자 소설의 모든 요소들이 유기적으로 결합되어 형성되는 총체적인 사상

**기타 갈등의 양상**

- **개인과 운명 간의 갈등** : 등장인물의 삶이 운명적으로 결정되거나 무너지면서 겪는 갈등
- **개인과 자연의 갈등** : 등장인물과 이들의 행동을 제약하는 자연현상과의 갈등

---

- 주인공과 서술자가 일치하므로 주인공의 내면심리 제시에 효과적이며, 독자에게 친근감과 신뢰감을 부여

ⓛ **1인칭 관찰자 시점**

- 작품 속에 등장하는 부수적 인물인 '나'가 주인공의 이야기를 서술하는 시점으로, 어떠한 인물을 관찰자로 설정하는가에 따라 소설의 효과가 달라짐
- 주인공의 내면이 드러나지 않아 긴장과 경이감을 조성하며, '나'에 대한 주관적 해석과 관찰의 '대상'에 대한 객관적 묘사를 동시에 추구하여 독자에게 신뢰감을 형성함

ⓒ **작가(3인칭) 관찰자 시점**

- 작가가 관찰자의 입장에서 객관적 태도로 이야기를 서술하는 방법
- 외부 관찰에 의거하여 해설이나 평가를 하지 않고 있는 그대로 제시하는 시점으로, 현대 사실주의 소설에서 흔히 쓰임
- 서술자와 인물의 거리는 가장 멀고, 작중 인물과 독자의 거리는 가까움
- 서술자는 해설이나 평가를 내리지 않고 인물의 대화와 행동, 장면 등을 관찰해 객관적으로 전달함으로써 극적 효과와 객관성(리얼리티)을 유지

ⓔ **전지적 작가 시점**

- 작품에 등장하지 않는 서술자가 전지전능한 신과 같은 입장에서 소설의 모든 요소를 해설하고 논평할 수 있는 시점
- 서술자가 인물의 심리나 행동, 대화까지 설명하고 해석하며, 작품에 직접 개입하여 사건을 진행하고 평가
- 작가의 사상과 인생관이 직접 드러나며, 대부분의 고대 소설과 현대 소설(장편소설)에 사용됨
- 서술자가 작품의 모든 요소에 대해 설명할 수 있어, 서술의 폭이 넓고 주인공이 모르는 것 까지도 독자에게 제공할 수 있음

## (4) 주제, 사건, 배경, 문체

① **주제의 개념과 제시 방법**

ㄱ **주제의 개념** : 작가가 작품을 통해 제시하고자 하는 중심적인 사상이나 세계관, 인생관을 말함

ㄴ **주제 제시 방법**

- **직접적 제시** : 작가나 작중 인물의 직접적 진술로 명확하게 제시하는 방법으로, 편집자적 논평으로 제시하거나 작중 인물들의 대화를 통해 제시됨
- **간접적 제시** : 작중 인물의 행동, 배경, 분위기, 갈등 구조와 그 해소, 플롯의 진행, 비유와 상징, 이미지 등을 통해 암시적으로 제시하는 방법

② **사건의 개념과 갈등의 양상**

ㄱ **사건의 개념** : 사건이란 소설에서 인물의 행위나 서술에 의해 구체화되는 모든 일로, 개별 사건들은 유기적, 인과적으로 구성되어 전체 구조를 형성

ㄴ **갈등의 양상**

- **내적 갈등(내면 갈등)** : 인물의 마음속에서 일어나는 내적인 갈등

- 개인(인물) 간의 갈등 : 주동 인물과 대립하는 인물(반동 인물) 간에 발생하는 갈등
- 개인과 사회와의 갈등 : 등장인물과 그들이 처한 사회적 환경 사이에서 발생하는 갈등을 말하며 주로 인물과 사회의 관습, 제도 등의 대립에서 발생

③ **소설의 배경** : 배경의 개념과 종류

    ㉠ **배경의 개념** : 소설에서 사건이 일어나는 시간 및 공간 또는 소설 창작 당시의 시대, 사회적 환경 등 외적인 환경뿐만 아닌, 인물의 심리적 배경도 포함

    ㉡ **배경의 종류**

- **시간적 배경** : 사건이 일어나는 구체적인 시간이나 시대로, 사건의 구체성을 확보
- **공간적 배경** : 행동과 사건이 일어나는 공간적인 무대로, 인물의 성격과 심리를 부각
- **사회적 배경** : 사건이 전개되는 사회의 구체적인 모습으로, 주제와 밀접한 관련을 가짐
- **심리적 배경** : 작중 인물의 심리 상태의 흐름을 말하는 것으로, 심리주의 소설에서 중시
- **자연적 배경** : 자연현상이나 자연환경 등과 같은 배경으로, 일정한 분위기와 정조를 만듦

④ **소설의 문체**

    ㉠ **서술** : 작가가 인물, 사건, 배경 등을 직접 해설하는 방식으로, 해설적, 추상적, 요약적으로 표현하여 사건 진행을 빠르게 함

    ㉡ **묘사** : 작가가 인물, 사건, 배경 등을 장면화하여 대상을 구체적, 사실적으로 재현시킴으로써 독자에게 생생한 이미지를 전달

    ㉢ **대화** : 등장인물이 하는 말에 의한 표현으로, 사건을 전개시키고 인물의 성격을 제시하는 역할을 하며, 스토리와의 유기적 결합으로 자연스럽고 극적인 상황을 만듦

## 4. 기타 문학의 갈래

### (1) 수필

① **수필의 개념** : 인생이나 자연의 모든 사물에서 보고, 듣고, 느낀 것이나 경험한 것을 형식과 내용상의 제한을 받지 않고 붓 가는 대로 쓴 글

② **수필의 종류**

    ㉠ **경수필** : 일정한 격식 없이 개인적 체험과 감상을 자유롭게 표현한 수필로 주관적, 정서적, 자기 고백적이며 신변잡기적인 성격이 담김

    ㉡ **중수필** : 일정한 격식과 목적, 주제 등을 구비하고 어떠한 현상을 표현한 수필로 형식적이고 객관적이며 내용이 무겁고, 논증, 설명 등의 서술 방식을 사용

    ㉢ **서정적 수필** : 일상생활이나 자연에서 느낀 정서나 감정을 솔직하게 주관적으로 표현한 수필

SEMI-NOTE

**배경의 기능**

- 사건의 전개와 인물의 행동에 사실성을 부여
- 작품의 전반적인 분위기나 정조를 조성
- 주제나 인물의 심리 상태를 부각시키며, 배경 자체가 주제 의식을 효과적으로 드러내는 하나의 상징적인 의미를 지님

**어조의 종류**

- **해학적 어조** : 익살과 해학이 중심을 이루는 어조
- **냉소적 어조** : 차가운 냉소가 주조를 이루는 어조
- **반어적 어조** : 진술의 표리, 상황의 대조에 의한 어조
- **풍자적 어조** : 사물에 대한 풍자가 나타나는 어조

**기타 수필의 종류**

- **서사적 수필** : 어떤 사실에 대한 내용을 작가의 주관 없이 이야기를 전개하는 형식
- **희곡적 수필** : 극적 요소를 지닌 경험이나 사건을 희곡적으로 전개하는 수필로 사건이 유기적이며 통일적으로 전개됨

## 03절   현대시, 현대소설

# 1. 현대시

## (1) 신체시부터 1920년대까지의 시

① 해에게서 소년에게(1908)

처……ㄹ썩, 처……ㄹ썩, 척, 쏴……아.
때린다, 부순다, 무너버린다.
태산 같은 높은 뫼, 집채 같은 바윗돌이나,
요것이 무어야, 요게 무어야.
나의 큰 힘 아느냐 모르느냐, 호통까지 하면서.
때린다, 부순다, 무너버린다.
처……ㄹ썩, 처……ㄹ썩, 척, 튜르릉, 콱.

처……ㄹ썩, 처……ㄹ썩, 척, 쏴……아.
내게는, 아무 것, 두려움 없어,
육상(陸上)에서, 아무런, 힘과 권(權)을 부리던 자라도.
내 앞에 와서는 꼼짝 못하고,
아무리 큰, 물건도 내게는 행세하지 못하네.
내게는 내게는 나의 앞에는.
처……ㄹ썩, 처……ㄹ썩, 척, 튜르릉, 콱.

처……ㄹ썩, 처……ㄹ썩, 척, 쏴……아.
나에게, 절하지, 아니한 자가,
지금까지, 있거든, 통기(通寄)하고 나서 보아라.
진시황, 나파륜, 너희들이냐.
누구누구누구냐, 너희 역시 내게는 굽히도다.
나하고 겨룰 이 있건 오너라.
처……ㄹ썩, 처……ㄹ썩, 척, 튜르릉, 콱.

처……ㄹ썩, 처……ㄹ썩, 척, 쏴……아.
조그만 산모를 의지하거나,
좁쌀 같은 작은 섬, 손뼉만한 땅을 가지고,
고 속에 있어서 영악한 체를,
부리면서, 나 혼자 거룩하다 하는 자,
이리 좀 오너라, 나를 보아라.
처……ㄹ썩, 처……ㄹ썩, 척, 튜르릉, 콱.

처……ㄹ썩, 처……ㄹ썩, 척, 쏴……아.
나의 짝될 이는 하나 있도다,
크고 길고, 넓게 뒤덮은 바 저 푸른 하늘.
저것은 우리와 틀림이 없어,

작은 시비 작은 쌈 온갖 모든 더러운 것 없도다.
조파워 세상에 조 사람처럼.
처……ㄹ썩, 처……ㄹ썩, 척, 튜르릉, 콱.

처……ㄹ썩, 처……ㄹ썩, 척, 쏴……아.
저 세상 저 사람 모두 미우나
그 중에서 똑 하나 사랑하는 일이 있으니,
담 크고 순진한 소년배(少年輩)들이,
재롱처럼, 귀엽게 나의 품에 와서 안김이로다.
오너라 소년배, 입맞춰 주마.
처……ㄹ썩, 처……ㄹ썩, 척, 튜르릉, 콱.

② 진달래꽃(1922)

나 보기가 역겨워
가실 때에는
말없이 고이 보내 드리오리다.

영변의 약산
진달래꽃
아름 따다 가실 길에 뿌리오리다.

가시는 걸음걸음
놓인 그 꽃을
사뿐히 즈려 밟고 가시옵소서.

나보기가 역겨워
가실 때에는
죽어도 아니 눈물 흘리오리다.

진달래꽃에서 사용된 표현과 기법

• 예스러운 어미와 방언의 사용
• 한시의 기승전결 구조로 구성
• 1연과 4연의 수미상관 구성으로 안정적 구조를 형성함
• 전통적 정서를 7 · 5조 3음보 율격으로 노래함
• 반어법과 역설법을 사용하여 이별의 정한을 부각시킴

진달래꽃
• 작자 : 김소월
• 갈래 : 자유시, 서정시
• 성격 : 전통적, 민요적, 향토적, 애상적, 서정적
• 어조 : 여성적이고 간결한 어조
• 특징 : 우리나라의 보편적 정서인 이별의 정한을 노래(공무도하가, 서경별곡, 송인, 황진이의 시조 등과 연결됨)
• 제재 : 임과의 이별
• 주제 : 이별의 정한과 승화
• 출전 : 『개벽』

시상전개
• 1연 : 이별의 정한과 체념
• 2연 : 떠나는 임에 대한 축복
• 3연 : 임을 향한 희생적 사랑
• 4연 : 고통을 무릅쓴 이별의 정한 극복

**찬송(讚頌)**
- 작자 : 한용운
- 갈래 : 자유시, 서정시, 송축시
- 성격 : 기원적, 불교적, 열정적
- 제재 : 당신, 님(초월적 존재)
- 주제 : 님에 대한 송축과 기원
- 출전 : 「님의 침묵」

**시상전개**
- 1연 : 지고한 님에 대한 찬송
- 2연 : 의로운 님의 자비를 갈구
- 3연 : 님에게 자비의 보살이 되길 바라는 염원과 찬미

**유리창 1**
- 작자 : 정지용
- 갈래 : 자유시, 서정시
- 성격 : 애상적, 감각적, 회화적
- 어조 : 자식을 잃은 아버지의 애상적 어조
- 특징 : 시각적 이미지와 대위법을 통한 감정의 절제가 돋보임
- 제재 : 유리창에 서린 입김
- 주제 : 죽은 아이에 대한 그리움과 슬픔
- 출전 : 「조선지광」

**시상전개**
- 기 : 유리창에 서린 아이의 영상
- 승 : 죽은 아이를 그리워하는 화자
- 전 : 유리를 닦으며 아이와 교감하려는 화자
- 결 : 아이의 죽음을 자각하고 난 뒤의 탄식

⑥ 찬송(讚頌, 1926)

> 님이여, 당신은 백 번(百番)이나 단련한 금(金)결입니다.
> 뽕나무 뿌리가 산호(珊瑚)가 되도록 천국의 사랑을 받읍소서.
> 님이여, 사랑이여, 아침 볕의 첫걸음이여.
>
> 님이여, 당신은 의(義)가 무겁고 황금(黃金)이 가벼운 것을 잘 아십니다.
> 거지의 거친 밭에 복(福)의 씨를 뿌리옵소서.
> 님이여, 사랑이여, 옛 오동(梧桐)의 숨은 소리여.
>
> 님이여, 당신은 봄과 광명(光明)과 평화(平和)를 좋아하십니다.
> 약자(弱者)의 가슴에 눈물을 뿌리는 자비(慈悲)의 보살(菩薩)이 되옵소서.
> 님이여, 사랑이여, 얼음 바다에 봄바람이여.

## (2) 1930년부터 1940년대까지의 시

① 유리창 1(1930)

> 유리에 차고 슬픈 것이 어른거린다.
> 열없이 붙어 서서 입김을 흐리우니
> 길들은 양 언 날개를 파다거린다.
> 지우고 보고 지우고 보아도
> 새까만 밤이 밀려나가고 밀려와 부딪히고,
> 물먹은 별이, 반짝, 보석처럼 박힌다.
> 밤에 홀로 유리를 닦는 것은
> 외로운 황홀한 심사이어니,
> 고운 폐혈관이 찢어진 채로
> 아아, 너는 산새처럼 날아갔구나!

**실력UP 생명파**

- 정지용, 김영랑, 박용철 등이 중심이 된 시문학파의 기교주의적, 감각주의적인 경향에 반대하여 정신적, 생명적 요소를 중시한 작가군
- 주로 고뇌로 가득한 삶의 문제, 인간의 생명과 우주의 근원적 문제 등을 주제로 삼음
- 「시인부락」의 동인인 서정주, 김동리 등과 유치환에 의해 주로 전개되었으며, 함형수, 오장환, 김광균, 김달진, 여상현, 김상원, 김진세, 이성범 등이 활동

② 거울(1933)

> 거울속에는소리가없소
> 저렇게까지조용한세상은참없을것이오

거울속에도내게귀가있소
내말을못알아듣는딱한귀가두개나있소

거울속의나는왼손잡이오
내악수를받을줄모르는—악수를모르는왼손잡이오

거울때문에나는거울속의나를만져보지를못하는구료마는
거울이아니었던들내가어찌거울속의나를만나보기만이라도했겠소

나는지금거울을안가졌소마는거울속에는늘거울속의내가있소
잘은모르지만외로된사업에골몰할께요

거울속의나는참나와는반대요마는
또꽤닮았소

나는거울속의나를근심하고진찰할수없으니퍽섭섭하오.

실력up **이상의 초현실주의**

- 그의 문학에 나타나 있는 비상식적인 세계는 그의 시를 난해한 작품으로 특징짓는 요소가 됨
- 이상 자신의 개인적 기질과 환경, 자전적 체험과 관계되어 있을 뿐 아니라 현실에 대해 비극적이고 지적으로 반응하는 태도에 바탕을 두고 있음
- 이상의 문학적 태도는 한국시의 주지적 변화를 대변하였으며, 초현실주의적 색채는 억압된 의식과 욕구 좌절의 현실에서 새로운 대상 세계로의 탈출을 시도하는 과정
- 논리적 사고과정의 정신을 해방시키고자 무력한 자아가 주요한 주제로 나타남

③ 모란이 피기까지는(1934)

모란이 피기까지는,
나는 아직 나의 봄을 기다리고 있을 테요.
모란이 뚝뚝 떨어져 버린 날,
나는 비로소 봄을 여읜 설움에 잠길 테요.
오월 어느 날, 그 하루 무덥던 날,
떨어져 누운 꽃잎마저 시들어 버리고는
천지에 모란은 자취도 없어지고,
뻗쳐 오르던 내 보람 서운케 무너졌으니,
모란이 지고 말면 그뿐, 내 한 해는 다 가고 말아,
삼백 예순 날 하냥 섭섭해 우옵내다.
모란이 피기까지는,
나는 아즉 기달리고 있을 테요, 찬란한 슬픔의 봄을

SEMI-NOTE

**거울**
- **작자** : 이상
- **갈래** : 초현실주의시, 관념시, 상징시
- **성격** : 자의식적, 주지적, 심리적, 관념적
- **특징** : 자동기술법의 사용과 띄어쓰기 무시를 통한 실험성의 표출
- **제재** : 거울에 비친 '나'(거울과 자아의식)
- **주제** : 현대인의 자의식 분열에 대한 고뇌와 불안감
- **출전** : 「가톨릭청년」

**시상전개**
- **1연** : 현실적인 자아인 거울 밖의 화자와 반성적 자아인 거울 속의 나의 세계
- **2연** : 화자 간 의사소통의 단절
- **3연** : 화자 간 소외 의식의 표면화
- **4연** : 분열된 자아의 관계
- **5연** : 화자의 자아분열 심화
- **6연** : 분열된 자아의 역설적인 관계의 표면화

**모란이 피기까지는**
- **작자** : 김영랑
- **갈래** : 자유시, 순수시
- **성격** : 낭만적, 유미적, 상징적
- **특징** : 수미상관의 구성으로 주제를 부각시킴
- **제재** : 모란의 개화
- **주제** : 소망이 이루어지기를 기다림
- **출전** : 「문학」

**시상전개**
- **기** : 모란이 피길 기다림
- **승** : 봄을 여읜 설움
- **전** : 모란을 잃은 슬픔
- **결** : 다시 모란이 피길 기다림

실력up  청록파

- 조지훈, 박두진, 박목월 세 사람은 자연을 바탕으로 인간의 염원과 가치를 성취하기 위한 공통된 주제로 시를 써옴
- 1946년 시집 『청록집(靑鹿集)』을 함께 펴냄
- 자연미의 재발견과 국어미의 순화 및 생명의 원천에 대해 추구함
- 어두운 현실 아래 빼앗긴 고향과 자연을 노래하였으며 그 속에서 잃어버린 인간 생명의 원천과 역사의 전통을 찾기 위해 노력함

### 절정(絕頂)
- 작자 : 이육사
- 갈래 : 자유시, 서정시
- 성격 : 생생적, 의지적, 남성적, 시사적, 참여적
- 어조 : 의지적, 남성적 어조
- 특징 : 역설적 표현을 통해 주제를 형상화
- 제재 : 쫓기는 자의 극한 상황
- 주제 : 극한 상황에 대한 초극 의지
- 출전 : 『문장』

### 시상전개
- 1연 : 현실의 시련과 고통
- 2연 : 현실 속에서 가해지는 고통의 심화
- 3연 : 극한 상황에 대한 인식
- 4연 : 현실의 고통을 정신적으로 초극하려는 의지

⑧ 절정(絕頂, 1941)

> 매운 계절(季節)의 채찍에 갈겨
> 마침내 북방(北方)으로 휩쓸려 오다.
>
> 하늘도 그만 지쳐 끝난 고원(高原)
> 서릿발 칼날진 그 위에 서다.
>
> 어데다 무릎을 꿇어야 하나
> 한 발 재겨 디딜 곳조차 없다.
>
> 이러매 눈 감아 생각해 볼밖에
> 겨울은 강철로 된 무지갠가 보다.

⑨ 참회록(1948)

> 파란 녹이 낀 구리 거울 속에
> 내 얼굴이 남아 있는 것은
> 어느 왕조의 유물이기에
> 이다지도 욕될까.
>
> 나는 나의 참회의 글을 한 줄에 줄이자.
> ― 만(滿) 이십사 년 일 개월을
> 무슨 기쁨을 바라 살아 왔던가.
>
> 내일이나 모레나 그 어느 즐거운 날에
> 나는 또 한 줄의 참회록을 써야 한다.
> ― 그 때 그 젊은 나이에
> 왜 그런 부끄런 고백을 했던가.
>
> 밤이면 밤마다 나의 거울을
> 손바닥으로 발바닥으로 닦아 보자.
>
> 그러면 어느 운석(隕石) 밑으로 홀로 걸어가는
> 슬픈 사람의 뒷모양이
> 거울 속에 나타나온다.

### 참회록
- 작자 : 윤동주
- 갈래 : 자유시, 서정시
- 성격 : 반성적, 고백적, 상징적
- 제재 : 녹이 낀 구리 거울, 자아의 생활
- 주제 : 자기 성찰을 통한 순결성추구, 역사 속에서의 자아 성찰과 고난 극복 의지
- 출전 : 『하늘과 바람과 별과 시』

### 시상전개
- 1연 : 과거의 역사에 대한 참회
- 2연 : 지나온 삶에 대한 참회
- 3연 : 현재의 참회에 대해 미래에도 참회할 것임을 암시
- 4연 : 암담한 현실 속에서도 스스로를 성찰하고자 하는 의지
- 5연 : 미래의 삶에 대한 전망

## (3) 1950년대 이후의 시

### ① 목마와 숙녀(1955)

한 잔의 술을 마시고
우리는 버지니아 울프의 생애(生涯)와
목마(木馬)를 타고 떠난 숙녀(淑女)의 옷자락을 이야기한다.
목마(木馬)는 주인(主人)을 버리고 그저 방울 소리만 울리며
가을 속으로 떠났다. 술병에서 별이 떨어진다.
상심(傷心)한 별은 내 가슴에 가벼웁게 부숴진다.
그러한 잠시 내가 알던 소녀(少女)는
정원(庭園)의 초목(草木) 옆에서 자라고
문학(文學)이 죽고 인생(人生)이 죽고
사랑의 진리마저 애증(愛憎)의 그림자를 버릴 때
목마(木馬)를 탄 사랑의 사람은 보이지 않는다.

세월은 가고 오는 것
한때는 고립(孤立)을 피하여 시들어 가고
이제 우리는 작별하여야 한다.
술병이 바람에 쓰러지는 소리를 들으며
늙은 여류 작가(女流作家) 의 눈을 바라보아야 한다.
…… 등대(燈臺)에……
불이 보이지 않아도
그저 간직한 페시미즘의 미래(未來)를 위하여
우리는 처량한 목마(木馬) 소리를 기억(記憶)하여야 한다.
(후략)

SEMI-NOTE

**목마와 숙녀**
- **작자** : 박인환
- **갈래** : 자유시, 서정시
- **성격** : 서정적, 감상적, 허무적
- **특징** : 도시적 감상주의와 보헤미안적 기질
- **제재** : 목마 → 전후의 불안, 절망, 애상의 상징
- **주제** : 사라지고 잊혀져 가는 것들에 대한 그리움과 상실의 슬픔
- **출전** : 『박인환 시집』

**시상전개**
- **1연** : 떠나는 것에 대한 화자의 애상
- **2연** : 절망적인 현실에 대한 화자의 체념과 위로
- **3연** : 화자의 페시미즘적이며 애상적인 인생 통찰

**페시미즘(pessimism)**
세계나 인생을 비관적으로 보며 개혁, 진보는 불가능하다고 보는 경향

### ② 추천사(鞦韆詞, 1956)

향단아 그넷줄을 밀어라.
머언 바다로
배를 내어 밀듯이, 향단아.

이 다소곳이 흔들리는 수양버들나무와
베갯모에 놓이듯 한 풀꽃데미로부터,
자잘한 나비 새끼 꾀꼬리들로부터,
아주 내어 밀듯이, 향단아.

산호도 섬도 없는 저 하늘로
나를 밀어 올려 다오.
채색(彩色)한 구름같이 나를 밀어 올려 다오.
이 울렁이는 가슴을 밀어 올려 다오.
서(西)으로 가는 달같이는
나는 아무래도 갈 수가 없다.

**추천사(鞦韆詞)**
- **작자** : 서정주
- **갈래** : 자유시, 서정시
- **성격** : 낭만적, 상징적, 현실 초월적
- **특징** : 고전 소설을 모티브로 한 화자의 간절한 마음의 표출
- **제재** : 그네 타는 춘향
- **주제** : 현실 초월의 갈망
- **출전** : 『서정주 시선』

**시상전개**
- **1연** : 화자의 현실에서 벗어나려는 의지를 표현
- **2연** : 화자의 현실 세계에 대한 인식
- **3연** : 화자의 이상 세계 추구
- **4연** : 인간으로서 운명적인 한계를 인식

**새들도 세상을 뜨는구나**
- 작자 : 황지우
- 갈래 : 자유시, 참여시
- 성격 : 풍자적, 냉소적
- 어조 : 현실 비판적 어조
- 특징 : 영화 상영 전 애국가 시작과 끝, 화면의 전개에 맞추어 인간 사회를 표현
- 제재 : 새
- 주제 : 암울한 현실을 벗어 나고 싶은 소망과 좌절감
- 출전 : 「새들도 세상을 뜨는구나」

**시상전개**
- 1∼2행 : 상영 전 애국가를 경청
- 3∼10행 : 이상향을 향한 새들의 비상하는 것을 바라봄
- 11∼20행 : 시적 화자의 이상과 현실적 좌절감

**혈의 누**
- 작자 : 이인직
- 갈래 : 신소설
- 성격 : 교훈적, 계몽적
- 배경
  - 시간 : 청일전쟁(1884)∼고종 6년(1902)
  - 공간 : 평양, 일본(오사카), 미국(워싱턴)
- 시점 : 전지적 작가 시점
- 문체 : 국한문 혼용체, 구어체, 묘사체, 산문체
- 특징 : 신소설의 효시이며, 고전 소설에서 현대 소설로 넘어가는 교량 역할
- 주제 : 신교육 사상과 개화의식의 고취
- 출전 : 만세보

**작품의 구성**
- 발단 : 옥련이 청일전쟁으로 인해 부모와 헤어짐
- 전개 : 일본인 군의관의 도움으로 구출되어 성장함
- 위기 : 군의관이 전사하자 옥련은 집에서 나와 자살을 기도함
- 절정 : 유학생 구완서를 만나 그를 따라 미국으로 건너감
- 결말 : 문명개화한 신학문을 배운 후, 나라를 위해 봉사할 것을 다짐함

바람이 파도를 밀어 올리듯이
그렇게 나를 밀어 올려 다오.
향단아.

③ 새들도 세상을 뜨는구나(1987)

영화가 시작하기 전에 우리는
일제히 일어나 애국가를 경청한다.
삼천리 화려 강산의
을숙도에서 일정한 군(群)을 이루며
갈대숲을 이룩하는 흰 새떼들이
자기들끼리 끼룩거리면서
자기들끼리 낄낄대면서
일렬 이열 삼렬 횡대로 자기들의 세상을
이 세상에서 떼어 메고
이 세상 밖 어디론가 날아간다.
우리도 우리들끼리
낄낄대면서
깔쭉대면서
우리의 대열을 이루며
한 세상 떼어 메고
이 세상 밖 어디론가 날아갔으면
하는데 대한 사람 대한으로
길이 보전하세로
각각 자기 자리에 앉는다.
주저 앉는다.

## 2. 현대소설

### (1) 신소설부터 1920년대까지의 소설

① 혈의 누(1903)

"네가 고국에 가기가 그리 바쁠 것이 아니라 우선 네가 고생하던 이야기나 어서 좀 하여라. 네가 어떻게 살아났으며 어찌 여기를 왔느냐?"

옥련이가 얼굴빛을 천연히 하고 고쳐 앉더니, 모란봉에서 총 맞고 야전병원으로 가던 일과, 정상 군의의 집에 가던 일과, 대판서 학교에서 졸업하던 일과, 불행한 사기로 대판을 떠나던 일과, 동경 가는 기차를 타고 구완서를 만나서 절처봉생(絕處逢生)하던 일을 낱낱이 말하고, 그 말을 마치더니 다시 얼굴빛이 변하며 눈물이 도니, 그 눈물은 부모의 정에 관계한 눈물도 아니요, 제 신세 생각하는 눈물도 아니요, 구완서의 은혜를 생각하는 눈물이라.

"아버지, 아버지께서 나 같은 불효의 딸을 만나 보시고 기쁘신 마음이 있거든

구씨를 찾아보시고 치사의 말씀을 하여 주시면 좋겠습니다."

김관일이가 그 말을 들더니, 그 길로 옥련이를 데리고 구씨의 유하는 처소로 찾아가니, 구씨는 김관일을 만나 보매 옥련의 부친을 본 것 같지 아니하고 제 부친이나 만난 듯이 반가운 마음이 있으니, 그 마음은 옥련의 기뻐하는 마음이 내 마음 기쁜 것이나 다름없는 데서 나오는 마음이요, 김씨는 구씨를 보고 내 딸 옥련을 만나 본 것이나 다름없이 반가우니, 그 두 사람의 마음이 그러할 일이라. 김씨가 구씨를 대하여 하는 말이 간단한 두 마디뿐이라.

② 만세전(1922)

지금 내 주위는 마치 공동묘지 같습니다. 생활력을 잃은 백의(白衣)의 백성과, 백주(白晝)에 횡행하는 이매망량(魑魅魍魎) 같은 존재가 뒤덮은 이 무덤 속에 들어앉은 나로서 어찌 '꽃의 서울'에 호흡(呼吸)하고 춤추기를 바라겠습니까. 눈에 보이는 것, 귀에 들리는 것이 하나나 내 마음을 부드럽게 어루만져 주고 용기와 희망을 돋우어 주는 것은 없으니, 이러다가는 이 약한 나에게 찾아올 것은 질식밖에 없을 것이외다. 그러나 그것은 장미꽃 송이 속에 파묻히어 향기에 도취한 행복한 질식이 아니라, 대기(大氣)에서 절연된 무덤 속에서 화석(化石) 되어 가는 구더기의 몸부림치는 질식입니다. 우선 이 질식에서 벗어나야 하겠습니다. …… 소학교 선생님이 '사벨(환도)'을 차고 교단에 오르는 나라가 있는 것을 보셨습니까? 나는 그런 나라의 백성이외다. 고민하고 오뇌하는 사람을 존경하시고 편을 들어 주신다는 그 말씀은 반갑고 고맙기 짝이 없습니다. 그러나 스스로 내성(內省)하는 고민이요 오뇌가 아니라, 발길과 채찍 밑에 부대끼면서도 숨을 죽여 엎드려 있는 거세(去勢)된 존재에게도 존경과 동정을 느끼시나요? 하도 못생겼으면 가엾다가도 화가 나고 미운증이 나는 법입니다. 혹은 연민(憐憫)의 정이 있을지 모르나, 연민은 아무것도 구(救)하는 길은 못 됩니다. …… 이제 구주(歐洲)의 천지는 그 참혹한 살육의 피비린내가 걷히고 휴전 조약이 성립되었다 하지 않습니까. 부질없는 총칼을 거두고 제법 인류의 신생(新生)을 생각하려는 것 같습니다. 그러나 이 땅의 소학교 교원의 허리에서 그 장난감 칼을 떼어 놓을 날은 언제일지? 숨이 막힙니다. …… 우리 문학의 도(徒)는 자유롭고 진실된 생활을 찾아가고, 이것을 세우는 것이 그 본령인가 합니다. 우리의 교유(交遊), 우리의 우정이 이것으로 맺어지지 않는다면 거짓말입니다. 이 나라 백성의, 그리고 당신의 동포의, 진실 된 생활을 찾아나가는 자각(自覺)과 발분(發憤)을 위하여 싸우는 신념(信念) 없이는 우리의 우정도 헛소리입니다……."

③ 감자(1925)

왕서방은 아무 말도 못하였다. 눈만 정처 없이 두룩두룩하였다. 복녀는 다시 한번 왕서방을 흔들었다.

"자, 어서."

"우리, 오늘은 일이 있어 못가."

"일은 밤중에 무슨 일."

"그래두 우리 일이……."

**만세전**
- 작자 : 염상섭
- 갈래 : 사실주의 소설, 중편소설
- 성격 : 사실적, 비판적
- 배경
  - 시간 : 1919년 3·1운동 직전
  - 공간 : 일본에서 경성으로 오는 여정
- 시점 : 1인칭 주인공 시점
- 문체 : 만연체
- 주제 : 일제 강점기의 억압받는 조선의 현실
- 의의 : 일제 강점기 아래의 현실을 사실적으로 제시
- 출전 : 「신생활」

**작품의 구성**
- 발달 : 김천 형에게 아내가 위독하다는 전보를 받고 귀국 준비를 함
- 전개 : 신호, 하관 등지의 술집을 전전하면서 답답한 심회에 빠짐
- 위기 : 관부 연락선 안에서 조선인을 멸시하는 일본인들의 대화에 분개함
- 절정 : 부산에서 집안으로 오는 과정에서 답답한 마음을 느낌
- 결말 : 아내의 죽음을 목도한 후 다시 일본으로 건너감

**감자**
- 작자 : 김동인
- 갈래 : 단편소설
- 경향 : 자연주의적
- 배경 : 1920년대, 평양 칠성문 밖 빈민굴
- 시점 : 3인칭 관찰자 시점(부분적 전지적 작가 시점)
- 특징 : 평안도 사투리와 하층 사회의 비속어 구사
- 주제 : 불우한 환경이 빚어낸 한 여인의 비극적 운명
- 출전 : 「조선문단」

SEMI-NOTE

**작품의 구성**
- 발단 : 칠성문 밖 빈민굴에 살고 있는 복녀의 모습
- 전개 : 복녀에게 닥친 환경의 변화와 점차 타락하기 시작함
- 위기 : 새장가를 드는 왕서방에 대한 강한 질투
- 절정 : 복녀가 왕서방의 신방에 뛰어 드나 도리어 자신의 낫에 살해당함
- 결말 : 복녀의 주검을 둘러싸고 오가 는 돈거래

**탈출기**
- 작자 : 최서해
- 갈래 : 단편소설
- 성격 : 사실적, 자전적, 저항적
- 경향 : 신경향파 문학, 사실주의
- 배경 : 일제 강점기, 간도 지방
- 시점 : 1인칭 주인공 시점
- 특징 : 서간문 형식으로 사실성과 신 뢰성을 높임
- 주제 : 가난한 삶의 원인과 구조적 모 순을 해결하기 위한 저항
- 출전 : 『조선문단』

**작품의 구성**
- 발단 : 가족과 함께 간도로 떠나게 되 는 '나'
- 전개 : 간도에서 겪게 되는 비참한 생활
- 절정 : 두부장수를 하며 겪는 생활고 와 극한 상황
- 결말 : 가난에 대한 분노와 비관을 사 회 참여로 전환시킴

**술 권하는 사회**
- 작자 : 현진건
- 갈래 : 단편소설
- 경향 : 사실주의
- 배경 : 일제시대(1920년대)의 도심지
- 시점 : 작가 관찰자 시점
- 주제 : 일제 치하의 부조리한 사회에 적응하지 못하고 가정에서도 이해받 지 못하는 지식인의 좌절과 고뇌
- 출전 : 『개벽』

복녀의 입에 여태껏 떠돌던 이상한 웃음은 문득 없어졌다.

"이까짓것!"

그는 발을 들어서 치장한 신부의 머리를 찼다.

"자, 가자우, 가자우."

왕서방은 와들와들 떨었다. 왕서방은 복녀의 손을 뿌리쳤다. 복녀는 쓰러졌 다. 그러나 곧 일어섰다. 그가 다시 일어설 때는 그의 손에 얼른얼른하는 낫이 한 자루 들리어 있었다.

"이 되놈 죽어라. 이놈, 나 때렸니! 이놈아, 아이구 사람 죽이누나."

그는 목을 놓고 처울면서 낫을 휘둘렀다. 칠성문 밖 외따른 밭 가운데 홀로 서 있는 왕 서방의 집에서는 일장의 활극이 일어났다. 그러나 그 활극도 곧 잠 잠하게 되었다. 복녀의 손에 들리어 있던 낫은 어느덧 왕서방의 손으로 넘어가 고 복녀는 목으로 피를 쏟으며 그 자리에 고꾸라져 있었다.

④ 탈출기(1925)

김군! 나는 더 참을 수 없었다. 나는 나부터 살려고 한다. 이때까지는 최면술 에 걸린 송장이었다. 제가 죽은 송장으로 남(식구들)을 어찌 살리랴. 그러려면 나는 나에게 최면술을 걸려는 무리를 험악한 이 공기의 원류를 쳐부수어야 하 는 것이다.

나는 이것을 인간의 생의 충동이며 확충이라고 본다. 나는 여기서 무상의 법 열(法悅)을 느끼려고 한다. 아니 벌써부터 느껴진다. 이 사상이 나로 하여금 집 을 탈출케 하였으며, × × 단에 가입케 하였으며, 비바람 밤낮을 헤아리지 않고 벼랑 끝보다 더 험한 선에 서게 한 것이다.

김군! 거듭 말한다. 나도 사람이다. 양심을 가진 사람이다. 내가 떠나는 날부 터 식구들은 더욱 곤경에 들 줄로 나는 안다. 자칫하면 눈속이나 어느 구렁에서 죽는 줄도 모르게 굶어죽을 줄도 나는 잘 안다. 그러므로 나는 이곳에서도 남의 집 행랑어멈이나 아범이며, 노두에 방황하는 거지를 무심히 보지 않는다.

아! 나의 식구도 그럴 것을 생각할 때면 자연히 흐르는 눈물과 뿌직뿌직 찢기 는 가슴을 덮쳐 잡는다.

그러나 나는 이를 갈고 주먹을 쥔다. 눈물을 아니 흘리려고 하며 비애에 상하 지 않으려고 한다. 울기에는 너무도 때가 늦었으며 비애에 상하는 것은 우리의 박약을 너무도 표시하는 듯싶다. 어떠한 고통이든지 참고 분투하려고 한다.

⑤ 술 권하는 사회(1921)

"흥 또 못 알아 듣는군. 묻는 내가 그르지, 마누라야 그런 말을 알 수 있겠소. 내가 설명해 드리지. 자세히 들어요. 내게 술을 권하는 것은 홧증도 아니고 하 이칼라도 아니요, 이 사회란 것이 내게 술을 권한다오. 이 조선 사회란 것이 내 게 술을 권한다오. 알았소? 팔자가 좋아서 조선에 태어났지, 딴 나라에 났더면 술이나 얻어 먹을 수 있나……."

사회란 무엇인가? 아내는 또 알 수가 없었다. 어찌하였든 딴 나라에는 없고 조선에만 있는 요리집 이름이어니 한다.

"조선에 있어도 아니 다니면 그만이지요."

남편은 또 아까 웃음을 재우친다. 술이 정말 아니 취한 것같이 또렷또렷한 어조로.

"허허, 기막혀. 그 한 분자(分子)된 이상에야 다니고 아니 다니는 게 무슨 상관이야. 집에 있으면 아니 권하고, 밖에 나가야 권하는 줄 아는가 보아. 그런게 아니야. 무슨 사회란 사람이 있어서 밖에만 나가면 나를 꼭 붙들고 술을 권하는 게 아니야……무어라 할까……저 우리 조선 사람으로 성립된 이 사회란 것이, 내게 술을 아니 못 먹게 한단 말이오. ……어째 그렇소?……또 내가 설명을 해 드리지. 여기 회를 하나 꾸민다 합시다. 거기 모이는 사람놈 치고 처음은 민족을 위하느니, 사회를 위하느니 그러는데, 제 목숨을 바쳐도 아깝지 않으니 아니 하는 놈이 하나도 없어. 하다가 단 이틀이 못 되어 단 이틀이 못되어……."

## (2) 1930년부터 광복 이후까지의 소설

### ① 만무방(1935)

한 식경쯤 지났을까. 도적은 다시 나타난다. 논뚝에 머리만 내노코 사면을 두리번 거리 드니 그제서 기여 나온다. 얼골에는 눈만 내노코 수건인지 뭔지 흔겁이 가리엇다. 봇짐을 등에 질머 메고는 허리를 구붓이 빼손을 놋는다. 그러자 응칠이가 날쌔게 달겨들며

"이 자식, 남우 벼를 훔처 가니――"

하고 대포처럼 고함을 지르니 논둑으로 고대로 데굴데굴 굴러서 떨어진다. 얼결에 호되히 놀란 모양이엇다.

응칠이는 덤벼들어 우선 허리께를 나려조곗다. 어이쿠쿠, 쿠――, 하고 처참한 비명이다. 이 소리에 귀가 뻔쩍 띄이어 그 고개를 들고 팔부터 벗겨보앗다. 그러나 너머나 어이가 업엇음인지 시선을 치거드며 그 자리에 우두망철한다.

그것은 무서운 침묵이엇다. 살똥마즌 바람만 공중에서 북새를 논다.

한참을 신음하다 도적은 일어나드니

"성님까지 이러케 못살게 굴기유?"

제법 눈을 부라리며 몸을 홱 돌린다. 그리고 늣기며 울음이 복바친다. 봇짐도 내버린 채

"내것 내가 먹는데 누가 뭐래?"

하고 대퉁스러히 내뱃고는 비틀비틀 논 저쪽으로 업서 진다.

형은 너머 꿈속 가태서 멍허니 섯을뿐이다.

그러다 얼마 지나서 한 손으로 그 봇짐을 들어본다. 가쁜 하니 끽 밀 가웃이나 될는지.

### ② 봄봄(1935)

내가 여기에 와서 돈 한푼 안 받고 일하기를 삼 년하고 꼬박 일곱 달 동안을 했다. 그런데도 미처 못 자랐다니까 이 키는 언제야 자라는 겐지 짜장 영문 모른다. 일을 좀 더 잘해야 한다든지, 혹은 밥을 많이 먹는다고 노상 걱정이니까 좀 덜 먹어야 한다든지 하면 나도 얼마든지 할말이 많다. 허지만 점순이가 아직 어리니까 더 자라야 한다는 여기에는 어째 볼 수 없이 고만 빙빙하고 만다.

SEMI-NOTE

**봄봄**
- 작자 : 김유정
- 갈래 : 단편소설
- 성격 : 해학적, 풍자적
- 배경 : 1930년대 봄, 강원도 산골 마을
- 시점 : 1인칭 주인공 시점
- 문체 : 간결체
- 구성 : 역순행적 구성(주인공 '나'의 회상으로, 과거와 현재가 교차)
- 표현 : 토속어, 비속어, 구어체 문장의 사용
- 주제 : 교활한 장인과 어리숙한 데릴사위 간의 성례를 둘러싼 해학적인 갈등
- 출전 : 「조광」

**작품의 구성**
- 발단 : '나'는 점순이와 성례하기 위해 삼 년 칠 개월 동안 보수 없이 일을 함
- 전개 : 점순이의 충동질로 장인과 함께 구장에게 판단을 받으러 가나 실패하여 뭉태에게 비난을 듣게 됨
- 절정 : 점순이의 두 번째 충동질에 장인과 희극적인 몸싸움을 벌임
- 결말 : '나'와 장인의 일시적인 화해가 이루어지고 '나'는 다시 일하러 감

**날개**
- 작자 : 이상
- 갈래 : 단편소설
- 성격 : 고백적, 상징적
- 경향 : 심리주의, 초현실주의, 모더니즘
- 배경
  - 시간 : 일제 강점기
  - 공간 : 48가구가 살고 있는 33번지 유곽
- 시점 : 1인칭 주인공 시점
- 특징 : 기성 문법을 거스르는 충격적 문체
- 주제 : 뒤바뀐 삶과 자아 분열의 의식 속에서 본래의 자아를 지향하는 인간의 내면 의지
- 출전 : 「조광」

---

이래서 나는 애초 계약이 잘못된 걸 알았다. 이태면 이태, 삼년이면 삼년, 기한을 딱 작정하고 일을 해야 원할 것이다. 덮어놓고 딸이 자라는 대로 성례를 시켜 주마, 했으니 누가 늘 지키고 섰는 것도 아니고, 그 키가 언제 자라는지 알 수 있는가. 그리고 난 사람의 키가 무럭무럭 자라는 줄 만 알았지 붙배기 키에 모로만 벌어지는 몸도 있는 것을 누가 알았으랴. 때가 되면 장인님이 어련하랴 싶어서 군소리 없이 꾸벅꾸벅 일만 해 왔다.

그럼 말이다. 장인님이 제가 다 알아채서, "어참, 너 일 많이 했다. 고만 장가 들어라." 하고 살림도 내주고 해야 나도 좋을 것이 아니냐.

시치미를 딱 떼고 도리어 그런 소리가 나올까 봐서 지레 펄펄뛰고 이 야단이다. 명색이 좋아 데릴사위지 일하기에 싱겁기도 할 뿐더러 이건 참 아무것도 아니다.

숙맥이 그걸 모르고 점순이의 키 자라기만 까맣게 기다리지 않았나.

언젠가는 하도 갑갑해서 자를 가지고 덤벼들어서 그 키를 한번 재 볼까 했다. 마는 우리는 장인님이 내외를 해야 한다고 해서 마주 서 이야기도 한마디하는 법 없다. 우물길에서 언제나 마주칠 적이면 겨우 눈어림으로 재보고 하는 것인데 그럴 적마다 나는 저만침 가서 '제에미 키두!'하고 논둑에다 침을 퉤, 뱉는다. 아무리 잘 봐야 내 겨드랑(다른 사람보다 좀 크긴 하지만) 밑에서 넘을락 말락 밤낮 요모양이다.

개 돼지는 푹푹 크는데 왜 이리도 사람은 안 크는지, 한동안 머리가 아프도록 궁리도 해보았다.

아하, 물동이를 자꾸 이니까 뼉다귀가 움츠라 드나보다, 하고 내가 넌즈시 그 물을 대신 길어도 주었다. 뿐만 아니라 나무를 하러 가면 서낭당에 돌을 올려놓고 '점순이의 키 좀 크게 해줍소사. 그러면 담엔 떡 갖다 놓고 고사드립죠니까.' 하고 치성도 한두 번 드린 것이 아니다. 어떻게 되먹은 긴지 이래도 막무가내니…….

## ③ 날개(1936)

우리들은 서로 오해하고 있느니라. 설마 아내가 아스피린 대신에 아달린의 정량을 나에게 먹여 왔을까? 나는 그것을 믿을 수는 없다. 아내가 대체 그럴 까닭이 없을 것이니, 그러면 나는 날밤을 새면서 도둑질을 계집질을 하였나? 정말이지 아니다.

우리 부부는 숙명적으로 발이 맞지 않는 절름발이인 것이다. 내나 아내나 제 거동에 로직을 붙일 필요는 없다. 변해할 필요도 없다. 사실은 사실대로 오해는 오해대로 그저 끝없이 발을 절뚝거리면서 세상을 걸어가면 되는 것이다. 그렇지 않을까?

그러나 나는 이 발길이 아내에게로 돌아가야 옳은가 이것만은 분간하기가 좀 어려웠다. 가야하나? 그럼 어디로 가나?

이때 뚜우 하고 정오 사이렌이 울었다. 사람들은 모두 네 활개를 펴고 닭처럼 푸드덕거리는 것 같고 온갖 유리와 강철과 대리석과 지폐와 잉크가 부글부글 끓고 수선을 떨고 하는 것 같은 찰나! 그야말로 현란을 극한 정오다.

나는 불현듯 겨드랑이가 가렵다. 아하, 그것은 내 인공의 날개가 돋았던 자국이다. 오늘은 없는 이 날개. 머릿속에서는 희망과 야심이 말소된 페이지가 딕셔너리 넘어가듯 번뜩였다.

나는 걷던 걸음을 멈추고 그리고 일어나 한 번 이렇게 외쳐 보고 싶었다.
날개야 다시 돋아라.
날자. 날자. 한 번만 더 날자꾸나.
한 번만 더 날아 보자꾸나.

④ 치숙(1938)

내 이상과 계획은 이렇거든요.
우리집 다이쇼가 나를 자별히 귀여워하고 신용을 하니깐 인제 한 십 년만 더
있으면 한밑천 들여서 따루 장사를 시켜 줄 눈치거든요.
그러거들랑 그것을 언덕삼아 가지고 나는 삼십 년 동안 예순 살 환갑까지만
장사를 해서 꼭 십만 원을 모을 작정이지요. 십만 원이면 죄선 부자로 쳐도 천
석군이니 머, 떵떵거리고 살 게 아니라구요.
신식 여자는 식자가 들었다는 게 건방져서 못쓰고 도무지 그래서 죄선 여자
는 신식이고 구식이고 다아 제에발이야요.
내지 여자가 참 좋지 머. 인물이 개개 일짜로 예쁘겠다, 얌전하겠다, 상냥하
겠다, 지식이 있어도 건방지지 않겠다, 조음이나 좋아!
그리고 내지 여자한테 장가만 드는 게 아니라 성명도 내지인 성명으로 갈고,
집도 내지인 집에서 살고, 옷도 내지 옷을 입고 밥도 내지 식으로 먹고, 아이들
도 내지인 이름을 지어서 내지인 학교에 보내고……
내지인 학교래야지 죄선 학교는 너절해서 아이를 버려 놓기나 꼭 알맞지요.
그리고 나도 죄선말은 싹 걷어치우고 국어만 쓰고요.
이렇게 다아 생활법식부텀도 내지인처럼 해야만 돈도 내지인처럼 잘 모으게
되거든요.
내 이상이며 계획은 이래서 이십만 원짜리 큰 부자가 바루 내다뵈고 그리루
난 길이 환하게 트이고 해서 나는 시방 열심히 길을 가고 있는데 글쎄 그 미
처 살기 든 놈들이 세상 망쳐버릴 사회주의를 하려 드니 내가 소름이 끼칠 게
아니라구요? 말만 들어도 끔찍하지!

⑤ 사랑손님과 어머니(1935)

그 날 밤, 저녁밥 먹고 나니까 어머니는 나를 불러 앉히고 머리를 새로 빗겨
주었습니다. 댕기를 새 댕기로 드려 주고, 바지, 저고리, 치마, 모두 새것을 꺼
내 입혀 주었습니다.
"엄마, 어디 가?" 하고 물으니까,
"아니." 하고 웃음을 띠면서 대답합니다. 그러더니, 풍금 옆에서 내리어 새로
다린 하얀 손수건을 내리어 내 손에 쥐어 주면서,
"이 손수건, 저 사랑 아저씨 손수건인데, 이것 아저씨 갖다 드리구 와, 응. 오
래 있지 말구 손수건만 갖다 드리구 이내 와, 응." 하고 말씀하셨습니다.
손수건을 들고 사랑으로 나가면서 나는 접어진 손수건 속에 무슨 발각발각하
는 종이가 들어 있는 것처럼 생각되었습니다마는, 그것을 펴 보지 않고 그냥 갖
다가 아저씨에게 주었습니다.

SEMI-NOTE

**작품의 구성**

- 도입부 : '나'의 독백. 지적인 역설로
  분열된 자아 제시
- 발단 : 33번지 유곽. 해가 들지 않는
  '나'의 방
- 전개 : 손님이 찾아온 아내. 일찍 귀가
  한 '나'와 아내의 마주침
- 위기 : 감기약 대신 수면제를 먹인 아
  내의 의도에 마음이 쓰이는 '나'
- 절정, 결말 : 정상적인 삶에 대한 욕구

**치숙**

- 작자 : 채만식
- 갈래 : 단편소설
- 성격 : 풍자적, 세태비판적
- 배경 : 일제 강점기, 군산과 서울
- 시점 : 1인칭 관찰자 시점
- 주제 : 일제시대 지식인에 대한 비판
  및 일본 사대주의에 빠진 이들에 대한
  풍자
- 출전 : 「동아일보」

**작품의 구성**

- 발단 : 화자가 아저씨와 아주머니를
  소개함
- 전개 : 무능력한 아저씨의 모습과 인
  자한 아주머니가 고생하는 것을 보고
  답답해 함
- 위기 : 일본인 처를 얻고 일본에 가서
  살고자 하지만, 아저씨 때문에 방해를
  받게 됨
- 절정 : 화자는 아저씨의 행태를 비판
  하지만 아저씨는 오히려 세상을 움직
  이는 힘에 대해 알지 못하는 화자를
  비판함
- 결말 : 화자는 아저씨에게 실망하게 됨

**사랑손님과 어머니**

- 작자 : 주요섭
- 갈래 : 단편소설
- 성격 : 서정적, 심리적
- 배경 : 1930년대, 시골 마을
- 시점 : 1인칭 관찰자 시점
- 주제 : 봉건적 윤리의식과 인간적 감
  정 사이에서 갈등하는 어머니와 사랑
  손님의 사랑과 이별
- 출전 : 「조광」

**작품의 구성**

- **발단** : 옥희네 집에 사랑손님(아저씨)이 하숙을 하게 됨
- **전개** : 아저씨와 친해지는 '나'와 서로 관심을 보이는 어머니와 아저씨
- **위기** : 어머니와 아저씨의 연모의 정과 갈등
- **절정** : '나'가 거짓말로 준 꽃으로 인한 어머니의 갈등과 결심
- **결말** : 아저씨가 떠나고 나서, 어머니는 마른 꽃을 '나'에게 주며 버리라고 시킴

**광장**

- **작자** : 최인훈
- **갈래** : 분단소설, 사회소설, 장편소설
- **성격** : 관념적, 철학적
- **배경** : 광복 직후에서 한국 전쟁 후까지의 남한과 북한
- **시점** : 전지적 작가 시점
- **특징** : 밀실, 광장 등의 상징적 공간과 사변적 주인공을 통해 관념적이고 철학적인 주제를 표현
- **주제** : 분단 현실에 대한 인식과 이상적인 사회의 염원과 좌절, 이념의 갈등 속에서 이상과 사랑을 추구하는 인간의 모습
- **의의** : 남북한 이데올로기를 비판적으로 고찰한 최초의 실존주의 소설
- **출전** : 「새벽」

**작품의 구성**

- **발단** : 명준은 월북한 아버지 때문에 이념 문제로 고초를 겪다가 결국 월북하게 됨
- **전개** : 북한 사회의 부자유와 이념의 허상에 환멸을 느낌
- **위기** : 한국 전쟁이 발발하고, 인민군으로 종군하다가 포로가 됨
- **절정** : 포로교환 현장 속에서 명준은 중립국을 택함
- **결말** : 인도로 가는 타고르 호에서 투신하는 명준

아저씨는 방에 누워 있다가 벌떡 일어나서 손수건을 받는데, 웬일인지 아저씨는 이전처럼 나보고 빙그레 웃지도 않고 얼굴이 몹시 파래졌습니다. 그리고는, 입술을 질근질근 깨물면서 말 한 마디 아니하고 그 손수건을 받더군요.

나는 어째 이상한 기분이 들어서 아저씨 방에 들어가 앉지도 못하고, 그냥 되돌아서 안방으로 도로 왔지요. 어머니는 풍금 앞에 앉아서 무엇을 그리 생각하는지 가만히 있더군요. 나는 풍금 옆으로 가서 가만히 옆에 앉아 있었습니다. 이윽고, 어머니는 조용조용히 풍금을 타십니다. 무슨 곡조인지는 몰라도 어째 구슬프고 고즈넉한 곡조야요. 밤이 늦도록 어머니는 풍금을 타셨습니다. 그 구슬프고 고즈넉한 곡조를 계속하고 또 계속하면서……

**실력Up 신빙성 없는 화자**

화자인 옥희는 어린아이의 눈으로 있는 그대로를 설명하지만 아직 어리기 때문에 어머니와 아저씨의 연정을 눈치 채지 못하기에, 화자가 미성숙 또는 교양이 낮거나 어린 탓에 사건을 잘못 파악하여 서술하는 시점을 신빙성 없는 화자(unrealiable narrator)라 일컬음

## (3) 1950년 이후의 소설

### ① 광장(1960)

펼쳐진 부채가 있다. 부채의 끝 넓은 테두리 쪽을, 철학과 학생 이명준이 걸어간다. 가을이다. 겨드랑이에 낀 대학 신문을 꺼내 들여다본다. 약간 자랑스러운 듯이. 여자를 깔보지는 않아도, 알 수 없는 동물이라고 여기고 있다.

책을 모으고, 미이라를 구경하러 다니다.

정치는 경멸하고 있다. 그 경멸이 실은 강한 관심과 아버지 일 때문에 그런 모양으로 나타난 것인 줄은 알고 있다. 다음에, 부채의 안쪽 좀 더 좁은 너비에, 바다가 보이는 분지가 있다. 거기서 보면 갈매기가 날고 있다. 윤애에게 말하고 있다. 윤애 날 믿어 줘. 알몸으로 날 믿어 줘. 고기 썩는 냄새가 역한 배 안에서 물결에 흔들리다가 깜빡 잠든 사이에, 유토피아의 꿈을 꾸고 있는 그 자신이 있다. 조선인 콜호스 숙소의 창에서 불타는 저녁놀의 힘을 부러운 듯이 바라보고 있는 그도 있다. 구겨진 바바리코트 속에 시래기처럼 바랜 심장을 하고 은혜가 기다리는 하숙으로 돌아가고 있는 9월의 어느 저녁이 있다. 도어에 뒤통수를 부딪히면서 악마도 되지 못한 자기를 언제까지나 웃고 있는 그가 있다. 그의 삶의 터는 부채꼴, 넓은 데서 점점 안으로 오므라들고 있었다. 마지막으로 은혜와 둘이 안고 뒹굴던 동굴이 그 부채꼴 위에 있다. 사람이 안고 뒹구는 목숨의 꿈이 다르지 않으니. 어디선가 그런 소리도 들렸다.

그는 지금, 부채의 사북자리에 서 있다. 삶의 광장은 좁다가 못해 끝내 그의 두 발바닥이 차지하는 넓이가 되고 말았다. 자 이제는? 모르는 나라, 아무도 자기를 알 리 없는 먼 나라로 가서, 전혀 새사람이 되기 위해 이 배를 탔다. 사람은, 모르는 사람들 사이에서는, 자기 성격까지도 마음대로 골라잡을 수도 있다고 믿는다. 성격을 골라잡다니! 모든 일이 잘 될 터이었다. 다만 한 가지만 없었다면, 그는 두 마리 새들을 방금까지 알아보지 못한 것이었다. 무덤 속에서 몸을 푼 한 여자의 용기를, 방금 태어난 아기를 한 팔로 보듬고 다른 팔로 무덤

을 깨뜨리고 하늘 높이 치솟는 여자를, 그리고 마침내 그를 찾아 내고야만 그들의 사랑을.

돌아서서 마스트를 올려다본다. 그들은 보이지 않는다. 바다를 본다. 큰 새와 꼬마 새는 바다를 향하여 미끄러지듯 내려오고 있다. 바다. 그녀들이 마음껏 날아다니는 광장을 명준은 처음 알아본다. 부채꼴 사북까지 뒷걸음질친 그는 지금 핑그르르 뒤로 돌아선다. 제정신이 든 눈에 비친 푸른 광장이 거기 있다.

## ② 장마(1973)

"자네 오면 줄라고 노친께서 여러 날 들여 장만헌 것일세. 먹지는 못헐 망정 눈요구라도 허고 가소. 다아 자네 노친 정성 아닌가. 내가 자네를 쫓을라고 이러는 건 아니네. 그것만은 자네도 알아야 되네. 냄새가 나드라도 너무 섭섭타 생각 말고, 집안일일랑 아모걱정 말고 머언 걸음 부데 펜안히 가소"

이야기를 다 마치고 외할머니는 불씨가 담긴 그릇을 헤집었다. 그 위에 할머니의 흰머리를 올려놓자 지글지글 끓는 소리를 내면서 타오르기 시작했다. 단백질을 태우는 노린내가 멀리까지 진동했다. 그러자 눈앞에서 벌어지는 그야말로 희한한 광경에 놀라 사람들은 저마다 탄성을 올렸다. 외할머니가 아무리 타일러도 그때까지 움쩍도 하지 않고 그토록 오랜 시간을 버티던 그것이 서서히 움직이기 시작한 것이다. 감나무 가지를 친친 감았던 몸뚱이가 스르르 풀리면서 구렁이는 땅바닥으로 툭 떨어졌다. 떨어진 자리에서 잠시 머뭇거린 다음 구렁이는 꿈틀꿈틀 기어 외할머니 앞으로 다가왔다. 외할머니가 한쪽으로 비켜서면서 길을 터주었다. 이리저리 움직이는 대로 뒤를 따라가며 외할머니는 연신 소리를 질렀다. 새막에서 참새떼를 쫓을 때처럼 "쉬이! 쉬이!" 하고 소리를 지르면서 손뼉까지 쳤다. 누런 비늘 가죽을 번들번들 뒤틀면서 그것은 소리 없이 땅바닥을 기었다. 안방에 있던 식구들도 마루로 몰려나와 마당 한복판을 가로질러 오는 기다란 그것을 모두 질린 표정으로 내려다보고 있었다. 꼬리를 잔뜩 사려 가랑이 사이에 감춘 워리란 놈이 그래도 꼴값을 하느라고 마루 밑에서 다 죽어가는 소리로 짖어대고 있었다. 몸뚱이의 움직임과는 여전히 따로 노는 꼬리 부분을 왼쪽으로 삐딱하게 흔들거리면서 그것은 방향을 바꾸어 헛간과 부엌 사이 공지를 천천히 지나갔다.

"쉬이! 쉬어이!"

외할머니의 쉰 목청을 뒤로 받으며 그것은 우물곁을 거쳐 넓은 뒤란을 어느덧 완전히 통과했다. 다음은 숲이 우거진 대밭이었다.

"고맙네, 이 사람! 집안 일은 죄다 성님한티 맽기고 자네 혼잣 몸띵이나 지발 성혀서면 걸음 펜안히 가소. 뒷일은 아모 염려 말고 그저 펜안히 가소. 증말 고맙네, 이 사람아"

장마철에 무성히 돋아난 죽순과 대나무 사이로 모습을 완전히 감추기까지 외할머니는 우물곁에 서서 마지막 당부의 말로 구렁이를 배웅하고 있었다.

**장마**
- **작자** : 윤흥길
- **갈래** : 중편소설
- **성격** : 샤머니즘
- **배경** : 6 · 25 전쟁 중 어느 농촌 마을
- **시점** : 1인칭 관찰자 시점
- **특징** : 전라북도 사투리 사용을 통한 사실적인 표현
- **주제** : 이념 대립의 극한적 분열상과 정서적 일체감에 의한 극복
- **출전** : 『문학과 지성』

**작품의 구성**
- **발단** : 두 할머니의 아들이 각각 국군과 인민군 빨치산으로 나감
- **전개** : 외할머니의 아들이 전사한 뒤부터 두 할머니의 갈등이 시작됨
- **위기** : 빨치산에 대한 외할머니의 저주로 갈등이 고조됨
- **절정** : 아이들에게 쫓겨 집안에 들어온 구렁이를 외할머니가 극진히 대접해 돌려보냄
- **결말** : 두 할머니가 화해함

**전후소설**
전후소설은 6 · 25를 직접 체험한 작가들이 당시의 현실 상황이나 전쟁 직후의 비극과 인간성 상실에 대해 사실적으로 그려낸 작품으로, 갈라진 우리 민족이 나아가야 할 길을 제시해 주며, 고뇌를 통해 새로운 인간의 형상화를 보여줌

**난장이가 쏘아올린 작은 공**
- 작자 : 조세희
- 갈래 : 중편소설, 연작소설
- 경향 : 사회 고발적
- 배경 : 1970년대. 서울의 재개발 지역
- 시점 : 1인칭 주인공 시점
- 특징 : 우화적인 분위기의 실험적 기법의 도입과 70년대의 어두운 이면을 직접적으로 드러냄
- 주제 : 도시 빈민이 겪는 삶의 고통과 좌절
- 출처 : 「문학과 지성」

**작품의 구성**
- 1부 : (서술자 영수) 집을 철거 한다는 계고장을 받은 난쟁이 가족의 모습과 생활상
- 2부 : (서술자 영호) 입주권을 투기업자에게 파는 난쟁이 가족과 남는 돈이 없어 학교를 그만두는 영호와 영희
- 3부 : (서술자 영희) 영희는 투기업자에게 순결을 빼앗기고, 금고 안에서 되찾은 입주권과 돈으로 입주 절차를 마치나 아버지의 죽음을 확인하고 사회를 향해 절규함

**그믐달**
- 작자 : 나도향
- 갈래 : 경수필
- 성격 : 서정적, 낭만적, 감상적
- 문체 : 우유체, 화려체
- 특징
  - 대조의 방법으로 대상을 부각시킴
  - 직유법과 은유법을 통해 대상의 특성을 표현
- 제재 : 그믐달
- 주제 : 외롭고 한스러워 보이는 그믐달을 사랑하는 마음
- 출전 : 「조선문단」

③ 난장이가 쏘아올린 작은 공(1976)

> 아주머니가 말했다.
> "네가 집을 나가구 식구들이 얼마나 찾았는지 아니? 이 방 창문에서도 보이지. 어머니가 헐린 집터에 서 계셨었다. 너는 둘째치구 이번엔 아버지가 어딜 가셨는지 모르게 됐었단다. 성남으로 가야하는데 아버지가 안 계셨어. 길게 얘길 해 뭘 하겠니. 아버지는 돌아가셨어. 벽돌 공장 굴뚝을 허는 날 알았단다. 굴뚝 속으로 떨어져 돌아가신 아버지를 철거반 사람들이 발견했어."
> 그런데— 나는 일어날 수가 없었다. 눈을 감은 채 가만히 누워 있었다. 다친 벌레처럼 모로 누워 있었다. 숨을 쉴 수 없었다. 나는 두 손으로 가슴을 쳤다. 헐린 집 앞에 아버지가 서 있었다. 아버지는 키가 작았다. 어머니가 다친 아버지를 업고 뛰뚝을 뛰어 들어섰다. 아버지의 팔에서 피가 뚝뚝 흘렀다. 내가 큰 소리로 오빠들을 불렀다. 오빠들이 뛰어나왔다. 우리들은 마당에 서서 하늘을 쳐다보았다. 까만 쇠공이 머리 위 하늘을 일직선으로 가르며 날아갔다.
> 아버지가 벽돌 공장 굴뚝 위에 서서 손을 들어 보였다. 어머니가 조각마루 끝에 밥상을 올려 놓았다. 의사가 대문을 들어서는 소리가 들렸다. 아주머니가 나의 손을 잡았다. 아아아아아아아 하는 울음이 느리게 나의 목을 타고 올라왔다.
> "울지 마, 영희야." 큰오빠가 말했었다.
> "제발 울지 마. 누가 듣겠어." 나는 울음을 그칠 수 없었다.
> "큰오빠는 화도 안 나?"
> "그치라니까."
> "아버지를 난장이라고 부르는 악당은 죽여 버려."
> "그래. 죽여 버릴게."
> "꼭 죽여."
> "그래. 꼭."
> "꼭."

## 04절　기타 갈래의 작품

# 1. 현대 수필, 희곡, 시나리오

## (1) 현대 수필

① 그믐달(1925)

> 나는 그믐달을 몹시 사랑한다.
> 그믐달은 요염하여 감히 손을 댈 수도 없고, 말을 붙일 수도 없이 깜찍하게 예쁜 계집 같은 달인 동시에 가슴이 저리고 쓰리도록 가련한 달이다.
> 서산 위에 잠깐 나타났다가 숨어 버리는 초생달은 세상을 후려 삼키려는 독부(毒婦)가 아니면 철모르는 처녀 같은 달이지마는, 그믐달은 세상의 갖은 풍상을 다 겪고, 나중에는 그 무슨 원한을 품고서 애처롭게 쓰러지는 원부와 같이

애절하고 애절한 맛이 있다.

　　보름에 둥근 달은 모든 영화와 끝없는 숭배를 받는 여왕과 같은 달이지마는, 그믐달은 애인을 잃고 쫓겨남을 당한 공주와 같은 달이다.

　　초생달이나 보름달은 보는 이가 많지마는, 그믐달은 보는 이가 적어 그만큼 외로운 달이다. 객창한등에 정든 임 그리워 잠 못 들어 하는 분이나, 못 견디게 쓰린 가슴을 움켜잡은 무슨 한 있는 사람이 아니면 그 달을 보아주는 이가 별로 없을 것이다.

　　그는 고요한 꿈나라에서 평화롭게 잠들은 세상을 저주하며, 홀로 머리를 풀어 뜨리고 우는 청상(靑孀)과 같은 달이다. 내 눈에는 초생달 빛은 따뜻한 황금빛에 날카로운 쇳소리가 나는 듯하고, 보름달은 치어다 보면 하얀 얼굴이 언제든지 웃는 듯하지마는, 그믐달은 공중에서 번듯하는 날카로운 비수와 같이 푸른빛이 있어 보인다. 내가 한 있는 사람이 되어서 그러한지는 모르지마는, 내가 그 달을 많이 보고 또 보기를 원하지만, 그 달은 한 있는 사람만 보아주는 것이 아니라 늦게 돌아가는 술주정꾼과 노름하다 오줌 누러 나온 사람도 보고, 어떤 때는 도둑놈도 보는 것이다.

　　어떻든지, 그믐달은 가장 정 있는 사람이 보는 중에, 또는 가장 한 있는 사람이 보아주고, 또 가장 무정한 사람이 보는 동시에 가장 무서운 사람들이 많이 보아준다.

　　내가 만일 여자로 태어날 수 있다 하면, 그믐달 같은 여자로 태어나고 싶다.

## ② 낙엽을 태우면서(1938)

　　가을이 깊어지면 나는 거의 매일 뜰의 낙엽을 긁어 모으지 않으면 안 된다. 날마다 하는 일이언만, 낙엽은 어느덧 날고 떨어져서 또다시 쌓이는 것이다. 낙엽이란 참으로 이 세상의 사람의 수효보다도 많은가 보다. 30여 평에 차지 못하는 뜰이건만, 날마다의 시중이 조련치 않다.

　　벚나무, 능금나무 – 제일 귀찮은 것이 담쟁이다. 담쟁이란 여름 한철 벽을 온통 둘러싸고, 지붕과 연돌(煙突)의 붉은 빛만을 남기고 집안을 통째로 초록의 세상으로 변해 줄때가 아름다운 것이지 잎을 다 떨어트리고 앙상하게 드러난 벽에 메마른 줄기를 그물같이 둘러칠 때쯤에는, 벌써 다시 지릅떠볼 값조차 없는 것이다. 귀찮은 것이 그 낙엽이다.

　　가령 벚나무 잎같이 신선하게 단풍이 드는 것도 아니요, 처음부터 칙칙한 색으로 물들어 재치 없는 그 넓은 잎이 지름길 위에 떨어져 비라도 맞고 나면 지저분하게 흙 속에 묻히는 까닭에 아무래도 날아 떨어지는 쪽쪽 그 뒷시중을 해야 한다. 벚나무 아래에 긁어모은 낙엽의 산더미를 모으고 불을 붙이면 속엣것부터 푸슥푸슥 타기 시작해서 가는 연기가 피어오르고 바람이나 없는 날이면 그 연기가 낮게 드리워서 어느덧 뜰 안에 가득히 담겨진다.

　　낙엽 타는 냄새같이 좋은 것이 있을까. 갓 볶아낸 커피의 냄새가 난다. 잘 익은 개금냄새가 난다. 갈퀴를 손에 들고는 어느 때까지든지 연기 속에 우뚝 서서 타서 흩어지는 낙엽의 산더미를 바라보며 향기로운 냄새를 맡고 있노라면 별안간 맹렬한 생활의 의욕을 느끼게 된다. 연기는 몸에 배서 어느 결엔지 옷자락과 손등에서도 냄새가 나게 된다. 나는 그 냄새를 한없이 사랑하면서 즐거운 생활감에 잠겨서는 새삼스럽게 생활의 제목을 진귀한 것으로 머릿속에 떠올린다.

---

**작품의 구성**

- **기** : 가슴 저리게 가련한 그믐달을 사랑하는 나의 모습
- **승** : 독부와 같은 그믐달, 애인을 잃고 쫓겨난 그믐달
- **전** : 사연 있는 사람만 보는 달, 보는 이가 적은 그믐달
- **결** : 만일 여자로 태어난다면 그믐달 같은 여자로 태어나고픈 나의 모습

**경수필**

내용과 분위기가 친근하며, 주관적, 정서적, 자기 고백적이며 신변잡기적인 성격을 지님

---

**낙엽을 태우면서**

- **작자** : 이효석
- **갈래** : 경수필
- **성격** : 주관적, 감각적, 사색적
- **문체** : 우유체
- **특징**
  - 은유와 직유, 점층법을 구사
  - 예시와 열거를 통한 '나'의 행동과 상념의 전개가 인상적인 흐름에 따라 표현
- **주제** : 낙엽을 태우면서 느끼는 일상 생활의 보람
- **출전** : 『조선 문학 독본』

**작품의 구성**

- **기** : 낙엽 쓸기를 귀찮은 시중들기로 표현
- **승** : 쓸어 모은 낙엽을 태우며 낙엽이 타는 냄새를 맡으며 생활의 의욕을 느낌
- **전** : 불을 쬐며 가을의 생활미를 느끼는 화자의 모습
- **결** : 가을에 하는 일거리에서 찾는 창조적이며 생산적인 의미

음영과 윤택과 색채가 빈곤해지고 초록이 전혀 그 자취를 감추어 버린 꿈을 잃은 헌출한 뜰 복판에 서서 꿈의 껍질인 낙엽을 태우면서 오로지 생활의 상념에 잠기는 것이다. (후략)

③ 피딴문답(1978)

> "존경이라니…, 존경할 요리란 것도 있나?"
> "있고말고. 내 얘기를 들어 보면 자네도 동감일 걸세. 오리알을 껍질째 진흙으로 싸서 겨 속에 묻어 두거든…. 한 반 년쯤 지난 뒤에 흙덩이를 부수고, 껍질을 까서 술안주로 내놓는 건데, 속이 굳어져서 마치 삶은 계란 같지만 흙덩이 자체의 온기 외에 따로 가열(加熱)을 하는 것은 아니라네."
> "오리알에 대한 조예가 매우 소상하신데…."
> "아니야, 나도 그 이상은 잘 모르지. 내가 아는 건 거기까지야. 껍질을 깐 알맹이는 멍이 든 것처럼 시퍼런데도, 한 번 맛을 들이면 그 풍미(風味–음식의 멋스런 맛)가 기막히거든. 연소(제비집)나 상어 지느러미처럼 고급 요리 축에는 못 들어가도, 술안주로는 그만이지…."
> "그래서 존경을 한다는 건가?"
> "아니야, 생각을 해 보라고. 날것째 오리알을 진흙으로 싸서 반 년씩이나 내버려 두면, 썩어 버리거나, 아니면 부화해서 오리 새끼가 나와야 할 이치 아닌가 말야…. 그런데 썩지도 않고, 오리 새끼가 되지도 않고, 독자의 풍미를 지닌 피딴으로 화생(化生–생물의 몸이 다르게 변함)한다는 거, 이거 놀라운 일이 아닐 수 없지. 허다한 값나가는 요리를 제쳐 두고, 내가 피딴 앞에 절을 하고 싶다는 연유가 바로 이것일세."
> "그럴싸한 얘기로구먼. 썩지도 않고, 오리 새끼도 되지 않는다…?"
> "그저 썩지만 않는다는 게 아니라, 거기서 말 못 할 풍미를 맛볼 수 있다는 거, 그것이 중요한 포인트지…… 남들은 나를 글줄이나 쓰는 사람으로 치부하지만, 붓 한 자루로 살아 왔다면서, 나는 한 번도 피딴만한 글을 써 본 적이 없다네. '망건을 십 년 뜨면 문리(文理–글의 뜻을 깨달아 아는 힘)가 난다.'는 속담도 있는데, 글 하나 쓸 때마다 입시를 치르는 중학생마냥 긴장을 해야 하니, 망발도 이만저만이지……"
> "초심불망(初心不忘–처음에 먹은 마음을 잊지 않는다)이라지 않아…… 늙어 죽도록 중학생일 수만 있다면 오죽 좋아 ……"
> "그런 건 좋게 하는 말이고, 잘라 말해서, 피딴만큼도 문리가 나지 않는다는 거야…… 이왕 글이라도 쓰려면, 하다못해 피딴 급수(級數)는 돼야겠는데……"
> "썩어야 할 것이 썩어 버리지 않고, 독특한 풍미를 풍긴다는 거, 멋있는 얘기로구먼. 그런 얘기 나도 하나 알지. 피딴의 경우와는 좀 다르지만……" (후략)

## (2) 희곡, 시나리오

### ① 토막(1932)

명서 처 : 음, 그 애에게서 물건이 온 게로구먼.

명서 : 뭘까?

명서 처 : 세상에, 귀신은 못 속이는 게지!(아들의 좋은 소식을 굳게 믿고 싶은 심정) 오늘 아침부터 이상한 생각이 들더니, 이것이 올려구 그랬던가 봐. 당신은 우환이니 뭐니 해도 …….

명서 : (소포의 발송인의 이름을 보고) 하아 하! 이건 네 오래비가 아니라 삼조가…….

명서 처 : 아니, 삼조가 뭣을 보냈을까? 입때 한 마디 소식두 없던 애가 …….(소포를 끌러서 궤짝을 떼어 보고)

금녀 : (깜짝 놀라) 어머나!

명서 처 : (자기의 눈을 의심하듯이) 대체 이게 …… 이게? 에그머니, 맙소사! 이게 웬일이냐?

명서 : (되려 멍청해지며, 궤짝에 쓰인 글자를 읽으며) 최명수의 백골.

금녀 : 오빠의?

명서 처 : 그럼, 신문에 난 게 역시! 아아, 이 일이 웬일이냐? 명수야! 네가 왜 이 모양으로 돌아왔느냐! (백골상자를 꽉 안는다.)

금녀 : 오빠!

명서 : 나는 여태 개돼지같이 살아 오문서, 한 마디 불평두 입 밖에 내지 않구 꾸벅꾸벅 일만 해 준 사람이여. 무엇 때문에, 무엇 때문에 내 자식을 이 지경을 맨들어 보내느냐? 응, 이 육실헐 늠들! (일어서려고 애쓴다.)

금녀 : (눈물을 씻으며) 아버지! (하고 붙든다.)

명서 : 놓아라! 명수는 어디루 갔니? 다 기울어진 이 집을 뉘게 맽겨 두구 이늠은 어딜?

금녀 : 아버지! 아버지!

명서 : (궤짝을 들구 비틀거리며) 이놈들아, 왜 뻑다구만 내게 갖다 맽기느냐? 내 자식을 죽인 늠이 이걸 마저 처치해라! (기진하여 쓰러진다. 궤짝에서 백골이 쏟아진다. 받은기침 한동안)

명서 처 : (흩어진 백골을 주우며) 명수야, 내 자식아! 이 토막에서 자란 너는 백골이나마 우리를 찾아왔다. 인제는 나는 너를 가다려서 애태울 것두 없구 동지섣달 기나긴 밤을 울어 새우지 않아두 좋다! 명수야, 이제 너는 내 품안에 돌아왔다.

명서 : ……아아, 보기 싫다! 도로 가져 가래라.

금녀 : 아버지, 서러 마세요. 서러워 마시구 이대루 꾹참구 살아가세유. 네 아버지! 결코 오빠는 우릴 저바리진 않을 거예유. 죽은 혼이라두 살아 있어, 우릴 꼭 돌봐 줄거예유. 그때까지 우린 꾹 참구 살아 가세유, 예, 아버지!

명서 : ……아아, 보기 싫다! 도로 가져 가래라!

(금녀의 어머니는 백골을 안치하여 놓고 열심히 무어라고 중얼거리며 합장한다. 바람 소리 정막(靜幕) 을 찢는다)

**토막**

• **작가** : 유치진

• **갈래** : 현대극, 장막극(전 2막), 사실주의 극

• **성격** : 현실 고발적, 비판적, 사실적

• **배경** : 1920년대, 어느 가난한 농촌 마을

• **특징**
 – 사실주의 희곡의 전형(1920년대 농민의 궁핍한 생활상을 사실적으로 묘사)
 – 상징적인 배경의 설정('토막'은 일제 수탈로 인해 피폐해진 우리 조국을 상징. 명서 일가의 비극과 명수의 죽음은 독립에 대한 희망의 좌절을 상징함)
 – 희극적 인물인 경선을 통해 비극의 효과를 극대화
 – 비유, 상징을 통해 당시 사회상을 완곡하게 표현
 – 비극적 상황에서도 희망을 버리지 않는 민족의 끈기를 표현

• **제재** : 일제 강점기 아래의 비참한 생활상

• **주제** : 일제의 가혹한 억압과 수탈의 참상과 현실 고발

• **의의** : 리얼리즘을 표방한 본격적인 근대극이며, 한국 근대극의 출발이 됨

• **출전** : 「문예월간」

**작품의 구성**

• **발단** : 가난한 농부인 명서 가족은 일본으로 떠난 명수가 돈을 많이 벌어 올 것을 고대

• **전개** : 명수가 독립운동을 하다가 경찰에 붙잡혔다는 소식을 듣는 명서 가족

• **절정** : 명서 처는 명수가 종신형을 선고 받을지 모른다는 말에 실성해버림

• **결말** : 명수의 죽음과 백골이 담긴 상자가 도착, 명서 부부의 오열과 금녀의 위로

**오발탄**

- 작자 : 나소운, 이종기 각색(1959년 이범선의 동명 원작을 각색)
- 갈래 : 각색 시나리오
- 성격 : 비판적, 사회 고발적, 사실적
- 배경 : 한국 전쟁 직후, 서울 해방촌 일대
- 특징
  - 원작 소설 「오발탄」의 특징과 감동을 잘 살림(전후 암담한 현실을 사실적으로 묘사하여 가치관이 상실된 어두운 사회상을 비판·고발)
  - 빈눌 심리의 효과적 선날과 비극적 인물상의 조명을 위해 여러 가지 고도의 영화 기법을 활용
  - 문제의 명확한 해결이 아닌 절망적 상태를 보여 주는 것으로 끝을 맺어 여운을 남김
  - 주인공(송철호)의 인간성과 내면의 허무 의식 표출에 역점을 두고 표현
- 주제 : 전후(戰後)의 빈곤하고 비참한 삶과 가치관이 상실된 세태에 대한 비판
- 출전 : 「한국 시나리오 선집」

**작품의 구성**

- 발단 : 아내와 동생 영호, 여동생 명숙 사이에서 무기력하게 생활하는 철호
- 전개 : 6·25 전쟁으로 정신 이상자가 된 어머니와 철호 일가의 비참한 생활상
- 절정 : 강도 혐의로 붙잡힌 영호와 아내의 죽음으로 충치를 뽑음
- 결말 : 충치를 뽑고 난 뒤 현기증을 느끼며 택시를 타고, 횡설수설하는 철호

② 오발탄(1961)

#103. 철호의 방 안
철호가 아랫방에 들어서자 웃방 구석에서 고리짝을 뒤지고 있던 명숙이가 원망스럽게
명숙 : 오빠 어딜 그렇게 돌아다니슈.
철호는 들은 척도 않고 아랫목에 털썩 주저앉아 버린다.
명숙 : 어서 병원에 가 보세요.
철호 : 병원에라니?
명숙 : 언니가 위독해요.
철호 : ······.
명숙 : 점심때부터 진통이 시작되어 죽을 애를 다 쓰고 그만 어린애가 걸렸어요.

#118. 동대문 부인과 산실
아이는 몇 번 앙! 앙! 거리더니 이내 그친다. 그 옆에 허탈한 상태에 빠진 명숙이가 아이를 멍하니 바라보며 앉아 있다.
명숙 : 오빠 돌아오세요 빨리. 오빠는 늘 아이들의 웃는 얼굴이 세상에서 젤 좋으시다고 하셨죠? 이 애도 곧 웃을 거예요. 방긋방긋 웃어야죠. 웃어야 하구 말구요. 또 웃도록 우리가 만들어 줘야죠.

#120. 자동차 안
조수가 뒤를 보며
조수 : 경찰섭니다.
혼수상태의 철호가 눈을 뜨고 경찰서를 물끄러미 내다보다가 뒤로 쓰러지며
철호 : 아니야. 가!
조수 : 손님 종로 경찰선데요.
철호 : 아니야. 가!
조수 : 어디로 갑니까?
철호 : 글쎄 가재두······.
조수 : 참 딱한 아저씨네.
철호 : ······.
운전수가 자동차를 몰며 조수에게
운전수 : 취했나?
조수 : 그런가 봐요.
운전수 : 어쩌다 오발탄 같은 손님이 걸렸어. 자기 갈 곳도 모르게.
철호가 그 소리에 눈을 떴다가 스르르 감는다. 밤거리의 풍경이 쉴새없이 뒤로 흘러간다.

# 나두공

# 02장 고전 문학

## 01절  고전 문법

### 1. 음운

#### (1) 훈민정음의 제자 원리와 문자체계

① 훈민정음의 제자 원리 ★ 빈출개념

㉠ 초성(자음 17자) : 발음기관 상형(기본자) + 가획의 원리(가획자) + 이체(이체자)

| 구분 | 기본자 | 가획자 | 이체자 |
|------|--------|--------|--------|
| 아음 | ㄱ | ㅋ | ㆁ |
| 설음 | ㄴ | ㄷ, ㅌ | ㄹ |
| 순음 | ㅁ | ㅂ, ㅍ | |
| 치음 | ㅅ | ㅈ, ㅊ | ㅿ |
| 후음 | ㅇ | ㆆ, ㅎ | |

㉡ 중성(모음 11자) : 천지인(天地人)의 상형 및 기본자의 합성

| 구분 | 기본자 | 조출자 | 재출자 |
|------|--------|--------|--------|
| 양성모음 | · | ㅗ, ㅏ | ㅛ, ㅑ |
| 음성모음 | ㅡ | ㅜ, ㅓ | ㅠ, ㅕ |
| 중성모음 | ㅣ | | |

㉢ 종성 : 종성부용초성(終聲復用初聲)의 원칙에 따라, 따로 만들지 않고 초성을 다시 씀

#### 상식UP 훈민정음 초성 체계

• 구성

| 구분 | 전청음 | 차청음 | 전탁음 | 불청불탁음 |
|------|--------|--------|--------|------------|
| 아음 | ㄱ | ㅋ | ㄲ | ㆁ |
| 설음 | ㄷ | ㅌ | ㄸ | ㄴ |
| 순음 | ㅂ | ㅍ | ㅃ | ㄹ |
| 치음 | ㅈ | ㅊ | ㅉ | |
| | ㅅ | | ㅆ | |
| 후음 | ㆆ | ㅎ | ㆅ | ㅇ |
| 반설음 | | | | ㄹ |
| 반치음 | | | | ㅿ |

• 특징
– 전청음을 가획(加劃)하여 차청음을 만들고, 해당 전청음을 한 번 더 사용하여 전탁음을 만듦
– 23자음 체계는 동국정운식 한자음에서 사용(순수 국어의 자음은 22자음)

• 아음(牙音) : 아음(어금닛소리) 'ㄱ'은 혀뿌리가 목구멍을 막는 것을 본뜬 형태
• 설음(舌音) : 설음(혓소리) 'ㄴ'은 혀가 윗잇몸에 닿는 것을 본뜬 형태
• 순음(脣音) : 순음(입술소리) 'ㅁ'은 입 모양을 본뜬 형태
• 치음(齒音) : 치음(잇소리) 'ㅅ'은 이(齒)의 모양을 본뜬 형태
• 후음(喉音) : 후음(목구멍소리) 'ㅇ'은 목구멍 모양을 본뜬 형태

**종성부용초성(終聲復用初聲)**
「종성해」에서는 8자만 사용한다고 규정하였으며, 각각 'ㄱ, ㆁ, ㄷ, ㄴ, ㅂ, ㅁ, ㅅ, ㄹ'임

**음운**
• 전청음(全淸音) : 현대 언어의 무성음의 파열음, 파찰음, 마찰음을 포함하는 발음 분류
• 차청음(次淸音) : 현대 언어의 격음(激音)에 해당하는 발음 분류
• 전탁음(全濁音) : 현대 언어에서 유성 장애음을 가리키는 발음 분류, 「훈민정음」에서는 각자병서로 표기
• 불청불탁음(不淸不濁音) : 현대 언어에서 비음(鼻音)과 유음(流音), 유성마찰음에 해당하는 발음 분류

② 훈민정음의 문자 체계

　ㄱ 전탁음은 훈민정음 28자에 속하지 않는다(ㄲ, ㄸ, ㅃ, ㅆ, ㅉ, ㆅ).

　ㄴ 순경음은 훈민정음 28자에 속하지 않는다(ㅸ, ㆄ, ㅹ, ㅱ).

　ㄷ 'ㆆ, ㅇ'은 한자음을 표기하기 위한 것이었으므로, 국어의 음운 단위에서는 형식적인 자음이고 실질적 자음은 아님

　ㄹ 'ㆅ'은 순수 국어에도 사용하였으나 의미 분화의 기능이 없었으므로 (국어에서는 항상 'ㅕ' 앞에서만 쓰였음) 음운 단위가 될 수 없고, 'ㅎ'의 이형태에 지나지 않음

## (2) 훈민정음의 글자 운용

① 훈민정음의 글자 운용 : 훈민정음 예의부 자모운용편(例義部 字母運用篇)에 있는 규정으로, 자음을 옆으로 나란히 붙여 쓰는 것을 병서(竝書)라 하고, 상하로 잇대어 쓰는 것을 연서(連書)라 함

　ㄱ 연서법(이어쓰기)

　　• 순음 'ㅂ, ㅍ, ㅁ, ㅃ' 아래에 'ㅇ'을 이어 쓰면 각각 순경음 'ㅱ, ㅸ, ㅹ, ㆄ'이 되며 'ㆄ, ㅱ, ㅹ'은 한자음 표기에 쓰임

　　• 우리말에 쓰이던 'ㅸ'이 15세기에 소멸되었으므로 현대 국어에서 연서법은 적용하지 않음

　ㄴ 병서법(나란히 쓰기) : 초성을 합하여 사용할 때는 나란히 씀, 종성도 같음

　　• 각자 병서 : ㄲ, ㄸ, ㅃ, ㅉ, ㅆ, ㆅ

　　• 합용 병서 : ㅅㄱ, ㅅㄷ, ㅅㅂ, ㅆ, ㅂㄷ, ㅄ, ㅄㄱ, ㅂㅌ, ㄱㅅ, ㄷㅅ, ㄹㄱ, ㄹㅁ, ㄹㆆ, ㄹㅅ, ㅺㅅ, ㅄㄷ

② 성음법(음절 이루기) : 모든 글자는 초성, 중성, 종성을 갖추어야 음절을 이룬다는 규정, 이에 따라 받침 없는 한자에 소릿값 없는 'ㅇ'을 붙여 종성을 갖추게 하였고, 현대 음성학의 견지에서 보면 모음 단독으로도 발음이 되며 자음 중 'ㄴ, ㄹ, ㅁ, ㅅ, ㅿ, ㅇ, ㅸ' 등도 단독으로 소리가 난다고 보지만, 훈민정음에서는 초성, 중성, 종성이 합쳐져야만 소리가 이루어진다고 봄(예 世솅宗종御엉製졩 : 세종어제)

## (3) 표기법

① 표음적 표기법

　ㄱ 8종성법 : 종성에서는 'ㄱ, ㄴ, ㄷ, ㄹ, ㅁ, ㅂ, ㅅ, ㅇ'의 8자만 허용되는 것이 원칙인데, 이는 체언과 용언의 기본 형태를 밝히지 않고 소리 나는 대로 적는 것으로 표음적 표기라 할 수 있음

　ㄴ 이어적기(연철) : 받침 있는 체언이나 용언의 어간에 모음으로 시작되는 조사나 어미가 붙을 때는 그 받침을 조사나 어미의 초성으로 이어 적음

② 표의적 표기법 : 8종성법의 예외

　ㄱ 체언과 용언의 기본 형태를 밝혀 적은 일이 있음

　ㄴ 반치음과 겹받침이 종성으로 적히는 일이 있음

③ 끊어적기(분철) : 「월인천강지곡」에 나타나는 예로서 'ㄴ, ㄹ, ㅁ, ㅇ' 등의 받침소리에 한해 끊어 적는 일이 있음

SEMI-NOTE

④ **사잇소리** : 명사와 명사가 연결되거나 선행 명사가 울림소리로 끝날 때 들어가는 형태소, 현대어의 사잇소리로 쓰이는 'ㅅ'에 해당

ⓐ 사잇소리의 기능
  • 의미상 : 관형격조사와 같은 구실을 함
  • 발음상 : 울림소리 사이에 끼이는 안울림소리(무성음)의 울림소리 되기를 방지하며, 다음 소리를 되게 또는 강하게 소리 나게 함

ⓑ 사잇소리의 위치 : 체언 뒤, 울림소리 뒤
  • 순수 국어 뒤 : 선행 음절의 종성에 붙음(예 님금ㅿ말씀 → 님긊말씀)
  • 한자어 뒤 : 선행 음절과 후행 음절의 중간에 붙음(예 君군ㄷ字쭝)
  • 훈민정음에서 보인 예 : 후행 음절의 초성에 붙음(예 엄ㅅ소리 → 엄쏘리)
  • 이처럼 여러 개에 쓰였던 것이 세조 이후 'ㅅ'으로 통일되기 시작하여 성종 이후(초기부터「두시언해」부터)는 'ㅅ'만 사용(15세기 문헌이라도 「월인천강지곡에서」는 'ㅅ' 만 사용)

⑤ **동국정운식 한자음**
  ⓐ 우리나라에서 사용되는 현실적인 한자음을 중국 원음에 가깝게 정해 놓기 위한 것으로, 실제로 통용되는 한자음이 아니라 이상적인 한자음
  ⓑ 대표적으로 「석보상절」, 「훈민정음 언해본」, 「월인석보」 등에 나타나며 세조 (1480년 경) 이후 소멸

⑥ **사성법의 의미와 종류**
  ⓐ 사성법의 의미 : 음의 높낮이를 표시하기 위해 글자의 왼쪽에 점을 찍는 표기법
  ⓑ 사성법의 종류

| 성조 | 방점 | 성질(해례본) | 해설 |
|---|---|---|---|
| 평성(平聲) | 없음 | 안이화(安而和) | 처음과 끝이 모두 낮은 소리 |
| 상성(上聲) | 2점 | 화이거(和而擧) | 처음은 낮으나 끝이 높은 소리 |
| 거성(去聲) | 1점 | 거이장(擧而壯) | 처음과 끝이 모두 높은 소리 |
| 입성(入聲) | 없음, 1~2점 | 촉이색(促而塞) | 촉급하게 끝나는 소리로 ㄱ, ㄷ, ㅂ, ㅅ, 한자음 받침 'ㅭ'과 같은 안울림소리 받침을 가진 것 |

### (4) 음운현상

① **이화(異化)** : 한 낱말 안에 같거나 비슷한 음운 둘 이상이 겹쳐 있을 때, 한 음운을 다른 소리로 바꾸어 표현을 명료하게 하고 생신(生新)한 맛을 나타내는 음운 변화로, 이는 동화와 반대되는 변화
  ⓐ 자음의 이화 : 표현의 명료화를 위해 동일하거나 같은 계열의 자음 중복을 피함(예 붚〉북(鼓), 거붚〉거붑〉거북, 브섭〉브업〉부엌)
  ⓑ 모음의 이화 : 일종의 강화 현상으로 동일하거나 같은 계열의 모음 중복을 피함(예 처섬〉처엄〉처음, 즁싱(衆生)〉즘싱〉즘승〉짐승, 나모〉나무, 서르〉서로)

② **강화(强化)** : 청각 인상을 분명하게 하기 위하여 불분명한 음운을 명료한 음운으로 바꾸는 현상인데, 모음의 강화는 모음조화와는 관계없이 청각 인상을 뚜렷하게

---

**중세 국어의 사잇소리**
중세 국어에는 사이시옷 외에도 'ㄱ, ㄷ, ㅂ, ㅸ, ㆆ, ㅿ'이 사잇소리로 쓰임

**이영보래(以影補來)**
영모(影母) 'ㆆ'로 래모(來母) 'ㄹ'을 돕는다는 뜻으로 받침에 'ㅭ' 형태로 하여 당시 중국 한자음에 맞게 국어의 한자음을 조정하려는 의도가 담겨 있음

**성조와 방점**
중세 국어에서 음절 안에서 나타나는 소리의 높낮이인 성조를 표시하기 위해 왼쪽에 찍은 점을 방점이라고 함. 방점은 각 음절마다 찍는 것이 규칙

하기 위한 음운의 변화(예 서르〉서로, ᄀᄅ〉가루, 펴어〉펴아, 아ᅀᆞ〉아ᄋᆞ〉아우)

③ 모음조화

   ㉠ 실질형태소에 형식형태소가 붙을 때, 또는 한 명사나 용언의 어간 자체에서 양성 음절은 양성 음절, 음성 음절은 음성 음절, 중성 음절은 양음 어느 모음과도 연결될 수 있는 현상

   ㉡ 음성학적으로 발음 위치가 가까운 것끼리 연결하여 발음하기 위한 것

   ㉢ 15세기 국어에서는 이 현상이 매우 엄격하였으나, 'ᆞ'음의 소실, 'ㅓ'소리의 변함, 한자어와의 혼용에서 많이 약화됨

④ 원순모음화 : 순음인 'ㅁ, ㅂ, ㅍ' 아래에 'ㅡ'가 같은 고설모음(高舌母音)이면서, 또 조음위치에도 인접해 있으므로 해서 순모음인 'ㅜ'로 동화되는 현상

⑤ 전설모음화

   ㉠ 치음(ㅅ, ㅈ, ㅊ) 아래에서 중설모음인 'ㅡ'가 전설모음인 'ㅣ'로 변하는 현상 (예 즛〉짓, 거츨다〉거칠다, 슳다〉싫다, 어즈러이〉어지러이)

   ㉡ 전설모음화는 뒤에 오는 'ㅣ' 모음 때문에 앞에 오는 모음이 변하는 현상이므로 역행동화에 해당하여 'ㅣ' 모음 역행동화라고도 함

⑥ 구개음화(口蓋音化) : 현대 국어와 같이 치조음(ㄷ, ㅌ)이 구개음(ㅈ, ㅊ)으로 변하는 현상(예 디다[落]〉지다, 고티다〉고치다, 뎌[笛]〉저, 둏다〉좋다)

⑦ 모음 충돌 회피 : 두 개의 모음이 연결되는 것을 피하려는 현상

   ㉠ 두 모음 중 앞의 것을 탈락시키는 경우(예 ᄐᆞ아〉타[乘], 쓰어〉써[用])

   ㉡ 두 모음을 줄여 한 음절로 축약시키는 경우(예 가히〉가이〉개, 입시울〉입술, 히다〉ᄇᆡ다〉베다)

⑧ 도치

   ㉠ 단음도치(單音倒置) = 음운전위(音韻轉位) : 한 단어 안에서 음운이 서로 위치를 바꾸는 현상으로, 두 단음이 서로 자리를 바꾸는 것

   ㉡ 단절도치(單節倒置) = 음절전위(音節轉位) : 한 단어 안에서 음절과 음절이 서로 위치를 바꾸는 현상으로, 넓은 뜻에서 단음도치와 음절도치를 아울러 음운도치라고도 함

⑨ 활음조 현상 : 듣기나 말하기에 불편하고, 거친 말소리를 어떤 음을 첨가 또는 바꿈으로써 듣기 좋고 말하기 부드러운 소리로 변화시키는 현상(예 한아버지〉할아버지, ᄆᆡ양〉ᄆᆞ양〉마냥)

## 2. 체언, 용언, 접사

### (1) 명사, 대명사, 수사

① 명사

   ㉠ 현대어와 마찬가지로 보통 명사는 중세 국어에서도 보편적으로 나타남

   ㉡ 의존명사 'ᄃᆞ, ᄉᆞ'는 경우에 따라 사물, 연유, 시간, 처소 및 말의 가락을 부드럽게 하는 접사 구실 등 여러 가지 기능으로 쓰임

   ㉢ 'ㅣ' 모음으로 끝나는 명사

- 주격 및 보격 조사를 취할 때 : 'Ø'의 조사를 취함
- 서술격 조사를 취할 때 : 'Ø라'로 변함
- 처소 부사격 조사를 취할 때 : '에'가 체언의 'ㅣ' 모음에 동화되어 '예'가 됨
- 관형격 조사를 취할 때 : 체언이 유정명사이면 체언의 'ㅣ' 모음이 탈락

② 대명사

㉠ 인칭대명사

| 구분 | 1인칭 | 2인칭 | 3인칭 | 3인칭<br>재귀대명사 | 미지칭 | 부정칭 |
|---|---|---|---|---|---|---|
| 단수 | 나 | 너, 그듸<br>(높임말) | 없음 | 저, 조갸(높<br>임말) | 누 | 아모 |
| 복수 | 우리(돌) | 너희(돌) | 없음 | 저희(돌) | | |

㉡ 지시대명사

| 구분 | | 근칭 | 중칭 | 원칭 | 미지칭 | 부정칭 |
|---|---|---|---|---|---|---|
| 사물 | | 이 | 그 | 뎌 | 므슥, 므섯, 므스,<br>므슴, 어느/어느,<br>현마, 엇뎨 | 아모것 |
| 장소 | | 이어긔 | 그어긔 | 뎌어긔 | 어듸,어드러,어듸메 | 아모듸 |

③ 수사

㉠ 양수사는 소멸된 '온[百], 즈믄[千]'을 제외하고는 현대어와 직접 연결

㉡ 양수사 중 1, 2, 3, 4, 10, 20과 부정수가 끝에 'ㅎ'을 간직하는 것이 현대어와 다름

㉢ 서수사는 양수사에 차례를 나타내는 접미사 '자히, 차히, 재(째)'가 양수사에 붙어 이루어짐(예 ᄒ나ᄒ + 차히 〉 ᄒ나차히(첫째))

## (2) 조사

① 주격 조사

㉠ 중세 국어에서는 '이/ㅣ' 등이 주격 조사로 쓰임

㉡ 주격조사의 형태

| 형태 | 사용 조건 | 형태 | 현대어 |
|---|---|---|---|
| ㅣ | 'ㅣ' 모음 이외의 모음으로 끝난<br>체언 다음에 | 부텨 + ㅣ〉부톄 | 이/가 |
| 이 | 자음(받침)으로 끝난 체언 다음에 | 사롬 + 이〉사ᄅᆞ미, 말쓰미 | |
| 영형태<br>(Ø) | 'ㅣ' 모음으로 끝난 체언 다음에<br>('ㅣ'+'ㅣ' → 'ㅣ') | 빈 + ㅣ〉빈 | |

② 서술격 조사

㉠ 서술격 조사의 본체(어간)는 '이다' 중 '이-'에 해당함

㉡ 서술격 조사는 주격 조사가 사용되는 조건과 같음(예 香風이 時로 와 이운 곳 부리 아사든 다시 새룰 비허)

③ 목적격 조사

   ㉠ 목적격 조사의 원형태는 '를'로, '울/을'은 자음 충돌을 피하기 위한 매개모음 '♀/으'가 삽입된 형태

   ㉡ '를/를'도 'ㄹ + (♀/으) + ㄹ'의 형태로, 이는 목적격 조사의 중가법(重加法)에 의한 것

   ㉢ '-ㄹ'는 모음 뒤에 오는 형태로, 비규칙적으로 삽입된 형태(예 하나빌 미드니 잇가)

③ 접속조사 : 현대어의 용례와 다른 점은 '와/과'가 고어에서는 끝 단어에까지 붙으나, 현대어에서는 붙지 않음

④ 보조사

   ㉠ 강세 보조사

     • ㄱ : 보조적 연결어미, 조사 아래에 쓰임(예 사람마닥(마다))

     • 곰 : 부사나 보조적 연결어미, 명사 아래에 쓰임(예 달하, 노피곰 도두샤)

     • 곳(옷) : 체언 아래에서 '만'의 뜻으로 쓰임(예 ㅎ다가 戒行곳 업스면, 외로왼 비옷 잇도다)

     • 사 : 명사의 처소 부사격 및 용언 아래에 쓰임(예 來日사 보내요리다, 오늘사 이라고야)

     • 이쫀 : 명사 아래에 쓰임(예 山行잇든 가설가, 긴힛든 그츠리잇가)

     • 붓(봇) : '곳(옷)'과 같음(예 그윗 請붓 아니어든, ㅁㅅ맷 벋봇 아니면)

   ㉡ 기타 보조사

| 종류 | 형태 | 종류 | 형태 |
|---|---|---|---|
| 대조 | -은/-은, -는/-는 | 선택 | -이나, -이어나 |
| 동일 | -도 | 어림셈 | -이나 |
| 단독 | -쑨 | 첨가 | -조차 |
| 각자 | -마다, -족족 | 고사(姑捨) | -이야ㅋ니와 |
| 시작 | -브터, -로셔, -♀(으)로 | 물론 | -은ㅋ니와 |
| 도급(都給) | -ㅅ장, -ㅅ지 | 한정 | -만 |
| 역동 | -(이)ㄴ들, -이라도 | 감탄 | -여, -(이)야, -도, -근여 |

## (3) 용언의 활용

① 어간의 활용

   ㉠ 'ㅅ' 불규칙 : 어간 'ㅅ' 받침이 모음 앞에서 'ㅿ'으로 변하는 규칙으로, 현대 국어에서는 'ㅅ'이 탈락

   ㉡ 'ㅂ' 불규칙 : 어간의 'ㅂ' 받침이 모음 앞에서 'ㅸ'으로 변하는 규칙으로, 현대 국어에서는 '오/우'로 바뀜

   ㉢ 'ㄷ' 불규칙 : 어간의 'ㄷ' 받침이 모음 앞에서 'ㄹ'로 변하며, 현대 국어와 같음

② 어미의 활용

   ㉠ ㄷ → ㄹ : 모음 'ㅣ' 아래에서 어미 첫소리 'ㄷ'이 'ㄹ'로 바뀜

**접속조사의 활용**

• -와/-과 : 와 -와 ㅜ와 ㅛ와 ㅠ와란 첫소리 아래 브텨쓰고

• -이며/-며 : 머릿바기며 눖ㅈㅅ며 骨髓며 가시며

• -이랑/-랑 : 멀위랑 ᄃ래랑 먹고 靑山에 살어리랏다

• -이여/-여 : -千이여 -萬이여 무수히 얻고져 ㅎ야도

• -이야/-야 : 이리야 교퇴야 어즈러이 구돗썬디

**주요 단어 풀이**

• 고사(姑捨) : 어떤 일이나 그에 관련된 능력, 경험, 지불 따위를 배제함

• 도급(都給) : 일정 기간 또는 시간 내에 끝내야 할 일의 양을 몰아서 맡거나 맡김

**호격조사**

• -하 : 명사의 지위가 높을 때(예 世尊하 아뫼나 이 經을 디녀 닐거 외오며)

• -아, -야 : 명사의 지위가 낮을 때(예 아히아, 아히아 粥早飯 다오)

**어간의 활용**

• 'ㅅ' 불규칙(예 짓 + 어 → 지어(지어))

• 'ㅂ' 불규칙(예 덥 + 어 → 더버(더워))

• 'ㄷ' 불규칙(예 묻 + 어 → 무러(물어))

**어미의 활용**

• ㄷ → ㄹ(예 이 + 더 + 라 → 이러라)

• ㄱ → ㅇ(예 알 + 거 + 늘 → 알어늘)

• -오 → -로(예 이 + 옴 → 이롬)

• '-야' 불규칙(예 그 便을 得ㅎ야)

**선어말어미 '오'와 '우'**
- 삽입 모음 + 형태소로서의 기능
- 종결형과 연결형에서는 일반적으로 1 인칭 주체를 표시
- 관형사형에서는 목적격 활용을 표시

**접두사**
- 치- : '힘껏'의 뜻(예 넌즈시 치혀시니 (민시시 넙이닝이나니))
- 티- : '위로'의 뜻(예 누눌 티쁘니(눈 을 위로 뜨니))
- 즛-(짓-) : '마구'의 뜻(예 즛두드린 즙을(마구 두드린 즙을))

**접미사**
- 부사 파생 접미사 : -이, -히, -로, -오(우)
- 명사 파생 접미사
  - ㄱ형(-악, -억, -옥…)
  - ㅇ형(-앙, -엉, -웅…)
  - 이/-의형
  - 형용사 파생 접미사 : -ㅂ/-브
- 부사 파생 접미사
  - (-오/-우)ㅁ
  - ㅇ
  - 곰(옴)
  - ㄱ

**감탄문**
'-ㄹ셔, -ㄴ뎌', -어라, -애라' 등 사용 (예 내 아드리 어딜셔)

**명령문**
명령형 어미 '-라'를 사용하거나 '-쇼셔' 를 사용(예 이 쁘들 닛디 마르쇼셔)

**청유문**
청유형어미 '-새', '-쟈스라', '-져나 '-사이다'를 사용(예 나조히 釣水ᄒ새)

---

ⓛ ㄱ → ㅇ : 모음 'ㅣ', 반모음 'ㅈ', 유음 'ㄹ' 아래에서 어미의 첫소리 'ㄱ'이 'ㅇ'으로 바뀜

ⓒ -오 → -로 : '오' 계통의 어미가 서술격조사 아래에서 '로' 계통의 어미로 바뀜

ⓔ '-야' 불규칙 : 현대국어의 '여' 불규칙의 소급형. '-ᄒ다' 동사의 어간 끝 모음이 탈락하지 않고 '-야' 계통의 어미로 바뀜

### (4) 접사

① 파생법

ⓐ 명사 파생 : 동사 어간 + 명사 파생 접사 '-옴/-움', 형용사 어간 + 명사 파생 접사 '-이/의'

ⓑ 부사 파생 : 형용사 어간 + 부사 파생 접사 '-이' 어근 + '-이, -오, -우, -애, -여'

ⓒ 용언 파생 : 명사, 부사 + ᄒ다, 명사, 동사 어근 + 'ㅂ'계 접사

② 합성법

ⓐ 동사 합성법 : 동사 어간 + 동사 어간(예 듣보다(듣 + 보 + 다), 그치누르다 (그치 + 누르 + 다))

ⓑ 형용사 합성법 : 형용사 어간 + 형용사 어간(예 됴쿶다(둏 + 궂 + 다 : 좋고 궂다), 횩댝다(횩 + 댝 + 다 : 작고 적다))

## 3. 문장의 종결과 높임법

### (1) 문장의 종결

① 평서문

ⓐ '-다, -라, -니라' 등을 사용

ⓑ '-다'는 선어말어미 '-더-, -리-, -과-, -니-, -오-' 뒤에서 '-라'로 교체되며 '-니라'는 '-다' 보다 보수성을 띰

② 의문문

ⓐ 판정의문문 : 조사나 어미의 모음이 '아/어' 계통인 '-니여', '-녀', '-리여', '-려', '-ㄴ가', '-ㄹ까', '-가' 등을 사용(예 앗가볼 쁘디 잇느니여)

ⓑ 설명의문문 : 조사나 어미의 모음이 '오' 계통인 '-니오', '-뇨', '-리오', '-료', '-ㄴ고', '-ㄹ꼬', '-고' 등을 사용(예 네 어드로로 가느니오)

### (2) 높임법

① 주체높임법(존경법)

ⓐ 행위의 주체를 높여 부르는 것으로 '-시-/-샤-'를 사용

ⓑ '-샤-'는 '-시-'가 '-아'나 '-오'로 된 어미나 선어말어미 '-오' 등의 모음어미가 교체된 형태

② 객체높임법(겸양법)

   ㉠ 행위의 대상 높임. '숩'을 기본 형태소로 함

   ㉡ 어간 끝소리에 따라 '숩, 숩, 줍, ㅅᄫ, ᄉᄫ, ᄌᄫ'를 사용

| 종류 | 조건 | 용례 |
|------|------|------|
| 숩 | 어간의 끝소리가 'ㄱ, ㅂ, ㅅ, ㅎ'일 때 | 늬외예 믿븐 사룸이 이만ᄒ니 업숩고 |
| 숩 | 어간의 끝소리가 'ㄷ, ㅈ, ㅊ, ㅌ'일 때 | ᄒᆫ ᄆᄉ모로 뎌 부텨를 보숩고 |
| 줍 | 어간의 끝소리가 유성음일 때 | 一聲白螺룰 듣줍고 놀라니 |

**02절** 고대, 중세, 근대 국어

## 1. 고대국어 및 중세 국어

### (1) 고대국어

① 고대국어의 시기, 자료

   ㉠ 고대국어의 시기 : 고구려, 백제, 신라의 삼국시대부터 통일 신라 시대까지의 약 1,000년간의 국어로, 경주 중심의 표준어 형성기

   ㉡ 고대국어의 자료 : 『삼국지』(289년경)의 「위지 동이전(魏志東夷傳)」의 기록, 한자로 차자(借字) 표기된 『삼국사기』의 인명(人名), 지명(地名), 관직명 자료, 『삼국유사』의 향가를 표기한 향찰 자료, 그리고 당시의 비문(碑文)에 나타난 이두(吏讀) 자료 등이 있음

② 고유명사의 표기

   ㉠ 차자(借字)식 표기

     • 한자의 의미를 버리고 음만 빌려 오는 경우(예 '소나'를 표기하기 위해 '素那'로 적고 그 음을 빌려 옴)

     • 한자의 음을 버리고 의미만 빌려 오는 경우(예 '소나'를 표기하기 위해 '金川'으로 적고 그 뜻을 빌려 옴)

   ㉡ 고대국어의 어휘

     • 외래 요소가 거의 없는 순수 고유어 중심의 체계

     • 중국과의 교섭이 빈번해지면서 한자어가 들어오고, 불교의 영향으로 한자로 된 불교 어휘가 증가

   ㉢ 고대국어의 문법

     • 이두와 향찰 자료 등 한정된 자료에서 문법 현상을 찾아볼 수 있음

     • 이두와 향찰의 차이는 한국어 어순으로 이루어진 문장을 향찰(鄕札)이라 하며, 한문에 토(吐)를 달아 읽기 쉽게 기호로 단 것을 이두(吏讀)라고 함

SEMI-NOTE

**시제**

• 현재 시제
  – 동사어간 + 선어말어미 '-ᄂ-'(예 네 이제 ᄯ 묻ᄂ다.)
  – 형용사, 서술격 조사는 기본형이 현재 시제(예 내 오ᄂᆞᆯ 實로 無情호라.)

• 과거 시제 : 선어말어미 없이 과거가 표시

• 미래 시제 : 용언 어간과 선어말 어미를 합친 '-리-'와 관형사형의 '-ㄹ'이 표시(예 더욱 구드시리이다.)

**국어 역사의 흐름**

원시 부여어와 원시 삼한어 → 삼국의 언어 → 통일 신라어 → 중세국어(고려, 조선중기) → 근대국어(임진왜란 이후) → 현대국어

**고유어와 한자어의 경쟁**

한자어의 세력이 우세한 경우 한자어 형태로 표기됨(예 吉同郡(길동군) → 永同郡(영동군))

**향찰의 문법형태**
- 격조사
  - 주격 : -이[伊, 是]
  - 속격 : -의[矣, 衣]
  - 처격 : -이/-의[中, 中]
  - 대격 : -올/-을[乙]
- 보조사 : 온/는[隱], 두[置]
- 대명사 : 나[吾], 우리[吾里], 너[汝]
- 동사의 활용
  - 명사형어미 : -ㄹ[尸], -ㄴ[隱]
  - 연결어미 : -래[良], -매[米], -다가 [如可], -고[古]
  - 종결어미 : -대[如], -제[齊], -고[古 : 의문형 어미]

**후기중세국어의 자료**
- 조선관역어(朝鮮館譯語) : 15세기 초에 간행한 중국어와 외국어 대역 어휘집
- 세종 시기 간행물 : 훈민정음(1446), 용비어천가(1447), 석보상절(1447), 월인천강지곡(1447), 동국정운(1448) 등
- 세조 시기 간행물 : 월인석보(1459) 등
- 성종 시기 간행물 : 두시언해(1481), 삼강행실도언해(1481) 등
- 중종 시기 간행물 : 번역노걸대(1517), 훈몽자회(1527)
- 선조 시기 간행물 : 소학언해(1587) 등

**세종어제훈민정음의 사상적 특징**
- 자주(自主) 사상 : 중국과 말이 통하지 않음
- 애민(愛民) 사상 : 어리석은 백성들이 쓰고 싶어도 쓰지 못함
- 실용(實用) 사상 : 쉽게 익혀 쓰는 데 편하게 함

**주요 단어 풀이**
- 여름 : 열매(實)
- 하느니 : 많다(多)
- ㄱ업스시니 : 끝이 없으시니

③ 향찰(鄕札)

| 표기 | 東 | 京 | 明 | 期 | 月 | 良 |
|------|------|------|------|------|------|------|
| 훈 | 서라벌(시벌) | | 밝(볼) | 기약하다 | 달(드) | 어질다 |
| 음 | 동 | 경 | 명 | 기 | 월 | 량(래) |
| 차자법 | 훈 | | 훈 | 음 | 훈 | 음 |
| 해석 | 서라벌(서울) 밝은 달밤에 | | | | | |

㉠ 한자의 음(音)과 훈(訓)을 빌려 표기하려던 신라 시대의 표기법
㉡ 음과 훈으로 문자를 자국어의 문법에 맞추어 사용할 수 있게 되었으며 문법 표기로 발전된 이두 표기도 활용됨

## (2) 중세국어

① 중세국어의 시기
㉠ 10세기 고려 건국부터 16세기 말 임진왜란 전까지의 기간
㉡ 조선 초 훈민정음 창제(1443)를 기준으로 구분하여, 그 이전을 전기 중세 국어라 하고 그 이후의 국어를 후기 중세 국어라 부르기도 함

② 중세국어의 성립
㉠ 중세 국어의 토대가 된 개경 방언은 신라의 한 방언
㉡ 개경은 고구려어를 사용하던 지역이었으므로 개경 방언에는 고구려어가 저층(底層)에 남아 있었을 것으로 추정됨
㉢ 조선의 건국으로 수도가 서울로 이동하면서 국어의 중심지도 서울로 이동하였고, 이 지역의 말이 국어의 중심을 이루게 됨

③ 중세국어의 특징 : 전기중세국어는 된소리의 등장이 특징, 후기중세국어에는 어두자음군이 형성됨(예 白米日漢菩薩(=흰 ㅂ 술, 계림유사) → '뿔'(15세기))

## (3) 중세국어의 모습

① 세종어제훈민정음(世宗御製訓民正音)

나·랏:말ᄊᆞ·미中듕國·귁·에 달·아文문字·ᄍᆞ·와·로 서르 ᄉᆞᄆᆞᆺ·디 아·니ᄒᆞ·씨·이런 젼ᄎᆞ·로 어·린百·빅姓·셩·이 니르·고·져·홇·배이·셔·도 ᄆᆞᄎᆞᆷ:내 제·ᄠᅳ·들 시·러 펴·디 :몯홇·노·미 하·니·라·내·이·ᄅᆞᆯ爲·윙·ᄒᆞ·야 :어엿·비 너·겨·새·로·스·믈여·듧字·ᄍᆞᆼ·ᄅᆞᆯ 밍·ᄀᆞ노·니 :사ᄅᆞᆷ:마·다:ᄒᆡ·ᅇᅧ:수·비 니·겨·날·로·ᄡᅮ·메 便뼌安한·킈 ᄒᆞ·고·져 ᄒᆞᆯ ᄯᆞᄅᆞ·미니·라

**현대역**

우리나라 말이 중국과는 달라 한자와는 서로 통하지 아니하여서, 이런 까닭으로 어리석은 백성들이 말하고자 하는 바가 있어도 마침내 제 뜻을 능히 펴지 못하는 사람이 많다. 내가 이것을 가엾게 생각하여 새로 스물여덟 자를 만드니, 모든 사람들로 하여금 쉽게 익혀서 날마다 쓰는 데 편하게 하고자 할 따름이다.

㉠ 창작연대 : 세조 5년(1459)

㉡ 출전 : 『월인석보』

㉢ 특징

- 표음적 표기법 : 이어적기(연철), 8종성법의 사용
- 한자음 표기 : 동국정운식 한자음 표기(예) 世솅, 中듕, 字ㆍ쭝, 爲ㆍ윙)
- 방점의 사용 : 성조를 엄격히 적용
- 다양한 사잇소리를 규칙적으로 사용
- 선어말 어미 '오'의 규칙적 사용, 모음조화의 규칙적 적용

② 용비어천가(龍飛御天歌)

> 제1장
> 海東(해동) 六龍(육룡)이 ᄂᆞᄅᆞ샤 일마다 天福(천복)이시니
> 古聖(고성)이 同符(동부)ᄒᆞ시니
>
> 제2장
> 불휘 기픈 남ᄀᆞᆫ ᄇᆞᄅᆞ매 아니 뮐ᄊᆡ, 곶 됴코 여름 하ᄂᆞ니
> ᄉᆡ미 기픈 므른 ᄀᆞᄆᆞ래 아니 그츨ᄊᆡ, 내히 이러 바ᄅᆞ래 가ᄂᆞ니
>
> 제125장
> 千世(천세) 우희 미리 定(정)ᄒᆞ샨 漢水(한수) 北(북)에 累仁開國(누인개국)ᄒᆞ샤
> ᄂᆞ年(복년)이 ᄀᆞᆺ 업스시니
> 聖神(성신)이 니ᅀᆞ샤도 敬天勤民(경천근민)ᄒᆞ샤사, 더욱 구드시리이다
> 님금하 아ᄅᆞ쇼셔 洛水(낙수)예 山行(산행) 가이셔 하나빌 미드니잇가
>
> **현대역**
> (제1장) 해동(우리나라)의 여섯 용(임금)이 날으시어서, 그 하시는 일마다 모두 하늘이 내린 복이시니, (이것은) 중국 고대의 여러 성군이 하신 일과 부절을 맞춘 것처럼 일치하십니다.
>
> (제2장) 뿌리가 깊은 나무는 바람이 불어도 흔들리지 아니하므로, 꽃이 좋고 열매가 많습니다. 원천이 깊은 물은 가뭄에도 끊이지 아니하므로, 내를 이루어 바다까지 흘러갑니다.
>
> (제125장) 천세 전부터 미리 정하신 한강 북쪽(한양)에 어진 덕을 쌓아 나라를 여시어, 나라의 운수가 끝이 없으시니 훌륭한 후대왕이 (왕위를) 이으셔도 하늘을 공경하고 백성을 부지런히 다스리셔야 (왕권이) 더욱 굳으실 것입니다.
> (후대의) 임금이시여, 아소서. (정사는 뒷전인 하나라 태강왕이) 낙수에 사냥 가서 (백일이 되어도 돌아오지 않아, 드디어 폐위를 당했으니) 할아버지(우왕, 조상의 공덕)만 믿으시겠습니까?

㉠ 창작연대 : 창작(세종 27년(1445), 간행(세종 29년(1447))

㉡ 갈래

- 형식 : 악장(각 장마다 2절 4구의 대구 형식, 125장의 연장체)

SEMI-NOTE

- 성격 : 예찬적, 송축적, 서사적
- 내용 : 조선 창업의 정당성 확보와 후대왕에 대한 권계(勸戒)

㉢ 문체 : 악장체, 운문체

㉣ 출전 : 『용비어천가』

## 2. 근대국어

### (1) 근대국어의 시기와 자료 및 특징

① 시기 : 임진왜란 직후인 17세기 초부터 19세기 말까지의 국어

② 자료

㉠ 『동국신속삼강행실도(東國新續三綱行實圖)』(1617), 『오륜행실도』(1797) 등

㉡ 『노걸대언해』(老乞大諺解)(1670), 『박통사언해』(朴通事諺解)(1677) 등

③ 근대국어의 특징

㉠ 음운

- ㅂ계 어두 자음군(ㅄ, ㅲ, ㅶ, ㅳ)과 ㅅ계 어두 자음군(ㅺ, ㅼ, ㅽ)이 혼란을 일으키면서 중세 국어의 어두 자음군이 된소리로 변화
- 'ㆍ'(아래아)는 중세 국어에서의 일 단계 소실(두 번째 음절에서의 소실)에 이어 18세기에는 첫 음절에서마저 소실되었고, 1933년 한글 맞춤법 통일안에 의해 폐지
- 아래아의 소실은 모음조화의 파괴를 초래하였으며 'ㅐ, ㅔ' 등의 단모음화로 인해 8모음 체계를 이루게 됨

㉡ 문법

- 주격 조사 : '-가'가 쓰이기 시작했으며 명사형 어미 '옴/움'이 '음'으로 변함
- 중세 국어에 없던 과거 시제 선어말어미 '-앗/엇-'이 확립되었다. 이것은 동사 어미 '-아/어'와 '잇-[有]'의 결합
- 국어의 'ᄒᆞᄂᆞ다'와 같은 현재를 나타내는 표현이 'ᄒᆞᆫ다' 또는 '-는다'와 같은 현대적 형태로 변화

㉢ 문자 체계와 표기법

- 방점과 성조가 사라지고 상성(上聲)은 긴소리로 바뀌었으며, 'ㆁ, ㆆ, ㅿ' 등이 완전히 자취를 감춤
- 중세 국어에서와 달리 'ㅼ, ㅄ'이 'ㅳ, ㅆ' 등과 혼동되어 쓰였다가 19세기 들어 모두 'ㅅ'계열 된소리 표기로 통일
- 음절 말의 'ㅅ'과 'ㄷ'이 잘 구별되었으나 이 시기에 들어 혼란을 겪은 후에 'ㅅ'으로 표기가 통일

㉣ 어휘, 의미

- 'ᄆᆡ[山]', 'ᄀᆞᄅᆞᆷ[江]', 'ᄀᆡ다[寵]' 등의 고유어가 소멸되고 '산', '강', '총애하다' 등의 한자어로 대체됨
- 한자어 증가 당시 사용하던 한자어 중에는 오늘날과 의미가 다른 것이 많았음(예 인정(人情 : 뇌물), 방송(放送 : 석방), 발명(發明 : 변명))

**기타 근대국어 시기의 자료**

18, 19세기의 언문소설, 『의유당일기』, 『계축일기』 등의 여류일기, 효종, 인선왕후 등의 간찰(簡札 : 간지에 쓴 편지) 등

**어두자음군의 변화**

- ㅂ계 어두자음군의 변화
  - 쌀(米) : ᄡᆞᆯ>ᄊᆞᆯ>쌀
  - 따다(摘) : ᄩᅡ다>ᄯᅡ다>따다
- ㅅ계 어두 자음군의 변화
  - 딸 : ᄯᆞᆯ>ᄯᆞᆯ>딸
  - 풍기다 : ᄲᅮᆷ기다>풍기다

**아래아의 소실**

모음조화의 파괴(예 ᄀᆞᄂᆞᆯ>가늘(다))

**가ᄂᆞᆫ>가는**

'ㅐ, ㅔ' 등의 단모음화(예 문ᄅᆡ 〉 물레, 볼ᄅᆡ 〉 본래)

• 중세국어의 '어엿브다[憐]', '어리다[愚]' 등의 단어가 '어여삐(귀엽다)', '어리다[幼]' 등으로 변함

## (2) 근대국어의 모습

### ① 노걸대언해(老乞大諺解)

> 너뵈 高麗ㅅ 사름이어니 또 엇디 漢語니롬을 잘 ᄒᆞᄂᆞ뇨
> 내 漢ㅅ 사름의 손딕 글 빅호니 이런 젼ᄎᆞ로 져기 漢ㅅ 말을 아노라.
> 네 뉘손딕 글 빅혼다.
> 내 漢흑당의셔 글 빅호라.
> 네 므슴 글을 빅혼다.
> 論語孟子小學을 닐그라.
> 네 每日므슴 공부ᄒᆞᄂᆞ다.
> 每日이른 새배 니러 學堂의 가 스승님씌 글 빅호고 學堂의셔 노하든 집의 와 밥먹기 뭇고 또 흑당의 가 셔품쓰기 ᄒᆞ고 셔품쓰기 뭇고 년구기 ᄒᆞ고 년구ᄒᆞ기 뭇고 글읇기 ᄒᆞ고 글읇기 뭇고 스승 앏픠셔 글을 강ᄒᆞ노라.
> 므슴 글을 강ᄒᆞᄂᆞ뇨.
> 小學論語孟子을 강ᄒᆞ노라.

**현대역**

너는 고려 사람인데 또 어떻게 중국말을 잘하는가?/내가 중국 사람에게 글을 배웠으니 이런 까닭으로 조금 중국말을 아노라.
너는 누구에게 글을 배우는가?/나는 중국 학당에서 글을 배우노라.
너는 무슨 글을 배우는가?/논어, 맹자, 소학을 읽노라.
너는 매일 무슨 공부를 하는가?/매일 이른 새벽에 일어나 학당에 가 스승님께 글을 배우고, 방과 후는 집에 와서 밥 먹기를 마치고, 또 학당에 가 글씨쓰기를 하고, 글씨쓰기를 마치고 연구하기 하고, 연구하기 마치고는 글 읊기를 하고, 글 읊기를 마치고는 스승님 앞에서 글을 강하노라.
무슨 글을 강하는가?/소학, 논어, 맹자를 강하노라.

㉠ 창작연대 : 현종 11년(1670)
㉡ 갈래 : 중국어 학습서
㉢ 특징
   • 방점과 'ㅿ, ㆁ'등이 소멸
   • 분철(끊어 적기)과 혼철(거듭 적기)을 사용
   • 표음주의 표기가 사용됨(종성 표기에 있어 7종성법 사용)

## 03절    고전시가

# 1. 고대부터 고려 후기까지의 시가

SEMI-NOTE

**근대 국어의 배경**
• 한글 사용의 확대 : 한글로 쓴 소설 문학이 대중들에게 인기를 모으고, 한글을 사용하던 계층의 사회참여가 활발해지면서 이러한 현상이 두드러지게 나타남
• 문장의 현대화 : 개화기에 한글 사용이 확대되면서 문장의 구성 방식이 현대의 그것과 거의 비슷하게 바뀜

**노걸대언해의 의의**
• 당시 외국어의 음가(音價)를 한글로 언해하여 당시 음운을 연구하는 데 중요한 역할을 하고 있음
• 다른 시기의 이본(異本)이 있어 언어변화를 파악할 수 있음
• 당시 역관들이 통역할 언어에 대한 학습서이었기에 생활상 파악에 용이함

**주요 단어 풀이**
• 니롬 : 말하기
• 젼ᄎᆞ : 까닭
• 뉘손딕 : 누구에게
• 의셔 : -에서
• 새배 : 새벽에

**분철 및 혼철과 7종성법의 사용**
• 분철 및 혼철(예) 앏픠셔(혼철))
• 7종성법(예) 뭇다)

**노걸대언해의 기타 특징**
• '-ㄴ다'는 2인칭 문장에서 현재 평서형 어미가 아니라 의문형 어미이며, '-라'가 평서형 어미에 해당
• 두 사람의 대화체 형식으로 되어 있으며, 17세기 당대의 구어(口語)를 알 수 있음

## (1) 고대와 삼국시대 초기의 시가

### ① 공무도하가(公無渡河歌)

| | 현대역 |
|---|---|
| 公無渡河(공무도하) | 임이여, 물을 건너지 마오. |
| 公竟渡河(공경도하) | 임은 그예 물을 건너셨네. |
| 墮河而死(타하이사) | 물에 쓸려 돌아가시니, |
| 當奈公何(당내공하) | 가신 임을 어이할꼬. |

### ② 구지가(龜旨歌)

| | 현대역 |
|---|---|
| 龜何龜何(구하구하) | 거북아 거북아 |
| 首其現也(수기현야) | 머리를 내어라. |
| 若不現也(약불현야) | 내놓지 않으면, |
| 燔灼而喫也(번작이끽야) | 구워서 먹으리. |

### ③ 정읍사(井邑詞)

| | 현대역 |
|---|---|
| 돌하 노피곰 도ᄃᆞ샤 | 달님이시여, 높이높이 돋으시어 |
| 어긔야 머리곰 비취오시라 | 멀리멀리 비춰주소서. |
| 어긔야 어강됴리 | 어기야 어강드리 |
| 아으 다롱디리 | 아으 다롱디리 |
| 져재 녀러신고요 | 장터에 가 계십니까. |
| 어긔야 즌 ᄃᆞ를 드ᄃᆡ욜셰라 | 진 데를 밟을까 두렵습니다. |
| 어긔야 어강됴리 | 어기야 어강드리 |
| 어느이다 노코시라 | 어느 곳에나 놓으십시오. |
| 어긔야 내 가논 ᄃᆡ 졈그롤셰라 | 우리 임 가시는 데 저물까 두렵습니다. |
| 어긔야 어강됴리 | 어기야 어강드리 |
| 아으 다롱디리 | 아으 다롱디리 |

**공무도하가**
- **작자** : 백수 광부의 아내
- **연대** : 고조선
- **주제** : 임의 죽음에 대한 슬픔
- **특징** : 한역시가, 상징적 수법의 사용, 감정의 직접적 표출
- **출전** : 「해동역사」
- **의의** : 문헌상 최고(最古)의 서정 시가이며 민족적 '한(恨)'의 정서와 서정시로서 변화하는 과도기적 작품

**구지가**
- **작자** : 구간 등
- **연대** : 신라 유리왕
- **주제** : 왕의 강림 기원
- **성격** : 주술요, 집단노동요, 의식요
- **출전** : 「삼국유사」
- **의의** : 현전하는 최고(最古)의 집단가요로 영군가, 영산군가, 가락국가로도 불림

**정읍사**
- **작자** : 행상인의 아내
- **연대** : 백제
- **주제** : 행상 나간 남편의 안전을 기원
- **형식** : 전연시, 후렴구를 제외하면 3장 6구
- **출전** : 「악학궤범」
- **의의** : 현전하는 유일한 백제 가요이며 국문으로 표기된 가요 중에서 가장 오래됨

### 실력up 고대가요의 특징

- 구비문학(口碑文學)으로, 입으로 전해 내려온 이야기 등이 한문문학으로 기록
- 대체적으로 인물에 관련된 설화와 함께 구전되는 성격을 지니는데, 인물의 신성화(神聖化)와 권위의 정당성을 부각시키는 효과가 있었음
- 「구지가」 등의 집단 주술의 양식이 「황조가」 등의 개인적 서정가요로 넘어가는 과정을 엿볼 수 있음

## (2) 향가

### ① 제망매가(祭亡妹歌) ★ 빈출개념

| | 현대역 |
|---|---|
| 生死(생사) 길흔 | 삶과 죽음의 길은 |
| 이에이샤매 머뭇거리고 | 여기에 있으므로 두렵고 |
| 나는가ᄂ다 말ㅅ도 | '나는 간다'는 말도 |
| 몯다 니르고 가ᄂ닛고 | 다하지 못하고 갔는가. |
| 어느 ᄀ술 이른 ᄇᄅ매 | 어느 가을 이른 바람에 |
| 이에 뎌에 ᄯ러딜 닙ᄀ | 여기저기 떨어지는 나뭇잎처럼 |
| ᄒᄃᆫ 가지라 나고 | 한 가지에서 태어나고서도 |
| 가논 곧 모ᄃᆞ론뎌 | 가는 곳을 모르겠구나. |
| 아야 彌陀刹(미타찰)아 맛보올 나 | 아, 극락에서 만날 나는 |
| 道(도) 닷가 기드리고다. | 불도를 닦으며 기다리겠노라. |

**제망매가(祭亡妹歌)**
- **작자** : 월명사
- **연대** : 신라 경덕왕
- **주제** : 죽은 누이의 명복을 빎
- **특징** : 10구체 향가로 추모적, 불교적 성격(추도가)을 취하고 있으며 비유법(직유)과 상징법을 세련되게 사용
- **출전** : 『삼국유사』
- **의의** : 현존 향가 중 '찬기파랑가'와 함께 표현 기교와 서정성이 가장 뛰어난 작품으로 평가받음

### ② 안민가(安民歌)

| | 현대역 |
|---|---|
| 君(군)은 어비여 | 임금은 아버지요, |
| 臣(신)은 ᄃᆞᄉᆞ샬 어ᅀᅵ여, | 신하는 사랑하시는 어머니요, |
| 民(민)은 얼흔 아히고 ᄒᆞ샬디 | 백성은 어린 아이라고 생각하신다면, |
| 民(민)이 ᄃᆞ술 알고다. | 백성이 사랑을 알 것입니다. |
| 구믈ㅅ다히 살손 物生(물생) | 꾸물거리며 사는 백성은 |
| 이흘 머기 다ᄉᆞ라 | 이를 먹임으로써 다스려져 |
| 이 ᄯᅡ홀 ᄇᆞ리곡 어듸 갈뎌 홀디 | '내가 이 땅을 버리고 어디 가랴?'라고 할 때 |
| 나라악 디니디 알고다. | 나라 안이 유지될 줄 알 것입니다. |
| 아으, 君(군)다이 臣(신)다이 民(민)다 | 아, 임금답게, 신하답게, 백성답게 한 |
| 이 ᄒᆞᄂᆞᆯᄃᆞᆫ | 다면 |
| 나라악 太平(태평)ᄒᆞ니잇다. | 나라 안이 태평할 것입니다. |

**안민가**
- **작자** : 충담사
- **연대** : 신라 경덕왕
- **주제** : 국태민안의 도와 이상
- **특징** : 직설적이며 논리적인 어법과 비유를 활용하여 유교적인 교훈과 권계(勸誡)적 권하는 10구체 향가
- **출전** : 『삼국유사』
- **의의** : 유일하게 유교적 이념을 노래한 향가로 국가적 이념과 당위를 표현함

### ③ 모죽지랑가(慕竹旨郎歌)

| | 현대역 |
|---|---|
| 간 봄 그리매 | 간 봄을 그리워함에 |
| 모ᄃᆞᆫ 것사 우리 시름 | 모든 것이 서러워 시름하는데 |
| 아름 나토샤온 즈ᅀᅵ | 아름다움 나타내신 얼굴이 |
| 샬쯈 디니져 | 주름살을 지으려고 하옵니다. |
| 눈 돌칠 ᄉᆞ이예 | 눈 돌이킬 사이에 |
| 맛보ᅀᆞᆸ디지소리 | 만나뵙도록 지으리이다. |
| 郎(낭)이여 그릴 ᄆᆞᅀᆞ미녀올 길 | 낭이여, 그리운 마음의 가는 길에, |
| 다봇 ᄆᆞᅀᆞ히 잘 밤 이시리 | 다북쑥 우거진 데서 잘 밤인들 있으리이까. |

**모죽지랑가**
- **작자** : 득오
- **연대** : 신라 효소왕
- **주제** : 죽지랑에 대한 연모의 정
- **출전** : 『삼국유사』
- **의의** : 주술성이나 종교적 색채가 전혀 없는 개인의 정회가 깃든 서정가요

## (3) 고려속요

### ① 상저가(相杵歌)

| | 현대역 |
|---|---|
| 듥긔동 방해나 디허 히애 | 덜커덩 방아나 찧어 히애 |
| 게우즌 바비나 지서 히애 | 거친 밥이나 지어 히야해 |
| 아바님 어머님씌 받줍고 히야해 | 아버님 어머님께 바치고 히야해 |
| 남거시든 내 머고리, 히야해 히야해 | 남거든 내가 먹으리, 히야해 히야해 |

### ② 가시리

| | 현대역 |
|---|---|
| 가시리 가시리잇고 나는 | 가시렵니까 가시렵니까 |
| 브리고 가시리잇고 나는 | 버리고 가시렵니까 |
| 위 증즐가 大平盛代(대평셩디) | 위 증즐가 태평성대 |
| 날러는 엇디 살라 ᄒ고 | 날더러는 어찌 살라하고 |
| 브리고 가시리잇고 나는 | 버리고 가시렵니까 |
| 위 증즐가 大平盛代(대평셩디) | 위 증즐가 태평성대 |
| 잡ᄉ와 두어리마 나는 | 붙잡아 두고 싶지만 |
| 선ᄒ면 아니 올셰라 | 서운하면 아니올까 두렵습니다 |
| 위 증즐가 大平盛代(대평셩디) | 위 증즐가 태평성대 |
| 셜온 님 보내ᄋᆞᆸ노니 나는 | 서러운 임 보내오니 |
| 가시ᄂᆞᆫ 듯 도셔 오셔셔 나는 | 가시자마자 돌아서서 오소서 |
| 위 증즐가 大平盛代(대평셩디) | 위 증즐가 태평성대 |

### ③ 서경별곡(西京別曲)

西京(서경)이 아즐가 西京(서경)이 셔울히 마르는
위 두어렁셩 두어렁셩 다링디리
닷곤딕 아즐가 닷곤딕 쇼셩경 고외마른
위 두어렁셩 두어렁셩 다링디리
여히므론 아즐가 여히므론 질삼뵈 브리시고
위 두어렁셩 두어렁셩 다링디리
괴시란딕 아즐가 괴시란딕 우러곰 좃니노이다.
위 두어렁셩 두어렁셩 다링디리
구스리 아즐가 구스리 바회예 디신들
위 두어렁셩 두어렁셩 다링디리
긴히쭌 아즐가 긴힛쭌 그츠리잇가 나는
위 두어렁셩 두어렁셩 다링디리
즈믄히를 아즐가 즈믄히를 외오곰 녀신들
위 두어렁셩 두어렁셩 다링디리
信(신)잇ᄃᆞᆫ 아즐가 信(신)잇ᄃᆞᆫ 그츠리잇가 나는

위 두어렁셩 두어렁셩 다링디리
大同江(대동강) 아즐가 大同江(대동강) 너븐디 몰라셔
위 두어렁셩 두어렁셩 다링디리
빈내여 아즐가 빈내여 노혼다 샤공아
위 두어렁셩 두어렁셩 다링디리
네가시 아즐가 네가시 럼난디 몰라셔
위 두어렁셩 두어렁셩 다링디리
녈빅예 아즐가, 녈빅예 연즌다 샤공아,
위 두어렁셩 두어렁셩 다링디리
대동강(大同江) 아즐가, 대동강(大同江) 건너편 고즐여
위 두어렁셩 두어렁셩 다링디리
빈타들면 아즐가, 비타들면 것고리이다 나눈
위 두어렁셩 두어렁셩 다링디리

**현대역**

서경(평양)이 서울이지마는/중수(重修)한 작은 서울을 사랑합니다마는
임과 이별하기보다는/길쌈하던 베를 버리고서라도/사랑해주신다면 울면서 따르겠습니다.
구슬이 바위에 떨어진들/끈이야 끊어지겠습니까.
천 년을 홀로 살아간들/믿음이야 끊어지겠습니까.
대동강이 넓은지 몰라서/배를 내어 놓았느냐, 사공아.
네 각시 음란한지 몰라서/떠나는 배에 내 임을 태웠느냐, 사공아.
대동강 건너편 꽃을/배를 타면 꺾을 것입니다.

④ **동동(動動)** ⭐ 빈출개념

德(덕)으란 곰비예 받줍고 福(복)으란 림비예 받줍고
德(덕)이여 福이라 호늘 나슨라 오소이다.
아으 動動(동동)다리.

正月(정월)ㅅ 나릿므른 아으 어져 녹져 ㅎ논듸.
누릿 가온듸 나곤 몸하 ㅎ올로 녈셔.
아으 動動다리.

二月(이월)ㅅ 보로매 아으 노피 현 燈(등)ㅅ블 다호라.
萬人(만인) 비취실 즈싀샷다.
아으 動動다리.

三月(삼월) 나며 開(개)호 아으 滿春(만춘) 둘욋고지여.
ᄂᄆ 브롤 즈슬 디뎌 나샷다.
아으 動動다리.

**주요 단어 풀이**
• **아즐가, 나눈** : 운을 맞추기 위한 여음구
• **닷곤듸** : 새로이 고친 곳
• **고외마른** : 사랑하지마는. '괴요마른'의 잘못된 표기
• **여히므론** : 이별하기 보다는
• **질삼뵈** : 길쌈하던 베
• **우러곰** : 울면서
• **그츠리잇가** : 끊어지겠습니까
• **즈믄히** : 천년(千年)
• **외오곰** : 외로이, 홀로
• **노혼다** : 놓았느냐
• **네가시** : 네 각시, 네 아내
• **고즐** : 꽃을
• **빈타들면** : 배 타고 들어가면

**고려속요**

고려시대 평민의 감정과 정서가 담긴 민요 시가로 장가(長歌), 여요(麗謠), 가요(歌謠) 등으로 불림
본래 평민의 노래였다가 고려 말에 궁중 가사로 연주된 것

**동동**
• 작자 : 미상
• 갈래 : 고려 속요
• 형식 : 분절체(13연), 월령체
• 주제 : 외로움과 슬픔, 임에 대한 송도와 애련, 회한 및 한탄(각 연마다 주제가 다름)
• 특징 : 송도가. 월령체(달거리)의 성격을 지닌 가요로, 비유법, 영탄법을 사용함
• 출전 : 『악학궤범』
• 의의 : 우리 문학 최초이자 고려 속요 중 유일한 월령체가요(조선 후기 「농가월령가」에 영향)

SEMI-NOTE

**작품의 구성**
- 전개 : 임에 대한 덕과 복을 빎
- 1월 : 화자의 고독을 한탄함
- 2월 : 임의 고매한 인품을 예찬함
- 3월 : 임의 아름다운 모습을 송축함
- 4월 : 무심한 임에 대한 그리움과 원망
- 5월 : 임의 장수(長壽)를 기원
- 6월 : 임에게 버림받은 것에 대한 슬픔을 한탄
- 7월 : 버림받음에도 임과 함께하고자 하는 소망
- 8월 : 임이 없는 고독한 한가위
- 9~10월 : 임이 없는 쓸쓸함과 슬픔
- 11~12월 : 사랑을 이루지 못하고 한탄할 수밖에 없는 심정

**아박(牙拍)**
『악학궤범』에서는 「동동」을 '아박(牙拍)' 이라고도 하는데, 2인 또는 4인이 두 손에 상아로 만든 작은 박(拍)을 들고 장단에 맞추어 치면서 춤춘다는 뜻에서 나온 말

**청산별곡**
- 갈래 : 고려 속요
- 형식 : 분장체(전 8연)
- 주제 : 유랑민의 삶의 고뇌와 비애, 실연의 고통, 고뇌와 방황
- 특징 : 3·3·2조의 3음보 형식을 갖추고 있으며 현실도피적이고 은둔적 분위기를 자아냄
- 출전 : 『악장가사』, 『악학편고』
- 의의 : 「서경별곡」과 함께 꼽히는 고려 가요의 대표적인 작품

**작품의 구성**
- 1연 : 청산에 대한 동경
- 2연 : 삶의 고통과 비애
- 3연 : 속세에 대한 미련
- 4연 : 처절한 고독 토로
- 5연 : 운명에 대한 체념
- 6연 : 다른 도피처에 대한 소망
- 7연 : 기적에 대한 기대
- 8연 : 술로 인생의 비애를 달램

四月(사월) 아니 니저 아으 오실셔 곳고리새여.
므슴다 錄事(녹사)니믄 녯 나를 닛고신뎌.
아으 動動(동동)다리.

六月(유월)ㅅ 보로매 아으 별해 ᄇ론 빗 다호라.
도라보실 니믈 젹곰 좃니노이다.
아으 動動(동동)다리.

현대역

덕은 뒷잔에 바치고 복은 앞잔에 바치고 덕이라 복이라 하는 것을 드리러 오십시오.
정월의 냇물이 아아 얼고 녹아 남이 나가오른네 세상 가온데 태어난 이 몸이여 홀로 살아가는구나.
이월 보름에 아아 높이 켠 등불 같구나. 만인을 비추실 모습이도다.
삼월이 지나며 핀 아아 늦봄의 진달래꽃이여 남이 부러워할 모습을 지니고 태어나셨도다.
사월을 아니 잊고 아아 오셨구나, 꾀꼬리 새여 무엇 때문에 녹사님은 옛날을 잊고 계신가.
유월 보름에 아아 벼랑에 버린 빗 같구나. 돌아보실 임을 잠시나마 좇아갑니다.

⑤ 청산별곡(靑山別曲)

살어리 살어리랏다. 靑山(청산)애 살어리랏다.
멀위랑 ᄃ래랑 먹고, 靑山(청산)애 살어리랏다.
얄리얄리 얄랑셩, 얄라리 얄라.
우러라 우러라 새여, 자고 니러 우러라 새여.
널라와 시름 한 나도 자고 니러 우니노라.
얄리얄리 얄라셩, 얄라리 얄라.
가던 새 가던 새 본다. 믈 아래 가던 새 본다.
잉무든 장글란 가지고, 믈 아래 가던 새 본다.
얄리얄리 얄라셩, 얄라리 얄라.
이링공 뎌링공 ᄒ야 나즈란 디내와손뎌.
오리도 가리도 업슨 바므란 쏘 엇디 호리라.
얄리얄리 얄라셩, 얄라리 얄라.
어듸라 더디던 돌코, 누리라 마치던 돌코.
믜리도 괴리도 업시 마자셔 우니노라.
얄리얄리 얄라셩, 얄라리 얄라.
살어리 살어리랏다. 바ᄅ래 살어리랏다.
ᄂᆞ자기 구조개랑 먹고 바ᄅ래 살어리랏다.
얄리얄리 얄라셩, 얄라리 얄라.
가다가 가다가 드로라, 에졍지 가다가 드로라.
사스미 짒대예 올아셔 奚琴(히금)을 혀거를 드로라.
얄리얄리 얄라셩, 얄라리 얄라.
가다니 빅브른 도긔 설진 강수를 비조라.

조롱곳 누로기 미와 잡수와니, 내 엇디 호리잇고.
얄리얄리 얄라셩, 얄라리 얄라.

[현대역]

살겠노라, 살겠노라. 청산에서 살겠노라/머루와 다래를 먹고 청산에서 살겠노라
우는구나, 우는구나, 새여. 자고 일어나 우는구나, 새여./너보다 시름 많은 나
도 자고 일어나 울고 있노라.

가는 새, 가는 새 본다. 물 아래쪽으로 가는 새 본다./이끼 묻은 쟁기를 가지고
물 아래쪽으로 가는 새본다.

이럭저럭하여 낮은 지내왔건만/올 이도 갈 이도 없는 밤은 또 어찌하리오.

어디다 던지는 돌인가. 누구를 맞히려는 돌인가./미워할 이도 사랑할 이도 없
이 사랑할 이도 없이 맞아서 울고 있노라.

살겠노라, 살겠노라. 바다에서 살겠노라./나문재, 굴, 조개를 먹고 바다에서 살
겠노라.

가다가, 가다가 듣노라. 외딴 부엌을 지나가다가 듣노라./사슴이 장대에 올라
가서 해금을 켜는 것을 듣노라.

가더니 불룩한 독에 진한 술을 빚는구나./조롱박꽃 모양의 누룩이 매워 (나를)
붙잡으니 나는 어찌하리오.

## (4) 경기체가

### ① 한림별곡(翰林別曲)

제1장
元淳文원슌문 仁老詩인노시 公老四六공노亽륙
李正言니정언 陳翰林딘한림 雙韻走筆솽운주필
冲基對策튱긔딕칙 光鈞經義광균경의 良鏡詩賦량경시부
위 試場시댱ㅅ 景경 긔 엇더ᄒ니잇고
(葉)琴學士금흑ᄉ의 玉笋門生옥슌문싱 琴學士금흑ᄉ의 玉笋門生옥슌문싱
위 날조차 몃부니잇고

제2장
唐漢書당한셔 莊老子장로ᄌ 韓柳文集한류문집
李杜集니두집 蘭臺集난딕집 白樂天集빅락텬집
毛詩尙書모시샹셔 周易春秋주역츈츄 周戴禮記주딕례긔
위 註주조쳐 내 외옳 景경 긔 엇더ᄒ니잇고
(葉)太平光記태평광긔 四百餘卷ᄉ빅여권 太平光記태평광긔 四百餘卷ᄉ빅여권
위 歷覽력남ㅅ 景경 긔 엇더ᄒ니잇고

제8장
唐唐唐당당당 唐楸子당츄ᄌ 皂莢조협남긔
紅홍실로 紅홍글위 미요이다
혀고시라 밀오시라 鄭小年뎡쇼년하
위 내 가논 ᄃ 눔 갈셰라

SEMI-NOTE

주요 단어 풀이
• 이링공 뎌링공 : 이럭저럭
• 나즈란 디내와손뎌 : 지내왔건만
• 마치던 : 맞히려던
• 믜리도 괴리도 : 미워할 사람도 사랑
  할 사람도
• 바ᄅ래 : 바다에
• 누ᄆ자기 : '나문재(해초)'의 옛말
• 奚琴(히금)을 혀거를 : 해금을 켜는
  것을
• 믜와 : 매워

한림별곡
• 작가 : 한림제유(翰林諸儒)
• 연대 : 고려 고종
• 주제 : 귀족들의 향락적 풍류생활, 유
  생들의 학문적 자부심
• 특징
  – 최초의 경기체가로, 한자를 우리말
    어순과 운율에 맞춰 노래
  – 전8장의 분절체로 3·3·4조의 3
    음보 형식
  – 시부, 서적, 명필, 명주(名酒), 화훼,
    음악, 누각, 추천(鞦韆)의 8경을 노래
• 출전 : 『악장가사』

주요 단어 풀이
• 葉 : 가사가 붙는 후렴구를 구분하기
  위한 표시
• 公老四六 : 사륙변려문. 중국 육조, 당
  나라 시기에 성행하던 한문 문체
• 太平光記(태평광기) : 중국 송나라 시
  기에 편찬된 설화집으로 종교, 소설적
  인 이야기가 주요 내용
• 歷覽(역람) : 여러 곳을 두루 다니면서
  구경함
• 鄭小年(정소년) : 방탕하게 유흥을 즐
  기는 젊은이

**경기체가(景幾體歌)**
- 고려 중기 이후에 발생한 장가(長歌) 로 경기하여가(景幾何如歌)라고도 함
- 景幾何如(경경 긔 엇더ᄒ니잇고) 구 가 붙는 특징이 있기 때문에 이러한 명칭이 붙음

**독락팔곡**
- 작자 : 권문호
- 연대 : 조선 선조
- 주제 : 강호에 묻혀 여유롭게 살아가 는 즐거움
- 특징
  - 경기체가 소멸기에 쓰인 작품으로 현존하는 경기체 가운데 가장 마지막 작품
  - 임진왜란 이후로 과시하고 찬양할 외적 여건을 상실하여 경기체가 특 유의 주제의식이 붕괴됨
- 출전 : 「송암별집」

---

(葉)削玉纖纖샥옥셤셤 雙手솽슈ㅅ길헤 削玉纖纖샥옥셤셤 雙手솽슈ㅅ길헤
위 携手同遊휴슈동유 ㅅ 景경 긔 엇더ᄒ니잇고

**현대역**

제1장 시부(詩賦)
유원순의 문장, 이인로의 시, 이공로의 사륙변려문/이규보와 진화의 쌍운을 맞추어 써 내려간 글/유충기의 대책문, 민광균의 경서 해의(解義), 김양경의 시와 부(賦)/아, 과거시험의 광경, 그것이 어떠합니까?
금의가 배출한 죽순처럼 많은 제자들, 금의가 배출한 죽순처럼 많은 제자들/아, 나까지 몇 분입니까?

제2장 서적(書籍)
당서와 한서, 장자와 노자, 한유와 유종원의 문집/이백과 두보의 시집, 난대여사의 시문집, 백낙천의 문집/시경과 서경, 주역과 춘추, 예기/아, 주석마저 줄곧 외우는 모습 그것이 어떠합니까?
태평광기 사백여권, 태평광기 사백여권/아, 두루두루 읽는 모습 그것이 어떠합니까?

제8장 추천(鞦韆)
당당당 당추자(호도나무) 쥐엄나무에/붉은 실로 붉은 그네를 맵니다/당기시라 미시라 정소년이여/아, 내가 가는 곳에 남이 갈까 두렵구나
옥을 깎은 듯 고운 손길에, 옥을 깎은 듯 고운 손길에/아, 손 마주잡고 노니는 정경, 그것이 어떠합니까?

② 독락팔곡(獨樂八曲)

1장
太平聖代(태평성대) 田野逸民(전야일민) 再唱(재창)
耕雲麓(경운록) 釣烟江(조연강)이 이밧긔 일이업다.
窮通(궁통)이 在天(재천)ᄒ니 貧賤(빈천)을 시름ᄒ랴.
玉堂(옥당) 金馬(금마)ᄂᆞᆫ 내의 願(원)이 아니로다.
泉石(천석)이 壽域(수역)이오 草屋(초옥)이 春臺(춘대)라.
於斯臥(어사와) 於斯眠(어사면) 俯仰宇宙(부앙우주) 流觀(유관) 品物(품물)ᄒ야,
居居然(거거연) 浩浩然(호호연) 開襟獨酌(개금독작) 岸幘長嘯(안책장소) 景(경)
긔엇다 ᄒ니잇고.

2장
草屋三間(초옥삼간) 容膝裏(용슬리) 昻昻(앙앙) 一閒人(일한인) 再唱(재창)
琴書(금서)를 벗을 삼고 松竹(송죽)으로 울을ᄒ니
翛翛(소소) 生事(생사)와 淡淡(담담) 襟懷(금회)예 塵念(진념)이 어듸나리.
時時(시시)예 落照趂淸(낙조진청) 蘆花(노화) 岸紅(안홍)ᄒ고,
殘烟帶風(잔연대풍) 楊柳(양류) 飛(비)ᄒ거든,
一竿竹(일간죽) 빗기안고 忘機伴鷗(망기반구) 景(경) 긔엇다 ᄒ니잇고.

현대역

(1장) 태평스럽고 성스러운 시대에, 시골에 은거하는 절행이 뛰어난 선비가 (재창)/구름 덮인 산기슭에 밭이랑을 갈고, 내 낀 강에 낚시를 드리우니, 이밖에는 일이 없다./빈궁과 영달이 하늘에 달렸으니, 가난함과 천함을 걱정 하리오, 한나라 때 궁궐 문이나 관아 앞에 동마(銅馬)를 세워 명칭한 금마문과, 한림원의 별칭인 옥당서가 있어, 이들은 임금을 가까이서 뫼시는 높은 벼슬아치로, 이것은 내가 원하는 바가 아니다. 천석으로 이루어진 자연에 묻혀 사는 것도, 인덕이 있고 수명이 긴 수역으로 성세가 되고, 초옥에 묻혀 사는 것도, 봄 전망이 좋은 춘대로 성세로다./어사와! 어사와! 천지를 굽어보고 쳐다보며, 삼라만상이 제각기 갖춘 형체를 멀리서 바라보며, 안정된 가운데 넓고도 큰 흉금을 열어 제쳐 놓고 홀로 술을 마시니, 두건이 높아 머리 뒤로 비스듬히 넘어가, 이마가 드러나 예법도 없는데다 길게 휘파람 부는 광경, 그것이야말로 어떻습니까.

(2장) 초가삼간이 너무 좁아, 겨우 무릎을 움직일 수 있는 방에, 지행 높고 한가한 사람이, 가야금을 타고 책 읽는 일을 벗 삼아 집 둘레에는 소나무와 대나무로 울을 하였으니, 찢겨진 생계와 산뜻하게 가슴 깊이 품고 있는 회포는, 속세의 명리를 생각하는 마음이 어디서 나리오./저녁 햇빛이 맑게 갠 곳에 다다르고, 흰 갈대꽃이 핀 기슭에 비쳐서 붉게 물들었는데, 남아 있는 내에 섞여 부는 바람결에 버드나무가 날리거든, 하나의 낚싯대를 비스듬히 끼고 세속 일을 잊고서 갈매기와 벗이 되는 광경, 그것이야말로 어떻습니까.

- 太平聖代(태평성대) : 어진 임금이 잘 다스려 태평한 세상 또는 시대
- 窮通(궁통) : 빈궁과 영달
- 泉石(천석) : 물과 돌로 이루어진 자연의 경치
- 壽域(수역) : 오래 살 수 있는 경지(境地)의 비유
- 於斯臥(어사와) : '어여차'를 예스럽게 이르는 의성어. 한자어 표기는 음만 빌린 것
- 開襟(개금) : 옷섶을 열어 가슴을 헤침
- 岸幘(안책) : '두건을 비스듬히 치올려 쓰고 이마를 드러냄'의 의미로 친한 사이에 예법을 무시하고 익숙한 모습을 이름
- 襟懷(금회) : 마음속에 깊이 품고 있는 생각
- 楊柳(양류) : 버드나뭇과 식물을 통틀어 이르는 말
- 伴鷗(반구) : 갈매기와 짝이 됨

## (5) 고려시대의 시조

### ① 다정가(多情歌)

梨花(이화)에 月白(월백)ᄒ고 銀漢(은한)이 三更(삼경)인제
一枝春心(일지춘심)을 子規(자규)야 알랴마는
多情(다정)도 病(병)인 냥ᄒ여 좀못 드러 ᄒ노라.

현대역

배꽃에 달이 하얗게 비치고 은하수는 자정 무렵을 알리는 때에
나뭇가지에 깃들어 있는 봄의 정서를 소쩍새야 알 리 있으랴마는
다정한 것도 그것이 병인 양, 잠 못 들어 하노라.

- 작자 : 이조년
- 갈래 : 평시조
- 주제 : 봄밤의 애상
- 특징 : 직유법과 의인법의 사용 및 시각적 심상과 청각적 심상의 조화를 통해 애상적 분위기를 표현
- 출전 : 「청구영언」

### ② 탄로가(嘆老歌)

春山(춘산)에 눈 녹인 바름 건듯 불고 간 듸 업다.
져근덧 비러다가 마리 우희 불니고져
귀 밋틔 히묵은 서리를 녹여 볼가 ᄒ노라.

- 작자 : 우탁
- 갈래 : 평시조
- 주제 : 늙음에 대한 안타까움과 인생에 대한 달관
- 특징 : 가장 오래된 시조 중 하나로 비유법을 사용하여 달관의 여유를 표현
- 출전 : 「청구영언」

> **현대역**
> 봄 산에 쌓인 눈을 녹인 바람이 잠깐 불고 어디론지 간 데 없다.
> 잠시 동안 빌려다가 머리위에 불게 하고 싶구나.
> 귀 밑에 해묵은 서리(백발)를 녹여 볼까 하노라.

### ③ 하여가(何如歌)

> 이런들 엇더하며 져런들 엇더하료
> 만수산(萬壽山) 드렁칡이 얽어진들 긔 어떠하리
> 우리도 이갓치 얽어져 백 년까지 누리리라
>
> **현대역**
> 이런들 어떠하며 저런들 어떠하리
> 만수산 칡덩굴이 얽혀져 있은들 그것이 어떠하리
> 우리도 이같이 하여 백년까지 누리리라.

**하여가**
- 작자 : 이방원
- 갈래 : 평시조
- 주제 : 절절에 대한 회유(정치적 목적을 지닌 우회적 회유)
- 특징 : 직유법과 대구법을 사용하여 회유하고자 하는 의도 표출
- 출전 : 『청구영언』

### ④ 단심가(丹心歌)

> 이 몸이 주거주거 一百(일백) 番(번) 고쳐 주거
> 白骨(백골)이 塵土(진토)되여 넉시라도 잇고 업고
> 님 向(향)혼 一片丹心(일편단심)이야 가실줄이 이시랴.
>
> **현대역**
> 이 몸이 죽고 죽어 일백 번 고쳐 죽어
> 백골이 진토되어 넋이라도 있고 없고
> 임 향한 일편단심이야 가실 줄이 있으랴.

**단심가**
- 작자 : 정몽주
- 갈래 : 평시조
- 주제 : 고려왕조에 대한 변함없는 일편단심
- 특징 : 반복법과 점층법을 사용하여 충절을 심화시킴. 이방원의 하여가(何如歌)와 대비됨
- 출전 : 『청구영언』

### ⑤ 회고가(懷古歌)

> 오백 년(五百年) 도읍지(都邑地)를 필마(匹馬)로 도라드니
> 산천(山川)은 의구(依舊)하되 인걸(人傑)은 간 듸 업다.
> 어즈버 태평연월(太平烟月)이 꿈이런가 하노라.
>
> **현대역**
> 오백 년이나 이어 온 고려의 옛 도읍지를 한 필의 말로 돌아 들어오니
> 산천(山川)은 예와 다름이 없으되 인재(고려의 유신)는 간 데 없구나 .
> 아아, 태평하고 안락한 세월(고려의 융성기)은 꿈인가 하노라.

**회고가**
- 작자 : 길재
- 갈래 : 평시조
- 주제 : 망국의 한과 맥수지탄(麥秀之嘆)
- 특징 : 대조법, 영탄법을 통해 망국의 한과 무상함을 표현
- 출전 : 『청구영언』

# 2. 조선시대 시가의 형성

## (1) 조선 전기의 시가

### ① 강호사시가(江湖四時歌)

> 江湖(강호)에 봄이 드니 미친 興(흥)이 절로 난다.
> 濁醪溪邊(탁료계변)에 錦鱗魚(금린어) ㅣ 안쥐로다.
> 이 몸이 閑暇(한가)히름도 亦軍恩(역군은)이샷다.
>
> 江湖(강호)에 녀름이 드니 草堂(초당)에 일이 업다.
> 有信(유신)흔 江波(강파)는 보내느니 ㅂ람이로다.
> 이 몸이 서늘히옴도 亦軍恩(역군은)이샷다.
>
> 江湖(강호)에 ㄱ올이 드니 고기마다 솔져 잇다.
> 小艇(소정)에 그믈 시러 흘니 씌여 더져 두고
> 이 몸이 消日(소일)히옴도 亦軍恩(역군은)이샷다.
>
> 江湖(강호)에 겨월이 드니 눈 기픠 자히 남다.
> 삿갓 빗기 쓰고 누역으로 오슬 삼아
> 이 몸이 칩지 아니히옴도 亦軍恩(역군은)이샷다.

#### 현대역

> 강호에 봄이 드니 참을 수 없는 흥이 절로 난다./탁주를 마시며 노는 시냇가에 금린어(쏘가리)가 안주로다./이 몸이 한가롭게 지냄도 역시 임금의 은혜로다.
> 강호에 여름이 드니 초당에 일이 없다./신의 있는 강 물결은 보내는 것이 시원한 강바람이다./이 몸이 서늘하게 지내는 것도 역시 임금의 은혜로다.
> 강호에 가을이 드니 물고기마다 살이 올랐다./작은 배에 그물 실어 물결 따라 흐르게 던져 두고/이 몸이 고기잡이로 세월을 보내는 것도 역시 임금의 은혜로다.
> 강호에 겨울이 드니 눈의 깊이가 한 자가 넘는다./삿갓을 비스듬히 쓰고 도롱이를 둘러 덧옷을 삼아/이 몸이 춥지 않게 지내는 것도 역시 임금의 은혜로다.

### ② 동짓달 기나긴 밤을 ⭐ 빈출개념

> 冬至(동지)ㅅ돌 기나긴 밤을 한 허리를 버혀 내여
> 春風(춘풍) 니불 아레 서리서리 너헛다가
> 어론님 오신 날 밤이여든 구뷔구뷔 펴리라.

#### 현대역

> 동짓달 기나긴 밤 한가운데를 베어 내어
> 봄바람 이불 아래 서리서리 넣었다가
> 정든 서방님 오신 날 밤이거든 굽이굽이 펴리라.

---

SEMI-NOTE

**강호사시가**
- 작자 : 맹사성
- 갈래 : 평시조, 연시조(전 4수)
- 주제 : 유유자적한 삶과 임금의 은혜에 대한 감사
- 특징 : 강호가도(江湖歌道)의 선구적인 작품으로 이황의 「도산십이곡」과 이이의 「고산구곡가」에 영향을 끼침
- 출전 : 「청구영언」

**작품의 구성**
- 춘사(春思) : 냇가에서 쏘가리(금린어)를 안주삼아 탁주를 마시는 강호한정
- 하사(夏詞) : 초당에서 지내는 한가로운 생활
- 추사(秋詞) : 강가에서 살찐 고기를 잡는 생활
- 동사(冬詞) : 쌓인 눈을 두고 삿갓과 도롱이로 추위를 견디며 따뜻하게 지내는 생활

**연시조(연형시조)**
두 개 이상의 평시조가 하나의 제목으로 엮어져 있는 시조, 다양하고 체계적인 서정성을 표현할 수 있었음

**동짓달 기나긴 밤을**
- 작자 : 황진이
- 갈래 : 평시조
- 주제 : 임을 기다리는 절실한 그리움
- 특징 : 추상적인 시간을 구체화, 감각화하며 음성 상징어를 적절하게 사용함
- 출전 : 「청구영언」

**이화우 흩뿌릴 제**
• 작자 : 계랑
• 갈래 : 평시조
• 주제 : 임을 그리는 마음
• 특징 : 은유법을 사용하여 임과 이별한 애상적인 분위기를 부각시킴
• 출전 : 「청구영언」

**조홍시가**
• 작자 : 박인로
• 갈래 : 평시조
• 주제 : 풍수지탄(風樹之嘆)
• 특징
　– 사친가(思親歌)로 '조홍시가'라고도 함
　– 부모의 부재(不在)가 전개의 바탕이 됨
• 출전 : 「노계집」

**어부사시사**
• 작자 : 윤선도
• 갈래 : 연시조(전 40수, 사계절 각 10수)
• 주제 : 사계절의 어부 생활과 어촌 풍경을 묘사, 강호한정과 물아일체의 흥취
• 특징
　– 후렴구가 있으며, 우리말의 아름다움을 잘 살림
　– 시간에 따른 시상 전개, 원근법 등이 나타남
　– 각수의 여음구를 제외하면 초, 중, 종장 형태의 평시조와 동일(동사(冬詞) 제10장은 제외)
• 출전 : 「고산유고」

**작품의 구성**
• 춘사(春詞) : 어부 일을 하며 자연 속에서 유유자적한 심정
• 하사(夏詞) : 한가로이 어부 일을 하는 도중에 자연과 물아일체의 경지에 도달
• 추사(秋詞) : 어지러운 속세를 떠나 자연 속에서 살아가는 즐거움
• 동사(冬詞) : 속세에 더 이상 물들지 않고 싶은 심정과 어부의 흥취

③ 이화우 흩뿌릴 제

梨花雨(이화우) 홋쓸릴 제 울며 잡고 이별(離別)훈 님
秋風落葉(추풍낙엽)에 저도 날 싱각눈가.
千里(천 리)에 외로운 쑴만 오락가락 ᄒ노매.

현대역
배꽃이 비처럼 흩뿌릴 때 울며 잡고 이별한 임
가을바람에 떨어지는 나뭇잎에 임도 날 생각하시는가.
천 리에 외로운 꿈만 오락가락하는구나.

④ 조홍시가(早紅柿歌) ★ 빈출개념

盤中(반중) 早紅(조홍)감이 고아도 보이ᄂ다.
유자(柚子) ㅣ 아니라도 품엄즉도 ᄒ다마ᄂ
품어 가 반길 이 업슬씌 글로 설워ᄒᄂ이다.

현대역
쟁반에 놓인 일찍 익은 홍시가 곱게도 보이는구나.
유자는 아니더라도 품어 가고 싶다마는
품어 가도 반겨줄 이(부모님) 안 계시니 그것을 서러워합니다.

⑤ 어부사시사(漁父四時詞) ★ 빈출개념

春詞 4
우ᄂ거시 벅구기가, 프른 거시 버들숩가,
이어라, 이어라
漁村(어촌) 두어 집이 닛 속의 나락들락.
至匊悤(지국총) 至匊悤(지국총) 於思臥(어사와)
말가ᄒ 기픈 소희 온간 고기 쒸노ᄂ다.

夏詞 2
년닙희 밥싸 두고 반찬으란 쟝만마라.
닫 드러라 닫 드러라
靑蒻笠(청약립)은 써 잇노라 綠蓑衣(녹사의) 가져오냐.
至匊悤(지국총) 至匊悤(지국총) 於思臥(어사와)
無心(무심)ᄒ 白鷗(백구)ᄂ 내 좃ᄂ가, 제 좃ᄂ가.

秋詞 1
物外(물외)예 조ᄒ 일이 漁父生涯(어부생애) 아니러냐.
빈 떠라 빈 떠라
漁翁(어옹)을 욷디마라 그림마다 그렷더라.
至匊悤(지국총) 至匊悤(지국총) 於思臥(어사와)

四時興(사시흥)이 혼가지나 秋江(추강)이 은듬이라.

冬詞4
간밤의 눈 갠 後(후)에 景物(경물)이 달고야.
이어라 이어라
압희는 萬頃琉璃(만경유리) 뒤희는 千疊玉山(천첩옥산).
至匊恩(지국총) 至匊恩(지국총) 於思臥(어사와)
仙界(선계)ㄴ가 佛界(불계)ㄴ가 人間(인간)이 아니로다.

**현대역**

(춘사 4) 우는 것이 뻐꾸기인가, 푸른 것이 버들 숲인가./노 저어라 노 저어라/어촌 두어 집이 안개 속에 들락날락하는구나./찌그덩 찌그덩 어여차/맑고 깊은 못에 온갖 고기 뛰논다.
(하사 2) 연잎에 밥 싸두고 반찬일랑 장만 마라./닻 올려라 닻 올려라/삿갓은 쓰고 있노라, 도롱이는 가져오느냐./찌그덩 찌그덩 어여차/무심한 갈매기는 내가 저를 좇는가, 제가 나를 좇는가.
(추사 1) 세속을 떠난 곳에서의 깨끗한 일이 어부의 생애 아니더냐./배 띄워라 배 띄워라/늙은 어부라고 비웃지 마라. 그림마다 그렸더라./찌그덩 찌그덩 어여차/사계절의 흥취가 다 좋지만 그중에서도 가을 강이 으뜸이라.
(동사 4) 간밤에 눈 갠 뒤에 경치가 달라졌구나./노 저어라 노 저어라/앞에는 유리처럼 반반하고 아름다운 바다, 뒤에는 수없이 겹쳐 있는 아름다운 산./찌그덩 찌그덩 어여차/신선의 세계인가, 부처의 세계인가. 사람의 세계는 아니로다.

**주요 단어 풀이**
- **닛** : '안개'의 옛말
- **至匊恩(지국총)** : '찌그덩'의 의성어. 한자어는 음만 빌린 것
- **靑蒻笠(청약립)** : 푸른 갈대로 만든 갓
- **綠蓑衣(녹사의)** : 짚, 띠 따위로 엮은 비옷
- **景物(경물)** : 계절에 따라 달라지는 자연의 경치
- **萬頃琉璃(만경유리)** : 푸른 바다를 비유함
- **千疊玉山(천첩옥산)** : 눈 덮인 산을 비유함

## (2) 조선 중후기의 시가

### ① 장진주사(將進酒辭)

한 盞(잔) 먹새 그려, 쏘 한 잔 먹새 그려
곳 걱거 算(산)노코 無盡無盡(무진무진) 먹새 그려
이 몸 주근 後(후)에 지게 우희 거적 더퍼 주리혀 미여 가나
流蘇寶帳(유소보장)의 萬人(만인)이 우레 너나
어욱새 속새 덥가나무 白楊(백양)수페 가기곳 가면
누른 히 흰 둘 가는 비 굴근 눈 쇼쇼리 브람 불제 뉘 흔 잔 먹쟈 홀고
흐믈며 무덤 우희 진나비 프람 불 제 뉘우춘들 엇디리

**현대역**

한 잔 마시세 그려 또 한 잔 마시세 그려/꽃 꺾어 술잔을 세며 무진무진 마시세 그려/이 몸 죽은 후면 지게 위에 거적 덮어 줄로 묶어 매어가니/유소보장에 수많은 사람이 울며 따라오더라도
어욱새, 속새, 덥가나무, 백양나무 숲으로 들어가기만 하면/누런 해와 흰 달, 가는 비, 굵은 눈, 회오리바람 불 때 누가 한 잔 마시자고 할 것인가?/하물며 무덤 위에 원숭이가 휘파람 불 때, 그제서 뉘우친들 어쩔 것인가?

**장진주사**
- **작자** : 정철
- **갈래** : 사설시조
- **주제** : 술을 권함(술 들기를 청하는 노래)
- **특징** : 최초의 사설시조로 엄격한 시조의 형식에서 벗어나 대조적 분위기를 조성(낭만적 정경과 무덤가의 음산한 분위기가 대조됨)
- **출전** : 「송강가사」

**사설시조**
본래 평시조보다 긴 사설을 엮은 창(唱)의 명칭으로 불리다가 갈래로써 분화한 것으로, 계층에 관계없이 거칠면서도 활기찬 감상으로 불림

SEMI-NOTE

창을 내고자 창을 내고자
• 작자 : 미상
• 갈래 : 사설시조, 해학가
• 주제 : 답답한 심정의 하소연
• 특징 : 유사어의 반복과 사물의 열거, 과장법과 비유법의 사용하여 평민의 애환을 반영
• 출전 : 「청구영언」

귓도리 져 귓도리
• 작자 : 미상
• 갈래 : 사설시조, 연모가
• 주제 : 독수공방의 외롭고 쓸쓸함
• 특징 : 의인법, 반어법, 반복법의 사용으로 섬세한 감정이입을 나타냄
• 출전 : 「청구영언」

상춘곡
• 작자 : 정극인
• 갈래 : 정격가사, 서정가사, 양반가사
• 연대
 – 조선 성종(15세기) 때 창작
 – 정조(18세기) 때 간행
• 주제 : 상춘과 안빈낙도의 삶에 대한 예찬(만족)
• 특징
 – 3 · 4(4 · 4)조, 4음보, 전 79구의 연속체(가사체, 운문체)
 – 여러 표현 기교를 사용(설의법, 의인법, 대구법, 직유법 등)
 – 공간의 이동(공간 확장)을 통한 시상 전개
 – 창작자의 시대인 15세기의 표기법이 아니라 수록된 〈불우헌집〉이 간행된 18세기 음운과 어법이 반영됨
• 출전 : 「불우헌집」

② 창을 내고자 창을 내고자

> 窓(창) 내고쟈 窓(창)을 내고쟈 이 내 가슴에 窓(창) 내고쟈.
> 고모장지 셰살장지 들장지 열장지 암돌져귀 수돌져귀 빅목걸새 크나큰 쟝도리로 쏭닥 바가 이 내 가슴에 窓(창) 내고쟈.
> 잇다감 하 답답할 제면 여다져 볼가 ᄒ노라.
>
> 현대역
> 창 내고 싶다. 창을 내고 싶다. 이내 가슴에 창 내고 싶다.
> 고무래 장지, 세살(가는 살)장지, 들장지, 열장지, 암톨쩌귀, 수톨쩌귀, 배목걸쇠를 크나큰 장도리로 뚝딱 박아 이내 가슴에 창 내고 싶다.
> 이따금 너무 답답할 때면 여닫아 볼까 하노라.

③ 귓도리 져 귓도리

> 귓도리 져 귓도리 어엿부다 져 귓도리
> 어인 귓도리 지는 돌 새는 밤의 긴 소리 쟈른 소리 節節(절절)이 슬픈 소리 제 혼자 우러 네어 紗窓(사창) 여읜 줌을 술드리도 쐬오는고야.
> 두어라 제 비록 微物(미물)이나 無人洞房(무인동방)에 내 뜻 알 리는 저뿐인가 ᄒ노라.
>
> 현대역
> 귀뚜라미, 저 귀뚜라미, 불쌍하다 저 귀뚜라미. 어찌된 귀뚜라미인가.
> 지는 달 새는 밤에 긴소리, 짧은 소리, 마디마디 슬픈 소리로 저 혼자 울면서 사창 안에서 살짝 든 잠을 잘도 깨우는구나.
> 두어라, 제 비록 미물이나 임이 안 계시는 외로운 방에서 내 뜻을 알 이는 저 귀뚜라미뿐인가 하노라.

## (3) 가사문학

① 상춘곡(賞春曲)

> 紅塵(홍진)에 뭇친 분네 이내 生涯(생애) 엇더ᄒ고, 녯 사름 風流(풍류)를 미출가 못미출가. 天地間(천지간) 男子(남자) 몸이 날 만ᄒ 이 하건마는, 山林(산림)에 뭇쳐 이셔 至樂(지락)을 ᄆ를 것가. 數間茅屋(수간모옥)을 碧溪水(벽계수) 앏픠 두고, 松竹(송죽) 鬱鬱裏(울울리)예 風月主人(풍월주인) 되여셔라.
>
> 엇그제 겨을 지나 새봄이 도라오니, 桃花杏花(도화행화)는 夕陽裏(석양리)예 퓌여 잇고, 錄楊芳草(녹양방초)는 細雨中(세우중)에 프르도다. 칼로 몰아 낸가, 붓으로 그려낸가, 造化神功(조화신공)이 物物(물물)마다 헌ᄉ룹다. 수풀에 우는 새는 春氣(춘기)를 뭇내 계워 소리마다 嬌態(교태)로다. 物我一體(물아일체)어니, 興(흥)이이 다를소냐. 柴扉(시비)예 거러 보고, 亭子(정자)애 안자보니, 逍遙吟詠(소요음영)ᄒ야, 山日(산일)이 寂寂(적적)흔딕, 閒中眞味(한중진미)를

알 니 업시 호재로다.

이바 니웃드라, 山水(산수)구경 가쟈스라. 踏靑(답청)이란 오늘 ᄒ고, 浴沂(욕기)란 來日ᄒ새. 아춤에 採山(채산)ᄒ고, 나조히 釣水(조수)ᄒ새. ᄀᆺ 괴여 닉은 술을 葛巾(갈건)으로 밧타 노코, 곳나모 가지 것거, 수 노코 먹으리라. 和風(화풍)이 건듯 부러 綠水(녹수)를 건너오니, 淸香(청향)은 잔에 지고, 落紅(낙홍)은 옷새진다.

樽中(준중)이 뷔엿거둔 날들려 알외여라. 小童(소동) 아히ᄃ려 酒家(주가)에 술을 믈어, 얼운은 막대 집고, 아히ᄃ 술을 메고, 微吟緩步(미음완보)ᄒ야 시냇ᄀᆞ의 호자 안자, 明沙(명사) 조흔 믈에 잔 시어 부어 들고, 淸流(청류)를 굽어보니, 써오ᄂᆞ니 桃花(도화)ㅣ 로다. 武陵(무릉)이 갓갑도다. 져 미이 긘 거인고. 松間(송간) 細路(세로)에 杜鵑花(두견화)를 부치 들고, 峰頭(봉두)에 급피 올나 구름 소긔 안자 보니, 千村萬落(천촌만락)이 곳곳이 버려 잇ᄂᆞᆫ. 煙霞日輝(연하일휘)는 錦繡(금수)를 재폇ᄂᆞᆫ 둣. 엇그제 검은 들이 봄빗ᄎ 有餘(유여)ᄒ샤.

功名(공명)도 날 씌우고, 富貴(부귀)도 날 씌우니, 淸風明月(청풍명월) 外(외)예 엇던 벗이 잇ᄉᆞ올고, 簞瓢陋巷(단표누항)에 훗튼 혜음 아니 ᄒᆞᆫ. 아모타, 百年行樂(백년행락)이 이만ᄒᆞᆫ 둘 엇지ᄒ리.

### 현대역

속세에 묻혀 사는 사람들이여. 이내 생활이 어떠한가. 옛 사람들의 풍류에 미칠까 못 미칠까? 이 세상에 남자로 태어난 몸으로서 나만한 사람이 많건마는, 산림에 묻혀 사는 지극한 즐거움을 모르는 것인가. 초가삼간을 맑은 시냇물 앞에 두고, 소나무와 대나무가 울창한 속에 자연을 즐기는 사람이 되었구나.

엇그제 겨울 지나 새봄이 돌아오니, 복숭아꽃과 살구꽃은 석양 속에 피어 있고 푸른 버들과 꽃다운 풀은 가랑비 속에 푸르도다. 칼로 재단해 내었는가, 붓으로 그려 내었는가, 조물주의 신기한 솜씨가 사물마다 야단스럽다. 수풀에 우는 새는 봄기운을 끝내 못 이겨 소리마다 아양을 떠는 모습이로다. 자연과 내가 한 몸이니 흥겨움이야 다르겠는가. 사립문 주위를 걸어 보고 정자에 앉아 보니 천천히 거닐며 나직이 시를 읊조려 산 속의 하루가 적적한데, 한가로움 속의 참된 즐거움을 아는 이 없이 혼자로구나.

여보게, 이웃 사람들이여. 산수 구경을 가자꾸나. 산책은 오늘 하고 냇물에서 목욕하는 것은 내일하세. 아침에 산나물을 캐고 저녁에 낚시질을 하세. 갓 익은 술을 갈건으로 걸러 놓고 꽃나무 가지 꺾어 잔 수를 세면서 먹으리라. 화창한 바람이 잠깐 불어 푸른 물을 건너오니, 맑은 향기는 잔에 지고, 떨어진 꽃은 옷에 진다.

술통 안이 비었거든 나에게 아뢰어라. 심부름하는 아이를 시켜 술집에서 술을 사 가지고 어른은 지팡이 짚고 아이는 술을 메고 나직이 읊조리며 천천히 걸어 시냇가에 혼자 앉아, 깨끗한 물에 잔 씻어 부어 들고, 맑게 흐르는 물을 굽어보니 떠오는 것이 복숭아꽃이로다. 무릉도원이 가깝도다. 저 들이 그곳인가? 소나무 사이 좁은 길에 진달래꽃을 붙들어 잡고, 산봉우리에 급히 올라 구름 속에

**의의**
- 우리나라 가사 문학의 효시
- 은일 가사의 첫 작품으로, 사림파 문학의 계기를 마련
- 강호가도의 시풍을 형성(상춘곡 → 면앙정가(송순) → 성산별곡(정철))

**작품의 구성**
- 서사 : 은일지사의 자연에 묻혀 사는 즐거움
- 본사 : 봄의 경치와 풍류와 흥취가 있는 삶
- 결사 : 안빈낙도의 삶 추구

**주요 단어 풀이**
- 紅塵(홍진) : 번거롭고 속된 세상을 비유하는 말
- 날 만ᄒᆞᆫ 이 하건마ᄂᆞᆫ : 나만한 사람이 많건마는
- 數間茅屋(수간모옥) : 몇 칸 되지 않는 작은 초가
- 앒픠 : 앞에
- 桃花杏花(도화행화) : 복숭아꽃과 살구꽃
- 錄楊芳草(녹양방초) : 푸른 버드나무와 향기로운 풀
- 逍遙吟詠(소요음영) : 천천히 거닐며 나직이 읊조림
- 葛巾(갈건) : 술을 거르는 체. 송서(宋書) 은일전(隱逸傳)의 도잠(陶潛)의 일화에서 유래
- 건듯 : 문득. 잠깐
- 부치 들고 : 붙들어 잡고
- 씌우고(른) : 꺼리고
- 재폇ᄂᆞᆫ 둣 : 펼쳐 놓고
- 훗튼 혜음 : 허튼 생각

**가사문학**
가사는 운문에서 산문으로 넘어가는 과도기적 형태의 문학으로서 시조와 함께 조선시대를 대표하는 문학 양식이다. 유교적 이념을 비롯하여 자연을 예찬하고, 기행(紀行)과 강호한정에 대한 내용이 많다.

SEMI-NOTE

앉아 보니, 수많은 촌락이 곳곳에 널려 있네. 안개와 노을과 빛나는 햇살은 수를 놓은 비단을 펼쳐 놓은 듯. 엊그제까지 검었던 들이 봄빛이 넘치는구나.

공명도 날 꺼리고, 부귀도 날 꺼리니, 맑은 바람과 밝은 달 외에 어떤 벗이 있을까. 누항에서 먹는 한 그릇의 밥과 한 바가지의 물에 잡스러운 생각 아니 하네. 아무튼 한평생 즐겁게 지내는 것이 이만하면 족하지 않겠는가.

### 실력UP 조선후기의 가사문학

조선후기에 이르러 평민층, 여자에 이르기까지 다양한 계층으로 확대되며 변격가사가 출현하는 계기가 되었고, 여자가 지은 가사문학을 규방가사(閨房歌詞)라고 함

② 사미인곡(思美人曲)

이 몸 삼기실 제 님을 조차 삼기시니, 혼 싱 緣分(연분)이며 하늘 모른 일이런가. 나 ᄒ나 졈어 잇고 님 ᄒ나 눌 괴시니, 이 ᄆᆞ음이 ᄉ랑 견졸 ᄃᆡ 노여 업다.

平生(평싱)애 願(원)ᄒ요ᄃᆡ 혼ᄃᆡ 녜쟈 ᄒ얏더니, 늙거야 므ᄉ 일로 외오 두고 글이ᄂᆞᆫ고. 엇그제 님을 뫼셔 廣寒殿(광한뎐)의 올낫더니, 그 더ᄃᆡ 엇디ᄒᆞ야 下界(하계)예 ᄂᆞ려오니, 올 적의 비슨 머리 얼크년디 三年(삼년)이라. 臙脂粉(연지분) 잇닉마ᄂᆞᆫ 눌 위ᄒᆞ야 고이 홀고. ᄆᆞ음의 미친 실음 疊疊(뎝뎝)이 ᄡᅡ혀이셔, 짓ᄂᆞ니 한숨이오 디ᄂᆞ니 눈물이라. 人生(인싱)은 有限(유혼)ᄒᆞᆫ듸 시룸도 그지 업다.

(중략)

乾坤(건곤)이 閉塞(폐식)ᄒᆞ야 白雪(ᄇᆡᆨ셜)이 혼 빗친 제, 사름은 ᄏᆞ니와 늘새도 긋쳐잇다. 瀟湘南畔(쇼상남반)도 치오미 이러커든 玉樓高處(옥누고쳐)야 더욱 닐너 므슴ᄒᆞ리.

陽春(양츈)을 부쳐내여 님 겨신 ᄃᆡ 쏘이고져. 茅簷(모쳠) 비쵠 ᄒᆡ롤 玉樓(옥루)의 올리고져. 紅裳(홍샹)을 니믜ᄎ고 翠袖(취슈)를 半(반)만 거더 日暮脩竹(일모슈듁)의 혬가림도 하도 할샤. 댜른 ᄒᆡ 수이 디여 긴 밤을 고초 안자, 靑燈(청등) 거른 곁에 鈿箜篌(뎐공후) 노하 두고, 꿈의나 님을 보려 ᄐᆞᆨ밧고 비겨시니, 鴦衾(앙금)도 ᄎᆞ도 찰샤 이 밤은 언제 샐고.

ᄒᆞ로도 열두 ᄠᆡ, 혼 ᄃᆞᆯ도 셜흔 날, 져근덧 싱각 마라. 이 시룸 닛쟈 ᄒᆞ니 ᄆᆞ음의 미쳐 이셔 骨髓(골슈)의 ᄭᅦ텨시니, 扁鵲(편쟉)이 열히 오나 이병을 엇디ᄒ리. 어와 내 병이야 이 님의 타시로다. 출하리 싀어디여 범나븨 되오리라. 곳나모 가지마다 간ᄃᆡ 죡죡 안니다가, 향 므든 날애로 님의 오시 올므리라. 님이야 날인줄 모르샤도 내님 조츠려 ᄒ노라.

현대역

이 몸이 태어날 때에 임을 좇아 태어나니, 한평생 함께 살 인연임을 하늘이 모를 일이던가. 나는 오직 젊어 있고 임은 오로지 나만을 사랑하시니 이 마음과

**사미인곡**
- 작자 : 정철
- 갈래 : 정격가사, 서정가사, 양반가사
- 연대 : 조선 선조
- 주제 : 연군지정(戀君之情)
- 특징
  - 동일 작자의 속미인곡과 더불어 가사문학의 극치를 보여줌
  - 자연의 변화에 따라 정서의 흐름을 표현하고 있음
  - 비유법, 변화법과 점층법을 사용하여 임에 대한 연정을 심화시킴
- 출전 : 「송강가사」

**작품의 구성**
- 서사 : 임과의 인연과 변함없는 그리움
- 본사 : 임의 선정(善政)의 기원과 멀리 떨어진 임에 대한 염려
- 결사 : 죽더라도 임을 따르겠다는 의지

이 사랑을 견줄 데가 다시없다.

평생에 원하되 함께 살아가려고 하였더니, 늙어서야 무슨 일로 홀로 두고 그리워하는가. 엊그제는 임을 모시고 광한전에 올라 있더니, 그동안에 어찌하여 속세에 내려왔는지, 내려올 때 빗은 머리가 헝클어진 지 삼 년이다. 연지와 분이 있지마는 누구를 위하여 곱게 단장할까. 마음에 맺힌 시름 겹겹이 싸여 있어, 짓는 것이 한숨이요, 흐르는 것이 눈물이라. 인생은 유한한데 시름은 끝이 없다.

(중략)

천지가 얼어붙어 생기가 막히어 흰 눈이 일색으로 덮여 있을 때 사람은 말할 것도 없거니와 날짐승도 끊어져 있다. 따뜻한 지방이라 일컬어지는 중국에 있는 소상강 남쪽 둔덕(전남 창평)도 추움이 이렇거늘, 북쪽 임 계신 곳이야 더욱 말해 무엇 하리.

따뜻한 봄기운을 부쳐내어 임 계신 곳에 쏘이게 하고 싶다. 초가집 처마에 비친 해를 옥루에 올리고 싶다. 붉은 치마를 여미어 입고 푸른 소매를 반만 걷어, 해 질 무렵 밋밋하게 자란 가늘고 긴 대나무에 기대어서 여러 가지 생각이 많기도 많구나. 짧은 해가 이내 넘어가고 긴 밤을 꼿꼿이 앉아, 청등을 걸어둔 곁에 자개로 장식한 공후(악기)를 놓아두고, 꿈에나 임을 보려 턱 받치고 기대어 있으니, 원앙을 수놓은 이불이 차기도 차구나. 이 밤은 언제나 샐까.

하루도 열두 때 한 달도 서른 날, 잠시라도 (임) 생각 말고 이 시름 잊자 하니, 마음에 맺혀 있어 뼛속까지 사무쳤으니, 편작(중국 전국 시대의 명의)이 열 명이 오더라도 이 병을 어찌 하리. 아아, 내 병이야 임의 탓이로다. 차라리 죽어서 범나비가 되리라. 꽃나무 가지마다 간 데 족족 앉아 있다가, 향 묻은 날개로 임의 옷에 옮으리라.

SEMI-NOTE

주요 단어 풀이

- 삼기실(産) : 태어날, 생길
- ᄒᆞ나 : 오직
- 노여 : 전혀
- 廣寒殿(광한전) : 달 속에 있는 전각. 대궐을 비유함
- 디ᄂᆞ니 : 흐르는 것이
- ᄏᆞ니와 : 물론이거니와
- ᄂᆞᆯ새 : 날짐승
- 瀟湘南畔(소상남반) : 중국 소상강 남쪽 언덕. 전남 창평을 빗댐
- 玉樓高處(옥루고처) : 옥으로 된 누각. 임금이 계신 궁궐을 비유
- 茅簷(모첨) : 초가집 처마
- 翠袖(취수) : 푸른 소매
- 日暮脩竹(일모수죽) : 짧은 해가 이내 넘어가고 긴 밤을 꼿꼿이 앉아
- ᄐᆡᆨ밧고 비겨시니 : 턱 받치고 기대어 있으니
- 鴦衾(앙금) : 원앙을 수놓은 이불
- ᄲᅦ텨시니 : 사무쳤으니
- ᄉᆡ어디여 : 죽어서
- 안니다가 : 앉아 있다가
- 오ᄉᆡ : 옷에
- 조ᄎᆞ려 : 따르려

③ 속미인곡(續美人曲)

뎨 가ᄂᆞᆫ 뎌 각시 본 듯도 ᄒᆞ뎌이고. 天텬上샹 白ᄇᆡᆨ玉옥京경을 엇디ᄒᆞ야 離니別별ᄒᆞ고, ᄒᆡ 다 뎌 져믄 날의 눌을 보라 가시ᄂᆞᆫ고.

어와 네여이고. 내 ᄉᆞ셜 드러보오. 내 얼굴 이 거동이 님 괴얌즉 ᄒᆞᆫ가마ᄂᆞᆫ 엇딘디 날보시고 네로다 녀기실ᄉᆡ 나도 님을 미더 군ᄠᅳ디 전혀 업서 이ᄅᆡ야 교ᄐᆡ야 어ᄌᆞ러이 구돗썬디 반기시ᄂᆞᆫ ᄂᆞᆺ비치 녜와 엇디 다ᄅᆞ신고. 누어 ᄉᆡᆼ각ᄒᆞ고 니러 안자 혜여ᄒᆞ니 내 몸의 지은 죄 뫼ᄀᆞ티 빠혀시니 하ᄂᆞᆯ히라 원망ᄒᆞ며 사ᄅᆞᆷ이라 허믈ᄒᆞ랴. 셜워 플텨 혜니 造조物믈의 타시로다.

글란 ᄉᆡᆼ각마오. ᄆᆡ친 일이 이셔이다. 님을 뫼셔 이셔 님의 일을 내 알거니 믈ᄀᆞᄐᆞᆫ 얼굴이 편ᄒᆞ실 적 몃 날일고. 春츈寒한 苦고熱열은 엇디ᄒᆞ야 디내시며 秋츄日일冬동天텬은 뉘라셔 뫼셧ᄂᆞᆫ고. 粥쥭早조飯반 朝죠夕셕뫼 녜와 ᄀᆞᆺ티 세시ᄂᆞᆫ가. 기나긴 밤의 ᄌᆞᆷ은 엇디 자시ᄂᆞᆫ고.

님 다히 消쇼息식을 아므려나 아쟈 ᄒᆞ니 오ᄂᆞᆯ도 거의로다. ᄂᆡ일이나 사ᄅᆞᆷ 올가. 내 ᄆᆞᄋᆞᆷ 둘 ᄃᆞ 업다. 어드러로 가쟛말고. 잡거니 밀거니 놉픈 뫼히 올라가

속미인곡

- 작자 : 정철
- 연대 : 조선 선조
- 갈래 : 양반가사, 서정가사, 유배가사
- 주제 : 연군의 정
- 특징
  - 두 여인의 대화 형식으로 구성해 참신함이 돋보임
  - 우리말 구사가 돋보이는 가사 문학의 백미
  - 화자의 정서에 따라 '기다림 → 방황 → 안타까움 → 소망' 순으로 시상이 변함
  - 화자가 자연물에 의탁해 외로움을 표현함
- 출전 : 『송강가사』

SEMI-NOTE

**작품의 구성**

• 서사 : 임과 이별하게 된 연유
• 본사 : 임에 대한 그리움과 사랑으로 인한 방황
• 결사 : 죽어서라도 이루려 하는 임에 대한 간절한 사랑

**주요 단어 풀이**

• 白玉京(백옥경) : 옥황상제의 거처. 임이 있는 궁궐을 비유함
• 소설 : 사설(辭說). 늘어놓는 이야기
• 피임끗 끄리미는 니니간끄니 한기미는
• 엇딘디 : 어쩐지
• 군쓰디 : 딴 생각
• 이리야 : 아양
• 어즈러이 구돗썬디 : 어지럽게 굴었던지 → 지나치게 굴었던지
• 눗비치 : 낯빛이
• 녜와 : 옛날과
• 혜여ᄒᆞ니 : 헤아려 보니
• 빠혀시니 : 쌓였으니
• 허믈ᄒᆞ랴 : 탓하랴
• 플텨 혜니 : 풀어내어 헤아려 보니
• 다히 : 방향. 쪽(方)
• 아므려나 : 어떻게라도
• 아쟈 ᄒᆞ니 : 알려고 하니
• 거의로다 : 거의 저물었구나
• 둘 ᄃᆞ 업다 : 둘 곳이 없다
• ᄏᆞ니와 : 물론이거니와
• 디ᄂᆞᆫ 히를 : 지는 해를
• 결의 : 잠결에
• 조출 ᄲᅮᆫ이로다 : 따라 있을 뿐이로다
• 돌이야ᄏᆞ니와 : 달은커녕

---

니 구롬은 ᄏᆞ니와 안개ᄂᆞᆫ 므스 일고. 山산川천이 어둡거니 日일月월을 엇디 보며 咫지尺척을 모ᄅᆞ거든 千쳔里리를 ᄇᆞ라보랴. ᄎᆞᆯ하리 믈ᄀᆞ의 가 ᄇᆡ 길히나 보쟈 ᄒᆞ니 ᄇᆞ람이야 믈결이야 어둥졍 된뎌이고. 샤공은 어ᄃᆡ 가고 븬 ᄇᆡ만 걸렷ᄂᆞ니 江강天텬의 혼쟈 셔셔 디ᄂᆞᆫ 히를 구버보니 님다히 消쇼息식이 더욱 아득ᄒᆞ뎌이고.

茅모簷쳠 춘 자리의 밤듕만 도라오니 反반壁벽 靑쳥燈등은 눌 위ᄒᆞ야 볼갓ᄂᆞᆫ고. 오르며 ᄂᆞ리며 헤뜨며 바니니 겨근덧 力녁盡진ᄒᆞ야 픗ᄌᆞᆷ을 잠간 드니 精졍誠셩이 지극ᄒᆞ야 ᄭᅮᆷ의 님을 보니 玉옥 ᄀᆞ튼 얼굴이 半반이나마 늘거셰라. ᄆᆞ음의 머근 말ᄉᆞᆷ 슬ᄏᆞ장 ᄉᆞᆲ쟈 ᄒᆞ니 눈물이 바라 나니 말인들 어이ᄒᆞ며 情졍을 못 다ᄒᆞ야 목이조차 몌여ᄒᆞ니 오뎐된 鷄계聲셩의 ᄌᆞᆷ은 엇디 ᄭᅢ돗던고.

어와, 虛허事ᄉᆞ로다. 이 님이 어ᄃᆡ간고. 결의 니러 안자 窓창을 열고 ᄇᆞ라보니 어엿븐 그림재 날 조촐 ᄲᅮᆫ이로다. ᄎᆞᆯ하리 싀여뎌여 落낙月월이나 되야이셔 님 겨신 窓창 안히 번드시 비최리라. 각시님 ᄃᆞᆯ이야ᄏᆞ니와 구ᄌᆞᆫ비나 되쇼셔.

**[현대역]**

(갑녀) 저기 가는 저 부인, 본 듯도 하구나. 임금이 계시는 대궐을 어찌하여 이별하고, 해가 다 져서 저문 날에 누구를 만나러 가시는고?

(을녀) 아, 너로구나. 내 사정 이야기를 들어 보오. 내 몸과 이 나의 태도는 임께서 사랑함직 한가마는 어쩐지 나를 보시고 너로구나 하고 특별히 여기시기에 나도 임을 믿어 딴 생각이 전혀 없어, 응석과 아양을 부리며 지나치게 굴었던지 반기시는 낯빛이 옛날과 어찌 다르신고. 누워 생각하고 일어나 앉아 헤아려 보니, 내 몸의 지은 죄가 산같이 쌓였으니, 하늘을 원망하며 사람을 탓하랴. 서러워서 여러 가지 일을 풀어내어 헤아려 보니, 조물주의 탓이로다.

(갑녀) 그렇게 생각하지 마오. (을녀) 마음속에 맺힌 일이 있습니다. 예전에 임을 모시어서 임의 일을 내가 알거니, 물같이 연약한 몸이 편하실 때가 몇 날일까? 이른 봄날의 추위와 여름철의 무더위는 어떻게 지내시며, 가을날 겨울날은 누가 모셨는고? 자릿조반과 아침, 저녁 진지는 예전과 같이 잘 잡수시는가? 기나긴 밤에 잠은 어떻게 주무시는가?

(을녀) 임 계신 곳의 소식을 어떻게라도 알려고 하니, 오늘도 거의 저물었구나. 내일이나 임의 소식전해 줄 사람이 있을까? 내 마음 둘 곳이 없다. 어디로 가자는 말인가? (나무 바위 등을) 잡기도 하고 밀기도 하면서 높은 산에 올라가니, 구름은 물론이거니와 안개는 또 무슨 일로 저렇게 끼어 있는고? 산천이 어두운데 일월을 어떻게 바라보며, 눈앞의 가까운 곳도 모르는데 천 리나 되는 먼곳을 바라볼 수 있으랴? 차라리 물가에 가서 뱃길이나 보려고 하니 바람과 물결로 어수선하게 되었구나. 뱃사공은 어디 가고 빈 배만 걸렸는고? 강가에 혼자 서서 지는 해를 굽어보니 임 계신 곳의 소식이 더욱 아득하구나.

초가집 찬 잠자리에 한밤중에 돌아오니, 벽 가운데 걸려 있는 등불은 누구를 위하여 밝은고? 산을 오르내리며 (강가를) 헤매며 시름없이 오락가락하니, 잠깐 사이에 힘이 지쳐 풋잠을 잠깐 드니, 정성이 지극하여 꿈에 임을 보니, 옥과 같

이 곱던 얼굴이 반 넘어 늙었구나. 마음속에 품은 생각을 실컷 아뢰려고 하였더니, 눈물이 쏟아지니 말인들 어찌 하며, 정회(情懷)도 못 다 풀어 목마저 메니, 방정맞은 닭소리에 잠은 어찌 깨었던고?

아, 허황한 일이로다. 이 임이 어디 갔는고? 즉시 일어나 앉아 창문을 열고 밖을 바라보니, 가엾은 그림자만이 나를 따라 있을 뿐이로다. 차라리 사라져서(죽어서) 지는 달이나 되어서 임이 계신 창문 안에 환하게 비치리라. (갑녀) 각시님, 달은커녕 궂은비나 되십시오.

④ 누항사(陋巷詞)

어리고 우활(迂闊)흘산 이 니 우히 더니 업다. 길흉화복(吉凶禍福)을 하날긔 부쳐 두고, 누항(陋巷) 깁푼 곳의 초막(草幕)을 지어 두고, 풍조우석(風朝雨夕)에 석은 딥히 셥히 되야, 셔 홉 밥 닷 홉 죽(粥)에 연기(煙氣)도 하도 할샤. 설데인 숙냉(熟冷)애 뷘배 쇡일 뿐이로다. 생애 이러하다 장부(丈夫) 뜨을 옴길넌가. 안빈일념(安貧一念)을 젹을망졍 품고 이셔, 수의(隨宜)로 살려 하니 날로조차 저어(齟齬)하다.

ᄀᆞ을히 부죡(不足)거든 봄이라 유여(有餘)하며, 주머니 뷔엿거든 병(瓶)이라 담겨시랴. 빈곤(貧困)흔 인생(人生)이 천지간(天地間)의 나뿐이라. 기한(飢寒)이 절신(切身)하다 일단심(一丹心)을 이질는가. 분의망신(奮義忘身)하야 죽어야 말녀너겨, 우탁우랑(于橐于囊)의 줌줌이 모아 녀코, 병과(兵戈) 오재(五載)예 감사심(敢死心)을 가져이셔, 이시섭혈(履尸涉血)하야 몃 백전(百戰)을 지너연고.
(중략)
헌 먼덕 수기 스고 측 업슨 집신에 설피설피 믈너 오니, 풍채(風採) 저근 형용(形容)애 긔 즈칠 뿐이로다. 와실(蝸室)에 드러간들 잠이 와사 누어시랴. 북창(北窓)을 비겨 안자 식배롤 기다리니, 무정(無情)한 대승(戴勝)은 이닉 한(恨)을 도우나다. 종조추창(終朝惆愴)하야 먼 들흘 바라보니, 즐기는 농가(農歌)도 흥(興) 업서 들리나다. 세정(世情) 모른 한숨은 그칠 줄을 모르나다. 아까온 져 소뷔는 볏보님도 됴흘세고. 가시 엉긘 묵은 밧도 용이(容易)케 갈련마는, 허당반벽(虛堂半壁)에 슬딕업시 걸려고야. 춘경(春耕)도 거의거다 후리쳐 더뎌 두쟈.

강호(江湖) 흔 꿈을 꾸언지도 오리러니, 구복(口腹)이 위루(爲累)하야 어지버 이져 떠다. 첨피기욱(瞻彼淇澳)흔딕 녹죽(綠竹)도 하도 할샤. 유비군자(有斐君子)들아 낙딕 하나 빌려스라. 노화(蘆花) 깁픈 곳애 명월청풍(明月淸風) 벗이 되야, 님지 업슨 풍월강산(風月江山)애 절로절로 늘그리라. 무심(無心)한 백구(白鷗)야 오라 하며 말라 하랴. 다토리 업슬슨 다문 인가 너기로라.

무상(無狀)한 이 몸애 무슨 지취(志趣) 이스리마는, 두세 이렁 밧논를 다 무겨 더뎌두고, 이시면 죽(粥)이오 업시면 굴물망졍, 남의 집 남의 거슨 전혀 부러 말렷스라. 빈천(貧賤) 슬히 너겨 손을 헤다 물너가며, 남의 부귀(富貴) 불리 너겨 손을 치다 나아오랴. 인간(人間) 어닉일이 명(命) 밧긔 삼겨시리. 빈이무원(貧而無怨)을 어렵다 하건마는 닉 생애(生涯) 이러호딕 설온 뜻은 업노왜라. 단사

**누항사**
- **작자** : 박인로
- **연대** : 조선 광해군
- **주제** : 누항에 묻혀 안빈낙도 하며 충효, 우애, 신의를 바라며 살고 싶은 마음
- **특징**
  - 대화의 삽입을 통해 현장감을 살림
  - 일상 체험을 통해 현실과 이상 사이의 갈등을 표현
  - 조선 전기 가사와 후기 가사의 과도기적 성격을 지님
- **출전** : 「노계집」

**작품의 구성**
- **서사** : 길흉화복을 하늘에 맡기고 안빈일념(安貧一念 : 가난한 가운데 편안한 마음으로 한결같이 지냄)의 다짐
- **본사** : 전란 후, 몸소 농사를 지으며 농우(農牛)를 빌리지 못해 봄 경작을 포기함
- **결사** : 자연을 벗 삼아 살기를 희망하여 민이무원의 자세로 충효, 화형제, 신붕우에 힘씀

SEMI-NOTE

**주요 단어 풀이**

- **어리고** : 어리석고
- **우활(迂闊)** : 세상물정에 어두움
- **더니 업다** : 더한 이가 없다
- **부처 두고** : 맡겨 두고
- **풍조우석(風朝雨夕)** : 아침저녁의 비바람
- **숙냉(熟冷)** : 숭늉
- **뷘 배 쇽일 뿐이로다** : 빈 배 속일 뿐이로다
- **수의(隨宜)** : 옳은 일을 좋음
- **저어(齟齬)** : 익숙치 아니하여 서름서름하다
- **ㄱ울히** : 가을이
- **기한(飢寒)** : 굶주리고 헐벗어 배고프고 추움
- **분의망신(奮義忘身)** : 의에 분발하여 제 몸을 잊고 죽어야
- **우탁우랑(于橐于囊)** : 전대(허리에 매거나 어깨에 두르기 편하게 만든 자루)와 망태(어깨에 메고 다닐 수 있도록 만든 그릇)
- **이시섭혈(履尸涉血)** : 주검을 밟고 피를 건너는 혈전
- **면덕** : 멍석
- **수기 스고** : 숙여 쓰고
- **와실(蝸室)** : 작고 초라한 집
- **종조추창(終朝惆愴)** : 아침이 끝날 때까지 슬퍼함
- **허당반벽(虛堂半壁)** : 빈 집 벽 가운데
- **아까온** : 아까운
- **소뷔** : 밭 가는 기구의 하나
- **됴홀세고** : 좋구나
- **후리쳐 더뎌 두자** : 팽개쳐 던져두자
- **지취(志趣)** : 의지와 취향
- **불리 너겨** : 부럽게 여겨
- **어늬일** : 어느 일
- **설온** : 서러운
- **뉘 이시리** : 누가 있겠느냐

정격가사(正格歌辭)와 변격가사(變格歌辭)
- 정격가사 : 3·4조의 음수율이 많고 결사는 시조 종장과 같은 구조로, 조선 전기 대부분의 가사가 이에 속함
- 변격가사 : 낙구가 음수율의 제한을 받지 않는 가사를 말하는 것으로, 조선 후기 가사가 이에 속함

표음(簞食瓢飮)을 이도 족(足)히 너기로라. 평생(平生) 한 뜻이 온포(溫飽)애는 업노왜라. 태평천하(太平天下)애 충효(忠孝)를 일을 삼아 화형제(和兄弟) 신붕우(信朋友) 외다 ᄒᆞ리 뉘 이시리. 그 밧긔 남은 일이야 삼긴 ᄃᆡ로 살렷노라.

**현대역**

어리석고 세상 물정에 어두운 것은 나보다 더한 이가 없다. 길흉화복을 하늘에 맡겨 두고, 누추한 깊은 곳에 초가집을 지어 두고, 아침저녁 비바람에 썩은 짚이 섞이 되어, 세 홉 밥, 닷 홉 죽에 연기가 많기도 많다. 설 데운 숭늉에 빈 배 속일 뿐이로다. 생활이 이러하다고 장부가 품은 뜻을 바꿀 것인가. 가난하지만 편안하여, 근심하지 않는 한결같은 마음을 적을망정 품고 있어, 옳은 일을 좇아 살려 하니 날이 갈수록 뜻대로 되지 않는다.

가을이 부족하거든 봄이라고 넉넉하며, 주머니가 비었거든 술병이라고 술이 담겨 있겠느냐. 가난한 인생이 이 세상에 나뿐인가. 굶주리고 헐벗음이 절실하다고 한 가닥 굳은 마음을 잊을 것인가. 의에 분발하여 제 몸을 잊고 죽어야 그만두리라 생각한다. 전대와 망태에 한 줌 한 줌 모아 넣고, 임진왜란 5년 동안에 죽고야 말리라는 마음을 가지고 있어, 주검을 밟고 피를 건너는 혈전을 몇 백 전이나 지내었는가.

(중략)

헌 멍석을 숙여 쓰고, 축이 없는 짚신에 맥없이 물러나오니 풍채 작은 모습에 개가 짖을 뿐이로다. 작고 누추한 집에 들어간들 잠이 와서 누워 있으랴? 북쪽 창문에 기대어 앉아 새벽을 기다리니, 무정한 오디새는 이내 원한을 재촉한다. 아침이 마칠 때까지 슬퍼하며 먼 들을 바라보니 즐기는 농부들의 노래도 흥이 없이 들린다. 세상 인정을 모르는 한숨은 그칠 줄을 모른다. 아까운 저 쟁기는 볏의 빔도 좋구나! 가시가 엉긴 묵은 밭도 쉽게 갈련마는, 텅 빈 집 벽 가운데 쓸데없이 걸렸구나! 봄갈이도 거의 지났다. 팽개쳐 던져두자.

자연을 벗 삼아 살겠다는 한 꿈을 꾼 지도 오래더니, 먹고 마시는 것이 거리낌이 되어, 아아! 슬프게도 잊었다. 저 기수의 물가를 보건대 푸른 대나무도 많기도 많구나! 교양 있는 선비들아, 낚싯대 하나 빌려 다오. 갈대꽃 깊은 곳에 밝은 달과 맑은 바람이 벗이 되어, 임자 없는 자연 속 풍월강산에 절로 늙으리라. 무심한 갈매기야 나더러 오라고 하며 말라고 하겠느냐? 다툴 이가 없는 것은 다만 이것뿐인가 여기노라.

보잘 것 없는 이 몸이 무슨 소원이 있으련마는 두세 이랑 되는 밭과 논을 다 묵혀 던져두고, 있으면 죽이요 없으면 굶을망정 남의 집, 남의 것은 전혀 부러워하지 않겠노라. 나의 빈천함을 싫게 여겨 손을 헤친다고 물러가며, 남의 부귀를 부럽게 여겨 손을 친다고 나아오랴? 인간 세상의 어느 일이 운명 밖에 생겼겠느냐? 가난하여도 원망하지 않음을 어렵다고 하건마는 내 생활이 이러하되 서러운 뜻은 없다. 한 주먹밥을 먹고, 한 주박 물을 마시는 어려운 생활도 만족하게 여긴다. 평생의 한 뜻이 따뜻이 입고, 배불리 먹는 데에는 없다. 태평스런 세상에 충성과 효도를 일로 삼아, 형제간 화목하고 벗끼리 신의 있음을 그르다 할 사람이 누가 있겠느냐? 그 밖에 나머지 일이야 태어난 대로 살아가겠노라.

⑤ 농가월령가(農家月令歌) - 정월령(正月令)

천지(天地) 조판(肇判)하매 일월성신 비치거다. 일월은 도수 있고 성신은 전차 있어 일년 삼백 육십일에 제 도수 돌아오매 동지, 하지, 춘, 추분은 일행(日行)을 추측하고, 상현, 하현, 망, 회, 삭은 월륜(月輪)의 영휴(盈虧)로다. 대지상 동서남북, 곳을 따라 틀리기로 북극을 보람하여 원근을 마련하니 이십사절후를 십 이삭에 분별하여 매삭에 두 절후가 일망(一望)이 사이로다. 춘하추동 내왕하여 자연히 성세(成歲)하니 요순 같은 착한 임금 역법을 창제하사 천시(天時)를 밝혀내어 만민을 맡기시니 하우씨 오백 년은 인월(寅月)로 세수(歲首)하고 주나라 팔백 년은 자월(子月)로 신정(新定)이라. 당금에 쓰는 역법 하우씨와 한 법이라. 한서온량(寒暑溫凉) 기후 차례 사시에 맞아 드니 공부자의 취하심이 하령을 행하도다.

정월령(正月令)
정월은 맹춘(孟春)이라 입춘우수(立春雨水) 절기로다. 산중 간학(澗壑)에 빙설은 남았으나 평교 광야에 운물(雲物)이 변하도다. 어와 우리 성상 애민중농(愛民重農) 하오시니 간측하신 권농 윤음 방곡(坊曲)에 반포하니 슬프다, 농부들아 아무리 무지한들 네 몸 이해 고사(姑舍)하고 성의(聖儀)를 어길소냐 산전수답(山田水畓) 상반(相半)하여 힘대로 하오리라. 일년 흉풍은 측량하지 못하여도 인력이 극진하면 천재는 면하리니 제각각 근면하여 게을리 굴지 마라.

일년지계 재춘하니 범사(凡事)를 미리 하라. 봄에 만일 실시하면 종년(終年) 일이 낭패되네. 농기(農器)를 다스리고 농우(農牛)를 살펴 먹여 재거름 재워 놓고 한편으로 실어 내니 보리밭에 오줌치기 작년보다 힘써 하라. 늙은이 근력 없어 힘든 일은 못하여도 낮이면 이엉 엮고 밤이면 새끼 꼬아 때 맞게 집 이으면 큰 근심 덜리로다. 실과 나무 보굿 깎고 가지 사이 돌 끼우기 정조(正朝)날 미명시(未明時)에 시험조로 하여 보자. 며느리 잊지 말고 소국주(小麴酒) 밑어라. 삼촌 백화시에 화전일취(花前一醉) 하여 보자. 상원(上元)날 달을 보아 수한(水旱)을 안다하니 노농(老農)의 징험(徵驗)이라 대강은 짐작느니.

정초에 세배함은 돈후한 풍속이라. 새 의복 떨쳐입고 친척 인리(隣里) 서로 찾아 남녀노소 아동까지 삼삼오오 다닐 적에 와삭버석 울긋불긋 물색(物色)이 번화(繁華)하다. 사내아이 연날리기 계집아이 널뛰기요. 윷놀아 내기하니 소년들 놀이로다. 사당(祠堂)에 세알(歲謁)하니 병탕에 주과로다. 움파와 미나리를 무엄에 곁들이면 보기에 신선하여 오신채(五辛菜)를 부러 하랴. 보름날 약밥 제도 신라적 풍속이라. 묵은 산채 삶아 내니 육미(肉味)와 바꿀 소냐. 귀 밝히는 약술이며 부스럼 삭는 생밤이라. 먼저 불러 더위팔기 달맞이 횃불 켜기 흘러오는 풍속이요 아이들 놀이로다.

현대역
하늘땅이 생겨나며 해와 달, 별이 비쳤다. 해와 달은 뜨고 지고 별들은 길이 있어 일 년 삼백 육십일엔 제길로 돌아온다. 동지, 하지, 춘, 추분은 해로써 추측하고 상현달, 하현달, 보름, 그믐, 초하루는 달님이 둥글고 이즈러져 알 수 있다. 땅위의 동서남북 곳을 따라 다르지만 북극성을 표로 삼고 그것을 밝혀낸다. 이십사절기를 열두 달에 나누어 매달에 두 절기가 보름이 사이로다. 춘하추동

SEMI-NOTE

농가월령가
• 작자 : 정학유
• 갈래 : 월령체(달거리) 가사
• 연대 : 조선 헌종
• 주제 : 농가의 일과 풍속
• 특징
 - 각 월령의 구성이 동일함. 절기의 소개 → 감상 → 농사일 → 세시 풍속 소개
 - 농촌 생활의 부지런한 활동을 사실감 있게 제시
 - 월령체 가운데 규모가 가장 큼
 - 시간에 따른 시상의 전개
• 출전 : 『가사육종』

작품의 구성
• 서사 : 일월성신과 역대 월령, 역법에 대한 해설
• 정월령 : 맹춘(孟春) 정월의 절기와 일 년 농사의 준비, 세배, 풍속 등을 소개
• 이월령 : 중춘(仲春) 2월의 절기와 춘경(春耕 : 봄갈이), 가축 기르기, 약재 등을 소개
• 삼월령 : 모춘(暮春) 3월의 절기와 논 및 밭의 파종(播種), 접붙이기, 장 담그기 등을 노래
• 사월령 : 맹하(孟夏) 4월의 절기와 이른 모내기, 간작(間作 : 사이짓기), 분봉(分蜂), 천렵 등을 노래
• 오월령 : 중하(中夏) 5월의 절기와 보리타작, 고치따기, 그네뛰기, 민요 등을 소개
• 유월령 : 계하(季夏) 6월의 절기와 북돋우기, 풍속, 장 관리, 길쌈 등을 소개
• 칠월령 : 맹추(孟秋) 7월의 절기와 칠월 칠석, 김매기, 피 고르기, 벌초하기 등을 노래
• 팔월령 : 중추(中秋) 8월의 절기와 수확 등을 노래함
• 구월령 : 계추(季秋) 9월의 절기와 가을 추수의 이모저모, 이웃 간의 온정을 노래
• 시월령 : 맹동(孟冬) 10월의 절기와 무, 배추 수확, 겨울 준비와 화목 등을 권면함
• 십일월령 : 중동(仲冬) 11월의 절기와 메주 쑤기, 동지 풍속과 가축 기르기, 거름 준비 등을 노래
• 십이월령 : 계동(季冬) 12월의 절기와 새해 준비
• 결사 : 농업에 힘쓰기를 권면함

SEMI-NOTE

**주요 단어 풀이**
- 조판(肇判) : 처음 쪼개어 갈라짐. 또는 그렇게 가름
- 간학(澗壑) : 물 흐르는 골짜기
- 상반(相半) : 서로 절반씩 어슷비슷함
- 소국주(小麴酒) : 막걸리의 하나
- 징험(微驗) : 어떤 징조를 경험함
- 인리(隣里) : 이웃 마을
- 세알(歲謁) : 섣달그믐 또는 정초에 웃어른께 인사로 하는 절
- 오신채(五辛菜) : 자극성이 있는 다섯 가지 채소로 '파, 마늘, 달래, 무릇, 김장파, 실파'를 가리킴

오고가며 저절로 한 해를 이루나니, 요임금, 순임금과 같이 착한 임금님은 책력을 만들어, 하늘의 때를 밝혀 백성을 맡기시니, 하나라 오백 년 동안은 정월로 해의 머리를 삼고, 주나라 팔백 년 동안은 십일월로 해의 머리를 삼기로 정하니라. 지금 우리들이 쓰고 있는 책력은 하나라 때 것과 한 가지니라. 춥고, 덥고, 따뜻하고, 서늘한 철의 차례가 봄, 여름, 가을, 겨울 네 때에 맞추어 바로 맞으니, 공자의 취하심도 하나라 때의 역법을 행하였도다.

(정월령) 정월은 초봄이라 입춘, 우수 절기일세. 산중 골짜기엔 눈과 얼음이 남아 있어도 저 들판 넓은 벌의 자연경치는 변한다. 어화 나라님 백성들을 사랑하고 농사를 중히 여겨 농사를 잘 지으라는 간절한 타이름을 온 나라에 전하니 어화 농부들아 나라의 뜻 어길소냐 논과 밭에 다함께 힘을 넣어 해보리라. 한 해의 풍년 흉년 예어니선 뜻이니고 세념 힘이 그린리면 기언게에 끼헤기니 니누 다 부지런해 게을리 굴지 마소.

한 해 일은 봄에 달려 모든 일을 미리 하라 봄에 만일 때 놓치면 그해 일을 그르친다. 농기구 쟁기를 다스리고 부림소를 살펴 먹여 재거름 재워놓고 한편으로 실어 내어 보리밭에 오줌주기 세전보다 힘써하소. 노인들은 근력이 없어 힘든 일을 못하지만 낮이면 이영 엮고 밤이면 새끼 꼬아 때맞추어 이영하면 큰 근심 덜 수 있다. 과실나무 보굿 깎고 가지 사이 돌 끼우기 초하룻날 첫 새벽에 시험 삼아 해보세. 며느리는 잊지 말고 약주술을 담가야 한다. 봄날 꽃필 적에 화전 놀이 하며 술 마시세. 정월보름 달을 보아 수재한재 안다하니 늙은 농군 경험이라 대강은 짐작하네.

설날에 세배함은 인정 후한 풍속이라. 새 의복 떨쳐입고 친척 이웃 서로 찾아 남녀노소 아동까지 삼삼오오 다닐 적에 스치는 울긋불긋 차림새가 번화하다. 사내아이는 연날리기를, 계집아이는 널뛰기를 하며 윷놀아 내기하는 것은 소년들의 놀이로다. 사당에 설 인사는 떡국에 술과 과일, 그리고 파와 미나리를 무엄에 곁들이면 보기에 신선하여 오신채가 부럽지 않다. 보름날 약밥제도 신라적 풍속이라 묵은 산채 삶아내니 고기 맛을 바꿀쏘냐. 귀 밝히는 약술과 부스럼 삭는 생밤도 있다. 먼저 불러 더위팔기, 달맞이, 횃불 켜기 등은 풍속이며 아이들 놀이로다.

⑥ 시집살이 노래

형님 온다 형님 온다　　　　보고 저즌 형님 온다
형님 마중 누가 갈까　　　　형님 동생 내가 가지
형님 형님 사촌 형님　　　　시집살이 어떱데까?

이애 이애 그 말 마라　　　　시집살이 개집살이
앞밭에는 당추(唐椒) 심고　　뒷밭에는 고추 심어
고추 당추 맵다 해도　　　　시집살이 더 맵더라

둥글둥글 수박 식기(食器)　　밥 담기도 어렵더라
도리도리 도리소반(小盤)　　수저 놓기 더 어렵더라
오 리(五里) 물을 길어다가　십 리(十里) 방아 찧어다가
아홉 솥에 불을 때고　　　　열두 방에 자리 걷고
외나무다리 어렵대야　　　　시아버니같이 어려우랴?
나뭇잎이 푸르대야　　　　　시어머니보다 더 푸르랴?

시아버니 호랑새요　　　　　시어머니 꾸중새요
동세 하나 할림새요　　　　　시누 하나 뾰족새요
시아지비 뾰중새요　　　　　남편 하나 미련새요
자식 하난 우는 새요　　　　나 하나만 썩는 샐세

귀먹어서 삼 년이요　　　　　눈 어두워 삼 년이요
말 못해서 삼 년이요　　　　　석 삼 년을 살고 나니
배꽃 같던 요 내 얼굴　　　　호박꽃이 다 되었네
삼단 같던 요 내 머리　　　　비사리춤이 다 되었네
백옥 같던 요 내 손길　　　　오리발이 다 되었네

열새 무명 반물치마　　　　　눈물 씻기 다 젖었네
두 폭 붙이 행주치마　　　　　콧물 받기 다 젖었네
울었던가 말았던가　　　　　　베개 머리 소(沼) 이겼네
그것도 소이라고　　　　　　　거위 한 쌍 오리 한 쌍
쌍쌍이 때 들어오네

## 04절　고전산문

## 1. 고전소설과 가전문학

### (1) 고전소설

① 구운몽(九雲夢)

**시집살이 노래**
• **작자** : 미상
• **갈래** : 민요, 부요(婦謠)
• **형식** : 4 · 4조, 4음보의 부요
• **주제** : 고된 시집살이의 한과 체념
• **특징**
 – 대화체, 가사체(4 · 4조, 4음보 연속체)
 – 생활감정의 진솔한 표현
 – 시댁 식구들의 특징을 비유적, 해학적으로 묘사
 – 경북, 경산 지방의 민요

**작품의 구성**
• **서사** : 형님 가족의 친정 방문과 동생의 시집살이 질문
• **본사** : 고되고 힘든 시집살이에 대한 육체적 정신적 고통
• **결사** : 고생 끝에 초라해진 모습을 한탄

**주요 단어 풀이**
• **보고 저즌** : 보고 싶은
• **당추** : 당초(고추)
• **할림새** : 남의 허물을 잘 고해 바치는 새
• **뾰중새** : 무뚝뚝하고 불만이 많은 새
• **삼단 같던** : 숱이 많고 길던
• **비사리춤** : 댑싸리비 모양으로 거칠고 뭉뚝해진 머리털
• **열새 무명** : 고운 무명
• **소(沼) 이겼네** : 연못을 이루었네

**구운몽**
• **작자** : 김만중
• **갈래** : 한글소설, 몽자류(夢字類)소설, 전기(傳奇)소설, 염정소설
• **연대** : 조선 숙종
• **주제** : 인생무상의 자각과 불도의 정진
• **배경** : 당나라 남악 형상의 연화봉(현실)과 중국 일대(꿈)
• **특징**
 – 몽자류 소설의 효시
 – '발단 → 전개 → 위기 → 절정 → 결말' 순의 전개
 – 유(입신양명), 불(공(空)사상), 선(신선 사상)의 혼합

SEMI-NOTE

**작품의 구성**
- 현실세계(선계) : 성진은 팔선녀에게 미혹되어 불도 수련은 뒷전이다가 파계(破戒)됨
- 환몽세계(인간계) : 양소유로 환생한 성진은 영웅으로서 입신양명과 8부인과 향락적인 생활을 함
- 현실세계(선계) : 인생무상을 느끼던 성진이 긴 꿈에서 깨어나 죄를 뉘우치고 대각(大覺 : 도를 닦아 크게 깨달음)의 경지에 이름

**주요 단어 풀이**
- 소화상 : 젊은 화상(和尙)
- 위의(威儀) : 위엄 있는 태도나 차림새
- 도량(道場) : 불도를 얻으려고 수행하는 곳
- 출장입상(出將入相) : 문무를 다 갖추어 장상의 벼슬을 모두 지냄
- 공명신퇴(功名身退) : 공을 세워 이름을 날리고 벼슬에서 물러남

**호질**
- 작자 : 박지원
- 갈래 : 한문소설, 풍자소설
- 연대 : 조선 영조
- 주제 : 양반 계급의 허위적이고, 이중적인 도덕관을 통렬하게 풍자적으로 비판
- 특징
  - 인간의 부정적인 이면을 희화화
  - 우의적인 수법을 사용하여 당시 지배층의 허위를 비판
- 출전 : 『열하일기』

호승이 소왈,

"상공이 오히려 춘몽을 깨지 못하였도소이다."

승상 왈,

"사부, 어쩌면 소유로 하여금 춘몽을 깨게 하리오?"

호승 왈,

"이는 어렵지 아니하니이다."

하고, 손 가운데 석장을 들어 석난간을 두어 번 두드리니, 홀연 네 녘 뫼골에서 구름이 일어나 대상에 끼이어 지척을 분변치 못하니, 승상이 정신이 아득하여 마치 취몽 중에 있는 듯하더니 오래게야 소리질러 가로되,

"사부가 어이 정도로 소유를 인도치 아니하고 환술로 서로 희롱하나뇨?"

말을 맞지 못하여 구름이 걷히니 호승 즉 육관대사가 간 곳이 없고, 좌우를 돌아보니 팔 낭자가 또한 간 곳이 없는지라 정히 경황(驚惶)하여 하더니, 그런 높은 대와 많은 집이 일시에 없어지고 제 몸이 한 작은 암자 중의 한 포단 위에 앉았으되, 향로(香爐)에 불이 이미 사라지고, 지는 달이 창에 이미 비치었더라.

스스로 제 몸을 보니 일백여덟 낱 염주(念珠)가 손목에 걸렸고, 머리를 만지니 갓 깎은 머리털이 가칠가칠하였으니 완연히 소화상의 몸이요, 다시 대승상의 위의(威儀) 아니니, 정신이 황홀하여 오랜 후에 비로소 제 몸이 연화 도량(道場) 성진(性眞) 행자인 줄 알고 생각하니, 처음에 스승에게 수책(受責)하여 풍도(酆都)로 가고, 인세(人世)에 환도하여 양가의 아들 되어 장원 급제 한림학사 하고, 출장입상(出將入相)하여 공명신퇴(功名身退)하고, 양 공주와 육 낭자로 더불어 즐기던 것이 다 하룻밤 꿈이라. 마음에 이 필연(必然) 사부가 나의 염려(念慮)를 그릇함을 알고, 나로 하여금 이 꿈을 꾸어 인간 부귀(富貴)와 남녀 정욕(情欲)이 다 허사(虛事)인 줄 알게 함이로다.

급히 세수(洗手)하고 의관(衣冠)을 정제하며 방장(方丈)에 나아가니 다른 제자들이 이미 다 모였더라. 대사, 소리하여 묻되,

"성진아, 인간 부귀를 지내니 과연 어떠하더뇨?"

성진이 고두하며 눈물을 흘려 가로되,

"성진이 이미 깨달았나이다. 제자 불초(不肖)하여 염려를 그릇 먹어 죄를 지으니 마땅히 인세에 윤회(輪廻)할 것이어늘, 사부 자비하사 하룻밤 꿈으로 제자의 마음 깨닫게 하시니, 사부의 은혜를 천만 겁(劫)이라도 갚기 어렵도소이다."

## ② 호질(虎叱)

범이 사람을 잡아먹은 것이 사람이 서로 잡아먹은 것만큼 많지 않다. 지난해 관중(關中)이 크게 가물자 백성들이 서로 잡아먹은 것이 수만이었고, 전해에는 산동(山東)에 홍수가 나자 백성들이 서로 잡아먹은 것이 수만이었다. 그러나 사람들이 서로 많이 잡아먹기로야 춘추(春秋) 시대 같은 때가 있었을까? 춘추 시대에 공덕을 세우기 위한 싸움이 열에 일곱이었고, 원수를 갚기 위한 싸움이 열에 셋이었는데, 그래서 흘린 피가 천 리에 물들었고, 버려진 시체가 백만이나 되었더니라. 범의 세계는 큰물과 가뭄의 걱정을 모르기 때문에 하늘을 원망하지 않고, 원수도 공덕도 다 잊어버리기 때문에 누구를 미워하지 않으며, 운명을 알아서 따르기 때문에 무(巫)와 의(醫)의 간사에 속지 않고, 타고난 그대로 천성을 다하기 때문에 세속의 이해에 병들지 않으니, 이것이 곧 범이 예성(睿聖)한

것이다. 우리 몸의 얼룩무늬 한 점만 엿보더라도 족히 문채(文彩)를 천하에 자랑할 수 있으며, 한 자 한 치의 칼날도 빌리지 않고 다만 발톱과 이빨의 날카로움을 가지고 무용(武勇)을 천하에 떨치고 있다. 종이(宗彝)와 유준은 효(孝)를 천하에 넓힌 것이며, 하루 한 번 사냥을 해서 까마귀나 솔개, 청머구리, 개미 따위에게까지 대궁을 남겨 주니 그 인(仁)한 것이 이루 말할 수 없고, 굶주린 자를 잡아먹지 않고, 병든 자를 잡아먹지 않고, 상복(喪服) 입은 자를 잡아먹지 않으니 그 의로운 것이 이루 말할 수 없다. 불인(不仁)하기 짝이 없다, 너희들의 먹이를 얻는 것이여! 덫이나 함정을 놓는 것만으로도 오히려 모자라서 새 그물, 노루 망(網), 큰 그물, 고기 그물, 수레 그물, 삼태그물 따위의 온갖 그물을 만들어 냈으니, 처음 그것을 만들어 낸 놈이야말로 세상에 가장 재앙을 끼친 자이다. 그 위에 또 가지각색의 창이며 칼 등속에다 화포(火砲)란 것이 있어서, 이것을 한번 터뜨리면 소리는 산을 무너뜨리고 천지에 불꽃을 쏟아 벼락 치는 것보다 무섭다. 그래도 아직 잔학(殘虐)을 부린 것이 부족하여, 이에 부드러운 털을 쪽 빨아서 아교에 붙여 붓이라는 뾰족한 물건을 만들어 냈으니, 그 모양은 대추씨 같고 길이는 한 치도 못 되는 것이다. 이것을 오징어의 시커먼 물에 적셔서 종횡으로 치고 찔러 대는데, 구불텅한 것은 세모창 같고, 예리한 것은 칼날 같고, 두 갈래 길이 진 것은 가시창 같고, 곧은 것은 화살 같고, 팽팽한 것은 활 같아서, 이 병기(兵器)를 한번 휘두르면 온갖 귀신이 밤에 곡(哭)을 한다. 서로 잔혹하게 잡아먹기를 너희들보다 심히 하는 것이 어디 있겠느냐?

③ 양반전

양반이라는 것은 선비계급을 높여 부르는 말이다.

정선(旌善) 고을에 양반이 한 명 살고 있었다. 그는 성품이 어질고 독서를 매우 좋아했으며, 매번 군수(郡守)가 새로 부임하면 반드시 그를 찾아 예의를 표하곤 했다. 그러나 집이 매우 가난해서 해마다 나라 곡식을 꾸어 먹었는데, 해가 거듭되니 꾸어 먹은 것이 천 석(石)에 이르게 되었다.

어느 날 관찰사(觀察使)가 여러 고을을 순행(巡行)하다가 정선에 이르러 관곡을 검열(檢閱)하고는 크게 노했다.

"그 양반이 대체 어떻게 생겨먹은 물건이건대, 이토록 군량(軍糧)을 축내었단 말이냐."

그리고 그 양반을 잡아 가두라는 명령을 내렸다. 군수는 그 양반을 불쌍히 여기지 않는 바 아니었지만, 워낙 가난해서 관곡을 갚을 길이 없으니, 가두지 않을 수도 없고 그렇다고 가둘 수도 없었다.

당사자인 양반은 밤낮으로 울기만 할 뿐 어려움에서 벗어날 계책도 세우지 않고 있었다. 그 처는 기가 막혀서 푸념을 했다.

"당신은 평생 글읽기만 좋아하더니 관곡을 갚는 데는 전혀 소용이 없구려. 허구한 날 양반, 양반 하더니 그 양반이라는 것이 한 푼의 값어치도 없는 것이었구려."

그 마을에는 부자가 살고 있었는데 이 일로 인해 의논이 벌어졌다.

"양반은 비록 가난하지만 늘 존경받는 신분이야. 나는 비록 부자지만 항상 비천(卑賤)해서 감히 말을 탈 수도 없지. 그뿐인가? 양반을 만나면 몸을 구부린 채 종종걸음을 쳐야 하질 않나, 엉금엉금 마당에서 절하기를 코가 땅에 닿도록 해야 하며 무릎으로 기어야하니, 난 항상 이런 더러운 꼴을 당하고 살았단 말이야.

SEMI-NOTE

작품의 구성

• 발단 : 선비로서 존경받는 북곽 선생은 과부인 동리자와 밀회를 즐김
• 전개 : 동리자의 다섯 아들이 천년 묵은 여우로 알고 방으로 쳐들어옴
• 위기 : 똥구덩이에 빠지는 북곽 선생과 먹잇감을 찾아 마을로 내려온 범
• 절정 : 범과 마주쳐 목숨을 구걸하는 북곽 선생과 그의 위선에 크게 호통 치는 범
• 결말 : 범이 사라지고 연유를 묻는 농부와 자기변명을 하는 북곽 선생

양반전

• 작자 : 박지원
• 갈래 : 한문소설, 풍자소설
• 연대 : 조선 후기
• 주제 : 양반들의 무기력하고 위선적인 생활과 특권의식에 대한 비판과 풍자
• 배경
  - 시간적 배경 : 18세기 말
  - 사상적 배경 : 실학사상
• 특징
  - 풍자적, 고발적, 비판적 성격(몰락 양반의 위선을 묘사하고 양반의 전횡을 풍자적으로 비판)
  - 평민 부자의 새로운 인간형 제시
• 출전 : 『연암집』

작품의 구성

• 발단 : 무능한 양반이 관아에서 빌린 곡식을 제때 갚지 못해 투옥될 상황이 됨
• 전개 : 마을 부자가 양반 신분을 댓가로 빌린 곡식을 대신 갚아줌
• 위기 : 군수가 부자에게 양반으로서 지켜야 할 신분 매매 증서를 작성함
• 절정 : 부자의 요구로 양반이 누릴 수 있는 권리를 추가한 두 번째 신분 매매 증서를 작성함
• 결말 : 부자는 양반을 도둑놈 같은 존재라 생각해 양반이 되기를 포기함

그런데 지금 가난한 양반이 관가 곡식을 갚지 못해 옥에 갇히게 되었다고 하니, 더 이상 양반 신분을 지탱할 수 없지 않겠어? 이 기회에 우리가 빚을 갚아 주고 양반이 되어야겠어."

말을 마친 후 부자는 양반을 찾아가서 빌린 곡식을 대신 갚아 주겠다고 자청했다. 이 말을 들은 양반은 크게 기뻐하며 단번에 허락했다. 그리고 부자는 약속대로 곡식을 대신 갚아 주었다.

## (2) 가전문학

### ① 국순전(麴醇傳)

국순(麴醇)의 자는 자후(子厚)다. 국순이란 '누룩술'이란 뜻이요, 자후는 글자대로 '흐뭇하다'는 말이다. 그 조상은 농서(隴西) 사람으로 90대 할아버지 모(牟)가 순(舜)임금 시대에 농사에 대한 행정을 맡았던 후직(后稷)이라는 현인을 도와서 만백성을 먹여 살리고 즐겁게 해준 공로가 있었다.

모라는 글자는 보리를 뜻한다. 보리는 사람이 먹는 식량이 되고 있다. 그러니까 보리의 먼 후손이 누룩술이 되었다는 이야기다. 옛적부터 인간을 먹여 살린 공로를 『시경(詩經)』에서는 이렇게 노래했다.

"내게 그 보리를 물려주었도다."

모는 처음에 나아가서 벼슬을 하지 않고 농토 속에 묻혀 숨어 살면서 말했다.

"나는 반드시 농사를 지어야 먹으리라."

이러한 모에게 자손이 있다는 말을 임금이 듣고, 조서를 내려 수레를 보내어 그를 불렀다. 그가 사는 근처의 고을에 명을 내려, 그의 집에 후하게 예물을 보내도록 했다. 그리고 임금은 신하에게 명하여 친히 그의 집에 가서 신분이 귀하고 천한 것을 잊고 교분을 맺어서 세속 사람과 사귀게 했다. 그리하여 점점 상대방을 감화하여 가까워지는 맛이 있게 되었다. 이에 모는 기뻐하며 말했다.

"내 일을 성사시켜 주는 것은 친구라고 하더니 그 말이 과연 옳구나."

이런 후로 차츰 그가 맑고 덕이 있다는 소문이 퍼져 임금의 귀에까지 들리게 되었다.

임금은 그에게 정문(旌門)을 내려 표창했다. 그리고 임금을 좇아 원구(圓丘)에 제사 지내게 하고, 그의 공로로 해서 중산후(中山候)를 봉하고, 식읍(食邑), 공신에게 논공행상(論功行賞)으로 주는 영지(領地) 1만 호에 실지로 수입하는 것은 5천 호가 되게 하고 국씨(麴氏) 성 (姓)을 하사했다.

그의 5대 손은 성왕(成王)을 도와서 사직(社稷)지키는 것을 자기의 책임으로 여겨 태평스러이 술에 취해 사는 좋은 세상을 이루었다. 그러나 강왕(康王)이 왕위에 오르면서부터 점점 대접이 시원찮아지더니 마침내는 금고형(禁錮刑)을 내리고 심지어 국가의 명령으로 꼼짝 못하게 했다. 그래서 후세에 와서는 현저한 자가 없이 모두 민간에 숨어 지낼 뿐이었다.

위(魏)나라 초년이 되었다. 순(醇)의 아비 주(酎)의 이름이 세상에 나기 시작했다. 그는 실상 소주다. 상서랑(尙書郞) 서막(徐邈)과 알게 되었다. 서막은 조정에 나아가서까지 주의 말을 하여 언제나 그의 말이 입에서 떠나지 않았다.

어느 날 임금에게 아뢰는 자가 있었다.

"서막이 국주(麴酎)와 사사로이 친하게 지내오니 이것을 그대로 두었다가는 장차 조정을 어지럽힐 것이옵니다."

이 말을 듣고 임금은 서막을 불러 그 내용을 물었다. 서막은 머리를 조아리면서 사과했다.

"신(臣)이 국주와 친하게 지내는 것은 그에게 성인(聖人)의 덕이 있사옵기에 때때로 그 덕을 마셨을 뿐이옵니다."

임금은 서막을 책망해 내보내고 말았다.

# 2. 판소리, 민속극과 수필

## (1) 판소리, 민속극

### ① 흥보가(興甫歌)

[아니리]

흥보, 좋아라고 박씨를 딱 주어들더니마는,

"여보소, 마누라. 아, 제비가 박씨를 물어 왔네요."

흥보 마누라가 보더니,

"여보, 영감. 그것 박씨가 아니고 연실인갑소, 연실."

"어소, 이 사람아. 연실이라는 말이 당치 않네. 강남 미인들이 초야반병 날 밝을 적에 죄다 따 버렸는데 제까짓 놈이 어찌 연실을 물어 와? 뉘 박 심은 데서 놀다가 물고 온 놈이제. 옛날 수란이가 배암 한 마리를 살려, 그 은혜 갚느라고 구실을 물어 왔다더니마는, 그 물고 오는 게 고마운께 우리 이놈 심세."

동편처마 담장 밑에 거름 놓고, 신짝 놓고 박을 따독따독 잘 묻었겄다. 수일이 되더니 박순이 올라달아 오는듸 북채만, 또 수일이 되더니 홍두깨만, 지동만, 박순이 이렇게 크더니마는, 박 잎사귀 삿갓만씩 하야 가지고 흥보 집을 꽉 얽어 놓으매, 구년지수 장마 져야 흥보 집 샐 배 만무허고, 지동해야 흥보 집 쓰러질 수 없것다. 흥보가 그때부터 박 덕을 보던가 보더라. 그때는 어느 땐고? 팔월 대 명일 추석이로구나. 다른 집에서는 떡을 헌다, 밥을 헌다, 자식들을 곱게곱게 입혀서 선산 성묘를 보내고 야단이 났는듸, 흥보 집에는 먹을 것이 없어, 자식들이 모다 졸라싸니까 흥보 마누라가 앉아 울음을 우는 게 가난타령이 되얏던가 보더라.

[진양]

"가난이야, 가난이야, 원수년의 가난이야. 잘 살고 못 살기는 묘 쓰기에 매였는가? 북두칠성님이 집자리으 떨어칠 적에 명과 수복을 점지허는거나? 어떤 사람 팔자 좋아 고대광실 높은 집에 호가사로 잘 사는듸 이년의 신세는 어찌허여 밤낮으로 벌었어도 삼순구식을 헐 수가 없고, 가장은 부황이 나고, 자식들을 아사지경이 되니, 이것이 모두 다 웬일이냐? 차라리 내가 죽을라네."

이렇닷이 울음을 우니 자식들도 모두 따라서 우는구나.

SEMI-NOTE

**흥보가**

- 작자 : 미상
- 갈래 : 판소리 사설
- 주제 : 형제간의 우애와 권선징악
- 특징
  - 표현상 3·4조, 4·4조 운문과 산문이 혼합
  - 양반의 한문투와 서민들의 비속어 표현 공존
  - 박타령 → 흥보가 → 흥보전 → 연의 각 등으로 재창작됨
  - 「춘향가」, 「심청가」와 함께 3대 판소리계 소설로 평민문학의 대표작
- 배경설화 : 「방이설화」, 몽골의 「박 타는 쳐녀」, 동물 보은 설화

**작품의 구성**

- 발단 : 욕심이 많은 놀보는 부모님의 유산을 독차지하고 흥보를 내쫓음
- 전개 : 품팔이를 하지만 가난에서 벗어나지 못하는 흥보네 가족
- 위기 : 제비를 구해주고 받은 박씨를 심고 금은보화를 얻음
- 절정 : 부자가 된 흥보를 따라다 벌을 받는 놀보
- 결말 : 자신의 잘못을 깨닫는 놀보, 화목해진 형제

**흥보가의 형성과 계승**

근원설화(방이 설화, 박 타는 쳐녀, 동물 보은 설화) → 판소리 사설(흥보가) → 판소리계 소설(흥보전) → 신소설(연(燕)의 각(脚))

**춘향가**
- **작자** : 미상
- **갈래** : 판소리 사설
- **주제** : 신분적 갈등을 초월한 남녀 간의 사랑
- **특징**
  - 율문체, 가사체, 만연체
  - 풍자적, 해학적, 서사적 성격
  - 인물과 사건에 대한 편집자적 논평이 많음
- **배경설화** : 열녀설화, 암행어사설화, 신원설화, 염정설화

**작품의 구성**
- **발단** : 몽룡이 광한루에서 그네를 뛰고 있는 춘향에게 반해 백년가약을 맺음
- **전개** : 서울로 올라간 몽룡은 과거에 급제하여 암행어사가 됨
- **위기** : 춘향은 변 사또가 수청을 들라는 것을 거절하고 옥고를 치름
- **절정** : 변 사또의 생일잔치에 몽룡이 어사출또하여 춘향을 구함
- **결말** : 몽룡이 춘향 모녀를 서울로 데려가 춘향을 부인으로 맞이하고 백년해로함

**봉산 탈춤 – 제6과장 양반춤**
- **작자** : 미상
- **갈래** : 탈춤(가면극)
- **주제** : 양반에 대한 서민들의 저항과 풍자의식
- **특징**
  - 풍자적, 해학적, 비판적, 골계미
  - 옴니버스 구성으로 각 과장 사이의 연관성은 떨어짐
  - 각 재담은 '말뚝이의 조롱 → 양반의 호통 → 말뚝이의 변명 → 일시적 화해'로 구성

## ② 춘향가(春香歌)

[아니리]
　어사또 다시 묻지 않으시고, 금낭(金囊)을 어루만저 옥지환을 내어 행수 기생을 불러주며,
　"네, 이걸 갖다 춘향 주고 얼굴을 들어 대상을 살펴래라."
　춘향이 받어 보니, 서방님과 이별시에 드렸던 지가 찌든 옥지환이라. 춘향이 넋을 잃은 듯이 보드니만,
　"네가 어데를 갔다 이제야 나를 찾어왔느냐?" 대상을 바라보고 "아이고, 서방님!"
　부르더니, 그 자리에 엎드러져 정신없이 기절헌다. 어사또 기생들을 분부허사 춘향을 부축허여 상방에 누어 놓고, 찬물도 떠먹이며 수족을 주무르니, 춘향이 간신이 정신을 차려 어사또를 바라보니,

[창조]
　어제 저녁 옥문 밖에 거지되어 왔던 낭군이 분명쿠나! 춘향이가 어사또를 물그러미 바라보더니,

[중모리]
　"마오 마오, 그리 마오. 서울양반 독합디다. 기처불식(其妻不識)이란 말이 사기에난 있지마는 내게조차 이러시오? 어제저녁 모시었을 제, 날 보고만 말씀허였으면 마음놓고 잠을 자지. 지나간 밤 오날까지 간장 탄 걸 헤아리면 살어 있기가 뜻밖이오. 반가워라, 반가워라, 설리춘풍이 반가워라. 외로운 꽃 춘향이가 남원 옥중 추절이 들어 떨어지게 되얏드니, 동헌에 새봄이 들어 이화춘풍이 날 살렸네. 우리 어머니는 어디를 가시고 이런 경사를 모르시나."

## ③ 봉산 탈춤 – 제6과장 양반춤

말뚝이 : (벙거지를 쓰고 채찍을 들었다. 굿거리장단에 맞추어 양반 삼 형제를 인도하여 등장)
양반 삼 형제 : (말뚝이 뒤를 따라 굿거리장단에 맞추어 점잔을 피우나, 어색하게 춤추며 등장. 양반 삼 형제 맏이는 샌님[生員], 둘째는 서방님[書房], 끝은 도련님[道令]이다. 샌님과 서방님은 흰 창옷에 관을 썼다. 도련님은 남색 쾌자에 복건을 썼다. 샌님과 서방님은 언청이이며(샌님은 언청이 두줄, 서방님은 한 줄이다.) 부채와 장죽을 가지고 있고, 도련님은 입이 삐뚤어졌고, 부채만 가졌다. 도련님은 일절 대사는 없으며, 형들과 동작을 같이 하면서 형들의 면상을 부채로 때리며 방정맞게 군다.
말뚝이 : (가운데쯤에 나와서) 쉬이. (음악과 춤 멈춘다.) 양반 나오신다아! 양반이라고 하니까 노론(老論), 소론(少論), 호조(戶曹), 병조(兵曹), 옥당(玉堂)을 다 지내고 삼정승(三政丞), 육판서(六判書)를 다 지낸 퇴로 재상(退老宰相)으로 계신 양반인 줄 아지 마시오. 개잘량이라는 '양'자에 개다리소반이라는 '반'자를 쓰는 양반이 나오신단 말이오.
양반들 : 야아! 이놈, 뭐야아!
말뚝이 : 아, 이 양반들. 어찌 듣는지 모르갔소. 노론, 소론, 호조, 병조, 옥당을

다 지내고 삼정승, 육판서 다 지내고 퇴로 재상으로 계신 이 생원네 삼 형제분이 나오신다고 그리 하였소.

양반들 : (합창) 이 생원이라네. (굿거리장단으로 모두 춤을 춘다. 도령은 때때로 형들의 면상을 치며 논다. 끝까지 그런 행동을 한다.)

말뚝이 : 쉬이. (반주 그친다.) 여보, 구경하시는 양반들, 말씀 좀 들어 보시오. 짤따란 곰방대로 잡숫지 말고 저 연죽전(煙竹廛)으로 가서 돈이 없으면 내게 기별이래도 해서 양칠간죽(洋漆竿竹), 자문죽(自紋竹)을 한 발가웃씩 되는 것을 사다가 육모깍지 희자죽(喜子竹), 오동수복(梧桐壽福) 연변죽을 이리저리 맞추어 가지고 저 재령(載寧) 나무리 거이 낚시 걸 듯 죽 걸어 놓고 잡수시오.

양반들 : 뭐야아!

말뚝이 : 아, 이 양반들. 어찌 듣소. 양반 나오시는데 담배와 훤화(喧譁)를 금하라 그리 하였소.

양반들 : (합창) 훤화(喧譁)를 금하였다네. (굿거리장단으로 모두 춤을 춘다.)

## (2) 수필

### ① 조침문(弔針文)

아깝다 바늘이여, 어여쁘다 바늘이여, 너는 미묘(微妙)한 품질(品質)과 특별(特別)한 재치(才致)를 가졌으니, 물중(物中)의 명물(名物)이요, 철중(鐵中)의 쟁쟁(錚錚)이라. 민첩(敏捷)하고 날래기는 백대(百代)의 협객(俠客)이요, 굳세고 곧기는 만고(萬古)의 충절(忠節)이라. 추호(秋毫) 같은 부리는 말하는 듯하고, 두렷한 귀는 소리를 듣는 듯한지라. 능라(綾羅)와 비단(緋緞)에 난봉(鸞鳳)과 공작(孔雀)을 수놓을 제, 그 민첩하고 신기(神奇)함은 귀신(鬼神)이 돕는 듯하니, 어찌 인력(人力)의 미칠 바리요. 오호통재(嗚呼痛哉)라, 자식(子息)이 귀(貴)하나 손에서 놓일 때도 있고, 비복(婢僕)이 순(順)하나 명(命)을 거스릴 때 있나니, 너의 미묘(微妙)한 재질(才質)이 나의 전후(前後)에 수응(酬應)함을 생각하면, 자식에게 지나고 비복(婢僕)에게 지나는지라. 천은(天銀)으로 집을 하고, 오색(五色)으로 파란을 놓아 곁고름에 채였으니, 부녀(婦女)의 노리개라. 밥 먹을 적 만져 보고 잠잘 적 만져 보아, 널로 더불어 벗이 되어, 여름 낮에 주렴(珠簾)이며, 겨울밤에 등잔(燈盞)을 상대(相對)하여, 누비며, 호며, 감치며, 박으며, 공그릴 때에, 겹실을 꿰었으니 봉미(鳳尾)를 두르는 듯, 땀땀이 떠 갈 적에, 수미(首尾)가 상응(相應)하고, 솔솔이 붙어 내매 조화(造化)가 무궁(無窮)하다.

이생에 백년동거(百年同居)하렸더니, 오호애재(嗚呼哀哉)라, 바늘이여. 금년 시월초십일 술시(戌時)에, 희미한 등잔 아래서 관대(冠帶) 깃을 달다가, 무심중간(無心中間)에 자끈동 부러지니 깜짝 놀라와라. 아야 아야 바늘이여, 두 동강이 났구나. 정신(精神)이 아득하고 혼백(魂魄)이 산란(散亂)하여, 마음을 빻아 내는 듯, 두골(頭骨)을 깨쳐 내는 듯, 이윽토록 기색혼절(氣塞昏絶)하였다가 겨우 정신을 차려, 만져 보고이어 본들 속절없고 하릴없다. 편작(扁鵲)의 신술(神術)로도 장생불사(長生不死) 못하였네. 동네 장인(匠人)에게 때이련들 어찌 능히 때일손가. 한 팔을 베어 낸 듯, 한다리를 베어 낸 듯, 아깝다 바늘이여, 옷섶을 만져 보니, 꽂혔던 자리 없네.

오호통재(嗚呼痛哉)라, 내 삼가지 못한 탓이로다. 무죄(無罪)한 너를 마치니,

---

**SEMI-NOTE**

**작품의 구성**
- 제1과장(상좌춤) : 사방신(四方神)에게 배례하며 놀이를 시작하는 의식무
- 제2과장(팔목중춤) : 팔목중들이 차례로 파계하는 춤놀이
- 제3과장(사당춤) : 사당과 거사들이 한바탕 놂
- 제4과장(노장춤) : 노장이 신장수, 취발이와 대립하는 마당
- 제5과장(사자춤) : 사자가 노중을 파계시킨 먹중을 벌하려다 함께 놀다가는 마당
- 제6과장(양반춤) : 양반집 머슴인 말뚝이가 양반을 희롱하는 마당
- 제7과장(미얄춤) : 영감과 미얄 할멈, 첩(妾) 덜머리집의 삼각관계

**조침문**
- 작자 : 유씨 부인
- 갈래 : 수필, 제문(祭文), 추도문
- 연대 : 조선 순조
- 주제 : 부러진 바늘에 대한 애도
- 특징
  - 사물(바늘)을 의인화하여 표현(고려의 가전체 문학과 연결됨)
  - 여성 작자 특유의 섬세한 감정이 잘 표현됨
  - 「의유당 관북 유람일기」, 「규중칠우쟁론기」와 함께 여성 수필의 백미로 손꼽힘

**작품의 구성**
- 서사 : 바늘과 영원히 결별하게 된 취지
- 본사 : 바늘을 얻게 된 경위와 바늘의 신묘한 재주, 각별한 인연, 끝내 부러진 바늘
- 결사 : 바늘을 애도하는 심정과 후세에 다시 만날 것을 기약

**주요 단어 해설**
- 추호(秋毫) : 가는 털
- 능라(綾羅) : 두꺼운 비단과 얇은 비단
- 난봉(鸞鳳) : 난조(鸞鳥)와 봉황
- 재질(才質) : 재주와 기질
- 수응(酬應) : 요구에 응함
- 자식에게 지나고 : 자식보다 낫고
- 천은(天銀) : 품질이 가장 뛰어난 은
- 무심중간(無心中間) : 아무 생각이 없는 사이
- 유아이사(由我而死) : 나로 말미암아 죽음

백인(伯仁)이 유아이사(由我而死)라, 누를 한(恨)하며 누를 원(怨)하리요. 능란(能爛)한 성품(性品)과 공교(工巧)한 재질을 나의 힘으로 어찌 다시 바라리요. 절묘(絕妙)한 의형(儀形)은 눈 속에 삼삼하고, 특별한 품재(稟才)는 심회(心懷)가 삭막(索莫)하다. 네 비록 물건(物件)이나 무심(無心)치 아니하면, 후세(後世)에 다시 만나 평생 동거지정(平生同居之情)을 다시 이어, 백년 고락(百年苦樂)과 일시생사(一時生死)를 한 가지로 하기를 바라노라. 오호애재(嗚呼哀哉)라, 바늘이여.

② 한중록(閑中錄)

그러할 제 날이 늦고 재촉하여 나가시니, 대조(大朝)께서 휘녕전(徽寧殿)에 좌(坐)하시고 칼을 안으시고 두드리오시며 그 처분(處分)을 하시게 되니, 차마 차마 망극(罔極)하니 이 경상(景狀)을 차마 기록(記錄)하리오. 섧고 섧도다.

나가시며 대조께서 엄노(嚴怒)하오신 성음(聲音)이 들리오니, 휘녕전이 덕성합(德成閤)과 멀지 아니하니 담 밑에 사람을 보내어 보니, 벌써 용포(龍袍)를 벗고 디어 계시더라 하니, 대처분(大處分)이 오신 줄 알고 천지 망극(天地罔極)하여 흉장(胸腸)이 붕열(崩裂)하는지라.

게 있어 부질없이 세손(世孫) 계신 델 와서 서로 붙들고 어찌할 줄 모르더니, 신시전후(申時前後) 즈음에 내관(內官)이 들어와 밖소주방(燒廚房) 쌀 담는 궤를 내라 한다 하니, 어쩐 말인고 황황(遑遑)하여 내지 못하고, 세손궁(世孫宮)이 망극한 거조(擧措) 있는 줄 알고 문정(門庭) 전(前)에 들어가,

"아비를 살려 주옵소서."

하니 대조께서

"나가라."

엄히 하시니, 나와 왕자(王子) 재실(齋室)에 앉아 계시더니, 내 그 때 정경(情景)이야 천지고금간(天地古今間)하고 일월(日月)이 회색(晦塞)하니, 내 어찌 일시나 세상에 머물 마음이 있으리오. 칼을 들어 명(命)을 그츠려 하니 방인(傍人)의 앗음을 인(因)하여 뜻같이 못하고, 다시 죽고자 하되 촌철(寸鐵)이 없으니 못하고, 숭문당(崇文堂)으로 말미암아 휘녕전(徽寧殿) 나가는 건복문(建福門)이라 하는 문 밑으로 가니, 아무것도 뵈지 아니하고 다만 대조께서 칼 두드리시는 소리와 소조(小朝)께서,

"아바님 아바님, 잘못하였으니 이제는 하라 하옵시는 대로 하고, 글도 읽고, 말씀도 다 들을 것이니 이리 마소서."

하시는 소리가 들리니, 간장(肝腸)이 촌촌(寸寸)이 끊어지고 앞이 막히니 가슴을 두드려 한들 어찌하리오. 당신 용력(勇力)과 장기(壯氣)로 궤에 들라 하신들 아무쪼록 아니 드시지, 어이 필경(畢境) 들어가시던고, 처음엔 뛰어나오려 하옵시다가 이기지 못하여 그 지경(地境)에 미치오시니 하늘이 어찌 이대도록 하신고. 만고(萬古)에 없는 설움뿐이며, 내 문 밑에서 호곡(號哭)하되 응(應)하심이 아니 계신지라.

**ⓘ 나두공**

# 03장 국문학사

**01**절　고전 문학의 흐름

## 1. 고대 문학의 갈래

### (1) 전달 방식, 향유 계층에 따른 갈래

① 전달 방식에 따른 갈래

ㄱ 구비 문학(口碑文學)

- 문자의 발명 이전에 입에서 입으로 전해서 구연되는 문학
- 사람들에 의해 개작, 첨삭되면서 전승되는 적층성(積層性)이 강해 민족의 보편적 성격이 반영됨(민중 공동작의 성격을 지님)
- 기록 문학에 소재와 상상력을 제공하는 원초적 자산으로 작용함

ㄴ 기록 문학(記錄文學)

- 구비문학을 문자 언어로 기록하여 전승하는 문학으로, 오늘날 문학의 주류
- 개인의 창의력과 상상력이 반영되는 문학이므로 지적, 개인적 성격을 지님

ㄷ 시가 문학(운문 문학) : 일정한 율격을 지닌 운문 문학을 말하며, 가창(歌唱)되기에 용이함

ㄹ 산문 문학(散文文學)

- 의미 : 운율성보다 전달성을 중시하는 문학으로, 이야기 형태에 적합함(예설화 문학, 패관 문학, 가전체 문학, 소설 등)
- 산문 문학의 전개 : 운문성과 산문성이 혼재된 대표적 문학으로 가사와 판소리를 들 수 있음
- 가사 : 3·4조(또는 4·4조), 4음보의 운문이면서 내용상 수필적 산문에 해당함
- 판소리 : 연행 중심이 되는 창(唱)은 운문체이나, 아니리 부분은 산문체에 해당함

② 향유 계층에 따른 갈래

ㄱ 귀족, 양반 문학

- 경기체가 : 고려 중기 무신의 난 이후 새로 등장한 신흥 사대부들이 창안하여 귀족층에서만 향유한 문학 갈래로서, 일반 서민의 의식이나 삶과는 거리가 있음
- 악장 : 궁중 음악으로 사용된 송축가에 해당하는 문학 갈래로서, 주로 특권 귀족층에서 향유됨

ㄴ 평민 문학

- 속요 : 평민층이 향유한 집단적, 민요적 성격의 노래
- 사설시조 : 평민층의 의식과 체험을 노래한 시조
- 민속극 : 일상적 구어(口語)를 토대로 평민층이 놀고 즐긴 놀이 문학

**구비문학의 종류**
설화, 고려가요, 민요, 판소리, 무가, 민속극, 속담 등

**기록문학의 종류**
향가, 패관문학, 가전체, 시조, 악장, 가사, 경기체가, 소설, 수필 등

**시가문학의 전개**
- 서정시가 : 민요(서정 민요) → 고대 가요 → 향가 → 향가계 여요 → 고려 속요 → 시조
- 교술시가 : 민요(교술 민요) → 경기체가 → 악장 → 가사

**산문 문학의 전개**
- 일반 소설 : 설화 → 패관 문학 → 가전체 문학 → 고소설
- 판소리계 소설 : 설화 → 판소리 사설 → 판소리계 소설

- 잡가 : 하층의 소리꾼들이 부른 세속적 성향의 노래로, 주로 평민층이 향유함
- ⓒ 양반과 평민이 공유한 대표 문학
  - 향가 : 4구체 향가의 작가층은 10구체 향가의 작가층과 달리 하층민까지 포함
  - 판소리 : 이전에 평민층의 문학이었으나, 19세기 이후 양반층이 가세하여 향유층이 확대됨

## (2) 고대 문학사

① 고대 문학
  - ㉠ 고대 문학은 제의(祭儀) 형식에서 행하여진 집단 가무가 그 연원이며, 점차 분화되어 독자적 예술 장르로 변천
  - ㉡ 구비 전승되다가 2, 3세기경 한자와 한문이 유입되면서 문학으로 정착
  - ㉢ 집단적 서사 문학에서 점차 개인적 서정 문학으로 발달
  - ㉣ 신라 시대에 형성된 향가는 우리말로 기록된 최초의 정형시
  - ㉤ 설화는 서사 문학의 원류가 되었고, 고대 가요는 서정 문학의 원형이 됨

② 시가 문학
  - ㉠ 고대 시가의 개념 : 집단적, 서사적 문학에서 개인적, 서정적 시가(詩歌)로 분화되면서 형성된 것으로, 고려 이전의 노래 중 향가와 한시를 제외한 시가
  - ㉡ 고대 가요의 특징
    - 집단적이고 서사적인 원시 종합 예술에서 개인적이고 서정적인 시가로 분리 발전
    - 고대 가요는 설화 속에 삽입되어 전하는데, 이는 서사 문학과 시가가 완전히 분리되지 않은 상태를 보여주는 것
    - 고대 가요는 대부분 배경 설화를 가지며, 설화와 함께 구전되다 문헌에 한역되어 기록됨
  - ㉢ 부전가요(不傳歌謠)
    - 도솔가(兜率歌) : 신라 유리왕 5년에 창작됨. 최초의 정형시인 신라 향가의 모태가 된 작품으로 평가
    - 회소곡(會蘇曲) : 신라 유리왕 때, 한가위에 길쌈에서 패배한 무리에서 음식을 접대하며 부른 노동요
    - 치술령곡 : 박제상의 아내가 남편을 기다리다 죽자 후인들이 이를 애도한 노래로 백제 가요 「정읍사」, 「망부석 설화」와 연결
    - 목주가(木州歌) : 목주에 사는 어느 효녀에 대한 노래로, 효심(孝心)에 대한 노래라는 점에서 고려가요인 「사모곡」과 연결
    - 대악(碓樂) : 가난했던 백결 선생이 떡방아 찧는 소리로 아내를 위로한 노래로, 고려가요인 「상저가」와 연결

③ 향가(鄕歌)
  - ㉠ 개념
    - 넓게는 중국 노래에 대한 우리나라의 노래를 의미하며, 좁게는 향찰로 표기된 신라 시대에서 고려 초기까지의 정형화된 노래
    - 도솔가, 시내가(詩內歌), 사내악(思內樂) 등 여러 명칭으로 사용됨

SEMI-NOTE

**기타 양반과 평민이 공유한 문학**
- 시조, 가사 : 조선 전기까지는 사대부층의 전유물이었다가 그 이후 평민 가객들이 향유 계층으로 등장
- 소설 : 양반과 평민 계층이 모두 향유한 설화와 마찬가지로 이를 모태로 하는 소설도 국민 문학의 성격을 지님

**고대 문학의 개념**
- 국문학의 태동기부터 고려 시대 이전까지 창작된 모든 문학을 의미함
- 일반적으로 고대 제천의식에서 행해진 원시 종합예술 형태의 집단 가무(歌舞)에서 발생하였다고 봄

**고대 시가의 대표 작품**
- 집단 가요 : 구지가(龜旨歌), 해가(海歌) 등
- 개인 가요 : 공무도하가(公無渡河歌), 황조가(黃鳥歌), 정읍사(井邑詞) 등

**부전가요**
설화와 함께 이름만 전하는 고대 가요

**고대 국가의 부전가요**
- 신라 : 「원사」, 「대악」
- 백제 : 「방등산가」, 「지리산가」, 「무등산가」, 「선운산가」
- 고구려 : 「내원성가」, 「영양가」, 「명주가」

**현재 전하는 향가의 연대**
- 백제
  - 무왕 : 「서동요」
- 신라
  - 진평왕 : 「혜성가」
  - 선덕여왕 : 「풍요」
  - 문무왕 : 「원왕생가」
  - 효소왕 : 「모죽지랑가」, 「원가」
  - 성덕왕 : 「헌화가」
  - 경덕왕 : 「제망매가」, 「도솔가」, 「찬기파랑가」, 「안민가」, 「천수대비가」
  - 원성왕 : 「우적가」
  - 현강왕 : 「처용가」

**향가별 특징**
- 민요로 정착된 향가 : 「서동요」, 「풍요」, 「헌화가」, 「처용가」
- 노동요의 일종 : 「풍요」
- 주술성을 지닌 향가 : 「도솔가」, 「처용가」, 「혜성가」, 「원가」
- 유교 이념을 반영한 향가 : 「안민가」
- 추모의 향가 : 「모죽지랑가」, 「제망매가」
- 높은 문학성을 지닌 향가 : 「제망매가」, 「찬기파랑가」

**기타 향가 작품**
- 풍요
  - 작자 : 만성 남녀
  - 형식 : 4구체
  - 내용 : 양지가 영묘사 장육존상을 주조할 때 성 안의 남녀들이 진흙을 나르며 불렀다는 노동요
- 원왕생가
  - 작자 : 광덕
  - 형식 : 10구체
  - 내용 : 극락왕생을 바라는 불교 신앙의 노래, 달을 서방정토의 사자로 비유
- 보현십원가
  - 작자 : 균여대사
  - 형식 : 10구체
  - 내용 : 불교의 교리를 대중에게 펴기 위해 지은 노래

- 4구체와 8구체, 10구체가 있으며, 10구체 향가를 '사뇌가(詞腦歌)'라 함
ⓛ 특징
- 불교적 내용과 사상이 주를 이루었고, 현전하는 향가의 작가로는 승려가 가장 많음
- 신라 때의 작품 14수가 『삼국유사』에 전하고 고려 초의 작품 11수가 『균여전』에 전하여, 현재 모두 25수가 전함
- 진성여왕 때 각간(角干) 위홍(魏弘)과 대구화상(大矩和尙)이 편찬하였다는 『삼대목(三代目)』에 대한 기록이 있으나, 현재 전하지 않음
ⓒ 형식
- 4구체 : 구전되던 민요가 정착되어 형성된 것으로 보이는 초기 향가 형식
- 8구체 : 4구체에서 10구체로 발전하던 과도기에 발생한 형식
- 10구체 : 가장 정제되고 완성된 향가 형식
ⓔ 문학사적 의의
- 우리나라 시가 중 최초의 정형화된 서정시
- 한글이 없던 시기에 민족적 주체성과 국문 의식을 반영
- 10구체 향가는 본격적 기록 문학의 효시가 되며, 이후 시조와 가사의 3단 형식과 종장에 영향
ⓜ 현재 전하는 대표 향가

| 작품명(작자) | 형식 | 내용 |
|---|---|---|
| 서동요(백제 무왕) | 4구체 | 서동(백제 무왕)이 선화 공주를 사모하여 아내로 맞기 위해 아이들에게 부르게 한 동요 |
| 혜성가(융천사) | 10구체 | 최초의 10구체 향가로, 노래를 지어 내침한 왜구와 큰 별을 범한 혜성을 물리쳤다는 축사(逐邪) 성격의 주술적인 노래 |
| 모죽지랑가(득오) | 8구체 | 죽지랑의 고매한 인품을 추모하여 부른 노래 |
| 헌화가(어느 노인) | 4구체 | 소를 몰고 가던 노인이 수로 부인에게 꽃을 꺾어 바치며 불렀다는 노래 |
| 제망매가(월명사) | 10구체 | 죽은 누이를 추모하여 재를 올리며 부른 추도의 노래 |
| 도솔가(월명사) | 4구체 | 두 해가 나타난 괴변을 없애기 위해 부른 산화공덕(散花功德)의 노래 |
| 찬기파랑가(충담사) | 10구체 | 기파랑을 찬양하여 부른 노래. 추모시. 문답식으로 된 최초의 노래 |
| 안민가(충담사) | 10구체 | 군신민(君臣民)이 할 바를 노래한 치국의 노래 |
| 천수대비가(희명) | 10구체 | 눈이 먼 아들을 위해 희명이 천수관음 앞에서 지어 아들에게 부르게 하자 눈을 떴다는 노래 |
| 처용가(처용) | 8구체 | 아내를 침범한 역신에게 관용을 베풀어 역신을 감복시킨 주술적인 노래 |

④ 설화 문학

㉠ 설화 문학의 개념

- 민족 집단이라는 공동체 속에서 공통의 의식을 바탕으로 구비, 전승되는 허구적 이야기
- 평민층에서 창작, 전승되어 강한 민중성을 지니며, 민족 문학으로서 고전 소설과 판소리의 기원이 되기도 함

㉡ 설화의 성격 : 구전성(口傳性), 서사성, 허구성, 산문성, 민중성

㉢ 설화의 종류

| 구분 | 신화 | 전설 | 민담 |
|---|---|---|---|
| 의미 | 신(神) 또는 신이(神異)한 능력을 지닌 주인공을 통해 민족의 기원, 건국 등 신성한 업적을 그리는 이야기 | 신적인 요소 없이 비범한 인간과 그 업적, 특정 지역이나 사물, 사건 등을 다루는 이야기 | 신화, 전설과 달리 일상적 인물을 통해 교훈과 흥미를 주는 허구적 이야기 |
| 성격 | 민족을 중심으로 전승되며, 신성성과 숭고미가 강조됨 | 역사성, 진실성을 중시하며, 비장미가 강조됨 | 민족과 지역을 초월하여 전승되며, 골계미, 해학미가 강조됨 |
| 전승자의 태도 | 신성하다고 믿음 | 진실하다고 믿음 | 흥미롭다고 믿음 |
| 시간과 장소 | 태초, 신성한 장소 | 구체적인 시간과 장소 | 뚜렷한 시간과 장소 없음 |
| 증거물 | 포괄적(우주, 국가 등) | 개별적(바위, 개울 등) | 보편적 |
| 주인공과 그 행위 | 신적 존재, 초능력 발휘 | 비범한 인간, 비극적 결말 | 평범한 인간, 운명 개척 |
| 전승 범위 | 민족적 범위 | 지역적 범위 | 세계적 범위 |

⑤ 한문학

㉠ 개념 : 한자의 전래와 함께 성립하여 한자로 표기된 문학을 말하며, 통일 신라 이후 본격적으로 발달함

㉡ 작자층 : 구비 문학과 달리 귀족, 화랑, 승려 등 상류층이 주로 창작하여 상층의 귀족 문학으로 발달함

㉢ 주요 작품 : 을지문덕 「여수장우중문시」, 최치원 「추야우중」, 최치원 『계원필경』, 「토황소격문」, 진덕여왕 「치당태평송」, 설총 「화왕계」, 혜초 『왕오천축국전』

## 2. 고려시대의 문학

### (1) 고려 문학사 개관

① 고려 문학의 개념 : 통일 신라 멸망 후부터 조선이 건국되기까지의 문학

② 고려 문학의 특징

㉠ 과도기적 문학의 성격을 지님

㉡ 문학의 계층적 분화가 발생하여 귀족 문학과 평민 문학으로 구분

ⓒ 패관 문학이 발달하고, 가전(假傳)과 조선 시대에 발생하는 소설의 기반이 됨

ⓔ 고려 후기에 시조가 완성되면서, 조선대에 이르러 꽃을 피워 귀족 문학과 평민 문학이 통합되는 계기를 마련

ⓟ 과거 제도의 시행과 교육 기관의 설립으로 한문학은 크게 융성한 반면, 국문학은 위축되어 정형 시가인 향가가 고려 초에 소멸

### (2) 고려 문학의 갈래

① 고려속요(고려 가요)

ㄱ 고려속요의 개념

- 고려 시대 평민들이 부르던 민요적 시가로, 고려 말 궁중의 속악 가사로 사용되다 한글 창제 후 기록 및 정착
- 평민의 소박함과 함축적인 표현, 풍부한 정서를 반영한 고려 문학의 정수

ㄴ 특징

- 작자층 : 문자를 알지 못한 평민 계층으로, 대부분 미상
- 형식 : 분절체(분장체, 연장체), 후렴구와 반복구, 감탄사 발달, 3음보 율격
- 내용 : 평민들의 진솔한 생활 감정이 주된 내용(남녀 간의 사랑, 이별의 정한, 자연 예찬 등)
- 성격 : 평민 문학, 구전 문학, 서정 문학

ㄷ 대표적인 고려속요

| 작품명 | 형식 | 내용 |
|---|---|---|
| 동동(動動) | 전 13연 분절체 | 월별로 그 달의 자연 경물이나 행사에 따라 남녀 사이의 애정을 읊음 |
| 처용가(處容歌) | 비연시 | 향가인 「처용가」를 부연한 축사(逐邪)의 노래 |
| 청산별곡(靑山別曲) | 전 8연 분절체 | 현실 도피적인 생활상과 실연의 슬픔 |
| 가시리(歸乎曲) | 전 4연 분절체 | 연인과의 이별을 안타까워함 |
| 서경별곡(西京別曲) | 전 3연 분절체 | 대동강을 배경으로 남녀 간의 이별의 정한 |
| 정석가(鄭石歌) | 전 6연 분절체 | 임금의 만수무강을 축원 |
| 쌍화점(雙花店) | 전 4연 | 유녀(遊女)가 남녀 간의 적나라한 애정을 표현 |
| 만전춘(滿殿春) | 전 5연 | 남녀 간의 애정을 대담하고 솔직하게 읊음 |
| 상저가(相杵歌) | 비연시 | 방아를 찧으면서 부르는 노동요 |
| 정과정곡(鄭瓜亭曲) | 비연시 | 귀양살이의 억울함과 연군의 정을 노래 |
| 도이장가(悼二將歌) | 8구체 2연 | 개국 공신 김낙과 신숭겸 두 장군의 공덕을 예종이 찬양 |

② 경기체가

ㄱ 경기체가의 개념

- 고려 중기 이후부터 조선 초까지 신흥 사대부 계층에서 유행한 정형시로, 사대부의 득의에 찬 삶과 향락적 여흥을 위해 만들어진 귀족 문학 양식
- 후렴구에 '경기하여(景幾何如)' 또는 '경(景) 긔 엇더ᄒ 니잇고'라는 후렴구가 반복되어 '경기체가(경기하여가)'라 불림

주요 고려 속요의 의의

- 동동 : 월령체(달거리) 노래의 효시
- 서경별곡 : 「가시리」와는 달리 이별의 정한을 직설적으로 노래함. 정지상의 「송인」과 연관됨
- 정석가 : 불가능한 상황 설정으로 만수무강을 송축
- 만전춘 : 속요 중 시조와 가장 유사
- 상저가 : 백결 선생의 「대악」의 후신

경기체가와 고려 속요의 비교

- 공통점 : 분연체, 분절체, 4음보 율격
- 차이점
  - 경기체가 : 귀족 문학으로 문자(한문)로 기록하였고, 조선 시대에 새로운 이념을 담은 악장으로 발전
  - 고려 속요 : 평민문학으로 구전(口傳)되다가 한글로 기록되었으며 남녀상열지사로 비판 받음

ⓛ 경기체가의 특징

- 형식 : 3음보의 분절체, 보통 3 · 3 · 2조의 율조(律調)를 갖춤, 각 절 끝마다 한자 어구의 나열과 이두식 후렴구 사용
- 내용 : 문인 귀족층의 향락적 생활과 자부심, 호기를 반영
- 의의 및 영향 : 가사 문학의 기원, 조선 전기에는 건국과 도덕적 이념을 노래

ⓒ 대표적인 경기체가

| 작품명(작자) | 내용 |
|---|---|
| 한림별곡<br>(한림제유) | • 현전하는 최초의 경기체가<br>• 시부, 서적, 명필, 명주, 음악, 누각, 추천, 화훼 등 8경을 노래하여 삶의 자부심을 표현 |
| 관동별곡<br>(안축) | 강원도 순찰사로 갔다 돌아오는 길에 관동의 절경을 노래함. 전 8연 |
| 죽계별곡<br>(안축) | 고향인 풍기 땅 순흥의 경치를 노래함. 전 5연 |
| 상대별곡<br>(권근) | • 조선 문물제도의 왕성함을 칭송. 전 5장<br>• 궁중연락(宮中宴樂)으로 사용됨 |
| 독락팔곡<br>(권호문) | • 자연에서 노닐며 도학을 닦는 자세를 노래<br>• 경기체가의 마지막 작품 |

③ 시조

㉠ 시조의 개념

- 신라의 향가와 고려 속요의 영향을 받아 고려 중기에 발생해 고려 말에 완성된 정형 시가로, 조선 시대를 거쳐 지금까지 전승되고 있는 정형시
- 고려 중엽 이후 신흥 사대부들의 유교적 이념을 표출하고 정서를 담을 수 있는 장르를 찾는 과정에서 창안되었으며, 기원은 10구체 향가의 3단 구성과 「만전춘별사」와 같은 속요의 분장 과정에서 형성되었다고 보는 것이 일반적

㉡ 시조의 갈래

| 구분 | | 내용 |
|---|---|---|
| 형식상<br>갈래 | 평시조(단형시조) | 3장 6구의 기본 형식을 갖춘 시조 |
| | 엇시조(중형시조) | 종장 첫 구를 제외하고 어느 한 구절이 평시조보다 긴 시조 |
| | 사설시조(장형시조) | 종장 첫 구를 제외하고 두 구절 이상이 평시조보다 긴 시조로, 정철의 '장진주사'가 효시 |
| | 연시조 | 2수 이상의 평시조가 모여서 된 시조(3장 한 수만으로 된 시조는 단시조) |
| 배행상<br>갈래 | 장별 배행 시조 | 초장, 중장, 종장이 각 한 행으로 되어, 3행으로 한 수(首)가 이루어진 시조 |
| | 구별 배행 시조 | 장(章)을 한 행으로 하지 않고, 구(句)를 한 행으로 하여 6행으로 한 수가 이루어진 시조 |

ⓒ 대표적인 시조

- 다정가(이조년) : 봄밤의 애상적인 정서가 유려하게 표현

SEMI-NOTE

경기체가의 창작 연대

- 고려 고종 : 「한림별곡」
- 고려 충숙왕 : 「관동별곡」, 「죽계별곡」
- 조선 세종 : 「상대별곡」, 「화산별곡」
- 조선 성종 : 「불우헌곡」
- 조선 중종 : 「화전별곡」, 「도동곡」
- 조선 선조 : 「독락팔곡」

시조의 역사

- 고려 말~조선 초 : 역사적 전환기에 처한 고뇌를 반영하는 회고가(回顧歌) 등이 주로 만들어짐
- 조선 전기 : 유교 이념과 규범, 충의(忠義)의 내용이 주류를 이루다 점차 도학, 애정 등의 내용으로 확대됨
- 조선 후기 : 관념적 내용에서 탈피해 다양한 삶의 현실을 반영하는 내용으로 변모

시조의 형식

- 3 · 4 또는 4 · 4조의 4음보 율격에 3장 6구 45자 내외로 구성
- 각 장은 2구, 4음보, 15자 내외로 구성
- 각 음보는 3ㆍ4조 또는 4ㆍ4조의 기본 음수율
- 종장의 첫 구 3자는 고정(조선 후기의 사설시조에서도 지켜짐)

시조 명칭의 변천

단가(短歌), 시여(時餘), 영언(永言), 신조(新調) 등으로 불리다. 영조 때 가객 이세춘이 당대 유행하는 곡조라는 의미로 '시절가조(時節歌調)'라 명명한데서 '시조'라는 명칭이 탄생되었음

• 하여가(이방원) : 정적에 대한 우회적, 간접적인 회유를 표현
• 단심가(정몽주) : 고려 왕조에 대한 강한 충성심을 노래한 작품. 이방원의 「하여가」에 대한 화답가
• 탄로가(우탁) : 늙음을 한탄하지만, 인생을 달관한 여유가 돋보이는 작품

④ 서사 문학 : 구비로 전승되던 것을 문자로 기록한 설화와 고려 시대에 와서 창작된 패관 문학이나 가전체 문학으로 나눌 수 있음

 ㉠ 패관 문학
  • 민간의 가담(街談)과 항설(巷說) 등을 토대로 한 문학
  • 채록자인 패관이 수집한 설화에 자기 취향에 따라 윤색함

 ㉡ 대표적인 패관 문학

| 작품명(작자) | 내용 |
|---|---|
| 수이전(박인량) | 최초의 순수 설화집이나 오늘날 전하지 않으며, 그 중 9편만이 「해동고승전」, 「삼국유사」, 「대동운부군옥」 등에 전함 |
| 파한집(이인로) | 최초의 시화집으로 시화, 문담, 기사, 자작, 고사, 풍물 등을 기록 |
| 역옹패설(이제현) | 「익재난고」의 권말에 수록. 이문(異聞), 기사(奇事), 시문, 서화, 인물에 관한 이야기 수록 |
| 용재총화(성현) | 「대동야승」에 수록. 풍속, 지리, 역사, 문물, 음악, 예술, 인물, 설화 등 각 방면에 대하여 유려한 산문으로 생생하게 묘사한 글 |

 ㉢ 가전체 문학
  • 사물을 의인화하여 전기적 형식으로 기록한 글
  • 계세징인(戒世懲人)을 목적으로 하는 의인(擬人)전기체로 물건을 의인화함
  • 순수한 개인의 창작물로 소설의 발생에 한 발짝 접근한 형태

 ㉣ 대표적인 가전체 문학

| 작품명(작자) | 내용 |
|---|---|
| 국순전(임춘) | 술을 의인화하여 술이 사람에게 미치는 영향을 말함 |
| 공방전(임춘) | 돈을 의인화하여 재물을 탐하는 것을 경계함 |
| 국선생전(이규보) | 술과 누룩을 의인화. 군자의 처신을 경계함 |
| 청강사자현부전(이규보) | 거북을 의인화하여 어진 사람의 행적을 기림 |
| 죽부인전(이곡) | 대나무를 의인화하여 절개를 나타냄 |
| 저생전(이첨) | 종이를 의인화 |

⑤ 한문학
 ㉠ 과거 제도의 실시, 국자감의 설치, 불교의 발달 등으로 한문학 융성
 ㉡ 대표적 작가로는 최승로, 박인량, 김부식, 정지상, 이인로, 이규보, 이제현, 임춘 등이 있음
 ㉢ 한문학 작품 및 작품집

| 작품명(작자) | 내용 |
|---|---|
| 송인(정지상) | 이별의 정서를 표현한 칠언절구(七言絕句)의 노래 |

기타 패관 문학 작품
• 백운소설(이규보) : 삼국 시대부터 고려 문종 때까지의 시인과 시에 대한 논평과 잡기 등이 수록된 시화집
• 보한집(최자) : 파한집의 자매편. 거리에 떠도는 이야기나 흥미 있는 사실 등을 기록

가전체 문학의 창작 연대
• 서하선생집 : 「국순전」, 「공방전」
• 동국이상국집 : 「국선생전」, 「청강사자현부전」
• 가정집 : 「죽부인전」
• 동문선 : 「저생전」, 「정시자전」, 「국순전」, 「공방전」, 「국선생전」, 「청강사자현부전」

한문학의 특징
• 당대(唐代)에 완성된 형식인 근체시(近體詩)는 매우 복잡한 규칙을 가지고 있음
• 어수(語數), 압운(押韻), 평측(平仄)의 안배, 대구(對句)에 따라 엄격하게 전개되며 배열에 따라 각각 5언과 7언으로 나뉨
• 창작 상 채용한 형식으로는 근체시가 가장 많으며, 그 다음으로는 고시(古詩)로 나타남

| | |
|---|---|
| 부벽루(이색) | 고려에 대한 회고와 국운 회복의 소망을 표현한 오언(五言) 율시 |
| 삼국사기(김부식) | 삼국의 정사의 성격을 띠고 있음 |
| 삼국유사(일연) | 건국 이래 삼국 시대까지의 이면사를 다룸 |
| 동명왕편(이규보) | 동명왕의 영웅적 행위를 노래한 서사시 |
| 해동고승전(각훈) | 고구려, 신라 시대의 고승의 전기 |
| 제왕운기(이승휴) | 중국 역대 사적과 우리의 사적을 노래한 서사시 |

## 3. 조선 전기 문학

### (1) 조선 전기 문학사 개관

① 조선 전기 문학의 개념 : 조선 건국으로부터 임진왜란까지의 약 200년간의 문학
② 조선 전기 문학의 특징
  ㉠ 훈민정음 창제는 진정한 의미에서의 국문학의 출발을 가져왔으며, 문자 생활의 일대 변혁을 가져왔고, 기존의 구비 문학이 기록 문학으로 정착되어 각종 언해 작업이 진행되었음
  ㉡ 형식면에서는 운문 문학이 주류를 이루어 시조, 악장, 경기체가, 가사 등이 지어졌고, 내용 면에서는 유교적인 이념과 상류 사회의 생활이 중심이 되었음
  ㉢ 문화의 향유 계급은 주로 상류층인 귀족 양반들이었으며, 평민의 참여는 거의 없었음
  ㉣ 시조가 확고한 문학 양식으로 자리 잡았고, 선초 건국을 정당화하는 악장이 발생하였다 곧 소멸하고 뒤이어 운문과 산문의 중간 형태인 가사가 출현

### (2) 조선 전기 문학의 갈래

① 악장(樂章)
  ㉠ 악장의 개념
    • 조선의 창업과 번영을 정당화하고 송축하기 위한 조선 초기의 송축가
    • 작자층이 주로 개국 공신인 유학자들이었으므로 일반 백성들과는 동떨어진 문학
  ㉡ 대표적인 악장(樂章)

| 작품명(작자) | 내용 |
|---|---|
| 용비어천가 (정인지, 권제, 안지 등) | • 조선 육조의 위업을 찬양하고 번영을 송축하며, 후대의 왕에게 권계의 뜻을 일깨움<br>• 한글로 기록된 최초의 작품(서사시)<br>• 제2장 '뿌리 깊은 나무…'는 한자어가 없는 순우리말로 높은 평가를 받음 |
| 월인천강지곡 (세종) | • 「석보상절」을 보고 세종이 악장 형식으로 고쳐 쓴 석가모니 찬송가<br>• 석가의 인격과 권능을 신화적으로 미화하여 전형적인 서사시의 구조를 지님<br>• 형식이 「월인석보」로 이어졌을 가능성이 있음 |

**가사의 발생 견해**

경기체가가 붕괴되면서 악장이라는 과도기적 형태를 거쳐 형성되었다는 견해와, 교술 민요가 기록 문학으로 전환되면서 형성되었다는 견해가 있음

**기타 가사 작품**

• **강촌별곡(차천로)** : 벼슬을 버리고 자연에 묻혀 생활하는 정경을 노래
• **일동장유가(김인겸)** : 일본에 가는 사신의 일행이 되어 다녀온 체험을 노래한 장편 기행 가사

**시조의 발달 양상**

• 평시조를 여러 수로 묶어 한 주제를 나타내는 연시조도 창작됨
• 16세기에 들어 송순, 황진이 등에 의하여 문학성이 심화됨

**주요 한시 작품**

• **봄비(허난설헌)** : 고독한 정서를 나타냄
• **습수요(이달)** : 수탈에 시달리는 농촌의 모습을 노래함

② 가사(歌辭)
　㉠ 가사의 개념 : 연속체 장가(長歌) 형태의 교술 시가로, 조선 초 정극인의 「상춘곡」을 가사 문학의 효시로 봄
　㉡ 내용 : 유교적 이념, 연군, 자연 예찬, 강호한정, 음풍농월, 기행(紀行) 등
　㉢ 형식 : 3 · 4조, 4 · 4조의 음수율과 4음보격을 취하는 운문
　㉣ 가사의 특징
　　• 운문과 산문의 중간적, 과도기적 형태로, 운문의 형식과 산문적 내용으로 이루어졌으며 서정성과 서사성, 교술성 등 다양한 특성이 혼재
　　• 시조와 함께 조선 전기를 대표하는 갈래이며, 시조와 상보적 관계를 이루며 발전
　㉤ 대표적인 가사(歌辭)

| 작품명(작자) | 내용 |
|---|---|
| 상춘곡(정극인) | 태인에 은거하면서 봄 경치를 노래. 가사의 효시 |
| 면앙정가 (송순) | 담양에 면앙정을 짓고 주위의 아름다움과 정취를 노래한 작품으로, 「상춘곡」이 「성산별곡」으로 넘어가는 교량적 역할을 한 작품 |
| 관동별곡 (정철) | 관동의 산수미에 감회를 섞은 기행 가사. 홍만종이 「순오지」에서 '악보의 절조'라 이른 작품 |
| 사미인곡 (정철) | 임금을 그리는 정을 비유적으로 노래한 연가(충신연주지사). 홍만종이 「순오지」에서 초의 「백설곡」에 비유한 작품 |
| 속미인곡 (정철) | • 김만중이 최고의 수작으로 평가한 작품으로, 송강 가사의 백미로 손꼽힘<br>• 두 여인의 문답으로 된 연군가로, 「사미인곡」의 속편 |
| 규원가 (허난설헌) | 가정에 묻혀 있으면서 남편을 기다리는 여인의 애원을 노래한 내방 가사로, '원부가(怨婦歌)'라고도 함 |
| 농가월령가 (정학유) | 농촌에서 다달이 해야 할 연중행사와 풍경을 월령체로 노래한 최대 규모의 월령체 가요 |

③ 시조
　㉠ 고려 말에 완성된 시조는 조선 시대에 들어와 유학자들의 검소하고 담백한 정서 표현에 알맞아 크게 발전
　㉡ 건국 초에는 왕조 교체에 따른 지식인의 고뇌와 유교적 충의와 절의를 표현한 노래, 회고가(懷古歌) 등이 만들어졌고, 왕조의 안정 후에는 자연 예찬, 애정, 도학 등에 대한 노래가 다수 만들어짐

④ 한시(漢詩)
　㉠ 감성과 서정, 당과 송의 시풍을 중시한 사장파(詞章派)와 이성적이며 실천적인 도의 추구와 경학을 강조한 도학파(道學派)로 나뉨
　㉡ 사장파는 서거정, 성렬, 남곤, 도학파는 길재, 김종직, 조광조 등에 의해 주도됨
　㉢ 선조 무렵에 송시풍(宋詩風)에서 당시풍(唐詩風)으로 전환됨

**(3) 서사 문학**

① 고대 소설

ㄱ 고대 소설의 개념과 대표 작품

- 고대 소설은 설화를 바탕으로 형성된 서사 문학으로, 설화적인 단순성을 지양하고 소설의 조건인 허구성을 갖춤
- 조선 전기의 한문 소설은 고려의 패관 문학과 가전체 문학, 중국의 전기 소설의 영향으로 전기적(傳奇的) 요소를 지님

ㄴ 대표 작품 : 최초의 고대 소설인 김시습의 「금오신화」, 몽유록계 소설인 임제의 「원생몽유록」, 「수성지(愁城志)」, 「화사(花史)」, 심의의 「대관재몽유록」 등

② 고대 수필

ㄱ 고대 수필의 개념 : 고려의 수필부터 갑오개혁 이전까지 창작된 수필을 지칭하며, 한문 수필과 한글 수필로 구분됨

ㄴ 고대 수필의 구분

- 한문 수필 : 고려와 조선 전기의 패관 문학 작품, 조선 후기의 대부분의 문집이 여기에 속하며, 독창적, 개성적 성격보다 보편적, 객관적 성격
- 한글 수필 : 조선 후기 산문정신의 영향으로 한글로 창작된 일기나 서간, 기행, 잡기류 등이 여기에 속하며, 관념성, 규범성을 벗어나 일상 체험과 느낌을 진솔하게 표현

ㄷ 고대 수필과 평론

- 고대 수필과 평론은 장르 의식에 따른 격식이 제대로 갖춰지지 않음
- 설화, 전기, 야담(野談), 시화(詩話), 견문, 기행, 일기, 신변잡기(身邊雜記) 등 다양한 내용을 서술
- 패관 문학집, 시화집, 개인 문집에 수록되어 전함
- 고려 시대부터 출발한 비평 문학은 문학을 인간의 성정(性情)을 교화하는 계몽적 성격으로 파악

## 4. 조선 후기 문학

### (1) 조선 후기 문학사 개관

① 조선 후기 문학의 개념 : 임진왜란(1592) 이후부터 갑오경장(1894)에 이르는 약 300년간의 문학

② 조선 후기 문학의 특징

ㄱ 현실에 대한 비판과 평민 의식을 구가하는 새로운 내용이 작품 속에 투영

ㄴ 현실적이고 구체적인 삶의 의미를 추구하는 실학 문학으로 발전

ㄷ 운문 중심에서 산문 중심의 문학으로 이행과 평민 의식 소설, 사설시조의 발달, 여성 문학의 등장

### (2) 조선 후기 문학의 갈래

① 소설

ㄱ 소설 시대의 형성

- 평민 의식의 자각, 산문 정신, 실학사상 등이 소설 발생의 배경
- 조선 후기에는 한문 소설 외에도 한글 소설이 다양하게 창작

고대 소설, 금오신화의 구성

- 만복사저포기(萬福寺樗蒲記) : 양생과 여귀(女鬼)와의 교환
- 이생규장전(李生窺牆傳) : 최랑이 이생과 부부로 살다 죽은 후, 여귀로 화하여 다시 교환
- 취유부벽정기(醉遊浮碧亭記) : 홍생이 하늘의 선녀와 교환
- 남염부주지(南炎浮洲志) : 박생의 염왕과의 대담
- 용궁부연록(龍宮赴宴錄) : 한생의 수부 용왕과의 교환

고대 수필 및 비평집

- 필원잡기(서거정) : 서거정이 일화 등을 엮은 수필 문학집
- 동문선(서거정) : 신라부터 조선 초까지의 시문을 정리
- 촌담해이(강희맹) : 음담패설과 설화를 엮은 기담집
- 용재총화(성현) : 문물, 풍속, 지리, 역사, 음악, 설화, 인물평 등을 수록한 수필집
- 패관잡기(어숙권) : 설화와 시화에 해설을 붙임

기타 조선 후기 문학의 특징

비현실적, 소극적인 유교 문학에서 현실적이고 구체적인 삶의 의미를 추구하는 실학 문학으로 발전

• 최초의 국문 소설인 「홍길동전」의 출현과, 평민 문학이 본격화되기 시작

ⓛ 대표적인 소설

| 분류 | 내용 |
|---|---|
| 군담 소설 | 주인공이 전쟁에서 영웅적 활약을 전개하는 소설 |
| 가정 소설 | 가정 내의 문제를 주요 내용으로 하는 소설 |
| 대하 소설 | 흔히 여러 편이 연작 형태를 띠고 있으며 고소설의 모든 유형이 융합되어 복합적인 구성을 보임 |
| 애정 소설 | 남녀 간의 사랑 이야기를 다룬 소설 |
| 풍자 소설 | 동물을 의인화한다든지 하는 수법을 사용하여 당시의 시대상을 풍자한 소설 |
| 사회 소설 | 사회 모순에 대한 저항과 개혁 의식을 담은 소설 |
| 몽자류 소설(몽유록) | 꿈과 현실의 이중 구조로 된 소설 |
| 의인화 소설 | 꿈과 현실의 이중 구조로 된 소설 |
| 판소리계 소설 | 판소리와 밀접하게 관련을 맺고 있는 소설을 통칭하는 것으로 현실적인 경험을 생동감있게 표현 |

ⓒ 박지원의 한문 소설

| 작품명 | 출전 | 내용 및 특성 |
|---|---|---|
| 허생전 | 열하일기 | 선비 '허생'의 상행위를 통해 양반 사대부의 무능과 당시의 경제체제의 취약점을 비판, 이용후생의 실학정신 반영 |
| 호질 | 열하일기 | 도학자들의 위선과 '정절부인'의 가식적 행위를 폭로 |
| 양반전 | 방경각외전 | 양반 사회의 허위와 부패, 무능, 특권의식을 폭로하고 풍자 |
| 광문자전 | 방경각외전 | 거지인 '광문'을 통해 교만에 찬 양반생활과 부패를 풍자하고 신분에 귀천이 없음을 표현 |
| 예덕선생전 | 방경각외전 | 인분을 나르는 '예덕선생(엄 행수)'을 통해 양반의 위선을 비판하고 직업 차별의 타파를 표현 |
| 열녀함양박씨전 | 방경각외전 | '박 씨 부인'의 불운한 삶을 통해 개가(改嫁) 금지 등 당대 사회의 모순을 비판 |

② 시조

㉠ 조선 후기 시조의 특징

  • 조선 후기에는 산문 의식, 평민 의식의 성장 등으로 엇시조, 사설시조와 같은 장형(長型) 형태의 증가 및 유교적, 관념적 내용에서 탈피

  • 평민 작자층의 등장과 평민 중심의 가단 형성, 시조집의 편찬, 시조창(時調唱)과 전문 가객의 등장 등 시조의 대중화가 이루어짐

㉡ 시조 문학의 대표 작가, 윤선도

  • 『고산유고』에 시조 35수, 「어부사시사(漁父四時詞)」를 남김

  • 윤선도는 자연 속에서의 풍류와 물아일체의 경지를 아름다운 우리말로 표

현하였고, 수사법과 문학적 기교가 뛰어나 시조 문학의 수준을 높임
- 조선 전기 사대부들이 이룩한 강호가도(江湖歌道)의 성과를 한층 더 끌어올리는데 기여함

© 대표적인 연시조

| 작품명(작자) | 내용 및 특징 |
|---|---|
| 강호사시사(맹사성) | • 강호에서 자연을 즐기고 사계절을 노래하며 임금에 대한 충정을 표현<br>• 최초의 연시조로서, 총 4수로 구성 |
| 어부사(이현보) | 늙은 어부의 즐거움을 노래한 것으로, 윤선도의 「어부사시사」에 영향을 미침 |
| 도산십이곡(이황) | 전 6곡은 '언지(言志)'를, 후 6곡은 '언학(言學)'을 노래한 12수의 연시조 |
| 고산구곡가(이이) | 주자의 「무이구곡가」를 본 따 학문 정진을 노래한 10수의 연시조 |

③ 사설시조
　㉠ 사설시조의 등장
- 17세기에 등장해 18세기에 유행하였으며, 전 3장 중 2장 이상이 평시조보다 길어 시조의 산문화 경향을 반영함
- 서민들의 생활 감정과 일상의 모습, 사회 모순에 대한 비판 등을 표현
- 가사투와 민요풍의 혼합, 반어와 풍자, 해학미 등도 두드러짐
　㉡ 대표 시조집
- 『청구영언』 : 영조 때 김천택이 지은 최초의 시조집, 곡조별로 998수를 분류
- 『해동가요』 : 영조 때 김수장이 지은 것으로, 작가별로 883수를 분류
- 『병와가곡집(악학습령)』 : 정조 때 이형상이 지어 곡조별로 1,100여 수를 분류
- 『가곡원류』 : 고종 때 박효관과 안민영이 지어 곡조별로 800수를 분류
④ 가사 문학
　㉠ 가사의 변모
- 작자층이 다양화되면서 작품 계열도 여러 방향으로 분화
- 현실적인 문제에 많은 관심을 갖기 시작했으며 여성 및 평민 작자층의 성장
　㉡ 주요 작품
- 허전, 이원익의 가사 : 「고공가」는 허전이 국정을 개탄하고 근면을 권하는 내용의 가사이며, 이원익의 「고공답주인가」는 이에 대한 화답의 가사임
- 박인로의 가사 : 중후한 문체로 「선상탄」, 「누항사」, 「태평사」 등의 작품을 통해 현실의 문제를 인식하는 길을 개척
- 내방 가사 : 주로 영남 지방의 부녀자들에 의해서 지어진 규방 가사
- 유배 가사 : 안조환 「만언사」, 김진형 「북천가」 등
⑤ 잡가
　㉠ 잡가의 개념 : 조선 후기 하층계급의 전문 소리꾼(사계춘)이나 기생들이 부르던 긴 노래를 말하며, 양반 가사에 대비하여 '잡가(雜歌)'라 칭함
　㉡ 내용 : 자연의 아름다움과 풍류, 삶의 애환, 남녀 간의 애정, 해학과 익살 등

**기타 연시조 작품**
- 훈민가(정철) : 유교적 이념을 토대로 하여 백성을 교화하는 연시조로, 총 16수가 전함
- 매화사(안민영) : 스승인 박효관의 매화를 보고 지은 8수의 연시조

**대표적인 가단(歌壇)**
영조 때 김천택, 김수장이 결성한 '경정산가단'과 고종 때 박효관, 안민영 등이 중심이 된 '승평계'가 대표적

**기타 시조집**
- 고금가곡 : 영조 때 송계 연월홍이 지은 것으로, 주제별로 313수를 분류
- 남훈태평가 : 철종 때 순 한글로 표기된 시조집으로, 음악적 의도에서 종장, 종구를 생략함

**조선 후기 가사의 특징**
- 조선 후기의 가사는 작자층이 평민층과 부녀자층으로 다양화되었고, 작품 계열도 여러 감정으로 분화됨
- 현실적인 문제에 관심을 갖기 시작했으며, 일상적인 체험과 감정을 사실적으로 표현함

**휘몰이 잡가와 십이잡가**
- 휘몰이 잡가 : 맹꽁이 타령, 바위 타령
- 십이잡가 : 유산가, 적벽가, 선유가, 소춘향가, 평양가, 십장가, 형장가, 제비가, 월령가, 방물가, 출인가 등

03장 국문학사

133

**남도 잡가**
전라도에서 유행한 것으로 전라도 지방의 억양을 느낄 수 있음

**기타 한문학 작품**
- 시화총림(홍만종) : 역옹패설, 어우야담, 이봉유설에서 시화만을 뽑아 기록한 시화집
- 순오지(홍만종) : 정철, 송순 등의 시가에 대한 평론을 수록한 평론집
- 북학의(박제가) : 청나라를 시찰하고 돌아와서 우리 사회 개혁의 필요성을 적은 책
- 연려실기술(이긍익) : 조선의 야사(野史)를 기록한 문집

**기타 수필 작품**
- 인현왕후전(궁녀) : 인현왕후의 폐비 사건과 숙종과 장희빈과의 관계를 그린 글
- 을병연행록(홍대용) : 계부 홍억의 군관으로 연경에 가서 쓴 기행문. 국문 연행록 중 최장편
- 무오연행록(서유문) : 중국에 서장관으로 갔다 보고 들은 것을 기록한 글
- 제문(숙종) : 숙종이 막내아들 연령군의 죽음에 대하여 그 애통한 심정을 기록한 글
- 어우야담(유몽인) : 민간의 야담과 설화를 모아 엮은 설화적인 창작 수필

ⓒ 형식 : 4 · 4조 4음보 가사의 율격을 기본으로 하나 파격이 심함

ⓓ 특징
- 기본적으로 세속적, 유흥적, 쾌락적 성격을 지님
- 상층 문화에 대한 모방심리로 현학적 한자 어구와 중국 고사 등이 나열되는 것이 많음

ⓔ 잡가의 종류
- 경기 잡가 : 서울, 경기도 지방에서 유행한 것으로 맑고 깨끗한 느낌을 줌
- 서도 잡가 : 평안도, 황해도 지방에서 유행한 것으로 애절한 느낌을 줌

⑥ 한문학
ⓐ 한문학의 특징
- 진기의 시가파(詩家派) 문학을 계승하고 결점에 따른 관념적 문학을 추구
- 현실적 실리 추구, 평이하고 사실적인 표현, 고문체의 배격 등을 특징으로 하는 실학파 문학이 대두

ⓑ 대표적인 한문학 작품

| 작품명(작자) | 내용 |
|---|---|
| 서포만필(김만중) | 신라 이후의 시에 대한 평론이 실린 평론집 |
| 반계수록(유형원) | 여러 제도에 대한 고증을 적고, 개혁의 경위를 기록한 책 |
| 성호사설(이익) | 평소에 기록해 둔 글과 제자들의 질문에 답한 내용을 집안 조카들이 정리한 것. 주제에 따라 다섯 부분으로 나누어짐 |
| 열하일기(박지원) | 열하의 문인들과 사귀고 연경 문물제도를 견문한 것을 적은 책 |
| 목민심서(정약용) | 지방 장관의 치민에 관한 도리를 논한 책 |

⑦ 수필
ⓐ 국문 수필 : 주로 여인들에 의해 쓰인 수필로, 주로 기행문이나 일기 형식으로 쓰임
ⓑ 궁정 수필 : 궁중에서 생활하던 여인들에 의해 쓰인 수필로 분량이 가장 많음
ⓒ 대표적인 수필

| 분류 | 작품명(작자) | 내용 및 특징 |
|---|---|---|
| 궁정 | 한중록(혜경궁 홍씨) | 남편인 사도세자의 비극과 궁중의 음모, 당쟁과 더불어 자신의 기구한 생애를 회고 |
| 일기 | 의유당일기(의유당) | 순조 29년 함흥 판관으로 부임한 남편 이희찬을 따라가 부근의 명승 고적을 찾아다닌 감흥을 적은 글 |
| 제문 | 윤씨 행장(김만중) | 모친인 윤 씨 부인을 추모하여 생전의 행장을 적은 추도문 |
| | 조침문(유씨 부인) | 자식 없는 미망인이 바느질로 생계를 유지하다가 바늘이 부러지자 그 섭섭한 감회를 적은 글 |
| 기담 | 요로원야화기(박두세) | 선비들의 병폐를 대화체로 파헤친 풍자 문학 |
| | 규중칠우쟁론기(미상) | 부인들이 쓰는 바늘, 자, 가위, 인두, 다리미, 실, 고무 등의 쟁공(爭功)을 의인화하여 쓴 글 |

## (3) 판소리와 민속극, 민요의 성장

① 판소리

⊙ 판소리의 개념

- 직업적 소리꾼인 광대가 고수(鼓手)의 북 장단에 맞추어 창(唱)과 아니리, 발림으로 연행하는 구비 서사시
- '창(唱)과 아니리, 발림'의 요소로 이루어진다는 점에서, 노래와 문학, 연극적 요소가 결합되어 형성된 종합 예술 양식이라 할 수 있음

ⓛ 형성 및 발전과정

- 형성 : 17세기 말에서 18세기 초반 무렵에 설화나 소설을 창으로 만들어 생계를 삼은 광대들에 의해 새로운 양식으로 형성
- 18세기 : 판소리가 지방의 민속 예술에서 벗어나 중앙 무대에 진출하고, 중, 상류층까지 향유층이 확대
- 19세기 : 본격적인 대중 예술의 성격을 갖게 되면서 급격히 발전
- 20세기 : 창극(唱劇)으로의 변신을 모색하고 극장 체제를 갖추었으나, 점차 쇠퇴

ⓒ 판소리의 특징

- 서사성 : 서민들의 현실적 생활을 이야기 구조로 표현
- 극성 : 음악적 요소와 연극적 요소가 강한 종합예술의 성격을 지님
- 율문성 : 노래 형식의 가창
- 전문성 : 전문 가객인 광대가 연행
- 풍자 및 해학성 : 당대 사회에 대한 풍자와 해학을 표현
- 다양성 : 표현과 수식, 율격, 구성 원리 등이 다른 구비 문학보다 다양
- 구전성과 공유성 : 연행 방식이 구전되었으며, 서민층에서 양반층까지 폭넓게 향유
- 부분의 독자성 : 정해진 대본이 있는 것이 아니라 전승되는 이야기를 근간으로 흥미로운 부분을 확장, 부연하는 방식으로 발전
- 문체의 이중성 : 양반과 평민들의 언어가 함께 공존
- 주제의 양면성 : 유교 이념에 따른 표면적 주제와 서민의 비판 정신에 기반한 이면적 주제가 공존

② 민속극

⊙ 민속극의 개념 : 일정한 역할로 가장한 배우가 대화와 몸짓으로 사건을 표현하는 전승형태를 말하며, '전통극'이라고도 함

ⓛ 민속극의 특징

- 서민 정신과 풍자와 해학이 있음
- 춤, 대사, 음악으로 인물, 관객이 어우러지는 축제성을 지님

ⓒ 유형

- 무극(巫劇) : 굿에서 연행되는 굿놀이
- 가면극 : 탈춤, 산대놀이, 오광대놀이, 야유 등으로 불림
- 인형극 : 배우 대신 인형을 쓰는 극. 꼭두각시놀음은 우리나라 유일의 인형극

• 창극 : 여러 가객들이 무대에서 연기하며 판소리조로 연행하는 극

③ 민요

㉠ 민요의 개념 : 민중 속에서 자연스럽게 구전되어 온 노래로, 민족성과 국민성을 나타내기도 하며 민중의 보편적 정서가 담겨 있고, 입에서 입으로 전해지기 때문에 가사와 곡조가 시대에 따라 변하기도 함

㉡ 민요의 특징

• 구전성, 서민성, 향토성이 특징
• 민중의 정서를 직접 표출하여 서정성을 지님
• 누구나 부를 수 있어 비전문성을 지니며, 창자(唱子)와 청자(聽子)가 일치
• 두 연이 대칭구조를 이루고, 3 · 4조, 4 · 4조의 율격을 가짐

㉢ 대표적인 민요(民謠)

| 분류 | | 내용 |
|---|---|---|
| 기능요 | 노동요 | 농업, 어업, 벌채, 길쌈, 제분, 잡역 노동요 등(예 논매기 노래, 타작 노래, 해녀 노래) |
| | 의식요 | 세시, 장례, 신앙 의식요 등(예 지신밟기 노래, 상여 노래, 달구질 노래) |
| | 유희요 | 놀이에 박자를 맞추면서 부르는 노래(예 강강술래, 줄다리기 노래, 널뛰기 노래, 놋다리 노래) |
| 비기능요 | | 특정한 행동에 관련 없이 언제든 흥이 나면 부르는 노래이며, 내용 및 형태상의 제약이 크게 없음(예 아리랑, 강원도 아리랑, 정선 아리랑, 밀양 아리랑) |

민요의 내용상 특징

• 부녀자들의 애환을 표현한 부요(婦謠)가 많음
• 생활고와 삶의 어려움이 폭넓게 드러남
• 농업을 기반으로 하는 농가(農歌)가 많으며, 여기에 남녀의 애정을 함께 담아냄
• 현실의 문제를 우회적으로 표현하여 해학성이 풍부

기타 민요의 특징

• 관용구, 애용구가 빈번히 사용되고, 음의 반복이 많음
• 민속, 음악, 문학의 복합체
• 민요의 가창 방식은 선후창, 교환창, 독창, 합창으로 구분

## 02절 현대 문학의 흐름

# 1. 개화기 문학

## (1) 개화기 문학사 개관

① 개화기 문학의 시대 배경 : 갑오개혁에서 삼일절에 이르는 시기의 문학, 이 시기의 문학은 새로운 서구의 문화와 독립 의식을 강조

② 개화기 문학의 특징

㉠ 문어체 문장에서 구어체에 가까운 문장으로 변화하였고, 국한문 혼용체와 국문체 등 새로운 문체가 확립됨

㉡ 자주 정신의 각성으로 계몽적 이념을 강조하는 내용이 주를 이룸

㉢ 전통적 문학 형식을 기반으로 개화 가사, 창가, 신체시, 신소설 등 새로운 장르가 모색됨

㉣ 신교육의 영향으로 국문 문학이 확대되었고, 신문의 보급과 인쇄술 발달 등의 영향으로 문학의 대중화가 진행됨

## (2) 대표 개화기 문학의 갈래 및 작품

① 개화 가사
- ㉠ 개화 가사의 개념 : 가사의 운율 형식을 계승하고 개화기 계몽사상을 담아 노래한 가사를 말함
- ㉡ 개화 가사의 특징 : 가사의 율격인 4 · 4조 4음보의 율격을 토대로 하여 분절체, 후렴구 등의 민요적 요소를 가미하였고, 자주 독립정신과 신교육 강조, 외세에 대한 비판 등의 내용을 주로 표현

② 창가(唱歌)
- ㉠ 창가의 개념 : 전통적 가사체에 개화사상을 담은 시가와, 찬송가 및 서양음악 등의 영향으로 형성된 새로운 시가로, 개화 가사가 변모되는 과정에서 만들어져 신체시 발생의 모태가 됨
- ㉡ 창가의 특징
  - 문명개화의 시대적 필연성, 신교육 예찬, 새 시대의 의욕 고취, 청년들의 진취적 기상 등 계몽적 내용을 주로 담음
  - 초기에는 3 · 4조, 4 · 4조 율격으로 짧았다가 후기로 가면서 7 · 5조, 8 · 5조 등으로 길어지고 다양화됨

③ 신체시
- ㉠ 신체시의 개념 : 개화 가사, 창가의 단계를 거쳐 종래의 정형시 형식을 탈피하여 자유로운 율조로 새로운 사상을 담으려 했던 실험적이고 과도기적인 시
- ㉡ 신체시의 특징
  - 이전의 형식을 깨뜨리고 부분적인 7 · 5조, 3 · 4 · 5조의 새로운 형태를 취하고 있으며 정형시와 자유시 사이의 과도기적 형식
  - 『소년(少年)』의 창간호에 실린 최남선의 「해에게서 소년에게」(1908)가 효시

④ 신소설
- ㉠ 신소설의 개념 : 1900년대 중반부터 1917년 이광수의 「무정」이 발표되기까지 당대의 시대적 문제와 사회의식을 반영했던 과도기적 소설의 형태. 계몽사상의 구체적인 실천에 대한 이야기를 다루고 있지만, 현실에 대한 깊은 인식의 결여로, 낙관적인 개화의 꿈에 그쳤다는 평가를 받음
- ㉡ 신소설의 특징
  - 주제 : 개화와 계몽사상의 고취(자주독립사상, 자유연애, 인습과 미신 타파, 신교육 장려, 유교적 가치관과 질서 비판 등)를 주로 표현
  - 구성 : 평면적 구성을 탈피해 역전적 구성을 시도 주로 시간적 역행, 사건과 장면의 뒤바꿈 등이 있음
  - 문체 : 언문일치 문체에 근접, 전기체 형식에서 벗어나 묘사체로 전환
- ㉢ 신소설의 의의
  - 고대 소설과 현대 소설의 과도기적 역할을 수행
  - 비현실적 내용에서 현실적 사건 중심의 내용으로 전환

SEMI-NOTE

**개화 가사의 출현**

최초의 작품으로 평가받는 최제우의 「용담유사」를 비롯하여 19세기 후반 다수의 애국 가사들이 「독립신문」, 「대한매일신보」 등에 발표됨

**창가의 출현**

초창기 창가로 최병헌의 「독립가」, 이용우의 「애국가」, 이중원의 「동심가」, 김교익의 「신문가」 등이 있으며, 최남선의 창가로 「경부철도가」, 「한양가」, 「세계일주가」가 있음

**주요 신체시 작품**

최남선 「해에게서 소년에게」를 시작으로 「구작 3편」, 「꽃두고」, 이광수 「우리 영웅」 등이 있음

**이해조의 개작 신소설**

| 근원 설화 | 판소리계 소설 | 개작 소설 |
| --- | --- | --- |
| 열녀 설화 | 춘향전 | 옥중화(獄中花) |
| 연권녀 설화 | 심청전 | 강상련(江上蓮) |
| 방이 설화 | 흥부전 | 연(燕)의 각(脚) |
| 구토 설화 | 별주부전 | 토(兎)의 간(肝) |

**기타 신소설 작품**
- **은세계(이인직)** : 원각사에서 공연된 최초의 신극 대본, 정치 소설의 성격
- **모란봉(이인직)** : 이인직「혈의 누」의 속편으로, 애정 소설
- **추월색(최찬식)** : 남녀 간의 애정 문제와 외국 유학을 통해, 새로운 혼인관과 교육관 제시

**근대 잡지의 출현**
- 민족의식 재고와 외국 문학을 통한 계몽의식 고취를 위한 잡지가 주류
- 이 시기의 잡지로「소년」,「청춘」,「학지광」,「태서문예신보」등이 있고, 대표 작품으로는 김억「봄은 간다」, 주요한「불놀이」, 황석우「벽모의 묘」등이 있음

ⓔ 대표적인 신소설

| 작품 | 작가 | 특징 및 내용 |
|---|---|---|
| 혈의 누 | 이인직 | 최초의 신소설로, 자유결혼과 신문명 수용 및 신교육 사상의 고취 |
| 귀의 성 | 이인직 | 양반층의 부패, 신구의 대립을 폭로하고, 처첩 간의 갈등과 가정의 비극 등을 드러냄 |
| 자유종 | 이해조 | 축첩으로 인한 폐단과 패가망신하는 가정을 묘사 |
| 금수회의록 | 안국선 | 8가지 동물들의 토의를 통해 인간세태와 사회부패를 풍자 |

⑤ 번안 신소설
　ⓐ **번안 신소설의 개념** : 외국 소설의 내용을 원작대로 유지하면서 배경이나 인물 등을 자기 것으로 고쳐서 번역한 소설
　ⓑ **주요 작품**
　　• 박은식「서사건국지」: 스위스의 건국 영웅 '빌헬름 텔'의 이야기를 번안
　　• 장지연「애국 부인전」: 프랑스의 '잔 다르크'의 이야기를 번안
　　• 이해조「철세계」: 줄 베르너의「철세계」를 번안
　　• 구연학「설중매」: 일본 소설「설중매」를 번안한 것으로, 이인직이 각색하여 원각사에서 공연
　　• 조중환「장한몽」: 일본 소설「금색야차」를 번안한 애정 소설
　　• 이상협「해왕성」: 뒤마의「몽테크리스토 백작」을 번안한 소설
　　• 민태원「애사(哀史)」: 위고의「레미제라블」을 번안한 소설

## 2. 1910년대 문학

### (1) 1910년대 문학사 개관

① **1910년대 문학의 배경** : 1910년대에는 일제의 식민 통치가 본격화되어, 서양 문학의 영향을 받아 우리나라 현대 문학사의 근간을 이루게 됨
② **1910년대 문학의 특징**
　ⓐ 계몽주의적 경향으로 최남선, 이광수 2인 문단 시대가 도래
　ⓑ 서구 문예 사조의 유입으로 서구 문학의 개념을 따른 문학의 출현
　ⓒ 개인의 내면과 개성의 자각으로 시대적 문제를 작품에 투영

### (2) 1910년대 문학의 갈래

① **자유시**
　ⓐ **자유시의 형성 배경** : 근대적 잡지의 간행, 서구 근대 문학의 영향
　ⓑ **자유시의 특징**
　　• 계몽의식으로부터의 탈피
　　• 운율에 대한 새로운 모색과 실험 정신 추구
　　• 관습적 형태에서 벗어나 미의식의 표현에 집착
　　• 서구의 상징주의 시와 시론 소개를 통해 개성적 내면 탐구와 사물에 대한

감각적 조응의 시적 태도를 지니게 됨

② 근대 소설

　㉠ 근대 소설의 형성 배경 : 출판업이 활발해지며 신소설과 근대소설이 쏟아졌으며 고전소설에 익숙하던 독자를 대상으로 개작한 작품과 외국 문학을 수입하여 번안한 작품이 주를 이루었음

　㉡ 근대 소설의 특징

　　• 현실적 소재를 바탕으로 한 작품의 등장

　　• 사실적 문체를 바탕으로 시대정신을 반영

　　• 서술과 묘사를 통한 이야기 전개로 이야기의 전개를 구체화

　　• 플롯의 다양성으로 고전문학에서는 한정되었던 이야기의 범위를 확장

③ 희곡

　㉠ 희곡의 형성 배경 : 판소리, 산대놀이, 탈춤으로 대표되는 고전희곡은 민중에 의한 자연발생적인 갈래였기 때문에 서양처럼 일정한 작가가 없는 것이 특징이었고, 근대에 들어서 서양 희곡을 수용한 신극이 등장하였음

　㉡ 새로운 희곡의 출현

　　• 창작극 : 1912년 조중환이 우리나라 최초의 창작 희곡인 「병자삼인」을 발표, 윤백남의 「운명」, 이광수의 「규한」 등이 함께 등장

　　• 번역극 : 신극 운동의 전개와 함께 서양과 일본의 희곡이 번역됨

　　• 신파극 : 1910년대 유행하기 시작해 1930년대까지 대중적으로 이어진 연극으로, 흥미 위주의 통속적, 상업적 성격이 강함, 임성구의 '혁신단'을 통해 본격적으로 출발

## 3. 1920년대 문학

### (1) 1920년대 문학의 갈래

① 1920년대 문학의 배경 : 3·1운동의 실패로 좌절감과 패배 의식이 증가하였고, 일제의 수탈 등으로 큰 위기를 맞았지만 국내외의 독립운동이 활성화되는 한편, 각종 신문과 동인지가 등장

② 시

　㉠ 1920년대 시의 특징

　　• 낭만적, 퇴폐적 상징시의 유행

　　• 경향시의 등장과 사회의식의 대두

　　• 전통 계승의 시와 시조 부흥 운동의 전개를 통해 전통 지향의 흐름 형성

　㉡ 낭만주의 시의 등장 배경 : 3·1운동의 실패, 서구 상징주의 시의 영향으로 퇴폐주의의 만연

③ 경향파 시

　㉠ 경향파 시의 등장 배경 : 지식인들의 일본 유학을 통해 사회주의 사상을 유입, 일제 식민 통치에 대응하려는 사회단체 결성, 계급주의 문학 단체인 카프(KAPF)의 결성과 본격적인 사회주의 문학 이론의 도입

**1920년대의 시조**
- 민족 정서의 회복을 위한 시어를 사용
- 연시조, 양장시조 등 현대 시조로서의 형태 혁신
- 님에 대한 그리움, 국토 예찬, 조국의 역사 회고 등의 주제 형상화

**전통적, 민요적 서정시의 대표 시인**
김동환, 주요한, 김소월, 한용운 등

**1920년대 소설의 경향**
- 식민지 궁핍 체험의 소설화
- 계급 대립의 구도와 노동 소설의 등장
- 살인과 방화 등 극단적인 결말 처리
- 자아의 각성을 통한 사회와 현실의 재인식

**기타 대표 소설가와 특징**
- 전영택 : 사실주의 경향의 작가로, 인간애와 인도주의정신에 기초한 작품을 남겼으며 대표작으로 「화수분」, 「흰닭」, 「생명의 봄」이 있음
- 나도향 : 낭만적 감상주의 경향. 어두운 농촌 현실을 묘사했으며 대표작으로 「물레방아」, 「벙어리 삼룡이」, 「뽕」이 있음

   ⓒ 경향파 시의 특징
- 막연한 울분으로부터 당대의 현실에 대한 인식과 저항 의식으로 확대
- 무산 계급(노동자, 농민)의 현실을 부각시키는 소재를 선택
- 사회주의 사상의 주입과 선전을 목적으로 한 선전, 선동적인 구호나 개념서술의 표현
- 산문투의 문체 및 인물과 사건 전개의 요소를 도입하여 서사적인 양식 개발

④ 민족주의 시
   ㉠ 민족주의 시의 등장 배경 : 1920년대 중반 최남선, 주요한, 이은상 등을 중심으로 한 '국민문학파'가 대두되어 전통적 문화유산의 계승과 역사를 연구함
   ⓒ 민족주의 시의 특징
- 창작에 있어서 민족주의 이념의 구현
- 모국어에 대한 애정과 찬양의 태도
- 문화, 학술적 연대에 의한 문예 부흥 운동
- 민족적 개성 및 향토성의 옹호

   ⓒ 전통적, 민요적 서정시
- 민중적 정서와 향토적 정조의 표현
- 일상적이고 평이한 우리말 구사
- 민족 현실에 대한 자각을 전통적인 시(詩)정신에 입각하여 형상화하려는 태도를 지님

### (2) 1920년대 소설과 기타 갈래

① 1920년대 소설의 배경 : 단편소설의 등장으로 새로운 서사양식을 확립하여 다양한 소설적 경향을 보여줌. 서사 주체의 내면 분석이 가능해지면서 일인칭 소설이 등장하게 됨
② 1920년대 소설의 특징
   ㉠ 근대적 소설 문체의 발전 : 문장 어미의 시제 표현, 3인칭 단수인 '그'의 사용
   ⓒ 사실주의적 소설 인식 : 개화기의 계몽주의 문학관을 버리고, 문학의 자율성을 인정하는 한편 인생과 사회의 모습을 있는 그대로 그리려는 사실주의 및 자연주의 문학관을 수용
   ⓒ 소설 기법의 발전 : 어휘의 신중한 선택, 치밀한 구성과 객관적 묘사, 인상적인 결말 처리 방법 등 기법상의 두드러진 변화를 가져옴
   ⓒ 사회 비판 의식의 소설화 : 1925년 카프 결성을 계기로 사회적 비판과 투쟁 의식을 강조하는 경향 소설 등장
③ 1920년대 소설가의 특징 및 대표작

| 작가 | 특징 | 대표작 |
|---|---|---|
| 김동인 | 현대 단편소설 확립, 순수문학 주장 | 「감자」, 「배따라기」, 「운현궁의 봄」 |
| 염상섭 | 식민지적 암울한 현실에서 지식인의 고뇌, 도시 중산층의 일상적인 삶을 다룸 | 「표본실의 청개구리」, 「만세전」, 「두 파산」, 「삼대」 |
| 현진건 | 치밀한 구성과 객관적 묘사로 사실주의적 단편소설을 씀 | 「빈처」, 「운수좋은 날」, 「불」 |

| 최서해 | 체험을 바탕으로 한 하층민의 가난을 주요문제로 삼음 | 「탈출기」, 「홍염」 |
| 주요섭 | 신경향파 문학에서 출발하여 서정적이고 휴머니즘적인 소설을 씀 | 「사랑손님과 어머니」, 「인력거꾼」 |

④ 수필
  ㉠ 수필의 등장 배경 : 수필의 체계가 정립되며 기행수필과 수상수필이 병립됨
  ㉡ 특징
    • 현대 수필의 초창기로서 수필의 형태가 아직 정립되지 못함
    • 우리 국토에 대한 애정을 담은 기행 수필이 많음

⑤ 희곡
  ㉠ 신극 단체가 결성되고 근대 희곡이 창작됨
  ㉡ '극예술 협회'와 '토월회' 등의 연극 단체 결성, 영화의 분립과 시나리오가 창작됨

⑥ 주요 민족 신문과 동인

| 구분 | 특징 | 동인 |
|---|---|---|
| 창조(1919) | 최초의 순문예 동인지 | 김동인, 주요한, 전영택 |
| 폐허(1920) | 퇴폐주의적 성향의 동인지 | 염상섭, 오상순, 황석우, 김억 |
| 개벽(1920) | 천도교 기관지, 카프의 기관지화됨 | 박영희, 김기진 |
| 백조(1922) | 낭만주의적 경향의 문예지 | 현진건, 나도향, 이상화, 박종화 |
| 조선문단(1924) | 카프에 대항한 민족주의의 문예지 | 이광수, 방인근 |
| 해외문학(1927) | 외국 문학 소개에 치중함 | 김진섭, 김광섭, 정인섭, 이하윤 |
| 문예공론(1929) | 민족주의와 사회주의의 절충 | 양주동 |

## 4. 1930년대 문학

### (1) 1930년대 문학의 갈래

① 1930년대 문학의 등장 배경 : 일제의 탄압이 더욱 심해진 시기로, 특히 사상 통제가 심화되었으며, 국제적으로는 중일 전쟁, 만주 사변 등이 발생하였음
② 시문학파 시
  ㉠ 배경
    • 1920년대 중반 이후 프로 문학과 민족주의 문학의 대립으로 인한 이념적 문학 풍토에 반발
    • 박용철, 김영랑의 주도로 『시문학』, 『문예월간』, 『문학』 등의 순수시 잡지가 간행되고, 구인회 및 해외문학파와 같은 순수 문학 동인을 결성
  ㉡ 특징
    • 시어의 조탁과 시의 음악성 중시

**시문학파 시인의 대표작**
- 김영랑 : 「모란이 피기까지는」, 「오월」
- 정지용 : 「떠나가는 배」, 「싸늘한 이마」
- 박용철 : 「유리창」, 「향수」, 「바다」
- 이하윤 : 「들국화」, 「물레방아」

**모더니즘 시의 경향**
서구의 신고전주의 철학 및 초현실주
의, 다다이즘, 입체파, 미래파, 이미지
즘 등 현대적 문예 사조의 이념을 본격
적으로 수용

**모더니즘 시인의 대표작**
- 김기림 : 「바다와 나비」
- 이상 : 「오감도」, 「거울」
- 김광균 : 「와사등」, 「외인촌」, 「추일서
  정」, 「설야」, 「뎃상」
- 장만영 : 「달, 포도, 잎사귀」

**전원파 시인의 대표작**
- 신석정 : 「슬픈 구도」, 「그 먼 나라를
  알으십니까」
- 김동명 : 「파초」, 「내 마음은」, 「진주만」
- 김상용 : 「남으로 창을 내겠소」, 「마음
  의 조각」

**생명파 시의 경향**
- 1930년대 후반 시문학 전반의 침체
  현상에 대한 타개 노력

---

- 시적 변용에 의거하는 순수 서정시의 창작 과정 강조
- 자율적인 존재로서 시의 본질 탐구
  © 대표 시인 및 문학인 경향

| 시인 | 경향 |
|------|------|
| 김영랑 | 투명한 감성의 세계를 운율감 있는 고운 시어로 표현 |
| 정지용 | 감각적 인상을 세련된 시어와 향토적 정취로 표현 |
| 박용철 | 감상적인 가락으로 삶에 대한 회의 노래 |

③ 모더니즘 시
  ㉠ 배경 : 1920년대 감상적 낭만주의와 같은 전근대적인 요소를 배격하고 현대
  적인 시의 면모를 확립하고자 하는 의도
  ㉡ 특징
  - 구체적 이미지에 의한 즉물적(卽物的)이고 지성적인 시 강조
  - 현대 도시 문명에 대한 상황적 인식과 비판적 감수성 표출
  - 객관적이고 과학적인 시학에 의거한 의도적인 시의 창작
  - 전통에 대한 거부와 언어에 대한 실험 의식 및 내면 심리 탐구
  ㉢ 대표 시인 및 문학적인 경향

| 시인 | 경향 |
|------|------|
| 김기림 | 현대 문명을 현상적으로 관찰하였으며, 해학과 기지를 동반한 감각적 시어 사용 |
| 이상 | 전통적 관습에서 벗어난 초현실주의적 언어 실험의 난해시 창작 |
| 김광균 | 회화적 이미지의 구사로 도시적 서정과 소시민 의식을 표현 |
| 장만영 | 농촌과 자연을 소재로 감성과 시각을 기교적으로 표현 |

④ 전원파 시
  ㉠ 배경 : 1930년대 후반 극심한 일제의 탄압으로 현실 도피 의식의 반영
  ㉡ 특징
  - 이상향으로서의 전원생활에 대한 동경과 안빈낙도의 세계관
  - 서경적 묘사를 토대로 한 자족적 정서, 자연 친화적이며 관조적인 태도
  ㉢ 대표 시인 및 문학적인 경향

| 시인 | 경향 |
|------|------|
| 신석정 | 자연 친화의 목가적 시풍으로 이상향에 대한 동경의 노래 |
| 김동명 | 낭만적인 어조로 전원적 정서와 민족적 비애를 노래 |
| 김상용 | 농촌 귀의의 자연 친화적 태도가 두드러지며, 동양적인 관조의 세계 노래 |

⑤ 생명파 시
  ㉠ 배경
  - 모더니즘 시의 서구 지향적 태도와 기교 위주의 시 창작에 대한 반발
  - 「시인부락」, 「자오선」, 「생리」지를 중심으로 한 시인들의 부각

ⓛ 특징
- 삶의 깊은 고뇌와 본원적 생명력의 탐구 정신 강조
- 토속적인 소재와 전통적인 가치 의식 추구
- 철학적 사색으로 시의 내부 공간 확대

ⓒ 대표 시인 및 문학적인 경향

| 시인 | 경향 |
|------|------|
| 서정주 | 원시적 생명의식과 전통적 정서에 의거한 인생의 성찰 |
| 유치환 | 삶의 허무와 본원적 생명에 대한 형이상학적, 사변적 탐구 |

⑥ 청록파 시
　ⓐ 배경
- 일제 말 군국주의 통치에 따른 문학적 탄압에 대한 소극적 대응
- 『문장』을 통해 순수 서정을 지향하는 시인들의 등단

　ⓑ 특징
- 자연을 소재로 한 자연 친화적인 태도 표출
- 향토적 정조와 전통 회귀 정신의 강조, 해방 후 전통적 서정시의 흐름 주도

　ⓒ 대표 시인 및 문학적인 경향

| 시인 | 경향 |
|------|------|
| 박목월 | 민요적 율조에 의한 향토적 정서의 표현 |
| 박두진 | 이상향으로서 자연에 대한 신앙과 생명력 넘치는 교감의 표현 |
| 조지훈 | 고전적 감상을 바탕으로 옛것에 대한 향수와 선적 관조를 노래함 |

⑦ 저항시
　ⓐ 배경
- 일제에 대한 저항 의지를 승화한 시
- 현실에 대한 철저한 내면적 인식을 바탕

　ⓑ 특징
- 식민지 현실에 대한 비판적인 인식을 구현, 민족적 자기 정체성을 시로 형상화
- 끝까지 포기하지 않는 저항 의지를 구체화

　ⓒ 대표 시인 및 문학적인 경향

| 시인 | 경향 |
|------|------|
| 이육사 | 고도의 상징성 및 절제된 언어, 남성적 어조로 불굴의 지사적 기개와 강인한 대결 정신을 노래함 |
| 윤동주 | 자기 반성적 사색, 양심적인 삶에 대한 의지와 순교자적 정신을 노래함 |
| 심훈 | 격정적 언어와 예언자적 어조를 통해 해방의 열망을 노래함 |

⑧ 전통적 현실주의
　ⓐ 배경
- 1930년대 중반 카프의 해산으로 이념 지향적인 시가 퇴조

생명파 시인의 대표작
- 서정주 : 「화사」, 「자화상」, 「귀촉도」
- 유치환 : 「깃발」, 「울릉도」, 「일월」, 「생명의 서」, 「바위」

청록파 시의 경향과 작가
- 물질문명에 대한 거부로서 은둔과 관조의 태도 형성
- 모더니즘 시의 퇴조 이후, 김상용, 김동명, 신석정 등의 목가풍 전원시 창작

청록파 시인의 대표작
- 박목월 : 「나그네」, 「이별가」
- 박두진 : 「도봉」, 「향현」, 「해」
- 조지훈 : 「승무」, 「봉황수」, 「민들레꽃」

저항시의 경향
미래에 대한 전망을 구도자 내지 예언자적인 자세로 표현

저항시 시인의 대표작
- 이육사 : 「광야」, 「절정」, 「청포도」, 「교목」
- 윤동주 : 「서시」, 「자화상」, 「참회록」, 「또 다른 고향」, 「쉽게 씌어진 시」
- 심훈 : 「그 날이 오면」

• 전통적인 민중들의 삶을 소재로 민중적 정서를 그려냄

ⓛ 대표 시인 및 문학적인 경향

| 시인 | 경향 |
|---|---|
| 백석 | 민속적 소재와 서사적 이야기 시의 구조로 향토적 정서와 공동체 의식을 추구함 |
| 이용악 | 일제 치하 만주 유민의 생활 현실과 감정을 사실적으로 표현하여 민중시적 전통을 확립함 |

⑨ 소설

㉠ 특징

• 장편소설의 활발한 창작과 농촌을 제재로 한 소설의 확산
• 일제하 지식인 문제와 역사 소설의 유행
• 현대 문명과 세태에 대한 비판 및 인간의 근원적 문제에 대한 탐구

ⓛ 대표 소설가 및 대표작

| 소설가 | 경향 | 대표작 |
|---|---|---|
| 채만식 | 일제하 사회 현실을 풍자적으로 그림 | 「태평천하」, 「탁류」, 「치숙」 |
| 심훈 | 민족주의와 사실주의적 경향의 농촌 계몽 소설 | 「상록수」, 「직녀성」 |
| 김유정 | 농촌의 현실을 해학적으로 그림 | 「동백꽃」, 「봄봄」, 「만무방」 |
| 이상 | 심리주의적 내면 묘사 기법인 의식의 흐름을 추구 | 「날개」, 「종생기」 |
| 김동리 | 토속적, 신비주의적, 사실주의적 경향과 무속 | 「무녀도」, 「황토기」, 「바위」, 「역마」 |
| 황순원 | 범생명적 휴머니즘 추구 | 「카인의 후예」, 「독 짓는 늙은이」 |

## (2) 기타 문단의 동향

① 극문학

㉠ 본격적 근대극과 시나리오의 창작(극예술 연구회를 중심으로 사실주의적인 희곡 창작)

ⓛ 대표작으로는 유치진의 「토막」, 「소」, 채만식의 「제향날」 등

② 수필

㉠ 근대적 수필의 본격화(해외문학파를 중심으로 서구의 근대 수필 이론 도입)

ⓛ 잡지 「동광」, 「조광」 등을 통해 다수 작품이 발표되었고, 김진섭, 이양하 등 전문적 수필가가 등장

㉢ 대표작으로는 이양하의 「신록 예찬」, 「나무」, 김진섭의 「생활인의 철학」, 「매화찬」, 이희승의 「청추 수제」 등

③ 1930년대 주요 잡지

| 잡지명(연도) | 특징 | 발행인, 주관 |
|---|---|---|
| 시문학(1930) | 언어의 기교, 순수한 정서를 중시하는 순수시 지향 | 박용철 주관 |

| 시인부락(1936) | 시 전문지, 창작시 및 외국의 시와 시론 소개 | 서정주 발행 |
| 자오선(1937) | 시 전문지, 모든 경향과 유파를 초월함 | 민태규 발행 |
| 문장(1939) | 월간 종합 문예지, 고전 발굴에 주력, 신인 추천제 | 김연만 발행 |

# 5. 해방 이후 문학

## (1) 해방 공간의 문학

① 해방 공간의 시

ⓐ 배경 : 8 · 15 해방의 감격과 역사적 의미에 대한 시적 인식의 보편화 및 이념적 갈등의 반영

ⓑ 특징

- 해방의 현실에 대한 시대적 소명 의식을 예언자적 목소리로 표출
- 직접적 체험에 의한 열정적 정서 표출과 급박한 호흡의 언어 구사
- 해방 전사를 추모하는 헌사(獻詞)나 찬가(讚歌)의 성격을 띤 대중적인 시
- 인생에 대한 관조와 전통 정서의 추구

ⓒ 작품 경향

| 좌익 진영의 시 | 우익 진영의 시 |
|---|---|
| • 인민 민주주의 노선에 의거하여 강렬한 투쟁의식과 선전, 선동의 정치성 짙은 이념적 작품<br>• 문학의 적극적 현실 참여를 강조하려는 목적 아래, 혁명적 낭만주의를 계기로 한 진보적 리얼리즘 문학 노선을 따름 | • 이념적, 정치적 색채를 동반하지 않은 순수 서정시 계열의 작품 및 민족의 전통적 문화유산과 가치관을 옹호하려는 입장<br>• 인생에 대한 관조와 전통 정서의 탐구로 집약되는 순수 서정시의 성격은 분단 이후 시단의 주도적 흐름을 형성함 |

② 해방 공간의 소설

ⓐ 특징

- 식민지적 삶의 극복 : 일제 시대를 반성하고 그 체험을 승화시켜 해방의 의미를 되새기고자 함
- 귀향 의식과 현실적 삶의 인식 : 해방 직후의 삶에 대한 인식을 바탕으로 지식인 문제와 귀향 의식을 묘사함
- 분단 의식 : 분단의 문제 및 미국과 소련 양측의 진주와 군정을 그림
- 순수 소설 : 순수 문학적 입장에서 보편적 삶을 다룬 소설이 부각됨
- 역사 소설 : 민족의식을 고취하기 위한 역사 소설이 창작됨

## (2) 전후 문학(1950년대 문학)

① 전후 시

ⓐ 특징

- 전쟁 체험과 전후의 사회 인식을 바탕으로 한 시적 소재의 영역 확산
- 현실 참여적인 주지시와 전통 지향적인 순수시의 대립

SEMI-NOTE

**해방 이후 문학의 배경**
- 광복은 우리 민족 문학의 역사적 전환점이 되었음
- 이데올로기의 갈등으로 문단이 좌익과 우익으로 양분되어 대립이 심화되어 문학 발전이 저해되는 데에 영향을 줌

**해방 직후의 시집 분류**
- 민족 정서의 표현 : 정인보 「담원 시조」, 김상옥 「초적」, 박종화 「청자부」
- 생명파 : 신석초 「석초 시집」, 유치환 「생명의 서」, 서정주 「귀촉도」
- 청록파(자연파) : 청록파 공동시집 「청록집」
- 유고 시집 : 이육사 「육사 시집」, 윤동주 「하늘과 바람과 별과 시」

**해방 공간 문학의 대표 작품**
- 식민지적 삶의 극복 : 채만식 「논 이야기」, 김동인 「반역자」, 계용묵 「바람은 그냥 불고」
- 분단 의식 : 염상섭 「삼팔선」, 「이합」, 채만식 「역로」, 계용묵 「별을 헨다」
- 순수 소설 : 염상섭 「임종」, 김동리 「역마」, 황순원 「독 짓는 늙은이」

**전후 시의 대표작**
- 전쟁 체험의 형상화 : 신석정 「산의 서곡」, 유치환 「보병과 더불어」, 구상 「초토의 시」
- 후기 모더니즘 시
  - 문명 비판 : 박인환 「목마와 숙녀」, 조향 「바다의 층계」
  - 내면적 의지 표현 : 김춘수 「꽃을 위한 서시」, 송욱 「하여지향」
- 전통적 서정시
  - 휴머니즘 지향 : 정한모 「가을에」, 박남수 「새」
  - 고전주의 지향 : 박재삼 「울음이 타는 가을 강」, 이동주 「강강술래」

145

SEMI-NOTE

- 실존주의의 영향에 따른 존재에 대한 형이상학적 통찰 및 휴머니즘의 회복 강조
- 풍자와 역설의 기법과 현실에 대한 지적 인식을 통한 비판 정신의 첨예화

  ⓛ 작품 경향

| 전쟁 체험을 형상화한 시 | 후기 모더니즘 시 | 전통적 서정시 |
| --- | --- | --- |
| • 시대에 대한 적극적인 대응 방식을 모색<br>• 절망적 인식을 민족적 차원으로 끌어올려 시적 보편성 획득 | • 문명 비판<br>• 내면적 의지를 표현 | • 휴머니즘 지향<br>• 고전주의 지향 |

② 전후 소설

  ⊙ 인간 문제를 다룬 작품의 특징
  - 인간의 삶의 문제를 서정적 필치로 다룬 순수 소설의 대두(예) 오영수 「갯마을」, 강신재 「절벽」, 전광용 「흑산도」)
  - 인간의 본질 문제, 인간 존재의 해명 등을 다룬 서구 실존주의 문학 작품들이 등장(예) 김성한 「오분간」, 장용학 「요한시집」)

  ⓛ 전쟁 체험을 다룬 작품의 특징
  - 전쟁 체험의 작품화 및 현실 참여 의식(예) 오상원 「유예」, 안수길 「제3인간형」, 김성한 「바비도」, 선우휘 「불꽃」)
  - 전쟁의 상처와 고통의 극복과 전후 사회의 고발(예) 하근찬 「수난 이대」, 황순원 「학」, 이범선 「오발탄」, 손창섭 「비오는 날」, 「잉여 인간」)

③ 기타 갈래의 동향

  ⊙ 희곡 : 전후 문학의 성격을 띤 것과 현실 참여적인 성격의 희곡이 중심이고, 기타 개인과 사회의 갈등, 문명 비판을 다룸(예) 이근삼 「원고지」)
  ⓛ 시나리오 : 전쟁극이 주류를 이루었으며, 오영진은 전통적 삶을 해학적으로 표현(예) 이범선 「오발탄」)
  ⓒ 수필 : 예술적 향기가 짙은 작품들이 다수 등장(예) 조지훈 「지조론」)

**기타 전후 문학의 대표작**
- 희곡 : 유치진 「나도 인간이 되련다」, 「왜 싸워」, 차범석 「불모지」, 하유상 「젊은 세대의 백서」
- 수필 : 노천명 「나의 생활 백서」, 마해송 「사회와 인생」, 이희승 「벙어리 냉가슴」, 계용묵 「상아탑」

### (3) 1960년대 문학

① 시

  ⊙ 현실 참여의 시
  - 시민 의식의 각성과 사회 현실의 모순 비판(예) 박두진 「우리는 아직 깃발을 내린 것이 아니다」, 김수영 「푸른 하늘은」, 「폭포」)
  - 분단의 비극과 민중적 역사의식의 형상화(예) 신동엽 「껍데기는 가라」, 「금강」, 박봉우 「휴전선」)

  ⓛ 순수 서정시
  - 휴머니즘적 서정시(예) 정한모 「가을에」, 조병화 「의자」)
  - 전원적 서정시(예) 이동주 「혼야」, 「강강술래」, 박재삼 「춘향이 마음」)

② 현대 시조의 활성화

**1960~1970년대 문학의 시대적 배경**
- 산업화와 근대화 등으로 인해 인간 소외, 빈부 격차의 문제 등 사회적 문제가 심화되는 시기
- 현실 참여적인 성격이 강화되면서 사실주의 문학이 주류를 이루었고, 민족의 분단에 대한 인식이 심화됨

ⓒ 주제가 다양하고 여러 수가 이어지는 연시조가 많음

ⓒ 고향에 대한 그리움과 어린 시절의 추억 및 마을의 정경을 표현(예 김상옥 「사향」, 「봉선화」, 이호우 「살구꽃 피는 마을」)

ⓒ 분단된 조국의 현실과 생명의 경이로움을 표현(예 정완영 「조국」, 이호우 「개화」)

## (4) 1970년대 문학

① 시

ⓒ 민중시

- 민중의 현실적 삶과 정서의 형상화(예 조태일 「국토」, 신경림 「농무」)
- 정치, 사회적 현실 비판(예 김지하 「타는 목마름으로」, 「오적」)
- 소외된 사람들에 대한 관심(예 정호승 「맹인 부부 가수」, 김창완 「인동 일기」)

ⓒ 모더니즘 시

- 지성과 서정의 조화(예 황동규 「기항지」, 오세영 「그릇」)
- 현대적 언어 탐구(예 김영태 「첼로」, 이승훈 「어휘」)
- 자유로운 상상력의 확장(예 정현종 「사물의 꿈」)

② 소설

ⓒ 농촌 공동체 파괴의 현실 고발(예 이문구 「관촌수필」)

ⓒ 산업화와 노동자의 삶의 조건 반성(예 황석영 「삼포 가는 길」, 조세희 「난장이가 쏘아올린 작은 공」)

ⓒ 일상적 삶의 모럴과 휴머니즘 탐구(예 박완서 「지렁이 울음소리」, 최인호 「별들의 고향」)

ⓒ 분단 현실의 조망(예 박완서 「나목」, 윤흥길 「장마」)

ⓒ 민족사의 재인식(예 박경리 「토지」)

03장

국문학사

9급공무원

# 국어

나두공

# 04장 현대 문법

## 01절 언어와 국어

## 1. 언어와 국어의 본질

### (1) 언어의 이해

① **언어의 정의** : 언어는 음성과 문자를 형식으로 하여 일정한 뜻을 나타내는 사회적 성격을 띤 자의적 기호 체계이며, 창조력이 있는 무한한 개방적 기호 체계

② **언어의 구조** : 음운 → 형태소 → 단어 → 어절 → 문장 → 이야기의 단위들이 체계적으로 모여 이루어진 구조

③ **언어의 특성** ⭐ 빈출개념

| 특성 | 내용 |
|---|---|
| 자의성 | • 형식인 음성과 내용인 의미의 결합은 자의적, 임의적 결합관계<br>• 지시되는 사물과 지시하는 기호 사이의 관계에 아무런 필연적 인과관계가 없음(예) 동음이의어, 이음동의어, 음성상징어(의성어, 의태어), 시간에 따른 언어 변화(역사성) 등) |
| 사회성<br>(불가역성) | 언어는 사회적 약속이므로 임의로 바꾸거나 변화시켜 사용할 수 없음(예) 표준어의 지정) |
| 기호성 | 의미를 내용으로 하고, 음성을 형식으로 하는 하나의 기호 |
| 창조성<br>(개방성) | 언어를 통해 상상의 사물이나 관념적이고 추상적인 개념까지도 무한하게 창조적으로 표현(예) 연속체인 계절의 개념을 '봄 – 여름 – 가을 – 겨울' 등으로 경계 지음) |
| 분절성 | 연속되어 존재하는 사물을 불연속적인 것으로 인식하고 표현하는 것 → 언어의 불연속성 |
| 역사성<br>(가역성) | 언어는 시간의 흐름, '신생 → 성장 → 사멸'에 따라 변화함(예) 컴퓨터(생겨난 말), 어리다 : 어리석다 → 나이가 어리다(의미의 변화), 온 : 百(사라져 버린 말)) |
| 추상성 | 언어는 구체적인 낱낱의 대상에서 공통적 속성만을 뽑아내는 추상화 과정을 통해서 개념을 형성함. 즉, 개념은 언어에 의해서 분절이 이루어져 형성된 한 덩어리의 생각을 말함(예) 장미, 수선화, 벚꽃, 진달래, 국화 → 꽃) |

### (2) 국어의 이해

① **국어의 분류**

　㉠ **계통상 분류** : 우랄 알타이어족(만주어, 몽고어, 터키어, 한국어, 일본어 등)에 속함

　㉡ **형태상 분류** : 첨가어(교착어, 부착어)에 속함

　㉢ **문자상 분류** : 표음 문자, 단음 문자

**언어의 일반적 요소**
• 주체 : 언어의 주체는 인간
• 형식 : 언어의 형식은 음성 기호
• 내용 : 언어의 내용은 의미(사상과 감정)

**언어의 주요 기능**
• **정보 전달 및 보존 기능** : 말하는 이가 듣는 이에게 정보 전달 기능 및 지식을 보존, 축적하는 기능
• **표출적 기능** : 표현 의도나 전달 의도 없이 거의 본능적으로 사용하는 기능
• **감화적(지령적) 기능** : 듣는 사람으로 하여금 특정 행동을 하도록 하는 기능
• **미학적 기능** : 언어를 예술적 재료로 삼는 문학에서 주로 사용되는 기능으로 음성이 주는 효과를 중시
• **표현적 기능** : 화자의 심리(감정이나 태도)를 표현하는 기능
• **친교적 기능** : 말하는 이와 듣는 이의 친교를 돕는 기능
• **관어적 기능** : 언어 수행에 필요한 매체로서 언어가 관계하는 기능

**국어의 개념**
• 언어는 일반성과 함께 특수성을 가진 개별적이고 구체적 언어로서 국가를 배경으로 함
• 한 나라의 국민들이 공동으로 쓰는 말로서, 정치상 공식어이자 교육상 표준어를 의미
• 원칙적으로 한 국가 안에서는 하나의 국어가 사용되지만, 경우에 따라 둘 이상이 사용되기도 함

② 국어의 종류

| 어원에 따라 | 고유어 | | 우리 민족이 옛날부터 사용해 오던 토박이 말(예 생각, 고뿔, 고주망태, 후미지다) |
|---|---|---|---|
| | 외래어 | 귀화어 | 차용된 후에 거의 우리말처럼 되어 버린 말 |
| | | 차용어 | 우리말로 되지 않고 외국어 의식이 조금 남아 있는 외래어(예 타이어, 빵, 오뎅) |
| 사회성에 따라 | 표준어 | | 한 나라의 기본, 표준이 되는 말(예 교양 있는 사람들이 두루 쓰는 현대 서울말) |
| | 방언 | | 지역에 따라 각기 특이한 언어적 특징을 가진 말 |
| | 은어 | | 어떤 특수한 집단에서 비밀을 유지하기 위해 사용하는 말(예 심마니, 히데기(雪), 왕초, 똘마니) |
| | 속어 | | 통속적이고 저속한 말(예 큰집(교도소), 동그라미(돈), 짝퉁(가짜)) |
| | 비어 | | 점잖지 못하고 천한 말(예 촌놈, 주둥아리, 죽여준다) |

③ 국어의 특질

| 구분 | 내용 |
|---|---|
| 음운상 특질 | • 두음법칙, 구개음화, 음절의 끝소리 규칙, 모음조화, 자음동화, 동화작용, 활음조, 연음현상 등<br>• 파열음과 파찰음은 예사소리, 된소리, 거센소리의 삼지적 상관속을 이룸<br>• 음의 장단이나 음상의 차이로 뜻이나 어감이 달라지며, 의미 분화가 일어남<br>• 외래어 중 한자어가 많음 |
| 어휘상 특질 | • 높임말 발달<br>• 감각어, 의성어, 의태어 등 상징어 발달<br>• 친족관계를 표현하는 어휘 발달<br>• 문법적 관계를 나타내는 조사와 어미 발달<br>• 수식어는 피수식어 앞에 위치<br>• 서술어가 문장 맨 끝에 위치 |
| 문법상 특질 | • 문장 요소를 생략하는 일이 많음<br>• 단어에 성과 수의 구별이 없음<br>• 관계대명사, 관사, 접속사 등이 없음<br>• 문장 구성 요소의 자리 이동이 비교적 자유로움<br>• 높임법 발달 |

## (3) 국어의 순화

① 국어 순화의 의미 : 외래어(외국어)나 비속어를 순 우리말 등을 활용하여 다듬는 것

② 국어 순화의 대상 ⭐빈출개념

| 한자어 | 순화어 | 한자어 | 순화어 |
|---|---|---|---|
| 가면무도회 | 탈놀이 | 가부동수 | 찬반 같음 |

SEMI-NOTE

**국어가 된 귀화어의 종류**

• **한자어** : 종이, 글자, 점심, 채소, 어차피, 당연, 을씨년스럽다, 익숙하다
• **만주, 여진어** : 호미, 수수, 메주, 가위
• **몽골어** : 매, 말, 송골, 수라
• **일본어** : 냄비, 고구마, 구두
• **서구어** : 가방, 깡통, 고무, 담배, 빵, 망토
• **범어(산스크리트어)** : 절, 불타, 만다라, 중, 달마, 부처, 석가, 열반, 찰나 등

**언어의 유형**

• **교착어(첨가어)** : 뜻을 나타내는 실질형태소를 붙임으로써 문법적 관계를 나타내는 언어(한국어, 몽골어, 일본어, 터키어)
• **굴절어** : 실질형태소와 형식형태소의 구별이 뚜렷하지 않고, 어형의 변화로 어법 관계를 나타내는 언어(영어, 불어, 독일어, 산스크리트어)
• **고립어** : 형식형태소가 없이 오직 개념을 나타내는 말의 위치(어순)가 문법적 관계를 나타내는 언어(중국어, 태국어, 티베트어)
• **포합어** : 한 말(단어)로써 한 문장과 같은 형태를 가지는 언어(이누이트어, 아메리카 인디언어)
• **집합어** : 포합어보다 더 많은 성분이 한데 뭉쳐 한 문장처럼 쓰이는 말(아메리카 인디언어, 이누이트어)

## SEMI-NOTE

### 일본식 단어의 순화

| 일본어 | 순화어 |
|---|---|
| 공구리 | 콘크리트 |
| 노가다 | 노동자 |
| 구루마 | 수레 |
| 명찰 | 이름표 |
| 야끼만두 | 군만두 |
| 오봉 | 쟁반 |
| 찌라시 | 선전물 |
| 고참 | 선임자 |
| 기라성 | 빛나는 별 |
| 백묵 | 분필 |
| 사라 | 접시 |
| 시다 | 보조원 |
| 오뎅 | 어묵 |
| 가라오케 | 노래방 |
| 덴푸라 | 튀김 |
| 추리닝 | 운동복 |
| 화이바 | 안전모 |

### 기타 일본식 한자어의 순화

| 일본식 한자어 | 순화어 |
|---|---|
| 고지(告知) | 알림 |
| 구좌(口座) | 계좌 |
| 가필(加筆) | 고쳐 씀 |
| 고사(固辭) | 끝내 사양함 |
| 공람(供覽) | 돌려봄 |
| 급사(給仕) | 사환, 사동 |
| 매점(買占) | 사재기 |
| 부락(部落) | 마을 |
| 견본(見本) | 본(보기) |
| 과년도(過年度) | 지난해 |
| 담수어(淡水魚) | 민물고기 |
| 시말서(始末書) | 경위서 |
| 투기(投棄)하다 | 버리다 |
| 취사(炊事) | 밥 짓기 |
| 예인(曳引)하다 | 끌다 |
| 할증료(割增料) | 웃돈, 추가금 |

| 가전(加錢) | 웃돈 | 각선미 | 다리맵시 |
|---|---|---|---|
| 각반병 | 모무늿병 | 간석지 | 개펄 |
| 간선도로 | 중심도로, 큰 도로 | 간언(間言) | 이간질 |
| 검인(檢印) | 확인도장 | 게기하다 | 붙이거나 걸어서 보게 하다 |
| 견적하다 | 어림셈하다 | 공탁하다 | 맡기다 |
| 구랍(舊臘) | 지난해 섣달 | 근속하다 | 계속 근무하다 |
| 기부채납 | 기부 받음, 기부받기 | 기장하다 | 장부에 적다 |
| 내사하다 | 은밀히 조사하다 | 법에 저촉(抵觸)되다 | 법에 걸리다 |
| 네건 | 케온 | 비사(飛砂)멀티주의 | 날릴 먼지 주의 |
| 병역을 필하다 | 병역을 마치다 | 사고 다발 지역 | 사고 잦은 곳 |
| 사실을 지득한 경우 | 사실을 안 경우 | 선하차 후승차 | 내린 다음 타기 |
| 순치(馴致) | 길들이기 | 식별이 용이하다 | 알아보기 쉽다 |
| 약을 복용하다 | 약을 먹다 | 장물을 은닉하다 | 장물을 숨기다 |
| 적색등이 점등되다 | 빨간 등이 켜지다 | 전력을 경주하다 | 온 힘을 기울이다 |
| 지난(至難)한 일 | 매우 어려운 일 | 초도순시 | 처음 방문, 첫 방문 |
| 촉수를 엄금하시오 | 손대지마시오 | 총기 수입(手入) | 총기손질 |
| 콘크리트 양생중 | 콘크리트 굳히는 중 | 품행이 방정함 | 행실이 바름 |
| 화재를 진압하다 | 불을 끄다 | 화훼 단지 | 꽃 재배지 |

### ③ 주요 일본식 한자어의 순화

| 일본식 한자어 | 순화어 | 일본식 한자어 | 순화어 |
|---|---|---|---|
| 견습(見習) | 수습(收拾) | 담합(談合) | 짬짜미 |
| 도료(塗料) | 칠 | 보정(補正)하다 | 바로잡다 |
| 선택사양 | 선택사항 | 게양(揭揚)하다 | 달다, 걸다 |
| 노임(勞賃) | 품삯 | 독거노인 | 홀로 사는 노인 |
| 고수부지(高水敷地) | 둔치(마당) | 간극(間隙) | 틈 |
| 대하(大蝦) | 큰새우, 왕새우 | 망년회(忘年會) | 송년회, 송년모임 |
| 오지(奧地) | 두메(산골) | 수취(受取) | 수령, 받음 |
| 취조(取調) | 문초 | 택배(宅配) | 집 배달, 문 앞 배달 |
| 혹성(惑星) | 행성 | 십장(什長) | 반장, 작업반장 |

### ④ 서구어의 순화

| 서구어 | 순화어 | 서구어 | 순화어 |
|---|---|---|---|
| 그린벨트 | 개발제한구역, 녹지대 | 데코레이션 | 장식(품) |
| 러시아워 | 혼잡 시간 | 리사이클링 | 재활용 |
| 마타도어 | 흑색선전, 모략 선전 | 모니터링 | 감시, 검색 |

| 바캉스 | 여름 휴가, 휴가 | 백미러 | 뒷거울 |
|---|---|---|---|
| 부킹 | 예약 | 브랜드 | 상표 |
| 비하인드 스토리 | 뒷이야기 | 스타트 | 출발 |
| 스폰서 | 후원자, 광고 의뢰자 | 스프레이 | 분무(기) |
| 써클 | 동아리 | 시드 | 우선권 |
| 아웃사이더 | 문외한, 국외자 | 에러 | 실수 |
| 엠티(M.T) | 수련 모임 | 오리엔테이션 | 예비교육, 안내(교육) |
| 워밍업 | 준비(운동), 몸 풀기 | 이미테이션 | 모조, 모방, 흉내 |
| 인테리어 | 실내 장식 | 카운터 | 계산대, 계산기 |
| 카탈로그 | 목록, 일람표 | 캐주얼 | 평상(복) |
| 커트라인 | 한계선, 합격선 | 티타임 | 휴식 시간 |
| 파트타임 | 시간제 근무 | 펀드 | 기금 |
| 프러포즈 | 제안, 청혼 | 프리미엄 | 웃돈 |
| 하모니 | 조화 | 헤게모니 | 주도권 |
| 헤드라인 | 머리기사 | 호치키스 | 박음쇠 |
| 홈시어터 | 안방극장 | 히든카드 | 숨긴 패, 비책 |

## 02절  문법의 체계

## 1. 음운론

### (1) 음운의 종류

① 분절음운과 비분절 음운

  ㉠ 분절 음운 : 자음, 모음과 같이 분절되는 음운(음소)

  ㉡ 비분절 음운 : 소리의 장단과 높낮이, 세기 등으로 말의 뜻을 분화시킴

② 자음 : 발음기관의 장애를 받고 나는 소리(19개)

| 조음방법 \ 조음위치 | | 입술소리 (순음) | 허끝소리 (설단음) | 구개음 | 연구개음 | 목청소리 (후음) |
|---|---|---|---|---|---|---|
| 안울림 소리 (무성음) | 파열음 | ㅂ, ㅃ, ㅍ | ㄷ, ㄸ, ㅌ | | ㄱ, ㄲ, ㅋ | |
| | 파찰음 | | | ㅈ, ㅉ, ㅊ | | |
| | 마찰음 | | ㅅ, ㅆ | | | ㅎ |
| 울림 소리 (유성음) | 비음 | ㅁ | ㄴ | | ㅇ | |
| | 유음 | | ㄹ | | | |

04장

현대 문법

**음운의 개념**

말의 뜻을 구별해 주는 최소의 소리 단위로 자음과 모음의 변화를 통해 단어의 의미가 달라짐

**비분절 음운의 종류**

| 짧은소리 | 긴소리 |
|---|---|
| 말[馬, 斗] | 말:[言] |
| 눈[眼] | 눈:[雪] |
| 밤[夜] | 밤:[栗] |
| 성인[成人] | 성:인[聖人] |
| 가정[家庭] | 가:정[假定] |

**153**

**모음**

발음기관의 장애를 받지 않고 순조롭게 나오는 소리(21개)

**이중모음**

• 상향 이중모음 : 이중모음에서 활음(滑音 : 국어에서 반모음 따위)이 단모음 앞에 오는 모음
• 하향 이중모음 : 활음이 단모음 뒤에 오는 이중 모음

**대표적인 자음동화 현상**

• 비슷한 자음으로 바뀌는 경우 : 국물[궁물], 정릉[정능]
• 같은 소리로 바뀌는 경우 : 신라[실라], 칼날[칼랄], 광한루[광할루]
• 두 소리 모두 변하는 현상 : 백로[뱅노], 십리[심니], 독립[동닙]

**대표적인 동화의 예**

• 구개음화 : 해돋이[해도지], 같이[가티 → 가치]
• 모음동화 : 아비〉애비, 어미〉에미, 고기〉괴기
• 모음조화 : 알록달록/얼룩덜룩, 촐랑촐랑/출렁출렁
• 전설모음화 : 즛〉짓, 거츨다〉거칠다
• 연구개음화 : 옷감〉옥깜, 한강〉항강
• 양순음화 : 신문〉심문, 꽃바구니〉꼽빠구니)

③ 단모음 : 발음할 때 입술이나 혀가 고정되어 움직이지 않는 모음(10개)

| 구분 | 전설모음 | | 후설모음 | |
|---|---|---|---|---|
| | 평순 | 원순 | 평순 | 원순 |
| 고모음 | ㅣ | ㅟ | ㅡ | ㅜ |
| 중모음 | ㅔ | ㅚ | ㅓ | ㅗ |
| 저모음 | ㅐ | | ㅏ | |

④ 이중모음 : 발음할 때 입술 모양이나 혀의 위치가 처음과 나중이 달라지는 모음 (11개)

| 상향 이중모음 | 'ㅣ'계 상향 이중 모음 | ㅑ, ㅒ, ㅕ, ㅖ, ㅛ, ㅠ |
|---|---|---|
| | 'ㅜ'계 상향 이중 모음 | ㅘ, ㅙ, ㅝ, ㅞ |
| 하향 이중모음 | | ㅢ |

## (2) 음운의 변동

① 교체

  ㉠ 음절의 끝소리 규칙 : 음절의 끝소리가 'ㄱ, ㄴ, ㄷ, ㄹ, ㅁ, ㅂ, ㅇ' 중 하나로 바뀌어 발음되는 현상

  ㉡ 7가지 이외의 자음이 끝소리 자리에 오면, 7가지 중 하나로 바뀌어 발음됨(예) 낮[낟], 앞[압])

  ㉢ 끝소리에 두 개의 자음이 올 때, 둘 중 하나로 소리 남(예) 넋[넉], 값[갑])

② 동화

  ㉠ 자음동화 : 음절의 끝 자음이 그 뒤에 오는 자음과 만날 때 서로 같아지거나 비슷하게 바뀌는 현상

  ㉡ 구개음화 : 끝소리가 'ㄷ, ㅌ'인 음운이 'ㅣ'모음을 만나 센 입천장 소리 'ㅈ, ㅊ'으로 바뀌어 발음되는 현상

  ㉢ 모음동화 : 'ㅏ, ㅓ, ㅗ, ㅜ' 뒤 음절에 전설모음 'ㅣ'가 오면 'ㅐ, ㅔ, ㅚ, ㅟ'로 변하는 현상

  ㉣ 모음조화 : 양성모음(ㅗ, ㅏ)은 양성모음끼리, 음성모음(ㅓ, ㅜ, ㅡ)은 음성모음끼리 어울리는 현상으로 의성어와 의태어에서 뚜렷이 나타남

  ㉤ 원순모음화 : 순음 'ㅁ, ㅂ, ㅍ'의 영향을 받아서 평순모음인 'ㅡ'가 원순모음인 'ㅜ'로 바뀌는 현상

  ㉥ 전설모음화 : 치음인 'ㅅ, ㅈ, ㅊ'의 바로 밑에 있는 'ㅡ(후설모음)'가 치음의 영향으로 'ㅣ(전설모음)'로 변하는 현상

  ㉦ 연구개음화 : 'ㄴ, ㄷ, ㅁ, ㅂ'이 연구개음인 'ㄱ, ㅇ, ㅋ, ㄲ'을 만나 연구개음으로 잘못 발음하는 현상

  ㉧ 양순음화 : 'ㄴ, ㄷ'이 양순음인 'ㅂ, ㅃ, ㅍ, ㅁ'를 만나 양순음으로 잘못 발음하는 현상

③ 축약과 탈락

   ㉠ 축약 : 두 음운이 합쳐져서 하나의 음운이 되는 현상

      • 자음축약 : 'ㄱ, ㄷ, ㅂ, ㅈ'이 'ㅎ'과 만나 거센소리 'ㅋ, ㅌ, ㅍ, ㅊ'으로 발음되는 현상

      • 모음축약 : 'ㅣ'나 'ㅗ, ㅜ'가 다른 모음과 결합해 이중모음이 되는 현상

   ㉡ 탈락 : 두 형태소가 만나면서 한 음운이 아예 발음되지 않는 현상

| 종류 | 조건 | 예시 |
|---|---|---|
| 모음탈락 | • 'ㅐ, ㅔ'가 'ㅏ, ㅓ'와 결합할 때<br>• 같은 모음이 연속할 때(동음탈락) | 가ㅡ + ㅡ아서 → 가서<br>따르ㅡ + ㅡ아 → 따라 |
| 'ㅡ' 탈락 | 'ㅡ'가 모음으로 시작하는 어미를 만날 때 | 쓰ㅡ + ㅡ어 → 써 |
| 자음탈락 | • 앞 자음이 탈락할 때<br>• 뒤 자음이 탈락할 때 | 울ㅡ + ㅡ는 → 우는<br>딸 + 님 → 따님 |
| 'ㄹ' 탈락 | • 파생어나 합성어가 될 때<br>• 어간 받침 'ㄹ'이 탈락할 때 | 불나비 → 부나비<br>가을내 → 가으내 |
| 'ㅎ' 탈락 | 'ㅎ' 뒤에 모음으로 시작하는 어미와 결합할 때 | 좋은[조은]<br>낳은[나은] |

④ 된소리와 사잇소리 현상

   ㉠ 된소리되기(경음화)

      • 받침 'ㄱ(ㄲ, ㅋ, ㄳ, ㄺ), ㄷ(ㅅ, ㅆ, ㅈ, ㅊ, ㅌ), ㅂ(ㅍ, ㄼ, ㄿ, ㅄ)' 뒤에 연결되는 예사소리는 된소리로 발음

      • 'ㄹ'로 발음되는 어간 받침 'ㄼ, ㄾ'이나 관형사형 'ㅡㄹ' 뒤에 연결되는 예사소리는 된소리로 발음

      • 끝소리가 'ㄴ, ㅁ'인 용언 어간에 예사소리로 시작되는 활용어미가 이어지면 그 소리는 된소리로 발음

   ㉡ 사잇소리 현상

      • 두 개의 형태소 또는 단어가 합쳐져서 합성 명사를 이룰 때, 앞말의 끝소리가 울림소리이고 뒷말의 첫소리가 안울림 예사소리이면 뒤의 예사소리가 된소리로 변하는 현상

      • 합성어에서, 뒤에 결합하는 형태소의 첫소리로 'ㅣ, ㅑ, ㅕ, ㅛ, ㅠ' 등의 소리가 올 때 'ㄴ'이 첨가되는 현상이나, 앞말이 모음으로 끝나 있고, 뒷말이 'ㄴ, ㅁ'으로 시작되면 'ㄴ' 소리가 덧나는 현상

⑤ 두음법칙과 활음조 현상

   ㉠ 두음법칙 : 첫음절 첫소리에 오는 자음이 본래의 음가를 잃고 다른 음으로 발음되는 현상

---

**음운 축약의 예**

• 자음축약 : 좋고[조코], 많다[만타], 잡히다[자피다]

• 모음축약 : 뜨 + 이다 → 띠다, 되 + 어 → 돼, 오 + 아서 → 와서

**음운 변동 핵심요약**

• 교체 : 어떤 음운이 형태소의 끝에서 다른 음운으로 바뀌는 현상

• 동화 : 한 쪽의 음운이 다른 쪽 음운의 성질을 닮아 가는 현상

• 축약 : 두 음운이 하나의 음운으로 줄어드는 현상

• 탈락 : 두 음운 중 어느 하나가 없어지는 현상

• 첨가 : 형태소가 합성될 때 그 사이에 음운이 덧붙는 현상

**된소리되기(경음화)의 예**

• 받침 'ㄱ, ㄷ, ㅂ' 뒤에 연결되는 예사소리 : 국밥[국빱], 옷고름[옫꼬름], 낮설대[낟썰다], 넓죽하다[넙쭈카다], 값지다[갑찌다], 입고[입꼬]

• 'ㄹ'로 발음되는 어간받침과 관형사형 'ㅡㄹ' 뒤에 연결되는 예사소리 : 넓게[널께], 핥다[할따]

• 끝소리가 'ㄴ, ㅁ'인 용언 어간에 예사소리 활용어미가 이어짐 : 넘고[넘꼬], 더듬지[더듬찌], 넘더라[넘떠라]

**사잇소리 현상의 예**

• 울림소리인 끝소리 뒤에 안울림 예사소리일 경우 : 문ㅡ고리[문꼬리], 눈ㅡ동자[눈똥자], 손ㅡ재주[손째주], 그믐ㅡ달[그믐딸], 초ㅡ불[초뿔], 강ㅡ줄기[강쭐기], 강ㅡ개[강까], 밤ㅡ길[밤낄]

• 'ㄴ' 첨가 현상 또는 뒷말이 'ㄴ, ㅁ'일 경우 : 꽃 + 잎[꼰닙], 집 + 일[짐닐], 물 + 약[물략], 코 + 날[콘날], 이 + 몸[인몸]

---

| 종류 | 예시 |
|---|---|
| 'ㄹ'이 'ㄴ'으로 발음 | 락원(樂園) → 낙원, 래일(來日) → 내일, 로인(老人) → 노인 |
| 'ㅣ' 모음이나 'ㅣ' 선행 모음에서 'ㄹ'과 'ㄴ'이 탈락 | • 'ㄹ' 탈락 : 리발(理髮) → 이발, 력사(歷史) → 역사<br>• 'ㄴ' 탈락 : 녀자(女子) → 여자, 닉사(溺死) → 익사 |
| 예외로, 'ㄴ'이나 '모음' 다음에 오는 '렬'과 '률'은 '열'과 '율'로 발음 | 나렬(羅列) → 나열, 환률(換率) → 환율 |

ⓛ 활음조 현상 : 듣기 좋고 말하기 부드러운 소리로 변화하는 현상

| 종류 | 예시 |
|---|---|
| 'ㄴ'이 'ㄹ'로 변화 | 한아버지 → 할아버지, 한나산(漢拏山) → 한라산, 희노(喜怒)[희로] |
| 'ㄴ' 첨가 | 그양 → 그냥, 마양 → 마냥 |
| 'ㄹ' 첨가 | 지이산(智異山) → 지리산, 폐염(肺炎) → 폐렴 |

## 2. 형태론

### (1) 형태소

① 형태소 : 뜻을 가진 가장 작은 말의 단위로 자립성의 여부와 실질적 의미의 여부에 따라 그 종류가 나뉨

② 자립성 여부

| 종류 | 의미 | 문법요소 | 예시 |
|---|---|---|---|
| 자립형태소 | 홀로 쓰일 수 있는 형태소 | 명사, 대명사, 수사, 관형사, 부사, 감탄사 | 꽃, 나비 |
| 의존형태소 | 자립형태소에 붙어서 쓰이는 형태소 | 조사, 접사, 용언의 어간/어미 | -의, -는, 먹-, -다, -이 |

③ 의미 여부

| 종류 | 의미 | 문법요소 | 예시 |
|---|---|---|---|
| 실질형태소 | 구체적 대상이나 상태를 나타내는 실질적 의미를 지닌 형태소 | 자립형태소 모두, 용언의 어간 | 강, 낮- |
| 형식형태소 | 문법적 관계나 의미만을 더해주는 형태소 | 조사, 접사, 용언의 어미 | -가, -았-, -다 |

### (2) 단어의 형성

① 단일어 : 하나의 어근으로 된 단어로 더 이상 나눌 수 없음

② 파생어 : 어근의 앞이나 뒤에 파생접사가 붙어서 만들어진 단어

**문법 단위**

• 문장 : 이야기의 기본 단위(예 동생이 빠르게 걷고 있다.)
• 어절 : 문장을 구성하고 있는 마디(예 동생이/빠르게/걷고/있다.)
• 단어 : 일정한 뜻을 가지는 말의 최소 단위(예 동생/이/빠르게/걷고/있다.)
• 형태소 : 뜻을 가진 가장 작은 말의 단위(예 동생/이/빠르/게/걷/고/있/다.)

**단어**
자립할 수 있거나, 자립형태소에 붙어서 쉽게 분리되는 말

**파생어 형성의 예**

• 접두사에 의한 파생어 : 군말, 짓밟다, 헛고생, 풋사랑, 엿듣다, 샛노랗다
• 접미사에 의한 파생어
 – 어근의 뜻을 제한하는 경우 : 구경꾼, 살림꾼, 풋내기, 시골내기, 사람들, 밀치다
 – 품사를 바꾸는 경우 : 가르침, 걸음, 물음, 슬픔, 말하기, 읽기, 크기, 공부하다, 구경하다, 이용되다, 가난하다, 값지다, 어른답다, 많이, 없이, 끝내

③ 합성어

　㉠ 합성어 형성법(합성법의 유형에 따른 분류)

| 유형 | 설명 | 예시 |
|---|---|---|
| 통사적 합성어 | 우리말의 문장이나 구절의 배열 구조, 즉 통사적 구성과 일치하는 합성어 | 밤낮, 새해, 젊은이, 큰집, 작은아버지, 장가들다, 애쓰다, 돌아가다, 앞서다, 힘쓰다, 돌다리, 곧잘 |
| 비통사적 합성어 | 우리말의 문장이나 단어의 배열 구조, 즉 통사적 구성과 일치하지 않는 합성어 | 높푸르다, 늦잠, 부슬비, 굳세다, 검푸르다, 굶주리다, 산들바람 |

　㉡ 합성어의 종류(합성법의 의미에 따른 분류)

| 유형 | 설명 | 예시 |
|---|---|---|
| 병렬 합성어 (대등 합성어) | 단어나 어근이 원래의 뜻을 유지하면서 대등하게 연결된 말 | 마소(馬牛) |
| 유속 합성어 (종속 합성어) | 단어나 어근이 서로 주종 관계(수식 관계)로 연결되어 '의'를 넣을 수 있는 말 | 밤나무, 소금물, 싸움터 |
| 융합 합성어 | 단어와 어근이 본래의 의미를 상실하고, 새로운 제3의 뜻으로 바뀐 말 | 春秋(나이), 돌아가다(죽다), 밤낮 |

④ 통사적 합성어와 비통사적 합성어의 유형

　㉠ 통사적 합성어

　　• 명사 + 명사(예 논밭, 눈물)

　　• 관형어 + 체언 : 첫사랑, 새해, 군밤, 어린이

　　• 조사가 생략된 유형 : 본받다, 힘들다, 애쓰다, 꿈같다

　　• 연결어미로 이어진 경우 : 어간 + 연결어미 + 어간(예 뛰어가다, 돌아가다, 찾아보다)

　㉡ 비통사적 합성어

　　• 관형사형 어미가 생략된 경우(어근 + 명사) : 검버섯(검은 + 버섯)

　　• 용언의 연결어미(아, 어, 게, 지, 고)가 생략된 경우 : 굳세다(굳고 + 세다)

## (3) 품사

① 품사의 개념 : 문법적 성질이 공통된 것끼리 모아 놓은 단어의 갈래

② 품사의 분류

| 형태적 | 통사적 | 의미적 | 기능적 |
|---|---|---|---|
| 불변어 | 체언 | 명사, 대명사, 수사 | 주어, 목적어, 보어 |
| | 수식언 | 관형사, 부사 | 수식어 |
| | 독립언 | 감탄사 | 독립어 |
| | 관계언 | 조사 | 성분 간의 관계 표시 |
| 가변어 | 용언 | 동사, 형용사 | 주로 서술어 |

SEMI-NOTE

기타 통사적, 비통사적 합성어의 유형

• 통사적 합성어

　– 부사 + 부사(예 곧잘, 더욱더, 이리저리)

　– 부사 + 용언(예 앞서다, 잘나다, 못나다, 그만두다)

• 부사가 직접 명사를 수식하는 경우 : 부사 + 명사의 결합(예 부슬비, 산들바람, 척척박사)

04장

현대 문법

**조사의 개념**
• 격조사 : 체언 뒤에서 선행하는 체언에 문법적 기능을 부여하는 조사
• 보조사 : 체언 뒤에서 선행하는 체언에 특정한 의미를 부여하는 조사
• 접속조사 : 단어나 문장을 대등하게 연결하는 조사

**보조사의 분류**
• -은/-는 : '대조' 또는 '주체'를 나타냄
• -도 : '동일', '첨가'를 나타냄
• -만/-뿐 : '단독', '한정'을 나타냄
• -까지/-마저/-조차 : '미침', '추종', '극단(한계)' 또는 '종결'을 나타냄
• -부터 : '시작', '출발점'을 나타냄
• -마다 : '균일'을 나타냄
• -(이)야 : '필연', '당위'를 나타냄
• -야말로 : '한정'을 나타냄
• -커녕/-(이)나 : '불만'을 나타냄(예) 사람은커녕 개미 한 마리도 없더라.
• 밖에 : '더 없음'을 나타냄(예)믿을 사람이라고는 너밖에 없다.)
• -(이)나 : '최후 선택'을 나타냄
• -든지 : '수의적 선택'을 나타냄

**접속조사의 종류**
와/과, -하고, -에(다), -(이)며, -(이)랑, -(이)나

③ 명사, 대명사

| 명사 | 쓰이는 범위 | 보통명사 | 같은 종류의 사물에 두루 쓰이는 명사 |
| --- | --- | --- | --- |
| | | 고유명사 | 특정한 사람이나 물건에 붙는 명사 |
| | 자립성 유무 | 자립명사 | 다른 말의 도움을 받지 않고 여러 성분으로 쓰이는 명사 |
| | | 의존명사 | 의미가 형식적이어서 다른 말 아래에 쓰이는 명사 |
| 대명사 | 인칭대명사 | 1인칭 | 말하는 이를 가리킴(예) 나, 우리, 저, 저희) |
| | | 2인칭 | 듣는 이를 가리킴(예) 너, 자네, 그대, 당신) |
| | | 3인칭 | 다른 사람을 가리킴(예) 저이, 그이, 그분, 이분, 이이) |
| | 지시대명사 | 사물대명사 | 사물을 대신하여 가리킴(예) 이것, 무엇, 아무것) |
| | | 처소대명사 | 처소나 방향을 가리킴(예) 거기, 어디) |

④ 조사 ★빈출개념

| 격조사 | 주격 조사 | 선행하는 체언에 주어의 자격을 부여하는 조사로, '-이/-가, -은/-는, -께서, -이서, -에서, -서'가 있음(예) 친구가 한 명 있었다. 그 친구는 친구였다. 둘이서 자주 놀았다. 친구가 오면 어머니께서 용돈을 주셨고, 동네가게에서 과자를 사먹었다.) |
| --- | --- | --- |
| | 서술격 조사 | '체언 + -(이)다'의 형태로 사용되는 격조사로, 활용을 하는 특성을 지님(예) 나는 학생이다.) |
| | 목적격 조사 | 체언이 타동사의 목적어가 되게 하는 격조사로 '-을/-를'이 있음(예) 그는 수영을 잘한다.) |
| | 보격 조사 | 체언에 보어의 자격을 부여하는 격조사로, 이/가가 있으며 '되다', '아니다' 앞에 위치함(예) 그녀는 교사가 되었다. 학생들은 실험 대상이 아니다.) |
| | 부사격 조사 | • 선행하는 체언에 부사의 자격을 부여하는 동사<br>• -에게(에), -에서, -한테 : '처소', '소유', '때'를 나타냄(예) 집에서 공부한다. 너한테 주었다.)<br>• -에(게), -(으)로, -한테 : '지향', '방향', '낙착'을 나타냄(예) 집에 돌아왔다. 학교로 갔다.)<br>• -에(게)서, -한테서 : '출발'을 나타냄(예) 집에서 왔다. 영희한테 그 말을 들었다.)<br>• -에, -으로 : '원인', '이유'를 나타냄(예) 기침 소리에 잠을 깼다. 병으로 앓아 누웠다.)<br>• -으로(써) : '재료(원료)', '도구(방법)', '경로'를 나타냄<br>• -으로(서) : '자격(지위, 신분)'을 나타냄<br>• -(으)로 : '변화(변화 방향)'를 나타냄(예) 물이 얼음으로 되었다.)<br>• -와/-과, -하고 : '동반'을 나타냄(예) 그는 그 노인과 같이 갔다.)<br>• -와/-과, -보다, -처럼, -만큼 : '비교'를 나타냄(예) 그는 나와 동갑이다. 배보다 배꼽이 크다.) |
| | 호격 조사 | 부름의 자리에 놓여 독립어의 자격을 부여하는 격조사(예) 님이여. 동수야.) |

⑤ 동사와 형용사

ㄱ 동사 : 문장의 주체가 되는 사람의 동작이나 자연의 작용을 표시

ⓛ 형용사 : 사물의 속성이나 상태를 표시

ⓒ 동사 및 형용사의 구별

- 동작을 의미하는 어미와 결합하면 동사, 결합할 수 없으면 형용사
- 명령형, 청유형 어미와 결합하면 동사, 그렇지 않으면 형용사
- 동작의 양상과 결합하면 동사, 그렇지 않으면 형용사
- '없다, 계시다, 아니다'는 형용사, '있다'는 동사, 형용사로 통용

⑥ 용언의 활용 ★빈출개념

ㄱ 형태가 바뀌지 않는 규칙 활용 : 먹다 → 먹어, 먹어라

ㄴ 형태가 바뀌는 규칙 활용

- 'ㄹ' 탈락 : 어간의 끝이 'ㄹ'인 용언 다음에 ㄴ, ㄹ/-ㄹ수록, ㅂ, ㅅ, -(으)ㄹ, (으)오 등이 오는 경우 용언의 'ㄹ'이 탈락함(예 밀다 → 미시오/밉시다, 살다 → 사네/사세/살수록(살 + ㄹ수록 → 살수록))
- 'ㅡ' 탈락 : 어간의 끝이 'ㅡ'인 용언 다음에 'ㅏ', 'ㅓ' 어미가 올 때(예 잠그다 → 잠가, 담그다 → 담가, 들르다 → 들러)

ㄷ 용언의 어간이 바뀌는 불규칙 활용

- 'ㅅ' 불규칙 : 어간의 끝소리 'ㅅ'이 모음 앞에서 탈락함
- 'ㄷ' 불규칙 : 어간의 끝소리 'ㄷ'이 모음 앞에서 'ㄹ'로 바뀜
- 'ㅂ' 불규칙 : 어간의 끝소리 'ㅂ'이 모음 앞에서 '오/우'로 바뀜
- '르' 불규칙 : 어간의 끝소리 'ㅡ'가 탈락하고 'ㄹ'이 덧 생김
- '우' 불규칙 : 어간의 끝소리 '우'가 사라짐

ㄹ 용언의 어미가 바뀌는 불규칙 활용

- '여' 불규칙 : 어미의 첫소리 '아/어'가 '여'로 바뀜
- '러' 불규칙 : 어미의 첫소리 '어'가 '러'로 바뀜
- '너라' 불규칙 : 명령형 어미 '아라/어라'가 '너라'로 바뀜

ㅁ 용언의 어간, 어미가 모두 바뀌는 불규칙 활용

- 'ㅎ' 불규칙 : 어간의 'ㅎ'이 탈락하고 어미의 '아/어'가 '애/에'로 바뀜

⑦ 관형사 : 내용을 자세하게 꾸며 주는 말로 조사가 붙지 않고, 어미가 붙어 활용하지 않음

ㄱ 성상관형사 : 체언이 가리키는 사물의 성질이나 상태를 '어떠한'의 방식으로 꾸며 줌

ㄴ 지시관형사 : 지시성을 띄는 관형사

ㄷ 수관형사 : 뒤에 오는 명사의 수량을 표시함

⑧ 부사

ㄱ 개념 : 오는 용언이나 다른 말을 꾸며 그 의미를 분명히 함

ㄴ 부사의 종류

| | 성상(性狀)부사 | '어떻게'의 방식으로 꾸며 주는 부사 |
|---|---|---|
| 성분부사 | 지시부사 | 방향, 거리, 시간, 처소 등을 지시하는 부사 |
| | 부정부사 | 용언의 의미를 부정하는 부사 |

**규칙 활용**
문법적 관계를 표시하기 위해 용언의 어간 또는 어미를 다른 형태로 바꾸는 것

**불규칙 활용의 예**

- 'ㅅ' 불규칙 : 붓다 → 부어, 잇다 → 이어, 짓다 → 지어
- 'ㄷ' 불규칙 : 걷다 → 걸어, 묻다 → 물어, 싣다 → 실어
- 'ㅂ' 불규칙 : 곱다 → 고와, 눕다 → 누워, 돕다 → 도와, 줍다 → 주워
- '르' 불규칙 : 가르다 → 갈라, 누리다 → 눌러, 부르다 → 불러, 오르다 → 올라, 흐르다 → 흘러
- '우' 불규칙 : 푸다 → 퍼(하나뿐임)
- '여' 불규칙 : -하다 → -하여
- '러' 불규칙 : 이르다(到, 도달하다) → 이르러, 푸르다 → 푸르러
- '너라' 불규칙 : 명령형 어미 '아라/어라'가 '너라'로 바뀜
- 'ㅎ' 불규칙 : 어간의 'ㅎ'이 탈락하고 어미의 '아/어'가 '애/에'로 바뀜

**자주 사용하는 부사**

- 성상(性狀)부사 : 너무, 자주, 매우, 몹시, 아주
- 지시부사 : 이리, 내일, 그리
- 부정부사 : 못, 안, 잘못
- 양태부사 : 과연, 다행히, 제발
- 접속부사 : 그리고, 즉, 및, 또는
- 파생부사 : 깨끗 + 이

| | 양태부사 | 말하는 이의 마음이나 태도를 표시하는 부사 |
|---|---|---|
| 문장부사 | 접속부사 | 앞뒤 문장을 이어주면서 뒷말을 꾸며주는 부사 |
| 파생부사 | | 부사가 아닌 것에 부사 파생 접미사를 붙여만든 부사 |

⑨ 접속어

   ㉠ 개념 : 단어와 단어, 구절과 구절 또는 문장과 문장을 잇는 문장성분

   ㉡ 접속어의 종류 ★빈출개념

| 접속 관계 | | 접속어 |
|---|---|---|
| 순접 | 원인 | 왜냐하면 |
| | 결과 | 그러므로, 따라서, 그러니까, 그러즉 |
| | 해설 | 그래서, 그러면, 요컨대, 이른바 |
| 역접 | | 그러나, 그래도, 그렇지만, 하지만 |
| 병렬 | | 그리고, 또한(또), 한편, 또는, 및 |
| 첨가 | | 또, 더욱, 특히, 더욱이 |
| 전환 | | 그런데, 아무튼, 하여튼 |

⑩ 수사

   ㉠ 수사의 개념 : 명사의 수량이나 순서를 가리키는 단위

   ㉡ 수사의 종류

     • 양수사 : 수량을 가리키는 단어(예 하나, 열, 일, 이, 백)

     • 서수사 : 순서를 가리키는 수사(예 첫째, 둘째, 제일, 제이)

## 3. 통사론

### (1) 문장의 성분

   ① 문장 성분의 개념 : 어느 어절에 다른 어절이나 단어에 대해 갖는 관계, 즉 한 문장을 구성하는 요소들

   ② 문장 성분의 재료

     ㉠ 단어 : 자립할 수 있는 말

     ㉡ 구(句) : 중심이 되는 말과 그것에 부속되는 말들을 한데 묶은 것

     ㉢ 절(節) : 하나의 온전한 문장으로 한 문장의 재료가 되는 것

   ③ 문장 성분의 갈래

| | 주어 | 문장의 주체가 되는 문장 성분, 즉 '무엇이'에 해당하는 말 |
|---|---|---|
| 주성분 | 서술어 | 주어를 풀이하는 기능을 수행하는 문장 성분, 즉 '어찌한다, 어떠하다, 무엇이다'에 해당하는 말 |
| | 목적어 | 서술어(행위, 상태)의 대상이 되는 문장 성분, 즉 '무엇을, 누구를'에 해당하는 말 |
| | 보어 | '되다', '아니다'와 같은 서술어를 꼭 필요로 하는 문장 성분 |

**감탄사의 개념과 특징**

• 감탄사의 개념 : 말하는 이의 본능적 놀람이나 느낌, 부름과 대답, 입버릇으로 내는 단어들을 말함

• 감탄사의 특징
  – 활용(용언의 어간이나 서술격 조사에 붙어 문장의 성격을 바꾸는 것)하지 않음
  – 위치가 아주 자유로워서 문장의 아무데나 놓을 수 있음
  – 조사가 붙지 않고 언제나 독립어로만 쓰임

**수사의 수식**

| 구분 | 관형사 | 형용사 |
|---|---|---|
| 명사 | 받음 | 받음 |
| 대명사 | 받지 못함 | 받음 |
| 수사 | 받지 못함 | 받지 못함 |

**구와 절의 종류**
• 구(句) : 명사구, 동사구, 형용사구, 관형사구, 부사구, 독립어구
• 절(節) : 명사절, 서술절, 관형절, 부사절, 인용절

**문장 성분의 품사 및 구조**
• 주성분
  – 주어 : '체언 + 주격 조사', '체언 + 보조사'
  – 서술어 : 동사, 형용사, '체언 + 서술격 조사'
  – 목적어 : '체언 + 목적격 조사', '체언 + 보조사'
  – 보어 : '체언 + 보격 조사(이/가) + 되다/아니다'

| 주성분 | 관형어 | 체언을 수식하는 문장 성분('어떠한, 무엇이'에 해당하는 말) |
|---|---|---|
| | 부사어 | 용언이나 부사어 등을 수식하는 문장 성분('어떻게, 어찌' 등에 해당하는 말) |
| 독립성분 | 독립어 | 문장의 어느 성분과도 직접적인 관계가 없는 말(감탄, 부름, 응답) |

④ **부속성분** ⭐빈출개념

- ㉠ 관형어 : 관형사, 체언 + 관형격 조사(의), 용언 어간 + 관형사형 어미
- ㉡ 부사어 : 부사, '체언 + 부사격 조사', 부사 + 보조사
- ㉢ 독립어 : 감탄사, '체언 + 호격 조사', 제시어(표제어), 문장 접속 부사('및, 또는'은 제외)

## (2) 문장의 짜임새

① **홑문장** : 주어와 서술어가 각각 하나씩 있는 문장
② **겹문장** : 한 개의 홑문장이 한 성분으로 안겨 들어가서 이루어지거나, 홑문장 여러 개가 이어져서 여러 겹으로 된 문장

| 분류 | 형태 | 예문 |
|---|---|---|
| 안은<br>문장 | 명사절을<br>안은문장 | • 목적어 : 나는 그가 승리했음을 안다.<br>• 목적어 : 나는 그가 승리했다는 것을 안다.<br>• 부사어 : 아직은 승리를 확신하기에 이르다.<br>• 주어 : 그가 승리했음이 밝혀졌다. |
| | 서술절을<br>안은문장 | • 나는 키가 크다.<br>• 선생님께서는 정이 많으시다.<br>• 그녀는 얼굴이 예쁘다. |
| | 관형절을<br>안은문장 | • 이 책은 선생님께서 주신 책이다.<br>• 나는 그가 좋은 교사라는 생각이 들었다.<br>• 도서관은 공부를 하는 학생들로 가득했다. |
| | 부사절을<br>안은문장 | • 비가 소리도 없이 내린다.<br>• 철수는 발에 땀이 나도록 뛰었다. |
| | 인용절을<br>안은문장 | • 선생님은 당황하여 "무슨 일이지?"라고 물으셨다.<br>• 그 사람은 자기가 학생이라고 주장하였다. |
| 이어진문장 | 대등하게<br>이어진문장 | • 낮말은 새가 듣고 밤 말은 쥐가 듣는다.<br>• 나는 파란색을 좋아하지만 그녀는 노란색을 좋아한다.<br>• 여름이라 아이스크림이라든지 팥빙수라든지 잘 팔린다.<br>• 지금은 고통스러울지 모르지만 먼 미래에 반드시 성공할 것이다. |
| | 종속적으로<br>이어진문장 | • 비가 와서 경기가 연기되었다.<br>• 당신이 오지 못하면 내가 직접 가겠다.<br>• 아버지가 출장길에서 돌아오시거든 꼭 안부 여쭤 보거라.<br>• 푹 자고 일어나니까 공부가 더 잘 되는 것 같다. |

SEMI-NOTE

**안은문장과 안긴문장의 개념**
- 안은문장 : 속에 다른 문장을 안고 있는 겉의 전체 문장
- 안긴문장 : 절의 형태로 바뀌어서 전체 문장 속에 안긴문장

**안은문장의 형태와 개념**
- **명사절을 안은문장** : 문장 속에서 주어, 목적어, 부사어 등의 역할을 하며, '-ㅁ, -기, ㄴ + 것'의 형태가 됨
- **서술절을 안은문장** : 서술어 부분이 절로 이루어진 형태
- **관형절을 안은문장** : 절이 관형사형으로 활용하거나, 용언에 관형사형 어미가 붙은 형태
- **부사절을 안은문장** : 절이 부사어 구실을 하여 서술어를 수식하며, '-없이, -달리, -도록' 등의 형태를 취함
- **인용절을 안은문장** : 남의 말을 인용한 부분을 말하며, '-고, -라고, -하고' 등의 형태를 취함

**이어진문장의 형태와 개념**
- **대등하게 이어진문장** : 대등적 연결어미, 즉 나열(-고, -며, -아서), 대조(-나, -지만 -아도/어도), 선택(-거나, -든지)의 연결어미를 사용하여 대등한 관계로 결합된 문장
- **종속적으로 이어진문장** : 종속적 연결어미, 즉 이유(-므로, -니까, -아서), 조건(-면, -거든, -라면), 의도(-려고, -고자)의 연결어미를 통해 문장을 연결하여 종속적인 관계를 표시한 문장

**사동문과 피동문의 형성**

• 사동문
 – 자동사 어근 + 접사(이, 히, 리, 기, 우, 구, 추)
 – 타동사 어근 + 접사
 – 형용사 어근접사
 – 어근 + '–게'(보조적 연결어미) + '하다'(보조동사)
 – 일부 용언은 사동 접미사 두 개를 겹쳐 씀(예 자다 → 자이우다 → 재우다)

• 피동문
 – 타동사 어근 + 접사(이, 히, 리, 기)
 – 모든 용언의 어간 + '–아/–어'(보조적 연결어미) + '지다'(보조동사)

**부정문의 개념과 형식**

• '안' 부정문 : 주체의 의지에 의한 행동의 부정을 나타냄
 – 긴 부정문 : '용언의 어간 + –지 + 않다(아니하다)'로 쓰임
 – 짧은 부정문 : '안(아니) + 동사, 형용사'로 쓰임
 – 중의성 : 어떤 대상에 부정을 수식하는지, 전체 또는 부분적으로 부정을 수식하는 지에 따라 문장의 의미가 달라짐

• '못' 부정문 : 주체의 의지가 아닌, 그의 능력상 불가능하거나 또는 외부의 어떤 원인 때문에 그 행위가 일어나지 못하는 것을 표현
 – 긴 부정문 : '동사의 어간 + –지 + 못하다'로 쓰임
 – 짧은 부정문 : 못 + 동사(서술어)로 쓰임
 – 중의성 : '안' 부정문의 중의성 구조와 같음

## (3) 문법의 기능

① 사동과 피동 ★ 빈출개념
  ㉠ 사동사 : 남으로 하여금 어떤 동작을 하도록 하는 것
  ㉡ 피동사 : 남의 행동을 입어서 행해지는 동작을 나타냄

② 잘못된 사동 표현
  ㉠ '–시키다'는 표현을 '–하다'로 할 수 있는 경우 그렇게 고침
    • 내가 소개시켜 줄게 → 내가 소개해 줄게
    • 근무환경을 개선시켜 나가야 한다. → 근무환경을 개선해 나가야 한다.
  ㉡ 의미상 불필요한 사동 표현은 사용하지 않음
    • 그녀를 보면 가슴이 설레인다. → 그녀를 보면 가슴이 설렌다.
    • 다른 차선에 함부로 끼여들면 안 된다. → 나는 사신에 함부노 끼여들면 안 된다.

③ 잘못된 피동 표현(이중 피동 표현)
  ㉠ '이, 히, 리, 기' 다음에 '–어지다'의 표현을 붙이는 것은 이중 피동 표현에 해당
    • 개선될 것으로 보여집니다. → 개선될 것으로 보입니다.
    • 열려져 있는 대문 → 열려 있는 대문
    • 게임 중독의 한 유형으로 꼽혀지고 있다. → 게임 중독의 한 유형으로 꼽히고 있다.
  ㉡ '–되어지다', '–지게 되다'는 이중 피동 표현에 해당
    • 잘 해결될 것이라 생각되어진다. → 잘 해결될 것이라 생각된다.
    • 합격이 예상되어집니다. → 합격이 예상됩니다.
    • '갈리우다', '불리우다', '잘리우다', '팔리우다' 등은 피동사(갈리다, 불리다, 잘리다, 팔리다)에 다시 접사가 붙은 형태이므로 잘못된 표현임

④ 부정문
  ㉠ '안' 부정문의 예
    • 긴 부정문 : 그는 오늘 밀린 일을 해결하느라 점심을 먹지 않았다.
    • 짧은 부정문 : 오늘은 겨울인데도 안 춥다.
    • 중의성 : '점심시간에 예약한 손님이 다 오지 않았다. → 점심시간에 온 손님이 한명도 없음, 손님이 오긴 왔지만 모두 온 것이 아님'으로 해석될 수 있음
  ㉡ '못' 부정문의 예
    • 긴 부정문 : 철수는 제 시간에 일을 처리하지 못해 퇴근하지 못했다.
    • 짧은 부정문 : 철수는 당직으로 새벽까지 일해 그날 집에 못 갔다.
    • 중의성 : 내가 간이침대에 누워있는 철수를 보지 못했다. → '철수를 보지 못한 것은 나, 내가 보지 못한 것은 철수, 내가 철수를 보지만 못했을 뿐'으로 해석될 수 있음

## (4) 높임과 낮춤

① 높임법

⊙ **주체높임법** : 서술어의 주체를 높이는 방법으로, 높임 선어말 어미 '-(으)시-'를 붙이고 주어에는 주격 조사 '께서'나 접사 '-님' 등을 붙여 높이며, '계시다', '잡수시다' 등의 일부 특수 어휘를 사용하여 높이기도 함

⊙ **객체높임법** : 동작의 대상인 서술의 객체를 높이는 방법으로, 통상 부사격 조사 '께'를 사용해 높이며, '드리다', '뵈다', '여쭙다', '모시다'와 같은 특수 어휘를 사용하기도 함(예 나는 선생님께 책을 드렸다.)

⊙ **상대 높임법** : 화자가 청자에 대하여 높이거나 낮추어 말하는 방법으로, 일정한 종결어미를 사용하여 듣는 상대방을 높이거나 낮춤

| | | |
|---|---|---|
| 격식체 | 해라체(아주 낮춤) | -다, -냐, -자, -어라, -거라, -라 |
| | 하게체(보통 낮춤) | -게, -이, -나 |
| | 하오체(보통 높임) | -오, -(으)ㅂ시다 |
| | 합쇼체(아주 높임) | -습니다/-ㅂ니다, -습니까/-ㅂ니까, -으십시오/-ㅂ시오 |
| 비격식체 | 해체(두루 낮춤) | -아/-어, -지, -을까 (해라체 + 하게체) |
| | 해요체(두루 높임) | -아/어요, -지요, -을까요 (하오체 + 합쇼체) |

② 기타 높임법의 사용

⊙ **해라체와 하라체** : 문어체로 쓰일 때 '해라' 대신 높임과 낮춤이 중화된 '하라'를 쓰기도 함. '해라'의 변형인 '하라'는 격식체나 비격식체가 간접 인용문으로 바뀔 때도 쓰임

⊙ **말씀의 쓰임** : '말씀'은 높임말도 되고 낮춤말도 됨

⊙ **계시다와 있으시다** : '계시다, 안 계시다'는 직접 높임에 사용하고, '있으시다, 없으시다'는 간접 높임에 사용함

# 4. 의미론

## (1) 의미

① **의미의 개념** : 언어가 가지는 용법, 기능, 내용 등을 이르지만 '의미'를 정의하기는 매우 어려운 일이며 지시설, 개념설, 반응설, 용법설 등을 들어 정의하기도 함

② 의미의 종류

| | |
|---|---|
| 중심적 의미 | 가장 기본적이고 핵심적인 의미(기본적 의미) |
| 주변적 의미 | 문맥이나 상황에 따라 그 의미가 확장되어 다르게 쓰이는 의미(문맥적 의미, 전의적 의미) |
| 사전적 의미 | 가장 기본적, 객관적인 의미로 정보 전달이 중심이 되는 설명문 같은 경우에 사용(개념적, 외연적, 인지적 의미) |
| 함축적 의미 | 사전적 의미에 덧붙여 연상이나 관습 등에 의해 형성되는 개인적, 정서적인 의미로, 시 등의 문예문에 사용(연상적, 내포적 의미) |

| 사회적 의미 | 사용하는 사람의 사회적 환경과 관련되는 의미를 전달할 때 사회적 의미라 하며, 선택된 단어의 종류나 말투, 글의 문체 등에 의해 전달 |
|---|---|
| 정서적 의미 | 말하는 사람의 태도나 감정을 드러내는 의미 |
| 주제적 의미 | 특별히 드러나는 의미, 이는 흔히 어순을 바꾸거나 특정 부분을 강조하여 발음함으로써 드러남 |
| 반사적 의미 | 어떤 말을 사용할 때 그 말의 원래 의미와는 아무런 관계없이 특정한 반응을 불러일으키게 되는 경우를 말함 |

③ 의미의 사용

㉠ 중의적 표현 ★ 빈출개념

- 어휘적 중의성 : 그것이 정말 사과냐? → 과일인 '사과(沙果)'인지, 용서를 비는 '사과(謝過)'인지 불분명함
- 구조적 중의성 : 철수는 아내보다 딸을 더 사랑한다. → 철수가 아내보다 딸을 더 사랑하는지, 철수가 딸을 더 사랑하는지, 아내보다 딸을 더 사랑하는지 불분명함
- 은유적 중의성 : 김 선생님은 호랑이다. → 김 선생님이 호랑이처럼 무섭다는 것인지, (연극에서) 호랑이 역할을 맡았다는 것인지 불분명함

㉡ 간접적 표현 : 에어컨 좀 꺼 줄래요? → 에어컨을 끄는 것은 표면적인 의미이지만 화자의 상황에 따라 몸이 춥거나, 에어컨에서 나는 소리 등이 원인이 되어 청자에게 명령 또는 요청하는 표현

㉢ 잉여적 표현 : 역전 앞, 빈 공간, 참고 안내하다 → 각각 의미가 중복된 표현

㉣ 관용적 표현 : 마른벼락을 맞다 → 문자 그대로 마른벼락을 맞은 것이 아니라 '갑자기 뜻밖의 재난을 당함'이라는 특별한 의미를 담고 있음

### (2) 의미의 변화

① 의미 변화의 원인

㉠ 언어적 원인 : 하나의 단어가 다른 단어와 자주 인접하여 나타남으로써 그 의미까지 변화된 경우

㉡ 역사적 원인 : 단어가 가리키는 대상은 변모하였음에도 불구하고 단어는 그대로 남아 있는 경우

㉢ 사회적 원인 : 일반적 단어가 특수 사회 집단에서 사용되거나, 특수 집단에서 사용 되던 단어가 일반 사회에서 사용됨으로써 의미에 변화가 일어나는 경우

㉣ 심리적 원인 : 비유적 용법이나 완곡어 등에 자주 사용되는 동안 해당 단어의 의미에 대한 인식이 변화하면서 단어의 의미까지 변화된 경우

② 의미 변화의 유형 ★ 빈출개념

㉠ 의미의 확장(확대) : 단어의 의미 영역이 넓어진 것

- 의미가 확장된 경우 : 온(백(百) → 모든), 겨레(종친 → 동포, 민족), 왕초(거지 두목 → 두목, 직장상사 등), 세수(손을 씻다 → 손과 얼굴을 씻다)

㉡ 의미의 축소 : 단어의 외연적 의미가 좁아진 것

- 의미가 축소된 경우 : 중생(모든 생물체 → 인간), 얼굴(형체 → 안면), 계집

---

**중의적 표현의 개념**

- 어휘적 중의성 : 한 단어가 둘 이상의 의미를 가짐
- 구조적 중의성 : 수식 구조나 문법적 성질로 인해 둘 이상의 의미로 해석되는 경우
- 은유적 중의성 : 둘 이상의 의미로 해석되는 은유적 표현

**간접, 잉여, 관용적 표현의 개념**

- 간접적 표현 : 문장의 표면적 의미와 속뜻이 다른 표현
- 잉여적 표현 : 의미상 불필요한 단어가 사용된 표현으로, 의미의 중복(중첩)이라 함
- 관용적 표현 : 두 개 이상의 단어로 이루어져 있으면서 그 단어들의 의미만으로 전체적 의미를 알 수 없는 특별한 의미를 담고 있는 표현

**의미 변화의 원인과 사례**

- 언어적 원인 : 생략이나 전염에 의해 발생(예 아침밥 → 아침, 아파트먼트 → 아파트, 콧물이 흐른다 → 코가 흐른다. 머리털을 깎다 → 머리를 깎다)
- 역사적 원인(예 감옥소)형무소)교도소, 돛단배)증기선)잠수함)
- 사회적 원인(예 복음 : 기쁜 소식)그리스도의 가르침, 왕 : 왕정의 최고 권력자)1인자, 최대, 최고)
- 심리적 원인
  - 다른 분야의 어휘가 관심 있는 쪽의 어휘로 견인된 경우(예 바가지 → 철모, 갈매기 → 하사관)
  - 금기(Taboo)에 의한 변화(예 산신령 → 호랑이, 손님 → 홍역)

(여성의 일반적 지칭어 → 여성의 낮춤말), 미인(남녀에게 사용 → 여성에게만 사용)

ⓒ 의미의 이동 : 가치관의 변화, 심리적 연상으로 의미가 달라진 것

- 의미가 이동된 경우 : 어리다(어리석다 → 나이가 적다), 수작(술잔을 주고받음 → 말을 주고받음), 젊다(나이가 어리다 → 혈기가 한창 왕성하다)

## 03절 국어 생활과 규범

# 1. 한국어 어문 규범

## (1) 한글 맞춤법

① 총칙

> 제1항 한글 맞춤법은 표준어를 소리대로 적되, 어법에 맞도록 함을 원칙으로 한다.
> 제2항 문장의 각 단어는 띄어 씀을 원칙으로 한다.
> 제3항 외래어는 '외래어 표기법'에 따라 적는다.

② 자모

> 제4항 한글 자모의 수는 스물넉 자로 하고, 그 순서와 이름은 다음과 같이 정한다.

| ㄱ(기역) | ㄴ(니은) | ㄷ(디귿) | ㄹ(리을) | ㅁ(미음) | ㅂ(비읍) | ㅅ(시옷) |
|---|---|---|---|---|---|---|
| ㅇ(이응) | ㅈ(지읒) | ㅊ(치읓) | ㅋ(키읔) | ㅌ(티읕) | ㅍ(피읖) | ㅎ(히읗) |
| ㅏ(아) | ㅑ(야) | ㅓ(어) | ㅕ(여) | ㅗ(오) | ㅛ(요) | ㅜ(우) |
| ㅡ(으) | ㅣ(이) | | | | | |

③ 소리에 관한 것

㉠ 된소리

> 제5항 한 단어 안에서 뚜렷한 까닭 없이 나는 된소리는 다음 음절의 첫소리를 된소리로 적는다.

- 두 모음 사이에서 나는 된소리(예 소쩍새, 어깨, 오빠, 으뜸, 아끼다, 깨끗하다, 가끔, 거꾸로 등)
- 'ㄴ, ㄹ, ㅁ, ㅇ' 받침 뒤에서 나는 된소리(예 산뜻하다, 잔뜩, 훨씬, 담뿍, 움찔, 몽땅 등)
  다만, 'ㄱ, ㅂ' 받침 뒤에서 나는 된소리는, 같은 음절이나 비슷한 음절이 겹

처 나는 경우가 아니면 된소리로 적지 아니한다(예 국수, 깍두기, 딱지, 색시, 법석, 갑자기, 몹시).

ⓒ **구개음화**

> 제6항 'ㄷ, ㅌ' 받침 뒤에 종속적 관계를 가진 '-이(-)'나 '-히-'가 올 적에는, 그 'ㄷ, ㅌ'이 'ㅈ, ㅊ'으로 소리 나더라도 'ㄷ, ㅌ'으로 적는다(예 마지 → 맏이, 해도지 → 해돋이, 가치 → 같이, 다치다 → 닫히다, 무치다 → 묻히다).

ⓒ **두음법칙** ⭐ 빈출개념

> 제10항 한자음 '녀, 뇨, 뉴, 니'가 단어 첫머리에 올 적에는, 두음법칙에 따라 '여, 요, 유, 이'로 적는다(예 녀자 → 여자(女子), 년세 → 연세(年歲), 뇨소 → 요소(尿素), 닉명 → 익명(匿名)).

다만, 냥(兩), 냥쭝(兩重), 년(年)(몇 년) 같은 의존명사에서는 '냐, 녀' 음을 인정한다.

[붙임 1] 단어의 첫머리 이외의 경우에는 본음대로 적는다(예 남녀(男女), 당뇨(糖尿), 결뉴(結紐), 은닉(隱匿)).

[붙임 2] 접두사처럼 쓰이는 한자가 붙어서 된 말이나 합성어에서, 뒷말의 첫소리가 'ㄴ' 소리로 나더라도 두음법칙에 따라 적는다(예 신여성(新女性), 공염불(空念佛), 남존여비(男尊女卑)).

[붙임 3] 둘 이상의 단어로 이루어진 고유명사를 붙여 쓰는 경우에도 [붙임 2]에 준하여 적는다(예 한국여자대학, 대한요소비료회사).

> 제11항 한자음 '랴, 려, 례, 료, 류, 리'가 단어의 첫머리에 올 적에는, 두음 법칙에 따라 '야, 여, 예, 요, 유, 이'로 적는다(예 양심(良心), 용궁(龍宮), 역사(歷史)). 다만, 다음과 같은 의존명사는 본음대로 적는다.(예 리(里) : 몇 리냐?, 리(理) : 그럴 리가 없다.)

[붙임 1] 단어의 첫머리 이외의 경우에는 본음대로 적는다(예 개량(改良), 선량(善良), 수력(水力), 협력(協力), 사례(謝禮), 혼례(婚禮), 와룡(臥龍), 쌍룡(雙龍), 하류(下流)).

다만, 모음이나 'ㄴ' 받침 뒤에 이어지는 '렬, 률'은 '열, 율'로 적는다(예 나열(羅列), 분열(分裂), 치열(齒列), 선열(先烈), 비열(卑劣), 진열(陳列), 규율(規律), 선율(旋律), 비율(比率)).

[붙임 2] 외자로 된 이름을 성에 붙여 쓸 경우에도 본음대로 적을 수 있다(예 신립(申砬), 최린(崔麟), 채륜(蔡倫), 하륜(河崙)).

[붙임 3] 준말에서 본음으로 소리 나는 것은 본음대로 적는다(예 국련(국제연합), 대한교련(대한교육연합회)).

제12항 한자음 '라, 래, 로, 뢰, 루, 르'가 단어의 첫머리에 올 적에는, 두음법칙에 따라 '나, 내, 노, 뇌, 누, 느'로 적는다(예 낙원(樂園), 내일(來日), 노인(老人)).

[붙임 1] 단어의 첫머리 이외의 경우에는 본음대로 적는다(예 쾌락(快樂), 극락(極樂), 거래(去來), 왕래(往來), 부로(父老), 연로(年老), 지뢰(地雷), 낙뢰(落雷), 고루(高樓), 광한루(廣寒樓), 동구릉(東九陵)).

[붙임 2] 접두사처럼 쓰이는 한자가 붙어서 된 단어는 뒷말을 두음법칙에 따라 적는다(예 내내월(來來月), 상노인(上老人), 중노동(重勞動), 비논리적(非論理的)).

④ 형태에 관한 것

　㉠ 체언과 조사

제14항 체언은 조사와 구별하여 적는다(예 떡이, 떡을, 떡에, 떡도, 떡만/손이, 손을, 손에, 손도, 손만).

　㉡ 어간과 어미

제15항 용언의 어간과 어미는 구별하여 적는다(예 먹다, 먹고, 먹어, 먹으니/신다, 신고, 신어, 신으니).

[붙임 1] 두 개의 용언이 어울려 한 개의 용언이 될 적에, 앞말의 본뜻이 유지되고 있는 것은 그 원형을 밝히어 적고, 그 본뜻에서 멀어진 것은 밝히어 적지 아니한다.

• 앞말의 본뜻이 유지되고 있는 것(예 넘어지다, 늘어나다, 늘어지다, 돌아가다, 되짚어가다, 들어가다, 떨어지다, 벌어지다, 엎어지다, 접어들다, 틀어지다, 흩어지다)

• 본뜻에서 멀어진 것(예 드러나다, 사라지다, 쓰러지다)

[붙임 2] 종결형에서 사용되는 어미 '-오'는 '요'로 소리 나는 경우가 있더라도 그 원형을 밝혀 '오'로 적는다(예 이것은 책이오, 이리로 오시오, 이것은 책이 아니오).

[붙임 3] 연결형에서 사용되는 '이요'는 '이요'로 적는다.(예 이것은 책이요, 저것은 붓이요, 또 저것은 먹이다.)

　㉢ 접미사가 붙어서 된 말 ⭐빈출개념

제19항 어간에 '-이'나 '-음/-ㅁ'이 붙어서 명사로 된 것과 '-이'나 '-히'가 붙어서 부사로 된 것은 그 어간의 원형을 밝히어 적는다.

• '-이'가 붙어서 명사로 된 것(예 길이, 깊이, 높이, 다듬이, 땀받이, 달맞이, 먹이, 미닫이, 벌이, 벼훑이, 살림살이, 쇠붙이, 넓이)

SEMI-NOTE

**겹쳐 나는 소리**

• 한글 맞춤법 제13항 : 한 단어 안에서 같은 음절이나 비슷한 음절이 겹쳐 나는 부분은 같은 글자로 적는다.

• 용례
－ 씩식 → 씩씩
－ 똑닥똑닥 → 똑딱똑딱
－ 유류상종 → 유유상종
－ 꼿곳하다 → 꼿꼿하다
－ 눙눅하다 → 눅눅하다
－ 민밋하다 → 밋밋하다
－ 싹삭하다 → 싹싹하다
－ 씁슬하다 → 씁쓸하다
－ 짭잘하다 → 짭짤하다

**형태에 관한 것**

• 한글 맞춤법 제16항 : 어간의 끝음절 모음이 'ㅏ, ㅗ'일 때에는 어미를 '-아'로 적고, 그 밖의 모음일 때에는 '-어'로 적는다.
－ '-아'로 적는 경우 : 나아 － 나아도 － 나아서, 막아 － 막아도 － 막아서, 앎아 － 앎아도 － 앎아서, 돌아 － 돌아도 － 돌아서, 보아 － 보아도 － 보아서
－ '-어'로 적는 경우 : 개어－ 개어도 － 개어서, 겪어 － 겪어도 － 겪어서, 되어 － 되어도 － 되어서, 베어도 － 베어서, 쉬어 － 쉬어도 － 쉬어서, 저어 － 저어도 － 저어서, 주어 － 주어도 － 주어서

• 한글 맞춤법 제17항 : 어미 뒤에 덧붙는 조사 '-요'는 '-요'로 적는다(예 읽어 － 읽어요, 참으리 － 참으리요, 좋지 － 좋지요).

**접미사가 붙어서 된 말**
• 한글 맞춤법 제22항 : 용언의 어간에 다음과 같은 접미사들이 붙어서 이루어진 말들은 그 어간을 밝히어 적는다.
– '-기-, -리-, -이-, -히-, -구-, -우-, -추-, -으키, 이키-, -애-'가 붙는 것 : 맡기다. 옮기다. 웃기다. 쫓기다. 뚫리다
다만, '-이-, -히-, -우-'가 붙어서 된 말이라도 본뜻에서 멀어진 것은 소리대로 적는다(예 도리다(칼로 –), 드리다(용돈을 –), 고치다, 미루다, 이루다).
– '-치-, -뜨리-, -트리-'가 붙는 것 : 놓치다. 덮치다. 떠받치다. 받치다. 밭치다. 부딪치다. 뻗치다. 엎치다. 부딪뜨리다/부딪트리다
[붙임] '-업-, -읍-, -브-'가 붙어서 된 말은 소리대로 적는다(예 미덥다. 우습다. 미쁘다).
• 한글 맞춤법 제24항 : '-거리다'가 붙을 수 있는 시늉말 어근에 '-이다'가 붙어서 된 용언은 그 어근을 밝히어 적는다.(예 꾸더기다 → 끄덕이다. 지꺼리다 → 지껄이다. 퍼더기다 → 퍼덕이다. 망서리다 → 망설이다)
• 한글 맞춤법 제26항 : '-하다'나 '-없다'가 붙어서 된 용언은 그 '-하다'나 '-없다'를 밝히어 적는다.
'-하다'가 붙어서 용언이 된 것(예 딱하다. 숱하다. 착하다. 텁텁하다. 푹하다)
'-없다'가 붙어서 용언이 된 것(예 부질없다. 상없다. 시름없다. 열없다. 하염없다)

• '-음/-ㅁ'이 붙어서 명사로 된 것(예 걸음, 묶음, 믿음, 얼음, 엮음, 울음, 웃음, 졸음, 죽음, 앎, 만듦, 삶)
• '-이'가 붙어서 부사로 된 것(예 같이, 굳이, 길이, 높이, 많이, 실없이, 좋이, 짓궂이, 깊이, 깨끗이)
• '-히'가 붙어서 부사로 된 것(예 밝히, 익히, 작히, 부지런히)
다만, 어간에 '-이'나 '-음'이 붙어서 명사로 바뀐 것이라도 그 어간의 뜻과 멀어진 것은 원형을 밝히어 적지 아니한다(예 굽도리, 다리[髢], 목거리(목병), 무녀리, 코끼리, 거름(비료), 고름[膿]).
[붙임] 어간에 '-이'나 '-음' 이외의 모음으로 시작된 접미사가 붙어서 다른 품사로 바뀐 것은 그 어간의 원형을 밝히어 적지 아니한다.

제20항 명사 뒤에 '-이'가 붙어서 된 말은 그 명사의 원형을 밝히어 적는다.

• 부사로 된 것(예 곳곳이, 낱낱이, 몫몫이, 샅샅이, 앞앞이, 집집이)
• 명사로 된 것(예 곰배팔이, 바둑이, 삼발이, 애꾸눈이, 육손이, 절뚝발이/절름발이)
[붙임] '-이' 이외의 모음으로 시작된 접미사가 붙어서 된 말은 그 명사의 원형을 밝히어 적지 아니한다(예 꼬락서니, 끄트머리, 모가치, 바가지, 바깥, 사타구니, 싸라기, 이파리, 지붕, 지푸라기, 짜개).

제21항 명사나 혹은 용언의 어간 뒤에 자음으로 시작된 접미사가 붙어서 된 말은 그 명사나 어간의 원형을 밝히어 적는다.

• 명사 뒤에 자음으로 시작된 접미사가 붙어서 된 것(예 값지다, 홑지다, 넋두리, 빛깔, 옆댕이, 잎사귀)
• 어간 뒤에 자음으로 시작된 접미사가 붙어서 된 것(예 낚시, 늙정이, 덮개, 뜯게질, 굵다랗다)
다만, 다음과 같은 말은 소리대로 적는다.
• 겹받침의 끝소리가 드러나지 아니하는 것(예 할짝거리다, 널따랗다, 널찍하다, 말끔하다, 말쑥하다)
• 어원이 분명하지 아니하거나 본뜻에서 멀어진 것(예 넙치, 올무, 골막하다, 납작하다)

제23항 '-하다'나 '-거리다'가 붙는 어근에 '-이'가 붙어서 명사가 된 것은 그 원형을 밝히어 적는다(예 살살이 → 살살이, 오뚜기 → 오뚝이, 홀쭈기 → 홀쭉이, 배불뚜기 → 배불뚝이).

[붙임] '-하다'나 '-거리다'가 붙을 수 없는 어근에 '-이'나 또는 다른 모음으로 시작되는 접미사가 붙어서 명사가 된 것은 그 원형을 밝히어 적지 아니한다(예 개구리, 귀뚜라미, 기러기, 깍두기, 꽹과리).

> 제25항 '-하다'가 붙는 어근에 '-히'나 '-이'가 붙어서 부사가 되거나, 부사에 '-이'가 붙어서 뜻을 더하는 경우에는 그 어근이나 부사의 원형을 밝히어 적는다.

- '-하다'가 붙는 어근에 '-히'나 '-이'가 붙는 경우(예 급히, 꾸준히, 도저히, 딱히, 어렴풋이, 깨끗이)

[붙임] '-하다'가 붙지 않는 경우에는 소리대로 적는다(예 갑자기, 반드시(꼭), 슬며시).

- 부사에 '-이'가 붙어서 역시 부사가 되는 경우(예 곰곰이, 더욱이, 생긋이, 오뚝이, 일찍이, 해죽이)

② 합성어 및 접두사가 붙는 말 ★ 빈출개념

> 제27항 둘 이상의 단어가 어울리거나 접두사가 붙어서 이루어진 말은 각각 그 원형을 밝히어 적는다(예 국말이, 꽃잎, 끝장, 물난리, 젖몸살, 첫아들, 칼날, 팥알, 헛웃음, 샛노랗다).

[붙임 1] 어원은 분명하나 소리만 특이하게 변한 것은 변한 대로 적는다(예 할아버지, 할아범).

[붙임 2] 어원이 분명하지 아니한 것은 원형을 밝히어 적지 아니한다(예 골병, 골탕, 끌탕, 며칠).

[붙임 3] '이[齒, 虱]'가 합성어나 이에 준하는 말에서 '니' 또는 '리'로 소리날 때에는 '니'로 적는다(예 송곳니, 앞니, 어금니, 윗니, 젖니, 톱니, 틀니, 가랑니, 머릿니).

> 제30항 사이시옷은 다음과 같은 경우에 받치어 적는다.

- 순우리말로 된 합성어로서 앞말이 모음으로 끝난 경우

| 뒷말의 첫소리가 된소리로 나는 것 | 고랫재, 귓밥, 나룻배, 나뭇가지, 냇가, 댓가지, 뒷갈망, 맷돌, 핏대 |
|---|---|
| 뒷말의 첫소리 'ㄴ, ㅁ' 앞에서 'ㄴ' 소리가 덧나는 것 | 멧나물, 아랫니, 텃마당, 아랫마을, 뒷머리, 잇몸, 깻묵, 냇물, 빗물 |
| 뒷말의 첫소리 모음 앞에서 'ㄴㄴ' 소리가 덧나는 것 | 도리깻열, 뒷윷, 두렛일, 뒷일, 뒷입맛, 베갯잇, 욧잇, 깻잎, 나뭇잎 |

- 순우리말과 한자어로 된 합성어로서 앞말이 모음으로 끝난 경우

| 뒷말의 첫소리가 된소리로 나는 것 | 귓병, 머릿방, 뱃병, 봇둑, 사잣밥, 샛강, 아랫방 |
|---|---|
| 뒷말의 첫소리 'ㄴ, ㅁ' 앞에서 'ㄴ' 소리가 덧나는 것 | 곗날, 제삿날, 훗날, 툇마루, 양칫물 |
| 뒷말의 첫소리 모음 앞에서 'ㄴㄴ' 소리가 덧나는 것 | 가욋일, 사삿일, 예삿일, 훗일 |

**합성어 및 접두사가 붙는 말**

- 한글 맞춤법 제28항 : 끝소리가 'ㄹ'인 말과 딴 말이 어울릴 적에 'ㄹ' 소리가 나지 아니하는 것은 아니 나는 대로 적는다(예 다달이(달-달-이), 따님(딸-님), 마되(말-되), 마소(말-소)).
- 한글 맞춤법 제29항 : 끝소리가 'ㄹ'인 말과 딴 말이 어울릴 적에 'ㄹ' 소리가 'ㄷ' 소리로 나는 것은 'ㄷ'으로 적는다(예 반짇고리(바느질~), 사흗날(사흘~), 삼짇날(삼질~), 숟가락(술~), 이튿날(이틀~)).
- 한글 맞춤법 제31항 : 두 말이 어울릴 적에 'ㅂ' 소리나 'ㅎ' 소리가 덧나는 것은 소리대로 적는다.
  - 'ㅂ' 소리가 덧나는 것 : 멥쌀(메ㅂ쌀), 볍씨(벼ㅂ씨), 입때(이ㅂ때)
  - 'ㅎ' 소리가 덧나는 것 : 머리카락(머리ㅎ가락), 안팎(안ㅎ밖), 암탉(암ㅎ닭)

**준말**

- 한글 맞춤법 제38항 : 'ㅏ, ㅗ, ㅜ, ㅡ' 뒤에 '-이어'가 어울려 줄어질 적에는 준 대로 적는다(ⓔ 싸이어 : 쌔어/싸여, 보이어 : 뵈어/보여, 쓰이어 : 씌어/쓰여, 트이어 : 틔어/트여).
- 한글 맞춤법 제39항 : 어미 '-지' 뒤에 '않-'이 어울려 '-잖-'이 될 적과 '-하지' 뒤에 '않-'이 어울려 '-찮-'이 될 적에는 준 대로 적는다(ⓔ 적지않은(본말) → 적잖은(준말), 변변하지 않다(본말) → 변변찮다(준말)).

**띄어쓰기**

- 한글 맞춤법 제43항 : 단위를 나타내는 명사는 띄어 쓴다(ⓔ 한 개, 차 한 대, 금 서 돈, 소 한 마리, 열 살, 연필 한 자루, 조기 한 손).
- 한글 맞춤법 제44항 : 수를 적을 적에는 '만(萬)'단위로 띄어 쓴다(ⓔ 십이억 삼천사백오십육만 칠천팔백구십팔, 12억 3456만 7898).
- 한글 맞춤법 제46항 : 단음절로 된 단어는 연이어 나타날 적에는 붙여 쓸 수 있다(ⓔ 그때 그곳, 좀더 큰것, 이 말 저말, 한잎 두잎).

---

- 두 음절로 된 다음 한자어 : 곳간(庫間), 셋방(貰房), 숫자(數字), 찻간(茶間), 툇간(退間), 횟수(回數)

ⓜ 준말 ★ 빈출개념

> 제35항 모음 'ㅗ, ㅜ'로 끝난 어간에 '-아/-어, -았-/-었-'이 어울려 'ㅘ/ㅝ, 왔/웠'으로 될 적에는 준 대로 적는다(ⓔ 보아(본말) → 봐(준말), 두었다(본말) → 뒀다(준말), 쑤었다(본말) → 쒔다(준말)).

[붙임 1] '놓아'가 '놔'로 줄 적에는 준 대로 적는다.
[붙임 2] 'ㅚ' 뒤에 '-어, -었-'이 어울려 'ㅙ, ㅙㅆ'으로 될 적에도 준 대로 적는다(ⓔ 쇠었다(본말) → 쇘다(준말), 되었다(본말) → 됐다(준말)).

> 제40항 어간의 끝 음절 '하'의 'ㅏ'가 줄고 'ㅎ'이 다음 음절의 첫소리와 어울려 거센소리로 될 적에는 거센소리로 적는다(ⓔ 간편하게(본말) → 간편케(준말), 흔하다(본말) → 흔타(준말)).

[붙임 1] 'ㅎ'이 어간의 끝소리로 굳어진 것은 받침으로 적는다(ⓔ 아무렇지, 어떻든지, 이렇고).
[붙임 2] 어간의 끝음절 '하'가 아주 줄 적에는 준 대로 적는다(ⓔ 생각하건대 → 생각건대, 넉넉하지 않다 → 넉넉지 않다, 익숙하지 않다 → 익숙지 않다).
[붙임 3] 다음과 같은 부사는 소리대로 적는다(ⓔ 결단코, 결코, 아무튼, 요컨대, 하마터면, 하여튼).

⑤ 띄어쓰기

ⓞ 조사

> 제41항 조사는 그 앞말에 붙여 쓴다(ⓔ 꽃이, 꽃마저, 꽃밖에, 꽃입니다, 어디까지나, 거기도, 멀리는, 웃고만).

ⓝ 의존명사, 단위를 나타내는 명사 및 열거하는 말 등

> 제42항 의존명사는 띄어 쓴다(ⓔ 아는 것이 힘이다, 나도 할 수 있다, 먹을 만큼 먹어라, 그가 떠난 지가 오래다).

> 제45항 두 말을 이어 주거나 열거할 적에 쓰이는 말들은 띄어 쓴다(ⓔ 국장 겸 과장, 열 내지 스물, 청군 대 백군, 이사장 및 이사들, 사과, 귤 등등).

ⓒ 보조용언 ★ 빈출개념

> 제47항 보조용언은 띄어 씀을 원칙으로 하되, 경우에 따라 붙여 씀도 허용한다.

| 원칙 | 허용 |
|---|---|
| 불이 꺼져 간다. | 불이 꺼져간다. |
| 어머니를 도와 드린다. | 어머니를 도와드린다. |
| 그릇을 깨뜨려 버렸다. | 그릇을 깨뜨려버렸다. |
| 비가 올 듯하다. | 비가 올듯하다. |
| 그 일은 할 만하다. | 그 일은 할만하다. |

다만, 앞말에 조사가 붙거나 앞말이 합성동사인 경우, 그리고 중간에 조사가 들어갈 적에는 그 뒤에 오는 보조용언은 띄어 쓴다.

| 잘도 놀아만 나는구나! | 책을 읽어도 보고 | 네가 덤벼들어 보아라. |
|---|---|---|
| 강물에 떠내려가 버렸다. | 그가 올 듯도 하다. | 잘난 체를 한다. |

ⓔ 고유명사 및 전문 용어 ★빈출개념

> 제48항 성과 이름, 성과 호 등은 붙여 쓰고, 이에 덧붙는 호칭어, 관직명 등은 띄어 쓴다(ⓔ 김양수(金良洙), 서화담(徐花潭), 채영신 씨, 최치원 선생, 박동식 박사).

다만, 성과 이름, 성과 호를 분명히 구분할 필요가 있을 경우에는 띄어 쓸 수 있다(ⓔ 남궁억/남궁 억, 독고준/독고 준, 황보지봉(皇甫芝峰)/황보 지봉).

ⓕ 그 밖의 것 ★빈출개념

> 제51항 부사의 끝음절이 분명히 '이'로만 나는 것은 '-이'로 적고, '히'로만 나거나 '이'나 '히'로 나는 것은 '-히'로 적는다.

- '이'로만 나는 것 : 깨끗이, 산뜻이, 겹겹이, 반듯이, 틈틈이, 버젓이, 번번이, 따뜻이, 가까이, 고이, 번거로이, 헛되이, 일일이
- '히'로만 나는 것 : 딱히, 극히, 정확히, 족히, 엄격히, 속히, 급히
- '이, 히'로 나는 것 : 솔직히, 가만히, 꼼꼼히, 상당히, 능히, 분명히, 도저히, 각별히, 소홀히, 쓸쓸히, 열심히, 답답히, 섭섭히, 공평히, 조용히, 고요히

> 제53항 다음과 같은 어미는 예사소리로 적는다(ⓔ -(으)ㄹ꺼나 → -(으)ㄹ거나, -(으)ㄹ껄 → -(으)ㄹ걸, -(으)ㄹ께 → -(으)ㄹ게, -(으)ㄹ찌언정 → -(으)ㄹ지언정).

다만, 의문을 나타내는 다음 어미들은 된소리로 적는다(ⓔ -(으)ㄹ까?, -(으)ㄹ꼬?, -(으)리까?, -(으)ㄹ쏘냐?).

**고유명사 및 전문 용어**
- **한글 맞춤법 제49항** : 성명 이외의 고유명사는 단어별로 띄어 씀을 원칙으로 하되, 단위별로 띄어 쓸 수 있다(ⓔ 한국 대학교 사범 대학(원칙)/한국대학교 사범대학(허용)).
- **한글 맞춤법 제50항** : 전문 용어는 단어별로 띄어 씀을 원칙으로 하되, 붙여 쓸 수 있다(ⓔ 골수성 백혈병(원칙)/만성골수성백혈병(허용), 중거리 탄도 유도탄(원칙)/중거리탄도유도탄(허용)).

**그 밖의 것**
- **한글 맞춤법 제54항** : 다음과 같은 접미사는 된소리로 적는다(ⓔ 심부름꾼 → 심부름꾼, 귓대기 → 귀때기, 익살군 → 익살꾼, 볼대기 → 볼때기, 일군 → 일꾼, 뒷굼치 → 뒤꿈치).
- **한글 맞춤법 제56항** : '-더라, -던'과 '-든지'는 다음과 같이 적는다.
  - 지난 일을 나타내는 어미는 '-더라, -던'으로 적는다.(ⓔ 지난겨울은 몹시 춥드라. → 지난겨울은 몹시 춥더라./그렇게 좋든가? → 그렇게 좋던가?)
  - 물건이나 일의 내용을 가리지 아니하는 뜻을 나타내는 조사와 어미는 '-든지'로 적는다.(ⓔ 배던지 사과던지 마음대로 먹어라. → 배든지 사과든지 마음대로 먹어라.)

171

**기타 구별하여 적는 말**

- **안치다** : 밥을 안친다.
- **앉히다** : 윗자리에 앉힌다.
- **어름** : 두 물건의 어름에서 일어난 현상
- **얼음** : 얼음이 얼었다.
- **거치다** : 영월을 거쳐 왔다.
- **걷히다** : 외상값이 잘 걷힌다.
- **다리다** : 옷을 다린다.
- **달이다** : 약을 달인다.
- **−느니보다(어미)** : 나를 찾아오느니보다 집에 있거라.
- **−는 이보다(의존명사)** : 오는 이가 가는 이보다 많다.
- **−(으)러(목적)** : 공부하러 간다.
- **−(으)려(의도)** : 서울 가려 한다.

---

제57항 다음 말들은 각각 구별하여 적는다.

| | |
|---|---|
| 가름 : 둘로 가름 | 갈음 : 새 책상으로 갈음하였다. |
| 거름 : 풀을 썩인 거름 | 걸음 : 빠른 걸음 |
| 걷잡다 : 걷잡을 수 없는 상태 | 겉잡다 : 겉잡아서 이틀 걸릴 일 |
| 그러므로(그러니까) : 그는 부지런하다. 그러므로 잘 산다. | 그럼으로(써)(그렇게 하는 것으로) : 그는 열심히 공부한다. 그럼으로(써) 은혜에 보답한다. |
| 노름 : 노름판이 벌어졌다. | 놀음(놀이) : 즐거운 놀음 |
| 느리다 : 진도가 너무 느리다. | • 늘이다 : 고무줄을 늘인다.<br>• 늘리다 : 수출량을 더 늘린다. |
| 다치다 : 부주의로 손을 다쳤다. | • 닫히다 : 문이 저절로 닫혔다.<br>• 닫치다 : 문을 힘껏 닫쳤다. |
| 마치다 : 벌써 일을 마쳤다. | 맞히다 : 여러 문제를 더 맞혔다. |
| 목거리 : 목거리가 덧났다. | 목걸이 : 금 목걸이, 은 목걸이 |
| 바치다 : 나라를 위해 목숨을 바쳤다. | • 받치다 : 우산을 받치고 간다.<br>• 받히다 : 쇠뿔에 받혔다.<br>• 밭치다 : 술을 체에 밭친다. |
| 반드시 : 약속은 반드시 지켜라. | 반듯이 : 고개를 반듯이 들어라. |
| 부딪치다 : 차와 차가 마주 부딪쳤다. | 부딪히다 : 마차가 화물차에 부딪혔다. |
| 부치다 : 힘이 부치는 일이다. | 붙이다 : 우표를 붙인다. |
| 시키다 : 일을 시킨다. | 식히다 : 끓인 물을 식힌다. |
| 아름 : 세 아름 되는 둘레 | • 알음 : 전부터 알음이 있는 사이<br>• 앎 : 앎이 힘이다. |
| 이따가 : 이따가 오너라. | 있다가 : 돈은 있다가도 없다. |
| 저리다 : 다친 다리가 저린다. | 절이다 : 김장 배추를 절인다. |
| 조리다 : 생선을 조리다. | 졸이다 : 마음을 졸인다. |
| 주리다 : 여러 날을 주렸다. | 줄이다 : 비용을 줄인다. |
| −노라고 : 하노라고 한 것이 이 모양이다. | −느라고 : 공부하느라고 밤을 새웠다. |
| −(으)리만큼(어미) : 나를 미워하리만큼 그에게 잘못한 일이 없다. | −(으)ㄹ 이만큼(의존명사) : 찬성할 이도 반대할 이만큼이나 많을 것이다. |
| (으)로서(자격) : 사람으로서 그럴 수는 없다. | (으)로써(수단) : 닭으로써 꿩을 대신했다. |
| −(으)므로(어미) : 그가 나를 믿으므로 나도 그를 믿는다. | (−ㅁ, −음)으로(써)(조사) : 그는 믿음으로(써) 산 보람을 느꼈다. |

## (2) 표준어 규정

### ① 표준어 사정 원칙 – 총칙

> 제1항 표준어는 교양 있는 사람들이 두루 쓰는 현대 서울말로 정함을 원칙으로 한다.
> 제2항 외래어는 따로 사정한다.

### ② 발음 변화에 따른 표준어 규정

#### ㉠ 자음

> 제5항 어원에서 멀어진 형태로 굳어져서 널리 쓰이는 것은, 그것을 표준어로 삼는다(예 강남콩 → 강낭콩, 삭월세 → 사글세).

다만, 어원적으로 원형에 더 가까운 형태가 아직 쓰이고 있는 경우에는, 그것을 표준어로 삼는다(예 저으기 → 적이, 구젓 → 굴젓).

> 제7항 수컷을 이르는 접두사는 '수-'로 통일한다(예 숫놈 → 수놈, 숫소 → 수소, 수퓡, 수큉 → 수퓡).

다만 1. 다음 단어에서는 접두사 다음에서 나는 거센소리를 인정한다. 접두사 '암-'이 결합되는 경우에도 이에 준한다(예 숫-강아지 → 수캉아지, 숫-개 → 수캐, 숫-닭 → 수탉, 숫-당나귀 → 수탕나귀, 숫-돼지 → 수퇘지, 숫-병아리 → 수평아리).

다만 2. 다음 단어의 접두사는 '숫-'으로 한다(예 숫양, 숫염소, 숫쥐).

#### ㉡ 모음

> 제8항 양성모음이 음성모음으로 바뀌어 굳어진 다음 단어는 음성모음 형태를 표준어로 삼는다(예 깡총깡총 → 깡충깡충, 오똑이 → 오뚝이, 바람동이 → 바람둥이, 발가송이 → 발가숭이, 봉족 → 봉죽, 뻗장다리 → 뻗정다리, 주초 → 주추(주춧돌)).

다만, 어원 의식이 강하게 작용하는 다음 단어에서는 양성모음 형태를 그대로 표준어로 삼는다(예 부주금 → 부조금(扶助金), 사둔 → 사돈(査頓), 삼춘 → 삼촌(三寸)).

> 제9항 'ㅣ' 역행동화 현상에 의한 발음은 원칙적으로 표준 발음으로 인정하지 아니하되, 다만 다음 단어들은 그러한 동화가 적용된 형태를 표준어로 삼는다(예 풋나기 → 풋내기, 남비 → 냄비, 동당이치다 → 동댕이치다).

[붙임 1] 다음 단어는 'ㅣ' 역행동화가 일어나지 아니한 형태를 표준어로 삼는다(예 아지랭이 → 아지랑이).

[붙임 2] 기술자에게는 '-장이', 그 외에는 '-쟁이'가 붙는 형태를 표준어로 삼는다(예 미쟁이 → 미장이, 유기쟁이 → 유기장이, 멋장이 → 멋쟁이, 골목장이 → 골목쟁이, 소금장이 → 소금쟁이, 담장이 덩굴 → 담쟁이 덩굴).

> 제12항 '웃-' 및 '윗-'은 명사 '위'에 맞추어 '윗-'으로 통일한다(예 웃니 → 윗니, 웃도리 → 윗도리, 웃목 → 윗목, 웃몸 → 윗몸).

다만 1. 된소리나 거센소리 앞에서는 '위-'로 한다(예 웃쪽 → 위쪽, 웃층 → 위층).
다만 2. '아래, 위'의 대립이 없는 단어는 '웃-'으로 발음되는 형태를 표준어로 삼는다(예 윗어른 → 웃어른, 윗옷 → 웃옷, 윗돈 → 웃돈, 윗기 → 웃기, 윗비 → 웃비).

> 제13항 한자 '구(句)'가 붙어서 이루어진 단어는 '귀'로 읽는 것을 인정하지 아니하고, '구'로 통일한다(예 귀절 → 구절(句節), 경귀 → 경구(警句), 대귀 → 대구(對句), 문귀 → 문구(文句), 성귀 → 성구(成句), 시귀 → 시구(詩句), 어귀 → 어구(語句)).

다만, 다음 단어는 '귀'로 발음되는 형태를 표준어로 삼는다(예 구글 → 귀글, 글구 → 글귀).

ⓒ 준말

> 제16항 준말과 본말이 다 같이 널리 쓰이면서 준말의 효용이 뚜렷이 인정되는 것은 두 가지를 다 표준어로 삼는다.

| 거짓-부리/거짓-불 | 노을/놀 |
|---|---|
| 막대기/막대 | 망태기/망태 |
| 머무르다/머물다 | 서두르다/서둘다 |
| 서투르다/서툴다 | 석새-삼베/석새-베 |
| 시-누이/시-뉘, 시-누 | 오-누이/오-뉘, 오-누 |
| 외우다/외다 | 이기죽-거리다/이죽-거리다 |

③ 어휘 선택의 변화에 따른 표준어 규정

ⓐ 고어

> 제20항 사어(死語)가 되어 쓰이지 않게 된 단어는 고어로 처리하고, 현재 널리 사용되는 단어를 표준어로 삼는다. ( )안은 쓰이지 않는 말이다(예 난봉(봉), 낭떠러지(낭), 설거지-하다(설겆다), 애달프다(애닯다), 오동-나무(머귀나무), 자두(오얏)).

**표준어 규정(준말)**

• 표준어 규정 제14항 : 준말이 널리 쓰이고 본말이 잘 쓰이지 않는 경우에는, 준말만을 표준어로 삼는다(예 귀치않다 → 귀찮다, 또아리 → 똬리, 무우 → 무, 설비음 → 설빔, 새앙쥐 → 생쥐, 소리개 → 솔개, 장사아치 → 장사치).

• 표준어 규정 제15항 : 준말이 쓰이고 있더라도, 본말이 널리 쓰이고 있으면 본말을 표준어로 삼는다(예 경없다 → 경황없다, 귀개 → 귀이개, 낌 → 낌새, 돗 → 돗자리, 막잡이 → 마구잡이, 뒝박 → 뒤웅박, 부럼 → 부스럼, 암 → 암죽, 죽살 → 죽살이).

ⓒ 복수 표준어

> 제26항 한 가지 의미를 나타내는 형태 몇 가지가 널리 쓰이며 표준어 규정에 맞으면, 그 모두를 표준어로 삼는다.

| | |
|---|---|
| 가는–허리/잔–허리 | 가락–엿/가래–엿 |
| 가뭄/가물 | 가엾다/가엽다 |
| 감감–무소식/감감–소식 | 개수–통/설거지–통 |
| 게을러–빠지다/게을러–터지다 | 고깃–간/푸줏–간 |
| 곰곰/곰곰–이 | 관계–없다/상관–없다 |
| 극성–떨다/극성–부리다 | 기세–부리다/기세–피우다 |
| 기승–떨다/기승–부리다 | 넝쿨/덩굴 |
| 녘/쪽 | 다달–이/매–달 |
| –다마다/–고말고 | 다박–나룻/다박–수염 |
| 덧–창/겉–창 | 돼지–감자/뚱딴지 |
| 들락–날락/들랑–날랑 | 딴–전/딴–청 |
| –뜨리다/–트리다 | 마–파람/앞–바람 |
| 만큼/만치 | 멀찌감치/멀찌가니/멀찍이 |
| 모–내다/모–심다 | 모쪼록/아무쪼록 |
| 물–봉숭아/물–봉선화 | 민둥–산/벌거숭이–산 |
| 밑–층/아래–층 | 변덕–스럽다/변덕–맞다 |
| 보–조개/볼–우물 | 보통–내기/여간–내기/예사–내기 |
| 서럽다/섧다 | 성글다/성기다 |
| –(으)세요/–(으)셔요 | 송이/송이–버섯 |
| 아무튼/어떻든/어쨌든/하여튼/여하튼 | 알은–척/알은–체 |
| 어이–없다/어처구니–없다 | 어저께/어제 |
| 여쭈다/여쭙다 | 여태–껏/이제–껏/입때–껏 |
| 옥수수/강냉이 | 욕심–꾸러기/욕심–쟁이 |
| 우레/천둥 | 을러–대다/을러–메다 |
| 의심–스럽다/의심–쩍다 | –이에요/–이어요 |
| 자물–쇠/자물–통 | 재롱–떨다/재롱–부리다 |
| 제–가끔/제–각기 | 좀–처럼/좀–체 |
| 차차/차츰 | 척/체 |
| 천연덕–스럽다/천연–스럽다 | 철–따구니/철–딱서니/철–딱지 |
| 한턱–내다/한턱–하다 | 혼자–되다/홀로–되다 |
| 흠–가다/흠–나다/흠–지다 | |

**표준어 규정(복수 표준어)**

- **표준어 규정 제18항** : 다음 언어는 전자를 원칙으로 하고, 후자도 허용한다(예 쇠–/소–, 괴다/고이다. 꾀다/꼬이다. 쐬다/쏘이다. 죄다/조이다).
- **표준어 규정 제19항** : 어감의 차이를 나타내는 단어 또는 발음이 비슷한 단어들이 다 같이 널리 쓰이는 경우에는 그 모두를 표준어로 삼는다(예 거슴츠레–하다/게슴츠레–하다. 고까/꼬까. 고린–내/코린–내. 구린–내/쿠린–내. 꺼림–하다/께름–하다. 나부랭이/너부렁이).

**표준어 규정(한자어)**

- **표준어 규정 제21항** : 고유어 계열의 단어가 널리 쓰이고 그에 대응되는 한자어 계열의 단어가 용도를 잃게 된 것은, 고유어 계열의 단어만을 표준어로 삼는다(예 말약 → 가루약. 방돌 → 구들장. 보행샃 → 길품샃. 맹눈 → 까막눈. 노닥다리 → 늙다리. 병암죽 → 떡암죽. 건빨래 → 마른빨래. 배달나무 → 박달나무. 답/전 → 논/밭. 화곽 → 성냥. 벽지다 → 외지다. 솟을문 → 솟을무늬. 피죽 → 죽데기. 분전 → 푼돈).
- **표준어 규정 제22항** : 고유어 계열의 단어가 생명력을 잃고 그에 대응되는 한자어 계열의 단어가 널리 쓰이면, 한자어 계열의 단어를 표준어로 삼는다(예 개다리 밥상 → 개다리 소반. 맞상 → 겸상. 높은 밥 → 고봉밥. 마바리집 → 마방집. 민주스럽다 → 민망스럽다. 구들고래 → 방고래. 뜸단지 → 부항단지. 둥근 파 → 양파. 군달 → 윤달. 알무 → 총각무. 잇솔 → 칫솔).

04장

현대 문법

**표준 발음법 제 5항(다만 2.)**
다만 2. '예, 례' 이외의 'ㅖ'는 [ㅔ]로도 발음한다(예 계집[계:집/게:집], 계시다[계:시다/게:시다], 시계[시계/시게], 개폐[개폐/개페(開閉)], 혜택[혜:택/혜:택], 지혜[지혜/지혜](智慧)).

**주요 고유어의 장단음 구분**
• 굴[먹는 것] – 굴:[窟]
• 눈[신체의 눈] – 눈:[雪]
• 말[馬] – 말:[言語]
• 말다[감다] – 말:다[그만두다]
• 묻다[매장] – 묻:다[질문하다]
• 발[신체] – 발:[가늘게 쪼갠 대나 갈대 같은 것을 실로 엮어서 만든 가리개]
• 밤[夜] – 밤:[栗]
• 벌[罰] – 벌:[곤충]
• 새집[새로 지은 집] – 새:집[새의 집]
• 섬[수량단위] – 섬:[島]
• 종[鐘] – 종:[비복, 노비]
• 적다[필기하다] – 적:다[少]
• 줄[끈] – 줄:[쇠를 자르는 연장]

## (3) 표준 발음법

### ① 자음과 모음의 발음

> 제4항 'ㅏ, ㅐ, ㅓ, ㅔ, ㅗ, ㅚ, ㅜ, ㅟ, ㅡ, ㅣ'는 단모음(單母音)으로 발음한다.

[붙임] 'ㅚ, ㅟ'는 이중 모음으로 발음할 수 있다.

> 제5항 'ㅑ, ㅒ, ㅕ, ㅖ, ㅘ, ㅙ, ㅛ, ㅝ, ㅞ, ㅠ, ㅢ'는 이중 모음으로 발음한다.

다만 1. 용언의 활용형에 나타나는 '져, 쪄, 쳐'는 [저, 쩌, 처]로 발음한다(예 가지어 → 가져[가저], 찌어 → 쪄[쩌], 다치어 → 다쳐[다처]).
다만 3. 자음을 첫소리로 가지고 있는 음절의 'ㅢ'는 [ㅣ]로 발음한다(예 늴리리, 닁큼, 무늬, 띄어쓰기, 씌어, 틔어, 희어, 희떱다, 희망, 유희).
다만 4. 단어의 첫음절 이외의 '의'는 [ㅣ]로, 조사 '의'는 [ㅔ]로 발음함도 허용한다(예 주의[주의/주이], 협의[혀븨/혀비], 우리의[우리의/우리에], 강의의[강:의의/강:이에]).

### ② 음의 길이

> 제6항 모음의 장단을 구별하여 발음하되, 단어의 첫음절에서만 긴소리가 나타나는 것을 원칙으로 한다(예 눈보라[눈:보라], 말씨[말:씨], 밤나무[밤:나무], 많다[만:타], 멀리[멀:리], 벌리다[벌:리다]).

다만, 합성어의 경우에는 둘째 음절 이하에서도 분명한 긴소리를 인정한다(예 반신반의[반:신바:늬/반:신바:니], 재삼재사[재:삼재:사]).
[붙임] 용언의 단음절 어간에 어미 '-아/-어'가 결합되어 한 음절로 축약되는 경우에도 긴소리로 발음한다(예 보아 → 봐[봐:], 기어 → 겨[겨:], 되어 → 돼[돼:], 두어 → 둬[둬:], 하여 → 해[해:]).
다만, '오아 → 와, 지어 → 져, 찌어 → 쪄, 치어 → 쳐' 등은 긴소리로 발음하지 않는다.

> 제7항 긴소리를 가진 음절이라도, 다음과 같은 경우에는 짧게 발음한다.

• 단음절인 용언 어간에 모음으로 시작된 어미가 결합되는 경우(예 감다[감:따] – 감으니[가므니], 밟다[밥:따] – 밟으면[발브면])
  다만, 다음과 같은 경우에는 예외적이다(예 끌다[끌:다] – 끌어[끄:러], 떫다[떨:따] – 떫은[떨:븐], 벌다[벌:다] – 벌어[버:러], 썰다[썰:다] – 썰어[써:러]).
• 용언 어간에 피동, 사동의 접미사가 결합되는 경우(예 감다[감:따] – 감기다[감기다], 꼬다[꼬:다] – 꼬이다[꼬이다], 밟다[밥:따] – 밟히다[발피다])
  다만, 다음과 같은 경우에는 예외적이다(예 끌리다[끌:리다], 벌리다[벌:리다], 없애다[업:쌔다]).

[붙임] 다음과 같은 복합어에서는 본디의 길이에 관계없이 짧게 발음한다(예 밀-물, 썰-물, 쏜-살-같이, 작은-아버지).

③ 받침의 발음

제10항 겹받침 'ㄳ', 'ㄵ', 'ㄼ, ㄽ, ㄾ', 'ㅄ'은 어말 또는 자음 앞에서 각각 [ㄱ, ㄴ, ㄹ, ㅂ]으로 발음한다(예 넋[넉], 넋과[넉꽈], 앉다[안따], 여덟[여덜], 넓다[널따], 외곬[외골], 핥다[할따], 값[갑]).

다만, '밟-'은 자음 앞에서 [밥]으로 발음하고, '넓-'은 다음과 같은 경우에 [넙]으로 발음한다(예 밟다[밥:따], 밟소[밥:쏘], 밟지[밥:찌], 밟는[밥:는 → 밤:는], 밟게[밥:께], 밟고[밥:꼬], 넓-죽하다[넙쭈카다], 넓-둥글다[넙뚱글다]).

제12항 받침 'ㅎ'의 발음은 다음과 같다.

• 'ㅎ(ㄶ, ㅀ)' 뒤에 'ㄱ, ㄷ, ㅈ'이 결합되는 경우에는, 뒤 음절 첫소리와 합쳐서 [ㅋ, ㅌ, ㅊ]으로 발음한다(예 놓고[노코], 좋던[조:턴], 쌓지[싸치], 많고[만:코], 않던[안턴], 닳지[달치]).

[붙임 1] 받침 'ㄱ(ㄺ), ㄷ, ㅂ(ㄼ), ㅈ(ㄵ)'이 뒤 음절 첫소리 'ㅎ'과 결합되는 경우에도, 역시 두 음을 합쳐서 [ㅋ, ㅌ, ㅍ, ㅊ]으로 발음한다(예 각하[가카], 먹히다[머키다], 밝히다[발키다], 맏형[마텽], 좁히다[조피다], 넓히다[널피다], 꽂히다[꼬치다], 앉히다[안치다]).

[붙임 2] 규정에 따라 'ㄷ'으로 발음되는 'ㅅ, ㅈ, ㅊ, ㅌ'의 경우에도 이에 준한다(예 옷 한 벌[오탄벌], 낮 한때[나탄때], 꽃 한 송이[꼬탄송이], 숱하다[수타다]).

• 'ㅎ(ㄶ, ㅀ)' 뒤에 'ㅅ'이 결합되는 경우에는, 'ㅅ'을 [ㅆ]으로 발음한다(예 닿소[다:쏘], 많소[만:쏘], 싫소[실쏘]).

• 'ㅎ' 뒤에 'ㄴ'이 결합되는 경우에는, [ㄴ]으로 발음한다(예 놓는[논는], 쌓네[싼네]).

[붙임] 'ㄶ, ㅀ' 뒤에 'ㄴ'이 결합되는 경우에는, 'ㅎ'을 발음하지 않는다(예 않네[안네], 않는[안는], 뚫네[뚤네 → 뚤레], 뚫는[뚤는 → 뚤른]).

• 'ㅎ(ㄶ, ㅀ)' 뒤에 모음으로 시작된 어미나 접미사가 결합되는 경우에는, 'ㅎ'을 발음하지 않는다(예 낳은[나은], 놓아[노아], 쌓이다[싸이다], 많아[마:나], 않은[아는], 닳아[다라], 싫어도[시러도]).

제15항 받침 뒤에 모음 'ㅏ, ㅓ, ㅗ, ㅜ, ㅟ'들로 시작되는 실질형태소가 연결되는 경우에는, 대표음으로 바꾸어서 뒤 음절 첫소리로 옮겨 발음한다(예 밭 아래[바다래], 늪 앞[느밥], 젖어미[저더미], 겉옷[거돋], 꽃 위[꼬뒤]).

다만, '맛있다, 멋있다'는 [마신따], [머신따]로도 발음할 수 있다.

[붙임] 겹받침의 경우에는, 그 중 하나만을 옮겨 발음한다(예 넋 없다[너겁따], 닭 앞에[다가페], 값어치[가버치], 값있는[가빈는]).

SEMI-NOTE

표준 발음법(받침의 발음)

• 표준 발음법 제9항 : 받침 'ㄲ, ㅋ', 'ㅅ, ㅆ, ㅈ, ㅊ, ㅌ', 'ㅍ'은 어말 또는 자음 앞에서 각각 대표음[ㄱ, ㄷ, ㅂ]으로 발음한다(예 닦다[닥따], 키읔[키윽], 키읔과[키윽꽈], 옷[옫], 웃다[욷:따], 있다[읻따], 젖[젇]).

• 표준 발음법 제11항 : 겹받침 'ㄺ, ㄻ, ㄿ'은 어말 또는 자음 앞에서 각각 [ㄱ, ㅁ, ㅂ]으로 발음한다(예 닭[닥], 흙과[흑꽈], 맑다[막따], 늙지[늑찌], 삶[삼:], 젊다[점:따], 읊고[읍꼬], 읊다[읍따]). 다만, 용언의 어간 말음 'ㄺ'은 'ㄱ' 앞에서 [ㄹ]로 발음한다(예 맑게[말께], 묽고[물꼬], 읽거나[일꺼나]).

• 표준 발음법 제14항 : 겹받침이 모음으로 시작된 조사나 어미, 접미사와 결합되는 경우에는, 뒤엣것만을 뒤 음절 첫소리로 옮겨 발음한다. 이 경우, 'ㅅ'은 된소리로 발음한다(예 넋이[넉씨], 앉아[안자], 닭을[달글], 젊어[절머], 곬이[골씨], 핥아[할타], 읊어[을퍼], 값을[갑쓸], 없어[업:써]).

SEMI-NOTE

**표준 발음법(음의 동화)**

• 표준 발음법 제19항 : 받침 'ㅁ, ㅇ' 뒤에 연결되는 'ㄹ'은 [ㄴ]으로 발음한다(예 담력[담:녁], 침략[침:냑], 강릉[강능], 항로[항:노], 대통령[대:통녕]).

• 표준 발음법 제20항 : 'ㄴ'은 'ㄹ'의 앞이나 뒤에서 [ㄹ]로 발음한다.
  - 난로[날:로], 신라[실라], 천리[철리], 광한루[광:할루], 대관령[대:괄령]
  - 칼날[칼랄], 물난리[물랄리], 줄넘기[줄럼끼], 할는지[할른지]
  [붙임] 첫소리 'ㄴ'이 'ㅀ', 'ㄾ' 뒤에 연결되는 경우에도 이에 준한다(예 닳는[달른], 뚫는[뚤른], 핥네[할레]).

**표준 발음법(된소리되기)**

• 표준 발음법 제23항 : 받침 'ㄱ(ㄲ, ㅋ, ㄳ, ㄺ), ㄷ(ㅅ, ㅆ, ㅈ, ㅊ, ㅌ), ㅂ(ㅍ, ㄼ, ㄿ, ㅄ)' 뒤에 연결되는 'ㄱ, ㄷ, ㅂ, ㅅ, ㅈ'은 된소리로 발음한다(예 국밥[국빱], 깎다[깍따], 넋받이[넉빠지], 삯돈[삭똔], 닭장[닥짱], 칡범[칙뻠], 뻗대다[뻗때다], 옷고름[옫꼬름], 꽃다발[꼳따발], 낯설다[낟썰다], 밭갈이[받까리], 곱돌[곱똘], 덮개[덥깨], 옆집[엽찝], 넓죽하다[넙쭈카다], 읊조리다[읍쪼리다]).

• 표준 발음법 제28항 : 표기상으로는 사이시옷이 없더라도, 관형격 기능을 지니는 사이시옷이 있어야 할(휴지가 성립되는) 합성어의 경우에는, 뒤 단어의 첫소리 'ㄱ, ㄷ, ㅂ, ㅅ, ㅈ'을 된소리로 발음한다(예 산-새[산쌔], 굴-속[굴:쏙], 손-재주[손째주], 그믐-달[그믐딸]).

---

④ 음의 동화

> 제17항 받침 'ㄷ, ㅌ(ㄾ)'이 조사나 접미사의 모음 'ㅣ'와 결합되는 경우에는, [ㅈ, ㅊ]으로 바꾸어서 뒤 음절 첫소리로 옮겨 발음한다(예 곧이듣다[고지듣따], 굳이[구지], 미닫이[미:다지], 땀받이[땀바지], 밭이[바치]).

[붙임] 'ㄷ' 뒤에 접미사 '히'가 결합되어 '티'를 이루는 것은 [치]로 발음한다(예 굳히다[구치다], 닫히다[다치다], 묻히다[무치다]).

> 제18항 받침 'ㄱ(ㄲ, ㅋ, ㄳ, ㄺ), ㄷ(ㅅ, ㅆ, ㅈ, ㅊ, ㅌ, ㅎ), ㅂ(ㅍ, ㄼ, ㄿ, ㅄ)'은 'ㄴ, ㅁ' 앞에서 [ㅇ, ㄴ, ㅁ]으로 발음한다(예 먹는[멍는], 국물[궁물], 깎는[깡는], 키읔만[키응만], 몫몫이[몽목씨], 긁는[긍는], 흙만[흥만]).

[붙임] 두 단어를 이어서 한 마디로 발음하는 경우에도 이와 같다(예 책 넣는다[챙넌는다], 흙 말리다[흥말리다], 옷 맞추다[온맏추다], 밥 먹는다[밤멍는다]).

> 제21항 위에서 지적한 이외의 자음 동화는 인정하지 않는다(예 감기[감:기](×[강:기]), 옷감[옫깜](×[옥깜]), 있고[읻꼬](×[익꼬]), 꽃길[꼳낄](×[꼭낄]), 젖먹이[전머기](×[점머기]), 문법[문뻡](×[뭄뻡])).

⑤ 된소리되기(경음화) ★빈출개념

> 제24항 어간 받침 'ㄴ(ㄵ), ㅁ(ㄻ)' 뒤에 결합되는 어미의 첫소리 'ㄱ, ㄷ, ㅅ, ㅈ'은 된소리로 발음한다(예 신고[신:꼬], 껴안다[껴안따], 앉고[안꼬], 더듬지[더듬찌], 닮고[담:꼬], 젊지[점:찌]).

다만, 피동, 사동의 접미사 '-기-'는 된소리로 발음하지 않는다(예 안기다, 감기다, 굶기다, 옮기다).

> 제25항 어간 받침 'ㄼ, ㄾ' 뒤에 결합되는 어미의 첫소리 'ㄱ, ㄷ, ㅅ, ㅈ'은 된소리로 발음한다(예 넓게[널께], 핥다[할따], 훑소[훌쏘], 떫지[떨:찌]).

> 제26항 한자어에서, 'ㄹ' 받침 뒤에 연결되는 'ㄷ, ㅅ, ㅈ'은 된소리로 발음한다(예 갈등[갈뜽], 발전[발쩐], 갈증[갈쯩]).

다만, 같은 한자가 겹쳐진 단어의 경우에는 된소리로 발음하지 않는다(예 허허실실(虛虛實實)[허허실실], 절절하다(切切-)[절절하다]).

> 제27항 관형사형 '-(으)ㄹ' 뒤에 연결되는 'ㄱ, ㄷ, ㅂ, ㅅ, ㅈ'은 된소리로 발음한다(예 바를[할빠를], 할 도리[할또리], 할 적에[할쩌게]).

다만, 끊어서 말할 적에는 예사소리로 발음한다.

[붙임] '-(으)ㄹ'로 시작되는 어미의 경우에도 이에 준한다(例 할걸[할껄], 할밖에 [할빠께], 할세라[할쎄라], 할수록[할쑤록], 할지라도[할찌라도]).

⑥ 음의 첨가

> 제29항 합성어 및 파생어에서, 앞 단어나 접두사의 끝이 자음이고 뒤 단어나 접미사의 첫음절이 '이, 야, 여, 요, 유'인 경우에는, 'ㄴ' 음을 첨가하여 [니, 냐, 녀, 뇨, 뉴]로 발음한다(例 솜-이불[솜:니불], 홑-이불[혼니불], 삯-일[상닐], 맨-입[맨닙], 내복-약[내:봉냑], 한-여름[한녀름], 남존-여비[남존녀비], 색-연필[생년필], 직행-열차[지캥녈차], 늑막-염[능망념], 콩-엿[콩녇], 눈-요기 [눈뇨기], 식용-유[시공뉴], 밤-윷[밤:뉻]).

다만, 다음과 같은 말들은 'ㄴ'음을 첨가하여 발음하되, 표기대로 발음할 수 있다 (例 이죽-이죽[이중니죽/이주기죽], 야금-야금[야금냐금/야그먀금], 검열[검: 녈/거:멸], 욜랑-욜랑[욜랑뇰랑/욜랑욜랑], 금융[금늉/그뮹]).

[붙임 1] 'ㄹ' 받침 뒤에 첨가되는 'ㄴ' 음은 [ㄹ]로 발음한다(例 들-일[들:릴], 솔-잎[솔립], 설-익다[설릭따], 물-약[물략], 서울-역[서울력], 물-엿[물렫], 유들-유들[유들류들]).

[붙임 2] 두 단어를 이어서 한 마디로 발음하는 경우에도 이에 준한다(例 한 일 [한닐], 옷 입다[온닙따], 서른여섯[서른녀섣], 3연대[삼년대], 1연대[일련대], 할 일[할릴], 잘 입다[잘립따], 스물여섯[스물려섣], 먹을 엿[머글렫]).

다만, 다음과 같은 단어에서는 'ㄴ(ㄹ)' 음을 첨가하여 발음하지 않는다(例 6·25[유기오], 3·1절[사밀쩔], 송별-연[송:벼련], 등-용문[등용문]).

> 제30항 사이시옷이 붙은 단어는 다음과 같이 발음한다.

- 'ㄱ, ㄷ, ㅂ, ㅅ, ㅈ'으로 시작하는 단어 앞에 사이시옷이 올 때는 이들 자음만을 된소리로 발음하는 것을 원칙으로 하되, 사이시옷을 [ㄷ]으로 발음하는 것도 허용한다(例 냇가[내:까/낻:까], 샛길[새:낄/샏:낄], 콧등[코뜽/콛뜽], 깃발 [기빨/긷빨]).
- 사이시옷 뒤에 'ㄴ, ㅁ'이 결합되는 경우에는 [ㄴ]으로 발음한다(例 콧날[콛날 → 콘날], 아랫니[아랟니 → 아랜니], 툇마루[퇻:마루 → 퇸:마루]).
- 사이시옷 뒤에 '이' 음이 결합되는 경우에는 [ㄴㄴ]으로 발음한다(例 베갯잇[베갣닏 → 베갠닏], 깻잎[깯닙 → 깬닙], 나뭇잎[나묻닙 → 나문닙]).

## (4) 외래어 표기법

① 본문

> 제1항 외래어는 국어의 현용 24자모만으로 적는다.
> 제2항 외래어의 1음운은 원칙적으로 1기호로 적는다.

SEMI-NOTE

**표준 발음법('ㄴ'음의 첨가 조건)**
- '영업용'과 같이 접미사 '-용'이 결합된 경우에도 'ㄴ'이 첨가되지만 이때의 '-용'은 어휘적인 의미를 강하게 지님
- 소리적인 측면에서 앞말은 자음으로 끝나고 뒷말은 단모음 '이' 또는 이중모음 '야, 여, 요, 유로 시작해야 하므로, 이때 첨가되는 'ㄴ'은 뒷말의 첫소리에 놓임

**표준 발음법(사이시옷 표기)**
- 다음 단어들은 사잇소리현상은 있으되 한자와 한자 사이에 사이시옷 표기를 하지 않는다는 규정을 따른다(例 소주잔(燒酒盞)[──짠], 맥주잔(麥酒盞)[──쭈짠]).
- 한자와 고유어로 이루어진 다음의 단어들은 사이시옷 표기를 한다(例 소줏집, 맥줏집, 전셋집).

**꼭 알아 두어야 할 외래어 표기 규정**

- 7종성 받침만 쓰는 규정(ㄱ, ㄴ, ㄹ, ㅁ, ㅂ, ㅅ, ㅇ) : 케잌(×) → 케이크(○), 커피숖(×) → 커피숍(○), 맑스(×) → 마르크스, 테잎(×) → 테이프(○), 디스켙(×) → 디스켓(○)
- 장모음 금지 규정 : 보오트(×) → 보트(○), 처어칠(×) → 처칠(○), 티임(×) → 팀(○)
- 'ㅈ'계 후행 모음의 단모음 표기 규정(복모음 금지) : 비젼(×) → 비전(○), 쥬스(×) → 주스(○), 스케쥴(×) → 스케줄(○), 레져(×) → 레저(○), 챠트(×) → 차트(○)
- 파열음 표기에서의 된소리 금지 규정 : 까스(×) → 가스(○), 써비스(×) → 서비스(○), 도꾜(×) → 도쿄(○), 꽁트(×) → 콩트(○), 빠리(×) → 파리(○)
- 한 음운을 한 기호로 표기('f'는 'ㅍ'로 적음) : 후라이(×) → 프라이(○), 플렛홈(platform)(×) → 플랫폼(○), 화이팅(×) → 파이팅(○)
- 어말의 [ ʃ ]는 '시'로, 자음 앞의 [ ʃ ]는 '슈'로, 모음 앞의 [ ʃ ]는 뒤에 오는 모음 따라 표기 : flash[플래시], shrub[슈러브], fashion[패션], supermarket[슈퍼마켓]
- 어중의 [l]이 모음 앞에 오거나 모음이 따르지 않는 비음 [m], [n] 앞에 올 때는 'ㄹㄹ'로 표기 하는데 비해, 비음 [m], [n] 뒤의 [l]은 모음이 뒤에 오는 경우 'ㄹ'로 표기 : slide[슬라이드], film[필름], Hamlet[햄릿]

제3항 받침에는 'ㄱ, ㄴ, ㄹ, ㅁ, ㅂ, ㅅ, ㅇ'만을 쓴다(7종성법 적용, 'ㄷ'은 제외됨).

제4항 파열음 표기에는 된소리를 쓰지 않는 것을 원칙으로 한다.

제5항 이미 굳어진 외래어는 관용을 존중하되, 그 범위와 용례는 따로 정한다.

② 제 2장 표기 일람표(표1 국제 음성 기호와 한글 대조표)

| 자음 | | | 반모음 | | 모음 | |
|---|---|---|---|---|---|---|
| 국제 음성 기호 | 한글 | | 국제 음성 기호 | 한글 | 국제 음성 기호 | 한글 |
| | 모음 앞 | 자음 앞 | | | | |
| p | ㅍ | ㅂ, 프 | j | 이 | i | 이 |
| b | ㅂ | 브 | ɥ | 위 | y | 위 |
| t | ㅌ | ㅅ, 트 | w | 오, 우 | e | 에 |
| d | ㄷ | 드 | | | ø | 외 |
| k | ㅋ | ㄱ, 크 | | | ɛ | 에 |
| g | ㄱ | 그 | | | ɛ̃ | 앵 |
| f | ㅍ | 프 | | | œ | 외 |
| v | ㅂ | 브 | | | œ̃ | 욍 |
| θ | ㅅ | 스 | | | æ | 애 |
| ð | ㄷ | 드 | | | a | 아 |
| s | ㅅ | 스 | | | ɑ | 아 |
| z | ㅈ | 즈 | | | ã | 앙 |
| ʃ | 시 | 슈, 시 | | | ʌ | 어 |
| ʒ | ㅈ | 지 | | | ɔ | 오 |
| ts | ㅊ | 츠 | | | ɔ̃ | 옹 |
| dz | ㅈ | 즈 | | | o | 오 |
| ʧ | ㅊ | 치 | | | u | 우 |
| ʤ | ㅈ | 지 | | | ə | 어 |
| m | ㅁ | ㅁ | | | ɚ | 어 |
| n | ㄴ | ㄴ | | | | |
| ɲ | 니 | 뉴 | | | | |
| ŋ | ㅇ | ㅇ | | | | |
| l | ㄹ, ㄹㄹ | ㄹ | | | | |
| r | ㄹ | 르 | | | | |
| h | ㅎ | 흐 | | | | |
| ç | ㅎ | 히 | | | | |
| x | ㅎ | 흐 | | | | |

③ 외래어 표기법 제3장 제1절 영어의 표기 ★ 빈출개념

제1항 무성 파열음([p], [t], [k])
- 짧은 모음 다음의 어말 무성 파열음([p], [t], [k])은 받침으로 적는다(예 gap[gæp] 갭, cat[kæt] 캣, book[buk] 북).
- 짧은 모음과 유음, 비음([l], [r], [m], [n]) 이외의 자음 사이에 오는 무성 파열음([p], [t], [k])은 받침으로 적는다(예 apt[æpt] 앱트, setback[setbæk] 셋백, act[ækt] 액트).
- 위 경우 이외의 어말과 자음 앞의 [p], [t], [k]는 '으'를 붙여 적는다(예 stamp[stæmp] 스탬프, cape[keip] 케이프, part[pɑːt] 파트, desk[desk] 데스크, make[meik] 메이크, apple[æpl] 애플, mattress[mætris] 매트리스, sickness[siknis] 시크니스).

제3항 마찰음([s], [z], [f], [v], [θ], [ð], [ʃ], [ʒ])
- 어말 또는 자음 앞의 [s], [z], [f], [v], [θ], [ð]는 '으'를 붙여 적는다(예 mask[mɑːsk] 마스크, jazz[dʒæz] 재즈, graph[græf] 그래프, olive[ɔliv] 올리브, thrill[θril] 스릴, bathe[beið] 베이드).
- 어말의 [ʃ]는 '시'로 적고, 자음 앞의 [ʃ]는 '슈'로, 모음 앞의 [ʃ]는 뒤따르는 모음에 따라 '샤', '섀', '셔', '셰', '쇼', '슈', '시'로 적는다(예 flash[flæʃ] 플래시, shrub[ʃrʌb] 슈러브, shark[ʃɑːk] 샤크, shank[ʃæŋk] 섕크, fashion[fæʃən] 패션, sheriff[ʃerif] 셰리프, shopping[ʃɔpiŋ] 쇼핑, shoe[ʃuː] 슈).
- 어말 또는 자음 앞의 [ʒ]는 '지'로 적고, 모음 앞의 [ʒ]는 'ㅈ'으로 적는다(예 mirage[mirɑːʒ] 미라지, vision[viʒən] 비전).

제6항 유음([l])
- 어말 또는 자음 앞의 [l]은 받침으로 적는다(예 hotel[houtel] 호텔, pulp[pʌlp] 펄프).
- 어중의 [l]이 모음 앞에 오거나, 모음이 따르지 않는 비음([m], [n]) 앞에 올 때에는 'ㄹㄹ'로 적는다. 다만, 비음([m], [n]) 뒤의 [l]은 모음 앞에 오더라도 'ㄹ'로 적는다(예 slide[slaid] 슬라이드, film[film] 필름, helm[helm] 헬름, swoln[swouln] 스월른, Hamlet[hæmlit] 햄릿, Henley[henli] 헨리).

제9항 반모음([w], [j])
- [w]는 뒤따르는 모음에 따라 [wə], [wɔ], [wou]는 '워', [wa]는 '와', [wæ]는 '왜', [we]는 '웨', [wi]는 '위', [wu]는 '우'로 적는다(예 word[wəːd] 워드, want[wɔnt] 원트, woe[wou] 워, wander[wandə] 완더, wag[wæg] 왜그, west[west] 웨스트, witch[witʃ] 위치, wool[wul] 울).
- 자음 뒤에 [w]가 올 때에는 두 음절로 갈라 적되, [gw], [hw], [kw]는 한 음절로 붙여 적는다(예 swing[swiŋ] 스윙, twist[twist] 트위스트, penguin[peŋgwin] 펭귄, whistle[hwisl] 휘슬, quarter[kwɔːtə]쿼터).

- 반모음 [j]는 뒤따르는 모음과 합쳐 '야', '얘', '여', '예', '요', '유', '이'로 적는다. 다만, [d], [l], [n] 다음에 [jə]가 올 때에는 각각 '디어', '리어', '니어'로 적는다 (예) yard[jɑːd] 야드, yearn[jəːn] 연, yellow[jelou] 옐로, yawn[jɔːn] 욘, you[juː] 유, year[jiə] 이어, Indian[indiən] 인디언, union[juːnjən] 유니언).

제10항 복합어
- 따로 설 수 있는 말의 합성으로 이루어진 복합어는 그것을 구성하고 있는 말이 단독으로 쓰일 때의 표기대로 적는다(예) cuplike[kʌplaik] 컵라이크, bookend[bukend] 북엔드, headlight[hedlait] 헤드라이트, touchwood[tʌtʃwud] 터치우드, sit-in[sitin] 싯인, bookmaker[bukmeikə] 북메이커, flashgun[flæʃgʌn] 플래시건).
- 원어에서 띄어 쓴 말은 띄어 쓴 대로 한글 표기를 하되, 붙여 쓸 수도 있다(예) Los Alamos[lɔs æləmous] 로스 앨러모스/로스앨러모스, top class[tɔpklæs] 톱 클래스/톱클래스).

### ④ 주의해야 할 외래어 표기법

| 단어 | 표기 | 단어 | 표기 | 단어 | 표기 |
| --- | --- | --- | --- | --- | --- |
| accelerator | 액셀러레이터 | carpet | 카펫 | accessory | 액세서리 |
| adapter | 어댑터 | catalog | 카탈로그 | imperial | 임피리얼 |
| christian | 크리스천 | climax | 클라이맥스 | coffee shop | 커피숍 |
| badge | 배지 | conte | 콩트 | margarine | 마가린 |
| barbecue | 바비큐 | counselor | 카운슬러 | massage | 마사지 |
| battery | 배터리 | cunning | 커닝 | mass-game | 매스게임 |
| biscuit | 비스킷 | curtain | 커튼 | message | 메시지 |
| boat | 보트 | cut | 컷 | milkshake | 밀크셰이크 |
| body | 보디 | data | 데이터 | dessin | 데생 |
| Burberry | 바바리 | dynamic | 다이내믹 | narration | 내레이션 |
| endorphin | 엔도르핀 | enquete | 앙케트 | eye-shadow | 아이섀도 |
| offset | 오프셋 | centimeter | 센티미터 | pamphlet | 팸플릿 |
| chandelier | 샹들리에 | frontier | 프런티어 | pierrot | 피에로 |
| chassis | 섀시 | caramel | 캐러멜 | shadow | 섀도 |
| sponge | 스펀지 | royalty | 로열티 | trot | 트로트 |
| washer | 와셔 | sandal | 샌들 | tumbling | 텀블링 |
| sash | 새시 | ValentineDay | 밸런타인데이 | sausage | 소시지 |
| symposium | 심포지엄 | windows | 윈도 | workshop | 워크숍 |
| saxophone | 색소폰 | talent | 탤런트 | yellow-card | 옐로카드 |
| scarf | 스카프 | target | 타깃 | schedule | 스케줄 |
| teamwork | 팀워크 | leadership | 리더십 | buffet | 뷔페 |

**주의해야 할 기타 외래어 표기법**

| 단어 | 표기 |
| --- | --- |
| handling | 핸들링 |
| chocolate | 초콜릿 |
| jacket | 재킷 |
| ambulance | 앰뷸런스 |
| juice | 주스 |
| balance | 밸런스 |
| montage | 몽타주 |
| business | 비즈니스 |
| original | 오리지널 |
| cake | 케이크 |
| finale | 피날레 |
| champion | 챔피언 |
| calendar | 캘린더 |
| sunglass | 선글라스 |
| symbol | 심벌 |

## (5) 국어의 로마자 표기법

### ① 제 1장 표기의 기본 원칙

제1항 국어의 로마자 표기는 국어의 표준 발음법에 따라 적는 것을 원칙으로 한다.
제2항 로마자 이외의 부호는 되도록 사용하지 않는다.

### ② 제2장 표기 일람

제1항 모음은 다음 각호와 같이 적는다.

| | | | | | | | | | | |
|---|---|---|---|---|---|---|---|---|---|---|
| **단모음** | ㅏ | ㅓ | ㅗ | ㅜ | ㅡ | ㅣ | ㅐ | ㅔ | ㅚ | ㅟ |
| | a | eo | o | u | eu | i | ae | e | oe | wi |
| **이중모음** | ㅑ | ㅕ | ㅛ | ㅠ | ㅒ | ㅖ | ㅘ | ㅙ | ㅝ | ㅞ | ㅢ |
| | ya | yeo | yo | yu | yae | ye | wa | wae | wo | we | ui |

제2항 자음은 다음 각호와 같이 적는다.

| 파열음 | | 파찰음 | | 마찰음 | | 비음 | | 유음 | |
|---|---|---|---|---|---|---|---|---|---|
| ㄱ | g, k | ㅈ | j | ㅅ | s | ㄴ | n | ㄹ | r, l |
| ㅋ | k | ㄸ | d, t | ㅉ | jj | ㅆ | ss | ㅁ | m |
| ㄸ | tt | ㅌ | t | ㅊ | ch | ㅎ | h | ㅇ | ng |
| ㅂ | b, p | ㅃ | pp | | | | | | |

### ③ 제3장 표기상의 유의점

제1항 음운 변화가 일어날 때에는 변화의 결과에 따라 다음 각호와 같이 적는다.

- 자음 사이에서 동화 작용이 일어나는 경우(예 백마[뱅마] Baengma, 신문로[신문노] Sinmunno, 종로[종노] Jongno, 왕십리[왕심니] Wangsimni)
- 'ㄴ, ㄹ'이 덧나는 경우(예 학여울[항녀울] Hangnyeoul)
- 구개음화가 되는 경우(예 해돋이[해도지] haedoji, 같이[가치] gachi)
- 'ㄱ, ㄷ, ㅂ, ㅈ'이 'ㅎ'과 합하여 거센소리로 소리 나는 경우(예 좋고[조코] joko, 놓다[노타] nota)

다만, 체언에서 'ㄱ, ㄷ, ㅂ' 뒤에 'ㅎ'이 따를 때에는 'ㅎ'을 밝혀 적는다(예 집현전 (Jiphyeonjeon)).

[붙임] 된소리되기는 표기에 반영하지 않는다(예 압구정(Apgujeong), 낙성대 (Nakseongdae)).

SEMI-NOTE

제2장 표기 일람
- 제1항 붙임
  - [붙임 1] : 'ㅢ'는 'ㅣ'로 소리 나더라도 ui로 적는다(예 광희문 Gwanghuimun).
  - [붙임 2] : 장모음의 표기는 따로 하지 않는다.
- 제2항 붙임
  - [붙임 1] : 'ㄱ, ㄷ, ㅂ'은 모음 앞에서는 'g, d, b'로, 자음 앞이나 어말에서는 'k, t, p'로 적는다(예 구미 Gumi, 영동 Yeongdong).
  - [붙임 2] : 'ㄹ'은 모음 앞에서는 'r'로, 자음 앞이나 어말에서는 'l'로 적는다. 단, 'ㄹㄹ'은 'll'로 적는다(예 옥천 Okcheon, 태백 Taebaek).

제 3장 표기상의 유의점
- 제2항 : 발음상 혼동의 우려가 있을 때에는 음절 사이에 붙임표(-)를 쓸 수 있다(예 중앙(Jung-ang), 해운대 (Hae-undae)).
- 제3항 : 고유 명사는 첫 글자를 대문자로 적는다(예 부산(Busan), 세종 (Sejong)).
- 제5항 : '도, 시, 군, 구, 읍, 면, 리, 동'의 행정 구역 단위와 '가'는 각각 'do, si, gun, gu, eup, myeon, ri, dong, ga'로 적고, 그 앞에는 붙임표(-)를 넣는다. 붙임표(-) 앞뒤에서 일어나는 음운 변화는 표기에 반영하지 않는다(예 충청북도(Chungcheongbuk-do), 제주도(Jeju-do)).
  [붙임] '시, 군, 읍'의 행정 구역 단위는 생략할 수 있다.
- 제7항 : 인명, 회사명, 단체명 등은 그동안 써 온 표기를 쓸 수 있다.

제4항 인명은 성과 이름의 순서로 띄어 쓴다. 이름은 붙여 쓰는 것을 원칙으로 하되 음절 사이에 붙임표(-)를 쓰는 것을 허용한다(예 민용하 Min Yongha (Min Yong-ha), 송나리 Song Nari (Song Na-ri)).

• 이름에서 일어나는 음운 변화는 표기에 반영하지 않는다.
• 성의 표기는 따로 정한다.

제6항 자연 지물명, 문화재명, 인공 축조물명은 붙임표(-) 없이 붙여 쓴다(예 남산(Namsan), 속리산(Songnisan), 경복궁(Gyeongbokgung)).

**ⓘ 나두공**

# 05장 논리적인 말과 글

# 논리적인 말과 글

**주제의 개념과 기능**
• **주제의 개념** : 글을 통해서 나타내고자 하는 글쓴이의 중심 생각
• **주제의 기능**
 – 글의 내용에 통일성 부여
 – 소재 선택의 기준이 됨
 – 글쓴이의 생각과 의도를 명확하게 만들어 줌

**구성, 개요의 개념**
• **구성의 개념** : 수집, 정리한 제재에 질서에 알맞게 배열하는 것으로 글의 짜임 또는 글의 뼈대가 되는 설계도
• **개요의 개념** : 주제와 목적에 맞게 글감을 효과적으로 배치하는 글의 설계도

**주제문의 위치에 따른 구성**

| 두괄식 | 주제문 + 뒷받침 문장 → 연역적 구성 |
|---|---|
| 미괄식 | 뒷받침 문장 + 주제문 → 귀납적 구성 |
| 양괄식 | 주제문 + 뒷받침 문장 + 주제문 |
| 중괄식 | 뒷받침 문장 + 주제문 + 뒷받침 문장 |

**잘못된 단어의 선택**
• **강추위** : 눈도 오지 않고 바람도 불지 않으면서 몹시 추운 추위
• **값과 삯**
 – 값 : 물건에 일정하게 매긴 액수
 – 삯 : 어떤 물건이나 시설을 이용하고 주는 대가
• **굉장하다** : 규모가 아주 크고 훌륭함

---

**01절** 쓰기 및 말하기, 듣기의 본질

## 1. 쓰기 및 말하기와 듣기

### (1) 쓰기

① **쓰기의 개념** : 글 쓰는 사람의 생각이나 느낌을 글로 정확하게 표현하는 일
② **쓰기의 과정** : 주제 설정 → 재료의 수집 및 선택 → 구성 및 개요 작성 → 집필 → 퇴고
③ **구성 및 개요 작성**

| 전개식 구성 (자연적 구성) | 시간적 구성 | 사건의 시간적 순서에 따라 전개되는 구성(기행문, 일기, 전기문, 기사문 등) |
|---|---|---|
| | 공간적 구성 | 사물의 위치, 공간의 변화에 따라 전개되는 구성 |
| 종합적 구성 (논리적 구성) | 단계식 구성 | 구성 단계에 따라 전개되는 구성(3단, 4단, 5단 구성) |
| | 포괄식 구성 | 중심 문장과 뒷받침 문장을 효과적으로 배열하는 방식(두괄식, 미괄식, 양괄식, 중괄식) |
| | 열거식 구성 (병렬식 구성) | 글의 중심 내용이 여러 곳에 산재해 있는 방식(대등한 문단들이 병렬적으로 배열되는 구성)열거식 구성(병렬식 구성) |
| | 점층식 구성 | 중요성이 작은 것에서 큰 것으로 전개(↔ 점강식 구성) |
| | 인과식 구성 | 원인 + 결과, 결과 + 원인 |

④ **집필**
 • **집필의 개념** : 조직된 내용을 목적과 절차에 따라 글로 표현하는 것(구상의 구체화)
 • **집필의 순서** : 제목 정하기 → 서두 쓰기 → 본문 쓰기 → 결말 쓰기
⑤ **퇴고(고쳐 쓰기)**
 • **퇴고의 개념** : 글을 쓰고 나서 내용, 맞춤법이나 띄어쓰기 등을 검토하여 바르게 고치는 것으로 글 전체를 다듬는 마지막 과정
⑥ **글 다듬기** ★ 빈출개념
 ㉠ 잘못된 단어의 선택
  • 어젯밤에는 눈이 많이 내리더니 밤에는 <u>강추위</u>까지 겹쳤다. → 어젯밤에는 눈이 많이 내리더니 밤에는 <u>추위</u>까지 겹쳤다.
  • 서울에서 대구까지 비행기 <u>값</u>이 얼마냐? → 서울에서 대구까지 비행기 <u>삯</u>이 얼마냐?
  • 나는 <u>굉장히</u> 작은 찻잔을 보았다. → 나는 <u>무척</u> 작은 찻잔을 보았다.

ⓒ 잘못된 시제의 사용

- 영화를 보고 나니 열두 시가 넘<u>겠다</u>. → 영화를 보고 나니 열두 시가 넘었다.
- 많은 관심 <u>부탁드리겠습니다</u>. → 많은 관심 <u>부탁드립니다</u>.
- 내가 일본에 2년 전에 <u>갔을</u> 때보다 지금이 훨씬 좋았다. → 내가 일본에 2년 전에 <u>갔었을</u> 때보다 지금이 훨씬 좋았다.

ⓒ 잘못된 높임의 사용

- 철우야, 너 선생님이 빨리 <u>오래</u>. → 철우야, 너 선생님께서 빨리 <u>오라서</u>.
- 총장님의 말씀이 <u>계시겠습니다</u>. → 총장님의 말씀이 <u>있으시겠습니다</u>.
- 우리 아버지께서는 눈이 참 <u>밝아요</u>. → 우리 아버지께서는 눈이 참 <u>밝으세요</u>.

ⓔ 필수 성분의 생략

- 본격적인 <u>도로 복구공사가</u> 언제 시작되고, <u>언제 개통될지</u> 모르는 상황이다. → 본격적인 도로 복구공사가 언제 시작되고, (도로가) 언제 개통될지 모르는 상황이다.
- 인간은 자연을 정복하기도 하고, 때로는 <u>순응하기도</u> 하면서 살아간다. → 인간은 자연을 정복하기도 하고, 때로는 (자연에) 순응하기도 하면서 살아간다.
- 이 차에는 짐<u>이나</u> 사람을 더 태울 수 있는 자리가 남아 있다. → '이나'는 둘 이상의 사물을 같은 자격으로 이어 주는 접속 조사고, 이에 의해 구문을 잇는 과정에서는 공통된 요소만 생략할 수 있다.

ⓜ 불필요한 성분

- 방학 <u>기간</u> 동안 잠을 실컷 잤다.
- <u>돌이켜 회고해 보건대</u> 나는 파란만장한 삶을 살았다.
- 순간 그녀의 <u>머릿속에는 뇌리를</u> 스치는 기억이 있었다.

## (2) 말하기, 듣기의 정의와 유형

① 말하기, 듣기의 정의 : 자신의 생각과 감정을 말로써 표현하고, 상대방의 생각과 감정을 말로써 이해하는 것

② 말하기의 유형

ⓐ 설명 : 정보 전달을 통해 상대를 이해시키는 것을 목적으로 하는 말하기 유형

ⓑ 설득 : 주장 입증을 통해 상대를 설득하는 것을 목적으로 하는 말하기 유형

ⓒ 대화 : 대표적 유형으로 토의와 토론이 있음

ⓓ 대담(對談) : 마주 대하고 말함. 또는 그런 말

ⓔ 좌담(座談) : 여러 사람이 한자리에 모여 앉아서 어떤 문제에 대하여 의견이나 견문을 나누는 일이나 그런 이야기

ⓕ 정담(鼎談) : 세 사람이 솥발처럼 벌려 마주 앉아서 하는 이야기

**잘못된 시제의 사용**

- **넘겠다** : '–겠–'은 미래의 일이나 추측을 나타내는 어미로 현재 또는 과거에 있었던 일에 쓰지 않음
- **갔을** : 과거를 나타내지만 현재와 비교하여 단절된 과거에 있었던 일에 쓰지 않음

**필수 성분의 생략**

- **도로가** : '도로 복구공사'가 개통되는 것이 아니므로 주어인 '도로가'를 보충
- **자연에** : '순응하다'에 호응하는 부사어가 빠져있으므로 '자연에'를 보충

**불필요한 성분**

- **기간** : '방학'에 '기간'의 의미가 포함
- **회고해** : '돌이켜'와 '회고해'의 의미가 중복
- **뇌리** : '머릿속'과 '뇌리'가 중복

**말하기, 듣기의 특성**

- 내용을 주고받는 언어 행위
- 음성 언어로 이루어지는 언어 행위
- 문제 해결 과정
- 말하는 이와 듣는 이 간의 협동이 있어야 가능

## 2. 토의와 토론

### (1) 토의 ★ 빈출개념

① 토의의 개념과 목적

ㄱ 토의의 개념 : 두 사람 이상이 모여 집단 사고의 과정을 거쳐 어떤 문제의 해결을 시도하는 논의의 형태

ㄴ 토의의 목적 : 집단 사고를 통한 최선의 문제 해결방안 모색

② 토의의 절차 : 문제에 대한 의미 확정 → 문제의 분석과 음미 → 가능한 모든 해결안 제시와 검토 → 최선의 해결안 선택 → 해결안 시행 방안 모색

③ 토의의 종류

| 구분 | 특징 |
|---|---|
| 심포지엄 | • 공통 주제에 대한 전문가의 다양하고 권위적, 체계적인 설명이 이루어짐(강연과 유사한 형태로 진행되며, 전문성이 강조됨)<br>• 사회자는 청중이 토의 문제와 주제를 잘 파악할 수 있게 하고, 토의의 요점을 간략히 정리해 이해를 도움 |
| 포럼 | • 청중이 처음부터 참여하여 주도하는 형태로, 간략한 주제 발표 외에 강연이나 연설은 없음(공청회와 유사한 형태로, 공공성이 강조됨)<br>• 사회자는 질문 시간을 조정하고 산회(散會) 시간을 결정(사회자의 비중이 큰 토의 유형) |
| 패널 | • 시사적, 전문적 문제해결 수단으로 적합하며, 이견 조정 수단으로 의회나 일반 회의에서 자주 사용됨(대표성이 강조되는 토의 형태)<br>• 배심원의 토의 후 청중과의 질의응답을 수행함 |
| 원탁 토의 | • 주제의 범위가 넓고 개방적이며, 사회자 없이 자유롭게 이야기하는 형태(평등성이 강조됨)<br>• 사회자가 없는 것이 일반적이나, 진행을 위한 의장을 따로 두기도 함<br>• 참가자가 토의에 익숙하지 않은 경우 산만할 수 있고, 시간낭비를 초래할 수 있다는 단점이 있음 |

### (2) 토론

① 토론의 개념 및 목적

ㄱ 개념 : 어떤 의견이나 제안에 대해 찬성과 반대의 뚜렷한 의견 대립을 가지는 사람들이 논리적으로 상대방을 설득하는 형태

ㄴ 목적 : 논리적 설득을 통해 상대의 주장을 논파하고 자기주장의 정당성을 인정하게 함으로써, 궁극적으로 집단의 의견 일치를 구하는 것

② 토론의 절차 : 자기주장의 제시 → 상대 논거의 확인 → 자기주장의 근거 제시 → 상대 주장에 대한 논파 → 자기주장의 요점 반복(상대의 행동화 촉구)

③ 토론의 종류

| 구분 | 특징 |
|---|---|
| 2인 토론 | 2인의 토론자와 사회자가 토론을 진행하는 형태로, 단시간에 논리적인 주장을 선택하는 것이 목적 |

**각 토의의 의의**

• **심포지엄의 의의** : 어떤 논제를 가지고 그 분야의 전문가 및 권위자(3~6명)가 사회자의 진행 아래 강연식으로 발표하고, 다수의 청중과 질의 응답하는 형식

• **포럼의 의의** : 개방된 장소에서 공공 문제에 대해 청중과 질의 응답하는 공개 토의

• **패널의 의의** : 배심 토의라고도 하며 특정 문제에 관심과 경험이 있는 배심원(4~8명)들을 뽑아 청중 앞에서 각자의 지식, 견문, 정보를 발표하고 여러 가지 의견을 제시하는 공동 토의

• **원탁 토의의 의의** : 10명 내외의 소규모 집단이 평등한 입장에서 자유롭게 의견을 나누는 비공식적인 토의

**토론 시작 시, 사회자의 역할**

• 장소와 참가자 자리 선정

• 지나친 대립 상황의 조정

• 논점 확기, 발언 내용 요약

• 보다 유연한 토론 진행

• 가능한 한 사회자 자신의 발언은 억제함

**토론의 논제**

• 논제는 원칙적으로 '~해야 한다.' 또는 '~인가?'의 형식으로 표현되어야 함

• 명백한 긍정, 부정의 양측에 설 수 있는 형식이어야 함

• 내용이 분명해야 하고, 하나의 명백한 주장에 한정되어야 함

| 직파 토론 | 2~3인이 짝을 이루어 함께 대항하는 토론 형태로, 한정된 시간에 논의의 핵심을 파악해 논점에 집중하기 위한 형태 |
|---|---|
| 반대 신문식 토론 | 토론의 형식에 법정의 반대 신문을 도입한 형태로 유능하고 성숙한 토론자에게 적합하며, 청중의 관심을 유도하는 것이 목적 |

**토론과 토의의 비교**

| 구분 | 토론 | 토의 |
|---|---|---|
| 목적 | 자기주장의 관철 및 집단의 의견 일치 | 최선의 문제 해결안 모색 및 선택 |
| 참가자 | 찬성, 반대의 의견 대립자 | 특정 문제에 대한 공동 인식의 이해자 |
| 태도 | 상대방 주장의 모순, 취약점 등을 지적하는 비판적인 태도 | 다른 사람의 제안이나 의견을 모두 검토, 수용하려는 협력적인 태도 |
| 문제 해결 방법 | 자기주장의 근거, 증거 제시 → 정당성의 입증과 상대방 주장의 모순을 논박 | 전원 협력하여 최대한 공동 이익을 반영할 수 있는 최선의 해결안 선택 |

SEMI-NOTE

**토론과 토의의 공통점과 의의**
- 공통점
  - 집단 사고를 통한 문제 해결
  - 해결안 모색
  - 둘 이상의 참가자
- 의의
  - 토론 : 대립적 주장을 통한 바람직한 의견 일치
  - 토의 : 집단적이고 협력적인 사고 과정

## 02절  논리적 전개와 독해

## 1. 글의 진술 방식과 논리적 전개

### (1) 설명의 정의와 방법

① 설명의 정의 : 어떤 '말'이 가지고 있는 '뜻'을 설명하는 것, 즉 어떤 대상이나 용어의 의미, 법칙 등을 명백히 밝혀 진술하는 방식

② 설명의 방법(글의 전개 방식) ⭐빈출개념

ㄱ 비교와 대조
- 비교 : 둘 이상의 사물이나 현상 등을 견주어 공통점이나 유사점을 설명하는 방법
- 대조 : 둘 이상의 사물이나 현상 등을 견주어 상대되는 성질이나 차이점을 설명하는 방법

ㄴ 분류와 구분
- 분류 : 작은 것(부분, 하위 항목 또는 범주, 종개념)을 일정한 기준에 따라
- 큰 것(전체, 상위 항목 또는 범주, 유개념)으로 묶어 가면서 전개하는 방식 (예 시는 내용상 서정시, 서사시, 극시로 나누어진다.)
- 구분 : 큰 항목을 일정한 기준에 따라 작은 항목으로 나누어 설명하는 방법 (예 시, 소설, 희곡, 수필은 모두 문학에 속한다.)

ㄷ 예시 : 일반적, 추상적, 관념적인 것 또는 알기 어려운 것을 이해하기 쉽게 예를 들어 설명하는 방법

**설명의 개념과 목적**
- 설명의 개념 : 청자가 잘 모르고 있는 사실, 사물, 현상, 사건 등을 알기 쉽게 풀어서 말하는 것
- 설명의 목적 : 객관적인 정보나 사실을 전달하여 독자를 이해시키는 것으로, 주로 설명문에 사용됨

**분류의 조건**
- 분류는 반드시 일정한 기준이 있어야 함
- 분류된 하위 개념은 모두 대등함

**기타 설명의 방법**
- 지정 : '그는 누구인가?', '그것은 무엇인가?'와 같은 질문에 대답하는 것으로 설명 방법 중 가장 단순함
- 인과(因果) : 어떤 결과를 가져오게 한 원인 또는 그 원인에 의해 결과적으로 초래된 현상에 초점을 두고 글을 전개하는 방식

ⓔ **유추** : 생소하고 복잡한 개념이나 현상을 친숙하고 단순한 것과 비교하여 설명하는 것

ⓤ **과정(過程)** : 어떤 특정한 목표나 결말을 가져오게 하는 일련의 행동, 변화, 기능, 단계, 작용 등에 초점을 두고 글을 전개하는 방식으로, '어떻게'와 관련된 사항이 주가 됨

## (2) 논증의 개념과 종류

① 논증의 개념

ⓐ 아직 밝혀지지 않은 사실이나 문제에 대하여 자신의 의견을 밝히고 진실 여부를 증명하여, 그에 따라 행동하도록 하는 진술 방식

ⓑ 여기 가지 명제를 근거로 어떤 다른 하나의 실현이 참이라는 사실을 증명하는 것으로, 주로 논설문에 사용됨

② 논증의 분류와 종류 및 유형

ⓐ **명제의 분류**

| 사실 명제 | 진실성과 신빙성에 근거하여 존재의 진위를 판별할 수 있는 명제 |
|---|---|
| 정책 명제 | 타당성에 근거하여 어떤 대상에 대한 의견을 내세운 명제 |
| 가치 명제 | 공정성에 근거하여 주관적 가치 판단을 내린 명제 |

ⓑ **논거의 종류**

| 사실 논거 | 누구나 객관적으로 의심 없이 인정할 수 있는 확실한 사실로 자연 법칙, 역사적 사실, 상식, 실험적 사실 등을 들 수 있음. 그러나 사람에 따라 다르게 판단할 수 있는 것은 사실 논거로 볼 수 없음 |
|---|---|
| 소견 논거 | 그 방면의 권위자, 전문가, 목격자, 경험자의 의견으로 확실성이 있다고 인정되는 것 |

ⓒ **묘사의 유형**

| 객관적(과학적, 설명적) 묘사 | 대상의 세부적 사실을 객관적으로 표현하는 진술 방식으로, 정확하고 사실적인 정보 전달이 목적 |
|---|---|
| 주관적(인상적, 문학적) 묘사 | 대상에 대한 글쓴이의 주관적인 인상이나 느낌을 그려내는 것으로, 상징적인 언어를 사용하며 주로 문학 작품에 많이 쓰임 |

ⓓ **서사**

- 행동, 상태가 진행되어 가는 움직임 또는 사건의 전개 양상을 시간의 경과에 따라 진술하는 방식
- '사건', 즉 '무엇이 발생하였는가?'에 관한 답과 관련된 것으로, 사건에 대한 기본적인 이해와 충분한 검토를 전제로 함

③ 일반적 진술과 구체적 진술

ⓐ 일반적 진술

- 구체적 사실을 포괄하여 일반적으로 진술하는 방법을 말하며, 추상적 진술이라고도 함
- 문단의 중심적 화제와 그 속성을 포괄적으로 담고 있는 중심 문장에 해당됨

**다양한 논증의 개념**

- **명제의 개념** : 사고 내용 및 판단을 단적으로 진술한 주제문, 완결된 평서형 문장 형식으로 표현
- **논거의 개념** : 명제를 뒷받침하는 논리적 근거로, 주장의 타당함을 밝히기 위해 선택된 자료
- **묘사의 개념** : 대상을 그림 그리듯이 글로써 생생하게 표현해 내는 진술 방식으로, 독자에게 현장감과 생동감을 전달하는 것을 목적으로 함

**진술(전개) 방식의 범주**

- 정태적 진술 방식(시간성 고려하지 않음) : 분석, 분류, 예시, 비교, 대조, 정의, 유추, 묘사
- 동태적 진술 방식(시간성 고려) : 서사, 과정, 인과

**서사의 3요소**
행동(움직임), 시간, 의미

ⓛ 구체적 진술

- 중심 문장을 구체적으로 뒷받침하는 내용을 표현하는 진술 방법을 말함
- 뒷받침 문장에 해당하며, 구체적 진술 방법으로는 상세화(상술)와 예시, 비유, 인용, 이유 제시 등이 있음

## (3) 논리적 전개와 사고

① 문단의 개념과 요건

ㄱ 문단의 개념 : 문단이란 생각의 완결 단위로서, 진술의 완결 단위인 문장으로 구성됨

ㄴ 문단의 요건

- 통일성 : 문단 또는 단락의 내용이 하나의 주제나 중심 생각으로 통일
- 완결성 : 주제문이나 소주제문과 이를 뒷받침하는 문장(구체적 진술)들이 함께 제시되어야 함
- 일관성 : 문단이나 단락을 구성하는 문장들이 논리적이며, 긴밀하게 연결되어야 함(글의 배열하는 방식과 관련된 요건)

② 문단의 유형

ㄱ 주지 문단(중심 문단) : 필자가 말하고자 하는 중심 내용이 담긴 문단으로, 일반적 진술로 이루어짐

ㄴ 보조 문단(뒷받침 문단)

- 도입 문단 : 시작 부분에 위치하여 글의 동기나 방향, 새로운 논제를 제시
- 전제 문단 : 주장이나 결론을 이끌어 내는 데 필요한 근거나 이유를 제시하는 문단
- 예증, 예시 문단 : 중심 문단의 내용을 예를 통해 뒷받침하는 문단
- 부연, 상술 문단 : 중심 문단에서 다룬 내용에 덧붙이거나 좀 더 상세하게 설명하는 문단
- 전환 문단 : 다음에 나올 논의의 방향을 전환하는 문단

ㄷ 문단의 관계

- 문제 제기와 해결 방안 : 문제 제기 → 문제 규명 → 해결 방안 제시
- 주장과 근거 : 주장 제시 → 이유, 근거 제시
- 인과 관계 : 원인 → 결과 제시, 원인 규명
- 추론 관계 : 전제 제시 → 결론 유도(사례 제시 → 일반적 진술 유도)
- 부연 관계 : 주지 → 보충적 내용
- 상세화 관계 : 주지 → 구체적 설명(비교, 대조, 유추, 분류, 분석, 인용, 예시, 비유 등)
- 비판 관계 : 일반적 견해 → 긍정(부연, 첨가, 심화), 부정(반론, 논박)
- 열거 관계 : 주장에 부합되는 두 개 이상의 사례 연결
- 대조 관계 : 주장에 상반되는 사례를 연결(주로 역접의 접속어로 연결)
- 전환 관계 : 앞의 내용(문장)과 다른 내용(문장)을 제시

05장

논리적인 말과 글

**추론의 세부적 종류**
- 연역추론 : 삼단논법(대전제 → 소전제 → 결론)으로 정언삼단논법, 가언삼단논법, 선언삼단논법으로 구성됨
- 귀납추론 : 일반화(추상화)로 통계적 귀납추론, 인과적 귀납추론, 유추적 귀납추론(유비추론)으로 구성됨

**기타 심리적 오류**
- 정황에 호소하는 오류 : 개인적 주변 정황을 이유로 비판하는 오류
- 위력(공포)에 호소하는 오류 : 공포나 위협 등의 감정을 이용하여 어떤 결론을 받아들이게 하는 오류

③ 추론의 종류

| 구분 | 추론의 방식 | 추론의 단점 |
|---|---|---|
| 연역추론 | 일반적인 주장으로부터 구체적이고 특수한 주장으로 나아가는 방식 | 완전한 새로운 지식이 성립되지 못함 |
| 귀납추론 | 구체적이고 특수한 근거로부터 일반적인 결론으로 나아가는 방식 | 모든 표본을 관찰한 결과가 아니므로 반론을 제기할 수 있는 사례가 없을 것이라고 확신할 수 없음 |
| 변증법 | 정(正)과 반(反)을 대립시키고 정과 반의 합(合), 즉 새로운 주장을 제시하는 방식 | 회피적 결과나 오류가 생길 수 있음 |

④ 추론의 오류(비형식적 오류)

ㄱ. 오류의 개념
- 언어적 오류 : 언어를 잘못 사용하거나 이해하는 데서 발생하는 오류
- 심리적 오류 : 어떤 주장에 대해 논리적으로 타당한 근거를 제시하지 않고, 심리적인 면에 기대어 상대방을 설득하려고 할 때 발생하는 오류
- 자료적 오류 : 주장의 전제 또는 논거가 되는 자료를 잘못 해석하거나 판단하여 결론을 이끌어 내거나 원래 적합하지 못한 것임을 알면서도 의도적으로 논거를 삼음으로써 범하게 되는 오류

ㄴ. 언어적 오류
- 애매어(문)의 오류(은밀한 재정의의 오류) : 둘 이상의 의미를 가진 단어나 문장을 달리 해석해서 생기는 오류
- 강조의 오류 : 일부 단어만 강조해서 생기는 오류
- 범주의 오류 : 단어의 범주를 잘못 인식해서 생기는 오류

ㄷ. 심리적 오류
- 인신공격의 오류 : 타인의 단점을 잡아 비판하는 오류
- 대중에 호소하는 오류 : 다수의 의견에 호소하여 그것이 옳다고 주장하는 오류
- 연민에 호소하는 오류 : 논점에 관계없이 동정이나 연민 등의 감정을 이용하는 오류
- 권위에 호소하는 오류 : 인용을 들어 주장을 정당화하려는 오류
- 원천 봉쇄의 오류 : 반론의 가능성을 원천적으로 봉쇄하여 자신의 주장을 옹호하는 오류
- 역공격(피장파장)의 오류 : 상대에게도 같은 잘못을 지적하여 그 상황을 피하는 오류

ㄹ. 자료적 오류
- 성급한 일반화의 오류 : 부분으로 전체를 말해서 생기는 오류
- 논점 일탈(무관한 결론)의 오류 : 논점과 관계없는 것을 제시하여 생기는 오류
- 우연의 오류 : 일반적인 것으로 특수한 것을 말해서 생기는 오류

- 잘못된 인과 관계의 오류 : 인과 관계를 혼동하여 생기는 오류
- 의도 확대의 오류 : 의도하지 않은 것에 대해 의도가 성립했다고 보는 오류
- 순환 논증의 오류 : 전제와 결론의 내용을 비슷하게 제시하는 오류
- 흑백 사고의 오류 : 논의의 대상을 두 가지로만 구분하는 오류
- 발생학적 오류 : 발생 기원이 갖는 성격을 어떤 사실도 갖는다고 생각하는 오류

## 2. 독해

### (1) 독해와 배경지식

① 독해의 개념 : 글을 읽어 뜻을 이해하는 것으로 단어와 문장이 의미하는 것만 이해하는 것뿐만 아니라 독해 자료의 각 부분에 있는 유기적인 관계를 결합하여 만든 의미를 이해하는 것도 포함됨

② 배경지식의 정의 : 직접, 간접 경험을 통해 독자의 머릿속에 구조화, 조직화되어 저장되어 있는 경험의 총체로 사전 지식 혹은 스키마(schema)라고도 함

③ 배경지식의 이해

| 구분 | | 내용 |
|---|---|---|
| 사실적 이해 | 내용의 사실적 이해 | 주어진 내용의 정보와 그 관계를 정확하게 이해하고 표현하는 능력 |
| | 구조의 사실적 이해 | 글 전체의 구조나 문장 또는 단락 간의 관계를 파악하는 능력 |
| 추리 상상적 이해 | 내용의 추리 상상적 이해 | 글에 제시된 정보나 사실을 바탕으로 드러나 있지 않은 내용을 논리적 추리나 상상력을 통해 미루어 짐작하는 사고능력 |
| | 과정의 추리 상상적 이해 | 글의 바탕에 놓여 있는 필자나 작중 인물의 입장, 태도 또는 필자의 집필 동기나 의도 등을 추리해 내는 사고 능력 |
| | 구조의 추리 상상적 이해 | 글의 구성상 특징이나 논리적 전개 방식 등을 통해 필자의 의도, 글의 특징적인 표현 효과와 작품의 분위기 등을 추리해 내는 사고 능력 |
| 비판적 이해 | 내적 준거에 의한 비판 | 글의 표현이나 내용에 대하여 글의 부분들과 전체의 관계를 중심으로 비판하는 것 |
| | 외적 준거에 의한 비판 | 사회와 시대적 상황, 독자의 배경지식과 관련하여 글의 가치를 평가하는 것 |

### (2) 논설문 ⭐ 빈출개념

① 논설문의 정의와 짜임

　㉠ 논설문의 정의 : 독자를 설득하거나 이해시키기 위하여 자신의 주장을 논리적으로 쓴 글

　㉡ 논설문의 짜임

- 대체로 '서론 → 본론 → 결론'의 3단 구성을 취함
- 서론 : 중심 논제 제시, 집필 동기, 서술 방법, 용어의 개념 등을 씀

05장

논리적인 말과 글

**논설문 형식을 사용하는 유형**
- **논증적 논설문** : 학술적 논문, 평론
- **설득적 논설문** : 사설, 칼럼, 연설문

**논설문의 논증**
논증이란 아직 명백하지 않은 사실이나 문제에 대해 타당한 이유와 자료를 근거로 그 진실 여부를 증명하고, 독자를 설득하는 진술 방식을 말함

**논설문의 요건**
- 명제의 공정성
- 명제의 명료성
- 논거의 적합성
- 추론의 논리성
- 용어의 정확성

**설명문의 특징**
- **객관성** : 사전적 의미의 언어를 사용하며 객관적으로 사실을 과장 없이 설명하고 주관적인 의견이나 느낌은 배제함
- **평이성** : 간단하고 분명한 문장으로 독자들이 이해하기 쉽게 써야 함
- **정확성** : 뜻이 정확하게 전달되도록 문장을 분명히 씀
- **사실성** : 정확한 지식이나 정보를 사실에 근거하여 전달
- **체계성** : 내용을 짜임새 있게 구성

- **본론** : 글의 중심 부분으로, 논제에 대한 자신의 의견과 주장을 제시하고, 이를 입증하기 위한 과제 해명과 논거의 제시, 논리적 반박, 해결 방안 등을 씀
- **결론** : 글을 끝맺는 부분으로 논지(주장)의 요약 또는 정리, 행동의 촉구, 앞으로의 전망, 새로운 과제의 제시 등을 내용으로 함

ⓒ 논설문의 갈래
- **논증적 논설문** : 어떤 일이나 문제에 대해 객관적인 증거를 제시하여 그 일이나 문제의 옳고 그름을 분명하게 드러내는 글로, 객관적 논거와 언어를 통해 독자의 지적, 논리적 측면에 호소함
- **설득적 논설문** : 의견을 논리적으로 전개하여 독자로 하여금 글쓴이의 의견에 찬동하여 따르게 하는 글로, 독자의 지적이면서 감성적인 측면에 호소함

② 논증의 3요소

⊙ 명제
- **사실 명제** : 어떤 사실에 대한 진위 판단으로 '이다'의 형태로 진술
- **정책 명제** : 어떤 문제에 대한 해결책이나 바람직한 행동에 대한 판단
- **가치 명제** : 인간, 사상, 윤리, 예술 등에 대한 판단으로 '하다'의 꼴로 진술

ⓒ 증명(논거)
- **논증법** : 아직 명백하지 않은 사실이나 문제에 대하여 그 진술 여부를 증명하여 독자로 하여금 그에 따라 행동하게 하는 진술 방법
- **예증법** : 예를 들어 밝히는 방법
- **비유법** : 비유를 들어 밝히는 방법
- **인용법** : 유명한 사람의 주장이나 권위 있는 연구 결과를 끌어다 밝히는 방법

ⓒ **추론** : 논거를 근거로 어떤 문제나 사실에 대해 주관적 판단을 유도하는 것

## (3) 설명문 ★빈출개념

① 설명문의 정의와 짜임

⊙ **설명문의 정의** : 어떤 지식이나 정보를 알기 쉽게 풀이하여, 독자들이 그 대상을 쉽고 정확하게 이해할 수 있도록 쓴 글

ⓒ **설명문의 짜임(구성)**
- **머리말** : 설명할 대상이나 집필 동기, 용어 정의 등을 제시하는 부분
- **본문** : 설명할 대상을 구체적으로 설명해 가는 부분
- **맺음말** : 본문에서 설명한 내용을 정리, 마무리하는 부분

② 설명문의 기술 방법

⊙ **추상적 진술** : 의견이나 주장 또는 일반적 사실을 말하는 부분으로, 구체적 진술 부분과 어울려 완전한 내용이 될 수 있으며, 주요 문단이 됨

ⓒ **구체적 진술** : 추상적(일반적) 진술에서 언급된 내용에 대해 구체적이고 특수한 사실을 들어 진술하는 부분으로 상세화, 예시, 인용, 이유 제시 등의 방법이 쓰임

**실전UP 설명문의 독해 요령**

추상적 진술과 구체적 진술을 구분해 가면서 주요 단락과 보조 단락을 나누고, 배경지식을 적극적으로 활용하며, 단락의 통일성과 일관성을 확인한다. 또 글의 설명 방법과 전개 순서를 파악하며 읽어야 한다.

## (4) 기행문

① 기행문의 정의와 요소

ㄱ 기행문의 정의 : 여행하는 도중에 보고, 듣고, 느낀 바를 거쳐 온 경로에 따라 적은 글

ㄴ 기행문의 요소

- 여정(旅程) : 언제, 어디를 거쳐 여행했다는 내용 → 여행의 기록
- 견문(見聞) : 여행지에서 보고, 듣고, 경험한 내용 → 다양하고 흥미 있는 글
- 감상(感想) : 보고, 듣고, 경험한 사실에 대한 글쓴이의 생각과 느낌 → 개성적인 글

② 기행문의 형식상 갈래

ㄱ 수필체 기행문 : 산문의 문장으로 수필처럼 쓴 기행문

ㄴ 일기체 기행문 : 긴 여행을 하는 경우, 일기처럼 하루를 단위로 날짜를 밝혀 쓴 기행문

ㄷ 서간체 기행문 : 편지처럼 누군가에게 보내는 형식으로 쓴 기행문

ㄹ 보고문체 기행문 : 견학 여행을 할 경우, 보고문 형식으로 쓴 기행문

## (5) 기사문

① 기사문의 정의 : 생활 주변에서 일어난 사건을 신속하고 정확하게 전달하기 위해 육하원칙에 의해 객관적으로 적은 글

② 기사문의 특징

ㄱ 객관성 : 사실을 객관적으로 쓰고, 가급적 주관적인 요소는 피함

ㄴ 정확성 : 결과를 거짓 없이 써야 하며, 될 수 있는 대로 추측은 하지 않도록 함

ㄷ 시의성 : 지금의 상황에 적절한 대상(사건)을 선별해서 다루어야 함

ㄹ 보도성 : 보도할 만한 가치가 있는 대상을 다루어야 함

ㅁ 흥미성, 저명성 : 대상이 독자들에게 잘 알려진 것이거나 흥미 있는 것이어야 함

ㅂ 그밖에 근접성, 신속성, 공정성, 간결성, 평이성 등을 특징으로 한다.

**기행문의 특징**
- 여행의 체험을 기본 조건으로 함
- 보통 여행의 경로에 따라 적음
- 보고 들은 바가 사실대로 드러나 있음
- 구성 형식에 일정한 틀이 없음

**기행문의 내용상 갈래**
- 견문 중심의 기행문
- 감상 중심의 기행문
- 감상 중심의 기행문

05장

논리적인 말과 글

**기사문의 형식**
- '표제 → 부제 → 전문 → 본문 → 해설'의 역피라미드형 형식을 취함
- 표제 : 내용의 전모를 간결하게 나타낸 것으로 제목이라고도 함
- 부제 : 표제를 뒷받침하며, 내용을 좀 더 구체적으로 표시
- 전문 : 기사의 핵심 내용을 육하원칙에 따라 요약
- 본문 : 기사 내용을 구체적으로 자세히 서술하는 부분
- 해설 : 본문 뒤에 덧붙여 사건의 전망, 분석, 평가 등을 다루는 부분으로, 필자의 주관성이 드러날 수 있음

9급공무원
# 국어

나두공

# 나두공

# 06장 어휘력

## 01절    한자

# 1. 한자의 이해

## (1) 한자의 구성 및 한자어

① 한자의 형성 원리와 육서

㉠ 한자의 형성 원리 : 기본적으로 한자는 사물의 모양을 본떠서 만든 글자이기 때문에 각 글자마다 특정한 뜻을 내포하고 있는 표의문자(表意文字)에 해당

㉡ 육서(六書) : 한자의 구조 및 사용에 관한 여섯 가지의 명칭으로, 상형(象形), 지사(指事), 회의(會意), 형성(形聲), 전주(轉注), 가차(假借)가 있음

② 한자의 육서

㉠ 글자의 창조 원리

• 상형(象形) : 구체적인 사물의 모양을 본떠서 만든 문자(예 月, 山, 川)

• 지사(指事) : 추상적인 뜻을 점이나 선으로 표시한 문자(예 上, 中, 下)

㉡ 글자의 결합 원리

• 회의(會議) : 두 개 이상의 글자를 그 뜻으로 합쳐 새로운 뜻으로 만든 글자(예 木(나무 목) → 林(수풀 림), 火(불 화) → 炎(불탈 염))

• 형성(形聲) : 뜻 부분과 음 부분의 결합으로 만든 문자로 한자의 대부분을 차지함(예 鷺(해오라기 로) → 路(길 로 : 음만 사용함) + 鳥(새 조 : 뜻만 사용함))

㉢ 글자의 운용 원리

• 전주(轉注) : 이미 있는 한자의 뜻을 확대 또는 발전시켜 다른 뜻으로 사용하는 방법(예 樂(즐거울 락) → 본디 악기를 의미하였으나 노래, 즐기다, 좋아하다 등으로 뜻이 확장됨)

• 가차(假借) : 어떤 뜻을 나타낼 한자가 없을 때, 뜻은 다르지만 음이 같으면 빌려 쓰는 방법(예 來(올 래) → 본디 보리를 뜻하는 '來'라는 한자를 '오다'라는 의미를 나타내기 위해 빌림)

③ 부수의 개념과 자전 찾기

㉠ 부수(部首)의 개념 : 부수란 옥편이나 자전에서 한자를 찾는 데 필요한 길잡이가 되는 글자로서, 소리글자인 한글의 자모나 영어의 알파벳에 해당됨

㉡ 자전 찾기 : 자전은 부수에 따라 배열된 것으로, 부수의 획수가 적은 것부터 차례대로 수록되어 있다. 자전을 찾을 때는 부수색인, 자음 색인, 총획색인을 활용함

④ 익혀두어야 할 한자어

㉠ 'ㄱ'으로 시작하는 한자어

• 가식(假飾) : 말이나 행동 따위를 거짓으로 꾸밈

한자의 3요소

• 모양(形) : 시각적으로 구분되는 요소로 한자가 지니고 있는 자체의 글자 형태

• 소리(音) : 1자 1음이 원칙이나, 1자 2음 또는 1자 3음의 예도 있음

• 뜻(義) : 한자의 뜻을 우리말로 새긴 것을 훈(訓)이라고 함

육서를 기반으로 한 대표 한자

• 상형(象形) : 日, 月, 山, 川, 人, 水, 雨, 手, 足, 目

• 지사(指事) : 一, 二, 三, 四, 七, 八, 上, 中, 下, 本, 末, 寸, 丹

• 회의(會議) : 日(날일) + 月(달월) → 明(밝을 명)

• 형성(形聲) : 門(문 문 : 음) + 口(입 구 : 뜻) → 問 (물을 문)

• 전주(轉注)
  – 惡(악할 악) : 惡習(악습), 惡鬼(악귀)
  – 惡(미워할 오) : 憎惡(증오), 惡寒(오한)
  – 惡(부끄러워할 오) : 羞惡之心(수오지심)

- 각축(角逐) : 서로 이기려고 다투며 덤벼듦
- 간과(看過) : 큰 관심 없이 대강 보아 넘김
- 간주(看做) : 상태, 모양, 성질 따위가 그와 같다고 봄. 또는 그렇다고 여김
- 간헐(間歇) : 얼마 동안의 시간 간격을 두고 되풀이하여 일어났다 쉬었다 함
- 객수(客愁) : 객지에서 느끼는 쓸쓸함이나 시름
- 게시(揭示) : 여러 사람들에게 알리기 위하여 내붙이거나 내걸어 두루 보게 함
- 경시(輕視) : 대수롭지 않게 보거나 업신여김
- 경질(硬質) : 단단하고 굳은 성질
- 계륵(鷄肋) : '닭의 갈비'라는 뜻으로 그다지 소용은 없으나 버리기에는 아까운 것을 이르는 말
- 고루(固陋) : 낡은 관념이나 습관에 젖어 고집이 세고 새로운 것을 잘 받아들이지 아니함
- 고배(苦杯) : 쓰라린 경험을 비유적으로 이르는 말
- 고역(苦役) : 몹시 힘들고 고되어 견디기 어려운 일
- 고혹(蠱惑) : 아름다움이나 매력 같은 것에 홀려서 정신을 못 차림
- 골계(滑稽) : 익살을 부리는 가운데 어떤 교훈을 주는 일
- 골자(骨子) : 말이나 일의 내용에서 중심이 되는 줄기를 이루는 것
- 공모(公募) : 일반에게 널리 공개하여 모집함
- 공약(公約) : 정부, 정당, 입후보자 등이 어떤 일에 대하여 국민에게 실행할 것을 약속함
- 공황(恐慌) : 근거 없는 두려움이나 공포로 갑자기 생기는 심리적 불안 상태
- 관건(關鍵) : 어떤 사물이나 문제 해결의 가장 중요한 부분
- 광음(光陰) : 빛과 그늘, 즉 낮과 밤이라는 뜻으로 시간이나 세월을 이름
- 괴리(乖離) : 서로 어그러져 동떨어짐
- 괴멸(壞滅) : 조직이나 체계 따위가 모조리 파괴되어 멸망함
- 괴벽(怪癖) : 괴이한 버릇
- 교란(攪亂) : 마음이나 상황 따위를 뒤흔들어서 어지럽고 혼란하게 함
- 구황(救荒) : 흉년 따위로 기근이 심할 때 빈민들을 굶주림에서 벗어나도록 도움
- 구휼(救恤) : 사회적 또는 국가적 차원에서 재난을 당한 사람이나 빈민에게 금품을 주어 구제함
- 구가(謳歌) : 행복한 처지나 기쁜 마음 따위를 거리낌 없이 나타냄. 또는 그런 소리
- 권면(勸勉) : 알아듣도록 권하고 격려하여 힘쓰게 함
- 궤변(詭辯) : 상대편을 이론으로 이기기 위하여 상대편의 사고(思考)를 혼란시키거나 감정을 격앙시켜 거짓을 참인 것처럼 꾸며 대는 논법
- 귀감(龜鑑) : 거울로 삼아 본받을 만한 모범
- 귀추(歸趨) : 일이 되어 가는 형편
- 규탄(糾彈) : 잘못이나 옳지 못한 일을 잡아내어 따지고 나무람

SEMI-NOTE

여러 의미를 지닌 한자어(ㄱ)

- **각성(覺醒)**
  - 깨어 정신을 차림
  - 깨달아 앎
- **견문(見聞)**
  - 보고 들음
  - 보거나 듣거나 하여 깨달아 얻은 지식
- **경색(梗塞)**
  - 소통되지 못하고 막힘
  - 혈액 속에 떠다니는 혈전(血栓) 따위의 물질이 혈관을 막는 일
- **경원(敬遠)**
  - 공경하되 가까이하지는 않음 – 겉으로는 공경하는 체하면서 실제로는 꺼리어 멀리함
- **계시(啓示)**
  - 깨우쳐 보여 줌
  - 사람의 지혜로서는 알 수 없는 진리를 신(神)이 가르쳐 알게 함
- **고갈(枯渴)**
  - 물이 말라서 없어짐
  - 어떤 일의 바탕이 되는 돈이나 물자, 소재, 인력 따위가 다하여 없어짐
  - 느낌이나 생각 따위가 다 없어짐
- **균열(龜裂)**
  - 거북의 등에 있는 무늬처럼 갈라져 터짐
  - 친하게 지내는 사이에 틈이 남
- **기치(旗幟)**
  - 예전에 군에서 쓰던 깃발
  - 일정한 목적을 위하여 내세우는 태도나 주장

06장 어휘력

**여러 의미를 지닌 한자어(ㄴ)**

• 나락(奈落)
 − 불교에서 말하는 지옥
 − 벗어나기 어려운 절망적인 상황을 비유적으로 이르는 말
• 낙오(落伍)
 − 무리에서 쳐져 뒤떨어짐
 − 사회나 시대의 진보에 뒤떨어짐
• 낙인(烙印)
 − 쇠붙이로 만들어 불에 달구어 찍는 도장
 − 다시 씻기 어려운 불명예스럽고 욕된 판정이나 평판을 이르는 말
• 난항(難航)
 − 폭풍우와 같은 나쁜 조건으로 배나 항공기가 몹시 어렵게 항행함
 − 여러 가지 장애 때문에 일이 순조롭게 진행되지 않음을 비유적으로 이르는 말
• 내력(來歷)
 − 지금까지 지내온 경로나 경력
 − 부모나 조상으로부터 내려오는 유전적인 특성
• 농성(籠城)
 − 적에게 둘러싸여 성문을 굳게 닫고 성을 지킴
 − 어떤 목적을 이루기 위하여 한자리를 떠나지 않고 시위함
• 농후(濃厚)
 − 맛, 빛깔, 성분 따위가 매우 짙음
 − 어떤 경향이나 기색 따위가 뚜렷함

**여러 의미를 지닌 한자어(ㅁ)**

• 묘연(杳然)
 − 그윽하고 멀어서 눈에 아물아물함
 − 소식이나 행방 따위를 알 길이 없음
• 문외한(門外漢)
 − 어떤 일에 직접 관계가 없는 사람
 − 어떤 일에 전문적인 지식이 없는 사람
• 미궁(迷宮)
 − 들어가면 나올 길을 찾을 수 없게 되어 있는 곳
 − 사건, 문제 따위가 얽혀서 쉽게 해결하지 못하게 된 상태

• 근황(近況) : 요즈음의 상황
• 기린아(麒麟兒) : 지혜와 재주가 썩 뛰어난 사람
• 기아(飢餓) : 굶주림
• 기우(杞憂) : 앞일에 대해 쓸데없는 걱정을 함 또는 그 걱정
• 기지(機智) : 경우에 따라 재치 있게 대응하는 지혜
• 금자탑(金字塔) : 길이 후세에 남을 뛰어난 업적을 비유적으로 이르는 말

ⓛ 'ㄴ'으로 시작하는 한자어
• 난만(爛漫) : 꽃이 활짝 많이 피어 화려함
• 날인(捺印) : 도장을 찍음
• 날조(捏造) : 사실이 아닌 것을 사실인 것처럼 거짓으로 꾸밈
• 남상(濫觴) : 사물의 처음이나 기원을 이르는 말
• 노정(路程) : 목적지까지의 거리. 또는 목적지까지 걸리는 시간
• 뇌쇄(惱殺) : 애가 타도록 몹시 괴로워함 또는 그렇게 괴롭힘
• 누항(陋巷) : 좁고 지저분하며 더러운 거리
• 눌변(訥辯) : 더듬거리는 서툰 말솜씨
• 능욕(陵辱) : 남을 업신여겨 욕보임

ⓒ 'ㄷ'으로 시작하는 한자어
• 다담(茶啖) : 손님을 대접하기 위하여 내놓은 다과(茶菓) 따위
• 단말마(斷末魔 · 斷末摩) : 숨이 끊어질 때의 모진 고통
• 담수(淡水) : 짠맛이 없는 맑은 물
• 담합(談合) : 경쟁 입찰을 할 때에 입찰 참가자가 서로 의논하여 미리 입찰 가격이나 낙찰자 따위를 정하는 일
• 당면(當面) : 바로 눈앞에 당함
• 도야(陶冶) : 훌륭한 사람이 되도록 몸과 마음을 닦아 기름을 비유적으로 이르는 말
• 도원경(桃源境) : 이 세상이 아닌 무릉도원처럼 아름다운 경지
• 도외시(度外視) : 상관하지 아니하거나 무시함
• 동요(動搖) : 생각이나 처지 또는 어떤 체제나 상황 따위가 확고하지 못하고 흔들림
• 등용문(登龍門) : 어려운 관문을 통과하여 크게 출세하게 됨 또는 그 관문을 이르는 말

ⓔ 'ㅁ'으로 시작하는 한자어
• 마모(磨耗) : 마찰 부분이 닳아서 없어짐
• 망중한(忙中閑) : 바쁜 가운데 잠깐 얻어 낸 틈
• 매몰(埋沒) : 보이지 않게 파묻히거나 파묻음
• 매진(邁進) : 어떤 일을 전심전력을 다하여 해 나감
• 맹아(萌芽) : 사물의 시초가 되는 것
• 모순(矛盾) : 앞뒤가 맞지 않음. 혹은 그런 말
• 몽상(夢想) : 실현성이 없는 헛된 생각을 함

- 몽진(蒙塵) : 먼지를 뒤집어쓴다는 뜻으로, 임금이 난리를 피하여 안전한 곳으로 떠남
- 묘령(妙齡) : 스무 살 안팎의 여자 나이
- 무단(無斷) : 사전에 허락이 없음 또는 아무 사유가 없음
- 무산(霧散) : 안개가 걷히듯 흩어져 없어짐 또는 그렇게 흐지부지 취소됨
- 묵인(默認) : 모르는 체하고 하려는 대로 내버려 둠으로써 슬며시 인정함
- 미연(未然) : 어떤 일이 아직 그렇게 되지 않은 때
- 미증유(未曾有) : 지금까지 한 번도 있어 본 적이 없음
- 미흡(未洽) : 아직 흡족하지 못하거나 만족스럽지 않음

ⓜ 'ㅂ'으로 시작하는 한자어

- 박빙(薄氷) : 근소한 차이를 비유적으로 이르는 말
- 박탈(剝奪) : 남의 재물이나 권리, 자격 등을 빼앗음
- 반박(反駁) : 어떤 의견, 주장, 논설 따위에 반대하여 말함
- 발췌(拔萃) : 책, 글 따위에서 필요하거나 중요한 부분을 가려 뽑아냄
- 발탁(拔擢) : 여러 사람 가운데서 쓸 사람을 뽑음
- 방기(放棄) : 내버리고 아예 돌아보지 아니함
- 백미(白眉) : '흰 눈썹'이란 뜻으로, 여럿 가운데서 가장 뛰어난 사람이나 훌륭한 물건을 비유적으로 이르는 말
- 백안시(白眼視) : 남을 업신여기거나 무시하는 태도로 흘겨봄
- 병치(倂置) : 두 가지 이상의 것을 한곳에 나란히 두거나 설치함
- 보전(保全) : 온전하게 보호하여 유지함
- 부고(訃告) : 사람의 죽음을 알림. 또는 그런 글
- 부득이(不得已) : 마지못하여 하는 수 없이
- 부상(扶桑) : 해가 뜨는 동쪽 바다
- 불후(不朽) : 썩지 아니함이라는 뜻으로, 영원토록 변하거나 없어지지 아니함을 비유적으로 이르는 말
- 비견(比肩) : 앞서거나 뒤서지 않고 어깨를 나란히 한다는 뜻으로, 낫고 못할 것이 정도가 서로 비슷하게 함을 이르는 말
- 비단(非但) : 부정하는 말 앞에서 '다만', '오직'의 뜻으로 쓰이는 말
- 비유(比喩) : 어떤 현상이나 사물을 직접 설명하지 아니하고 다른 비슷한 현상이나 사물에 빗대어서 설명하는 일
- 비호(庇護) : 편들어서 감싸 주고 보호함

ⓗ 'ㅅ'으로 시작하는 한자어

- 상쇄(相殺) : 상반되는 것이 서로 영향을 주어 효과가 없어지는 일
- 서거(逝去) : 죽어서 세상을 떠남을 높이는 말
- 서한(書翰) : 편지
- 선망(羨望) : 부러워하여 바람
- 섭렵(涉獵) : 물을 건너 찾아다닌다는 뜻으로, 많은 책을 널리 읽거나 여기저기 찾아다니며 경험함을 이르는 말

SEMI-NOTE

**여러 의미를 지닌 한자어(ㅂ)**

- 반추(反芻)
  - 한번 삼킨 먹이를 다시 게워 내어 씹음
  - 어떤 일을 되풀이하여 음미하거나 생각함
- 변별(辨別)
  - 사물의 옳고 그름이나 좋고 나쁨을 가림
  - 세상에 대한 경험이나 식견에서 나오는 생각이나 판단
- 보수(保守)
  - 보전하여 지킴
  - 새로운 것이나 변화를 반대하고 전통적인 것을 옹호하며 유지하려 함
- 부상(浮上)
  - 물 위로 떠오름
  - 어떤 현상이 관심의 대상이 되거나 어떤 사람이 훨씬 좋은 위치로 올라섬
- 부유(浮游)
  - 물 위나 물속, 또는 공기 중에 떠다님
  - 행선지를 정하지 아니하고 이리저리 떠돌아다님
- 빙자(憑藉)
  - 남의 힘을 빌려서 의지함
  - 말막음을 위하여 핑계로 내세움

**여러 의미를 지닌 한자어(ㅅ)**

- 선회(旋回)
  - 둘레를 빙글빙글 돎
  - 항공기가 곡선을 그리듯 진로를 바꿈
- 소강(小康)
  - 병이 조금 나아진 기색이 있음
  - 소란이나 분란, 혼란 따위가 그치고 조금 잠잠함

여러 의미를 지닌 한자어(ㅇ)

• **어폐(語弊)**
- 적절하지 아니하게 사용하여 일어나는 말의 폐단이나 결점
- 남의 오해를 받기 쉬운 말

• **여과(濾過)**
- 거름종이나 여과기를 써서 액체 속에 들어 있는 침전물이나 입자를 걸러 내는 일
- 주로 부정적인 요소를 걸러 내는 과정을 비유적으로 이르는 말

• **여파(餘波)**
- 큰 물결이 지나간 뒤에 일어나는 잔물결
- 어떤 일이 끝난 뒤에 남아 미치는 영향

• **운운(云云)**
- 글이나 말을 인용하거나 생략할 때에, 이러이러하다고 말함의 뜻으로 쓰는 말
- 여러 가지의 말

• **이완(弛緩)**
- 바짝 조였던 정신이 풀려 늦추어짐
- 잘 조성된 분위기 따위가 흐트러져 느슨해짐
- 굳어서 뻣뻣하게 된 근육 따위가 원래의 상태로 풀어짐

• 소급(遡及) : 과거에까지 거슬러 올라가서 미치게 함
• 쇄도(殺到) : 전화, 주문 따위가 한꺼번에 세차게 몰려듦
• 쇄신(刷新) : 나쁜 폐단이나 묵은 것을 버리고 새롭게 함
• 수긍(首肯) : 옳다고 인정함
• 수렴(收斂) : 의견이나 사상 따위가 여럿으로 나뉘어 있는 것을 하나로 모아 정리함
• 수심(愁心) : 매우 근심함 또는 그런 마음
• 수작(酬酌) : 남의 말이나 행동, 계획을 낮잡아 이르는 말
• 숙맥(菽麥) : 사리 분별을 못하고 세상 물정을 잘 모르는 사람
• 슬하(膝下) : 무릎의 아래라는 뜻으로, 어버이나 조부모의 보살핌 아래
• 시사(示唆) : 어떤 것을 미리 간접적으로 표현해 줌
• 시의적절(時宜適切) : 그 당시의 사정이나 요구에 아주 알맞음
• 시정(市政) : 인가가 모인 곳
• 신예(新銳) : 새롭고 기세나 힘이 뛰어남 또는 그런 사람
• 심안(心眼) : 사물을 살펴 분별하는 능력

ⓢ **'ㅇ'으로 시작하는 한자어**

• 아성(牙城) : 아주 중요한 근거지를 비유적으로 이르는 말
• 아집(我執) : 자기중심의 좁은 생각에 집착하여 다른 사람의 의견이나 입장을 고려하지 아니하고 자기만을 내세우는 것
• 알력(軋轢) : 수레바퀴가 삐걱거린다는 뜻으로, 서로 의견이 맞지 아니하여 사이가 안 좋거나 충돌하는 것을 이르는 말
• 알선(斡旋) : 남의 일이 잘되도록 주선하는 일
• 압권(壓卷) : 여럿 가운데 가장 뛰어난 것
• 야합(野合) : 좋지 못한 목적 밑에 서로 어울림
• 억측(臆測) : 이유와 근거가 없이 짐작함. 또는 그런 짐작
• 여론(輿論) : 사회 대중의 공통된 의견
• 여반장(如反掌) : 손바닥을 뒤집는 것 같다는 뜻으로, 일이 매우 쉬움
• 역량(力量) : 어떤 일을 해낼 수 있는 힘
• 열반(涅槃) : 모든 번뇌의 얽매임에서 벗어나고 진리를 깨달아 불생불멸의 법을 체득한 경지
• 염세(厭世) : 세상을 괴롭고 귀찮은 것으로 여겨 비관함
• 엽기(獵奇) : 비정상적이고 괴이한 일이나 사물에 흥미를 느끼고 찾아다님
• 영전(榮轉) : 전보다 더 좋은 자리나 직위로 옮김
• 오열(嗚咽) : 목메어 욺. 또는 그런 울음
• 오인(誤認) : 잘못 보거나 잘못 생각함
• 와전(訛傳) : 사실과 다르게 전함
• 왜곡(歪曲) : 사실과 다르게 해석하거나 그릇되게 함
• 왜소(矮小) : 몸뚱이가 작고 초라함
• 우려(憂慮) : 근심하거나 걱정함 또는 그 근심과 걱정

- 위계(位階) : 지위나 계층 따위의 등급
- 위항(委巷) : 좁고 지저분한 거리
- 위해(危害) : 위험한 재해를 아울러 이르는 말
- 유예(猶豫) : 일을 결행하는 데 날짜나 시간을 미룸
- 유착(癒着) : 사물들이 서로 깊은 관계를 가지고 결합하여 있음
- 응대(應待) : 부름이나 물음 또는 요구 따위에 응하여 상대함
- 이반(離反) : 인심이 떠나서 배신함
- 익명(匿名) : 이름을 숨김. 또는 숨긴 이름이나 그 대신 쓰는 이름
- 인멸(湮滅) : 자취도 없이 모두 없어짐. 또는 그렇게 없앰
- 인습(因襲) : 이전부터 전하여 내려오는 습관
- 일체(一切) : 모든 것
- 일탈(逸脫) : 사회적인 규범으로부터 벗어나는 일
- 잉여(剩餘) : 쓰고 난 후 남은 것

◎ 'ㅈ'으로 시작하는 한자어

- 자문(諮問) : 어떤 일을 좀 더 효율적이고 바르게 처리하려고 그 방면의 전문가나, 전문가들로 이루어진 기구에 의견을 물음
- 재고(再考) : 어떤 일이나 문제 따위에 대해 다시 생각함
- 재고(在庫) : 창고 따위에 쌓여 있음
- 전말(顚末) : 처음부터 끝까지 일이 진행되어 온 경과
- 전철(前轍) : 앞에 지나간 수레바퀴 자국이라는 뜻으로, 이전 사람의 그릇된 일이나 행동의 자취
- 조예(造詣) : 학문이나 예술, 기술 따위의 분야에 대한 지식이나 경험이 깊은 경지에 이른 정도
- 종언(終焉) : 계속하던 일이 끝장이 남
- 주도(主導) : 주동적인 처지가 되어 이끎
- 지략(智略) : 어떤 일이나 문제든지 명철하게 포착하고 분석 또는 평가하여 해결대책을 능숙하게 세우는 뛰어난 슬기와 계략
- 지척(咫尺) : 아주 가까운 거리

㉩ 'ㅊ, ㅌ'으로 시작하는 한자어

- 찰나(刹那) : 어떤 일이나 사물 현상이 일어나는 바로 그때
- 창궐(猖獗) : 못된 세력이나 전염병 따위가 세차게 일어나 걷잡을 수 없이 퍼짐
- 척결(剔抉) : 나쁜 부분이나 요소들을 깨끗이 없애 버림
- 천거(薦擧) : 어떤 일을 맡아 할 수 있는 사람을 그 자리에 쓰도록 소개하거나 추천함
- 천명(闡明) : 진리나 사실, 입장 따위를 드러내어 밝힘
- 천추(千秋) : 오래고 긴 세월. 또는 먼 미래
- 초야(草野) : '풀이 난 들'이라는 뜻으로, 궁벽한 시골을 이르는 말
- 추앙(推仰) : 높이 받들어 우러러 봄

**여러 의미를 지닌 한자어(ㅈ)**

- **잔재(殘滓)**
  - 쓰고 남은 찌꺼기
  - 과거의 낡은 사고방식이나 생활양식의 찌꺼기
- **전복(顚覆)**
  - 차나 배 따위가 뒤집힘
  - 사회 체제가 무너지거나 정권 따위를 뒤집어엎음
- **질곡(桎梏)**
  - 옛 형구인 차꼬(죄수를 가두어 둘 때 쓰던 형구(刑具))와 수갑을 아울러 이르는 말
  - 몹시 속박하여 자유를 가질 수 없는 고통의 상태를 비유적으로 이르는 말

**여러 의미를 지닌 한자어(ㅊ~ㅌ)**

- **천착(穿鑿)**
  - 어떤 원인이나 내용 따위를 따지고 파고들어 알려고 하거나 연구함
  - 억지로 이치에 닿지 아니한 말을 함
- **투영(投影)**
  - 물체의 그림자를 어떤 물체 위에 비추는 일
  - 어떤 일을 다른 일에 반영하여 나타냄을 비유적으로 이르는 말

**여러 의미를 지닌 한자어(ㅍ)**

- 패권(霸權)
  - 어떤 분야에서 우두머리나 으뜸의 자리를 차지하여 누리는 공인된 권리와 힘
  - 국제 정치에서, 어떤 국가가 경제력이나 무력으로 다른 나라를 압박하여 자기의 세력을 넓히려는 권력
- 편협(偏狹)
  - 한쪽으로 치우쳐 도량이 좁고 너그럽지 못함
  - 땅 따위가 좁음

**잘못 읽기 쉬운 한자어**

- 可矜 : 가긍(○) 가금(×)
- 戡定 : 감정(○) 심정(×)
- 醵出 : 갹출(○) 거출(×)
- 陶冶 : 도야(○) 도치(×)
- 明澄 : 명징(○) 명증(×)
- 撲滅 : 박멸(○) 복멸(×)
- 水洗 : 수세(○) 수선(×)
- 凝結 : 응결(○) 의결(×)
- 憎惡 : 증오(○) 증악(×)
- 褒賞 : 포상(○) 보상(×)

- 추이(推移) : 일이나 형편이 시간의 경과에 따라 변하여 나감 또는 그런 경향
- 추호(秋毫) : 매우 적거나 조금인 것을 비유적으로 이르는 말
- 치적(治績) : 잘 다스린 공적. 또는 정치상의 업적
- 칩거(蟄居) : 나가서 활동하지 아니하고 집 안에만 틀어박혀 있음
- 타산(打算) : 자신에게 도움이 되는지를 따져 헤아림
- 퇴고(推敲) : 글을 지을 때 여러 번 생각하여 고치고 다듬음. 또는 그런 일

ⓒ 'ㅍ'으로 시작하는 한자어

- 파락호(擺落戶) : 재산이나 세력이 있는 집안의 재산을 몽땅 털어먹는 난봉꾼을 이르는 말
- 파천황(破天荒) : 이전에 아무도 하지 못한 일을 처음으로 해냄
- 판별(判別) : 옳고 그름이나 좋고 나쁨을 판단하여 구별함
- 판촉(販促) : 여러 가지 방법을 써서 수요를 불러일으키고 자극하여 판매가 늘도록 유도하는 일
- 폄하(貶下) : 가치를 깎아내림
- 포폄(褒貶) : 옳고 그름이나 선하고 악함을 판단하여 결정함
- 폭주(暴注) : 어떤 일이 처리하기 힘들 정도로 한꺼번에 몰림
- 풍문(風聞) : 바람처럼 떠도는 소문
- 풍자(諷刺) : 문학 작품 따위에서, 현실의 부정적 현상이나 모순 따위를 빗대어 비웃으면서 씀
- 피상적(皮相的) : 본질적인 현상은 추구하지 아니하고 겉으로 드러나 보이는 현상에만 관계하는 것
- 피폐(疲弊) : 지치고 쇠약하여짐
- 필경(畢竟) : 끝장에 가서는
- 핍박(逼迫) : 바싹 죄어서 몹시 괴롭게 굶

ⓚ 'ㅎ'으로 시작하는 한자어

- 할거(割據) : 땅을 나누어 차지하고 굳게 지킴
- 함구(緘口) : 입을 다문다는 뜻으로, 말하지 아니함을 이르는 말
- 함양(涵養) : 능력이나 품성을 기르고 닦음
- 해이(解弛) : 긴장이나 규율 따위가 풀려 마음이 느슨함
- 향수(鄕愁) : 고향을 그리워하는 마음이나 시름
- 혈안(血眼) : 기를 쓰고 달려들어 독이 오른 눈
- 홀대(忽待) : 소홀히 대접함. 탐탁지 않은 대접
- 홀연(忽然) : 뜻하지 아니하게 갑자기
- 확정(確定) : 일을 확실하게 정함
- 환기(喚起) : 주의나 여론, 생각 따위를 불러일으킴
- 환대(歡待) : 반갑게 맞아 정성껏 후하게 대접함
- 회동(會同) : 일정한 목적으로 여러 사람이 한데 모임
- 회자(膾炙) : 회와 구운 고기라는 뜻으로, 칭찬을 받으며 사람의 입에 자주 오르내림을 이르는 말

- 효시(嚆矢) : 어떤 사물이나 현상이 시작되어 나온 맨 처음을 비유적으로 이르는 말
- 휘하(麾下) : 장군의 지휘 아래. 또는 그 지휘 아래에 딸린 군사
- 흡사(恰似) : 거의 같을 정도로 비슷한 모양
- 힐난(詰難) : 트집을 잡아 거북할 만큼 따지고 듦
- 힐책(詰責) : 잘못된 점을 따져 나무람

ⓔ 나이를 나타내는 한자어
- 15세 : 지학(志學), 『논어』 위정(爲政)편에서 공자가 열다섯에 학문에 뜻을 두었다고 한 데서 유래함
- 20세 : 약관(弱冠), 『논어』 위정(爲政)편에서 공자가 스무 살에 관례를 한다고 한 데서 유래함
- 30세 : 이립(而立), 『논어』 위정(爲政)편에서 공자가 서른 살에 자립했다고 한데서 유래함.
- 40세 : 불혹(不惑), 『논어』 위정(爲政)편에서 공자가 마흔 살부터 세상일에 미혹되지 않았다고 한 데서 유래함
- 48세 : 상년(桑年), '桑'의 속자를 분해하여 보면 '十'자가 넷이고 '八'자가 하나인 데서 유래함
- 50세 : 지천명(知天命), 『논어』 위정(爲政)편에서 공자가 쉰 살에 하늘의 뜻을 알았다고 한 데서 유래함
- 60세 : 이순(耳順), 『논어』 위정(爲政)편에서 공자가 예순 살부터 생각하는 것이 원만하여 어떤 일을 들으면 곧 이해가 된다고 한 데서 유래함
- 61세 : 환갑(還甲), 회갑(回甲), 육십갑자의 '갑(甲)'으로 되돌아온다는 뜻
- 62세 : 진갑(進甲), 환갑이 지나 새로운 '갑(甲)'으로 나아간다는 뜻
- 70세 : 종심(從心), 『논어』의 위정(爲政)편에서 공자가 칠십이 되면 욕망하는 대로 해도 도리에 어긋남이 없다고 한 데서 유래함
- 71세 : 망팔(望八), '여든'을 바라본다는 뜻
- 77세 : 희수(喜壽), '喜'를 초서(草書)로 쓸 때 '七十七'처럼 쓰는 데서 유래함
- 81세 : 망구(望九), 사람의 나이가 아흔을 바라본다는 뜻
- 88세 : 미수(米壽), '米'자를 풀어 쓰면 '八十八'이 되는 데서 유래함
- 91세 : 망백(望百), 사람의 나이가 백세를 바라본다는 뜻
- 99세 : 백수(白壽), '百'에서 '一'을 빼면 99가 되고, '白'자가 되는 데서 유래함

## (2) 한자 성어 ⭐빈출개념

① 주요 한자 성어
ㄱ 'ㄱ'으로 시작하는 한자성어
- 가렴주구(苛斂誅求) : 세금을 가혹하게 거두어들이고, 무리하게 재물을 빼앗음
- 각고면려(刻苦勉勵) : 어떤 일에 고생을 무릅쓰고 몸과 마음을 다하여, 무척 애를 쓰면서 부지런히 노력함

SEMI-NOTE

우리말로 알고 있는 한자어(명사)
- 방금(方今)
- 별안간(瞥眼間)
- 산적(蒜炙)
- 어중간(於中間)
- 잠시(暫時)
- 조심(操心)
- 졸지(猝地)
- 창피(猖披)

우리말로 알고 있는 한자어(형용사)
- 기특하다(奇特—)
- 여간하다(如干—)

우리말로 알고 있는 한자어(부사)
- 도대체(都大體)
- 도저히(到底—)
- 무려(無慮)
- 부득이(不得已)
- 심지어(甚至於)
- 악착같이(齷齪—)
- 어차피(於此彼)
- 역시(亦是)
- 하여간(何如間)
- 하필(何必)

70세를 나타내는 또 다른 한자, 고희(古稀)
두보(杜甫)의 『곡강시(曲江詩)』에서 70세를 사는 것은 예부터 드물었다고 한 데서 유래함

06장 어휘력

**기타 한자성어(가~갑)**
- **가급인족(家給人足)** : 집집마다 먹고 사는 것에 부족함이 없이 넉넉함
- **가정맹어호(苛政猛於虎)** : 가혹한 정치는 호랑이보다 무섭다는 뜻으로, 혹독한 정치의 폐가 큼을 이르는 말
- **가인박명(佳人薄命)** : 미인은 불행하거나 병약하여 요절하는 일이 많음
- **간난신고(艱難辛苦)** : 몹시 힘들고 어려우며 고생스러움
- **갑론을박(甲論乙駁)** : 여러 사람이 서로 자신의 주장을 내세우며 상대편의 주장을 반박함

**기타 한자성어(격~경)**
- **격물치지(格物致知)** : 실제 사물의 이치를 연구하여 지식을 완전하게 함
- **견리망의(見利忘義)** : 눈앞의 이익을 보면 의리를 잊음
- **견리사의(見利思義)** : 눈앞의 이익을 보면 의리를 먼저 생각함
- **견마지로(犬馬之勞)** : 개나 말 정도의 하찮은 힘이라는 뜻으로, 윗사람에게 충성을 다하는 자신의 노력을 낮추어 이르는 말
- **계명구도(鷄鳴狗盜)** : 비굴하게 남을 속이는 하찮은 재주 또는 그런 재주를 가진 사람을 이르는 말
- **경거망동(輕擧妄動)** : 경솔하여 생각 없이 망령되게 행동함

- **각골난망(刻骨難忘)** : 남에게 입은 은혜가 뼈에 새길 만큼 커서 잊히지 아니함
- **각자도생(各自圖生)** : 제각기 살아 나갈 방법을 꾀함
- **각자무치(角者無齒)** : 뿔이 있는 짐승은 이가 없다는 뜻으로, 한 사람이 여러 가지 재주나 복을 다 가질 수 없다는 말
- **각주구검(刻舟求劍)** : 융통성 없이 현실에 맞지 않는 낡은 생각을 고집하는 어리석음을 이르는 말
- **간담상조(肝膽相照)** : 서로 속마음을 털어놓고 친하게 사귐
- **감언이설(甘言利說)** : 귀가 솔깃하도록 남의 비위를 맞추거나 이로운 조건을 내세워 꾀는 말
- **갑남을녀(甲男乙女)** : 갑이란 남자와 을이란 여자라는 뜻으로, 자신의 비위에 따라서 사리의 옳고 그름을 판단함을 이르는 말
- **개과천선(改過遷善)** : 지난날의 잘못이나 허물을 고쳐 올바르고 착하게 됨
- **거두절미(去頭截尾)** : 머리와 꼬리를 잘라 버린다는 말로 어떤 일의 요점만 간단히 말함
- **건곤일척(乾坤一擲)** : 주사위를 던져 승패를 건다는 뜻으로, 운명을 걸고 단판걸이로 승부를 겨룸을 이르는 말
- **격화소양(隔靴搔癢)** : 신을 신고 발바닥을 긁는다는 뜻으로, 성에 차지 않거나 철저하지 못한 안타까움을 이르는 말
- **견강부회(牽强附會)** : 이치에 맞지 않는 말을 억지로 끌어 붙여 자기에게 유리하게 함
- **견문발검(見蚊拔劍)** : 모기를 보고 칼을 뺀다는 뜻으로, 사소한 일에 크게 성내어 덤빔을 이르는 말
- **견물생심(見物生心)** : 어떠한 실물을 보게 되면 그것을 가지고 싶은 욕심이 생김
- **결자해지(結者解之)** : 맺은 사람이 풀어야 한다는 뜻으로, 자기가 저지른 일은 자기가 해결해야 함을 이르는 말
- **결초보은(結草報恩)** : 풀을 맺어 은혜를 갚는다는 뜻으로 죽은 뒤에라도 은혜를 잊지 않고 갚음을 이르는 말
- **계구우후(鷄口牛後)** : 닭의 주둥이와 소의 꼬리라는 뜻으로, 큰 단체의 꼴찌보다는 작은 단체의 우두머리가 되는 것이 오히려 나음을 이르는 말
- **계란유골(鷄卵有骨)** : 달걀에도 뼈가 있다는 뜻으로, 운수가 나쁜 사람은 모처럼 좋은 기회를 만나도 역시 일이 잘 안됨을 이르는 말
- **고군분투(孤軍奮鬪)** : 도움을 받지 못하게 된 군사가 많은 수의 적군과 잘 싸움을 뜻하는 말로 남의 도움을 받지 않고 일을 잘해 나가는 것을 비유적으로 이르는 말
- **고립무원(孤立無援)** : 고립되어 구원을 받을 데가 없음
- **고식지계(姑息之計)** : 우선 당장 편한 것만을 택하는 꾀나 방법. 한때의 안정을 얻기위하여 임시로 둘러맞추어 처리하거나 이리저리 주선하여 꾸며

내는 계책을 이르는 말

- 고육지책(苦肉之策) : 자기 몸을 상해 가면서까지 꾸며 내는 계책이라는 뜻으로, 어려운 상태를 벗어나기 위해 어쩔 수 없이 꾸며 내는 계책을 이르는 말
- 고장난명(孤掌難鳴) : 외손뼉만으로는 소리가 울리지 아니한다는 뜻으로, 혼자의 힘만으로 어떤 일을 이루기 어려움을 이르는 말
- 곡학아세(曲學阿世) : 바른 길에서 벗어난 학문으로 세상 사람에게 아첨함
- 과유불급(過猶不及) : 정도를 지나침은 미치지 못함과 같음을 이르는 말
- 관포지교(管鮑之交) : 관중과 포숙의 사귐이란 뜻으로, 우정이 아주 돈독한 친구 관계를 이르는 말
- 괄목상대(刮目相對) : 눈을 비비고 상대편을 본다는 뜻으로, 남의 학식이나 재주가 놀랄 만큼 부쩍 늚을 이르는 말
- 교각살우(矯角殺牛) : 소의 뿔을 바로잡으려다가 소를 죽인다는 뜻으로, 잘못된 점을 고치려다가 그 방법이나 정도가 지나쳐 오히려 일을 그르침을 이르는 말
- 교언영색(巧言令色) : 아첨하는 말과 알랑거리는 태도
- 구사일생(九死一生) : 아홉 번 죽을 뻔하다 한 번 살아난다는 뜻으로, 죽을 고비를 여러 차례 넘기고 겨우 살아남음을 이르는 말
- 구우일모(九牛一毛) : 아홉 마리의 소 가운데 박힌 하나의 털이란 뜻으로, 매우 많은 것 가운데 극히 적은 수를 이르는 말
- 구절양장(九折羊腸) : 아홉 번 꼬부라진 양의 창자라는 뜻으로, 꼬불꼬불하며 험한 산길을 이르는 말
- 궁여지책(窮餘之策) : 궁한 나머지 생각다 못하여 짜낸 계책
- 권모술수(權謀術數) : 목적 달성을 위하여 수단과 방법을 가리지 아니하는 온갖 모략이나 술책
- 권불십년(權不十年) : 권세는 십 년을 가지 못한다는 뜻으로, 아무리 높은 권세라도 오래가지 못함을 이르는 말
- 권토중래(捲土重來) : 한 번 실패하였으나 힘을 회복하여 다시 쳐들어옴을 이르는 말
- 귤화위지(橘化爲枳) : 회남의 귤을 회북에 옮겨 심으면 탱자가 된다는 뜻으로, 환경에 따라 사람이나 사물의 성질이 변함을 이르는 말
- 근묵자흑(近墨者黑) : 먹을 가까이하는 사람은 검어진다는 뜻으로, 나쁜 사람과 가까이 지내면 나쁜 버릇에 물들기 쉬움을 비유적으로 이르는 말
- 금상첨화(錦上添花) : 비단 위에 꽃을 더한다는 뜻으로, 좋은 일 위에 또 좋은 일이 더하여짐을 비유적으로 이르는 말
- 금의야행(錦衣夜行) : 비단옷을 입고 밤길을 다닌다는 뜻으로, 자랑삼아 하지 않으면 생색이 나지 않음을 이르는 말
- 금의환향(錦衣還鄕) : 비단옷을 입고 고향에 돌아온다는 뜻으로, 출세를 하여 고향에 돌아가거나 돌아옴을 비유적으로 이르는 말

SEMI-NOTE

기타 한자성어(고~교)
- 고두사죄(叩頭謝罪) : 머리를 조아리며 잘못을 빎
- 고량진미(膏粱珍味) : 기름진 고기와 좋은 곡식으로 만든 맛있는 음식
- 고성낙일(孤城落日) : '외딴 성과 서산에 지는 해'라는 뜻으로, 세력이 다하고 남의 도움이 없는 매우 외로운 처지를 이르는 말
- 골육지정(骨肉之情) : 가까운 혈족 사이의 의로운 정
- 교왕과직(矯枉過直) : 굽은 것을 바로잡으려다가 정도에 지나치게 곧게 한다는 뜻으로, 잘못된 것을 바로잡으려다가 너무 지나쳐서 오히려 나쁘게 됨을 이르는 말
- 교토삼굴(狡兎三窟) : 교활한 토끼는 세 개의 숨을 굴을 파 놓는다는 뜻으로, 사람이 교묘하게 잘 숨어 재난을 피함을 이르는 말

기타 한자성어(구~금)
- 구세제민(救世濟民) : 어지러운 세상을 구원하고 고통받는 백성을 구제함
- 군맹무상(群盲撫象) : 사물을 좁은 소견과 주관으로 잘못 판단함을 이르는 말
- 군웅할거(群雄割據) : 여러 영웅이 각기 한 지방씩 차지하고 위세를 부리는 상황을 이르는 말
- 금과옥조(金科玉條) : 금이나 옥처럼 귀중히 여겨 꼭 지켜야 할 법칙이나 규정
- 금석지감(今昔之感) : 지금과 옛날의 차이가 너무 심하여 생기는 느낌

**기타 한자성어(낙~능)**

- 낙담상혼(落膽喪魂) : 몹시 놀라거나 마음이 상해서 넋을 잃음
- 노승발검(怒蠅拔劍) : 성가시게 구는 파리를 보고 화가 나서 칼을 뺀다는 뜻으로, 사소한 일에 화를 내거나 또는 작은 일에 큰 대책을 세움을 비유적으로 이르는 말
- 논공행상(論功行賞) : 공적의 크고 작음 따위를 논의하여 그에 알맞은 상을 줌
- 능소능대(能小能大) : 모든 일에 두루 능함

**기타 한자성어(다~대)**

- 다다익선(多多益善) : 많으면 많을수록 더욱 좋음
- 다사다난(多事多難) : 여러 가지 일도 많고 어려움이나 탈도 많음
- 대동소이(大同小異) : 큰 차이 없이 거의 같음

**기타 한자성어(등~동)**

- 등고자비(登高自卑) : 높은 곳에 오르려면 낮은 곳에서부터 오른다는 뜻으로, 일을 순서대로 해야 함을 이르는 말
- 동상이몽(同床異夢) : 같은 자리에 자면서 다른 꿈을 꾼다는 뜻으로, 겉으로는 같이 행동하면서도 속으로는 각각 딴생각을 하고 있음을 이르는 말

ⓛ 'ㄴ'으로 시작하는 한자성어

- 낙양지가(洛陽紙價) : 훌륭한 글을 서로 필사하느라고 낙양 땅의 종이 값이 치솟는다는 말로 훌륭한 문장이나 글을 칭송하여 이르는 말
- 난공불락(難攻不落) : 공격하기가 어려워 쉽사리 함락되지 아니함
- 난형난제(難兄難弟) : 누구를 형이라 하고 누구를 아우라 하기 어렵다는 뜻으로, 두 사물이 비슷하여 낫고 못함을 정하기 어려움을 이르는 말
- 남선북마(南船北馬) : 중국의 남쪽은 강이 많아서 배를 이용하고 북쪽은 산과 사막이 많아서 말을 이용한다는 뜻으로, 늘 쉬지 않고 여기저기 여행을 하거나 돌아다님을 이르는 말
- 낭중지추(囊中之錐) : 주머니 속의 송곳이라는 뜻으로, 재능이 뛰어난 사람은 숨어 있어도 저절로 사람들에게 알려심을 이르는 말
- 내우외환(內憂外患) : 나라 안팎의 여러 가지 어려움
- 노심초사(勞心焦思) : 몹시 마음을 쓰며 애를 태움

ⓒ 'ㄷ'으로 시작하는 한자성어

- 다기망양(多岐亡羊) : 갈림길이 많아 잃어버린 양을 찾지 못한다는 뜻으로, 두루 섭렵하기만 하고 전공하는 바가 없어 끝내 성취하지 못함을 이르는 말
- 단금지계(斷金之契) : 쇠도 자를 만큼의 굳은 약속이라는 뜻으로, 매우 두터운 우정을 이르는 말
- 단기지계(斷機之戒) : 학문을 중도에서 그만두면 짜던 베의 날을 끊는 것처럼 아무쓸모 없음을 경계한 말
- 당구풍월(堂狗風月) : 서당에서 기르는 개가 풍월을 읊는다는 뜻으로, 그 분야에 대하여 경험과 지식이 전혀 없는 사람이라도 오래 있으면 얼마간의 경험과 지식을 가짐을 이르는 말
- 당랑거철(螳螂拒轍) : 제 역량을 생각하지 않고, 강한 상대나 되지 않을 일에 덤벼드는 무모한 행동거지를 비유적으로 이르는 말
- 대기만성(大器晩成) : 큰 그릇을 만드는 데는 시간이 오래 걸린다는 뜻으로, 크게 될 사람은 늦게 이루어짐을 이르는 말
- 도청도설(道聽塗說) : 길에서 듣고 길에서 말한다는 뜻으로, 길거리에 퍼져 돌아다니는 뜬소문을 이르는 말
- 동가홍상(同價紅裳) : 같은 값이면 다홍치마라는 뜻으로, 같은 값이면 좋은 물건을 가짐을 이르는 말
- 동고동락(同苦同樂) : 괴로움도 즐거움도 함께함
- 동병상련(同病相憐) : 같은 병을 앓는 사람끼리 서로 가엾게 여긴다는 뜻으로, 어려운 처지에 있는 사람끼리 서로 가엾게 여김을 이르는 말
- 동분서주(東奔西走) : 동쪽으로 뛰고 서쪽으로 뛴다는 뜻으로, 사방으로 이리저리 몹시 바쁘게 돌아다님을 이르는 말
- 등하불명(燈下不明) : '등잔 밑이 어둡다'라는 뜻으로, 가까이에 있는 물건이나 사람을 잘 찾지 못함을 이르는 말

㉣ 'ㅁ'으로 시작하는 한자성어

- 마부위침(磨斧爲針) : 도끼를 갈아 바늘을 만든다는 뜻으로 아무리 힘든 일이라도 끝까지 열심히 하다보면 결실을 맺을 수 있음을 이르는 말
- 마이동풍(馬耳東風) : 동풍이 말의 귀를 스쳐간다는 뜻으로, 남의 말을 귀담아듣지 아니하고 지나쳐 흘려버림을 이르는 말
- 만사휴의(萬事休矣) : 모든 것이 헛수고로 돌아감을 이르는 말
- 망양보뢰(亡羊補牢) : 양을 잃고 우리를 고친다는 뜻으로, 이미 어떤 일을 실패한 뒤에 뉘우쳐도 아무 소용이 없음을 이르는 말
- 망양지탄(亡羊之歎) : 갈림길이 매우 많아 잃어버린 양을 찾을 길이 없음을 탄식한다는 뜻으로, 학문의 길이 여러 갈래여서 한 갈래의 진리도 얻기 어려움을 이르는 말
- 맥수지탄(麥秀之嘆) : 고국의 멸망을 한탄함을 이르는 말
- 명불허전(名不虛傳) : 명성이나 명예가 헛되이 퍼진 것이 아니라는 뜻으로, 이름날만한 까닭이 있음을 이르는 말
- 명약관화(明若觀火) : 불을 보듯 분명하고 뻔 함
- 목불식정(目不識丁) : 아주 간단한 글자인 '丁'자를 보고도 그것이 '고무래'인 줄을 알지 못한다는 뜻으로, 아주 까막눈임을 이르는 말
- 목불인견(目不忍見) : 눈앞에 벌어진 상황 따위를 눈 뜨고는 차마 볼 수 없음
- 무지몽매(無知蒙昧) : 아는 것이 없고 사리에 어두움
- 문일지십(聞一知十) : 하나를 듣고 열 가지를 미루어 안다는 뜻으로, 지극히 총명함을 이르는 말
- 문전성시(門前成市) : 찾아오는 사람이 많아 집 문 앞이 시장을 이루다시피 함을 이르는 말
- 물아일체(物我一體) : 외물(外物)과 자아, 객관과 주관, 또는 물질계와 정신계가 어울려 하나가 됨

㉤ 'ㅂ'으로 시작하는 한자성어

- 반면교사(反面教師) : 사람이나 사물 따위의 부정적인 면에서 얻는 깨달음이나 가르침을 주는 대상을 이르는 말
- 발본색원(拔本塞源) : 좋지 않은 일의 근본 원인이 되는 요소를 완전히 없애 버려서 다시는 그러한 일이 생길 수 없도록 함
- 방약무인(傍若無人) : 곁에 사람이 없는 것처럼 아무 거리낌 없이 함부로 말하고 행동하는 태도가 있음
- 백골난망(白骨難忘) : 죽어서 백골이 되어도 잊을 수 없다는 뜻으로, 남에게 큰 은덕을 입었을 때 고마움의 뜻으로 이르는 말
- 백절불굴(百折不屈) : 어떠한 난관에도 결코 굽히지 않음
- 백중지세(伯仲之勢) : 서로 우열을 가리기 힘든 형세
- 부화뇌동(附和雷同) : 줏대 없이 남의 의견에 따라 움직임
- 분골쇄신(粉骨碎身) : 뼈를 가루로 만들고 몸을 부순다는 뜻으로, 정성으로 노력함을 이르는 말

SEMI-NOTE

**기타 한자성어(만)**

- 만경창파(萬頃蒼波) : 만 이랑의 푸른 물결이라는 뜻으로, 한없이 넓고 넓은 바다를 이르는 말
- 만면수색(滿面愁色) : 얼굴에 가득 찬 근심의 빛
- 만시지탄(晚時之歎) : 시기에 늦어 기회를 놓쳤음을 안타까워하는 탄식

**기타 한자성어(면~무)**

- 면목가증(面目可憎) : 얼굴 생김생김이 남에게 미움을 살 만한 데가 있음
- 멸사봉공(滅私奉公) : 사욕을 버리고 공익을 위하여 힘씀
- 무념무상(無念無想) : 무아의 경지에 이르러 일체의 상념을 떠남
- 무위도식(無爲徒食) : 하는 일 없이 놀고먹음
- 무주공산(無主空山) : 임자 없는 빈산

**기타 한자성어(박~백)**

- 박람강기(博覽强記) : 여러 가지의 책을 널리 많이 읽고 기억을 잘함
- 백면서생(白面書生) : 한갓 글만 읽고 세상일에는 전혀 경험이 없는 사람
- 백아절현(伯牙絕絃) : 자기를 알아주는 참다운 벗의 죽음을 슬퍼함

**기타 한자성어(변~불)**

- 변화무쌍(變化無雙) : 비할 데 없이 변화가 심함
- 별유건곤(別有乾坤) : 좀처럼 볼 수 없는 아주 좋은 세상. 또는 딴 세상
- 불문곡직(不問曲直) : 옳고 그름을 따지지 아니함

- 불가항력(不可抗力) : 사람의 힘으로는 저항할 수 없는 힘
- 불언가지(不言可知) : 아무 말을 하지 않아도 능히 알 수가 있음
- 불요불굴(不撓不屈) : 한번 먹은 마음이 흔들리거나 굽힘이 없음
- 불철주야(不撤晝夜) : 어떤 일에 몰두하여 조금도 쉴 사이 없이 밤낮을 가리지 아니함
- 불치하문(不恥下問) : 손아랫사람이나 지위나 학식이 자기만 못한 사람에게 모르는 것을 묻는 일을 부끄러워하지 아니함
- 비일비재(非一非再) : 같은 현상이나 일이 한두 번이나 한둘이 아니고 많음
- 빈천지교(貧賤之交) : 가난하고 천할 때 사귄 사이. 또는 그런 벗

㉺ 'ㅅ'으로 시작하는 한자성어

- 사고무친(四顧無親) : 의지할 만한 사람이 아무도 없음
- 사분오열(四分五裂) : 여러 갈래로 갈기갈기 찢어짐
- 사상누각(砂上樓閣) : 모래 위에 세운 누각이라는 뜻으로, 기초가 튼튼하지 못하여 오래 견디지 못할 일이나 물건을 이르는 말
- 산계야목(山鷄野鶩) : 산 꿩과 들오리라는 뜻으로, 성질이 사납고 거칠어서 제 마음대로만 하며 다잡을 수 없는 사람을 비유적으로 이르는 말
- 산해진미(山海珍味) : 산과 바다에서 나는 온갖 진귀한 물건으로 차린 맛이 좋은 음식
- 살신성인(殺身成仁) : 자기의 몸을 희생하여 인(仁)을 이룸
- 삼고초려(三顧草廬) : 인재를 맞아들이기 위하여 참을성 있게 노력함
- 삼수갑산(三水甲山) : 우리나라에서 가장 험한 산골이라 이르던 삼수와 갑산
- 삼인성호(三人成虎) : 세 사람이 짜면 거리에 범을 만든다는 뜻으로, 근거 없는 말이라도 여러 사람이 말하면 곧이듣게 됨을 이르는 말
- 상전벽해(桑田碧海) : 뽕나무밭이 변하여 푸른 바다가 된다는 뜻으로, 세상 일의 변천이 심함을 비유적으로 이르는 말
- 선공후사(先公後私) : 공적인 일을 먼저 하고 사사로운 일은 뒤로 미룸
- 설상가상(雪上加霜) : 눈 위에 서리가 덮인다는 뜻으로, 난처한 일이나 불행한 일이 잇따라 일어남을 이르는 말
- 설왕설래(說往說來) : 서로 변론을 주고받으며 옥신각신함. 또는 말이 오고 감
- 소탐대실(小貪大失) : 작은 것을 탐하다가 큰 것을 잃음
- 속수무책(束手無策) : 손을 묶은 것처럼 어찌할 도리가 없어 꼼짝 못함
- 솔선수범(率先垂範) : 남보다 앞장서서 행동해서 몸소 다른 사람의 본보기가 됨
- 수구초심(首丘初心) : 여우가 죽을 때에 머리를 자기가 살던 굴 쪽으로 둔다는 뜻으로, 고향을 그리워하는 마음
- 수서양단(首鼠兩端) : 구멍에서 머리를 내밀고 나갈까 말까 망설이는 쥐라는 뜻으로, 머뭇거리며 진퇴나 거취를 정하지 못하는 상태를 이르는 말
- 수원수구(誰怨誰咎) : 누구를 원망하고 누구를 탓하겠냐는 뜻으로, 남을 원망하거나 탓할 것이 없음을 이르는 말

- 사생취의(捨生取義) : 목숨을 버리고 의를 좇는다는 뜻으로, 목숨을 버릴지언정 옳은 일을 함을 이르는 말
- 사필귀정(事必歸正) : 모든 일은 반드시 바른길로 돌아감
- 삼삼오오(三三五五) : 서너 사람 또는 대여섯 사람이 떼를 지어 다니거나 무슨 일을 함. 또는 그런 모양

기타 한자성어(새~송)

- 새옹지마(塞翁之馬) : 인생의 길흉화복은 변화가 많아서 예측하기가 어렵다는 말
- 생면부지(生面不知) : 서로 한 번도 만난 적이 없어서 전혀 알지 못하는 사람. 또는 그런 관계
- 선견지명(先見之明) : 어떤 일이 일어나기 전에 미리 앞을 내다보고 아는 지혜
- 송구영신(送舊迎新) : 묵은해를 보내고 새해를 맞음

기타 한자성어(시~십)

- 시시비비(是是非非) : 옳고 그름을 따지며 다툼
- 식자우환(識字憂患) : 학식이 있는 것이 오히려 근심을 사게 됨
- 심기일전(心機一轉) : 어떤 동기가 있어 이제까지 가졌던 마음가짐을 버리고 완전히 달라짐
- 십시일반(十匙一飯) : 밥 열 술이 한 그릇이 된다는 뜻으로, 여러 사람이 조금씩 힘을 합하면 한 사람을 돕기 쉬움을 이르는 말

- 순망치한(脣亡齒寒) : 입술이 없으면 이가 시리다는 뜻으로, 서로 이해관계가 밀접한 사이에 어느 한쪽이 망하면 다른 한쪽도 그 영향을 받아 온전하기 어려움을 이르는 말
- 시종여일(始終如一) : 처음부터 끝까지 변함없이 한결같음
- 신상필벌(信賞必罰) : 공이 있는 자에게는 반드시 상을 주고, 죄가 있는 사람에게는 반드시 벌을 준다는 뜻으로, 상과 벌을 공정하고 엄중하게 하는 일을 이르는 말
- 십벌지목(十伐之木) : 열 번 찍어 베는 나무라는 뜻으로, 열 번 찍어 안 넘어가는 나무가 없음을 이르는 말

⊗ 'ㅇ'으로 시작하는 한자성어
- 아비규환(阿鼻叫喚) : 아비지옥과 규환지옥을 아울러 이르는 말로 비참한 지경에 빠져 울부짖는 참상을 비유적으로 이르는 말
- 악전고투(惡戰苦鬪) : 매우 어려운 조건을 무릅쓰고 힘을 다하여 고생스럽게 싸움
- 안하무인(眼下無人) : 눈 아래에 사람이 없다는 뜻으로, 방자하고 교만하여 다른 사람을 업신여김을 이르는 말
- 오리무중(五里霧中) : 오 리(理)나 되는 짙은 안개 속에 있다는 뜻으로, 무슨 일에 대하여 방향이나 갈피를 잡을 수 없음을 이르는 말
- 오매불망(寤寐不忘) : 자나 깨나 잊지 못함
- 오월동주(吳越同舟) : 서로 적의를 품은 사람들이 한자리에 있게 된 경우나 서로 협력하여야 하는 상황을 비유적으로 이르는 말
- 외유내강(外柔內剛) : 겉으로는 부드럽고 순하게 보이나 속은 곧고 굳셈
- 요산요수(樂山樂水) : 산수(山水)의 자연을 즐기고 좋아함
- 용두사미(龍頭蛇尾) : 용의 머리와 뱀의 꼬리라는 뜻으로, 처음은 왕성하나 끝이 부진한 현상을 이르는 말
- 용호상박(龍虎相搏) : 용과 범이 서로 싸운다는 뜻으로, 강자끼리 서로 싸움을 이르는 말
- 우공이산(愚公移山) : 우공이 산을 옮긴다는 뜻으로, 어떤 일이든 끊임없이 노력하면 반드시 이루어짐을 이르는 말
- 우후죽순(雨後竹筍) : 비가 온 뒤에 여기저기 솟는 죽순이라는 뜻으로, 어떤 일이 한때에 많이 생겨남을 비유적으로 이르는 말
- 원화소복(遠禍召福) : 화를 물리치고 복을 불러들임
- 유구무언(有口無言) : 입은 있어도 말은 없다는 뜻으로, 변명할 말이 없거나 변명을 못함을 이르는 말
- 음풍농월(吟風弄月) : 맑은 바람과 밝은 달을 대상으로 시를 짓고 흥취를 자아내어 즐겁게 놂
- 이여반장(易如反掌) : 손바닥을 뒤집는 것과 같이 쉬움
- 인면수심(人面獸心) : 사람의 얼굴을 하고 있으나 마음은 짐승과 같다는 뜻으로, 마음이나 행동이 몹시 흉악함을 이르는 말
- 인산인해(人山人海) : 사람이 산을 이루고 바다를 이루었다는 뜻으로, 사람

SEMI-NOTE

기타 한자성어(어~역)
- 어불성설(語不成說) : 말이 조금도 사리에 맞지 아니함
- 언어도단(言語道斷) : 말할 길이 끊어졌다는 뜻으로, 어이가 없어서 말하려 해도 말할 수 없음을 이르는 말
- 역지사지(易地思之) : 처지를 바꾸어서 생각하여 봄

기타 한자성어(오~우)
- 오합지졸(烏合之卒) : 임시로 모여들어서 규율이 없고 무질서한 병졸 또는 군중을 이르는 말
- 온고지신(溫故知新) : 옛것을 익히고 그것을 미루어서 새것을 앎
- 우여곡절(迂餘曲折) : 뒤얽혀 복잡하여진 사정

기타 한자성어(유~읍)
- 유명무실(有名無實) : 이름만 그럴듯하고 실속은 없음
- 은인자중(隱忍自重) : 마음속에 감추어 참고 견디면서 몸가짐을 신중하게 행동함
- 읍참마속(泣斬馬謖) : 큰 목적을 위하여 자기가 아끼는 사람을 버림을 이르는 말

기타 한자성어(인~입)
- 인지상정(人之常情) : 사람이면 누구나 가지는 보통의 마음
- 일거양득(一擧兩得) : 한 가지 일을 하여 두 가지 이익을 얻음
- 일언지하(一言之下) : 한 마디로 잘라 말함. 또는 두말할 나위 없음
- 입화습률(入火拾栗) : 불 속에 들어가서 밤을 줍는다는 뜻으로, 사소한 이익을 얻기 위하여 큰 모험을 하는 어리석음을 이르는 말

이 수없이 많이 모인 상태를 이르는 말

- 인자무적(仁者無敵) : 어진 사람은 모든 사람이 사랑하므로 세상에 적이 없음
- 일도양단(一刀兩斷) : 칼로 무엇을 대번에 쳐서 두 도막을 낸다는 뜻으로 어떤 일을 머뭇거리지 않고 선뜻 결정함을 비유적으로 이르는 말
- 일모도원(日暮途遠) : 날은 저물고 갈 길은 멀다는 뜻으로, 늙고 쇠약한데 앞으로 해야 할 일은 많음을 이르는 말
- 일희일비(一喜一悲) : 한편으로는 기뻐하고 한편으로는 슬퍼함
- 임기응변(臨機應變) : 그때그때 처한 사태에 맞추어 즉각 그 자리에서 결정하거나 처리함

◎ 'ㅈ'으로 시작하는 한자성어

- 자가당착(自家撞着) : 같은 사람의 말이나 행동이 앞뒤가 서로 맞지 아니하고 모순됨
- 자승자박(自繩自縛) : 자기의 줄로 자기 몸을 옭아 묶는다는 뜻으로, 자기가 한 말과 행동에 자기 자신이 옭혀 곤란하게 됨을 비유적으로 이르는 말
- 자포자기(自暴自棄) : 절망에 빠져 자신을 스스로 포기하고 돌아보지 아니함
- 적반하장(賊反荷杖) : 도둑이 도리어 매를 든다는 뜻으로, 잘못한 사람이 아무 잘못도 없는 사람을 나무람을 이르는 말
- 적수공권(赤手空拳) : 맨손과 맨주먹이라는 뜻으로, 아무것도 가진 것이 없음을 이르는 말
- 전전긍긍(戰戰兢兢) : 몹시 두려워서 벌벌 떨며 조심함
- 절치부심(切齒腐心) : 몹시 분하여 이를 갈며 속을 썩임
- 점입가경(漸入佳境) : 들어갈수록 점점 재미가 있음. 또는 시간이 지날수록 더욱 꼴불견임을 비유적으로 이르는 말
- 조령모개(朝令暮改) : 아침에 명령을 내렸다가 저녁에 다시 고친다는 뜻으로, 법령을 자꾸 고쳐서 갈피를 잡기가 어려움을 이르는 말
- 종두득두(種豆得豆) : 콩을 심으면 반드시 콩이 나온다는 뜻으로, 원인에 따라 결과가 생김을 이르는 말
- 좌고우면(左顧右眄) : 이쪽저쪽을 돌아본다는 뜻으로, 앞뒤를 재고 망설임을 이르는 말
- 좌불안석(坐不安席) : 앉아도 자리가 편안하지 않다는 뜻으로, 마음이 불안하거나 걱정스러워서 한군데에 가만히 앉아 있지 못하고 안절부절못하는 모양을 이르는 말
- 주마가편(走馬加鞭) : 달리는 말에 채찍질한다는 뜻으로, 잘하는 사람을 더욱 장려함을 이르는 말
- 주마간산(走馬看山) : 말을 타고 달리며 산천을 구경한다는 뜻으로, 자세히 살피지 아니하고 대충대충 보고 지나감을 이르는 말
- 중과부적(衆寡不敵) : 적은 수효로 많은 수효를 대적하지 못함
- 중구난방(衆口難防) : 뭇사람의 말을 막기가 어렵다는 뜻으로, 막기 어려울 정도로 여럿이 마구 지껄임을 이르는 말

기타 한자성어(자~전)
- 자수성가(自手成家) : 물려받은 재산이 없이 자기 혼자의 힘으로 집안을 일으키고 재산을 모음
- 자중지란(自中之亂) : 같은 편끼리 하는 싸움
- 전대미문(前代未聞) : 이제까지 들어본 적이 없음

기타 한자성어(제~종)
- 제행무상(諸行無常) : 우주의 모든 사물은 늘 돌고 변하여 한 모양으로 머물러 있지 아니함
- 조변석개(朝變夕改) : 아침저녁으로 뜯어고친다는 뜻으로, 계획이나 결정 따위를 일관성이 없이 자주 고침을 이르는 말
- 조족지혈(鳥足之血) : 새 발의 피라는 뜻으로, 매우 적은 분량을 비유적으로 이르는 말
- 종횡무진(縱橫無盡) : 자유자재로 행동하여 거침이 없는 상태

기타 한자성어(중~지)
- 중인환시(衆人環視) : 여러 사람이 둘러싸고 지켜봄
- 지기지우(知己之友) : 자기의 속마음을 참되게 알아주는 친구
- 지리멸렬(支離滅裂) : 이리저리 흩어지고 찢기어 갈피를 잡을 수 없음

- 중언부언(重言復言) : 이미 한 말을 자꾸 되풀이함. 또는 그런 말
- 지란지교(芝蘭之交) : 지초(芝草)와 난초(蘭草)의 교제라는 뜻으로, 벗 사이의 맑고도 고귀한 사귐을 이르는 말
- 지록위마(指鹿爲馬) : 사슴을 가리켜 말이라고 한 데서 유래한 말로 윗사람을 농락하여 권세를 마음대로 함을 이르는 말

ⓒ 'ㅊ~ㅋ'으로 시작하는 한자성어

- 천고마비(天高馬肥) : 하늘이 높고 말이 살찐다는 뜻으로, 하늘이 맑아 높푸르게 보이고 온갖 곡식이 익는 가을철을 이르는 말
- 천려일실(千慮一失) : 천 번 생각에 한 번 실수라는 뜻으로, 슬기로운 사람이라도 여러 가지 생각 가운데에는 잘못된 것이 있을 수 있음을 이르는 말
- 천신만고(千辛萬苦) : 천 가지 매운 것과 만 가지 쓴 것이라는 뜻으로, 온갖 어려운 고비를 다 겪으며 심하게 고생함을 이르는 말
- 천인공노(天人共怒) : 하늘과 사람이 함께 노한다는 뜻으로, 누구나 분노할 만큼 증오스럽거나 도저히 용납할 수 없음을 이르는 말
- 천태만상(千態萬象) : 천 가지 모습과 만 가지 형상이라는 뜻으로, 세상 사물이 한결같지 아니하고 각각 모습과 모양이 다름을 이르는 말
- 천편일률(千篇一律) : 여럿이 개별적 특성이 없이 모두 엇비슷한 현상을 비유적으로 이르는 말
- 촌철살인(寸鐵殺人) : 한 치의 쇠붙이로도 사람을 죽일 수 있다는 뜻으로, 간단한 말로도 남을 감동하게 하거나 남의 약점을 찌를 수 있음을 이르는 말
- 쾌도난마(快刀亂麻) : 잘 드는 칼로 마구 헝클어진 삼 가닥을 자른다는 뜻으로, 어지럽게 뒤얽힌 사물을 강력한 힘으로 명쾌하게 처리함을 이르는 말

ⓒ 'ㅌ~ㅍ'으로 시작하는 한자성어

- 타산지석(他山之石) : 본이 되지 않는 남의 말이나 행동도 자신의 지식과 인격을 수양하는 데에 도움이 될 수 있음을 비유적으로 이르는 말
- 토사구팽(兎死狗烹) : 필요할 때는 쓰고 필요 없을 때는 야박하게 버리는 경우를 이르는 말
- 파죽지세(破竹之勢) : 대를 쪼개는 기세라는 뜻으로, 적을 거침없이 물리치고 쳐들어가는 기세를 이르는 말
- 평지풍파(平地風波) : 평온한 자리에서 일어나는 풍파라는 뜻으로, 뜻밖에 분쟁이 일어남을 비유적으로 이르는 말

ⓒ 'ㅎ'으로 시작하는 한자성어

- 하석상대(下石上臺) : 아랫돌 빼서 윗돌 괴고 윗돌 빼서 아랫돌 괸다는 뜻으로, 임시변통으로 이리저리 둘러맞춤을 이르는 말
- 함구무언(緘口無言) : 입을 다물고 아무 말도 하지 아니함
- 허송세월(虛送歲月) : 하는 일 없이 세월만 헛되이 보냄
- 허심탄회(虛心坦懷) : 품은 생각을 터놓고 말할 만큼 아무 거리낌이 없고 솔직함
- 혈혈단신(子子單身) : 의지할 곳이 없는 외로운 홀몸

**기타 한자성어(천~청)**
- 천양지차(天壤之差) : 하늘과 땅 사이와 같이 엄청난 차이
- 천우신조(天佑神助) : 하늘이 돕고 신령이 도움. 또는 그런 일
- 천재일우(千載一遇) : 천 년 동안 단 한 번 만난다는 뜻으로, 좀처럼 만나기 어려운 좋은 기회를 이르는 말
- 청출어람(靑出於藍) : 쪽에서 뽑아낸 푸른 물감이 쪽보다 더 푸르다는 뜻으로, 제자나 후배가 스승이나 선배보다 나음을 비유적으로 이르는 말

**기타 한자성어(탁~필)**
- 탁상공론(卓上空論) : 현실성이 없는 허황한 이론이나 논의
- 파안대소(破顔大笑) : 매우 즐거운 표정으로 활짝 웃음
- 필마단기(匹馬單騎) : 혼자 한 필의 말을 탐. 또는 그렇게 하는 사람

**기타 한자성어(학~허)**
- 학수고대(鶴首苦待) : 학의 목처럼 목을 길게 빼고 간절히 기다림
- 함흥차사(咸興差使) : 심부름을 가서 오지 아니하거나 늦게 온 사람을 이르는 말
- 허장성세(虛張聲勢) : 실속은 없으면서 큰소리치거나 허세를 부림

**06**장
어휘력

SEMI-NOTE

**기타 한자성어(호)**

- **호사다마(好事多魔)** : 좋은 일에는 흔히 방해되는 일이 많음. 또는 그런 일이 많이 생김
- **호시탐탐(虎視耽耽)** : 남의 것을 빼앗기 위하여 형세를 살피며 가만히 기회를 엿봄. 또는 그런 모양
- **호언장담(豪言壯談)** : 호기롭고 자신 있게 말함. 또는 그 말

**기타 한자성어(회 ~ 흥)**

- **회자정리(會者定離)** : 만난 자는 반드시 헤어짐
- **흥진비래(興盡悲來)** : 즐거운 일이 다 하면 슬픈 일이 닥쳐온다는 뜻으로, 세상일은 순환되는 것임을 이르는 말

- **호가호위(狐假虎威)** : 남의 권세를 빌려 위세를 부림
- **호각지세(互角之勢)** : 역량이 서로 비슷비슷한 위세
- **호사유피(虎死留皮)** : 호랑이는 죽어서 가죽을 남긴다는 뜻으로, 사람은 죽어서 명예를 남김을 이르는 말
- **혹세무민(惑世誣民)** : 세상을 어지럽히고 백성을 미혹하게 하여 속임
- **혼정신성(昏定晨省)** : 밤에는 부모의 잠자리를 보아 드리고 이른 아침에는 부모의 밤새 안부를 묻는다는 뜻으로, 부모를 잘 섬기고 효성을 다함
- **화룡점정(畵龍點睛)** : 무슨 일을 하는 데에 가장 중요한 부분을 완성함을 비유적으로 이르는 말
- **화사첨족(畵蛇添足)** : 뱀을 다 그리고 나서 있지도 아니한 발을 덧붙여 그려 넣는다는 뜻으로, 쓸데없는 군짓을 하여 도리어 잘못되게 함을 이르는 말
- **화이부동(和而不同)** : 남과 사이좋게 지내기는 하나 무턱대고 어울리지는 아니함
- **환골탈태(換骨奪胎)** : 뼈대를 바꾸어 끼고 태를 바꾸어 쓴다는 뜻으로, 고인의 시문의 형식을 바꾸어서 그 짜임새와 수법이 먼저 것보다 잘되게 함을 이르는 말
- **후생가외(後生可畏)** : 젊은 후학들을 두려워할 만하다는 뜻으로, 후진들이 선배들보다 젊고 기력이 좋아, 학문을 닦음에 따라 큰 인물이 될 수 있으므로 가히 두렵다는 말

## 02절  여러 의미를 나타내는 어휘

## 1. 속담과 관용어

### (1) 속담의 의미와 주요 속담

① 속담의 의미 : 예로부터 민간에서 전해 내려오는 격언이나 잠언(箴言)으로, 교훈 또는 풍자를 위해 어떤 사실을 비유를 사용하여 나타냄

② 주요 속담

㉠ 'ㄱ'으로 시작하는 속담

- 가게 기둥에 입춘 : 추하고 보잘것없는 가겟집 기둥에 '입춘대길'이라 써 붙인다는 뜻으로, 제격에 맞지 않음을 비유적으로 이르는 말
- 가난이 소 아들이라 : 소처럼 죽도록 일해도 가난에서 벗어날 수 없음을 이르는 말
- 가난한 집 제사 돌아오듯 : 가난한 집에 제삿날이 자꾸 돌아와서 그것을 치르느라 매우 어려움을 겪는다는 뜻으로, 힘든 일이 자주 닥침을 뜻함
- 가난할수록 기와집 짓는다 : 실상은 가난한 사람이 남에게 업신여김을 당하기 싫어서 허세를 부리려는 심리를 비유적으로 이르는 말
- 가는 말에 채찍질 : 열심히 하는데도 더 빨리 하라고 독촉함을 비유적으로

이르는 말

- **가랑비에 옷 젖는 줄 모른다** : 아무리 사소한 것이라도 그것이 거듭되면 무시하지 못할 정도로 크게 됨을 비유적으로 이르는 말
- **가물에 콩 나듯** : 어떤 일이나 물건이 어쩌다 하나씩 드문드문 있는 경우를 비유적으로 이르는 말
- **가재는 게 편** : 모양이나 형편이 서로 비슷하고 인연이 있는 것끼리 서로 잘 어울리고, 사정을 보아주며 감싸 주기 쉬움을 비유적으로 이르는 말
- **간에 붙었다 쓸개에 붙었다 한다** : 자기에게 조금이라도 이익이 되면 지조 없이 이편에 붙었다 저편에 붙었다 함을 비유적으로 이르는 말
- **강원도 포수냐** : 한 번 간 후 다시 돌아오지 않거나, 매우 늦게야 돌아오는 사람을 비유적으로 이르는 말
- **개 발에 주석 편자** : 옷차림이나 지닌 물건 따위가 제격에 맞지 아니하여 어울리지 않음을 비유적으로 이르는 말
- **개똥도 약에 쓰려면 없다** : 평소에 흔하던 것도 막상 긴하게 쓰려고 구하면 없다는 말
- **구슬이 서 말이라도 꿰어야 보배라** : 아무리 훌륭하고 좋은 것이라도 다듬고 정리하여 쓸모 있게 만들어 놓아야 값어치가 있음을 비유적으로 이르는 말

ⓛ **'ㄴ'으로 시작하는 속담**
- **낙숫물이 댓돌을 뚫는다** : 작은 힘이라도 꾸준히 계속하면 큰일을 이룰 수 있음을 비유적으로 이르는 말
- **남의 집 제사에 절하기** : 상관없는 남의 일에 참여하여 헛수고만 함을 비유적으로 이르는 말
- **낫 놓고 기역 자도 모른다** : 기역 자 모양으로 생긴 낫을 보면서도 기역 자를 모른다는 뜻으로, 아주 무식함을 비유적으로 이르는 말
- **낮말은 새가 듣고 밤말은 쥐가 듣는다** : 아무도 안 듣는 데서라도 말조심해야 한다는 말
- **내 코가 석 자** : 내 사정이 급하고 어려워서 남을 돌볼 여유가 없음을 비유적으로 이르는 말
- **누울 자리 봐 가며 발을 뻗어라** : 어떤 일을 할 때 그 결과가 어떻게 되리라는 것을 생각하여 미리 살피고 일을 시작하라는 말
- **눈 뜨고 도둑맞는다** : 번번이 알면서도 속거나 손해를 본다는 말

ⓒ **'ㄷ'으로 시작하는 속담**
- **달리는 말에 채찍질** : 기세가 한창 좋을 때 더 힘을 가함
- **달면 삼키고 쓰면 뱉는다** : 옳고 그름이나 신의를 돌보지 않고 자기의 이익만 꾀함
- **닭 소 보듯, 소 닭 보듯** : 서로 아무런 관심도 두지 않고 있는 사이임을 비유적으로 이르는 말
- **닭 쫓던 개 지붕 쳐다보듯** : 애써 하던 일이 실패로 돌아가거나 남보다 뒤떨어져 어찌할 도리가 없이 됨

SEMI-NOTE

**기타 속담(ㄱ)**
- **가난도 비단 가난** : 아무리 가난하여도 몸을 함부로 가지지 않고, 본래의 지체와 체통을 더럽히지 않는다는 말
- **가난한 양반 씻나락 주무르듯** : 어떤 일에 닥쳐 우물쭈물하기만 하면서 선뜻 결정을 내리지 못하고 있는 모양을 이르는 말
- **갈수록 태산이라** : 갈수록 더욱 어려운 지경에 처하게 되는 경우를 비유적으로 이르는 말
- **같은 값이면 다홍치마** : 값이 같거나 같은 노력을 한다면 품질이 좋은 것을 택한다는 말
- **개밥에 도토리** : 따돌림을 받아서 여럿의 축에 끼지 못하는 사람을 비유적으로 이르는 말
- **겨 묻은 개가 똥 묻은 개를 나무란다** : 결점이 있기는 마찬가지이면서, 조금 덜한 사람이 더한 사람을 흉볼 때를 지적하는 말

**기타 속담(ㄴ)**
- **나무도 쓸 만한 것이 먼저 베인다**
  - 능력 있는 사람이 먼저 뽑혀 쓰임을 비유적으로 이르는 말
  - 능력 있는 사람이 일찍 죽음을 비유적으로 이르는 말
- **누워서 침 뱉기** : 남을 해치려고 하다가 도리어 자기가 해를 입게 된다는 것을 비유적으로 이르는 말
- **눈 가리고 아웅**
  - 얕은 수로 남을 속이려 한다는 말
  - 실제로 보람도 없을 일을 공연히 형식적으로 하는 체하며 부질없는 짓을 함을 비유적으로 이르는 말

**기타 속담(ㄷ)**
- **뒤웅박 팔자** : 신세를 망치면 거기서 헤어 나오기가 어려움을 비유적으로 이르는 말
- **등잔 밑이 어둡다** : 대상에서 가까이 있는 사람이 도리어 대상에 대하여 잘 알기 어렵다는 말
- **떡 줄 사람은 꿈도 안 꾸는데 김칫국부터 마신다** : 해 줄 사람은 생각지도 않는데 미리부터 다 된 일로 알고 행동한다는 말

**기타 속담(ㅁ)**

- 말이 씨가 된다 : 늘 말하던 것이 마침 내 사실대로 되었을 때를 이르는 말
- 말 한마디에 천 냥 빚도 갚는다 : 말만 잘하면 어려운 일이나 불가능해 보이는 일도 해결할 수 있다는 말
- 목마른 놈이 우물 판다 : 제일 급하고 일이 필요한 사람이 그 일을 서둘러 하게 되어 있다는 말
- 물 밖에 난 고기
  - 제 능력을 발휘할 수 없는 처지에 몰린 사람을 이르는 말
  - 운명이 이미 결정 나 벗어날 수 없음을 비유적으로 이르는 말

**기타 속담(ㅂ)**

- 바늘 도둑이 소도둑 된다 : 작은 나쁜 짓도 자꾸 하게 되면 큰 죄를 저지르게 됨을 비유적으로 이르는 말
- 배 먹고 이 닦기 : 한 가지 일에 두 가지 이로움이 있음을 비유적으로 이르는 말
- 백지장도 맞들면 낫다 : 쉬운 일이라도 협력하여 하면 훨씬 쉽다는 말
- 뱁새가 황새를 따라가면 다리가 찢어진다 : 힘에 겨운 일을 억지로 하면 도리어 해만 입는다는 말

- 도둑이 제 발 저리다 : 지은 죄가 있으면 자연히 마음이 조마조마하여짐을 비유적으로 이르는 말
- 도토리 키 재기 : 정도가 고만고만한 사람끼리 서로 다툼을 이르는 말
- 돼지에 진주 목걸이 : 값어치를 모르는 사람에게는 보물도 아무 소용없음을 비유적으로 이르는 말
- 두 손뼉이 맞아야 소리가 난다 : 무슨 일이든지 두 편에서 서로 뜻이 맞아야 이루어질 수 있다는 말

ⓒ 'ㅁ'으로 시작하는 속담

- 마른논에 물 대기 : 일이 매우 힘들거나 힘들여 해 놓아도 성과가 없는 경우를 이르는 말
- 맑은 물에 고기 안 논다 : 물이 너무 맑으면 고기가 모이지 않는다는 뜻으로 사람이 너무 강직하여 융통성이 없으면 다른 사람들과 어울리기 어려움을 이르는 말
- 모로 가도 서울만 가면 된다 : 옆으로 가도 서울에만 가면 그만이라는 뜻으로 과정이야 어떠하든 결과만 좋으면 됨을 이르는 말
- 모르면 약이요 아는 게 병 : 아무것도 모르면 차라리 마음이 편하여 좋으나, 무엇이나 좀 알고 있으면 걱정거리가 많아 도리어 해롭다는 말
- 물에 빠지면 지푸라기라도 움켜잡는다 : 위급한 때를 당하면 무엇이나 닥치는 대로 잡고 늘어지게 됨을 이르는 말
- 물은 건너 보아야 알고 사람은 지내보아야 안다 : 사람은 겉만 보고는 알 수 없으며, 서로 오래 겪어 보아야 알 수 있음을 이르는 말
- 밑돌 빼서 윗돌 고인다 : 일한 보람이 없이 어리석은 짓을 하는 경우를 비유적으로 이르는 말
- 밑 빠진 독에 물 붓기 : 아무리 힘이나 밑천을 들여도 보람 없이 헛된 일이 되는 상태를 비유적으로 이르는 말

ⓜ 'ㅂ'으로 시작하는 속담

- 바늘 가는 데 실 간다 : 바늘이 가는 데 실이 항상 뒤따른다는 뜻으로, 사람의 긴밀한 관계를 비유적으로 이르는 말
- 배 주고 속 빌어먹는다 : 자기의 배를 남에게 주고 다 먹고 난 그 속을 얻어먹는다는 뜻으로, 자기의 큰 이익은 남에게 주고 거기서 조그만 이익만을 얻음을 비유적으로 이르는 말
- 번갯불에 콩 볶아 먹겠다 : 번쩍하는 번갯불에 콩을 볶아서 먹을 만하다는 뜻으로, 행동이 매우 민첩함을 이르는 말
- 벙어리 냉가슴 앓듯 : 답답한 사정이 있어도 남에게 말하지 못하고 혼자만 괴로워하며 걱정하는 경우를 비유적으로 이르는 말
- 뿌리 없는 나무가 없다 : 모든 나무가 다 뿌리가 있듯이 무엇이나 그 근본이 있음을 비유적으로 이르는 말

ⓜ 'ㅅ'으로 시작하는 속담

- 사공이 많으면 배가 산으로 간다 : 주관하는 사람 없이 여러 사람이 자기주

장만 내세우면 일이 제대로 되기 어려움을 비유적으로 이르는 말

- 사람은 죽으면 이름을 남기고 범은 죽으면 가죽을 남긴다 : 인생에서 가장 중요한 것은 생전에 보람 있는 일을 해놓아 후세에 명예를 떨치는 것임을 비유적으로 이르는 말
- 산 입에 거미줄 치랴 : 아무리 살림이 어려워 식량이 떨어져도 사람은 그럭저럭 죽지 않고 먹고 살아가기 마련임을 비유적으로 이르는 말
- 선무당이 사람 잡는다 : 능력이 없어서 제구실을 못하면서 함부로 하다가 큰일을 저지르게 됨을 비유적으로 이르는 말
- 소경이 코끼리 만지고 말하듯 : 객관적 현실을 잘 모르면서 일면만 보고 해석하는 경우를 비유적으로 이르는 말
- 소 잃고 외양간 고친다 : 소를 도둑맞은 다음에서야 빈 외양간의 허물어진 데를 고치느라 수선을 떤다는 뜻으로, 일이 이미 잘못된 뒤에는 손을 써도 소용이 없음을 비꼬는 말
- 손톱 밑의 가시 : 손톱 밑에 가시가 들면 매우 고통스럽고 성가시다는 뜻으로, 늘 마음에 꺼림칙하게 걸리는 일을 이르는 말
- 송충이가 갈잎을 먹으면 죽는다 : 솔잎만 먹고 사는 송충이가 갈잎을 먹게 되면 땅에 떨어져 죽게 된다는 뜻으로, 자기 분수에 맞지 않는 짓을 하다가는 낭패를 봄
- 쇠뿔도 단김에 빼랬다 : 든든히 박힌 소의 뿔을 뽑으려면 불로 달구어 놓은 김에 해치워야 한다는 뜻으로, 어떤 일이든지 하려고 생각했으면 한창 열이 올랐을 때 망설이지 말고 곧 행동으로 옮겨야 함을 비유적으로 이르는 말

ⓑ 'ㅇ'으로 시작하는 속담

- 아닌 밤중에 홍두깨 : 별안간 엉뚱한 말이나 행동을 함을 비유적으로 이르는 말
- 얌전한 고양이가 부뚜막에 먼저 올라간다 : 겉으로는 얌전하고 아무것도 못할 것처럼 보이는 사람이 딴짓을 하거나 자기 실속을 다 차리는 경우를 비유적으로 이르는 말
- 어물전 망신은 꼴뚜기가 시킨다 : 지지리 못난 사람일수록 같이 있는 동료를 망신시킨다는 말
- 언 발에 오줌 누기 : 언 발을 녹이려고 오줌을 누어 봤자 효력이 별로 없다는 뜻으로, 임시변통은 될지 모르나 그 효력이 오래가지 못할 뿐만 아니라 결국에는 사태가 더 나빠짐을 비유적으로 이르는 말
- 여럿의 말이 쇠도 녹인다 : 여러 사람이 함께 모여 의견을 합치면 쇠도 녹일 만큼 무서운 힘을 낼 수 있음을 비유적으로 이르는 말
- 오 리를 보고 십 리를 간다 : 사소한 일도 유익하기만 하면 수고를 아끼지 아니한다는 말
- 입은 비뚤어져도 말은 바로 해라 : 상황이 어떻든지 말은 언제나 바르게 하여야 함을 이르는 말

ⓐ 'ㅈ, ㅊ'으로 시작하는 속담

• 자라 보고 놀란 가슴 솥뚜껑 보고 놀란다 : 어떤 사물에 몹시 놀란 사람은 비슷한 사물만 보아도 겁을 냄을 이르는 말

• 자빠져도 코가 깨진다 : 일이 안되려면 하는 모든 일이 잘 안 풀리고 뜻밖의 큰 불행도 생긴다는 말

• 찬물도 위아래가 있다 : 무엇에나 순서가 있으니, 그 차례를 따라 하여야 한다는 말

• 천 리 길도 한 걸음부터 : 무슨 일이나 그 일의 시작이 중요하다는 말

• 치마가 열두 폭인가 : 남의 일에 쓸데없이 간섭하고 참견함을 비꼬는 말

ⓞ 'ㅋ, ㅌ, ㅍ'으로 시작하는 속담

• 콩 심은 데 콩 나고 팥 심은 데 팥 난다 : 모든 일은 근본에 따라 거기에 걸맞은 결과가 나타나는 것임을 비유적으로 이르는 말

• 티끌 모아 태산 : 아무리 작은 것이라도 모이고 모이면 나중에 큰 덩어리가 됨을 비유적으로 이르는 말

ⓧ 'ㅎ'으로 시작하는 속담

• 하루가 여삼추라 : 하루가 삼 년과 같다는 뜻으로, 짧은 시간이 매우 길게 느껴짐을 비유적으로 이르는 말

• 호랑이도 제 말 하면 온다 : 깊은 산에 있는 호랑이조차도 저에 대하여 이야기하면 찾아온다는 뜻으로, 어느 곳에서나 그 자리에 없다고 남을 흉보아서는 안 된다는 말

• 혹 떼러 갔다 혹 붙여 온다 : 자기의 부담을 덜려고 하다가 다른 일까지도 맡게 된 경우를 비유적으로 이르는 말

• 황소 뒷걸음치다가 쥐 잡는다 : 어쩌다 우연히 이루거나 알아맞힘을 비유적으로 이르는 말

## (2) 관용어의 의미와 주요 관용어

① 관용어의 의미 : 두 개 이상의 단어로 이루어져 있으면서 그 단어의 의미만으로는 전체의 의미를 알 수 없는 특수한 의미를 나타내는 어구(語句)

② 주요 관용어 ★ 빈출개념

㉠ 'ㄱ'으로 시작하는 관용어

• 가닥이 잡히다 : 분위기, 상황, 생각 따위를 이치나 논리에 따라 바로 잡게 함

• 가려운 곳을 긁어 주듯 : 남에게 꼭 필요한 것을 잘 알아서 그 욕구를 시원스럽게 만족시켜 줌을 비유적으로 이르는 말

• 가재(를) 치다 : 가재가 뒷걸음질을 잘 친다는 뜻으로, 샀던 물건을 도로 무르는 것을 비유적으로 이르는 말

• 감투(를) 쓰다 : 벼슬자리나 높은 지위에 오름을 속되게 이르는 말

• 개 발에 땀 나다 : 땀이 잘 나지 아니하는 개 발에 땀이 나듯이, 해내기 어려운 일을 이루기 위하여 부지런히 움직임을 이르는 말

• 경종을 울리다 : 잘못이나 위험을 미리 경계하여 주의를 환기시킴

• 고배를 들다 : 패배, 실패 따위의 쓰라린 일을 당함

- 고삐를 늦추다 : 경계심이나 긴장을 누그러뜨림
- 골(을) 박다 : 제한된 범위 밖을 나가지 못하게 함
- 굴레(를) 쓰다 : 일이나 구속에 얽매여 벗어나지 못하게 됨
- 귀가 열리다 : 세상 물정을 알게 됨
- 귀를 씻다 : 세속의 더러운 이야기를 들은 귀를 씻는다는 뜻으로, 세상의 명리를 떠나 깨끗한 삶을 비유적으로 이르는 말
- 귓등으로 듣다 : 듣고도 들은 체 만 체 함
- 기지개를 켜다 : 서서히 활동하는 상태에 듦

ⓛ 'ㄴ'으로 시작하는 관용어

- 낙동강 오리알 : 무리에서 떨어져 나오거나 홀로 소외되어 처량하게 된 신세를 비유적으로 이르는 말
- 너울을 쓰다 : 속이나 진짜 내용은 그렇지 않으면서 그럴듯하게 좋은 명색을 내걸음
- 난장을 치다 : 함부로 마구 떠듦
- 눈에 밟히다 : 잊히지 않고 자꾸 눈에 떠오름
- 눈 위에 혹 : 몹시 미워 눈에 거슬리는 사람을 비유적으로 이르는 말

ⓒ 'ㄷ'으로 시작하는 관용어

- 닭 물 먹듯 : 무슨 일이든 그 내용도 모르고 건성으로 넘기는 모양을 비유적으로 이르는 말
- 도마 위에 오르다 : 어떤 사물이 비판의 대상이 됨
- 돌(을) 던지다 : 남의 잘못을 비난함
- 된서리를 맞다 : 모진 재앙이나 억압을 당함
- 뒤(가) 나다 : 자기의 잘못이나 약점으로 뒤에 가서 좋지 않은 일이 생길 것 같아 마음이 놓이지 않음
- 뒤가 든든하다 : 뒤에서 받쳐 주는 세력이나 사람이 있음
- 뒷손(을) 쓰다 : 은밀히 대책을 강구하거나 뒷수습을 함
- 뜸(을) 들이다 : 일이나 말을 할 때에, 쉬거나 여유를 갖기 위해 서둘지 않고 한동안 가만히 있는 경우를 비유적으로 이르는 말

ⓔ 'ㅁ'으로 시작하는 관용어

- 마각을 드러내다 : 말의 다리로 분장한 사람이 자기 모습을 드러낸다는 뜻으로, 숨기고 있던 일이나 정체를 드러냄을 이르는 말
- 마른벼락을 맞다 : 갑자기 뜻밖의 재난을 당함
- 말허리를 자르다 : 상대방이 말하는 도중에 말을 중지시킴
- 맥(도) 모르다 : 내막이나 까닭 따위를 알지도 못함
- 멍석을 깔다 : 하고 싶은 대로 할 기회를 주거나 마련함
- 무릎(을) 치다 : 갑자기 어떤 놀라운 사실을 알게 되었거나 희미한 기억이 되살아날 때, 또는 몹시 기쁠 때 무릎을 탁 침을 이르는 말

ⓜ 'ㅂ'으로 시작하는 관용어

- 발(이) 묶이다 : 몸을 움직일 수 없거나 활동할 수 없는 형편이 됨

**기타 관용어(ㄱ)**

- 간도 모르다 : 일의 내막을 짐작도 하지 못함을 이르는 말
- 감정(을) 사다 : 남의 감정을 언짢게 만듦
- 격(을) 두다 : 사람과 사람 사이에 일정한 간격을 둠
- 곁눈(을) 주다 : 남이 모르도록 곁눈질로 상대편에게 어떤 뜻을 알림
- 구미가 당기다 : 욕심이나 관심이 생김
- 구색(을) 맞추다 : 여러 가지가 고루 갖추어지게 함

**기타 관용어(ㄴ)**

- 눈독(을) 들이다 : 욕심을 내어 눈여겨 봄
- 눈 밖에 나다 : 신임을 잃고 미움을 받게 됨

**기타 관용어(ㄷ)**

- 덜미가 잡히다 : 죄가 드러남
- 된서리를 맞다
  - 되게 내리는 서리를 맞음
  - 모진 재앙이나 억압을 당함
- 등(을) 돌리다 : 뜻을 같이하던 사람이나 단체와 관계를 끊고 배척함
- 등을 떠밀다 : 일을 억지로 시키거나 부추김

**기타 관용어(ㅁ)**

- 말뚝(을) 박다 : 어떤 지위에 오랫동안 머무름
- 문턱을 낮추다 : 쉽고 편하게 접할 수 있게 만듦

06장

어휘력

**기타 관용어(ㅂ)**

- **바닥(을) 긁다** : 생계가 곤란함
- **바람을 일으키다**
  - 사회적으로 많은 사람에게 영향을 미침
  - 사회적 문제를 만들거나 소란을 일으킴
- **발(을) 끊다** : 오가지 않거나 관계를 끊음
- **발(이) 넓다** : 사귀어 아는 사람이 많아 활동하는 범위가 넓음
- **벌집을 건드리다** : 건드려서는 안 될 것을 공연히 건드려 큰 화근을 만듦

**기타 관용어(ㅅ)**

- **사족(을) 못 쓰다** : 무슨 일에 반하거나 혹하여 꼼짝 못함
- **사타구니를 긁다** : 알랑거리며 남에게 아첨함
- **살얼음을 밟다** : 위태위태하여 마음이 몹시 불안함
- **손바닥(을) 뒤집듯** : 태도를 갑자기 또는 노골적으로 바꾸기를 아주 쉽게
- **식은 죽 먹듯** : 거리낌 없이 아주 쉽게 예사로 하는 모양을 이르는 말

**기타 관용어(ㅇ)**

- **어깨를 나란히 하다**
  - 나란히 서거나 나란히 서서 걸음
  - 서로 비슷한 지위나 힘을 가짐
  - 같은 목적으로 함께 일함
- **의가 나다** : 사이가 나빠짐
- **이 잡듯이** : 샅샅이 뒤지어 찾는 모양을 비유적으로 이르는 말
- **임자(를) 만나다** : 어떤 사물이나 사람이 적임자와 연결되어 능력이나 기능을 제대로 발휘할 수 있게 됨

---

- **발등을 밟히다** : 자기가 하려는 일을 남이 앞질러서 먼저 함
- **발목(을) 잡히다** 남에게 어떤 약점이나 단서(端緖)를 잡힘
- **발 벗고 나서다** : 적극적으로 나섬
- **배(를) 내밀다** : 남의 요구에 응하지 아니하고 버팀
- **백지 한 장의 차이** : 아주 근소한 차이를 비유적으로 이르는 말
- **뱃가죽이 두껍다** : 염치가 없어 뻔뻔스럽거나 배짱이 셈
- **보따리(를) 풀다** : 숨은 사실을 폭로함
- **붓을 꺾다** : 문필 활동을 그만둠
- **빙산의 일각(一角)** : 대부분이 숨겨져 있고 외부로 나타나 있는 것은 극히 일부분에 지나지 아니함을 비유적으로 이르는 말

ⓑ **ㅅ으로 시작하는 관용어**

- **사시나무 떨듯** : 몸을 몹시 떠는 모양을 비유적으로 이르는 말
- **사이(가) 뜨다** : 사람 사이의 관계가 친밀하지 않거나 벌어짐
- **산통(을) 깨다** : 다 잘되어 가던 일을 이루지 못하게 뒤틀음
- **삿갓(을) 씌우다** : 손해를 입히거나 책임을 지움
- **색안경을 끼고 보다** : 주관이나 선입견에 얽매여 좋지 아니하게 봄
- **성미(가) 마르다** : 도량이 좁고 성질이 급함
- **손(을) 끊다** : 교제나 거래 따위를 중단함
- **손(을) 거치다** : 어떤 사람을 경유함
- **손(을) 떼다** : 하던 일을 그만두고 다시 손대지 않음
- **손(을) 씻다** : 부정적인 일이나 찜찜한 일에 대하여 관계를 청산함
- **손사래(를) 치다** : 거절이나 부인을 하며 손을 펴서 마구 휘저음
- **쓸개(가) 빠지다** : 하는 짓이 사리에 맞지 아니하고 줏대가 없음
- **씨가 마르다** : 어떤 종류의 것이 모조리 없어짐

ⓒ **'ㅇ'으로 시작하는 관용어**

- **아귀(가) 맞다** : 앞뒤가 빈틈없이 들어맞음
- **아닌 밤중에** : 뜻밖의 때에
- **안고 돌아가다** : 맡은 일을 제대로 하지 못하고 질질 끎
- **앞 짧은 소리** : 앞일을 짧게 내다보고 하는 소리라는 뜻으로, 앞일을 제대로 내다보지 못하고 하는 말을 뜻함
- **어안이 벙벙하다** : 뜻밖에 놀랍거나 기막힌 일을 당하여 어리둥절함
- **언질(을) 주다** : 어떤 일이나 현상 따위의 결과를 예측할 수 있는 단서를 제공함
- **염불 외듯** : 알아듣지 못할 소리로 중얼거리는 경우를 비유적으로 이르는 말
- **오금(을) 박다** : 큰소리치며 장담하던 사람이 그와 반대되는 말이나 행동을 할 때에, 장담하던 말을 빌미로 삼아 몹시 논박함
- **온실 속의 화초** : 어려움이나 고난을 겪지 아니하고 그저 곱게만 자란 사람을 비유적으로 이르는 말
- **우레(와) 같은 박수** : 많은 사람이 치는 매우 큰 소리의 박수를 비유적으로

이르는 말

- 이(가) 빠지다 : 갖추어져야 할 것 가운데서 어떤 부분이 빠져서 온전하지 못함
- 입방아(를) 찧다 : 말을 방정맞게 자꾸 함
- 입에 거미줄 치다 : 가난하여 먹지 못하고 오랫동안 굶음

◎ 'ㅈ'으로 시작하는 관용어

- 젖비린내가 나다 : 정신적으로나 육체적으로 성숙하지 못한 태도나 기색이 보임을 이르는 말
- 좀이 쑤시다 : 마음이 들뜨거나 초조하여 가만히 있지 못함
- 직성(이) 풀리다 : 제 성미대로 되어 마음이 흡족함
- 진(을) 치다 : 자리를 차지함

◎ 'ㅊ~ㅋ'으로 시작하는 관용어

- 채(를) 잡다 : 주도적인 역할을 하거나 주도권을 잡고 조종함
- 책상머리나 지키다 : 현실과 부딪치며 책임감을 가지고 일하지 아니하고 사무실에서만 맴돌거나 문서만 보고 세월을 보냄
- 첫 삽을 들다 : 건설 사업이나 그 밖에 어떤 일을 처음으로 시작함
- 촉각을 곤두세우다 : 정신을 집중하고 신경을 곤두세워 즉각 대응할 태세를 취함
- 출사표를 던지다 : 경기, 경쟁 따위에 참가 의사를 밝힘
- 코(가) 빠지다 : 근심에 싸여 기가 죽고 맥이 빠짐
- 코에 걸다 : 무엇을 자랑삼아 내세움

◎ 'ㅌ~ㅍ'으로 시작하는 관용어

- 토(를) 달다 : 어떤 말끝에 그 말에 대하여 덧붙여 말함
- 퇴박(을) 놓다 : 마음에 들지 아니하여 물리치거나 거절함
- 파리 목숨 : 남에게 손쉽게 죽음을 당할 만큼 보잘것없는 목숨을 이르는 말
- 판에 박은 듯하다 : 사물의 모양이 같거나 똑같은 일이 되풀이됨
- 피도 눈물도 없다 : 조금도 인정이 없음
- 피를 말리다 : 몹시 괴롭히거나 애가 타게 만듦
- 핏대(를) 세우다 : 목의 핏대에 피가 몰려 얼굴이 붉어지도록 화를 내거나 흥분함

◎ 'ㅎ'으로 시작하는 관용어

- 학을 떼다 : 괴롭거나 어려운 상황을 벗어나느라고 진땀을 빼거나, 그것에 거의 질려 버림
- 한술 더 뜨다 : 이미 어느 정도 잘못되어 있는 일에 대하여 한 단계 더 나아가 엉뚱한 짓을 함
- 허두를 떼다 : 글이나 말의 첫머리를 시작함
- 혀(가) 굳다 : 놀라거나 당황하여 말을 잘하지 못함
- 화촉을 밝히다 : 혼례식을 올림
- 회가 동하다 : 구미가 당기거나 무엇을 하고 싶은 마음이 생김

SEMI-NOTE

기타 관용어(ㅈ)
- 재를 뿌리다 : 일, 분위기 따위를 망치거나 훼방을 놓음
- 쥐 잡듯 : 꼼짝 못하게 하여 놓고 잡는 모양을 비유적으로 이르는 말

기타 관용어(ㅊ~ㅋ)
- 찬물을 끼얹다 : 잘되어 가고 있는 일에 뛰어들어 분위기를 흐리거나 공연히 트집을 잡아 헤살을 놓음
- 철퇴를 가하다 : 호되게 처벌하거나 큰 타격을 줌
- 첫 단추를 잘못 끼우다 : 시작을 잘못함
- 코가 납작해지다 : 몹시 무안을 당하거나 기가 죽어 위신이 뚝 떨어짐

기타 관용어(ㅌ~ㅍ)
- 트집(을) 잡다 : 조그만 흠집을 들추어내거나 없는 흠집을 만듦
- 파김치(가) 되다 : 몹시 지쳐서 기운이 아주 느른하게 됨
- 피를 빨다 : 재산이나 노동력 따위를 착취함

기타 관용어(ㅎ)
- 한 우물(을) 파다 : 한 가지 일에 몰두하여 끝까지 함
- 허울 좋다 : 실속은 없으면서 겉으로는 번지르르함
- 혀를 내두르다 : 몹시 놀라거나 어이없어서 말을 못함
- 활개(를) 치다 : 의기양양하게 행동함. 또는 제 세상인 듯 함부로 거들먹거리며 행동함

**다의어의 개념**
다의어에는 기본적이며 핵심적인 중심의미와 문맥에 따라 중심의미가 확장되어 쓰이는 의미를 주변의미가 있음

**위치, 장소와 관련된 다의어**
• 길
  – 지나갈 수 있게 땅 위에 낸 일정한 너비의 공간
  – 걷거나 탈것을 타고 어느 곳으로 가는 노정
  – 어떤 자격이나 신분으로서 '주어진 일의 분야나 방면', '도리', '임무'
  – 지향하는 방향이나 지침, 목적, 분야
• 앞
  – 장차 다가 올 시간, 이 시간 이후
  – 나아가는 방향이나 장소
  – (방향이 있는 사물에서) 정면을 향하는 부분
  – 먼저 지나간 시간이나 차례
  – '어떤 사람이 떠맡은 몫' 또는 '차례에 따라 돌아오는(받는) 몫'

**행동과 관련된 다의어**
• 받다
  – (떨어지거나 던지는 물건 등을) 손으로 잡음
  – (다른 사람에게 받은 돈이나 물건 등을) 응하여 자기의 것으로 가짐
  – 어떤 행동이나 심리적 작용 등을 당하거나 입음
• 사다
  – (물건이나 권리 등을) 대가나 값을 치르고 자기 것으로 만듦
  – (다른 사람에게 음식 등을) 함께 먹기 위해 값을 치름
  – 대가를 치르고 사람을 부림
  – (다른 사람에게 호감 또는 원한, 비난, 의심 등의) 감정을 가지게 함

# 2. 다의어, 동음이의어와 고유어 ★빈출개념

## (1) 다의어의 의미와 여러 종류의 다의어

① 다의어의 의미 : 하나의 낱말에 두 가지 이상의 뜻을 가진 단어
② 신체와 관련된 다의어
  ㉠ 눈
  • 시력, 물체를 볼 수 있는 능력
  • 사람의 시선, 눈길
  • 사물을 보고 판단하는 힘, 식견, 안목
  • 사물을 보는 관점이나 생각
  • 어떤 것을 보는 '표정'이나 '태도', '모양'
  ㉡ 손
  • 어떤 사람의 '영향력'이나 '권력과 권한이 미치는 범위', '손아귀'
  • 육체적 노동을 하기 위한 '일손이나 노동력', '품'
  • 어떤 일을 처리하거나 해결할 수 있는 '힘이나 능력', '솜씨', '재주'
  • 어떤 것을 마음대로 다루는 사람의 '수완이나 꾀', '농간', '속임수'
  ㉢ 다리
  • 사람이나 동물의 몸통 아래 붙어 있는 신체의 부분
  • 물체의 아래쪽에 붙어, 그 물체를 받치거나 직접 땅에 닿지 아니하게 하거나 높이 있도록 버티어 놓은 부분
  • 오징어나 문어 따위의 동물의 머리에 여러 개 달려 있어, 헤엄을 치거나 먹이를 잡거나 촉각을 가지는 기관
  • 안경의 테에 붙어서 귀에 걸게 된 부분
③ 동작, 감각, 상태와 관련된 다의어
  ㉠ 가볍다
  • 무게가 적음
  • (실수나 죄, 질병 등의) 정도가 심하지 않음
  • (중요성이나 가치 등이) 대수롭지 않고 예사로움
  • (동작이) 재빠르고 경쾌함
  • 움직임에 힘들임이 별로 없음
  • (옷차림이나 마음 등이) 가뿐하고 경쾌함
  • (생각이나 언행 등이) 침착하지 못하고 경솔함
  ㉡ 무겁다
  • (물건 등의) 무게가 많음
  • 책임이나 부담이 큼
  • 기운이나 힘이 빠져서 움직이기 힘듦
  • 언행이 신중하고 조심스러움
  • 분위기나 기분 등이 진지하고 심각함
  ㉢ 보다

- 만남, 얼굴을 마주 대함
- (책, 신문 등을) 읽거나 구독함
- (아이, 집 등을) 맡아서 보살핌
- (공연, 예술품 등을) 관람, 감상함
- 전망하다, 앞날을 헤아려 내다봄

## (2) 동음이의어의 의미와 주요 동음이의어

① 동음이의어의 의미 : 낱말의 소리는 같으나 의미가 다른 단어

② 주요 동음이의어

  ㉠ 배

- 배나무의 열매
- 사람이나 동물의 몸에서 위장, 창자, 콩팥 따위의 내장이 들어 있는 곳으로 가슴과 엉덩이 사이의 부위
- 일정한 수나 양이 그 수만큼 거듭됨을 이르는 말

  ㉡ 발

- 사람이나 동물의 다리 맨 끝부분
- 가늘고 긴 대를 줄로 엮거나, 줄 따위를 여러 개 나란히 늘어뜨려 무엇을 가리는 데 쓰는 물건
- 두 팔을 양옆으로 펴서 벌렸을 때 한쪽 손끝에서 다른 쪽 손끝까지의 길이를 한 발이라 함

  ㉢ 타다

- 탈것이나 짐승의 등에 몸을 얹음
- 불씨나 높은 열로 불이 붙어 번지거나 일어남
- 돈이나 물건 따위를 몫으로 받음
- 다량의 액체에 소량의 액체나 가루 따위를 넣어 섞음
- 먼지나 때 따위가 쉽게 달라붙는 성질을 가짐

  ㉣ 쓰다

- 붓, 펜, 연필과 같은 도구로 획을 그어 일정한 글자의 모양이 이루어짐
- 모자 따위를 머리에 얹어 덮거나 어떤 물건을 얼굴에 덮어 씀
- 일을 하는 데에 재료나 도구, 수단을 이용함
- 혀로 느끼는 맛이 한약이나 소태, 씀바귀의 맛

## (3) 고유어의 개념과 어휘 ★빈출개념

① 고유어의 개념 : '토박이말'이라고도 하며 한 나라에서 본래부터 쓰이던 어휘를 의미

② 고유어 어휘(명사)

  ㉠ 신체 및 생리현상과 관련된 어휘

- 가는귀 : 작은 소리까지 듣는 귀 또는 그런 귀의 능력
- 거스러미 : 손발톱 뒤의 살 껍질이나 나무의 결 따위가 가시처럼 얇게 터져 일어나는 부분

**기타 동음이의어**

- 미치다
  - (분량, 수치) 닿거나 이름
  - (정신) 정신에 이상이 생겨 말. 행동이 보통 사람과 다르게 됨
- 싸다
  - 물건 값이나 사람. 물건을 쓰는 데 드는 비용이 보통보다 낮음
  - 물건을 안에 넣고 보이지 않게 씌워 가림
  - 들은 말 따위를 여러 곳에 잘 떠벌림
- 이르다
  - 어떤 곳이나 시간에 닿음
  - 대중 또는 기준을 잡은 때보다 앞서거나 빠름
  - 무엇이라 말함
- 잡다
  - 손으로 움켜 놓지 않음
  - 어림하여 셈함
  - 동물 따위를 죽임
  - 의복에 주름을 냄

**기타 고유어 어휘(신체)**

- 가르마 : 이마에서 정수리까지의 머리카락을 양쪽으로 갈랐을 때 생기는 금
- 구레나룻 : 귀밑에서 턱까지 잇따라 난 수염
- 활개
  - 사람의 어깨에서 팔까지 또는 궁둥이에서 다리까지의 양쪽 부분
  - 새의 활짝 편 두 날개

06장

어휘력

**기타 고유어 어휘(행위)**
- **가탈**
  - 일이 순조롭게 나아가는 것을 방해하는 조건
  - 이리저리 트집을 잡아 까다롭게 구는 일
- **떠세** : 재물이나 힘 따위를 내세워 젠체하고 억지를 씀 또는 그런 짓
- **뒷배** : 겉으로 나서지 않고 뒤에서 보살펴 주는 일
- **소드락질** : 남의 재물 따위를 빼앗는 짓
- **옴살** : 매우 친밀하고 가까운 사이
- **해찰** : 마음에 썩 내키지 아니하여 물건을 부질없이 이것저것 집적거려 해침 또는 그런 행동

**기타 고유어 어휘(성격, 심리, 관계)**
- **꼭두각시**
  - 꼭두각시놀음에 나오는 여러 가지 인형
  - 남의 조종에 따라 움직이는 사람이나 조직을 비유적으로 이르는 말
- **만무방**
  - 염치가 없이 막된 사람
  - 아무렇게나 생긴 사람
- **쭉정이** : 쓸모없게 되어 사람 구실을 제대로 하지 못하는 사람을 비유적으로 이르는 말

- **고리눈** : 주로 동물의 눈동자 주위에 흰 테가 둘린 눈
- **귓불** : 귓바퀴의 아래쪽에 붙어 있는 살
- **눈시울** : 눈언저리의 속눈썹이 난 곳
- **모두숨** : 한 번에 크게 몰아쉬는 숨
- **허울** : 실속이 없는 겉모양

ⓛ 행위나 행동과 관련된 어휘
- **갈무리** : 일을 처리하여 마무리함
- **꼼수** : 쩨쩨한 수단이나 방법
- **내친걸음** : 이왕에 시작한 일
- **너스레** : 수다스럽게 떠벌려 늘어놓는 말이나 짓
- **덤터기** : 남에게 넘겨씌우거나 남에게서 넘겨받은 허물이나 걱정거리
- **마수걸이** : 맨 처음으로 물건을 파는 일 또는 맨 처음으로 부딪는 일
- **말미** : 일정한 직업이나 일 따위에 매인 사람이 다른 일로 말미암아 얻는 겨를
- **몽짜** : 음흉하고 심술궂게 욕심을 부리는 짓. 또는 그런 사람
- **선걸음** : 이미 내디뎌 걷고 있는 그대로의 걸음
- **소걸음** : 소처럼 느릿느릿 걷는 걸음
- **아람치** : 개인이 사사로이 차지하는 몫
- **어둑서니** : 어두운 밤에 아무것도 없는데, 있는 것처럼 잘못 보이는 것
- **옴니암니** : 다 같은 이인데 자질구레하게 어금니 앞니 따진다는 뜻으로, 아주 자질구레한 것을 이르는 말
- **짜깁기** : 기존의 글이나 영화 따위를 편집하여 하나의 완성품으로 만드는 일
- **주전부리** : 때를 가리지 아니하고 군음식을 자꾸 먹음. 또는 그런 입버릇

ⓒ 성격, 심리, 관계 등과 관련된 어휘
- **가달** : 몹시 사나운 사람을 이르는 말
- **가르친사위** : 창조성이 없이 무엇이든지 남이 가르치는 대로만 하는 사람을 낮잡아 이르는 말
- **가시버시** : '부부'를 낮잡아 이르는 말
- **깜냥** : 스스로 일을 헤아림. 또는 헤아릴 수 있는 능력
- **달랑쇠** : 침착하지 못하고 몹시 담방거리는 사람
- **뜨내기** : 일정한 거처가 없이 떠돌아다니는 사람
- **몽니** : 정당한 대우를 받지 못할 때 권리를 주장하기 위하여 심술을 부리는 성질
- **모도리** : 조금도 빈틈없이 아주 여무진 사람
- **우렁잇속** : 품은 생각을 모두 털어놓지 아니하는 의뭉스러운 속마음을 비유적으로 이르는 말
- **지체** : 어떤 집안이나 개인이 사회에서 차지하고 있는 신분이나 지위

ⓔ 동식물과 관련된 어휘
- **가라말** : 털빛이 온통 검은 말

- 귀다래기 : 귀가 작은 소
- 까막까치 : 까마귀와 까치를 아울러 이르는 말
- 멱부리 : 턱 밑에 털이 많은 닭
- 불강아지 : 몸이 바싹 여윈 강아지
- 영각 : 소가 길게 우는 소리
- 자귀 : 짐승의 발자국
- 푸새 : 산과 들에 저절로 나서 자라는 풀을 통틀어 이르는 말

⑩ 구체적 사물과 관련된 어휘
- 검부러기 : 검불의 부스러기
- 골갱이 : 식물이나 동물의 고기 따위의 속에 있는 단단하거나 질긴 부분
- 꿰미 : 물건을 꿰는 데 쓰는 끈이나 꼬챙이 따위. 또는 거기에 무엇을 꿴 것
- 바자 : 대, 갈대, 수수깡, 싸리 따위로 발처럼 엮거나 결어서 만든 물건
- 베잠방이 : 베로 지은 짧은 남자용 홑바지
- 살피 : 땅과 땅 사이의 경계선을 간단히 나타낸 표
- 세간 : 집안 살림에 쓰는 온갖 물건

⑭ 공간 및 장소와 관련된 어휘
- 가풀막 : 몹시 가파르게 비탈진 곳
- 노루막이 : 산의 막다른 꼭대기
- 두메 : 도회에서 멀리 떨어져 사람이 많이 살지 않는 변두리나 깊은 곳
- 둔치 : 강, 호수 따위의 물이 있는 곳의 가장자리
- 멧부리 : 산등성이나 산봉우리의 가장 높은 꼭대기
- 기스락 : 기슭의 가장자리
- 산기슭 : 산의 비탈이 끝나는 아랫부분
- 서덜 : 냇가와 강가의 돌이 많은 곳

③ 고유어 어휘(동사)
㉠ 'ㄱ'으로 시작하는 어휘
- 가루다 : 자리 따위를 함께 나란히 함
- 가물다 : 땅의 물기가 바싹 마를 정도로 오랫동안 계속하여 비가 오지 않음
- 갈마들다 : 서로 번갈아듦
- 궁굴리다 : 이리저리 돌려서 너그럽게 생각함
- 꾀다 : 그럴듯한 말이나 행동으로 남을 속이거나 부추겨서 자기 생각대로 이끎

㉡ 'ㄴ, ㄷ'으로 시작하는 어휘
- 뇌까리다 : 아무렇게나 되는대로 마구 지껄임
- 닦아세우다 : 꼼짝 못하게 휘몰아 나무람
- 더위잡다 : 높은 곳에 오르려고 무엇을 끌어 잡음
- 되바라지다 : 사람됨이 남을 너그럽게 감싸주지 않고 적대적으로 대함
- 듣보다 : 듣기도 하고 보기도 하며 알아보거나 살핌
- 소쿠라지다 : 급히 흐르는 물이 굽이쳐 용솟음침

SEMI-NOTE

기타 고유어 어휘(동식물)
- 남새 : 채소
- 멧나물 : 산나물
- 워낭 : 마소의 귀에서 턱 밑으로 늘어단 방울 또는 마소의 턱 아래에 늘어뜨린 쇠고리
- 하릅강아지 : 나이가 한 살 된 강아지
- 푸성귀 : 사람이 가꾼 채소나 저절로 난 나물 따위를 통틀어 이르는 말

기타 고유어 어휘(사물)
- 깁 : 명주실로 바탕을 조금 거칠게 짠 비단
- 마고자 : 저고리 위에 덧입는 웃옷
- 삯 : 일한 데 대한 품값으로 주는 돈이나 물건

기타 고유어 어휘(공간, 장소)
- 갈피
  - 겹치거나 포갠 물건의 하나하나의 사이 또는 그 틈
  - 일이나 사물의 갈래가 구별되는 어름
- 언저리
  - 둘레의 가 부분
  - 어떤 나이나 시간의 전후
  - 어떤 수준이나 정도의 위아래

기타 고유어 어휘(동사)
- 가위눌리다 : 자다가 무서운 꿈에 질려 몸을 마음대로 움직이지 못하고 답답함을 느낌
- 바루다 : 비뚤어지거나 구부러지지 않도록 바르게 함
- 버금가다 : 으뜸의 바로 아래가 됨
- 얼넘기다 : 일을 대충 얼버무려서 넘김
- 켕기다
  - 단단하고 팽팽하게 되다
  - 마음속으로 겁이 나고 탈이 날까 불안해함

06장 어휘력

**기타 고유어 어휘(성격, 태도)**
- **곰살맞다** : 몹시 부드럽고 친절함
- **괄괄스럽다** : 보기에 성질이 세고 급한 데가 있음
- **옹골지다** : 실속이 있게 속이 꽉 차 있음
- **의뭉하다** : 겉으로 보기에는 어리석어 보이나 속으로는 엉큼함

**기타 고유어 어휘(심리)**
- **같잖다**
  - 하는 짓이나 꼴이 제격에 맞지 않고 눈꼴사나움
  - 말하거나 생각할 거리도 못 됨
- **계면쩍다** : 쑥스럽거나 미안하여 어색함
- **멋쩍다** : 어색하고 쑥스러움
- **애꿎다** : 아무런 잘못 없이 억울함

**기타 고유어 어휘(상황, 상태)**
- **간데없다** : 갑자기 자취를 감추어 사라지거나 어디로 갔는지 알 수가 없음
- **난데없다** : 갑자기 불쑥 나타나 어디서 왔는지 알 수 없음
- **메케하다** : 연기나 곰팡이 따위의 냄새가 맵고 싸함
- **스산스럽다** : 어수선하고 쓸쓸한 분위기가 있음
- **추레하다** : 겉모양이 깨끗하지 못하고 생기가 없음
- **케케묵다** : 물건 따위가 아주 오래되어 낡음

---

- **움키다** : 손가락을 우그리어 물건 따위를 놓치지 않도록 힘 있게 잡음
- **티격나다** : 서로 뜻이 맞지 아니하여 사이가 벌어짐

④ **고유어 어휘(형용사)**

㉠ 성격, 태도와 관련된 어휘
- **가즈럽다** : 가진 것도 없으면서 가진 체하며 뻐기는 티가 있음
- **간살맞다** : 매우 간사스럽게 아양을 떠는 태도가 있음
- **다부지다** : 벅찬 일을 견디어 낼 만큼 굳세고 야무짐
- **모나다** : 말이나 짓 따위가 둥글지 못하고 까다로움
- **머줍다** : 동작이 느리고 굼뜨다
- **바지런스럽다** : 놀지 아니하고 하는 일에 꾸준한 데가 있음
- **납삽하다** : 마음이나 하는 짓이 활발하고 미끄러움
- **암상궂다** : 몹시 남을 시기하고 샘을 잘 내는 마음이나 태도가 있음
- **암팡스럽다** : 몸은 작아도 야무지고 다부진 면이 있음
- **야멸치다** : 남의 사정은 돌보지 아니하고 자기만 생각함

㉡ 심리와 관련된 어휘
- **거추장스럽다** : 일 따위가 성가시고 귀찮음
- **고깝다** : 섭섭하고 야속하여 마음이 언짢음
- **기껍다** : 마음속으로 은근히 기쁨
- **눈꼴사납다** : 보기에 아니꼬워 비위에 거슬리게 미움
- **뜨악하다** : 마음이 선뜻 내키지 않아 꺼림칙하고 싫음
- **맥쩍다** : 심심하고 재미가 없음
- **버겁다** : 물건이나 세력 따위가 다루기에 힘에 겹거나 거북함
- **삼삼하다** : 잊히지 않고 눈에 보이는 듯 또렷함
- **시름없다** : 근심과 걱정으로 맥이 없음
- **알싸하다** : 어떤 냄새의 자극으로 조금 알알한 느낌이 있음
- **헛헛하다** : 채워지지 아니한 허전한 느낌이 있음

㉢ 상황 또는 상태, 외양과 관련된 어휘
- **가년스럽다** : 보기에 가난하고 어려운 데가 있음
- **가멸다** : 재산이나 자원 따위가 넉넉하고 많음
- **녹녹하다** : 촉촉한 기운이 약간 있음
- **도담하다** : 탐스럽고 아담함
- **마뜩잖다** : 마음에 들 만하지 아니함
- **몽실하다** : 통통하게 살이 쪄서 보드랍고 야들야들한 느낌이 있음
- **부산스럽다** : 보기에 급하게 서두르거나 시끄럽게 떠들어 어수선한 데가 있음
- **새살궂다** : 성질이 차분하지 못하고 가벼워 말이나 행동이 실없고 부산함
- **옴팡지다** : 보기에 가운데가 좀 오목하게 쏙 들어가 있음
- **텁텁하다** : 입안이 시원하거나 깨끗지 못함

⑤ 고유어 어휘(부사)

㉠ 주요 부사어

- 거슴츠레 : 졸리거나 술에 취하여서 눈이 정기가 풀리고 흐리멍덩하며 거의 감길 듯한 모양
- 미주알고주알 : 아주 사소한 일까지 속속들이
- 사부자기 : 별로 힘들이지 않고 가볍게
- 아슴푸레 : 빛이 약하거나 멀어서 조금 어둑하고 희미한 모양
- 어슴푸레 : 빛이 약하거나 멀어서 어둑하고 희미한 모양
- 오목조목 : 자그마한 것이 모여서 야무진 느낌을 주는 모양
- 함초롬 : 젖거나 서려 있는 모습이 가지런하고 차분한 모양

㉡ 첩어(疊語)

- 가들막가들막 : 신이 나서 잘난 체하며 얄미울 정도로 자꾸 버릇없이 행동하는 모양
- 가랑가랑 : 액체가 많이 담기거나 괴어서 가장자리까지 찰 듯한 모양
- 간들간들 : 바람이 가볍고 부드럽게 살랑살랑 부는 모양
- 감실감실 : 사람이나 물체, 빛 따위가 먼 곳에서 자꾸 아렴풋이 움직이는 모양
- 나긋나긋 : 사람을 대하는 태도가 매우 상냥하고 부드러운 모양
- 남실남실 : 물결 따위가 보드랍게 자꾸 굽이쳐 움직이는 모양
- 다문다문 : 시간적으로 잦지 아니하고 좀 드문 모양
- 몰큰몰큰 : 냄새 따위가 자꾸 풍기는 듯한 모양
- 몽긋몽긋 : 나아가는 시늉만 하면서 앉은 자리에서 자꾸 머뭇거리는 모양
- 실쭉샐쭉 : 마음에 차지 아니하여서 좀 고까워하는 태도를 자꾸 나타내는 모양

SEMI-NOTE

**기타 고유어 어휘(부사어)**

- **모로** : 바로 서거나 앉지 않고 약간 옆으로 비스듬히
- **애오라지**
  - '겨우'를 강조하여 이르는 말
  - '오로지'를 강조하여 이르는 말
- **티격태격** : 서로 뜻이 맞지 아니하여 이러니저러니 시비를 따지며 가리는 모양

**기타 고유어 어휘(첩어)**

- **가리가리** : 여러 가닥으로 갈라지거나 찢어진 모양
- **가붓가붓** : 여럿이 다 조금 가벼운 듯한 느낌
- **거치적거치적** : 거추장스럽게 여기저기 자꾸 걸리거나 닿는 모양
- **고분고분** : 말이나 행동이 공손하고 부드러운 모양
- **산들산들** : 사늘한 바람이 가볍고 보드랍게 자꾸 부는 모양
- **싱숭생숭** : 마음이 들떠서 어수선하고 갈팡질팡하는 모양

06장

어휘력

# 구성 및 특징

## 핵심이론

시험에 출제되는 핵심 내용만을 모아 효율적인 학습이 가능하도록 구성하였습니다. 반드시 알아야 할 내용에 대한 충실한 이해와 체계적 정리가 가능합니다.

## 빈출개념

시험에서 자주 출제되는 개념들을 표시하여 중요한 부분을 한눈에 들어올 수 있도록 하였습니다. 합격에 필요한 핵심이론을 깔끔하게 학습하시기 바랍니다.

2

## 한눈에 쏙~

흐름이나 중요 개념들이 한눈에 쏙 들어올 수 있도록 도표로 정리하여 수록하였습니다. 한눈에 키워드와 흐름을 파악하여 수험에 도움이 되도록 하였습니다.

## 실력 up

더 알아두면 좋을 내용을 실력 up에 배치하고, 보조단에는 SEMI – NOTE를 배치하여 본문에 관련된 내용이나 중요한 개념들을 수록하였습니다.

# 목 차

# 나두공

# 2025 출제기조 전환대비
# 현장직무형 예시문제

제1회 예시문제

제2회 예시문제

# 영 어

제1차

정답 및 해설 23p

[01~03] 밑줄 친 부분에 들어갈 말로 가장 적절한 것을 고르시오.

**01**

Recently, increasingly _____ weather patterns, often referred to as "abnormal climate," have been observed around the world.

① irregular
② consistent
③ predictable
④ ineffective

**02**

Most economic theories assume that people act on a _____ basis; however, this doesn't account for the fact that they often rely on their emotions instead.

① temporary
② rational
③ voluntary
④ commercial

**03**

By the time she _____ her degree, she will have acquired valuable knowledge on her field of study.

① will have finished
② is finishing
③ will finish
④ finishes

[04~05] 밑줄 친 부분 중 어법상 옳지 않은 것을 고르시오.

**04**

You may conclude that knowledge of the sound systems, word patterns, and sentence structures ①are sufficient to help a student ② become competent in a language. Yet we have ③all worked with language learners who understand English structurally but still have difficulty ④communicating.

**05**

Beyond the cars and traffic jams, she said it took a while to ①get used to have so many people in one place, ②all of whom were moving so fast. "There are only 18 million people in Australia ③ spread out over an entire country," she said, "compared to more than six million people in ④the state of Massachusetts alone."

[06~07] 밑줄 친 부분에 들어갈 말로 가장 적절한 것을 고르시오.

**06**

> A: Hello. I'd like to book a flight from Seoul to Oakland.
> B: Okay. Do you have any specific dates in mind?
> A: Yes. I am planning to leave on May 2nd and return on May 14th.
> B: Okay, I found one that fits your schedule. What class would you like to book?
> A: Economy class is good enough for me.
> B: Any preference on your seating?
> A: _____
> B: Great. Your flight is now booked.

① Yes. I'd like to upgrade to business class.

② No. I'd like to buy a one-way ticket.

③ No. I don't have any luggage.

④ Yes. I want an aisle seat.

**07**

Kate Anderson
Are you coming to the workshop next Friday?
10:42

Jim Henson
I'm not sure. I have a doctor's appointment that day.
10:42

Kate Anderson
You should come! The workshop is about A.I. tools that can improve our work efficiency.
10:43

Jim Henson
Wow, the topic sounds really interesting!
10:44

Kate Anderson
Exactly. But don't forget to reserve a seat if you want to attend the workshop.
10:45

Jim Henson
How do I do that?
10:45

Kate Anderson
_____
10:46

① You need to bring your own laptop.

② I already have a reservation.

③ Follow the instructions on the bulletin board.

④ You should call the doctor's office for an appointment.

[08~09] 다음 글을 읽고 물음에 답하시오.

---

✎ **Send** Preview Save

| To | Clifton District Office |
| From | Rachael Beasley |
| Date | June 7 |
| Subject | Excessive Noise in the Neighborhood |

📎 [ My PC ] [ Browse ]

[ Times New ▼ ] [ 10pt ▼ ] [ G G *G* G̲ ] [ 三 三 三 三 ]

To whom it may concern,

I hope this email finds you well. I am writing to express my concern and frustration regarding the excessive noise levels in our neighborhood, specifically coming from the new sports field.

As a resident of Clifton district, I have always appreciated the peace of our community. However, the ongoing noise disturbances have significantly impacted my family's well-being and our overall quality of life. The sources of the noise include crowds cheering, players shouting, whistles, and ball impacts.

I kindly request that you look into this matter and take appropriate <u>steps</u> to address the noise disturbances. Thank you for your attention to this matter, and I appreciate your prompt response to help restore the tranquility in our neighborhood.

Sincerely,
Rachael Beasley

---

**08** 윗글의 목적으로 가장 적절한 것은?

① 체육대회 소음에 대해 주민들의 양해를 구하려고
② 새로 이사 온 이웃 주민의 소음에 대해 항의하려고
③ 인근 스포츠 시설의 소음에 대한 조치를 요청하려고
④ 밤시간 악기 연주와 같은 소음의 차단을 부탁하려고

**09** 밑줄 친 "steps"의 의미와 가장 가까운 것은?

① movements  ② actions
③ levels  ④ stairs

[10~11] 다음 글을 읽고 물음에 답하시오.

---

(A)

We're pleased to announce the upcoming City Harbour Festival, an annual event that brings our diverse community together to celebrate our shared heritage, culture, and local talent. Mark your calendars and join us for an exciting weekend!

**Details**
• **Dates:** Friday, June 16−Sunday, June 18
• **Times:** 10:00 a.m.−8:00 p.m. (Friday & Saturday)
10:00 a.m.−6:00 p.m. (Sunday)
• **Location:** City Harbour Park, Main Street, and surrounding areas

---

Highlights

• Live Performances

Enjoy a variety of live music, dance, and theatrical performances on multiple stages throughout the festival grounds.

• Food Trucks

Have a feast with a wide selection of food trucks offering diverse and delicious cuisines, as well as free sample tastings.

For the full schedule of events and activities, please visit our website at www.cityharbourfestival.org or contact the Festival Office at (552) 234-5678.

**10** (A)에 들어갈 윗글의 제목으로 가장 적절한 것은?

① Make Safety Regulations for Your Community

② Celebrate Our Vibrant Community Events

③ Plan Your Exciting Maritime Experience

④ Recreate Our City's Heritage

**11** City Harbour Festival에 관한 윗글의 내용과 일치하지 <u>않는</u> 것은?

① 일 년에 한 번 개최된다.

② 일요일에는 오후 6시까지 열린다.

③ 주요 행사로 무료 요리 강습이 진행된다.

④ 웹사이트나 전화 문의를 통해 행사 일정을 알 수 있다.

**12** Enter-K 앱에 관한 다음 글의 내용과 일치하지 <u>않는</u> 것은?

Use the new Enter-K app upon your arrival at the airport. One notable feature offered by Enter-K is the Advance Declaration, which allows travellers the option to submit their customs declaration in advance, enabling them to save time at all our international airports. As part of the ongoing Traveller Modernization initiative, Enter-K will continue to introduce additional border-related features in the future, further improving the overall border experience. Simply download the latest version of the app from the online store before your arrival. There is also a web version of the app for those who are not comfortable using mobile devices.

① It allows travellers to declare customs in advance.

② More features will be added later.

③ Travellers can download it from the online store.

④ It only works on personal mobile devices.

**13** Office of the Labor Commissioner에 관한 다음 글의 내용과 일치하는 것은?

### Office of the Labor Commissioner (OLC) Responsibilities

The OLC is the principal labor regulatory agency for the state. The OLC is responsible for ensuring that minimum wage, prevailing wage, and overtime are paid to employees, and that employee break and lunch periods are provided. In addition, the OLC has authority over the employment of minors. It is the vision and mission of this office to resolve labor-related problems in an efficient, professional, and effective manner. This includes educating employers and employees regarding their rights and responsibilities under the law. The OLC takes enforcement action when necessary to ensure that workers are treated fairly and compensated for all time worked.

① It ensures that employees pay taxes properly.

② It has authority over employment of adult workers only.

③ It promotes employers' business opportunities.

④ It takes action when employees are unfairly treated.

**14** 다음 글의 주제로 가장 적절한 것은?

The Ministry of Food and Drug Safety warned that cases of food poisoning have occurred as a result of cross-contamination, where people touch eggs and neglect to wash their hands before preparing food or using utensils. To mitigate such risks, the ministry advised refrigerating eggs and ensuring they are thoroughly cooked until both the yolk and white are firm. Over the past five years, a staggering 7,400 people experienced food poisoning caused by Salmonella bacteria. Salmonella thrives in warm temperatures, with approximately 37 degrees Celsius being the optimal growth condition. Consuming raw or undercooked eggs and failing to separate raw and cooked foods were identified as the most common causes of Salmonella infection. It is crucial to prioritize food safety measures and adhere to proper cooking practices to minimize the risk of Salmonella-related illnesses.

① Benefits of consuming eggs to the immune system

② Different types of treatments for Salmonella infection

③ Life span of Salmonella bacteria in warm temperatures

④ Safe handling of eggs for the prevention of Salmonella infection

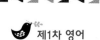 

**15** 다음 글의 요지로 가장 적절한 것은?

Despite ongoing efforts to address educational disparities, the persistent achievement gap among students continues to highlight significant inequities in the education system. Recent data reveal that marginalized students, including those from low-income back grounds and vulnerable groups, continue to lag behind their peers in academic performance. The gap poses a challenge to achieving educational equity and social mobility. Experts emphasize the need for targeted interventions, equitable resource allocation, and inclusive policies to bridge this gap and ensure equal opportunities for all students, irrespective of their socioeconomic status or background. The issue of continued educational divide should be addressed at all levels of education system in an effort to find a solution.

① We should deal with persistent educational inequities.

② Educational experts need to focus on new school policies.

③ New teaching methods are necessary to bridge the achievement gap.

④ Family income should not be considered in the discussion of education.

**16** 다음 글의 흐름상 어색한 문장은?

Every parent or guardian of small children will have experienced the desperate urge to get out of the house and the magical restorative effect of even a short trip to the local park. ①There is probably more going on here than just letting off steam. ②The benefits for kids of getting into nature are huge, ranging from better academic performance to improved mood and focus. ③Outdoor activities make it difficult for them to spend quality time with their family. ④ Childhood experiences of nature can also boost environmentalism in adulthood. Having access to urban green spaces can play a role in children's social networks and friendships.

**17** 주어진 문장이 들어갈 위치로 가장 적절한 것은?

> In particular, in many urban counties, air pollution, as measured by the amount of total suspended particles, had reached dangerous levels.

> Economists Chay and Greenstone evaluated the value of cleaning up of air pollution after the Clean Air Act of 1970. ( ① ) Before 1970, there was little federal regulation of air pollution, and the issue was not high on the agenda of state legislators. ( ② ) As a result, many counties allowed factories to operate without any regulation on their pollution, and in several heavily industrialized counties, pollution had reached very high levels. ( ③ ) The Clean Air Act established guidelines for what constituted excessively high levels of five particularly dangerous pollutants. ( ④ ) Following the Act in 1970 and the 1977 amendment, there were improvements in air quality.

**18** 주어진 글 다음에 이어질 글의 순서로 가장 적절한 것은?

> Before anyone could witness what had happened, I shoved the loaves of bread up under my shirt, wrapped the hunting jacket tightly about me, and walked swiftly away.

> (A) When I dropped them on the table, my sister's hands reached to tear off a chunk, but I made her sit, forced my mother to join us at the table, and poured warm tea.

> (B) The heat of the bread burned into my skin, but I clutched it tighter, clinging to life. By the time I reached home, the loaves had cooled somewhat, but the insides were still warm.

> (C) I sliced the bread. We ate an entire loaf, slice by slice. It was good hearty bread, filled with raisins and nuts.

① (A)—(B)—(C)
② (B)—(A)—(C)
③ (B)—(C)—(A)
④ (C)—(A)—(B)

[19~20] 밑줄 친 부분에 들어갈 말로 가장 적절한 것을 고르시오.

**19**

Falling fertility rates are projected to result in shrinking populations for nearly every country by the end of the century. The global fertility rate was 4.7 in 1950, but it dropped by nearly half to 2.4 in 2017. It is expected to fall below 1.7 by 2100. As a result, some researchers predict that the number of people on the planet would peak at 9.7 billion around 2064 before falling down to 8.8 billion by the century's end. This transition will also lead to a significant aging of populations, with as many people reaching 80 years old as there are being born. Such a demographic shift _____, including taxation, healthcare for the elderly, caregiving responsibilities, and retirement. To ensure a "soft landing" into a new demographic landscape, researchers emphasize the need for careful management of the transition.

① raises concerns about future challenges

② mitigates the inverted age structure phenomenon

③ compensates for the reduced marriage rate issue

④ provides immediate solutions to resolve the problems

**20**

Many listeners blame a speaker for their inattention by thinking to themselves: "Who could listen to such a character? Will he ever stop reading from his notes?" The good listener reacts differently. He may well look at the speaker and think, "This man is incompetent. Seems like almost anyone would be able to talk better than that." But from this initial similarity he moves on to a different conclusion, thinking "But wait a minute. I'm not interested in his personality or delivery. I want to find out what he knows. Does this man know some things that I need to know?" Essentially, we "listen with our own experience." Is the speaker to be held responsible because we are poorly equipped to comprehend his message? We cannot understand everything we hear, but one sure way to raise the level of our understanding is to _____.

① ignore what the speaker knows

② analyze the character of a speaker

③ assume the responsibility which is inherently ours

④ focus on the speaker's competency of speech delivery

# 영 어

제2차

정답 및 해설 31p |

[01~03] 밑줄 친 부분에 들어갈 말로 가장 적절한 것을 고르시오.

**01**

In order to exhibit a large mural, the museum curators had to make sure they had _____ space.

① cozy  　　　② stuffy
③ ample 　　　④ cramped

**02**

Even though there are many problems that have to be solved, I want to emphasize that the safety of our citizens is our top _____.

① secret 　　　② priority
③ solution 　　　④ opportunity

**03**

Overpopulation may have played a key role: too much exploitation of the rain-forest ecosystem, on which the Maya depended for food, as well as water shortages, seems to _____ the collapse.

① contribute to

② be contributed to

③ have contributed to

④ have been contributed to

[04~05] 밑줄 친 부분 중 어법상 옳지 않은 것을 고르시오.

**04**

It seems to me that any international organization ①designed to keep the peace must have the power not merely to talk ②but also to act. Indeed, I see this ③as the central theme of any progress towards an international community ④which war is avoided not by chance but by design.

**05**

We have already ①arrived in a digitized world. Digitization affects not only traditional IT companies, but companies across the board, in all sectors. New and changed business models ②are emerged: cars ③are being shared via apps, languages learned online, and music streamed. But industry is changing too: 3D printers make parts for machines, robots assemble them, and entire factories are intelligently ④connected with one another.

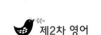
[06~07] 밑줄 친 부분에 들어갈 말로 가장 적절한 것을 고르시오.

## 06

**Tim Jones**

Hi, I'm interested in renting one of your meeting rooms.

3:10 pm

**Jane Baker**

Thank you for your interest. We have several spaces available depending on the size of your meeting We can accommodate groups of 5 to 20 people.

3:11 pm

**Tim Jones**

That sounds great. We need a room for 17, and the meeting is scheduled for next month.

3:13 pm

**Jane Baker**

_____
_____

3:14 pm

**Tim Jones**

Tme meeting is going to be on Monday, July 15th. Do you have a meeting room available for that day?

3:15 pm

**Jane Baker**

Yes, we do. I can reserve the space for you and send you a confirmation email with all the details.

3:17 pm

① Could I have your contact information?

② Can you tell me the exact date of your meeting?

③ Do you need a beam projector or a copy machine?

④ How many people are going to attend the meeting?

## 07

A: What do you think of this bicycle?

B: Wow, it looks very nice! Did you just get it?

A: No, this is a shared bike. The city launched a bike sharing service.

B: Really? How does it work? I mean, how do I use that service?

A: It's easy. _____.

B: It doesn't sound complicated. Maybe I'll try it this weekend.

A: By the way, it's an electric bicycle.

B: Yes, I can tell. It looks cool.

① You can save energy because it's electric

② Just apply for a permit to park your own bike

③ Just download the bike sharing app and pay online

④ You must wear a helmet at all times for your safety

[08~09] 다음 글을 읽고 물음에 답하시오.

## Agricultural Marketing Office

—

### Mission

We administer programs that create domestic and international marketing opportunities for national producers of food, fiber, and specialty crops. We also provide the agriculture industry with valuable services to ensure the quality and availability of wholesome food for consumers across the country and around the world.

### Vision

We facilitate the strategic marketing of national agricultural products in domestic and international markets while ensuring <u>fair</u> trading practices and promoting a competitive and efficient marketplace to the benefit of producers, traders, and consumers of national food, fiber, and specialty crops.

### Core Values

• Honesty & Integrity: We expect and require complete honesty and integrity in all we do.
• Independence & Objectivity: We act independently and objectively to create trust in our programs and services.

**08** 윗글에서 Agricultural Marketing Office에 관한 내용과 일치하는 것은?

① It creates marketing opportunities for domestic producers.
② It limits wholesome food consumption around the world.
③ It is committed to benefiting consumers over producers.
④ It receives mandates from other agencies before making decisions.

**09** 밑줄 친 fair의 의미와 가장 가까운 것은?

① free          ② mutual
③ profitable     ④ impartial

[10~11] 다음 글을 읽고 물음에 답하시오.

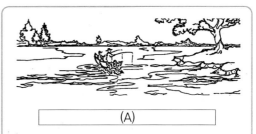

(A)

As a close neighbor, you will want to learn how to save your lake.

While it isn't dead yet, Lake Dimmesdale is heading toward this end. So pay your respects to this beautiful body of water while it is still alive.

Some dedicated people are working to save it now. They are having a special meeting to tell you about it. Come learn what is being done and how you can help. This affects your property value as well.

Who wants to live near a dead lake?

Sponsored by Central State Regional Planning Council

- Location: Green City Park Opposite Southern State College (in case of rain: College Library Room 203)
- Date: Saturday, July 6, 2024
- Time: 2:00 p.m.

For any questions about the meeting, please visit our website at www. planningcouncilsavelake.org or contact our office at (432) 345-6789.

## 10 (A)에 들어갈 윗글의 제목으로 가장 적절한 것은?

① Lake Dimmesdale Is Dying

② Praise to the Lake's Beauty

③ Cultural Value of Lake Dimmesdale

④ Significance of the Lake to the College

## 11 위 안내문의 내용과 일치하지 <u>않는</u> 것은?

① 호수를 살리기 위해 노력하는 사람들이 있다.

② 호수를 위한 활동이 주민들의 재산에 영향을 미친다.

③ 우천 시에는 대학의 구내식당에서 회의가 열린다.

④ 웹사이트 방문이나 전화로 회의에 관해 질문할 수 있다.

## 12 다음 글의 목적으로 가장 적절한 것은?

Dear Valued Clients,

In today's world, cybercrime poses a serious threat to your security. As your trusted partner, we want to help you protect your personal and business information. Here are five easy ways to safeguard yourself from cyber threats:

1. Use strong passwords and change them frequently.
2. Keep your software and devices up to date.
3. Be wary of suspicious emails, links, or telephone calls that pressure you to act quickly or give out sensitive information.
4. Enable Two Factor authentication and use it whenever possible. When contacting California Bank & Savings, you will be asked to use a One Time Passcode (OTP) to verify your identity.
5. Back up your data regularly.

Visit our Security Center to learn more about how you can stay safe online. Remember, cybersecurity is a team effort. By working together, environment for ourselves and the world.

Sincerely,

California Bank & Savings

① to inform clients of how to keep themselves safe from cyber threats

② to inform clients of how to update their software and devices

③ to inform clients of how to make their passwords stronger

④ to inform clients of how to safeguard their OTPs

① evaluation of sustainability of global ecosystems

② successful training projects of Russian astronauts

③ animal experiments conducted in the orbiting outpost

④ innovative wildlife monitoring from the space station

## 13 다음 글의 주제로 가장 적절한 것은?

The International Space Station, orbiting some 240 miles above the planet, is about to join the effort to monitor the world's wildlife — and to revolutionize the science of animal tracking. A large antenna and other equipment aboard the orbiting outpost, installed by spacewalking Russian astronauts in 2018, are being tested and will become fully operational this summer. The system will relay a much wider range of data than previous tracking technologies, logging not just an animal's location but also its physiology and environment. This will assist scientists, conservationists and others whose work requires close monitoring of wildlife on the move and provide much more detailed information on the health of the world's ecosystems.

## 14 다음 글의 내용과 일치하지 <u>않는</u> 것은?

The David Williams Library and Museum is open 7 days a week, from 9:00 a.m. to 5:00 p.m. (NOV −MAR) and 9:00 a.m. to 6:00 p.m. (APR−OCT). Online tickets may be purchased at the link below. You will receive an email confirmation after making a purchase (be sure to check your SPAM folder). Bring this confirmation—printed or on smart device—as proof of purchase.

• **Online tickets:** buy.davidwilliams. com/events

The David Williams Library and Museum and the Home of David Williams (operated by the National Heritage Service) offer separate $10.00 adult admission tickets. Tickets for tours of the Home may be purchased on-site during normal business hours.

• **CLOSED:** Thanksgiving, Christmas and New Year's Day

There is no charge for conducting research in the David Williams Library research room.

For additional information, call 1 (800) 333-7777.

① The Library and Museum closes at 5:00 p.m. in December.

② Visitors can buy tour tickets for the Home on-site.

③ The Home of David Williams is open all year round.

④ One can do research in the Library research room for free.

**15** 다음 글의 요지로 가장 적절한 것은?

### Animal Health Emergencies

Preparedness for animal disease outbreaks has been a top priority for the Board of Animal Health (BOAH) for decades. A highly contagious animal disease event may have economically devastating effects as well as public health or food safety and security consequences.

### Foreign Animal Diseases

A foreign animal disease (FAD) is a disease that is not currently found in the country, and could cause significant illness or death in animals or cause extensive economic harm by eliminating trading opportunities with other countries and states.

Several BOAH veterinarians who are trained in diagnosing FADs are available 24 hours a day to investigate suspected cases of a FAD. An investigation is triggered when report of animals with clinical signs indicative of a FAD is received or when diagnostic laboratory identifies a suspicious test result.

① BOAH focuses on training veterinarians for FADs.

② BOAH's main goal is to repsond to animal disease epidemic.

③ BOAH actively promotes international trade opportunities.

④ BOAH aims to lead laboratory research on the causes of FADs.

**16** 다음 글의 흐름상 어색한 문장은?

A very common type of writing task—one that appears in every academic discipline—is a reaction or response. ①In a reaction essay, the writer is usually given a "prompt"— a visual or written stimulus — to think about and then respond to. ② It is very important to gather reliable facts so that you can defend your argument effectively. ③Common prompts or stimuli for this type of writing include quotes, pieces of literature, photos, paintings, multimedia presentations, and news events. ④A reaction focuses on the writer's feelings, opinions, and personal observations about the particular prompt. Your task in writing a reaction essay is twofold: to briefly summarize the prompt and to give your personal reaction to it.

## 17 주어진 문장이 들어갈 위치로 가장 적절한 것은?

For others, activism is controversial and disruptive; after all, it often manifests as confrontational activity that directly challenges the order of things.

Activism is frequently defined as intentional, vigorous or energetic action that individuals and groups practice to bring about a desired goal. ( ① ) For some, activism is a theoretically or ideologically focused project intended to effect a perceived need for political or social change. ( ② ) Activism is uncomfortable, sometimes messy, and almost always strenuous. ( ③ ) In addition, it does not occur without the presence and commitment of activists, that is, folks who develop workable strategies, focus a collective spotlight onto particular issues, and ultimately move people into action. ( ④ ) As a noted scholar suggests, effective activists also make noise, sometimes loudly.

## 18 주어진 글 다음에 이어질 글의 순서로 가장 적절한 것은?

Nick started a fire with some chunks of pine he got with the ax from a stump. Over the fire he stuck a wire grill, pushing the four legs down into the ground with his boot.

(A) They began to bubble, making little bubbles that rose with difficulty to the surface. There was a good smell. Nick got out a bottle of tomato ketchup and cut four slices of bread.

(B) The little bubbles were coming faster now. Nick sat down beside the fire and lifted the frying pan off.

(C) Nick put the frying pan on the grill over the flames. He was hungrier. The beans and spaghetti warmed. He stirred them and mixed them together.

① (B) − (A) − (C)
② (B) − (C) − (A)
③ (C) − (A) − (B)
④ (C) − (B) − (A)

[19~20] 밑줄 친 부분에 들어갈 말로 가장 적절한 것을 고르시오.

**19**

Technological progress can destroy jobs in a single industry such as textiles. However, historical evidence shows that technological progress does not produce unemployment in a country as a whole. Technological progress increases productivity and incomes in the overall economy, and higher incomes lead to higher demand for goods and thus _____.
As a result, workers who lose jobs in one industry will be able to find jobs in others, although for many of them this might take time and some of them, like the Luddites, will end up with lower wages in their new jobs.

① increased job losses

② delayed promotion at work

③ greater work satisfaction

④ higher demand for labor

**20**

There is no substitute for oil, which is one reason _____, taking the global economy along with it. While we can generate electricity through coal or natural gas, nuclear or renewables — switching from source to source, according to price—oil remains by far the predominant fuel for transportation. When the global economy heats up, demand for oil rises, boosting the price and encouraging producers to pump more. Inevitably, those high prices eat into economic growth and reduce demand just as suppliers are overproducing. Prices crash, and the cycle starts all over again. That's bad for producers, who can be left holding the bag when prices plummet, and it hurts consumers and industries uncertain about future energy prices. Low oil prices in the 1990s lulled U.S. auto companies into disastrous complacency; they had few efficient models available when oil turned expensive.

① the automobile industry thrives

② it creates disruptions between borders

③ it is prone to big booms and deep busts

④ the research on renewable energy is limited

제1차

# 정답 및 해설

## 정답

| | | | | |
|---|---|---|---|---|
| 01 ① | 02 ② | 03 ④ | 04 ① | 05 ① |
| 06 ④ | 07 ③ | 08 ③ | 09 ② | 10 ② |
| 11 ③ | 12 ④ | 13 ④ | 14 ④ | 15 ① |
| 16 ③ | 17 ③ | 18 ② | 19 ① | 20 ③ |

## 해설

### 01 ①

**[정답해설]** 전 세계에서 관찰되고 있는 날씨 패턴이 '이상 기후 (abnormal climate)'에 해당하므로, 날씨가 변화무쌍하고 불규칙적이라는 의미가 되어야 한다. 그러므로 빈칸에는 'irregular(불규칙적인)'가 들어갈 말로 가장 적절하다.

**[오답해설]** ② 지속적인
③ 예측할 수 있는
④ 비효과적인

**[핵심어휘]** □ refer to 언급하다, 지칭하다
□ abnormal 비정상적인
□ irregular 고르지 못한, 불규칙적인
□ consistent 지속적인, 한결같은
□ predictable 예측[예언]할 수 있는
□ ineffective 효과 없는, 비효과적인

**[본문해석]** 최근, 흔히 "이상 기후"라고 불리는 점점 더 불규칙한 날씨 패턴이 전 세계에서 관찰되고 있다.

### 02 ②

**[정답해설]** 주어진 문장이 역접의 접속부사 'however(그러나)'로 연결되어 앞뒤의 내용이 상반되므로, 빈칸에는 글의 내용상 감정(emotions)에 반대되는 말이 와야 한다. 그러므로 빈칸에는 'rational(이성적인)'이 들어갈 말로 가장 적절하다.

**[오답해설]** ① 일시적인
③ 자발적인
④ 상업적인

**[핵심어휘]** □ assume 가정하다, 추정하다
□ on a basis ~의 근거에 따라
□ account for 설명하다
□ temporary 임시의, 일시적인

□ rational 합리적인, 이성적인
□ voluntary 자발적인, 자원봉사의
□ commercial 상업의, 상업적인

**[본문해석]** 대부분의 경제 이론들은 사람들이 이성적인 근거에 따라 행동한다고 추정하지만, 그러나 이는 그들이 종종 감정에 대신 의존한다는 사실을 설명하지 못한다.

### 03 ④

**[정답해설]** 주절의 시제가 'will have acquired'로 미래완료이고, 종속절이 때나 조건의 부사절이므로 현재가 미래를 대용한다. 그러므로 빈칸에는 3인칭 단수 현재 시제의 동사인 'finishes'를 사용하는 것이 적절하다.

**[오답해설]** ① · ③ 주절의 시제가 미래완료이지만, 때나 조건의 부사절은 현재가 미래를 대용하므로 종속절에 미래 또는 미래완료 시제를 사용하는 것은 적절하지 못하다.
② 'finish'가 의미상 '완료'의 의미이므로, '진행'이나 '계속'을 나타내는 현재 진행형 시제인 'is finishing'의 사용은 적절하지 못하다.

**[핵심어휘]** □ by the time ~때쯤, ~무렵
□ degree 학위
□ valuable, 소중한, 귀중한
□ field 분야

**[본문해석]** 학위를 마칠 때쯤이면, 그녀는 자신의 연구 분야에서 귀중한 지식을 습득하게 될 것이다.

### 04 ①

**[정답해설]** are → is
종속절을 이끄는 접속사 that의 주어가 knowledge이므로 be동사의 형태는 3인칭 단수 현재 시제인 'is'가 적절하다. 그러므로 ①의 'are'는 'is'로 고쳐 써야 옳다.

**[오답해설]** ② 동사 'help'는 목적격 보어로 'to부정사' 또는 '원형부정사'를 취하므로 원형부정사 형태인 'become'을 사용한 것은 적절하다.
③ 현재완료 시제인 'have worked'에서 'have'는 조동사이고 'worked'는 일반동사이므로 부사 'all'이 그 사이에 위치한 것은 적절하다.
④ 'have difficulty (in) ~ ing(~하는 데 어려움을 겪다)' 구문이므로 'communicating'의 형태는 적절하다.

**[핵심어휘]** □ conclude 결론짓다, 결론을 내리다
□ sufficient 충분한, 족한

□ competent 능숙한, 만족할 만한

□ structurally 구조상, 구조적으로

**[본문해석]** 음성 체계, 단어 패턴, 문장 구조에 대한 지식이 학생이 어떤 언어에 능숙하도록 돕는데 충분하다고 결론지을 수도 있다. 그러나 우리 모두 영어를 구조적으로 이해하는 언어 학습자들과 함께 연구해왔지만 여전히 의사소통에 어려움을 겪는다.

## 05 ①

**[정답해설]** to have → to having

글의 내용상 '~에 익숙해지다'의 의미인 'get used to ~ing' 구문을 사용해야 한다. 이때 'to'가 전치사이므로 뒤에는 동명사 형태가 와야 하고, 따라서 'to have'를 'to having'으로 고쳐 써야 옳다.

**[오답해설]** ② all, some, both, each 등의 부분을 나타내는 말과 함께 사용된 'of + 목적격 관계대명사' 구문이다. 선행사가 앞의 'so many people'로 '사람'이므로 목적격 관계대명사 'whom'을 사용한 것은 적절하다.

③ 'spread out'이 '퍼져 있는'의 뜻으로 앞의 '18 million people'을 수식하고, 수동의 의미를 지니므로 과거분사를 사용해야 한다. 그런데 동사 'spread'는 기본형과 과거, 과거분사의 형태가 모두 동일한 'A-A-A'형 불규칙 동사이므로 'spread out'은 옳게 사용되었다.

④ 'the state of Massachusetts' 뒤에 쓰인 'alone'은 형용사로 명사 또는 대명사 뒤에 쓰여 특정한 것 하나만을 가리킬 때 사용된다. 그러므로 해당 문장에서 'alone'의 위치가 옳게 사용되었다.

**[핵심어휘]** □ take a while to ~하는데 시간이 걸리다

□ get used to ~ing ~에 익숙해지다

□ spread out 떨어져 나가다, 더 널리 퍼지다

□ entire 전체의, 전역의

□ compared to ~와 비교하여

**[본문해석]** 차와 교통 체증은 말할 것도 없고, 그녀는 한 장소에서 모두가 그렇게 분주하게 움직이는 너무나 많은 사람들에 익숙해지는데 시간이 좀 걸렸다고 말했다. 그녀는 "매사추세츠 주 한 곳에만 600만 명 이상의 사람들이 있는 것과 비교하면, 호주에는 나라 전체에 퍼져 있는 사람들이 겨우 1,800만 명에 불과하다."고 말했다.

## 06 ④

**[정답해설]** 비행기 티켓을 예매하기 위한 대화 내용으로, B가 선호하는 좌석을 A에게 묻고 있으므로 통로 쪽 좌석을 원한다(Yes. I want an aisle seat.)는 ④의 내용이 빈칸에 들어갈 말로 가장 적절하다.

**[오답해설]** ① 네. 비즈니스석으로 업그레이드하고 싶습니다. → A가 이코노미석이면 충분하다고 하였으므로 틀린 내용임

② 아니요. 편도 티켓을 구매하고 싶습니다. → A가 5월 2일에 출발해서 5월 14일에 돌아올 계획이라고 밝히고 있으므로 왕복 티켓을 구매하고 있음을 알 수 있음

③ 아니요. 수하물은 없습니다. → 수하물에 관한 사항은 대화 내용에 나타나 있지 않음

**[핵심어휘]** □ book 예약하다

□ have ~ in mind ~을 염두해 두다

□ preference 선호

□ one-way 편도

□ luggage 가방, 수하물

□ aisle 통로, 복도

**[본문해석]** A: 안녕하세요. 서울발 오클랜드행 비행기를 예약하고 싶은데요.

B: 알겠습니다. 생각하고 계신 특정 날짜가 있으신가요?

A: 네. 저는 5월 2일에 출발해서 5월 14일에 돌아올 계획입니다.

B: 네. 고객님 일정에 맞는 것을 하나 찾았습니다. 어떤 등급으로 예약하시겠어요?

A: 저는 이코노미석이면 충분합니다.

B: 원하시는 좌석이 있으신가요?

A: 네. 저는 통로 쪽 좌석을 원합니다.

B: 알겠습니다. 고객님의 비행편이 지금 예약되었습니다.

## 07 ③

**[정답해설]** 워크숍 참석 여부와 좌석 예약 방법에 대한 메신저 내용이다. 워크숍에 참석하고 싶다면 좌석을 예약하라는 Kate Anderson의 말에 Jim Henson이 어떻게 하면 되는지 그 방법을 묻고 있으므로, ③의 'Follow the instructions on the bulletin board.(게시판의 지침을 따르세요.)'가 빈칸에 들어갈 말로 가장 적절하다.

**[오답해설]** ① 노트북을 가지고 와야 합니다. → 예약하는 방법을 묻고 있으므로 준비물에 대한 내용과는 관련 없음

② 이미 예약을 했습니다. → 예약에 대한 확인 여부가 아니라 예약 하는 방법에 대한 설명이 와야 함

④ 예약을 하려면 병원에 전화를 해야 합니다. → 병원 진료 예약이 아니라 워크숍에 참석하기 위한 좌석 예약 방법을 묻고 있음

**[핵심어휘]** □ doctor's appointment 진료[진찰] 예약

□ improve 개선하다, 향상시키다

□ reserve 예약하다

□ laptop 노트북

□ reservation 예약

□ instruction 설명, 지시, 지침

□ bulletin board 게시판

[본문해석] Kate Anderson: 다음 주 금요일에 워크숍에 오시나요?

Jim Henson: 잘 모르겠어요. 그날 진료 예약이 있어서요.

Kate Anderson: 오셔야 합니다! 그 워크숍은 우리의 업무 효율을 향상시킬 수 있는 인공지능 도구에 관한 것입니다.

Jim Henson: 와, 주제가 정말 흥미롭게 들리네요!

Kate Anderson: 맞아요. 하지만 워크숍에 참석하고 싶다면 좌석을 예약해야 하는 것을 잊지 마세요.

Jim Henson: 어떻게 하면 되죠?

Kate Anderson: <u>게시판의 지침을 따르세요.</u>

## 08 ③

[정답해설] 글의 서두에서 새로운 스포츠 경기장에서 발생하는 소음 수준에 대한 우려와 불만을 전달하기 위해 이 편지를 쓴다고 이메일의 목적을 구체적으로 밝히고 있다. 그러므로 윗글을 쓴 목적은 ③의 '인근 스포츠 시설의 소음에 대한 조치를 요청하려고'가 가장 적절하다.

[오답해설] ① 체육대회 소음에 대해 주민들의 양해를 구하려고 → 항의의 주체가 주민이며, 그 대상은 인근의 새로 생긴 스포츠 경기장에서 발생하는 소음임

② 새로 이사 온 이웃 주민의 소음에 대해 항의하려고 → 이웃 주민이 아니라 새로 생긴 스포츠 경기장 소음에 항의하기 위한 이메일임

④ 밤시간 악기 연주와 같은 소음의 차단을 부탁하려고 → 소음 공해에 대한 조치를 요청하고 있지만, 밤시간 악기 연주의 소음 차단이 아님

[핵심어휘] □ district office 구청, 군청, 지점

□ excessive 과도한, 지나친

□ neighborhood 이웃, 인근, 동네

□ to whom it may concern 관계자 제위, 관계자에게

□ concern 근심, 걱정, 우려

□ frustration 좌절, 불만

□ specifically 분명히, 특별히, 구체적으로 말하면

□ resident 거주자

□ appreciate 고마워하다, 감사하다

□ disturbance 방해, 소란, 장애

□ significantly 상당히, 중요하게

□ whistle 호각 소리

□ impact 충돌하다, 영향을 주다

□ look into 조사하다, 주의 깊게 살피다

□ appropriate 적절한, 타당한

□ take steps 조치를 취하다

□ address 해결하다, 해소하다

□ tranquility 평온, 평정

□ sincerely 정말로, 진심으로 cf) Yours sincerely 올림

[본문해석] **수신자:** Clifton 군청

**발신자:** Rachael Beasley

**날짜:** 6월 7일

**제목:** 우리 동네의 과도한 소음

관계당사자 분께

이 이메일이 귀하에게 잘 도착하기를 바랍니다. 우리 동네, 구체적으로 말하면 새로운 스포츠 경기장에서 발생하는 소음 수준에 대한 우려와 불만을 전달하기 위해 이 편지를 씁니다.

Clifton 지역 주민으로서, 저는 항상 우리 지역 사회의 평화에 감사해 왔습니다. 하지만, 계속되는 소음 공해로 인해 우리 가족의 안녕과 전반적인 삶의 질에 큰 영향을 미치고 있습니다. 소음의 원인은 관중의 환호, 선수들의 외침, 호각 소리, 그리고 공에 의한 충격 등입니다.

이 문제를 살펴보시고 소음 공해를 해결하기 위해 적절한 조치를 취해 주시기를 정중히 요청합니다. 이 문제에 관심을 가져주셔서 감사드리며, 우리 동네의 평온을 회복하기 위한 신속한 대응에 감사드립니다.

Rachale Beasley 올림

## 09 ②

[정답해설] 'step'은 '계단'이라는 뜻 외에 '필요한 대책을 세워 행하다'는 의미의 '조치'라는 뜻으로도 사용된다. 해당 문장에서도 'take steps'은 '조치하다'라는 의미로 사용되어, 글쓴이가 소음 공해를 해결하기 위해 적절한 조치를 취해 달라고 요청하고 있다. ②의 'actions'가 '조치'라는 뜻의 'steps'와 그 의미가 가장 유사하다.

[오답해설] ① 운동

③ 수준

④ 계단

## 10 ②

[정답해설] 글의 서두에서 곧 있을 지역 사회의 연례행사인 City Harbour Festival의 개최를 축하하고 있으므로, (A)에 들어갈 윗글의 제목으로는 ②의 'Celebrate Our Vibrant Community Events(활기찬 지역 행사 축하하기)'가 가장 적절하다.

[오답해설] ① 지역 사회를 위한 안전 규정 만들기 → 지역 사회의 축제를 소개하고 있을 뿐 안전 규정과는 관련이 없음

③ 신나는 해양 경험을 계획하기 → 해양 경험과 활동에 대한 사항이 아니라 지역 사회의 축제에 대한 소개임

④ 우리 도시의 유산을 되살리기 → 지역 사회의 공동 유산을 기념하기 위한 연례행사를 소개하고 있으나, 도

시의 유산을 되살리자는 내용은 언급되어 있지 않음

**[핵심어휘]**
□ upcoming 다가오는, 곧 있을

□ annual 매년의, 일 년에 한 번의

□ diverse 다양한, 여러 가지의

□ heritage 유산

□ surrounding 인근의, 주위의

□ theatrical performance 연극

□ multiple 많은, 여러, 다수의

□ feast 연회, 축제일

□ cuisine 요리, 음식

□ regulation 규정, 규율, 규제

□ vibrant 활기찬, 힘찬

□ maritime 해양의, 바다의

□ recreate 되살리다, 재현하다

**[본문해석]** 공동 유산, 문화, 그리고 지역 재능을 기념하기 위해 우리의 다양한 지역 공동체를 화합하게 하는 연례행사인 곧 있을 City Harbour Festival을 발표하게 되어 기쁩니다. 달력에 표시하시고 신나는 주말을 보내기 위해 우리와 함께 하세요!

**세부사항**

• 날짜 : 6월 16일(금요일) ~ 6월 18일(일요일)

• 시간 : 오전 10:00 ~ 오후 8:00(금 · 토요일)
　　　　오전 10:00 ~ 오후 6:00(일요일)

• 장소 : 시티하버파크, 메인스트리트, 주변 지역

**하이라이트**

• 라이브 공연
　축제장 곳곳의 여러 무대에서 다양한 라이브 음악, 춤, 연극 공연을 즐기실 수 있습니다.

• 푸드트럭
　무료 시식뿐만 아니라 다양하고 맛있는 요리를 제공하는 여러 엄선된 푸드 트럭에서 만찬을 즐기세요.

행사 및 활동의 전체 일정은 당사 홈페이지(www.cityharbourfestival.org)를 방문하시거나 (552) 234-5678 번호로 축제 사무실에 문의하시기 바랍니다.

## 11 ③

**[정답해설]** 푸드트럭에서 무료 시식을 제공하고 있으나, 무료로 요리 강습이 진행되는 행사 내용은 윗글에 언급되어 있지 않다. 그러므로 '주요 행사로 무료 요리 강습이 진행된다.'는 ③의 설명은 윗글의 내용과 일치하지 않는다.

**[오답해설]** ① 일 년에 한 번 개최된다. → 다양한 지역 공동체를 화합하게 하는 연례행사라고 소개하고 있음

② 일요일에는 오후 6시까지 열린다. → 세부사항의 '시간'에서 일요일은 '오전 10:00 ~ 오후 6:00'까지

임을 알 수 있음

④ 웹사이트나 전화 문의를 통해 행사 일정을 알 수 있다. → 행사의 전체 일정은 당사 웹사이트를 방문하거나 축제 사무실에 전화로 문의하라고 안내되어 있음

## 12 ④

**[정답해설]** 제시문의 마지막 문장에서 모바일 기기 사용이 불편한 분들을 위한 웹 버전의 앱도 또한 있다고 설명하고 있다. 그러므로 '개인용 모바일 기기에서만 작동한다.'는 ④의 설명은 윗글의 내용과 일치하지 않는다.

**[오답해설]** ① 여행객이 미리 세관 신고를 할 수 있도록 해준다. → Enter-K가 제공하는 주요 기능 중의 하나는 사전 신고로, 여행객에게 미리 세관 신고서를 제출할 수 있는 옵션을 제공함

② 더 많은 기능이 향후 추가될 것이다. → Enter-K가 향후에도 국경 관련 추가 기능을 계속 도입하여 전반적인 국경 체험을 더욱 향상시킬 것이라고 설명함

③ 여행객은 온라인 상점에서 그것을 다운로드 할 수 있다. → 도착하기 전에 온라인 상점에서 최신 버전의 앱을 단지 다운로드하기만 하면 된다고 언급되어 있음

**[핵심어휘]**
□ customs declaration 세관 신고

□ notable 주목할 만한, 주요한

□ feature 특징, 특색

□ the Advance Declaration 사전 신고

□ submit 제출하다

□ in advance 미리, 사전에

□ modernization 현대화, 근대화

□ initiative 계획, 착수

□ additional 부가적인, 추가적인

□ device 장치, 기기, 기구

**[본문해석]** 세관 신고를 위해 신규 Enter-K 앱을 사용하세요.
공항에 도착하자마자 신규 Enter-K 앱을 사용하세요. Enter-K가 제공하는 주요 기능 중의 하나는 사전 신고인데, 이는 여행객에게 미리 세관 신고서를 제출할 수 있는 옵션을 제공하여 모든 국제공항에서 시간을 절약할 수 있도록 해줍니다. 현재 진행 중인 여행객 현대화 계획의 일환으로 Enter-K는 향후에도 국경 관련 추가 기능을 계속 도입하여 전반적인 국경 체험을 더욱 향상시킬 것입니다. 도착하기 전에 온라인 상점에서 최신 버전의 앱을 단지 다운로드하기만 하면 됩니다. 모바일 기기 사용이 불편한 분들을 위한 웹 버전의 앱도 또한 있습니다.

## 13 ④

**[정답해설]** 제시문의 마지막 문장에서 OLC는 근로자들이 공정하게 대우받고 근무한 모든 시간에 대해 보상받는 것을 보장하기 위해 필요 시 강제 조치를 취한다고 서술되어 있다. 그러므로 '직원들이 부당한 대우를 받았을 때 조치를 취한다.'는 ④의 설명은 제시문의 내용과 일치한다.

**[오답해설]** ① 직원들이 세금을 제대로 납부하도록 보장한다. → 본문에 직원들의 세금 납부에 대한 언급은 없음
② 성인 근로자의 고용에 대한 권한만을 갖는다. → OLC는 성인 근로자뿐만 아니라 미성년자의 고용에 대한 권한도 가지고 있음
③ 고용주의 사업 기회를 촉진한다. → OLC는 노동 규제 기관으로 고용주가 아닌 노동자를 위한 단체임

**[핵심어휘]** □ labor 노력, 노동
□ commissioner 위원, 장관
□ responsibility 책임, 의무, 맡은 일(업무)
□ principal 주요한, 주된
□ regulatory 규제하는, 단속하는
□ agency 기관, 단체
□ minimum wage 최저 임금
□ prevailing wage 일반 직종별 임금
□ overtime 초과 근무 (수당), 야근 (수당)
□ employee 종업원, 직원
□ authority 권한, 권위
□ minor 미성년자
□ resolve 풀다, 해결하다
□ efficient 효율적인, 능률적인
□ enforcement 강제, 시행, 집행
□ take action 조치를 취하다
□ compensate 갚다, 보상하다
□ properly 적절하게, 알맞게
□ unfairly 불공평하게, 부당하게

**[본문해석]** 노동 위원회 사무국
**노동 위원회 사무국(OLC)의 업무**
OLC는 주(州)의 주요 노동 규제 기관입니다. OLC는 최저 임금, 일반 직종별 임금 및 초과 근무 수당이 직원들에게 지급되고 직원 휴식 및 점심시간이 제공되도록 보장할 책임이 있습니다. 또한, OLC는 미성년자의 고용에 대한 권한도 가지고 있습니다. 노동 관련 문제를 능률적이고 전문적이며 효과적인 방식으로 해결하는 것이 이 사무국의 비전이자 임무입니다. 이것은 법에 따른 그들의 권리와 책임에 관해 고용주와 직원들을 교육하는 것을 포함합니다. OLC는 근로자들이 공정하게 대우받고 근무한 모든 시간에 대해 보상받는 것을 보장하기 위해 필요 시 강제 조치를 취합니다.

## 14 ④

**[정답해설]** 제시문은 날계란이나 설익은 계란을 섭취하고 익히지 않은 음식과 조리된 음식을 분리하지 않는 등 살모넬라균 감염의 원인을 설명하고, 이런 위험을 최소화하기 위해 식품 안전 조치와 적절한 요리법을 지킬 것을 당부하고 있다. 그러므로 ④의 '살모넬라균 감염 예방을 위한 계란의 안전한 처리'가 윗글의 주제로 가장 적절하다.

**[오답해설]** ① 계란 섭취가 면역계에 미치는 이점 → 살모넬라균에 감염되지 않고 계란을 섭취하는 방법에 대해 설명하고 있으나, 계란 섭취가 면역계에 어떠한 이점이 있는지에 대한 언급은 없음
② 다양한 종류의 살모넬라균 감염 치료제 → 살모넬라균 감염을 최소화하는 방법에 대한 설명은 있으나, 감염 치료에 대한 언급은 없음
③ 따뜻한 온도에서의 살모넬라균의 수명 → 살모넬라균의 최적 성장 조건만 언급되어 있으며 구체적인 수명에 대한 언급은 없음

**[핵심어휘]** □ the Ministry of Food and Drug Safety 식품의약품안전처
□ food poisoning 식중독
□ cross-contamination 교차오염
□ neglect 방치하다, 소홀히 하다
□ utensil 식기, 도구
□ mitigate 완화[경감]시키다, 줄이다
□ refrigerate 냉장하다, 냉장고에 보관하다
□ the yolk and white 노른자와 흰자
□ staggering 충격적인, 믿기 어려운
□ Salmonella bacteria 살모넬라균
□ thrive 성장하다, 자라다
□ approximately 약, 대략
□ Celsius 섭씨
□ optimal 최적의
□ consume 먹다, 소모하다, 섭취하다
□ raw 날것의, 익히지 않은
□ undercooked 설익은, 덜익은
□ identify 확인하다, 알아보다
□ infection 감염, 전염병
□ crucial 중대한, 결정적인
□ prioritize 우선시하다, 우선순위를 매기다
□ adhere to ~을 고수하다, 지키다
□ immune 면역
□ life span 수명

**[본문해석]** 식품의약품안전처는 계란을 만지고 음식을 준비하거나 식기를 사용하기 전에 손 씻기를 소홀히 하는 교차오염의 결과로 식중독 사례가 발생했다고 경고했다. 이러

한 위험을 줄이기 위해 해당 부처는 계란을 냉장 보관하고 노른자와 흰자가 모두 굳을 때까지 완전히 익힐 것을 권고했다. 지난 5년 동안 충격적이게도 7,400명의 사람들이 살모넬라균에 의한 식중독을 경험했다. 살모넬라균은 따뜻한 온도에서 번성하며, 대략 섭씨 37도가 최적의 성장 조건이다. 날계란이나 설익은 계란을 섭취하고 익히지 않은 음식과 조리된 음식을 분리하지 않는 것이 살모넬라균 감염의 가장 흔한 원인으로 확인되었다. 살모넬라균과 관련된 질병의 위험을 최소화하기 위해 식품 안전 조치를 우선시하고 적절한 요리법을 지키는 것이 중요하다.

## 15 ①

[정답해설] 글의 서두에서 교육 불균형을 해소하기 위한 지속적인 노력에도 불구하고 학생들 사이의 학업 격차는 교육 시스템의 상당한 불평등을 계속해서 야기한다고 문제를 제기하고 있고, 마지막 문장에서 이러한 교육 분열 문제를 모든 교육 시스템 단계에서 찾아 해결할 것을 주문하고 있다. 그러므로 ①의 '우리는 지속적인 교육 불평등에 대처해야 한다.'가 윗글의 요지로 가장 적절하다.

[오답해설] ② 교육 전문가들은 새로운 학교 정책에 집중할 필요가 있다. → 새로운 학교 정책이 아니라 모든 교육 시스템에서의 포괄적인 정책의 필요성을 강조함

③ 성적 격차를 메우기 위해서는 새로운 교수법이 필요하다. → 표적 개입, 공평한 자원 할당 및 포괄적인 정책의 필요성을 제시하고 있으나, 새로운 교수법의 필요성에 대해서는 언급되어 있지 않음

④ 가정 소득은 교육 논의에서 고려되어서는 안 된다. → 학업 성취도가 뒤처지는 학생들의 저소득 배경 사례를 예로 들고 있을 뿐, 교육적 논의의 대상 여부를 밝히고 있지는 않음

[핵심어휘] □ address 해결하다, 해소하다
□ disparity 불균형, 불평등, 격차
□ persistent 끊임없는, 지속되는
□ significant 중요한, 의미심장한
□ inequity 불평등, 불공평
□ reveal 드러내다, 폭로하다
□ marginalized 하찮은, 소외된
□ vulnerable 취약한, 연약한
□ lag behind 뒤처지다, 뒤떨어지다
□ peer 동료, 또래
□ pose a challenge to ~에 도전하다, ~에 직면하다
□ emphasize 강조하다, 역설하다
□ intervention 개입, 조정, 중재
□ equitable 공정한, 공평한
□ allocation 할당, 분배

□ inclusive 포함된, 포괄적인
□ bridge a gap 공백[간격]을 메우다, 틈을 좁히다
□ irrespective of ~와 무관하게, ~와 관계없이
□ socioeconomic 사회 경제적인
□ status 신분, 지위
□ divide 분할, 분열, 차이

[본문해석] 교육 불균형을 해소하기 위한 지속적인 노력에도 불구하고, 학생들 사이의 지속적인 학업 격차는 교육 시스템의 상당한 불평등을 계속해서 강조하고 있다. 최근 자료는 저소득 배경과 취약 계층의 학생들을 포함하여 소외된 학생들이 학업 성취에서 또래 학생들보다 계속 뒤처지고 있다는 것을 보여준다. 이러한 격차는 교육 형평성과 사회적 이동성을 달성하기 위한 도전에 직면해 있다. 전문가들은 사회 경제적 지위나 배경에 관계없이 이 간극을 메우고 모든 학생들에게 동등한 기회를 보장하기 위해 표적 개입, 공평한 자원 할당 및 포괄적인 정책의 필요성을 강조한다. 지속적인 교육 분열 문제는 해결책을 찾기 위한 노력으로 모든 교육 시스템 단계에서 해결되어야만 한다.

## 16 ③

[정답해설] 제시문은 아이들이 어렸을 때 자연과 함께 함으로써 얻는 이점에 대해 서술하고 있다. 그런데 ③에서 야외 활동은 아이들이 그들의 가족과 양질의 시간을 보내는 것을 어렵게 만든다며 야외 활동의 단점에 대해 언급하고 있다. 그러므로 ③은 글의 전체적인 흐름상 어울리지 않는다.

[핵심어휘] □ guardian 수호자, 보호자
□ desperate 절박한, 간절한
□ urge 욕구, 욕망, 충동
□ restorative 회복시키는, 복원하는
□ let off steam 발산하다, 기분을 풀다
□ huge 거대한, 엄청난
□ range from ~에 걸치다, 범위가 ~부터이다
□ boost 신장시키다, 북돋우다, 후원[지지]하다
□ environmentalism 환경보호론, 환경보호주의
□ adulthood 성인, 성년
□ urban 도심의, 도시의

[본문해석] 어린 아이들의 모든 부모나 보호자들은 집 밖으로 나가고 싶은 간절한 충동과 근처 공원으로의 잠깐 동안의 산책조차 마법 같은 회복 효과가 있음을 경험했을 것이다. ① 여기에는 아마도 단지 기분을 푸는 것 이상의 일들이 있을 것이다. ② 아이들이 자연과 함께 하는 이점은 학업 성적을 더 올리고 기분과 집중력을 향상시키기까지 엄청 크다. ③ 야외 활동은 아이들이 그들의 가족과 양질의 시간을 보내는 것을 어렵게 만든다.

④ 자연에 대한 어린 시절의 경험은 또한 성인기에 환경보호주의를 지지할 수도 있다. 도심의 녹지공간에 대한 접근성은 아이들의 소셜네트워크와 우정에 어떤 역할을 수행할 수 있다.

## 17 ③

[정답해설] ③ 이전에는 대기오염에 대한 연방정부의 규제가 없어서 공장 가동으로 인한 대기오염 수준이 매우 심각했다고 서술되어 있고, ③ 이후에는 대기오염 방지법이 제정되어 대기의 질이 호전되었다고 서술되어 있다. 주어진 문장이 '특히 많은 도시 자치주에서, 부유 입자의 총량으로 측정된 대기 오염이 위험한 수준에 도달했다.'고 ②의 내용을 보충하고 있으므로, 주어진 문장은 ③에 들어가는 것이 가장 적절하다.

[핵심어휘]
- county 자치주[군]
- suspend particle 부유 입자
- evaluate 평가하다, 측정하다
- pollution 오염(물질), 공해
- the Clean Air Act 대기오염 방지법
- federal 연방정부의, 연방제의
- regulation 규제, 규정
- issue 주제, 문제
- be high on ~열광하다, ~에 주목하다
- agenda 의제, 행동 강령
- legislator 입법자, 국회의원
- guideline 지침, 지도
- constitute 구성하다, 설립하다
- excessively 과도하게, 매우, 심히
- pollutant 오염 물질, 오염원
- amendment 개정, 수정
- improvement 향상, 개선, 호전

[본문해석]
> 특히 많은 도시 자치주에서, 부유 입자의 총량으로 측정된 대기 오염이 위험한 수준에 도달했다.

경제학자인 Chay와 Greenstone은 1970년 대기오염 방지법 이후 대기오염의 정화 가치를 측정했다. ( ① ) 1970년 이전에는 대기오염에 대한 연방정부의 규제가 거의 없었고, 그 문제가 주 의원들의 의제로 주목받지도 못했다. ( ② ) 결과적으로 많은 자치주들이 오염에 대한 아무런 규제 없이 공장 가동을 허용했고, 몇몇 중공업화된 자치주에서는 오염이 매우 높은 수준에 이르렀다. ( ③ ) 대기오염 방지법은 특히 위험한 다섯 가지 오염물질을 심히 높은 수준으로 구성하는 지침을 제정했다. ( ④ ) 1970년 이 법안과 1977년 개정 이후 대기의 질이 호전되었다.

## 18 ②

[정답해설] 주어진 지문은 화자가 빵을 훔쳐 셔츠 속에 넣고 달아나는 장면이며, (B)는 화자가 훔친 빵을 가지고 집으로 돌아오는 장면이다. (A)는 화자가 훔친 빵을 식탁 위에 올려놓자 가족들이 모이는 장면이며, 마지막으로 (C)는 화자가 가족들과 함께 빵을 나눠 먹는 모습이다. 그러므로 주어진 글 다음에 (B) – (A) – (C)의 순으로 이어져야 한다.

[핵심어휘]
- witness 보다, 목격하다
- shove 아무렇게나 놓다[넣다]
- loaf (빵 등의) 덩어리
- swiftly 재빨리, 신속히
- chunk (두툼한) 덩어리
- tear off 떼어내다, 뜯다
- pour 쏟다, 붓다
- clutch 움켜잡다
- cling to ~에 매달리다, ~에 집착하다
- slice 썰다, 베다
- entire 전체의, 모든
- hearty 풍부한, 푸짐한
- raisin 건포도

[본문해석]
> 무슨 일이 있었는지 누군가 보기 전에, 나는 셔츠 속에 빵 덩어리를 넣고, 사냥 재킷을 몸에 꽉 두른 채 재빨리 걸어 나갔다.

(B) 빵의 열기로 피부가 타들어갔지만, 나는 그것을 더 꽉 움켜쥐고 삶에 집착했다. 이윽고 집에 도착했을 때, 빵은 다소 식었지만, 속은 여전히 따뜻했다.

(A) 그것들을 식탁 위에 내려놓았을 때, 여동생의 손이 빵 덩어리를 떼려 다가왔지만, 나는 그녀를 자리에 앉힌 후 어머니를 우리와 함께 식탁에 앉도록 하고 따뜻한 차를 따라주었다.

(C) 나는 빵을 얇게 썰었다. 우리는 빵 한 덩어리를 한 조각 한 조각씩 전부 먹었다. 건포도와 견과류로 가득 찬 푸짐한 빵이었다.

## 19 ①

[정답해설] 제시문은 출산율 하락을 통계적 수치로 제시한 후 이러한 인구학적 변화로 인해 발생하는 세금, 노인 의료, 부양 책임, 은퇴 등의 문제점을 지적하고 있다. 그러므로 빈칸에는 이러한 문제점들에 대한 우려를 나타내는 말이 와야 하므로, ①의 'raises concerns about future challenges(미래의 도전에 대한 우려를 증가시킨다)'가 들어갈 말로 가장 적절하다.

[오답해설] ② 역연령 구조 현상을 완화하다 → 출산율 하락으로 인한 인구 고령화의 문제점에 대해 설명하고 있으므로, 역연령 구조 현상의 완화는 글의 흐름과 어울리지 않음

③ 결혼율 감소 문제를 보완하다 → 출산율 하락에 대
한 문제이며, 결혼율 감소 문제에 대한 내용은 나타
나 있지 않음

④ 문제 해결을 위한 즉각적인 해결책을 제공하다 →
출산율 하락으로 인한 문제점을 부각하고 있으나,
이를 위한 해결책을 제시하고 있지는 않음

[핵심어휘] □ fertility rate 출산율, 출생률
□ project 예상하다, 추정하다
□ shrink 줄어들다, 감소하다
□ population 인구, 주민
□ peak 절정[최고조]에 달하다
□ transition 변화, 변천, 전환
□ significant 상당한, 중요한
□ aging of population 인구 고령화[노령화]
□ demographic 인구학의, 인구통계학의
□ shift 변화, 이동
□ taxation 조세, 과세
□ caregiving 부양, 돌봄
□ retirement 은퇴, 퇴직
□ ensure 확신시키다, 보장하다
□ soft landing 연착륙
□ raise 높이다, 올리다, 인상하다
□ mitigate 완화시키다, 경감시키다
□ inverted 역의, 반대의
□ phenomenon 현상
□ compensate for 보상하다, 보완하다
□ reduce 줄이다, 낮추다
□ immediate 즉각적인, 당면한

[본문해석] 출산율 하락은 금세기 말까지 거의 모든 국가의 인구
가 감소하는 결과를 초래할 것으로 예상된다. 전 세계
출산율은 1950년에 4.7명이었지만, 2017년에는 2.4명
으로 거의 절반까지 떨어졌다. 2100년에는 1.7명 밑으
로 떨어질 것으로 예상된다. 그 결과, 일부 연구원들은
지구상의 인구수가 2064년 무렵에 97억 명으로 정점
을 찍은 후 금세기 말까지 88억 명으로 떨어질 것으로
예측한다. 이러한 변화는 또한 인구의 상당한 고령화를
초래하여, 80세에 이르는 사람들이 출생하는 아이들
의 수만큼 많을 것이다. 이러한 인구학적 변화는 세금,
노인 의료, 부양 책임 및 은퇴를 포함한 미래의 도전
에 대한 우려를 증가시킨다. 새로운 인구학적 지형으로의
'연착륙'을 보장하기 위해 연구원들은 이러한 변화를
신중히 관리할 필요가 있다고 강조한다.

**20 ③**

[정답해설] 제시문은 화자의 말에 집중하지 못하는 것을 화자의
성격이나 전달 태도를 비난하며 화자에게 책임을 돌리

기보다는 청자 스스로에게 책임이 있음을 주지시키고
있다. 즉, 화자의 메시지에 대한 이해 수준을 높이는 것
은 청자 자신에게 달려 있다는 내용이므로, ③의 '본질
적으로 우리 자신이 책임을 지는 것이다.'가 빈칸에 들
어갈 말로 가장 적절하다.

[오답해설] ① 화자가 아는 것을 무시하다 → 좋은 청자는 화자가
알고 있는 것을 알고 싶어 한다고 하였으므로, 화자
가 아는 것을 무시한다는 내용은 적절하지 않음

② 화자의 성격을 분석하다 → 화자의 성격이나 전달
태도에는 관심이 없다고 하였으므로, 화자의 성격을
분석하는 것은 아님

④ 화자의 연설 전달 능력에 초점을 맞추다 → 화자의
성격이나 전달 태도에는 관심이 없다고 하였으므로,
화자의 전달 능력에 초점을 맞추는 것은 아님

[핵심어휘] □ blame A for B B를 A의 탓으로 돌리다
□ inattention 부주의, 무관심
□ incompetent 무능한, 쓸모없는
□ initial 초기의, 처음의
□ similarity 비슷함, 유사성
□ personality 개성, 성격
□ delivery 전달[발표] (태도)
□ find out 알아내다, 이해하다
□ essentially 본질적으로, 근본적으로
□ equipped 장비를 갖춘
□ analyze 분석하다
□ assume the responsibility 책임을 떠맡다, 책임을 지다
□ inherently 본질적으로, 내재적으로
□ competency 능숙함, 유능함, 능력

[본문해석] 많은 청자들은 "누가 그런 사람의 말을 들을 수 있겠
어? 그는 메모지 읽는 것을 언제쯤 그만둘까?"라고 스
스로 생각함으로써 그들의 무관심을 화자 탓으로 돌
린다. 좋은 청자는 다르게 반응한다. 그는 화자를 보
고 "이 사람은 무능해. 어느 누구도 그보다는 더 잘 말
할 수 있을 것 같아."라고 생각할 수 있다. 그러나 이러
한 초기 유사함으로부터 그는 다른 결론으로 나아가고,
"하지만 잠시만. 나는 그의 성격이나 전달 태도에는 관
심이 없어. 나는 그가 알고 있는 것을 알고 싶을 뿐이
야. 이 사람이 내가 알아야 할 것들을 알고 있나?"라고
생각한다. 본질적으로, 우리는 "우리 자신의 경험으로
듣는다." 우리가 그의 메시지를 이해할 수 있는 준비가
제대로 되어 있지 않기 때문에 말하는 사람이 책임을
져야 할까? 우리가 듣는 모든 것을 이해할 수는 없지
만, 우리의 이해 수준을 높이는 한 가지 확실한 방법은
본질적으로 우리 자신이 책임을 지는 것이다.

| 제2차 | # 정답 및 해설 |
|---|---|

## 정답

| 01 ③ | 02 ② | 03 ③ | 04 ④ | 05 ② |
|---|---|---|---|---|
| 06 ② | 07 ② | 08 ① | 09 ④ | 10 ① |
| 11 ③ | 12 ① | 13 ④ | 14 ③ | 15 ② |
| 16 ② | 17 ② | 18 ③ | 19 ④ | 20 ③ |

## 해설

### 01 ③

[정답해설] 대형 벽화를 전시하기 위해 필요한 공간을 확보하는 것이므로, 빈칸에는 ③의 'ample(충분한, 넓은)'이 들어갈 말로 가장 적절하다.

[오답해설] ① 편안한
② 답답한
④ 비좁은

[핵심어휘] □ exhibit 전시하다, 진열하다
□ mural 벽화
□ make sure 확실하게 하다, 반드시 하다
□ cozy 편안한, 안락한
□ stuffy 답답한, 딱딱한
□ ample 충분한, 넓은
□ cramped 비좁은, 갑갑한

[본문해석] 대형 벽화를 전시하기 위해 박물관 큐레이터들은 넓은 공간을 반드시 확보해야 했다.

### 02 ②

[정답해설] 양보의 부사절을 이끄는 'Even though(비록 ~일지라도)'는 주절과 종속절의 내용이 서로 대비된다. 많은 문제점들이 있지만 시민의 안전이 가장 우선시 된다는 내용이므로, 빈칸에는 앞의 'top'과 함께 '최우선'이라는 의미로 ②의 'priority(우선)'가 들어갈 말로 가장 적절하다.

[오답해설] ① 비밀
③ 해결책
④ 기회

[핵심어휘] □ emphasize 강조하다, 역설하다
□ safety 안전, 안전성
□ top priority 최우선
□ opportunity 기회, 호기

[본문해석] 해결해야 할 문제가 많음에도 불구하고, 나는 우리 시민의 안전이 최우선이라는 점을 강조하고 싶다.

### 03 ③

[정답해설] 글의 흐름상 'exploitation(이용)'이 'collapse(몰락)'에 기여한 것이고, 'contribute'는 전치사 to를 동반하여 자동사로 쓰이므로 능동태가 되어야 한다. 또한 주절의 시제가 'may have + p.p'로 과거 사실에 대한 추측을 나타내므로 'seems' 다음에 현재보다 더 이전의 사실을 나타내는 완료형 부정사를 사용해야 한다. 그러므로 빈칸에는 ③의 'have contributed to'가 들어갈 말로 가장 적절하다.

[오답해설] ①·② 능동태의 형태는 옳으나 시제가 일치하지 않는다.
④ 완료형 시제는 맞으나 수동태이므로 옳지 않다.

[핵심어휘] □ overpopulation 인구 과밀[과잉]
□ exploitation 착취, 개발, 이용
□ rain-forest 열대 우림
□ ecosystem 생태계
□ A as well as B B뿐만 아니라 A도
□ shortage 부족, 결핍
□ collapse 붕괴, 몰락
□ contribute to ~에 기여하다

[본문해석] 인구 과밀이 중요한 역할을 했을지도 모른다. 즉, 물 부족뿐만 아니라 마야인들이 식량을 위해 의존했던 열대 우림 생태계의 과도한 이용이 몰락에 기여했던 것으로 보인다.

### 04 ④

[정답해설] which → where / in which
주어진 문장에서 ④의 'which' 이하의 절은 선행사인 'an international community'를 수식하므로 관계대명사가 이끄는 형용사절이다. 그런데 'which' 이하의 종속절이 완전한 문장이므로, 'which'를 장소를 나타내는 관계부사 'where' 또는 '전치사+관계대명사'의 형태인 'in which'로 고쳐 써야 옳다.

[오답해설] ① 'international organization(국제기구)'가 '조직된' 것이므로 수동의 관계이다. 그러므로 과거분사의 형태인 'designed'를 사용한 것은 적절하다.
② 'not merely A but also B' 구문에서 A와 B는 동일 형태를 사용해야 한다. A에 to부정사의 형태인 'to talk'가 왔으므로 B도 to부정사의 형태인 'to act'를 사용한 것은 적절하다.
③ 'see A as B(A를 B로 생각하다[여기다, 간주하다])' 구문으로 접속사 'as'를 사용한 것은 적절하다.

[핵심어휘] □ it seems to me that 나는 ~하고 생각한다, 내 생각에는 ~인 것 같다

□ international organization 국제 기구

□ not merely A but also B A뿐만 아니라 B도

□ see A as B A를 B로 생각하다[여기다, 간주하다]

□ international community 국제 사회

□ by chance 우연히

□ by design 의도적으로, 계획적으로

[본문해석] 나는 평화를 유지하기 위해 조직된 어떤 국제 기구든 말뿐만 아니라 행동할 수 있는 힘도 있어야 한다고 생각한다. 정말로 이것이 우연이 아닌 의도적으로 전쟁을 피할 수 있는 국제 사회로 나아가는 모든 발전의 핵심 주제라고 생각한다.

## 05 ②

[정답해설] are emerged → are emerging

'emerge'는 완전자동사이므로 'are emerged'처럼 수동태로 만들 수 없으며, 글의 흐름상 다음 문장의 'industry is changing'와 마찬가지로 현재진행형 시제인 'are emerging'로 고쳐 써야 옳다.

[오답해설] ① 'arrive'는 자동사로 전치사 'in'과 함께 '~에 도착하다'라는 의미로 사용되며, 앞의 'have'와 함께 'have+p.p'의 현재완료 시제를 구성하므로 'arrived in'은 옳게 사용되었다.

③ 내용상 자동차가 공유되는 것이므로 수동형이고, 현재 발생중인 일이므로 'be being+p.p'의 수동형 현재진행 시제인 'are being shared'는 옳게 사용되었다.

④ 내용상 전체 공장들이 서로 연결된 것이므로, 'connect A with B' 구문이 수동형으로 바뀌어 'are (intelligently) connected with'로 사용된 것은 적절하다.

[핵심어휘] □ digitization 디지털화

□ across the board 전반에 걸쳐

□ in all sectors 모든 부문[분야]에서

□ emerge 나타나다, 출현하다, 등장하다

□ assemble 모이다, 조립하다

□ entire 전체의, 모든

□ intelligently 똑똑하게, 지능적으로

[본문해석] 우리는 이미 디지털화된 세상에 도착해 있다. 디지털화는 전통적인 IT 회사들뿐만 아니라, 전반적으로 모든 분야의 회사들에 영향을 미친다. 새롭게 변화된 비즈니스 모델들이 등장하고 있는데, 즉 자동차는 앱으로 공유되고 있고, 언어는 온라인에서 학습되며, 그리고 음악은 스트리밍되고 있다. 그러나 산업도 또한 변화하고 있는데, 3D 프린터는 기계 부품을 만들고, 로봇은 그것들을 조립하며, 전체 공장들은 서로 지능적으로 연결되어 있다.

## 06 ②

[정답해설] 회의실 대여에 관련된 대화 내용으로, Tim Jones이 회의가 7월 15일 월요일에 있을 예정이라고 구체적 회의 날짜와 요일을 답하고 있으므로, 빈칸에는 ②의 '정확한 회의 날짜를 알려주실 수 있나요?'가 들어갈 말로 가장 적절하다.

[오답해설] ① 연락처를 알 수 있을까요? → 회의 날짜를 제시하고 있으므로 연락처를 묻는 내용은 부적절함

③ 빔 프로젝터나 복사기가 필요하십니까? → 회의할 때 필요한 장비를 묻는 질문은 없음

④ 회의에 몇 명이 참석할 예정입니까? → 17인실이 필요하다고 앞에서 이미 언급되어 있음

[핵심어휘] □ rent 대여하다, 임채[임대]하다

□ available 활용할 수 있는, 이용할 수 있는

□ accommodate 수용하다, 공간을 제공하다

□ reserve 예약하다, 비축하다

□ confirmation 확인, 확정

[본문해석] Tim Jones: 안녕하세요, 저는 회의실 중 하나를 대여하는 것에 관심이 있습니다.

Jane Baker: 관심에 감사드립니다. 회의 규모에 따라 이용 가능한 공간이 여럿 있습니다. 5~20명의 단체를 수용할 수 있습니다.

Tim Jones: 좋습니다. 17인실이 필요하고, 회의는 다음 달로 예정되어 있습니다.

Jane Baker: 정확한 회의 날짜를 알려주실 수 있나요?

Tim Jones: 회의는 7월 15일 월요일에 있을 예정입니다. 그날 가능한 회의실이 있나요?

Jane Baker: 네, 있습니다. 자리를 예약하고 모든 세부 사항이 포함된 확인 이메일을 보내드릴 수 있습니다.

## 07 ③

[정답해설] B가 그 서비스를 어떻게 이용하느냐고 질문한 후 A의 답변을 듣고 복잡하지는 않은 것 같다며 주말에 한 번 해보겠다고 답하고 있다. 따라서 빈칸에는 공유 자전거 서비스를 이용하는 방법에 대한 설명이 오면 된다. 그러므로 ③의 '자전거 공유 앱을 다운받고 온라인으로 결제하면 돼'가 빈칸에 들어갈 말로 가장 적절하다.

[오답해설] ① 그건 전기식이라 에너지를 절약할 수 있어 → 공유 자전거가 전기 자전거라는 사실은 대화 후미에 등장함

② 네 소유의 자전거를 주차하려면 꼭 허가증을 신청해 → 공유 자전거에 대한 내용이므로, 자가 소유 자전거의 주차 허가 신청과는 관련 없음

④ 안전을 위해 항상 헬멧을 써야만 해 → 공유 자전거 서비스 이용 방법을 묻는 질문에 헬멧 착용 답변은 어울리지 않음

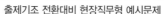

**[핵심어휘]** □ launch 시작하다, 개시하다

□ sharing service 공유 서비스

□ by the way 그런데

□ I can tell 딱 보니 알겠네, 확실해

□ it looks cool 멋있어 보이네

□ apply for ~에 지원하다, 신청하다

□ permit 허가(증)

□ at all times 항상

□ safety 안전, 안심

**[본문해석]** A: 이 자전거에 대해 어떻게 생각해?

B: 와, 정말 좋아 보인다! 금방 산거야?

A: 아니, 이건 공유 자전거야. 시가 자전거 공유 서비스를 시작했어.

B: 정말? 그건 어떻게 작동해? 내 말은, 그 서비스는 어떻게 이용해?

A: 간단해. 자전거 공유 앱을 다운받고 온라인으로 결제하면 돼.

B: 복잡하지는 않은 것 같네. 이번 주말에 한 번 해봐야겠어.

A: 그런데, 그건 전기 자전거야.

B: 그래, 딱 보니 알겠네. 멋있어 보이네.

## 08 ①

**[정답해설]** 첫 번째 문장에서 우리는 식품, 섬유 및 특산작물의 자국 생산자를 위한 국내외 마케팅 기회를 창출하는 프로그램을 운영한다고 그 임무를 소개하고 있다. 그러므로 '국내 생산자를 위한 마케팅 기회를 창출한다.'는 ①의 설명은 윗글의 내용과 일치한다.

**[오답해설]** ② 전 세계의 건강한 식품의 소비를 제한한다. → 자국 및 전 세계 소비자에게 건강에 좋은 식품의 품질과 유용성을 보장함

③ 생산자보다 소비자에게 이익이 되도록 전념한다. → 생산자, 상인 및 소비자 모두에게 이익이 되도록 함

④ 결정을 내리기 전에 다른 기관으로부터 명령을 받는다. → 프로그램과 서비스에 대한 신뢰를 구축하기 위해 독립성과 객관성을 보장받음

**[핵심어휘]** □ agricultural 농업의

□ administer 운영하다, 관리하다

□ domestic 국내의

□ opportunity 기회

□ fiber 섬유

□ specialty crops 특수작물

□ valuable 귀중한, 가치 있는

□ ensure 보장하다, 보증하다

□ availability 이용성, 유용성

□ wholesome 건강에 좋은, 건전한

□ facilitate 촉진하다, 가능하게 하다

□ strategic 전략적인, 전략상 중요한

□ competitive 경쟁적인, 경쟁을 하는

□ integrity 청렴, 고결, 성실

□ independence 독립, 자립

□ objectivity 객관성

□ independently 독립하여, 자주적으로

□ be committed to ~에 전념[헌신]하다

□ mandate 권한, 명령

□ mutual 서로의, 상호의

□ profitable 수익성이 있는, 이익이 되는

□ impartial 공평한, 공정한

**[본문해석]** 농업 마케팅 사무소

임무

우리는 식품, 섬유 및 특산작물의 자국 생산자를 위한 국내외 마케팅 기회를 창출하는 프로그램을 운영한다. 우리는 또한 전국 및 전 세계 소비자를 위한 건강에 좋은 식품의 품질과 유용성을 보장하는 가치 있는 서비스를 농업계에 제공한다.

비전

우리는 국내외 시장에서 자국 농산품의 전략적 마케팅을 촉진하는 동시에 공정한 거래 관행을 보장하고 자국의 식품, 섬유 및 특산작물의 생산자, 상인 및 소비자에게 이익이 되도록 경쟁적이고 효율적인 시장을 촉진한다.

핵심 가치

• 정직과 성실: 우리는 우리가 하는 모든 일에 완벽한 정직과 성실을 기대하고 요구한다.

• 독립성과 객관성: 우리는 프로그램과 서비스에 대한 신뢰를 구축하기 위해 독립적이고 객관적으로 행동한다.

## 09 ④

**[정답해설]** 'fair'는 '공정한'의 의미로 ④의 'impartial(공평한, 공정한)'과 그 의미가 가장 유사하다.

**[오답해설]** ① 무료의

② 상호의

③ 이익이 되는

## 10 ①

**[정답해설]** 제시문은 죽어가고 있는 Dimmesdale 호수를 살리기 위한 대책을 논의하기 위해 특별 회의를 개최한다고 주민들의 참여를 독려하며 장소, 날짜, 시간 등을 공지한 게시물이다. 그러므로 (A)에 들어갈 윗글의 제목은 ①의 'Dimmesdale 호수가 죽어가고 있어요'가 가장 적절하다.

**[오답해설]** ② 호수의 아름다움에 대한 찬사 → 죽어 가는 호수를

살리기 위한 대책 회의가 중심 주제이지 호수의 아름다움이 중심 주제는 아님
③ Dimmesdale 호수의 문화적 가치 → 호수를 살리는 것이 주민의 재산 가치에 영향을 미친다고 서술하고 있으나, 호수의 문화적 가치에 대한 언급은 없음
④ 그 대학에 있어서 호수의 중요성 → 우천 시 회의가 대신 개최되는 장소일 뿐 호수와의 연관성은 없음

[핵심어휘] □ head toward ~를 향하다
□ pay one's respect to ~에게 경의[존경]를 표하다
□ body of water 수역
□ dedicated 전념하는, 헌신적인
□ affect 영향을 미치다
□ property 재산, 부동산
□ regional 지역의, 지방의
□ council 의회, 평의회, 심의회
□ opposite 맞은편의, 반대편의
□ significance 중요성, 의미

[본문해석] 가까운 이웃으로서, 호수를 살리는 방법을 알고 싶을 것입니다.
아직 죽지는 않았지만, Dimmesdale 호수는 종말을 향해 가고 있습니다. 그러므로 살아있을 때 이 아름다운 수역에 경의를 표하세요.
일부 헌신적인 사람들이 지금 그것을 살리기 위해 일하고 있습니다. 그들은 그 사실을 여러분에게 알리기 위해 특별 회의를 개최할 것입니다. 오셔서 무엇을 하고 있고 여러분이 어떻게 도울 수 있는지 알아보세요. 이것은 여러분의 재산 가치에도 영향을 미칩니다.
누가 죽은 호수 근처에서 살고 싶겠습니까?

**중부 주 지역 계획 위원회 후원**
• 장소: 남부 주립대학 맞은편 그린 시티 파크 (우천 시: 대학도서관 203호)
• 일시: 2024년 7월 6일, 토요일
• 시간: 오후 2시

회의에 대한 질문은 당사 웹사이트 www.planningcouncilsavelake.org를 방문하시거나 (432) 345-6789로 저희 사무실에 연락주세요.

11 ③
[정답해설] 회의가 개최될 장소는 남부 주립대학 맞은편 그린 시티 파크이며, 우천 시에는 대학도서관 203호에서 회의가 열린다고 공지하고 있다. 그러므로 '우천 시에는 대학의 구내식당에서 회의가 열린다.'는 ③의 설명은 윗글의 내용과 일치하지 않는다.
[오답해설] ① 일부 헌신적인 사람들이 호수를 살리기 위해 일하고 있다고 서술하고 있다.

② 호수를 살리기 위한 활동이 주민들의 재산 가치에도 영향을 미친다고 서술하고 있다.
④ 제시문의 마지막 줄에 회의에 대한 질문은 웹사이트를 방문하거나 전화로 사무실에 연락 달라고 서술하고 있다.

12 ①
[정답해설] 제시문은 보안에 심각한 위협이 되고 있는 사이버 범죄로부터 개인 및 비즈니스 정보를 보호하기 위한 다섯 가지 방법을 안내하고 있다. 그러므로 윗글의 목적은 ①의 '고객에게 사이버 위협으로부터 자신을 안전하게 보호하는 방법을 알려주기 위해'서이다.
[오답해설] ② 고객에게 소프트웨어 및 장치를 업데이트하는 방법을 알려주기 위해 → 소프트웨어와 장치를 최신 상태로 유지할 것을 권고하고 있으나, 업데이트하는 방법을 알려주고 있지는 않음
③ 고객에게 비밀번호를 더 강화하는 방법을 알려주기 위해 → 강력한 비밀번호를 사용하고 자주 바꿔줄 것을 권고하고 있으나, 비밀번호를 더 강화하는 방법에 대한 설명은 없음
④ 고객에게 OTP를 보호하는 방법을 알려주기 위해 → 본인 확인을 위한 OTP 사용 요청을 안내하고 있으나, OTP를 보호하는 방법은 제시되어 있지 않음

[핵심어휘] □ client 고객, 단골
□ cybercrime 사이버 범죄
□ security 안전, 보안
□ safeguard 보호하다
□ threat 위협, 협박
□ frequently 자주, 빈번히
□ up to date 최신의
□ wary 경계하는, 주의하는
□ suspicious 수상한, 의심스러운
□ give out 발설하다, 내뱉다, 제공하다
□ sensitive 민감한, 예민한
□ two factor authentication 이중 인증
□ passcode 암호, 비밀번호
□ verify 확인하다, 입증하다
□ identity 신원

[본문해석] 친애하는 고객 여러분께,
오늘날의 세계에서, 사이버 범죄는 여러분의 보안에 심각한 위협이 되고 있습니다. 여러분의 신뢰할 수 있는 파트너로서, 여러분의 개인 및 비즈니스 정보를 보호하는 데 도움을 드리고자 합니다. 사이버 위협으로부터 여러분을 보호하는 다섯 가지 쉬운 방법이 있습니다.

1. 강력한 비밀번호를 사용하고 자주 바꿔주세요.
2. 소프트웨어와 장치를 최신 상태로 유지하세요.

3. 독촉하거나 민감한 정보를 제공하도록 압박하는 의심스러운 이메일, 링크 또는 전화를 주의하세요.

4. 이중 인증을 활성화하고 가능한 한 언제든지 사용하세요. California Bank & Savings에 연락하시면 본인 확인을 위해 일회용 비밀 번호(OTP)를 사용하라는 요청을 받으실 겁니다.

5. 데이터를 정기적으로 백업하세요.

어떻게 하면 온라인상에서 안전할 수 있는지 더 알고 싶다면 보안 센터를 방문하세요. 사이버 보안은 팀의 노력이라는 것을 기억하세요. 함께 협력함으로써, 우리는 우리 자신과 세계를 위해 더 안전한 온라인 환경을 구축할 수 있습니다.

California Bank & Savings 올림

**13** ④

**[정답해설]** 제시문은 동물 추적 과학에 혁신을 가져다 줄 국제 우주 정거장의 야생 동물 감시 장비에 대해 소개한 후 향후 가동 일정과 기대효과 등에 대해 설명하고 있다. 그러므로 ④의 '우주 정거장에서의 혁신적인 야생 동물 감시'가 윗글의 주제로 가장 적절하다.

**[오답해설]** ① 지구 생태계의 지속 가능성 평가 → 지구 생태계의 지속 가능성이 아니라, 우주 정거장에서의 혁신적인 야생 동물 감시 장비에 대해 소개하고 있음

② 러시아 우주비행사들의 성공적인 훈련 프로젝트 → 우주 정거장에 야생 동물 감시 장비를 설치한 것은 러시아 우주 비행사들임을 언급하고 있으나, 이들의 훈련 프로젝트에 대한 내용은 없음

③ 우주 정거장에서 실행된 동물 실험 → 우주 정거장에 야생 동물 감시 장비가 설치되었을 뿐이며, 우주 정거장에서 동물 실험 자체가 시행된 것은 아님

**[핵심어휘]** □ orbit 궤도를 돌다

□ be about to 막 ~하려 하다

□ revolutionize 혁명[혁신]을 일으키다

□ equipment 장비, 설비

□ orbiting outpost 우주 정거장, 궤도 정거장

□ install 설치하다

□ spacewalk 우주 유영을 하다

□ astronaut 우주비행사

□ operational 가동상의, 작동하는

□ relay 중계하다, 전달하다

□ log 기록하다

□ physiology 생리(학)

□ assist 돕다, 보조하다

□ conservationist 환경보호론자

□ ecosystem 생태계

□ evaluation 평가

□ sustainability 지속 가능성, 유지 가능성

□ innovative 획기적인, 혁신적인

**[본문해석]** 지구 상공 약 240마일을 돌고 있는 국제 우주 정거장은 세계 야생 동물 감시 즉, 동물 추적 과학에 혁신을 일으키기 위한 노력에 곧 동참할 예정이다. 2018년 우주 유영 중인 러시아 우주 비행사들에 의해 설치된 우주 정거장에 탑재된 대형 안테나와 다른 장비들이 시험 중이며 올 여름에 완전히 가동될 예정이다. 이 시스템은 동물의 위치뿐만 아니라 생리와 환경 또한 기록하여 이전의 추적 기술보다 훨씬 더 넓은 범위의 데이터를 전달할 것이다. 이는 이동 중에 야생 동물을 면밀히 감시해야 하는 과학자, 환경보호론자 및 기타 작업을 수행하는 사람들을 보조하고 지구 생태계의 건강에 대해 훨씬 더 자세한 정보를 제공할 것이다.

**14** ③

**[정답해설]** 본문 중간에 추수감사절, 크리스마스, 설날은 휴무일이라고 밝히고 있다. 그러므로 David Williams의 생가는 연중무휴라는 ③의 설명은 윗글의 내용과 일치하지 않는다.

**[오답해설]** ① 도서관과 박물관은 12월 오후 5시에 문을 닫는다. → David Williams 도서관과 박물관은 11월부터 3월까지는 오전 9시부터 오후 5시까지 개방한다고 서술되어 있음

② 방문객은 현장에서 생가 투어 티켓을 구입할 수 있다. → 생가 투어 티켓은 정상 영업시간 동안 현장에서 구매할 수 있다고 서술되어 있음

④ 도서관 연구실에서 무료로 연구를 할 수 있다. → David Williams 도서관 연구실에서 연구를 수행하는 것은 무료라고 서술되어 있음

**[핵심어휘]** □ purchase 구입하다, 구매하다

□ confirmation 확인, 확정

□ heritage 유산, 물려받은 것

□ offer 제공하다, 제안하다

□ separate 각각의, 개별의

□ admission 입장(료)

□ on-site 현장에서, 현지에서

□ normal business hours 정상 영업시간

□ additional 부가적인, 추가적인

**[본문해석]** David Williams 도서관과 박물관은 1주일에 7일, 11월부터 3월까지는 오전 9시부터 오후 5시까지 개방하고, 4월부터 10월까지는 오전 9시부터 오후 6시까지 개방합니다. 온라인 티켓은 아래 링크 주소에서 구매할 수 있습니다. 구매 후 이메일 확인서를 받으실 겁니다(스팸 폴더를 반드시 확인하세요). 구매 증빙을 위해 인쇄되

거나 스마트 기기에 저장된 이 확인서를 가져오세요.

- 온라인 티켓: buy.davidwilliams.com/events
  David Williams 도서관과 박물관 및 David Williams 생가(국립 유산 관리소에서 운영)는 10달러의 성인 입장권을 별도로 판매합니다. 생가 투어 티켓은 정상 영업시간 동안 현장에서 구매할 수 있습니다.

- 휴무일 : 추수감사절, 크리스마스, 설날
  David Williams 도서관 연구실에서 연구를 수행하는 것은 무료입니다.

추가 정보를 원하시면 1 (800) 333-7777로 전화주세요.

### 15 ②

[정답해설] 글의 서두에 동물 질병 발병에 대한 대비가 수십 년 동안 동물보건위원회(BOAH)의 최우선 과제였다고 소개한 후 외래 동물 질병(FAD)의 피해와 동물 질병과 관련한 BOAH의 활동들을 서술하고 있다. 그러므로 ②의 'BOAH의 주요 목적은 동물 질병 유행에 대응하는 것이다.'가 윗글의 요지로 가장 적절하다.

[오답해설] ① BOAH는 FAD를 대비한 수의사 훈련에 집중한다.
→ BOAH의 수의사들이 FAD 의심 사례를 조사하기 위해 하루 24시간 대기하고 있으나, 수의사 훈련이 BOAH의 직접적인 목적은 아님
③ BOAH는 적극적으로 국제 무역 기회를 촉진한다.
→ FAD로 인한 경제적 피해로 국제 무역 기회의 박탈을 거론하고 있으나, BOAH가 국제 무역 기회를 촉진한다는 내용은 없음
④ BOAH는 FAD의 원인에 대한 실험실 연구를 주도하는 것을 목표로 한다. → BOAH의 최우선 목표는 동물 질병에 대비하는 것이지 FAD의 원인에 대한 실험실 연구 주도가 아님

[핵심어휘] □ emergency 긴급, 비상 (사태)
□ preparedness 준비, 대비
□ outbreak 발생, 발발
□ top priority 최우선, 최우선 순위
□ the Board of Animal Health(BOAH) 동물보건위원회
□ decade 10년
□ contagious 전염성의, 전염병에 걸린
□ devastating 파괴적인, 치명적인
□ security 보안, 안전
□ a foreign animal disease(FAD) 외래 동물 질병
□ significant 중요한, 심각한
□ extensive 광범위한, 대규모의
□ eliminate 없애다, 제거하다
□ veterinarian 수의사
□ diagnose 진단하다

□ investigate 수사하다, 조사하다
□ suspected 의심나는, 미심쩍은, 수상한
□ trigger 촉발하다, 시작하다
□ clinical sign 임상 증상
□ indicative of ~을 가리키는, 나타내는
□ diagnostic 진단의, 진단상의
□ identify 확인하다, 알아보다
□ suspicious 의심스러운, 수상한
□ epidemic 유행병, 전염병

[본문해석] 동물 건강 비상사태
동물 질병 발병에 대한 대비는 수십 년 동안 동물보건위원회(BOAH)의 최우선 순위였습니다. 전염성이 높은 동물 질병의 발발은 공중 보건 혹은 식품 안전 및 안보 결과뿐만 아니라 경제적으로 치명적인 영향을 미칠 수 있습니다.

**외래 동물 질병**
외래 동물 질병(FAD)은 현재 국내에서 발견되지 않는 질병으로, 동물에게 심각한 질병이나 사망을 유발하거나 다른 국가 및 주(州)와의 무역 기회를 없애 광범위한 경제적 피해를 초래할 수 있습니다.

FAD 진단 훈련을 받은 몇몇 BOAH 수의사들이 FAD 의심 사례를 조사하기 위해 하루 24시간 대기하고 있습니다. FAD를 나타내는 임상 증상이 있는 동물에 대한 보고가 접수되거나 진단 실험실에서 의심스러운 검사 결과를 확인했을 때 조사가 시작됩니다.

### 16 ②

[정답해설] 제시문은 일반적인 글쓰기 유형 중의 하나인 반응 글쓰기(reaction essay)에 대해 소개한 후, '프롬프트'와 관련된 사례와 과제 등에 대해 서술하고 있다. 그런데 ②는 주장을 효과적으로 변호할 수 있는 믿을 만한 자료 수집에 대해 언급하고 있으므로, 전체적인 글의 흐름과 어울리지 않는다.

[핵심어휘] □ academic discipline 학문 영역[분야]
□ essay 과제물, 글, 수필
□ prompt 자극, 촉진
□ stimulus 자극(제)
□ reliable 믿을 수 있는, 믿을 만한
□ argument 논쟁, 주장
□ effectively 효과적으로
□ quote 인용구
□ observation 관찰, 의견, 소견
□ twofold 두 배의
□ summarize 요약하다

[본문해석] 모든 학문 분야에서 나타나는 매우 일반적인 글쓰기 과

제 유형은 반응 또는 응답이다. ① 반응 글쓰기에서, 글쓴이는 대개 시각적 또는 문자로 된 자극제인 '프롬프트'를 제공받아 생각한 후 응답한다. ② 당신의 주장을 효과적으로 변호할 수 있도록 믿을 만한 사실들을 수집하는 것은 매우 중요하다. ③ 이러한 글쓰기 유형의 일반적인 프롬프트 또는 자극제는 인용문, 문학 작품, 사진, 그림, 멀티미디어 자료 및 뉴스 기사가 포함된다. ④ 반응은 특정 프롬프트에 대한 글쓴이의 감정, 의견 및 개인적인 소견에 중점을 둔다. 반응 글쓰기를 작성하는 데 있어 과제는 두 가지인데, 프롬프트를 간략하게 요약하는 것과 그것에 대한 개인적인 반응을 제공하는 것이다.

## 17 ②

[정답해설] 제시문은 행동주의의 개념에 대해 설명한 글로, ①에서는 '몇몇 사람들(For some)'이 이해하는 행동주의의 이론적 또는 이념적 개념에 대해 서술하고 있고, 주어진 문장에서는 '다른 사람들(For others)'이 이해하는 대립적 활동으로써의 행동주의에 대해 서술하고 있다. 그러므로 'some'과 'others'의 부정대명사 용법과 행동주의에 대한 이론과 실천의 개념을 설명한 글의 흐름상 주어진 문장은 ②에 들어가는 것이 가장 적절하다.

[핵심어휘]
□ activism 행동주의, 활동주의
□ controversial 논쟁을 일으키는, 논란이 많은
□ disruptive 분열[붕괴]시키는, 파괴적인
□ manifest 나타내다, 드러내 보이다
□ confrontational 대립적인, 모순되는
□ define 정의하다, 규정하다
□ intentional 의도적인, 고의의
□ vigorous 활발한, 격렬한
□ bring about 성취하다, 달성하다
□ theoretically 이론적으로, 이론상으로
□ ideologically 이념적으로
□ perceived 인지된, 지각된
□ messy 지저분한, 골치 아픈
□ strenuous 몹시 힘든, 격렬한
□ commitment 헌신, 전념
□ folk 사람들
□ workable 실행 가능한, 운용 가능한
□ strategy 전략, 계획
□ collective 집단의 공동의, 집합적인
□ noted 유명한, 저명한

[본문해석]
> 다른 사람들에게 행동주의는 논란을 일으키고 파괴적인데, 결국 그것은 종종 기존 질서에 직접적으로 도전하는 대립적 활동으로 나타난다.

행동주의는 흔히 개인과 집단이 원하는 목표를 달성하기 위해 실행하는 의도적이며, 활발하고 정렬적인 행동으로 정의된다. ( ① ) 몇몇 사람들에게 행동주의는 정치적 또는 사회적 변화에 대한 인지된 필요에 영향을 미치기 위한 이론적 또는 이념적으로 초점을 맞춘 프로젝트이다. ( ② ) 행동주의는 불편하고, 때로는 골치 아프며, 거의 항상 격렬하다. ( ③ ) 게다가, 실행 가능한 전략을 개발하고, 특정 사안에 집단적인 스포트라이트를 집중시키고, 궁극적으로 사람들을 행동하게 만드는 사람들, 즉 행동가들의 존재와 헌신 없이 그 일은 일어나지 않는다. ( ④ ) 한 저명한 학자가 말했듯이, 유능한 행동가들 또한 때때로 큰 소리로 소음을 유발한다.

## 18 ③

[정답해설] Nick이 야외에서 불을 피우고 식사를 준비하는 과정을 다음의 시간적 순서에 따라 배열하면 ③의 (C)-(A)-(B) 순이 가장 적절하다.

> 주어진 글 : 불 위에 석쇠를 고정시킴
> (C) 석쇠에 프라이팬을 올리고 콩과 스파게티를 데움
> (A) 작은 거품을 내며 끓기 시작함
> (B) 석쇠에서 프라이팬을 들어 올림

[핵심어휘]
□ chunk (두툼한) 덩어리, 토막
□ pine 소나무
□ ax 도끼
□ stick 찌르다, 박다, 고정하다
□ wire grill 석쇠
□ stump 그루터기
□ bubble 거품이 일다, 보글보글 끓다
□ flame 불꽃, 불길
□ stir 휘젓다, 뒤섞다

[본문해석]
> Nick은 그가 도끼로 그루터기에서 잘라 낸 소나무 장작으로 불을 피웠다. 그는 부츠로 네 다리를 땅바닥에 밀어 넣어 불 위에 석쇠를 고정했다.

(C) Nick은 불길 위의 석쇠에 프라이팬을 올렸다. 그는 점점 더 배가 고팠다. 콩과 스파게티가 데워졌다. 그는 그것들을 저어 함께 섞었다.

(A) 그것들은 어렵게 표면으로 올라오는 작은 거품들을 만들며 보글보글 끓기 시작했다. 좋은 냄새가 났다. Nick은 토마토케첩 한 병을 꺼내고 빵을 네 조각으로 잘랐다.

(B) 이제 작은 거품들이 더 빨리 올라오고 있었다. Nick은 불 옆에 앉아 프라이팬을 들어 올렸다.

## 19 ④

[정답해설] 제시문에 따르면 기술의 발전은 한 산업에서 일자리를 잃은 노동자들이 다른 산업에서 일자리를 찾을 수 있

기 때문에 한 국가 전체로 볼 때 실업을 유발하지는 않는다고 서술되어 있다. 그러므로 기술의 발전이 생산성과 소득을 증가시키고, 더 높은 소득은 상품에 대한 더 높은 수요로 이어지며, 이에 따라 노동에 대한 수요도 증가할 것으로 예상된다. 그러므로 빈칸에는 ④의 'higher demand for labor(노동에 대한 더 높은 수요)'가 들어갈 말로 가장 적절하다.

[오답해설] ① 증가하는 실직 → 상품에 대한 수요 증가가 실직의 증가를 가져오지는 않음
② 직장에서의 승진 지연 → 상품에 대한 수요 증가와 직장에서의 승진 지연은 무관한 내용임
③ 더 높은 직장 만족도 → 상품에 대한 수요 증가와 직장 만족도와는 무관한 내용임

[핵심어휘] □ textile 직물, 섬유, 방직
□ unemployment 실업(률), 실업자 수
□ as a whole 전체적으로
□ productivity 생산성
□ Luddite 러다이트, 신기술 반대자
□ end up with 결국 ~하게 되다
□ delayed 지연된
□ promotion 승진, 승격
□ labor 노동

[본문해석] 기술의 발전은 방직과 같은 단일 산업의 일자리를 빼앗을 수 있다. 그러나 역사적 증거는 기술의 발전이 한 국가 전체로 볼 때 실업을 유발하지 않는다는 사실을 나타낸다. 기술의 발전은 경제 전체에서 생산성과 소득을 증가시키고, 더 높은 소득은 상품에 대한 더 높은 수요로 이어지며 따라서 노동에 대한 더 높은 수요로 이어진다. 결과적으로, 그들 중 많은 사람들에게 이것은 시간이 걸릴 수도 있고 러다이트와 같은 일부 사람들은 새로운 일자리에서 더 낮은 임금을 받게 될 것이지만, 한 산업에서 일자리를 잃은 노동자들은 다른 산업에서 일자리를 찾을 수 있을 것이다.

## 20 ③

[정답해설] 제시문에 따르면 석유를 대체할 수 있는 에너지원이 없기 때문에, 세계 경제가 호황일 때 석유에 대한 수요가 증가하여 과잉 생산을 유발하고, 이것은 석유 가격의 폭락으로 이어진다고 진술하고 있다. 즉, 석유 가격에 따라 세계 경제가 요동치므로, ③의 '큰 호황과 깊은 불황에 빠지기 쉽다'가 빈칸에 들어갈 말로 가장 적절하다.

[오답해설] ① 자동차 산업이 번창하다 → 석유를 대체할 수 있는 것이 없기 때문에 자동차 산업이 번창하는 것은 아님
② 국경 간에 분열을 일으키다 → 석유 가격과 국경 분쟁에 대한 관련성은 언급되지 않음

④ 재생 가능 에너지에 대한 연구가 제한적이다 → 전기 생산을 위한 에너지원으로 재생 가능 에너지를 예로 들고 있으나, 재생 가능 에너지에 대한 연구는 서술되어 있지 않음

[핵심어휘] □ substitute 대체, 대리, 대용
□ generate 발생시키다, 만들어 내다
□ coal 석탄
□ renewables 재생 가능 에너지, 신재생 에너지
□ switch 바꾸다, 전환하다
□ predominant 우세한, 지배적인
□ fuel 연료
□ boost 북돋우다, 신장시키다
□ inevitably 필연적으로, 불가피하게
□ eat into 잠식하다, 부식시키다
□ overproduce 과잉 생산하다
□ crash 추락하다, 폭락하다
□ hold the bag 혼자 덮어쓰다, 빈털터리가 되다
□ plummet 곤두박질치다, 급락하다
□ uncertain 불확실한, 확신이 없는
□ lull into 안심시켜 ~하게 만들다
□ disastrous 처참한, 심각한
□ complacency 무사안일, 자기만족, 안주
□ disruption 분열, 와해, 방해
□ be prone to ~하기 쉽다
□ big booms and deep busts 큰 호황과 깊은 불황

[본문해석] 석유를 대체할 수 있는 것이 없기 때문에, 그것이 세계 경제가 큰 호황과 깊은 불황에 빠지기 쉬운 한 가지 이유이다. 우리가 가격에 따라 한 에너지원에서 다른 에너지원으로 전환하면서 석탄이나 천연 가스, 원자력이나 재생 가능한 에너지를 통해 전기를 생산할 수 있지만, 석유는 여전히 수송을 위한 가장 우세한 연료이다. 세계 경제가 활기를 띨 때, 석유에 대한 수요가 증가하여 가격이 상승하고 생산자들에게 더 많이 공급할 것을 주문한다. 필연적으로 이러한 높은 가격은 공급업체들이 과잉 생산을 하는 것처럼 경제 성장을 잠식시키고 수요를 감소시킨다. 가격은 폭락하고, 순환은 처음부터 다시 시작된다. 그것은 가격이 곤두박질칠 때 혼자 부담을 떠안게 될 생산자들에게는 좋지 않은 일이며, 장래의 에너지 가격에 대해 확신이 없는 소비자와 산업에 피해를 입힌다. 1990년대의 저유가는 미국 자동차 회사들을 심각한 무사안일주의에 빠뜨렸고, 석유가 비싸졌을 때 판매 가능한 유효 모델이 거의 없었다.

# 01장 동사(Verb)/시제(Tense)

**8품사와 4요소**

| 명사 | 주어 |
| 대명사 | |
| 동사 | 동사 |
| 형용사 | |
| 부사 | 목적어 |
| 전치사 | |
| 접속사 | 보어 |
| 감탄사 | |

**동사의 종류**
- be동사
  - am
  - are
  - is

**완전 자동사의 종류**
- 동작과 관련
  - He runs well.
  - The sun rises in the east.
- 존재와 관련
  - Korea lies east of Japan.

## 01절  문형과 동사

### 1. 문장의 5형식

#### (1) 1형식 문형

① 문형

> S + V (주어 + 완전 자동사)

㉠ Time flies. (시간은 흘러간다[시간은 유수와 같다].)

㉡ The sun rises in the east. (해는 동쪽에서 뜬다.)

㉢ The train has just arrived. (기차가 지금 막 도착했다.)

㉣ I go to church on Sundays. (나는 일요일마다 교회에 간다.)

㉤ There lived a dwarf. (한 난쟁이가 살았다.) ※ there는 유도부사

㉥ There is nothing there. (거기에는 아무것도 없다.)

㉦ Here comes the bus! (여기 버스가 온다) ※ here는 유도부사

② 완전 자동사 : 동사만으로 의미 표현이 가능하며, 보어나 목적어가 필요하지 않은 동사

fly, fight, grow, smile, sneeze, rise, twinkle, weep 등

**실력up  완전동사와 불완전동사의 구별**

보어를 필요로 하지 않는 동사는 완전동사, 보어를 필요로 하는 동사는 불완전동사

③ 의미에 주의할 완전 자동사

㉠ do(충분하다, 도움이 되다)

Any book will do. (아무 책이라도 됩니다.)

㉡ matter(중요하다, 문제가 되다)

It doesn't matter if we flunk. (우리는 낙제해도 상관없다.)

㉢ count(중요하다)

He doesn't count in our team. (그는 우리 팀에서 중요한 존재가 아니다.)

㉣ pay(수지맞다, 이익이 되다)

Kindness sometimes does not pay. (때때로 친절은 이익이 되지 않는다./때때로 친절을 베풀어도 보답을 받지 못한다.)

㉤ work(작동하다, 잘 돌아가다)

This TV doesn't work. (이 TV는 작동하지 않는다.)

㉥ read(~이라고 쓰여 있다, ~으로 해석되다)

It reads as follows. (그것은 다음과 같이 적혀 있다.)

ⓐ sell(팔리다)

This sells for one dollars. (이것은 1달러에 팔린다.)

## (2) 2형식 문형

### ① 문형

$$S + V + C \text{ (주어 + 불완전 자동사 + 보어)}$$

㉠ He is a doctor. (그는 의사다.)

㉡ That sounds great! (좋은 의견이에요!)

㉢ They remained silent for some time. (그들은 한동안 침묵했다.)

㉣ It proved (to be) true. (그것은 사실임이 판명되었다.)

㉤ My teacher seemed disappointed. (내 선생님은 실망한 듯 했다.)

### ② 불완전 자동사

👓👓 한눈에 쏙~

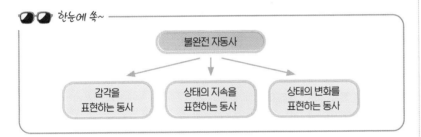

㉠ 의미의 완전한 표현을 위해 동사를 보충하는 보어(형용사, 명사 및 명사 상당어구)를 필요로 하는 동사

　• 감각을 표현하는 동사 : smell, look, taste, feel, sound 등
　　This flower smells sweet(sweetly ×).

　• 상태의 지속('~이다', '~있다')을 표현하는 동사(be 유형) : be, seem, appear, look, remain, keep, hold, lie, stand, sit, stay 등(※ 'be'가 완전자동사로 쓰일 때는 '존재하다'의 의미를 지님)

　　– He remained silent(silently ×) for an hour.
　　– The apple appears rotten(rottenly ×) inside.

㉡ 상태의 변화('~이 되다', '~해지다')를 표현하는 동사(become 유형) : become, go, get, grow, come, run, fall, make, turn, prove, turn out 등

　He grew weary(wearily ×).

## (3) 3형식 문형 ★빈출개념

### ① 문형

$$S + V + O \text{ (주어 + 완전 타동사 + 목적어)}$$

SEMI-NOTE

**준보어(유사보어)**

• 2형식 문장의 보어와 같은 역할을 하지만, 없어도 구조(1형식)상 문제가 없는 문장 성분
　– She died a bachelor.
　– The boy returned safe.

**감각동사 + 형용사**

• 감각동사(feel, sound, smell, look, taste) 다음에 형용사가 오면 2형식 문장이 됨
　– I feel good. It smells nice. He looks happy. It sounds great.

• 다음과 같은 경우는 5형식 문장이 됨
　– I saw him entered the room.
　– I heard the boy singing a song.

**seem**

• seem + (to be) ~ (~처럼) 보이다 [생각되다], (~인) 듯하다
• seem + to do ~ (~하는 것으로) 생각되다[느껴지다], (~같은) 생각이 들다, (~한) 듯하다

**자동사와 타동사의 구별**

동사가 목적어를 필요로 하면 타동사, 목적어를 필요로 하지 않으면 자동사임. 자동사는 동사의 작용이 다른 것에 머리지 않고 오직 주어 자신에서만 끝남

**4형식 동사로 혼동하기 쉬운 3형식 동사**

수여동사로 착각하기 쉬운 3형식 동사는 타동사로서 반드시 목적어를 갖지만 수여동사처럼 간접목적어와 직접목적어를 동시에 사용할 수 없음

**군동사의 타동사화의 종류**

• 전치사적 동사 : 동사 + 전치사
 – A taxi ran over a dog.
 – She depends on her husband.
• 어구 동사 : 동사 + 부사
 – I called off the meeting.
 – We put off the conference.

---

　㉠ She loves Mr. Kim. (그녀는 김 씨를 사랑한다.)

　㉡ Mr. Wilson attended the meeting. (윌슨 씨는 회의에 참석했다.)

　㉢ He robbed me of my watch. (그가 내 시계를 훔쳤다.)

　㉣ They went on a strike. (그들은 동맹 파업에 들어갔다.)

② 완전 타동사 ★빈출개념

　동작을 받는 목적어가 필요하고, 그 목적어만으로 표현이 가능한 동사

　see, catch, smile, know, enter, attend, join, reach, marry, obey 등

③ 4형식 동사(수여동사)로 혼동하기 쉬운 3형식 동사

　㉠ explain, introduce, announce, admit, describe, confess, complain, suggest, propose, rob, deprive, rid, cure, remind, notify 등

　㉡ 구소 : 동사 + 복석어 + 전지사 + 사람 / 동사 + 전치사 + 사람 + 목적어(목적어가 후치될 때)

　　• The investor explained us the situation. (×) → They explained the situation to us.

　　• He introduced me his parents. (×) → He introduced his parents to me.

　　• He suggested me that I apply for a scholarship. (×) → He suggested to me that I (should) apply for a scholarship.

④ 3형식 동사의 특수한 유형

　㉠ 동족목적어 : 자동사가 그 동사와 같은 의미의 목적어와 어울리며 타동사로 변하는 경우, 같은 의미의 목적어를 동족목적어라고 함

　　• live, sleep, dream, nod, fight, die, smile, sing, sigh, breathe 등

　　• The boy lived a happy life. (그 소년은 행복한 삶을 살았다.)

　　• I dreamed a weird dream. (나는 이상한 꿈을 꾸었다.)

　　• They fought a good battle. (그들은 잘 싸웠다.)

　㉡ 군동사(群動詞)의 타동사화 : look at, call up, call off, give in, bring up, make out, account for, make up for, make use of, put up with, pay attention to, find fault with 등

실력up **군동사(群動詞)의 타동사화 예문**

• The union called off the strike. (노조는 파업을 중지했다.)

• They could not account for the missing funds. (그들은 없어진 자금에 대해 설명하지 못했다.)

• He must make up for the loss. (그는 손실을 변상해야 한다.)

• We should pay attention to the fact. (우리는 그 사실에 유의해야 한다.)

## (4) 4형식 문형

① 문형

S + V + IO + DO (주어 + 수여동사 + 간접 목적어 + 직접 목적어)

㉠ She gave me her necklace. (그녀는 내게 자신의 목걸이를 주었다.)

㉡ He bought her a book. (그는 그녀에게 책을 한 권 사주었다.)

㉢ I envy him his bravery. (나는 그의 용기를 부러워한다.)

② 수여동사

어떤 것을 주고받는다는 의미를 가진 타동사로서, 간접 목적어와 직접 목적어를 필요로 함

ask, bring, buy, give, lend, make, show, send 등

③ 4형식 문장의 전환(4형식 ⇔ 3형식)

㉠ 4형식 문장의「주어 + 동사 + 간접 목적어 + 직접 목적어」형식을「주어 + 동사 + 직접 목적어 + 전치사 + 간접 목적어」로 바꾸어 3형식 문장으로 전환 가능

㉡ 4형식 전환 시의 전치사 유형

• 'to' 사용 : give, pay, hand, sell, send, lend, show, teach, write, offer, mail, owe 등

‒ I send her my baggage. (나는 그녀에게 내 짐을 보냈다.) [4형식] → I send my baggage to her. [3형식]

‒ I owe him my success. [4형식] → I owe my success to him. [3형식]

• 'for' 사용 : buy, build, make, get, order, find, choose, save, spare, do(~을 베풀다) 등

‒ I will buy my father an overcoat. (나는 아버지에게 외투를 사드릴 것이다.) [4형식] → I will buy an overcoat for my father. [3형식]

‒ Will you do me a favor? (부탁하나 들어줄래?) [4형식] → Will you do a favor for me? [3형식]

• 'on' 사용 : play, impose, bestow 등

• 'of' 사용 : ask, beg, inquire 등

‒ The student asked me a question. [4형식] → The student asked a question of me. [3형식]

④ 4형식 형태로만 사용되는 동사(3형식으로 쓸 수 없는 수여동사) : '주어 + 수여동사 + 간접목적어 + 직접목적어'의 형태로만 쓰이며, '주어 + 수여동사 + 직접목적어 + 전치사 + 간접목적어'의 형태는 불가함

㉠ envy, pardon, forgive, save, spare, cost, charge, grudge, answer, deny, take, strike 등

㉡ I envy you your fortune. [4형식] / I envy your fortune to you. [3형식] (×)

㉢ That saves me much time. [4형식]

㉣ It costs me ten dollars. [4형식]

## (5) 5형식 문형

① 문형

> S + V + O + OC (주어 + 불완전 타동사 + 목적어 + 목적보어)

---

SEMI-NOTE

수여동사

• 수여동사
  ‒ 수여동사에서 수여는 주다를 의미
  ‒ '누군가'에게 '무엇을' 주어야만 성립 가능 함
• 수여동사 뒤에 오는 두 개의 목적어
  ‒ 사람에 해당하는 간접목적어
  ‒ 물건에 해당하는 직접목적어

do의 4형식 전환 시 전치사 유형

• 'to' 사용 : harm, damage, good 을 직접 목적어로 취할 경우
  ‒ Too much light does the eyes harm. [4형식]
    → Too much light does harm to the eyes. [3형식]
• 'for' 사용 : favor를 직접 목적어로 취할 경우
  ‒ Will you do me a favor? [4형식]
    → Will you do a favor for me? [3형식]

4형식 동사

4형식 형태로만 사용되는 동사들이 사용된 4형식 문장에서는 간접목적어를 생략 가능함

for와 직접목적어

• 'I envy you your fortune.'에서 직접 목적어 앞에 for를 쓸 수도 있음
  ‒ I envy you for your fortune.

**불완전 타동사**
– 주어 + 동사 + 목적어 + 목적격 보어

---

목적보어가 'to be + 형용사분사'인 경우 'to be'는 생략 가능

• want 유형(want, like, wish, get, find) → 일반적으로 'to be'를 생략
 – We want it (to be) ready.

• think 유형(think, consider, order, feel, prove, believe, imagine) → 'to be' 생략 가능
 – I thought him (to be) wise.

• know 유형(know, allow, permit, expect) → 일반적으로 'to be' 생략 불가
 – He expected her to be reliable.

---

**목적보어 to부정사의 that절 전환**
• to부정사를 that절로 전환할 수 있는 동사 : admit, ask, beg, believe, consider, expect, feel, find, know, report, suppose, warn
• to부정사를 that절로 전환할 수 없는 동사 : allow, appoint, cause, compel, condemn, dare, get, help, mean, permit, require

---

ⓐ I believe him honest. (나는 그가 정직하다고 믿는다.)

ⓑ I saw her play the piano. (나는 그녀가 피아노 연주하는 것을 보았다.)

ⓒ Willy heard his name called. (Willy는 그의 이름이 불리는 것을 들었다.)

② 불완전 타동사

목적어와 더불어 그 목적어를 설명하는 목적보어(명사, 형용사, 분사, to부정사 등)를 필요로 하는 동사 call, elect, find, leave, make, name 등

③ 목적보어와 동사 유형

㉠ '명사(구)'가 목적보어인 동사 : make, elect, appoint, call, name, think 등
 • We elected John president. (우리는 John을 의장으로 선출했다.)
 • I thought him a man of ability. (나는 그가 능력 있는 사람이라 생각했다.)

㉡ '형용사'의 '분사'가 목적보어인 동사 : make, believe, leave, hold, have, render, keep, see, push, paint, strike, set 등
 • Please leave the door open. (문을 열어두세요.)
 • They painted their house blue. (그들은 집을 파란색으로 칠했다.)
 • I found the boys playing baseball. (나는 그 아이들이 야구를 하고 있는 것을 발견했다.)

㉢ 'to부정사'가 목적보어인 동사 : allow, ask, expect, cause, enable, encourage, order, force, forbid, believe 등
 • Professor Kim ordered me to do this first. (김 교수는 나에게 이것을 먼저 하라고 명령했다.)
 • The rain caused the river to rise. (비는 그 강이 넘치게 했다.)

㉣ 'as + (동)명사' 형태가 목적보어인 동사(S + V + O + as + OC) : consider, treat, describe, look on[upon], regard, think of, refer to, define
 • They considered her (as) stupid. (그들은 그녀를 우둔한 사람으로 간주했다.)
 • We treated it as a joke. (우리는 그것을 농담으로 여겼다.)
 • We regard his argument as logical. (우리는 그의 주장이 논리적이라 생각한다.)

㉤ 'for + 형용사 · 분사 · 명사' 형태가 목적보어인 동사 : take, mistake, give up 등
 She took his help for granted. (그녀는 그의 도움을 당연한 것으로 생각했다.)

④ 사역동사와 지각동사 ★ 빈출개념

㉠ 사역동사
 • 종류 : make, let, have
 • 용법 : 목적어와 목적보어의 관계가 능동일 때 목적보어는 원형부정사(동사원형)가 되며, 목적어와 목적보어의 관계가 수동일 때 목적보어는 과거분사가 됨
  – I will make him change his plans.(= I will compel him to change his plans.) (나는 그가 계획을 바꾸도록 만들 것이다.)

– The police let the boys go. (= The police permitted the boys to go.) (경찰은 그 소년들이 가도록 허가했다.)

– She won't let you go alone. (그녀는 네가 혼자 가도록 내버려두지 않을 것이다.)

– My parents had me clean the room. (= My parents got me to clean the room.) (내 부모님은 내가 방 청소를 하게 했다.)

– He had[got] his watch stolen. (그는 그의 시계를 도둑맞았다.)

**실력up  have[get] + 사물 + 과거분사(have + 사람 + (to) 동사원형, get + 사람 + to 동사원형)**

• '~을 시키다, ~하여 받다'
  – I had [ got ] my manuscripts typed.
• '~되다', '~을 당하다'
  – She got[had] her knees skinned.

ⓛ 지각동사

• 종류 : see, watch, notice, observe, hear, feel, smell, taste, listen to
• 용법 : 목적어와 목적보어의 관계가 능동일 때 목적보어는 원형부정사(동사원형)가 되는데, 목적보어가 목적어의 진행 동작을 나타내는 경우는 목적보어가 진행형(-ing)이 됨, 목적어와 목적보어의 관계가 수동일 때 목적보어는 과거분사가 됨

  – I saw him cross the road. (나는 그가 길을 건너는 것을 보았다.)
  – I smell something burning. (무엇인가가 타고 있는 냄새가 난다.)
  – He saw his room cleaned. (그는 그의 방이 청소되어 있는 것을 보았다.)

⑤ 목적어와 목적보어의 도치

ⓛ 목적어가 부정사 · 동명사구, 명사절인 경우 : 가목적어 'it'을 두고 도치됨
They thought it their duty[목적보어] to serve their country[목적어].
(그들은 조국에 봉사하는 것이 그들의 의무라 생각했다.)

ⓛ 목적어가 명사구인 경우 : 목적어와 목적보어가 도치됨
It can make visible[목적보어] details in our body[목적어]. (그것은 우리 몸의 상세한 부분이 보이도록 할 수 있다.)

ⓒ 관용적으로 도치될 수 있는 경우(동사 + 목적보어) : make possible, make clear, cut short, push open, wash clean
It will make possible[목적보어] our success[목적어]. (그것은 우리의 성공이 가능하도록 할 것이다.)

## 2. 동사의 주의해야 할 용법

### (1) 타동사로 착각하기 쉬운 자동사

① 중요 자동사

ⓛ graduate 졸업하다, 승진하다, 자격을 얻다

사역동사의 목적보어가 자동사인 경우
• 사역동사의 목적보어가 자동사인 경우 원형부정사(동사원형)를 씀
  - He had his cat die yesterday.

**기타 자동사의 용법**

• head for ~로 향하다
• return to ~로 돌아가다
• speak to ~에게 말을 걸다, ~에게 말하다, ~에 언급하다
• talk to ~에게 말을 걸다
• account for ~에 대해 설명하다
• listen to ~에 귀 기울이다, 경청하다
• agree with ~와 의견이 일치하다, ~에 맞다
• agree to ~에 동의하다

45

**완전타동사로 착각하기 쉬운 완전 자동사**

- happen 일어나다
- occur 일어나다
- emerge 나타나다
- apologize 사과하다
- arrive 도착하다
- wait 기다리다

**attend**

- attend의 경우 '~에 참석하다'의 의미로는 타동사지만 다른 의미의 자동사로 쓰이기도 함
- attend on 시중들다, 수반하다
- attend to ~을 처리하다, ~을 돌보다

**기타 타동사**

- reach ~에 도착[도달]하다(= get to) cf. reach to[at] (×)
- attack 공격하다, 착수하다
- survive 살아남다
- inhabit ~에 살다, 거주[서식]하다
- obey 복종[순종]하다, 준수하다

**3형식 동사 explain, introduce**

explain/introduce + 목적어(사물) + to 사람 [3형식]

---

When did you graduate college? (×)

→ When did you graduate from college? (언제 대학을 졸업하셨습니까?) (○)

ⓛ complain 불평하다, 푸념하다

I have nothing to complain. (×)

→ I have nothing to complain of. (나는 불만 없습니다.) (○)

ⓒ wait 기다리다(~for), 시중들다(~on, at)

Who are you waiting? (×)

→ Who are you waiting for? (누구를 기다리고 있니?) (○)

### (ㄹ) 지동사로 착각하기 쉬운 타동사

① 중요 타동사(3형식 동사)

ⓐ resemble ~을 닮다

The boy resembles with his father. (×)

→ The boy resembles his father. (그 소년은 아버지를 닮았다.) (○)

ⓛ attend 출석[참석]하다

cf. attend to(〈자동사〉 보살피다, 돌보다, 전념하다, 귀를 기울이다, 주의하여 듣다)

I forgot to attend to the meeting. (×)

→ I forgot to attend the meeting. (그 회의에 참석할 것을 잊었다.) (○)

ⓒ discuss 논의하다, 토의하다

We will discuss about the situation tomorrow. (×)

→ We will discuss the situation tomorrow. (그 상황에 대해서는 내일 논의할 것이다.) (○)

② 기타 타동사

ⓐ approach ~에 다가가다

cf. approach to (×)

ⓛ enter 들어가다, 참가하다

cf. enter into (~에 착수하다), enter for an examination(시험에 응시하다)

ⓒ marry ~와 결혼하다

cf. marry with (×)

ⓔ mention 언급하다, 간단히 말하다

cf. mention about (×)

### (3) 4형식 동사(수여동사)로 착각하기 쉬운 3형식 동사

① 중요 3형식 동사

ⓐ explain 설명하다

John explained me the situation. [4형식] (×)

→ John explained the situation to me. [3형식] (○)

ⓛ introduce 소개하다, 도입하다

He introduced us his family. [4형식] (×)

→ He introduced his family to us. [3형식] (○)

## 02절 시제(Tense)

### 1. 현재시제와 과거시제

#### (1) 현재시제

① 현재형의 구조

- be 동사의 경우에는 am, are, is
- have 동사의 경우에는 have, has
- 그 외의 경우에는 동사의 원형과 같음
- 단, 주어가 3인칭 단수인 경우에는 동사의 원형에 −s나 −es를 붙임

👓 한눈에 쏙~

현재형

과거 ⟷ 현재 ⟷ 미래

② 현재시제의 용법

㉠ 일반적 사실이나 불변의 진리 · 격언

- Teachers teach students at schools. (교사들은 학교에서 학생들을 가르친다.)
- Honesty is the best policy. (정직이 최선의 방책이다.)
- The moon goes around the earth. (달은 지구 주위를 돈다.)
- The early bird catches the worm. (일찍 일어나는 새가 벌레를 잡는다.)

㉡ 현재의 반복적 · 습관적인 일이나 현재의 동작 · 상태(사실)

- I usually leave for work at 7:00 A.M. (나는 아침 7시에 출근한다.)
- She goes to school. (그녀는 학교에 다닌다.)
- We live in an apartment. (우리는 아파트에 산다.)
- Mary has beautiful eyes. (Mary는 아름다운 눈을 가지고 있다.)

③ 현재시제의 미래시제 대용

㉠ 시간 · 조건의 부사절(※ 명사절 · 형용사절에서는 미래시제 사용)

㉡ 시간 · 조건의 부사절에서 현재(현재완료)시제가 미래(미래완료)시제를 대신함

**기타 3형식 동사**

- suggest 암시하다, 제의[제안]하다
- propose 제의하다, 작정하다, 꾸미다, 신청하다
- announce 알리다, 공고하다
- admit 들이다, 넣다, 허락하다
- describe 묘사하다, 기술하다
- confess 자백[고백]하다, 인정하다
- complain 불평하다, 호소하다
- provide, supply, furnish 공급하다

시제
- 대과거
  - had gone
- 과거
  - went
- 현재
  - go
- 미래
  - will go

**왕래발착동사**

- 왕래발착동사의 현재형(현재진행형) + 가까운 미래를 나타내는 부사 · 부사구
- 왕래발착동사 : go, come, start, leave, return, arrive, depart, reach, open, close, begin, end 등
  - He comes back tonight.
  - She returns next Monday.

**시간 · 조건의 부사절 예문**

- I will go if he comes[will come(×)] back. (그가 돌아오면 나는 갈 것이다.)
- Do you mind if I open[will open(×)] the window? (제가 창문을 열어도 괜찮을까요?)
- I will have read this book four times if I read[will read(×)] it once again. (내가 이 책을 한 번 더 읽으면 네 번째 읽는 셈이 될 것이다.)

– The next time I go[will go(×)] to New York, I am going to see a ballet. (다음번에 내가 뉴욕에 갈 때에, 나는 발레를 볼 것이다.)

– When he comes[will come(×)], I will talk with him. (그가 돌아올 때, 나는 그와 대화할 것이다.)

**실력UP   시간·조건 부사절을 이끄는 접속사**

• 시간 · 때 : after, before, when, as soon as
• 조건 : if, unless

## (ㄴ) 현재진행형

① 구조

• 주어 + be + 동사의 진행형
• I + am + going / doing
• He / She / It + is + going / doing
• You / We / They + are + going / doing

 한눈에 쏙~

② 현재진행시제의 용법

(ㄱ) 현재 이루어지고 있는 일

• Please don't make so much noise. I'm reading. (시끄럽게 하지 말아주세요. 지금 책 읽고 있습니다.) → I read. (×)

• "Where's Mr. Park?" "He's taking a bath." ("박 씨는 어디 있죠?" "지금 목욕 중입니다.") → He takes a bath. (×)

(ㄴ) 반드시 현재 일어나는 일일 필요는 없음

I'm reading the book. I'll lend it to you when I'm done with it. (지금 그 책을 읽고 있습니다. 다 읽으면 당신에게 빌려드리죠.)

※ 화자는 말하는 현재 책을 읽고 있지 않음. 책 읽기를 시작했지만 아직 끝나지 않은 상태이기 때문에 현재진행시제를 사용

③ 진행형으로 쓸 수 없는 동사

(ㄱ) 진행형이 가능한 동사 : 반복행위나 활동, 변이 등을 표현하는 동적 동사

• That girl is always grumbling. (저 소녀는 항상 불평한다.)

• My father is watering the flowers. (아버지는 꽃에 물을 주고 있다.)

ⓛ **진행형 불가 동사** : 지각 · 인식 · 감정 · 상황 · 소유 등을 표시하는 상태 동사

| 무의식적 지각동사 | see, hear, smell, taste, feel<br>cf. 의지가 포함된 지각동사(look, watch, listen 등)는 진행형 가능 |
|---|---|
| 인식 · 사고 동사 | know, suppose, mean, think, believe, doubt, understand, remember, wonder(※ wonder는 구어체에서 진행형 가능) |
| 감정 · 심리 동사 | like, love, prefer, hate, want, hope, fear |
| 소유 · 존재 · 소속 동사 | have, belong, possess, seem, appear, exist, consist, contain<br>cf. 소유의 의미가 아닌 다른 의미로 사용되는 경우 진행형 가능 |
| 기타 상태 동사 | be, resemble, differ, lack 등 |

- Are you seeing the girl walking down the street? (×)
  → Do you see the girl walking down the street? (길을 걸어가는 저 소녀를 보고 있습니까?)
  cf. She is seeing a doctor. (○) (seeing = consulting)
- I'm knowing Mr. Kim very well. (×)
  → I know Mr. Kim very well. (나는 김 씨를 잘 알고 있습니다.)
- Tony is resembling his grandfather. (×)
  → Tony resembles his grandfather. (Tony는 그의 할아버지를 닮았다.)
- I'm wanting to eat something because I'm hungry. (×)
  → I want to eat something because I'm hungry. (배가 고파서 무언가 먹고 싶다.)

## (3) 과거시제 ★빈출개념

① **과거형**

 ㉠ **일반적 형태** : 일반적으로 동사 뒤에 –ed를 붙여줌. 의문문은 「Did + you/she + 원형 ~ ?」의 형태로 만듬

 ㉡ **주의할 동사의 변화형(불규칙 형태)** : 현재형 – 과거형 – 과거분사형
 bite(물다) – bit – bitten / creep(기다) – crept – crept / dig(파다) – dug – dug / fight(싸우다) – fought – fought / forbid(금지하다) – forbade – forbidden / hang(매달다) – hung – hung / hang(교수형에 처하다) – hanged – hanged / lay(눕히다) – laid – laid / lie(눕다) – lay – lain

② **과거시제의 용법** : 과거의 동작이나 상태, 경험, 습관

 ㉠ He was born in 1972. (그는 1972년에 태어났다.)
 ㉡ Do you remember the incident that took place at our first meeting? (우리의 첫 회의에서 일어났던 사고를 기억합니까?)
 ㉢ The recital was a great success. (그 연주회는 큰 성공을 거두었다.)

SEMI-NOTE

**have가 '소유하다'의 의미일 때**
- 진행형으로 쓸 수 없음
- I have a good laptop computer. (나는 좋은 휴대용 컴퓨터를 가지고 있다.)
  → I'm having a good laptop computer. (×)
- I'm having a great time. (나는 즐거운 시간을 보내고 있다.) (○)

**resemble**
- resemble은 진행형을 쓸 수 없는 상태동사/타동사
- 전치사 with 불가
- 수동태 불가

**지각동사가 본래의 의미 이외의 뜻을 가진 경우**
- 진행형을 쓸 수 있음
- I'm seeing my client next Monday. (오는 월요일에 내 고객을 만날 것이다.)

**주의할 동사의 변화형**
- lie(거짓말하다) – lied – lied
- ride(타다) – rode – ridden
- seek(찾다) – sought – sought
- sink(가라앉다) – sank – sunk
- slide(미끄러지다) – slid – slid
- sting(찌르다) – stung – stung
- swear(맹세하다) – swore – sworn
- swim(수영하다) – swam – swum

**역사적 사실**
- Columbus discovered America in 1492. (콜럼버스는 1492년 미국을 발견했다.)
- The Korean War broke out in 1950. (한국전은 1950년 발발했다.)

**과거**

• 과거에 같은 기간에 걸쳐 발생한 두 가지의 사건이나 행동에 대해 말할 때, 과거진행형 또는 단순 과거 사용 가능
• 과거진행형을 사용하면 어떤 행동이나 사건이 과거의 해당 기간 중에 진행되는 상황이었음을 강조

**과거형**

- I walked home after the class. (수업이 끝난 후 나는 집에 걸어갔다.) [집까지 걸어가는 행위가 끝났다.]

**완료시제**

• 과거완료
 – had gone
• 현재완료
 – have[has] gone
• 미래완료
 – will have gone

**been (to)**

• 방문하다(= visit)
 – I've never been to the Republic of South Africa.

## (4) 과거진행형

① 구조

> • 주어 + be동사의 과거형 + –ing
> • I / He / She / It + was + going / doing
> • We / You / They + were + going / doing

② 과거진행시제의 용법 : 과거의 특정 시점에 진행 중이었던 일
  ㉠ Allen was reading a book when Jamie entered the room. (Jamie가 방에 들어갔을 때 Allen은 책을 읽고 있었다.)
  ㉡ What were you doing at 8 : 00 P.M. last night? (어제 밤 8시에 무엇을 하고 있었니?)

③ 과거형과의 비교
  ㉠ 구분 : 과거형에서 행위는 진행이 끝나지만 과거진행형에서는 행위가 진행중에 있음을 표현
  ㉡ 예문
   과거진행형
   I was walking home when I met Kelly. (Kelly를 만났을 때 나는 집으로 걸어가고 있었다.) [집으로 걸어가고 있는 도중에 만났다.]

# 2. 완료시제

## (1) 현재완료시제 ★빈출개념

① 현재완료형의 구조

> • 현재완료 : 주어 + have[has] + p.p.(과거분사형)
> • I / We / You / They + have(= 've) + gone / done
> • He / She / It + has(= 's) + gone / done
> • 현재완료 진행 : 주어 + have[has] + been + –ing
> • I / We / You / They + have(= 've) + been + going / doing
> • He / She / It + has(= 's) + been + going / doing

② 현재완료시제의 용법
  ㉠ 경험 : 과거부터 현재까지의 경험(→ 주로 ever, never, often, once, seldom, before, sometimes 등과 함께 쓰임)
   • Have you ever been to London? (런던에 가 본적이 있습니까?)
   • This is the first time I've flown an airplane. (비행기를 조종하는 건 처음입니다.)
   • I'm surprised that you haven't heard of Mark Twain, the American novelist. (당신이 미국 소설가 Mark Twain에 대해 들어본 적이 없다는 것은 놀랍습니다.)

ⓛ **계속** : 과거부터 현재까지 계속되는 일이나 사실(→ 주로 how long, for, since, always, so far, these days 등이 함께 사용됨)

- How long have you been in Busan? (부산에는 얼마나 오랫동안 계셨습니까?)
- I have lived here for a year. (나는 여기에 일 년째 살고 있다.)
- I've known Corey very well since I was in high school. (나는 고등학교 때부터 Corey를 잘 알았다.)
- It has been raining for three hours. (비가 세 시간 동안 내리고 있다.)

ⓒ **완료** : 과거 사실이 현재 완료되어 있음을 강조(→ 주로 already, yet, just, lately, this week, today, this year, recently, by the time 등의 표현과 함께 사용됨)

- He has just finished the work. (그는 막 그 일을 끝냈다.)
- The investors have already arrived. (투자자들이 이미 도착했다.)

ⓔ **결과** : 과거 사실이나 행위의 결과가 현재 나타남을 강조할 때

- Hank has lost his eyesight. (Hank는 시력을 잃었다.) → 그 결과 현재 앞을 볼 수 없다.
- The old man has cut his finger. (그 노인은 손가락을 베었다.) → 현재 손가락이 아프다.
- Mr. Jung has gone out. (정 씨는 밖에 나갔다.) → 현재 밖에 있다.

## (2) 과거완료시제

① 과거완료형의 구조

- 과거완료 : 주어 + had + p.p.(과거분사형)
- I / We / You / They / He / She / It + had(= 'd) + gone / done
- 과거완료 진행 : 주어 + had + been + ‒ing
- I / We / You / They / He / She / It + had(= 'd) + been + going / doing

② 과거완료시제의 용법 : 과거의 기준이 되는 시점보다 과거에 일어난 일을 표현

ⓐ The train had left when I got to the station. (내가 역에 도착했을 때 기차는 이미 떠났었다.)

ⓑ I was very tired when I got home. I had been studying hard all day. (집에 돌아갔을 때 굉장히 피곤했다. 그날 하루는 열심히 공부했었다.)

③ No sooner, scarcely, hardly 구문 : ~하자마자 ~했다

No sooner + had + 주어 + 과거분사 + than + 과거형 = Scarcely[Hardly] + had + 주어 + 과거분사 + when / before + 과거형

> **실력UP** No sooner had I arrived at home, than it began to rain. (내가 집에 도착하자마자 비가 내리기 시작했다.)
>
> = I had no sooner arrived at home than it began to rain.
> = Hardly[Scarcely] had I arrived at home, before[when] it began to rain.
> = I had hardly[scarcely] arrived at home before[when] it began to rain.
> = The minute[moment, instant] I arrived at home, it began to rain.
> = Immediately[Directly, Instantly] I arrived at home, it began to rain.
> = As soon as I arrived at home, it began to rain.
> = On my arriving at home, it began to rain.

## 3. 미래시제

### (1) 미래시제의 다양한 표현

① will / shall의 용법

ㄱ 행위를 하기로 결정한 경우

- I'll have some vanilla milk shake. (바닐라 밀크셰이크로 주세요.)
- I'll let you have this magazine. (내가 이 잡지 너 줄게.)

ㄴ 이미 결정한 사실에 대해 말할 때는 will을 사용하지 않음

- Will you work next Sunday? (×)
  → Are you working next Sunday? (다음주 일요일에 일하세요?)
- I will watch the football game this evening. (×)
  → I'm going to watch the football game this evening. (오늘 저녁에는 축구 경기를 볼 생각이다.) ※ 이미 결정한 사실(가까운 시간에 일어날 것)에 대해서는 'be going to'를 사용하는 것이 일반적임

ㄷ 미래에 일어날 일을 예측하는 경우에 will을 사용

- Where will you be this time next year? / I'll be in France. (내년 이맘때에 어디에 계실 건가요? / 프랑스에 있을 겁니다.)
- Ron won't pass the exam for he hasn't studied hard. (공부를 열심히 안 했기 때문에 Ron은 시험을 통과하지 못할 것이다.)

② 미래시제를 대신하는 주요 표현

ㄱ be going to + 동사원형(~할 예정이다)

- It is going to rain. (비가 올 것이다.)
- He is going to buy a new car. (그는 새 자동차를 살 것이다.)

ㄴ be to + 동사원형(하기로 되어 있다, ~할 예정이다)(= be supposed to + 동사원형)

- The concert is to be held in November. (콘서트는 11월에 열릴 것이다.)
- We are to meet there at 9. (우리는 그곳에서 9시에 만나기로 되어 있다.)
- So what are we supposed to do? (그럼 우리는 어떻게 해야 되죠?)

---

**will의 표현**

- 타인의 의견을 물을 때는 「Shall [Should] I …? / Shall[Should] we …?」의 형식을 취함
  - Shall I telephone her and ask her to come here? (그녀에게 전화를 해서 여기로 오라고 할까요?)
  - What should we do? (우리는 무엇을 해야 하죠?)

**was going to do**

- 과거에 행위를 하려고 했으나 하지 않은 경우를 표현
  - Bill was going to meet Jane, but he changed his mind. (Bill은 Jane을 만날 예정이었지만 생각을 바꾸었다.)

ⓒ be about to + 동사원형(막~ 하려고 한다)(= be ready to + 동사원형 = be on the point[brink, verge] of –ing)

- I'm about to go to the airport. (나는 공항으로 가려고 한다.)
- The film is about to start. (영화가 곧 시작하려고 한다.)
- What are you about to do? (뭘 하려는 겁니까?)
- I am on the point of posting the letter. (나는 지금 막 편지를 보내려한다.)

## (2) 미래진행시제와 미래완료시제

① 미래진행형

　ⓐ 미래의 진행 중인 동작 등을 표현

　ⓑ 'will be + –ing'

- He will be working at 2P.M. tomorrow. (내일 오후 2시에 그는 일하고 있을 것이다.)
- I will be watching TV if they go out. (그들이 나가면 나는 TV를 보고 있을 것이다.)

② 미래완료형

　ⓐ 미래의 어느 시점을 기준으로 그때까지의 완료 · 경험 · 계속 · 결과를 표현

　ⓑ 'will have + p.p.(과거분사)'

- She will have finished her work by tonight. (그녀는 오늘 밤까지 일을 끝내게 될 것이다.)
- The task will have been done by me. (그 일은 나에 의해 완수될 것이다.) [미래완료형수동태]

### 실력UP 동사의 12시제

| 현재 | am, are, is | 현재진행 | am, are, is + ing |
|---|---|---|---|
| 과거 | was, were | 과거진행 | was, were + –ing |
| 미래 | will + 동사원형 | 미래진행 | will be + –ing |
| 현재완료 | have[has] p.p | 현재완료진행 | have[has] been + –ing |
| 과거완료 | had p.p | 과거완료진행 | has been + –ing |
| 미래완료 | will have p.p | 미래완료진행 | will have been + –ing |

**미래시제를 대신하는 주요 표현**

- be bound to + 동사원형(반드시 ~하다, ~할 의무가 있다)
  - They are bound to lose in the game. (그들은 반드시 경기에서 지게 될 것이다.)
  - You are bound to observe the regulation. (너는 그 규정을 준수해야 한다.)
- be likely to + 동사원형(~할 [일] 것 같다)
  - It is likely to rain(= It looks like rain). (비가 올 것 같다.)
  - The event is likely to be a great success. (그 행사는 대단한 성공을 이룰 것 같다.)
- be supposed + to동사원형 (~하기로 되어있다)
- intend to ~할 작정이다

**미래의 어느 시점을 기준으로 그때까지의 완료 · 경험 · 계속 · 결과를 표현**

The train will already have started by the time we get to the station.
(우리가 역에 도착했을 때 이미 기차는 떠난 뒤일 것이다.)

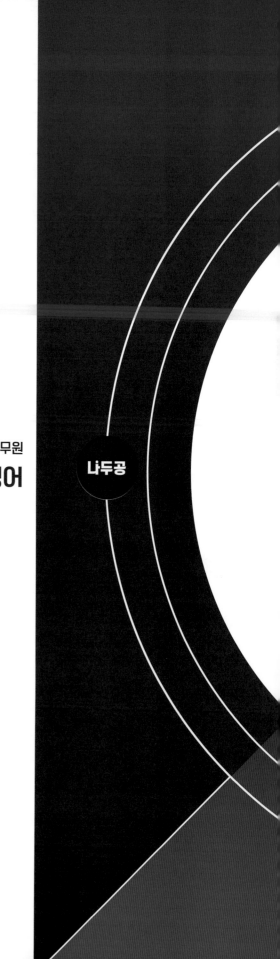

9급공무원

# 영어

나두공

나두공

# 02장 조동사(Auxiliary Verb)

01절 조동사 표현

# 조동사(Auxiliary Verb)

## 01절 | 조동사 표현

### 1. Can/Could

**(1) 주요 용법**

① 능력 · 가능성 : can(~할 수 있다)(= be able to do = be capable of doing)

㉠ Can you speak Japanese? (일본어를 말할 수 있습니까?)

㉡ I can help you if you want. (원한다면 너를 도와줄 수 있다.)

㉢ Anyone can make mistakes. (누구나 실수를 할 수 있다.)

㉣ The word 'water' can be a noun or a verb. ('water'라는 단어는 명사도, 동사도 될 수 있다.)

㉤ You can take a horse to the water, but you cannot make him drink. (말을 물가로 몰고 갈 수는 있지만 그 말에게 물을 먹게 할 수는 없다.)

② 추측 · 추정

㉠ cannot(~일[할] 리 없다) (↔ must)

㉡ cannot have p.p.(~이었을[했을] 리 없다)

㉢ It cannot be true. (그것은 사실일 리 없다.) (↔ It must be true)

㉣ He cannot have said so. (그가 그렇게 말했을 리 없다.)

③ 허가

㉠ Can I go back now? (지금 돌아가도 되나요?)

㉡ Can I stay here a little longer? (여기 조금 더 머무를 수 있을까요?)

㉢ Could I borrow your book? (책 좀 빌려도 되겠습니까?)['Can ~', 'Will~' 보다 공손한 표현]

④ could의 주요 용법

㉠ 과거의 능력 : '~할 수 있었다'는 의미의 could는 마음만 먹으면 언제든지 발휘할 수 있는 일반적인 능력을 나타내며, 반드시 '(과거에) 실제로 ~했다'를 의미하지는 않음

㉡ 가능성 · 추측 : 현재나 미래에 가능한 일에 대해 말할 때(can도 사용 가능)
What would you like to do this evening? We could go to a ballpark. (오늘 저녁에 뭐하실래요? 야구장에 가는 건 어때요.)

㉢ 정중한 표현 : 정중히 요청하거나 부탁할 때 사용
Could you help you in any way? (어떻게든 도와드릴 수 있을까요?)

**조동사 + 동사원형**

· 조동사 다음에는 동사원형의 형태로 본동사가 와야 함
  – The energy can be transferred to power.
  – All students must keep quiet in the library.

**can과 be able to**

· 의미상 유사하나, can이 사람이나 사물을 주어로 할 수 있음에 비해 'be able to'는 사람이 주어인 경우에만 사용
· can의 미래의 의미는 'will be able to'를 사용

**과거의 능력**

· He could pass the test. (그는 시험에 합격할 수 있었다.) [실제로 합격했다는 것을 의미하지는 않음]
  cf. 과거에 실제로 일어난 일은 'was able to', 'managed to', 'succeeded in –ing' 등으로 나타냄
  단, 부정문에 쓰인 could는 실제로 일어난 일을 나타냄
· I could not pass the exam. (나는 시험에 합격할 수 없었다.) [실제로 합격하지 못했음]

## (2) 관용적 표현

### ① cannot but + 원형부정사

> cannot (choose) but + 원형부정사(~하지 않을 수 없다)
>
> = cannot help + doing
>
> = cannot help but do
>
> = have no choice but to do
>
> = have no other way but to do
>
> = have no alternative[option] but to do

### ② cannot[never] … without ~

> cannot[never] … without ~(…하면[할 때마다] 반드시 ~한다) [부정어 + without]
>
> = cannot[never] … but + 주어 + 동사
>
> = Whenever 주어 + 동사, 주어 + 동사
>
> = When 주어 + 동사, 주어 + always + 동사

### ③ cannot … too

> cannot … too(아무리 …해도 지나치지 않다)
>
> = It is impossible to … enough

You cannot study too hard. (너는 아무리 공부를 열심히 해도 지나치지 않다.)

# 2. May/Might

## (1) 주요 용법

### ① 추측 · 추정

㉠ may + 동사원형(~일[할]지도 모른다)

㉡ may have + 과거분사(~이었을[하였을]지 모른다)

- Tom may have been hurt. (Tom은 다쳤을지 모른다.)(= Perhaps Tom was hurt.)
- I may have left the book in my room. (그 책을 내 방에 둔 것 같다.)

**실력up  may와 might**

- 둘은 일반적으로 같은 용법으로 사용되지만 현실이 아닌 것에 관해 말할 때는 might를 사용
  – If I knew him better, I might invite him to the party.
  (내가 그를 더 잘 알았다면, 그를 파티에 초대할 것이다.) → 그를 잘 모르므로 그를 초대하지 않을 것이다. (may ×)

SEMI-NOTE

cannot but + 원형부정사

- I cannot but laugh at his hairdo. (나는 그의 머리 모양을 보고 웃지 않을 수 없다.)
  = I cannot help laughing at his hairdo.

cannot[never] … without ~

- I cannot[never] see her without thinking of my mother. (그녀를 볼 때마다 내 어머니가 생각난다.)
  = Whenever I see her, I think of my mother.
  = When I see her, I always think of my mother.

02장

조동사

**May/Might 양보 용법**

- The businessman may be rich, but he is not refined. (그는 부자인지는 몰라도 세련되지는 못하다.)[뒤에 등위접속사 but 등을 동반]
  = Though the businessman may be rich, he is not refined.
- Try as she may, she will not succeed. (그녀가 아무리 노력해 보았자 성공하지 못할 것이다.)[양보의 부사절에서 사용됨]
- Whatever you may say, I will not believe you. (당신이 무슨 말을 한다 해도 나는 당신을 믿지 않을 것이다.)

**명사 might**

- (강력한) 힘[에너지], 권력
  - I pushed the rock with all my might. (나는 온 힘을 다해 그 바위를 밀었다.)

**might의 용법**

- 과거사실을 반대로 추측 예문
  - World history might have been changed if they had won the war. (만약 그들이 전쟁에서 이겼더라면 세계의 역사가 바뀔 수도 있었을 텐데.)
  - She might have come to meet him. (그녀가 그를 만나러 왔을 수도 있었는데. – 그렇지 못했다.)

**so that ... may ~ (~하기 위해서)**

= in order that ⋯ may ~

= that ⋯ may ~

- He studied hard so that he might pass the exam.
  (그는 시험에 통과하기 위해서 열심히 공부했다.)

② 허가 · 가능 · 기원(소망)
  ㉠ 허가(=can)
    • You may leave now. (지금 가도 됩니다.)
    • Might I smoke in here? (여기서 담배를 피워도 될까요?)['may ~'보다 공손한 표현]
    • You may not borrow my car. (제 차를 빌릴 수 없습니다.)[may not : 불허가, 금지]
  ㉡ 가능(= can)
    • The road may be blocked. (길이 막혔을 것이다.)
    • Gather roses while you may[can]. (할 수 있을 때 장미꽃을 모아라. 즐길 수 있을 때[젊을 때] 즐겨라.)
  ㉢ 기원(소망)
    • May you live long! (오래 사시길 바랍니다!)
    • May you always be happy and healthy! (언제나 행복하시고 건강하시길 바랍니다!)
③ might의 용법
  ㉠ 현재 · 미래에 관한 추측 : may보다는 자신이 없는 추측
  ㉡ 과거사실한 불확실한 추측 : 'might have + p.p.'(어쩌면 ~했을지도 모른다) ['may have + p.p.'보다 약한 가능성을 나타냄]
    She might have left yesterday. (그녀는 어제 떠났을지도 모른다.)
  ㉢ 과거사실을 반대로 추측 : 가정법 과거완료(might have p.p.)에 사용되어 '어쩌면 ~할 수도 있었는데 실제로는 ~하지 않았다'는 의미가 됨. 주로 과거사실에 대한 '유감'의 뜻을 나타낼 때가 많으며, 조건절은 생략되는 경우가 많음

## (2) 관용적 표현

① may well(~하는 것이 당연하다)
  = have good reason to + 동사원형
  = It is natural that + 주어 + should 동사원형
  He may well refuse the offer. (그가 그 제안을 거절하는 것이 당연하다.)
  = He has good reason to refuse the offer.
  = It is natural that he should refuse the offer.
② might(may) as well(~하는 편이 낫다)
  = had better + 동사원형
  ㉠ We might as well begin at once. (지금 즉시 시작하는 게 낫겠다.)
  ㉡ You may as well consult your lawyer. (변호사와 상의하는 게 좋겠습니다.)
    (= You had better consult your lawyer.)

③ might[may] as well A as B(B하느니 차라리 A하는 편이 낫다)

　　㉠ You might as well reason with the wolf as try to persuade him. (그를 설득하려고 하느니 늑대를 설득하는 편이 더 낫다.) ※ reason with ~을 설득하다

　　㉡ You might as well expect the river to flow back as expect me to change my mind. (내가 마음을 바꾸기를 기대하기보다는 차라리 강물이 거꾸로 흐르기를 기대하는 것이 더 낫다.)

## 3. Must

### (1) 강한 추측

　① 현재의 추측 : must + be(~임에 틀림없다) [↔ cannot + be(~일 리가 없다)]

　　㉠ He has been working all day. He must be tired.
　　　(그는 하루 종일 일했다. 그는 피곤해할 것이다.)

　　㉡ She must be honest. (그녀는 정직한 사람임이 틀림없다.)

　　㉢ He must be a liar. (그는 거짓말쟁이임에 틀림없다.)

　　　(↔ He cannot be a liar.)

　② 과거의 추측 : must have + p.p.(~이었음에[하였음에] 틀림없다)

　　㉠ It must have rained during the night. (간밤에 비가 왔음에 틀림없다.)

　　㉡ She must have been beautiful. (그녀는 예전에 예뻤던 것이 틀림없다.)

　　㉢ He must have been smoking too much when he was young. (그는 젊었을 때 담배를 너무 많이 피운 것이 틀림없다.)

### (2) 의무, 필연

　① 의무 · 필요

　　㉠ 의무 · 필요(~해야 한다)(= have to)

　　　• I must get up early tomorrow. (나는 내일 아침 일찍 일어나야 한다.)

　　　• You must hurry for it's too late. (너무 늦었으니 서둘러야 한다.)

　　㉡ 명령 · 금지 : must not(~해서는 안 된다)

　　　• You must not accept their offer. (당신은 그들의 제안을 수용해서는 안 된다.)(= You are not allowed to accept their offer.)

　　　　cf. need not(= don't have to)(~할 필요가 없다 ; 불필요)

　　　• You need not accept their offer.

　　　　= You don't have to accept their offer.

**실력up 필연(반드시 ~하다, ~하기 마련이다)**

Man must die sometime. (인간은 언젠가 죽기 마련이다.)

---

SEMI-NOTE

**may/might**

| | may | might |
|---|---|---|
| 추측 | ○ | ○ |
| 허가 | ○ | |
| 능력 | ○ | |
| 공손 | | ○ |
| 목적 | ○ | ○ |
| 양보 | ○ | ○ |
| 기원문 | ○ | |

**must**

- must + 동사원형 : 의무(~해야 한다)
- must + not + 동사원형 : 금지(~하면 안 된다)

**must와 have to**

같은 의미이나 과거의 경우는 'had to', 미래의 경우는 'will have to'를 사용

**추측의 확신 정도**

• must > should > may
　– The boy must be hungry.
　　(그 소년은 배고픔에 틀림없다.)
　– The boy should be hungry.
　　(그 소년은 배고플 것이다.)
　– The boy may be hungry.
　　(그 소년은 배고플지도 모른다.)

SEMI-NOTE

현재의 습관·습성

He will often go to school without eating breakfast.
(그는 자주 아침을 먹지 않고 학교에 가곤 한다.)

would 주요 용법

- 과거에 대한 추측
  - I suppose it would be the first time I saw the girl. (그것이 내가 그 소녀를 처음 본 것이었을 것이다.)
- 소원·소망(= wish to, want to)
  - If you would pass the test, you might follow my advice. (당신이 그 테스트를 통과하고 싶다면 내 조언을 따라야 한다.)

would rather + 절(~하면 좋을텐데)
= would that ~
= I wish ~

would like + 명사 (~을 가지고 싶다)
Would you like another cup of coffee? (커피 한 잔 더 하시겠습니까?)

shall
- ~일(할) 것이다 (단순미래)
  - Article 6 : The president shall preside at all meetings. (제6조, 의장은 모든 회의에서 사회를 본다.)
- ~하여야 한다(법률·규칙)
- 예언·운명(성경 등에서)
  - Ask, and it shall be given to you. (구하라, 그러면 얻을 것이다.)

# 4. Will/Would

## (1) 주요 용법

① will

　㉠ 단순미래(~할[일] 것이다)

　　You'll be in time if you hurry. (서두르면 제시간에 도착할 수 있을 것이다.)

　㉡ 의지미래(~할 작정이다[~하겠다])

　　• I will do as I like. (내가 원하는 대로 할 것이다.)

　　• I will do my best. (최선을 다하겠습니다.)

　㉢ 현재에 대한 추측

　　Mom will be downstairs now. (어머니는 지금 아래층에 계실 것이다.)

② would

　㉠ will의 과거

　㉡ 고집·강한거절

　　• He would not listen to my advice. (그는 내 충고를 들으려 하지 않았다.)

　　• His income was still small, but she would marry him. (그의 수입은 여전히 적었지만 그녀는 기필코 그와 결혼하려 했다.)

　㉢ 공손한 표현

　　Would you please help me? (저를 도와주시지 않겠습니까?)

　㉣ 과거의 불규칙적 습관·습성(~하곤 했다, 흔히 ~하였다)

　　I would often swim in this river when I was a child. (내가 어렸을 때 이 강에서 종종 수영을 하곤 했다.)

## (2) 관용적 표현

① would like to + 동사원형(~하고 싶다)

　I would like to see her. (나는 그녀가 보고 싶다.)

② would rather A(동사원형) than B(동사원형)(B 하느니 차라리 A 하겠다)

　I would rather[sooner] go than stay. (여기 머무르느니 떠나겠다.)

　= I had better go than stay.

　= I prefer going to staying.

　= I prefer to go than (to) stay.

③ A would rather B + C(과거동사)(A는 B가 차라리 C 하기를 바란다.)

　I'd rather he didn't know my name. (나는 그가 내 이름을 몰랐으면 좋겠다.)

# 5. Should/Ought to

## (1) should의 일반적 용법

① 의무(~해야 한다)(= ought to) → must보다 약한 의미를 지님

ⓒ You should take this medicine. (이 약을 먹어야 한다. → 이 약을 먹으면 좋다.)

ⓛ You must take this medicine. (이 약을 먹어야 한다. → 반드시 이 약을 먹어야 한다.)

ⓒ You should take the responsibility for your own conduct. (당신은 당신 자신의 행위에 대해 책임을 져야 한다.)

② 충고, 가능성·기대·양보

　ⓒ 충고·의견

　　• You should take a bus to go there. (그곳에 가려면 버스를 타야 한다.)

　　• We should do more to improve the quality of the products. (우리는 제품의 질을 높이기 위해 더 노력해야 한다.)

　ⓛ 가능성·기대·당연한 추측

　　Since they left at noon, they should have arrived there. (그들은 정오에 출발했으니까 그곳에 도착해 있을 것이다.)

　ⓒ 실현 가능성이 적은 사항에 대한 가정·양보

　　If you should leave me, I will miss you forever. (당신이 나를 떠난다면, 나는 당신을 영원히 그리워할 것이다.)

## (2) 감정에 관한 표현

① 과거 사실에 대한 후회·유감·원망

> should[ought to] have + p.p.(~했어야 했는데)
> → 과거에 이루어지지 않은 일이나 사실에 대해 사후에 후회하는 표현

　ⓒ You should have come to the party last night. (네가 어젯밤 파티에 왔어야 하는데.)(= You had to come to the party, but you didn't.)

　ⓛ She should have been here one hour ago. (그녀는 한 시간 전에는 여기 왔어야 하는데.)

② 걱정·염려·두려움

> lest … should ~(…가 ~하지 않도록)
> = so that … may not ~
> = for fear of + -ing
> = for fear (that) … should ~

She woke up early lest she (should) be late at work. (그녀는 직장에 늦지 않도록 일찍 일어났다.)

= She woke up early so that she may not be late at work.

= She woke up early for fear of being late at work.

= She woke up early for fear that she should be late at work.

SEMI-NOTE

should와 must

- must는 반드시 해야 하는 의무를 표현

- should는 하는 편이 좋겠다는 의견을 표현

'should[ought to] have + p.p.'의 부정

'should[ought to] have + p.p.'의 부정문은 'should not have + p.p.'와 'ought not to have + p.p.'이다. [~하지 말았어야 했다(그런데 했다)]

'lest … should ~' 구문

• 부정어 'not'을 함께 사용하지 않도록 주의

• I hurried to the station lest I should not miss the train. ( X )

　→ I hurried to the station lest I (should) miss the train. ( O )

**유감 · 놀람(수사적 감정표현)**

- Who should come in but your mother?
 (당신의 어머니 말고 과연 누가 들어 오겠는가?)
 * 여기서 but은 except의 의미
- I'm surprised that your wife should object.
 (당신의 아내가 반대했다니 놀랐다.)

**이성적 판단의 형용사 구문**

- It is necessary + that + S + should + 동사원형
- It is necessary + that + S + 동사원형
- It is necessary + that + S + be

**해당동사**

- insist that : ~을 주장하다(앞으로의 일에 대한 주장)
- suggest that : ~을 제안하다(앞으로 의 일에 대한 제안)

**요구 · 주장 · 명령 · 제안 · 충고 · 희 망 · 기대 동사가 있는 경우**

- I proposed that the loan (should) be reduced. (나는 대부금을 감액할 것을 제의했다.)
- The doctor advised that she (should) stop smoking. (그 의사는 그녀가 담 배를 끊어야 한다고 충고했다.)

---

**실력up  ought to의 용법**

- 의무(~해야 한다)(= should)
- 추측(~임이 분명하다)(= must)
- 과거사실에 대한 후회 · 유감 (~했어야 했는데) : ought to have + p.p.(= should have p.p.)
- 과거사실에 대한 추정(~하였음이 분명하다) : ought to have + p.p.(= must have p.p.)

## (3) should 중요 용법

① 이성적 판단의 형용사가 있는 경우

  ㉠ 구조 : 이성적 판단의 형용사가 주절에 있는 경우 다음의 that절의 동사는 '(should) + 동사원형'이 됨

  ㉡ 해당 형용사 : impossible, necessary, important, essential, imperative, mandatory, urgent, natural, good, right, proper, wrong 등

  It is necessary that he (should) stop drinking. (그는 금주할 필요가 있다.)

② 감정적 판단의 형용사가 있는 경우

  ㉠ 구조 : 주절에 감정적 판단을 표현하는 형용사가 있는 경우 that절의 동사는 '(should) + 동사원형'이 됨

  ㉡ 해당 형용사 : strange, surprising, regrettable, wonderful, depressed, sorry, a pity, no wonder 등

  It is strange that she (should) do such a thing. (그녀가 그런 일을 하다 니 이상하군.)

③ 요구 · 주장 · 명령 · 제안 · 충고 · 희망 · 기대 동사가 있는 경우

- 구조 : 요구 · 주장 · 명령 · 제안 · 충고 · 희망 · 기대 동사 + that + S + (should) + 동사원형
- 해당 동사
  - 요구 : demand, require, request, ask, desire
  - 주장 · 결정 : insist, urge, decide, determine
  - 명령 : order, command
  - 제안 · 충고 : suggest, propose, move, recommend, advise

  ㉠ He required that I (should) pay the money. (그는 나에게 돈을 지불하 라고 말했다.)

  ㉡ He insisted that the plan (should) be reconsidered. (그는 그 계획이 재고되어야 한다고 주장했다.)

  ㉢ The commander ordered that the deserter (should) be shot to death. (지휘관은 그 탈영병을 총살하라고 명령했다.)

# 6. 기타 조동사

## (1) do 동사

① 조동사

  ㉠ 의문문과 부정문 : be 동사 이외의 동사의 문장에서 의문문과 부정문을 만듦

  • Do you have any money? (돈이 좀 있습니까?)

  • Did he phone? (그가 전화했습니까?)

  ㉡ 강조 · 도치구문 : 긍정문을 강조하거나 강조 · 균형 등을 위하여 술어를 문두에 놓을 때 사용됨

② 일반동사 : 주로 '(행)하다', '(이익 · 손해 등을) 주다'의 의미로 사용됨

  ㉠ You can do what you like. (당신은 하고 싶은 일을 해도 좋습니다.)

  ㉡ Do your duty. (당신의 의무를 다해라.)

  ㉢ The medicine will do you good. (그 약을 먹으면 나을 겁니다.)

## (2) need와 dare

① 조동사 : need와 dare는 의문문, 부정문에서 조동사의 역할을 할 수 있음

  ㉠ Need we go that place? (우리가 거기 갈 필요가 있는가?)

  ㉡ How dare you speak to me like that? (어찌 감히 나에게 그렇게 말할 수 있는가?)

  ㉢ He need not go there. (그는 거기에 갈 필요가 없다.)(= He doesn't need to go there.)

② 일반동사 : need와 dare는 긍정문에서 일반동사(본동사)로 쓰임

  Her composition needs correction. (그녀의 작문은 고칠 필요가 있다.)

## (3) 기타 준조동사

① used to + 동사원형 : 과거의 규칙적 행동 · 습관

  cf. would : 과거의 불규칙적 습관

  ㉠ I used to drink much when I was young. (나는 젊었을 때 술을 많이 마셨다.)

  ㉡ She used to call on me every Sunday. (그녀는 일요일마다 나를 방문하곤 했었다.)

② had better + 동사원형(~하는 것이 낫다)

  ㉠ We had better streamline our bureaucracy. (우리의 관료제를 보다 효율화 하는 것이 낫다.)

  ㉡ You had better take an umbrella with you. (우산을 가져가는 게 좋겠습니다.)

③ be going to + 동사원형

  ㉠ 할 작정이다(= will)

  What are you going to do tonight? (당신은 오늘밤 무엇을 할 것입니까?)

SEMI-NOTE

**의문문과 부정문**

• She doesn't eat meat. (그녀는 고기를 먹지 않는다.)

• They didn't go there. (그들은 그곳에 가지 않았다.)

**강조 · 도치구문**

• Do be quiet. (조용히 해.)

• He did say so. (그가 정말 그렇게 말했다.)

• Little did I dream a letter would come from him. (그에게서 편지가 오리라고는 생각지 못했다.)

• Never did I see such a genius. (나는 일찍이 저런 천재를 본 적이 없다.)

**일반동사 예문**

• We need to go that place. (우리는 거기 갈 필요가 있다.)

• He dared to tell us the truth. (그는 용기 있게 우리에게 진실을 말했다.)

**be used to + (동)명사**

• be used to + 명사/동명사(~에 익숙하다)

• become[get] used to + 명사/동명사(~에 익숙해지다)

**had better + 동사원형(~하는 것이 낫다)**

cf. had better A than B(= would rather[sooner] A than B = may[might] as well A as B)(B 하는 것 보다 A 하는 것이 낫다)[A와 B는 동사원형 또는 have + p.p.]

• I would rather die than live like that. (나는 그렇게 사느니 죽겠다.)

• You may as well leave as stay with your husband. (당신은 남편과 머무는 것보다 떠나는 게 더 낫다.)

ⓛ 막 ~하려 하다(= be about to)

They are going to leave. (그들은 막 떠나려 한다.)

실력up be supposed to + 동사원형(~하기로 되어 있다, ~할 것으로 예상된다 / (부정문에서) ~해서는 안 된다)

• Were we supposed to do something? (우리가 뭔가 하기로 했었나?)
• We are supposed to obey the rule. (우리는 그 규칙에 따라야 한다.)

# 03장 법(Mood)/태(Voice)

나두공

## 01절 법(Mood)

## 1. 직설법과 명령법

### (1) 법의 의의 및 종류

① 법(Mood)의 의미 : 말하는 사람의 심리 · 태도에 의한 동사의 표현 형식
② 종류 : 일반적으로 법에는 직설법, 명령법, 가정법이 있음
  ㉠ She always tells a lie. [직설법] (그 여자는 항상 거짓말을 한다.)
  ㉡ Open your eyes. [명령법] (눈을 떠라.)
  ㉢ If I were a bird, I could fly to you. [가정법] (내가 새라면 너에게 날아갈 수 있을 텐데.)

### (2) 직설법·명령법

① 직설법
  ㉠ 실제 사실을 있는 그대로 진술하는 법
  ㉡ 평서문, 의문문, 감탄문, 조건문 등이 있음
  ㉢ I have two sisters. [평서문] (나에게는 두 명의 누이가 있다.)
  ㉣ Should I take the 9 : 30 train? [의문문] (9시 반 기차를 타야 합니까?)
  ㉤ What a beautiful flower it is! [감탄문] (꽃이 정말 아름답군요!)
② 명령법
  ㉠ 상대방에 대한 명령 · 요구 · 금지 등을 진술하는 법(명령문)
  ㉡ 보통 주어를 생략하고 문장을 동사의 원형으로 시작하며, 상대방의 주의를 끌려고 할 때는 주어 'You'를 사용
  ㉢ 강조의 의미를 나타낼 때에는 감탄부호를 쓰기도 함
    • Look at those children. (저 아이들을 보아라.)
    • You open the door, Rick. (네가 문을 열어, Rick.)
    • Be careful! (조심해!)
  ㉣ 조건 명령
    • 「명령문 + and」 : ~ 하라, 그러면 ~ 할 것이다
      – Work hard, and you will succeed. (열심히 일하라, 그러면 너는 성공할 것이다.)
        = If you work hard, you will succeed.
    • 「명령문 + or」 : ~ 하라, 그렇지 않으면 ~ 할 것이다
      – Work hard, or your life will be meaningless. (열심히 일하라, 그렇지 않으면 너의 삶은 의미가 없어질 것이다.)
        = If you do not work hard, your life will be meaningless.
        = Unless you work hard, your life will be meaningless.

## 2. 가정법

한눈에 쏙~

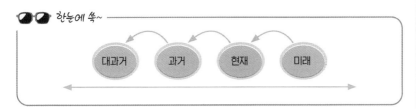

### (1) 가정법 현재

① 현재 또는 미래에 대한 단순한 가정이나 불확실한 상상, 의심 등을 표현

> 가정법 현재의 기본구조 : If + 주어 + 동사원형[현재형], 주어 + 현재형 조동사 + 동사원형

㉠ If it be[is] true, he will be disappointed. (그것이 사실이라면 그는 실망할 것이다.) (현재의 불확실한 사실)

㉡ If she come[comes] this weekend, I will go to meet her. (그녀가 이번 주말에 온다면 나는 그녀를 보러 가겠다.) [미래의 불확실한 사실]

② 요구, 주장, 제안, 추천, 명령, 충고, 결정 등을 나타내는 동사

> • 기본구조 : 주어 + 동사 + that + 주어 + (should) + 동사원형
> • 해당 동사 : demand, require, request, ask, desire, insist, urge, suggest, propose, recommend, order, command, advise 등

㉠ He insisted that the plan (should) be reconsidered. (그는 그 계획이 재고되어야 한다고 주장했다.)

㉡ I suggested that he (should) be stay there another day. (그가 거기서 하루 더 머물러야 된다고 주장했다.)

③ 당연, 의무, 권고 등을 나타내는 형용사(이성적 판단의 형용사)

> • 기본구조 : It is + 형용사 + that + 주어 + (should) + 동사원형
> • 해당 형용사 : impossible, necessary, important, essential, imperative, mandatory, urgent, natural, good, right, desirable, proper, wrong 등

It is necessary that the bill (should) be passed. (그 법안은 통과되는 것이 마땅하다.)

④ 놀람ㆍ후회ㆍ유감 등을 나타내는 형용사(감정적 판단의 형용사)

> • 기본구조 : It is + 형용사 + that + 주어 + (should) + 동사원형
> • 해당 형용사 : strange, surprising, wonderful, depressed, regrettable, sorry, a pity, no wonder 등

03장
법
태

㉠ It is strange that she (should) do such a thing. (그녀가 그런 일을 하다니 이상하군.)

㉡ It is regrettable that the teacher (should) get angry with me. (그 선생님이 나에게 화를 내다니 유감이다.)

### (2) 가정법 과거

① 현재의 사실과 반대되는 가정이나 상상 · 희망을 표현(시점 : 현재)

> • 기본구조
> − If + 주어 + were ~, 주어 + 과거형 조동사(would, could, should, might) + 동사원형
> − If + 주어 + 과거형 동사 ~, 주어 + 과거형 조동사 + 동사원형
> • 가정법 과거의 경우 be동사는 인칭이나 수에 관계없이 were를 사용하며, If가 생략되면 주어와 동사가 도치됨

If I were rich, I could go abroad. (내가 부자라면 해외에 갈 수 있을 텐데.)

= As I am not rich, I cannot go abroad. [직설법]

= Were I rich, I could go abroad. [도치]

② If it were not for ~

> If it were not for ~ : (사실은 있지만) ~이 없다면(가정법 과거)
> = Were it not for ~ = If there were no ~
> = But for ~ = Without ~

If it were not for water, nothing could live. (물이 없다면 어떤 것도 살 수 없다.)

= Were it not for water, nothing could live. [도치]

= But for[Without] water, nothing could live.

= If there were no water, nothing could live.

③ 「It is time + 가정법 과거동사(should + 동사원형)」 : ~할 시간[때]이다(당연, 필요의 뜻을 나타냄)

It is time you went to bed. (잠자리에 들 시간이다.)

= It is time you should go to bed.

= It is time for you to go to bed.

### (3) 가정법 과거완료

① 과거의 사실과 반대되는 가정이나 상상 · 희망을 표현(시점 : 과거)

> • 기본구조 : If + 주어 + had + 과거분사(p.p.) ~, 주어 + 과거형 조동사 (would · could · should · might) + have + 과거분사
> • If가 생략되면 주어와 조동사가 도치 : Had + S + 과거분사(p.p.) ~, 주어 + 과거형 조동사 + have + 과거분사

㉠ If I had been rich, I could have gone abroad. (내가 부자였다면 해외에 나갈 수 있었을 텐데.)

= As I was not rich, I could not go abroad. [직설법]

= Had I been rich, I could have gone abroad. [도치]

㉡ If I had had enough money, I could have bought a house. (내게 돈이 많았더라면 집을 한 채 살 수 있었을 텐데.)

= As I didn't have enough money, I could not buy a house. [직설법]

= Had I had enough money, I could have bought a house. [도치]

㉢ If (only) I had listened to her advice then. (내가 그때 그녀의 충고를 들었더라면.) [주절의 생략]

㉣ You should have left. (당신은 떠났어야 했다.) [조건절의 생략]

② If it had not been for ~

> If it had not been for ~ : (사실은 있었지만) ~이 없었더라면(가정법 과거완료)
> = Had it not been for ~ = If there had been no ~
> = But for ~ = Without ~

## (4) 가정법 미래

① 미래에 대한 강한 의심을 나타내는 경우(가능성이 희박한 경우)

> • 기본구조 : If + 주어 + should / would + 동사원형 ~, 주어 + 과거형 조동사(should, would 등) + 동사원형

㉠ If she should smile at you, I would give you her first solo album. (그녀가 너에게 (그럴 리 없겠지만) 미소를 보내면 너에게 그녀의 첫 번째 솔로앨범을 주겠다.)

㉡ If you should fail the exam, your parents would be disappointed. (네가 시험에 불합격한다면 너의 부모님께서는 실망하실 것이다.)

② 실현 불가능한 미래 사실을 가정하는 경우(순수가정)

> If + 주어 + were to + 동사원형 ~, 주어 + 과거형 조동사(should, would등) + 동사원형

## 3. 주의해야 할 가정법

## (1) 혼합 가정법

① 의의

㉠ 가정법 과거완료 ~ 과거완료와 가정법 과거가 혼합된 가정법으로, 종속절(조건절)은 가정법 과거완료, 주절(귀결절)은 가정법 과거의 형태로 표현

SEMI-NOTE

If it had not been for ~ 예문

If it had not been for your help, I would have failed. (당신의 도움이 없었더라면 나는 실패했을 것이다.)

= Had it not been for your help, I would have failed. [도치]

= But for[Without] your help, I would have failed.

가정법 미래 용법
• 미래에 강한 의심
• 조건절에 should를 사용하는 것이 원칙
• if절의 조동사는 were to 〉 would 〉 should 순으로 실현 가능성이 희박

실현 불가능한 미래 사실을 가정하는 경우(순수가정)

If the sun were to rise in the west, I would never change my mind. (태양이 서쪽에서 떠오른다 해도 나는 내 마음을 바꾸지 않겠다.)

**가정법 현재·과거·미래**

- 가정법 현재와 가정법 미래 : 가정법 현재는 미래에 대한 추측에 있어 가능성이나 기대치가 일정 정도 있는 경우 주로 사용하며, 가정법 미래는 가능성이나 기대치가 희박한 경우 사용
- 가정법 과거와 가정법 미래 : 가정법 과거는 현재 사실에 대한 반대되는 가정을 표현하는데 비해, 가정법 미래는 미래의 실현 가능성이 희박하거나 불가능한 내용을 가정할 때 주로 사용

**명령문 + or ~(하라, 그렇지 않으면 ~할[일] 것이다)**

Work hard, or you will fail in the exam. (열심히 노력하라, 그렇지 않으면 당신은 그 시험에 실패할 것이다.)

= If you do not work hard, you will fail in the exam.

= Unless you work hard, you will fail in the exam.

**I wish (that) ~**

= I would(= I'd) rather (that) ~

**I wish + 가정법 과거완료 예문**

- I wished it had been true. (그것이 사실이었다면 좋았을 텐데.)
  = I was sorry it had not been true.
- I wish/wished I had been a bird.

---

ㄴ 과거 사건의 결과가 현재에 영향을 주는 경우로서, 종속절이 주절보다 앞선 시제인 경우 사용됨

② 기본구조 : If + 가정법 과거완료, S + 가정법 과거

If + 주어 + had + 과거완료, 주어 + 조동사 과거형 + 동사원형(과거에 ~했더라면, 현재 …할[일] 것이다)

ㄱ If she had married the first lover, she would be happier now. (그녀가 첫사랑과 결혼을 했더라면 지금 더 행복할 것이다.)

ㄴ If you had not helped me, I would not be alive now. (네가 나를 돕지 않았다면 나는 지금 살아있지 않을 것이다.)( = You helped me, so I can be alive now.)

ㄷ If they had listened to me, they wouldn't be in danger. (그들이 내 말을 들었더라면 위기에 처하지 않을 텐데.)

## (2) '명령문 + and'

명령문 + and ~(하라, 그러면 ~할[일] 것이다)

Work hard, and you will pass the exam. (열심히 노력하라, 그러면 당신은 시험을 통과할 것이다.)

= If you work hard, you will pass the exam.

## (3) I wish 가정법

① I wish + 가정법 과거 : 현재에 실현할 수 없는 일을 나타내며, 종속절의 시점이 주절과 동일

ㄱ I wish you told me that. (당신이 나에게 그것을 말해주면 좋을 텐데.)(현재사실에 대한 유감)

= I am sorry you don't tell me that.

ㄴ I wish it were fine today. (오늘 날씨가 좋으면 좋을 텐데.)

= I am sorry it is not fine today.

ㄷ I wished it were true. (그것이 사실이라면 좋았을 텐데.)

= I was sorry it was not true.

ㄹ I wish/wished I were a bird. (내가 지금 새라면 좋겠다./내가 새였으면 하고 바랐다.)

② I wish + 가정법 과거완료 : 과거에 실현하지 못한 일을 나타내며, 종속절의 시점이 주절의 주어보다 앞선 시점임

ㄱ I wish you had told me that. (당신이 그것을 말했더라면 좋을 텐데.)(과거사실에 대한 유감)

= I am sorry you didn't tell me that.

ㄴ I wish I could have bought the house. (그 집을 살 수 있었더라면 좋을 텐데.)

= I am sorry I could not buy the house.

## (4) as if[as though] + 가정법

① as if + 가정법 과거(마치 ~ 처럼) : 주절의 동사와 같은 때의 내용을 나타냄, 즉 종속절의 시점이 주절과 동일
  ㉠ She talks as if she knew it. (그녀는 그것을 아는 것처럼 말한다.)
    → In fact she doesn't know it.
  ㉡ The old man talked as if he were rich. (그 노인은 마치 부자인 것처럼 말했다.)

② as if + 가정법 과거완료(마치 ~ 이었던(했던) 것처럼) : 주절의 동사보다 이전의 내용을 나타냄, 즉 종속절의 시점이 주절보다 앞선 시점임
  ㉠ She talks as if she had seen it. (그녀는 그것을 보았던 것처럼 말한다.)
    → In fact she didn't see it.
  ㉡ The old man talked as if he had been rich. (그 노인은 마치 부자였던 것처럼 말했다.)

## (5) 'If '를 대신하는 표현

① unless, suppose, provided, otherwise, in case 등은 if절을 대신해서 조건절을 이끎
  ㉠ unless(~하지 않으면)(= if … not ~)
    You'll miss the train unless you make haste. (서두르지 않으면 당신은 기차를 놓칠 것이다.)
    = You'll miss the train if you don't make haste.
  ㉡ suppose(만약 ~이라면)(= supposing, provided, providing)
    • Suppose you were left alone on a desert island, what would you do? (네가 무인도에 홀로 있다고 한다면 무엇을 하겠는가?)
      = If you were left alone on a desert island, what would you do?
    • Providing that all your task is done, you may go home. (만약 당신의 일이 끝난다면 집에 가도 좋습니다.)
  ㉢ otherwise(그렇지 않다면)(= or, or else)
    • I was poor; otherwise I could have bought it. (나는 가난했다; 그렇지 않다면 그것을 살 수 있었을 것이다.)
      = If I had not been poor, I could have bought it.
    • in case (that) (~하는 경우에는, ~의 경우에 대비하여)
      In case I am late, don't wait to start dinner. (제가 늦을 경우엔 저녁을 먼저 드십시오.)

② 전치사구가 if절을 대신하는 경우
  ㉠ With more experience, he would succeed. (경험이 더 많다면 그는 성공할 것이다.)
    – If he had more experience, he would succeed.

SEMI-NOTE

**I wish ~와 as if(though) 구문**
'I wish ~' 가정법 구문과 'as if(though)' 가정법 구문의 경우, 종속절의 시점이 주절과 동일하면 가정법 과거동사를 쓰며, 종속절의 시점이 주절보다 앞서면 가정법 과거완료를 씀

**as if 절**

• seem, look 등의 동사 뒤에 오는 as if 절에서 실제로 그렇게 보이는 경우의 내용을 나타낼 때에는 직설법 동사를 사용하기도 함
  – It seems as if the quarrel will never end.
  – It looks as if it is going to snow.

**'If'를 대신하는 표현**
• 부정사구가 if절을 대신하는 경우
  – To hear him speak French, you would take him for a Frenchman. (그가 불어로 말하는 것을 들으면 너는 그를 프랑스 인으로 생각할 것이다.)
  = If you heard him speak French, you would take him for a Frenchman.
• 분사구문이 if절을 대신하는 경우
  – Left to himself, he could not have accomplished it. (그가 혼자 남아 있다면 그 일을 이루지 못했을 것이다.)
  = If he had been left to himself, he could not have accomplished it.

**03장**
**법/태**

71

'if' 대용의 'given that'

- I will take you to the party if you come home by 6.
  = I will take you to the party given that you come home by 6.

수동태 만드는 방법

- 능동태의 목적어를 수동태의 주어 자리에 씀
- 동사를 be + p.p.로 씀
- 주어를 by + 목적격의 형태로 씀

have(시키다), let(허락하다)의 수동태 사용 시 형태 변화

- have → be asked to
  – She had me sing. → I was asked to sing by her.
- let → be allowed to
  – She let me go. → I was allowed to go by her.

---

ㄴ With guns, they could defend themselves. (총이 있다면 그들은 자신들을 방어할 수 있을 것이다.)

= If they had guns, they could defend themselves.

③ 명사구가 if절을 대신하는 경우(조건절이 없는 경우로 주어에 조건의 의미가 있는 경우)

ㄱ A man of sense would not do such a thing. (지각 있는 사람이라면 그런 일을 하지 않을 텐데.)

= If he were a man of sense, he would not do such a thing.

ㄴ A more cautious driver could have avoided the accident. (좀 더 조심성 있는 운전자라면 그 사고를 피할 수 있었을 것이다.)

= If he had been a more cautious driver, he could have avoided the accident.

## 02절　태(Voice)

### 1. 수동태와 능동태 ☆빈출개념

#### (1) 태(Voice)의 의미와 종류

① 태의 의미 : 태는 동작의 관점 차이에 의해 생기는 동사의 표현 형식, 능동태는 동작을 하는 쪽에 중점을, 수동태는 동작을 받는 쪽에 중점

② 태의 종류

ㄱ 능동태 : 주어가 동작을 하는 어법으로, 'S(주어) + V(동사) + O(목적어)'의 구조를 취함(여기서 동사는 목적어를 취하는 타동사)

He painted this house. (그가 이 집을 칠했다.)

ㄴ 수동태 : 주어가 동작을 받는 어법으로, 'S + be동사 + p.p.(과거분사) + by + O'의 구조를 취함

This house was painted by him. (이 집은 그에 의해 칠해졌다.)

#### (2) 수동태로 쓸 수 없는 동사

- 자동사
- have, possess, belong to, own 등의 소유동사
- resemble, lack(부족하다), become(어울리다), befall, hold(유지하다, 수용하다), reach, escape, suit(맞다, 어울리다), meet, cost(소요되다), weigh, let 등의 상태동사
  cf. have가 '먹다'의 의미인 경우와 hold가 '붙잡다', '개최하다'의 의미인 경우 등은 수동태 가능

① He resembles his mother. (그는 그의 어머니를 닮았다.)

→ His mother is resembled by him. (×)

② We can't let you go. (우리는 너를 보낼 수 없다.)

→ You can't be let to go. (×)

③ Thanks to the newly invented vaccine, that disease has now disappeared. (새로 발명된 백신 덕분에, 그 질병은 이제 사라졌다.)

→ Thanks to the newly invented vaccine, that disease has been disappeared. (×)[disappear는 자동사이므로 수동태 불가]

### (3) 관용적인 수동 동사구

① be born (태어나다)

② be wounded (= be hurt, be injured, 부상을 입다)

③ be starved to death (굶어 죽다)

④ be drowned (익사하다)

⑤ be burnt to death (타 죽다)

⑥ be frozen to death (얼어 죽다)

⑦ be seated (앉아 있다)

⑧ be held (개최되다)

The meeting will be held tomorrow. (그 회의는 내일 개최될 것이다.)

## 2. 문장 형식과 수동태

### (1) 3형식(S + V + O)의 수동태 전환

① 수동태 구조 : 능동태의 목적어 + be동사 + 과거분사 + by + 능동태 주어

- 능동태의 목적어는 수동태의 주어가 됨(→ 주격으로 전환)
- 능동태의 동사는 수동태에서 'be + p.p.'의 구조가 됨(→ be동사는 주어의 수와 인칭, 시제에 따라 적절히 전환)
- 능동태의 주어는 'by + 목적어'의 구조가 됨(→ 목적격으로 전환)

② 구동사(phrasal verb)가 있는 문장의 수동태 전환

㉠ '자동사 + 전치사'의 전환

- The spectators laughed at him. (구경꾼들은 그를 비웃었다.) (laugh at : 비웃다)

→ He was laughed at by the spectators.

- A car ran over the child. (자동차가 그 아이를 쳤다.) (run over : (차가 사람·물건을) 치다)

→ The child was run over by a car.

cf. account for(설명하다), depend on(~에 의존하다), look after(보살피다, 돌보다), send for(데리러(가지러, 부르러) 보내다)

SEMI-NOTE

**관용적인 수동 동사구**

- be possessed of (소유하다)
  - She was possessed of magical power. (그녀는 마법의 힘을 갖고 있었다.)
- be situated (= be located, 위치하다)
  - The house is situated on the hill. (그 집은 언덕에 위치해 있다.)
- be engaged in (~에 종사하다)
  - He is engaged in foreign trade. (그는 해외 무역에 종사하고 있다.)
- be engaged to (~와 약혼한 상태이다)
  - He is engaged to Jane.(그는 Jane과 약혼한 상태이다.)

**수동태 가능 문장**
수동태의 문장이 되기 위해서는 능동태의 문장이 목적어가 포함된 3형식 이상의 문장이어야 함

**3형식(S + V + O)의 수동태 전환**

- Shakespeare wrote Hamlet. (셰익스피어가 햄릿을 썼다.)
  - → Hamlet was written by Shakespeare.
- He repaired the bike. (그는 자전거를 수리했다.)
  - → The bike was repaired by him.

**'타동사 + 명사 + 전치사'의 전환**
- My mother took good care of the baby. (나의 어머니는 그 아기를 잘 돌봤다.) (take care of : 돌보다, 소중히 하다)
  → The baby was taken good care of by my mother. [주로 사용되는 형태]
  → Good care was taken of the baby by her.
  cf. catch sight of(찾아내다), make fun of(놀리다, 조소하다), make use of(사용하다), pay attention to(유의하다), take notice of(주의하다, 알아차리다), take (a) pride in(자랑하다)

**직접목적어를 주어로 하는 수동태**
- 3형식 문장으로 전환 후 수동태 전환
  – She sold me a pretty doll.
    → She sold a pretty doll for me. [3형식 전환]
    → A pretty doll was sold for me by her. [수동태 전환]

**간접목적어만 수동태 주어로 할 수 있는 경우**
I envied her beauty. (나는 그녀의 미모를 부러워했다.)
→ Her beauty was envied her by me. (×)
→ She was envied her beauty by me. (○)

**목적격 보어의 원형부정사 형태**
지각동사, 사역동사가 있는 5형식 문장에서 목적격 보어가 원형부정사인 경우 수동태로 전환 시 보어는 to부정사로 써야 함

ⓛ '자동사 + 부사 + 전치사'의 전환
- We looked up to the professor. (우리는 그 교수를 존경했다.) (look up to : 존경하다)
  → The professor was looked up to by us.
  cf. look down on(낮추어보다, 경멸하다), do away with(폐지하다), keep up with(지지 않다), make up for(벌충하다), put up with(참다, 견디다)

### (2) 4형식(S + V + IO + DO)의 수동태 전환
① 2개의 수동태로 전환할 수 있는 경우
ⓐ 간접목적어(IO)와 직접목적어(DO)를 주어로 하는 2개의 수동태가 가능
ⓑ 4형식 동사 중 일부의 경우만 가능하며, 일반적으로는 직접목적어만 주어가 될 수 있음
My uncle gave me an English book. (나의 삼촌이 나에게 영어책을 주었다.)
  → I was given an English book by my uncle. [능동태의 IO가 수동태의 주어]
  → An English book was given (to) me by my uncle. [능동태의 DO가 수동태의 주어]
② 직접목적어만을 수동태 주어로 할 수 있는 경우
ⓐ 간접목적어는 수동태의 주어로 할 수 없으며 직접목적어만 가능
ⓑ bring, buy, do, make, pass, read, sell, sing, throw, write 등 대부분의 4형식 동사
ⓒ He bought me a book. (그는 나에게 책 한 권을 사주었다.)
  → I was bought a book by him. (×)
  → A book was bought for me by him. (○)
ⓓ She made me a doll. (그녀는 나를 위해 인형을 만들어주었다.)
  → I was made a doll by mother. (×)
  → A doll was made me by her. (○)
③ 간접목적어만 수동태 주어로 할 수 있는 경우
ⓐ 직접목적어는 수동태의 주어로 할 수 없으며 간접목적어만 가능
ⓑ answer, call, deny, envy, kiss, refuse, save 등의 동사

### (3) 5형식(S + V + O + O.C)의 수동태 전환
① 목적어를 수동태의 주어로 하는 수동태만 가능
ⓐ They elected Lincoln President of the United States. (링컨은 미국의 대통령으로 선출되었다.)
  → Lincoln was elected President of the United States (by them). (○)
  → President of the United States was elected Lincoln (by them). (×)
  → [목적보어는 수동태의 주어가 될 수 없음]

ⓛ They thought him to be clever. (그들은 그가 영리한 사람이라 생각했다.)

　→ He was thought to be clever.

ⓒ I often heard him sing a song. (나는 종종 그가 노래하는 것을 들었다.)

　→ He was often heard to sing a song by me.

② 지각동사가 있는 문장의 수동태

　㉠ 지각동사의 목적보어(원형부정사)는 수동태에서 to부정사로 전환됨

　　I saw her enter the room. (나는 그가 방으로 들어가는 것을 보았다.)

　　→ She was seen to enter the room by me.

　㉡ 분사가 지각동사의 목적보어인 경우는 수동태에서도 그대로 사용됨

　　We saw the car stopping. (우리는 차가 멈추는 것을 보았다.)

　　→ The car was seen stopping[to stop (×)/to be stopping (×)].

③ 사역동사가 있는 문장의 수동태

　사역동사의 목적보어(원형부정사)는 수동태에서 to부정사로 전환됨

　My mother made me clean the room. (어머니가 방을 청소하라고 시켰다.)

　→ I was made to clean the room by my mother.

## 3. 주의해야 할 수동태

### (1) 부정문의 수동태

「be동사 + not + 과거분사」의 형태로 쓰임

Nobody paid much attention to his speech. (아무도 그의 연설에 주의를 기울이지 않았다.)

→ His speech was paid no attention to by anybody. (○)

→ His speech was paid much attention to by nobody. (×)

### (2) 의문문의 수동태

① 의문사가 이끄는 의문문의 수동태

　㉠ Who broke the window? (누가 창을 깼느냐?) (the window가 목적어)

　　→ By whom was the window broken? [By whom + be + S + p.p.]

　㉡ What do you call this in English? (this가 목적어이며 what은 목적보어)

　　→ What is this called in English (by you)?

② 의문사 없는 의문문의 수동태

　Did she write a letter? (그녀는 편지를 썼나요?)

　→ Was a letter written by her?

### (3) 명령문의 수동태

① 긍정문 : Let + 목적어 + be + 과거분사 ( + by ~)

　Do the homework at once. (당장 숙제를 해라.)

　→ Let the homework be done at once.

03장 법·태

② 부정문

　ⓐ Let + 목적어 + not + be + 과거분사 ( + by ~)

　ⓑ Don't let + 목적어 + be + 과거분사 ( + by ~)

　　Don't open the door. (문을 열지 마라.)

　　→ Let the door not be opened.

　　→ Don't let the door be opened.

### (4) 명사절 수동태(목적어가 절인 문장의 수동태 : They say ~ 구문)

> 일반인 주어(They/People) + 완전타동사 + that + 주어 + 동사
> It is + 과거분사 + that + 주어 + 동사
> → 주어 + be + 과거분사 + to 부정사
> ※ to 부정사의 경우 시제가 주절과 명사절의 시제가 같으면 단순부정사(to + 동사원형), 명사절의 시제가 주절의 시제보다 앞선 시제이면 완료부정사(to + have + 과거분사)를 씀

They say that he works 11 hours a day. (그는 하루에 11시간을 일한다고 한다.)

→ It is said that he works 11 hours a day.

→ He is said to work 11 hours a day. [단순부정사]

### (5) 완료형, 진행형의 수동태

① 완료형 수동태 : have + been + p.p.

　ⓐ He has written a poem. (그를 시를 썼다.)

　　→ A poem has been written by him. [현재완료형 수동태]

　ⓑ I will have done the task. (나는 그 일을 끝낼 것이다.)

　　→ The task will have been done by me. [미래완료형 수동태]

② 진행형 수동태 : be + being + p.p.

　ⓐ She is cleaning her room. (그녀는 그녀의 방을 청소하고 있다.)

　　→ Her room is being cleaned by her. [현재진행형 수동태]

　ⓑ The doctor was treating the patient. (그 의사는 환자를 치료하고 있었다.)

　　→ The patient was being treated by the doctor. [과거진행형 수동태]

### (6) 기타 주의할 수동태

① 「have + 목적어 + 과거분사」의 수동태 : 피해(~당하다)를 나타냄

　I had my pocket picked. (소매치기를 당했다.) [pick a person's pocket: ~의 호주머니에서 소매치기하다]

② 혼동하기 쉬운 능동 · 수동 표현

　ⓐ 형태상 능동이나 의미상 수동인 경우

　　These oranges peel easily. (이 오렌지는 잘 벗겨진다.)

　ⓑ 형태상 수동이나 의미상 능동인 경우

　　• I was born in Seoul. (나는 서울에서 태어났다.)(be born : 태어나다)

---

**목적어와 목적보어 간의 수동태 전환**

• 목적보어가 to부정사이고 그 to 부정사가 다른 목적어를 갖는 경우 원래의 목적어와 목적보어 사이에 수동태 전환이 가능

– No one expected Jason to marry Kathy.

　→ No one expected Kathy to be married to Jason.

**명사절 수동태 예문**

They say that he was rich. (그는 부자였다고 한다.)

→ It is said that he was rich.

→ He is said to have been rich. [완료부정사]

**steal과 rob**

• steal은 사물을 주어로 한 수동태 문장에, rob은 사람을 주어로 한 문장에 주로 사용됨

– He stole the car from me. (그는 나에게서 차를 훔쳤다.)

　→ The car was stolen from me by him.

– He robbed me of my wallet. (그는 내 지갑을 털었다(훔쳤다).)

　→ I was robbed of my wallet by him.

- Are you married? (당신은 결혼했습니까?)(be married : 결혼하다)
- The girl was drowned in the river. (그 소녀는 강에서 익사했다.) (be drowned : 익사하다)

## 4. 수동태에서의 전치사 by

### (1) by의 생략

① 행위자가 we, you, they, people, one 등 일반인인 경우 종종 생략

They[People] speak English in Australia. (호주에서는 영어를 사용한다.)

→ English is spoken in Australia (by them).

② 행위자가 불분명한 경우 생략

He was hurt in a traffic accident. (그는 교통사고로 다쳤다.)

③ 행위자가 유추할 수 있거나 중요하지 않은 경우 생략

He passed by a beehive and was stung (by bees). (그는 벌집을 지나치다가 벌에 쏘였다.)

### (2) by 이외의 전치사를 사용하는 수동태

① be surprised/astonished at(~에 놀라다)

I was surprised at the news. (나는 소식을 듣고 놀랐다.)

② be frightened at(~에 겁먹다, 질겁하다)

The woman was frightened to death at the sight. (그 여성은 그 광경을 보고 까무러칠 만큼 놀랐다.)

③ be interested in(~에 흥미[관심]가 있다)

He is much interested in music. (그는 음악에 흥미를 느끼고 있다.)

④ be absorbed in(~에 몰두하다)

He was absorbed in thought. (그는 생각에 깊이 잠겼다.)

⑤ be caught in(~에 걸리다, ~에 빠지다)

I was caught in a shower. (나는 소나기를 만났다.)

⑥ be made of/from

㉠ be made of(~로 만들어지다 : 물리적 변화)

Formerly all ships were made of wood. (전에 모든 배는 나무로 만들었다.)

㉡ be made from(~로 만들어지다 : 화학적 변화)

Cheese is made from milk. (치즈는 우유로 만들어진다.)

⑦ be beloved of(~에게 사랑받다)

He is beloved of all. (그는 모든 사람들에게 사랑을 받는다.)

⑧ be tired of/with

㉠ be tired of(~에 싫증나다, 지겹다)

I am tired of feeling sick. (나는 아픔을 느끼는 것이 지겹다.)

㉡ be tired with(~에 지치다)

I am tired with walking. (나는 걷는 데 지쳤다.)

SEMI-NOTE

by + 행위자를 사용하지 않는 예외의 경우

능동태의 주어는 수동태의 대개 전치사구로 나타나는데 그때의 대표적인 전치사는 by이지만, 동사에 따라 다른 전치사가 오는 경우도 있음

수동태에서의 전치사 at

- 놀람이나 충격의 감정을 나타내는 경우
  - be alarmed at, be amazed at, be astonished at, be frightened at, be shocked at, be surprised at 등

by 이외의 전치사를 사용하는 수동태

- be filled with(~로 가득 차다)
  - The room was filled with smoke. (그 방이 연기로 가득 찼다.)
- be surrounded with(~에 둘러싸이다)
  - It was surround with a wall. (그것은 담에 둘러싸여 있었다.)
- be disappointed at[in](~에 실망하다)
  - I was disappointed in him. (나는 그에게 실망했다.)
- be delighted at[with](~에 기뻐하다)
  - We are just absolutely delighted with it. (우리는 그것에 너무나 기쁩니다.)

SEMI-NOTE

**수동태에서의 전치사 to**
- 동등이나 지향의 관계를 나타내는 경우
  - be engaged to, be married to, be known to 등

**수동태에서의 전치사 with**
- 행위자가 동작을 가하는 도구일 경우
  - The bottle was broken with a bullet.
- 기쁨이나 실망 등의 감정을 나타내는 경우
  - be delighted with, be pleased with, be satisfied with, be disappointed with 등

⑨ be ashamed of(~을 부끄러워하다)

I am ashamed of what I did. (나는 내가 했던 일을 부끄러워한다.)

⑩ be married to(~와 결혼하다)

She is married to a rich man. (그녀는 돈 많은 남자와 결혼해 살고 있다.)

⑪ be known to/as/for/by

ㄱ be known to(~에 알려져 있다)

The story is known to everybody. (그 이야기는 모든 사람들에게 알려져 있다.)

ㄴ be known as(~로 알려지다 : 자격)

He is known as a movie star. (그는 영화배우로 알려져 있다.)

ㄷ be known for(~로 유명하다 : 이유)

He is known for his savage. (그는 잔인한 사람으로 유명하다.)

ㄹ be known by(~으로 알 수 있다)

A man is known by the company he keeps. (사람은 그가 어울리는 사람에 의해 알 수 있다.)

⑫ be pleased with(~에 기뻐하다)

She was pleased with his present. (그녀는 그의 선물에 기뻐했다.)

⑬ be satisfied with(~에 만족하다)

He was satisfied with my answer. (그는 나의 대답에 만족했다.)

⑭ be covered with(~로 덮여 있다)

ㄱ The top of the mountain is covered with snow. (산마루는 눈으로 덮여 있다.)

ㄴ The ground was covered with snow. (땅이 눈으로 덮였다.)

# 나두공

# 04장 일치(Agreement)/화법(Narration)

## 01절 일치(Agreement)

### 1. 주어와 동사의 수의 일치

#### (1) 기본적 일치 원칙

① 주어와 동사의 일치 : 주어의 인칭과 수에 따라서 동사의 형태가 결정됨

② 수의 일치

    ㉠ 원칙적으로 주어가 단수이면 단수동사(is, was, does, has 등)로, 주어가 복수이면 복수동사(are, were, do, have 등)로 받음

       • That pretty girl is very sick. (저 예쁜 소녀는 많이 아프다.)[단수동사]

       • They are playing baseball. (그들은 야구를 하고 있다.)[복수동사]

    ㉡ 예외적으로 주어의 형태가 아닌 의미에 따라 동사의 수가 결정되는 경우도 많이 있음

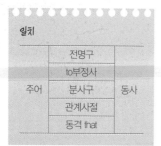

일치

| 주어 | 전명구 | 동사 |
| --- | --- | --- |
| | to부정사 | |
| | 분사구 | |
| | 관계사절 | |
| | 동격 that | |

#### (2) A and B

① 주어가 'A and B'인 경우 원칙적으로 복수 취급

    ㉠ You and I are the only survivors. (당신과 내(우리)가 유일한 생존자이다.)

    ㉡ Oil and water do not mix. (기름과 물은 섞이지 않는다.)

② 동일인이나 불가분의 단일 개념인 경우 예외적으로 단수 취급

    ㉠ 동일인 : 한 사람을 의미하므로 단수 취급

    A poet and novelist was present. (시인 겸 소설가가 참석하였다.)(동일인을 의미)

    cf. A poet and a novelist were present. (시인과 소설가가 참석하였다.) (다른 사람을 의미)

    ㉡ 불가분의 단일 개념 : 하나 또는 하나의 단위를 가리키므로 단수 취급

    Bread and butter is his usual breakfast. (버터를 바른 빵이 그의 일상적인 아침식사이다.)

**단일 개념으로 보아 단수 취급되는 표현**

a needle and thread(실을 꿴 바늘, 실과 바늘), ham and eggs(계란을 넣은 햄, 햄에그), curry and rice(카레라이스), brandy and water(물 탄 브랜디), a watch and chain(줄 달린 시계), a horse and cart(말 한 마리가 끄는 마차), trial and error(시행착오), all work and no play(일[공부]만 하고 놀지 않는 것) 등

#### (3) 근접주어의 일치

A or B, either A or B, neither A nor B, not only A but also B, not A but B 등은 동사를 동사와 가까운 쪽(일반적으로 B)의 주어와 일치(다만, 오늘날 이를 구분하지 않고 쓰는 경향이 있음에 유의)

① A or B(A 또는 B) : 동사는 B에 일치시킴

    You or he has to attend the meeting. (너 아니면 그가 그 회의에 참석해야 한다.)

② Either A or B(A든 B든 어느 하나; 양자택일) : 동사는 B에 일치시킴

**A (together) with B** 'A (together) with B(= A as well as B)'는 A에 동사를 일치시킴

A bat together with some balls is missing. (공 몇 개와 함께 야구 배트가 없어졌다.)

㉠ Either you or Tom is in the wrong. (당신과 Tom 어느 한 사람이 틀렸다.)

㉡ Either you or she is in the wrong. (너와 그녀 어느 한 사람이 틀렸다.)

③ Neither A nor B(A도 B도 ~아니다 ; 양자부정) : 동사는 B에 일치시킴

Neither he nor I am responsible for the accident. (그도 나도 그 사고에 대해 책임이 없다.)

④ not only A but also B(= B as well as A)(A뿐만 아니라 B도) : 동사는 B에 일치시킴

Not only he but also I am right. (그뿐만 아니라 나도 옳다.)

= I as well as he am[is] right.

## (4) 집합명사의 일치

① 집합명사 + 단수동사

㉠ 단수 취급 : 집합명사는 사람·사물의 집합체를 나타내는 명사로, 집합체를 의미한다는 측면에서 단수동사로 받음

㉡ 해당 명사 : family, class, public, nation 등

㉢ My family is a large one. (나의 가족은 대가족이다.)[family는 가족 전체를 말하므로 집합명사]

② 군집명사 + 복수동사

㉠ 복수취급 : 군집명사는 집합명사의 일종으로, 집합체의 구성원을 개별적으로 표현하는 명사를 말하므로 복수동사로 받음

㉡ 집합명사 중 어떤 것이 군집명사가 되는지는 문맥의 의미를 통해서 판별

**실력UP  군집명사와 정관사**

• 정관사 the를 동반하는 군집명사 : the police, the English, the gentry 등
 – The police are chasing the criminal.
• 무관사로 사용하는 군집명사 : cattle, poultry, vermin 등
 – Cattle are grazing on grass.

## (5) 전체나 일부를 나타내는 표현에서의 일치

[all, most, more than, some, half, one, the part, the rest, the remain, 분수, a lot, plenty 등] + of + 명사 + 동사
⇒ 앞의 명사가 복수명사인 경우 복수동사가, 단수명사인 경우 단수동사가 됨

① Most of them are his friends. (그들 대부분은 그의 친구들이다.)

② Half of this apple is rotten. (이 사과의 반은 썩었다.)[한 개의 사과]

③ Half of these apples are rotten. (이 사과들의 반은 썩었다.)[여러개의 사과]

④ The rest of the students were absent. (학생들 중 나머지는 결석을 했다.)

⑤ Two-thirds of the task has finished. (직무의 2/3가 완료되었다.)

SEMI-NOTE

동사를 A에 일치시키는 표현
• A accompanied with B
• A along with B
• A as well as B
• A occupied with B
• A together with B
• A with B

군집명사 + 복수동사 예문
My family are all early risers. (나의 가족들은 모두 일찍 일어난다.)[이 문장에서 family는 가족 구성원 개개인을 의미하므로 군집명사]

부분, 일부를 표현하는 대명사
half, some, most 등 부분이나 일부를 표현하는 대명사 다음에 'of the + 복수명사'가 오는 경우는 복수 동사를, 'of the + 불가산 명사(단수형)'가 오는 경우는 단수 동사를 사용

SEMI-NOTE

## (6) 「the number of ~」와 「a number of ~」에서의 일치

① the number of ~(~의 수) : 단수동사로 받음

The number of students has been increasing. (학생들의 수가 증가하고 있다.)

② a number of ~(다수의 ~, 많은 ~) : 복수동사로 받음

A number of students were injured in the traffic accident. (수많은 학생들이 그 교통사고로 다쳤다.)

## (7) 「many + a + 단수명사」는 단수 취급

① Many a young man has tried and failed. (많은 젊은이들이 시도했으나 실패했다.)

② Many a landowner has become bankrupt due to the law. (그 법률 때문에 많은 지주들이 몰락했다.)

## (8) 「every + 단수명사」와 「every + 단수명사 + and + (every) + 단수명사」는 단수 취급

① Every dog has his day. (쥐구멍에도 볕 들 날이 있다.)

② Every boy and (every) girl wants to see the movie. (모든 소년 소녀들이 그 영화를 보고자 한다.)

　　cf. Everyone[Everybody] knows that. (모두 그것을 알고 있다.)(everyone[everybody]도 단수 취급)

　　cf. each, no로 수식받는 명사도 단수 취급

③ Each boy and each girl was given a book. (각 소년소녀들은 책을 한권 받았다.)

④ No student is to leave the room. (어떤 학생도 교실을 나갈 수 없다.)

## (9) 복수형의 학문명, 병명, 게임명 등은 단수 취급

① 복수형의 학과·학문명 : ethics(윤리학), politics(정치학), economics(경제학), statistics(통계학), mathematics(수학), linguistics(언어학), phonetics(음성학) 등 → 단수 취급

② 복수형의 병명 : measles(홍역), mumps(유행성 이하선염), blues(우울증), rickets(구루병) 등 → 단수 취급

③ 복수형의 오락·게임명 : billiards(당구), bowls(볼링), checkers(체커, 서양장기), cards 등 → 단수 취급

### 地up 지명·국가명을 나타내는 복수 고유명사의 수

• 단수 취급 : Athens(아테네), Naples(나폴리), the United Nations(유엔), the United States(미국) [※복수형의 국가명은 대부분 단수 취급]

• 복수 취급 : the Netherlands (네덜란드), the Alps(알프스) 등

---

**many, all**

• many + 복수명사 / many + of + 복수명사 : 복수동사로 받음
 – Many people have to move before the coming spring.
 – Many of us were tired.

• all : 사람('모든 사람', '모두')을 의미할 때는 복수 취급, '모든 것(만사)'을 의미할 때는 단수 취급
 – All were happy.
 – All I want is money.

**every 관련 영어 숙어 표현**

• every day 매일, 날마다
• every year 매년
• every week 매주
• in every case 모든 경우에

**주어와 동사의 수의 일치**

• 주격 관계대명사가 이끄는 절의 동사는 선행사의 수에 일치시킴
 – 주격 관계대명사(who, which, that 등)가 이끄는 절의 동사의 경우는 주어가 선행사이므로, 선행사의 수와 인칭에 일치시켜야 함
 – Mr. Kim, who has a lot of teaching experience, will be joining the school in September.
 [관계대명사(who) 다음의 동사(has)는 선행사(Mr. Kim)에 일치] (김 선생님은, 가르쳐 본 경험이 많은 분인데, 9월에 우리 학교에서 함께 일하게 됩니다.)

## (10) 「시간, 거리, 금액, 중량」 등이 한 단위 또는 단일 개념을 나타내는 경우 단수 취급

① Thirty years is a long time. (30년은 긴 세월이다.)

   cf. Thirty years have passed since my mother died. (어머니가 돌아가신 지 30년이 지났다.)[시간의 경과를 나타내는 경우 복수 취급]

② Twenty miles is a long way to walk. (20마일은 걸어가기에 먼 길이다.)

③ Five thousand dollars is a big money. (5천 달러는 거금이다.)

## (11) 명사절이나 명사구 등이 주어 역할을 하는 경우 단수 취급

① That he said so is true. (그가 그렇게 말했다는 것은 사실이다.)[명사절(That ~ so)이 주어이므로 단수동사(is)로 받음]

② Whether he will succeed is doubtful. (그가 성공할 것인지는 의심스럽다.)

③ Beating a child does more harm than good. (아이를 때리는 것은 득보다 해가 크다.)[동명사(구)가 주어가 되는 경우 단수 취급하므로 단수동사(does)로 받음]

④ To know oneself is not easy. (자신을 아는 것은 쉽지 않다.)[부정사(구)가 명사기능을 하여 주어가 되는 경우 단수 취급]

# 2. 시제의 일치

## (1) 시제 일치의 일반원칙

① 주절의 시제가 현재, 현재완료, 미래인 경우에는 종속절의 시제는 어느 것이든 가능

   ㉠ I think that he is rich. (나는 그가 부자라고 생각한다.)

   ㉡ I think that he will be rich. (나는 그가 부자가 될 거라고 생각한다.)

   ㉢ I think that he was rich. (나는 그가 부자였다고 생각한다.)

   ㉣ He will say that he was busy. (그는 바빴었다고 말할 것이다.)

   ㉤ He has said that he will be busy. (그는 바쁠 것이라고 말했다.)

② 주절의 시제가 과거인 경우 종속절의 시제는 과거나 과거완료가 됨(단, 과거완료는 주절의 시제(과거)보다 먼저 일어난 경우)

   ㉠ I thought that he was rich. (나는 그가 부자라고 생각하였다.)

   ㉡ I thought that he would be rich. (나는 그가 부자가 될 거라고 생각하였다.)

   ㉢ I thought that he had been rich. (나는 그가 부자였었다고 생각하였다.)

## (2) 시제일치의 예외

① 불변의 진리, 격언 등은 주절의 시제와 관계없이 종속절에서 현재를 씀

   ㉠ We were taught that the earth is round like a ball. (우리는 지구가 공처럼 둥글다고 배웠다.)

   ㉡ The professor said that time is money. (그 교수는 시간이 돈이라고 말했다.)

---

**SEMI-NOTE**

<u>한 단위 또는 단일 개념을 나타내는 문장</u>

한 단위 또는 단일 개념을 나타내는 문장의 구별시간, 거리, 금액, 중량 등이 한 단위 또는 단일 개념을 나타내는 경우에는 형태상으로 시간, 거리, 금액, 중량 등을 나타내는 어구 다음에 be동사가 옴

「There be ~」는 다음의 주어 수에 따라 be동사가 결정 됨

• <u>There is a man who wants to go with you.</u> (당신과 같이 가고자 하는 사람이 있습니다.)['There be' 다음의 주어가 단수인 경우 be동사도 단수]

• There are some nice gold rings. (예쁜 금반지가 꽤 있다.)['There be' 다음의 주어가 복수인 경우 be동사도 복수]

시제 일치란

• 주절과 종속절로 이루어진 복문 구조에서 주절의 시제와 종속절의 시제를 일치시키는 것을 의미

• 종속절의 시제 일치
 - 주절 시제
 - 현재, 현재완료, 미래
 - 과거

• 종속절 시제
 - 어느 시제나 사용 가능
 - 과거, 과거완료

시제 일치의 예외 조동사 must, should, ought to 등[의무·추측]

• <u>must가 의무(~해야 한다)를 나타내는 경우 'have to'로 바꾸어 쓸 수 있음</u>
 - His father said that he must[had to] work hard. (그의 아버지는 그가 열심히 공부해야 한다고 말했다.)

주의할 시제 일치 관련 어구

• in + (과거) 시간명사 : 과거시제에 쓰임
  - The foundation was founded in 2009. (그 재단은 2009년에 설립되었다.)
• during : 주로 과거의 특정한 기간 동안에 관하여 씀
  - The renowned singer stayed in Hawaii during a six-year gap. (그 시비에 커다는 6년의 공백 기간 동안 하와이에 머물었다.)
• since : 앞의 주절 동사는 완료시제를 씀
  - I have known him since he was a child. (나는 그가 어릴 때부터 그를 알고 있다.)
• so far : 현재완료시제에 쓰임
  - She has written only two novel so far. (그녀는 지금까지 단지 두 편의 소설만을 썼다.)
• by this time : 주로 미래완료시제에 쓰임
  - He should have arrived by this time. (그는 지금쯤 도착했을 것이다.)

② 현재의 습관·관례, 현재의 사실은 주절의 시제와 관계없이 종속절에서 현재를 씀
  ㉠ My grandfather said that he takes a walk everyday. (내 할아버지는 매일 산책을 한다고 말씀하셨다.)
  ㉡ It is an accepted custom to say 'Excuse me' when he sneezes. (재채기를 할 때 'Excuse me'라고 말하는 것은 일반적으로 받아들여지는 관례이다.)
  ㉢ He said that he has breakfast at seven every morning. (그는 매일 아침 7시에 아침을 먹는다고 말하였다.)
③ 역사적 사실은 주절의 시제와 관계없이 종속절에서 과거를 씀
  ㉠ She said that Columbus discovered America in 1492. (그녀는 1492년 Columbus가 미국을 발견했다고 말했다.)
  ㉡ We learned that World War II broke out in 1939. (우리는 1939년에 2차 세계대전이 일어났다고 배웠다.)
④ 가정법의 시제는 주절의 시제와 관계없이 종속절에서 원래 그대로 씀
  ㉠ He said, "If I were well, I could swim in the river."
    → He said that if he were well he could swim in the river. (그는 자신이 건강하다면 강에서 수영을 할 수 있다고 말하였다.)
  ㉡ I wish I were a bird. (나는 내가 새라면 하고 바란다.)
    → I wished I were a bird. (나는 내가 새라면 하고 바랐다.)
⑤ 비교의 부사절에서는 내용에 따라 시제를 씀
  ㉠ She was then more generous than she is now. (그녀는 지금보다 그때 더 관대했다.)
  ㉡ She speaks English better than you did. (그녀는 예전의 당신보다 영어를 더 잘한다.)

## 02절　화법(Narration)

## 1. 화법전환(직접화법 ⇒ 간접화법)의 일반 공식

### (1) 전달동사 등의 전환

① 전달동사 : say(said) → say(said), say(said) to → tell(told)
② 인용부호를 없애고 접속사 that을 사용

### (2) 피전달문의 인칭 및 시제의 전환

① 직접화법에서의 1인칭은 간접화법에서 주어와 일치시킴

He said to me, "I will do my best."
→ He told me that he would do his best.

② 2인칭은 목적어와 일치시키며, 3인칭은 그대로 둠

I said to her, "You look fine."

화법(Narration)

화법이란 사람의 말을 전하는 방식을 말하는 것으로, 어떤 사람이 한 말을 그대로 인용부호로 전하는 것을 직접화법(Direct narration), 말의 의미·내용만을 자신의 말로 고쳐서 전하는 것을 간접화법(Indirect narration)이라 함

→ I told her that she looked fine.

③ 전달동사의 시제가 과거일 경우 종속절의 시제는 시제 일치 원칙에 따라 바뀜

She said, "It is too expensive."

→ She said that it was too expensive.

④ 지시대명사나 부사(구) 등을 문맥에 맞게 전환함

㉠ She said, "I am busy today."

→ She said that she was busy that day.

㉡ He said, "I reached here yesterday."

→ He said that he had reached there the day before.

## 2. 문장의 종류에 따른 화법전환

### (1) 평서문의 화법전환

① 전달동사 say는 say로, say to는 tell로 전환

② 전달동사 뒤에 접속사 that을 놓음. 이 that은 생략이 가능

③ 전달동사가 과거인 경우 종속절의 시제를 일치시킴

④ 피전달문의 인칭대명사를 문맥에 맞도록 고침

⑤ 부사나 부사구, 지시대명사 등을 문맥에 맞도록 고침

**실력UP  문맥에 맞게 고치기**

• now → then / ago → before

• today → that day / tonight → that night

• yesterday → the day before(the previous day)

• last night → the night before(the previous night)

• tomorrow → the next day(the following day)

• next week → the next week(the following week)

• this → that / these → those / here → there / thus → so

SEMI-NOTE

04장

일치/화법

의문사 있는 의문문의 간접화법 어순

• 의문사가 접속사 역할을 하므로 '의문사 + 주어 + 동사'의 순서가 됨

- I said to the boy, "What is your name?"

→ I asked the boy what his name was.

(나는 그 소년에게 이름이 무엇이냐고 물었다.)

9급공무원

# 영어

나두공

# ❶나두공

## 05장 부정사(Infinitive)/동명사 (Gerund)/분사(Participle)

## 01절   부정사(Infinitive)

### 1. 부정사의 의의

#### (1) 부정사의 의미

① 부정사는 복문을 단문으로 만들어 문장을 간결하게 하는 준동사의 일종
② 부정사는 동사의 성질을 지니므로 목적어나 보어를 취할 수 있음
③ 부정사는 그 용법에 따라 문장에서 명사(구), 형용사(구), 부사(구)의 역할을 함
④ 부정사는 '~하는 것', '~하기 위해', '~할' 등과 같은 미래의 의미가 내포되어 있음
⑤ 문장의 간결성 차원에서 부정사가 있는 문장에서는 같은 단어의 반복이 안 됨

> • expected, forgot, hoped,
> intended, promised, wanted,
> remembered, wished 등 미래
> (소망)에 관한 동사의 과거형 뒤
> 에 오는 완료부정사는 과거에
> ~했으나 이루어지지 않은 동
> 작 등을 나타냄
> – I intended to have met her.
> = I had intended to meet
> her.
> = I intended to meet her, but
> I didn't.

#### (2) 부정사의 종류

① to부정사 : to + 동사원형(기본형) / to + be + p.p(수동형) / to + have +
p.p(완료형)
② 원형부정사 : 동사원형
③ 기타 : 대부정사(to), 분리부정사( to + 부사 + 동사원형)

#### (3) 부정사의 시제

① 단순부정사
㉠ 동사의 시제와 같거나 늦은 시제를 나타냄
㉡ 'to + 동사원형' 또는 'to be + p.p(단순형 수동부정사)'의 형태를 지님
㉢ He seems to be ill. (그는 아픈 것처럼 보인다.)
  = It seems that he is ill.
㉣ He seemed to be ill. (그는 아픈 것처럼 보였다.)
  = It seemed that he was ill.
㉤ He seemed to be shocked. (그는 충격을 받은 것처럼 보였다.)
  = It seemed that he was shocked.

② 완료부정사
㉠ 동사의 시제보다 앞선 시제를 나타냄

> • He seemed to have been shocked.
> (그는 충격을 받았던 것처럼 보였다.)
> = It seemed that he had been
> shocked.

㉡ 'to have + p.p' 또는 'to have been + p.p(수동형 완료부정사)'의 형태를
지님
• He seems to have been ill. (그는 아팠던 것처럼 보인다.)
  = It seems that he was ill.
• He seemed to have been ill. (그는 아팠던 것처럼 보였다.)
  = It seemed that he had been ill.

**(4) 부정사의 부정 : 부정사 앞에 부정어(not, never 등)를 사용**

① I told him not to go out. But he went out. (나는 그에게 나가지 말라고 하였다. 그러나 그는 나갔다.)

② He made it a principle never to be late for school. (그는 학교에 지각하지 않는 것을 원칙으로 삼았다.)

## 2. 부정사를 목적어나 목적보어로 취하는 동사

### (1) to부정사를 목적어나 목적보어로 취하는 동사

① 소망 · 기대 · 요구 · 노력동사 등은 to부정사를 목적어로 취함(⇒ S + V + to부정사[-ing(×)]) : want, wish, hope, long(간절히 바라다), desire, expect, ask, demand, endeavor, contrive, learn, manage, decide 등

㉠ We want to get back to the six-party talks as soon as possible. (우리는 가능한 한 빨리 6자회담에 복귀하기를 바란다.)

㉡ We expect to succeed. (우리는 성공할 것이다.)

㉢ They contrived to escape from the castle. (그들은 성을 빠져나갈 궁리를 했다.)

㉣ Tom did not choose to accept their proposal. (Tom은 그들의 제안을 받아들이려 하지 않았다.)

㉤ The president promised to clean up government. (대통령은 정부를 일소할 것이라 약속했다.)

㉥ He arranged to start early in the morning. (그는 아침 일찍 출발할 준비를 했다.)

② (준)사역동사 get, cause, induce, persuade, compel, force 등은 목적보어로 to부정사를 취함(⇒ S + V + O + to부정사)

㉠ Get your parents to help you. (당신의 부모님께 도와 달라고 하시오.)

㉡ The policeman compelled Tom to confess. (그 경찰관은 Tom이 자백하도록 강요했다.)

### (2) 원형부정사를 취하는 동사

① 조동사 뒤에 오는 동사는 원형부정사(동사원형)를 취함

Cancer can be cured when it is discovered in its earliest stages. (암은 초기 단계에 발견되면 치료될 수 있다.)

② 사역동사 make, have, let, bid(명령하다) 등은 목적보어로 원형부정사를 취함(⇒ S + 사역동사 + O + 원형부정사)

㉠ Her song always makes me feel happy. (그녀의 노래는 언제나 나를 행복하게 한다.)

㉡ Our teacher made us learn the poem by heart. (우리 선생님은 우리에게 그 시를 암송하라고 시켰다.)

원형부정사 사용
• 동사원형
 - 조동사
 - 지각동사
 - 사역동사
 - 관용구

**지각동사**

see, watch, behold, look at, observe, hear, listen to, smell, taste, feel, find, notice 등

**had better 구문 정리**

- **기본형** : had better + 동사원형 (~하는 편이 낫다)
- **부정형** : had better not + 동사원형(~하지 않는 편이 낫다)
- **과거형** : had better have + p.p(~하는 편이 나았을 텐데)
- **과거부정형** : had better not have + p.p(~하지 않는 편이 나았을 텐데)

**원형부정사를 취하는 기타 구문**

- but, except + 원형부정사 (~ 제외하면)
  - I will do anything but work on a construction site. (나는 건설 현장에서 일하는 것만 제외하면 무엇이든 하겠다.)

→ We were made to learn the poem by heart (by our teacher). [수동태가 되면 원형부정사가 아닌 to부정사가 사용됨]

③ 지각동사는 목적보어로 원형부정사를 취함(⇒ S + 지각동사 + O + 원형부정사)

　㉠ I heard the singer sing on TV last night. (나는 어젯밤 TV에서 그 가수가 노래하는 것을 들었다.)

　㉡ I saw him cross the street. (나는 그가 길을 건너는 것을 보았다.)

　　→ He was seen to cross the street (by me).[수동태가 되면 원형부정사가 아닌 to부정사가 사용됨]

④ 원형부정사(동사원형)를 취하는 관용적 표현

　㉠ had better + 원형부정사(~하는 편이 낫다)

　　You had better not say anything. (아무 말도 하지 않는 것이 낫다.)

　㉡ do nothing but + 원형부정사(단지[오직] ~할 뿐이다[~만 하다])

　　cf. nothing but = only

　　She did nothing but complain. (그녀는 오직 불평만 했다.)

　㉢ cannot (choose) but + 원형부정사(~하지 않을 수 없다)

　　= cannot help V –ing

　　= have no choice but + to부정사

　　= have no other way but + to부정사

　　= have no alternative[option] but + to부정사

　㉣ I cannot (choose) but accept the offer. (나는 그 제안을 받아들이지 않을 수 없다.)

　　= I have no choice[alternative, option, other way] but to accept the offer.

　㉤ would rather + 원형부정사 (than 원형부정사) ((~하느니) 차라리[오히려] ~하고 싶다)

　　I would rather stay here alone. (나는 여기 혼자 있는 것이 낫겠다.)

**실력up　would rather 구문 정리**

- **기본형** : would rather + 동사원형(차라리 ~하고 싶다)
- **부정형** : would rather not + 동사원형(차라리 ~하지 않겠다)
- **과거형** : would rather have + p.p(차라리 ~했어야 했다)
- **과거부정형** : would rather not have + p.p(차라리 ~하지 말았어야 했다)

⑤ 원형부정사를 취하는 기타 구문

　㉠ let go (놓아주다)

　　Don't let go the rope. (줄을 놓지 마라.)

　㉡ make believe (~하는 체하다)

　　The kids are making believe that they are bride and bridegroom. (애들이 신랑 신부 놀이를 하고 있다.)

ⓒ Why not + 원형부정사? (~하지 그래? ~하세요.)

Why not put an ad in the paper? (신문에 광고를 내지 그래? = 신문에 광고를 내세요.)

## 3. 부정사의 용법

### (1) 명사적 용법 : 부정사가 명사의 역할(주어·목적어·보어 등)을 함

① 문장에서 주어 역할을 함

㉠ To know oneself is not easy. (자신을 아는 것은 쉽지 않다.)

㉡ To get up early is good for the health. (일찍 일어나는 것은 건강에 좋다.)

= It is good for the health to get up early.

= Getting up early is good for the health.

② 문장에서 목적어 역할을 함

㉠ She likes to play the piano. (그녀는 피아노 치는 것을 좋아한다.)

㉡ I hate to accept it. (나는 그것을 받아들이고 싶지 않다.)

③ 문장에서 보어 역할을 함

㉠ My desire is to be a pilot. (나의 소망은 조종사가 되는 것이다.)

㉡ His hobby is to collect stamps. (그의 취미는 우표 수집이다.)

= His hobby is collecting stamps.

④ 명사와 '동격'이 되는 경우

My desire, to be a pilot, never came true. (조종사가 되고자 하는 나의 소망은 결코 실현되지 않았다.)

⑤ 「의문사 + to부정사」

㉠ What to do is very important. (무엇을 하느냐가 아주 중요하다.)[주어]

㉡ I don't know what to do. (나는 무엇을 해야 할지를 모르겠다.) [목적어]

㉢ The difficulty is what to do. (어려운 것은 무엇을 하느냐이다.) [보어]

### (2) 형용사적 용법

① 한정적 용법 : 부정사가 명사(주어 · 목적어 · 보어)를 수식

㉠ 부정사가 수식하는 명사가 부정사의 의미상의 주어인 경우

• She has no friend to help her. (그녀는 도와줄 친구가 없다.)[to부정사가 명사(friend)를 수식]

• He is the last man to betray his friends. (그는 자기 친구들을 배신할 사람이 결코 아니다.)

= He is not a man who will betray his friends.

㉡ 부정사가 수식하는 명사가 부정사의 의미상의 목적어인 경우

• I bought a book to read. (나는 읽을 책을 샀다.)[to부정사가 명사(book)을 수식]

준동사

• 부정사, 동명사, 분사와 같은 준동사는 동사에 준해서 사용되는 것으로, 기본적인 동사 기능 외에 명사나 형용사, 부사의 기능을 수행

• 준동사는 주어에 따라 인칭이나 수가 정해지는 정동사(be동사나 일반동사 등)와는 달리 주어에 따른 인칭과 수의 변화가 없음

• 정동사가 일반적 의미의 주어와 함께 사용되는 데 비해, 준동사는 의미상의 주어와 함께 사용

의문사구(의문사 + to부정사)

• what to do : 무엇을 해야 할지

• how to do : 어떻게 해야 할지

• where to do : 어디서 해야 할지

• when to do : 언제 해야 할지

한정적 용법

명사 뒤에서 수식하며 형용사와 같은 역할을 하는 부정사를 의미

• money to buy a car
  - 차 한 대 살 돈

• time to go home
  - 집에 갈 시간

• money to live on
  - 생활비

05장

부정사/동명사/분사

**준동사의 부정**

- 준동사(부정사 · 동명사 · 분사)를 부정할 때, not, never 등의 부정어를 준동사 앞에 붙이는데, 이는 부정어가 부사로서 형용사로 기능하는 준동사 앞에 위치하기 때문임
  - I made up my mind not to oversleep again.

**불완전자동사(2형식 동사)의 주격 보어가 되는 경우**

- He seems to be sad. (그는 슬픈 것 같다.)
- His wound turned out to be fatal. (그의 상처는 치명적인 것으로 판명되었다.)
- We soon came to like her. (우리는 곧 그녀를 좋아하게 되었다.)

**be + to부정사 용법**

예정 : ~을 하려고 하다(will, be going to)
의무 : ~해야 한다(should)
가능 : ~할 수 있다(can)
운명 : ~할 운명이다
의도 : ~할 작정이다

**부사적 용법 지정(~하기에, ~하기가)**

- The book is easy to read. (그 책은 읽기가 쉽다.)
  = It is easy to read the book.
- This river is dangerous to swim in. (이 강은 수영하기에 위험하다.)
  = It is dangerous to swim in this river.
  cf. 부사적 용법은 to부정사가 형용사를 수식하는 경우. 이러한 구문에 사용되는 형용사에는 easy, hard, difficult, good, dangerous, convenient, impossible가 있음

---

- Please give me something hot to drink. (제게 뜨거운 음료를 주세요.) [to부정사가 대명사(something)를 수식]
  = Please give me something hot that I can drink.

ⓒ '부정사 + 전치사'가 수식하는 명사가 전치사의 목적어인 경우

- The child had a spoon to eat with. (아이는 갖고 먹을 스푼이 있었다.) [명사(spoon)는 전치사(with)의 목적어]
- I have no house to live in, nor money to buy a house with. (나는 살 집이 없고, 집을 살 돈도 없다.)
  - a chair to sit on, paper to write on, a pencil to write with 등

ⓔ 부정사가 수식하는 명사가 부정사와 동격 관계

- Give me your promise never to smoke. (절대 금연하겠다고 약속해라.)[to부정사와 명사(promise)가 동격]
- I have no opportunity to speak English these days. (나는 요즈음 영어를 말할 기회가 없다.)
  = I have no opportunity of speaking English these days.

**실력UP 수식 관계**

It is time to go to bed now. (이제 잠자리에 들 시간이다.)

② 서술적 용법 : 부정사가 동사의 보어가 됨

ⓐ 불완전자동사(2형식 동사)의 주격 보어가 되는 경우

- The news proved to be false. (그 뉴스는 거짓임이 판명되었다.)
- I happened to meet her. (나는 우연히 그녀를 만났다.)

ⓑ 불완전타동사(5형식 동사)의 목적격 보어가 되는 경우

- He thought her to be unkind. (그는 그녀가 불친절하다고 생각했다.)
- I believe him to be cruel. (나는 그가 잔인하다고 믿는다.)

ⓒ be + to부정사 : 의무 · 예정 · 운명 · 가능 · 소망 · 의도를 표현

- We are to observe the law. (우리는 법을 지켜야 한다.)[의무]
- He is to make a speech this weekend. (그는 이번 주말에 연설을 할 예정이다.)[예정]
- Nothing was to be seen but waves and gulls. (파도와 갈매기 외에는 아무 것도 볼 수 없었다.)[가능]
- If you are to get a high score, you have to study hard. (당신이 높은 점수를 얻으려 한다면, 열심히 공부해야 한다.)[의도]

## (3) 부사적 용법

① 부정사가 부사처럼 동사 · 형용사 · 다른 부사 등을 수식하는 경우

ⓐ 목적(~하기 위하여)(= in order to ~ = so as to ~)

We eat to live, not live to eat. (우리는 살기 위해 먹는 것이지 먹기 위해 사는 것이 아니다.)

ⓛ 원인(~하니, ~하고서)

I am glad to meet you. (당신을 만나서 반갑습니다.)

ⓒ 이유·판단의 근거(~하는 것을 보니, ~을 하다니)

He must be a liar to say such a thing. (그런 말을 하는 것을 보니 그는 분명히 거짓말쟁이다.)

ⓔ 결과(~해서 …하다 / ~하여[하지만] …하다)(= and ~ / = but ~)

- He grew up to be a great scientist. (그는 커서 위대한 과학자가 되었다.)
- She worked hard only to fail. (그녀는 열심히 일했지만 실패했다.)

  = She worked hard but she failed.

- The good old days have gone never to return. (좋은 시절은 가고 다시는 돌아오지 않는다.)

ⓜ 조건(~하다면)(= if ~)

- I should be very glad to go with you. (당신과 함께 간다면 나는 아주 기쁠 것이다.)

  = I should be very glad if I could go with you.

- To hear him speak English, you would mistake him for an American. (너는 그가 영어로 말하는 것을 들으면 그를 미국인으로 착각할 것이다.)

ⓗ 양보(~에도 불구하고)(= though ~)

To do my best, I couldn't help it. (최선을 다했지만 어쩔 수 없었다.)

ⓢ 형용사 + enough to + 원형부정사(~할 정도로 …하다)(= so … that + S + can ~)

It is hot enough to swim today. (오늘은 수영하기에 충분히 덥다.)

= It is so hot that we can swim today.

cf. 여기서의 부사적 용법은 to부정사가 앞의 부사(enough)를 수식하는 경우임

ⓞ too ~ to + 원형부정사(너무 ~해서 …할 수 없다)(= so ~ that + S + can't + 원형부정사)

You are too young to understand it. (너는 너무 어려서 그것을 이해할 수 없다.)

= You are so young that you can't understand it.

② 독립부정사 : 문장 전체를 수식

to tell the truth 사실[진실]을 말하자면(= truth to tell = to be honest) / to be frank with 솔직히 말하면, 사실은 / to do ~ justice 공평히 말해서 / to be brief[short] 간단히 말하면(= to make a long story short) / to begin with 우선, 무엇보다도 / to be sure 확실히 / to say nothing of ~은 말할 것도 없이 (= not to speak of = not to mention) / to say the least (of it) 적어도, 줄잡아 말하더라도 / to make matters worse 설상가상으로 / so to speak 말하자면 / strange to say 이상한 말이지만 / needless to say 말할 필요도 없이

부정사가 부사처럼 동사·형용사·다른 부사 등을 수식하는 경우

- so ~ as to …(…할 만큼 ~하대정되 / 너무 ~해서 …하대경대)
  - She was so kind as to show me around the town. (그녀는 내게 시내를 구경시켜줄 만큼 친절하였다.)[정도]
  - He got up so late as to miss the train. (그는 너무 늦게 일어나서 기차를 놓쳤다.)[결과]

'too ~ to' 구문의 특수용법

- not too ~ to …(…할 수 없을 정도로 ~하지는 않다)(= not so ~ that …not)
- too ~ not to …(대단히 ~하므로 …할 수 있다)(= so ~ that can[cannot but])
- only too(매우, 대단히)(= very, exceedingly)

독립부정사 예문

- To tell the truth, I can't understand what you are saying. (진실을 말하면, 나는 네가 말하는 것을 이해할 수가 없다.)
- To do him justice, the work does not suit him. (공평히 말해서 그는 그 일에 어울리지 않는다.)
- He is, so to speak, a celibate. (그는 말하자면 독신주의자이다.)

05장

부정사/동명사/분사

93

> **실력up  to부정사가 포함된 관용구**
>
> be likely[apt, liable, inclined] to ~(~하는 경향이 있다) / be ready to ~(~할 준비가 되어 있다) / be sure to ~(반드시 ~하다) / be willing to ~(기꺼이 ~하다) / be anxious[eager] to ~(~을 바라다) / be free to ~ (자유롭게 ~하다)

## 4. 기타 부정사 관련 용법

### (1) 대부정사 : 같은 동사의 반복을 피하기 위하여 to부정사에서 to만을 쓰는 것을 의미

You may smoke if you want to smoke. (원한다면 담배를 피워도 좋습니다.)

### (2) 분리 부정사 : to와 원형 사이에 to부정사를 수식하는 부사를 두는 것을 의미

I failed to entirely understand the poem. (나는 그 시를 완전히 이해하지 못했다.)

### (3) 과거에 이루지 못한 희망·기대

> • 희망 · 기대 동사 + 완료부정사 : 희망 · 기대 · 의지 등을 나타내는 동사가 완료부정사의 형태를 취하여 과거에 이루지 못한 희망 · 기대 등을 표현
> • wanted[hoped, wished, intended, expected 등] + to have p.p.
>   = had wanted[hoped, wished, intended, expected 등] + to부정사

I hoped to have seen her before her death. (나는 그녀가 죽기 전에 그녀를 보기를 바랐다. (그러나 보지 못했다.))

= I had hoped to see her before her death.

= I hoped to see her before her death, but I couldn't.

## 5. 부정사의 의미상 주어

### (1) 의미상 주어를 따로 쓰지 않는 경우

① 의미상 주어가 문장의 주어(술어동사의 주어)와 일치하는 경우

ㄱ I want to go to Japan. (나는 일본에 가고 싶다.)

ㄴ He intended to visit there. (그는 그곳을 방문하려고 했다.)

② 의미상 주어가 일반주어(people, we, they 등의 일반인)인 경우

ㄱ This book is easy to read. (이 책은 읽기 쉽다.)

ㄴ It is wrong to cheat on an exam. (시험에서 부정행위를 하는 것은 잘못된 것이다.)

③ 독립부정사 구문의 경우

ㄱ To make matters worse, he lost his money. (설상가상으로 그는 돈을 잃어버렸다.)

흔히 사용되는 대부정사의 예

• want to
• wish to
• hope to
• like to
• love to
• hate to
• need to
• try to
• have to
• be going to
• would like to
• be sorry to

ⓛ To be frank with you, I think he has little chance of passing the exam.
(솔직히 말하면, 나는 그가 시험에 통과할 가능성이 거의 없다고 생각한다.)

④ 의미상 주어가 문장의 목적어와 일치하는 경우

- 일반적으로 'S + V + O + OC(to부정사)'의 5형식 문장이 됨
- 해당 동사
  - 희망 · 기대 동사 : want, wish, desire, expect, intend, mean 등
  - 명령 · 권고 동사 : tell, order, warn, ask, beg, advise, require 등
  - 생각 · 사유 동사 : believe, think, consider, suppose, imagine 등
  - 허용 · 금지 동사 : allow, permit, forbid 등
  - 사역동사 : get, cause, compel, force, lead, enable, encourage 등

## (2) 의미상 주어를 따로 쓰는 경우

① 의미상 주어가 'for + 목적어'가 되는 경우(for + 목적어 + to부정사)

- 부정사의 의미상 주어를 'for + 목적어(사람)' 형태로 따로 씀
- 해당 유형 : 의미상 주어를 따로 쓰지 않는 경우나 'of + 목적어'가 의미상 주어가 되는 경우를 제외하고 대부분 이러한 형태로 씀 → to부정사가 (대)명사의 역할(문장의 주어, 목적어, 보어 역할)을 하는 경우, to부정사가 명사를 수식하는 형용사 역할을 하는 경우 등

② 의미상 주어가 'of + 목적어'가 되는 경우(of + 목적어 + to부정사)

- 사람의 성품 · 성향, 감정표현의 형용사가 있는 경우 부정사의 의미상 주어를 'of + 목적어(사람)' 형태로 씀
- 사람의 성품 · 성향, 감정표현의 형용사가 있는 경우 부정사의 의미상 주어를 'of + 목적어(사람)' 형태로 씀
- 해당 형용사 : good, nice, kind, generous, polite, considerate, careful, selfish, impudent, cruel, rude, wrong, wise, clever, foolish, silly, stupid 등

### 실력UP  의미상 주어가 'of + 목적어'가 되는 경우 예문

- It is kind of you to invite us to the party. (우리를 잔치에 초대하여 주셔서 고맙습니다.)
  = You are kind to invite us to the party.
- It was wise of her not to spend the money. (그녀가 돈을 낭비하지 않은 것은 현명했다.)
- It is foolish of him to do such a thing. (그가 그런 일을 하다니 어리석다.)

SEMI-NOTE

의미상 주어가 문장의 목적어와 일치하는 경우
- I want you to go to Japan. (나는 네가 일본에 가기를 원한다.)
- He advised Jennifer to tell the truth. (그는 Jennifer에게 진실을 말하라고 충고했다.)
- I believed him (to be) honest. (나는 그가 정직하다고 생각했다.)
  = I believed (that) he was honest.

의미상 주어가 'for + 목적어'가 되는 경우(for + 목적어 + to부정사)

- It is necessary for you to go there at once. (네가 거기에 즉시 가는 것이 필요하다.)
  = It is necessary that you should go there at once.
- It is impossible for you to do so. (네가 그렇게 하는 것은 불가능하다.)
- It is very difficult for me to speak Spanish. (내가 스페인어를 하는 것은 아주 어렵다.)
- It is time for us to begin that work. (우리가 그 일을 시작할 시간이다.)
- I opened the door for them to enter. (나는 그들이 들어오도록 문을 열었다.)

05장

부정사/동명사/분사

## 02절 동명사(Gerund)

## 1. 동명사의 성질 및 기능

### (1) 동명사가 가진 동사의 성질

① 시제와 수동형이 있음

ㄱ **시제** : 단순동명사(V-ing), 완료동명사(having+p.p.)

ㄴ **수동형** : 단순 수동형(being+p.p.), 완료 수동형(having been+p.p.)

② 동사처럼 목적어를 취할 수 있음

My hobby is collecting stamps. (나의 취미는 우표 수집이다.)[동명사 collecting은 stamps를 목적어로 취함]

③ 동사처럼 보어를 취할 수 있음

Becoming a singer is her dream. (가수가 되는 것이 그녀의 꿈이다.)

④ 동사처럼 부사(구) 등의 수식어를 동반할 수 있음

Playing on the field is forbidden. (운동장에서 노는 것은 금지되어 있다.)
[부사구 'on the field'가 동명사 playing을 수식]

### (2) 동명사의 명사 기능

① 문장의 주어로 쓰임

ㄱ Walking in the snow is very romantic. (눈 위를 걷는 것은 아주 낭만적이다.)

ㄴ Speaking English fluently is very difficult. (영어를 유창하게 말하는 것은 매우 어렵다.)

= To speak English fluently is very difficult.

② 문장의 보어로 쓰임

My hobby is collecting stamps. (나의 취미는 우표 수집이다.)

= My hobby is to collect stamps.

③ 동사의 목적어로 쓰임

ㄱ This car needs washing. (이 차는 세차를 할 필요가 있다. )

= This car needs to be washed.

ㄴ I regret having said so. (나는 그렇게 말했던 것을 후회한다.)

④ 전치사의 목적어로 쓰임

ㄱ The woman went out without saying. (그 여자는 말없이 나갔다.)

ㄴ He is proud of being an engineer. (그는 기술자인 것을 자랑스럽게 여긴다.)

전치사 'in'이 자주 생략되는 구문

spend[waste] money[time] (in) V-ing (~하는 데 돈[시간]을 쓰다[허비하다])

### (3) 동명사의 부정

① 동명사의 부정은 부정어(not, never 등)를 동명사 바로 앞에 위치시켜 표현

② I can't excuse her for not having answered my letter. (나는 그녀가 내 편지에 답장하지 않은 것을 용서할 수 없다.)

**실력up 동명사와 현재분사**

| 동명사 | 현재분사 |
|---|---|
| • 명사이므로 문장 내에서 주어·목적어·보어 등 명사의 역할을 함<br>• 주로 '용도·목적'을 나타내며, '~ 것'으로 해석됨<br>• 「동명사 + 명사」는 「동사 + 주어」의 관계가 성립하지 않는 경우가 많음 | • 형용사이므로 문장 내에서 주로 명사를 수식하거나 보어가 됨<br>• 주로 '상태나 동작'을 나타내며, '~하고 있는', '~주는', '~한' 등으로 해석됨<br>• 「현재분사 + 명사」는 「동사 + 주어」의 관계가 성립하는 경우가 많음 |

SEMI-NOTE

동명사와 현재분사

• 동명사의 예
  – a sleeping car(= a car for sleeping)
  – a smoking room(= a room for smoking)
• 현재분사의 예
  – a sleeping baby(= a baby who is sleeping)
  – a smoking chimney(= a chimney which is smoking)

## 2. 동명사의 시제 및 수동형

### (1) 동명사의 시제

① 단순동명사(V-ing) : 일반적으로 동사의 시제와 같은 시제이거나 이후 시제
   I know his being rich. (나는 그가 부자라는 것을 안다.)
   = I know (that) he is rich.

② 완료동명사(having + p.p) : 동사의 시제보다 앞선 시제
   I know his having been rich. (나는 그가 부자였다는 것을 안다.)
   = I know (that) he was rich.

### (2) 동명사의 수동형

① 단순 수동형(being + p.p)
   ㉠ He is afraid of being scolded. (그는 꾸중들을 것을 두려워하고 있다.)
      = He is afraid that he will be scolded.
   ㉡ After being interviewed, the applicant was employed in the company. (인터뷰 후에, 그 지원자는 그 회사에 채용되었다.)

② 완료 수동형(having been + p.p)
   She was not aware of her husband having been fired. (그녀는 남편이 해고되었다는 것을 알지 못했다.)
   = She was not aware that her husband had been fired.

## 3. 동명사의 의미상 주어

### (1) 의미상 주어를 따로 쓰지 않는 경우

① 의미상 주어가 문장의 주어와 같은 경우
   ㉠ I am sorry for being late. (늦어서 미안합니다.)[의미상 주어와 문장의 주어(I)가 동일]

능동 동명사가 수동의 의미를 표현하는 경우
• 의미상 수동태이나 능동형 동명사를 쓰는 것을 의미
• need [want, require, deserve 등] + 동명사(= to be + p.p.)
  - My phone needs[wants] repairing.
  = My phone needs [wants] to be repaired.
  - Your opinion deserves thinking.
  = Your opinion deserves to be thought.

의미상 주어를 따로 쓰지 않는 경우
• 의미상 주어가 일반인(our, your, their 등)인 경우
  – Teaching is learning. (가르치는 것은 배우는 것이다.)
  – Seeing is believing. (보는 것이 믿는 것이다.)

SEMI-NOTE

ⓛ I am sure of winning the first prize. (나는 1등 상을 받을 것이라 확신하고 있다.)

= I am sure that I will win the first prize.

② 의미상 주어가 목적어와 일치하는 경우

㉠ Excuse me for being late. (늦어서 죄송합니다.)[의미상 주어와 목적어 (me)가 동일]

㉡ Thank you for coming to my birthday party. (제 생일 파티에 와주셔서 감사합니다.)

## (2) 의미상 주어의 일반적 형태

① 동명사의 의미상 주어는 소유격으로 나타내는 것이 원칙

㉠ I am sure of his passing the exam. (나는 그가 시험에 합격하리라는 것을 확신한다.)

= I am sure that he will pass the exam.

㉡ I don't like your speaking ill of your mother. (나는 당신이 당신의 어머니를 비난하는 것을 좋아하지 않는다.)

= I don't like that you should speak ill of your mother.

② 의미상 주어는 소유격이 원칙이나, 오늘날 구어체 등에서 목적격으로 나타내기도 함

㉠ I don't like his/him coming here. (나는 그가 여기에 오는 것을 좋아하지 않는다.)

㉡ I can't understand your brother/brother's refusing to join our club. (나는 너의 남동생이 우리 클럽에 가입하기를 거부하는 것을 이해할 수 없다.)

## 4. 동명사와 부정사를 목적어로 취하는 동사

### (1) 동명사를 목적어로 취하는 동사

① '동사 + 동명사(-ing)'의 구조를 취하며, '동사 + to부정사(to do)'의 구조는 불가능한 동사

② 해당 동사

> admit, anticipate, appreciate, avoid, consider, defer, delay, deny, dislike, dispute, doubt, enjoy, escape, excuse, finish, forgive, give up, imagine, involve, keep, mention, 등

### (2) 부정사를 목적어로 취하는 동사

① '동사 + to부정사(to do)'의 구조를 취하며, '동사 + 동명사(-ing)'의 구조는 불가능한 동사

② 해당 동사

---

의미상 주어(examination)가 무생물인 경우

We were glad of the examination being over. (우리는 시험이 끝나서 기뻤다.) [의미상 주어(examination)가 무생물인 경우 목적격으로 씀]

동명사를 목적어로 취하는 동사 예문

• The company can consider hiring him. (그 회사는 그를 고용하는 것을 고려할 수 있다.)[to hire (×)]

• They dislike listening to jazz. (그들은 재즈음악 듣는 것을 싫어한다.)

• Would you mind closing the window? (창문을 닫아도 괜찮겠습니까?)

• Are you going to postpone going home? (당신은 집에 가는 것을 미룰 것입니까?)

afford, agree, arrange, ask, choose, contrive, decide, demand, desire, endeavor, expect, fail, hope, learn, long, manage, offer, pretend, promise, refuse, threaten, want, wish 등

ㄱ He arranged to start early in the morning. (그는 아침 일찍 출발할 준비를 했다.)

ㄴ Tom did not choose to accept their proposal. (Tom은 그들의 제안을 받아들이려 하지 않았다.)

ㄷ I promised to write to her soon. (나는 편지를 그녀에게 곧 쓰겠다고 약속하였다.)

### (3) 목적어로 동명사와 부정사가 모두 가능한 동사

① 목적어로 동명사 · 부정사 모두 가능하며, 의미상의 차이도 거의 없는 동사

② 해당동사 : begin, start, commence, continue, intend, neglect 등

ㄱ They began borrowing[to borrow] money. (그들은 돈을 빌리기 시작했다.)

ㄴ It started raining[to rain]. (비가 내리기 시작했다.)

ㄷ I intend going[to go]. (나는 갈 작정이다.)

### (4) 동명사와 부정사를 목적어로 취할 때 의미상의 차이가 있는 동사

① 일반적 · 구체적 의미 차이가 있는 경우

ㄱ 동사가 일반적 기호를 나타내는 경우는 동명사를 목적어로 가지며, 구체적 · 특정적 기호를 나타내는 경우는 to부정사를 목적어로 가짐

ㄴ 해당 동사 : like, prefer, love, hate, dread, intend 등 [호불호 · 기호 동사]
- I hate getting up early in the morning. (나는 아침에 일찍 일어나는 것이 싫다.) [일반적 의미]
- I hate to get up early that cold morning. (나는 그렇게 추운 아침에는 일찍 일어나는 것이 싫다.) [구체적 · 특정적 의미]

② 시차에 따른 의미 차이가 있는 경우

ㄱ 해당 동사보다 과거의 일인 경우에는 동명사를 목적어로 하며, 동사와 동일시점이나 미래의 일인 경우에는 to부정사를 목적어로 함

ㄴ 해당 동사 : remember, recall, forget, regret 등[기억 · 회상 · 회고 동사]
- I remember mailing the letter. (편지를 보낸 것을 기억한다.)[동사(remember)보다 과거의 일인 경우 동명사(mailing)를 목적어로 함]
  = I remember that I mailed the letter.
- I remember to mail the letter. (편지를 보내야 하는 것을 기억한다.) [동사(remember)보다 미래의 일인 경우 to부정사(to mail)를 목적어로 함]
  = I remember that I will have to mail the letter.
- She forgot going to the bank. 그녀는 그 은행에 갔던 것을 잊어버렸다(갔었다는 사실을 잊어버렸다.).

SEMI-NOTE

**동명사와 부정사를 목적어로 취할 때 문맥상 의미 차이가 있는 경우**
- 동명사는 그 자체가 해당 동사의 목적어가 되며, to부정사는 부정사의 '목적'(부사적 용법)의 의미를 나타냄
- 해당 동사 : stop, propose 등
  - He stopped eating. (그는 먹는 것을 멈추었다.)
  - He stopped to eat. 그는 먹기 위해서 멈추었다(그는 먹기 위해 하던 것을 멈추었다).

05장

부정사/동명사/분사

**try + 동명사, try + to부정사**

- try ~ing(시험 삼아 ~하다), try to do(~하려고 애쓰다)
  - He tried writing in pencil. (그는 연필로 (시험삼아서) 써보았다.)
  - He tried to write in pencil. (그는 연필로 써보려고 했다.)

**시차에 따른 의미 차이가 있는 경우**
- I'll never forget hearing her say so. (나는 그녀가 그렇게 말한 것을 결코 잊지 않겠다.)
  = I'll never forget that I heard her say so.
- Don't forget to turn off the light. (전등을 끄는 것을 잊지 말아라.)
  = Don't forget that you will have to turn off the light.

전치사 to이므로 동명사를 취하는 구문
- what do you say to ~ing (~하는 것은 어떻습니까?)
  - What do you say to eating out tonight? (오늘 밤 외식하는 거 어때?)
- when it comes to ~ing (~에 관해서라면)
  - He's really handy when it comes to fixing cars. (그는 차를 고치는 것에 관해서 라면 정말 손재주가 있다.)
- contribute to ~ing (~에 기여하다)
  - Scholars contribute to passing on the lamp. (학자들은 지식의 진보에 기여한다.)
- fall to ~ing (~하기 시작하다)
  - The teacher and his students fell to talking. (선생님과 그의 학생들이 대화를 시작했다.)

동명사 관용표현
- prevent[keep] … from ~ing (…가 ~하는 것을 막다[못하게 하다])
  - The heavy rain prevented him from going out[his going out]. (폭우 때문에 그는 외출할 수 없었다.)
- lose no time (in) ~ing (~하는 데 지체하지 않다, 지체 없이 ~하다)
  - I lost no time in preparing the test. (나는 지체 없이 시험을 준비했다.)
- How about ~ing (~하는 것이 어떻습니까?)
  - How about going to the park this afternoon? (오늘 오후에 공원에 가는 것이 어때요?)
  - = Shall we go to the park this afternoon?
- not[never] … without ~ (…할 때 마다[하면] (반드시) ~하다)
  - I never see this picture without thinking of my mother. (나는 이 그림을 볼 때 마다 어머니 생각이 난다.)
  - = I never see this picture but I think of my mother.
  - = Whenever I see this picture, I think of my mother.

- She forgot to go to the bank. 그녀는 은행에 가는 것을[가야 한다는 것을] 잊어버렸다(잊고 가지 못했다).

## 5. 동명사 관련 중요 표현

### (1) 전치사 to이므로 동명사를 취하는 구문

① look forward to ~ing(~하기를 기대하다)

I'm looking forward to seeing you. (나는 너를 만나기를 고대하고 있다.)

② be used[accustomed] to ~ing(~하는 데 익숙해져 있다)

She is used to washing the dishes. (그녀는 설거지하는 데 익숙해져 있다.)

③ be opposed to ~ing(~하는 데 반대하다)

= object to ~ing

They were opposed to discussing the matter with me. (그들은 나와 그 문제에 대해 논의하는 데 반대했다.)

④ have an/no objection to ~ing(~에 이의가 있다/없다)

I have no objection to having a party. (나는 파티를 여는 데 이의가 없다.)

cf. object to -ing(~하는 데 반대하다)

⑤ with a view to ~ing(~할 의도[목적]으로)

He painted the house with a view to selling it for a good price. (그는 좋은 가격으로 집을 팔 목적으로 페인트칠을 하였다.)

⑥ be devoted to ~ing(~하는 데 전념하다)

The author was devoted entirely to writing. (그 작가는 오직 저술에만 전념했다.)

### (2) 관용적 표현

① cannot help ~ing(~하지 않을 수 없다)

= cannot (choose) but + R

I could not help laughing at the sight. (나는 그 광경을 보고 웃지 않을 수 없었다.)

= I could not but laugh at the sight.

② feel like ~ing(~하고 싶은 기분이다)

I don't feel like eating now. (나는 지금 먹고 싶지 않다.)

③ be busy ~ing(~하느라 바쁘다)

She is busy preparing for the trip. (그녀는 여행을 준비하느라 바쁘다.)

④ be on the point[brink, verge] of ~ing(막 ~하려고 하다, ~할 지경에 있다)

= be about[ready] to do

The ship is on the point of sailing. (배가 막 출항하려고 한다.)

⑤ come near[close] ~ing(거의[하마터면] ~할 뻔하다)

The boy came near being drowned. (그 소년은 하마터면 익사할 뻔했다.)

⑥ go ~ing(~을 하러 가다)

　He went fishing/hunting. (그는 낚시/사냥하러 갔다.)

⑦ have difficulty[a hard time] (in) ~ing(~에 어려움을 겪다[애먹다])

　I had difficulty[a hard time] discussing some of the question. (나는 그 문제들 중 일부를 논의하는 데 어려움을 겪었다.)

⑧ of one's own ~ing(자기가 직접 ~한)

　This is the tree of his own planting. (이것이 그가 손수 심은 나무이다.)

⑨ be worth ~ing(~할 가치가 있다)

　= be worthy of ~ing

　This book is worth reading. (이 책은 읽을 만한 가치가 있다.)

⑩ It is no use[good] ~ing(~해야 소용없다)

　= It is useless to do

　It is no use[good] getting angry with him. (그에게 화를 내봤자 소용이 없다.)

　= It is useless to get angry with him.

⑪ There is no ~ing(도저히 ~할 수 없다)

　= It is impossible to do

　There is no telling what will happen tomorrow. (내일 무슨 일이 일어날지 아무도 모른다.)

　= It is impossible to tell what will happen tomorrow.

⑫ on[upon] ~ing(~하자마자)

　On[Upon] seeing me, she ran away. (그녀는 나를 보자마자 도망갔다.)

　= As soon as she saw me, she ran away.

---

## 03절　분사(Participle)

## 1. 분사의 종류와 기능

👓 한눈에 쏙~

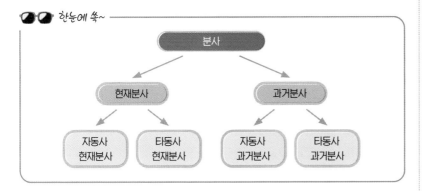

동명사와 분사

동명사는 동사의 성질을 지니면서 명사의 역할을 하는 데 비해, 분사는 동사의 성질을 가지면서 형용사의 역할을 함

## (1) 분사의 종류

① 현재분사 : 동사원형 + ing
  ㉠ 현재분사는 be동사와 함께 진행형을 만들거나 명사를 수식함
  ㉡ 자동사의 현재분사는 '진행(~하고 있는, ~주는)'의 의미를 지님
  ㉢ 타동사의 현재분사는 '능동(~을 주는, ~하게 하는[시키는])'의 의미를 지님
   • an sleeping baby (잠자고 있는 아이)(=a baby who is sleeping)[진행]
   • A lark is flying in the sky. (종달새가 하늘을 날고 있다.)[진행]
   • an exciting story (흥미진진한 이야기)(=a story which excites the one) [능동]
   • The result is satisfying. (그 결과는 만족을 준다.)[능동]

② 과거분사 : 동사원형 + ed / 불규칙동사의 과거분사
  ㉠ 과거분사는 be동사와 함께 수동태를 만들거나 have동사와 함께 완료형을 만들며, 명사를 수식하기도 함
  ㉡ 자동사의 과거분사는 '완료(~한, ~해 버린)'의 의미를 지니며, 타동사의 과거분사는 '수동(~해진, ~받은, ~당한, ~된)'의 의미를 지님

## (2) 분사의 기능

① 동사적 기능 : 분사는 시제와 수동형이 있으며, 목적어 · 보어 · 수식어를 동반할 수 있음
  She sat reading a novel. (그녀는 앉아 소설을 읽고 있었다.)[분사가 목적어 (novel)를 동반]

② 형용사의 기능 : 명사를 직접 수식(한정적 용법)하거나 보어로 쓰임(서술적 용법)
  ㉠ broken leg (부러진 다리)[명사를 앞에서 수식] / people living in Mexico (멕시코에 사는 사람들)[명사를 뒤에서 수식]
  ㉡ I found him lying in the bed. (나는 그가 침대에 누워 있는 것을 발견했다.)[목적격 보어로 쓰임]

# 2. 분사의 용법

## (1) 분사의 한정적 용법

① 한정적 용법은 분사가 명사 앞에서 또는 뒤에서 수식하는 용법으로, 현재분사는 능동과 진행의 의미가 있고, 과거분사는 수동과 상태의 의미가 있음

② 전치 수식 : 분사가 다른 수식어구 없이 단독으로 명사를 수식하는 경우로, 명사 앞에서 수식
  ㉠ A rolling stone gathers no moss. (구르는 돌에는 이끼가 끼지 않는다.)
  ㉡ The crying child is my son. (울고 있는 아이가 나의 아들이다.)
  ㉢ Look at those red fallen leaves. (저 붉은 낙엽을 보아라.)

③ 후치 수식 : 분사에 다른 수식어구(보어 · 목적어 · 부사(구) 등)가 딸린 경우는 형용사(구)가 되어 명사 뒤에서 수식

ⓐ The girl (who is) playing the piano in the room is my daughter. (방에서 피아노를 치고 있는 소녀는 내 딸이다.)

ⓑ Look at the mountain (which is) covered with snow. (눈으로 덮인 저 산을 보아라.)

ⓒ Of those invited, all but Tom came to the party. (초대받은 사람들 중, Tom을 제외한 모든 사람들이 파티에 왔다.)[대명사(those)를 수식하는 경우 분사 단독으로 후치 수식이 가능]

## (2) 분사의 서술적 용법

① 서술적 용법은 분사가 주어를 설명하는 주격보어와 목적어를 설명하는 목적격 보어로 쓰이는 용법으로, 현재분사는 능동과 진행, 과거분사는 수동과 상태의 의미가 있음

② 주격보어로 현재분사 또는 과거분사를 취하는 자동사 : come, go, keep, remain, stand, lie, look, seem, appear, become, get 등

ⓐ She sat reading a newspaper. (그녀는 앉아서 신문을 읽고 있었다.)

ⓑ He stood astonished at the sight of the big tiger. (그는 큰 호랑이를 보고 놀라서 서 있었다.)

# 3. 분사구문

## (1) 분사구문의 정의 및 특징

① 분사구문의 정의

ⓐ 주절을 수식하는 부사절(종속절)을 접속사를 사용하지 않고 분사를 사용하여 부사(구)로 만든 것(따라서 분사구문은 이를 다시 부사절[접속사＋주어＋동사]로 바꾸어 쓸 수 있음)

ⓑ 분사구문은 부사적 역할을 하여 시간, 이유, 조건, 양보, 부대상황 등의 의미를 지님

② 분사구문의 특징

ⓐ 주절의 주어와 분사구문의 의미상 주어는 일치하는 것이 원칙(이 경우 분사구문의 주어는 생략됨)

Living next door, I hate her. (나는 그녀의 옆집에 살지만 그녀를 싫어한다.) [분사(living)의 주어는 주절의 주어(I)와 일치됨]

= Though I live next door, I hate her.

ⓑ 주절의 주어와 분사구문의 주어가 다른 경우 분사구문의 주어를 표시 → 독립분사구문

It being fine, he went hiking. (날씨가 좋아 그는 하이킹을 갔다.) [분사구문의 주어(It)와 주절의 주어(he)가 다름]

ⓒ 접속사의 의미를 강조하는 경우 분사구문에 접속사를 삽입(when, while, if, though 등)

05장

부정사/동명사/분사

SEMI-NOTE

**종속절의 분사구문으로의 전환**

- 접속사 생략(→ 필요시 전치사 사용)
- 주절과 종속절 주어가 동일한 경우 종속절 주어를 생략하며, 동일하지 않은 경우 그대로 둠
- 주절과 종속절 시제가 같은 경우 동사를 단순형 분사(동사원형 −ing)로 하며, 종속절 시제가 주절보다 이전인 경우 완료형 분사(having + p.p.)로 전환

**분사구문의 의미**

- 조건을 나타내는 경우 : if, unless 등
  - Turning to the left there, you will find the bank. (거기서 왼쪽으로 돌면, 은행을 찾을 수 있다.)
    = If you turn to the left there, you will find the bank.
- 양보를 나타내는 경우 : though, although 등
  - Living near his house, I seldom see him. (나는 그의 집 옆에 살지만 그를 좀처럼 보지 못한다.)
    = Though I live near his house, I seldom see him.

**독립분사구문**

분사의 의미상 주어와 문장의 주어가 다른 경우 문장의 의미를 명확히 하기 위해 반드시 분사의 의미상 주어를 표시해야 하는데, 이 경우 분사구문은 그 자체가 주어를 가진 하나의 독립된 절과 같은 역할을 하므로 이를 독립분사구문이라 함

---

While walking along street, I met her. (길을 따라 걷다가 나는 그녀를 만났다.)

### (2) 분사구문의 의미

① 시간을 나타내는 경우 : while, when, as, after, as soon as 등
Walking down the street, I met an old friend of mine. (나는 길을 걸어가다가 옛 친구를 한 명 만났다.)
= While I was walking down the street, I met an old friend of mine.

② 이유를 나타내는 경우 : because, as, since 등
Being poor, he could not afford to buy books. (그는 가난했기 때문에 책을 살 수가 없었다.)
= Because he was poor, he could not afford to buy books.

③ 부대상황을 나타내는 경우 : as, while[동시동작], ~ and[연속동작] 등
㉠ He extended his hand, smiling brightly. (그는 밝게 웃으면서 그의 손을 내밀었다.)
= He extended his hand, while he smiled brightly.
㉡ He picked up a stone, throwing it at a dog. (그는 돌을 주워 그것을 개에게 던졌다.)
= He picked up a stone, and threw it at a dog.
㉢ Saying goodbye to them, he left their house. (그는 그들에게 인사를 하면서 그들의 집을 떠났다.)
= He left their house as he said goodbye to them.
= He said goodbye to them, and he left their house.

## 4. 독립분사구문

### (1) 독립분사구문

① 주절의 주어와 분사의 의미상 주어가 다른 경우, 분사의 주어를 분사구문에 표시 (주격으로 표시)
㉠ The weather being rainy, we played indoors. (비가 와서 우리는 실내에서 놀았다.) [분사구문의 주어(whether)가 주절의 주어(we)와 달라 따로 표시]
= Because the weather was rainy, we played indoors.
㉡ I will come, weather permitting. (날씨가 좋으면 가겠다.)
= I will come if the weather permits.
㉢ He was reading a book, his wife knitting beside him. (그의 아내가 그의 옆에서 뜨개질을 하고 있는 동안 그는 책을 읽고 있었다.)
= He was reading a book, while his wife was knitting beside him.

## (2) 「with + 독립분사구문」

① 부대상황을 나타내는 독립분사구문에는 with를 붙이는 경우가 있음

ㄱ I fell asleep with my television set turned on. (나는 텔레비전을 켜둔 채 잠이 들었다.)

ㄴ With night coming on, we came home. (밤이 다가오자 우리는 집으로 돌아왔다.)

ㄷ The girl ran to her mother, with tears running down her cheeks. (그 소녀는 두 뺨에 눈물을 흘리면서 엄마에게 달려갔다.)

ㄹ Don't speak with your mouth full. (먹으면서 말하지 마라.)

> 실력up **with 분사구문**
>
> • with + 목적어 + 현재분사/과거분사/형용사/부사구/전명구

## (3) 비인칭 독립분사구문

① 분사의 의미상 주어가 일반인(we, you, they 등)인 경우 이를 생략(분사구문의 주어가 주절의 주어와 달라도 따로 쓰지 않음)

ㄱ Generally speaking, the Koreans are diligent and polite. (일반적으로 말하면, 한국인은 부지런하고 공손하다.)

= If we speak generally, the Koreans are diligent and polite.

ㄴ Strictly speaking, this is not correct. (엄격히 말해, 이것은 정확하지 않다.)

ㄷ Frankly speaking, I don't like either of his brothers. (솔직히 말해, 나는 그의 형제들을 어느 쪽도 좋아하지 않는다.)

ㄹ Roughly speaking, they are diligent. (대체로 그들은 부지런하다.)

# 5. 분사구문의 주의할 용법

## (1) 분사구문의 시제

① 단순분사구문 : 주절의 시제와 같은 시제를 나타냄

Feeling very tired, I went to bed early. (매우 피곤해서 나는 일찍 잠자리에 들었다.)

= Because I felt very tired, I went to bed early.

② 완료분사구문 : 주절의 시제보다 앞선 시제를 나타냄

Having written my composition, I have nothing else to do. (작문을 마쳤기 때문에, 나는 달리 할 일이 없다.)

= As I wrote[have written] my composition, I have nothing else to do.

## (2) 분사구문의 수동태

① 분사가 수동의 의미가 되는 경우 수동형 분사구문으로 나타냄

SEMI-NOTE

**with 분사구문 형식**

• with + 목적어 + 현재분사
 − 목적어와 분사의 관계가 능동일 경우 → 현재분사 사용
• with + 목적어 + 과거분사
 − 목적어와 분사의 관계가 수동일 경우 → 과거분사 사용
• with + 목적어 + 형용사
• with + 목적어 + 부사어/전명구

**비인칭 독립분사구문 예문**

• Judging from her accent, she must be a foreigner.
 − 그녀의 억양으로 판단 한다면, 그녀는 외국인임이 분명하다.
• Granting that this is true, you were in the wrong.
 − 이것이 사실이라 인정 하더라도 당신은 잘못했다.

**완료분사구문**

Having overworked himself, he fell ill. (그는 과로를 하였기 때문에 병에 걸렸다.)
= Because he had overworked himself, he fell ill.

05장

부정사/동명사/분사

**분사구문의 수동태**

(Having been) Born in the U.S., she is fluent in English. (미국에서 태어났기 때문에 그녀는 영어를 유창하게 한다.)

= Because she was born in the U.S., she is fluent in English.

---

ⓐ 단순수동형 분사 : being + p.p [주절의 시제와 같은 수동형 분사구문]

ⓑ 완료수동형 분사 : having been + p.p [주절의 시제보다 앞선 수동형 분사구문]

② 문두의 'Being' 또는 'Having been'은 종종 생략됨

(Being) Written in plain English, this book is easy to read. (이 책은 쉬운 영어로 쓰였기 때문에 읽기 쉽다.)

= Because this book is written in plain English, it is easy to read.

**실력up 분사구문의 부정**

- 분사구문이 부정의 의미를 지닌 경우 분사 바로 앞에 부정어(not, never)를 씀
- Not knowing what to do, she came to me for my advice. (그녀는 무엇을 해야 할지 몰라 나에게 와서 조언을 구했다.)

  = Because she didn't know what to do, she came to me for my advice.
- Never having seen the movie, I couldn't criticize it. (그 영화를 본적이 없었기 때문에, 나는 그것을 비평할 수 없었다.)

  = As I had never seen the movie, I couldn't criticize it.

**감정형 분사**

- 감정 제공 형용사(현재분사)
  - pleasing 기쁘게 하는
  - satisfying 만족시키는
  - interesting 흥미를 일으키는
- 감정 상태 형용사(과거분사)
  - pleased 기쁜
  - satisfied 만족한
  - interested 흥미를 가진

### (3) 감정동사의 분사

주어가 감정을 느끼는 것이면 과거분사, 대상에게 감정을 초래하는 것이면 현재 분사를 사용

The drama bored me. (그 연극은 나를 따분하게 했다.)

= The drama was boring me.

= I was bored with the drama.

# 나두공

# 06장 명사(Noun)/관사(Article)

## 01절 · 명사(Noun)

## 1. 가산명사(Countable Noun)

### (1) 보통명사

① 보통명사의 의미와 종류

㉠ 흔히 존재하는 것이므로, 유·무형이 형태로 존재할 수 있으니 구분이 가능한 것을 지칭함

student, book, house, day, year, spring, minute 등

㉡ '하나, 둘' 등으로 셀 수 있으며, 단수형과 복수형이 있음

• I have one pencil.
• She has two pencils.

㉢ 구체적인 수를 나타내는 경우 : one, two, three, ten 등 수사(數詞)를 사용

• I have four books.
• I was five minutes behind time for school.

㉣ 불특정인 수를 나타내는 경우 : (a) few, several, some, many, a lot of 등 사용

• I have a few books.
• I have many friends.
• There's a lot of flu going around.

㉤ 두 부분으로 이루어진 의류, 도구 등의 경우 : a pair of, two pairs of 등을 사용

• I need a pair of trousers. (나는 바지 한 벌이 필요하다.)
• Two pairs of his socks are full of holes. (그의 양말 두 켤레가 다 구멍이 났다.)

② 보통명사의 특수용법

㉠ 전체를 나타내는 방법(대표단수)

A dog is a faithful animal. (개는 충실한 동물이다.)
= The dog is a faithful animal.
= Dogs are faithful animals.

㉡ 'the + 보통명사'가 추상명사를 나타내는 경우

• What is learned in the cradle is carried to the tomb. (요람에서 배운 것이 무덤까지 간다./어려서 배운 것은 죽을 때까지 간다./세 살 버릇 여든까지 간다.)
• The pen is mightier than the sword. (펜은 칼보다 더 강하다./문(文)은 무(武)보다 강하다.)

## (2) 집합명사

① 집합명사는 같은 종류의 여러 사람[사물]이 모여 집합체를 이루는 명사를 말함
family, class, committee, group 등

② Family형 집합명사 : family, audience, class, committee, crowd, government, group, jury(배심원), party, people(민족, 국민), team, army, assembly, public, nation, crew, staff 등

  ⑦ 단수형과 복수형이 있음

  ⑥ 집합명사는 집합체를 하나의 단위로 보는 것으로, 단수형은 단수 취급하며 복수형은 복수 취급함

  ⑥ 군집명사는 집합체를 개별적 단위로 보는 것으로 복수 취급함(구성원이나 구성 요소 하나하나를 의미)

    • My family is a large one. [family는 집합명사]

    • Two families live under the same roof. [집합명사의 복수 형태]

    • My family are all early risers. [family는 군집명사로 구성원 하나하나를 말함]

③ Police형 집합명사 : police, aristocracy, clergy, gentry, nobility, peasantry 등

  ⑦ 보통 정관사(the)를 동반하며, 단수형으로만 씀

  ⑥ 항상 복수 취급함

    The police are after you.

④ Cattle형 집합명사 : cattle, people(사람들), poultry, foliage(잎, 군엽), vermin 등

  ⑦ 단수형으로만 쓰며, 관사를 붙이지 않음

  ⑥ 항상 복수 취급함

⑤ 그 밖에 주의해야 할 집합명사의 용법

  ⑦ fish : 단 · 복수 동형으로, 한 마리를 나타낼 때에는 a를 붙임, 물고기의 종류를 말할 때는 복수형도 가능

    • I caught a fish. (나는 물고기 한 마리를 잡았다.)

    • I caught many kinds of fishes. (나는 많은 종류의 물고기를 잡았다.)

  ⑥ people : '사람들'이란 뜻일 때에는 항상 단수형으로 쓰고 복수 취급하며, '국민', '민족', '종족'의 뜻일 때에는 단수형(people)과 복수형(peoples)이 모두 가능하다.

    • Many people are jobless in these days. (요즘에는 많은 사람들이 실직한 상태이다.)

    • the French people (프랑스 국민)

    • the peoples of Asia (아시아의 여러 민족들)

  ⑥ fruit : 과일 전체를 나타낼 때에는 무관사 · 단수형이고, 종류와 관련하여 쓰일 때에는 보통명사가 됨

SEMI-NOTE

**집합명사의 수**

• 집합명사는 셀 수 있는 명사로서, 'of'를 수반해서 수량을 나타냄
  – a crowd of people (사람의 무리)
  – a herd of cattle (한 무리의 소 떼)
  – a flock of sheep (한 떼의 양)
  – a school of fish (물고기 무리)

**Furniture형 집합명사**

furniture, baggage, clothing, game, jewelry, luggage, machinery, merchandise 등[물질명사의 성격을 갖는 집합명사]

• 관사 없이 단수형으로만 쓰고 단수 취급함

• 셀 때는 'a piece of', 'an article of', 'little', 'much', 'a lot of' 등을 사용함
  – Furniture is usually made of wood.
  – They don't have much furniture.
  – A bed is a piece of furniture.

**Cattle형 집합명사**

• Cattle feed on grass.
• People tend to listen to one side of a story.

**fruit 예문**

• Eat plenty of fresh fruit and vegetables. (신선한 과일과 채소를 많이 먹어라.)
• tropical fruits, such as bananas and pineapples (바나나와 파인애플 같은 열대 과일들)

**고유명사**

- 「가족, 부부」(the + 복수형)
  - The Kims moved. (김 씨네 가족이 이사를 갔다.)
    = The Kim family moved.
  - The Bakers watched TV last night. (어젯밤 Baker 씨 가족 (부부)은 TV를 봤다.)
    = The Baker family watched TV last night.
- 「~의 작품, 제품」
  - There is a Monet on the wall. (벽에 모네의 작품이 걸려 있다.)
  - He has a Ford. (그는 포드 자동차를 가지고 있다.)
  - Two Picassos and a Gogh will also be displayed. (피카소 작품 2점과 고흐 작품 1점도 역시 전시될 것이다.)

**정관사(the)가 붙는 고유명사**

- 신문·잡지책, 공공건물, 바다·강·대양, 운하, 반도, 사막, 복수형의 고유명사(산맥, 군도, 국가) 등
  - the Newsweek
  - the White House
  - the Thames
  - the Suez Canal
  - the Sahara
  - the Alps
  - the Philippines

**물질명사**

- 물질명사는 부정관사를 붙일 수 없는 불가산 명사
- 단위명사를 이용하여 셈
- 다른 명사로 전용가능
- 물질명사를 수량으로 나타내야 하는 경우
  - 수사 + 단위명사 + of + 물질명사

# 2. 불가산명사(Uncountable Noun)

## (1) 불가산명사의 종류

① 고유명사
  ㉠ 오직 하나인 사람이나 사물 등의 이름이나 명칭을 말함
  ㉡ 개개의 보통명사에 이름을 부여한 것으로, 첫 글자는 언제나 대문자로 씀
    Tom, July, Namdaemun, Seoul, Korea, Sunday[요일(曜日)], January[월(月)], Sun, Moon 등

② 물질명사
  ㉠ 주로 기체·액체·고체나 재료, 식품 등 물질의 이름을 말함
  ㉡ 일정 형태가 있는 것도 없는 것도 있음
    air, water, coffee, wood, stone, bread, paper, money 등

③ 추상명사
  ㉠ 감각기관으로 직접 인식되지는 않지만 인간의 머릿속에서 생각되는 것을 말함
  ㉡ 주로 인간 활동의 결과물로 사람과 관련된 추상적 단어들이 이에 해당
    love, friendship, beauty, life, peace 등

## (2) 고유명사

① 고유명사는 문장 가운데 쓰여도 대문자로 시작하며, 부정관사나 복수형 없이 사용됨
  ㉠ This is Tom.
  ㉡ I wish to speak to Mr. Johnson.

② 고유명사의 보통명사화 : 「~라는 사람」, 「~같은 인물」, 「~가문의 사람」, 「~의 작품」 등의 의미로 쓰이면, 보통명사처럼 관사가 붙거나 복수형으로 쓰일 수 있음
  ㉠ 「~라는 사람」
    • A Mr. Johnson came to see you. (Johnson 씨라는 분이 당신을 찾아 왔습니다.)
    • A Mr. Kim is waiting for you. (김 씨라는 사람이 당신을 기다리고 있습니다.)
  ㉡ 「~같은 인물」
    He wants to be an Edison. (그는 에디슨과 같은 과학자가 되고자 한다.)
    cf. I want to make this place the Eden of Korea. (나는 이곳을 한국의 에덴동산으로 만들고 싶다.)[수식어가 있는 경우 'the'를 붙임]
  ㉢ 「~가문(집안)의 사람」
    • He is a Park. (그는 박씨(氏) 가문의 사람이다.)
    • His wife is a Rockefeller. (그의 부인은 록펠러가(家) 출신이다.)

## (3) 물질명사

① 부정관사를 붙이지 않으며, 단수 형태로 쓰이고 단수 취급함
  Bread is made from wheat. (빵은 밀로 만든다.)

② 물질명사의 양을 나타내는 방법

　ⓐ 불특정한 양을 나타내는 경우 : some, any, no, (a) little, much, a lot of 등을 사용

　　I want some bread.

　ⓑ 구체적인 양을 나타내는 경우 : 양을 나타내려는 명사에 따른 조수사를 사용

　　I have two slices of bread and a cup of coffee for breakfast. (나는 아침으로 빵 두 조각과 커피 한 잔을 마신다.)

**실력UP ▶ 구체적인 양을 나타내는 경우**

a loaf[slice] of bread (빵 한 덩어리[조각]) / a cup of coffee[tea] 커피[차] 한 잔 / two cups of coffee (커피 두 잔) / a glass of water[milk] (물[우유] 한 컵) / a bottle of beer (맥주 한 병) / a piece[sheet] of paper (종이 한 장) / a piece of cake (케이크 한 조각) cf. 'a piece of cake'은 '아주 쉬운 일', '누워서 떡 먹기'라는 의미가 있음 / a piece[stick] of chalk (분필 한 자루) / a cake[bar] of soap (비누 한 덩이) / a lump of sugar (설탕 한 덩어리) / a handful of rice (쌀 한 줌)

③ 물질명사의 보통명사화 : 물질명사가 종류, 제품, 개체 등을 나타내는 경우 보통 명사처럼 쓰여 부정관사가 붙거나 복수형이 됨

　ⓐ 종류(일종의/여러 종의)

　　• This is a first-class perfume. (이 향수는 최고급 향수이다.) [부정관사 동반]

　　• The company produce several teas. (그 회사는 여러 종의 차를 생산한다.) [복수형]

　　• This is a metal. (이것은 일종의 금속이다.)

　　cf. This is made of metal.[물질명사로서 부정관사를 동반하지 않음]

　ⓑ 제품·작품

　　• He wears glasses. (그는 안경을 쓰고 있다.)

　　• a glass(유리잔) / glass(유리) [물질명사]

　ⓒ 개체(물질명사의 일부분을 지칭하는 경우)

　　The boy threw a stone at the dog. (그 소년은 개에게 돌멩이를 던졌다.)

　ⓓ 구체적 사건·행위

　　We had a heavy rain this morning. (오늘 아침 호우가 내렸다.)

## (4) 추상명사

① 부정관사를 붙이지 않으며, 단수 형태로 쓰이고 단수 취급함

　Art is long, life is short. (인생은 짧고 예술은 길다.)

② 추상명사의 양을 나타내는 방법 : much, (a) little, some, a lot of, a piece of, a bit of, an item of 등으로 나타냄

　ⓐ A little knowledge is a dangerous thing. (적은 지식은 위험한 것이다.)

　ⓑ I would like to get some advice about my plan. (저의 계획에 대한 조언을 듣고 싶습니다.)

SEMI-NOTE

주의해야 할 불가산명사의 쓰임
• I'm going to buy a bread. ( X ) → I'm going to buy some[a loaf of] bread. ( O )
• The news were very interesting. ( X ) → The news was very interesting. ( O )
• I have a lot of luggages. ( X ) → I have a lot of luggage. ( O )

물질명사가 한정될 때 정관사 'the'를 씀
The water in this bottle is not good to drink. (이 병에 있는 물은 마시기에 좋지 않다.)

추상명사의 양을 나타내는 방법
• a piece[word] of advice (충고 한 마디)
• a piece[an item] of information (정보 한 편)
• a piece of folly (한 차례의 어리석은 짓)
• a bit of nonsense (무의미한[허튼, 터무니없는] 말 한마디)
• a crap of thunder (천둥소리)

③ 추상명사의 보통명사화 : 구체적인 종류나 사례, 행위 등을 나타내는 경우 보통
   명사처럼 쓰임
   ㉠ 종류(일종의, 여러 종의)
      Astronomy is a science. (천문학은 일종의 과학이다.)
   ㉡ 구체적인 행위
      • He committed a folly. (그는 어리석은 한 행위를 저질렀다.)
      • She has done me a kindness. (그녀는 나에게 친절하게 행동했다.)
   ㉢ 어떤 것 자체의 소유자
      • He is a success as a painter. (그는 화가로서 성공한 사람이다.)
      • She is a beauty. (그녀는 미인이다.)

④ 관용적인 용법
   ㉠ of + 추상명사 = 형용사
      • He is a man of wisdom. (그는 현명한 사람이다.)
        = He is a wise man.
      • of use = useful (유용한) / of no use = useless (쓸모없는)
      • of ability = able (유능한)
      • of value = valuable (귀중한)
      • of importance[significance] = important[significant] (중요한)
      • of great help = very helpful (무척 도움이 되는)
   ㉡ 전치사 + 추상명사 = 부사
      • He solved the problem with ease. (그는 문제를 쉽게 풀었다.)
        = He solved the problem easily.
      • with great ease = very easily (아주 쉽게)
      • with rapidity = rapidly (신속하게)
      • by accident = accidentally (우연히)
      • in haste = hastily (서둘러서)
      • in private = privately (사적으로)
      • on purpose = purposely (고의로, 일부러)
      • of courage = courageous (용기 있는)
      • of importance = important (중요한)
      • of no value = valueless (가치 없는)
      • with care = carefully (주의 깊게)
      • to perfection = perfectly (완전하게)
   ㉢ all + 추상명사 = 추상명사 + itself = very + 형용사(매우 ~ 한)
      She is all kindness. (그녀는 아주 친절하다.)
      = She is kindness itself.
      = She is very kind.
      all attention (매우 주의 깊은)

② have + the + 추상명사 + to부정사 = be + so + 형용사 + as + to부정사

= be + 형용사 + enough + to부정사 = 부사 + 동사(~하게도 ~하다)

She had the kindness to show me the way. (그녀는 친절하게도 나에게 길을 가르쳐 주었다.)

= She was so kind as to show me the way.

= She was kind enough to show me the way.

= She kindly showed me the way.

SEMI-NOTE

have the + 추상명사 + to + 동사
원형 : ~할 만큼 충분히 ~하다
• have the kindness to + 동사원형
 - 친절하게도 ~ 하다
• have the wisdom to + 동사원형
 - 현명하게도 ~ 하다

## 3. 명사의 수(數)

### (1) 규칙 변화

① 대부분의 경우 단어 뒤에 −s나 −es를 붙임

book − books / student − students / stomach − stomachs / bus − buses / hero − heroes / dish − dishes / church − churches / box − boxes

cf. 주로 어미가 s[s], sh[ʃ], ch[tʃ], x[ks], z[z]이면 'es[iz]'를 붙임

② 어미가 '자음 + y'인 경우에 y를 i로 바꾸고 −es를 붙이며, '모음 + y'는 그대로 −s를 붙임

city − cities / story − stories / key − keys

③ −f(e)는 −ves가 됨

leaf − leaves / knife − knives

cf. 예외 : chief − chiefs / roof − roofs / safe − safes / belief − beliefs / dwarf − dwarfs / cliff − cliffs

### (2) 불규칙 변화

① 모음이 변화하는 것

man − men / woman − women / oasis − oases / crisis − crises / basis − bases / analysis − analyses / mouse − mice / foot − feet / tooth − teeth / goose − geese

② 어미의 변화가 있는 것, 어미에 −en을 붙이는 것

datum − data / memorandum − memoranda / focus − foci / stimulus − stimuli / crisis − crises / phenomenon − phenomena / criterion − criteria / nebula − nebulae / formula − formulae / ox − oxen / child − children

**실력UP 단수와 복수의 형태가 동일한 경우**

score − score / hundred − hundred / thousand − thousand / deer − deer / sheep − sheep / swine − swine(돼지) / fish − fish / salmon − salmon / Japanese − Japanese / Swiss − Swiss / English − English

**규칙변화**
• 어미가 '자음 + o'인 경우 −es를 붙이며, '모음 + o'는 −s를 붙임
 − hero − heroes
 − potato − potatoes
 − radio − radios
• cf. 예외
 − photo − photos
 − auto − autos
 − piano − pianos
 − soprano − sopranos

**이중복수**
• 복수형이 의미에 따라 두 가지가 있는 경우
 − brother − brothers(형제들) − brethren(동포)
• cloth가 가산명사로 쓰이는 경우, 가벼운 천을 의미
• clothes는 few, some과는 같이 쓰이나 수사와 같이 쓰이지는 않음

**분화복수**
• 단수와 복수의 의미가 다른 경우
 − air(공기) − airs(거만한 태도)
 − arm(팔) − arms(무기)
 − manner(방법) − manners(예절)
 − custom(관습) − customs(세관)

06장
명사/관사

**근사복수**

• 연대나 연배 등을 나타내는 경우에 사용됨
  - in nineteen fifties(1950년대에)
  - in his late teens(그의 10대 후반에)

**상호복수**

• 의미상 복수를 필요로 하는 경우 사용
  - I shook hands with her. (나는 그녀와 악수했다.)
  - shake hands / make friends / change trains / exchange seats / take turns

**문자와 숫자의 복수**

• 's를 붙이는 것이 원칙이나, 요즘은 그냥 s만 붙이는 경우도 있음
  - R – R's
  - 8 – 8's
  - M.P. – M.P.s

**남성명사의 어미에 '-ess'를 붙여 여성명사가 되는 것**

• lion – lioness
• actor – actress
• heir – heiress
• host – hostess
• negro – negress
• prince – princess
• waiter – waitress
• emperor – empress
• God – Goddess
• author – authoress

③ 언제나 복수 형태로 쓰는 것(상시복수)

ㄱ. 짝을 이루는 물건명(의류·신발·도구 명칭 등) : trousers, pants, gloves, glasses, shoes, scissors 등 [복수 취급]

ㄴ. 일부 복수 고유명사
 • the Netherlands, the Alps 등 [복수 취급]
 • Athens, Naples, the United States, the United Nations 등 [단수 취급]

ㄷ. 학과·학문명 : mathematics, economics, ethics, politics, linguistics 등[단수 취급]

ㄹ. 병명(질병·질환 등) : measles, mumps, blues, creeps, rickets 등 [단수 취급]

ㅁ. 일부 게임명 : billiards, bowls, checkers, cards 등 [단수 취급]

ㅂ. 기타
 • arms(무기), damages(손해배상), belongings(소유물), wages(임금), riches(부, 재물), savings(저축), goods(상품, 화물) 등 [복수 취급]
 • news, odds(차이), amends(보상) 등 [단수 취급]

④ 복합어의 복수 : 일반적으로 중요한 요소를 복수형으로 하나 그렇지 않은 경우도 있음

ㄱ. 가장 중요한 명사를 복수로 하는 경우 : son-in-law – sons-in-law

ㄴ. 명사 – 전치사 → 명사s – 전치사 : looker-on – lookers-on

ㄷ. 형용사 – 명사 → 형용사 – 명사s : male-sex – male-sexes

ㄹ. 동사로 시작하는 경우 : forget-me-not – forget-me-nots

ㅁ. man – 명사 → men – 명사s : manservant – menservants

⑤ 복수형 어미의 생략 : 명사가 포함된 복합 형용사나 「수사 + 명사(+형용사)」가 다른 명사를 수식하는 경우 명사는 단수 형태로 함

ㄱ. She has a three-year old son. (그녀는 3살 된 아들이 하나 있다.)
  cf. He is three years old.

ㄴ. a ten-mile race(10마일의 경주) / the three-power conference(삼국회담) / two-horse carriage(쌍두마차) / two ten-dollar bills(10달러 지폐 두 장) / four-act play(4막극) / six-party talks(6자 회담) / three-inch-thick board(3인치 두께의 보드)
  cf. This board is three inches thick.

## 4. 명사의 성

### (1) 남성명사와 여성명사

① 남성명사와 여성명사가 서로 다른 형태를 사용하는 경우 : husband – wife / bachelor – spinster / wizard – witch / bull – cow

② 남성명사의 어미에 –ess, –ine, –ix를 붙여 여성명사를 만드는 경우 : prince – princess / hero – heroine / aviator – aviatrix(비행사)

③ 복합어 및 기타의 경우 : he-goat – she-goat / man-servant – maid-servant / bridegroom – bride

## (2) 통성명사

① **사람의 경우** : 성이 분명한 경우 'he'와 'she'로 구분해 받으며, 성이 불분명한 경우 'he', 'he or she'로 받음

Every man has his weak side. (누구나 다 약점이 있다.)

② **child, baby의 경우** : 'it'으로 받으나, 성별을 아는 경우 'he' 또는 'she'로 받기도 함

The baby stretched out its arms to me. (그 아기가 내게 팔을 뻗었다.)

③ **동물의 경우** : 'it'으로 받는 것이 원칙이나, 경우에 따라서 'he' 또는 'she'로 받음

A cow is driving away flies with its tail. (젖소가 꼬리로 파리떼를 쫓고 있다.)

## (3) 무생물 명사의 성(무성명사[중성명사]의 성)

① **남성으로 받는 경우** : sun, anger, fear, love, death, day, ocean, mountain, war, winter 등[주로 웅장함과 위대함, 강렬함, 용기, 정렬, 공포 등을 나타내는 명사]

The sun was shining in all his splendid beauty. (태양이 화려하게 빛나고 있었다.)

② **여성으로 받는 경우** : moon, mercy, liberty, ship, peace, spring, nature, country, fortune 등[주로 우아함과 평온함, 온순, 아름다움, 평화 등을 나타내는 명사]

The moon hid her face in the cloud. (달이 구름 속에 얼굴을 감추었다.)

# 5. 명사의 격

## (1) 명사의 격

① **주격** : 문장의 주어, 주격 보어, 주어의 동격, 호격으로 쓰임

㉠ My father is a good cook. (나의 아버지는 훌륭한 요리사이다.)

㉡ Mr. Lee, our English teacher, is American. (이 선생님은 우리들의 영어 선생님으로 미국인이다.)

㉢ Ladies and gentlemen, listen to me. (신사숙녀 여러분, 제 말을 경청하여 주십시오.)

② **목적격** : 동사나 전치사의 목적어, 목적격 보어, 목적어의 동격으로 쓰임

㉠ I met the man on my way home. (나는 집에 오는 도중에 그 사람을 만났다.)

㉡ We elected him chairman. (우리는 그를 의장으로 선출했다.)

㉢ I saw Elizabeth, the Queen of England. (나는 영국 여왕인 엘리자베스를 보았다.)

**무생물 명사의 성(무성명사[중성명사]의 성)**

• 국가는 일반적으로 'she'로 받지만, 지리적인 측면이 강조된 경우 'it'으로 받음
  – England is proud of her poets. (영국은 그 나라의 시인들을 자랑스럽게 여긴다.)
  – Korea is famous for its beautiful scenery. (한국은 아름다운 경치로 유명하다.)
  – America is rich in its natural resources. (미국은 천연자원이 풍부하다.)

06장 명사/관사

**명사의 격**

• 주격
  – '은~', '는~', '~이', '~가'처럼 동작과 상태의 주체를 나타내는 역할
• 목적격
  – '~을', '~를'처럼 동작의 대상을 나타내는 역할
• 소유격
  – '나의~', '그의~'처럼 어떤 것의 소유를 나타내는 역할

③ 소유격 : 다른 명사를 수식하며 「~의」라는 뜻을 나타냄

I found Mary's watch. (나는 메리의 시계를 찾았다.)

## (2) 소유격의 형태

① 소유격의 일반적 형태

　　㉠ 생물(사람, 동물 등)의 소유격은 원칙적으로 's를 씀

　　　　a man's stick / the cat's ear / Tom's house / the hero's death

　　㉡ 무생물의 소유격은 'of + 명사'의 형태로 표시

　　　　legs of the table / the core of a matter

　　㉢ '−s'로 끝나는 복수명사의 소유격은 '(apostrophe)만 붙임

　　　　girls' school

　　㉣ 고유명사는 어미가 −s로 끝나더라도 's를 붙임

　　　　Bridget Jones's Diary

　　　　Jesus, Moses, Socrates, Columbus 등의 고유명사는 ' 만 붙임

　　㉤ 동격명사의 소유격은 일반적으로 뒤에 있는 동격명사에 ' s를 붙임

　　　　my friend John's wife

② 무생물의 의인화

　　㉠ 무생물이 의인화 된 경우는 's를 씀

　　　　Fortune's smile / Nature's works

　　㉡ 인간 활동과 밀접한 명사의 경우 's를 쓸 수 있음

　　　　life's journey(= the journey of life)

　　㉢ 무생물이라도 시간, 거리, 중량, 가격 등을 나타내는 명사는 s'를 씀

　　　　today's paper / a moment's thought / a stone's throw / ten miles' distance / a pound's weight / two pounds' weight / a dollar's worth of sugar / two dollars' worth of sugar

## (3) 소유격의 의미

① 소유자 표시

　　Tom's book (→ Tom has a book.)

② 저자, 발명자 표시

　　Shakespeare's Macbeth (→ Shakespeare wrote Macbeth.)

③ 사용 목적, 대상 표시

　　a girl's high school (→ a high school for girls)

④ 주격 관계(행위의 주체) 표시

　　my daughter's death (→ My daughter died.)

⑤ 목적격 관계(행위의 대상) 표시

　　Caesar's murderers (→ those who murdered Caesar)

**소유격의 일반적 형태**

• 복합명사나 하나의 어군을 이루는 말 등의 군(群) 소유격은 끝 단어에 s를 씀
　- someone else's son
　- father-in-law's hat
　- the teacher of music's room

**무생물의 의인화**

• 지명이나 공공기관, 집합명사의 경우 's를 쓸 수 있음
　- Korea's future(= the future of Korea)

**kind, sort, type의 소유격**

• kind, sort, type의 경우 of 앞뒤 어디든 올 수 있으며, 'kind [sort, type] of 다음에는 무관사명사가 옴
　- this(단수) kind of car(이런 종류의 차) = car of this kind
　- these(복수) kinds of cars(이런 종류들의 차) = cars of these kinds

## (4) 소유격의 특별한 용법

① 개별소유와 공동소유

㉠ 개별소유 : Tom's and Frank's books → Tom과 Frank가 각자 소유하는 책

㉡ 공동소유 : Tom and Frank's books → Tom과 Frank가 공유하는 책

② 이중소유격

㉠ 소유격이 관사 등과 함께 쓰이는 경우 '관사 + 명사 + of 소유격(소유대명사)' 의 형태가 됨

㉡ 이러한 형태가 되는 관사 등에는 관사(a, an, the), 소유격(my, your 등), 지시형용사(this, that), 의문형용사(what, which), 부정형용사(any, all, both, each, every, either, neither, no, one, some, other) 등이 있음

• this camera of Tom's (○) / Tom's this camera (×)

• some friends of Jane's (○) / Jane's some friends (×)

> **실력up** 독립 소유격(소유격 다음 명사의 생략)
>
> • 명사의 반복을 피하는 경우 소유격 다음의 명사는 생략 가능
> – This book is my brother's (book). (이 책은 내 남동생의 책이다.)
> • 장소나 건물을 나타내는 명사가 생략되는 경우로, house, shop, store, office, church, restaurant 등이 생략되는 경우가 많음
> – He passed the summer at his uncle's (house). (그는 삼촌의 집에서 여름을 났다.)

---

## 02절 관사(Article)

## 1. 부정관사

### (1) 부정관사의 일반적 용법

① 부정관사는 보통명사가 문장에서 처음 사용될 때 그 명사의 앞에 위치하는 것이 원칙

② 뒤에 오는 단어가 발음이 자음으로 시작하면 'a'를, 모음으로 시작하면 'an'을 씀

### (2) 부정관사의 의미에 따른 용법

① 막연히 가리키는 「하나의」(의미상 해석을 하지 않음)

This is a book, not a box. (이것은 상자가 아니라 책이다.)

② 「하나」의 뜻을 나타내는 경우

㉠ Rome was not built in a day. (= one) (로마는 하루아침에 만들어지지 않았다.)

㉡ A bird in the hand is worth two in the bush. (손 안에 있는 새 한 마리가 숲 속의 새 두 마리보다 실속이 있다.)

SEMI-NOTE

소유격의 관용 표현

• for mercy's sake (불쌍히 여기셔서, 제발)
• for conscience' sake (양심상)
• at one's wits'[wit's] end (어찌할 바를 몰라)
• at a stone's throw (엎어지면 코 닿을 곳에)

소유격의 특별한 용법

• 동격
– The City of Seoul = Seoul City
– life's journey = the journey of life

관사
관사는 형용사의 일종으로, 크게 부정관사(a, an)와 정관사(the)로 분류

관용적 표현

• They were in a great hurry. (그들은 매우 서둘렀다.) [in a hurry]
• He had a rest. (그는 휴식을 취했다.) [have a rest]
• My son has a talent for music. (나의 아들은 음악에 재능이 있다.) [have a talent for]
• The man ran away all of a sudden. (그 남자는 갑자기 도망갔다.) [all of a sudden = on a sudden]

SEMI-NOTE

③ 「어떤 ~나(라도)」의 뜻을 나타내는 경우

　She goes well with a dress. (= any) (그녀는 어떤 옷에나 어울린다.)

④ 어떤 종류 · 종속 전체를 총칭하는 대표단수를 나타내는 경우

　An ostrich cannot fly. (타조는 날 수가 없다.)

　= The ostrich cannot fly.

　= Ostriches cannot fly.

⑤ 「같은」의 뜻을 나타내는 경우

　Birds of a feather flock together. (= the same) (유유상종. 깃이 같은 새들
　은 같이 날아다닌다.)

⑥ 「어떤」의 뜻을 나타내는 경우

　㉠ In a sense it is true. (= a certain) (어떤 의미에서 그것은 진실이다.)

　㉡ A Mr. Brown came to see you. (브라운 씨라는 분이 당신을 찾아왔습니다.)

⑦ 「약간의(얼마의)」의 뜻을 나타내는 경우

　㉠ She waited for a while. (= some) (그녀는 잠시 기다렸다.)

　㉡ He has a knowledge of Russian. (그는 러시아어를 약간 안다.)

⑧ 「~마다(당)」의 뜻을 나타내는 경우

　㉠ Take this medicine three times a day. (= per) (이 약을 매일 세 번씩 드
　십시오.)

　㉡ She makes a trip once a month. (그녀는 한 달에 한 번 여행을 한다.)

## 2. 정관사

### (1) 정관사의 용법

① 앞에 나온 명사를 반복하는 경우

　㉠ I saw a girl. The girl was crying. (나는 소녀를 보았다. 그 소녀는 울고 있
　었다.)

　㉡ My uncle bought me a book yesterday. The book is very
　interesting. (우리 삼촌이 어제 책을 사주셨다. 그 책은 아주 재미있다.)

② 상황을 통해 누구나 알 수 있는 경우(특정한 것을 지칭하거나 한정을 받는 경우 등)

　㉠ Erase the blackboard. (칠판을 지워라.) [특정한 것]

　㉡ The water in the well is not good to drink. (이 우물의 물은 먹기에 적
　당하지 않다.) [한정을 받는 경우]

③ 유일한 것을 나타내는 경우(유일한 자연물이나 물건 등)

　㉠ The moon goes around the earth. (달은 지구 주위를 돈다.)

　㉡ the moon / the earth / the sun / the universe / the sky / the Bible

④ 방위 표시나 계절 · 시절의 명사를 나타내는 경우

　㉠ The sun rises in the east and sets in the west. (태양은 동쪽에서 떠서
　서쪽으로 진다.)

　㉡ in the north[방위] / the lobster season[시절]

부정관사 a와 an의 구분
• 부정관사 a와 an의 경우 다음명사
의 철자가 아닌 발음에 따라 구분
하여 사용
• 예를 들어 'university'의 경우 철자
(u)는 모음이나 발음상 자음[j]이므
로 'an'이 아닌 'a'를 사용하여 'a
university'가 되며, 'hour'의 경우 철
자(h)는 자음이나 발음상 모음[a]이므
로 'an hour'가 됨

정관사의 용법
• 단위를 나타내는 경우(by 다음의 시
간 · 수량 · 무게 등의 단위)
－ We hired the boat by the hour. (우
리는 보트를 시간당으로 빌렸다.)
－ The workers are paid by the
month. (근로자들은 월 단위로 보수
를 받는다.)
－ Sugar is sold by the pound. (설탕
은 파운드 단위로 판다.)

특정한 것을 나타내는 관사
• 일반적으로 특정한 것을 나타
낼 때는 정관사(the)를 사용하
나, 화자가 표현하고자 하는 의
미에 따라 부정관사(a, an)가 사
용될 수도 있음
－ A watt is the unit of power.
(와트는 동력의 단위이다.)
－ A watt is a unit of power.
(와트는 동력의 (여러 단위
중)한 단위이다.)

⑤ 최상급이 쓰인 경우

　　㉠ What is the commonest surname in your country? (너의 나라에서 가장 흔한 성(姓)은 어떤 것이니?)

　　㉡ Mt. Everest is the highest mountain in the world. (에베레스트는 세계 최고봉이다.)

⑥ 서수, last, only, same, very 등과 함께 쓰이는 경우

　　㉠ January is the first month of the year. (정월은 일 년 중 맨 앞에 있는 달이다.)

　　㉡ He is the last man to tell a lie. (그는 거짓말할 사람이 아니다.)

　　㉢ Jane was the only student that answered the question. (Jane이 그 문제에 답한 유일한 학생이었다.)

　　㉣ The boy has made the same mistake again. (그 아이는 또다시 같은 잘못을 저질렀다.)

　　㉤ That's the very item we were looking for. (그것이 바로 우리가 찾던 것이다.)

⑦ 연대를 나타내는 경우

　　Rap music burst upon the scene in the early 1980s. (랩 뮤직은 1980년 대초에 갑자기 나타났다.)

⑧ 연주를 할 때의 악기 명칭, 기계·발명품 등의 앞에 쓰이는 경우

　　play the piano[violin, guitar, drum, harp]

⑨ 종족 전체를 나타내는 경우(대표단수)

　　The cow is a useful animal. (소는 유용한 동물이다.)

　　= A cow is a useful animal.

　　= Cows are useful animals.

⑩ 신체의 일부를 표시하는 경우

　　㉠ 전치사 by를 쓰는 동사 : catch, push, pull, seise(붙잡다), take, hold 등

　　㉡ 전치사 on을 쓰는 동사 : hit, beat, pat(가볍게 두드리다) 등

　　㉢ 전치사 in을 쓰는 동사 : look, stare(빤히 쳐다보다), gaze(뚫어지게 보다), watch, hit 등

> **실력up**
> **「the + 형용사 / 분사」(~자들[것들]) [복수 보통명사]**
>
> • The rich are not always happy. (부자가 항상 행복한 것은 아니다.)
> • the rich(= rich people)
> • the old(= old people)
> • the wounded(=wounded people)

⑪ 「the + 형용사 / 보통명사」 [추상명사]

　　㉠ The beautiful is not always the same as the good. (미(美)가 항상 선과 동일한 것은 아니다.)

**서수, last, only, same, very 등과 함께 쓰이는 경우**
• in the first chapter(= in chapter one)
• the second World War(= World War two)
• the second lesson(= lesson two)
• the sixth volume(= volume six)
• the tenth day(= day ten)

**정관사 관용적 표현**
• in the morning
• in the afternoon
• in the evening
• the past
• the present
• the future
• in the dark
• on the way

06장
명사/관사

**신체의 일부를 표시하는 경우 예문**
• He caught her by the hand.
(그는 그녀의 손을 잡았다.)
• He caught me by the arm.
(그는 내 팔을 잡았다.)
• She looked me in the face.
(그녀는 내 얼굴을 똑바로 쳐다보았다.)

**전치사와 관사의 쓰임**
• 기간 표시의 전치사 in, during 다음에는 주로 정관사를 사용
- They arrived in the morning.
• 시점 표시의 전치사 at, by 다음에는 일반적으로 관사를 사용하지 않음
- They arrived at[by] midnight [noon, daybreak, dawn, night]

**고유명사가 'of + 명사'의 수식을 받는 경우**

the University of London / the Gulf of Mexico

**정관사(the)를 동반하는 고유명사**

- 대양, 바다, 해협, 강, 운하
  the Pacific (Ocean) / the Red (Sea) / the Mediterranean / the English Channel
- 산맥, 반도, 사막
  the Alps / the Rockies / the Korean Peninsula / the Crimea Peninsular / the Sahara (Desert) / the Gobi Desert
- 선박, 열차, 비행기 등의 탈 것
  the Mayflower / the Titanic / the Orient Express

**기본적 어순**

- 관사와 관련된 어순은 기본적으로 '관사 + 부사 + 형용사 + 명사'의 어순을 취함
  - a really surprising rumor(정말 놀라운 소식)

**주의할 관사의 위치**

- 「quite/rather + a + 명사」 또는 「a + quite/rather + 명사」의 어순을 취함
  - This is quite a good book. (이것은 아주 좋은 책이다.)
    = This is a quite good book.
  - He is rather a proud man. (그는 꽤 자부심이 있는 사람이다.)
    = He is a rather proud man.

**무관사 명사를 포함하는 관용구**

- by name 이름을 대고/써서
- know ~ by sight (사람·물건 등)을 본 적이 있다, …에 대한 면식이 있다
- take place 생기다, 일어나다
- on account of ~ 때문에

---

ⓒ the beautiful(= beauty) / the good(= goodness) / the true(= truth) / the patriot(=patriotism) / the unknown(미지의 것) / the mother(모정, 모성적 감정)

### (2) 정관사(the)를 동반하는 고유명사

① 집합체의 의미(union, united)가 포함된 말이나 복수형의 국가명, 군도
the United States / the Soviet Union / the United Nations / the Netherlands / the Philippines / the East Indies

② 신문, 잡지, 서적 등
the Washington Post / the New York Times / the Newsweek
cf. Times / London Times

③ 국민 전체를 나타내는 경우(the + 복수 고유명사 → 복수취급)
the English / the Koreans

④ 인명 앞에 형용사가 붙는 경우
the late Dr. Schweitzer
cf. 인명 앞에 감정적인 색채가 있는 형용사가 붙는 경우는 'the'를 붙이지 않음
例) poor Tom

## 3. 관사의 위치 및 생략

### (1) 주의할 관사의 위치

① 「all/both/half/double/twice + the + 명사」의 어순을 취함
㉠ You must answer all the questions. (너는 모든 문제에 답해야 한다.)
㉡ Both the parents are alive. (양친 모두 생존해 계신다.)
㉢ Half the apples were bad. (사과의 반은 상했다.)

② 「such/half/many/what + a[an] + (형용사) + 명사」의 어순을 취함
What a beautiful flower it is! (참 아름다운 꽃이다!)(= How beautiful a flower it is!)

③ 「so/as/too/how/however + 형용사 + a + 명사」의 어순을 취함
㉠ I've never seen so pretty a girl. (나는 그렇게 예쁜 소녀를 본 적이 없다.)
㉡ He is as strong a man as his father. (그는 자신의 아버지만큼 강하다.)
㉢ This is too difficult a question for me to answer. (이것은 내가 답하기에는 너무 어려운 문제이다.)

### (2) 관사의 생략

① 가족관계를 나타내는 명사는 관사 없이 쓰이며, 대문자로 쓰이는 경우도 있음
Mother has gone out to do some shopping. (어머니는 장을 보러 나가셨다.)

② 호격어로 쓰이는 경우
㉠ Waiter, two coffees, please. (웨이터, 커피 두 잔이요.)
㉡ Keep the change, driver. (잔돈은 가지십시오, 기사님.)

③ 신분 · 관직 · 지위를 나타내는 말이 보어(주격보어 · 목적격보어)나 동격어, 또는 as와 of 다음에 쓰이는 경우
　㉠ Mr. Smith is principal of our school. (Smith씨는 우리 학교의 교장 선생님이다.) [주격 보어]
　㉡ Lincoln was elected President of the United States in 1860. (링컨은 1860년에 미국 대통령으로 선출되었다.)
　㉢ We elected him principal of our school. (우리는 그를 우리 학교의 교장으로 선출했다.) [목적격 보어]
　㉣ President Obama (오바마 대통령) [동격]
　㉤ Elizabeth II, Queen of England (영국 여왕 엘리자베스 2세)
　㉥ He went on board the steamer as surgeon. (그는 선의(船醫)로 기선에 승선했다.)

④ 건물이나 장소가 본래의 기능을 하거나 본래 목적으로 쓰이는 경우
　㉠ I go to church every Sunday. (나는 매주 일요일 교회에 (예배를 보러) 간다.)
　㉡ He goes to school. (그는 학교에 다닌다[공부한다, 배운다].)
　　cf. He went to the school. (그는 그 학교에 갔다.)
　㉢ go to bed(잠자리에 들다) / go to school(학교에 다니다, 통학[등교]하다, 취학하다) / go to sea(선원이 되다, 출항하다) / go to hospital(병원에 다니다, 입원하다) / at (the) table(식사 중)
　㉣ There is a meeting at the school at 9 o'clock. (9시 정각에 그 학교에서 모임이 있다.)

⑤ 교통수단이나 통신수단의 경우
　㉠ I usually go to school by bus. (나는 보통 학교에 버스를 타고 간다.)
　㉡ by boat / by ship / by train / by subway / by mail / by wire / by telephone / by letter
　　cf. on foot, on horseback

⑥ a kind of, a sort of, a type of 뒤에 오는 명사
　㉠ Pine is a common kind of tree in Korea. (소나무는 한국에서 흔한 나무이다.)
　㉡ That is a new sort of game. (저것은 새로운 유형의 놀이다.)

⑦ 접속사 and로 연결된 표현의 경우
　㉠ and로 연결된 두 명사가 동일한 사람 · 사물인 경우 뒤에 나오는 명사 앞의 관사는 생략됨
　　The poet and painter was invited to the party.[한 사람](시인이자 화가인 그는 파티에 초대되었다.)
　㉡ and로 연결된 두 명사가 다른 사람 · 사물인 경우 두 명사에 각각 관사를 씀
　　The poet and the painter were invited to the party.[두 사람](그 시인과 그 화가는 파티에 초대되었다.)
　㉢ and로 연결된 형용사가 동일한 사람 · 사물을 수식하는 경우 뒤의 관사는 생략됨

SEMI-NOTE

**양보의 부사절에서 문두에 나오는 명사의 경우**
Child as he is, he knows a great many things. (그는 비록 어린애지만 많은 것을 안다.)

**관사의 생략**
- 운동경기명, 식사명, 계절명, 질병명 등의 경우
　- I like tennis. (나는 테니스를 좋아한다.)
　- Let's play soccer after lunch. (점심 먹고 축구하자.)
　- What time do you have breakfast? (몇 시에 아침 식사를 하니?)
　- Winter has come. (겨울이 왔다.)
　- He died of cancer last year. (그는 작년에 암으로 죽었다.)
　- cancer
　- fever
　- cholera
　- cf. a cold
　- a headache
　- a toothache
- 관사의 생략학과명, 언어명 등의 경우
　- My favorite subject is biology. (내가 가장 좋아하는 과목은 생물이다.)
　- I can speak Korean. (나는 한국어를 할 수 있다.)
　　= I can speak the Korean language.
　- speak English[Spanish, Japanese]
- 월(月) · 요일의 경우
　- May is my favorite season. (5월은 내가 가장 좋아하는 계절이다.)
　- She goes to church on Sunday. (그녀는 일요일에 교회에 간다.)

**접속사 and로 연결된 표현의 경우**
- and로 연결된 형용사가 다른 사람 · 사물을 수식하는 경우 앞뒤 명사에 각각 관사를 씀
- and로 연결된 두 명사가 한 쌍이 되는 경우 앞의 명사에만 관사를 쓰고 뒤의 경우 생략됨

06장 명사/관사

I saw a black and white dog.[한 마리](나는 바둑이 한 마리를 보았다.)

 **2개의 명사가 대구(對句)를 이루는 경우**

• He gave body and soul to the work. (그는 몸과 마음을 다해 그 일을 하였다.)
• They are husband and wife. (그들은 부부다.)
• from right to left / from hand to mouth / from door to door / day and night / trial and error / rich and poor / young and old

# 07장 대명사(Pronoun)/관계사(Relatives)

SEMI-NOTE

대명사

* 지시대명사
  - this, these, that, those, such, so, it, they
* 부정대명사
  - all, both, each, either, none
* 의문대명사
  - who, whose, whom, which, what
* 관계대명사
  - who, whose, whom, which, what, that

## 01절 대명사(Pronoun)

### 1. 인칭대명사

한눈에 쏙~

### (1) 인칭대명사의 의미와 용법

① 인칭대명사는 '사람'을 대신하는 말로, I, You, He, She, We, They, It 등이 있음

② 인칭대명사

㉠ we, you, they는 「(막연한) 일반인」을 나타내기도 함

㉡ We have little snow here. (이곳은 눈이 많이 오지 않는다.)

㉢ You must not speak ill of others in their absence. (당사자가 없다고 그의 험담을 해서는 안 된다.)

㉣ They speak English in Australia. (호주에서는 영어로 말한다.)

인칭대명사의 격

* Who is there? It's I.[주격보어]
  cf. It's me[회화체에서는 목적격을 씀]
* She caught him by the hand.
* They discussed the matters with him.
* We should obey our parents.
* Mary and Jane did not keep their promise.

실력up  인칭대명사의 격

| 인칭 | 수·성 | | 주격 | 목적격 | 소유격 |
|---|---|---|---|---|---|
| 1인칭 | 단수 | | I | me | my |
| | 복수 | | we | us | our |
| 2인칭 | 단수 | | you | you | your |
| | 복수 | | you | you | your |
| 3인칭 | 단수 | 남성 | he | him | his |
| | | 여성 | she | her | her |
| | | 중성 | it | it | its |
| | 복수 | | they | them | their |
| 문장에서의 위치 | | | 주어, 주격보어 | 목적어, 목적격보어 | 명사 앞 |

## 2. 소유대명사와 재귀대명사

### (1) 소유대명사

① 소유대명사는 문장에서 「소유격 + 명사」의 역할을 함

② mine, yours, his, hers, ours, yours, theirs 등

  ㉠ Your bag is heavy, but mine is heavier. (네 가방은 무겁다. 그러나 내 가방은 더 무겁다.)

  ㉡ Yours is better than mine. (당신 것이 내 것보다 낫다.)

### (2) 재귀대명사

① 재귀대명사의 용법

  ㉠ 재귀적 용법 : 동사나 전치사의 목적어가 되거나 주어의 동작이 주어 자신에게 미침

   • Make yourself at home. (편히 쉬십시오.)

   • He killed himself. (그는 자살했다.)

   • We enjoyed ourselves very much. (우리는 마음껏 즐겼다.)

  ㉡ 강조 용법 : 주어, 목적어, 보어 등과 동격으로 쓰여 의미를 강조[생략해도 문장이 성립함]

   • I myself did it(= I did it myself). (내가 스스로 그것을 했다.)[주어 강조]

   • She went there herself. (그녀는 직접 거기에 갔다.)

   • He was simplicity itself. (그는 아주 수수했다.) [보어 강조]

② 「전치사 + 재귀대명사」의 관용적 표현

  ㉠ for oneself(혼자 힘으로)(= without another help)

  ㉡ by oneself(홀로, 외로이)(= alone)

  ㉢ of itself(저절로)(= spontaneously)

  ㉣ in itself(본래)(= in its own nature)

③ 「동사 + 재귀대명사」의 중요 표현

  ㉠ absent oneself from ~에 결석하다

  ㉡ avail oneself of ~을 이용하다

  ㉢ pride oneself on ~을 자랑으로 여기다

  ㉣ help oneself to ~을 먹다

  ㉤ apply oneself to ~에 전념하다

  ㉥ behave oneself 점잖게 굴다

**재귀대명사**
재귀대명사는 주어에 따르지만, 목적어를 강조하는 경우 목적어를 기준으로 하여 결정됨

**「전치사 + 재귀대명사」의 관용적 표현**
• beside oneself(미친, 제정신이 아닌)(= mad)
• between ourselves(우리끼리 얘기지만)(= between you and me)
• in spite of oneself(자신도 모르게)

**「동사 + 재귀대명사」의 중요 표현**
• find oneself ~ (알고 보니 ~의 상태 · 장소에) 있다
  – I found myself lying in the beach. (정신을 차리고 보니 나는 해변에 누워 있었다.)
• present oneself 출석하다
• enjoy oneself 즐기다
• seat oneself 앉다
• cut oneself 베이다
• burn oneself 데다
• hurt oneself 다치다
• make oneself at home (스스럼 없이) 편히 하다

✚
07장
대명사/관계사

**that의 관용적 표현**

- 'and that'(게다가, 그것도, 더구나)[강조의 that으로 앞에서 말한 사실을 강조할 때 쓰임]
  - You must go home, and that at once. (너는 집에 가야 한다. 그것도 지금 당장.)
  - Come here, and that hurry up. (이리 오세요, 빨리요.)
- 'and all that'(~ 등)
  - There we bought cabbages and carrots and all that. (거기에서 우리는 양배추며 홍당무 등을 샀다.)

**지시대명사**

| | 단수 | 의미 | 복수 | 의미 |
|---|---|---|---|---|
| 지시대명사 | this | 이것 | these | 이것들 |
| 지시형용사 | this | 이(+단수명사) | these | 이(+복수명사) |
| 지시대명사 | that | 저것 | those | 저것들 |
| 지시형용사 | that | 저(+단수명사) | those | 저(+복수명사) |

**this와 that의 부사적 용법**

- '양'이나 '정도'를 나타내는 부사형 용사 앞에 쓰임
  - The tree was about this high. (그 나무는 대략 이만큼 높았다.)
  - We won't go that far. (우리는 그렇게 멀리 가지 않을 것이다.)

# 3. 지시대명사

## (1) this(these), that(those)

① 일반적 의미와 용법 구분

   ⊙ this는 '이것'이라는 의미로, 시간적·공간적으로 가까이 있는 것[사람]을 지칭

   ⓒ that은 '저것'이라는 의미로, 시간적·공간적으로 멀리 있는 것[사람]을 지칭

    I like this better than that. (나는 이것을 저것보다 더 좋아한다.)

② this는 앞·뒤 문장의 단어나 구·절, 문장 전체를 받으며, that은 주로 앞에 나온 내용을 받음

   She said nothing, and this made me very angry. (그녀는 아무 말도 하지 않았는데, 이것이 나를 아주 화나게 했다.)

③ 앞에 나온 명사의 반복을 피하기 위해 사용되는 that[those](주로 'of ~'의 수식 어구가 있는 경우에 사용되며, 'that[those] + of~'의 구조를 이룸)

   ⊙ The voice of woman is softer than that(= the voice) of man. (여성의 목소리는 남성의 목소리보다 더 부드럽다.)

   ⓒ The ears of a rabbit are longer than those(= the ears) of a cat. (토끼의 귀는 고양이의 귀보다 길다.)

④ this는 '후자(後者)', that은 '전자(前者)'를 지칭

   ⊙ 후자(後者) : this, the other, the latter

   ⓒ 전자(前者) : that, the one, the former

    Work and play are both necessary to health; this(= play) gives rest, and that(= work) gives us energy. (일과 놀이는 건강에 모두 필요하다. 후자(놀이)는 우리에게 휴식을 주고 전자(일)는 우리에게 힘을 준다.)

⑤ 현재와 과거의 표현

   ⊙ In these days(요즘, 오늘날)(= nowadays)

   ⓒ In those days(그 당시에)(= then)

⑥ 대화문에서의 this

   ⊙ 사람의 소개

    This is Tom. (이 사람은 Tom입니다.)

   ⓒ 전화 통화

    This is Tom speaking. (Tom입니다.)

⑦ 「those who」(~한 사람들)(= people who)

   Heaven helps those who help themselves. (하늘은 스스로 돕는 자를 돕는다.)

   cf. he who[that]~(~하는 사람)[단수]

**실력UP 지시형용사로서의 this와 that**

- This cat is mine and that one is hers. (이 고양이는 내 것이고 저것은 그녀의 것이다.)
- Are those girls your friends? (그 소녀들은 당신의 친구들입니까?)

## (2) such ⭐ 빈출개념

① 일반적으로 '그런 것[사람]'의 의미로, 앞 문장이나 어구를 대신함

His bullet killed her, but such was not his intention. (그의 탄환이 그녀를 죽였지만 그것은 그의 의도가 아니었다.)[such는 앞 문장(His bullet killed her)을 대신함]

② 「as such」(그렇게, ~답게, ~로서) : 앞에 나온 낱말이나 문장이 중복될 때, as가 있으면 중복되는 말을 such로 대신할 수 있음

ㄱ She is a sick person and must be treated as such. (그녀는 아픈 사람이다. 그러므로 그렇게(환자로) 취급되어야 한다.)[such = a sick person]

ㄴ The professor, as such, is entitled to respect. (교수는 교수로서 존경받을 권리가 있다.)[such = the professor]

ㄷ Mr. Park regrets not having studied history as such. (박 씨는 역사를 역사답게 공부하지 못한 것을 후회한다.)[such = history]

③ 「such A as B」(B와 같은 A)(= A such as B)[여기서의 'such as'는 'like(~같은)'의 의미]

ㄱ Such poets as Milton are rare. (밀턴과 같은 시인은 드물다.)

= Poets such as Milton are rare.

ㄴ such birds as the hawk and the eagle (매와 독수리 같은 새들)

= birds such as the hawk and the eagle

④ such A as to B, such A that B (B할 만큼[할 정도로] A하는)

ㄱ It is such a good bike that I bought it twice. (그것은 매우 좋은 자전거여서 나는 두 번이나 그것을 샀다.)

ㄴ He is not such a fool as to do it. (그는 그것을 할 정도로 바보는 아니다.)

### geup  such 관용적 표현

• such as it is(변변치 않지만)
  – My car, such as it is, is at your disposal. (변변치는 않지만 내 차를 당신 마음대로 쓰세요.)
• such being the case(사정이 이래서)
  – Such being the case, I can't help him. (사정이 이래서, 그를 도와줄 수가 없어.)

## (3) so

① think, believe, suppose, imagine, hope, expect, say, tell, hear, fear 등의 동사와 함께 쓰여 앞에 나온 문장 전체 또는 일부를 받음

ㄱ Is she pretty? I think so.(= I think that she is pretty.)
  (그녀는 예쁩니까? 그렇게 생각해요.)

ㄴ Will he succeed? I hope so. (= I hope that he will succeed.)
  (그가 성공할까요? 그러기를 바랍니다.)

② 「So + S + V」(S는 정말 그렇다[사실이다])[앞서 말한 내용에 동의할 때 사용]

ㄱ She likes to travel. So she does. (그녀는 여행을 좋아한다. 정말 그렇다.)

such

• 「such as」+ V(~한 사람들)(= those who ~ = people who ~)
  – Such as have plenty of money will not need friends. (많은 돈을 가진 사람들은 친구가 필요하지 않을 것이다.)
  = Those who have plenty of money will not need friends.
  – All such as are bad sailors prefer to travel by land. (뱃멀미를 많이 하는 사람들은 육상 여행을 더 좋아한다.)

• 「such that」(~할 정도의)
  The heat of my room is such that I cannot study in it. (내 방의 온도가 안에서 공부를 할 수 없을 정도로 높다.)
  cf. He is not such a fool as to quarrel. (그는 싸울 만큼 어리석지 않다.)
  = He knows better than to quarrel.

지시형용사로서의 such(대단한, 엄청난)

• It was such a hot day.
• He was such a polite man that everyone liked him.[such ~ that … (너무 ~해서 …하다)]

대명사(대형태) so의 반대 표현

• Do you think that he will succeed?
  → 긍정의 답변 : Yes, I hope so.
  → 부정의 답변 : No, I'm afraid not.

SEMI-NOTE

ⓛ He worked hard. So he did. (그는 열심히 일했다. 정말 그랬다.)

③ 「So + V + S」(S 또한 그렇다)[다른 사람도 역시 그러하다는 표현]

　　㉠ She likes to travel. So do I. (그녀는 여행을 좋아한다. 나도 그렇다.)

　　ⓛ He worked hard. So did she. (그는 열심히 일했다. 그녀도 그랬다.)

## (4) same

① 앞에서 언급한 것과 동일 또는 동종의 것을 가리킴

She ordered coffee, and I ordered the same.

(그녀는 커피를 주문했다. 나도 같은 것[커피]을 주문했다.)

② 「the same ~ as」(동일 종류의 것) / 「the same ~ that」(동일한 것)

　　㉠ This is the same watch as I lost. (이 시계는 내가 잃어버린 것과 같은 종류의 것이다.)

　　ⓛ This is the same watch that I lost. (이 시계가 바로 내가 잃어버린 시계이다.)

③ 형용사로 쓰이는 경우

　　㉠ He and I are the same age. (그와 나는 동갑이다.)

　　ⓛ You've made the same mistakes as you made last time. (너는 지난번에 했던 실수와 동일한 실수를 했다.)

## (5) It

① 앞에 나온 명사나 구·절을 가리키는 경우['그것'으로 해석됨]

　　㉠ He has a car. It is a new car. (그는 차가 있다. 그 차는 새 차이다.)[it → car]

　　ⓛ If you have a pen, lend it to me. (펜 가지고 있으면, 나에게 그것을 빌려주세요.) [it → pen]

② 주어(부정사구·동명사구·명사절)가 길어 가주어(it)가 사용되는 경우['가주어 (It) + be + 보어 + 진주어'의 구조가 됨]

　　㉠ To learn a foreign language is difficult.

　　　　→ It is difficult to learn a foreign language. (외국어를 배우는 것은 어렵다.) [부정사구( to learn a foreign language)가 진주어]

　　ⓛ That he is handsome is true.

　　　　→ It is true that he is handsome. (그가 잘생겼다는 것은 사실이다.) [명사절(that he is handsome)이 진주어]

③ 목적어(부정사구·동명사구·명사절)가 길어 가목적어(it)를 목적보어 앞에 두는 경우[주로 5형식 문장에서 '주어 + 동사 + 가목적어(it) + 목적보어 + 진목적어'의 구조를 취함]

　　㉠ I think to tell a lie wrong.

　　　　→ I think it wrong to tell a lie. (나는 거짓말을 하는 것은 잘못이라 생각한다.) [it은 가목적어이며, 부정사구(to tell a lie)가 목적어]

---

**부사로 쓰이는 경우**

They do not think the same as we do. (그들은 우리가 생각하는 것과 같은 방식으로 생각하지 않는다.)

**앞에 나온 명사나 구·절을 가리키는 경우['그것'으로 해석됨]**

- She tried to get a bus, but it was not easy. (그녀는 버스를 타려고 했으나 그것은 쉽지 않았다.) [it → to get a bus]
- They are kind, and he knows it. (그들은 친절하다. 그리고 그는 그것을 알고 있다.) [it → They are kind]

**비인칭 주어로서 시간·요일·계절·날씨·거리·명암·온도 등을 나타내는 경우**

- 시간 : It is nine o'clock. (9시 정각이다.)
- 요일 : It is Sunday today. (오늘은 일요일이다.)
- 계절 : It is spring now. (지금은 봄이다.)
- 날씨 : It is rather warm today. (오늘은 다소 따뜻하다.)
- 거리 : It is 5 miles to our school. (학교까지는 5마일이다.)
- 명암 : It is dark here. (여기는 어둡다.)
- 온도 : It is 10 degrees Celsius. (섭씨 10도이다.)

128

ⓛ You will find talking with him pleasant.

　→ You will find it pleasant talking with him. (당신은 그와 이야기하는 것이 즐겁다는 것을 알게 될 것입니다.) [동명사구(talking with him)가 목적어]

ⓒ I think that she is kind true.

　→ I think it true that she is kind. (나는 그녀가 친절하다는 것이 사실이라 생각한다.) [명사절(that she is kind)이 목적어]

④ 「It is A that ～」의 강조구문

　㉠ 강조하고자 하는 요소(주어 · 목적어 · 부사(구, 절))를 A 위치에 놓음

　㉡ 'It is'와 'that'을 배제하고 해석함

　㉢ 여기서 that은 관계대명사 또는 관계부사이므로, 강조할 부분이 사람이면 who, 사물이면 which, 장소의 부사이면 where, 시간의 부사이면 when등을 쓸 수 있음

　㉣ It was I that[who] broke the window yesterday. (어제 유리창을 깬 사람은 바로 나다.) [주어(I)를 강조]

　㉤ It was the window that[which] I broke yesterday. (내가 어제 깬 것은 바로 창문이다.) [목적어(the window)를 강조]

　㉥ It was yesterday that[when] I broke the window. (내가 창문을 깬 것은 바로 어제이다.) [부사(yesterday)를 강조]

　㉦ What was it that she wanted you to do? (그녀가 당신이 하기를 원한 것은 무엇이었습니까?) [의문사(what)를 강조한 것으로, 의문사가 문두로 나가면서 'it was'가 도치됨]

## 4. 의문대명사

### (1) who의 용법

① who는 사람에 대해 사용되며, 주로 이름이나 관계 등의 물음에 사용됨

② 주격(who), 소유격(whose), 목적격(whom)으로 구분됨

　㉠ Who is that boy? (저 소년은 누구인가?)

　㉡ Whose book is this? (이것은 누구의 책인가?)

　㉢ Whom[Who] did you meet? (당신은 누구를 만났는가?)

### (2) What의 용법

① 물건의 명칭이나 사람의 이름 · 신분 등에 사용되며, '무엇', '무슨' 등의 의미를 지님

　㉠ What do you call that animal? (저 동물을 무엇이라 합니까?) [명칭]

　㉡ What is she?(= What does she do?) (그녀는 무엇을 하는 사람입니까?) [신분 · 직업]

② 가격이나 비용, 금액, 수(數) 등에 사용되어 '얼마'라는 의미를 지님

　㉠ What is the price of this computer? (이 컴퓨터의 가격은 얼마입니까?)

---

**가주어 · 진주어 구문과 강조구문의 구분**

'It is', 'that'을 배제하고 해석하여 의미가 통하면 강조구문(분열구문)이며, 그렇지 않고 'It'만을 배제하여 의미가 통하면 가주어진주어 구문임

**관용적으로 쓰이는 경우(상황의 it)**

Take it easy. (천천히 하세요.)

**07장 대명사/관계사**

**의문사의 용법**

| 의문대명사 | | | |
|---|---|---|---|
| | 주격 | 소유격 | 목적격 |
| 사람 | who | whose | whom |
| 사물 | what | | |
| 사람/사물 | which | | |

**What의 용법**

감탄문을 만드는 what[What + a(n) + 형용사 + 명사 + 주어 + 동사] What a pretty girl she is! (그녀는 정말 예쁘구나!)

SEMI-NOTE

ⓛ What's the cost of the product? (그 제품의 비용[원가]은 얼마입니까?)

## (3) which의 용법

① 한정적 의미로 '어느 것', '어느 하나'를 묻는 데 사용됨

Which do you want, tomato or apple? (당신은 토마토와 사과 중 어느 것을 원합니까?)

② 의문형용사

Which book is yours? (어느 책이 당신 것입니까?)

## (4) 간접의문문(의문대명사가 명사절을 이끄는 경우)

ⓛ 의문대명사가 이끄는 의문문이 다른 구절에 삽입되어 타동사의 목적어(명사절)가 될 때 이를 간접의문문이라 함

② 직접의문문이 '의문사 + 동사 + 주어'의 어순임에 비해, 간접의문문은 '의문사 + 주어 + 동사'의 어순이 됨

㉠ Who is she? / What does he want? [직접의문문]

㉡ Do you know where I bought this book? (당신은 내가 이 책을 어디서 샀는지 아십니까?) [간접의문문]

③ 의문문이 생각동사[think, believe, suppose, imagine, guess 등]의 목적어(절)가 되는 경우 의문사가 문두로 나감

㉠ Who do you think he is? (당신은 그가 누구라고 생각합니까?)

㉡ What do you suppose it is? (당신은 이것이 무엇이라 생각합니까?)

## (5) 관용적 표현

① What[how] about ~ ? (~은 어떻습니까?)

② What do you think about ~? (~을 어떻게 생각합니까?)

③ What do you mean by ~? (~은 무슨 의미입니까?)

④ What ~ like? (어떠한 사람[것]일까?, 어떠한 기분일까?)

⑤ What time shall we make it? (우리 언제 만날까요?)

# 5. 부정대명사

## (1) one, no one, none

① one의 용법

㉠ 앞에 나온 명사와 동류의 것을 지칭[불특정명사, 즉 '부정관사 + 명사'를 지칭]

I have no ruler. I must buy one(= a ruler). (나는 자가 없다. 자를 하나 사야 한다.)

cf. Do you have the ruler I bought you? Yes, I have it(= the ruler).[it은 특정명사, 즉 'the/this/that + 명사'를 대신함]

㉡ 형용사 다음에 사용되는 경우

• This car is very old one. (이 차는 아주 낡은 것이다.)

- The audience in this hall is a large one. (이 홀에 있는 청중은 규모가 거대하다.)

② 'no one'과 'none'의 용법

　　㉠ no one(아무도 ~않다) : 사람에게만 사용되며, 단수 취급

　　　No one knows the fact. (어느 누구도 그 사실은 모른다.)

　　㉡ none(아무도[어떤 것도] ~않다[아니다]) : 사람과 사물 모두에 사용되며, 수를 표시하는 경우 복수 취급, 양을 표시하는 경우 단수 취급

　　　None know the fact. (어느 누구도 그 사실은 모른다.)

👓👓 한눈에 쏙~

another, other 용법

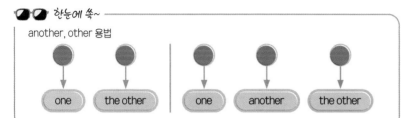

## (2) other, another

① other의 용법

　　㉠ 둘 중 하나는 'one', 다른 하나는 'the other'로 표현[정해진 순서 없이 하나, 나머지 하나를 지칭]

　　　I have two dogs one is white and the other is black.

　　　(나는 개가 두 마리 있다. 한 마리는 백구이고, 다른 한 마리는 검둥이다.)

　　㉡ 여러 사람[개] 중에서 하나는 'one', 나머지 전부는 'the others(=the rest)'로 표현

　　　There were many people one played the piano and the others sang. (많은 사람들이 있었다. 한 사람은 피아노를 연주했고 나머지 사람들은 노래했다.)

　　㉢ others는 일반적으로 '다른 사람들', '다른 것들'을 의미함

　　　She does not trust others. (그녀는 다른 사람들을 믿지 않는다.)

　　㉣ 여러사람[개] 중에서 일부는 'some', 나머지 전부는 'the others(= the rest)'로 표현

　　　Some were late, but the others were in time for the meeting. (일부는 늦었지만 나머지 사람들은 회의에 늦지 않았다.)

② another의 용법

　　㉠ another는 일반적으로 '또 하나', '다른 것'을 의미하며, 항상 단수로 쓰임

　　　- This pear is delicious. Give me another. (이 배는 맛있습니다. 하나 더 주세요.)

　　　- I don't like this one. Show me another. (이것이 마음에 들지 않습니다. 다른 것을 보여 주십시오.)

07장

대명사/관계사

other의 용법

- 여러 사람[개] 중에서 일부는 'some', 다른 일부는 'others'로 표현
  - There are many stories in this book. Some are tragic and others are funny.
    (이 책에는 많은 이야기가 있다. 일부는 비극적이고, 일부는 희극적이다.)

형용사로 사용될 때의 other과 another

- other과 another이 형용사로 사용될 때는, 'other + 복수명사', 'another + 단수명사'의 형태로 사용됨
  - other players[other player (×)]
  - another player[another players (×)]

**another의 용법**

• 「A is one thing, and B is another.」(A
와 B는 별개의 것이다)
 – Saying is one thing, and doing is
 another. (말하는 것과 행동하는 것
 은 별개이다.)

**some**

의문문·부정문·조건문에서는 주로 any
만 쓰고, some은 특수한 경우 이에는 쓰
지 않음

**수 · 양의 크기 비교**

• a few＜some＜many
• a little＜some＜much

**권유 · 간청이나 긍정의 답을 기대하
는 의문문**

 – Will you lend me some money? (돈
 을 좀 빌려주시겠습니까?)
 – Won't you have some tea? (차 한
 잔 하지 않겠습니까?)[→ 차를 마실
 것을 기대하면서 질문]

---

• She is a liar, and her daughter is another. (그녀는 거짓말쟁이고 그녀
의 딸도 또한 거짓말쟁이다.)

ⓛ 세 개 중에서 하나는 'one', 다른 하나는 'another', 나머지 하나는 'the
other'로 표현[정해진 순서 없이 하나, 다른 하나, 나머지 하나를 지칭]
She has three flowers one is yellow, another is red, and the other
is violet. (그녀는 꽃을 세 송이 가지고 있다. 하나는 노란색, 다른 하나는 빨
간색, 그리고 나머지 하나는 보라색이다.)

ⓒ 여러 개 중에서 하나는 'one', 또 다른 하나는 'another', 나머지 전부는 'the
others'로 표현
She has many flowers one is yellow, another is red, the others are
violet. (그녀는 많은 꽃을 가지고 있다. 하나는 노란색, 다른 하나는 빨간색,
나머지는 보라색이다.)

**실력up  one, other, another 관련 중요 표현**

each other (둘 사이) 서로 / one another (셋 이상 사이) 서로 / on the one hand ∼, on the other
hand … 한편으로는 ∼, 다른 한편으로는 … / tell one from the other (둘 가운데서) 서로 구별하
다 / tell one from another (셋 이상 가운데서) 서로 구별하다 / one after the other (둘이) 교대로 /
one after another (셋 이상이) 차례로 / one way of another 어떻게 해서든 / the other day 일전에

## (3) some, any

① some의 용법
 ㉠ some은 긍정문에서 '다소[약간, 몇몇]'의 의미로 사용됨
 May I give you some? (조금 드릴까요?)
 ㉡ some이 수를 나타내는 경우 복수, 양을 나타내는 경우 단수 취급
 • Some of the butter has melted. (버터가 약간 녹았다.) [단수]
 • Some of the apples are rotten. (사과들 중 일부는 썩었다.) [복수]
 ㉢ '어떤 사람'이란 의미로 사용되기도 함
 Some said yes and some said no. (어떤 사람은 예라고 말했고 어떤 사람
 은 아니라고 말했다.)
 ㉣ some이 형용사로 사용되는 경우
 • 약간의[조금의, 몇몇의] : I want some money. (나는 약간의 돈을 원
 한다.)
 • 대략[약] : They waited some(= about) five minutes. (그들은 5분 정
 도를 기다렸다.)['some + 숫자'에서는 '대략(약)'의 의미를 지님]
 • '어떤[무슨]' : I saw it in some book. (나는 그것을 어떤 책에서 보았다.)
 • 어딘가의 : She went to some place in North America. (그녀는 북미
 어딘가로 갔다.)
② any의 용법
 ㉠ 의문문이나 조건문에서 '무엇이든[누구든]', '얼마간[다소]'의 의미로 사용됨

- Do you want any of these books? (이 책들 중 어떤 것이든 원하는 것이 있습니까?)
- Have you any question? (질문 있습니까?)

ⓛ 부정문에서 '아무(것)도[조금도]'라는 의미로 사용됨
- I've never seen any of these books. (나는 이 책들 중 아무것도 보지 못했다.)
- It isn't known to any. (그것은 아무에게도 알려져 있지 않다.)

ⓒ 긍정문에서는 '무엇이든지[누구든지]'라는 강조의 의미를 지님
Any of my friends will help me. (내 친구들 중 어느 누구든지 나를 도와줄 것이다.)

ⓔ any가 형용사로 사용되는 경우[any는 대명사보다 주로 형용사로 사용됨]
- 의문문이나 조건문에서 '몇몇의[약간의]', '어떤 하나의[누구 한 사람의]'
  - Do you have any friends in this town? (이 도시에 몇몇의 친구가 있습니까?)
  - Is there any ink in the bottle? (병에 잉크가 있습니까?)
- 부정문에서 '조금도[아무것도, 아무도] (~아니다)'
  - I don't have any books. (나는 책이라고는 조금도 없다.)(= I have no books.)
- 긍정문에서는 '어떠한 ~이라도', '어느 것이든[무엇이든, 누구든]'
  - Any boy can do it. (어떤 소년이라도 그것을 할 수 있다.)
  - Any drink will do. (어떤 음료든지 괜찮습니다.)

## (4) each, every

① each의 용법

ⓛ each는 대명사로서 '각각[각자]'을 의미하며, 단수 취급
- Each has his own habit. (각자 자신의 버릇이 있다.)
- Each of us has a house. (우리들 각자는 집을 가지고 있다.)

ⓛ 형용사로서 '각각의[각자의]'를 의미하며, 단수명사를 수식하고 단수 취급
Each country has its own custom. (각각의 나라는 자신의 관습을 가지고 있다.)

ⓒ 'each other'는 '서로'라는 의미로, 둘 사이에서 사용
The couple loved each other. (그 부부는 서로 사랑했다.)
cf. 'one another'는 셋 이상 사이에서 '서로'를 의미하는 표현이지만, 'each other'과 엄격히 구별되지는 않음
cf. 'We should love one another.' (우리는 서로를 사랑해야 한다.)

② every의 용법

ⓛ every는 형용사로서 '각각의[각자의]', '모든'의 의미를 지님[대명사로는 사용되지 않음]

ⓛ every는 단수명사를 수식하고 단수 취급함
Every student is diligent. (모든 학생들은 부지런하다.)

SEMI-NOTE

any
- any는 부정문에서 주어로 쓸 수 없어 이를 'no one[none]'으로 바꾸어야 함
  - Any of them cannot do it. (×) → None of them can do it. (○)
- any는 '셋 이상 중의 하나'를 의미하기도 함
  - Any of the three will do. (셋 중 어떤 것도 괜찮습니다.)

any가 형용사로 사용되는 경우 예문
- If you have any books, will you lend me one? (책이 있으면, 하나 빌려주시겠습니까?)
- Do you have any sister? (당신은 여자 형제가 있습니까?)

each
- each는 부사로서 '한 사람[개] 마다', '각자에게[각각]'라는 의미를 지님
  - He gave the boys two dollars each. (그는 그 소년들에게 각각 2 달러씩 주었다.)

every의 용법
- every + 기수 + 복수명사(매 ~마다)(= every + 서수 + 단수명사)
  - They come here every three months. (그들은 이곳에 석 달마다 온다.)
  - = They come here every third month.
- 형용사 every 뒤에 오는 기수의 수사가 나오는 경우 복수 명사가 와야함
  - every two days = every second dat = every other day
  - every three days = every third day

07장

대명사/관계사

**either의 용법**

• either은 부사로서 '또한역시 (~아니다)', '게다가'라는 의미를 가짐 [주로 부정문에서 사용됨]
- If you don't go, I won't, either. (네가 가지 않으면, 나도 역시 가지 않겠다.)
= If you don't go, neither will I.
cf. 긍정문에서는 too, also가 쓰임
• either A or B(A와 B 둘 중 하나)
[either you or she must go. (너나 그녀 중 한 사람은 가야 한다.)]

**neither의 용법**

• neither A nor B(A도 B도 아니다[않다])
- Neither you nor she is responsible for the accident. (당신도 그녀도 그 사고에 책임이 없다.)
- Gold will neither rust nor corrode. (금은 녹슬지도 부식되지도 않는다.)

**all을 포함한 관용표현**

• at all : 부정문에서 '조금도[전혀]', '아무리 보아도', 의문문 에서는 '도대체', 조건문에서 '이왕', '적어도', 긍정문에서 '하여간[어쨌든]'
• all over(다 끝나)
• all but 거의(= almost)
• above all 무엇보다도
• all at once 갑자기(= suddenly)

## (5) either, neither

① either의 용법
  ㉠ 긍정문에서 '둘 중의 어느 하나[한쪽]'를 의미하며, 단수 취급
    Either of the two will do. (둘 중 어느 것이든 괜찮습니다.)
  ㉡ 부정문에서 전체부정의 의미를 지님
    I don't know either of your parents. (나는 당신의 부모님 두 분을 다 알지 못한다.)[전체부정]
    = I know neither of your parents.
    cf. I don't know both of your parents. (나는 당신의 부모님 두 분을 다 아는 것은 아니다.) [부분부정]
    = I know one of your parents.
  ㉢ either는 형용사로서 '어느 한쪽의', '양쪽의'라는 의미를 가지며, 단수명사를 수식
    • Either card will do. (어느 카드이든 좋습니다.)
    • There are shops on either side of the road. (길 양쪽에 가게들이 있다.)
    = There are shops on both sides of the road. [both + 복수명사]
② neither의 용법
  ㉠ neither은 '둘 중 어느 쪽도 ~아니다[않다]'를 의미하며, 단수 취급
    Neither of them was aware of the fact. (그들 (두 사람) 중 누구도 그 사실을 알지 못했다.)[전체 부정]
  ㉡ neither은 형용사로서 '둘 중 어느 쪽도 ~아닌[않는]'이라는 의미를 가지며, 단수명사를 수식
    • Neither sentence is correct. (어느 문장도 옳지 않다.)
    • In neither case can we agree. (우리는 어느 경우건 찬성할 수 없다.)

## (6) all, both

① all의 용법
  ㉠ all은 '모두[모든 것, 모든 사람]'의 의미로 사람과 사물에 두루 쓰일 수 있으며, 수를 표시하면 복수, 양을 표시하면 단수 취급
    • All of the students are diligent. (모든 학생들은 부지런하다.)
    • All is well that ends well. (끝이 좋으면 모든 것이 좋다.)
  ㉡ all이 부정어 not과 함께 쓰이면 부분부정이 됨
    • All is not gold that glitters. (빛이 난다고 모든 것이 금은 아니다.) [부분부정]
    • I have not read all of these books. (나는 이 책들을 모두 읽은 것은 아니다.)
    = I have read some of these books.
    cf. I have read none of these books.[전체부정]
  ㉢ all은 형용사로서 '모든[모두의, 전체의]'이라는 의미를 지님

All the students of this school are diligent. (이 학교의 모든 학생들은 부지런하다.)

② both의 용법

　㉠ both는 '둘 다[양쪽 다]'의 의미로 사람과 사물에 쓰이며, 복수 취급

　　Both belong to me. (둘 다 내 것이다.)

　　Both of his parents are dead. (양친 모두 돌아가셨다.)

　　= Neither of his parents is alive.

　㉡ both가 부정어 not과 함께 쓰이면 부분부정이 됨

　　Both of his parents are not dead. (양친 모두가 돌아가신 것은 아니다.)

　　[한 분만 돌아가셨다는 의미]

　㉢ both는 형용사로서 '둘 다의[양쪽의, 쌍방의]'라는 의미를 지님

　　Both her parents live in this city. (그녀의 부모님 두 분 다 이 도시에 살고 계신다.)

　㉣ both A and B(A와 B 둘 다)

　　Both Tom and July can play the violin. (Tom과 July 둘 다 바이올린을 켤 수 있다.)

## 02절　관계사(Relatives)

## 1. 관계대명사

### (1) 관계대명사의 의의

① 관계대명사의 기능 및 특징

　㉠ 관계대명사는 문장에서 '접속사 + 대명사'의 기능을 함

　　I know the woman and she can speak English very well.[the woman = she]

　　→ I know the woman who can speak English very well. [접속사(and)와 대명사(she)를 관계대명사(who)로 전환]

　㉡ 관계대명사가 이끄는 절은 문장에서 선행사(명사·대명사)를 수식하는 형용사(절)가 됨 : 위의 문장에서 관계대명사절(who ~)은 선행사(the woman)를 수식하는 형용사절

　㉢ 관계대명사는 관계대명사 다음 문장의 주어나 목적어, 보어 중 하나가 되므로, 관계대명사를 제외한 다음 문장은 불완전한 형태의 문장이 됨

　　• I know the boy who broke the window. [관계대명사 who는 관계대명사절에서 주어의 역할을 하므로, 관계대명사 다음의 문장(broke the window)은 불완전한 문장이 됨]

　　• Tell me the title of the book which you choose. [관계대명사 which가 목적어 역할을 하므로, 다음의 문장(you choose)은 불완전한 문장이 됨]

07장

대명사/관계사

**관계대명사 that**
관계대명사 that은 who, whom, which 등을 대신하여 사용할 수 있음

## 실력up 관계대명사의 종류

| 선행사 \ 격 | 주격 | 소유격(관계형용사) | 목적격 | 관계대명사절의 성격 |
|---|---|---|---|---|
| 사람 | who | whose | whom | 형용사절 |
| 동물이나 사물 | which | whose / of which | which | 형용사절 |
| 사람, 동물, 사물 | that | – | that | 형용사절 |
| 선행사가 포함된 사물 | what | – | what | 명사절 |

**의문사 who와 관계대명사 who의 비교**
- 의문사 who
  - I know who can speak English well. (나는 누가 영어를 잘할 수 있는지 안다.)['who ~'는 명사절로서, know의 목적어이고 who 는 의문사]
- 관계대명사 who
  - I know the man who can speak Korean well. (나는 한국어를 잘할 수 있는 사람을 알고 있다.)['who ~'는 관계대명사절(형용사절)로서 선행사(the man)를 수식]

**which**
- 선행사가 사물이고, 관계사절에서 소유격 역할을 하는 경우 whose를 씀
  - I live in a house. + Its roof is blue.
    → I live in a house whose roof is blue. (나는 지붕이 푸른 집에서 살고있다.)
  - cf. 소유격의 경우 whose를 쓰지 않고 of which를 쓰는 경우도 있으나 드묾
    = I live in a house of which the roof is blue.
    = I live in a house the roof of which is blue.

## (2) who

① 선행사가 사람이고, 관계사절에서 주어 역할을 하는 경우 who를 씀

I know a boy. + He is called Tom.

→ I know a boy who is called Tom. (나는 Tom이라고 불리는 소년을 알고 있다.)

② 선행사가 사람이고, 관계사절에서 목적어 역할을 하는 경우 whom을 씀

I know a boy. + They call him Tom.

→ I know a boy whom they call Tom. (나는 사람들이 Tom이라고 부르는 소년을 알고 있다.)

③ 선행사가 사람이고, 관계사절에서 소유격 역할을 하는 경우 whose를 씀

I know a boy. + His name is Tom.

→ I know a boy whose name is Tom. (나는 이름이 Tom인 소년을 알고 있다.)

## (3) which

① 선행사가 사물이고, 관계사절에서 주어 역할을 하는 경우 which를 씀[주격 관계대명사]

I live in a house. + It was built by father.

→ I live in a house which was built by father. (나는 아버지에 의해 지어진 집에서 살고 있다.)

② 선행사가 사물이고, 관계사절에서 목적어 역할을 하는 경우 which를 씀[목적격 관계대명사]

I live in a house. + My father built it.

→ I live in a house which my father built. (나는 아버지가 지은 집에서 살고 있다.)

③ 사람의 지위, 직업, 성격이 선행사인 경우도 관계대명사 which를 씀

He is not the man which his father wanted him to be. (그는 그의 아버지가 되기를 바란 사람이 아니다.)

④ which가 앞 문장의 일부 또는 전체를 받는 경우도 있음

She looked very happy, which she really was not. (그녀는 매우 행복해 보였다. 그러나 사실은 행복하지 않았다.) [계속적 용법]

## (4) that

① 관계대명사 that을 쓸 수 있는 경우

ㄱ 선행사가 사람인 경우 관계대명사 that을 쓸 수 있음

He is the man that(= who) lives next door to us. (그는 옆집에 사는 사람이다.) [주격 관계대명사]

ㄴ 선행사가 동물이나 사물인 경우에도 that을 쓸 수 있음

This is the book that(= which) my uncle gave to me. (이 책은 삼촌이 나에게 준 책이다.) [목적격 관계대명사]

② 관계대명사 that을 쓰는 경우

ㄱ 선행사가 '사람 + 동물'이나 '사람 + 사물'인 경우 보통 관계대명사 that을 씀

Look at the girl and her dog that are coming here. (여기로 오고 있는 소녀와 개를 보아라.)

ㄴ 선행사가 최상급이나 서수의 수식을 받는 경우 보통 that을 씀

He is the greatest actor that has ever lived. (그는 지금까지 살았던 배우 중에서 가장 훌륭한 배우이다.)

ㄷ 선행사가 the only, the very, the same 등의 제한적 표현의 수식을 받는 경우 보통 that을 씀

She is the only girl that I loved in my childhood. (그녀는 내가 어린 시절 사랑했던 유일한 소녀이다.)

ㄹ 선행사가 all, every, some, any, no, none, much, little 등의 수식을 받는 경우 보통 that을 씀

• All that you read in this book will do you good. (이 책에서 네가 읽은 모든 것은 너를 이롭게 할 것이다.)

• He has lost all the money that his mother gave him. (그는 그의 어머니께서 주신 모든 돈을 잃어버렸다.)

### 실력up 관계대명사 that의 주의할 용법

• 관계대명사 that은 제한적 용법으로만 사용되며, 계속적 용법에서는 쓸 수 없음
  - The car that[which] stands in front of the building is mine. (그 건물 앞에 서있는 차는 내 것이다.) [제한적 용법]
  - I met a gentleman, that told me the fact.(×) [계속적 용법]
  → I met a gentleman, who told me the fact.(○)
• 관계대명사 that 앞에는 전치사를 쓸 수 없음
  - This is the lady of that I spoke yesterday.(×)
  → This is the lady that I spoke of yesterday.(○)
  → This is the lady of which I spoke yesterday.(○)

SEMI-NOTE

**관계대명사 that**

관계대명사 that은 who나 whom, which 등을 대신해 사용할 수 있는데, 주격과 목적격이 'that'으로 같으며 소유격은 없음

**관계대명사 that을 쓰는 경우**

• 선행사가 -thing 형태로 끝나는 명사(something, anything, everything, nothing 등)인 경우 보통 that을 씀
  - There is nothing that I like better. (내가 더 좋아하는 것은 아무것도 없다.)
• 선행사가 의문사 who, which, what 등으로 시작되는 경우 보통 that을 씀
  - Who that has common sense will do such a thing? (상식이 있는 사람이 그런 짓을 할까?)
  - Who is the man that is standing there? (저기에 서 있는 사람은 누구입니까?)
• 관계대명사가 관계절의 보어로 쓰이는 경우 보통 that을 씀
  - He is not the man that he was ten years ago. (그는 10년 전의 그가 아니다.)

07장 대명사/관계사

관계대명사 what과 접속사 that의 차이

• 선행사가 없다는 것은 같지만, 관계대명사 what 다음의 절은 완전한 문장이 아닌데 비해 접속사 that 다음의 절은 완전한 문장이 된다는 점에서 차이가 있음

- What is beautiful is not always good. (아름다운 것이 항상 좋은 것은 아니다.) [what 이하의 절이 주어가 없는 불완전한 문장임]

- That he is alive is certain. (그가 살아 있는 것이 분명하다.) [that 이하의 절이 '주어 + 동사 + 보어'로 된 완전한 문장임]

what의 관용적 표현

• what with ~, what with(한편으로는 ~ 때문에, 또 한편으로는 ~때문에)
  – What with drinking, and (what with) gambling, he is ruined. (한편으로는 술 때문에 또 한편으로는 도박 때문에 그는 파멸되었다.)

• what by ~, what by ~(한편으로 ~의 수단으로, 또 한편으로는 ~의 수단으로)
  – What by threats, what by entreaties. (위협하기도 하고, 애원하기도 하여)

## (5) what

① 선행사를 포함하고 있는 관계대명사 what

㉠ what은 선행사를 포함하고 있으므로 '선행사 + 관계대명사(which 등)'의 역할을 대신함

㉡ What이 이끄는 절(명사절)은 문장의 주어 · 목적어 · 보어 역할을 함

㉢ 의미상 '~하는 것', '~하는 모든[어떤] 것'이란 의미로 쓰임

㉣ What is done cannot be undone. (이미 한 것을 되돌릴 수 없다.)[주어]
= That which is done cannot be undone.

㉤ What he said is true. (그가 말한 것은 사실이다.)

㉥ You must not spend what you earn. (너는 네가 버는 것 모두를 써버려서는 안 된다.)[목적어]
= You must not spend all that you earn.

㉦ You may do what you will. (너는 네가 하고 싶은 것을 해도 좋다.)
= You may do anything you will.

㉧ We must do what is right. (우리는 올바른 것을 행해야 한다.)
= We must do the thing that is right.

㉨ This is what I want. (이것은 내가 원하는 것이다.)[보어]

② what의 관용적 표현

㉠ what we[you] call(= what is called)(소위)
He is what is called a bookworm. (그는 소위 책벌레다.)

㉡ what is + 비교급(더욱 ~한 것은) / what is worse(설상가상으로), what is more[better](게다가)
He lost his way, and what was worse, it began to rain. (그는 길을 잃었고, 설상가상으로 비가 내리기 시작했다.)

㉢ A is to B what C is to D(A와 B의 관계는 C와 D의 관계와 같다.)
Reading is to the mind what food is to the body. (독서와 정신에 대한 관계는 음식과 신체에 대한 관계와 같다.)

㉣ what + S + be(현재의 S, S의 인격 · 위치), what + S + used to(과거의 S), what + S + have(S의 재산)

• My parents made me what I am today. (나의 부모님이 나를 현재의 나로 만드셨다.)

• We honor him not for what he has, but for what he is. (우리는 그의 재산이 아니라 인격 때문에 그를 존경한다.)

• He is no longer what he used to be. (그는 더 이상 예전의 그가 아니다.)

## (6) 관계대명사의 제한적 용법과 계속적 용법

① 제한적 용법

㉠ 관계대명사 앞에 comma(,)가 없음

㉡ 관계대명사가 앞의 선행사와 같으며 해석 시 관계대명사는 곧 선행사가 됨

ⓒ He has two sons who are doctors. (그는 의사가 된 두 아들이 있다. → 아들이 더 있을 수 있음)

② 계속적 용법

ⓐ 관계대명사 앞에 comma가 있음

ⓑ 선행사가 고유명사인 경우나 앞 문장 전체가 선행사가 되는 경우 등에 주로 사용됨

ⓒ 관계대명사를 문장에 따라 '접속사(and, but, for, though 등) + 대명사'로 바꾸어 쓸 수 있음

ⓓ He has two sons, who are doctors. (그는 아들이 둘 있는데, 둘 다 의사이다. → 아들이 두 명 있음)

ⓔ She lives in Busan, which is the second largest city in Korea. (그녀는 부산에 사는데, 부산은 한국에서 두 번째 큰 도시이다.)[선행사가 고유명사]

ⓕ I missed my train, which made me late to the meeting. (나는 기차를 놓쳤는데, 그것은 내가 그 모임에 늦게 만들었다.)[선행사는 앞 문장 전체]

## (7) 관계대명사의 생략과 전치사

① 목적격 관계대명사의 생략

ⓐ 동사의 목적어인 경우

He is the man (whom) I saw there. (그는 내가 거기서 본 사람이다.)

ⓑ 전치사의 목적어인 경우

This is a doll (which / that) she plays with. (이 인형은 그녀가 가지고 노는 인형이다.)

② 주격 관계대명사의 생략 : 관계대명사의 주격·소유격은 생략할 수 없으나, 다음과 같은 경우 예외적으로 생략 가능

ⓐ 관계대명사가 주격보어인 경우

He is not the rude man (that) he used to be. (그는 예전처럼 무례한 사람이 아니다.)

ⓑ 'There is' 또는 'Here is'로 시작하는 문장의 경우

There is a man (who / that) wants to see you. (어떤 사람이 당신을 만나고자 합니다.)

ⓒ 관계대명사절이 'there is'로 시작하는 경우

This is one of the most beautiful mountains (that) there are in this country. (이 산은 이 나라에 있는 가장 아름다운 산 중의 하나입니다.)

③ 관계대명사를 생략할 수 없는 경우

ⓐ 관계대명사의 계속적 용법

I bowed to the gentleman, whom I knew well. (나는 그 신사에게 인사했는데, 그는 내가 잘 아는 사람이었다.)[관계대명사 whom은 생략 불가]

ⓑ '전치사 + 관계대명사'가 시간, 장소, 방법 등을 나타내는 경우

I remember the day on which he went to the building. (나는 그가 그 빌딩에 간 날을 기억한다.)

SEMI-NOTE

계속적 용법

계속적 용법으로 쓰일 수 있는 관계대명사는 who, which, as 등이 있음(that은 불가).

'주격 관계대명사 + be동사'는 생략이 가능

• That boy (who is) playing tennis there is my son. (저기서 테니스를 치고 있는 저 아이는 나의 아들이다.)

• It is a very old monument (which is) made of marble. (이것은 대리석으로 만들어진 아주 오래된 기념물이다.)

주격 관계대명사의 생략

• 'I think', 'you know', 'he says' 등이 삽입된 경우

– I met a man (who) they said was an entertainer. (나는 그들이 연예인이라 말한 사람을 만났다.)

관계대명사의 계속적 용법

• 'of which', 'of whom' 등이 어느 부분을 나타내는 경우

– I bought ten pencils, the half of which I gave my brother. (연필 열 자루를 샀는데, 그중 반을 내 동생에게 주었다.)

07장

대명사/관계사

**beyond, as to, during**

• 관계대명사 앞에 위치함
 – There was a high wall, beyond which nobody was permitted to go.

---

④ 관계대명사와 전치사

　㉠ 대부분의 전치사는 관계대명사의 앞 또는 문미(文尾)에 오는 것이 가능

　　This is the house which I live in. (이 집은 내가 살고 있는 집이다.)

　　= This is the house in which I live.

　㉡ 관계대명사가 that인 경우 전치사는 문미(文尾)에 위치

　　• This is the house that I live in. (○) (이것이 내가 사는 집이다.)

　　• This is the house in that I live. (×)

　㉢ 부분을 나타내는 전치사 of 앞에 all, most, many, some, any, one, both 등이 오는 경우 관계대명사는 of 뒤에 위치

　　He had many friends, all of whom were sailors. (그는 친구들이 많았는데 그들 모두가 선원이었다.)

> **실력UP**　ask for, laugh at, look for, be afraid of 등이 쓰인 경우 전치사는 문장 뒤에 위치[관계대명사 앞에 쓰지 않음]
>
> The boy whom we laughed at got very angry. (우리가 비웃었던 소년은 매우 화가 났다.)

---

### (8) 관계대명사의 격과 수의 일치

① 주격 : 관계대명사가 다음의 동사의 주어가 되는 경우

　㉠ 주격 관계대명사 다음의 동사는 선행사의 수에 일치

　　He has a son who lives in Incheon. (그는 인천에 사는 아들 하나가 있다.)[동사 live는 선행사(a son)에 일치]

　㉡ 'I thought' 등이 삽입절이 되는 경우는 이를 제외하고 관계대명사의 격과 수 일치를 결정

　　The man who (I thought) was your father turned out quite a stranger. (내가 너의 아버지라고 생각했던 사람은 전혀 낯선 사람으로 판명되었다.) [who는 주격 관계대명사이므로 동사(was)는 선행사(the man)에 일치]

② 목적격 : 관계대명사가 동사나 전치사의 목적어가 되는 경우

　㉠ Who is the girl whom you were playing tennis with? (당신이 함께 테니스를 친 소녀는 누구입니까?)

　　= Who is the girl with whom you were playing tennis?

　㉡ The man whom I thought to be　your father turned out quite a stranger. (내가 당신의 아버지라 생각했던 사람은 전혀 낯선 사람으로 판명되었다.)[이 경우 'I thought'는 삽입절이 아니며 관계대명사절의 주어와 동사에 해당됨]

### (9) 유사관계대명사

① as

　㉠ as가 such와 상관적으로 쓰이는 경우

　　Choose such friends as will listen to you quietly. (너의 말을 경청하려는 친구들을 선택하라.)

---

**주의할 수의 일치**

• 'one of + 복수명사'가 선행사인 경우 관계대명사의 수는 복수로 받음
 – He is one of my friends who help me with my homework. (그는 내 숙제를 도와주는 친구들 중의 한 명이다.)
• 'only one of + 복수명사'가 선행사인 경우 관계대명사의 수는 단수로 받음
 – He is the only one of my friends who helps me with my homework. (그는 친구들 중에서 내 숙제를 도와주는 유일한 친구이다.)
• 관계대명사의 동사의 수는 항상 선행사의 수에 일치시킨다는 점에 주의

---

**유사관계대명사 as, but, than**

유사관계대명사(의사관계대명사) as, but, than은 관계대명사로 보기도 하나, 이를 엄밀히 보아 접속사로 분류하기도 함

ⓛ as가 same과 상관적으로 쓰이는 경우

This is the same camera as I bought yesterday. (이것은 내가 어제 산 카메라와 같은 종류의 카메라이다.)[the same ~ as(동일 종류의 ~)]

cf. This is the same camera that I bought yesterday. (이것은 내가 어제 산 그 카메라이다.)[the same ~ that(바로 그것)]

ⓒ as가 앞 또는 뒤의 문장 전체 또는 일부를 받는 경우

She is very careful, as her work shows. (그녀는 매우 조심성이 있다. 그녀의 작품이 그것을 말해준다.)

ⓔ 'as many A(복수명사) as ~'와 'as much A(단수명사) as ~'(~하는 모든 A)

As many passengers as were in the bus were injured. (버스에 타고 있던 모든 사람들이 다쳤다.)

② but : 'that ~ not'의 의미로 관계대명사처럼 쓰임

There is no one but loves peace. (평화를 사랑하지 않는 사람은 없다.)

③ than : 비교표현에서 '~이상의'란 의미로 관계대명사처럼 쓰임

He bought more books than he could read. (그는 자신이 읽을 수 있는 것보다 더 많은 책을 샀다.)

## (10) 복합관계대명사

① 복합관계대명사의 특징

㉠ '관계대명사 + ever'의 형태를 지님 : whoever, whomever, whichever, whatever 등

ⓛ 선행사를 포함하며, 명사절이나 양보의 부사절을 이끎

ⓒ 명사절의 경우 '모든[누구, 어떤] ~ 도'의 의미이며, 양보의 부사절의 경우 '~이더라도[하더라도]'의 의미가 됨

ⓔ Give it to whoever wants it. (그것을 원하는 어떤 사람[누구]에게라도 그것을 주어라.)[명사절을 이끄는 (주격) 복합관계대명사]

ⓜ Give it to whomever you like. (당신이 좋아하는 어떤 사람[누구]에게도 그것을 주어라.)[명사절을 이끄는 (목적격) 복합관계대명사]

ⓗ Whoever may object, I will go with you. (누가 반대를 하더라도 나는 당신과 함께 갈 것이다.)[양보의 부사절을 이끄는 복합관계대명사]

ⓢ Whatever may happen, I must do it. (무슨 일이 생긴다 하더라도 나는 이것을 해야 한다.)[양보의 부사절을 이끄는 복합관계대명사]

② whoever

㉠ 명사절을 이끄는 whoever는 'anyone who'의 의미

Whoever(= Anyone who) comes will be welcomed. (오는 사람은 누구나 환영합니다.)

ⓛ 양보의 부사절을 이끄는 whoever는 'no matter who'의 의미

Whoever(= No matter who) dissuades me, I will not change my mind. (누가 설득하더라도 나는 마음을 바꾸지 않을 것이다.)

**복합관계대명사 명사절**

| whoever (주격) | anyone who | ~하는 어떤 사람도 |
|---|---|---|
| whomever (목적격) | anyone whom | ~하는 어떤 사람도 |
| whatever | anything that | ~하는 어떠한 것도 |
| whichever | anything which | ~하는 어느 것도 |

**복합관계대명사 부사절**

| whoever | no matter who | 비록 누가 ~할지라도 |
|---|---|---|
| whomever | no matter whom | 비록 누구를 ~할지라도 |
| whichever | no matter which | 비록 어느 것이 ~할지라도 |
| whatever | no matter what | 비록 무엇이 ~할지라도 |
| whosever | no matter whose | 누구의 ~이든지 |

07장

대명사/관계사

**복합관계대명사가 이끄는 양보의 부사절**

• 복합관계대명사가 양보의 부사절을 이끄는 경우 'no matter who[what, which](비록 ~일지라도)'의 의미가 됨
 – Whichever you choose, make sure that it is a good one. (어느 것을 고르든지, 그것이 좋은 것인지 확인해라.)
 = No matter which you choose, make sure that it is a good one.

③ whomever
 ㉠ 명사절을 이끄는 whomever는 'anyone whom'의 의미
  You can invite to the party whomever you like. (당신이 좋아하는 사람이라면 누구든지 잔치에 초대하십시오.)
 ㉡ 양보의 부사절을 이끄는 whomever는 'no matter whom'의 의미
  Whomever you recommend, I will not employ him. (당신이 누구를 추천하던지, 나는 그를 고용하지 않겠다.)

④ whichever
 ㉠ 명사절을 이끄는 whichever는 'anything[either thing] that'의 의미
  Take whichever you want. (당신이 원하는 건 뭐든지 가지시오.)
 ㉡ 양보의 부사절을 이끄는 whichever는 'no matter which'의 의미
  Whichever way you take, you'll be able to get to the park. (당신이 어떤 길을 택하던지, 공원에 도착할 수 있을 것이다.)
  cf. whichever가 형용사처럼 쓰이는 경우도 있음
  You may read whichever book you like. (당신이 좋아하는 어떤 책이라도 읽을 수 있다.)
  = You may read any book that you like.

⑤ whatever
 ㉠ 명사절을 이끄는 whatever는 'anything that'의 의미
  Whatever I have is yours. (내가 가진 것은 어느 것이든 당신 것이다.)
 ㉡ 양보의 부사절을 이끄는 whatever는 'no matter what'의 의미
  • Don't be surprised whatever may happen. (무슨 일이 일어나더라도 놀라지 마라.)
  cf. whatever가 형용사처럼 쓰이는 경우도 있음
  • Take whatever means is considered best. (최선이라고 여겨지는 무슨 조치든 취하라.)

## 2. 관계부사

### (1) 관계부사의 의의

① 관계부사의 기능 : 문장 내에서 '접속사 + 부사'의 기능을 함
② 관계부사의 특징
 ㉠ 부사와 마찬가지로 문장의 필수성분이 아니므로 관계부사를 생략해도 다음문장은 완전한 문장이 되며, 관계부사 자체는 뜻을 지니지 않아 해석하지 않음
 ㉡ 관계부사 that은 모든 관계부사(where, when, why, how)를 대신할 수 있으며, 종종 생략됨

**관계부사**

| 선행사 | 때 | 장소 | 이유 | 방법 |
|---|---|---|---|---|
| 관계부사 | when = at which | where = in which | why = for which | how = in which |

## (2) 관계부사의 종류

① when

- ㉠ 시간을 나타내는 선행사(the time/day/year/season 등)가 있을 경우 사용됨
- ㉡ 관계부사 when은 '전치사(in/on/at) + which'로 나타낼 수 있음

② where

- ㉠ 장소를 나타내는 선행사(the place/house 등)가 있을 경우 사용됨
- ㉡ 관계부사 where는 '전치사(in/at/to) + which'로 나타낼 수 있음

③ why

- ㉠ 이유를 나타내는 선행사(the reason)가 있을 경우 사용됨
- ㉡ 관계부사 why는 '전치사(for) + which'로 나타낼 수 있음
- ㉢ Explain the reason why the stars cannot be seen in the daytime. (별이 낮에는 보이지 않는 이유를 설명하시오.)

    = Explain the reason for which the stars cannot be seen in the daytime.

④ how

- ㉠ 방법을 나타내는 선행사(the way)가 있을 경우 사용하나, 선행사(the way)와 관계부사 how는 같이 쓸 수 없고 하나를 생략해야 함
- ㉡ 'the way in which'로 나타낼 수 있음
- ㉢ Do you know how the bird builds its nest? (새가 둥지를 어떻게 만드는지 아니?)

    = Do you know the way the bird builds its nest?

    = Do you know the way in which the bird builds its nest?

⑤ that

- ㉠ 관계부사 that은 관계부사 when, where, why, how 대신에 쓰일 수 있음
- ㉡ 관계부사로 쓰인 that은 종종 생략됨

## (3) 관계부사의 선행사 생략 및 용법

① 관계부사 앞의 선행사 생략

- ㉠ 관계부사 when 앞에 시간을 나타내는 선행사가 생략될 수 있음

    That is (the time) when the station is most crowded. (그때가 역이 가장 붐비는 시간이다.)

    cf. 선행사를 두고 관계부사를 생략하는 경우도 있음

- ㉡ 관계부사 where 앞에 장소를 나타내는 선행사가 생략될 수 있음

    Home is (the place) where you can have a peaceful time. (가정은 당신이 가장 평화로운 시간을 보낼 수 있는 곳이다.)

    cf. 선행사를 두고 관계부사를 생략하는 경우도 있음

- ㉢ 관계부사 why 앞에 이유를 나타내는 선행사(reason)는 생략될 수 있음

    That is (the reason) why she did not come on the day. (그 이유 때문

when

The birthday is the day when a person is born. (생일은 사람이 태어난 날이다.)
= The birthday is the day on which a person is born.

where

The village where he lives is famous for its production of potatoes. (그가 살고 있는 그 마을은 감자 산지로 유명하다.)
= The village in which he lives is famous for its production of potatoes.

07장
대명사/관계사

관계부사의 제한적 용법과 계속적 용법

• 관계대명사처럼 제한적 용법과 계속적 용법 두 가지가 있으며, 계속적 용법으로 쓰이는 관계부사는 when과 where 두 가지임

- Please let me know the exact date when she will return. (그녀가 돌아오는 정확한 시간을 알려주시오.)[제한적 용법]

- I'll be back before supper, when we'll talk about plans for the trip. (저녁 식사 전까지 돌아오겠다. 그때 여행 계획에 대해서 논의를 하자.)[계속적 용법]

143

에 그녀가 그날 오지 않았다.)

cf. 선행사를 두고 관계부사를 생략하는 경우도 있음

ⓔ 관계부사 how 앞에 방법을 나타내는 선행사(way)는 언제나 생략됨

Tell me (the way) how you caught the tiger. (호랑이를 어떻게 잡았는지 나에게 말해줘.)

cf. 선행사를 쓰는 경우 관계부사 how는 반드시 생략해야 됨

### (4) 복합관계부사

① 복합관계부사의 특징

　ⓐ '관계부사 + ever'의 형태를 지님 : whenever, wherever, however

　ⓑ 선행사를 포함하며, 양보의 부사절이나 시간 · 장소의 부사절을 이끎

② 복합관계부사의 종류

| 용법 ＼ 종류 | 시간 · 장소의 부사절 | 양보의 부사절 |
|---|---|---|
| whenever | at any time when (~할 때는 언제나) | no matter when (언제 ~해도) |
| wherever | at any place where (~하는 곳은 어디나) | no matter where (어디에서 ~해도) |
| however | – | no matter how (아무리 ~해도) |

ⓐ whenever

Whenever(= At any time when) I visited her, she was not at home. (내가 그녀를 방문할 때마다 그녀는 집에 없었다.)[시간의 부사절]

ⓑ wherever

- I will follow you wherever(= at any place where) you go. (당신이 가는 곳은 어디든지 따라가겠다.)[장소의 부사절]
- Wherever(= No matter where) you (may) go, remember me. (당신이 어디를 가더라도 나를 기억해라.)[양보의 부사절]

ⓒ however

- However(= No matter how) hard you may try, you can't master English in a month. (당신이 아무리 열심히 노력하더라도 영어를 한 달 안에 마스터할 수 없다.)[양보의 부사절]
- However(= No matter how) fast you may run, you won't be able to overtake him. (당신이 아무리 빨리 달려도 당신은 그를 따라 잡을 수 없을 것이다.)

**whenever**

Whenever(= No matter when) you may come, I am always ready. (당신이 언제 오더라도 나는 준비가 되어 있다.)[양보의 부사절]

**however(어떻게 ~하더라도) (= by whatever means)**

However you express it, it is anything but a truth. (당신이 그것을 어떻게 표현하더라도 그것은 진실이 아니다.)[anything but(결코 ~이 아닌, ~이기는커녕)]

# 나두공

## 08장 형용사(Adjective)/부사(Adverb)/비교(Comparison)

## 01절   형용사(Adjective)

### 1. 형용사의 용법

#### (1) 한정적 용법

① 형용사가 명사를 수식하는 것을 말하며, 대부분 명사 앞에서 수식함[전치 수식]

My family are all early risers. (우리 집 식구들은 모두 일찍 일어난다.)[early는 형용사로서 '(시각 · 계절 등이) 이른'의 의미]

② 한정적 용법으로만 쓰이는 형용사

> • −er 형태 : utter, former, inner, outer, upper, latter 등
> • −en 형태 : wooden, drunken, golden 등
> • 기타 형태 : mere, utmost, entire, sheer, only, very(바로 그), dramatic, medical, elder, lone 등

㉠ That man is an utter fool. (저 사람은 완전 바보이다.)

㉡ I prefer a wooden door to a metal door. (나는 금속재 문보다 목재 문을 더 좋아한다.)

㉢ I don't like drunken men. (나는 취한 사람은 싫어한다.)

    cf. He was drunk. (그는 취했다.)[drunk는 서술적 용법에만 쓰임]

#### (2) 서술적 용법

① 형용사가 주격 보어와 목적격 보어로 쓰이는 것을 말함

㉠ The sea is calm. (바다는 고요하다.)[주격 보어]

㉡ He looked happy. (그는 행복해 보인다.)

㉢ He died young. (그는 젊어서 죽었다.)

㉣ She made him happy. (그녀는 그를 행복하게 하였다.)[목적격 보어]

㉤ He opened his mouth wide. (그는 입을 크게 벌렸다.)

② 서술적 용법으로만 쓰이는 형용사

> • a−형태 : afloat, afraid, alike, alive, alone, asleep, awake, aware, averse 등
> • 기타 형태 : content, fond, glad, liable, unable, sorry, subject, worth 등

㉠ The plan is still afloat. (그 계획은 여전히 표류 중이다.)

㉡ She fell asleep. (그녀는 잠이 들었다.)

    cf. There are half−asleep children.[수식어 동반 시 전치 수식]

일부 형용사

> 대부분의 형용사는 한정용법과 서술용법에 모두 사용될 수 있으나, 일부 형용사는 한정용법에만, 일부 형용사는 서술용법에만 사용됨

서술적 용법으로만 쓰이는 형용사 예문

• He is still alive. (그는 아직도 생존해 있다.)

  cf. This is a live program. (이 프로그램은 생방송입니다.)

• They were content with their salary. (그들은 자신들의 봉급에 만족하고 있었다.)

## (3) 한정적 용법과 서술적 용법으로 쓰일 때 의미가 다른 형용사

① late
  ㉠ Mr. Brown was late. (브라운 씨가 늦었다.)
  ㉡ the late Mr. Brown (고(故) 브라운 씨)

② present
  ㉠ The mayor was present. (시장이 참석했다.)
  ㉡ the present mayor (현(現) 시장)

③ certain
  ㉠ I am certain of his success. (나는 그의 성공을 확신한다.)
  ㉡ A certain man came to see you during your absence. (어떤 남자가 당신이 외출했을 때 당신을 찾아 왔다.)

④ ill
  ㉠ She is ill in bed. (그녀는 아파서 누워 있다.)
  ㉡ Ill news runs fast. (나쁜 소식은 빨리 퍼진다.)

## (4) 주의해야 할 형용사 유형

① 유형 1 ★빈출개념
  ㉠ 해당 형용사 : easy, hard, impossible, difficult, dangerous, convenient, pleasant, safe 등
  ㉡ 용법
    • 원칙상 사람 주어 불가(→ 단, 타동사나 전치사의 목적어(사람)가 주어로 오는 것은 가능)
      – Tom is difficult to read this book (×) [사람 주어 불가]
      – This book is difficult for Tom to read. (○) (이 책은 Tom이 읽기에는 어렵다.)
      – I am difficult to persuade him. (×) [사람 주어 불가]
        ⇒ He is difficult for me to persuade. (○) [동사의 목적어는 주어 위치에 올 수 있음] (내가 그를 설득하는 것은 어렵다.)
      – He is pleasant to talk with. (○) [전치사의 목적어는 주어 위치에 올 수 있음] (그와 이야기하는 것은 유쾌하다.)
    • 'It be ~ that절'의 형태가 불가능함(→ that절을 진주어로 쓸 수 없음)
    • 'It be ~ for + 목적어〈의미상 주어〉+ to V'의 형태로 사용됨
      – It is difficult that I persuade him. (×) ['It ~ that절' 불가]
        ⇒ It is difficult for me to persuade him. (○) ['It ~ to V' 가능]
      – It is pleasant to talk with him.(= He is pleasant to talk with.) [의미상 주어는 일반인이므로 생략됨]

② 유형 2
  ㉠ 해당 형용사 : natural, necessary, important, essential, vital, desirable, proper, right, rational, reasonable 등

ⓛ 용법
• 원칙상 사람 주어 불가(→ 단, 타동사나 전치사의 목적어(사람)가 주어로 오는 것은 가능)
  – He is impossible to persuade. (×) [사람 주어 불가]
  – It is impossible to persuade him. (○) (그를 설득하는 것은 불가능하다.)
  – You are natural to get angry with her. (×) [사람 주어 불가]
  – She is natural for you to get angry with. (○) [전치사의 목적어가 주어 위치에 올 수 있음] (당신이 그녀에게 화를 내는 것은 당연하다.)

③ 유형 3
  ㉠ 해당 형용사 : certain, likely 등
  ㉡ 용법
  • 'It ~ that절'의 형태로 쓰며, that절의 주어를 주어로 하는 부정사 구문도 가능
    – It is certain that he will pass the exam. (○) (그가 시험에 합격하는 것은 확실하다.)
    = He is certain to pass the exam. (○) 'that절의 주어 ~ to V' 형태 가능]

## 2. 형용사의 후치 수식과 어순

### (1) 형용사의 후치 수식(형용사가 명사·대명사 뒤에서 수식하는 경우)

① '-thing', '-body', '-one'으로 끝난 대명사를 수식하는 경우
  ㉠ There is nothing new under the sun. (하늘 아래 새로운 것은 없다.)
  ㉡ Please give something cold to drink. (시원한 음료 좀 주세요.)

② 최상급, all, every의 한정을 받는 명사를 수식하는 경우(이 경우의 형용사는 주로 어미가 -able 또는 -ible인 경우가 많음)
  ㉠ He drove the car at the highest speed possible. (그는 자동차를 가능한 한 전속력으로 몰았다.)
  ㉡ They took all the trouble imaginable. (그들은 상상할 수 있는 모든 고생을 겪었다.)
  ㉢ I tried every means possible. (나는 가능한 모든 수단을 다했다.)

③ 두 개 이상의 형용사가 겹치거나 대구를 이루는 경우
  ㉠ A lady tall, beautiful and attractive entered the office. (키가 크고, 아름답고, 매력적인 여성이 사무실에 들어왔다.)[형용사 tall, beautiful, attractive가 후치 수식]
  ㉡ He is a writer both witty and wise. (그는 재치 있고 현명한 작가이다.) [witty, wise가 후치 수식]

④ 형용사에 다른 수식어가 붙은 경우

  ⊙ She broke a glass full of wine. (그녀는 포도주가 가득한 잔을 깨뜨렸다.)
    [형용사 full에 수식어구 'of wine'이 붙어 명사 glass를 후치 수식]

  ⓛ The town famous for its film production grew into a big city. (영화
    제작으로 유명한 그 마을은 큰 도시로 성장했다.)[형용사 famous가 수식어
    구를 동반하여 후치 수식]

  ⓒ He is a man of proud of his son. (그는 자신의 아들을 자랑스러워하는
    남자이다.)

⑤ 서술적 용법으로 쓰이는 형용사가 명사를 수식할 경우

  All fish asleep stay still. (잠든 모든 물고기는 움직이지 않는다.)[asleep이 명
  사를 후치 수식]

⑥ 측정표시의 구가 오는 경우

  a child five years old (5세 된 아이)(= a five-year-old child) / a man
  forty-five years old (45세의 남자)

⑦ 대명사를 수식하는 경우

  those chosen (선발된[선택된] 자들) / those present (출석자[참석자]들)

⑧ 관용적 표현

  Asia Minor (소아시아) / France proper (프랑스 본토) / China proper (중국
  본토) / the sum total (총액) / notary public (공증인) / the president elect
  (대통령 당선자)

## (2) 형용사 등을 포함한 수식어의 어순

① 복수의 형용사가 포함된 수식어구의 어순

> • 일반적 어순 : '전치한정사 + 한정사 + 수량(서수 + 기수) + 성질 + 대소 + 상
> 태 + 신구 / 연령 + 색깔 + 소속 / 출신 + 재료' + 명사
> • 전치한정사 : all, both, half(다음에 of를 둘 수 있음)
> • 한정사 : 관사, 소유격, 지시형용사(this, that 등), 부정형용사(some, any) 등

  ⊙ all the five beautiful Korean girls (모든 5명의 아름다운 한국의 소녀들)

  ⓛ our first two English lessons (우리의 첫 두 번의 영어 수업)

  ⓒ those three tall refined young English gentlemen (저 세 명의 키 크고
    세련된 젊은 영국 신사들)

② 주의할 어순

  so/as/too/how + 형용사 + 관사 + 명사

  He is as great a scientist as ever lived. (그는 지금까지 없었던 위대한 과학
  자이다.)

  How handsome a man he is! (그는 정말 멋진 사람이군!)

SEMI-NOTE

**서술적 용법**

- asleep
  – 잠든
- well
  – 건강한
- worth
  – 가치 있는

**관용적 표현**

attorney general (법무장관, 검찰총장) /
coral alive (살아있는 산호)(= living coral)
/ houses ablaze (불타는 집들) / the
court martial (군법회의) / the authorities
concerned (관계당국) / from time
immemorial (태고부터) /
things Korean (한국의 문물) / those
present (출석자)

**양보 구문에서의 형용사의 도치**

- 접속사 as가 양보의 의미를 갖는 구
문에서는 형용사가 접속사 앞으로
도치됨
  – Rich as he is, he is not happy.
    (그는 비록 부유하지만 행복하지
    않다.)
    = Though(Although) he is rich, he
    is not happy.

08장

형용사/부사/비교

**such/quite/rather/what + 관사 + 형
용사 + 명사**

- She is such a beautiful woman. (그녀
는 정말 아름다운 여성이다.)
- She has rather a good voice. (그녀는
꽤 아름다운 목소리를 가지고 있다.)
- What a pretty girl! (정말 예쁜 소녀다!)

SEMI-NOTE

**worth while + to부정사/동명사(~할 가치가 있는)(= worthy of + (동)명사/to부정사)**

- This book is worth while to read/reading.
- She is worthy of praise/to be praised.

**'the + 명사/분사'가 단수 보통명사'인 경우**

- the accused (피고인)
  - The accused was sentenced to life imprisonment. (피고인은 무기형의 선고를 받았다.)

**number of**

- a number of(많은) + 복수명사 + 복수동사
- the number of(~수의) + 단수·복수명사 + 단수동사

**many의 관용표현**

- as many + 복수명사(~ 같은 수의)(= the same number of)
  - There were five accidents in as many days.
  (5일에 5건의 사고가 있었다.)
- like[as] so many + 복수명사(마치 ~ 처럼)
  - We worked like so many ants.
  (우리는 마치 개미처럼 일했다.)
- not a few(많은)(= many)
  - He has seen not a few[many] movies recently.
  (그는 최근에 많은 영화를 보았다.)

## 3. 형용사의 전치사적 용법과 명사적 용법

### (1) 전치사적 용법

> 형용사에는 전치사와 같이 목적어를 필요로 하는 것이 있는데, 이러한 형용사로는 like, near, opposite, unlike, worth 등이 있음

① Like a singer, he sang. (그는 가수처럼 노래했다.)[he ≠ singer]

　cf. As a singer, he sang. (그는 가수로서 노래했다.)[he = singer]

② She looks like her mother. (그녀는 그녀의 어머니와 닮았다.)

### (2) 'the + 형용사/분사'가 명사의 역할을 하는 경우

① 'the + 형용사/분사 = 복수 보통명사'인 경우

　㉠ The rich(= Rich people) are not always happy. (부자가 항상 행복한 것은 아니다.)

　㉡ The living, the wounded, and the war dead were taken to a hospital right away. (생존자, 부상자 그리고 전사자들은 곧바로 병원으로 옮겨졌다.)

② 'the + 형용사/분사 = 추상명사'인 경우

　㉠ The true, the good and the beautiful
　　　 = truth 　 = goodness 　= beauty

　　were the ideals of the Greeks.

　　(진, 선, 미는 그리스 사람들의 이상이었다.)

　㉡ The unexpected has taken place. (예상치 못한 일이 벌어졌다.)

## 4. 수량 형용사

### (1) many

① many + 복수명사[복수 취급]

　㉠ He has many books. (그는 많은 책을 가지고 있다.)

　㉡ Many people have the book. (많은 사람들이 그 책을 가지고 있다.)

② many + a + 단수명사[의미상 복수이나 단수 취급]

　Many a young soldier was killed in the battle. (많은 젊은 병사들이 그 전투에서 죽었다.)

③ a great[good] many(아주 많은) + 복수명사[복수 취급]

　㉠ We argued over a great many things. (우리는 아주 많은 문제에 대해 논쟁했다.)

　㉡ A good many applicants were deficient in qualification. (많은 지원자들은 자격에 결함이 있었다.)

④ many의 대용 표현 : a lot of, lots of, plenty of, a number of, numbers
   of 등
   ㉠ They have lots of books. (그들은 책이 많다.)
   ㉡ A number of people agree that he is untrustworthy. (많은 사람들이
      그가 믿을 수 없는 사람이라는 점에 동의한다.)

## (2) much

① much + 단수명사[단수 취급] : 양을 나타내므로 불가산명사(물질명사 · 추상명
   사)와 함께 쓰임
   ㉠ Much money is needed in repairing the house. (집을 고치는 데 많은
      돈이 필요하다.)
   ㉡ Don't eat much meal. (식사를 많이 하지 마세요.)
② a great[good] deal of(다량의) + 단수명사[단수 취급](= an amount of, a
   lot of)
   They don't drink a good deal of wine. (그들은 와인을 많이 마시지 않는다.)
   cf. a large quantity of(많은, 다량의/다수의)

### 실력UP  much의 관용표현

• as much … as (같은 양[정도]의)
  – You can take as much as you want. (당신은 원하는 만큼 가져갈 수 있습니다.)
• like[as] so much(그 정도의 ~로)
  – I regard it as so much lost labor. (나는 그것을 그 정도의 헛수고로 여긴다.)
• not so much A as B (A라기보다는 B)
  – She is not so much honest as naive. (그녀는 정직하다기보다는 순진하다.)
• cannot so much as (~조차도 못하다)
  – The boy cannot so much as write his own name. (그 소년은 자신의 이름조차도 쓰지
    못한다.)
• not a little(적지 않은, 많은)(= much, a good little)
  – She has made not a little profit. (그녀는 적지 않은 수입을 올렸다.)

## (3) a few와 few

① a few
   ㉠ 'a few'는 '조금은 있는[다소의, 약간의]'의 긍정의 의미를 나타냄(= a couple
      of)
   ㉡ 수를 나타내는 표현으로, 명사의 복수형과 함께 쓰임
      There are a few apples in the box. (상자에는 사과가 약간 있다.)
② few
   ㉠ 'few'는 '거의 없는', '조금[소수]밖에 없는'이라는 부정의 의미를 나타냄
   ㉡ 수를 나타내는 표현으로, 명사의 복수형과 함께 쓰임
      There are few apples in the box. (상자에는 사과가 거의 없다.)

SEMI-NOTE

'a lot of(= lots of, plenty of)' 는 수 ·
양에 모두 사용

• I have a lot of books. [수]
• I have a lot of money. [양]

much의 대용 표현
• a lot of
• lots of
• plenty of
• a (large) amount of
  – There was a large amount of
    information. (많은 양의 정보가 있
    었다.)

수량 형용사

|  | 수 형용사 | 양 형용사 |
|---|---|---|
| 긍정적 | a few | a little |
| 부정적 | few | little |

SEMI-NOTE

실력 **up**  **a few와 few 관련 관용표현**

- only a few (거의 없는, 극히 소수만)[부정의 의미]
  – Only a few people attended the meeting. (불과 소수의 사람만이 회의에 참석했다.)
- quite a few(꽤 많은 (수), 상당히 많은)(= not a few, a good many, a fair number of)
  – Quite a few of them agreed. (그들 중 꽤 많은 사람들이 찬성했다.)

### (4) a little과 little

① a little
  ㉠ '작은[약간의, 조금의]'이라는 긍정의 의미를 나타냄
  ㉡ 양을 나타내는 불가산명사와 함께 쓰임
  There is a little water in the bucket. (양동이에는 물이 약간 있다.)

② little
  ㉠ '거의 없는'이라는 부정의 의미를 나타냄
  ㉡ 양을 나타내는 불가산명사와 함께 쓰임
  There is little water in the bucket. (양동이에는 물이 거의 없다.)

실력 **up**  **관련 관용표현**

- only a little(거의 없는, 아주 적은, 조금뿐인)[부정의 의미]
  There is only a little wine. (포도주가 조금밖에 없다.)
- quite a little(꽤 많은, 상당히 많은)(= not a little, very much of)
  She knew quite a little about me. (그녀는 나에 관해서 많은 것을 알고 있었다.)

### (5) enough, several

① enough
  ㉠ 복수형 명사나 불가산명사와 함께 쓰일 수 있음
  ㉡ enough는 명사의 앞과 뒤 어느 쪽에도 올 수 있음
  - I have enough apples. (나는 사과가 충분히 있다.)
  - He has money enough. (그는 돈이 충분히 있다.)

② several
  ㉠ 복수형 명사와 함께 쓰이며, (주로 6에서 8을 의미) '몇몇의[수개의]', '몇 명[사람]의', '몇 번의' 등의 의미로 쓰임
  ㉡ several은 'a few'보다는 많고 'many'보다는 적다는 느낌을 나타내며, 주로 '대여섯'을 의미함

---

**주의할 수량 형용사의 용법**

- amount, audience, attendance, family, number, population, quantity, sum 등의 명사 : 수량 형용사 중 주로 large와 small을 사용
- income, salary, wage, fee 등의 명사 : 주로 high와 low를 사용
- '가능성(chance, odds)'을 의미하는 명사의 대소 표현
  - (가능성이) 높은 : fair, good, great, excellent
    We have[stand] a good chance. (우리는 가능성이 높다)
  - (가능성이) 낮은 : poor, slim
    The odds are slim. (가능성이 낮다.)

**several 예문**

- I have been there several times. (몇 번인가 거기에 가 본 적이 있다.)
- We waited for the bus for several minutes. (우리는 버스를 몇 분 동안 기다렸다.)

## 02절  부사(Adverb)

### 1. 부사의 종류와 형태

**수식어로서의 부사**
부사는 기본적으로 동사, 형용사, 부사 등을 수식하는 수식어로서의 역할을 함

### (1) 부사의 종류

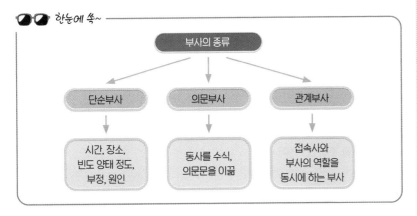

👓 한눈에 쏙~

**부사의 종류**
- 단순부사 → 시간, 장소, 빈도 양태 정도, 부정, 원인
- 의문부사 → 동사를 수식, 의문문을 이끎
- 관계부사 → 접속사와 부사의 역할을 동시에 하는 부사

① 단순부사
　㉠ 부사는 동사, 형용사 또는 다른 부사를 수식하는 말로, 대부분이 단순부사임
　㉡ 주로 시간, 장소, 빈도(횟수), 양태(방법), 정도, 부정, 원인(이유) 등을 나타냄

**단순부사**
now, here, there, once, sometimes, slowly, yet, no, not, never 등

② 의문부사
　㉠ 의문의 뜻을 갖는 부사
　㉡ 동사를 수식하며, 일반적으로 의문문을 이끎
　　　when, where, how, why 등
③ 관계부사 : 접속사와 부사의 역할을 동시에 하는 부사
　　when, where, how, why, whenever, wherever, however 등

**명사 + -ly**
- '명사 + -ly'가 형용사가 되는 경우
　- lovely, friendly, womanly, timely 등

### (2) 부사의 형태

① '형용사 + -ly'의 형태 : 대부분의 부사가 이 부류에 속함
　㉠ kindly, carefully, easily, truly, gently, fully, probably, dramatically, scientifically 등
　㉡ He drives carefully. He is a careful driver. (그는 조심성 있게 운전을 한다. 그는 조심성 있는 운전자이다.)
② 특정한 형태가 없는 경우
　Here comes the bus. (버스가 온다.)
③ 형용사와 부사의 형태가 동일한 경우
　㉠ early, late, high, low, deep, fast, long, hard, near, far 등
　㉡ He rises early. (그는 일찍 일어난다.)[early는 부사]
　㉢ He is an early riser. (그는 일찍 일어나는 사람이다.)[early는 형용사]
　㉣ He is a hard worker. (그는 열심히 일하는 사람이다.)[형용사]

**형용사와 형태가 동일한 부사와 '-ly'가 붙은 부사의 의미가 다른 경우**
- late(늦게) – lately(요즈음, 최근에)
- near(가까이) – nearly(거의, 하마터면, 매우 가까이, 긴밀하게)
- high(높이, 높게) highly(크게, 대단히, 몹시, 고귀하게)
- hard(굳게, 단단히, 열심히, 몹시) hardly(애써서, 가까스로, 거의 ~ 않다)
- The doctor arrived too late. (의사는 너무 늦게 도착했다.)
- haven't seen him lately. (나는 그를 최근에 보지 못했다.)
- He studies hard. (그는 열심히 공부한다.)
- He hardly studies. (그는 거의 공부하지 않는다.)

08장 형용사/부사/비교

SEMI-NOTE

ⓜ This magazine is published weekly. (이 잡지는 주마다 발행된다.)[부사]

## 2. 부사의 용법

### (1) 수식어구로서의 부사

① 동사를 수식하는 경우

　㉠ He lived frugally. (그는 검소하게 살았다.)[부사 frugally가 동사 lived를 수식]

　㉡ I often go to the movies. (나는 종종 극장에 간다.)

② 형용사를 수식하는 경우

　㉠ The game is very exciting. (그 경기는 아주 흥미진진했다.)[부사 very가 형용사 exciting을 수식]

　㉡ This book is very difficult. (이 책은 매우 어렵다.)

③ 부사를 수식하는 경우

　Thank you so much. (대단히 고맙습니다.)[부사 so가 뒤에 나오는 다른 부사 much를 수식]

④ 명사를 수식하는 경우

　Even children can do the work. (어린이들조차도 그 일을 할 수 있다.)[부사 even이 뒤에 나오는 명사 children을 수식]

⑤ 대명사를 수식하는 경우

　She alone knows that. (그녀 혼자 그것을 알고 있다.)[부사 alone이 앞에 나오는 대명사 she를 수식]

### (2) 강조어구로서의 부사(강조를 위해 도치되는 경우)

문장필수부사의 도치

There are four seasons in a year. (한 해에는 4계절이 있다.)[보통 부사는 문장 필수성분이 아니나 여기서의 there는 필수성분이며, there가 문두로 도치되는 경우 다음의 주어와 동사도 도치됨]

> **실력up　부사절(종속절)의 도치**
>
> • If I had the book, I could lend it to you. (내가 그 책을 가지고 있다면 그것을 당신에게 빌려줄 텐데.)[부사절(if ~ book)이 문두로 도치]

## 3. 부사의 위치

### (1) 동사를 수식하는 경우

① 부사는 일반적으로 동사 뒤에서 수식

　The dog was running fast. (그 개는 빠르게 달리고 있었다.)

수식어구로서의 부사

• 부사구를 수식하는 경우
 - He came here just at six. (그는 6시 정각에 이곳에 왔다.)
 [부사 just가 뒤에 나오는 부사구 'at six'를 수식]
• 부사절을 수식하는 경우
 - They arrived long before we came. (그들은 우리가 오기 훨씬 이전에 도착했다.)
 [부사 long이 뒤에 나오는 부사절 'before we came'을 수식]
• 문장 전체를 수식하는 경우
 - Happily he did not die. (다행스럽게도 그는 죽지 않았다.)
 → happily가 문장 전체(he did not die.)를 수식함

부정부사의 도치

Never did I see such a beautiful woman. (나는 그런 아름다운 여성을 본 적이 없다.)
[부정부사 never가 강조를 위해 도치되면서 다음의 주어·동사도 도치되어 '조동사 + 주어 + 본동사'의 어순이 됨]

부사의 위치

부사는 동사의 뒤에서, 형용사나 다른 부사의 앞에서 수식함. 그런데 예외적으로 강조 부사의 경우 주어와 동사 사이에 위치하며, 부사 'enough'의 경우 형용사 뒤에서 수식함

② 빈도부사나 정도부사의 위치

ㄱ 일반적으로 조동사와 be동사가 있는 경우는 그 뒤에, 일반동사만 있는 경우는 그 앞에 위치

ㄴ often, always, sometimes, usually, hardly, never, only, too, still, also 등

- She often comes to see me. (그녀는 종종 나를 보러 온다.)[빈도부사 often이 일반동사 앞에 위치]
- She would often come to see me. (그녀는 종종 나를 보러 왔다.)[조동사 뒤에 위치]
- She is often late for school. (그녀는 종종 학교에 지각을 한다.)[be동사 뒤에 위치]
- What do you usually do on weekends? (당신은 주말에 보통 무엇을 합니까?)[조동사 뒤에, 일반동사 앞에 위치]

## (2) 형용사, 부사를 수식하는 경우

① 일반적으로 부사가 형용사나 다른 부사를 수식하는 경우 형용사 · 부사 앞에 위치

ㄱ This book is very easy. (이 책은 매우 쉽다.)

ㄴ Thank you very much. (대단히 감사합니다.)

② enough가 부사로서 형용사나 부사를 수식할 때는 형용사 · 부사 뒤에 위치

He is smart enough to understand how to deal with the matter. (그는 그 일에 어떻게 대처해야 할지를 알 정도로 똑똑하다.)

## (3) 명사, 대명사를 수식하는 경우

① 일반적으로 수식하는 명사와 대명사 뒤에 위치

The man there is my uncle. (저기에 있는 남자는 나의 삼촌이다.)

② alone, also, else, too의 경우 명사와 대명사 뒤에서 수식

We can't live on bread alone. (우리는 빵만으로 살 수 없다.)

③ even, quite, just, almost의 경우 명사와 대명사 앞에서 수식

Even a child can answer such an easy question. (아이들조차도 그렇게 쉬운 문제에는 답할 수 있다.)

## (4) 부정사를 수식하는 경우

not, never, always, merely, only 등은 부정사 앞에 놓임

She told me not to go there. (그녀는 나에게 그곳에 가지 말라고 하였다.)

My parents want me always to be an honest man. (나의 부모님께서는 내가 항상 정직한 사람이기를 바라신다.)

## (5) 문장 전체를 수식하는 경우

① 일반적으로 문두에 놓이나, 문중 · 문미에 놓일 수 있음

ㄱ Fortunately she was not seriously injured. (다행스럽게도 그녀는 중상

양태부사

- 자동사 뒤에 위치
- 타동사의 앞 또는 목적어의 뒤에 주로 위치
- 타동사가 목적어절을 가질 때, 양태부사는 목적어절 앞에 위치
  - bravely
  - hastily
  - happily
  - nervously
  - eagerly
  - thoughtfully
  - awkwardly

문장 전체를 수식하는 부사

- 일반적으로 : generally , mostly
- 아마 : probably, supposedly
- 확실히 : certainly, surely
- 분명히 : apparently, obviously
- 다행히 : fortunately, happily

을 입지 않았다.)

ⓒ He will certainly become ill if he goes on working like this. (이런 식으로 계속해서 일을 하면 그는 분명 병이 날 것이다.)

> **실력up 부사(구)가 2개 이상인 경우**
>
> • 「장소＋방법(목적)·횟수＋시간」, 「작은 단위＋큰 단위」의 순서를 취함
> • 일반적으로 「좁은 장소＋넓은 장소」의 순서가 되며, 문두에는 넓은 장소만 가능
> – I went there by bus yesterday morning. (나는 어제 아침에 버스를 타고 그곳에 갔다.)
> – I met her in a hotel in Seoul yesterday. (난 그녀를 어제 서울의 한 호텔에서 만났다.)
> – In Seoul many workers eat in restaurants. (서울에서는 많은 근로자들이 음식점에서 식사를 한다.)
> cf. In restaurants many workers eat in Seoul.(×)

## 4. 주의해야 할 부사의 용법

### (1) ago, before, since

① ago

　㉠ '그 전에', '지금부터 ~전'의 뜻으로, 항상 과거 시제와 함께 쓰임

　㉡ 문장에서 주로 '과거동사＋시간＋ago'의 형태로 사용됨

　　He went to Japan five years ago. (그는 5년 전에 일본에 갔다.)

② before

　㉠ '그때보다 ~전', '~앞에'의 의미

　㉡ 과거나 현재완료, 과거완료 시제와 함께 쓰이나, 주로 과거완료와 함께 쓰임

③ since

　㉠ '그때부터 지금까지 쭉'(=since then)의 의미로, 주로 현재완료시제와 함께 쓰임

　㉡ 문장에서 부사, 전치사, 접속사로 쓰임

　　She left home three weeks ago and we haven't heard from her since. (그녀는 3주 전에 집을 떠났는데 그 이후로 우리는 그녀에게서 소식을 못 들었다.)

### (2) already, yet, still

① already

　㉠ '이미[벌써]'의 뜻으로, 일반적으로 긍정문에 쓰임[부정문에 쓰지 않음]

　　She has already gone to bed. (그녀는 이미 잠자리에 들었다.)

　㉡ 의문문에 쓰인 「already」에는 놀람('벌써', '이렇게 빨리')의 뜻이 내포되어 있음

　　Have you read the book already? (그 책을 벌써 다 읽었니?)

② yet

　㉠ 긍정문에서 '아직도'의 뜻으로 사용됨

My daughter is sleeping yet. (나의 딸은 아직도 자고 있다.)

　ⓛ 부정문에서 '아직 (~않다)'의 뜻으로 사용됨

　　• I have not finished my homework yet. (나는 아직 내 숙제를 다하지 못했다.)

　　• I have never yet lied. (나는 아직 거짓말을 한 적이 없다.)

　ⓒ 의문문에서는 '벌써'의 뜻으로 사용됨

　　• Do you have to go yet? (당신은 벌써 가야 합니까?)

　　• Has he come home yet? (그는 벌써 집에 왔습니까?)

③ still : 긍정문, 부정문, 의문문에서 '지금도[아직도, 여전히]'의 뜻으로 사용됨

　ⓣ They still love July. (그들은 지금도 July를 사랑한다.)

　ⓛ Is she still in bed? (아직 그녀는 자고 있나요?)

## (3) very와 much

① 의미

　ⓣ very는 '대단히[매우, 무척]', '바로'의 의미이며, 부정문에서는 '그다지', '조금도'의 의미를 지님

　ⓛ much는 '매우[대단히]', '훨씬[무척]'의 의미를 지님

② 수식

　ⓣ very는 형용사와 부사의 원급을, much는 형용사와 부사의 비교급을 수식

　　• This house is very old. (이 집은 매우 오래된 집이다.)

　　• This house is much older than that. (이 집은 저 집보다 훨씬 오래된 것이다.)

　ⓛ very는 현재분사를, much는 과거분사를 수식

　　• This book is very interesting to me. (이 책은 내게 아주 재미있다.)

　　• He is much addicted to sleeping pills. (그는 수면제에 심하게 중독이 되어 있다.)

　ⓒ 형용사로 생각되는 감정을 나타내는 과거분사는 very로 수식[tired, pleased, satisfied, excited, surprised 등]

　　• She is very tired. (그녀는 아주 지쳐있다.)

　　• He is very pleased. (그는 매우 기쁘다.)

　　• I was very surprised at the news. (나는 그 소식을 듣고 매우 놀랐다.)

　　• They are very (much) interested in English. (그들은 영어에 매우 흥미를 가지고 있다.)

## (4) too와 either

① too : '또한[역시]', '지나치게[너무나]'의 의미를 지니며, 긍정문에 쓰임

　ⓣ I like music. He likes music, too. (나는 음악을 좋아한다. 그도 또한 음악을 좋아한다.)

　ⓛ You cannot be too diligent. (당신은 아무리 부지런해도 지나치지 않다.)

최상급을 수식하는 경우 very는 명사 앞에서, much는 정관사 앞에서 수식

• This is the very best thing. (이것은 단연 가장 좋은 것이다.)
• This is much the best thing. (이것은 단연 가장 좋은 것이다.)

08장
형용사/부사/비교

SEMI-NOTE

**either**

It is nice place, and not too far, either. (이곳은 멋진 곳이고 게다가 그렇게 멀지도 않다.)

**so**

A : I'm tired. (A : 나는 지쳤다.)
B : So am I. (= I'm tired, too.) (B : 나도 지쳤다.)
A : I like music. (A : 나는 음악을 좋아한다.)
B : So do I. (= I like music, too.) (B : 나도 음악을 좋아한다.)

**기타 부사의 용법**

- rather, fairly
  - rather(좀, 꽤)는 나쁜 의미로 사용되는 경우가 많으며, 부드러운 어조에서는 very의 의미로 사용됨
- fairly(좀, 꽤)의 의미로, 좋은 의미로 사용됨
  - She is fairly diligent, but her younger sister is rather idle. (그녀는 꽤 부지런하지만 그녀의 여동생은 좀 게으르다.)
    = Her elder sister is rather clever. (그녀의 여동생은 아주 영리하다.)
- hardly, scarcely, barely
  - (정도·양이) 거의 ~않다'의 의미이며, 부정의 뜻을 갖고 있기 때문에 부정어(not, never, no 등)와 함께 사용하지 않음
  - There's hardly any coffee left. (커피가 남아 있는 것이 거의 없다.)
  - I can scarcely believe it. (나는 그것을 거의 믿을 수가 없다.)
  - She barely acknowledged his presence. (그녀는 그가 있는 것을 거의 알은체도 안 했다.)
- seldom, rarely
  - (횟수가) 좀처럼 ~않다'의 의미
  - He had seldom seen a child with so much talent. (그는 그처럼 재능이 많은 아이는 좀처럼 보지 못했었다.)
  - We rarely agree on what to do. (우리는 할 일에 대해 합의를 보는 일이 드물다.)

② either : '~도 역시'라는 의미로, 부정문에 쓰임

I don't like cats. He doesn't like cats, either. (나는 고양이를 싫어한다. 그도 고양이를 싫어한다.)

## (5) so와 neither

① so

　㉠ '역시 ~하다'를 의미하며, 'So + 동사 + 주어'의 형태로 긍정문에 씀

　㉡ be동사와 조동사인 경우 be동사와 조동사를 그대로 사용하며, 일반동사인 경우 do동사를 사용함

② neither

　㉠ '역시 ~아니다'를 의미하며, 'Neither + 동사 + 주어'의 형태로 부정문에 씀

　㉡ be동사와 조동사인 경우 be동사와 조동사를 그대로 사용하며, 일반동사인 경우 do동사를 사용함

　A : I'm not Japanese. (A : 나는 일본인이 아니다.)

　B : Neither am I. (= I'm not Japanese, either.) (B : 나도 일본인이 아니다.)

　A : I don't like cats. (A : 나는 고양이를 싫어한다.)

　B : Neither do I. (= I don't like cats, either.) (B : 나도 고양이를 싫어한다.)

## (6) 기타 부사의 용법

① only(단지, 오직)

　㉠ He has only four books. (그는 단지 4권의 책만 가지고 있다.)

　㉡ I did it only because I felt it to be my duty. (나는 단지 그것을 나의 의무라 느꼈기 때문에 그것을 했다.)

② just : '꼭', '겨우[간신히]', '방금', '다만'의 의미로, 현재·과거·현재완료 시제와 함께 쓰임

　㉠ This is just what I mean. (이것이 바로 내가 하려던 말이다.)

　㉡ He was just in time for school. (그는 간신히 학교에 늦지 않았다.)

③ else(그 외에[그 밖에], 그렇지 않으면)

　㉠ anybody else (누구든 다른 사람)

　㉡ anything else (그 외에 무엇인가)

　㉢ somewhere else (다른 어디에서)

　㉣ Where else can I go? (내가 달리 어디로 갈 수 있겠는가?)

　㉤ She must be joking, or else she is mad. (그녀는 농담을 하고 있음에 틀림없다, 그렇지 않다면 그녀는 미친 사람이다.)

④ even(~조차도, ~라도, 더욱, 한결같은)

　㉠ Even a child can do it. (어린아이조차 그것을 할 수 있다.)

　㉡ This book is even more useful than that. (이 책은 저것보다 더욱 더 유용하다.)

⑤ ever

　㉠ 긍정문에서 '언제나[늘]'의 의미

　　The boy is ever quick to respond. (그 소년은 언제나 응답이 빠르다.)

　㉡ 부정문 · 의문문 · 조건문에서 '지금까지 (한번도 ~않다)', '언젠가'의 의미

　　• We haven't ever been there. (우리는 지금까지 한 번도 거기에 가본 적이 없다.)

　　• Have you ever been to Jeju Island? (당신은 제주도에 가본 적이 있습니까?)

**살짝UP　here, there**

• be동사나 live, appear, come, go, remain 등의 동사와 함께 사용되는 경우, 도치되어 'Here/There + V + S'의 어순이 됨
• 주어가 대명사인 경우에는 보통 'Here/There + S + V'의 어순이 됨
　– Here comes the bus! (버스가 온다!)
　– There it goes! (그것이 온다!)
　– Here's a cup of coffee for you. (여기 커피 한 잔 가지고 왔습니다.)

**부정의문문에 대한 대답**

• 부정의문문에 대한 대답은 우리말의 대답과 반대가 된다는 것에 유의
　– Don't you smoke? (담배를 안 피우십니까?)
　→ Yes, I do. I'm a heavy smoker. (아니요, 담배를 피웁니다. 저는 애연가입니다.)
　→ No, I don't. I'm a nonsmoker. (예, 담배를 피우지 않습니다. 저는 비흡연자입니다.)

## 03절　비교(Comparison)

## 1. 비교 변화

### (1) 비교(Comparison)

① 의미

　㉠ 형용사와 부사가 그 성질이나 정도의 차이를 표현하기 위해 어형변화를 하는 것을 말함

　㉡ 다른 품사와 구별되는 형용사 · 부사만의 특징으로, 원급 · 비교급 · 최상급 3가지가 있음

② 비교변화의 형태

　㉠ 원급 : 형용사와 부사의 원형

　㉡ 비교급 : 원칙적으로 원급에 '-er'을 붙임 (더 ~한, 더 ~하게)

　㉢ 최상급 : 원칙적으로 원급에 '-est'를 붙임 (가장 ~한, 가장 ~하게)

### (2) 규칙 변화

① 1음절의 경우 비교급은 원급에 -er을 붙이고, 최상급은 원급에 -est를 붙임

　tall – taller – tallest / clever – cleverer – cleverest / small – smaller – smallest / long – longer – longest

② 원급의 어미가 '-e'로 끝나는 경우 -r, -st만을 붙임

**규칙 변화**

• -ful, -ous, -less, -ing, -ed, -ive, -ish, -able로 끝나는 형용사와 -ly로 끝나는 부사는 원급 앞에 more를, 최상급 앞에 most를 씀
• useful – more useful – most useful
• famous – more famous – most famous
• interesting – more interesting – most interesting

wise – wiser – wisest / brave – braver – bravest / fine – finer – finest

③ 「단모음 + 단자음」으로 끝난 경우 자음을 반복하고, -er과 -est를 붙임

big – bigger – biggest / hot – hotter – hottest / thin – thinner – thinnest

④ 「자음 + y」로 끝난 경우 y를 i로 바꾸고, -er과 -est를 붙임

happy – happier – happiest / busy – busier – busiest / easy – easier – easiest / early – earlier – earliest

⑤ 3음절 이상인 경우 원급 앞에 more를, 최상급 앞에 most를 씀

diligent – more diligent – most diligent / important – more important – most important

right, wrong, like, fond, afraid, just, real 등은 3음절이 아니지만, 비교급에서 more, 최상급에서 most를 붙임

예) like – more like – most like
real – more real – most real

**복합어의 비교 변화**
• 복합어의 일부 또는 전체를 비교 변화시키는 경우
• well–known – better–known – best–known
• old–fashioned –more old–fashioned – most old–fashioned

### (3) 불규칙 변화

① 비교 변화가 불규칙한 경우

good[well] – better – best / bad[ill] – worse – worst / many[much] – more – most / little – less – least

② 의미에 따라 비교 변화가 2가지가 있는 경우

㉠ late – later – latest [시간이 늦은] / late – latter – last [순서가 늦은]

㉡ old – older – oldest [연령, 신구] / old – elder – eldest [형제자매 · 친척등의 비교]

㉢ far – farther – farthest [거리가 먼] / far – further – furthest [정도가 깊은]

## 2. 원급의 용법

### (1) 동등비교

① 동등비교는 「as + 형용사 · 부사의 원급 + as」의 형식을 취함

㉠ He is as tall as his father. (그는 그의 아버지만큼 키가 크다.)

㉡ We have as much food as we need. (우리는 필요한 만큼의 많은 음식을 가지고 있다.)

② 'as + 원급 + as'에서 뒤의 품사는 접속사이므로 다음에 '주어 + 동사'의 형태를 취함

She is as tall as he (is). (그녀는 그만큼 키가 크다.)[이를 등위접속사의 병치법에서 앞의 'she is'와 같이 '주어 + 동사'가 오는 것으로 볼 수도 있음]

cf. She is as tall as him. (×)

③ 부정어 + as[so] + 원급 + as + A (A만큼의[같은] 정도는 아니다[없다])[최상급 의미]

㉠ Nothing is as important as health. (어떤 것도 건강만큼 중요하지 않다.)

= Health is the most important thing.

㉡ No (other) mountain in the world is so high as Mt. Everest. (세계의 어떤 산도 Everest 산만큼 높지 않다.)

= Mt. Everest is the highest mountain in the world.

**동등비교**
동등비교의 부정은 「not so[as] + 원급 + as」의 형식이 됨
He is not so[as] old as she. (그는 그녀보다 나이가 적다.)
= He is younger than she.
= She is older than he.

④ 동등비교의 관용적 표현

  ⊙ so[as] long as (~하는 동안, ~하는 한)

    Stay here as long as you want to. (당신이 있고 싶은 만큼 여기 머물러 있어라.)

  ⓒ as[so] far as (~하는 한, ~까지)

    As far as I know, he is trustworthy. (내가 아는 한 그는 믿음이 가는 사람이다.)

  ⓒ as good as (~이나 다름없는[같은], 거의 ~인, ~에 충실한)

    He is a man as good as his word[promise]. (그는 약속을 잘 지키는 사람이다.)

  ⓔ A as well as B (B뿐만 아니라 A도 역시)

    Our teacher gave us books as well as pencils. (선생님은 우리에게 연필뿐만 아니라 책도 주셨다.)

**실력UP 동등비교의 관용적 표현**

as busy as a bee (쉴 틈 없이 바쁜, 부지런한) / as slow as a snail (매우 느린) / as cool as a cucumber (아주 냉정한[침착한]) / as flat as a pancake (아주 납작한) / as like as two peas (흡사한, 꼭 닮은) / as poor as a church mouse (몹시 가난한) / as sweet as honey (매우 상냥한)

## (2) 기타 원급의 중요 표현

① 「as ~ as possible」(가능한 한 ~)(= as ~ as one can)

  The boy walked as fast as possible. (그 소년은 가능한 한 빨리 걸었다.)

  = The boy walked as fast as he could.

② 「as ~ as any + 명사」(어느 ~ 못지않게)(= as ~ as ever + 동사)

  He is as great as any statesman. (그는 어떤 정치인 못지않게 위대한 정치인이다.)

  = He is as great a statesman as ever lived.

  = He is the greatest statesman that ever lived.

③ not so much A as B (A라기보다는 오히려 B이다)

  = not A so much as B

  = B rather than A

  = more B than A = less A than B

  He is not so much a poet as a philosopher. (그는 시인이라기보다는 오히려 철학자이다.)

  = He is not a poet so much as a philosopher.

  = He is a philosopher rather than a poet.

  = He is more a philosopher than a poet.

  = He is less a poet than a philosopher.

**실력up 배수 표현**

- 배수 표현은 '배수사 + as ~ as …(… 보다 몇 배 ~한)'로 표현
  - This island is twice as large as that. (이 섬은 저 섬보다 2배나 크다.)
    = This island is twice the size of that.
  - The house is three times as large as mine. (이 집은 내 집보다 3배 더 크다.)
  - That room is half as large as the living room. (저 방은 응접실 크기의 반이다.)

## 3. 비교급의 용법

### (1) 우능비교와 열능비교

① 우등비교(우월비교) : 「비교급 + than」의 형식을 취함

　　㉠ He is taller than she. (그는 그녀보다 크다.)

　　㉡ She is more honest than he. (그녀는 그보다 정직하다.)

② 열등 비교 : 「less + 원급 + than」의 형식을 취함

　　㉠ She is less tall than he. (그녀는 그보다 키가 작다.)

　　　　= She is not so tall as he.

　　　　= He is taller than she.

　　㉡ Ashley is less beautiful than her sister. (Ashley는 그녀의 동생보다 덜 아름답다.)

③ than이 이끄는 절의 생략 : 무엇과 무엇의 비교인지 명확할 경우 생략이 가능함

　　㉠ Could I have a bigger one? (제가 더 큰 걸 가져도 될까요?)

　　㉡ There were less cars on the road then. (그때는 도로에 차들이 더 적었다.)

### (2) 비교급을 강조하는 어구

① much, even, far, by far, a lot, still, yet, a good[great] deal 등은 비교급 의미를 강조하여 '훨씬[한층 더]'의 의미가 됨

　He is much older than his wife. (그는 그의 부인보다 나이가 훨씬 많다.)

② a little이 비교급 앞에서 오는 경우 '조금[약간]'의 의미가 되며, somewhat은 '다소'의 의미가 됨

　March is a little warmer than February. (3월은 2월보다 약간 더 따뜻하다.)

### (3) 「비교급 + and + 비교급」 구문

① 비교급 + and + 비교급 (점점 더 ~)

　　㉠ The balloon went higher and higher. (그 기구는 점점 더 높이 올라갔다.)

　　㉡ She began to dance more and more quickly. (그녀는 점점 더 빨리 춤추기 시작했다.)

---

**동일인 또는 동일물의 다른 성질 비교**

- 동일인이나 동일물(物)의 다른 성질을 비교하는 경우 「more A than B」의 형식을 취함
  - He is more clever than wise. (그는 현명하기보다는 영리하다.)[cleverer로 쓰지 않음]
    = He is clever rather than wise.

**비교급의 용법**

- 「the + 비교급」 구문
  - 「the + 비교급 + of the two」 또는 「the + 비교급 + of A and B」(둘 중에 더 ~하다)
  - Tom is the taller of the two. (Tom이 둘 중에서 키가 크다.)
- (all) the + 비교급 + 이유의 부사구 [because, as, for ~](~ 때문에 더 하다)[여기서의 'the'는 '때우'의 의미가 됨]
  - He works the harder, because his parents praise him. (그는 그의 부모님이 칭찬하기 때문에 더 열심히 공부한다.)
  - She got the better for a change of air. (그녀의 건강은 전지(轉地) 요양으로 더 좋아졌다.)
- 「the + 비교급 ~, the + 비교급 ~」(~하면 할수록 점점 더 ~하다)
  - The more we have, the more we want. (많이 가지면 가질수록 더 많이 원하게 된다.)
  - The more I know her, the more I like her. (내가 그녀를 알면 알수록 더욱 더 좋아하게 된다.)

**실력UP** 라틴어 유래의 형용사

superior to (~ 보다 월등한) / inferior to (~ 보다 못한)

prior to (~ 보다 앞선) / anterior to (~ 앞쪽인) / posterior to (~ 보다 후에)

senior to (~보다 손위의) / junior to (~보다 어린)

major to (~ 보다 많은[큰]) / minor to (~ 보다 적은)

interior to (안의) / exterior to (밖의)

preferable to (~보다 더 좋은)

### (4) 기타 비교급의 관용적 표현

① 「A is no more B than C is D(D가 B와 같을 경우 D 생략 가능)」(A가 B가 아닌 것은 C가 D가 아닌 것과 같다)

A whale is no more a fish than a horse is. (고래가 물고기가 아닌 것은 말이 물고기가 아닌 것과 같다.)

= A whale is not a fish any more than a horse is.

② 「A is no less B than C is D」(C가 D인 것처럼[마찬가지로] A가 B이다)

A whale is no less a mammal than a horse is.

(고래는 말과 마찬가지로 포유동물이다.)

③ 「A is no less ~ than B」(A는 B와 마찬가지로 ~이다)

He is no less handsome than his elder brother.

(그는 그의 형과 마찬가지로 미남이다.)

④ 「A is not less ~ than B」(A는 B 못지않게 ~하다)

He is not less handsome than his elder brother.

(그는 그의 형 못지않게 미남이다.)

⑤ 「no more than」(단지)(= only)[적다는 기분의 표현]

He has no more than two dollars. (그는 2달러밖에 가지고 있지 않다.)

⑥ 「not more than」(기껏해야)(= at most)[적다는 기분의 표현]

He has not more than five dollars. (그는 많아야 5달러를 가지고 있다.)

⑦ 「no less than」(~만큼이나)(= as much[many] as)[많다는 기분의 표현]

He has no less than two dollars. (그는 2달러나 가지고 있다.)

⑧ 「not less than」(적어도)(= at least)[많다는 기분의 표현]

He has not less than two dollars. (그는 적어도 2달러를 가지고 있다.)

⑨ 「much more ~」(더욱 ~하다)(= still more)[긍정문에 사용]

She can speak French, much more English. (그녀는 불어를 할 수 있는데, 영어는 더 잘한다.)

⑩ 「much less ~」(더욱 ~않다)(= still less)[부정문에 사용]

He can't speak English, much less French. (그는 영어를 할 수 없는데, 불어는 더 못한다.)

08장

형용사/부사/비교

no longer(= not ~ any longer)

• 'no longer(= not ~ any longer)'는 '더 이상[이제는] ~아니다'는 의미의 구문임

– You are no longer a child.

(당신은 이제 아이가 아니다.)

= You are not a child any longer.

SEMI-NOTE

「비교급 + than anyone (anything) else」

• '비교급 + than anyone(anything) else'도 최상급을 의미하는 표현
  – Mary is kinder than anyone else in the class.

**최상급 관련 주요 관용표현**

the last + but one(= the second last) 마지막에서 두 번째의
• at last 마침내
  – At last we're home!
• at (the) most 많아야(= not more than)
• at (the) worst 최악의 경우에도
• at (the) latest 늦어도
• at (the) least 적어도
• not ~ in the least 조금도 ~않다(= not ~ at all).
• for the most part 대부분
• to the best of my knowledge 내가 알고 있는 한

**부사의 최상급**

She always works hardest among the employees. (그녀는 늘 직원들 중 가장 열심히 일한다.)

# 4. 최상급의 용법

## (1) 다양한 최상급 표현

① 일반적 형태 : 최상급의 표현은 주로 「the + 최상급 + in + 단수명사」의 형식이나 「the + 최상급 + of + 복수명사」의 형식을 취함

　㉠ He is the most attractive in our class. (그는 우리 반에서 가장 매력적이다.)

　㉡ February is the shortest of all the months. (2월은 일 년 중 가장 짧은 달이다.)

② 최상급 대용 표현 : 최상급 표현에는 일반적 형태 외에도 'as ~ as any + 단수명사', 'as ~ as ever + 동사', '비교급 + than any other + 단수명사', '비교급 + than all the other + 복수명사', '부정주어 ~ + so[as] + 원급 + as', '부정주어 ~ + 비교급 + than', '비교급 + than anyone(anything) else' 등이 있음

> **step up** Mt. Everest is the highest mountain in the world. (에베레스트 산은 세상에서 가장 높은 산이다.)
>
> = Mt. Everest is the highest of all the mountains in the world.
> = Mt. Everest is as high as any mountain in the world.
> [as ~ as any + 단수명사]
> = Mt. Everest is higher than any other mountain in the world.
> [비교급 + than any other + 단수명사]
> = Mt. Everest is higher than all the other mountains in the world.
> [비교급 + than all the other + 복수명사]
> = No (other) mountain in the world is so high as Mt. Everest.
> [부정주어 + 동사 + so[as] + 원급 + as + 주어]
> = No (other) mountain in the world is higher than Mt. Everest.
> [부정주어 + 동사 + 비교급 + than + 주어]

## (2) 최상급의 강조하는 어구

최상급을 수식하여 의미를 강조하는 어구로는 much, the very, (by) far, far and away 등이 있다.

This is much[by far] the best book. (이것이 단연 가장 좋은 책이다.)

= This is the very best book.

## (3) 정관사(the)를 생략한 최상급(무관사 최상급)

① 동일인이나 동일물의 성질·상태를 비교할 때 보통 생략[최상급이 보어가 되는 경우]

This lake is deepest at this point. (이 호수는 이 지점이 가장 깊다.)

cf. This lake is the deepest in this country.

② 정관사가 명사 또는 대명사의 소유격으로 대체되는 경우

　㉠ She is my best friend. (그녀는 나의 가장 친한 친구이다.)

　㉡ It is my greatest honor to meet you. (당신을 만나게 된 것은 대단한 영광입니다.)

## (4) 기타 최상급의 특별한 용법

① 양보를 나타내는 최상급 : 문장에서 최상급 표현이 양보의 의미로 사용됨

The richest man in the world cannot avoid death. (세상에서 가장 부유한 사람도 죽음을 피할 수는 없다.)

= Even the richest man in the world cannot avoid death.

② 「a most」(매우 ~한)

He is a most clever man. (그는 아주 영리한 사람이다.)

= He is a very clever man.

**기타 최상급의 특별한 용법**

• 「the 서수 + 최상급」(몇 번째로 가장 ~)

Busan is the second largest city in Korea. (부산은 한국에서 두 번째로 가장 큰 도시이다.)

= Busan is the largest city but one in Korea.[but은 '~ 외에는[제외하고] (= except)'의 의미]

• 「the last + 명사 + to ~」(결코 ~ 할 것 같지 않은, 가장 부적당한[안 어울리는])

He is the last man to do such a thing. (그는 그런 일을 할 사람이 결코 아니다.)

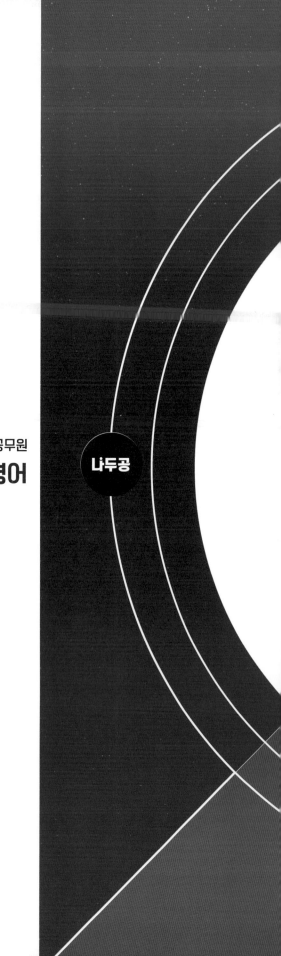

9급공무원

# 영어

나두공

# 09장 접속사(Conjunction)/전치사(Preposition)

## 01절 접속사(Conjunction)

## 1. 등위접속사

### (1) 등위접속사의 의의

① 등위접속사의 의미와 종류

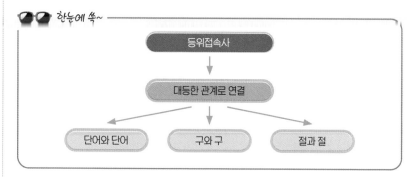

> 한눈에 쏙~
>
> 등위접속사
>
> ↓
>
> 대등한 관계로 연결
>
> ↓
>
> 단어와 단어   구와 구   절과 절

ㄱ 단어와 단어, 구와 구, 절과 절 등을 대등한 관계로 연결하는 역할을 함(등위절을 연결하는 역할)

ㄴ 등위접속사에는 and, but, or, so, for, yet, still 등이 있음

② 병치법(병렬관계, 평행구조) : 등위접속사 전후의 어구는 문법구조나 조건(형태, 품사, 시제 등)이 같은 병치(병렬)구조가 됨

ㄱ She stayed in London and in Paris. (그녀는 런던과 파리에 머물렀다.)

ㄴ He happened to see her and came to love her. (그는 그녀를 우연히 만났고 그녀를 사랑하게 되었다.)

### (2) And

① 단어와 단어를 연결하는 경우 : A and B는 복수 취급하는 것이 원칙

ㄱ Tom and Jack are good friends. (Tom과 Jack은 좋은 친구 사이이다.)

ㄴ He learns to listen, speak, read, and write. (그는 듣기와 말하기, 읽기, 쓰기를 배운다.)

② 구와 구를 연결하는 경우

I go to school by bus and by train. (나는 학교에 버스와 기차를 타고 간다.)

### (3) But

① 단어와 단어를 연결하는 경우

He is poor but happy. (그는 가난하지만 행복하다.)

② 절과 절을 연결하는 경우

He speaks German, but he doesn't speak French.

(그는 독일어를 말할 수 있지만 프랑스어는 말하지 못한다.)

③ 「not A but B」[A가 아니라 B][등위 상관접속사]

㉠ This is not an apple, but a pear. (이것은 사과가 아니라 배이다.)

㉡ Not he but you are to be blamed. (그가 아니라 너에게 책임이 있다.)

④ 「부정어 + but」(…하면 반드시 ~한다)[여기서의 but은 'that + not'의 의미]

I never meet her but I think of her mother. (내가 그녀를 만날 때마다 그녀의 어머니가 생각난다.)[부정어 + but + S + V]

= I never meet her without thinking of her mother.

= [부정어 + without V-ing]

= When I meet her, I always think of her mother.[when + S + V, S + always + V]

= Whenever I meet her, I think of her mother.[whenever + S + V, S + V]

## (4) Or

① 단어와 단어를 연결하는 경우

Which do you like better, apples or oranges? (너는 사과와 오렌지 중에서 어느 것을 더 좋아하니?)

② 구와 구를 연결하는 경우

To be or not to be, that is the question. (사느냐 죽느냐, 그것이 문제로다.)

③ 절과 절을 연결하는 경우

He will come to my house, or I will go to his house. (그가 우리 집에 오거나, 내가 그의 집으로 갈 것이다.)

## (5) So, For

① So : 어떤 사실의 결과를 나타내며, 일반적으로 '그래서[그러므로]'의 의미를 지님

He is rich, so he can buy the car. (그는 부자다. 그래서 그는 그 차를 살 수 있다.)

② For : for는 앞에 나온 내용의 이유나 판단의 원인을 나타내므로 문장의 뒤에 위치함

It must have rained last night, for the ground is wet. (간밤에 비가 온 것이 분명하다, 땅이 젖은 것을 보면.)

## 2. 상관접속사

## (1) 「both A and B」

'both A and B'는 'A와 B 둘 다[양자 긍정]'의 의미이며, 동사는 복수 취급함

Both brother and sister are alive. (형과 누나 모두 생존해 있다.)

Or

• 「명령문, + or ~」(…해라, 그렇지 않으면 ~할 것이다)

– Work harder, or you will fail the exam.

(더 열심히 공부해라. 그렇지 않으면 불합격할 것이다.)

= If you don't work harder, you will fail the exam.

= Unless you work harder, you will fail the exam.

형태에 따른 접속사의 분류

• 접속사를 형태에 따라 분류할 때 단순접속사와 상관접속사, 군접속사로 구분할 수 있음

– 단순접속사 : 일반적으로 한 단어로 된 접속사(and, but, if, that 등)를 말함

– 상관접속사 : 분리되어 있는 접속사(both ~ and, either ~ or 등)

– 군접속사(접속사구) : 둘 이상의 단어가 하나의 접속사 역할을 하는 것(as well as 등)을 말함

09장 접속사/전치사

### (2) 「not only A but also B」

① 'not only A but (also) B'는 'A뿐만 아니라 B도'라는 의미이며, 동사는 B에 따름

② 'not just[merely, simply] A but (also) B' 또는 'B as well as A'의 표현으로 바꾸어 쓸 수 있음

Not only you but also he is right. (너뿐만 아니라 그도 옳다.)

= He as well as you is right.

**실력up** 「either/neither A or B」

• either A or B : 'A이든 B이든 어느 한쪽[양자택일]'의 의미이며, 동사는 B에 따름
  – Either you or I am to attend the meeting. (너 아니면 내가 회의에 참석해야 한다.)
• Neither A nor B : 'A도 B도 둘 다 아닌[양자 부정]'의 의미이며, 동사는 B에 따름
  – Neither he nor I am the right person for the post. (그도 나도 그 일에 적임자가 아니다.)

## 3. 종속접속사

### (1) 종속접속사의 의의

① 의미와 종류

　㉠ 종속접속사 절을 주종의 관계로 연결하는 역할, 즉 종속절을 주절에 연결하는 접속사를 말함

　㉡ 종속접속사에는 that, if, whether, when 등이 있음

② 용법

　㉠ 종속접속사 이하의 문장(종속절)은 전체 문장에서 명사나 부사가 됨

　㉡ 부사가 강조를 위해 문두나 문미로 이동하는 것과 마찬가지로, 조건이나 양보, 이유, 시간을 나타내는 경우 문두로 나갈 수 있음[종속접속사가 나가면 문장 중간에는 도치되었다는 의미의 'comma(,)'를 찍는 것이 원칙]

### (2) 명사절을 이끄는 종속접속사

① that절 : 명사의 역할을 하므로 문장에서 주어절·보어절·목적어절 등이 될 수 있음

　㉠ 주어절을 이끄는 경우

　　That she did her best is true. (그녀가 최선을 다했다는 것은 사실이다.)

　　= It is true that she did her best.[that절인 주어는 복잡하므로 가주어(it)를 사용해 전환한 것으로, that 이하가 진주어에 해당함]

　㉡ 보어절을 이끄는 경우[이때의 that은 잘 생략되지 않음]

　　The trouble is that my mother is sick in bed. (문제는 어머니께서 병석에 누워 계시다는 것이다.)[the trouble = that my mother is sick in bed]

　㉢ 목적어절을 이끄는 경우[이때의 that은 종종 생략됨]

　　• I know (that) you are honest. (나는 당신이 정직하다는 것을 알고 있다.)

---

**as well as**

• 'B as well as A(A뿐만 아니라 B도)'의 경우 동사의 수나 인칭은 B에 따름
  - I as well as you were wrong. (너뿐만 아니라 나도 잘못되었다.)
  - Amnesia may rob people of their imaginations as well as their memories. (건망증은 사람들에게서 기억력뿐만 아니라 상상력을 빼앗아 갈 수 있다.)

**접속사 that**

'except that(~을 제외하고)'과 'in that(~라는 점에서)' 두 경우를 제외하고는 접속사 that 앞에 어떠한 전치사도 올 수 없음

**종속접속사 that**

종속접속사 that의 뒤에는 완전한 문장이 오지만, 관계대명사 that의 뒤에는 주어나 목적어가 탈락한 불완전한 문장이 오는 것으로, 둘을 구분할 수 있음

- He admitted that he was in the wrong. (그는 자신이 틀렸다는 것을 시인했다.)

ⓔ 동격절을 이끄는 경우

I know the fact that I have made many mistakes. (나는 내가 실수를 많이 했다는 사실을 안다.)[동격의 that은 완전한 문장을 연결하는 것으로, '~라고 하는'으로 해석됨]

② whether절

ⓐ 주어절을 이끄는 경우

Whether he will come or not is very doubtful. (그가 올지 오지 않을지는 매우 의심스럽다.)

ⓑ 보어절을 이끄는 경우

The question is whether you do it well or not. (문제는 네가 잘하느냐 잘하지 않느냐이다.)

ⓒ 목적어절을 이끄는 경우[이 경우 whether는 if로 바꾸어 쓸 수 있음]

He asked me whether[if] I liked fish. (그는 나에게 생선을 좋아하느냐고 물었다.)

③ if절

ⓐ whether절이 문장의 주어·목적어·보어가 될 수 있는 데 비해, if절은 타동사의 목적어만 될 수 있음[전치사의 목적어도 될 수 없음]

Do you know if[whether] she is at home? (당신은 그녀가 집에 있는지 아십니까?)

ⓑ if는 'whether + or not'과 같은 의미이므로, if 뒤에 'or not'을 쓸 수 없음

- I don't know whether it will rain tomorrow or not. (나는 내일 비가 올지 안 올지를 모른다.)
- I don't know if it will rain tomorrow or not. (×)
- I don't know if it will rain tomorrow. (○)

ⓒ whether는 문두로 도치될 수 있으나 if는 불가능

Whether she can come, I doubt. (나는 그녀가 올 수 있을지 어떨지 의심스럽다.)

## (3) 부사절을 이끄는 종속접속사

① 시간을 나타내는 접속사

> when, while, as(~할 때, ~하면서, ~함에 따라서), whenever(~할 때마다), till[until], before, after, since, as soon as, as long as(~하는 동안, ~하는 한), no sooner … than ~ (하자마자 ~하다)

② 장소를 나타내는 접속사

> where, wherever(~하는 곳은 어디든지)

SEMI-NOTE

**동격절을 이끄는 경우**

The question whether he will join us is uncertain.
(그가 우리와 합류하느냐 하는 문제는 매우 불확실하다.)

**명사절을 이끄는 if와 whether**

- 보통 의미가 확실한 타동사 다음의 경우 that절이 되는데 비해, 불확실한 동사나 의문동사 다음의 경우 if나 whether 등이 이끄는 절이 됨
- 불확실하거나 의문을 나타내는 표현으로는 ask, doubt, wonder, inquire, don't know, be not sure, Do you mind ~? 등이 있음

**시간을 나타내는 접속사 예문**

- When it rains, he stays at home. (비가 오면 그는 집에 머무른다.)
- She came up as I was speaking. (내가 말하고 있을 때 그녀가 다 왔다.)
- It is three years since he passed away. (그가 죽은 지 3년이 되었다.)

SEMI-NOTE

**조건이나 양보, 이유, 시간의 접속사가 이끄는 종속절**

- 종속접속사 중 조건이나 양보, 이유, 시간의 접속사가 이끄는 종속절의 경우에는 문두로 나갈 수 있음 이 경우 종속절에 comma(,)를 찍어 구분하는 것이 일반적임
  - I cannot run because I am very tired.
  - → Because I am very tired, I cannot run.

**결과를 나타내는 접속사**

- so + 형용사/부사 + that(매우 ~해서), so that(그래서)
- such + 명사 + that(매우 ~해서)
  - He is so honest that I trust him. (그는 매우 정직해서 나는 그를 믿는다.)
    = He is so honest a man that I trust him.
    = He is such an honest man that we trust him.
  - This is so difficult a problem that I can't solve it. (이 문제는 매우 어려워 내가 풀 수가 없다.)
  - Her father died suddenly, so that she had to leave school. (그녀의 아버지가 갑자기 돌아가셔서 그녀는 학교를 그만둬야 했다.)

**비교를 나타내는 접속사**

- as(~와 같이[처럼], ~만큼 ), than(보다(도)), ~하느니보다 (오히려), ~할 바에는 (차라리))
  - He is not so tall as she. (그는 그녀만큼 키가 크지 않다.)
  - She is older than I (am). (그녀는 나보다 나이가 많다.)
  - cf. He is older than me.[구어에서 주로 쓰는 것으로, 이때의 than은 전치사]

---

① Where there is life, there is hope. (삶이 있는 곳에 희망이 있다.) → 하늘이 무너져도 솟아날 구멍은 있다.

② Sit wherever you like. (당신이 좋아하는 곳 어디든지 앉아라.)

③ 이유나 원인을 나타내는 접속사

> because, since(~때문에), as(~때문에), for, now that(~이니까) 등

① I was late because there was a lot of traffic on the way. (나는 오는 도중에 차량이 많아서 늦었다.)

② Since she spoke in French, I couldn't understand her. (그녀가 프랑스어로 말했기 때문에 나는 이해할 수 없었다.)

③ He must have been ill, for he was absent. (그가 결석했으니까 그는 아팠음에 틀림없다.)

④ Now that you mention it, I do remember. (당신이 그것을 언급하니까 나는 정말 기억이 나네요.)

④ 목적을 나타내는 접속사

> - 「~하기 위하여, ~하도록」 : (so) that ~ may[can], in order that ~ may[can]
> - 「~하지 않기 위하여, ~하지 않도록」 : so that ~ may not = lest ~ should

① Make haste (so) that you may catch the last train. (마지막 기차를 잡을 수 있도록 서둘러라.)
   = Make haste in order that you may catch the last train.

② I worked hard (so) that I might not fail. (나는 실패하지 않기 위해서 열심히 일했다.)
   = I worked hard lest I should fail.[lest에 부정의 의미가 포함되어 있으므로 부정어를 따로 쓰지 않도록 주의]

⑤ 조건을 나타내는 접속사

> if, unless(만일 ~하지 않는다면), so long as(~하는 한은), in case(~의 경우를 생각하여, 만일 ~라면)

① If it is fine tomorrow, we will go on a picnic. (내일 날씨가 좋으면 우리는 소풍을 갈 것이다.)

② Unless you get up early, you will miss the train. (만일 당신이 일찍 일어나지 않는다면, 당신은 기차를 놓일 것이다.)
   = If you do not get up early, you will miss the train.

⑥ 양보를 나타내는 접속사

> though, although, even if(비록 일지라도[할지라도]), even though(~인데도[하는데도]), whether(~이든지 아니든지 (간에), ~이든지 (여하간에))

㉠ Though[Although] he is poor, he is always cheerful. (그는 비록 가난하지만 항상 밝은 모습을 하고 있다.)

㉡ I will go there even if it rains. (비가 오더라도 나는 그곳에 갈 것이다.)

⑦ 양태를 나타내는 접속사

> as(~와 같이, ~대로), as if, as though(마치 ~인 것처럼) 등

㉠ Do in Rome as the Romans do. (로마에 가면 로마의 법을 따르라.)

㉡ He looks as if he had seen the ghost. (그는 마치 유령을 보았던 것처럼 보인다.)

**실력UP** 비례를 나타내는 접속사

- as(~함에 따라, ~할수록), according as(~에 따라서[준하여], ~나름으로)
  - As we go up, the air grows colder. (올라갈수록, 공기는 더 차가워진다.)

## 02절 전치사(Preposition)

## 1. 전치사의 의의

### (1) 전치사의 의미

① 전치사 : 명사 상당어구(명사, 대명사, 동명사 등) 앞에서 명사 상당어구와 다른 말과의 관계를 나타냄

② 전치사 + 명사 상당어구(목적어) : 대부분 부사(구)의 역할을 하며, 일부는 형용사(구)의 역할을 함

㉠ I found it with ease. (나는 손쉽게 그것을 찾았다.)['with ease'는 부사구]

㉡ He is a man of ability. (그는 능력이 있는 사람이다.)['of ability'는 형용사구]

### (2) 전치사의 종류

① 단순전치사 : 하나의 전치사로 된 것을 말함

at, by, from, till, up, with 등

② 이중전치사 : 2개 이상의 전치사가 한 개의 전치사 역할을 하는 것을 말함

from under, till, after 등

③ 분사전치사 : 현재분사에서 나온 전치사를 말함

concerning, respecting(~에 관하여) 등

**구 전치사(전치사구)**

- 2개 이상의 단어가 모여 하나의 전치사 역할을 하는 것
  - in spite of(~에도 불구하고, ~을 무릅쓰고), in front of, at odds with(~와 마찰을 빚는), such as(~와 같은) owing to(~덕택에), thanks to(~덕분에) 등

09장

접속사/전치사

전치사의 목적어

- 전치사에 따르는 명사 상당어구가 전치사의 목적어가 되는데, 전치사의 목적어는 대부분 명사, 대명사이지만 그 외에 동명사나 부정사, 과거분사, 형용사·부사구, 절 등도 목적어가 될 수 있음
- 명사가 목적어가 되는 때에는 반드시 목적격으로 써야 함

## 2. 전치사의 목적어

### (1) 명사와 대명사를 전치사의 목적어로 취하는 경우

① 명사가 목적어가 되는 경우

㉠ The books on the desk are mine. (책상 위에 있는 책들은 나의 것이다.)
[명사(desk)가 전치사(on)의 목적어가 됨. 여기서 'on the desk'는 형용사 역할을 함]

㉡ The river runs between two countries. (그 강은 두 나라 사이를 흐른다.)

② 대명사가 목적어가 되는 경우

㉠ She is fond of me. (그녀는 나를 좋아한다.)[대명사가 전치사의 목적어가 되는 경우 목적격이 되어야 함]

㉡ He looked at her for a while. (그는 잠시 동안 그녀를 바라보았다.)

### (2) 형용사와 부사를 전치사의 목적어로 취하는 경우

① 형용사가 목적어가 되는 경우

Things went from bad to worse. (사태가 악화되었다.)[형용사 bad와 worse 다음에 'thing'이 생략되어 있음]

② 부사가 목적어가 되는 경우

㉠ She got back from abroad in 2009. (그녀는 2009년에 해외에서 돌아왔다.)

㉡ How far is it from here to the station? (여기서 역까지 거리가 어떻게 됩니까?)

부정사가 목적어가 되는 경우

- but과 except, save(~을 제외하고는, ~외에는), than 등은 예외적으로 to부정사와 원형부정사를 목적어로 취할 수 있음
  - He had no choice but to give up the plan.
    (그는 그 계획을 포기하는 수밖에 없다.)

타동사와 전치사
- 타동사는 전치사가 필요 없음
- discuss, reach, marry, resemble, become 등은 자동사처럼 해석되나 타동사이므로 전치사를 사용하지 않도록 주의
  - We will discuss the situation tomorrow. (그 상황에 대해서는 내일 논의할 것이다.)
  - Such conduct does not become a gentleman. (그러한 행동은 신사에게는 어울리지 않는다.)

### (3) 준동사를 전치사의 목적어로 취하는 경우

① 동명사가 목적어가 되는 경우

㉠ She left the room without saying a word. (그녀는 말없이 방을 나갔다.)
[to say (×) / say (×)]

㉡ My son is fond of swimming. (나의 아들은 수영하는 것을 좋아한다.)

② 과거분사가 목적어가 되는 경우

They gave up the man for lost. (그들은 그 사람을 실종된 것으로 여기고 찾기를 그만두었다.)

### (4) 구(句)나 절(節)을 전치사의 목적어로 취하는 경우

① 구를 목적어로 취하는 경우

He sat up till late at night. (그는 밤늦게까지 깨어 있었다.)

② 절을 목적어로 취하는 경우

Men differ from animals in that they can think and speak. (사람은 생각하고 말을 한다는 점에서 동물과 다르다.)[여기서 in과 that 사이에는 'the fact'가 생략되어 있으며, 여기서 that은 동격접속사로서 '~라는 점에서'의 의미가 됨]

## 3. 전치사구의 용법

### (1) 형용사적인 용법

① 명사, 대명사를 수식

㉠ He is a man of wisdom. (그는 현명한 사람이다.)[전치사구(of wisdom)가 명사(man)를 수식]

㉡ I don't know any of them in the room. (나는 그 방안의 그들 어느 누구도 모른다.)[대명사를 수식]

② 주격보어, 목적격보어로 쓰임

㉠ He was against the proposal. (그는 그 제안을 반대하였다.)[주격보어]

㉡ Please make yourself at home. (편하게 계십시오.)[목적격보어]

### (2) 부사적 용법

동사, 형용사, 부사, 문장 전체를 수식

Please hang this picture on the wall. (이 그림을 벽에 걸어주십시오.)[동사를 수식]

The town is famous for its hot springs. (이 도시는 온천으로 유명하다.)[형용사를 수식]

He came home late at night. (그는 밤늦게 집에 돌아왔다.)[부사를 수식]

To my joy, the rain stopped. (기쁘게도 비가 그쳤다.)[문장전체를 수식]

**실력UP 명사적 용법**

• 전치사구가 주어의 역할을 하는 경우도 있음
 – From here to the park is about five miles. (여기서 공원까지는 약 5마일이다.)

## 4. 전치사의 위치

### (1) 전치사의 전치

전치사는 목적어 앞에 위치하는 것이 원칙(전치사 + 목적어)

My cell phone is ringing on the table. (내 휴대폰이 테이블 위에서 울리고 있다.)

I have lived in Seoul since my birth. (나는 태어난 이래로 서울에서 살고 있다.)

### (2) 전치사의 후치

① 의문사가 목적어인 경우

㉠ Who are you waiting for? (당신은 누구를 기다리고 있습니까?)[의문사 who는 전치사 for의 목적어]

= Whom are you waiting for?

강조를 위해 목적어를 전치(前置)한 경우

Classical music he is very fond of. (고전 음악을 그는 좋아한다.)
= He is very fond of classical music.

전치사의 생략
• 현재분사화한 동명사 앞에서 생략
 – I was busy (in) preparing for the exam. (나는 시험 준비로 바빴다.)

09장

접속사/전치사

전치사를 포함하는 타동사구가 수동태 문장에 쓰인 경우

• The baby was looked after by her. (그 아이는 그녀가 돌봤다.)
= She looked after the baby.
• He was laughed at by everybody. (그는 모두에 의해 비웃음 당했다.)
= Everybody laughed at him.

ⓛ What was it like? (그것은 무엇과 닮았습니까?)

② 관계대명사가 목적어인 경우

This is the house which he lives in. (이 집은 그가 살고 있는 집이다.)

= This is the house in which he lives.

③ 전치사를 포함한 to부정사가 형용사적 용법으로 쓰인 경우

He has no friends to talk with. (그는 대화를 나눌 친구가 없다.)

= He has no friends with whom he can talk.

### (3) 전치사의 생략

① 요일·날짜 앞의 on은 구어에서 생략하는 경우가 많음. 요일·날짜 앞에 last, next, this, that, every, some 등의 어구가 붙을 경우 on은 문어체에서도 생략함

ⓛ That store is closed (on) Sundays. (저 가게는 일요일에는 영업을 하지 않는다.)

ⓛ Let's meet next Sunday. (다음 일요일에 만나요.)

② 시간·거리·방법·정도·양태 등을 나타내는 명사는 전치사 없이 부사구 역할을 하는 것이 보통임

ⓛ It lasted (for) two hours. (그것은 2시간 동안 계속되었다.)

ⓛ Do it (in) this way (그것은 이렇게 하시오.)

## 5. 전치사의 분류

### (1) 시간을 나타내는 전치사

① at, on, in

ⓛ at : 하루를 기준으로 함

at 7:00 / at nine o'clock / at noon (정오에) / at midnight (한밤중에) / at sunset (해질녘에)

ⓛ on : 요일, 날짜, 특정한 날

on Sunday / on Sunday afternoon (일요일 오후에) / on the first of May (5월 1일에) / on Christmas Day (크리스마스 날에)

ⓛ in : at, on 보다 광범위한 기간의 표현

in May (5월에) / in 2012 (2012년에) / in the 20th century (20세기에) / in the past (과거에) / in the future / in summer

---

**실력up 시간을 나타내는 전치사 예외적인 경우**

• at night
• at Christmas
• at the moment
• at the same time (동시에)
• in the morning (아침에)
• in the afternoon (오후에)
• in the evening (저녁에)

---

**전치사의 생략**

• 연령·모양·대소·색채·가격·종류 들을 나타내는 명사가 'of + 명사(구)'의 형태로 형용사 역할을 할 때 of는 보통 생략
– John and Jane are (of) same age. (존과 제인은 동갑이다.)
– It is (of) no use crying. (울어도 소용없다.)

**at과 관련된 관용구**

• at table 식사 중에
• at random 함부로
• be at home in ~에 정통하다
• at sea 항해 중에
• people at large 일반 대중

**in과 관련된 관용구**

• in demand (수요가 있는)
• in a day (하루에)
• in time (늦지 않게)
• in summary (요컨대)
• in cash (현금으로)
• in one's right mind (제 정신인)
• in this regard (이 점에 대해서는)
• in place (제자리에)

② by, untill, to

　㉠ by(~ 까지는) : 미래의 어떤 순간이 지나기 전 행위가 발생하게 되는 경우

　　I will come here by ten o'clock. (나는 10시까지 여기에 올 것이다.)

　㉡ until[till](~까지 (줄곧)) : 미래의 어느 순간까지 행위가 계속되는 경우

　　I will stay here until[till] ten o'clock. (나는 10시까지 여기서 머무르겠다.)

　㉢ to(~까지) : 시간 · 기한의 끝

　　I will stay here to the end of May. (나는 5월 말까지 여기에 머무르겠다.)

**실력up　by와 until의 구분**

• I'll be there by 7 o'clock. (7시 정각까지 그곳에 가겠다.)[7시까지 계속 그곳에 있는 것은 아님]

• Let's wait until the rain stops.

(비가 그칠 때까지 계속 기다리자.)[비가 그칠 때까지 기다리는 행위가 계속됨]

③ for, during, through

　㉠ for(~동안)

　　I have lived in Seoul for ten years. (나는 10년 동안 서울에 살고 있다.)

　㉡ during(~동안 (내내), ~ 사이에)

　　I am going to visit China during this vacation. (나는 이번 방학 동안에 중국을 방문하려고 한다.)

　㉢ through(동안 내내, 줄곧)

　　It kept raining through the night. (밤새 계속해서 비가 내렸다.)

④ in, within, after

　㉠ in(~후에, ~지나면) : 시간의 경과를 나타냄

　　He will come back in a few hours. (그는 몇 시간 후에 돌아올 것이다.)

　㉡ within(~이내의, ~ 범위 내에서) : 기한 내를 의미함

　　He will come back within a few hours. (그는 몇 시간 내에 돌아올 것이다.)

　㉢ after(~의 뒤에[후에], 늦게)

　　He came back after a few hours. (그는 몇 시간이 지나서 돌아왔다.)

⑤ since, from

　㉠ since(~이래 (죽), ~부터 (내내), ~ 이후)

　　She has been sick in bed since last Sunday. (그녀는 지난 일요일부터 아파서 누워있다.)

　㉡ from(~에서, ~로부터)

　　He worked hard from morning till night. (그는 아침부터 밤까지 열심히 일했다.)

SEMI-NOTE

**구분해야 할 전치사**

• consist in (~에 있다) / consist of (~로 구성되다)

• call on + 사람 (~을 방문하다) / call at + 장소 (~을 방문하다)

• succeed in (~에 성공하다) / succeed to (~을 계승하다)

• at the rate of (~의 비율로) / in the ratio of (~의 비율로)

• come by (얻다, 입수하다) / come across (우연히 만나다)

• result in (~이 되다, ~로 끝나다) / result from (~에서 유래[기인]하다)

• stay at + 장소 (~에 머물다) / stay with + 사람 (~와 머물다)

• bump into (~와 부딪히다) / collide into (~와 부딪히다)

• attend to (~에 주의하다) / attend on (~을 시중들다)

• in the way (방해가 되는) / on the way (도중에)

09장

접속사/전치사

장소를 나타내는 전치사

• behind, before
  - The blackboard is behind the table, and the table is before the blackboard.
  (칠판은 탁자 뒤에 있고, 탁자는 칠판 앞에 있다.)
• between, among
  - between(~사이에) : 명백하게 분리되는 둘 이상에서 사용됨
  - The river runs between two countries.
  (그 강은 두 나라 사이를 흐른다.)
  - I couldn't see any difference between the three cars.
  (나는 세 자동차들 사이의 차이점을 알 수 없었다.)(셋 이상이나 명백히 분리되는 대상에 관한 것이므로 among이 아닌 between이 사용됨)
• among(~사이에) : 분리할 수 없는 집단 사이에서 사용됨
  - His car was hidden among the trees.
  (그의 차는 나무들 사이에 숨겨져 있었다.)(분리할 수 없는 나무들의 집단에 관한 것이므로 among이 사용됨)
  - Seoul is among the biggest cities in the world.
  (서울은 세계에서 가장 큰 도시 중 하나이다.)

for, to, toward
• for(~을 향하여)
  - He left for Tokyo. (그는 도쿄를 향해 떠났다.)
• to(~쪽으로, ~로 향하여)
  - He came to Gwang-ju last night. (그는 지난밤에 광주에 왔다.)
  - He went from Seoul to Tokyo. (그는 서울을 떠나 도쿄로 갔다.)
• toward(~쪽으로, 향하여, 면하여)
  - He ran toward the capital. (그는 수도를 향해서 달렸다.)

## (2) 장소를 나타내는 전치사

① at, in
  ㉠ at(~에, ~에서) : 위치나 지점을 나타냄
    He is now staying at a hotel in Seoul. (그는 지금 서울의 한 호텔에서 머물고 있다.)
  ㉡ in(~의 속에, ~에 있어서)
    He lived in the small village. (그는 작은 마을 안에서 살았다.)

② on, above, over
  ㉠ on(~의 표면에, ~ 위에) : 장소의 접촉을 나타냄
    • There is a picture on the wall. (벽에 그림이 한 점 걸려 있다.)
    • There is a book on the desk. (책상 위에 책이 있다.)
  ㉡ above(~보다 위에[로], ~보다 높이[높은])
    The moon is rising above the mountain. (달이 산 위로 떠오르고 있다.)
  ㉢ over(~위쪽에[의], ~바로 위에[의]) : 바로 위쪽으로 분리된 위치를 나타냄
    There is a wooden bridge over the stream. (시내 위로 나무다리가 놓여있다.)

③ under, below
  ㉠ under(~의 아래에, ~의 바로 밑에)
    The box is under the table. (그 상자는 탁자 밑에 있다.)
  ㉡ below(~보다 아래[밑]에)
    The sun sank below the horizon. (태양이 지평선 너머로 넘어갔다.)

④ up, down
    Some children ran up the stairs and others walked down the stairs.
    (몇 명의 아이들은 계단을 뛰어 올라가고, 다른 몇 명은 계단을 걸어 내려왔다.)

⑤ around, about
  ㉠ around(~의 주위에, ~을 둘러싸고, ~ 주위를 (돌아))
    The earth goes around the sun. (지구는 태양의 주위를 돈다.)
  ㉡ about(~주위를[둘레를], ~ 주위에)
    The man walked about the room. (그 남자는 방안을 돌았다.)

⑥ across, through
  ㉠ across(~을 가로질러[횡단하여], ~의 맞은편[건너편]에)
    Take care when you walk across the street. (길을 건널 때는 조심하시오.)
  ㉡ through(~을 통하여, ~을 지나서, ~을 꿰뚫어)
    • The birds fly through the air. (새들이 공중을 날아간다.)
    • The Han river flows through Seoul. (한강은 서울을 가로질러 흐른다.)

⑦ in, to, on
  ㉠ in the + 방위 + of ~(~내의 …쪽에)
    The building is in the north of the park. (그 건물은 공원 내의 북쪽에 있다.)

ⓒ to the + 방위 + of ~(~에서 떨어져 …쪽으로)

The building is to the north of the park. (그 건물은 공원에서 북쪽으로 떨어진 곳에 있다.)

ⓒ on the + 방위 + of ~(~에 접하여 …쪽으로)

The building is on the north of the park. (그 건물은 공원 북쪽 외곽에 있다.)

⑧ on, off

㉠ on(~에 접하여, ~의 위로)

an inn on the lake (호수에 접한 여관)

㉡ off(~으로부터 떨어져[벗어나])

five kilometers off the main road (간선도로에서 5km 떨어져)

⑨ into, out of

㉠ into(~안으로)

Come into the house. (집 안으로 들어오세요.)

㉡ out of(~의 밖으로)

He hustled me out of the house. (그는 나를 집 밖으로 밀어냈다.)

⑩ by, next to, near

㉠ by(~의 옆에)

a house by the river (강가에 있는 집)

㉡ next to(~와 나란히, ~에 이어, ~의 다음에)

We sat next to each other. (우리는 서로 바로 옆에[나란히] 앉았다.)

㉢ near(~ 가까이)

Do you live near here? (여기에서 가까운 곳에 사세요?)

## (3) 수단·방법·재료를 나타내는 전치사

① by(~에 의하여, ~으로)

I usually go to school by bus. (나는 보통 버스를 타고 학교에 간다.)

② with(~을 사용하여, ~으로)

Try opening the door with this key. (이 열쇠로 문을 열어보도록 해라.)

③ of, from

㉠ This desk is made of wood. (이 책상은 나무로 만든 것이다.)

㉡ Wine is made from grapes. (포도주는 포도로 만든다.)

④ on, in

㉠ I heard the news on the radio. (나는 그 소식을 라디오에서 들었다.)

㉡ The report was written in ink. (그 보고서는 잉크로 씌어 있었다.)

㉢ Please reply the email in French. (프랑스어로 그 이메일에 답장을 보내주세요.)

SEMI-NOTE

out of + 명사 관용표현

• out of date 구식의
• out of sorts 불쾌한
• out of place 부적절한
• out of hand 즉시
• out of spirits 기가 죽어

운송수단의 전치사 by

• 일반적으로 운송수단은 by를 사용
  by car, by ship, by bicycle, by boat,
  by sea(바다로, 배편으로), by subway,
  by air(비행기로)
• 걸어서 이동하는 것은 경우 on을 사용 : on foot(걸어서, 도보로)
• one's car, the train, a taxi 등은 by를 사용하지 않음
  – I'll go by my car. (×) → I'll go in my car. (○)
  – We'll go there by train. (×) → We'll go there on the train. (○)
  – She came here by taxi.(×) → She came here in a taxi. (○)

09장

접속사/전치사

**목적 · 결과를 나타내는 전치사**

- They fought for independence.
  (그들은 독립을 위해 싸웠다.)
- He sought after fame.
  (그는 명예를 추구하였다.)
- She tore the letter to pieces.
  (그녀는 편지를 갈기갈기 찢었다.)

## (4) 원인·이유를 나타내는 전치사

① Many people died from hunger. (많은 사람들이 굶어 죽었다.)

② His father died of cancer. (그의 아버지는 암으로 돌아가셨다.)

③ She trembled with fear. (그녀는 두려움으로 몸을 떨었다.)

**알아UP** 　**관련을 나타내는 전치사**

- I've heard of him, but I don't know him. (나는 그에 대해서 들어 알고 있지만, 그를 직접 아는 것은 아니다.)
- He wrote a book on atomic energy. (그는 원자력에 대한 책을 썼다.)
- We talked about our school days. (우리는 학창 시절에 대해서 이야기했다.)

# 🔵 나두공

# 10장 특수구문(Particular Sentences)

# 특수구문(Particular Sentences)

| 01절 | 도치 및 강조구문 |

## 1. 도치구문

### (1) 목적어 및 보어의 강조

① 목적어나 보어를 강조하기 위해 문장 앞으로 도치하며, 주어가 지나치게 긴 경우 목적어나 보어를 문장 앞으로 도치시키는 것이 보통임
  ㉠ 목적어의 강조 : 「목적어 + 주어 + 동사」
  ㉡ 보어의 강조 : 「보어 + 동사 + 주어」[주어와 동사도 도치된다는 점에 주의]
    • Her song and dance was great. (그녀의 노래와 춤은 대단했다.)
    → Great was her song and dance.[보어가 문두로 나가면 주어와 동사도 도치됨]
    • Those who know the pleasure of doing good are happy. (좋은 일을 하는 즐거움을 아는 사람들은 행복하다.)
    → Happy are those who know the pleasure of doing good.

### (2) 부사의 강조

① 「시간의 부사 + 주어 + 동사」
  She is at home on Sunday. (그녀는 일요일에 집에 있다.)
  → On Sunday she is at home.[부사 + 주어 + 동사]
② 「장소 · 방향 등의 부사 + 동사 + 주어」[주어와 동사도 도치된다는 점에 주의]
  ㉠ The sun is shining behind the clouds. (태양이 구름 뒤에서 빛나고 있다.)
    → Behind the clouds is the sun shining.[장소의 부사 + 동사 + 주어]
  ㉡ A taxi drove down the street. (택시가 길 아래로 운전해 갔다.)
    → Down the street drove a taxi.[방향의 부사 + 동사 + 주어]
    cf. He walked down the street with the children. (그는 거리를 따라 아이들과 함께 걸어갔다.)
    → Down the street he walked with the children.[부사 + 주어 + 동사
    → 주어가 대명사인 경우는 주어와 동사가 도치되지 않음]

### (3) 부정어의 강조

① 부정어구가 문두로 나갈 때 「부정어구 + 조동사 + 주어 + 본동사/부정어구 + be동사 + 주어」의 어순으로 도치됨
② 부정어구(부정의 부사 · 부사구)로는 not, never, no, few, little, hardly, scarcely, no sooner, rarely, only 등이 있음

㉠ I never saw him again. (나는 그를 다시는 만나지 않았다.)

→ Never did I see him again.[부정어 강조를 위해 문두로 나갈 때 다음은 '조동사 + 주어 + 본동사'의 어순이 됨]

㉡ Never have I seen such a strange animal. (나는 그렇게 이상한 동물은 본적이 없다.)[부정어 never의 강조]

㉢ Little did she think that her daughter would become a lawyer. (그녀는 자신의 딸이 변호사가 되리라고는 전혀 생각하지 못했다.)[부정어 little의 강조]

㉣ He not only was brave, but (also) he was wise. (그는 용감할 뿐 아니라 현명했다.)

→ Not only was he brave, but (also) he was wise.[부정어구 'not only'의 강조 시 주어와 동사가 도치]

㉤ I did not know the truth until yesterday. (나는 어제서야 진실을 알았다.)

→ Not until yesterday did I know the truth.[부정어(not until) + 조동사 + 주어 + 본동사]

㉥ They go to the office only on Monday. (그들은 월요일에만 출근한다.)

→ Only on Monday do they go to the office.['only + 부사(구·절)'가 문두에 오는 경우에도 원래 부정의 의미가 있다고 보아 다음의 주어·동사가 도치됨]

㉦ I had not understood what she said until then. (나는 그때서야 그녀가 말한 것을 이해하였다.)

→ Only then did I understand what she said.

## (4) so, neither 도치구문(So/Neither + (조)동사 + 주어)

① so + (조)동사 + 주어(~역시 그러하다) : 긍정문의 뒤에서 동의 표시의 절을 이룸

㉠ Tom played tennis. So did Jane.(= Jane did, too.) (Tom은 테니스를 쳤다. Jane도 그랬다.)

㉡ She can go with you. So can I.(= I can, too.) (그녀는 당신과 함께 갈 수 있다. 나도 그렇다.)

㉢ My little brother started crying and so did his friend Alex. (내 동생이 울기 시작했고 그의 친구 Alex도 그랬다.)

cf. You look very tired. So I am (tired). (피곤해 보이는군요. 예, 그렇습니다.)['So+ 주어+동사'(예, 그렇습니다)]

② neither + (조)동사 + 주어(~ 역시 아니다) : 부정문 뒤에서 동의 표시의 절을 이룸

㉠ July never eats potatoes. Neither does Alice.(= Alice doesn't either.) (July는 절대 감자를 먹지 않는다. Alice도 먹지 않는다.)

㉡ He won't accept the offer. Neither will I.(= I won't either.) (그는 그 제안을 받아들이지 않을 것이다. 나도 받아들이지 않을 것이다.)

10장 특수구문

183

© She can't play the piano, and neither can I. (그녀는 피아노를 칠 수 없다. 나도 칠 수 없다.)

= She can't play the piano, nor can I.

## 2. 강조구문

### (1) 「It ~ that」 강조구문(분열문(分裂文))

**강조구문과 형식 주어 구문의 구분**

• 'It be'와 'that'을 빼도 문장이 성립하면 「It ~ that」의 강조구문이며, 문장이 성립하지 않으면 형식 주어 구문이라 할 수 있음
  – (It is) he (that) is to blame.[강조구문]
  – It is certain that he is to blame.[형식주어 구문]

① 강조하고자 하는 말을 It과 that 사이에 두며, 명사, 대명사, 부사, 부사구(절)등을 강조할 수 있음

② that대신에 who, whom, which, when 등을 쓸 수 있음[where이나 how는 쓸 수 없음]

  ㉠ Tom lost a watch here today. (Tom은 오늘 여기서 시계를 잃어버렸다.)

    → It was Tom that[who] lost a watch here today. (오늘 여기서 시계를 잃어버린 사람은 바로 Tom이었다.)[명사(주어) Tom을 강조]

    → It was a watch that[which] Tom lost here today. (Tom이 오늘 여기서 잃어버린 것은 바로 시계였다.)[명사(목적어) 'a watch'를 강조]

    → It was here that Tom lost a watch today. (Tom이 오늘 시계를 잃어버린 곳은 바로 여기였다.)[부사 here를 강조]

    → It was today that[when] Tom lost a watch here. (Tom이 여기서 시계를 잃어버린 것은 바로 오늘이었다.)[부사 today를 강조]

    cf. It was here where Tom lost a watch today.(×)[that 대신 where나 how를 쓰는 것은 불가함]

  ㉡ Who was it that lost a watch here today? (오늘 여기서 시계를 잃어버린 사람은 도대체 누구였는가?)[의문사 who를 강조하는 것으로, who가 문두로 나가면서 동사 was와 it이 도치됨]

  ㉢ What was it (that) Tom lost here today? (오늘 여기서 Tom이 잃어버린 것은 도대체 무엇이었는가?)[의문사 what을 강조]

③ 「whose + 명사」의 분열문

  It is John whose hat is red. (모자가 빨간색인 사람이 바로 John이다.)

**「전치사 + whom[which]」의 분열문**

It was John whom[that] I gave the pen to. (내가 펜을 준 사람은 바로 John이었다.)
→ It was John to whom[which] I gave the pen.

**반복어구에 의한 강조**

She read the messages on Internet bulletin board again and again. (그녀는 인터넷 게시판의 글들을 몇 번이고 읽었다.)['again and again'은 반복에 의한 강조 어구]

### (2) 기타 강조 표현

① 동사의 강조 : 「do/does/did + 동사원형」

  ㉠ He came at last. (그는 마지막에 왔다.)

    → He did come at last.[did가 동사 come을 강조]

  ㉡ She does speak several languages freely. (그녀는 몇 개 국어를 자유롭게 구사한다.)[does가 동사 speak를 강조]

② 명사의 강조

  ㉠ The accident happened at that very moment. (사고는 바로 그 순간에 발생했다.)[very가 명사 moment를 강조]

ⓛ Saving money itself is not always good. (돈 자체를 절약하는 것이 항상 좋은 것은 아니다.)[재귀대명사 itself가 명사 money를 강조]

③ 의문사의 강조

What on earth are you looking for? (도대체 당신은 무엇을 찾고 있는가?) ['on earth'가 의문사 what을 강조]

= What in the world are you looking for?['in the world'가 what을 강조]

SEMI-NOTE

**부정어 강조**

He was not in the least surprised at the news. (그는 그 뉴스에 전혀 놀라지 않았다.)['not in the least(= not at all)'는 '조금도 ~않다'를 의미]

## 02절  부정구문

## 1. 주요한 부정구문

### (1) 「not ~, but …」

① 「not ~, but …」 구문은 '~이 아니고 …이다'라는 의미를 지니며, but 앞에 comma( , )가 있으며, but 다음에 명사, 구, 절 어느 것이나 올 수 있음

　㉠ What I want is not wealth, but health. (내가 원하는 것은 부가 아니라 건강이다.)

　㉡ Most people talk not because they have anything to say, but because they like talking. (대부분의 사람들은 할 말이 있어서가 아니라 말하기를 좋아하기 때문에 말을 한다.)[not because ~, but because …(~ 때문이 아니라 …때문이다)]

**「not ~ but …」, 「no ~ but …」**

- 「not ~ but …」과 「no ~ but …」 구문은 '…하지 않는[않고는] ~는 없[대하지 않는다]', '모든 ~는 …하다'는 의미
  - There is no rule but has exceptions.
    (예외 없는 규칙은 없다.)
  - It never rains but it pours.
    (비가 오기만 하면 언제나 쏟아 붓는다.)
  - Not a day passed but I met her.
    (그녀를 만나지 않고 지나는 날이 하루도 없었다.)

### (2) 「not only ~, but (also) …」(~뿐만 아니라 …도)

① He has not only knowledge, but also experience. (그는 지식뿐 아니라 경험도 가지고 있다.)

② We like him not only for what he has, but for what he is. (우리는 그가 가진 것 때문만 아니라 그의 사람됨 때문에도 그를 좋아한다.)

③ She can not only sing, but dance. (그녀는 노래를 할 수 있을 뿐 아니라 춤도 출 수 있다.)

### (3) 「not ~ until[till] …」(…할 때까지는 ~않다, …하고서야 비로소 ~하다)

① We do not know the blessing of our health until we lose it. (우리는 건강을 잃고서야 비로소 그 고마움을 안다.)

② Until now I knew nothing about it. (지금까지 나는 그 일에 대해 전혀 몰랐다.)

③ I had not eaten anything until late in the afternoon. (오후 늦게까지 나는 아무 것도 안 먹었다.)

④ He won't go away until you promise to help him. (당신이 그를 돕겠다고 약속할 때까지 그는 떠나지 않을 것이다.)

**「not ~ until」의 구문은 「It is not until ~ that」의 형태로 변환가능**

- They did not come back until late at night. (그들은 밤이 늦어서야 겨우 돌아왔다.)
  → It was not until late at night that they came back.
- I didn't learn Korean until I came to Korea. (나는 한국에 와서야 비로소 한국어를 배웠다.)
  → It was not until I came to Korea that I learned Korean.

## (4) 「nothing but ~」, 「anything but」

① 「nothing but ~」(그저 ~일뿐)은 'only'와 같은 의미를 지니며, 주로 부정적인 시각을 표현함

He is nothing but an opportunist. (그는 그저 기회주의자일 뿐이다.)

② 「anything but」은 '~이외에는 무엇이든지'와 '결코 ~아니다'라는 의미를 지님

㉠ I would give you anything but life. (목숨 이외에 무엇이든 주겠다.)

㉡ He is anything but a liar. (그는 결코 거짓말쟁이가 아니다.)

= He is not a liar at all.

## 2. 주의해야 할 부정구문

### (1) 부분부정과 전체부정

① 부분부정(모두[항상, 완전히] ~한 것은 아니다) : 부정어(not, never, no)가 all, every, both, always 등과 함께 쓰이면 부분부정이 됨

㉠ All that glitters is not gold. (반짝이는 것이 모두 금은 아니다.)

㉡ Not every good man will prosper. (착한 사람이라고 모두 성공하는 것은 아니다.)

㉢ Not everybody likes him. (모두가 그를 좋아하는 것은 아니다.)

㉣ I don't know both those girls. (내가 저 소녀들을 둘 다 아는 것은 아니다.)

㉤ Both are not young. (두 사람 모두 젊은 것은 아니다.)

㉥ The rich are not always happy. (부자들이 언제나 행복한 것은 아니다.)

② 전체부정(결코[하나도] ~하지 않다) : 'no(none, neither, never, nobody)', 'not + any(either)' 등이 쓰이면 전체부정이 됨

㉠ None of them could make it to the finals. (그들 중 누구도 결승전에 진출하지 못했다.)

㉡ He did not get any better. (그는 병세가 조금도 나아지지 않았다.)

㉢ I don't like either of them. (나는 그들 중 누구도 좋아하지 않는다.)

### (2) 주절이 없는 부정구문

① 「Not that ~, but that …」(~이 아니라 …라는 것이다), 「Not because ~, but because …」(~ 때문이 아니라 … 때문이다) 등은 주절이 없는 부정구문으로, 「It is not that/because ~, but that/because …」의 생략형으로 볼 수 있음

㉠ It is not that I dislike it, but that I cannot afford it. (그것이 마음에 안 든다는 것이 아니라 살 만한 여유가 없는 것이다.)

㉡ Not that I loved Caesar less, but that I loved Rome more. (내가 시저를 덜 사랑했다는 것이 아니라 로마를 더 사랑했다는 것이다.)

㉢ Not that I am displeased with it, but that I do not want it. (그것이 마음에 들지 않는 것이 아니라 그것을 원치 않는다는 것이다.)

㉣ Not because I dislike the work, but because I have no time.

---

**명사절을 이끄는 but**

- but이 명사절을 이끄는 경우 'that ~ not'의 의미를 지니며, 주로 부정 문이나 수사의문에 쓰임

 - It was impossible but he should notice it. (그가 그것을 알아채지 못했다니 있을 수 없는 일이었다.)

 - Who knows but he may be right? (그가 옳을지 누가 아는가? → 그가 옳을지 뉘 알리오.)

---

같은 문장이라도 경우에 따라서 전체부 정이나 부분부정으로 해석될 수 있음

- All that he says is not true. (그가 말하는 것은 모두가 사실이 아니다.)[전체부정]

 = Nothing that he says is true.

- All that he says is not true. (그가 말하는 것 모두가 사실인 것은 아니다.)[부분부정]

 = Not all that he says is true.

---

**부정 비교구문**

- 「A no more ~ than B(= A not ~ any more than B)」은 'A가 ~이 아 닌 B가 ~이 아님과 마찬가지다'라는 의미를 지님

 - He is no more a scholar than we are. (그가 학자가 아닌 것은 우리가 학 자가 아닌 것과 마찬가지이다.)

 = He is not a scholar any more than we are.

 - Economic laws cannot be evaded any more than can gravitation. (경 제법칙을 피할 수 없는 것은 중력을 피할 수 없는 것과 마찬가지이다.)

 - He can not swim any more than I. (그는 내 수가 없듯이 헤엄칠 줄도 모른다.)

(내가 그 일을 싫어하기 때문이 아니라 내가 시간이 없기 때문이다.)

### (3) 준부정어 구문

① 준부정어의 의의

㉠ 부정의 의미를 지닌 부사를 말하며, hardly, scarcely, rarely, seldom, little 등이 이에 해당

㉡ 준부정어는 be동사나 조동사 다음에 쓰고, 일반동사 앞에 쓰는 것이 원칙

② hardly[scarcely](거의 ~않다)

㉠ A man can hardly live a week without water. (사람은 물 없이 일주일도 살 수 없다.)[hardly는 주로 can, any, ever, at all 등과 함께 쓰임]

㉡ I scarcely know him. (나는 그를 거의 모른다.)[일반동사 앞에 위치]

③ little(거의 ~않는)

㉠ I slept little last night. (간밤에 잠을 거의 못 잤다.)

㉡ He little expected to fall in love with her. (그는 그녀를 사랑하게 되리라 고는 결코 생각하지 못했다.)

cf. little이 imagine, think, guess, know, expect, dream 등의 동사와 함께 쓰인 경우 강한 부정의 의미를 지니기도 함

---

**03절** **생략구문**

## 1. 생략구문의 일반적 유형

### (1) 중복을 피하기 위한 생략

① His wife died and also his children (died). (그의 부인도 죽었고 그의 아이들도 죽었다.)

② One will certainly make life happy, the other (will make it) unhappy. (하나는 분명 인생을 행복하게 할 것이고, 다른 하나는 불행하게 할 것이다.)

### (2) 접속사 when, while, if, though 등이 이끄는 부사절에서 「주어 + 동사」의 생략

① When (he was) a boy, he was very smart. (소년이었을 때, 그는 아주 영리했다.)

② She had to work while (she was) yet a little girl. (그녀가 아직 어린 소녀였을 때 그녀는 일을 해야만 했다.)

③ I will give you the money today, if (it is) necessary. (필요하다면 오늘 돈을 드리겠습니다.)['주어 + 동사'를 함께 생략]

④ Though (he is) timid, he is no coward. (그는 수줍어하기는 하지만 겁쟁이는 아니다.)

---

SEMI-NOTE

**단어/구의 직접 부정**

• not 등의 부정어가 부정할 단어나 구의 바로 앞에 붙어 직접 부정하는 것을 의미
 – No, not you, of course. (아니, 물론 당신은 아니야.)
 – It is his book, not mine. (그것은 그의 책이지 나의 것이 아니다.)
 – Not a man spoke to her. (누구 하나 그녀에게 말을 걸지 않았다.)
 – He spoke not a word. (그는 단 한마디도 하지 않았다.)

**seldom[rarely](좀처럼 ~하지 않다, 드물게 ~하다)**

• She seldom gives me a call.
 (그녀는 좀처럼 나에게 전화하지 않는다.)
• He rarely watches TV.
 (그는 좀처럼 TV를 보지 않는다.)

**관용구문에서의 생략**

• Why (do you) not go and see the doctor? (의사의 진찰을 받지 그래?)
• (I wish you) A merry Christmas. (즐거운 성탄절이 되길.)
• (This article is) Not for sale. (비매품)
• No parking (is allowed). (주차금지)

**비교 구문에서의 생략**

• They worked harder than (they worked) before.
 (그들은 전보다도 더 열심히 일했다.)
• You are not so tall as he is (tall).
 (당신은 그만큼 크지 않다.)['is'도 생략가능]
• He is as brave as you (are brave).
 (그는 당신만큼 용감하다.)

SEMI-NOTE

**대부사 so와 not**

• think, suppose, believe, hope, say, be afraid 등이 목적어인 that절을 긍정으로 대신하면 so, 부정으로 대신하면 not을 씀

– Will she leave? (그녀는 떠날까요?)

　→ I hope so(= that she will leave). (나는 그러기를 바랍니다.)

　→ I hope not(= that she won't leave). (나는 그러지 않기를 바랍니다.)

– Does he stay home? (그가 집에 있을까요?)

　→ I am afraid so(= that he stays home). (아무래도 그럴 것 같은데요.)

　→ I am afraid not(= that he doesn't stay home). (아무래도 그러지 않을 것 같은데요.)

• 'think/believe not' 등이 부정의 that절을 대신할 때 종종 'don't think/believe so' 등으로 바꾸어 쓰기도 함

– Will she return? (그녀는 돌아올까요?)

　→ I think not(= that she won't return). (그러지 않을 것 같아요.)

　→ I don't think so(= that she will return).

**불필요한 수식어구의 반복 금지(간결성)**

Different many kinds of tissues can be combined together. ( X )

→ Different kinds of tissues can be combined together. ( O )

(다른 종류의 조직들이 함께 결합될 수 있다.)

# 2. 문장의 간결성을 위한 특수한 생략구문

## (1) 일정어구를 대신하는 대형태

① 명사(구)를 대신하는 대명사

Do you have the book? Yes, I have it(= the book).

(당신은 그 책을 가지고 있습니까? 예, 그것을 가지고 있습니다.)[대명사(it)가 명사(the book)를 대신함]

② 술어를 대신하는 대동사

Do you have the book? Yes, I do(= have the book).

(당신은 그 책을 가지고 있습니까? 예, 그렇습니다.)[동사(do)가 술어(have the book)를 대신함]

③ 부정사의 중복을 피하는 대부정사

㉠ I asked her to stay, but she didn't want to (stay).

(나는 그녀에게 머무를 것을 부탁했지만, 그녀는 원하지 않았다.)

㉡ He shouted to me to jump, but I refused to (jump).

(그는 나에게 뛰라고 소리쳤지만 나는 거절했다.)

㉢ You need not tell me, if you don't want to (tell me).

(만일 당신이 원하지 않는다면, 당신은 나에게 말할 필요가 없다.)

## (2) 반복사용의 금지

동의어의 반복 금지

Tom and his friend they are walking together. (×) [같은 의미의 명사와 대명사의 중복 금지]

→ Tom and his friend are walking together. (○) (Tom과 그의 친구가 함께 걷고 있다.)

→ They are walking together. (○) (그들은 함께 걷고 있다.)

He has sufficient enough money to buy the new computer. (×)

→ He has sufficient money to buy the new computer. (○) (그는 새 컴퓨터를 살만큼 충분한 돈을 가지고 있다.)

→ He has enough money to buy the new computer. (○)

# 나두공

# 11장 문제유형별 연습

글의 구체적 내용 이해

- 제시문에서 구체적·세부적 내용이나 특정한 정보를 찾아내도록 요구하는 문제 유형
- 이러한 문제들은 우선 문제와 선택지를 먼저 보고 자신이 찾아내야 하는 정보가 어떤 것인지를 먼저 이해하는 것이 중요
- 이를 통해 글의 어떤 부분에 중점을 두고 확인해야 하는지 알 수 있음 특히, 글의 일부나 특정 내용에 한정된 문제인 경우 지문 전체를 파악하기보다 관련된 부분을 선택적으로 파악하는 것이 더 효율적

지시 내용의 파악
- 글에 사용된 지시어의 지시 대상을 파악하는 문제 유형
- 지시어는 반복 표현을 피하면서 글의 연결 관계를 유지하기 위해 사용됨
- 우선 지시어와 가까운 문장들부터 살펴 지시어가 본문 중 어떤 부분을 지칭하고 있는지를 찾아서, 그 부분을 대입해 보아 의미 파악에 이상이 없는지 확인
- 지시어가 나타내는 것이 본문에 직접 나오지 않을 경우에는 글 전체의 의미를 파악하여 무엇을 나타내고 있는지를 유추함

## 01절 글의 내용 이해

## 1. 글의 주제·제목·요지 파악

### (1) 글의 주제 파악

① 주제(topic, theme, subject)는 글쓴이가 말하고자 하는 핵심 내용
② 글의 주제가 주어와 술어의 문장 형태로 드러난 것을 주제문(topic sentence)이라 함
③ 핵심어(keyword)를 파악한 후, 이를 일반적인 형태로 종합하고 있는 주제문을 찾음
④ 주제문과 주제문을 부연 설명하고 있는 뒷받침 문장들을 구별하도록 함
⑤ 주제문은 대개 글의 첫 부분에 위치하지만 글의 중간이나 끝 부분에 위치하기도 함

### (2) 글의 제목 파악

① 제목은 글의 내용과 성격을 반영하여 글 전체를 대표하는 역할
② 주제를 핵심적으로 드러낼 수 있는 것을 선택
③ 제목이 주제문에 나타날 수도 있으나 그렇지 않은 경우 내용을 종합하여 추론

### (3) 글의 요지 파악

① 요지(main idea)는 글쓴이가 글에서 나타내려는 견해 또는 주장
② 글의 내용과 관련 있는 속담이나 격언을 찾는 형태로 출제될 수 있으므로 평소에 영어 속담, 격언 등을 정리해 두도록 함

## 2. 글의 종류·목적 파악

### (1) 이는 글쓴이가 어떤 목적(purpose)으로 쓴 글인지를 파악하는 문제 유형

글의 요지를 중심으로 하여 그것이 누구를 대상으로 하고 있는지, 무엇을 의도하거나 기대하고 있는지 등을 파악함으로써 문제를 해결할 수 있음

**실력 up 글의 목적과 관련된 어휘**

| 어휘 | 목적 | 어휘 | 목적 |
|---|---|---|---|
| to request | 요청 | to advertise | 광고 |
| to argue | 논의 | to appreciate | 감사 |
| to give a lesson | 교훈 | to inform | 통보, 정보제공 |
| to criticize | 비평, 비판 | to praise | 칭찬 |
| to complain | 불평, 불만 | to persuade | 설득 |
| to suggest | 제안, 제의 | to advise | 충고 |
| to inspire | 격려, 고취 | to recommend | 추천 |

### (2) 글의 분위기·어조·태도의 파악

① 글 전체의 의미 이해를 통해 글이 주는 분위기나 어조(tone), 상황, 글쓴이의 태도 등을 파악하는 문제 유형
② 글의 전체적 분위기나 흐름, 전개방향 등에 주의하되, 본문에 어떤 형용사, 부사 등이 사용되고 있는지도 살펴보아야 함

---

**02절  글의 흐름 이해**

## 1. 흐름상 무관한 문장 고르기

### (1) 주어진 문단의 주제와 연관이 없는 문장을 찾는 문제 유형

① 주제문을 파악한 후 주제문의 뒷받침 문장들을 검토해 글의 통일성(unity)을 떨어뜨리는 문장이 무엇인지 찾음
② 이 유형의 경우에는 첫문장이 주제문일 가능성이 매우 높음

SEMI-NOTE

글의 분위기 · 어조와 관련된 어휘

| descriptive | 묘사적인 | serious | 진지한 |
|---|---|---|---|
| peaceful | 평화로운 | cheerful | 기운을 북돋는 |
| amusing | 즐거운 | cold | 차가운 |
| sarcastic | 빈정대는 | concerned | 걱정스러운 |
| ironic | 반어적인 | cynical | 냉소적인 |
| desperate | 절망적인 | fantastic | 환상적인 |
| critical | 비판적인 | gloomy | 우울한 |
| persuasive | 설득력 있는 | suspicious | 의심스러운 |
| warning | 경고하는 | hopeful | 희망찬 |
| pessimistic | 비관적인 | impatient | 참을성 없는 |
| optimistic | 낙관적인 | inspiring | 고무적인 |
| satirical | 풍자적인 | instructive | 교훈적인 |

문장의 순서 및 전후 내용 파악하기

- 문장을 의미 덩어리로 만든 후 문장의 전후 위치를 결정짓는 연결사, 대명사나 지시어를 단서로 활용하여 글의 논리적 흐름이 매끄럽게 되도록 함
- 다른 유형으로, 제시된 문단의 앞뒤에 어떤 내용이 와야 하는지를 묻는 것이 있는데, 이는 제시문의 전체적 흐름을 바탕으로 단락의 첫 부분과 마지막 부분에 사용된 연결사, 대명사, 지시어, 상관어구 등을 살펴봄으로써 보다 쉽게 해결할 수 있음

11장
문제유형별 연습

## 2. 적합한 연결어 넣기

### (1) 문단 안에서 문장과 문장 사이의 흐름을 매끄럽게 하는 연결어를 찾는 문제 유형

① 채워 넣어야 할 빈칸의 앞뒤 부분의 논리적 관계를 파악한 후 해당논리 관계에 적합한 연결어를 고름

② 논리 관계에 따른 주요 연결어들을 미리 숙지해 둘 필요가 있음

**실력UP 주요 연결어**

| 관계 | 연결어 |
| --- | --- |
| 결과 | hence, thus, so, therefore, as a result, consequently, finally, after all, in the end, in the long run |
| 요약 | in conclusion, in short, in brief, to sum up, in a word |
| 예시 | for instance, for example, for one thing, to illustrate this |
| 대조 | however, but, in contrast, on the contrary, contrarily, on the other hand, while, whereas, rather than, yet, instead |
| 양보 | though, although, nevertheless, with all, for all, despite, in spite of, still |
| 부연 | in other words, furthermore, moreover, in addition, in addition to, besides, apart from, aside from, also, that is, that is to say, namely, to put it differently |
| 열거 | at first, in the first place, above all, first of all, to begin with |
| 비교 | as, similarly, likewise, in the same way, equally |

**03절 중요 이론 정리**

## 1. 작문 관련 표현

### (1) 부정어 + without + (동)명사 / 부정어 + but + 주어 + 동사

① 부정어 + without + (동)명사 / 부정어 + but + 주어 + 동사 부정어(no, never, cannot 등) 다음에 'without + 명사(동명사)'나 'but + 주어 + 동사'가 오는 구문은 이중부정의 표현으로 '~하지 않고는[없이는] ~하지 않는다[도 없다]', '~하면 ~하기 마련이다', '~할 때마다 ~(반드시) 하다'의 의미가 됨

② 부정어 ~ without …

= 부정어 ~ but + S + V …

= when ~, S + always + V …

= whenever ~, S + V …

---

**글의 순서 이해하기**

• 주어진 문장이 문단 속 어디에 들어가야 하는지를 묻는 문제 유형

- 이는 글의 통일성(unity) 뿐만 아니라 글의 일관성(coherence), 즉 문장이 자연스럽게 연결되도록 글 전체를 이해하는 능력을 요구

- 문장의 지엽적 해석에 치중하기보다는, 각 문장을 의미덩어리로 만든 후 문장의 전후 위치를 결정짓는 연결사, 대명사나 지시어를 단서로 활용하여 글의 논리적 흐름이 매끄럽게 되도록 함

- 특히 this, these 등의 지시형용사가 결정적인 단서가 됨

**기억·회상·회고 동사의 목적어**

• remember, recall, forget, regret 등의 기억·회상·회고 동사는, 해당 동사와 동일 시점이나 미래의 일을 목적어로 하는 경우는 to부정사, 이전(과거)의 일을 목적어로 하는 경우는 동명사를 목적어로 가짐(→ 시차에 따른 의미 차이가 있는 동사).

**'A is no more ~ than B is', 'A is no more B than C is D'**

• 'A is no more ~ than B is(= A is not ~ any more than B is)'는 'A가 ~이 아님은 B가 ~이 아님과 마찬가지다'라는 의미를 지님

• 'A is no more B than C is D(A is not ~ any more than C is D)'는 'A가 B가 아닌 것은 C가 D가 아닌 것과 같다'는 의미

## (2) 'either + of the + 복수명사'와 'both + of the + 복수명사'

① 'either/neither + of the + 복수명사'는 주로 단수 동사로 받지만 간혹 복수동사로 받기도 함

② 'both/all + of the + 복수명사'는 항상 복수동사로 받음

**실력up  최상급의 여러 가지 표현**

- 최상급 + in + 장소·집합명사
  - Tom is the kindest boy in our class.
- 최상급 + of all + 복수명사
  - Tom is the kindest of all boys in our class.
- 비교급 + than any other + 단수명사
  - Tom is kinder than any other boy in our class.
- 비교급 + than all the other + 복수명사
  - Tom is kinder than all the other boys in our class.
- 비교급 + than anyone(anything) else
  - Tom is kinder than anyone else in our class.
- as + 원급 + as any + 단수명사
  - Tom is as kind as any boy in our class.
- 부정주어 + 동사 + so(as) + 원급 + as + 주어
  - No boy is so(as) kind as he in our class.
- 부정주어 + 동사 + 비교급 + than + 주어
  - No boy is kinder than he in our class.

## (3) 'A라기보다는 B'의 표현

'A라기보다는 (오히려) B'라는 표현으로는 'more B than A(= less A than B = B rather than A = not A so much as B = not so much A as B)'가 있음

## (4) 'not ~ until[till]' ···(···하고서야 비로소 ~ 하다, ···할 때까지는 ~않다)

① 이 구문을 강조하기 위해 부정어구를 문두로 도치('Not until ~')하거나 'It ~ that'의 형태로 전환할 수 있음

② 부정어구가 문두로 나가는 경우 주어와 동사가 도치되어, '부정어구 + 조동사 + 주어 + 본동사' 또는 '부정어구 + be동사 + 주어'의 어순이 됨

I had not realized she was not in her office until she called me.

= Not until she called me had I realized she was not in her office.

= It was not until she called me that I had realized she was not in her office.

SEMI-NOTE

'cannot but + R(~하지 않을 수 없다)'

cannot (choose) but + do

= can do nothing but + do

= cannot help[avoid] + doing

= cannot keep[abstain, refrain] from + doing

= have no choice but + to do

= have no other way but + to do

= have no alternative[option] but + to do

11장

문제유형별 연습

**전화 기본 표현**

- 누구시죠?
  - Who's calling?
  - Who is this speaking?
  - Who's this?
  - Who am I speaking to?
- 누구와 통화하시겠습니까?
  - Who do you want to speak to?
  - Who are you calling?
- Mr. Choi를 바꿔주세요.
  - May I speak to Mr. Choi?
  - Is Mr. Choi available now?
  - Give me Mr. Choi (on the line).
  - Is Mr. Choi in?
  - I'd like to speak[talk] to Mr. Choi.
  - How can I reach Mr. Choi?
- 자리에 있는지 알아보겠습니다.
  - I'll see if he(she) is in now.
- 지금 자리에 안 계십니다.
  - I'm afraid he[she] is not here right now.
  - He[She] has just stepped out.
  - He[She] is not in at the moment.
  - He[She] is out now.
- 그런 분 안 계십니다.
  - There's no one here by that name.
  - There's no such a person.
- 전화 잘못 거셨습니다.
  - You have the wrong number.
- 전화가 혼선입니다.
  - The lines are crossed.
  - The line is crossed.
- 다시 전화 드리죠.
  - I'll call you back later.

## 04절　생활영어

## 1. 인사 · 소개의 기본 표현

### (1) James 씨(氏), 이 분이 박 씨(氏)입니다.

Mr. James, this is Mr. Park. / Mr. James, let me introduce Mr. Park. / Mr. James, May I introduce Mr. Park to you? / Mr. James, allow me to introduce Mr. Park.

### (2) 처음 뵙겠습니다. 만나서 반갑습니다.

Hello? Glad to meet you. / I'm pleased to know you. / It's a pleasure to know you. / I'm delighted to meet you.

### (3) 제 소개를 하겠습니다.

May I introduce myself to you? / Let me introduce myself.

### (4) 어떻게 지내십니까?

How have you been? / How are you getting along? / How are you doing? / How are things going?

### (5) 무슨 일 있어요? / 어떻게 지내요? (인사말)

What's new? / What's up?

### (6) 그럭저럭 지냅니다.

Nothing much. / The same as ever. / Nothing in particular. / Just surviving.

### (7) 오래간만입니다.

Long time no see. / It's a long time since I saw you last time. / I haven't seen you for a long time.

### (8) Gale 씨(氏)에게 안부 전해주세요.

Remember me to Mr. Gale. / Give my best regards to Mr. Gale. / Give Mr. Gale my regards. / Say hello to Mr. Gale.

### (9) 몸조심하세요.

Take care of yourself. / Take it easy.

(10) 성함이 어떻게 되십니까?

May I have your name, please? / How should I address you?

(11) 이름의 철자가 어떻게 되십니까?

How do you spell your name?

(12) 고향이 어디입니까?

Where are you from? / Where do you come from?

(13) 직업이 무엇입니까?

What's your job? / What do you do for your living? / What line are you in? / What business are you in? / What's your line? / How do you make your living?

(14) 계속 연락하고 지냅시다.

Let's get[keep] in touch.

(15) 연락처가 어떻게 되시죠?

How can I get in touch with you? / How can I reach you?

(16) 가족이 몇 분이나 되세요?

How many are there in your family? / How big is your family?

(17) 우리 가족은 모두 5명입니다.

There are five people in my family. / We are a family of five in all.

## 2. 시간·날짜·날씨의 기본 표현

### (1) 지금 몇 시입니까?

Do you have the time? / What's the time? / Can you tell me the time? / What time do you have?

### (2) 시간 있으세요?

Do you have time? / Can you spare a moment? / May I have a moment of your time?

### (3) 저는 지금 바쁜데요.

I'm busy now. / I'm tied up now. / I have no time to spare.

문제유형별 연습

**(4) 그 분은 퇴근했습니다.**

He's left for the day. / He's gone for the day. / He's out for the day.

**(5) 잠깐 자리를 비우셨습니다.**

He's just stepped out. / He's just popped out. / You've just missed him.

**(6) 몇 시까지 출근합니까?**

What time do you report for work?

**(7) 몇 시에 퇴근합니까?**

When do you get off?

**(8) 오늘은 그만 합시다.**

Let's call it a day. / It is so much for today.

**(9) 아슬아슬했습니다.**

That was close. / That was a close shave[call].

**(10) 천천히 하세요. 급하지 않습니다.**

Take your time. I'm in no hurry.

**(11) 오늘은 11월 1일입니다.**

It's November (the) first. / It's the first of November.

**(12) 오늘이 무슨 요일이죠?**

What day is (it) today? / What day of the week is (it) today?

**(13) 제 시계는 5분 빠릅니다.**

My watch gains five minutes. / My watch is five minutes fast.

**(14) 제 시계는 5분 느립니다.**

My watch loses five minutes. / My watch is five minutes slow.

**(15) 오늘은 날씨가 어떻습니까?**

How's the weather today? / What's the weather like today? / What's the weather forecast for today?

**(16) 비가 많이 내립니다.**

It's raining cats and dogs. / It's raining in torrents.

---

**날씨의 기본표현**
- 비가 오다 말다 합니다.
  - It's raining off and on.
- 오늘은 쌀쌀합니다.
  - It's chilly.
- 오늘은 매우 춥습니다.
  - It's biting[cutting] cold.
- 오늘은 덥고 습합니다.
  - It's hot and humid.
- 오늘은 매우 덥습니다.
  - It's muggy.
  - It's sizzling.
  - It's boiling hot.
- 지금 기온이 어떻게 되죠?
  - What is the temperature now?
- 아마 (화씨) 55도가량 될 거예요.
  - I'd say it's about 55 degree.

## 실력up 날씨의 기본 표현

- 정말 날씨 좋죠?
  - It's a beautiful day, isn't it?
  - Nice day, isn't it?
- 7, 8월은 대단히 덥습니다.
  - July and August are sizzlers.
- 바깥 날씨가 어떻습니까?
  - How is the weather out there?
- 비가 올 것 같나요?
  - Do you think it might rain?
- 바깥 기온이 영하로 떨어졌겠는데요.
  - It must be below zero out there.
- 당신 고향의 기후는 어떻습니까?
  - What is the weather like in your hometown?

## 3. 교통 기본 표현

### (1) 여기까지 어떻게 오셨습니까?

How did you come here?

### (2) 시청까지 몇 정거장 더 갑니까?

How many more stops to the city hall?

### (3) 교통이 막혔다.

The traffic is jammed. / The street is jammed with traffic. / The traffic is backed-up. / The traffic is heavy. / The traffic is bumper to bumper. / The traffic is congested.

### (4) 교통체증에 갇혔다.

I got stuck in traffic. / I was caught in a traffic jam. / I was tied up in traffic.

## 4. 부탁 · 제안 · 약속의 기본 표현

### (1) 제가 창문을 열어도 됩니까?

Would you mind my opening the window?

### (2) 물론이죠.(mind로 묻는 질문에 대한 대답)

Of course not. / No, I don't mind. / No, not at all. / Not in the least. / No, certainly not.

교통 기본 표현

- 인천국제공항까지 갑시다.
  - Take me to the Incheon International Airport.
- 안전벨트를 매세요.
  - Fasten your seat belt, please.
- 여기서 우회전 하세요.
  - Take a right turn here.
- 여기 세워 주세요.
  - Please pull over right here.
  - Let me off here, please.
- 다 왔습니다.
  - Here you[we] are.
- 요금이 얼마입니까?
  - How much do I owe you?
  - What's the fare?
- 나는 버스로 통근합니다.
  - I commute by bus.

부탁 · 제안 · 약속의 기본 표현

- 지금 어떤 영화를 하고 있는데요?
  - What's on?
- (약속시간을) 언제로 할까요?
  - When can you make it?
- 편하게 계세요.
  - Please make yourself at home.
  - Please make yourself comfortable.
- 좋으실 대로 하십시오.
  - Suit yourself.
  - Do as you please.
  - Have it your own way.
  - It's up to you.
- 남의 일에 상관 마세요.
  - Mind your own business.
  - It's none of your business.

11장

문제유형별 연습

**(3) 담배를 피워도 될까요?**

Would[Do] you mind if I smoke? / Mind if I smoke? / Do you mind my smoking?

**(4) 기꺼이 해드리죠.**

Sure thing. / No problem. / No sweat. / Why not? / Be my guest. / With great pleasure.

**(5) 영화관에 가는 게 어때요?**

How about going to the movies? / What do you say to going to the movies?

**(6) 좋습니다.**

That's a good idea. / Why not. / That would be nice.

## 5. 감사 · 사과의 기본 표현

**(1) 대단히 감사합니다.**

Many thanks. / I'm so grateful. / I'm much obliged to you. / I appreciate it.

**(2) 천만에요.**

You're welcome. / Not at all. / It's a pleasure. / Don't mention it. / It's my pleasure. / The pleasure is mine.

**(3) 죄송합니다.**

I'm sorry. / Excuse me. / Forgive me. / I beg your pardon.(문장 끝의 억양을 내리면 '죄송합니다', 억양을 올리면 '다시 한 번 말씀해 주세요.')

**(4) 괜찮습니다.**

That's all right. / Never mind. / Forget it. / Don't bother. / Don't worry about it. / It doesn't matter.

**(5) 어쩔 수 없었습니다.**

I had no choice. / I couldn't help it.

---

**은행 · 우체국 기본 표현**

• 예금 계좌를 개설하고 싶습니다.
– I'd like to open an account.
• 50달러를 인출(예금)하려고 합니다.
– I'd like to withdraw(deposit) 50 dollars.
• 예금 잔고를 알고 싶습니다.
– I want to know my balance.
• 수표를 현금으로 바꿔주십시오.
– I'd like to cash this check.
• 수표 뒷면에 배서해주십시오.
– Could you endorse the reverse side of this check, please?
• 이 편지를 속달로 부쳐주세요.
– I'd like to send this letter by express delivery.
• 이 소포를 항공우편으로 보내주십시오.
– I'd like this package sent by airmail.
• 50달러를 우편환으로 바꿔주십시오.
– I'd like to buy a money order for 50 dollars.

# 6. 공항·호텔 기본 표현

**(1) 여권을 보여주십시오.**

Please show me your passport. / Your passport, please.

**(2) 탑승권을 보여주십시오.**

Please show me your boarding pass. / Would you show me your boarding pass, please?

**(3) 국적이 어떻게 됩니까?**

What is your nationality? / Where are you from?

**(4) 방문 목적이 무엇입니까?**

What's the purpose of your visit?

**(5) 관광하러 왔습니다.**

I am travelling for sightseeing. / I am here on a tour. / I am here to see the sights.

**(6) 얼마나 체류하실 예정입니까?**

How long are you staying? / How long are you going to stay?

**(7) 신고하실 것이 있습니까?**

Anything to declare?

**(8) 8시 30분 항공편에 예약해주세요.**

I want to make a reservation for 8:30 flight. / Book me for the 8:30 flight, please.

**(9) 빈방 있습니까?**

I want a room, please. / Do you have a vacancy?

**(10) 방을 예약하고 싶습니다.**

I'd like to make a reservation. / I'd like to book a room.

**(11) 독방의 숙박비는 얼마입니까?**

What's the rate[charge] for a single room? / How much do you charge for a single room?

**(12) 체크아웃 하겠습니다. 계산서 부탁합니다.**

I'm checking out. Will you make out my bill?

SEMI-NOTE

**기타 기본 표현**

• 그는 전혀 손재주가 없다.
 – His fingers are all thumbs.
• 까먹었습니다.
 – It slipped my mind.
• 살다 보면 그럴 수 있죠.
 – Well, these things happen.
• 별일 아니에요.
 – It's no big deal.
• 지난 일은 잊읍시다.
 – Let bygones be bygones.
• 누구시죠?
 – Do I know you?
• 몰라보게 변했군요.
 – You've changed beyond recognition.
• 아직 결정되지 않았습니다.
 – It's up in the air.
• 땡전 한 푼도 없다.
 – I'm (flat / dead) broke.
• 설마, 농담이죠?
 – Are you kidding? Are you pulling my leg? You must be kidding.
• 그럴 줄 알았다니까.
 – That figures.
• 먼저 하세요.(상대에게 양보하면서)
 – After you, please. Go ahead.
• 그건 누워서 떡 먹기죠.
 – It's a piece of cake. It's a cinch. Nothing is easier.
• 꼴좋다.
 – It serves you right.
• 천만에 말씀.(싫다.)
 – No way.
• 오늘 몸이 좀 안 좋다.
 – I'm out of sorts today. I'm feeling off today. I'm not feeling myself today. I'm under the weather today.
• 감기 기운이 있어.
 – I'm coming down with a cold.
• 잉크가 떨어졌어요.
 – I've run out of ink.
• 내 입장에서 생각해봐.
 – Put yourself in my shoes.
• 너하고는 끝이야.(헤어지겠어.)
 – I'm through with you.
• 이 자리 비었습니까?
 – Is this seat occupied[taken]?
• 두고 보자.
 – You'll pay for this.

11장

문제유형별 연습

## 7. 식당 · 술집 기본 표현

### (1) 스테이크를 어떻게 해드릴까요?

How do you like your steak? / How would you like your steak?

### (2) 덜 익힌 것 / 중간 정도 익힌 것 / 바짝 익힌 것으로 주세요.

Rare / Medium / Well-done, please.

### (3) 저도 같은 걸로 주세요.

Same here, please. / The same for me.

### (4) 소금 좀 건네주세요.

Would you please pass me the salt? / Would you mind passing me the salt?

### (5) 제가 사겠습니다.

This is on me. / I'll pick up the tab. / Let me treat you. / Let me have the bill.

### (6) 반반씩 냅시다.

Let's go Dutch. / Let's split the bill. / Let's go halves. / Let's go fifty-fifty. / Let's go half and half.

### (7) 건배!

Cheers! / Let's make a toast! / Bottom up! / No heeltaps!

## 8. 상점 · 쇼핑 기본 표현

### (1) 그냥 구경 중입니다.

I'm just browsing. / I'm just looking around.

### (2) 이것이 당신에게 잘 어울립니다.

This looks good on you. / This goes well with you.

### (3) 입어봐도 될까요?

Can I try it on? / May I try it on?

### (4) 이건 어떻습니까?

How about this one? / How do you like this one?

상점 · 쇼핑 기본 표현
• 얼마 정도 원하십니까?
  – What's your price range?
• (당신은) 바가지를 썼다.
  – That's a rip-off.
• 이것을 환불받고 싶습니다.
  – I'd like to get a refund on this.
• 영수증 있으세요?
  – Do you have the receipt?

**(5) 얼마입니까?**

How much is it? / What's the price? / How much do I owe you? / How much does it cost?

**(6) 가격이 싸군요 / 적당하군요 / 비싸군요.**

The price is low / reasonable / high.

실력up **조금 짚어주세요.**

- Can I get a discount on this?
- Can't you cut down just a bit more?
- Can you make it cheaper?

## 05절 중요 숙어 및 관용어구 정리

## 1. 숙어 및 관용어구

### (1) A

| | | | |
|---|---|---|---|
| a bit(= a little) | 조금, 다소, 약간 | a bone in the throat | 골칫거리 |
| a castle in the sky | 백일몽 | a close call | 위기일발 |
| a coffee break | 짧은 휴식 시간 | a couple of(= two) | 두 개[사람]의 |
| a few | 몇몇의, 약간의 | a great many | 매우 많은 |
| a lot of(= lots of, plenty of, many/much) | 많은 | a pair of | 한 쌍의 |
| a small number of | 소수의 | a storm in a teacup [teapot] | 헛소동 |
| a white elephant | 귀찮은 물건 | abide by | (규칙 등을) 따르다[지키다, 준수하다], 고수하다 |
| above all | 우선 | according to~ | ~에 따라, ~에 의하여, ~나름으로 |
| account for | ~을 설명하다 | across-the-board (= overall) | 전면적인, 전체에 미치는, 복합식의, 월요일부터 금요일 주 5일에 걸친 |
| act on | ~에 따라 행동하다 | act one's age | 나이에 걸맞게 행동하다 |

SEMI-NOTE

기타 A 관련 숙어 및 관용어구

- apart from ~은 별도로 하고(= aside from)
- apply for ~에 신청하다
- apply oneself to ~에 전념하다, 몰두하다
- as ~ as one can(= as ~ as possible) 할 수 있는 한 ~하게
- as a matter of fact 사실
- as a result of ~의 결과로서(= in consequence of)
- as a rule 대체로, 일반적으로, 보통(= by and large, in general, on the whole)
- as far as it goes 어느 정도[까지]는
- as follows 다음과 같이
- as hard as nails 동정심이 없는
- as if 마치 ~인 듯이[~인 것처럼](= as though)
- as is (often) the case (with) 흔히 있는 일이지만, 흔히 있듯이
- as much as to say ~라고나 말하려는 듯이, 마치 ~이라고 말하려는 것처럼
- as soon as ~하자마자, ~하자 곧
- as yet 아직[그때](까지)
- ask a favor of ~에게 부탁하다
- at a loss(= at one's wit's end) 당황하여, 어쩔 줄 몰라서
- at a[one] time 한 번에
- at any rate 어쨌든(= in any case, in any event)
- at first hand 직접적으로
- at issue 계쟁[논쟁] 중인, 문제가 되고 있는
- at least 적어도, 최소한
- at odds with~ ~와 불화하여[사이가 나빠], 일치하지 않는(= in disagreement with)
- at once 동시에, 즉시
- at one's disposal ~의 마음대로 이용[사용]할 수 있게
- at stake(= at risk) 위태로워, 내기에 걸리어서, 관건이 되어
- at the cost of ~을 희생해서[희생을 치르고], 대가로
- at the discretion of ~의 재량대로, 좋을 대로 cf. discretion 결정권, 분별, 자유재량
- at the end of ~의 끝에

11장

문제유형별 연습

SEMI-NOTE

## 기타 B 관련 숙어 및 관용어구

- be well off (경제적으로) 잘 살다, 부유하다
- bear[keep] ~ in mind 명심[기억]하다
- because of ~ 때문에
- before long 조만간
- believe in~ ~가 존재한다고 믿다, ~의 됨됨이를 믿다, ~이 좋은 것이라고 믿다
- beside oneself (걱정·흥분으로) 이성을 잃고, 어찌할 바를 모르고, 제정신이 아닌
- between A and B A와 B 사이에
- between one's teeth 목소리를 죽여
- beyond description 형용할 수 없을 만큼, 말로다 할 수 없는
- beyond question 의심할 여지없이, 물론, 분명히
- bit by bit 하나씩, 서서히, 조금씩 점점
- black out 캄캄하게 하다[해지다], 잠시 시객[의식, 기억]을 잃게 하다[잃다]
- blow a fuse 분통이 터지다, 화내다
- blow one's own horn 자화자찬(自畵自讚)하다, 자기 자랑을 늘어놓다, 허풍을 떨다
- break down(= be out of order) 부서지다, 고장나다; 건강이 쇠약해지다, (협상 등이) 깨지다, 결렬되다, 파괴하다, 진압하다, 분류[분해]하다
- break loose 도주하다, 속박에서 벗어나다
- break off (나쁜 버릇이나 관계 등을) 끊다, 절교하다, (갑자기) 중지하다, 꺾어 버리다
- break the ice 어색한 분위기를 깨다, (딱딱한 분위기를 깨기 위해) 처음으로 입을 떼다, 긴장을 풀게 하다
- bring home to ~에게 뼈저리게 느끼게 하다.
- bury the hatchet 화해하다, 강화(講和)하다
- by accident 우연히(= by chance)

| | | | |
|---|---|---|---|
| add insult to injury | (누구와 이미 관계가 안 좋은 판에) 일이 더 꼬이게 만들다[한술 더 뜨다] | add up to | ~가 되다, ~임을 보여주다 결국 ~이 되다 |
| against all odds | 곤란을 무릅쓰고 | agree with~ | ~(의 의견)에 동의하다 |
| all at once | 갑자기 | all of a sudden | 갑자기 |
| all one's life | 평생 동안 | all the way | 줄곧, 도중 내내 |
| all thumbs(= clumsy, awkward) | 서툰, 손재주가 없는 | along with(= together with)~ | ~와 함께 |
| and so on | 기타 등등 | anything but | 결코 ~이 아니다 (= never) |

## (2) B

| | | | |
|---|---|---|---|
| bark up the wrong tree | 잘못 짚다, 헛수고하다, 허탕치다, 엉뚱한 사람을 비난하다 | be acquainted with | [사실 따위를] 알다[알게되다], 친분이 있다 |
| be afraid of~ | ~을 두려워하다 | be afraid(+that절) | ~일까봐 걱정하다 |
| be anxious about~ | ~에 근심[걱정]하다 | be anxious for | 갈망하다[간절히 바라다], 기원하다 |
| be anxious to부정사 (= be eager to~) | ~하기를 갈망하다 | be based on~ | ~에 토대를 두다 |
| be behind bars | 감옥에 수감되다 | be bent on | 여념이 없다, ~에 열중하다 |
| be concerned about | ~을 걱정하다 | be concerned with | ~에 관계되다 |
| be covered with~ | ~으로 덮이다 | be curious about~ | ~을 알고 싶어 하다 |
| be everything to~ | ~에게 가장 소중하다 | be famous for~ | ~로 유명하다 |
| be fond of~ | ~을 좋아하다 | be free from | ~이 없다 |
| be full of(= be filled with)~ | ~가 많다[가득차다, ~투성이다], ~에 몰두하다 | be good at~ | ~에 능숙하다 cf. be poor at ~에 서투르다[못하다] |
| be held(= take place) | 개최되다 | be impressed by~ | ~에 감명을 받다 |
| be in force | 시행되고 있다, 유효하다 | be in line with | ~와 일치하다 |
| be interested in | ~에 흥미를 갖다 | be like~ | ~와 같다, ~와 비슷하다 |
| be lost in | ~에 관심이 빠져있다, 몰두하다 | be over | 끝나다 |
| be packed like sardines | 꽉 차다, (승객이) 빡빡하게 들어차다 | be proud of~ | ~을 자랑으로 여기다 |

| be ready to~ | ~할 준비가 되다 | be sure to | ~ 꼭 ~하다 |
|---|---|---|---|

## (3) C

| call it a day[night] | 하루 일을 끝마치다 | call off(= cancel) | 취소하다 |
|---|---|---|---|
| call somebody names (= insult, abuse) | 비난하다, 욕하다 | cannot help ~ing | ~하지 않을 수 없다 |
| cannot hold a candle to | ~만 못하다[~와 비교가 안 되다] | care for(= take care of, look after) | 돌보다, 좋아하다 |
| carry on | 계속하다, 계속 가다 | carry out | 수행[이행]하다 |
| carry the day | 이기다, 승리를 얻다, 성공하다 | catch on | 인기를 얻다, 유행하다 |
| catch one's eye | 눈길을 끌다[모으다] | catch up with | 따라잡다, 따라가다 |
| check in | 투숙하다 | come a long way | 크게 발전[진보]하다, 기운을 차리다, 회복하다, 출세하다 |
| come about | 생기다, 발생하다, 일어나다 | come by | 구하다, 획득하다(= obtain, get); 잠깐 들르다; ~을 타다 |
| come down with | 병에 걸리다, 잃아눕다 | come from | ~출신이다 |

## (4) D

| day in day out | 허구한 날, 매일 | depend on~ | ~에 의존하다, ~에 달려있다 |
|---|---|---|---|
| die of~ | ~으로 죽다 | do away with | 없애다, 폐지하다 |
| do one's best | 최선을 다하다 | do well to do | ~하는 게 낫다, ~하는 것이 온당[현명]하다 |
| do without | ~없이 지내다 | don't have to (= need not) | ~할 필요가 없다 |
| down to earth | 현실적인, 실제적인 | drop by | (잠깐) 들르다 |

## (5) F

| fall back on(= rely on, depend on, count on) | 의지하다, 의존하다 | fall in love (with~) | (~와) 사랑하게 되다 |
|---|---|---|---|
| fall off | 떨어지다 | fall on~ | (생일·축제일 따위가) ~날에 해당되다 |
| fall out (with) ~와 싸우다(= quarrel with) | 사이가 틀어지다; ~이라고 판명되다, ~인 결과가 되다 | far and away | 훨씬, 단연코 |

### SEMI-NOTE

**기타 C 관련 숙어 및 관용어구**

- come in handy 쓸모가 있다[도움이 되다]
- come into contact with ~와 접촉하다, 만나다
- come up with 제안하다(= present, suggest, propose), 안출하다, 생각해 내다; ~에 따라잡다(= overtake, catch up with, keep up with); 공급하다(= supply); 산출하다, 내놓다(= produce)
- come upon 우연히 만나다, 우연히 떠오르다
- come what may 어떤 어려움이 있어도[무슨 일이 있어도]
- compare A to B A를 B에 비유하다
- compare A with B A를 B와 비교하다
- consist in ~에 있다(= lie in)
- consist of ~로 구성되다(= be composed of)
- cope with (문제·일 등에) 잘 대처[대응]하다, 잘 처리하다
- count on(= depend on) 의지하다, 믿다
- cut back on ~을 줄이다
- cut off~ ~을 잘라내다
- cut out for(cut out to be) (필요한) 자질을 갖추다, 적임이다, 일이 체질에 맞다

**E 관련 숙어 및 관용어구**

- each other 서로
- eat like a horse 아주 많이 먹다(↔ eat like a bird 적게 먹다)
- egg on one's face 망신, 수치, 창피, 체면을 구김
- every inch 전부 다, 속속들이, 완전히
- everyone else(= all the other people) 다른 모든 사람

**G 관련 숙어 및 관용어구**

- get along with ~와 잘 지내다
- get away from ~에서 도망치다 [벗어나다]
- get even (with)~ ~에게 보복[대갚음]하다(= take revenge on, repay, retaliate, get back at)
- get in touch with ~와 연락을 취하다
- get rid of ~을 제거하다
- get through with ~을 끝내다, 완료하다
- get to~(= come to, reach, arrive at(in)) ~에 도달[도착]하다
- get together(= gather together) 모이다
- get[stand] in the way of ~의 길을 가로막다, ~의 방해가 되다(= be in one's way, prevent)
- give ~ a break ~에게 기회를 주다, ~를 너그럽게 봐주다
- give a hand 돕다(= help, aid, assist), 박수갈채하다
- give in (to) 굴복하다(= surrender), 양보하다(=yield to): 제출하다
- give off (냄새·열·빛 등을) 내뿜[발산]하다
- give out 배부[배포]하다, 할당하다, 나누다(= distribute, hand out): 발표[공표]하다: 다 쓰다(= use up)
- give up 포기하다, 버리다, 양도하다(= stop, abandon, relinquish, yield): ~에 헌신[전념]하다

**I 관련 숙어 및 관용어구**

- if possible 가능하다면
- in a big way 대규모로[대대적으로], 거창하게, 열광적으로(= in a great[large] way)(↔ in a small way 소규모로)
- in addition to ~에 덧붙여서, 게다가
- in advance 미리, 사전에
- in favor of ~을 선호하여
- in front of~(= before) ~의 앞에
- in no way 결코[조금도, 어떤 점에서도] ~ 아니다[않다](= never, not ~ at all, not ~ in the least, not ~ by any means, by no means, not ~ in any way, in no way, on no account, not ~ on[under] any terms, on[under] no terms, under no circumstances, far from, anything but)

| | | | |
|---|---|---|---|
| feed on | ~을 먹고 살다 | feel one's oats | 힘이 넘치다, 들뜨다 |
| figure out(= solve) | 풀다, 해결하다, 이해하다 | fill in for | ~을 대신[대리]하다 |
| fill up | (가득) 채우다, 차지하다, 가득 차다, 만수개[만원이] 되다 | find fault with | ~을 비난하다 |
| find out | 알아내다, 찾아내다 | for a while | 얼마 동안, 잠시 |
| for all intents and purposes | 모든 점에서, 사실상 | for all the world | 결코, 무슨 일이 있어도, 꼭, 아주 |
| for example | 예를 들면 | for fun(for the fun of it) | 장난으로, 재미로 |
| for good measure | 한 술 더 떠서, 덤으로 | for good (and all) | 영원히, 영구히 |

**(6) H**

| | | | |
|---|---|---|---|
| had better(+동사원형) | ~하는 편이 낫다 | hang out with | ~와 시간을 보내다, 어울리다 |
| happen to~ | ~에게 (어떤) 일이 일어나다 | have a (nice) scene | 활극을 벌이다, 법석을 떨다, 심하게 싸우다 |
| have a big mouth | 수다를 잘 떤다 | have a crush on | ~에게 홀딱 반하다 |
| have a discussion about~(= discuss, talk about) | ~에 관해서 토의하다 | have a good idea | 좋은 생각이 떠오르다 |
| have an effect on | ~에 영향을 미치다 | have fun (with~) | (~와) 즐겁게 놀다 |
| have no idea(= don't know) | 모르다 | have nothing to do with | ~와 관계없다 |
| have words (with) | ~와 말다툼하다 | head off | 가로막다[저지하다] |
| help ~with –ing | ~가 …하는 것을 도와주다 | help oneself to | 마음껏 먹다 |
| hit the ceiling[roof] | 길길이 뛰다, 몹시 화나다 | hit the road | 여행을 떠나다 |

**(7) K**

| | | | |
|---|---|---|---|
| keep ~ from[out of] (= prevent~ from…) | …하는[오는] 것을 막다[방해하다] | keep ~ out of … | ~이(가) ~에 관련되지 않게 하다, 가담시키지 않다, 못 들어오게 하다, 떼어놓다 |
| keep ~ing | 계속 ~하다 | keep a straight face | 정색을 하다, 웃지 않다, 태연하다 |

| keep an eye on | ~을 감시하다 | keep away (from) | 피하다, 멀리하다[거리를 두다] |
|---|---|---|---|
| keep close tabs on | 주의 깊게 지켜보다[감시하다] | keep hands off | 간섭하지 않다 |
| keep one's company | ~와 동행하다 | keep one's shirt on | 침착성을 유지하다, 참다 |
| keep one's cool | 이성[침착]을 유지하다 | keep up with | 뒤떨어지지 않다[유지하다, 따라가다] |

## (8) M

| major in | ~을 전공하다, 전문적으로 ~하다 | make ~ out of… | …으로 ~을 만들다 |
|---|---|---|---|
| make a bet | 내기하다 | make a difference | 차이가 생기다, 변화가 있다; 효과가[영향이] 있다, 중요하다 |
| make a fool of~(= trick, play a trick on) | ~을 속이다, ~을 바보로 취급하다 | make a point of | 으레 ~하다, 꼭 ~하기로 되어있다 |
| make a scene | 소란을 일으키다 | make believe | ~인체하다 |
| make both[two] ends meet | 수입과 지출의 균형을 맞추다, 수지를 맞추다, 수입에 알맞은 생활을 하다 | make do[shift] (with) | 그런대로 때우다, 임시변통하다, 꾸려 나가다 |
| make heads or tails of | 이해하다 | make one's living | 생활비를 벌다, 생계를 유지하다 |
| make over | 양도하다, ~을 고치다, 고쳐 만들다 | make plans for (= plan for) | ~을 위한 계획을 세우다 |
| make sure | 확인하다, 다짐하다, 확실히 하다 | make the best of | ~을 최대한 이용하다, [역경·불리한 조건 따위]를 어떻게든 극복하다 |
| make the fur fly | 큰 싸움을 벌이다, 큰 소동을 일으키다 | make up | 수선하다; 메우다, 벌충[보완, 만회]하다 |
| make up for | 보상[벌충, 보충]하다 | make up one's mind | 결심하다 |
| make use of~ | ~을 이용하다 | mind one's P's and Q's | 언행을 삼가다, 예절 바르게 행동하다 |

## (9) S

| say to oneself | 중얼거리다 | second[next] to none | 최고의(= the best), 누구에게도 뒤지지 않는 |
|---|---|---|---|
| see ~ off | ~를 배웅[전송]하다 | sell like hot cakes | 불티나게 팔리다, 날개 돋친듯이 팔리다 |

L 관련 숙어 및 관용어구

- listen to~ (어떤 소리에) 귀를 기울이다
- laugh at 비웃다[조소하다], 웃음거리로 만들다
- lay off 끊다, 그만두다, 해고하다(= fire, discharge)
- lay out 배열하다, 설계하다
- let up (폭풍우 등이) 자다, 가라앉다, 잠잠해지다(= stop), 약해지다(= lessen); (일을) 그만두다
- lie on one's stomach[face] 엎드리다, 엎드려눕다
- listen for~ ~이 들리나 하고 귀를 기울이다
- live on~ ~을 먹고 살다
- look after ~을 보살피다[돌보다](= take care of), ~의 뒤를 지켜보다, ~에 주의하다
- look back on ~을 뒤돌아보다, 회상하다
- look down on ~을 낮춰 보다[얕보다], ~을 경시하다
- look forward to + (동)명사 ~을 기대하다(= expect), 고대하다, 손꼽아 기다리다
- look into ~을 들여다보다, 조사[연구]하다 (= probe into, delve into, inquire into, investigate, examine)

N 관련 숙어 및 관용어구

- next to none 아무에게도 뒤지지 않는, 최고의
- no strings attached 아무런 조건 없이, 무조건으로, 전혀 의무가 없는
- none the less 그래도 아직, 그럼에도 불구하고
- not ~ any more(= not ~ any longer, no more) 더 이상 ~ 않다
- not ~ at all 조금도[전혀] ~ 아니다
- not to speak of ~은 말할 것도 없고
- nothing but~(= only) ~에 지나지 않다
- nothing less than 다름 아닌 바로[그야말로]

## SEMI-NOTE

**O 관련 숙어 및 관용어구 ★빈출개념**
- off the record 비공식적으로
- off the wall 엉뚱한, 별난, 미친
- on behalf of~ ~대신하여, 대표하여, ~을 위하여
- on duty 근무 중인(↔ off duty 비번인)
- on edge 초조하여, 불안하여(= nervously)
- on one's way (to)~ ~에 가는 길에 cf. on the way home 집에 가는 중에
- on pins and needles 마음을 졸이는, 안절부절못하는(= nervous)
- on the other hand 반면에 (= on the contrary)
- on the record 공식적인
- on the tip of one's tongue 말이(기억은 안나고) 허끝에서 뱅뱅 도는
- on time 정각에
- once and for all 단호하게, 한 번만, 이번만(= finally and definitely, for the last time)

**Q 관련 숙어 및 관용어구**
- quarrel with[about]~ ~와에 대해 다투다
- quite a long time 아주[꽤] 오랫동안

**R 관련 숙어 및 관용어구**
- rain cats and dogs 비가 억수로 내리다
- read between the lines 행간의 뜻을 읽다
- red tape 관료적 형식주의
- regardless of ~와는 상관없이[관계없이], ~에 개의치 않고
- result from ~에서 기인하다
- result in ~을 야기하다
- round up 모으다, 끌어모으다(= gather, assemble); 체포하다(= arrest, apprehend)
- round[around]-the-clock 24시간 내내(= day and night, twenty-four hours a day), 계속 무휴(無休)의
- rule out 제외하다, 배제하다(= exclude), 제거하다(= remove, eliminate); 불가능하게 하다, 가능성을 없애 버리다(= prevent, preclude)

| | | | |
|---|---|---|---|
| set ~ on fire | ~에 불을 지르다 | set off | 시작하다, 출발하다 |
| set out | 착수하다, 시작하다, 출발하다 | set store by | 중시하다, 소중히 여기다 |
| set the table(= prepare the table) | 상을 차리다 | snuff the candle | (초의) 심지를 끊다, 죽다 |
| so far(= until now) | 지금까지 | south of(= to the south of)~ | ~의 남쪽으로 |
| spend… on~ | …에 돈[시간]을 쓰다 | stack up against | ~에 견줄 만하다, 필적하다 |
| stand a chance of | ~의 가능성이 있다 | stand by | ~의 곁을 지키다, 가만히 있다 |
| stand for | 상징하다 | stand in a white sheet | 참회[회개]하다 |
| stand out | 돌출하다, 튀어나오다, 눈에 띄다, 두드러지다 | stand up for | ~을 옹호하다 |
| step in(= walk in, come in) | 안으로 걸어 들어오다 | stop over | (~에서) 잠시 머무르다, 중간에 잠시 멈추다, 비행 도중 잠시 체류하다 |
| stuffed shirt | 젠체하는 사람, 유력자, 부자 | such as it is | 대단한[변변한] 것은 못되지만 |

## (10) T

| | | | |
|---|---|---|---|
| take ~ for … | ~을 …라고 생각하다[…으로 잘못 생각하다] | take a break | 쉬다 |
| take a pew | 앉다 | take a trip | 여행을 하다 |
| take account of | ~을 고려하다 | take advantage of | ~을 이용하다 |
| take after | 닮다, 본받다, 흉내내다, ~의 뒤를쫓다 | take against | ~에 반대하다[반감을 가지다], 반항하다 |
| take apart | 분해[해체]하다, 혹독히 비판하다 | take away | 식탁을 치우다, 떠나다, 손상하다[흠내다] |
| take care | 조심하다, 주의하다 | take care of | ~을 돌보다[보살피다], (책임지고)맡다, 조심[유의]하다, 처리하다[해결하다] |
| take down | 내리다, 헐어버리다, 적다[적어두다] | take in | 섭취[흡수]하다, 마시다; 숙박시키다; 이해하다 |

| take it | 견디다, 받아들이다, 믿다 | take it easy | 여유롭다, 한가하다, 서두르지 않다 |
|---|---|---|---|
| take off | 벗다(↔ put on), 급히 떠나다, 추적하다 | take on | 흥분하다[이성을 잃다], 인기를 얻다, 고용하다, 맡다 |
| take out | 데리고 나가다, 출발하다, 나서다 | take over | 떠맡다, 인수하다, 이어받다[물려받다], 운반해 가다, 우세해지다 |
| take place | 발생하다[일어나다], 열리다[개최되다] | take the lion's share | 가장 큰[좋은] 몫을 차지하다 |
| take to | ~에 가다, ~에 전념하다, ~이 습관이 되다 | take up with | ~와 친해지다, ~에 흥미를 가지다[열중하다] |
| take[have] a walk/ rest | 산책을 하다/휴식을 하다 | take[have] pity on | 불쌍하게 여기다[가엽게 생각하다] |
| tamper with | ~을 만지작거리다, 함부로 고치다, 변조하다(= alter), 간섭하다(= meddle in, interfere with) | tear down | ~을 파괴하다, 해체하다 |

## (11) W

| walk of life | 직업, 신분, 계급, 사회적 계급 | walk out | 작업을 중단하다, 파업하다 |
|---|---|---|---|
| watch out(= be careful) | 조심하다 | wave at(= wave to)~ | ~에게 손을 흔들다 |
| wear and tear | (일상적인 사용에 의한) 마모[마손] | wear out | 닳아 없어지게 하다, 써서 해지게[낡게] 하다, 지치게 하다 |
| weed out (from) | 제거하다 | well off | 부유한, 유복한, 잘되어 가고 있는, 순조로운 |
| when it comes to | ~에 관한 한 | with a pinch[grain] of a salt | 에누리하여 |
| with all one's heart | 진심으로 | with regard to | ~에 관하여[대해서], ~와 관련하여 |
| within a stone's throw of | ~에서 돌을 던져 닿는 곳에, 매우 가까운 곳에 | within one's reach | 손이 미치는 곳에는 (↔ out of one's reach 손이 닿지 않는) |
| without fail | 틀림없이, 반드시 | worry about~(= be anxious about~) | ~에 관해서 걱정하다 |

SEMI-NOTE

기타 T 관련 숙어 및 관용어구

- throw in the towel[sponge] 패배를 인정하다
- throw the book at ~을 엄벌[중형]에 처하다
- tie the knot 결혼하다
- to a man 마지막 한 사람까지
- to advantage 유리하게, 돋보이게
- to each his own 각자 알아서
- to no effect 아무 효과가 없는, 쓸데없이
- to the best of one's knowledge ~이 알고 있는 바로는, 확실히, 틀림없이
- to the bone 뼛속까지, 철저히
- to the detriment of ~을 손상시키며[해치며], ~에게 손해를 주어, ~을 대가로 cf. detriment 손상, 손해, 손실
- to the point[purpose] 적절한, 딱 들어맞는(= pertinent, proper, relevant); 적절히, 요령 있게
- toot one's own horn 허풍을 떨다, 제 자랑을 하다
- try on (옷 등을) 입어 보다
- turn back(= return) 되돌아가다
- turn down 거절[각하]하다(= reject, refuse); (소리나 불꽃 등을) 줄이다(↔ turn up); 경기가 쇠퇴하다, 내려가다
- turn in 제출하다(= submit, hand in); (물건 등을) 되돌려 주다; 신고하다; 그만두다; 잠자리에 들다
- turn into ~으로 변하다
- turn off (= switch off) 끄다
- turn on(= switch on) 켜다
- turn out (가스·불) 끄다; 내쫓다, 해고하다; 결국 ~임이 드러나다(= prove), (결과) ~이 되다;참석하다(= take part in); 모이다(= assemble);생산하다, 제조하다(= manufacture)
- turn up 모습을 나타내다(= appear, show up), 도착하다(= arrive, reach); (분실물이) 우연히 발견되다, 일이 (뜻밖에) 생기다, 일어나다(= happen); (소리나 불꽃 등을) 높이다

11장

문제유형별 연습

# 나두공
## 직렬별 써머리 동영상 강의
## 5만원 가격파괴

| 국어+영어+한국사 |
|---|
| 행정법총론+행정학개론 |
| 일반행정직(5만원) |

| 국어+영어+한국사 |
|---|
| 행정법총론+교육학개론 |
| 교육행정직(5만원) |

| 국어+영어+한국사 |
|---|
| 행정법총론+노동법개론 |
| 고용노동직(5만원) |

| 국어+영어+한국사 |
|---|
| 노동법개론+직업상담심리학개론 |
| 직업상담직(5만원) |

| 국어+영어+한국사 |
|---|
| 교정학개론+형사소송법개론 |
| 교정직(5만원) |

| 국어+영어+한국사 |
|---|
| 행정법총론+사회복지학개론 |
| 사회복지직(5만원) |

## 핵심이론

시험에 출제되는 핵심 내용만을 모아 효율적인 학습이 가능하도록 구성하였습니다. 반드시 알아야 할 내용에 대한 충실한 이해와 체계적 정리가 가능합니다.

## 빈출개념

시험에서 자주 출제되는 개념들을 표시하여 중요한 부분을 한눈에 들어올 수 있도록 하였습니다. 합격에 필요한 핵심이론을 깔끔하게 학습하시기 바랍니다.

## 한눈에 쏙~

흐름이나 중요 개념들이 한눈에 쏙 들어올 수 있도록 도표로 정리하여 수록하였습니다. 한눈에 키워드와 흐름을 파악하여 수험에 도움이 되도록 하였습니다.

## 실력 up

더 알아두면 좋을 내용을 실력 up에 배치하고, 보조단에는 SEMI – NOTE를 배치하여 본문에 관련된 내용이나 중요한 개념들을 수록하였습니다.

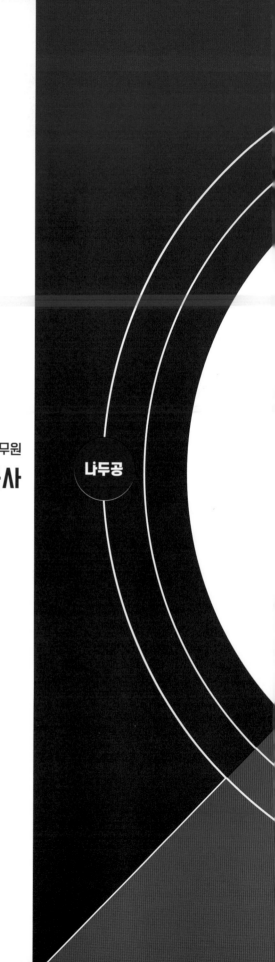

9급공무원
**한국사**

나두공

# 나두공

# 01장 선사 시대 및 국가의 형성

SEMI-NOTE

**역사 학습의 목적**
- 과거의 사실을 토대로 현재를 바르게 이해함으로써 개인과 민족의 정체성을 확립
- 선인들의 경험을 통해 삶의 지혜를 습득함으로써 당면 문제를 해결하고 미래를 예측
- 역사적 지식을 통해 역사적 사고력과 비판력을 함양

**역사 학습의 두 가지 측면**

| 역사 그 자체의 학습 | 역사를 통한 학습 |
|---|---|
| • 과거 사실에 대한 지식의 축적<br>• 역사를 지식의 보고로 인식<br>• 객관적 역사를 강조 | • 과거 사실을 토대로 현재를 이해<br>• 정체성 확립, 삶의 지혜 습득, 역사적 사고력 · 비판능력 함양<br>• 주관적 역사를 강조 |

**사료의 가치 이해**
- **사료학** : 사료의 수집과 정리 및 분류
- **사료 비판** : 사료의 진위 구별
  - 외적 비판 : 사료 그 자체에 관하여 그것의 진위 여부, 원 사료에 대한 타인의 첨가 여부, 필사(筆寫)인 경우 필사 과정에서 오류, 사료가 만들어졌던 단계에서 작자 · 장소 · 연대 및 전거(典據) 등에 관하여 사료의 가치 음미
  - 내적 비판 : 사료의 내용이 신뢰할 만한 것인가 분석, 사료의 성격을 밝히는 작업, 사료의 기술(記述)분석, 기술 개개의 점에 관하여 신뢰할 수 있는 이유의 유무 조사

## 01절 한반도의 선사 시대

## 1. 역사의 의미와 학습 목적

### (1) 객관적 의미의 역사(사실로서의 역사)

| 역사의 의미 | 넓은 의미의 역사 : 역사는 바닷가의 모래알과 같이 지금까지 일어난 있는 그대로의 수많은 과거 사건들의 집합체 |
|---|---|
| 특성 | • 객관적 사실(事實) 또는 시간적으로 과거에서 현재에 이르기까지 일어났던 모든 사실을 역사의 구성 요소로 함<br>• 역사가의 주관적 개입은 배제, 객관적 고증에 따른 연구<br>• 객관적 사료를 중시, 과거의 사실에 대한 객관적 복원을 강조<br>• 역사는 역사가에 따라 달라지는 것이 아닌 절대성을 가짐 |

### (2) 주관적 의미의 역사(기록으로서의 역사)

| 역사의 의미 | 좁은 의미의 역사 : 역사는 역사가가 역사적 의미가 있다고 보고 선정한 것 또는 조사 · 연구해 주관적으로 재구성한 것, 기록된 자료 또는 역사서를 의미 |
|---|---|
| 특성 | • 과거의 사실(史實) 또는 사료(史料)를 토대로 함, 주관적 요소가 개입(사관 중시), 역사 연구에 있어 과학적 인식을 토대로 한 학문적 검증이 필요<br>• 역사가에 따라 역사(역사의 기록)가 달라질 수 있다는 점에서 주관성 · 상대성을 가짐 |

## 2. 한국사의 바른 이해

### (1) 역사의 보편성과 특수성

① 세계사적 보편성 : 인간으로서 고유한 생활 모습과 이상, 자유 · 평등 · 행복 · 사랑의 추구, 주거지 및 공동체의 형성 등

② 민족적 특수성

  ㉠ 거주하는 지역의 자연 환경에 따라 고유한 언어와 풍속 · 예술 · 사회 제도 등을 다양하게 창조, 교통과 통신이 발달하지 못했던 시대에는 교류가 드물어 특수성이 두드러짐

  ㉡ 문화권의 차이를 통해 설명되기도 하며, 동일 문화권 내에서도 민족이나 지역적 특수성으로 구분되기도 함

### (2) 우리 민족의 보편성과 특수성

① 우리 민족 문화의 특수성

  ㉠ 세계사에서 보기 드문 단일 민족 국가로서의 전통을 지님

  ㉡ 선사 시대에는 아시아와 북방 문화가 연계되는 문화를 이룩

   ⓒ 고려 시대에는 불교를 정신적 이념으로 채택하였고, 조선 시대에는 유교적 가치와 문화가 중심이 됨

   ⓔ 불교는 현세 구복적 · 호국적 성격이 두드러졌고 유교는 충(忠) · 효(孝) · 의(義)의 덕목이 특히 강조됨

   ⓜ 국가에 대한 충성과 부모에 대한 효가 중시되고, 두레 · 계 · 향도와 같은 공동체 조직이 발달

## 3. 인류의 기원 및 한민족의 형성

### (1) 인류의 성립 및 전개

① **구석기 시대의 인류** : 구석기인이 등장한 시기는 대략 70만 년 전, 오늘날 현생인류의 직접적 조상은 대략 4만 년 전에 등장

② **신석기 시대의 인류**

   ⦿ 기원전 1만 년 경 빙하기가 끝나고 후빙기가 시작되면서 인류의 생활환경이 급변하였는데, 중석기 시대를 지나 신석기 시대가 시작됨

   ⦿ 사냥이나 식량 채집 단계에서 벗어나 농경 등 생산 경제 활동(식량 생산 단계)을 전개함으로써 인류의 생활이 크게 변함

   ⦿ 농경과 목축을 시작하고 토기를 제작 · 사용, 정착생활을 통해 촌락공동체를 형성

③ **청동기 시대의 인류**

   ⦿ 기원전 3000년을 전후하여 메소포타미아의 티그리스 강과 유프라테스 강, 이집트의 나일 강, 인도의 인더스 강, 중국의 황허 강 유역에서 4대 문명이 형성

   ⦿ 관개 농업의 발달, 청동기의 사용, 도시의 출현, 문자의 사용, 국가의 형성 등을 통해 인류문화가 급격하게 발달

**실력UP** **선사 시대와 역사 시대의 구분**

• 선사 시대와 역사 시대를 구분하는 기준은 문자사용의 여부
  – 세계사적 : 선사 시대는 문자를 사용하지 않았던 구석기 시대와 신석기 시대, 역사 시대는 문자를 사용하기 시작한 청동기 시대 이후
  – 우리나라의 경우 : 문자를 사용하였던 철기 시대부터 역사의 시작
• 선사 시대는 문자기록이 없으므로 유적이나 유물을 통해 당시의 상황을 유추, 역사 시대는 유물 · 유적 이외에 문자 기록물을 통해 보다 쉽고 상세하게 시대상 파악

 **한눈에 쏙~**

| 구석기 시대 | 신석기 시대 | 청동기 시대 | 철기 시대 전기 | 철기 시대 후기 |
|---|---|---|---|---|
| 대략 70만년 ~기원전 1만년 | 대략 기원전 1만 년 내지 8천년 ~기원전 2천년 내지 1,500년 | 대략 기원전 2천년~기원전 400년 | 대략 기원전 400년~기원 전 1년까지 | 서기 1년 ~300년까지 |

**한국사의 이해**
• 한국사를 바르게 인식하는 데 기초
• 우리 민족의 역사적 삶의 특수성 이해와 그 가치를 깨우치는 것
• 민족적 자존심을 잃지 않고 세계 문화에 공헌하는 것이 필요

**한국사의 특수성**
• 반만 년의 유구한 단일 민족사 유지
• 불교와 유교의 수용 및 토착화
• 문화의 주체적 · 개방적 측면의 조화
• 공동체 조직의 발달

**세계화 시대의 역사의식**
• 개방적 민족주의 : 민족 주체성을 가지며 외부 세계의 변화에 적극적으로 대응하는 개방적 민족주의에 기초, 내 것이 최고라는 배타적 민족주의와 외래의 문화만을 추종하는 것은 버려야 함
• 인류 공동의 가치 : 인류 사회의 평화와 복리 증진 등 인류 공동의 가치를 추구

**원시 인류의 성립**

| 구분 | 의미 |
|---|---|
| 오스트랄로피테쿠스(350만 년 전) | • 남방의 원숭이<br>• 직립보행, 양손을 이용해 간단한 도구 사용 |
| 호모 하빌리스 (250만 년 전) | • 손재주 좋은 사람(능인(能人))<br>• 도구를 제작하여 사용(도구의 인간) |
| 호모 에렉투스 (70만 년 전) | • 곧선사람(원인(原人))<br>• 구석기 시대의 본격적 전개<br>• 불과 언어의 사용, 손도끼 등 발달된 도구 사용 |
| 호모 사피엔스 (20만 년 전) | • 슬기사람(고인(古人))<br>• 여러 석기 제작 · 사용, 종교의식과 미의식 발생, 시체 매장 풍습 |
| 호모사피엔스 사피엔스(4만 년 전) | • 슬기 슬기사람(신인(新人))<br>• 어느 정도 정교한 도구 사용, 동굴벽화, 여인상 |

**알타이 어족**

터키에서 중앙아시아와 몽골을 거쳐 한국과 일본에 이르는 지역에 분포하는 어족(語族)으로서, 몽골어 · 터키어 · 한국어 · 일본어 · 만주어 · 핀란드어 · 헝가리어 · 퉁구스어 등을 포함함

**한민족과 동이(東夷)족**

동이족은 한민족과 여진족, 일본족 등 중국을 중심으로 동쪽에 있는 여러 부족을 통칭하기도 하나, 일반적으로는 우리 민족만을 지칭하는 용어임. 동이족에 관한 최초의 우리 문헌은 김부식의 〈삼국사기〉이며, 중국의 문헌으로는 〈논어〉, 〈예기〉, 〈사기〉, 〈산해경〉 등이 있음

### (2) 한민족의 형성과 전개

① 한민족의 형성 및 분포

    ㉠ 한반도에 거주했던 구석기인들에 대해서는 우리 민족의 직접 조상으로 보지 않음

    ㉡ 우리 민족의 모체이자 근간은 고아시아계인 신석기인, 일반적으로 신석기에서 청동기를 거치는 과정에서 민족의 기틀이 형성

    ㉢ 우리 민족의 주류를 형성한 것은 신석기인의 문화를 흡수한 청동기인

② 한민족의 특성 및 독자성

    ㉠ 인종상 황인종에 속하며, 형질 인류상 북몽골족, 언어학상 알타이 어족 계통이라 봄

    ㉡ 오래 전부터 하나의 민족 단위 형성, 농경 생활을 바탕으로 독자적인 문화 형성

## 4. 구석기 시대

### (1) 구석기 시대의 범위

① 시간적 범위 : 70만 년 전부터 1만 년 전까지

② 시대 구분 : 석기(뗀석기)를 다듬는 기법에 따라 전기 · 중기 · 후기로 구분

| 전기(대략 70만~10만 년 전) | 큰 석기 한 개를 다양한 용도로 사용, 주먹도끼, 찍개, 찌르개 등 |
|---|---|
| 중기(대략 10만~4만 년 전) | 한 개의 석기가 하나의 용도로 사용됨, 밀개, 긁개, 자르개, 새기개, 찌르개 등 |
| 후기(대략 4만~1만 년 전) | 쐐기 같은 것을 이용해 형태가 같은 여러 개의 돌날격지를 만드는 데까지 발달, 슴베찌르개 등 |

### (2) 구석기 시대의 생활 모습

① 경제 · 사회 생활

    ㉠ 이동 생활 : 사냥이나 어로, 채집 생활(농경은 시작되지 않음)

    ㉡ 도구의 사용 : 뗀석기와 함께 뼈 도구(골각기)를 용도에 따라 사용

    ㉢ 용도에 따른 도구의 구분

        • 사냥 도구 : 주먹도끼, 돌팔매, 찍개, 찌르개, 슴베찌르개

        • 조리 도구 : 긁개, 밀개, 자르개

        • 공구용 도구 : 뚜르개, 새기개(단양 수양개 유적)

    ㉣ 무리 사회 : 가족 단위를 토대로 무리를 이루어 공동체 생활을 영위, 언어를 사용, 시신을 매장하는 풍습이 발생

    ㉤ 평등 사회 : 무리 중 경험이 많고 지혜로운 사람이 지도자가 됨, 계급이 없음

② 주거 생활

    ㉠ 대부분 자연 동굴에 거주, 바위 그늘(단양 상시리)이나 강가에 막집(공주 석장리)을 짓고 거주

    ㉡ 구석기 후기의 막집 자리에는 기둥 자리와 담 자리, 불 땐 자리 존재, 불을 사

**주먹도끼, 슴베찌르개, 뚜르개**

• 주먹도끼 : 사냥의 용도 이외에도 동물의 가죽을 벗기고 땅을 팔 때에도 널리 사용

• 슴베찌르개 : 슴베는 '자루'를 의미하며, 주로 창날이나 화살촉으로 사용

• 뚜르개 : 돌날격지 등의 뾰족한 끝을 이용해 구멍을 뚫거나 옷감을 만들 때 사용

용하게 되면서 음식을 익혀 먹고 빙하기의 추위에도 견딜 수 있게 됨

③ 예술 활동 : 사냥감의 번성을 비는 주술적 성격, 공주 석장리에서 개 모양의 석상 및 고래·멧돼지·새 등을 새긴 조각과 그림(선각화), 단양 수양개에서 고래와 물고기 등을 새긴 조각 발견

## (3) 주요 유물 및 유적

① 주요 유물 : 뗀석기·사람과 동물의 뼈로 만든 골각기 등이 출토, 다양한 동물의 화석이 함께 발견

② 주요 유적지 : 단양 도담리 금굴, 단양 상시리 바위 그늘, 공주 석장리, 평남 상원 검은모루 동굴, 연천 전곡리, 제천 점말 동굴, 함북 웅기 굴포리, 청원 두루봉 동굴(흥수굴), 평남 덕천 승리산 동굴, 평양 만달리 동굴, 함북 종성 동관진, 단양 수양개, 제주 어음리 빌레못

## 5. 신석기 시대

### (1) 신석기 시대의 범위

① 시간적 범위 : 대략 기원전 8천 년부터 시작

② 시대 구분 : 주로 사용된 토기의 종류와 특징에 따라 전기·중기·후기로 구분

③ 공간적 범위 : 주로 강가나 바닷가에 위치

### (2) 경제 생활

① 농경과 사냥·채집·어로

㉠ 중기까지는 사냥·채집·어로 생활이 중심, 후기부터 농경과 목축 시작

㉡ 유물 및 유적 : 봉산 지탑리와 평양 남경 유적의 탄화된 좁쌀은 신석기 후기의 잡곡류(조·피·수수) 경작을 반영, 이 시기 목축이 시작

㉢ 주요 농기구 : 돌괭이(석초), 돌보습, 돌삽, 돌낫, 맷돌(연석) 등

㉣ 농경 형태 : 집 근처의 조그만 텃밭을 이용하거나 강가의 퇴적지를 소규모로 경작

㉤ 사냥·채집·어로 : 경제생활에서의 비중은 점차 줄어듦, 주로 활이나 돌창·돌도끼 등으로 사냥, 그물·작살·뼈낚시 등을 이용, 조개류로 장식

② 원시 수공업 : 가락바퀴(방추차)나 뼈바늘(골침)로 옷, 그물, 농기구 등을 제작

### (3) 토기의 종류 및 특징 ★빈출개념

| 구분 | 토기 | 특징 | 유적지 |
|---|---|---|---|
| 전기 | 이른 민무늬 토기 (원시무문 토기) | 한반도에 처음 나타난 토기 | 제주 한경면 고산리, 부산 동삼동, 웅기 굴포리, 만포진 |
| | 덧무늬 토기 (융기문 토기) | 토기 몸체에 덧무늬를 붙인 토기 | 강원 고성 문암리, 부산 동삼동(→ 조개더미에서 이른 민무늬 토기와 함께 출토) |

---

SEMI-NOTE

**중석기 시대(잔석기 시대)**

· 성립

– 배경 : 빙하기가 지나고 기후가 다시 따뜻해지고 동식물이 번성함에 따라 새로운 자연 환경에 적절히 대응하기 위한 인류의 노력으로 성립

– 시기 : 구석기 시대에서 신석기 시대로 넘어가는 과도기인 기원전 1만 년에서 8천 년 무렵

– 지역 : 주로 유럽 서북부 지역을 중심으로 성립

· 도구 : 잔석기, 이음 도구

– 큰 짐승 대신에 토끼·여우·새 등 작고 빠른 짐승을 잡기 위해 한 개 내지 여러 개의 석기(잔석기)를 나무나 뼈에 꽂아 쓰는 이음 도구(복합 용구)로 만들어 사용

– 활이나 톱·창·낫·작살 등을 이용해 사냥·채집·어로 활동

· 유적지

– 남한 지역 : 공주 석장리 최상층, 통영의 상노대도 조개더미, 거창 임불리, 홍천 하화계리 등

– 북한 지역 : 웅기 부포리, 평양 만달리 등

빗살무늬 토기

덧무늬 토기

**빗살무늬 토기 ★빈출개념**

신석기 시대의 대표적 토기인 빗살무늬 토기는 회색으로 된 사토질 토기, 크기는 다양하나 바닥은 뾰족한 V자형의 토기, 주로 해안이나 강가의 모래에서 발견되었다는 점에서 신석기인들이 수변생활을 했음을 알 수 있음

신석기 후기의 움집
• 움집 내의 공간이 다소 커지고 정방
형이나 장방형으로 바뀜, 화덕 자
리가 한쪽으로 치우쳐 설치
• 움집 생활의 다양성 또는 작업 공간
의 확보 등을 의미

신석기 시대의 움집

신석기 시대의 집터 유적

조가비로 만든 팔찌, 패면, 뼈바늘 등

**조개더미 유적지**
• 신석기 시대 : 웅기 굴포리, 부산 동삼
동, 양양 오산리
• 철기 시대 : 양산, 김해, 웅천, 몽금포

**기타의 신앙 형태**
• 사람이 죽어도 영혼은 없어지지 않는
다고 생각하여 영혼 숭배(조상 숭배 등)
• 금기(Taboo), 투우, 부장, 호신부의 지
참 등

| 중기(BC 4000 ~2000) | 빗살무늬 토기 (즐문 토기, 기하문 토기, 어골문 토기) | • 빗살문 · 기하문 등 어골문이 새겨진 회색의 V자형 토기(일본의 조몽 토기로 연결)<br>• 대부분 해안이나 강가에서 발견되어, 수변 · 어로 생활을 반영 | 서울 암사동, 경기 미사리, 김해 수가리, 부산 동삼동, 웅기 굴포리 |
|---|---|---|---|
| 후기 | 변형즐문 토기 (평저즐문 토기, 번개무늬 토기, 물결무늬 토기) | 밑바닥이 평평한 U자형의 토기로, 농경 및 정착 생활을 반영 | 부산 다대동, 황해 봉산 지탑리, 평남 온천 궁산리, 평북 청진 농포동, 강원 춘천 교동, 경기 부천 시도 |

### (4) 사회생활

① 주거지(움집) : 주로 해안이나 강가에 움집을 짓고 생활
  ㉠ 바닥은 원형이나 둥근 방형, 4~5명 정도의 사람이 들어감, 중앙에는 취사와 난방을 위한 화덕이 위치
  ㉡ 남쪽으로 출입문, 화덕 · 출입문 옆 저장 구덩이에 식량이나 도구를 저장
② 씨족 중심의 사회
  ㉠ 혈연을 바탕으로 하는 씨족을 기본 구성단위로 하는 사회, 점차 다른 씨족과의 혼인(족외혼), 모계 혈통을 중시하여 출생 후 모계의 씨족에 편입
  ㉡ 경제적 측면에서 폐쇄적 · 배타적 성격이 강함, 중요한 일은 씨족 회의의 만장일치에 의해 결정
  ㉢ 씨족에는 청소년 집단 훈련 기능 존재, 집단적 · 공동체적 제천 행사나 신앙 활동 존재
  ㉣ 연장자나 경험이 많은 자가 자기 부족을 이끌어 나가는 평등 사회

### (5) 예술 활동

① 주술적 성격 : 주술적 신앙이나 종교와 관련(음악 · 무용), 부적과 같은 호신부나 치레걸이 등을 통해 풍요 · 다산 기원
② 주요 예술품 : 토우, 안면상, 여인상, 패면(조개껍데기 가면), 장식품, 치레걸이 등

### (6) 원시 신앙 활동(원시 종교)

① 애니미즘(Animism, 정령신앙)
  ㉠ 모든 자연 현상이나 자연물에 정령(생명)이 있다고 믿는 신앙
  ㉡ 영혼불멸사상, 지모신 사상, 동쪽으로의 매장방식, 삼신(천신 · 지신 · 조상신) 숭배, 태양 숭배, 물에 대한 숭배
② 샤머니즘(Shamanism, 무격신앙)
  ㉠ 영혼이나 하늘을 인간과 연결시켜 주는 무당(巫堂)과 주술을 믿는 신앙
  ㉡ 무당은 주술을 통해 인간의 장수와 질병, 농경생활, 사냥 등의 제의 주관
③ 토테미즘(Totemism, 동물숭배) : 자기 부족의 기원을 특정 동 · 식물과 연결시켜 그것을 숭배, 단군왕검(곰) · 박혁거세(말) · 김알지(닭) · 석탈해(까치) · 김수로왕(거북이) 등이 해당

## (7) 유물 및 유적

① 대표적 유물

⑤ 간석기 : 돌을 갈아 여러 가지 형태와 용도를 가진 간석기를 만들어 사용, 부러지거나 무뎌진 도구를 다시 갈아 손쉽게 쓸 수 있게 됨

⑥ 토기 : 토기는 흙으로 빚어 불에 구워 만들며, 신석기 시대에 처음으로 제작

⑥ 가락바퀴와 뼈바늘 : 가락바퀴(방추차)와 뼈바늘(골침)은 옷이나 그물 등을 제작하는 용도로 사용(방적술 · 직조술)

② 주요 유적지와 특징

| 구분 | 유적지 | 특징 |
|---|---|---|
| 전기 | 제주 고산리 | • 최고(最古)의 유적지(기원전 8천 년 무렵의 유적)<br>• 고산리식 이른 민무늬 토기, 덧무늬 토기 출토 |
| | 강원 양양 오산리 | • 최고(最古)의 집터 유적지<br>• 흙으로 빚어 구운 안면상, 조개더미 |
| | 강원 고성 문암리 | 덧무늬 토기 출토 |
| | 부산 동삼동 | 조개더미 유적으로, 패면(조개껍데기 가면), 이른 민무늬 토기, 덧무늬 토기, 바다 동물의 뼈 등이 출토 |
| | 웅기 굴포리 | • 구석기 · 신석기 공통의 유적지<br>• 조개더미, 온돌장치 |
| 중기 | 서울 암사동, 경기 하남 미사리, 김해 수가리 | 빗살무늬 토기 출토 |
| 후기 | 황해도 봉산 지탑리 | • 빗살무늬 토기 출토<br>• 탄화된 좁쌀(농경의 시작) |
| | 평남 온천 궁산리 | • 빗살무늬 토기 출토<br>• 뼈바늘(직조, 원시적 수공업의 시작) |
| | 경기 부천 시도, 강원 춘천 교동 | 후기의 토기 출토 |

# 6. 청동기 문화의 성립과 발달

## (1) 청동기 문화의 성립

① 성립 시기 및 지역적 범위 : 한반도와 만주 지역에서 BC 2000~1500년경에 본격적으로 청동기 문화가 전개

② 특징

⑤ 우리나라의 경우 중국이 아닌 시베리아 등 북방 계통의 청동기가 전래

⑥ 청동기 전래와 더불어 이전 시대의 석기(간석기)도 더욱 발달

⑥ 벼농사가 시작, 농업 생산력이 증가, 정치권력과 경제력을 가진 지배자(군장)의 등장

SEMI-NOTE

가락바퀴(방추차)

뼈바늘

간석기

청동기 문화의 독자성
청동기 문화의 토착화를 반영하는 것으로는 거푸집(용범)과 세형동검, 잔무늬거울 등이 있음

반달 돌칼

홈자귀(ㅁㄱ석부)

비파형 동검

미송리식 토기    민무늬 토기

미송리식 토기
• 청동기 시대의 토기
• 밑이 납작한 항아리 양쪽에 손잡이가 하나씩 달리고 목이 넓게 올라가서 다시 안으로 오므라든 모양을 하고 있음
• 표면에 집선 무늬
• 평북 의주 미송리 동굴에서 처음 발굴, 주로 청천강 이북, 요령성과 길림성 일대에 분포

청동기 시대 유적지
평북 의주 미송리, 평북 강계 공귀리, 여주 흔암리, 함북 회령 오동리, 함북 나진 초도, 평양 금탄리와 남경, 충남 부여 송국리, 충북 제천 황석리, 경기 여주 흔암리, 전남 순천 대곡리, 울산 검단리 등

## (2) 유적 및 유물

① 유물 : 주로 집터나 고인돌 · 돌널 무덤 · 돌무지 무덤 등 당시의 무덤에서 출토
　ㄱ 농기구 : 청동 농기구는 없음, 석기 · 목기로 제작된 농기구가 사용
　　• 반달 돌칼(추수용), 바퀴날 도끼(환상석부), 홈자귀(유구석부, 경작용), 돌팽이 등, 나무 쟁기 등
　ㄴ 청동기
　　• 비파형 동검, 제기(祭器), 공구, 거친무늬 거울, 장신구(호랑이 · 말 모양의 띠고리 장식, 팔찌, 비녀, 말자갈 등), 북방 계통의 청동기가 전래
　　• 청동 제품을 제작하던 틀인 거푸집(용범)이 여러 유적에서 발견된다는 점, 우리나라에서 독자적으로 청동기가 제작되었음을 짐작
　　• 청동기 후기(초기 철기)에는 초기의 비파형 동검(요령식 동검)과 거친무늬 거울(다뉴조문경)보다 독자적 성격이 반영된 세형동검과 잔무늬 거울(세문경)이 주로 제작
② 토기 : 덧띠새김무늬 토기, 민무늬 토기
　ㄱ 민무늬 토기 : 청동기 시대 대표적 토기, 지역에 따라 모양이나 형태가 조금씩 다름(바닥이 편평한 원통 모양인 화분형, 밑바닥이 좁은 모양인 팽이형, 빛깔은 적갈색), 미송리식 토기, 각형식(팽이형) 토기, 역삼동식 토기, 가락리식 토기, 송국리식 토기 등
　ㄴ 검은 간 토기, 붉은 간 토기, 가지무늬 토기(붉은 간 토기의 변형) 등

## 7. 철기 문화의 성립과 발달

### (1) 철기 문화의 성립

① 성립 시기 : BC 5~4세기경부터 중국 스키타이 계통의 철기가 전래, 초기 철기 시대는 청동기 후기와 시기상 겹치며, 오랫동안 청동기와 철기가 함께 사용
② 영향(특징) : 철제 농기구의 보급 · 사용으로 농업이 발달, 경제 기반이 확대, 철제를 무기와 연모 등에 보편적으로 사용, 청동기는 의식용 도구, 한반도 안에서 독자적으로 발전

### (2) 유적 및 유물

① 유적지 : 한반도 전역에 걸쳐 널리 분포
② 주요 유물
　ㄱ 동검 : 비파형 동검(요령식 동검)은 세형동검(한국식 동검)으로 변화 · 발전
　ㄴ 청동 거울 : 거친무늬 거울(조문경)은 잔무늬 거울(세문경)로 형태가 변화
　ㄷ 거푸집(용범), 민무늬 토기, 검은 간 토기, 덧띠 토기

### (3) 중국과의 교류

① 중국 화폐의 사용 : 중국과의 활발한 경제적 교류 반영

| 명도전 | 중국 춘추 전국 시대에 연과 제에서 사용한 청동 화폐로, BC 4세기 무렵 중국 철기의 전래 및 중국과의 활발한 교역 관계를 반영 |
|---|---|
| 반량전 | BC 3세기 무렵 진에서 사용한 청동 화폐로 半兩(반량)이라는 글자가 새겨져 있으며, 사천 늑도에서 출토 |
| 오수전 | BC 2세기 무렵의 한(漢) 무제 때 사용된 화폐로, 창원 다호리 등에서 출토 |
| 왕망전 | 1세기 무렵 신(新)의 왕망이 주조한 화폐로, 김해 패총과 제주도에서 출토 |

② 한자의 사용 : 창원 다호리 유적에서 붓이 출토되었는데, 이는 당시(BC 2세기경)의 문자(한자) 사용 및 중국과의 문화적 교류를 반영

## 8. 청동기 시대 및 철기 시대의 생활 모습

### (1) 경제 생활

① 농기구의 개선 및 발달 : 석기 농기구가 다양 · 기능 개선, 철제 농기구 새로 도입, 농업 발달, 생산 경제 향상
② 조 · 보리 · 콩 · 수수 등 밭농사가 중심, 청동기 시대 일부 저습지에서 벼농사가 시작되어 철기 시대에 발달, 사냥이나 어로는 농경의 발달로 비중이 줄어듦

### (2) 사회 생활

① 사회의 분화
  ㉠ 직업의 전문화와 분업 : 모계 중심 사회가 붕괴, 가부장 사회 성립
  ㉡ 계급의 분화 · 지배자 등장(잉여 생산물의 발생과 사적 소유에서 기인) : 청동기 문화가 일찍부터 발달한 북부 지역을 중심으로 권력 · 경제력을 가진 지배자(족장)인 군장 출현
  ㉢ 친족 공동체 중심의 사회가 진전되면서 씨족 공동체가 붕괴
② 정복 활동의 전개 : 정치권력과 경제력에서 우세한 부족들이 선민사상(選民思想)을 배경으로 주변 부족을 통합 · 정복, 금속제 무기의 사용

### (3) 주거 생활

① 청동기 시대
  ㉠ 주로 움집에서 생활, 장방형의 움집(수혈 주거)으로 깊이가 얕다가 점차 지상 가옥에 근접, 움집을 세우는 데에 주춧돌 이용, 화덕은 한쪽 벽으로 이동, 저장 구덩이를 따로 설치 · 한쪽 벽면을 밖으로 돌출시켜 만듦, 독립된 저장 시설을 집 밖에 따로 설치
  ㉡ 후기의 지상 가옥은 농경 생활의 영향으로 점차 배산임수의 지역에 취락 형성, 구릉이나 산간지에 집단 취락(마을)의 형태를 이룸
② 철기 시대 : 배산임수가 확대, 지상 가옥 형태가 보편적, 산성에 거주, 정착 생활의 규모가 점차 확대, 대규모의 취락 형태

북방식 고인돌

남방식 고인돌

**간석검(마제석검)**

족장의 무덤에서 부장품으로 간석검이 출토되는데, 이는 족장들의 힘과 권위를 상징

**청동기 시대 및 철기 시대 주요 예술품 및 바위그림**

- 청동 제품 : 의식용 도구로 비파형 동검, 거친무늬 거울, 잔무늬 거울, 방울(동령 · 쌍두령 · 팔주령 등), 농경문 청동기(종교 의식과 관련된 청동 의기) 등
- 토우(土偶) : 흙으로 빚은 짐승이나 사람 모양의 상
- 바위그림(암각화) : 전국 20여 지역에서 발견
  - 울주 대곡리 반구대 바위그림 : 거북 · 사슴 · 호랑이 · 새 등의 동물과 작살이 꽂힌 고래, 그물에 걸린 동물, 우리 안의 동물 등이 새겨짐(사냥 및 고기잡이의 성공과 풍성한 수확 기원)
  - 울주 천전리 바위그림 : 제1암각화에는 원형 · 삼각형 등 기하학적 문양, 제2암각화에는 사냥과 고래잡이를 하는 모습
  - 고령 양전동 바위그림 : 동심원 · 십자형 · 삼각형 등의 기하학적 무늬가 새겨짐. 동심원은 태양을 상징하는 것으로 태양 숭배나 풍요로운 생산을 비는 의미
  - 칠포의 바위그림 : 우리나라에서 발견된 최대의 바위그림

**〈삼국유사〉와 〈제왕운기〉의 단군기록**

- 일연의 〈삼국유사〉 : 단군에 대한 최초의 기록, 환웅이 웅녀와 혼인하여 단군을 낳은 것으로 기록하여 원형에 충실한 서술을 하고 있으며, 고조선이라는 표현을 처음으로 사용
- 이승휴의 〈제왕운기〉 : 환웅의 손녀가 사람이 된 후 단군을 낳은 것으로 기록, 원형과 거리가 있음

**기자(箕子) 조선**

중국 사서인 〈상서대전〉(최초의 기록)과 〈사기〉, 〈한서〉 등에 주(周)의 무왕이 기자를 조선에 봉하였다는 전설(기자동래설), 기원전 12세기 인물인 기자가 기원전 3~2세기 기록에 처음 나타난 점과 당대의 역사적 상황, 고고학적 근거 등을 고려할 때 허구성이 강함 우리나라와 북한의 학계에서도 이를 인정하지 않음

## (4) 무덤 양식

① 무덤 양식의 구분

㉠ 청동기 시대 : 고인돌, 돌무지 무덤, 돌널 무덤, 돌덧널 무덤(돌곽 무덤), 석곽묘 등

㉡ 철기 시대 : 널 무덤(움 무덤, 토광묘), 독 무덤(옹관묘), 주구묘(마한) 등

② 고인돌(지석묘)

㉠ 우리나라 전역에 분포하는 청동기 시대의 대표적인 무덤, 지배층(족장)의 무덤

㉡ 북방식(탁자식)과 남방식(기반식 · 바둑판식), 굄돌을 세우고 그 위에 거대하고 평평한 덮개돌을 얹은 북방식이 일반적인 형태

## (5) 예술 활동의 성격

종교나 정치적 요구와 밀착, 미 의식과 생활 모습을 반영, 주술성이 있음

## 02절 국가의 형성과 발달

# 1. 단군 신화

## (1) 단군 신화의 의의

① 의의 및 성격

㉠ 우리 민족의 시조 신화, 유구한 민족사 · 단일 민족 의식 반영(민족적 자긍심과 주체성)

㉡ 우리 민족의 세계관과 윤리관, 널리 인간을 이롭게 한다는 홍익인간의 건국이념 내포

② 단군의 건국에 관한 기록 : 일연 〈삼국유사〉, 이승휴 〈제왕운기〉, 정도전 〈조선경국전〉, 권람 〈응제시주〉, 〈세종실록 지리지〉, 〈동국여지승람〉 등

## (2) 단군 신화의 기록 및 내용

① 삼국유사(三國遺事)

> 옛날에 환인(桓因)의 서자 환웅(桓雄)이 항상 천하에 뜻을 두고 인간 세상을 바랐다. 아버지는 아들의 뜻을 알고 삼위태백(三危太白)을 내려다보니 인간 세계를 널리 이롭게 할 만하였다. 이에 천부인(天符印) 세 개를 주어, 내려가서 세상을 다스리게 하였다. 환웅은 그 무리 3천 명을 거느리고 태백산(太白山) 꼭대기의 신단수(神壇樹) 아래에 내려와서 이곳을 신시(神市)라 불렀다. 그는 풍백(風伯), 우사(雨師), 운사(雲師)를 거느리고 곡식, 수명, 질병, 형벌, 선악 등을 주관하고, 인간의 삼백 예순 가지나 되는 일을 주관하여 인간 세계를 다스려 교화시켰다. 이때, 곰 한 마리와 범 한 마리가 같은 굴에서 살았는데, 늘 신웅(神雄)에게 사람 되기를 빌었다. 때마침 신(神)이 신령한 쑥 한 심지와 마늘 스무 개를 주면서 말했다. "너희들이 이것을 먹고 백일 동안 햇빛을 보지 않는다면 곧 사람이 될 것이다." 곰과 범은 이것을 받아서 먹었다. 곰은 몸을 삼간 지 삼칠일 만에 여

자의 몸이 되었으나, 범은 능히 삼가지 못했으므로 사람이 되지 못했다. 웅녀(熊女)는 그와 혼인할 상대가 없었으므로 항상 신단수 아래에서 아이 배기를 축원했다. 환웅은 이에 임시로 변하여 그와 결혼해 주었더니, 그는 임신하여 아들을 낳아 이름을 단군왕검이라 하였다. 단군은 요 임금이 왕위에 오른 지 50년인 경인년에 평양성에 도읍을 정하고 비로소 조선(朝鮮)이라 불렀다. 또다시 도읍을 백악산(白岳山) 아사달(阿斯達)로 옮겨, 1천5백 년 동안 여기에서 나라를 다스렸다.

② 단군 신화의 주요 내용 : 선민사상과 천손족(天孫族) 관념, 주체성 · 우월성 과시, 홍익인간의 이념, 청동기의 사용, 사유 재산의 존재와 계급 분화, 애니미즘과 농경 사회의 모습, 의약에 관한 지식, 태양 숭배 의식, 곰 토템 사회 및 모계 중심의 사회, 천지 양신족설 · 족외혼, 제정일치 사회

## 2. 고조선

### (1) 고조선의 성립

① 성립 배경 : 농경과 청동기 문화의 발전과 함께 족장이 지배하는 군장 사회 출현, 강한 족장 세력이 주변의 여러 족장 사회를 통합, 고조선이 가장 먼저 국가로 성장

② 건국 시기 : 단군 왕검이 BC 2333년 건국

### (2) 고조선의 발전 및 변천

① 발전 : 청동기를 배경으로 철기 문화를 수용, 요하 · 대동강 일대의 세력을 규합, 대연맹국으로 성장

② 시기별 변천
  ㉠ BC 7세기경 : 춘추 전국 시대의 제(齊)와 교역하며 성장(〈관자〉에 기록)
  ㉡ BC 4세기경 : 춘추 전국 시대 동방 사회의 중심 세력으로 성장, 왕호 사용, 관직을 둠, 중국의 철기 문화가 전파됨
  ㉢ BC 3세기경 : 요서 지방을 경계로 연과 대등하게 대립할 정도로 강성, 부왕 · 준왕 같은 강력한 왕이 등장하여 왕위 세습제가 마련, 상 · 대부 · 대신 · 장군 등의 중앙 관직을 두고 박사 · 도위(지방관) 등을 파견

### (3) 위만 조선

① 유이민의 이주와 위만의 집권
  ㉠ 기원전 5~4세기 · 기원전 3~2세기(진 · 한 교체기) 유이민들의 1차 · 2차 이주, 위만은 혼란을 피해 1,000여 명의 무리를 이끌고 고조선으로 이주
  ㉡ 준왕은 위만을 박사로 봉하고 서쪽 땅의 통치와 변경을 수비하는 임무를 맡김
  ㉢ 위만은 준왕을 몰아내고 스스로 왕이 됨(BC 194)

② 위만 조선의 성격 : 고조선의 토착 세력, 유민, 유이민 세력이 규합하여 성립한 연맹 국가(단군 조선을 계승)

③ 정치 조직의 정비
  ㉠ 통치 체제 : 왕 아래 비왕과 상(相)이라는 독립적 군장과 경 · 대신 · 장군 등의

SEMI-NOTE

**고조선에 대한 기록서**
- 우리나라의 사서 : 〈삼국유사〉, 〈동국통감〉, 〈표제음주동국사략(유희경)〉, 〈신증동국여지승람〉, 〈동국역대총목(18세기 홍만종, 단군 정통론)〉, 〈동사강목(안정복)〉 등
- 중국의 사서 : 〈관자〉, 〈산해경〉, 〈사기〉, 〈위략(魏略)〉 등

고조선의 세력 범위

**세력 범위 및 중심지**
- 요령 지방을 중심으로 성장, 인접한 군장 사회를 통합하면서 한반도까지 발전
- 청동기 시대를 특징짓는 유물의 하나인 비파형 동검과 고인돌(북방식)은 미송리식 토기와 거친무늬 거울(다뉴조문경)이 나오는 지역과 관련, 주로 만주와 북한 지역에서 집중적으로 발굴, 고조선의 세력 범위를 짐작하게 함
- 요령 지방과 대동강 유역을 중심으로 독자적인 문화를 이룩하면서 발전

**고조선의 통치 체제**
중앙의 통치는 왕과 대부, 지방의 통치는 왕과 박사가 연결되는 구조의 통치 체제, 여기서의 대부는 중앙 행정 관리에 해당하나, 박사는 관리나 관직의 개념이라기보다는 지방행정을 대행하는 명망가를 지칭하는 개념이라고 봄

관료 체계
ⓛ 군사 체제 : 기병과 보병 형태를 갖춘 상비군 체제를 갖추고 한에 대항
ⓒ 중앙 및 지방 지배 체제 : 중앙 정부는 국왕을 중심으로 직접 통치, 지방은 독자적 권력을 가진 군장에 의해 간접적으로 지배
④ 위만 조선의 발전
ⓛ 철기의 사용으로 농업, 수공업, 상업, 무역 발달
ⓒ 활발한 정복 사업을 전개, 넓은 영토 차지, 중앙 정치 조직을 갖춘 강력한 국가로 성장

### (4) 고조선의 멸망

① 한의 견제와 침략
ⓛ 한이 흉노를 견제하고 고조선에 압력을 가하고자 창해군을 설치(BC 128) 하였으나 토착인의 저항으로 2년 뒤에 철폐
ⓒ 고조선은 한의 동방 침략 기지인 요동군까지 위협
ⓒ 한은 사신(섭하) 살해를 빌미로 한무제가 육군 5만과 수군 7천을 이끌고 고조선을 침(BC 109)
② 경과
ⓛ 1차 접전(패수)에서 고조선은 대승, 위만의 손자인 우거왕이 1년간 항전
ⓒ 2차 침입에 대신 성기(成己)가 항전, 고조선의 내분(주전파 · 주화파의 분열)으로 우거왕 암살, 주화파의 항복으로 왕검성(평양성) 함락(BC 108)
③ 한 군현(한4군)의 특징 및 영향
ⓛ 정치면 : 고조선 내부 지배 세력 재편, 민족적 차별 발생, 고대 국가 성립 지연, 토착 세력의 반발과 민족적 자각 촉발
ⓒ 사회면 : 법 조항의 증가, 엄한 율령(律令)의 시행, 풍속이 각박해짐
ⓒ 경제면 : 철제 농기구의 보급으로 농업 생산력이 증가, 한 상인들의 범죄 행위로 피해가 발생
ⓔ 문화 · 사상면 : 한자가 전파, 철기 문화 널리 보급
ⓜ 유물 및 유적 : 토성, 점제현 신사비, 기와, 봉니, 채화칠협, 전화, 오수전, 한의 동전 등

### (5) 고조선의 생활 모습

① 경제적 모습 : 생활 용품이나 도구, 무기, 장신구 등을 만들어 사용, 중국과 활발한 무역 전개(명도전)
② 사회 · 문화적 모습 : 귀족(지배 계급), 하호(下戶, 일반 농민), 노예로 구성, 농민들은 대나무 그릇 사용
③ 8조법 : 고조선 사회 전체에 해당되는 만민법, 보복법
ⓛ 내용
• 살인죄 : 사람을 죽인 자는 사형에 처함(相殺以當時償殺)
• 상해죄 : 상해를 입힌 자는 곡식으로 배상함(相傷以穀償)
• 절도죄 : 도둑질한 자는 그 주인의 노비로 삼되(相盜者男沒入爲其家奴女子

爲婢) 지속하려면 1인당 50만 전을 내야함, 비록 속전(贖錢)하여 자유인이 되었어도 이를 부끄럽게 여겨 결혼상대로 하지 않음
- 간음죄 : 부인들은 정신하여 편벽되고 음란치 않았다(婦人貞信不淫僻)고 한 것으로 보아, 처벌 규정은 없으나 간음이나 질투 등을 금지하는 규정이 있었을 것이라 짐작
ⓒ 법으로 본 사회상 : 생명, 노동력을 중시, 농업이 발달하고 사유 재산을 보호, 권력과 경제력의 차이가 있는 계급 사회, 화폐 존재, 재산의 사유화, 형벌과 노예 제도가 발생, 가부장적 사회

## 3. 부여

### (1) 성립 및 쇠퇴

① 성립 및 발전 : AD 1세기경 만주의 송화강(쑹화강) 유역 평야 지대를 중심으로 본격적 성장, 1세기 초에 중국식 왕호 사용
② 쇠퇴 : 3세기 말(285) 선비족의 침략으로 쇠퇴하기 시작, 346년 선비족의 침략으로 수많은 부여인이 포로로 잡혀감, 이후 고구려의 보호 하에 있다가 결국 고구려(문자왕, 494)에 항복
③ 역사적 의의 : 고대 국가로 발전하지 못하고 연맹 왕국의 단계에서 멸망, 고구려·백제의 건국 세력이 부여의 계통임을 자처함

**실력up  연맹 왕국의 특성**

- **정치적 특성**
  - 개별 소국과 지방에 대한 직접적 지배권을 행사하지는 못함(군장들의 지역적 자치가 인정됨)
  - 실권을 가진 유력한 군장은 우대됨
  - 국가의 중요 사항은 귀족 회의(군장 회의)를 통해 결정
- **사회적 특성**
  - 지배층 : 왕, 군장(제가), 호민(지방 세력자) → 제가와 호민은 전쟁 시 앞장서서 싸움
  - 피지배층 : 하호(일반 농민, 평민으로 전쟁 시 전투에 참여하지 않고 군량을 운반), 노비
  - 제천 행사 : 하늘에 제사를 지내는 의식으로 제천 행사 기간 동안 음주가무를 즐기며 이를 통해 부족의 갈등을 해소하고 결속을 강화함

### (2) 정치·경제·사회의 모습

① 정치
ⓐ 가축의 이름을 딴 마가(馬加)·우가(牛加)·저가(猪加)·구가(狗加)와 대사자·사자 등의 관리를 둠
ⓑ 4가(加)는 각기 행정 구획인 사출도(四出道)를 다스림, 왕이 직접 통치하는 중앙과 합쳐 5부를 구성(5부족 연맹체)
ⓒ 가(加)들은 왕을 제가 회의에서 추대, 수해나 한해로 오곡이 잘 익지 않으면 책임을 물어 왕을 교체(초기에는 왕권이 약하여 문책되어 사형당하기도 함)

**고조선의 8조법을 다룬 문헌**

범금팔조, 또는 〈삼국지 위지 동이전〉의 기록에 따라 〈기자팔조금법〉이라고도 부름. 8조법 중 3개 조목의 내용만이 반고(班固)의 〈한서지리지〉에 전해지고 있음

초기 국가의 위치

**부여·고구려·백제의 계통적 연결성**

건국 신화를 통해 볼 때, 부여를 건국한 해모수와 유화 부인 사이에서 태어난 주몽이 고구려를 건국, 주몽의 아들 온조가 남하하여 백제를 건국

**부여의 법률(4대 금법)**
- **살인죄** : 살인자는 사형에 처함. 그 가족은 노비로 삼음(연좌제 적용)
- **절도죄** : 남의 물건을 훔쳤을 때에는 물건 값의 12배를 배상(1책 12법)
- **간음죄** : 간음한 자는 사형에 처함
- **투기죄** : 부녀가 투기하면 사형에 처하되 그 시체를 수도 남쪽 산에 버려 썩게 하며, 시체를 가져가려면 소·말을 바쳐야 함

㉣ 궁궐 · 성책 · 감옥 · 창고 등의 시설을 갖추고 부족장들이 통제

② 경제 : 반농반목, 특산물로는 말 · 주옥 · 모피 등이 유명

③ 사회(신분)

　㉠ 왕, 제가, 호민(지방 세력자) 등이 지배 계층

　㉡ 하호 : 읍락에 거주하며 농업에 종사하는 농민(평민), 조세 · 부역 담당

　㉢ 노비 : 최하위층, 죄인이나 포로 · 채무 불이행자 등, 매매 가능

### (3) 풍속 ⭐빈출개념

① 백의를 숭상 : 흰 옷을 입는 풍속(백의민족의 유래), 금 · 은의 장식

② 형사취수제(兄死娶嫂制) : 부여 · 고구려에서 존재한 풍습으로 노동력 확보를 목
식으로 한 근친혼제

③ 순장 · 후장 : 왕이 죽으면 사람들을 함께 묻는 순장과, 껴묻거리를 함께 묻는 후
장의 풍습이 존재

④ 우제점법(우제점복) : 점성술이 발달, 소를 죽여 그 굽으로 길흉을 점치는 우제점
법이 존재

⑤ 영고(迎鼓) : 수렵 사회의 전통을 보여 주는 제천 행사로, 매년 음력 12월에 개최

## 4. 고구려

### (1) 성립 및 발전

① 건국과 천도 : 주몽이 부여 지배 계급 내의 분열 · 대립 과정에서 박해를 피해 남
하하여 고구려 건국(〈삼국사기〉에 기록)

② 성장 및 발전

　㉠ 건국 초기부터 주변의 소국들을 정복 · 평야 지대로 진출하고자 함, 국내성(통
구)으로 이동 후 한족 · 선비족과 투쟁하면서 5부족 연맹을 토대로 AD 1세기
경 고대 국가로 성장

　㉡ 활발한 정복 전쟁으로 한의 군현을 공략하여 요동 지방으로 진출

### (2) 정치

5부족 연맹체로는 계루부, 소노부, 절노부, 순노부, 관노부, 왕 아래 상가, 대로, 패
자, 고추가 등의 대가(大加)들이 존재

### (3) 경제·사회

① 경제생활 : 농업을 주로 함, 큰 산과 계곡으로 된 산악 지역에 위치, 토지 척박,
농토 부족, 생산 미미, 약탈 경제 체제와 절약적 경제생활

　㉠ 특산물 : 소수맥에서 생산한 맥궁(활)

② 계급에 따른 생활의 구분

　㉠ 대가들과 지배층인 형(兄)은 농사를 짓지 않는 좌식 계층, 저마다 창고인 부
경(桴京)을 둠

　㉡ 생산 계급인 하호들은 생산 담당, 물고기와 소금[魚鹽]을 가져와 좌식 계층에

고구려의 법률
• 도둑질한 자는 부여와 같이 12배를 배
상케 함(1책 12법)
• 뇌옥은 따로 두지 않고 제가 회의에서
직접 처벌, 중대한 범죄자는 사형에
처하고 그 가족을 노비로 삼음

고구려의 가옥
• 본채는 초가지붕과 온돌 설치, 대옥
(제사를 지내는 사당)과 소옥(사위가
거처하는 서실)이라는 별채를 둠
• 좌식 계층인 지배층의 집에는 부경이
라는 창고를 두어 약탈물 · 공물 저장

공급

## (4) 풍속

① 혼인 풍속
- ㉠ 서옥제(데릴사위제) : 혼인을 정한 뒤 신랑이 신부 집의 뒤꼍에 조그만 집(서옥)을 짓고 거기서 자식을 낳아 기름, 자식이 장성하면 가족이 함께 신랑 집으로 돌아가는 제도
- ㉡ 형사취수제 : 친족 공동체의 유대·노동력 확보의 필요성 반영, 중기 이후 점차 사라짐

② 장례 풍속
- ㉠ 결혼 후 수의를 장만하였고, 부모나 남편의 상은 3년상으로 함
- ㉡ 후장제(厚葬制)가 유행, 부장품을 함께 묻음, 장례 시 북을 치고 노래를 부르며 송별의 의식을 행함

③ 제천 행사 등
- ㉠ 10월에 추수 감사제인 동맹(東盟)을 국동대혈에서 성대하게 거행
- ㉡ 건국 시조인 주몽(국조신)과 그의 어머니 유화 부인(지신·수신)을 조상신으로 섬겨 제사를 지냄

# 5. 옥저와 동예

## (1) 성립 및 소멸

① 성립 지역 : 옥저는 함흥 평야 일대, 동예는 강원도 북부의 동해안에 위치
② 쇠퇴·소멸 : 변방에 치우쳐 선진 문화의 수용이 늦음, 고구려의 압력으로 크게 성장하지 못함, 연맹 왕국으로 발전하지 못함, 군장 국가 단계에서 고구려에 흡수

## (2) 옥저와 동예의 모습

| 구분 | 옥저 | 동예 |
|---|---|---|
| 정치 | • 왕이 없고 각 읍락에는 읍군(邑君)·삼로(三老)라는 군장이 있어서 자기 부족을 통치, 큰 정치 세력을 형성하지는 못함<br>• 고구려의 압박과 변방에 위치한 탓에 연맹 왕국으로 발전 못함, 고구려에 흡수 | • 왕이 없고, 후·읍군·삼로 등의 군장이 하호를 통치<br>• 불내예후국이 중심 세력이었으나, 연맹체를 형성하지 못하고 고구려에 병합 |
| 경제 | • 소금과 어물 등 해산물이 풍부, 이를 고구려에 공납으로 바침<br>• 토지가 비옥하여 농사가 잘되어 오곡이 풍부 | • 토지가 비옥하고 해산물이 풍부하여 농경·어로 등 경제생활이 윤택<br>• 명주와 베를 짜는 등 방직 기술 발달<br>• 특산물 : 단궁(短弓), 나무 활), 과하마(果下馬, 키 작은 말), 반어피(班魚皮, 바다표범의 가죽) |

**동예의 철자형 · 여자형 집터**

- **철자형 집터** : 강원도 춘천시 율문리와 동해시, 강릉시를 중심으로 발굴된 철(凸)자 모양의 집터
- **여자형 집터** : 강원도 강릉시 병산동, 횡성군 둔내 등지에서 발굴된 여(呂)자 모양의 집터

철자형 집터

여자형 집터

**마한 목지국**

마한의 54개 소국 중 영도 세력이었던 목지국은 처음에 성환 · 직산 · 천안 지역을 중심으로 발달, 백제의 성장과 지배 영역의 확대에 따라 남쪽으로 옮겨 익산 지역을 거쳐 마지막에 나주 부근에 자리 잡았을 것으로 추정. 왕을 칭하던 국가 단계(연맹왕국)의 목지국이 언제 망했는지는 알 수 없으나 근초고왕이 마한을 병합하는 4세기 후반까지는 존속, 그 이후에는 백제의 정치 세력하에 있는 토착 세력으로 자리 잡았을 것으로 보임

**소도의 의의**

철기 문화의 전래에 따른 신 · 구 문화 간 충돌을 완충하고 사회의 갈등을 완화하는 역할을 수행하는 신성불가침 지역으로서, 당시 삼한 사회의 제정 분리를 반영함

| | | |
|---|---|---|
| 풍속 | • 고구려와 같은 부여족 계통, 주거 · 의복 · 예절 등에 있어 고구려와 유사<br>• 민며느리제(예부제, 매매혼의 일종)<br>• 가족의 시체를 가매장하였다가 나중에 그 뼈를 추려 가족 공동묘에 안치(세골장제, 두벌 묻기)<br>• 가족 공동묘의 목곽 입구에는 죽은 자의 양식으로 쌀을 담은 항아리를 매달아 놓음 | • 엄격한 족외혼으로 동성불혼 유지(씨족사회의 유습)<br>• 책화 : 각 부족의 영역을 엄격히 구분, 다른 부족의 생활권을 침범 시 노비와 소 · 말로 변상<br>• 별자리를 관찰해 농사의 풍흉 예측(점성술 발달)<br>• 제천 행사 : 10월의 무천(舞天)<br>• 농경과 수렵의 수호신을 숭배하여 제사를 지내는 풍습이 존재(호랑이 토템 존재) |

## 6. 삼한

### (1) 성립 및 발전

① **성립** : BC 2세기 무렵 고조선 사회의 변동으로 인해 유이민이 대거 남하함에 따라 새로운 문화(철기 문화)가 토착 문화와 융합되면서 진은 마한 · 변한 · 진한 등의 연맹체로 분화 · 발전

② **삼한의 발전**

ㄱ **마한** : 삼한 중 세력이 가장 컸던 마한은 천안 · 익산 · 나주를 중심으로 한 경기 · 충청 · 전라도 지방에서 성립, 후에 마한 54국의 하나인 목지국(백제국)이 마한을 통합하여 백제로 발전

ㄴ **진한** : 대구 · 경주 지역을 중심으로 성립, 후에 진한 12국의 하나인 사로국이 성장하여 신라로 발전

ㄷ **변한** : 낙동강 유역(김해, 마산)을 중심으로 발전, 후에 변한 12국의 하나인 구야국이 6가야 연맹체의 중심 세력으로 성장

### (2) 정치

① **주도 세력** : 삼한의 지배자 중 세력이 큰 대군장은 신지 · 견지 등, 세력이 작은 소군장은 부례 · 읍차 등으로 불림

② **제정의 분리**

ㄱ 제사장인 천군(天君)이 따로 존재

ㄴ 국읍의 천군은 제천의식, 별읍의 천군은 농경과 종교적 의례 주관

ㄷ 별읍의 신성 지역인 소도(蘇塗)는 천군이 의례를 주관하고 제사를 지내는 곳, 제정 분리에 따라 군장(법률)의 세력이 미치지 못하며 죄인이 이곳으로 도망을 하여도 잡아가지 못함(신성 지역은 솟대를 세워 표시함)

### (3) 경제 · 사회

① **농업의 발달**

ㄱ 철기 문화를 바탕으로 하는 농경 사회, 농업 발달, 벼농사를 지음

ㄴ 벽골제(김제), 의림지(제천), 수산제(밀양), 공검지(상주), 대제지(의성) 등의

저수지를 축조하여 관개 농업을 시작(수전 농업이 발달)

ⓒ 두레 조직(작업 공동체)을 통해 공동 노동, 밭갈이에 가축의 힘을 이용

ⓔ 벼농사를 지음, 누에를 쳐 비단과 베를 생산(방직업)

② 철의 생산 : 변한 지역(마산 성산동과 진해의 야철지)에서는 철이 많이 생산되어 낙랑 · 왜(倭) 등에 수출, 철은 교역에서 화폐처럼 사용되기도 함

## (4) 예술 및 풍속

① 예술

ㄱ 토우, 암각화

ㄴ 가야금의 원형으로 보이는 우리나라 최고(最古)의 현악기를 남김

② 문신의 풍습이 존재 : 마한 · 변한 지역에서 문신을 행했다는 기록 존재

③ 장례 및 무덤 : 장례 시 큰 새의 날개를 사용, 후장, 돌덧널 무덤, 독 무덤, 나무널 무덤, 주구묘 등

④ 제천 행사 등

ㄱ 5월의 수릿날과 10월에 계절제를 열어 하늘에 제사

ㄴ 지신(地神)에 대한 제사 의식의 일종, 여러 사람이 함께 땅을 밟아 땅의 생육을 높이고 풍요를 기원, 산신제, 농악 등의 풍습도 존재

### 실력UP 초기 국가의 형성 비교

| 구분 | 부여 | 고구려 | 옥저 | 동예 | 삼한 |
|------|------|--------|------|------|------|
| 위치 | 만주 송화강 유역의 평야 지대 | 졸본 → 국내성 | 함경도 함흥평야 | 강원도 북부 | 한강 남쪽 |
| 정치 | 5부족 연맹, 마가 · 우가 · 저가 · 구가 → 사출도 | 5부족 연맹체, 제가 회의 | 왕이 없어 군장이 다스림(후, 읍군, 삼로) | 제정 분리, 목지국의 영도 | 제정 분리, 목지국의 영도 |
| 경제 | 반농반목, 말, 주옥, 모피 | 산악 지대, 토지 척박 → 약탈 경제 | 어물, 소금이 풍부 | 단궁, 과하마, 반어피 | 농경 발달, 철 생산(변한) |
| 풍속 | 순장, 1책 12 법, 우제점법 | 서옥제, 1책 12법 | 민며느리제, 가족공동묘 | 책화 | 두레 (공동 노동) |
| 제천 행사 | 12월 영고 | 10월 동맹 | | 10월 무천 | 5월 수릿날, 10월 계절제 |
| 변화 | 고구려에 복속 | 중앙 집권 국가로 성장 | 고구려에 복속 | | 마한 → 백제 변한 → 가야 진한 → 신라 |

**중국 화폐의 출토**

사천 늑도에서 반량전, 의창 다호리에서 오수전, 김해 패총에서 왕망전이 출토되었음. 이를 통해 삼한과 중국 간에 활발한 교류가 있었음을 알 수 있음

**삼한의 계층별 생활상**

• 지배층 : 토성이나 목책으로 둘러싼 읍에 거주. 세형동검과 잔무늬 거울 등을 가지고 다니며 권위를 자랑. 사후 돌덧널 무덤(돌곽 무덤), 나무널 무덤(목관묘) 등에 매장됨

• 피지배층 : 소국(小國)의 일반 백성들은 읍락에 살면서 농업과 수공업의 생산을 담당. 초가 지붕의 반움집이나 귀틀집(후기)에서 거주

**독 무덤, 주구묘**

• 독 무덤(옹관묘) : 주로 아이들이 죽은 경우 사용된 무덤 양식으로, 성인의 경우 뼈만 추려 매장함

• 주구묘 : 전라남도 지역에서 주로 발굴되는 마한의 무덤으로, 중앙에 널 무덤이 있고 주변에 도랑과 같은 시설인 주구(周溝)가 있어 주구묘라 불림

**삼한의 5월제, 10월제**

삼한에서는 5월에 파종하고 난 후 귀신에게 제사를 지내는데, 이때 많은 사람들이 모여 노래하고 춤추고 술을 마시며 밤낮 쉬지 않고 놀았다. 10월에 농사일이 끝난 후에도 그와 같이 제사를 지내고 즐겼다. 토지가 비옥하여 오곡과 벼를 재배하기에 좋았으며, 누에를 칠 줄 알아 비단과 베를 만들었다. 나라(변한)에 철이 나는데, 한과 예(濊)와 왜가 모두 여기서 가져갔다. 시장에서 물건을 사고파는 데에도 철을 사용하여 중국에서 돈을 사용함과 같았다.

－〈삼국지 위지 동이전〉－

9급공무원
**한국사**

**나두공**

**ⓘ나두공**

# 02장 고대의 성립과 발전

# 고대의 성립과 발전

**군장 국가, 연맹 왕국, 고대 국가**
- 군장 국가 : 옥저, 동예
- 연맹 왕국 : 고조선, 부여, 고구려, 삼한, 가야
- 고대 국가 : 고구려, 백제, 신라

**고대 국가의 기틀 형성**
- 연맹왕국의 왕은 집단 내부의 지배력을 강화, 주변 지역을 정복, 영역을 확대. 이 과정에서 성장한 경제력과 군사력을 바탕으로 왕권을 확대
- 왕권이 강화되고 통치체제가 정비되면서 중앙집권적인 고대 국가의 기틀을 형성

**신라의 왕호**
- **거서간(居西干)** : 박혁거세, 정치적 군장, 지배자
- **차차웅(次次雄)** : 남해, 제사장, 무당 → 정치적 군장과 제사장의 기능 분리
- **이사금(尼師今)** : 유리왕, 연맹장, 연장자·계승자 → 박·석·김의 3성 교립제
- **마립간(麻立干)** : 내물왕, 대수장 또는 우두머리 → 김씨의 왕위 독점 및 왕권 강화
- **왕(王)** : 지증왕, 중국식 왕명 → 부자 상속제 확립, 중앙 집권화
- **불교식 왕명** : 법흥왕, 불교식 왕명 시대(23대~28대) → 중고기(中古期)(《삼국유사》의 분류)
- **시호제(諡號制) 시행** : 태종 무열왕, 중국식 조(祖)·종(宗)의 명칭 → 중대(中代)(《삼국사기》의 분류)

---

**01절  고대의 통치 구조와 정치 활동**

## 1. 고대 국가의 성립

### (1) 연맹 왕국의 성립

① 연맹 왕국의 형성 : 우세한 집단의 족장을 왕으로 하는 연맹 왕국을 형성, 고조선·부여·삼한·고구려·가야 등이 연맹 왕국으로 발전

② 한계 : 족장 세력이 종래 자기가 다스리던 지역에 대한 영향력을 유지할 수 있어 중앙 집권 국가로 가는 데 한계

### (2) 고대 국가의 특성

왕권 강화, 율령 반포, 관등 체제, 불교 수용, 왕토 사상, 신분제 확립, 활발한 정복 전쟁

## 2. 삼국의 성립

### (1) 고구려

부여에서 내려온 유이민과 압록강 유역의 토착민 집단이 결합하여 성립(BC 37), 결속력을 강화하면서 정복 국가 체제로 전환

### (2) 백제

한강 유역의 토착 세력과 고구려 계통의 유이민 세력이 결합하여 성립(BC 18), 우수한 철기 문화를 보유한 유이민 집단이 지배층을 형성

**실전UP  백제의 건국 세력**

- 백제 건국의 주도 세력은 고구려에서 남하했다는 것이 정설. 결국 부여족의 한 갈래. 백제 건국의 주도 세력이 고구려(부여)계라는 근거로는 다음과 같음
  - 백제 왕족의 성씨가 부여씨(夫餘氏)이며, 부여의 시조신과 동명성왕을 숭배
  - 국호를 남부여라 칭함(6세기 성왕)
  - 백제 건국 설화인 비류·온조 설화에서 비류와 온조를 주몽의 아들이라 언급함 (《삼국사기》에 기록)
  - 백제 개로왕이 북위에 보낸 국서에 백제가 고구려와 함께 부여에서 기원했음이 언급됨
  - 백제 초기 무덤 양식이 고구려의 계단식 돌무지 무덤 양식과 같음

### (3) 신라

진한의 소국 중 하나인 사로국에서 출발, 경주의 토착민 집단과 유이민 집단의 결합으로 건국(BC 57), 박·석·김의 3성이 왕위를 교대로 차지, 유력 집단의 우두머리는 이사금(왕)으로 추대됨

## 3. 중앙 집권 국가로의 발전

### (1) 고구려

① 태조왕(6대, 53~146) : 삼국 중 가장 먼저 국가의 집권 체제 정비

   ㉠ 대외적 발전 : <u>함경도 지방의 옥저·동예를 복속(56)</u>, 만주 지방으로 세력을 확대시켜 부여 공격, 요동의 현도·요동군 공략, 낙랑군을 자주 공략하고 압력 행사, 서북으로 요동(遼東) 정벌, 남으로 살수(薩水)에 진출

   ㉡ 대내적 발전 : 정복 활동 과정에서 강화·정비된 군사력과 경제력을 토대로 왕권이 안정, 왕위의 독점적 세습(형제 상속) 이루어짐, 통합된 여러 집단들은 5부 체제로 발전(중앙 집권의 기반 마련)

② 고국천왕(9대, 179~197) : 형제 상속에서 부자 상속으로 전환, 연나부(절노부)와 결탁하여 왕권에 대한 대항 세력 억제, 5부의 개편을 통한 족장의 중앙 귀족화(관료화), 5부(部)의 개편, 진대법(賑貸法)의 실시

**한눈에 쏙~**

고구려 건국 초기 왕

동명왕(1대) ▶ 유리왕(2대) ▶ 대무신왕(3대) ▶ 민중왕(4대) ▶ 모본왕(5대)

### (2) 백제와 신라

① 백제 고이왕(8대, 234~286) : 낙랑·대방을 공격(246)하여 영토 확장, <u>한강 유역 장악</u>, 관등제 정비(6좌평, 16관등제), 관복제 도입, 율령을 반포(262), 남당 설치, 왕위의 세습(형제 세습)

② 신라 내물왕(17대, 356~402) : 진한 지역의 대부분을 차지, 김씨에 의한 왕위 계승권을 확립, 왕의 칭호를 마립간으로 변경

## 4. 백제의 전성기(4세기)

### (1) 백제

① 근초고왕(13대, 346~375) : 백제 최대 영토 확보, 활발한 대외 활동, 동진과 수교(372), 가야에 선진 문물 전파, 왜와 교류(칠지도 하사), <u>부자 상속에 의한 왕위 계승이 시작됨</u>, 고흥으로 하여금 〈서기(書記)〉를 편찬하게 함(부전)

② 침류왕(15대, 384~385) : <u>불교를 수용(384)</u>

### (2) 고구려의 발전 ★ 빈출개념

① 고국원왕(16대, 331~371) : <u>백제 근초고왕의 침략으로 평양성에서 전사한 후</u> 국가적 위기 봉착

② 소수림왕(17대, 371~384) : 국가 체제를 개혁하고 새로운 발전 토대를 마련해 고대 국가 완성, 불교 수용(372), 태학 설립(372), 율령 반포(373)

**광개토대왕의 영토 확장**
- 만주의 비려(거란) 정복(395)
- 남쪽으로 백제의 위례성(한성)을 침공하여 아신왕 굴복, 조공을 받는 속국으로 삼음(396)
- 고구려 동북쪽의 숙신(여진)을 정복(398)
- 신라에 침입한 왜를 낙동강 유역에서 토벌, 신라에 고구려 군대를 주둔시키고 속국으로 삼음(400)
- 임진강 등 한강 이북 장악(404)
- 서쪽으로 후연을 격파하여 요동 지역확보(407)
- 두만강 하류 지역의 동부여 정복, 동예의 영토 흡수(410)

**장수왕의 남하 정책이 미친 영향**
- 신라와 백제의 나·제 동맹 체결(433~553)
- 백제의 개로왕이 북위(후위)에 군사원조를 요청(472)
- 백제가 수도를 한성에서 웅진(공주)으로 천도(475)
- 충북 중원 고구려비의 건립

**동성왕(24대, 479~501)**
- 신라와 동맹을 강화(결혼 동맹, 493)하여 고구려에 대항, 내적으로 외척 세력을 배제하고 웅진 및 금강 유역권의 신진세력을 등용하여 귀족 간의 견제와 균형을 도모함으로써 사회 안정과 왕권 강화, 국력 회복을 모색
- 탐라(제주도)를 복속(498), 남조 국가인 제(齊)와 통교
- 궁성을 중건하고 나성을 축조하여 수도의 면모를 갖추고, 주변에 산성을 축조

# 5. 고구려의 전성기(5세기)

## (1) 고구려

① 광개토대왕(19대, 391~412)

ㄱ 소수림왕 때의 내정 개혁을 바탕으로 북으로 숙신(여진)·비려(거란)를 정복하는 등 만주에 대한 대규모의 정복 사업 단행으로 지배권 확대

ㄴ 남쪽으로 백제의 위례성을 공격하여 임진강·한강선까지 진출(64성 1,400촌 점령)

ㄷ 서쪽으로 선비족의 후연(모용씨)을 격파하여 요동 지역 확보(요동을 포함한 만주 지역 지배권 확보)

ㄹ 신라에 침입한 왜를 낙동강 유역에서 토벌(400)함으로써 한반도 남부에까지 영향력 행사(백제·왜·가야 연합군을 격파한 내용이 광개토대왕릉비에 기록)

ㅁ 우리나라 최초로 '영락(永樂)'이라는 독자적 연호 사용하여 중국과 대등함을 과시

**실력up** 5세기경 신라와 고구려의 역학 관계

- 신라와 고구려의 당시 역학 관계를 입증하는 자료로는 경주 호우총의 호우명 그릇과 중원 고구려비가 있음, 호우총에서 발굴된 호우명 그릇의 밑바닥에는 "을묘년국강상광개토지호태왕(乙卯年國岡上廣開土地好太王)"이라는 글씨가 새겨져 있는데, 이것이 광개토대왕을 기리는 내용이라는 점에서 당시 신라가 고구려의 간섭을 받았고 고구려를 통하여 간접적으로 중국의 문물을 받아들이면서 성장해 나갔다는 것을 짐작함, 또한 당시 고구려군이 신라에 주둔했으며 신라 왕자가 고구려에 인질로 보내지기도 함
- 한편 중원 고구려비에도 신라를 동이, 신라 왕을 매금이라 칭하고(고구려를 천하의 중심으로 인식), 한강상류와 죽령 이북 지역이 고구려 영토임을 확인하는 내용과 함께 고구려 왕이 신라 왕을 만나 의복을 하사하였다는 내용, 고려대왕(고구려 왕)이라는 단어를 비롯하여 고구려 관직명 등이 나타나 있으므로 이를 통해 당시 양국의 역학 관계를 짐작

② 장수왕(20대, 413~491) ★ **빈출개념**

ㄱ 중국 남북조와 교류하며, 대립하던 두 세력을 조종·이용하는 외교정책 전개

ㄴ 수도를 통구(국내성)에서 평양으로 천도(427)하여 안으로 귀족 세력을 억제하여 왕권을 강화하고 밖으로 백제와 신라를 압박, 백제의 수도 한성을 함락

ㄷ 유연(柔燕)과 연합하여 함께 지두우(地豆于)를 분할 점령(479)하여 대흥안령(大興安嶺)일대의 초원 지대를 장악

ㄹ 지방 청소년의 무예·한학 교육을 위해 경당 설치(우리나라 최초의 사학(私學))

③ 문자(명)왕(21대, 491~519) : 부여를 완전 복속하여 고구려 최대의 판도를 형성(494)

## (2) 백제

① 비유왕(20대, 427~455) : 송과 통교, 장수왕의 남하 정책에 대항해 신라 눌지왕과 나·제 동맹을 체결(433)

② 개로왕(21대, 455~475) : 고구려의 압박에 북위에 국서를 보내 군사 원조를 요

청, 원조가 거절되고 개로왕은 고구려 장수왕에 붙잡혀 사망

③ 문주왕(22대, 475~477) : 고구려의 남하 정책에 밀려 웅진으로 천도, 진씨·해씨 등 왕비족과 귀족 세력이 국정을 주도하면서 왕권이 약화

## (3) 신라

① 실성왕(18대, 402~417) : 왜와의 화친을 위해 내물 마립간의 아들 미사흔(未斯欣)을 볼모로 보냄(402), 내물 마립간의 둘째 아들인 복호(卜好)를 고구려에 볼모로 보냄

② 눌지왕(19대, 417~458) : 왕위의 부자 상속제 확립, 나·제 동맹을 체결(433)

③ 소지왕(21대, 479~500) : 6촌을 6부의 행정 구역으로 개편, 백제 동성왕과 결혼 동맹을 체결(493), 수도 경주에 시장을 개설(490), 나을(奈乙)에 신궁 설치

# 6. 신라의 전성기(6세기)

## (1) 신라

① 지증왕(22대, 500~514) : 국호를 사로국에서 신라로, 왕의 칭호를 마립간에서 왕으로 고침(503), 중국식 군현제를 도입, 우경을 시작, 동시전 설치(509), 우산국(울릉도)을 복속(512), 순장을 금지

② 법흥왕(23대, 514~540) : 중앙 집권 국가 체제의 완비 ⭐빈출개념

　㉠ 제도 정비 : 병부 설치(517), 상대등 제도 마련, 율령 반포, 공복 제정(520) 등을 통하여 통치 질서를 확립, 17관등제 완비

　㉡ 불교 공인 : 불교식 왕명 사용, 골품제를 정비하고 불교를 공인(527)하여 새롭게 성장하는 세력들을 포섭

　㉢ 연호 사용 : 건원(建元)이라는 연호를 사용함

　㉣ 영토 확장 : 대가야와 결혼 동맹을 체결(522), 금관 가야를 정복하여 낙동강까지 영토 확장(532), 백제를 통해 남조의 양과 교류

③ 진흥왕(24대, 540~576)

　㉠ 영토 확장 및 삼국 항쟁의 주도

　　• 남한강 상류 지역인 단양 적성을 점령하여 단양 적성비를 설치(551)

　　　→ 백제 성왕과 연합하여 고구려가 점유하던 한강 상류 지역을 차지(551)

　　　→ 백제가 점유하던 한강 하류 지역 차지(553) → 관산성 전투 승리(554)

　　　→ 북한산비 설치(561)

　　• 고령의 대가야를 정복하는 등 낙동강 유역을 확보(창녕비, 561)

　　• 원산만과 함흥 평야 등을 점령하여 함경남도 진출(황초령비·마운령비, 568)

　㉡ 화랑도를 공인(제도화)하고, 거칠부로 하여금 〈국사(國史)〉를 편찬하게 함(부전)

　㉢ 황룡사·흥륜사를 건립하여 불교를 부흥

　㉣ 최고 정무기관으로 품주(稟主)를 설치하여 국가기무와 재정을 담당하게 함

　㉤ 연호 사용 : '개국', '대창', '홍제'

SEMI-NOTE

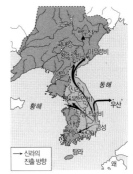

신라의 전성기(6세기)

**진흥왕 순수비(眞興王巡狩碑)**
진흥왕이 새로 넓힌 영토를 직접 돌아보고 세운 비석(척경비). 현재 창녕비·북한산비·황초령비·마운령비 등 4기가 남아있음. '순수'란 천자가 제후의 봉지(封地)를 직접 순회하면서 현지의 통치 상황을 보고받는 의례로 순행(巡行)이라고도 함. 순수비란 순수를 기념하여 세운 비석을 말하는데, 진흥왕 순수비의 비문 속에 나타나는 '순수관경(巡狩管境)'이란 구절에서 비롯됨. 진흥왕 순수비는 당시의 삼국 관계와 신라의 정치상·사회상을 알려 주는 귀중한 자료

단양 적성비

SEMI-NOTE

**신라 금석문에 나타난 6부**

6세기 초에 건립된 신라의 영일 냉수리비와 울진 봉평 신라비에는 신라 6부에 대한 내용과 함께 왕도 소속부의 명칭을 띠고 있었다는 것이 기록되어 있는데, 이는 왕이 6부의 실력자와 합의하여 국정의 주요 내용을 결정하였다는 것을 보여줌. 6부는 6세기에 접어들면서 점차 유명무실해지는데, 이것은 이 시기를 전후하여 국왕을 중심으로 하는 새로운 형태의 정치체제가 마련되었다는 것으로 이해됨

### 신력up 신라의 금석문

- **포항 중성리비(지증왕, 501)** : 현존 최고의 신라비로, 재산 분쟁에 관한 판결을 담음
- **영일 냉수리비(지증왕, 503)** : 지증왕을 비롯한 신라 6부의 대표자들이 재산권 및 상속 문제에 관하여 논의 · 결정한 내용을 담음
- **울진 봉평 신라비(법흥왕, 524)** : 울진 지역의 중요 사건의 처리 및 책임자 처벌에 관한 내용을 담음, 장형 · 노인법 등을 규정한 율령이 성문법으로 실재했음을 보여주며 신라 육부의 독자성과 지방 지배의 방식, 신라 관등제의 발전 과정 등이 드러남
- **영천 청제비(법흥왕, 536)** : 영천 지역의 청제(靑못)를 축조할 때 세운 것으로, 축조 공사에 관한 기록과 이후의 보수 공사(798)에 관한 내용이 비문 양면에 각각 새겨져 있음
- **단양 적성비(진흥왕, 551)** : 신라가 한강 상류(남한강 상류) 지역을 점령하고 죽령 지역을 확보했음을 보여 줌, 관직명과 율령 관계, 전공자에 대한 포상 등의 내용이 기록
- 진흥왕 순수비 : 북한산비(555), 창녕비(561), 황초령비 · 마운령비(568)
- **남산 신성비(진평왕, 591)** : 경주 남산에 축조한 새 성(新城)에 관한 비, 신라 시대의 지방 통치 제도 및 사회 제도 등을 보여 주고 있어 삼국 시대 금석문으로서 매우 귀중한 자료
- **임신서기석(진평왕, 612)** : 두 화랑이 유교 경전을 공부하고 인격 도야에 전념하며 국가에 충성할 것을 맹세한 내용을 기록한 비, 당시 유학이 발달하였음을 보여줌

### 신력up 진평왕(26대, 579~632), 선덕 여왕(27대, 632~647), 진덕 여왕(28대, 647~654)

- **진평왕** : '건복'이라는 연호 사용, 중앙 관서로 위화부 · 예부 · 조부 · 승부 · 영객부 설치, 불교를 장려하여 법명을 백정이라 하고 왕비를 마야 부인이라 칭함, 수와 친교(원광의 걸사표), 수 멸망 이후 당과 외교, 세속 5계를 통해 국가 사회 지도 윤리 제시, 남산 신성비 축조(591)
- **선덕 여왕(27대, 632~647)** : '인평(仁平)'이라는 연호 사용, '덕만(德曼)'이라 함, 친당 외교 추진, 대야성 함락과 당항성 위기, 황룡사 9층탑 건축, 분황사 석탑(모전 석탑) 건립, 첨성대 축조, 영묘사 건립(635), 비담 · 염종 등의 반란
- **진덕 여왕(28대, 647~654)** : 품주를 개편하여 집사부(군국 기밀 사무) · 창부(재정 관장)로 분리, (좌)이방부 설치(형률에 관한 사무 관장), 독자적 연호 폐지, 나당 연합 결성(648, 당 고종의 연호 사용), 〈오언태평송(五言太平頌)〉을 지어 당에 보냄

**삼국의 국가별 발전 순서**

- 고대 국가의 기틀 마련(중앙 집권적 토대 구축) : 고구려(태조왕) → 백제(고이왕) → 신라(내물왕)
- 율령의 반포 : 백제(고이왕) → 고구려(소수림왕) → 신라(법흥왕)
- 고대 국가의 완성(중앙 집권 체제의 완성) : 백제(근초고왕) → 고구려(소수림왕) → 신라(법흥왕)
- 한강 유역의 경경 : 백제(고이왕) → 고구려(장수왕) → 신라(진흥왕)

**담로**

백제가 방 · 군 · 성의 지방 제도를 마련하기 이전에 설치한 제도, 지방 통제 강화 목적, 왕자나 왕족을 지방의 요지에 보내 다스리게 함

## (2) 백제

① **무령왕(25대, 501~523)** : 백제 중흥의 전기를 마련
　㉠ 지방의 주요 지점에 22담로를 설치
　㉡ 6세기 초 중국 남조의 양과 통교(난징 박물관의 백제 사신도), 왜와도 교류
　㉢ 가야 지역으로 진출(512)

② **성왕(26대, 523~554)**
　㉠ 사비(부여)로 도읍을 옮기고(538), 국호를 남부여로 고치면서 중흥을 꾀함
　㉡ 중앙 관청을 22부로 확대, 행정 조직을 5부(수도) 5방(지방)으로 정비
　㉢ 겸익을 등용하여 불교 진흥, 노리사치계를 통해 일본에 불교(불경 · 불상 · 경론 등) 전파(552)
　㉣ 중국의 남조와 활발하게 교류하고 문물을 수입
　㉤ 신라 진흥왕과 연합하여 한강 유역을 부분적으로 수복하였지만 곧 신라에 빼

앗김(나 · 제 동맹 결렬, 553), 성왕 자신도 신라를 공격하다가 관산성(옥천)에서 전사(554)

**실력UP** 무왕(30대, 600~614), 의자왕(31대, 641~660)

- **무왕** : 왕흥사(부여)와 미륵사(익산)를 건립, 익산으로의 천도를 추진하였으나 실패
- **의자왕** : '해동증자'라는 칭송을 들음, 반당 친고구려 정책과 신라의 적대 노선 추진, 신라의 대야성 함락(642)

### (3) 고구려

영양왕(26대, 590~618)의 재위 기간 동안 요서 지방을 공략(598), 살수 대첩(612), 국력 소모로 수 멸망(618), 이문진으로 하여금 〈유기〉 100권을 요약하여 〈신집〉 5권을 편찬하게 함(600), 담징을 일본으로 보내(608) 종이 · 먹을 전함

## 7. 가야의 성립과 발전

### (1) 성립

① 12개 소국의 형성 : 삼국이 국가 조직을 형성해 가던 시기에 낙동강 하류 유역의 변한 지역에서 철기 문화를 토대로 사회 통합을 이루며 2세기 경 여러 정치 집단들이 등장(변한 12국)

② 초기의 성격 : 주로 해변을 통해 들어온 유이민 세력과 토착세력이 융합(토착세력이 유이민을 흡수)

③ 연맹 왕국의 형성 : 2~3세기 경 금관가야가 중심이 되어 연맹 왕국으로 발전(전기 가야 연맹의 형성)

### (2) 가야의 발전(가야 연맹의 주도권 변동)

① 4세기 말부터 5세기 초에 신라를 후원하는 고구려군의 공격으로 중심세력이 해체, 낙동강 서안으로 세력 축소

② 5세기 이후 김해 · 창원을 중심으로 한 동남부 세력 쇠퇴, 고령 지방을 중심으로 하는 대가야가 주도권을 행사하며 후기 가야 연맹 형성

### (3) 가야의 쇠퇴와 멸망

① 국제적 고립을 탈피하기 위해 신라(법흥왕)와 결혼 동맹(522)을 맺음

② 금관가야가 신라 법흥왕 때 복속(532), 대가야가 신라 진흥왕 때 병합(562)되어 가야 연맹은 완전히 해체

## 8. 고구려의 대외 항쟁

### (1) 6세기 말 이후의 삼국 정세

① 고구려와 백제는 신라가 한강 유역을 독점한 것에 자극받아 여 · 제 동맹을 맺고

---

**관산성 전투(554)**

백제 성왕은 신라 진흥왕과 함께 551년에 고구려에게 빼앗겼던 한강 하류의 6개 군을 탈환하는 데 성공. 그러나 신라 진흥왕이 배신하여 이 지역을 점령하자 양국 간의 동맹 관계는 깨졌고 성왕은 신라를 공격하였으나 관산성 전투에서 전사

**영류왕(27대, 618~642), 보장왕(28대, 642~668)**

- **영류왕** : 수나라가 멸망한 이후 이연의 당나라가 중국 통일(618), 당 태종이 고구려 압박, 당의 침입을 대비하여 천리장성 건립
- **보장왕** : 당 태종이 영류왕을 죽인 연개소문의 정변을 구실로 침범(645), 당 태종은 30만 대군을 이끌고 요하를 건너 여러 성을 점령한 후 안시성을 60여 일이나 공격하였으나 실패

**가야의 경제** ⭐빈출개념

일찍부터 벼농사를 짓는 등 농경문화 발달, 풍부한 철 생산, 철기 문화 발달, 해상 교통을 이용한 낙랑 · 왜의 규슈 지방과 중계무역 번성, 해안 지방으로부터 토기의 제작 기술이 보급, 수공업 번성

가야 연맹

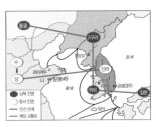

6세기 말 이후 삼국의 대외 관계

당항성을 공격, 이에 신라는 중국과 통교

② 고구려는 수(隋)가 중국 남북조를 통일(589)한 것에 위협을 느껴 돌궐과 연결하고 백제는 왜와 친교

③ 십자형 외교를 전개하였음

### (2) 고구려의 대외 항쟁

① 여 · 수 전쟁

㉠ 원인 : 수의 압박으로 돌궐이 약화, 신라가 친수 정책을 취하자 이에 위기의 식을 느낀 고구려가 먼저 중국의 요서 지방을 공격

| 제1차 침입(영양왕, 598) | 수 문제의 30만 대군이 침입했으나 장마와 전염병으로 실패 |
| --- | --- |
| 제2차 침입(영양왕, 612) | 수 양제의 113만 대군이 침입했으나 을지문덕이 이끄는 고구려군 에게 살수에서 대패(살수 대첩) |
| 제3 · 4차 침입(영양왕, 613 · 614) | 수 양제가 침입했으나 모두 실패 |

㉡ 결과 : 수가 멸망(618)하는 원인

② 여 · 당 전쟁

㉠ 대외 정세

• 당(唐)은 건국(618) 후 대외 팽창 정책을 보이며 고구려에 대한 정복 야욕

• 당은 고구려 자극

• 연개소문은 대당 강경책을 추진, 당의 침입에 대비해 천리장성(부여성~비사성)을 쌓아 방어 체제를 강화(647)

• 백제와 대립하던 신라는 친당 정책 전개

㉡ 당 태종의 침략

• 제1차 침략(보장왕, 645) : 양만춘이 이끄는 고구려 군과 군민이 안시성에서 60여 일간 완강하게 저항하며 당의 군대를 격퇴(안시성 싸움)

• 제2 · 3차 침략 : 고구려는 당의 침략을 물리쳐 동북아시아 지배 야욕을 좌절시킴

## 9. 정세의 변동과 고구려·백제의 멸망

### (1) 삼국 정세의 변화

① 신라의 성장 : 고구려가 대외 침략을 막는 동안 신라는 김춘추 · 김유신이 제휴하여 권력을 장악, 고구려와 백제에 대항하면서 삼국 간의 항쟁 주도

② 나 · 당 연합군의 결성(648) : 신라는 당과 군사 동맹을 맺어 한반도의 통일 기도

### (2) 백제와 고구려의 멸망

① 백제의 멸망(660) : 사치와 정치적 혼란, 거듭된 전란 등으로 국력 약화, 나 · 당 연합군의 공격, 사비성 함락

② 고구려의 멸망(668)

SEMI-NOTE

**수 · 당과의 전쟁에서 고구려가 거둔 승리의 원동력**

• 잘 훈련된 군대
• 성곽을 이용한 견고한 방어 체제
• 탁월한 전투 능력
• 요동 지방의 철광 지대 확보
• 굳센 정신력

**고구려와 당의 관계**

• 당 건국 초기
 – 고구려와 화친 관계
 – 수와의 전쟁에서 잡혀간 포로들을 교환

• 당 태종
 – 주변 나라들을 침략하며 고구려에 압력 → 고구려는 랴오허 강 주위에 천리장성 축조
 – 연개소문의 정변을 구실로 고구려 침략

**연개소문의 정변(642)**

연개소문은 고구려 말기의 장군이자 재상. 그는 천리장성을 축조하면서 세력을 키웠는데, 그에 두려움을 느낀 사람들이 영류왕과 상의하여 그를 죽이려 함. 그것을 안 연개소문은 거짓으로 열병식을 꾸며 대신들을 초대한 뒤 모두 죽임. 또한 영류왕을 죽이고 그 동생인 장(보장왕)을 옹립

**고구려의 대외 항쟁이 갖는 의의**

• 민족의 방파제 : 자국의 수호뿐만 아니라 중국의 한반도 침략 야욕을 저지
• 거듭된 전쟁으로 고구려는 쇠약해졌고, 나 · 당의 결속은 더욱 공고

○ 국내 정세
- 거듭된 전쟁으로 국력의 소모가 심하였고, 요동 지방의 국경 방어선도 약해짐
- 연개소문이 죽은 뒤 지배층의 권력 쟁탈전으로 국론이 분열

ⓒ 당의 이세적과 신라의 김인문이 이끄는 나·당 연합군의 협공으로 멸망(668)

## 10. 신라의 삼국 통일

### (1) 나·당 전쟁과 통일의 달성

① 당의 한반도 지배 야욕 : 신라와 연합, 백제의 옛 땅에 웅진 도독부를, 고구려의 옛 땅에 안동 도호부를 둠, 신라의 경주에도 계림 도독부를 두고 문무왕을 계림 도독으로 칭함, 신라 귀족의 분열을 획책

② 경과 : 금강 하구의 기벌포에서 당의 수군을 섬멸(676), 안동 도호부를 요동성으로 밀어내는 데 성공하여 삼국 통일을 달성(676)

### (2) 통일의 의의와 한계

① 의의 : 민족 최초의 통일, 당을 힘으로 몰아낸 자주적 통일, 고구려·백제 문화를 수용, 경제력을 확충, 민족 문화 발전의 토대 마련

② 한계 : 외세를 이용, 이로 인해 영토가 대동강에서 원산만 이남으로 축소됨

👓 한눈에 쏙~

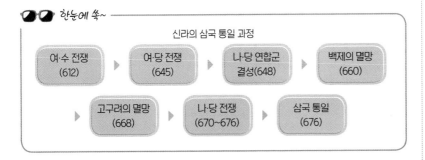

신라의 삼국 통일 과정

여·수 전쟁(612) ▶ 여·당 전쟁(645) ▶ 나·당 연합군 결성(648) ▶ 백제의 멸망(660)

▶ 고구려의 멸망(668) ▶ 나·당 전쟁(670~676) ▶ 삼국 통일(676)

## 11. 통일 신라의 발전과 동요

### (1) 왕권의 전제화(중대)

① 태종 무열왕(29대, 654~661) : 신라 중대의 시작
- ㉠ 최초의 진골 출신 왕, 통일 전쟁을 치르는 과정에서 왕권 강화
- ㉡ 이후 태종 무열왕의 직계 자손이 왕위 세습(태종 무열왕~혜공왕)
- ㉢ 사정부를 설치, 중국식 시호(태종) 사용, 갈문왕제 폐지
- ㉣ 상대등 세력을 억제, 집사부 시중의 기능 강화

② 문무왕(30대, 661~681) : 통일의 완수
- ㉠ 안승을 보덕국왕으로 봉하고, 당을 축출하여 통일을 완수
- ㉡ 우이방부를 설치, 외사정을 처음으로 지방에 파견, 상수리 제도 시행

③ 신문왕(31대, 681~692) : 전제 왕권의 강화 ★빈출개념

**백제의 부흥 운동(660~663)**
복신과 도침이 왕자 풍을 왕으로 추대하여 주류성(한산)에서 백제 부흥 운동을 전개, 흑치상지와 지수신은 임존성(대흥)에서 전개, 지배층의 내분과 나·당 연합군의 공격으로 실패

**고구려의 부흥 운동**
신라의 지원을 받은 검모잠이 보장왕의 서자 안승을 왕으로 하여 한성(재령)에서 2년간 부흥 운동을 전개(669)하였으나 내분으로 실패, 고연무·고연수가 오골성 등을 근거로 부흥 운동을 전개(670)했으나 내분으로 실패

나·당 전쟁

**통일 이후 신라의 정세**
- 영역의 확대와 함께 인구 증가, 대외 관계가 안정되어 경제적 생산력 증대
- 전쟁 과정에서 왕실의 권위 상승, 군사력이 더욱 강해지면서 정치 안정
- 통일을 전후한 왕권의 강화, 경제적 생산력 증대, 왕권의 전제화가 두드러짐

**김흠돌의 난과 전제 왕권의 강화**
신문왕 1년(681) 소판(蘇判) 김흠돌이 파진찬 흥원(興元), 대아찬 진공(眞功) 등과 함께 모반을 꾀하다가 발각되어 처형된 사건

**관료전과 녹읍**
관료전은 관리들이 관직에 복무하는 대가로 받은 토지, 조세만을 받을 수 있으며 농민을 지배할 권한은 없고 관직에서 물러나면 국가에 반납. 반면 귀족들이 받았던 녹봉의 일종인 녹읍을 통해서는 농민을 지배

**정치 세력의 변동**
왕권이 전제화되면서 상대적으로 진골 귀족 세력은 약화, 6두품 세력이 왕권과 결탁하여 상대적으로 부각(학문적 식견을 바탕으로 왕의 정치적 조언자로 활동하거나 행정 실무를 담당)

**대공의 난(96각간의 난)**
혜공왕 4년(768) 각간 대공이 일으킨 난. 이 난을 계기로 전국이 혼란에 휩싸였는데 96각간이 서로 싸우고 3개월 만에야 진정. 그러나 귀족들 내부의 알력은 진정되지 않아 연이어 반란이 일어남. 결국 혜공왕은 즉위 16년 만에 상대등 김양상 등의 군사에 의해 살해

**김헌창의 난과 범문의 난, 장보고의 난**
• 김헌창의 난과 범문의 난 : 김헌창의 아버지인 김주원(무열왕계)은 선덕왕을 이어 왕위를 계승할 예정이었으나 내물왕계인 김경신(원성왕)에게 축출됨. 이에 김헌창은 웅천주 도독으로 있을 당시 기회를 엿봐 헌덕왕 14년(822) 웅천에서 거사를 일으키고 국호를 장안·연호를 경운이라 함. 이 난이 진압된 뒤 김헌창의 아들 범문도 헌덕왕 17년(825) 부친의 뜻을 이어받아 난을 일으켰으나 역시 실패. 이 두 난을 계기로 무열왕의 직계들은 6두품으로 강등
• 장보고의 난 : 자신의 딸을 문성왕의 왕비로 들이려 하다가 실패하자 반란을 일으킴(문성왕 8, 846). 장보고가 부하 염장에게 피살됨으로써 난은 실패하고 청해진은 폐지(851)

---

- ㉠ 김흠돌의 난을 계기로 귀족 세력을 숙청, 전제 왕권 강화
- ㉡ 중앙 정치 기구 정비(6전 제도 완성, 예작부 설치)하고 군사 조직(9서당 10정)과 지방 행정 조직(9주 5소경)을 완비
- ㉢ 관리에게 관료전 지급(687), 귀족의 경제 기반이었던 녹읍 폐지(689)
- ㉣ 유학 교육을 위하여 국학(國學) 설립, 유교 이념 확립
④ 성덕왕(33대, 702~737) : 신라 시대의 전성기 형성(성덕왕~경덕왕)
- ㉠ 당과의 문화 교류 및 사신 왕래가 활발, 발해와는 대립
- ㉡ 백성들에게 정전을 지급(722)하여 농민에 대한 국가의 토지 지배력 강화
⑤ 경덕왕(35대, 742~765)
- ㉠ 집사부의 중시를 시중으로 격상
- ㉡ 국학을 태학감으로 바꾸고 박사·교수를 두어 유교 교육을 강화
- ㉢ 석굴암·불국사 창건(751), 석가탑에 무구정광 대다라니경 보관
- ㉣ 귀족의 반발로 녹읍이 부활(757), 사원의 면세전이 증가(전제 왕권의 동요)

## (2) 신라 하대의 정치적 변동

① 전제 왕권의 동요
- ㉠ 진골 귀족 세력의 반발로 8세기 중엽 경덕왕 때부터 전제 왕권이 흔들리기 시작
- ㉡ 녹읍이 부활되고 사원의 면세전이 늘어나면서 국가 재정 압박
② 귀족의 반란과 하대의 시작
- ㉠ 혜공왕(36대, 765~780) 때인 768년 대공의 난이 발생하여 왕권 실추
- ㉡ 김양상(내물왕계)이 상대등이 되어 권력 장악(왕은 실권 상실)
- ㉢ 상대등 김양상과 이찬 김경신이 김지정의 난을 진압하는 과정에서 혜공왕이 죽자, 김양상이 거병하여 스스로 왕(선덕왕)이 되어 신라 하대가 시작(780)
③ 권력 투쟁의 격화
- ㉠ 왕위 쟁탈전의 전개 : 진골 귀족들은 경제 기반을 확대하여 사병을 거느렸으며, 이러한 군사력과 경제력을 토대로 왕위 쟁탈전 전개
- ㉡ 왕권의 약화 : 왕권이 약화되고 귀족 연합적인 정치가 운영, 상대등의 권력이 다시 강대해짐(상대등 중심의 족당 정치 전개)
- ㉢ 지방 통제력의 약화 : 김헌창의 난(822)은 중앙 정부의 지방 통제력이 더욱 약화되는 계기로 작용
④ 새로운 세력의 성장
- ㉠ 6두품 세력 : 사회를 비판하며 점차 반신라 세력으로 성장, 골품제 비판, 능력 중심의 과거 제도와 유교 정치 이념 제시
- ㉡ 호족 세력 : 6두품 세력보다 적극적으로 사회 변동을 추구
  - 성장 : 신라 말 중앙 통제가 약화되자 농민 봉기를 배경으로 반독립적 세력으로 성장
  - 출신 유형 : 몰락하여 낙향한 중앙 귀족, 해상 세력, 군진 세력, 군웅 세력(농민 초적 세력), 토호 세력(촌주 세력), 사원 세력(선종 세력) 등

## (3) 후삼국의 성립

① 후백제 건국(900) ★빈출개념

　㉠ 건국 : 전라도 지방의 군사력과 호족 세력을 중심으로 완산주(전주)에서 견훤이 건국, 차령 이남의 충청도와 전라도 지역을 차지하여 우수한 경제력과 군사적 우위를 확보

　㉡ 한계
　　• 확실한 세력 기반이 없었고 신라의 군사 조직을 흡수하지 못하였으며, 당시의 상황 변화에 적응하지 못함
　　• 신라에 적대적, 농민에 대한 지나친 조세 수취, 호족 포섭에 실패

② 후고구려 건국(901)

　㉠ 건국 : 권력 투쟁에서 밀려난 신라 왕족 출신의 궁예가 초적·도적 세력을 기반으로 반신라 감정을 자극하면서 세력을 확대

　㉡ 한강 유역을 차지한 후 조령(鳥嶺)을 넘어 상주·영주 일대를 차지하는 등 옛 신라 땅의 절반 이상을 확보

　㉢ 관제·신분제 개편
　　• 국호를 마진(摩震)으로 고치고(904) 철원으로 천도(905), 다시 국호를 태봉(泰封)으로 변경(911), 골품제도 대신할 새로운 신분 제도 모색, 9관등제를 실시

　㉣ 한계
　　• 전쟁으로 인한 지나친 수취로 조세 부담이 가중됨, 가혹한 수탈을 자행
　　• 무고한 관료와 장군을 살해하였고 미륵 신앙을 이용하여 전제 정치 도모
　　• 백성과 신하들의 신망을 잃게 되어 신하들에 의하여 축출

## 12. 발해의 건국과 발전

### (1) 발해의 건국

① 고구려 장군 대조영을 중심으로 한 고구려 유민과 말갈 집단들은 길림성의 돈화시 동모산 기슭에서 발해를 건국(698)

② 국가 구성상의 특징 : 고구려 유민(지배층)과 다수의 말갈족(피지배층)으로 구성, 고구려 계승, 왕족인 대씨(大氏)를 비롯하여 고·장·양씨 등의 고구려인이 지배층을 형성

③ 발해의 고구려 계승 근거 ★빈출개념
　㉠ 일본과의 외교 문서에서 고려 및 고려국왕이라는 명칭 사용
　㉡ 고구려 문화의 계승 : 발해 성터, 수도 5경, 궁전의 온돌 장치, 천장의 모줄임 구조, 사원의 불상 양식, 와당의 연화문, 이불병좌상(법화 신앙), 정혜공주 무덤 양식 등

### (2) 발해의 발전

① 무왕(대무예, 2대, 719~737) : 북만주 일대를 장악, 일본과 외교 관계를 맺어 신라를 견제하고, 돌궐과 연결하여 당을 견제, 요서 지역에서 당과 격돌(732), 당은 신라로 하여금 발해를 공격(733), 연호를 인안으로 하고, 부자 상속제로 왕권을 강화

② 문왕(대흠무, 3대, 737~793) : 당과 친선 관계를 맺고 독립 국가로 인정받음, 주작대로를 건설, 유학생 파견, 신라와 상설 교통로(신라도)를 개설, 수도를 상경 용천부로 천도, 주자감(국립 대학) 설립, 3성 6부(중앙 조직)를 조직
③ 선왕(대인수, 10대, 818~830) : 대부분의 말갈족을 복속시키고 요동 지역을 지배, 남쪽으로는 신라와 국경을 접하여 발해 최대의 영토 형성, 5경 15부 62주의 지방 제도 정비,

### (3) 발해의 대외 관계

① 당(唐)과의 관계 : 초기(무왕)에는 적대적이었다가 문왕 이후 친선 관계로 전환
② 신라와의 관계 : 대체로 대립하였으나 친선 관계를 형성하기도 함
  ㉠ 대립 관계 : 당이 요청하고 신라가 발해 남쪽을 공격(732), 사신 간의 서열다툼인 쟁장 사건(897)과 빈공과 합격 순위로 다툰 등재 서열 사건, 발해 멸망 시 신라군이 거란군의 용병으로 참전한 점
  ㉡ 친선 관계 : 신라도(상설적 교류를 반영), 사신 왕래, 무역, 거란 침략 시 발해의 결원 요청을 신라가 수용한 점 등
③ 일본과의 관계 : 당과 연결된 신라를 견제하고자 친선 관계를 유지, 동경 용원부를 통해 교류(일본도(日本道))
④ 돌궐과의 관계 : 당의 군사적 침략을 견제하고자 친선 관계를 유지

### (4) 발해의 멸망

① 10세기 초 거란의 세력 확대와 내부 귀족들의 권력 투쟁 격화로 국력이 크게 쇠퇴한 후 거란의 침략을 받아 멸망(926)
② 만주를 마지막으로 지배한 우리 민족사의 한 국가이며, 발해의 멸망으로 우리 민족 활동 무대의 일부였던 만주에 대한 지배력이 급격히 약화

## 13. 삼국의 통치 체제

### (1) 중앙 관제

① 중앙 관제의 비교

| 신라 | 백제 | 발해 | 고려 | 조선 | 담당업무 |
|---|---|---|---|---|---|
| 위화부 | 내신좌평 | 충부 | 이부 | 이조 | 문관의 인사, 내무, 왕실 사무 |
| 창부, 조부 | 내두좌평 | 인부 | 호부 | 호조 | 재정·조세·회계, 호구·조운·어염·광산 |
| 예부 | 내법좌평 | 의부 | 예부 | 예조 | 외교·교육·과거·제사·의식 |
| 병부 | 병관좌평, 위사좌평 | 지부 | 병부 | 병조 | 무관의 인사, 국방·군사·우역·봉수 |
| 좌이방부 | 조정좌평 | 예부 | 형부 | 형조 | 형률·소송·노비 |

| 공장부, 예작부 | | 신부 | 공부 | 공조 | 산림 · 토목 · 영선 · 파발 · 도량형 |
|---|---|---|---|---|---|
| 사정부 | | 중정대 | 어사대 | 사헌부 | 감찰 |

② 운영 형태 : 왕 아래에 여러 관청을 두어 운영

  ㉠ 고구려 : 고유의 전통성이 강함

  ㉡ 백제 : 삼국 중 가장 먼저 조직을 정비

  ㉢ 신라 : 전통성을 토대로 하여 중국적 요소를 가미

👓 한눈에 쏙~

신라 수상의 변천

이벌찬 ▶ 상대등(법흥왕) ▶ 중시 ▶ 시중(경덕왕)

③ 귀족 회의체 : 국가의 중요 결정은 각 부의 귀족들로 구성된 회의체에서 행함

  ㉠ 고구려의 제가 회의 : 수상인 대대로는 임기 3년으로, 귀족의 제가 회의에서 선출

  ㉡ 백제의 정사암 회의 : 수상인 상좌평을 3년마다 정사암 회의에서 선출

  ㉢ 신라의 화백 회의 : 수상인 상대등을 3년마다 화백 회의에서 선출(화백 회의는 4영지에서 개최되며, 각 집단의 부정 방지 및 단결 강화를 위해 만장일치제를 채택)

## (2) 관등 조직(관등제)

① 삼국의 관등제

  ㉠ 고구려 : 4세기경에 각 부의 관료 조직을 흡수하여 대대로 · 태대형 · 대사자 · 선인 등 14관등을 둠

  ㉡ 백제 : 고이왕 때(한성 시대) 6좌평제와 16관등제의 기본 틀 마련, 웅진 시대에는 6좌평 중 내신좌평이 상좌평으로서 수상을 담당

  ㉢ 신라 : 필요한 때에 각 부의 하급 관료 조직을 흡수하며 17관등제를 완비

② 운영상의 특징

  ㉠ 신분에 따른 규제 : 삼국의 관등제와 관직 체계의 운영은 신분에 따라 제약을 받음

  ㉡ 골품제 : 신라는 관등제를 골품제와 결합하여 운영(승진할 수 있는 관등의 상한을 골품에 따라 정하고, 관직을 맡을 수 있는 관등의 범위를 한정)

## (3) 지방 통치

① 지방의 통치 체제

| 구분 | 수도 | 지방(장관) | 특수 행정 구역 |
|---|---|---|---|
| 고구려 | 5부 | 5부(부 · 성제) : 부에는 욕살, 성에는 처려근지 · 도사를 둠 | 3경(평양성 · 국내성 · 한성) : 정치 · 문화의 중심지, 지방에 대한 감시 · 견제의 기능 |

백제의 6좌평과 16관등, 22부
• 6좌평 : 내신좌평(왕명 출납), 내두좌평(재정 담당), 내법좌평(의례 담당), 위사좌평(숙위 담당), 조정좌평(형벌 담당), 병관좌평(국방 담당)
• 16관등 : 1품 좌평, 2품 달솔, 3품 은솔, 4품 덕솔, 5품 간솔, 6품 내솔, 7품 장덕, 8품 시덕, 9품 고덕, 10품 계덕, 11품 대덕, 12품 문독, 13품 무독, 14품 좌군, 15품 진무, 16품 극우
• 22부의 중앙 관서 : 6좌평 이외에 왕실 사무를 맡는 내관 12부와 중앙 정무를 맡는 외관 10부를 말하며, 각 관청의 장도 3년마다 선출

통일 신라와 발해의 지방 통치 체제
• 통일 신라
  – 수도 : 6부
  – 지방 : 9주(장 : 총관)
  – 특수 행정 구역 : 5소경(장 : 사신)
• 발해
  – 수도 : 5경
  – 지방 : 15부(장 : 도독), 62주(장 : 자사)

| 백제 | 5부 | 5방(방·군제) : 방에는 방령, 군에는 군장, 성에는 도사를 둠 | 22담로(무령왕) : 국왕의 자제 및 왕족을 파견 |
|---|---|---|---|
| 신라 | 5부 | 5주(주·군제) : 주에는 군주, 군에는 당주, 성에는 도사를 둠 | 2소경(중원경·동원경) : 정치·문화적 중심지 |

### SEMI-NOTE

**통일 전후 신라의 군사 조직 변화**
신라는 통일 전 1서당 6정에서 통일 후 9서당 10정으로 확대 개편되었음

### (4) 군사 조직

| 구분 | 중앙군 | 지방군 |
|---|---|---|
| 고구려 | • 수도 5부군 : 관군<br>• 대모달·말객 등의 지휘관이 존재 | 각 지방의 성(城)이 군사적 요지로, 개별적 방위망을 형성(욕살·처려근지 등의 지방관이 병권을 행사) |
| 백제 | 수도 5부군 : 각 부에 500명의 군인이 주둔 | 지방의 각 방에서 700~1,200명의 군사를 방령이 지휘 |
| 신라 | • 수도 6부군 : 대당으로 개편<br>• 서당(誓幢)이라는 군대가 존재(직업 군인) | 주 단위로 설치한 부대인 정(停)을 군주가 지휘 |

## 14. 남북국의 통치 체제

### (1) 통일 신라

**집사부**
• 집사부는 신라의 최고 행정관서로 진덕여왕(651년) 때 설치
• 장관은 중시가 맡았으며, 흥덕왕(829년) 때 집사성으로 개칭되어 신라가 멸망할 때까지 존속

**5소경의 의의**
신라의 수도인 금성(경주)은 한반도 남동쪽에 치우쳐 있으므로 중앙 정부의 지배력이 수도에서 멀리 떨어진 곳까지 미치기 어려웠다. 5소경은 이러한 지리적 단점을 보완하기 위한 것

① **중앙 집권 체제의 강화** : 집사부 기능 강화, 14개 관청의 정비, 중국식 명칭의 사용, 9주 5소경 체제로 정비

② **중앙 관제(14관청)**

| 관부 | 담당 업무 | 설치 | 장관 | 비고 |
|---|---|---|---|---|
| 집사부 | 국가 기밀 사무 | 진덕여왕 | 중시(시중) | 품주가 집사부와 창부로 분화 |
| 병부 | 군사·국방 | 법흥왕 | 령(令) | |
| 조부 | 공부(貢賦) 수납 | 진평왕 | 령 | |
| 예부 | 의례 | 진평왕 | 령 | 의부 → 예부 → 예조 |
| 승부 | 마정(馬政) | 진평왕 | 령 | |
| 영객부 | 외교·외빈 접대 | 진평왕 | 령 | |
| 위화부 | 관리 인사, 관등 | 진평왕 | 령 | |
| 창부 | 재정 담당 | 진덕여왕 | 령 | |
| 공장부 | 공장(工匠) 사무 | 진덕여왕 | 령 | |
| 좌우이방부 | 형사·법률, 노비 | 진덕여왕 | 령 | |
| 사정부 | 감찰 | 무열왕 | 령 | 중정대(발해), 어사대(고려), 사헌부(조선), 감사원(현재) |
| 선부 | 선박·교통 | 문무왕 | 령 | |
| 사록부(관) | 녹봉 사무 | 문무왕 | 령 | |

통일 신라의 9주 5소경

| 예작부 | 토목 · 건축 | 신문왕 | 령 | |
|--------|-----------|--------|----|---|

※ 장관은 령(令), 차관은 시랑(侍郞) · 경(卿)

③ 지방 행정 조직

| 9주 | • 장관을 총관(문무왕)에서 도독(원성왕)으로 고침<br>• 군사적 기능이 약화되고 행정 기능이 강화됨 |
|-----|------|
| 5소경 | • 수도의 편재성 완화와 지방의 균형 발전, 복속민의 회유 · 통제를 통한 지방 세력 견제 등의 목적으로 군사 · 행정상의 요지에 설치, 장관은 사신<br>• 통일 전 2소경은 중원경(충주)과 동원경(강릉)이며, 통일 후 5소경은 중원경과 금관경(김해), 북원경(원주), 서원경(청주), 남원경(남원) |

- ㉠ 말단 행정 단위인 촌은 토착 세력인 촌주가 지방관의 통제를 받으며 다스림
- ㉡ 향(鄕) · 부곡(部曲)의 특수 행정 구역 존재
- ㉢ 지방관의 감찰을 위하여 주 · 군에 감찰 기관인 외사정(감찰관)을 파견
- ㉣ 지방 세력을 견제하기 위하여 상수리 제도를 실시

④ 군사 조직
- ㉠ 중앙군 : 시위군과 9서당을 둠
- ㉡ 지방군 : 10정(9주에 1정씩을 배치, 국경 지대인 한주에는 2정)
- ㉢ 특수군 : 5주서, 3변수당, 만보당 등
- ㉣ 군진 설치 : 국토 방위를 위해 해상 교통의 요충지 및 군사적 요지에 설치

## (2) 발해

① 중앙 관제
- ㉠ 3성 6부 : 왕(가독부) 아래 최고 권력 기구이자 귀족 합의 기구인 정당성을 둠
- ㉡ 독자성 : 당의 제도를 수용하였지만, 6부의 유교적 명칭과 이원적 운영은 발해의 독자성 반영

**👓 한눈에 쏙~**

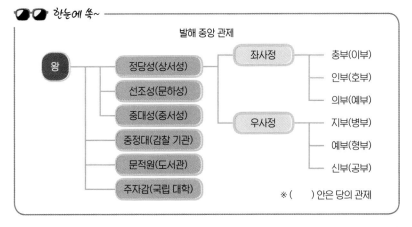

발해 중앙 관제

※ ( ) 안은 당의 관제

② 지방 지배 체제 : 5경(상경 · 중경 · 남경 · 동경 · 서경) 15부 62주로 조직, 지방 행정의 말단인 촌락은 주로 말갈인으로 구성, 영주도 · 조공도(당), 신라도(발해에서 신라로 가던 대외 교통로), 일본도, 거란도의 5도를 둠

## 02절 　고대의 경제 구조와 경제 생활

### 1. 삼국의 수취 제도와 토지 제도

#### (1) 수취 제도

① 삼국의 수취 체제

| 구분 | 조세 | 공납 | 용(庸) – 노동력 |
|---|---|---|---|
| 고구려 | • 조(租) : 호를 상·중·하호의 3등급으로 구분해 각각 1섬, 7말, 5말을 수취<br>• 세(稅) : 인두세로, 1년에 포 5필과 곡식 5섬을 수취 | 지역 특산물 | 부역·군역(광개토대왕릉비와 평양성 성벽석각에 농민의 부역 동원 기록이 있음) |
| 백제 | • 조는 쌀로 수취<br>• 세는 쌀이나 명주·베로 수취하되 풍흉에 따라 차등 수취 | 지역 특산물 | 부역, 군역(15세 이상의 정남을 대상으로, 주로 농한기에 징발) |
| 신라 | 합리적 수취 체제로 고려·조선으로 계승 | 지역 특산물 | 부역, 군역(영천 청제비와 남산 신성비에 기록) |

② 군역의 가중
- ㉠ 삼국 시대 초기 : 군사력 동원은 중앙의 지배층이 중심이며, 지방 농민들은 전쟁 물자 조달이나 잡역에 동원됨
- ㉡ 삼국 시대 후기 : 삼국 간의 전쟁이 치열해지면서 농민은 전쟁 물자의 부담뿐만 아니라 군사로 동원됨(부담이 가중됨)

#### (2) 토지 제도

① 왕토 사상 : 조상 대대로 민전을 소유하며 1/10세의 수조권으로 운영됨(매매·상속·증여 가능)
② 식읍·녹읍의 지급 : 수조권과 노동력 징발권을 부여하여 귀족의 경제적, 군사적 기반이 됨(귀족의 권한 확대를 반영)

### 2. 통일 신라의 수취 제도와 토지 제도

#### (1) 수취 제도

① 조세(전세) : 생산량의 10분의 1 정도를 수취하여 통일 이전보다 완화
② 공물 : 촌락(자연촌)을 단위로 그 지역의 특산물을 수취(삼베, 명주실, 과실류 등)
③ 역 : 원칙적으로 군역과 요역은 16세에서 60세까지의 남자를 대상으로 함

#### (2) 토지 제도

① 신문왕 : 관료전을 지급(687)하고 녹읍을 폐지(689)하였으며, 식읍도 제한
② 성덕왕 : 정전을 지급(722)(국가의 농민(토지)에 대한 지배력과 역역(力役) 파악

---

을 강화함)

③ 경덕왕 : 귀족들의 반발로 녹읍을 부활(757)(귀족 세력의 강화와 왕권 약화를 의미함)

## (3) 민정문서(신라장적)

① 발견 시기 및 장소 : 1933년 일본 나라현 동대사(東大寺) 정창원(正倉院)에서 발견

② 조사 및 작성 : 경덕왕 14년(755)부터 매년 자연촌을 단위로 변동 사항을 조사, 촌주가 3년마다 다시 작성

③ 작성 목적 : 농민에 대한 요역(徭役)과 세원(稅源)의 확보 및 기준 마련

④ 대상 지역 : 서원경(西原京, 청주) 일대의 4개 촌락

⑤ 조사 내용 : 촌락의 토지 면적 및 종류, 인구 수, 호구, 가축(소·말), 토산물, 유실수(뽕·잣·대추) 등을 파악 기록

　㉠ 연수유답 : 정남(농민)에게 지급·상속되는 토지이며, 가장 많은 분포

　㉡ 관모전답 : 관청 경비 조달을 위한 토지

　㉢ 내시령답 : 관리에게 지급된 토지

　㉣ 촌주위답 : 촌주에게 지급된 토지

　㉤ 마전(麻田) : 공동 경작지로 지급된 삼밭을 말하며, 정남이 경작

⑥ 의의 : 자원과 노동력을 철저히 편제하여 조세수취와 노동력 징발의 기준을 정하기 위한 것으로, 율령 정치(律令政治)의 발달을 엿볼 수 있음

## 3. 삼국 시대의 경제 생활

### (1) 귀족층의 경제 생활

① 경제적 기반

　㉠ 국가에서 식읍·녹읍을 하사받고 많은 토지와 노비를 소유

　㉡ 농민보다 유리한 생산 조건을 보유(비옥한 토지, 철제농기구, 많은 소를 보유)

② 경제 기반의 확대

　㉠ 전쟁에 참여하여 더 많은 토지·노비 소유가 가능하였고, 고리대를 이용하여 농민의 토지를 빼앗거나 노비로 만들어 재산을 늘림

　㉡ 노비와 농민을 동원하여 자기 소유의 토지를 경작하고 수확물의 대부분을 가져가며, 토지와 노비를 통해 곡물이나 베 등 필요한 물품을 취득

　㉢ 왕권이 강화되고 국가체제가 안정되면서 귀족들의 과도한 수취는 점차 억제됨

③ 생활 모습 : 풍족하고 화려한 생활을 영위

　㉠ 기와집, 창고, 마구간, 우물, 높은 담을 갖춘 집에서 생활

　㉡ 중국에서 수입한 비단으로 옷을 해 입고, 금·은 등의 보석으로 치장

### (2) 농민의 경제 생활

① 농민의 구성 : 자영농민은 자기 소유의 토지를 경작하였고, 전호들은 부유한 자의 토지를 빌려 경작

② 농민의 현실

---

**민정문서의 내용**

| 구분 | | 사해점촌 | 살하지촌 |
|---|---|---|---|
| 호동 | 중하 | 4 | 1 |
| | 하상 | 2 | 2 |
| | 하중 | – | 5 |
| | 하하 | 5 | 6 |
| | 수좌 | – | 1 |
| 인구 | 남 | 64 | 47 |
| | 여 | 78 | 78 |
| | 노비 | 9 | 7 |

| 구분 | | 사해점촌 | | 살하지촌 | |
|---|---|---|---|---|---|
| | | 답 | 전 | 답 | 전 |
| 연수유전답 | | 94결 2부 4속 | | 62결 10부 | |
| 기타재산 | 우 | 22 | | 12 | |
| | 마 | 25 | | 18 | |
| | 상목 | 1,004 | | 1,280 | |
| | 백자목 | 120 | | ? | |

**삼국시대의 농업**

• 철제 농기구의 보급 : 5세기를 전후해 철제 농기구가 점차 보급되었고, 6세기에 이르러 널리 사용됨

• 우경의 보급 및 장려, 저수지 축조, 개간 장려, 휴경 농법

**삼국시대의 수공업과 상업**

• 수공업 : 노비들 중 기술이 뛰어난 자가 무기나 장신구 등을 생산, 국가체제 정비 후에는 수공업 제품을 생산하는 관청을 두고 수공업자를 배정하여 물품을 생산, 국가 필요품과 왕실·귀족이 사용할 물품을 생산, 금·은 세공품, 비단류, 그릇, 가구, 철물 등

• 상업 : 농업 생산력이 낮아 도시에서만 시장이 형성됨, 동시와 동시전

**삼국의 주요 산업**

• 고구려 : 전통적인 수렵·어로·농경 외에 직물업, 철 산업이 성장

• 백제 : 농업(벼농사 발달), 비단이나 삼베 생산

• 신라 : 우경을 이용한 벼농사, 금속공예 발달

**통일 전후 신라의 수출품 변화**
• 삼국 통일 전 : 토산 원료품
• 삼국 통일 후 : 금 · 은 세공품, 인삼

**통일 신라의 농업**
수전 농업과 목축이 발달, 벼, 보리, 콩, 조, 인삼(삼국시대부터 재배), 과실 및 채소류가 재배, 9세기 흥덕왕 때 김대렴이 당에서 차 종자를 가져와 본격적으로 보급 · 재배

**통일 신라의 수공업과 상업**
• 관청 수공업 : 장인과 노비들이 왕실과 귀족의 물품을 생산
• 민간 수공업 : 주로 농민의 수요품을 생산
• 사원 수공업 : 사원 수공업이 번창하여 자체 수요 물품을 생산
• 상업
 – 상품 생산의 증가 : 통일 후 농업 생산력의 성장을 토대로 인구가 증가, 상품 생산도 증가
 – 교환 수단 : 물물교환이 존속, 포와 미곡이 교환 수단으로 이용되기도 함
 – 시장의 설치 : 동시(東市)만으로 상품 수요를 충족하지 못하여 서시(西市)와 남시(南市)를 추가로 설치, 주의 읍치나 소경 등 지방 중심지나 교통 요지에 시장 발생

**하류층의 경제 생활**
• 향(鄕) · 부곡민(部曲民) : 농민과 대체로 비슷한 경제생활을 하였으나 더 많은 공물 부담을 졌으므로 생활이 더 곤궁
• 노비의 생활
 – 왕실 · 관청 · 귀족 · 절 등에 종속
 – 음식 · 옷 등 각종 필수품을 만들고 일용 잡무 담당
 – 주인을 대신하여 농장을 관리하거나 주인의 땅을 경작

ⓒ 농민들의 토지는 대체로 척박한 토지가 많아 매년 계속 농사짓기가 곤란
ⓒ 국가와 귀족에게 곡물이나 삼베, 과실 등을 내야 했고, 부역이나 농사에 동원
ⓒ 국가와 귀족의 과도한 수취와 부역 동원으로 농민부담은 가중되고 생활이 곤궁
③ 농민의 자구책과 한계
 ⓒ 농민은 스스로 농사 기술을 개발하고 계곡 옆이나 산비탈 등을 경작지로 개간하여 농업 생산력 향상에 힘씀
 ⓒ 생산력 향상이 곤란하거나 자연재해, 고리대의 피해가 발생하면 노비가 되거나 유랑민 · 도적이 되기도 함

### (3) 대외 무역 ★빈출개념

① 공무역의 발달 : 삼국의 무역은 주로 왕실과 귀족의 필요에 따른 공무역 형태로서, 중계무역을 독점하던 낙랑군이 멸망한 후인 4세기 이후 크게 발달
② 삼국의 무역
 ⓒ 고구려 : 남북조 및 유목민인 북방 민족과 무역
 ⓒ 백제 : 동진 이후로 남중국과 주로 교류, 왜와도 활발한 무역 전개
 ⓒ 신라
  • 한강 진출 이전 : 4세기에는 고구려를 통해 북중국과, 5세기에는 백제를 통해 남중국과 교역
  • 6세기 한강 진출 이후 : 당항성(黨項城)을 통하여 직접 중국과 교역

## 4. 통일 신라의 경제 생활

### (1) 귀족층의 경제 생활

① 경제적 기반
 ⓒ 통일 전 : 식읍과 녹읍
 ⓒ 통일 후 : 녹읍 폐지로 경제적 특권을 제약받았으나, 국가에서 나눠준 토지 · 곡물 이외에 물려받은 토지 · 노비 · 목장 · 섬 등을 경영
② 풍족한 경제 생활의 영위 : 통일 이후 풍족한 경제 기반, 귀족들의 수입 사치품 사용, 당의 유행에 따른 의복과 호화별장 등을 소유

### (2) 농민의 경제 생활

① 곤궁한 경제 생활의 영위 : 농업기술이 발달하지 못해 매년 경작이 곤란
② 과도한 수취 제도 : 귀족 · 촌주 등에 의한 수탈, 무리한 국역
③ 농민의 몰락 : 8세기 후반 귀족이나 지방 유력자의 토지 소유가 늘면서 소작농이나 유랑민으로 전락하는 농민이 증가

### (3) 대외 무역

① 대당 무역의 발달 : 통일 후 당과의 관계가 긴밀해지면서 공무역 · 사무역이 발달
 ⓒ 대당 수출품 : 인삼, 베, 해표피, 금 · 은 세공품, 수입품은 비단 · 서적 · 귀족 사치품

ⓛ 대당 무역로 : 남로(전남 영암 ⇒ 상하이 방면)와 북로(경기도 남양만 ⇒ 산둥 반도)

ⓒ 무역항 : 남양만(당항성), 울산항(최대의 교역항) 등이 유명

② 대당 교류 기구 : 산둥 반도와 양쯔강 하류 일대의 신라방과 신라소 · 신라관 · 신라원 등

## 5. 발해의 경제

### (1) 경제 생활

① 농업 : 철제 농기구가 널리 사용되고 수리 시설이 확충되면서 일부 지역에서 벼농사를 지음

② 목축업과 어업 : 고기잡이 도구가 개량되었고 다양한 어종을 잡음

③ 수공업 : 금속 가공업, 직물업, 도자기업 등 다양한 수공업이 발달

④ 상업 : 수도인 상경 용천부 등 도시와 교통 요충지에서 상업이 발달

---

## 03절　고대의 사회 구조와 사회 생활

## 1. 초기 국가 시대

### (1) 사회 계층의 구분

① 지배층 : 가, 대가, 호민

ⓞ 가(加) · 대가(大加) : 부여 및 초기 고구려의 권력자

ⓛ 호민(豪民) : 경제적으로 부유한 읍락의 지배층

② 피지배층 : 하호(농업에 종사하는 양인), 노비(읍락의 최하층민)

## 2. 삼국 시대

### (1) 삼국의 신분제

① 엄격한 신분 제도의 운영 : 지배층 내부에서 엄격한 신분 제도가 운영되어, 출신 가문과 등급에 따라 승진과 권리, 경제적 혜택에 차등을 둠

② 신분 제도의 특징 : 신분제적 질서, 신라 골품제, 율령제정 등

### (2) 신분의 구성

① 귀족 : 왕족을 비롯한 부족장 세력이 귀족으로 재편성

② 평민 : 대부분 농민, 자유민, 조세를 납부하고 노동력을 징발 · 제공

③ 천민

ⓞ 향 · 부곡민 : 촌락을 단위로 한 집단 예속민으로, 평민보다 무거운 부담을 짐

ⓛ 노비 : 왕실이나 관청, 귀족 등에 예속되어 신분이 자유롭지 못함

SEMI-NOTE

**고구려의 최고 지배층**
- 왕 : 고씨, 계루부 출신
- 왕비 : 절노부 출신
- 5부족 : 계루부, 절노부, 소노부, 관노부, 순노부

**골품제의 규정**
골품제를 통해 관등 상한선, 정치 및 사회 활동 범위, 가옥 규모, 복식 등이 규정되었으나 관직은 규정되지 않음

**골품제에 따른 관등**

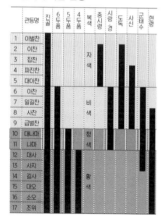

**성골 · 진골 가설**
- 진흥왕의 직계(성골) 및 방계(진골)를 구별하기 위한 표현임
- 성골은 왕족 내부의 혼인으로 태어난 집단이고, 진골은 왕족과 다른 귀족의 혼인으로 태어난 집단임
- 같은 왕족이면서도 성골과 진골로 구별되는 것은 모계에 의한 것인 듯 함
- 정치적인 면에서 구분하여 왕실 직계의 왕위 계승자 및 왕위 계승을 보유할 수 있는 제한된 근친자를 포함하여 성골이라 칭하고, 그 외 왕위 계승에서 소외된 왕족을 진골이라 하였다고 하는 견해도 있음

# 3. 고구려 사회의 모습

## (1) 사회 기풍과 형률

① 사회 기풍 : 활발한 정복 활동으로 상무적 기풍이 강함
② 엄격한 형률 : 1책 12법(도둑질한 자는 12배를 물게함), 형법이 매우 엄격

## (2) 사회 계층

① 지배층 : 왕족인 고씨를 비롯, 5부족 출신의 귀족
② 피지배층 : 백성(대부분 자영농), 천민 · 노비(몰락한 평민, 채무자)

## (3) 혼인 풍습

① 지배층 : 형사취수제(兄死娶嫂制)와 서옥제(데릴사위제)
② 피지배층 : 자유로운 교제를 통해 결혼했으며 지참금이 없음

# 4. 백제 사회의 모습

## (1) 사회 기풍

① 사회 기풍 : 상무적 기풍을 지녀 말 타기와 활쏘기를 즐김
② 언어 · 풍속 · 의복 : 고구려와 비슷, 백제 사람은 키가 크고 의복이 깔끔하다는 중국 문헌의 기록이 있음
③ 엄격한 형률 : 고구려와 비슷

## (2) 지배층의 생활

① 지배층의 구성 : 왕족인 부여씨와 왕비족인 진씨 · 해씨, 8대 성(남천 이후 완성)의 귀족
② 생활 모습 : 중국 고전과 사서를 즐겨 읽고 한문에 능숙하며, 관청의 실무에도 밝음

# 5. 신라 사회의 특징

## (1) 골품제(骨品制)

① 성립 : 부족 연맹체에서 고대 국가(중앙 집권 국가)로 발전하는 과정에서 각 지방의 족장을 지배 계층으로 흡수 · 편제하면서 그들의 신분 보장을 위해 마련
② 성격 : 폐쇄적 신분 제도, 개인의 사회 활동 제한
③ 구성 및 내용
  ㉠ 성골 : 김씨 왕족 중 부모가 모두 왕족인 최고의 신분
  ㉡ 진골 : 집사부 장관인 시중(중시) 및 1관등에서 5관등까지 임명되는 각 부 장관[슈]을 독점
  ㉢ 6두품(득난) : 진골 아래 있는 두품 중 최고 상급층
  ㉣ 5두품 : 최고 10관등 대나마까지 진출, 가옥은 18자로 제한

ⓗ 4두품 : 최고 12관등 대사까지 진출, 가옥은 15자로 제한

ⓑ 기타 : 통일 후 6 · 5 · 4두품은 귀족화되었고, 3 · 2 · 1두품은 구분이 없어져 일반 평민으로 편입(성씨가 있다는 점에서는 일반 농민과 차이가 있음)

### (2) 화백 회의(和白會議)

① 의미 : 귀족의 단결을 강화하고 국왕과 귀족 간의 권력을 조절

② 조직 : 상대등이 회의를 주재(귀족 연합적 정치를 의미)

③ 회의 장소 : 남당(南堂), 경주 부근의 4영지(청송산 · 우지산 · 금강산 · 피전)

④ 특징 : 만장일치제, 왕권의 견제, 집단의 단결 강화

⑤ 기능의 변천

　ⓐ 행정 관부 설치 이전 : 화백 회의를 통해 국가 기본 사항을 결정 · 집행

　ⓑ 행정 관부 설치 이후 : 화백 회의에 참여해 결정하는 층과 결정 사항을 집행하는 층으로 구분

### (3) 화랑도(花郞徒)

① 기원 및 발전 : 씨족 공동체 전통을 가진 원화(源花)가 발전한 원시 청소년 집단

② 구성 : 화랑(단장), 낭도(왕경 6부민), 승려

③ 목적 및 기능 : 제천 의식의 거행, 단결 정신 고취, 심신의 연마

④ 특성 : 일체감을 형성, 계층 간 대립과 갈등의 조절 · 완화

⑤ 화랑 정신

　ⓐ 최치원의 난랑비문 : 유 · 불 · 선 3교의 현묘한 도를 일컬어 화랑도라 함

　ⓑ 원광의 세속 5계 : 공동체 사회 이념을 바탕으로 한 실천 윤리 사상

　ⓒ 임신서기석(壬申誓記石) : 두 화랑이 학문(유교 경전의 학습)과 인격 도야, 국가에 대한 충성 등을 맹세한 비문

## 6. 통일 신라의 사회 모습

### (1) 신라의 사회 정책 및 계층

① 민족 통합 정책 : 백제와 고구려의 유민들을 9서당에 편성함으로써 민족 통합에 노력

② 왕권의 전제화 및 사회의 안정 : 귀족에 대한 견제 · 숙청을 통해 통일 후 중대 사회의 안정을 이룸

③ 사회 계층

　ⓐ 진골 귀족 : 최고 신분층으로 중앙 관청의 장관직을 독점

　ⓑ 6두품 : 신분적 제약으로 인해 중앙 관청의 우두머리나 지방의 장관은 불가

### (2) 신라 사회의 모습

① 금성과 5소경

　ⓐ 금성(경주) : 수도이자 정치 · 문화의 중심지로서 대도시로 번성

　ⓑ 5소경 : 귀족들이 거주하는 지방의 문화 중심지

**중위제**

· 의미 : 출신별 진급 제한에 대한 보완책 · 유인책으로 준 일종의 내부 승진제. 6두품 이하의 신분을 대상으로 함

· 내용 : 아찬은 4중 아찬까지, 대나마는 9중 대나마까지, 나마는 7중 나마까지

· 대상 : 공훈 및 능력자

· 의의 : 높은 귀족에게만 허용된 관등의 영역을 침범하지 못하게 한 것

**삼국의 귀족 회의와 수상**

· 고구려 : 제가 회의, 대대로

· 백제 : 정사암 회의, 상좌평

· 신라 : 화백 회의(만장일치제), 상대등(왕권 강화 후 중시(시중)가 행정 총괄)

**세속 5계**

· 사군이충(事君以忠)

· 사친이효(事親以孝)

· 교우이신(交友以信)

· 임전무퇴(臨戰無退)

· 살생유택(殺生有擇)

**소경(小京)의 기능**

지방의 정치 · 문화적 중심지, 지방 세력의 견제, 피정복민의 회유, 경주의 편재성 보완 등

SEMI-NOTE

**신라 말 사회 모순**
· 귀족들의 대토지 소유 확대로 자작농의 조세 부담 증가
· 자작농 몰락 : 소작농, 유랑민, 화전민, 노비로 전락

**신라 말의 조세 납부 거부**
9세기 말 진성여왕 때에는 중앙정부의 기강이 극도로 문란해졌으며, 지방의 조세 납부 거부로 국가재정이 바닥이 드러났음. 그리하여 한층 더 강압적으로 조세를 징수하자 상주의 원종과 애노의 난을 시작으로 농민의 항쟁이 전국적으로 확산되었음

**발해의 멸망**
발해는 소수의 고구려계 유민이 지배층으로서 다수의 말갈족을 다스리는 봉건적 사회 구조를 취하고 있었음. 간혹 극소수의 말갈계가 지배층에 편입되기도 하였으나 유력한 귀족 가문은 모두 고구려계였음. 지배층과 피지배층 간 민족 구성의 차이는 발해 멸망의 주요 요소로 지적되고 있음

**빈공과**
당(唐)에서 외국인을 대상으로 실시한 과거 시험으로서, 발해는 10여 인이 유학하여 6명 정도가 합격하였음

**삼국 문화의 동질적 요소**
· 언어와 풍습 등이 대체로 비슷(삼국의 이두문)
· 도사와 같은 독특한 관직을 공통적으로 운용
· 온돌, 막새 기와, 미륵 반가 사유상, 사찰의 구조, 음악(거문고·가야금), 미륵 사상 등

**통일 신라 문화의 기본적 성격**
· 문화적 차원과 폭의 확대 : 삼국 문화가 종합되면서 문화적 차원과 폭이 확대되고 보다 세련된 문화로 발전하였으며, 이러한 기반 위에서 다시 당 문화의 영향을 강하게 받음
· 민족 문화의 토대 확립 : 다양한 문화적 수용을 바탕으로 고대 문화를 완성하고 이를 통해 민족문화의 토대를 확립함

② **귀족의 생활** : 금입택(金入宅)이라 불린 저택에 거주, 고급 장식품 사용, 불교 후원 등
③ **평민의 생활** : 토지를 경작, 채무로 노비가 되는 경우도 많았음

### (3) 신라 말 사회의 혼란
① **신라 말의 사회상** : 지방의 신흥 세력이 성장, 호족이 등장, 백성의 곤궁, 농민의 몰락 등으로 민심이 크게 동요
② **정부의 대책과 실패** : 민생 안정책을 강구하였지만 실패, 소작농으로 전락 등
③ **모순의 심화** : 국가 재정 악화, 원종과 애노의 난 발발

**실력up 신라 말기의 반란**

진성 여왕 3년(889) 나라 안의 여러 주·군에서 공부(貢賦)를 바치지 않으니 창고가 비어 버리고 나라의 쓰임이 궁핍해졌다. 왕이 사신을 보내어 독촉하였지만, 이로 말미암아 곳곳에서 도적이 벌떼 같이 일어났다. 이에 원종·애노 등이 사벌주(상주)에 의거하여 반란을 일으키니 왕이 나마 벼슬의 영기에게 명하여 잡게 하였다. 영기가 적진을 쳐다보고는 두려워하여 나아가지 못하였다.
– 〈삼국사기〉 –

## 7. 발해 사회의 모습

### (1) 사회 구성
① **지배층** : 왕족인 대씨와 귀족인 고씨 등의 고구려계 사람들이 대부분
② **피지배층** : 주로 말갈인으로 구성

### (2) 생활 모습
① **상층 사회** : 당의 제도와 문화를 수용하였으며, 지식인들은 당에 유학하여 빈공과에 합격하기도 함
② **하층 사회** : 촌락민들은 촌장(수령)을 통해 국가의 지배를 받았음

## 04절 고대 문화의 발달

## 1. 삼국 문화의 특성

### (1) 삼국 문화의 의의 및 성격
① **삼국 문화의 의의** : 각각의 개성을 유지하는 가운데서도 서로 영향을 주고받으며 민족 문화의 기반을 형성
② **삼국 문화의 기본 성격** : 2원적 성격, 불교문화의 영향, 문화적 동질성

## (2) 삼국 문화의 특징

① 고구려 : 패기와 정열이 넘치는 문화적 특성

② 백제 : 평야 지대에 위치하여 외래문화와 교류가 활발, 우아하고 세련된 문화적 특징

③ 신라 : 6세기에 한강 유역을 확보한 이후 조화미가 강조되며 발전

# 2. 한문학과 유학, 향가의 발달

## (1) 한자의 보급

① 한자 문화권의 형성 : 철기 시대부터 한자를 사용, 삼국 시대의 지배층은 한자를 널리 사용

② 이두(吏讀)와 향찰(鄕札)의 사용 : 한문의 토착화가 이루어지고 한문학이 널리 보급됨

## (2) 한문학

① 삼국 시대의 한문학 ★빈출개념

　　㉠ 한시 : 유리왕의 황조가, 을지문덕의 오언시(여수장우중문시) 등

　　㉡ 노래 : 백제의 정읍사, 신라의 회소곡, 가야의 구지가 등

② 신라의 한문학 : 한학(유학)의 보급과 발달에 따라 발달(강수, 설총, 김대문, 최치원 등)

③ 발해의 한문학 : 4·6 변려체로 쓰인 정혜공주와 정효공주의 묘지(墓誌)를 통해서 높은 수준을 짐작할 수 있으며, 시인으로는 양태사·왕효렴이 유명

## (3) 유학의 보급

① 삼국 시대 : 유학이 본격적으로 수용, 율령, 유교 경전 등을 통해 한문학을 이해

　　㉠ 고구려 : 종묘 건립, 3년상 등 생활 속에서 유교적 예제(禮制)가 행해짐

　　㉡ 백제 : 6좌평과 16관등, 공복제 등의 정치 제도는 유학 사상의 영향을 받음

　　㉢ 신라 : 법흥왕 때의 유교식 연호, 진흥왕 순수비, 화랑도 등은 유학 사상의 영향을 받음

② 통일 신라 유학의 성격 : 원시 유학과 한·당의 유학이 합쳐진 유학, 전제 왕권과 중앙 집권 체제를 뒷받침

## (4) 대표적 유학자

① 통일기 신라의 유학자 : 6두품 출신의 유학자가 많음, 도덕적 합리주의를 강조

　　㉠ 강수(6두품)

　　　• 〈청방인문서〉, 〈답설인귀서〉 등 외교 문서를 잘 지은 문장가

　　　• 불교를 세외교라 하여 비판하고, 도덕을 사회적 출세보다 중시함

　　　• 일부다처나 골품제에 의한 신분 제도 등을 비판하고 유교의 도덕적 합리주의를 강조

SEMI-NOTE

**남북국 시대 문화의 특성**

• 통일 신라 문화의 특징: 귀족 중심의 문화가 발전하면서 민간 문화의 수준도 향상됨. 중앙의 문화가 전파되면서 지방 문화 수준도 전반적으로 향상됨. 조형 미술을 중심으로 조화미·정제미를 창조(불교와 고분 문화 등을 통해 다양하게 표현됨). 당·서역과의 국제적 교류로 세련된 문화 발전

• 발해 문화의 특징: 고구려 문화의 바탕 위에 당 문화 혼합, 웅장하며 건실함

**이두와 향찰**

• 이두 : 한자의 음과 훈을 빌려 우리말을 적는 표기법으로, 한문을 주로 하는 문장 속에서 토씨 부분에 사용됨

• 향찰 : 한자의 음과 훈을 빌려 우리말을 표기하는 방식인 차자(借字) 표기로, 이두와는 달리 문장 전체를 표현

**설화 문학**

• 서민들 사이에서 구전된 문학

• 에밀레종 설화, 효녀 지은 이야기, 설씨녀 이야기 등

**민중의 노래**

• 구지가와 같은 무속 신앙과 관련된 노래나 회소곡(會蘇曲) 등의 노동요가 유행

• 민중들은 어려운 생활 속에서 그들의 소망을 노래로 표현(백제의 정읍사)

**최치원**

- 6두품 출신으로 당에 유학하여 빈공과에 급제하고 관직에 오르는 한편 문장가로 이름을 떨침
- 귀국하여 진성여왕에게 개혁을 건의하고 국정을 비판하였으나, 개혁이 이루어지지 않자 혼란한 세상에 뜻을 잃고 전국 각지를 유람하다가 해인사에서 일생을 마침
- 유학자인 동시에 불교와 도교에도 조예가 깊은 사상가였으며, 고려건국에 큰 영향을 끼침

**도당 유학생 파견**

- 당의 문화 정책인 국학의 문호 개방책, 신라의 문화적 욕구, 삼국 항쟁기에 당의 힘을 빌리려는 외교적 목적의 합치로 인해 도당 유학생의 파견이 시작
- 통일 후 숙위 학생이라고 불린 이들은 관비 유학생으로 파견과 귀국을 국가에서 주관하였으며, 의식주는 당에서 지원하였고 도서 구입 비용은 신라에서 지원
- 초기 도당 유학생은 대부분 진골이었으나 하대로 갈수록 6두품을 중심으로 파견. 이들 중 상당수는 귀국하지 않고 당에 머물렀으며, 귀국한 유학생들도 개혁을 주장하다가 은거하거나 반신라 세력으로서 호족과 결탁하는 등의 행보를 보임

**찬기파랑가**

열치며/나타난 달이/흰 구름 좇아 떠가는 것 아닌가/새파란 시냇가에/기랑의 얼굴이 있구나/이로부터 시냇가 조약돌에/낭이 지니시던/마음의 가를 좇고 싶어라/아 잣가지 높아/서리 모를 화판이여

---

ⓛ 설총(6두품)
- 원효의 아들로, 이두를 집대성
- 풍왕서(화왕계)를 지어 국왕의 유교적 도덕 정치를 강조

② 통일 이후의 유학자 : 당과 교류가 활발해지면서 도당 유학생이 증가

ㄱ 김대문(진골)
- 성덕왕 때 주로 활약한 통일 신라의 대표적 문장가
- 〈악본〉, 〈화랑세기〉, 〈고승전〉, 〈한산기〉, 〈계림잡전〉 등이 유명(모두부전)

ㄴ 최치원(6두품)
- 당의 빈공과(賓貢科)에 급제하고 귀국 후 진성여왕에게 개혁안 10여조를 건의(수용되지 않음)
- 골품제의 한계를 사각하고 과거 제도를 수장하였으며, 반신라적 사상을 견지
- 〈계원필경〉(현존 최고의 문집), 〈제왕연대력〉, 〈법장화상전〉 등을 저술
- 4산 비명 : 숭복사비, 쌍계사 진감선사비, 성주사 낭혜화상탑비, 봉암사 지증대사비

**실력UP 도당 유학생**

- **유학의 배경** : 전제 왕권 확립을 위한 유교 정치 이념의 필요성 인식, 방계 귀족에 대한 견제
- **기능** : 유학생이자 외교관의 기능을 겸하며, 정치적 인질의 성격을 지니기도 함
- **대표적 유학생** : 최치원, 최승우, 최언위 등
- **특징**
  - 대부분 6두품 출신으로, 다수가 빈공과에 합격(신라인 80명, 발해인 10명가량)
  - 실력 위주의 풍토를 정착시킴으로써 과거 제도가 마련되는 배경으로 작용
  - 귀국 후 신분적 한계로 정치 참여가 제한되었으며 주로 왕의 고문 역할을 수행. 왕권 강화·과거제 실시·국사 편찬 등의 필요성을 제시
  - 골품제와 신라 사회의 모순을 비판하며 새로운 사회로의 방향을 제시

### (5) 향가의 발달

① 편찬 : 한자를 빌어 표기, 주로 불교 수용 후 화랑과 승려가 지음
② 내용 : 화랑에 대한 사모의 심정, 형제간의 우애, 동료 간의 의리, 공덕이나 불교에 대한 신앙심, 부처님의 찬양, 지배층의 횡포에 대한 비판 등
③ 대표작 : 원왕생가, 모죽지랑가, 헌화가, 도솔가, 제망매가, 찬기파랑가, 안민가, 처용가 등

## 3. 교육 및 역사

### (1) 삼국의 교육

① 교육의 특징 : 문무 일치·귀족 중심·수도 중심의 교육
② 교육 기관 및 유학의 교육 : 한자의 보급과 함께 교육 기관이 설립됨
  ㄱ 고구려 : 수도에 태학(유교 경전과 역사 교육), 지방에 경당 설치
  ㄴ 백제 : 5경 박사와 의박사·역박사 등이 유교 경전과 기술학 교육

ⓒ 신라 : 임신서기석(유교 경전을 공부했음을 알 수 있음), 화랑도(세속 5계), 한
자 및 이두 사용

## (2) 남북국의 교육

① 통일 신라

　ⓒ 국학

　　• 신문왕 때 설립(682)한 유학 교육 기관으로, 충효 사상 등 유교 정치 이념
을 통해 전제 왕권 강화에 기여

　　• 경덕왕 때 태학이라 고치고 박사와 조교를 두어 〈논어〉와 〈효경〉 등의 유
교 경전을 교육, 혜공왕 때 국학으로 환원

　　• 입학 자격은 15~30세의 귀족 자제로 제한되며, 졸업 시 대나마 · 나마의 관
위를 부여

　　• 〈논어〉와 〈효경〉을 필수 과목으로 하며, 〈주역〉 · 〈상서〉 · 〈모시〉
· 〈예기〉 · 〈좌씨전〉 등을 수학

　ⓒ 독서삼품과

　　• 원성왕 때(788) 시행한 관리 등용 제도로, 유교 경전의 이해 수준에 따라 3
등급으로 구분해 관리를 등용(상품 · 중품 · 하품)

　　• 골품이나 무예를 통해 관리를 등용하던 방식에서 벗어나, 유교 교양을 시험
하여 관리를 등용함으로써 충효일치를 통한 전제 왕권 강화에 기여

② 발해

　ⓒ 학문 발달을 장려 : 당에 유학생을 보내고 서적을 수입

　ⓒ 한학 교육을 장려

　　• 주자감을 설립하여 귀족 자제들에게 유교 경전을 교육

　　• 6부의 명칭이 유교식이며, 정혜공주 · 정효공주 묘비문은 4 · 6 변려체의
한문으로 작성됨, 5경과 〈맹자〉, 〈논어〉, 3사(〈사기〉 · 〈한서〉 · 〈후한서〉),
〈진서〉, 〈열녀전〉 등을 인용

　　• 외교 사신(양태사, 왕효렴 등)과 승려(인정, 인소 등) 중 많은 사람이 한시
에 능통

## (3) 역사서의 편찬

① 삼국의 사서 편찬

　ⓒ 고구려 : 영양왕 때 이문진이 국초의 〈유기(留記)〉를 간추려 〈신집(新集)〉5권
을 편찬

　ⓒ 백제 : 근초고왕 때 고흥이 〈서기(書記)〉를 편찬

　ⓒ 신라 : 진흥왕 때 거칠부가 〈국사(國史)〉를 편찬

② 통일 신라의 사서 편찬

　ⓒ 김대문 : 통일 신라의 대표적 문장가

　　• 대표적 저서 : 〈악본〉, 〈고승전〉, 〈한산기〉, 〈계림잡전〉, 〈화랑세기〉 등

　ⓒ 최치원 : 〈제왕연대력〉을 저술

## 4. 삼국 시대의 불교

### (1) 불교의 수용

① 삼국 시대의 불교 전래

㉠ 고구려 : 중국 전진(前秦)의 순도를 통하여 소수림왕 때 전래(372)

㉡ 백제 : 동진(東晉)의 마라난타를 통해 침류왕 때 전래(384)

㉢ 신라 : 고구려 묵호자를 통해 전래, 6세기 법흥왕 때 국가적으로 공인(527)

② 삼국 시대 불교의 성격 : 왕실과 귀족을 중심으로 수용·공인, 호국적 성격, 대승 불교가 주류를 이룸

### (2) 삼국의 불교

① 고구려 : 북위 불교의 영향을 받음

② 백제 : 중국 남조 불교의 영향을 받음, 후기의 불교는 호국적 성격

③ 신라 : 삼국 중 불교 수용이 가장 늦음, 불교를 국가 발전에 가장 효율적으로 이용

### (3) 신라의 명승 ★빈출개념

① 원광(圓光)

㉠ 대승 불교 정착에 공헌 : 자신의 사상을 일반 대중에게 쉽고 평범한 말로 전파

㉡ 걸사표(乞師表) : 진평왕 31년(608)에 고구려가 신라 변경을 침범했을 때 왕의 요청으로 수나라에 군사적 도움을 청하는 걸사표를 지음

㉢ 세속오계 : 화랑의 기본 계율이자 불교의 도덕률로서 기능

② 자장(慈藏)

㉠ 636년 당에서 귀국한 후 대국통을 맡아 승려의 규범과 승통의 일체를 주관

㉡ 황룡사 9층탑 창건을 건의하고 통도사와 금강계단을 건립

## 5. 남북국 시대의 불교

### (1) 통일 신라

① 불교의 정립 : 삼국 불교 유산을 토대로 하여 다양하고 폭넓은 불교 사상 수용의 기반을 마련

② 불교의 특징 : 불교 대중화 운동의 전개(원효의 아미타신앙), 밀교 신앙의 성행

③ 교종의 5교

㉠ 성립 : 통일 전에 열반종·계율종이, 통일 후 법성종·화엄종·법상종이 성립

㉡ 특성 : 중대 전제 왕권 강화에 기여, 화엄종과 법상종이 가장 유행

④ 명승

㉠ 원효(元曉, 617~686)

• 〈대승기신론소〉, 〈금강삼매경론〉, 〈십문화쟁론〉 등을 저술

• '모든 것이 한마음에서 나온다'는 일심 사상(一心思想)을 바탕으로 종파들 간의 사상적 대립을 조화시키고, 여러 종파의 사상을 융합하는 화쟁 사상을 주장

---

SEMI-NOTE

**삼국 불교의 성격**

• 호국적 사상(〈인왕경〉이 널리 읽힘)

• 왕실·귀족 중심의 불교(왕실이 앞장서서 수용)

• 토착 신앙의 흡수(샤머니즘적 성격)

• 현세 구복적

**정토 신앙(아미타 신앙·미륵 신앙)과 관음 신앙**

• 아미타 신앙 : 내세에 극락정토를 확신하는 신앙

• 미륵 신앙 : 미륵이 중생을 구제한다는 신앙

• 관음 신앙 : 현세의 고난 구제를 확신하는 신앙

**교종의 창시자 및 사찰**

| 종파 | 창시자 | 사찰 |
| --- | --- | --- |
| 열반종 | 보덕(고구려) : 중생은 모두 부처가 될 수 있는 불성을 지님 | 경복사 (전주) |
| 계율종 | 자장(신라) | 통도사 (양산) |
| 법성종 | 원효 : 5교의 통합을 주장 | 분황사 (경주) |
| 화엄종 | 의상 | 부석사 (영주) |
| 법상종 | 진표 : 미륵 신앙 (이상 사회, 업설) 원측 : 유식 불교 | 금산사 (김제) |

- 불교 대중화의 길을 엶(고려 시대 의천과 지눌에 영향을 미침)
- 경주 분황사에서 법성종(法性宗)을 개창

ⓒ 의상(義湘, 625~702)
- 화엄종을 연구
- 〈화엄일승법계도〉를 저술하여 화엄 사상을 정립
- 화엄의 근본 도량이 된 부석사(浮石寺)를 창건(676)하고, 화엄 사상을 바탕으로 교단을 형성하여 제자를 양성하고 불교 문화의 폭을 확대
- 모든 사상을 보다 높은 차원에서 하나로 조화시키는 원융 사상(일즉다 다즉일(一卽多 多卽一)의 원융 조화 사상)을 설파
- 아미타 신앙과 함께 현세에서 고난을 구제받고자 하는 관음 신앙을 설파

ⓒ 진표(眞表, ?~?)
- 김제 금산사를 중심으로 법상종을 개척
- 미륵 신앙(이상 사회, 업설)이 일반 백성에 널리 유포되는 데 기여)

ⓔ 원측(圓測, 613~696)
- 당의 현장에게서 유식 불교(唯識佛敎)를 수학(유식 불교의 대가)
- 현장의 사상을 계승한 규기(窺基)와 논쟁하여 우위를 보임

ⓜ 혜초(慧超, 704~787)
- 인도에 가서 불교를 공부하고 〈왕오천축국전〉을 남김
- 인도 순례 후 카슈미르, 아프가니스탄, 중앙아시아 일대까지 답사

## (2) 선종(禪宗)의 발달

① 특징
　ⓐ 기존의 사상 체계에 의존하지 않고 스스로 사색하여 진리를 깨닫는 것을 중시
　ⓑ 개인적 정신 세계를 찾는 경향이 강하여 좌선을 중시
　ⓒ 교종에 반대하고 반체제적 입장에서 지방의 독자적 세력을 구축하려는 호족의 성향에 부합

② 역사적 의의
　ⓐ 경주 중심의 문화를 극복하고 지방 문화의 역량을 증대(지방을 근거로 성장)
　ⓑ 중국 문화에 대한 이해와 인식의 폭을 확대(한문학 발달에 영향)
　ⓒ 새로운 시대의 이념과 사상을 제공
　ⓔ 불교 의식과 권위를 배격, 종파 불교가 본격적으로 전개됨
　ⓔ 승탑과 탑비의 유행 : 쌍봉사 철감선사 승탑, 4산비명 등

③ 9산의 성립 : 선종 승려 중에는 지방의 호족 출신이 많아 주로 지방에 근거지를 두었는데, 그 중 대표적인 9개의 선종 사원을 9산 선문이라고 함

④ 교종과의 비교

| 구분 | 교종(敎宗) | 선종(禪宗) |
|------|-----------|-----------|
| 전래 | 상대(눌지왕 때 최초 전래) | 상대(선덕여왕 때 법랑이 전래) |
| 융성기 | 중대(귀족 및 왕실 계층) | 하대(호족 불교로 발전) |

**왕오천축국전(往五天竺國傳)**

혜초가 인도를 여행하고 쓴 기행문으로, 프랑스 학자 펠리오(Pelliot)가 간쑤성(甘肅省) 둔황(敦煌)의 석굴에서 발견, 현재 프랑스 국립 도서관에 소장

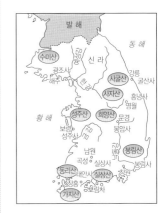

선종 9산

| 종파 | • 열반종 : 보덕<br>• 계율종 : 자장<br>• 법성종 : 원효<br>• 화엄종 : 의상<br>• 법상종 : 진표 | • 가지산문 : 도의<br>• 동리산문 : 혜철<br>• 사자산문 : 도윤<br>• 성주산문 : 무염<br>• 수미산문 : 이엄 | • 실상산문 : 홍척<br>• 봉림산문 : 현욱<br>• 사굴산문 : 범일<br>• 희양산문 : 도헌 |
| --- | --- | --- | --- |
| 성격 | • 교리 연구 · 경전 해석 치중<br>• 불교 의식 및 행사 중시<br>• 염불과 독경 중시 | • 개인의 정신 수양 강조<br>• 좌선(坐禪) 중시<br>• 불립문자(不立文字)<br>• 견성오도(見性悟道) | |
| 영향 | • 조형 미술의 발달<br>• 왕권 전제화에 공헌 | • 조형 미술의 쇠퇴<br>• 중국 문화에 대한 이해의 폭 확대<br>• 호산구 및 크게 긴림이 정신지 끼지 | |

### (3) 발해의 불교

① 고구려 불교의 영향

  ㉠ 수도 상경의 절터 유적과 불상, 석등, 연화 무늬 기와, 이불병좌상 등

  ㉡ 왕실과 귀족 중심의 불교로, 절터 등의 유적은 주로 5경에 집중되어 있음

② 종파 : 관음 신앙과 법화 신앙(이불병좌상)

③ 석인정, 석정소 등은 발해의 대표적 명승으로, 불법을 널리 전파

## 6. 도교와 풍수 지리설

### (1) 도교

① 전래 시기 : 고구려 영류왕(624) 때 전래

② 신봉 계층 : 진골에 반발하던 6두품 계층이 신봉하여 반신라적 성격을 지님

③ 내용 : 노장 사상, 즉 무위자연을 이상으로 여기는 일종의 허무주의 사상

④ 도교 사상의 반영

  ㉠ 고구려 : 강서고분의 사신도(四神圖)와 비선(飛仙), 보장왕 때 연개소문의 요청으로 불교 세력을 누르기 위해 도교를 장려

  ㉡ 백제

  • 산수 무늬 벽돌(산수문전) : 삼신산, 도관, 도사의 문양

  • 백제 금동대향로 : 주작, 봉황, 용

  • 사택지적비 : 노장 사상의 허무주의적 내용이 담겨 있음

  • 무령왕릉 지석의 매지권

  ㉢ 신라 : 도교적 요소가 삼국 중 가장 뚜렷

  ㉣ 통일 신라 : 12지신상, 4영지, 안압지, 4산 비명 등

  ㉤ 발해 : 정혜공주와 정효공주 묘지의 4 · 6 변려체, 정효공주 묘의 불로장생 사상

### (2) 풍수지리설(風水地理說)

① 전래 : 신라 말 도선 등의 선종 승려들이 중국에서 유행한 풍수지리설을 전래

② 내용 : 산세와 수세를 살펴 도읍 · 주택 · 묘지 등을 선정하는 인문지리적 학설로,

현무도(강서대묘)

산수 무늬 벽돌

백제 금동대향로

사택지적비

국토의 효율적인 이용과 관련됨

③ **영향** : 다른 지방의 중요성을 자각하는 계기, 선종과 함께 나말 신라 정부의 권위를 약화시키는 구실

## 7. 천문학과 수학

### (1) 천문학의 발달

① **천체 관측** : 삼국은 천문 기상을 담당하는 관리로 일관, 일자 등을 둠

㉠ **고구려** : 천문도(天文圖), 고분 벽화에도 해와 달의 그림이 남아 있음

㉡ **백제** : 역박사를 두었고, 천문을 관장하는 일관부가 존재

㉢ **신라** : 7세기 선덕여왕 때에 현존하는 세계 최고(最古)의 천문대인 첨성대(瞻星臺)를 세워 천체를 관측

② **천체 관측의 목적**

㉠ **농업면** : 농경과 밀접한 관련이 있었으므로 중시

㉡ **정치면** : 왕의 권위를 하늘과 연결시키려고 함

### (2) 수학의 발달

① 여러 조형물을 통해 수학이 높은 수준에 이르렀음을 짐작할 수 있음

② **수학적 조형물**

㉠ **삼국 시대** : 고구려 고분의 석실이나 천장의 구조, 백제의 정림사지 5층 석탑, 신라의 황룡사 9층 목탑 등

㉡ **통일 신라** : 국학에서 산학을 학습(석굴암, 불국사 3층 석탑, 다보탑 등)

## 8. 목판 인쇄술과 제지술

### (1) 발달 배경 및 의의

불교 문화의 발달에 따라 불경 등의 인쇄를 위한 목판 인쇄술과 제지술 발달, 통일 신라의 기록 문화 발전에 크게 기여

### (2) 목판 인쇄술(무구정광 대다라니경)

무구정광 대다라니경은 8세기 초엽에 만들어진 불경으로, 현존하는 세계 최고(最古)의 목판 인쇄물, 1966년 불국사 3층 석탑(석가탑)에서 발견됨

### (3) 제지술

무구정광 대다라니경에 사용된 종이는 닥나무로 만들어진 것으로 지금까지 보존될 수 있을 만큼 품질이 우수함, 구례 화엄사 석탑에서 발견된 두루마리 불경에 쓰인 종이도 통일 신라 시대에 만들어진 것이며, 얇고 질기며 아름다운 백색을 간직하고 있음

## 9. 금속 제련술의 발달

**도선(道詵)**
도선은 전 국토의 자연환경을 유기적으로 파악하는 인문 지리적인 지식에 경주 중앙 귀족들의 부패와 무능, 지방 호족 세력의 대두, 안정된 사회를 바라는 일반 백성들의 염원 등 당시 사회상에 대한 인식을 종합하여 풍수지리설로 체계화

**천문학자 김암**
• 김유신의 손자로 당에서 음양학을 배워 〈둔갑입성법〉을 저술, 귀국 후 사천대 박사로 임명
• 병학에 능해 패강진 두상으로 재직 시 6진 병법을 가르치기도 함

**석굴암**
정밀한 기하학 기법을 응용한 배치로 조화미를 추구

**무구정광 대다라니경**
• 국보 제126호로, 목판으로 인쇄된 불경, 불국사 3층 석탑(석가탑)의 해체·복원 공사가 진행되던 1966년 탑신부 제2층에 안치된 사리함 속에서 다른 유물들과 함께 발견
• 출간 연대의 상한과 하한은 700년대 초~751년인데, 이는 이전까지 가장 오래된 인경으로 알려진 일본의 백만탑 다라니경(770년에 인쇄)보다 앞선 것

SEMI-NOTE

질지도

백제 금동대향로

**사신도(四神圖)**

• 각각 동·서·남·북의 방위를 지키는 사방위신(四方位神)인 청룡·백호·주작·현무를 그린 고분벽화
• 무덤의 사방을 수호하는 영물(靈物)을 그린 것으로, 도교의 영향 받아 죽은 자의 사후세계를 지켜준다는 믿음을 담고 있음

수렵도

## (1) 고구려

① 철광석이 풍부하여 제철 기술이 발달함(철 생산이 국가의 중요 산업)
② 고구려 지역에서 출토된 철제 무기와 도구 등은 그 품질이 우수함

## (2) 백제

① 칠지도(七支刀) : 강철로 만든 우수한 제품, 4세기 후반에 근초고왕이 왜왕에게 하사한 것
② 백제 금동대향로 : 백제의 금속 공예 기술이 중국을 능가할 정도로 매우 뛰어났음을 보여 주는 걸작품, 불교와 도교의 요소 반영

# 10. 고분과 벽화

## (1) 고구려

① 고분 : 초기에는 주로 돌무지 무덤을 만들었으나 점차 굴식 돌방 무덤으로 바뀌어 감
  ㉠ 돌무지 무덤(석총) : 돌을 정밀하게 쌓아 올린 고분 형태로, 벽화가 없는 것이 특징
  ㉡ 굴식 돌방 무덤(횡혈식 석실, 토총)
    • 돌로 널방을 짜고 그 위에 흙으로 덮어 봉분을 만든 것으로, 널방의 벽과 천장에는 벽화를 그리기도 함, 모줄임 천장, 도굴이 쉬움
② 고분 벽화 : 당시 고구려 사람들의 생활·문화·종교 등을 파악할 수 있는 귀중한 자료

| 고분 | 벽화 | 특징 |
| --- | --- | --- |
| 삼실총 | 무사·역사의 벽화 | 원형으로 된 봉분 안에 세 개의 널방(현실)이 ㄱ자형으로 위치 |
| 각저총 | 씨름도 | 만주 퉁거우에 있는 토총, 귀족 생활, 별자리 그림 |
| 무용총 | 무용도, 수렵도 | 14명이 춤추는 무용도, 수렵·전쟁을 묘사한 수렵도, 거문고 연주도 |
| 쌍영총 | 기사도, 우거도 (牛車圖), 여인도 | 서역 계통의 영향, 전실과 후실 사이의 팔각쌍주와 두 팔천정은 당대의 높은 건축술과 예술미를 반영 |
| 강서대묘 | 사신도(四神圖) | 사신도와 선인상, 사신도는 도교의 영향을 받은 것으로 색의 조화가 뛰어나며 정열과 패기를 지닌 고구려 벽화의 걸작 |
| 덕흥리 고분 | 견우직녀도 | 5세기 초의 고분으로, 견우직녀도와 수렵도, 하례도(賀禮圖), 기마행렬도, 베 짜는 모습, 마구간, 외양간 등이 그려져 있음 |
| 장천 1호분 | 예불도, 기린도 | 장천 1호분의 기린상과 천마총의 천마상은 고구려와 신라의 문화적 연계성을 보여줌 |

| 안악 3호분 | 대행렬도, 수박도(手搏圖) | 고구려 지배층의 행사를 그린 대행렬도와 수박도 등이 발견됨 |
|---|---|---|

## (2) 백제

① 고분 ★ 빈출개념

   ⊙ 한성 시대 : 초기 한성 시기에는 같은 계통인 고구려의 영향을 받아 계단식 돌무지 무덤(→ 석촌동 고분 등)이 중심

   ⓒ 웅진 시대 : 굴식 돌방 무덤과 널방을 벽돌로 쌓은 벽돌 무덤(공주 송산리 고분군의 무령왕릉, 6세기경 중국 남조의 영향을 받음)이 유행

   ⓒ 사비 시대 : 규모가 작지만 세련된 굴식 돌방 무덤이 유행(부여 능산리 고분)

② 고분 벽화 : 사신도(四神圖), 무령왕릉은 중국 남조의 영향을 받음

## (3) 신라

① 통일 전 신라 : 거대한 돌무지 덧널 무덤(적석목곽분)

② 통일 신라 : 불교의 영향으로 화장이 유행, 무덤의 봉토 주위를 둘레돌(호석)로 두르고, 12지신상을 조각하는 독특한 양식 등장

## (4) 발해의 고분 ★ 빈출개념

① 정혜공주 묘(육정산 고분군) : 굴식 돌방 무덤으로, 모줄임 천장 구조가 고구려 고분과 유사

② 정효공주 묘(용두산 고분군) : 묘지(墓誌)와 벽화가 발굴되었고, 유물은 높은 문화 수준을 입증

# 11. 건축과 탑

## (1) 삼국 시대

① 건축 : 궁전·사원·무덤·가옥에 그 특색이 잘 반영

② 탑

   ⊙ 고구려 : 주로 목탑을 건립

   ⓒ 백제

     • 익산 미륵사지 석탑 : 목탑 양식을 모방한 석탑으로 현재 우리나라에서 가장 오래된 탑(7세기 초에 건립되었으며, 현재 6층까지 남아 있음)

     • 부여 정림사지 5층 석탑 : 미륵사지 석탑을 계승한 백제의 대표적인 석탑

   ⓒ 신라

     • 황룡사 9층 목탑 : 일본·중국·말갈 등 9개국의 침략을 막고 삼국을 통일하자는 호국 사상을 반영(몽고 침입 때 소실)

     • 분황사 석탑 : 선덕여왕 때 만든 모전탑(석재를 벽돌 모양으로 만들어 쌓은 탑)으로 지금은 3층까지만 남아 있으며, 인왕상과 사자상이 조각되어 있음

③ 성곽 축조 : 방어 목적의 성곽을 다수 축조

감은사지 3층 석탑

진전사지 3층 석탑

쌍봉사 철감선사 승탑

## (2) 통일 신라

① 건축
  ㉠ 통일 신라의 궁궐과 가옥은 남아 있는 것이 거의 없음
  ㉡ 불교가 융성함에 따라 사원을 많이 축조했는데, 8세기 중엽에 세운 불국사와 석굴암이 대표적
  ㉢ 안압지 : 통일 신라의 뛰어난 조경술(造景術)을 잘 드러냄
② 탑(塔)
  ㉠ 중대
    • 감은사지 3층 석탑 : 통일 신라 초기의 대표적인 석탑으로, 장중하고 웅대
    • 불국사 3층 석탑(석가탑) : 통일 이후 축조해 온 통일 신라 시대의 석탑으로, 날씬한 상승감 및 넓이와 높이의 아름다운 비례로 유명
    • 화엄사 4사자 3층 석탑 : 구례 화엄사에 있는 통일 신라 시대의 3층 석탑
  ㉡ 하대 : 진전사지 3층석탑(탑신에 부조로 불상을 새김), 쌍봉사 철감선사 승탑

## (3) 발해

① 상경(上京) : 당의 수도인 장안을 본떠 건설하여 외성을 쌓고 남북으로 넓은 주작 대로를 내어 그 안에 궁궐과 사원을 세움
② 사원터 : 동경성 등에서 발견되는 사원지에는 높은 단 위에 금당(金堂)을 짓고 내부 불단을 높이 마련하였으며, 금당 좌우에 건물을 배치

## 12. 불상과 공예(工藝)

### (1) 불상

① 삼국 시대
  ㉠ 특징 : 불상 조각에서 두드러진 것은 미륵보살 반가상(彌勒菩薩半跏像)을 많이 제작한 것이며 이 중에서도 관을 쓰고 있는 금동 미륵보살 반가상은 날씬한 몸매와 그윽한 미소로 유명함
  ㉡ 고구려 : 연가 7년명 금동 여래 입상은 두꺼운 의상과 긴 얼굴 모습에서 북조 양식을 따르고 있음
  ㉢ 백제 : 서산 마애 삼존 석불은 석불로서 부드러운 자태와 온화한 미소가 특징
  ㉣ 신라 : 배리 석불 입상은 푸근한 자태와 부드럽고 은은한 미소가 특징
② 통일 신라 : 석굴암의 본존불과 보살상
③ 발해 : 불교가 장려됨에 따라 불상이 많이 제작됨
  ㉠ 고구려 양식 : 상경과 동경의 절터에서 발굴된 불상
  ㉡ 이불병좌상(二佛竝坐像) : 흙을 구워 만든 것으로, 두 부처가 나란히 앉아있는 모습을 나타냄

### (2) 공예

① 통일 신라

㉠ **석조물** : 무열왕릉비의 이수, 귀부의 조각, 성덕대왕릉 둘레의 조각돌, 불국사 석등, 법주사 쌍사자 석등

㉡ **범종(梵鐘)**

- 오대산 상원사 동종(성덕왕 24, 725) : 현존 최고(最古)의 종
- **성덕대왕 신종**(혜공왕 7, 771) : 봉덕사 종 또는 에밀레 종이라 하며, 맑고 장중한 소리와 천상의 세계를 나타내 보이는 듯함

② **발해**

㉠ **조각** : 기와 · 벽돌 등의 문양이 소박하고 직선적

㉡ **자기(磁器)** : 가볍고 광택이 있으며 종류나 크기 · 모양 · 색깔 등이 매우 다양하여 당나라로 수출

## 13. 글씨와 그림, 음악

### (1) 서예

① **고구려** : 광개토대왕릉비의 비문은 웅건한 서체가 돋보임

② **통일 신라**

㉠ **김생(金生)** : 왕희지체로 유명한 통일 신라의 문필가, 신품사현의 한 사람

㉡ **김인문(金仁問)** : 무열왕릉 비문 · 화엄사의 화엄경 석경 등이 전해짐

㉢ **요극일(姚克一)** : 왕희지체 및 구양순체 모두에 능함

### (2) 그림

① **천마도(天馬圖)** : 경주 천마총에서 출토, 신라의 힘찬 화풍을 보여줌

② **솔거(率去)** : 황룡사 벽화, 분황사 관음보살상, 단속사의 유마상 등

### (3) 음악과 무용

① **고구려** : 영양왕 때 왕산악은 진(晉)의 칠현금을 개량하여 거문고를 만들고 많은 노래를 지음

② **백제** : 무등산가 · 선운산가 등이 유명

③ **신라** : 백결 선생(방아타령), 3죽(대 · 중 · 소 피리)과 3현(가야금 · 거문고 · 비파)

④ **가야** : 우륵은 가야금을 만들고 12악곡을 지었으며, 신라에 가야금을 전파

⑤ **발해** : 음악과 무용이 발달, 발해악(渤海樂)이 일본으로 전해짐

9급공무원

# 한국사

나두공

# 03장 중세의 성립과 발전

# 중세의 성립과 발전

## 01절　중세의 통치 구조와 정치 활동

### 1. 후삼국의 성립과 소멸

#### (1) 후삼국의 성립

① 후백제의 성립과 발전

　㉠ 건국(900) · 견훤이 완산주를 근거로 건국

　㉡ 발전 : 신라 효공왕 4년(900)에 정식으로 후백제 왕을 칭하며 관직을 설치하고 국가 체제를 완비, 신라를 자주 침공

② 후고구려의 성립과 발전

　㉠ 건국(901) : 궁예가 초적 세력을 기반으로 송악에서 건국

　㉡ 발전 : 국호를 후고구려에서 마진(연호는 무태 · 성책)으로 고쳤다가, 수도를 철원으로 옮긴 후 국호를 다시 태봉(연호는 수덕만세 · 정개)으로 고침(911)

　㉢ 통치 체제

| 태봉의 기관 | 역할 및 기능 | 고려의 해당 기관 |
|---|---|---|
| 광평성 | • 태봉의 국정 최고 기관<br>• 수상 : 광치내 | 중서문하성 |
| 대룡부 | 인구와 조세 | 호부 |
| 수춘부 · 봉빈부 | 교육, 외교 | 예부 |
| 병부 | 군사 | 병부 |
| 납화부 · 조위부 | 재정 | 호부, 삼사 |
| 장선부 | 수리, 영선 | 공부 |
| 의형대 | 형벌 | 형부 |

※ 이외에도 기타 물장성(토목 · 건축), 원봉성(서적 관리), 비룡부(왕명 · 교서)등이 존재

#### (2) 고려의 건국 및 통일 정책

① 왕건의 기반 : 확고한 호족적 기반을 갖추고 새로운 사회 건설을 위한 이념과 철학을 지님

② 고려의 건국(918) : 왕건은 궁예를 몰아내고 왕위에 추대되면서 국호를 고려라 하고, 송악으로 천도(919)

③ 왕건의 통일 정책 : 지방 세력의 흡수 · 통, 적극적인 우호 정책

#### (3) 후삼국의 통일

① 신라의 병합(935) : 경순왕이 고려에 항복

② 후백제의 정벌(936) : 선산에서 신검군을 섬멸(후백제인을 상대적으로 냉대)

---

**궁예의 탄생**

궁예는 신라 사람으로 성은 김씨이다. 아버지는 현안왕, 또는 경문왕이라고 한다. 그는 단옷날 외가에서 태어났는데, 그가 탄생하던 때 하얀 무지개가 집 위에서 하늘위로 뻗쳐 나갔다. 이를 보고 점을 치는 이가 말하기를, 나라에 이롭지 못한 징조라 기르지 않는 것이 좋겠다고 하였다. 왕은 신하를 시켜 그 집에 가 아이를 죽이라고 명령했다. 신하는 강보에 싸인 궁예를 다락 아래로 던졌는데, 이때 유모가 아이를 받다가 손가락으로 아이의 눈을 찔러 궁예는 한쪽 눈이 멀었다고 한다. 유모는 그 아이와 함께 멀리 도망하여 살았다.

－〈삼국사기〉－

**견훤과 궁예의 공통 한계**

• 국가 운영의 경륜 부족, 개국 이념 및 개혁 주도 세력의 부재
• 포악한 성격, 가혹한 수탈, 수취 체제 개선 실패(민심 수습 실패)

**후고구려의 멸망(918)(고려의 건국)**

• 지나친 미신적 불교(미륵 신앙)를 이용한 전제 정치와 폭정
• 전쟁 수행을 위한 과도한 조세 수취로 민심 이반
• 호족의 토착 기반이 부재(송악 지방의 호족 출신인 왕건에 의해 멸망)

③ 민족의 재통일

    ㉠ 발해가 거란에 멸망(926)당했을 때 고구려계 유민을 비롯해 많은 관리 · 학자 · 승려 등이 고려로 망명

    ㉡ 발해의 왕자 대광현을 우대하여 동족 의식을 분명히 함

## 2. 태조(1대, 918~943)의 정책

### (1) 민족 융합 정책(중앙 집권 강화 정책)

① 호족 세력의 포섭 · 통합

    ㉠ 유력 호족을 통혼 정책(정략적 결혼), 사성(賜姓) 정책(성씨의 하사)

    ㉡ 지방 중소 호족의 향촌 자치를 부분적으로 허용

    ㉢ 지방 호족 세력의 회유 · 견제(사심관 제도와 기인 제도를 활용)

**실력UP 사심관 제도와 기인 제도**

• 사심관 제도 : 중앙의 고관을 출신지의 사심관으로 임명하고 그 지방의 부호장 이하 관리의 임명권을 지니도록 하여 향리 감독, 풍속 교정, 부역 조달 등의 임무와 지방의 치안 · 행정에 책임을 지도록 한 것(그 지방의 호족과 함께 연대책임을 짐). 왕권의 유지를 위한 호족 세력의 회유책의 일환으로 신라의 마지막 왕인 경순왕을 경주의 사심관에 임명한 것이 시초, 후에 조선 시대 유향소와 경재소로 분화됨
• 기인 제도 : 지방 호족에게 일정 관직(호장 · 부호장)을 주어 지방 자치의 책임을 맡기는 동시에 지방 호족과 향리의 자제를 인질로 뽑아 중앙에 머무르게 한 것. 지방 세력을 견제하고 왕권을 강화하기 위한 제도, 신라의 상수리 제도를 계승

② 왕권의 안정과 통치 규범의 정립

    ㉠ 지배 체제 강화 : 공로나 충성도, 인품 등을 기준으로 개국 공신이나 관리 등에게 역분전을 지급하고, 이를 매개로 지배 체제로 편입

    ㉡ 제도 정비 : 지방 지명 개정, 교육제도 정비

    ㉢ 훈요 10조 : 후대 왕들이 지켜야 할 정책 방향을 제시

### (2) 민생 안정책(애민 정책)

① 취민유도 정책 : 호족의 가혹한 수취를 금함, 조세 경감(세율을 1/10로 인하)

② 민심 수습책 : 흑창(黑倉), 노비 해방, 황폐해진 농지를 개간

### (3) 숭불 정책

① 불교의 중시 : 불교를 통해 민심을 수습하고 왕실의 안전을 도모, 연등회 · 팔관회 거행

② 사찰의 건립 등 : 3,000여 개의 비보 사찰을 설치, 승록사(僧錄司)를 설치

### (4) 북진 정책

① 고구려 계승 및 발해 유민 포용 : 발해 유민을 적극 포용

② 서경의 중시 : 서경을 북진 정책의 전진 기지로 적극 개발(분사 제도)

SEMI-NOTE

민족 재통일의 의의
• 민족 화합 유도(후삼국의 통합 및 발해 유민 등을 포섭)
• 국통은 고구려를, 정통은 신라를 계승
• 영토의 확장(신라 시대 대동강 선에서 청천강~영흥만 선으로 확장)
• 골품제의 극복과 수취 체제의 개혁
• 호족이 문벌 귀족화되어 역사의 주역으로 등장
• 고대 사회에서 중세 사회로의 새로운 사회 건설 방향을 제시

**역분전**
고려 전기의 토지 제도 중 하나. 태조가 후삼국 통일에 공을 세운 신하·군사 등의 인품·공로·충성도를 기준으로 하여 지급한 수조지를 말함

**태조의 4대 정책**
민족 융합 정책(중앙 집권 강화 정책), 북진 정책, 숭불 정책, 애민 정책

훈요 10조
• 대업은 제불 호위(諸佛護衛)에 의하여야 하므로, 사원을 보호 · 감독할 것
• 사원은 도선의 설에 따라 함부로 짓지 말 것
• 왕위 계승은 적자 · 적손을 원칙으로 하되 마땅하지 아니할 때에는 형제 상속으로 할 것
• 거란과 같은 야만국의 풍속을 본받지 말 것
• 서경은 수덕(水德)이 순조로워 중요한 곳이 되니 철마다 가서 100일이 넘게 머무를 것
• 연등(燃燈)과 팔관(八關)은 주신(主神)을 함부로 가감하지 말 것
• 간언(諫言)을 받아들이고 참언(讒言)을 물리칠 것이며, 부역을 고르게 하여 민심을 얻을 것
• 차현(車峴, 차령) 이남의 인물은 조정에 등용하지 말 것
• 관리의 녹은 그 직무에 따라 제정하되 함부로 증감하지 말 것
• 경사(經史)를 널리 읽어 옛일을 거울로 삼을 것

③ 거란 및 여진에 대한 강경책 : 국교 단절, 만부교 사건(942), 여진족 축출

## 3. 광종의 개혁 정치와 왕권 강화

### (1) 초기 왕권의 불안정

① 혜종(2대, 943~945) : 통일 과정의 혼인 정책의 부작용으로 왕자들과 외척 간의 왕위 계승 다툼이 발생(왕규의 난 등)

② 정종(3대, 945~949) : 왕규의 난 진압(945), 서경 천도 계획, 광군의 육성(947)

### (2) 광종(4대, 949~975)의 왕권 강화 ★ 빈출개념

① 왕권 강화 정책 : 왕권이 안정기 궤도에 진입, 이내 백관의 정책을 추진

ⓐ 개혁 주도 세력 강화 : 개국 공신 계열의 훈신 등을 숙청하고 군소 호족과 신진 관료 중용

ⓑ 군사 기반 마련 : 내군을 장위부로 개편하여 시위군을 강화

ⓒ 칭제 건원 : 국왕을 황제라 칭하고 광덕 · 준풍 등 독자적 연호를 사용

ⓓ 노비안검법 실시(광종 7, 956) : 양인이었다가 불법으로 노비가 된 자를 조사하여 해방시켜 줌으로써, 호족 · 공신 세력을 약화시키고 국가 재정 수입 기반을 확대

ⓔ 과거 제도의 실시(광종 9, 958) : 유학을 익힌 신진 인사를 등용해 호족 세력을 누르고 신구 세력의 교체를 도모

ⓕ 백관의 공복 제정(광종 11, 960) : 지배층의 위계 질서 확립을 목적으로 제정

ⓖ 주현공부법(州縣貢賦法) : 국가 수입 증대와 지방 호족 통제를 위해 주현단위로 공물과 부역의 양을 정함

ⓗ 불교의 장려

• 왕사 · 국사 제도 제정(968) : 혜거를 최초의 국사로, 탄문을 왕사로 임명

• 불교 통합 정책 : 균여로 하여금 귀법사를 창건하여 화엄종을 통합케 하고, 법안종(선종)과 천태학(교종)을 통한 교선 통합을 모색

② 구휼 정책의 시행 및 외교 관계의 수립 : 제위보 설치, 송과 외교 관계 수립(962)

## 4. 성종(6대, 981~997)의 유교 정치

### (1) 중앙 집권 체제의 확립

① 중앙 정치 기구의 개편

ⓐ 2성 6부의 중앙 관제 마련 : 당의 3성 6부 제도를 기반

ⓑ 중추원과 삼사(三司) 설치 : 송의 관제를 모방하여 설치

ⓒ 도병마사와 식목도감 : 고려의 실정에 맞는 독자적 기구로 설치

ⓓ 6위의 군사 제도 정비 : 목종 때 2군을 정비하여 2군 6위의 군사 제도 완비

② 지방 제도 정비 : 12목 설치, 향직 개편

③ 분사 제도(分司制度) : 태조 때 착수하여 예종 때 완비

ⓐ 서경을 중시하기 위해 서경에 분사(分司)를 두고 부도읍지로서 우대

SEMI-NOTE

**만부교 사건**

발해를 멸망시킨 거란이 고려와 교류하기 위해 사신을 보내자, 태조는 사신을 귀양 보내고 선물로 보낸 낙타를 만부교에 묶어 두어 아사하도록 함

**왕규의 난**

• 정종 초기, 왕규가 외손자인 광주 원군을 왕으로 세우고자 일으킨 반란

• 왕규는 두 딸을 태조의 15번째 · 16번째 비로 들여보냈는데, 이후 태조의 맏아들 혜종이 즉위하자 몇 번이고 암살 시도를 하였으나 모두 실패

• 이후 혜종이 죽고 그 동생인 정종이 즉위하자 왕규는 난을 일으켰으나, 이전부터 그를 주시하고 있던 정종의 대처와 왕식렴의 개입으로 실패

**경종(5대, 975~981)의 전시과 시행과 반동 정치**

• 시정 전시과 시행 : 전국적 규모로 전현직의 모든 관리에게 등급에 따라 토지를 차등 지급하였는데, 관품 이외에 인품도 고려한 점에서 역분전의 성격이 잔존

• 반동 정치 : 광종 때 개혁 정치의 주역들이 제거되고 공신 계열의 반동 정치가 행해짐

**최승로의 노비환천법 건의안**

천예들이 때나 만난 듯이 윗사람을 능욕하고 저마다 거짓말을 꾸며 본주인을 모함하는 자가 이루 헤아릴 수 없었습니다. …… 바라건대, 전하께서는 옛일을 심각한 교훈으로 삼아 천인이 윗사람을 능멸하지 못하게 하고, 종과 주인 사이의 명분을 공정하게 처리하십시오. …… 전대에 판결한 것을 캐고 따져서 분쟁이 열리지 않도록 해야 하겠습니다.

ⓒ 묘청의 서경 천도 운동을 계기로 한때 폐지

④ 사회 시설의 완비 ★ 빈출개념

 ㉠ 흑창을 확대한 빈민 구제 기관인 의창을 설치

 ㉡ 개경과 서경, 12목에 물가 조절 기관인 상평창(常平倉) 설치

⑤ 권농 정책 : 호족의 무기를 몰수하여 농구를 만들고 기곡(祈穀) · 적전(籍田)의 예를 실시하여 농사를 권장

⑥ 노비환천법의 실시 : 해방된 노비가 원주인을 모독하거나 불손한 때 다시 천민으로 만드는 법(노비안검법과는 달리 왕권 강화와는 무관한 제도), 최승로의 건의로 채택

⑦ 건원중보 주조 : 우리나라 최초의 화폐, 거의 쓰이지 못함

## (2) 성종의 국정 쇄신

① 국정의 쇄신과 유교 정치의 실현

 ㉠ 신라 6두품 출신의 유학자들이 국정을 주도하면서 유교 정치 실현

 ㉡ 5품 이상의 관리로 하여금 정치에 대한 비판과 정책을 건의하는 글을 올리게 함

② 최승로의 시무 28조 채택 : 유교 정치 이념의 확립

 ㉠ 주요 내용

  • 유교 정치 이념을 토대로 하는 중앙 집권적 귀족 정치 지향

  • 유교적 덕치, 왕도주의와 도덕적 책임 의식

  • 지방관 파견과 12목 설치, 군제 개편, 대간 제도 시행

  • 신하 예우 및 법치 실현, 왕실의 시위군 · 노비 · 가마의 수 감축

  • 호족 세력의 억압과 향리 제도 정비(향직 개편, 호족의 무기 몰수)

  • 집권층 · 권력층의 수탈 방지 및 민생 안정 추구

  • 유교적 신분 질서의 확립

  • 유교적 합리주의를 강조하여 불교의 폐단을 지적 · 비판

  • 대외 관계에서 민족의 자주성 강조

  • 개국 공신의 후손 등용 등

 ㉡ 유 · 불의 분리(정치와 종교 분리) : 유교 정치 이념의 확립, 세계관이나 일상생활은 불교 원리가 지배

### 실력UP 외관(外官) 설치 및 지방관 파견

왕이 백성을 다스리는 데 집집마다 찾아가 매일같이 돌보는 것은 아니므로 수령을 나누어 보내 백성들의 이해를 살피게 하는 것입니다. 그러므로 우리 성조(聖祖)께서도 통합한 뒤에 외관을 두고자 하였으나, 대개 초창기였으므로 일이 번거로워 겨를이 없었습니다. 지금 가만히 보건대 향호(鄕豪)가 매양 공무를 빙자하고 백성을 침포(侵暴)하니 그들이 견뎌 내지 못합니다. 청컨대, 외관을 두소서. 비록 일시에 다 보내지 못한다 하더라도 먼저 여러 주현을 아울러 한 사람의 관원을 두고, 그 관원에 각기 2~3원을 설치하여 애민하는 일을 맡기소서.

                        – 시무 28조 –

**성종의 유학 교육의 진흥**

• 개경에 국립대학인 국자감을 개설하고 도서관으로 비서원(개경)과 수서원(서경) 설치

• 지방에 경학 박사와 의학 박사를 파견하여 지방 호족 자제를 교육

• 유학 진흥을 위해 문신월과법(文臣月課法)을 실시(문신의 자질을 향상시키기 위해 매월 문신들에게 시부를 지어 바치게 한 제도)

• 과거 제도를 정비하고 교육 장려 교서를 내림

**시무 28조**

불교는 수신(修身)의 본이요, 유교는 이국(理國)의 본인데 현실을 무시하고 어찌 불교 행사를 일삼을 수 있겠습니까.

**성종 이후 왕들의 업적**

• 현종(8대, 1009~1031) : 도병마사 설치, 5도 양계 확립, 주현공거법 시행(향리 자제 과거 응시자격 부여), 면군급고법 제정, 연등화팔관회 부활

• 덕종(9대, 1031~1034) : 천리장성 축조 시작, 이씨 등 보수 세력 집권

• 정종(10대, 1034~1046) : 천리장성 완성, 거란의 연호 사용, 천자수모법(노비 상호간의 혼인으로 생긴 소생의 소유권을 비의 소유주(婢主)에게 귀속시킨다는 법규) 시행

• 문종(11대, 1046~1083) : 삼심제(사형수) 제도화, 남경 설치(한양을 남경으로 지정), 12사학 형성, 국자감 제생, 고교법 제정, 흥왕사 창건

• 선종(13대, 1083~1094) : 송과 일본과의 활발한 교류

• 숙종(15대, 1095~1105) : 서적포 설치, 여진에 대패, 별무반 구성, 화폐 주조(주전도감 설치), 천태종 후원

• 예종(16대, 1105~1122) : 여진 정벌, 동북 9성 축조

• 인종(17대, 1122~1146) : 이자겸의 난(1126), 묘청의 서경 운동(1135)

**2성 6부**
당의 3성 6부제의 영향을 받음

**재신과 낭사**
• 재신(2품 이상) : 국가를 관장하며 국가 정책을 심의 · 결정
• 낭사(간관, 3품 이하) : 간쟁 · 봉박을 통해 정치를 비판 · 견제

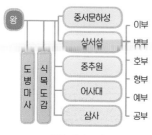
중앙 정치 조직

**중추원과 삼사**
송의 제도를 모방

**조선 시대의 삼사(三司)**
• 사헌부 · 사간원 · 홍문관
• 언론과 감찰 · 간쟁을 담당

감찰 · 탄핵 기구
• 통일 신라 : 사정부
• 발해 : 중정대
• 고려 : 어사대
• 조선 : 사헌부

**고려 통치 체제의 귀족적 성격**
• 음서제의 발달과 음서 출신자의 우대(귀족 출신은 음서에 의해 다수가 고위직까지 승진)
• 문신 귀족들의 인사권 장악
• 재추 회의의 만장일치 채택
• 문무 산계의 운영(중앙과 지방의 것으로 이원화 · 서열화)
• 한품제 · 한직제(왕족 · 공신 · 문무관 · 과거에 등과된 향리의 자제와 달리 향리는 그 직임으로 인해 5품에 한정됨)
• 산직인 훈직 제도 마련(검교직, 동정직 등)

---

한눈에 쏙~

> 광종, 노비안검법 실시(956) ▶ 광종, 과거제 실시(958) ▶ 경종, 시정 전시과 실시(976)

## 5. 중앙 정치 조직

### (1) 2성 6부

① 중서문하성(재부) : 최고 정무 기관, 재신과 낭사로 구성, 중서문하성(재부)과 중추원(추부)을 합쳐 재추를 구성

② 상서성 : 실제 정무를 나누어 담당하는 육부를 두고 정책의 집행을 담당

③ 육부 : 형식상 상서성 소속이나 직접 국왕과 연결됨, 각 부의 장관은 상서, 차관은 시랑

### (2) 중추원(中樞院)과 삼사(三司)

① 중추원(추부, 추밀원) : 2품 이상의 추신(또는 추밀, 군사 기밀 담당)과 3품 이하의 승선(왕명 출납을 담당하는 비서)으로 구성, 장은 판원사

② 삼사 : 전곡(화폐와 곡식)의 출납에 대한 회계와 녹봉 관리를 담당, 장은 판사

### (3) 도병마사와 식목도감 ★ 빈출개념

① 도병마사(都兵馬使)

  ㉠ 국방 문제를 담당하는 임시 기구로, 성종 때 처음 시행

  ㉡ 고려 후기의 원 간섭기(충렬왕)에 도평의사사(도당)로 개편되면서 구성원이 확대(중서문하성의 재신과 간관, 중추원의 추신과 승선, 삼사 등)되고 국정 전반의 중요 사항을 합의 · 집행하는 최고 상설 정무 기구로 발전(조선 정종 때 혁파)

② 식목도감(式目都監) : 법의 제정이나 각종 시행 규정을 다루고 국가 중요 의식을 관장, 장은 판사

### (4) 기타 기관

① 어사대(御史臺)

  ㉠ 기능 : 정치의 잘잘못을 논하고 관리들의 비리를 감찰, 장은 판사

  ㉡ 대간(臺諫) : 어사대의 관원(대관)은 중서문하성의 낭사(간관)와 함께 대간(대성)을 구성하여, 간쟁 · 봉박권 · 서경권을 가짐(견제를 통한 균형유지)

② 한림원 : 국왕의 교서와 외교 문서를 관장, 장은 판원사

③ 춘추관 : 사관(史館)으로 역사 편찬을 관장, 장은 감수국사

④ 통문관 : 거란 · 여진 · 왜어 · 몽고어 등의 통역관을 양성하는 곳

⑤ 보문각 : 경연(經筵)과 장서(藏書)를 관장, 장은 대제학

⑥ 사천대 : 천문 관측을 담당, 장은 판사

# 6. 지방 행정 조직

## (1) 지방 행정 조직의 정비

① 성종(981~997)
- ㉠ 3경(三京) : 풍수지리설에 따라 개경(개성)·서경(평양)·동경(경주)을 설치
- ㉡ 전국에 12목을 설치하고 지방관 파견

② 현종(1009~1031) : 전국의 5도 양계와 4도호부, 8목을 완성(→ 지방 제도의 완비), 도에는 지방관으로 안찰사를 파견, 양계(兩界)(북방 국경 지대의 군사 중심지인 동계·북계)

③ 4도호부 : 군사적 방비의 중심지, 안북(안주)·안남(전주)·안동(경주)·안변(등주)

④ 8목 : 지방 행정의 실질적 중심부이며 공납(향공선상)의 기능을 담당, 광주(廣州)·청주·충주·전주·나주·황주·진주·상주 등

## (2) 기타 지방 행정 구역

① 주현(主縣)과 속현(屬縣)
- ㉠ 주현은 중앙으로부터 지방관이 파견된 곳을, 속현은 지방관이 파견되지 않는 곳을 말함
- ㉡ 주현보다 속현이 더 많아 지방관이 파견되는 인근의 주현을 통하여 간접적으로 통제(실제는 향리가 다스림)

② 향·소·부곡 : 특수 행정 구역
- ㉠ 향과 부곡 : 농민들이 주로 거주
- ㉡ 소(所) : 공납품을 만들어 바치는 공장(工匠)들의 집단 거주지

③ 촌
- ㉠ 말단 행정 조직으로, 주·군·현에는 각각 몇 개의 촌이 있으나 향·소·부곡에는 1촌인 경우가 대부분
- ㉡ 주로 지방 유력자인 촌장 등이 자치를 하였는데, 촌장이 있는 촌은 몇 개의 자연촌이 합해진 하나의 행정촌을 구성
- ㉢ 1촌 1성(姓) 원칙으로 성관(姓貫)이 지방 사회의 지배층을 형성

## (3) 향리(鄕吏) 빈출개념

① 임무 : 조세나 공물의 징수와 노역 징발 등 실제적인 행정 사무 담당
② 영향력 : 토착 세력으로서 향촌 사회의 지배층이므로 중앙에서 일시 파견되는 지방관보다 영향력이 컸음

# 7. 군사 제도

## (1) 중앙군

① 구성 : 2군 6위로 구성되며, 지휘관은 상장군과 대장군(부지휘관), 45령으로 구성
② 2군(목종) : 응양군·용호군(국왕의 친위대, 근장이라고도 불림)
③ 6위(성종)

SEMI-NOTE

기타 지방 행정 구역

**고려 시대 지방 행정의 특징**
- 중앙의 지방 지배력이 미약하여 주군·주현보다 지방관을 파견하지 않은 속군·속현이 더 많았고, 행정 기구가 계층적·누층적으로 구성됨
- 권력 집중과 토착 세력 방지를 위해 상피제가 적용됨
- 불완전한 민정·군정 중심의 이원적 조직(안찰사와 병마사의 주요 기능의 분리)
- 안찰사의 권한이 약하고(6개월의 임시직이며 수령보다 낮은 관품을 받음), 토호적 성격이 강한 지방 향리가 실권을 행사
- 후기의 무신집권기와 대몽 항쟁기에는 군현 단위의 승격과 강등이 나타남(공주 명학소가 충순현으로, 충주 다인철소가 익안현으로 승격)

SEMI-NOTE

**군인전**
- 2군 6위의 직업군에게 군역의 대가로 주는 토지
- 고려 시대 직업 군인에 대한 토지 지급은 역분전에서 시작되는데, 역분전은 인품·공로·충성도를 기준으로 각각 다르게 지급됨
- 경종 1년(976) 전시과가 시행되면서 군인들은 15결씩을 받게 되, 이후 군인층의 분화에 맞추어 군인전 지급에서 배제됨
- 군역이 자손에게 세습됨에 따라 군인전 역시 세습

**무신 합좌 기구**
- **중방(重房)** : 2군 6위의 상장군·대장군 등이 모여 군사 문제를 의논하는 무신들의 최고 합좌 회의 기구로, 상장군·대장군으로 구성(무신정변 후 군정기구의 중심이 됨)
- **장군방** : 45령(1령은 천 명)의 각 부대장인 장군으로 구성

**고려 시대의 역(役)**
- **의의** : 노동력을 무상으로 동원하는 제도
- **대상** : 16~60세의 정남
- **종류**
  - 군역 : 신분에 따라 부과, 양인개병제에 의한 국방의 의무 성격
  - 요역 : 신분에 관계없이 인정의 수에 따라 부과, 토목 공사 등을 위한 노동력 징발

**연호군, 잡색군, 속오군의 비교**
- **연호군** : 고려, 농민 + 노비, 지방군(양천 혼성군)
- **잡색군** : 조선 전기, 양반 + 노비, 특수군(농민은 불포함)
- **속오군** : 조선 후기, 양반 + 농민 + 노비, 지방군(양천 혼성군)

**무학재(武學齋)**
- 고려 시대 국자감에 두었던 7재(7개의 전공) 중 하나
- 예종 4년(1109)에 설치되었으며, 무신의 양성이 목적, 인종 11년(1133) 폐지

⊙ **좌우위·신호위·흥위위** : 핵심 주력 군단으로, 수도(개경)와 국경의 방비를 담당

⊙ 금오위는 경찰, 천우위는 의장(儀仗), 감문위는 궁궐·성문 수비를 담당

### (2) 지방군

① **조직** : 군적에 오르지 못한 일반 농민으로 16세 이상의 장정들

② **종류** : 5도의 일반 군현에 주둔하는 주현군과 국경 지방인 양계에 주둔하는 주진군

### (3) 특수군

① **광군(光軍)** : 정종 때 거란에 대비해 청천강에 배치한 상비군(30만)으로, 귀족의 사병을 선발(뒤에 지방군인 주현군·주진군의 노 병과, 뒤에 지방 광군사

② **별무반**

⊙ 숙종 때 여진 정벌을 위해 윤관의 건의로 조직(윤관은 여진 정벌 후 9성 설치)

⊙ 백정(농민)이 주력인 전투 부대로, 신기군(기병)·신보군(보병)·항마군(승병)으로 편성

③ **도방** : 무신 정권의 사적 무력 기반

④ **삼별초**

⊙ 수도의 치안 유지를 담당하던 야별초(좌·우별초)에 신의군(귀환 포로)을 합쳐 편성(실제로는 최씨 정권의 사병 집단의 성격이 강했음)

⊙ 대몽 항쟁의 주력 부대(몽고 침입 시 강화에서 반란, 진도·제주에서 대몽 항전을 전개)

⑤ **연호군** : 농한기 농민과 노비로 구성된 지방 방위군(양천 혼성군)으로, 여말 왜구 침입에 대비해 설치

## 8. 관리 등용 제도

### (1) 과거 제도

① **시행 및 목적**

⊙ **시행** : 광종 9년(958) 후주인 쌍기(雙冀)의 건의로 실시

⊙ **목적** : 호족 세력 억압, 유교적 문치·관료주의의 제도화, 신·구 세력 교체를 통한 왕권 강화

② **종류** : 제술과(제술업, 진사과), 명경과(명경업, 생원과), 잡과(잡업), 승과, 무과

③ **응시 자격 등**

⊙ 법제적으로 승려와 천민(부곡민, 노비)을 제외한 양인 이상은 응시 가능

⊙ 문과(제술과·명경과)에는 주로 귀족과 향리의 자제가 응시, 농민은 주로 잡과에 응시

④ **실시 및 절차**

⊙ **시험의 실시** : 예부에서 관장, 3년에 한 번씩 보는 식년시가 원칙이나 격년시가 유행

⊙ **실시 절차**

| 1차 시험(향시) | 개경의 상공(上貢), 지방의 향공(鄕貢), 외국인 대상의 빈공 |
|---|---|
| 2차 시험(국자감시) | 진사시라고도 함, 1차 합격자인 공사(貢士)가 응시 |
| 3차 시험(동당감시) | 예부시라고도 함, 2차 합격자 · 국자감 3년 이상 수료자 · 관료 등이 응시 |

### (2) 특채 제도

① 음서 제도(성종)
  ㉠ 공신과 종실 및 5품 이상 관료의 자손, 즉 아들 · 손자 · 사위 · 동생 · 조카에게 과거를 거치지 않고도 관료가 될 수 있도록 부여한 특혜
  ㉡ 혜택은 1인이 원칙이나, 실제로는 여러 사람에게 부여
  ㉢ 고려 관료 체제의 귀족적 특성을 보여주는데, 조선 시대에는 그 비중이 떨어짐
② 천거 : 고급 관료의 추천으로 가문이 어려운 인재를 중용하는 제도(천거자의 연대 책임이 수반됨)

**실력UP  고려 관리 선발 제도의 특성**

• 신분에 치중하던 고대 사회와 달리 능력이 중시되는 사회임을 반영
• 문벌 귀족 사회의 성격을 반영(교육과 과거가 연결되어 문벌 귀족 출신의 합격자가 많음, 좌주와 문생의 관계)
• 관직 진출 후 대부분 산관만을 받고 대기하다가 하위의 실직으로 진출

## 9. 문벌 귀족 사회의 성립

### (1) 새로운 지배층의 형성

① 형성 : 왕실이나 유력 가문과의 혼인을 통해 문벌을 형성
② 문벌 귀족의 특권
  ㉠ 과거와 음서를 통하여 관직을 독점하고 중서문하성 · 중추원의 재상이 되어 정국 주도
  ㉡ 관직에 따라 과전 · 공음전 등 경제적 혜택 독점
  ㉢ 폐쇄적 혼인 관계 유지, 특히 왕실과 혼인 관계를 맺어 외척으로 성장

### (2) 사회의 모순과 갈등의 대두

① 측근 세력과의 대립 : 과거를 통해 진출한 지방 출신의 관리 중 일부가 왕의 측근 세력이 되어 문벌 귀족과 대립
② 문벌 귀족 사회의 내분 : 이자겸의 난과 묘청의 서경 천도 운동을 통해 정치 세력 간의 대립과 갈등이 표면화됨

## 10. 이자겸의 난과 묘청의 서경 천도 운동

### (1) 이자겸의 난(인종 4, 1126) ★빈출개념

---

**염전중시**
고려 시대에 동당감시에서 선발된 사람 가운데 임금이 다시 시(詩)와 부(賦), 논(論)을 과목으로 직접 보이던 시험

**과전과 공음전**
• 과전 : 일반적으로 전시과 규정에 의해 문무 현직 관리에게 지급되는 토지를 말하는데, 반납이 원칙이나 직역 승계에 따라 세습이 가능
• 공음전 : 관리에게 보수로 주던 과전과 달리 5품 이상의 관료에게 지급된 세습 가능한 토지로, 음서제와 함께 문벌 귀족의 지위를 유지해 나갈 수 있는 기반이 됨

**문벌 귀족 시대의 외척**
• 안산 김씨 가문 : 김은부, 현종~문종의 4대 50년간 권력 행사
• 경원(인주) 이씨 : 이자겸, 대표적 문벌 귀족, 예종 · 인종 2대 80년간 권력 행사
• 기타 해주 최씨(최충), 파평 윤씨(윤관), 경주 김씨(김부식) 등

**이자겸의 난이 미친 영향**
• 왕실의 권위 하락
• 특정 가문의 정치 독점에 대한 반성
• 이자겸의 주도로 맺은 금과의 사대 관계에 대한 불만 상승

SEMI-NOTE

묘청 서경 천도 운동

**고려 중기의 숭문천무 현상**
• 무과를 두지 않고 무학재를 폐지(인종)
• 군의 최고 지휘관을 문관으로 함
• 군인전의 폐단과 토지 지급에서의 차별
• 문관의 호위병 역할로 전락

**반무신정변**
• 김보당의 난(계사의 난, 1173) : 동북면 병마사 김보당이 주도하여 의종 복위를 꾀한 문신 세력의 난(최초의 반무신정변)
• 서경 유수 조위총의 난(1174) : 서북 지방민의 불만을 이용하여 무신정변의 주동자를 제거하고 나라를 바로잡는다는 명분으로 거병, 많은 농민이 가담, 문신의 난이자 농민의 난의 성격을 지님(최대의 난)
• 교종 계통 승려들의 반란(개경 승도의 난) : 귀법사, 중광사 등의 승려가 중심이 되어 무신의 토지 겸병 등에 반발

**무신정변의 영향**
• 정치적 : 왕권의 약화를 초래, 중방의 기능 강화, 문벌 귀족 사회가 붕괴되면서 관료 사회로의 전환이 촉진됨
• 경제적 : 전시과가 붕괴되어 사전(私田)과 농장이 확대
• 사회적 : 신분제 동요(향·소·부곡이 감소하고 천민의 신분 해방이 이루어짐), 농민 봉기의 배경
• 사상적 : 선종의 일종인 조계종 발달, 천태종의 침체
• 문학적 : 유학이 쇠퇴하고 패관 문학 발달, 시조 문학 발생, 낭만적 성향의 문학 활동 전개
• 군사적 : 사병의 확대, 권력 다툼의 격화

① 배경 : 문벌 귀족 사회의 모순, 외척 세력으로서 문벌 귀족의 권력 강화 등을 원인으로 문벌 귀족과 지방 향리 출신 신진 관료 간의 대립 격화

② 경과
  ㉠ 대내적으로 문벌 중심의 질서를 유지, 대외적으로 금과 타협하는 정치적 성향
  ㉡ 이자겸은 반대파를 제거하고 척준경과 함께 난을 일으켜 권력 장악(1126)
  ㉢ 인종은 척준경을 이용해 이자겸을 숙청(1126)한 후, 정지상 등을 통해 척준경도 축출(1127)

③ 결과 : 왕실 권위 하락, 지배층 분열, 문벌 귀족 사회의 붕괴를 촉진하는 계기

## (2) 묘청의 서경 천도 운동(인종 13, 1135)

① 배경 : 이 시기 성행~ 난시~ 인종은 왕권 회복과 민생 안정을 위한 정치 개혁을 추진했는데, 이 과정에서 칭제건원·금국 정벌·서경 천도 등을 두고 보수와 개혁 세력 간 대립 발생

② 개경파와 서경파의 대립

| 구분 | 개경(開京) 중심 세력 | 서경(西京) 중심 세력 |
|---|---|---|
| 대표자 | 김부식·김인존 등 | 묘청·정지상 등 |
| 특징 및 주장 | • 왕권 견제, 신라 계승, 보수적·사대적·합리주의적 유교 사상<br>• 정권 유지를 위해 금과의 사대 관계 주장<br>• 문벌 귀족 신분 | • 왕권의 위상 강화, 고구려 계승, 풍수지리설에 근거한 자주적·진취적 전통 사상<br>• 서경 천도론과 길지론(吉地論), 금국 정벌론 주장<br>• 개경의 문벌 귀족을 붕괴시키고 새로운 혁신 정치를 도모 |

③ 경과
  ㉠ 서경 천도를 추진하여 서경에 대화궁을 건축, 칭제건원과 금국 정벌 주장
  ㉡ 김부식이 이끈 관군의 공격으로 약 1년 만에 진압됨

④ 결과
  ㉠ 자주적 국수주의의 서경파가 사대적 유학자의 세력에게 도태당한 것으로, 서경파의 몰락과 개경파의 세력 확장
  ㉡ 서경의 분사 제도 및 삼경제 폐지
  ㉢ 무신 멸시 풍조, 귀족 사회의 보수화 등 문벌 귀족 사회의 모순 심화

⑤ 의의 : 문벌 귀족 사회의 분열과 지역 세력 간의 대립, 풍수지리설이 결부된 자주적 전통 사상과 사대적 유교 정치 사상의 충돌, 고구려 계승 이념에 대한 이견·갈등 등이 얽혀 발생(귀족 사회 내부의 모순을 드러낸 사건)

## 11. 무신 정권의 성립 ★ 빈출개념

### (1) 무신정변의 배경

① 근본적 배경 : 문벌 귀족 지배 체제의 모순 심화, 지배층의 정치적 분열과 권력 투쟁 격화

② 직접적 배경 : 무신 차별, 하급 군인들의 불만 고조

## (2) 무신정변의 전개

① 무신정변의 발발(의종 24, 1170)
　　㉠ 주도 : 정중부 · 이고 · 이의방 등이 다수의 문신을 살해, 의종을 폐하고 명종을 옹립
　　㉡ 권력 투쟁 : 중방을 중심으로 권력을 행사하면서 주요 관직을 독차지
② 무신 간의 권력 쟁탈전
　　㉠ 이의방(1171~1174) : 중방 강화
　　㉡ 정중부(1174~1179) : 이의방을 제거하고 중방을 중심으로 정권을 독점
　　㉢ 경대승(1179~1183) : 정중부를 제거, 신변 보호를 위해 사병 집단인 도방을 설치
　　㉣ 이의민(1183~1196) : 경대승의 병사 후 정권을 잡았으나 최씨 형제(최충헌 · 최충수)에게 피살
　　㉤ 최충헌(1196~1219) : 이의민을 제거하고 무신 간의 권력 쟁탈전을 수습하여 강력한 독재 정권을 이룩(1196년부터 1258년까지 4대 60여 년간 최씨 무단 독재 정치)

### 실력UP  무신정변 이후의 변화

- 무신정변 이후 사회적인 신분의 위치는 여전히 강조되었으나 낮은 신분층의 신분 상승이 고려 전기보다 더욱 증가
- 신분과 문벌이 모든 권력과 특권을 결정하던 기존 사회 체제와 비교하여 실력과 능력이 특권의 요건으로 대두되었으며, 무신정변 이전에는 오로지 문반만이 재상지종이 되었는데 무신정변 이후에는 무반도 재상지종이 되기도 함
- 기존의 행정 조직은 유지되었으나 문신 중심의 정치 조직은 기능을 상실해 갔고, 무인 집권 기구가 강화됨, 과거 제도는 그대로 유지

## (3) 최씨 무신 정권 시대

① 최충헌의 집권(1196~1219)
　　㉠ 정권 획득 : 조위총의 난을 진압하고 실력으로 집권, 2왕을 폐하고 4왕을 옹립
　　㉡ 사회 개혁책 제시 : 봉사 10조
　　㉢ 권력 기반의 마련 : 교정도감을 설치(중방을 억제), 흥령부를 사저에 설치, 재추 회의를 소집
　　㉣ 대규모 농장과 노비를 차지, 진주 지방을 식읍으로 받고 진강후로 봉작됨
　　㉤ 도방 확대 : 많은 사병을 양성하고, 사병 기관인 도방을 부활
　　㉥ 선종 계통의 조계종 후원(교종 탄압), 신분 해방 운동 진압
② 최우의 집권(1219~1249) : 교정도감을 통하여 정치 권력 행사, 진양후로 봉작됨, 정방 설치(1225), 서방 설치(1227), 삼별초 조직
③ 최씨 무신 정권의 성격
　　㉠ 정치 · 경제 · 사회적 독재 정권 : 교정도감, 도방, 정방, 서방 등 독자적 권력 기구를 운영하여 장기 독재를 유지
　　㉡ 권력 유지에 집착 : 국왕의 권위를 정권 유지에 이용하기도 했으며, 권력유지

SEMI-NOTE

**무신 집권기 농민의 봉기**
김사미 · 효심의 난(1193)

**무신 집권기 하층민의 봉기**
- 망이 · 망소이의 난(공주 명학소 봉기, 1176)
- 전주 관노의 난(전주의 관노비 봉기, 1182)
- 만적의 난(만적의 신분 해방 운동, 1198)

**최충헌의 봉사 10조**
- 새 궁궐로 옮길 것
- 관원의 수를 줄일 것
- 농민으로부터 빼앗은 토지를 돌려 줄 것
- 선량한 관리를 임명할 것
- 지방관의 공물 진상을 금할 것
- 승려의 고리대업을 금할 것
- 탐관오리를 징벌할 것
- 관리의 사치를 금할 것
- 함부로 사찰을 건립하는 것을 금할 것
- 신하의 간언을 용납할 것

**교정도감(敎定都監)**
최충헌 이래 무신 정권의 최고 정치 기관. 희종 5년(1209) 최충헌과 최우 부자를 살해하려는 시도가 있었는데, 최충헌이 이에 관련된 자를 색출하기 위해 설치한 것이 시작이었음. 이후에도 계속 존재하여 인재 천거, 조세 징수, 감찰, 재판 등 국정 전반에 걸친 정치 기관이 되었는데, 최씨 정권이 막을 내린 후에도 사라지지 않고 무신 정권이 끝날 때까지 존속하였음. 〈고려사〉는 교정도감에 대하여 "최충헌이 정권을 독차지하며, 모든 일이 교정도감으로부터 나왔다."라고 기술하고 있음

**정방(政房)**
고종 12년(1225) 최우는 자신의 집에 정방을 설치하였는데, 이는 교정도감에서 인사 행정 기능을 분리한 것임. 최우의 사후에도 무신 정권의 집권자들을 통해 계승되었음

에 집착하여 민생과 통치 질서는 악화됨

ⓒ 문무 합작적 정권 : 문신을 우대하고 회유

**👓 한눈에 쏙~**

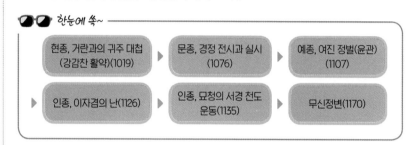

## 12. 원의 내정 간섭

### (1) 몽골의 일본 원정 추진

몽골은 국호를 원(元)으로 바꾼 후 두 차례에 걸친 일본 원정을 단행하면서 고려로 부터 선박·식량·무기 등의 전쟁 물자와 인적 자원을 징발

### (2) 영토의 상실 ★빈출개념

① **쌍성총관부 설치(1258)** : 고종 말년에 쌍성총관부를 설치하여 철령 이북의 땅을 직속령으로 편입(공민왕 5년(1356)에 유인우가 무력으로 탈환)

② **동녕부 설치(1270)** : 원종 때 자비령 이북의 땅을 차지하여 서경에 동녕부를 설치

③ **탐라총관부 설치(1273)** : 제주도에 설치하고 목마장을 경영

### (3) 고려의 격하

① **부마국으로 전락** : 원의 부마국으로 전락하여 왕이 원의 공주와 결혼

② **왕실 및 관제의 격하** : 부마국에 맞게 바뀌고, 관제와 격도 낮아짐

ⓐ 2성 → 첨의부, 6부 → 4사

ⓑ 중추원 → 밀직사, 어사대 → 감찰사

### (4) 내정 간섭과 경제적 수탈

① 내정 간섭의 강화와 분열책

ⓐ 일본 원정을 위해 설치한 정동행성을 계속 유지하여 내정 간섭 기구로 삼음

ⓑ 순군만호부 등 5개의 만호부를 설치하여 고려의 군사 조직에 영향력을 행사

ⓒ 다루가치라는 민정 감찰관을 파견하여 내정을 간섭

ⓓ 독로화, 심양왕 제도, 입성책동

② 경제·사회적 수탈

ⓐ 공녀와 과부, 환관 등을 뽑아 가는 등 인적 수탈을 자행

ⓑ **응방(鷹坊)** : 매(해동청)를 징발하기 위한 특수 기관

### (5) 고려 사회에 끼친 영향

① **정치적 영향** : 고려의 자주성에 심각한 손상을 입었고, 원의 압력과 친원파의 책

---

동으로 정치는 비정상적으로 운영

② **사회적 영향** : 친원 세력이 권문세족으로 성장했으며, 향리 · 환관 · 역관 등 원과의 관계를 통해 출세하는 사람이 증가

③ **풍속의 교류** : 몽골풍, 고려양

④ **문물의 교류**

　㉠ 이암이 〈농상집요〉를 소개했으며, 이앙법 · 목면(1363)이 전래됨

　㉡ 라마 불교, 임제종, 주자 성리학 전래

　㉢ 서양 문물의 전래(천문 · 수학 · 의학 · 역법 · 건축술), 화약의 전래, 조맹부체 등

### 실력UP 원 간섭기(공민왕 이전)의 개혁정치

- **충렬왕**
  - 전민변정도감(田民辨正都監)을 재설치하여 개혁 정치 추구(전민변정도감은 원종 때 최초 설치, 공민왕 때 실질적 역할)
  - 둔전경략사 폐지, 동녕부와 탐라총관부를 반환받음
  - 홍자번이 편민 18사(개혁 운동의 효시)를 건의하여 각 부분의 폐단을 지적
- **충선왕** : 폐단 시정을 위한 대대적 개혁을 시작
  - 반원 · 반귀족 정치를 꾀하여 우선 정방의 폐지, 몽고 간섭 배제 등에 기여
  - 개혁 정치 기구로 사림원(詞林院)을 두고 충렬왕의 측근 세력을 제거하고 관제 개편을 단행, 신흥사대부 등 인재 등용의 길을 열고 공민왕의 반원 정책의 터전을 마련
  - 재정 개혁의 일환으로 의염창을 설치하여 소금과 철의 전매 사업 실시, 전농사를 설치하여 농무사를 파견하고 권세가의 농장과 노비를 감찰(국가 재정 확보)
  - 학문 연구소인 만권당(萬卷堂)을 연경에 설치하여 학술을 토론하고 학문을 연구, 많은 문화가 전래됨(조맹부의 송설체가 전래되어 고려 말 서체에 큰 영향을 줌)
  - 개혁 추진 세력이 미약하고 권문세족과 원의 방해로 개혁이 좌절됨
- **충숙왕** : 찰리변위도감을 설치하여 토지(농장)와 노비에 대한 개혁 시도
- **충목왕** : 폐정의 시정과 국가 재정수입 기반 마련을 목적으로 정치도감을 설치하여 부원 세력을 제거하고 권세가의 토지 · 농장을 본 주인에게 반환, 각 도에서 양전 사업을 실시

## (6) 공민왕(1351~1374)의 개혁 정치

① **개혁의 배경 및 방향** : 14세기 중반의 원 · 명 교체기와 신진 사대부의 성장을 토대로 하여 대외적으로는 반원 자주를, 대내적으로는 왕권 강화를 추구

② **반원 자주 정책**

　㉠ 원의 연호를 폐지하고 기철 등 친원파 숙청

　㉡ 내정을 간섭하던 정동행성이문소 폐지, 원의 관제를 폐지하고 2성 6부의 관제를 복구

　㉢ 무력으로 쌍성총관부를 공격하여 철령 이북의 땅을 수복(유인우)

　㉣ 원(나하추)의 침입을 이성계 등이 격퇴

　㉤ 친명 정책의 전개, 몽골풍의 폐지

③ **대내적 개혁**

　㉠ **목적** : 왕권 강화와 민생 안정

　㉡ **정방 폐지** : 문 · 무관 인사를 각각 이부와 병부로 복귀

공민왕의 영토 수복

**전민변정도감**

고려 후기 권세가에게 빼앗긴 토지를 원래 주인에게 되찾아 주고 노비로 전락한 양인을 바로잡기 위해 설치된 임시 개혁 기관. 궁극적인 목적은 국가 재정의 궁핍을 초래한 농장의 확대를 억제하고 부정과 폐단을 개혁하는 데 있었음

**권문세족과 신진 사대부**

| 구분 | 권문세족 | 신진 사대부 |
|------|----------|-------------|
| 유형 | • 친원 의내의 문벌 귀족<br>• 무신 집권기에 성장한 가문<br>• 친원파 | • 지방 향리 출신<br>• 공로 포상자 (동정직·검교직)<br>• 친명파 |
| 정치 성향 | • 음서 출신<br>• 여말의 요직 장악<br>• 보수적·귀족적 | • 과거 출신<br>• 행정적·관료 지향적<br>• 진취적·개혁적 |
| 경제 기반 | • 부재 지주<br>• 토지의 점탈·겸병·매입 등 | • 재향 중소 지주, 소규모 농장을 가진 자영 농민<br>• 토지의 개간·매입 등 |
| 사상 | • 유학 사상<br>• 불교 신봉<br>• 민간 의식→상장·제례 | • 성리학 수용 : 주문공가례 채택(→민간 의식 배격)<br>• 실천주의·소학의 보급, 가묘 설치 의무화 |

© 신돈의 등용 : 신돈을 등용(1365)하여 개혁 정치를 추진
② 전민변정도감의 운영(1366) : 권문세족들이 부당하게 빼앗은 토지와 노비를 본래의 소유주에게 돌려주거나 양민으로 해방
③ 유학 교육 강화 : 국자감을 성균관으로 개칭(1362)하고 순수 유학 교육 기관으로 개편하여 유학 교육을 강화, 과거 제도 정비(신진 사대부 등 개혁 세력 양성)
④ 개혁의 중단(실패)
  ⊙ 권문세족들의 강력한 반발로 신돈이 제거되고 공민왕까지 시해되면서 중단
  ⓒ 홍건적·왜구의 침입 등으로 국내외 정세 불안
  ⓒ 권문세족의 강력한 반발로 실패

## 13. 신진 사대부의 성장과 한계

### (1) 신진 사대부의 성장

① 등장
  ⊙ 무신 집권기 이래 지방 향리의 자제들을 중심으로 과거를 통하여 중앙의 관리로 진출
  ⓒ 대부분은 공민왕 때의 개혁 정치에 힘입어 지배 세력으로 성장
② 특징
  ⊙ 진취적 성향으로 권문세족을 비판·대립하였고, 신흥 무인 세력과 제휴
  ⓒ 성리학의 수용, 불교 폐단의 시정에 노력

### (2) 한계

권문세족이 인사권을 쥐고 있어 관직으로의 진출이 제한되었고, 과전과 녹봉도 제대로 받지 못함, 왕권과 연결하여 각종 개혁 정치에 참여하였으나, 아직은 힘이 부족

## 14. 고려의 멸망

### (1) 배경

① 사회 모순의 심화 : 공민왕의 개혁이 실패한 후, 권문세족들이 정치 권력을 독점하고 대토지 소유를 확대해 나가면서 고려 사회의 모순은 더욱 심화
② 외적의 침입 : 홍건적과 왜구의 침입이 빈발하여 대외적 혼란 가중

### (2) 위화도 회군과 과전법의 시행

① 위화도 회군(1388)
  ⊙ 최영과 이성계 등은 개혁의 방향을 둘러싸고 갈등
  ⓒ 우왕의 친원 정책에 명이 쌍성총관부가 있던 철령 이북의 땅에 철령위 설치를 통보
  ⓒ 요동 정벌을 둘러싸고 최영(즉각적 출병을 주장) 측과 이성계(4불가론을 내세워 출병 반대) 측이 대립
② 과전법(科田法)의 마련 : 이성계를 중심으로 모인 급진 개혁파(혁명파) 세력은 우

왕과 창왕을 폐하고 공양왕을 세운 후 전제 개혁을 단행

## 15. 고려 초기

### (1) 고려 초기의 대외 관계(송, 거란과의 관계)

① 대외 정책 : 친송 정책, 중립 정책

ㄱ 송의 건국(960) 직후 외교 관계를 맺고(962) 우호 관계를 유지

ㄴ 송이 거란을 공격하기 위해 고려에 원병을 요청했을 때 실제로 출병하지 않음

ㄷ 송(남송)이 고려와 연결하여 금을 제거하려 할 때(연려제금책)도 개입하지 않고 중립을 지킴

② 대송 관계의 성격 : 고려는 경제·문화적 목적에서, 송은 정치·군사적 목적에서 교류

### (2) 거란과의 항쟁

① 제1차 침입(성종 12, 993)

ㄱ 원인 : 고려의 거란에 대한 강경책과 송과의 친교, 정안국의 존재

ㄴ 경과 : 소손녕이 80만의 대군으로 침입, 서희가 거란과 협상

ㄷ 결과 : 고려는 거란으로부터 고구려의 후계자임을 인정받고 청천강 이북의 강동 6주를 확보(압록강 하류까지 영토 확대)했으며, 송과 교류를 끊고 거란과 교류할 것을 약속

② 제2차 침입(현종 1, 1010)

ㄱ 원인 : 송과 단교하지 않고 친선 관계 유지, 거란과의 교류 회피

ㄴ 경과 : 강조의 정변을 구실로 강동 6주를 넘겨줄 것을 요구하며 40만 대군으로 침입, 개경이 함락되어 현종은 나주로 피난

ㄷ 결과: 강조가 통주에서 패했으나 양규가 귀주 전투에서 승리

③ 제3차 침입(현종 9, 1018)

ㄱ 원인 : 거란이 요구한 현종의 입조 및 강동 6주의 반환을 고려가 거절

ㄴ 경과 : 소배압이 10만의 대군으로 침입, 개경 부근까지 진격해 온 뒤 고려군의 저항을 받고 퇴각하던 중 귀주에서 강감찬이 지휘하는 고려군에게 섬멸됨(귀주 대첩, 1019)

ㄷ 결과 : 거란과의 강화와 송과의 단절을 약속, 강동 6주는 고려의 영토로 인정

## 16. 고려 중기(문벌 귀족기) – 여진 정벌과 동북9성

### (1) 여진과의 관계

① 여진의 상태

ㄱ 발해의 옛 땅에서 반독립적 상태로 세력을 유지

ㄴ 고려는 경제적으로 도와주는 회유·동화 정책으로 여진을 포섭

② 여진의 성장 및 충돌 : 12세기 초 완옌부의 추장이 여진족을 통합하고 정주까지 남하하여 고려와 충돌

강동 6주와 천리장성

**강조의 정변** ★ 빈출개념

성종이 죽고 목종이 즉위한 후 그 생모 천추태후가 섭정하였는데, 천추태후는 외척인 김치양과 사통하여 낳은 사생아를 목종의 후사로 삼고자 음모를 꾸몄음. 이에 목종은 대량군 순(詢)을 후사로 삼고자 서북면 도순검사 강조에게 개경 호위를 명했음. 그러나 강조는 입경하여 김치양과 천추태후 일당을 제거한 후 목종까지 폐하고 대량군(현종)을 즉위시켰는데, 이 변란을 강조의 난이라고 함

**거란의 제2차 침략**

요의 성종이 친정한 거란의 제2차 침략에서 요는 먼저 흥화진을 공격했으나 양규의 항전으로 함락하지 못하자 통주로 진군하여 강조를 살해하였음. 이후 진군한 요의 군대가 개경까지 함락시키자 현종은 나주로 피신하였음. 한편 요는 개경함락에 서두르느라 흥화진, 구주, 통주, 서경 등을 함락시키지 못하였으므로 보급선이 차단되었음. 이에 고려가 화친을 청하자 받아들인 요의 성종은 돌아가는 길에 구주 등에서 양규와 김숙흥 등의 공격을 받아 많은 피해를 입었음

SEMI-NOTE

**금(金)의 건국과 사대 외교**
- 9성 환부 후 더욱 강성해진 여진은 만주 일대를 장악하고 금을 건국(1115), 거란을 멸망시키고(1125) 송의 수도를 공격한 후 고려에 군신 관계를 요구
- 사대 외교 : 금의 사대 요구를 둘러싸고 분쟁을 겪기도 했지만, 문신 귀족들은 자신들의 권력 유지와 무력 충돌의 부담을 고려하여 금의 사대 요구를 수용(1126)
- 결과 : 금과 군사적 충돌은 없었으나, ~~분쟁 과정이 시발이 깨질러 이들 사회의 모순 격화~~

**강동의 역(役)**
몽골군에게 쫓긴 거란족이 고려를 침입하자, 고려군은 강동성에서 몽골의 군대와 연합하여 거란족을 토벌(1219)하였음. 이것이 몽골과의 첫 접촉인데, 이 과정에서 체결한 여·몽 협약(형제 관계의 맹약)을 강동의 역이라고 함. 이후 몽골은 스스로를 거란 축출의 은인이라 하면서 고려에 대해 과도하게 공물을 요구해 왔음

**최씨 정권의 몰락**
최씨 정권은 백성을 외면하고 사치를 누렸으며, 정권 유지를 위해 조세를 증가함으로써 민심을 잃었다. 1258년에 최의가 피살됨으로써 최씨 정권은 몰락하였음

**삼별초(三別抄)**
고려 무신 정권 때의 특수 군대. 고종 6년(1219) 최우가 도적 등을 단속하기 위해 설치한 야별초(夜別抄)에서 비롯되었음. 야별초에 소속한 군대가 증가하자 이를 좌별초와 우별초로 나누고, 여기에 몽골군에게 포로가 되었다가 탈출한 병사들로 이루어진 신의군을 합하여 삼별초를 조직하였음. 대몽 항전의 선두에서 유격 전술로 몽골군을 괴롭혔으며, 몽골과의 강화가 성립되고 고려 정부가 개경으로 환도하자 여·몽 연합군에 대항하여 항쟁하였음

## (2) 여진 정벌과 동북 9성 축조

① 별무반(숙종) : 윤관의 건의로 조직된 특수 부대로, 기병인 신기군, 보병인 신보군, 승병인 항마군으로 편성
② 동북 9성
  ㉠ 예종 2년(1107) 윤관은 별무반을 이끌고 동북 지방 일대에 9성 축조
  ㉡ 여진족의 계속된 침입과 조공 약속, 방비의 곤란 등으로 9성을 환부(1109)

# 17. 무신집권기 - 대몽 전쟁

## (1) 몽골과의 접촉

강동의 역으로 처음 접촉한 후 몽골과 여·몽 협약(형제 관계)을 체결, 몽골은 이를 구실로 지나치게 공물을 요구

## (2) 몽골의 침입과 대몽 항전 ⭐빈출개념

① 1차 침입(고종 18, 1231)
  ㉠ 몽골 사신(저고여) 일행이 귀국하던 길에 피살되자 이를 구실로 침입
  ㉡ 의주를 점령한 몽골군은 귀주성에서 박서가 이끄는 고려군의 저항에 부딪히자 길을 돌려 개경을 포위
  ㉢ 고려가 몽골의 요구를 수용한 후 몽고군은 퇴각(서경 주위에 다루가치 설치)
② 2차 침입(1232)
  ㉠ 몽골의 무리한 조공 요구와 내정 간섭에 반발한 최우는 다루가치를 사살하고 강화도로 천도(1232)하여 방비를 강화
  ㉡ 처인성 전투에서 살리타가 김윤후가 이끄는 민병과 승병에 의해 사살되자 퇴각
  ㉢ 대구 부인사의 초조 대장경이 소실됨
③ 3차 침입(1235~1239) : 최우 정권에 대한 출륙 항복을 요구, 안성의 죽주산성에서 민병이 승리, 속장경과 황룡사 9층탑 소실, 팔만대장경 조판 착수
④ 4차 침입(1247~1248) : 침입 후 원 황제의 사망으로 철수
⑤ 5차 침입(1253~1254) : 충주성에서 김윤후가 이끄는 민병과 관노의 승리
⑥ 6차 침입(1254~1259) : 6년간의 전투로 20여만 명이 포로가 되는 등 최대의 피해가 발생
⑦ 고려의 항전
  ㉠ 고려 정부는 항전과 외교를 병행하면서 저항하였으며, 백성을 산성과 섬으로 피난시키며 저항을 지속
  ㉡ 지배층들은 부처의 힘으로 외적을 방어한다는 호국 불교 사상으로 팔만대장경을 조판하기도 했으며, 한편으로는 호화 생활을 유지하며 농민을 수탈
  ㉢ 끈질긴 저항의 주체(원동력)는 일반 민중(농민·노비·부곡민 등)

## (3) 몽골과의 강화

① 강화의 성립과 개경 환도

ⓒ 몽골이 강화를 맺고 고려의 주권과 풍속을 인정한 것은 고려를 직속령으로 완전 정복하려던 계획을 포기한 것이며, 이는 고려의 끈질긴 항전의 결과

ⓛ 무신 정권이 무너지자 고려는 몽골과 강화하고 원종 때 개경으로 환도

### (4) 삼별초의 항쟁(원종 11, 1270~1273)

① 원인 : 개경 환도는 몽골에 대한 굴복을 의미하므로 삼별초는 배중손의 지휘아래 저항

② 경과
  ⓒ 강화도 : 배중손이 왕족 승화후(承化侯) 온(溫)을 추대하여 반몽 정권 수립
  ⓛ 진도 : 장기 항전을 계획하고 진도로 옮겨 용장성을 쌓고 저항했으나 여·몽 연합군의 공격으로 함락(1271)
  ⓒ 제주도 : 김통정의 지휘 아래 계속 항쟁하였으나 여·몽 연합군에 진압(1273)

③ 결과 : 진압 후 고려는 몽골에 예속되었고, 몽골은 제주도에 탐라총관부를 두어 목마장(牧馬場)을 만듦

## 02절 중세의 경제 구조와 경제 생활

## 1. 수취 제도

### (1) 조세(租稅)

① 부과 단위 : 토지를 논과 밭으로 구분한 후 비옥한 정도에 따라 3등급으로 나누어 부과

② 세율(稅率)
  ⓒ 원칙 : 민전(民田)의 경우 생산량의 1/10이 원칙(밭은 논의 1/2)
  ⓛ 지대(地代) : 민전을 소유하지 못한 영세 농민은 국가와 왕실의 소유지(공전)나 귀족들의 사전을 빌려 경작하고 지대를 지급

③ 조세의 운반과 보관
  ⓒ 조세는 조창(漕倉)까지 옮긴 다음 조운을 통해서 개경의 좌·우창으로 운반하여 보관
  ⓛ 육상 교통수단이 용이하지 못해 경기도(육상 수단 이용) 외에는 모두 조운을 통해 운반

### (2) 공물(貢物)

① 내용 : 농민에게는 조세보다도 더 큰 부담이 됨(주로 포의 형태로 징수)

② 공물 부과 : 중앙 관청에서 필요한 공물의 종류와 액수를 나누어 주현에 부과하면, 주현은 속현과 향·부곡·소에 이를 할당하고, 각 고을에서는 향리들이 집집마다 부과·징수(이때 남자 장정 수를 기준으로 9등급으로 구분)

③ 종류 : 상공(常貢), 별공(別貢)

**홍건적의 침입**
- 1차 침입(공민왕 8, 1359) : 홍건적 4만이 서경을 점령, 이방실·이승경 등이 격퇴
- 2차 침입(공민왕 10, 1361) : 홍건적 10만이 침입하여 개경이 함락되자 공민왕은 복주(안동)로 피난, 정세운·최영·이방실·안우·이성계 등이 격퇴

**왜구의 침입**
- 발발 : 13세기 고종 때부터 쓰시마 섬과 규슈 서북부를 근거지로 하여 침략 시작, 무신 집권기인 고종 때부터 거의 매년 침략(400여 년 동안 500여 회 침입), 14세기 중반 본격화되어, 공민왕·우왕 때 그 폐해가 가장 극심
- 대응책 : 외교와 병행하여 적극적 토벌 정책을 추진, 홍산 싸움(1376, 최영), 진포 싸움(1380, 최무선, 화통도감 설치), 황산 싸움(1380, 이성계), 관음포 싸움(1383, 정지), 쓰시마 섬 정벌(1389, 박위) 등
- 영향
  - 피해의 가중 : 연안 지방의 황폐화와 농민의 피난
  - 조운의 곤란 : 조세 감소로 경제적 어려움이 가중되자 대안으로 육운이 발달
  - 천도론의 대두 : 수도 개경 부근까지 침입해온 왜구로 인해 대두
  - 국방력 강화 : 수군 창설(공민왕), 사수서(해안 경비대) 설치, 화통도감(1377) 설치(최무선, 화약 무기 제조)
  - 신흥 무인 세력의 성장 : 홍건적과 왜구의 침입을 격퇴하는 과정에서 성장

**별공**
지방 특산물 중 상공으로 충당하기 부족한 부분을 부정기적으로 징수한 것을 말함. 매년 종류와 수량이 일정하게 책정되었던 상공과는 달리 국가의 필요에 따라 얼마든지 부과할 수 있었으므로 농민에게 큰 부담이 되었음

**역분전**

전시과의 선구로서 수조지로 지급 되었으며, 전시과 제도가 마련될 때까지 존속하였음

**전시기 제도의 변화**

| | |
|---|---|
| 시정(始定) 전시과 (경종 1, 976) | • 모든 전현직 관리를 대상으로 관품과 인품·세력을 반영하여 토지(전지와 시지)를 지급 (공복 제도와 역분전 제도를 토대로 만듦)<br>• 역분전의 성격을 벗어나지 못함 |
| 개정(改定) 전시과 (목종 1, 998) | • 관직만을 고려하여 18품 관등에 따라 170~17결을 차등 지급 (토지 분급에 따른 관료 체제 확립)<br>• 전현직 관리(직·산관) 모두에게 지급하나 현직자를 우대<br>• 문·무관에게 모두 지급하나 문관을 우대<br>• 군인층도 토지 수급 대상으로 편성하여 군인전 지급 |
| 경정(更定) 전시과 (문종 30, 1076) | • 토지가 부족하게 되어 현직 관료에게만 지급 (170~15결)<br>• 전시과의 완성 형태로, 5품 이상에게 공음전을 지급하였으므로 공음전시과라고도 함<br>• 문·무관의 차별을 완화(무인 지위 향상) |

**영업전(수조권이 세습되는 토지)**

공음전·공신전, 군인전, 외역전 등이 세습되며, 과전과 사원전도 세습적 성격이 강하였음

### (3) 역(役)

① 내용 및 대상 : 노동력을 무상으로 동원하는 제도로, 16~60세의 정남(丁男)이 대상
② 종류 : 군역(軍役), 요역(徭役)

## 2. 전시과 제도와 토지 소유

### (1) 역분전(役分田)(태조 23, 940)

① 후삼국 통일 과정에서 공을 세운 사람들에게 인품(공로)에 따라 지급한 토지
② 무신을 우대하였으며, 경기도에 한하여 지급

### (2) 전시과 제도

① 전지(田地)와 시지(柴地)의 차등 지급 : 관리를 18등급으로 나누어 곡물을 수취할 수 있는 일반 농지인 전지와 땔감을 얻을 수 있는 척박한 토지인 시지를 차등적으로 지급
② 수조권만을 지급 : 지급된 토지는 소유권을 인정하지 않고 수조권만을 지급
③ 수조권 분급, 농민으로부터 직접 수취하는 것은 불가, 받은 자가 죽거나 관직에서 물러날 때는 토지를 국가에 반납(단, 직역 승계에 따라 세습 가능)

### (3) 토지의 종류

① 과전 : 전시과 규정에 의해 문·무 현직 관리에게 지급되는 토지
② 공음전
　　㉠ 5품 이상의 관료에게 지급된 세습 가능한 토지
　　㉡ 공신전 : 공양왕 때 공신전으로 바뀌고 조선의 공신전·별사전으로 이어짐
③ 한인전 : 6품 이하 하급 관료의 자제로서 관직에 오르지 못한 자에게 지급
④ 군인전
　　㉠ 군역의 대가로 2군 6위의 직업 군인에게 주는 토지로, 군역이 세습됨에 따라 자손에게 세습됨
　　㉡ 둔전(군둔전, 관둔전) : 군대의 경비 충당을 위해 지급된 토지
⑤ 구분전 : 6품 이하 하급 관료와 군인의 유가족에게 생계를 위해 지급
⑥ 내장전(장처전·장택전) : 왕실의 경비 충당을 위해 지급(고려 왕실의 직할 토지)
⑦ 공해전 : 각 관청의 경비 충당을 위해 지급
⑧ 사원전 : 사원에 지급
⑨ 외역전 : 향리에게 지급

### (4) 전시과 제도의 붕괴와 농장의 확대

① 전시과 제도의 붕괴 : 귀족들의 토지 독점과 세습 경향으로 원칙대로 운영되지 못하였고, 조세를 거둘 수 있는 토지가 점차 감소되며 붕괴
② 농장의 확대 : 귀족들의 토지 겸병과 농장의 확대는 원 간섭기를 거치며 전국적으로 확산

### (5) 정부의 대책

① 녹과전의 지급(1271) : 전시과 제도가 완전히 붕괴되어 토지를 지급할 수 없게 되자 일시적으로 관리의 생계를 위해 일시적으로 지급

② 국가 재정의 파탄 : 녹과전 지급이 실패하고 고려 말 국가 재정은 파탄

**입격up** 녹과전

- 전시과 제도의 붕괴로 토지 지급이 어려워지자, 주로 경기 8현의 개간지를 이용해 새로 분급지를 마련하여 관리의 생계 보장을 위해 지급한 토지
- 원종 이후 간헐적으로 시행되어 왔지만 권세가들의 반발로 큰 실효를 거두지 못하다가, 충목왕 때 하급 관리 및 국역 부담자들에게 녹과전(祿科田)으로 지급하는 조처가 내려짐. 이를 시행하기 위해 정치도감(整治都監)을 설치하고 친원 세력을 척결하면서 권세가들이 빼앗은 토지와 노비를 본주인에게 돌려주고 경기도에 권세가들이 가진 소위 사급전(賜給田)을 혁파하기도 함

## 3. 귀족의 경제 생활

### (1) 경제 기반

① 과전, 공음전 · 공신전

ㄱ 과전 : 관료의 사망 · 퇴직 시 반납하는 것이 원칙이나, 유족의 생계 유지를 명목으로 일부를 물려받을 수 있음

ㄴ 공음전 · 공신전 : 세습 가능

ㄷ 생산량을 기준으로 과전에서는 1/10을, 공음전 · 공신전에서는 대체로 1/2을 조세로 받음

② 녹봉 : 현직 관리들은 쌀 · 보리 등의 곡식을 주로 받았으나, 때로는 베나 비단을 받기도 하였음

③ 소유지 : 지대 수취(생산량의 1/2)와 신공으로 상당한 수입을 거둠

④ 농장(대토지) : 권력이나 고리대를 이용해 토지를 점탈하거나 헐값에 매입

### (2) 귀족의 사치 생활

큰 누각을 짓고 별장을 소유, 수입한 차(茶)를 즐김, 비단으로 만든 옷을 입었음

## 4. 농업 활동

### (1) 농업 기술의 발달

① 수리 시설 발달 : 후기에 농수로와 해안 방조제, 제언 등 수리 시설 관련 기술이 발달하여 간척 사업이 시작됨(저수지 개축, 해안 저습지의 간척 사업 등)

② 농기구와 종자의 개량 : 호미와 보습 등의 농기구의 개량 및 종자(種子)의 개량

③ 심경법 일반화 : 우경에 의한 심경법(깊이갈이) 확대 · 일반화

④ 시비법 : 시비법의 도입으로 휴경지가 줄고 연작 가능한 토지 증가, 제초법 발달

---

**공음전**

고려시대 5품 이상 고위 관리에게 지급한 토지로서 자손에게 상속이 가능한 영업전으로 문종(1049) 때 완비되었지만, 경종(977)때 기원을 찾을 수 있음. 국가 분급지지만, 개인 소유지와 비슷한 성격을 가지고 있음

**농장 확대의 결과**
- 백성의 토지 점탈로 농장 확대, 가난한 백성을 노비로 만들어 농장을 경작시킴
- 결과 : 조세를 부담할 백성의 감소, 면세 · 면역의 대상인 농장의 증가(→ 국가의 조세 수입 감소, 국가 재정 궁핍)

**농민의 생계유지와 생활 개선책**
민전을 경작하거나 국 · 공유지나 다른 사람의 소유지를 경작(소작), 삼베 · 모시 · 비단 짜기, 품팔이 등으로 생계를 유지, 진전(陳田)이나 황무지를 개간하고 (이 경우 지대 · 조세 감면), 농업 기술을 배움. 12세기 이후에는 연해안의 저습지와 간척지를 개간하여 경작지를 확대

**권농 정책**
- 농민 생활 안정과 국가 재정 확보를 위해 실시
- 시책
  - 광종 : 황무지 개간 규정을 마련해 토지 개간을 장려
  - 성종 : 각 지방의 무기를 거두어 농기구로 만들어 보급

**목화씨 전래**
공민왕 때 문익점이 원에서 목화씨를 들여와 목화 재배를 시작하면서 의생활이 크게 변화

**귀족들의 경제 생활**
• 경제적 기반 : 과전, 녹봉, 상속받은 토지, 노비의 신공 등
• 경제 기반의 확대 : 고리대와 권력을 이용하여 농민 토지 약탈, 매입, 개간 → 농장 경영

**농서의 소개 · 보급**
충정왕 때 이암이 원의 〈농상집요〉를 소개 · 보급

**공장안**
국가에서 필요로 하는 무기, 기구 등의 물품 생산에 동원할 수 있는 기술자들을 조사하여 기록한 장부

**고려 시대의 시전과 경시서**
태조 2년(919), 개성에 시전을 설치하고, 보호 · 감독 기관으로 경시서를 설치하였음. 경시서에서는 물가를 조절하고 상품 종류를 통제하였는데, 허가된 상품 이외의 것을 판매한 경우에는 엄벌에 처하도록 하였음

⑤ **윤작법 보급** : 2년 3작의 윤작법이 점차 보급 · 발달, 밭작물 품종 다양화
⑥ **이앙법(모내기법) 도입** : 고려 말 이앙법이 남부 지방 일부에 보급
⑦ 약용 작물 재배, 접목 기술의 발달로 과일 생산력 증가

### (2) 농민의 몰락

① **배경** : 권문세족들이 농민들의 토지를 빼앗아 거대한 규모의 농장을 만들고 지나치게 과세
② **결과** : 몰락한 농민은 권문세족의 토지를 경작하거나 노비로 전락

## 5. 수공업 활동

### (1) 고려의 수공업

① **종류** : 관청 수공업, 소(所) 수공업, 사원 수공업, 민간 수공업
② **시기별 수공업 발달** : 전기에는 관청 수공업 · 소(所) 수공업이, 후기에는 사원 수공업 · 민간(농촌) 수공업이 발달(후기에도 여전히 관청 수공업 중심)

### (2) 민간 수요의 증가

① 고려 후기에는 유통 경제가 발전하면서 민간에서 수공업품의 수요가 증가
② 관청 수공업에서 생산하던 제품뿐만 아니라 다양한 물품을 민간에서 제조

## 6. 상업 활동

### (1) 도시 중심의 상업 활동

① **상업 활동의 성격** : 주로 도시를 중심으로 하여 물물 교환의 형태로 이루어졌으며, 촌락의 상업 활동은 부진
② **시전 설치** : 개경에 시전(관허 상설 상점)을 설치(관수품 조달, 국고 잉여품 처분), 경시서에서 관리 · 감독
③ **관영 상점** : 개경 · 서경 · 동경 등의 대도시에 주로 설치
④ **비정기적 시장** : 대도시에 형성되어 도시 거주민의 일용품을 매매
⑤ **경시서(京市署) 설치** : 매점매석과 같은 상행위를 감독(조선의 평시서)
⑥ **상평창 설치** : 개경과 서경, 12목에 설치된 물가 조절 기관

### (2) 지방의 상업 활동

① 시장을 통해 쌀 · 베 등 일용품 등을 교환
② 행상들은 지방 관아 근처나 마을을 돌아다니며 베나 곡식을 받고 소금 · 일용품 등을 판매
③ 사원은 생산한 곡물이나 수공업품을 민간에 판매

### (3) 후기 상업의 발달

① **개경** : 인구 증가에 따른 민간의 상품 수요 증가, 시전 규모 확대, 업종별 전문화

② 상업 활동의 변화

　㉠ **소금 전매제** : 고려 후기, 국가가 재정 수입 증가를 위해 실시

　㉡ 농민들을 강제로 판매 · 구입이나 유통 경제에 참여시키기도 함

　㉢ 일부 상인과 수공업자는 부를 축적하여 관리가 되기도 함

　㉣ 농민들은 가혹한 수취와 농업 생산력의 한계로 적극적인 상업 활동이 곤란

## 7. 화폐 경제 생활과 고리대의 성행

### (1) 화폐의 주조

① 전기

　㉠ **성종** : 철전(鐵錢)인 건원중보(996)를 만들었으나 유통에는 실패

　㉡ **숙종** : 삼한통보 · 해동통보 · 해동중보 · 동국통보 등의 동전과 고가의 활구(은병)를 만들어 강제 유통, 주전도감 설치

② 후기 : 쇄은(충렬왕), 소은병(충혜왕), 저화(공양왕) 유통

### (2) 고리대의 성행과 금융 제도

① 고리대의 성행

　㉠ 왕실 · 귀족 · 사원은 고리대로 재산을 늘렸고, 생활이 빈곤했던 농민들은 돈을 갚지 못해 토지를 빼앗기거나 노비로 전락하기도 함

　㉡ 고리대를 해결하기 위한 보가 고리 습득에만 연연해 농민 생활에 오히려 피해를 끼침

② 보(寶)의 출현

　㉠ **기원** : 신라 시대 점찰보(진평왕 35, 613), 공덕보

　㉡ **의의** : 일정 기금을 만들어 그 이자를 공적인 사업의 경비로 충당하는 공익재단

　㉢ **종류** : 학보(태조), 경보(정종), 광학보(정종), 제위보(광종), 금종보(현종), 팔관보(문종)

　㉣ **결과(폐단)** : 이자 획득에만 급급해 농민들의 생활에 막대한 피해를 끼침

## 8. 무역 활동

### (1) 대외 무역의 활발

① **공무역 중심** : 사무역은 국가가 통제, 공무역이 발달

② **무역국(貿易國)** : 송 · 요(거란) · 여진 등과 교역

③ **무역항** : 예성강 어귀의 벽란도는 국제 무역항으로 번성

### (2) 대송(對宋) 무역

① 교역품

　㉠ **수출품** : 금 · 은 · 인삼 · 종이 · 붓 · 먹 · 부채 · 나전 칠기 · 화문석 등

　㉡ **수입품** : 비단 · 약재 · 서적 · 악기 등 왕실과 귀족의 수요품

② 무역로

**고려의 화폐 발행**

화폐를 발행하면 그 이익금을 재정에 보탤 수 있고 경제 활동을 장악할 수 있으므로, 상업 활동이 활발해지는 것과 함께 화폐 발행이 논의되었음. 그리하여 성종 때 건원중보가 제작되었으나 널리 유통되지는 못함. 이후 숙종 때 삼한통보, 해동통보, 해동중보 등의 동전과 활구(은병)가 제작되었으나 당시의 자급자족적 경제 상황에서는 불필요했으므로 주로 다점이나 주점에서 사용되었을 뿐이며, 일반적인 거래에 있어서는 곡식이나 베가 사용되었음

**화폐 유통의 부진**

자급자족의 경제 활동을 하였던 농민들은 화폐의 필요성을 거의 느끼지 못함. 귀족들은 국가의 화폐 발행 독점과 강제 유통에 불만이 있었고, 화폐를 재산 축적의 수단으로만 이용. 일반적인 거래에서는 여전히 곡식이나 베(포)가 사용됨

**고려 시대의 대외 무역**

고려 시대에는 대외 무역을 장려 하였으므로 벽란도를 통해 중국 · 일본 · 남양 · 아라비아 상인이 내왕하는 등 활발한 대외 무역이 이루어졌음

**원 간섭기의 무역**

공무역이 행해지는 한편 사무역이 다시 활발해짐. 사무역으로 금 · 은 · 소 · 말 등이 지나치게 유출되어 문제가 됨

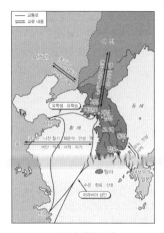

고려의 대외 무역

㉠ 북송 때(북로) : 벽란도 → 옹진 → 산둥 반도의 덩저우(등주)

㉡ 남송 때(남로) : 벽란도 → 죽도 → 흑산도 → 절강성의 밍저우(명주)

### (3) 기타 국가와의 무역

① 거란 : 은·모피·말 등을 가지고 와서, 식량·농기구·문방구·구리·철 등을 수입해 감

② 여진 : 은·모피·말 등을 가지고 와서, 식량·농기구·포목 등을 수입해 감

③ 일본 : 11세기 후반부터 수은·유황 등을 가져와 식량·인삼·서적 등과 바꾸어 감

④ 아라비아(대식국)

㉠ 수은·물감·향료·산호·호박 등을 가져와 은·비단을 수입해 감

㉡ 수은 수은을 통해 서쪽에 알려졌으며, 고려(Corea)를 세계에 알림

---

## 03절 중세의 사회 구조와 사회 생활

## 1. 고려 사회의 편제와 신분 구조

### (1) 고려 사회의 새로운 편제

① 문벌 귀족 사회의 형성 : 가문과 문벌을 중시, 소수 문벌 귀족이 권력을 독점

② 본관제 마련 : 성과 본관을 토대로 하는 새로운 친족 공동체 사회를 형성

③ 가족제의 다양화 : 여러 세대의 가족이 한 호적에 기록되기도 함(대가족~소가족)

④ 직분제적 사회구조의 형성 : 문반과 무반, 군반에게 각각 문관직과 무반직, 군인 직을 세습할 권리와 의무가 부과됨

### (2) 신분 구조

① 특징

㉠ 신분 계층별로 호적을 따로 작성

㉡ 문반·무반·남반의 세 계층이 관인층을 구성하며, 세습이 원칙

㉢ 경제력을 기초로 정호와 백정호로 구분하여 신분제와 역제를 운영

② 지배층 : 귀족(특권 계층), 중간 계층

③ 피지배층 : 양인(농민, 상인, 수공업자 등), 노비(공노비, 사노비)

**고려 시대의 신분 변동**

• 고대에 비해 개방적인 신분제

• 향리의 자제가 과거를 통해 관직에 진출

• 중앙 귀족이 낙향하여 향리로 전락

• 군인이 공을 세워 무반이 됨

• 향·소·부곡이 일반 군현으로 승격

• 외거노비가 재산을 모아 양인신분을 획득

## 2. 귀족

### (1) 귀족 계층

① 구성 : 왕족과 5품 이상의 문·무 관료로 구성, 음서나 공음전의 혜택을 받는 특권층

② 신분 변동 : 과거를 통해 향리에서 귀족으로 상승하기도 하며, 중앙 귀족에서 낙향 하여 향리로 전락하는 경우도 존재(귀향은 일종의 형벌로 취급됨)

**지배 세력의 변화**

호족 → 문벌 귀족 → 무신 → 권문세족 → 신진 사대부

## (2) 귀족층(지배층)의 특징

### ① 문벌 귀족

- ㉠ **출신 및 형성** : 개국 공신이나 호족, 6두품, 향리 출신으로서 중앙 관료로 진출한 이후 점차 보수화되면서 형성
- ㉡ **토지 소유 확대** : 과전과 공음전이 경제적 기반
- ㉢ **폐쇄적 혼인** : 유력한 가문과의 중첩된 혼인 관계(특히, 왕실의 외척을 선호)
- ㉣ **사상** : 보수적, 유교와 불교 수용

### ② 권문세족

- ㉠ **성립** : 고려 후기 원 간섭기에 주요 요직을 장악
- ㉡ **출신 배경** : 전기부터 그 세력을 이어 온 문벌 귀족 가문, 무신 정권기에 대두한 가문(무신 가문, 능문능리의 신관인 가문), 원의 세력을 배경으로 성장한 가문
- ㉢ **권력 행사** : 현실적 관직인 도평의사사와 정방을 장악하여 행사
- ㉣ **권력 유지 및 강화** : 고위 관직 독점, 도평의사사를 통해 권력을 장악, 음서를 통해 진출, 대규모의 농장을 소유
- ㉤ **성향 및 사상** : 수구적, 불교 수용

### ③ 신진 사대부

- ㉠ **출신 배경** : 과거를 통해 관계에 진출, 하급 관리나 향리 집안에서 주로 배출
- ㉡ **등장 및 성장** : 무신 정권이 붕괴된 후에 활발하게 중앙 정계로 진출
- ㉢ **권문세족과의 대립** : 사전의 폐단을 지적하고 사회 개혁을 주장하며 대립
- ㉣ **사상 등** : 성리학을 수용하고 개혁적 성향을 지님

## 3. 중류층

### (1) 의의

① 광의(귀족과 양인의 중간층인 문무반 6품 이하의 관리, 남반, 군반, 서리, 향리 등), 협의(기술관)
② 성립 : 지배 체제의 정비 과정에서 통치 체제의 하부 구조를 맡아 중간 역할 담당

### (2) 유형 및 특징

① 유형 : 잡류, 남반, 군반, 향리, 역리, 기술관
② 특징 : 세습직이며 그에 상응하는 토지를 국가로부터 지급받음
③ 호족 출신의 향리 : 지방의 호족 출신은 점차 향리로 편제되어 갔으나, 호장·부호장을 대대로 배출하는 지방의 실질적 지배층

## 4. 양민층(양인)

### (1) 일반 농민

① 특징 : 일반 주·부·군·현에 거주하며, 농업이나 상공업에 종사

**신진 사대부**
성리학적 지식을 갖추고 과거를 통해 등용된 관료들. 공민왕과 충목왕의 개혁 정치에 등장했던 이들은 고려의 현실을 깨닫고 새로운 정치 질서와 사회 건설을 주장하였음

**문벌 귀족, 권문세족, 신진 사대부**

|  | 문벌 귀족 | 권문세족 | 신진 사대부 |
|---|---|---|---|
| 시기 | 고려 중기 | 원 간섭기 | 고려 말기 |
| 출신 | 호족, 6두품, 공신 | 친원파 | 지방 향리 |
| 정치 | • 왕실이나 유력 가문과 중첩된 혼인 관계<br>• 음서와 과거를 통해 관직 진출 | • 원과 결탁<br>• 도평의사사 장악<br>• 음서를 통해 관직 진출 | 과거를 통해 관직 진출 |
| 경제 | 공음전 | 대농장 소유 | 중소 지주 |

**정호**
군인이나 향리, 기인 등과 같이 국가에 직역을 지는 중류층의 사람을 지칭함. 이들은 직역에 대한 반대급부로 군인전과 외역전 등을 지급받았음

**호장**
향리직의 우두머리로 부호장과 함께 호장층을 형성하였으며, 해당 고을의 모든 향리들이 수행하던 말단 실무 행정을 총괄하였음

② 농민층 : 양민의 주류로서, 백정(白丁)이라고도 함

③ 상인, 수공업자 : 양인으로서, 국가에 공역의 의무를 짐(농민보다 천시됨)

### (2) 하층 양민

① 신분 : 양인의 최하층, 이주가 원칙적으로 금지됨

② 종사 부문

    ㉠ 향 · 부곡에 거주하는 사람들은 농업, 소에 거주하는 사람들은 수공업품 생산

    ㉡ 역(驛)과 진(津)의 주민(역인, 진척)은 각각 육로 교통과 수로 교통에 종사

    ㉢ 그 외 어간(어부), 염간(제염업), 목자간(목축업), 철간(광부), 봉화간 등이 있음

## 5. 천민

### (1) 유형

① 공노비(公奴婢) : 입역 노비, 외거 노비

② 사노비(私奴婢) : 솔거 노비, 외거 노비

### (2) 노비의 특징 및 관리

① 노비의 특징 : 국역 · 납세의 의무는 없으나 주인에게 예속되어 신공을 부담, 법적으로 재물(재산)이나 국민(인격적 존재)의 지위를 동시에 지님

② 노비의 관리

    ㉠ 재산으로 간주 : 엄격히 관리되었으며, 매매 · 증여 · 상속의 대상이 됨

    ㉡ 노비 세습의 원칙

        • 양천 결혼 시 일천즉천의 원칙 적용

        • 양천 결혼은 금지되나 귀족들은 재산 증식을 위해 이를 자행함

        • 노비 간 소생은 천자수모법에 따름

## 6. 사회 시책 및 제도

### (1) 농민 보호책

① 농번기 잡역 동원을 금지

② 재해감고법 : 자연 재해 시 피해 정도에 따라 조세와 부역을 감면

③ 이자 제한법 : 법으로 이자율을 정해 그 이상의 고리대를 제한(이자 제한의 제도화)

### (2) 권농 정책

① 광종 : 황무지 개간 장려(개간 시 국유지의 경우 소유권을 인정하고 조세를 감면하며, 사유지의 경우 일정 기간 소작료 감면)

② 성종 : 원구에서 기곡(祈穀)의 예를 행하며, 왕이 친히 적전을 갈아 농사의 모범을 보임, 사직을 세워 토지신과 오곡의 신에게 제사

### (3) 농민의 공동 조직

① 공동 조직의 성격 : 일상 의례나 공동 노동을 통해 공동체 의식을 다짐

② 향도(香徒)

　　㉠ 매향(埋香)과 향도 : 매향은 불교 신앙의 하나, 이러한 매향 활동을 하는 무리들을 향도라 함

　　㉡ 기원 : 김유신이 화랑도를 용화 향도로 칭한 것이 기원

　　㉢ 성격의 변모 : 고려 후기에는 신앙적 향도에서 자신들의 이익을 위한 향도로 점차 성격이 변모하여, 대표적인 공동체 조직이 됨

## (4) 여러 가지 사회 제도

① 의창 : 진대법(고구려) → 흑창(고려 태조) → 의창(성종) → 주창(현종)

　　㉠ 평시에 곡물을 비치하였다가 흉년에 빈민을 구제, 춘대추납

　　㉡ 유상(진대)과 무상(진급)의 두 종류가 있으며, 실제로는 농민을 대상으로 한 고리대로 전환되기 일쑤였음

② 상평창(성종) : 물가 조절을 위해 개경과 서경 및 각 12목에 설치

# 7. 법률과 풍속

## (1) 법률

① 관습법

　　㉠ 백성을 다스리는 기본법으로 중국의 당률을 참작한 71개조의 법률이 시행

　　㉡ 대부분의 경우는 관습법을 따름(조선 시대에 이르러 성문법 국가로 발전)

② 형(刑)의 집행

　　㉠ 중죄 : 반역죄(국가), 모반죄(왕실), 강상죄(삼강 · 오상의 도덕) · 불효죄 등

　　㉡ 상중(喪中) 휴가 : 귀양 중 부모상을 당하였을 때는 7일 간의 휴가를 주어 상을 치르게 함

　　㉢ 집행의 유예 : 70세 이상의 노부모를 봉양할 가족이 달리 없는 경우는 형의 집행을 보류

　　㉣ 형벌 종류 : 태 · 장 · 도 · 유 · 사의 5형

　　㉤ 3심제(문종) : 사형의 경우 3심제 도입(조선 시대 금부삼복법)

## (2) 풍속

① 장례와 제사 : 대개 토착 신앙과 융합된 불교의 전통 의식과 도교 신앙의 풍속을 따름

② 명절 : 정월 초하루 · 삼짇날 · 단오 · 유두 · 추석, 단오 때 격구와 그네뛰기, 씨름 등을 즐김

③ 국가 2대 제전 : 불교 행사인 연등회, 토착 신앙과 불교가 융합된 팔관회 중시

| 구분 | 연등회 | 팔관회 |
|------|--------|--------|
| 유사점 | • 군신이 가무와 음주를 즐기며, 부처나 천지신명에게 제사<br>• 국가와 왕실의 태평을 기원 | |

| | | |
|---|---|---|
| 차이점 | • 2월 15일 전국에서 개최<br>• 불교 행사<br>• 원래는 부처의 공덕에 대한 공양의 선덕을 쌓는 행사였다가 신에 대한 제사로 성격이 변화 | • 개경(11월)과 서경(10월)에서 개최<br>• 토속 신앙(제천 행사)와 불교의 결합<br>• 송 · 여진 · 아라비아 상인들이 진상품을 바치고 국제 무역을 행함 (국제적 행사) |

**혼인**

• **혼인의 적령** : 대략 여자는 18세 전후, 남자는 20세 전후
• 근친혼의 성행, 왕실은 일부다처제, 일반 평민은 일부일처제(일부일처제가 일반적 형태)

**호적**

• **남귀여가혼(男歸女家婚)** : 종종 사위가 처가의 호적에 입적하여 처가에서 생활
• ㅤ··ㅤ재가(再嫁)에 대한 ㅤㅤㅤ 및 재가녀(再嫁女) 소생자의 사회적 진출에 차별을 두지 않음
• **불양(不養) 원칙** : 아들이 없을 경우 양자를 들이지 않고 딸이 제사를 지내거나, 돌아가며 제사(윤행)

**음서 및 포상**

• **음서의 범위** : 사위와 외손자에게까지 음서의 혜택
• **포상의 범위** : 공을 세운 사람의 부모는 물론 장인과 장모도 함께 수상

**고려 시대 여성의 지위**

고려 시대에는 여성의 지위가 비교적 높았음. 여성의 사회 진출에는 제한이 있었지만, 가정 생활이나 경제 운영에 있어서 여성은 남성과 거의 대등한 위치에 있었음

**무신정권에 대한 반발**

• **김보당의 난(1173)** : 명종 때 병마사 김보당이 의종의 복위를 도모하고자 일으킴
• **조위총의 난(1174~1176)** : 서경 유수 조위총이 지방군과 농민을 이끌고 중앙의 무신들에게 항거
• 교종 계통 승려의 난(1174)

## 8. 혼인과 여성의 지위

### (1) 혼인

① 혼인의 적령 : 대략 여자는 18세 전후, 남자는 20세 전후

② ㅤㅤ 재가의 성행ㅤㅤ 특히 소 왕실에서 서쪽 ㅤㅤ이튼 특히에ㅤ ㅤㅤㅤ 독시후 풍습이 사라지지 않아 사회 문제로 대두되기도 함

③ 혼인의 형태 : 왕실은 일부다처제, 일반 평민은 일부일처제(일부일처제가 일반적 형태)

## 9. 무신 집권기 하층민의 봉기

### (1) 백성들의 봉기

① **초기**

㉠ **봉기 발생** : 12세기에 대규모 봉기가 발생하기 시작

㉡ **관민의 합세** : 서경 유수 조위총이 반란(1174)을 일으켰을 때 많은 농민이 가세

② **1190년대**

㉠ **형태** : 산발적이던 봉기가 1190년대에 들어와 광범위하게 전개

㉡ **성격** : 신라 부흥 운동과 같이 왕조 질서를 부정하는 등 다양한 성격의 봉기

③ **최충헌 집권 이후** : 만적 등 천민들의 신분 해방 운동이 다시 발생

④ **대표적 민란(봉기)**

| | |
|---|---|
| 망이 · 망소이의 난<br>(공주 명학소의 난, 1176) | 공주 명학소(鳴鶴所)의 망이 · 망소이가 주동이 되어 일으킨 반란으로, 이 결과 명학소는 충순현(忠順縣)으로 승격(이후 최씨 집권기에 국민에 대한 회유책으로 많은 향 · 소 · 부곡이 현으로 승격) |
| 전주 관노의 난(1182) | 경대승 집권기에 있었던 관노(官奴)들의 난으로, 전주를 점령 |
| 김사미 · 효심의 난(1193) | 운문(청도)에서 김사미가, 초전(울산)에서 효심이 신분 해방 및 신라 부흥을 기치로 내걸고 일으킨 최대 규모의 농민 봉기, 최충헌 정권의 출현 배경이 됨 |
| 만적의 난(1198) | 개경에서 최충헌의 사노 만적이 신분 해방을 외치며 반란 |
| 진주 노비의 난(1200) | 진주 공 · 사노비의 반란군이 합주의 부곡 반란군과 연합 |

| 부흥 운동 성격의 난 | • 신라 부흥 운동(이비 · 패좌의 난, 1202) : 동경(경주)에서 신라 부흥을 주장<br>• 고구려 부흥 운동(최광수의 난, 1217) : 서경에서 고구려 부흥을 주장<br>• 백제 부흥 운동(이연년의 난, 1237) : 담양에서 백제 부흥을 주장 |
| --- | --- |

**실력up 만적의 난**

"국가에는 경계(庚癸)의 난 이래로 귀족 고관들이 천한 노예들 가운데서 많이 나왔다. 장수와 재상들의 씨가 따로 있는 것이 아니다. 때가 오면 아무나 할 수 있는 것이다. 우리들은 어찌 힘 드는 일에 시달리고 채찍질 아래에서 고생만 하고 지내겠는가." 이에 노비들이 모두 찬성하고 다음과 같이 약속하였다. "우리들은 성 안에서 봉기하여 먼저 최충헌을 죽인 뒤 각각 상전들을 죽이고 천적(賤籍)을 불살라 버려 삼한에 천인을 없애자. 그러면 공경장상(公卿將相)을 우리 모두 할 수 있다."

## 10. 원 간섭기의 사회

### (1) 백성의 생활

① 강화 천도 시기 : 장기 항전으로 생활이 곤궁하였고, 기아민이 속출

② 원(元)과의 강화 후 : 친원 세력의 횡포로 큰 피해를 입었으며, 전쟁 피해가 복구되지 않은 채 두 차례의 일본 원정에 동원되어 막대한 희생을 강요당함

### (2) 원에 의한 사회 변화

① 신분 상승의 증가 : 역관 · 향리 · 평민 · 부곡민 · 노비 · 환관으로서 전공을 세운 자, 몽골 귀족과 혼인한 자, 몽골어에 능숙한 자 등, 친원 세력이 권문세족으로 성장

② 활발한 문물 교류 : 몽골풍의 유행, 고려양

③ 공녀(貢女)의 공출

　㉠ 원의 공녀 요구는 심각한 사회 문제를 초래

　㉡ 결혼도감을 설치해 공녀를 공출

**실력up 결혼도감**

원에서 만자매빙사 초욱을 보내왔다. 중서성첩에 이르기를. "남송 양양부의 생권 군인이 부인을 구하므로 위선사 초욱을 파견하는데, 관견 1,640단을 가지고 고려에 내려가게 하니, 유사로 하여금 관원을 파견하여 함께 취처하도록 시행하라." 하였다. 초욱이 남편 없는 부녀 140명을 뽑으라고 요구하였는데, 그 독촉이 급하므로 결혼도감을 두었다. 이로부터 가을에 이르기까지 독신 여자와 역적의 아내와 중의 딸을 샅샅이 뒤져 겨우 그 수를 채웠으나 원성이 크게 일어났다.
　　　　　　　　　　　　　　　　　　　　　　　　　　　　　　　　　– 〈고려사〉 –

SEMI-NOTE

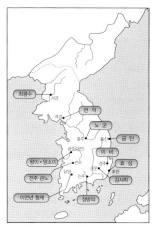

무신 집권기 하층민의 봉기

**봉기의 특징**

• 향 · 소 · 부곡민의 봉기 : 무거운 데다가 차별적이기까지 한 조세 부과가 원인

• 노비의 봉기 : 신분 해방 운동적 성격

**몽골과의 항전으로 인한 기아민**

고종 42년(1255) 3월 여러 도의 고을들이 난리를 겪어 황폐해지고 지쳐 조세 · 공납 · 요역 이외의 잡세를 면제하고, 산성과 섬에 들어갔던 자를 모두 나오게 하였다. 그때 산성에 들어갔던 백성 중에는 굶주려 죽은 자가 매우 많았으며, 노인과 어린이가 길가에서 죽었다. 심지어 아이를 나무에 붙잡아 매고 가는 자도 있었다. …… 4월, 길이 비로소 통하였다. 병란과 흉년이 든 이래 해골이 들을 덮었고, 포로로 잡혔다가 도망쳐 서울로 들어오는 백성이 줄을 이었다. 도병마사가 매일 쌀 한 되씩을 주어 구제하였으나 죽는 자를 헤아릴 수 없었다.
　　　　　　　　　　– 〈고려사절요〉 –

**왜구의 피해**

• 14세기 중반부터 침략 증가

• 부족한 식량을 고려에서 약탈하고자 자주 고려 해안에 침입

• 왜구의 침략 범위 및 빈도의 증가로 사회 불안이 극심

• 왜구를 격퇴하는 과정에서 신흥 무인 세력이 성장

**고려실록(7대 실록)**

태조, 혜종, 정종, 광종, 경종, 성종, 목종에 이르는 7대의 역사를 편년체로 기록한 역사서

**고려 문화에서의 유교와 불교**

- 유교는 정치와 관련한 치국의 도(道)이며, 불교는 신앙생활과 관련한 수신의 도
- 유교와 불교는 서로 보완하는 기능을 수행하며 함께 발전

삼국사기

**이규보의 〈동국이상국집〉(1241)**

이규보가 저술한 전 53권 13책의 시문집으로, 한문 서사시 〈동명왕편〉을 비롯하여 〈국선생전(麴先生傳)〉, 〈청강사자현부전(淸江使者玄夫傳)〉, 〈백운거사전(白雲居士傳)〉 등을 수록하고 있음. 이규보가 생전에 미처 완성하지 못한 것을, 1251년 진주분사대장도감(晉州分司大藏都監)에서 고종의 칙명으로 다시 간행했음

**〈해동고승전〉의 구성**

- 1권
  - 머리말에서는 불교 발생의 유래와 불교가 삼국에 전래된 연원을 개설
  - 본문에서는 고구려 · 백제 · 신라 · 외국의 전래승(傳來僧) 11명(순도, 망명, 의연, 담시, 마라난타, 아도, 법공, 법운 등)의 기사를 수록
- 2권 : 구법(求法)을 목적으로 중국 및 인도에 유학한 22명의 승려(각덕, 지명, 원광, 안함, 아라야발마, 혜업, 혜륜, 현각 등)의 행적을 수록
- 중요한 전기의 말미에는 '찬왈'(贊曰)이라 하여 전기의 주인공에 대한 예찬을 덧붙임

## 04절 중세 문화의 발달

## 1. 유학의 발달과 역사서의 편찬

### (1) 초기

① 유학의 경향 : 자주적 · 주체적, 유교주의적 정치와 교육의 기틀 마련

② 유학의 진흥

ㄱ 태조(918~943) : 박유 · 최언위 · 최응 · 최지몽 등 신라 6두품 계통의 유학자들이 활약

ㄴ 광종(949~975) : 과거제 실시는 유학에 능숙한 관료 등용, 벵기, 시회 등

ㄷ 성종(981~997) : 유교 정치 사상이 정립되고 유학 교육 기관이 정비됨, 최항 · 황주량 · 최승로(자주적 · 주체적 유학자로 시무 28조의 개혁안 건의) 등

③ 역사서

ㄱ 왕조실록 : 건국 초기부터 편찬되었으나 거란의 침입으로 소실, 현종 때 황주량 등이 〈고려실록(7대 실록)〉을 편찬

ㄴ 박인량의 〈고금록〉 등 편년체 사서가 편찬됨

### (2) 중기

① 유학의 경향

ㄱ 문벌 귀족 사회의 발달과 함께 유교 사상도 점차 보수화

ㄴ 유교 경전에 대한 이해가 깊어져 독자적 이해 기준을 수립하는 단계에 이름

ㄷ 북송의 성리학을 수용하여 경연에서 〈주역〉, 〈중용〉 등이 강론됨

② 대표 학자 : 최충(문종), 김부식(인종)

③ 역사서

ㄱ 특성 : 유교적 합리주의 사관, 신라 계승 의식 반영

ㄴ 삼국사기(인종 23, 1145) ★빈출개념

- 시기 : 인종 때 김부식 등이 왕명을 받아 편찬
- 의의 : 현존하는 우리나라 최고의 역사서 (총 50권으로 구성)
- 사관 : 유교적 합리주의 사관에 기초하여 신라를 중심으로 서술
- 체제 : 본기 · 열전 · 지 · 연표 등으로 구분되어 서술된 기전체(紀傳體) 사서

### (3) 무신 집권기

① 유학의 위축 : 무신정변 이후 문벌 귀족 세력이 몰락함에 따라 유학은 한동안 크게 위축됨

② 역사서 : 자주적 성격, 고구려 계승 의식(이규보의 〈동명왕편〉(1193), 각훈의 〈해동고승전〉(1215))

### (4) 원 간섭기

① 성리학 ★빈출개념 : 한 · 당의 훈고학적 유학의 보수화를 비판하고 이를 한 단계

발전시킨 철학적 신유학, 5경보다 4서를 중시

② 성리학의 전래 : 충렬왕 때 안향이 처음 소개

    ㉠ 충선왕 때 이제현은 원의 만권당에서 성리학에 대한 이해를 심화하였고, 귀국 후 이색 등에게 영향을 주어 성리학 전파에 이바지

    ㉡ 이색 이후 정몽주 · 권근 · 김구용 · 박상충 · 이숭인 · 정도전 등에게 전수되어 연구가 심화 · 발전

### 실력up 성리학의 성격

남송의 주희가 집대성한 성리학은 종래 자구의 해석에 힘쓰던 한 · 당의 훈고학이나 사장 중심의 유학과는 달리 인간의 심성과 우주의 원리 문제를 철학적으로 탐구하는 신유학의 성격을 지니고 있음

③ 역사서 : 자주 사관, 고조선 계승 의식(일연의 〈삼국유사〉(단군의 건국 이야기, 향가 등을 수록), 이승휴의 〈제왕운기〉(1287))

### 실력up 삼국사기와 삼국유사

| 구분 | 삼국사기(三國史記) | 삼국유사(三國遺事) |
| --- | --- | --- |
| 시기 및 저자 | 고려 중기 인종 23년(1145)에 김부식이 저술 | 원 간섭기인 충렬왕 7년(1281)에 일연이 저술 |
| 사관 | 유교적 · 도덕적 · 합리주의 | 불교적 · 자주적 · 신이적(神異的) |
| 체제 | 기전체의 정사체, 총 50권 | 기사본말체, 총 9권 |
| 내용 | • 고조선 및 삼한을 기록하지 않고, 삼국사(신라 중심)의 단대사(單代史)를 편찬<br>• 삼국을 모두 대등하게 다루어 각각 본기로 구성하고 본기에서 각 국가를 我(우리)라고 칭함 | • 단군~고려 말 충렬왕 때까지 기록, 신라 관계 기록이 다수 수록됨<br>• 단군 조선과 가야 등의 기록, 수많은 민간 전승과 불교 설화 및 향가 등 수록<br>• 단군을 민족 시조로 인식해 단군 신화를 소개했으나 이에 대한 체계화는 미흡 |

**제왕운기(1287)**

• 우리나라와 중국의 역사를 시로 적은 역사서로, 충렬왕 때 이승휴가 저술

• 상 · 하 2권으로 구성
  − 상권 : 중국의 반고(盤古)~금의 역대 사적을 246구(句)의 7언시로 읊음
  − 하권 : 한국의 역사를 다시 1 · 2부로 나누어 시로 읊고 주기(註記)를 붙임

〈제왕운기〉의 단군 기록

처음에 어느 누가 나라를 열고 바람과 구름을 이끌었는가? 석제(釋帝)의 손자로 이름은 단군(檀君)일세. 요임금과 같은 때 무진년에 나라를 세워 순임금 지나 하(夏)나라까지 왕위에 계셨도다. 은나라 무정 8년 을미년에 아사달산에 들어가서 신선이 되었으니 나라를 누린 것이 1천 28년인데 그 조화는 상제(上帝)이신 환인(桓因)이 전한 일 아니던가?

## (5) 말기

① 고려 말 성리학의 성격 : 일상 생활과 관계되는 실천적 기능을 강조, 〈소학(小學)〉과 〈주자가례〉를 중시, 권문세족과 불교의 폐단을 비판

② 성리학적 유교사관 : 이제현의 〈사략(史略)〉(개혁을 단행하여 왕권을 중심으로 국가 질서를 회복하려는 의식 표출), 〈고려국사〉, 원부 · 허공 · 이인복의 〈고금록(古今錄)〉, 정가신의 〈천추금경록〉, 민지의 〈본조편년강목〉 등

## 2. 교육 제도 및 기관

**이제현의 〈사략〉**

고려 말 성리학이 전래되면서 정통 의식과 대의명분을 중시하는 성리학적 유교사관이 대두되었음. 〈사략〉은 이러한 성리학적 유교 사관에 입각하여 이제현이 저술한 역사서임

**문신월과법**

유학 교육 및 진흥을 위해 중앙의 문신은 매달 시 3편과 부 1편, 지방관은 매년 시 30편과 부 1편씩을 지어 바치도록 함

**9재, 12도**

- **9재(九齋)** : 낙성(樂聖) · 대중(大中) · 성명(誠明) · 경업(敬業) · 조도(造道) · 솔성(率性) · 진덕(進德) · 문화(文和) · 대빙재(待聘齋) 등의 전문 강좌
- **12도(十二徒)** : 문헌 · 홍문 · 광헌 · 문충 · 양신 · 정경 · 충평 · 정헌공도, 서시랑도, 구산도 등

**사학의 발달**

고려 시대에는 사학이 크게 발달하였는데, 최충의 9재 학당을 비롯하여 사학 12도가 융성하였음. 당시 귀족 자제들은 국자감보다 12도에서 공부하기를 선호하였으며, 그로 인해 학벌이라는 파벌이 만들어지게 되었음. 예종과 인종의 적극적인 관학 진흥책으로 이러한 추세는 둔화되었으며, 이후 무신 집권기에 이르러 사학은 크게 침체되었음

**섬학전**

고려 시대 국학생의 학비를 보조하기 위해 관리들이 품위(品位)에 따라 낸 돈을 말함. 충렬왕 30년(1304) 국학이 쇠퇴해 가는 것을 우려한 안향의 건의로 실시되었음. 학교 운영과 서적 구매 등에 사용되었음

**관학 진흥책**

| 숙종 | 서적포 설치 |
|---|---|
| 예종 | 7재(유학재 : 경덕재, 구인재, 대빙재, 복응재, 양정재, 여택재 / 무학재 : 강예재) 설치, 양현고 설치, 청연각 · 보문각 설치 |
| 인종 | 경사 6학 정비, 향교 보급 · 지방 교육 강화 |
| 충렬왕 | 섬학전 설치 |
| 공민왕 | 성균관을 부흥시켜 순수 유교 교육 기관으로 개편 |

## (1) 초기의 교육 진흥

① 태조

 ㉠ 신라 6두품 계통의 학자를 중용하고, 개경 · 서경에 학교를 설립

 ㉡ 교육 장학 재단인 학보(學寶)를 설치 · 운영

② 정종 : 승려의 장학 재단인 광학보를 설치 · 운영(946)

③ 성종

 ㉠ **국자감** : 개경에 국립 대학인 국자감(국학)을 설치(992)

| 학부 | 경사 6학 | 입학 자격 | 수업 연한 | 교육 내용 |
|---|---|---|---|---|
| 유학부 | 국자학 | 3품 이상의 자제 입학 | 9년 | 공통 교과 시경에 대한 내용으로 시 · 서 · 〈역경〉 · 〈춘추〉 · 〈예기〉 · 〈효경〉 · 〈논어〉 등 |
| | 태학 | 5품 이상의 자제 입학 | | |
| | 사문학 | 7품 이상의 자제 입학 | | |
| 기술학부 | 율 · 서 · 산학 | 8품 이하 및 서민 자제 | 6년 | 기술 교육 |

 ㉡ 도서관 설치, 지방에 향교 설치, 박사의 파견, 교육조서 반포, 문신월과법 시행

④ **현종** : 신라 유교의 전통을 계승 · 발전시키고자 함, 홍유후(신라의 설총) · 문창후(최치원)를 추봉하고 문묘에서 제사를 지냄

## (2) 중기

① **사학의 융성과 관학의 위축** : 최초의 사학인 최충의 문헌공도(9재 학당)를 비롯한 사학 12도가 융성하여 국자감의 관학 교육은 위축

② **관학 진흥책**

 ㉠ **숙종(1096~1105)** : 목판 인쇄(출판) 기관으로 서적포 설치, 기자 사당의 설치

 ㉡ **예종(1105~1122)** : 7재(七齋)를 설치, 교육 장학 재단인 양현고를 둠, 학문 연구소인 청연각 · 보문각을 두어 유학을 진흥

 ㉢ **인종(1122~1146)** : 경사 6학(유학부와 기술학부) 정비, 문치주의와 문신 귀족주의를 부각, 향교를 널리 보급

## (3) 후기

① **충렬왕(1274~1308)** : 섬학전(贍學田)을 설치, 공자 사당인 문묘를 새로 건립

② **공민왕(1351~1374)** : 성균관을 부흥시켜 순수 유교 교육 기관으로 개편

## 3. 불교의 발달

### (1) 태조

태조는 불교를 적극 지원하는 한편, 유교 이념과 전통 문화도 함께 존중, 개경에 여러 사원을 건립(개태사 · 왕흥사 · 왕륜사 등), 훈요 10조에서 불교를 숭상하고 연등

회와 팔관회 등을 성대하게 개최할 것을 당부

## (2) 광종

승과 제도 실시, 국사·왕사 제도, 귀법사를 창건하고 화엄종의 본찰로 삼아 분열된 종파를 수습, 의통은 중국 천태종의 16대 교조가 되었고, 제관은 천태종의 기본 교리를 정리한 〈천태사교의〉를 저술

## (3) 성종, 현종, 문종

① 성종 : 유교 정치 사상이 강조되면서 연등회와 팔관회 등이 일시 폐지
② 현종 : 국가의 보호를 받아 계속 융성, 현화사와 흥왕사 등의 사찰 건립, 연등회와 팔관회 등이 부활, 초조대장경 조판에 착수
③ 문종 : 불교를 숭상하여 대각국사 의천과 승통 도생을 배출, 흥왕사를 완성하여 불교를 장려

## 4. 불교 통합 운동과 천태종

### (1) 사회적 배경

① 초기 : 5교 양종
  ㉠ 교종 : 교종의 여러 종파는 화엄종을 중심으로 정비
  ㉡ 선종 : 선종의 여러 종파는 법안종을 수입하여 선종의 정리·통합을 시도
  ㉢ 종파의 분열 : 교종뿐만 아니라 선종에 대한 관심도 높아 사상적 대립이 지속됨
② 중기 : 11세기를 전후해 교·선의 대립이 더욱 격화(교종의 융성과 대립, 선종의 위축, 귀족 불교의 전개)

### (2) 의천의 교단 통합 운동

① 흥왕사를 근거지로 삼아 화엄종을 중심으로 교종 통합을 추구
② 천태종을 창시(교종의 입장에서 선종을 통합)
③ 교관겸수(敎觀兼修)를 제창, 지관(止觀)을 강조
④ 관념적인 화엄학을 비판하고, 원효의 화쟁 사상을 중시
⑤ 불교의 폐단을 시정하는 대책이 뒤따르지 않아 의천 사후 교단은 다시 분열

## 5. 후기의 불교

### (1) 무신 집권기의 불교

① 방향 : 교종 탄압(조계종 발달), 불교 결사 운동 전개
② 보조국사 지눌(1158~1210)
  ㉠ 선·교 일치 사상의 완성 : 조계종을 창시
   • 정혜쌍수(定慧雙修) : 선정과 지혜를 같이 닦아야 한다는 것으로, 선과 교학이 근본에 있어 둘이 아니라는 사상 체계를 말함(철저한 수행을 선도)
   • 돈오점수(頓悟漸修) : 인간의 마음이 곧 부처의 마음임을 깨닫고(돈오) 그

**사원전**

고려 시대 사찰에서 소유할 수 있었던 재산 중 가장 큰 비중을 차지하는 부분으로, 사찰 소유의 사유지와 국가에서 공적으로 지급한 수조지로 나뉨. 고려 말에 이르러 사찰의 광범위한 토지 탈점과 겸병으로 부패와 수탈의 온상이 되었으므로, 조선 건국과 함께 척결의 대상이 되었음

**대각국사 의천**

해동 천태종의 개조로 문종의 넷째 아들. 문종과 어머니 인예왕후의 반대를 무릅쓰고 몰래 송으로 건너가 불법을 공부한 뒤 귀국하여 흥왕사의 주지가 되었음. 그는 그곳에 교장도감을 두고 송·요·일본 등지에서 수집해 온 불경 등을 교정·간행하였음. 교선일치를 주장하면서, 교종과 선종으로 갈라져 대립하던 고려의 불교를 융합하고자 하였음

**화엄종, 법상종**

화엄종과 법상종은 교종이며 선종과 함께 고려 불교의 주축. 화엄종은 화엄 사상을 바탕으로 하는 종파, 법상종은 유식 사상을 중심으로 하는 종파

**의천의 교관겸수**

내가 몸을 잊고 도를 묻는 데 뜻을 두어 다행히 과거의 인연으로 선지식을 두루 참배하다가 진수(晉水) 대법사 밑에서 교관(敎觀)을 대강 배웠다. 법사는 일찍이 제자들을 훈시하여, "관(觀)을 배우지 않고 경(經)만 배우면 비록 오주(五周)의 인과(因果)를 들었더라도 삼중(三重)의 성덕(性德)에는 통하지 못하며 경을 배우지 않고 관만 배우면 비록 삼중의 성덕을 깨쳤으나 오주의 인과를 분별하지 못한다. 그러므로 관도 배우지 않을 수 없고 경도 배우지 않을 수 없다."고 하였다. 내가 교관에 마음을 쓰는 까닭은 다 이 말에 깊이 감복하였기 때문이다.

**원 간섭기의 불교**

- **불교계의 부패** : 개혁 운동의 의지 퇴색, 귀족 세력과 연결
- 사원은 막대한 토지를 소유하고 상업에도 관여하여 부패가 심함
- 라마 불교의 전래, 인도 선종의 전래(인도 승려 지공을 통해 전래), 보우를 통해 임제종(중국 선종) 전래
- **신앙 결사 운동의 단절**
  - 수선사 : 몽고의 억압으로 위축
  - 백련사 : 고려 왕실과 원 황실의 본 ~~실이 묘인사로 변질~~
- 성리학을 사상적 배경으로 하는 신진 사대부들의 비판을 받음

**신앙 결사 운동**

- **의의** : 고려 중기 이후 개경 중심의 귀족 불교의 타락에 반발하여 불교계를 비판하고 불자의 각성을 촉구하는 운동
- **방향**
  - 조계종 : 지눌의 수선사 중심(정혜결사문), 지방의 지식인층을 주된 대상으로 하여 상당수의 유학자 출신을 포함(→ 성리학 수용의 사상적 기반이 됨)
  - 천태종 : 요세의 백련사 중심. 기층 민중과 지방 호족(호장층)의 지지를 받음

**우리나라의 유네스코 지정 세계 유산**

- **세계 문화 유산** : 종묘, 해인사 장경판전, 불국사와 석굴암, 창덕궁, 수원 화성, 경주 역사 유적 지구, 고창·화순·강화 고인돌 유적, 조선 왕릉, 한국의 역사 마을(하회와 양동), 고구려 고분군(북한)
- **세계 기록 유산** : 훈민정음(해례본), 조선 왕조 실록, 직지심체요절(하권), 승정원 일기, 팔만대장경, 조선 왕조 의궤, 동의보감, 일성록, 5·18 민주화 운동 기록물
- **세계 무형 유산** : 종묘 제례 및 종묘 제례악, 판소리, 강릉 단오제, 강강술래, 남사당 놀이, 부산 영산재, 제주 칠머리당 영등굿, 처용무, 가곡, 대목장, 매 사냥

---

뒤에 깨달음을 꾸준히 실천하는 것(점수)를 말함

ⓒ **수선사 결사 운동** : 불교계의 타락상을 비판하고 승려 본연의 자세로 돌아가 독경과 선 수행 등에 고루 힘쓰자는 개혁 운동

③ 발전

㉠ **진각국사 혜심** : 유불 일치설(儒佛一致說)을 주장하고 심성의 도야를 강조

ⓒ **원묘국사 요세** : 강진 만덕사(백련사)에서 실천 중심의 수행인들을 모아 백련결사(白蓮結社)를 조직하고 불교 정화 운동을 전개

ⓒ **각훈** : 화엄종의 대가, 〈해동고승전〉저술

## 6. 대장경 간행

### (1) 편찬 배경과 의의

① **배경** : 불교 사상에 대한 이해 체계가 정비되면서 관련된 서적을 모아 체계화

② **의의** : 경·율·론의 삼장으로 구성된 대장경은 불교 경전을 집대성한 것

### (2) 대장경의 간행

① 초조대장경(初彫大藏經, 1087)

㉠ 현종 때 거란의 침입을 받은 고려가 부처의 힘을 빌려 이를 물리치고자 대구 부인사에서 간행

ⓒ 경(經)·율(律)·논(論) 삼장으로 구성되었으며, 몽고 침입 때에 불타 버리고 인쇄본 일부가 남음

② 속장경(屬藏經, 1073~1096) : 거란의 침입에 대비, 숙종 때 의천이 고려는 물론 송과 요, 일본 등의 대장경에 대한 주석서인 장·소(章疎)를 수집해 편찬

ⓒ 흥왕사에 교장도감을 설치하여 10여 년에 걸쳐 4,700여 권의 전적을 간행

③ 팔만대장경(재조대장경, 1236~1251)

㉠ 몽고의 침입으로 초조대장경이 소실된 후 부처의 힘으로 이를 극복하고자 고종 때 강화도에 대장도감을 설치

ⓒ 조선 초 해인사로 이동한 후 현재까지 합천 해인사(장경판전)에 8만 매가 넘는 목판이 모두 보존

ⓒ 세계에서 가장 우수한 대장경으로 손꼽힘, 유네스코 지정 세계 기록 유산으로 등재됨

## 7. 도교와 풍수지리 사상

### (1) 도교의 발달

① **특징** : 불로장생과 현세구복 추구, 은둔적

② **활동** : 궁중에서는 하늘에 제사를 지내는 초제가 성행, 예종 때 도교 사원(도관)이 처음 건립되어 도교 행사가 개최됨

③ **한계** : 불교적 요소와 도참 사상이 수용되어 일관된 체계를 보이지 못하였으며, 교단도 성립하지 못하여 민간 신앙으로 전개됨

### (2) 풍수지리 사상의 발달

① 발달 : 신라 말에 큰 관심의 대상이 되었던 풍수지리설에 미래의 길흉화복을 예
언하는 도참 사상이 더해져 고려 시대에 크게 유행(지덕 사상, 인문지리적 성격)

② 국가 신앙화

ㄱ 태조가 훈요 10조에서 강조한 후 국가 신앙화

ㄴ 분사 제도(성종), 3소제, 잡과의 지리업

ㄷ 산천비보도감의 설치

ㄹ 해동비록 : 예종 때 풍수지리설을 집대성(부전)

③ 영향 : 서경 길지설(西京吉地說), 남경 길지설(南京吉地說)

## 8. 천문학과 역법, 의학의 발달

### (1) 과학 기술의 발달 배경

중국과 이슬람의 과학 기술 수용, 국자감의 기술학 교육 실시(율학 · 서학 · 산학 등
의 잡학을 교육), 과거에서 잡과 실시, 천문학 · 의학 · 인쇄술 · 상감 기술 · 화약 무
기 제조술 등이 발달

### (2) 천문학과 역법의 발달

① 천문 관측 : 사천대(서운관) 설치, 일식 · 혜성 · 태양 흑점 등에 관한 관측 기록이
존재

② 역법

ㄱ 초기 : 신라 때부터 쓰던 당의 선명력을 그대로 사용

ㄴ 후기 : 충선왕 때 원의 수시력을 채용, 공민왕 때 명의 대통력 수용

### (3) 의학의 발달

① 중앙 : 태의감(의료 업무, 의학 교육, 위생 교육 등을 담당)

② 지방 : 학교에 의박사 배치

③ 과거 : 의과 실시

④ 의서 : 제중집효방(김영석), 향약구급방, 삼화자향약방

## 9. 인쇄술의 발달

### (1) 목판 인쇄술

① 발달 : 신라 때부터 발달하였으며, 송판본의 수입과 경전의 간행으로 고려 시대
에 이르러 더욱 발달

② 한계

ㄱ 한 종류의 책을 다량으로 인쇄하는 데는 적합하나 여러 책을 소량 인쇄하는
데는 활판 인쇄술보다 못함

ㄴ 이 때문에 활판 인쇄술의 개발에 힘을 기울여, 후기에는 금속 활자 인쇄술을

고려 첨성대(개경)

**역법 발전 과정**
- 통일 신라~고려 초기 : 당의 선명력
- 고려 후기 : 원의 수시력
- 고려 말기 : 명의 대통력
- 조선 초기 : 독자적인 칠정산(세종)
- 조선 중기 : 서양식 태음력(효종 이후)
- 을미개혁 : 서양의 태양력

고려 대장경

**인쇄 기관**
- 서적포 : 숙종 때의 목판 인쇄 기관
- 서적원 : 공양왕 때 설치(1392), 활자 주조와 인쇄 담당

**제지술**
- 종이 제조를 위해 전국적으로 닥나무 재배를 장려하고, 종이 제조의 전담 관서를 설치함
- 고려의 제지 기술은 더욱 발전하여 질기고 희면서 앞뒤가 반질반질한 종이를 생산, 중국에 수출하여 호평을 받음

**농상집요**
고려 때 이암이 원으로부터 수입한 농서(중국 최초의 관찬 농서)로서, 화북 농법(밭농사)를 소개하고 있음. 경간·파종·재상·과실·약초 등 10문(門)으로 구성되어 있으며, 특히 당시의 새로운 유용 작물인 목화의 재배를 장려한 내용을 포함하고 있음. 그러나 우리나라 실정에 맞지 않는다는 한계가 있었음

**화약의 제조**
- 배경 : 고려 말에 최무선은 왜구의 침입을 격퇴하기 위해 중국의 화약 제조 기술을 습득
- 화약 무기의 제조 : 정부는 화통도감을 설치하고 최무선을 중심으로 화약과 화포를 제작, 화포를 이용하여 진포(금강 하구) 싸움에서 왜구를 격퇴, 화약 무기의 제조는 급속도로 진전

**조선술**
송과의 해상 무역이 활발해져 대형 범선 제조, 조운 체계가 확립되면서 조운선 등장, 원의 일본 원정과 왜구 격퇴를 위해 다수의 전함을 건조하고 배에 화포를 설치

**무신 집권기 문학의 경향**
무신의 집권으로 좌절감에 빠진 문신들 사이에서는 낭만적이고 현실 도피적인 경향을 띤 수필 형식의 글이 유행하였음

발명

**(2) 금속 활자 인쇄술**

① 계기 : 목판 인쇄술의 발달과 금속 활자 인쇄술 발명, 청동 주조 기술의 발달, 인쇄에 적당한 먹과 종이의 제조 등
② 고금상정예문(1234) : 강화도 피난 시 금속 활자로 인쇄(이규보의 〈동국이상국집〉에 기록)하여 시기상 서양보다 200여 년이나 앞섬(부전)
③ 직지심체요절(1377) : 현존하는 세계 최고(最古)의 금속 활자본(세계 기록 유산)으로 청주 흥덕사에서 간행

## 10. 농업 기술의 발달

**(1) 권농 정책**

① 광종 : 황무지 개간 규정을 마련하여 토지 개간을 장려
② 성종 : 무기를 거두어 이를 농기구로 만들어 보급

**(2) 농업 기술의 발달**

① 개간과 간척
② 수리 시설의 개선 : 김제의 벽골제와 밀양의 수산제를 개축, 소규모 제언(저수지) 확충
③ 농업 기술의 보급 및 발달 : 직파법, 이앙법과 윤작법 보급, 심경법 보급, 시비법의 발달

## 11. 문학의 발달

**(1) 전기**

① 한문학의 발달
  ㉠ 초기 : 광종 때 실시한 과거제, 성종 이후의 문치주의 성행에 따라 발달
  ㉡ 중기 : 사회가 귀족화되면서 당의 시와 송의 산문을 숭상하는 풍조 대두
② 향가 : 보현십원가, 중기 이후 한시에 밀려 쇠퇴

**(2) 무신 집권기**

① 낭만적·현실 도피적 경향의 수필 등이 유행
② 새로운 경향 : 현실을 제대로 표현하는 데 관심

**(3) 후기 문학의 새 경향**

① 경기체가(景幾體歌) : 신진 사대부가 주체, 한림별곡·관동별곡·죽계별곡 등, 주로 유교 정신과 자연의 아름다움 묘사
② 설화 문학, 패관 문학, 가전체 문학, 장가(속요), 한시

## 12. 서화와 음악의 발달

### (1) 서예

① 전기 : 왕희지체와 구양순체가 주류, 유신, 탄연(인종 때의 승려) 등
② 후기 : 조맹부의 우아한 송설체가 유행, 이암(충선왕)

### (2) 회화 ⭐ 빈출개념

① 발달 : 도화원에 소속된 전문 화원의 그림과 문인 · 승려의 문인화로 구분
② 전기 : 예성강도를 그린 이령과 그의 아들 이광필, 고유방 등
③ 후기 : 사군자 중심의 문인화와 불화, 사군자 · 묵죽의 유행, 천산대렵도
④ 불화 : 극락왕생을 기원하는 아미타불도와 지장보살도 및 관음보살도, 일본에 현전하는 혜허의 관음보살도(양류관음도와 수월관음도), 부석사 조사당 벽화의 사천왕상

### (3) 음악, 가면극

① 아악(雅樂) : 주로 제사에 사용됨, 고려와 조선시대의 문묘 제례악
② 향악(鄕樂) : 속악, 동동 · 한림별곡 · 대동강 등
③ 악기 : 거문고 · 비파 · 가야금 · 대금 · 장고 등
④ 나례 : 가면극으로 산대희라고도 하며, 나례도감에서 관장

## 13. 건축, 조각

### (1) 건축

① 전기의 건축 : 개성 만월대의 궁궐 터, 현화사, 흥왕사 등
② 후기의 건축
　㉠ 주심포식 건물(전기~후기)
　　• 주심포식 : 지붕 무게를 기둥에 전달하면서 건물을 치장하는 공포가 기둥 위에만 짜인 건축 양식(맞배 지붕)
　　• 안동 봉정사 극락전 : 가장 오래된 목조 건물
　　• 영주 부석사 무량수전(1376) : 주심포 양식과 엔타시스 기둥(배흘림 기둥)
　　• 예산 수덕사 대웅전(1308) : 모란이나 들국화를 그린 벽화가 유명
　㉡ 다포식 건물(후기) : 공포가 기둥 위뿐만 아니라 기둥 사이에도 짜인 건물(팔작 지붕)

### (2) 석탑

① 특징 : 다각 다층탑, 석탑의 몸체를 받치는 받침이 보편화
② 대표적 석탑
　㉠ 고려 전기 : 불일사 5층 석탑(개성), 무량사 5층 석탑(부여), 오대산 월정사 8각 9층 석탑(송대 석탑의 영향을 받은 다각 다층 석탑으로 고구려 전통을 계승)
　㉡ 고려 후기 : 경천사 10층 석탑

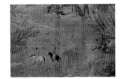
이령의 예성강도

봉정사 극락전

부석사 무량수전

수석사 대웅전

월정사 8각 9층 석탑

경천사 10층 석탑

광주 춘궁리 철불

관촉사 석조 미륵보살 입상

부석사 소조 아미타여래 좌상

**상감법**
그릇 표면을 파낸 자리에 백토·흑토를 메워 무늬를 내는 방법

상감 청자

**(3) 승탑(僧塔)**

① 의의 : 승려들의 사리를 안치한 묘탑으로 부도라고도 함, 고려 조형 예술에서 중요한 위치를 차지
② 성격 : 선종이 유행함에 따라 장엄하고 수려한 승탑들이 다수 제작됨
③ 대표적 승탑 : 고달사지 승탑, 법천사 지광국사 현묘탑, 흥국법사 실상탑 등

**(4) 불상**

① 철불 : 고려 초기에는 광주 춘궁리 철불과 같은 대형 철불이 많이 조성됨
② 석불
　㉠ 논산의 관촉사 석조 미륵 보살 입상 : 고려 초기에 제작됨, 동양 최대, 지방 문
　　와 빈 싱, 균 형과 비네시 빛시 않음
　㉡ 안동의 이천동 석불 등
③ 대표적 불상 : 신라 양식을 계승한 부석사 소조 아미타 여래 좌상(가장 우수한 불상으로 평가)

## 14. 청자와 공예

**(1) 자기**

① 발전 과정 : 신라와 발해의 전통과 기술을 토대로 송의 자기 기술을 받아들여 귀족 사회의 전성기인 11세기에 독자적인 경지를 개척
② 순수 청자, 상감 청자, 음각·양각 청자의 유행

**(2) 금속 공예**

① 발달 양상 : 불구(佛具)를 중심으로 발달
② 은입사 기술의 발달 : 청동 향로

**(3) 나전 칠기(螺鈿漆器)**

옻칠한 바탕에 자개를 붙여 무늬를 나타내는 나전 칠기 공예가 크게 발달, 통일 신라 시대에 당에서 수입되었으나 고려에서 크게 발달하였고, 조선 시대를 거쳐 현재까지 전함

# 나두공

## 04장 근세의 성립과 발전

**근세 사회로서의 조선의 모습**

• 정치면
  - 왕권 중심의 권력 체제를 중앙집권 체제로 전환하여 관료 체제의 기틀 확립
  - 왕권과 신권(臣權)의 조화를 도모하여 모범적인 유교 정치 추구

• 경제면
  - 토지에 대한 사적 소유가 진전(과전법 체계 정비)
  - 자영농 수의 증가(농민의 경작권 보장)

• 사회면
  - 양반 관료 사회의 성립(귀족 → 양반), 양인의 수가 증가하고 권익 신장
  - 과거 제도가 정비되어 능력을 보다 더 중시

• 사상 · 문화면
  - 성리학이 정치적 · 학문적 · 사상적 지배 이념으로 정착되고, 일상 생활의 규범으로 기능
  - 이전 시대보다 교육 기회가 확대되고 과학 기술 등 기술 문화가 진작
  - 정신 문화와 기술 문화를 진작시켜 민족 문화의 튼튼한 기반 확립

**폐가입진(廢假立眞)**

• 가왕(廢王)을 몰아내고 진왕(眞王)을 세운다는 의미
• 이성계 세력이 우왕과 창왕을 신돈의 자손이라 하여 폐하고 공양왕을 즉위 (1389)시키기 위해 내세운 명분, 이로써 이성계는 정치적 실권을 사실상 장악하게 됨

**과전법**
공양왕 3년(1391)에 실시된 토지제도. 조선의 기본적인 토지제도가 됨

---

**01절** 근세의 통치 구조와 정치 활동

## 1. 조선의 건국

### (1) 건국 배경

① **철령위 설치 통보(영토 분쟁)** : 고려 우왕 때 명은 원의 쌍성총관부 관할 지역을 직속령으로 하기 위해 철령위 설치를 통보

② **위화도 회군** : 이성계는 4불가론을 들어 요동 정벌을 반대, 위화도에서 회군 (1388)하여 최영을 제거하고 군사적 실권을 장악

③ **신진 사대부의 분열** : 개혁의 폭과 속도를 두고 우왕 때부터 분열

| 구분 | 온건 개혁파 | 급진 개혁파 |
|---|---|---|
| 주체 및 참여자 | • 정몽주, 이색, 길재<br>• 대다수의 사대부가 참여 | • 정도전, 권근, 조준<br>• 소수의 사대부가 참여 |
| 주장 | 역성 혁명 반대, 고려 왕조 유지 (점진적 개혁) | 역성 혁명 추진, 고려 왕조 부정 (급진적 개혁) |
| 유교적 소양 | • 성리학 원리와 수신을 중시<br>• 왕도주의에 충실하여 정통적 대의명분을 중시<br>• 애민 의식이 약함 | • 성리학 현상과 치국을 중시하고 왕조 개창의 정당성을 강조<br>• 왕도와 패도의 조화 추구<br>• 애민 의식이 강함 |
| 정치 | 신하와 군주 간의 명분을 중시 | 재상 중심, 이상군주론 중시 |
| 토지 개혁 | 전면적 개혁에 반대 | 전면적 개혁을 주장 |
| 불교 | 불교의 폐단만 시정(타협적) | 철저히 배척(비판적) |
| 군사력 | 군사 세력을 갖지 못해 혁명파를 제거하지 못함 | 신흥 무인 · 농민 군사 세력과 연결하여 조선 건국을 주도 |
| 영향 | 사학파 → 사림파 | 관학파 → 훈구파 |

### (2) 조선의 건국

급진 개혁파는 이성계 세력(신흥 무인 세력)과 연결하여 혁명파를 이루고 정치적 실권 장악(폐가입진 주장), 전제 개혁(과전법, 1391)을 단행하여 자신들의 지지 기반 (신진 사대부의 경제적 기반)을 확대하고 농민의 지지 확보, 온건 개혁파 제거

① **건국(1392)**
  ㉠ 이성계가 군신의 추대와 공양왕의 선양의 형식으로 왕위를 물려받아 건국
  ㉡ 개혁으로 민심을 얻어 역성 혁명을 정당화, 도평의사사의 동의(형식적 절차)를 거침

## 2. 왕권 중심의 집권 체제 정비

## (1) 태조(1대, 1392~1398)

① 국호 제정(1393)과 한양 천도(1394) : 국호를 조선으로 정함, 한양으로 천도
② 건국 이념(3대 정책) : 사대교린의 외교 정책, 숭유억불의 문화 정책, 농본민생의 경제 정책
③ 군제 개편 : 의흥삼군부를 개편·설치, 도평의사사의 군무기능 소멸
④ 관리 선발 제도 정비 : 능력 중심의 인재 등용 지향
⑤ 정도전의 활약 : 건국 초창기의 문물 제도 형성에 크게 공헌
　㉠ 재상 중심의 정치를 강조하고 민본적 통치 규범을 마련
　㉡ 〈불씨잡변(佛氏雜辨)〉을 통하여 불교를 비판하고 성리학을 통치 이념으로 확립
　㉢ 제1차 왕자의 난(1398)으로 제거됨

## (2) 태종(3대, 1400~1418)

① 국왕 중심의 통치 체제 정비(왕권 강화) : 의정부 권한의 약화, 육조 직계제(六曹直啓制) 채택, 사병 혁파, 언론 기관인 사간원을 독립시키고 대신들을 견제, 외척과 종친 견제
② 경제 기반의 안정 : 호패법 실시, 양전(量田) 사업 실시, 유향소를 폐지, 노비변정도감을 설치
③ 억불숭유 : 사원을 정리(5교양종 정리)하고 사원전을 몰수, 서얼 차대법, 삼가 금지법
④ 기타 업적 : 신문고 설치, 주자소 설치, 아악서 설치, 사섬서 설치, 5부 학당 설치

👓 한눈에 쏙~

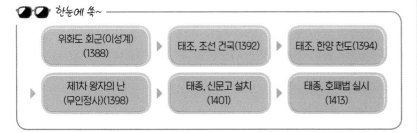

위화도 회군(이성계)(1388) ▶ 태조, 조선 건국(1392) ▶ 태조, 한양 천도(1394)

▶ 제1차 왕자의 난(무인정사)(1398) ▶ 태종, 신문고 설치(1401) ▶ 태종, 호패법 실시(1413)

## (3) 세종(4대, 1418~1450)

① 유교 정치의 실현
　㉠ 의정부 서사제(議政府署事制) 부활 : 육조 직계제와 절충하여 운영(왕권과 신권의 조화)
　㉡ 집현전 설치 : 당의 제도와 고려의 수문전·보문각을 참고하여 설치(궁중 내에 설치된 왕실의 학술 및 정책 연구 기관, 왕실 교육(경연·서연))
　㉢ 유교 윤리 강조 : 국가 행사를 오례(五禮)에 따라 유교식으로 거행, 사대부의 경우 주자가례의 시행을 장려
　㉣ 유교적 민본사상의 실현 : 광범위한 인재의 등용, 청백리 재상의 등용, 여론의 존중
② 사회정책과 제도 개혁

**정종(2대, 1398~1400)**
- 개경 천도(1399) : 왕자의 난과 자연 이변을 피하기 위함(태종 때 한양으로 다시 천도)
- 관제 개혁 : 도평의사사를 혁파하고 의정부를 설치, 중추원을 폐지하고 직무를 삼군부에 소속

**왕자의 난**
- 제1차 왕자의 난(무인정사방원의 난·정도전의 난, 1398) : 태조가 방석을 세자로 책봉하고 정도전 등으로 보필하게 하자, 방원(태종)이 난을 일으켜 방석과 정도전을 제거(→ 왕위를 방과(정종)에게 양위)
- 제2차 왕자의 난(방간의 난·박포의 난, 1400) : 방간이 박포와 연합하여 방원에게 대항하였는데, 방원은 이를 제압하고 정종으로부터 왕위를 물려받아 즉위
- 성격 : 표면적으로는 왕위 계승 분쟁, 내면적으로는 공신 간의 갈등 표출과 개국 공신 세력의 제거 과정

**세종의 문화 발전**
- 활자 주조 : 경자자, 갑인자, 병진자, 경오자
- 서적 간행 : 〈용비어천가〉, 음운서인 〈동국정운〉, 불경 언해서인 〈석보상절〉, 불교 찬가인 〈월인천강지곡〉 간행, 〈고려사〉, 〈육전등록〉, 〈치평요람〉, 〈역대병요〉, 〈팔도지리지〉, 〈효행록〉, 〈삼강행실도〉, 〈농사직설〉, 〈칠정산 내외편〉, 〈사시찬요〉, 〈총통등록〉, 〈의방유취〉, 〈향약집성방〉, 〈향약채취월령〉, 〈태산요록〉 등 간행
- 관습도감 설치 : 박연으로 하여금 아악·당악·향악을 정리하게 함
- 불교 정책 : 5교 양종을 선교 양종으로 통합, 궁중에 내불당 건립
- 역법 개정 : 원의 수시력과 명의 대통력을 참고로 하여 칠정산 내편을 만들고 아라비아 회회력을 참조하여 칠정산 외편을 만듦(독자성)
- 과학 기구의 발명 : 측우기, 자격루(물시계), 앙부일구(해시계), 혼천의(천체 운행 측정기)

97

**세종의 대외 정책**
- 북방 개척 : 4군(최윤덕, 압록강 유역 확보), 6진(김종서, 두만강 유역 확보), 사민 정책
- 쓰시마 섬 정벌 : 이종무로 하여금 정벌(1419), 계해약조 체결(1443)
- 대명 자주 정책 : 금은·공녀 진상을 폐지

**이징옥의 난**
함길도 도절제사 이징옥이 일으킨 반란. 이징옥은 김종서를 도와 6진을 개척한 인물로, 수양대군은 계유정난(1453)을 통해 김종서와 황보인을 제거하고 병권을 손에 넣은 후 이징옥을 파직하였음. 수양대군이 임명한 후임자 박호문에게 인계를 마친 이징옥은 한양으로 가던 중 계유정난의 소식을 듣고 박호문을 죽인 뒤 군사를 일으켜 자신을 대금황제라 칭하였음. 두만강을 건너기 위해 종성에 머물던 중 종성 판관 정종, 호군 이행검 등의 습격으로 살해되었음

**이시애의 난**
함경도의 호족으로 회령 부사를 지내다가 상을 당하여 관직에서 물러난 이시애는 유향소의 불만 및 백성들의 지역 감정을 틈타 세조 13년(1467. 5) 난을 일으켰음. 그는 먼저 함길도 절도사를 반역죄로 몰아 죽였음. 또한 그가 "남도의 군대가 함길도 군민을 죽이려 한다."고 선동한 결과 함길도의 군인과 백성이 유향소를 중심으로 일어나 비 함길도 출신 수령들을 살해하는 일이 벌어짐. 세조가 토벌군을 보내자 이시애는 여진을 끌어들여 대항하였으나 난을 일으킨 지 3개월만인 8월에 토벌됨

**세조의 왕권 강화책 ★ 빈출개념**
세조는 강력한 왕권을 행사하기 위해 통치 체제를 다시 6조 직계제로 고쳤음. 또한 공신이나 언관들의 활동을 견제하기 위하여 집현전을 없애고 경연도 열지 않았으며, 그동안 정치 참여에 제한되었던 종신들을 등용하기도 함

---

- ㉠ 토지와 세제의 개혁 : 전분 6등법, 연분 9등법 시행
- ㉡ 의창제 실시 : 빈민구제
- ㉢ 노비 지위 개선 : 재인·화척 등을 신백정이라 하여 양민화, 관비의 출산휴가 연장
- ㉣ 사법제도의 개선 : 금부 삼복법(禁府三復法), 태형 및 노비의 사형(私刑) 금지

### (4) 문종(5대, 1450~1452), 단종(6대, 1452~1455)

① 왕권 약화 : 문종이 일찍 죽어 어린 단종이 즉위한 후 왕권이 크게 약화되어, 김종서·황보인 등의 재상이 정치적 실권을 장악
② 정치적 혼란과 민심의 동요 : 계유정난과 이징옥의 난 등이 발생

### (5) 세조(7대, 1455~1468)

① 계유정난(1453) : 수양대군(세조)이 중신과 안평대군을 축출하고 정치적 실권을 장악
② 반란 진압 및 민심 수습 : 이징옥의 난(1453) 진압, 이시애의 난(세조 13, 1467) 진압
③ 왕권의 강화 : 육조 직계의 통치 체제로 환원, 집현전을 폐지, 보법(保法)을 실시, 직전법 실시, 〈경국대전〉 편찬에 착수, 유교를 억압
④ 국방의 강화 ★ 빈출개념
- ㉠ 중앙군으로 5위제 확립(5위도총부에서 관할)
- ㉡ 진관 체제(鎭管體制) : 변방 중심 방어 체제를 전국적인 지역 중심의 방어 체제로 전환
- ㉢ 보법 실시 : 군정(軍丁) 수를 1백만으로 늘림
- ㉣ 북방 개척 : 경진북정(1460, 신숙주), 정해서정(1467, 남이·강순)

### (6) 성종(9대, 1469~1494)

① 사림(士林) 등용 : 김숙자·김종직 등의 사림을 등용하여 의정부의 대신들을 견제(훈구와 사림의 균형을 추구)
② 홍문관(옥당) 설치 : 학술·언론 기관(집현전 계승), 경서(經書) 및 사적(史籍)관리, 문한의 처리 및 왕의 정치적 고문 역할
③ 경연 중시 : 단순히 왕의 학문 연마를 위한 자리가 아니라 신하(정승, 관리)가 함께 모여 정책을 토론하고 심의
④ 독서당(호당) 운영 : 관료의 학문 재충전을 위해 운영한 제도, 성종 때 마포의 남호 독서당, 중종 때 두모포의 동호 독서당이 대표적
⑤ 관학의 진흥 : 성균관과 향교에 학전과 서적을 지급하고 관학을 진흥
⑥ 유향소의 부활(1488) : 유향소는 세조 때 이시애의 난으로 폐지되었으나 성종 때 사림 세력의 정치적 영향력 확대에 따라 부활됨
⑦ 〈경국대전〉 반포(1485) : 세조 때 착수해 성종 때 완성·반포
⑧ 토지 제도 : 직전법 하에서 관수관급제를 실시해 양반관료의 토지 겸병과 세습, 수탈 방지

⑨ 숭유억불책 : 도첩제 폐지(승려가 되는 길을 없앤 완전한 억불책)
⑩ 문물 정비와 편찬 사업 : 건국 이후 문물 제도의 정비를 마무리하고, 〈경국대전〉의 반포 및 시행. 〈삼국사절요〉, 〈악학궤범〉, 〈동국통감〉, 〈동국여지승람〉, 〈동문선〉, 〈국조오례의〉 등을 편찬
⑪ 사창제 폐지 : 폐단이 많았던 사창제를 폐지

👓 한눈에 쏙~

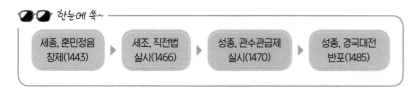

| 세종, 훈민정음 창제(1443) | ▶ | 세조, 직전법 실시(1466) | ▶ | 성종, 관수관급제 실시(1470) | ▶ | 성종, 경국대전 반포(1485) |

## 3. 중앙 정치 체제

### (1) 특징

① 유교적 통치 이념 구현 : 중앙 집권과 왕권 · 신권의 조화를 추구
② 재상권의 발달 : 의정부 재상들이 합의를 통해 국왕에게 재가를 얻도록 함
③ 법치 국가 : 〈경국대전〉으로 정치 체제를 법제화
④ 언관 제도의 발달 : 왕권의 견제(삼사, 순문, 윤대, 상소 · 구언 제도, 격쟁상언, 유소 · 권당 등)
⑤ 학술 정치의 발달 : 홍문관과 사관(四館), 춘추관, 경연 제도, 서연 제도

### (2) 관제

① 의정부와 육조
　㉠ 의정부 : 최고 관부
　㉡ 육조(六曹) : 왕의 명령을 집행하는 행정 기관(이 · 호 · 예 · 병 · 형 · 공조)으로 장관은 판서(정2품), 차관은 참판(종2품)이며, 육조 아래 여러 관청이 소속되어 업무 분담

| 구분 | 관장 업무 | 속사(관할 기관) |
| --- | --- | --- |
| 이조 | 내무, 문관 인사와 공훈, 공문 | 문선사, 고훈사, 고공사 등 |
| 호조 | 재정, 조세, 호구, 어염, 광산, 조운 | 판전사, 회계사, 경비사 등 |
| 예조 | 의례(제사, 의식), 외교, 학교, 교육(과거) | 계제사, 전형사, 전객사 등 |
| 병조 | 무관의 인사, 국방, 우역, 통신, 봉수 | 무선사, 승여사, 무비사 등 |
| 형조 | 법률, 소송, 노비(장예원) | 상복사, 장금사, 장예사 등 |
| 공조 | 토목 · 건축 · 개간, 수공업, 파발, 도량형 | 영조사, 공야사 등 |

② 삼사(三司) ⭐ 빈출개념
　㉠ 기능 : 정사를 비판하고 관리의 비리를 감찰하는 언론 기능
　㉡ 특성 : 권력의 독점과 부정을 방지하기 위한 것으로, 삼사의 고관들은 왕이라도 함부로 막을 수 없음

© 구성

- 사헌부 : 감찰 탄핵 기관, 사간원과 함께 대간(臺諫)을 구성하여 서경(署經)권 행사(정5품 당하관 이하의 임면 동의권), 장은 대사헌(종2품)
- 사간원 : 언관(言官)으로서 왕에 대한 간쟁, 장은 대사간(정3품)
- 홍문관 : 경연을 관장, 문필·학술 기관, 고문 역할, 장은 대제학(정2품)

③ 기타 기관

- ㉠ 승정원 : 왕명을 출납하는 비서 기관(중추원의 후신)으로 국왕 직속 기관, 장은 도승지(정3품)
- ㉡ 의금부 : 국가의 큰 죄인을 다스리는 기관(고려 순마소의 변형)으로 국왕 직속 기관, 장은 판사(종1품)
- ㉢ 한성부 : 수도의 행정과 치안을 담당, 장은 판윤(정2품)
- ㉣ 춘추관 : 역사서 편찬과 보관을 담당, 장은 지사(정2품)
- ㉤ 예문관 : 왕의 교서 제찬, 장은 대제학(정2품)
- ㉥ 교서관 : 서적 간행(궁중 인쇄소)
- ㉦ 성균관 : 최고 교육 기관(국립 대학)
- ㉧ 승문원 : 외교 문서 작성
- ㉨ 상서원 : 옥새·부절(符節) 관리
- ㉩ 경연청 : 임금에게 경서와 치도(治道)를 강론
- ㉪ 서연청 : 왕세자에게 경학을 강론
- ㉫ 포도청 : 상민의 범죄를 담당하는 경찰 기관(고려 순마소의 변형), 장은 포도 대장(종2품)

**한품서용**

기술관과 서얼은 정3품까지, 토관·향리는 정5품까지, 서리 등은 정7품까지만 승진 가능

**지방 세력 통제를 위한 상피제와 임기제**

- **상피제** : 자기 출신지로의 부임을 금하고(토착 세력화 방지), 부자지간이나 형제지간에 동일 관청에서 근무하지 못하게 하며 친족의 과거 응시 시 고시관 임용을 피하는 제도(권력 집중 및 부정 방지)
- **임기제** : 관찰사 임기는 1년(360일), 수령은 5년(1,800일)

👓 한눈에 쏙~

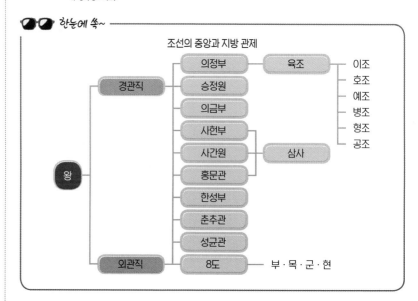

조선의 중앙과 지방 관제

# 4. 지방 행정

## (1) 조선 시대 지방 행정의 특성

① 지방과 백성에 대한 국가의 지배력 강화(중앙 집권 강화) : 모든 군현에 지방관 파견(속군 · 속현 소멸), 관찰사와 수령의 권한 강화(향리 지위 격하)

② 향, 소, 부곡의 소멸(군현으로 승격하여 지방민의 삶의 질 향상)

## (2) 지방 행정 조직

① 8도 : 감영 소재지(전국을 8도로 나누고 크기에 따라 지방관의 등급을 조정, 관찰사(종2품, 외직의 장) 파견)

② 5부(부윤, 종2품)와 5대 도호부(부사, 정3품)

③ 목 : 전국 20목, 장은 목사(정3품)

④ 군(전국 82군) · 현(전국 175현) : 속군 · 속현과 향 · 소 · 부곡을 일반 군현으로 승격하고, 모든 군현에 수령을 파견

⑤ 부 · 목 · 군 · 현의 수령 : 수령의 불법과 수탈을 견제 · 방지하기 위해 유향소를 설치

⑥ 면(面) · 리(里) · 통(統) : 전기에 정비, 후기에 완전 정착

### 실견up 고려 시대와 조선 시대 비교

| 구분 | 고려 시대(권한 강함) | 조선 시대(권한 약화) |
|------|------|------|
| 차이점 | • 속현 이하를 실제 관장하는 향촌의 지배세력, 농민을 사적으로 지배<br>• 외역전 지급(세습)<br>• 조세 · 공물 징수와 요역 징발의 실무 관장<br>• 노동 부대 일품군의 지휘관을 겸임<br>• 과거 응시 및 국립 대학에의 입학권 부여<br>• 출세에 법적 제한이 없음(신분 상승 가능) | • 수령을 보좌하는 세습적 아전에 불과, 농민의 사적 지배 금지<br>• 외역전의 지급이 없음(무보수에 따른 폐단 발생)<br>• 조세 · 공물 징수, 요역 징발은 수령이 관장함<br>• 지방군의 지휘권이 없음<br>• 문과 응시 불가<br>• 중앙 양반으로의 편입 불가함(신분 상승 제한) |
| 공통점 | 지방의 행정 실무를 담당하는 중간 계층으로, 신분과 향직을 세습 | |

## (3) 특수 지방 조직

① 유향소(향청) : 수령을 감시하고 향리의 비행 규찰, 좌수 · 별감 선출, 정령 시달, 풍속 교정과 백성 교화, 자율적 규약, 향회를 소집하여 여론 수렴 등

② 경재소
　㉠ 성격 : 지방 관청의 출장소격으로 고려의 기인과 유사
　㉡ 운영 : 서울에는 경재소를 두고 경주인 또는 경저리가 머물며 업무 수행
　㉢ 서울과 지방(유향소) 간의 연락 및 유향소 통제, 공납과 연료의 조달 등

# 5. 군역 제도와 군사 조직

## (1) 군역 제도

**수령 7사**

조선 시대 지방을 다스리던 수령의 7가지 의무 규정. 수령의 업무 수행을 국가가 잘 관리할 수 있도록 만들어진 것으로, 수령의 역할 강화를 도모함
1. 농사 및 양잠을 장려할 것
2. 호구를 증식할 것
3. 학교를 일으킬 것
4. 군사 업무를 바르게 할 것
5. 부역을 균등히 할 것
6. 재판을 바르게 할 것
7. 간사하고 교활한 자를 없앨 것

**유향소**
• 고려 말~조선 시대에 걸쳐 지방의 수령을 보좌하던 자문 기관. 고려 시대의 사심관에서 유래됨
• 조선 시대의 유향소는 자의적으로 만들어져 지방의 풍기를 단속하고 향리의 폐단을 막는 등 지방 자치의 면모를 보였는데, 태종 초에 지방 수령과 대립하여 중앙 집권을 저해하였으므로 태종 6년(1406) 폐지됨
• 그러나 좀처럼 없어지지 않아 유향소를 폐지할 수 없게 되자 세종 10년(1428) 재설치하면서, 이를 감독하기 위해 경재소를 강화함. 세조 13년(1467) 이시애의 난 당시 유향소의 일부가 가담했음이 드러나면서 다시 폐지되었지만 성종 19년(1488)에 부활함

**경저리(京邸吏) · 영저리(營邸吏)**

경저리(경주인)는 경재소에 근무하며 중앙과 지방 간의 제반 연락 업무를 담당하는 향리를. 영저리는 각 감영에 머물면서 지방과의 연락을 담당하는 지방의 향리를 말함

**조선 시대 양반 관료 체제의 특성**

- 문무 양반제도 : 고려 시대 동반·서반·남반의 3반은 조선 시대의 양반으로 정립
- 관계주의
  - 정·종 각 9품이 있어 18품계로 구분되고, 다시 6품 이상은 상·하위로 구분하여 총 30단계로 나뉨
  - 관직과 관계의 결합 : 관직에는 그에 상응하는 관계가 정해져 있음
  - 당상관 : 정3품 이상으로 문반은 통정대부(通政大夫), 무반은 절충장군(折衝將軍)을 말함, 고위직을 독점하고 중요 결정에 참여, 관찰사로 임명이 가능
  - 당하관 : 정3품 이하 정5품 이상, 문반은 통훈대부(通訓大夫), 무반은 어모장군(禦侮將軍), 실무를 담당
  - 참상관 : 정5품 이하 종6품 이상, 목민관(수령)은 참상관 이상에서 임명 가능, 문과 장원 급제시 종6품 참상관에 제수
  - 참하관 : 정7품 이하
- 겸직제 발달
  - 재상과 당상관이 요직 겸직
  - 관찰사의 병마·수군절도사 겸직
- 지방관 견제 : 상피제와 임기제 실시

**노비의 군역**

노비에게는 권리가 없으므로 군역의 의무도 없었음. 그러나 필요에 따라 특수군으로 편제되는 경우는 있었음

**잡색군(雜色軍)**

전직 관료·서리·향리·교생·노비 등 각계 각층의 장정들로 편성된 정규군 외의 예비군으로, 평상시에는 본업에 종사하면서 일정한 기간 동안 군사 훈련을 받아 유사시에 향토 방위를 담당

**조운**

- 지방에서 거둬들인 세곡을 한양으로 운송
- 수로와 해로 이용
- 강창(영산강, 한강 등), 해창(서남해안)
- 평안도와 함경도 지방의 세곡은 한양으로 운송하지 않고 국방비, 사신 접대비로 현지에서 사용

① 양인개병제와 병농일치제 실시 : 16세 이상 60세 이하의 모든 양인 남자는 군역을 담당

② 정군(正軍)과 보인(保人)

　㉠ 정군 : 서울·국경 요충지에 배속, 복무 기간에 따라 품계와 녹봉을 받기도 함

　㉡ 보인 : 정남 2명을 1보로 함, 정군 가족의 재정적 지원자로서 1년에 포 2필 부담

③ 면제 대상 : 현직 관료와 학생은 군역이 면제됨, 권리가 없는 노비도 군역 의무가 없음, 상인·수공업자·어민도 제외

④ 종친과 외척·공신이나 고급 관료의 자제들은 특수군에 편입되어 군역을 부담

## (2) 군사 조직 및 구성

① 중앙군

　㉠ 국왕 친위대(내삼청) : 내금위, 우림위, 겸사복

　㉡ 5위(5위도총부) : 의흥위(중위)·용양위(좌위)·호분위(우위)·충좌위(전위)·충무위(후위)

　㉢ 훈련원 : 군사 훈련과 무관 시험 관장, 장은 지사

② 중앙군의 구성 : 정군을 중심으로 갑사나 특수병으로 구성

③ 지방군 : 도에 병영과 수영을 설치하고, 부·목·군·현에 진을 설치

　㉠ 진수군 : 지방의 영진에 소속된 군인을 말하며, 영진군(정병)·수성군(노동부대)·선군(수군)으로 구별

　㉡ 구성 및 복무 : 지방군은 육군과 수군으로 나뉘며, 건국 초기에는 주로 국방상 요지인 영(營)이나 진(鎭)에 소속되어 복무

　㉢ 진관 체제(鎭管體制) : 세조 이후 실시된 지역(군·현) 단위의 방위 체제(요충지의 고을에 성을 쌓아 방어 체제를 강화)

### 한눈에 쏙~

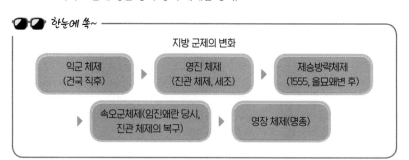

지방 군제의 변화

익군 체제 (건국 직후) ▶ 영진 체제 (진관 체제, 세조) ▶ 제승방략체제 (1555, 을묘왜변 후)

▶ 속오군체제(임진왜란 당시, 진관 체제의 복구) ▶ 영장 체제(명종)

## (3) 교통·운수 및 통신 체계의 정비

① 목적 : 국방과 중앙 집권 체제의 효율적 운영 및 강화

② 교통 수단 : 우마가 끄는 수레, 판선(목선), 역참(驛站)

③ 교통·통신 체계

　㉠ 육로 : 역원제(역과 원을 함께 설치·운영)

　㉡ 수로·해로 : 조운제(하천과 해안 요지의 조창을 거쳐 중앙의 경창으로 운송)

　㉢ 파발제 : 공문서 전달을 위한 통신 제도

ⓔ **봉수제** : 국가 비상시나 군사상 긴급 사태 발생 시 연기(낮)와 불빛(밤)으로 알리는 통신 제도

## 6. 관리의 등용과 인사 관리

### (1) 과거 제도

① 시행

ⓐ 정기 시험 : 식년시, 3년마다 실시

ⓑ 부정기 시험 : 증광시(나라에 큰 경사가 있을 때), 별시(나라에 특별한 행사가 있을 때), 알성시(왕이 성균관의 문묘를 참배한 후), 백일장(시골 유학생의 학업 권장을 위한 임시 시험)

② 종류 및 선발 인원

ⓐ 대과(문과)

• 과정 : 식년시의 경우 초시(240인 선발, 지역 안배), 복시(33인 선발, 능력주의), 전시(국왕의 친림 아래 최종 시험, 장원 1인 · 갑과 2인 · 을과 7인 · 병과 23인으로 등급 결정)를 거침, 합격자에게 홍패를 지급

• 응시 자격 : 성균관 유생이나 소과에 합격한 생원 · 진사

ⓑ 소과(생진과, 사미시)

• 생원과(4서 5경으로 시험)와 진사과(문예로 시험)를 합한 시험, 초시(향시, 지방의 1차 시험)와 복시(회시, 중앙의 2차 시험)로 시험을 보는데, 초시에서는 진사시(초장)와 생원시(종장) 각각 700인을 선발하며 복시에서는 진사시와 생원시 각각 100인(총 200인)을 선발

• 합격자에게 백패를 주며, 성균관 입학 또는 문과(대과) 응시 자격을 부여, 합격 후 하급 관리가 되기도 함

ⓒ 무과(武科)

• 과정 : 문과와 같은 절차를 거치나 대과 · 소과의 구분은 없음, 초시(200명) · 복시(28명) · 전시(갑과 3인 · 을과 5인 · 병과 20인으로 등급 결정, 장원은 없음)를 거쳐 총 28명을 선발, 병조에서 관장하며 합격자에게 홍패 지급

• 응시 자격 : 문과와 달리 천민이 아니면 누구든 응시

ⓓ 잡과(雜科)

• 과정 : 분야별로 정원이 있으며 예조의 감독하에 해당 관청에서 관장, 합격자에게 백패를 지급하고 일단 해당 관청에 분속

• 응시 : 주로 양반의 서자와 서리 등 중인 계급의 자제가 응시

• 종류(4과) : 역과(사역원), 율과(형조), 의과(전의감), 음양과(관상감)

ⓔ 승과 : 선종시와 교종시가 있었고 30명을 선발, 합격자에게는 법계 및 대선의 칭호를 부여

## 7. 훈구와 사림

**강창과 해창**

• 세곡이나 군량미 등을 보관하던 창고

• 강가에 지어진 것을 강창, 해안가에 지어진 것을 해창이라고 함

• 강창이나 해창에서 일시 보관된 세곡은 선박을 통해 한양의 경창까지 운송됨

**과거 제도의 특성**

• 문과와 무과, 잡과가 있으며, 형식상 문 · 무과가 동등하나 실질적으로는 문과를 중시(무과에는 소과가 없으며, 고위 관원이 되기 위해서는 문과에 합격하는 것이 유리)

• 신분 이동을 촉진하는 제도로서 법적으로는, 양인 이상이면 누구나 응시가 가능(수공업자 · 상인, 무당, 노비, 서얼 제외)

• 교육의 기회가 양반에게 독점되어 과거 역시 양반들이 사실상 독점(일반 백성은 경제적 여건이나 사회적 처지로 과거에 합격하기가 어려웠음)

**교육과 과거 제도**

• 조선 시대의 교육 제도는 과거 제도와 긴밀히 연결되어 있었음. 그 대표적인 예가 성균관인데, 초시인 생원시와 진사시에 합격한 유생에게는 성균관 입학 기회가 우선적으로 주어짐

• 기숙사생에게는 나라에서 학전(學田)과 외거 노비 등을 제공, 교육 경비로 쓰이는 전곡은 양현고에서 담당함. 의학 · 역학 · 산학 · 율학 · 천문학 · 지리학 등의 기술 교육은 해당 관청을 통해 실시됨

홍패

SEMI-NOTE

**향사례와 향음주례**

- **향사례(鄕射禮)** : 편을 나누어 활쏘기를 겨루는 행사로, 윤리와 도의를 두텁게 하는 목적으로 실시됨
- **향음주례(鄕飮酒禮)** : 고을 유생들이 모여 예법을 지키며 함께 술을 나누는 행사로, 연장자 및 덕이 있는 사람을 존경하고 예법을 일으키기 위한 목적으로 실시됨

**동국통감**

- 성종 16년(1485)에 서거정 등이 왕명을 받아 편찬한 편년체 사서
- 단군 조선~삼한의 내용은 책머리에 외기(外紀)로 다루었고, 삼국의 건국~신라 문무왕 9년(669)의 내용을 삼국기, 669년~고려 태조 18년(935)의 내용을 신라기, 935년~고려 말의 내용을 고려기로 구분함
- 고구려 · 백제 · 신라 중 어느 한 나라를 정통으로 내세우지 않고 대등한 시선에서 서술함

| 구분 | 훈구파(관학파) | 사림파(사학파) |
|---|---|---|
| 활약 | • 15세기 집권 세력<br>• 선초 관학파의 학풍을 계승하여 문물 · 제도를 정비하고 중앙 집권 강화에 기여 | • 성종 때 본격적으로 중앙 정계에 진출(주로 전랑과 3사의 언관직에 진출)하여 16세기 이후 학문과 정치를 주도<br>• 16세기 이후 붕당을 전개 |
| 학통 | • 정도전 · 권근(여말 급진 개혁파)<br>• 고려 왕조 부정(유교적 이상 국가 건설을 목표로 급진적 개혁 추구)<br>• 왕조 개창의 정당성 강조, 애민 의식이 강함 | • 정몽주 · 길재(여말 온건 개혁파)<br>• 고려 왕조 유지(점진적 개혁)<br>• 정통적 대의명분 강조, 애민 의식 약함 |
| 기반 | • 실권 장악, 왕실과 혼인으로 성장<br>• 서관권 · 집현전<br>• 대토지 소유 | • 영남 및 기호 지방을 중심으로 성장<br>• 서원 등 지방의 사학 기구<br>• 훈구 세력의 대토지 소유 비판 |
| 정치 | • 성리학의 치국 중시<br>• 중앙 집권, 부국강병<br>• 민생 안정 | • 성리학의 원칙에 철저<br>• 향촌 자치 주장<br>• 학술과 언론, 왕도 정치 강조<br>• 도덕 · 의리 · 명분을 중시 |
| 학문 | • 사장(詞章) 중시<br>• 성리학 외의 타 학문에 포용적<br>• 기술학 · 군사학 중시 | • 경학(經學) 중시<br>• 성리학 외의 타 학문 배격(인간 심성과 우주 원리 문제를 철학적으로 탐구하는 성리학이 학문적 주류)<br>• 기술학 · 군사학 천시 |
| 사상 및 종교 | • 민간 의식 수용<br>• 격물치지(格物致知) 중시 | • 민간 의식 배격, 주자가례 강조(예학과 보학 숭상)<br>• 향사례 · 향음주례 중시 |
| 사관 | • 단군 강조(자주 의식)<br>• 〈동국통감〉 | • 기자 중시(소중화 의식, 화이관)<br>• 〈동국사략〉, 〈동사찬요〉 |
| 문학 | 표현 형식과 격식을 강조하고 질서와 조화를 내세움, 한문학 발달 | 흥취와 정신을 중시하여 개인적 감정과 심성을 강조, 한문학 저조 |
| 화풍 | • 독자적 화풍 개발<br>• 진취적 · 사색적 · 낭만적 산수화와 인물화 유행<br>• 일본 미술에 영향 | • 다양한 화풍 발달<br>• 자연의 아름다움을 표현<br>• 강한 필치의 산수화, 사군자 유행 |

사림의 계보

## 8. 사림의 정치적 성장

### (1) 중앙 정계 진출

① **시기** : 성종 때 김종직과 그 문인들의 중용을 계기로 대거 진출

② **활동** : 주로 전랑이나 삼사의 언관이 되어 언론 · 문한을 담당

### (2) 사화(士禍)의 발생

① **사화의 배경** : 훈척 계열의 자기 분열, 사림에 대한 정치적 보복, 훈구 세력과 사림 세력의 대립, 양반 계층의 양극화 현상

② 무오사화(戊午士禍) · 갑자사화(甲子士禍) : 영남 사림의 대부분이 몰락

　㉠ 무오사화(연산군 4, 1498) : 김종직이 지은 〈조의제문〉을 김일손이 사초(史草)에 올린 일을 문제 삼아 유자광 · 윤필상 등의 훈구파가 김일손 · 김굉필 등의 사림파를 제거

　㉡ 갑자사화(연산군 10, 1504) : 임사홍 등의 궁중 세력이 연산군의 생모인 윤비 폐출 사건을 들추어 정부 세력을 축출

③ 중종반정(中宗反正) : 폭압 정치와 재정 낭비를 일삼은 연산군을 축출(연산군 12, 1506)

④ 조광조의 개혁 정치 ★ 빈출개념

　㉠ 개혁의 배경 : 중종은 유교 정치를 위해 조광조 등 사림을 중용

　㉡ 개혁의 방향 : 사림파의 개혁으로 사림 세력을 강화하고 왕도 정치를 추구

　㉢ 개혁의 내용

　　• 현량과(천거과) 실시 : 천거제의 일종인 현량과를 통해 사림을 대거 등용

　　• 위훈 삭제(僞勳削除) : 중종 반정의 공신 대다수가 거짓 공훈으로 공신에 올랐다 하여 그들의 관직을 박탈하려 함

　　• 이조 전랑권 형성 : 이조 · 병조의 전랑에게 인사권과 후임자 추천권 부여

　　• 도학 정치를 위한 성학군주론 주장, 공납제의 폐단을 지적하고 대공수미법 주장

　　• 균전론을 내세워 토지소유의 조정(분배)과 1/10세를 제시, 향촌 자치를 위해 향약의 전국적 시행을 추진

　　• 승과제도 및 소격서 폐지, 유향소 철폐를 주장

　　• 〈주자가례〉를 장려하고 유교 윤리 · 의례의 보급을 추진, 〈소학〉의 교육과 보급운동을 전개

⑤ 기묘사화(중종 14, 1519) : 남곤 · 심정 등의 훈구파는 모반 음모(주초위왕의 모략)를 꾸며 조광조 · 김정 · 김식 · 정구 · 김안국 등 사림 대부분을 제거

⑥ 을사사화(명종 1, 1545) : 명종을 옹립한 소윤파 윤원로 · 윤원형 형제가 인종의 외척 세력인 대윤파 윤임 등을 축출하면서 대윤파에 동조하던 사림파를 함께 숙청

## 9. 명(明)과의 관계

### (1) 사대교린 정책(事大交隣政策)

① 조공 관계로 맺어진 중국 중심의 동아시아 기본적 외교 정책으로, 서로의 독립성을 인정된 위에서 맺어져 예속 관계로 보기는 어려움

② 건국 직후부터 명과 친선을 유지하여 정권과 국가의 안전을 보장받고, 중국 이외의 주변 민족과는 교린 정책을 취함

### (2) 명과의 대외 관계

① 선초 명과의 관계 : 자주적 관계가 기본 바탕이며, 초기에 국토 확장과 실리추구를 두고 갈등과 불협화음이 존재했으나 태종 이후 외교적 긴밀성을 유지하며 활발히 교류

SEMI-NOTE

**김종직의 〈조의제문〉**

항우에게 왕위를 빼앗기고 죽은 초나라 의제를 기리는 내용을 통해 단종에게서 왕위를 빼앗은 세조를 비난한 글

**전랑의 권한**

• 자대권(自代權) : 전랑천대법 또는 전랑법이라고도 함, 전랑이 자신의 후임이 될 사람을 추천하는 권한을 말함

• 통청권(通淸權) : 전랑이 삼사의 청요직을 선방할 수 있는 권한을 말함

• 낭천권(郎薦權) : 전랑이 과거에 급제하지 않은 사람을 추천하여 벼슬에 오르도록 하는 권한을 말함

**4대 사화**

무오사화, 갑자사화, 기묘사화, 을사사화

**정미사화(명종 2, 1547)**

• 당시 외척으로서 정권을 잡고 있던 윤원형 세력이 반대파 인물들을 숙청한 사건

• 문정 왕후의 수렴청정을 비방한 벽서가 발견되어 송인수, 이약수 등을 숙청하고 이언적 등 20명을 유배(양재역벽서사건)

② 명과의 교환 ★빈출개념

ⓐ 사절의 교환 : 매년 정기적 · 부정기적으로 사절을 교환

ⓑ 성격 : 조선은 빈번한 교류를 통해 문화의 수입과 물품의 교역을 추구하는 자주적 문화 외교(자주적 실리 외교) 추구

ⓒ 교역 형태 : 사신을 통한 조공과 회사(回賜)의 공무역(관무역), 사행을 통한 사무역

ⓓ 교역품 : 말 · 인삼 · 모피 · 모시 · 종이 · 화문석을 주로 수출하고, 서적 · 도자기 · 약재 · 문방구 · 견직물 등을 수입

## 10. 여진과의 관계

### (1) 외교 정책

① 적극적 외교 정책 전개 : 영토 확보와 국경 지방의 안정을 위해 추진

② 화전(和戰) 양면 외교 정책

| 회유책 | • 여진족의 귀순을 장려하기 위해 관직이나 토지, 주택 제공<br>• 사절의 왕래를 통한 무역을 허용<br>• 국경 지방인 경성과 경원에 무역소를 두고 국경 무역을 허락 |
|---|---|
| 강경책 | • 정벌 : 국경 침입 및 약탈 시 군대를 동원하여 정벌<br>• 국경 공략 및 영토 확장 : 4군 6진 개척<br>• 지역 방어 체제 구축 : 국경 지방에 진(鎭) · 보(堡)를 설치 |

### (2) 여진족 토벌과 이주 정책

① 태조 : 일찍부터 두만강 지역 개척

② 세종 : 4군 6진 개척으로 오늘날의 국경선 확정

③ 성종 : 신숙주 · 윤필상 등이 압록강과 두만강 이북의 여진족을 토벌

④ 이주 정책 : 사민 정책(徙民政策), 토관제(土官制)

## 11. 일본 및 동남아시아와의 관계

### (1) 일본과의 관계

① 왜구의 침략과 격퇴 : 고려 말부터 조선 초기까지 계속, 대비책(수군 강화, 전함 건조, 화약 · 무기 개발)

② 강경책 : 이종무는 왜구의 소굴인 쓰시마 섬을 토벌해 왜구의 근절을 약속받음

③ 회유책 : 3포 개항, 계해약조(1443)를 체결하여 제한된 범위의 교역을 허락

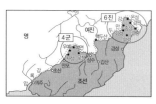

4군 6진의 개척

**상피제와 토관제**

조선 시대 관리 임명에 있어 원칙적으로는 상피제였으므로 그 지역 사람을 관리로 임명할 수 없었으나, 세종 때 임시로 토관제를 실시하여 토착민을 그 지역의 관리로 임명함

**계해약조(계해조약)**

• 1419년 이종무가 쓰시마 섬을 근거지로 한 왜구를 정벌한 뒤 한동안 조선과 일본 사이의 교류는 중단됨

• 이후 쓰시마 도주의 간청으로 3포를 개항한 후, 세종 25년(1443) 변효문 등을 파견하여 세견선 등의 구체적인 제약을 내용으로 하는 계해약조를 체결함

**쓰시마 섬 정벌**

박위(고려 창왕 1, 1389) → 김사형(조선 태조 5, 1396) → 이종무(세종 1, 1419)

실력up **일본과의 관계**

| 1419(세종 1) | 쓰시마 섬 정벌 | 이종무 |
|---|---|---|
| 1426(세종 8) | 3포 개항 | • 부산포(동래), 제포(진해), 염포(울산)<br>• 개항장에 왜관 설치, 제한된 범위의 교역 허가 |

| 1443(세종 25) | 계해약조 | 제한된 조공 무역 허락(세견선 50척, 세사미두 200석, 거류인 60명) |
|---|---|---|
| 1510(중종 5) | 3포 왜란, 임시 관청으로 비변사 설치(1517) | 임신약조(1512) 체결(제포만 개항, 계해약조와 비교했을 때 절반의 조건으로 무역 허락) |
| 1544(중종 39) | 사량진 왜변 | 무역 단절, 일본인 왕래 금지 |
| 1547(명종 2) | 정미약조 | 세견선 25척, 인원 제한 위반 시 벌칙 규정의 강화 |
| 1555(명종 10) | 을묘왜변 | 국교 단절, 제승방략 체제로 전환, 비변사의 상설 기구화 |
| 1592(선조 25) | 임진왜란, 정유재란(1597) | 비변사의 최고 기구화(왕권 약화 및 의정부·육조의 유명무실화 초래) |
| 1607~1811 | 통신사 파견(12회) | 국교 재개(1607), 조선의 선진 문화를 일본에 전파 |
| 1609(광해군 2) | 기유약조 | 국교 회복, 부산포에 왜관 설치(세견선 20척, 세사미두 100석) |

**사량진 왜변**

일본인의 행패가 계속 이어지고, 1544년 왜선 20여 척이 경상남도 통영시의 사량진에 침입하여 사람과 말을 약탈해 간 사량진 왜변이 발생하자 조선은 임신약조를 폐기하고 일본인이 조선에 왕래하는 것을 금지함

## (2) 동남아시아 각국과의 관계

① 조선 초에는 류큐·시암·자바 등 동남아시아의 여러 나라와 교류

② 조공이나 진상의 형식으로 토산품을 가져와서 옷·옷감·문방구 등으로 교환함

③ 류큐에 불경·유교 경전·범종 등을 전달(문화 발전에 기여)

## 12. 왜군의 침략

### (1) 조선의 정세

① 일본과의 대립 : 16세기에 이르러 대립 격화, 3포 왜란(중종 5, 1510), 을묘왜변(명종 10, 1555) 발발, 비변사를 설치, 일본에 사신을 보내 정세 파악

② 정부의 부적절한 대처 : 16세기 말 국방력은 더욱 약화, 일본 정세에 대한 통신사의 보고에 있어서도 붕당 간 차이를 보이는 등 국론 분열

### (2) 임진왜란(선조 25, 1592)

① 발발 : 전국 시대의 혼란을 수습하고 철저한 준비 후 20만 대군으로 조선을 침략

② 초기의 수세

　㉠ 부산 일대의 함락 : 부산진과 동래성에서 정발과 송상현이 분전하였으나 함락됨

　㉡ 왜군은 평양과 함경도 지방까지 침입, 전쟁에 대비하지 못한 조정(선조)은 의주로 피난하여 명에 원군을 요청

## 13. 수군과 의병의 승리

### (1) 수군의 승리

**3포 왜란과 을묘왜변**

- 3포 왜란 : 3포에서 거주하고 있는 왜인들이 대마도에 지원을 받아 무역 제한에 불만을 품고 일으킨 난
- 을묘왜변 : 조선 명종 때 왜구가 전라남도 영암·강진·진도 일대에 침입한 사건

**김성일과 황윤길**

- 1590년 조선은 황윤길을 정사로, 김성일을 부사로 하는 통신사 일행을 일본에 파견
- 이듬해 귀국한 이들은 일본의 정세를 묻는 선조에게 각기 다른 대답을 함
- 도요토미 히데요시가 조선을 침략할 것이라고 대답한 황윤길과는 달리 김성일은 일본이 침략하지 않을 것이라고 함
- 당시 조선 조정에서는 동인이 우세하였으므로 서인인 황윤길의 의견은 받아들여지지 않음

① 이순신의 활약

㉠ 대비 : 판옥선과 거북선 건조, 전함과 무기 정비, 수군 훈련, 군량미 비축

㉡ 왜군 격퇴 : 80여 척의 배를 거느리고 옥포(1592. 5)에서 첫 승리, 사천포 (1592. 5, 최초로 거북선 등장), 당포(1592. 6), 당항포 등지에서 대승

㉢ 한산도 대첩(1592. 7) : 총공격에 나선 적함을 한산도 앞바다로 유인하여 대파

② 성과 : 곡창 지대인 전라도 지방을 지키고 왜군의 침략 작전을 좌절시킴

### (2) 의병의 항쟁

① 의병의 구성

㉠ 자발적 조직 : 전국 각지에서 자발적으로 조직(남부 지방이 가장 활발)

㉡ 의병의 신분 : 농민을 주축으로 전직 관리와 사림 유학자 및 승려들이 참여

② 의병장의 활약

| 지역 | 활약 내용 |
|---|---|
| 경상도 | • 곽재우(최초의 의병) : 경상도 의령에서 거병, 진주성 혈전(1차)에 김시민과 참전, 왜란의 종전 후 관직 제의를 대부분 거절<br>• 정인홍(합천), 김면(고령), 권응수(영천) 등이 활약 |
| 전라도 | • 고경명 : 전라도 장흥에서 거병하여 금산성 전투 활약하다 전사(아들 고종후는 진주대첩(2차) 때 전사)<br>• 김천일 : 전라도 나주에서 최초로 거병하여 수원·강화에서 활약, 진주대첩(2차)에서 고종후와 함께 전사<br>• 김덕령 : 전라도 담양에서 거병하여 남원에서 활약, 수원 전투에 참전, 이몽학의 난 관련자로 몰려 무고하게 옥사<br>• 양대박(남원) |
| 충청도 | 조헌 : 충청도 옥천에서 거병하여 7백 결사대를 결성, 승장 영규(승려 최초의 의병)와 함께 청주 수복, 금산에서 고경명·영규 등과 전사 |
| 경기도 | 홍언수·홍계남(안성) 등이 활약 |
| 강원도 | 사명대사(유정) : 금강산에서 거병하여 평양 탈환에서 활약, 전후 대일 강화를 위해 일본에 사신으로 가서 포로 송환에 기여 |
| 황해도 | 이정암 : 황해도 연안성에서 거병하여 왜군을 격퇴하고 요충지를 장악 |
| 평안도 | 서산대사(휴정) : 묘향산에서 거병(전국 승병 운동의 선구), 평양 수복에 참전하고 개성·한성 등지에서 활약 |
| 함경도 | 정문부 : 전직 관료 출신으로, 함경도 길주, 경성 등에서 활약(길주 전투에 참전해 수복) |

③ 관군으로의 편입 : 전쟁이 장기화되면서 관군으로 편입하여 더욱 조직화되었고, 관군의 전투 능력도 한층 강화

## 14. 전란의 극복과 영향

### (1) 전세의 전환

① 수군과 의병의 승전 : 처음 2개월간의 열세를 우세로 전환

---

**승병**

• 승려들로 조직된 비정규 군대. 〈고려사〉에 따르면 고구려 때 당 태종이 침입에 맞서 승려 3만 병이 출전하였다고 함

• 고려 시대 처인성을 공격한 몽골군의 장수 살리타를 사살한 김윤후도 승려였음

• 조선의 승병 활동은 임진왜란을 계기로 활발해졌으며 대표적인 승병으로는 휴정, 유정, 영규, 처영 등이 있음

**임진왜란의 3대첩**

• 이순신의 한산도 대첩(1592) : 왜군의 수륙 병진 정책을 좌절시킨 싸움이며 지형적 특징과 학익진을 이용하여 왜군을 섬멸하였음

• 김시민의 진주성 혈전(1592) : 진주 목사인 김시민과 3,800명의 조선군이 약 2만에 달하는 왜군에 맞서 진주성을 지켜낸 싸움. 이 싸움에서의 승리로 조선은 경상도 지역을 보존할 수 있었고 왜군은 호남을 넘보지 못하게 됨

• 권율의 행주 대첩(1593) : 벽제관에서의 승리로 사기가 충천해 있던 왜군에 대항하여 행주산성을 지켜낸 싸움. 부녀자들까지 동원되어 돌을 날랐다는 이야기로 유명함

② 명의 참전 : 일본의 정명가도에 대한 자위책으로 참전, 조 · 명 연합군이 평양성을 탈환

③ 행주 대첩(1953. 2) : 평양성을 뺏긴 후 한양으로 퇴각한 왜군을 권율이 이끄는 부대가 행주산성에서 대파

④ 조선의 전열 정비 : 훈련도감(중앙군) 설치, 진관 체제에 속오법(束伍法) 절충, 화포 개량, 조총 제작

## (2) 정유재란(선조 30, 1597)

① 왜군의 재침입 : 휴전 회담의 결렬, 직산 전투(1597. 9)

② 명량 대첩(1597. 9) : 울돌목에서 13척으로 왜군의 배 133척을 격퇴

③ 노량 해전(1598. 11) : 도요토미 히데요시 사망 후 철수하는 왜군을 격파, 이순신 전사

## (3) 왜란의 영향

① 대내적 영향

  ㉠ 막대한 물적 · 인적 피해 : 전쟁과 약탈, 방화로 인구 격감, 농촌 황폐화, 학자와 기술자 피랍, 식량 및 재정 궁핍(토지 대장과 양안 소실), 경지 면적 감소

  ㉡ 문화재 소실 : 경복궁, 불국사, 서적 · 실록, 전주 사고를 제외한 4대 사고(史庫) 소실

  ㉢ 공명첩 발급과 납속책 실시, 이몽학의 난(1596) 등 농민 봉기 발생

  ㉣ 비변사 강화와 군제 개편 : 훈련도감(삼수미세 징수) 설치, 속오군(양천혼성군) 창설

  ㉤ 서적 편찬 : 이순신의 〈난중일기〉, 유성룡의 〈징비록〉, 허준의 〈동의보감〉 등

  ㉥ 무기 발명 : 거북선, 비격진천뢰(이장손), 화차(변이중) 등

② 대외적 영향

  ㉠ 일본 : 활자 · 그림 · 서적을 약탈하고 성리학자와 활자 인쇄공, 도공 등을 포로로 데려감, 도쿠가와 막부 성립의 계기

  ㉡ 중국 : 명의 참전 중 북방 여진족이 급속히 성장, 명은 쇠퇴(명 · 청 교체의 계기)

# 15. 광해군의 중립 외교와 인조 반정

## (1) 대륙의 정세 변화

① 후금의 건국(1616) : 임진왜란 중 명이 약화된 틈에 여진의 누르하치가 후금을 건국

② 후금의 세력 확장 : 후금이 명에 선전 포고(1618)(명은 조선에 지원군 요청)

## (2) 광해군(1608~1623)의 정책

① 대내적 : 전후 수습책 실시, 북인(대북) 중심의 혁신 정치 도모

② 대외적 : 명과 후금 사이에서 국가 생존을 위해 실리적인 중립 외교 정책을 전개

  ㉠ 성격 : 임진왜란 때 도운 명의 요구와 후금과의 관계를 모두 고려

  ㉡ 경과 : 명의 원군 요청을 적절히 거절하며 후금과 친선을 꾀하는 중립 정책 고수

SEMI-NOTE

**속오군**

• 조선 후기에 속오법에 따라 훈련 · 편성한 지방군

• 양반에서 노비까지 모두 편제되었으나, 후기로 갈수록 양반의 회피가 증가함

• 훈련은 농한기에만 이루어지는데, 평상시에는 생업에 종사하고 유사시에 전투에 동원됨

**임진왜란 순서**

• 임진왜란 발발 : 부산 일대 함락, 정발 · 송상현 패배

• 충주 탄금대 전투 : 신립 패배

• 선조의 의주 피난 : 명에 원군 요청

• 한산도 대첩 : 한산도에서 학익진 전법으로 승리

• 진주 대첩 : 진주목사 김시민이 승리

• 행주 대첩 : 권율 승리

• 명의 휴전 협상

• 정유재란 : 3년여에 걸친 명과 일본 간의 휴전 협상 결렬, 왜군의 재침입

• 명량 대첩 : 울돌목에서 13척으로 133척의 배를 격퇴

• 노량 해전 : 이순신 전사, 정유재란 종결

**공명첩, 납속책**

• 공명첩(空名帖) : 나라의 재정을 보충하기 위하여 부유층에게 돈이나 곡식을 받고 팔았던 명예직 임명장

• 납속책(納粟策) : 군량 및 재정의 부족을 보충하기 위해서 천한 신분을 면해 주거나 관직을 주는 것을 말하는데, 곡식의 많고 적음에 따라 면천납속(免賤納粟)과 수직납속(受職納粟)을 실시

### (3) 인조 반정(1623)

① 배경 : 서인 등의 사림파는 광해군의 중립 외교 정책과 성리학자에 대한 비판, 여러 패륜 행위(임해군과 영창대군 살해, 인목대비 유폐) 등에 불만을 지님

② 경과 : 서인인 이귀, 김유, 이괄 등이 거병하여 인조 반정을 일으킴

③ 결과 : 인조 반정으로 집권한 서인은 존왕양이와 모화 사상 등을 기반으로 친명 배금 정책을 실시하여 후금을 자극(호란의 원인으로 작용)

## 16. 호란의 발발과 전개

### (1) 정묘호란(인조 5, 1627)

① 원인 : 서인은 광해군의 중립 외교 정책을 비판하며 친명배금 정책을 추진, 가도 사건, 이괄의 난(1624)으로 난의 주모자 한명련이 처형되자 그 아들이 후금으로 도망하여 인조 즉위의 부당성과 조선 정벌을 요청

② 경과 : 인조는 강화도로 피난, 철산 용골산성의 정봉수와 의주의 이립 등이 기병하여 관군과 합세

③ 결과
  ㉠ 강화 : 후금의 군대는 보급로가 끊어지자 강화를 제의
  ㉡ 정묘약조 체결 : 형제의 맹약, 군대 철수, 조공의 약속 등

### (2) 병자호란(인조 14, 1636) ★빈출개념

① 원인
  ㉠ 청의 건국 : 후금은 세력을 계속 확장하여 국호를 청으로 바꾸고 심양을 수도로 건국
  ㉡ 청의 군신 관계 요구에 대해 주화론(외교적 교섭)과 주전론(척화론, 전쟁불사)이 대립

② 경과 : 인조는 남한산성으로 피난, 45일간 항전하다 주화파 최명길 등이 청과 강화(삼전도에서 굴욕적인 강화)

③ 결과 : 조선은 청과 군신 관계를 맺고 명과의 외교를 단절, 두 왕자와 강경 척화론자들이 인질로 잡혀감

### (3) 호란의 영향

서북 지방의 황폐화, 굴욕적인 충격으로 인한 적개심, 소중화의식, 문화적인 우월감 등으로 북벌론이 제기됨

## 17. 북벌 운동의 전개

### (1) 북벌론(北伐論)

① 의미 : 오랑캐에게 당한 수치를 씻고, 조선을 도운 명에 대한 의리를 지킴

② 형식적 외교 : 군신 관계를 맺은 후 청에 사대, 은밀하게 국방에 힘을 기울이면서

청에 대한 북벌을 준비

③ **실질적 배경** : 왕권 강화(양병을 통해 왕권 확립)와 서인 정권 유지를 위한 수단 (명분)

④ **전개** : 효종은 청에 반대하는 송시열 · 송준길 · 이완 등을 중용하여 군대를 양성 (어영청 등)하고 성곽을 수리, 숙종 때 윤휴를 중심으로 북벌의 움직임이 제기됨

⑤ **경과** : 효종의 요절 등으로 북벌은 큰 성과를 거두지 못하다 18세기 후 반부터 청의 선진 문물을 배우자는 북학론이 대두

## (2) 나선 정벌(羅禪征伐)

① **배경** : 러시아의 남하로 청과 러시아 간 국경 충돌이 발생하자 청이 원병을 요청

② **내용** : 제1차 나선 정벌(효종 5, 1654), 제2차 나선 정벌(효종 9, 1658)

**나선 정벌**
- 나선은 러시아를 지칭하는 말
- **제1차 나선 정벌** : 남하하는 러시아 세력과 충돌한 청은 총포로 무장한 러시아군에 연패함. 이에 청은 임진왜란 이후 조총을 사용하는 조선에 총수병의 파병을 요청하였고 조선은 이를 받아들임. 이후 청은 자국의 군대만으로 러시아군의 거점을 공격하였다가 패배하고 다시 조선에 파병을 요청하였는데, 조선이 이를 받아들이면서 제2차 나선 정벌로 이어짐

---

## 02절  근세의 경제 구조와 경제 생활

# 1. 토지 제도

## (1) 과전법(科田法)의 시행

① **과전의 의미** : 관리들에게 준 토지로, 소유권이 아니라 수조권을 지급

② 고려와 마찬가지로 관리의 경제 기반 보장과 국가 재정 유지

③ **목적** : 국가 재정 기반과 건국에 참여한 신진 사대부의 경제 기반을 확보, 농민 생활 향상

## (2) 과전법의 특성

① **신진 사대부의 경제적 기반** : 관리가 직접 수조권 행사(사대부 우대 조항)

② **세습 불가의 원칙과 예외** : 1대(代)가 원칙이나, 수신전 · 휼량전 · 공신전 등은 세습(사대부 우대 조항)

③ 1/10세 규정, 농민의 경작권 보장, 현직 · 전직 관리(직 · 산관)에게 수조권 지급

## (3) 과전법의 내용

① **대상** : 수조지를 경기 지방의 토지로 한정하여 전지만 지급

② **종류**

  ㉠ **과전** : 관리(직 · 산관의 모든 관료)에게 나누어 준 일반적 토지

  ㉡ **공신전** : 공신에게 지급, 세습 · 면세

  ㉢ **별사전** : 준공신에게 지급되는 토지(3대에 한하여 세습, 경기도 외에도 지급)

  ㉣ **내수사전(궁방전)** : 왕실 경비 충당을 위해 지급

  ㉤ **공해전과 늠전(관둔전)**

   • **공해전** : 중앙 관청의 경비 충당을 위해 지급

   • **늠전 · 관둔전** : 지방 관청의 경비 충당을 위해 지급

**수조권에 따른 공전 · 사전**
왕토 사상으로 인해 토지의 소유권은 원칙적으로 국가에 있는데, 과전법상의 토지는 수조권에 따라서는 공전(公田)과 사전(私田)으로 구분할 수 있으며, 이때 수조권이 국가에 있는 것은 공전, 개인 · 기관에 있는 것은 사전임. 공전은 고려 시대의 민전 등 대부분의 일반 농민이 소유하고 있던 것을 국가가 징세의 대상으로 파악한 것으로서, 국가는 농민들에게 경작권을 보장하는 대신 조(租)를 징수함

**병작반수제**
소작농이 땅 주인에게 수확량의 절반을 바치던 제도

ⓗ 역둔전 : 역의 경비 충당을 위해 지급

ⓢ 수신전 : 관료 사망 후 그의 처에게 세습되는 과전

ⓞ 휼양전 : 관료 사망 후 그의 자녀가 고아일 때 세습되는 과전

ⓩ 군전 : 전직 문 · 무관이나 한량(閑良)에게 지급

ⓩ 사원전 : 사원에 지급된 토지

ⓚ 학전 : 성균관 · 4학 · 향교에 소속된 토지

ⓔ 면세전 : 궁방전(궁실과 궁가에 지급), 궁장토(왕실 소유 토지), 관둔전, 역둔전

③ 폐단 : 수신전 · 휼양전 등이 세습되고 공신 · 관리가 증가함에 따라 새로 관직에 나간 관리에게 줄 토지가 부족해짐

### (4) 직전법과 과수관급제

① 직전법(세조 12, 1466)

ⓐ 내용 : 현직 관리에게만 수조권을 지급하여 국가의 수조권 지배를 강화

ⓑ 목적 : 사전(私田)의 증가를 막아 과전의 부족을 해결함으로써 신진 관료의 경제 기반을 마련하고 국가 재정 수입을 증가

ⓒ 1/10세 : 생산량을 조사하여 1/10을 농민에게 수취

ⓓ 문제점 : 양반 관료들의 토지 소유 욕구를 자극하여 농민에 대한 수조권 수탈이 증가하고 과다한 수취를 유발

② 관수관급제(성종 1, 1470) : 직전법하에서 시행

ⓐ 내용 : 관리의 수조권 행사를 금지, 국가(지방 관청)에서 생산량을 조사하여 수취하고 해당 관리에게 미 · 포로 지급

ⓑ 목적 : 국가의 토지 지배 강화, 관리의 부정 방지

ⓒ 결과 : 양반 관료의 토지 소유 욕구를 더욱 자극하여 농장이 더욱 확대, 수조권적 지배가 실질적으로 소멸되어 조와 세의 구분이 없어지고 전세로 통일

③ 녹봉제(명종 11, 1556)

ⓐ 배경 : 과전 부족의 타개를 위해 실시한 직전법의 실패

ⓑ 내용 : 직전법을 폐지(수조권 지급 제도 폐지)하고 국가가 관료에게 녹봉만 지급

ⓒ 결과 : 수조권에 입각한 토지 지배(전주 전객제)가 소멸하고 소유권과 병작반수제에 의한 지주 전호제가 일반화되는 계기가 됨

## 2. 수취 체제의 확립

### (1) 수취 제도의 구성

토지에 부과되는 조세, 가호 등에 부과되는 공납, 정남에게 부과되는 부역(군역 · 요역) 등

### (2) 조세(租稅)

① 납세 의무 : 토지 소유자는 원칙적으로 국가에 조세를 납부

② 조세의 구분 : 조(租), 세(稅)

③ 세액 결정 방법

---

**토지제도와 공존제도**

| 토지 제도 | 공존 제도 |
| --- | --- |
| 과전법(태조) | |
| ↓ | 공법(세종) |
| 직전법(세조) | |
| ↓ | 관수관급제(성종) |
| 녹봉제(명종) | |
| ↓ | 영정법(인조) |

**전시과와 과전법**

| 구분 | 전시과 (고려) | 과전법 (조선) |
| --- | --- | --- |
| 차이점 | • 전지와 시지를 지급<br>• 전국적 규모로 지급<br>• 관수관급제(공유성)<br>• 농민의 경작권이 불안정 | • 전지만 지급<br>• 경기도에 한하여 지급<br>• 관리가 수조권 행사(자주성)<br>• 농민의 경작권을 법적으로 보장(경자유전의 원칙) |
| 공통점 | • 원칙적으로 소유권은 국가에 있으며, 수조권을 지급<br>• 직 · 산관 모두에게 수조권만을 지급<br>• 관등에 따라 차등 지급, 세습 불가가 원칙(퇴직이나 사망 시 반납이 원칙)<br>• 세율 : 1/10세 | |

ㄱ 손실답험법(損失踏驗法) : 태종 때의 세제(측량법), 1결의 최대 생산량을 300
두로 정하고 수확량의 1/10을 내는데, 매년 토지 손실을 조사해 30두에서 공
제하여 납부액을 결정

ㄴ 공법(貢法) : 세종 때 확정(1444), 전분 6등법과 연분 9등법

④ 현물 납세 : 조세는 쌀(백미) · 콩(대두) 등으로 납부

## (3) 공납(貢納)

① 부과 및 징수 : 중앙 관청에서 군현을 단위로 하여 지역 토산물을 조사하여 군현
에 물품과 액수를 할당하면, 각 군현은 토지의 다소에 따라 가호에 다시 할당하
여 거둠

② 품목 : 각종 수공업 제품과 토산물(광물 · 수산물 · 모피 · 과실 · 약재 등)

③ 종류 : 공물(상공 · 별공)과 진상

④ 폐단 : 농민에게 부담이 집중, 점퇴의 폐단, 방납의 폐단

⑤ 결과 : 국가 수입이 감소하고 농민 부담과 농민의 토지 이탈 증가(→ 개혁론이 대
두됨)

## (4) 군역과 요역

① 대상 : 16세 이상의 정남

② 군역(軍役)

ㄱ 보법(保法) : 군사 복무를 위해 교대로 근무하여야 하는 정군(正軍)과 정군이
복무하는 데에 드는 비용(매년 포 2필)을 보조하는 보인(保人)이 있음

ㄴ 면역(免役) : 양반 · 서리 · 향리 등은 관청에서 일하므로 군역 면제

③ 요역(徭役)

ㄱ 내용 : 가호를 기준으로 정남의 수를 고려하여 뽑아서 공사에 동원

ㄴ 종류 : 국가 차원의 동원(궁궐, 성곽 공사 등), 군현 차원의 동원(조세 운반 등)

ㄷ 부과 기준 : 성종 때 토지 8결 당 1인, 1년 중 6일 이내로 동원하도록 제한

ㄹ 문제점 : 과도한 징발, 운영 과정에서 지방관의 임의적 징발이 많아 농민들의
부담이 큼

ㅁ 요역의 변화 : 요역 동원을 기피하여 피역 · 도망이 발생, 요역의 대립 및 물납
화 · 전세화

## (5) 기타 국가의 재정

① 수입 : 조세 · 공물 · 역 이외에 염전 · 광산 · 산림 · 어장 · 상인 · 수공업자 등이
내는 세금

② 지출 : 군량미나 구휼미로 비축하고 나머지는 왕실 경비 · 공공 행사비 · 관리의
녹봉 · 군량미 · 빈민 구제비 · 의료비 등으로 지출

③ 예산 제도 : 세조 때부터 세출표인 횡간을 먼저 작성하고 세입표인 공안을 작성

④ 양안(量案) : 양전 사업에 의해 작성된 토지 대장을 말하는데, 양전 사업은 20년
마다 한 번씩 실시

연분 9등급

| 上年 | 中年 | 下年 |
| --- | --- | --- |
| 上 → 20두 | 上 → 14두 | 上 → 8두 |
| 中 → 18두 | 中 → 12두 | 中 → 6두 |
| 下 → 16두 | 下 → 10두 | 下 → 4두 |

상공, 별공, 진상

• 상공 : 매년 국가에서 미리 상정한 특
산물 바침, 호 단위 부과

• 별공 : 상정 용도 이외에 국가에서 필
요에 따라 현물 부과

• 진상 : 공물 이외의 현물을 공납, 주로
각 도의 관찰사나 수령이 국왕에 상납
하는 것을 말하며 진상물로는 식료품
이 대부분

대납

공물의 생산량이 점차 감소하거나 생
산지의 변화로 그 특산물이 없을 때
미포로 상인이나 관리에게 대신 납부
하는 것으로, 보통 방납이라고 함

횡간과 공안

• 횡간 : 조선 시대의 세출 예산표. 조선
시대 국가 재정의 대부분은 토지를 바
탕으로 한 전세와 공물로 충당됨. 국
가에서는 관청 · 관리 등에게 직접 토
지의 수조권을 지급함으로써 비용을
충당하도록 하는 동시에, 일부는 현물
지급을 통해 보충함. 횡간은 1년간 국
가에서 지급하는 현물을 기재한 것임

• 공안 : 조선 시대의 세입 예산표. 조선
시대에는 다음해 소요될 공물을 매년
말에 조사한 후 각 지방에 명하여 징
수하게 하였는데, 이때 공물의 품목 ·
수량을 기재한 것을 공안이라고 함

**수미법**

상품 화폐 경제가 발달하지 못했던 조선 전기의 한계에 따라 공물은 현물로 납부될 수밖에 없었음. 당시 화폐를 대신하여 사용되던 것으로는 쌀과 포가 있었는데, 공물을 현물 대신 쌀로 납부하게 되면 폐단을 줄이고 수송과 저장에 있어서도 수월해질 것이므로, 이이와 조광조 등은 공납의 개선책으로 수미법을 주장

**실록을 통해 알아보는 16세기 농민들의 처지**

• 백성으로 농지를 가진 자가 없고 농지를 가진 자는 오직 부유한 상인들과 사족(士族)들의 집뿐입니다.
　　　　　　　　　　　　－〈중종실록〉－

• 근래 도적이 벌떼처럼 일어나 공공연하게 노략질을 하며 양민을 죽이고 방자한 행동을 거리낌 없이 하여도 주현에서 막지 못하고 병사(兵使)도 잡지 못하니 그 형세가 점점 커져서 여러 곳으로 퍼지고 있습니다. 심지어 서울에서도 떼로 일어나 빈집에 진을 치고 밤이면 모였다가 새벽이면 흩어지고 칼로 사람을 다치게 합니다.
　　　　　　　　　　　　－〈명종실록〉－

• 지방에서 토산물을 공물로 바칠 때 (중앙 관청의 서리들이) 공납을 일체 막고 본래 값의 백 배가 되지 않으면 받지도 않습니다. 백성들이 견디지 못하여 세금을 못 내고 도망하는 자가 줄을 이었습니다.
　　　　　　　　　　　　－〈선조실록〉－

### (6) 조운 제도

① 의의 : 조세와 공물을 각지의 조창을 거쳐 서울의 경창까지 운반하는 과정
② 관리 : 수령이 운반의 책임을 지며, 호조에서 이를 관리
③ 운반
　㉠ 지방 군현의 조세와 공물은 육운·수운을 이용해 주요 강가나 바닷가에 설치된 조창으로 운반
　㉡ 전라도·충청도·황해도는 바닷길로, 강원도는 한강, 경상도는 낙동강과 남한강 또는 바닷길을 통하여 운송
④ 잉류(仍留) 지역 : 평안도와 함경도, 제주도의 조세와 공물은 경창으로 이동하지 않고 군사비와 사신 접대비 등으로 현지에서 사용

## 3. 수취 제도의 문란과 농민 생활의 악화

### (1) 공납의 폐단

① 방납의 폐단 발생
　㉠ 관청의 서리들이 공물을 대신 내고 그 대가를 챙기는 방납이 증가해 농민 부담 가중
　㉡ 농민이 도망 시 지역의 이웃이나 친척에게 대신 납부하게 함
② 개선의 시도 : 이이와 유성룡 등은 공물을 쌀로 걷는 수미법(收米法)을 주장

### (2) 군역의 폐단

① 군역과 요역의 기피 현상과 도망이 증가
② 방군수포제와 대립제
　㉠ 방군수포제(放軍收布制) : 군역에 복무해야 할 사람에게 포(布)를 받고 군역을 면제
　㉡ 대립제(代立制) : 다른 사람을 사서 군역을 대신하게 하는 대립이 불법적으로 행해짐
③ 군적의 부실 : 군포 부담의 과중과 군역 기피 현상

### (3) 환곡의 폐단

① 환곡제 : 곤궁한 농민에게 곡물을 빌려주고 1/10 정도의 이자를 거두는 것
② 지방 수령과 향리들이 정해진 이자보다 많이 거두어 유용하는 폐단이 나타남

👓 한눈에 쏙~

**군역 제도의 흐름**

| 보법 (保法, 세조) | ▶ | 대립제 (15세기 중엽) | ▶ | 방군수포제 (16세기 초) | ▶ | 군적수포제 (16세기 중엽) |
|---|---|---|---|---|---|---|

| ▶ | 군역의 폐단이 만연 | ▶ | 균역법(영조 26, 1750) | ▶ | 군정(軍政)의 문란 | ▶ | 호포제 (대원군) |
|---|---|---|---|---|---|---|

## 4. 경제 생활

### (1) 양반의 경제 생활

① 경제적 기반 : 과전과 녹봉, 토지, 노비 등이 일반적 경제 기반

② 토지의 소유와 경작 : 토지 규모가 큰 경우 병작반수 형태로 농민들이 소작(병작 반수의 전호 경영), 농장은 15세기 후반에 이르러 더욱 증가

③ 재산으로서의 노비(奴婢) 소유

    ㉠ 노비를 구매하기도 하나, 출산이나 혼인을 시켜 수를 늘림

    ㉡ 솔거 노비의 경우 주로 가사일이나 농경 등을 시킴

    ㉢ 외거 노비(다수의 노비)의 경우 신공(身貢)으로 포와 돈을 수취

### (2) 농민 경제 생활의 변화

① 정부의 지원 및 장려 : 개간을 장려하고 저수지 등 수리 시설을 보수·확충, 〈농 사직설〉·〈사시찬요〉·〈금양잡록〉 등 농서를 간행 보급

② 양반들도 간이 수리시설을 만들고 중국의 농업기술을 도입

③ 농민들도 농업 생산력을 향상시키려고 노력한 결과 농민 생활은 이전보다 개선

## 5. 농업

### (1) 농업 기술의 발달

① 밭농사 : 조·보리·콩의 2년 3작이 널리 시행, 농종법(이랑에 파종)에서 견종법 (고랑에 파종)으로 발전

② 논농사 : 남부 지방에 이앙법이 보급됨, 남부의 일부 지방에서 벼와 보리의 이모작 이 가능해지면서 생산량 증가, 건사리[乾耕法]가 이용, 물사리[水耕法]도 행해짐

③ 시비법 : 밑거름과 뒷거름을 주는 각종 시비법이 발달하여 경작지를 묵히지 않고 매년 경작(연작)이 가능

④ 가을갈이의 농사법이 점차 보급됨

⑤ 농기구 개량 : 쟁기·낫·호미 등의 농기구가 더욱 개량되어 농업 생산량 증대에 기여

⑥ 의생활의 변화 및 개선

    ㉠ 고려 말 시작된 목화 재배가 확대되어 무명옷이 보편화

    ㉡ 삼·모시풀의 재배 성행, 누에치기가 확산되면서 양잠(養蠶)에 관한 농서가 편찬됨

### (2) 농민의 몰락과 정부의 대책

① 농민의 몰락

    ㉠ 소작농의 증가 : 지주제의 확대로 인한 농민의 소작농화

    ㉡ 유망 농민의 증가 : 화전민이나 도적으로 전락

② 정부의 대책 : 〈구황촬요〉의 편찬, 호패법·오가 작통법 등을 강화, 향약 시행

**노비의 신공**

남자 노비(奴)는 면포 1필과 저화 20장, 여자 노비(婢)는 면포 1필과 저화 10장을 각각 신공으로 바침

**이앙법 보급의 영향** ★ 빈출개념

• 생산성 증가 및 경작의 보급을 촉진

• 농민의 계층 분화 초래

• 농민의 토지 이탈 초래

• 특수 작물의 재배(구황 작물, 상업 작물)

• 경영형 부농의 발생 계기

**오가 작통법**

성종 16년(1485) 마련된 제도로, 다섯 집 을 1통으로 묶은 호적의 보조 조직. 주로 호구를 밝히거나 범죄자 색출, 세금 징 수, 부역 동원 등에 이용되었으며, 후기 에는 유민을 막고 도적의 은닉을 방지하 기 위해 활용됨. 헌종 때에는 통의 연대 책임을 강화하여 천주교도를 색출하기 도 함

**관영 수공업의 쇠퇴**

조선 초기 활발하게 이루어졌던 관영 수공업은 관기업의 특성이라고 할 수 있는 생리적 폐쇄성과 창의성의 결여로 생산품의 질적 저하를 초래함. 또한 낮은 대우를 받은 장인들이 갈수록 공장안에 등록되기를 기피하였으므로 등록된 장인의 수가 줄어들었으며, 조선의 재정 사정이 악화됨에 따라 관영 수공업을 유지하기 어려워 관영 수공업은 쇠퇴하게 됨

**금난전권**

시전 상인이 왕실이나 관청에 물품을 공급하는 대신 부여받은 독점 판매권. 금난전권의 '난전'은 전안(시전의 상행위자에 대해 등록한 대장으로 숙종 32년 실시)에 등록되지 않은 자의 상행위 또는 판매 허가를 받지 않은 상품을 성안에서 판매하는 행위를 말하는데, 난전으로 상권이 침해된 시전 상인들은 이의 금지를 정부에 요청함. 이에 정부가 시전 상인들에게 한양 도성 안과 도성 밑 10리 안에서의 금난전권을 부여함으로써 시전 상인들은 상권을 독점할 수 있게 됨. 육의전을 제외한 금난전권은 정조 15년(1791)에 신해통공으로 폐지

**화폐**

정부는 조선 초기에 저화(태종), 조선통보(세종), 팔방통보(세조) 등을 만들어 유통시키려 하였으나 상업의 부진에 따라 화폐의 유통도 부진, 농민들은 교역의 매개로 주로 쌀과 베를 이용

**주변국과의 무역, 사무역**

• **명** : 공무역과 사무역을 허용
• **여진** : 국경 지역에 설치한 무역소를 통하여 교역
• **일본** : 동래에 설치한 왜관을 중심으로 무역
• **사무역** : 국경 부근의 사무역은 엄격하게 감시, 주로 무명과 식량이 거래됨

# 6. 수공업 생산 활동

## (1) 관영 수공업

① **정비** : 고려보다 관영 수공업 체제를 잘 정비, 수공업의 중심
② **관장제(官匠制)** : 장인(기술자)을 공장안에 등록시켜 관청에서 필요한 물품을 제작 · 공급, 사장(私匠)은 억제함
③ **생산 품목** : 화약, 무기, 의류, 활자 인쇄, 그릇, 문방구 등을 제조 · 납품

## (2) 민영 수공업과 가내 수공업

① **민영 수공업** : 국역이 끝난 장인이나 공장안에 등록되지 않은 장인이 도시에서 장인세를 납부하며 생산 판매, 주로 농민이 농기구를 만들며 양반이 사치품 생산
② **가내 수공업** : 농가에서 자급자족의 형태로 무명 · 명주 · 모시 · 베 등을 생산

# 7. 상업 활동

## (1) 정부의 상업 통제

① **상공업 통제** : 유교적 농본억상 정책, 유교적 경제관으로 검약 강조, 소비 억제, 상인 천대
② **시전 중심의 상업**
   ㉠ 시전은 도성에 설치된 대표적 상설 기구
   ㉡ 경시서(평시서)를 두어 시전을 감독하고 불법적 상행위를 통제
③ **시전 상인**
   ㉠ 관허 상인으로, 종로 거리에 상점가를 만들어 점포세와 상세를 거둠
   ㉡ **금난전권** : 왕실이나 관청에 물품을 공급하는 대신에 특정 상품에 대한 독점 판매권을 부여받음
④ **육의전** : 명주, 종이, 어물, 모시와 베, 무명, 비단을 파는 점포

## (2) 장시

① **장시의 발달** : 15세기 후반부터 등장, 16세기 중엽에 이르러 전국적으로 확대
② **정부의 억제** : 농업 위축을 염려해 장시의 발전을 억제하였으나 일부 장시는 정기 시장으로 정착
③ **활동** : 보부상들이 일용 잡화나 농 · 수산물, 수공업 제품, 약재 등을 장시를 통해 판매 · 유통(보부상은 생산자와 소비자를 이어 주는 관허 행상의 역할을 수행)

**실력UP** **장시의 등장과 발달**

• 농촌 시장인 장시가 처음 등장한 것은 15세기 말
• 15세기 말, 왜구의 침입으로 황폐해진 해안 지역의 농토 개간이 완료되고 농업 생산력이 현저히 발달하였음
• 넓은 나주 평야를 끼고 있으며 서해안에 인접한 나주와 무안 지역은 다양한 물품이 생산

되었으며, 생산자들이 이를 자유롭게 처분할 수 있는 여건도 마련됨
· 장시는 점차 삼남 전 지역과 경기도 등지로 확산, 출현할 당시 15일이나 10일 간격이던 개시일도 점차 5일 간격으로 조정, 장시 확산 추세는 18세기에 더욱 두드러져 18세기 중반 전국의 장시는 천 여 곳에 달하게 됨

## 03절 근세의 사회 구조와 사회 생활

## 1. 신분 제도

### (1) 신분 제도의 변동

① 변동 방향 : 크게 양인 확대와 지배층의 분화(양반층과 중인층)로 변동
  ㉠ 양인 확대 정책 : 향 · 소 · 부곡 등 천민 집단의 소멸, 양인화, 노비 변정 사업 등
  ㉡ 지배층의 분화 : 향리의 양반 상승 제한, 서리와 기술관 제도의 도입, 지배 신분층은 양반과 중인으로 양분
② 신분 이동 : 조선 시대는 엄격한 신분제 사회였으나 신분 이동이 가능
  ㉠ 법적으로 양인이면 과거에 응시하여 관직에 진출 가능
  ㉡ 양반도 죄를 지으면 노비가 되거나, 경제적으로 몰락하여 중인이나 상민이 되기도 함
  ㉢ 여전히 지배층과 피지배층이 존재하는 신분 사회

> **노비 변정 사업**
> 태종 때 실시된 정책으로, 고려 말 억울하게 노비가 된 자를 양인으로 풀어줌. 국가 재정 확충과 군역 확보를 목적으로 함.

### (2) 양천(良賤) 제도

① 이분제의 법제화 : 사회 신분을 법제적으로 양인과 천민으로 양분
  ㉠ 양인(良人) : 과거 응시가 가능한 자유민으로 조세 · 국역 등의 의무를 짐
  ㉡ 천민(賤民) : 비자유민으로서 개인이나 국가에 소속되어 천역을 담당, 노비 등
② 결과 : 갑오개혁(1894) 이전까지 조선 사회를 지탱한 기본적 · 법제적 신분 규범

**고려 시대와 조선 시대의 신분제 변화**

| 귀족 | 양반 |
| --- | --- |
| 중류층 | 중인 |
| 양민 | 상민 |
| 천민 | 천민 |
| 고려시대 | 조선시대 |

### (3) 반상(班常) 제도

① 양반과 중인 신분이 정착되면서 지배층인 양반과 피지배층인 상민을 구별하는 반상 제도가 일반화됨(실질적 신분 구분)
② 양인이 분화되면서 점차 양반 · 중인 · 상민 · 천민의 신분 제도(4분제)가 정착
③ 16세기 이후 사회 전면에 부각됨

### (4) 양반 제도의 특성

① 세습적 성격 : 음서제, 대가제
② 가문 중시 : 의정부 · 승정원 · 이조 · 삼사 · 예문관 등의 청요직(청직과 요직)의 등용에는 가문을 문제 삼음
③ 배타성 : 결혼에 있어 다른 신분과 구별, 서얼출신과 재가녀 자손 등의 관직진출

> **음서제와 대가제**
> · **음서제** : 공신이나 2품 이상의 고위관직의 자제가 대상
> · **대가제** : 정3품 이상의 자에게 별가된 품계를 대신 아들 · 동생 · 조카 · 사위에게 줄 수 있게 하는 제도

에 제약이 따름, 교육과 과거제도 등 여러 조치를 마련, 한품서용, 체아직 등

## 2. 양반(兩班)

### (1) 의의

① 개념의 확대 : 양반 관료 체제가 정비되면서 문 · 무반직을 가진 사람뿐만 아니라 그 가족이나 가문까지도 양반으로 지칭

② 특권적 생활 : 각종 법률과 제도로써 양반의 신분적 특권을 제도화

### (2) 양반 증가 억제책

① 한품서용제(限品敍用制) : 향리, 서리, 기술관, 군교, 역리 등 중인의 관직 진출 시 품계를 제한

② 서얼차대법(庶孽差待法) : 첩에서 난 소생들을 서얼이라고 하여 차별하고 관직 진출 · 과거 응시를 제한(서얼금고법)

## 3. 중인(中人)

### (1) 의의

① 의미
　　㉠ 넓은 의미 : 양반과 상민의 중간 신분 계층을 총칭하는 개념
　　㉡ 좁은 의미 : 기술관을 지칭

② 성립 : 15세기부터 형성되어 16세기에 세습화되었고, 17세기 중엽 이후에 독립된 신분층으로 성립

③ 사회적 예우 : 전문 기술이나 행정 실무를 담당, 나름대로 지배층으로 행세

### (2) 종류

① 서리 · 향리 · 기술관 : 직역을 세습, 같은 신분 안에서 혼인, 관청 근처에서 거주

② 서얼 : 중인과 같은 신분적 처우를 받았으므로 중서라고도 불림, 문과 응시 불가

③ 역관 : 사신을 수행하면서 무역에 관여

④ 향리 : 토착 세력으로서 수령을 보좌

## 4. 상민(常民)

### (1) 의의 및 성격

① 평민 · 양인으로도 불리며, 농민 · 수공업자 · 상인 등으로 구성

② 농본억상 정책으로 공 · 상인은 농민보다 아래에 위치

③ 법적으로는 과거 응시가 가능하나, 실제 상민이 과거에 응시하는 것은 매우 어려 웠음

④ 전쟁이나 비상시에 군공을 세우는 경우 외에는 신분 상승 기회가 적음

## (2) 종류

① 농민 : 조세 · 공납 · 부역 등의 의무를 부담

② 수공업자 : 공장(工匠)으로 불리며 관영이나 민영 수공업에 종사, 공장세를 납부

③ 상인 : 시전 상인과 보부상 등, 상인세를 납부

④ 신량역천 : 법제적으로 양인이나 사회적으로 천민 취급을 받는 계층

# 5. 천민(賤民)

## (1) 구성 및 사회적 대우

① 구성 : 노비가 대부분이며, 백정 · 무당 · 창기 · 광대 등도 천민으로 천대됨

② 사회적 대우

 ㉠ 권리 박탈 : 비자유민으로, 교육받거나 벼슬길에 나갈 수 없음

 ㉡ 재산으로 취급 : 매매 · 상속 · 증여의 대상이 됨

 ㉢ 일천즉천 원칙 : 부모 한쪽이 노비일 경우 자녀도 노비가 되는 것이 일반화

 ㉣ 천자수모법 적용 : 부모의 소유주가 다를 때 자녀는 어머니 측 소유주의 재산

 ㉤ 양천교혼(良賤交婚) : 원칙적으로 금지

## (2) 공·사노비

① 공노비 : 입역 노비와 납공 노비(외거 노비)로 구분

② 사노비 : 입역 노비(솔거 노비)와 납공 노비(외거 노비)로 구분

# 6. 사회 정책과 시설

## (1) 사회 정책의 배경 및 목표

① 배경 : 성리학적 명분론에 입각한 농본 정책의 추진

② 목표 : 양반 지배 체제의 강화를 위한 사회 · 신분 질서 유지, 농민 생활의 안정을 통한 국가의 안정과 재정 기반의 마련

## (2) 사회 정책 및 제도

① 소극적 정책 : 농민의 토지 이탈 방지 정책(양반 지주들의 토지 겸병을 억제, 농민에 대한 조세 감면)

② 적극적 구휼 · 구호 정책

 ㉠ 의창, 상평창 : 국가에서 설치 · 운영

 ㉡ 환곡제 : 국가(관청)에서 춘궁기에 양식과 종자 · 곡물을 빌려준 뒤에 추수기에 회수

 ㉢ 사창제(세종)

  • 향촌사회에서 자치적으로 실시 · 운영한 것으로, 사창을 설치하고 일정 이자를 붙여 농민에게 대여

  • 양반 지주들이 농민 생활을 안정시켜 양반 중심의 향촌 질서를 유지하기 위

**칠반천역**

고된 일에 종사하는 일곱 부류를 지칭하는 말로, 수군, 봉수군, 역졸, 조졸, 조례(관청의 잡역 담당), 나장(형사 업무 담당), 일수(지방 고을의 잡역 담당)가 이에 해당

> **양천 결혼 시의 법제 변천**
>
> 노비종부법(태종) → 일천즉천(세조) → 〈경국대전〉에서 일천즉천(일반법)과 노비종부법(특별법)을 규정 → 노비종모법(영조) → 노비 세습법제 폐지(고종)

**신공(身貢)**

조선 시대에 노비가 몸으로 치르는 노역 대신에 납부하는 공물을 말함

**고려와 조선의 사회 및 의료 시설**

• 고려
 – 사회 시설 : 의창, 상평창, 제위보
 – 의료 시설 : 동 · 서 대비원, 혜민국, 구제도감, 구급도감

• 조선
 – 사회 시설 : 환곡제(국가 주도), 사창제(민간 주도)
 – 의료 시설 : 동 · 서 대비원, 혜민국, 제생원, 동 · 서 활인원

04장

근세의 성립과 발전

한 것

③ 의료 시설

    ㉠ **혜민국, 동·서 대비원** : 약재 판매 및 서민 환자의 의료 구제를 담당

    ㉡ **제생원** : 행려의 구호 및 진료를 담당

    ㉢ **동·서 활인서** : 유랑자·빈민의 수용과 구료, 사망한 행려의 매장을 담당

    ㉣ **의녀 제도** : 질병의 치료와 간병, 산파 등의 역할을 수행

## 7. 법률 제도

### (1) 법률 체제

① 형법

    ㉠ **대명률(大明律)** : 〈경국대전〉의 형전 조항이 우선 적용되었으나, 그 내용이 소략하여 형벌 사항은 일반적으로 대명률을 적용

    ㉡ **연좌제** : 가장 무거운 범죄인 반역죄와 강상죄에는 연좌제가 적용

② 형벌 : 태·장·도·유·사형 5종이 기본으로 시행

    ㉠ **태(笞)** : 주로 경범죄에 해당하는 처벌로 작은 곤장으로 때리며, 10대부터 50대까지 10대씩 5단계가 있음

    ㉡ **장(杖)** : 대곤·중곤·소곤 등의 곤장으로 60대부터 100대까지 10대씩 5단계로 나눠 가하는 형벌

    ㉢ **도(徒)** : 징역형의 일종, 1~3년 정도의 강제 노역에 처하며 보통 태장형을 수반

    ㉣ **유(流)** : 귀양(→ 섬에 유배시키는 정도안치, 울타리를 쳐 거주지를 제한하는 위리안치, 가시덤불을 쌓는 가극안치, 고향에서만 살게 하는 본향안치 등)

    ㉤ **사(死)** : 사형(→ 효시, 교시, 참시 등)

③ 민법 : 관습법 중심, 물권(物權) 개념의 발달, 재산 분쟁, 제사와 노비 상속을 중시

### (2) 사법 기관 및 재판

① 중앙

    ㉠ **사헌부** : 백관의 규찰, 양반의 일반 재판

    ㉡ **형조** : 사법 행정에 대한 감독 및 일반 사건에 대한 재심을 담당

    ㉢ **의금부** : 국가대죄(국사범, 반역죄, 강상죄 등)를 다스리는 국왕 직속 기관

    ㉣ **포도청** : 상민의 범죄를 담당하는 경찰 기관

    ㉤ **한성부** : 수도의 치안 및 토지·가옥 소송을 담당

    ㉥ **장례원** : 노비 문서 및 노비 범죄를 관장

② 지방 : 관찰사와 수령이 각각 관할 구역 내의 사법권을 행사

## 8. 향촌 사회의 모습

### (1) 향촌의 구성

① 향촌 : 중앙과 대칭되는 개념으로, 지방 행정 구역을 의미함

    ㉠ **향(鄕)** : 행정 구역상 군현의 단위를 지칭

---

**경국대전**

〈경제육전〉이나 정도전의 〈조선경 국전〉 등 이전까지의 법전이 미비하거나 현실과 모순된다는 판단을 내린 세조는 즉위하자마자 〈경국대전〉의 편찬을 시작함. 그리하여 세조 6년(1460)에 호구, 토지 제도, 조세, 기타 재정 경제 등을 다룬 〈호전〉이 먼저 완성됨. 성종 5년(1474)에 완성, 반포됨

경국대전

**사헌부와 의금부**

사헌부와 의금부는 주로 정치적 사건을 관장

ㄴ 촌(村) : 촌락이나 마을 단위를 지칭
② 군현제의 정비
ㄱ 전국을 8도로 나누고 그 아래 부 · 목 · 군 · 현을 두어 중앙에서 지방관 파견
ㄴ 군 · 현 밑에는 면 · 리 등을 설치하였으나 관리가 파견되지는 않음

## (2) 향촌 자치의 모습

① 유향소(留鄕所) : 지방 자치를 위하여 설치, 수령을 보좌하고 향리를 감찰하며 풍속을 바로잡기 위한 기구
② 경재소(京在所) : 현직 관료로 하여금 연고지의 유향소를 통제하게 하는 제도로서, 중앙과 지방 간의 연락 업무 담당
③ 향청 · 향안 · 향규
  ㄱ 향안(鄕案) : 향촌 사회의 지배층인 지방 사족이나 향회 구성원의 명단을 적은 장부
  ㄴ 향회(鄕會) : 향안에 오른 지방 사족의 총회, 결속을 다지고 지방민을 통제
  ㄷ 향규(鄕規) : 향안에 오른 사족(향원)들 간의 약속이자 향회의 운영 규칙, 유향소 · 향계(鄕契)의 업무 및 직임자의 선임에 관한 규약
④ 향약
  ㄱ 형성 : 사림의 성장에 따라 16세기 이후 전통적 향촌 규약과 조직체가 향약으로 대체, 지방 사족은 향촌 사회 운영 질서를 강구하고 면리제와 병행된 향약 조직을 형성
  ㄴ 확산 : 중종 때 조광조에 의하여 처음 보급, 16세기 이후에 전국적으로 확산
  ㄷ 기능 : 향촌 사회의 자치 규약

## 9. 촌락의 구성과 운영

### (1) 촌락의 구성

① 자연촌 : 농민 생활과 향촌 구성의 기본 단위, 동 · 리로 편제된 조직
  ㄱ 면리제 : 조선 초기에 자연촌 단위의 몇 개의 리를 면으로 묶음
  ㄴ 오가작통제 : 서로 이웃하고 있는 다섯 집을 하나의 통으로 묶고 통수를 두어 관장
② 양반 거주의 반촌(班村)과 평민 · 천민 거주의 민촌(民村)이 나타나기도 함

### (2) 촌락의 운영

① 동계(洞契) · 동약(洞約)
  ㄱ 의미
    • 동계 : 마을의 일을 처리하기 위한 계
    • 동약 : 마을 단위의 자치 조직
  ㄴ 조직 목적 : 촌락민들에 대한 지배력 강화
  ㄷ 전환 : 양반 사족들만 참여하다가 임진왜란 이후 평민층도 참여
② 두레, 향도 : 촌락의 농민 조직

SEMI-NOTE

**향약 · 향안 · 향규의 기능**
지방 사족의 지배를 계속하기 위한 장치로 작용

**향촌 지배 기반의 변모**
조선 시대 양반들의 향촌 지배는 전기에는 유향소나 향약 등에 기반을 두고 있었지만, 후기에는 혈족적인 족계(族契)나 상하 합계 형태의 동계(洞契)를 발달시킴

조선 시대 농민 통제 정책
• 면거계 실시
• 호패법 실시
• 오가작통제 실시
• 농민의 자유로운 거주 이전 금지
• 3년마다 군현 단위로 호적 조사

**공동체 조직의 참여자**
동계나 동약과는 달리 두레, 향도, 향도계, 동린계는 모두 일반 백성들의 자생적 생활 문화 조직이며, 양반은 적극적으로 참여하지 않았음

③ 향도계 · 동린계 : 농촌의 자생적 생활 문화 조직

## 10. 예학과 보학

### (1) 예학(禮學)

① 성립 배경 : 성리학은 신분 질서 유지를 위해 상하 관계를 중시하는 명분론을 강조하는데, 이러한 성리학적 도덕 윤리를 강조하면서 신분 질서의 안정을 추구하고자 성립

② 발전 : 사림을 중심으로 발전, 삼강오륜을 기본 덕목으로 강조, 〈소학〉과 〈주자가례〉를 보급, 가묘(家廟)와 사당을 거립, 의례를 중요시함

③ 영향

　㉠ 공헌 : 상장 제례의 의식을 바로 잡고 유교주의적 가족 제도의 확립에 기여

　㉡ 폐단 : 형식화, 사림 간 정쟁의 구실이나 사대부의 신분적 우월성 강조에 이용

④ 예학자 : 김장생 〈가례집람〉, 정구 〈오선생예설분류〉

### (2) 보학(譜學)

① 필요성 : 가족과 친족 공동체의 유대를 통한 문벌 형성, 신분적 우위 확보

② 기능

　㉠ 종족의 종적인 내력과 횡적인 종족 관계를 확인시켜 주는 기능

　㉡ 안으로는 종족 내부의 결속을 다지고 밖으로 신분적 우월의식을 가짐

　㉢ 결혼 상대자를 구하거나 붕당을 구별하는 데 있어서 중요한 자료로 활용

　㉣ 조선 후기에 더욱 활발해져 양반 문벌 제도를 강화(→ 17세기 무렵 족보 발행이 보편화됨)

## 11. 서원과 향약

### (1) 서원

① 기원 : 중종 38년(1543)에 풍기 군수 주세붕이 안향의 봉사를 위해 설립한 백운동 서원

② 운영의 독자성 : 독자적인 규정을 통한 교육 및 연구

③ 사액 서원의 특권 : 면세 · 면역, 국가로부터 서적 · 토지 · 노비 등을 받음

④ 보급 : 교육 기관이므로 견제를 적게 받으며, 문중을 과시하는 효과도 있어 번창

⑤ 기능 : 선현의 추모, 학문의 심화 · 발전 및 양반 자제 교육, 향촌 사림을 결집, 양반의 지위 보장, 각종 국역 면제, 지방 문화 발전

⑥ 영향

　㉠ 공헌 : 학문 발달과 지방 문화 발전에 기여

　㉡ 폐단 : 사림들의 농민 수탈 기구로 전락, 붕당 결속의 온상지(→ 정쟁을 격화)

### (2) 향약

① 의의

---

**예학 및 보학의 발달**

- 예학 : 왜란과 호란으로 흐트러진 유교 질서의 회복을 강조하는 과정에서 중시됨
- 보학 : 가문의 사회적 위상을 지키려는 양반들로 인해 성행

**족보의 변화**

- 전기 : 내외 자손을 모두 기록하는 자손보(→ 남녀 구별 없이 출생 순으로 기록)
- 후기 : 부계 친족만을 수록하는 씨족보(→ 선남후녀 순서로 기록하는 것이 보편화됨)

**서원의 건립**

주세붕이 서원을 창건할 적에 세상에서 의심하였으나 주세붕의 뜻은 더욱 독실해져, 무리의 비웃음을 무릅쓰고 비방을 극복하여 전래에 없던 장한 일을 단행하였으니 …… 앞으로 정몽주, 길재, 김종직 같은 이가 살던 곳에 모두 서원이 건립되게 될 것이며……

－〈퇴계전서〉－

**사액(賜額)**

임금이 서원 등에 이름을 지어서 현판을 내리는 일

**향약의 4대 덕목**

- 덕업상권(德業相勸) : 좋은 일은 서로 권함
- 과실상규(過失相規) : 잘못한 일은 서로 꾸짖음
- 예속상교(禮俗相交) : 서로 예의로써 사귐
- 환난상휼(患難相恤) : 재난과 어려움은 서로 도움

ⓒ 조선 시대의 향촌 규약, 또는 그 규약에 근거한 조직체

ⓛ 어려운 일을 당하였을 때 단결하여 서로 돕는 전통을 계승하면서 삼강오륜을 중심으로 한 유교 윤리를 가미

ⓒ 서원과 함께 사림의 세력 기반이 됨

② **보급** : 사림 세력이 정계에 자리 잡은 16세기 후반부터 널리 보급

③ **구성** : 도약정(회장), 부약정(부회장), 약정(간부), 직월(간사)

④ **운영** : 향약의 윤리 규범은 사족과 농민 간에 차별적으로 적용되었으며, 규약 위배 시 일정 제재를 받음(동리에서 추방되기도 함)

⑤ **기능** : 조선 사회의 풍속 교화 기능, 향촌 자치적 기능 수행, 농민 통제 강화, 재지사족의 결속

⑥ **폐단** : 토호와 향반 등 지방 유력자들이 주민들을 위협 · 수탈할 수 있는 배경을 제공

## 04절　민족 문화의 발달

### 1. 민족 문화의 성립

#### (1) 성립 배경

① 15세기 문화를 주도한 관학파 관료와 학자들은 성리학 이외의 학문 · 사상이라도 중앙 집권 체제 강화나 민생 안정 · 부국 강병에 도움이 되는 것은 모두 수용

② 세종 때부터 성종 때까지 유교 이념에 토대를 두고 과학 기술과 실용적 학문을 발달시켜 민족 문화 발전의 토대 구축

#### (2) 민족 문화의 발전의 토대

① 집권층의 노력은 민족적 · 자주적인 성격의 민족 문화의 발전을 이끎

② 세종은 한글을 창제하여 민족 문화의 기반을 넓힘

### 2. 교육 제도

#### (1) 교육 제도의 발달

① **배경** : 유교를 정치 이념으로 채택, 유학을 생활 규범화

② **성격** : 과거 제도와 유기적으로 연계, 관리 양성을 위한 과거 시험 준비 과정, 사농일치의 교육이 원칙

③ **관학과 사학**

ⓒ 관학 : 국비로 운영, 조선 초기에는 관학이 우세

ⓛ 사학 : 16세기 이후 사학이 교육을 주도

#### (2) 교육 기관

SEMI-NOTE

**해주 향약 입약 범례문**

무릇 뒤에 향약에 가입하기를 원하는 자에게는 반드시 먼저 규약문을 보여 몇 달 동안 실행할 수 있는가를 스스로 헤아려 본 뒤에 가입하기를 청하게 한다. 가입을 청하는 자는 반드시 단자에 참가하기를 원하는 뜻을 자세히 적어서 모임이 있을 때에 진술하고, 사람을 시켜 약정(約正)에게 바치면 약정은 여러 사람에게 물어서 좋다고 한 다음에야 글로 답하고 다음 모임에 참여하게 한다.

– 〈율곡전서〉 –

**성균관의 구성**

- 명륜당(明倫堂) : 유학의 강의실
- 양재(兩齋) : 유생들의 기숙사
- 비천당(丕闡堂) : 알성시를 치르는 곳
- 존경각(尊經閣) : 국립 도서관
- 문묘(文廟) : 선현의 위패(位牌)를 모신 사당

**기술 교육 기관**

- 호조 : 산학
- 형조 : 율학
- 전의감 : 의학
- 관상감 : 천문 · 지리
- 장악원 : 악학
- 사역원 : 외국어
- 도화서 : 화학
- 소격서 : 도학

**조선 시대 일반적 교육 단계(문과)**

서당 → 중앙 : 4부 학당. 지방 : 향교 → 소 과(생진과) 응시 → 성균관 대학 또는 대과 응시

① **국립 교육 기관**

　㉠ **고등 교육 기관** : 국립 대학인 성균관을 두고, 입학 자격으로 생원 · 진사를 원칙으로 함

　㉡ **중등 교육 기관** : 중앙의 4부 학당(4학)과 지방의 향교(鄕校)

② **사립 교육 기관**

　㉠ **서원** : 백운동 서원(중종 38, 1543)이 시초

　㉡ **서당**

　　• 초등 교육을 담당한 사립 교육 기관

　　• 주로 4학이나 향교에 입학하지 못한 선비와 평민의 자제가 입학, 〈천자문〉과 초보적인 유교 경전을 교육

　㉢ **한계** : 계통적으로 연결되지 않고 각각 독립된 교육 기관

## 3. 한글 창제

### (1) 배경

① 일찍부터 한자를 쓰고 이두나 향찰을 사용하였으나, 이로는 의사 소통이 불편

② 피지배층을 도덕적으로 교화시켜 양반 중심 사회를 유지하기 위해 문자의 대중화가 필요

### (2) 한글의 창제와 보급

① **한글의 창제** : 세종은 집현전 학자들과 한글을 창제(1443)한 후 〈훈민정음〉을 반포(1446)

② **한글의 보급** : 〈용비어천가〉와 〈월인천강지곡〉 등을 지어 한글로 간행, 불경 · 농서 · 윤리서 · 병서 등을 한글로 번역하거나 편찬, 서리들의 채용에 훈민정음을 시험 과목으로 포함

③ **사용의 부진** : 언문이라 하여 천시됨

## 4. 역사서의 편찬

### (1) 건국 초기

① **역사서 편찬**

　㉠ **목적** : 왕조의 정통성에 대한 명분을 밝히고 성리학적 통치 규범을 정착

　㉡ **사관** : 성리학적 사관

　㉢ **대표적 사서** : 태조 때 정도전의 〈고려국사〉, 태종 때 권근 · 하륜의 〈동국사략〉

② **실록의 편찬(〈조선왕조실록〉)**

　㉠ **의의** : 한 국왕이 죽으면 다음 국왕 때 춘추관을 중심으로 실록청을 설치하고 사관들이 기록한 사초, 각 관청의 문서들을 모아 만든 시정기 등을 중심으로 편년체로 편찬, 〈태조실록〉부터 〈철종실록〉까지 계속됨

　㉡ **편찬의 자료** : 실록 편찬을 위한 자료인 사초는 국왕도 보지 못하게 하여 기록의 신뢰도를 높였으며, 이외에도 〈의정부 등록〉 · 〈승정원 일기〉 · 〈비변사

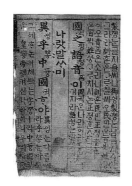

훈민정음 언해본

**한글 서적**

• **한글 서적** : 용비어천가(최초), 월인천강지곡, 동국정운, 석보상절, 월인석보, 불경언해, 훈몽자회

• **한글 번역본** : 삼강행실도, 두시언해, 칠서언해, 소학언해 등

등록〉·〈시정기〉·〈일성록〉 등을 이용

　　ⓒ 형식 : 연표 중심의 편년체로 기록

## (2) 15세기 중엽

① 특징

　　㉠ 성리학적 대의 명분보다는 민족적 자각을 일깨우고자 함

　　ⓛ 왕실과 국가의 위신을 높이며 문화를 향상시키는 방향에서 역사 편찬

② 대표적 사서

　　㉠ 고려사, 고려사절요 : 고려의 역사를 자주적 입장에서 재정리

　　　• 고려사 : 김종서 · 정인지 등이 세종의 명으로 편찬하여 문종 1년(1451)에 완성한 기전체 사서(139권)로, 조선 건국을 합리화하기 위하여 여말의 사실을 왜곡하고 있으나 고려의 정치 · 경제 · 사회 연구에 귀중한 문헌(→군주 중심의 역사 서술)

　　　• 고려사절요 : 김종서 · 정인지 등이 독자적으로 편찬하여 문종 2년(1452)에 완성한 편년체의 사서(35권)로, 〈고려사〉에서 빠진 부분을 보충 · 추가

　　ⓛ 삼국사절요 : 서거정 · 노사신 등이 삼국 시대의 자주적 통사를 편찬하려는 입장에서 편찬한 편년체 사서

　　ⓒ 동국통감 : 단군에서 여말까지를 기록한 최초의 통사

## (3) 16세기

① 특징

　　㉠ 15세기 역사관을 비판하고 사림의 존화주의적 · 왕도주의적 의식을 반영

　　ⓛ 존화 사상을 바탕으로 우리나라 역사를 소중화의 역사로 파악

　　ⓒ 기자 조선을 강조하고 유교 문화와 대립되는 고유 문화는 음사(淫事)라 하여 이단시함

② 대표적 사서 ⭐빈출개념

　　㉠ 박상의 〈동국사략〉 : 사림의 통사로 15세기 〈동국통감〉을 비판, 엄정한 도덕적 기준으로 우리 역사를 재정리, 강목체를 철저히 적용

　　ⓛ 박세무의 〈동몽선습〉 : 기자에서 시작되는 우리 역사의 도덕 사관 강조

　　ⓒ 윤두서의 〈기자지〉 : 기자 조선 연구의 심화(5권 1책)

　　ⓜ 이이의 〈기자실기〉 : 왕도 정치의 기원을 기자 조선에서 찾는 존화주의적 사서

　　ⓞ 오운의 〈동사찬요〉 : 왜란 이후의 역사 의식을 기전체로 서술, 절의를 지킨 인물을 찬양하는 열전이 중심

　　ⓗ 신숙주의 〈국조보감〉 : 〈조선왕조실록〉에서 모범이 될 만한 사실 발췌, 요약(세조~순종)

## 5. 지도와 지리서

## (1) 편찬 목적

① 조선 전기 : 중앙 집권과 국방 강화라는 정치적 · 군사적 목적에서 편찬

사고(史庫)의 정비

• 4대 사고(세종) : 춘추관 · 성주 · 충주 · 전주 사고, 왜란 중 전주 사고만이 존속되었다가 광해군 때 5대 사고로 재정비

• 5대 사고(광해군) : 춘추관 · 오대산 · 태백산 · 마니산 · 묘향산 사고, 현재 태백산 사고본과 마니산(정족산) 사고본, 오대산 사고본(2006년 일본이 오대산 사고본 40여 권을 기증 형식으로 반환)만이 전하며, 묘향산(적상산) 사고본은 북한에서 보유

동국사략

② 조선 후기 : 주로 경제적 · 문화적 목적에서 편찬

## (2) 지도

① 15세기 초

　㉠ 혼일강리역대국도지도(1402) : 태종 때 권근 · 김사형 · 이회 등이 제작한 세계
　　　지도로, 현존하는 동양 최고(最古)의 세계 지도, 중화사상 반영

　㉡ 팔도도 : 세종 때 제작된 전국지도(부전)

　㉢ 동국지도 : 세조 때 양성지 등이 왕명에 따라 실지 답사를 통해 완성한 최초의
　　　실측 지도, 두만강과 압록강 부분 · 하천과 산맥 및 인문 사항 자세히 기록

② 16세기 : 8도 주현의 진상품 파악을 위해 제작한 조선방역지도

# 6. 윤리서와 의례서, 법전의 편찬

## (1) 윤리 · 의례서의 편찬

① 편찬 배경 : 유교 질서의 확립

② 15세기 윤리 · 의례서

　㉠ 효행록 : 여말 권근의 책을 설순이 참고하여 개정

　㉡ 삼강행실도(1431) : 세종 때 모범적인 충신 · 효자 · 열녀 등의 행적을 그림으로
　　　그리고 설명

　㉢ 국조오례의(國朝五禮儀) : 성종 때 신숙주 · 정척 등이 국가 왕실의 여러 행사
　　　에 필요한 의례를 정비 · 제정한 의례서

③ 16세기 윤리 · 의례서 : 사림이 〈소학〉과 〈주자가례〉의 보급에 노력(이륜행실도
　　(중종 13, 1518), 동몽수지(중종 12, 1517))

## (2) 법전의 편찬

① 배경 : 유교적 통치 규범을 성문화

② 건국 초기 : 정도전은 〈조선경국전〉과 〈경제문감〉을, 조준은 〈경제육전〉을 편찬

③ 전기의 주요 법전

| 책명 | 시기 | 인물 | 내용 |
| --- | --- | --- | --- |
| 조선경국전 | 태조 3년(1394) | 정도전 | 조선의 정책 지침 |
| 경제문감 | 태조 4년(1395) | 정도전 · 권근 | 정치 문물 초안서 |
| 경제육전 | 태조 6년(1397) | 조준 · 하륜 | 조선 최초의 공식 법전 |
| 속육전 | 태종 13년(1413) | 하륜 | 〈경제육전〉의 증보 |
| 경국대전 | 성종 16년(1485) | 최항 · 노사신 | • 유교적 통치 질서와 문물 제도의 완비를 의미하는 기본 법전<br>• 이 · 호 · 예 · 병 · 형 · 공전의 6전으로 구성 |

# 7. 건국 초기의 성리학파

SEMI-NOTE

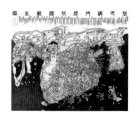

혼일강리역대국도지도

조선방역지도

삼강행실도

**조선경국전**

조선의 헌법이라고 할 수 있는 책으로, 태조 3년(1394) 정도전이 태조에게 올린 법전. 〈경국전〉이라고도 함. 인(仁)으로 왕위를 지켜나갈 것, 국호인 조선은 기자조선을 계승했다는 것 등을 서론에 담았음. 본론은 관리 선발과 그들의 역할 등을 다룬 치전(治典), 국가의 수입과 지출 등을 다룬 부전(賦典), 학교와 제례 등을 다룬 예전(禮典), 군사를 다룬 정전(政典), 법률과 형벌을 다룬 헌전(憲典), 건축과 공장(工匠) 등을 다룬 공전(工典)으로 구성되어 있음. 〈경제육전〉, 〈경국대전〉 등 여러 법전의 효시가 됨

## (1) 관학파(훈구파)

① 시기 : 15세기 정치를 주도하고 민족 문화 창달에 기여
  ㉠ 대내외적인 모순을 극복
  ㉡ 문물 제도 정비, 부국강병 추진
② 주도 인물 : 정도전, 권근 등
③ 성향 및 특징 : 부국강병과 중앙 집권화 추구, 사장을 중시(삼경 중시), 실용적, 격물치지(경험적 학풍), 성리학 이외에 한·당 유학, 불교·도교·풍수지리 사상·민간 신앙, 군사학·기술학 등을 포용, 자주 민족 의식(단군 숭배), 〈주례〉를 국가 통치 이념으로 중시, 막대한 토지 소유, 농장 매입, 성균관과 집현전 등을 통해 양성, 신숙주, 서거정, 정인지 등

## (2) 사학파(사림파)

① 시기 및 주도 인물 : 정몽주·길재의 학통을 계승한 사림들이 성종 때 본격적으로 중앙 정계에 진출하여 16세기 이후 학문과 정치 주도
② 성향 및 특징 : 왕도 정치와 향촌 자치 추구(서원, 향약 중시), 경학을 중시(사서 중시), 이론적, 사변주의(관념적 학풍), 성리학 이념에 충실하며, 불교·도교 등을 배척, 기술학 천시, 중국 중심의 화이 사상(기자 중시), 형벌보다는 교화에 의한 통치를 강조, 공신·외척의 비리와 횡포를 성리학적 명분론에 입각하여 비판, 서원을 중심으로 향촌에서 기반을 잡고 중앙으로 진출 후 삼사 등에서 활동, 김종직, 김일손, 조광조 등

# 8. 성리학의 발달

## (1) 철학의 조류

① 발달 배경 : 16세기 사림은 도덕성과 수신을 중시하고 인간 심성에 대하여 깊은 관심을 보임
② 이기론의 선구자 : 서경덕과 이언적
③ 이기론의 전개
  ㉠ 주리론 : 영남학파, 동인, 이언적(선구)·이황(대표)·조식·유성룡·김성일 등
  ㉡ 주기론 : 기호학파, 서인, 서경덕(선구)·이이(대표)·조헌·성혼·김장생 등

## (2) 성리학의 정착

① 이황(李滉, 1501~1570)
  ㉠ 학문 성향
    • 도덕적 행위의 근거로서 인간의 심성을 중시, 근본적·이상주의적인 성격
    • 주리 철학을 확립, 16세기 정통 사림의 사상적 연원, 이기이원론
  ㉡ 저서 : 〈주자서절요〉·〈성학십도〉·〈전습록변〉 등
  ㉢ 학파 형성 : 김성일·유성룡 등의 제자에 의하여 영남학파 형성
② 이이(李珥, 1536~1584)

**대공수미법**
공납제의 폐단을 시정하기 위해 이이 · 유성룡 등이 제안함. 황해도의 해주와 송화 등지에서는 이미 명종 때부터 토지 1결당 1두씩의 쌀을 걷어 공물을 마련하였는데, 이이는 이 방법의 전국적 시행을 선조에게 건의함. 그러나 당시 방납 등으로 이득을 취하던 자들의 방해로 실현되지 못함. 이후 임진왜란 때 유성룡이 건의하면서 전국적으로 실시되었으나 얼마 가지 못해 폐지됨. 대동법의 선구라고 할 수 있음

**척화론과 의리명분론**
· 주화(主和) 두 글자가 신의 일평생에 허물이 될 줄 압니다. 그러나 신은 아직도 오늘날 화친하려는 일이 그르다고 생각하지 않습니다. …… 자기의 힘을 헤아리지 아니하고 경망하게 큰 소리를 쳐서 오랑캐의 노여움을 사고 끝내 백성을 도탄에 빠뜨리며 종묘와 사직에 제사 지내지 못하게 된다면 그 허물이 이보다 클 수 있겠습니까?
　　　　　　　 － 〈지천집〉 －
· 화의가 나라를 망친 것은 어제 오늘의 일이 아닙니다. 옛날부터 그러하였으나 오늘날처럼 심각한 적은 없었습니다. 명은 우리나라에게는 부모의 나라입니다. 신하된 자로서 부모의 원수와 형제의 의를 맺고 부모의 은혜를 저버릴 수 있겠습니까?
　　　　　　　 － 〈인조실록〉 －

**조선의 환국 정치**
서인은 인조 반정으로 정권을 잡았는데, 정책을 수립하고 상대 붕당을 탄압하는 과정에서 노장 세력과 신진 세력 간에 갈등이 깊어지면서 노론과 소론으로 나뉨. 이후 노론과 소론은 남인과 정국의 주도권을 놓고 대립하였고, 남인이 정계에서 완전히 밀려난 뒤에는 노론과 소론 사이의 대립으로 정국의 반전이 거듭됨

---

　㉠ 성향 : 개혁적 · 현실적 성격(기의 역할을 강조), 일원론적 이기이원론
　㉡ 저서 : 〈동호문답〉 · 〈성학집요〉 · 〈경연일기〉 · 〈만언봉사〉 등
　㉢ 변법경장론(變法更張論) : 경세가로서 현실 문제의 개혁 방안을 제시(대공수미법, 10만 양병설)
　㉣ 학파 형성 : 조헌 · 김장생 등으로 이어져 기호학파를 형성

## 9. 학파의 형성과 대립

### (1) 학파의 형성과 분화

① 학파의 형성 : 서경덕 학파 · 이황 학파 · 조식 학파가 동인을, 이이 학파 · 성혼 학파가 서인을 형성
② 동인은 정여립 모반 사건 등을 계기로 이황 학파의 남인과, 서경덕 학파 · 조식 학파의 북인으로 분화
③ 서인은 송시열 · 이이 등의 노론과, 윤증 · 성혼 등의 소론으로 분화

### (2) 학파의 대립

① 북인의 집권과 서인의 집권
　㉠ 북인의 집권 : 광해군 때에 북인은 적극적 사회 · 경제 정책을 펴고 중립 외교를 취했는데, 이것이 서인과 남인의 반발을 초래
　㉡ 서인의 집권(남인 참여 허용) : 인조 말엽 이후 이이와 이황의 학문, 즉 주자 중심의 성리학만이 확고한 우위를 차지
② 척화론과 의리명분론 : 송시열 등의 서인에게 넘어가면서 척화론과 의리명분론이 대세, 서인과 남인은 명에 대한 의리명분론을 강화하여 병자호란 초래, 대동법과 호포법 등 사회 · 경제 정책을 둘러싸고 격렬한 논쟁

## 10. 예학의 발달

### (1) 예학의 보급

① 16세기 중반 : 〈주자가례〉 중심의 생활 규범서가 출현, 학문적 연구가 이루어짐
② 16세기 후반 : 명분 중심의 윤리와 가례 등의 예의식 강조

### (2) 예학의 발달

① 예와 예치의 강조 : 예가 사회를 이끌어 가는 하나의 방도로서 부각되었고, 예치가 강조됨
② 예학자 : 김장생, 정구 등
③ 영향 : 유교적 가족 제도 확립과 제례 의식 정립에는 기여하였으나, 지나친 형식주의는 예송 논쟁의 구실로 이용됨

## 11. 불교의 정비

## (1) 초기

① 불교 정비책

　ㄱ 초기 : 사원이 소유한 막대한 토지와 노비를 회수

　ㄴ 태조 : 도첩제를 실시하여 승려로의 출가를 제한, 사원의 건립 억제

　ㄷ 태종 : 242개의 사원만 남기고 나머지는 폐지, 토지와 노비 몰수

　ㄹ 세종 : 교단을 정리하면서 선종과 교종 각 18사씩 모두 36개 절만 인정

　ㅁ 세조 : 원각사에 10층 석탑을 세우고, 간경도감을 설치하여 불교 경전을 번역·간행, 적극적 불교 진흥책으로 일시적인 불교 중흥

　ㅂ 성종 : 도첩제 폐지, 불교는 왕실에서 멀어져 산간 불교로 바뀜

② 불교의 위축 : 사원의 경제적 기반 축소와 우수한 인재의 출가 기피는 불교의 사회적 위상을 크게 약화시킴

## (2) 중기

① 명종 : 일시적인 불교 회복 정책, 보우가 중용되고 승과가 부활

② 16세기 후반 : 서산대사와 같은 고승이 배출되어 교리 정비

③ 임진왜란 때 : 승병들이 크게 활약함으로써 불교계의 위상을 새롭게 정립

# 12. 도교와 민간 신앙

## (1) 도교와 풍수지리설

① 선초 도교는 위축되어 사원이 정리되고 행사도 축소

② 국가적 제사를 주관하기 위해 소격서(昭格署) 설치, 참성단에서 초제 시행

③ 사림의 진출 이후 중종 때 소격서가 혁파되고 도교 행사가 사라지기도 함

④ 유교 정치의 정착 과정에서 전통적 관습·제도인 도교는 갈등을 빚었고, 임진왜란 이후 소격서는 완전히 폐지

⑤ 풍수지리설·도참 사상

　ㄱ 신라 말 전래된 이래 줄곧 도읍 등의 선택에 영향을 미침

　ㄴ 조선 초기 이래로 중요시되어 한양 천도에 반영되었으며, 사대부의 묘지 선정에도 작용하여 산송(山訟) 문제가 사회적인 문제로 대두되기도 함

## (2) 기타의 민간 신앙

① 민간 신앙 : 무격 신앙·산신 신앙·삼신 숭배·촌락제 등이 백성들 사이에 자리 잡음

② 매장 방식의 변화 : 화장하던 풍습이 묘지를 쓰는 것으로 바뀌면서 명당 선호 경향이 두드러짐

# 13. 천문·역법·수학·의학서

## (1) 각종 기구의 발명과 제작

SEMI-NOTE

**보우**

조선 시대 억불 정책에 맞서 불교를 부흥시켜 전성기를 누리게 한 승려. 명종의 어머니인 문정왕후의 신임을 얻어 봉은사의 주지가 되어 선종과 교종을 부활시키고 윤원형 등의 도움으로 300여 개 사찰을 국가 공인 정찰(淨刹)로 만들었으며, 도첩제에 따라 승려를 선발하도록 하고 승과를 부활시킴. 문정왕후 사후 불교 배척 상소와 유림의 성화에 밀려 승직을 박탈당하고 제주에 유배되었다가 제주목사에 의해 참형됨. 그의 사후 불교는 종전의 억불정책 시대로 돌아가 선·교 양종 제도와 승과가 폐지됨

① 천체 관측 기구 : 혼의 · 간의가 제작됨
② 측정 기구 : 측우기(1441), 자격루, 해시계, 앙부일구
③ 측량 기구(1446) : 세조 때 토지 측량 기구인 인지의와 규형을 제작
④ 천문도(天文圖) : 천상열차분야지도(천문도를 돌에 새긴 것) 제작

### (2) 역법과 수학의 발달

① 칠정산(세종) : 중국의 수시력과 아라비아의 회회력을 참고로 한 역법서
② 수학의 발달
   ㉠ 천문 · 역법의 발달과 토지 조사, 조세 수입 계산 등의 필요에 의해 발달
   ㉡ 수학 교재 : 명의 안지제가 지은 〈상명산법〉, 원의 주세걸이 지은 〈산학계몽〉 등

### (3) 의학서

① 향약제생집성방(1398) : 의학 · 본초학의 효시
② 향약채집월령(1431) : 약용 식물을 최초로 정리한 의서(한글)
③ 향약집성방(1433) : 우리 풍토에 알맞은 약재 개발과 1천여 종의 병명 및 치료 방법을 개발 · 정리, 조선 의학의 학문적 체계화
④ 태산요록(1434) : 산부인과 의서
⑤ 신주무원록(1438) : 송의 법의학서(무원록)에 주(註)를 달아 편찬
⑥ 의방유취(1445) : 김순의 등, 동양 최대의 의학 백과 사전

## 14. 인쇄술과 제지술

### (1) 활자와 인쇄 기술의 발달

① 배경 : 초기에 각종 서적의 편찬 사업이 활발하게 추진되면서 함께 발달
② 금속 활자의 개량 : 고려 시대에 발명되어 조선 초기에 개량
   ㉠ 태종(1403) : 주자소를 설치하고 구리로 계미자를 주조
   ㉡ 세종(1434) : 구리로 갑인자를 주조(→ 정교하고 수려한 조선 활자의 걸작)

### (2) 제지술의 발달

① 활자 인쇄술과 더불어 제지술이 발달하여 종이의 생산량이 크게 증가
② 세조 때 종이를 전문적으로 생산하는 조지서(造紙署)를 설치

## 15. 농서의 편찬과 농업 기술의 발달

### (1) 농서의 편찬

① 농사직설 : 세종 때 정초 등이 편찬한 우리나라 최초의 농서, 직파법을 권장하고 하삼도의 이모작 등을 소개하고 있으며 씨앗의 저장법이나 토질 개량법, 모내기법 등에 관한 내용도 담고 있음
② 사시찬요 : 세종 때 강희맹이 편찬, 계절(四時)에 따른 농사와 농작물에 관한 주의 사항, 행사 등을 서술

③ 금양잡록 : 성종 때 강희맹이 금양(안양) 지방의 농민들의 경험담을 토대로 저술한 농서로서, 농사직설에 없는 내용만을 수록하는 것을 원칙으로 함

④ 농가집성 : 효종 때 신속이 편찬, 이앙법을 권장하고 주곡(主穀)에 관한 재배법만을 기록

## (2) 농업 기술의 발달

① 2년 3작과 이모작 : 밭농사에서는 조 · 보리 · 콩의 2년 3작이 널리 시행, 논농사에서는 남부 지방 일부에서 벼와 보리의 이모작이 실시

② 건사리와 물사리 : 벼농사에서는 봄철에 비가 적은 기후 조건 때문에 건사리[乾耕法]가 이용되었고, 무논에 종자를 직접 뿌리는 물사리[水耕法]도 행해짐

③ 이앙법, 시비법, 가을갈이 등

# 16. 병서 편찬과 무기 제조

## (1) 병서의 편찬

① 조선 초기에는 국방력 강화를 위해 많은 병서를 편찬, 무기 제조 기술 발달

② 병서 : 〈진도(陳圖)〉, 〈총통등록〉, 〈동국병감〉, 〈병장도설〉, 〈역대병요〉 등

## (2) 무기 제조 기술의 발달

① 화약 무기 제조 기술 : 화포가 제작되고 로켓포와 유사한 화차가 제조

② 병선 제조 기술 : 태종 때 거북선을 만들었고(1413), 작고 날쌘 비거도선이 제조됨

# 17. 다양한 문학

## (1) 조선 전기의 문학

① 특징
  ㉠ 조선 전기의 문학은 작자에 따라 내용과 형식에 큰 차이
  ㉡ 초기에는 격식과 질서 · 조화를 내세우는 경향이었으나 점차 개인적 감정과 심성을 나타내는 경향의 가사와 시조 등이 우세해짐

② 악장과 한문학
  ㉠ 건국 주도 세력은 악장과 한문학을 통하여 새 왕조의 탄생과 자신들의 업적을 찬양하고 우리 민족의 자주 의식 표출(→ 악장은 16세기 가사 문학으로 계승됨)
  ㉡ 성종 때 서거정, 노사신 등은 삼국 시대부터 조선 초기까지의 시와 산문 중에서 빼어난 것을 골라 〈동문선〉을 편찬

③ 시조
  ㉠ 중앙 관료 : 새 왕조 건설 찬양, 외적을 물리치며 강토를 개척하는 진취적인 기상, 농경 생활의 즐거움이나 괴로움 등, 김종서와 남이의 작품이 유명
  ㉡ 재야 선비 : 유교적 충절을 시조로 읊음, 길재와 원천석 등의 작품이 유명

④ 가사 문학 : 시조의 한계를 극복하고 감정을 구체적으로 표현하려는 필요에서 등장

⑤ 설화 문학

SEMI-NOTE

**과학 기술의 발달과 침체**
• 과학 기술의 발달(15세기)
 – 격물치지를 강조하는 경험적 학풍 : 부국강병과 민생 안정을 위해 과학 기술의 중요성 인식
 – 국왕들의 장려와 유학자의 노력 : 특히 세종의 관심이 컸고, 유학자들도 기술학을 학습
 – 서역과 중국의 기술 수용 : 전통 문화를 계승하면서 서역과 중국의 과학 기술을 적극적으로 수용
• 과학 기술의 침체(16세기) : 과학 기술을 경시하는 풍조가 생기면서 점차 침체

ⓘ
04장

근세의 성립과 발전

**〈동문선〉을 통해 드러난 자주 의식**
우리나라의 글은 송이나 원의 글도 아니고 한이나 당의 글도 아니다. 바로 우리나라의 글일 따름이다.

**〈필원잡기〉와 〈용재총화〉**

- **필원잡기** : 성종 18년(1487) 처음 간행된 서거정의 한문 수필집. 옛날부터 전해 오는 이야기 중 후세에 전할 만한 것을 추려 모아 엮은 것으로, 사실과 부합하지 않는 내용도 있으나 여러 면에서 귀중한 참고 자료가 많음
- **용재총화** : 중종 20년(1525) 처음 간행된 성현의 책. 예문관·성균관의 최고 관직을 역임한 바 있는 성현은 폭넓은 학식과 관직에 임했을 때의 경험을 바탕으로 이 책을 집필함. 고려 때부터 성종에 이르기까지 형성, 변화된 민간 풍속이나 문물 제도, 문화, 역사, 지리, 학문, 종교, 문학, 음악, 서화 등을 다루고 있어 당시의 문화 전반을 이해하는 데 큰 도움을 줌

**16세기의 건축**

- 사림의 진출과 함께 서원의 건축이 활발
- **특징** : 가람 배치 양식과 주택 양식이 실용적으로 결합된 독특한 아름다움
- **대표적 서원** : 경주의 옥산 서원(1572)과 안동의 도산 서원(1574)

숭례문

분청 사기

백자

---

ⓒ 대표 작품 : 서거정의 〈필원잡기〉, 성현의 〈용재총화〉 등
ⓛ 소설로의 발전 : 김시습의 〈금오신화〉(최초의 한문 소설) 등

## (2) 16세기의 문학

① **특징** : 사림 문학이 주류가 되어 표현 형식보다는 흥취와 정신을 중시, 부녀자·중인·재야 인사 등으로 문학 향유층이 확대되고, 한시와 시조·가사 분야가 활기를 띰
② **한시** : 현실에 대한 비판 의식보다는 높은 격조를 표현
③ **시조** : 초기의 경향에서 벗어나 인간 본연의 순수한 감정을 표현(황진이, 윤선도 등)
④ **가사 문학** : 정철은 〈관동별곡〉·〈사미인곡〉·〈속미인곡〉 같은 작품에서 풍부한 우리말 어휘를 바탕씩 우리의 이름다운 경치와 임에 대한 충성심을 읊음

# 18. 건축

## (1) 15세기의 건축

① **건축물의 특징**
ⓒ 사원 위주의 고려와 달리 궁궐·관아·성문·학교 등을 중심으로 건축
ⓛ 건물주의 신분에 따라 크기와 장식에 일정한 제한
② **대표적 건축물** : 경복궁, 창덕궁, 창경궁, 창경궁의 명정전과 도성의 숭례문, 창덕궁의 돈화문, 개성의 남대문과 평양의 보통문, 무위사 극락전, 해인사의 장경판전, 원각사지 10층 석탑(세조 13, 1467) 등
③ **정원** : 인공을 가하지 않은 자연미가 특색

# 19. 공예와 자기

## (1) 공예의 발달

① 실용성과 검소함을 중시해 사치품보다는 생활필수품이나 문방구 등이 특색 있게 발달
② 보석류는 그리 쓰이지 않았으며, 나무·대·흙·왕골 등 흔하고 값싼 재료가 많이 이용됨, 소박하고 견고

## (2) 자기

① **분청 사기** : 고려 자기를 계승
ⓒ **특징** : 안정된 모양과 소박하고 천진스러운 무늬가 어우러져 구김살 없는 우리의 멋을 잘 표현
ⓛ **침체** : 16세기부터 세련된 백자가 본격적으로 생산되면서 생산이 감소
② **백자** : 16세기에는 순수 백자가, 17세기 이후에는 청화 백자가 유행하고 철화 백자·진사 백자 등이 등장

한눈에 쏙~

**시대별 자기의 변천**

순수 청자 (11세기) ▶ 상감 청자 (12세기) ▶ 분청 사기 (15세기 전후) ▶ 순수 백자 (16세기) ▶ 청화 백자 (17~18세기)

## 20. 그림과 글씨

### (1) 그림

① 15세기

ㄱ 특징 : 중국 화풍을 선택적으로 소화하여 우리의 독자적인 화풍을 개발, 일본 무로마치 시대의 미술에 영향을 미침

ㄴ 대표적 화가

- 안견 : 화원 출신, 대표작 몽유도원도
- 강희안 : 문인 화가, 대표작 고사관수도
- 최경 : 도화서 화원으로 인물화의 대가, 대표작 채희귀한도

② 16세기

ㄱ 특징 : 다양한 화풍이 발달, 강한 필치의 산수화, 선비의 정신 세계를 표현한 사군자 등

ㄴ 대표적 화가

- 이상좌 : 노비 출신으로 화원에 발탁, 대표작 송하보월도
- 이암 : 동물들의 모습을 사랑스럽게 그림
- 신사임당 : 풀과 벌레를 소박하고 섬세하게 표현, 대표작 화훼초충도
- 삼절(三絕) : 황집중은 포도, 이정은 대나무(묵죽도), 어몽룡은 매화(월매도)를 잘 그림

### (2) 서예

① 양반의 필수 교양으로 여겨져 명필가가 다수 등장하고 독자적 서체가 개발됨

② 4대 서예가 : 안평대군, 김구, 양사언, 한호(한석봉)

SEMI-NOTE

**음악, 무용, 연극**

- 15세기 음악
  - 궁중 음악 : 음악을 교화 수단으로 여겼고, 국가의 의례와 밀접히 관련되어 중시함
  - 세종 : 정간보를 창안, 아악을 체계화 등
- 16세기 음악 : 가사, 시조, 가곡, 민요 등이 민간에 널리 확산됨
- 무용
  - 궁중과 관청 : 의례에서 음악과 함께 춤을 선보임, 나례춤, 처용무
  - 서민 : 민간에서는 농악무 · 무당춤 · 승무 등 전통 춤을 계승 · 발전
- 연극 : 산대놀이라는 가면극과 꼭두각시 놀이라는 인형극도 유행, 민간에서 굿이 유행하여 촌락제, 별신굿 등으로 분화 · 발전

04장 근세의 성립과 발전

9급공무원

# 한국사

나두공

# 나두공

# 05장 근대 태동기의 변동

## 01절　정치 상황의 변동

# 1. 정치 구조의 변화

## (1) 비변사의 기능 강화

**비변사의 설치**

조선 초기의 군사 제도는 그 특성상 적의 침입에 즉각적으로 대응하는 것이 어려웠음. 이에 남쪽 해안과 북쪽 국경 지내에 내란 국방대책을 사전에 마련하고자 중종 때 설치한 것이 비변사임. 한때 폐지론이 있기도 하였던 비변사는 임진 왜란을 계기로 중시되기 시작함

① 비변사의 설치 : 3포 왜란(중종 5, 1510)을 계기로 여진족과 왜구에 대비하기 위하여 설치, 임시 회의 기구
② 을묘왜변(명종 10, 1555)을 계기로 상설 기구화 되어 군사 문제를 처리
③ 기능 강화 : 임진왜란을 계기로 기능 및 구성원이 확대
　㉠ 기능의 확대·강화 : 최고 합의 기구로서 작용
　㉡ 참여 구성원의 확대 : 전·현직 정승, 공조를 제외한 5조의 판서와 참판, 각 군영 대장, 대제학, 강화 유수 등 국가의 중요 관원들로 확대
④ 영향 : 왕권이 약화, 의정부와 육조 중심의 행정 체계도 유명무실, 세도 정치의 중심 기구로 작용
⑤ 폐지 : 1865년 흥선대원군의 개혁 정책으로 비변사는 폐지되고, 일반 정무는 의정부가, 국방 문제는 삼군부가 담당

## (2) 삼사 언론 기능의 변질

① 붕당의 이해를 대변 : 삼사의 언론 기능도 변질되어 각 붕당의 이해 관계를 대변
② 혁파 : 삼사의 언론 기능은 변질·위축되었고 전랑의 권한은 영·정조의 탕평정치를 거치며 혁파됨

# 2. 군사 제도의 개편

## (1) 중앙 군사 제도

**삼수병의 성격**

선조 26년(1593) 10월 임금의 행차가 서울로 돌아왔으나, 성 안은 타다 남은 건물 잔해와 시체로 가득 하였다. 기아에 시달린 백성들은 인육을 먹기도 하고, 외방에서는 곳곳에서 도적들이 일어났다. 이때 임금께서 도감을 설치하여 군사를 훈련시키라는 명을 내리시고는 나를 그 책임자로 삼으시므로 청하기를, "쌀 1천 석을 군량으로 하되, 한 사람당 하루에 2승씩 준다고 하여 군인을 모집하면 응하는 자가 사방에서 몰려들 것입니다."라고 하였다. …… 얼마 지나지 않아 수천 명을 얻어 조총 쏘는 법과 창·칼 쓰는 기술을 가르치도록 하였다. 또 당번을 정하여 궁중을 숙직하게 하고, 임금의 행차에 호위하게 하니 민심이 점차 안정되었다.

― 〈서애집〉 ―

① 개편 방향 : 임진왜란을 경험한 후 새로운 군영의 필요성을 인식하여 효과적인 편제와 훈련 방식을 모색하게 됨
② 5군영(중앙군) 설치
　㉠ 훈련도감(1593)
　　• 설치 : 임진왜란 중 왜군의 조총에 대응하고 국방력을 강화하기 위해 유성룡의 건의에 따라 용병제를 토대로 설치(→ 조선 후기 군제의 근간이 됨)
　　• 편제 : 삼수병(포수·사수·살수)으로 편성
　　• 성격 : 장기간 근무하며 일정 급료를 받는 장번급료병, 직업 군인의 성격
　　• 폐지 : 1881년에 별기군이 창설되어 그 다음해 폐지됨
　㉡ 총융청(1624) : 이괄의 난을 진압한 직후에 설치, 북한산성 및 경기 일대의 수비 담당, 경기도 속오군에 배치, 경비는 스스로 부담

ⓒ 수어청(1626) : 남한산성의 수비 군대, 경기도 속오군에 배치, 경비는 스스로 부담

ⓐ 어영청(1628) : 수도 방어 및 북벌의 본영으로서 역할, 내삼청 등과 함께 정권 유지의 방편으로 이용되기도 함

ⓜ 금위영(1682) : 기병으로 구성되어 궁궐 수비 담당, 번상병, 비용은 보로 충당

③ 5군영의 성격 : 임기응변적 설치, 서인 정권의 군사적 기반

## (2) 지방 군사 제도

① 제승방략 체제(制勝方略體制) : 유사시에 필요한 방어처에 병력을 동원하여 중앙에서 파견되는 장수가 지휘하는 체제

② 속오군(束伍軍) : 양천혼성군, 속오법에 따른 훈련과 편성

㉠ 편제 : 양반으로부터 노비까지 향민 전체가 속오군으로 편제됨

㉡ 동원 : 농한기에만 훈련에 참가, 평상시에는 생업에 종사하고 유사시에 전투

# 3. 붕당(朋黨)의 형성

## (1) 근본 원인

① 직접적으로는 양반의 증가, 근본적으로는 양반의 특권 유지 때문에 발생

② 언론 삼사 요직의 인사권과 추천권을 가진 이조 전랑을 둘러싼 대립

## (2) 사림 세력의 갈등

① 사림의 정국 주도 : 선조가 즉위하면서 향촌에서 기반을 다져 온 사림 세력이 대거 중앙 정계로 진출하여 정국을 주도

② 사림의 갈등 : 척신 정치의 잔재를 어떻게 청산할 것인가를 둘러싸고 갈등

㉠ 기성 사림 : 명종 때부터 정권에 참여해 온 세력

㉡ 신진 사림 : 향촌에서 기반을 다진 후 선조 때부터 중앙에 진출

## (3) 동인과 서인의 분당(선조 8, 1575)

① 배경 : 기성 사림의 신망을 받던 심의겸(서인)과 신진 사림의 지지를 받던 김효원(동인) 사이의 대립으로 동·서인으로 분당되면서 붕당이 형성

② 동인(東人)

㉠ 이황·조식·서경덕의 학문을 계승(급진적·원칙적 주리학파)

㉡ 김효원, 우성전, 이산해, 이발 등 신진 세력의 참여로 먼저 붕당의 형세를 이룸

㉢ 명종 때 정치에 참여하지 않은 신진 사림, 척신 정치 잔재의 청산에 적극적

③ 서인(西人)

㉠ 이이와 성혼의 문인들이 가담함으로써 붕당의 모습을 갖춤(점진적·현실적 주기학파)

㉡ 심의겸, 박순, 윤두수, 윤근수, 정철 등

㉢ 명종 때 정치에 참여했던 기성 사림, 척신 정치 잔재 청산에 소극적

SEMI-NOTE

**제승방략 체제**

유사시 각 읍의 수령들이 군사를 이끌고 지정된 방위 지역으로 간 후, 한양에서 파견된 장수 또는 해당 도의 병수사를 기다렸다가 지휘를 받는 전술. 이러한 제승방략 체제는 후방 지역에 군사가 없으므로 일차 방어선이 무너진 후에는 적의 공세를 막을 방법이 없다는 치명적인 단점이 있으며, 이는 임진왜란 초기 패전의 한 원인이 됨

**이조 전랑**

젊고 명망 있는 홍문관 유신 중에서 임명되는 정5품의 관직으로, 당하관·언론 삼사 요직 및 재야인사 등의 인사권, 후임 전랑 추천권 등의 권한을 가지고 있었음. 전랑은 삼사의 의견을 통일하고 인사권과 언론권을 장악할 수 있는 막강한 권한을 가지고 있었으므로, 전랑직을 둘러싸고 붕당 간 다툼이 치열하게 전개됨

05장 근대 태동기의 변동

**주리론과 주기론**
- 주리론 : 도덕적 원리인 이 중시, 이황
- 주기론 : 경험적 세계인 기 중시, 이이

나두공 9급공무원 한국사

SEMI-NOTE

**동인과 서인의 분당**

선조 8년(1575), 김효원이 이조 전랑으로 천거됨. 이에 인순왕후의 동생인 심의겸은 김효원에 대하여 이조 전랑이 될 자격이 없다며 적극 반대함. 그의 반대에도 불구하고 김효원은 이조 전랑이 되었다가 얼마 후 다른 곳으로 자리를 옮기게 되었는데, 그 후임으로 천거된 사람이 바로 심의겸의 아우 심충겸이었음. 김효원은 왕의 외척으로서 이조 전랑이 되는 것은 바르지 못하다는 이유로 심충겸이 이조 전랑에 오르는 것을 반대함. 사람들은 심의겸이 집이 도성 서쪽 정동에 있다 하여 그의 일파를 서인, 김효원의 집이 도성 동쪽 건천동에 있다 하여 그의 일파를 동인이라고 불렀음

**남 · 북인의 분당**

동서 분당 후 처음에는 동인이 정국을 주도하였는데 정여립 모반 사건(1589)으로 동인은 잠시 위축(서인이 잠시 주도)됨. 그러나 정철의 건저상소 사건(1591)으로 정철 등 서인이 실권을 잃고 동인이 다시 집권하였음. 이때 동인은 서인에 대한 처벌을 두고 강경 · 급진파인 북인과 온건파인 남인으로 분열

**제1차 예송 논쟁(기해예송)**

성리학적 종법에 따르면 자식이 부모보다 먼저 죽었을 경우, 부모는 그 자식이 적장자라면 3년간, 적장자가 아니라면 1년간 상복을 입어야 함. 이에 따라 차남이면서 왕위에 오른 효종의 사망과 관련하여 자의대비의 복상 기간을 두고 벌어진 것이 바로 제1차 예송 논쟁임. 서인은 성리학적 종법에 따라 1년을, 남인은 왕인 효종을 적장자로 보아 3년을 주장했음. 종법의 해석과 권력이 연계되어 민감한 사안이 된 1차 예송 논쟁은 적장자와 차남의 구분 없이 1년간 상복을 입도록 규정한 〈경국대전〉에 따라 서인의 승리로 돌아감. 그러나 실제로 종법과 관련되어 확정된 것은 없었으며 그로인해 2차 예송 논쟁이 일어나게 됨

**2차 예송 논쟁(갑인예송)**

효종의 비인 인선왕후의 사망 후 그 시어머니인 자의대비의 복상 기간을 두고 벌어짐. 효종을 적장자로 인정한다면 1년, 차남으로 본다면 9개월이 복상 기간임. 2차 예송 논쟁 결과 남인 정권이 수립됨

### (4) 붕당의 성격

① 16세기 왕권이 약화되고 사림 정치가 전개되면서 형성
② 정치 이념과 학문 경향에 따라 결집(→ 정파적 성격과 학파적 성격을 동시에 지님)

## 4. 붕당 정치의 전개

### (1) 동인의 분열

① 동인의 우세 : 동서 분당 후 처음에는 동인이 수적 우세를 바탕으로 정국 주도
② 남 · 북인의 분당 : 온건파인 남인(이황 학파)과 급진파인 북인(서경덕 · 조식 학파)으로 분당

### (2) 광해군의 정치와 인조 반정

① 중립 외교 : 명과 후금 사이에서 중립 외교 전개, 전후 복구 사업 추진
② 북인의 독점 : 광해군의 지지 세력인 북인은 서인과 남인 등을 배제
③ 인조 반정(1623) : 폐모살제(廢母殺弟) 사건(인목대비 유폐, 영창대군 살해), 재정 악화, 민심 이탈 등을 계기로 발발한 인조 반정으로 몰락

### (3) 붕당 정치의 진전

① 연합 정치 : 인조 반정을 주도한 서인은 남인 일부와 연합하여 정국을 운영, 서로의 학문적 입장을 인정하고 상호 비판적인 공존 체제를 이룸
② 학문적 경향 : 이황과 이이의 학문(주자 중심의 성리학)이 확고한 우위를 차지
③ 여론의 주재 : 주로 서원을 중심으로 여론이 모아져 중앙 정치에 반영되었는데, 학파에서 학식과 덕망을 겸비한 산림(山林)이 재야에서 그 여론을 주재
④ 서인의 우세 : 이후 현종 때까지는 서인이 우세한 가운데 남인과 연합하여 공존하며 서인 정권 스스로 전제와 독주를 경계

### (4) 자율적 예송 논쟁과 붕당의 공존

① 예송 논쟁의 전개
ㄱ 제1차 예송 논쟁(기해예송, 1659)
• 효종 사망 시 자의대비의 복제를 두고 송시열 · 송준길 등 서인은 1년설을, 윤휴 · 허목 · 허적 등 남인은 3년설을 주장
• 서인 : 효종이 적장자가 아님을 들어 왕과 사대부에게 동일한 예가 적용되어야 한다는 입장(왕사동례)에서 1년설을 주장
• 남인 : 왕에게는 일반 사대부와 다른 예가 적용되어야 한다는 입장(왕사부동례)에서 3년설을 주장
• 실권을 장악하고 있던 서인의 주장(1년설)이 수용되어 서인 집권이 지속됨
ㄴ 제2차 예송 논쟁(갑인예송, 1674)
• 효종 비의 사망 시 서인은 9개월을, 남인은 1년을 주장
• 남인의 주장이 수용되어 남인이 집권하고 서인이 약화됨

138

② 붕당의 공존 : 갑인예송의 결과 남인의 우세 속에서 서인과 공존하는 정국은 경신환국(1680)으로 분열과 대립이 격화되기까지 정국 지속

## (5) 붕당 정치의 성격 및 평가

① 정치적 성격의 변천
  ㉠ 붕당 정치의 성격 : 학연과 지연을 바탕으로 붕당 간 치열한 정권 다툼 전개
  ㉡ 붕당 정치의 변천
    • 초기 : 상대 붕당을 소인당(小人黨), 자기 붕당을 군자당(君子黨)이라 주장
    • 후기 : 모두 군자당으로 보고, 견제와 협력을 바탕으로 한 붕당 정치 전개
② 평가
  ㉠ 긍정적 측면 : 공론(公論)의 수렴, 언로(言路)의 중시, 산림(山林)의 출현
  ㉡ 한계 : 붕당이 내세운 공론은 백성들의 의견이 아니라 지배층 의견 수렴에 그침

# 5. 붕당 정치의 변질

## (1) 붕당간의 대립 격화

① 배경
  ㉠ 일당 전제화의 추세 : 숙종 때에 이르러 붕당 사이의 견제와 균형이 무너지면서 특정 붕당이 정권을 독점하는 일당 전제화의 추세가 대두(→ 환국 발생)
  ㉡ 노론과 소론의 대립 : 노론은 송시열을 중심으로 하여 대의명분과 민생안정을 강조하는 반면, 소론은 윤증을 중심으로 하여 실리를 중시하고 적극적 북방 개척을 주장
  ㉢ 정치적 쟁점의 변화 : 사상적 문제에서 군사력과 경제력 확보에 필수적인 군영장악으로 이동
② 결과 : 서인과 남인의 공조체제 붕괴와 환국(換局)의 빈발, 외척의 비중 강화, 비변사 기능 강화, 전랑의 정치적 비중 약화

## (2) 붕당 정치의 변질 ★ 빈출개념

① 경신환국(경신대출척, 숙종 6, 1680)
  ㉠ 서인 집권 : 서인이 허적(남인)의 서자 허견 등이 역모를 꾀했다 고발하여 남인을 대거 숙청
  ㉡ 결과 : 서인은 남인의 처벌을 놓고 온건론인 소론(윤증), 강경론인 노론(송시열)으로 분열
② 기사환국(숙종 15, 1689) : 숙종이 희빈 장씨 소생인 연령군(경종)의 세자 책봉에 반대하는 서인(송시열, 김수항 등)을 유배 · 사사하고, 인현왕후를 폐비시킴
③ 갑술환국(갑술옥사, 숙종 20, 1694)
  ㉠ 폐비 민씨 복위 운동을 저지하려던 남인이 실권하고 서인이 집권
  ㉡ 남인은 재기 불능이 되고, 서인(노론과 소론) 간에 대립하는 일당 독재 정국이 전개
④ 병신처분(1716) : 소론을 배제하고 노론을 중용

SEMI-NOTE

**경제적 · 사회적 환경의 변화**
• 상품 화폐 경제의 발달에 따라 17세기 후반 이후 상업적 이익을 독점하려는 경향 증가
• 지주제와 신분제 동요에 따라 붕당 기반이 약화되고 여러 사회세력 간 갈등 심화

05장

근대 태동기의 변동

⑤ 정유독대(1717) : 숙종과 노론의 영수 이이명의 독대를 통해 병약한 세자(경종)를 대신해 연잉군(영조)을 후사로 논의

⑥ 신임옥사(신임사화)(1721~1722) : 노론 축출, 소론 일당정국

ⓐ 신축옥사(신축환국)(1721) : 경종 때 소론이 세자책봉 문제로 노론을 축출

ⓑ 임인옥사(1722) : 경종 때 소론이 경종 시해와 연잉군(영조) 옹립 음모를 고변해 노론을 탄압

### (3) 붕당 정치의 변질 결과

① 정치 운영의 변화 : 환국으로 왕과 직결된 외척이나 종실 등의 정치 권력 확대

② 붕당 정치의 기반 붕괴 : 일당 전제화, 비변사의 기능 강화, 언론 기관이나 재지사족의 정치적 기능 약화(공론의 비중 약화)

③ 벌열 가문의 정권 독점 : 공론이 아닌 개인이나 가문의 이익을 우선

④ 양반층의 분화 : 양반층의 자기 도태로 다수의 양반이 몰락

⑤ 서원의 역할 변화 : 양반의 낙향이 늘어 서원이 남설되었고, 서원 고유의 여론 형성 기능이 퇴색함

## 6. 탕평론

### (1) 탕평론의 배경

붕당 정치의 변질로 인한 극단적 정쟁과 정치 세력 간 균형의 붕괴, 사회 분열 등의 문제가 발생, 국왕이 강력한 왕권을 토대로 정치의 중심에서 세력 균형을 유지하고자 하는 탕평론이 제기

### (2) 탕평론의 전개

① 제기 : 숙종 때

ⓐ 숙종 이전 : 서인과 남인이 공존하던 자율적 붕당 시대(17세기 전반)

ⓑ 숙종 이후 : 왕에 의한 타율적 균형책으로 탕평론이 제기됨

② 목적 : 인사 관리를 통한 정치적 세력 균형의 유지

③ 한계 : 숙종의 탕평책은 명목상의 탕평론에 지나지 않아 균형의 원리가 지켜지지 않았고, 노론 중심의 편당적인 인사 관리로 환국이 일어나는 빌미를 제공

## 7. 영조의 탕평 정치

### (1) 즉위 초기의 정국

① 탕평교서(蕩平敎書) 발표 : 탕평교서를 통해 어지러운 정국을 바로잡으려 하였으나 실패

② 이인좌의 난(영조 4, 1728) 발생

ⓐ 소론 강경파와 남인 일부가 경종의 죽음에 영조와 노론이 관계되었다고 주장하며, 영조의 탕평책에 반대하여 반란

ⓑ 붕당 관계를 재편성하는 계기가 됨

## (2) 탕평파 중심의 정국 운영

① 탕평파 육성 : 붕당의 정치적 의미는 퇴색되고 정치권력은 왕과 탕평파로 집중

② 산림의 존재 부정 : 붕당의 뿌리를 제거하기 위하여 본거지인 서원을 대폭 정리

③ 이조 전랑의 권한 약화 : 자대권(후임자 천거권) 및 낭천권의 관행을 없앰

# 8. 정조의 탕평 정치

## (1) 탕평 정치의 추진

① 추진 방향 : 정조는 영조 때보다 더욱 강력한 탕평책을 추진하고 이를 통해 왕권 강화

② 진붕(眞朋)과 위붕(僞朋)의 구분 : 각 붕당의 주장이 옳은지 그른지를 명백히 가리는 적극적인 탕평(준론탕평)을 추진

③ 남인(시파) 중용 : 노론(벽파) 외에 소론의 일부 세력과 그 동안 정치에서 배제되었던 남인 계열이 중용됨

## (2) 왕권의 강화

① 인사 관리 : 붕당의 입장을 떠나 의리와 명분에 합치되고 능력 있는 사람을 중용

② 규장각의 설치 · 강화

　㉠ 설치 : 본래 역대 왕의 글과 책을 수집 · 보관하기 위한 왕실 도서관의 기능

　㉡ 기능 강화 : 국왕 비서실, 문신 교육, 과거 시험 주관 등의 기능을 통합적으로 부여하여 권력과 정책을 뒷받침할 수 있는 강력한 정치기구로 육성

　㉢ 서얼 등용 : 능력 있는 서얼을 등용하여 규장각 검서관 등으로 임명

③ 초월적 군주로 군림하면서 스승의 입장에서 신하를 양성하고 재교육

④ 초계문신제(抄啓文臣制) 시행 : 신진 인물이나 중 · 하급(당하관 이하) 관리 가운데 능력 있는 자들을 재교육시키고 시험을 통해 승진

⑤ 장용영(壯勇營) 설치 : 친위 부대인 장용영을 설치하여 각 군영의 독립적 성격을 약화시키고 병권을 장악함으로써 왕권을 뒷받침하는 군사적 기반을 갖춤

## (3) 화성(華城)의 건설

① 수원에 화성을 세워 정치적 · 군사적 기능을 부여

② 상공인을 유치하여 자신의 정치적 이상을 실현하는 상징적 도시로 육성하고자 함

③ 화성 행차 시 일반 백성들과의 접촉 기회를 확대하여 이들의 의견을 정치에 반영

## (4) 수령의 권한 강화

① 수령이 군현 단위의 향약을 직접 주관하게 해 사림의 영향력을 줄이고 수령의 권한을 강화

② 지방 사족의 향촌 지배력 억제, 국가의 통치력 강화

## (5) 정조의 문물·제도 정비 ★빈출개념

① 민생 안정과 서얼 · 노비의 차별 완화, 청과 서양의 문물 수용, 실학 장려

SEMI-NOTE

**탕평교서**
붕당 간 정쟁의 폐단을 지적하고 탕평의 필요성을 주장한 교서

**시파와 벽파**
정조의 아버지인 사도세자와 관련된 국론 분열은 영조 때부터 존재해 왔음. 이로 인한 대립은 정조 즉위 후 심화되었는데 이때 정조에게 동의한 무리를 시파, 반대한 무리를 벽파라고 함

**규장각 검서관**
규상각 각신의 보좌, 문서 필사 등의 업무를 맡은 관리로, 대부분이 서얼 출신이었음. 정조는 규장각 검서관을 매우 중시하여 정직이 아닌 잡직임에도 까다롭게 임명함. 초대 검서관에는 이덕무, 유득공, 박제가 등이 임명됨

**수원 화성**
흙으로 단순하게 쌓은 읍성을 조선 정조 때 석각으로 축조하면서 화성이라고 불리게 되었음. 정약용의 이론을 설계 지침으로 삼아 축조된 과학적인 구조물. 동과 벽돌을 과감하게 혼용하였다는 점, 거중기를 활용하였다는 점, 용재(건축이나 가구 등에 쓰는 나무)를 규격화하였다는 점, 화포를 주무기로 삼았다는 점 등을 특성으로 함. 1997년에 유네스코 세계문화유산으로 등록되었음

**탕평 정치의 성격 및 한계**
여러 정책들이 보수적인 성격을 띠고 있었고, 정치 운영 면에서는 왕의 개인적인 역량에 크게 의존하였으므로 탕평 정치가 구조적인 틀을 갖추어 안정적으로 유지되기는 어려웠음

② 신해통공(1791) : 상공업 진흥과 재정 수입 확대를 위해 육의전을 제외한 금난전권 철폐

③ 문체 반정 운동 : 문화 정책의 일환으로, 박지원 등이 패사소품체(稗史小品體)를 구사해 글을 쓰자 문체를 정통 고문으로 바로잡으려 한 것

④ 편찬
　㉠ 대전통편 : 〈경국대전〉을 원전으로 하여 통치 규범을 전반적으로 재정리하기 위하여 편찬한 것으로, 규장각 제도를 법제화
　㉡ 형조의 사례집으로 〈추관지〉를, 호조의 사례집으로 〈탁지지〉를 편찬
　㉢ 동문휘고, 증보문헌비고(상고 시대 이후 우리나라의 제도·문물을 정리한 백과사전)
　㉣ 무예도보통지(이덕무·박제가·백동수 등이 황명으로 편찬한 병법서)
　㉤ 제언절목, 규장전운, 홍재전서·일득록

## 9. 세도 정치

### (1) 세도 정치의 성립

① 의의 : 세도 정치란 종래의 일당 전제마저 거부하고 특정 가문이 권력을 독점하는 정치 형태로서, 가문의 사익을 위해 정국이 운영되어 정치 질서가 붕괴됨

② 성립 배경
　㉠ 탕평 정치로 왕에게 권력이 집중된 것이 19세기 세도 정치의 빌미가 됨
　㉡ 정치 세력 간의 균형이 깨지고 몇몇 유력 가문의 인물에게 권력이 집중됨

### (2) 세도 정치의 전개

① 순조(23대, 1800~1834)
　㉠ 정순왕후의 수렴청정 : 정조 때 정권에서 소외되었던 노론 벽파 세력이 정국을 주도하고 인사권·군권 장악, 장용영을 혁파하고 훈련도감을 정상화시켜 이를 장악
　㉡ 안동 김씨 일파의 세도 정치 전개 : 정순왕후 사후 벽파 세력이 퇴조, 순조의 장인 김조순의 안동 김씨 일파가 세도 정치를 전개

② 헌종(24대, 1834~1849) : 헌종의 외척인 풍양 조씨 가문이 득세

③ 철종(25대, 1849~1863) : 김문근 등 안동 김씨 세력이 다시 권력 장악

## 10. 세도 정치기의 권력 구조

### (1) 가문 정치(家門政治)

① 정치 기반 축소 : 중앙 정치를 주도하는 것은 소수의 가문으로 축소

② 유력 가문의 권력 독점 : 왕실 외척으로서의 정치 권력, 산림으로서의 명망, 관료 가문의 기반을 동시에 가지고 권력 독점

### (2) 권력 구조 및 기반

① 정2품 이상의 고위직만이 정치적 기능을 발휘

② 의정부와 육조는 유명무실화되고 실질적인 힘은 비변사로 집중

③ 훈련도감(5군영) 등의 군권을 장기적으로 독점하여 정권 유지의 토대를 다짐

## 11. 세도 정치의 한계와 폐단

### (1) 세도 정권의 한계

① 사회 개혁 의지와 능력 결여 : 개혁 세력의 정치 참여 배제, 사회 통합 실패

② 지방 사회에 대한 몰이해 : 세도가들은 도시 귀족의 체질을 지녔고 집권 후 개혁 의지도 상실하여 상대적으로 뒤떨어진 지방 사회의 사정을 이해하지 못함

### (2) 세도 정치의 폐단

① 왕권의 약화 : 세도가의 권력 독점과 인사 관리의 전횡

② 정치 기강의 문란 : 매관매직(賣官賣職)의 성행, 수령 · 아전들의 수탈, 삼정의 문란

③ 상품 화폐 경제의 발전 저해, 농민 봉기의 발생

## 12. 대청 외교

### (1) 청과의 관계

① 북벌 정책의 추진 : 적개심이 남아 북벌 정책을 오랫동안 고수, 전란 후 민심 수습과 국방력을 강화하는 데 기여

② 청의 발전과 북학론의 대두

　㉠ 청은 전통 문화를 장려하고 서양 문물을 수용해 문화 국가로 변모

　㉡ 학자들 중 일부는 청을 배척하지만 말고 이로운 것은 배우자는 북학론을 제기

### (2) 청과의 영토 분쟁

① 국경 분쟁 : 청이 만주 지방을 성역화하면서 우리나라와 국경 분쟁이 발생

② 백두산 정계비 건립(숙종 38, 1712) : 청의 오라총관 목극등 등과 조선 관원들이 백두산 일대를 답사하여 국경을 확정하고 건립

③ 간도 귀속 문제 : 우리가 불법적으로 외교권을 상실한 상태에서 청과 일본 사이에 체결된 간도 협약(1909)에 따라 청의 영토로 귀속

## 13. 대일 외교

### (1) 기유약조(광해군 1, 1609)

① 선조 37년(1604), 유정(사명당)을 파견하여 일본과 강화하고 3,000여 명의 조선인 포로를 송환

② 기유약조를 맺어 부산포에 다시 왜관 설치, 제한된 범위 내에서 교섭 허용(1609)

### (2) 통신사(通信使)의 파견

SEMI-NOTE

**붕당 정치와 세도 정치**

세도 정치는 기존의 일당 전제마저 거부하고 특정 가문에서 권력을 독점하는 정치 형태. 붕당 정치가 이루어지던 시기에는 붕당들이 서로 대립하면서 어느 정도 여론을 수렴하였으며 정치적 명분을 내세워 사회 변동에 대처하기도 하였으나, 세도 정치 시기에는 세도 정권에 대해 비판을 할 수 있는 세력이 없었으므로 이들의 권력 행사를 견제할 방법이 없었음

**철거전 백두산 정계비**

**간도 협약**

1909년 일본은 남만 철도의 안봉선 개축을 두고 청과 흥정하여 철도 부설권을 얻는 대신 청에게 간도 지방을 넘겨주었음

SEMI-NOTE

통신사 행렬도

**울릉도와 독도 문제**
- **충돌의 원인** : 삼국 시대 이래 우리의 영토였으나 일본 어민들이 자주 침범
- **안용복의 활동** : 숙종 때 동래의 어민인 안용복은 울릉도에 출몰하는 일본 어민들을 쫓아내고, 일본에 2차례 건너가 울릉도와 독도가 조선의 영토임을 확인받고 돌아옴
- 19세기 말 정부는 울릉도에 주민 이주를 장려하고 군을 설치하여 관리를 파견, 독도까지 관할하게 함

**조선 후기의 수탈과 통제 강화**
- 수령과 향리 중심의 향촌지배방식으로 바뀜에 따라 이들에 의한 농민 수탈이 증가
- 농민의 이탈 방지를 위해 호패법과 오가작통제를 강화

**영정법**
세종 때 정비된 전분 6등법과 연분 9등법은 과세 기준이 복잡하고 토지의 작황을 일일이 파악해야 했으므로 적용이 번거로웠음. 그리하여 15세기 말부터는 4~6두를 징수하는 것이 관계화됨. 임진왜란을 거치며 토지가 황폐해지고 백성들의 삶이 피폐해지자 토지의 비옥도에 따라 전세를 정액화하는 영정법이 실시됨. 그러나 결과적으로는 큰 실효를 거두지 못함

① 조선의 선진 문화를 받아들이고, 막부의 권위를 인정받기 위해 사절 파견을 요청
② 사절의 파견 : 조선에서는 1607년부터 1811년까지 12회에 걸쳐 사절을 파견

## 02절 | 경제 구조의 변동

### 1. 수취 체제 개편의 배경 및 내용

#### (1) 개편의 배경
① 농촌사회의 붕괴 : 징신(徵新)으로 인한 농민의 피해, 정복지 황폐화
② 정부 대책의 미흡 : 양반 지배층은 정치적 다툼에 몰두하여 민생 문제에 대처하지 못하였고, 복구를 위한 정부의 대책은 미봉책에 그침

#### (2) 개편의 내용 및 한계
① 개편의 기본 방향 : 농민들의 부담을 줄이고 지주의 부담은 늘림
② 개편의 내용 : 전세는 영정법, 공납은 대동법, 군역은 균역법으로 개편
③ 개편의 한계 : 결국 양반 중심의 지배체제 유지에 목적이 있었기에 농민 부담은 별로 줄지 않음

### 2. 전세(田稅) 제도의 개편

#### (1) 경제 상황과 정부의 개선책
① 양 난 이후의 경제 상황 : 당시 토지 결수가 임진왜란 전 150만 결에서 직후 30여만 결로 크게 감소
② 정부의 개선책
  ㉠ 개간 장려 : 진전(陳田)의 개간 등
  ㉡ 양전 사업 : 양안에서 빠진 토지(은결)를 찾아 전세의 수입원을 증대하려는 의도
③ 정부 정책의 한계 : 농민들의 삶을 향상시킬 수 없는 미봉책에 불과

#### (2) 영정법(永定法)의 시행(인조 13, 1635)
① 내용 : 풍흉에 관계없이 토지 1결당 미곡 4두로 전세를 고정(→ 전세의 정액화)
② 결과
  ㉠ 전세의 비율이 이전보다 다소 낮아짐
  ㉡ 전세 납부 시 부과되는 수수료와 운송비의 보충 비용 등이 전세액보다 많아 오히려 농민의 부담이 가중됨

### 3. 공납의 전세화

#### (1) 공납의 폐해

① 방납의 폐해 : 농민들의 토지 이탈 가속

② 국가 재정의 악화 : 양 난 후 더욱 악화

## (2) 대동법(大同法)의 시행(광해군 1, 1608)

① 내용 : 토지 결수에 따라 쌀 등으로 납부하게 하고, 정부는 수납한 쌀 등을 공인에게 공가(貢價)로 지급하여 그들을 통해 필요한 물품을 구입

② 실시 목적 : 방납 폐해를 시정, 전후 농민 부담을 경감, 국가 재정 확충

③ 경과 : 양반 지주의 반대가 심해 전국 실시에 100년이란 기간이 소요

   ㉠ 광해군 1년(1608) : 이원익 · 한백겸의 주장으로 선혜청을 설치하고 경기도에서 처음 실시(→ 1결당 16두 징수)

   ㉡ 인조 1년(1623) : 조익의 주장으로 강원도에서 실시

   ㉢ 효종 : 김육의 주장으로 충청도 · 전라도에서 실시

   ㉣ 숙종 34년(1708) : 황해도에서 실시

④ 결과 : 농민 부담 경감, 공납의 전세화, 조세의 금납화, 국가 재정의 회복, 공인(貢人), 상품 화폐 경제의 발달

⑤ 한계 : 현물 징수의 존속, 전세의 전가, 가혹한 수탈

## 4. 균역법(均役法)의 시행

### (1) 군역 제도 개편의 배경

① 5군영의 성립 : 16세기 이후 모병제가 제도화되자 군역을 대신하는 수포군이 점차 증가

② 양역의 폐단 발생

   ㉠ 군포의 중복 징수 : 장정 한 명에게 이중 삼중으로 군포를 부담하는 경우가 빈발

   ㉡ 군포 양의 불균등 및 면역(공명첩, 납속책) 증가, 부정부패 만연

③ 양역(良役)의 회피 증가, 군역에 대한 농민의 저항 발생

④ 양역변통론(良役變通論)의 대두 : 호포론(영조), 농병일치론(유형원) 등

### (2) 균역법(영조 26, 1750) ⭐빈출개념

① 내용 : 종전의 군적수포제에서 군포 2필을 부담하던 것을 1년에 군포 1필로 경감

② 부족분의 보충 : 부가세 징수(결작, 선무군관포, 잡세)

③ 결과

   ㉠ 일시적으로 군포 부담이 줄어 농민들의 저항이 다소 진정, 국가 재정도 증가

   ㉡ 군역이 면제되었던 상류 신분층(양반 · 지주)이 군포와 결작을 부담함으로써 군역이 어느 정도 평준화

   ㉢ 결작이 소작 농민에게 전가되어 군적이 다시 문란해짐

## 5. 농업

### (1) 농업 생산력의 증대

SEMI-NOTE

**공인**

대동법 실시 이후 국가에서 필요로 하는 물품을 사서 납부하던 어용 상인. 이들은 국가로부터 미리 지급받은 공가로 수공업자 · 시전 등으로부터 물품을 구매 · 납부하고 수수료나 차액을 차지함. 이들의 등장으로 선대제 수공업의 발달이 더욱 두드러지게 되었는데, 이러한 현상은 조선 후기 자본주의적 요소의 형성 및 발달을 나타내는 요소라고 할 수 있음

**군정의 문란**

• **족징** : 도망자나 사망자의 체납분을 친족에게 징수

• **인징** : 체납분을 이웃에게 징수

• **백골징포** : 죽은 사람에게 군포를 부과하여 가족이 부담

• **황구첨정** : 어린아이도 군적에 올려 군포 부과

• **강년채** : 60세 이상의 면역자에게 나이를 줄여 부과

• **마감채** : 병역 의무자에게 면역을 대가로 하여 일시불로 군포 징수

**군적수포제**

16세기 중엽 방군수포제의 폐해가 극심해지자 군적수포제를 실시하여 병역 의무자들에게 16개월에 군포 2필만을 부담시키고 현역 복무를 면제받게 하였음. 군적수포제를 통해 복무를 면제받은 사람을 납포군이라고 함

**제언절목**

정조 2년(1778) 비변사에서 제정한 제언 (농업 용수용 수리 시설) 관련 규정. 저수지 면적의 유지, 저수지 관리 방법, 저수지 수축 방법, 인력 동원 방법 등을 규정하고 있음. 〈비변사 등록〉과 〈정조실록〉에 전함

**양반 지주의 경제 생활**
• 소작료 소득 등을 통한 경제 기반의 유지 · 확대
• 토지에서 발생하는 수입을 통한 토지 매입에 열중
• 물주(物主)로서 상인에게 자금을 대거나 고리대로 부를 축적
• 경제적 변동에 적응하지 못하여 몰락하는 양반(잔반) 발생

**계층 분화 촉진의 요인**

농업의 이앙법과 광작, 수공업의 납포장과 선대제 수공업, 상업의 객주와 상인 물주 등

**타조법**

조선 전기에는 종자와 전세(田稅)는 지주 부담이 원칙이었지만, 조선 후기에 이르면 중부 이남 지방에서는 소작인이, 북부지방에서는 지주가 부담하였음

① 농경지 확충 : 황폐한 농토의 개간(농민은 오히려 소유지 감축) 등
② 수리 시설 복구와 관리
　　㉠ 제언, 천방, 보(洑) 등 수리 시설 정비 · 확대
　　㉡ 제언사를 설치(현종)하고 제언절목을 반포(정조)하여 국가에서 저수지 관리
③ 시비법 개량 : 거름의 종류 및 거름 주는 방법을 다양하게 개발
④ 새로운 영농 방법 도입을 통한 생산력 증대, 농업 경영의 전문화 · 다양화 : 이앙법, 견종법 등
⑤ 농업 경영 방식의 변화
　　㉠ 이앙법(모내기법) 보급
　　　　• 단위 면적당 경작 노동력이 80% 정도 감소, 농민 1인당 경작 면적도 5배정도 증가
　　　　• 이앙법 실시로 광작이 발생(→ 부농의 등장)
　　㉡ 부농
　　　　• 지주형 부농 : 지주들도 직접 경작하는 토지를 확대
　　　　• 경영형 부농 : 자작농은 물론 일부 소작농도 더 많은 농토를 경작
⑥ 상품 작물의 재배 : 쌀, 인삼, 목화, 고추, 약초, 과일, 인삼, 담배(17세기, 일본), 고구마(18세기, 일본), 감자(19세기, 청)

## (2) 지주 전호제의 일반화

① 양 난 이후 양반이 토지 개간과 매입을 통해 토지를 확대하여 이를 소작 농민에게 소작료를 받고 임대하는 지주 전호제가 증가하였고, 18세기 말에 일반화됨
② 지주 전호제의 변화
　　㉠ 초기 : 양반과 지주라는 지위를 이용하여 소작료 등의 부담을 마음대로 강요
　　㉡ 변화 계기 : 상품 화폐 경제가 발달되면서 소작인의 저항이 심해짐
　　㉢ 후기 : 지주와 전호 사이의 신분적 관계보다 경제적인 관계로 바뀌어 감

## (3) 몰락 농민의 증가

① 토지의 상품화 : 상품 화폐 경제의 발달과 함께 더욱 가속화
② 농민의 이농 현상 : 농촌을 떠나거나 품팔이로 생계를 유지하는 농민이 증가
③ 농민 계층의 분화 : 농촌을 떠난 농민은 도시로 가 상공업에 종사하거나 광산이나 포구의 임노동자가 됨

## (4) 지대(地代)의 변화

① 배경
　　㉠ 소작 농민들은 더 유리한 경작 조건을 얻기 위하여 지주를 상대로 소작 쟁의를 벌임
　　㉡ 이러한 과정에서 소작권을 인정받고, 소작료 부담도 다소 완화됨
② 타조법(打租法) : 전기~후기의 일반적 지대
　　㉠ 소작인이 지주에게 수확의 반을 바침(→ 정률 지대)
　　㉡ 특징 : 농민에게 불리하고 지주에게 유리

③ 도조법(賭租法) : 후기에 보급

㉠ 일정 소작료(대개 평년작을 기준으로 수확량의 1/3)를 납부(→ 정액 지대)

㉡ 농민들의 항조 투쟁 결과 18세기에 일부 지방에서 등장

㉢ 특징 : 소작인에게 유리(→ 지주와 전호 간에 계약 관계, 지주제 약화)

④ 도전법(賭錢法)

㉠ 18세기 말 이후 상품 화폐 경제의 진전에 따른 소작료의 금납화

㉡ 소작농의 농업 경영을 보다 자유롭게 해 주는 기반으로 작용

# 6. 민영 수공업의 발달

## (1) 발달 배경

① 시장 경제의 확대

㉠ 수요의 증가 : 인구 증가와 관수품 수요 증가

㉡ 공급의 증가 : 상품 화폐 경제의 발달로 시장 판매를 위한 수공업품 생산 활발

② 관영 수공업의 쇠퇴 : 16세기 전후 장인들의 공장안 등록 기피로 공장안에 의한 무상 징발이 어려워짐, 정부의 재정 악화 등으로 관영 수공업 체제의 유지가 곤란

## (2) 민영 수공업의 발달

① 공장안 폐지(신해통공, 1791) : 정조 때 장인의 등록제를 폐지

② 민간 수요와 관수품의 수요 증가 : 민영 수공업을 통해 증가 수요 충족

③ 점(店)의 발달 : 민간 수공업자의 작업장(철점, 사기점 등), 전문 생산 체제 돌입

## (3) 수공업 형태의 변화

① 선대제(先貸制) 수공업 : 17~18세기 수공업의 보편적 형태

② 독립 수공업자의 등장

㉠ 18세기 후반에 등장, 독자적으로 제품을 생산·판매하는 수공업자

㉡ 수공업자들의 독립 현상은 주로 놋그릇·농기구·모자·장도 분야에서 두드러짐

# 7. 광업의 발달

## (1) 광산 경영의 변화

① 초기(15세기) : 정부의 광산 독점으로 사적인 광산 경영은 통제

② 16세기 : 농민들이 광산으로의 강제 부역을 거부하기 시작함

③ 17세기

㉠ 광산 개발 촉진 : 청과의 무역으로 은광의 개발이 활기

㉡ 설점수세(효종 2, 1651) : 민간의 사채(私採)를 허가, 정부에서는 별장을 파견하여 수세를 독점

㉢ 정부의 감독 아래 허가를 받은 민간인이 광산 채굴 가능

㉣ 호조의 별장제(숙종 13, 1687) : 별장이 호조의 경비로 설점을 설치하고 수세를

관리

④ 18세기

㉠ 호조의 수세 독점 : 관찰사와 수령의 방해로 점차 쇠퇴

㉡ 덕대제와 수령수세 : 18세기 중엽부터는 국가의 감독을 받지 않고 자본(상인 물주)과 경영(덕대)이 분리된 광산 경영 형태가 일반화됨, 수령이 수세를 관리

㉢ 잠채 성행, 자유로운 채광 허용

### (2) 조선 후기의 광산 경영의 특징

① 덕대제 : 경영 전문가인 덕대가 상인 물주에게 자본을 조달받아 채굴업자와 채굴 노동자 등을 고용하여 광물을 채굴하고 제련하는 것이 일반화됨

② 협업 체제 : 작업 과정은 분업에 보내를 둔 협업으로 진행

## 8. 사상(私商)의 성장

### (1) 상업 활동의 변화

① 전기의 국가 통제 중심에서 벗어나 후기에는 사경제가 발달함

② 유통 경제의 활성화, 부세 및 소작료의 금납화로 상품 화폐 경제가 더욱 진전, 계층의 분화

### (2) 상업 활동의 주역

① 공인(貢人)

㉠ 의의 : 대동법이 실시되면서 나타난 어용 상인

㉡ 공계 : 관청별로 또는 물품별로 공동 출자를 해서 계를 조직하고 상권 독점

㉢ 결과 : 납부할 물품을 수공업자에게 위탁함으로써 수공업의 성장을 뒷받침

㉣ 성장 : 특정 물품에 대한 독점력을 갖게 되어 독점적 도매 상인인 도고로 성장

② 사상(私商)

㉠ 등장 : 17세기 초 도시 근교의 농어민이나 소규모의 생산자 등

㉡ 억제 : 적극적인 상행위는 어려움, 시전 상인의 금난전권으로 위축됨

㉢ 시전과의 대립 : 17세기 후반 사상들은 보다 적극적인 상행위로 종루·이현·칠패 등에 근거지를 마련하고 종래의 시전과 대립

㉣ 새로 점포를 열거나, 금난전권이 적용되지 않는 길목으로 상권 확대

㉤ 사상의 성장을 더 막을 수 없었던 국가가 금난전권을 철폐한 후 성장이 가속화

㉥ 사상의 활동

• 지방의 장시를 연결하면서 물품을 교역하고, 각지에 지점을 두어 상권을 확장

• 대표적 사상 : 개성의 송상, 경강 상인(선상, 강상), 의주의 만상, 동래의 내상 등

• 도고의 활동 : 주로 칠패·송파 등 도성 주변에서 활동하였으며, 그 외 지방 도시로도 확대

도고

조선 후기, 대규모 자본을 동원하여 상품을 매점매석함으로써 이윤 극대화를 노린 상인을 말함. 국가에서는 신해통공 등을 통해 도고를 혁파하려 하였지만, 관청이나 권세가 등과 결탁한 이들을 근절할 수는 없었음. 이들이 쌀이나 소금 등 생활 필수품까지 매점매석함으로써 상품 부족과 물가 상승이 야기됨

금난전권 폐지

육의전을 제외한 시전의 금난전권 폐지 → 노론의 경제적 기반 약화, 자유 상인이 납부한 세금을 통해 국가 재정 확충

육의전

육주비전·육부전·육분전·육장전·육조비전·육주부전이라고도 하며, 육의전은 선전·면포전·면주전·지전·포전·내외어물전으로 되어 있음. 이들은 국역을 부담하는 대신 정부로부터 강력한 특권을 부여받아 주로 왕실과 국가 의식에 필요한 물품의 수요를 전담하는 등 상품의 독점과 전매권을 행사해 상업 경제를 지배하면서 조선말까지 특권적인 지위를 차지하였고, 갑오개혁 때 혁파됨

## 9. 포구에서의 상업 활동

### (1) 포구(浦口)의 성장

① 성장 배경 : 물화의 대부분이 수로로 운송되었으며, 18세기에 이르러 교통과 운송의 중심지로 성장

② 상업 중심지로 성장 : 포구에서의 상거래는 장시보다 규모가 컸음

### (2) 선상(船商)·객주(客主)·여각(旅閣)

① 유통권의 형성 : 선상 · 객주 · 여각 등이 포구를 거점으로 상행위를 전개하며 유통권을 형성

② 선상(경강 상인) : 선박을 이용해 각 지방의 물품을 구입한 후 포구에서 처분

③ 객주 · 여각 : 물화가 포구에 들어오면 매매를 중개하고, 운송 · 보관 · 숙박 · 금융 등의 영업도 함

## 10. 중계 무역의 발달

### (1) 청과의 무역

① 국경 무역 : 17세기 중엽부터 대청 무역이 활발해지면서 의주의 중강과 중국 봉황의 책문 등 국경 지대를 중심으로 개시(공무역)와 후시(사무역)가 동시에 이루어짐

ㄱ 개시(開市) : 공인된 무역 장소, 중강 개시와 북관 개시, 왜관 개시 등이 있음

ㄴ 후시(後市) : 밀무역으로, 책문 후시(柵門後市)가 가장 활발

ㄷ 종사 상인 : 의주의 만상은 대중국 무역을 주도하면서 재화를 축적

ㄹ 중계 상인 : 개성의 송상

② 교역품 : 수출품(은 · 종이 · 무명 · 인삼 등), 수입품(비단 · 약재 · 문방구 등)

## 11. 화폐 유통

### (1) 동전(銅錢)과 신용 화폐(信用貨幣)

① 동전의 유통

ㄱ 배경 : 상공업이 발달에 따른 교환의 매개

ㄴ 경과 : 인조 때 동전을 주조하여 개성을 중심으로 통용, 효종 때 널리 유통시킴, 숙종 때 전국적으로 유통

ㄷ 용도 : 18세기 후반부터는 세금과 소작료도 동전으로 대납, 상평통보로 물건 구매

② 신용 화폐의 보급 : 환(換) · 어음 등의 신용 화폐가 사용됨

### (2) 화폐 유통의 영향

① 긍정적 영향 : 상품 유통 촉진에 기여

**포구의 발달**

조선 시대에는 상업 활동이 활발하지 못했으므로 도로가 그리 발달하지 못하였음. 대부분의 세곡을 운반하는 데 사용된 길은 강이나 바다를 이용한 수로였음. 이에 따라 강이나 바다의 포구는 여러 지역에서 운반된 물건들이 모이는 곳으로 자연스럽게 번성하게 되었고, 그와 함께 객주와 여각 등이 출현하였음

**거간(居間)**

대표적인 중간상인으로 생산자와 상인, 상인과 상인, 상인과 소비자, 국내 상인과 외국 상인 사이에서 거래를 알선하였음

**장시의 발달**

• **성립과 발전** : 15세기 말 남부 지방에서 시작하여 18세기 중엽에는 전국에 천여 개소가 개설됨. 조선 후기 전국적으로 발달한 장시를 토대로 사상이 성장. 보통 5일마다 정기 시장 개설. 지역적 상권 · 상업 중심지로 자리 잡고 이윤을 확대

• **보부상(褓負商)** : 농촌의 장시를 하나의 유통망으로 연계시킨 상인. 생산자와 소비자를 이어 주는 역할을 한 행상으로서, 장날을 이용하여 활동. 자신들의 이익을 지키고 단결하기 위하여 보부상단이라는 조합을 구성

**상평통보**

인조 11년(1633) 김신육 · 김육 등의 건의로 발행. 그러나 사용이 미비하여 유통이 중지되었다가, 숙종 4년(1678) 허적 · 권대운 등의 주장으로 다시 주조되어 서울과 서북 일부에서 유통되었으며, 이후 전국적으로 확산됨

05장

근대 태동기의 변동

SEMI-NOTE

폐전론의 대두

전황 문제가 심각해지고 전황가 고리대의 수단으로 이용되면서 일부 실학자들은 전화의 보급에 대하여 부정적인 시각을 보이기도 함. 특히 중농학자인 이익은 〈곽우록〉에서 화폐가 고리대로 이용되는 폐단을 지적하여 폐전론을 주장하기도 하였음

② **부정적 영향**
  ㉠ 지주나 대상인들은 화폐를 재산 축적 수단으로 이용
  ㉡ 전황으로 인한 화폐의 부족은 고리대로 이어져 농민의 피해가 극심

## 03절 사회의 변화

## 1. 양반층의 분화

### (1) 배경

① 양반의 분화 : 붕당 정치의 변질과 일당 전제화의 경향으로 양반층의 분화(자기 도태 현상)를 초래
② 경제 구조의 변화 : 농업 생산력의 발달, 상품 화폐 경제의 진전, 상공업의 발달 등
③ 사회 계층 구성의 변화 : 경영형 부농, 상업 자본가, 임노동자, 독립 수공업자 등이 출현

### (2) 양반층의 분화

① 벌열 양반(권반) : 지역 사회에서 권세 있는 양반으로 사회 · 경제적 특권을 독차지, 대부분 중앙과 연결되어 있음
② 향반(토반) : 향촌 사회에서 겨우 위세를 유지하고 있는 양반
③ 몰락 양반(잔반) : 평민과 다름없는 처지의 양반
  ㉠ 자영농 · 소작 전호화, 상업 · 수공업에 종사하거나 임노동자로 전락하기도 함
  ㉡ 서학 · 동학 등에 관심을 갖게 됨, 현실 비판적, 민중 항거자로 기능

풍속화(자리를 짜는 몰락 양반의 모습)

## 2. 중간 계층의 신분 변동

### (1) 중간 계층에 대한 사회적 차별과 역할 제약

① 서얼 : 성리학적 명분론에 의해 과거 응시나 사회 활동 등에 제약, 서얼차대법에 따라 문과 응시가 금지됨, 한품서용제
② 중인층 : 실제로는 서얼과 같이 천대받음, 청요직 임명에 제약이 따름

### (2) 신분 상승의 추구

① 서얼
  ㉠ 제약의 완화 : 임진왜란 이후 정부의 납속책 · 공명첩 등으로 서얼의 관직 진출 증가
  ㉡ 허통(許通) 운동 : 신분 상승을 요구하는 서얼의 상소 운동
  ㉢ 영향 : 기술직 중인에게 자극을 주어 통청 운동이 전개됨
② 중인
  ㉠ 신분 상승 운동의 전개 배경 : 조선 후기의 사회 · 경제적 변동, 서얼의 신분

**청요직(淸要職)**
조선 시대 관리들이 선망하는 홍문관 · 사간원 · 사헌부 등의 관직을 말함. 청요직 출신은 판서나 정승으로 진출하는 데 유리하였음

**역관**
통역을 담당한 역관들은 사신들을 수행하여 중국 등을 오가며 밀무역을 통해 재산을 쌓아 양반 못지않은 경제력을 소유하고 있었으며 풍부한 실무 경험을 갖고 있었음

상승 운동, 기술직 종사로 축적된 재산과 풍부한 실무 경험

  © 통청 운동 : 중인도 청요직에 오를 수 있도록 해 줄 것을 요구(성공하지는 못함)

  © 역관의 역할 : 대청 외교 업무에 종사

## 3. 농민층의 분화

### (1) 농민층의 구성 및 생활 모습

① 농민층의 구성 : 지주층(상층의 소수 농민), 자영농 · 소작농

② 농민의 생활 모습 : 자급자족적 생활을 영위, 국역 부담, 거주 이전의 제한(호패법 · 오가작통법 · 도첩제 등)

### (2) 부농과 임노동자

① 부농

  ③ 영농 방법 개선과 광작 경영 등을 통해 부를 축적한 부농 출현

  © 새로운 지주들의 신분 상승 추구 : 군역을 면하고 경제 활동에서 편의를 제공받을 수 있는 양반이 되고자 함

② 임노동자

  ③ 배경 : 이앙법의 확대와 상품 화폐 경제의 발달 등으로 인해 농민의 계층 분화 발생, 다수의 농민이 토지에서 밀려남

  © 국가의 고용 : 16세기 중엽 이래 부역제가 해이해지면서 고용

  © 부농층의 고용 : 가족 노동력만으로는 경영이 어려운 부농층에서 고용

## 4. 노비의 해방

### (1) 신분 구조에 대한 저항

① 신분 상승 노력 : 공노비를 종래의 입역 노비에서 신공을 바치는 납공 노비로 전환시킴

② 노비의 도망 : 납공 노비 등의 도망 확산, 잔존 노비의 신공 부담 증가

### (2) 노비의 해방

① 일천즉천의 법제 폐지 : 현종 10년(1669) 해당 법제를 폐지

② 노비 종모법의 정착 : 영조 7년(1731) 노비 종모법을 확정 · 시행

③ 공노비 해방 : 순조 원년(1801)에 중앙 관서의 노비 6만 6,000여 명을 해방

④ 노비 세습제의 폐지 : 고종 23년(1886) 폐지

⑤ 사노비 해방 : 갑오개혁(1894)으로 공 · 사노비가 모두 해방됨

## 5. 가족 및 혼인 제도

### (1) 가족 제도의 변화

① 조선 중기 : 남귀여가혼(男歸女家婚) 존속, 자녀 균분 상속의 관행, 제사의 자녀

SEMI-NOTE

**상품 작물**

조선 후기에 이르러 인삼, 담배, 약재, 목화, 삼 등의 특용 작물의 재배가 활발해졌는데, 이렇게 시장에서 매매되기 위한 목적으로 재배되는 농작물을 상품 작물이라고 함. 쌀도 상품화되어 시장에서 매매되었으며 경영형 부농은 상품 작물을 통해 부를 축적하였음. 상품 작물은 조선 후기 시장의 활성화 및 경영형 부농층의 형성과 농민의 분화에 큰 영향을 미쳤음

**노비 관련법의 변화**

• 고려
 – 정종 : 양인과 천민 간 혼인금지(원칙), 천자수모법(보완책)
 – 충렬왕 : 일천즉천법(부모 중 한 쪽이 노비면 그 자녀도 노비) 실시

• 조선
 – 태종 : 노비의 양인화를 위해 노비 종부법 실시
 – 세조 : 일천즉천법 실시
 – 영조 : 노비 종모법 실시
 – 순조 : 공노비 해방
 – 고종 : 공 · 사노비의 법적 해방

**신공(노비공)**

조선 시대 외거 노비들은 국가나 주인에게 신역을 바치지 않는 대신 신공을 바쳤음. 〈경국대전〉에 따르면 공노비인 남자는 면포 1필과 저화 20장(면포 1필의 가격)이고 여자는 면포 1필과 저화 10장이었으며, 사노비인 남자는 면포 2필이고 여자는 면포 1.5필이었음. 신공은 영조 31년(1755) 노비공감법을 통해 감소하였으며, 영조 51년(1775)에는 여자의 신공이 완전히 폐지되고 남자만 신공으로 면포 1필을 납부하였음

분담(윤회 봉사)

② 17세기 중엽 이후(조선 후기) : 친영(親迎) 제도의 정착, 장자 중심 봉사, 부계 중심의 가족 제도 강화, 과부의 재가 금지

### (2) 혼인 제도의 변화

① 일부일처제와 첩 : 일부일처를 기본으로 하였지만 남자들은 첩을 들일 수 있었음

② 적(嫡) · 서(庶)의 엄격한 구분 : 서얼의 문과 응시 금지, 제사나 재산 상속 등에서의 차별

③ 혼인 결정권 : 대개 집안의 가장이 결정, 법적으로 남자 15세 · 여자 14세면 혼인 가능

## 6. 양반의 지배력 약화

### (1) 신분제의 동요와 양반의 지배력 약화

① 향촌 사회에서의 양반 : 양반은 족보를 만들어 가족 전체가 양반 가문으로 행세, 양반들은 촌락 단위의 동약을 실시, 향회를 통해 향촌 사회의 여론을 이끌고 유교적 향약을 강요하여 농민을 지배

② 양반의 지배력 약화 : 조선 후기 신분의 상하 변동이 촉진되면서 향촌 사회 내부에서의 양반의 권위가 하락

### (2) 성장한 부농층의 도전

① 신분 상승 : 향촌의 새로운 부농층에게 납속이나 향직의 매매를 통한 합법적 신분 상승의 길이 열림

② 향회 장악 기도 : 부농층은 관권과 결탁하고 향안에 이름을 올리며 향회의 장악을 기도

③ 향회의 자문 기구화 : 수령이 세금 부과를 묻는 자문 기구로 변질되어 견제 기능 상실

④ 부농층과 정부(관권)의 연결 : 부농층은 종래 재지사족(구향층)이 담당하던 정부의 부세 제도 운영에 적극 참여하였고, 향임직에 진출하지 못한 부농층도 수령이나 향리 등 관권과 결탁하여 상당한 지위를 확보

⑤ 향촌 지배에서 소외된 대다수 농민들

㉠ 지배층이나, 지배층과 연결된 부농층 등에 수탈을 당함

㉡ 19세기 이후 농민 봉기에 주도적으로 참여하여 봉건적 수탈 기구에 대항하는 세력이 되기도 함

## 7. 천주교의 전파

### (1) 천주교의 전래

17세기에 베이징을 방문하고 돌아온 사신들이 서학(학문적 대상)으로 소개, 18세기 후반 신앙으로 받아들여짐

조선 중기 이후 재지사족이 신분질서와 부세제(賦稅制)를 유지하기 위해 만든 동 단위의 자치 조직을 일컬음. 동계, 동의, 동안이라고도 함. 17세기까지의 동약은 종족적(宗族的) 기반 위에 학계 등도 연관된 것으로, 재지사족 간 동족적 · 지역적 유대를 강화하는 역할을 하였으며, 문중의 세력을 측정하는 지표로 사용되기도 하였음. 그러나 18세기에 이르러 신분제가 동요하면서 향촌 질서를 양반 중심으로 재편성하기 위한 방법으로 사용되었음

사우(祠宇)

선조 · 선현의 신주나 영정을 모셔 두고 제향하는 곳을 일컬음. 향현사, 향사, 이사, 영당, 별묘 등으로 불리기도 함. 본격적인 발생은 고려 말 〈주자가례〉가 전래된 이후부터지만, 삼국 시대에도 이미 사우가 존재하고 있었음. 조선 시대에 유교 이념이 정착함에 따라 공신 · 명현 추존을 위한 사우 건립이 증가하였는데, 특히 서원이 발흥하면서 사우의 질과 양도 크게 변모함. 이후 붕당 정치의 변질에 따라 사우는 각 붕당의 정치적 결속을 강화하는 거점 역할을 하기도 하였으며, 조선 후기에는 신분제가 변동하면서 양반의 지위를 유지하기 위한 일환으로 건립되기도 하였음

## (2) 교세의 확장

남인 계열의 실학자들이 천주교 서적인 〈천주실의〉를 읽고 신앙 생활, 이승훈이 영세를 받고 돌아와 활발한 신앙 활동 전개

## (3) 박해

① 원인
  ㉠ **사상적 원인** : 천주교의 평등관 · 내세관이 조선 왕조의 근본 질서에 반함
  ㉡ **사회적 원인** : 제사 거부는 유교적 패륜이며, 반상의 계층 사회 구조에 부적합
  ㉢ **정치적 원인** : 정쟁 · 정권 다툼의 구실, 서양 세력의 접근에 대한 위기 의식
② 경과
  ㉠ **사교로 규정** : 처음에는 저절로 사라질 것으로 생각하고 내버려두었으나 교세가 계속 확장되고 그 교리 등이 유교 질서에 반해 사교로 규정
  ㉡ **정조** : 천주교에 비교적 관대하던 시파가 정권을 잡아 큰 탄압이 없었음
  ㉢ **순조** : 노론 강경파인 벽파가 집권하면서 탄압이 가해짐
  ㉣ **안동 김씨 세도 정치기** : 탄압이 완화되며 백성들에게 활발히 전파
  ㉤ 조선 교구가 설정되고 서양인 신부들이 들어와 포교하면서 교세가 점차 확장됨
③ 박해 사건
  ㉠ **추조 적발 사건(정조 9, 1785)** : 이벽, 이승훈, 정약용 등이 김범우의 집에서 미사를 올리다 형조의 관원들에게 발각됨
  ㉡ **반회 사건(정조 11, 1787)** : 이승훈, 정약용, 이가환 등이 김석대의 집에서 성경 강습, 금압령 강화
  ㉢ **신해박해(정조 15, 1791)** : 전라도 진산의 양반 윤지충 등이 모친상을 천주교식으로 지냄(신주 소각)(→ 비교적 관대하게 처벌)
  ㉣ **신유박해(순조 1, 1801)**
    • 벽파(노론 강경파)가 시파를 축출하기 위한 정치적 박해(→ 시파 세력의 위축 · 실학의 쇠퇴)
    • 이승훈 · 이가환 · 정약종 · 주문모 신부 등 3백여 명 처형
    • 정약용 · 정약전 등이 강진과 흑산도로 유배됨
    • 황사영 백서(帛書) 사건 발생
  ㉤ **기해박해(헌종 5, 1839)** : 안동 김씨와 풍양 조씨의 세도 쟁탈전 성격, 프랑스 신부 등 처형, 척사윤음(斥邪綸音) 반포, 오가작통법을 이용하여 박해
  ㉥ **병오박해(헌종 12, 1846)** : 김대건 신부 처형
  ㉦ **병인박해(고종 3, 1866)**
    • 대왕대비교령으로 천주교 금압령
    • 최대의 박해, 프랑스 신부(9명)와 남종삼 등 8천여 명 처형(→ 병인양요 발생)

## 8. 동학(東學)의 발생

## (1) 성립

**천주교 박해 시기**

| 시기 | 박해 |
| --- | --- |
| 정조(1785) | 추조 적발 사건 |
| 정조(1787) | 반회 사건 |
| 정조(1791) | 신해박해 |
| 순조(1801) | 신유박해 |
| 헌종(1839) | 기해박해 |
| 헌종(1846) | 병오박해 |
| 고종(1866) | 병인박해 |

**병인박해**

1866년 시베리아를 건너 남하한 러시아는 함경도에 와서 조선과의 통상을 요구하였음. 이때 일명 천주교도들의 건의에 따라 흥선대원군은 프랑스 선교사를 통해 프랑스와 동맹을 체결하고자 하였으나 시기가 맞지 않아 계획은 수포로 돌아갔음. 이전부터 천주교는 배척을 받고 있었는데, 이 사건으로 인해 비난이 고조되자 흥선대원군은 천주교를 탄압하기로 결심하였음. 1866년 천주교 탄압이 선포됨에 따라 프랑스 선교사 9명이 처형되고 수천 명의 천주교도들이 학살되었음. 이 박해를 피해 탈출한 리델 신부가 프랑스 해군사령관 로즈 제독에게 이 사실을 알림으로써 병인양요가 일어나게 되었음

**황사영 백서(帛書) 사건**

신유박해의 내용과 대응 방안을 적은 밀서를 중국 베이징의 구베아 주교에게 보내려 한 사건을 말함. 이 사건으로 황사영은 처형되고 천주교는 더욱 탄압을 받게 되었음

SEMI-NOTE

**동학의 사상**

동학의 교리는 유·불·선의 주요 내용을 바탕으로 하였으며, 여기에 주문과 부적 등 민간 신앙의 요소들을 결합하였음. 동학은 사회 모순을 극복하고 일본과 서양 국가의 침략을 막아내자는 주장을 폈으며, 모든 사람이 평등하다는 인내천 사상을 강조하였음

**인내천**

• 의미 : 사람이 곧 하늘
• 신분 및 계급을 초월하여 모든 인간을 평등하게 봄(인심이 곧 천심이요, 사람을 섬기는 것은 하늘을 섬기는 것)
→ 농민들 사이에서 급속도로 전파

〈동경대전〉과 〈용담유사〉

• 동경대전 : 최제우가 지은 동학의 경전. 최제우 생전에는 간행되지 못하고, 2대 교주인 최시형 때 간행되었음
• 용담유사 : 최제우가 지은 포교 가사집. 2대 교주인 최시형 때 간행되었음

① 성립 배경 : 세도 정치와 사회적 혼란, 민심의 동요, 서양의 통상 요구와 천주교 세력의 확대로 인한 위기 의식의 고조
② 창시 : 철종 11년(1860)에 경주 출신인 최제우(崔濟愚)가 창시

### (2) 성격

① 성리학·불교·서학 등을 배척하면서도 교리에는 유·불·선의 주요 내용과 장점을 종합
② 샤머니즘, 주문과 부적 등 민간 신앙 요소도 결합되어 있으며, 현세구복적 성격
③ 시천주(侍天主), 사인여천(事人如天), 인내천(人乃天) 사상을 강조해 인간 평등을 반영
④ ~~운수 사상과 혁명 사상(교신 왕조를 부정)을 담고 있음~~

### (3) 탄압

① 철종 14년(1863) : 사교로 규정하고 금령 반포
② 고종 1년(1864) : 혹세무민의 죄로 교주 최제우를 처형

### (4) 교세의 확대

① 2대 교주 최시형은 교세를 확대하면서 〈동경대전(東經大全)〉과 〈용담유사(龍潭遺詞)〉를 펴내어 교리를 정리
② 의식과 제도를 정착시키고 포·접 등 교단 조직을 정비

## 9. 농민의 항거

### (1) 원인

사회 불안 고조, 유교적 왕도 정치의 퇴색, 신분제의 동요, 19세기 세도 정치하에서 탐관오리의 부정과 탐학, 사회·경제적 모순의 심화, 극심한 삼정의 문란

### (2) 전개

① 홍경래 난(평안도 농민 전쟁, 순조 11, 1811)
　㉠ 의의 : 세도 정치기 당시 농민 봉기의 선구
　㉡ 중심 세력 : 광산 노동자들이 중심적으로 참여, 영세 농민·중소 상인·유랑인·잔반 등 다양한 세력이 합세
　㉢ 원인
　　• 서북인(평안도민)에 대한 차별 및 가혹한 수취
　　• 평안도 지역 상공인과 광산 경영인을 탄압·차별하고 상공업 활동을 억압
　　• 세도 정치로 인한 관기 문란, 계속되는 가뭄·흉작으로 인한 민심 이반
　㉣ 경과 : 가산 다복동에서 발발하여 한때 청천강 이북의 7개 고을을 점령하였으나 5개월 만에 평정
　㉤ 영향 : 이후 각지의 농민 봉기 발생에 영향을 미침

**홍경래**

평안북도의 몰락 양반 출신인 홍경래는 평양 향시를 통과하고 유교와 풍수지리를 익힌 지식인이나 대과에 낙방하였음. 당시 대과에서는 시골 선비에 대한 차별이 심했을 뿐만 아니라, 서북 출신은 고구려 유민으로 구분되어 천한 취급을 받고 있었으므로 홍경래가 대과를 통해 관직에 나아가는 것은 어려운 일이었음. 세상을 바꿀 결심을 한 홍경래는 사회를 살피고 동료들을 규합하여 봉기를 주도하였음. 그러나 만 4개월 동안 이어졌던 봉기는 실패로 끝났으며, 홍경래는 정주성 싸움에서 전사하였음

② 임술 농민 봉기(진주 민란 · 백건당의 난, 철종 13, 1862)

    ③ 의의 : 삼남 일대에서 민란이 잇달아 촉발되어 농민 봉기의 전국적 확대 계기

    ○ 원인 : 진주 지역 포악한 관리(백낙신 · 홍병원 등)의 탐학

    © 경과 : 몰락 양반 유계춘의 지휘하에 농민들이 진주성을 점령, 수습책으로 삼 정의 폐단을 시정하기 위한 임시 관청인 삼정이정청이 설치되었지만 큰 효과 는 거두지 못함

## (3) 항거의 의의

① 농민들의 사회 의식이 더욱 성장

② 양반 중심 통치 체제의 붕괴 가속화

👓👓 한눈에 쏙~

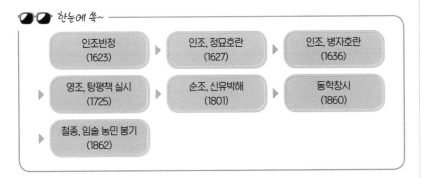

SEMI-NOTE

**임술 농민 봉기**

임술년(1862년) 2월 19일, 진주민 수만 명이 머리에 흰 수건을 두르고 손에는 몽둥이를 들고 무리를 지어 진주 읍내에 모여 서리들의 가옥 수십 호를 불사르고 부수어, 그 움직임이 결코 가볍지 않았 다. 병사가 해산시키고자 장시에 나가니 흰 수건을 두른 백성들이 그를 빙 둘러 싸고는 백성들의 재물을 횡령한 조목, 아전들이 세금을 포탈하고 강제로 징수 한 일들을 면전에서 여러 번 문책하는 데, 그 능멸하고 핍박함이 조금도 거리 낌이 없었다.

– 〈임술록〉 –

---

## 04절    문화의 새 기운

## 1. 성리학의 흐름

### (1) 성리학 연구의 전개 및 분파

① 성리학의 연구는 정국의 흐름과 밀접하게 관련되어 진행

② 17세기 붕당들은 정통성을 가지기 위해 학연에 유의하여 학문적 토대를 굳힘

    ③ 영남학파가 주로 동인 계열을, 기호학파가 주로 서인 계열을 이끎

    ○ 동인은 다시 남인과 북인으로 나뉨

    © 인조 반정으로 정국을 주도하게 된 서인은 숙종 때에 이르러 노론과 소론으로 분파

### (2) 노론과 소론의 성리학

① 노론 : 성리학의 교조화 · 절대화

    ③ 주자의 본뜻에 충실함으로써 사회의 모순을 해결할 수 있다고 봄

    ○ 신권 정치(臣權政治) 강조, 상공업에 관심, 수취 체제 개선과 민생 안정 · 노 비속량 강조

**윤증**

조선 중기의 학자로, 송시열의 제자. 병자호란 이후 명에 대한 의리를 주장하는 송시열과 대립하여 대청 실리 외교를 주장하였으며, 양난 이후의 빈곤 및 사회 변동 등 정국의 변화는 송시열의 주자학적 조화론과 의리론만으로 바로잡을 수 없다고 비판하였다. 두 사람 간의 논쟁은 서인이 노론과 소론으로 분파되는 계기인 회니시비(懷尼是非)로 이어졌음

**윤휴**

조선 후기의 문신이자 학자로 젊은 시절부터 서인 계열인 송시열, 송준길, 유계 등과 남인 계열인 권시, 권준 등과 친분이 있었음. 기해예송 때 송시열의 주장이 내포한 오류를 가장 먼저 지적하였으며, 갑인예송 때에도 같은 기준에서 서인 측 견해가 잘못되었음을 지적하였음. 북벌을 실현시키고자 무과인 만과를 설치하고 병거와 화차를 개발·보급하고자 하였음. 주자에 대해서는 성학 발전에 최대의 공로를 세웠다고 높이 평가하였으며, 성학 발전을 위해서는 후학들이 선유의 업적을 토대로 새로운 해석과 이해의 경지를 개척해야 한다고 주장하면서 새로운 해석을 시도하였음

**박세당의 탈성리학적 경향**

박세당은 성리학에 대하여 스승을 무비판적으로 답습하는 것으로 파악하고 자유로운 비판을 강조하였다. 즉, 주자가 원대한 형이상학적 최고선(善)의 정신을 통해 인식의 절대성을 강조한 데 반해, 박세당은 일상적 행사를 통한 인식의 타당성을 강조하여 인식의 상대성을 제시하였음. 그 뿐만 아니라 주자가 주장한 인간 본성의 선천성을 비판하고 인간의 도덕적 판단력을 인정함으로써 인간의 능동적 실천 행위와 주체적인 사고 행위를 강조하였음

② 소론 : 성리학의 교조성 비판, 성리학의 상대적·탄력적 이해(윤증을 중심)

### (3) 성리학의 이론 논쟁

① 16세기 : 4단 7정 논쟁(이황과 기대승), 이기철학의 논쟁

② 17세기 : 성리학의 이기론을 둘러싼 논쟁

③ 18세기 : 호락 논쟁(湖洛論爭)

| 구분 | 호론(湖論) | 낙론(洛論) |
|---|---|---|
| 주도 세력 | 충청도 지역을 중심으로 송시열의 제자인 권상하·한원진·윤봉구 등이 주도 | 서울·경기 지역을 중심으로 김창협·이간·이재·어유봉·박필주·김원행 등이 주도 |
| 본성론 | • 인간과 사물의 본성이 다르다는 인물성이론(人物性異論)을 주장<br>• 기(氣)의 차별성 강조(주기론)<br>• 성인과 범인의 마음이 다르다는 성범성이론(聖凡性異論) 강조(→ 신분제·지주전호제 등 지배 질서 인정) | • 인간과 사물의 본성이 같다는 인물성동론(人物性同論)을 주장<br>• 이(理)의 보편성 강조<br>• 인간의 본성을 자연에까지 확대<br>• 성범성동론(聖凡性同論) 강조(→ 일반인 중시, 신분 차별 개혁) |
| 계승 | 화이론·대의명분론을 강조하여 북벌론과 위정척사 사상으로 연결 | 화이론 비판, 자연 과학 중시, 북학 사상·이용후생 사상으로 연결 |

## 2. 성리학의 한계와 비판

### (1) 성리학의 한계

① 지배 신분으로서 양반의 특권을 강화(지배층의 지위 합리화)하기 위한 목적으로 이용됨

② 타 학문과 사상을 배척하여 사상적 경직성을 띠는 등 성리학이 교조화됨

③ 조선 후기의 사회 모순에 대하여 근본적 대책을 강구하지 못함

### (2) 성리학의 비판(탈성리학)

① 사상적 경향 : 17세기 후반부터 본격화된 것으로 주자 중심의 성리학을 상대화, 6경과 제자백가 사상을 근거로 성리학을 재해석

② 대표적인 학자

ㄱ. 윤휴 : 유교 경전에 대하여 주자와 다른 독자적인 해석을 하여 유학의 반역자(사문난적)라 지탄을 받았고, 결국 송시열의 예론을 비판하다가 사형 당함

ㄴ. 박세당 : 양명학과 노장 사상의 영향을 받아 〈사변록(思辨錄)〉을 써 주자의 학설을 비판하다가 사문난적으로 몰려 학계에서 배척됨

**실력up** 사변록(思辨錄)

경(經)에 실린 말이 그 근본은 비록 하나이지마는 그 실마리는 천 갈래 만 갈래이니, 이것이 이른바 하나로 모이는 데 생각은 백이나 되고, 같이 돌아가는 데 길은 다르다는 것이다. 그러므로 비록 독창적인 지식과 깊은 조예가 있으면 오히려 그 귀추의 갈피를 다하여 미묘한 부분까지 놓침이 없을 수 없는 경우가 있다. 반드시 여러 장점을 널리 모으고 조그마한 선도 버리지 아니하여야만 대략적인 것도 유실되지 않고, 얕고 가까운 것도 누락되지 아니하여, 깊고 심원하고 정밀하고 구비한 체제가 비로소 완전하게 된다.

## 3. 양명학의 수용

### (1) 양명학

① 의의 : 성리학의 교조화와 형식화, 사상적 경직성 등을 비판하며 지행합일의 실천성을 강조하는 주관적 실천 철학

② 수용 및 연구

  ㉠ 전래 : 중종 때에 조선에 전래

  ㉡ 수용과 확산 : 17세기 후반 소론 학자들에 의하여 본격적으로 수용되어 주로 서경덕 학파와 불우한 종친들 사이에서 점차 확산

  ㉢ 본격적 연구 : 18세기 정제두의 강화학파에 의해 이루어짐

③ 사상 체계 : 심즉리(心卽理), 치양지설(致良知說), 지행합일설(知行合一說) 등을 근간으로 함

### (2) 정제두의 활동

① 저서 : 〈존언〉·〈만물일체설〉 등으로 양명학의 학문적 체계를 수립, 변퇴계전습록변

② 양지설(良知說), 지행합일설 강조

③ 일반민을 도덕 실천의 주체로 상정하고, 이를 바탕으로 신분제 폐지를 주장

④ 강화학파의 성립 : 18세기 초 양명학 연구와 제자 양성에 힘써 강화학파를 이룸

## 4. 실학의 성립과 발전

### (1) 등장 배경

① 17~18세기의 사회 · 경제적 변동에 따른 사회적 모순의 해결 방법을 구상하는 과정에서 대두

② 지배 이념인 성리학은 현실 문제를 해결할 수 없었음

③ 현실 문제를 탐구하려는 학문적 · 사상적 움직임으로 등장

### (2) 실학의 성립

① 16세기 말 : 정치 · 문화 혁신의 움직임이 싹터 정인홍 등이 성리학 이외의 사상

**강화학파**

조선 후기 정제두 등 양명학자들이 강화도를 중심으로 형성한 학파. 그를 따라 모인 소론 학자들과 친인척 등을 중심으로 계승 · 발전하였음. 훈민정음 연구에도 관심을 보였고, 특히 실학에 많은 영향을 주어 실사구시의 이론적 기초를 제공하였음

강화학파의 계보

**양명학과 실학의 성격**

성리학에 대하여 비판한 양명학과 실학도 성리학을 전면적으로 부정하지는 못했으므로 반유교적이라고 볼 수는 없음

**고증학과 실학**

고증학은 명말 청초에 일어난 학풍으로 실증적 고전 연구를 중시하였는데, 실증적 귀납법을 통해 종래의 경서 연구 방법을 혁신하였음 청으로부터 전해진 고증학으로 인해 우리나라의 실학 연구는 그 깊이를 더하게 됨

을 폭넓게 수용하려 함

② 17세기 : 국가 역량이 강화되어야 한다는 사회적 인식이 만연

㉠ 이수광 : 〈지봉유설〉을 저술하여 문화 인식의 폭을 확대

㉡ 한백겸 : 〈동국지리지〉를 저술하여 역사 지리를 치밀하게 고증

## (3) 실학의 발전(18세기)

① 확산 : 농업 중심의 개혁론, 상공업 중심의 개혁론, 국학 연구 등을 중심으로 확산

② 영향 : 청에서 전해진 고증학과 서양 과학의 영향을 받음

③ 목표 : 민생 안정과 부국강병을 목표로 비판적 · 실증적 사회 개혁론 제시

## 5. 농업 중심의 개혁론

### (1) 농업 중심의 개혁

① 신분층 : 대부분 경기 지방에서 활약한 남인 출신

② 제도적 개혁론 : 농민의 입장에서 토지 · 조세 · 군사 · 교육 제도 등 각종 폐단을 시정하려 함

③ 농업 기술 개발론 : 수리 시설의 확충, 종자와 농기구의 개량, 경작 방법과 시비법의 개선 등을 제시

④ 학문적 이상 : 유교적 이상 국가의 실현 추구(복고적 성격, 신분 차별 인정)

⑤ 한계 및 영향

㉠ 한계 : 재야 지식인들의 공감을 받았지만 국가 정책에는 별로 반영되지 못함

㉡ 영향 : 한말 애국 계몽 사상가들과 일제 강점기 국학자들에게 큰 영향을 미침

### (2) 중농학파(경세치용 학파, 성호학파)

① 유형원(1622~1673) : 농업 중심 개혁론의 선구자

㉠ 저술 : 반계수록, 동국여지

㉡ 균전론(均田論)

• 주나라 정전법의 영향을 받아 자영농 육성을 위한 토지 제도의 개혁을 주장

• 관리 · 선비 · 농민에게 토지의 차등적 재분배를 주장

• 토지 국유제 원칙에서 토지 매매 금지와 대토지 소유 방지를 주장

• 자영농 육성을 통한 병농일치의 군사 제도, 사농일치의 교육 제도 확립을 주장

② 이익(1681~1763) : 농업 중심의 개혁론을 더욱 발전시킴, 학파를 형성

㉠ 학파 형성 : 18세기 전반에 주로 활약하며 유형원의 실학 사상을 계승 · 발전시키고 많은 제자들을 길러내 성호학파를 형성

㉡ 저술 : 성호사설, 곽우록, 붕당론

㉢ 한전론(限田論)

• 균전론 비판 : 급진적 · 비현실적이라 비판

• 대안으로 한전론을 제시 : 토지매매의 하한선을 정함

**이익과 박지원의 한전론의 차이점**
이익의 한전론은 토지매매의 하한선을 제한하고, 박지원의 한전론은 토지소유의 상한선을 제한함

**정쟁에 대한 이익의 비판**
"스스로 국시라고 주창하는 것이 결국 나라를 망치는 논의이다."

② 6좀 폐지론 : 양반 제도 · 노비 제도 · 과거 제도 · 기교(사치와 미신) · 승려 · 게으름을 지적

⑩ 농촌 경제의 안정책 : 고리대와 화폐 사용의 폐단을 지적, 사창제 실시를 주장

⑭ 역사관 : 역사의 흥망성쇠는 시세(時勢)에 따라 이루어진다고 봄

③ 정약용(1762~1836) : 이익의 실학 사상을 계승하면서 실학을 집대성

㉠ 활약 : 정조 때 벼슬길에 올랐으나 신유박해 때에 전라도 강진에 유배

㉡ 저술 : 500여 권의 저술을 〈여유당전서(與猶堂全書)〉로 남김

• 3부작(1표 2서, 一表二書) : 지방 행정의 개혁 및 지방관(목민관)의 도리에 대하여 쓴 〈목민심서〉, 중앙의 정치 조직과 행정 개혁에 대하여 쓴 〈경세유표〉, 형옥을 담당한 관리들이 유의할 사항에 대해 쓴 〈흠흠신서〉

• 3논설 : 여전제와 정전제를 논한 〈전론(田論)〉, 통치자는 백성을 위해 존재한다고 강조하여 정치의 근본을 주장한 〈원목(原牧)〉, 왕조 교체(역성혁명)의 가능성과 민권 사상의 정당성을 논증한 〈탕론(蕩論)〉

• 기예론 : 농업 기술과 공업 기술을 논의

㉢ 여전론(閭田論) : 토지 제도의 개혁론으로 처음에는 여전론을, 후에 정전론을 주장(한 마을(1여)을 단위로 하여 토지를 공동으로 소유하고 공동으로 경작하여 수확량을 노동량에 따라 분배하는 일종의 공동 농장 제도)

㉣ 정전론(井田論)

• 여전론은 이상적인 형태라 스스로 판단해 현실적 차선책으로 제시

• 국가가 토지를 매입한 후 가난한 농민에게 분배해 자영 농민을 육성하고, 사들이지 못한 지주의 토지는 공동 경작지로서 병작 농민에게 골고루 경작하게 하여 세를 거둠

④ 박세당(1629~1703) : 〈농가집성〉을 비판 · 보완, 사변록

⑤ 홍만선(1643~1715) : 농업 기술을 중심으로 섭생(攝生) · 구급 치료법 등을 소백과사전처럼 기술한 〈산림경제〉를 저술

⑥ 서유구(1764~1845) : 종저보, 임원경제지(〈임원십육지〉)

## 6. 상공업 중심의 개혁론

### (1) 특징

① 신분층 : 18세기 후반 한성의 노론 중심

② 상공업 진흥 : 도시를 배경으로 농업뿐만 아니라 상공업 진흥과 기술 혁신을 주장

㉠ 국부의 원천을 국가 통제하의 상공업 운영에 있다고 봄

㉡ 지주제를 인정하고 농업의 개량화 · 전문화 추구

③ 학문적 이상 : 유교적 이상 국가에서 탈피(→ 신분 제도 철폐)

④ 영향 : 부국강병을 위한 적극적 방안 제시, 19세기 개화 사상가들에게 영향을 줌

### (2) 중상학파(이용후생학파, 북학파)

① 유수원(1694~1755)

㉠ 우서(迂書) : 중국과 우리 문물을 비교하면서 정치 · 경제 · 사회 전반의 개혁

---

**〈목민심서〉**

48권 16책으로 조선 순조 때, 정약용이 지은 책. 지방관으로서 지켜야 할 준칙을 자신의 체험과 유배 생활을 통해 서술하였음

**정약용의 〈원목(原牧)〉**

목자(牧者)가 백성을 위하여 있는가. 백성이 목자를 위하여 있는가. 백성이라는 것은 곡식과 피륙을 제공하여 목자를 섬기고, 또 가마와 말을 제공하여 목자를 송영하는 것이다. 결국 백성은 피와 살과 정신까지 바쳐 목자를 살찌게 하는 것이니. 이것으로 보자면 백성이 목자를 위하여 존재하는 것이 아닌가. 아니다. 목자가 백성을 위해 존재한다. 오랜 옛날에는 목자가 없이 백성만이 있었다. …… 그러므로 목자의 근원은 마을의 어른이다. 백성이 목자를 위해 있는 것이 아니라 목자가 백성을 위해 있는 것이다.

**유수원의 신분 차별 철폐론**

상공업은 말업(末業)이라고 하지만 본래 부정하거나 비루한 일이 아니다. 그것은 스스로 재간이 없고 덕망이 없음을 안 사람이 관직에 나가지 않고 스스로의 노력으로 먹고 사는 것인데 어찌 더럽거나 천한 일이겠는가? …… 허다한 고질적인 폐단이 모두 양반을 우대하는 헛된 명분에서 나오고 있으니, 근본을 따져보면 국초에 법제를 마련할 때 사민을 제대로 분별하지 못한 데 있는 것이다.

– 〈우서〉 –

SEMI-NOTE

을 제시

ⓛ 개혁론 : 농업의 전문화·상업화, 기술 혁신을 통해 생산력 증강, 상공업 진흥과 기술 혁신 강조, 신분 차별의 철폐 주장, 상인 간의 합자를 통한 경영 규모의 확대, 상인이 생산자를 고용하여 생산·판매 주관(선대제 수공업 등), 대상인의 지역 사회 개발 참여 및 학교 건립·교량 건설·방위 시설 구축 등에 대한 공헌, 국가의 상업 활동 통제를 통한 물자 낭비·가격 조작 방지, 사상의 횡포 견제

② 홍대용(1731~1783)

㉠ 저술 : 〈임하경륜〉·〈의산문답〉·〈연기(燕記)〉 등이 〈담헌서〉에 전해짐, 수학 관계 저술로 〈주해수용〉이 있음

㉡ 개혁론 : 균전(토지) 개혁론 주장, 성리학 비판, 임하서비(부국강병), 실사무실

③ 박지원(1737~1805) ★ 빈출개념

㉠ 열하일기(熱河日記) : 청에 다녀와 문물을 소개하고 이를 수용할 것을 주장

㉡ 농업 관련 저술 : 〈과농소초(課農小抄)〉·〈한민명전의(限民名田議)〉

㉢ 한전론의 중요성을 강조, 상공업의 진흥을 강조

㉣ 양반 문벌 제도 비판 : 〈양반전〉, 〈허생전〉, 〈호질〉을 통해 양반 사회의 모순과 부조리·비생산성을 비판

④ 박제가(1750~1805) : 청에 다녀온 후 〈북학의〉를 저술 ★ 빈출개념

㉠ 상공업의 육성, 청과의 통상 강화, 세계 무역에의 참여, 서양 기술의 습득을 주장

㉡ 선박과 수레의 이용 증가 및 벽돌 이용 등을 강조

㉢ 소비의 권장 : 생산과 소비와의 관계를 우물물에 비유하면서 생산을 자극하기 위해서는 절약보다 소비를 권장해야 한다고 주장

㉣ 신분 차별 타파, 양반의 상업 종사 등을 주장

⑤ 이덕무(1741~1793) : 북학을 주장, 〈청장관전서〉를 남김

**실력UP 박제가의 소비관(消費觀)**

비유하건대 재물은 대체로 샘과 같은 것이다. 퍼내면 차고, 버려두면 말라 버린다. 그러므로 비단옷을 입지 않아서 나라에 비단 짜는 사람이 없게 되면 여공이 쇠퇴하고, 쭈그러진 그릇을 싫어하지 않고 기교를 숭상하지 않아서 공장(工匠)이 도야(陶冶)하는 일이 없게 되면 기예가 망하게 되며, 농사가 황폐해져서 그법을 잃게 되므로 사·농·공·상의 사민이 모두 곤궁하여 서로 구제할 수 없게 된다.

– 〈북학의〉 –

## 7. 국학 연구의 확대

### (1) 역사학 연구

① 연구 경향 : 역사의 주체성과 독자성 강조, 실증적·고증학적 방법

② 이익과 홍대용

**박지원 '한전론'**
토지 소유의 상한선을 설정하여 일정 이상의 토지를 소유하지 못하게 하는 토지 개혁론

**실학의 학문적 의의와 한계**
• 의의 : 18세기를 전후하여 융성 하였던 실증적·민족적·근대 지향적 특성을 지닌 학문
• 한계 : 대체로 몰락 양반 출신 지식인들의 개혁론이었으므로 국가 정책에 반영되지는 못함

⊙ 이익 : 중국 중심의 역사관에서 벗어나 우리 역사를 체계화할 것을 주장하여 민족에 대한 주체적 자각을 높이는 데 이바지

ⓒ 홍대용 : 민족에 대한 주체적 자각을 강조

③ 안정복

⊙ 역사 의식 : 이익의 제자로 그의 역사 의식을 계승하고 연구 성과를 축적 · 종합, 중국 중심의 역사관 비판

ⓒ 동사강목(東史綱目, 1778) : 고조선부터 고려 말까지의 우리 역사를 독자적 정통론(마한 정통론)을 통해 체계화했으며, 사실들을 치밀하게 고증하여 고증 사학의 토대를 닦음(→ 성리학적 명분론에 입각하여 서술하면서도 독자적 정통론에 따르는 자주 의식의 일면을 보여 주고 있음)

④ 한치윤 : 〈해동역사(海東繹史)〉를 편찬(민족사 인식의 폭 확대에 기여)

⑤ 이종휘 : 고구려사인 〈동사〉를 저술하여 고대사 연구의 시야를 만주까지 확대

⑥ 유득공 : 〈발해고〉를 저술하여 발해사 연구를 심화하고 한반도 중심의 협소한 사관을 극복

**실력up 유득공의 발해 인식**

고려에서 발해사를 편찬하지 못하였으니, 고려가 떨치지 못했다는 것을 알 수 있다. 옛날에 고씨가 북쪽 지방에 자리잡고 고구려라 했고, 부여씨가 서쪽 지방에 머물면서 백제라 했으며, 박 · 석 · 김 씨가 동남지방에 살면서 신라라 하였다. 이 삼국에는 마땅히 삼국에 대한 사서가 있어야 할 텐데, 고려가 이것을 편찬하였으니 옳은 일이다. 부여씨가 망하고 고씨가 망한 다음 김씨가 남쪽을 차지하고, 대씨가 북쪽을 차지하고는 발해라 했으니, 이것을 남북국이라 한다. 남북국에는 남북국의 사서가 있었을 터인데 고려가 편찬하지 않은 것은 잘못이다. 저 대씨는 어떤 사람인가. 바로 고구려 사람이다. 그들이 차지하고 있던 땅은 어떤 땅인가. 바로 고구려 땅인데, 동쪽을 개척하고 다시 서쪽을 개척하고 다시 북쪽을 개척해서 나라를 넓혔을 뿐이다.

— 〈발해고〉 —

**이종휘의 〈동사〉**

기전체 사서로, 현 시대는 과거의 역사를 통해 규명할 수 있다는 입장을 취하고 있음. 이를 위하여 당시 중화의 문화를 간직한 유일한 국가인 조선을 역사적 맥락에서 설명하고, 그 당위성을 지리적으로 밝혔음. 고조선과 발해를 우리 역사로서 다루고 있으며, 부여 · 옥저 등 한국 고대사의 여러 나라들의 위치를 격상시키는 한편 역사 체계에서 한 군현을 삭제하였다. 신채호는 이종휘를 조선 후기 역사가 중 가장 주체적인 인물로 평가하였음

## (2) 지리학 연구

① 세계관의 변화 : 중국 중심의 화이 사상을 극복하는 등 세계관의 변화가 나타남, 〈곤여만국전도(坤輿萬國全圖)〉· 〈직방외기〉 등

② 지리서의 편찬

⊙ 역사 지리서 : 한백겸의 〈동국지리지〉, 정약용의 〈아방강역고〉 등

ⓒ 인문 지리서 : 이중환의 〈택리지(팔역지)〉, 허목의 〈지승〉

ⓒ 기타 : 유형원의 〈여지지〉, 신경준의 〈강계고〉(각지의 교통 및 경계를 밝힘), 김정호의 〈대동지지〉(전국 실지 답사)

③ 지도의 편찬

⊙ 배경 : 중국을 통해 서양식 지도가 전해져 보다 정밀하고 과학적인 지도 제작이 가능해짐

ⓒ 목적

• 조선 초기 : 정치 · 행정 · 군사적 목적을 중심으로 관찬(官撰)

**김정희의 〈금석과안록(金石過眼錄)〉**

김정희는 민족사와 전통문화에 대한 관심에서 금석학을 연구하여 〈금석과안록(金石過眼錄)〉을 저술하였음. 그는 여기서 북한산비가 진흥왕 순수비임을 밝혔으며 황초령비도 판독하였음

**서얼, 중인의 역사서와 여항 문학**

• 역사서 : 이진흥〈연조귀감〉(1777), 〈규사〉(1859), 유재건〈이향견문록〉(1862), 이경민〈희조일사〉(1866)

• 여항 문학 : 조희룡〈호산외기〉 중 42명의 여항인들의 전기 수록, 〈풍요삼선〉의 위항인들의 시

05장 근대 태동기의 변동

SEMI-NOTE

**조선 후기의 지도의 특징**
· 대축척 지도의 방당
· 다양한 지도의 활발한 편찬
· 지방 각 군현 조도의 편찬 급증
· 지도의 보급과 소장이 현거히 증가

**한글서적**
농민의 지위 향상에 따른 의식의 성장으로 구미저 교화이 필요서이 절실해고 세종의 민족문자 의식과 애민정신이 반영되었음. 주요 한글서적으로는 〈용비어천가〉·〈동국정운〉·〈석보상절〉·〈월인석보〉·〈월인천강지곡〉·〈불경언해〉·〈훈몽자회〉·〈사성통해〉 등이 있으며, 한글 번역서적으로 〈삼강행실도〉·〈두시언해〉·〈소학언해〉 등이 있음

· 조선 후기 : 경제 · 산업 · 문화적 관심이 반영되어 산맥과 하천 · 제언, 항만 · 도로망 표시가 정밀해짐
④ 조선 후기의 지도 : 동국지도(팔도분도), 청구도(청구선표도), 대동여지도, 요계관방지도(1706)

### (3) 국어학 연구

① 의의 : 한글의 우수성에 대한 인식, 즉 문화적 자아 의식을 크게 높임
② 서적
  ㉠ 음운에 대한 연구 성과 : 신경준의 〈훈민정음운해〉, 유희의 〈언문지〉 등
  ㉡ 어휘 수집에 대한 연구 성과 : 이성지의 〈재물보〉, 권문해의 〈대동운부군옥〉, 이의봉의 〈고근석림〉, 정약용의 〈아언각비〉, 유희의 〈물명고〉 등
  ㉢ 기타 : 중국 운서와 비교해 한글 자모의 성질을 밝힌 황윤석의 〈자모변〉 등

### (4) 백과사전의 편찬

| | | |
|---|---|---|
| 지봉유설<br>(芝峰類說) | 이수광<br>(광해군) | 천문 · 지리 · 군사 · 관제 등 25항목별로 나누어 저술 |
| 대동운부군옥<br>(大東韻府群玉) | 권문해<br>(선조) | 단군~선조의 역사 사실을 어휘의 맨 끝자를 기준으로 하여 운(韻)으로 분류한 어휘 백과사전 |
| 유원총보<br>(類苑叢寶) | 김육<br>(인조) | 문학 · 제도 등 27개 항목으로 기술 |
| 동국문헌비고<br>(東國文獻備考) | 홍봉한<br>(영조) | 지리 · 정치 · 경제 · 문화 등을 체계적으로 정리한 한국학 백과사전 |
| 성호사설<br>(星湖僿說) | 이익<br>(영조) | 천지 · 만물 · 경사 · 인사 · 시문의 5개 부문으로 서술 |
| 청장관전서<br>(靑莊館全書) | 이덕무<br>(정조) | 아들 이광규가 이덕무의 글을 시문 · 중국의 역사 · 풍속 · 제도 등으로 편집 |
| 오주연문장전산고<br>(五洲衍文長箋散稿) | 이규경<br>(헌종) | 우리나라와 중국 등 외국의 고금 사항에 관한 고증 |

**곤여만국전도의 영향**
우리나라 사람들의 세계관이 확대 될 수 있는 계기가 되었음. 즉, 중국 중심의 세계관을 탈피하는 데 영향을 미쳤음

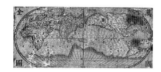

곤여만국전도

**시헌력**
1653~1910년에 우리나라에서 사용된 역법으로, 서양의 수치와 계산 방법이 채택된 숭정역법을 교정한 것

## 8. 서양 문물의 수용

### (1) 서양 과학 기술의 수용

① 서양 문물의 수용
  ㉠ 17세기경부터 중국을 왕래하던 사신들을 통해 도입
  ㉡ 선조 때 이광정은 세계지도(곤여만국전도)를 전하고, 이수광은 〈지봉유설〉에서 마테오 리치의 〈천주실의〉를 소개
  ㉢ 인조 때 소현세자에 의해 과학 및 천주교 관련 서적이 전래되고, 정두원은 화포 · 천리경 · 자명종 · 천문서 등을 전함
  ㉣ 효종 때 김육이 시헌력(時憲曆)을 전함
② 서양인의 표류 : 벨테브레(1628)와 하멜 일행(1653)이 우리나라에 표류하여 문물

을 전파하기도 함

### (2) 과학 기술 수용의 정체

① 서양 과학 기술의 수용은 18세기까지는 어느 정도 이루어졌으나 19세기에 이르러서는 천주교 억압으로 진전되지 못함

② 후기의 기술 발전은 주로 농업 및 의학과 관련된 분야에 집중되고, 교통·통신과 제조업이나 군사 분야에서는 상대적으로 미미

## 9. 천문학·수학·의학의 발달

### (1) 천문학의 발달

① 학자

㉠ 이익 : 서양 천문학에 큰 관심을 가지고 연구

㉡ 김석문 : 지전설(地轉說)을 우리나라에서 처음으로 주장하여 우주관을 전환시킴

㉢ 홍대용 : 지전설을 주장, 무한 우주론을 주장

㉣ 이수광 : 17세기 초 〈지봉유설〉에서 일식·월식·벼락·조수의 간만 등을 언급

② 천문서 : 숙종 때 김석문의 〈역학도해〉, 정조 때 홍대용의 〈담헌연기〉, 고종 때 최한기의 〈지구전요〉 등

### (2) 수학과 역법

① 수학의 발달

㉠ 최석정과 황윤석이 전통 수학을 집대성

㉡ 마테오 리치가 유클리드 기하학을 한문으로 번역한 〈기하원본〉이 도입됨

㉢ 홍대용의 〈주해수용〉 : 우리나라·중국·서양 수학의 연구 성과 정리

② 역법의 발달 : 김육 등에 의해 시헌력이 도입되었는데, 이는 선교사 아담 샬이 중심이 되어 만든 것

### (3) 의학의 발달

① 17세기 의학 : 허준의 〈동의보감〉, 허임의 〈침구경험방(鍼灸經驗方)〉

② 18세기 의학 : 서양 의학의 전래

㉠ 정약용 : 마진(홍역)에 대한 연구를 종합하여 〈마과회통〉을 편찬하였으며, 박제가와 함께 종두법을 연구

③ 19세기 의학 : 이제마는 〈동의수세보원(東醫壽世保元)〉을 저술하여 사상의학을 확립

## 10. 한글 소설과 사설 시조

### (1) 한글 소설

① 허균의 〈홍길동전〉 : 최초의 한글 소설, 시대 상황을 비판하고, 새로운 이상향을 추구

**벨테브레(1595~?)**

한국 이름은 박연으로 훈련도감에 예속되어 대포의 제작과 조종법을 지도함

**하멜(1630~1692)**

네덜란드인이며 하멜 일행은 일본 나가사키로 가던 중 폭풍을 만나게 되어 제주도에 표류하게 됨. 조선 효종 때 훈련도감에 소속되어 조총과 신무기 개발을 지원하였음. 그 후 조선을 탈출하여 일본 나가사키를 거쳐 네덜란드로 돌아간 후 14년 동안의 조선에서 머물렀던 경험을 『하멜 표류기』에 담음

홍대용의 혼천의

**사상의학**

사람의 체질을 태양인, 태음인, 소양인, 소음인으로 구분하여 치료하는 체질 의학 이론으로서 오늘날까지 한의학계에서 통용되고 있음

> **조선 시대 문학의 흐름**
> • 15세기 : 사장 문학(詞章文學), 출판 인쇄 문화 발전
> • 16세기 : 가사시조 문학, 경학(經學) 강조
> • 17세기 : 군담 소설, 사회 비판적 한글 소설 등장
> • 18세기 : 실학 정신의 반영, 문체의 혁신 시도, 한문 소설, 가정 소설, 타령, 사설, 위항(委巷) 문학
> • 19세기 : 서민 문학의 전성기, 판소리 정리, 시사(詩社) 조직

**서민 문화의 확대**

• 문학 : 한글 소설의 증가, 사설 시조의 등장

• 판소리·탈춤 : 서민 문화를 확대하는 데 크게 기여

• 회화 : 저변이 확대되어 풍속화와 민화가 유행

• 음악·무용 : 감정을 대담하게 표현

05장 근대 태동기의 변동

SEMI-NOTE

**〈박씨전〉과 〈임경업전〉**
병자호란을 배경으로 한 군담 소설. 전란으로 피폐해진 민족적 자존심을 고취시키는 한편 무능한 집권층을 비판하였음

**위항 문학**
중인·서얼·서리 출신 하급 관리들과 평민들을 중심으로 창작된 문학

**18세기 후반의 미술의 특징**
풍속화 유행, 실학적 화풍, 서양화 기법 도입, 민화의 발달

**공예와 음악**
• **자기** : 백자가 민간에까지 널리 사용되면서 본격적으로 발전
• **청화 백자** : 형태가 다양해지고 안료도 청화·철화·진사 등으로 다채로워짐. 제기와 문방구 등 생활 용품이 많고, 형태와 문양이 독특하고 준수한 세련미를 풍김
• **목공예** : 생활 수준의 향상에 따라 크게 발전. 장롱·책상·문갑·소반·의자·필통 등
• **화각 공예(華角工藝)** : 쇠뿔을 쪼개어 아름다운 무늬를 표현
• **음악** : 향유층이 확대됨에 따라 성격이 다른 음악이 다양하게 나타나 발전. 양반층은 종래의 가곡·시조를, 서민층은 민요를 즐겨 부름. 상업의 성황으로 직업적인 광대나 기생들이 판소리·산조와 잡가 등을 창작, 전반적으로 감정을 솔직하게 표현

② **춘향전** : 대표적인 한글 소설로, 최대의 걸작으로 손꼽힘
③ **김만중의 〈사씨남정기〉** : 축첩 제도의 모순과 해결 방법을 제시
④ **박씨전** : 아내의 내조로 남편을 입신시킨다는 여성 영웅 소설

### (2) 사설 시조
① 17세기 이후 서민들을 중심으로 만들어진 자유로운 격식의 시조
② 서민들의 감정을 솔직하게 표현
③ 격식에 구애되지 않고 남녀 간의 사랑이나 현실에 대한 비판을 거리낌 없이 표현

### (3) 시사(詩社)의 조직
① 중인층과 서민층의 문학 창작 모임을 일컬어, 주로 서민 출수외가 결성됨
② 대표적인 시사 : 천수경의 옥계시사, 최경흠의 직하시사 등
③ 풍자 시인 : 김삿갓(김병연)·정수동 등

### (4) 한문학
① 사회의 부조리한 현실을 예리하게 비판
② **정약용** : 삼정의 문란을 폭로하는 한시를 남김
③ **박지원** : 〈양반전〉·〈허생전〉·〈호질〉·〈민옹전〉 등을 통해 양반 사회의 모순과 부조리를 비판·풍자

## 11. 미술의 새 경향

### (1) 조선 후기 미술의 특징
① **그림** : 진경 산수화와 풍속화의 유행
② **서예** : 우리의 정서를 담은 글씨 등장

### (2) 진경 산수화(眞景山水畵)
① **수용·창안** : 중국 남종과 북종 화풍을 고루 수용하여 우리의 고유한 자연과 풍속에 맞춘 새로운 화법으로 창안한 것
② **정선** : 18세기 진경 산수화의 세계를 개척
　㉠ 서울 근교와 강원도의 명승지들을 두루 답사하여 사실적으로 그림
　㉡ 대표작 : 인왕제색도, 금강전도, 여산초당도, 입암도 등
③ **의의** : 우리의 자연을 사실적으로 그려 회화의 토착화를 이룩

### (3) 풍속화(風俗畵)
① **의의** : 18세기 후반, 조선 후기의 새로운 현상들을 긍정적 의미로 이해하고, 당시 사람들의 생활 정경과 일상적인 모습을 생동감 있게 그려 회화의 폭을 확대
② **김홍도**
　㉠ **경향** : 정선의 뒤를 이어 산수화와 풍속화에 새 경지를 개척, 산수화·기록화·신선도 등을 많이 그렸지만 특히 정감 어린 풍속화로 유명(전원 화가)

  ⓛ 작품 : 밭갈이 · 추수 · 씨름 · 서당 · 베짜기 등

③ 김득신 : 관인 화가(궁정 화가)로 풍속화에 능했음

④ 신윤복

  ㉠ 경향 및 기법 : 김홍도에 버금가는 풍속 화가로, 간결하고 소탈한 김홍도에 비해 섬세하고 세련된 필치를 구사(도회지 화가)

  ⓛ 작품 : 주유도, 주막도, 여인도, 단오풍경, 풍속화첩 등

## (4) 복고적 화풍

① 문인화의 부활 : 진경 산수화와 풍속화, 실학적 화풍은 19세기에 김정희 등을 통한 문인화의 부활로 침체

② 대표적 화가 : 김정희, 장승업, 신위, 이하응(홍선대원군)

# 12. 건축의 변화

## (1) 17세기의 건축

① 성격 : 사원 건축 중심, 규모가 큰 다층 건물

② 대표적 건축물 : 금산사 미륵전, 화엄사 각황전, 법주사 팔상전 등

## (2) 18세기의 건축

① 성격 : 장식성 강한 사원이 많이 건립됨

② 대표적 건축물 : 논산 쌍계사 · 부안 개암사 · 안성 석남사, 수원 화성 등

## (3) 19세기 이후의 건축

① 19세기 : 홍선대원군이 국왕의 권위를 제고하고자 경복궁의 근정전과 경회루를 재건(화려하고 장중한 건물로 유명)

② 20세기 초 : 덕수궁 석조전(르네상스 양식)

묵죽도(김정희)

세한도(김정희)

조선 후기 미술과 서예의 흐름

- 17~18세기 초
  - 정선이 개척한 진경 산수화(眞景山水畵)가 유행
  - 허목이 고문전이라는 새로운 서체를 창안
- 19세기
  - 풍속화 유행, 실학적 화풍, 서양화 기법 도입, 민화의 발달
  - 이광사가 우리 정서와 개성을 추구하는 단아한 동국진체(東國眞體)를 완성
- 19세기
  - 복고적 화풍 유행(→문인화의 부활로 진경 산수화와 풍속화, 실학적 화풍 침체)
  - 김정희가 고금의 필법을 토대로 굳센 기운과 다양한 조형성을 가진 추사체를 창안

금산사 미륵전

화엄사 각황전

법주사 팔상전

개암사 대웅보전

쌍계사 대웅전 (논산)

수원 화성 팔달문

05장

근대 태동기의 변동

9급공무원

# 한국사

나두공

**⊕나두공**

# 06장 근대의 변화와 흐름

# 근대의 변화와 흐름

경복궁 경회루

당백전

**경복궁 중건을 위한 동전 주조와 세금 징수**

- **당백전** : 경복궁 중건에 필요한 재원의 마련을 위해 발행한 동전(→ 인플레이션 초래)
- **원납전** : 경비 충당을 위해 관민에게 수취한 (강제기부금)
- **결두전** : 재원 마련을 위해 논 1결마다 100문씩 징수한 임시세
- **성문세(城門稅)** : 4대문을 출입하는 사람과 물품에 부과한 통행세

**흥선대원군의 서원 철폐 정책**

⭐ 빈출개념

서원이 소유한 토지는 면세의 대상이었으며, 유생들은 면역의 혜택을 받고 있었음. 이는 국가 재정을 어렵게 만드는 한 원인이었음. 흥선대원군의 서원 철폐 정책은 백성들로부터 환영을 받았으나 유생들로부터는 큰 반발을 샀으며, 결국 흥선대원군은 유림 세력으로부터 배척을 받아 권좌에서 물러나게 되었음

## 01절 근대 사회의 정치 변동

### 1. 흥선대원군

#### (1) 흥선대원군의 집정

① 집권(1863~1873)
  ㉠ 섭정 : 어린 고종이 즉위하자 생부로서 실권을 장악하고 섭정
  ㉡ 시대적 상황
    • 대내적 : 세도 정치의 폐단이 극에 달하여 홍경래의 난과 임술민란(진주 민란) 등 민중 지향 발생, 정부 권위의 약화, 민심 이반이 커짐
    • 대외적 : 일본과 서양 열강의 침략(서세동점)으로 위기에 처함
② 정책 방향 : 왕권 강화와 애민 정책 추구, 쇄국 정책

#### (2) 왕권 강화

① 인재의 고른 등용(사색 등용) : 붕당 및 세도 정치의 폐단을 시정하고 전제 왕권을 강화하고자 능력에 따라 인재를 등용
② 통치 체제의 재정비 : 왕권 강화의 일환으로 비변사를 혁파하고 의정부와 삼군부의 기능 회복(→ 정치와 군사 분리), 훈련도감의 삼수병을 강화
  ㉠ 〈대전회통〉, 〈육전조례〉 등의 법전 편찬
    • 대전회통(1865) : 〈경국대전〉・〈속대전〉・〈대전통편〉 등을 보완하는 의미에서 편찬한 것
    • 육전조례(1867) : 〈대전회통(大典會通)〉과 짝을 이루어 편찬한 것
③ 경제・사회・문화 개혁 : 지방관과 토호(土豪)・권세가의 토지 겸병 금지, 농민에 대한 불법적 수탈을 처벌, 대상인의 도고 금지, 풍속교정, 허례허식과 사치 억제, 청・일 문화에 대한 감시 등
④ 경복궁 중건
  ㉠ 목적 : 왕권 강화, 국가 위신의 제고 및 정체성 회복
  ㉡ 부작용 : 원납전을 강제로 징수하고 당백전을 남발하여 경제적 혼란(물가 상승 등)을 초래했으며, 양반의 묘지림을 벌목하고 백성을 토목 공사에 징발하는 과정에서 큰 원성이 발생

#### (3) 민생 안정(애민 정책) ⭐ 빈출개념

① 서원 정리
  ㉠ 국가 재정을 좀먹고 백성을 수탈하며 붕당의 온상이던 서원을 정리(→ 600여 개소의 서원 가운데 47개소만 남긴 채 철폐・정리)
  ㉡ 목적 : 국가 재정 확충과 민생 안정, 지방 토호 세력의 약화를 통한 전제 왕권

강화

② **삼정(三政) 개혁** : 농민 봉기의 원인인 삼정을 개혁하여 국가 재정 확충과 민생 안정 도모

| 군정(軍政)의 개혁 | • 호포법(戸布法)을 실시하여 양반에게도 군포를 징수(→ 양반의 거센 반발을 초래)<br>• 양반 지주층의 특권적 면세 철회(→ 민란 방지 목적) |
|---|---|
| 환곡(還穀)의 개혁 | • 가장 폐단이 심했던 환곡제를 사창제(社倉制)로 개혁하여 농민 부담을 경감하고 재정 수입 확보<br>• 지역과 빈부에 따른 환곡의 차등 분배를 통해 불공정한 폐단이 없도록 함 |
| 전정(田政)의 개혁 | 양전 사업을 실시하여 양안(토지 대장)에서 누락된 토지를 발굴(→ 전국적 사결 작업(査結作業)을 통해 토호와 지방 서리의 은루결을 적발하여 수세결로 편입) |

## (4) 통상 수교 거부 정책

① **사회적 배경** : 서양 세력의 침투, 천주교의 교세 확장과 양화(洋貨)의 유입

② **병인양요(1866)**

  ㉠ **병인박해(1866)**

   • 원인 : 대원군 집권 초기에는 선교사의 알선으로 프랑스 세력을 끌어들여 러시아 세력의 남하를 견제하려 함(천주교에 호의적)

   • 결과 : 프랑스 신부들과 수천 명의 신도들이 처형, 대왕대비교령으로 천주교 금압령 발표

  ㉡ **병인양요(1866)**

   • 프랑스는 병인박해 때의 프랑스 신부 처형을 구실로 로즈 제독이 이끄는 7척의 군함을 파병

   • 프랑스는 철군 시 문화재에 불을 지르고 외규장각에 보관된 유물 360여 점을 약탈

③ **오페르트 도굴 사건(1868)** : 독일 상인 오페르트가 통상을 거부당하자 충청남도 덕산에 있는 남연군의 묘를 도굴하다가 발각

④ **신미양요(1871)**

  ㉠ **원인(1866)** : 병인양요 직전에 미국 상선 제너럴셔먼호가 통상을 요구하다 평양 군민과 충돌하여 불타 침몰된 사건(제너럴셔먼호 사건)

  ㉡ **경과** : 미국은 제너럴셔먼호 사건을 구실로 로저스 제독이 이끄는 5척의 군함으로 강화도를 공격

  ㉢ **결과** : 어재연 등이 이끄는 조선의 수비대가 광성보와 갑곶(甲串) 등지에서 격퇴하고 척화비(斥和碑) 건립. 어재연 장군이 전사함

⑤ **양요의 결과**

  ㉠ 전국에 척사교서를 내리고 척화비를 건립(→ 서양과의 수교 거부를 천명)

  ㉡ 외세의 침략을 일시적으로 저지하였으나 조선의 문호 개방을 늦추는 결과를 초래

SEMI-NOTE

**대원군의 개혁 정치**

• 왕권 강화 정책 : 사색 등용, 비변사 혁파, 경복궁 재건, 법치질서 정비(대전회통, 육조조례)

• 애민 정책 : 서원 정리, 삼정의 개혁(양전 사업, 호포제, 사창제)

**제너럴셔먼호 사건(1866)**

⭐ 빈출개념

대동강에 침입하여 통상을 요구하며 행패를 부리던 미국 상선 제너럴셔먼호(General Sherman 號)를 평양 군민들이 반격하여 불태워 버린 사건. 이 사건은 신미양요의 원인이 되었음

척화비

**척화비(1871)의 내용**

洋夷侵犯 非戰則和 主和賣國 戒我萬年子孫 丙寅作 辛未立(양이침범 비전즉화 주화매국 계아만년자손 병인작 신미립) "서양의 오랑캐가 침범함에 싸우지 않음은 곧 화의하는 것이요, 화의를 주장함은 나라를 파는 것이다. 우리들의 만대자손에게 경계하노라. 병인년에 만들고 신미년에 세운다."

**만동묘**

임진왜란 때 조선을 도와준 데 대한 보답으로 명의 신종을 제사지내기 위해 숙종 30년(1704) 충북 괴산군 청천면 화양동에 지은 사당. 노론의 소굴이 되어 상소와 비판을 올리고 양민을 수탈하는 등 폐해가 심했음. 흥선대원군 때 철폐되었으나 그가 하야한 후인 고종 11년(1874) 다시 세워졌음. 일제강점기에 유생들이 모여 명의 신종에게 제사를 지내므로 조선총독부가 강제 철거하였음. 현재는 만동묘정비만 남아 있음

**강화도 조약(조·일 수호 조규)의 주요 내용**

• 제1관 : 조선국은 자주의 나라이며, 일본과 평등한 권리를 가진다.
→ 조선에 대한 청의 종주권 부정, 일본의 침략 의도 내포
• 제2관 : 일본국 정부는 지금부터 15개월 후 수시로 사신을 조선국 서울에 파견한다.
• 제4관 : 조선국은 부산 외에 두 곳을 개항하고, 일본인이 왕래 통상함을 허가한다.
→ 부산(경제적 목적) 개항, 1880년에는 원산(군사적 목적), 1883년에는 인천(정치적 목적)을 각각 개항
• 제7관 : 조선국은 일본국의 항해자가 자유롭게 해안을 측량하도록 허가한다.
→ 해안 측량권은 조선에 대한 자주권 침해
• 제9관 : 양국 인민의 민간무역 활동에서 관리의 간섭을 받지 않는다.
• 제10관 : 일본국 인민이 조선국 지정의 각 항구에 머무르는 동안에 죄를 범한 것은 조선국 인민에게 관계된 사건일 때에도 모두 일본 관원이 심판할 것이다.
→ 치외법권 규정으로, 명백한 자주권 침해이자 불평등 조약임을 의미

👓 한눈에 쏙~

| 고종 즉위, 흥선 대원군 집권 (1863) | ▶ | 병인박해(1월), 제너럴셔먼호 사건(8월), 병인양요(9월)(1866) | ▶ | 오페르트 도굴사건(1868) | ▶ | 신미양요 (1871) |

## 2. 강화도 조약(조·일 수호 조약·병자 수호 조규, 1876)

### (1) 배경

① 대원군의 하야(1873) : 경복궁 중건과 악화의 발행으로 민심 이반, 농민 봉기, 서원 정리, 호포법 등으로 양반 유생과의 갈등 심화, 최익현의 탄핵 상소 및 유생들의 하야 요구

② 명성황후의 집권 : 청의 돈을 수입하여 원활한 재정을 도모, 대표적 서원인 화양동 만동묘를 부활, 대원군 측 인사에 대한 탄압, 대일 외교 정책 등 국내외 정책의 변화

③ 통상 개화론자 대두

　㉠ 통상 개화론자의 등장 : 박규수, 오경석, 유홍기, 이동인, 이규경 등

　㉡ 의의 : 개화론자들의 세력이 성장하여 문호 개방의 여건을 마련

④ 운요호(운양호) 사건(1875) : 운요호가 연안을 탐색하다 강화도 초지진에서 조선 측의 포격을 받음, 일본이 청에 책임을 묻자, 청은 문제 확대를 꺼려 명성황후 정권에 일본과 조약을 맺도록 권유

### (2) 강화도 조약(조·일 수호 조약, 병자 수호 조규)

① 강화도 조약의 체결(1876. 2) : 우리나라가 외국과 맺은 최초의 근대적 조약이자 불평등 조약, 신헌과 구로다가 대표로 체결

　㉠ 청의 종주권 부인(→ 조선 침략을 용이하게 하려는 일본의 포석)

　㉡ 침략 의도 및 주권 침해

　　• 침략 의도 : 부산·원산·인천 개항(→ 정치적·군사적·경제적 거점 마련), 일본인의 통상 활동 허가, 조선 연해의 자유로운 측량 등

　　• 불평등 조약(주권 침해) : 일본인 범죄의 일본 영사 재판권(치외법권 조항), 해안 측량권 등

② 조·일 통상 장정과 조·일 수호 조규 부록

　㉠ 의의 : 강화도 조약의 부속 조약으로 마련

　㉡ 내용

| 조약 | 내용 | |
|---|---|---|
| 조·일 무역 규칙 (1876. 7) | • 일본 수출입 상품 무관세 및 선박의 무항세 (無港稅)<br>• 조선 양곡 무제한 유출 허용 | 일본의 경제적 침략을 위한 발판 마련 |

| 조·일<br>수호 조규 부록<br>(1876. 8) | • 일본 공사의 수도 상주<br>• 조선 국내에서 일본 외교관의 여행 자유<br>• 개항장에서의 일본 거류민의 거주 지역 설정<br>• 일본 화폐의 유통(사용) 허용 | 일본의 경제적 침략을 위한 발판 마련 |

ⓒ 결과 : 일본은 경제 침략을 위한 발판 마련, 조선은 국내 산업 보호 근거 상실

### 실력up 조·일 수호 조규의 후속 조약

• 수호 조규 속약(1882) : 일본 관리와 상인의 활동 영역을 사방 10리에서 50리(1882년)로 확대하고, 다시 100리(1883년)로 확대
• 조·일 통상 장정(개정)(1883. 7)
 – 1876년 체결된 조·일 통상 조약(무역규칙)의 불합리한 부분이 다소 시정되어 관세 자주권이 일부 회복되었으나, 협정 관세에 불과하고 내지 관세권도 부정되었으며, 최혜국 조항이 포함되는 등 여전히 불평등한 조약으로 남음
 – 곡물 수출 금지(방곡령) 조항이 포함되었으나, 방곡령 시행 1개월 전 일본 영사관에 통고 의무 조항을 두었고, 인천항에서의 곡물 수출 금지권도 폐지됨

## (3) 각국과의 조약 체결

① 조·미 수호 통상 조약의 체결(1882) ★빈출개념
 ㉠ 배경
  • 조선이 일본과 조약을 맺자 미국은 일본에 알선을 요청
  • 러시아 남하에 대응해 미국과 연합해야 한다는 〈조선책략〉이 지식층에 유포
 ㉡ 체결 : 러시아와 일본 세력을 견제하고, 조선에 대한 종주권을 승인받을 기회를 노리던 청의 알선으로 체결, 신헌과 슈펠트가 대표로 체결
 ㉢ 내용 : 거중조정(상호 안전 보장), 치외법권, 최혜국 대우(최초), 협정 관세율 적용(최초), 조차지 설정의 승인 등
 ㉣ 의의 : 서양과 맺은 최초의 조약으로 처음으로 최혜국 대우를 규정, 불평등 조약(치외법권, 최혜국 대우, 조차지 설정 등), 청의 종주권 저지
② 영국(1882) : 청의 중재로 민영목과 파크스가 대표로 조·영 수호 통상 조약을 체결(비준은 1883년), 치외 법권과 조차지 설정에 관한 내용 포함
③ 독일(1882) : 청의 중재로 제물포에서 체결
④ 그 외 이탈리아(1884), 러시아(1884), 프랑스(1886)와도 외교 관계를 맺음

## (4) 개화 정책의 추진

① 제도의 개편

| 행정<br>기구 | • 개화 정책 전담 기구인 통리기무아문을 설치(1880)<br> – 의정부·육조와 별도로 설치, 삼군부는 폐지<br> – 신문물 수용과 부국강병 도모 등 개화 정책 추진<br>• 통리기무아문 아래 12사를 두고 외교·군사·산업 등의 업무를 분장<br>• 규장각 기능을 부활시켜, 개화 정치를 뒷받침하는 학술 기관으로 활용 |

| 군사 제도 | • 종래의 5군영을 무위영 · 장어영의 2영으로 통합 · 개편<br>• 신식 군대 양성을 위해 무위영 아래 별도로 별기군을 창설(1881)<br>  – 양반 자제로 편성된 사관 생도와 일반 군졸로 구성된 교련병대<br>  – 소총으로 무장한 신식 군대로서 국왕 근위병으로 특별 대우함<br>  – 일본인 교관을 채용하여 근대적 군사 훈련 실시 |
|---|---|

② 외교 사절 및 해외 시찰단 파견

   ㉠ 수신사 파견

     • 제1차 수신사 김기수 : 〈일동기유〉에서 신문명을 조심스럽게 비판

     • 제2차 수신사 김홍집 : 황쭌셴의 〈조선책략〉을 가지고 들어와 개화 정책에 영향을 미침

   ㉡ 조사 시찰단(신사 유람단) 파견(1881) : 비공식 · 이유원 · 홍영식 등을 두고 구성, 일본의 발전상을 보고 돌아와 개화 정책의 추진을 뒷받침

   ㉢ 영선사(1881) : 김윤식을 단장으로 청에 파견하여 무기 제조법과 근대적 군사 훈련법을 배움(→ 서울에 최초의 근대적 병기 공장인 기기창 설치)

   ㉣ 보빙 사절단(1883) : 최초의 구미 사절단

## 3. 위정척사 운동(衛正斥邪運動)

### (1) 의의

  ① 의미 : 바른 것은 지키고 사악한 것을 물리치는, 즉 정학인 성리학 및 성리학적 질서를 수호하고 성리학 이외의 모든 종교와 사상을 배격하는 운동

  ② 목적 : 반외세 · 반침략 정책을 통한 조선의 정치 · 경제 · 사회 · 사상 체제의 유지

### (2) 성격

  ① 강력한 반외세 · 반침략 운동 : 정치 · 경제적 측면에서 강력한 반침략 · 반외세(→ 동학 농민 운동과의 공통점) 정책을 전개하고, 대원군의 쇄국정책을 뒷받침

  ② 봉건적 전근대성 : 교역은 경제적 파멸을 초래하고 문호 개방은 열강 침략으로 직결된다고 봄

### (3) 위정척사 운동의 전개

  ① 1860년대(통상 반대 운동) : 척화주전론(이항로, 기정진), 통상 수교 거부 정책을 뒷받침

  ② 1870년대(개항 반대 운동) : 왜양일체론(최익현의 5불가소), 개항 불가론

  ③ 1880년대(개화 반대 운동) : 영남 만인소(→ 개화 정책과 〈조선책략〉의 유포에 반발, 이만손), 만언척사소(홍재학)

  ④ 1890년대(항일 의병 운동) : 항일 투쟁(유인석, 이소응 등)

  ⑤ 경과 : 고종은 척사 상소를 물리치고 개화 정책을 강행

  ⑥ 한계 : 개화 정책 추진에 장애물, 전제주의적 정치 체제, 봉건적 경제 체제, 차별적 사회체제 등 유지하려는 것에 목적

**일동기유**

제1차 수신사로 일본에 다녀온 김기수가 메이지 유신 이후 발전된 일본의 문물을 시찰한 후 기록한 책. 근세 한일 외교사는 물론 메이지 유신 직후의 일본을 연구하는 데 중요한 사료

**위정척사 주장**

• 통상 반대론(1860년대) : "서양 오랑캐의 화(禍)가 오늘날에 이르러서는 홍수나 맹수의 해(害)보다 더 심합니다. 전하께서는 부지런히 힘쓰시고 경계하시어 안으로는 관리들로 하여금 사학(邪學)의 무리를 잡아 베게 하시고, 밖으로는 장병으로 하여금 바다를 건너오는 적을 정벌케 하소서."

• 개항불가론(1870년대) : "일단 강화를 맺고 나면 저들은 물화를 교역하는 데 욕심을 낼 것입니다. 저들의 물화는 모두 지나치게 사치스럽고 기이한 노리개로, 손으로 만든 것이어서 그 양이 무궁합니다. 우리의 물화는 모두 백성들의 생명이 달린 것이고 땅에서 나는 것이므로 한정이 있습니다. …… 저들이 비록 왜인이라고 하나 실은 양적(洋賊)입니다."

• 조선책략 반대(1880년대) : "러시아, 미국, 일본은 같은 오랑캐입니다. 그들 사이에 누구는 후하게 대하고 누구는 박하게 대하기는 어려운 일입니다. …… 더욱이 세계에는 미국, 일본 같은 나라가 헤아릴 수 없이 많습니다. 만일 저마다 불쾌해 하며, 이익을 추구하여 땅이나 물품을 요구하기를 마치 일본과 같이 한다면, 전하께서는 어떻게 이를 막아 내시겠습니까?"

• 을미의병(1895) : "원통함을 어찌하리. 이미 국모의 원수를 생각하며 이를 갈았는데, 참혹함이 더욱 심해져 임금께서 또 머리를 깎으시는 지경에 이르렀다. …… 이에 감히 먼저 의병을 일으키고서 마침내 이 뜻을 세상에 포고하노니, 위로 공경(公卿)에서 아래로 서민에 이르기까지, 어느 누가 애통하고 절박한 뜻이 없을 것인가."

## 4. 개화 사상

### (1) 개화 사상의 형성 : 통상개화론(초기 개화파)

① 대내적으로는 실학(특히 북학파)의 사상을 발전적으로 계승, 동도서기와 부국 강병을 목표로 함, 대외적으로는 양무 운동(청)과 문명개화론(일본)의 영향을 받음

② 인물 : 박규수, 오경석, 유홍기(유대치)

### (2) 개화파의 형성과 분화

① 개화파의 형성 : 박규수와 유홍기의 지도를 받은 김옥균·박영효·유길준 등

② 개화파의 두 흐름

| 구분 | 온건 개화파(사대당, 수구당) | 급진 개화파(개화당) |
|---|---|---|
| 주도 인물 | 김홍집, 김윤식, 어윤중, 민영익, 민긍식(→ 명성황후 정권과 연결) | 김옥균, 박영효, 홍영식, 서광범, 서재필(→ 명성황후 정권에 반대, 갑신정변에 참여) |
| 개화에 대한 관점 | 유교에 의한 개화(→ 조선은 개화된 나라) | 문명개화론(→ 조선은 야만 상태 탈피를 위해 개화가 필요) |
| 개화 방법 | • 동도서기론에 기반한 개화<br>• 청의 양무운동을 본받아 점진적인 개혁 추구 | • 변법자강론에 따른 전면적 개화<br>• 일본의 메이지유신을 본받아 급진적 개혁을 추구 |
| 외교적 입장 | • 청과 사대관계의 지속·유지(친청 세력)<br>• 중화 질서 아래서 조선의 위치를 파악(양절체제의 외교론) | • 청과의 사대적 외교관계의 청산을 강조<br>• 청에 대한 종속에서 벗어난 조선의 완전한 자주독립을 주장 |

③ 개화당의 활동

㉠ 근대적 국정 개혁의 필요성을 절감하고, 임오군란을 계기로 활발한 활동을 전개

㉡ 고종의 신임으로 여러 개화 시책을 추진

## 5. 임오군란(1882)

### (1) 배경

① 명성황후(민씨) 정권의 개화파와, 대원군·유생의 보수파 간 갈등, 일본에 대한 민족적 척왜 감정

② 신식 군대(별기군) 우대 및 구식 군대에 대한 차별(구식 군인의 급료가 13개월간 체불됨)

### (2) 경과

① 구식 군인들은 명성황후 정권의 고관들과 일본인 교관을 죽임, 포도청·의금부를 습격하고 일본 공사관을 불태움

② 대원군의 일시적 재집권 : 구식 군인들의 요구로 대원군이 재집권, 통리기무아문과 별기군 폐지, 5군영 부활(→ 청에 납치)

**오경석과 유홍기**

조선 후기에 해외 사정에 밝았던 것은 중인, 특히 역관들이었음. 오경석은 이러한 역관들 중 대표적인 인물. 그는 여러 차례 중국을 왕래하면서 보고 들은 것을 통해 언젠가 서양 세력이 조선에도 침투할 것이라고 판단하고 이에 대비하기 위한 개혁이 필요하다고 생각했음. 그는 사상적 동지인 의관 유홍기와 생각을 함께 하였는데, 중인인 그들은 신분의 한계로 인해 직접 정치의 전면에 나설 수 없었지만 그 사상은 유홍기의 가르침을 받은 개화파들에게 큰 영향을 미쳤음

개화파 인물

**제물포 조약의 내용**

제1조 지금으로부터 20일을 기하여 범 [불명] [불명]
제2조 일본국 피해자를 후례로 장사지 낼 것
제3조 5만 원을 지불하여 피해자 유족 및 부상자에게 급여할 것
제4조 배상금 50만 원을 지불할 것
제5조 일본 공사관에 군대를 주둔시켜 경비에 임하는 것을 허용할 것
제6조 조선국은 대관을 특파하여 일본국에게 사죄할 것

**청·프 전쟁**

베트남에 대한 청의 종주권 문제로 프랑스와 청 사이에 벌어진 전쟁

**혜상공국**

1883년 보부상이 중심이 되어 조직된 상인조합으로 대원군의 쇄국정책을 강력히 지지하였음. 외국상인의 불법 상행위 저지, 불량행상 폐단 저지, 보부상 권익 보호 등의 활동을 하였고, 1885년 상리국으로 개칭되었음

### (3) 결과

① **명성황후 일파가 청에 군대 파견 요청** : 청 군대 파견, 대원군 압송
② 청의 내정 간섭 강화
③ 조선을 둘러싼 청·일 양국 간 대립 위기 초래
④ **명성황후 일파의 재집권** : 청의 내정 간섭과 정부의 친청 정책으로 개화 정책은 후퇴
    ㉠ 관제 개편 : 통리교섭통상사무아문(외아문), 통리군국사무아문(내아문)
    ㉡ 군제 개편 : 친군영과 4영 설치
⑤ **조약의 체결** ★ 빈출개념
    ㉠ 제물포 조약(1882. 7)
      • 일본과 제물포 조약을 체결하여 배상금을 지불하고 군란 주동자의 처벌을 약속, 일본 공사관의 경비병 주둔을 인정(→ 일본군의 주둔 허용)
      • 박영효를 사죄사로 일본에 파견(→ 태극기를 최초로 사용)
      • 일본의 정치·경제적 침투가 한층 강화
    ㉡ 조·청 상민 수륙 무역 장정(1882. 8)
      • 청의 속국 인정, 치외법권
      • 서울과 양화진 개방, 내지통상권, 연안 무역·어업권, 청 군함 항행권 등 (→ 청 상인의 통상 특권이 넓게 허용되어 조선 상인들의 피해 증가)

## 6. 갑신정변(1884)

### (1) 배경

① **바닥난 국가 재정 문제로 인한 대립** : 개화당의 대일 차관 도입이 실패
② **친청 세력의 탄압** : 개화당에 대한 탄압으로 비상 수단 도모
③ **청군의 철수** : 베트남 문제로 청군이 조선에서 일부 철수(→ 청·프 전쟁)
④ **일본의 음모** : 조선에서의 열세를 만회하고자 정변 시 개화당에 군사적 지원을 약속

### (2) 경과

① **발발** : 우정국 개국 축하연을 이용해 사대당 요인을 살해하고 개화당 정부를 수립
② **개혁 요강 마련** : 14개조의 정강을 마련

### (3) 갑신정변의 개혁 내용

① 청에 대한 사대 외교(조공)를 폐지하고, 입헌 군주제로의 정치 개혁을 추구
② 지조법을 개정하고, 재정을 호조로 일원화하여 국가 재정을 충실히 함
③ 혜상공국(보부상을 보호하기 위한 기관)의 폐지와 각 도 환상미의 폐지
④ 문벌을 폐지하여 인민 평등을 도모, 능력에 따른 인재 등용
⑤ 군대(근위대)와 경찰(순사)을 설치

**실력UP 갑신정변의 14개조 정강(신정부 강령 14개조)**

- 청에 잡혀간 흥선 대원군을 곧 귀국하게 하고, 종래 청에 대하여 행하던 조공의 허례를 폐한다.
- 문벌을 폐지하여 인민 평등의 권리를 세워, 능력에 따라 관리를 임명한다.
- 지조법을 개혁하여 관리의 부정을 막고 백성을 보호하며, 국가 재정을 넉넉하게 한다.
- 내시부를 없애고, 그 중에 우수한 인재를 등용한다.
- 부정한 관리 중 그 죄가 심한 자는 치죄한다.
- 각 도의 환상미를 영구히 받지 않는다.
- 규장각을 폐지한다.
- 급히 순사를 두어 도둑을 방지한다.
- 혜상공국을 혁파한다.
- 귀양살이를 하고 있는 자와 옥에 갇혀 있는 자는 그 정상을 참작하여 적당히 형을 감한다.
- 4영을 합하여 1영으로 하되, 영 중에서 장정을 선발하여 근위대를 급히 설치한다.
- 모든 재정은 호조에서 통할한다.
- 대신과 참찬은 의정부에 모여 정령을 의결하고 반포한다.
- 의정부, 육조 외에 모든 불필요한 기관을 없앤다.

### (4) 정변의 실패

청의 무력 개입(3일 천하로 끝남), 외세 의존적 정변 방식(일본의 지원은 미미), 개화당의 세력 기반이 약했으며, 개혁이 너무 급박하고 대의명분이 부족해 국민이 외면

### (5) 결과

① 청의 내정 간섭이 더욱 강화, 보수 세력의 장기 집권
② 개화 세력이 도태되어 상당 기간 개화 운동의 흐름이 약화됨

### (6) 조약

① **일본과 한성 조약 체결** : 일본의 강요로 배상금 지불, 공사관 신축비 부담
② **청·일 간 텐진 조약 체결** : 청·일 양국군은 조선에서 철수하고 장차 파병할 경우 상대국에 미리 알릴 것(→ 일본은 청과 동등하게 조선에 대한 파병권 획득)

### (7) 의의

① 근대 국가 수립을 목표로 하는 최초의 정치 개혁 운동(최초로 입헌 군주제 추구)
② 민족 운동의 방향을 제시한 우리나라 근대화 운동의 선구
③ 최초의 위에서 아래로의 근대화 운동
④ 청에 대한 사대 극복의 의지 반영, 문벌폐지와 사민평등, 조세제도 개혁 주장
⑤ 조선에 대한 국제 사회의 인식을 새롭게 하는 계기

## 7. 동학 농민 운동 ⭐빈출개념

### (1) 배경

① 국내의 상황

**한성 조약의 영향**

한성 조약을 통해 일본은 갑신정변 과정에서 입은 피해를 보상받고 가해자를 처벌하도록 하였으며, 조선에서 실추되었던 일본 세력을 회복하였다. 그 동안 일본은 청에 밀려 조선 정부에 위세를 발휘하지 못했는데, 청이 청·프 전쟁 등으로 국제 관계에서 곤경에 빠진 틈을 타 조선에의 파병권 등을 획득하였음

**갑신정변 이후의 국내외 정세**
- 러시아의 남하 정책 : 조·러 수호 통상 조약 체결(1884), 조·러 비밀 협약 추진(청의 방해로 실패)
- 거문도 사건(1885~1887) : 영국이 러시아의 남하를 견제하고자 거문도를 불법 점령
- 조선 중립화론 제기 : 독일 부영사 부들러, 유길준
- 방곡령(1889) : 실패

**동학의 교세 확장**
- 요인 : 인간 평등 사상과 사회 개혁 사상이 농민의 변혁 요구에 부합함. 동학의 포접제(包接制) 조직이 농민 세력의 규합을 가능하게 함. 민족 종교적 성격과 반봉건적 성격이 농민층과 몰락 양반에게 환영받음
- 교조 신원 운동
  - 삼례 집회(제1차 교조 신원 운동, 1892) : 교조 신원과 지방관의 탄압 금지를 요구
  - 서울 복합 상소(제2차 교조 신원 운동, 1893) : 궁궐 앞에서 교조 신원과 외국인 철수를 요구
  - 보은 집회(제3차 교조 신원 운동, 1893) : 동학교도와 농민이 대규모 집회를 통해 탐관오리 숙청, 반봉건·반외세·척왜양창의 등을 요구

SEMI-NOTE

**동학의 경전**

- **동경대전** : 교조 최제우의 유문을 최시형이 1882년 편찬(한자로 간행)한 것으로, 포덕문(布德文), 논학문(論學文), 수덕문(修德文), 불연기연(不然基然)의 4편을 중심으로 구성되어 있음
- **용담유사** : 최제우의 포교용 가사집, 1909년에 한글로 간행되었음, 용담가(龍潭歌), 안심가(安心歌), 권학가(勸學歌) 등이 소개되어 있음

사발통문

**고부 민란과 백산 재봉기**

새로 임명된 고부 군수 박원명의 수습이 적절하였으므로 농민들은 흩어져 귀가하였다. 그러나 안핵사 이용태는 조사를 빙자하여 죄 없는 농민들을 체포하고 부녀자들을 능욕하였으며 재산을 약탈하였음. 이에 전봉준은 동학 교단에서 세력을 가지고 있던 김개남, 손화중 등과 함께 농민들에게 통문을 돌려 농민군을 조직, 고부의 백산에서 8,000명의 농민군을 이끌고 전면전을 일으켰음

---

㉠ **위기 의식의 증가** : 개항 이래 전개된 열강의 침략 경쟁이 갑신정변 후 가열

㉡ **정부의 무능력과 부패** : 궁중 예산 낭비와 배상금 지불 등으로 국가 재정 궁핍, 대외 관계 비용의 증가, 외세와의 타협

㉢ **농민 수탈의 심화** : 과중한 조세 부담, 지방관의 압제와 수탈 증가

② **일본의 경제적 침투**

㉠ 일본의 침투로 농촌 경제 파탄, 농민층의 불안 · 불만 팽배

㉡ 입도선매나 고리대의 방법으로 곡물을 사들여 폭리, 무역 독점

㉢ **방곡령 사건(1889)** : 일본의 경제적 침략에 대응하여 함경도와 황해도 지방에서 방곡령을 내리기도 하였으나, 배상금만 물고 실효를 거두지 못함

③ **농민층의 동요** : 농민층의 사회 불만 증대, 정치 및 사회 의식 성장

## (2) 동학 농민 운동의 전개

① **고부 민란(고부 농민 봉기, 1894. 1~1894. 3)**

㉠ **고부 민란** : 고부 군수 조병갑의 학정에 항거, 전봉준 등이 농민군을 이끌고 관아를 점령, 봉기를 계획하고 미리 사발통문(沙鉢通文)을 돌림

㉡ **봉기의 지속** : 안핵사 이용태가 동학교도를 색출 · 탄압하자 전봉준 · 김개남 · 손화중 · 오지영 등의 지도하에 농민군은 봉기를 지속

② **1차 봉기** : 반봉건적 성격이 강함

㉠ **백산 재봉기(1894. 3. 25)** : 백산에 다시 결집하여 전봉준 · 김개남 · 손화중 등이 조직을 재정비하고 격문을 선포

㉡ **황토현 전투(1894. 4, 절정기)** : 황토현 싸움에서 관군(전라 감영의 지방 관군)을 물리치고(최대의 승리), 정읍 · 고창 · 함평 · 장성 등을 공략

㉢ 장성 전투와 전주성 입성(1894. 5), 청 · 일의 개입

③ **전주 화약(1894. 5)과 집강소 활동**

㉠ 청 · 일군이 개입하자 정부는 휴전을 제의해 전주 화약이 성립

㉡ **집강소 설치와 폐정 개혁안** : 폐정 개혁 12개조를 요구

### 실력up **폐정(弊政) 개혁 12개조**

- 동학도(東學徒)는 정부와의 원한(怨恨)을 씻고 서정(庶政)에 협력한다.
- 탐관오리(貪官汚吏)는 그 죄상을 조사하여 엄징(嚴懲)한다.
- 횡포(橫暴)한 부호(富豪)를 엄징한다.
- 불량한 유림(儒林)과 양반의 무리를 징벌한다.
- 노비 문서(奴婢文書)를 소각한다.
- 7종의 천인 차별을 개선하고, 백정이 쓰는 평량갯[평양립(平凉笠)]은 없앤다.
- 청상과부(靑孀寡婦)의 개가(改嫁)를 허용한다.
- 무명(無名)의 잡세는 일체 폐지한다.
- 관리 채용에는 지벌(地閥)을 타파하고 인재를 등용한다.
- 왜(倭)와 통하는 자는 엄징한다.
- 공사채(公私債)를 물론하고 기왕의 것을 무효로 한다.
- 토지는 평균하여 분작(分作)한다.

– 〈동학사〉 –

④ **2차 봉기** : 반외세의 기치로 재봉기

- ㉠ **동학 농민군의 재봉기** : 청·일 전쟁(1894)에서 주도권을 잡은 일본이 내정 간섭을 강화하자, 이에 대항해 대규모로 다시 봉기
- ㉡ **남접(전봉준)과 북접(손병희)이 논산에 집결하여 연합**
- ㉢ **공주 우금치 혈전(1894.11)** : 전봉준(남접)과 손병희(북접)의 연합군이 서울로 북진하다 공주 우금치에서 관군과 민보군, 일본군을 상대로 격전

| 구분 | 중심 세력 | 활동 내용 | 성격 |
|---|---|---|---|
| 1차 봉기<br>(고부 민란<br>~전주 화약) | 남접<br>(전봉준, 김개남,<br>손화중 등) | • 황토현 전투<br>• 집강소 설치, 폐정<br>  개혁안 | 반봉건적<br>사회 개혁 운동 |
| 2차 봉기 | 남접(전봉준)<br>+ 북접(손병희) | 공주 우금치 전투 | 반외세,<br>항일구국 운동 |

### (3) 동학 농민 운동의 영향과 한계

① **동학 농민 운동의 영향** : 반봉건적·반침략적 민족 운동의 전개, 밑으로부터의 자주적 사회 개혁 운동
② **한계** : 포괄적인 근대 사회 의식은 결여됨, 근대 사회를 건설하기 위한 구체적인 방안을 제시하지 못함

## 8. 갑오개혁(고종 31, 1894)과 을미개혁(고종 32, 1895)

### (1) 갑오개혁(甲午改革, 1894~1895)

① **개혁의 추진 배경** : 개항 이후의 여러 모순을 해결하기 바라는 농민들의 개혁 요구, 교정청(校正廳)의 설치, 일본의 간섭(타율적 측면)
② **제1차 갑오개혁(1894. 7~1894. 12)**
- ㉠ **친일 정권의 수립** : 김홍집과 흥선대원군 중심의 제1차 김홍집 친일 내각 성립
- ㉡ **군국기무처 설치** : 초정부적 회의 기관인 군국기무처를 설치하고 개혁을 추진
- ㉢ 갑신정변을 주도했던 박영효와 서광범이 귀국해 개혁에 참여
- ㉣ **제1차 개혁의 내용**
  - 정치면 : 내각의 권한을 강화하고 왕권을 제한

| 연호 | 개국 연호를 사용하여 청의 종주권 부인 |
|---|---|
| 전제화 견제 | 왕실(궁내부)과 정부(의정부) 사무를 분리하고 정치 실권을 상당 부분 내각이 가지도록 해 국왕 전제권을 제한, 육조를 80아문으로 개편, 관등품계 12등급으로 축소 |
| 과거제 폐지 | 문무관 차별 철폐, 신분 차별 없는 새로운 관리 임용 제도 채택 |

  - 경제면

| 재정 일원화 | 모든 재정 사무를 탁지아문이 관장, 왕실과 정부의 재정을 분리 |
|---|---|

청·일 전쟁

동학 농민군이 해산하자 조선 정부는 일본에 군대의 철수를 요구하였으나, 일본은 이를 거부하고 내정에 간섭하는 등 조선에서의 지배권을 확보하려 하였음. 1894년 6월 21일 일본은 병력을 동원하여 궁궐을 침범하였으며, 조선 정부의 요청을 받은 것처럼 위장하여 아산만에 주둔하고 있던 청의 군대를 공격하였음

압송되는 전봉준

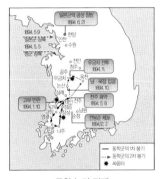

동학 농민 전쟁

**동학 농민 운동의 실패 요인**
- 동학 지도층의 분열과 지도력 부족
- 집권층과 민보군(수성군), 일본군 연합의 탄압, 전력상의 열세
- 화력(무기 등)·전술·훈련·조직의 미약

**군국기무처**
입법권을 가진 초정부적 개혁 추진 기구. 임시 기구이며, 정치·경제·사회 등 국가 주요 정책에 대한 개혁안을 심의하였음

06장

근대의 변화와 흐름

| 화폐, 조세 | 은(銀) 본위 화폐 제도를 채택, 일본 화폐의 통용을 허용, 조세의 금납제 시행 |
|---|---|
| 도량형 정비 | 도량형을 개정·통일 |

- 사회면

| 신분제 철폐 | 양반과 평민의 계급을 타파하고, 공·사 노비 제도를 폐지 |
|---|---|
| 전통적 폐습 타파 | • 조혼 금지, 과부 개가 허용<br>• 악법 폐지(인신매매 금지, 고문과 연좌법의 폐지 등) |

- 군사면 : 일본이 조선의 군사력 강화나 군제 개혁을 꺼림
③ **제2차 갑오개혁(1894. 12~1895. 7)** ★ 빈출개념
  ㉠ **연립 내각 성립** : 제2차 김홍집·박영효 친일 연립 내각이 성립
  ㉡ **홍범 14조** : 고종은 종묘에 나가 독립 서고문을 바치고 홍범 14조를 반포 (1895. 1)
  ㉢ **제2차 개혁의 내용**

| | |
|---|---|
| 정치 | • 의정부 80아문을 7부로 개편<br>• 지방관제를 8도에서 23부 337군으로 개편(→ 종래의 도·부·목·군·현의 대소행정구역 통폐합, 소지역주의 채택)<br>• 내각과 분리된 궁내부 관제를 대폭 축소<br>• 지방관의 사법권·군사권 박탈(행정권만을 가짐)<br>• 사법권과 행정권 분리(사법부 독립)와 재판소 설치(1심·2심 재판소 분리·설치)를 위해 〈재판소구성법〉과 〈법관양성소규정〉 등을 공포<br>• 상리국 폐지 |
| 교육 | • 교육입국조서 발표(근대적 학제 등)<br>• 신교육 실시, 한성사범학교 설립 |
| 군사·경찰 | 훈련대·시위대 설치, 근대적 군사·경찰제도 확립을 위한 〈군부관제〉, 〈경무청관제〉 등을 제정 |

  ㉣ **개혁의 중단** : 삼국 간섭(1895. 4)에 따른 일본 세력의 약화, 박영효가 반역죄로 일본으로 망명

**실력UP 삼국간섭(1895)**

일본이 청일 전쟁의 승리 후 체결한 시모노세키 조약에 따라 청으로부터 요동반도를 할양받게 되자, 남하 정책을 추진하던 러시아가 이를 견제하고자 프랑스, 독일과 함께 요동반도의 반환을 일본에 요구하였다. 삼국간섭의 결과 일본은 요동반도를 돌려주고 세력이 위축되었는데, 국내에서는 이러한 정세를 이용해 일본을 견제하기 위해 친러내각(김홍집 내각)이 성립하였다.

### (2) 을미개혁(제3차 개혁, 1895. 8~1896. 2)
① **을미사변(1895)** : 명성황후가 친러파와 연결하여 일본을 견제하려 하자 일제는 명성황후를 시해하고 친일 내각을 구성
② **개혁의 추진** : 제4차 김홍집 친일 내각은 중단되었던 개혁을 계속하여 을미개혁

**홍범(洪範) 14조**
- 청에 의존하는 생각을 버리고 자주 독립의 기초를 세운다.
- 왕실 전범(典範)을 제정하여 왕위 계승의 법칙과 종친과 외척과의 구별을 명확히 한다.
- 임금은 각 대신과 의논하여 정사를 행하고, 종실(宗室)·외척(外戚)의 내정 간섭을 용납하지 않는다.
- 왕실 사무와 국정 사무를 나누어 서로 혼동하지 않는다.
- 의정부(議政府) 및 각 아문(衙門)의 직무·권한을 명백히 규정한다.
- 납세는 법으로 정하고 함부로 세금을 징수하지 아니한다.
- 조세의 징수와 경비 지출은 모두 탁지 아문(度支衙門)의 관할에 속한다.
- 왕실의 경비는 솔선하여 절약하고, 이로써 각 아문과 지방관의 모범이 되게 한다.
- 왕실과 관부(官府)의 1년 회계를 예정하여 재정의 기초를 확립한다.
- 지방 제도를 개정하여 지방 관리의 직권을 제한한다.
- 총명한 젊은이들을 파견하여 외국의 학술·기예를 견습시킨다.
- 장교를 교육하고 징병을 실시하여 군제의 근본을 확립한다.
- 민법·형법을 제정하여 인민의 생명과 재산을 보전한다.
- 문벌을 가리지 않고 인재 등용의 길을 넓힌다.

을 추진

ⓙ 유생들의 반발 : 단발령에 대한 유생들의 강경한 반발

ⓛ 개혁의 중단 : 명성황후 시해와 단발령을 계기로 유생층과 농민이 의병을 일
으켰고, 친러파는 국왕을 러시아 공사관으로 피신(아관파천, 1896)시킴으로
써 개혁 중단

### (3) 갑오·을미개혁의 의의 및 한계

① 한계 : 일본의 강요에 의해 타율적으로 시작, 토지 제도의 개혁이 전혀 없고, 군
제 개혁에 소홀

② 의의

ⓙ 전통 질서를 타파하는 근대적 개혁의 성격을 지님

ⓛ 갑신정변과 동학 농민 운동의 개혁 요구가 일부 반영

한눈에 쏙~

## 9. 아관파천(건양 1, 1896)

### (1) 전개

① 배경 : 고종은 왕권을 제약하려는 개화 세력의 개혁에 불만을 가지게 되었고, 을
미사변 후 신변의 위험을 느낌

② 경과 : 러시아 공사 베베르가 친러파와 모의하여 고종을 러시아 공사관으로 파천
시켜 1년간 머물게 함

### (2) 결과

① 친러내각의 성립 : 친일파가 제거되고 이범진·이완용 등의 친러내각이 정권을
장악

② 지방 제도 개편 : 전국을 13도로 개편

③ 일본의 협상 추진 : 수세에 몰린 일본이 러시아와 세력 균형을 위해 협상을 벌임

④ 베베르·소촌(고무라) 각서(1896. 5)

⑤ 러시아 로바노프의 비밀외교(1896. 6)

ⓙ 청(이홍장)과 중·러 비밀군사동맹 체결

ⓛ 로바노프·산현(야마가타) 협정서에서 러·일 완충지대를 설정(한반도 분할)

ⓜ 민영환·로바노프는 고종의 신변보호, 군사교관과 재정고문

⑥ 니시·로젠 협정(1898. 4) : 조선에서의 정치적·경제적 이해관계를 상호 승인

⑦ 아관파천 후 조선의 주권이 약화되고 일세의 이권 침탈이 증가함

SEMI-NOTE

**독립신문**

1896년 4월 서재필이 민중 계몽을 위해 창간한 신문으로, 최초의 민간 신문(최초의 근대 신문은 1883년 창간된 한성순보)이자 순한글 신문. 창간 이듬해인 1897년부터 한글판과 영문판을 분리하여 2개의 신문으로 발행하였음

독립신문

**독립협회의 기본 사상**
• 자주 국권 사상 : 민족주의 사상
• 자유 민권 사상 : 민주주의 사상
• 자강 개혁 사상 : 근대화 사상

독립문

**관민 공동회의 헌의 6조** ★빈출개념
• 외국인에게 의지하지 말고 관민이 한마음으로 힘을 합하여 전제 황권을 견고하게 할 것
• 외국과의 이권에 관한 계약과 조약은 각 대신과 중추원 의장이 합동 날인하여 시행할 것
• 국가 재정은 탁지부에서 전관(專管)하고, 예산과 결산을 국민에게 공표할 것
• 중대 범죄를 공판하되, 피고의 인권을 존중할 것
• 칙임관을 임명할 때에는 정부에 그 뜻을 물어서 중의에 따를 것
• 정해진 규정(홍범 14조)을 실천할 것
　　　　　　　　　　　－ 독립신문 －

**황국 협회**

독립 협회에 대항하기 위해 조직된 어용 단체. 정식 지휘자는 정부 관료. 회원은 보부상이었음

# 10. 독립 협회(獨立協會, 1896)

## (1) 배경 및 성립

서재필 등은 자유 민주주의적 개혁 사상을 민중에게 보급하고 국민의 힘으로 자주 독립 국가를 건설하기 위하여 독립신문을 창간하고 독립 협회를 창립(1896. 7)

## (2) 구성

① **사상적 구성** : 서구 자유민주주의 사상(서재필·윤치호)과 개신 유학 사상·유교 혁신 사상(남궁억, 정교)이 합쳐져 자주 자강·개화 혁신 사상으로 승화(이상재)
② **구성원** : 근대 개혁 사상을 지닌 진보적 지식인들이 지도부를 이루고 도시 시민층이 주요 구성원으로 참여, 학생·노동자·여성·천민 등 광범한 계층의 지지

## (3) 주장

① **자주 국권 운동** : 국권과 국익 수호 운동
② **자강 개혁 운동** : 입헌 군주제, 신교육 운동, 상공업 장려, 근대적 국방력 강화
③ **자유 민권 운동** : 민권(자유권·재산권) 보장 운동, 국민 참정권 운동

## (4) 활동

① **이권 수호 운동** : 러시아의 절영도 조차 요구 규탄, 한·러 은행 폐쇄
② **독립 기념물의 건립** : 자주 독립의 상징인 독립문을 세우고, 모화관을 독립관으로 개수
③ **민중의 계도** : 강연회·토론회 개최, 신문·잡지의 발간 등을 통해 근대적 지식과 국권·민권 사상을 고취
④ **만민 공동회 개최(1898. 3)** : 우리나라 최초의 근대적 민중 대회(→ 외국의 내정 간섭·이권 요구·토지 조사 요구 등에 대항하여 반환을 요구)
⑤ **관민 공동회 개최(1898. 10~1898. 11)**
　㉠ 만민 공동회의 규탄을 받던 보수 정부가 무너지고 개혁파 박정양이 정권을 장악하자 정부 관료와 각계각층의 시민 등 만여 명이 참여하여 개최
　㉡ 의회식 중추원 신관제를 반포하여 최초로 국회 설립 단계까지 진행(1898. 11)
　㉢ **헌의 6조** : 헌의 6조를 결의하고 국왕의 재가를 받음(→ 실현되지는 못함)

## (5) 독립 협회의 해산(1898. 12)

① **보수파의 모함** : 시민 의식이 성숙하지 못한 상태에서 서구식 입헌 군주제의 실현을 추구하여 보수 세력의 지지를 얻지 못함
② **시민의 투쟁** : 시민들은 만민 공동회를 열어 독립 협회의 부활과 개혁파 내각의 수립, 의회식 중추원의 설치 등을 요구하면서 격렬한 투쟁
③ **해산** : 황국 협회를 이용한 보수 세력의 탄압으로 해산(1898. 12)
④ **의의** : 민중에 의한 자주적인 근대화 운동 전개

# 11. 대한 제국(大韓帝國)

## (1) 대한 제국의 성립(1897. 10)

러시아 공사관에서 1년 만에 환궁한 고종은 국호를 대한 제국, 연호를 광무로 고치고 황제라 칭하여 자주 국가임을 내외에 선포

## (2) 광무개혁

### ① 내용

| | |
|---|---|
| 정치면 | • 황제권의 강화(전제황권) : 복고적 개혁의 성격<br>• 대한국제(대한국 국제)의 반포 : 대한국제는 광무정권이 1899년 제정한 일종의 헌법으로, 대한 제국이 전제 정치 국가이며 황제권의 무한함을 강조<br>• 황제가 군권을 장악하기 위해 최고 군통수기관으로 원수부를 설치<br>• 국방력 강화 |
| 경제면 | • 양지아문을 설치(1898)하여 양전사업을 실시(1899)하고 지계(토지증서) 발급<br>• 탁지부에서 관할하던 재정업무를 궁내부 소속의 내장원으로 이관<br>• 상공업 진흥책을 실시하여 황실(정부)이 직접 공장을 설립하거나 민간 회사의 설립을 지원<br>• 실업학교 및 기술교육기관을 설립<br>• 금본위제 화폐 제도 채택 시도 |
| 사회면 | • 종합 병원인 광제원(廣濟院)을 설치<br>• 신교육령에 의해 소학교 · 중학교 · 사범학교 등을 설립<br>• 고급장교의 양성을 위해 무관학교를 설립(1898)<br>• 교통 · 통신 · 전기 · 의료 등 각 분야에 걸친 근대적 시설을 확충 |

### ② 한계

ㄱ 근대 사회로의 지향이나, 황권의 강화와 황실 중심의 개혁

ㄴ 진보적 개혁 운동을 탄압하여 국민 지지 상실(보수적 추진 세력의 한계)

ㄷ 열강의 간섭을 완전히 배제하지 못해 큰 성과를 거두지 못함

## 12. 항일 의병 투쟁

### (1) 항일 의병 투쟁의 발발

① 배경 : 청 · 일 전쟁으로 조선에서 청을 몰아낸 일본이 침략 의도를 노골적으로 드러내자 여러 방면에서 민족적 저항이 일어났는데, 의병 항쟁은 그 중 가장 적극적인 형태의 저항

② 시초 : 1894년 8월 서상철이 갑오개혁에 따른 반일 감정으로 거사

### (2) 을미의병(1895)

① 을미의병의 계기 : 최초의 항일 의병으로, 명성황후 시해와 단발령을 계기로 발생

② 구성원과 활동 : 유인석 · 이소응 · 허위 등 위정척사 사상을 가진 유생들이 주도, 농민들과 동학 농민군의 잔여 세력이 가담하여 전국적으로 확대

③ 해산 : 아관파천 후 단발령이 철회되고 고종의 해산 권고 조칙이 내려지자 대부분 자진 해산

④ 해산된 농민 일부가 활빈당을 조직하여 반봉건 · 반침략 운동을 계속함

SEMI-NOTE

단발령

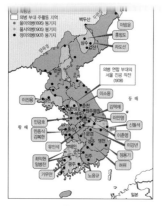

의병의 봉기

**을미·을사·정미의병의 격문**

• **을미의병**

원통함을 어찌하리오. 국모의 원수를 생각하며 이를 갈았는데 참혹함이 더욱 심해져 임금께서 또 머리를 깎으시는 지경에 이르렀다.

– 유인석의 창의문 –

• **을사의병**

작년 10월에 저들이 한 행위는 오랜 옛날에도 일찍이 없던 일로서 억압으로 한 조각의 종이에 조인하여 500년 전해오던 종묘 사직이 드디어 하루밤에 망하였으니 ……

– 최익현의 격문 –

• **정미의병**

군대를 움직이는 데 가장 중요한 점은 고립을 피하고 일치단결하는 것에 있다. 따라서 각도의 의병을 통일하여 둑을 무너뜨릴 기세로 서울에 진격하면, 전 국토가 우리 손 안에 들어오고 한국 문제의 해결에 있어서도 유리하게 될 것이다.

– 이인영의 격문 –

### (3) 을사의병의 발발(1905)

① 의병의 재봉기 : 을사조약의 폐기와 친일 내각의 타도를 내세우고 격렬한 무장 항전(→ 항일 의병 전쟁의 전개)

② 의병장 : 민종식, 최익현, 신돌석 등

③ 특징 : 종래 의병장은 대체로 유생이었으나 이때부터 평민 출신 의병장이 활동

### (4) 정미의병(1907)

① 계기 : 고종의 강제 퇴위, 군대 해산(1907. 8)

② 특징 : 해산 군인들이 의병에 합류하면서 의병의 조직과 화력이 강화, 전국 각지, 나아가 간도와 연해주 등 국외로까지 확산

### (5) 의병 전쟁의 확대

① 13도 창의군 조직(1907. 12) : 유생 이인영을 총대장, 허위를 군사장으로 13도 연합 의병이 조직

  ㉠ 외교 활동의 전개 : 서울 주재 각국 영사관에 의병을 국제법상의 교전 단체로 승인해 줄 것을 요구하여, 스스로 독립군임을 자처

  ㉡ 서울 진공 작전(1908) : 의병 연합 부대는 서울 근교까지 진격(1908. 1)하였으나, 일본군의 반격으로 후퇴

② 국내 진입 작전 : 홍범도와 이범윤이 지휘하는 간도와 연해주의 의병들이 작전 모색

③ 안중근의 거사(1909) : 하얼빈 역에서 일제의 침략 원흉인 이토 히로부미를 처단, 이듬해인 1910년 3월 26일 뤼순 감옥에서 순국

### (6) 의병 전쟁의 의의와 한계

① 의병 전쟁의 한계

  ㉠ 국내적 요인 : 비조직성, 전통적 신분제를 고집하여 유생층과 농민 간 갈등

  ㉡ 국외적 요인 : 열강 침략의 보편화, 을사조약으로 외교권이 상실되어 국제적으로 고립

② 의병 전쟁의 의의 : 민족 저항 정신 표출, 항일 무장 독립 투쟁의 기반, 반제국주의 · 민족주의 운동

## 13. 애국 계몽 운동의 전개

### (1) 애국 계몽 운동

① 의미 : 을사조약(1905) 전후에 나타난 문화 활동과 산업 진흥 등 실력 양성을 통해 국권을 회복하자는 운동

② 주도 세력 : 지식인, 관료, 개혁적 유학자

### (2) 애국 계몽 운동 단체

① 보안회(1904) : 일제의 황무지 개간권 요구에 반대하여 이를 저지
② 헌정 연구회(1905) : 국민의 정치 의식 고취와 입헌정체의 수립을 목적으로 설립됨, 일진회의 반민족적인 행위를 규탄하다가 해산
③ 대한 자강회(1906)
　㉠ 조직 : 헌정 연구회를 모체로, 사회 단체와 언론 기관을 주축으로 하여 창립
　㉡ 참여 : 윤치호, 장지연 등
　㉢ 목적 : 교육과 산업의 진흥을 통한 독립의 기초 마련
　㉣ 활동 : 독립 협회 정신을 계승하여 월보의 간행과 연설회의 개최 등을 통하여 국권 회복을 위한 실력 양성 운동 및 일진회에 대항하여 애국 계몽 운동 전개
　㉤ 해체 : 일제의 고종 황제에 대한 양위 강요에 격렬한 반대 운동을 주도하다가 강제로 해체됨
④ 대한 협회(1907)
　㉠ 조직 및 활동 : 오세창 · 윤효정 · 권동진 등이 대한 자강회를 계승하여 조직, 교육의 보급 · 산업의 개발 · 민권의 신장 · 행정의 개선 등을 강령으로 내걸고 실력 양성 운동을 전개
　㉡ 해체 : 1910년 한 · 일 병합 조약 이후 해체
⑤ 신민회(1907)
　㉠ 조직 : 사회 각계각층의 인사를 망라하여 조직된 비밀 결사
　㉡ 구성원 : 안창호, 양기탁 등
　㉢ 목적 : 국권 회복, 공화정체의 국민 국가 건설
　㉣ 활동 : 자기 회사 설립(평양), 태극서관 설립(대구), 대성 학교 · 오산 학교 · 점진 학교 설립 등, 대한매일신보를 기관지로 활용, 최남선의 주도하에 〈소년〉을 기관 잡지로 창간, 남만주에 삼원보, 밀산부에 한흥동을 각각 건설하여 무장 독립 운동의 터전이 됨
　㉤ 해체(1911) : 일제가 날조한 105인 사건으로 해체

## (3) 의의 및 한계

① 의의 : 민족 독립 운동의 이념과 전략을 제시, 장기적인 민족 독립 운동의 기반 구축
② 한계 : 일제에 예속된 상태에서 전개되어 성과 면에서 일정한 한계

👓👓 한눈에 쏙~

```
아관파천        대한 제국 수립      러일 전쟁
(1896)    ▶    (1897)      ▶    (1904)

       ▶  을사조약    ▶   신민회 조직
          (1905)          (1907)
```

06장
근대의 변화와 흐름

## 02절 개항 이후의 경제와 사회

### 1. 열강의 경제 침탈

#### (1) 일본 상인의 경제 침투

① 초기
  ㉠ 부산·원산 등 개항지를 중심으로 거류지 무역 전개
  ㉡ 재판권, 무관세, 일본 화폐의 사용 등의 불평등 조약을 이용해 약탈적 무역 전개

② 1880년대
  ㉠ 무역 활동 범위가 개항장 100리까지 확대되어 내륙까지 진출
  ㉡ 곡물 수매에 주력 : 자본주의 초기의 식량 부족을 해결하기 위해 조선의 곡물을 대량 수입해 감(→ 조선의 곡물 가격 폭등과 식량난 초래)
  ㉢ 조·청 상민 수륙 무역 장정(1882) 체결 이후 : 청 상인의 활발한 진출로 청·일 양국의 각축 격화(→ 청에서의 수입 비율이 점차 증가)

③ 1890년대 : 청·일 전쟁 이후 일본 상인들이 국내 상권을 거의 독점, 일본 제일 은행의 지점을 설치하고 대한 제국의 금융을 장악해 감

#### (2) 일본의 토지 약탈

① 개항 직후
  ㉠ 초기 : 일본 상인들이 개항장 안의 토지를 빌려 쓰는 데 그침
  ㉡ 토지 소유의 확대 : 차압과 고리대를 이용하여 우리 농민의 토지를 헐값으로 사서 점차 농장을 확대해 감

② 청·일 전쟁 이후(1890년대) : 일본 대자본가들이 침투하여 대규모 농장 경영, 전주·군산·나주 일대에 대규모 농장 경영

③ 1900년대 : 토지 약탈의 본격화

#### (3) 제국주의 열강의 이권 침탈

① 배경 : 아관파천 이후 본격화, 최혜국 대우 규정을 이용하여 철도 부설권·금광 채굴권·산림 채벌권 등 이권 침탈

② 이권 침탈
  ㉠ 러시아 : 경원·종성 광산 채굴권, 압록강·울릉도 산림 채벌권, 조·러 은행 설치권
  ㉡ 일본 : 경인선 철도 부설권(미국으로부터 인수), 경부선·경원선 부설권, 직산 금광 채굴권
  ㉢ 미국 : 서울 시내 전차 부설권, 서울 시내 전기·수도 시설권, 운산 금광 채굴권
  ㉣ 프랑스 : 경의선 철도 부설권(일본에 양도), 창성 금광 채굴권, 평양 무연탄 채굴권
  ㉤ 영국 : 은산 금광 채굴권

**조·청 상민 수륙 무역 장정**
고종 19년(1882) 조선과 청이 양국 상인의 통상에 대해 맺은 규정. 서두에 조선에 대한 청의 종주권을 명시하고 있으며, 조선의 비준도 생략되었음. 임오군란 이후 청의 내정 간섭이 강화된 상황에서 체결되었으며, 이후의 통상 조약 등에도 영향을 미쳐 불평등 조약 체계 확립에 결정적인 역할을 하였음

**화폐 정리 사업**
조선의 상평통보나 백동화 등을 일본 제일 은행에서 만든 새 화폐로 교환하도록 한 사업. 갑작스럽게 시행되었을 뿐만 아니라 질이 나쁜 백동화는 교환해 주지 않았는데, 일본 상인들과는 달리 이 사실을 모르고 있던 조선 상인들의 경우 화폐 정리 사업에 대비하지 못해 많은 사람들이 파산하게 되었음. 또한 소액도 교환해 주지 않아 농민들 역시 큰 피해를 입었음

**철도에 대한 일본의 집착**
열강의 경제적 침탈 속에서 일본은 특히 철도와 관련된 이권의 획득에 집착하였는데, 이는 철도가 인적·물적 자원을 대량으로 운송할 수 있는 육상 운송 수단으로서 대륙침략 시 일본군의 수송과 조선에서의 쌀을 반출 시 유용하기 때문이었음. 그리하여 미국이 처음 획득한 경인선 부설권을 사들이고, 이어서 경부선, 경의선, 경원선 부설권까지 차지하여 개통하였음

ⓗ 독일 : 당현 금광 채굴권

ⓢ 청 : 황해도·평안도 연안 어채권, 인천–한성–의주 전선 가설권, 서울–부산 전선 가설권

## 2. 경제적 구국 운동의 전개

### (1) 방곡령과 상권 수호 운동

① 방곡령(防穀令, 1889)
- ㉠ 실시 : 개항 이후 곡물의 일본 유출이 늘어나면서 가격이 폭등한데다가 흉년이 겹쳐 함경도와 황해도를 중심으로 시행
- ㉡ 결과 : 일제는 1개월 전에 통고해야 한다는 조·일 통상 장정(1883) 규정을 구실로 방곡령의 철회를 요구하고 거액의 배상금을 요구

② 상권 수호 운동 : 상인들은 상권 수호 운동을 벌여 경제적 침탈에 적극적으로 대응

③ 상회사의 설립 : 1880년대에는 관리들과 객주, 보부상 등을 중심으로 대동상회·장통상회 등과 같은 동업자 조합 성격의 상회사가 주로 설립되었고, 대한 제국의 상공업 진흥 정책이 실시된 이후에는 해운회사·철도회사·광업회사 등과 같은 근대적 형태의 주식회사도 설립

④ 근대적 산업 자본의 성장 : 조선 유기 상회(鍮器商會), 직조 산업, 연초 공장(煙草工場), 사기 공장(砂器工場) 등

### (2) 민족 은행 설립

① 일본의 금융 기관 침투와 고리대금업에 대응하기 위하여 우리 자본으로 은행 설립
- ㉠ 조선 은행(1896) : 관료 자본이 중심이 된 민간 은행(최초)
- ㉡ 민간 은행 : 한성 은행, 천일 은행 등

② 메가타의 화폐 정리 사업(1905), 자금과 기술의 부족, 미숙한 운영 방식 등으로 문을 닫거나 일본계 은행에 합병(→ 일제의 금융권 장악 가속화)

### (3) 국채 보상 운동(國債報償運動, 1907)

① 배경 : 일제의 강제 차관 도입으로 인해 정부가 짊어진 1,300만 원의 외채를 국민의 힘으로 상환하여 국권을 회복하자는 운동

② 경과 : 국채 보상 기성회가 전국 각지로 확대, 보상금 모집소 설치

③ 결과 : 일본은 국채 보상 기성회의 간사인 양기탁에게 국채 보상금을 횡령하였다는 누명을 씌워 구속하고 1908년 초 2천만 원의 차관을 억지로 추가 공급하여 좌절시킴

### (4) 황무지 개간권 반대 운동(1904)

보안회는 일제의 황무지 개간권 요구에 대한 반대 운동을 벌여 토지 약탈 음모를 분쇄, 이도재 등은 농광 회사를 설립하여 황무지를 우리 손으로 개간할 것을 주장

### (5) 독립 협회의 이권 수호 운동

SEMI-NOTE

방곡령
1876년 강화도 조약으로 일본에 개국한 이래, 일본 상인들은 조선의 쌀과 콩을 매점하여 일본에 반출하였음. 이에 곡물의 절대비축량이 부족하여 식량난이 가중되고, 고종 25년(1888) 흉년까지 들자 전국 곳곳에서 폭동이 발발하였음. 이에 원산을 관장하던 함경도 관찰사 조병식은 1889년 9월 한·일 통상 장정을 근거로 원산항을 통한 콩의 유출을 금지하는 방곡령을 내렸음. 이에 일본 무역상이 타격을 입자 조선과 일본 간 분규가 발생함. 조선은 조병식을 강원도 관찰사로 전출시킴으로써 방곡령을 해제하였으나, 새로 함경도 관찰사로 부임한 한장석이 방곡령을 다시 시행하였음. 이에 일본은 손해 배상을 청구하였으며, 조선은 청의 권고에 따라 11만 환의 배상금을 지불하였음. 방곡령은 이후에도 부분적으로 시행되다가 1894년 1월 전면 해제됨

활발한 기업 활동을 통한 민족 자본의 확보
1890년대 후반기에 정부의 상공업 진흥 정책에 따라 기업 활동이 활발해졌는데, 일본의 운수업 지배에 맞서 국내 기업가들은 외국 증기선을 구입하여 대항하기도 하였고, 해운회사·광업회사 등을 설립하여 활발한 기업 활동을 전개함으로써 민족 자본의 토대를 확보하고자 하였음

일제의 시설 설립 사업
일제는 우리나라의 근대화를 위한다는 명분을 내세워, 우리나라에 거주하는 일본인들을 위한 도로·수도 시설, 은행, 학교, 병원 등의 시설 설립 사업을 실시하였음. 일제는 그 시설비를 우리나라에서 부담하도록 하면서 차관을 얻도록 강요하였음

① 러시아의 이권 침탈 저지 : 절영도의 조차 요구 저지, 한 · 러 은행의 폐쇄, 도서 (島嶼)의 매도 요구 저지

② 프랑스 광산 채굴권 요구 저지

③ 미국 · 독일 등 열강이 차지한 철도 · 광산 · 산림에 대한 이권 반대 운동 전개

> **실력up 만민 공동회의 상소**
>
> 근대 우리나라 국유 광산이라든지, 철도 기지 · 서북 삼림 · 연해 어업 등, 이 모든 것에 대한 외국인들의 권리 취득 요구를 우리 정부에서 한 가지라도 허락해 주지 않은 것이 있었는가. 이렇게 외국인들의 요구가 그칠 줄 모르는데, 오늘에 이르러서는 일인(日人)들이 또다시 국내 산림천택(山林川澤)과 원애(原野)개발권까지 허가해 줄 것을 요청하기에 이를 정도로 ~~~~~~~~ㅣ, 정부는 또 이 요구를 허가할 ㅍ~ㅣ지~ㅣ, 만일 ㅂ~ㅈ~ㅣ시 허가에 ㅂ~ㅓ 어구~~들ㅣ 이 위에 또다시 요구할 만한 무엇이 남아 있겠으며, 우리도 또한 무엇이 남아서 이런 요구에 응할 것이 있겠는가. 이렇게 되면 그야말로 500년의 마지막 날이 될 것이요, 삼천리의 종국(終局)이 될 것이니. 우리 정부에서는 반드시 이를 거절할 줄로 안다.
>
> — 이상재 —

**의식의 변화**

서울 시전 상인들이 말하기를, 우리가 상업을 하는 데 올바른 대신들의 공정한 법률 밑에서 장사를 해야 생명과 재산을 보호하지, 근일 정부 대신들 밑에서는 상업도 못하겠다 하고, 그저께부터 각기 폐시하고 독립 협회와 총상회의 목적을 따라 비록 군밤 장사까지라도 모두 일심이 되어 회중소청에 가서 합동하였다는 데, 경무관 안환 씨가 순검들을 많이 데리고 각 상인들을 압제하여 억지로 가게 문을 열라고 한즉, 상인 제씨가 서로 말하기를 우리도 충군 애국하는 마음으로 소청에 가서 합동하겠는지라, 지금은 전과 달라 관인의 무례한 압제를 아니 받겠노라. 경무청에서 우리에게 자본금을 주어 장사시키기에 가게 문을 열어라 어찌하라 무슨 참견이뇨. 우리도 자유 권리로 하는 일이니 다시는 이따위 수작 말라 하니, 안 경무관도 어찌할 수 없는 것으로 알더라고 하더라.

— 독립신문(1898. 10 .13) —

**갑오개혁 때 추진된 사회 개혁**

- 문벌에 따른 차별과 양반, 상민 등의 계급을 타파하고 귀천의 구별 없이 인재를 뽑아 등용
- 지금까지 내려온 문존 무비(文尊武卑)의 차별을 폐지
- 공 · 사 노비 제도를 모두 폐지하고 인신매매를 금지
- 연좌법을 모두 폐지하여 죄인 자신 이외에는 처벌하지 않음
- 남녀의 조혼을 엄금하여 남자는 20세, 여자는 16세에 결혼을 허락
- 과부의 재혼은 귀천을 막론하고 그 자유에 맡김

## 3. 평등 의식의 확산

### (1) 19세기 사회의 변화

① 계기 : 천주교와 동학, 개신교의 전파는 사회 전반의 변화에 지대한 영향을 끼침

② 평등 의식의 확산 : 평등 의식이 확산되면서 종래 신분 제도에 변화가 나타남

### (2) 종교의 영향

① 천주교 : 19세기 중엽에 교세가 확장되어 평등 의식의 확산에 기여, 중인 · 평민 · 부녀 신도가 많음

② 동학 : 적서 차별과 남존 여비를 부정, 주로 평민층 이하의 지지를 받음

③ 개신교 : 19세기 말 전래, 포교의 수단으로 학교를 설립하고 의료 사업 전개, 한글 보급, 미신 타파, 남녀 평등 사상 보급, 근대 문명 소개, 애국 계몽 운동에 기여

### (3) 갑신정변의 영향

① 진보적 사고 : 양반 신분 제도와 문벌 폐지, 인민 평등 실현 등

② 조선의 불합리한 신분 제도를 사회적 불평등의 근원이자 국가 발전을 저해하는 주요 원인으로 인식하고 개혁하고자 함

## 4. 사회 개혁 운동

### (1) 동학 농민군의 사회 개혁

① 의의 : 반상(班常)을 구별하는 관행을 부정하고 인간 평등과 인권 존중의 반봉건적 사회 개혁을 추구하여 사회 전반에 커다란 변화를 야기

② 폐정 개혁안 : 반봉건적 사회 개혁안 요구, 지주제 철폐의 요구

③ 한계 : 신분 간의 갈등 초래(양반 지주의 저항 초래, 민보군, 집강소)

### (2) 갑오개혁과 신분제의 폐지

① 사회면의 개혁
  ㉠ 동학 농민 운동의 요구 수용 : 갑오개혁에 일부 수용되어 사회 개혁이 많음
  ㉡ 개혁 추진의 중심 기구인 군국기무처를 통해 전통적 신분 제도와 문벌·출신 지역에 따른 인재 등용의 폐습을 개혁
② 개혁 내용 : 평등주의적 사회 질서 수립, 노비 및 천민층의 점진적 해방, 기술직 중인의 관직 등용 확대, 여성의 대우 향상과 혼인 풍습 개선 등
③ 결과 : 능력 본위의 인재 등용이 이루어지는 계기로 작용
④ 의의 : 조선의 근대화에 기여했으며, 양반의 권력 독점을 해체시키는 계기가 됨

## 5. 민권 운동의 전개

### (1) 독립 협회의 운동

① 활동 방향 : 주권 독립 운동, 민권 운동(인권 운동과 참정권 실현 운동으로 전개)
② 기본 사상 : 자주 국권 사상·자유 민권 사상·자강 개혁 사상
③ 의의 : 민중의 자발적 참여, 평등 의식의 확산, 근대화 사상의 계승
④ 해체 : 입헌 군주제 주장에 위기를 느낀 정부가 황국 협회를 동원하여 탄압

### (2) 애국 계몽 운동

① 활동 내용 : 사회·교육·경제·언론 등 각 분야에서 국민의 근대 의식과 민족 의식을 고취
② 영향 : 사회 인식의 전환, 민주주의 사상의 진전

## 03절　근대 문화의 발달

## 1. 근대 시설의 수용

### (1) 근대 시설의 도입

① 인쇄 시설 : 박문국 설립(1883. 8), 광인사 설립(1884)
② 통신 시설
  ㉠ 전신 : 청에 의해 서울과 인천 간에 가설(1885)
  ㉡ 전화 : 처음에 궁궐 안에 가설(1896), 그 후 서울 시내에도 가설(1902)
  ㉢ 우편 : 우정국이 갑신정변으로 중단되었다가 을미개혁 이후 부활(우체사,1895), 만국 우편 연합에 가입하여 여러 나라와 우편물을 교환(1900)
③ 교통 시설 : 경인선(1899)·경부선(1905)·경의선(1906)부설, 전차 운행(1899)

SEMI-NOTE

**애국 계몽 운동**
1905~1910년에 전개된 실력 양성 운동을 총칭. 애국 계몽 운동은 일제에 국권을 박탈당한 이유를 힘과 실력의 부족에서 찾아, 실력을 배양·축적해야 한다고 주장하였음. 이들은 국내에서 사업을 수행하여 민력을 키우고, 청소년을 민족 간부로 양성하며, 국외에 무관 학교를 중심으로 한 독립군 기지를 설치하고 독립군을 양성하여 실력을 쌓아 두었다가 일제를 몰아내어 국권을 회복하고자 하였음. 보안회, 헌정 연구회, 대한 자강회, 신민회, 흥사단 등이 애국 계몽 운동 단체에 속함

**과학 기술 수용론의 등장**
• 근대 이전 : 서양의 과학 기술에 대한 관심은 17세기 실학자들에 의하여 싹틈
• 개항 이후 : 당시의 개화파는 우리의 정신 문화는 지키면서 서양의 과학 기술을 수용하자는 동도서기론을 제창

**서양 과학 기술의 수용 과정**
• 개항 이전 : 1860년대 흥선대원군 집권기에도 서양의 침략에 대응하기 위한 무기 제조 기술에 많은 관심을 보임
• 개항 이후 : 조사 시찰단과 영선사 파견, 산업 기술의 수용에도 관심이 높아져서, 1880년대에는 양잠·방직·제지·광산 등에 관한 기계를 도입하고 외국 기술자를 초빙
• 1890년대 : 근대적 과학 기술의 수용을 위해서는 교육 제도의 개혁이 급선무임을 인식하여 갑오개혁 이후 유학생의 해외 파견을 장려하고 교육 시설을 갖추는 데 노력

**박문국과 광인사**
• 박문국 : 고종 20년(1883) 김옥균, 서광범, 박영효 등의 노력으로 설치된 출판 기관. 같은 해 10월 한성순보를 발간하였음. 갑신정변의 실패로 폐지되었다가 고종 22년(1885) 통리교섭통상아문의 건의에 따라 재설치 되었음
• 광인사 : 출판사를 겸한 한국 최초의 근대식 민간 인쇄소로, 고종 22년(1884) 일본에서 납 활자를 수입하고 판화 인쇄 시설을 갖추었음. 광인국이라고도 함

덕수궁 석조전

명동 성당

④ **의료 시설** : 광혜원(1885), 광제원(1900), 대한 의원(1907), 자혜 의원(1909), 세브란스 병원(1904)

⑤ **건축** : 서구 양식의 건물인 독립문(프랑스의 개선문을 모방), 덕수궁 석조전(르네상스 양식), 명동 성당(중세 고딕 양식) 등

⑥ **무기**(기기창), **화폐 주조**(전환국)

### (2) 근대 시설 수용의 의의

외세의 이권 침탈이나 침략 목적에 이용되기도 하였으나, 한편으로는 국민 생활 편리의 진작과 생활 개선에 이바지

## 2. 언론 활동 근대 교육의 발전

### (1) 언론 기관의 발달

| | |
|---|---|
| 한성순보<br>(1883~1884) | • 박영효 등 개화파가 창간하여 박문국에서 발간한 최초의 신문<br>• 관보 성격의 순한문판 신문으로, 10일 주기로 발간<br>• 국가 정책 홍보와 서양의 근대 문물 소개<br>• 갑신정변으로 박문국 폐지 시 중단 |
| 한성주보<br>(1886~1888) | • 박문국 재설치 후 〈한성순보〉를 이어 속간<br>• 최초의 국한문 혼용, 최초로 상업광고를 실음 |
| 독립신문<br>(1896~1899) | • 서재필이 발행한 독립협회의 기관지로서, 최초의 민간지, 격일간지<br>• 순한글판과 영문판 간행, 띄어쓰기 실시<br>• 국민에 대한 계몽과 민족 자주의식, 자유민권사상의 배양을 목적으로 발간<br>• 사회진화론에 의한 세계질서 파악, 의병활동에 부정적 인식 |
| 매일신문<br>(1898~1899) | • 협성회의 회보를 발전시킨 최초의 순한글 일간지<br>• 개화사상과 국민의 각성을 주장, 독립협회 해산으로 폐간 |
| 황성신문<br>(1898~1910) | • 남궁억, 유근 등 개신유학자들이 발간, 국한문 혼용<br>• 민족주의적 성격의 항일 신문, 보안회 지원, 장지연의 '시일야방성대곡'을 게재하고 을사조약을 폭로하여 80일간 정간 |
| 제국신문<br>(1898~1910) | • 이종일이 발행한 순한글의 계몽적 일간지(일반 대중과 부녀자 중심)<br>• 국민 계몽과 자강 사상 고취, 신교육과 실업 발달 강조<br>• 의병활동에 부정적 |
| 대한매일신보<br>(1904~1910) | • 영국인 베델이 양기탁 등과 함께 창간, 국한문판·한글판·영문판 간행(최대 발행부수)<br>• 신민회 기관지로 활용, 국채 보상 운동에 주도적으로 참여<br>• 영·일동맹으로 검열이 면제, 서양문물 소개<br>• 의병활동, 친일 내각과 일진회의 매국행위 폭로·규탄 등 일제침략을 상세히 보도한 반일 신문으로, 항일운동의 전국적 확산에 기여<br>• 1910년 고종의 '을사조약부인친서'를 보도하다 총독부에 매수되어 일제 기관지(매일신보)로 속간 |

| 만세보 (1906~1907) | • 천도교의 후원을 받아 오세창이 창간한 천도교 기관지<br>• 사회진보주의 제창(신지식 개발, 신문화 보급운동)<br>• 일진회의 〈국민신보〉에 대항(일진회 공격)<br>• 이인직의 〈혈의 누〉 연재 |
|---|---|
| 경향신문 (1906~1910) | 가톨릭교회의 기관지, 주간지, 민족성 강조 |
| 대한민보 (1909~1910) | 대한협회의 기관지로, 일진회의 기관지인 〈국민신보〉에 대항 |
| 경남일보 (1909~1914) | 최초의 지방지 |

## (2) 근대 교육의 실시

① 원산 학사(1883) : 최초의 근대적 사립 학교, 외국어 · 자연 과학 등 근대 학문과 무술을 가르침
② 동문학(1883) : 정부가 세운 영어 강습 기관(통리교섭통상사무아문의 부속 기관)
③ 육영 공원(1886) : 정부가 보빙사 민영익의 건의로 설립한 최초의 근대식 관립 학교

## (3) 근대적 교육 제도의 정비

① 교육 입국 조서 반포(1895) : 국가의 부강은 국민의 교육에 있음을 내용으로 함
② 광무개혁 : 실업 학교 설립

## (4) 사립학교

① 개신교 계통
  ㉠ 개신교 선교사들이 학교를 설립하여 학생들에게 근대 학문을 가르치고 민족 의식을 고취했으며, 민주주의 사상의 보급에 이바지
  ㉡ 배재 학당(1885), 이화 학당(1886), 경신 학교(1886), 정신 여학교, 숭실 학교(1897), 배화 여학교, 숭의 여학교, 보성 여학교 등
② 민족주의 계통의 학교
  ㉠ 민족 지도자들의 학교 설립
    • 배경 : 을사조약 이후 민족 지도자들은 근대 교육이 민족 운동의 기반이라 주장
    • 학교의 설립 : 보성 학교(1906), 양정 의숙(1905), 휘문 의숙(1906), 숙명 여학교(1906), 진명 여학교(1906), 서전 서숙(1906), 대성 학교(1908), 오산 학교(1907), 흥무관 학교(1907), 동덕 여자 의숙(1908), 흥화 학교(1898), 점진 학교(1899)
  ㉡ 학회의 구국 교육 운동 : 대한 자강회 · 신민회 등 정치 · 사회 단체와 서북학회 · 호남 학회 · 기호 흥학회 · 교남 교육회 · 관동 학회 등 많은 학회가 구국 교육 운동 전개
③ 여성 교육 : 황성신문에 최초의 여성 선언문 〈여성 통문〉 발표, 독립신문은 정부가 여성 교육을 위해 예산을 집행할 것을 주장, 순성 여학교 건립(1899)

**일제의 언론 탄압**
• 신문지법(1907)을 제정하여 언론을 탄압
• 국권 피탈 이후 민족 신문을 강제 폐간 · 매수

**원산 학사**
1883년 함경도 덕원부사 정현석과 주민들이 개화파 인물들의 권유로 설립한 최초의 근대적 사립학교

**교육 입국 조서**
세계의 형세를 보면 부강하고 독립하여 잘사는 모든 나라는 다 국민의 지식이 밝기 때문이다. 이 지식을 밝히는 것은 교육으로 된 것이니 교육은 실로 국가를 보존하는 근본이 된다. …… 이제 짐은 정부에 명하여 널리 학교를 세우고 인재를 길러 새로운 국민의 학식으로써 국가 중흥의 큰 공을 세우고자 하니, 국민들은 나라를 위하는 마음으로 지 · 덕 · 체를 기를지어다. 왕실의 안전이 국민들의 교육에 있고, 국가의 부강도 국민들의 교육에 있도다.

**대성 학교**
…… 학생들은 20세, 30세의 청년 유지들로, 입을 벌리면 나라를 걱정하였고, 행동은 모두 민족의 지도자를 자부하였다. 학교의 과정은 중등 학교라고 하지만, 그 정도가 높아 4학년 과정은 어느 전문학교의 3학년 과정과 대등하였으며, 학교의 설비도 중등학교로서는 유례가 없을 만큼 잘 갖추었다. …… 이 학교는 애국 정신을 고취하는 것을 목적으로 한 학교였으므로, 매일 아침 엄숙한 조회를 하여 애국가를 부른 후 애국에 관한 훈화가 있어 학생들은 이를 마음속 깊이 받아들였다. …… 체조 교사는 군대의 사관으로 뜻이 높던 철혈의 사람 정인목으로, 그는 군대식으로 학생들을 교련하였다. 눈이 쌓인 추운 겨울에 광야에서 체조를 시켰으며, 쇠를 녹이는 폭양 아래에서 전술 강화를 하였고……
– 〈안도산 전서〉 –

06장 근대의 변화와 흐름

**주시경**

우리글에 '한민족의 크고 바르고 으뜸가는 글'이라는 뜻의 '한글'이라는 이름을 붙인 주시경은 당시 근대 학문을 배운 지식인으로서 후진을 양성하고 민족 정신을 고양시키기 위해 활발한 활동을 펼쳤음. 또한 그는 우리말의 문법을 최초로 정립하였으며, 표음주의 철자법과 한자어 순화 등 혁신적인 주장을 하였음. 〈국어 문법〉, 〈말의 소리〉 등의 저서를 남김

**외국 문학의 번역**
• 작품 : 〈천로역정〉, 〈이솝 이야기〉, 〈로빈슨 표류기〉 등
• 의의 : 신문학의 발달에 이바지하였고, 근대 의식의 보급에도 기여

**예술계의 변화**
• 음악
  – 서양 음악 소개 : 크리스트교가 수용되어 찬송가가 불리면서 소개
  – 창가의 유행 : 서양식 악곡에 맞추어 부르는 신식 노래, 〈애국가〉·〈권학가〉·〈독립가〉 등
• 연극 : 민속 가면극, 신극 운동(원각사(1908), 〈은세계〉·〈치악산〉 등의 작품이 공연)
• 미술 : 서양식 유화 도입, 김정희 계통의 문인 화가들이 전통 회화를 발전시킴

**신체시의 내용**
문명 개화, 남녀 평등, 자주 독립 예찬, 친일 애국 세력에 대한 경고 등

**친일 종교 단체**
• 대동 학회 : 친일 유교 단체
• 동양 전도관 : 친일 기독교 단체
• 본원사 : 친일 불교 단체

원각사

# 3. 국학 연구의 진전

## (1) 국사 연구 분야

① 근대 계몽 사학의 성립 : 장지연, 신채호, 박은식 등
  ㉠ 구국 위인 전기 : 〈을지문덕전〉, 〈강감찬전〉, 〈이순신전〉 등
  ㉡ 외국 흥망사 소개 : 〈미국 독립사〉, 〈월남 망국사〉 등
  ㉢ 일제 침략 비판 : 〈매천야록〉, 〈대한계년사〉 등
② 민족주의 사학의 방향 제시 : 신채호의 〈독사신론〉
③ 조선 광문회의 설립(1910) : 최남선과 박은식이 조직하여 민족 고전을 정리·간행
④ 국사 교과서 간행 ; 〈유년필독〉, 〈동국사략〉)

## (2) 국어 연구

① 국·한문체의 보급 : 갑오개혁 이후 관립 학교의 설립과 함께 국·한문 혼용의 교과서 간행(서유견문(西遊見聞))
② 국문 연구소의 설립(1907) : 주시경·지석영이 설립, 국문 정리와 국어의 이해체계 확립, 〈국어문법〉 편찬

# 4. 문학의 새 경향

## (1) 신소설(新小說)

① 특징
  ㉠ 순 한글로 쓰였고, 언문 일치의 문장을 사용
  ㉡ 봉건적인 윤리·도덕의 배격과 미신 타파, 남녀 평등 사상과 자주 독립 의식을 고취
② 대표작 : 이인직의 〈혈의 누〉(1906), 안국선의 〈금수회의록〉(1908), 이해조의 〈자유종〉(1910) 등

## (2) 신체시

① 1908년 이후 등장한 새로운 형태의 시로, 정형적 시 형식을 탈피하여 자유로운 율조로 새로운 사상을 담음
② 대표작 : 최남선의 〈해에게서 소년에게〉(1908, 소년)

# 5. 종교 운동의 새 국면

| | |
|---|---|
| 천주교 | • 1886년 프랑스와의 수호 통상 조약 이후 선교 활동 허용<br>• 교육, 언론, 사회 사업(양로원·고아원) 등에 공헌, 애국 계몽 운동의 대열에 참여 |
| 개신교 | • 종교 운동은 개신교의 참여로 활발하게 전개<br>• 교육과 의료 사업 등에 많은 업적<br>• 배재 학당, 이화 학당, 세브란스 병원 |

SEMI-NOTE

| | |
|---|---|
| 천도교(동학) | • 민중 종교로 성장한 동학은 전통 사회를 혁신하는 데 크게 기여<br>• 대한 제국 시기 이용구 등 친일파가 일진회를 조직하고 동학 조직을 흡수하려 하자, 제3대 교주인 손병희는 동학을 천도교로 개칭하고 민족 종교로 발전시킴(1905)<br>• 만세보라는 민족 신문을 발간하여 민족 의식을 고취<br>• 보성 학교 · 동덕 여학교 인수 |
| 대종교 | • 나철 · 오기호 등은 단군 신앙을 기반으로 대종교를 창시(1909)<br>• 민족적 입장을 강조하는 종교 활동을 벌였고, 특히 간도 · 연해주 등지에서의 항일 운동과 밀접한 관련을 가지면서 성장 |
| 불교 | • 통감부의 간섭으로 일본 불교에 예속화 진행<br>• 한용운 등은 조선 불교 유신론(1913)을 내세워 일본 불교계의 침투에 대항하고 불교의 혁신과 자주성 회복을 위해 노력 |
| 유교 | • 반침략적 성격은 강하였으나 시대의 흐름에 역행한다는 비판<br>• 박은식의 유교 구신론(1909) : 양명학에 토대, 실천적 유교 정신 강조 |

06장

근대의 변화와 흐름

9급공무원

# 한국사

나두공

# 나두공

# 07장 민족 독립 운동의 전개

**시모노세키 조약(1895. 4. 17)**
청 · 일 전쟁의 전후 처리를 위해 청과
일본이 일본 시모노세키에서 체결한 강
화 조약

**러 · 일 전쟁**
한반도를 두고 벌어진 러시아와 일본 간
대립

을사조약 문서

을사조약 무효 선언서

---

### 01절   국권 침탈과 민족의 수난

## 1. 국제적 배경

### (1) 청·일 전쟁(1894~1895)

조선에 대한 주도권 전쟁, 시모노세키 조약(1895)(일본의 주도권 장악)

### (2) 러시아의 남하 정책 및 열강의 일본의 견제

① 러시아의 남하 정책 : 베이징 조약(1860)으로 연해주 획득, 러 · 일 협상(1896)으
로 조선에 러시아군이 주둔, 조 · 러 육로 통상 조약의 체결(1888), 마산 · 목포의
조차 시도, 용암포 조차 시도(광무 7, 1903)

② 제1차 영 · 일 동맹(1902. 1)
    ㉠ 극동에서 세력 확대를 꾀하던 러시아를 겨냥하여 영국과 일본이 동맹 체결
    ㉡ 영국은 조선에서의 일본의 이권을 인정, 일본은 청에서 영국의 이권을 인정함

### (3) 러·일 전쟁(1904~1905)

① 발발 : 한반도 분할에 관한 러 · 일 간의 협상이 결렬된 후 일본이 여순을 기습 침
략하여 러시아 발틱 함대를 대파

② 경과 : 전쟁 중인 1905년 7월 미 · 일 간의 가쓰라 – 태프트 밀약이 체결, 1905년
8월 제 2차 영 · 일 동맹 체결

③ 결과 : 미국의 중재로 포츠머스 조약 체결(1905. 9)

## 2. 일제의 국권 침탈

### (1) 한·일 의정서(1904. 2)

① 체결 과정 : 대한 제국의 국외 중립 선언(1904. 1) → 러 · 일 전쟁 발발(1904. 2)
→ 일제의 대규모 병력 투입 및 군사적 요지 점령

② 내용 : 일본군은 전략상 필요한 지역을 마음대로 사용, 대한 제국과 러시아 간 조
약을 파기, 대한 제국은 일본의 동의 없이 제3국과 조약 체결을 하지 못함

### (2) 제1차 한·일 협약(1904. 8)

① 체결 과정 : 러 · 일 전쟁의 전세가 유리하게 전개되자 일제는 한국 식민지화 방
안을 확정하고, 제1차 한 · 일 협약의 체결을 강요

② 고문 정치 : 외교 · 재정 등 각 분야에 고문을 두고 한국의 내정에 간섭
    ㉠ 외교 고문 : 스티븐스(→ 1908년 미국 샌프란시스코에서 장인환, 전명운이 사살)
    ㉡ 재정 고문 : 메가타(→ 화폐 정리 사업 실시)

## (3) 제2차 한·일 협약(을사조약, 1905. 11) ⭐빈출개념

① 체결 과정

ㄱ **조약의 강요** : 러·일 전쟁에서 승리한 일본은 미국·영국·러시아 등 열강으로부터 한국의 독점적 지배권을 인정받은 후 한국을 보호국으로 만들기 위해 을사조약의 체결을 강요

ㄴ **조약의 일방적 공포** : 우리 정부의 강력한 반대에도 불구하고 일제는 일방적으로 조약 공포

② **결과** : 외교권을 빼앗고, 통감부를 설치하여 내정까지 간섭(통감 정치), 각계각층에서는 일제의 침략을 규탄하고, 조약의 폐기를 주장하는 운동 발발

③ 저항

ㄱ **을사의병** : 최익현, 민종식, 신돌석

ㄴ **친일 매국노의 처단** : 5적 암살단(나철·오혁(오기호) 등)

ㄷ **상소 운동** : 조약의 폐기를 요구하는 상소 운동(조병세 등)

ㄹ **항일 언론 활동** : 장지연의 시일야방성대곡(황성신문)

ㅁ **자결** : 자결로써 항거(민영환 등)

④ 외교를 통한 저항

ㄱ **미국에 헐버트 특사 파견(1905)** : 을사조약의 무효와 독립의 지원 호소

ㄴ **헤이그 특사 파견(1907)** : 고종은 조약 무효를 선언하고 특사를 파견해 일제 침략의 부당성과 국제적 압력을 호소

## (4) 한·일 신협약(정미 7조약, 1907. 7)

① **체결 과정** : 고종을 퇴위시키고 순종을 즉위시킨 후 황제의 동의 없이 강제로 체결

② 내용

ㄱ 정부에 일본인 차관을 두어 실제 행정권을 장악하는 차관 정치 실시

ㄴ 모든 통치권이 통감부로 이관(→ 통감부 권한 강화, 내정권 장악)

ㄷ **군대 해산(1907. 8)** : 일제는 군대를 해산하고 의병의 저항을 무력으로 진압

③ **정미의병(1907)** : 해산 군인들이 의병에 합류

## (5) 기유각서(1909. 7)

사법권·감옥 사무권 강탈, 경찰권 강탈(1910. 6)

## (6) 한·일 병합 조약(1910. 8. 22)

① 이완용과 데라우치 간에 국권 피탈 문서가 조인됨

② 천황과 총독에 의한 통치, 국내외 독립 운동의 본격화

## (7) 조선 총독부(朝鮮總督府)

① **설치(1910)** : 식민 통치의 중추 기관으로 조선 총독부를 설치하고 강력한 헌병 경찰 통치를 실시, 언론·집회·출판·결사의 자유를 박탈

② **총독부의 조직** : 조선 총독, 행정을 담당하는 정무총감, 치안을 담당하는 경무 총감

ㄱ **중추원(中樞院)** : 자문 기관으로, 친일파 한국인을 참여시키는 회유 술책

**을사조약**

• 제2조 일본 정부는 한국과 타국 간에 현존하는 조약의 실행을 완수하는 임무를 담당하고 한국 정부는 지금부터 일본 정부의 중개를 거치지 않고서는 국제적 성질을 가진 어떤 조약이나 약속을 맺지 않을 것을 서로 약속한다.

• 제3조 일본 정부는 그 대표자로 한국 황제 폐하 밑에 1명의 통감을 두되 통감은 오로지 외교에 관한 사항을 관리하기 위하여 경성에 주재하고 친히 한국 황제 폐하를 만날 수 있는 권리를 가진다.

헤이그 특사

**정미 7조약**

• 제2조 한국정부의 법령제정 및 중요한 행정상의 처분은 미리 통감의 승인을 거칠 것

• 제3조 한국의 사법사무는 보통 행정 사무와 이를 구분할 것

• 제4조 한국 고등 관리의 임면은 통감의 동의로써 이를 행할 것

• 제5조 한국정부는 통감이 추천하는 일본인을 한국 관리에 용빙할 것

• 제6조 한국정부는 통감의 동의 없이 외국인을 한국 관리에 임명하지 말 것

**정미의병**

군대를 움직이는 데 가장 중요한 점은 고립을 피하고 일치단결하는 것에 있다. 따라서 각 도의 의병을 통일하여 둑을 무너뜨릴 기세로 서울에 진격하면, 전 국토가 우리 손 안에 들어오고 한국 문제의 해결에 있어서도 유리하게 될 것이다.

— 이인영 격문 —

조선 총독부

👓 한눈에 쏙~

한·일 의정서 (1904.2) ▶ 제1차 한·일 협약 (1904.8) ▶ 제2차 한·일 협약 (을사조약, 1905.11) ▶ 한·일 신협약 (정미 7조약, 1907.7) ▶ 기유각서 (1909.7) ▶ 한·일 병합 조약 (1910.8.22)

## 3. 1910년대(1910~1919)

### (1) 무단 통치(헌병 경찰 통치)

① 헌병 경찰제 : 헌병의 경찰 업무 대행(헌병 경찰의 즉결 처분권 행사, 체포 및 구금(영장 불요), 조선 태형령 시행)
② 위협적 분위기 조성 : 관리와 교원들까지 제복과 칼을 착용
③ 언론·출판·집회·결사의 자유 박탈, 안악 사건과 105인 사건 조작

### (2) 경제적 수탈

① 토지 조사 사업(1910~1918) ★ 빈출개념
  ㉠ 의도 : 일제는 근대적 토지 소유권 제도를 확립한다고 선전하였으나, 실제로는 토지를 약탈하고 지주층을 회유하여 식민지화에 필요한 재정 수입원을 마련하기 위함
  ㉡ 토지 조사령 발표(1912) : 막대한 자금과 인원을 동원하여 전국적인 토지 조사 사업 시행
  ㉢ 기한부 신고제 : 토지 신고제가 농민에게 널리 알려지지 않았으며, 신고 기간도 짧고 절차가 복잡하여 신고의 기회를 놓친 사람이 많았음
  ㉣ 소작농의 소작권(경작권) 불인정
  ㉤ 결과 : 토지의 약탈, 농민들이 계약 소작농으로 전락, 지주제의 강화, 농민의 해외 이주
② 산업의 침탈
  ㉠ 회사령(1910) : 회사 설립 허가제를 통해 민족 기업의 성장 억제, 일제의 상품 시장화
  ㉡ 자원 약탈 및 경제활동 통제 : 자원 약탈을 위해 삼림령(1911), 어업령(1911), 광업령(1915), 임야조사령(1918) 등을 실시
  ㉢ 경제 기반과 산업의 독점 : 민족 자본은 위축되고 경제발전이 막힘
    • 철도·항만·통신·도로 등을 모두 총독부와 일본의 대기업이 독점
    • 인삼·소금·담배 등도 총독부에서 전매

## 4. 1920년대(1919~1931(만주 사변) 또는 1937(중·일 전쟁))

### (1) 문화 통치

① **목적** : 가혹한 식민 통치 은폐와 우리 민족에 대한 이간 · 분열 · 기만 통치, 식민 지배에 도움이 되는 인간양성 추구

② **문화 통치의 내용과 실상**

| 일제의 정책 | 실상 |
|---|---|
| 문관 총독 | 한 명도 임명되지 않음 |
| 보통 경찰제 | 경찰 예산 및 관서 · 경찰의 수 증가, 고등계 형사 강화 |
| 조선 · 동아일보 간행 | 검열 강화, 기사 삭제, 정간 · 폐간 |
| 한국인의 교육 기회 확대 | 초등 교육 · 실업 교육 치중 (경성 제국 대학은 일본인을 위한 대학) |
| • 참정권 허용(중추원 회의 실시, 부 · 면 협의회 설치)<br>• 결사 · 집회의 자유 허용 | • 친일파를 위원으로 임명, 친일 단체 · 자산가 · 종교인의 집회만 인정<br>• 독립 단체(신간회)의 허용은 독립 운동에 대한 감시와 통제를 쉽게 하기 위함<br>• 치안 유지법(1925) 제정 |

## (2) 경제적 수탈

① **산미 증식 계획(1920~1934)**

  ㉠ **배경** : 제1차 세계 대전 후 일제는 고도 성장을 위한 공업화 추진에 따른 식량 부족과 쌀값 폭등을 우리나라에서의 식량 수탈로 해결하려 함

  ㉡ **방법**

    • 수리 조합 설치와 토지 및 품종 · 종자 개량, 비료 증산 등의 개선(→ 미곡 증산이 목적)

    • 우리 농업을 논 농사(쌀) 중심의 기형적인 단작형 농업 구조로 전환

    • 조선 농회령을 제정(1926), 지주 중심의 착취 극대화 위한 조선 농회 조직

  ㉢ **결과** : 증산량보다 훨씬 많은 수탈, 만주 잡곡 수입, 농촌 경제의 파탄, 농민 몰락, 식민지 지주제를 강화하여 식민 지배체제를 위한 사회적 기반을 마련, 소작 쟁의 발생의 원인 제공, 일제의 농촌 진흥 운동 실시(1932~1940), 1930년대 세계 경제 공황과 일본 내 농민 보호를 위해 1934년 중단

② **회사령 철폐(1920)** : 허가제를 신고제로 바꿔 일본 독점 자본의 진출이 용이하게 함

# 5. 1930년대 이후(1931 또는 1937~1945)

## (1) 민족 말살 통치 ⭐빈출개념

① **배경** : 대공황(1929)을 타개하기 위해 침략 전쟁 확대

② **목적** : 조선의 민족성을 말살하고 일본인으로 동화시켜 전쟁 수행을 위한 인적 · 물적 수탈 강화

③ **민족 말살 구호** : 내선 일체, 일선 동조론, 황국 신민화

④ **민족 말살 정책** : 우리 말 · 우리 역사 교육 금지, 조선 · 동아일보 폐간, 창씨개명, 황국 신민 서사 암송, 신사 참배, 궁성 요배 강요

일제가 우리나라에서 수탈한 쌀을 일본으로 운반하기 위해 군산항에 쌓아둔 쌀

**일제 독점 자본의 침투**

• 1920년대
  – 일제 독점 자본들이 광업 · 비료 · 섬유 회사 등을 설립하고 우리나라의 공업 생산을 장악하는 등 본격적 침투가 시작
  – 1920년대 중반 자본 투자는 경공업에서 중공업 분야로 옮겨짐

• 1930년대 : 일본이 만주와 중국을 침략함에 따라 우리나라는 군수 물자를 공급하는 병참 기지가 되어 중공업 투자가 더욱 증가

**민족 말살 정책의 내용**

• 내선 일체(內鮮一體) : 내(內)는 내지인 일본을, 선(鮮)은 조선을 가리키며, 일본과 조선은 한 몸이라는 뜻. 한국인을 일본인으로 동화시키고자 하였음.

• 일선 동조론(日鮮同祖論) : 일본인과 조선인은 조상이 같다는 이론으로, 한국인의 민족정신을 근원적으로 말살하기 위한 이론

• 황국 신민 서사(皇國臣民誓詞) : "우리들은 대일본 제국의 신민이다. 우리들은 마음을 합하여 천황 폐하에게 충의를 다한다."를 요지로 함

황국 신민 서사 암송

신사 참배

금속 공출

SEMI-NOTE

### (2) 경제적 수탈

① **병참 기지화 정책** : 발전소, 군수 공장, 금속 · 기계 · 중화학 공업, 광공업 육성 (북부 지방)

② **남면 북양 정책(1934)** : 남부에서는 면화, 북부에서는 면양 사육 장려

③ **국가 총동원령(1938)** : 산미 증식 계획 재개, 미곡 공출제, 식량 배급제, 금속제 공출, 노무 동원(1939), 징용령(1939), 여자 정신대 근로령(1944), 일본군 위안부, 지원병제(1938), 학도 지원병제(1943), 징병제(1944)

## 02절 민족 독립 운동의 전개

## 1. 3·1 운동 이전의 민족 운동

### (1) 국내의 민족 운동

① **의병 활동** : 서북 지방의 채응언 부대

② **국내 항일 비밀 결사**

| | |
|---|---|
| **독립 의군부** (1912~1914) | • 조직 : 1912년 고종의 밀명으로 임병찬 등 각지의 유생들이 조직 · 결성, 복벽주의 단체<br>• 활동 : 조선 총독부와 일본 정부에 한국 침략의 부당성을 밝히고 국권 반환 요구 · 민중 봉기 계획 |
| **조선 국권 회복단** (1915) | • 조직 : 이시영 · 서상일 등의 유생이 시회(詩會)를 가장하여 조직한 비밀결사, 국권 강탈 후 조직된 전국 규모의 항일 운동 단체, 공화주의 단체<br>• 활동 : 단군 숭배, 3 · 1운동 시 만세 운동 주도, 군자금 모집, 만주 · 연해주의 독립 단체로 연계 투쟁 전개, 파리 강화 회의에 보낼 독립 청원서 작성 운동에 참여 |
| **대한 광복회** (1915~1918) | • 조직 : 풍기의 대한광복단(1913)과 대구의 조선 국권 회복단의 일부 인사가 모여 군대식으로 조직 · 결성, 각 도와 만주에 지부 설치, 박상진 (총사령) · 김좌진(부사령) · 채기중<br>• 활동 : 군자금을 모아 만주에 독립 사관 학교 설립, 연해주에서 무기 구입, 독립 전쟁을 통한 국권 회복을 목표로 함 |
| **기타** | • 단체 : 송죽회(1913)(→ 여성들이 조직한 유일한 비밀결사), 선명단(鮮明團), 자립단, 기성단, 조선국민회 등<br>• 활동 : 교사 · 학생 · 종교인 · 농민 · 노동자 · 여성 등 사회 각계각층 참여 |

### (2) 국외의 민족 운동

① **국외 독립 운동 기지 건설** : 무장 투쟁을 계승하고 독립 전쟁의 기반을 다짐

| | |
|---|---|
| 만주 | • 1910년 서간도 삼원보에 자치기구인 경학사(경학사는 부민단(1912) ⇒ 한족회(1919)로 발전)와 군사교육기관인 신흥 강습소 설립(신흥 강습소(1911)는 신흥학교(1912) ⇒ 신흥무관학교(1919)로 발전) |

**남만주(서간도)의 독립 운동 기지**

이회영 등은 신민회의 지원을 받아 남만주에 삼원보를 건설하였음. 이곳에서 조직된 항일 독립 운동 단체인 경학사는 훗날 부민단, 한족회로 발전하면서 서로 군정서를 양성하였음. 또한 삼원보에 설립된 신흥 강습소는 가장 대표적인 독립군 사관 양성 기관이라고 할 수 있는 신흥 무관 학교로 발전함

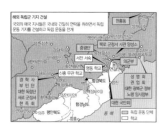

해외 독립군 기지 건설
국외의 애국 지사들은 국내와 긴밀히 연락을 취하면서 독립 운동 기지를 건설하고 독립 운동을 전개

만주 · 연해주의 독립 운동 기지

**독립 운동 기지 건설**

• 목적 : 무장 항일 독립 투쟁의 준비 수행

• 중심적 기지

  - 이회영·이상룡·이시영·이동녕 : 남만주의 삼원보에 설치

  - 이상설·이승희 : 밀산부 한흥동에 설치

  - 이상설·이동휘 : 연해주 신한촌 등에 설치

| 만주 | • 북간도 용정에 간민회(1913)(대한 국민회(1919)로 개편)·중광단(1911)(북로 군정서로 발전), 서전서숙(1906)·명동학교(1908) 운영<br>• 소·만 국경 지역에 이상설·이승희 등이 설립한 밀산부의 한흥동도 중요 기지(→ 대한 독립군단 결성) |
|---|---|
| 상해 | • 동제사(1912) : 상해에서 <u>신규식·박은식·조소앙</u> 등이 조직한 비밀결사, 청년 교육에 주력(박달학원 설립)<br>• 신한 혁명당(1915) : 이상설·박은식·신규식 중심, 대동 단결 선언(1917) 제창(→ 최초로 애국 계몽 운동과 의병 운동의 통합을 시도)<br>• 대동 보국단(1915) : <u>신규식·박은식</u>의 주도로 동제사의 대체 조직으로 설립, 대동사상 주창(→대동 단결 선언(1917)에 영향)<br>• 신한 청년단(신한 청년당)(1918) : 김규식·서병호·여운형·문일평·신규식 등을 중심으로 조직, 활발한 외교활동(→파리 강화 회의에 김규식 파견)으로 3·1 운동과 임시정부 수립에 영향 |
| 연해주 | • 블라디보스토크 신한촌을 중심으로 13도 의군(1910)·성명회(1910)·권업회(1911)·대한 광복군정부(1914)·한인 사회당(1918)·대한 국민 의회(1919, 3·1 운동 이후) 등이 활동<br>• 활동 : 이주 한인들의 결속 도모, 교육 사업 주력, 독립군 양성 등 |
| 미주 | • 공립 협회(1905), 대한인 국민회(1909), 흥사단(1913), 대조선 국민 군단(1914), 구미 위원회(1919), 숭무 학교 등<br>• 활동 : 국제 외교 활동 전개, 독립 운동 자금 모금 |
| 일본 | 유학생들이 중심이 되어 민족의 단결·각성 촉구 |
| 중국 | 한·중 간의 유대 강화 노력 |

② 대동 단결 선언(大同團結宣言, 1917. 7. 상해)
　㉠ 목적 : 독립 운동 세력에 의한 임시정부 수립 노력의 일환
　㉡ 발기인 : 신규식·조소앙·박용만·홍명희·박은식·신채호·김규식(김성)·조성환 등 14인
　㉢ 제안 내용
　　• 국가 상속(國家相續)의 대의를 선포하여 해외 동포의 총 단결을 주장
　　• 국가적 행동의 한 단계 높은 활동을 표방하며 민권의 대동 단결로 독립 운동 세력의 통일 전선 결성
　㉣ 선언의 요지 : 융희 황제의 주권 포기를 단정함으로써 조선 왕실의 존재를 신국가 건설의 도정에서 배제

## 2. 3·1운동의 전개

### (1) 배경

① 레닌의 식민지 민족 해방 운동 지원 선언
② 윌슨의 민족 자결주의 제창 : 파리 강화 회의
③ 김규식의 파리 강화 회의 파견 : 신한 청년단
④ 대한 독립 선언서(1918, 만주), 2·8 독립 선언(1919, 일본 유학생)
⑤ 고종 황제의 죽음(1919. 1) : 독살설 유포

SEMI-NOTE

**3·1 운동의 규모와 피해**
- 총 집회 수 : 1,542회
- 참가 인원 : 2,023,098명
- 피검자 수 : 46,948명
- 사망자 : 7,509명
- 부상자 : 15,961명

**제암리 학살 사건**

3·1 운동 당시 일본군이 수원 제암리에서 주민들을 집단 학살한 사건. 1919년 4월 15일 한 무리의 일본 군경은 만세 운동이 일어났던 제암리에 가 기독교도와 천도교도 약 30명을 교회당 안에 몰아넣은 후 문을 잠그고 집중 사격을 퍼부었음. 일본군은 증거를 없애기 위해 교회당에 불을 지른 후, 다시 부근의 채암리에 가서 민가를 방화하고 주민들을 학살함. 이 만행에 분노한 선교사 스코필드(Frank W. Schofield)가 현장을 사진에 담아 〈수원에서의 일본군 잔학 행위에 관한 보고서〉를 작성하여 미국에 보내 여론화하였음

대한민국 임시정부 인사들

대한민국 임시정부가 발행한
대한 독립 선언서(1919. 4)

## (2) 3·1 운동의 전개

① 시위 운동 준비 : 종교계(천도교, 불교, 기독교) 중심, 대중화, 일원화, 비폭력의 3대 원칙
② 독립 선포 : 최남선이 독립 선언서를 작성하고, 손병희·이승훈·한용운 등 민족 대표 33인의 이름으로 독립 선언서를 발표하여 국내외에 독립을 선포
③ 만세 시위 운동의 전개

| 제1단계<br>(준비·점화 단계) | 민족 대표들이 독립 선언서를 제작하고 종로의 태화관에 모여 낭독·배포함으로써 서울과 지방에서 학생·시민들이 중심이 되어 거족적인 만세 시위를 전개 |
|---|---|
| 제2단계<br>(본격적 단계) | • 학생·상인·노동자층이 본격 참가, 시위 운동이 도시로 확산<br>• 학생들이 주도적 역할을 하였고, 상인·노동자들이 만세 시위·파업·운동 자금 제공 등의 방법으로 적극 호응 |
| 제3단계<br>(확산 단계) | • 만세 시위 운동이 주요 도시로부터 전국의 각지로 확산<br>• 농민들이 시위에 적극적으로 참가함으로써 시위 규모가 확대되고, 시위 군중들은 면 사무소·헌병 주재소·토지 회사·친일 지주 등을 습격(→ 비폭력 주의가 무력적인 저항 운동으로 변모) |

④ 국외의 만세 시위 운동 : 만주(간도 지방), 연해주(블라디보스토크), 미국(필라델피아 한인 자유 대회), 일본(도쿄, 오사카 등)
⑤ 일제의 무력 탄압 : 헌병 경찰은 물론 육·해군까지 긴급 출동시켜 무차별 총격을 가하고, 가옥과 교회·학교 등을 방화·파괴, 제암리 학살 사건
⑥ 3·1 운동의 의의 : 대규모의 독립 운동, 민족 주체성의 확인, 민족의 저력 과시, 반제국적 민족 운동의 선구(중국·인도·동남아시아·중동 지역의 민족 운동에 선구적 역할), 독립 운동의 방향 제시, 대한민국 임시정부 수립의 계기

## 3. 대한민국 임시정부 ★빈출개념

### (1) 임시정부의 수립과 통합

① 통합 이전의 임시정부
  ㉠ 한성 정부 : 국내에서 이승만을 집정관 총재로, 이동휘를 국무총리로 하여 수립
  ㉡ 대한민국 임시정부 : 중국 상하이에서 수립되어 이승만을 국무총리로 추대
  ㉢ 대한 국민 의회 : 연해주에서 손병희를 대통령으로 하여 조직
② 대한민국 임시정부의 통합(1919. 4) : 국내의 한성 정부를 계승하고 대한 국민 의회를 흡수하여 상하이에 통합 정부인 대한민국 임시정부를 수립

### (2) 대한민국 임시정부의 체제

① 입헌 공화제 : 민주주의에 입각한 근대적 헌법을 갖추고 대통령제를 채택
② 3권 분립 : 입법 기관인 임시 의정원, 사법 기관인 법원, 행정 기관인 국무원(→ 우리나라 최초의 3권 분립에 입각한 민주 공화제 정부로 출범)
③ 대한민국 임시 헌법 : 대통령제, 인민의 기본 권리와 의무 규정

## (3) 활동

① 역할 : 국내외의 민족 독립 운동을 더 조직적이고 효과적으로 추진하기 위한 중추 임무를 담당

② 비밀 행정 조직망

   ㉠ 연통제(聯通制) : 문서와 명령 전달, 군자금 송부, 정보 보고 등의 업무를 담당

   ㉡ 교통국(交通局) : 통신 기관으로, 정보의 수집 · 분석 · 교환 · 연락의 업무를 관장

③ 활동 : 군자금의 조달, 파리 강화 회의에 김규식을 대표로 파견하여 독립을 주장, 〈독립신문〉을 간행하여 배포, 육군 무관 학교의 설립, 광복군 사령부 · 광복군 총영 · 육군 주만 참의부 등을 결성, 한국 광복군의 창설(1940) 등

## (4) 대한민국 임시정부의 분열

① 배경 : 연통제 · 교통국 조직 파괴, 외교 활동의 성과 미미, 자금난과 인력난

   ㉠ 독립 운동 방략을 둘러싼 대립 격화

| 방법론 | 주도 인물 | 특징 |
|---|---|---|
| 외교 독립론 | 이승만 | • 외교 활동을 통해 강대국의 도움을 받아 독립을 이루자고 주장<br>• 제국주의 세력의 원조를 요구하는 한계를 지님 |
| 실력 양성론 (준비론) | 안창호 | • 아직 힘이 미약하므로 힘을 길러 독립 전쟁을 준비해야 한다고 주장<br>• 교육과 산업 발전을 통한 민족의 실력 양성이 우선 (→ 민립 대학 설립 운동, 물산 장려 운동 등)<br>• 식민지배하에서 민족 실력 양성은 현실적으로 곤란 |
| 무장 투쟁론 | 이동휘, 신채호 | • 무장 투쟁(전쟁 등)을 통해 독립 쟁취 주장<br>• 이동휘는 소련과의 연대를 강조하고, 신채호는 민중 직접 혁명론을 주장<br>• 일제의 힘에 맞서 무장 투쟁을 통해 독립을 쟁취하는 것은 현실적으로 어려움 |

② 국민 대표 회의 소집(1923. 1~1923. 5) ★빈출개념

   ㉠ 배경 : 독립 운동 방법론을 둘러싼 임시 정부의 대립과 침체, 위임 통치 청원서 사건(이승만)에 대한 불만 고조, 임시 정부 개편의 필요성 제기

   ㉡ 소집 : 신채호, 박용만 등 외교 중심 노선에 비판적인 인사들의 요구로 회의 소집

   ㉢ 결과 : 독립 운동 세력의 분열 심화

     • 창조파는 새 정부(한(韓) 정부)를 조직하고 연해주로 이동하였으나 소련의 지원을 얻지 못해 힘을 잃음

     • 임시 정부는 이승만을 위임 통치건을 이유로 탄핵하고 박은식을 2대 대통령으로 추대, 제2차 · 제3차 개헌을 추진하며 체제를 정비

## (5) 대한민국 임시정부의 변화

① 이승만 탄핵(1925), 2대 대통령으로 박은식 선출

**대한민국 임시 헌장**

• 제1조 대한민국은 민주 공화제로 함

• 제2조 대한민국은 임시 정부가 임시 의정원의 결의에 의하여 통치함

• 제3조 대한민국의 인민은 남녀 귀천 및 빈부의 계급이 없고 일체 평등함

• 제4조 대한민국의 인민은 종교·언론·저작·출판·결사·집회·통신·주소 이전·신체 및 소유의 자유를 가짐

• 제5조 대한민국의 인민으로 공민 자격이 있는 자는 선거권 및 피선거권이 있음

• 제6조 대한민국의 인민은 교육·납세 및 병역의 의무가 있음

**대한민국 임시정부 내의 의견 대립**

• 무장 투쟁론과 외교 독립론 간 갈등

• 이승만의 위임 통치론에 대한 무장 투쟁파의 반발

**창조파와 개조파의 대립**

| 창조파 | • 임시정부 해체, 신정부 수립<br>• 무력 항쟁 강조<br>• 신채호, 박용만 |
|---|---|
| 개조파 | • 임시정부의 개혁과 존속 주장<br>• 실력 양성, 자치 운동, 외교 활동 강조<br>• 안창호 |
| 현상 유지파 | • 임시정부를 그대로 유지<br>• 국민 대표 회의에 불참<br>• 이동녕, 김구 |

**이승만의 위임 통치론**

파리 강화 회의(1919)에 파견된 이승만은 미국 대통령 윌슨에게 위임 통치 청원서를 제출함. 한국을 일본의 학정으로부터 벗어나게 한 후 당분간 국제 연맹의 통치하에 있다가 장래 독립하게 해달라는 내용의 이 청원서는 독립 운동가들을 분노시켰음. 이에 대하여 신채호는 "이완용은 있는 정부를 팔아먹었지만, 이승만은 없는 정부를 팔아먹었다."라고 말하며 임시정부가 필요 없다고 주장함

SEMI-NOTE

**대한민국 임시정부의 의의와 한계**
- 의의 : 우리나라 최초의 공화제 정부
- 한계 : 독립 운동의 방법론에 대한 의견 차로 인해 통일된 구심체 역할을 수행하기에는 역부족

대한민국 임시정부의 시대 구분
- 1919~1932 : 제1기 상해 시대
- 1932~1940 : 제2기 이동 시대
- 1940~1945 : 제3기 추칭 시대

② 헌정의 변천 : 5차에 걸친 개헌을 통하여 주석 · 부주석 체제로 개편

| 제정 및 개헌 | 시기 | 체제 |
|---|---|---|
| 임시 헌장 제정 | 1919.4 | 임시 의정원(의장 이동녕, 국무총리 이승만) 중심으로 헌법 제정 |
| 제1차 개헌 | 1919.9 | 대통령 지도제(1대 대통령 이승만, 2대 대통령 박은식, 국무총리 이동휘) |
| 제2차 개헌 | 1925 | 국무령 중심제(내각 책임 지도제, 국무령 김구), 사법 조항 폐지 |
| 제3차 개헌 | 1927 | 국무 위원 중심제(집단 지도 체제, 김구 · 이동녕 등 10여 명 |
| 제4차 개헌 | 1940 | 주석제(주석 김구) |
| 제5차 개헌 | 1944 | 주석 · 부주석제(주석 김구, 부주석 김규식), 심판원 조항(사법 조항) 규정 |

## 4. 3·1 운동 이후의 국내의 항일 운동

### (1) 6·10 만세 운동(1926) ★빈출개념

① 배경 : 순종의 사망을 계기로 민족 감정 고조(제2의 3 · 1 운동), 일제의 수탈 정책과 식민지 교육에 대한 반발

② 준비 : 민족주의 계열(천도교)과 사회주의 계열 만세 시위 운동을 준비하였으나 사전에 발각

③ 전개 : 순종의 인산일을 계기로 격문을 살포하고 시위 운동 전개, 조선 학생 과학 연구회(사회주의계)를 비롯한 전문학교와 고등보통학교 학생들이 주도

④ 결과 : 200여 명의 학생이 검거됨

⑤ 의의 : 민족주의계와 사회주의계가 연대하는 계기 마련, 학생들이 민족 운동의 구심점으로서 역할 자각

6 · 10 만세 운동

**6 · 10만세 운동 때의 격문**

1. 조선은 조선인의 조선이다.
   학교의 용어는 조선어로,
   학교장은 조선 사람이어야 한다.
   동양 척식 회사를 철폐하자.
   일본인 물품을 배척하자.
   8시간 노동제 실시하라.
   동일 노동 동일 임금.
   소작제를 4 · 6제로 하고
   공과금은 지주가 납입한다.
   소작권을 이동하지 못한다.
   일본인 지주의 소작료는 주지 말자.
2. 조선 민중아! 우리의 철천지 원수는 자본 · 제국주의 일본이다.
   2천만 동포야! 죽음을 각오하고 싸우자! 만세 만세 조선 독립 만세!

**광주 학생 항일 운동 때의 격문**

학생, 대중이여 궐기하라! 검거된 학생은 우리 손으로 탈환하자.
언론 · 결사 · 집회 · 출판의 자유를 획득하라.
식민지 교육 제도를 철폐하라.
조선인 본위의 교육 제도를 확립하라.
용감한 학생, 대중이여!
최후까지 우리의 슬로건을 지지하라.
그리고 궐기하라. 전사여 힘차게 싸우라.

### (2) 광주 학생 항일 운동(1929)

① 배경 : 청년 · 학생들의 자각, 독서회 · 성진회 등 학생 조직 활동, 신간회의 활동

② 경과
 ㉠ 발단 : 광주에서 발생한 한 · 일 학생 간의 충돌을 일본 경찰이 편파적으로 처리
 ㉡ 전개 : 일반 국민들이 가세하여 전국적인 규모의 항일 투쟁으로 확대되었고, 만주 지역의 학생들과 일본 유학생들까지 궐기
 ㉢ 신간회의 조사단 파견 · 활동

③ 의의 : 약 5개월 동안 전국의 학생 54,000여 명이 참여함으로써 3 · 1 운동 이후 최대의 민족 운동으로 발전

## 5. 의열단과 한인 애국단의 활동

### (1) 의열단의 항일 의거

① 조직 : 1919년 만주 길림성에서 김원봉, 윤세주 등이 조직

② 목적 : 일제의 요인 암살, 식민 통치 기관 파괴

③ 활동 지침 : 신채호의 조선 혁명 선언(1923)

④ 활동 : 박재혁의 부산 경찰서 폭탄 투척(1920), 김익상의 조선 총독부 폭탄 투척 (1921), 김상옥의 종로 경찰서 폭탄 투척(1923), 김지섭의 일본 황궁 폭탄 투척 (1924), 나석주의 동양 척식 주식 회사 폭탄 투척(1926)

⑤ 의열단의 투쟁 방향 전환 : 중국의 황포(황푸) 군관 학교에 입학(1925), 조선 혁명 간부 학교 설립(1932), (조선) 민족 혁명당 결성(1935), 조선 의용대(1938)

## (2) 한인 애국단의 활약

① 조직 : 1931년 상해에서 김구가 임시정부의 위기 타개책으로 조직

② 활동

　㉠ 이봉창 의거(1932. 1. 8) : 일본 국왕에 폭탄 투척, 중국 신문의 호의적 논평으로 인해 1차 상하이 사변 발발, 일본이 상하이 점령

　㉡ 윤봉길 의거(1932. 4. 29) : 상하이 홍커우 공원 의거

③ 의의 : 한반도 문제에 대한 국제적 관심 고조, 독립 운동의 의기 고양, 중국 국민 당 정부의 임시정부 지원 계기(→ 한국 광복군 창설(1940))

# 6. 무장 독립 전쟁의 전개

## (1) 봉오동 전투(1920. 6)

① 홍범도의 대한 독립군, 최진동의 군무 도독부군, 안무의 국민회군이 연합

② 독립군 근거지를 소탕하기 위해 간도 지역을 기습한 일본군 1개 대대 병력을 포 위·공격하여 대파

## (2) 청산리 대첩(1920. 10)

① 김좌진의 북로 군정서군, 홍범도의 대한 독립군, 안무의 국민회군 등 연합

② 간도 청산리의 어랑촌, 백운평, 천수평 등에서 6일간 10여 차례의 전투 끝에 일 본군 대파

③ 독립군 사상 최대의 승리

## (3) 간도 참변(1920. 10)

① 봉오동·청산리 전투에서의 패배에 대한 일제의 보복

② 독립군과 만주의 한인촌에 대한 무차별 학살, 방화, 파괴(경신 참변)

③ 간도 지역의 독립군 활동이 큰 타격을 입음

## (4) 대한 독립 군단(1920. 12)

① 간도 참변으로 독립군이 각지로 분산하여 대오를 정비하던 중, 소·만 국경지대 의 밀산부에 집결하여 서일을 총재로 독립군 부대를 통합·조직

② 소련령 자유시로 부대 이동

## (5) 자유시 참변(1921. 6)

청산리 대첩에서 승리한 북로 군정서군

간도참변(독립군 총살장면)

**3부의 관할 지역과 성격**

대한민국 임시정부의 직할 부대를 표방한 참의부는 압록강 근처에, 정의부는 남만주 일대에, 자유시에서 돌아온 독립군을 중심으로 구성된 신민부는 북만주 일대에 자리를 잡았음. 이들 3부는 만주의 여러 독립 운동 단체가 통합되면서 성립된 것으로, 사실상의 정부라고 할 수 있었음. 3부는 동포 사회에서 선출된 임원으로 행정부, 입법부, 사법부가 구성되었는데, 그 운영과 독립군 양성을 위한 비용은 동포 사회에서 거둔 세금으로 충당되었음

**3부의 통합 운동**

- 3부의 통합 운동으로 전민족 유일당 촉성 대회가 전개되었으나 실패하고, 이후 혁신의회와 국민부의 활동으로 전개
- **혁신 의회(1928)** : 북만주의 독립 운동 세력인 김좌진·지청천 등을 중심으로 혁신 의회로 통합되었고, 산하에 한국 독립당·한국 독립군(지청천) 편성
- **국민부(1929)** : 신민부 내의 민정부를 중심으로 통합되어 산하에 조선 혁명당·조선 혁명군(양세봉) 편성

**미쓰야(三矢) 협정(1925. 6)**

- 한국인의 무기 휴대와 한국 내 침입을 엄금하며, 위반자는 검거하여 일본 경찰에 인도함
- 재만 한인 단체를 해산시키고 무장을 해제하며, 무기와 탄약을 몰수함
- 일제가 지명하는 독립 운동 지도자를 체포하여 일본 경찰에 인도함
- 한국인 취체(取締)의 실황을 상호 통보함

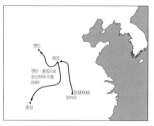

조선 의용대의 이동

① 자유시로 이동한 대한 독립 군단은 레닌의 적색군을 도와 내전에 참전

② 적색군의 무장 해제 요구에 독립군이 저항하자 공격

### (6) 3부 성립

① 자유시 참변 이후 독립군은 다시 만주로 탈출하여 조직을 재정비하면서 역량을 강화한 후, 각 단체의 통합 운동을 추진

② 3부

| 참의부(1923) | 압록강 건너 만주의 집안(輯安) 일대에 설치된 임시 정부 직할하의 정부 형태 |
|---|---|
| 정의부(1924) | 길림과 봉천을 중심으로 하는 남만주 일대를 담당하는 정부 형태 |
| 신민부(1925) | 자유시 참변 후 소련에서 되돌아온 독립군을 중심으로 북만주 일대에서 조직된 정부 형태 |

③ 3부의 활동 : 민정 기관과 군정 기관을 갖추고 자체의 무장 독립군을 편성하여 국경을 넘나들며 일제와 치열한 전투를 벌임

### (7) 미쓰야 협정(1925)

① 총독부 경무국장 미쓰야와 만주의 봉천성 경무처장 우진 사이에 맺어진 협정

② 만주 지역의 한국인 독립 운동가를 체포해 일본에 인계한다는 조약

### (8) 한·중 연합 작전

① 활동 : 한국 독립군과 조선 혁명군을 중심으로 1930년대 중반까지 전개됨

ⓐ 한국 독립군 : 지청천이 인솔하며, 중국의 호로군과 한·중 연합군을 편성하여 쌍성보 전투(1932)·사도하자 전투(1933)·동경성 전투(1933)·대전자령 전투(1933)에서 승리

ⓑ 조선 혁명군 : 양세봉의 지휘로 중국 의용군과 연합, 영릉가 전투(1932)·흥경성 전투(1933)에서 대승

② 독립군의 이동 : 양세봉 순국(1934) 후 세력이 약화되어 중국 본토 지역으로 이동

### (9) 만주 지역의 항일 유격 투쟁(1930년대 중반 이후)

① 동북 인민 혁명군(1933. 9) : 만주에서 중국 공산당과 한인 사회주의자가 연합하여 결성(한·중 연합 항일 무장 단체)

② 동북 항일 연군(1936) : 동북 인민 혁명군이 개편하여 조직

③ 조국 광복회(1936) : 동북 항일 연군의 사회주의자가 함경도 지역의 민족주의 세력과 연결하여 조직한 반제 민족 운동 단체로, 국내 조직을 두고 활동

④ 보천보 전투(1937) : 동북 항일 연군이 조국 광복회의 국내 조직원들과 압록강을 건너 함경남도 보천보 일대를 점령한 사건(→ 국내 진공 작전)

### (10) (조선) 민족 혁명당(1935)과 조선 의용대(1938), 조선 의용군(1942)

① (조선) 민족 혁명당(1935. 7) : 한국 독립당, 조선 혁명당, 의열단 등이 연합하여 중국 난징에서 결성

② 조선 의용대 : 조선 민족 전선 연맹 산하 부대로 한커우에서 창설(1938. 10)

　ⓐ 배경 : 중 · 일 전쟁(1937)이 일어나자 군사 조직의 필요성이 대두

　ⓑ 중국 국민당과 연합하여 포로 심문, 요인 사살, 첩보 작전 수행

　ⓒ 분열(1940년대 초)

　　• 김원봉이 이끄는 조선 의용대 일부는 충칭의 한국 광복군에 합류(1942)

　　• 다수의 조선 의용대 세력은 중국 화북 지역으로 이동하여 중국 팔로군, 조선 독립 동맹과 그 산하의 조선 의용군으로 합류

③ 조선 독립 동맹과 조선 의용군

　ⓐ 조선 독립 동맹(1942. 7) : 화북 조선 청년 연합회(1941) 등 중국 화북 지방의 사회주의 세력(김두봉 · 김무정 등)이 조선 의용대원을 흡수하여 조직을 확대 개편하면서 결성

　ⓑ 조선 의용군(1942)

　　• 조선 독립 동맹이 조선 의용대를 개편하여 조선 의용군을 조직

　　• 조선 의용군은 중국 팔로군과 함께 태평양 전쟁에 참전해 항일전을 전개

　　• 해방 직후 중국 공산군에 편입되어 국공 내전에 참전했으며, 이후 북한으로 들어가 인민군에 편입

## (11) 대한민국 임시정부의 이동과 한국 광복군의 창설(1940)

① 임시 정부의 체제 정비

　ⓐ 충칭 정부(1940) : 한국 독립당 결성

　ⓑ 주석제 채택(1940) : 김구 주석 중심의 단일 지도 체제 강화

　ⓒ 건국 강령 발표(1941) : 조소앙의 3균주의(정치, 경제, 교육적 균등)

② 한국 광복군의 창설(1940)과 활동 ★ 빈출개념

　ⓐ 창설 : 임시 정부의 김구와 지청천 등이 신흥 무관 학교 출신의 독립군과 중국 대륙에 산재해 있던 무장 투쟁 세력을 모아 충칭(중경)에서 창설, 조선 의용대를 흡수(1942)

　ⓑ 활동

　　• 대일 선전 포고(1941)

　　• 영국군과 연합 작전 전개(1943) : 인도, 미얀마 전선

　　• 포로 심문, 암호 번역, 선전 전단 작성 등 심리전 수행

　　• 국내 진입 작전(1945. 9) : 미국 전략정보처(OSS)의 지원과 국내 정진군 특수 훈련(→ 일제 패망으로 실행 못함)

---

**03절** 　사회·경제·문화적 민족 운동

## 1. 민족 실력 양성 운동(민족주의)

### (1) 민족 기업의 육성

**한국 광복 운동 단체 연합회, 전국 연합 진선 협회**

• 한국 광복 운동 단체 연합회(1937) : 한국 국민당(김구), 민족 혁명당에서 탈당한 한국 독립당(조소앙)과 조선 혁명당(이청천) 등이 연합하여 조직

• 전국 연합 진선 협회(1939) : 한국 광복 운동 단체 연합회와 조선 민족 전선 연맹(김원봉)이 추진한 통합운동(통일전선)으로, 중 · 일 전쟁의 확대와 국민당 정부의 요구 등에 따라 결성을 추진하였으나 조선 민족 전선 연맹 내 일부 세력의 반대로 무산

**민족 기업 육성의 배경**

• 3 · 1 운동 이후 민족 산업을 육성하여 경제적 자립을 도모하려는 움직임이 고조되었는데, 일제의 각종 규제로 민족 기업 활동은 소규모 공장의 건설에서 두드러짐

• 대도시에서 순수한 민족 자본에 의하여 직포 공장, 메리야스 공장, 고무신 공장 등 경공업 관련 공장들이 건립됨

민족 실력 양성론 대두
• 애국 계몽 운동 계승, 사회 진화론의 영향
• 3·1운동 이후 민족의 실력 양성을 통한 민족 운동 주장

07장

민족 독립 운동의 전개

물산 장려운동 포스터

물산 장려 운동

**물산 장려 운동 비판**

물산 장려 운동의 사상적 도화수가 된 것이 누구인가? …… 실상을 말하면 노동자에겐 이제 새삼스럽게 물산 장려를 말할 필요가 없는 것이다. 그네는 벌써 오랜 옛날부터 훌륭한 물산 장려 계급이다. 그네는 중산 계급이 양복이나 비단옷을 입는 대신 무명과 베옷을 입었고, 저들 자본가가 위스키나 브랜디나 정종을 마시는 대신 소주나 막걸리를 마시지 않는가? …… 이리하여 저들은 민족적, 애국하는 감상적 미사로써 눈물을 흘리면서 저들과 이해가 있어서는 저들도 외래 자본가와 조금도 다를 것이 없는 것을 알며, 따라서 저들 신사랑류의 침략에 빠져 계급 전선을 몽롱케는 못할 것이다.

**조선 민립 대학 설립 기성회의 발기 취지서**

우리의 운명을 어떻게 개척할까? …… 가장 급한 일이 되고 가장 먼저 해결할 필요가 있으며, 가장 힘 있고, 필요한 수단은 교육이 아니면 아니 된다. …… 민중의 보편적 지식은 보통 교육으로도 가능하지만 심오한 지식과 학문은 고등 교육이 아니면 불가하며, …… 오늘날 조선인이 세계 문화 민족의 일원으로 남과 어깨를 견주고 우리의 생존을 유지하며 문화의 창조와 향상을 기도하려면, 대학의 설립이 아니고는 다른 방도가 없도다.

① 민족 기업
  ㉠ 규모 : 1910년대까지는 소규모였으나, 1920년대에 이르러서는 노동자의 수가 200명이 넘는 공장도 나타남
  ㉡ 유형
    • 대지주 출신의 기업인이 지주와 상인의 자본을 모아 대규모의 공장을 세운 것으로, 대표적인 것이 경성 방직 주식회사
    • 서민 출신 상인들이 자본을 모아 새로운 기업 분야를 개척한 것으로, 대표적인 것이 평양의 '메리야스 공장'
  ㉢ 운영 : 민족 기업은 순수한 한국인만으로 운영
  ㉣ 품질 : 한국인의 기호에 맞게 내구성이 강하고 무게 있는 제품을 만듦
② 민족 은행의 설립 : 금융업에도 한국인의 진출(삼남은행 등)
③ 민족 기업의 위축 : 1930년대에 들어와 식민 통치 체제가 강화되고 탄압으로 위축

## (2) 물산 장려 운동

① 배경 : 회사령 철폐(1920), 관세 철폐(1923), 일본 대기업의 한국 진출로 국내 기업의 위기감 고조
② 목적 : 민족 기업을 지원하고 민족 산업을 육성함으로써 민족 경제의 자립을 달성(→ '내 살림 내 것으로'라는 구호를 내세움)
③ 조직의 발족 및 전개
  ㉠ (평양) 조선 물산 장려회(1920) : 조만식 등이 중심이 되어 최초 발족
  ㉡ (서울) 조선 물산 장려회(1923) : 조선 물산 장려회가 설립되고 서울에 물산 장려회가 설립되면서 전국으로 확산
  ㉢ 기타 : 학생들의 자작회(1922), 토산 애용 부인회, 토산 장려회, 청년회 등
④ 활동 : 일본 상품 배격, 국산품 애용 등을 강조
  ㉠ 구호 : 내 살림 내 것으로, 조선 사람 조선 것, 우리가 만들어서 우리가 쓰자
  ㉡ 강연회, 선전 행사
  ㉢ 확산 : 전국적 민족 운동으로 확산되면서 근검 절약, 생활 개선, 금주·단연 운동도 전개
⑤ 문제점 : 상인, 자본가 중심으로 추진되어 상품 가격 상승 초래, 사회주의자들의 비판
⑥ 결과 : 초기에는 전국적으로 확산되었으나, 일제의 탄압과 친일파의 개입, 사회주의 계열의 방해 등으로 큰 성과를 거두지 못함

## (3) 민립 대학 설립 운동

① 배경 : 민족 역량 강화 위해 고등 교육의 필요성
② 전개
  ㉠ 총독부가 대학 설립 요구를 묵살하자 조선 교육회는 우리 손으로 대학을 설립하고자 조선 민립 대학 기성 준비회(1922, 이상재)를 결성
  ㉡ 모금 운동 전개(1923) : 조선 민립 대학 기성회를 중심으로 모금 운동을 전개(→ 한민족 1천만이 한 사람 1원씩)

③ 결과

　　㉠ 지역 유지들과 사회단체의 후원으로 순조롭게 진행되었으나 일제의 방해와
　　　남부 지방의 가뭄과 수해로 모금이 어려워져 결국 좌절

　　㉡ 일제는 1924년 경성 제국 대학을 설립을 통해 조선인의 불만 무마를 시도

## (4) 문맹 퇴치 운동

① 배경 : 식민지 차별 교육 정책으로 한국인의 문맹률 증가

② 전개 : 3 · 1 운동을 계기로 문맹 퇴치가 급선무임을 자각하고 실천에 옮김

③ 야학 운동 : 1920년대 전반에 각지에 야학이 설립되면서 활발하게 전개

④ 언론사, 학생, 조선어 학회의 활동 : 문자 보급 운동, 브나로드 운동 등, 조선어 학
　회는 전국에 한글 강습소를 개최

# 2. 사회 운동(사회적 민족주의)

## (1) 농민 운동

① 소작쟁의의 발생 : 3 · 1 운동 이후 정치 · 사회적으로 각성된 소작농들은 1919년
　처음으로 소작쟁의를 일으킨 이후, 1920년대부터 본격적으로 소작료 인하, 소작
　권 박탈 반대 등을 요구(→ 농민 운동은 주로 소작쟁의를 중심으로 전개)

② 1920년대의 농민 운동 : 생존권 확보를 위한 투쟁 성격의 소작쟁의

　　㉠ 1920년대 전반기 : 주로 소작인 조합이 중심이 된 소작쟁의

　　㉡ 암태도 소작쟁의(1923~1924) : 전남 신안군 암태도의 소작농민들이 전개한 농
　　　민운동

　　㉢ 1920년대 후반기 : 자작농까지 포함하는 농민 조합이 소작쟁의를 주도

③ 농민조합의 결성 : 1920년대에 농민의 자구책으로 결성(조선 노 · 농 총동맹, 조
　선 농민 총동맹)

④ 1930년대 이후 농민 운동 : 항일 운동의 성격(정치 투쟁의 성격)

## (2) 노동 운동

① 노동 쟁의의 발생 : 임금 인상, 점차 단체 계약권 확립, 8시간 노동제 실시, 악질
　일본인 감독의 추방, 노동 조건의 개선 등을 요구(→ 생존권 확보 투쟁)

② 노동 조합의 결성

　　㉠ 조선 노동 공제회(1920), 조선 노 · 농 총동맹(1924)

　　㉡ 1927년 조선 노 · 농 총동맹에서 조선 노동 총동맹이 분리

③ 노동 운동의 대중화 : 대도시에 한정되던 노동쟁의가 1920년대 후반기 전국 각지
　로 확산되었으며, 영흥 · 원산 등의 지역에서 총파업이 발생

④ 대표적 노동 운동 : 부산 부두 노동자 파업(1921), 서울 고무 공장 여자 노동자 파
　업(1923), 원산 총파업(1929)

## (3) 청년 운동

① 활동

**암태도 소작 쟁의(1923~1924)**

고율의 소작료로 고통을 겪던 암태도 소
작농들은 1923년 소작인회를 조직한 후
소작료를 4할로 내릴 것을 요구하였음.
지주가 이를 거부하자 소작농들은 추수
거부 투쟁과 소작료 불납 동맹으로 대응
하였으며, 동원된 일본 경찰에 대항하기
위하여 순찰대를 조직하기도 하였음. 소
작 쟁의 결과 소작농들이 승리하여 소작
료가 인하됨

**농민 · 노동자 조합의 전개**

- 농민 조합 : 조선 노동 공제회(1920)
　→ 조선 노 · 농 총동맹(1924) → 조선
　농민 총동맹(1927)

- 노동 조합 : 조선 노동 공제회(1920)
　→ 조선 노 · 농 총동맹(1924) → 조선
　노동자 총동맹(1927) → 지하 노동 조
　합 운동(1930년대)

**대표적 노동 운동**

- 부산 부두 노동자 파업(1921) : 최초의
　대규모 연대파업, 임금 인상 요구

- 서울 고무 공장 여자 노동자 파업(1923)
　: 최초의 여성 노동자 연대 파업

- 원산 총파업(1929) : 1929년 1월 22일
　원산 노동 연합회에 소속 노동자와 일
　반 노동자들이 합세하여 75일간 전개.
　1920년대 최대의 파업투쟁, 원산시를
　완전히 마비상태에 빠뜨려 일제에 큰
　타격을 가하였고, 1930년대 이후의 노
　동 운동을 혁명적 성격으로 전환시키
　는 계기가 됨

  ㉠ 강연회 · 토론회 개최, 학교 · 강습소 · 야학 등을 설치 · 운영, 운동회 등을 통한 심신 단련

  ㉡ 단연회 · 금주회 · 저축 조합 등을 결성하여 사회 교화와 생활 개선 추구

 ② 조선 청년 총동맹(1924) : 1920년대 사회주의 사상이 유입된 후 청년 단체들은 민족주의와 사회주의 계열로 나뉘었는데, 이 같은 청년 운동의 분열을 수습하기 위하여 조직

 ③ 학생 운동

  ㉠ 전개 : 대개 동맹 휴학의 형태로 전개되었는데, 처음에는 시설 개선이나 일인 교원 배척 등의 요구가 많았으나 점차 식민지 노예 교육 철폐, 조선 역사 교육과 조선어 사용, 언론 · 집회의 자유 등을 요구

  ㉡ 광주 학생 항일 운동(1929) : 반일 감정을 토대로 일어나 민족 운동으로서 청년 운동의 절정

## (4) 여성 운동

 ① 여성 단체의 조직

  ㉠ 1920년대 초반 : 대체로 가부장제나 인습 타파라는 주제로 계몽 차원에서 전개

  ㉡ 1920년대 중반 : 여성 해방의 문제를 계급해방 · 민족해방의 문제와 연결지으면서 사회주의 운동과 결합

  ㉢ 1920년대 후반 : 여성의 지위 향상을 취지로 여성 직업 단체들이 조직되어 여성들이 사회 활동에 참여

 ② 근우회(1927)

  ㉠ 신간회의 출범과 더불어 탄생, 김활란 등을 중심으로 여성계의 민족 유일당으로 조직

  ㉡ 행동 강령 : 여성 노동자의 권익 옹호와 생활 개선

## (5) 소년 운동

 ① 인물 : 방정환, 조철호

 ② 발전

  ㉠ 천도교 소년회(1921) : 천도교 청년회에서 독립하면서 소년 운동이 본격화, 전국적 확산, 어린이날 제정, 최초의 순수 아동 잡지 〈어린이〉 발행, '어린이'라는 말을 만듦

  ㉡ 조선 소년 연합회(1927) : 전국적 조직체로서 조직되어 체계적인 소년 운동 전개

 ③ 중단 : 지도자들 간의 사상과 이념의 대립으로 분열, 일제는 중 · 일 전쟁 발발 후 한국의 청소년 운동을 일체 금지하고 단체를 해산

## (6) 조선 형평사 운동(1923)

 ① 배경 : 백정들은 갑오개혁에 의해 법제적으로는 권리를 인정받았으나, 사회적으로는 오랜 관습 속에서 계속 차별

 ② 조직 : 이학찬을 중심으로 한 백정들은 진주에서 조선 형평사를 창립

 ③ 전개 : 사회적으로 평등한 대우를 요구하는 형평 운동을 전개, 민족 해방 운동으

로 발전

④ 변질 : 1930년대 중반 이후 경제적 이익 향상 운동으로 변질

## 3. 사회주의 운동과 신간회

### (1) 사회주의 운동의 유입

① 수용 : 1920년대 러시아와 중국 지역에서 활동하던 독립 운동가들이 수용(초기의 사회주의 운동은 소수의 지식인이나 청년 · 학생을 중심으로 전파)

② 영향

㉠ 사회 · 경제 운동을 활성화시켰고, 권익과 지위 향상을 위한 활동에 영향을 미침

㉡ 사회주의 운동이 본격화되면서 노동 · 농민 · 청년 · 학생 · 여성 운동과 형평 운동 등이 본격 전개

㉢ 국내 사회주의자들은 비밀리에 조선 공산당(1925)을 결성

③ 독립 노선의 분열 : 민족주의 운동과의 대립, 노선에 따른 계열간 대립이 발생

### (2) 신간회(민족 유일당 운동, 1927~1931) ⭐빈출개념

① 배경 : 민족 운동의 분열과 위기

| 계열 | | 주요 활동 |
|---|---|---|
| 민족주의 계열 | 자치론 (타협적 민족주의) | • 일제의 식민 지배를 인정하고 자치 운동 전개<br>• 민족성 개조 주장<br>• 이광수(민족 개조론, 민족적 경륜 발표), 최린 |
| | 비타협적 민족주의 | • 일제와의 타협 거부, 민족 개량주의 비판<br>• 실력 양성 운동, 즉각적인 독립 추구<br>• 사회주의자들과의 연대를 추진, 조선 민흥회 조직<br>• 이상재, 안재홍 |
| 사회주의 계열 | | • 치안 유지법(1925)으로 사회주의 운동 탄압<br>• 민족 운동의 분열을 초래한다는 비판을 받음<br>• 정우회 선언 : 민족주의 계열과의 연합을 주장 |

② 신간회 결성과 활동

㉠ 결성(1927)

• 민족주의 진영과 사회주의 진영이 민족 유일당, 민족 협동 전선의 기치 아래 결성

• 조선 민흥회(비타협 민족주의 계열)와 정우회(사회주의 계열)가 연합하여 합법적 단체로 결성(회장 이상재 · 안재홍 등이 중심)

㉡ 조직 : 민족 운동계의 다수 세력이 참가하였으며, 전국에 약 140여 개소의 지회 설립, 일본과 만주에도 지회 설립이 시도됨

㉢ 강령 : 민족의 단결, 정치 · 경제적 각성 촉진, 기회주의자 배격

㉣ 활동 : 민중 계몽 활동, 노동 쟁의, 소작 쟁의, 동맹 휴학 등 대중 운동 지도

③ 신간회의 해체(해소, 1931)

㉠ 민중 대회 이후 일제의 탄압 강화(신간회 1차 지도부 체포)

신간회의 기본 강령

• 민족의 단결을 공고히 한다.

• 정치적·경제적 각성을 촉구한다.

• 기회주의자를 일체 배격한다.

ⓛ 2차 지도부(민족주의 계열)의 개량화(→ 자치론 주장)

    ⓒ 코민테른의 지시를 받은 사회주의자들이 협동 전선 포기(→ 신간회 해소론)

  ④ 의의 : 사회주의 세력과 비타협적 민족주의 세력이 연합한 협동 단체, 일제 강점기 최대의 합법적인 반일 사회 단체

## 4. 해외 동포들의 활동

### (1) 만주

  ① 이주 동포들의 활동

    ㉠ 신민회 : 독립 운동 기지 결성

      • 남만주(서간도) : 삼원보 설치 신흥하고 형성, 신흥 학교 설립 운영, 경학사, 부민단

      • 북만주 : 밀산부에 한흥동 건설

    ㉡ 간도 : 서전 서숙(1906, 이상설), 명동 학교

  ② 만주 동포들의 시련 : 간도 참변(1920), 만보산 사건, 일제의 대륙 침략

### (2) 연해주

  ① 이주 동포들의 활동 : 신한촌의 형성, 13도 의군 결성, 대한 광복군 정부(1914), 대한 국민 의회(노령 정부, 1919)

  ② 이주 동포들의 시련

    ㉠ 1920년대 초 : 볼셰비키가 정권을 장악한 후 한국인 무장 활동을 금지, 무장 해제 강요

    ㉡ 1937년에는 연해주의 한인들이 소련에 의해 중앙아시아로 강제 이주

### (3) 일본

  ① 이주 형태 ★ 빈출개념

    ㉠ 한말 : 주로 학문을 배우기 위한 유학생들이 이주

    ㉡ 국권 강탈 후 : 생활 터전을 상실한 농민들이 건너가 산업 노동자로 취업

  ② 동포들의 활동 : 최팔용을 중심으로 조선 청년 독립단을 구성하여 2·8 독립 선언을 발표함

  ③ 동포들의 시련 : 민족 차별, 관동 대지진(1923)

### (4) 미국

  ① 이민의 시작

    ㉠ 하와이 이민 : 1902년 정부의 보증으로 하와이 노동 이민 시작, 주로 사탕수수밭 노동자와 그 가족 등으로 가혹한 노동에 시달림

    ㉡ 이후 미국 본토와 멕시코, 쿠바 등으로 이민 지역 확대

  ② 이주 동포들의 활동 : 대한인 국민회(1909), 흥사단(1913), 대조선 국민군단(1914), 구미 위원부(1919), 태평양 전쟁 참전

**간도 참변, 만보산 사건, 일제의 대륙 침략**

• 간도 참변(1920) : 일본군이 출병하여 독립 운동 기지를 초토화하면서 무차별 학살

• 만보산 사건 : 1931년 일제의 악의적인 한·중 이간책으로 조선 농민과 중국 농민 사이에 벌어진 유혈 농지 분쟁 사건

• 일제의 대륙 침략 : 1930년대 일제의 본격적 대륙 침략으로 근거지를 상실하고 수난

**2·8 독립 선언**

1919년 2월 8일, 도쿄 조선 유학생 학우회는 독립 선언서와 결의문을 낭독한 뒤 일본 정부와 국회, 각국 대사관 등에 이를 보냈다. 3·1독립 선언보다 강경한 태도로 일제의 침략을 고발하고 있으며, 민족 자결 주의의 적용을 요구하는 한편 독립을 위해 마지막 한 사람까지 투쟁하겠다는 내용을 담고 있음

**미주 동포의 활동**

1908년 장인환과 전명운의 스티븐스 사살이 계기가 되어 샌프란시스코에 대한인 국민회가 조직되었음. 미국, 하와이, 만주, 연해주 등지에 지부를 두고 있는 이 단체는 독립 의연금을 모집하여 독립군을 지원하였음. 또한 태평양 전쟁에서 미국이 이겨야 우리나라가 빨리 독립할 수 있을 것이라고 믿은 청년들이 미군에 입대하기도 하였음

# 5. 일제의 식민지 문화 정책

## (1) 일제의 식민지 교육 정책

① 교육 목표 : 우민화 교육을 통해 이른바 한국인의 황국신민화를 추구하여 일제의 식민지 정책에 순종하도록 함, 일본인으로 동화

② 일제의 조선 교육령

| 구분 | 내용 |
|---|---|
| 제1차<br>(1911) | • 정책 방향 : 무단정치에 적합한 충량한 국민을 양성하기 위한 교육<br>• 우민화 교육 : 교육 기회 축소, 사립학교 축소(사립 학교 규칙, 1911)<br>• 보통 학교 수업 연한 축소 : 일본인은 6년, 한국인은 4년(단축)<br>• 초등 · 기술 · 실업 교육 등 낮은 수준의 실용 교육 강조<br>• 민족의식 억압, 조선어 과목의 선택화, 역사 · 지리 제외, 일본어 교육 강요<br>• 서당 규칙(1918) : 개량 서당의 민족 교육 탄압 |
| 제2차<br>(1922) | • 유화 정책 : 한국인과 일본인의 공학 원칙, 동등 교육 및 교육상의 차별 철폐라는 명분 제시(→ 3 · 1운동 이후 식민통치 방식 변경에 따른 명목상의 정책)<br>• 조선어 필수 과목 : 한국 역사 · 지리 시간은 최소화하고 일본어와 역사 · 지리 시간을 늘려 실질적 식민교육을 강화<br>• 보통 학교 수업 연한 연장 : 일본인과 동일한 6년제, 고등 보통 학교는 5년<br>  – 일본인 : 소학교, 중학교<br>  – 한국인 : 보통 학교, 고등 보통 학교<br>• 사범 대학 설치, 대학교육 허용(→ 민립 대학 설립 운동 발생)<br>• 경성 제국 대학 설립(설치에 관한 법률 반포) : 조선에 있는 일본인을 위한 대학(→ 조선인 차별), 민립 대학 설립 운동 저지가 목적 |
| 제3차<br>(1938) | • 정책 방향 : 민족 말살 정책에 따른 내선일체 · 황국 신민화 강조<br>• 황국 신민화 교육 : 황국 신민 양성을 목적으로 황국 신민서사 제정 · 암송을 강요<br>• 조선어의 선택 과목화(수의과목)(→ 우리말 교육과 국사 교육 억압)<br>• 교명을 일제와 동일하게 조정 : 보통 학교를 소학교로, 고등 보통 학교를 중학교로 개칭(→ 일본어로 된 수업만 가능)<br>• 국민 학교 : 1941년에는 소학교를 국민 학교로 개정 |
| 제4차<br>(1943) | • 정책 방향 : 전시 체제에 따른 황국 신민화 교육 강화<br>• 중등 교육의 수업 연한 단축<br>• 조선어, 조선사 교육의 금지<br>• 국민 학교에서 대학교까지 모두 황국 신민 양성을 위한 군사 기지화<br>• 전시 교육령 공포, 전시 비상조치 및 학도 전시 동원 체제의 확립(→ 1943년 학도 지원병제 실시, 1944년 징병제 · 정신대 근무령 시행) |

## (2) 일제의 한국사 왜곡

① 목적 : 한국사의 자율성 · 독창성 부인, 식민 통치 합리화

② 식민 사관 : 식민지 근대화론

  ㉠ **정체성론** : 고대 이래로 역사 발전이 정체(→ 중세 부재론)

  ㉡ **타율성론(반도 사관)** : 외세의 간섭과 압력에 의해 타율적으로 전개, 한국사의 독자적 발전 부정(→ 임나 일본부설)

  ㉢ **당파성론** : 한국사의 오랜 당파 싸움은 민족성에 기인

07장

민족 독립 운동의 전개

③ 단체 : 조선사 편수회(〈조선사〉 간행), 청구학회(〈청구학보〉 발행)

### (3) 언론 탄압 ★ 빈출개념

① 1910년대 : 대한 제국 시기 발행된 신문 폐간, 매일 신보(총독부 기관지)만 간행

② 1920년대 : 조선 · 동아일보의 발행(1920)을 허가하였으나 검열, 기사 삭제, 발행 정지

③ 1930년대 : 만주 사변 이후 언론 탄압 강화, 일장기 삭제 사건(1936)으로 동아일보 정간

④ 1940년대 : 조선 · 동아일보 폐간(1940)

### (4) 종교 탄압

① 기독교 : 안악 사건, 105인 사건, 신사 참배 강요

② 불교 : 사찰령을 제정(1911)하여 전국 사찰을 총독에 직속시킴

③ 천도교 : 3 · 1 운동에 주도적 역할을 했다는 이유로 감시 강화, 지방 교구 폐쇄

④ 대종교 : 일제의 탄압으로 본거지를 만주로 이동

## 6. 민족 문화 수호 운동

### (1) 한글 연구

① 조선어 연구회(1921)

   ⊙ 조직 : 3 · 1 운동 이후 이윤재 · 최현배 등이 국문 연구소의 전통을 이어 조직

   ⓛ 활동 : 잡지 〈한글〉을 간행, 가갸날을 정하여 한글의 보급과 대중화에 공헌

② 조선어 학회(1931)

| 개편 | 조선어 연구회가 조선어 학회로 개편되면서 그 연구도 더욱 심화 |
|---|---|
| 활동 | • 한글 교재를 출판하고, 회원들이 전국을 순회하며 한글을 교육 · 보급<br>• 한글 맞춤법 통일안(1933)과 표준어(1936) 제정<br>• 〈우리말 큰사전〉의 편찬에 착수(→ 일제의 방해로 성공하지 못함) |
| 해산 | 1940년대 초에 일제는 조선어 학회 사건을 일으켜 수많은 회원들을 체포 · 투옥하여 강제로 해산 |

### (2) 민족주의 사학

① 방향 : 민족 문화의 우수성과 한국사의 주체적 발전을 강조

② 박은식

   ⊙ 민족 사관 : 민족 정신을 혼(魂)으로 파악하고, 혼이 담긴 민족사의 중요성을 강조

   ⓛ 저술 및 내용

     • 한국통사 : 근대 이후 일본의 침략 과정을 밝힘("나라는 형(形)이요, 역사는 신(神)이다.")

     • 한국 독립 운동 지혈사, 유교구신론 등

---

사실링
전국 불교 사찰의 총독부 귀속과 총독부의 주지 임면권 행사 등을 내용으로 함

조선어 학회 사건(1942)
일제는 조선어 학회가 독립 운동 단체라는 거짓 자백을 근거로 회원들을 검거하고 강제 해산시킴

박은식      신채호

〈독립 운동 지혈사〉
우리 민족은 단군 성조의 자손으로서 동해의 명승지에 자리 잡고 있다. 인재의 배출과 문물의 제작에 있어서 우수한 자격을 갖추어, 다른 민족보다 뛰어난 것도 사실이다. …… 우리의 국혼(國魂)은 결코 다른 민족에 동화될 수 없다.

ⓒ 주요 활동 : 〈서북학회월보〉의 주필로 직접 잡지를 편집, 다수의 애국계몽 논
설을 게재, 임시정부의 대통령지도제하에서 제2대 대통령을 지냄

③ 신채호

㉠ 연구 부분 및 사관 : 〈조선 상고사〉·〈조선사 연구초〉등을 저술하여 민족주의
역사학의 기반을 확립, 민족 사관으로 낭가(郎家) 사상을 강조

㉡ 저술 및 내용 : 고대사 연구

• 조선 상고사 : 역사는 아(我)와 비아(非我)의 투쟁의 기록

• 조선사 연구초 : 낭가 사상을 강조하여 묘청의 서경 천도 운동을 '조선 1천
년래 제일대 사건'으로 높이 평가

• 조선 상고 문화사 : 〈조선 상고사〉에서 다루지 못한 상고사 관련 부분과 우
리 민족의 전통적 풍속, 문화 등을 다룸

• 독사신론 : 일제 식민사관에 기초한 일부 국사교과서를 비판하기 위해 〈대
한 매일 신보〉에 연재, 만주와 부여족 중심의 고대사 서술로 근대 민족주의
역사학의 초석을 다짐

• 조선 혁명 선언(한국 독립 선언서, 의열단 선언) : 의열단의 요청으로 집필

④ 정인보

㉠ 연구 방향 : 양명학과 실학사상을 주로 연구, 신채호를 계승하여 고대사 연구
에 치중, '오천 년간 조선의 얼'을 신문에 연재

㉡ 조선사 연구 : 단군부터 삼국 시대에 이르는 우리나라 고대사를 특정 주제로
설정하여 통사적으로 서술한 사서로 식민 사관에 대항하여 고대사 왜곡을 바
로잡고자 광개토대왕비를 새롭게 해석하고, 한사군 실재성을 부인

㉢ 민족 사관 : '얼' 사상을 강조

⑤ 문일평 : 〈대미관계 50년사〉·〈호암 전집〉을 저술, 개항 후의 근대사 연구에 역
점, 조선심(朝鮮心)으로 1930년대 조선학 운동을 전개

⑥ 안재홍 : 〈조선 상고사감〉을 저술, 민족 정기를 강조, 신민족주의자로서 1930년
대 조선학 운동 전개

⑦ 최남선

㉠ 백두산 중심의 불함문화론(不咸文化論)을 전개하여 식민 사관에 대항

㉡ 〈아시조선〉·〈고사통〉·〈조선역사〉 등을 저술, 〈조선 광문회〉를 조직

⑧ 손진태 : 〈조선 민족사론〉·〈국사 대요〉를 저술, 신민족주의 사관의 확립에 노력

## (3) 사회·경제 사학

① 특징 : 유물 사관에 바탕을 두고, 한국사가 세계사의 보편 법칙에 따라 발전하였
음을 강조하여 식민 사관의 정체성론을 타파하고자 하였고, 민족주의 사학의 정
신사관을 비판(대립)

② 학자 및 저서

㉠ 백남운 : 사적 유물론을 도입하여 일제의 정체성론에 대항, 〈조선 사회 경제
사〉·〈조선 봉건 사회 경제사〉

㉡ 이청원 : 〈조선 역사 독본〉, 〈조선 사회사 독본〉

㉢ 박극채, 전석담 등

**신채호의 〈조선 상고사〉**

역사란 무엇이뇨, 인류 사회의 아(我)와
비아(非我)의 투쟁이 시간에서 발전하여
공간까지 확대하는 심적 활동의 상태의
기록이니, 세계사라 하면 세계 인류의
그리 되어 온 상태의 기록이며, 조선사
라 하면 조선 민족이 그리 되어 온 상태
의 기록이니라. 그리하여 아에 대한 비
아의 접촉이 많을수록 비아에 대한 아의
투쟁이 더욱 맹렬하여 인류 사회의 활동
이 휴식할 사이가 없으며, 역사의 전도
가 완결될 날이 없다. 그러므로 역사는
아와 비와의 투쟁의 기록이니라.

**신채호의 〈조선혁명선언〉**

내정 독립이나 참정권이나 자치를 운운
하는 자 누구이냐? 너희들이 '동양 평
화', '한국 독립 보전' 등을 담보한 맹약
이 먹도 마르지 아니하여 삼천리강토를
집어 먹힌 역사를 잊었느냐? …… 민중
은 우리 혁명의 대본영이다. 폭력은 우
리 혁명의 유일한 무기이다.

**신민족주의 사학**

실증적 토대 위에서 민족주의 사학과
사회경제 사학의 방법을 수용하여, 일
제 말부터 해방 직후에 체계를 갖추었
음. 대표적 학자로는 안재홍, 손진태, 이
인영, 홍이섭 등이 있음

**안확, 이능화, 장도빈**

• 안확 : 〈조선문명사〉에서 붕당 정치를
긍정적으로 인식하여 일제의 당파성
론 비판

• 이능화 : 〈조선불교통사〉, 〈조선도교사〉
등을 저술, 한국 종교 및 민속 방면의
연구 공헌

• 장도빈 : 〈국사〉, 〈이순신전〉, 〈조선역
사록〉 등을 저술, 민족주의 사학 발전
에 공헌

**〈조선 사회 경제사〉(백남운)**

조선사의 계기적 변동의 법을 파악할 경
우, 과거 몇 천 년간의 사적(史蹟)을 살피
는 것도 당연히 우리의 과제이지 않으면
안 된다. …… 나의 조선관은 그 사회 경
제의 역사적 발전 과정을 본질적으로 분
석, 비판, 총관하는 일에 집중되어 있다.

SEMI-NOTE

**진단 학회**

실증주의 사학에 입각한 진단 학회는 문헌 고증을 통해 있었던 사실을 그대로 밝혀내는 것을 목적으로 삼았음. 이들은 역사 연구에 있어 일반적인 법칙을 가정하여 사실을 이론에 끼워 맞추기보다는, 객관적인 사실을 정확하게 인식함으로써 한국사를 깊이 이해할 수 있다고 주장하였음. 이러한 실증주의 사학은 한국 역사학을 독립된 학문으로 성립시키는 데 공헌하였음

### (4) 실증 사학

① **특징** : 문헌 고증에 의한 실증적인 방법으로 한국사를 연구함으로써 역사 상황을 정확하고 올바르게 인식하고자 함

② **진단 학회 조직(1934)** : 이병도 · 손진태 등이 조직, 〈진단 학보〉를 발간하면서 한국사 연구

③ **학자 및 저서**

ⓐ **손진태** : 신민족주의 사관(新民族主義史觀) 제창, 〈조선 민족사개론〉, 〈국사대요〉 등

ⓑ **이병도** : 진단 학회 대표, 〈역주 삼국사기〉, 〈조선사 대관〉 등

ⓒ 이윤재, 이상백, 신석호 등

## 7. 교육과 종교 활동

### (1) 교육 운동

| 조선 교육회(1920) | 한규설, 이상재 등이 조직하여 민족 교육의 진흥에 노력, 민립 대학 설립 운동 전개 |
|---|---|
| 문맹 퇴치 운동 | 조선일보와 동아일보 등 언론 단체 참여 |
| 사립 학교 | 근대적 지식 보급, 항일 민족 운동의 거점 |
| 개량 서당 | 일제의 제도 교육에 편입되기를 거부한 한국인을 교육 |
| 야학 | 1920년대 전반 활성화, 민중에게 자주 의식과 반일 사상 고취 |

### (2) 종교 활동

| 천도교 | 제2의 3 · 1 운동을 계획하여 자주 독립 선언문 발표, 〈개벽〉 · 〈어린이〉 · 〈학생〉 등의 잡지를 간행하여 민중의 자각과 근대 문물의 보급에 기여 |
|---|---|
| 개신교 | 천도교와 함께 3 · 1 운동에 적극 참여, 민중 계몽과 문화 사업을 활발하게 전개, 1930년대 후반에는 신사 참배를 거부하여 탄압을 받음 |
| 천주교 | 고아원 · 양로원 등 사회 사업을 계속 확대하면서 〈경향〉 등의 잡지를 통해 민중 계몽에 이바지, 만주에서 항일 운동 단체인 의민단을 조직하여 항일 무장 투쟁 전개 |
| 대종교 | • 천도교와 더불어 양대 민족 종교를 형성<br>• 교단 본부를 만주로 이동해 민족 의식 고취, 적극적인 민족 교육 및 항일 투쟁<br>• 지도자들은 항일 무장 단체인 중광단을 조직, 3 · 1 운동 직후 북로 군정서로 개편하여 청산리 대첩에 참여 |
| 불교 | 3 · 1 운동에 참여, 한용운 등의 승려들이 총독부의 정책에 맞서 민족 종교의 전통을 지키려 노력, 교육 기관을 설립하여 민족 교육 운동에 기여 |
| 원불교 | 박중빈이 창시(1916), 불교의 현대화와 생활화를 주창, 민족 역량 배양과 남녀 평등, 허례 허식의 폐지 등 생활 개선 및 새생활 운동에 앞장섬 |

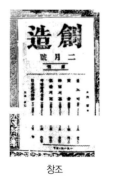

창조

## 8. 문예 활동

## (1) 문학 활동

① 1910년대 : 계몽적 성격의 문학, 이광수의 〈무정〉

② 3 · 1 운동 이후(1920년대) : 순수 문학, 신경향파 문학, 프로 문학의 대두, 국민 문학 운동의 전개

③ 1930년대 이후 : 일제의 탄압 강화

　㉠ 친일 문학 : 이광수 · 최남선 등 침략 전쟁을 찬양하는 활동에 참여

　㉡ 저항 문학

　　• 전문적 문인 : 한용운 · 이육사 · 윤동주(→ 항일의식과 민족 정서를 담은 작품을 창작)

　　• 비전문적 문인 : 독립 운동가 조소앙, 현상윤(→ 일제에 저항하는 작품을 남김)

　　• 역사 소설 : 김동인 · 윤백남(→ 많은 역사 소설을 남겨 역사와 민족의식을 고취)

## (2) 민족 예술

① 음악 : 항일 독립 의식과 예술적 감정을 음악과 연주를 통해 표현(창가(1910년대), 가곡 · 동요, 한국(코리아) 환상곡)

② 미술 : 안중식은 한국 전통 회화 발전에 기여, 고희동과 이중섭은 서양화를 대표

③ 연극 : 민족 의식을 고취하는 수단으로, 민중을 계몽하고 독립 정신을 고취

④ 영화 : 다른 어느 분야보다 발전이 늦음

⑤ 문화 · 예술 활동의 탄압 : 제2차 세계 대전이 일어난 후 일제는 모든 문화 · 예술 분야에 대한 통제를 강화

# 9. 사회 구조와 생활 모습

## (1) 의식주

① 의생활

　㉠ 한복, 고무신, 모자 차림이 주를 이룸

　㉡ 양복과 여성의 단발머리, 파마머리, 블라우스, 스커트를 입는 경우가 늘어남

　㉢ 모던걸, 모던보이 등장(1920년대)

　㉣ 남성은 국방색의 국민복, 여성은 '몸뻬'라는 일바지 입도록 강요(1940년대)

② 식생활 : 잡곡밥, 풀뿌리, 나무껍질 등으로 연명, 도시의 상류층은 일본음식과 서양식이 소비됨

③ 주거 생활 : 농촌(초가 · 기와로 된 전통 한옥), 도시(2층 양옥집, 개량 한옥), 영단 주택이 지어짐(노동자의 주택 부족 문제 해결, 조선주택영단령)

## (2) 식민지 도시화

개항장의 도시화, 군산 · 목포 등 항만 도시 성장, 철도 교통 발전, 북부 지방의 공업 도시 성장, 화신 백화점의 등장, 시가지 형성, 도시 빈민층 증가(토막촌)

SEMI-NOTE

**조선 프롤레타리아 예술가 동맹 (Korea Artista Proleta Federatio)**

한국의 사회주의 혁명을 위해 1925년에 결성된 문예 운동 단체로, 카프(KAPF)라고 약칭함. 사회주의 사상의 영향을 받은 저항 문학을 전개하였음. 주요 작가로는 최서해, 주요섭, 이상화, 임화, 한설야 등이 있음. 민족주의 계열은 이들의 계급 노선에 반대하여 국민 문학 운동을 전개함

흰 소(이중섭)

영화 아리랑의 포스터

07장

민족 독립 운동의 전개

9급공무원

# 한국사

나두공

# 나두공

# 08장 현대 사회의 발전

# 현대 사회의 발전

## 01절 대한민국의 건국과 발전

### 1. 조국의 광복

#### (1) 광복 직전의 건국 준비 활동

① 국내외의 건국 준비

㉠ 국외 활동

| 대한민국 임시 정부 | • 대한민국 건국 강령의 제정(1941) : 조소앙의 삼균주의에 따라 정치·경제·교육의 균등을 규정<br>• 정부 체제의 개편<br>　– 중심 세력 : 김구가 민족주의 계열의 단체를 통합하여 조직한 한국독립당이 중심 세력을 형성<br>　– 연합 전선 형성 : (조선)민족 혁명당의 지도자와 그 산하의 조선 의용대 일부를 수용해 연합 전선을 형성하고 한국 광복군(정규군)을 강화(적극적 항일 전쟁을 전개) |
|---|---|
| 조선 독립 동맹<br>(1942) | • 중국 화북의 사회주의 계열 독립 운동가들이 결성<br>• 김두봉(주석), 조선 의용군을 거느림, 한국 광복군에 합류하지 않고 연안을 중심으로 독자적 활동(연안파)<br>• 건국 강령(민주 공화국 수립, 대기업의 국영화 등) |

㉡ 국내 활동

| 조선 건국 동맹<br>(1944) | • 국내에서 조직한 비밀결사조직으로, 중도 좌파인 여운형(위원장)의 주도로 만들어짐<br>• 건국 강령 제정 : 일제 타도와 민주국가 건설, 노동운동에 치중<br>• 조선 건국 준비 위원회 조직(1945. 8)<br>• 3원칙(3불 원칙) : 불언(不言), 불문(不文), 불명(不名)<br>• 해방 후 조직 분열 |
|---|---|
| 치안권 이양 교섭<br>(1945. 8. 10) | 패망이 임박하여 총독부는 일본인의 무사 귀국을 위해 민족지도자 송진우·여운형과 접촉 |
| 조선 건국 준비<br>위원회<br>(1945. 8. 15) | • 여운형(위원장)·안재홍(부위원장), 좌우인사 포함(해방 후 최초의 통일전선 성격의 정치단체)<br>• 건국 강령 : 완전한 독립국가 건설과 민주주의 정권 수립<br>• 활동 : 건국 치안대 조직, 식량 대책 위원회 설치, 지방지부 조직 확장(전국 145개 지부 결성)<br>• 본격적인 건국 작업에 착수하면서 좌·우익이 분열(안재홍 등 우파의 사퇴 후 좌파 세력이 우세), 조선 인민 공화국 선포 후 해산(1945. 9) |
| 조선 인민<br>공화국<br>(1945. 9. 6) | • 건국 준비 위원회에서 우세를 확보한 좌파 세력이 전국 인민 대표자회의를 개최하고 인민 공화국을 선포<br>• 이승만(주석)·여운형(부주석)이 주도, 민족 통일 전선 원칙을 바탕으로 하나 지방별 주도 세력에 따라 정치성향의 차이가 큼<br>• 활동 : 인민 위원회, 대중조직 결성 |

| 국민 대회 준비 위원회 · 한국 민주당(1945. 9. 8) | • 송진우 등 우파는 조선 인민 공화국을 공산주의라 규정하고 민족주의 계열을 중심으로 한국 민주당 결성(1945. 9. 8)<br>• 임시 정부를 지지하고 국민총회 집결을 명분으로 국민 대회 준비회를 개최<br>• 임시 정부 봉대론을 주장했으나, 임시 정부는 한민당을 친일 세력으로 규정해 거부 |
|---|---|

## (2) 8·15 광복

① 독립 투쟁의 전개

㉠ 정치 · 경제 · 사회 · 문화 · 외교 등 모든 영역에 걸쳐서 지속적으로 전개

㉡ 무장 투쟁 · 외교 활동 · 민족 문화 수호 운동(실력 양성 운동) 등으로 전개

㉢ 국내외에 널리 알려져 국제적으로도 독립 국가 수립을 긍정

② 광복의 의의 : 우리 민족이 국내외에서 전개해 온 독립 투쟁의 결실이자 민족 운동사의 위대한 업적

# 2. 남북의 분단

## (1) 열강의 한국 문제 논의

① 카이로 회담(1943. 11) : 미국 · 영국 · 중국의 3국 수뇌가 적당한 시기에 한국을 독립시킬 것을 최초로 결의, 일본의 무조건 항복 요구

② 얄타 회담(1945. 2) : 미국 · 영국 · 소련 3국 수뇌가 소련의 대일 참전을 결정, 한반도 신탁통치를 밀약

③ 포츠담 선언(1945. 7) : 미국 · 영국 · 소련이 일본의 무조건 항복과 한국 독립(카이로 회담 내용), 한반도 신탁통치(얄타 회담 내용) 재확인

## (2) 국토의 분단

① 38도선의 확정 : 일본군 무장 해제를 이유로 미 · 소 양군이 남과 북에 각각 진주

② 군정의 실시 : 남한에 주둔한 미군은 군정을 실시, 친미적인 우익 정부의 수립을 후원, 북한에서도 소련군과 공산주의자들이 공산 정권을 수립하기 위한 기반을 닦음

③ 민족 분단의 고착화

## (3) 광복 이후 남북한의 정세

① 남한의 정세 : 조선 건국 준비 위원회, 한국 민주당 등 여러 정치 세력 간의 갈등, 경제적 혼란, 좌익 세력의 사회 교란

② 북한의 정세 : 공산주의자들에 반대하는 조만식 등 민족주의 계열의 인사들을 숙청

# 3. 모스크바 3상 회의와 좌·우 대립의 격화

## (1) 모스크바 3상 회의(1945. 12)

① 미국 · 영국 · 소련의 3국 외상은 모스크바에서 회의를 열어 한반도 문제를 협의

SEMI-NOTE

**조선 건국 준비 위원회 강령**
• 우리는 완전한 독립국가의 건설을 기함
• 우리는 전민족의 정치적, 경제적, 사회적 기본요구를 실현할 수 있는 민주주의 정권의 수립을 기함
• 우리는 일시적 과도기에 있어서 국가 질서를 자주적으로 유지하며 대중생활의 확보를 기함

**카이로 회담과 포츠담 회담**
• 카이로 회담
 – 일제의 군사 행동에 대한 압력을 결의하고 일제가 탈취한 지역에 대한 독립 문제를 논의한 회담
 – 우리나라와 관련된 특별 조항을 마련하여 "적당한 시기에 한국을 독립시킨다."고 결정하였으나, '적당한 시기'에 대한 명확한 언급이 없어 문제가 됨
• 포츠담 회담 : 카이로 회담의 실행, 일제의 군국주의 배제 및 무장 해제, 점령군의 철수, 일제의 무조건적 항복 등을 규정한 회담

38도선 푯말(강원 양양)

**신의주 반공 의거**
1945년 11월 23일에 일어난 학생 의거. "공산당을 몰아내자.", "소련군 물러가라.", "학원의 자유를 쟁취하자." 등의 구호를 외침

**미 군정 실시**
• 총독부 체제 유지, 우익 세력 지원
• 조선 건국 준비 위원회 · 대한민국 임시정부를 불인정

08장

현대 사회의 발전

SEMI-NOTE

② 한국에 임시 민주 정부를 수립하기 위하여 미·소 공동 위원회를 설치, 최고 5년 동안 미·영·중·소 4개국의 신탁 통치하에 두기로 결정

③ 결정서의 채택 과정(신탁 통치안) : 미국은 한국의 참여가 제한된 4개국 대표에 의한 신탁 통치를 먼저 제안 → 소련은 민주주의적 임시정부 수립을 기본 취지로 하여 신탁통치를 5년 이내로 한정하자는 수정안을 제안 → 소련의 수정안에 대해 미국이 다시 일부를 수정하여 신탁 통치에 대한 모스크바 3상 회의 결정서가 채택

**실력UP 한국에 대한 모스크바 3상 회의 결정서(1945)**

• 한국을 독립 국가로 재건하기 위해 임시적인 한국 민주 정부를 수립함
• 한국 임시 정부 수립을 돕기 위해 미·소 공동 위원회를 설치함
• 미, 영, 소, 중의 4개국이 공동 관리하는 최고 5년 기한의 신탁 통치를 실시함
• 남북한의 행정·경제면의 항구적 균형을 수립하기 위해 2주일 이내에 미·소 양군 사령부 대표 회의를 소집함

### (2) 신탁 통치안과 좌·우 세력의 대립

① 초기의 정세(전면적인 반탁)

㉠ 신탁 통치안을 식민지 지배와 차이가 없는 것이므로 모욕으로 받아들임

㉡ 전국적으로 신탁통치에 대한 반대 운동이 확산

② 좌·우 세력의 대립

㉠ 김구와 이승만, 조만식 등의 우익 세력과 민족주의 세력은 적극적인 반탁 운동을 전개

• 반탁 활동과 조직 결성 : 반탁 전국 대회를 개최하고, 신탁 통치 반대 국민 총동원 위원회 조직(1945. 12)

• 대한 독립 촉성 국민회 결성 : 이승만 계열인 독립 촉성 중앙 협의회와 김구 계열의 신탁 통치 반대 국민 총동원 중앙 위원회가 반탁 운동이라는 공통 목적에서 통합 결성(1946. 2. 8)

㉡ 박헌영·김일성 등 좌익 세력들은 처음에 신탁 통치를 반대하다 소련의 사주를 받은 후 모스크바 3상 회의의 결정(신탁 통치 결정)을 수용하기로 하여 좌·우 세력은 격렬하게 대립

### (3) 미·소 공동 위원회와 좌·우 합작 운동 ★빈출개념

① 제1차 미·소 공동 위원회(1946. 3) : 서울에서 개최되었으나 참여 단체를 놓고 대립하여 결렬

㉠ 소련의 주장 : 반탁 단체의 참여 배제를 주장

㉡ 미국의 주장 : 신탁통치 반대세력들도 협의대상이 되어야 함

② 이승만의 정읍 발언(1946. 6) : 남한만의 단독 정부 수립 주장

③ 좌우 합작 운동

㉠ 전개

**좌·우 대립의 전개 방향**

• 우익 세력의 통일 전선(비상 국민 회의)
  – 1946년 1월, 임정(臨政) 세력(김구·이승만) 중심
  – 비상 정치 회의 준비회(동년 1월 20일)
  – 우익의 통일 전선 구축이 목적
  – 좌·우익의 연립을 요구하고 반탁(反託)을 중심으로 모든 정당이 통일할 것을 주장

• 좌익 세력의 통일 전선(민주주의 민족 전선)
  – 1946년 1월, 조선 공산당·조선 인민당·독립 동맹(조선 신민당) 등이 주체, 임정 세력에서 이탈한 김원봉·성주식·김성숙·장건상 등이 중심
  – 조선 민족의 완전한 독립과 민주주의 정권 수립을 위한 임무 달성이 목적
  – 조선 인민 공화국(朝鮮人民共和國)의 후신

**정읍 발언**

이제 무기한 휴회된 미·소 공동 위원회가 재개될 기색도 보이지 않으며, 통일 정부를 고대하나 여의치 않습니다. 남방만이라도 임시 정부 혹은 위원회 같은 것을 조직하여 38선 이북에서 소련이 철퇴하도록 세계 공론에 호소해야 할 것이니, 여러분도 결심하여야 할 것입니다.

- 여운형 · 김규식 등의 중도파가 중심이 되어 좌우 합작 위원회를 결성 (1946. 7)하고, 단독 정부 수립을 반대하며 좌우 합작 운동을 전개
- 미군정은 중도적 좌우 세력을 결집해 지지 기반을 확대하고자 좌우 합작 운동을 지원

ⓒ 좌우 합작 7원칙의 발표(1946.10) : 우익 측을 대표한 김규식과 좌익 측을 대표한 여운형은 양측의 주장을 절충하여 좌우합작 7원칙을 발표(좌 · 우익 양진영 모두 불만을 표시하며 반대)

ⓒ 결과 : 동서냉전의 시작, 이승만 등의 단독정부 수립운동, 미 · 소 공동 위원회 결렬, 참가 세력 간의 갈등, 여운형의 암살(1947. 7) 등으로 인해 좌우 합작 운동은 결국 실패

④ 남조선 과도 입법 의원 및 과도 정부 구성
  ⊙ 남조선 과도 입법 의원(1946. 12) : 미군정의 주도로 과도 입법 의원 성립
  ⓒ 남조선 과도 정부(1947. 6~1948. 5. 10)
    - 과도 입법 의원의 구성 후 미 군정 장관 아래 대법원장(김용무)과 민정장관(안재홍)을 임명하고, 이를 남조선 과도 정부라 명명(1947. 6)
    - 미군정하에서 민정 이양을 위한 과도기 정부의 성격을 지님

⑤ 제2차 미 · 소 공동 위원회(1947. 5~1947. 10) : 1947년 트루먼 독트린이 발표되면서 미 · 소 간 갈등과 냉전이 시작

## 4. 대한민국 정부의 수립

### (1) 한국 독립 문제의 유엔 상정과 유엔 한국 임시 위원단의 활동

① 한국 독립 문제의 유엔 총회 상정
  ⊙ 원인 : 미 · 소 공동 위원회의 실패로 미국과 소련은 남북한에서 별도의 정부를 세우는 데 관심을 가지게 됨
  ⓒ 한반도 문제의 유엔 이관 : 미 · 소 공동 위원회의 결렬 후 미국은 한반도 문제를 유엔에 이관(1947. 9)
  ⓒ 유엔 총회의 총선거 결의 : 유엔 한국 임시 위원단의 감시 하에 인구 비례에 의한 남북한 총선거 실시를 결의(1947. 11)

② 유엔 한국 임시 위원단의 구성
  ⊙ 유엔의 결정 : 한국 임시 위원단을 구성(1948. 1)하고, 선거를 통하여 통일된 독립 정부 수립
  ⓒ 소련의 거부 : 유엔 한국 임시 위원단이 북한에 입국하지 못함(1948. 1)
  ⓒ 유엔 소총회의 총선거 실시 결정(1948. 2) : 소총회에서 선거가 가능한 지역에서만이라도 총선거를 실시하여 정부를 수립하도록 결정

### (2) 남북 협상(남북 대표자 연석 회의, 1948. 4)

① 김구(한국 독립당) · 김규식(민족 자주 연맹) 등의 중도 우파는 남북한이 협상을 통해서 통일 정부를 수립하자고 주장
② 김구 · 김규식 · 김두봉 · 김일성의 4인 회의 등이 개최되었으나 의미 있는 결정

SEMI-NOTE

좌 · 우합작 7원칙(1946. 10)
- 모스크바 3상 회의 결정에 의해 좌 · 우 합작으로 임시 정부 수립
- 미 · 소 공동 위원회의 속개를 요청하는 공동 성명 발표
- 몰수 · 유조건(有條件) 몰수 등으로 농민에게 토지 무상 분여 및 중요 산업의 국유화
- 친일파 및 민족 반역자 처리 문제는 장차 구성될 입법 기구에서 처리
- 정치범의 석방과 테러적 행동의 중단
- 합작 위원회에 의한 입법 기구의 구성
- 언론 · 집회 · 결사 · 출판 · 교통 · 투표 등의 자유 절대 보장

**김구의 단독 정부 수립 반대**

조국이 있어야 한국 사람이 있고, 한국 사람이 있고야 민주주의도 공산주의도 무슨 단체도 있을 수 있는 것이다. 그러면 우리의 자주 독립적 통일 정부를 수립하려는 이때에 있어서 어찌 개인이나 자기 집단의 사리사욕에 탐하여 국가 민족의 백년대계를 그르칠 자가 있으랴? …… 현실에 있어서 나의 유일한 염원은 3천만 동포가 다 손을 잡고 통일된 조국의 달성을 위하여 공동 분투하는 것뿐이다. 이 육신을 조국이 필요로 한다면 당장에라도 제단에 바치겠다. 나는 통일된 조국을 건설하려다 38선을 베고 쓰러질지언정 일신의 구차한 안일을 위하여 단독 정부를 세우는 데는 협력하지 않겠다.
– 삼천만 동포에게 읍고함(1948. 2) –

제주도 4 · 3 사건

5 · 10 총선거에서 투표하는 유권자

**통일 독립 촉성회(1948. 7)**
단독 정부 수립에 반대해 총선거에 참여하지 않은 김구의 한국 독립당과 김규식의 민족 자주연맹 등이 중심이 되어 결성된 단체로, 민족 문제의 자주적 해결과 통일 정부 수립을 목적으로 하였음

**반민 특위 사건**
이승만 정부와 경찰이 반민 특위를 습격하여 특위 산하 특경대를 체포한 사건

이나 합의에 도달하지 못함

**(3) 건국 전후의 사회적 혼란**

① 제주도 4 · 3 사건 : 1948년 4월 3일부터 1954년 9월 21일까지 제주도에서 남조선 노동당(남로당) 세력이 주도가 되어 벌어진 무장 항쟁 및 그에 대한 대한민국 군경과 극우 단체의 유혈 진압

ㄱ 주장 : 남한 단독 선거 반대, 경찰과 극우 단체의 탄압에 대한 저항, 반미구국 투쟁 등

ㄴ 진압 과정에서 무고한 주민들이 많이 희생됨

② 여수 · 순천 사건(10 · 19 여수 14연대 폭동, 1948) : 여수에 주둔하던 국군 제14연대가 제주 4 · 3 사건 진압을 위한 출동 명령을 거부하고 순천 등지까지 무력 거를 확산시킨 사건

ㄱ 동족을 학살할 수 없다는 것과 친일파 처단, 조국 통일을 명분으로 하여 발생

ㄴ 이승만 정부는 계엄령 선포 후 이를 진압하고 국가 보안법을 제정, 반란 군인과 이에 가담한 양민들 일부는 빨치산을 조직

**(4) 대한민국의 수립**

① 총선거 실시(1948. 5. 10) : 남한에서 5 · 10 총선거가 실시되어 제헌 국회 구성

② 헌법 제정 · 공포(1948. 7. 17) : 제헌 국회는 임시 정부의 법통을 계승한 민주 공화국 체제의 헌법 제정 · 공포

③ 정부 수립(1948. 8. 15) : 이승만을 대통령으로, 이시영을 부통령으로 선출하여 대한민국의 수립을 국내외에 선포하였고, 유엔 총회에서 한반도의 유일한 합법 정부로 승인받음

**(5) 반민족 행위 처벌법**

① 반민족 행위 처벌법의 제정(1948. 9)

ㄱ 목적 : 일제 잔재를 청산하기 위하여 제헌 국회에서 제정

ㄴ 내용 : 일제 강점기 친일 행위를 한 사람들을 처벌하고 공민권을 제한하는 것 등

② 반민 특위의 활동 : 반민족 행위 처벌법에 의거하여 국회의원 10명으로 구성된 반민족 행위 특별 조사 위원회에서 친일 주요 인사들을 조사

③ 결과 : 반공을 우선시하던 이승만 정부의 방해로 친일파 처벌이 좌절됨

ㄱ 친일파들은 법 제정 바로 다음 날 반공 구국 궐기 대회(1948. 9. 23)를 열었고, 이승만 정부는 이 대회를 적극 지원

ㄴ 국론 분열과 혼란을 구실로 반민특위를 공개적으로 반대

ㄷ 법을 개정하여 2년으로 명시된 반민법의 시효를 1년으로 줄이고 특위 활동을 종료시킴

## 5. 북한 정권의 수립

**(1) 정권의 수립**

평남 건국 준비 위원회의 결성 → 인민 위원회의 조직(1945. 8) → 조선 공산당 북
조선 분국 설치(1945. 10) → 북조선 5도 행정국 발족(1945. 10. 28) → 북조선 공산
당의 독립(1945. 12) → 북조선 임시 인민 위원회 구성(1946. 2) → 북조선 노동당
창당(1946. 8) → 인민 위원 선출(1946. 11) → 북조선 인민 회의 및 인민 위원회 구
성(1947. 2) → 인민 공화국 헌법 초안의 채택(1948. 4) → 최고 인민 회의 대의원
선출(1948. 8) → 조선 민주주의 인민 공화국 수립(1948. 9. 9)

### (2) 공산주의 지배 체제 확립

① 토지 개혁(1946. 3) : 임시 인민 위원회는 토지 개혁법을 제정하여 무상 몰수 · 무
상 분배를 단행(→ 실제로는 모든 토지의 국유화)

② 체제 강화 : 남녀 평등법을 제정해 여성 노동력을 동원하고, 산업 국유화법을 통
과시켜 공산주의 체제를 강화

### (3) 6·25 전쟁과 공산군의 격퇴

① 6 · 25 전쟁의 발발(1950. 6. 25)

㉠ 배경 : 북한의 군사력 강화, 미군 철수와 미국 극동 방위선에서 한반도 제외

㉡ 발발 : 김일성은 비밀리에 소련과 중국의 지원을 약속받아 남침을 감행

② 경과 : 전쟁 발발 → 서울 함락(1950. 6. 28) → 한강 대교 폭파(1950. 6. 28) →
낙동강 전선으로 후퇴(1950. 7) → 인천 상륙 작전(1950. 9. 15) → 서울 탈환
(1950. 9. 28) → 중공군 개입(1950. 10. 25) → 압록강 초산까지 전진(1950. 10.
26) → 서울 철수(1951. 1. 4) → 서울 재수복(1951. 3. 14) → 휴전 제의(1951. 6.
23) → 휴전 협정 체결(1953. 7. 27)

③ 유엔군과 중공군의 개입 : 유엔군의 참전, 중공군의 개입으로 국군과 유엔군은
후퇴, 38도선 부근에서 교전

④ 휴전

㉠ 휴전 제의(1951. 6. 23) : 소련의 유엔 대표가 휴전을 제의

㉡ 휴전 성립(1953. 7. 27) : 유엔군과 공산군 사이에 휴전이 성립

⑤ 전후 복구

㉠ 복구 사업 : 황폐된 국토의 재건과 산업 부흥에 힘씀, 자유 우방들의 원조

㉡ 한 · 미 상호 방위 조약의 체결(1953. 10)

⑥ 결과 : 인명 피해, 재산 손실, 적대적 대립 체제를 갖춤, 미국의 영향력이 커짐

## 6. 이승만 정부(제1공화국)의 장기 집권과 4·19 혁명

### (1) 이승만 정부의 반공 정책

① 반공 정책 : 북진 통일론 주장, 반공의 통치 이념

② 영향 : 반공 명분으로 반대 세력 탄압, 국민의 자유와 국회의 정치활동 제한, 부
패 척결과 친일파 청산에 소극적

### (2) 이승만 정부의 장기 집권

피난하는 사람들

전쟁으로 파괴된 건물

08장

현대 사회의 발전

223

**사사오입 개헌**

발췌 개헌을 통해 대통령에 재선한 이승만은 장기 집권을 위하여 헌법을 고치고자 하였음. 이에 자유당은 대통령의 3선 금지조항 폐지에 대한 개헌안을 표결에 부쳤는데, 개헌 정족수인 136표에서 1표가 부족하여 부결되었음. 그러자 자유당은 저명한 수학자를 동원하여 사사오입(반올림)을 적용. 재적 의원 203명의 2/3는 135.333 ……이므로 135명으로도 정족수가 된다고 주장하며 개헌안의 통과

① **발췌 개헌(제1차 개헌, 1952. 7)**

- ㉠ **배경** : 2대 국회(1950. 5)에서 반이승만 성향의 무소속 의원 대거 당선
- ㉡ **개헌 내용** : 간선제에서 직선제로 대통령 선출 방식 개정
- ㉢ **과정** : 자유당 창당(1951. 12), 계엄령 → 야당 의원 50여 명 연행 → 대통령 직선제 개헌안이 기립 투표로 통과됨
- ㉣ **결과** : 이승만의 대통령 재선(1952. 8)

② **사사오입 개헌(제2차 개헌, 1954. 11)**

- ㉠ **배경** : 3대 국회 의원 선거에서 관권 개입으로 자유당 압승
- ㉡ **과정** : 초대 대통령에 한해 중임 제한 규정을 철폐하는 개헌안 제출 → 부결(1표 부족) → 2일 후 사사오입의 논리로 개헌안 불법 통과
- ㉢ **결과** : 상기 집권을 위해 독재를 강화하면서 부정부패가 심화되고, 자유당 지지 세력 크게 감소, 민주당 창당

③ **3대 대통령 선거(1956)**

- ㉠ **대통령 후보** : 이승만(자유당), 신익희(민주당), 조봉암(무소속)
- ㉡ **부통령 후보** : 이기붕(자유당), 장면(민주당)
- ㉢ **결과** : 신익희의 갑작스런 서거로 이승만 당선, 민주당 장면 후보의 부통령 당선, 조봉암 후보의 선전과 선거 후 진보당 창당

④ **독재 체제의 강화**

- ㉠ **진보당 사건(1958)** : 진보당의 당수 조봉암을 간첩 혐의로 처형
- ㉡ **신국가 보안법 제정(보안법 파동, 1958)** : 반공 체제 강화를 구실로 야당 탄압
- ㉢ **언론 탄압** : 경향신문 폐간(1959)

### (3) 4·19 혁명(1960)

① **배경** : 이승만 정권의 독재와 장기 집권, 탄압, 부정 부패, 1960년 자유당 정권의 3·15 부정 선거, 부정 선거 규탄 시위에 대한 유혈 진압

② **경과**

- ㉠ 선거 당일(1960. 3. 15) 부정 선거를 규탄하는 3·15 마산 의거에서 경찰의 발포로 많은 사상자가 발생
- ㉡ 마산 의거에서 행방불명되었던 김주열 학생의 시신이 발견(1960. 4. 11)되었는데, 경찰의 최루탄에 의한 사망임이 밝혀져 항의 시위가 발발
- ㉢ 4월 18일 고려대 학생들의 총궐기 시위 직후 정치 깡패들이 기습·폭행하여 수십 명의 사상자 발생(4·18 고대생 습격 사건)
- ㉣ 부정 선거와 강경 진압으로 인한 사상자 속출 등의 진상이 밝혀지면서 국민의 분노가 극에 달해 4월 19일 학생·시민들의 대규모 시위가 발발
- ㉤ 4월 22일 재야인사들이 이승만 대통령의 퇴진을 요구
- ㉥ 4월 25일 서울 시내 27개 대학 259명의 대학 교수들이 시국 선언문을 발표
- ㉦ 4월 26일 이승만은 라디오 연설을 통해 대통령 자리에서 하야하겠다고 발표

③ **의의** : 학생과 시민이 중심이 되어 독재 정권을 무너뜨린 민주 혁명

**4·19 혁명 당시 서울대 문리대 선언문**

상아의 진리탑을 박차고 거리로 나선 우리는 질풍과 같은 역사의 조류에 자신을 참여시킴으로써 이성과 진리, 그리고 자유의 대학 정신을 현실의 참담한 박토(薄土)에 뿌리려 하는 바이다. 오늘의 우리는 자신들의 지성과 양심의 엄숙한 명령으로 하여 사악과 잔학의 현상을 규탄(糾彈), 광정(匡正)하려는 주체적 판단과 사명감의 발로임을 떳떳이 천명하는 바이다. …… 민주주의와 민중의 공복이며 중립적 권력체인 관료와 경찰은 민주를 위장한 가부장적 전제 권력의 하수인을 발 벗었다. 민주주의 이념의 최저의 공리인 선거권마저 권력의 마수 앞에 농단(壟斷)되었다. 언론, 출판, 집회, 결사 및 사상의 자유의 불빛은 무식한 전제 권력의 악랄한 발악으로 하여 깜빡이던 빛조차 사라졌다. 긴 칠흑 같은 밤의 계속이다. …… 보라! 현실의 뒷골목에서 용기 없는 자학을 되씹는 자까지 우리의 대열을 따른다. 나가자! 자유의 비결은 용기일 뿐이다. 우리의 대열은 이성과 양심과 평화, 그리고 자유에의 열렬한 사랑의 대열이다. 모든 법은 우리를 보장한다.

# 7. 장면 내각(제2공화국, 1960.8~1961.5)

## (1) 허정 과도 내각

4 · 19 혁명 후의 혼란 수습을 위해 헌법을 내각 책임제와 양원제 국회로 개정(제3차 개헌, 1960. 6. 15)

## (2) 장면 내각

① 총선거에서 민주당 압승
② 장면 내각 출범, 국회에서 대통령 윤보선 당선
③ 내각 책임제 · 양원제 의회 설립, 민의원과 참의원 선거 실시

## (3) 민주주의의 발전

① 언론 활동 보장 : 국가 보안법 개정, 경향신문 복간
② 노동 조합 운동 고조 : 교원 노조, 언론인 노조 등
③ 통일 운동의 활성화 : 중립화 통일론, 남북 협상론, 남북 교류론 등

# 8. 5·16 군사 정변과 박정희 정부의 수립(제3공화국)

## (1) 5·16 군사 정변(1961)

① 발발 : 장면 내각은 자유 민주주의의 실현을 위해 노력하였으나, 박정희를 중심으로 한 군부 세력은 사회의 혼란을 구실로 군사 정변을 일으켜 정권을 잡음
② 군정의 실시
　㉠ 국가 재건 최고 회의 구성 : 헌정을 중단시키고 군정을 실시
　㉡ 혁명 공약 : 반공을 국시로 경제 재건과 사회 안정 추구, 구정치인들의 정치 활동 금지

## (2) 박정희 정부(제3공화국, 1963~1972)

① 성립
　㉠ 제5차 개헌 : 대통령제 환원, 대통령 직선제, 임기 4년
　㉡ 민선 이양 약속을 버리고 민주 공화당 창당, 박정희의 대통령 당선
② 경제 성장 제일주의 : 경제 개발 5개년 계획 추진
③ 한 · 일 협정(1965)
　㉠ 배경
　　• 한국 : 경제 개발 계획 추진에 필요한 재원 마련
　　• 미국 : 사회주의 세력에 대한 한 · 미 · 일 공동 체제 필요
　㉡ 경과 : 김종필과 오히라 간의 한일 회담 진행(1962)(→ 차관 제공 합의)
　㉢ 6 · 3 시위(6 · 3 항쟁) 전개(1964) : 굴욕 외교(제2의 을사조약) 반대 시위
　㉣ 내용 : 독립 축하금 3억 달러, 민간 차관 제공, 청구권 문제
　㉤ 문제점 : 식민지 지배에 대한 보상과 사죄 문제 미해결
④ 베트남 파병(1964~1973)

5 · 16 군사 정변 당시 박정희(가운데)

**5 · 16 군사 정변 세력의 혁명 공약**

• 반공을 국시(國是)의 제일의(第一義)로 삼고 지금까지 형식적이고 구호에만 그친 반공 태세를 재정비 · 강화한다.
• 유엔 헌장을 준수하고 국제 협약(國際協約)을 충실히 이행할 것이며 미국을 위시한 자유 우방과의 유대를 더욱 공고히 한다.
• 이 나라 사회의 모든 부패와 구악(舊惡)을 일소하고 퇴폐한 국민 도의와 민족 정기를 다시 바로잡기 위하여 청신한 기풍을 진작시킨다.
• 절망과 기아 선상(飢餓線上)에서 허덕이는 민생고(民生苦)를 시급히 해결하고 국가 자주 경제 재건에 총력을 경주한다.
• 민족적 숙원인 국토 통일(國土統一)을 위하여 공산주의와 대결할 수 있는 실력 배양에 전력을 집중한다.
• 이와 같은 우리의 과업이 성취되면 참신(斬新)하고도 양심적인 정치인들에게 언제든지 정권을 이양하고 우리 본연의 임무에 복귀할 준비를 갖춘다.

**한 · 일 협정**
1965년에 체결된, 한국과 일본 양국의 국교 관계를 규정한 조약. 협정 결과 일본으로부터 많은 차관을 들여와 경제 발전의 원동력으로 사용할 수 있었으나 식민 통치에 대한 배상 문제, 어업 문제 등에서 일본에 지나치게 양보했다는 비난을 받았음. 6 · 3 시위의 원인이 됨

SEMI-NOTE

⊙ 과정 : 브라운 각서로 국군의 전력 증강과 차관 원조 약속

ⓒ 영향 : 외화 획득, 건설 사업 참여 등 베트남 특수로 경제 발전, 많은 전사자 발생

**group 브라운 각서(1966)**

- 한국에 있는 대한민국 국군의 현대화 계획을 위하여 앞으로 수년 동안에 상당량의 장비를 제공한다.
- 월남 공화국에 파견되는 추가 병력에 필요한 장비를 제공하며 또한 파월 추가 병력에 따르는 일체의 추가적 원화 경비를 부담한다.
- 파월 대한민국 부대에 소요되는 보급 물자 용역 및 장비를 실행할 수 있는 한도까지 대한 미국에서 구매하며 파월 미국과 월남군을 위한 물자 중 결정된 구매 품목을 한국에서 발주한다.
- 수출 진흥의 전반 부분에 있어서 대한민국에 대한 기술 협조를 강화한다.

⑤ 3선 개헌(1969. 9)

ⓐ 배경 : 박정희 정부의 장기 집권 의도, 한반도 긴장 고조

ⓑ 결과 : 학생들의 시위가 거세게 전개, 여·야 국회의원들 사이에는 극심한 대립과 갈등이 발생

한·일 협정 반대 시위(6·3 시위)
국제 협력이라는 미명 아래 우리 민족의 치떨리는 원수 일본 제국주의를 수입, 대미 의존적 반신불수인 한국 경제를 2중 계속의 철쇄로 속박하는 것이 조국의 근대화로 가는 첩경이라고 기만하는 반민족적 음모를 획책하고 있다. 우리는 외세 의존의 모든 사상과 제도의 근본적 개혁 없이는, 신 식민의 발생 위에 특수 군림하는 매판 자본의 타도 없이는, 외세 의존과 그 주구 매판 자본을 지지하는 정치 질서의 철폐 없이는 민족 자립으로 가는 어떠한 길도 폐쇄되어 있음을 분명히 인식한다.

## 9. 유신 체제(제4공화국, 1972~1979)

### (1) 배경

① 닉슨 독트린에 따른 냉전 체제 완화로 미군의 베트남 철수, 주한 미군 감축

② 박정희 정부는 강력하고도 안정된 정부가 필요하다는 주장을 내세워 10월 유신을 단행

### (2) 성립 과정

① 10월 유신 선포(1972. 10) : 비상 계엄 선포, 국회 해산, 정치 활동 금지, 언론·방송·보도·출판의 사전 검열, 각 대학 휴교

② 성격 : 권위주의 독제 체제, 장기 집권 도모

③ 유신 헌법(제7차 개헌, 1972. 12. 27) : 국민 투표로 통과 ★빈출개념

ⓐ 대통령 간선제 : 통일 주체 국민 회의에서 대통령 선출

ⓑ 대통령의 임기 6년, 중임 제한 철폐

ⓒ 대통령 권한 극대화 : 긴급 조치권, 국회 해산권, 유신 정우회 국회 의원

### (3) 유신 체제에 대한 저항

① 유신 반대 운동 : 학원·언론·종교·정계 등 각 분야에서 민주 헌정의 회복과 개헌을 요구하는 시위발생

② 민주 회복 국민 회의(1974) : 재야 인사, 종교인, 언론인 등

③ 3·1 민주구국선언문 발표

④ 우방 국가를 비롯한 국제 사회에서도 유신 체제의 인권 탄압을 비판

유신 헌법의 주요 내용
- 국회와 별도로 통일 주체 국민 회의를 대의 기구로 설정, 대통령 및 일부 국회 의원 선출권 부여
- 대통령에게 국회 해산권, 긴급 조치권 등 초헌법적 권한 부여
- 대통령은 법관 및 국회 의원의 1/3에 해당하는 임기 3년의 유신 정우회 의원을 임명
- 대통령 임기를 6년으로 연장

긴급 조치 9호(1975. 5. 13)
★빈출개념
- 유언비어사실 왜곡 유포 금지, 집회시위 또는 신문방송통신 등 공중 전파 수단이나 문서 등에 의한 헌법의 부정반대·왜곡이나 개정·폐지 주장 등 금지
- 학생의 집단적 정치 활동 금지
- 본 조치의 비방 금지

### (4) 민주화 운동 탄압

① 긴급 조치 발동(1974) : 국민의 자유 · 권리의 무제한 제약

② 민청학련 사건(1974) : 학생, 민주 인사 탄압

③ 군사 통치 강화 : 학도 호국단 조직, 민방위대 창설

### (5) 붕괴

1979년 부 · 마 항쟁이 발발하는 등 시위가 연일 계속되어 집권 세력 내부에서도 갈등이 발생, 10 · 26 사태(대통령 시해)로 유신 정권 붕괴

## 10. 5·18 민주화 운동(1980)과 전두환 세력의 집권(제5공화국)

### (1) 신군부 세력의 정권 장악

① 12 · 12 사태(1979) : 신군부 세력(전두환 · 노태우 등)이 쿠데타로 통치권 장악

② 집권 준비 : 계엄령 유지, 헌법 개정 지연

### (2) 서울의 봄(1980)

① 배경 : 신군부의 대두, 민주화 지연

② 경과 : 5월 15일 서울역 앞에서 시위(4 · 19 혁명 이후 최대 규모)

③ 탄압 : 비상 계엄령의 전국 확대(5. 17), 국회 폐쇄, 민주 인사 체포

### (3) 5·18 광주 민주화 운동(1980)

① 과정 : 민주화를 열망하는 국민의 요구는 5 · 18 광주 민주화 운동으로 이어졌는데, 계엄군의 무자비한 진압으로 많은 시민과 학생이 희생됨

② 의의 : 신군부의 도덕성 상실, 1980년대 민족 민주 운동의 토대, 학생 운동의 새로운 전환점(반미 운동의 시작)

### (4) 전두환 정부

① 국가 보위 비상 대책 위원회(1980. 5) : 대통령의 자문 기관, 행정 · 사법 업무의 조정 · 통제 담당, 김대중 내란 음모 사건 기소, 언론 통폐합, 비판적 기자 · 교수 해직

② 전두환 정부의 성립(1980. 8) : 7년 단임의 대통령 간선제(대통령 선거인단)의 헌법 제정(→ 전두환 대통령 선출)

③ 강압 통치 : 정치 활동 규제, 공직자 숙청, 언론 통폐합, 민주화 운동, 노동 운동 탄압

④ 유화 정책 : 해외 여행 자유화, 통행 금지 해제, 교복 자율화 등

⑤ 경제 성장 : 3저 호황(유가 하락, 달러 가치 하락, 금리 하락)

## 11. 6월 민주 항쟁(1987)과 노태우 정부(제6공화국)

### (1) 6월 민주 항쟁

5 · 18 광주 민주화 운동

**반미 감정**

당시 우리나라 군대의 작전권을 가진 미국이 광주로의 군대 이동에 동의하여 무력 진압이 이루어졌는데, 이로 인해 미국에 대한 반감이 싹트기 시작함

**국가 보위 비상 대책 위원회(국보위)**

대통령의 자문 및 보좌 기관이라는 명목으로 조직된 비상 기구. 위원장은 전두환이었음

08장

현대 사회의 발전

6월 민주 항쟁

**6 · 29 민주화 선언**

- 여야 합의 하에 조속히 대통령 직선제로 개헌하고 새 헌법에 의해 대통령 선거를 실시, 1988년 2월 평화적 정부 이양을 실현한다.
- 직선 제도의 변경뿐만 아니라 이를 민주적으로 실천하기 위해 대통령 선거법을 개정, 자유로운 출마와 공정한 선거를 보장하여 국민의 심판을 받도록 한다.
- 국민적 화해와 대동단결을 위해 김대중 씨를 사면 복권시키고, 시류 민주주의적 기본 질서를 부인한 반국가사범이나 살상 · 방화 · 파괴 등으로 국기를 흔들었던 소수를 제외한 모든 시국 관련 사정들을 석방한다.

① 배경 : 전두환 정권의 독재 정치, 박종철 고문 치사(1987. 1. 14)

② 전개

   ㉠ 직선제 요구 시위

   ㉡ 4 · 13 호헌 조치 : 현행 헌법으로 대통령 선거

   ㉢ 이한열 사망(6. 9)

   ㉣ 박종철 고문 치사 규탄 및 호헌 철폐 국민 대회(6월 민주화 운동, 6. 10)

③ 결과 : 노태우의 6 · 29 민주화 선언 발표(대통령 직선제, 평화적 정권 이양, 기본권 보장 약속)

**실력up** ▶ 4·19 혁명과 6월 민주 항쟁 비교

| | 4 · 19 혁명 | 6월 민주 항쟁 |
| --- | --- | --- |
| 원인 | 3 · 15 부정 선거 | 4 · 13 호헌 조치 |
| 전개 과정 | 김주열 사망 → 전국적 시위 → 계엄령 발동 | 박종철 · 이한열 사망 → 전국적 시위 → 계엄령 발동 안 함 |
| 결과 | • 내각 책임제<br>• 정권 교체(장면 내각) | • 대통령 직선제<br>• 정권 교체 실패(노태우 정부) |

**박종철 고문 치사 사건과 이한열의 사망**

- 박종철 고문 치사 사건 : 1987년 1월 14일, 서울대학교 학생인 박종철이 고문으로 인해 사망한 사건. 이를 두고 경찰에서는 "탁, 하고 치니까 억, 하고 죽었다."는, 어처구니없는 경위 발표를 하였음. 부검 결과 박종철은 물 고문 중 사망한 것으로 밝혀졌음
- 이한열의 사망 : 시위 도중 최루탄으로 사망하였음

### (2) 노태우 정부(제6공화국, 1988. 3~1993. 2)

① 헌법 개정(1987. 10) : 5년 단임, 대통령 직선제

② 성립 : 야당의 후보 단일화 실패로 노태우 대통령 당선(1987)

③ 정치 : 5공 청문회 개최, 지방 자치제 부분적 실시, 언론 기본법 폐지

④ 외교 : 소련(1990) · 중국(1992)과 수교, 남북한 유엔 동시 가입(1991)

⑤ 3당 합당(1990)

   ㉠ 1988년 13대 총선에서 여당인 민정당 참패

   ㉡ 민주 정의당(노태우), 통일 민주당(김영삼), 신민주 공화당(김종필)의 합당

**청문회**

5 · 18 민주화 운동의 진상을 밝히기 위한 것이었으나 큰 효과를 거두지는 못함

## 12. 김영삼 정부(문민 정부, 1993. 3~1998. 2)

### (1) 성립

1992년 12월 김영삼 대통령 당선(→ 5 · 16 군사 정변 이후 30여 년만의 민간인 출신 대통령)

### (2) 주요 정책

공직자 재산 등록, 금융 실명제, 지방 자치제 전면 실시, 역사 바로 세우기 운동(전두환, 노태우 구속)

### (3) 외환 위기

집권 말기 국제 통화 기금(IMF)의 구제 금융 지원 요청

# 13. 김대중 정부(국민의 정부, 1998. 3~2003. 2)

## (1) 성립

야당의 김대중 후보가 당선(→ 최초의 평화적 정권 교체)

## (2) 주요 정책

① 외환위기 극복, 민주주의와 시장 경제의 병행 발전을 천명
② 국정 전반의 개혁과 경제난의 극복, 국민 화합의 실현, 법과 질서의 수호 등을 국가적 과제로 제시
③ 햇볕 정책 추진(→ 금강산 관광 사업 시작(1998), 남북 정상 회담 개최 및 6 · 15 공동 선언 발표(2000))

# 14. 김대중 정부 이후

## (1) 노무현 정부(참여 정부, 2003.02~2008.02)

저소득층을 위한 복지 정책 강화, 한 · 칠레 자유 무역 협정 발표(2004), 제2차 남북 정상회담(2007)

## (2) 이명박 정부(2008.02~2013.02)

4대강 살리기(친환경 녹색 성장 등) 추진, 한미 FTA 비준(2012)

## (3) 박근혜 정부(2013.02~2017.03), 문재인 정부(2017.05~)

① 박근혜 정부 : 5년 임기를 채우지 못하고 2017년 3월 10일 탄핵됨
② 문재인 정부 : 2017년 5월 9일 대통령 선거 실시, 당선됨

## 02절 통일 정책

# 1. 남북한의 대치(1950~1960년대)

## (1) 이승만 정부

① 통일 정책 : 북진 통일론, 반공 정책 고수
② 진보당 사건(1958) : 평화 통일론을 주장한 조봉암 사형

## (2) 장면 내각

① 통일 정책 : 북진 통일론 철회, 유엔 감시하의 남북한 총선거 주장, 선 경제 건설 후 통일 제시
② 민간에서의 통일 논의 활발 : 중립화 통일론, 평화 통일론, 남 · 북 학생 회담 추진(가자 북으로, 오라 남으로)(→ 정부가 저지함)

SEMI-NOTE

헌법개정 ★ 빈출개념

| | 개정 요지 | 특기 사항 |
|---|---|---|
| 제헌 헌법 (1948) | • 대통령 간 선제(국회) • 1회 중임 가능, 임기 4년 | 제헌 의회에서 제정 |
| 제1차 개헌 (1952) | 대통령 직선제 | 발췌 개헌 |
| 제2차 개헌 (1954) | 초대 대통령에 한해 연임 제한 규정 철폐 | 사사오입 |
| 제3차 개헌 (1960) | • 내각 책임제, 양원제 • 기본권 강화 | 4 · 19 혁명의 결과 |
| 제4차 개헌 (1960. 11) | 부정 선거 관련자, 부정 축재자 처벌 소급 특별법 제정을 위한 개헌 | – |
| 제5차 개헌 (1962) | • 대통령 직선제 • 임기 4년, 단원제 | 국민 투표를 통한 개정(최초) |
| 제6차 개헌 (1969) | 대통령 3선 금지 규정 철폐 | – |
| 제7차 개헌 (1972) | • 대통령 간선제(통일 주체 국민 회의) • 임기 6년, 중임 제한 없음 | 유신 헌법 |
| 제8차 개헌 (1980) | • 대통령 간선제(선거인단) • 임기 7년, 단임제 | 단임제 |
| 제9차 개헌 (1987) | • 대통령 직선제 • 임기 5년, 단임 | 6월 민주 항쟁의 결과 |

**1 · 21 사태**

1968년 1월 21일 북한의 무장 게릴라들이 청와대를 습격하고 정부 요인을 암살하기 위하여 서울 세 검정 고개까지 침투한 사건. 밤을 틈타 수도권까지 이른 이들은 세검정 고개의 자하문을 통과하려다가 경찰의 불심 검문을 받자 수류탄과 기관단총으로 무차별 공격을 퍼붓는 한편, 지나던 시내버스에도 수류탄을 투척하여 많은 시민들을 살상하였음. 군과 경찰은 침입한 게릴라 중 28명을 사살하고 1명을 생포하였는데, 생포된 게릴라 김신조는 한국에 귀순하였음. 이 사건을 계기로 향토예비군이 창설되었음

**푸에블로호 납치 사건**

1968년 1월 23일 북한 원산항 앞 공해상에서 미국 정보 수집함 푸에블로호가 북한의 해군 초계정에 납치된 사건. 이에 대하여 미국은 핵 추진 항공모함 엔터프라이즈호 및 구축함 2척을 출동시키는 한편, 소련에 푸에블로호의 송환을 알선해 줄 것을 요구하였으나 거절당했음. 북한은 푸에블로호 승무원들을 고문하여 그들이 북한 영해를 침범했음을 시인하도록 강요하였음. 북한에서는 이 사건을 미국의 불법적이고 침략적인 도발 행위로 선전하였음. 1968년 12월 23일 북한은 판문점을 통해 승무원 82명과 유해 1구를 송환하였는데, 이를 위해 미국은 푸에블로호의 북한 영해 침범을 시인하고 사과하는 것을 요지로 하는 승무원 석방 문서에 서명해야 했음

## (3) 박정희 정부

① 반공 강화 : 반공을 국시로 삼음
② 선 건설 후 통일론 제시(→ 민간의 통일 운동 탄압)

## (4) 북한의 통일 정책

① 연방제 통일 방안 제시(1960) : 남북의 정치 체제 유지, 연방제 실시
② 1 · 21 사태(1968), 푸에블로호 납치(1968) : 한반도의 긴장 고조

## 2. 남북 대화의 출발(1970~1980년대)

### (1) 배경

냉전 완화, 닉슨 독트린(1969), 닉슨 대통령의 중국 방문(1972)

### (2) 통일 정책의 변화(1970년대)

① 8 · 15 선언(1970) : 한반도 평화 정착을 위한 선의의 체제 경쟁 제의
② 남북 적십자 회담 제의(1971) : 북한이 수용하여 남북한 적십자 회담이 개최됨
③ 7 · 4 남북 공동성명(1972) ★ 빈출개념
   ㉠ 민족 통일 3대 원칙 : '자주 · 평화 · 민족 대단결'의 원칙
   ㉡ 합의 사항 : 통일 문제 협의를 위해 남북조절위원회 설치, 남북 직통 전화 설치
   ㉢ 한계 : 남북한 모두 독재 체제 강화에 이용(유신 헌법, 사회주의 헌법)

**실력up 7·4 남북 공동 성명**

> 첫째, 통일은 외세에 의존하거나 외세의 간섭을 받음이 없이 자주적으로 해결하여야 한다.
> 둘째, 통일은 서로 상대방을 반대하는 무력 행사에 의거하지 않고 평화적 방법으로 실현하여야 한다.
> 셋째, 사상과 이념, 제도의 차이를 초월하여 우선 하나의 민족으로서 민족적 대단결을 도모하여야 한다.

④ 6 · 23 평화 통일 외교 정책 선언(1973) : 남북한 유엔 동시 가입과 호혜 평등의 원칙하에 문호를 개방
⑤ 상호 불가침 협정의 체결(1974) : 평화 통일의 3대 기본 원칙에 입각해 제안

### (3) 남북한의 통일 방안(1980년대)

① 남한 : 민족 화합 민주 통일 방안 제시(1982)

민족 통일 협의회 구성 ▶ 국민 투표로 통일 헌법 ▶ 남북한 총선거 ▶ 통일 민주 공화국

② 북한 : 고려 민주 연방 공화국 창립 방안(1980), 1국가 2체제
③ 남북 이산가족 고향 방문(1985) : 이산가족 고향 방문단 및 예술 공연단의 교환 방문

# 3. 남북 관계의 새로운 진전(1990년대 이후)

## (1) 노태우 정부

① 7 · 7선언(1988) : 북한을 적대의 대상이 아니라 상호 신뢰 · 화해 · 협력을 바탕으로 공동 번영을 추구하는 민족 공동체 일원으로 인식

② 한민족 공동체 통일 방안(1989) : 자주 · 평화 · 민주의 원칙 아래 제시

③ 남북 고위급 회담, 남북한 유엔 동시 가입(1991)

④ <u>남북 기본 합의서 채택(1991. 12) · 발효(1992) : 상호 화해와 불가침, 교류 및 협력 확대 등을 규정</u>

⑤ 한반도 비핵화 공동 선언 채택(1991. 12) · 발효(1992)

## (2) 김영삼 정부

① 3단계 3기조 통일 정책(1993) : 화해 · 협력, 남북 연합, 통일 국가 완성의 3단계 통일 방안을 효율적으로 실천하기 위해 민주적 국민합의, 공존공영, 민족 복리의 3대 기조를 바탕으로 하는 통일 정책을 마련

② 민족 공동체 통일 방안(1994. 8) : 한민족 공동체 통일 방안과 3단계 3기조 통일 정책을 수렴하여 종합한 것

③ 제네바 합의(1994) : 북한 핵 동결, 경수로 건설 제공, 북 · 미 관계 정상화

④ 한반도 에너지 개발 기구(KEDO)에 의한 경수로 발전 사업 추진

## (3) 김대중 정부

① 베를린 선언(2000) : 남북 경협, 냉전 종식과 평화 공존, 남북한 당국 간 대화 추진

② 남북 정상 회담 개최(2000)

③ <u>6 · 15 남북 공동 선언(2000) : 1국가 2체제 통일 방안 수용(통일을 위한 남북의 연합제와 연방제의 공통성 인정), 이산가족 방문단의 교환, 협력과 교류의 활성화 등</u>

④ 금강산 관광 시작(1998), 육로 관광은 2003년부터 시작

⑤ 경의선 철도 연결 사업(2000년 9월 착공)

## (4) 노무현 정부

① 남북 경의선 철도 복원(2003년 6월 연결 행사) 및 정기 운행(2007. 12)

② <u>2007 남북 정상 선언문(10 · 4 선언, 2007. 10)</u>

　㉠ 제2차 남북 정상회담으로 기본 8개 조항에 합의하고 공동으로 서명

　㉡ 6 · 15 남북 공동 선언의 구현, 남북 관계의 상호 존중과 신뢰, 군사적 적대관계 종식 및 한반도 긴장 완화와 평화 보장을 위한 협력, 다자간 협력, 경제 협력 사업의 활성화 및 확대, 각 분야의 교류와 협력, 인도주의 협력 사업의 적극 추진 등을 포함

SEMI-NOTE

**남북 기본 합의서**

남과 북은 분단된 조국의 평화적 통일을 염원하는 온 겨레의 뜻에 따라 7 · 4 남북 공동 성명에서 천명된 조국 통일 3대 원칙을 재확인하고, 정치 · 군사적 대결 상태를 해소하여 민족적 화해를 이룩하고, 무력에 의한 침략과 충돌을 막고 긴장 완화와 평화를 보장하며, 다각적인 교류 협력을 실현하여 민족 공동의 이익과 번영을 도모하며, 쌍방 사이의 관계가 나라와 나라 사이의 관계가 아닌 통일을 지향하는 과정에서 잠정적으로 형성되는 특수 관계라는 것을 인정하고, 평화 통일을 성취하기 위한 공동의 노력을 경주할 것을 다짐하면서 다음과 같이 합의하였음

· 남과 북은 서로 상대방의 체제를 인정하고 존중한다.

· 남과 북은 상대방에 대하여 무력을 사용하지 않으며, 상대방을 무력으로 침략하지 아니한다.

· 남과 북은 민족 경제의 통일적이며 균형적인 발전과 민족 전체의 복리 향상을 도모하기 위하여 자원의 공동 개발, 민족 내부 교류로서 물자 교류, 합작 투자 등 경제 교류와 협력을 실시한다.

· 남과 북은 흩어진 가족과 친지의 자유로운 서신 거래와 왕래, 상봉 및 방문을 실시하고 자유 의사에 의한 재결합을 실현하며 기타 인도적으로 해결할 문제에 대한 대책을 강구한다.

제1차 남북 정상 회담(2000)

제2차 남북 정상 회담(2007)

SEMI-NOTE

③ 개성 관광(2007. 12) : 2007년 12월에 시작, 2008년 12월 이후 중단된 상태

### (5) 문재인 정부

① 4 · 27 판문점 선언(2018) : 문재인 대통령과 김정은 국방위원장이 판문점에서 만나 발표

② '한반도의 평화와 번영, 통일을 위한 판문점 선언'

  ㉠ 군사적 긴장 상태를 완화하고 전쟁 위험을 실질적으로 해소하도록 공동으로 노력

  ㉡ 현재의 정전 상태를 종식시키고 확고한 평화 체제를 수립하도록 함

  ㉢ 남과 북은 완전한 비핵화를 통해 핵 없는 한반도를 실현한다는 공동의 목표를 확인

---

**03절    경제 발전과 사회·문화의 변화**

## 1. 해방 이후의 경제 혼란과 전후 복구

### (1) 광복 직후의 경제 혼란

① 일제하의 우리 경제는 일본 경제에 예속되어 자본과 기술이 일본인들에게 독점됨으로써 정상적으로 발전하지 못함

② 국토 분단과 경제 혼란의 계속 : 극심한 인플레이션 · 원자재와 소비재 부족 · 식량 부족 등으로 큰 어려움을 겪음, 농업과 경공업 중심의 남한 경제는 어려움이 가중됨, 월남민의 증가

### (2) 이승만 정부의 경제 정책 ★ 빈출개념

① 경제 정책의 기본 방향

  ㉠ 농업과 공업의 균형 발전, 소작제의 철폐, 기업 활동의 자유 보장, 사회 보장 제도의 실시, 인플레이션의 극복 등

  ㉡ 미국과 경제 원조 협정을 체결, 일본인이 소유했던 공장을 민간 기업에 불하, 농지 개혁법을 제정 · 시행하여 농촌 경제의 안정을 꾀함

② 농지 개혁법(1949년 제정, 1950년 시행)

  ㉠ 목적 : 소작제를 철폐하고 자영농을 육성하고자 경자 유전의 원칙에 따라 시행

  ㉡ 원칙

   • 삼림, 임야 등 비경작지를 제외한 농지만을 대상으로 한 개혁

   • 3정보를 상한으로 그 이상의 농지는 유상 매입하고 지가 증권을 발급하여 5년간 지급

   • 매수한 토지는 영세 농민에게 3정보를 한도로 유상 분배하여 5년간 수확량의 30%씩을 상환하도록 함(→ 예외적으로 부재 지주의 농지는 무상 몰수 · 유상 분배)

**미 군정의 토지 정책**

• 일본인 소유의 토지 몰수, 유상 분배

• 경작 농민을 위한 토지 개혁이 되지는 못함

**미곡 수집령**

농가의 잉여 양곡을 수집하여 비농가에 배급하는 전면적인 양곡 유통 통제 정책

**농지 개혁법의 실시**

• 주요 내용

  – 유상 매입 : 법령 및 조약에 의하여 몰수하거나 국유로 된 농지, 직접 땅을 경작하지 않는 사람의 농지, 직접 땅을 경작하더라도 농가 1가구당 3정보를 초과하는 농지는 정부가 사들였다.

  – 총 경영 면적 제한 : 분배 농지는 1가구당 총 경영 면적이 3정보를 넘지 못하였다.

  – 상환 : 분배받은 농지에 대한 상환액은 평년작을 기준으로 하여 주요 생산물의 1.5배로 하고, 5년 동안 균등 상환하도록 하였다.

• 실시 전후 소작지 면적의 변화 : 1947년 소작지의 89.1%가 1951년까지 자작지(自作地)로 바뀌었다. 그중 미국 군정청에 귀속되었던 농지를 유상 분배한 것이 18.9%였고, 지주의 임의 처분에 의한 것이 49.2%이므로 농지 개혁의 실시로 소작지에서 자작지로 바뀐 것은 31.9%에 불과하였다.

    – 이종범, 〈농지 개혁사 연구〉 –

ⓒ 결과
- 지주 중심의 토지 제도가 해체되고 자작지와 자작농이 증가
- 소작권 이동을 금지하고 농지 매매를 제한
- 지주층의 반대로 제도 시행 전에 사전 매도 현상이 발생
- 지주의 사전 매도로 법의 실효성이 떨어지고 신흥 지주 계층 형성

③ 귀속 재산 불하 : 일본인 소유의 재산을 민간인에게 불하

④ 경제 복구 사업
- ㉠ 삼백 산업(三白産業)의 성장 : 1950년대 후반부터 미국의 원조 물자에 토대를 둔 제분(製粉) · 제당(製糖) 공업과 섬유 공업이 성장
- ㉡ 문제점 : 원조 경제의 폐해, 미국 잉여 농산물 도입에 따른 농업 기반 파괴, 경제의 대미 의존도 심화
- ㉢ 삼분 산업(三粉産業)의 생산 증가 : 시멘트 · 비료 · 밀가루 등

## 2. 경제 발전의 과정

### (1) 경제 개발 5개년 계획의 추진(박정희 정부)

① 경제 개발 계획의 수립
- ㉠ 최초 계획 : 이승만 정부가 작성한 7개년 계획
- ㉡ 수정 : 장면 내각은 처음의 7개년 계획안을 5개년 계획안으로 수정
- ㉢ 실천 : 1960년대 박정희 정부가 경제 개발 5개년 계획을 추진

② 경제 개발 계획의 추진
- ㉠ 제1, 2차 경제 개발 계획(1962~1971) : 기간 산업, 사회 간접 자본 확충, 경공업 중심의 수출 산업 육성, 베트남 특수로 호황, 새마을 운동 시작(1970)
- ㉡ 제3, 4차 경제 개발 계획(1972~1981) : 중화학 공업 육성, 중동 진출, 새마을 운동 확산

③ 성과 : 고도 성장, 국민 소득 증가, 신흥 공업국으로 부상

④ 문제점 : 빈부 격차 심화, 미 · 일 의존도 심화, 외채 급증, 농촌 피폐, 재벌 중심 경제, 정경 유착, 저임금과 노동 운동 탄압, 공해 문제 등

#### 실력UP 1960~1970년대 무역의 특징

- 원자재와 기술의 외국 의존도가 높아 외화 가득률이 낮음 : 1962년에서 1973년까지 공산품만의 외화 가득률은 34%에서 62%로 증가하였지만 수출 전체의 외화 가득률은 82%에서 65%로 줄었음
- 국가 경제의 무역 의존 증가 : 수출 위주의 정책으로 인하여 무역 의존도는 1961년의 21%에서 1975년에는 74%로 증가
- 무역 상대국이 일본과 미국에 편중 : 원자재와 기계를 일본에서 들여온 다음 상품을 만들어 주로 미국에 수출하는 구조를 가지고 있으며, 1967년에 미국과 일본에 대한 편중도가 69%인데 1972년에는 72%로 증가하는 추세

SEMI-NOTE

**재벌의 성장**
귀속 재산은 일제 강점기 일본인 소유의 재산, 기업, 시설 등을 말함. 귀속 재산 불하 시의 특혜로 인해 재벌이 성장하였음

**미국의 소비재 산업 원조**
1950년대 우리나라는 전쟁으로 인해 파괴된 시설의 복구 등을 위해 생산재 공업이 필요한 상황이었음. 그러나 미국의 지원은 소비재 산업 위주로 이루어졌으며, 이에 따라 생산재 산업 부진으로 인한 산업 불균형이 발생하였음

**제1차 석유 파동(1973)**
- 경공업 위주의 경제 정책 추진으로 인해 석유 의존도가 낮음
- 중동 특수를 통해 극복, 경제 성장

08장

현대 사회의 발전

**1980년대 이후 노동 환경의 변화**

- **노동 운동의 활발한 전개** : 민주화 운동의 진전과 사회의식의 향상, 권리 주장의 확산 등에 따라 노동 운동이 활발하게 전개
- **정부의 노동 정책의 변화**
  - 저임금 문제 등 전반적인 노동 문제를 해결하기 위하여 노동 관계법을 개정
  - 기업가와 노동자의 인간적 관계와 직업윤리를 정착시키기 위하여 노력
  - 새노운 도시 문화가 생겨나고 노동 환경이 개선되어 생산성도 증가

**제2차 석유 파동(1979)**

- 중화학 공업 위주의 경제 정책 추진으로 인해 경제 성장률 마이너스 기록, 물가 상승, 경기 불황, 국제 수지 악화(1980년대)
- 3저 호황(저금리, 저유가, 저달러)으로 극복

**외환위기(1997)**

금융권의 부실 개정, 대기업의 과잉 투자, 외국 자본의 국외 이동 등으로 인해 방생한 외환 부족

**대도시의 인구 급증**

1960년대 이후, 경제적으로 어려움을 겪고 있던 농촌 사람들이 일자리를 찾아 대도시나 신흥 산업 도시로 이동하자 이들 도시의 인구가 급팽창하였음. 또한 농촌과 도시 간 소득 격차 역시 젊은층이 도시로 몰리는 원인이 되었음

**저출산, 고령화**

- **저출산** : 핵가족화가 급격히 진행
- **고령화** : 낮은 출산율과 인구 고령화의 빠른 진행

**산업화와 도시화의 영향**

- 우리나라의 근대화와 발전에 크게 기여
- 가족 제도의 붕괴, 노동자 및 실업자 문제 등 여러 사회·경제적 문제도 양산
- 산업화와 함께 여성의 지위와 사회적 위상이 제고

## (2) 1980년대 이후의 경제

① **1980년 전후** : 중화학 공업에 대한 과잉·중복 투자, 정치 불안정, 제2차 석유 파동(→ 경제 위기 발생)

② **전두환 정부** : 중화학 공업 투자 조정, 3저 호황(저유가, 저달러, 저금리)

③ **김영삼 정부** : 금융 실명제 실시, 신경제 5개년 계획 발표(1993), 세계 무역 기구(WTO) 출범(1995), 경제 협력 개발 기구(OECD) 가입(1996), 외환위기(1997)

④ **김대중 정부** : 금 모으기 운동, 노사정 위원회 구성, 신자유주의 경제 정책 추진, 수출, 무역 흑자 증가, 벤처 기업 창업 등으로 외환위기 극복

## 3. 사회의 변화

### (1) 급속한 경제 발전에 따른 사회 문제

농촌의 피폐와 도시 빈민층의 형성, 기업의 근로 기준법 위반, 노사 갈등의 발생, 환경오염의 증가, 국가 주도의 급속한 경제 발전에 따라 노약자·빈곤층·실업자 등 소외 계층 발생

### (2) 1960년대 이후의 정책

① **성장 위주의 정책** : 대기업 성장, 노동자 수의 증가, 빈부의 차 발생

② **도시와 농촌의 불균형** : 사회 기반 시설 및 소득의 격차, 대규모 이농 현상으로 대도시의 인구의 급증(도시 문제 발생), 농촌 인구 감소

③ **사회 보장 제도 시행** : 급격한 성장에서 오는 문제들을 해결하기 위하여 사회 보장 제도를 마련

## 4. 산업화와 도시화

### (1) 산업 구조의 변화

산업화의 진전과 고도 성장 달성, 산업 구조가 선진국형으로 바뀌었고 공업 구조도 경공업 중심에서 중화학 공업 중심으로 바뀜

### (2) 사회 문제의 발생

① 환경 문제의 발생

　㉠ 성장 우선주의 정책에 수반하여 1960년대 말부터 발생

　㉡ 환경 문제 해결을 위해 환경부처를 설치하고 관련 법률 제정, 공해 규제, 환경에 대한 경각심 고취, 환경 보호 실천 등에 역점을 둠

② 농촌 문제의 발생

　㉠ 수출 주도형 경제 개발로 말미암아 농업은 희생을 감수

　㉡ 침체된 농촌 사회에 활기를 불어 넣기 위해 새마을 운동 실시

## 5. 교육, 사상 및 종교

## (1) 교육의 발전

① 미 군정 시기

 ㉠ 식민지 교육 체제가 무너지고 미국식 교육이 도입

 ㉡ 6·3·3·4제의 학제를 근간으로 하는 교육 제도 마련

 ㉢ 교육 이념 : 홍익 인간, 애국심의 함양, 민주 시민의 육성 등

② 이승만 정부 : 의무 교육 실시, 국방 교육 강조

③ 4·19 혁명 이후 : 교육의 정치적 중립을 확보하려는 움직임과 더불어 학원 민주화 운동이 활발하게 전개

④ 박정희 정부 : 교육의 중앙 집권화와 관료적 통제, 국민 교육 헌장의 선포, 중학교 무시험 진학 제도, 대학 입학 예비고사와 학사 자격 고시 등

⑤ 1970년대

 ㉠ 국사와 국민 윤리 교육의 강화와 함께 새마을 교육 실시, 고교 평준화 추진

 ㉡ 한국 교육 개발원 설립, 방송 통신 대학과 고등 학교가 설치

⑥ 1980년대

 ㉠ 국민 정신 교육을 강조하고 통일 안보 교육, 경제 교육 등을 실시

 ㉡ 대학 졸업 정원 제도 도입, 다수의 대학 설립

⑦ 1990년대 이후

 ㉠ 창의력 신장과 시민 의식을 육성하기 위한 교육 개혁이 지속적으로 추진됨

 ㉡ 열린 교육·평생 학습 사회 건설 지향, 대학 수학 능력 시험 도입

 ㉢ 김대중 정부 시대 : 중학교 의무 교육 실시, 만 5세 유아에 대한 무상 교육·보육 등 추진

## (2) 사상 및 종교

① 현대의 사상

 ㉠ 광복 후 : 민족주의, 민주주의, 반공 등 여러 이념이 혼재

 ㉡ 1960년대 이후 : 민족주의와 민주주의가 중요한 이념으로 자리 잡음

 ㉢ 1980년대 초 : 5·18 민주화 운동과 6월 민주 항쟁 등을 거치면서 사회 전반에 걸쳐 이들 이념들이 뿌리를 내림

 ㉣ 1980년대 말 : 냉전 체제가 해체되기 시작, 남북 간 화해의 기운이 높아짐

② 종교 활동

 ㉠ 개신교 : 교단의 통일과 사회 참여를 모색하면서 교세를 확장

 ㉡ 천주교 : 활발한 포교 활동 전개, 교황의 방한, 103위 순교자의 시성 등

 ㉢ 불교 : 1970년대부터 일대 혁신 운동을 전개, 농촌 지역뿐만 아니라 도시에서도 지속적으로 발전

 ㉣ 기타 종교 : 민족 종교인 천도교·대종교·원불교도 그 나름의 기반 확립과 교세 확장에 노력

## 6. 예술과 문학

국민 교육 헌장

**학력 구성의 변화**

광복 이후 교육은 양적 면에서 크게 확대되어, 사회 전체적으로 고학력화 되어 가고 있음. 특히 초등학교 졸업 이하의 비율이 큰 폭으로 감소하였고, 중졸자의 비율도 1990년 이후 감소하고 있음

**08장**

현대 사회의 발전

**해방 공간(1945~1948)**

8·15 광복 직후부터 독립 정부 구성 전까지를 이르는 말. 당시 우리나라는 독립 정부를 구성하지 못한 채 미 군정 치하에 있었는데 좌·우익의 대립이 극심하였음

언론 활동 · 대중문화 · 체육 활동 · 과학 기술의 발전

• 언론 활동
  – 광복 이후 : 신문, 잡지, 라디오, 텔레비전 방송, 인터넷 신문, 인터넷 방송 등 등장
  – 언론 통제 : 박정희 정부, 전두환 정부의 언론 탄압
  – 1990년대 이후는 정보의 취사선택으로 언론의 사회적 책임을 요구하는 여론이 높음, 인터넷 익명성에 의한 부정적 문제가 제기

• 대중문화
  – 미군정기와 6 · 25 전쟁을 통해 미국식 춤과 노래 유행, 경제 발전과 대중 매체 보급으로 1960년대부터 대중문화 성장
  – 가요, 드라마, 코미디가 대중문화의 중심(1970년대), 민주화와 사회 · 경제적 평등을 지향하는 활동이 대중문화에 영향(1980년대~1990년대), 한류라는 이름으로 여러 나라에서 인기를 가짐(1990년대 말 이후)

• 체육 활동
  – 보스턴 마라톤 대회에서 우리나라 선수 우승으로 국가 위상을 알림(1947), 선수촌 건립(박정희 정부), 몬트리올 올림픽 대회 레슬링 종목에서 광복 이후 최초로 금메달 획득(1976)
  – 제10회 아시아 경기 대회(1986), 제24회 서울 올림픽 대회(1988), 월드컵 축구 대회(2002) 개최
  – 삶의 질 향상을 위한 사회 체육에 대한 관심과 지원 높아짐

• 과학 기술
  – 원자력 연구소 설립(1950년대), 한국 과학 기술 연구소(KIST) 설립(1966)
  – 정부와 민간의 기술 투자, 통신 · 교통 · 컴퓨터 · 반도체 등 성장
  – 위성 아리랑호, 무궁화 7호, 나로호 등 발사 성공
  – 과제 : 소외시킨 기초 학문에 대한 투자, 인간 윤리와 자연환경과 조화를 이루어야함

## (1) 시기별 전개

① 광복 후
  ㉠ 예술 단체의 분열 : 광복 직후 좌 · 우익에 따라 성격이 나뉘어 분열
  ㉡ 민족주의적 자유주의 문인 중심의 순수 문학 작품이 주류를 이룸
  ㉢ 시 : 김기림 등이 해방 공간 시기에 새해의 노래 등을 발표

② 1960년대
  ㉠ 중등 교육의 확대와 경제 여건 향상에 따라 문화의 대중화 현상이 등장
  ㉡ 전쟁 중 소시민들의 삶을 주제로 하는 문학 예술 작품이 출간됨, 인간의 가치와 삶을 주제로 다룬 예술 활동이 활발해짐
  ㉢ 4 · 19 혁명과 5 · 16 군사 정변 등 시기 중 내외의 예술 분야의 활동이 활성화

③ 1970년대
  ㉠ 민족 문학론이 대두되어 현실의 비판과 민주화 운동의 실천, 통일 문제를 다루는 데까지 진전
  ㉡ 일부에서는 민중의 삶을 주제로 삼는 민중 문학 운동이 전개

④ 1980년대 이후
  ㉠ 문화 향유층이 급격하게 확대되었고, 다양한 내용과 형식을 가진 문화가 등장
  ㉡ 이전 문화의 틀에서 벗어나 더 분방한 경향을 추구하는 포스트모더니즘이 등장

## (2) 현대 문화의 문제점과 과제

① 전통 문화는 점점 대중화와 서양화에 밀려 자리를 잃어 가고 있으며, 감각적이고 상업적인 대중 문화가 성행
② 세계화의 추세 속에서 민족 문화를 발전시키는 것과 세계적인 문화를 창출하는 것이 과제로 제기됨

# 나두공
# 직렬별 써머리 동영상 강의
# 5만원 가격파괴

| 국어+영어+한국사 | 국어+영어+한국사 | 국어+영어+한국사 |
|---|---|---|
| 행정법총론+행정학개론 | 행정법총론+교육학개론 | 행정법총론+노동법개론 |
| 일반행정직(5만원) | 교육행정직(5만원) | 고용노동직(5만원) |

| 국어+영어+한국사 | 국어+영어+한국사 | 국어+영어+한국사 |
|---|---|---|
| 노동법개론+직업상담심리학개론 | 교정학개론+형사소송법개론 | 행정법총론+사회복지학개론 |
| 직업상담직(5만원) | 교정직(5만원) | 사회복지직(5만원) |

# 구성 및 특징

## 핵심이론

이론서 본체에는 매번 다양한 교시 효율적인 학습이 가능하도록 구성하였습니다. 반드시 알아야 할 내용에 대한 충실한 이해와 체계적 정리가 가능합니다.

## 빈출개념

시험에서 자주 출제되는 개념들을 교시하여 중요한 부분이 한눈에 들어올 수 있도록 하였습니다. 합격에 필요한 핵심이론을 깔끔하게 학습하시기 바랍니다.

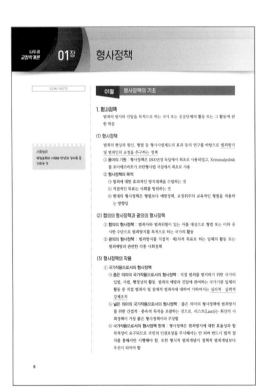

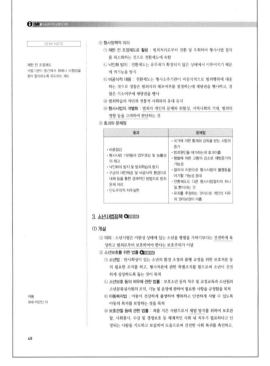

## 한눈에 쏙~

흐름이나 중요 개념들이 한눈에 쏙 들어올 수 있도록 도표로 정리하여 수록하였습니다. 한눈에 키워드와 흐름을 파악하여 수험에 도움이 되도록 하였습니다.

## 실력 up

더 알아두면 좋을 내용을 실력 up에 배치하고, 보조단에는 SEMI – NOTE를 배치하여 본문에 관련된 내용이나 중요한 개념들을 수록하였습니다.

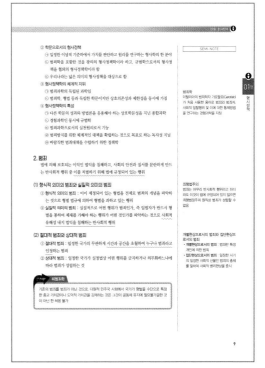

나두공
"나두공 무원할수있다"

목 차

교정직에만 있다!

| 체력검사 합격기준 | | | |
|---|---|---|---|
| 체력검사의 종목 | 성별 | 합격기준 | 실격기준 |
| 20미터 왕복 오래달리기 | 남자 | 48회 이상 | 41회 이하 |
| | 여자 | 24회 이상 | 19회 이하 |
| 악력(握力) | 남자 | 47.0kg 이상 | 41.9kg 이하 |
| | 여자 | 27.0kg 이상 | 21.9kg 이하 |
| 윗몸일으키기(60초) | 남자 | 38회 이상 | 32회 이하 |
| | 여자 | 26회 이상 | 21회 이하 |
| 10미터 2회 왕복달리기 | 남자 | 12.29초 이내 | 13.61초 이후 |
| | 여자 | 14.60초 이내 | 15.61초 이후 |

※ 위 사항은 시험주관처의 사정에 따라 변경될 수 있으므로 반드시 시험 전 공고를 확인하세요.

9급공무원

# 교정학개론

나두공

# 01장 **형사정책**

**01절**   형사정책의 기초

## 1. 형사정책

범죄의 방지와 진압을 목적으로 하는 국가 또는 공공단체의 활동 또는 그 활동에 관한 학문

### (1) 형사정책

범죄의 현상과 원인, 형벌 등 형사사법제도의 효과 등의 연구를 바탕으로 범죄방지 및 범죄인의 교정을 추구하는 정책

① **용어의 기원** : 형사정책은 1800년경 독일에서 최초로 사용되었고, Kriminalpolitik를 포이에르바흐가 코란형사법 서설에서 최초로 사용

② **형사정책의 목적**

ㄱ 범죄에 대한 효과적인 방지대책을 수립하는 것

ㄴ 직접적인 목표는 사회를 방위하는 것

ㄷ 현대의 형사정책은 형벌보다 예방정책, 교정위주의 교육적인 형벌을 적용하는 방향임

### (2) 협의의 형사정책과 광의의 형사정책

① **협의의 형사정책** : 범죄자와 범죄위험이 있는 자를 대상으로 형법 또는 이와 유사한 수단으로 범죄방지를 목적으로 하는 국가의 활동

② **광의의 형사정책** : 범죄방지를 직접적 · 제1차적 목표로 하는 일체의 활동 또는 범죄예방과 관련한 각종 사회정책

### (3) 형사정책의 작용

① **국가작용으로서의 형사정책**

ㄱ **좁은 의미의 국가작용으로서의 형사정책** : 직접 범죄를 방지하기 위한 국가의 입법, 사법, 행정상의 활동. 범죄의 예방과 진압에 관여하는 국가기관 일체의 활동 중 직접 범죄자 및 잠재적 범죄자에 대하여 가하여지는 심리적 · 실력적 강제조치

ㄴ **넓은 의미의 국가작용으로서의 형사정책** : 좁은 의미의 형사정책에 범죄방지를 위한 간접적 · 종속적 목적을 포괄하는 것으로, 리스트(Liszt)는 최선의 사회정책이 가장 좋은 형사정책이라 주장함

ㄷ **국가작용으로서의 형사정책 한계** : 형사정책은 범죄방지에 대한 효율성과 합목적성이 요구되므로 국민의 인권보장을 무시해서는 안 되며 반드시 법적 절차를 통해서만 시행해야 함. 또한 형식적 범죄개념이 정책적 범죄개념보다 우선시 되어야 함

② 학문으로서의 형사정책
- ㉠ 일정한 이념적 기준하에서 가치를 판단하고 원리를 연구하는 형사학의 한 분야
- ㉡ 범죄학을 포함한 것을 광의의 형사정책학이라 하고, 규범학으로서의 형사정책을 협의의 형사정책학이라 함
- ㉢ 우리나라는 넓은 의미의 형사정책을 대상으로 함

③ 형사정책학의 체계적 지위
- ㉠ 범죄과학의 독립된 과학임
- ㉡ 범죄학, 형법 등과 독립한 학문이지만 상호의존성과 제한성을 동시에 가짐

④ 형사정책학의 특성
- ㉠ 다른 학문의 성과와 방법론을 응용해야 하는 상호학문성을 지닌 종합과학
- ㉡ 경험과학인 동시에 규범학
- ㉢ 범죄과학으로서의 실천원리로서 기능
- ㉣ 범죄방지를 위한 체계적인 대책을 확립하는 것으로 목표로 하는 독자성 지님
- ㉤ 바람직한 범죄대책을 수립하기 위한 정책학

## 2. 범죄

법에 의해 보호되는 이익인 법익을 침해하고, 사회의 안전과 질서를 문란하게 만드는 반사회적 행위 중 이를 처벌하기 위해 법에 규정되어 있는 행위

### (1) 형식적 의미의 범죄와 실질적 의미의 범죄

① **형식적 의미의 범죄** : 이미 제정되어 있는 형법을 전제로 범죄의 개념을 파악하는 것으로 형벌 법규에 의하여 형벌을 과하고 있는 행위
② **실질적 의미의 범죄** : 실질적으로 어떤 행위가 범죄인가, 즉 입법자가 반드시 형벌을 통하여 제재를 가해야 하는 행위가 어떤 것인가를 파악하는 것으로 사회적 유해성 내지 법익을 침해하는 반사회적 행위

### (2) 절대적 범죄와 상대적 범죄

① **절대적 범죄** : 일정한 국가의 무관하게 시간과 공간을 초월하여 누구나 범죄라고 인정하는 범죄
② **상대적 범죄** : 일정한 국가가 실정법상 어떤 행위를 금지하거나 의무화하느냐에 따라 범죄가 성립하는 것

> **실력up 비범죄화**
>
> 기존의 범죄를 범죄가 아닌 것으로, 다원적 민주국 사회에서 국가가 형벌을 수단으로 특정한 종교 가치관이나 도덕적 가치관을 강제하는 것은 그것이 공동체 유지에 필요불가결한 것이 아닌 한 허용 불가

**범죄학**
이탈리아의 범죄학자 가로팔로(Garofalo)가 처음 사용한 용어로 범죄와 범죄자, 사회적 일탈행위 및 이에 대한 통제방법을 연구하는 경험과학을 지칭

**죄형법정주의**
범죄는 아무리 반사회적 행위라고 하더라도 이것이 법에 규정되어 있지 않으면 죄형법정주의 원칙상 범죄가 성립할 수 없음

**개별현상으로서의 범죄와 집단현상으로서의 범죄**
- **개별현상으로서의 범죄** : 범죄란 특정 개인에 의한 범죄
- **집단현상으로서의 범죄** : 일정한 시기의 일정한 사회적 산물인 범죄의 총체를 말하며 사회적 병리현상을 중시

**신(종)범죄화**
예상하지 못했던 행위에 형법이 관여하는 것으로 환경이나 경제 또는 컴퓨터에 관한 범죄

**학문의 차이**
형법학, 형사정책학, 교정학, 범죄학에서 범죄인은 그 학문마다 상당한 의미의 차이 있음

**범죄인의 분류**
범죄인의 분류는 주관주의 형법 이론의 산물임

**생래적 범죄인**
페리는 생래적 범죄인에 대하여 유전의 영향이 크고 선천적으로 개선이 불가능한 범죄인으로 사회와 무기 격리시켜야 한다고 보고 유형(귀향)에 처하는 것을 가장 바람직한 것으로 보았기에 사형에 반대함

### (3) 범죄의 상대적 특성

① 범죄개념의 상대성 : 범죄는 절대적인 개념이 아니고 상대적인 것
② 범죄개념의 변화

한눈에 쏙~

범죄 → 비범죄화 → 신종범죄화

## 3. 범죄인

### (1) 범죄인 개설

① 형법학, 형사정책학, 교정학, 범죄학과 범죄인
  ㉠ 형법학, 형사정책학, 교정학, 범죄학은 범죄를 전제로 한 학문
  ㉡ 범죄는 사람의 행위이고, 범죄의 원인을 규명하기 위해서는 범죄인의 특성을 이해하여야 하며 범죄에 대한 처우가 이루어져야 함
② 형법학상 범죄인 : 형법상 구성요건에 해당하고 위법한 행위를 한 사람이고 책임능력을 갖춘 사람
③ 교정학상 범죄인 : 교정처우 대상자를 의미하는데 수형자, 보안처분을 받은 자나 보호처분대상자 및 미결수용자까지도 대상
④ 형사정책, 범죄학상 범죄인 : 형법학상의 범죄인과 달리 형사책임능력이 있는 자에 한정하지 않고 보안처분을 부과할 수 있는 우범자, 비행소년, 심신상실에 있는 자를 포함

### (2) 범죄인의 분류

① 분류의 필요성
  ㉠ 범죄행위는 인간에 의한 행위이므로 범죄원인을 규명하고 효과적인 범죄에 대한 통제정책을 구현하기 위하여 개별범죄자에 대한 범죄학적 인식이 필요하기 때문
  ㉡ 범죄자를 분류하기 의해서는 과학적인 범죄원인과 범죄대책을 동시에 고려해야 함
② 롬브로조(Lombroso)의 범죄인 분류
  ㉠ 롬브로조는 그의 저서 범죄인론에서 최초로 범죄자의 특성을 과학적이고 체계적인 연구로 범죄인을 분류함
  ㉡ 범죄인 유형
    • 생래적 범죄인(선천성 범죄인) : 신체적·정신적으로 변질징후를 가진 변종의 인간으로서 환경 여하를 불문하고 운명적으로 범죄에 빠질 수밖에 없는 유형으로 편편하고 좌우가 불균형인 이마, 뾰족한 두개골, 광대뼈와 턱뼈의 비정상적 발달, 튀어나온 입술, 눈 주변의 돌출, 대머리, 불균형한 치열, 빈약한 체모, 단조로운 두뇌회전, 심장위축, 통각상실, 도덕적 무감각

과 잔인성, 과도한 허영심, 몸에 문신 새기기를 좋아하는 성격 등 신체적 · 생리적 · 정신적 특질이 있다는 것

- 정신적 범죄인 : 정신적인 질병이 원인이 되어 범죄를 행하는 사람으로 생래적 범죄인과 함께 개선의 여지가 없는 범죄인에 속함
- 잠재적 범죄인 : 평소에는 범죄를 저지를만한 소질을 드러내지 않다가 술을 마시거나 특정한 이유로 감정이 격해져 범죄적 특징을 나타낼 수 있는 사람
- 격정범죄인 : 순간적인 흥분으로 사려를 잃고 평소의 인격과는 전혀 관계없는 행위를 한 사람으로 대체로 싸움이나 군중범죄가 이에 속하며 위해를 가할 의사는 없고, 격정의 순간적 폭발에 의한 행위자에만 한정된다. 정치범, 확신범 등이 이에 해당
- 기회범죄인 : 외부의 사정이 동기가 되어 죄를 범하는 사람으로 사리에 밝지 못하고 유혹에 약한 성격상의 특징에서 오는 경우도 있지만, 단순히 기회에 편승하는 일시적인 경우가 많다. 기회범죄인에는 사이비 범죄인, 준범죄인, 상습범죄인 등이 있음
  - 준범죄인 : 생래적 범죄인에 해당할 정도에 이르지는 않았지만 어느 정도 선천적 범죄원인이 작용하는 사람으로 적절한 조건이 가미되어야 범죄성이 나타나는 유형
  - 상습범죄인 : 신체적인 이상은 없으나 좋지 않은 환경으로 인해 거래나 직업적으로 절도, 사기 등의 범죄를 범하는 사람
  - 사이비 범죄인 : 범죄에 대한 위험성은 없지만 자신의 명예나 생존을 위해서 범행을 할 수 있는 사람으로 정당방위로 살인을 한 사람, 자신과 가족의 명예 또는 생존을 위해서 범행을 하는 경우
  - 범죄통제대책에는 단기자유형을 반대하고 범죄인의 특성에 따른 처우의 개별화를 주장

③ 페리(Ferri)의 범죄인 분류
  ㉠ 페리는 롬브로조의 분류에 기초하고, 롬브로조의 잠재적 범죄인은 고려하지 않음
  ㉡ 기회적 범죄인 : 범죄인류학적 입장에 기초하면서 자연적 환경인 기후, 풍토 등을 고려하고 사회적 환경도 중시하는 기회적 범죄인을 중시

④ 리스트(Liszt)
  ㉠ 주관주의 형법이론을 바탕으로 특별예방론을 정립
  ㉡ 처벌의 대상이 되어야 할 것은 행위가 아니라 행위자가 되어야 한다고 봄
  ㉢ 범죄인을 개선 · 위하 · 무해화이므로 개선불능자, 개선이 가능하고 적극적 개선이 필요한 상태범, 개선 가능하고 적극적 개선이 불필요한 기회범으로 나눔

⑤ 가로팔로(Garofalo)의 범죄인 분류
  ㉠ 심리적 요소를 중시하여 자연범, 법정범, 과실범으로 구분
  ㉡ 자연범은 모살범죄인, 폭력범죄인, 재산범죄인, 풍속범죄인으로 분류
  ㉢ 법정범의 처우는 법정형에 맞게 정기구금에 처하고, 과실범은 불처벌

**정신적 범죄인**
범죄는 정신적 범죄인들에 의해 일어나는 범죄가 대부분이며 이들은 전형적인 범죄인 유형임

## 4. 피해자

### (1) 피해자의 의의

① **범죄피해자보호법상 피해자** : 범죄피해자는 타인의 범죄행위로 피해를 당한 사람과 그 배우자(사실상의 혼인관계를 포함한다), 직계친족 및 형제자매를 말한다. 또한 범죄피해 방지 및 범죄피해자 구조 활동으로 피해를 당한 사람도 범죄피해자로 본다(제3조).

② **범죄피해자의 개념**

ㄱ **최협의의 피해자** : 법률상 범죄가 성립하는 경우에 범죄자 상대방으로서의 피해자로 행법학에서의 피해자

ㄴ **협의의 피해자** : 반드시 법률적인 관계에만 한하지 않고 실질적인 범죄피해자까지 포함

ㄷ **광의의 피해자** : 범죄피해를 당한 직접 피해자, 피해자와 이해관계에 있는 사람들과 범죄공포를 느끼는 간접피해자를 포괄

ㄹ **최광의의 피해자** : 산업재해의 피해자, 자연재해의 피해자, 부주의한 운전으로 인한 자상, 자살피해자 등을 포괄하는 개념

**광의의 피해자**
피해자의 연구대상 중 가장 일반적

### (2) 피해자학

인간적 · 사회적 사상인 범죄에서의 피해자에 관한 사실학으로 피해자의 특성과 피해를 입기 쉬운 상태, 상황, 범죄행위에 관련된 가해자와 피해자의 상호관계 등을 사실학적으로 해명함으로써, 범죄의 예방 및 범죄에 대한 선후조치의 형성에 이바지한다. 피해자학은 범죄학이 도외시하던 피해자 측면에 대한 관심을 환기시켜 범죄현상을 종합적으로 고찰하는 계기가 됨

**피해자학**
형사사건에 관한 예방법학의 한 분야

① **피해자학 개념과 형사정책**

ㄱ **피해자학 개념** : 피해자화를 미연에 방지하고 피해의 회복대책을 강구하여 피해의 확대를 방지하는 지식과 기술을 개발하는 학문으로써, 피해자화에 대한 정보를 공표하여 예방적 활동을 촉진함

ㄴ **피해자학의 형사정책적 의의** : 범죄는 가해자와 피해자의 상호작용에 의하여 발생하므로 범죄의 실상을 제대로 이해하기 위해서는 피해자의 보호 필요성도 중요하기에 피해자학은 과학적 규명과 피해자 보호 내지 구제라는 측면에서 형사정책상 중요한 의의가 있음

② **피해자학의 발전**

ㄱ 피해자에 대한 연구는 2차대전 이후 범죄자에 대한 연구와 더불어 범죄학의 주된 연구분야가 됨

ㄴ **헨티히(Hentig)** : 범죄피해자는 범죄화 과정에서 적극적인 주체로 보고 동적 관점에 근거하여 범죄자와 피해자의 상호작용에 의하여 범죄가 발생한다고 봄

ㄷ **엘렌베르거(Ellenberger)** : 어릴 때 학대, 착취 등의 피해자였던 자가 범죄자로 발전하는 경우가 많았다고 주장하고, 잠재적 피해자와 생래적 피해자에 대한 구상도 함

**피해자학의 기능**
• 범죄원인 및 피해원인의 과학적 규명과 범죄 및 피해의 예방
• 피해자 보호대책의 촉진
• 형 양정의 적정
• 피해의 치료와 회복
• 형사절차에서의 피해자 보호대책 강구와 피해자에 대한 공적 구제제도의 확대

② 멘델존(Mendelsohn) : 피해자를 범죄피해자에 한정하지 않고 사고나 자연재해의 피해자까지 포함시키고 있다. 범죄피해자의 범죄발생 책임 정도에 따라 피해자의 유형을 나누고 있음

③ 피해자의 유형

㉠ 멘델존 유형 : 책임이 전혀 없는 피해자, 책임이 조금 있는 피해자, 가해자와 동등한 책임이 있는 피해자, 가해자보다 더 유책한 피해자, 가장 유책한 피해자, 기망적 및 상상적 피해자

㉡ 헨티히 유형

- 일반적 피해자 유형
- 심리학적 피해자 유형 : 의기소침자 또는 무관심자, 탐욕자, 방종 또는 호색가, 고독과 비탄에 젖어 있는 사람, 학대자, 고립 및 파멸된 자

㉢ 엘렌베르그 유형 : 잠재적 피해자성, 일반적 피해자성

㉣ 레크레스(Reckless) 모델 : 가해자–피해자 모델, 피해자–가해자–피해자 모델

④ 현대의 피해자학

㉠ 고전학파 범죄학은 범죄를 자유의사에 의한 선택의 산물로 봄

㉡ 범죄기회론은 합리적으로 계산하는 잠재적 범행기회를 제공하는 상황에 초점을 맞춘 이론

㉢ 환경범죄학은 범죄를 범죄자, 피해자, 특정 시 · 공간에 설정된 감시체계 등 범죄를 환경의 산물로 봄

㉣ 범죄기회이론 : 생활양식이론과 일상활동이론으로 구분

- 생활양식이론 : 인구학적 · 사회학적 계층 및 지역에 따른 범죄율의 차이는 이러한 계층에 속한 피해자의 개인적 생활양식 차이를 반영한다는 것
- 일상활동이론 : 범죄를 야기하는 상황이나 환경이 범죄사건의 장소와 시간이 연계되어 발생한다고 봄

⑤ 피해자에 대한 국가보상제도

㉠ 국가보상제도의 의의 : 범죄피해자에 대하여 그 피해의 전부 또는 일부를 국가가 금전적으로 보상하여 구제하는 제도

㉡ 형사정책적 가치

- 범죄피해로 인한 보상의 불완전성을 보완하여 피해자 생계보장
- 범죄예방에 대한 국가책임과 자위수단을 막는 국가책임의 일부
- 가해자에 대한 교정비용으로 지출하는 국고의 사용에 상응하는 피해자보상으로 형평성 유지

㉢ 우리나라 국가보상제도

- 주체 : 재산범죄 피해자는 제외되고 대인범죄 피해자만을 대상으로 함
- 성립요건 : 타인이 범죄행위로 인한 것일 것, 생명 · 신체에 대한 피해가 있을 것, 피해의 일부 또는 전부를 배상받지 못한 경우
- 구체적 내용 : 범죄행위로 사망한 사람의 유족에 대한 유족구조금, 장해자에 대한장해구조금, 중상해자에 대한 중상해구조금
- 구조금의 지급신청 : 범죄피해의 발생을 안 날로부터 3년, 당해 범죄가 발

01장

형사정책

**헨티히 유형**

헨티히는 피해자를 일반적 유형과 심리학적 유형으로 분류

**환경범죄학**

환경범죄학은 범죄를 야기하는 장소, 범죄를 유혹하는 장소로 특정 지어지는 곳에서 많이 발생한다고 하여 환경적 배경을 강조함

한국의 국가보상제도
범죄피해 방지 및 범죄피해자 구조활동으로 피해를 당한 범죄피해자도 해당

생한 날로부터 10년 이내에 신청해야 함. 구조금은 양도나 담보로 제공할 수 없고 압류할 수 없음

### (3) 범죄방지대책

범죄방지대책에는 사전예방대책과 사후진압대책이 있음

① **사후진압대책** : 교정 및 보호시설에 구금하여 집행하는 시설내처우와 시설내에 구금하지 않고 지역사회 내에 자유를 부분적으로 제한하여 교정하는 사회내처우가 있음

② **최근의 추세** : 최근에는 시설내처우를 억제하고 사회내처우를 확대하는 경향이 있으며 사회내처우에는 보호관찰, 고지명령, 수강명령, 사회봉사명령, 갱생보호, 전자장치 부착명령, 약물치료명령 등이 시행됨

**알아UP 신상정보 고지명령**

아동 · 청소년 대상 성범죄자의 신상정보를 일정기간 동안 정보통신망을 이용해 공개하도록 하는 조치를 취함으로써 필요한 절차를 거친 사람은 누구든지 인터넷을 통해 공개명령 대상자의 공개정보를 열람할 수 있도록 하는 제도

## 5. 범죄학의 연구방법

### (1) 범죄학 연구

① 범죄학 연구는 자연과학과 달리 사회과학으로 인간행동과 사회를 연구대상으로 하고 객관성의 유지가 중요

② 연구의 객관성을 유지하기 위해서는 가치중립적 연구방법이 전제되어야 함

③ 실증적 방법론은 이론을 객관화하고 이론적 설명을 실증적 연구에 의해 체계와 법칙을 제공

### (2) 연구방법

① **대량관찰(전수조사)**

㉠ **개념** : 가장 많이 사용하는 방법으로 범죄현상을 분석하는데 공식적인 범죄통계표를 활용하며 범죄율, 범죄해결율, 검거율 등을 이용

㉡ **장점** : 객관적이고 추세를 이해하는데 가장 효과적

㉢ **단점** : 통계에 잡히지 않는 암수범죄는 별도로 보완해야 함. 자료는 양적인 자료로 경향성만 파악할 수 있고, 범죄개념의 상대성을 반영하지 못하고, 범죄율이 왜곡되거나 축소될 가능성 존재

② **실험적 연구**

㉠ **개념** : 인위적으로 일정한 조건을 만들고 그 안에서 일어나는 반응이나 사실을 관찰하여 가설의 타당성을 검증하고 새로운 사실을 발견해 내는 방법

㉡ **장점** : 적은 비용으로 가설의 타당성을 검증하고 자료화 할 수 있으며 암수범죄의 조사에 유용

ⓒ 단점 : 인간을 대상으로 하기 때문에 부분적으로밖에 사용할 수 없고, 조사대
상자의 수가 소수에 그침

③ 사례연구

㉠ 개념 : 범죄자 개인을 대상으로 인격, 성장과정, 사회생활, 범죄경력 등을 종
합적으로 분석하여 각 요소간의 상호관계를 밝혀 범죄원인을 해명하는 것

㉡ 범죄인 개인의 성향을 구체적으로 파악할 수 있고, 조사대상자를 깊이 이해
가능

ⓒ 단점 : 연구대상이 범죄자 개인으로 한정하게 되어 인적 범위가 지나치게 협
소하여 집단현상으로 활용하는데 한계가 있고, 조사자의 편견이 개입될 수
있는 단점 존재

④ 참여적 관찰법

㉠ 개념 : 연구자가 범죄자의 집단에 들어가 그들과 생활하면서 그들의 생태, 심
리, 가치관 등을 살펴 범죄의 기질이나 원인을 관찰하는 방법

㉡ 장점 : 범죄자의 일상생활을 자연스럽게 관찰할 수 있고 생생한 실증자료 획
득 가능

ⓒ 단점 : 연구자의 편견이 개입될 수 있고, 관찰의 대상이 한정되어 다양한 범죄
인의 파악이 어려움

⑤ 추적조사

㉠ 개념 : 특정 범죄인이나 일반인을 일정기간 동안 관찰하여 그들의 인격, 형태,
환경 등의 변화, 상호 연결관계를 알아보는 조사방법

㉡ 장점 : 대상자의 사실관계를 비교적 정확하게 파악

ⓒ 단점 : 대상자의 심리상태를 파악하는데 어려움이 있고, 인권적인 측면에서
사생활 침해의 우려

⑥ 표본집단조사

㉠ 개념 : 범죄의 종류나 수법, 연령, 범죄경력 등 공통점을 가진 범죄인의 일부
를 표본으로 선정한 후 이들을 정밀하게 관찰하여 범죄의 일반적인 현상을 파
악하는 방법

㉡ 장점 : 비교적 많은 사람을 대상으로 자료를 수집할 수 있고, 자료의 개량화로
실험집단과 대조집단 간의 차이를 분석 가능

ⓒ 단점 : 범죄나 범죄인의 일반적인 경향파악은 가능하나 표본조사의 결과와 사
실 사이의 인과적인 상호 연결관계를 명확하게 파악 어려움

## (3) 암수범죄

범죄가 실제 발생하였으나 수사기관에 인지되지 않았거나 인지되더라도 미해결 상
태로 남아 있어 통계에 나타나지 않는 범죄

① 암수범죄의 구분

㉠ 절대적 암수범죄 : 실제로 발생한 범죄인데 어느 누구도 인지하지 않았거나
기억조차도 하지 못하여 가해자와 피해자 이외에는 수사기관에 인지되지 않
은 것은 물론 아무도 모르는 암수범죄로 주로 피해자의 미신고, 목격자의 부
재 등으로 발생

사례연구
미시범죄학의 연구방법으로 교정분야에
서 많이 활용

추적조사
초범시부터 재범시까지 범죄자의 범죄형
태의 변화를 연구하기에 가장 적합한 방
법으로 사실관계를 정확히 밝힐 수 있음

SEMI-NOTE

**여성범죄의 은폐성**

폴락(Pollak)은 여성범죄의 가장 큰 특징은 은폐성이라 보고, 여성범죄는 암수가 많다고 주장

**암수범죄가 많은 범죄**

- 성범죄
- 여성범죄
- 화이트칼라 범죄, 매춘, 피해자 없는 범죄 등

**피해자 없는 범죄**

범죄행위의 결과로 인해 즉각적으로 피해를 입는 사람은 없지만, 법을 위반한 행위를 말함. 피해자 없는 범죄로서 예로는 매춘, 성적 행동들, 포르노사진의 배포, 약물복용 등

**고전학파의 범죄론과 형벌론**

- **범죄론** : 범죄는 사회에 대한 반도덕적 행위이고 사회계약을 침해한 행위
- **형벌론** : 형벌의 정당성을 사회계약의 불이행으로 보고 형벌의 목적을 반사회적 행위에 대한 장래 예방에 둠

ⓛ **상대적 암수범죄** : 해당 범죄사실이 수사기관에 의해 인지는 되었으나 가해자 신원 미파악 등 미해결된 암수범죄로, 주로 증거불충분으로 발생

② **암수범죄에 관한 학자들의 견해**

ⓐ **서덜랜드(Sutherland)** : 범죄통계는 모든 통계 중 가장 신빙성이 없고 난해함

ⓛ **셀린(Sellin)** : 표시상의 범죄통계는 각 단계마다 점점 줄어들어 법집행기관의 개입이 가장 적은 경찰단계의 통계에서 암수범죄가 가장 적음

ⓒ **엑스너(Exner)** : 암수에 관한 정확한 이해는 범죄통계의 중요한 급소임

ⓓ **라즈노비치(Radzinowicz)** : 암수범죄가 전체 범죄의 85%에 이르며 특히 성범죄는 90% 이상이 암수범죄임

③ **발생원인**

ⓐ 확신범죄로 인하여 범죄의 비인지 또는 비신고

ⓛ 피해자의 신고기피

ⓒ 법집행기관의 차별적 집행

ⓓ 형사사법기관의 무능 및 소극성

ⓔ 통계행정의 미비로 탈루

ⓕ 정치적 이유로 조작

④ **암수범죄의 조사방법**

ⓐ **직접적 관찰법**

- **자연적 관찰** : 범죄행위에 직접 참여하여 관찰하는 참여적 관찰법과 CCTV 등으로 촬영하는 비참여적 관찰법이 있음
- **인위적 관찰** : 의도적으로 범죄상황을 실현하여 관찰하는 방법

ⓛ **간접적 관찰법**

- **자기보고식 조사** : 면접이나 설문지 등을 통하여 범죄나 비행을 스스로 보고하게함으로써 암수범죄를 파악하는 방법
- **피해자 조사** : 범죄피해자에게 자신이 당한 범죄 피해 경험을 진술하게 하는 방법으로 가장 많이 이용됨
- **정보제공자 조사** : 범죄피해자 조사에 대한 보조적인 방법으로 활용되고 있는데, 범죄나 비행을 인지하고 있는 제3자에게 범죄내용을 보고하게 하는 방법

## 6. 형사정책의 발전

### (1) 고전학파

고전학파는 18세기 이루어진 범죄와 사법에 관한 특별한 주장들을 통틀어 지칭하며, 인간은 이성을 지닌 존재여서 자유의지에 따라 행동할 수 있으므로 본인의 행위는 본인이 책임져야 한다는 인식에 기초하고 계몽주의 철학, 사회계약설, 인본주의, 합리주의적 인간을 중시

① **고전학파의 형사정책 이론**

ⓐ 자유의지를 지닌 합리적인 인간관에 기초

ⓒ 쾌락주의와 공리주의가 법률과 형사정책의 제도원리로 작용

ⓒ 부정기형을 부정하고 정기형 부과를 주장

ⓔ 증거와 진술의 원칙을 주장

ⓜ 천부인권과 적법절차의 원리를 중시

ⓗ 범죄예방대책으로는 특별예방보다는 일반예방을 중시

ⓢ 가혹한 형벌과 사형에 반대

ⓞ 형벌의 부과를 위해서 죄형법정주의 원칙을 중시

ⓩ 모든 인간을 잠재적인 범죄자로 인식

② 대표적인 학자
　㉠ 베카리아(Beccaria)
　　• 죄형법정주의 : 범죄에 대한 형벌은 법률만으로 정하도록 하고, 형벌은 자유를 남용하는 사람들로부터 사회구성원 전체의 자유를 지키기 위해서 존재
　　• 법관의 법해석 금지 : 법관은 입법자가 아니므로 법을 해석할 권한이 없다고 봄
　　• 형벌의 비례성 : 범죄와 형벌 사이에는 비례관계가 유지되어야 함
　　• 신속한 형벌 : 범죄가 행하여진 후 신속하게 형벌이 과해져야 더 공정하고 유용하게 됨
　　• 형벌의 확실성 : 엄격하고 잔혹한 형벌보다는 확실하고 예외 없는 형벌이 범죄예방 효과 면에서 효율적
　　• 자의적인 사면의 반대 : 사면은 범죄자의 요행을 불러일으킴으로써 법에 대한 존중심을 파괴하는 효과를 가져옴
　　• 일반예방주의 : 범죄는 처벌하는 것보다 예방하는 것이 더 좋은 방법이므로 이를 위해서는 교육이 중요하다고 봄
　　• 인도적 구금제도 : 감옥은 보다 인도적인 시설로 개선되어야 함
　　• 사형과 고문제도의 폐지 : 사회계약론을 근거로 사형의 폐지를 주장하고, 잔혹한 형벌과 고문제도는 사회계약론과 공리주의에 반하므로 폐지되어야 함
　　• 범죄와 형벌의 등가성 : 형벌의 고통이 범죄로 얻을 수 있는 이득을 약간 넘어서는 정도일 때 범죄와 형벌 간의 균형이 이루어진다고 봄
　㉡ 벤담(Bentham)
　　• 형벌개량운동 : 최대다수의 최대행복이라는 공리주의에 입각하여 형벌개량운동을 전개
　　• 일반예방 : 형벌은 일반예방 목적에 의하여 정당화되고 개선 목적은 부차적인 목적이 되어야 한다고 주장
　　• 파놉티콘형 교도소 구상 : 최소의 비용으로 최대의 감시효과를 가져올 수 있는 파놉티콘형 감옥을 구상
　　• 선시제(善時制, good time system) : 실제적 범죄와 상상적 범죄를 구분하여 해악이 없는 상상적 범죄에 대한 비범죄화를 주장
　㉢ 포이에르바흐(Feuerbach)
　　• 죄형법정주의 원칙 확립 : 법률 없으면 범죄 없고 형벌도 없다는 죄형법정주의 원칙을 주장

SEMI-NOTE

**고전학파**
법률의 구성이나 형사사법제도의 운용이 사회의 범죄현상에 미치는 영향에 주안점을 둔 이론체계

**카리아의 견해**
베카리아는 사형의 폐지를 주장한 선구자로 사형을 일반예방에 필요한 한도를 넘어서는 것으로 불필요하다고 주장하였는데, 범죄자들이 자신의 생명을 가치 있게 여기지 않기 때문에 극형조차 두려워하지 않다고 보았기 때문임

**형사정책**
형벌의 목적에 적합하고, 형벌을 어떻게 집행해야 하는가를 체계적으로 연구하는 것을 임무로 하는 형법의 보조수단

SEMI-NOTE

- 일반예방 : 심리적 강제설을 통하여 일반예방을 정립
- 형벌의 위하적 기능 강조 : 포이에르바흐는 형벌의 위하적 기능을 강조하고 잔혹한 형벌을 비판

③ 고전학파의 의의
  ㉠ 종교적인 범죄관에서 탈피하여 현실적이고 인간적인 범죄관을 제시
  ㉡ 적법절차에 따른 합리적인 형사사법제도를 확립
  ㉢ 천부인권 및 인본주의에 따라 야만적인 형사사법제도를 개혁
  ㉣ 처벌의 자의성과 가혹성을 비판하고 처벌의 형평성을 강조
  ㉤ 범죄원인에 대하여 사변적으로 고찰하여 사실적 연구를 등한시하였고, 형벌중심이 범죄이론에 국한됨

④ 현대적 고전학파 이론
  ㉠ 제지이론 : 범죄에 대한 처벌이 강화될 때에 범죄는 감소된다는 이론으로 형벌이 확실하고 신속하며 엄격할수록 범죄는 잘 제지될 수 있다고 봄
  ㉡ 범죄경제학 이론 : 범죄자는 보상과 비용을 합리적으로 판단한 후 범죄의 수행여부를 결정한다는 이론으로 형벌이 신속, 확실, 엄중성을 강화하면 범죄를 제지할 수 있다는 이론

## (2) 근대적 실증학파

① 하워드(Howard)
  ㉠ 형벌집행의 목적을 노동습관을 교육시키고, 노동이 범죄 교육학적 입장에서 중요하다고 보아 감옥개량운동을 제창함
  ㉡ 민영 교도소를 폐지하고 국가에 의한 교정시설 운영을 주장
  ㉢ 독거제, 반독거제, 분류수용을 주장
  ㉣ 부정기형을 주장하여 행상에 따른 형기를 감축시켜 줄 것을 주장
  ㉤ 유형제도와 사형제도를 반대함

② 제도학파
  ㉠ 범죄는 생물학적 요인보다는 개인의 외부에서 미치는 사회적인 요인에 중점을 둠
  ㉡ 범죄성향을 대수의 법칙에 따라 미리 예측할 수 있다고 봄
  ㉢ 인신범죄는 주로 따뜻한 지방에서 주로 발생하고, 재산범죄는 추운지방에서 주로 발생한다고 봄
  ㉣ 주요 학자 : 케틀레(Quetelet), 게리(Guerry) 등

케틀레(Quetelet)
사회성원의 육체적 · 사회적 · 정신적 특성이 일정한 확률변수(개연성)로 서술될 수 있다고 주장

## (3) 실증학파 ★ 빈출개념

① 이론적 서설
  ㉠ 실증학파의 범죄학 : 과학적 연구방법으로 범죄행위 내지 범죄인에 초점을 맞춘 결정론적 범죄원인 연구
  ㉡ 실증적 연구방법을 사용하여 범죄인은 비범죄인과 본질적으로 다르므로 처벌이 아니라 처우에 의하여 사회를 보호해야 한다고 주장

ⓒ 대표적인 학자 : 롬브로조, 페리, 가로팔로 등
② **이탈리아학파** : 롬브로조, 페리, 가로팔로가 대표적이고 범죄인류학파로 불리며 특별예방이론의 발전에 기초를 제공

ᄀ **롬브로조(Lombroso)**
• 저서 범죄인론에서 범죄인에 대한 실증적 연구와 소질을 중시
• 생래적 범죄인설을 주장하여 생래적 범죄인은 개선이 불가능하기 때문에 사회로부터 영구적으로 격리시켜야 한다고 주장
• 범죄인은 비범죄인들과 다른 뚜렷하게 구별되는 독특한 특징을 가지고 있어 격세유전적 범죄인은 생래적 범죄인으로 봄
• 범죄인을 생래적 범죄인, 정신병범죄인, 격정성범죄인, 잠재적 범죄인으로 구분
• 범죄행위가 동일하더라도 범죄인에 따라 형벌은 다르게 부과하여야 한다고 주장
• 여성 범죄는 대부분 기회범으로 매춘을 포함시키면 남성범죄를 초과한다고 주장

ᄂ **페리(Ferri)** : 인간행동에 대한 사회적 영향에 큰 관심
• 범죄원인을 인류학적 원인, 물리적 원인, 사회적 원인 중 사회적 원인을 중요시
• 일정한 사회에는 일정한 범죄가 존재한다는 범죄포화의 법칙을 제시
• 사회물리적 예외조건에 따라 기본범죄에 수반하여 부수적 범죄들이 증가하는 것과 같은 범죄과포화 현상이 발생하게 된다고 주장
• 응보적인 기능을 가진 고전 형법의 무용론을 주장하고, 예방적 사회개혁 조치를 주장
• 범죄인을 생래적 범죄인, 기회 범죄인, 관습범죄인, 정신적 범죄인, 격정범죄인으로 분류

ᄃ **가로팔로(Garofalo)**
• 범죄학이라는 저술을 통하여 범죄학이라는 용어를 처음 사용
• 범죄원인으로 심리학적 요소를 중시하였고, 범죄인을 자연범, 법정범, 과실범으로 분류하여 정기구금은 법정범만 인정하고 과실범은 처벌의 필요성이 없다고 주장

③ **프랑스학파** : 범죄를 사회환경의 산물로 보는 입장으로 이탈리아 학파의 인류학적 범죄원인론을 비판

ᄀ **라까사뉴(Lacassagne)**
• 프랑스학파의 창시자로 사회환경의 중요성을 역설하고 특히 경제적 환경을 중시
• 사회는 범죄의 배양기이고 범죄자는 미생물에 해당한다고 보아 벌해야 할 것은 사회이지 범죄자가 아니라고 주장
• 사형은 각 국가의 인도적 문제, 감정, 철학 등에 따라 허용될 수 있다고 주장

SEMI-NOTE

**자연범**

살인범, 폭력범, 절도범, 성범죄인 등이 대표적인 범죄이며 자연범은 인류의 근본인 연민과 성실이 결핍된 사람으로 생래적으로 어떠한 사회정책이나 제도도 무용하다 봄

**프랑스학파**

타로드(Tarde) 등 프랑스학파는 환경설의 입장에서 생물학적 범죄결정설을 비판했고, 고링(Goring)은 범죄자와 비범죄자 사이에는 신체적 특징에 있어서 아무런 차이가 없다고 하여 롬브로조의 학설을 비판함

**라까사뉴**

케틀레의 견해인 범죄를 예비하는 것은 사회이며 범죄자는 그것을 실천하는 수단에 불과하다는 견해에 동조

ⓛ **타르드(Tarde)**

- 모든 사회적 현상이 모방의 결과이듯이 범죄 또한 모방에 의하여 이루어진 다고 주장
- 인간행동을 사회심리적 관점보다는 구조적 관점에서 파악해야 한다고 주장
- 모방의 법칙
  - 제1법칙(거리의 법칙) : 사람들은 서로 상호작용을 통하여 모방하는 경향 이 있으며 그 정도는 거리에 반비례함
  - 제2법칙(방향의 법칙) : 모방은 열등한 사람이 우월한 사람을 모방하는 방향으로 진행됨
  - 제3법칙(삽입의 법칙, 무한진행의 법칙) : 범죄는 다른 사회현상과 마차 가지로 유행을 나타내며 다음에는 관습으로 나타나며, 모방 → 유행 → 관습의 형태로 진전됨

**뒤르켐**

어떤 사회에 범죄가 없다면 그 사회는 오히려 비정상적이고 병리적인 상태에 있다고 보는 뒤르켐의 관점은 범죄가 없 다면 사회구성원에 대한 규제가 완벽하 다는 것을 의미

ⓒ **뒤르켐(Durkheim)**

- 사회를 거대한 구조로 보고 사회가 개인의 행동을 결정한다고 주장
- 사회통합의 정도가 범죄의 발생량을 결정한다고 봄
- 범죄는 비정상적 현상이 아니라 모든 사회에서 통상적으로 발생하는 정상 적인 현상으로 봄
- 범죄의 본질은 집단의식의 침해이고, 형벌제도는 집단의식을 통한 사회유 지를 위해 반드시 필요하다고 주장
- 분업화된 사회에는 각 부분을 규제 및 조정하려는 기능적 법률이 증가하고, 특히 급속한 사회변동으로 인한 아노미(무규범) 상태가 나타나므로 범죄율 은 증가할 것으로 봄
- 범죄는 사람들의 정상적인 감정을 통합하고 이를 결집시키는 역할을 수행 하여 범죄의 순기능을 최초로 인정
- 자살도 범죄처럼 사회문화적 구조상의 모순에서 발생한다고 주장
- 사회질서의 유지와 통합 및 도덕적 합의가 중요하다고 하여 머튼의 아노미 이론, 코헨의 비행적 하위문화이론, 허쉬의 통제이론에 영향 미침

**리스트(Lizst)**

- 범죄는 사회환경과 소질의 산물로 범 죄인 또한 범죄의 원인이므로 범죄통 제의 수단인 형벌은 개개의 범죄인에 게 영향을 미쳐야 한다고 봄
- 형벌은 특별예방의 관점에서 범죄인 의 재범을 방지하는데 불가결한 것이 라 봄

ⓓ **독일의 사회학적 이론**

- 범죄원인으로 소질과 환경을 모두 고려하면서도 사회적 요인을 보다 중요시
- 형벌을 범죄에 대하여 사회를 방위, 보전하는 것을 목적으로 한다고 봄
- 특별예방의 관점에서 처벌받아야 할 것은 행위가 아니라 행위자라고 주장
- 사회정책과 형사정책의 연관성을 중시하여 좋은 사회정책이 최상의 형사정 책으로 봄

ⓔ **범죄인 분류**

- 슈튬플(Stumpfl) : 경범죄인, 중범죄인, 조발성 범죄인, 지발성 범죄인
- 우리나라 형사법상 분류 : 우발범, 상습범, 심신장애범, 소년범, 사상범

실력up **소년범**

- 14세 이상 19세 미만인 자로써, 나라별 형법 적용 개시연령은 일본의 경우 우리나라와 마찬가지로 14세이고, 영국은 18세
- 촉법소년은 만 10세 이상~14세 미만으로 형벌을 받을 범법행위를 한 형사미성년자로 범법행위를 저질렀으나 형사책임능력이 없기 때문에 형벌 처벌을 받지 않는 대신 가정법원 등에서 감호위탁, 사회봉사, 소년원 송치 등 보호처분을 받음

## 02절   범죄원인론

## 1. 범죄원인론 개설

### (1) 범죄원인에 대한 인식방법

① **자연주의와 초자연주의** : 범죄를 인식하는 방법에는 자연적으로 설명하는 방법과 초자연적 내지 귀신적으로 설명하는 방법 존재 → 초자연적 설명은 신의 노여움이나 신의 응징 등 신비한 힘을 이용하고, 자연적 설명은 사물과 현실적인 사건을 이용함

② **결정론과 비결정론**

  ㉠ **비결정론** : 인간을 합리적 · 계산적으로 행동하는 자기 선택적 행위자로 보고 사회 일반인의 범죄를 방지하는데 주목적이 있다고 봄(일반예방주의)

  ㉡ **결정론** : 인간의 행동을 소질이나 환경이 미치는 힘에 의해 결정된다고 보고, 형벌을 일반인에 대한 위하보다는 범죄인을 교화, 개선하여 재사회화함으로써 재범을 방지하는데 목적이 있다고 함(특별예방주의)

③ **생물학파와 사회학파**

  ㉠ **생물학파(소질론)** : 범죄의 원인을 범죄인의 개인적 특성인 생물학적 또는 심리학적 요인에서 찾음. 생래적 범죄이론으로 대표되는 학파로 중요시되는 문제로는 유전적 결함, 연령, 지능, 성별, 체질, 성격 이상 등을 들고 있음

  ㉡ **환경주의(환경론)** : 범죄의 원인을 사회생활의 조건에서 찾으며, 환경주의는 범죄원인으로 사회환경을 중시하는 학파로 가정, 학교, 직업, 혼인, 알코올중독 등 개인환경과 사회구조, 자연현상, 경기변동, 경제상태, 전쟁 등 사회환경에 의한 범인성을 찾음

④ **상호작용적 원인론** : 현대의 범죄학자들은 자연주의와 결정론에 의하여 범죄의 원인을 찾으려고 하고, 다중요인적 접근을 취함 즉 범죄행동을 할 가능성은 많은 요인들이 복합적으로 작용한다고 봄. 따라서 소질과 환경이 복합적으로 상호 작용하여 인격을 형성시킨다고 보아 소질과 환경 양 측면을 모두 고려하여야 한다고 봄

**결정론**

형벌이 교육형 · 목적형이어야 하고 교화와 개선을 위해서는 부정기형도 인정되어야 하며 형벌과 보안처분은 특별예방적 제재라는 점에 본질이 같다고 봄

SEMI-NOTE

**사회적 원인론**
범죄문제들의 근본적인 원인이 개인적 결함이 아닌 사회적 조건에 있다고 강조

**갈등론**
다양한 계층이나 집단 간의 서로 상충되는 이익과 권익을 차지하기 위하여 끊임없이 다투는 경쟁의 장이라고 보는 입장 낙인이론, 집단갈등이론, 비판범죄학이론, 갈등적 범죄이론 등이 있음

**사회해체론**
사회해체로 인하여 형성된 범죄문화의 전달과정에 중시하여 문화전달이론이라고도 함

## 2. 사회적 원인론

### (1) 개설

① 범죄연구의 두 가지 관점

  ㉠ 법과 형사사법에 관한 이론 : 사회적 · 경제 · 정치적 변수가 형법 제정이나 형사사법 체계상 법의 집행과 운용에 영향을 미친다고 주장하는 이론

  ㉡ 범죄와 일탈에 관한 이론 : 어떤 사람이 사회적 및 법적 규범을 위반하는가를 설명하는 이론으로 원인 연구에 중점을 두고 있음. 사회적 · 집단적 유형에 초점을 맞춘 이론에는 거시이론 또는 구조이론으로 사회해체이론, 긴장이론, 갈등이론, 비판범죄학 등이 있음. 개인적 범죄원인 차이에 초점을 맞추는 미시이론 또는 과정이론에는 생물학적 · 심리학적 이론과 사회학습이론, 통제이론, 문화갈등이론, 낙인이론 등이 있음

② 합의론과 갈등론

  ㉠ 합의론은 법을 사회구성원의 합의 내지 인정된 권위로 보고, 갈등론은 억압을 위한 힘 내지 지배계급의 통치수단으로 봄

  ㉡ 합의론 : 사회에는 보편적으로 합의된 규범이나 법률이 존재한다는 입장으로 범죄는 사회 전체의 일반적인 합의에 어긋나는 비도덕적 행위로 보며 이는 전통적인 주류 범죄학이론들이 받아들이는 이론

  ㉢ 갈등론 : 사회에는 보편적으로 합의된 규범이나 법률이 존재하지 않는다는 입장으로 범죄는 도덕성의 문제가 아니라 사회경제적이고 정치적인 의미를 지닌 문제로 보는 입장

### (2) 범죄에 관한 사회구조이론

① 의의 : 사회구조이론은 사회경제적으로 하류계층에 속한 환경을 범죄의 중요한 원인으로 보는 이론으로 사회경제적 하류계층의 조건들이 범죄의 일차적 원인이라 봄. 사회구조이론은 거시적인 사회적 사회 상황 자체가 범죄를 유발시킨다고 보는 거시환경론으로 긴장이론과 사회생태학이론(사회해체이론)이 대표적

② 사회생태학이론(사회해체이론)

  ㉠ 사회해체론 : 사회조직의 해체와 범죄 발생 사이의 관계를 생태학적으로 밝히고자 하는 이론으로 사회해체는 높은 범죄와 일탈률을 낳는다고 주장하며, 즉 범죄의 발생을 사람이 아니라 지역의 문제로 보는 관점

    • 사회해체론의 단계 : 첫째 단계는 산업화 · 도시화로 인한 사회분화, 가치갈등, 사회이동, 문화충돌, 문화공백 등 일차적인 인간관계의 감소 등으로 인한 사회해체라는 사회문화적 조건이 발생하는 것이고, 둘째 단계는 사회해체가 내적 및 외적 사회통제를 약화시킨다는 것

    • 사회해체와 범죄화 과정 : 사회해체과정(빈곤, 주거의 유동성, 지역 인종 간의 이질성) → 내적 · 외적 사회통제의 약화 → 범죄 및 비행의 발생

  ㉡ 쇼(Shaw)와 맥케이(McKay)의 사회해체론

    • 도심에 가까울수록 범행이 다발하고 도심에서 멀어질수록 비행 발생이 적어진다는 사실을 발견하여 지역의 특성과 범죄발생은 중요한 연관이 있다고 봄

- 해체된 도심지역에서 비행이 빈발하는 이유를 분석하는 데에는 긴장이론, 사회해체이론, 문화갈등이론, 문화전달이론의 관점을 적용할 수 있다고 봄
  ⓒ 버식(Bursik)과 웹(Webb)의 사회해체론
  - 사회해체를 지역사회의 무능력상태로 정의하고 사회통제능력이 결여된 상태로 봄
  - 도심지역의 잦은 주민들의 이동과 높은 주민들의 이질성이 범죄발생을 유도한다고 봄
  - 사회해체는 사회통제 능력과 사회적 능력의 결여를 초래하여 범죄발생과 깊은 관련을 맺는다고 봄
  - 사회통제능력의 약화의 원인으로는 비공식적인 감시기능의 약화, 직접통제의 부재, 활동조절규칙의 결여 등을 들고 있음
  ⓔ 샘슨(Sampson)의 공동체 효능이론
  - 사회해체를 지역사회가 자체의 공동가치를 실현할 수 없는 상태로 봄
  - 집합효율성이 높을수록 범죄율이 낮아진다고 보고 지역사회 주민 간의 수많은 사회적 관계가 있어 사회적 자본이 존재할 때 그 지역사회의 집합효율성이 높아져서 범죄의 발생이 적어진다는 것
  - 범죄대책으로 사람이 아니라 장소 바꾸기를 권고하는데 우범지역을 지정하고 그 지역을 정화하는 등 퇴락의 악순환을 차단하여야 한다고 봄
③ 아노미 이론
  ㉠ 머튼(Merton)의 사회적 긴장이론
  - 문화적으로 규정된 목표와 이 목표를 달성하게 하는 제도화된 수단 사이의 간극 내지 부조화가 있을 때 구조적 긴장이 생기고 여기서 아노미가 만들어진다고 봄
  - 사회를 사회구조와 문화 간에 균형을 이룸으로써 유지되는 동적인 과정으로 봄
  - 사회구조와 문화 간에 균형이 있어야 하지만 이러한 균형에 괴리가 발생할 경우 문제가 발생한다고 봄
  - 성취할 수 있는 합법적 방법이 일부 계층에게만 제한되어 있을 때, 목표는 중시하나 거기에 이르는 정당한 수단 방법이 중요시하지 않을 때, 사회적 긴장이 조성되고 이러한 긴장이 사회구조적 압력으로 작용하여 일반 사람들을 범죄로 이끌리게 하여 높은 일탈이나 범죄율을 초래
  ㉡ 아노미 이론의 기본명제
  - 물질적 성공은 상, 중, 하 모든 계층의 사람들이 공통적으로 추구한다는 것
  - 많은 하류계층의 사람들에게는 이 목표를 달성할 수 있는 합법적인 수단이 제한되어 있다는 것
  - 이러한 괴리로부터 하류계층의 사람들은 비합법적인 수단으로도 성공하려고 노력하게 된다는 것
  ㉢ 사람들이 목표를 성취하지 못해 생기는 긴장에 대처하는 5가지 방법
  - 순종형(무위) : 기존사회의 문화적 목표와 제도화된 수단을 모두 받아들이는 방식으로 범죄성이 적음

**버식(Bursik)과 웹(Webb)**
사회통제의 결여와 붕괴가 사회해체의 핵심적인 요소로 봄

**집합효율성**
지역의 무질서나 사회문제를 해결하겠다는 지역주민의 응집력으로 무질서에 선행하며 범죄의 두려움을 낮춤

**아노미 이론**
자본주의 사회에서 기회의 차별성과 하류 계층에게는 합법적인 기회가 없는 것이 범죄의 원인이라는 점을 부각

**아노미 사회의 범인성**
머튼은 병리적인 사회구조가 어떤 특정한 사회부분에 긴장을 유발시켜 개인을 범죄와 비행으로 몰아넣는 계기를 발생시킨다고 하면서 특히 경쟁적인 문화적 과잉 강조하는 자본주의 사회에서 제도적 수단에 의한 목표성취가 사실상 차단되어 있는 사람들이 불법적인 수단을 이용하려는 압력을 받게 되어 범죄를 저지른다고 봄

• 혁신형(규범위반) : 기존사회의 문화적 목표는 받아들이지만 제도화된 수단만으로 만족하지 않고 불법적인 수단까지 수용하려는 자세로서 하류계층의 경제범죄, 화이트칼라 범죄 등을 저지르기 쉬움
• 의례형(목표약화) : 목표에 따른 부담을 회피하여 제도화된 수단에 의해 얻을 수 있는 목표에 만족하고 소시민적인 삶을 택하는 형
• 은거형(현실도피) : 현실을 도피하는 양상으로 문화적 목표와 수단을 모두 포기하고 알코올, 마약에의 탐닉, 정신병, 자살 등 사회의 경쟁에서 포기하는 형
• 반항형(현실타파) : 목표와 수단을 모두 거부하고 새로운 사회체제를 만들려는 혁명형으로 지배계급의 가치를 정면으로 공격한다는 점에서 권위에 대한 위협세력이 됨

ⓔ 아노미 이론의 발생원인

빈곤(고립된 슬럼지역 형성, 관습적인 사회적 기회의 결여, 인종·민족적 차별) → 아노미 조건 유발(분노와 좌절이라는 긴장감 형성) → 범죄·비행(목적 달성을 위한 비합법적인 활동을 하게 됨)

ⓜ 아노미 이론의 한계와 발전

• 사회의 다양성 무시 : 아노미 이론은 경쟁적인 문화적 목표를 가진 사회에 적용되는 이론으로 자본주의가 만연한 미국 사회에 적용되는 이론일 뿐만 아니라 미국 사회에서도 성직자와 같은 사람은 이 이론이 적용되지 않음
• 적용대상의 한계 : 아노미 이론은 기회구조가 차단된 하류계층의 범죄 중 특히 재산범죄를 설명하는데 유용하나 중산층·상류계층의 범죄를 설명하는 데에는 한계가 있고, 문화적인 목표와 상관없이 발생하는 일시적인 범죄나 격정범죄를 설명하기 어려움
• 비행과 긴장의 관계에 대한 설명의 모순 : 아노미 이론은 비행이 문화적 목표와 제도적 수단의 차등화에 의한 긴장의 산물이라고는 하나 긴장이 비행을 유발하는 것이 아니라 비행이 긴장을 유발할 수 있고, 이웃이나 가족 등 일상적 접촉집단의 다른 사람과 비교한 결과에 의해서도 긴장은 유발될 수 있다는 것

④ 하위문화이론

㉠ 개설

• 하위문화는 지배집단의 문화와는 달리 특정한 집단에서 강조되는 가치나 규범체계를 말함
• 하위문화이론은 공통적으로 범죄행위를 특정한 하위문화의 소산으로 보는 이론을 말함
• 하위문화이론은 일탈이 개인적인 반응이 아니고 집단적인 반응으로 보는 점에서 아노미 이론과 차이점이 있음
• 하위문화이론은 특정한 부분집단이 지배집단의 문화와는 상이한 이질적인 가치나 규범체계에 따라 행동하며 그 결과로 나타나는 것이 비행 또는 범죄라고 보는 것으로 하위문화의 형성과정이나 구체적 내용은 다양함

- 하위문화이론은 상대적으로 사회적 조건이나 상황 그 자체보다는 일정한 상황과 행위에 대한 개인들이 갖는 관념을 범죄의 동기로 봄
- 하위문화이론에 속하는 이론에는 코헨의 비행적 하위문화이론, 클로워드와 올린의 차별적 기회구조이론, 밀러의 하층계급문화이론, 울프강과 페라쿠티의 폭력하위문화이론, 오그번의 문화지체이론이 있음

© 코헨(Cohen)의 비행적 하위문화이론

- 도심의 하류계층 남자 청소년의 비행을 설명하기 위한 것
- 긴장상황을 해결하려는 대응에서 하류계층 청소년들은 중산층 가치에 반발하여 집단적으로 적응문제를 해결하는 과정에서 비행적 하위문화를 형성
- 사회구조가 낮다는 것은 머튼의 아노미처럼 하류계층 청소년에게는 불균형으로 압박을 가하게 됨
- 지위박탈 문제를 극복하여 또래 사이에서 지위획득을 추구하기 위하여 자기를 궁지에 빠뜨렸던 중산층 문화와 반대되는 기준에 바탕을 두는 비행집단문화를 형성한다는 것
- 비행적 하위문화의 특성은 집단 자율성, 비공리성, 악의성, 부정성, 단기적 쾌락주의, 다재다능(다변성, 변덕) 등
- 비행적 하위문화의 비행과정
  하류계층 내 사회화 → 학교 내에서 지위경쟁 실패 → 거부감과 좌절감 → 동료집단 형성 → 반응형성 → 비행 및 범죄
- 코헨(Cohen)의 비행적 하위문화이론 비판
  - 갱의 비행이 반드시 비공리적이고 악의적이라 볼 수 없음
  - 학교생활의 지위좌절의 문제는 모든 청소년이 겪는 문제임
  - 사회계층에 대한 편견에서 출발하고 있음
  - 비행이론에 대한 설명이 아니라 비행 하위문화의 형성이론에 해당
  - 청소년의 비행행위를 비공리성, 악의성, 부정성, 단기적 쾌락주의로 단정하는 것은 지나친 단순논리

© 클로워드(Cloward)와 올린(Ohlin)의 차별적 기회이론

- 일탈에 이르는 압력의 근원에 초점을 맞춘 뒤르켐과 머튼의 아노미 이론과 비행을 학습의 결과로 파악하는 서덜랜드의 이론을 통합한 이론
- 코헨의 하위문화이론에 동의하면서 코헨이 제시한 비행소년보다 더 심각한 비행소년이 되는 경향이 있다고 봄
- 특정지역에서 발생하는 일탈유형을 지역의 하위문화적 특성과 관련하여 설명한 것
- 하류계층의 비행이 범죄적·갈등적·은둔적 하위문화 세 가지 차원에서 발생한다고 주장
  - 범죄적 유형은 청소년 범죄자에게 성공적인 역할모형이 될 수 있는 조직화된 성인범죄자들의 활동이 존재하는 지역에서 나타나는 것으로 범죄적 집단의 정회원이 되도록 노력하고 그것을 통해 새로운 기회를 모색하는 것

SEMI-NOTE

**머튼과 코헨의 차이**
머튼은 범죄의 실용적인 측면을 강조하여 사회구조적 압박에 대응하는 혁신에 초점을 둔 반면, 코헨은 많은 청소년 비행의 비실용적 특징을 통하여 규명하려 함

**비차별적 기회이론**
비행소년을 세 가지 유형으로 나누어 관찰하는 점에서 현실을 반영하고 있다는 긍정적인 평가가 존재

– 갈등적 유형은 안정적이고 조직화된 형태의 성인범죄자 활동이 발전되지 못하고 관습적 또는 범죄적인 청소년들을 위한 성인역할모형이 발전되지 못한 지역에서 나타나는 폭력지향적 비행행위
– 은둔적 유형은 주로 마약과 음주 등을 통하여 즐거움과 쾌락을 지나치게 강조하는 사람들로 구성되는데, 이들은 관습적 · 비관습적 세계 어디에도 성공할 수 없기 때문에 이중실패자라고도 함
• 차별적 기회와 집단적 반응
합법적 기회차단 → 좌절과 박탈감에 따른 아노미 및 긴장 → 인습적 · 범죄적 성인가치와 행동구조에 대한 접근 차이로 인한 갱 집단 형성 → 범죄적 · 갈등적 · 은둔적 폭력조직(하위문화)
• 차별적 기회이론의 평가
– 현대 산업사회의 다양성을 잘 파악하지 못하고 목표와 수단의 문화적 다양성을 고려할 수 없음
– 개인이 가지는 성격 변수를 고려하지 않음
– 특정 사회구조를 지닌 하나의 지역사회 내에서 존재하는 여러 하위문화의 존재이유를 설명할 수 없음
– 뉴욕에서 실시한 청소년을 위한 동원이 큰 효과를 거두지 못하여 현실 적용의 문제점을 드러냄

⑤ 21세기 긴장이론
ⓘ 애그뉴(Agnew)의 일반긴장이론
• 개설 : 애그뉴는 하위계층의 범죄 및 비행뿐 아니라 다양한 사람들의 범죄 및 비행을 해명하기 위하여 일반긴장이론을 주장하며 다른 사람과의 부정적인 관계로 인하여 발생하는 부정적인 감정을 긴장으로 보고 부정적인 감정인 유발된 분노가 범죄를 유발한다고 봄
• 긴장의 구분
– 주관적 긴장과 객관적 긴장 : 주관적 긴장은 긴장을 경험하는 당사자가 싫어하는 사건이나 상황을 의미하고, 객관적 긴장은 대부분의 사람들이 싫어하는 사건이나 상황을 의미
– 직접적 긴장과 간접적 긴장 및 기대되는 긴장 : 직접적 긴장은 개인이 직접 경험하는 긴장이고, 간접적 긴장은 개인적으로 가까운 사람에 의해 경험되는 긴장이며, 기대되는 긴장은 아직 발생하지 않았지만 일어날 것으로 기대되는 긴장
– 긴장과 범죄율 : 긴장을 경험하는 사람의 비율이 높은 지역에서 긴장을 경험하는 비율이 낮은 지역에 비하여 더 높은 비행이나 범죄율이 나타난다고 함
• 비행 및 범죄와 관련되는 긴장의 특징
– 낮은 수준의 사회적 통제와 관련되는 긴장
– 다른 사람에 의하여 발생하는 긴장이 부당하고 고의적인 것으로 간주되어 분노를 발생시키는 긴장

**범죄대책**
청소년의 비행예방과 교화개선에 활용되고 있으며 청소년을 위한 동원이 대표적

**긴장의 원인**
• 다른 사람이 자신에게 가치 있는 것을 제거할 때
• 다른 사람이 자신의 목표달성을 방해할 때
• 다른 사람이 자신이 원지 않는 것을 부과할 때

- 범죄행위가 긴장해소의 수단으로 인식되어 불법적인 대응방식에 의존하
  도록 강하게 작용 및 장려하는 긴장
- 심각하고 오래 지속되며 집중적으로 나타나며 강도와 심각성이 큰 긴장
- 긴장으로부터 범죄의 유발가능성을 낮추는 대책 : 인지적 · 감정적 · 행동
  적 적응방식을 교육 및 교화하면 범죄나 비행을 줄일 수 있다고 보아, 긴장
  으로부터 부정적인 감정유발을 완화
- 일반긴장이론의 의의
  - 하위계층뿐만 아니라 중산층까지 포괄하는 모든 계층의 범죄유발과정을
    설명 가능
  - 모든 긴장이 범죄나 비행을 유발하지 않는다는 점을 제시
  - 개인적인 수준의 비행이나 범죄뿐만 아니라 집단적 수준의 범죄율의 차
    이 설명
  - 사회적 사건이 긴장을 유발하여 비행이나 범죄에 미치는 과정 설명

ⓛ 메스너(Messner)와 로젠펠드(Rosenfeld)의 제도적 아노미 이론

- 개설 : 물적인 성공만을 지나치게 강조하는 미국문화가 미국사회를 범죄천
  국으로 만드는 주요 원인이라 주장하며 문화적 수준에서 물질적 성공 외의
  목표에 더 큰 가치와 중요성을 부여하여야 한다는 것
- 아메리칸 드림을 떠받치는 문화적 가치관 : 성취 지향, 개인주의, 보편주
  의, 금전만능주의
- 미국 사회의 높은 비행과 범죄율을 미국의 문화적 · 제도적 특성에서 비롯
  된 것으로 인식하고 성공추구에 있어서 과도한 경제가치의 강조는 비경제
  적인 제도의 기능과 역할을 평가절하하고 다른 제도에서 필요한 경제적 사
  항을 수용하며, 따라서 비경제적 제도 영역으로 경제적 규범이 침투하여
  사회적 긴장을 높여 비행과 범죄를 더 많이 유발하게 됨
- 범죄대책
  - 물질적 성공 외의 목표에 더 큰 가치와 중요성 부여
  - 비경제적인 제도에 대한 영향력을 강화하도록 가정과 교육 강화
  - 사회구성원의 상호 지지와 공동체 정신, 공공의 의무 강조
  - 시장경제의 압박으로부터 개인과 가정을 지키는 시스템과 정부 역할 변화

### (3) 범죄의 사회화 과정이론

① 개설
  ㉠ 사회화 과정이론은 사회구조적 특성보다는 개인이 어떻게 법을 위반하게 되
     는지에 중점
  ㉡ 범죄유발의 원인을 각자의 상호작용에 따른 개별적 반응의 문제에 초점을 맞
     추고 있어 미시적인 이론체계
  ㉢ 미시 환경이론은 개인이 처해 있는 주위환경을 직접적인 범죄원인으로 봄
  ㉣ 사회화 과정이론의 범주에 속하는 이론에는 사회적 학습이론, 문화갈등이론,
     사회적 통제이론, 사회적 반응이론 등이 있음

**미국 사회**
어느 나라보다 높은 범죄율을 보이고 있
는데 이는 아메리칸 드림, 즉 개인 간 경
쟁을 통한 물질적 성공에 지나치게 높은
가치를 부여하고 있기 때문

**사회화 과정**
개개인의 생물학적 특성이나 사회구조
보다 개개인 간의 관계를 말하는 것이
고, 사회화 과정이론은 부정적인 사회
화 과정과 그 결과로서의 범죄를 설
명함

**사회적 통제이론**

모든 사람을 잠재적 범죄자로 전제하고 사회적 통제수단이 약하게 미치는 일부만이 범죄를 행한다는 범죄화 과정을 설명

**범죄대책**

• 접촉이나 교제의 환경을 반범죄적, 반비행적인 것으로 구성
• 범죄인을 교정하려면 재사회화기관에서 집단적으로 처우 받을 수 있도록 조치

**비사회적 상황을 통한 학습**

다른 사람들과의 상호작용 없이 환경이 범죄성을 강화하는 것

**차별적 접촉이론**

사람이 범죄자가 되는 것은 법 위반에 대한 비호의적인 관념보다 호의적인 관념이 더 높기 때문이라 주장

② 사회적 학습이론

　㉠ 서덜랜드(Sutherland)의 차별적 접촉이론

　　• 서덜랜드는 타인과 접촉하는 과정에서 범죄행위를 학습하기 때문에 범죄를 저지른다고 봄

　　• 일탈적 사회화와 관련된 사회심리학적 명제

　　　– 학습에 의한 범죄행위

　　　– 범죄행위는 의사소통 과정에서 다른 사람과의 상호작용에 의해 학습

　　　– 범행학습은 친밀한 인간관계에 있는 집단 안에서 발생

　　　– 범행학습은 기술, 동기, 합리화, 태도 등 포함

　　　– 범행동기나 욕구는 법규범에 대하여 의미를 부여하는 인식으로부터 획득

　　　– 법 위반에 대한 호의적인 인식이 비호의적인 인식보다 크기 때문에 범죄를 저지름

　　　– 차별적 교제의 형태는 빈도, 우선순위, 기간, 강도의 측면에 따라 다양하게 발생

　　　– 접촉에 의한 범죄행위의 학습과정은 다른 일반적 학습과정의 작용원리 포함

　　　– 범죄행위는 일반적인 욕구나 가치추구만으로 설명 불가능

　　• 이론적 분석

　　　– 문화전달, 사회해체, 문화갈등을 중심으로 학습이론 제시

　　　– 범죄를 개인적이고 미시적인 관점에서 분석

　　　– 범죄학습이 발생하는 것을 구체적으로 제시

　　　– 일상적인 학습과정을 범죄의 학습과정으로 확장

　　　– 청소년 비행을 설명하는데 타당성 제공

　　　– 모든 계층, 모든 사람을 아우르는 일반적인 범죄이론 제시

　　• 이론에 대한 비판

　　　– 모든 범죄가 상호작용적 학습을 통하여 이루어지는 것은 아님

　　　– 과실범, 격정범, 단독범행 등에 대한 범죄를 설명할 수 없음

　　　– 중요한 개념이 모호하고 측정 불가능하며 이론 검증에 어려움

　　　– 학습과정에서 개인적인 차이를 무시하고, 매스 미디어의 중요성을 경시

　㉡ 에이커스(Akers)의 사회학습이론 또는 차별적 강화이론

　　• 개설 : 범죄행동이 다른 사람들과의 상호작용뿐 아니라 비사회적 상황을 통해서도 차별적으로 강화되어 학습된다고 주장

　　• 이론의 핵심요소 : 차별적 접촉, 모범, 차별적 강화, 정의

　　　– 차별적 접촉 : 사람들은 차별적 접촉을 통하여 학습하며 학습된 내용은 비행이나 범죄를 할 가능성을 높이거나 낮게 함

　　　– 정의 : 정의는 사람이 자신의 행위에 부여한 의미를 말하고, 범죄나 비행에 대한 긍정적 정의와 중화적 정의는 범죄나 비행 가능성을 높게 함

　　　– 차별강화 : 사람은 보상이 기대되면 일을 행하고, 처벌이 예측되는 일은 회피하므로 보상과 처벌을 이용

– 모방 : 최초의 범죄나 비행은 모방으로부터 시작되지만 범행의 지속성 여부는 강화에 따라서 결정됨
• 범죄의 학습 및 연속성

한눈에 쏙~

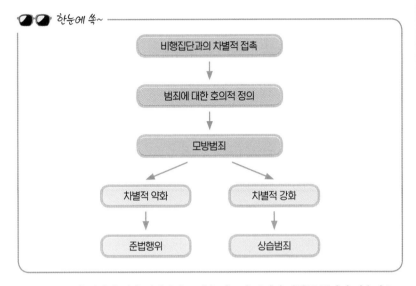

• 법 위반에 대한 처벌없이 보상을 얻으면 긍정적 강화를 통하여 지속적으로 범행하여 상습범이 됨
• 이론에 대한 평가
  – 처벌과 보상을 설명하여 검증가능성을 높임
  – 처벌을 중시하여 사회통제이론의 기초를 제공
  – 접촉과 범죄행위 사이의 부족한 연계를 강화 개념으로 인과관계를 명확히 함
  – 비사회적 자극에 의해서도 범죄를 학습할 수 있는 점을 제시
  – 모방을 사회적 학습의 한 형태로 봄
ⓒ 글래저(Glaser)의 차별적 동일시 이론
  • 개설 : 차별적 동일시라는 개념을 제시하여 친밀한 집단을 통한 학습보다는 매스미디어를 통한 학습의 중요성을 중시
  • 이론의 핵심요소 : 범죄는 반드시 친근한 집단과의 직접적인 접촉을 통하지 않아도 가능하다고 보고 청소년들이 직접 만나거나 접촉한 적이 없는 실재상 또는 관념상의 인간으로까지 확장
  • 평가 : 범죄행위를 이해할 때 사람, 환경, 상황과의 상호작용뿐만 아니라 사람과 미디어 간의 상호작용도 고려하고 있으나 차별적 동일시의 근원을 제시하지 못함
ⓓ 레크레스(Reckless)와 디니츠(Dinitz)의 자아관념이론
  • 각 개인의 개별적 특성을 중요시하여 차별적 반응의 문제를 보완한 이론
  • 긍정적인 자아관념의 정도에 따라 범죄충동의 자기 통제가능성의 차이를 보임

**조작적 조건화**
조작적 조건화는 어떤 행동을 강화하기 위하여 보상과 처벌을 이용함

**동일시**
다른 개인이나 집단의 특징을 자신의 특징과 같다고 여기는 정신적 조작을 말하는 것으로, 둘 이상의 것을 똑같은 것으로 봄

**자아관념(self-concept)**
가족관계와 같이 자기와 밀접하고 중요한 다른 사람들과의 관계를 고려하여 형성하는 자신에 대한 심상을 말함

③ 문화갈등이론

   ㉠ 셀린(Sellin)의 문화갈등이론

- 문화갈등은 행위규범 간의 갈등에 초점을 두는 것으로 행위규범의 갈등은 심리적 갈등의 원인이 되고 범죄의 원인으로 작용한다고 봄
- 범죄는 문화의 소산으로 문화갈등이 내면화되고 규범갈등이 증대되면 개인의 인격해체를 일으켜 범죄가 발생한다는 것
- 문화갈등의 유형
  - 1차적 갈등 : 서로 다른 이질적 문화가 서로 충돌하는 과정에서 발생하는 충돌로 횡적 문화갈등이라 함
  - 2차적 갈등 : 사회 내의 갈등으로 하나의 문화가 독특한 행위규범을 갖는 여러 개의 상이한 문화로 분화될 때 발생
- 문화적 갈등이 존재하면 법은 구성원의 합의로 나타나는 것이 아니라 지배적인 문화의 규범을 반영하게 되는데 법에 의하여 보호받지 못한 규범에 따른 행위를 범죄로 규정하는 경우가 많음

   ㉡ 밀러(Miller)의 하위계층 문화이론

- 개설
  - 범죄나 비행의 발생에 있어서 문화적 영향을 강조하는 하위문화이론을 제시
  - 하위계층의 행위들은 중류문화와 충돌하여 범죄나 비행의 원인 됨
  - 이 이론은 하위문화이론, 갈등이론의 범주에 속하고 범죄에 대한 사회구조이론의 성질도 갖고 있지만 사회과정이론의 성격 강함
- 하위계층의 관심
  - 하위계층은 중산층에 추구하는 목표에는 관심이 없고 오랫동안 내려온 생활전통에 관심을 가지고 행동함
  - 하위계층의 중점적인 관심사항 : 골칫거리, 강건함, 영악함, 흥분추구, 운명주의, 자유분방 등
  - 하위계층의 구조와 중심관심들이 결합하여 갱 집단의 비행 환경을 발생시키는 것으로 하위문화가 독자적으로 형성된다는 것
- 주요 내용
  - 하위계층의 비행이나 범죄는 하위문화의 중점관심을 따르는 동조행위
  - 비행소년집단이 비행을 저지르는 것은 하층민의 적절한 남성적 역할을 유지하고 예증하기 위한 노력
- 비행환경을 발생시키는 하위계층문화

**긴장이론**

하위계층과 중산층 구성원들은 모두 근본적으로 동일한 가치와 목표를 추구하지만 하위계층은 그러한 기대에 맞춰 사는 것에 대한 실패로 인하여 좌절을 겪게 되고, 이러한 좌절감 때문에 비행이나 범죄에 빠져듦

👓 한눈에 쏙~

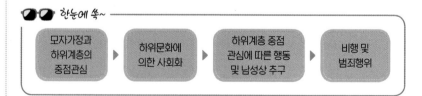

| 모자가정과 하위계층의 중점관심 | ▶ | 하위문화에 의한 사회화 | ▶ | 하위계층 중점 관심에 따른 행동 및 남성상 추구 | ▶ | 비행 및 범죄행위 |

   ㉢ 울프강(Wolfgang)과 페라쿠티(Ferracuti)의 폭력하위문화이론

- 생활양식, 사회화과정, 대인관계의 면에서 폭력사용을 정상적인 행위로 순

응하게 되면 범죄가 유발하기 쉽다는 것
- 폭력하위문화가 지배하는 지역에서는 자신의 명예, 집안의 명예, 남자의 명예 등을 지나치게 강조하고 인간의 생명을 경시하는 경향 존재

④ **사회통제이론** : 다수의 사람들이 범죄를 저지르지 않는 이유를 그 행동과 욕구가 내적 · 외적 요소에 따라 통제되기 때문에 사람들이 법을 준수하는 것이라 주장

　㉠ 통제주의자들의 사고양식
- 인간을 자유주의적 · 합리적인 인간을 전제로 함
- 범죄행위를 내재된 범죄성의 발현으로 봄
- 인간은 동물이므로 누구나 법을 위반할 수 있는 잠재적 범죄자라 주장
- 일탈적 동기가 사회적 관계에 의하여 통제받고 있기 때문이라 주장
- 연구의 초점을 왜 범죄를 범하는가가 아니라 왜 범죄를 범하지 않는가에 두고 있음

> **실력up 사회통제**
>
> - **내적통제** : 양심적 의지가 범죄에 대한 내적 통제로 작용
> - **외적통제** : 제도적 통제(비공식적 통제), 법률적 통제(공식적 통제)

　㉡ 사이크스(Sykes)와 마짜(Matza)의 중화(무효화) 기술이론
- 개설
　- 중화의 이론이란 차별적 접촉이론의 접촉의 대상에 관한 이론으로 차별적 접촉이론이 범죄의 학습을 강조한 반면 중화의 이론은 범죄의 학습이 아닌 중화의 학습을 강조
　- 원칙과 예외의 메커니즘으로 범죄를 설명한 중화이론은 자신의 행위가 실정법상으로 위법임을 알지만 적당한 명분을 내세워 자신의 행위를 정당한 것으로 합리화시키는 이론
- 중화기술의 유형
　- 책임의 부인 : 책임의 부인은 자신의 비행에 대하여 사실상의 책임이 없다고 자신을 합리화시키는 기술로써 비행의 책임을 가정환경, 부모훈육의 부재, 빈곤 등의 외부적 요인으로 전가하는 것
　- 권리침해의 부인 : 권리침해의 부인은 자신의 행위로 손상을 입거나 재산상의 피해를 본 사람이 없다고 하여 자신의 비행을 합리화하는 기술로써 마약을 복용하면서 피해자가 없다고 하거나 방화를 저지르면서 보험회사가 보상해 줄 것이라는 등으로 자신의 행위를 변호하는 것
　- 피해자의 부인 : 피해자의 부인은 자기행위로 인하여 피해를 본 사람은 피해를 입어 마땅하다고 생각하여 자기행위를 합리화하는 기술로써 매국노를 처단하거나 상점의 물건을 훔치면서 가게주인이 정직하지 못한 사람이라고 자신을 합리화하는 방법을 말함
　- 비난자에 대한 비난 : 비난자에 대한 비난은 자신의 비행행위를 비난한 사람을 먼저 자신이 비난하여 비행행위를 정당화하는 기술로써 교사의

SEMI-NOTE

**통제이론**

인간은 누구나 일탈 행동을 할 수 있는 잠재성을 가지고 있다고 전제하고 인간의 일탈 행동을 억제하는 사회통제가 약해졌을 때 일탈 행동이나 범죄가 발생한다고 설명하는 이론

**01장**

**형사정책**

**중화**

규범의식에 따른 죄책감을 사라지게 하는데 필요한 도덕적 합리화와 정당화를 의미

**중화 전파의 배경**
사이크스(Sykes)와 마짜(Matza)는 중화가 지역사회에 확산 · 전파되는 배경에는 유한계급적 가치관이 작용하고 있다고 주장하면서 지하적 잠재가치인 모험과 스릴의 추구, 노동의 천시, 남성상징적 공격성 찬양, 일확천금의 추구, 성급한 성공의 꿈 등의 유한계급적 가치관이 만연된 사회에서는 중화가 확산된다고 주장

**나이(Nye)의 통제유형**
• **직접통제** : 순응하면 보상하고, 범죄나 범행을 하였을 때에는 억압적 수단으로 처벌하여 범죄를 방지하는 것
• **간접통제** : 범죄나 비행을 저질렀을 때 부모나 긴밀한 사람들이 얼마나 큰 실망과 고통을 줄 것인가를 자각하게 하여 범죄를 자제하도록 하는 방법으로 가장 효율적인 통제방식
• **내부통제** : 행위자 스스로 법이나 도덕, 양심, 죄책감을 느껴 스스로 범죄나 비행을 통제하는 것

촌지나 성직자의 비리 등을 비난하여 본인의 죄책감이나 수치심을 억누르는 방법을 말함
- 보다 높은 충성심의 표출 : 보다 높은 충성심의 표출은 사회의 일반적인 가치나 규범의 정당성은 인정하면서도 더 높은 가치에 기반하여 비행을 합리화하는 기술로써 가족을 위한 절도나 폭력현장의 화염병 사용 등으로 상위가치를 들어 본인의 행위를 합리화하는 방법을 말함
• **이질적 반응의 해명** : 차별적 접촉이론이 범죄인은 자신의 행위의 위법을 인식하지 못하는 존재라고 설명한 것과는 달리, 중화의 이론은 범죄인도 자신의 행위가 위법함은 알지만 개별적인 경우에 자신의 규범침해를 정당화할 뿐이라고 설명하고 이러한 중화의 학습정도에 따라 범죄성이 결정된다고 하여 결국 범죄의 학습이 아닌 중화의 학습을 강조
• **청소년 비행의 해명** : 마짜는 비행과 표류에서 비행소년은 언제나 일탈행위를 하는 비행문화에 지배되는 것이 아니라 중화를 사용하여 규범과 일탈 사이를 표류하고 있는 존재에 불과하다고 주장하여 청소년의 비행은 교정해야 할 대상이 아니라 인정해야 할 다양성이라고 주장
• **중화이론의 한계** : 중화이론은 비행자가 중화를 비행 전후 어느 때 사용하는지에 대한 해명이 없으므로 중화를 비행 후에 사용한다면 중화이론은 범죄원인론이 아니며 비행 전에 사용한다면 왜 비행청소년들이 지속적으로 비행에 표류하며 무비행 청소년들은 비행에 표류하지 않는지 개인적 차이를 설명하지 못한다는 비판 받음

ⓒ **라이스(Reiss)와 나이(Nye)의 개인 및 사회통제이론**
• 범행위의 충동과 그것을 저지하는 사회적 또는 물리적 통제 사이의 불균형 결과로 범죄가 발생한다고 주장
• 통제이론은 사람들이 합리적으로 행동하면서도 주어진 기회가 있으면 일탈적인 행동을 할 수 있다고 전제
• **라이스(Reiss)의 통제이론** : 자기통제력이나 초자아적 통제력이 범죄에 미치는 영향에 대하여 최초로 연구한 학자로 비행의 원인을 개인적 · 사회적 통제의 실패로 본다. 소년비행자는 자아통제나 초자아적 통제능력이 미비하기 때문에 사회통제력의 약화가 비행의 원인이 된다고 주장
• **나이(Nye)의 통제이론**
- 범죄유발에 있어서 통제를 중요시하여 통제의 유형을 체계화
- 소년범죄 또는 비행을 억제하는 데에는 가정 내의 욕구충족과 이를 바탕으로 형성된 가정에 의한 간접통제가 범죄나 비행의 억제에 중요하다고 주장
- 통제의 유형 : 접통제, 간접통제, 내부통제
ⓓ **레크레스(Reckless)의 통제이론**
• 범죄유발요인과 범죄억제요인으로 나누고, 범죄를 이끄는 힘이 범죄를 억제하는 힘보다 강하면 범죄나 비행을 저지르게 되고, 억제하는 힘이 강하면 비록 이끄는 힘이 있더라도 범죄나 비행을 자제한다는 것
• 범죄유발요인

- 압력요인 : 불만족한 상태에 들게 하는 조건을 말하는 것으로 열악한 생활조건, 가족갈등, 열등한 신분적 지위, 성공기회의 박탈 등
- 유인요인 : 정상적인 생활로부터 이탈하도록 유인하는 요소로 나쁜 친구들, 비행이나 범죄하위문화, 범죄조직, 불건전한 대중매체 등
- 배출요인 : 불안감, 불만감, 내적 긴장감, 증오심, 공격성, 즉흥성, 반역성 등과 같이 범죄나 비행을 저지르도록 하는 각 개인의 생물학적 또는 심리적 요소들
• 범죄억제요인
- 외적통제 : 가족이나 주위 사람들과 같이 외부적으로 범죄를 차단하는 요인들로 도덕교육, 교육기관의 관심, 합리적 규범, 기대체계, 집단의 포용성, 효율적인 감독 및 교육, 소속감과 일체감 등
- 내적통제 : 사회적 규칙 또는 규범으로 자기통제력 및 자아나 초자아의 능력과 좌절감을 인내할 수 있는 능력, 책임감 · 집중력 · 성취지향력 · 대안을 찾을 수 있는 능력 등
• 사회학적 측면보다 심리학적 측면을 강조한 비범죄행위에 대한 심리학적 설명에 해당
ⓗ 허쉬(Hirschi)의 사회적 결속이론
• 개설
- 준법적 행동은 다른 사람이나 사회에 대한 강한 유대에서 생기고, 비행이나 범죄는 약한 유대에서 생긴다는 것
- 반사회적 행위를 자행하게 하는 근본적인 원인은 인간의 본성에 있다고 주장
- 사회적 유대는 범죄를 억제하는 사회적 통제 메커니즘으로 작용하고 범죄의 발생방향과는 역의 관계
- 개인이 사회와 유대를 맺는 방법인 애착, 전념, 참여, 믿음의 정도에 따라 비행을 저지를지 여부가 결정된다고 주장
• 개인이 사회와 유대를 맺는 방법
- 애착 : 애정과 정서적 관심을 통하여 개인이 사회와 맺고 있는 유대관계를 말한다. 부자지간의 정, 친구 사이의 우정, 가족구성원의 사랑, 선생에 대한 존경심 등
- 전념 : 규범준수에 따른 사회적 보상에 얼마나 관심을 갖느냐 하는 것이다. 관습적으로 소비하는 시간, 에너지 노력 등
- 참여 : 개인이 사회와 맺고 있는 유대의 형태로 개인이 인습적인 활동에 얼마나 많은 시간을 투여하고 있는가에 따라 달라지며 학교, 여가, 가정에서 보내는 시간 등이 있음
- 믿음 : 개인이 사회와 맺고 있는 유대의 형태로 관습적인 도덕적 가치에 대한 믿음
• 다른 범죄이론과는 달리 검증이 가능한 이론을 제시하였고, 자기보고조사라는 새로운 조사기법 사용을 주장

**내부적 억제요인**
고도로 개인화된 사회에서 개인은 사회적 연대의 틀 밖에서 많은 생활을 영위하므로 범죄대책은 각 개인의 내부적 억제요인을 강화하는 것에 맞춰질 수밖에 없다는 것으로 내부적 억제요인을 강조

**허쉬의 사회결속이론**
• 누구나 반사회적 행위를 하려는 본성을 가지고 있다고 전제
• 소년비행과 같은 경미한 범죄에 잘 적용되나 강력범죄에는 적합하지 않음

SEMI-NOTE

ⓑ 갓프레드슨(Gottfredson)과 허쉬(Hirschi)의 낮은 자기통제이론(일반통제이론)

- 개설
  - 범죄의 일반적인 원인으로 가장 중요한 것은 낮은 자기통제로 보고 낮은 자기통제는 개인의 내면적 통제요소라 주장
  - 낮은 자기통제의 형성에 가장 큰 영향을 끼치는 것은 잘못된 자녀양육이라 봄
  - 자기통제 형성에 가장 중요한 역할을 하는 것은 가정에서의 사회화이고, 학교는 가정의 사회화를 보완하는 역할 담당
- 낮은 자기통제이론의 특징
  - 자기통제력이 낮은 사람은 장기적인 목표를 희생하면서도 단기적인 쾌락을 추구
  - 모든 범죄의 원인을 낮은 자기통제력이라 주장
  - 낮은 자기통제이론은 고전주의 및 제지이론과 실증주의 이론 사이의 괴리를 채워주는 이론
  - 사람의 자기통제력의 특징은 어려서 형성되어 평생 동안 안정적으로 유지된다고 주장
  - 충동적인 성격으로 인해 자기통제력이 빈약한 사람은 범죄를 범할 가능성이 높지만 그들의 충동적 욕구를 만족시켜줄 만한 범죄기회가 없다면 실행에 옮기지는 않다고 봄
- 범죄대책
  - 건전하고 일관된 양육환경을 조성하고, 부족한 가정환경을 보완하기 위한 학교교육이 제도화되어야 함
  - 범죄기회를 차단하기 위한 상황적 범죄예방제도가 확립되어야 함

**상황적 범죄예방**
사회나 사회제도 개선에 의존하는 것이 아니라 단순히 범죄기회의 감소에 의존하는 예방적 접근을 말함

ⓢ 제지이론(법률적 통제를 강조하는 이론)

- 인간의 합리성, 이익추구의 극대화, 자율적 행동결정능력을 전제로 법률적 처벌이 범죄를 제지하는 수단으로 유효하다는 것으로, 범죄의 원인보다 법률적 통제에 초점을 둠
- 제지의 유형 : 제지는 처벌의 위협으로 범죄의 충동을 제지하는 것
  - 일반제지 : 아직 범죄를 저지르지 않은 사람에게 형벌의 두려움을 통하여 범행을 억제시키는 것
  - 특별제지 : 범죄자가 경험한 처벌의 고통으로 인하여 이후 범행충동을 제지하는 것

**제지이론**
일반제지와 특별제지로 나뉘지만 범죄의 억제 및 예방이라는 공통된 목적을 둠

### 실력up 제지이론의 3대 제지요소

- **처벌의 신속성** : 범행시부터 처벌시까지의 시간적 간격이 짧을수록 제지효과가 크다고 봄
- **처벌의 엄중성** : 엄중한 형벌일수록 범죄에 대한 제지효과가 클 것이라는 가설
- **처벌의 확실성** : 범죄 후에 처벌받을 확률이 높을수록 범죄수준이 낮아질 것이라는 가설
- 처벌이 엄중, 신속, 확실할수록 제지효과가 커짐

**한눈에 쏙~**

제지효과 순서

확실성 ▶ 엄격성 ▶ 신속성

◎ 합리적 선택이론

- 범죄로 인해 얻게 되는 이익이 크다면 범죄를 저지르게 된다고 가정
- 범죄로 인한 예상이익을 최대한 감소시키는 방안이 범죄문제를 해결할 수 있는 대책으로 봄
- 클라크(Crarke)는 범죄가 발생하는 상황적 측면을 개선함으로써 범죄가 예방된다고 본다. 상황개선의 핵심은 범죄를 저지르기 어렵게 만들거나 덜 이익이 되도록 하는 것
- 범죄대책 : 거리의 조명을 밝게 하기, CCTV를 많이 설치하기. 주민의 방법의식을 높여 범행의사에 대한 심리적 장벽을 쌓기

ⓩ 깨어진 유리창이론

- 깨어진 유리창을 방치해 두면 그 지점을 중심으로 점점 슬럼화가 진행되기 시작한다는 이론
- 건물 주인이 건물의 깨진 유리창을 수리하지 않고 방치해 둔다면 건물관리가 소홀하다는 것을 반증함으로써 절도나 건물파괴 등 강력범죄를 일으키는 원인을 제공한다는 것
- 일상생활에서 사소한 위반이나 침해행위가 발생했을 때 이것들을 제때에 제대로 처리하지 않으면 결국에는 더 큰 위법행위로 발전한다는 것을 의미
- 윌슨(Wilson)과 켈링(Kelling)에 의해 미국 범죄학에서 연구되어 정리된 법칙으로 사소한 규칙위반이나 가벼운 범죄에 대하여 관용을 베풀지 않는 무관용원칙을 제시

⑤ **낙인이론** : 법을 위반한 개인에 대한 사회적·제도적 반응에 초점을 둔 이론으로 개인들은 사회적인 규정지음이나 다른 사람들의 반응에 의하여 범죄인의 역할로 강제되는 수동적인 존재로 봄

㉠ 개설

- 범죄행위 자체에 초점을 두지 않고 어떤 사람들은 왜 일탈자로 낙인되고 어떤 행위는 왜 일탈적인 것으로 규정되는지에 대한 탐구에 초점
- 범죄, 일탈, 사회문제에 대한 전통적·심리학적·다원적 범죄 원인론을 배척하고 본질적으로 범죄적인 행위는 없다고 봄
- 범죄자로서의 낙인은 도덕적 열등성을 부과하는 하나의 수단일 뿐 생물학적이나 심리학적으로 특정지어지는 것이 아님
- 낙인이론은 일정한 이데올로기적 신념을 바탕으로 함
- 범죄자에 대한 부정적인 사회적 반응이 범죄문제를 악화시키는 근본적인 원인이라 봄
- 대표적인 학자 : 탄넨바움(Tannenbaum), 베커(Becker), 레머트(Lemert), 슈어(Schur), 고프만(Goffman), 세프(Scheff) 등

**상황적 범죄예방이론**
범죄기회를 제거하고, 범죄행위의 이익을 감소시키는 데 있음

**무관용원칙**
규칙·법 등을 엄격히 적용하여 일체의 정상참작이 없이 처벌한다는 원칙

**낙인이론**
범죄자에 대한 사회반응을 범죄문제를 악화시키는 데 있어 가장 근본적인 원인으로 봄

• 낙인이론이 형사정책적으로 추구하는 대책 : 비범죄화, 비형벌화, 법의 적
정절차, 비사법적 해결, 비시설처우, 탈낙인화 등
• 낙인이론의 특성
– 미시 사회학적 이론
– 갈등론에 바탕
– 범죄개념에 대하여 상대주의적 입장
– 행위자의 주관적 사고과정을 중심으로 범죄현상을 제시
– 처벌은 범죄의 결과라기보다는 원인으로 봄
– 범죄대책으로 범죄에 대한 관용과 처벌의 억제를 제시
– 법집행 위임을 범죄자의 심리적 측면에서 찾음
• 낙인의 인과과정
1차적 일탈에 대한 공식적인 낙인 → 차별적 기회구조 초래, 차별적 접촉
초래, 부정적 자기관념 초래 → 2차적 일탈

ⓛ 탄넨바움(Tannenbaum) 악의 극화

**탄넨바움**
악에 대하여 적게 말하고, 선에 대하여 많
이 말하면 좋다고 봄

• 악의 극화
– 일탈행위가 처벌과 같은 공식적인 반응으로 전환되어 많은 사람에게 알
려지면 그 청소년은 비행소년이라는 꼬리표가 붙음
– 꼬리표가 붙게 되면 부정적 자아관념이 형성하게 되어 더욱 반항심을 불
러 일으켜 문제를 가중시키게 됨
– 소년범에 대하여 나쁘다고 규정하고 그를 선하다고 믿지 않기 때문에 오
히려 더 나쁘게 되며 이는 낙인과정에 해당
– 청소년의 불법행위에 대한 사회적 반응과정을 악의 극화라 함
• 범죄대책 : 비행청소년에 대하여 꼬리표를 붙이지 않아야 악의 극화를 막
을 수 있다고 보고, 낙인이 적으면 적을수록 청소년의 심화되는 비행을 막
을 수 있다고 봄

ⓒ 레머트(Lemert)의 사회적 낙인으로서의 일탈
• 1차적 일탈과 2차적 일탈
– 1차적 일탈에 대하여 낙인은 2차적 일탈을 야기한다고 봄
– 일탈이 사회를 이끌어 가는 것이 아니라 통제가 일탈을 이끌어 간다고 봄
– 1차적 일탈에 대하여 행위자를 범죄자라고 낙인찍었을 때 행위자가 낙인
을 받아들여 자신을 일탈적인 사람이라고 인식하면 그 후 그는 상습적으
로 일탈을 행하게 된다는 것
• 1차적 일탈자를 2차적 일탈자로 낙인시키는 과정
1차적 일탈 → 오명 씌우기 → 불공정의 자각 → 제도적 강제 → 일탈하위
문화에 의한 사회화 → 부정적 정체성의 긍정적 측면 → 2차적 일탈
• 대책 : 잘못된 사회적 반응이 1차적 일탈자를 보다 심각한 2차적 일탈자로
약화시킨다고 보고, 국가와 사회는 1차적 일탈자에 대하여 섣불리 형벌을
가해서는 아니되고 보다 관대하게 낙인효과를 최소화시키는 방법으로 일
탈자를 대하여야 한다고 봄

② 베커(Becker)의 사회적 지위로서의 일탈

- 베커는 일탈을 행위의 특성이 아니라 다른 사람들이 범죄자에게 법과 제재를 적용한 결과로 보고 준법과 일탈은 상대적으로 정의될 수밖에 없다고 주장
- 일탈은 고유한 행위의 실체가 아니고 사회집단들이 규칙을 만듦으로서 생성된다고 봄
- 보편적으로 합의된 규범은 존재하지 않는다고 보는 갈등론을 바탕으로 하고 있으며, 일탈이 행위의 특성이나 규범위반 여부보다는 다른 사람의 반응에 의하여 규정된다고 봄
- 베커는 단순히 규율을 위반하는 것과 일탈행위인 범죄를 구분할 것을 주장
- 단계적 모델에 따른 일탈경력 발전단계
  비동조적 행위를 범하는 단계 → 일탈적 동기와 관심의 발전하는 단계 → 검거되어 공식적으로 낙인찍히는 단계 → 조직화된 일탈집단으로 들어가는 단계
- 베커는 일탈의 단계를 쌓아감으로서 단순한 규범위반자를 상습적 일탈자로 변화하는 과정을 정형화

⑩ 슈어(Schur)의 자아관념으로서의 일탈

- 2차적 일탈을 공식낙인에 의한 것이라기보다는 일탈적 자아관념이나 동일시의 표현이라 보는 입장
- 일탈이 자기 스스로 자신에게 각인한 자아관념 및 자기낙인과 스스로 부과한 사회적 상호작용의 제한이 더 중요하다고 봄
- 일탈로의 발전은 사회적 반응에 어떻게 반응하느냐에 따라 외부적 낙인이 자아정체성에 영향을 미칠 수도 있고, 미치지 않을수도 있는 협상과정으로 봄
- 범죄대책으로는 눈덩이 효과 가설을 바탕으로 급진적 불개주의로서 피해자 없는 범죄에 대하여 비범죄화를 주장

⑪ 낙인이론의 평가

- 낙인이론의 공헌
  - 소년범, 과실범, 경범죄자에 대하여 2차적 일탈예방에 대한 대책수립에 영향
  - 비형법적인 방법으로 범죄인을 처우할 것을 주장하여 비범죄화, 비형벌화, 비시설수용화, 대체처분, 법의 적정절차화의 이론적 근거를 제시
  - 암수범죄의 문제점을 지적하고 참여적 관찰에 의한 보완을 주장
  - 범죄자에 대한 보장적 측면을 중시하고, 범죄자에 대한 국가의 개입의 최소화와 사회내처우의 중요성을 강조
- 낙인이론의 비판
  - 형법상의 사회통제기관을 너무 비판적으로 봄
  - 낙인 없는 일탈도 없다는 상대주의에 치우침
  - 초범의 범죄원인을 설명할 수 없음
  - 화이트칼라 범죄와 같은 지배계층의 범죄에 대해 관대한 결과가 됨
  - 중요범죄에 대한 형사정책적 대안을 충분히 제시하지 못함

눈덩이 효과 가설
형사제재를 가하게 되면 범죄성이 경감되기 보다는 산 위에서 눈덩이를 굴리듯이 확대된다는 것으로, 형사사법의 역기능을 설명한 것

– 공식적 낙인이 부정적 결과만 초래하는 것이 아니라 긍정적 결과도 가져
올 수 있음

– 낙인되는 사람과 낙인을 부과하는 사람의 역할을 단순화

### (4) 갈등론과 비판범죄학

① 갈등론적 범죄학

㉠ 범죄학의 갈등론적 관점

• 갈등이론

– 사회생활은 갈등관계이고 사회가 유지되는 동력은 갈등의 산물이라 주장

– 법의 제정과 국가 사법기관의 활동은 특정집단이 권력과 이익을 도모하
는 편파적인 활동일 뿐이라는 것

– 법의 제정과 집행과정에 대해서 중요한 고찰대상으로 하고 문제시

– 다양한 이해와 가치가 공정하게 대표되고 법과 형사사법은 비차별적이
어야 한다고 봄

• 갈등론의 초점

– 특정집단이나 계층과 갈등관계에 있는 집단이나 계층에서 범죄가 주로
발생하는가에 초점

– 범죄와 일탈행동을 문화적 및 집단적 갈등 속에 있는 사람의 정상적이
고 학습된 행위로 봄

– 경제계층적 갈등, 집단 및 문화적 갈등, 권력구조에 따른 갈등 등 다양한
방법으로 범죄에 대한 사회적 역할과 기능을 설명

– 범죄와 범죄자가 만들어지는 과정에 관심

㉡ 보수적 갈등론

• 셀린(Sellin)의 문화갈등이론

– 현대사회는 전체사회의 규범과 부분사회의 규범 간의 갈등이 생기기 쉽
고 갈등이 증대하면 행위자의 인격해체를 일으켜 범죄를 유발한다는 것

– 문화갈등의 유형에는 1차적 문화갈등과 2차적 문화갈등이 있으며, 1차적
문화갈등은 이질적인 문화 사이에 발생하는 갈등이고, 2차적 문화갈등
은 하나의 단일문화가 각기 독특한 행위규범을 갖는 여러 개의 다른 하
위문화로 분화될 때 일어나는 갈등형태

– 문화갈등이론은 차별적 접촉이론의 기초를 제공하였고, 하층계급문화이
론에 영향을 주었으며 비판범죄학의 이론적 기초가 됨

• 볼드(Vold)의 집단갈등이론

– 범죄행위를 집단갈등의 표현이라 주장

– 사회질서는 집단 간의 합의를 반영하는 것이 아니라 서로 다른 힘과 이
해관계를 가진 다양한 집단 간의 불편한 상호작용을 통하여 형성

– 법이 한 집단의 이익을 증진시키고 다른 집단의 이익을 저지하거나 경감
시켜 법 제정에 반대했던 사람들은 더 많은 법률을 위반하여 범죄를 범
하게 된다는 것

**법규범**
다양한 사회성원 간의 합의된 가치를 반영하는 것이 불가능해지면 가장 지배적인 문화의 행위규범만 반영하므로 양자 모두 범죄의 원인이 된다고 보는 이론

**법**
집단 간의 갈등의 결과이면서 갈등상황에서 사용되는 무기

- 볼드는 비행이나 범죄를 소수집단의 행동으로 봄
- 이 이론은 충동적 범죄나 비이성적인 범죄 및 사기, 강도, 절도 등 개인에 바탕을 둔 범죄에 대하여 잘 적용되지 않으나 인종분쟁, 노사분쟁, 확신범죄 특정범죄에 적합하다고 평가됨
- 터크(Turk)의 범죄화론
  - 범죄행위는 권력자 등에 의해서 규정되고 부과되는 것으로 봄
  - 범죄성은 법률적 또는 비법률적 기준에 의하여 집행권력을 가진 사람들에 이해 적용되는 규정이라 주장
  - 어떠한 조건하에서 권력자와 종속자의 문화적 · 행위적 차이가 법률적으로 나타나고 어떠한 상황에서 법률이 집행되어 범죄로 규정되어지는가 하는 법률적 갈등과 범죄화에 초점
  - 터크는 법 제도 자체보다 법이 집행되는 과정에서 특정한 집단구성원이 범죄자로 규정되는 고정을 중요시
  - 문화적 · 행동양식적 차이가 법률적 갈등을 초래하기 위한 조건에는 종속자와 권력자 간의 행위적 차이, 양자 간의 조직화 정도, 양자의 지적 교양과 세련화 정도 등
  - 범죄화 현상의 세 가지 조건 : 법집행자에게 금지된 행동이나 가치, 권력자와 종속자 사이의 힘의 상대성, 갈등진행의 현실성

ⓒ 갈등론의 비판
- 비정치적인 전통범죄는 집단갈등의 소산으로 보기 어려움
- 법과 형벌이 계층질서를 유지하기만을 위한 것이라고 보기 어려움
- 범죄의 원인이 되는 집단갈등을 제거하기 위한 사회정책을 실현하는데 어려움 있음

② 비판범죄학

㉠ 의의
- 범죄는 자본주의와 계급갈등에 이해 발생한다고 봄
- 생산수단 및 권력의 불평등한 분배는 계급갈등의 토대가 되고 자본가–노동자 계급의 갈등의 산물이 범죄라 주장
- 범죄를 자본주의 체제의 경제모순에서 야기되는 산물로 보고, 형벌은 경제적 지배계급인 부르주아가 피지배계급인 프롤레타리아를 억압 · 착취하기 위하여 사용하는 강제력이라 보며, 형법은 부르주아가 계급투쟁을 억압하고 계급의 분화를 유지하기 위한 통제수단으로 봄
- 도구적 마르크스주의는 국가와 법을 자본가계급의 이익과 권력을 유지하기 위한 도구라는 입장
- 구조적 마르크스주의는 국가와 법이 지배층의 도구로만 작용하지 않고 지배계급으로부터 상대적으로 독립되어 있다고 보고 때로는 프롤레타리아의 이익도 반영할 수 있다는 입장

ⓒ 초기 마르크주의 범죄관
- 마르크스의 범죄분석

SEMI-NOTE

**법과 범죄화**
법은 저항력이 적은 사람에게 강력하고 확실하게 집행되기 때문에 권력자의 힘이 크고 종속자의 힘이 약할 때 범죄화가 가장 많이 발생할 것으로 봄

**이익 보장 장치**
경찰, 검찰, 법원, 교도소는 현 상태를 위협할 수 있는 프롤레타리아 계급을 통제하여 권력 엘리트의 이익을 보장하는 장치로 봄

SEMI-NOTE

– 범죄발생의 원인은 경제적 불평등과 계급갈등의 산물
– 범죄행위는 지배적인 사회체계에 대한 반역의 형태이고, 부정적인 행위이지만 의식적인 혁명의 형태로 발전할 수 있다고 주장
• 봉거(Bonger)의 자본주의와 탈도덕화
자본주의 구조 자체가 모든 범죄의 근본적인 원인이라는 것
– 부르주아의 이기적인 행위는 범죄로 하지 않고, 프롤레타리아의 이기적인 행위만을 범죄로 규정
– 범죄대책으로는 자본주의 체제를 사회주의 체제로 전환하는 것 뿐이라 주장

**급진적 갈등이론**
자본주의 속성인 자본과 권력의 불평등한 분배로 인한 계급갈등에 대한 마르크스주의의 문제제기는 범죄학 내에서 급진적 갈등이론의 발전에 기여함

**참고 : 급진적 범죄학의 특성**

• 자본주의 모순에 관심
• 사회과학의 가치중립성 부정
• 실증주의, 자유주의 패러다임과 결별
• 일탈문제를 자본주의 모순에 대한 총체적 해명 속에서 이해
• 일탈 및 범죄문제를 전반적인 체제변동과 억압에 대한 투쟁에의 정치적 참여를 주장

**자본주의 체제의 범죄유형**
• 자본가계급의 지배와 억압 범죄 : 기업범죄(부당내부거래, 가격담합, 입찰담합 등), 통제범죄(불공정한 사법기관의 활동), 정부범죄(공무원이나 정부관리가 저지르는 부정부패)
• 노동자계급의 범죄 : 적응범죄(자본주의에 의하여 곤경에 빠진 사람들이 다른 사람의 수입과 재산을 탈취), 대항범죄(지배계급에 대항하는 범죄)

ⓒ 마르크스주의 범죄학(1960~1970년대)
• 테일러(Taylor), 월튼(Walton), 영(Young)의 비판범죄학
– 자본주의 사회구조 자체가 범죄의 근본원인이라 봄
– 지배계급의 행위유형을 권력형 범죄로 규정하여 폭로하고, 형사사법 체계의 불평등을 부각시키는데 중점
– 권력형 범죄의 사회적 해악을 해결하기 위해서는 사회주의 체계를 실현하여야 한다고 주장
– 범죄는 자본주의 하에서 노동계급에 대한 착취와 업악의 산물이라는 입장
– 하류계층의 거리범죄는 심각한 문제로 보지 않고 이들의 일탈행동은 개인 또는 사회의 병리적 산물이 아니라 인간의 정상적인 행동으로 간주되어야 한다고 주장
– 이 이론은 범죄해방적 사회건설은 실현가능성이 낮고, 즉각 실행할만한 대책으로 보기 어려움
• 퀴니(Quinney)의 급진적 갈등론
– 형사법의 제정, 집행과정이 개인 및 집단의 이익을 추구하는 정치적 상황에 의해서 이루어진다고 주장
– 범죄가 특정한 가치와 이익을 증가시키는 정치적 과정의 일부로서 만들어져 분파별로 전달되고 창조된다고 봄
– 범죄는 권력 있는 개인이나 집단이 자신의 권위를 정당화하고, 자신들의 이익을 증진시키는 정책을 추진하는 과정에서 특정한 행위를 범죄로 한 것이라 주장
– 형법을 국가와 부르주아가 기존의 사회경제질서를 유지하고 영구화하기 위한 도구로 봄

**퀴니의 급진적 범죄이론의 명제**
• 국가는 지배계급의 이익에 봉사하기 위한 조직
• 자본주의의 붕괴와 사회주의의 실현만이 범죄문제 해결 가능
• 형법은 국가와 지배계급이 기존의 경제질서를 유지하고 영속화하기 위한 도구
• 계급 간의 갈등에서 나타나는 자본주의의 모군이 법체계의 억압으로 은폐됨
• 범죄에 대한 통계는 엘리트 관료에 의해 구성되고 이러한 제도나 기관은 지배계급의 이익을 대변함

– 범죄를 자본주의 경제적 조건에 대한 불가피한 반응으로 인식

– 범죄문제에 대한 유일한 해결책은 계급투쟁에 가담하여 자본주의 체제를 전복하고 사회주의 국가를 건설하는 것

– 이 이론은 구체적인 통제방법에 대한 대책이 없고, 너무 단순하고 이데올로기적

ⓔ 스피처(Spitzer)의 후기 자본주의 갈등론

– 후기 자본주의 시대의 경제활동과 계급갈등을 중심으로 범죄발생과 통제문제를 규명하고자 함

– 문제인구의 생산은 그들의 행위, 인성, 위치가 생산의 사회관계를 위협한다는 입장

ⓜ 페미니스트 범죄이론

– 여성범죄와 성비는 성적 불평등과 가부장적 사회의 반영이라 주장

– 사회를 지배와 종속으로 구분할 때 남성의 여성지배가 계급에 우선할 수 있다고 가정

– 형사사법상의 결정은 주로 성이나 성역할을 고려하여 이루어진다고 봄

– 이 이론은 아직 정립된 이론으로 받아들여지지 않음

ⓗ 비판범죄학의 평가

• 공헌

– 연구대상을 범죄나 범죄자가 아닌 사회통제기관으로 한 점은 하나의 전환점이 됨

– 인종차별, 노동착취, 전쟁, 빈곤, 사회불안, 도시문제 등 사회병리현상이 구조적 불평등을 야기한다는 점을 지적

• 한계

– 형법의 보호적 기능을 간과

– 범죄가 하류계급뿐만 아니라 중류 또는 상류계급에도 존재

– 이론적 수준이 미약하고 지나친 이데올로기에 기반함

– 범죄통제를 위한 구체적인 대안을 제시하지 못함

**형법의 보호적 기능**
형법은 사회질서의 기본가치를 보호하는 기능을 가지는데 여기에는 법익보호의 기능과 사회 윤리적 행위가치의 보호 2가지의 기능이 있음

## 03절 범죄대책론

## 1. 범죄의 예측

### (1) 의의

① 장래에 어떤 사람이 범죄를 행할 가능성이 얼마나 되는지를 측정하여 그 위험성을 사전에 예방하기 위하여 행하는 활동을 말함

② 범죄경향을 예측하여 범죄의 예방 및 처우의 기초를 제공할 수 있음

③ 범죄예측은 형사정책상 처분이나 그에 대한 개입을 가능하게 하여 현대 형사정책에 중요한 위치를 점하고 있음

**범죄예측이론**
범죄예측이론은 미국의 힐리(Healy)가 학술적으로 기술한 것인데, 그는 개개 범죄자의 생활력을 추구하는 새로운 연구방법을 사용하여 생활력에 나타난 여러 인자를 지능검사 및 기타 방법에 의해 계량적으로 파악, 기술하려고 하였음

**(2) 형사정책에 범죄예측의 활용**

① 1차적(예방단계) 범죄예방을 위한 예측 : 잠재적 범죄자를 예측하여 개별적으로 범죄성의 발전이나 심화를 사전에 예방하기 위한 예측이며, 예방단계에서 이루어지는 것으로 비사법적 예측

② 재범예방을 위한 예측

　㉠ 수사단계에서 예측 : 경찰이나 검찰에서 범죄수사단계에 있어서 범죄자의 처리나 처분을 결정하기 위한 예측

**재판단계에서 범죄예측의 적용**

보안처분 여부의 결정, 형의 집행유예 및 선고유예의 결정 양형을 판단할 때

　㉡ 재판단계에서 예측 : 양형과 같은 범죄자의 처분을 결정하는데 기초가 되는 범죄예측으로 단시간에 조사와 판단을 하여야 하므로 판결전조사 제도와 같은 상기가 있다

　㉢ 교정단계에서 예측 : 범죄자의 교화 · 개선을 통한 재범방지를 목적으로 하는 합리적인 처우방법의 선택을 위한 예측, 가석방 및 임시퇴원의 여부와 시기를 판단하기 위한 예측 등

③ 범죄예측의 분류

　㉠ 예측방법에 의한 분류

　　• 직관적 예측법 : 사람의 인식능력이나 경험을 바탕으로 하여 직관적으로 예측하는 방법

**통계적 예측법**

계량적 예측을 통하여 환경성 범죄자에 대하여 적용

　　• 통계적 예측법(점수법) : 여러 자료를 이용하여 범죄예측요인을 수량화하여 비중에 따라 범죄나 비행을 예측하는 방법

　　• 임상적 예측(전체적 평가법) : 범죄자의 소질, 구체적인 상황 등을 종합 · 분석하여 범죄성향을 임상적 지식에 의하여 예측하는 방법

　　• 통합적 예측 : 직관적 예측법과 통계적 예측법을 절충한 방법

　㉡ 예측시점에 의한 분류 : 1차적(예방단계) 범죄예방을 위한 예측, 수사단계에서 예측, 재판단계에서 예측, 교정단계에서 예측 등으로 분류함

④ 범죄예측의 문제점

　㉠ 각 개인의 개성이나 특수성에 따른 예외적인 경우 예측이 어려움

　㉡ 예측이 범죄의 원인관계를 해명하는데 적합하지 않음

　㉢ 범죄예측이 모든 범죄자를 분류할 수 있을 만큼 완벽하지 않음

　㉣ 예측이 개인의 여러 가지 조건이나 속성의 변화에 능동적으로 반영하기 어려움

**한눈에 쏙~**

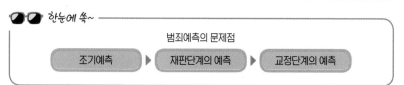

범죄예측의 문제점

조기예측 ▶ 재판단계의 예측 ▶ 교정단계의 예측

⑤ 범죄예측에 대한 평가

　㉠ 기술측면의 문제점 : 특정인에게 범죄위험성이 없는데도 불구하고 위험성이 있다고 예측하여 제재를 강화하면 그 개인은 피해를 보게 되고(잘못된 긍정), 위험성이 있음에도 불구하고 없다고 예측하는 경우 사회방위가 취약해짐(잘못된 부정).

ⓛ 윤리측면의 문제점

- 행위에 중심을 두는 죄형법정주의에 위배될 수 있음
- 임상적 예측은 객관성이 결여되고, 통계적 예측법은 행위자의 인격이나 자유의지를 고려하지 못함
- 예측 자체만으로도 낙인효과가 발생할 수 있음
- 법관, 경찰, 검찰의 자의나 편견을 합리화시키는 도구로 사용될 가능성이 있음
- 예측항목에 성별, 자산 등이 고려되어 신분적 지위 때문에 차별대우를 받는 결과를 초래
- 예측과정에서 인권침해의 소지 있음

## 2. 형사사법정책

### (1) 공소의 제기와 형사정책

① 기소유예제도

ㄱ 의의 : 공소를 제기할 충분한 범죄혐의가 있고 소송조건도 구비되어 있는 경우 검사가 재량으로 기소하지 않는 처분

ㄴ 형사소송법상 유사한 제도 : 국가보안법상 공소보류제도, 소년법상 소년사건에 대한 조건부기소유예제도가 있음

② 기소제도의 분류

ㄱ 기소법정주의 : 기소하기에 충분한 객관적인 혐의가 있을 때는 반드시 기소를 해야만 한다는 주의로 이 주의에서는 공소의 취소도 인정되지 않으며, 독일에서는 기소법정주의를 원칙으로 하고 예외적으로 기소편의주의를 택하고 있으나, 한국은 기소편의주의를 택함

**실력UP 기소법정주의**

검사의 자의를 방지하고 형사사법이 정치적 압력에 의하여 좌우되는 것을 방지한다는 점에서는 유효하지만, 범죄의 정상을 무시하여 반드시 기소해야만 한다는 점에서 도리어 정의에 위배되는 결과를 가져오는 결점 존재

ㄴ 기소편의주의 : 검사에게 기소·불기소의 재량의 여지를 인정하는 제도로 공소를 하고 난 후에도 그 취소가 가능하며, 형사소송법도 제1심 판결의 선고가 있기 전까지는 공소를 취소할 수 있다고 규정하고 있다(형사소송법 제255조 제1항).

③ 기소유예제도의 장단점

ㄱ 장점

- 형사정책의 경직성을 피할 수 있고, 단기자유형의 폐해를 방지할 수 있음
- 기소를 탄력적으로 결정할 수 있어 구체적이고 실질적인 정의실현이 가능함
- 공소제기에 구체적 타당성을 기할 수 있어 공소제기 자체에 의한 일반예방효과와 특별예방효과를 증진시킬 수 있음

**기소유예**

형법상 양형의 조건을 참작하여 검사가 결정하는 행정처분에 해당

**일사부재리의 원칙**

기소유예처분을 한 사건을 다시 기소하여 유죄판결하는 것은 일사부재리의 원칙에 반하지 않음

- 경미한 범죄에 대하여 불필요한 구금을 피할 수 있어 법원과 교정시설의 부담이 감소함
- 경미한 범죄자의 신속한 사회복귀에 적합함

ⓛ 단점

- 검사의 기소재량권이 자의적으로 행사될 위험성이 높음
- 법적 안정성을 해할 우려 있음
- 법원의 판단을 받아야할 범죄성립 여부가 검사의 행정처분에 의하여 유죄로 판단되는 것은 불합리함
- 정치적으로 남용될 우려가 있고, 부당한 불기소처분이 우려됨
- 범죄에 대한 처벌의 공백이 생길 수 있음

④ 공소권행사의 적정에 대한 피해자보호

ㄱ 불기소처분의 고소인등에의 처분고지(형사소송법 제258조)

- 검사는 고소 또는 고발있는 사건에 관하여 공소를 제기하거나 제기하지 아니하는 처분, 공소의 취소 또는 송치를 한 때에는 그 처분한 날로부터 7일 이내에 서면으로 고소인 또는 고발인에게 그 취지를 통지하여야 한다.
- 검사는 불기소 또는 타관송치의 처분을 한 때에는 피의자에게 즉시 그 취지를 통지하여야 한다.

ㄴ 불기소이유의 피해자 등에 대한 통지(형사소송법 제259조) : 검사는 고소 또는 고발있는 사건에 관하여 공소를 제기하지 아니하는 처분을 한 경우에 고소인 또는 고발인의 청구가 있는 때에는 7일 이내에 고소인 또는 고발인에게 그 이유를 서면으로 설명하여야 한다.

ㄷ 재정신청(형사소송법 제260조)

재정신청
피공표자의 명시한 의사에 반하여 재정을 신청할 수 없음

- 고소권자로서 고소를 한 자는 검사로부터 공소를 제기하지 아니한다는 통지를 받은 때에는 그 검사 소속의 지방검찰청 소재지를 관할하는 고등법원에 그 당부에 관한 재정을 신청할 수 있다.
- 재정신청을 하려는 자는 항고기각 결정을 통지받은 날 또는 사유가 발생한 날부터 10일 이내에 지방검찰청검사장 또는 지청장에게 재정신청서를 제출하여야 한다.
- 재정신청서에는 재정신청의 대상이 되는 사건의 범죄사실 및 증거 등 재정신청을 이유있게 하는 사유를 기재하여야 한다.

ㄹ 검찰항고(검찰청법 제10조 제1항) : 검사의 불기소처분에 불복하는 고소인이나 고발인은 그 검사가 속한 지방검찰청 또는 지청을 거쳐 서면으로 관할 고등검찰청 검사장에게 항고할 수 있다.

ㅁ 검찰권행사에 대한 법무부장관의 지휘 · 감독(검찰청법 제8조) : 법무부장관은 검찰사무의 최고 감독자로서 일반적으로 검사를 지휘 · 감독하고, 구체적 사건에 대하여는 검찰총장만을 지휘 · 감독한다.

ㅂ 고소 · 고발인의 헌법소원(헌법재판소법 제68조 제1항) : 공권력의 행사 또는 불행사로 인하여 헌법상 보장된 기본권을 침해받은 자는 법원의 재판을 제외하고는 헌법재판소에 헌법소원심판을 청구할 수 있다. 다만, 다른 법률에 구제절차가 있는 경우에는 그 절차를 모두 거친 후에 청구할 수 있다.

## (2) 재판과 형사정책

① 개설 : 재판단계에서의 형사정책 논의는 양형의 합리화와 양형과 관련된 형의 유예제도

② 양형의 합리화 방안

    ㉠ 양형의 의의 : 법원이 형사재판 결과 유죄 판결을 받은 피고인에 대해 그 형벌의 정도 또는 형벌의 양을 결정하는 일을 말하며, 일정한 범주로 규정된 법정형에 법률상 가중·감경 또는 작량감경을 하여 그 처단형의 범위 내에서 선고할 형을 정하는 것

    ㉡ 양형원칙

        • 책임주의의 원칙 : 형량은 행위자의 책임과 균형을 이루는 범위에서 결정되어야 함

        • 형사정책적 고려 : 양형은 책임주의와 예방주의의 조화, 사회방위처분의 필요성과 보안처분의 조화 등이 요구됨

        • 예방주의 원칙, 비례의 원칙, 형벌최소화의 원칙 등

        • 양형기준

            – 범죄의 죄질 및 범정과 피고인의 책임의 정도를 반영할 것

            – 범죄의 일반예방 및 피고인의 재범 방지와 사회복귀를 고려할 것

            – 동종 또는 유사한 범죄에 대하여는 고려하여야 할 양형요소에 차이가 없는 한 양형에 있어 상이하게 취급하지 아니할 것

            – 피고인의 국적·종교 및 양심·사회적 신분 등을 이유로 양형상 차별을 하지 아니할 것

    ㉢ 양형의 합리화방안 : 유·무죄 인정절차와 양형절차의 분리, 양형표 또는 양형지침서의 작성, 판결전 조사제도, 양형위원회

    ㉣ 양형합리화를 위한 부수적인 문제 : 구형의 합리화, 부정기형의 실효를 위한 일정한 통제의 필요, 판결서에 양형이유의 명시

    ㉤ 양형의 조건

        • 의의 : 양형의 문제를 법관의 자유재량에 맡기면서도 자의적이거나 불합리한 양형을 제한하기 위하여 정해 놓은 표준을 양형의 조건 또는 양형인자라고 함

        • 양형의 조건(형법 제51조)

            – 범인의 연령, 성행, 지능과 환경

            – 피해자에 대한 관계

            – 범행의 동기, 수단과 결과

            – 범행 후의 정황

③ **집행유예** : 유죄의 형을 선고하면서 이를 즉시 집행하지 않고 일정기간 그 형의 집행을 미루어 주는 것으로, 그 기간이 경과할 경우 형선고의 효력을 상실하게 하여 형 집행을 하지 않는 것

㉠ **법적 성격** : 형의 집행조건의 결여로 인한 집행의 중지가 본질

㉡ **형사정책적 의의** : 단기자유형의 폐해를 방지하고 범죄인의 사회복귀를 촉진시킬 수 있음

㉢ **집행유예의 요건(형법 제62조)**

• 3년 이하의 징역이나 금고 또는 500만원 이하의 벌금의 형을 선고할 경우에 양형의 사항을 참작하여 그 정상에 참작할 만한 사유가 있는 때에는 1년 이상 5년 이하의 기간 형의 집행을 유예할 수 있다. 다만, 금고 이상의 형을 선고한 판결이 확정된 때부터 그 집행을 종료하거나 면제된 후 3년까지의 기간에 범한 죄에 대하여 형을 선고하는 경우에는 그러하지 아니하다.

• 형을 병과할 경우에는 그 형의 일부에 대하여 집행을 유예할 수 있다.

㉣ **집행유예와 조건부 부담처분(형법 제62조의2)**

• 형의 집행을 유예하는 경우에는 보호관찰을 받을 것을 명하거나 사회봉사 또는 수강을 명할 수 있다.

• 보호관찰의 기간은 집행을 유예한 기간으로 한다. 다만, 법원은 유예기간의 범위내에서 보호관찰기간을 정할 수 있다.

• 사회봉사명령 또는 수강명령은 집행유예기간내에 이를 집행한다.

㉤ **집행유예의 효과(형법 제65조)** : 집행유예 선고 후 그 선고가 실효 또는 취소됨이 없이 유예기간이 경과한 때에는 형의 선고가 효력을 잃는다. 그러나 형선고로 인한 법률효과는 그대로 남는다.

㉥ **집행유예의 실효(형법 제63조)** : 집행유예의 선고를 받은 자가 유예기간 중 고의로 범한 죄로 금고 이상의 실형을 선고받아 그 판결이 확정된 때에는 집행유예의 선고는 효력을 잃는다.

㉦ **집행유예의 취소(형법 제64조)**

• 집행유예의 선고를 받은 후 금고 이상의 형을 선고한 판결이 확정된 때부터 그 집행을 종료하거나 면제된 후 3년까지의 기간에 범한 죄의 사유가 발각된 때에는 집행유예의 선고를 취소한다.

• 보호관찰이나 사회봉사 또는 수강을 명한 집행유예를 받은 자가 준수사항이나 명령을 위반하고 그 정도가 무거운 때에는 집행유예의 선고를 취소할 수 있다.

④ **선고유예** : 범정이 경미한 범인에 대하여 일정한 기간 형의 선고를 유예하고, 그 유예기간을 사고 없이 지내면 형의 선고를 면하게 하는 제도

㉠ **집행유예와 비교**

• 선고유예는 범정이 비교적 경미한 사례에 적용되고, 집행유예는 비교적 중한 사례에 적합한 처분

• 선고유예는 가장 가벼운 유죄판결이고 재범의 위험성이 가장 적은 초범자를 대상

- 선고유예는 형의 선고를 수반하지 않고 집행유예는 형의 선고를 수반
- ① 유죄판결의 선고유예와 비교 : 미국은 유죄판결 자체를 유예하나 한국 형법은 형의 선고만 유예할 뿐이며, 형의 선고유예는 유죄판결의 일종이고 유죄판결의 선고유예는 유죄판결이 아님
- © 법적 성격 : 선고유예는 형의 선고를 유예하여 형벌을 피하기 위한 제도로 형 집행의 변형이 아니며 집행유예는 형 집행의 변형으로서의 성질을 가짐
- @ 형사정책적 의미 : 개전의 정상이 현저한 피고인에게 형의 선고를 유예하여 범죄인의 신속한 사회복귀를 촉진하기 위한 제도로, 피고인에게 형을 선고받은 사람이라는 낙인을 찍지 아니함
- @ 선고유예의 요건(형법 제59조)
  - 1년 이하의 징역이나 금고, 자격정지 또는 벌금의 형을 선고할 경우에 양형 조건의 사항을 고려하여 뉘우치는 정상이 뚜렷할 때에는 그 형의 선고를 유예할 수 있다. 다만, 자격정지 이상의 형을 받은 전과가 있는 사람에 대해서는 예외로 한다.
  - 형을 병과할 경우에도 형의 전부 또는 일부에 대하여 선고를 유예할 수 있다.
- @ 조건부 부담처분(형법 제59조의2)
  - 형의 선고를 유예하는 경우에 재범방지를 위하여 지도 및 원호가 필요한 때에는 보호관찰을 받을 것을 명할 수 있다.
  - 보호관찰의 기간은 1년으로 한다.
- ⊗ 선고유예의 효과(형법 제60조) : 형의 선고유예를 받은 날로부터 2년을 경과한 때에는 면소된 것으로 간주한다.
- ⊙ 선고유예의 실효(형법 제61조)
  - 형의 선고유예를 받은 자가 유예기간 중 자격정지 이상의 형에 처한 판결이 확정되거나 자격정지 이상의 형에 처한 전과가 발견된 때에는 유예한 형을 선고한다.
  - 보호관찰을 명한 선고유예를 받은 자가 보호관찰기간중에 준수사항을 위반하고 그 정도가 무거운 때에는 유예한 형을 선고할 수 있다.

## (3) 전환제도

① 전환제도의 의의
- ㉠ 형사절차의 중간단계에서 절차진행을 중지하고 비공식적 절차에 의하여 범죄인을 처리하는 제도
- ㉡ 범죄자가 사회내처우, 교육, 상담 등 개선 프로그램에 자발적으로 참여하는 것을 조건으로 구속이나 기소를 회피하는 제도
- ㉢ 경찰의 훈방, 검찰의 기소유예, 선도조건부 기소유예, 선고유예, 집행유예 등이 있음
- ㉣ 전환제도의 예외 : 치료감호, 귀휴, 보안처분은 범죄인을 사법절차에서 완전히 배제시키는 것이 아니므로 전환제도가 아님

SEMI-NOTE

**유죄판결의 선고유예**
유죄판결의 선고유예는 유죄선고에 따르는 사회윤리적인 낙인을 피하면서 범죄인을 사회에 복귀시키려는 취지임

01장
형사정책

**면소**
형사소송에 있어서 해당 사건에 관한 해당 법원의 소송절차를 종결시키는 종국재판으로 공소시효가 소멸됐거나 사면됐을 경우에 내려짐

**보석과 구속적부심제도**
보석이나 구속적부심제도는 형사절차에 속하므로 전환제도가 아니고, 소년법상 불심리결정이나 불처분결정은 전환제도에 속함

**재판 전 조정제도**
사법기관이 중간에서 화해나 타협점을 찾아 합의하도록 유도하는 제도

② 형사정책적 의의

  ㉠ **재판 전 조정제도로 활용** : 범죄처리로부터 전환 및 우회하여 형사사법 절차를 최소화하는 것으로 전환제도에 속함

  ㉡ **낙인화 방지** : 전환제도는 유무죄가 확정되지 않은 상태에서 이루어지기 때문에 역기능을 방지

  ㉢ **비공식적 대응** : 전환제도는 형사소추기관이 비공식적으로 범죄행위에 대응하는 것으로 경찰은 범죄자의 체포여부를 결정하는데 재량권을 행사하고, 검찰은 기소여부에 재량권을 행사

  ㉣ 범죄학습의 차단과 전통적 사회와의 유대 유지

  ㉤ 형사사법이 개별화 : 범죄자 개인의 문제와 위험성, 지역사회의 기대, 범죄의 영향 등을 고려하여 판단하는 것

③ 효과와 문제점

| 효과 | 문제점 |
|---|---|
| • 비용절감<br>• 형사사법 기관들의 업무경감 및 능률성의 제고<br>• 낙인화의 방지 및 범죄학습의 방지<br>• 구금의 대안제공 및 비공식적 환경으로 대체 등을 통한 경제적인 방법으로 범죄문제 처리<br>• 인도주의적 처우실현 | • 국가에 의한 통제와 감독을 받는 사람의 증가<br>• 범죄원인을 제거하는데 효과미흡<br>• 형벌에 따른 고통의 감소로 재범증가의 가능성<br>• 절차의 이완으로 형사사법의 불평등을 야기할 가능성 증대<br>• 전환제도도 다른 형사사법절차의 하나일 뿐이라는 것<br>• 유죄를 추정하는 것이므로 개인의 자유와 권리보장이 미흡 |

# 3. 소년사법정책 ★빈출개념

## (1) 개설

① **의의** : 소년사법은 미완성 상태에 있는 소년을 형벌을 가하기보다는 건전하게 육성하고 범죄로부터 보호하여야 한다는 보호주의가 이념

② **소년보호를 위한 법률** ★빈출개념

  ㉠ **소년법** : 반사회성이 있는 소년의 환경 조정과 품행 교정을 위한 보호처분 등의 필요한 조치를 하고, 형사처분에 관한 특별조치를 함으로써 소년이 건전하게 성장하도록 돕는 것이 목적

  ㉡ **소년보호 등의 처우에 관한 법률** : 보호소년 등의 처우 및 교정교육과 소년원과 소년분류심사원의 조직, 기능 및 운영에 관하여 필요한 사항을 규정함을 목적

  ㉢ **아동복지법** : 아동이 건강하게 출생하여 행복하고 안전하게 자랄 수 있도록 아동의 복지를 보장하는 것을 목적

  ㉣ **보호관찰 등에 관한 법률** : 죄를 지은 사람으로서 재범 방지를 위하여 보호관찰, 사회봉사, 수강 및 갱생보호 등 체계적인 사회 내 처우가 필요하다고 인정되는 사람을 지도하고 보살피며 도움으로써 건전한 사회 복귀를 촉진하고,

**아동**
18세 미만인 자

효율적인 범죄예방 활동을 전개함으로써 개인 및 공공의 복지를 증진함과 아울러 사회를 보호함을 목적

ⓤ **청소년보호법** : 청소년에게 유해한 매체물과 약물 등이 청소년에게 유통되는 것과 청소년이 유해한 업소에 출입하는 것 등을 규제하고 청소년을 유해한 환경으로부터 보호 · 구제함으로써 청소년이 건전한 인격체로 성장할 수 있도록 함이 목적

ⓗ **아동 · 청소년의 성보호에 관한 법률** : 아동 · 청소년대상 성범죄의 처벌과 절차에 관한 특례를 규정하고 피해아동 · 청소년을 위한 구제 및 지원 절차를 마련하며 아동 · 청소년대상 성범죄자를 체계적으로 관리함으로써 아동 · 청소년을 성범죄로부터 보호하고 아동 · 청소년이 건강한 사회구성원으로 성장할 수 있도록 함을 목적으로 하며, 19세 미만의 청소년이 대상

ⓢ **청소년기본법** : 청소년의 권리 및 책임과 가정 · 사회 · 국가 · 지방자치단체의 청소년에 대한 책임을 정하고 청소년정책에 관한 기본적인 사항을 규정함을 목적

ⓞ **가정폭력방지 및 피해자보호 등에 관한 법률** : 가정폭력을 예방하고 가정폭력의 피해자를 보호 · 지원함을 목적

**실력up  아동, 청소년에 관한 나이**

나이에 대한 규정이 법률마다 약간 차이를 보임

③ **소년사법의 특징**
ㄱ **소년법의 특징**
- 소년의 반사회성에 바탕을 두고 있음
- 소년 보호사건은 가정법원소년부 또는 지방법원소년부에 속함
- 소년 보호사건의 심리와 처분 결정은 소년부 단독판사가 진행
- 소년사건 처리의 1차적 분류기능을 검사에게 맡기는 검사선의주의를 채택
- 보호처분의 다양화와 항고제를 인정
- 범죄소년에 대하여 형사처분 가능

**실력up  검사선의주의**

소년사건의 처리 절차에서 보호처분을 위하여 소년 심판 절차에 의할 것인지 형벌을 위하여 형사절차에 의할 것인지를 선택하는 선의권을 검사에게 귀속시키려는 입장

ㄴ **보호처분과 형사사건의 이원화**
- 소년법은 실체법과 절차법의 성격
- 보호사건절차에는 형사소송법의 규정이 적용되지 않음
- 보호사건절차에는 직권주의, 심리의 비공개, 적법절차의 원리가 적용
- 보호사건은 형사법원에서 관할하지 않으며, 보호처분으로 전과자가 되지 않음

SEMI-NOTE

**청소년**
9세 이상 24세 이하인 사람

**소년범죄의 처우**
개별화 이념에 따라 소년의 개별적인 특성을 고려해야 함

**소년사법 대상**
10세 이상 19세 미만의 촉법소년, 범죄소년, 우범소년

**보호처분**
소년원에서 집행

SEMI-NOTE

ⓒ **실체법적 성격과 절차법적 성격**
- 실체법적 성격 : 보호주의, 교육주의, 인격주의, 예방주의
- 절차법적 성격 : 통고주의, 심문주의, 개별주의, 협력주의, 밀행주의, 과학주의, 직권주의

### (2) 소년사법절차

① **범죄소년**

ⓐ 범죄소년 : 14세 이상자로서 형사책임능력이 있는 19세 미만자이다. 사실심 판결선고시 19세 미만자에게 적용되므로 항소심 계속 중에 19세가 되면 적용할 수 없으나 상고심에는 적용되지 않는다(소년법 제4조 제1항 제1호)

ⓑ 범죄소년의 처리
- 검사선의주의 : 소년사건 처리의 1차적 분류기능을 검사에게 맡기는 검사선의주의를 채택함
- 소년부에 통고 : 범죄소년에 해당하는 소년을 발견한 보호자 또는 학교·사회복리시설·보호관찰소의 장은 이를 관할 소년부에 통고할 수 있다(소년법 제4조 제3항).

② **촉법소년** : 형벌 법령에 저촉되는 행위를 한 10세 이상 14세 미만인 소년(소년법 제4조 제1항 제2호)

③ **우범소년(소년법 제4조 제1항 제3호)** : 다음에 해당하는 사유가 있고 그의 성격이나 환경에 비추어 앞으로 형벌 법령에 저촉되는 행위를 할 우려가 있는 10세 이상인 소년

ⓐ 집단적으로 몰려다니며 주위 사람들에게 불안감을 조성하는 성벽이 있는 것

ⓑ 정당한 이유 없이 가출하는 것

ⓒ 술을 마시고 소란을 피우거나 유해환경에 접하는 성벽이 있는 것

### (3) 소년보호사건

① **소년보호사건의 의의**

ⓐ 반사회적 위험을 기초로 하여 자유박탈, 제한적 조치로 범죄자의 개선 및 갱생을 도모하고 사회방위를 고려하며 처우기간이 부정기적이라는 측면에서 보안처분의 일종

ⓑ 소년보호사건의 특징
- 보호처분은 사회방위보다 보호성을 핵심으로 하여 소년의 보호와 건전한 육성에 근거
- 보호처분을 우선적으로 적용
- 일사부재리의 원칙이 적용되어 보호처분을 받은 소년에 대하여는 그 심리가 결정된 사건은 다시 공소를 제기하거나 소년부에 송치할 수 없다(소년법 제53조).

ⓒ 보호처분과 보안처분의 차이
- 보호처분은 복지적 요청위주이고, 보안처분은 사회방위 주된 목적
- 보호처분은 형벌의 회피수단이나 보안처분은 형벌을 보완하고 대체하는 수단

---

**우범소년에 대한 보호처분**

보호처분의 이유는 법치국가의 원리에 위배되며, 법을 위반하지 않았는데도 범죄위험성을 기준으로 강제조치를 하는 것은 인권침해에 해당하기 때문

---

**일사부재리의 원칙**

일단 판결이 확정된 사건은 다시 공소를 제기할 수 없다는 원칙

- 보호처분은 소년의 건전한 육성이 주목적이나 보안처분은 반사회성을 교정 하는 것
② 소년보호사건의 대상과 관할
  ㉠ 대상 : 범죄소년, 촉법소년, 우범소년(소년법 제4조 제1항)
  ㉡ 관할 : 소년 보호사건의 관할은 소년의 행위지, 거주지 또는 현재지로 한다(소 년법 제3조 제1항).
③ 소년보호사건의 처리절차
  ㉠ 송치 : 범죄소년, 촉법소년, 우범소년이 있을 때에는 경찰서장은 직접 관할 소 년부에 송치하여야 한다(소년법 제4조 제2항).
    - 검사의 송치 : 검사는 소년에 대한 피의사건을 수사한 결과 보호처분에 해 당하는 사유가 있다고 인정한 경우에는 사건을 관할 소년부에 송치하여야 한다(소년법 제49조 제1항).
    - 경찰서장의 송치 : 범죄소년, 촉법소년, 우범소년이 있을 때에는 경찰서장 은 직접 관할 소년부에 송치하여야 한다(소년법 제4조 제2항).
    - 법원의 송치 : 법원은 소년에 대한 피고사건을 심리한 결과 보호처분에 해 당할 사유가 있다고 인정하면 결정으로써 사건을 관할 소년부에 송치하여 야 한다(소년법 제50조).
  ㉡ 통고 : 범죄소년, 촉법소년, 우범소년을 발견한 보호자 또는 학교 · 사회복리 시설 · 보호관찰소의 장은 이를 관할 소년부에 통고할 수 있다(소년법 제4조 제3항).
  ㉢ 이송(소년법 제6조)
    - 보호사건을 송치받은 소년부는 보호의 적정을 기하기 위하여 필요하다고 인 정하면 결정으로써 사건을 다른 관할 소년부에 이송할 수 있다. (임의적 이송)
    - 소년부는 사건이 그 관할에 속하지 아니한다고 인정하면 결정으로써 그 사 건을 관할 소년부에 이송하여야 한다. (필요적 이송)
  ㉣ 형사처분 등을 위한 관할 검찰청으로의 송치(소년법 제7조)
    - 소년부는 조사 또는 심리한 결과 금고 이상의 형에 해당하는 범죄 사실이 발견된 경우 그 동기와 죄질이 형사처분을 할 필요가 있다고 인정하면 결정 으로써 사건을 관할 지방법원에 대응한 검찰청 검사에게 송치하여야 한다.
    - 소년부는 조사 또는 심리한 결과 사건의 본인이 19세 이상인 것으로 밝혀진 경우에는 결정으로써 사건을 관할 지방법원에 대응하는 검찰청 검사에게 송치하여야 한다.
④ 감호에 대한 임시조치
  ㉠ 임시조치 : 사건을 조사 또는 심리하는데 필요한 소년의 신병을 확보하는 조치
  ㉡ 임시조치의 종류(소년법 제18조 제1항)
    - 보호자, 소년을 보호할 수 있는 적당한 자 또는 시설에 위탁 : 3개월, 1차 연장 가능
    - 병원이나 그 밖의 요양소에 위탁 : 3개월, 1차 연장 가능
    - 소년분류심사원에 위탁 : 1개월, 1차 연장 가능

SEMI-NOTE

**소년 보호사건**
가정법원소년부 또는 지방법원소년부에 속하고, 소년 보호사건의 심리와 처분 결정은 소년부 단독판사가 함

SEMI-NOTE

**조사와 심리**

- 진술거부권의 고지(소년법 제10조)
- 판결전 조사(소년법 제11조)
- 소환, 동행영장 및 긴급동행영장의 발부와 집행(소년법 제13조 내지 제16조)
- 보조인 선임(소년법 제17조)

**보호처분의 효력**

집행력, 일사부재리의 효력발생, 기판력 발생, 소년의 보호처분은 그 소년의 장래 신상에 어떠한 영향도 미치지 않음

**보호처분에 대한 구제방법**

사건 본인·보호자·보조인 또는 그 법정대리인은 관할 가정법원 또는 지방법원 본원 합의부에 항고할 수 있다(소년법 제43조 제1항). 항고 제기 기간은 7일(동법 제43조 제2항), 항고장을 받은 소년부는 3일 이내에 의견서를 첨부하여 항고법원에 송부하여야 하며(동법 제44조) 항고가 결정의 집행을 정지시키는 효력이 없다(동법 제46조).

- 항고 : 판결 이외의 재판인 결정이나 명령에 대한 상소
- 재항고 : 항고법원·고등법원 또는 항소법원의 결정 및 명령에 대하여 재판에 영향을 미치게 한 헌법·법령·규칙의 위반을 이유로 하는 항고

**보호처분결정에 대한 집행**

소년법원이 직접 지휘

---

⑤ 법원의 결정

   ㉠ 중간결정 : 심리개시결정

   ㉡ 종국결정 : 심리불개시결정, 불처분결정, 형사법원으로의 이송결정, 보호처분결정

- 심리불개시결정 : 심판권이 없을 때, 소년이 실재하지 않을 때, 소년이 10세 이하이거나 19세 이상일 때, 소년의 소재불명 및 심리진행이 불가능할 때, 사안이 경미한 경우, 처분의 선행으로 재차 보호처분을 할 필요가 없을 경우

- 불처분결정

- 형사법원으로의 이송결정 : 소년부는 송치받은 사건을 조사 또는 심리한 결과 사건의 본인이 19세 이상인 것으로 밝혀지면 결정으로써 송치한 법원에 사건을 다시 이송(소년법 제51조)

- 보호처분결정(소년법 제32조 제1항) : 보호자 또는 보호자를 대신하여 소년을 보호할 수 있는 자에게 감호 위탁, 수강명령, 사회봉사명령, 보호관찰관의 단기 보호관찰, 보호관찰관의 장기 보호관찰, 아동복지시설이나 그 밖의 소년보호시설에 감호 위탁, 병원·요양소 또는 의료재활소년원에 위탁, 1개월 이내의 소년원 송치, 단기 소년원 송치, 장기 소년원 송치

> **법 령 소년법**
>
> 제37조(처분의 변경) ① 소년부 판사는 위탁받은 자나 보호처분을 집행하는 자의 신청에 따라 결정으로써 제32조의 보호처분과 제32조의2 부가처분을 변경할 수 있다.
> ③ 결정은 지체 없이 사건 본인과 보호자에게 알리고 그 취지를 위탁받은 자나 보호처분을 집행하는 자에게 알려야 한다.

> **법 령 소년법**
>
> 제38조(보호처분의 취소) ① 보호처분이 계속 중일 때에 사건 본인이 처분 당시 19세 이상인 것으로 밝혀진 경우에는 소년부 판사는 결정으로써 그 보호처분을 취소하고 구분에 따라 처리하여야 한다.
> ② 소년에 대한 보호처분이 계속 중일 때에 사건 본인이 행위 당시 10세 미만으로 밝혀진 경우 또는 소년에 대한 보호처분이 계속 중일 때에 사건 본인이 처분 당시 10세 미만으로 밝혀진 경우에는 소년부 판사는 결정으로써 그 보호처분을 취소하여야 한다.

### (4) 보호소년 등의 처우에 관한 법률상 소년보호기관

① 소년원

   ㉠ 의의 : 범죄소년, 촉법소년, 우범소년에 대한 법원 소년부 송치처분을 집행하는 기관으로 소년원과 소년분류심사원은 법무부장관이 관장

   ㉡ 기능 : 교육적 기능, 복지적 기능, 형사정책적 기능

   ㉢ 소년원 내의 징계(보호소년 등의 처우에 관한 법률 제15조 제1항) : 훈계, 원내 봉사활동, 서면 사과, 20일 이내의 텔레비전 시청 제한, 20일 이내의 단체 체육활동 정지, 20일 이내의 공동행사 참가 정지, 20일 이내의 기간 동안 지정

된 실(室) 안에서 근신하게 하는 것

⓹ **보호장비의 사용(보호소년 등의 처우에 관한 법률 제14조의2 제1항)** : 수갑, 포승, 가스총, 전자충격기, 머리보호장비, 보호대

⓺ **퇴원과 임시퇴원**
- **퇴원(보호소년 등의 처우에 관한 법률 제43조)**
  - 소년원장은 보호소년이 22세가 되면 퇴원시켜야 한다.
  - 소년원장은 수용상한기간에 도달한 보호소년은 즉시 퇴원시켜야 한다.
  - 소년원장은 교정성적이 양호하며 교정의 목적을 이루었다고 인정되는 보호소년에 대하여는 보호관찰심사위원회에 퇴원을 신청하여야 한다.
  - 위탁소년 또는 유치소년의 소년분류심사원 퇴원은 법원소년부의 결정서에 의하여야 한다.
- **임시퇴원** : 소년원장은 교정성적이 양호한 자 중 보호관찰의 필요성이 있다고 인정되는 보호소년에 대하여는 보호관찰심사위원회에 임시퇴원을 신청하여야 한다(보호소년 등의 처우에 관한 법률 제44조).

② **소년분류심사원**

㉠ **의의** : 법원소년부(가정법원 소년부 또는 지방법원 소년부)가 결정으로써 위탁한 소년을 수용하여 그 자질을 분류심사하는 시설

㉡ **분류심사(보호소년 등의 처우에 관한 법률 제24조)**
- 의학, 심리학, 교육학, 사회학, 사회사업학 등의 전문적인 지식과 기술에 근거를 두고 보호소년의 신체적·심리적·환경적 측면을 조사·판정

㉢ **임무(보호소년 등의 처우에 관한 법률 제3조 제2항)**
- 위탁소년의 수용과 분류심사
- 유치소년의 수용과 분류심사
- 전문가 진단의 일환으로 법원소년부가 상담조사를 의뢰한 소년의 상담과 조사
- 소년 피의사건에 대하여 검사가 조사를 의뢰한 소년의 품행 및 환경 등의 조사
- 소년으로서 소년원장이나 보호관찰소장이 의뢰한 소년의 분류심사

㉣ **소년분류심사원의 기본원칙** : 보호소년, 위탁소년 또는 유치소년을 처우할 때에는 인권보호를 우선적으로 고려하여야 하고, 사회적응력을 길러 건전한 청소년으로서 사회에 복귀할 수 있도록 하여야 한다.

㉤ **분류처우(보호소년 등의 처우에 관한 법률 제8조)**
- 원장은 보호소년 등의 정신적·신체적 상황 등 개별적 특성을 고려하여 생활실을 구분하는 등 적합한 처우를 하여야 한다.
- 보호소년 등은 남성과 여성, 보호소년, 위탁소년 및 유치소년에 따라 분리 수용한다.

SEMI-NOTE

**분류수용**

법무부장관은 보호소년의 처우상 필요하다고 인정하면 소년원을 초·중등교육, 직업능력개발훈련, 의료재활 등 기능별로 분류하여 운영하게 할 수 있다(보호소년 등의 처우에 관한 법률 제5조 제1항).

**분류심사**

소년의 신체, 성격, 소질, 환경, 학력 및 경력 등에 대한 조사를 통하여 비행 또는 범죄의 원인을 규명하여 심사대상인 소년의 처우에 관하여 최선의 지침을 제시함을 목적

**분류의 사용**

법원 소년부 및 검사의 심리자료, 소년원의 교정처우 지침, 학교와 가정의 지도자료 등

**조건부 기소유예**

검사는 피의자에 대하여 다음에 해당하는 선도 등을 받게 하고, 피의사건에 대한 공소를 제기하지 아니할 수 있다. 이 경우 소년과 소년의 친권자 · 후견인 등 법정대리인의 동의를 받아야 한다(소년법 제49조의3).

• 범죄예방자원봉사위원의 선도
• 소년의 선도 · 교육과 관련된 단체 · 시설에서의 상담 · 교육 · 활동 등

**심리의 방침(소년법 제58조)**

• 소년에 대한 형사사건의 심리는 친절하고 온화하게 하여야 한다.
• 심리에는 소년의 심신상태, 품행, 경력, 가정상황, 그 밖의 환경 등에 대하여 정확한 사실을 밝힐 수 있도록 특별히 유의하여야 한다.

## (5) 소년법상의 형사처분

① 의의 : 소년법상 형사처분은 죄를 범한 소년에 대하여 형벌에 의한 제재를 과할 목적으로 하는 형사처분이며, 일반적인 보호처분과는 별개의 성격을 띠는 것으로 소년이라는 특칙이 적용

② 준거규정 : 소년에 대한 형사사건에 관하여는 이 법에 특별한 규정이 없으면 일반 형사사건의 예에 따른다(소년법 제48조).

③ 절차상의 특례

  ㉠ 구속영장의 제한(소년법 제55조)

  • 소년에 대한 구속영장은 부득이한 경우가 아니면 발부하지 못한다.
  • 소년을 구속하는 경우에는 특별한 사정이 없으면 다른 피의자나 피고인과 분리하여 수용하여야 한다.

  ㉡ 검사의 결정 전 조사 : 검사는 소년 피의사건에 대하여 소년부 송치, 공소제기, 기소유예 등의 처분을 결정하기 위하여 필요하다고 인정하면 피의자의 주거지 또는 검찰청 소재지를 관할하는 보호관찰소의 장, 소년분류심사원장 또는 소년원장에게 피의자의 품행, 경력, 생활환경이나 그 밖에 필요한 사항에 관한 조사를 요구할 수 있다(소년법 제49조의2 제1항).

  ㉢ 비행 예방정책 : 법무부장관은 비행소년이 건전하게 성장하도록 돕기 위하여 다음의 사항에 대한 필요한 조치를 취하여야 한다(소년법 제67조의2).

  • 비행소년이 건전하게 성장하도록 돕기 위한 조사 · 연구 · 교육 · 홍보 및 관련 정책의 수립 · 시행
  • 비행소년의 선도 · 교육과 관련된 중앙행정기관 · 공공기관 및 사회단체와의 협조체계의 구축 및 운영

  ㉣ 조사의 위촉 : 법원은 소년에 대한 형사사건에 관하여 필요한 사항을 조사하도록 조사관에게 위촉할 수 있다(소년법 제56조).

  ㉤ 심리의 분리 : 소년에 대한 형사사건의 심리는 다른 피의사건과 관련된 경우에도 심리에 지장이 없으면 그 절차를 분리하여야 한다(소년법 제57조).

④ 처분상의 특례

  ㉠ 사형 및 무기형의 완화 : 죄를 범할 당시 18세 미만인 소년에 대하여 사형 또는 무기형으로 처할 경우에는 15년의 유기징역으로 한다(소년법 제59조).

  ㉡ 부정기형(소년법 제60조)

  • 소년이 법정형으로 장기 2년 이상의 유기형에 해당하는 죄를 범한 경우에는 그 형의 범위에서 장기와 단기를 정하여 선고한다. 다만, 장기는 10년, 단기는 5년을 초과하지 못한다.
  • 소년의 특성에 비추어 상당하다고 인정되는 때에는 그 형을 감경할 수 있다.
  • 형의 집행유예나 선고유예를 선고할 때에는 제1항을 적용하지 아니한다.
  • 소년에 대한 부정기형을 집행하는 기관의 장은 형의 단기가 지난 소년범의 행형 성적이 양호하고 교정의 목적을 달성하였다고 인정되는 경우에는 관할 검찰청 검사의 지휘에 따라 그 형의 집행을 종료시킬 수 있다.

  ㉢ 미결구금일수의 산입 : 소년분류심사원에 위탁조치가 있었을 때에는 그 위탁

기간은 형법 의 판결선고 전 구금일수로 본다(소년법 제61조).

- ㉣ 환형처분의 금지(소년법 제62조)
  - 원칙 : 18세 미만인 소년에게는 노역장 유치선고를 하지 못한다.
  - 예외 : 판결선고 전 구속되었거나 소년분류심사원에 위탁조치가 있었을 때에는 그 구속 또는 위탁의 기간에 해당하는 기간은 노역장에 유치된 것으로 보아 판결전 구금일수를 적용할 수 있다.
- ⑤ 행형상의 특례
  - ㉠ 징역·금고의 집행 : 징역 또는 금고를 선고받은 소년에 대하여는 특별히 설치된 교도소 또는 일반 교도소 안에 특별히 분리된 장소에서 그 형을 집행한다(소년법 제63조).
  - ㉡ 보호처분과 형의 집행순서 : 보호처분이 계속 중일 때에 징역, 금고 또는 구류를 선고받은 소년에 대하여는 먼저 그 형을 집행한다(소년법 제64조).
  - ㉢ 가석방 : 징역 또는 금고를 선고받은 소년에 대하여는 다음의 기간이 지나면 가석방을 허가할 수 있다(소년법 제65조).
- ⑥ 기타 특례
  - ㉠ 자격에 관한 법령의 적용 : 소년이었을 때 범한 죄에 의하여 형의 선고 등을 받은 자에 대하여 형을 선고받은 자가 그 집행을 종료하거나 면제받은 경우, 형의 선고유예나 집행유예를 선고받은 경우 자격에 관한 법령을 적용할 때 장래에 향하여 형의 선고를 받지 아니한 것으로 본다(소년법 제67조).
  - ㉡ 보도 금지 : 소년법에 따라 조사 또는 심리 중에 있는 보호사건이나 형사사건에 대하여는 성명·연령·직업·용모 등으로 비추어 볼 때 그 자가 당해 사건의 당사자라고 미루어 짐작할 수 있는 정도의 사실이나 사진을 신문이나 그 밖의 출판물에 싣거나 방송할 수 없다(소년법 제68조 제1항).
  - ㉢ 나이의 거짓 진술 : 성인이 고의로 나이를 거짓으로 진술하여 보호처분이나 소년 형사처분을 받은 경우에는 1년 이하의 징역에 처한다(소년법 제69조).
  - ㉣ 조회 응답의 금지 : 소년 보호사건과 관계있는 기관은 그 사건 내용에 관하여 재판, 수사 또는 군사상 필요한 경우 외의 어떠한 조회에도 응하여서는 아니된다(소년법 제70조 제1항).

## (6) 소년교정

- ① 소년교정의 목표
  - ㉠ 재사회화 : 소년범의 사회복귀와 재통합을 통한 사회보호가 소년교정의 목표
  - ㉡ 억제 : 재활과 재통합, 비행예방, 격리와 통제로 소년사법의 억제를 목표
  - ㉢ 처벌과 응보 : 청소년 비행에 대한 강경한 주장으로 처벌과 응보를 강보하는 것
- ② 바톨라스(Bartollas)와 밀러(Miller)의 소년교정 모형
  - ㉠ 의료모형 : 형사처벌은 반대하고 처우만을 인정
    - 범죄의 원인은 과학적으로 파악될 수 있고, 처우되고 치료될 수 있다는 입장의 실증주의 범죄학
    - 비행소년은 자신이 통제할 수 없는 여인에 의해서 범죄자로 결정되어 있으므로 처벌의 대상이 아니라 치료의 대상이라 봄

SEMI-NOTE

• 국가는 청소년범죄의 대리부모로서 소년의 요보호성에 따라 처우하여야 한다는 입장

ⓛ **적응모형** : 처벌보다 처우를 강조하는 모형
  • 범죄자의 사회와의 재통합을 돕는데 초점을 두는 처우모델
  • 범죄자들 스스로 책임있는 선택과 결정을 할 수 있는 간주하여 의료모형의 결정론에 반대함
  • 처우기법 : 현실요법, 환경요법, 집단지도상호작용, 교류분석, 긍정적 동료문화 등

ⓒ **범죄통제모형** : 처우를 반대하고 처벌만을 인정
  • 소년범죄자에 대하여 처벌을 통하여 강경하게 대처하여야 하다고 봄
  • 범죄에 상응한 처벌이 되어야 하고 처벌은 신속 · 공정하여야 하다고 봄
  • 비행소년에 대하여 지역사회교정에 반대함

ⓔ **최소제한모형** : 처벌이나 처우 모드를 반대하는 입장
  • 낙인은 부정적 영향을 미치기 때문에 오히려 비행을 증폭시키므로 소년비행자에 대하여 개입을 최소화하여야 한다고 봄
  • 소년범죄자에 대하여도 절차적 권리가 보장되어야 하고 비시설적 처우는 바람직하지 않음
  • 낙인이론가들이 주장하는 모형으로 낙인의 부정적 영향, 교정소년의 비인간성, 소년교정의 아마추어와 이로 인한 비행의 확산 등을 비판

## 4. 형법론

### (1) 개설

① 형벌
  ⓐ 형벌의 의의
    • 형벌은 범죄인에 대한 해악의 부과
    • 형법은 범죄와 형사제재에 관한 법률이고, 형벌권은 국가가 독점
    • 형벌에는 생명형(사형), 자유형(징역, 금고, 구류), 명예형(자격정지, 자격상실), 재산형(벌금, 과료, 몰수) 등이 있음
    • 형벌은 범죄에 대하여 해악을 가하는 강제조치로 형의 집행을 받는 사람을 수형인이라 함

**해악**
법익, 즉 어떤 법의 규정이 보호하려고 하는 이익을 박탈하는 것

  ⓑ 형벌제도의 변천 : 응보(복수)형 시대 → 위하시대 → 인도주의 시대 → 과학적 처우시대 → 사회적 권리보장시대
    • 응보(복수)형 시대 : 사적 복수가 가능하고, 추방이 일반적 처벌방식이며 동해보복(talio)이 특징
    • 위하시대 : 형벌이 국가에 의하여 정립된 시기로 형벌이 준엄하고 잔혹한 시기
    • 인도주의 시대 : 형벌이 법률화되는 시기로 죄형전단주의에서 죄형법정주의로 변화되었으며 개인의 자유와 인권이 인정된 시기

- 과학적 처우시대 : 형벌의 개별화 시대로 범죄인의 재사회화를 강조하는 시기이다. 수형자의 수용분류와 처우를 시행
- 사회적 권리보장시대 : 수형자의 인권을 보장하는 시기로 2차 대전 이후부터 시행하고 있다. 수형자를 인권의 주체로 인정하고 사회내처우를 강조

② 형법이론 : 형법이론은 범죄 및 형벌의 본질에 관한 이론으로 범죄이론과 형벌이론으로 이루어짐

㉠ 범죄이론 : 객관주의와 주관주의 범죄이론

| 구분 | 객관주의 | 주관주의 |
|---|---|---|
| 범죄관점 | 국민의 입장강조 | 사회질서 관점 강조 |
| 의사결정 | 의사자유론(의사비결정론) | 의사결정론 |
| 범죄발생 | 구체적 부합설 | 추상적 부합설 |
| 책임 | 의사책임(비난가능성) | 성격책임 |
| 책임론 | 도의적 책임론 | 사회적 책임론 |
| 책임능력 | 범죄능력 | 형벌능력 |
| 미수론 | 미수, 기수를 구별하여 필요적 감경 | 미수, 기수 구별하지 않고 동일하게 처벌 |
| 공범론 | 공범종속설(공범은 정범에 종속) | 공범독립성설 |
| 형벌 | 2원론(책임무능력자, 책임부정) | 1원론(책임무능력자, 책임인정) |

㉡ 형벌이론 : 형벌의 본질과 목적 및 그 존재가치가 무엇인가를 규명하고자 하는 이론

- 응보형주의
  - 형벌의 본질을 범죄에 대한 정당한 응보라고 이해하는 사상으로 후기 고전학파에 의하여 주장된 이론
  - 형벌의 본질이 범죄에 대한 상응한 보복이 있다는 사상
  - 형벌의 목적에 관한 이론이 아니라 형벌의 본질에 관한 이론
- 목적형주의
  - 형벌의 존재가치가 장래의 범죄를 예방하는데 있음
  - 형벌의 본질이나 목적이 응보에 있지 않고 법익의 보호와 범죄인을 교정·개선하여 사회복귀를 가능하게 하는 데 있다는 이론
  - 일반예방주의 : 일정한 행위를 한 자를 벌하는 것을 예고하거나 현재에 처벌함으로써 일반인들에게 경고를 발하여 일반인들로 하여금 죄를 범하지 아니하도록 하는 예방의 효과를 거둘 수 있으며, 잠재적인 범죄인의 위하에 의한 범죄예방에 있다고 주장
  - 특별예방주의 : 현재 죄를 범한 특정인에 대하여 그를 개선하는 작용을 영위하도록 해야 하며, 범죄인을 개선 및 교화하여 다시는 범죄를 범하지 않도록 재사회화하는데 있다는 주장
- 절충설(통합설) : 형벌은 응보를 전제로 하지만 예방의 관점을 동시에 고려하여야 한다는 것으로 형벌의 법적 근거로 정의와 합목적성에 있다고 인식

SEMI-NOTE

**객관주의 범죄이론**

외부적인 행위와 결과에 두고 형벌의 종류와 경중에도 이에 상응하여야 한다는 이론이고, 주관주의 범죄이론은 범죄인의 악성 내지 사회적 위험성의 정도에 의하여 결정되어야 한다는 이론

**형벌의 존재가치**

형벌이 범죄인과 사회에 어떤 기능과 가치를 가지는가에 대한 문제

**특별예방주의**

범죄예방의 대상을 특수한 범죄원인을 지닌 각각의 범죄인에 두고 있으며, 이 탈리아 실증주의학자들인 롬브로조, 가로팔로, 페리 등에 의하여 주장되어 리스트(Liszt)의 목적형에 의하여 확립

SEMI-NOTE

- 배상주의이론(피해자중심이론)
  - 형사범죄를 포함한 모든 위법행위들을 시장경제원리에 따라 민사법에 의해 배상될 수 있는 불법행위의 문제로 인식
  - 이 이론은 부유하면 타인에게 해를 끼칠 수 있는 권리를 많이 구입하게 된다는 논리가 될 수 있어 비판 받음

③ 형벌과 유사한 제재

　㉠ 과태료 : 행정기관이 규범위반자에게 과하는 금전적 제재로 벌금이나 과료와 같은 형벌이 아니며, 과태료납부자는 수형인도, 전과자도 아니기에 형사사건의 일사부재리의 원칙이 발생하지 않음

범칙금제도
형법법규를 원칙히 비범죄화하는 것은
아니지만 형사절차를 생략하게 한다는
점에서는 비범죄화와 비슷한 기능

　㉡ 범칙금 : 도로교통법, 경범죄처벌법법 위반 등 일상생활에서 흔히 일어나는 경미한 범죄행위(경범죄)에 대해 부과하는 것으로 경찰서장이 법규 위반자에게 발부한다. 경범죄처벌법상 쓰레기 방치, 자연훼손, 노상방뇨, 담배꽁초 버리기, 도로 무단횡단, 공공장소에서의 흡연, 공중에게 혐오감을 주는 행위 등도 범칙금 부과 대상임. 범칙금은 행정기관이 발하는 통고처분절차에 따라 부과됨. 이는 형사절차의 종료와 같아 일사부재리의 원칙이 적용됨

질서위반행위
법률(지방자치단체의 조례를 포함한다.)
상의 의무를 위반하여 과태료를 부과하
는 행위

　㉢ 질서벌 : 소송절차와 관련하여 부과하는 제재로, 증인에 대한 감치, 구인, 심리방해자에 대한 감치처분 등이 있으며, 법관이 부과하는 제재이지만 형벌에 대하여 인정되는 일사부재리의 원칙이 적용되지 않음

　㉣ 징계벌 : 공무원 등 특수영역에 종사하는 사람을 상대로 규범위반자에게 부과하는 제재로 파면, 해임, 정직, 감봉, 견책 등이 있고 행형법상 징벌이나 징계 등도 징계벌에 속함

④ 책임주의와 양형조건

징계벌
징계벌이 부과되더라도 형사벌을 과
할 수 있음

　㉠ 책임주의 : 책임이 없으면 형벌을 과할 수 없고, 형벌을 과하는 경우에도 책임의 한도를 넘지 못하다는 형법상의 대표적인 원칙이며, 책임 정도에 비례하여 법정형을 요구하는 것은 과잉금지의 원칙에 어긋나 이를 위반하는 법률은 무효

양형의 조건
양형의 조건은 단순히 형량을 정하는 기
준을 넘어서 선고유예, 기소유예, 집행
유예의 기준이 됨

　㉡ 양형의 조건 : 형을 정함에 있어서는 다음 사항을 참작하여야 한다(형법 제51조).
- 범인의 연령, 성행, 지능과 환경
- 피해자에 대한 관계
- 범행의 동기, 수단과 결과
- 범행 후의 정황

　㉢ 양형위원회와 양형기준
- 양형위원회 : 양형의 기준을 설정 및 변경하고 이와 관련된 양형정책은 연구·심의하는 기구

양형기준
원칙적으로 구속력이 없으나, 법관이 양
형기준을 이탈하는 경우 판결문에 양형
이유를 기재해야 하므로, 합리적 사유
없이 양형기준을 위반할 수는 없음

- 법관이 법정형 중에서 선고할 형의 종류를 선택하고, 법률에 규정된 바에 따라 형의 가중·감경을 함으로써 주로 일정한 범위의 형태로 처단형이 정하여 지는데, 처단형의 범위 내에서 특정한 선고형을 정하고 형의 집행유예 여부를 결정함에 있어 참조되는 기준이 바로 양형기준

## (2) 형벌

① 형벌의 종류와 경중

㉠ 종류 : 사형, 징역, 금고, 자격상실, 자격정지, 벌금, 구류, 과료, 몰수(형법 제 41조)

㉡ 경중

- 형의 경중은 종류에서 나열한 순서에 의함
- 무기금고와 유기징역은 무기금고를 중한 것으로 하고, 유기금고의 장기가 유기징역의 장기를 초과하는 경우에는 유기금고를 중한 것으로 함
- 같은 종류의 형은 장기가 긴 것과 다액이 많은 것을 무거운 것으로 하고 장 기 또는 다액이 같은 경우에는 단기가 긴 것과 소액이 많은 것을 무거운 것 으로 함
- 주형은 독자적으로 부과할 수 있는 형벌이고, 부가형은 주형에 부가하여야 만 부과되는 형벌

② 생명형–사형

㉠ 사형

- 사형은 수형인의 생명을 박탈하는 가장 무거운 형벌로 극형
- 사형은 교정시설 안에서 교수하여 집행한다(형법 제66조).
- 소년법에서는 만18세 미만인 소년에 대해서는 사형을 부과할 수 없게 하고 있음
- 형법상 사형을 선고할 수 있는 죄에는 내란죄, 여적죄, 해상강도, 살인죄 등이 있음
- 사형을 규정한 법률에는 군형법, 국가보안법, 폭력행위 등 처벌에 관한 법률, 특정범죄 가중처벌에 관한 법률, 성폭력범죄의 처벌에 관한 법률 등이 있음

㉡ 사형제도의 찬반론

- 사형제도에 대한 비판은 정적의 제거수단, 오판에 의한 회복불가능성, 인 간의 존엄에 반한다는 점
- 사형에 대하여 최초로 비판한 사람은 베카리아

㉢ 사형 폐지론과 존치론

| | 폐지론 | 존치론 |
|---|---|---|
| 폐지 론자 (존치 론자) | 페스탈로치(사형은 긍정적인 효과가 적고 그 형의 집행이 오히려 민심을 혼란시킴), 하워드(감옥상태론에서 주장), 캘버트(사형에 관한 세계 각국 의 자료를 통해 사형 반대), 리프만 (오판에 의한 회복할 수 없는 제도이 므로 폐지 주장), 위고(사형은 죄인 한 사람을 죽이는 것이 아니라 죄 없 는 가족까지 죽이는 효과를 초래하 므로 폐지 주장) | 루소, 칸트, 헤겔, 비르크마이어, 롬 브로조, 가로팔로, 리스트 등 |

**주형, 부가형**
몰수는 부가형이고, 나머지는 주형

**절대적 사형**
형법상 법정형으로 절대적 사형만을 규 정하고 있는 범죄는 여적죄

| 폐지<br>논지<br>(존치<br>논지) | • 인도주의 관점에서 인간의 존엄성을 침해하기 때문<br>• 사형은 형벌의 개선적 기능 및 교육적 기능이 전혀 없음<br>• 오판에 의한 경우 구제불능<br>• 사형제도 자체가 위헌(1972년 미국의 Furman 판결).<br>• 반대세력에 대한 정치적 탄압의 도구로 이용 가능<br>• 사형은 일반사회인이 기대하는 것과 같은 위하·억제효과를 갖지 못함 | • 정의를 확립하기 위해서 필요불가결<br>• 범죄자는 사회구성원의 자격을 상실함<br>• 생래적 범죄인은 교화가 불가능하므로 도태시켜야 함<br>• 일반국민도 사람을 살해한 자는 그의 생명도 박탈해야 한다고 인식<br>• 법률질서를 유지하기 위해서 필요악<br>• 사회방위가 손쉽이고 재정적 부담을 줄임<br>• 사형은 일반예방의 효과 높음 |

**사형 합헌**

사형에 관하여 우리나라 대법원과 헌법재판소의 판결은 사형존치에 대하여 합헌이라 보고 있으며, 미국의 경우는 1977년 Gregg 판결을 통하여 합헌으로 판시

② 제도의 개선
• 사형선고에 대하여 필요적 변호제도(형사소송법 제282조)를 두고 있고, 사형 또는 무기징역이나 무기금고가 선고된 판결에 대하여는 상소의 포기를 할 수 없게 하고 있다(형사소송법 제349조 단서).
• 사형선고를 신중히 할 수 있는 제도가 각 심급마다 마련되어야 하고, 사형판결은 전원재판부의 3분의 2 이상의 찬성을 요하도록 하여야 함
• 사형 확정자에 대하여 일정기간 동안 집행은 연기하여 개선효과를 평가하는 것이 필요하다고 봄

관련 판례 **헌법과 사형제도**

헌법 제12조 제1항에 의하면 형사처벌에 관한 규정이 법률에 위임되어 있을 뿐 그 처벌의 종류를 제한하지 않고 있으며, 현재 우리나라의 실정과 국민의 도덕적 감정 등을 고려하여 국가의 형사정책으로 질서유지와 공공복리를 위하여 형법 등에 사형이라는 처벌의 종류를 규정하였다 하여 이것이 헌법에 위반된다고 할 수 없다(대판 90도2906).

관련 판례 **생명권과 사형제도**

생명권 역시 헌법 제37조 제2항에 의한 일반적 법률유보의 대상이 될 수밖에 없는 것이나, 생명권에 대한 제한은 곧 생명권의 완전한 박탈을 의미한다 할 것이므로, 사형이 비례의 원칙에 따라서 최소한 동등한 가치가 있는 다른 생명 또는 그에 못지 아니한 공공의 이익을 보호하기 위한 불가피성이 충족되는 예외적인 경우에만 적용되는 한, 그것이 비록 생명을 빼앗는 형벌이라 하더라도 헌법 제37조 제2항 단서에 위반되는 것으로 볼 수는 없다(헌재 95헌바1).

③ **자유형** : 자유형은 교정시설 내에 수용하여 집행하는 것으로 수형자의 신체의 자유를 박탈하는 것이며 형사제재의 대표적인 제도
㉠ **징역** : 징역은 교정시설에 수용하여 집행하며, 정해진 노역에 복무하게 한다(형법 제67조). 징역은 무기 또는 유기로 하고 유기는 1개월 이상 30년 이하로 한다. 단, 유기징역에 대하여 형을 가중하는 때에는 50년까지로 한다(형법 제42조).

ⓛ 금고 : 금고는 교정시설에 수용하여 집행한다(형법 제68조). 금고는 무기 또는 유기로 하고 유기는 1개월 이상 30년 이하로 한다. 단, 유기금고에 대하여 형을 가중하는 때에는 50년까지로 한다(형법 제42조).

**법 령 형법**

제70조(노역장 유치) 벌금이나 과료를 선고할 때에는 이를 납입하지 아니하는 경우의 노역장 유치기간을 정하여 동시에 선고하여야 한다. 선고하는 벌금이 1억원 이상 5억원 미만인 경우에는 300일 이상, 5억원 이상 50억원 미만인 경우에는 500일 이상, 50억원 이상인 경우에는 1천일 이상의 노역장 유치기간을 정하여야 한다.

ⓒ 구류 : 구류는 1일 이상 30일 미만으로 하고(형법 제46조), 교정시설에 수용하여 집행한다(형법 제68조).
ⓔ 자유형의 변천 : 자유형의 시초는 8세기경 랑고바르드시대이고 현대 교정시설의 시초는 중세 수도원이며, 13세기 카롤리나 형법전에서 신체형, 생명형, 자유형이 도입되면서 제도화되었으나 변형된 신체형에 불과함
  • 16세기 말 형벌이 범죄에 대한 복수만이 아니라 사회복귀를 도모한다는 근대적 이념을 지닌 형벌로 발전
  • 16세기 영국 런던의 브라이드웰성에 수용소가 운영
  • 현대 교정시설의 효시는 1956년 암스테르담에 설치된 교정원인 라스푸이감옥이며 기도와 노동을 통한 교육이 기본방침
  • 성미켈레 소년감화원은 소년범죄자에 대한 최초의 전문적인 시설이며 과학적인 방법으로 인격훈련과 직업훈련을 실시하여 교정시설의 발전에 기여하였고, 이 감화원에서 처음으로 독방제도인 독거제를 시행
  • 1777년 하워드는 감옥의 상태에서 교정시설에 대한 정기적인 감독, 위생과 보건시설의 제공, 수용자에 대한 교화활동의 강화, 사형폐지, 생산적인 노동을 통한 교화개선, 유형반대 등을 주장
  • 미국에서 프랭클린은 필라델피아협회를 중심으로 감옥개량운동을 전개하였고, 엄정독거구금인 펜실베니아제가 정립됨
  • 펜실베니아제의 문제점에 대한 대안으로 등장한 것이 침묵제인 오번 교도소로, 오번제는 주간에는 침묵 속에서 작업과 식사를 함께하고 야간에는 독거실에 수용됨
ⓜ 자유형의 문제점과 개선방안
  • 단기자유형 : 단기자유형의 기간이 일률적이지 않고, 죄수를 개선하기 위해서는 너무나 짧은 기간이지만 그를 부패시키는 데는 충분한 시간이라고 봄
    − 단기자유형의 문제점 : 악풍감염의 폐해, 재사회화를 위한 교정시간의 부족, 일반예방효과의 미흡, 수형자의 구금으로 가족의 경제력 파탄, 낙인화의 폐해, 교정시설의 과밀화 초래, 수형자 처우 실태에 부적합, 하층계급의 일시적 도피수단 등
    − 개선방안 : 벌금형의 동비, 기소유예제도의 확대, 구금제도의 완화, 사회내처우, 사회봉사명령 등의 중간처벌 활용 등

- 자유형의 단일화 문제 : 3가지로 된 자유형(징역, 금고, 구류)을 노동형 한 가지로 통일하자는 것
  - 단일화의 논리 : 교정행정의 일관성 유지, 금고형에 노동의 교정효과를 도외시하는 것은 문제, 징역과 금고의 선택기준이 파렴치성 및 지나친 윤리성, 징역형에만 노동을 부과하는 것은 노동천시사상의 반영, 징역형자를 파렴치범으로 낙인시키는 효과, 범죄인에 대한 재사회화를 노동으로 단일화
  - 단일화의 반대 : 노동 자체를 천시하는 것이 아님, 파렴치성의 구분 모호, 자유형은 응보적 징벌의 의미가 있어 구분할 필요, 과실범·정치범에 대한 고려
- 부정기형제도의 문제 : 부정기형은 형기를 집행단계에서 결정하는 제도로, 구금의 기간은 책임에 상응한 사법적 결정에 의해서가 아니라 구금기간 동안 수형자가 보인 개선정도에 의해 결정되어야 한다는 것
  - 구파(고전주의)의 부정기형 : 형벌이 객관적으로 나타난 대소에 따라 정해지므로 부정기형을 인정할 여지가 없음
  - 신파(실증주의)의 부정기형 : 형벌의 경중을 객관적인 범죄사실보다 범죄인의 반사회성에 따라 정해져야 한다는 입장으로 부정기형을 인정하며, 부정기형은 특별예방과 사회방위의 목적을 달성하기 위하여 고안된 제도
  - 부정기형 도입 찬성 : 교화개선을 달성하기 위한 가장 적합한 방법, 양형을 짧은 기간에 정하기 어려움, 위험한 범죄자의 장기간 구금에 따른 사회방위, 형의 불균형 시정, 초범자나 범죄성이 계속되지 않는 자에게 수형시간의 단축, 사회복귀를 기대할 수 없는 범죄자에 대하여 처우의 효과 등
  - 부정기형 도입 반대 : 장기화에 따른 개선효과 불분명, 형기의 장기화와 인권침해의 가능성, 교정기관의 자의적 결정권한에 따른 문제, 죄형법정주의 이념에 위배, 적정절차의 보장결여 등
  - 부정기형의 제도화 : 소년범에 대한 상대적 부정기형 외에 성인에 대한 부정기형을 실시하는 국가는 거의 없다. 우리나라의 소년법은 소년범에 대한 상대적 부정기형을 인정하고 있으며 가석방이 부정형처럼 운영되고 있는 실정

**실력up 부정기형제도**

- **절대적 부정기형** : 형의 기간에 대한 일체의 결정이 없이 징역에 처한다는 것으로 선고하는 방식으로, 이는 죄형법정주의 명확성의 원칙에 반하기 때문에 인정되지 않고 있음
- **상대적 부정기형** : 형기를 장기와 단기로 범위를 정하여 단기 1년, 장기 3년의 징역에 처한다는 것으로 선고하는 제도로, 죄형법정주의에 반하지 않기 때문에 널리 시행하고 있으며, 우리나라는 성인범에 대해서는 인정되지 않으나 형집행 단계에서 가석방 제도가 부정기형제도로 활용됨

④ **재산형** : 범죄자로부터 일정한 재산을 박탈하는 형벌로 벌금, 과료, 몰수 등이 있음

　㉠ **재산형의 의의**

- 전세계적으로 가장 많이 활용되는 형벌
- 동료 수형자에 대한 악풍감염의 염려가 없음
- 자유형 못지않은 고통과 교육적 효과를 누릴 수 있음
- 국고수입을 증대시킬 수 있음
- 많은 비용을 요하지 않음
- 법인의 범죄에 대한 제재수단으로 적합
- 재범의 우려가 적고, 가벼운 범죄자나 과실범에게 효과 큼

　㉡ **재산형의 변천**

- 고조선 8조법에서 절도죄에 대한 배상을 인정
- 함무라비법전에 벌금형이 규정되어 있는데 이는 속죄금의 성격 강함
- 국가가 가해자에 대한 배상금의 지급을 강제함과 동시에 배상금의 일부를 국가에 납입하게 하는 것으로 평화금제도라 함
- 재산형은 단기자유형의 폐단을 줄이는 대체수단의서의 기능

**속죄금**

가해자가 피해자에게 지급하는 배상금 내지 속죄금은 사적 형벌의 성격

　㉢ **재산형의 종류** : 벌금, 과료, 몰수

- 벌금
  - 벌금은 5만원 이상으로 한다. 다만, 감경하는 경우에는 5만원 미만으로 할 수 있다(형법 제45조).
  - 벌금을 선고할 때에는 납입하지 아니하는 경우의 유치기간을 정하여 동시에 선고하여야 한다. 벌금을 납입하지 아니한 자는 1일 이상 3년 이하, 과료를 납입하지 아니한 자는 1일 이상 30일 미만의 기간 노역장에 유치하여 작업에 복무하게 한다(형법 제69조).
  - 시효기간은 5년
- 과료
  - 과료는 2천원 이상 5만원 미만으로 한다(형법 제46조).
  - 과료를 선고할 때에는 납입하지 아니하는 경우의 유치기간을 정하여 동시에 선고하여야 한다(형법 제69조).
  - 시효기간은 1년
- 몰수
  - 범인 외의 자의 소유에 속하지 아니하거나 범죄 후 범인 외의 자가 사정을 알면서 취득한 범죄행위에 제공하였거나 제공하려고 한 물건, 범죄행위로 인하여 생겼거나 취득한 물건과 그 대가로 취득한 물건은 전부 또는 일부를 몰수할 수 있다(형법 제48조).
  - 물건을 몰수할 수 없을 때에는 그 가액을 추징
  - 문서, 도화, 전자기록 등 특수매체기록 또는 유가증권의 일부가 몰수의 대상이 된 경우에는 그 부분을 폐기
  - 몰수의 부가성 : 몰수는 타형에 부가하여 과한다. 단, 행위자에게 유죄의 재판을 아니할 때에도 몰수의 요건이 있는 때에는 몰수만을 선고할 수 있다(형법 제49조).

**추징과 몰수**

- 추징 : 몰수할 수 있는 물건 중에 범죄행위에 의하여 생기고, 또는 이로 인하여 취득한 물건, 범죄행위의 대가로 취득한 물건의 전부 또는 일부가 소비되었거나 분실 기타의 이유로 몰수 할 수 없게 된 경우에 그 물건에 상당한 가액을 징수하는 것
- 몰수 : 범죄에 의한 이득을 박탈하는 데 그 취지가 있고, 추징도 이러한 몰수의 취지를 관철하기 위한 것인 점 등에 비추어 볼 때, 몰수할 수 없는 때에 추징하여야 할 가액은 범인이 그 물건을 보유하고 있다가 몰수의 선고를 받았더라면 잃었을 이득상당액을 의미하므로, 다른 특별한 사정이 없는 한 그 가액산정은 재판선고시의 가격을 기준으로 하여야 한다(대판 2008 도6944).

ⓔ **범죄수익 박탈제도** : 범죄인의 재산에 대하여 몰수를 인정하여 운영자금을 차단하여 범죄를 무력화하기 위한 제도

- 재산상의 이익을 목적으로 하는 조직범죄, 기업범죄, 약물범죄에 대하여 범죄활동으로부터 얻은 이익을 박탈하는 제도
- 형사정책적 초점은 범죄인의 처벌이나 재사회화에서 범죄무력화로의 이행하게 하는 제도
- 범죄수익 박탈제도가 국민의 재산권을 침해할 수 있다는 점과 책임의 한도를 초과할 수 있는 문제점 존재
- 현행 범죄수익 박탈제도는 특정 공무원의 범죄인 수뢰, 횡령, 배임죄에서 적용되고 있으며 몰수대상이 불법재산, 범죄행위로 취득한 재산, 범죄수익의 내가 등에 적용됨

ⓜ **벌금형의 성격, 환형처분, 사회봉사제도**

- 범죄인을 대신하여 제3자가 벌금을 대신 납부하는 것은 허용하지 않음(일신전속)
- 범죄인이 국가에 대하여 가지고 있는 채권과 상계 불가능(상계금지).
- 범죄인이 각각 독립하여 책임을 지고 연대하여 책임지지 않음(개별책임).
- 벌금은 상속되지 않으나(상속부인), 형사소송법은 예외규정 존재

#### 법 령 형사소송법

**제478조(상속재산에 대한 집행)** 몰수 또는 조세, 전매 기타 공과에 관한 법령에 의하여 재판한 벌금 또는 추징은 그 재판을 받은 자가 재판확정 후 사망한 경우에는 그 상속재산에 대하여 집행할 수 있다.

#### 법 령 형사소송법

**제479조(합병 후 법인에 대한 집행)** 법인에 대하여 벌금 .과료, 몰수, 추징, 소송비용 또는 비용배상을 명한 경우에 법인이 그 재판확정 후 합병에 의하여 소멸된 때에는 합병 후 존속한 법인 또는 합병에 의하여 설립된 법인에 대하여 집행할 수 있다.

ⓗ **벌금형의 문제점 및 개선방안**

- 문제점
  - 경제적 지위에 따라 형벌의 위하력에 차이가 생김
  - 벌금을 세금으로 여기면 형벌경시풍조가 생김
  - 타인이 대납할 경우 형벌효과가 하락
  - 화폐가치가 변동에 따라 범죄예방력이 변함
  - 벌금이 다른 가족의 생계에 영향 줄 가능성 존재
  - 벌금을 자진하여 납부하지 않으면 형벌의 효과가 상실될 우려 존재
- 개선방안
  - 재산비례 벌금형제 : 책임량에 따른 벌금일수를 정한 다음 범죄자의 경제적 사정을 고려하여 1일의 벌금액을 결정하는 방식으로 범죄자의 경제

---

**환형처분**

- 벌금의 납입을 대체하는 방법
- 벌금은 판결확정일로부터 30일내에 납입
- 벌금을 납입하지 아니한 자는 1일 이상 3년 이하, 과료를 납입하지 아니한 자는 1일 이상 30일 미만의 기간 노역장에 유치하여 작업에 복무하게 함
- 벌금이나 과료의 선고를 받은 사람이 그 금액의 일부를 납입한 경우에는 벌금 또는 과료액과 노역장 유치기간의 일수에 비례하여 납입금액에 해당하는 일수를 뺌

**사회봉사제도**

- 300만원 금액 범위 내의 벌금형이 확정된 벌금 미납자는 검사의 납부명령일부터 30일 이내에 주거지를 관할하는 지방검찰청의 검사에게 사회봉사를 신청할 수 있으며, 신청을 받은 검사는 신청일로부터 7일 이내에 사회봉사 청구 여부를 결정해야 함
- 검사로부터 벌금의 일부납부 또는 납부연기를 허가받은 자는 그 허가기한 내에 사회봉사를 신청할 수 있음

**사회봉사 허가**

법원은 검사로부터 사회봉사 허가 청구를 받은 날부터 14일 이내에 벌금 미납자의 경제적 능력, 사회봉사 이행에 필요한 신체적 능력, 주거의 안정성 등을 고려하여 사회봉사 허가 여부를 결정

력 차이에 따른 벌금형의 위하력 차이를 최소화하려는 제도

- 벌금의 연납 및 분납제 : 벌금의 일시 납부가 어려운 경우에 나누어 내거나 연기 후 나중에 낼 수 있는 제도
- 벌금의 집행유예 : 500만원 이하의 벌금에 대하여 집행 유예 가능
- 대체자유형 : 법관의 재량으로 벌금형을 자유형으로 바꾸어 부과하는 제도
- 벌금미납자에 대한 사회봉사 대체제도 : 벌금 등의 납입불능자에 대하여 환형유치보다 사회봉사명령으로 대체하는 제도이며, 단기자유형의 폐해를 방지하고 교정시설의 과밀화 해소, 벌금미납자의 편익 도모 등의 효과 있음
- 벌금의 과태료로의 전환 : 벌금을 과태료로 전환하면 다수의 국민이 전과자로 되는 것을 막을 수 있음
- 노역장 유치시 1일 공제금액 : 선고하는 벌금이 1억원 이상 5억원 미만인 경우에는 300일 이상, 5억원 이상 50억원 미만인 경우에는 500일 이상, 50억원 이상인 경우에는 1천일 이상의 노역장 유치기간을 정해야 함

⑤ 명예형
　㉠ 개념 : 범죄인의 명예나 자격을 박탈 또는 정지하는 형벌로 명예감정을 손상시키거나 명예를 누릴 수 있는 자격을 박탈하는 형벌
　㉡ 명예형의 형사정책적 측면 : 명예감정은 주관적이어서 침해정도를 확인하기 어렵고 개인편차가 크기 때문에 보편적인 형벌로 어려움이 있음
　　• 범죄와 관련이 없는 업무나 선거권을 박탈하는 것은 과잉금지의 원칙에 반할 수 있음
　　• 범죄로 처벌을 받았는데 명예형을 부과하는 것은 이중처벌의 문제가 있음
　　• 자격을 박탈하거나 정지하는 것은 범죄인에게 낙인을 찍는 결과만 있을 뿐
　　• 자격정지의 병과로 사회에의 적응을 막는 결과가 초래됨
　　• 자격상실은 사면 또는 가석방되더라도 사면이 없으면 영원히 자격을 상실하게 됨
　㉢ 자격상실 : 사형, 무기징역 또는 무기금고의 판결을 받은 자는 다음에 기재한 자격을 상실한다(형법 제43조 제1항).
　㉣ 자격정지 : 유기징역 또는 유기금고의 판결을 받은 자는 그 형의 집행이 종료하거나 면제될 때까지 다음에 기재된 자격이 정지된다. 다만, 다른 법률에 특별한 규정이 있는 경우에는 그 법률에 따른다(형법 제43조 제2항).
　　• 공무원이 되는 자격
　　• 공법상의 선거권과 피선거권
　　• 법률로 요건을 정한 공법상의 업무에 관한 자격
　㉤ 자격정지의 기간(형법 제44조)
　　• 자격의 전부 또는 일부에 대한 정지는 1년 이상 15년 이하로 한다.
　　• 유기징역 또는 유기금고에 자격정지를 병과한 때에는 징역 또는 금고의 집행을 종료하거나 면제된 날로부터 정지기간을 기산한다.

ⓑ 소년법상 자격에 관한 법령의 적용(소년법 제67조)

- 소년이었을 때 범한 죄에 의하여 형의 선고 등을 받은 자에 대하여 다음의 경우 자격에 관한 법령을 적용할 때 장래에 향하여 형의 선고를 받지 아니한 것으로 본다.
  - 형을 선고받은 자가 그 집행을 종료하거나 면제받은 경우
  - 형의 선고유예나 집행유예를 선고받은 경우
- 형의 선고유예가 실효되거나 집행유예가 실효·취소된 때에는 그 때에 형을 선고받은 것으로 본다.

⑥ 형의 시효와 소멸

○ 시효 : 형이 선고를 받은 사람이 재판이 확정된 후 그 형이 집행을 받지 않고 일정한 기간이 경과한 때에는 집행이 면제되는 것

○ 형의 시효의 기간 : 시효는 형을 선고하는 재판이 확정된 후 그 집행을 받지 아니하고 다음의 구분에 따른 기간이 지나면 완성된다(형법 제78조).

- 사형 : 30년
- 무기의 징역 또는 금고 : 20년
- 10년 이상의 징역 또는 금고 : 15년
- 3년 이상의 징역이나 금고 또는 10년 이상의 자격정지 : 10년
- 3년 미만의 징역이나 금고 또는 5년 이상의 자격정지 : 7년
- 5년 미만의 자격정지, 벌금, 몰수 또는 추징 : 5년
- 구류 또는 과료 : 1년

○ 시효의 효과 : 형의 선고를 받은 자는 시효의 완성으로 인하여 그 집행이 면제된다(형법 제77조).

○ 시효의 정지와 중단

- 시효의 정지(형법 제79조)
  - 시효는 형의 집행의 유예나 정지 또는 가석방 기타 집행할 수 없는 기간은 진행되지 아니한다.
  - 시효는 형이 확정된 후 그 형의 집행을 받지 아니한 자가 형의 집행을 면할 목적으로 국외에 있는 기간 동안은 진행되지 아니한다.
- 시효의 중단 : 시효는 사형, 징역, 금고와 구류에 있어서는 수형자를 체포함으로, 벌금, 과료, 몰수와 추징에 있어서는 강제처분을 개시함으로 인하여 중단된다(형법 제80조).

○ 형의 소멸 : 유죄판결의 확정에 의하여 발생한 국가의 형벌권이 소멸되는 법적 사실 내지 조치

- 사면 : 국가원수의 특권에 의하여 형벌권을 소멸시키거나 효력을 제한하게 하는 제도
  - 일반사면 : 형 선고의 효력이 상실되며, 형을 선고받지 아니한 자에 대하여는 공소권이 상실되나, 특별한 규정이 있을 때에는 예외로 한다. 일반사면은 죄의 종류를 정하여 함
  - 특별사면 : 형의 집행이 면제되나, 특별한 사정이 있을 때에는 이후 형선고의 효력을 상실하게 할 수 있음

**형의 시효**

형의 시효는 판결이 확정된 날로부터 진행하며 그 말일 24시에 종료된다.

**형의 시효와 공소시효**

- 형의 시효는 기간의 경과로 인하여 확정된 형벌의 집행권이 소멸되는 제도
- 공소시효는 검사가 형사사건을 일정기간 기소하지 않고 방치한 경우 국가의 형사소추권이 소멸되는 제도이나, 살인죄에 대해서는 공소시효가 적용되지 않음

**형의 소멸원인**

형집행의 종료, 면제, 선고유예, 집행유예기간의 경과, 가석방기간의 완료, 시효의 완성, 사망, 사면, 형의 실효, 복권 등

### 합격UP 사면심사위원회

- 특별사면, 특정한 자에 대한 감형 및 복권 상신의 적정성을 심사하기 위하여 법무부장관 소속으로 사면심사위원회를 둠
- 사면심사위원회는 위원장 1명을 포함한 9명의 위원으로 구성
- 위원장은 법무부장관이 되고, 위원은 법무부장관이 임명하거나 위촉하되, 공무원이 아닌 위원을 4명 이상 위촉해야 함
- 공무원이 아닌 위원의 임기는 2년으로 하며, 한 차례만 연임 가능
- 사면심사위원회의 심사과정 및 심사내용의 공개범위와 공개시기는 위원의 명단과 경력사항은 임명 또는 위촉한 즉시, 심의서는 해당 특별사면 등을 행한 후부터 즉시, 회의록은 해당 특별사면 등을 행한 후 5년이 경과한 때부터이나, 개인의 신상을 특정할 수 있는 부분은 삭제하고 공개하되, 국민의 알권리를 충족할 필요가 있는 등의 사유가 있는 경우에는 사면심사위원회가 달리 의결 가능
- 위원은 사면심사위원회의 업무를 처리하면서 알게 된 비밀을 누설하면 안 됨
- 위원은 형법이나 그 밖의 법률에 따른 벌칙을 적용할 때에는 공무원으로 봄
- 사면심사위원회에 관하여 필요한 사항은 법무부령으로 정함

- 복권 : 형의 선고로 인하여 법령에 따른 자격이 상실되거나 정지된 자는 형 선고의 효력으로 인하여 상실되거나 정지된 자격을 회복한다(사면법 제5조).
  - 복권의 제한 : 복권은 형의 집행이 끝나지 아니한 자 또는 집행이 면제되지 아니한 자에 대하여는 하지 아니한다(사면법 제6조).
  - 형의 선고에 따른 기성의 효과는 사면, 감형 및 복권으로 인하여 변경되지 아니한다(사면법 제5조 제2항).
- 형의 실효 : 징역 또는 금고의 집행을 종료하거나 집행이 면제된 자가 피해자의 손해를 보상하고 자격정지 이상의 형을 받음이 없이 7년을 경과한 때에는 본인 또는 검사의 신청에 의하여 그 재판의 실효를 선고할 수 있다(형법 제81조).
- 형의 실효 등에 관한 법률상 실효
  - 이 법은 전과기록 및 수사경력자료의 관리와 형의 실효에 관한 기준을 정함으로써 전과자의 정상적인 사회복귀를 보장함을 목적으로 한다(법 제1조).
  - 수형인이 자격정지 이상의 형을 받지 아니하고 형의 집행을 종료하거나 그 집행이 면제된 날부터 다음의 구분에 따른 기간이 경과한 때에 그 형은 실효된다. 다만, 구류와 과료는 형의 집행을 종료하거나 그 집행이 면제된 때에 그 형이 실효된다(법 제7조 제1항).
  - 하나의 판결로 여러 개의 형이 선고된 경우에는 각 형의 집행을 종료하거나 그 집행이 면제된 날부터 가장 무거운 형에 대한 기간이 경과한 때에 형의 선고는 효력을 잃는다. 다만, 징역과 금고는 같은 종류의 형으로 보고 각 형기를 합산한다(법 제7조 제2항).

**복권**

자격정지의 선고를 받은 자가 피해자의 손해를 보상하고 자격정지 이상의 형을 받음이 없이 정지기간의 2분의 1을 경과한 때에는 본인 또는 검사의 신청에 의하여 자격의 회복을 선고할 수 있다(형법 제82조).

**형의 실효**
- 3년을 초과하는 징역 · 금고 : 10년
- 3년 이하의 징역 · 금고 : 5년
- 벌금 : 2년

# 5. 보안처분

## (1) 보안처분이론

① 보안처분의 의의 : 보안과 개선 처분으로 보안처분은 사회를 안전하게 지키기 위한 처분이고, 개선처분은 특수한 교육·개선 및 치료조치를 행함으로서 재범위험성이 있는 사람의 재범을 방지하여 사회복귀를 촉진하는 처분

  ㉠ 보안처분은 범죄인에 대한 형사제재로서 형벌 이외의 제재

  ㉡ 형벌부과만으로 형사제재 목적의 목적 달성이 부적합하거나 법적 관점에서 형벌이 허용되지 않는 경우에 시행하는 제재

② 형벌과 보안처분의 구분

| 형벌 | 보안처분 |
|---|---|
| 책임원칙 | 비례성의 원칙(사회적 위험성) |
| 범죄의 진압 | 범죄의 예방 |
| 회고적, 응보적, 고통부과적 | 전망적, 범죄위험 대응적 |
| 응보형 | 사회방위, 교정교육 |
| 형사처분 성격 | 행정처분 성격 |

③ 보안처분의 종류

  ㉠ 대인적 보안처분 : 사람에 대하여 부과되는 예방처분으로 보호감호, 치료감호, 보안감호, 주거제한, 보호관찰, 전자장치 부착명령, 약물치료명령, 신상공개명령, 사회봉사명령, 수강명령 등이 있음

  ㉡ 대물적 보안처분 : 물건에 대한 예방처분으로 몰수, 범죄수익박탈, 법인의 해산명령, 영업장폐쇄 등이 있음

  ㉢ 시설내 보안처분 : 일정한 수용시설에 격리 수용되는 구금성 예방처분으로 치료감호, 보호감호, 사회치료처분, 보안감호 등이 있음

  ㉣ 사회내 보안처분 : 자유를 박탈하지 아니하는 비구금성 보안처분으로 보호관찰, 거주제한, 보안관찰, 전자장치 부착명령, 신상공개명령, 국외추방, 단종 및 거세, 약물치료명령 등이 있음

④ 형벌과 보안처분의 선고 및 집행의 관계

  ㉠ 형사제재수단으로 형벌과 보안처분을 인정하는 사법체계(이원주의) : 형벌은 책임을 근거로 하고, 보안처분은 위험성을 근거로 하므로 형벌과 보안처분을 구분하는 입장이며 이는 응보형주의에 바탕으로 두는 것으로 형벌과 보안처분을 병과하고 순차적으로 형벌집행 후 보안처분을 중복집행하는 방식임

  ㉡ 형벌과 보안처분 동일시(일원주의) : 형벌과 보안처분을 동일시하여 양자 중 택일하여 적용하고, 서로 병과할 수 없으며 형벌이 적합하지 않을 경우 보안처분을 대체 적용함. 이는 교육형주의에 바탕을 두고 있으나 책임주의에 반할 위험성이 존재

  ㉢ 대체집행주의 : 형벌 대신 보안처분으로 집행한다는 방식으로 보안처분을 형벌보다 먼저 집행하도록 하여 보안처분기간을 형집행기간에 산입하여 보안처

분이 형벌기능을 대체하도록 한 것

⑤ 보안처분 기본원리

    ㉠ 보안처분 법정주의 : 누구든지 법률과 적법한 절차에 의하지 아니하고는 보안처분을 받지 아니한다(헌법 제12조 제1항)고 하여 보안처분 법정주의를 규정하고 있다.

    ㉡ 책임주의와 비례의 원칙(최소침해의 원칙) : 보안처분은 사회방위 및 범죄인의 개선을 위하여 필요한 한도 내에서 부과한다는 것이며 보안처분은 책임에 의한 제한보다는 목적달성을 위한 필요성이 강조되고 재범의 위험성이 있는 사람을 교육, 개선, 치료하기 위한 처분

    ㉢ 재판시법주의 : 보안처분은 행위시법이 아니라 재판시법이 기준이 되고, 보안처분은 형벌법규와 달리 소급효금지의 원칙이 적용되지 않는 것이 허용되므로 법률이 제정되기 전에 발생한 사실을 고려하여 보안처분을 할 수 있음

## (2) 현행법상 보안처분

① 치료감호 등에 관한 법률상 치료감호제도와 치료명령제도 ⭐ **빈출개념**

    ㉠ 치료감호

- 의의 : 심신장애 상태, 마약류 · 알코올이나 그 밖의 약물중독 상태, 정신성적 장애가 있는 상태 등에서 범죄행위를 한 자로서 재범의 위험성이 있고 특수한 교육 · 개선 및 치료가 필요하다고 인정되는 자에 대하여 적절한 보호와 치료의 처분이다(치료감호법 제1조).
- 대상자(법 제2조 제1항)
  - 벌하지 아니하거나 같은 조 제2항에 따라 형을 감경할 수 있는 심신장애인으로서 금고 이상의 형에 해당하는 죄를 지은 자
  - 마약 · 향정신성의약품 · 대마, 그 밖에 남용되거나 해독을 끼칠 우려가 있는 물질이나 알코올을 식음 · 섭취 · 흡입 · 흡연 또는 주입받는 습벽이 있거나 그에 중독된 자로서 금고 이상의 형에 해당하는 죄를 지은 자
  - 소아성기호증, 성적가학증 등 성적 성벽이 있는 정신성적 장애인으로서 금고 이상의 형에 해당하는 성폭력범죄를 지은 자
- 피치료감호자를 치료감호시설에 수용하는 기간은 15년을 초과할 수 없다(법 제16조 제2항).
- 집행 순서 및 방법 : 치료감호와 형이 병과된 경우에는 치료감호를 먼저 집행한다. 이 경우 치료감호의 집행기간은 형 집행기간에 포함한다(법 제18조).
- 구분 수용 : 피치료감호자는 특별한 사정이 없으면 구분하여 수용하여야 한다(법 제19조).
- 치료감호의 종료(법 제35조)
  - 보호관찰기간이 끝나면 피보호관찰자에 대한 치료감호가 끝난다.
  - 치료감호심의위원회는 피보호관찰자의 관찰성적 및 치료경과가 양호하면 보호관찰기간이 끝나기 전에 보호관찰의 종료를 결정할 수 있다.

SEMI-NOTE

**보안처분 주요 내용**
- 죄형법정주의 적용상의 한계
- 소급효금지의 원칙
- 부정기형의 금지
- 유추해석금지의 원칙

**재판시법주의**
행위시와 재판시 사이에 형벌 법규의 변경이 있을 경우에 행위시의 법을 적용하지 않고 재판시의 법인 신법을 적용하는 주의

**검사의 치료감호 청구**
검사는 치료감호대상자가 치료감호를 받을 필요가 있는 경우 관할 법원에 치료감호를 청구할 수 있다(법 제4조 제1항).

**집행 지휘**
치료감호의 집행은 검사가 지휘하고, 지휘는 판결서등본을 첨부한 서면으로 한다(법 제17조).

ⓒ **치료명령**

- 의의 : 지역사회에서 생활하면서 치료시설로 통원하여 치료받는 처분
- 대상자(법 제2조의3)
  - 형을 감경할 수 있는 심신장애인으로서 금고 이상의 형에 해당하는 죄를 지은 자
  - 알코올을 식음하는 습벽이 있거나 그에 중독된 자로서 금고 이상의 형에 해당하는 죄를 지은 자
  - 마약·향정신성의약품·대마, 그 밖에 대통령령으로 정하는 남용되거나 해독을 끼칠 우려가 있는 물질을 식음·섭취·흡입·흡연 또는 주입받는 습벽이 있거나 그에 중독된 심신장애자로서 금고 이상의 형에 해당하는 죄를 지은 자
- 선고유예 시 치료명령 등(법 제44조의2)
  - 법원은 치료명령대상자에 대하여 형의 선고 또는 집행을 유예하는 경우에는 치료기간을 정하여 치료를 받을 것을 명할 수 있다.
  - 치료를 명하는 경우 보호관찰을 병과하여야 한다.
  - 보호관찰기간은 선고유예의 경우에는 1년, 집행유예의 경우에는 그 유예기간으로 한다. 다만, 법원은 집행유예 기간의 범위에서 보호관찰기간을 정할 수 있다.
- 치료명령의 집행(법 제44조의6)
  - 치료명령은 검사의 지휘를 받아 보호관찰관이 집행한다.
  - 치료명령은 정신건강의학과 전문의의 진단과 약물 투여, 상담 등 치료 및 정신건강증진 및 정신질환자 복지서비스 지원에 관한 법률에 따른 정신건강전문요원 등 전문가에 의한 인지행동 치료 등 심리치료 프로그램의 실시 등의 방법으로 집행한다.
  - 보호관찰관은 치료명령을 받은 사람에게 치료명령을 집행하기 전에 치료기관, 치료의 방법·내용 등에 관하여 충분히 설명하여야 한다.
- 치료기관의 지정 등 : 법무부장관은 치료명령을 받은 사람의 치료를 위하여 치료기관을 지정할 수 있다(법 제44조의7 제1항).

ⓒ **보호관찰** : 치료 위탁된 피치료감호자를 치료감호시설 외에서 지도·감독하는 것을 내용으로 하는 보안처분

- 피치료감호자가 다음의 어느 하나에 해당하게 되면 보호관찰 등에 관한 법률에 따른 보호관찰이 시작됨
  - 피치료감호자에 대한 치료감호가 가종료되었을 때
  - 피치료감호자가 치료감호시설 외에서 치료받도록 법정대리인등에게 위탁되었을 때
  - 기간 또는 연장된 기간이 만료되는 피치료감호자에 대하여 치료감호심의위원회가 심사하여 보호관찰이 필요하다고 결정한 경우에는 치료감호기간이 만료되었을 때
- 보호관찰의 기간은 3년

---

**치료기간**

치료기간은 보호관찰기간 초과 불가능

**비용부담**

치료명령을 받은 사람은 치료기간 동안 치료비용을 부담하여야 한다. 다만, 치료비용을 부담할 경제력이 없는 사람의 경우에는 국가가 비용을 부담할 수 있다(법 제44조의9 제1항).

- 보호관찰을 받기 시작한 자가 다음의 어느 하나에 해당하게 되면 보호관찰이 종료됨
  - 보호관찰기간이 끝났을 때
  - 보호관찰기간이 끝나기 전이라도 치료감호심의위원회의 치료감호의 종료결정이 있을 때
  - 보호관찰기간이 끝나기 전이라도 피보호관찰자가 다시 치료감호 집행을 받게 되어 재수용되었을 때
- 피보호관찰자가 보호관찰기간 중 새로운 범죄로 금고 이상의 형의 집행을 받게 된 때에는 보호관찰은 종료되지 아니하며, 해당 형의 집행기간 동안 피보호관찰자에 대한 보호관찰기간은 계속 진행
- 피보호관찰자에 대하여 금고 이상의 형의 집행이 종료 · 면제되는 때 또는 피보호관찰자가 가석방되는 때에 보호관찰기간이 아직 남아있으면 그 잔여기간 동안 보호관찰을 집행

② 보호관찰제도

  ㉠ 의의 : 넓은 의미는 범죄인을 사회 내에서 지도 · 감독하는 일체의 처분을 말하는 것이고, 좁은 의미는 재범의 위험성이 있는 범죄인을 사회 내에서 지도 · 감독하는 것

  ㉡ 법적 성질 : 장래의 위험성으로부터 행위자를 보호하고 사회를 방위하기 위한 합목적적 조치이며 이 경우 재판시법주의를 적용하여 소급효를 인정

  ㉢ 목적 : 죄를 지은 사람으로서 재범 방지를 위하여 보호관찰, 사회봉사, 수강 및 갱생보호 등 체계적인 사회 내 처우가 필요하다고 인정되는 사람을 지도하고 보살피며 도움으로써 건전한 사회 복귀를 촉진하고, 효율적인 범죄예방 활동을 전개함으로써 개인 및 공공의 복지를 증진함과 아울러 사회를 보호함

③ 전자장치부착 등에 관한 법률상 보호관찰명령 청구

  ㉠ 목적 : 수사 · 재판 · 집행 등 형사사법 절차에서 전자장치를 효율적으로 활용하여 불구속재판을 확대하고, 범죄인의 사회복귀를 촉진하며, 범죄로부터 국민을 보호함을 목적으로 한다(법 제1조).

  ㉡ 전자장치 부착명령의 청구 : 검사는 성폭력범죄를 다시 범할 위험성이 있다고 인정되는 사람에 대하여 전자장치를 부착하도록 하는 명령을 법원에 청구할 수 있다(법 제5조 제1항).

  ㉢ 대상(법 제5조 제1항)
  - 성폭력범죄로 징역형의 실형을 선고받은 사람이 그 집행을 종료한 후 또는 집행이 면제된 후 10년 이내에 성폭력범죄를 저지른 때
  - 성폭력범죄로 이 법에 따른 전자장치를 부착받은 전력이 있는 사람이 다시 성폭력범죄를 저지른 때
  - 성폭력범죄를 2회 이상 범하여(유죄의 확정판결을 받은 경우를 포함한다) 그 습벽이 인정된 때
  - 19세 미만의 사람에 대하여 성폭력범죄를 저지른 때
  - 신체적 또는 정신적 장애가 있는 사람에 대하여 성폭력범죄를 저지른 때

**치료감호심의위원회**
치료감호 및 보호관찰의 관리와 집행에 관한 사항을 심사 · 결정하기 위하여 법무부에 치료감호심의위원회가 있음

**보호관찰제도 근거법령**
- **형법** : 선고유예, 집행유예, 가석방과 관련하여 보호관찰을 규정
- **소년법** : 보호처분의 일종으로 보호관찰을 규정
- **가정폭력범죄의 처벌 등에 관한 법률** : 가정보호사건에 대하여 보호관찰을 규정
- **보호관찰 등에 관한 법률** : 재범 방지를 위하여 보호관찰을 규정

**준수사항(법 제9조의2 제1항)**
- 야간, 아동 · 청소년의 통학시간 등 특정 시간대의 외출제한
- 어린이 보호구역 등 특정지역 · 장소에의 출입금지 및 접근금지
- 주거지역의 제한
- 피해자 등 특정인에의 접근금지
- 특정범죄 치료 프로그램의 이수
- 마약 등 중독성 있는 물질의 사용금지
- 그 밖에 부착명령을 선고받는 사람의 재범방지와 성행교정을 위하여 필요한 사항

ⓔ **부착명령의 집행절차(법 제13조)**
- 부착명령은 특정범죄사건에 대한 형의 집행이 종료되거나 면제·가석방되는 날 또는 치료감호의 집행이 종료·가종료되는 날 석방 직전에 피부착명령자의 신체에 전자장치를 부착함으로써 집행한다.
- 부착명령을 집행하는 경우 보호관찰소의 장은 피부착명령자를 소환할 수 있으며, 피부착명령자가 소환에 따르지 아니하는 때에는 관할 지방검찰청의 검사에게 신청하여 부착명령 집행장을 발부받아 구인할 수 있다.
- 보호관찰소의 장은 피부착명령자를 구인한 경우에는 부착명령의 집행을 마친 즉시 석방하여야 한다.
- 부착명령의 집행은 신체의 완전성을 해하지 아니하는 범위 내에서 이루어져야 한다.
- 부착명령이 여러 개인 경우 확정된 순서에 따라 집행한다.
- 구속영장의 집행을 받아 구금된 후에 다음의 어느 하나에 해당하는 사유로 구금이 종료되는 경우 그 구금기간 동안에는 부착명령이 집행된 것으로 본다.
- 집행이 정지된 부착명령의 잔여기간에 대하여는 다음의 구분에 따라 집행한다.
  - 구금이 해제되거나 금고 이상의 형의 집행을 받지 아니하게 확정된 때부터 그 잔여기간을 집행한다.
  - 그 형의 집행이 종료되거나 면제된 후 또는 가석방된 때부터 그 잔여기간을 집행한다.
  - 그 형이나 치료감호의 집행이 종료되거나 면제된 후 그 잔여기간을 집행한다.

ⓜ **부착명령 집행의 종료** : 선고된 부착명령은 다음 어느 하나에 해당하는 때에 그 집행이 종료된다(법 제20조).
- 부착명령기간이 경과한 때
- 부착명령과 함께 선고한 형이 사면되어 그 선고의 효력을 상실하게 된 때
- 부착명령이 임시해제된 자가 그 임시해제가 취소됨이 없이 잔여 부착명령기간을 경과한 때

ⓗ **부착명령의 시효(법 제21조)**
- 피부착명령자는 그 판결이 확정된 후 집행을 받지 아니하고 함께 선고된 특정범죄사건의 형의 시효가 완성되면 그 집행이 면제된다.
- 부착명령의 시효는 피부착명령자를 체포함으로써 중단된다.

ⓢ **전자장치 부착의 종료** : 전자장치의 부착은 다음의 어느 하나에 해당하는 경우에 그 집행이 종료된다(법 제31조의5).
- 구속영장의 효력이 소멸한 경우
- 보석이 취소된 경우
- 보석조건이 변경되어 전자장치를 부착할 필요가 없게 되는 경우

④ **성폭력범죄의 처벌 등에 관한 특례법상 보안처분**
ㄱ **보호관찰명령** : 법원이 성폭력범죄자에 대하여 형의 선고를 유예하는 경우 1

년 동안 보호관찰을 받을 것을 명할 수 있다. 다만, 성폭력범죄를 범한 소년에 대하여 형의 선고를 유예하는 경우에는 반드시 보호관찰을 명하여야 한다(성폭력처벌법 제16조).

ⓛ 수강명령 또는 성폭력 치료프로그램의 이수명령 : 법원이 성폭력범죄를 범한 사람에 대하여 유죄판결(선고유예는 제외한다)을 선고하거나 약식명령을 고지하는 경우에는 500시간의 범위에서 재범예방에 필요한 수강명령 또는 성폭력 치료프로그램의 이수명령을 병과하여야 한다.

ⓒ 수강명령과 이수명령의 병과 : 성폭력범죄를 범한 자에 대하여 수강명령은 형의 집행을 유예할 경우에 그 집행유예기간 내에서 병과하고, 이수명령은 벌금 이상의 형을 선고하거나 약식명령을 고지할 경우에 병과한다. 다만, 이수명령은 성폭력범죄자가 다른 이수명령을 부과받은 경우에는 병과하지 않는다.

ⓔ 보호관찰 또는 사회봉사 처분 : 법원이 성폭력범죄를 범한 사람에 대하여 형의 집행을 유예하는 경우에는 수강명령 외에 그 집행유예기간 내에서 보호관찰 또는 사회봉사 중 하나 이상의 처분을 병과할 수 있다.

ⓜ 수강명령 또는 이수명령의 유예 : 수강명령 또는 이수명령은 형의 집행을 유예할 경우에는 그 집행유예기간 내에, 벌금형을 선고하거나 약식명령을 고지할 경우에는 형 확정일부터 6개월 이내에, 징역형 이상의 실형을 선고할 경우에는 형기 내에 각각 집행한다.

ⓑ 수강명령 또는 이수명령의 집행 : 수강명령 또는 이수명령이 벌금형 또는 형의 집행유예와 병과된 경우에는 보호관찰소의 장이 집행하고, 징역형 이상의 실형과 병과된 경우에는 교정시설의 장이 집행한다.

ⓢ 성폭력범죄를 범한 사람으로서 형의 집행 중에 가석방된 사람은 가석방기간 동안 보호관찰을 받는다. 다만, 가석방을 허가한 행정관청이 보호관찰을 할 필요가 없다고 인정한 경우에는 그러하지 아니하다.

ⓞ 신상정보의 공개(법 제47조)
- 등록정보의 공개에 관하여는 아동·청소년의 성보호에 관한 법률을 적용한다.
- 등록정보의 공개는 여성가족부장관이 집행한다.
- 법무부장관은 등록정보의 공개에 필요한 정보를 여성가족부장관에게 송부하여야 한다.

ⓩ 등록정보의 고지(법 제49조)
- 등록정보의 고지에 관하여는 아동·청소년의 성보호에 관한 법률을 적용한다.
- 등록정보의 고지는 여성가족부장관이 집행한다.
- 법무부장관은 등록정보의 고지에 필요한 정보를 여성가족부장관에게 송부하여야 한다.

⑤ 아동·청소년의 성보호에 관한 법률상 보호관찰
ㄱ 등록정보의 공개(법 제49조)
- 법원은 다음의 어느 하나에 해당하는 자에 대하여 판결로 제4항의 공개정

SEMI-NOTE

01장
형사정책

**수강명령 또는 이수명령의 내용**
- 일탈적 이상행동의 진단·상담
- 성에 대한 건전한 이해를 위한 교육
- 그 밖에 성폭력범죄를 범한 사람의 재범예방을 위하여 필요한 사항

**법률의 준용**
보호관찰, 사회봉사, 수강명령 및 이수명령에 관하여 이 법에서 규정한 사항 외의 사항에 대하여는 보호관찰 등에 관한 법률을 준용

**등록정보의 공개**
법무부장관은 등록정보를 등록대상 성범죄와 관련한 범죄 예방 및 수사에 활용하게 하기 위하여 검사 또는 각급 경찰관서의 장에게 배포 가능

공개하도록 제공되는 등록정보
성명, 나이, 주소 및 실계거주지, 신체정보(키와 몸무게), 사진, 등록대상 성범죄 요지, 성폭력범죄 전과사실(죄명 및 횟수), 전자장치 부착 여부 등

보를 성폭력범죄의 처벌 등에 관한 특례법 의 등록기간 동안 정보통신망을 이용하여 공개하도록 하는 명령을 등록대상 사건의 판결과 동시에 선고하여야 한다.

- 아동 · 청소년대상 성범죄를 저지른 자
- 성폭력범죄의 처벌 등에 관한 특례법의 범죄를 저지른 자
- 죄를 다시 범할 위험성이 있다고 인정되는 자

• 등록정보의 공개기간은 판결이 확정된 때부터 기산한다.

• 다음의 기간은 공개기간에 넣어 계산하지 아니한다.

- 공개명령을 받은 자가 신상정보 공개의 원인이 된 성범죄로 교정시설 또는 치료감호시설에 수용된 기간. 이 경우 신상정보 공개의 원인이 된 성범죄와 다른 범죄가 경합되어 형이 선고된 경우에는 그 선고형 전부를 신상정보 공개의 원인이 된 성범죄로 인한 선고형으로 본다.
- 기간 이전의 기간으로서 기간과 이어져 공개대상자가 다른 범죄로 교정시설 또는 치료감호시설에 수용된 기간
- 기간 이후의 기간으로서 기간과 이어져 공개대상자가 다른 범죄로 교정시설 또는 치료감호시설에 수용된 기간

ⓒ 등록정보의 고지(법 제50조)

• 법원은 공개대상자 중 다음의 어느 하나에 해당하는 자에 대하여 판결로 공개명령 기간 동안 고지정보를 해당사람에 대하여 고지하도록 하는 명령을 등록대상 성범죄 사건의 판결과 동시에 선고하여야 한다.

- 아동 · 청소년대상 성범죄를 저지른 자
- 성폭력범죄의 처벌 등에 관한 특례법의 범죄를 저지른 자
- 죄를 다시 범할 위험성이 있다고 인정되는 자

• 고지명령을 선고받은 자는 공개명령을 선고받은 자로 본다.

• 고지명령은 다음의 기간 내에 하여야 한다.

- 집행유예를 선고받은 고지대상자는 신상정보 최초 등록일부터 1개월 이내
- 금고 이상의 실형을 선고받은 고지대상자는 출소 후 거주할 지역에 전입한 날부터 1개월 이내
- 고지대상자가 다른 지역으로 전출하는 경우에는 변경정보 등록일부터 1개월 이내

• 고지정보는 고지대상자가 거주하는 읍 · 면 · 동의 아동 · 청소년의 친권자 또는 법정대리인이 있는 가구, 어린이집의 원장, 유치원의 장, 학교의 장, 읍 · 면사무소와 동 주민자치센터의 장, 학교교과교습학원의 장과 지역아동센터 및 청소년수련시설의 장에게 고지한다.

ⓒ 고지명령의 집행(법 제51조)

• 법원은 고지명령의 판결이 확정되면 판결문 등본을 판결이 확정된 날부터 14일 이내에 법무부장관에게 송달하여야 하며, 법무부장관은 기간 내에 고지명령이 집행될 수 있도록 최초등록 및 변경등록 시 고지대상자, 고지기간 및 고지정보를 지체 없이 여성가족부장관에게 송부하여야 한다.

- 법무부장관은 고지대상자가 출소하는 경우 출소 1개월 전까지 다음의 정보를 여성가족부장관에게 송부하여야 한다.
  - 고지대상자의 출소 예정일
  - 고지대상자의 출소 후 거주지 상세주소
- 여성가족부장관은 제50조제4항에 따른 고지정보를 관할구역에 거주하는 아동·청소년의 친권자 또는 법정대리인이 있는 가구, 어린이집의 원장 및 유치원의 장과 학교의 장, 읍·면사무소와 동 주민자치센터의 장, 학교교과교습학원의 장과 지역아동센터 및 청소년수련시설의 장에게 우편으로 송부하고, 읍·면 사무소 또는 동(경계를 같이 하는 읍·면 또는 동을 포함한다) 주민자치센터 게시판에 30일간 게시하는 방법으로 고지명령을 집행한다.
- 여성가족부장관은 고지명령의 집행에 관한 업무 중 우편송부 및 게시판 게시 업무를 고지대상자가 실제 거주하는 읍·면사무소의 장 또는 동 주민자치센터의 장에게 위임할 수 있다.
- 위임을 받은 읍·면사무소의 장 또는 동 주민자치센터의 장은 우편송부 및 게시판 게시 업무를 집행하여야 한다.

ⓔ 아동·청소년 관련기관 등에의 취업제한 등 : 법원은 아동·청소년대상 성범죄 또는 성인대상 성범죄로 형 또는 치료감호를 선고하는 경우에는 판결로 그 형 또는 치료감호의 전부 또는 일부의 집행을 종료하거나 집행이 유예·면제된 날(벌금형을 선고받은 경우에는 그 형이 확정된 날)부터 일정기간 동안 다음 각 호에 따른 시설·기관 또는 사업장을 운영하거나 아동·청소년 관련기관등에 취업 또는 사실상 노무를 제공할 수 없도록 하는 명령을 성범죄 사건의 판결과 동시에 선하여야 한다(법 제56조 제1항).

⑥ 성폭력범죄자의 성충동 약물치료에 관한 법률상 약물치료명령 ★ 빈출개념

ⓐ 목적 : 사람에 대하여 성폭력범죄를 저지른 성도착증 환자로서 성폭력범죄를 다시 범할 위험성이 있다고 인정되는 사람에 대하여 성충동 약물치료를 실시하여 성폭력범죄의 재범을 방지하고 사회복귀를 촉진하는 것을 목적으로 한다(법 제1조).

ⓑ 성충동 약물치료 : 비정상적인 성적 충동이나 욕구를 억제하기 위한 조치로서 성도착증 환자에게 약물 투여 및 심리치료 등의 방법으로 도착적인 성기능을 일정기간 동안 약화 또는 정상화하는 치료를 말한다(법 제2조 제3호).

ⓒ 약물치료명령의 요건 : 약물치료는 다음의 요건을 모두 갖추어야 한다(법 제3조).
- 비정상적 성적 충동이나 욕구를 억제하거나 완화하기 위한 것으로서 의학적으로 알려진 것일 것
- 과도한 신체적 부작용을 초래하지 아니할 것
- 의학적으로 알려진 방법대로 시행될 것

ⓓ 치료명령의 청구(법 제4조)
- 검사는 치료명령 청구대상자에 대하여 정신건강의학과 전문의의 진단이나 감정을 받은 후 치료명령을 청구하여야 한다.

SEMI-NOTE

고지명령의 집행
여성가족부장관이 집행함

고지명령
여성가족부장관은 고지 외에도 그 밖의 방법에 의하여 고지명령을 집행 가능

치료명령의 청구
검사는 사람에 대하여 성폭력범죄를 저지른 성도착증 환자로서 성폭력범죄를 다시 범할 위험성이 있다고 인정되는 19세 이상의 사람에 대하여 약물치료명령을 법원에 청구 가능

SEMI-NOTE

- 치료명령의 청구는 공소가 제기되거나 치료감호가 독립청구된 성폭력범죄 사건의 항소심 변론종결 시까지 하여야 한다.
- 법원은 피고사건의 심리결과 치료명령을 할 필요가 있다고 인정하는 때에는 검사에게 치료명령의 청구를 요구할 수 있다.
- 피고사건에 대하여 판결의 확정 없이 공소가 제기되거나 치료감호가 독립청구된 때부터 15년이 지나면 치료명령을 청구할 수 없다.

ⓓ 치료명령의 판결 등(법 제8조)

- 법원은 치료명령 청구가 이유 있다고 인정하는 때에는 15년의 범위에서 치료기간을 정하여 판결로 치료명령을 선고하여야 한다.
- 치료명령을 선고받은 사람은 치료기간 동안 보호관찰 등에 관한 법률에 따른 보호관찰을 받는다.
- 법원은 다음의 어느 하나에 해당하는 때에는 판결로 치료명령 청구를 기각하여야 한다.
  - 치료명령 청구가 이유 없다고 인정하는 때
  - 피고사건에 대하여 무죄 · 면소 · 공소기각의 판결 또는 결정을 선고하는 때
  - 피고사건에 대하여 벌금형을 선고하는 때
  - 피고사건에 대하여 선고를 유예하거나 집행유예를 선고하는 때
- 치료명령 청구사건의 판결은 피고사건의 판결과 동시에 선고하여야 한다.
- 치료명령 선고의 판결 이유에는 요건으로 되는 사실, 증거의 요지 및 적용 법조를 명시하여야 한다.
- 치료명령의 선고는 피고사건의 양형에 유리하게 참작되어서는 아니 된다.
- 피고사건의 판결에 대하여 상소 및 상소의 포기 · 취하가 있는 때에는 치료명령 청구사건의 판결에 대하여도 상소 및 상소의 포기 · 취하가 있는 것으로 본다. 상소권회복 또는 재심의 청구나 비상상고가 있는 때에도 또한 같다.

ⓔ 치료명령의 집행(법 제13조, 제14조) : 치료명령은 검사의 지휘를 받아 보호관찰관이 집행하고, 지휘는 판결문 등본을 첨부한 서면으로 한다.

- 치료명령은 의사의 진단과 처방에 의한 약물 투여, 정신보건전문요원 등 전문가에 의한 인지행동 치료 등 심리치료 프로그램의 실시 등의 방법으로 집행한다.
- 보호관찰관은 치료명령을 받은 사람에게 치료명령을 집행하기 전에 약물치료의 효과, 부작용 및 약물치료의 방법 · 주기 · 절차 등에 관하여 충분히 설명하여야 한다.
- 치료명령을 받은 사람이 형의 집행이 종료되거나 면제 · 가석방 또는 치료감호의 집행이 종료 · 가종료 또는 치료위탁으로 석방되는 경우 보호관찰관은 석방되기 전 2개월 이내에 치료명령을 받은 사람에게 치료명령을 집행하여야 한다.
- 다음의 어느 하나에 해당하는 때에는 치료명령의 집행이 정지된다.
  - 치료명령의 집행 중 구속영장의 집행을 받아 구금된 때
  - 치료명령의 집행 중 금고 이상의 형의 집행을 받게 된 때

**치료명령**

검사 또는 치료명령 피청구자 및 형사소송법 제340조 · 제341조에 규정된 사람은 치료명령에 대하여 독립하여 상소 및 상소의 포기 · 취하를 할 수 있으며, 상소권회복 또는 재심의 청구나 비상상고의 경우에도 또한 같음

– 가석방 또는 가종료 · 가출소된 자에 대하여 치료기간 동안 가석방 또는 가종료 · 가출소가 취소되거나 실효된 때

- 집행이 정지된 치료명령의 잔여기간에 대하여는 다음의 구분에 따라 집행한다.

  – 구금이 해제되거나 금고 이상의 형의 집행을 받지 아니하는 것으로 확정된 때부터 그 잔여기간을 집행한다.

  – 그 형의 집행이 종료되거나 면제된 후 또는 가석방된 때부터 그 잔여기간을 집행한다.

  – 그 형이나 치료감호 또는 보호감호의 집행이 종료되거나 면제된 후 그 잔여기간을 집행한다.

ⓢ 치료명령 집행의 종료 : 선고된 치료명령은 다음의 어느 하나에 해당하는 때에 그 집행이 종료된다(법 제20조).

- 치료기간이 지난 때
- 치료명령과 함께 선고한 형이 사면되어 그 선고의 효력을 상실하게 된 때
- 치료명령이 임시해제된 사람이 그 임시해제가 취소됨이 없이 잔여 치료기간을 지난 때

## 6. 보호관찰 등에 관한 법률상 보호관찰, 사회봉사명령, 수강명령

### (1) 보호관찰

① 의의 : 죄를 지은 사람으로서 재범 방지를 위하여 체계적인 사회 내 처우가 필요하다고 인정되는 사람을 지도하고 보살피며 도움으로써 건전한 사회 복귀를 촉진하고, 효율적인 범죄예방 활동을 전개함으로써 개인 및 공공의 복지를 증진함과 아울러 사회를 보호하는 것

② 연혁 : 미국에서 창안된 사회내처우로 프로베이션(probation)과 퍼로울(parole)이 있음. 프로베이션(probation)은 구금 이전에 보호관찰을 시행하는 조치이고, 퍼로울은 구금 시설 내에서 교정하다가 조기에 석방하면서 보호관찰을 행하는 것

③ 목적 : 죄를 지은 사람으로서 재범 방지를 위하여 보호관찰, 사회봉사, 수강 및 갱생보호 등 체계적인 사회 내 처우가 필요하다고 인정되는 사람을 지도하고 보살피며 도움으로써 건전한 사회 복귀를 촉진하고, 효율적인 범죄예방 활동을 전개함으로써 개인 및 공공의 복지를 증진함과 아울러 사회를 보호함을 목적으로 한다(보호관찰법 제1조).

④ **보호관찰의 법적 근거** : 형법, 소년법, 성폭력범죄의 처벌 및 피해자보호 등에 관한 법률, 보안관찰법, 청소년의 성보호에 관한 법률, 치료감호 등에 관한 법률, 보호관찰 등에 관한 법률 등

⑤ **대상자**(법 제3조)

㉠ 보호관찰을 조건으로 형의 선고유예를 받은 사람

㉡ 보호관찰을 조건으로 형의 집행유예를 선고받은 사람

㉢ 보호관찰을 조건으로 가석방되거나 임시퇴원된 사람

SEMI-NOTE

**치료명령의 시효(법 제21조)**
- 치료명령을 받은 사람은 그 판결이 확정된 후 집행을 받지 아니하고 함께 선고된 피고사건의 형의 시효 또는 치료감호의 시효가 완성되면 그 집행이 면제된다.
- 치료명령의 시효는 치료명령을 받은 사람을 체포함으로써 중단된다.

**보호관찰**
범인을 교도소 기타의 시설에 수용하지 아니하고 자유로운 사회에서 인정한 준수사항을 명하여 이를 지키도록 지도하고 필요한 때에는 원호하여 그의 개선, 갱생을 도모하는 처분

한국의 보호관찰
보호관찰 등에 관한 법률을 통하여 소년범에 대한 보호관찰을 실시

ⓔ 보호처분을 받은 사람

ⓜ 다른 법률에서 이 법에 따른 보호관찰을 받도록 규정된 사람

⑥ 보호관찰 대상자의 준수사항

  ⓐ 일반적인 준수사항(법 제32조 제2항)

    • 주거지에 상주(常住)하고 생업에 종사할 것

    • 범죄로 이어지기 쉬운 나쁜 습관을 버리고 선행(善行)을 하며 범죄를 저지를 염려가 있는 사람들과 교제하거나 어울리지 말 것

    • 보호관찰관의 지도 · 감독에 따르고 방문하면 응대할 것

    • 주거를 이전(移轉)하거나 1개월 이상 국내외 여행을 할 때에는 미리 보호관찰관에게 신고할 것

  ⓑ 특별준수사항(법 제32조 제3항)

    • 야간 등 재범의 기회나 충동을 줄 수 있는 특정 시간대의 외출 제한

    • 재범의 기회나 충동을 줄 수 있는 특정 지역 · 장소의 출입 금지

    • 피해자 등 재범의 대상이 될 우려가 있는 특정인에 대한 접근 금지

    • 범죄행위로 인한 손해를 회복하기 위하여 노력할 것

    • 일정한 주거가 없는 자에 대한 거주장소 제한

    • 사행행위에 빠지지 아니할 것

    • 일정량 이상의 음주를 하지 말 것

    • 마약 등 중독성 있는 물질을 사용하지 아니할 것

    • 마약류 투약, 흡연, 섭취 여부에 관한 검사에 따를 것

    • 그 밖에 보호관찰 대상자의 재범 방지를 위하여 필요하다고 인정되어 대통령령으로 정하는 사항

⑦ 보호관찰 심사위원회

  ⓐ **설치(법 제5조)** : 보호관찰에 관한 사항을 심사 · 결정하기 위하여 법무부장관 소속으로 보호관찰 심사위원회를 둔다.

  ⓑ **관장사무(법 제6조)**

    • 가석방과 그 취소에 관한 사항

    • 임시퇴원, 임시퇴원의 취소 및 보호소년 등의 처우에 관한 법률 제43조제3항에 따른 보호소년의 퇴원(이하 "퇴원"이라 한다)에 관한 사항

    • 보호관찰의 임시해제와 그 취소에 관한 사항

    • 보호관찰의 정지와 그 취소에 관한 사항

    • 가석방 중인 사람의 부정기형의 종료에 관한 사항

    • 이 법 또는 다른 법령에서 심사위원회의 관장 사무로 규정된 사항

    • 위원장이 회의에 부치는 사항

  ⓒ **구성(법 제7조)**

    • 심사위원회는 위원장을 포함하여 5명 이상 9명 이하의 위원으로 구성한다.

    • 심사위원회의 위원장은 고등검찰청 검사장 또는 고등검찰청 소속 검사 중에서 법무부장관이 임명한다.

    • 심사위원회의 위원은 판사, 검사, 변호사, 보호관찰소장, 지방교정청장, 교

도소장, 소년원장 및 보호관찰에 관한 지식과 경험이 풍부한 사람 중에서 법무부장관이 임명하거나 위촉한다.

- 심사위원회의 위원 중 3명 이내의 상임위원을 둔다.

ⓔ **위원의 임기** : 위원의 임기는 2년으로 하되, 연임할 수 있다. 다만, 공무원인 비상임위원의 임기는 그 직위에 있는 기간으로 한다(법 제8조).

ⓜ **심사(법 제11조)**

- 심사위원회는 심사자료에 의하여 관장사무 사항을 심사한다.
- 심사위원회는 심사에 필요하다고 인정하면 보호관찰 대상자와 그 밖의 관계인을 소환하여 심문하거나 상임위원 또는 보호관찰관에게 필요한 사항을 조사하게 할 수 있다.
- 심사위원회는 심사에 필요하다고 인정하면 국공립기관이나 그 밖의 단체에 사실을 알아보거나 관계 자료의 제출을 요청할 수 있다.

ⓗ **의결 및 결정(법 제12조)**

- 심사위원회의 회의는 재적위원 과반수의 출석으로 개의하고, 출석위원 과반수의 찬성으로 의결한다.
- 회의를 개최할 시간적 여유가 없는 부득이한 경우로서 대통령령으로 정하는 경우에는 서면으로 의결할 수 있다. 이 경우 재적위원 과반수의 찬성으로 의결한다.
- 결정은 이유를 붙이고 심사한 위원이 서명 또는 기명날인한 문서로 한다.

⑧ **보호관찰소**

ⓐ **보호관찰소의 설치(법 제14조)**

- 보호관찰, 사회봉사, 수강 및 갱생보호에 관한 사무를 관장하기 위하여 법무부장관 소속으로 보호관찰소를 둔다.
- 보호관찰소의 사무 일부를 처리하게 하기 위하여 그 관할 구역에 보호관찰지소를 둘 수 있다.

ⓑ **보호관찰관(법 제16조)**

- 보호관찰소에는 관장사무를 처리하기 위하여 보호관찰관을 둔다.
- 보호관찰관은 형사정책학, 행형학, 범죄학, 사회사업학, 교육학, 심리학, 그 밖에 보호관찰에 필요한 전문적 지식을 갖춘 사람이어야 한다.

ⓒ **범죄예방 자원봉사위원(법 제18조)**

- 범죄예방활동을 하고, 보호관찰활동과 갱생보호사업을 지원하기 위하여 범죄예방 자원봉사위원을 둘 수 있다.
- 법무부장관은 법무부령으로 정하는 바에 따라 범죄예방위원을 위촉한다.
- 범죄예방위원의 명예와 이 법에 따른 활동은 존중되어야 한다.
- 범죄예방위원은 명예직으로 하되, 예산의 범위에서 직무수행에 필요한 비용의 전부 또는 일부를 지급할 수 있다.
- 범죄예방위원의 위촉 및 해촉, 정원, 직무의 구체적 내용, 조직, 비용의 지급, 그 밖에 필요한 사항은 법무부령으로 정한다.

⑨ **판결 전 조사**

SEMI-NOTE

**법원의 요구**
법원은 통지를 받은 보호관찰소의 장에게 조사진행상황과 보호관찰 상황에 관한 보고를 요구 가능

**판결의 통지 등(법 제20조)**
- 법원은 보호관찰을 명하는 판결이 확정된 때부터 3일 이내에 판결문 등본 및 준수사항을 적은 서면을 피고인의 주거지를 관할하는 보호관찰소의 장에게 보내야 한다.
- 법원은 그 그니니 그 뫼에 보호관찰에 참고가 될 수 있는 자료를 첨부할 수 있다.

**가석방 · 퇴원 및 임시퇴원의 신청**
- 교도소 · 구치소 · 소년교도소 및 소년원의 장은 가석방에 필요한 기간이 지난 소년수형자 또는 수용 중인 보호소년에 대하여 법무부령으로 정하는 바에 따라 관할 심사위원회에 가석방, 퇴원 또는 임시퇴원 심사를 신청 가능
- 신청을 할 때에는 통지받은 환경조사 및 환경개선활동 결과를 고려해야 함

**심사위원회의 심사 · 결정**
심사위원회는 심사 · 결정을 할 때 본인의 인격, 교정성적, 직업, 생활태도, 가족관계 및 재범 위험성 등 모든 사정을 고려해야 함

---

ㄱ 판결 전 조사(법 제19조)
- 법원은 피고인에 대하여 보호관찰, 사회봉사 또는 수강을 명하기 위하여 필요하다고 인정하면 그 법원의 소재지 또는 피고인의 주거지를 관할하는 보호관찰소의 장에게 범행 동기, 직업, 생활환경, 교우관계, 가족상황, 피해회복 여부 등 피고인에 관한 사항의 조사를 요구할 수 있다.
- 요구를 받은 보호관찰소의 장은 지체 없이 이를 조사하여 서면으로 해당 법원에 알려야 한다. 이 경우 필요하다고 인정하면 피고인이나 그 밖의 관계인을 소환하여 심문하거나 소속 보호관찰관에게 필요한 사항을 조사하게 할 수 있다.

ㄴ 결정 전 조사(법 제19조의2)
- 법원은 소년 보호사건에 대한 조사 또는 심리를 위하여 필요하다고 인정하면 그 법원의 소재지 또는 소년의 주거지를 관할하는 보호관찰소의 장에게 소년의 품행, 경력, 가정상황, 그 밖의 환경 등 필요한 사항에 관한 조사를 의뢰할 수 있다.
- 의뢰를 받은 보호관찰소의 장은 지체 없이 조사하여 서면으로 법원에 통보하여야 하며, 조사를 위하여 필요한 경우에는 소년 또는 관계인을 소환하여 심문하거나 소속 보호관찰관으로 하여금 필요한 사항을 조사하게 할 수 있다.

⑩ 가석방 및 임시퇴원
ㄱ 교도소장 등의 통보의무(법 제21조)
- 교도소 · 구치소 · 소년교도소의 장은 징역 또는 금고의 형을 선고받은 소년이 가석방에 필요한 기간을 지나면 그 교도소 · 구치소 · 소년교도소의 소재지를 관할하는 심사위원회에 그 사실을 통보하여야 한다.
- 소년원장은 보호소년이 수용된 후 6개월이 지나면 그 소년원의 소재지를 관할하는 심사위원회에 그 사실을 통보하여야 한다.

ㄴ 가석방 · 퇴원 및 임시퇴원의 심사와 결정
- 심사위원회는 신청을 받으면 소년수형자에 대한 가석방 또는 보호소년에 대한 퇴원 · 임시퇴원이 적절한지를 심사하여 결정한다.
- 심사위원회는 통보를 받은 사람에 대하여는 신청이 없는 경우에도 직권으로 가석방 · 퇴원 및 임시퇴원이 적절한지를 심사하여 결정할 수 있다.
- 심사위원회는 소년수형자의 가석방이 적절한지를 심사할 때에는 보호관찰의 필요성을 심사하여 결정한다.

ㄷ 성인수형자에 대한 보호관찰의 심사와 결정(법 제24조)
- 심사위원회는 가석방되는 사람에 대하여 보호관찰의 필요성을 심사하여 결정한다.
- 심사위원회는 보호관찰심사를 할 때에는 보호관찰 사안조사 결과를 고려하여야 한다.

ㄹ 법무부장관의 허가 : 심사위원회는 심사 결과 가석방, 퇴원 또는 임시퇴원이 적절하다고 결정한 경우 및 심사 결과 보호관찰이 필요없다고 결정한 경우에

는 결정서에 관계 서류를 첨부하여 법무부장관에게 이에 대한 허가를 신청하여야 하며, 법무부장관은 심사위원회의 결정이 정당하다고 인정하면 이를 허가할 수 있다(법 제25조).

⑪ 환경조사 및 환경개선활동

    ㉠ 환경조사(법 제26조) : 수용기관 · 병원 · 요양소 · 의료재활소년원의 장은 소년수형자 및 보호처분 중 어느 하나에 해당하는 처분을 받은 사람을 수용한 경우에는 지체 없이 거주예정지를 관할하는 보호관찰소의 장에게 신상조사서를 보내 환경조사를 의뢰하여야 한다.

    ㉡ 환경개선활동(법 제27조)

      • 보호관찰소의 장은 환경조사 결과에 따라 수용자의 건전한 사회 복귀를 촉진하기 위하여 필요하다고 인정하면 본인의 동의를 얻거나 가족 · 관계인의 협력을 받아 본인의 환경개선을 위한 활동을 할 수 있다.

      • 보호관찰소의 장은 환경개선활동을 위하여 필요하다고 인정하면 수용기관의 장에게 수용자의 면담 등 필요한 협조를 요청할 수 있다.

### 법령 보호관찰법

**제28조(성인수형자에 대한 보호관찰 사안조사)** ① 교도소 · 구치소 · 소년교도소의 장은 징역 또는 금고 이상의 형을 선고받은 성인에 대하여 가석방심사위원회에 가석방 적격심사신청을 할 때에는 신청과 동시에 가석방 적격심사신청 대상자의 명단과 신상조사서를 해당 교도소 · 구치소 · 소년교도소의 소재지를 관할하는 심사위원회에 보내야 한다.

② 심사위원회는 교도소 · 구치소 · 소년교도소의 장으로부터 가석방 적격심사신청 대상자의 명단과 신상조사서를 받으면 해당 성인수형자를 면담하여 직접 수형자의 환경 사항, 석방 후의 재범 위험성 및 사회생활에 대한 적응 가능성 등에 관한 조사를 하거나 교도소 · 구치소 · 소년교도소의 소재지 또는 해당 성인수형자의 거주예정지를 관할하는 보호관찰소의 장에게 그 자료를 보내 보호관찰 사안조사를 의뢰할 수 있다.

③ 보호관찰 사안조사를 의뢰받은 보호관찰소의 장은 지체 없이 보호관찰 사안조사를 하고 그 결과를 심사위원회에 통보하여야 한다.

④ 교도소 · 구치소 · 소년교도소의 장은 심사위원회 또는 보호관찰소의 장으로부터 보호관찰 사안조사를 위하여 성인수형자의 면담 등 필요한 협조 요청을 받으면 이에 협조하여야 한다.

⑫ 보호관찰

    ㉠ 보호관찰의 개시 및 신고(법 제29조)

      • 보호관찰은 법원의 판결이나 결정이 확정된 때 또는 가석방 · 임시퇴원된 때부터 시작된다.

      • 보호관찰 대상자는 대통령령으로 정하는 바에 따라 주거, 직업, 생활계획, 그 밖에 필요한 사항을 관할 보호관찰소의 장에게 신고하여야 한다.

    ㉡ 보호관찰의 기간(법 제30조)

      • 보호관찰을 조건으로 형의 선고유예를 받은 사람 : 1년

      • 보호관찰을 조건으로 형의 집행유예를 선고받은 사람 : 그 유예기간. 다만, 법원이 보호관찰 기간을 따로 정한 경우에는 그 기간

      • 가석방자 : 형법 또는 소년법에 규정된 기간

**환경조사(법 제26조)**
환경조사를 의뢰받은 보호관찰소의 장은 수용자의 범죄 또는 비행의 동기, 수용 전의 직업, 생활환경, 교우관계, 가족 상황, 피해회복 여부, 생계대책 등을 조사하여 수용기관의 장에게 알려야 한다. 이 경우 필요하다고 인정하면 수용자를 면담하거나 관계인을 소환하여 심문하거나 소속 보호관찰관에게 필요한 사항을 조사하게 할 수 있다.

**환경개선활동(법 제27조)**
보호관찰소의 장은 환경개선활동의 결과를 수용기관의 장과 수용기관의 소재지를 관할하는 심사위원회에 알려야 한다.

**직무상 주의사항**
직무를 담당하는 사람은 직무상 비밀을 엄수하고, 보호관찰 대상자 및 관계인의 인권을 존중하며, 보호관찰 대상자의 건전한 사회 복귀에 방해되는 일이 없도록 주의

**지도 · 감독(법 제33조)**

• 보호관찰관은 보호관찰 대상자의 재범을 방지하고 건전한 사회 복귀를 촉진하기 위하여 필요한 지도 · 감독을 한다.

• 지도 · 감독 방법
 – 보호관찰 대상자와 긴밀한 접촉을 가지고 항상 그 행동 및 환경 등을 관찰하는 것
 – 보호관찰 대상자에게 준수사항을 이행하기에 적절한 지시를 하는 것
 – 보호관찰 대상자의 건전한 사회 복귀를 위하여 필요한 조치를 하는 것

**유치기간 연장**

법원은 신청이 있는 경우에 심리를 위하여 필요하다고 인정되면 심급마다 20일의 범위에서 한 차례만 유치기간을 연장 가능

**유치기간의 형기 산입**

유치된 사람에 대하여 보호관찰을 조건으로 한 형의 선고유예가 실효되거나 집행유예가 취소된 경우 또는 가석방이 취소된 경우에는 그 유치기간을 형기에 산입한다(법 제45조).

---

• 임시퇴원자 : 퇴원일부터 6개월 이상 2년 이하의 범위에서 심사위원회가 정한 기간

• 소년법의 보호처분을 받은 사람 : 그 법률에서 정한 기간

• 다른 법률에 따라 이 법에서 정한 보호관찰을 받는 사람 : 그 법률에서 정한 기간

ⓒ **보호관찰 담당자** : 보호관찰은 보호관찰 대상자의 주거지를 관할하는 보호관찰소 소속 보호관찰관이 담당한다(법 제31조).

ⓡ **분류처우** : 보호관찰소의 장은 범행 내용, 재범위험성 등 보호관찰 대상자의 개별적 특성을 고려하여 그에 알맞은 지도 · 감독의 방법과 수준에 따라 분류처우를 하여야 한다(법 제33조의2 제1항).

ⓜ **원호의 방법(법 제34조 제2항)**

• 숙소 및 취업의 알선
• 직업훈련 기회의 제공
• 환경의 개선
• 보호관찰 대상자의 건전한 사회 복귀에 필요한 원조의 제공

ⓑ **보호관찰 대상자 등의 조사(법 제37조)**

• 보호관찰소의 장은 보호관찰을 위하여 필요하다고 인정하면 보호관찰 대상자나 그 밖의 관계인을 소환하여 심문하거나 소속 보호관찰관에게 필요한 사항을 조사하게 할 수 있다.

• 보호관찰소의 장은 보호관찰을 위하여 필요하다고 인정하면 국공립기관이나 그 밖의 단체에 사실을 알아보거나 관련 자료의 열람 등 협조를 요청할 수 있다.

ⓢ **대상자의 유치(법 제42조)**

• 보호관찰소의 장은 다음의 신청이 필요하다고 인정되면 구인한 보호관찰 대상자를 수용기관 또는 소년분류심사원에 유치할 수 있다.
 – 보호관찰을 조건으로 한 형(벌금형을 제외한다)의 선고유예의 실효 및 집행유예의 취소 청구의 신청
 – 가석방 및 임시퇴원의 취소 신청
 – 보호처분의 변경 신청

• 유치를 하려는 경우에는 보호관찰소의 장이 검사에게 신청하여 검사의 청구로 관할 지방법원 판사의 허가를 받아야 한다. 이 경우 검사는 보호관찰 대상자가 구인된 때부터 48시간 이내에 유치 허가를 청구하여야 한다.

• 보호관찰소의 장은 유치 허가를 받은 때부터 24시간 이내에 신청을 하여야 한다.

• 검사는 보호관찰소의 장으로부터 신청을 받고 그 이유가 타당하다고 인정되면 48시간 이내에 관할 지방법원에 보호관찰을 조건으로 한 형의 선고유예의 실효 또는 집행유예의 취소를 청구하여야 한다.

ⓞ **유치기간(법 제43조)**

• 유치의 기간은 구인한 날부터 20일로 한다.

- 보호관찰소의 장은 신청이 있는 경우에 심사위원회의 심사에 필요하면 검사에게 신청하여 검사의 청구로 지방법원 판사의 허가를 받아 10일의 범위에서 한 차례만 유치기간을 연장할 수 있다.
- ㉳ 유치의 해제 : 보호관찰소의 장은 다음의 어느 하나에 해당하는 경우에는 유치를 해제하고 보호관찰 대상자를 즉시 석방하여야 한다(법 제44조).
  - 검사가 보호관찰소의 장의 신청을 기각한 경우
  - 법원이 검사의 청구를 기각한 경우
  - 심사위원회가 보호관찰소의 장의 신청을 기각한 경우
  - 법무부장관이 심사위원회의 신청을 허가하지 아니한 경우
  - 법원이 보호관찰소의 장의 신청을 기각한 경우
- ⑬ 보호장구
  - ㉠ 보호장구의 사용(법 제46조의2)
    - 보호관찰소 소속 공무원은 보호관찰 대상자가 다음의 어느 하나에 해당하고, 정당한 직무집행 과정에서 필요하다고 인정되는 상당한 이유가 있으면 보호장구를 사용할 수 있다.
      - 구인 또는 긴급구인한 보호관찰 대상자를 보호관찰소에 인치하거나 수용기관 등에 유치하기 위해 호송하는 때
      - 구인 또는 긴급구인한 보호관찰 대상자가 도주하거나 도주할 우려가 있는 때
      - 위력으로 보호관찰소 소속 공무원의 정당한 직무집행을 방해하는 때
      - 자살·자해 또는 다른 사람에 대한 위해의 우려가 큰 때
      - 보호관찰소 시설의 설비·기구 등을 손괴하거나 그 밖에 시설의 안전 또는 질서를 해칠 우려가 큰 때
  - ㉡ 보호장구의 종류 및 사용요건(법 제46조의3)
    - 보호장구의 종류 : 수갑, 포승, 보호대, 가스총, 전자충격기
    - 보호장구의 종류별 사용요건
      - 수갑·포승·보호대 : 보호장구의 사용의 어느 하나에 해당하는 때
      - 가스총 : 보호장구의 사용의 어느 하나에 해당하는 때
      - 전자충격기 : 보호장구의 사용의 어느 하나에 해당하는 경우로서 상황이 긴급하여 다른 보호장구만으로는 그 목적을 달성할 수 없는 때
  - ㉢ 보호장구 사용의 고지 등(법 제46조의4)
    - 보호장구를 사용할 경우에는 보호관찰 대상자에게 그 사유를 알려주어야 한다. 다만, 상황이 급박하여 시간적인 여유가 없을 때에는 보호장구 사용 직후 지체 없이 알려주어야 한다.
    - 보호장구를 사용할 경우에는 사전에 상대방에게 이를 경고하여야 한다. 다만, 상황이 급박하여 경고할 시간적인 여유가 없는 때에는 그러하지 아니하다.
  - ㉣ 보호장구 남용 금지 : 보호장구는 필요한 최소한의 범위에서 사용하여야 하며, 보호장구를 사용할 필요가 없게 되면 지체 없이 사용을 중지하여야 한다(법 제46조의5).

SEMI-NOTE

**보호장구의 사용(법 제46조의2)**
보호장구를 사용하는 경우에는 보호관찰 대상자의 나이, 신체적·정신적 건강 상태 및 보호관찰 집행 상황 등을 고려해야 함

**보호장구의 사용절차 및 방법**
보호장구의 사용절차 및 방법 등에 관하여 필요한 사항은 법무부령으로 정함

**보호관찰 기간**

보호관찰 대상자가 보호관찰 기간 중 금고 이상의 형의 집행을 받게 된 때에는 해당 형의 집행기간 동안 보호관찰 대상자에 대한 보호관찰 기간은 계속 진행되고, 해당 형의 집행이 종료·면제되거나 보호관찰 대상자가 가석방된 경우 보호관찰 기간이 남아있는 때에는 그 잔여기간 동안 보호관찰을 집행함

⑭ 보호관찰의 종료

ㄱ 보호관찰을 조건으로 한 형의 선고유예의 실효 및 집행유예의 취소 : 선고유예의 실효 및 집행유예의 취소는 검사가 보호관찰소의 장의 신청을 받아 법원에 청구한다(법 제47조).

ㄴ 가석방 및 임시퇴원의 취소(법 제48조)
- 심사위원회는 가석방 또는 임시퇴원된 사람이 보호관찰기간 중 준수사항을 위반하고 위반 정도가 무거워 보호관찰을 계속하기가 적절하지 아니하다고 판단되는 경우에는 보호관찰소의 장의 신청을 받거나 직권으로 가석방 및 임시퇴원의 취소를 심사하여 결정할 수 있다.

ㄷ 보호처분의 변경(법 제49조)
- 보호관찰소의 장은 보호처분에 따라 보호관찰을 받고 있는 사람이 보호관찰 기간 중 준수사항을 위반하고 그 정도가 무거워 보호관찰을 계속하기 적절하지 아니하다고 판단되면 보호관찰소 소재지를 관할하는 법원에 보호처분의 변경을 신청할 수 있다.
- 보호처분의 변경을 할 경우 신청대상자가 19세 이상인 경우에도 보호사건 규정을 적용한다.

ㄹ 부정기형의 종료 등(법 제50조)
- 형을 선고받은 후 가석방된 사람이 그 형의 단기가 지나고 보호관찰의 목적을 달성하였다고 인정되면 정한 기간 전이라도 심사위원회는 보호관찰소의 장의 신청을 받거나 직권으로 형의 집행을 종료한 것으로 결정할 수 있다.
- 임시퇴원자가 임시퇴원이 취소되지 아니하고 보호관찰 기간을 지난 경우에는 퇴원된 것으로 본다.

ㅁ 보호관찰의 종료(법 제51조)
- 보호관찰은 보호관찰 대상자가 다음의 어느 하나에 해당하는 때에 종료한다.
  - 보호관찰 기간이 지난 때
  - 보호관찰을 조건으로 한 형의 선고유예가 실효되거나 같은 법 제63조 또는 제64조에 따라 보호관찰을 조건으로 한 집행유예가 실효되거나 취소된 때
  - 다른 법률에 따라 가석방 또는 임시퇴원이 실효되거나 취소된 때
  - 보호처분이 변경된 때
  - 부정기형 종료 결정이 있는 때
  - 보호관찰이 정지된 임시퇴원자가 보호소년 등의 처우에 관한 법률의 나이가 된 때
  - 다른 법률에 따라 보호관찰이 변경되거나 취소·종료된 때

**임시해제 결정의 취소**

심사위원회는 임시해제 결정을 받은 사람에 대하여 다시 보호관찰을 하는 것이 적절하다고 인정되면 보호관찰소의 장의 신청을 받거나 직권으로 임시해제 결정을 취소 가능

ㅂ 임시해제(법 제52조)
- 심사위원회는 보호관찰 대상자의 성적이 양호할 때에는 보호관찰소의 장의 신청을 받거나 직권으로 보호관찰을 임시해제할 수 있다.
- 임시해제 중에는 보호관찰을 하지 아니한다. 다만, 보호관찰 대상자는 준수사항을 계속하여 지켜야 한다.

- 임시해제 결정이 취소된 경우에는 그 임시해제 기간을 보호관찰 기간에 포함한다.
⊗ 보호관찰의 정지(법 제53조)
  - 심사위원회는 가석방 또는 임시퇴원된 사람이 있는 곳을 알 수 없어 보호관찰을 계속할 수 없을 때에는 보호관찰소의 장의 신청을 받거나 직권으로 보호관찰을 정지하는 결정을 할 수 있다.
  - 심사위원회는 보호관찰을 정지한 사람이 있는 곳을 알게 되면 즉시 그 정지를 해제하는 결정을 하여야 한다.
  - 보호관찰 정지 중인 사람이 구인된 경우에는 구인된 날에 정지해제결정을 한 것으로 본다.
  - 심사위원회는 정지결정을 한 후 소재 불명이 천재지변이나 그 밖의 부득이한 사정 등 보호관찰 대상자에게 책임이 있는 사유로 인한 것이 아닌 것으로 밝혀진 경우에는 그 정지결정을 취소하여야 한다. 이 경우 정지결정은 없었던 것으로 본다.

## (2) 사회봉사명령과 수강명령

① 사회봉사명령의 의의 : 죄질이 경미하거나 집행유예, 가석방 등으로 풀려나는 범죄인에 대해 처벌·교화 효과를 위해 일정한 기간 동안 무보수로 다양한 봉사활동에 종사하도록 하는 형벌의 일종
② 수강명령의 의의 : 유죄가 인정된 의존성·중독성 범죄자를 교도소 등에 구금하는 대신 자유로운 생활을 허용하면서 일정시간 보호관찰소 또는 보호관찰소 지정 전문기관에서 교육을 받도록 명하는 제도
③ 사회봉사명령과 수강명령의 법적 근거 : 소년법, 형법, 가정폭력범죄의 처벌 등에 관한 법률, 아동·청소년의 성보호에 관한 법률, 성폭력범죄의 처벌 등에 관한 법률, 보호관찰 등에 관한 법률 등
④ 사회봉사명령·수강명령의 범위(법 제59조)
  ㉠ 법원은 사회봉사를 명할 때에는 500시간, 수강을 명할 때에는 200시간의 범위에서 그 기간을 정하여야 한다. 다만, 다른 법률에 특별한 규정이 있는 경우에는 그 법률에서 정하는 바에 따른다.
  ㉡ 법원은 사회봉사·수강명령 대상자가 사회봉사를 하거나 수강할 분야와 장소 등을 지정할 수 있다.
⑤ 판결의 통지 등(법 제60조)
  ㉠ 법원은 사회봉사 또는 수강을 명하는 판결이 확정된 때부터 3일 이내에 판결문 등본 및 준수사항을 적은 서면을 피고인의 주거지를 관할하는 보호관찰소의 장에게 보내야 한다.
  ㉡ 법원은 그 의견이나 그 밖에 사회봉사명령 또는 수강명령의 집행에 참고가 될 만한 자료를 첨부할 수 있다.
  ㉢ 법원 또는 법원의 장은 통지를 받은 보호관찰소의 장에게 사회봉사명령 또는 수강명령의 집행상황에 관한 보고를 요구할 수 있다.

SEMI-NOTE

**보호관찰의 정지(법 제53조)**
형기 또는 보호관찰 기간은 정지결정을 한 날부터 그 진행이 정지되고, 정지해제결정을 한 날부터 다시 진행된다.

01장

형사정책

**대상자**
사회봉사 또는 수강을 하여야 할 사람(법 제3조 제2항)
- 사회봉사 또는 수강을 조건으로 형의 집행유예를 선고받은 사람
- 소년법에 따라 사회봉사명령 또는 수강명령을 받은 사람
- 다른 법률에서 이 법에 따른 사회봉사 또는 수강을 받도록 규정된 사람

**사회봉사명령의 기능**
처벌기능, 사회에 대한 배상기능, 범죄행위에 대한 속죄기능, 범죄인의 사회복귀 지원기능 등

⑥ **사회봉사 · 수강명령 집행 담당자(법 제61조)**

㉠ 사회봉사명령 또는 수강명령은 보호관찰관이 집행한다. 다만, 보호관찰관은 국공립기관이나 그 밖의 단체에 그 집행의 전부 또는 일부를 위탁할 수 있다.

㉡ 보호관찰관은 사회봉사명령 또는 수강명령의 집행을 국공립기관이나 그 밖의 단체에 위탁한 때에는 이를 법원 또는 법원의 장에게 통보하여야 한다.

㉢ 법원은 법원 소속 공무원으로 하여금 사회봉사 또는 수강할 시설 또는 강의가 사회봉사 · 수강명령 대상자의 교화 · 개선에 적당한지 여부와 그 운영 실태를 조사 · 보고하도록 하고, 부적당하다고 인정하면 그 집행의 위탁을 취소할 수 있다.

㉣ 보호관찰관은 사회봉사명령 또는 수강명령의 집행을 위하여 필요하다고 인정하면 국공립기관이나 그 밖의 단체에 협조를 요청할 수 있다.

⑦ **사회봉사 · 수강명령 대상자의 준수사항(법 제62조)**

㉠ 사회봉사 · 수강명령 대상자는 대통령령으로 정하는 바에 따라 주거, 직업, 그 밖에 필요한 사항을 관할 보호관찰소의 장에게 신고하여야 한다.

㉡ 사회봉사 · 수강명령 대상자는 다음의 사항을 준수하여야 한다.

• 보호관찰관의 집행에 관한 지시에 따를 것
• 주거를 이전하거나 1개월 이상 국내외여행을 할 때에는 미리 보호관찰관에게 신고할 것

㉢ 법원은 판결의 선고를 할 때 준수사항 외에 대통령령으로 정하는 범위에서 본인의 특성 등을 고려하여 특별히 지켜야 할 사항을 따로 과할 수 있다.

⑧ **사회봉사 · 수강의 종료(법 제63조)**

㉠ 사회봉사 · 수강은 사회봉사 · 수강명령 대상자가 다음의 어느 하나에 해당하는 때에 종료한다.

• 사회봉사명령 또는 수강명령의 집행을 완료한 때
• 형의 집행유예 기간이 지난 때
• 사회봉사 · 수강명령을 조건으로 한 집행유예의 선고가 실효되거나 취소된 때
• 다른 법률에 따라 사회봉사 · 수강명령이 변경되거나 취소 · 종료된 때

㉡ 사회봉사 · 수강명령 대상자가 사회봉사 · 수강명령 집행 중 금고 이상의 형의 집행을 받게 된 때에는 해당 형의 집행이 종료 · 면제되거나 사회봉사 · 수강명령 대상자가 가석방된 경우 잔여 사회봉사 · 수강명령을 집행한다.

## 7. 전자감시제도와 약물치료

### (1) 전자감시제도-전자장치부착 등에 관한 법률

① **목적** : 이 법은 수사 · 재판 · 집행 등 형사사법 절차에서 전자장치를 효율적으로 활용하여 불구속재판을 확대하고, 범죄인의 사회복귀를 촉진하며, 범죄로부터 국민을 보호함을 목적으로 한다(전자장치부착법 제1조).

② **국가의 책무** : 국가는 이 법의 집행과정에서 국민의 인권이 부당하게 침해되지 아니하도록 주의하여야 한다(법 제3조).

③ **적용 범위** : 만 19세 미만의 자에 대하여 부착명령을 선고한 때에는 19세에 이르

기까지 이 법에 따른 전자장치를 부착할 수 없다(법 제4조).

④ **전자장치 부착명령의 청구(법 제5조)**

   ⊙ 검사는 다음의 어느 하나에 해당하고, 성폭력범죄를 다시 범할 위험성이 있다고 인정되는 사람에 대하여 전자장치를 부착하도록 하는 명령을 법원에 청구할 수 있다.

     • 성폭력범죄로 징역형의 실형을 선고받은 사람이 그 집행을 종료한 후 또는 집행이 면제된 후 10년 이내에 성폭력범죄를 저지른 때

     • 성폭력범죄로 이 법에 따른 전자장치를 부착받은 전력이 있는 사람이 다시 성폭력범죄를 저지른 때

     • 성폭력범죄를 2회 이상 범하여(유죄의 확정판결을 받은 경우를 포함한다) 그 습벽이 인정된 때

     • 19세 미만의 사람에 대하여 성폭력범죄를 저지른 때

     • 신체적 또는 정신적 장애가 있는 사람에 대하여 성폭력범죄를 저지른 때

   ⓒ 검사는 미성년자 대상 유괴범죄를 저지른 사람으로서 미성년자 대상 유괴범죄를 다시 범할 위험성이 있다고 인정되는 사람에 대하여 부착명령을 법원에 청구할 수 있다. 다만, 유괴범죄로 징역형의 실형 이상의 형을 선고받아 그 집행이 종료 또는 면제된 후 다시 유괴범죄를 저지른 경우에는 부착명령을 청구하여야 한다.

   ⓒ 검사는 살인범죄를 저지른 사람으로서 살인범죄를 다시 범할 위험성이 있다고 인정되는 사람에 대하여 부착명령을 법원에 청구할 수 있다. 다만, 살인범죄로 징역형의 실형 이상의 형을 선고받아 그 집행이 종료 또는 면제된 후 다시 살인범죄를 저지른 경우에는 부착명령을 청구하여야 한다.

   ⓔ 검사는 다음의 어느 하나에 해당하고 강도범죄를 다시 범할 위험성이 있다고 인정되는 사람에 대하여 부착명령을 법원에 청구할 수 있다.

     • 강도범죄로 징역형의 실형을 선고받은 사람이 그 집행을 종료한 후 또는 집행이 면제된 후 10년 이내에 다시 강도범죄를 저지른 때

     • 강도범죄로 이 법에 따른 전자장치를 부착하였던 전력이 있는 사람이 다시 강도범죄를 저지른 때

     • 강도범죄를 2회 이상 범하여(유죄의 확정판결을 받은 경우를 포함한다) 그 습벽이 인정된 때

⑤ **조사(법 제6조)**

   ⊙ 검사는 부착명령을 청구하기 위하여 필요하다고 인정하는 때에는 피의자의 주거지 또는 소속 검찰청 소재지를 관할하는 보호관찰소의 장에게 범죄의 동기, 피해자와의 관계, 심리상태, 재범의 위험성 등 피의자에 관하여 필요한 사항의 조사를 요청할 수 있다.

   ⓒ 요청을 받은 보호관찰소의 장은 조사할 보호관찰관을 지명하여야 한다.

   ⓒ 지명된 보호관찰관은 지체 없이 필요한 사항을 조사한 후 검사에게 조사보고서를 제출하여야 한다.

   ⓔ 검사는 요청을 받은 보호관찰소의 장에게 조사진행상황의 보고를 요구할 수 있다.

SEMI-NOTE

**부착명령 기한**

특정범죄사건에 대하여 판결의 확정 없이 공소가 제기된 때부터 15년이 경과한 경우에는 부착명령을 청구할 수 없음

**전자장치 부착명령 청구**

• 부착명령의 청구는 공소가 제기된 특정범죄사건의 항소심 변론종결 시까지 하여야 한다.

• 법원은 공소가 제기된 특정범죄사건을 심리한 결과 부착명령을 선고할 필요가 있다고 인정하는 때에는 검사에게 부착명령의 청구를 요구할 수 있다.

**검사의 부착명령 청구**

부착명령을 청구함에 있어서 필요한 경우에는 피의자에 대한 정신감정이나 그 밖에 전문가의 진단 등의 결과를 참고해야 함

**부착명령의 판결**

법원은 다음에 해당하는 때에는 판결로 부착명령 청구를 기각하여야 함

• 부착명령 청구가 이유 없다고 인정하는 때
• 특정범죄사건에 대하여 무죄(심신상실을 이유로 치료감호가 선고된 경우는 제외한다) · 면소 · 공소기각의 판결 또는 결정을 선고하는 때
• 특정범죄사건에 대하여 벌금형을 선고하는 때
• 특정범죄사건에 대하여 선고유예 또는 집행유예를 선고하는 때

**상소권자의 상소**

검사 또는 피부착명령청구자 및 당사자 외의 상소권자는 부착명령에 대하여 독립하여 상소 및 상소의 포기 · 취하를 할 수 있으며, 상소권회복 또는 재심의 청구나 비상상고의 경우에도 또한 같음

⑥ **부착명령 청구사건의 관할**(법 제7조)

　㉠ 부착명령 청구사건의 관할은 부착명령 청구사건과 동시에 심리하는 특정범죄사건의 관할에 따른다.

　㉡ 부착명령 청구사건의 제1심 재판은 지방법원 합의부의 관할로 한다.

⑦ **부착명령의 판결 등**(법 제9조)

　㉠ 법원은 부착명령 청구가 이유 있다고 인정하는 때에는 다음에 따른 기간의 범위 내에서 부착기간을 정하여 판결로 부착명령을 선고하여야 한다. 다만, 19세 미만의 사람에 대하여 특정범죄를 저지른 경우에는 부착기간 하한을 다음에 따른 부착기간 하한의 2배로 한다.

　　• 법정형의 상한이 사형 또는 무기징역인 특정범죄 : 10년 이상 30년 이하
　　• 법정형 중 징역형의 하한이 3년 이상의 유기징역인 특정범죄 : 3년 이상 20년 이하
　　• 법정형 중 징역형의 하한이 3년 미만의 유기징역인 특정범죄 : 1년 이상 10년 이하

　㉡ 여러 개의 특정범죄에 대하여 동시에 부착명령을 선고할 때에는 법정형이 가장 중한 죄의 부착기간 상한의 2분의 1까지 가중하되, 각 죄의 부착기간의 상한을 합산한 기간을 초과할 수 없다. 다만, 하나의 행위가 여러 특정범죄에 해당하는 경우에는 가장 중한 죄의 부착기간을 부착기간으로 한다.

　㉢ 부착명령을 선고받은 사람은 부착기간 동안 보호관찰을 받는다.

　㉣ 부착명령 청구사건의 판결은 특정범죄사건의 판결과 동시에 선고하여야 한다.

　㉤ 부착명령 선고의 판결이유에는 요건으로 되는 사실, 증거의 요지 및 적용 법조를 명시하여야 한다.

　㉥ 부착명령의 선고는 특정범죄사건의 양형에 유리하게 참작되어서는 아니 된다.

　㉦ 특정범죄사건의 판결에 대하여 상소 및 상소의 포기 · 취하가 있는 때에는 부착명령 청구사건의 판결에 대하여도 상소 및 상소의 포기 · 취하가 있는 것으로 본다. 상소권회복 또는 재심의 청구나 비상상고가 있는 때에도 또한 같다.

⑧ **대상자의 준수사항** : 법원은 부착명령을 선고하는 경우 부착기간의 범위에서 준수기간을 정하여 다음의 준수사항 중 하나 이상을 부과할 수 있다. 다만, ㉤의 준수사항은 500시간의 범위에서 그 기간을 정하여야 한다(법 제9조의2 제1항). ★ **빈출개념**

　㉠ 야간, 아동 · 청소년의 통학시간 등 특정 시간대의 외출제한

　㉡ 어린이 보호구역 등 특정지역 · 장소에의 출입금지 및 접근금지

　㉢ 주거지역의 제한

　㉣ 피해자 등 특정인에의 접근금지

　㉤ 특정범죄 치료 프로그램의 이수

　㉥ 마약 등 중독성 있는 물질의 사용금지

　㉦ 그 밖에 부착명령을 선고받는 사람의 재범방지와 성행교정을 위하여 필요한 사항

⑨ 부착명령 판결 등에 따른 조치(법 제10조)

　㉠ 법원은 부착명령을 선고한 때에는 그 판결이 확정된 날부터 3일 이내에 부착명령을 선고받은 자의 주거지를 관할하는 보호관찰소의 장에게 판결문의 등본을 송부하여야 한다.

　㉡ 교도소, 소년교도소, 구치소, 치료감호소 및 군교도소의 장은 피부착명령자가 석방되기 5일 전까지 피부착명령자의 주거지를 관할하는 보호관찰소의 장에게 그 사실을 통보하여야 한다.

⑩ 집행지휘(법 제12조)

　㉠ 부착명령은 검사의 지휘를 받아 보호관찰관이 집행한다.

　㉡ 지휘는 판결문 등본을 첨부한 서면으로 한다.

⑪ 부착명령의 집행(법 제13조)

　㉠ 부착명령은 특정범죄사건에 대한 형의 집행이 종료되거나 면제·가석방되는 날 또는 치료감호의 집행이 종료·가종료되는 날 석방 직전에 피부착명령자의 신체에 전자장치를 부착함으로써 집행한다. 다만, 다음의 경우에는 다음의 구분에 따라 집행한다.

　　• 피부착명령자가 부착명령 판결 확정 시 석방된 상태이고 미결구금일수 산입 등의 사유로 이미 형의 집행이 종료된 경우에는 부착명령 판결 확정일부터 부착명령을 집행한다.

　㉡ 부착명령을 집행하는 경우 보호관찰소의 장은 피부착명령자를 소환할 수 있으며, 피부착명령자가 소환에 따르지 아니하는 때에는 관할 지방검찰청의 검사에게 신청하여 부착명령 집행장을 발부받아 구인할 수 있다.

　㉢ 보호관찰소의 장은 피부착명령자를 구인한 경우에는 부착명령의 집행을 마친 즉시 석방하여야 한다.

　㉣ 부착명령의 집행은 신체의 완전성을 해하지 아니하는 범위 내에서 이루어져야 한다.

　㉤ 부착명령이 여러 개인 경우 확정된 순서에 따라 집행한다.

　㉥ 다음의 어느 하나에 해당하는 때에는 부착명령의 집행이 정지된다.

　　• 부착명령의 집행 중 다른 죄를 범하여 구속영장의 집행을 받아 구금된 때

　　• 부착명령의 집행 중 다른 죄를 범하여 금고 이상의 형의 집행을 받게 된 때

　　• 가석방 또는 가종료된 자에 대하여 전자장치 부착기간 동안 가석방 또는 가종료가 취소되거나 실효된 때

　㉦ 구속영장의 집행을 받아 구금된 후에 다음의 어느 하나에 해당하는 사유로 구금이 종료되는 경우 그 구금기간 동안에는 부착명령이 집행된 것으로 본다.

　　• 사법경찰관이 불송치결정을 한 경우

　　• 검사가 혐의없음, 죄가안됨, 공소권없음 또는 각하의 불기소처분을 한 경우

　　• 법원의 무죄, 면소, 공소기각 판결 또는 공소기각 결정이 확정된 경우

　㉧ 집행이 정지된 부착명령의 잔여기간에 대하여는 다음의 구분에 따라 집행한다.

　　• 구금이 해제되거나 금고 이상의 형의 집행을 받지 아니하게 확정된 때부터 그 잔여기간을 집행한다.

SEMI-NOTE

**부착명령의 집행(법 제13조)**

부착명령의 원인이 된 특정범죄사건이 아닌 다른 범죄사건으로 형이나 치료감호의 집행이 계속될 경우에는 부착명령의 원인이 된 특정범죄사건이 아닌 다른 범죄사건에 대한 형의 집행이 종료되거나 면제·가석방 되는 날 또는 치료감호의 집행이 종료·가종료 되는 날부터 집행한다.

**잔여기간의 집행**

그 형이나 치료감호의 집행이 종료되거나 면제된 후 그 잔여기간을 집행

SEMI-NOTE

　　• 그 형의 집행이 종료되거나 면제된 후 또는 가석방된 때부터 그 잔여기간을 집행한다.

　　ⓔ 부착명령의 집행 및 정지에 관하여 필요한 사항은 대통령령으로 정한다.

⑫ 피부착자의 의무(법 제14조)

　　㉠ 전자장치가 부착된 자는 전자장치의 부착기간 중 전자장치를 신체에서 임의로 분리 · 손상, 전파 방해 또는 수신자료의 변조, 그 밖의 방법으로 그 효용을 해하여서는 아니 된다.

　　㉡ 피부착자는 특정범죄사건에 대한 형의 집행이 종료되거나 면제 · 가석방되는 날부터 10일 이내에 주거지를 관할하는 보호관찰소에 출석하여 대통령령으로 정하는 신상정보 등을 서면으로 신고하여야 한다.

　　㉢ 피부착자는 주거를 이전하거나 7일 이상의 국내여행을 하거나 출국할 때에는 미리 보호관찰관의 허가를 받아야 한다.

⑬ 부착기간의 연장 등(법 제14조의2) : 피부착자가 다음의 어느 하나에 해당하는 경우에는 법원은 보호관찰소의 장의 신청에 따른 검사의 청구로 1년의 범위에서 부착기간을 연장하거나 준수사항을 추가 또는 변경하는 결정을 할 수 있다.

　　㉠ 정당한 사유 없이 준수사항을 위반한 경우

　　㉡ 정당한 사유 없이 신고하지 아니한 경우

　　㉢ 정당한 사유 없이 제14조제3항을 위반하여 허가를 받지 아니하고 주거 이전 · 국내여행 또는 출국을 하거나, 거짓으로 허가를 받은 경우

　　㉣ 정당한 사유 없이 출국허가 기간까지 입국하지 아니한 경우

⑭ 보호관찰관의 임무(법 제15조)

　　㉠ 보호관찰관은 피부착자의 재범방지와 건전한 사회복귀를 위하여 필요한 지도와 원호를 한다.

　　㉡ 보호관찰관은 전자장치 부착기간 중 피부착자의 소재지 인근 의료기관에서의 치료, 상담시설에서의 상담치료 등 피부착자의 재범방지 및 수치심으로 인한 과도한 고통의 방지를 위하여 필요한 조치를 할 수 있다.

　　㉢ 보호관찰관은 필요한 경우 부착명령의 집행을 개시하기 전에 교도소장등에게 요청하여 교화프로그램 및 징벌에 관한 자료 등 피부착자의 형 또는 치료감호 집행 중의 생활실태를 확인할 수 있는 자료를 확보하고, 형 또는 치료감호의 집행을 받고 있는 피부착자를 면접할 수 있다. 이 경우 교도소장 등은 보호관찰관에게 협조하여야 한다.

⑮ 수신자료의 보존 · 사용 · 폐기 등(법 제16조)

　　㉠ 보호관찰소의 장은 피부착자의 전자장치로부터 발신되는 전자파를 수신하여 그 자료를 보존하여야 한다.

　　㉡ 수신자료는 다음의 경우 외에는 열람 · 조회 · 제공 또는 공개할 수 없다.

　　　• 피부착자의 특정범죄 혐의에 대한 수사 또는 재판자료로 사용하는 경우

　　　• 보호관찰관이 지도 · 원호를 목적으로 사용하는 경우

　　　• 보호관찰심사위원회의 부착명령 임시해제와 그 취소에 관한 심사를 위하여 사용하는 경우

**준수사항의 결정**

사정변경이 있는 경우에도 법원은 상당한 이유가 있다고 인정되면 보호관찰소의 장의 신청에 따른 검사의 청구로 준수사항을 부과, 추가, 변경 또는 삭제하는 결정 가능

**수신자료 열람 또는 조회**

검사 또는 사법경찰관은 수신자료를 열람 또는 조회하는 경우 관할 지방법원 또는 지원의 허가를 받아야 하며 다만, 관할 지방법원 또는 지원의 허가를 받을 수 없는 긴급한 사유가 있는 때에는 수신자료 열람 또는 조회를 요청한 후 지체 없이 그 허가를 받아 보호관찰소의 장에게 송부하여야 함

• 보호관찰소의 장이 피부착자의 범죄 혐의에 대한 수사를 의뢰하기 위하여 사용하는 경우

ⓒ 검사 또는 사법경찰관은 긴급한 사유로 수신자료를 열람 또는 조회하였으나 지방법원 또는 지원의 허가를 받지 못한 경우에는 지체 없이 열람 또는 조회한 수신자료를 폐기하고, 그 사실을 보호관찰소의 장에게 통지하여야 한다.

ⓔ 보호관찰소의 장은 다음의 어느 하나에 해당하는 때에는 수신자료를 폐기하여야 한다.

• 부착명령과 함께 선고된 형이 실효된 때
• 부착명령과 함께 선고된 형이 사면으로 인하여 그 효력을 상실한 때
• 전자장치 부착이 종료된 자가 자격정지 이상의 형 또는 이 법에 따른 전자장치 부착을 받음이 없이 전자장치 부착을 종료한 날부터 5년이 경과한 때

⑯ **피부착자의 신상정보 제공 등(법 제16조의2)**

㉠ 보호관찰소의 장은 범죄예방 및 수사에 필요하다고 판단하는 경우 피부착자가 신고한 신상정보 및 피부착자에 대한 지도·감독 중 알게 된 사실 등의 자료를 피부착자의 주거지를 관할하는 경찰관서의 장 등 수사기관에 제공할 수 있다.

㉡ 수사기관은 범죄예방 및 수사활동 중 인지한 사실이 피부착자 지도·감독에 활용할 만한 자료라고 판단할 경우 이를 보호관찰소의 장에게 제공할 수 있다.

㉢ 보호관찰소의 장은 피부착자가 범죄를 저질렀거나 저질렀다고 의심할만한 상당한 이유가 있을 때에는 이를 수사기관에 통보하여야 한다.

㉣ 수사기관은 체포 또는 구속한 사람이 피부착자임을 알게 된 경우에는 피부착자의 주거지를 관할하는 보호관찰소의 장에게 그 사실을 통보하여야 한다.

㉤ 제공 및 통보의 절차와 관리 등에 필요한 사항은 대통령령으로 정한다.

⑰ **부착명령 집행의 종료(법 제20조)**

㉠ 부착명령기간이 경과한 때

㉡ 부착명령과 함께 선고한 형이 사면되어 그 선고의 효력을 상실하게 된 때

㉢ 부착명령이 임시해제된 자가 그 임시해제가 취소됨이 없이 잔여 부착명령기간을 경과한 때

⑱ **형 집행 종료 후의 보호관찰**

㉠ **보호관찰명령의 청구** : 검사는 다음의 어느 하나에 해당하는 사람에 대하여 형의 집행이 종료된 때부터 보호관찰을 받도록 하는 명령을 법원에 청구할 수 있다(법 제21조의2).

• 성폭력범죄를 저지른 사람으로서 성폭력범죄를 다시 범할 위험성이 있다고 인정되는 사람
• 미성년자 대상 유괴범죄를 저지른 사람으로서 미성년자 대상 유괴범죄를 다시 범할 위험성이 있다고 인정되는 사람
• 살인범죄를 저지른 사람으로서 살인범죄를 다시 범할 위험성이 있다고 인정되는 사람
• 강도범죄를 저지른 사람으로서 강도범죄를 다시 범할 위험성이 있다고 인정되는 사람

㉡ **보호관찰명령의 판결(법 제21조의3)**

**수신자료의 활용**

수신자료의 보존·사용·열람·조회·제공·폐기 등에 관하여 필요한 사항은 대통령령으로 정함

**부착명령의 임시해제 신청 등(법 제17조)**

① 보호관찰소의 장 또는 피부착자 및 그 법정대리인은 해당 보호관찰소를 관할하는 심사위원회에 부착명령의 임시해제를 신청할 수 있다.

② 신청은 부착명령의 집행이 개시된 날부터 3개월이 경과한 후에 하여야 한다. 신청이 기각된 경우에는 기각된 날부터 3개월이 경과한 후에 다시 신청할 수 있다.

③ 임시해제의 신청을 할 때에는 신청서에 임시해제의 심사에 참고가 될 자료를 첨부하여 제출하여야 한다.

**부착명령의 시효(법 제21조)**

① 피부착명령자는 그 판결이 확정된 후 집행을 받지 아니하고 함께 선고된 특정범죄사건의 형의 시효가 완성되면 그 집행이 면제된다.

② 부착명령의 시효는 피부착명령자를 체포함으로써 중단된다.

SEMI-NOTE

**준수사항**
법원은 19세 미만의 사람에 대해서 성폭력범죄를 저지른 사람에 대해서는 보호...을 부과해야 함

**보호관찰 기간의 연장 등(법 제21조의7)**
사정변경이 있는 경우에도 법원은 상당한 이유가 있다고 인정하면 보호관찰소의 장의 신청에 따른 검사의 청구로 제21조의4에 따른 준수사항을 추가, 변경 또는 삭제하는 결정을 할 수 있다.

• 법원은 보호관찰명령 청구사유의 어느 하나에 해당하는 사람이 금고 이상의 선고형에 해당하고 보호관찰명령의 청구가 이유 있다고 인정하는 때에는 2년 이상 5년 이하의 범위에서 기간을 정하여 보호관찰명령을 선고하여야 한다.
• 법원은 부착명령 청구를 기각하는 경우로서 보호관찰명령 청구사유의 어느 하나에 해당하여 보호관찰명령을 선고할 필요가 있다고 인정하는 때에는 직권으로 제1항에 따른 기간을 정하여 보호관찰명령을 선고할 수 있다.

ⓒ 준수사항(법 제21조의4)
• 법원은 보호관찰명령을 선고하는 경우 준수사항 중 하나 이상을 부과할 수 있다. 다만, 준수사항은 300시간의 범위에서 그 기간을 정하여야 한다.

ⓔ 보호관찰명령의 집행 : 보호관찰명령은 특정범죄사건에 대한 형의 집행이 종료되거나 면제·가석방되는 날 또는 치료감호 집행이 종료·가종료되는 날부터 집행한다. 다만, 보호관찰명령의 원인이 된 특정범죄사건이 아닌 다른 범죄사건으로 형이나 치료감호의 집행이 계속될 경우에는 보호관찰명령의 원인이 된 특정범죄사건이 아닌 다른 범죄사건에 대한 형의 집행이 종료되거나 면제·가석방되는 날 또는 치료감호의 집행이 종료·가종료되는 날부터 집행한다(법 제21조의5).

ⓜ 보호관찰대상자의 의무(법 제21조의6)
• 보호관찰대상자는 특정범죄사건에 대한 형의 집행이 종료되거나 면제·가석방되는 날부터 10일 이내에 주거지를 관할하는 보호관찰소에 출석하여 서면으로 신고하여야 한다.
• 보호관찰대상자는 주거를 이전하거나 1개월 이상의 국내여행을 하거나 출국할 때에는 미리 보호관찰관의 허가를 받아야 한다.

ⓗ 보호관찰 기간의 연장 등(법 제21조의7)
• 보호관찰대상자가 정당한 사유 없이 준수사항을 위반하거나 의무를 위반한 때에는 법원은 보호관찰소의 장의 신청에 따른 검사의 청구로 다음의 결정을 할 수 있다.
  – 1년의 범위에서 보호관찰 및 부착기간의 연장
  – 준수사항의 추가 또는 변경
• 처분은 병과할 수 있다.

⑲ 가석방 및 가종료 등과 전자장치 부착
ⓐ 가석방과 전자장치 부착(법 제22조)
• 부착명령 판결을 선고받지 아니한 특정 범죄자로서 형의 집행 중 가석방되어 보호관찰을 받게 되는 자는 준수사항 이행 여부 확인 등을 위하여 가석방기간 동안 전자장치를 부착하여야 한다. 다만, 심사위원회가 전자장치 부착이 필요하지 아니하다고 결정한 경우에는 그러하지 아니하다.
• 심사위원회는 특정범죄 이외의 범죄로 형의 집행 중 가석방되어 보호관찰을 받는 사람의 준수사항 이행 여부 확인 등을 위하여 가석방 예정자의 범죄내용, 개별적 특성 등을 고려하여 가석방 기간의 전부 또는 일부의 기간

을 정하여 전자장치를 부착하게 할 수 있다.

- 심사위원회는 결정을 위하여 가석방 예정자에 대한 전자장치 부착의 필요성과 적합성 여부 등을 조사하여야 한다.
- 심사위원회는 전자장치를 부착하게 되는 자의 주거지를 관할하는 보호관찰소의 장에게 가석방자의 인적사항 등 전자장치 부착에 필요한 사항을 즉시 통보하여야 한다.
- 교도소장등은 가석방 예정자가 석방되기 5일 전까지 그의 주거지를 관할하는 보호관찰소의 장에게 그 사실을 통보하여야 한다.

ⓒ 가종료 등과 전자장치 부착(법 제23조)

- 치료감호심의위원회는 부착명령 판결을 선고받지 아니한 특정 범죄자로서 치료감호의 집행 중 가종료 또는 치료위탁되는 피치료감호자나 보호감호의 집행 중 가출소되는 피보호감호자에 대하여 치료감호법 또는 사회보호법에 따른 준수사항 이행 여부 확인 등을 위하여 보호관찰기간의 범위에서 기간을 정하여 전자장치를 부착하게 할 수 있다.
- 치료감호심의위원회는 전자장치 부착을 결정한 경우에는 즉시 피부착결정자의 주거지를 관할하는 보호관찰소의 장에게 통보하여야 한다.

ⓒ 전자장치의 부착(법 제24조)

- 전자장치 부착은 보호관찰관이 집행한다.
- 전자장치는 다음의 어느 하나에 해당하는 때 석방 직전에 부착한다.
  - 가석방되는 날
  - 가종료 또는 치료위탁되거나 가출소되는 날. 다만, 피치료감호자에게 치료감호와 병과된 형의 잔여 형기가 있거나 치료감호의 원인이 된 특정범죄사건이 아닌 다른 범죄사건으로 인하여 집행할 형이 있는 경우에는 해당 형의 집행이 종료·면제되거나 가석방되는 날 부착한다.
- 전자장치 부착집행 중 보호관찰 준수사항 위반으로 유치허가장의 집행을 받아 유치된 때에는 부착집행이 정지된다. 이 경우 심사위원회가 보호관찰소의 장의 가석방 취소신청을 기각한 날 또는 법무부장관이 심사위원회의 허가신청을 불허한 날부터 그 잔여기간을 집행한다.

ⓔ 부착집행의 종료(법 제25조)

- 가석방 기간이 경과하거나 가석방이 실효 또는 취소된 때
- 가종료자등의 부착기간이 경과하거나 보호관찰이 종료된 때
- 가석방된 형이 사면되어 형의 선고의 효력을 상실하게 된 때

⑳ 형의 집행유예와 부착명령

ⓐ 형의 집행유예와 부착명령(법 제28조)

- 법원은 특정범죄를 범한 자에 대하여 형의 집행을 유예하면서 보호관찰을 받을 것을 명할 때에는 보호관찰기간의 범위 내에서 기간을 정하여 준수사항의 이행여부 확인 등을 위하여 전자장치를 부착할 것을 명할 수 있다.
- 법원은 부착명령기간 중 소재지 인근 의료기관에서의 치료, 지정 상담시설에서의 상담치료 등 대상자의 재범방지를 위하여 필요한 조치들을 과할 수 있다.

SEMI-NOTE

**가종료 등과 전자장치 부착**
치료감호시설의 장·보호감호시설의 장 또는 교도소의 장은 가종료자등이 가종료 또는 치료위탁되거나 가출소되기 5일 전까지 가종료자등의 주거지를 관할하는 보호관찰소의 장에게 그 사실을 통보해야 함

**부착명령의 집행(법 제29조)**
부착명령은 전자장치 부착을 명하는 법원의 판결이 확정된 때부터 집행

SEMI-NOTE

- 법원은 전자장치 부착을 명하기 위하여 필요하다고 인정하는 때에는 피고인의 주거지 또는 그 법원의 소재지를 관할하는 보호관찰소의 장에게 범죄의 동기, 피해자와의 관계, 심리상태, 재범의 위험성 등 피고인에 관하여 필요한 사항의 조사를 요청할 수 있다.
  - ㉡ 부착명령의 집행(법 제29조)
    - 부착명령의 집행 중 보호관찰 준수사항 위반으로 유치허가장의 집행을 받아 유치된 때에는 부착명령 집행이 정지된다. 이 경우 검사가 보호관찰소의 장의 집행유예 취소신청을 기각한 날 또는 법원이 검사의 집행유예취소청구를 기각한 날부터 그 잔여기간을 집행한다.
  - ㉢ 부착명령 집행의 종류(법 제30조)
    - 부착명령기간이 경과한 때
    - 집행유예가 실효 또는 취소된 때
    - 집행유예된 형이 사면되어 형의 선고의 효력을 상실하게 된 때

㉑ 보석과 전자장치 부착
  - ㉠ 보석과 전자장치 부착(법 제31조의2)
    - 법원은 보석조건으로 피고인에게 전자장치 부착을 명할 수 있다.
    - 법원은 전자장치 부착을 명하기 위하여 필요하다고 인정하면 그 법원의 소재지 또는 피고인의 주거지를 관할하는 보호관찰소의 장에게 피고인의 직업, 경제력, 가족상황, 주거상태, 생활환경 및 피해회복 여부 등 피고인에 관한 사항의 조사를 의뢰할 수 있다.
    - 의뢰를 받은 보호관찰소의 장은 지체 없이 조사하여 서면으로 법원에 통보하여야 하며, 조사를 위하여 필요한 경우에는 피고인이나 그 밖의 관계인을 소환하여 심문하거나 소속 보호관찰관에게 필요한 사항을 조사하게 할 수 있다.
  - ㉡ 전자장치 부착의 집행(법 제31조의3)
    - 법원은 전자장치 부착을 명한 경우 지체 없이 그 결정문의 등본을 피고인의 주거지를 관할하는 보호관찰소의 장에게 송부하여야 한다.
    - 전자장치 부착명령을 받고 석방된 피고인은 법원이 지정한 일시까지 주거지를 관할하는 보호관찰소에 출석하여 신고한 후 보호관찰관의 지시에 따라 전자장치를 부착하여야 한다.
    - 보호관찰소의 장은 피고인의 보석조건 이행 여부 확인을 위하여 적절한 조치를 하여야 한다.
    - 전자장치 부착 집행의 절차 및 방법 등에 관한 사항은 대통령령으로 정한다.
  - ㉢ 보석조건 이행 상황 등 통지(법 제31조의4)
    - 보호관찰소의 장은 피고인의 보석조건 이행 상황을 법원에 정기적으로 통지하여야 한다.
    - 보호관찰소의 장은 피고인이 전자장치 부착명령을 위반한 경우 및 전자장치 부착을 통하여 피고인에게 부과된 주거의 제한 등 보석조건을 위반하였음을 확인한 경우 지체 없이 법원과 검사에게 이를 통지하여야 한다.

**협조 요청**
......가 .... 하다고 인정하면 국공립 기관이나 그 밖의 단체에 사실을 알아보거나 관련 자료의 열람 등 협조를 요청할 수 있음

**전자장치 부착의 종료(법 제31조의5)**
- 구속영장의 효력이 소멸한 경우
- 보석이 취소된 경우
- 보석조건이 변경되어 전자장치를 부착할 필요가 없게 되는 경우

- 통지를 받은 법원은 피고인의 보석조건을 변경하거나 보석을 취소하는 경우 이를 지체 없이 보호관찰소의 장에게 통지하여야 한다.
- 통지의 절차 및 방법 등에 관한 사항은 대통령령으로 정한다.

㉒ 전자장치 부착기간의 계산(법 제32조)
  ㉠ 전자장치 부착기간은 이를 집행한 날부터 기산하되, 초일은 시간을 계산함이 없이 1일로 산정한다.
  ㉡ 다음의 어느 하나에 해당하는 기간은 전자장치 부착기간에 산입하지 아니한다. 다만, 보호관찰이 부과된 사람의 전자장치 부착기간은 보호관찰기간을 초과할 수 없다.
    - 피부착자가 제14조제1항을 위반하여 전자장치를 신체로부터 분리하거나 손상하는 등 그 효용을 해한 기간
    - 피부착자의 치료, 출국 또는 그 밖의 적법한 사유로 전자장치가 신체로부터 일시적으로 분리된 후 해당 분리사유가 해소된 날부터 정당한 사유 없이 전자장치를 부착하지 아니한 기간

## (2) 약물치료-성폭력범죄자의 성충동 약물치료에 관한 법률

① **목적** : 사람에 대하여 성폭력범죄를 저지른 성도착증 환자로서 성폭력범죄를 다시 범할 위험성이 있다고 인정되는 사람에 대하여 성충동 약물치료를 실시하여 성폭력범죄의 재범을 방지하고 사회복귀를 촉진하는 것을 목적으로 한다(법 제1조).

② **약물치료의 요건(법 제3조)**
  ㉠ 비정상적 성적 충동이나 욕구를 억제하거나 완화하기 위한 것으로서 의학적으로 알려진 것일 것
  ㉡ 과도한 신체적 부작용을 초래하지 아니할 것
  ㉢ 의학적으로 알려진 방법대로 시행될 것

③ **약물치료명령의 청구 및 판결**
  ㉠ **치료명령의 청구(법 제4조)**
    - 검사는 치료명령 청구대상자에 대하여 정신건강의학과 전문의의 진단이나 감정을 받은 후 치료명령을 청구하여야 한다.
    - 치료명령의 청구는 공소가 제기되거나 치료감호가 독립청구된 성폭력범죄 사건의 항소심 변론종결 시까지 하여야 한다.
    - 법원은 피고사건의 심리결과 치료명령을 할 필요가 있다고 인정하는 때에는 검사에게 치료명령의 청구를 요구할 수 있다.
    - 피고사건에 대하여 판결의 확정 없이 공소가 제기되거나 치료감호가 독립청구된 때부터 15년이 지나면 치료명령을 청구할 수 없다.
    - 정신건강의학과 전문의의 진단이나 감정에 필요한 사항은 대통령령으로 정한다.
  ㉡ **조사(법 제5조)**
    - 검사는 치료명령을 청구하기 위하여 필요하다고 인정하는 때에는 치료명령 피청구자의 주거지 또는 소속 검찰청 소재지를 관할하는 보호관찰소의 장에게 범죄의 동기, 피해자와의 관계, 심리상태, 재범의 위험성 등 치료명령

SEMI-NOTE

**치료명령의 청구**
검사는 사람에 대하여 성폭력범죄를 저지른 성도착증 환자로서 성폭력범죄를 다시 범할 위험성이 있다고 인정되는 19세 이상의 사람에 대하여 약물치료명령을 법원에 청구 가능

95

**치료명령선고 명시사항**
치료명령 선고의 판결 이유에는 요건으로 되는 사실, 증거의 요지 및 적용 법조를 명시하여야 함

**이행사항**
치료명령을 받은 사람은 치료기간 동안의 준수사항과 다음의 준수사항을 이행하여야 함
• 보호관찰관의 지시에 따라 성실히 약물치료에 응할 것
• 보호관찰관의 지시에 따라 정기적으로 호르몬 수치 검사를 받을 것
• 보호관찰관의 지시에 따라 인지행동 치료 등 심리치료 프로그램을 성실히 이수할 것

**치료명령**
치료명령은 의사의 진단과 처방에 의한 약물 투여, 정신보건전문요원 등 전문가에 의한 인지행동 치료 등 심리치료 프로그램의 실시 등의 방법으로 집행

피청구자에 관하여 필요한 사항의 조사를 요청할 수 있다.
• 요청을 받은 보호관찰소의 장은 조사할 보호관찰관을 지명하여야 한다.
• 지명된 보호관찰관은 검사의 지휘를 받아 지체 없이 필요한 사항을 조사한 후 검사에게 조사보고서를 제출하여야 한다.

ⓒ 치료명령의 판결 등(법 제8조)
• 법원은 치료명령 청구가 이유 있다고 인정하는 때에는 15년의 범위에서 치료기간을 정하여 판결로 치료명령을 선고하여야 한다.
• 치료명령을 선고받은 사람은 치료기간 동안 보호관찰을 받는다.
• 법원은 다음의 어느 하나에 해당하는 때에는 판결로 치료명령 청구를 기각하여야 한다.
 – 치료명령 청구가 이유 없다고 인정하는 때
 – 피고사건에 대하여 무죄·면소·공소기각의 판결 또는 결정을 선고하는 때
 – 피고사건에 대하여 벌금형을 선고하는 때
 – 피고사건에 대하여 선고를 유예하거나 집행유예를 선고하는 때
• 치료명령 청구사건의 판결은 피고사건의 판결과 동시에 선고하여야 한다.
• 치료명령의 선고는 피고사건의 양형에 유리하게 참작되어서는 아니 된다.
• 피고사건의 판결에 대하여 상소 및 상소의 포기·취하가 있는 때에는 치료명령 청구사건의 판결에 대하여도 상소 및 상소의 포기·취하가 있는 것으로 본다. 상소권회복 또는 재심의 청구나 비상상고가 있는 때에도 또한 같다.
• 검사 또는 치료명령 피청구자 및 당사자 이외의 상소권자는 치료명령에 대하여 독립하여 상소 및 상소의 포기·취하를 할 수 있다. 상소권회복 또는 재심의 청구나 비상상고의 경우에도 또한 같다.

ⓔ 준수사항(법 제10조)
• 법원은 치료명령을 선고하는 경우 준수사항을 부과할 수 있다.
• 법원은 치료명령을 선고할 때에 치료명령을 받은 사람에게 치료명령의 취지를 설명하고 준수사항을 적은 서면을 교부하여야 한다.
• 인지행동 치료 등 심리치료 프로그램에 관하여 필요한 사항은 대통령령으로 정한다.

ⓜ 치료명령 판결 등의 통지(법 제11조)
• 법원은 치료명령을 선고한 때에는 그 판결이 확정된 날부터 3일 이내에 치료명령을 받은 사람의 주거지를 관할하는 보호관찰소의 장에게 판결문의 등본과 준수사항을 적은 서면을 송부하여야 한다.
• 교도소, 소년교도소, 구치소 및 치료감호시설의 장은 치료명령을 받은 사람이 석방되기 3개월 전까지 치료명령을 받은 사람의 주거지를 관할하는 보호관찰소의 장에게 그 사실을 통보하여야 한다.

④ 치료명령의 집행

㉠ 집행지휘(법 제13조)
• 치료명령은 검사의 지휘를 받아 보호관찰관이 집행한다.
• 지휘는 판결문 등본을 첨부한 서면으로 한다.

ⓛ **치료명령의 집행**(법 제14조)

- 보호관찰관은 치료명령을 받은 사람에게 치료명령을 집행하기 전에 약물치료의 효과, 부작용 및 약물치료의 방법·주기·절차 등에 관하여 충분히 설명하여야 한다.
- 치료명령을 받은 사람이 형의 집행이 종료되거나 면제·가석방 또는 치료감호의 집행이 종료·가종료 또는 치료위탁으로 석방되는 경우 보호관찰관은 석방되기 전 2개월 이내에 치료명령을 받은 사람에게 치료명령을 집행하여야 한다.
- 다음의 어느 하나에 해당하는 때에는 치료명령의 집행이 정지된다.
  - 치료명령의 집행 중 구속영장의 집행을 받아 구금된 때
  - 치료명령의 집행 중 금고 이상의 형의 집행을 받게 된 때
  - 가석방 또는 가종료·가출소된 자에 대하여 치료기간 동안 가석방 또는 가종료·가출소가 취소되거나 실효된 때
- 집행이 정지된 치료명령의 잔여기간에 대하여는 다음의 구분에 따라 집행한다.
  - 구금이 해제되거나 금고 이상의 형의 집행을 받지 아니하는 것으로 확정된 때부터 그 잔여기간을 집행한다.
  - 그 형의 집행이 종료되거나 면제된 후 또는 가석방된 때부터 그 잔여기간을 집행한다.
  - 그 형이나 치료감호 또는 보호감호의 집행이 종료되거나 면제된 후 그 잔여기간을 집행한다.
- 그 밖에 치료명령의 집행 및 정지에 관하여 필요한 사항은 대통령령으로 정한다.

ⓒ **치료명령을 받은 사람의 의무**(법 제15조)

- 치료명령을 받은 사람은 치료기간 중 상쇄약물의 투약 등의 방법으로 치료의 효과를 해하여서는 아니 된다.
- 치료명령을 받은 사람은 형의 집행이 종료되거나 면제·가석방 또는 치료감호의 집행이 종료·가종료 또는 치료위탁되는 날부터 10일 이내에 주거지를 관할하는 보호관찰소에 출석하여 서면으로 신고하여야 한다.

ⓔ **치료명령의 임시해제 신청 등**(법 제17조)

- 신청은 치료명령의 집행이 개시된 날부터 6개월이 지난 후에 하여야 한다. 신청이 기각된 경우에는 기각된 날부터 6개월이 지난 후에 다시 신청할 수 있다.
- 임시해제의 신청을 할 때에는 신청서에 임시해제의 심사에 참고가 될 자료를 첨부하여 제출하여야 한다.

ⓜ **치료명령 임시해제의 심사 및 결정**(법 제18조)

- 심사위원회는 임시해제를 심사할 때에는 치료명령을 받은 사람의 인격, 생활태도, 치료명령 이행상황 및 재범의 위험성에 대한 전문가의 의견 등을 고려하여야 한다.

SEMI-NOTE

**치료명령의 임시해제 신청**
보호관찰소의 장 또는 치료명령을 받은 사람 및 그 법정대리인은 해당 보호관찰소를 관할하는 보호관찰 심사위원회(이하 "심사위원회"라 한다)에 치료명령의 임시해제를 신청 가능

**출국시 허가**

치료명령을 받은 사람은 주거 이전 또는 7일 이상의 국내여행을 하거나 출국할 때에는 미리 보호관찰관의 허가를 받아야 함

**임시해제의 취소**

임시해제가 취소된 사람은 잔여 치료기간 동안 약물치료를 받아야 하며, 이 경우 임시해제기간은 치료기간에 산입하지 않음

**치료명령과 시효**

치료명령을 받은 사람은 치료명령 결정이 확정된 후 집행을 받지 아니하고 10년이 경과하면 시효가 완성되어 집행이 면제됨

----

- 심사위원회는 임시해제의 심사를 위하여 필요한 때에는 보호관찰소의 장으로 하여금 필요한 사항을 조사하게 하거나 치료명령을 받은 사람이나 그 밖의 관계인을 직접 소환·심문 또는 조사할 수 있다.
- 요구를 받은 보호관찰소의 장은 필요한 사항을 조사하여 심사위원회에 통보하여야 한다.
- 심사위원회는 치료명령을 받은 사람이 치료명령이 계속 집행될 필요가 없을 정도로 개선되어 죄를 다시 범할 위험성이 없다고 인정하는 때에는 치료명령의 임시해제를 결정할 수 있다.
- 심사위원회는 치료명령의 임시해제를 하지 아니하기로 결정한 때에는 결정서에 그 이유를 명시하여야 한다.
- 치료명령이 임시해제된 경우에는 준수사항이 임시해제된 것으로 본다.

ⓗ 임시해제의 취소 등(법 제19조)
- 보호관찰소의 장은 치료명령이 임시해제된 사람이 성폭력범죄를 저지르거나 주거 이전 상황 등의 보고에 불응하는 등 재범의 위험성이 있다고 판단되는 때에는 심사위원회에 임시해제의 취소를 신청할 수 있다. 이 경우 심사위원회는 임시해제된 사람의 재범의 위험성이 현저하다고 인정될 때에는 임시해제를 취소하여야 한다.

ⓢ 치료명령 집행의 종료(법 제20조)
- 치료기간이 지난 때
- 치료명령과 함께 선고한 형이 사면되어 그 선고의 효력을 상실하게 된 때
- 치료명령이 임시해제된 사람이 그 임시해제가 취소됨이 없이 잔여 치료기간을 지난 때

ⓞ 치료명령의 시효(법 제21조)
- 치료명령을 받은 사람은 그 판결이 확정된 후 집행을 받지 아니하고 함께 선고된 피고사건의 형의 시효 또는 치료감호의 시효가 완성되면 그 집행이 면제된다.
- 치료명령의 시효는 치료명령을 받은 사람을 체포함으로써 중단된다.

⑤ 수형자·가종료자 등에 대한 치료명령
ⓞ 성폭력 수형자에 대한 치료명령 청구(법 제22조)
- 검사는 사람에 대하여 성폭력범죄를 저질러 징역형 이상의 형이 확정되었으나 치료명령이 선고되지 아니한 수형자 중 성도착증 환자로서 성폭력범죄를 다시 범할 위험성이 있다고 인정되고 약물치료를 받는 것을 동의하는 사람에 대하여 그의 주거지 또는 현재지를 관할하는 지방법원에 치료명령을 청구할 수 있다.
- 수형자에 대한 치료명령의 절차는 다음에 따른다.
  - 교도소·구치소의 장은 가석방 요건을 갖춘 성폭력 수형자에 대하여 약물치료의 내용, 방법, 절차, 효과, 부작용, 비용부담 등에 관하여 충분히 설명하고 동의 여부를 확인하여야 한다.
  - 성폭력 수형자가 약물치료에 동의한 경우 수용시설의 장은 지체 없이 수

용시설의 소재지를 관할하는 지방검찰청의 검사에게 인적사항과 교정성적 등 필요한 사항을 통보하여야 한다.

- 검사는 소속 검찰청 소재지 또는 성폭력 수형자의 주소를 관할하는 보호관찰소의 장에게 성폭력 수형자에 대하여 조사를 요청할 수 있다.
- 보호관찰소의 장은 요청을 접수한 날부터 2개월 이내에 조사보고서를 제출하여야 한다.
- 검사는 성폭력 수형자에 대하여 약물치료의 내용, 방법, 절차, 효과, 부작용, 비용부담 등에 관하여 설명하고 동의를 확인한 후 정신건강의학과 전문의의 진단이나 감정을 받아 법원에 치료명령을 청구할 수 있다. 이때 검사는 치료명령 청구서에 치료명령 피청구자의 동의사실을 기재하여야 한다.
- 법원은 치료명령 청구가 이유 있다고 인정하는 때에는 결정으로 치료명령을 고지하고 치료명령을 받은 사람에게 준수사항 기재서면을 송부하여야 한다.
- 결정에 따른 치료기간은 15년을 초과할 수 없다.

ⓒ **가석방(법 제23조)**
- 수용시설의 장은 결정이 확정된 성폭력 수형자에 대하여 법무부령으로 정하는 바에 따라 가석방심사위원회에 가석방 적격심사를 신청하여야 한다.

ⓒ **비용부담** : 치료명령의 결정을 받은 사람은 치료기간 동안 치료비용을 부담하여야 한다. 다만, 치료비용을 부담할 경제력이 없는 사람의 경우에는 국가가 비용을 부담할 수 있다(법 제24조 제1항).

ⓔ **가종료 등과 치료명령(법 제25조)**
- 치료감호심의위원회는 성폭력범죄자 중 성도착증 환자로서 치료감호의 집행 중 가종료 또는 치료위탁되는 피치료감호자나 보호감호의 집행 중 가출소되는 피보호감호자에 대하여 보호관찰 기간의 범위에서 치료명령을 부과할 수 있다.
- 치료감호심의위원회는 치료명령을 부과하는 결정을 할 경우에는 결정일 전 6개월 이내에 실시한 정신건강의학과 전문의의 진단 또는 감정 결과를 반드시 참작하여야 한다.
- 치료감호심의위원회는 치료명령을 부과하는 결정을 한 경우에는 즉시 가종료자 등의 주거지를 관할하는 보호관찰소의 장에게 통보하여야 한다.

ⓜ **준수사항** : 치료감호심의위원회는 치료명령을 부과하는 경우 치료기간의 범위에서 준수기간을 정하여 준수사항 중 하나 이상을 부과할 수 있다(법 제26조).

ⓗ **치료명령의 집행** : 보호관찰관은 가종료자 등이 가종료·치료위탁 또는 가출소 되기 전 2개월 이내에 치료명령을 집행하여야 한다. 다만, 치료감호와 형이 병과된 가종료자의 경우 집행할 잔여 형기가 있는 때에는 그 형의 집행이 종료되거나 면제되어 석방되기 전 2개월 이내에 치료명령을 집행하여야 한다(법 제27조).

SEMI-NOTE

**치료명령과 이송**
검사는 정신건강의학과 전문의의 진단이나 감정을 위하여 필요한 경우 수용시설의 장에게 성폭력 수형자를 치료감호시설 등에 이송하도록 할 수 있음

**가석방**
가석방심사위원회는 성폭력 수형자의 가석방 적격심사를 할 때에는 치료명령이 결정된 사실을 고려해야 함

**치료명령 집행의 종료(법 제28조)**
- 치료기간이 지난 때
- 가출소·가종료·치료위탁으로 인한 보호관찰 기간이 경과하거나 보호관찰이 종료된 때

9급공무원

# 교정학개론

나두공

# 나두공

# 02장 교정학

SEMI-NOTE

**교정**

틀어지거나 잘못된 것을 바로잡음 또는
골절이나 탈구로 어긋난 뼈를 본디로 돌
리는 일은 뜻함

**소년법과 교정**

소년법에서는 비행자도 교정의 대상으
로 삼음

**범죄자 처우**

범죄자의 인격, 특성 등을 고려하여 그
에 알맞은 대우를 하는 것

**선시제도**

수형자를 열악한 시설내 생활로부터 가
능한 빨리 사회에 내보내 그의 재사회화
를 촉진시킨다는 형사정책적 의미 포함

---

### ° 01절　교정학의 기초

## 1. 교정학의 이해

### (1) 교정의 의의

① 교정은 수용자의 잘못된 품성이나 행동을 바로잡는 것
② 범법사상 신사회에서 유죄가 성립 및 아이디어 그에 따라 취약미비 간접내 대며 범
　죄자들을 다루는 국가나 사회의 통제기관을 뜻하기도 함

### (2) 행형에서의 교정

① 교정학에서 교정은 범죄인의 재사회화를 위한 교육적·복지적 차원의 형사처분
② 교정은 유죄가 확정된 범죄자의 처벌을 통하여 앞으로 법령을 위반하지 않고 살
　아가도록 그들을 지역사회로 재통합시키기 위해 취하는 행동
③ 교정은 범죄인을 교화·개선을 통하여 재사회화를 목표로 하는 근대 행형의 사
　조에서 비롯됨
④ 교정은 시설내처우를 주축으로 하여 형사처분 또는 비구금적 보호처분도 포함
⑤ 행형은 범죄인을 단순히 처벌한다는 차원을 넘어 사회로 복귀하여 건전한 시민
　으로 생활하게 하는 것이며, 교정행정은 범죄인의 재사회화를 위한 처우의 개별
　화 조치
⑥ 현대의 교정은 범죄인이나 비행소년에 대한 시설내처우뿐만 아니라 보호관찰,
　사회봉사명령 등과 같은 사회내처우도 포함

### (3) 교정의 목적

① 응보적 목적과 공리적 목적 : 응보형주의자들은 처벌을 동해보복의 원칙에 입각
　한 해악의 부과에 두었으나, 공리주의자들은 처벌의 특정이 바람직한 목표를 성
　취할 수 있어야 한다고 봄
② 무능화 : 범죄방지 및 피해자보호를 위해서 범죄성이 강한 자들을 추방, 구금,
　사형에 처벌함으로써 범죄를 행하지 못하도록 범죄능력을 무력화시키자는 것
　㉠ 집단적 무능화 : 유죄 확정된 강력범죄자들을 장기형을 선고하여 가석방을 지
　　연시키고, 장기형을 강제하는 법률의 제정이나 선시제도를 이용하여 선행에
　　대한 가산점을 줄임으로써 가능
　㉡ 선별적 무능화 : 중범죄자나 누범자들을 대상으로 장기형을 선고하여 격리시
　　키면 범죄발생을 대폭 감소시킬 수 있고, 경미한 범죄자와 재범의 위험성이
　　낮은 범죄자에 대하여 사회내처우를 확대하는 전략
　㉢ 무능화의 장점과 단점
　　• 장점 : 상습범을 격리하여 범죄가 감소하고, 교정의 과밀화가 해소되며, 사
　　　회내처우를 활용하여 예산을 절감할 수 있음

• 단점 : 누범자의 판단기준을 현재나 미래에 두지 않고, 중범죄자나 누범자들이 구금되더라도 다른 범죄자들이 그 자리를 차지하므로 범죄감소효과를 기대하기 어려움

### (4) 교정개념의 의의

① 가장 좁은 의미의 교정개념 : 자유형인 징역, 금고, 구류의 집행이 이루어지는 처우
② 좁은 의미의 교정개념 : 수형자에 대한 교정에 미결수용자와 사형확정자를 포함시킨 것
③ 넓은 의미의 교정개념 : 수형자와 미결수용자의 처우에 구금성 보안처분을 포함시킨 것을 말한다. 즉 수용을 통한 시설내처우 전체를 포함하는 것
④ 가장 넓은 의미의 교정개념 : 시설내처우뿐만 아니라 사회내처우까지 아우르는 개념으로 현재 우리나라에서 시행

### (5) 교정과 행형

① 행형의 개념
 ㉠ 넓은 의미의 행형 : 모든 종류의 형벌의 집행을 말하는 것으로 재판의 집행을 뜻함. 형법상의 형벌에는 생명형·자유형·재산형이 있고, 신체형은 인정되지 않음
 ㉡ 좁은 의미의 행형 : 자유를 박탈하는 형사제재조치의 집행만을 의미하는 것으로, 자유형과 자유박탈적 보안처분의 집행이 이에 해당
② 행형과 교정 : 범죄인의 교화와 개선에 중점을 두는 오늘날은 행형보다는 교정이라는 용어가 많이 사용됨

| 행형 | 교정 |
|---|---|
| 교정시설에서 자유형 집행과정 | 행형의 이념 내지 목표 |
| 형사절차의 법률적·형식적 측면 강조 | 형사절차의 이념적·실천적 측면 강조 |
| 수형자의 교화·개선이라는 특별예방 목적 외에 응보형 내지 일반예방 목적까지 포괄 | 특별예방과 교육적 목적 우선 |
| 교정의 기초 조성하는 법적 개념 | 행형의 목적 개념 |
| 비행소년 미포함 | 비행소년 포함 |

③ 교정의 중요성
 ㉠ 교정은 범죄발생 후 수사, 기소, 재판, 행형, 보호 등 일련의 형사사법절차임
 ㉡ 형사사법작용의 마무리 단계로 교정이 중요
 ㉢ 사회의 안녕질서 유지와 재범방지를 위하여 교정에 대한 전사회적인 참여와 중요성의 인식이 강화되어야 함

### (6) 교정학의 의의와 발전

① 의의 : 교정사실을 연구대상으로 하는 학문으로 범죄인 등이 처우받고 있는 교정시설 및 지역사회의 제반활동을 연구하는 학문

**한국의 사회내처우**
보호관찰, 사회봉사명령, 수강명령, 갱생보호, 가석방, 전자장치부착명령, 약물치료명령 등

**한국의 행형**
우리나라는 좁은 의미의 행형을 채택하고 있으며 형의 집행 및 수용자의 처우에 관한 법률이 규율함

**교정학의 연구대상**
교정학은 범죄인의 처우를 통하여 교화·개선 내지 재사회화를 목표로 하기에 범죄, 범죄인, 형사제재, 보호처분, 보안처분 등을 대상

**보호적 처우**
사법적 처우와 연계하거나 교정처우 이후의 단계에서 범죄인의 재사회화를 주된 목적으로 하는 처우이고, 선고·집행유예 시 보호관찰, 사회봉사명령, 수강명령, 가석방 시 보호관찰과 갱생보호 등이 있음

**살레이유(Saleilles)**
저서 「형벌의 개별화」를 통해서 개별화의 3단계를 법률의 개별화, 재판의 개별화, 행형의 개별화로 분류

② 교정학 성격
　㉠ 교정학은 경험과학으로의 성격과 규범학의 성격을 지님
　㉡ 범죄의 예방과 진압에 기여하는 학문
　㉢ 자유형의 집행을 주로 연구대상으로 하는 학문
③ 교정학의 발전
　㉠ 감옥학 : 1870년대 영국과 프랑스에서 대강의 학문적 체계를 구축
　㉡ 행형학 : 종래의 감옥학이 시설의 질서와 관리기능을 강조한 반면 행형학은 수형자 중심의 교육기능을 강조
　㉢ 교정처우론 : 범죄인의 교화개선 및 성공적인 사회복귀에 목적
　㉣ 교정보호론 : 정의에 입각한 치벌과 범죄인에 대한 법률적 보우할 필요성을 강조
　㉤ 교정학은 감옥학에서 시작하여 행형학, 교정처우론, 교정보호론 등으로 세분화되어 왔으며 현재는 교정학으로 통합

## 2. 교정처우

### (1) 범죄자처우

① 범죄자처우의 의의 : 국가가 형사사법 절차에서 범죄인의 인격이나 기타 개인적인 특성을 고려하여 그에 대응하는 대우와 취급을 개별적으로 시행하는 것
② 범죄인처우의 유형
　㉠ 사법적 처우 : 처우의 개별화를 위해 행형 또는 교정단계 이전 양형단계에서 형사제재의 종류와 정도를 결정하는 것을 의미하며, 범죄자에 대하여 형벌, 보안처분, 보호처분 중 어떤 제재를 가할 것인가에 대한 처우선택의 문제와 어느 정도로 가할 것인가에 대한 양정의 문제가 핵심
　㉡ 교정처우 : 행형단계에서 이루어지는 범죄자처우이기에 교정시설 내에서의 범죄자처우를 의미
③ 범죄인처우의 기본원리
　㉠ 인도주의 : 인간의 존엄성이 보장되도록 인도적이고 인간적인 방법으로 범죄인을 처우해야 한다는 것
　㉡ 법률주의 : 범죄인을 법률에 따라 처우해야 한다는 것
　㉢ 과학주의 : 여러 과학적인 지식을 통하여 객관적이고 합리적인 기준에 따라 범죄인을 처우해야 한다는 것
　㉣ 평등주의 : 사회적 신분이나 지위에 따라 범죄인을 차별해서는 안 된다는 것
　㉤ 사회접근주의 : 범죄인이 사회에 원만하게 복귀할 수 있도록 교정시설 내에서 수형자 생활이 일반 사회생활과 비슷하게 유지하여야 한다는 것
　㉥ 개별주의 : 범죄인의 원인, 환경, 특성에 따라 범죄인처우의 내용을 달리해야 한다는 것이며, 개별화에는 법률의 개별화, 재판의 개별화, 행형의 개별화의 순으로 발전한다고 인식
　　• 법률의 개별화 : 형법의 규정상 형벌구성요건을 세분화

- 재판의 개별화 : 법원이 범죄자의 개인적인 특성, 환경 등을 고려하여 사법
  적 형의 종류와 정도를 결정한다는 것
- 행형의 개별화 : 행형단계에서 범죄인의 특성, 환경 등을 고려하여 그에 상
  응하는 처우를 행한다는 것

## (2) 시설내처우, 중간처우, 및 사회내처우

① 시설내처우

  ㉠ 시설내처우는 범죄인을 교정시설 내에 구금, 자유를 박탈하여 형벌을 집행하
는 처우

  ㉡ 현재 이러한 자유형은 재사회화 효과에 비판에 직면해 있어 자유형을 중심으
로 하는 시설내처우를 가능한 한 피하고 사회내처우를 확대하는 것을 목표

② 중간처우

  ㉠ 과잉구금, 시설내처우의 폐해, 폐쇄시설에서의 사회적응의 곤란성, 석방 후
낙인 등의 이유에서 범죄자를 시설내에서 처우하는 것보다 사회내에서 처우
해야 한다는 주장이 제기됨

  ㉡ 최근의 범죄자처우는 개방처우, 귀휴제, 외부통근제도 등의 도입으로 시설내
처우의 완화경향

  ㉢ 중간처우는 시설내에서 격리나 구금의 정도를 완화하여 사회와의 교류를 확
대하여 사회복귀를 쉽게 하기 위하여 나타난 제도

  ㉣ 우리나라의 중간처우제도에는 외부통근제도, 외부통학제, 귀휴제, 가족만남
의 날 참여, 사회봉사, 사회견학, 교정시설 밖의 종교행사 참여, 문화공연 관
람 등이 있음

  ㉤ 중간처우는 교정시설에 설치된 개방시설 및 지역사회에 설치된 개방시설에서
의 적응교육 및 취업지원 등이 있음

③ 사회내처우

  ㉠ 범죄자를 교정시설에 구금하지 않고 사회내에서 자율적인 생활을 하면서 개
선, 갱생을 원호하는 처우

  ㉡ 보호관찰, 수강명령, 사회봉사명령, 갱생보호, 가석방, 전자감시명령, 가택구
금 등

## (3) 교정이념 및 목적론

① 응보형주의

  ㉠ 응보형주의 : 형벌의 본질은 범죄에 대한 정당한 응보에 있다는 사상

  ㉡ 형벌은 다른 목적이 없고 그 자체가 목적이라고 이해

  ㉢ 응보형주의는 계몽철학의 영향을 받은 개인주의, 자유주의 사상의 산물

② 일반예방주의

  ㉠ 형벌을 범죄를 행할 잠재적 가능성이 있는 일반인에게 형벌의 공포감을 심어주
어 범죄를 저지르지 못하도록 범죄를 예방하는 작용을 하는 것으로 보는 입장

  ㉡ 심리강제설은 인간이 범죄를 저지름으로써 얻는 쾌락과 형벌을 받음으로써
돌아오는 고통을 비교하여 고통이 쾌락보다 더 크다고 판단될 경우 범죄를 지

02장

교정학

한국 수용자처우법
사회적 처우와 중간처우로 구분하고
있음

**형벌의 목적론**
응보형주의, 일반예방주의, 특별예방주
의, 목적형주의, 교육형주의로 발전

**일반예방주의**
형법에 어떤 범죄에 대한 형벌이 규정되
어 있거나 또는 어떤 범인에 대하여 실
제로 형벌이 부과되고 집행되기만 해도
일반 시민들은 잘못을 저질렀을 때 형벌
을 받는다는 점을 인지하게 되어 잠재적
으로 범죄를 예방할 수 있는 효과를 가
지게 되다는 것

SEMI-NOTE

지르지 않으려고 하는 심리적 강제를 받게 된다는 이론

ⓒ 이 이론은 획일적인 형벌을 통한 사회통합만을 강조하고 범죄인의 교화개선을 고려하지 않음

③ **특별예방주의**

ㄱ 특별예방주의는 범죄인 자신으로 하여금 다시 죄를 범하지 않도록 만드는 것

ㄴ 범죄인을 대상으로 교육하고 개선시켜 다시는 사회의 안전을 침해하지 않도록 범죄인을 재사회화하는 과정이 필요하다고 봄

ㄷ 이 제도에는 선고유예, 집행유예, 가석방 등

④ **목적형주의**

ㄱ 형벌의 본질이나 목적이 응보에 있지 않고 범인이 부주의 방심하는 때에 재차하여 사회복귀를 가능하게 하는 데 있다는 이론

ㄴ 형벌의 목적은 법익보호에 있고, 장래 범죄를 행하지 않도록 하기 위해서는 형벌은 개별화하여 과해져야 한다고 주장

⑤ **교육형주의**

ㄱ 형벌을 과하는 목적은 범죄인의 갱생이나 사회복귀를 위한 교육에 있다고 주장

ㄴ 인도주의적, 복지적인 관점에서 범죄인의 특성에 따른 특별예방의 입장에 서며 부정기형, 누진처우의 도입 등을 주장

ㄷ 형벌집행은 곧 교육과정이며 교육을 통하여 범죄인의 사회복귀가 형벌의 목적

⑥ **신응보주의**

ㄱ 형벌개념을 가화하여 범죄자에 대한 교화보다는 응보에 무게를 둔 이론이며, 특별예방주의나 교육형주의의 교정정책이 재범방지에 실패했다고 봄

ㄴ 범죄인들이 범죄를 통하여 사회에 해를 끼쳤으면 마땅히 처벌받아야 한다는 것

ㄷ 엄격한 형벌을 집행함으로써 교도소의 과밀화를 야기하고 교정주의를 포기함으로써 형사정책적 처우목적을 상실하였다는 비판 받음

⑦ **선별적 무능력화(무해화)**

ㄱ 소수의 상습적 중범죄자를 사회로부터 장기간 격리시키면 이들의 범죄능력을 무력하게 만들 수 있어 범죄량을 감소시켜 교도소의 과밀문제를 해소할 수 있다고 봄

ㄴ 형이 가벼운 범죄자들은 가석방으로 내보내 사회내처우를 적용

⑧ **배상주의**

ㄱ 형벌의 목적은 범죄로 인해 일어난 사회의 무형적 손해를 배상하는 데에 있다는 입장

ㄴ 범죄행위를 포함한 모든 위법행위들이 시장경제원리에 의해 민사법에서 배상될 수 있는 불법행위로 처리될 수 있다고 봄

ㄷ 부유하면 다른 사람에게 해를 끼칠 수 있는 능력도 커진다는 문제점 존재

## (4) 교정처우 모델

① 구금모델 : 범죄자에 대하여 교화보다는 시설 내의 질서유지, 훈육, 보안을 강조하였고 자유의사론에 입각한 정기형을 주장

**리스트**

범인을 3종으로 구별하여 개선을 필요로 하지 않는 자에게는 위하를, 개선가능한 자에게는 개선을, 개선불가능한 자에게는 배해를 내용으로 하는 형벌을 과해야 한다고 주장함(배해는 반사회적인 위험성이 있는 사람을 사회에서 격리하는 것을 의미)

**선별적 무능력화(무해화)**

삼진법은 이 이론을 기초로 하여 입법화되었는데 범죄의 경중을 불문하고 영원히 격리하는 것

**행형의 목적**

수형자의 사회복귀 내지 재사회화

② 개선모델 : 행형의 목적이 범죄자의 교화 · 개선을 통한 범죄방지에 있다고 보며, 회개와 반성을 통한 정신적 교화 · 개선을 중요시

③ 의료모델

ㄱ 사회복귀를 교정의 이념으로 삼고 범죄를 치료가 가능한 도덕적 질병으로 인식

ㄴ 범죄인을 과학적 방법으로 치료, 교정이 가능하다고 주장

ㄷ 이 이론은 국가형벌권을 자의적으로 확장시킬 위험이 있어 인권침해를 초래할 가능성이 많음

④ 사법모델

ㄱ 정당한 처벌을 통한 사법정의의 확보와 그에 따른 인권보호에 초점

ㄴ 일정한 합목적성에 따라 범죄자의 적응을 강제하지 않고, 사법적 공정성이 정의에 합당하도록, 범죄행위에 대한 책임에 상응하게 공정한 형벌을 법적 절차에 따라 획일적으로 부과

ㄷ 범죄자를 다양한 권리 · 의무의 주체로 인정하고, 수형자의 인권보장을 가장 강조한 모델

ㄹ 국가재량의 축소, 수형자 자치의 확대, 부정기형에서 정기형으로의 복귀, 수형자의 법적 구제확대, 교정시설 처우의 공개, 가석방위원회의 폐지, 가석방의 지양, 과학적 범죄예측을 통한 선별적 무능화 방안 제시, 삼진법 도입 등을 주장

⑤ 재통합모델

ㄱ 수형자를 자율성을 가진 처우의 주체로 인정하여 수형자의 동의와 자발성을 전제로 하는 처우를 강조

ㄴ 수형자의 법적 지위의 확립과 처우행형의 조화를 통하여 사회복귀적 처우모델로 가장 이상적인 것으로 인정되고 있음

ㄷ 과학적 처우기술의 적용, 교육 및 직업훈련 계획의 개선과 향상, 외부통근제, 귀휴 등의 사회적 처우가 적극 활용되어야 한다는 입장

⑥ 조정모델

ㄱ 범죄자의 사회와의 재통합을 돕는데 초점을 맞추는 처우모델

ㄴ 범죄인을 일반인과 다른 병적인 요인도 있으나 동시에 자신의 행위를 조정하여 스스로 책임있는 선택과 합법적 결정도 할 수 있는 자유의지가 있다고 봄

ㄷ 이 이론은 응보적 형벌을 바탕으로 하면서도 재사회화를 위한 처우도 적극 실시되어야 한다고 봄

ㄹ 교류분석, 시설내처우로서 현실요법, 환경요법, 요법처우공동체, 행동수정요법 등을 중시

⑦ 경제모델 : 사회경제적 조건을 범죄의 원인으로 보고 기술교육과 취업기회의 제공으로 범죄자들을 재통합하고자 함

## (5) 범죄인처우의 새로운 경향

① 비범죄화

ㄱ 의의 : 지금까지 형법에서 범죄로 규정하고 있던 행위규정을 폐지하여 범죄목록에서 삭제하거나 형사사법절차에서 특정범죄에 대한 형사처벌의 범위를 축소하는 것

의료모델

재량권의 남용으로 인한 수형자의 인권침해, 형기의 장기화, 개인적 자기결정의 자유 침해로 인한 인간의 존엄성을 침해 등을 야기

**현실요법**

수형자가 현실을 인식하고 책임있는 행동을 하도록 교육하는 것

**비범죄화의 필요성**

형사처벌의 폐지가 아니라 형사처벌의 완화를 목표로 하고 형법의 보충성의 원칙이나 최후 수단성을 강조

ⓒ 비범죄화의 영역 : 피해자 없는 범죄로 매춘, 도박, 마약흡입, 낙태, 간통 등이 있음

ⓓ 비범죄화의 유형 : 법률상 비범죄화, 재판상 비범죄화, 사실상(행정, 수사, 단속) 비범죄화

② 비형벌화

ㄱ 의의 : 형벌 대신에 다른 제재를 가하는 것으로 형벌이라는 제재를 회피하는 것

ㄴ 비형벌화의 종류

* 입법상의 비형벌화
* 재판 전 단계에서의 비형벌화
* 재판단계에서의 비형벌화
* 교정단계에서의 비형벌화

③ 다이버전(Diversion)

ㄱ 의의 : 범죄의 증가와 이에 따른 법원의 부담가중, 교도소의 과밀수용이 문제가 되어 경미한 범죄에 대한 비범죄화 내지 교정시설의 선별수용, 형사절차에서의 선별처리 등의 다양한 대처방안

ㄴ 필요성 : 낙인효과의 방지, 사회복귀의 도모, 재범방지 등

ㄷ 다이버전의 유형

* 형사사법절차 이전의 단계 : 비범죄화를 의미하며 경미한 범죄에 대한 실정법상의 다이버전
* 구금의 대안으로서 다이버전 : 경찰단계에서 교정단계에 이르기까지 전 형사사법단계에서 가능하며 경찰단계에서의 훈방, 검찰단계에서의 선도조건부 기소유예, 재판단계에서의 형의 유예, 교정단계에서의 보호관찰부 가석방 등이 각 사법단계별 대표적인 다이버전
* 개입여부에 따른 분류 : 전통적인 형사절차를 취하지 않는 일체의 제도를 의미하는 단순 다이버전과 일정한 비공식적 체제를 수반하는 형태의 다이버전인 개입형 다이버전

④ 회복적 사법

ㄱ 의의 : 범죄행위로 인해 발생한 손해의 회복을 꾀하며, 이 회복 과정에서 범죄자뿐만 아니라 피해자도 문제해결의 주체

ㄴ 적용 : 회복적 사법의 이념과 프로그램은 범죄문제뿐만 아니라 살아가면서 야기되는 민사상의 갈등, 이혼 등 가정 내의 불화, 학교나 직장에서 발생하는 성희롱이나 차별 등의 문제에도 다양하게 적용

## (6) 교정의 역사

① 복수시대 : 원시시대부터 고대국가 형성기까지의 형벌로 피해자 측이 범죄에 무한한 복수를 행하는 동해보복(Talio)이 주류를 이루었고, 사형벌이 주류였음

② 위하적 시대

ㄱ 고대부터 17세기까지의 기간에 형성되었고, 절대군주의 등장에 따라 왕권의 강화 및 중앙집권제의 추진으로 형벌에 의한 치안유지가 강력해진 시기

ⓛ 대표적인 법전은 카롤리나 형법전이고 사적 복수를 금지하고 국가가 형벌을 관장

③ **교육적 개선단계**

ⓐ 국가는 구형자의 교화개선에 중점을 두고, 오번제, 점수제 등이 이 제도에 영향 받음

ⓛ 종전의 생명형과 신체형 중심에서 자유형 위주로 개편되었고 계몽주의, 민주주의 등의 영향을 받아 인권을 중시

ⓒ 이 시기에 죄형법정주의가 확립됨

④ **과학적 처우시대**

ⓐ 19세기 말부터 20세기 초에 걸쳐 행형의 개별화가 추진된 시기이며, 범죄성의 개선과 교육을 강조

ⓛ 특별예방주의에 의한 범죄인의 재사회화에 관심을 두고 개별적 처우를 통한 건전한 사회인으로 복귀에 중점

⑤ **사회적 권리보장시대** : 2차 대전 이후 범죄인의 사회내처우의 필요성이 강조되는 시기로 보호관찰, 가석방, 중간처우의 집, 통근제도 등이 등장

⑥ **국제적 협력시대** : 세계 각국에 범죄의 보편화 현상에 따라 교정과 관련하여 국제적인 조직을 형성

## (7) 우리나라의 역사

① **고대시대**

ⓐ **고조선** : 8조금법을 통하여 응보형주의에 의한 복수주의를 채택하여 살인, 상해, 절도에 관한 규정을 둠

ⓛ **부여**

• 응보형 성격을 띠고 훔친 물건의 12배를 배상하게 하는 1책 12법이 존재

• 구금의 형태로 원형옥이 존재하였는데 이후 조선시대까지의 원형옥의 전형

ⓒ **옥저와 동예** : 읍락 상호간의 경계가 설정되어 경계를 침범하면 책화라 하여 노비와 우마로 배상함

ⓓ **삼한** : 제정분리의 사회로 소도라는 신성 특별구역이 존재

② **삼국시대**

ⓐ 삼국은 응보형주의에 기초를 두었고 형벌은 사형, 유형, 장형, 재산형 등이 있었으며 감옥의 명칭은 뇌옥, 영어, 형옥, 수옥 등을 사용

ⓛ **신라** : 형률을 관장하는 이방부가 있음

ⓒ **고구려** : 모반자, 패전자, 투항자, 겁탈자는 사형에 처하고 절도죄는 12배를 배상하도록 하였고 모반자는 가혹한 방법으로 사형에 처하며 가족은 노비로 삼음

ⓓ **백제** : 살인자, 반역자, 퇴군자는 사형에 처하였으며 부인이 간음하면 남편집 종으로 삼고, 절도죄는 유형 또는 3배를 배상

③ **고려시대**

ⓐ 6부에 형부를 두고 형부 아래에 형옥을 담당하는 전옥서 노비의 부적과 송사를 담당하는 싱시도관을 둠

죄형법정주의
범죄의 성립과 그에 대한 형벌은 오직 법률에 의해서만 인정된다는 것

우리나라의 감옥제도
• **전옥서** : 고려시대 옥에 갇힌 죄수에 관한 일을 담당하던 관청. 고려 초에 설치되었으며, 성종 14년(995)에 대리시로 개칭되었다가, 문종 때에 다시 전옥서로 바뀜
• **가옥** : 고려 광종 때에 전옥서 외에 임시로 설치한 옥
• **사옥** : 지방 관아에 부설 감옥
• **휼형제도** : 특별귀휴제도와 유사한 제도로 일정기간 출옥을 허용한 제도
• **속전제도** : 금전을 내고 형을 대신하는 제도

SEMI-NOTE

ⓛ 형벌은 장, 도, 유, 사의 5종이 있고 부가형으로 삽루, 경면, 속전, 가재몰수, 노비몰입 등이 있었음

④ 조선시대

　㉠ 고려와 같이 장형, 태형, 도형, 유형, 사형을 근간으로 하고 부가형을 실시함

　㉡ 형벌제도 : 태형, 장형, 도형, 유형, 부처, 안치, 본향안치, 위리안치, 절도안치, 금고, 규형, 휼형제도, 감강종경, 보방제도 등

　㉢ 형벌관장기관 : 형조, 사헌부, 의금부, 한성부, 관찰사, 수령

　㉣ 감옥제도 : 범죄의 혐의가 있는 자에 대하여 수사, 재판의 형사절차를 거쳐 형을 집행할 때까지의 미결구금을 위한 장소이며, 직수아문, 전옥서 등이 있음

　㉤ 갑오개혁 : 5형 중 장형을 폐지하고 유형·도형을 징역형으로 하였으며 미결수의 기결수를 분리 수방

⑤ 갑오개혁~일제강점기 이전

　㉠ 광무시대 : 대전회통·대명률·형율명례를 폐지하고 형법대전을 제정하고, 감옥관계를 개편하고 감옥기구를 감옥서로 일원화하여 근대 행형의 기틀을 마련

　㉡ 융희시대 : 감옥사무가 법무관할로 이전됨

⑥ 일제강점기~미군정시기

　㉠ 일제강점기 : 조선감화령을 제정하여 감옥을 형무소로 개칭하였고, 비행청소년에 대한 처우를 처음으로 도입. 행형법규는 목적형주의를 표방하고 교회, 누진처우, 가출옥 등을 실시

　㉡ 미군정시기 : 일제강점기 행형을 그대로 실시

⑦ 대한민국의 행형법의 제정과 공포하였고 행형법의 개정으로 형무소를 교도소로, 형무관을 교도관으로 변경

## 3. 교정시설

### (1) 교정시설의 의의

① 좁은 의미의 교정시설 : 교정의 대상이 되는 수용자를 수용하는 시설

② 넓은 의미의 교정시설 : 교도소뿐만 아니라 형사피의자와 형사피고인, 미결수용자, 사형확정자 등을 수용하는 시설까지 포함

③ 가장 넓은 의미의 교정시설 : 형벌집행을 위한 시설뿐만 아니라 시설수용을 하는 각종 보안처분, 보호처분을 집행하기 위한 시설까지 포함하는 것으로 치료감호소, 소년원, 소년분류심사원 등도 포함

### (2) 교정시설의 구분

① 형의 확정에 의한 구분

　㉠ 구치소 : 형이 확정되지 않은 미결수용자를 수용하는 교정시설

　㉡ 교도소 : 형이 확정된 기결수용자를 수용하는 교정시설으로 징역감, 금고감, 노역유치장으로 구분

---

**수령과 관찰사**
군과 현의 수령은 장형 이하의 사건만 처리하고 관찰사는 유형 이하의 사건만을 처리

**감옥규칙**
감옥사무의 지침으로 조선의 전통적 행형에서 근대적 행형으로 전환하는 과도기적 특징을 지니는 규칙

**교정시설**
수용자들의 권익보호와 교정교육, 직업훈련 등 사회적응 능력의 배양을 통하여 건전한 사회복귀를 도모하고자 설치 운영하는 시설

**연령에 의한 구분**
• 일반교도소 : 19세 이상의 수형자를 수용하는 교정시설
• 소년교도소 : 19세 미만의 수형자를 수용하는 교정시설

② **성별에 의한 구분** : 남자교도소와 여자교도소로 구분하고 남녀 분리 수용을 원칙
③ **수용설비와 계호의 정도에 의한 구분**
　　㉠ **개방시설** : 수형자(受刑者)의 도주를 막기 위한 계호설비를 철폐하고, 수형자의 책임관념에 의하여 질서를 유지하고 개선 · 갱생을 꾀하는 것을 목적으로 한 교정시설
　　㉡ **완화경비시설** : 도주방지를 위한 통상적인 설비 및 수형자에 대한 관리 · 감시를 일반경비시설보다 완화한 교정시설
　　㉢ **일반경비시설** : 도주방지를 위한 통상적인 설비 및 수형자에 대한 관리 · 감시를 하는 교정시설
　　㉣ **중경비시설** : 도주방지 및 수형자 간의 접촉을 차단하는 설비를 강화하고 수형자에 대한 관리 · 감시를 엄중히 하는 교정시설

SEMI-NOTE

### (3) 교정시설의 구조

① **분방형** : 장방형의 사동을 방사익형으로 배열한 구조로 수용자와 외부와의 연결을 방지하고, 도주예방을 위한 목적으로 설계한 교도소로 펜실베니아 감옥과 간트 교도소가 이 방식을 채택
② **파놉티콘형** : 벤담이 고안한 구조로 거실에 있는 수용자들은 감시탑의 내부를 볼 수 없고 반대로 감시탑에서는 수용자의 거실을 훤히 들여다볼 수 있도록 되어 있음
③ **파빌리온형** : 형렬식 형태로 계호 측면에서는 많은 인력이 소요되나 사동간 공간이 확보되어 채광 및 통풍이 우수하고 수형자의 개별처우 및 경비기능 측면에서 우수한 전주형
④ **오번형** : 야간에는 독거, 주간에는 엄정침묵하에 작업하는 완화독거제이며, 외부창이 없는 2열의 내방식 구조로 통풍과 채광이 불리
⑤ **캠프스형** : 청소년이나 여성수형자를 위한 교정시설로 활용
⑥ **정원형** : 앞뜰 또는 정원을 가로질러 이동할 수 있도록 설계된 건축구조
⑦ **전주형** : 일자형 사동을 병렬하는 구조로 우리나라의 교도소가 대부분 이 형태
⑧ **고층형** : 전주형의 기능상 한계와 부지확보가 어려워지고 또한 구치시설의 경우 도심에 있어 교정시설이 고층으로 변화

### (4) 수형자 구금제도

① **펜실베니아제**
　　㉠ **의의** : 수형자 1인을 1개 수용시설에 주야간 격리수용하는 구금방식
　　㉡ **장점과 단점**

| 장점 | • 자신의 회오나 반성의 기회를 주는 등 교화적 목적에 효과적<br>• 혼거에서 오는 악풍감염을 방지<br>• 폭동이나 난동 등을 사전에 차단<br>• 미결수용자의 경우 증거인멸을 방지하고 수형자의 명예보호나 개별처우에 적합<br>• 감염병의 예방과 확산방지에 효과적이고, 계호와 규율유지가 용이 |
|---|---|

**펜실베니아제**
절대침묵이 강조되고 운동, 접견, 작업 등 모든 처우를 자신의 거실 내에서 행하도록 하여 다른 수형자와의 접촉을 피할 수 있음

| 단점 | • 독립된 공간확보로 재정부담이 큼<br>• 다른 수용자와의 차단으로 사회적 존재로서의 인간본성에 반함<br>• 수형자 개별관리에 많은 인력이 소요되고 감시비용이 증가<br>• 공동생활을 하지 않아 원만한 사회복귀에 적합하지 않음 |
|---|---|

② 오번제

⊙ 의의 : 주간에는 침묵상태에서 함께 작업을 하고, 야간에는 독방에 수용하는 방식

ⓒ 장점과 단점

| 장점 | • 엄정독거제의 결함 보완<br>• 주간에 작업을 통한 질업후력이 용이 |
|---|---|
| 단점 | • 작업의 협의가 불가능하여 작업능률 감소<br>• 개별처우에 불리<br>• 감시와 규율유지 곤란<br>• 비위생적이고 방역곤란 |

③ 혼거제

⊙ 의의 : 수형자의 사회복귀에 적합한 사회성의 배양에 중점을 두는 구금제도

ⓒ 혼거수용 인원의 기준 : 혼거수용 인원은 3명 이상으로 한다. 다만, 요양이나 그 밖의 부득이한 사정이 있는 경우에는 예외

ⓒ 혼거수용의 제한 : 소장은 노역장 유치명령을 받은 수형자와 징역형·금고형 또는 구류형을 선고받아 형이 확정된 수형자를 혼거수용해서는 아니 되나, 징역형·금고형 또는 구류형의 집행을 마친 다음에 계속해서 노역장 유치명령을 집행하거나 그 밖에 부득이한 사정이 있는 경우에는 그러하지 않음

ⓔ 장점과 단점

| 장점 | • 수형자의 사회성 배양에 적합<br>• 형법집행과 처우의 통일로 관리비용이 절감<br>• 단체생활로 인한 출소 후 사회복귀가 원만함<br>• 수용자상호 간의 감시를 통하여 자살 등 교정사고를 예방 가능 |
|---|---|
| 단점 | • 수용자 상호 간 악풍감염의 우려<br>• 출소 후 공범가능성<br>• 계호가 용이하지 않고 규율유지 및 위생관리가 불리 |

④ 독거제

⊙ 의의 : 수용자를 독거하게 하는 것으로 우리 법령은 독거수용이 원칙

ⓒ 처우상 독거수용 : 주간에는 교육·작업 등의 처우를 위하여 일과에 따른 공동생활을 하게 하고 휴업일과 야간에만 독거수용하는 것

ⓒ 계호상 독거수용 : 사람의 생명·신체의 보호 또는 교정시설의 안전과 질서유지를 위하여 항상 독거수용하고 다른 수용자와의 접촉을 금지하는 것을 말하나, 수사·재판·실외운동·목욕·접견·진료 등을 위하여 필요한 경우에는 그러지 않음

## (5) 교도소사회

① 교도소화

ㄱ 교정시설의 일반적인 문화, 관습, 규범, 민속 등을 다소간 취하는 것

ㄴ 신입수용자가 교정시설의 규범과 가치에 익숙해지고 그것을 내면화하는 것

ㄷ 교도소화의 중요한 관점은 범죄성과 반사회성을 유발하거나 심화시키고 수용자의 특성을 이념으로 변화시키는 영향력

② 교도소화의 특징

ㄱ 수용자가 행동과 태도가 사용자사회로 동화된다는 것

ㄴ 수용기간이 길어지면 반교정적, 반사회적, 친범죄적 부분화의 재현이 커진다는 것

ㄷ 수형기간이 길어지면 교도소화의 정도가 강화

ㄹ 수형자의 역할은 수형단계에 따라 변화

ㅁ 교도소화는 교정시설의 형태나 특성에 따라 변화

③ 수형자사회의 부문화

ㄱ **의의** : 수형자들의 일반적인 가치관이나 문화체계

ㄴ **부문화의 형태** : 합법지향적 부문화, 범죄지향적 부문화, 수형지향적 부문화

## (6) 과밀수용의 원인과 해소방안

① **과밀수용의 의의** : 일정한 시설에 수용되어 있는 인원이 적정수준에 비해 과도하게 많은 경우

② **과밀수용의 원인** : 인구와 범죄의 증가, 형사정책의 강화, 범죄대응력의 향상, 교화개선기능의 미흡 등

③ **과밀수용의 부작용**

ㄱ **교도관 측면** : 담당 업무의 증가로 스트레스의 증가, 수용자와의 갈등 증가, 교정사고 방지를 위한 역할 저하 등

ㄴ **수용자 측면** : 개별처우의 곤란으로 수용자의 공격성, 자기도피, 무관심, 권태감 등이 증가하나, 일탈행위가 증가하며 하위문화가 급속히 증가

ㄷ **사회일반 측면** : 수용인원이 증가하면 예산이 증가하고 인력과 공간부족으로 재범방지를 위한 프로그램의 시행이 곤란

## 4. 형집행법(수형자처우법) 일반 ⭐️ 빈출개념

### (1) 형집행법(수형자처우법)의 의의

① 의의

ㄱ 형사사건으로 수용시설에 수용된 사람에 대하여 구금, 형집행, 그밖의 교정업무 집행을 규율하기 위한 법률체계

ㄴ **좁은 의미의 형집행법** : 유죄판결이 확정되어 자유형을 집행하는 수형자에 대하여 교도소 수용부터 교도소 내의 생활, 석방에 이르기까지의 전과정을 규율하는 법률체계

---

SEMI-NOTE

**수형자의 교도소화**

수용으로 인한 고통, 각종 권익의 박탈 등 수익이 직접적인 원인이라 보는 설명체계는 박탈모형임

**과밀수용의 해소방안**

• 비구금적인 정책으로 수용할 인원을 줄이는 방안

• 증가된 인원만 해소한다는 방안으로 단기적인 전략

• 중범자나 누범자만을 선별적으로 구금하는 방안

• 가석방, 선시제도 등을 이용하는 방안

**수용자처우법**

형의 집행 및 수용자의 처우 등에 관한 법률(수용자처우법)은 넓은 의미의 형집행법

SEMI-NOTE

ⓒ 넓은 의미의 형집행법 : 수형자의 형집행뿐만 아니라 미결수용자, 사형확정자, 감치명령을 받은 자 등의 처우와 권리, 교정시설의 운영에 관하여 필요한 사항을 규율하는 법률체계

② 형식적 의미의 형집행법과 실질적 의미의 형집행법

ⓐ 형식적 의미의 형집행법 : 법에 규정되어 있는 내용이 무엇인지를 묻지 아니하고 법의 외형적인 존재형식을 기준으로 판단하므로 존재형식이 형집행법의 규정으로 되어 있으면 형식적 의미의 형집행법으로 형의 집행 및 수용자의 처우 등에 관한 법률이 있음

ⓑ 실질적 의미의 형집행법 : 법의 형식에 구애됨이 없이 법에 규정된 내용만을 기준으로 판단하므로 형집행법에는 형의 집행 및 수용자의 처우 등에 관한 법률 외에 형법, 형사소송법, 소년법, 교도관직무규칙 등이 있음

## (2) 수형자처우법(형집행법)의 연혁

형의 집행 및 수용자의 처우 등에 관한 법률(현재 법률명)
종래의 행형법을 교정행정의 취지를 살려 법률명을 개정

① 근대 이후 : 감옥규칙은 역사상 최초로 체계적이고 성문화된 수형자처우법

② 일제강점기 : 조선감옥령이 제정되어 행형이 이루어짐

③ 미군정시대 : 일제강점기 법령 가운데 한국인을 차별하던 법령만 폐지하고 그대로 존속

④ 행형법 제정 1950년 공포된 행형법은 교육형주의 원칙을 선언하고 교정이라는 용어를 처음 사용, 종래엔 개정됨

## (3) 형집행법의 목적

수형자의 교정교화와 건전한 사회복귀를 도모하고, 수용자의 처우와 권리 및 교정시설의 운영에 관하여 필요한 사항을 규정함을 목적

① 수형자의 교정교화와 건전한 사회복귀 도모 : 수형자를 시설에 수용하는 것이 응보가 아닌 교정교화와 건전한 사회복귀를 도모하는 것으로 교육형주의 내지 교정주의에 부합하는 내용을 담음

② 수용자의 처우와 권리 및 교정시설의 운영에 관하여 필요한 사항을 규정함 목적 : 수형자의 처우에 관한 내용뿐만 아니라 수용자를 수용하는 교정시설의 운영을 위하여 필요한 시설 내 안전과 질서유지에 관한 내용을 규정

## (4) 법적 성격, 특징, 구조 등

① 법적 성격 : 공법 중 행정법에 속하고 절차법의 성격을 띤 강행법

ⓐ 공법 : 이 법은 국가기관인 교정시설과 수용자의 법률관계를 규율하는 공법에 속함

ⓑ 행정법 : 이 법은 수용자처우에 관한 법률이고 합목적성이 중시되는 행정법에 속함

ⓒ 형사법 : 국가형벌권의 내용과 집행에 관한 내용을 규율하는 형사법에 속함

ⓓ 절차법 : 형사제재에 관한 구체적 실현을 위한 절차와 방법을 규율하는 절차법에 속함

② 특징
- ㉠ 모든 수용자에 대한 형사정책적 합목적성을 추구하는 법무행정
- ㉡ 범죄인에 대한 처우는 사법과 행정의 두 영역이 있는데 형집행은 행정의 영역
- ㉢ 형집행법은 합목적성 내지 구체적 타당성에 의하여 지배되면서도 사법의 지도원리인 법적 안정성 내지 일반적 확실성에 의해서도 지배됨
- ㉣ 교정절차와 법집행절차에 대한 사법적(司法的) 통제를 통한 수용자의 권리강화를 포함

③ 구조 : 제1편 총칙, 제2편 수용자의 처우, 제3편 수용의 종료, 제4편 교정자문위원회, 제5편 벌칙으로 구성

## 5. 형집행법의 법원과 적용범위

### (1) 법원(法源)

① 법원의 의의
- ㉠ 법원은 법의 원천, 즉 법적 효과를 일으키는 근거를 말하며, 법의 효력을 발생시키는 규범의 존재형식이 법원
- ㉡ 교정시설의 수용과 처우에서 시설의 운용과 시설 직원과 수용자의 관계 및 수용자 생활에 관한 법원은 형의 집행 및 수용자의 처우 등에 관한 법률, 시행령, 시행규칙

② 형집행법의 주요 법원
- ㉠ 일반법령 : 자유형의 집행을 비롯한 시설수용을 내용을 하는 법률은 형의 집행 및 수용자의 처우 등에 관한 법률이고 이 외에 형집행에 관한 법률로는 헌법, 형법, 형사소송법, 소년법, 보호소년 등의 처우에 관한 법률, 보안관찰법, 보호관찰 등에 관한 법률, 치료감호 등에 관한 법률, 사면법, 국제수형자이송법 등이 있음
- ㉡ 형집행법령 : 형의 집행 및 수용자의 처우 등에 관한 법률·시행·시행규칙, 군에서의 형의 집행 및 군수용자의 처우에 관한 법률, 민영교도소 등의 설치운영에 관한 법률 등
- ㉢ 국제법규 : 수용자처우에 관한 유엔 최저기준규칙, 피구금자보호원칙, 수형자처우를 위한 기본원칙 등

### (2) 교정의 기본이 되는 원칙

① 죄형법정주의 : 법률 없이는 범죄도 형벌도 없다는 것으로 형사법의 기본원칙이므로 자유형의 집행도 법률에 근거하여야 함
② 행형의 법정주의 : 형벌의 구체적인 집행방법도 반드시 법에 의해 규정되어 있어야 한다는 원칙

### (3) 적용범위

① 의의 : 법의 적용범위는 법의 형식적 효력의 문제로 시간적 효력, 장소에 관한 효력, 사람에 대한 효력에 관한 것

SEMI-NOTE

**사법(司法)**
법에 의한 민사·형사 사건의 재판 및 그에 관련되는 국가작용

**수용자처우에 관한 유엔 최저기준규칙**
일명 만델라 규칙으로 각국 행형시설의 관리, 수용자 처우 등 행형운영과 관련된 업무에 있어 가장 기본적인 지침으로 인식되고 있으며, 수용자의 구금에 대한 최저기준으로서 각국의 행형과 관련한 입법 정책수립, 실무에 대한 지침으로서 그 가치와 영향력을 행사해옴

**법의 적용**
수용자의 면회, 호송, 이송, 외부작업, 사회견학 등으로 수용자가 교정시설의 구외나 시설 밖에 머물고 있는 경우라도 교도관의 통제가 요구되는 곳은 법이 적용됨

② **시간적 효력**

　㉠ 형집행법은 일반법과 마찬가지로 시행부터 폐지시까지 그 효력이 미침

　㉡ 경과규정이 없는 경우 소급효금지의 원칙이 적용되는데, 형벌 법규는 시행 이후의 행위에 대해서만 적용하며, 시행 이전의 행위에까지 소급하여 적용할 수 없다는 원칙임

　㉢ 헌법에 모든 국민은 행위시 법률에 의하여 범죄를 구성하지 아니하는 행위로 소추되지 아니 한다(헌법 제13조 제1항)고 규정하여 행위시법을 규정하고 있고, 형법에서는 범죄의 성립과 처벌은 행위시의 법률에 의한다(형법 제1조 제1항)고 규정

　㉣ 형의 집행 및 수용자의 처우 등에 관한 법률은 명시적인 규정을 두고 있지 않지만 소급효금지의 원칙이 적용됨

③ **장소에 대한 효력**

　㉠ 형의 집행 및 수용자의 처우 등에 관한 법률은 교정시설의 구내와 교도관이 수용자를 계호하고 있는 그 밖의 장소로서 교도관의 통제가 요구되는 공간에 대하여 적용한다(법 제3조)고 하여 장소적 범위를 명시

　㉡ 일차적으로 교정시설의 구내에 적용

　㉢ 교도관이 수용자를 계호하고 있는 그 밖의 장소로서 교도관의 통제가 요구되는 공간에 대하여도 적용

　㉣ 귀휴가 허가된 수형자가 자신의 집에 머물고 있는 경우 적용되지 않음

④ **사람에 대한 효력**

　㉠ **수용자** : 수형자 · 미결수용자 · 사형확정자 등 법률과 적법한 절차에 따라 교도소 · 구치소 및 그 지소에 수용된 사람

　　• 수형자 : 징역형 · 금고형 또는 구류형의 선고를 받아 그 형이 확정되어 교정시설에 수용된 사람과 벌금 또는 과료를 완납하지 아니하여 노역장 유치명령을 받아 교정시설에 수용된 사람

　　• 미결수용자 : 형사피의자 또는 형사피고인으로서 체포되거나 구속영장의 집행을 받아 교정시설에 수용된 사람

　　• 사형확정자 : 사형의 선고를 받아 그 형이 확정되어 교정시설에 수용된 사람

　　• 법률과 적법한 절차에 따라 교정시설에 수용된 사람 : 법원의 감치명령, 사회보호법에 따른 보호감호처분 등을 받은 자가 수용장소로 교도소, 구치소와 그 지소인 경우

　㉡ **교도관과 법무부장관**

　　• 법무부장관의 순회점검, 수용자 청원과 같은 교정과 관련된 업무에 종사하는 경우에 적용됨

　　• 교도관 : 수용자의 구금 및 형의 집행, 수용자의 지도 · 처우 및 계호 등 교정행정에 관한 업무를 담당하는 공무원

　㉢ **일반인**

　　• 원칙적으로 일반인의 경우 적용될 여지가 없음

　　• 교정시설을 참관하는 경우, 수용자에게 금품을 교부하는 경우, 수용자와 접견하거나 편지를 수수하는 경우, 수용자와 통화하는 경우 적용

**제외되는 사람**

치료감호법에 따른 치료감호시설, 인권보호법에 따른 수용시설, 출입국관리법에 의한 외국인보호시설이나 외국인보호소 등에 수용된 사람

**가석방심사위원회**

위원장을 포함한 5명 이상 9명 이하의 위원으로 구성

• 일반인이 교정위원, 징벌위원회위원, 가석방심사위원회위원, 수형자취업
지원협의회위원, 귀휴심사위원회위원으로 활동하는 경우 적용

SEMI-NOTE

## 6. 교정조직

### (1) 중앙기구

① **교정본부** : 교정업무를 담당하는 중앙조직
  ㉠ 교정행정을 총괄하는 중앙기구로는 법무부장관과 법무부차관 아래에 교정본
  부장이 있고, 교정행정 전반에 걸쳐 교정본부장을 보좌하는 기구로서 교정정
  책단장과 보안정책단장이 있음
  ㉡ 각 소관업무에 관하여 정책을 입안하는 교정기획과, 직업훈련과, 사회복귀
  과, 복지과, 보안과, 의료과, 분류심사과, 심리치료과 등 8개과가 존재
② **가석방심사위원회** : 가석방의 적격 여부를 심사하기 위하여 법무부장관 소속으
로 가석방심사위원회를 둠
③ **중앙급식관리위원회** : 교도소 · 구치소 및 그 지소에 수용된 사람과 보호감호처
분을 받은 피보호감호자의 급식관리에 관하여 법무부장관의 자문에 응하기 위하
여 법무부에는 중앙급식관리위원회가 있음

### (2) 교정시설

① **교도소와 구치소** : 법무부장관의 소관 사무를 분장하기 위하여 지방교정청 소속
하에 교도소 및 구치소를 둠
② **개별교정기관** : 분류처우위원회, 지방급식관리위원회, 귀휴심사위원회, 징벌위
원회, 수형자취업지원협의회, 분류처우회의 등
  ㉠ **분류처우위원회** : 수형자의 개별처우계획, 가석방심사신청 대상자 선정, 그
  밖의 수형자의 분류처우에 관한 중요사항을 심의 · 의결하기 위하여 교정시설
  에 둠
  ㉡ **지방급식관리위원회** : 각 수용기관에는 수용기관장의 자문에 응하기 위하여
  그 수용기관의 명칭을 붙인 지방급식관리위원회를 두며 위원장 1인을 포함하
  여 5인 이상 7인 이하의 위원으로 구성
  ㉢ **귀휴심사위원회** : 수형자의 귀휴허가에 관한 심사를 하기 위하여 교정시설에
  귀휴심사위원회를 둠
  ㉣ **징벌위원회** : 징벌대상자의 징벌을 결정하기 위하여 교정시설에 징벌위원회
  를 둠
  ㉤ **수형자취업지원협의회** : 수형자의 사회생활 적응능력 함양과 성공적인 사회
  복귀를 위한 취업 및 창업지원 업무에 관하여 필요한 사항을 규정함을 목적으
  로 하며 수형자 취업지원협의회는 모든 교정시설에 설치하여 운영하나, 시설
  의 기능 등 특별한 사정이 있는 경우에는 예외
  ㉥ **교도관회의** : 소장의 자문에 응하여 교정행정에 관한 중요한 시책의 집행방법
  등을 심의하게 하기 위하여 소장 소속의 교도관회의를 둠

**중간감독기구—지방교정청**
교정본부와 일선 교정기관 사이의 중간
감독기관으로서, 수형자 · 미결수용자
및 피보호감호자의 수용관리 · 교정 · 교
화 및 그 밖의 교정행정에 관하여 관할
교정시설을 지휘 · 감독하는 대한민국
법무부의 소속기관(법무부장관의 소관
사무를 분장하기 위하여 법무부장관 소
속하에 둠)

02장

교정학

SEMI-NOTE

**범죄예방정책국의 목표**
범법자로부터 사회를 보호할 뿐만 아니라 범법자의 사회적 역량을 개선시켜 범죄 없는 밝고 건강한 사회를 구현하는 것

---

수정적 자유형 집행방식인 사회적 처우
외부통근제, 외부통학제, 개방시설처우, 귀휴제, 주말구금제, 중간처우의 집등

---

**엄정독거제**
교육, 교회, 운동, 목욕, 진료, 접견, 작업 등 어떠한 경우에도 다른 수형자와 접촉을 불인정

---

　⊗ **분류처우회의** : 수용자를 합리적으로 처우하기 위하여 교도소 내에 설치되는 것으로 수형자의 분류심사 및 급별 사정에 관한 사항, 수형자의 소행, 작업, 상훈점수의 사정에 관한 사항 및 수형자의 계급의 편입, 진급, 진급정지, 강급의 심사에 관한 사항을 심사

　③ **법무부 범죄예방정책국** : 범법자의 재범을 방지하기 위하여 건전한 사회 내 생활을 영위하면서 보호관찰, 사회봉사명령, 수강명령등 체계적인 법 집행을 함으로써 사회를 보호하고 범죄인의 역량을 강화시키는 보호관찰소와 보호처분을 받은 소년을 수용하여 규율 있는 생활 속에서 전인간적인 성장발달을 도모하여 사회적 적응력을 높이는 소년원 그리고 정신질환 범죄자를 수용, 치료하여 사회를 보호하고 범법자의 재활을 도모하는 치료감호소 등 총괄하는 기관

---

## 02절　시설내 처우와 사회적 처우

## 1. 수용자 구금제도

### (1) 개설

① 자유형의 집행방법은 유형(유배)제도가 사라진 이후 수형자를 일정한 시설에 구금하여 자유를 박탈하고 교화개선을 꾀하는 구금주의가 유일한 집행제도
② 비교적 장기간에 걸쳐 신체의 자유를 구속하여 행하는 형벌의 집행체계
③ 구금의 방식은 수형자의 위생, 처우, 보건, 교화, 재정 등을 고려하여 정해짐
④ 폐쇄적 시설내처우가 원칙이지만 최근에는 개방처우를 확대하는 방향으로 흐름

### (2) 독거제

① 개념
　⊙ 수용자를 교도소 안의 독거실에 구금하여 수용하는 제도
　⊙ 상호 간의 접촉을 방지하여 악풍감염을 사전에 방지하는 것
　⊙ 수용자의 자유박탈의 전형적인 형태
　⊙ 독거의 목적은 반성, 회개, 속죄를 통하여 정신적인 교정과 교화를 통하여 범죄성의 감염을 방지하는 것

② 독거제의 발전과정
　⊙ 하워드(Howard)는 혼거구금의 폐해를 지적하면서 주야간 독거 또는 야간 독거제를 제안
　⊙ 최초의 독거제는 산 미케레(San Michele) 소년감화원
　⊙ 간트 교도소는 일반범죄인에 대하여 야간에는 엄정분리 수용을, 주간에는 혼거작업을 시행
　⊙ 정신적 개선방법으로 엄정독거제가 창안된 펜실베니아제
　⊙ 합리적 구금제도의 요구에 따라 제안된 방식이 완화된 독거제인 오번제
　⊙ 이후 자력적 개선에 중점을 둔 엘라이라제, 사회적 훈련에 중점을 둔 수형자

---

자치제, 소집단화에 의한 개선방법을 시도하려는 카티지제 등이 등장

## (3) 펜실베니아제

① 개념

　ㄱ 수형자 1인을 주야로 1개의 거실 내에서 엄정격리하여 수용하는 구금방법

　ㄴ 구금시설이 엄정한 독거방 위주로 되어 있어 엄정독거제 또는 분방제라고도 명칭

② 연혁

　ㄱ 하워드가 주장한 독거제에 교회의 고독 속의 참회사상을 결부시켜 수형자의 정신적 개선방법으로 만들어진 교도소

　ㄴ 이후 독거구금을 유지하면서 일정한 노동을 하는 처우방식으로 변화

　ㄷ 교도소의 일과는 독거구금, 침묵, 외부감방에서 노동이었음. 이 제도의 목적은 수용자를 모든 사람들로부터 최대한 지속적으로 분리하는 것임

③ 장점과 단점

| | |
|---|---|
| 장점 | • 정신적 교화와 개선이 효과적<br>• 개인작업 시행에 유리<br>• 악풍감염 및 증거인멸 방지<br>• 계호관리와 규율유지 용이<br>• 수형자의 명예보호<br>• 개별처우의 적정 |
| 단점 | • 수형자 간 상호감시가 어렵고 공동작업 불가능<br>• 독거생활은 인간본능의 박탈<br>• 국가 재정부담의 증가<br>• 교육, 운동, 의료, 작업 등 불편<br>• 고독상태에 두어 자해, 자살 등 장애 초래 |

## (4) 오번제

① 개념

　ㄱ 건물은 전신주형으로 지어졌고 침묵이 강조

　ㄴ 주간에는 공장에서 혼거작업을 하고 야간에는 격리수용, 항상 침묵유지, 밀집행진, 말 없는 식사 등이 특징

② 연혁 : 에람 린즈가 오번감옥에서 처음 실시

③ 장점과 단점

| | |
|---|---|
| 장점 | • 사회복귀를 위한 집단처우 가능<br>• 공동생활의 순응과 육제적 · 정신적 장애 방지<br>• 악풍감염 방지<br>• 개인의 사생활 보호<br>• 공모에 의한 도주, 반항, 선동 등 방지<br>• 정신적 교화개선 작용에 효과적 |
| 단점 | • 계호와 규율유지 곤란 : 사회성 훈련이 부족하여 수형자의 정신적 · 생리적 장애 초래 가능성<br>• 개별처우의 어려움 : 동료수형자와이 교제로 재범이 가능성 증가 |

**펜실베니아제**
혼거구금에서 오는 악습감염의 차단, 회개반성 등은 높이 평가할 수 있으나 인간의 본성을 무시하고 교화개선을 하려는 문제점 존재

**오번제**
악풍감염을 방지하고 공동생활을 통한 사회성 훈련을 보완한 제도이기는 하나 수용자들에게 대화를 금지하여 억압적인 구금방식으로 인식되고 있으며, 또한 노동력을 착취하는 수단으로 사용하였다는 점을 부인할 수 없음

**분류제**
혼거제의 단점을 보완하기 위해 고안된 제도

## (5) 혼거제

① 개념

    ㉠ 여러 수용자를 같은 방에 함께 구금하는 방식

    ㉡ 가장 오래전부터 활용하여온 구금방식

② 연혁 : 가장 오래된 구금제도이면서, 시설의 부족, 조직 및 분류제도의 불충분 등으로 인하여 해결하지 못한 제도

③ 장점과 단점

| | |
|---|---|
| 장점 | • 행형비용의 절감<br>• 형벌집행의 통일<br>• 경비면 장애나 자살 등의 방지<br>• 단체생활로 인한 사회복귀에 도움<br>• 작업훈련의 원활 |
| 단점 | • 수형자 상호 간 악풍감염 가능성<br>• 개별처우의 어려움<br>• 규율유지 및 계호 곤란<br>• 수형자 간 질서위반행위 자행 가능성<br>• 감염병 방지 어려움 |

## 2. 수형자자치제

### (1) 수형자자치제의 의의

① 교도소 안에서의 수형자의 생활 방식을 그들 자신의 자율에 맡기는 교도소의 운영 방식

② 엄격한 계호주의의 폐단을 보완하고 자기통제원리에 입각한 자기조절 훈련과정을 처우에 결합한 것

③ 교도소 내 생활 전면에 자치를 허용하는 전면적 자치제와, 일부에 대해서만 자치를 인정하는 부분적 자치제로 구분

### (2) 수형자자치제의 연혁

① 전면적 자치제가 처음 실시된 것은 1914년 오번 교도소로 오스본이 시도함

② 1927년 노호크 교도소에서 실시된 카티지제가 제한된 자치제

**카티지제(Cattage system)**
수형자를 개인적 적성에 따라 여러 개의 소규모 카티지로 분류하여 수용한 후 카티지별로 가족적인 분위기에서 단위별 특성에 적합한 처우를 행하는 제도로 소규모 처우제도

### (3) 시행원칙

① 수형자에 대한 철저한 조사분류가 선행되어야 함

② 수형자 자치도 자유형을 집행하는 과정에서 인정되는 자치임

③ 부정기형 제도를 전제로 하는 것이 바람직함

④ 수용인원이 비교적 적은 소규모 교도소에서 실시하는 것이 바람직함

⑤ 운용이 민주적이어야 폐해가 적음

## (4) 장점과 단점

| 장점 | • 수형자에게 독립심, 자립심, 상부상조의 정신을 키워 사회적응능력 함양<br>• 엄격한 계호에 따른 과다비용의 절감<br>• 엄격한 계호주의의 폐단 시정<br>• 수형자와 교도관의 인격적 관계의 회복으로 교정의 효율성 극대화<br>• 수형자에 대하여 명예심이나 경쟁심을 자극하여 희망적 의지 증대 |
|---|---|
| 단점 | • 형벌의 위하효과 약화<br>• 교도관의 권위 저하<br>• 자치능력이 결여된 범죄자에게 자치시키는 것 자체가 모순<br>• 범죄자에게 특권을 베푸는 것은 정의에 어긋남<br>• 소수의 힘 있는 수형자가 다른 수형자를 통제 및 억압 가능성 |

## (5) 우리나라의 수형자자치제

① 소장은 개방처우급·완화경비처우급 수형자에게 자치생활을 허가가능
② 수형자 자치생활의 범위는 인원점검, 취미활동, 일정한 구역 안에서의 생활 등으로 함
③ 소장은 자치생활 수형자들이 교육실, 강당 등 적당한 장소에서 월 1회 이상 토론회를 할 수 있도록 하여야 함

## (6) 카티지제도

① 개념
  ㉠ 단위별 특성에 적합한 처우를 행하는 제도로 소규모 처우제도
  ㉡ 수형자를 소집단으로 분리 수용하여 수형자자치제와 연계하여 처우하는 제도
② 연혁
  ㉠ 1854년 오하이오 학교에서 처음 시행
  ㉡ 1904년 뉴욕주의 소년보호수용소에서 채택
  ㉢ 1913년부터 수형자자치제와 결합하여 운영하여 누진처우와도 연결
③ 내용
  ㉠ 수형자를 적성에 따라 여러 개의 카티지로 구분하고 그 소집단별로 자치적으로 생활하는 것을 원칙
  ㉡ 수형자의 엄격한 행동제한과 처우방법이 적용
  ㉢ 벨기에의 소년교정시설에서 카티지제, 누진처우제, 자치제가 동시에 통합적으로 시행
④ 장점과 단점

| 장점 | • 누진제, 자치제와 결합하여 분류와 처우를 가족적으로 소형화<br>• 점수제, 독거제, 혼거제의 단점을 보완 |
|---|---|
| 단점 | • 범죄인의 증가와 이에 소요되는 막대한 수용경비 문제<br>• 범죄인에 대한 배려가 일반 국민의 법감정과 배치되는 문제<br>• 수형자의 분류처우와 이들을 지도할 전문요원의 확보문제 |

**소장의 권한**

소장은 자치생활 수형자가 법무부장관 또는 소장이 정하는 자치생활 중 지켜야 할 사항을 위반한 경우에는 자치생활 허가를 취소 가능

**카티지제도**

과학적 분류제도 및 부정기형이 전제될 때 효과적이며, 수형자 자치제의 한 형태

SEMI-NOTE

**선시제**

사면의 일환으로 하는 감형과 다르고 형의 집행방법만 변경하는 가석방제도와 구분됨

**선행보상기간**

수감 중 법규를 거지르거나 규율위반 등으로 징벌을 받는 경우 선행보상기간은 철회가능

**한국의 제도**

우리나라의 경우 석방시기를 앞당기는 제도는 가석방제도만 시행됨

**누진처우제도**

형을 집행할 때 재판에서 선고한 형기를 여러 개의 단계로 나누고 형을 받은 사람의 개선 정도에 따라 점차 처우를 개선하는 제도

# 3. 선행보상제도(선시제도)

## (1) 선행보상제도의 의의

① 수형자가 자신의 선행, 규율준수, 적극적인 작업참여 등에 의하여 형기가 단축되는 제도
② 교정시설의 규칙을 준수하고 작업에도 자발적으로 참여하여 실적이 우수하고 선행을 행하는 수형자에게 그 대가로 수형기간의 일부를 줄여주는 제도
③ 선행이나 성실한 작업수행의 대가로 석방해주는 제도
④ 조기 석방된 자는 형기가 만료될 때까지 일정조건이 부과된 보호관찰처분을 받고 가석방된 것으로 간주
⑤ 이 제도는 시설내처우에 속하고, 가석방은 사회내처우에 해당
⑥ 유기형 수형자를 대상으로 하며 무기형 수형자, 단기수형자에게는 적합하지 않음

## (2) 연혁

① 1817년 미국 뉴욕주에서 선시법(Good Time Law)을 제정하여 최초로 선행보상제도를 도입하였고, 1970년대 미국 48개 주에서 실시
② 프랑스는 형사소송법전에서 선행보상제도로서의 감형에 관한 규정을 둠
③ 우리나라에서는 1948년 우량수형자 석방령에 의해 징역 또는 금고의 형을 선고받은 자가 성실히 관규를 준수하고 수용 중 징벌을 받지 않는 경우 형기마다 일정 비율로 삭감한 기간이 경과하면 반드시 석방하도록 하는 선행보상제도가 도입된 바 있음

## (3) 선행보상제도의 기능 및 효과

① 수형자 자신의 자발적인 노력에 의한 모범적인 수형생활 및 사회복귀 촉진
② 수형자 스스로 규율준수 등 모범적인 수형생활로 인한 수용질서 유지
③ 국제수형자 이송 활성화에 기여

## (4) 선행보상제도의 문제점

① 행형성적이 우수한 수형자가 반드시 건전한 시민이 된다 하기 어려움
② 선시제로 인하여 개별처우가 효율적으로 이루어지기 어려움
③ 형기단축의 기준이 명확하지 않음
④ 외형적인 선행이 내면적 교화·개선으로 보기 어려움

# 4. 누진처우제도

## (1) 누진처우제도(단계적 처우제도)의 의의

① 수형자에 대하여 점진적인 단계로 처우하는 제도
② 이 제도는 과학적 인격조사와 수형자분류제도가 완비되어야 함
③ 목적은 수형자의 조속한 적응과 자율적인 행형에 있음

## (2) 분류처우와 누진처우

① 수형자분류처우는 다양한 분류기준에 따라 개별처우를 하는데 중점을 두는 제도
② 누진처우는 수용분류를 전제로 하여 어떤 시설에 수용하는가에 따라 분류기준을 정하고 그 시설 내에서 어떻게 처우할 것인가를 누진계급에 따라 획일적으로 정하는 처우방식
③ 누진처우의 획일주의는 처우의 개별화를 저해

## (3) 누진처우제도의 연혁

① 1840년 호주의 노퍽섬의 마코노키(Machonochie)가 창안한 점수제가 시초(독거-혼거-가석방)
② 1856년 아일랜드 교정국장 크로프톤(Crofton)이 4단계로 시행(시험-점수-중간교도소-조건부 석방)
③ 뉴욕 감옥협회의 엘마이라제(Elmira)에 의한 엘마이라제 감화원을 설립

## (4) 누진제도의 유형

누진계급의 측정방법 : 고사제와 점수제

① 고사제
  ㉠ 의의 : 일정한 기간을 경과한 후 그 기간 내의 행형성적을 담당교도관의 보고에 따라 행형위원회가 진급여부를 심사하여 결정하는 방법
  ㉡ 내용 : 수형자를 3분하여 누적적 집행을 한 후 성적양호자는 석방
  ㉢ 진급과 가석방의 구체적 타당성을 기대할 수 있으나 계급의 진급이 교정직원의 자의적 판단에 의해 좌우될 수 있는 위험성 존재

② 점수제
  ㉠ 의의 : 형기에 상당하는 책임점수를 정하여 그 책임점수를 행상, 작업, 면학의 정도에 따라 득점한 점수로 소각하여 전책임점수를 소각한 자에 대하여 석방하는 제도
  ㉡ 연혁 : 호주의 노퍽섬의 마코노키(Machonochie)가 시행
  ㉢ 종류 : 잉글랜드제, 아일랜드제, 엘마이라제 등
    • 잉글랜드제 : 공공가옥의 강제노동 수형자를 5계급으로 분류하고 매일의 작업에 대한 노력과 성적을 평가하여 매일 일정한 책임점수를 소각해 나가는 방법
    • 아일랜드제 : 잉글랜드제와 유사하나 점수를 매월 계산하고 중간교도소 단계를 추가하여 시행하는 방법
    • 엘마이라제 : 자력적 개선에 중점을 두는 행형제도로 마코노키(Machonochie)의 점수제, 아일랜드제 및 부정기형을 종합하여 시행하는 방법

## (5) 누진제도의 문제점

① 누진처우제도가 획일적이어서 처우의 개별화 원칙에 반할 우려
② 점수산정이 기술적이고 소극적이어서 개인별 특성을 무시한 점수제

엘마이라제(Elmira)
수형자 분류제, 누진처우의 점수제, 부정기형 및 보호관찰부 가석방을 결합한 제도

③ 누진처우제도가 개방처우와 연결되지 못함

④ 누진처우제도의 실시가 줄어들고 새로운 분류제도에 의한 새로운 처우제도가 개발됨

## 5. 수형자처우 ★빈출개념

### (1) 수형자처우의 목표

① 교정 : 시설 내 생활과정에서 사회생활 적응능력을 향상시키는 것이 목표로 다양한 처우를 통하여 재사회화함

② 수형자 처우의 원칙 : 수형기에 대하여는 교육, 교화프로그램, 작업, 직업훈련 등을 통하여 교정교화를 도모하고 사회생활에 적응하는 능력을 함양하도록 처우

### (2) 개별처우계획의 수립 등

① 소장은 분류처우위원회의 의결에 따라 수형자의 개별적 특성에 알맞은 교육·교화프로그램, 작업, 직업훈련 등의 처우에 관한 계획을 수립하여 시행

② 소장은 수형자가 스스로 개선하여 사회에 복귀하려는 의욕이 고취되도록 개별처우계획을 정기적으로 또는 수시로 점검

### (3) 처우

① 수형자는 분류심사의 결과에 따라 그에 적합한 교정시설에 수용되며, 개별처우계획에 따라 그 특성에 알맞은 처우를 받음

② 교정시설은 도주방지 등을 위한 수용설비 및 계호의 정도에 따라 다음으로 구분하나, 동일한 교정시설이라도 구획을 정하여 경비등급을 달리할 수 있음

   ㉠ 개방시설 : 도주방지를 위한 통상적인 설비의 전부 또는 일부를 갖추지 아니하고 수형자의 자율적 활동이 가능하도록 통상적인 관리·감시의 전부 또는 일부를 하지 아니하는 교정시설

   ㉡ 완화경비시설 : 도주방지를 위한 통상적인 설비 및 수형자에 대한 관리·감시를 일반경비시설보다 완화한 교정시설

   ㉢ 일반경비시설 : 도주방지를 위한 통상적인 설비를 갖추고 수형자에 대하여 통상적인 관리·감시를 하는 교정시설

   ㉣ 중(重)경비시설 : 도주방지 및 수형자 상호 간의 접촉을 차단하는 설비를 강화하고 수형자에 대한 관리·감시를 엄중히 하는 교정시설

③ 수형자에 대한 처우는 교화 또는 건전한 사회복귀를 위하여 교정성적에 따라 상향 조정될 수 있으며, 특히 그 성적이 우수한 수형자는 개방시설에 수용되어 사회생활에 필요한 적정한 처우 받을 수 있음

④ 소장은 가석방 또는 형기 종료를 앞둔 수형자 중에서 법무부령으로 정하는 일정한 요건을 갖춘 사람에 대해서는 가석방 또는 형기 종료 전 일정기간 동안 지역사회 또는 교정시설에 설치된 개방시설에 수용하여 사회적응에 필요한 교육, 취업지원 등의 적정한 처우를 할 수 있음

**수형자**

사형, 징역형 또는 금고형의 선고를 받아 그 형이 확정되어 교정시설에 수용된 사람과 벌금 또는 과료를 완납하지 아니하여 노역장 유치명령을 받아 교정시설에 수용된 사람

**교정과 행형**

수형자의 처우에 관한 것

**수형자의 처우**

수형자는 교화 또는 건전한 사회복귀를 위하여 교정시설 밖의 적당한 장소에서 봉사활동·견학, 그 밖에 사회적응에 필요한 처우를 받을 수 있음

⑤ 학과교육생 · 직업훈련생 · 외국인 · 여성 · 장애인 · 노인 · 환자 · 소년, 중간처우의 대상자, 그 밖에 별도의 처우가 필요한 수형자는 법무부장관이 특히 그 처우를 전담하도록 정하는 시설에 수용되며, 그 특성에 알맞은 처우를 받으나, 전담 교정시설의 부족이나 그 밖의 부득이한 사정이 있는 경우에는 예외로 할 수 있음

### (4) 외부전문가의 상담 등

소장은 수형자의 교화 또는 건전한 사회복귀를 위하여 필요하면 교육학 · 교정학 · 범죄학 · 사회학 · 심리학 · 의학 등에 관한 학식 또는 교정에 관한 경험이 풍부한 외부전문가로 하여금 수형자에 대한 상담 · 심리치료 또는 생활지도 등을 하게 할 수 있음

### (5) 분류처우제도

① 분류의 의의
　㉠ 분류는 수형자의 특성에 따라 분류하는 것
　㉡ 분류처우는 교정의 전단계에 걸쳐 처우의 개별화와 밀접한 관련
② 각국의 분류개념
　㉠ 유럽 : 연령, 성별, 누범, 정신상태 등에 근거하여 특수화된 시설에 같은 부류의 수형자들을 모아 각 시설 내에서 이들을 집단화
　㉡ 미국 : 수형자 각 개인에 대한 과학적인 진단을 통하여 지도와 처우
③ 분류의 유형
　㉠ 수용(관리)분류 : 교정관리에 중점을 둔 분류로 수형자의 외부적 특징이 성별, 죄질, 연령, 구금의 근거 등을 기초로 분류하는 것
　㉡ 처우분류 : 교정처우를 위한 분류로 재사회화를 목적
　㉢ 분류처우의 방향 : 분류는 처우의 개별화로 집단별 분류는 그 수단에 불과
④ 수형자분류와 범죄인분류
　㉠ 수형자분류 : 수형자를 대상으로 수용시설, 처우내용, 계호정도 등을 차별화하여 수형자의 교정교화의 성과를 극대화할 목적에서 수형자를 일정한 기준에 의하여 다르게 처우하는 것
　㉡ 범죄인분류 : 범죄인분류는 형사정책이나 양형에 유용한 기준을 마련하기 위하여 범죄인을 과학적으로 분석하는 것

## 6. 현행 수형자분류처우(형의 집행 및 수용자의 처우에 관한 법률) ★빈출개념

### (1) 분류심사(법 제59조)

① 의의 : 수형자에 대한 개별처우계획을 합리적으로 수립하고 조정하기 위하여 수형자의 인성, 행동특성 및 자질 등을 과학적으로 조사 · 측정 · 평가하는 것
② 수형자의 분류심사는 형이 확정된 경우에 개별처우계획을 수립하기 위하여 하는 심사와 일정한 형기가 지나거나 상벌 또는 그 밖의 사유가 발생한 경우에 개별처우계획을 조정하기 위하여 하는 심사로 구분한다.
③ 소장은 분류심사를 위하여 수형자를 대상으로 상담 등을 통한 신상에 관한 개별사안의 조사, 심리 · 지능 · 적성 검사, 그 밖에 필요한 검사를 할 수 있다.

SEMI-NOTE

02장
교정학

**분류의 기능과 목적**
• **분류의 기능** : 악폐감염의 방지, 효율적인 사회복귀의 촉진 등
• **분류의 목적** : 교정관리를 목적으로 하는 경우와 교정처우

**분류**
수형자의 처우를 그의 갱생 및 재사회화라는 목적에 대응하여 합리적으로 시행하기 위해 개별 수형자의 문제점을 과학적으로 검토하고 그에 적절한 처우방침을 수립, 실시하는 한편 처우경과에 따라서 수시로 필요한 진단과 지도를 행하는 연속된 행위

**소장의 권한**
소장은 분류심사를 위하여 외부전문가로부터 필요한 의견을 듣거나 외부전문가에게 조사를 의뢰 가능

**분류심사의 예외**
집행할 형기가 짧거나 그 밖의 특별한 사정이 있는 경우에는 분류심사를 하지 않을 수 있음

**분류심사사항(규칙 제63조)**
① 처우등급에 관한 사항
② 작업, 직업훈련, 교육 및 교화프로그램 등의 처우방침에 관한 사항
③ 보안상의 위험도 측정 및 거실 지정 등에 관한 사항
④ 보건 및 위생관리에 관한 사항
⑤ 이송에 관한 사항
⑥ 가석방 및 귀휴심사에 관한 사항
⑦ 석방 후의 생활계획에 관한 사항
⑧ 그 밖에 수형자의 처우 및 관리에 관한 사항

**신입심사 시기**
개별처우계획을 수립하기 위한 분류심사는 매월 초일부터 말일까지 형집행지휘서가 접수된 수형자를 대상으로 하며, 그 다음 달까지 완료하여야 한다. 다만, 특별한 사유가 있는 경우에는 그 기간을 연장할 수 있다(규칙 제64조).

## (2) 이송·재수용 수형자의 개별처우계획 등(규칙 제60조)

① 소장은 해당 교정시설의 특성 등을 고려하여 필요한 경우에는 다른 교정시설로부터 이송되어 온 수형자의 개별처우계획을 변경할 수 있다.

② 소장은 형집행정지 중에 있는 사람이 기간만료 또는 그 밖의 정지사유가 없어져 재수용된 경우에는 석방 당시와 동일한 처우등급을 부여할 수 있다.

③ 소장은 가석방의 취소로 재수용되어 잔형이 집행되는 경우에는 석방 당시보다 한 단계 낮은 처우등급을 부여한다. 다만, 가석방이 취소되는 등 가석방 취소사유에 특히 고려할 만한 사정이 있는 때에는 석방당시와 동일한 처우등급을 부여할 수 있다.

④ 소장은 형집행정지 중이거나 가석방 기간 중에 있는 사람이 형사사건으로 재수용되어 형이 확정된 경우에는 개별처우계획을 새로 수립하여야 한다.

> **법령** 국제수형자 및 군수형자의 개별처우계획 규칙
>
> **제61조** ① 소장은 외국으로부터 이송되어 온 수형자에 대하여는 개별처우계획을 새로 수립하여 시행한다. 이 경우 해당 국가의 교정기관으로부터 접수된 그 수형자의 수형생활 또는 처우 등에 관한 내용을 고려할 수 있다.
> ② 소장은 군사법원에서 징역형 또는 금고형이 확정되거나 그 형의 집행 중에 있는 사람이 이송되어 온 경우에는 개별처우계획을 새로 수립하여 시행한다. 이 경우 해당 군교도소로부터 접수된 그 수형자의 수형생활 또는 처우 등에 관한 내용을 고려할 수 있다.

## (3) 재심사의 구분

개별처우계획을 조정할 것인지를 결정하기 위한 분류심사는 다음과 같이 구분한다(규칙 제65조).

① **정기재심사** : 일정한 형기가 도달한 때 하는 재심사
② **부정기재심사** : 상벌 또는 그 밖의 사유가 발생한 경우에 하는 재심사

## (4) 정기재심사(규칙 제66조)

① 정기재심사는 다음의 어느 하나에 해당하는 경우에 한다. 다만, 형집행지휘서가 접수된 날부터 6개월이 지나지 아니한 경우에는 그러하지 아니하다.

　㉠ 형기의 3분의 1에 도달한 때
　㉡ 형기의 2분의 1에 도달한 때
　㉢ 형기의 3분의 2에 도달한 때
　㉣ 형기의 6분의 5에 도달한 때

② 부정기형의 재심사 시기는 단기형을 기준으로 한다.

③ 무기형과 20년을 초과하는 징역형·금고형의 재심사 시기를 산정하는 경우에는 그 형기를 20년으로 본다.

④ 2개 이상의 징역형 또는 금고형을 집행하는 수형자의 재심사 시기를 산정하는 경우에는 그 형기를 합산한다. 다만, 합산한 형기가 20년을 초과하는 경우에는 그 형기를 20년으로 본다.

## (5) 부정기재심사

부정기재심사는 다음의 어느 하나에 해당하는 경우에 할 수 있다(규칙 제67조).

① 분류심사에 오류가 있음이 발견된 때

② 수형자가 교정사고의 예방에 뚜렷한 공로가 있는 때

③ 수형자를 징벌하기로 의결한 때

④ 수형자가 집행유예의 실효 또는 추가사건으로 금고 이상의 형이 확정된 때

⑤ 수형자가 전국기능경기대회 입상, 기사 이상의 자격취득, 학사 이상의 학위를 취득한 때

⑥ 그 밖에 수형자의 수용 또는 처우의 조정이 필요한 때

## (6) 분류조사 사항(규칙 제69조)

① 신입심사 조사사항 : 성장과정, 학력 및 직업경력, 생활환경, 건강상태 및 병력사항, 심리적 특성, 마약ㆍ알코올 등 약물중독 경력, 가족 관계 및 보호자 관계, 범죄경력 및 범행내용, 폭력조직 가담여부 및 정도, 교정시설 총 수용기간, 교정시설 수용(과거에 수용된 경우를 포함한다) 중에 받은 징벌 관련 사항, 도주(음모, 예비 또는 미수에 그친 경우를 포함한다) 또는 자살기도 유무와 횟수, 상담관찰 사항, 수용생활태도, 범죄피해의 회복 노력 및 정도, 석방 후의 생활계획, 재범의 위험성, 처우계획 수립에 관한 사항, 그 밖에 수형자의 처우 및 관리에 필요한 사항

② 재심사를 할 때에는 ①의 사항 중 변동된 사항과 다음의 사항을 조사한다.

ㄱ 교정사고 유발 및 징벌 관련 사항

ㄴ 소득점수를 포함한 교정처우의 성과

ㄷ 교정사고 예방 등 공적 사항

ㄹ 추가사건 유무

ㅁ 재범의 위험성

ㅂ 처우계획 변경에 관한 사항

ㅅ 그 밖에 재심사를 위하여 필요한 사항

## (7) 분류조사 방법(규칙 제70조)

① 수용기록 확인 및 수형자와의 상담

② 수형자의 가족 등과의 면담

③ 검찰청, 경찰서, 그 밖의 관계기관에 대한 사실조회

④ 외부전문가에 대한 의견조회

⑤ 그 밖에 효율적인 분류심사를 위하여 필요하다고 인정되는 방법

## (8) 분류검사(규칙 제71조)

① 소장은 분류심사를 위하여 수형자의 인성, 지능, 적성 등의 특성을 측정ㆍ진단하기 위한 검사를 할 수 있다.

② 인성검사는 신입심사 대상자 및 그 밖에 처우상 필요한 수형자를 대상으로 한다. 다만, 수형자가 다음의 어느 하나에 해당하면 인성검사를 하지 아니할 수 있다.

SEMI-NOTE

**재심사 시기 등(규칙 제68조)**

① 소장은 재심사를 할 때에는 그 사유가 발생한 달의 다음 달까지 완료하여야 한다.

② 재심사에 따라 경비처우급을 조정할 필요가 있는 경우에는 한 단계의 범위에서 조정한다. 다만, 수용 및 처우를 위하여 특히 필요한 경우에는 두 단계의 범위에서 조정할 수 있다.

SEMI-NOTE

ⓐ 분류심사가 유예된 때

ⓑ 그 밖에 인성검사가 곤란하거나 불필요하다고 인정되는 사유가 있는 때

③ 이해력의 현저한 부족 등으로 인하여 인성검사를 하지 아니한 경우에는 상담 내용과 관련 서류를 토대로 인성을 판정하여 경비처우급 분류지표를 결정할 수 있다.

④ 지능 및 적성 검사는 ②의 어느 하나에 해당하지 아니하는 신입심사 대상자로서 집행할 형기가 형집행지휘서 접수일부터 1년 이상이고 나이가 35세 이하인 경우에 한다. 다만, 직업훈련 또는 그 밖의 처우를 위하여 특히 필요한 경우에는 예외로 할 수 있다.

### (9) 분류심사 제외 및 유예(규칙 제62조)

① 다음의 사람에 대해서는 분류심사를 하지 아니한다.

ⓐ 징역형 · 금고형이 확정된 사람으로서 집행할 형기가 형집행지휘서 접수일부터 3개월 미만인 사람

ⓑ 구류형이 확정된 사람

② 소장은 수형자가 다음의 어느 하나에 해당하는 사유가 있으면 분류심사를 유예한다.

ⓐ 질병 등으로 분류심사가 곤란한 때

ⓑ 징벌에 해당하는 행위 및 징벌대상행위의 혐의가 있어 조사 중이거나 징벌집행 중인 때

ⓒ 그 밖의 사유로 분류심사가 특히 곤란하다고 인정하는 때

③ 소장은 ②에 해당하는 사유가 소멸한 경우에는 지체 없이 분류심사를 하여야 한다. 다만, 집행할 형기가 사유 소멸일부터 3개월 미만인 경우에는 분류심사를 하지 아니한다.

### (10) 분류전담시설과 분류처우위원회

**분류전담시설**
법무부장관은 수형자를 과학적으로 분류하기 위하여 분류심사를 전담하는 교정시설을 지정 · 운영할 수 있다(법 제61조).

① **분류처우위원회(법 제62조)**

ⓐ 수형자의 개별처우계획, 가석방심사신청 대상자 선정, 그 밖에 수형자의 분류처우에 관한 중요 사항을 심의 · 의결하기 위하여 교정시설에 분류처우위원회를 둔다.

ⓑ 위원회는 위원장을 포함한 5명 이상 7명 이하의 위원으로 구성하고, 위원장은 소장이 되며, 위원은 위원장이 소속 기관의 부소장 및 과장(지소의 경우에는 7급 이상의 교도관) 중에서 임명한다.

ⓒ 위원회는 그 심의 · 의결을 위하여 외부전문가로부터 의견을 들을 수 있다.

ⓓ **심의 · 의결 대상** : 분류처우위원회는 다음의 사항을 심의 · 의결한다(규칙 제97조).

• 처우등급 판단 등 분류심사에 관한 사항

• 소득점수 등의 평가 및 평정에 관한 사항

• 수형자 처우와 관련하여 소장이 심의를 요구한 사항

• 가석방 적격심사 신청 대상자 선정 등에 관한 사항

• 그 밖에 수형자의 수용 및 처우에 관한 사항

ⓗ 위원장의 직무(규칙 제98조)
- 위원장은 위원회를 소집하고 위원회의 사무를 총괄한다.
- 위원장이 부득이한 사유로 그 직무를 수행할 수 없을 때에는 위원장이 미리 지정한 위원이 그 직무를 대행할 수 있다.

ⓑ 회의(규칙 제99조)
- 위원회의 회의는 매월 10일에 개최한다.
- 위원장은 수형자의 처우와 관련하여 필요한 경우에는 임시회의를 개최할 수 있다.
- 위원회의 회의는 재적위원 3분의 2이상의 출석으로 개의하고, 출석위원 과반수의 찬성으로 의결한다.

ⓢ 간사(규칙 제100조)
- 위원회의 사무를 처리하기 위하여 분류심사 업무를 담당하는 교도관 중에서 간사 1명을 둔다.
- 간사는 위원회의 회의록을 작성하여 유지하여야 한다.

## (11) 처우등급의 기준과 유형

① 처우등급 : 수형자의 처우등급은 다음과 같이 구분한다(규칙 제72조).
  ㉠ 기본수용급 : 성별·국적·나이·형기 등에 따라 수용할 시설 및 구획 등을 구별하는 기준
  ㉡ 경비처우급 : 도주 등의 위험성에 따라 수용시설과 계호의 정도를 구별하고, 범죄성향의 진전과 개선정도, 교정성적에 따라 처우수준을 구별하는 기준
  ㉢ 개별처우급 : 수형자의 개별적인 특성에 따라 중점처우의 내용을 구별하는 기준

② 경비처우급(규칙 제74조)
  ㉠ 경비처우급은 다음과 같이 구분한다.
  - 개방처우급 : 개방시설에 수용되어 가장 높은 수준의 처우가 필요한 수형자
  - 완화경비처우급 : 완화경비시설에 수용되어 통상적인 수준보다 높은 수준의 처우가 필요한 수형자
  - 일반경비처우급 : 일반경비시설에 수용되어 통상적인 수준의 처우가 필요한 수형자
  - 중(重)경비처우급 : 중(重)경비시설에 수용되어 기본적인 처우가 필요한 수형자
  ㉡ 경비처우급에 따른 작업기준은 다음과 같다.
  - 개방처우급 : 외부통근작업 및 개방지역작업 가능
  - 완화경비처우급 : 개방지역작업 및 필요시 외부통근작업 가능
  - 일반경비처우급 : 구내작업 및 필요시 개방지역작업 가능
  - 중(重)경비처우급 : 필요시 구내작업 가능

③ 개별처우급(규칙 제76조) : 직업훈련, 학과교육, 생활지도, 작업지도, 운영지원작업, 의료처우, 자치처우, 개방처우, 집중처우

기본수용급(규칙 제73조)
기본수용급은 다음과 같이 구분한다.
① 여성수형자
② 외국인수형자
③ 금고형수형자
④ 19세 미만의 소년수형자
⑤ 23세 미만의 청년수형자
⑥ 65세 이상의 노인수형자
⑦ 형기가 10년 이상인 장기수형자
⑧ 정신질환 또는 장애가 있는 수형자
⑨ 신체질환 또는 장애가 있는 수형자

### (12) 소득점수

① 소득점수 : 소득점수는 다음의 범위에서 산정한다(규칙 제77조).
  ㉠ 수형생활 태도 : 5점 이내
  ㉡ 작업 또는 교육 성적 : 5점 이내

② 소득점수 평가 기간 및 방법(규칙 제78조)
  ㉠ 소장은 수형자의 소득점수를 소득점수 평가 및 통지서에 따라 매월 평가하여야 한다.
  ㉡ 수형자의 소득점수 평가 방법은 다음으로 구분한다.
    • 수형생활 태도 : 품행 · 책임감 및 협동심의 정도에 따라 매우양호(수, 5점) · 양호(우, 4점) · 보통(미, 3점) · 개선요망(양, 2점) · 불량(가, 1점)으로 구분하여 채점한다.
    • 작업 또는 교육 성적 : 부과된 작업 · 교육의 실적 정도와 근면성 등에 따라 매우우수(수, 5점) · 우수(우, 4점) · 보통(미, 3점) · 노력요망(양, 2점) · 불량(가, 1점)으로 구분하여 채점한다.
  ㉢ 수형자의 작업 또는 교육 성적을 평가하는 경우에는 작업 숙련도, 기술력, 작업기간, 교육태도, 시험성적 등을 고려할 수 있다.
  ㉣ 보안 · 작업 담당교도관 및 관구의 책임교도관은 서로 협의하여 소득점수 평가 및 통지서에 해당 수형자에 대한 매월 초일부터 말일까지의 소득점수를 채점한다.

③ 소득점수 평가기준(규칙 제79조)
  ㉠ 수형생활 태도 점수와 작업 또는 교육성적 점수는 평가방법에 따라 채점하되, 수는 소속 작업장 또는 교육장 전체 인원의 10퍼센트를 초과할 수 없고, 우는 30퍼센트를 초과할 수 없다. 다만, 작업장 또는 교육장 전체인원이 4명 이하인 경우에는 수 · 우를 각각 1명으로 채점할 수 있다.
  ㉡ 소장이 작업장 중 작업의 특성이나 난이도 등을 고려하여 필수 작업장으로 지정하는 경우 소득점수의 수는 5퍼센트 이내, 우는 10퍼센트 이내의 범위에서 각각 확대할 수 있다.
  ㉢ 소장은 수형자가 부상이나 질병, 그 밖의 부득이한 사유로 작업 또는 교육을 받지 못한 경우에는 3점 이내의 범위에서 작업 또는 교육 성적을 부여할 수 있다.

④ 소득점수 평정 등(규칙 제80조)
  ㉠ 소장은 재심사를 하는 경우에는 그 때마다 평가한 수형자의 소득점수를 평정하여 경비처우급을 조정할 것인지를 고려하여야 한다.
  ㉡ 소득점수를 평정하는 경우에는 평정 대상기간 동안 매월 평가된 소득점수를 합산하여 평정 대상기간의 개월 수로 나누어 얻은 점수로 한다.

⑤ 경비처우급 조정 : 경비처우급을 상향 또는 하향 조정하기 위하여 고려할 수 있는 평정소득점수의 기준은 다음과 같다. 다만, 수용 및 처우를 위하여 특히 필요한 경우 법무부장관이 달리 정할 수 있다(규칙 제81조).
  ㉠ 상향 조정 : 8점 이상(재심사의 경우에는 7점 이상)

**매월 평가의 대상기간**

매월 초일부터 말일까지

**부정기재심사의 소득점수 평정대상기간**

사유가 발생한 달까지

ⓛ 하향 조정 : 5점 이하

⑥ 조정된 처우등급의 처우 등(규칙 제82조)

ⓙ 조정된 처우등급에 따른 처우는 그 조정이 확정된 다음 날부터 한다. 이 경우 조정된 처우등급은 그 달 초일부터 적용된 것으로 본다.

ⓛ 소장은 수형자의 경비처우급을 조정한 경우에는 지체 없이 해당 수형자에게 그 사항을 알려야 한다.

## (13) 처우등급별 처우 등

① 처우등급별 수용 등(규칙 제83조) : 소장은 수형자를 기본수용급별 · 경비처우급별로 구분하여 수용하여야 한다. 다만 처우상 특히 필요하거나 시설의 여건상 부득이한 경우에는 기본수용급 · 경비처우급이 다른 수형자를 함께 수용하여 처우할 수 있다.

② 물품지급(규칙 제84조)

ⓙ 소장은 수형자의 경비처우급에 따라 물품에 차이를 두어 지급할 수 있다. 다만, 주 · 부식, 음료, 그 밖에 건강유지에 필요한 물품은 그러하지 아니하다.

ⓛ 의류를 지급하는 경우 수형자가 개방처우급인 경우에는 색상, 디자인 등을 다르게 할 수 있다.

③ 봉사원 선정(규칙 제85조)

ⓙ 소장은 개방처우급 · 완화경비처우급 · 일반경비처우급 수형자로서 교정성적, 나이, 인성 등을 고려하여 다른 수형자의 모범이 된다고 인정되는 경우에는 봉사원으로 선정하여 담당교도관의 사무처리와 그 밖의 업무를 보조하게 할 수 있다.

ⓛ 소장은 봉사원의 활동기간을 1년 이하로 정하되, 필요한 경우에는 그 기간을 연장할 수 있다.

ⓒ 소장은 봉사원의 활동과 역할 수행이 부적당하다고 인정하는 경우에는 그 선정을 취소할 수 있다.

ⓔ 소장은 봉사원 선정, 기간연장 및 선정취소에 관한 사항을 결정할 때에는 법무부장관이 정하는 바에 따라 분류처우위원회의 심의 · 의결을 거쳐야 한다.

④ 자치생활(규칙 제86조)

ⓙ 소장은 개방처우급 · 완화경비처우급 수형자에게 자치생활을 허가할 수 있다.

ⓛ 수형자 자치생활의 범위는 인원점검, 취미활동, 일정한 구역 안에서의 생활 등으로 한다.

ⓒ 소장은 자치생활 수형자들이 교육실, 강당 등 적당한 장소에서 월 1회 이상 토론회를 할 수 있도록 하여야 한다.

ⓔ 소장은 자치생활 수형자가 법무부장관 또는 소장이 정하는 자치생활 중 지켜야 할 사항을 위반한 경우에는 자치생활 허가를 취소할 수 있다.

⑤ 접견(규칙 제87조)

ⓙ 수형자의 경비처우급별 접견의 허용횟수는 다음과 같다.

• 개방처우급 : 1일 1회

• 완화경비처우급 : 월 6회

**처우등급별 수용 등(규칙 제83조)**
소장은 수형자를 수용하는 경우 개별처우의 효과를 증진하기 위하여 경비처우급 · 개별처우급이 같은 수형자 집단으로 수용하여 처우할 수 있다.

**접견 장소**
소장은 개방처우급 수형자에 대하여는 법무부장관이 정하는 바에 따라 접촉차단시설이 설치된 장소 외의 적당한 곳에서 접견을 실시할 수 있다. 다만, 처우상 특히 필요하다고 인정하는 경우에는 그 밖의 수형자에 대하여도 이를 허용할 수 있다(규칙 제88조).

- 일반경비처우급 : 월 5회
- 중(重)경비처우급 : 월 4회
ⓛ 접견은 1일 1회만 허용한다. 다만, 처우상 특히 필요한 경우에는 그러하지 아니하다.
ⓒ 소장은 교화 및 처우상 특히 필요한 경우에는 수용자가 다른 교정시설의 수용자와 통신망을 이용하여 화상으로 접견하는 것을 허가할 수 있다. 이 경우 화상접견은 접견 허용횟수에 포함한다.

⑥ 가족 만남의 날 행사 등(규칙 제89조)
ⓙ 소장은 개방처우급·완화경비처우급 수형자에 대하여 가족 만남의 날 행사에 참여하게 하거나 가족 만남의 집을 이용하게 할 수 있다. 이 경우 접견 허용횟수에는 포함되지 아니한다.
ⓛ 소장은 가족이 없는 수형자에 대하여는 결연을 맺었거나 그 밖에 가족에 준하는 사람으로 하여금 그 가족을 대신하게 할 수 있다.
ⓒ 소장은 교화를 위하여 특히 필요한 경우에는 일반경비처우급 수형자에 대하여도 가족 만남의 날 행사 참여 또는 가족 만남의 집 이용을 허가할 수 있다.

⑦ 전화통화의 허용횟수(규칙 제90조)
ⓙ 수형자의 경비처우급별 전화통화의 허용횟수는 다음과 같다.
- 개방처우급 : 월 5회 이내
- 완화경비처우급 : 월 3회 이내
- 일반경비처우급·중(重)경비처우급 : 처우상 특히 필요한 경우 월 2회 이내
ⓛ 소장은 처우상 특히 필요한 경우에는 개방처우급·완화경비처우급 수형자의 전화통화 허용횟수를 늘릴 수 있다.
ⓒ 전화통화는 1일 1회만 허용한다. 다만, 처우상 특히 필요한 경우에는 그러하지 아니하다.

⑧ 경기 또는 오락회 개최 등(규칙 제91조)
ⓙ 소장은 개방처우급·완화경비처우급 또는 자치생활 수형자에 대하여 월 2회 이내에서 경기 또는 오락회를 개최하게 할 수 있다. 다만, 소년수형자에 대하여는 그 횟수를 늘릴 수 있다.
ⓛ 경기 또는 오락회가 개최되는 경우 소장은 해당 시설의 사정을 고려하여 참석인원, 방법 등을 정할 수 있다.
ⓒ 경기 또는 오락회가 개최되는 경우 소장은 관련 분야의 전문지식과 자격을 가지고 있는 외부강사를 초빙할 수 있다.

⑨ 사회적 처우(규칙 제92조)
ⓙ 활동을 허가하는 경우 소장은 별도의 수형자 의류를 지정하여 입게 한다. 다만, 처우상 필요한 경우에는 자비구매의류를 입게 할 수 있다.
ⓛ 활동에 필요한 비용은 수형자가 부담한다. 다만, 처우상 필요한 경우에는 예산의 범위에서 그 비용을 지원할 수 있다.

⑩ 중간처우(규칙 제93조)
ⓙ 소장은 개방처우급 혹은 완화경비처우급 수형자가 다음의 사유에 모두 해당

하는 경우에는 교정시설에 설치된 개방시설에 수용하여 사회 적응에 필요한 교육, 취업지원 등 적정한 처우를 할 수 있다.

- 형기가 3년 이상인 사람
- 범죄 횟수가 2회 이하인 사람
- 중간처우를 받는 날부터 가석방 또는 형기 종료 예정일까지 기간이 3개월 이상 1년 6개월 이하인 사람

ⓛ 소장은 처우의 대상자 중 중간처우를 받는 날부터 가석방 또는 형기 종료 예정일까지의 기간이 9개월 미만인 수형자에 대해서는 지역사회에 설치된 개방시설에 수용하여 제1항에 따른 처우를 할 수 있다.

⑪ **작업 · 교육 등의 지도보조** : 소장은 수형자가 개방처우급 또는 완화경비처우급으로서 작업 · 교육 등의 성적이 우수하고 관련 기술이 있는 경우에는 교도관의 작업지도를 보조하게 할 수 있다(규칙 제94조).

⑫ **개인작업(규칙 제95조)**

㉠ 소장은 수형자가 개방처우급 또는 완화경비처우급으로서 작업기술이 탁월하고 작업성적이 우수한 경우에는 수형자 자신을 위한 개인작업을 하게 할 수 있다.

㉡ 소장은 개인작업을 하는 수형자에게 개인작업 용구를 사용하게 할 수 있다. 이 경우 작업용구는 특정한 용기에 보관하도록 하여야 한다.

㉢ 개인작업에 필요한 작업재료 등의 구입비용은 수형자가 부담한다. 다만, 처우상 필요한 경우에는 예산의 범위에서 그 비용을 지원할 수 있다.

⑬ **외부 직업훈련(규칙 제96조)**

㉠ 소장은 수형자가 개방처우급 또는 완화경비처우급으로서 직업능력 향상을 위하여 특히 필요한 경우에는 교정시설 외부의 공공기관 또는 기업체 등에서 운영하는 직업훈련을 받게 할 수 있다.

㉡ 직업훈련의 비용은 수형자가 부담한다. 다만, 처우상 특히 필요한 경우에는 예산의 범위에서 그 비용을 지원할 수 있다.

## 7. 교도작업과 직업훈련

### (1) 개설

① 교도작업은 교정시설에서 수용자에게 수용 중 부과하는 작업
② 징역은 교도소 내에 구치하여 정역에 복무하게 한다고 형법은 규정
③ 수형자에게 작업을 부과할 수 있지만 신청에 의한 작업도 가능
④ 자발적으로 행하는 개인작업과는 구별

### (2) 연혁

① 교화와 구직수단으로 노역기능을 수행하게 함
② 고대에는 수형자의 노동력을 국가가 이용하거나 착취의 대상으로 기능
③ 우리나라의 경우 도형으로 부역하는 공도라는 것이 있어 관아에서 사역을 시켰다는 기록

SEMI-NOTE

**선발절차**
중간처우 대상자의 선발절차는 법무부 장관이 정한다.

**개인작업 시간**
교도작업에 지장을 주지 아니하는 범위에서 1일 2시간 이내

**교도작업**
수형자에게 고통을 준다는 의미가 강했으나 현재는 수형자의 재사회화를 위한 직업교육의 의미가 큼

④ 교도작업의 운영 및 특별회계에 관한 법률의 제정으로 교도작업의 활성화와 효율적 운영을 지향

## (3) 교도작업의 목적

① 윤리적 목적 : 수형자의 정신적 · 육체적 건강을 증진시키고 석방 후의 생계유지에 도움
② 경제적 목적 : 교도작업의 수입을 국고에 귀속시켜 행형에 대한 재정적 비용을 충당 가능
③ 행정적 목적 : 교도시설의 질서를 유지하게 하여 수형자의 부패나 타락을 방지
④ 행형적 목적 : 수형자에게 부과된 작업을 성실히 이행하게 하여 처벌적 목적을 가짐

## (4) 교도작업

① 작업의 부과(법 제65조)
　㉠ 수형자에게 부과하는 작업은 건전한 사회복귀를 위하여 기술을 습득하고 근로의욕을 고취하는 데에 적합한 것이어야 한다.
　㉡ 소장은 수형자에게 작업을 부과하려면 나이 · 형기 · 건강상태 · 기술 · 성격 · 취미 · 경력 · 장래생계, 그 밖의 수형자의 사정을 고려하여야 한다.
② 작업의무 : 수형자는 자신에게 부과된 작업과 그 밖의 노역을 수행하여야 할 의무가 있다(법 제66조).
③ 작업의 종류 : 소장은 법무부장관의 승인을 받아 수형자에게 부과하는 작업의 종류를 정한다(영 제89조).
④ 소년수형자의 작업 등 : 소장은 19세 미만의 수형자에게 작업을 부과하는 경우에는 정신적 · 신체적 성숙 정도, 교육적 효과 등을 고려하여야 한다(영 제90조).
⑤ 작업실적의 확인 : 소장은 교도관에게 매일 수형자의 작업실적을 확인하게 하여야 한다(영 제92조).
⑥ 신청에 따른 작업 : 소장은 금고형 또는 구류형의 집행 중에 있는 사람에 대하여는 신청에 따라 작업을 부과할 수 있다(법 제67조).
⑦ 신청 작업의 취소 : 소장은 작업이 부과된 수형자가 작업의 취소를 요청하는 경우에는 그 수형자의 의사, 건강 및 교도관의 의견 등을 고려하여 작업을 취소할 수 있다(영 제93조).

## (5) 외부 통근 작업 등

소장은 수형자의 건전한 사회복귀와 기술습득을 촉진하기 위하여 필요하면 외부기업체 등에 통근 작업하게 하거나 교정시설의 안에 설치된 외부기업체의 작업장에서 작업하게 할 수 있다(법 제68조 제1항).

① 선정기준(규칙 제120조)
　㉠ 교정시설 안에 설치된 외부기업체의 작업장에 통근하며 작업하는 수형자는 요건을 갖춘 수형자로서 집행할 형기가 10년 미만이거나 형기기산일부터 10년 이상이 지난 수형자 중에서 선정한다.

ⓒ 소장은 작업 부과 또는 교화를 위하여 특히 필요하다고 인정하는 경우에는 수형자 외의 수형자에 대하여도 외부통근자로 선정할 수 있다.

② 선정 취소 : 소장은 외부통근자가 법령에 위반되는 행위를 하거나 법무부장관 또는 소장이 정하는 지켜야 할 사항을 위반한 경우에는 외부통근자 선정을 취소할 수 있다(규칙 제121조).

③ 외부통근자 교육 : 소장은 외부통근자로 선정된 수형자에 대하여는 자치활동·행동수칙·안전수칙·작업기술 및 현장적응훈련에 대한 교육을 하여야 한다(규칙 제122조).

④ 자치활동 : 소장은 외부통근자의 사회적응능력을 기르고 원활한 사회복귀를 촉진하기 위하여 필요하다고 인정하는 경우에는 수형자 자치에 의한 활동을 허가할 수 있다(규칙 제123조).

### (6) 직업훈련

① 직업능력개발훈련(법 제69조)
　　ⓐ 소장은 수형자의 건전한 사회복귀를 위하여 기술 습득 및 향상을 위한 직업능력개발훈련을 실시할 수 있다.
　　ⓑ 소장은 수형자의 직업훈련을 위하여 필요하면 외부의 기관 또는 단체에서 훈련을 받게 할 수 있다.

② 직업능력개발훈련 설비 등의 구비 : 소장은 직업능력개발훈련을 하는 경우에는 그에 필요한 설비 및 실습 자재를 갖추어야 한다(영 제94조).

③ 직업훈련 직종 선정 등(규칙 제124조)
　　ⓐ 직업훈련 직종 선정 및 훈련과정별 인원은 법무부장관의 승인을 받아 소장이 정한다.
　　ⓑ 직업훈련 대상자는 소속기관의 수형자 중에서 소장이 선정한다. 다만, 집체직업훈련 대상자는 집체직업훈련을 실시하는 교정시설의 관할 지방교정청장이 선정한다.

④ 직업훈련 대상자 선정기준(규칙 제125조) : 소장은 소년수형자의 선도를 위하여 필요한 경우에는 요건을 갖추지 못한 경우에도 직업훈련 대상자로 선정하여 교육할 수 있다.

⑤ 직업훈련 대상자 선정의 제한 : 소장은 수형자가 다음의 어느 하나에 해당하는 경우에는 직업훈련 대상자로 선정해서는 아니 된다(규칙 제126조).
　　ⓐ 15세 미만인 경우
　　ⓑ 교육과정을 수행할 문자해독능력 및 강의 이해능력이 부족한 경우
　　ⓒ 징벌대상행위의 혐의가 있어 조사 중이거나 징벌집행 중인 경우
　　ⓓ 작업, 교육·교화프로그램 시행으로 인하여 직업훈련의 실시가 곤란하다고 인정되는 경우
　　ⓔ 질병·신체조건 등으로 인하여 직업훈련을 감당할 수 없다고 인정되는 경우

⑥ 직업훈련의 보류 및 취소 등
　　ⓐ 소장은 직업훈련 대상자가 다음의 어느 하나에 해당하는 경우에는 직업훈련을 보류할 수 있다.

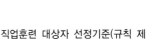

**직업훈련 대상자 선정기준(규칙 제125조)**

소장은 수형자가 다음의 요건을 갖춘 경우에는 수형자의 의사, 적성, 나이, 학력 등을 고려하여 직업훈련 대상자로 선정할 수 있다.

· 집행할 형기 중에 해당 훈련과정을 이수할 수 있을 것(기술숙련과정 집체직업훈련 대상자는 제외한다)
· 직업훈련에 필요한 기본소양을 갖추었다고 인정될 것
· 해당 과정의 기술이 없거나 재훈련을 희망할 것
· 석방 후 관련 직종에 취업할 의사가 있을 것

**직업훈련 대상자 이송**

· 법무부장관은 직업훈련을 위하여 필요한 경우에는 수형자를 다른 교정시설로 이송 가능
· 소장은 이송된 수형자나 직업훈련 중인 수형자를 다른 교정시설로 이송해서는 아니 되나, 훈련취소 등 특별한 사유가 있는 경우에는 가능

• 징벌대상행위의 혐의가 있어 조사를 받게 된 경우
• 심신이 허약하거나 질병 등으로 훈련을 감당할 수 없는 경우
• 소질 · 적성 · 훈련성적 등을 종합적으로 고려한 결과 직업훈련을 계속할 수 없다고 인정되는 경우
• 그 밖에 직업훈련을 계속할 수 없다고 인정되는 경우

ⓒ 소장은 직업훈련이 보류된 수형자가 그 사유가 소멸되면 본래의 과정에 복귀시켜 훈련하여야 한다. 다만, 본래 과정으로 복귀하는 것이 부적당하다고 인정하는 경우에는 해당 훈련을 취소할 수 있다.

### (7) 근로에 따른 처우 등

① 집중근로에 따른 처우(법 제70조)

ㄱ 소장은 수형자의 신청에 따라 훈련, 그 밖에 집중적인 근로가 필요한 작업을 부과하는 경우에는 접견 · 전화통화 · 교육 · 공동행사 참가 등의 처우를 제한할 수 있다. 다만, 접견 또는 전화통화를 제한한 때에는 휴일이나 그 밖에 해당 수용자의 작업이 없는 날에 접견 또는 전화통화를 할 수 있게 하여야 한다.

ㄴ 소장은 작업을 부과하거나 훈련을 받게 하기 전에 수형자에게 제한되는 처우의 내용을 충분히 설명하여야 한다.

② 휴일의 작업 : 공휴일 · 토요일과 그 밖의 휴일에는 작업을 부과하지 아니한다. 다만, 취사 · 청소 · 간호, 그 밖에 특히 필요한 작업은 예외로 한다(법 제71조).

③ 작업의 면제(법 제72조)

ㄱ 소장은 수형자의 가족 또는 배우자의 직계존속이 사망하면 2일간, 부모 또는 배우자의 제삿날에는 1일간 해당 수형자의 작업을 면제한다. 다만, 수형자가 작업을 계속하기를 원하는 경우는 예외로 한다.

ㄴ 소장은 수형자에게 부상 · 질병, 그 밖에 작업을 계속하기 어려운 특별한 사정이 있으면 그 사유가 해소될 때까지 작업을 면제할 수 있다.

④ 작업수입 등(법 제73조)

ㄱ 소장은 수형자의 근로의욕을 고취하고 건전한 사회복귀를 지원하기 위하여 법무부장관이 정하는 바에 따라 작업의 종류, 작업성적, 교정성적, 그 밖의 사정을 고려하여 수형자에게 작업장려금을 지급할 수 있다.

ㄴ 작업장려금은 석방할 때에 본인에게 지급한다. 다만, 본인의 가족생활 부조, 교화 또는 건전한 사회복귀를 위하여 특히 필요하면 석방 전이라도 그 전부 또는 일부를 지급할 수 있다.

⑤ 위로금 · 조위금(법 제74조)

ㄱ 소장은 수형자가 다음의 어느 하나에 해당하면 법무부장관이 정하는 바에 따라 위로금 또는 조위금을 지급한다.

ㄴ 위로금은 석방할 때에 본인에게 지급하고, 조위금은 그 상속인에게 지급한다.

⑥ 다른 보상 · 배상과의 관계 : 위로금 또는 조위금을 지급받을 사람이 국가로부터 동일한 사유로 민법이나 그 밖의 법령에 따라 위로금 또는 조위금에 상당하는 금액을 지급받은 경우에는 그 금액을 위로금 또는 조위금으로 지급하지 아니한다(법 제75조).

136

⑦ 위로금 · 조위금을 지급받을 권리의 보호(법 제76조)

    ㉠ 위로금 또는 조위금을 지급받을 권리는 다른 사람 또는 법인에게 양도하거나 담보로 제공할 수 없으며, 다른 사람 또는 법인은 이를 압류할 수 없다.

    ㉡ 지급받은 금전을 표준으로 하여 조세와 그 밖의 공과금을 부과하여서는 아니 된다.

## (8) 교도작업의 종류

① 작업성질에 따른 분류

    ㉠ 일반작업 : 법에 의하여 강제적으로 부과되는 작업

    ㉡ 신청작업 : 수형자가 임의로 신청하여 하는 작업으로 신청자는 임의로 작업을 중지하거나 작업의 종류를 변경 불가

② 시행방법에 따른 분류

    ㉠ 직영작업 : 교정시설에서 시설, 장비, 재료, 노무 등을 부담하여 직접 물건을 생산하고 판매하는 작업방식

    ㉡ 위탁작업 : 위탁자로부터 작업에 필요한 설비, 재료 등을 제공받아 물건을 생산 · 가공하여 위탁자에게 교부하고 대가를 받는 작업방식

    ㉢ 노무작업 : 노무를 제공하고 그 대가로 노임을 받는 작업방식

    ㉣ 도급작업 : 교도소와 제3자 간의 공사도급계약에 따라 부과하는 작업방식

③ 작업의 목적에 따른 분류 : 생산작업, 직업훈련, 관용작업 등

④ 작업장소에 따른 분류 : 구내작업, 구외작업

⑤ 작업내용에 따른 분류 : 기능작업, 중노동작업, 경노동작업

## (9) 취업지원협의회

① 기능(규칙 제144조)

    ㉠ 수형자 사회복귀 지원 업무에 관한 자문에 대한 조언

    ㉡ 수형자 취업 · 창업 교육

    ㉢ 수형자 사회복귀 지원을 위한 지역사회 네트워크 추진

    ㉣ 취업 및 창업 지원을 위한 자료제공 및 기술지원

    ㉤ 직업적성 및 성격검사 등 각종 검사 및 상담

    ㉥ 불우수형자 및 그 가족에 대한 지원 활동

    ㉦ 그 밖에 수형자 취업알선 및 창업지원을 위하여 필요한 활동

② 구성(규칙 제145조)

    ㉠ 협의회는 회장 1명을 포함하여 3명 이상 5명 이하의 내부위원과 10명 이상의 외부위원으로 구성한다.

    ㉡ 협의회의 회장은 소장이 되고, 부회장은 2명을 두되 1명은 소장이 내부위원 중에서 지명하고 1명은 외부위원 중에서 호선한다.

    ㉢ 내부위원은 소장이 지명하는 소속기관의 부소장 · 과장(지소의 경우에는 7급 이상의 교도관)으로 구성한다.

    ㉣ 회장 · 부회장 외에 협의회 운영을 위하여 기관실정에 적합한 수의 임원을 둘 수 있다.

**간사**

협의회의 사무를 처리하기 위하여 수형자 취업알선 및 창업지원 업무를 전담하는 직원 중에서 간사 1명을 둔다.

SEMI-NOTE

③ 회장의 직무(규칙 제147조)

  ⊙ 회장은 협의회를 소집하고 협의회 업무를 총괄한다.

  ⊙ 회장이 부득이한 사유로 직무를 수행할 수 없을 때에는 소장이 지정한 부회장
    이 그 직무를 대행한다.

④ 회의(규칙 제148조)

  ⊙ 협의회의 회의는 반기마다 개최한다. 다만, 다음의 어느 하나에 해당하는 경
    우에는 임시회의를 개최할 수 있다.

    • 수형자의 사회복귀 지원을 위하여 협의가 필요할 때

    • 회장이 필요하다고 인정하는 때

    • 위원 3분의 1 이상의 요구가 있는 때

  ⊙ 협의회의 회의는 회장이 소집하고 그 의장이 된다.

  ⊙ 협의회의 회의는 재적위원 과반수의 출석으로 개의하고, 출석위원 과반수의
    찬성으로 의결한다.

## (10) 교도작업의 운영 및 특별회계에 관한 법률

① **목적** : 이 법은 교도작업의 관리 및 교도작업특별회계의 설치·운용에 관한 사항
을 규정함으로써 효율적이고 합리적인 교도작업의 운영을 도모함을 목적으로 한
다(법 제1조).

② **교도작업제품의 우선구매** : 국가, 지방자치단체 또는 공공기관은 그가 필요로 하
는 물품이 제4조에 따라 공고된 것인 경우에는 공고된 제품 중에서 우선적으로
구매하여야 한다(법 제5조).

③ **교도작업에의 민간참여**(법 제6조)

  ⊙ 법무부장관은 수형자가 외부기업체 등에 통근 작업하거나 교정시설의 안에
    설치된 외부기업체의 작업장에서 작업할 수 있도록 민간기업을 참여하게 하
    여 교도작업을 운영할 수 있다.

  ⊙ 교정시설의 장은 민간기업이 참여할 교도작업의 내용을 해당 기업체와의 계
    약으로 정하고 이에 대하여 법무부장관의 승인을 받아야 한다. 다만, 법무부
    장관이 정하는 단기의 계약에 대하여는 그러하지 아니하다.

  ⊙ 민간기업의 참여 절차, 민간참여작업의 종류, 그 밖에 민간참여작업의 운영에
    필요한 사항은 법무부장관이 정한다.

④ **교도작업제품의 민간판매** : 교도작업으로 생산된 제품은 민간기업 등에 직접 판
매하거나 위탁하여 판매할 수 있다(법 제7조).

⑤ **특별회계의 세입·세출**(법 제9조)

  ⊙ 특별회계의 세입

    • 교도작업으로 생산된 제품 및 서비스의 판매, 그 밖에 교도작업에 부수되는
      수입금

    • 일반회계로부터의 전입금

    • 차입금

  ⊙ 특별회계의 세출

    • 교도작업의 관리, 교도작업 관련 시설의 마련 및 유지·보수, 그 밖에 교도

**교도작업제품의 공고**

법무부장관은 교도작업으로 생산되는 제
품의 종류와 수량을 회계연도 개시 1개월
전까지 공고하여야 한다(법 제4조).

**교도작업특별회계의 설치·운용(법
제8조)**

① 교도작업의 효율적인 운영을 위하여
교도작업특별회계를 설치한다.

② 특별회계는 법무부장관이 운용·관
리한다.

작업의 운영을 위하여 필요한 경비

- 작업장려금
- 위로금 및 조위금
- 수용자의 교도작업 관련 직업훈련을 위한 경비

⑥ **일반회계로부터의 전입** : 특별회계는 세입총액이 세출총액에 미달된 경우 또는 시설 개량이나 확장에 필요한 경우에는 예산의 범위에서 일반회계로부터 전입을 받을 수 있다(법 제10조).

⑦ **일시 차입 등**(법 제11조)
- ㉠ 특별회계는 지출할 자금이 부족할 경우에는 특별회계의 부담으로 국회의 의결을 받은 금액의 범위에서 일시적으로 차입하거나 세출예산의 범위에서 수입금 출납공무원 등이 수납한 현금을 우선 사용할 수 있다.
- ㉡ 일시적으로 차입하거나 우선 사용한 자금은 해당 회계연도 내에 상환하거나 지출금으로 대체납입하여야 한다.

⑧ **잉여금의 처리** : 특별회계의 결산상 잉여금은 다음 연도의 세입에 이입한다(법 제12조).

# 8. 물품지급 등

## (1) 물품지급

① **의류 및 침구 등의 지급** : 소장은 수용자에게 건강유지에 적합한 의류·침구, 그 밖의 생활용품을 지급한다(법 제22조 제1항).

② **음식물의 지급** : 소장은 수용자에게 건강상태, 나이, 부과된 작업의 종류, 그 밖의 개인적 특성을 고려하여 건강 및 체력을 유지하는 데에 필요한 음식물을 지급한다(법 제23조 제1항).

③ **물품의 자비구매** : 수용자는 소장의 허가를 받아 자신의 비용으로 음식물·의류·침구, 그 밖에 수용생활에 필요한 물품을 구매할 수 있다(법 제24조 제1항).

## (2) 금품관리

① **휴대금품의 보관 등**(법 제25조)
- ㉠ 소장은 수용자의 휴대금품을 교정시설에 보관한다. 다만, 휴대품이 다음의 어느 하나에 해당하는 것이면 수용자로 하여금 자신이 지정하는 사람에게 보내게 하거나 그 밖에 적당한 방법으로 처분하게 할 수 있다.
- ㉡ 소장은 수용자가 처분하여야 할 휴대품을 상당한 기간 내에 처분하지 아니하면 폐기할 수 있다.

② **수용자가 지니는 물품 등**(법 제26조)
- ㉠ 수용자는 편지·도서, 그 밖에 수용생활에 필요한 물품을 법무부장관이 정하는 범위에서 지닐 수 있다.
- ㉡ 소장은 법무부장관이 정하는 범위를 벗어난 물품으로서 교정시설에 특히 보관할 필요가 있다고 인정하지 아니하는 물품은 수용자로 하여금 자신이 지정하는 사람에게 보내게 하거나 그 밖에 적당한 방법으로 처분하게 할 수 있다.

SEMI-NOTE

**예비비**
특별회계는 예측할 수 없는 예산 외의 지출 또는 예산을 초과하는 지출에 충당하기 위하여 세출예산에 예비비를 계상할 수 있다(법 제12조).

**보내거나 처분해야 할 것**
- 썩거나 없어질 우려가 있는 것
- 물품의 종류·크기 등을 고려할 때 보관하기에 적당하지 아니한 것
- 사람의 생명 또는 신체에 위험을 초래할 우려가 있는 것
- 시설의 안전 또는 질서를 해칠 우려가 있는 것
- 그 밖에 보관할 가치가 없는 것

**수용자에 대한 금품 전달(법 제27조)**
소장은 금품을 보낸 사람을 알 수 없거나 보낸 사람의 주소가 불분명한 경우에는 금품을 다시 가지고 갈 것을 공고하여야 하며, 공고한 후 6개월이 지나도 금품을 돌려달라고 청구하는 사람이 없으면 그 금품은 국고에 귀속된다.

**보관금품의 반환 등(법 제29조)**
소장은 수용자가 석방될 때 보관하고 있던 수용자의 휴대금품을 본인에게 돌려주어야 한다. 다만, 보관품을 한꺼번에 가져가기 어려운 경우 등 특별한 사정이 있어 수용자가 석방 시 소장에게 일정 기간 동안(1개월 이내의 범위로 한정한다) 보관품을 보관하여 줄 것을 신청하는 경우에는 그러하지 아니하다(법 제29조 제1항).

**감염병 등에 관한 조치**
소장은 감염병이나 그 밖에 감염의 우려가 있는 질병의 발생과 확산을 방지하기 위하여 필요한 경우 수용자에 대하여 예방접종 · 격리수용 · 이송, 그 밖에 필요한 조치를 하여야 한다(법 제35조).

**진료비 부담**
소장은 수용자가 자신의 고의 또는 중대한 과실로 부상 등이 발생하여 외부의료시설에서 진료를 받은 경우에는 그 진료비의 전부 또는 일부를 그 수용자에게 부담하게 할 수 있다.

ⓒ 소장은 수용자가 처분하여야 할 물품을 상당한 기간 내에 처분하지 아니하면 폐기할 수 있다.

③ **수용자에 대한 금품 전달(법 제27조)**
ㄱ 수용자 외의 사람이 수용자에게 금품을 건네줄 것을 신청하는 때에는 소장은 다음의 어느 하나에 해당하지 아니하면 허가하여야 한다.
• 수형자의 교화 또는 건전한 사회복귀를 해칠 우려가 있는 때
• 시설의 안전 또는 질서를 해칠 우려가 있는 때
ㄴ 소장은 수용자 외의 사람이 수용자에게 주려는 금품이 ㄱ의 어느 하나에 해당하거나 수용자가 금품을 받지 아니하려는 경우에는 해당 금품을 보낸 사람에게 되돌려 보내야 한다.
ㄷ 소장은 조치를 하였으면 그 사실을 수용자에게 알려 주어야 한다.

④ **유류금품의 처리(법 제28조)**
ㄱ 소장은 사망자 또는 도주자가 남겨두고 간 금품이 있으면 사망자의 경우에는 그 상속인에게, 도주자의 경우에는 그 가족에게 그 내용 및 청구절차 등을 알려 주어야 한다. 다만, 썩거나 없어질 우려가 있는 것은 폐기할 수 있다.
ㄴ 소장은 상속인 또는 가족이 제1항의 금품을 내어달라고 청구하면 지체 없이 내어주어야 한다. 다만, 알림을 받은 날(알려줄 수가 없는 경우에는 청구사유가 발생한 날)부터 1년이 지나도 청구하지 아니하면 그 금품은 국고에 귀속된다.

### (3) 위생과 의료

① **위생 · 의료 조치의무** : 소장은 수용자가 건강한 생활을 하는 데에 필요한 위생 및 의료상의 적절한 조치를 하여야 한다(법 제30조).
② **청결유지** : 소장은 수용자가 사용하는 모든 설비와 기구가 항상 청결하게 유지되도록 하여야 한다(법 제31조).
③ **청결의무(법 제32조)**
ㄱ 수용자는 자신의 신체 및 의류를 청결히 하여야 하며, 자신이 사용하는 거실 · 작업장, 그 밖의 수용시설의 청결유지에 협력하여야 한다.
ㄴ 수용자는 위생을 위하여 머리카락과 수염을 단정하게 유지하여야 한다.
④ **운동 및 목욕** : 소장은 수용자가 건강유지에 필요한 운동 및 목욕을 정기적으로 할 수 있도록 하여야 한다(법 제33조 제1항).
⑤ **건강검진** : 소장은 수용자에 대하여 건강검진을 정기적으로 하여야 한다(법 제34조 제1항).
⑥ **부상자 등 치료(법 제36조)**
ㄱ 소장은 수용자가 부상을 당하거나 질병에 걸리면 적절한 치료를 받도록 하여야 한다.
ㄴ 치료를 위하여 교정시설에 근무하는 간호사는 야간 또는 공휴일 등에 대통령령으로 정하는 경미한 의료행위를 할 수 있다.
⑦ **외부의료시설 진료 등(법 제37조)**
ㄱ 소장은 수용자에 대한 적절한 치료를 위하여 필요하다고 인정하면 교정시설 밖에 있는 의료시설에서 진료를 받게 할 수 있다.

ⓛ 소장은 수용자의 정신질환 치료를 위하여 필요하다고 인정하면 법무부장관의 승인을 받아 치료감호시설로 이송할 수 있다.

ⓒ 이송된 사람은 수용자에 준하여 처우한다.

ⓔ 소장은 수용자가 외부의료시설에서 진료받거나 치료감호시설로 이송되면 그 사실을 그 가족(가족이 없는 경우에는 수용자가 지정하는 사람)에게 지체 없이 알려야 한다. 다만, 수용자가 알리는 것을 원하지 아니하면 그러하지 아니하다.

⑧ 진료환경 등(법 제39조)

ⓣ 교정시설에는 수용자의 진료를 위하여 필요한 의료 인력과 설비를 갖추어야 한다.

ⓛ 소장은 정신질환이 있다고 의심되는 수용자가 있으면 정신건강의학과 의사의 진료를 받을 수 있도록 하여야 한다.

ⓒ 외부의사는 수용자를 진료하는 경우에는 법무부장관이 정하는 사항을 준수하여야 한다.

ⓔ 교정시설에 갖추어야 할 의료설비의 기준에 관하여 필요한 사항은 법무부령으로 정한다.

## (4) 종교와 문화

① 종교행사의 참석 등(법 제45조)

ⓣ 수용자는 교정시설의 안에서 실시하는 종교의식 또는 행사에 참석할 수 있으며, 개별적인 종교상담을 받을 수 있다.

ⓛ 수용자는 자신의 신앙생활에 필요한 책이나 물품을 지닐 수 있다.

ⓒ 소장은 다음의 어느 하나에 해당하는 사유가 있으면 ㉠, ㉡의 사항을 제한할 수 있다.

- 수형자의 교화 또는 건전한 사회복귀를 위하여 필요한 때
- 시설의 안전과 질서유지를 위하여 필요한 때

ⓔ 종교행사의 종류 · 참석대상 · 방법, 종교상담의 대상 · 방법 및 종교도서 · 물품을 지닐 수 있는 범위 등에 관하여 필요한 사항은 법무부령으로 정한다.

② 신문등의 구독(법 제47조)

ⓣ 수용자는 자신의 비용으로 신문 · 잡지 또는 도서의 구독을 신청할 수 있다.

ⓛ 소장은 구독을 신청한 신문등이 유해간행물인 경우를 제외하고는 구독을 허가하여야 한다.

ⓒ 구독을 신청할 수 있는 신문등의 범위 및 수량은 법무부령으로 정한다.

③ 라디오 청취와 텔레비전 시청(법 제48조)

ⓣ 수용자는 정서안정 및 교양습득을 위하여 라디오 청취와 텔레비전 시청을 할 수 있다.

ⓛ 소장은 다음의 어느 하나에 해당하는 사유가 있으면 수용자에 대한 라디오 및 텔레비전의 방송을 일시 중단하거나 개별 수용자에 대하여 라디오 및 텔레비전의 청취 또는 시청을 금지할 수 있다.

SEMI-NOTE

**자비치료**

소장은 수용자가 자신의 비용으로 외부 의료시설에서 근무하는 의사에게 치료받기를 원하면 교정시설에 근무하는 의사의 의견을 고려하여 이를 허가할 수 있다(법 제38조).

**수용자의 의사에 반하는 의료조치(법 제40조)**

① 소장은 수용자가 진료 또는 음식물의 섭취를 거부하면 의무관으로 하여금 관찰 · 조언 또는 설득을 하도록 하여야 한다.

② 소장은 수용자가 진료 또는 음식물의 섭취를 계속 거부하여 그 생명에 위험을 가져올 급박한 우려가 있으면 의무관으로 하여금 적당한 진료 또는 영양보급 등의 조치를 하게 할 수 있다.

**도서비치 및 이용**

소장은 수용자의 지식함양 및 교양습득에 필요한 도서를 비치하고 수용자가 이용할 수 있도록 하여야 한다(법 제46조).

- 수형자의 교화 또는 건전한 사회복귀를 해칠 우려가 있는 때
- 시설의 안전과 질서유지를 위하여 필요한 때

④ 집필(법 제49조)

 ㉠ 수용자는 문서 또는 도화를 작성하거나 문예ㆍ학술, 그 밖의 사항에 관하여 집필할 수 있다. 다만, 소장이 시설의 안전 또는 질서를 해칠 명백한 위험이 있다고 인정하는 경우는 예외로 한다.

 ㉡ 작성 또는 집필한 문서나 도화를 지니거나 처리하는 것에 관하여는 제26조를 준용한다.

 ㉢ 작성 또는 집필한 문서나 도화가 편지수수의 규정을 준용한다.

 ㉣ 집필용구의 관리, 집필의 시간ㆍ장소, 집필한 문서 또는 도화의 외부반출 등에 관하여 필요한 사항은 대통령령으로 정한다.

## 9. 특별한 보호

### (1) 여성수용자의 처우(법 제50조)

① 소장은 여성수용자에 대하여 여성의 신체적ㆍ심리적 특성을 고려하여 처우하여야 한다.

② 소장은 여성수용자에 대하여 건강검진을 실시하는 경우에는 나이ㆍ건강 등을 고려하여 부인과질환에 관한 검사를 포함시켜야 한다.

③ 소장은 생리 중인 여성수용자에 대하여는 위생에 필요한 물품을 지급하여야 한다.

### (2) 임산부인 수용자의 처우(법 제52조)

① 소장은 수용자가 임신 중이거나 출산(유산ㆍ사산을 포함한다)한 경우에는 모성 보호 및 건강유지를 위하여 정기적인 검진 등 적절한 조치를 하여야 한다.

② 소장은 수용자가 출산하려고 하는 경우에는 외부의료시설에서 진료를 받게 하는 등 적절한 조치를 하여야 한다.

### (3) 유아의 양육(법 제53조)

① 여성수용자는 자신이 출산한 유아를 교정시설에서 양육할 것을 신청할 수 있다. 이 경우 소장은 다음의 어느 하나에 해당하는 사유가 없으면, 생후 18개월에 이르기까지 허가하여야 한다.

 ㉠ 유아가 질병ㆍ부상, 그 밖의 사유로 교정시설에서 생활하는 것이 특히 부적당하다고 인정되는 때

 ㉡ 수용자가 질병ㆍ부상, 그 밖의 사유로 유아를 양육할 능력이 없다고 인정되는 때

 ㉢ 교정시설에 감염병이 유행하거나 그 밖의 사정으로 유아양육이 특히 부적당한 때

② 소장은 유아의 양육을 허가한 경우에는 필요한 설비와 물품의 제공, 그 밖에 양육을 위하여 필요한 조치를 하여야 한다.

---

**여성수용자 처우 시의 유의사항(법 제51조)**

① 소장은 여성수용자에 대하여 상담ㆍ교육ㆍ작업 등을 실시하는 때에는 여성교도관이 담당하도록 하여야 한다. 다만, 여성교도관이 부족하거나 그 밖의 부득이한 사정이 있으면 그러하지 아니하다.

② 남성교도관이 1인의 여성수용자에 대하여 실내에서 상담등을 하려면 투명한 창문이 설치된 장소에서 다른 여성을 입회시킨 후 실시하여야 한다.

### (4) 수용자에 대한 특별한 처우(법 제54조)

① 소장은 노인수용자에 대하여 나이·건강상태 등을 고려하여 그 처우에 있어 적정한 배려를 하여야 한다.

② 소장은 장애인수용자에 대하여 장애의 정도를 고려하여 그 처우에 있어 적정한 배려를 하여야 한다.

③ 소장은 외국인수용자에 대하여 언어·생활문화 등을 고려하여 적정한 처우를 하여야 한다.

④ 소장은 소년수용자에 대하여 나이·적성 등을 고려하여 적정한 처우를 하여야 한다.

⑤ 노인수용자·장애인수용자·외국인수용자 및 소년수용자에 대한 적정한 배려 또는 처우에 관하여 필요한 사항은 법무부령으로 정한다.

## 10. 안전과 질서

### (1) 금지물품(법 제92조)

수용자는 다음의 물품을 지녀서는 아니 된다.

① 마약·총기·도검·폭발물·흉기·독극물, 그 밖에 범죄의 도구로 이용될 우려가 있는 물품

② 무인비행장치, 전자·통신기기, 그 밖에 도주나 다른 사람과의 연락에 이용될 우려가 있는 물품

③ 주류·담배·화기·현금·수표, 그 밖에 시설의 안전 또는 질서를 해칠 우려가 있는 물품

④ 음란물, 사행행위에 사용되는 물품, 그 밖에 수형자의 교화 또는 건전한 사회복귀를 해칠 우려가 있는 물품

### (2) 신체검사 등(법 제93조)

① 교도관은 시설의 안전과 질서유지를 위하여 필요하면 수용자의 신체·의류·휴대품·거실 및 작업장 등을 검사할 수 있다.

② 수용자의 신체를 검사하는 경우에는 불필요한 고통이나 수치심을 느끼지 아니하도록 유의하여야 하며, 특히 신체를 면밀하게 검사할 필요가 있으면 다른 수용자가 볼 수 없는 차단된 장소에서 하여야 한다.

③ 교도관은 시설의 안전과 질서유지를 위하여 필요하면 교정시설을 출입하는 수용자 외의 사람에 대하여 의류와 휴대품을 검사할 수 있다. 이 경우 출입자가 금지물품을 지니고 있으면 교정시설에 맡기도록 하여야 하며, 이에 따르지 아니하면 출입을 금지할 수 있다.

④ 여성의 신체·의류 및 휴대품에 대한 검사는 여성교도관이 하여야 한다.

**수용자의 미성년 자녀 보호에 대한 지원(법 제53조의2)**

① 소장은 신입자에게 보호조치를 의뢰할 수 있음을 알려주어야 한다.

② 소장은 수용자가 보호조치를 의뢰하려는 경우 보호조치 의뢰가 원활하게 이루어질 수 있도록 지원하여야 한다.

③ 안내 및 보호조치 의뢰 지원의 방법·절차, 그 밖에 필요한 사항은 법무부장관이 정한다.

**물품 허용**

소장이 수용자의 처우를 위하여 허가하는 경우에는 물품을 지닐 수 있다.

**신체검사 등(법 제93조)**

소장은 검사한 결과 금지물품이 발견되면 형사 법령으로 정하는 절차에 따라 처리할 물품을 제외하고는 수용자에게 알린 후 폐기한다. 다만, 폐기하는 것이 부적당한 물품은 교정시설에 보관하거나 수용자로 하여금 자신이 지정하는 사람에게 보내게 할 수 있다.

**전자장비를 이용한 계호**
전자장비의 종류 · 설치장소 · 사용방법 및 녹화기록물의 관리 등에 관하여 필요한 사항은 법무부령으로 정함

**보호실 수용(법 제95조)**
소장은 보호실 수용사유가 소멸한 경우에는 보호실 수용을 즉시 중단하여야 한다.

### (3) 전자장비를 이용한 계호(법 제94조)

① 교도관은 자살 · 자해 · 도주 · 폭행 · 손괴, 그 밖에 수용자의 생명 · 신체를 해하거나 시설의 안전 또는 질서를 해하는 행위를 방지하기 위하여 필요한 범위에서 전자장비를 이용하여 수용자 또는 시설을 계호할 수 있다. 다만, 전자영상장비로 거실에 있는 수용자를 계호하는 것은 자살등의 우려가 큰 때에만 할 수 있다.

② 거실에 있는 수용자를 전자영상장비로 계호하는 경우에는 계호직원 · 계호시간 및 계호대상 등을 기록하여야 한다. 이 경우 수용자가 여성이면 여성교도관이 계호하여야 한다.

③ 계호하는 경우에는 피계호자의 인권이 침해되지 아니하도록 유의하여야 한다.

### (4) 보호실 수용(법 제95조) ⭐ 빈출개념

① 소장은 수용자가 다음의 어느 하나에 해당하면 의무관의 의견을 고려하여 보호실에 수용할 수 있다.

ⓐ 자살 또는 자해의 우려가 있는 때

ⓑ 신체적 · 정신적 질병으로 인하여 특별한 보호가 필요한 때

② 수용자의 보호실 수용기간은 15일 이내로 한다. 다만, 소장은 특히 계속하여 수용할 필요가 있으면 의무관의 의견을 고려하여 1회당 7일의 범위에서 기간을 연장할 수 있다.

③ 수용자를 보호실에 수용할 수 있는 기간은 계속하여 3개월을 초과할 수 없다.

④ 소장은 수용자를 보호실에 수용하거나 수용기간을 연장하는 경우에는 그 사유를 본인에게 알려 주어야 한다.

⑤ 의무관은 보호실 수용자의 건강상태를 수시로 확인하여야 한다.

### (5) 진정실 수용(법 제96조)

① 소장은 수용자가 다음의 어느 하나에 해당하는 경우로서 강제력을 행사하거나 보호장비를 사용하여도 그 목적을 달성할 수 없는 경우에만 진정실에 수용할 수 있다.

ⓐ 교정시설의 설비 또는 기구 등을 손괴하거나 손괴하려고 하는 때

ⓑ 교도관의 제지에도 불구하고 소란행위를 계속하여 다른 수용자의 평온한 수용생활을 방해하는 때

② 수용자의 진정실 수용기간은 24시간 이내로 한다. 다만, 소장은 특히 계속하여 수용할 필요가 있으면 의무관의 의견을 고려하여 1회당 12시간의 범위에서 기간을 연장할 수 있다.

③ 수용자를 진정실에 수용할 수 있는 기간은 계속하여 3일을 초과할 수 없다.

### (6) 보호장비의 사용(법 제97조)

① 교도관은 수용자가 다음의 어느 하나에 해당하면 보호장비를 사용할 수 있다.

ⓐ 이송 · 출정, 그 밖에 교정시설 밖의 장소로 수용자를 호송하는 때

ⓑ 도주 · 자살 · 자해 또는 다른 사람에 대한 위해의 우려가 큰 때

ⓒ 위력으로 교도관의 정당한 직무집행을 방해하는 때

ⓔ 교정시설의 설비·기구 등을 손괴하거나 그 밖에 시설의 안전 또는 질서를 해칠 우려가 큰 때

② 보호장비를 사용하는 경우에는 수용자의 나이, 건강상태 및 수용생활 태도 등을 고려하여야 한다.

③ 교도관이 교정시설의 안에서 수용자에 대하여 보호장비를 사용한 경우 의무관은 그 수용자의 건강상태를 수시로 확인하여야 한다.

## (7) 보호장비의 종류 및 사용요건(법 제98조)

① 보호장비의 종류 : 수갑, 머리보호장비, 발목보호장비, 보호대, 보호의자, 보호침대, 보호복, 포승

② 보호장비의 종류별 사용요건은 다음과 같다.

ⓐ 수갑·포승 : 보호장비의 사용의 어느 하나에 해당하는 때

ⓑ 머리보호장비 : 머리부분을 자해할 우려가 큰 때

ⓒ 발목보호장비·보호대·보호의자 : 보호장비의 사용의 어느 하나에 해당하는 때

ⓓ 보호침대·보호복 : 자살·자해의 우려가 큰 때

## (8) 강제력의 행사(법 제100조)

① 교도관은 수용자가 다음의 어느 하나에 해당하면 강제력을 행사할 수 있다.

ⓐ 도주하거나 도주하려고 하는 때

ⓑ 자살하려고 하는 때

ⓒ 자해하거나 자해하려고 하는 때

ⓓ 다른 사람에게 위해를 끼치거나 끼치려고 하는 때

ⓔ 위력으로 교도관의 정당한 직무집행을 방해하는 때

ⓕ 교정시설의 설비·기구 등을 손괴하거나 손괴하려고 하는 때

ⓖ 그 밖에 시설의 안전 또는 질서를 크게 해치는 행위를 하거나 하려고 하는 때

② 교도관은 수용자 외의 사람이 다음의 어느 하나에 해당하면 강제력을 행사할 수 있다.

ⓐ 수용자를 도주하게 하려고 하는 때

ⓑ 교도관 또는 수용자에게 위해를 끼치거나 끼치려고 하는 때

ⓒ 위력으로 교도관의 정당한 직무집행을 방해하는 때

ⓓ 교정시설의 설비·기구 등을 손괴하거나 하려고 하는 때

ⓔ 교정시설에 침입하거나 하려고 하는 때

ⓕ 교정시설의 안에서 교도관의 퇴거요구를 받고도 이에 따르지 아니하는 때

③ 강제력을 행사하는 경우에는 보안장비를 사용할 수 있다.

④ 강제력을 행사하려면 사전에 상대방에게 이를 경고하여야 한다. 다만, 상황이 급박하여 경고할 시간적인 여유가 없는 때에는 그러하지 아니하다.

⑤ 강제력의 행사는 필요한 최소한도에 그쳐야 한다.

SEMI-NOTE

**보호장비 남용 금지(법 제99조)**

① 교도관은 필요한 최소한의 범위에서 보호장비를 사용하여야 하며, 그 사유가 없어지면 사용을 지체 없이 중단하여야 한다.

② 보호장비는 징벌의 수단으로 사용되어서는 아니 된다.

02장 교정학

**보안장비**
교도봉가스분사기가스총청류탄 등 사람의 생명과 신체의 보호, 도주의 방지 및 시설의 안전과 질서유지를 위하여 교도관이 사용하는 장비와 기구

## (9) 무기의 사용(법 제101조)

① 교도관은 다음의 어느 하나에 해당하는 사유가 있으면 수용자에 대하여 무기를 사용할 수 있다.

  ⊙ 수용자가 다른 사람에게 중대한 위해를 끼치거나 끼치려고 하여 그 사태가 위급한 때

  ⓒ 수용자가 폭행 또는 협박에 사용할 위험물을 지니고 있어 교도관이 버릴 것을 명령하였음에도 이에 따르지 아니하는 때

  ⓒ 수용자가 폭동을 일으키거나 일으키려고 하여 신속하게 제지하지 아니하면 그 확산을 방지하기 어렵다고 인정되는 때

  ⊙ 도주하는 수용자에게 교도관이 정지할 것을 명령하였음에도 계속하여 도주하는 때

  ⓜ 수용자가 교도관의 무기를 탈취하거나 탈취하려고 하는 때

  ⓗ 그 밖에 사람의 생명 · 신체 및 설비에 대한 중대하고도 뚜렷한 위험을 방지하기 위하여 무기의 사용을 피할 수 없는 때

② 교도관은 교정시설의 안에서 자기 또는 타인의 생명 · 신체를 보호하거나 수용자의 탈취를 저지하거나 건물 또는 그 밖의 시설과 무기에 대한 위험을 방지하기 위하여 급박하다고 인정되는 상당한 이유가 있으면 수용자 외의 사람에 대하여도 무기를 사용할 수 있다.

③ 교도관은 소장 또는 그 직무를 대행하는 사람의 명령을 받아 무기를 사용한다. 다만, 그 명령을 받을 시간적 여유가 없으면 그러하지 아니하다.

④ 무기를 사용하려면 공포탄을 발사하거나 그 밖에 적당한 방법으로 사전에 상대방에 대하여 이를 경고하여야 한다.

⑤ 무기의 사용은 필요한 최소한도에 그쳐야 하며, 최후의 수단이어야 한다.

## (10) 수용을 위한 체포(법 제103조)

① 교도관은 수용자가 도주 또는 제134조 각 호의 어느 하나에 해당하는 행위를 한 경우에는 도주 후 또는 출석기한이 지난 후 72시간 이내에만 그를 체포할 수 있다.

② 교도관은 체포를 위하여 긴급히 필요하면 도주등을 하였다고 의심할 만한 상당한 이유가 있는 사람 또는 도주등을 한 사람의 이동경로나 소재를 안다고 인정되는 사람을 정지시켜 질문할 수 있다.

③ 교도관은 질문을 할 때에는 그 신분을 표시하는 증표를 제시하고 질문의 목적과 이유를 설명하여야 한다.

④ 교도관은 체포를 위하여 영업시간 내에 공연장 · 여관 · 음식점 · 역, 그 밖에 다수인이 출입하는 장소의 관리자 또는 관계인에게 그 장소의 출입이나 그 밖에 특히 필요한 사항에 관하여 협조를 요구할 수 있다.

⑤ 교도관은 필요한 장소에 출입하는 경우에는 그 신분을 표시하는 증표를 제시하여야 하며, 그 장소의 관리자 또는 관계인의 정당한 업무를 방해하여서는 아니 된다.

① 천재지변이나 그 밖의 재해가 발생하여 시설의 안전과 질서유지를 위하여 긴급한 조치가 필요하면 소장은 수용자로 하여금 피해의 복구나 그 밖의 응급용무를 보조하게 할 수 있다.
② 천재지변이나 그 밖의 재해가 발생하여 시설의 안전과 질서유지를 위한 피난의 방법이 없는 경우에는 수용자를 다른 장소로 이송할 수 있다.
③ 소장은 이송이 불가능하면 수용자를 일시 석방할 수 있다.
④ 석방된 사람은 석방 후 24시간 이내에 교정시설 또는 경찰관서에 출석하여야 한다.

마약류사범 등의 관리(법 제104조)
① 소장은 마약류사범 · 조직폭력사범 등 법무부령으로 정하는 수용자에 대하여는 시설의 안전과 질서유지를 위하여 필요한 범위에서 다른 수용자와의 접촉을 차단하거나 계호를 엄중히 하는 등 법무부령으로 정하는 바에 따라 다른 수용자와 달리 관리할 수 있다.
② 소장은 관리하는 경우에도 기본적인 처우를 제한하여서는 아니 된다.

# 11. 규율과 상벌 ⭐ 빈출개념

## (1) 규율 등(법 제105조)

① 수용자는 교정시설의 안전과 질서유지를 위하여 법무부장관이 정하는 규율을 지켜야 한다.

② 수용자는 소장이 정하는 일과시간표를 지켜야 한다.

③ 수용자는 교도관의 직무상 지시에 따라야 한다.

## (2) 징벌(법 제107조)

소장은 수용자가 다음의 어느 하나에 해당하는 행위를 하면 징벌위원회의 의결에 따라 징벌을 부과할 수 있다.

① 형법, 폭력행위 등 처벌에 관한 법률, 그 밖의 형사 법률에 저촉되는 행위

② 수용생활의 편의 등 자신의 요구를 관철할 목적으로 자해하는 행위

③ 정당한 사유 없이 작업 · 교육 · 교화프로그램 등을 거부하거나 태만히 하는 행위

④ 금지물품을 지니거나 반입 · 제작 · 사용 · 수수 · 교환 · 은닉하는 행위

⑤ 다른 사람을 처벌받게 하거나 교도관의 직무집행을 방해할 목적으로 거짓 사실을 신고하는 행위

⑥ 그 밖에 시설의 안전과 질서유지를 위하여 법무부령으로 정하는 규율을 위반하는 행위

## (3) 징벌의 종류(법 제108조)

① 경고

② 50시간 이내의 근로봉사

③ 3개월 이내의 작업장려금 삭감

④ 30일 이내의 공동행사 참가 정지

⑤ 30일 이내의 신문열람 제한

⑥ 30일 이내의 텔레비전 시청 제한

⑦ 30일 이내의 자비구매물품(의사가 치료를 위하여 처방한 의약품을 제외한다) 사용 제한

⑧ 30일 이내의 작업 정지(신청에 따른 작업에 한정한다)

⑨ 30일 이내의 전화통화 제한

⑩ 30일 이내의 집필 제한

⑪ 30일 이내의 편지수수 제한

⑫ 30일 이내의 접견 제한

⑬ 30일 이내의 실외운동 정지

⑭ 30일 이내의 금치

## (4) 징벌의 부과(법 제109조)

① 공동행사 참가 정지부터 실외운동 정지까지의 처분은 함께 부과할 수 있다.

② 수용자가 다음의 어느 하나에 해당하면 작업장려금 삭감부터 금치까지의 규정에

SEMI-NOTE

**포상(법 제106조)**

소장은 수용자가 다음의 어느 하나에 해당하면 법무부령으로 정하는 바에 따라 포상할 수 있다.

① 사람의 생명을 구조하거나 도주를 방지한 때

② 응급용무에 공로가 있는 때

③ 시설의 안전과 질서유지에 뚜렷한 공이 인정되는 때

④ 수용생활에 모범을 보이거나 건설적이고 창의적인 제안을 하는 등 특히 포상할 필요가 있다고 인정되는 때

**징벌집행의 정지 · 면제**

• 소장은 질병이나 그 밖의 사유로 징벌집행이 곤란하면 그 사유가 해소될 때까지 그 집행 일시 정지 가능

• 소장은 징벌집행 중인 사람이 뉘우치는 빛이 뚜렷한 경우에는 그 징벌을 감경하거나 남은 기간의 징벌집행을 면제 가능

SEMI-NOTE

**징벌대상자의 조사(법 제110조)**

① 소장은 징벌사유에 해당하는 행위를 하였다고 의심할 만한 상당한 이유가 있는 수용자가 다음의 어느 하나에 해당하면 조사기간 중 분리하여 수용할 수 있다.

㉠ 증거를 인멸할 우려가 있는 때

㉡ 다른 사람에게 위해를 끼칠 우려가 있거나 다른 수용자의 위해로부터 보호할 필요가 있는 때

② 소장은 징벌대상자가 ①의 어느 하나에 해당하면 접견 · 편지수수 · 전화통화 · 실외운동 · 작업 · 교육훈련, 공동행사 참가, 중간처우 등 다른 사람과의 접촉이 가능한 처우의 전부 또는 일부를 제한할 수 있다.

**징벌대상행위에 관한 양형 참고자료 통보**

소장은 미결수용자에게 징벌을 부과한 경우에는 그 징벌대상행위를 양형 참고 자료로 작성하여 관할 검찰청 검사 또는 관할 법원에 통보할 수 있다(법 제111조의2).

서 정한 징벌의 장기의 2분의 1까지 가중할 수 있다.

㉠ 2 이상의 징벌사유가 경합하는 때

㉡ 징벌이 집행 중에 있거나 징벌의 집행이 끝난 후 또는 집행이 면제된 후 6개월 내에 다시 징벌사유에 해당하는 행위를 한 때

③ 징벌은 동일한 행위에 관하여 거듭하여 부과할 수 없으며, 행위의 동기 및 경중, 행위 후의 정황, 그 밖의 사정을 고려하여 수용목적을 달성하는 데에 필요한 최소한도에 그쳐야 한다.

④ 징벌사유가 발생한 날부터 2년이 지나면 이를 이유로 징벌을 부과하지 못한다.

## (5) 징벌위원회(법 제111조)

① 징벌대상자의 징벌을 결정하기 위하여 교정시설에 징벌위원회를 둔다.

② 위원회는 위원장을 포함한 5명 이상 7명 이하의 위원으로 구성하고, 위원장은 소장의 바로 다음 순위자가 되며, 위원은 소장이 소속 기관의 과장 및 교정에 관한 학식과 경험이 풍부한 외부인사 중에서 임명 또는 위촉한다. 이 경우 외부위원은 3명 이상으로 한다.

③ 위원회는 소장의 징벌요구에 따라 개회하며, 징벌은 그 의결로써 정한다.

④ 위원이 징벌대상자의 친족이거나 그 밖에 공정한 심의 · 의결을 기대할 수 없는 특별한 사유가 있는 경우에는 위원회에 참석할 수 없다.

⑤ 징벌대상자는 위원에 대하여 기피신청을 할 수 있다. 이 경우 위원회의 의결로 기피 여부를 결정하여야 한다.

⑥ 위원회는 징벌대상자가 위원회에 출석하여 충분한 진술을 할 수 있는 기회를 부여하여야 하며, 징벌대상자는 서면 또는 말로써 자기에게 유리한 사실을 진술하거나 증거를 제출할 수 있다.

## (6) 징벌의 집행(법 제112조)

① 징벌은 소장이 집행한다.

② 소장은 징벌집행을 위하여 필요하다고 인정하면 수용자를 분리하여 수용할 수 있다.

③ 처분을 받은 사람에게는 그 기간 중 처우제한이 함께 부과된다. 다만, 소장은 수용자의 권리구제, 수형자의 교화 또는 건전한 사회복귀를 위하여 특히 필요하다고 인정하면 집필 · 편지수수 또는 접견을 허가할 수 있다.

④ 소장은 처분을 받은 사람에게 다음의 어느 하나에 해당하는 사유가 있어 필요하다고 인정하는 경우에는 건강유지에 지장을 초래하지 아니하는 범위에서 실외운동을 제한할 수 있다.

㉠ 도주의 우려가 있는 경우

㉡ 자해의 우려가 있는 경우

㉢ 다른 사람에게 위해를 끼칠 우려가 있는 경우

㉣ 그 밖에 시설의 안전 또는 질서를 크게 해칠 우려가 있는 경우로서 법무부령으로 정하는 경우

⑤ 소장은 실외운동 정지를 부과하는 경우 또는 실외운동을 제한하는 경우라도 수용자가 매주 1회 이상 실외운동을 할 수 있도록 하여야 한다.

⑥ 소장은 처분을 집행하는 경우에는 의무관으로 하여금 사전에 수용자의 건강을 확인하도록 하여야 하며, 집행 중인 경우에도 수시로 건강상태를 확인하여야 한다.

## (7) 징벌의 실효 등(법 제115조)

① 소장은 징벌의 집행이 종료되거나 집행이 면제된 수용자가 교정성적이 양호하고 법무부령으로 정하는 기간 동안 징벌을 받지 아니하면 법무부장관의 승인을 받아 징벌을 실효시킬 수 있다.

② 소장은 수용자가 교정사고 방지에 뚜렷한 공로가 있다고 인정되면 분류처우위원회의 의결을 거친 후 법무부장관의 승인을 받아 징벌을 실효시킬 수 있다.

## 12. 사회적 처우 내지 개방처우

### (1) 등장배경

① 교정시설의 안을 시설이 밖과 가장 근접하게 만드는 것을 목적으로 하는 교육형주의에서 비롯됨

② 획일적 구금이 개별처우라는 이념에 부합하지 않았기 때문에 등장하게 됨

③ **방안** : 외부통근제, 외부통학제, 외부통원제, 주말구금, 휴일구금, 야간구금, 단속구금 등

### (2) 사회적 처우의 개념

① 시설내처우에 기반을 두면서 시설의 폐쇄성을 완화하고 구금의 폐해를 최소화하는 것

② 개방시설에 처우하는 것은 도주방지를 위한 통상적인 설비의 전부 또는 일부를 갖추지 아니하고 수형자의 자율적 활동이 가능하도록 통상적인 관리·감시의 전부 또는 일부를 하지 아니하는 교정시설에 처우하는 것

③ 범죄자를 시설에 수용하지 않고 사회에서 일반인들과 같이 생활하게 하는 사회내처우와 다름

④ 사회적 처우는 형벌의 인도화, 형벌의 효율화, 사회복귀의 촉진, 단기자유형의 폐해 완화, 수형자의 신체 및 건강증진, 가족과의 유대강화에 효과

### (3) 귀휴제도

① 의의

㉠ 교도소에서 복역중인 죄수가 출소하기 직전이나 일정한 사유에 따라 잠시 휴가를 얻어 교도소 밖으로 나오는 것

㉡ 일정기간 징역, 금고형을 집행받고 교정성적이 우수한 수형자에 대하여 일정기간 행선지를 정해서 외출이나 외박을 허가하는 제도

㉢ 반사유처우의 일종으로 형벌휴가제도 또는 외출·외박제도

SEMI-NOTE

**징벌집행의 유예(법 제114조)**

① 징벌위원회는 징벌을 의결하는 때에 행위의 동기 및 정황, 교정성적, 뉘우치는 정도 등 그 사정을 고려할 만한 사유가 있는 수용자에 대하여 2개월 이상 6개월 이하의 기간 내에서 징벌의 집행을 유예할 것을 의결할 수 있다.

② 소장은 징벌집행의 유예기간 중에 있는 수용자가 다시 징벌대상행위를 하여 징벌이 결정되면 그 유예한 징벌을 집행한다.

③ 수용자가 징벌집행을 유예받은 후 징벌을 받음이 없이 유예기간이 지나면 그 징벌의 집행은 종료된 것으로 본다.

**사회적 처우**

국민의 정서와 응보적 법감정에는 부합하지 않는 것이 특징

**귀휴사유**

- 직계존속, 배우자, 배우자의 직계존속 또는 본인의 회갑일이나 고희일인 때
- 본인 또는 형제자매의 혼례가 있는 때
- 직계비속이 입대하거나 해외유학을 위하여 출국하게 된 때
- 직업훈련을 위하여 필요한 때
- 국내기능경기대회의 준비 및 참가를 위하여 필요한 때
- 출소 전 취업 또는 창업 등 사회복귀 준비를 위하여 필요한 때
- 입학식 · 졸업식 또는 시상식에 참석하기 위하여 필요한 때
- 출석수업을 위하여 필요한 때
- 각종 시험에 응시하기 위하여 필요한 때
- 그 밖에 가족과의 유대강화 또는 사회적응능력 향상을 위하여 특히 필요한 때

**귀휴조건**

귀휴를 허가하는 경우 붙일 수 있는 조건은 다음과 같다(규칙 제140조).
① 귀휴지 외의 지역 여행 금지
② 유흥업소, 도박장, 성매매업소 등 건전한 풍속을 해치거나 재범 우려가 있는 장소 출입 금지
③ 피해자 또는 공범 · 동종범죄자 등과의 접촉금지
④ 귀휴지에서 매일 1회 이상 소장에게 전화보고
⑤ 그 밖에 귀휴 중 탈선 방지 또는 귀휴 목적 달성을 위하여 필요한 사항

② 귀휴(법 제77조)

㉠ 소장은 6개월 이상 형을 집행받은 수형자로서 그 형기의 3분의 1(21년 이상의 유기형 또는 무기형의 경우에는 7년)이 지나고 교정성적이 우수한 사람이 다음의 어느 하나에 해당하면 1년 중 20일 이내의 귀휴를 허가할 수 있다.

- 가족 또는 배우자의 직계존속이 위독한 때
- 질병이나 사고로 외부의료시설에의 입원이 필요한 때
- 천재지변이나 그 밖의 재해로 가족, 배우자의 직계존속 또는 수형자 본인에게 회복할 수 없는 중대한 재산상의 손해가 발생하였거나 발생할 우려가 있는 때
- 그 밖에 교화 또는 건전한 사회복귀를 위하여 법무부령으로 정하는 사유가 있는 때

㉡ 소장은 다음의 어느 하나에 해당하는 사유가 있는 수형자에 대하여는 5일 이내의 특별귀휴를 허가할 수 있다.

- 가족 또는 배우자의 직계존속이 사망한 때
- 직계비속의 혼례가 있는 때

㉢ 소장은 귀휴를 허가하는 경우에 법무부령으로 정하는 바에 따라 거소의 제한이나 그 밖에 필요한 조건을 붙일 수 있다.

㉣ 귀휴기간은 형 집행기간에 포함한다.

③ 귀휴 허가(규칙 제129조)

㉠ 소장은 귀휴를 허가하는 경우에는 귀휴심사위원회의 심사를 거쳐야 한다.

㉡ 소장은 개방처우급 · 완화경비처우급 수형자에게 귀휴를 허가할 수 있다. 다만, 교화 또는 사회복귀 준비 등을 위하여 특히 필요한 경우에는 일반경비처우급 수형자에게도 이를 허가할 수 있다.

④ 귀휴자에 대한 조치(법 제78조)

㉠ 소장은 2일 이상의 귀휴를 허가한 경우에는 귀휴를 허가받은 사람의 귀휴지를 관할하는 경찰관서의 장에게 그 사실을 통보하여야 한다.

㉡ 귀휴자는 귀휴 중 천재지변이나 그 밖의 사유로 자신의 신상에 중대한 사고가 발생한 경우에는 가까운 교정시설이나 경찰관서에 신고하여야 하고 필요한 보호를 요청할 수 있다.

㉢ 보호 요청을 받은 교정시설이나 경찰관서의 장은 귀휴를 허가한 소장에게 그 사실을 지체 없이 통보하고 적절한 보호조치를 하여야 한다.

⑤ 귀휴허가증 발급 등 : 소장은 귀휴를 허가한 때에는 귀휴허가부에 기록하고 귀휴허가를 받은 수형자에게 귀휴허가증을 발급하여야 한다(규칙 제139조).

⑥ 동행귀휴 등(규칙 제141조)

㉠ 소장은 수형자에게 귀휴를 허가한 경우 필요하다고 인정하면 교도관을 동행시킬 수 있다.

㉡ 소장은 귀휴자의 가족 또는 보호관계에 있는 사람으로부터 보호서약서를 제출받아야 한다.

㉢ 경찰관서의 장에게 귀휴사실을 통보하는 경우에는 수형자 귀휴사실 통보서에 따른다.

⑦ **귀휴비용 등(규칙 제142조)**

㉠ 귀휴자의 여비와 귀휴 중 착용할 복장은 본인이 부담한다.

㉡ 소장은 귀휴자가 신청할 경우 작업장려금의 전부 또는 일부를 귀휴비용으로 사용하게 할 수 있다.

⑧ **귀휴의 취소** : 소장은 귀휴 중인 수형자가 다음의 어느 하나에 해당하면 그 귀휴를 취소할 수 있다(법 제78조).

㉠ 귀휴의 허가사유가 존재하지 아니함이 밝혀진 때

㉡ 거소의 제한이나 그 밖에 귀휴허가에 붙인 조건을 위반한 때

---

**실력up  귀휴심사위원회의 심사사항**

- **수용관계** : 건강상태, 징벌유무 등 수용생활 태도, 작업·교육의 근면·성실 정도, 작업장려금 및 보관금, 사회적 처우의 시행 현황, 공범·동종범죄자 또는 심사대상자가 속한 범죄단체 구성원과의 교류 정도
- **범죄관계** : 범행 시의 나이, 범죄의 성질 및 동기, 공범관계, 피해의 회복 여부 및 피해자의 감정, 피해자에 대한 보복범죄의 가능성, 범죄에 대한 사회의 감정
- **환경관계** : 가족 또는 보호자, 가족과의 결속 정도, 보호자의 생활상태, 접견·전화통화의 내용 및 횟수, 귀휴예정지 및 교통·통신 관계, 공범·동종범죄자 또는 심사대상자가 속한 범죄단체의 활동상태 및 이와 연계한 재범 가능성

---

## (4) 부부특별면회제도

① **의의** : 배우자가 있는 수형자에게 배우자와의 면회기간에 교정시설 내의 일정한 숙박시설에서 일정시간 함께 할 수 있는 제도이며, 자녀가 있는 경우 자녀도 함께 할 수 있음

② **장·단점**

㉠ **장점** : 수형자의 성적 긴장감 감소, 부부관계의 유대감을 증대시켜 혼인관계 유지에 도움

㉡ **단점** : 수형자가 미혼인 경우 형평성의 문제, 국민의 응보형 법감정에 배치, 시설 설치에 따른 비용의 증가 등

③ **가족 만남의 날 행사 등(규칙 제89조)**

㉠ 소장은 개방처우급·완화경비처우급 수형자에 대하여 가족 만남의 날 행사에 참여하게 하거나 가족 만남의 집을 이용하게 할 수 있으나, 이 경우 접견 허용횟수에는 포함 불가

㉡ 소장은 가족이 없는 수형자에 대하여는 결연을 맺었거나 그 밖에 가족에 준하는 사람으로 하여금 그 가족을 대신하게 할 수 있다.

㉢ 소장은 교화를 위하여 특히 필요한 경우에는 일반경비처우급 수형자에 대하여도 가족 만남의 날 행사 참여 또는 가족 만남의 집 이용을 허가할 수 있다.

## (5) 주말구금제도

① **의의** : 평일에는 일반사회인과 다름없이 생활하게 하고 토요일 저녁부터 월요일 이침까지 형을 집행하는 분할집행방식

---

**귀휴조건 위반에 대한 조치**

소장은 귀휴자가 귀휴조건을 위반한 경우에는 귀휴를 취소하거나 이의 시정을 위하여 필요한 조치를 하여야 한다(규칙 제143조).

**귀휴심사위원회의 설치 및 구성**

- 수형자의 귀휴허가에 관한 심사를 하기 위하여 교정시설에 귀휴심사위원회를 둠
- 위원회는 위원장을 포함한 6명 이상 8명 이하의 위원으로 구성
- 위원장은 소장이 되며, 위원은 소장이 소속기관의 부소장·과장 및 교정에 관한 학식과 경험이 풍부한 외부인사 중에서 임명 또는 위촉하고 이 경우 외부위원은 2명 이상

**주말구금제도**
한국은 현재 시행하고 있지 않음

② 연혁 : 독일 소년법원이 소년 구금의 한 형태로 휴일구금을 하여 출발하게 됨

③ 특징

ㄱ 단기수형자에 대하여만 효과가 있고 장기수형자의 경우에는 실효성이 없음

ㄴ 대상자의 주거나 직장에서 멀지 않은 곳에 적당한 시설을 마련해야 함

### (6) 사회봉사활동, 사회견학, 외부종교행사 참석

① 수형자는 교화 또는 건전한 사회복귀를 위하여 교정시설 밖의 적당한 장소에서 봉사활동·견학, 그 밖에 사회적응에 필요한 처우를 받을 수 있다(법 제57조 제5항).

② 사회적 처우 : 소장은 개방처우급·완화경비처우급 수형자에 대하여 교정시설 밖에서 이루어지는 다음에 해당하는 활동을 허가할 수 있다. 다만, 처우상 특히 필요인 경우에는 일반경비처우급 수형자에게도 이를 허가할 수 있다(규칙 제92조 제1항).

ㄱ 사회견학

ㄴ 사회봉사

ㄷ 자신이 신봉하는 종교행사 참석

ㄹ 연극, 영화, 그 밖의 문화공연 관람

## 13. 미결수용자 처우

### (1) 미결수용자의 의의와 처우

① 의의

ㄱ 미결 : 확정판결이 내려지지 않은 상태에서 절차 및 형의 집행을 확보하기 위하여 시설에 수용하는 것

ㄴ 미결수용자 : 형사피의자나 형사피고인으로서 체포되거나 구속영장의 집행을 받아 교정시설에 수용된 사람

② 처우 : 미결수용자에 대한 처우도 대부분 수형자의 규정을 적용하고 있고, 무죄추정에 따른 처우규정을 둠

### (2) 미결수용자 처우의 기본원칙

① 무죄추정의 원칙 : 미결수용자는 무죄의 추정을 받으며 그에 합당한 처우를 받는다(법 제79조).

② 기본권 제한 : 미결수용자의 기본권제한은 구금목적을 달성하거나 시설의 안전과 질서유지를 위한 필요최소한도의 범위에서 허용

### (3) 미결수용자의 처우

① 구분수용 : 미결수용자는 구치소에 수용한다(법 제11조 제1항).

② 미결수용시설의 설비 및 계호의 정도 : 미결수용자를 수용하는 시설의 설비 및 계호의 정도는 일반경비시설에 준한다(영 제98조).

③ 법률구조 지원 : 소장은 미결수용자가 빈곤하거나 무지하여 수사 및 재판 과정에서 권리를 충분히 행사하지 못한다고 인정하는 경우에는 법률구조에 필요한 지

**미결수용자의 처우**

미결수용자에 대하여 유죄를 전제로 하거나 유죄를 추정하게 하는 처우를 해서는 안 됨

**공범 분리**

소장은 이송이나 출정, 그 밖의 사유로 미결수용자를 교정시설 밖으로 호송하는 경우에는 해당 사건에 관련된 사람과 호송 차량의 좌석을 분리하는 등의 방법으로 서로 접촉하지 못하게 하여야 한다(영 제100조).

원을 할 수 있다(영 제99조).

④ **분리수용** : 수형자와 미결수용자, 19세 이상의 수형자와 19세 미만의 수형자를 같은 교정시설에 수용하는 경우에는 서로 분리하여 수용한다(법 제13조 제2항). 소장은 미결수용자로서 사건에 서로 관련이 있는 사람은 분리수용하고 서로 간의 접촉을 금지하여야 한다(법 제81조).

⑤ **참관금지** : 미결수용자가 수용된 거실은 참관할 수 없다(법 제80조).

⑥ **사복착용** : 미결수용자는 수사·재판·국정감사 또는 법률로 정하는 조사에 참석할 때에는 사복을 착용할 수 있다. 다만, 소장은 도주우려가 크거나 특히 부적당한 사유가 있다고 인정하면 교정시설에서 지급하는 의류를 입게 할 수 있다(법 제82조).

⑦ **이발** : 미결수용자의 머리카락과 수염은 특히 필요한 경우가 아니면 본인의 의사에 반하여 짧게 깎지 못한다(법 제83조).

⑧ **변호인과의 접견 및 편지수수(법 제84조)**
　㉠ 미결수용자와 변호인과의 접견에는 교도관이 참여하지 못하며 그 내용을 청취 또는 녹취하지 못한다. 다만, 보이는 거리에서 미결수용자를 관찰할 수 있다.
　㉡ 미결수용자와 변호인 간의 접견은 시간과 횟수를 제한하지 아니한다.
　㉢ 미결수용자와 변호인 간의 편지는 교정시설에서 상대방이 변호인임을 확인할 수 없는 경우를 제외하고는 검열할 수 없다.

⑨ **접견 횟수** : 미결수용자의 접견 횟수는 매일 1회로 하되, 변호인과의 접견은 그 횟수에 포함시키지 않는다(영 제101조).

⑩ **접견의 예외** : 소장은 미결수용자의 처우를 위하여 특히 필요하다고 인정하면 접견 시간대 외에도 접견하게 할 수 있고, 변호인이 아닌 사람과 접견하는 경우에도 접견시간을 연장하거나 접견 횟수를 늘릴 수 있다(영 제102조).

⑪ **작업과 교화(법 제86조)**
　㉠ 소장은 미결수용자에 대하여는 신청에 따라 교육 또는 교화프로그램을 실시하거나 작업을 부과할 수 있다.
　㉡ 미결수용자에게 교육 또는 교화프로그램을 실시하거나 작업을 부과하는 경우에는 기결수용자의 교육, 작업에 관한 규정을 준용한다.

⑫ **도주 등 통보** : 소장은 미결수용자가 도주하거나 도주한 미결수용자를 체포한 경우에는 그 사실을 검사에게 통보하고, 기소된 상태인 경우에는 법원에도 지체 없이 통보하여야 한다(영 제104조).

⑬ **사망 등 통보** : 소장은 미결수용자가 위독하거나 사망한 경우에는 그 사실을 검사에게 통보하고, 기소된 상태인 경우에는 법원에도 지체 없이 통보하여야 한다(영 제105조).

⑭ **외부의사의 진찰 등** : 미결수용자가 외부의사의 진료를 받는 경우에는 교도관이 참여하고 그 경과를 수용기록부에 기록하여야 한다(영 제106조).

## (4) 미결수용의 문제점

① 미결수용은 실질적 형벌
② 구금장소의 부족과 열악한 미결수용으로 과밀수용되어 적합한 처우가 불가능

**유치장**
경찰관서에 설치된 유치장은 교정시설의 미결수용실로 보아 이 법을 준용하며, 경찰관서에 설치된 유치장에는 수형자를 30일 이상 수용할 수 없음

**조사 등에서의 특칙**
소장은 미결수용자가 징벌대상자로서 조사받고 있거나 징벌집행 중인 경우에도 소송서류의 작성, 변호인과의 접견·편지수수, 그 밖의 수사 및 재판 과정에서의 권리행사를 보장하여야 한다(법 제85조).

**교육·교화와 작업(영 제103조)**
① 미결수용자에 대한 교육·교화프로그램 또는 작업은 교정시설 밖에서 행하는 것은 포함하지 아니한다.
② 소장은 작업이 부과된 미결수용자가 작업의 취소를 요청하는 경우에는 그 미결수용자의 의사, 건강 및 교도관의 의견 등을 고려하여 작업을 취소할 수 있다.

**미결수용의 개선방안**
• 구금시설의 개선과 증설
• 구속수사의 지양
• 석방제도의 활용
• 수사 및 심리의 신속

③ 범죄에 감염될 우려 높음

④ 구치시설이 외곽에 있어 출정계호상의 문제

## 14. 수형자 등 호송(수형자 등 호송규정) ★ 빈출개념

### (1) 호송공무원(규정 제2조)

교도소 · 구치소 및 그 지소 간의 호송은 <u>교도관</u>이 행하며, 그 밖의 호송은 경찰관 또는 사법경찰관리로서의 직무를 수행하는 <u>검찰청</u> 직원이 행한다.

### (2) 호송방법(규정 제3조)

① 호송은 피호송자를 받아야 할 관서 또는 출부하여야 할 장소와 유치할 장소에 곧바로 호송한다.

② 호송은 필요에 의하여 차례로 여러곳을 거쳐서 행할 수 있다.

### (3) 호송장 등(규정 제4조)

① 발송관서는 호송관에게 피호송자를 인도하는 동시에 호송장 기타 필요한 서류를 내어주어야 한다.

② 교도관이 호송하는 때에는 신분장 및 영치금품 송부서를 호송장으로 대용할 수 있다.

### (4) 영치금품의 처리(규정 제6조)

피호송자의 영치금품은 다음과 같이 처리한다.

① 영치금은 발송관서에서 수송관서에 전자금융을 이용하여 송금한다. 다만, 소액의 금전 또는 당일 호송을 마칠 수 있는 때에는 호송관에게 탁송할 수 있다.

② 피호송자가 법령에 의하여 호송 중에 물품 등을 자신의 비용으로 구매할 수 있는 때에 그 청구가 있으면 필요한 금액을 호송관에게 탁송하여야 한다.

③ 영치품은 호송관에게 탁송한다. 다만, 위험하거나 호송관이 휴대하기 적당하지 아니한 영치품은 발송관서에서 수송관서에 직송할 수 있다.

④ 송치중의 영치금품을 호송관에게 탁송한 때에는 호송관서에 보관책임이 있고, 그러하지 아니한 때에는 발송관서에 보관책임이 있다.

### (5) 피호송자의 숙박(규정 제8조)

① 피호송자의 숙박은 열차 · 선박 및 항공기를 제외하고는 경찰관서 또는 교정시설을 이용하여야 하며, 숙박의뢰를 받은 경찰관서의 장 또는 교정시설의 장은 부득이 한 경우를 제외하고는 이를 거절할 수 없다.

② 곤란한 때에는 다른 숙소를 정할 수 있다.

### (6) 피호송자의 도주 등(규정 제10조)

① 피호송자가 도주한 때에는 호송관은 즉시 그 지방 및 인근 경찰관서와 호송관서에 통지하여야 하며, 호송관서는 관할 지방검찰청, 사건소관 검찰청, 호송을 명

**수송관서에의 통지(규정 제5조)**
발송관서는 미리 수송관서에 대하여 피호송자의 성명 · 발송시일 · 호송사유 및 방법을 통지하여야 한다.

**호송시간(규정 제7조)**
호송은 일출전 또는 일몰후에는 행할 수 없다. 다만, 열차 · 선박 · 항공기를 이용하는 때 또는 특별한 사유가 있는 때에는 예외로 한다.

**피호송자의 질병 등(규정 제11조)**
① 피호송자가 질병에 걸렸을 때에는 적당한 치료를 하여야 하며, 호송을 계속할 수 없다고 인정한 때에는 피호송자를 그 서류 및 금품과 함께 인근 교정시설 또는 경찰관서에 일시 유치할 수 있다.

② 피호송자를 유치한 관서는 피호송자의 치료 등에 적극 협조하여야 한다.

③ 질병이 치유된 때에는 관서는 즉시 호송을 계속 진행하고 발송관서에 통지해야 한다.

령한 관서, 발송관서 및 수송관서에 통지하여야 한다.

② 서류와 금품은 발송관서에 반환하여야 한다.

### (7) 피호송자의 사망 등(규정 제12조)

① 피호송자가 사망한 경우 호송관서는 사망지 관할 검사의 지휘에 따라 그 인근 경찰관서 또는 교정시설의 협조를 얻어 피호송자의 사망에 따른 업무를 처리한다.

② 피호송자가 열차 · 선박 또는 항공기에서 사망한 경우 호송관서는 최초 도착한 곳의 관할 검사의 지휘에 따라 그 인근 경찰관서 또는 교정시설의 협조를 얻어 제1항에 따른 업무를 처리한다.

③ 호송관서는 피호송자가 사망한 즉시 발송관서 · 수송관서 및 사망자의 가족에게 사망일시, 장소 및 원인 등을 통지하여야 한다.

④ 통지를 받을 가족이 없거나, 통지를 받은 가족이 통지를 받은 날부터 3일 내에 그 시신을 인수하지 않으면 임시로 매장하여야 한다.

## 15. 사형확정자의 처우

### (1) 사형확정자의 수용

① 사형확정자의 수용(법 제89조)

  ㉠ 사형확정자는 독거수용한다. 다만, 자살방지, 교육 · 교화프로그램, 작업, 그 밖의 적절한 처우를 위하여 필요한 경우에는 법무부령으로 정하는 바에 따라 혼거수용할 수 있다.

  ㉡ 사형확정자가 수용된 거실은 참관할 수 없다.

② 사형확정자 수용시설의 설비 및 계호의 정도 : 사형확정자를 수용하는 시설의 설비 및 계호의 정도는 일반경비시설 또는 중경비시설에 준한다(영 제108조).

③ 구분수용 등(규칙 제150조)

  ㉠ 사형확정자의 심리적 안정 도모 또는 교정시설의 안전과 질서유지를 위하여 특히 필요하다고 인정하는 경우에는 교도소에 수용할 사형확정자를 구치소에 수용할 수 있고, 구치소에 수용할 사형확정자를 교도소에 수용할 수 있다.

  ㉡ 소장은 사형확정자의 자살 · 도주 등의 사고를 방지하기 위하여 필요한 경우에는 사형확정자와 미결수용자를 혼거수용할 수 있고, 사형확정자의 교육 · 교화프로그램, 작업 등의 적절한 처우를 위하여 필요한 경우에는 사형확정자와 수형자를 혼거수용할 수 있다.

  ㉢ 사형확정자의 번호표 및 거실표의 색상은 붉은색으로 한다.

④ 이송 : 소장은 사형확정자의 교육 · 교화프로그램, 작업 등을 위하여 필요하거나 교정시설의 안전과 질서유지를 위하여 특히 필요하다고 인정하는 경우에는 법무부장관의 승인을 받아 사형확정자를 다른 교정시설로 이송할 수 있다(규칙 제151조).

⑤ 전담교정시설 수용 : 사형확정자에 대한 교육 · 교화프로그램, 작업 등의 처우를 위하여 법무부장관이 정하는 전담교정시설에 수용할 수 있다(규칙 제155조).

SEMI-NOTE

**구분수용 등(규칙 제150조)**

사형확정자는 사형집행시설이 설치되어 있는 교정시설에 수용하되, 다음과 같이 구분하여 수용한다.

- **교도소** : 교도소 수용 중 사형이 확정된 사람, 교도소에서 교육 · 교화프로그램 또는 신청에 따른 작업을 실시할 필요가 있다고 인정되는 사람
- **구치소** : 구치소 수용 중 사형이 확정된 사람, 교도소에서 교육 · 교화프로그램 또는 신청에 따른 작업을 실시할 필요가 없다고 인정되는 사람

## (2) 상담 등

① 개인상담 등(법 제90조)
   ⊙ 소장은 사형확정자의 심리적 안정 및 원만한 수용생활을 위하여 교육 또는 교화프로그램을 실시하거나 신청에 따라 작업을 부과할 수 있다.
   ⓛ 사형확정자에 대한 교육 · 교화프로그램, 작업, 그 밖의 처우에 필요한 사항은 법무부령으로 정한다.
② 상담(영 제152조)
   ⊙ 소장은 사형확정자의 심리적 안정 및 원만한 수용생활을 위하여 소속 교도관으로 하여금 지속적인 상담을 하게 하여야 한다.
   ⓛ 사형확정자에 대한 상담시기, 상담계획기 기법, 상담결과 기기 등에 관하여는 엄중관리의 상담 규정을 준용한다.

## (3) 작업 (영 제153조)

① 소장은 사형확정자가 작업을 신청하면 교도관회의의 심의를 거쳐 교정시설 안에서 실시하는 작업을 부과할 수 있다. 이 경우 부과하는 작업은 심리적 안정과 원만한 수용생활을 도모하는 데 적합한 것이어야 한다.
② 소장은 작업이 부과된 사형확정자에 대하여 교도관회의의 심의를 거쳐 구분수용 규정을 적용하지 아니할 수 있다.
③ 소장은 작업이 부과된 사형확정자가 작업의 취소를 요청하면 사형확정자의 의사(意思) · 건강, 담당교도관의 의견 등을 고려하여 작업을 취소할 수 있다.

## (4) 접견 및 통화

① 접견 횟수 : 사형확정자의 접견 횟수는 매월 4회로 한다(영 제109조).
② 접견의 예외 : 소장은 사형확정자의 교화나 심리적 안정을 도모하기 위하여 특히 필요하다고 인정하면 접견 시간대 외에도 접견을 하게 할 수 있고 접견시간을 연장하거나 접견 횟수를 늘릴 수 있다(영 제110조).
③ 전화통화 : 소장은 사형확정자의 심리적 안정과 원만한 수용생활을 위하여 필요하다고 인정하는 경우에는 월 3회 이내의 범위에서 전화통화를 허가할 수 있다(규칙 제156조).

## (5) 사형의 집행

① 사형의 집행(법 제91조)
   ⊙ 사형은 교정시설의 사형장에서 집행한다.
   ⓛ 공휴일과 토요일에는 사형을 집행하지 아니한다.
② 사형집행 후의 검시 : 소장은 사형을 집행하였을 경우에는 시신을 검사한 후 5분이 지나지 아니하면 교수형에 사용한 줄을 풀지 못한다(영 제111조).
③ 교정시설에 수용중인 사형확정자에 대해서는 법무부장관의 명령으로 집행하며 사형집행의 명령은 판결이 확정된 날로부터 6월 이내에 하여야 하며, 법무부장관이 사형을 집행을 명한 때에는 5일 이내에 집행하여야 하고, 집행은 교수형으

로 하고 군형법은 총살형

## 16. 수형자의 법적 지위와 처우

### (1) 수용자의 인권과 법적 지위

① 의의 : 수형자가 가지는 권리와 의무 및 처우에 관한 국가와의 관계를 말함

② 수형자의 기본권

  ⊙ 모든 국민은 인간으로서의 존엄과 가치를 가지며 행복을 추구할 권리를 가진 다고 헌법 제10조에 규정되어 있으므로 수형자도 당연히 국민의 한 사람으로 기본권의 주체

  ⓒ 수용자의 인권은 최대한으로 존중되어야 한다고 규정

  ⓒ 수용자 처우에 관한 유엔 최저기준규칙, 일명 만데라규칙에서는 수용자의 권리보장과 사회복귀를 위한 처우를 강조하고, 고통증대금지를 권고

### (2) 수형자의 권리제한과 한계

① 수형자는 원칙적으로 형벌에 따라 제한된 기본권 이외에는 기본권을 향유할 지위를 갖고 있음

② 기본권 제한의 한계 : 국가안전보장, 질서유지 또는 공공복리를 위하여 필요한 경우 법률로 제한할 수 있으나 이는 목적달성을 위한 필요한 경우에 한하며, 수용자의 자유와 권리에 대한 제한은 목적의 정당성, 수단의 적합성, 침해의 최소성, 법익균형성이 고려되어야 함

## 17. 권리구제제도

### (1) 소장 면담

① 소장 면담(법 제116조)

  ⊙ 수용자는 그 처우에 관하여 소장에게 면담을 신청할 수 있다.

  ⓒ 소장은 수용자의 면담신청이 있으면 다음의 어느 하나에 해당하는 사유가 있는 경우를 제외하고는 면담을 하여야 한다.

  ⓒ 소장은 특별한 사정이 있으면 소속 교도관으로 하여금 그 면담을 대리하게 할 수 있다. 이 경우 면담을 대리한 사람은 그 결과를 소장에게 지체 없이 보고하여야 한다.

  ⓔ 소장은 면담한 결과 처리가 필요한 사항이 있으면 그 처리결과를 수용자에게 알려야 한다.

② 소장면담 순서(영 제138조)

  ⊙ 소장은 수용자가 면담을 신청한 경우에는 그 인적사항을 면담부에 기록하고 특별한 사정이 없으면 신청한 순서에 따라 면담하여야 한다.

  ⓒ 소장은 수용자를 면담한 경우에는 그 요지를 면담부에 기록하여야 한다.

  ⓒ 소장은 수용자의 면담 신청을 받아들이지 아니하는 경우에는 그 사유를 해당 수용자에게 알려주어야 한다.

**소장면담이 불가능한 사유**
- 정당한 사유 없이 면담사유를 밝히지 아니하는 때
- 면담목적이 법령에 명백히 위배되는 사항을 요구하는 것인 때
- 동일한 사유로 면담한 사실이 있음에도 불구하고 정당한 사유 없이 반복하여 면담을 신청하는 때
- 교도관의 직무집행을 방해할 목적이라고 인정되는 상당한 이유가 있는 때

**소장의 취소명령**

청원이 채택되더라도 즉시 당해 처분이 무효나 취소 등의 효력이 발생하지 않고 소장의 취소명령이 이루어져야 효력 발생

**순회점검**

감독관청의 감독작용으로 법무부장관이나 법무부장관이 지명한 소속 공무원이 소속 공무원에 대한 감독 작용

## (2) 청원

① 청원(법 제117조)

㉠ 수용자는 그 처우에 관하여 불복하는 경우 법무부장관·순회점검공무원 또는 관할 지방교정청장에게 청원할 수 있다.

㉡ 청원하려는 수용자는 청원서를 작성하여 봉한 후 소장에게 제출하여야 한다. 다만, 순회점검공무원에 대한 청원은 말로도 할 수 있다.

㉢ 소장은 청원서를 개봉하여서는 아니 되며, 이를 지체 없이 법무부장관·순회점검공무원 또는 관할 지방교정청장에게 보내거나 순회점검공무원에게 전달하여야 한다.

㉣ 순회점검공무원이 청원을 청취하는 경우에는 해당 교정시설의 교도관이 참여하여서는 아니 된다.

㉤ 청원에 관한 결정은 문서로 하여야 한다.

㉥ 소장은 청원에 관한 결정서를 접수하면 청원인에게 지체 없이 전달하여야 한다.

② 순회점검공무원에 대한 청원(영 제139조)

㉠ 소장은 수용자가 순회점검공무원에게 청원하는 경우에는 그 인적사항을 청원부에 기록하여야 한다.

㉡ 순회점검공무원은 수용자가 말로 청원하는 경우에는 그 요지를 청원부에 기록하여야 한다.

㉢ 순회점검공무원은 청원에 관하여 결정을 한 경우에는 그 요지를 청원부에 기록하여야 한다.

㉣ 순회점검공무원은 청원을 스스로 결정하는 것이 부적당하다고 인정하는 경우에는 그 내용을 법무부장관에게 보고하여야 한다.

㉤ 수용자의 청원처리의 기준·절차 등에 관하여 필요한 사항은 법무부장관이 정한다.

## (3) 정보공개청구

① 정보공개청구(법 제117조의2)

㉠ 수용자는 법무부장관, 지방교정청장 또는 소장에게 정보의 공개를 청구할 수 있다.

㉡ 현재의 수용기간 동안 법무부장관, 지방교정청장 또는 소장에게 정보공개청구를 한 후 정당한 사유 없이 그 청구를 취하하거나 비용을 납부하지 아니한 사실이 2회 이상 있는 수용자가 정보공개청구를 한 경우에 법무부장관, 지방교정청장 또는 소장은 그 수용자에게 정보의 공개 및 우송 등에 들 것으로 예상되는 비용을 미리 납부하게 할 수 있다.

㉢ 정보의 공개 및 우송 등에 들 것으로 예상되는 비용을 미리 납부하여야 하는 수용자가 비용을 납부하지 아니한 경우 법무부장관, 지방교정청장 또는 소장은 그 비용을 납부할 때까지 정보공개 여부의 결정을 유예할 수 있다.

㉣ 예상비용의 산정방법, 납부방법, 납부기간, 그 밖에 비용납부에 관하여 필요한 사항은 대통령령으로 정한다.

② 정보공개의 예상비용 등(영 제139조의2)

ⓐ 예상비용은 수수료와 우편요금(공개되는 정보의 사본·출력물·복제물 또는 인화물을 우편으로 송부하는 경우로 한정한다)을 기준으로 공개를 청구한 정보가 모두 공개되었을 경우에 예상되는 비용으로 한다.

ⓑ 법무부장관, 지방교정청장 또는 소장은 수용자가 정보공개의 청구를 한 경우에는 청구를 한 날부터 7일 이내에 제1항에 따른 비용을 산정하여 해당 수용자에게 미리 납부할 것을 통지할 수 있다.

ⓒ 비용납부의 통지를 받은 수용자는 그 통지를 받은 날부터 7일 이내에 현금 또는 수입인지로 법무부장관, 지방교정청장 또는 소장에게 납부하여야 한다.

ⓓ 법무부장관, 지방교정청장 또는 소장은 수용자가 비용을 납부기한까지 납부하지 아니한 경우에는 해당 수용자에게 정보공개 여부 결정의 유예를 통지할 수 있다.

ⓔ 법무부장관, 지방교정청장 또는 소장은 비용이 납부되면 신속하게 정보공개 여부의 결정을 하여야 한다.

ⓕ 법무부장관, 지방교정청장 또는 소장은 비공개 결정을 한 경우에는 납부된 비용의 전부를 반환하고 부분공개 결정을 한 경우에는 공개 결정한 부분에 대하여 드는 비용을 제외한 금액을 반환하여야 한다.

ⓖ 법무부장관, 지방교정청장 또는 소장은 비용이 납부되기 전에 정보공개 여부의 결정을 할 수 있다.

## (4) 행점심판의 청구

① 행정심판 절차를 통하여 행정청의 위법 또는 부당한 처분이나 부작위로 침해된 국민의 권리 또는 이익을 구제하기 위한 제도

② 행정심판의 대상

ⓐ 행정청의 처분 또는 부작위에 대하여는 다른 법률에 특별한 규정이 있는 경우 외에는 이 법에 따라 행정심판을 청구 가능

ⓑ 대통령의 처분 또는 부작위에 대하여는 다른 법률에서 행정심판을 청구할 수 있도록 정한 경우 외에는 행정심판을 청구 불가능

# 18. 석방 및 사망

## (1) 석방

① 석방 : 소장은 사면·형기종료 또는 권한이 있는 사람의 명령에 따라 수용자를 석방한다(법 제123조).

② 석방시기(법 제124조)

ⓐ 사면, 가석방, 형의 집행면제, 감형에 따른 석방은 그 서류가 교정시설에 도달한 후 12시간 이내에 하여야 한다. 다만, 그 서류에서 석방일시를 지정하고 있으면 그 일시에 한다.

ⓑ 형기종료에 따른 석방은 형기종료일에 하여야 한다.

**정보공개의 예상비용 등(영 제139조의2)**

비용의 세부적인 납부방법 및 반환방법 등에 관하여 필요한 사항은 법무부장관이 정한다.

**국가인권위원회에 의한 구제**

인권을 침해당한 사람은 국가인권위원회에 진정을 할 수 있으므로 수용시설에 수용된 사람도 진정 가능

**불이익처우 금지**

수용자는 청원, 진정, 소장과의 면담, 그 밖의 권리구제를 위한 행위를 하였다는 이유로 불이익한 처우를 받지 아니한다(법 제118조).

**석방예정자의 수용이력 등 통보**

소장은 석방될 수형자의 재범방지, 자립지원 및 피해자 보호를 위하여 필요하다고 인정하면 해당 수형자의 수용이력 또는 사회복귀에 관한 의견을 그의 거주지를 관할하는 경찰관서나 자립을 지원할 법인 또는 개인에게 통보할 수 있다. 다만, 법인 또는 개인에게 통보하는 경우에는 해당 수형자의 동의를 받아야 한다(법 제126조의2).

ⓒ 권한이 있는 사람의 명령에 따른 석방은 서류가 도달한 후 <u>5시간</u> 이내에 하여야 한다.

③ **피석방자의 일시수용** : 소장은 피석방자가 질병이나 그 밖에 피할 수 없는 사정으로 귀가하기 곤란한 경우에 본인의 신청이 있으면 일시적으로 교정시설에 수용할 수 있다(법 제125조).

④ **귀가여비의 지급 등** : 소장은 피석방자에게 귀가에 필요한 여비 또는 의류가 없으면 법무부장관이 정하는 범위에서 이를 지급하거나 빌려 줄 수 있다(법 제126조).

## (2) 사망

① **사망 알림** : 소장은 수용자가 사망한 경우에는 그 사실을 즉시 그 가족(가족이 없는 경우에는 다른 친족)에게 알려야 한다(법 제127조).

② **시신의 인도 등**(법 제128조)

ⓒ 소장은 사망한 수용자의 친족 또는 특별한 연고가 있는 사람이 그 시신 또는 유골의 인도를 청구하는 경우에는 인도하여야 한다. 다만, 자연장을 하거나 집단으로 매장을 한 후에는 그러하지 아니하다.

ⓒ 소장은 수용자가 사망한 사실을 알게 된 사람이 다음의 어느 하나에 해당하는 기간 이내에 그 시신을 인수하지 아니하거나 시신을 인수할 사람이 없으면 임시로 매장하거나 화장 후 봉안하여야 한다. 다만, 감염병 예방 등을 위하여 필요하면 즉시 화장하여야 하며, 그 밖에 필요한 조치를 할 수 있다.

• 임시로 매장하려는 경우 : 사망한 사실을 알게 된 날부터 <u>3일</u>
• 화장하여 봉안하려는 경우 : 사망한 사실을 알게 된 날부터 <u>60일</u>

ⓒ 소장은 시신을 임시로 매장하거나 화장하여 봉안한 후 <u>2년</u>이 지나도록 시신의 인도를 청구하는 사람이 없을 때에는 다음 각 호의 구분에 따른 방법으로 처리할 수 있다.

• 임시로 매장한 경우 : 화장 후 자연장을 하거나 일정한 장소에 집단으로 매장
• 화장하여 봉안한 경우 : 자연장

ⓒ 소장은 수용자가 사망하면 법무부장관이 정하는 범위에서 화장·시신인도 등에 필요한 비용을 인수자에게 지급할 수 있다.

**시신의 인도 등(법 제128조)**
소장은 병원이나 그 밖의 연구기관이 학술연구상의 필요에 따라 수용자의 시신 인도를 신청하면 본인의 유언 또는 상속인의 승낙이 있는 경우에 한하여 인도할 수 있다.

---

### 03절    사회내처우

## 1. 사회내처우제도(지역사회교정) ★ 빈출개념

### (1) 사회내처우제도의 의의

① 범죄인을 교도소나 기타 시설에 수용하지 않고 <u>사회생활을 하면서 교화개선시키는 제도</u>

② 지역사회교정은 예방을 중시하는 것으로 범죄자가 지역사회로 재통합되어야 한다는 가정에 기초

**사회내처우**
범죄인의 교화개선에 중점을 둔 사회내처우에 형벌적 요소를 가미하는 형태

③ 형벌과 보안처분에 이어 등장한 제3의 형사제재로 재범방지와 교정시설의 과밀해소에 많은 기여를 하고 있고, 교정비용을 줄일 수 있음

④ 범죄인의 개별처우를 실현하기 위한 효율적인 처우방법으로 시설내처우의 폐단을 극복하기 위한 것

⑤ 사회내처우제도에는 보호관찰제도, 가석방제도, 전자감시제도, 가택구금제도, 외출제한명령제도, 약물치료명령제도, 사회명령제도, 수강명령제도, 갱생보호제도 등

## (2) 사회내처우제도의 필요성

① 교정비용의 절감
② 구금의 폐해예방
③ 범죄인의 인도적 처우
④ 범죄인의 사회적 유대강화
⑤ 교정교화에 유리
⑥ 중간처벌의 기능제공

## (3) 사회내처우제도의 형태

① **전환제도(Diversion)** : 범죄자를 공식적인 형사사법절차와 과정으로부터 비공식적인 절차와 과정으로 우회시키는 제도로 훈방, 기소유예, 서고유예, 집행유예 등

② **옹호적 지역사회교정** : 옹호는 범죄자의 변화보다는 범죄인의 재사회화 기능을 담당하는 사회의 변화가능성을 강조하는 것으로 청소년봉사국의 설립, 무료법률부조활동, 법률의 변화에 대한 적절한 대처 등

③ **재통합** : 범죄인보다 사회의 변화를 강조하는 옹호모형과는 달리 사회 모두의 변화를 추구하는 것

## (4) 보호관찰

① **의의** : 범죄인 및 비행소년의 개선과 사회복귀를 도모하기 위하여 일상적인 생활을 영위토록하면서 준수사항을 지키도록 지도감독하고 필요한 지도와 원호를 하는 처우방법

② **종류**

㉠ **유예조건부형** : 집행유예와 선고유예에 부수하는 보호관찰

㉡ **가석방조건부형** : 가석방, 가종료, 임시퇴원에 부수하는 보호관찰

㉢ **종국처분형** : 다른 형사처분과 별도의 제재로 소년법상의 보호관찰

㉣ **만기석방형** : 형기만료자를 석방하여 보호관찰하는 것으로 전자장치의 부착이 이에 해당

③ **보호관찰의 감독**

㉠ **교통사범** : 몇 개월 동안 운전관련 안전교육을 실시하는 보호관찰

㉡ **음주운전** : 관찰대상자를 수시로 소변검사를 하거나 차량에 감시용장비를 부착하여 음주운전을 억제하게 하는 보호관찰

SEMI-NOTE

**사회내처우제도의 등장**

• 재범률이 증가하여 구금상태에서 실시하는 교정효과에 의문제기하면서 등장

• 구금의 폐해인 악성감염과 범죄의 학습을 차단하기 위해 등장

• 정상적인 집단과의 유대를 차단하여 다른 범죄가능성을 조장하기 때문에 등장

**사회내처우제도의 문제점**

• 대상선정의 어려움
• 범죄위험성 예측의 보수성
• 사회방위에 부적합
• 실질적 구금화
• 형사사법망의 확대

**재통합적 지역사회교정**

중간처우의 집과 집단가정이 대표적

**보호관찰**

범죄인을 교도소나 기타의 시설에 수용하지 않고 사회생활을 영위하면서 개선·갱생시키는 제도

SEMI-NOTE

ⓒ **집중감독** : 갱집단이나 약물중독자에 대하여 전자장치를 부착하여 관찰하는 보호관찰

ⓔ 충격몇개월 동안 수용시설에서 극기훈련, 준법교육 등을 실시한 후 보호관찰로 전환하는 방법

④ **보호관찰의 유형**

  ㉠ **처벌적 보호관찰** : 처벌과 위협을 수단으로 범죄자를 사회에 동조하도록 강요

  ㉡ **보호적 보호관찰** : 사회의 보호와 범죄자의 보호를 절충하는 유형으로 칭찬과 꾸중, 지원과 강요 이용

  ㉢ **복지적 보호관찰** : 범죄자에 대한 복지향상에 목표를 두는 것으로 범죄자가 적응할 수 있도록 원호하는 것

  ㉣ **수동석 보호관찰** : 범죄자에 대하여 최소한 개입하려는 것

⑤ **보호관찰의 모형**

  ㉠ **전통적 모형** : 지도와 감독에서 보도와 원호에 이르기까지 다양한 기능을 수행하나 통제를 더 중시

  ㉡ **프로그램 모형** : 전문가를 지향하나 목적수행을 위한 자원을 내부적으로 해결하는 모형

  ㉢ **옹호모형** : 원호와 개선에 중점을 두고 외부자원을 적극 활용하며 대상자에게 전문적이고 다양한 서비스를 제공받도록 함

  ㉣ **중개모형** : 외부자원을 활용하여 대상자에게 전문적인 보호관찰을 받을 수 있게 하는 모형

**사회내처우제도의 유효성**
- 구금의 범죄배양효과와 낙인효과를 피하여 재범이 예방
- 시설내처우에 비하여 사회적응력을 향상시킴
- 교정시설의 과밀수용 해결
- 시설내처우에 비하여 운영경비를 절감할 수 있고 사법기관의 부담 경감

## 2. 중간처우제도와 중간처벌제도

### (1) 중간처우

① **의의** : 중간처우는 교정시설과 사회의 중간에 있는 일정한 시설에서 사회복귀능력을 향상시킬 목적으로 비교적 폭넓은 자유를 허용하는 처우방식

② **유형** : 사회내 중간처우에는 중간처우의 집, 석방 전 지도센터, 보호관찰 호스텔, 다목적센터 등

③ **중간처우의 집** : 수용자로 하여금 자신이 이용할 수 있는 지역사회자원을 알게 할 뿐 아니라 다양한 지역사회 자원으로 접근할 수 있도록 도와줌으로써 지역사회의 치유와 재통합 이끔

④ **석방 전 지도센터** : 형기만료 수주일 전에 수용되어 전문상담가의 상담, 지도, 보호를 통하여 취업 및 직업훈련 등 사회의 단계적 복귀, 사회생활의 책임감 부여, 사회생활의 준비 등 교정시설과 일반사회의 중간처우를 실시하는 곳

⑤ **사회내 처우센터** : 석방 이전에 수형자의 사회복귀를 준비시키기 위하여 교정시설과 사회의 중간에 설치하는 처우시설

⑥ **다목적센터** : 특정한 목적을 위한 시설의 운영이 가져다주는 재정적 부담을 완화하기 위해 주로 소년을 대상으로 여러 가지 목적에 부응하기 위하여 만들어진 시설

**중간처우**
중간처우제도는 수형자에 대한 분류가 선행되어야 형사게개의 연속성을 가져올 수 있고, 시설수용 내지 석방에 충격을 완화할 수 있음

## (2) 중간처벌

① 의의
- ㉠ 사회내처우에 바탕을 두고 제재에 중점을 둔 제도
- ㉡ 시설내처우와 보호관찰 사이의 틈을 메우기 위한 처우방식

② 중간처벌의 장점과 단점

| | |
|---|---|
| 장점 | • 보호관찰의 한계를 보완하고 보호관찰대상자 확대<br>• 불필요한 구금을 회피하고 과밀수용과 교정비용을 완화시켜 지역사회교정 활성화<br>• 양형의 적정성을 높임<br>• 구금형과 보호관찰 사이에 다양한 제재를 제공하여 형벌의 적정성에 기여 |
| 단점 | • 형사사법의 처분 확대 초래<br>• 범죄자의 선정 및 불공정성 해소 어려움<br>• 기관선정 및 시행 어려움 |

③ 중간처벌의 유형
- ㉠ **충격구금** : 보호관찰에 구금의 고통이 가장 짧은 기간동안만 범죄인을 구금하여 구금의 고통을 경험하게 하여 범죄행위를 억제하게 하는 제도
- ㉡ **전자감시제도** : 보호관찰 대상자가 지정된 장소에 있는지의 여부를 확인하기 위한 원격 감시스템
- ㉢ **가택구금제도** : 법원의 사회내 구금명령에 의하여 범죄자를 형기동안 그의 집에 구금하는 제도
- ㉣ **집중보호관찰** : 범죄자를 밀착 감시하고 엄격한 준수사항 강조하는 제도
- ㉤ **사회봉사명령** : 법원이 범죄자에 대하여 일정한 기간 동안 무보수로 봉사활동은 명하는 것
- ㉥ **수강명령** : 법원에서 유죄가 인정되거나 보호 처분의 필요성이 인정된 자에 대하여 일정 시간 동안 강의, 체험 학습, 심신 훈련 등의 범죄성 개선을 위한 교육을 받도록 명령하는 제도

# 3. 전자감시제도와 가택구금제도

## (1) 전자감시제도

① 의의 : 일정한 조건으로 석방 또는 가석방된 범죄자가 지정된 시간에 지정된 장소에 있는지 여부를 확인하기 위해서 범죄자의 손목 또는 발목에 전자감응장치를 부착시켜 유선전화기 또는 무선장비를 이용하여서 원격 감시하는 제도

② 연혁 : 미국에서 본격적으로 처음 시행된 후 프랑스, 이탈리아, 캐나다, 호주, 영국 등으로 확산

③ 운영방식 : 감시시스템, 계속적 감시시스템, 탐지시스템
- ㉠ **탐지시스템** : 감시대상자가 부착하고 있는 소형발신기로부터 나오는 지속적인 무선신호를 감지하여 감시대상자가 주거에 있는지에 대한 여부를 확인하는 방식

**시설내처우**
오늘날 교정의 추세는 시설내처우를 완화하는 방향으로 나아가고 있어 제도의 단점을 보완하여 활용하는 정책을 시행할 필요가 있음

**중간처벌의 문제점**
중간처벌은 구금인원과 구금비용을 줄이가 위해 만든 것이나 이로 인한 형사처분망이 확대되고 보호관찰의 본질 훼손됨

**전자감시**
축적된 개개인의 데이터베이스를 활용하여 개인의 생각과 행동을 감시하는 것

ⓒ 감시시스템 : 대상자가 지정된 장소에 머무르고 있는지 여부를 전화 등으로 확인하는 통제시스템

④ 활용방식

　㉠ 판결 전 단계에서 구속을 대체하는 수단으로 이용

　㉡ 준수사항 위반자에 대한 제재조치로 이용

⑤ 장점과 단점

| 장점 | • 보호관찰관의 감시업무 경감<br>• 구금의 경비절감 및 과밀수용 방지<br>• 특별한 시설을 필요로 하지 않음<br>• 가족관계나 직장을 유지할 수 있음<br>• 비용이 효과적이고 시설수용에 비해적게<br>• 시설수용에 따른 낙인효과 방지 |
|---|---|
| 단점 | • 대상자가 장치를 조작하여 회피할 가능성<br>• 감시구역 내에서 대상자가 어떤 행동을 하는지 파악 곤란<br>• 주거가 없는 대상자에게 사용 곤란<br>• 국민의 법감정에 배치<br>• 대상자의 세세한 부분까지 감시하여 지나친 사생활 침해 가능성 |

## (2) 가택구금

① 의의

　㉠ 대상자 본인의 집에 감금하는 형사처분

　㉡ 전자감독과 연계하여 시행하는 경우가 일반적

② 연혁 : 미국에서 교정시설의 과밀문제로 인하여 법원의 결정으로 시행된 이후 각국에서 채택

③ 가택구금의 유형

　㉠ 통행금지 : 주간이나 평일에는 사회활동, 학교활동을 하도록 하고 야간이나 주말에 집 밖으로 나가지 못하게 하는 처분

　㉡ 가택연금 : 종교활동, 질병치료, 취업활동 등 필수적인 사회활동을 집 밖에서 할 수 있도록 허용하고 계속 감금상태를 지키도록 하는 처분

　㉢ 가택수용 : 법원이 명한 약물치료, 공식적인 조사나 처우 외에는 계속 집에 머물러야 하는 처분

④ 장점과 단점

| 장점 | • 범죄의 엄격한 처벌과 구금비용의 절감 동시 만족<br>• 시설내 처우에 비하여 인간적<br>• 과밀수용의 해소와 보호관찰관의 업무감소<br>• 임산부나 에이즈환자에게 적합 |
|---|---|
| 단점 | • 공권력의 개인 가정에 간섭 증대<br>• 형사사법의 그물망 확대<br>• 범죄문제를 가정으로 전가시킴<br>• 감시장비 비용과다 |

### (3) 전자감시제도와 가택구금제도의 평가

① 기본권 침해 가능성

② 형사사법 처분망의 확대 가능성

③ 범죄자에 대한 관리를 기술에 의존

④ 재범방지 효과의 의문

### (4) 우리나라의 전자감독(특정 범죄자에 대한 보호관찰 및 전자장치 부착 등에 관한 법률)

① 전자장치 부착명령의 청구 : 검사는 다음의 어느 하나에 해당하고, 성폭력범죄를 다시 범할 위험성이 있다고 인정되는 사람에 대하여 전자장치를 부착하도록 하는 명령을 법원에 청구할 수 있다(법 제5조 제1항).

ⓐ 성폭력범죄로 징역형의 실형을 선고받은 사람이 그 집행을 종료한 후 또는 집행이 면제된 후 10년 이내에 성폭력범죄를 저지른 때

ⓑ 성폭력범죄로 이 법에 따른 전자장치를 부착받은 전력이 있는 사람이 다시 성폭력범죄를 저지른 때

ⓒ 성폭력범죄를 2회 이상 범하여 그 습벽이 인정된 때

ⓓ 19세 미만의 사람에 대하여 성폭력범죄를 저지른 때

ⓔ 신체적 또는 정신적 장애가 있는 사람에 대하여 성폭력범죄를 저지른 때

② 검사는 다음의 어느 하나에 해당하고 강도범죄를 다시 범할 위험성이 있다고 인정되는 사람에 대하여 부착명령을 법원에 청구할 수 있다(법 제5조 제4항).

ⓐ 강도범죄로 징역형의 실형을 선고받은 사람이 그 집행을 종료한 후 또는 집행이 면제된 후 10년 이내에 다시 강도범죄를 저지른 때

ⓑ 강도범죄로 이 법에 따른 전자장치를 부착하였던 전력이 있는 사람이 다시 강도범죄를 저지른 때

ⓒ 강도범죄를 2회 이상 범하여(유죄의 확정판결을 받은 경우를 포함한다) 그 습벽이 인정된 때

③ 부착명령의 판결 등 : 법원은 부착명령 청구가 이유 있다고 인정하는 때에는 다음에 따른 기간의 범위 내에서 부착기간을 정하여 판결로 부착명령을 선고하여야 한다. 다만, 19세 미만의 사람에 대하여 특정범죄를 저지른 경우에는 부착기간 하한을 다음에 따른 부착기간 하한의 2배로 한다(법 제9조 제1항).

ⓐ 법정형의 상한이 사형 또는 무기징역인 특정범죄 : 10년 이상 30년 이하

ⓑ 법정형 중 징역형의 하한이 3년 이상의 유기징역인 특정범죄(제1호에 해당하는 특정범죄는 제외한다) : 3년 이상 20년 이하

ⓒ 법정형 중 징역형의 하한이 3년 미만의 유기징역인 특정범죄(제1호 또는 제2호에 해당하는 특정범죄는 제외한다) : 1년 이상 10년 이하

④ 가종료 등과 전자장치 부착 : 치료감호심의위원회는 부착명령 판결을 선고받지 아니한 특정 범죄자로서 치료감호의 집행 중 가종료 또는 치료위탁되는 피치료감호자나 보호감호의 집행 중 가출소되는 피보호감호자에 대하여 치료감호법 또는 사회보호법에 따른 준수사항 이행 여부 확인 등을 위하여 보호관찰기간의 범

**전자감독**

구금이나 보호관찰에 비하여 효율성이 떨어지지 않는 것으로 나타나고 있으나 범죄자가 발찌를 절단하고 범죄를 범하는 경우가 종종 나타나고 있음

**부착명령의 집행**

부착명령은 특정범죄사건에 대한 형의 집행이 종료되거나 면제·가석방되는 날 또는 치료감호의 집행이 종료·가종료되는 날 석방 직전에 피부착명령자의 신체에 전자장치를 부착함으로써 집행

**가석방과 전자장치 부착**

부착명령 판결을 선고받지 아니한 특정 범죄자로서 형의 집행 중 가석방되어 보호관찰을 받게 되는 자는 준수사항 이행 여부 확인 등을 위하여 가석방기간 동안 전자장치를 부착하여야 한다(법 제22조 제1항).

위에서 기간을 정하여 전자장치를 부착하게 할 수 있다(법 제23조 제1항).

⑤ 형의 집행유예와 부착명령 : 법원은 특정범죄를 범한 자에 대하여 형의 집행을 유예하면서 보호관찰을 받을 것을 명할 때에는 보호관찰기간의 범위 내에서 기간을 정하여 준수사항의 이행여부 확인 등을 위하여 전자장치를 부착할 것을 명할 수 있다(법 제28조 제1항).

⑥ 보석과 전자장치 부착 : 법원은 보석조건으로 피고인에게 전자장치 부착을 명할 수 있다(법 제31조의2 제1항).

## 4. 가석방제도(형의 집행 및 수용자의 처우에 관한 법률)

### (1) 가석방제도의 의의

① 교정시설에 수용되어 있는 범죄인이 교정성적이 우수하고 재범의 위험성이 없다고 인정될 때 그 형기가 만료되기 전에 조건부로 석방하는 행정처분

② 가석방은 사회내처우에 해당

### (2) 연혁

① 1842년 호주 노포크섬 유형자들을 잔형기간 동안 영국 본토로 귀국하지 않는 것으로 조건으로 석방함

② 고려시대 직계존속을 부양할 필요성이 있는 죄인에게 형을 감면해 주는 가석방과 유사한 휼형제도가 있었음

③ 미군정 시대에 우량수형자 석방령 제정

### (3) 우리나라 가석방제도

① 가석방 요건

　㉠ 징역이나 금고의 집행 중에 있는 사람이 행상이 양호하여 뉘우침이 뚜렷한 때에는 무기형은 20년, 유기형은 형기의 3분의 1이 지난 후 행정처분으로 가석방을 할 수 있다(형법 제72조 제1항).

　㉡ 형기에 산입된 판결선고 전 구금일수는 가석방을 하는 경우 집행한 기간에 산입한다(형법 제73조 제1항).

　㉢ 징역 또는 금고를 선고받은 소년에 대하여는 다음의 기간이 지나면 가석방을 허가할 수 있다(소년법 제65조).

　　• 무기형의 경우에는 5년

　　• 15년 유기형의 경우에는 3년

　　• 부정기형의 경우에는 단기의 3분의 1

② 가석방 기간

　㉠ 가석방의 기간은 무기형에 있어서는 10년으로 하고, 유기형에 있어서는 남은 형기로 하되, 그 기간은 10년을 초과할 수 없다(형법 제73조의2 제1항).

　㉡ 징역 또는 금고를 선고받은 소년이 가석방된 후 그 처분이 취소되지 아니하고 가석방 전에 집행을 받은 기간과 같은 기간이 지난 경우에는 형의 집행을 종

가석방

선시제와 비슷하지만 선시제는 입법에 의한 법정요건이 충족되면 반드시 석방하는 제도이므로 형집행 방법의 변경에 불과한 가석방과 구별

가석방의 목적과 기능

• 과밀수용의 해소
• 자기개선의 촉구
• 재범방지 및 사회적응
• 수용경비의 절감
• 행형제도의 보완

료한 것으로 한다. 다만, 형기 또는 장기의 기간이 먼저 지난 경우에는 그 때에 형의 집행을 종료한 것으로 한다(소년법 제66조).

③ 위원회의 구성(법 제120조)
   ⊙ 위원회는 위원장을 포함한 5명 이상 9명 이하의 위원으로 구성한다.
   ⓒ 위원장은 법무부차관이 되고, 위원은 판사, 검사, 변호사, 법무부 소속 공무원, 교정에 관한 학식과 경험이 풍부한 사람 중에서 법무부장관이 임명 또는 위촉한다.
   ⓒ 위원회의 심사과정 및 심사내용의 공개범위와 공개시기는 다음과 같다. 다만, 개인의 신상을 특정할 수 있는 부분은 삭제하고 공개하되, 국민의 알권리를 충족할 필요가 있는 등의 사유가 있는 경우에는 위원회가 달리 의결할 수 있다.
     • 위원의 명단과 경력사항은 임명 또는 위촉한 즉시
     • 심의서는 해당 가석방 결정 등을 한 후부터 즉시
     • 회의록은 해당 가석방 결정 등을 한 후 5년이 경과한 때부터

④ 가석방 적격심사 신청(법 제121조)
   ⊙ 소장은 가석방 기간이 지난 수형자에 대하여는 법무부령으로 정하는 바에 따라 위원회에 가석방 적격심사를 신청하여야 한다.
   ⓒ 위원회는 수형자의 나이, 범죄동기, 죄명, 형기, 교정성적, 건강상태, 가석방 후의 생계능력, 생활환경, 재범의 위험성, 그 밖에 필요한 사정을 고려하여 가석방의 적격 여부를 결정한다.

⑤ 사전조사 : 소장은 수형자의 가석방 적격심사신청을 위하여 사전에 조사해야 한다. 이 경우 특히 필요하다고 인정할 때에는 수형자, 가족, 그 밖의 사람과 면담 등을 할 수 있다(규칙 제246조).

⑥ 적격심사신청(규칙 제250조)
   ⊙ 소장은 가석방 적격심사를 신청할 때에는 가석방 적격심사신청서에 가석방 적격심사 및 신상조사표를 첨부하여야 한다.
   ⓒ 소장은 가석방 적격심사신청 대상자를 선정한 경우 선정된 날부터 5일 이내에 위원회에 가석방 적격심사신청을 하여야 한다.
   ⓒ 소장은 위원회에 적격심사신청한 사실을 수형자의 동의를 받아 보호자 등에게 알릴 수 있다.

⑦ 재신청 : 소장은 가석방이 허가되지 아니한 수형자에 대하여 그 후에 가석방을 허가하는 것이 적당하다고 인정하는 경우에는 다시 가석방 적격심사신청을 할 수 있다(규칙 제251조).

⑨ 사회의 감정에 대한 심사 : 다음에 해당하는 수형자에 대하여 적격심사할 때에는 특히 그 범죄에 대한 사회의 감정에 유의하여야 한다(규칙 제254조).
   ⊙ 범죄의 수단이 참혹 또는 교활하거나 극심한 위해를 발생시킨 경우
   ⓒ 해당 범죄로 무기형에 처해진 경우
   ⓒ 그 밖에 사회적 물의를 일으킨 죄를 지은 경우

⑩ 가석방 결정 : 위원회가 가석방의 적격 여부에 대한 결정을 한 경우에는 결정서를 작성하여야 한다(규칙 제258조).

SEMI-NOTE

**가석방심사위원회**
가석방의 적격 여부를 심사하기 위하여 법무부장관 소속으로 가석방심사위원회를 둔다(법 제119조).

**적격심사신청 대상자 선정(규칙 제245조)**
① 소장은 가석방 기간을 경과한 수형자로서 교정성적이 우수하고 뉘우치는 빛이 뚜렷하여 재범의 위험성이 없다고 인정하는 경우에는 분류처우위원회의 의결을 거쳐 가석방 적격심사신청 대상자를 선정한다.
② 소장은 가석방 적격심사신청에 필요하다고 인정하면 분류처우위원회에 담당교도관을 출석하게 하여 수형자의 가석방 적격심사사항에 관한 의견을 들을 수 있다.

**누범자에 대한 심사**
위원회가 동일하거나 유사한 죄로 2회 이상 징역형 또는 금고형의 집행을 받은 수형자에 대하여 적격심사할 때에는 뉘우치는 정도, 노동 능력 및 의욕, 근면성, 그 밖에 정상적인 업무에 취업할 수 있는 생활계획과 보호관계에 관하여 중점적으로 심사하여야 한다(규칙 제252조).

**가석방자가 지켜야 할 사항의 알림 등**
수형자가 가석방되어 나가거나 수형자를 가석방하는 경우에는 가석방자 교육을 하고, 지켜야 할 사항을 알려준 후 증서를 발급해야 한다(영 제140조).

**범죄동기에 대한 심사(규칙 제253조)**
① 위원회가 범죄의 동기에 관하여 심사할 때에는 사회의 통념 및 공익 등에 비추어 정상을 참작할 만한 사유가 있는지를 심사하여야 한다.
② 범죄의 동기가 군중의 암시 또는 도발, 감독관계에 의한 위협, 그 밖에 이와 유사한 사유로 인한 것일 때에는 특히 수형자의 성격 또는 환경의 변화에 유의하고 가석방 후의 환경이 가석방처분을 받은 사람에게 미칠 영향을 심사하여야 한다.

⑪ **가석방 허가(법 제122조)**
   ⊙ 위원회는 가석방 적격결정을 하였으면 5일 이내에 법무부장관에게 가석방 허가를 신청하여야 한다.
   ⓒ 법무부장관은 위원회의 가석방 허가신청이 적정하다고 인정하면 허가할 수 있다.

⑫ **취소사유** : 가석방자는 가석방 기간 중 지켜야 할 사항 및 관할 경찰서장의 명령 또는 조치를 따라야 하며 이를 위반하는 경우에는 가석방을 취소할 수 있다(규칙 제260조).

⑬ **취소신청(규칙 제261조)**
   ⊙ 수형자를 가석방한 소장 또는 가석방자를 수용하고 있는 소장은 가석방자가 가석방 취소사유에 해당하는 사실이 있음을 알게 되거나 관할 경찰서장으로부터 그 사실을 통보받은 경우에는 지체 없이 가석방 취소심사신청서에 가석방 취소심사 및 조사표를 첨부하여 위원회에 가석방 취소심사를 신청하여야 한다.
   ⓒ 위원회가 신청을 받아 심사를 한 결과 가석방을 취소하는 것이 타당하다고 결정한 경우에는 결정서에 가석방 취소심사 및 조사표를 첨부하여 지체 없이 법무부장관에게 가석방의 취소를 신청하여야 한다.
   ⓒ 소장은 가석방을 취소하는 것이 타당하다고 인정하는 경우 긴급한 사유가 있을 때에는 위원회의 심사를 거치지 아니하고 전화, 전산망 또는 그 밖의 통신수단으로 법무부장관에게 가석방의 취소를 신청할 수 있다. 이 경우 소장은 지체 없이 가석방 취소심사 및 조사표를 송부하여야 한다.

⑭ **취소심사(규칙 제262조)**
   ⊙ 위원회가 가석방 취소를 심사하는 경우에는 가석방자가 가석방자관리규정 등의 법령을 위반하게 된 경위와 그 위반이 사회에 미치는 영향, 가석방 기간 동안의 생활 태도, 직업의 유무와 종류, 생활환경 및 친족과의 관계, 그 밖의 사정을 고려하여야 한다.
   ⓒ 위원회는 심사를 위하여 필요하다고 인정하면 가석방자를 위원회에 출석하게 하여 진술을 들을 수 있다.

⑮ **잔형의 집행**
   ⊙ 소장은 가석방이 취소된 경우에는 지체 없이 잔형 집행에 필요한 조치를 취하고 법무부장관에게 가석방취소자 잔형집행보고서를 송부하여야 한다.
   ⓒ 소장은 가석방자가 가석방이 실효된 것을 알게 된 경우에는 지체 없이 잔형 집행에 필요한 조치를 취하고 법무부장관에게 가석방실효자 잔형집행보고서를 송부하여야 한다.
   ⓒ 소장은 가석방이 취소된 사람 또는 가석방이 실효된 사람이 교정시설에 수용되지 아니한 사실을 알게 된 때에는 관할 지방검찰청 검사 또는 관할 경찰서장에게 구인하도록 의뢰하여야 한다.
   ⓔ 구인 의뢰를 받은 검사 또는 경찰서장은 즉시 가석방취소자 또는 가석방실효자를 구인하여 소장에게 인계하여야 한다.

ⓜ 가석방취소자 및 가석방실효자의 잔형 기간은 가석방을 실시한 다음 날부터 원래 형기의 종료일까지로 하고, 잔형집행 기산일은 가석방의 취소 또는 실효로 인하여 교정시설에 수용된 날부터 한다.

ⓑ 가석방 기간 중 형사사건으로 구속되어 교정시설에 미결수용 중인 자의 가석방 취소 결정으로 잔형을 집행하게 된 경우에는 가석방된 형의 집행을 지휘하였던 검찰청 검사에게 잔형 집행지휘를 받아 우선 집행하여야 한다.

### 실력up 가석방

- **가석방의 실효** : 가석방 기간 중 고의로 지은 죄로 금고 이상의 형을 선고받아 그 판결이 확정된 경우에 가석방 처분은 효력을 잃는다(형법 제74조).
- **가석방의 취소** : 가석방의 처분을 받은 자가 감시에 관한 규칙을 위배하거나, 보호관찰의 준수사항을 위반하고 그 정도가 무거운 때에는 가석방처분을 취소할 수 있다(형법 제75조).
- **가석방의 효과** : 가석방의 처분을 받은 후 그 처분이 실효 또는 취소되지 아니하고 가석방 기간을 경과한 때에는 형의 집행을 종료한 것으로 본다. 가석방의 실효 및 취소는 가석방 중의 일수는 형기에 산입하지 아니한다(형법 제76조).

## 5. 갱생보호제도(보호관찰 등에 관한 법률) ★빈출개념

### (1) 갱생보호제도의 의의

교도소 · 소년원 등 교정시설의 출소자 및 형의 집행유예 · 선고유예 또는 기소유예 등으로 구금상태에서 풀려 나온 모든 출소자의 자활 · 갱생을 위한 보호제도

### (2) 우리나라의 갱생보호제도

① 대상 : 갱생보호를 받을 사람은 형사처분 또는 보호처분을 받은 사람으로서 자립 갱생을 위한 숙식 제공, 주거 지원, 창업 지원, 직업훈련 및 취업 지원 등 보호의 필요성이 인정되는 사람으로 한다(법 제3조 제3항).

② 갱생보호(영 제40조)
   ㉠ 갱생보호는 갱생보호를 받을 사람이 친족 또는 연고자 등으로부터 도움을 받을 수 없거나 이들의 도움만으로는 충분하지 아니한 경우에 한하여 행한다.
   ㉡ 갱생보호를 하는 경우에는 미리 갱생보호 대상자로 하여금 자립계획을 수립하게 할 수 있다.

③ 갱생보호의 신청 및 조치(법 제66조)
   ㉠ 갱생보호 대상자와 관계 기관은 보호관찰소의 장, 갱생보호사업 허가를 받은 자 또는 한국법무보호복지공단에 갱생보호 신청을 할 수 있다.
   ㉡ 신청을 받은 자는 지체 없이 보호가 필요한지 결정하고 보호하기로 한 경우에는 그 방법을 결정하여야 한다.
   ㉢ 신청을 받은 자가 보호결정을 한 경우에는 지체 없이 갱생보호에 필요한 조치를 하여야 한다.

④ **갱생보호의 신청 및 조치 등(규칙 제51조)**

　㉠ 갱생보호대상자로서 갱생보호를 받고자 하는 자는 보호관찰소의 장, 갱생보호사업의 허가를 받은 자 또는 한국법무보호복지공단에 서면으로 신청하여야 한다.

　㉡ 관계기관이 보호관찰소의 장, 사업자 또는 공단에 갱생보호대상자에 대한 갱생보호의 신청을 하는 경우에는 갱생보호대상자의 전과 및 처분의 내용, 신상관계, 갱생보호대상자가 희망하는 갱생보호방법등을 기재한 서면으로 하여야 한다.

　㉢ 갱생보호의 신청을 받은 보호관찰소의 장, 사업자 또는 공단이 갱생보호의 필요 여부와 그 방법을 결정함에 있어서는 신청서 및 갱생보호내역서 등의 서면 등에 의하여 갱생보호대상자의 전과의 죄질·연령·학력·가정사정·교우관계 및 자립계획 등을 조사하여야 한다.

　㉣ 보호관찰소의 장, 사업자 또는 공단은 갱생보호를 행하지 아니하기로 결정한 때에는 서면으로 그 이유를 신청인에게 통지하여야 한다.

⑤ **갱생보호의 방법(법 제65조)**

　㉠ **갱생보호의 방법** : 숙식 제공, 주거 지원, 창업 지원, 직업훈련 및 취업 지원, 출소예정자 사전상담, 갱생보호 대상자의 가족에 대한 지원, 심리상담 및 심리치료, 사후관리, 그 밖에 갱생보호 대상자에 대한 자립 지원

　㉡ **갱생보호 대상자의 가족에 대한 지원** : 갱생보호 대상자의 가족에 대한 지원은 갱생보호 대상자의 가족에게 심리상담 및 심리치료, 취업 지원, 학업 지원 등을 하는 것으로 한다(영 제45조의3).

　㉢ 한국법무보호복지공단 또는 갱생보호사업의 허가를 받은 자는 갱생보호활동을 위하여 갱생보호시설을 설치·운영할 수 있다.

　㉣ 갱생보호시설의 기준은 법무부령으로 정한다.

⑥ **숙식 제공(영 제41조)**

　㉠ 숙식 제공은 생활관 등 갱생보호시설에서 갱생보호 대상자에게 숙소·음식물 및 의복 등을 제공하고 정신교육을 하는 것으로 한다.

　㉡ 숙식제공은 6월을 초과할 수 없다. 다만, 필요하다고 인정하는 때에는 매회 6월의 범위내에서 3회에 한하여 그 기간을 연장할 수 있다.

　㉢ 숙식을 제공한 경우에는 법무부장관이 정하는 바에 의하여 소요된 최소한의 비용을 징수할 수 있다.

　㉣ **숙식제공의 대상** : 생활관에는 갱생보호대상자가 아닌 자를 숙식하게 할 수 없다. 다만, 갱생보호대상자의 배우자, 직계존·비속에 대하여는 1주일 이내의 기간동안 숙식을 제공할 수 있다(규칙 제52조).

⑦ **직업훈련(영 제44조)**

　㉠ 직업훈련은 갱생보호 대상자에게 취업에 필요한 기능훈련을 시키고 자격 취득을 위한 교육을 하는 것으로 한다.

　㉡ 직업훈련은 다른 직업훈련기관에 위탁하여 행할 수 있다.

⑧ **거실의 배정** : 갱생보호대상자에 대하여 거실을 배정함에 있어서는 갱생보호대

**지원**

• **주거 지원** : 주거 지원은 갱생보호 대상자에게 주택의 임차에 필요한 지원을 하는 것으로 한다(영 제42조).

• **창업 지원** : 창업 지원은 갱생보호 대상자에게 창업에 필요한 사업장 임차보증금 등을 지원하는 것으로 한다(영 제43조).

상자의 연령 · 전과 · 성격 등을 고려하여야 한다(규칙 제54조).

⑨ 출소예정자 사전상담(영 제45조의2)

   ⊙ 출소예정자 사전상담은 출소예정자에게 출소 전에 갱생보호의 방법을 안내하고 자립계획 등에 대하여 상담을 실시하는 것으로 한다.

   ⓒ 갱생보호사업의 허가를 받은 자 또는 한국법무보호복지공단은 상담을 위하여 수용기관의 장에게 출소예정자의 수용자 번호를 통보하여 줄 것을 요청할 수 있다. 이 경우 수용기관의 장은 특별한 사유가 없으면 이에 협조하여야 한다.

⑩ 사후관리 : 사후관리는 같은 갱생보호를 받은 갱생보호 대상자에게 사회복귀 상황을 점검하여 필요한 조언을 하는 것으로 한다(영 제45조의4).

⑪ 자립 지원 : 갱생보호 대상자에 대한 자립 지원은 사회복지시설에의 의탁 알선, 가족관계 등록 창설, 주민등록, 결혼 주선, 입양 및 의료 시혜 등 갱생보호 대상자의 자립을 위하여 필요한 사항을 지원하는 것으로 한다(영 제46조).

⑫ 갱생보호 대상자 수용기간 등의 통보 요청(영 제46조의2)

   ⊙ 갱생보호사업의 허가를 받은 자 또는 공단은 갱생보호 대상자의 적절한 보호를 위하여 필요한 경우 갱생보호 대상자의 동의를 받아 수용기관의 장에게 다음의 사항을 통보하여 줄 것을 요청할 수 있다.

      • 수용기간
      • 가족 관계 및 보호자 관계
      • 직업경력 및 학력
      • 생활환경
      • 성장과정
      • 심리적 특성
      • 범행내용 및 범죄횟수

   ⓒ 요청을 받은 수용기관의 장은 특별한 사유가 없으면 이에 협조하여야 한다.

⑬ 갱생보호사업의 지원 및 감독

   ⊙ 보조금 : 국가나 지방자치단체는 사업자와 공단에 대하여 보조할 수 있다(법 제94조).

   ⓒ 조세감면 : 국가나 지방자치단체는 갱생보호사업에 대하여 국세 또는 지방세를 감면할 수 있다(법 제95조).

   ⓒ 수익사업(법 제96조)

      • 사업자 또는 공단은 갱생보호사업을 위하여 수익사업을 하려면 사업마다 법무부장관의 승인을 받아야 한다. 이를 변경할 때에도 또한 같다.

      • 법무부장관은 수익사업을 하는 사업자 또는 공단이 수익을 갱생보호사업 외의 사업에 사용한 경우에는 수익사업의 시정이나 정지를 명할 수 있다.

   ⓔ 감독(법 제97조)

      • 법무부장관은 사업자와 공단을 지휘 · 감독한다.

      • 법무부장관은 사업자와 공단에 대하여 감독상 필요한 경우에는 그 업무에 관한 사항을 보고하게 하거나 자료의 제출이나 그 밖에 필요한 명령을 할 수 있으며, 소속 공무원에게 사업자 및 공단의 운영 실태를 조사하게 할 수 있다.

---

SEMI-NOTE

**심리상담 및 심리치료**

심리상담 및 심리치료는 갱생보호 대상자에게 심리적 안정과 사회적응을 위한 상담 및 정신건강전문요원 등 전문가에 의한 치료를 실시하는 것으로 한다(영 제45조의3).

**갱생보호사업**

갱생보호사업을 하려는 자는 법무부령으로 정하는 바에 따라 법무부장관의 허가를 받아야 함

**갱생보호사업의 허가**

법무부장관은 갱생보호사업의 허가를 취소하거나 정지하려는 경우에는 청문이 필요

**법인 공단**

한국법무보호복지공단은 법인

• 조사를 하는 공무원은 그 권한을 나타내는 증표를 지니고 이를 관계인에게 내보여야 한다.

⑭ 한국법무보호복지공단

　ㄱ 한국법무보호복지공단의 설립 : 갱생보호사업을 효율적으로 추진하기 위하여 한국법무보호복지공단을 설립한다(법 제71조).

　ㄴ 사무소(법 제73조)

　　• 공단의 주된 사무소의 소재지는 정관으로 정한다.

　　• 공단은 정관으로 정하는 바에 따라 필요한 곳에 지부와 지소를 둘 수 있다.

　ㄷ 등기 : 공단은 그 주된 사무소의 소재지에서 설립등기를 함으로써 성립한다(법 제75조).

　ㄹ 임원 및 그 임기(법 제76조)

　　• 공단에 이사장 1명을 포함한 15명 이내의 이사와 감사 2명을 둔다.

　　• 이사장은 법무부장관이 임명하고, 그 임기는 3년으로 하되 연임할 수 있다. 다만, 임기가 만료된 이사장은 그 후임자가 임명될 때까지 그 직무를 행한다.

　　• 이사는 갱생보호사업에 열성이 있고, 학식과 덕망이 있는 사람 중에서 이사장의 제청에 의하여 법무부장관이 임명하거나 위촉하며, 임기는 3년으로 하되 연임할 수 있다. 다만, 공무원인 이사의 임기는 그 직위에 있는 동안으로 한다.

　　• 감사는 이사장의 제청에 의하여 법무부장관이 임명하며, 임기는 2년으로 하되 연임할 수 있다.

## 04절　교도소 사회연구

## 1. 교도관 사회

### (1) 교도관의 업무성격

① 교도관들은 수용자들을 관리하고 교정하는 역할 수행

② 업무속성상 강제력을 행사해야 하는 조직

③ 교도관은 일정한 권한과 지위를 기반으로 교정시설의 보안과 질서를 유지하면서 수용자의 지위에 맞는 개별적 처우와 교정 추구

④ 교도관은 수용자의 저항을 극복하면서 교정행정의 목적을 실현하는 교정기관의 일원

### (2) 교도관의 권한

① 합법적 권한 : 합법적 권한은 공식적 명령체계에서 나오는 권한으로 교도관은 수용자를 통제할 수 있다. 수용자는 교도관의 직무상 지시에 따라야 한다(법 제105조 제3항).

② **강압적 권한** : 교도관이 지시나 명령, 규율을 준수하지 않는 수용자를 강제하고 징벌을 줄 수 있는 권한이다. 소장은 수용자가 다음의 행위를 하면 징벌위원회의 의결에 따라 징벌을 부과할 수 있다(법 제107조).

㉠ 형법, 폭력행위 등 처벌에 관한 법률, 그 밖의 형사 법률에 저촉되는 행위

㉡ 수용생활의 편의 등 자신의 요구를 관철할 목적으로 자해하는 행위

㉢ 정당한 사유 없이 작업 · 교육 · 교화프로그램 등을 거부하거나 태만히 하는 행위

㉣ 금지물품을 지니거나 반입 · 제작 · 사용 · 수수 · 교환 · 은닉하는 행위

㉤ 다른 사람을 처벌받게 하거나 교도관의 직무집행을 방해할 목적으로 거짓 사실을 신고하는 행위

㉥ 그 밖에 시설의 안전과 질서유지를 위하여 법무부령으로 정하는 규율을 위반하는 행위

③ **보상적 권한** : 교도관이 수용자에게 보상을 줄 수 있는 능력을 가지고 있기에 행사할 수 있는 권한이다. 소장은 수용자가 다음의 행위를 하면 법무부령으로 정하는 바에 따라 포상할 수 있다(법 제106조).

㉠ 사람의 생명을 구조하거나 도주를 방지한 때

㉡ 응급용무에 공로가 있는 때

㉢ 시설의 안전과 질서유지에 뚜렷한 공이 인정되는 때

㉣ 수용생활에 모범을 보이거나 건설적이고 창의적인 제안을 하는 등 특히 포상할 필요가 있다고 인정되는 때

④ **전문가적 권한** : 교도관이 법적 지식, 조정기술, 상담능력 등 전문가적 면모를 보일 때 수용자가 자발적으로 순종하는 권한으로 수용생활에 필요한 지식이나 특별한 능력을 지니고 있을 때 발생하는 권한

⑤ **준거적 권한** : 교도관이 지도력과 암시력을 통하여 인품적으로 수용자들의 신뢰와 존경을 얻어 자연스러운 복종을 이끌어 낼 때 발생하며, 수용자가 교도관을 본받으려 하거나 동일시하려고 할 때 나타나는 영향력

## (3) 교도관의 하위문화

① 하위문화는 어떤 사회의 지배적 문화와는 대립적으로 형성된 문화로 그 사회의 일부집단에 공통적으로 적용되는 특유의 가치기준에 의해 형성된 문화

② 교도관들은 그들의 지위와 입장에서 독특한 가치관을 가지고 있지만 교도관들만의 특별한 하위문화가 존재한다는 것은 경험적 근거 부족

③ 교도관들은 수용자에 대하여 부정적이고 적대적 태도를 보이고 있다는 입장에서 하위문화 인정

## (4) 교도관의 유형

① **카우프만(Kauffman)의 분류** : 복지부동형, 냉혹한 사람, 탈진자, 선량한 사람, 맹목적 낙천가

② **복지사형 교도관, 경찰형 교도관**

㉠ **복지사형 교도관** : 자신을 봉사자로 여기고 수형자의 사회복귀를 중시하는 교도관

**하위문화**
교도관들의 하위문화가 존재하지 않는다는 것이 공통된 견해

**다원적 무지**

집단 구성원 대부분이 마음속으로는 어떤 규범을 부정하면서, 다른 대부분의 사람들은 그 규범을 수용하고 있다고 잘못 생각하는 현상

**교도관 권위손상의 원인**

• 신뢰관계에 의한 손상
• 상호의존관계에 의한 손상
• 태만에 의한 손상

**교도소화**

교정시설의 관습, 관행, 문화 등을 습득하는 과정 또는 수용자가 수용자들 사이에 통용되는 규율이나 규범체계에 동화되어 가는 과정

**수용자의 역할유형**

• 쉬래그(Schrag)의 유형 : 고지식한 자, 정의한, 무법자, 정치꾼
• 시이크스(Sykes)의 유형 : 생쥐, 중심인, 악당, 상인, 진짜 남자, 떠벌이, 고릴라, 늑대, 어리석은 파괴자
• 쉬멀리거(Schmalleger)의 유형 : 쾌락주의자, 은둔자, 변호인, 기회주의자, 깔끔이 신사, 현실주의자, 식민지 주민, 종교인, 과격주의자

---

　　ⓒ **경찰형 교도관** : 수형자를 부정적 시각으로 보며 수형자의 사회복귀를 중시하는 교도관을 적대적 시각에서 바라봄
　③ **직업적 사회화에 따른 교도관의 유형** : 적응실패자, 의례주의자, 인맥파, 성공적인 직업인
　④ **교도관의 태도에 의한 조직의 영향**
　　㉠ 태도에 따라 교정시설의 경비수준에 상당한 편차 발생
　　ⓒ 신입교도관의 배치에 영향

### (5) 교도관의 직업적 어려움

　① 위험한 곳이라는 인식
　② 여러 역할에 따른 역할갈등
　③ 외부의 개입에 따른 교도관의 영향력과 권한 축소
　④ 환경에 따른 심리적 · 신체적 스트레스
　⑤ 무력감으로 인한 통제력 약화

## 2. 수형자 사회

### (1) 수용자 하위문화와 교도소화

　① **수용자 하위문화** : 수용자 사회를 지배하는 일련의 비공식적 가치체계와 행동양식
　② **교도소화** : 수용자가 교정시설 내에서 하위문화에 의해서 사회화되어 가는 과정

### (2) 교도소화의 과정

　① 수용기간에 비례하여 교도소화의 정도가 점진적으로 심화된다고 봄
　② 소용자의 인성, 감수성 등 개인적 요소와 교정시설 밖 사회와 관계 등에 따라 수용의 정도가 달라짐
　③ 신입수용자가 교정시설의 하위문화와 가치에 익숙해지고 그것이 내재화하는 고정
　④ 수용의 단계에 따라, 수형자의 역할에 따라, 조직의 특성에 따라, 바깥 사회에서 지니고 온 문화에 따라 달라짐

### (3) 형기의 수용단계에 따른 교도소화-U자 곡선이론

수용자들이 교정시설 입소단계부터 후기단계로 갈수록 친교도관적 태도가 U자 모양을 띄게 된다는 U자형 곡선이론

## 05절 회복적 사법주의와 피해자보호

# 1. 회복적 사법주의

## (1) 개념

① 회복 : 범죄피해를 복구하고 범죄자와 지역사회의 관계를 재구축하는 것

② 회복적 사법 : 종래의 형벌을 대체해서 피해회복과 화해를 독립적인 형사제재 수단으로 주장하는 것이 아닌 보충적 제재수단으로의 피해회복 강조

③ 범죄로 야기된 문제를 가해자와 피해자의 화해와 조정을 통하여 처벌적 방식보다 평화적인 타협을 통하여 피해자의 원상복구에 중점을 두는 사법절차

④ 피해자의 지위를 확보하고 실질적으로 보상받을 공식적 여지를 조성하여 가해자를 사회 내 재통합 촉진

⑤ 당사자 사이의 사적 배상 또는 화해에 대하여 형사법적 의미를 부여하는 것

## (2) 특징

① 회복적 사법은 21세기 형사사법의 중심적 이론

② 회복 위주의 처우방식은 범죄를 보다 포괄적으로 이해하여 피해자, 범죄자, 사회공동체를 회복시키는데 목적을 둠

③ 회복적 사법은 형벌목적 추구에 있어 포괄적이고 종합적인 성격 내포

## (3) 피해자학-회복적 사법

① 범죄의 피해자 측면의 관심을 환기시켜 범죄현상을 종합적으로 고찰하는 계기 마련

② 피해자에 대한 지원과 보호대책을 강구하는 방향으로 진전

③ 피해자 중심의 가치관이면서 가해자의 적극적 역할 강조

# 2. 우리나라의 회복적 사법제도

## (1) 소년법상 화해권고(법 제25조의3)

① 소년부 판사는 소년의 품행을 교정하고 피해자를 보호하기 위하여 필요하다고 인정하면 소년에게 피해 변상 등 피해자와의 화해를 권고할 수 있다.

② 소년부 판사는 화해를 위하여 필요하다고 인정하면 기일을 지정하여 소년, 보호자 또는 참고인을 소환할 수 있다.

③ 소년부 판사는 소년이 권고에 따라 피해자와 화해하였을 경우에는 보호처분을 결정할 때 이를 고려할 수 있다.

## (2) 범죄피해자보호법상 형사조정(법 제41조) ★빈출개념

① 검사는 피의자와 범죄피해자 사이에 형사분쟁을 공정하고 원만하게 해결하여 범죄피해자가 입은 피해를 실질적으로 회복하는 데 필요하다고 인정하면 당사자의

UN의 회복적 사법의 개념
· 대면개념 : 피해자와 가해자가 서로 만나 범죄를 이야기 하면서 범죄로 인하여 발생한 피해를 원상회복시키기 위한 절차
· 회복개념 : 범죄로부터 야기된 범죄피해를 회복시키는데 중점을 둔 개념
· 변화적 개념 : 범죄원인의 원인이 되는 빈곤이나 차별적 교육제도 등의 변환을 통합 사법적 회복의 목표 달성

SEMI-NOTE

신청 또는 직권으로 수사 중인 형사사건을 형사조정에 회부할 수 있다.

② 형사조정에 회부할 수 있는 형사사건의 구체적인 범위는 대통령령으로 정한다. 다만, 다음의 어느 하나에 해당하는 경우에는 형사조정에 회부하여서는 아니 된다.

 ㉠ 피의자가 도주하거나 증거를 인멸할 염려가 있는 경우

 ㉡ 공소시효의 완성이 임박한 경우

 ㉢ 불기소처분의 사유에 해당함이 명백한 경우(다만, 기소유예처분의 사유에 해당하는 경우는 제외한다)

## 3. 형사피해자보호법

### (1) 목적

이 법은 범죄피해자 보호 · 지원의 기본 정책 등을 정하고 타인의 범죄행위로 인하여 생명 · 신체에 피해를 받은 사람을 구조함으로써 범죄피해자의 복지 증진에 기여함을 목적으로 한다(법 제1조).

### (2) 기본이념(법 제2조)

① 범죄피해자는 범죄피해 상황에서 빨리 벗어나 인간의 존엄성을 보장받을 권리가 있다.

② 범죄피해자의 명예와 사생활의 평온은 보호되어야 한다.

③ 범죄피해자는 해당 사건과 관련하여 각종 법적 절차에 참여할 권리가 있다.

### (3) 손실 복구 지원 등(법 제7조)

① 국가 및 지방자치단체는 범죄피해자의 피해정도 및 보호 · 지원의 필요성 등에 따라 상담, 의료제공, 구조금 지급, 법률구조, 취업 관련 지원, 주거지원, 그 밖에 범죄피해자의 보호에 필요한 대책을 마련하여야 한다.

② 국가는 범죄피해자와 그 가족에게 신체적 · 정신적 안정을 제공하고 사회복귀를 돕기 위하여 일시적 보호시설을 설치 · 운영하여야 한다. 이 경우 국가는 보호시설의 운영을 범죄피해자 지원법인, 종합병원, 학교를 설립 · 운영하는 학교법인, 그 밖에 대통령령으로 정하는 기관 또는 단체에 위탁할 수 있다.

③ 국가는 범죄피해자와 그 가족의 정신적 회복을 위한 상담 및 치료 프로그램을 운영하여야 한다.

④ 보호시설의 설치 · 운영 기준, 입소 · 퇴소의 기준 및 절차, 위탁운영의 절차, 감독의 기준 및 절차와 상담 및 치료 프로그램의 운영 등에 관한 사항은 대통령령으로 정한다.

### (4) 범죄피해자에 대한 정보 제공 등

국가는 수사 및 재판 과정에서 다음의 정보를 범죄피해자에게 제공하여야 한다(법 제8조의2 제1항).

① 범죄피해자의 해당 재판절차 참여 진술권 등 형사절차상 범죄피해자의 권리에 관한 정보

**사생활의 평온과 신변의 보호 등(법 제9조)**

① 국가 및 지방자치단체는 범죄피해자의 명예와 사생활의 평온을 보호하기 위하여 필요한 조치를 하여야 한다.

② 국가 및 지방자치단체는 범죄피해자가 형사소송절차에서 한 진술이나 증언과 관련하여 보복을 당할 우려가 있는 등 범죄피해자를 보호할 필요가 있을 경우에는 적절한 조치를 마련하여야 한다.

**형사절차 참여 보장 등(법 제8조)**

① 국가는 범죄피해자가 해당 사건과 관련하여 수사담당자와 상담하거나 재판절차에 참여하여 진술하는 등 형사절차상의 권리를 행사할 수 있도록 보장하여야 한다.

② 국가는 범죄피해자가 요청하면 가해자에 대한 수사 결과, 공판기일, 재판 결과, 형 집행 및 보호관찰 집행 상황 등 형사절차 관련 정보를 대통령령으로 정하는 바에 따라 제공할 수 있다.

② 범죄피해 구조금 지급 및 범죄피해자 보호 · 지원 단체 현황 등 범죄피해자의 지
원에 관한 정보

③ 그 밖에 범죄피해자의 권리보호 및 복지증진을 위하여 필요하다고 인정되는 정보

### (5) 구조금의 지급요건

국가는 구조대상 범죄피해를 받은 사람이 다음의 어느 하나에 해당하면 구조피해자
또는 그 유족에게 범죄피해 구조금을 지급한다(법 제16조).

① 구조피해자가 피해의 전부 또는 일부를 배상받지 못하는 경우

② 자기 또는 타인의 형사사건의 수사 또는 재판에서 고소 · 고발 등 수사단서를 제
공하거나 진술, 증언 또는 자료제출을 하다가 구조피해자가 된 경우

### (6) 형사조정(법 제41조)

① 검사는 피의자와 범죄피해자 사이에 형사분쟁을 공정하고 원만하게 해결하여 범
죄피해자가 입은 피해를 실질적으로 회복하는 데 필요하다고 인정하면 당사자의
신청 또는 직권으로 수사 중인 형사사건을 형사조정에 회부할 수 있다.

② 형사조정에 회부할 수 있는 형사사건의 구체적인 범위는 대통령령으로 정한다. 다
만, 다음의 어느 하나에 해당하는 경우에는 형사조정에 회부하여서는 아니 된다.

   ㉠ 피의자가 도주하거나 증거를 인멸할 염려가 있는 경우

   ㉡ 공소시효의 완성이 임박한 경우

   ㉢ 불기소처분의 사유에 해당함이 명백한 경우(다만, 기소유예처분의 사유에 해
당하는 경우는 제외한다)

### (7) 형사조정위원회(법 제42조)

① 형사조정을 담당하기 위하여 각급 지방검찰청 및 지청에 형사조정위원회를 둔다.

② 형사조정위원회는 2명 이상의 형사조정위원으로 구성한다.

③ 형사조정위원은 형사조정에 필요한 법적 지식 등 전문성과 덕망을 갖춘 사람 중
에서 관할 지방검찰청 또는 지청의 장이 미리 위촉한다.

④ 국가공무원의 결격사유에 해당하는 사람은 형사조정위원으로 위촉될 수 없다.

⑤ 형사조정위원의 임기는 2년으로 하며, 연임할 수 있다.

⑥ 형사조정위원회의 위원장은 관할 지방검찰청 또는 지청의 장이 형사조정위원 중
에서 위촉한다.

⑦ 형사조정위원에게는 예산의 범위에서 법무부령으로 정하는 바에 따라 수당을 지
급할 수 있으며, 필요한 경우에는 여비, 일당 및 숙박료를 지급할 수 있다.

### (8) 형사조정절차의 종료

① 형사조정위원회는 조정기일마다 형사조정의 과정을 서면으로 작성하고, 형사조
정이 성립되면 그 결과를 서면으로 작성하여야 한다.

② 형사조정위원회는 조정 과정에서 증거위조나 거짓 진술 등의 사유로 명백히 혐
의가 없는 것으로 인정하는 경우에는 조정을 중단하고 담당 검사에게 회송하여
야 한다.

형사조정의 절차(법 제43조)
① 형사조정위원회는 당사자 사이의 공
정하고 원만한 화해와 범죄피해자가
입은 피해의 실질적인 회복을 위하여
노력하여야 한다.
② 형사조정위원회는 형사조정이 회부
되면 지체 없이 형사조정 절차를 진
행하여야 한다.
③ 형사조정위원회는 필요하다고 인정
하면 형사조정의 결과에 이해관계가
있는 사람의 신청 또는 직권으로 이
해관계인을 형사조정에 참여하게 할
수 있다.

③ 형사조정위원회는 형사조정 절차가 끝나면 서면을 붙여 해당 형사사건을 형사조 정에 회부한 검사에게 보내야 한다.

④ 검사는 형사사건을 수사하고 처리할 때 형사조정 결과를 고려할 수 있다. 다만, 형사조정이 성립되지 아니하였다는 사정을 피의자에게 불리하게 고려하여서는 아니 된다.

## 06절　교정의 민영화

## 1. 교정시설의 민영화

### (1) 의의

① 개인이나 민간단체가 정부로부터 수용자관리 및 교정교육 등 교정업무의 전부 또는 일부를 위탁받아 운영하는 것

② 교도소 등의 설치 · 운영에 관한 업무의 일부를 민간에 위탁하는 데에 필요한 사 항을 정함으로써 교도소 등의 운영의 효율성을 높이고 수용자의 처우 향상과 사 회복귀 촉진

**민영교도소의 목적**

이 법은 교도소 등의 설치 · 운영에 관한 업무의 일부를 민간에 위탁하는 데에 필 요한 사항을 정함으로써 교도소 등의 운 영의 효율성을 높이고 수용자의 처우 향 상과 사회 복귀를 촉진함을 목적으로 한 다(법 제1조).

### (2) 민영교도소에 관한 찬반

| 찬성론 | 반대론 |
|---|---|
| • 국가의 재정부담의 경감<br>• 양질의 서비스 제공 가능<br>• 교정정책의 영역과 방법 확대<br>• 효율적인 경영기법의 도입으로 생산성 향상<br>• 다양한 기술을 접촉하여 사회적응에 유리<br>• 다양한 프로그램의 도입으로 재범방지 효과 | • 민영화로 인한 경비부담 증가<br>• 과밀수용 해결 어려움<br>• 이윤추구로 인한 노동력 착취 우려<br>• 국가의 형벌권 포기<br>• 사인에 의한 제재 초래 |

## 2. 민영교도소 등의 설치·운영에 관한 법률

### (1) 교정업무의 민간 위탁(법 제3조)

**위탁계약의 기간**

위탁계약의 기간은 다음과 같이 하되, 그 기간은 갱신 가능
• 수탁자가 교도소등의 설치비용을 부 담하는 경우 : 10년 이상 20년 이하
• 그 밖의 경우 : 1년 이상 5년 이하

① 법무부장관은 필요하다고 인정하면 이 법에서 정하는 바에 따라 교정업무를 공 공단체 외의 법인 · 단체 또는 그 기관이나 개인에게 위탁할 수 있다. 다만, 교정 업무를 포괄적으로 위탁하여 한 개 또는 여러 개의 교도소등을 설치 · 운영하도 록 하는 경우에는 법인에만 위탁할 수 있다.

② 법무부장관은 교정업무의 수탁자를 선정하는 경우에는 수탁자의 인력 · 조직 · 시설 · 재정능력 · 공신력 등을 종합적으로 검토한 후 적절한 자를 선정하여야 한다.

③ 선정방법, 선정절차, 그 밖에 수탁자의 선정에 관하여 필요한 사항은 법무부장 관이 정한다.

## (2) 위탁계약의 체결(법 제4조)

① 법무부장관은 교정업무를 위탁하려면 수탁자와 대통령령으로 정하는 방법으로 계약을 체결하여야 한다.
② 법무부장관은 필요하다고 인정하면 민영교도소등의 직원이 담당할 업무와 민영교도소등에 파견된 소속 공무원이 담당할 업무를 구분하여 위탁계약을 체결할 수 있다.
③ 법무부장관은 위탁계약을 체결하기 전에 계약 내용을 기획재정부장관과 미리 협의하여야 한다.

## (3) 위탁계약의 내용(법 제5조)

① 위탁계약에는 다음의 사항이 포함되어야 한다.
　㉠ 위탁업무를 수행할 때 수탁자가 제공하여야 하는 시설과 교정업무의 기준에 관한 사항
　㉡ 수탁자에게 지급하는 위탁의 대가와 그 금액의 조정 및 지급 방법에 관한 사항
　㉢ 계약기간에 관한 사항과 계약기간의 수정·갱신 및 계약의 해지에 관한 사항
　㉣ 교도작업에서의 작업장려금·위로금 및 조위금 지급에 관한 사항
　㉤ 위탁업무를 재위탁할 수 있는 범위에 관한 사항
　㉥ 위탁수용 대상자의 범위에 관한 사항
　㉦ 그 밖에 법무부장관이 필요하다고 인정하는 사항
② 법무부장관은 위탁수용 대상자의 범위를 정할 때에는 수탁자의 관리능력, 교도소등의 안전과 질서, 위탁수용이 수용자의 사회 복귀에 유용한지 등을 고려하여야 한다.

## (4) 위탁업무의 정지(법 제6조)

① 법무부장관은 수탁자가 이 법 또는 이 법에 따른 명령이나 처분을 위반하면 6개월 이내의 기간을 정하여 위탁업무의 전부 또는 일부의 정지를 명할 수 있다.
② 법무부장관은 정지명령을 한 경우에는 소속 공무원에게 정지된 위탁업무를 처리하도록 하여야 한다.
③ 법무부장관은 정지명령을 할 때 적용하기 어려운 사정이 있으면 그 사정이 해결되어 없어질 때까지 정지명령의 집행을 유예할 수 있다.

## (5) 위탁계약의 해지(법 제7조)

① 법무부장관은 수탁자가 다음의 어느 하나에 해당하면 위탁계약을 해지할 수 있다.
　㉠ 보정명령을 받고 상당한 기간이 지난 후에도 이행하지 아니한 경우
　㉡ 이 법 또는 이 법에 따른 명령이나 처분을 크게 위반한 경우로서 위탁업무의 정지명령으로는 감독의 목적을 달성할 수 없는 경우
　㉢ 사업 경영의 현저한 부실 또는 재무구조의 악화, 그 밖의 사유로 이 법에 따른 위탁업무를 계속하는 것이 적합하지 아니하다고 인정되는 경우
② 법무부장관과 수탁자는 위탁계약으로 정하는 바에 따라 계약을 해지할 수 있다.

SEMI-NOTE

**위탁계약 해지 시의 업무 처리**
위탁계약이 해지된 경우 국가가 부득이한 사정으로 위탁업무를 즉시 처리할 수 없을 때에는 수탁자나 그의 승계인은 국가가 업무를 처리할 수 있을 때까지 종전의 위탁계약에 따라 업무 처리를 계속하여야 한다(법 제8조).

**청문**
법무부장관이 위탁계약을 해지하려면 청문이 필요

교정업무
수용자의 수용·관리, 교정·교화, 직업교육, 교도작업, 분류처우, 그 밖에 형의 집행 및 수용자의 처우에 관한 법률에서 정하는 업무

교정법인
법무부장관으로부터 교정업무를 포괄적으로 위탁받아 교도소·소년교도소 또는 구치소 및 그 지소를 설치·운영하는 법인

## (6) 교정법인

① 교정법인의 정관 변경 등(법 제10조)
  ㉠ 교정업무를 위탁받은 법인은 위탁계약을 이행하기 전에 법인의 목적사업에 민영교도소등의 설치·운영이 포함되도록 정관을 변경하여야 한다.
  ㉡ 정관 변경과 교정법인의 정관 변경은 법무부장관의 인가를 받아야 한다. 다만, 대통령령으로 정하는 경미한 사항의 변경은 법무부장관에게 신고하여야 한다.

② 임원(법 제11조)
  ㉠ 교정법인은 이사 중에서 위탁업무를 전담하는 자를 선임하여야 한다.
  ㉡ 교정법인의 대표자 및 감사와 위탁업무를 전담하는 이사는 법무부장관의 승인을 받아 취임한다.
  ㉢ 교정법인 이사의 과반수는 대한민국 국민이어야 하며, 이사의 5분의 1 이상은 교정업무에 종사한 경력이 5년 이상이어야 한다.
  ㉣ 다음의 어느 하나에 해당하는 자는 교정법인의 임원이 될 수 없으며, 임원이 된 후 이에 해당하게 되면 임원의 직을 상실한다.
    • 국가공무원결격사유의 어느 하나에 해당하는 자
    • 임원취임 승인이 취소된 후 2년이 지나지 아니한 자
    • 해임명령으로 해임된 후 2년이 지나지 아니한 자
  ㉤ 교정법인 임원의 임기, 직무, 결원 보충 및 임시이사 선임에 필요한 사항은 대통령령으로 정한다.

③ 임원취임의 승인 취소 : 임원이 다음의 어느 하나에 해당하는 행위를 하면 법무부장관은 취임 승인을 취소할 수 있다(법 제12조).
  ㉠ 겸직금지를 위반하여 겸직하는 경우
  ㉡ 수용을 거절하는 경우
  ㉢ 징역형 또는 벌금형의 선고를 받아 그 형이 확정된 경우
  ㉣ 임원 간의 분쟁, 회계부정, 법무부장관에게 허위로 보고하거나 허위자료를 제출하는 행위 또는 정당한 사유 없이 위탁업무 수행을 거부하는 행위 등의 현저한 부당행위 등으로 해당 교정법인의 설립목적을 달성할 수 없게 한 경우

④ 임원 등의 겸직 금지(법 제13조)
  ㉠ 교정법인의 대표자는 그 교정법인이 운영하는 민영교도소등의 장을 겸할 수 없다.
  ㉡ 이사는 감사나 해당 교정법인이 운영하는 민영교도소등의 직원을 겸할 수 없다.
  ㉢ 감사는 교정법인의 대표자·이사 또는 직원을 겸할 수 없다.

작업 수입
민영교도소등에 수용된 수용자가 작업하여 생긴 수입은 국고수입으로 한다(법 제26조).

## (7) 민영교도소등의 설치·운영

① 민영교도소등의 시설 : 교정법인이 민영교도소등을 설치·운영할 때에는 대통령령으로 정하는 기준에 따른 시설을 갖추어야 한다(법 제20조).
② 민영교도소등의 조직 등(법 제21조)

⊙ 민영교도소등은 형의 집행 및 수용자의 처우에 관한 법률에 규정된 교도소등에 준하는 조직을 갖추어야 한다.

ⓛ 교정법인은 민영교도소등을 운영할 때 시설 안의 수용자를 수용·관리하고 교정서비스를 제공하기에 적합한 직원을 확보하여야 한다.

③ 민영교도소등의 검사(법 제22조)

⊙ 교정법인은 민영교도소등의 시설이 이 법과 이 법에 따른 명령 및 위탁계약의 내용에 적합한지에 관하여 법무부장관의 검사를 받아야 한다.

ⓛ 법무부장관은 검사를 한 결과 해당 시설이 이 법에 따른 수용시설로서 적당하지 아니하다고 인정되면 교정법인에 대하여 보정을 명할 수 있다.

ⓒ 시설의 검사 방법·절차 등에 관하여 필요한 사항은 법무부장관이 정한다.

④ 운영 경비(법 제23조) : 법무부장관은 사전에 기획재정부장관과 협의하여 민영교도소등을 운영하는 교정법인에 대하여 매년 그 교도소등의 운영에 필요한 경비를 지급한다.

⑤ 수용자의 처우(법 제25조)

⊙ 교정법인은 위탁업무를 수행할 때 같은 유형의 수용자를 수용·관리하는 국가운영의 교도소등과 동등한 수준 이상의 교정서비스를 제공하여야 한다.

ⓛ 교정법인은 민영교도소등에 수용되는 자에게 특별한 사유가 있다는 이유로 수용을 거절할 수 없다. 다만, 수용·작업·교화, 그 밖의 처우를 위하여 특별히 필요하다고 인정되는 경우에는 법무부장관에게 수용자의 이송을 신청할 수 있다.

ⓒ 교정법인의 임직원과 민영교도소등의 장 및 직원은 수용자에게 특정 종교나 사상을 강요하여서는 아니 된다.

⑥ 보호장비의 사용 등(법 제27조)

⊙ 민영교도소등의 장은 외부의료시설 진료, 치료감호시설 이송, 외부교육기관 통학이나 위탁교육, 귀휴, 보호장비의 사용, 강제력 행사, 무기의 사용, 징벌처분 등을 하려면 법무부장관이 민영교도소등의 지도·감독을 위하여 파견한 소속 공무원의 승인을 받아야 한다. 다만, 긴급한 상황으로 승인을 받을 만한 시간적 여유가 없을 때에는 그 처분 등을 한 후 즉시 감독관에게 알려서 승인을 받아야 한다.

ⓛ 민영교도소등의 장은 가석방 적격심사를 신청하려면 감독관의 의견서를 첨부하여야 한다.

ⓒ 민영교도소등의 장은 석방을 하려면 관계 서류를 조사한 후 감독관의 확인을 받아 석방하여야 한다.

## (8) 민영교도소등의 직원

① 결격사유 : 다음의 어느 하나에 해당하는 자는 민영교도소등의 직원으로 임용될 수 없으며, 임용 후 다음의 어느 하나에 해당하는 자가 되면 당연히 퇴직한다(법 제28조).

⊙ 대한민국 국민이 아닌 자

ⓛ 국가공무원 결격사유의 어느 하나에 해당하는 자

ⓒ 임원취임 승인이 취소된 후 2년이 지나지 아니한 자

ⓔ 해임명령으로 해임된 후 2년이 지나지 아니한 자

② 임면 등(법 제29조)

   ㉠ 교정법인의 대표자는 민영교도소등의 직원을 임면한다. 다만, 민영교도소등
의 장 및 대통령령으로 정하는 직원을 임면할 때에는 미리 법무부장관의 승인
을 받아야 한다.

   ㉡ 교정법인의 대표자는 민영교도소등의 장 외의 직원을 임면할 권한을 민영교
도소등의 장에게 위임할 수 있다.

   ㉢ 민영교도소등의 직원의 임용 자격, 임용 방법, 교육 및 징계에 관하여는 대통
령령으로 정한다.

③ 직원의 직무 : 민영교도소등의 직원은 대통령령으로 정하는 바에 따라 형의 집
행 및 수용자의 처우에 관한 법률에 따른 교도관의 직무를 수행한다(법 제30조
제1항).

## (9) 지원·감독 등

① 지원 : 법무부장관은 필요하다고 인정하면 직권으로 또는 해당 교정법인이나 민
영교도소등의 장의 신청을 받아 민영교도소등에 소속 공무원을 파견하여 업무를
지원하게 할 수 있다(법 제32조).

② 감독 등(법 제33조)

   ㉠ 법무부장관은 민영교도소등의 업무 및 그와 관련된 교정법인의 업무를 지
도·감독하며, 필요한 경우 지시나 명령을 할 수 있다. 다만, 수용자에 대한
교육과 교화프로그램에 관하여는 그 교정법인의 의견을 최대한 존중하여야
한다.

   ㉡ 법무부장관은 지도·감독상 필요하다고 인정하면 민영교도소등에 소속 공무
원을 파견하여 그 민영교도소등의 업무를 지도·감독하게 하여야 한다.

   ㉢ 교정법인 및 민영교도소등의 장은 항상 소속 직원의 근무 상황을 감독하고 필
요한 교육을 하여야 한다.

③ 보고·검사(법 제34조) : 민영교도소등의 장은 대통령령으로 정하는 바에 따라
매월 또는 분기마다 다음의 사항을 법무부장관에게 보고하여야 한다.

   • 수용 현황

   • 교정 사고의 발생 현황 및 징벌 현황

   • 무기 등 보안장비의 보유·사용 현황

   • 보건의료서비스와 주식(主食)·부식(副食)의 제공 현황

   • 교육·직업훈련 등의 실시 현황

   • 외부 통학, 외부 출장 직업훈련, 귀휴(歸休), 사회 견학, 외부 통근 작업 및 외
부 병원 이송 등 수용자의 외부 출입 현황

   • 교도작업의 운영 현황

   • 직원의 인사·징계에 관한 사항

   • 그 밖에 법무부장관이 필요하다고 인정하는 사항

④ 위탁업무의 감사(법 제35조)

　㉠ 법무부장관은 위탁업무의 처리 결과에 대하여 매년 1회 이상 감사를 하여야 한다.

　㉡ 법무부장관은 감사 결과 위탁업무의 처리가 위법 또는 부당하다고 인정되면 해당 교정법인이나 민영교도소등에 대하여 적절한 시정조치를 명할 수 있으며, 관계 임직원에 대한 <u>인사 조치를 요구</u>할 수 있다.

⑤ 징계처분명령 등(법 제36조)

　㉠ 법무부장관은 민영교도소등의 직원이 위탁업무에 관하여 이 법 또는 이 법에 따른 명령이나 처분을 위반하면 그 직원의 임면권자에게 해임이나 정직·감봉 등 징계처분을 하도록 명할 수 있다.

　㉡ 교정법인 또는 민영교도소등의 장은 징계처분명령을 받으면 즉시 징계처분을 하고 법무부장관에게 보고하여야 한다.

SEMI-NOTE

**위탁업무 수행 시 손해배상**
교정법인의 임직원과 민영교도소등의 직원이 위탁업무를 수행할 때 고의 또는 과실로 법령을 위반하여 국가에 손해를 입힌 경우 그 교정법인은 손해를 배상해야 함

# 나두공
## 직렬별 써머리 동영상 강의
## 5만원 가격파괴

---

국어+영어+한국사

행정법총론+행정학개론

―――――――――

일반행정직(5만원)

---

국어+영어+한국사

행정법총론+교육학개론

―――――――――

교육행정직(5만원)

---

국어+영어+한국사

행정법총론+노동법개론

―――――――――

고용노동직(5만원)

---

국어+영어+한국사

노동법개론+직업상담심리학개론

―――――――――

직업상담직(5만원)

---

국어+영어+한국사

교정학개론+형사소송법개론

―――――――――

교정직(5만원)

---

국어+영어+한국사

행정법총론+사회복지학개론

―――――――――

사회복지직(5만원)

## 핵심이론

사례에 속해지는 핵심 내용만을 다시 추운서한 학습이 기능하 도록 구성하였습니다. 반드시 알아야 할 내용에 대한 충실한 이해와 체계적 정리가 가능합니다.

## 빈출개념

시험에서 자주 출제되는 개념들을 표시하여 중요한 부분은 한 눈에 들어올 수 있도록 하였습니다. 합격에 필요한 핵심이론 을 깔끔하게 학습하시기 바랍니다.

## 한눈에 쏙~

흐름이나 중요 개념들이 한눈에 쏙 들어올 수 있도록 도표로 정리하여 수록하였습니다. 한눈에 키워드와 흐름을 파악하여 수험에 도움이 되도록 하였습니다.

## 실력 up

더 알아두면 좋을 내용을 실력 up에 배치하고, 보조단에는 SEMI – NOTE를 배치하여 본문에 관련된 내용이나 중요한 개념들을 수록하였습니다.

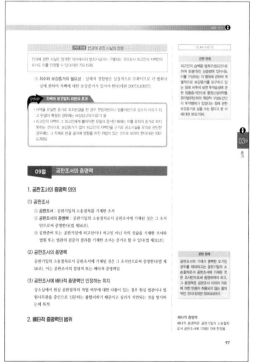

# 목 차

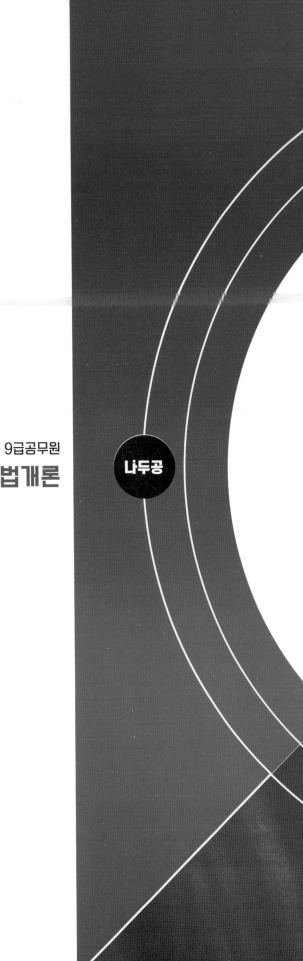

9급공무원

# 형사소송법개론

나두공

# 01장 형사소송법 개설

**형사소송의 개념**
범죄가 발생한 경우 범죄수사, 공소제기, 공판절차, 형의 선고, 형의 집행에 이르는 일련의 과정

**형법과 형사소송법**
형법은 실체법으로 도덕적, 윤리적 성격이 강하고 정적인 성격을 띠며 형사소송법은 동적 · 발전적인 성격을 가짐

**절차법(節次法)**
형식법이라고도 하며, 권리의 실질적 내용을 실현하기 위하여 취해야 할 방법을 규율하는 법

**법원(法源)**
법을 생기게 하는 근거 및 존재 형식으로, 흔히 법관이 재판 기준으로 적용하는 법 규범의 존재 형식으로 성문법과 불문법이 있음

**형사절차법정주의**
모든 국민은 신체의 자유를 가진다. 누구든지 법률에 의하지 아니하고는 체포 · 구속 · 압수 · 수색 또는 심문을 받지 아니하며, 법률과 적법한 절차에 의하지 아니하고는 처벌 · 보안처분 또는 강제노역을 받지 아니한다(헌법 제12조 제1항).

## 01절 형사소송법의 기초

### 1. 형사소송법의 의의와 성격

#### (1) 형사소송법의 의의

① **형사소송법의 개념** : 범죄가 발생하는 경우 이를 수사, 소추, 심판하고 형벌을 집행하는 것을 형사절차라 하고 형사절차를 규율하는 법체계가 형사소송법

② **형법과의 관계** : 형법은 국가형벌권의 발생요건과 법률효과를 규율하는 실체법이고, 형사소송법은 형법에 의하여 발생한 국가형벌권을 구체적으로 실현하기 위한 법적 절차를 규율하는 절차법

③ **형사절차 법정주의** : 형사소송의 절차를 형식적 의미의 법률로 규정해야 한다는 원칙으로 수사, 공판, 형집행의 형사절차는 국회에서 제정한 법률로 규정하여야 한다는 원칙

#### (2) 형사소송법의 성격

① **형사법** : 민사법에 대비하는 것으로 정치적 성격이 강한 것이 특징

② **절차법** : 형사소송법은 소송 절차를 규정한 절차법으로 기술적 성격이 강함

③ **공법(公法)** : 형사소송법은 국가와 국민 사이의 법률관계를 규율하는 공법에 해당하고 배분적 정의실현이 목적

④ **사법법(司法法)** : 국가의 사법작용 행사방법을 규율하는 사법법에 해당하고 합법성과 법적 안정성 중시

### 2. 형사소송법의 법원(法源) 및 적용범위

#### (1) 형사소송법의 법원 ★빈출개념

한눈에 쏙~

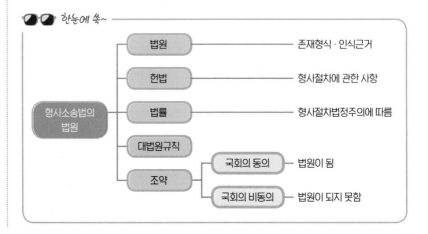

법원 ─── 존재형식 · 인식근거

헌법 ─── 형사절차에 관한 사항

형사소송법의 법원 ─── 법률 ─── 형사절차법정주의에 따름

대법원규칙

조약 ─── 국회의 동의 ─── 법원이 됨

조약 ─── 국회의 비동의 ─── 법원이 되지 못함

① **법원(法源)** : 형사소송법의 법원은 형사소송법의 존재형식 내지 인식근거가 됨

② **헌법** : 헌법은 최고의 법으로 형사절차에 관한 사항은 당연히 형사소송법의 법원이 됨

> - 형사절차법정주의(제12조 제1항)
> - 적법절차의 원리(제12조 제3항)
> - 영장주의(제12조 제3항)
> - 고문금지와 진술거부권(제12조 제2항)
> - 변호인의 조력을 받을 권리(제12조 제4항)
> - 체포 또는 구속의 이유와 변호인의 조력을 받을 권리(제12조 제5항)
> - 피구속자의 가족 등에게 구속사유 등을 통지하게 할 권리(제12조 제5항)
> - 체포·구속적부심사청구권(제12조 제6항)
> - 자백배제법칙과 자백보강법칙(제12조 제7항)
> - 일사부재리의 법칙(제13조 제1항)
> - 재판을 받을 권리와 신속한 재판을 받을 권리(제27조 제1항, 제3항)
> - 무죄추정의 원칙(제27조 제4항)
> - 형사피해자의 재판절차진술권(제27조 제5항)
> - 형사보상청구권(제28조)
> - 국회의원의 불체포특권과 면책특권(제44조, 제45조)
> - 대통령의 형사 불소추특권(제84조)
> - 헌법재판소의 조직과 헌법소원에 관한 규정(제111조 내지 제113조)
> - 법원의 조직과 권한에 관한 규정(제101조, 제110조)

③ **법률** : 형사절차 법정주의에 따라 법률은 형사소송법의 법원이 됨

㉠ **형식적 의미의 형사소송법** : 형사소송법의 명칭을 가진 법률

㉡ **실질적 의미의 형사소송법** : 실질적 내용이 형사절차를 규율하는 법률

- 조직에 관한 법률 : 검찰청법, 법원조직법, 각급법원의 설치와 관할구역에 관한 법률, 고위공직자 범죄수사처 설치 및 운영에 관한 법률, 경찰관직무집행법, 변호사법, 사법경찰관리의 직무를 행할 자와 그 직무범위에 관한 법률 등
- 특별절차에 관한 법률 : 즉결심판에 관한 절차법, 소송촉진 등에 관한 특례법, 조세범처벌절차법, 소년법, 국민참여재판법, 군사법원법 등
- 소송비용 법률 : 형사소송비용 등에 관한 법률 등

④ **대법원규칙** : 대법원규칙도 형사소송법의 법원이 된다(예 형사소송규칙, 법정좌석에 관한 규칙, 소년심판규칙, 형사소송비용 등에 관한 규칙, 소송촉진 등에 관한 특례규칙, 법정 등의 질서유지를 위한 재판에 관한 규칙 등).

⑤ **대통령령과 법무부령** : 형사절차법정주의 원칙상 형사소송법의 법원이 되지 못함

⑥ **판례** : 대법원 판례는 당해사건의 하급심을 구속할 뿐 형사소송법의 법원이 되지 못하고, 헌법재판소 판례의 경우 위헌결정과 헌법불합치결정은 법률의 효력을 소급시켜 소멸시키므로 형사소송법의 효력이 됨

⑦ **조약** : 국회의 동의를 얻은 조약은 법률과 동일한 효력을 가지므로 법원이 되나 동의를 얻지 못한 조약은 법원이 되지 못함

**영장주의**

체포·구속·압수 또는 수색을 할 때에는 적법한 절차에 따라 검사의 신청에 의하여 법관이 발부한 영장을 제시하여야 한다(헌법 제12조 제3항).

**체포 또는 구속의 이유와 변호인의 조력을 받을 권리**

누구든지 체포 또는 구속을 당한 때에는 적부의 심사를 법원에 청구할 권리를 가진다(헌법 제12조 제5항).

**기타 실질적 의미의 형사소송법**

형의 실효에 관한 법률, 형사보상 및 명예회복에 관한 법률, 형의 집행 및 수용자의 처우에 관한 법률 등

**관련 판례**

재기수사의 명령이 있는 사건에 관하여 지방검찰청 검사가 다시 불기소처분을 하고자 하는 경우에는 미리 그 명령청의 장의 승인을 얻도록 한 검찰사건사무규칙의 규정은 검찰청 내부의 사무처리지침에 불과한 것일 뿐 법규적 효력을 가진 것이 아니다(헌재 91헌마42).

## (2) 형사소송법의 적용범위

① **인적 · 장소적 범위** : 형사소송법은 형법을 실현하는 절차법이므로 형사소송법의 인적 · 장소적 적용범위는 형법의 인적 · 장소적 적용범위와 일치한다. 따라서 형법상 속지주의, 속인주의, 보호주의가 적용

　㉠ **국내범** : 본법은 대한민국 영역 내에서 죄를 범한 내국인과 외국인에게 적용한다(형법 제2조). 속지주의 원칙 적용

　㉡ **내국인의 국외범** : 본법은 대한민국 영역 외에서 죄를 범한 내국인에게 적용한다(형법 제3조).

　㉢ **국외에 있는 내국선박 등에서 외국인이 범한 죄** : 본법은 대한민국 영역 외에 있는 대한민국의 선박 또는 항공기내에서 죄를 범한 외국인에게 적용한다(형법 제4조).

　㉣ **대한민국과 대한민국국민에 대한 국외범** : 본법은 대한민국 영역 외에서 대한민국 또는 대한민국국민에 대하여 전조에 기재한 이외의 죄를 범한 외국인에게 적용한다. 단 행위지의 법률에 의하여 범죄를 구성하지 아니하거나 소추 또는 형의 집행을 면제할 경우에는 예외로 한다(형법 제6조).

> **관련 판례** 형법상 속인주의의 규정
>
> 형법 제3조는 '본법은 대한민국 영역 외에서 죄를 범한 내국인에게 적용한다.'고 하여 형법의 적용 범위에 관한 속인주의를 규정하고 있는바, 필리핀국에서 카지노의 외국인 출입이 허용되어 있다 하여도, 형법 제3조에 따라, 필리핀국에서 도박을 한 피고인에게 우리나라 형법이 당연히 적용된다(대판 99도3337).

　㉤ **적용 예외**
　　• **국내법상 예외** : 대통령의 불소추특권, 국회의원의 불체포특권, 국회의원의 면책특권

> **관련 판례** 국회의원의 면책특권
>
> 국회의원의 면책특권에 속하는 행위에 대하여는 공소를 제기할 수 없으며 이에 반하여 공소가 제기된 것은 결국 공소권이 없음에도 공소가 제기된 것이 되어 형사소송법 제327조 제2항의 "공소제기의 절차가 법률의 규정에 위반하여 무효인 때"에 해당되므로 공소를 기각하여야 한다(대판 91도3317).

　　• **국제법상 예외** : 외교관계에 의한 면제, 한미주둔군지위협정에 의한 재판권 제한

② **시간적 적용범위** : 형사소송법은 시행시부터 폐지시까지 적용되며, 형사소송법은 절차법이어서 엄격한 소급효금지의 원칙이 적용되지 않음

> **관련 판례** 개정과 신법 또는 구법의 적용여부
>
> 형사소송법 부칙(2007. 6. 1) 제2조는 형사절차가 개시된 후 종결되기 전에 형사소송법이 개정된 경우 신법과 구법 중 어느 법을 적용할 것인지에 관한 입법례 중 이른바 혼합주의를 채택

---

**외국인의 국외범**

• 본법은 대한민국 영역 외에서 다음에 기재한 죄를 범한 외국인에게 적용한다(형법 제5조).

• **죄의 종류**
　－ 내란의 죄
　－ 외환의 죄
　－ 국기에 관한 죄
　－ 통화에 관한 죄
　－ 유가증권, 우표와 인지에 관한 죄
　－ 문서에 관한 죄 중 공문서 등의 위조 · 변조 내지 공문서 등의 부정행사
　－ 인장에 관한 죄 중 공인 등의 위조 · 부정사용

**소급효금지의 원칙**

형벌 법규는 시행 이후의 행위에 대해서만 적용하며, 시행 이전의 행위에까지 소급하여 적용할 수 없다는 원칙

**형사소송법 부칙(제1조, 제2조)**

• 제1조 본법 시행전에 공소를 제기한 사건에는 구법을 적용한다.

• 제2조 본법 시행후에 공소를 제기한 사건에는 본법을 적용한다. 단, 본법시행전에 구법에 의하여 행한 소송행위의 효력에는 영향을 미치지 아니한다.

하여 구법 당시 진행된 소송행위의 효력은 그대로 인정하되 신법 시행 후의 소송절차에 대하여는 신법을 적용한다는 취지에서 규정된 것이다. 따라서 항소심이 신법 시행을 이유로 구법이 정한 바에 따라 적법하게 진행된 제1심의 증거조사절차 등을 위법하다고 보아 그 효력을 부정하고 다시 절차를 진행하는 것은 허용되지 아니하며, 다만 이미 적법하게 이루어진 소송행위의 효력을 부정하지 않는 범위 내에서 신법의 취지에 따라 절차를 진행하는 것은 허용된다(대판 2008도2826).

---

## 02절    형사소송법의 이념과 구조

## 1. 형사소송법의 목적과 이념

### (1) 형사소송법의 목적과 실체적 진실주의

① 목적 : 형사소송의 목적은 근본적으로 피고인의 유죄와 무죄를 정확히 판단하는 것
② 실체적 진실주의
  ㉠ 실체적 진실주의의 개념 : 소송의 실체에 관하여 객관적 진실을 발견하여 사안의 진상을 밝히자는 주의로 소송법상의 원리
  ㉡ 형식적 진실주의와 실체적 진실주의
    • 형식적 진실주의 : 법원이 당사자의 사실상의 주장이나 인부(認否) 등에 구속되어 이를 기초로 한 사실을 인정하는 민사소송법상의 원리
    • 형사소송법상 실체적 진실주의 : 형사소송법에서는 실체적 진실주의가 지배하므로 당사자 처분주의는 인정되지 않는다. 형사재판을 거부할 권리가 없고 검사와 피고인이 임의로 형사재판을 화해로 중지하거나 포기할 수 없으며, 형사소송에서는 자백의 구속력을 인정하지 않으므로 피고인이 자백하더라도 보강증거가 없으면 법원은 무죄를 선고할 수 있고 보강증거가 있더라도 객관적 진실에 따라 자백과 다른 판결을 선고할 수 있음
  ㉢ 실체적 진실주의의 내용
    • 적극적 실체진실주의 : 범죄사실을 명백히 하여 죄 있는 자를 빠짐없이 처벌하도록 하자는 원리로 열 사람의 범인이 있으면 열 사람 모두 처벌하여야 한다는 것
    • 소극적 실체진실주의 : 죄 없는 자를 유죄로 하여서는 안 된다는 것으로 열 사람의 범인을 놓치더라도 한 사람의 죄 없는 사람을 벌해서는 안 된다는 것
    • 형사소송법의 태도 : 형사소송법은 무죄추정의 원칙과 의심스러울 때는 피고인의 이익으로, 검사의 거증책임의 부담 등의 원칙이 적용되므로 소극적 실체진실주의의 입장
  ㉣ 제도적 구현 : 실체적 진실주의는 형사소송의 지도이념으로 실체적 진실의 발견을 목적으로 함
    • 수사절차 : 증거의 수집과 보전을 위한 수사기관의 임의수사와 강제수사를 통한 검사에 객관의무 부과

형사소송법 제312조 제1항 단서가 검사 작성의 피의자신문조서에 대하여 그것이 전문증거임에도 불구하고 일정한 요건하에서 증거능력을 인정할 수 있도록 한 것은 형사소송법이 목적으로 하는 실체적 진실의 발견과 신속한 재판을 위한 것으로 그 목적의 정당성이 인정되고, 검사작성의 피의자신문조서와 검사 이외의 수사기관이 작성한 피의자신문조서에 대하여 증거능력 인정의 요건에 차등을 두어 검사작성의 피의자신문조서의 증거능력 인정요건을 완화한 것은 피의자의 인권보호와 실체적 진실발견 및 재판의 신속한 진행 사이의 조화를 이루기 위한 것으로 그 합리적 이유가 인정되므로, 이는 재판청구권을 규정하는 헌법 제27조 제1항과 평등의 원칙을 선언한 헌법 제11조 제1항에 위반되지 아니한다(헌재 93헌바45).

- 공판절차
  - 직권에 의한 증거조사 : 법원의 피고인과 증인에 대한 심문, 직권에 의한 증거조사 등
  - 증거법칙 : 증거재판주의, 자유심증주의, 임의성 없는 자백의 증거능력 배제, 전문증거의 증거능력 배제, 자백의 보강법칙 등
- 불복절차 : 오판이 있는 경우 그를 시정하기 위하여 상소와 재심 인정

ⓜ 실체적 진실주의의 한계

- 다른 형사소송법 이념에 의한 제약 : 실체적 진실주의는 적정절차의 원리, 신속한 재판의 원칙에 의하여 제약을 받는다.
- 사실상의 제약 : 형사소송에서 추구하는 지식은 객관적 지식이지만 인간능력의 한계, 제도적 제약 등으로 발견 가능한 상대적 진실
- 초소송법적 이익에 의한 제약 : 증인거부권, 증언거부권, 군사상·공무상·업무상 비밀에 의한 압수·수색에 의한 제약 등

## (2) 적정절차의 원칙

① **의의** : 수사의 지도원리 가운데 하나로 헌법정신을 구현한 공정한 법적인 절차에 의하여 형벌권이 실현되어야 한다는 원칙으로, 적정절차의 법리의 대표적인 것으로는 공정한 재판의 원칙, 비례의 원칙, 피고인보호의 원칙(진술거부권 고지 등) 등

> **관련 판례** 적법절차의 원칙
>
> 헌법 제12조 제1항 후문과 제3항에 규정된 적법절차의 원칙은 형사절차상의 제한된 범위뿐만 아니라 국가작용으로서 모든 입법 및 행정작용에도 광범위하게 적용된다(헌재 2007헌마451).

② **내용**

ⓐ **공정한 재판의 원칙** : 독립된 법관에 의하여 정의와 형평에 맞는 재판을 해야 한다는 원칙으로 공평한 법원의 구성, 피고인의 방어권 보장, 무기평등(武器平等)의 원칙이 적용되어야 한다는 원칙

> **관련 판례** 적법절차의 원칙에 반하는 예
>
> 증인의 증언 전에 일방 당사자만이 증인과의 접촉을 독점하게 되면, 상대방은 증인이 어떠한 내용을 증언할 것인지를 알 수 없어 그에 대한 방어를 준비할 수 없게 되며 상대방이 가하는 예기치 못한 공격에 그대로 노출될 수밖에 없으므로, 헌법이 규정한 "적법절차의 원칙"에도 반한다(헌재 99헌마496).

ⓑ **비례의 원칙** : 국가형벌권실현을 위한 수단으로서의 강제처분은 사안의 구체적 상황을 고려하여 목적달성을 위해 적법하고, 다른 수단에 의하여 그 목적을 달성할 수 없을 뿐만 아니라 이와 결합된 침해가 상당해야 한다는 원칙

ⓒ **피고인 보호의 원칙** : 피고인에 대한 진술거부권의 고지, 퇴정한 피고인에 대한 증인·감정인 또는 공동피고인의 진술요지의 고지, 증거조사결과에 대한

**적정절차와 재판의 원칙에 의한 제약**

진술거부권, 위법수집증거배제법칙, 자백배제법칙은 적정절차에 의하여 제약을 받고, 구속기간이 제한, 판결선고기간의 제한 등은 신속한 재판의 원칙에 의해 제약

**초소송법적 이익**

공무원 또는 공무원이었던 자가 소지 또는 보관하는 물건에 관하여는 본인 또는 그 해당 공무소가 직무상의 비밀에 관한 것임을 신고한 때에는 그 소속공무소 또는 당해 감독관공서의 승낙 없이는 압수하지 못한다(형사소송법 제111조 1항).

**무기평등의 원칙**

소송법에서 대립 당사자는 그 지위가 평등하고, 대등한 공격, 방어의 수단과 기회를 가진다는 원칙

**적절성과 최소성의 적용**

비례의 원칙은 방법의 적절성, 침해의 최소성이 적용됨

**적정절차 위반의 효과**

위법수집증거의 증거능력 부정, 공소제기의 무효, 상소이유 및 이의신청 사유, 국가배상 및 담당공무원의 형법상 범죄 성립 등

의견과 증거조사신청에 대한 고지, 상소권에 대한 고지, 피고인을 구금할 때 범죄사실의 고지 등

## (3) 신속한 재판의 원칙

① 의의 : 형사절차가 신속하게 진행되어 부당하게 지연시켜서는 안 된다는 원칙으로 국민의 기본권으로 보장

> 모든 국민은 신속한 재판을 받을 권리를 가진다. 형사피고인은 상당한 이유가 없는 한 지체 없이 공개재판을 받을 권리를 가진다(헌법 제27조 제3항).

**관련 판례 개별적 특수성에 따라 다른 심판기간**

신속한 재판을 구현하는 심판기간은 구체적 사건의 개별적 특수성에 따라 달라질 수밖에 없는 것이므로, 종국결정을 하기까지의 심판기간의 일수를 획일적으로 한정하는 것이 신속한 재판을 받을 권리의 내용을 이룬다거나, 심판기간의 일수를 한정한 다음 이를 반드시 준수하도록 강제하는 것이 신속한 재판을 받을 권리의 실현을 위해 필수적인 제도라고 볼 수는 없다(헌재 2007헌마732).

② 제도적 구현
   ㉠ 수사와 공소제기 절차에서의 구현 : 수사기관의 구속기간 제한, 공소시효, 기소편의주의, 검사에 대한 수사권 집중 등
   ㉡ 공판절차에서의 구현 : 궐석재판제도, 공판준비절차, 심판범위의 확정, 집중심리주의, 법원의 구속기간 제한, 증거동의, 판결선고기간의 제한, 상소기간의 제한 등

**관련 판례 미결구금기간 한계 설정**

형사소송법 제92조 제2항은 미결구금의 부당한 장기화로 인하여 피고인의 신체의 자유가 침해되는 것을 방지하기 위한 목적에서 미결구금기간의 한계를 설정하고 있는 것이지, 신속한 재판의 실현 등을 목적으로 법원의 재판기간 내지 심리기간 자체를 제한하려는 규정이라 할 수는 없다(헌재 99헌가14).

   ㉢ 상소심 재판에서의 구현 : 상소기간, 상소 시 소송기록부기간의 제한, 상소이유서 답변서 제출기간의 제한 등
   ㉣ 특별절차 : 간이공판절차, 약식절차, 전자약식절차, 즉결심판절차 등
③ 침해에 대한 구제
   ㉠ 재판지연의 판단기준 : 재판의 지연은 기간, 이유, 피고인의 권리주장의 유무, 피고인의 불이익 등을 종합적으로 고려하여 구체적이고 개별적으로 판단

**관련 판례 신속한 재판과 검사와 피고인의 쌍방 항소**

검사와 피고인 쌍방이 항소한 경우에 제1심 선고 형기 경과 후 2심 공판이 개정되었다고 해서 이를 위법이라 할 수 없고 신속한 재판을 받을 권리를 박탈한 것이라고 할 수 없다(대판 72도840).

01장
형사소송법 개설

**검사의 구속기간**
검사가 피의자를 구속한 때 또는 사법경찰관으로부터 피의자의 인치를 받은 때에는 10일 이내에 공소를 제기하지 아니하면 석방하여야 한다(법 제203조).

**관련 판례**
구속사건에 대해서는 법원이 구속기간 내에 재판을 하면 되는 것이고 구속만기 25일을 앞두고 제1회 공판이 있었다 하여 헌법에 정한 신속한 재판을 받을 권리를 침해하였다 할 수 없다(대판 90도672).

ⓒ 재판지연에 대한 구제 : 재판지연에 대한 법률적인 내용은 규정되어 있지 않고 있어 양형만 고려할 수 있음

## 2. 형사소송의 구조

### (1) 소송구조론의 의의와 주의

① 의의 : 소송의 주체는 누구이고 소송 주체 사이의 관계를 어떻게 구성할 것인가에 대한 이론

② 규문주의와 탄핵주의

　ⓐ 규문주의 : 형사소송절차의 개시와 심리가 일정한 소추권자의 소추에 의하지 않고 법원의 직권에 의하여 행해지는 주의로 규문판사 스스로 수사를 개시하여 심리와 재판을 하는 형사절차

　ⓑ 탄핵주의 : 형사소송에 있어서 재판기관 이외의 자의 소추가 있어야 소송이 개시되는 주의로 소추기관의 공소제기에 의하여 재판기관인 법원이 심리와 재판을 하는 형사절차

③ 직권주의와 당사자주의

　ⓐ 직권주의

　　• 의의 : 법원이 소송에서 주도적 역할을 하는 소송구조로 대륙법계의 특징

　　• 내용 : 법원이 검사 또는 피고인의 주장이나 청구에 구속되지 않고 직권으로 증거를 수집·조사하고, 소송물이 법원의 지배하에 놓이게 되므로 법원이 직권으로 사건을 심리하는 소송구조로 직권탐지주의와 직권심리주의가 특징

　ⓑ 직권주의의 장단점

| 장점 | 단점 |
|---|---|
| • 실체적 진실발견에 적합<br>• 심리의 신속과 능률 도모<br>• 법원이 후견적 입장에서 피고인의 이익 보호<br>• 소송의 스포츠화 방지 | • 법원의 독단과 자의 우려<br>• 법원이 소송에 몰입하여 제3자로서 공정성 상실 우려<br>• 피고인이 심리의 객체로 전락 우려 |

　ⓒ 당사자주의

　　• 의의 : 당사자인 검사와 피고인에게 소송의 주도권을 인정하는 소송구조로 법원은 제3자의 입장에서 당사자의 주장과 입증을 판단하는 소송구조로 영미법계의 특징

　　• 내용 : 소송의 진행이 당사자의 주도로 진행되고 증거의 수집과 제출은 당사자에게 맡겨지는 소송구조

　ⓓ 당사자주의의 장단점

| 장점 | 단점 |
|---|---|
| • 실체적 진실발견에 효과적<br>• 피고인의 방어권 행사의 보장<br>• 법원의 제3자적 입장에서 공정한 재판 | • 심리의 능률과 신속의 저해 우려<br>• 변호인 없는 피고인에게 불리하게 작용할 위험 |

| | • 소송의 스포츠화 내지 합법적 도박을 초래할 위험 |
|---|---|

## (2) 소송구조

### ① 형사소송법상 소송구조

⊙ **당사자주의적 요소** : 공소사실의 특정 요구, 공소장변경제도, 공소장일본주의, 공소장부본의 송달, 당사자의 모두진술, 당사자의 증거신청, 증거조사의 참여권, 증인에 대한 교호신문제도, 피고인신문에 앞선 증거조사, 국민참여재판제의 도입, 증거개시절차 등

ⓛ **직권주의적 요소** : 법원의 직권증거조사, 법원의 공소장변경요구, 피고인신문제도, 증거동의에 대한 법원의 진정성조사, 석명권 등

**당사자주의 소송구조**

형사소송의 구조를 당사자주의와 직권주의 중 어느 것으로 할 것인가의 문제는 입법정책의 문제로서 우리나라 형사소송법은 그 해석상 소송절차의 전반에 걸쳐 기본적으로 당사자주의 소송구조를 취하고 있는 것으로 이해되는바, 당사자주의에 충실하려면 제1심 법원에서 항소법원으로 소송기록을 바로 송부함이 바람직하다(헌재 92헌마44).

**공소사실 인정의 기본원칙**

헌법은 제12조 제1항 후문에서 적법절차의 원칙을 천명하고, 제27조에서 재판받을 권리를 보장하고 있다. 형사소송법은 이를 실질적으로 구현하기 위하여, 피고사건에 대한 실체심리가 공개된 법정에서 검사와 피고인 양 당사자의 공격 · 방어활동에 의하여 행해져야 한다는 당사자주의와 공판중심주의 원칙, 공소사실의 인정은 법관의 면전에서 직접 조사한 증거만을 기초로 해야 한다는 직접심리주의와 증거재판주의 원칙을 기본원칙으로 채택하고 있다(대판 2013도6825).

**교호신문제도**
증인은 신청한 검사, 변호인 또는 피고인이 먼저 이를 신문하고 다음에 다른 검사, 변호인 또는 피고인이 신문한다(법 제161조의 2 제1항).

**석명권(釋明權)**
법원이 사건의 진상을 명확하게 하기 위하여 당사자에게 법률적, 사실적인 사항에 대하여 설명할 수 있는 기회를 주고 입증을 촉구하는 권한

**직접심리주의(直接審理主義)**
간접심리주의와 반대되는 개념으로, 법원 소송자료를 직결(直結)하여 사건의 진상을 확실히 파악하고 구술주의와 결합되면 판단의 정확을 기할 수 있는 장점이 있지만, 시간, 경비, 노력 등이 많이 든다는 단점이 있음

9급공무원

# 형사소송법개론

나두공

# 나두공

# 02장 수사

## 01절 수사의 기초

## 1. 개설

### (1) 수사의 의의

① 개념 : 범죄혐의 유무를 밝히기 위하여 범인을 발견 · 확보하고 증거를 수집 · 보전하는 수사기관이 활동을 가리킴

**관련 판례 | 수사기관의 활동과 수사**

수사, 즉 범죄혐의의 유무를 명백히 하여 공소를 제기 · 유지할 것인가의 여부를 결정하기 위하여 범인을 발견 · 확보하고 증거를 수집 · 보전하는 수사기관의 활동은 수사 목적을 달성함에 필요한 경우에 한하여 사회통념상 상당하다고 인정되는 방법 등에 의하여 수행되어야 하는 것이다(대판 98도3329).

② 수사의 구조
  ㉠ 수사구조이론 : 수사과정에서 전체로서의 형사절차에 어떻게 위치시키고 수사절차에서 등장하는 활동 주체간의 관계를 어떻게 정립시킬 것인가를 규명하기 위한 이론
  ㉡ 규문적 수사관 : 수사기관이 피의자를 조사하는 절차로서 수사기관의 고유한 권능으로 강제처분의 권한이 인정되지만 그 남용방지를 위하여 법관에 의한 억제가 행해진다고 보는 수사관
  ㉢ 탄핵적 수사관 : 수사는 수사기관이 단독으로 행하는 공판의 준비절차에 불과하므로 피의자도 독립하여 준비활동을 할 수 있고 강제처분도 장래의 재판을 위하여 법원이 행한다는 수사관

**관련 판례 | 압수 · 수색의 종기와 범위**

형사소송법 제215조에 의한 압수 · 수색영장은 수사기관의 압수 · 수색에 대한 허가장으로서 거기에 기재되는 유효기간은 집행에 착수할 수 있는 종기를 의미하는 것일 뿐이므로, 수사기관이 압수 · 수색영장을 제시하고 집행에 착수하여 압수 · 수색을 실시하고 그 집행을 종료하였다면 이미 그 영장은 목적을 달성하여 효력이 상실되는 것이고, 동일한 장소 또는 목적물에 대하여 다시 압수 · 수색할 필요가 있는 경우라면 그 필요성을 소명하여 법원으로부터 새로운 압수 · 수색영장을 발부 받아야 하는 것이지, 앞서 발부 받은 압수 · 수색영장의 유효기간이 남아있다고 하여 이를 제시하고 다시 압수 · 수색을 할 수는 없다(대판 99모161).

④ 수사의 조건
  ㉠ 의의 : 수사기관이 수사를 개시하기 위하여 필요한 조건은 범죄에 대한 수사기관의 주관적 혐의로 수사기관의 주관적 혐의에 의해 수사는 시작되는 것
  ㉡ 수사의 신의칙과 함정수사 : 범의를 가진 자에 대하여 단순히 범행의 기회를

---

**수사의 목적**
수사는 수사기관이 범죄의 혐의 유무를 명백히 하여 공소제기와 공소유지 여부를 결정하려는 목적으로 범죄사실을 조사하고 범인의 신병과 증거를 확보하는 활동을 가리킨다.

**수사의 개시**
수사는 수사기관이 범죄혐의를 인정할 때 개시됨

**수사와 구별되는 개념**
- 검사가 당사자로서 공판정에서 하는 피고인신문, 증인신문 등은 소송행위
- 일반 사인이 행하는 현행범체포는 수사가 아님
- 법원의 피고인 구속, 압수, 수색, 검증 등은 수사가 아님
- 내사, 불심검문, 변사자검시 등은 엄격한 의미의 수사가 아님

**종기(終期)**
법률 행위의 효력이 소멸하는 기한

**신의칙(信義則)**
권리의 행사와 의무의 이행은 신의에 좇아 성실히 이행하여야 한다는 신의성실의 원리를 말함

제공하거나 범행을 용이하게 하는 것에 불과한 수사방법이 경우에 따라 허용될 수 있음은 별론으로 하고, 본래 범의를 가지지 아니한 자에 대하여 수사기관이 사술이나 계략 등을 써서 범의를 유발케 하여 범죄인을 검거하는 함정수사는 위법함을 면할 수 없고, 이러한 함정수사에 기한 공소제기는 그 절차가 법률의 규정에 위반하여 무효인 때에 해당한다(대판 2005도1247).

## (2) 수사기관

① 의의 : <u>법률상 수사의 권한이 인정되어 있는 국가기관</u>으로 검사와 사법경찰관리가 수사기관
② 검사와 사법경찰관리 : 검사와 사법경찰관은 수사, 공소제기 및 공소유지에 관하여 서로 협력하여야 한다(법 제195조 제1항).
③ 수사기관의 종류

한눈에 쏙~

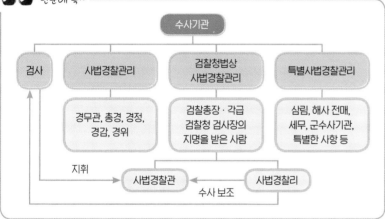

ⓐ 검사 : 검사는 범죄의 혐의가 있다고 사료하는 때에는 범인, 범죄사실과 증거를 수사한다(법 제196조).
ⓑ **사법경찰관리** : 경무관, 총경, 경정, 경감, 경위는 사법경찰관으로서 범죄의 혐의가 있다고 사료하는 때에는 범인, 범죄사실과 증거를 수사한다(법 제197조 제1항).
ⓒ **검찰청법상 사법경찰관리** : 검찰주사, 마약수사주사, 검찰주사보, 마약수사주사보, 검찰서기, 마약수사서기, 검찰서기보 또는 마약수사서기보로서 검찰총장 또는 각급 검찰청 검사장의 지명을 받은 사람은 소속 검찰청 또는 지청에서 접수한 사건에 관하여 다음의 구분에 따른 직무를 수행한다(검찰청법 제47조 제1항).
• 검찰주사, 마약수사주사, 검찰주사보 및 마약수사주사보 : 사법경찰관의 직무를 행하는 검찰청 직원은 검사의 지휘를 받아 수사
• 검찰서기, 마약수사서기, 검찰서기보 및 마약수사서기보 : 사법경찰리의 직무를 행하는 검찰청 직원은 검사 또는 사법경찰관의 직무를 행하는 검찰청 직원의 수사 보조

**경찰수사권 독립의 관점**
경찰수사권 독립을 긍정하는 입장에서는 검사가 법률전문가일 뿐 수사전문가가 아니라고 봄

**검사와 사법경찰관의 협의**
검사와 사법경찰관은 수사와 사건의 송치, 송부 등에 관한 이견의 조정이나 협력 등이 필요한 경우 서로 협의를 요청할 수 있다(검사와 사법경찰관의 상호협력과 일반적 수사준칙에 관한 규정 제8조 제1항).

**보완수사요구의 방법과 절차**
사법경찰관은 보완수사를 이행한 결과 범죄의 혐의가 있다고 인정되는 경우에 해당하지 않는다고 판단한 경우에는 사건을 불송치하거나 수사중지할 수 있다(검사와 사법경찰관의 상호협력과 일반적 수사준칙에 관한 규정 제60조 제4항).

**수사의 경합(법 제197조의4)**
• 검사는 사법경찰관과 동일한 범죄사실을 수사하게 된 때에는 사법경찰관에게 사건을 송치할 것을 요구할 수 있다.
• 요구를 받은 사법경찰관은 지체 없이 검사에게 사건을 송치하여야 한다. 다만, 검사가 영장을 청구하기 전에 동일한 범죄사실에 관하여 사법경찰관이 영장을 신청한 경우에는 해당 영장에 기재된 범죄사실을 계속 수사할 수 있다.

ⓔ **특별사법경찰관리** : 삼림, 해사, 전매, 세무, 군수사기관, 그 밖에 특별한 사항에 관하여 사법경찰관리의 직무를 행할 특별사법경찰관리와 그 직무의 범위는 법률로 정한다(법 제245조의10 제1항).

④ **검사와 사법경찰관리와의 관계**

㉠ **협력관계** : 검사와 사법경찰관은 수사, 공소제기 및 공소유지에 관하여 서로 협력하여야 한다(법 제195조 제1항).

• **상호협력의 원칙** : 검사와 사법경찰관은 상호 존중해야 하며, 수사, 공소제기 및 공소유지와 관련하여 협력해야 한다(검사와 사법경찰관의 상호협력과 일반적 수사준칙에 관한 규정 제6조 제1항).

• **중요사건 협력절차** : 검사와 사법경찰관은 공소시효가 임박한 사건이나 내란, 외환, 선거, 테러, 대형참사, 연쇄살인 관련 사건, 주한 미합중국 군대의 구성원·외국인군무원 및 그 가족이나 초청계약자의 범죄 관련 사건 등 많은 피해자가 발생하거나 국가적·사회적 피해가 큰 중요한 사건의 경우에는 송치 전에 수사할 사항, 증거수집의 대상, 법령의 적용 등에 관하여 상호 의견을 제시·교환할 것을 요청할 수 있다(검사와 사법경찰관의 상호협력과 일반적 수사준칙에 관한 규정 제7조).

㉡ **보완수사 요구** : 검사는 송치사건의 공소제기 여부 결정 또는 공소의 유지에 관하여 필요한 경우, 사법경찰관이 신청한 영장의 청구 여부 결정에 관하여 필요한 경우에 사법경찰관에게 보완수사를 요구할 수 있다(법 제197조의2).

• 검사는 보완수사를 요구할 때에는 그 이유와 내용 등을 구체적으로 적은 서면과 관계 서류 및 증거물을 사법경찰관에게 함께 송부해야 한다(검사와 사법경찰관의 상호협력과 일반적 수사준칙에 관한 규정 제60조 제1항).

• 보완수사를 요구받은 사법경찰관은 송부받지 못한 관계 서류와 증거물이 보완수사를 위해 필요하다고 판단하면 해당 서류와 증거물을 대출하거나 그 전부 또는 일부를 등사할 수 있다(검사와 사법경찰관의 상호협력과 일반적 수사준칙에 관한 규정 제60조 제2항).

• 사법경찰관은 보완수사를 이행한 경우에는 그 이행 결과를 검사에게 서면으로 통보해야 하며, 관계 서류와 증거물을 송부받은 경우에는 그 서류와 증거물을 함께 반환해야 한다(검사와 사법경찰관의 상호협력과 일반적 수사준칙에 관한 규정 제60조 제3항).

㉢ **시정조치 요구 및 사건송치 요구(법 제197조의3)**

• 검사는 사법경찰관리의 수사과정에서 법령위반, 인권침해 또는 현저한 수사권 남용이 의심되는 사실의 신고가 있거나 그러한 사실을 인식하게 된 경우에는 사법경찰관에게 사건기록 등본의 송부를 요구할 수 있다.

• 송부 요구를 받은 사법경찰관은 지체 없이 검사에게 사건기록 등본을 송부하여야 한다.

• 송부를 받은 검사는 필요하다고 인정되는 경우에는 사법경찰관에게 시정조치를 요구할 수 있다.

• 사법경찰관은 시정조치 요구가 있는 때에는 정당한 이유가 없으면 지체 없

이 이를 이행하고, 그 결과를 검사에게 통보하여야 한다.
- 통보를 받은 검사는 시정조치 요구가 정당한 이유 없이 이행되지 않았다고 인정되는 경우에는 사법경찰관에게 사건을 송치할 것을 요구할 수 있다.
- 송치 요구를 받은 사법경찰관은 검사에게 사건을 송치하여야 한다.
- 검찰총장 또는 각급 검찰청 검사장은 사법경찰관리의 수사과정에서 법령위반, 인권침해 또는 현저한 수사권 남용이 있었던 때에는 권한 있는 사람에게 해당 사법경찰관리의 징계를 요구할 수 있고, 그 징계 절차는 공무원 징계령 또는 경찰공무원 징계령에 따른다.
- 사법경찰관은 피의자를 신문하기 전에 수사과정에서 법령위반, 인권침해 또는 현저한 수사권 남용이 있는 경우 검사에게 구제를 신청할 수 있음을 피의자에게 알려주어야 한다.

ⓐ 각종 명령과 지휘

- 영장에 의한 체포 : 사법경찰관은 검사에게 신청하여 검사의 청구로 관할 지방법원판사의 체포영장을 발부받아 피의자를 체포할 수 있다(법 제200조의2 제1항).
- 긴급체포 : 사법경찰관이 피의자를 체포한 경우에는 즉시 검사의 승인을 얻어야 한다(법 제200조의3 제2항).
- 사법경찰관리의 관할구역 외의 수사 : 사법경찰관리가 관할구역 외에서 수사하거나 관할구역 외의 사법경찰관리의 촉탁을 받아 수사할 때에는 관할 지방검찰청 검사장 또는 지청장에게 보고하여야 한다(법 제210조).
- 변사자의 검시 : 검사는 사법경찰관에게 변사자의 검시 처분을 명할 수 있다(법 제222조).

**영장에 의한 압수·수색, 검증**
사법경찰관이 범죄수사에 필요한 때에는 피의자가 죄를 범하였다고 의심할 만한 정황이 있고 해당 사건과 관계가 있다고 인정할 수 있는 것에 한정하여 검사에게 신청하여 검사의 청구로 지방법원판사가 발부한 영장에 의하여 압수, 수색 또는 검증을 할 수 있다(법 제215조 제2항).

⑤ 검찰청 직원과의 관계(법 제245조의9)
ㄱ 사법경찰관의 직무를 행하는 검찰청 직원은 검사의 지휘를 받아 수사하여야 한다.
ㄴ 사법경찰리의 직무를 행하는 검찰청 직원은 검사 또는 사법경찰관의 직무를 행하는 검찰청 직원의 수사를 보조하여야 한다.

⑥ 특별사법경찰관리와의 관계(법 제245조의10)
ㄱ 특별사법경찰관은 모든 수사에 관하여 검사의 지휘를 받는다.
ㄴ 특별사법경찰관은 범죄의 혐의가 있다고 인식하는 때에는 범인, 범죄사실과 증거에 관하여 수사를 개시·진행하여야 한다.
ㄷ 특별사법경찰관리는 검사의 지휘가 있는 때에는 이에 따라야 한다. 검사의 지휘에 관한 구체적 사항은 법무부령으로 정한다.
ㄹ 특별사법경찰관은 범죄를 수사한 때에는 지체 없이 검사에게 사건을 송치하고, 관계 서류와 증거물을 송부하여야 한다.

**특별사법경찰관리의 직무**
특별사법경찰관리, 사법경찰관리의 직무를 행하는 검찰청 직원에 대하여는 보완수사 요구, 시정조치 요구, 수사의 경합, 사법경찰관이 신청한 영장의 청구 여부에 대한 상의, 사법경찰관의 사건송치, 고소인 등에 대한 송부통지, 고소인 등의 이의신청, 재수사요청에 규정은 적용하지 아니함

## (3) 피의자

① 의의 : 죄를 범한 혐의로 수사기관의 수사대상이 되어 있는 자로서 아직 공소가 제기되지 않은 자
② 개념의 구분

**형사책임(刑事責任)**
범죄의 구성 요건에 해당하는 위법 및 유책 행위에만 인정

**시기(始期)**
법률 행위의 효력이 발생하거나 채무의 이행을 청구할 수 있는 기한

**범죄인지의 원인과 형식**
범죄인지의 원인에는 범죄신고, 신문기사, 상보입수, 투고 능 영식에 체한이 없음

**피의자의 소송법상 권리**
변호인선임권, 진술거부권, 피의자신문조서에 관한 권리, 강제수사와 피의자의 권리, 증거보전과 피의자의 권리 등

**수사조건**
사건 접수부에 사건 번호와 사건명을 기입하는 입건에 의해 정식 수사를 개시하기 위한 조건

    ㉠ **피고인** : 검사에 의하여 형사책임을 져야 할 자로 공소가 제기된 자 또는 공소가 제기된 자로 취급되어 있는 자
    ㉡ **용의자** : 범죄를 저질렀을 것이라고 의심을 받고 있는 사람
    ㉢ **피내사자** : 수사기관의 내사를 받는 사람
  ③ **피의자의 시기와 종기**
    ㉠ **시기**
      • **인지** : 범죄의 인지, 현행범체포, 고소와 고발 등의 사유로 수사기관이 수사를 개시할 때 그 대상자가 피의자

> **관련 판례** 범죄 인지와 수사의 개시
>
> 검찰사건사무규칙 제2조 내지 제4조에 의하면 검사가 범죄를 인지하는 경우에는 범죄인지서를 작성하여 사건을 수리하는 절차를 거치도록 되어 있으므로 특단의 사정이 없는 한 수사기관이 그와 같은 절차를 거친 때에 범죄인지가 된 것으로 볼 것이나, 범죄의 인지는 실질적인 개념으로서 위 검찰사건사무규칙의 규정은 검찰행정의 편의를 위한 사무처리절차규정이므로 검사가 그와 같은 절차를 거치기도 전에 범죄의 혐의가 있다고 보아 수사를 개시하는 행위를 한 때에는 이때에 범죄를 인지한 것으로 보아야 하고, 그 뒤 범죄인지서를 작성하여 사건수리 절차를 밟은 때에 비로소 범죄를 인지하였다고 볼 것이 아니다(대판 89도648).

      • **기타 사유** : 수사기관의 현행범인 발견, 고소 · 고발 사건에서 고소 · 고발을 받은 때, 자수의 경우 자수한 때
    ㉡ **종기** : 공소제기에 의하여 피의자는 피고인으로 전환되어 피의자 지위가 소멸하고, 불기소 처분의 경우 불기소 처분이 확정되면 소멸
  ④ **피의자의 소송법상 지위**
    ㉠ **수사대상으로서 지위** : 피의자는 기본적으로 수사의 대상에 불과하지만 수사기관의 출석요구에 대해 응할 의무가 없으므로 거부할 수 있으며 출석한 때에도 언제든지 퇴거할 수 있음
    ㉡ **준당사자로서 지위** : 장차 피고인으로서 당사자가 될 자라는 의미에서 준당사자로서의 지위를 인정
    ㉢ **증거방법으로서 지위** : 임의의 진술이 증거가 될 수 있으므로 인적 증거방법으로서 지위를 가지고, 신체가 검증의 대상이 될 수 있으므로 물적 증거방법으로서의 지위를 가짐

### (4) 수사의 조건

  ① **의의**
    ㉠ 수사기관의 자의적 수사 활동을 억제하여 수사권 남용을 방지하기 위한 이론
    ㉡ 수사의 조건에는 수사의 필요성과 상당성이 있는데 필요성은 수사의 허용조건이고, 상당성은 실행조건임
  ② **수사의 필요성**
    ㉠ **개념** : 수사는 수사의 목적달성을 위하여 필요한 때에만 할 수 있다는 것
    ㉡ **범죄혐의** : 범죄혐의는 단순한 추측이나 이론적 가능성이 아닌 구체적 사실에 근거를 둔 주관적 혐의로 수사는 범죄혐의가 있는 경우에만 할 수 있으며, 범

죄혐의가 없으면 수사를 개시할 수 없음

ⓒ **소송조건의 구비 가능성** : 수사의 목적은 공소를 제기하여 범인을 처벌하는 것이므로 소송조건을 구비할 가능성이 없는 경우 수사를 개시할 수 없음

##### 관련 판례 범죄 인지와 절차

검찰사건사무규칙 제2조 내지 제4조에 의하면, 검사가 범죄를 인지하는 경우에는 범죄인지서를 작성하여 사건을 수리하는 절차를 거치도록 되어 있으므로, 특별한 사정이 없는 한 수사기관이 그와 같은 절차를 거친 때에 범죄인지가 된 것으로 볼 것이나, 범죄의 인지는 실질적인 개념이고, 이 규칙의 규정은 검찰행정의 편의를 위한 사무처리절차 규정이므로, 검사가 그와 같은 절차를 거치기 전에 범죄의 혐의가 있다고 보아 수사를 개시하는 행위를 한 때에는 이 때에 범죄를 인지한 것으로 보아야 하고, 그 뒤 범죄인지서를 작성하여 사건수리 절차를 밟은 때에 비로소 범죄를 인지하였다고 볼 것이 아니며, 이러한 인지절차를 밟기 전에 수사를 하였다고 하더라도, 그 수사가 장차 인지의 가능성이 전혀 없는 상태하에서 행해졌다는 등의 특별한 사정이 없는 한, 인지절차가 이루어지기 전에 수사를 하였다는 이유만으로 그 수사가 위법하다고 볼 수는 없고, 따라서 그 수사과정에서 작성된 피의자신문조서나 진술조서 등의 증거능력도 이를 부인할 수 없다(대판 2000도2968).

③ **수사의 상당성**

ㄱ **개념** : 수사는 필요성이 인정되더라도 실행방법이 수사목적을 달성하기 위한 상당한 방법이어야 하고 수사의 상당성과 관련하여 비례의 원칙으로 신의칙이 연관됨

ⓛ **비례의 원칙** : 수사는 목적달성을 위한 최소한도에 그쳐야 한다는 것으로 수사에 의하여 달성하려는 공익과 그에 의하여 침해되는 사익 사이에 정당한 균형관계에 있어야 한다는 원칙

ⓒ **수사상 신의성실의 원칙(신의칙)** : 수사를 함에 있어서 수사기관이 국민을 기망하거나 곤궁에 빠뜨려서는 안 된다는 원칙. 신의칙과 관련되는 문제는 함정수사가 있음

ⓛ **함정수사** : 함정수사는 통상적인 수사방법으로써는 범죄 현장을 발견하고 체포하기 어려운 지능적 범죄를 수사할 때, 미리 만들어 놓은 함정에 걸려들게 하여 범인을 색출하는 수사방법

- **기회 제공형** : 이미 범죄의사를 가지고 있는 자에게 범죄에 나아갈 기회를 제공하는 수사방법
- **범의 유발형** : 범죄의사가 없는 자를 수사기관이 교사하거나 범의를 유발케 한 후 범죄의 시실행을 기다렸다가 그를 체포하는 수사방법

##### 실력UP 교사(敎唆)

타인으로 하여금 범죄 실행을 하게 하는 것으로 공범의 한 형식. 교사한 결과, 교사를 받은 자가 범죄의 결의 실행을 한 때에는 범죄를 실행한 자와 같은 형으로 처벌됨

관련 판례 **의도적 범의를 유발하는 함정수사**

함정수사라 함은 본래 범의를 가지지 아니한 자에 대하여 수사기관이 사술이나 계략 등을 써서 범죄를 유발하게 하여 범죄인을 검거하는 수사방법을 말하는 것이므로, 범의를 가진 자에 대하여 범행의 기회를 주거나 단순히 사술이나 계략 등을 써서 범죄인을 검거하는 데 불과한 경우에는 이를 함정수사라고 할 수 없는바, 기록에 의하면, 이 사건에 있어서 피고인이 수사기관의 사술이나 계략 등에 의하여 범행을 유발한 것이 아니라, 이미 범행을 저지른 피고인을 검거하기 위하여 수사기관이 정보원을 이용하여 피고인을 검거장소로 유인한 것에 불과하므로, 피고인의 이 사건 범행이 함정수사에 의한 것으로 볼 수도 없다(대판 2007도4532).

**관련 판례**

이미 범행을 저지른 피고인을 검거하기 이하여 수사기관이 정보원을 이용하여 피고인을 검거장소로 유인한 후 체포한 경우는 위법한 수사에 해당하지 않는다(대판 2007도4532).

관련 판례 **고의적 범의 유발**

범의를 가진 자에 대하여 단순히 범행의 기회를 제공하거나 범행을 용이하게 하는 것에 불과한 수사방법이 경우에 따라 허용될 수 있음은 별론(別論)으로 하고, 본래 범의를 가지지 아니한 자에 대하여 수사기관이 사술이나 계략 등을 써서 범의를 유발케 하여 범죄인을 검거하는 함정수사는 위법함을 면할 수 없고, 이러한 함정수사에 기한 공소제기는 그 절차가 법률의 규정에 위반하여 무효인 때에 해당한다고 볼 것이다(대판 2005도1247).

④ 수사의 조건위반 효과

    ㉠ 수사는 상당성과 필요성을 갖추어야 적법하므로 이와 같은 수사조건을 위반한 수사는 위법

    ㉡ 위법한 수사에 대하여 피고인의 준항고로 불복하거나 체포·구속적부심청구, 구속취소 등을 청구할 수 있고, 위법한 수사에 대해서는 위법수집증거배제법칙에 따라 증거능력 부정

    ㉢ 위법한 수사의 수사기관은 직권남용죄, 국가배상의 책임을 짐

## 2. 수사의 개시

### (1) 수사의 단서

① 개념 : 수사기관이 범죄의 혐의를 두게 된 원인 또는 수사개시의 원인

② 수사단서의 종류

    ㉠ 수사기관의 체험에 의한 단서 : 현행범체포, 변사자검시, 불심검문, 신문기사, 풍설, 세평, 다른 수사 중 범인의 발견 등

    ㉡ 타인의 체험에 의한 단서 : 고소, 고발, 자수, 진정, 범죄신고, 투서, 피해신고 등

③ 수사의 개시

    ㉠ 고소, 고발, 자수의 경우 : 즉시 수사개시

    ㉡ 진정 등의 수사단서 : 내사 진행 후 수사개시

### (2) 변사자검시

① 의의

    ㉠ 변사자 : 병사 또는 자연사가 아닌 사체로 그 원인이 분명하지 않은 자

    ㉡ 변사자검시 : 범죄혐의 유무를 발견하기 위하여 검사가 변사자의 상황을 조사

**범죄사실과 증거 수사**

수사기관(검사, 사법경찰관리)은 범죄의 혐의가 있다고 사료하는 때에는 범인, 범죄사실과 증거를 수사한다(법 제196조, 제197조 제1항).

**관련 판례**

형법 제163조의 변사자라 함은 부자연한 사망으로서 그 사인이 분명하지 않은 자를 의미하고 그 사인이 명백한 경우는 변사자라 할 수 없으므로, 범죄로 인하여 사망한 것이 명백한 자의 사체는 같은 법조 소정의 변사체검시방해죄의 객체가 될 수 없다(대판 2003도1331).

하는 것

ⓒ 법적 성격 : 수사의 단계로서 범죄혐의 유무를 발견하기 위한 수사 전 처분

② 내용

ㄱ 변사자검시의 주체 : 변사자 또는 변사의 의심있는 사체가 있는 때에는 그 소
재지를 관할하는 지방검찰청 검사가 검시하여야 한다(법 제222조 제1항). 검
사는 사법경찰관에게 변사자검시의 처분을 명할 수 있다(법 제222조 제3항).

ㄴ 절차 : 변사자검시는 원칙적으로 영장이 있어야 하지만 검시로 범죄의 혐의를
인정하고 긴급을 요할 때에는 영장없이 검증할 수 있다(법 제222조 제2항).

## (3) 불심검문

① 의의 : 경찰관이 수상한 거동 기타 주위의 사정을 합리적으로 판단하여 죄를 범
하였거나 또는 범하려 하고 있다고 의심할만한 상당한 이유가 있는 자 또는 이
미 행하여졌거나 행하여지려고 하는 범죄에 대하여 그 사실을 안다고 인정되는
자를 정지시켜 질문하는 것

② 법적 성격 : 불심검문은 수사 전 처분에 불과하지만 불심검문 도중 수사기관이 범
죄혐의를 갖게 되면 강제수사로 발전할 수 있으므로 중요한 수사의 단서에 해당

---

**관련 판례** 불심검문에 따른 상해와 공무집행방해

경찰관이 법 제3조 제1항에 규정된 대상자 해당 여부를 판단할 때에는 불심검문 당시의 구체
적 상황은 물론 사전에 얻은 정보나 전문적 지식 등에 기초하여 불심검문 대상자인지를 객관
적·합리적인 기준에 따라 판단하여야 하나, 반드시 불심검문 대상자에게 형사소송법상 체포
나 구속에 이를 정도의 혐의가 있을 것을 요한다고 할 수는 없다. 그리고 경찰관은 불심검문
대상자에게 질문을 하기 위하여 범행의 경중, 범행과의 관련성, 상황의 긴박성, 혐의의 정도,
질문의 필요성 등에 비추어 목적 달성에 필요한 최소한의 범위 내에서 사회통념상 용인될 수
있는 상당한 방법으로 대상자를 정지시킬 수 있고 질문에 수반하여 흉기의 소지 여부도 조사
할 수 있다(대판 2011도13999).

---

③ 불심검문의 내용

ㄱ 정지와 절차

• 경찰관은 거동 불심자를 정지시켜 질문할 수 있다(경찰관직무집행법 제3조
제1항).

• 절차 : 경찰관은 질문을 하거나 동행을 요구할 경우 자신의 신분을 표시하
는 증표를 제시하면서 소속과 성명을 밝히고 질문이나 동행의 목적과 이유
를 설명하여야 하며, 동행을 요구하는 경우에는 동행 장소를 밝혀야 한다
(경찰관직무집행법 제3조 제4항).

ㄴ 임의동행 요구

• 경찰관은 사람을 정지시킨 장소에서 질문을 하는 것이 그 사람에게 불리하
거나 교통에 방해가 된다고 인정될 때에는 질문을 하기 위하여 가까운 경
찰서·지구대·파출소 또는 출장소로 동행할 것을 요구할 수 있다(경찰관
직무집행법 제3조 제2항).

• 동행요구의 거절 : 경우 동행을 요구받은 사람은 그 요구를 거절할 수 있다

**강제수사**

• 강제처분에 의한 수사로써 수사기관
이 영장없이 행하는 대인적 강제처분,
영장에 의해 행하는 것과 판사에게 청
구하여 행하는 대물적 강제처분으로
구분할 수 있음

• 대물적 강제처분으로서 영장없이 행
할 수 있는 것은 피의자구속을 위한
수색과 현장에서의 압수, 검증, 유류
물이나 임의 제출된 물건의 압수 등이
이에 해당됨

---

**관련 판례**

경찰관은 법 제3조 제1항에
규정된 대상자에게 질문을 하
기 위하여 범행의 경중, 범행
과의 관련성, 상황의 긴박성,
혐의의 정도, 질문의 필요성
등에 비추어 목적 달성에 필요한 최
소한의 범위 내에서 사회통념상 용
인될 수 있는 상당한 방법으로 대상
자를 정지시킬 수 있고 질문에 수반
하여 흉기의 소지 여부도 조사할 수
있다(대판 2010도6203).

---

**그 외 불심검문 내용**

• 흉기소지검사 : 경찰관은 거동불심자
에게 질문을 할 때에 그 사람이 흉기
를 가지고 있는지를 조사할 수 있다
(경찰관직무집행법 제3조 제3항).

• 자동차검문 : 교통검문, 경계검문, 긴
급수배검문 등이 있음

SEMI-NOTE

(경찰관직무집행법 제3조 제2항 후단).

- 절차 : 경찰관은 동행을 요구할 경우 자신의 신분을 표시하는 증표를 제시하면서 소속과 성명을 밝히고 질문이나 동행의 목적과 이유를 설명하여야 하며, 동행을 요구하는 경우에는 동행 장소를 밝혀야 한다(경찰관직무집행법 제3조 제4항).
- 고지사유 : 경찰관은 동행한 사람의 가족이나 친지 등에게 동행한 경찰관의 신분, 동행 장소, 동행 목적과 이유를 알리거나 본인으로 하여금 즉시 연락할 수 있는 기회를 주어야 하며, 변호인의 도움을 받을 권리가 있음을 알려야 한다(경찰관직무집행법 제3조 제5항).

#### 관련 판례 임의동행의 권리여부

임의동행은 상대방의 동의 또는 승낙을 그 요건으로 하는 것이므로 경찰관으로부터 임의동행 요구를 받은 경우 상대방은 이를 거절할 수 있을 뿐만 아니라 임의동행 후 언제든지 경찰관서에서 퇴거할 자유가 있다 할 것이고, 경찰관직무집행법 제3조 제6항이 임의동행한 경우 당해 인을 6시간을 초과하여 경찰관서에 머물게 할 수 없다고 규정하고 있다고 하여 그 규정이 임의동행한 자를 6시간 동안 경찰관서에 구금하는 것을 허용하는 것은 아니다(대판 97도1240).

**당해인(當該人)**
어떤 일에 직접 관련되는 사람

　　ⓒ **임의동행 시간** : 경찰관은 동행한 사람을 6시간을 초과하여 경찰관서에 머물게 할 수 없음

### (4) 고소

　① **고소의 의의** : 범죄의 피해자, 기타 고소권자가 수사기관에 대하여 일정한 범죄사실을 신고하여 그 소추를 구하는 의사표시

　　㉠ **피해자의 신고** : 범죄로 인한 피해자는 고소할 수 있다(법 제223조).

　　ⓛ **수사기관에 신고** : 고소는 피해자가 수사기관인 검사 또는 사법경찰관에 대한 의사표시이고, 법원에 범인처벌을 구하는 것은 고소가 아님

　　ⓒ **범죄사실의 신고** : 고소는 범죄사실을 특정하여야 하고 범인을 적시할 필요는 없음, 범인의 성명이 불상이거나 오기여도 무방하고 일시, 장소, 방법 등이 불명확하여도 무방

**고발과 자수의 고소성립여부**
제3자가 하는 고발과 범인 스스로 소추의 의사를 표시하는 자수는 고소가 아님

#### 관련 판례

고소는 서면 또는 구술로써 검사 또는 사법경찰관에게 하여야 하는 것이므로 피해자가 피고인을 심리하고 있는 법원에 대하여 간통사실을 적시하고 피고인을 엄벌에 처하라는 내용의 진술서를 제출하거나 증인으로서 증언하면서 판사의 신문에 대해 피고인의 처벌을 바란다는 취지의 진술을 하였다 하더라도 이는 고소로서의 효력이 없다(대판 84도709).

#### 관련 판례 고소인의 의사표시 범위

고소는 고소인이 일정한 범죄사실을 수사기관에 신고하여 범인의 처벌을 구하는 의사표시이므로 그 고소한 범죄사실이 특정되어야 할 것이나 그 특정의 정도는 고소인의 의사가 구체적으로 어떤 범죄사실을 지정하여 범인의 처벌을 구하고 있는 것인가를 확정할 수만 있으면 되는 것이고, 고소인 자신이 직접 범행의 일시, 장소와 방법 등까지 구체적으로 상세히 지적하여 그 범죄사실을 특정할 필요까지는 없다(대판 97도1769).

　　ⓔ **범인을 처벌을 구하는 의사표시** : 고소는 범인의 처벌을 구하는 의사표시이므로 처벌의 의사표시가 없는 도난신고, 피해신고, 진정 등은 고소가 아님

**관련 판례** 처벌의 의사표시와 고소

고소는 범죄의 피해자 기타 고소권자가 수사기관에 대하여 범죄사실을 신고하여 범인의 소추를 구하는 의사표시를 말하는 것으로서, 단순한 피해사실의 신고는 소추·처벌을 구하는 의사표시가 아니므로 고소가 아니다. 또한, 피해자가 고소장을 제출하여 처벌을 희망하는 의사를 분명히 표시한 후 고소를 취소한 바 없다면 비록 고소 전에 피해자가 처벌을 원치 않았다 하더라도 그 후에 한 피해자의 고소는 유효하다(대판 2007도4977).

   ⓑ **의사표시** : 고소는 범인의 처벌을 구하는 의사표시이므로 의사표시를 할 수 있는 고소능력이 있어야 한다. <u>고소능력은 고소의 의미를 이해할 수 있는 정신능력이므로 미성년자, 피성년후견인, 피한정후견인 등도 고소 가능</u>

 ② **고소의 법적 성질** : 비친고죄에서의 고소는 수사의 단서일 뿐이고, 친고죄의 경우는 수사의 단서이자 소송조건이므로 고소가 없으면 공소제기와 유죄판결을 할 수 없음

 ③ **고소와 친고죄**

  ㉠ **국가소추주의와 친고죄** : 형사소송법은 국가가 수추권을 행사하고 사인의 의사에 좌우되지 않는 것이 원칙

  ㉡ **친고죄** : 피해자의 고소가 있어야만 유효하게 공소를 제기할 수 있는 범죄로, 피해자의 명예보호, 법익침해의 경미함, 가족관계 등을 고려함

  ㉢ **반의사불벌죄와 고소** : 반의사불벌죄는 피해자의 명시한 의사에 반하여 처벌할 수 없는 범죄로 고소나 처벌희망의 의사표시가 없어도 유효하게 공소를 제기할 수 있으나 처벌불원의 의사표시가 있으면 유죄판결을 선고할 수 없음

 ④ **고소의 절차**

  ㉠ **고소권자**

   • 피해자 : 범죄로 인한 피해자는 고소할 수 있다(법 제223조).

   • 피해자의 법정대리인 : 피해자의 법정대리인은 독립하여 고소할 수 있다. 피해자가 사망한 때에는 그 배우자, 직계친족 또는 형제자매는 고소할 수 있다. 단, 피해자의 명시한 의사에 반하지 못한다(법 제225조).

   • 피해자의 친족 : 피해자의 법정대리인이 피의자이거나 법정대리인의 친족이 피의자인 때에는 피해자의 친족은 독립하여 고소할 수 있다(법 제226조). 사자의 명예를 훼손한 범죄에 대하여는 그 친족 또는 자손은 고소할 수 있다(법 제227조).

   • 고소권자의 지정 : 친고죄에 대하여 고소할 자가 없는 경우에 이해관계인의 신청이 있으면 검사는 10일 이내에 고소할 수 있는 자를 지정하여야 한다(법 제228조).

  ㉡ **고소의 제한**

   • <u>원칙 : 자기 또는 배우자의 직계존속을 고소하지 못한다</u>(법 제224조).

   • <u>예외 : 가정폭력범죄, 성폭력범죄, 아동학대범죄는 자기 또는 배우자의 직계존속을 고소할 수 있다.</u>

  ㉢ **고소방법**

   • 고소 또는 고발은 서면 또는 구술로써 검사 또는 사법경찰관에게 하여야 한

**관련 판례**

고소를 할 때는 소송행위능력, 즉 고소능력이 있어야 하나, 고소능력은 피해를 입은 사실을 이해하고 고소에 따른 사회생활상의 이해관계를 알아차릴 수 있는 사실상의 의사능력으로 충분하므로, 민법상 행위능력이 없는 사람이라도 위와 같은 능력을 갖추었다면 고소능력이 인정된다(대판 2011도4451).

**반의사불벌죄(反意思不罰罪)**
형법에서 피해자가 처벌을 고소권자가 바라지 아니하면 처벌 할 수 없는 범죄

**관련 판례**

형사소송법 제225조 제1항이 규정한 법정대리인의 고소권은 무능력자의 보호를 위하여 법정대리인에게 주어진 고유권이므로, 법정대리인은 피해자의 고소권 소멸 여부에 관계없이 고소할 수 있고, 이러한 고소권은 피해자의 명시한 의사에 반하여도 행사할 수 있다(대판 99도3784).

다(법 제237조).

• 고소 또는 그 취소는 대리인으로 하여금하게 할 수 있다(법 제236조).

> **관련 판례** 구술에 의한 고소의 가능 여부

형사소송법 제236조 대리인에 의한 고소의 경우 대리권이 정당한 고소권자에 의하여 수여되었음이 실질적으로 증명되면 충분하고 그 방식에 특별한 제한은 없다고 할 것이며, 한편 친고죄에 있어서의 고소는 고소권 있는 자가 수사기관에 대하여 범죄사실을 신고하고 범인의 처벌을 구하는 의사표시로서 서면뿐만 아니라 구술로도 할 수 있는 것이므로, 피해자로부터 고소를 위임받은 대리인은 수사기관에 구술에 의한 방식으로 고소를 제기할 수도 있다(대판 2000도4595).

ⓒ 고소기간

• 친고죄에 대하여는 범인을 알게 된 날로부터 6월을 경과하면 고소하지 못한다. 단, 고소할 수 없는 불가항력의 사유가 있는 때에는 그 사유가 없어진 날로부터 기산한다(법 제230조).

• 수인의 고소권자 : 고소할 수 있는 자가 수인인 경우에는 1인의 기간의 해태는 타인의 고소에 영향이 없다(법 제231조).

> **관련 판례** 친고죄 고소와 식별 범위

형사소송법 제230조 1항 본문은 친고죄에 대하여는 범인을 알게 된 날로부터 6개월을 경과하면 고소하지 못한다고 규정하고 있는바, 여기서 범인을 알게 된다 함은 범인이 누구인지 특정할 수 있을 정도로 알게 된다는 것을 의미하고, 범인의 동일성을 식별할 수 있을 정도로 인식함으로써 족하며, 범인의 성명, 주소, 연령 등까지 알 필요는 없다(대판 99도576).

⑤ **고소불가분의 원칙** ★ 빈출개념

ㄱ 개념 : 친고죄에 있어서 고소의 효력 또는 범위는 원칙적으로 불가분(不可分)이라는 원칙

ㄴ 객관적 불가분의 원칙 : 1개 범죄의 일부에 대하여 고소 또는 그 취소가 있는 때에는 그 효력은 그 범죄사실의 전부에 관하여 미침

• 단순일죄 : 객관적 불가분의 원칙 적용

• 상상적 경합범 : 모두 친고죄이고 피해자가 동일한 경우에만 적용되고, 일부 범죄만 친고죄인 경우와 피해자가 다른 경에는 적용되지 않음

• 실체적 경합범 : 객관적 불가분의 원칙은 하나의 범죄사실을 전제로 하므로 실체적 경합범에는 적용되지 않음

> **관련 판례** 일죄(一罪)의 관계와 고소의 효력

친고죄에서 적법한 고소가 있었는지는 자유로운 증명의 대상이 되고, 일죄의 관계에 있는 범죄사실 일부에 대한 고소의 효력은 일죄 전부에 대하여 미친다(대판 2011도4451).

ㄷ **주관적 불가분의 원칙** : 공범자 중의 1인 또는 수인에 대한 고소 또는 그 취소는 다른 공범자에 대해서도 효력이 미침

---

> **관련 판례**
>
> 강제추행의 피해자가 범인을 안 날로부터 6월이 경과한 후에 고소제기하였더라도, 범행 당시 피해자가 11세의 소년에 불과하여 고소능력이 없었다가 고소 당시에 비로소 고소능력이 생겼다면, 그 고소기간은 고소능력이 생긴 때로부터 기산되어야 하므로, 고소기간이 경과한 것으로 볼 것이 아니다(대판 95도696).

**상상적, 실체적 경합범의 개념**

• 상상적 경합범 : 1개의 행위가 2개 이상의 죄에 해당되는 경우를 말함

• 실체적 경합범 : 한 사람이 2개 이상의 죄를 범하는 경우를 말함

**경합범(競合犯)**

판결이 확정되지 않은 여러 개의 죄로, 판결이 확정된 죄와 그 판결이 확정되기 전에 저지른 죄를 말함

> **관련 판례**
>
> 친고죄에서 고소와 고소취소의 불가분 원칙을 규정한 형사소송법 제233조는 당연히 적용되므로, 만일 공소사실에 대하여 피고인과 공범관계에 있는 사람에 대한 적법한 고소취소가 있다면 고소취소의 효력은 피고인에 대하여 미친다(대판 2013도7987).

- 보통의 친고죄는 절대적 친고죄로 이 원칙 적용
- 상대적 친고죄, 반의사불벌죄, 전속고발범죄에 대해서는 적용하지 않음

⑥ **고소의 취소**

　㉠ 의의 : 고소의 취소는 친고죄에 있어서 고소권자가 제기한 고소를 철회하는 소송행위이고, 반의사불벌죄의 경우 처벌희망 의사표시의 철회도 고소의 취소 준용

　㉡ **방법** ★빈출개념
- 고소를 취소할 수 있는 자는 고소권자
- 고소의 취소, 반의사불벌죄의 처벌을 희망하는 의사표시의 철회는 제1심 판결선고 전까지 취소할 수 있다(법 제232조).

#### 관련 판례 고소권자의 의사표시

폭행죄는 피해자의 명시한 의사에 반하여 공소를 제기할 수 없는 반의사불벌죄로서 처벌불원의 의사표시는 의사능력이 있는 피해자가 단독으로 할 수 있는 것이고, 피해자가 사망한 후 그 상속인이 피해자를 대신하여 처벌불원의 의사표시를 할 수는 없다고 보아야 한다(대판 2010도2680).

#### 관련 판례 판결과 고소의 취소

친고죄에 있어서의 고소의 취소는 제1심판결 선고 전까지만 할 수 있다고 형사소송법 제232조 제1항에 규정되어 있어 제1심판결 선고 후에 고소가 취소된 경우에는 그 취소의 효력이 없으므로 같은 법 제327조 제5호의 공소기각의 재판을 할 수 없다(대판 84도2682).

　㉢ **고소취소의 방식**
- 고소의 취소는 서면 또는 구술로써 검사 또는 사법경찰관에게 하여야 한다(법 제237조).
- 고소의 취소도 대리인으로 하여금 하게 할 수 있다(법 제236조).
- 고소취소는 공소제기 전에는 담당 수사기관에 대하여, 공소제기 후에는 수소법원에 하여야 함
- 범인과 피해자 사이의 단순한 합의는 고소취소가 아님

　㉣ **고소취소의 효과**
- 고소권의 소멸, 재고소의 금지
- 검사는 불기소처분, 법원은 공소기각판결 선고

#### 관련 판례 고소취소 후의 철회의사표시

고소권자가 서면 또는 구술로써 수사기관 또는 법원에 고소를 취소하는 의사표시를 하였다고 보여지는 이상 그 고소는 적법하게 취소되었다고 할 것이고, 그 후 고소취소를 철회하는 의사표시를 다시 하였다고 하여도 그것은 효력이 없다 할 것이다(대판 2009도6779).

　㉤ **고소의 포기** : 친고죄에 있어서의 피해자의 고소권은 공법상의 권리라고 할 것이므로 법이 특히 명문으로 인정하는 경우를 제외하고는 자유처분을 할 수

**고소취소의 제한**

친고죄의 공범 중 그 일부에 대하여 제1심판결이 선고된 후에는 제1심 판결선고 전의 다른 공범자에 대하여는 그 고소를 취소할 수 없고 그 고소의 취소가 있다 하더라도 그 효력을 발생할 수 없으며, 이러한 법리는 필요적 공범이나 임의적 공범이나를 구별함이 없이 모두 적용된다(대판 85도1940).

##### 관련 판례

반의사불벌죄에 있어서 피해자가 처벌을 희망하지 아니하는 의사표시 또는 그 처벌을 희망하는 의사표시의 철회는 피해자의 진실한 의사가 명백하고 믿을 수 있는 방법으로 표명되어야 한다(대판 2010도11550).

**고소의 추완(追完)**

친고죄임에도 불구하고 고소나 고발 없이 공소제기를 한 후 공판심리 도중 고소권자로부터 고소를 받아 제출하는 것

없고 따라서 일단한 고소는 취소할 수 있으나 고소전에 고소권을 포기할 수 없다고 함이 상당할 것이다(대판 67도471).

### (5) 고발

① 일반범죄의 고발

㉠ 의의

- 범인 또는 피해자 이외의 제3자가 수사기관에 범죄사실을 신고하여 그 소추를 요구하는 의사표시
- 반드시 진범을 적시할 필요가 없고 진범에 대한 고발이 아니더라도 진범에 대하여 고발의 효력이 미침

㉡ 고발의 주체 : 누구든지 범죄가 있다고 사료하는 때에는 고발할 수 있다. 공무원은 그 직무를 행함에 있어 범죄가 있다고 사료하는 때에는 고발하여야 한다(법 제234조).

> **관련 판례** 명의 대리자의 고소 의사 성립
>
> 비록 외관상으로는 타인 명의의 고소장을 대리하여 작성하고 제출하는 형식으로 고소가 이루어진 경우라 하더라도 그 명의자는 고소의 의사가 없이 이름만 빌려준 것에 불과하고 명의자를 대리한 자가 실제 고소의 의사를 가지고 고소행위를 주도한 경우라면 그 명의자를 대리한 자를 신고자로 보아 무고죄의 주체로 인정하여야 할 것이다(대판 2006도6017).

㉢ **고발의 제한** : 자기 또는 배우자의 직계존속을 고발하지 못한다(법 제235조).

㉣ **고발의 방식** : 고발은 서면 또는 구술로써 검사 또는 사법경찰관에게 하여야 한다. 검사 또는 사법경찰관이 구술에 의한 고발을 받은 때에는 조서를 작성하여야 한다(법 제237).

㉤ **고발의 기간** : 고발의 기간에는 제한이 없고, 취소할 수 있으며 취소한 후에도 재고발 할 수 있음

② 전속고발범죄(즉시고발범죄)의 고발

㉠ **개념** : 관계공무원의 고발이 있어야 공소를 제기할 수 있는 범죄로 고발이 소송조건이 됨. 관세법, 조세범처벌법, 출입국관리법, 근로기준법, 독점규제법 위반 등

> **관련 판례** 일반사법경찰관리의 규정과 행사
>
> 출입국관리사무소장 등의 전속적 고발권을 규정함과 아울러, 제2항에서 일반사법경찰관리가 출입국사범을 입건한 때에는 지체없이 사무소장 등에게 인계하도록 규정하고 있고, 이는 그 규정의 취지에 비추어 제1항에서 정한 사무소장 등의 전속적 고발권 행사의 편의 등을 위한 것이라고 봄이 상당하므로 일반사법경찰관리와의 관계에서 존중되어야 할 것이지만, 이를 출입국관리공무원의 수사 전담권에 관한 규정이라고까지 볼 수는 없는 이상 이를 위반한 일반사법경찰관리의 수사가 소급하여 위법하게 되는 것은 아니다(대판 2008도7724).

㉡ **전속고발에 관한 판례의 태도**

- 조세범처벌법 위반 사건에 대한 세무공무원의 고발취소는 제일심 판결선고

전에 한하여 취소할 수 있다고 해석함이 타당하다(대판 57도58).
- 특정범죄가중처벌 등에 관한 법률 제8조 제1항 제1호 위반죄는 같은 법 제16조에 의하여 기소함에 있어서 고발을 요하지 아니하나, 조세범처벌법 제9조 제1항 제3호 위반죄는 같은 법 제6조에 의하여 국세청장 등의 고발을 기다려 논할 수 있는 죄이므로, 국세청장 등의 고발이 없음에도 법원이 이를 조세범처벌법 제9조 제1항 제3호 위반죄로 인정한 것은 위법하다고 한 사례(대판 2008도680).

## (6) 자수

① 개념 : 범인이 스스로 수사기관에 대하여 자기 범죄사실을 신고하여 소추를 구하는 의사표시이고 범죄발각 전의 자수는 수사의 단서가 됨
② 자수절차
   ㉠ 자수는 서면 또는 구술로써 검사 또는 사법경찰관에게 하여야 한다. 검사 또는 사법경찰관이 구술에 의한 자수를 받은 때에는 조서를 작성하여야 한다(법 제237조, 제240조).
   ㉡ 사법경찰관이 자수를 받은 때에는 신속히 조사하여 관계서류와 증거물을 검사에게 송부하여야 한다(법 제238조, 제240조).

### 관련 판례 자수의 성립요건

자수란 범인이 스스로 수사책임이 있는 관서에 자기의 범행을 자발적으로 신고하고 그 처분을 구하는 의사표시이므로, 수사기관의 직무상의 질문 또는 조사에 응하여 범죄사실을 진술하는 것은 자백일 뿐 자수로는 되지 아니하고, 나아가 자수는 범인이 수사기관에 의사표시를 함으로써 성립하는 것이므로 내심적 의사만으로는 부족하고 외부로 표시되어야 이를 인정할 수 있는 것이다(대판 2011도12041)

## (7) 성폭력범죄의 특례(성폭력범죄의 처벌 등에 관한 특례법)

① 고소 제한에 대한 예외 : 성폭력범죄에 대하여는 형사소송법 제224조(고소의 제한) 및 군사법원법 제266조에도 불구하고 자기 또는 배우자의 직계존속을 고소할 수 있다(법 제18조).
② 공소시효에 관한 특례(법 제21조 제3항, 제4항) : 다음의 범죄에 관하여 공소시효를 적용하지 아니한다.
   ㉠ 13세 미만의 사람 및 신체적인 또는 정신적인 장애가 있는 사람
   - 형법 제297조(강간), 제298조(강제추행), 제299조(준강간, 준강제추행), 제301조(강간 등 상해·치상), 제301조의2(강간 등 살인·치사) 또는 제305조(미성년자에 대한 간음, 추행)의 죄
   - 제6조 제2항(장애인유사강간), 제7조 제2항 및 제5항(미성년자에 대한 간음, 추행), 제8조(강간 등 상해·치상), 제9조의 죄(강간 등 살인·치사)
   - 아동·청소년의 성보호에 관한 법률 제9조(강간 등 상해·치상) 또는 제10조의 죄(강간 등 살인·치사)

SEMI-NOTE

**자수하는 경우**
죄를 지은 후 수사기관에 자수한 경우에는 형을 감경하거나 면제할 수 있다(형법 제52조 제1항). 따라서 자수는 형의 임의적 감경사유에 해당됨

**자수의 대리여부**
자수는 그 성질상 대리를 인정하지 않음

**관련 판례**
경찰관에게 검거되기 전에 친지에게 전화로 자수의사를 전달하였더라도 그것만으로는 자수로 볼 수 없다(대판 85도1489).

**공소시효 기산에 관한 특례**
- 미성년자에 대한 성폭력범죄의 공소시효는 해당 성폭력범죄로 피해를 당한 미성년자가 성년에 달한 날부터 진행한다(성폭력범죄의 처벌 등에 관한 특례법 제21조 제1항).
- 제2조 제3호 및 제4호의 죄와 제3조부터 제9조까지의 죄는 디엔에이(DNA)증거 등 그 죄를 증명할 수 있는 과학적인 증거가 있는 때에는 공소시효가 10년 연장된다(성폭력범죄의 처벌 등에 관한 특례법 제21조 제2항).

SEMI-NOTE

ⓛ 나이, 정신상태 불문한 모든 사람

- 형법 제301조의2(강간 등 살인 · 치사)의 죄(강간 등 살인)
- 제9조 제1항의 죄(강간 등 살인)
- 아동 · 청소년의 성보호에 관한 법률 제10조 제1항의 죄(강간 등 살인)
- 군형법 제92조의8의 죄(강간 등 살인)

③ 공판절차의 특례

㉠ 심리의 비공개 : 성폭력범죄에 대한 심리는 그 피해자의 사생활을 보호하기 위하여 결정으로써 공개하지 아니할 수 있다(법 제31조 제1항).

㉡ 신뢰관계에 있는 사람의 동석 : 법원은 제3조부터 제8조까지, 제10조 및 제15조(제9조의 미수범은 제외한다)의 범죄의 피해자를 증인으로 신문하는 경우에 검사, 피해자 또는 법정대리인이 신청할 때에는 재판에 지장을 줄 우려가 있는 등 부득이한 경우가 아니면 피해자와 신뢰관계에 있는 사람을 동석하게 하여야 한다(법 제34조 제1항).

㉢ 비디오 등 중계장치에 의한 증인신문 : 법원은 제2조 제1항 제3호부터 제5호까지의 범죄의 피해자를 증인으로 신문하는 경우 검사와 피고인 또는 변호인의 의견을 들어 비디오 등 중계장치에 의한 중계를 통하여 신문할 수 있다(법 제40조 제1항).

## 02절  수사의 개시

## 1. 수사의 일반원칙과 임의수사

### (1) 개설

① 수사의 일반원칙

㉠ 적법절차의 원칙 : 수사의 개시와 실행에 있어 수사기관은 적법절차의 원칙을 준수하여야 함

㉡ 비례의 원칙 : 수사는 목적달성을 위한 필요 최소한에 그쳐야 하며 수사에 의하여 달성하려는 공익과 그에 의하여 침해되는 사익 사이에 정당한 균형관계가 있어야 한다는 원칙

㉢ 임의수사의 원칙 : 수사는 임의수사를 원칙으로 하고 법률에 규정된 경우에 예외적으로 허용

㉣ 강제수사 법정주의 : 수사에 관하여는 그 목적을 달성하기 위하여 필요한 조사를 할 수 있다. 다만, 강제처분은 이 법률에 특별한 규정이 있는 경우에 한하며, 필요한 최소한도의 범위 안에서만 하여야 한다(법 제199조 제1항).

㉤ 영장주의 : 법관이 발부한 영장에 의하지 아니하고는 수사상 필요한 강제처분을 할 수 없다는 원칙

㉥ 형사사건 공개금지의 원칙 : 검사와 사법경찰관은 공소제기 전에 형사사건에 관한 내용을 공개하지 않아야 한다는 원칙

ⓐ **수사의 비공개 원칙** : 수사의 개시와 실행은 공개하지 않아야 한다는 원칙

ⓞ **직권수사의 원칙** : 검사와 사법경찰관은 범죄의 혐의가 있다고 사료하는 때에는 범인, 범죄사실과 증거를 수사한다(법 제196조, 제197조 제1항). 수사기관이 직접 수사를 하여야 한다는 원칙

② **임의수사와 강제수사**

㉠ **개념** : 임의수사는 임의적 방법에 의한 수사이고, 강제수사는 강제처분에 의한 수사

㉡ **구분기준** : 물리적 강제력의 행사유무, 상대방의 의사에 반하는지의 여부, 기본권을 침해하는지의 여부 등

㉢ **형사소송법상 구분**

  • 임의수사에는 피의자신문, 참고인조사, 공무소 등에 대한 조회, 감정 · 통역 · 번역의 위촉 등

  • 강제수사에는 체포, 구속, 압수, 수색, 검증 등

㉣ **임의수사의 한계**

  • 임의동행 : 수사기관이 범죄수사를 위하여 피의자의 동의를 얻어 그를 수사관서에 동행하는 것

---

**관련 판례 동행에 관한 피의자의 의사 표시**

피의자가 동행을 거부하는 의사를 표시하였음에도 불구하고 경찰관들이 영장에 의하지 아니하고 피의자를 강제로 연행한 행위는 수사상의 강제처분에 관한 형사소송법상의 절차를 무시한 채 이루어진 것으로 위법한 체포에 해당하고, 이와 같이 위법한 체포상태에서 마약 투약혐의를 확인하기 위한 채뇨 요구가 이루어진 경우, 채뇨 요구를 위한 위법한 체포와 그에 이은 채뇨 요구는 마약 투약이라는 범죄행위에 대한 증거 수집을 위하여 연속하여 이루어진 것으로서 개별적으로 그 적법 여부를 평가하는 것은 적절하지 아니하므로 그 일련의 과정을 전체적으로 보아 위법한 채뇨 요구가 있었던 것으로 볼 수밖에 없다(대판 2012도13611).

---

  • 사진촬영, 비디오촬영 : 상대방의 의사에 반하는 사진 및 비디오 촬영은 초상권을 침해하므로 상대방의 동의를 요함

---

**관련 판례 도로교통법 위반에 대한 사진 촬영의 위법성 여부**

무인장비에 의한 제한속도 위반차량 단속은 이러한 수사 활동의 일환으로서 도로에서의 위험을 방지하고 교통의 안전과 원활한 소통을 확보하기 위하여 도로교통법령에 따라 정해진 제한속도를 위반하여 차량을 주행하는 범죄가 현재 행하여지고 있고, 그 범죄의 성질 · 태양으로 보아 긴급하게 증거보전을 할 필요가 있는 상태에서 일반적으로 허용되는 한도를 넘지 않는 상당한 방법에 의한 것이라고 판단되므로, 이를 통하여 운전 차량의 차량번호 등을 촬영한 사진을 두고 위법하게 수집된 증거로서 증거능력이 없다고 말할 수 없다(대판 98도3329).

---

  • 도청, 감청 : 상대방의 승낙을 얻어 도청, 감청하는 것

  • 거짓말탐지기 사용 : 상대방의 동의를 얻어야 허용

## (2) 임의수사의 방법

① 피의자신문

---

**그 외 임의수사의 한계**

• **승낙유치** : 상대방의 승낙을 받아 경찰서 유치장에 유치하는 것

• **승낙수색, 검증** : 상대방의 승낙을 받아 수색, 검증을 행하는 것

• **실황조사** : 범죄와 관련 물건이나 사람의 신체, 장소 또는 현장상황을 수사기관의 오관의 작용을 통하여 조사, 감지하는 수사의 한 방법

**피의자신문의 법적 성격**

피의자신문은 임의수사에 해당한다고 보는 것으로 피의자는 수사기관체에 출석할 의무도 없고 출석하더라도 언제든지 퇴거 가능

**진술거부권(법 제244조의3 제1항)**

• 일체의 진술을 하지 아니하거나 개개의 질문에 대하여 진술을 하지 아니할 수 있다는 것
• 진술을 하지 아니하더라도 불이익을 받지 아니한다는 것
• 진술을 거부할 권리를 포기하고 행한 진술은 법정에서 유죄의 증거로 사용될 수 있다는 것
• 신문을 받을 때에는 변호인을 참여하게 하는 등 변호인의 조력을 받을 수 있다는 것

**피의자신문사항**

검사 또는 사법경찰관은 피의자에 대하여 범죄사실과 정상에 관한 필요사항을 신문하여야 하며 그 이익되는 사실을 진술할 기회를 주어야 한다(법 제242조).

**관련 판례**

피의자가 변호인의 참여를 원한다는 의사를 명백하게 표시하였음에도 수사기관이 정당한 사유 없이 변호인을 참여하게 하지 아니한 채 피의자를 신문하여 작성한 피의자신문조서는 형사소송법 제312조에 정한 '적법한 절차와 방식'에 위반된 증거일 뿐만 아니라, 형사소송법 제308조의2에서 정한 '적법한 절차에 따르지 아니하고 수집한 증거'에 해당하므로 이를 증거로 할 수 없다(대판 2010도3359).

---

㉠ **의의** : 검사 또는 사법경찰관이 수사에 필요한 피의자를 출석시켜 신문을 하고 진술을 듣는 것

> **관련 판례** 피의자신문 절차와 피의자의 권리
>
> 피의자신문 절차는 어디까지나 법 제199조 제1항 본문, 제200조의 규정에 따른 임의수사의 한 방법으로 진행되어야 하므로, 피의자는 헌법 제12조 제2항과 법 제244조의3에 따라 일체의 진술을 하지 아니하거나 개개의 질문에 대하여 진술을 거부할 수 있고, 수사기관은 피의자를 신문하기 전에 그와 같은 권리를 알려주어야 한다(대결 2013모160).

㉡ **방법** : 검사 또는 사법경찰관은 수사에 필요한 때에는 피의자의 출석을 요구하여 진술을 들을 수 있다(법 제200조).

㉢ **진술거부권 등의 고지** : 검사 또는 사법경찰관은 피의자를 신문하기 전에 진술거부권의 사항을 알려주어야 한다(법 제244조의3 제1항).

> **관련 판례** 진술거부권 행사여부와 조서의 증거능력 인정조건
>
> 사법경찰관이 피의자에게 진술거부권을 행사할 수 있음을 알려 주고 그 행사 여부를 질문하였다 하더라도, 형사소송법 제244조의3 제2항에 규정한 방식에 위반하여 진술거부권 행사 여부에 대한 피의자의 답변이 자필로 기재되어 있지 아니하거나 그 답변 부분에 피의자의 기명날인 또는 서명이 되어 있지 아니한 사법경찰관 작성의 피의자신문조서는 특별한 사정이 없는 한 형사소송법 제312조 제3항에서 정한 '적법한 절차와 방식'에 따라 작성된 조서라 할 수 없으므로 그 증거능력을 인정할 수 없다(대판 2010도3359).

㉣ **피의자신문** : 검사 또는 사법경찰관이 피의자를 신문함에는 먼저 그 성명, 연령, 등록기준지, 주거와 직업을 물어 피의자임에 틀림없음을 확인하여야 한다(법 제241조).

㉤ **피의자신문과 참여자** : 검사가 피의자를 신문함에는 검찰청수사관 또는 서기관이나 서기를 참여하게 하여야 하고 사법경찰관이 피의자를 신문함에는 사법경찰관리를 참여하게 하여야 한다(법 제243조).

㉥ **변호인의 참여 등(법 제243조의2)**

• 검사 또는 사법경찰관은 피의자 또는 그 변호인·법정대리인·배우자·직계친족·형제자매의 신청에 따라 변호인을 피의자와 접견하게 하거나 정당한 사유가 없는 한 피의자에 대한 신문에 참여하게 하여야 한다.
• 신문에 참여하고자 하는 변호인이 2인 이상인 때에는 피의자가 신문에 참여할 변호인 1인을 지정한다. 지정이 없는 경우에는 검사 또는 사법경찰관이 이를 지정할 수 있다.
• 신문에 참여한 변호인은 신문 후 의견을 진술할 수 있다. 다만, 신문 중이라도 부당한 신문방법에 대하여 이의를 제기할 수 있고, 검사 또는 사법경찰관의 승인을 얻어 의견을 진술할 수 있다.
• 변호인의 의견이 기재된 피의자신문조서는 변호인에게 열람하게 한 후 변호인으로 하여금 그 조서에 기명날인 또는 서명하게 하여야 한다.
• 검사 또는 사법경찰관은 변호인의 신문참여 및 그 제한에 관한 사항을 피의

자신문조서에 기재하여야 한다.

◎ 장애인 등 특별히 보호를 요하는 자에 대한 특칙 : 검사 또는 사법경찰관은 피의자를 신문하는 경우 장애인에 해당하는 때에는 직권 또는 피의자 · 법정대리인의 신청에 따라 피의자와 신뢰관계에 있는 자를 동석하게 할 수 있다(법 제244조의5).

ⓩ 피의자신문조서의 작성(법 제244조)
- 피의자의 진술은 조서에 기재하여야 한다.
- 조서는 피의자에게 열람하게 하거나 읽어 들려주어야 하며, 진술한 대로 기재되지 아니하였거나 사실과 다른 부분의 유무를 물어 피의자가 증감 또는 변경의 청구 등 이의를 제기하거나 의견을 진술한 때에는 이를 조서에 추가로 기재하여야 한다. 이 경우 피의자가 이의를 제기하였던 부분은 읽을 수 있도록 남겨두어야 한다.
- 피의자가 조서에 대하여 이의나 의견이 없음을 진술한 때에는 피의자로 하여금 그 취지를 자필로 기재하게 하고 조서에 간인한 후 기명날인 또는 서명하게 한다.

ⓩ 피의자진술의 영상녹화(법 제244조의2)
- 피의자의 진술은 영상 녹화할 수 있다. 이 경우 미리 영상녹화사실을 알려주어야 하며, 조사의 개시부터 종료까지의 전 과정 및 객관적 정황을 영상녹화하여야 한다.
- 영상녹화가 완료된 때에는 피의자 또는 변호인 앞에서 지체 없이 그 원본을 봉인하고 피의자로 하여금 기명날인 또는 서명하게 하여야 한다.
- 피의자 또는 변호인의 요구가 있는 때에는 영상녹화물을 재생하여 시청하게 하여야 한다. 이 경우 그 내용에 대하여 이의를 진술하는 때에는 그 취지를 기재한 서면을 첨부하여야 한다.

② 참고인조사
- ㉠ 개념 : 검사 또는 사법경찰관은 수사에 필요한 때에는 피의자가 아닌 자의 출석을 요구하여 진술을 들을 수 있다. 이 경우 그의 동의를 받아 영상 녹화할 수 있다(법 제221조 제1항).
- ㉡ 절차 : 참고인조사는 피의자신문에 준하고 진술거부권을 고지할 필요는 없으며, 참고인은 진술거부권을 행사할 수 있음
- ㉢ 감정, 통역, 번역의 위촉 : 검사 또는 사법경찰관은 수사에 필요한 때에는 감정 · 통역 또는 번역을 위촉할 수 있다(법 제221조 제2항).
- ㉣ 영상녹화 : 참고인의 동의를 얻어 영상 녹화할 수 있다(법 제221조 제1항 단서).

**관련 판례** 영상녹화물의 사용 여부

수사기관이 참고인을 조사하는 과정에서 형사소송법 제221조 제1항에 따라 작성한 영상녹화물은, 다른 법률에서 달리 규정하고 있는 등의 특별한 사정이 없는 한, 공소사실을 직접 증명할 수 있는 독립적인 증거로 사용될 수는 없다고 해석함이 타당하다(대판 2012도5041).

③ 전문수사자문위원

SEMI-NOTE

㉠ 전문수사자문위원의 참여(법 제245조의2)

- 검사는 공소제기 여부와 관련된 사실관계를 분명하게 하기 위하여 필요한 경우에는 직권이나 피의자 또는 변호인의 신청에 의하여 전문수사자문위원을 지정하여 수사절차에 참여하게 하고 자문을 들을 수 있다.
- 전문수사자문위원은 전문적인 지식에 의한 설명 또는 의견을 기재한 서면을 제출하거나 전문적인 지식에 의하여 설명이나 의견을 진술할 수 있다.
- 검사는 전문수사자문위원이 제출한 서면이나 전문수사자문위원의 설명 또는 의견의 진술에 관하여 피의자 또는 변호인에게 구술 또는 서면에 의한 의견진술의 기회를 주어야 한다.

㉡ 전문수사자문위원 지정 등(법 제245조의3)

- 서부수사기나 비비별 수가거치에 취어서카느 검우 검사는 기 사신아 1면 이상의 전문수사자문위원을 지정한다.
- 검사는 상당하다고 인정하는 때에는 전문수사자문위원의 지정을 취소할 수 있다.
- 피의자 또는 변호인은 검사의 전문수사자문위원 지정에 대하여 관할 고등검찰청검사장에게 이의를 제기할 수 있다.

## 2. 강제처분과 강제수사

### (1) 강제처분의 의의

강제처분의 형태
- 직접 물리력을 가하는 경우 : 구속, 압수, 수색 등
- 의무를 과하는 경우 : 소환, 제출명령 등

① 강제처분은 피고인의 신체 등 기타 증거를 확보하기 위하여 사용되는 일체의 강제력
② 강제처분으로부터 기본권을 보장하기 위한 제도

㉠ **사전적 구제제도** : 강제처분 법정주의 및 비례성의 원칙, 영장주의, 무죄추정의 원칙, 구속 전 피의자신문, 변호인제도, 재구속·재체포의 제한, 자백배제법칙, 자백보강법칙 등
㉡ **사후적 구제제도** : 구속취소, 보석, 구속집행정지, 체포·구속적부심사제도, 강제처분의 대한 준항고, 형사보상제도, 상소 등

### (2) 체포

① 통상체포

통상체포의 상당성과 사유
- 범죄혐의의 상당성 : 피의자를 체포하기 위해서는 죄를 범하였다고 의심할 만한 상당한 이유가 있어야 함
- 체포사유 : 피의자가 정당한 이유 없이 출석요구에 응하지 아니하거나 응하지 아니할 우려가 있는 때

㉠ 개념 : 사전에 영장을 발부받아 피의자를 체포하는 강제처분
㉡ 요건 : 피의자가 죄를 범하였다고 의심할 만한 상당한 이유가 있고, 정당한 이유 없이 출석요구에 응하지 아니하거나 응하지 아니할 우려가 있는 때에는 검사는 관할 지방법원판사에게 청구하여 체포영장을 발부받아 피의자를 체포할 수 있고, 사법경찰관은 검사에게 신청하여 검사의 청구로 관할지방법원판사의 체포영장을 발부받아 피의자를 체포할 수 있다(법 제200조의2 제1항).
㉢ 체포영장의 청구 및 발부

- 검사는 관할 지방법원판사에게 청구하여 체포영장을 발부받아 피의자를 체포할 수 있고, 사법경찰관은 검사에게 신청하여 검사의 청구로 관할지방법

원판사의 체포영장을 발부받아 피의자를 체포할 수 있다(법 제200조의2 제1항).

- 체포영장의 청구는 서면으로 하여야 하고(규칙 제93조 제1항), 청구를 함에 있어서 동일한 범죄사실에 관하여 그 피의자에 대하여 전에 체포영장을 청구하였거나 발부받은 사실이 있는 때에는 다시 체포영장을 청구하는 취지 및 이유를 기재하여야 한다(법 제200조의2 제4항).
- 검사가 사법경찰관이 신청한 영장을 정당한 이유 없이 판사에게 청구하지 아니한 경우 사법경찰관은 그 검사 소속의 지방검찰청 소재지를 관할하는 고등검찰청에 영장 청구 여부에 대한 심의를 신청할 수 있다(법 제221조의5 제1항).
- 구속영장에는 피고인의 성명, 주거, 죄명, 공소사실의 요지, 인치 구금할 장소, 발부 연월일, 그 유효기간과 그 기간을 경과하면 집행에 착수하지 못하며 영장을 반환하여야 할 취지를 기재하고 재판장 또는 수명법관이 서명 날인하여야 한다(법 제75조 제1항).
- 영장의 유효기간은 7일로 한다. 다만, 법원 또는 법관이 상당하다고 인정하는 때에는 7일을 넘는 기간을 정할 수 있다(규칙 제178조).

ⓔ 채포영장의 집행
- 구속영장은 검사의 지휘에 의하여 사법경찰관리가 집행한다(법 제81조 제1항).
- 교도소 또는 구치소에 있는 피고인에 대하여 발부된 구속영장은 검사의 지휘에 의하여 교도관이 집행한다(법 제81조 제3항).
- 검사는 필요에 의하여 관할구역 외에서 구속영장의 집행을 지휘할 수 있고 또는 당해 관할구역의 검사에게 집행지휘를 촉탁할 수 있다(법 제83조 제1항).
- 피고인을 체포·구속한 때에는 변호인이 있는 경우에는 변호인에게, 변호인이 없는 경우에는 피고인이 지정한 자에게 피고사건명, 구속일시·장소, 범죄사실의 요지, 구속의 이유와 변호인을 선임할 수 있는 취지를 알려야 한다(법 제87조 제1항).
- 구속된 피고인은 접견교통권과 변호인 선임 의뢰권을 가진다(법 제89조, 제90조).

ⓜ 체포 후의 조치
- 체포한 피의자를 구속하고자 할 때에는 체포한 때부터 48시간 이내에 구속영장을 청구하여야 하고, 그 기간 내에 구속영장을 청구하지 아니하는 때에는 피의자를 즉시 석방하여야 한다(법 제200조의2 제5항).
- 체포 또는 구속된 피의자 또는 그 변호인, 법정대리인, 배우자, 직계친족, 형제자매나 가족, 동거인 또는 고용주는 관할법원에 체포 또는 구속의 적부심사를 청구할 수 있다(법 제214조의2 제1항).

ⓗ 법원에 통지 : 체포영장 또는 구속영장의 발부를 받은 후 피의자를 체포 또는 구속하지 아니하거나 체포 또는 구속한 피의자를 석방한 때에는 지체없이 검

**긴급체포의 요건 충족**

• **범죄의 중대성** : 피의자가 사형·무기 또는 장기 3년 이상의 징역이나 금고에 해당하는 죄를 범하였다고 의심할 만한 상당한 이유

• **체포의 필요성** : 증거인멸의 염려가 있는 때, 도망하거나 도망의 우려가 있는 때

• **긴급성** : 지방법원판사의 체포영장을 받을 수 없는 때

**영장에 의하지 아니한 강제처분**

범행 중 또는 범행직후의 범죄 장소에서 긴급을 요하여 법원판사의 영장을 받을 수 없는 때에는 영장없이 압수, 수색 또는 검증을 할 수 있다. 이 경우에는 사후에 지체없이 영장을 받아야 한다(법 제216조 제3항).

**관련 판례**

피고인이 수사 당시 긴급 체포되었다가 수사기관의 조치로 석방된 후 법원이 발부한 구속영장에 의하여 구속이 이루어진 경우 앞서 본 법조에 위배되는 위법한 구속이라고 볼 수 없다(대판 2001도4291).

---

사는 영장을 발부한 법원에 그 사유를 서면으로 통지하여야 한다(법 제204조).

② 긴급체포

㉠ 개념 : 중대한 범죄혐의가 있고, 법관의 체포영장을 발부받을 여유가 없는 경우에 먼저 체포를 한 후 사후에 영장을 발부받는 제도

㉡ 요건 : 검사 또는 사법경찰관은 피의자가 사형·무기 또는 장기 3년 이상의 징역이나 금고에 해당하는 죄를 범하였다고 의심할 만한 상당한 이유가 있고, 증거인멸의 염려가 있는 때, 도망하거나 도망의 우려가 있는 때에 긴급을 요하여 지방법원판사의 체포영장을 받을 수 없는 때에는 그 사유를 알리고 영장없이 피의자를 체포할 수 있다(법 제200조의3 제1항).

**관련 판례** 긴급체포 요건 충족의 여부

긴급체포의 요건을 갖추었는지 여부는 체포 당시의 상황을 기초로 판단하여야 하고, 이에 관한 검사나 사법경찰관 등 수사주체의 판단에는 상당한 재량의 여지가 있다고 할 것이며, 다만, 긴급체포 당시의 상황으로 보아 그 요건의 충족 여부에 관한 검사나 사법경찰관의 판단이 경험칙에 비추어 현저히 합리성을 잃은 경우에 한하여 그 긴급체포는 위법한 체포로 평가할 수 있을 뿐이다(대판 2005도7569).

㉢ 절차

• 체포영장을 받을 수 없는 때에는 그 사유를 알리고 영장없이 피의자를 체포할 수 있다(법 제200조의3 제1항).

• 체포와 피의사실 등의 고지 : 검사 또는 사법경찰관은 피의자를 체포하는 경우에는 피의사실의 요지, 체포의 이유와 변호인을 선임할 수 있음을 말하고 변명할 기회를 주어야 한다(법 제200조의5).

• 사법경찰관이 피의자를 체포한 경우에는 즉시 검사의 승인을 얻어야 한다(법 제200조의3 제2항).

• 검사 또는 사법경찰관은 피의자를 체포한 경우에는 즉시 긴급체포서를 작성하여야 한다(법 제200조의3 제3항).

㉣ 긴급체포와 영장청구기간(법 제200조의4) ⭐ 빈출개념

• 검사 또는 사법경찰관이 피의자를 체포한 경우 피의자를 구속하고자 할 때에는 지체 없이 검사는 관할지방법원판사에게 구속영장을 청구하여야 하고, 사법경찰관은 검사에게 신청하여 검사의 청구로 관할지방법원판사에게 구속영장을 청구하여야 한다. 이 경우 구속영장은 피의자를 체포한 때부터 48시간 이내에 청구하여야 하며, 긴급체포서를 첨부하여야 한다.

• 구속영장을 청구하지 아니하거나 발부받지 못한 때에는 피의자를 즉시 석방하여야 한다.

• 재체포의 금지 : 석방된 자는 영장없이는 동일한 범죄사실에 관하여 체포하지 못한다.

• 검사는 구속영장을 청구하지 아니하고 피의자를 석방한 경우에는 석방한 날부터 30일 이내에 서면으로 법원에 통지하여야 한다. 이 경우 긴급체포서의 사본을 첨부하여야 한다.

- 긴급체포 후 석방된 자 또는 그 변호인 · 법정대리인 · 배우자 · 직계친족 · 형제자매는 통지서 및 관련 서류를 열람하거나 등사할 수 있다.
- 사법경찰관은 긴급체포한 피의자에 대하여 구속영장을 신청하지 아니하고 석방한 경우에는 즉시 검사에게 보고하여야 한다.

③ 현행범체포

㉠ 개념 : 범죄의 실행 중이거나 실행 직후인 경우와 같이 범죄사실이 명백한 경우 영장없이 누구나 체포할 수 있는 제도

㉡ 요건
- 현행범인 : 범죄를 실행하고 있거나 실행하고 난 직후의 사람을 현행범인이라 한다(법 제211조 제1항).
- 준현행범인(법 제211조 제2항) : 범인으로 불리며 추적되고 있을 때, 장물이나 범죄에 사용되었다고 인정하기에 충분한 흉기나 그 밖의 물건을 소지하고 있을 때, 신체나 의복류에 증거가 될 만한 뚜렷한 흔적이 있을 때, 누구냐고 묻자 도망하려고 할 때
- 다액 50만 원 이하의 벌금, 구류 또는 과료에 해당하는 죄의 현행범인에 대하여는 범인의 주거가 분명하지 아니한 때에 한하여 현행범인의 규정을 적용한다(법 제214조).

**관련 판례** 현행범체포의 요건

현행범인으로 체포하기 위하여는 행위의 가벌성, 범죄의 현행성 · 시간적 접착성, 범인 · 범죄의 명백성 이외에 체포의 필요성 즉, 도망 또는 증거인멸의 염려가 있어야 하고, 이러한 요건을 갖추지 못한 현행범 체포는 법적 근거에 의하지 아니한 영장 없는 체포로서 위법한 체포에 해당한다. 여기서 현행범인 체포의 요건을 갖추었는지는 체포 당시 상황을 기초로 판단하여야 하고, 이에 관한 검사나 사법경찰관 등 수사주체의 판단에는 상당한 재량 여지가 있으나, 체포 당시 상황으로 보아도 요건 충족 여부에 관한 검사나 사법경찰관 등의 판단이 경험칙에 비추어 현저히 합리성을 잃은 경우에는 그 체포는 위법하다고 보아야 한다(대판 2011도3682).

㉢ 절차
- 현행범인은 누구든지 영장없이 체포할 수 있다(법 제212조).
- 범행 중 또는 범행직후의 범죄 장소에서 긴급을 요하여 법원판사의 영장을 받을 수 없는 때에는 영장없이 압수, 수색 또는 검증을 할 수 있다(법 제216조 제3항).
- 현행범을 체포한 경우 피의자의 권리인 체포의 통지, 접견교통권, 변호인 선임의뢰권이 준용(準用)됨

㉣ 체포 후의 절차
- 체포한 피의자를 구속하고자 할 때에는 체포한 때부터 48시간이내에 구속영장을 청구하여야 하고, 그 기간 내에 구속영장을 청구하지 아니하는 때에는 피의자를 즉시 석방하여야 한다(법 제200조의2 제5항).
- 체포 또는 구속된 피의자 또는 그 변호인, 법정대리인, 배우자, 직계친족, 형제자매나 가족, 동거인 또는 고용주는 관할법원에 체포 또는 구속의 적부심사를 청구할 수 있다(법 제214조의2 제1항).

SEMI-NOTE

**구속의 정의**
구속이라 함은 구인과 구금을 포함한다
(법 제68조).

**피의자구속과 피고인구속**
• 피의자구속 : 수사절차에서 수사기관
이 법관의 영장을 발부받아 하는 구속
• 피고인구속 : 공소를 제기 받은 수소
법원이 피고인을 구속하는 것

**비례의 원칙**
다액 50만 원 이하의 벌금, 구류 또는
과료에 해당하는 사건에 관하여는 피고
인이 일정한 주거가 없는 때를 제한 외
에는 구속할 수 없다(법 제70조 제3항).

**자료의 제출등**
체포·구속적부심사를 청구할 수 있는
피의자 등은 체포영장 또는 구속영장의
청구를 받은 판사에게 유리한 자료를 제
출할 수 있다(규칙 제96조 제3항).

**영장실질심사**
구속 전 피의자심문을 영장실질심사라 함

**피의자의 심문절차**
판사는 피의자가 심문기일에의 출석을
거부하거나 질병 그 밖의 사유로 출석이
현저하게 곤란하고, 피의자를 심문 법정
에 인치할 수 없다고 인정되는 때에는
피의자의 출석 없이 심문절차를 진행할
수 있다(규칙 제96조의13 제1항).

## (3) 구속

### ① 구속의 의의

㉠ **개념** : 형사절차를 관철하기 위하여 피의자 또는 피고인의 인신의 자유를 비
교적 장시간 제한하는 강제처분

㉡ **구인과 구금**

- 구인 : 피고인 또는 피의자를 법원 기타 일정한 장소에 실력을 행사하여 24
시간 동안 인치·억류함을 의미

- 구금 : 피고인 등을 실력을 행사하여 교도소·구치소에 감금함을 의미

### ② 구속의 요건 🔵 빈출개념

㉠ 범죄혐의 : 범죄사실 수사 개시되었고 아직 실행의 이유가 있어야 하는 것
으로 범죄혐의는 유죄판결을 받을만한 고도의 개연성이 있어야 함

㉡ **구속사유** : 법원은 피고인이 죄를 범하였다고 의심할 만한 상당한 이유가 있
고 다음에 해당하는 사유가 있는 경우에는 피고인을 구속할 수 있다(법 제70
조 제1항).

- 피고인이 일정한 주거가 없는 때

- 피고인이 증거를 인멸할 염려가 있는 때

- 피고인이 도망하거나 도망할 염려가 있는 때

㉢ **구속사유의 심사** : 법원은 구속사유를 심사함에 있어서 범죄의 중대성, 재범
의 위험성, 피해자 및 중요 참고인 등에 대한 위해 우려 등을 고려하여야 한
다(법 제70조 제2항).

### ③ 구속영장의 발부와 집행

㉠ **영장주의** : 피고인은 물론 피의자를 구속할 경우 반드시 구속영장이 있어야
하고 피고인구속의 주체는 수소법원이 됨

- 피의자가 죄를 범하였다고 의심할 만한 상당한 이유가 있고 구속사유에 해
당하는 사유가 있을 때에는 검사는 관할지방법원판사에게 청구하여 구속
영장을 받아 피의자를 구속할 수 있고 사법경찰관은 검사에게 신청하여 검
사의 청구로 관할지방법원판사의 구속영장을 받아 피의자를 구속할 수 있
다(법 제201조 제1항).

- 구속영장의 청구는 서면으로 하여야 한다(규칙 제93조 제1항).

㉡ **구속 전 피의자심문**

- 개념 : 구속영장을 청구를 받은 지방법원 판사가 구속의 사유를 판단하기
위하여 피의자를 직접 심문하여 구속영장 발부 여부를 결정하는 제도

- 체포된 피의자에 대하여 구속영장을 청구받은 판사는 지체 없이 피의자를
심문하여야 한다(법 제201조의2 제1항).

- 체포되지 않은 피의자에 대하여 구속영장을 청구받은 판사는 피의자가 죄
를 범하였다고 의심할 만한 이유가 있는 경우에 구인을 위한 구속영장을
발부하여 피의자를 구인한 후 심문하여야 한다(법 제201조의2 제2항).

- 심문할 피의자에게 변호인이 없는 때에는 지방법원판사는 직권으로 변호인
을 선정하여야 한다(법 제201조의2 제8항).

- 피의자에 대한 심문절차는 공개하지 아니한다(규칙 제96조의14).
- 검사와 변호인은 심문기일에 출석하여 의견을 진술할 수 있다(법 제201조의2 제4항).
- 피의자심문을 하는 경우 법원이 구속영장청구서·수사 관계 서류 및 증거물을 접수한 날부터 구속영장을 발부하여 검찰청에 반환한 날까지의 기간은 그 구속기간에 이를 산입하지 아니한다(법 제201조의2 제7항).

ⓒ 구속영장의 발부
- 피고인에 대하여 범죄사실의 요지, 구속의 이유와 변호인을 선임할 수 있음을 말하고 변명할 기회를 준 후가 아니면 구속할 수 없다(법 제72조).
- 구속영장의 청구를 받은 지방법원판사는 상당하다고 인정할 때에는 구속영장을 발부한다(법 제201조 제4항).
- 구속영장에는 피고인의 성명, 주거, 죄명, 공소사실의 요지, 인치 구금할 장소, 발부 연월일, 그 유효기간과 그 기간을 경과하면 집행에 착수하지 못하며 영장을 반환하여야 할 취지를 기재하고 재판장 또는 수명법관이 서명날인하여야 한다(법 제75조 제1항).
- 구속영장의 유효기간은 7일로 한다. 다만, 법원 또는 법관이 상당하다고 인정하는 때에는 7일을 넘는 기간을 정할 수 있다(규칙 제178조).

**관련 판례** 구속영장의 효력과 고려할 부분

구속영장의 효력은 구속영장에 기재된 범죄사실 및 그 사실의 기초가 되는 사회적 사실관계가 기본인 점에서 동일한 공소사실에 미친다고 할 것이고, 이러한 기본적 사실관계의 동일성을 판단함에 있어서는 그 사실의 동일성이 갖는 기능을 염두에 두고 피고인의 행위와 그 사회적인 사실관계를 기본으로 하되 규범적 요소도 아울러 고려하여야 한다(대결 2001모85).

ⓓ 구속영장의 집행
- 구속영장은 검사의 지휘에 의하여 사법경찰관리가 집행한다(법 제81조).
- 검사는 필요에 의하여 관할구역 외에서 구속영장의 집행을 지휘할 수 있고 또는 당해 관할구역의 검사에게 집행지휘를 촉탁할 수 있다(법 제83조 제1항).
- 구속영장을 집행함에는 피고인에게 반드시 이를 제시하여야 하며 신속히 지정된 법원 기타 장소에 인치하여야 한다(법 제85조 제1항).
- 검사 또는 사법경찰관은 피의자를 구속하는 경우에는 피의사실의 요지, 구속의 이유와 변호인을 선임할 수 있음을 말하고 변명할 기회를 주어야 한다(법 제200조의5).

**관련 판례** 영장주의에 반하는 구속영장집행

급속하게 연행하여야 할 필요가 없음에도 불구하고 피의사실 요지의 고지 및 구속영장 정본의 제시 없이 영장표지의 사본 제시만으로 강제연행한 것은 불법연행이고, 압수·수색영장없이 공항의 보안구역 내 피의자의 수하물을 임의로 개봉·수색한 행위는 비록 그것이 관세청 직원의 입회하에 이루어졌다 하더라도 영장주의에 반하는 위법한 행위이다(대판 96다40547).

ⓔ 집행 후 절차

관련 판례

헌법상 영장제도의 취지에 비추어 볼 때, 헌법 제12조 제3항은 헌법 제12조 제1항과 함께 이른바 적법절차의 원칙을 규정한 것으로서 범죄수사를 위하여 구속 등의 강제처분을 함에 있어서는 법관이 발부한 영장이 필요하다는 것과 수사기관 중 검사만 법관에게 영장을 신청할 수 있다는 데에 그 의의가 있고, 형사재판을 주재하는 법원이 피고인에 대하여 구속영장을 발부하는 경우에도 검사의 신청이 있어야 한다는 것이 그 규정의 취지라고 볼 수는 없다(대결 96모46).

구속의 효력

구속의 효력은 원칙적으로 구속영장에 기재된 범죄사실에만 미친다는 점, 재항고인과 함께 병합심리되고 있는 공동피고인이 상당수에 이를 뿐만 아니라 재항고인과 공동피고인들에 대한 공소사실이 방대하고 복잡하여 그 심리에 상당한 시일이 요구될 것으로 예상된다는 점 등에 비추어 보면, 구속기간이 만료될 무렵에 종전 구속영장에 기재된 범죄사실과는 다른 범죄사실로 재항고인을 구속하였다는 사정만으로는 재항고인에 대한 구속이 위법하다고 단정할 수는 없다고 한 사례(대결 96모46).

재구속의 제한

검사 또는 사법경찰관에 의하여 구속되었다가 석방된 자는 다른 중요한 증거를 발견한 경우를 제외하고는 동일한 범죄사실에 관하여 재차 구속하지 못한다(법 제208조 제1항).

- 구속의 통지 : 피고인을 구속한 때에는 변호인이 있는 경우에는 변호인에게, 변호인이 없는 경우에는 피고인이 지정한 자에게 피고사건명, 구속일시 · 장소, 범죄사실의 요지, 구속의 이유와 변호인을 선임할 수 있는 취지를 알려야 한다(법 제87조 제1항).
- 구속된 피의자는 접견교통권, 변호인선임의뢰권, 구속적부심사청구권을 행사할 수 있다.
- 구속의 취소 : 구속의 사유가 없거나 소멸된 때에는 법원은 직권 또는 검사, 피고인, 변호인과 변호인선임권자의 청구에 의하여 결정으로 구속을 취소하여야 한다(법 제93조).
- 영장발부와 법원에 대한 통지 : 체포영장 또는 구속영장의 발부를 받은 후 피의자를 체포 또는 구속하지 아니하거나 체포 또는 구속한 피의자를 석방한 때에는 지체없이 검사는 영장을 발부한 법원에 그 사유를 서면으로 통지하여야 한다(법 제204조).

### 관련 판례 석방 후 재구속의 위법여부

형사소송법 제200조의4 제3항은 영장없이는 긴급체포 후 석방된 피의자를 동일한 범죄사실에 관하여 체포하지 못한다는 규정으로, 위와 같이 석방된 피의자라도 법원으로부터 구속영장을 발부받아 구속할 수 있음은 물론이고, 같은 법 제208조 소정의 '구속되었다가 석방된 자'라 함은 구속영장에 의하여 구속되었다가 석방된 경우를 말하는 것이지, 긴급체포나 현행범으로 체포되었다가 사후영장발부 전에 석방된 경우는 포함되지 않는다 할 것이므로, 피고인이 수사당시 긴급체포되었다가 수사기관의 조치로 석방된 후 법원이 발부한 구속영장에 의하여 구속이 이루어진 경우 앞서 본 법조에 위배되는 위법한 구속이라고 볼 수 없다(대판 2001도4291).

④ 구속기간

⊙ 구속기간의 계산

- 시효(時效)와 구속기간의 초일은 시간을 계산하지 아니하고 1일로 산정한다(법 제66조 제1항 단서).
- 기간의 말일이 공휴일이거나 토요일이면 그날은 기간에 산입하지 아니한다. 다만, 시효와 구속기간에 관하여는 예외로 한다(법 제66조 제3항).

ⓛ 피의자의 구속기간

- 피의자가 체포 또는 구인된 경우에 구속기간은 피의자를 체포 또는 구인한 날부터 기산한다(법 제203조의2).
- 사법경찰관의 구속기간 : 사법경찰관이 피의자를 구속한 때에는 10일 이내에 피의자를 검사에게 인치하지 아니하면 석방하여야 한다(법 제202조).
- 검사의 구속기간 : 검사가 피의자를 구속한 때 또는 사법경찰관으로부터 피의자의 인치를 받은 때에는 10일 이내에 공소를 제기하지 아니하면 석방하여야 한다(법 제203조).
- 국가보안법은 사법경찰관에게 1회, 검사에게 2회 연장할 수 있어 최대 구속기간은 50일이 됨
- 구속기간에서 제외되는 기간
  - 피의자심문을 하는 경우 법원이 구속영장청구서 · 수사 관계 서류 및 증

거물을 접수한 날부터 구속영장을 발부하여 검찰청에 반환한 날까지의 기간은 그 구속기간에 이를 산입하지 아니한다(법 제201조의2 제7항).

- 법원이 수사 관계 서류와 증거물을 접수한 때부터 결정 후 검찰청에 반환된 때까지의 기간은 그 구속기간에 산입하지 아니한다(법 제214조의2 제13항).
- 피의자 감정유치기간, 피의자가 도망간 기간, 구속집행정지기간

ⓒ 피고인의 구속기간
- 공소제기일을 기준으로 계산
- 구속기간은 2개월로 한다(법 제92조 제1항).
- 구속을 계속할 필요가 있는 경우에는 심급마다 2개월 단위로 2차에 한하여 결정으로 갱신할 수 있다. 다만, 상소심은 피고인 또는 변호인이 신청한 증거의 조사, 상소이유를 보충하는 서면의 제출 등으로 추가 심리가 필요한 부득이한 경우에는 3차에 한하여 갱신할 수 있다(법 제92조 제2항).

⑤ 상소와 구속에 관한 결정
ⓐ 상소와 구속에 관한 결정 : 상소기간 중 또는 상소 중의 사건에 관하여 구속기간의 갱신, 구속의 취소, 보석, 구속의 집행정지와 그 정지의 취소에 대한 결정은 소송기록이 원심법원에 있는 때에는 원심법원이 하여야 한다(법 제105조).
ⓑ 상소 등과 구속에 관한 결정(규칙 제57조)
- 상소기간 중 또는 상소 중의 사건에 관한 피고인의 구속, 구속기간갱신, 구속취소, 보석, 보석의 취소, 구속집행정지와 그 정지의 취소의 결정은 소송기록이 상소법원에 도달하기까지는 원심법원이 이를 하여야 한다.
- 이송, 파기환송 또는 파기이송 중의 사건에 관한 결정은 소송기록이 이송 또는 환송법원에 도달하기까지는 이송 또는 환송한 법원이 이를 하여야 한다.

## (4) 감정유치(鑑定留置)

① 의의 : 피고인의 정신 또는 신체를 감정하기 위해 법원이 일정 기간을 정하여 병원 등에 피고인을 유치해 학식·경험 있는 자에게 감정을 명하는 강제처분
② 절차
ⓐ 감정의 위촉과 감정유치의 청구(법 제221조의3)
- 검사는 감정을 위촉하는 경우에 유치처분이 필요할 때에는 판사에게 이를 청구하여야 한다.
- 판사는 청구가 상당하다고 인정할 때에는 유치처분을 하여야 한다.
ⓑ 피고인의 감정유치(법 제172조)
- 피고인의 정신 또는 신체에 관한 감정에 필요한 때에는 법원은 기간을 정하여 병원 기타 적당한 장소에 피고인을 유치하게 할 수 있고 감정이 완료되면 즉시 유치를 해제하여야 한다.
- 법원은 유치를 함에는 감정유치장을 발부하여야 한다.

## (5) 피의자 및 피고인의 접견교통권

① 접견교통권의 의의

SEMI-NOTE

관련 판례

변호인의 접견교통권은 피의자 등
이 변호인의 조력을 받을 권리를 실
현하기 위한 것으로서, 피의자 등이
헌법 제12조 제4항에서 보장한 기본
권의 의미와 범위를 정확히 이해하
면서도 이성적 판단에 따라 자발적
으로 그 권리를 포기한 경우까지 피
의자 등의 의사에 반하여 변호인의
접견이 강제될 수 있는 것은 아니다
(대판 2016다266736).

미결수용자(未決收容者)
법적 판결이 나지 않은 상태로 구금된
피의자로, 아직 형이 확정되지 않은 수
감자

관련 판례

변호인의 접견교통의 상대방인 신
체구속을 당한 사람이 그 변호인을
자신의 범죄행위에 공범으로 가담
시키려고 하였다는 등의 사정만으
로 그 변호인의 신체구속을 당한 사
람과의 접견교통을 금지하는 것이
정당화될 수는 없다(대결 2006모
656).

접견교통권 침해에 대한 구제
• 침해 : 법원 또는 수사기관이 변호인
과의 접견을 즉시, 자유롭게 해주지
않는 것
• 침해의 유형 : 접견의 금지 · 지연 · 지
연, 접견내용의 청취 및 녹취, 구금 장
소의 임의적 변경 등
• 구제수단 : 항고와 준항고, 접견교통
권을 침해하여 얻은 자백 또는 진술의
자백배제법칙 또는 위법수집증거배제
법칙 등

---

㉠ 의의 : 체포 또는 구속된 피의자나 피고인이 변호인 · 가족 · 친지 등 타인과
접견하고 서류 또는 물건을 수수하며, 의사의 진료를 받을 수 있는 권리
㉡ 취지 : 접견교통권은 신체구속을 당한 피고인 또는 피의자의 인권보장과 방어
준비를 위하여 필수불가결한 권리이므로, 법원의 결정이나 수사기관의 처분
등에 의하여 이를 제한할 수 없고 접견교통권을 침해한 가운데 수집된 피고
인 · 피의자의 자백이나 진술 · 증거물은 위법수집증거로서 증거능력이 인정
되지 않음

**관련 판례** 접견교통권의 제한여부

접견교통권은 피고인 또는 피의자나 피내사자의 인권보장과 방어준비를 위하여 필수불가결한 권리이므로 법령에 의한 제한이 없는 한 수사기관의 처분은 물론 법원의 결정으로도 이를 제한할 수 없다(대결 96모18).

② 접견교통권의 내용
㉠ 누구든지 체포 · 구속을 당한 때에는 즉시 변호인의 조력을 받을 권리를 가진
다(헌법 제12조 제4항).
㉡ 변호인이나 변호인이 되려는 자는 신체가 구속된 피고인 또는 피의자와 접견
하고 서류나 물건을 수수(授受)할 수 있으며 의사로 하여금 피고인이나 피의
자를 진료하게 할 수 있다(법 제34조).
㉢ 접견교통권은 피고인 또는 피의자나 피내사자의 인권보장과 방어준비를 위하
여 필수불가결한 권리이므로 법령에 의한 제한이 없는 한 수사기관의 처분은
물론 법원의 결정으로도 이를 제한할 수 없다(대결 96모18).
㉣ 미결수용자와 변호인 간의 접견은 시간과 횟수를 제한하지 아니한다(형의 집
행 및 수용자의 처우에 관한 법률 제84조 제2항).
㉤ 미결수용자와 변호인과의 접견에는 교도관이 참여하지 못하며 그 내용을 청
취 또는 녹취하지 못한다(형의 집행 및 수용자의 처우에 관한 법률 제84조 제
1항).

**관련 판례** 피고인 · 피의자의 인권보장

변호인의 조력을 받을 권리를 규정하고 있는 헌법 제12조 제4항 전문, 절차상 또는 시기상의
아무런 제약 없이 변호인의 피고인 또는 피의자와의 접견교통권을 보장하고 있는 형사소송법
제34조, 구속 피고인 또는 피의자에 대한 변호인의 접견교통권을 규정한 같은 법 제89조, 제
90조, 제91조 등의 규정에 의하면 변호인의 접견교통권은 신체구속을 당한 피고인이나 피의자
의 인권보장과 방어준비를 위하여 필수불가결한 권리로서 법령에 의한 제한이 없는 한 수사
기관의 처분은 물론 법원의 결정으로도 이를 제한할 수 없다(대결 91모24).

㉥ 비변호인과의 접견교통권
• 구속된 피고인은 관련 법률이 정한 범위에서 타인과 접견하고 서류나 물건
을 수수하며 의사의 진료를 받을 수 있다(법 제89조).
• 법원은 도망하거나 범죄의 증거를 인멸할 염려가 있다고 인정할 만한 상당
한 이유가 있는 때에는 직권 또는 검사의 청구에 의하여 결정으로 구속된

피고인과 타인과의 접견을 금지할 수 있고, 서류나 그 밖의 물건을 수수하지 못하게 하거나 검열 또는 압수할 수 있다. 다만, 의류 · 양식 · 의료품은 수수를 금지하거나 압수할 수 없다(법 제91조).

---

**관련 판례** 접견신청일과 접견의 부당한 제한

접견신청일이 경과하도록 접견이 이루어지지 아니한 것은 실질적으로 접견불허가처분이 있는 것과 동일시된다고 할 것이다(대결 91모24).

---

**관련 판례** 접견 제한과 조서의 부당 작성

검사 작성의 피의자신문조서가 검사에 의하여 피의자에 대한 변호인의 접견이 부당하게 제한되고 있는 동안에 작성된 경우에는 증거능력이 없다(대판 90도1285).

### (6) 체포 · 구속적부심사제도

① 체포 · 구속적부심사제도의 의의
  ㉠ 의의 : 수사기관에 의하여 체포 · 구속된 피의자에 대하여 법원이 체포 · 구속의 적부 여부를 심사하여 체포 또는 구속이 부적법하거나 부당한 경우에 피의자를 석방하는 제도
  ㉡ 보석, 구속취소와 구별
    • 보석과 구별 : 체포 · 구속적부심사제도는 수사단계에서 체포 · 구속된 피의자에 대하여 법원이 체포 · 구속의 적부 여부를 심사하여 체포 또는 구속이 부적법하거나 부당한 경우에 피의자를 석방하는 제도이고, 보석은 보증금의 조건으로 법원의 결정으로 피고인에 대하여 구속의 집행을 정지하는 제도
    • 구속취소와 구별 : 구속취소는 검사의 결정으로 피의자를 석방시키는 제도이고, 체포 · 구속적부심사제도는 법원의 결정으로 피고인에 대하여 구속의 집행을 정지하는 제도

② 체포 · 구속적부심사 청구
  ㉠ 청구사유 : 체포 · 구속이 불법한 경우와 부당한 경우도 청구 가능
  ㉡ 청구의 방법 : 청구는 서면으로 하고 체포 · 구속적부심사청구서에는 다음의 사항을 기재하여야 한다(규칙 제102조).
    • 체포 또는 구속된 피의자의 성명, 주민등록번호 등, 주거
    • 체포 또는 구속된 일자
    • 청구의 취지 및 청구의 이유
    • 청구인의 성명 및 체포 또는 구속된 피의자와의 관계

③ 법원의 심사
  ㉠ 체포영장이나 구속영장을 발부한 법관은 심문 · 조사 · 결정에 관여할 수 없다. 다만, 체포영장이나 구속영장을 발부한 법관 외에는 심문 · 조사 · 결정을 할 판사가 없는 경우에는 그러하지 아니하다(법 제214조의2 제12항).

SEMI-NOTE

**접견교통권의 침해**
변호인이 피의자를 접견할 때 국가정보원 직원이 승낙 없이 사진촬영을 한 것은 접견교통권 침해에 해당한다고 한 사례(대판 2002다56628)

**청구권자**
체포되거나 구속된 피의자 또는 그 변호인, 법정대리인, 배우자, 직계친족, 형제자매나 가족, 동거인 또는 고용주는 관할법원에 체포 또는 구속의 적부심사를 청구할 수 있다(법 제214조의2 제1항).

**심사의 관할법원**
관할법원은 체포 · 구속된 피의자를 수사하는 검사 소속의 검찰청에 대응하는 지방법원

ⓛ **기각결정** : 법원은 청구가 다음의 어느 하나에 해당하는 때에는 심문 없이 결정으로 청구를 기각할 수 있다(법 제214조의2 제3항).

- 청구권자 아닌 사람이 청구하거나 동일한 체포영장 또는 구속영장의 발부에 대하여 재청구한 때
- 공범이나 공동피의자의 순차청구(順次請求)가 수사 방해를 목적으로 하고 있음이 명백한 때

ⓒ **법원의 심문**

- 청구를 받은 법원은 청구서가 접수된 때부터 48시간 이내에 체포되거나 구속된 피의자를 심문하고 수사 관계 서류와 증거물을 조사하여 그 청구가 이유 없다고 인정한 경우에는 결정으로 기각하고, 이유 있다고 인정한 경우에는 결정으로 체포되거나 구속된 피의자의 석방을 명하여야 한다(법 제214조의2 제4항).
- 검사 · 변호인 · 청구인은 심문기일에 출석하여 의견을 진술할 수 있다(법 제214조의2 제9항).

④ **법원의 결정** ★ 빈출개념

ⓐ 법원은 청구가 이유 없다고 인정한 경우에는 결정으로 기각할 수 있고(법 제214조의2 제4항), 결정에는 항고할 수 없다(법 제214조의2 제8항).

ⓑ 법원은 청구가 이유 있다고 인정한 경우에는 결정으로 체포되거나 구속된 피의자의 석방을 명하여야 한다(법 제214조의2 제4항).

ⓒ **보증금납입조건부 피의자석방결정**

- 법원은 구속된 피의자에 대하여 피의자의 출석을 보증할 만한 보증금의 납입을 조건으로 하여 결정으로 제4항의 석방을 명할 수 있다(법 제214조의2 제5항).
- 불허가사유(법 제214조의2 제5항 단서)
  - 범죄의 증거를 인멸할 염려가 있다고 믿을 만한 충분한 이유가 있는 때
  - 피해자, 당해 사건의 재판에 필요한 사실을 알고 있다고 인정되는 사람 또는 그 친족의 생명 · 신체나 재산에 해를 가하거나 가할 염려가 있다고 믿을 만한 충분한 이유가 있는 때

---

**관련 판례** 보증금을 납입한 석방의 불허가사유

형사소송법은 수사단계에서의 체포와 구속을 명백히 구별하고 있고 이에 따라 체포와 구속의 적부심사를 규정한 같은 법 제214조의2에서 체포와 구속을 서로 구별되는 개념으로 사용하고 있는바, 같은 조 제4항에 기소 전 보증금 납입을 조건으로 한 석방의 대상자가 '구속된 피의자'라고 명시되어 있고, 같은 법 제214조의3 제2항의 취지를 체포된 피의자에 대하여도 보증금 납입을 조건으로 한 석방이 허용되어야 한다는 근거로 보기는 어렵다 할 것이어서 현행법상 체포된 피의자에 대하여는 보증금 납입을 조건으로 한 석방이 허용되지 않는다(대결 97모21).

---

- 석방된 피의자에게 동일한 범죄사실로 재차 체포하거나 구속할 수 없다(법 제214조의3 제2항).
- 보증금의 몰수(법 제214조의4)

- 법원은 직권 또는 검사의 청구에 의하여 결정으로 납입된 보증금의 전부 또는 일부를 몰수할 수 있다.
- 법원은 석방된 자가 동일한 범죄사실에 관하여 형의 선고를 받고 그 판결이 확정된 후, 집행하기 위한 소환을 받고 정당한 이유없이 출석하지 아니하거나 도망한 때에는 직권 또는 검사의 청구에 의하여 결정으로 보증금의 전부 또는 일부를 몰수하여야 한다.

## (7) 보석(保釋)

① **보석의 의의** : 법원의 결정으로 피고인의 구속을 조건부로 잠정 정지시키는 제도
② **필요적 보석(법 제95조)**

ⓐ 의의 : 보석의 청구가 있는 때에는 보석을 허가하여야 한다.
ⓑ 필요적 보석의 예외사유(법 제95조 단서)
  • 피고인이 사형, 무기 또는 장기 10년이 넘는 징역이나 금고에 해당하는 죄를 범한 때
  • 피고인이 누범에 해당하거나 상습범인 죄를 범한 때
  • 피고인이 죄증을 인멸하거나 인멸할 염려가 있다고 믿을 만한 충분한 이유가 있는 때
  • 피고인이 도망하거나 도망할 염려가 있다고 믿을 만한 충분한 이유가 있는 때
  • 피고인의 주거가 분명하지 아니한 때
  • 피고인이 피해자, 당해 사건의 재판에 필요한 사실을 알고 있다고 인정되는 자 또는 그 친족의 생명 · 신체나 재산에 해를 가하거나 가할 염려가 있다고 믿을만한 충분한 이유가 있는 때

③ **보석절차**

ⓐ **보석의 청구** : 피고인, 피고인의 변호인 · 법정대리인 · 배우자 · 직계친족 · 형제자매 · 가족 · 동거인 또는 고용주는 법원에 구속된 피고인의 보석을 청구할 수 있다(법 제94조). 보석의 청구는 보석청구서에 필요한 사항을 기재하여야 한다(규칙 제53조).
ⓑ **검사의 의견청취** : 재판장은 보석에 관한 결정을 하기 전에 검사의 의견을 물어야 한다(법 제97조 제1항).
ⓒ **보석의 심리** : 보석의 청구를 받은 법원은 지체없이 심문기일을 정하여 구속된 피고인을 심문하여야 한다(규칙 제54조의2 제1항).
ⓓ **보석 등의 결정기한** : 법원은 특별한 사정이 없는 한 보석 또는 구속취소의 청구를 받은 날부터 7일 이내에 그에 관한 결정을 하여야 한다(규칙 제55조).
  • 불허가 결정의 이유 : 보석을 허가하지 아니하는 결정을 하는 때에는 결정이유에 보석의 예외사유에 해당하는지를 명시하여야 한다(규칙 제55조의2).
  • 보석의 조건 : 법원은 보석을 허가하는 경우에는 필요하고 상당한 범위 안에서 다음의 조건 중 하나 이상의 조건을 정하여야 한다(법 제98조).
    - 법원이 지정하는 일시 · 장소에 출석하고 증거를 인멸하지 아니하겠다는 서약서를 제출할 것
    - 법원이 정하는 보증금에 해당하는 금액을 납입할 것을 약속하는 약정서

**보석의 분류**
보석에는 필요적 보석과 임의적 보석이 있으며 필요적 보석은 피고인의 권리이고, 임의적 보석은 법원의 직권 · 재량 보석임

**임의적 보석**
법원은 상당한 이유가 있는 때에는 직권 또는 보석청구권자의 청구에 의하여 결정으로 보석을 허가할 수 있다(법 제96조).

**보석조건의 결정 시 고려사항(법 제99조 제1항)**
• 범죄의 성질 및 죄상(罪狀)
• 증거의 증명력
• 피고인의 전과(前科) · 성격 · 환경 및 자산
• 피해자에 대한 배상 등 범행 후의 정황에 관련된 사항

**보석조건의 변경**
법원은 직권 또는 보석청구권자의 신청에 따라 결정으로 피고인의 보석조건을 변경하거나 일정기간 동안 당해 조건의 이행을 유예할 수 있다(법 제102조 제1항).

**보석조건의 효력상실 등**
구속영장의 효력이 소멸한 때에는 보석조건은 즉시 그 효력을 상실한다(법 제104조의2 제1항).

를 제출할 것

- 법원이 지정하는 장소로 주거를 제한하고 주거를 변경할 필요가 있는 경우에는 법원의 허가를 받는 등 도주를 방지하기 위하여 행하는 조치를 받아들일 것

- 피해자, 당해 사건의 재판에 필요한 사실을 알고 있다고 인정되는 사람 또는 그 친족의 생명ㆍ신체ㆍ재산에 해를 가하는 행위를 하지 아니하고 주거ㆍ직장 등 그 주변에 접근하지 아니할 것

- 피고인 아닌 자가 작성한 출석보증서를 제출할 것

- 법원의 허가 없이 외국으로 출국하지 아니할 것을 서약할 것

- 법원이 지정하는 방법으로 피해자의 권리 회복에 필요한 금전을 공탁하거나 그에 상당하는 담보를 제공할 것

- 피고인이나 법원이 지정하는 자가 보증금을 납입하거나 담보를 제공할 것

- 그 밖에 피고인의 출석을 보증하기 위하여 법원이 정하는 적당한 조건을 이행할 것

ⓑ 보석의 집행(법 제100조)

- 본인서약서, 본인 보증금 약정서, 제3자 출석보증서, 피해액 공탁조건, 보증금 또는 담보제공의 조건은 이를 이행한 후가 아니면 보석허가결정을 집행하지 못하며, 법원은 필요하다고 인정하는 때에는 다른 조건에 관하여도 그 이행 이후 보석허가결정을 집행하도록 정할 수 있다.

- 법원은 보석청구자 이외의 자에게 보증금의 납입을 허가할 수 있다.

- 법원은 유가증권 또는 피고인 외의 자가 제출한 보증서로써 보증금에 갈음함을 허가할 수 있다.

- 보증서에는 보증금액을 언제든지 납입할 것을 기재하여야 한다.

- 법원은 보석허가결정에 따라 석방된 피고인이 보석조건을 준수하는데 필요한 범위 안에서 관공서나 그 밖의 공사단체에 대하여 적절한 조치를 취할 것을 요구할 수 있다.

④ 조건위반에 대한 제재와 보석의 취소

㉠ 조건위반에 대한 제재

- 출석보증인에 대한 과태료 : 법원은 제3자의 출석보증의 조건을 정한 보석허가결정에 따라 석방된 피고인이 정당한 사유 없이 기일에 불출석하는 경우에는 결정으로 그 출석보증인에 대하여 500만원 이하의 과태료를 부과할 수 있다(법 제100조의2).

- 법원은 피고인이 정당한 사유 없이 보석조건을 위반한 경우에는 결정으로 피고인에 대하여 1천만원 이하의 과태료를 부과하거나 20일 이내의 감치에 처할 수 있다(법 제102조 제3항).

㉡ 보석의 취소 ★빈출개념

- 취소사유 : 도망한 때, 도망하거나 죄증을 인멸할 염려가 있다고 믿을 만한 충분한 이유가 있는 때, 소환을 받고 정당한 사유 없이 출석하지 아니한 때, 피해자, 당해 사건의 재판에 필요한 사실을 알고 있다고 인정되는 자

**유가증권(有價證券)**
사법상 재산권을 표시한 증서로, 화폐, 어음, 수표 등이 이에 해당됨

**감치(監置)**
법정의 질서를 문란하게 하는 사람을 경찰서, 유치장ㆍ교도소 또는 구치소에 유치하는 것

**보석의 실효**
보석은 보석의 취소, 구속영장의 실효에 의하여 실효됨

또는 그 친족의 생명·신체·재산에 해를 가하거나 가할 염려가 있다고 믿을 만한 충분한 이유가 있는 때, 법원이 정한 조건을 위반한 때(법 제102조 제2항)

- 보석 등의 취소에 의한 재구금절차 : 보석취소의 결정이 있는 때 또는 기간을 정한 구속집행정지결정의 기간이 만료된 때에는 검사는 그 취소결정의 등본 또는 기간을 정한 구속집행정지결정의 등본에 의하여 피고인을 재구금하여야 한다(규칙 제56조).

ⓒ 보증금 등의 몰취와 환부
- 보증금 등의 몰취(법 제103조)
  - 법원은 보석을 취소하는 때에는 직권 또는 검사의 청구에 따라 결정으로 보증금 또는 담보의 전부 또는 일부를 몰취할 수 있다.
  - 법원은 보증금의 납입 또는 담보제공을 조건으로 석방된 피고인이 동일한 범죄사실에 관하여 형의 선고를 받고 그 판결이 확정된 후 집행하기 위한 소환을 받고 정당한 사유 없이 출석하지 아니하거나 도망한 때에는 직권 또는 검사의 청구에 따라 결정으로 보증금 또는 담보의 전부 또는 일부를 몰취하여야 한다.
- 보증금 등의 환부 : 구속 또는 보석을 취소하거나 구속영장의 효력이 소멸된 때에는 몰취하지 아니한 보증금 또는 담보를 청구한 날로부터 7일 이내에 환부하여야 한다(법 제104조).

## (8) 구속의 집행정지, 취소, 실효

① 구속의 집행정지
ㄱ 의의 : 법원은 상당한 이유가 있는 때에는 결정으로 구속된 피고인을 친족·보호단체 기타 적당한 자에게 부탁하거나 피고인의 주거를 제한하여 구속의 집행을 정지할 수 있다(법 제101조 제1항).
ㄴ 절차
- 법원이 직권으로 행하며 급속을 요하는 경우를 제외하고는 검사의 의견을 물어야 한다(법 제101조 제2항).
- 구속된 국회의원에 대한 석방요구가 있으면 당연히 구속영장의 집행이 정지된다(법 제101조 제4항).
ㄷ 피고인에 대한 구속집행정지의 취소사유(법 제102조 제2항 단서)
- 도망한 때
- 도망하거나 죄증을 인멸할 염려가 있다고 믿을 만한 충분한 이유가 있는 때
- 소환을 받고 정당한 사유 없이 출석하지 아니한 때
- 피해자, 당해 사건의 재판에 필요한 사실을 알고 있다고 인정되는 자 또는 그 친족의 생명·신체·재산에 해를 가하거나 가할 염려가 있다고 믿을 만한 충분한 이유가 있는 때
- 법원이 정한 조건을 위반한 때
② 구속의 취소
ㄱ 구속의 취소 : 구속의 사유가 없거나 소멸된 때에는 법원은 직권 또는 검사,

**보석조건의 변경·취소**
보석조건의 변경이나 취소에 관하여 즉시 항고할 수 있음

관련 판례
보석보증금을 몰수하려면 반드시 보석취소와 동시에 하여야만 가능한 것이 아니라 보석취소 후에 별도로 보증금몰수결정을 할 수도 있다(대결 2000모22).

**몰취(沒取)**
행정기관 또는 법원의 처분으로 일정한 물건의 소유권을 박탈하여 국가에 귀속시키는 결정

**결정(決定)**
법원이 행하는 판결, 명령 이외의 재판

**피의자에 대한 집행정지**
피의자에 대한 집행정지는 검사 또는 사법경찰관이 행함

**피의자에 대한 구속집행정지의 취소**
검사 또는 사법경찰관은 피의인이 ⓒ의 어느 하나에 해당하는 경우에는 구속의 집행정지를 취소할 수 있다(법 제102조 제2항, 제209조).

**구속취소와 영장의 효력**
구속의 취소로 인하여 구속영장은 실효됨

피고인, 변호인과 변호인선임권자의 청구에 의하여 결정으로 구속을 취소하여야 한다(법 제93조).

ⓒ **구속취소의 사유** : 구속의 사유가 없거나 소멸된 경우

> **관련 판례** 구속을 계속해야 할 사유
>
> 피고인의 상고가 기각되더라도 제1심과 항소심판결 선고 전 구금일수만으로도 구속을 필요로 하는 본형 형기를 초과할 것이 명백하다면 피고인이 현재 집행유예 기간 중에 있더라도 이것이 피고인의 구속을 계속하여야 할 사유가 된다고 할 수 없어 피고인을 구속할 사유는 소멸되었다고 할 것이므로 피고인에 대한 구속은 취소해야 한다(대결 91모25).

ⓜ **구속의 실효**

　ㄱ 구속의 실효에는 구소의 취소와 구속의 당연실효가 있음

　ⓒ **구속의 당연실효**

　　• 구속기간의 만료 : 구속영장은 구속기간이 만료되면 당연히 실효됨

　　• 무죄 등 선고와 구속영장의 효력 : 무죄, 면소, 형의 면제, 형의 선고유예, 형의 집행유예, 공소기각 또는 벌금이나 과료를 과하는 판결이 선고된 때에는 구속영장은 효력을 잃는다(법 제331조).

　　• 사형, 자유형의 신고로 형이 확정되면 구속영장의 효력은 상실

## 3. 압수와 수색 및 검증

### (1) 압수와 수색 ★빈출개념

👓 한눈에 쏙~

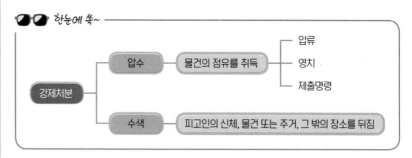

① 압수와 수색의 의의

　ㄱ **압수** : 증거물이나 몰수할 물건으로 인정되는 물건의 점유를 취득하는 강제처분. 압수의 종류에는 압류, 영치, 제출명령 등이 있음

　　• 압류 : 물리적 강제력을 사용하여 유체물의 점유를 점유자 또는 소유자의 의사에 반하여 수사기관 또는 법원에 이전하는 강제처분

　　• 영치 : 피의자 · 소유자 · 보관자 또는 기타 사람이 임의로 제출하거나 유류한 물건을 영장없이 압수하는 강제처분

　　• 제출명령 : 법원이 압수할 물건을 지정하여 소유자, 소지자 또는 보관자에게 제출을 명령하는 강제처분

　ⓒ **수색** : 피고사건과 관계가 있다고 인정할 수 있는 것에 한정하여 피고인의 신

체, 물건 또는 주거, 그 밖의 장소를 뒤지는 강제처분

② 압수와 수색의 대상

  ㉠ 압수의 대상 : 증거물 또는 몰수할 것으로 사료하는 물건으로 <u>점유가 가능한</u> <u>유체물</u>과 피고사건과 관계가 있다고 인정할 수 있는 것에 한정하여 우체물 또는 전기통신에 관한 것으로서 <u>체신관서, 그 밖의 관련 기관 등이 소지 또는</u> <u>보관하는 물건</u>

  ㉡ 수색의 대상

    • 피고사건과 관계가 있다고 인정할 수 있는 것에 한정하여 <u>피고인의 신체,</u> <u>물건 또는 주거, 그 밖의 장소</u>

    • 피고인 아닌 자의 신체, 물건, 주거 기타 장소에 관하여는 압수할 물건

③ 압수와 수색의 필요성과 사건의 관계 ⭐**빈출개념**

  ㉠ 범죄혐의의 정황 : 수사기관이 범죄수사에 필요한 때에는 피의자가 죄를 범하였다고 의심할 만한 정황이 있고 해당 사건과 관계가 있다고 인정할 수 있는 것에 한정(법 제215조 제1항)

  ㉡ 법원의 압수 및 수색 : 법원은 필요한 때에는 피고사건과 관계가 있다고 인정할 수 있는 것에 한정하여 증거물 또는 몰수할 것으로 사료하는 물건을 압수하거나(법 제106조 제1항), 피고사건과 관계가 있다고 인정할 수 있는 것에 한정하여 피고인의 신체, 물건 또는 주거, 그 밖의 장소 수색(법 제109조 제1항)

  ㉢ 수사기관의 압수 및 수색 : 수사기관이 범죄수사에 필요한 때에는 피의자가 죄를 범하였다고 의심할 만한 정황이 있고 해당 사건과 관계가 있다고 인정할 수 있는 것에 한정하여 압수 및 수색할 수 있다(법 제215조 제1항).

④ 압수와 수색의 제한

  ㉠ 군사상 비밀과 압수 : 군사상 비밀을 요하는 장소는 그 책임자의 승낙 없이는 압수 또는 수색할 수 없다. 책임자는 국가의 중대한 이익을 해하는 경우를 제외하고는 승낙을 거부하지 못한다(법 제110조).

  ㉡ 공무상 비밀과 압수 : 공무원 또는 공무원이었던 자가 소지 또는 보관하는 물건에 관하여는 본인 또는 그 해당 공무소가 직무상의 비밀에 관한 것임을 신고한 때에는 그 소속공무소 또는 당해 감독관공서의 승낙 없이는 압수하지 못한다. 소속공무소 또는 당해 감독관공서는 국가의 중대한 이익을 해하는 경우를 제외하고는 승낙을 거부하지 못한다(법 제111조).

  ㉢ 업무상비밀과 압수 : 변호사, 변리사, 공증인, 공인회계사, 세무사, 대서업자, 의사, 한의사, 치과의사, 약사, 약종상, 조산사, 간호사, 종교의 직에 있는 자 또는 이러한 직에 있던 자가 그 업무상 위탁을 받아 소지 또는 보관하는 물건으로 타인의 비밀에 관한 것은 압수를 거부할 수 있다. 단, 그 타인의 승낙이 있거나 중대한 공익상 필요가 있는 때에는 예외로 한다(법 제112조).

  ㉣ 법원은 압수의 목적물이 컴퓨터용디스크, 그 밖에 이와 비슷한 정보저장매체인 경우에는 기억된 정보의 범위를 정하여 출력하거나 복제하여 제출받아야 한다. 다만, 범위를 정하여 출력 또는 복제하는 방법이 불가능하거나 압수의 목적을 달성하기에 현저히 곤란하다고 인정되는 때에는 정보저장매체등을

**부동산의 압수여부**

부동산도 점유가 가능하므로 압수의 대상

**관련 판례**

몰수는 반드시 압수되어 있는 물건에 대하여서만 하는 것이 아니므로, 몰수대상물건이 압수되어 있는가 하는 점 및 적법한 절차에 의하여 압수되었는가 하는 점은 몰수의 요건이 아니다(대판 2003도705).

**관련 판례**

압수물이 증거물 내지 몰수하여야 할 물건으로 보이는 것이라 하더라도, 범죄의 형태나 경중, 압수물의 증거가치 및 중요성, 증거인멸의 우려 유무, 압수로 인하여 피압수자가 받을 불이익의 정도 등 제반 사정을 종합적으로 고려하여 판단해야 한다(대결 2003모126).

**우체물의 압수**

법원은 필요한 때에는 피고사건과 관계가 있다고 인정할 수 있는 것에 한정하여 우체물 또는 전기통신에 관한 것으로서 체신관서, 그 밖의 관련 기관 등이 소지 또는 보관하는 물건의 제출을 명하거나 압수를 할 수 있다. 처분을 할 때에는 발신인이나 수신인에게 그 취지를 통지하여야 한다. 단, 심리에 방해될 염려가 있는 경우에는 예외로 한다(법 제107조).

압수할 수 있다(법 제106조 제3항).

**관련 판례 압수 · 수색의 범위**

수사기관 사무실 등 외부로 반출하는 방식으로 압수 · 수색하는 것은 현장의 사정이나 전자정보의 대량성으로 관련 정보 획득에 긴 시간이 소요되거나 전문 인력에 의한 기술적 조치가 필요한 경우 등 범위를 정하여 출력 또는 복제하는 방법이 불가능하거나 압수의 목적을 달성하기에 현저히 곤란하다고 인정되는 때에 한하여 예외적으로 허용될 수 있을 뿐이다(대결 2011모1839).

⑤ 압수와 수색의 절차

㉠ 영장발부

- 법원의 압수 · 수색 : 공판정 외에서 압수 또는 수색을 함에는 영장을 발부하여 시행하여야 한다(법 제113조). 법원은 압수 또는 수색을 합의부원에게 명할 수 있고 그 목적물의 소재지를 관할하는 지방법원 판사에게 촉탁할 수 있다(법 제136조 제1항).

- 수사기관의 압수 · 수색 : 검사는 범죄수사에 필요한 때에는 피의자가 죄를 범하였다고 의심할 만한 정황이 있고 해당 사건과 관계가 있다고 인정할 수 있는 것에 한정하여 지방법원판사에게 청구하여 발부받은 영장에 의하여 압수, 수색 또는 검증을 할 수 있다. 사법경찰관이 범죄수사에 필요한 때에는 피의자가 죄를 범하였다고 의심할 만한 정황이 있고 해당 사건과 관계가 있다고 인정할 수 있는 것에 한정하여 검사에게 신청하여 검사의 청구로 지방법원판사가 발부한 영장에 의하여 압수 · 수색 또는 검증을 할 수 있다(법 제215조).

- 압수 · 수색을 하려면 영장에 의하여야 하고 압수 · 수색의 대상은 특정되어야 하며 막연히 제시하는 것은 무효임

**관련 판례 다시 압수 · 수색을 해야 할 경우**

압수 · 수색영장은 수사기관의 압수 · 수색에 대한 허가장으로서 거기에 기재되는 유효기간은 집행에 착수할 수 있는 종기를 의미하는 것일 뿐이므로, 수사기관이 압수 · 수색영장을 제시하고 집행에 착수하여 압수 · 수색을 실시하고 그 집행을 종료하였다면 이미 그 영장은 목적을 달성하여 효력이 상실되는 것이고, 동일한 장소 또는 목적물에 대하여 다시 압수 · 수색할 필요가 있는 경우라면 그 필요성을 소명하여 법원으로부터 새로운 압수 · 수색영장을 발부 받아야 하는 것이지, 앞서 발부 받은 압수 · 수색영장의 유효기간이 남아있다고 하여 이를 제시하고 다시 압수 · 수색을 할 수는 없다(대결 99모161).

- 영장의 방식 : 압수 · 수색영장에는 다음의 사항을 기재하고 재판장이나 수명법관이 서명날인하여야 한다. 다만, 압수 · 수색할 물건이 전기통신에 관한 것인 경우에는 작성기간을 기재하여야 한다(법 제114조).
  − 피고인의 성명
  − 죄명
  − 압수할 물건

– 수색할 장소 · 신체 · 물건

– 영장 발부 연월일

– 영장의 유효기간과 그 기간이 지나면 집행에 착수할 수 없으며 영장을 반환하여야 한다는 취지

– 그 밖에 대법원규칙으로 정하는 사항

ⓛ 영장집행

- 압수 · 수색영장은 검사의 지휘에 의하여 사법경찰관리가 집행한다. 단, 필요한 경우에는 재판장은 법원사무관등에게 그 집행을 명할 수 있다(법 제115조).
- 압수 · 수색영장을 집행할 때에는 타인의 비밀을 보호하여야 하며 처분받은 자의 명예를 해하지 아니하도록 주의하여야 한다(법 제116조).
- 영장의 제시 : 압수 · 수색영장은 처분을 받는 자에게 반드시 제시하여야 한다(법 제118조).
- 압수와 수색의 참여 : 법원이 압수수색을 할 때에는 법원사무관등을 참여하게 하여야 한다. 법원사무관등 또는 사법경찰관리가 압수수색영장에 의하여 압수수색을 할 때에는 다른 법원사무관등 또는 사법경찰관리를 참여하게 하여야 한다(규칙 제60조).
- 검사 또는 사법경찰관이 압수, 수색, 검증을 함에는 검찰청수사관 또는 서기관이나 서기, 사법경찰관리를 각 참여하게 하여야 한다(규칙 제110조).
- 영장집행과 당사자의 참여 : 검사, 피고인 또는 변호인은 압수 · 수색영장의 집행에 참여할 수 있다(법 제121조).
- 영장의 집행과 책임자의 참여 : 공무소, 군사용의 항공기 또는 선박 · 차량 안에서 압수 · 수색영장을 집행하려면 그 책임자에게 참여할 것을 통지하여야 한다(법 제123조 제1항).
- 여자의 수색과 참여 : 여자의 신체에 대하여 수색할 때에는 성년의 여자를 참여하게 하여야 한다(법 제124조).
- 야간집행의 제한 : 일출 전, 일몰 후에는 압수 · 수색영장에 야간집행을 할 수 있는 기재가 없으면 그 영장을 집행하기 위하여 타인의 주거, 간수자 있는 가옥, 건조물, 항공기 또는 선차 내에 들어가지 못한다(법 제125조).
- 압수목록의 교부 : 압수한 경우에는 목록을 작성하여 소유자, 소지자, 보관자 기타 이에 준할 자에게 교부하여야 한다(법 제129조).

---

**관련 판례** 압수처분에 관한 권리행사

공무원인 수사기관이 작성하여 피압수자 등에게 교부해야 하는 압수물 목록에는 작성연월일을 기재하고, 그 내용은 사실에 부합하여야 한다. 압수물 목록은 피압수자 등이 압수물에 대한 환부 · 가환부신청을 하거나 압수처분에 대한 준항고를 하는 등 권리행사절차를 밟는 가장 기초적인 자료가 되므로, 이러한 권리행사에 지장이 없도록 압수 직후 현장에서 바로 작성하여 교부해야 하는 것이 원칙이다(대판 2008도763).

⑥ 압수 · 수색 · 검증과 영장주의의 예외

**관련 판례**

압수 · 수색영장을 집행하는 수사기관은 피압수자로 하여금 법관이 발부한 영장에 의한 압수 · 수색이라는 사실을 확인함과 동시에 형사소송법이 압수 · 수색영장에 필요적으로 기재하도록 정한 사항이나 그와 일체를 이루는 사항을 충분히 알 수 있도록 압수 · 수색영장을 제시하여야 한다(대판 2015도12400).

**야간집행제한의 예외**

- 도박 기타 풍속을 해하는 행위에 상용된다고 인정하는 장소
- 여관, 음식점 기타 야간에 공중이 출입할 수 있는 장소, 단, 공개한 시간 내에 한함

**구속영장집행과 수색**

검사, 사법경찰관리 또는 법원사무관등이 구속영장을 집행할 경우에 필요한 때에는 미리 수색영장을 발부받기 어려운 긴급한 사정이 있는 경우에 한정하여 타인의 주거, 간수자있는 가옥, 건조물, 항공기, 선차 내에 들어가 피고인을 수색할 수 있다(법 제137조).

**관련 판례**

음란물 유포의 범죄혐의를 이유로 압수 · 수색영장을 발부받은 사법경찰리가 피고인의 주거지를 수색하는 과정에서 대마를 발견하자, 피고인을 마약류관리에 관한 법률 위반죄의 현행범으로 체포하면서 대마를 압수하였으나, 그 다음날 피고인을 석방하였음에도 사후 압수 · 수색영장을 발부받지 않은 사안에서, 위 압수물과 압수조서는 형사소송법상 영장주의를 위반하여 수집한 증거로서 증거능력이 부정된다고 한 사례(대판 2008도10914).

**사법경찰의 위탁보관**

사법경찰관이 위탁보관을 하기 위해서는 미리 검사의 지휘를 받아야 함

**압수목록의 교부**

사법경찰관이 폐기처분을 하기 위해서는 미리 검사의 지휘를 받아야 한다(법 제219조 단서).

---

㉠ 영장에 의하지 아니한 강제처분(법 제216조) ★빈출개념

- 검사 또는 사법경찰관은 피의자를 체포 또는 구속하는 경우에 필요한 때에는 영장없이 다음 처분을 할 수 있다.
  - 타인의 주거나 타인이 간수하는 가옥, 건조물, 항공기, 선차 내에서의 피의자 수색. 다만, 피의자를 체포 또는 구속하는 경우의 피의자 수색은 미리 수색영장을 발부받기 어려운 긴급한 사정이 있는 때에 한정한다.
  - 체포현장에서의 압수, 수색, 검증
- 검사 또는 사법경찰관이 피고인에 대한 구속영장의 집행의 경우에 준용한다.
- 범행 중 또는 범행직후의 범죄 장소에서 긴급을 요하여 법원판사의 영장을 받을 수 없는 때에는 영장없이 압수, 수색 또는 검증을 할 수 있다. 이 경우에는 사후에 지체 없이 영장을 받아야 한다.

㉡ 영장에 의하지 아니하는 강제처분(법 제217조)

- 검사 또는 사법경찰관은 체포된 자가 소유 · 소지 또는 보관하는 물건에 대하여 긴급히 압수할 필요가 있는 경우에는 체포한 때부터 24시간 이내에 한하여 영장없이 압수 · 수색 또는 검증을 할 수 있다.
- 검사 또는 사법경찰관은 압수한 물건을 계속 압수할 필요가 있는 경우에는 지체 없이 압수수색영장을 청구하여야 한다. 이 경우 압수수색영장의 청구는 체포한 때부터 48시간 이내에 하여야 한다.
- 검사 또는 사법경찰관은 청구한 압수수색영장을 발부받지 못한 때에는 압수한 물건을 즉시 반환하여야 한다.

㉢ 영장에 의하지 아니한 압수 : 검사, 사법경찰관은 피의자 기타인의 유류한 물건이나 소유자, 소지자 또는 보관자가 임의로 제출한 물건을 영장없이 압수할 수 있다(법 제218조).

㉣ 법원의 공판정 내에서의 압수 · 수색 : 법원의 공판정 내에서의 압수 · 수색에는 영장이 필요 없고, 사후영장도 필요 없음

㉤ 검시로 범죄의 혐의를 인정하고 긴급을 요할 때에는 영장없이 검증할 수 있다(법 제222조 제2항).

⑦ 압수물의 처리

㉠ 원칙 : 압수물은 압수한 기관이 운반하여 보관하는 것이 원칙이다. 압수물에 대하여는 그 상실 또는 파손 등의 방지를 위하여 상당한 조치를 하여야 한다(법 제131조).

㉡ 압수물의 보관 : 운반 또는 보관에 불편한 압수물에 관하여는 간수자를 두거나 소유자 또는 적당한 자의 승낙을 얻어 보관하게 할 수 있다(법 제130조 제1항).

㉢ 압수물의 대가보관(법 제132조)

- 몰수하여야 할 압수물로서 멸실 · 파손 · 부패 또는 현저한 가치 감소의 염려가 있거나 보관하기 어려운 압수물은 매각하여 대가를 보관할 수 있다.
- 환부하여야 할 압수물 중 환부를 받을 자가 누구인지 알 수 없거나 그 소재가 불명한 경우로서 그 압수물의 멸실 · 파손 · 부패 또는 현저한 가치 감소

의 염려가 있거나 보관하기 어려운 압수물은 매각하여 대가를 보관할 수 있다.

- 압수물처분과 당사자에의 통지 : 대가보관의 결정을 함에는 검사, 피해자, 피고인 또는 변호인에게 미리 통지하여야 한다(법 제134조).

ⓔ 폐기처분
- 위험발생의 염려가 있는 압수물은 폐기할 수 있다(법 제130조 제2항).
- 법령상 생산 · 제조 · 소지 · 소유 또는 유통이 금지된 압수물로서 부패의 염려가 있거나 보관하기 어려운 압수물은 소유자 등 권한 있는 자의 동의를 받아 폐기할 수 있다(법 제130조 제3항).

ⓜ 가환부(假還付) : 압수의 효력을 존속시키면서 압수물을 소유자, 소지자, 보관자, 제출인에게 잠정적으로 환부하는 제도
- 압수물의 환부, 가환부(법 제133조)
  - 압수를 계속할 필요가 없다고 인정되는 압수물은 피고사건 종결 전이라도 결정으로 환부하여야 하고 증거에 공할 압수물은 소유자, 소지자, 보관자 또는 제출인의 청구에 의하여 가환부할 수 있다.
  - 증거에만 공할 목적으로 압수한 물건으로서 그 소유자 또는 소지자가 계속 사용하여야 할 물건은 사진촬영 기타 원형보존의 조치를 취하고 신속히 가환부하여야 한다.
- 가환부의 결정을 함에는 검사, 피해자, 피고인 또는 변호인에게 미리 통지하여야 한다(법 제135조).
- 가환부한 장물에 대하여 별단의 선고가 없는 때에는 환부의 선고가 있는 것으로 간주한다(법 제333조 제3항).

ⓗ 환부(還付) : 압수물을 종국적으로 소유자, 소지자, 보관자, 체출인에게 반환하는 법원이나 수사기관의 처분
- 압수를 계속할 필요가 없다고 인정되는 압수물은 피고사건 종결 전이라도 결정으로 환부하여야 한다(법 제133조 제1항).
- 검사는 사본을 확보한 경우 등 압수를 계속할 필요가 없다고 인정되는 압수물 및 증거에 사용할 압수물에 대하여 공소제기 전이라도 소유자, 소지자, 보관자 또는 제출인의 청구가 있는 때에는 환부하여야 한다(법 제218조의2 제1항).
- 사법경찰관의 환부의 경우 사법경찰관은 검사의 지휘를 받아야 한다(법 제218조의2 제4항).
- 환부에 의하여 압수의 효력은 상실함

**관련 판례 환부의무와 압수물의 환부**

피압수자 등 압수물을 환부 받을 자가 수사기관에 대하여 형사소송법상의 환부청구권을 포기한다는 의사표시를 한 경우에 있어서도, 그 효력이 없어 그에 의하여 수사기관의 필요적 환부의무가 면제된다고 볼 수는 없으므로, 그 환부의무에 대응하는 압수물의 환부를 청구할 수 있는 절차법상의 권리가 소멸하는 것은 아니다(대결 94모51).

**관련 판례**

증거에 공할 압수물을 가환부할 것인지의 여부는 범죄의 태양, 경중, 압수물의 증거로서의 가치, 압수물의 은닉, 인멸, 훼손될 위험, 수사나 공판수행상의 지장 유무, 압수에 의하여 받는 피압수자 등의 불이익의 정도 등 여러 사정을 검토하여 종합적으로 판단하여야 할 것이다(대결 94모42).

**02장 수사**

**사건에 관련된 압수물**

검사가 사건을 불기소 처분하는 경우에 당해 사건에 관하여 압수한 압수물은 피해자에게 환부할 이유가 명백한 경유를 제외하고는 피압수자나 제출인 이외의 누구에게도 환부할 수 없다(대판 68다824).

**몰수의 선고와 압수물**

압수한 서류 또는 물품에 대하여 몰수의 선고가 없는 때에는 압수를 해제한 것으로 간주한다(법 제332조).

- 압수장물의 피해자환부 : 압수한 장물은 피해자에게 환부할 이유가 명백한 때에는 피고사건의 종결 전이라도 결정으로 피해자에게 환부할 수 있다(법 제134조).
- 압수한 장물로서 피해자에게 환부할 이유가 명백한 것은 판결로써 피해자에게 환부하는 선고를 하여야 한다(법 제333조 제1항).
- 장물을 처분하였을 때에는 판결로써 그 대가로 취득한 것을 피해자에게 교부하는 선고를 하여야 한다(법 제333조 제2항).

⑧ 압수처분에 대한 불복

ㄱ 법원의 압수나 압수물의 환부에 관한 결정에 대해서는 항고할 수 있다(법 제403조 제2항).

ㄴ 재판장 또는 수명법관이 압수 또는 압수불환부에 관한 재판에 불복이 있으면 그 법관소속의 법원에 재판의 취소 또는 변경을 청구할 수 있다(법 제416조 제1항 제2호).

ㄷ 압수물의 환부 및 가환부 청구를 검사가 이를 거부하는 경우에는 신청인은 해당 검사의 소속 검찰청에 대응한 법원에 압수물의 환부 또는 가환부 결정을 청구할 수 있다(법 제218조의2 제2항).

ㄹ 검사 또는 사법경찰관의 구금, 압수 또는 압수물의 환부에 관한 처분과 변호인의 참여 등에 관한 처분에 대하여 불복이 있으면 그 직무집행지의 관할법원 또는 검사의 소속검찰청에 대응한 법원에 그 처분의 취소 또는 변경을 청구할 수 있다(법 제417조).

### (2) 수사상 검증

① 검증의 의의

ㄱ 의의 : 수사 기관이 어떤 장소나 물건, 신체 등에 대하여 그 상태를 직접 실험, 인식하는 강제 처분

ㄴ 법원은 사실을 발견함에 필요한 때에는 검증을 할 수 있다(법 제139조).

ㄷ 영장주의 : 수사기관의 검증은 영장주의가 적용되나 법원의 검증은 증거조사의 일종으로 영장을 요하지 아니한다.

② 검증절차

ㄱ 영장발부

- 검사는 범죄수사에 필요한 때에는 피의자가 죄를 범하였다고 의심할 만한 정황이 있고 해당 사건과 관계가 있다고 인정할 수 있는 것에 한정하여 지방법원판사에게 청구하여 발부받은 영장에 의하여 검증을 할 수 있다(법 제215조 제1항).
- 사법경찰관이 범죄수사에 필요한 때에는 피의자가 죄를 범하였다고 의심할 만한 정황이 있고 해당 사건과 관계가 있다고 인정할 수 있는 것에 한정하여 검사에게 신청하여 검사의 청구로 지방법원판사가 발부한 영장에 의하여 검증을 할 수 있다(법 제215조 제2항).

ㄴ 검증과 필요한 처분 : 검증을 함에는 신체의 검사, 사체의 해부, 분묘의 발굴, 물건의 파괴 기타 필요한 처분을 할 수 있다(법 제140조).

ⓒ 검증 등의 조서(법 제49조)
- 검증에 관하여는 조서를 작성하여야 한다.
- 검증조서에는 검증목적물의 현장을 명확하게 하기 위하여 도화나 사진을 첨부할 수 있다.

③ 신체검사 : 신체 자체를 대상으로 하는 강제처분
- ㉠ 신체검사에 관한 주의(법 제141조)
  - 신체의 검사에 관하여는 검사를 받는 사람의 성별, 나이, 건강상태, 그 밖의 사정을 고려하여 그 사람의 건강과 명예를 해하지 아니하도록 주의하여야 한다.
  - 피고인 아닌 사람의 신체검사는 증거가 될 만한 흔적을 확인할 수 있는 현저한 사유가 있는 경우에만 할 수 있다.
  - 여자의 신체를 검사하는 경우에는 의사나 성년 여자를 참여하게 하여야 한다.
- ㉡ 신체검사와 소환 : 법원은 신체를 검사하기 위하여 피고인 아닌 자를 법원 기타 지정한 장소에 소환할 수 있다(법 제142조).

④ 감정의 처분
- ㉠ 의의 : 감정인이 감정에 관한 필요한 때에 판사의 허가를 얻어 신체검사, 사체해부 등의 강제처분을 하는 것
- ㉡ 감정의 위촉과 감정유치의 청구(법 제221조의3)
  - 검사는 감정을 위촉하는 경우에 유치처분이 필요할 때에는 판사에게 이를 청구하여야 한다.
  - 판사는 청구가 상당하다고 인정할 때에는 유치처분을 하여야 한다.
- ㉢ 감정에 필요한 처분(법 제221조의4)
  - 감정의 위촉을 받은 자는 판사의 허가를 얻어 처분을 할 수 있다.
  - 허가의 청구는 검사가 하여야 한다.
  - 판사는 청구가 상당하다고 인정할 때에는 허가장을 발부하여야 한다.

**사체 해부와 분묘 발굴시**
사체의 해부 또는 분묘의 발굴을 하는 때에는 예(禮)에 어긋나지 아니하도록 주의하고 미리 유족에게 통지하여야 함

**감정(鑑定)**
재판에 도움을 주기 위해, 재판에 관련된 특정 사항을 다루는 전문가가 의견과 지식을 보고하는 일

> 관련 판례 감정의 처분과 유형력 행사 ★빈출개념
>
> 압수 · 수색의 방법으로 소변을 채취하는 경우 압수대상물인 피의자의 소변을 확보하기 위한 수사기관의 노력에도 불구하고, 피의자가 인근 병원 응급실 등 소변 채취에 적합한 장소로 이동하는 것에 동의하지 않거나 저항하는 등 임의동행을 기대할 수 없는 사정이 있는 때에는 수사기관으로서는 소변 채취에 적합한 장소로 피의자를 데려가기 위해서 필요 최소한의 유형력을 행사하는 것이 허용된다(대판 2018도6219).

## (3) 통신비밀보호법상 통신제한조치

① 의의 : 수사기관이 범죄수사라는 공익을 달성하기 위하여 부득이하게 도청, 감청 등을 할 필요성이 발생하는데 국민의 통신의 비밀보호와 공익상의 도청과 감청에 관한 법적 절차를 규율하기 위하여 제정된 법률이 통신비밀보호법

② 통신 및 대화비밀의 보호 : 누구든지 이 법과 형사소송법 또는 군사법원법의 규정에 의하지 아니하고는 우편물의 검열 · 전기통신의 감청 또는 통신사실확인자

**목적**
통신 및 대화의 비밀과 자유에 대한 제한은 그 대상을 한정하고 엄격한 법적 절차를 거치도록 함으로써 통신비밀을 보호하고 통신의 자유를 신장함을 목적으로 한다(통신비밀보호법 제1조).

**범죄수사를 위한 통신제한조치의 허가요건**

통신제한조치는 범죄를 계획 또는 실행하고 있거나 실행하였다고 의심할만한 충분한 이유가 있고 다른 방법으로는 그 범죄의 실행을 저지하거나 범인의 체포 또는 증거의 수집이 어려운 경우에 한하여 허가할 수 있다(통신비밀보호법 제5조 제1항).

**국가안보를 위한 통신제한조치**

정보수사기관의 장은 국가안전보장에 상당한 위험이 예상되는 경우 또는 대테러활동에 필요한 경우에 한하여 그 위해를 방지하기 위하여 이에 관한 정보수집이 특히 필요한 때에는 통신제한조치를 할 수 있다(통신비밀보호법 제7조 제1항).

료의 제공을 하거나 공개되지 아니한 타인간의 대화를 녹음 또는 청취하지 못한다(통신비밀보호법 제3조 제1항).

③ **불법검열에 의한 우편물의 내용과 불법감청에 의한 전기통신내용의 증거사용 금지** : 불법검열에 의하여 취득한 우편물이나 그 내용 및 불법감청에 의하여 지득 또는 채록된 전기통신의 내용은 재판 또는 징계절차에서 증거로 사용할 수 없다(통신비밀보호법 제4조).

④ **범죄수사를 위한 통신제한조치의 허가절차(통신비밀보호법 제6조)**

　　㉠ 검사는 요건이 구비된 경우에는 법원에 대하여 각 피의자별 또는 각 피내사자별로 통신제한조치를 허가하여 줄 것을 청구할 수 있다.

　　㉡ 사법경찰관은 요건이 구비된 경우에는 검사에 대하여 각 피의자별 또는 각 피내사자별로 통신제한조치에 대한 허가를 신청하고, 검사는 법원에 대하여 그 허가를 청구할 수 있다.

　　㉢ 통신제한조치 청구사건의 관할법원은 그 통신제한조치를 받을 통신당사자의 쌍방 또는 일방의 주소지·소재지, 범죄지 또는 통신당사자와 공범관계에 있는 자의 주소지·소재지를 관할하는 지방법원 또는 지원으로 한다.

　　㉣ 통신제한조치청구는 필요한 통신제한조치의 종류·그 목적·대상·범위·기간·집행장소·방법 및 당해 통신제한조치가 허가요건을 충족하는 사유등의 청구이유를 기재한 서면으로 하여야 하며, 청구이유에 대한 소명자료를 첨부하여야 한다.

　　㉤ 법원은 청구가 이유 있다고 인정하는 경우에는 각 피의자별 또는 각 피내사자별로 통신제한조치를 허가하고, 이를 증명하는 서류를 청구인에게 발부한다.

　　㉥ 허가서에는 통신제한조치의 종류·그 목적·대상·범위·기간 및 집행장소와 방법을 특정하여 기재하여야 한다.

　　㉦ 통신제한조치의 기간은 2개월을 초과하지 못하고, 그 기간 중 통신제한조치의 목적이 달성되었을 경우에는 즉시 종료하여야 한다.

　　㉧ 검사 또는 사법경찰관이 통신제한조치의 연장을 청구하는 경우에 통신제한조치의 총 연장기간은 1년을 초과할 수 없다.

⑤ **긴급통신제한조치** : 검사, 사법경찰관 또는 정보수사기관의 장은 국가안보를 위협하는 음모행위, 직접적인 사망이나 심각한 상해의 위험을 야기할 수 있는 범죄 또는 조직범죄 등 중대한 범죄의 계획이나 실행 등 긴박한 상황에 있고 요건을 구비한 자에 대하여 절차를 거칠 수 없는 긴급한 사유가 있는 때에는 법원의 허가없이 통신제한조치를 할 수 있다(통신비밀보호법 제8조 제1항).

⑥ **통신제한조치의 집행** : 통신제한조치는 이를 청구 또는 신청한 검사·사법경찰관 또는 정보수사기관의 장이 집행한다. 이 경우 체신관서 기타 관련기관 등에 그 집행을 위탁하거나 집행에 관한 협조를 요청할 수 있다(통신비밀보호법 제9조 제1항).

⑦ **범죄수사를 위한 통신사실 확인자료 제공의 통지** : 검사 또는 사법경찰관은 제13조에 따라 통신사실 확인자료 제공을 받은 사건에 관하여 정한 기간 내에 통신사실 확인자료 제공을 받은 사실과 제공요청기관 및 그 기간 등을 통신사실 확

인자료 제공의 대상이 된 당사자에게 서면으로 통지하여야 한다(통신비밀보호법 제13조의3 제1항).

## (4) 판사에 의한 강제처분

① 수사상 증거보전

  ㉠ 개념 : 수사개시 후 제1회 공판기일 전 판사가 증거조사 또는 증인신문을 하여 그 결과를 보전하는 것

  ㉡ 증거보전의 요건과 청구시기

   • 요건 : 미리 증거를 보전하지 아니하면 그 증거를 사용하기 곤란한 사정이 있는 때

   • 청구시기 : 제1회 공판기일 전

  ㉢ 증거보전의 절차

   • 청구권자 : 검사, 피고인, 피의자 또는 변호인이 지방법원판사에게 하여야 한다(규칙 제91조 제1항).

   • 방식 : 청구는 서면으로 한다(규칙 제92조 제1항).

   • 청구의 내용 : 압수, 수색, 검증, 증인신문 또는 감정을 청구할 수 있다(법 제184조 제1항).

   • 증거보전청구서에 사항을 기재할 사항(규칙 제92조 제1항)

    – 사건의 개요

    – 증명할 사실

    – 증거 및 보전의 방법

    – 증거보전을 필요로 하는 사유

  ㉣ 증거보전의 처분

   • 청구를 기각하는 결정에 대하여는 3일 이내에 항고할 수 있다(법 제184조 제4항).

   • 청구를 받은 판사는 그 처분에 관하여 법원 또는 재판장과 동일한 권한이 있다(법 제184조 제2항).

   • 청구를 함에는 서면으로 그 사유를 소명하여야 한다(법 제184조 제3항).

  ㉤ 증거보전 후의 절차

   • 서류의 열람 등 : 검사, 피고인, 피의자 또는 변호인은 판사의 허가를 얻어 전조의 처분에 관한 서류와 증거물을 열람 또는 등사할 수 있다(법 제185조).

   • 증거보전절차에서 작성된 조서는 법관의 조서로 당연히 증거능력이 인정된다(법 제311조 후단).

② 참고인에 대한 증인신문

  ㉠ 의의 : 참고인이 출석 또는 진술을 거부할 경우 제1회 공판기일 전에 검사의 청구에 의하여 판사가 그를 증인으로 신문하는 것

  ㉡ 증인신문의 청구 : 범죄의 수사에 없어서는 아니 될 사실을 안다고 명백히 인정되는 자가 전조의 규정에 의한 출석 또는 진술을 거부한 경우에는 검사는 제1회 공판기일 전에 한하여 판사에게 그에 대한 증인신문을 청구할 수 있다(법 제221조의2 제1항).

SEMI-NOTE

ⓒ 증인신문청구의 요건과 청구시기

- 증인신문청구의 요건 : 범죄의 수사에 없어서는 아니 될 사실을 안다고 명백히 인정되는 자가 전조의 규정에 의한 출석 또는 진술을 거부한 경우
- 증인신문청구의 시기 : 제1회 공판기일 전에 한하여 판사에게 그에 대한 증인신문 청구

**관련 판례** 증인신문청구의 요건과 피의사실

검사의 증인신문청구는 수사단계에서의 피의자 이외의 자의 진술이 범죄의 증명에 없어서는 안 될 것으로 인정되는 경우에 공소유지를 위하여 이를 보전하려는데 그 목적이 있으므로 이 증인신문청구를 하려면 증인의 진술로서 증명할 대상인 피의사실이 존재하여야 하고, 피의사ᄉᆡᄉ ᄉᆞᄀᆞ기ᄤᅵᅵ ᄤᅵ ᄤᅵ ᄃᆞᄙᄀᆞ ᄤᅵᄂᄂᄋ르 ᄀᆞᄤᄋᆞᄅᆞᆯ ᄀᆞᄀᄀᆞ ᄋᆞᆻᄂ ᄀᆞ ᄤᅵᄋᆡ ᄡᆞᄀᆞᄤᅵᄂᆞᄂᄂ ᄤᄤᄤᅵ다고 할 수 없고 고소, 고발 또는 자수를 받거나 또는 수사기관 스스로 범죄의 혐의가 있다고 보아 수사를 개시하는 범죄의 인지 등 수사의 대상으로 삼고 있음을 외부적으로 표현한 때에 비로소 그 존재를 인정할 수 있다(대판 89도648).

ⓐ 증인신문의 절차

- 청구권자 : 검사는 제1회 공판기일 전에 한하여 판사에게 그에 대한 증인신문을 청구할 수 있다(법 제221조의2 제1항).
- 방식 : 청구를 함에는 서면으로 그 사유를 소명하여야 한다(법 제221조의2 제3항).
- 제1회 공판기일 전 증인신문청구서의 기재사항(규칙 제111조)
  - 증인의 성명, 직업 및 주거
  - 피의자 또는 피고인의 성명
  - 죄명 및 범죄사실의 요지
  - 증명할 사실
  - 신문사항
  - 증인신문청구의 요건이 되는 사실
  - 피의자 또는 피고인에게 변호인이 있는 때에는 그 성명

ⓜ 증인신문

- 청구를 받은 판사는 증인신문에 관하여 법원 또는 재판장과 동일한 권한이 있다(법 제221조의2 제4항).
- 판사는 청구에 따라 증인신문기일을 정한 때에는 피고인·피의자 또는 변호인에게 이를 통지하여 증인신문에 참여할 수 있도록 하여야 한다(법 제221조의2 제5항).

**판사의 증인신문 실시**
판사가 증인신문을 실시할 경우에는 피고인, 피의자 또는 변호인에게 신문기일과 장소 및 증인신문에 참여할 수 있다는 취지를 통지하여야 한다(규칙 제112조).

**증인신문 후의 절차**
- 판사는 청구에 의한 증인신문을 한 때에는 지체없이 이에 관한 서류를 검사에게 송부하여야 한다(법 제221조의2 제6항).
- 증인신문조서는 법관의 면전조서로 당연히 증거능력이 인정된다(법 제311조 후단).

## 03절 수사종결

# 1. 검사의 수사종결

## (1) 수사종결

① **수사종결의 의의** : 수사를 계속할 필요가 없을 경우에 종결되는 것으로 공소의 제기, 불기소의 형태로 나타남

② **사법경찰관의 수사종결**

    ㉠ **사법경찰관의 송치와 불송치**

- 사법경찰관의 송치 : 범죄의 혐의가 있다고 인정되는 경우에는 지체 없이 검사에게 사건을 송치하고, 관계 서류와 증거물을 검사에게 송부하여야 한다(법 제245조의5 제1호).
- 사법경찰관의 불송치 : 범죄의 혐의가 있다고 인정되는 경우 외에는 그 이유를 명시한 서면과 함께 관계 서류와 증거물을 지체 없이 검사에게 송부하여야 한다. 이 경우 검사는 송부 받은 날부터 90일 이내에 사법경찰관에게 반환하여야 한다(법 제245조의5 제2호).

    ㉡ **검사의 재수사요청(법 제245조의8)**

- 검사는 사법경찰관이 사건을 송치하지 아니한 것이 위법 또는 부당한 때에는 그 이유를 문서로 명시하여 사법경찰관에게 재수사를 요청할 수 있다.
- 사법경찰관은 요청이 있는 때에는 사건을 재수사하여야 한다.

    ㉢ **고소인 등의 이의신청(법 제245조의7)**

- 불송치의 통지를 받은 사람은 해당 사법경찰관의 소속 관서의 장에게 이의를 신청할 수 있다.
- 사법경찰관은 신청이 있는 때에는 지체 없이 검사에게 사건을 송치하고 관계 서류와 증거물을 송부하여야 하며, 처리결과와 그 이유를 신청인에게 통지하여야 한다.

    ㉣ **수사중지 결정에 대한 이의제기 등** : 사법경찰관으로부터 수사중지 결정의 통지를 받은 사람은 해당 사법경찰관이 소속된 바로 위 상급경찰관서의 장에게 이의를 제기할 수 있다.

③ **검사의 수사종결** : 검사는 직접 수사한 사건이나 사법경찰관으로부터 송치 받은 사건을 공소제기 또는 불기소처분 등으로 수사종결처분을 한다.

④ **서류와 증거물의 송부** : 사법경찰관이 고소 또는 고발을 받은 때에는 신속히 조사하여 관계서류와 증거물을 검사에게 송부하여야 한다(법 제238조).

## (2) 검사의 사건처리

① **공소제기** : 공소는 검사가 제기하여 수행한다(법 제246조).

② **불기소처분** : 피의자에 대하여 공소를 제기하지 아니하는 처분으로, 협의의 불기소처분, 기소중지, 참고인중지가 있음

    ㉠ **불기소처분 사유(검찰사건사무규칙 제115조 제3항)**

- 기소유예 : 피의사실이 인정되나 양형의 사항을 참작하여 소추할 필요가 없는 경우
- 혐의없음
  - 혐의없음(범죄인정안됨) : 피의사실이 범죄를 구성하지 않거나 피의사실

SEMI-NOTE

이 인정되지 않는 경우

- 혐의없음(증거불충분) : 피의사실을 인정할 만한 충분한 증거가 없는 경우
- **죄가안됨** : 피의사실이 범죄구성요건에는 해당하지만 법률상 범죄의 성립을 조각하는 사유가 있어 범죄를 구성하지 않는 경우
- 공소권없음
- 각하

**참고인중지의 결정**

검사가 참고인·고소인·고발인 또는 같은 사건 피의자의 소재불명으로 수사를 종결할 수 없는 경우에는 그 사유가 해소될 때까지 불기소 사건기록 및 불기소 결정서에 따라 참고인중지의 결정을 할 수 있다(검찰사건사무규칙 제121조).

ⓒ **기소중지의 결정** : 검사가 피의자의 소재불명 또는 참고인중지사유가 아닌 사유로 수사를 종결할 수 없는 경우에는 그 사유가 해소될 때까지 불기소 사건기록 및 불기소 결정서, 불기소 사건기록 및 불기소 결정서에 따라 기소중지의 결정을 할 수 있다(검찰사건사무규칙 제120조).

④ **송치(送致)** : 수사기관에서 다른 기관으로 사건을 보내는 것

ㄱ **타관송치** : 검사는 사건이 그 소속검찰청에 대응한 법원의 관할에 속하지 아니한 때에는 사건을 서류와 증거물과 함께 관할법원에 대응한 검찰청검사에게 송치하여야 한다(법 제256조).

ㄴ **군검사에의 사건송치** : 검사는 사건이 군사법원의 재판권에 속하는 때에는 사건을 서류와 증거물과 함께 재판권을 가진 관할 군검찰부 군검사에게 송치하여야 한다. 이 경우에 송치 전에 행한 소송행위는 송치 후에도 그 효력에 영향이 없다(법 제256조의2).

ㄷ **소년부송치** : 검사는 소년에 대한 피의사건을 수사한 결과 보호처분에 해당하는 사유가 있다고 인정한 경우에는 사건을 관할 소년부에 송치하여야 한다(소년법 제49조 제1항).

ㄹ **가정보호사건의 송치**(가정폭력범죄의 처벌 등에 관한 특례법 제11조)
- 검사는 가정보호사건으로 처리하는 경우에는 그 사건을 관할 가정법원 또는 지방법원에 송치하여야 한다.
- 검사는 가정폭력범죄와 그 외의 범죄가 경합하는 경우에는 가정폭력범죄에 대한 사건만을 분리하여 관할 법원에 송치할 수 있다.

**보호처분 및 송치여부**

법원은 성매매 사건의 심리 결과 이 법에 따른 보호처분을 하는 것이 적절하다고 인정할 때에는 결정으로 사건을 보호사건의 관할법원에 송치할 수 있다(성매매알선 등 행위의 처벌에 관한 법률 제12조 제2항).

ㅁ **성매매보호사건의 송치** : 검사는 성매매를 한 사람에 대하여 사건의 성격·동기, 행위자의 성행 등을 고려하여 이 법에 따른 보호처분을 하는 것이 적절하다고 인정할 때에는 특별한 사정이 없으면 보호사건으로 관할법원에 송치하여야 한다(성매매알선 등 행위의 처벌에 관한 법률 제12조 제1항).

## (3) 검사의 처분통지

① **고소인, 고발인에 대한 통지**

ㄱ **고소등에 의한 사건의 처리** : 검사가 고소 또는 고발에 의하여 범죄를 수사할 때에는 고소 또는 고발을 수리한 날로부터 3월 이내에 수사를 완료하여 공소제기여부를 결정하여야 한다(법 제257조).

ㄴ **고소인등에의 처분고지** : 검사는 고소 또는 고발있는 사건에 관하여 공소를 제기하거나 제기하지 아니하는 처분, 공소의 취소 또는 타관송치를 한 때에는 그 처분한 날로부터 7일 이내에 서면으로 고소인 또는 고발인에게 그 취지를 통지하여야 한다(법 제258조 제1항).

ⓒ **고소인 등에의 공소불제기이유고지** : 검사는 고소 또는 고발있는 사건에 관하여 공소를 제기하지 아니하는 처분을 한 경우에 고소인 또는 고발인의 청구가 있는 때에는 7일 이내에 고소인 또는 고발인에게 그 이유를 서면으로 설명하여야 한다(법 제259조).

② **피의자에 대한 통지** : 검사는 불기소 또는 타관송치의 처분을 한 때에는 피의자에게 즉시 그 취지를 통지하여야 한다(법 제258조 제2항).

③ **피해자 등에 대한 통지** : 검사는 범죄로 인한 피해자 또는 그 법정대리인(피해자가 사망한 경우에는 그 배우자·직계친족·형제자매를 포함한다)의 신청이 있는 때에는 당해 사건의 공소제기여부, 공판의 일시·장소, 재판결과, 피의자·피고인의 구속·석방 등 구금에 관한 사실 등을 신속하게 통지하여야 한다(법 제259조의2).

## 2. 불기소처분에 대한 불복

### (1) 검찰항고제도

① **의의** : 검사의 불기소처분에 대하여 고소인, 고발인이 그 검사 소속 고등검찰청 검사장 또는 대검찰청 검찰청장에게 불복을 신청하는 제도

② **항고의 내용**

ㄱ 검사의 불기소처분에 불복하는 고소인이나 고발인은 그 검사가 속한 지방검찰청 또는 지청을 거쳐 서면으로 관할 고등검찰청 검사장에게 항고할 수 있다. 이 경우 해당 지방검찰청 또는 지청의 검사는 항고가 이유 있다고 인정하면 그 처분을 경정하여야 한다(검찰청법 제10조 제1항).

ㄴ 고등검찰청 검사장은 항고가 이유 있다고 인정하면 소속 검사로 하여금 지방검찰청 또는 지청 검사의 불기소처분을 직접 경정하게 할 수 있다. 이 경우 고등검찰청 검사는 지방검찰청 또는 지청의 검사로서 직무를 수행하는 것으로 본다(검찰청법 제10조 제2항).

ㄷ 항고는 불기소처분에 따른 통지를 받은 날부터 30일 이내에 하여야 한다(검찰청법 제10조 제5항). 항고를 한 자가 자신에게 책임이 없는 사유로 정하여진 기간 이내에 항고를 하지 못한 것을 소명하면 그 항고 기간은 그 사유가 해소된 때부터 기산한다(검찰청법 제10조 제6항).

③ **재항고의 내용**

ㄱ 항고를 한 자는 그 항고를 기각하는 처분에 불복하거나 항고를 한 날부터 항고에 대한 처분이 이루어지지 아니하고 3개월이 지났을 때에는 그 검사가 속한 고등검찰청을 거쳐 서면으로 검찰총장에게 재항고할 수 있다. 이 경우 해당 고등검찰청의 검사는 재항고가 이유 있다고 인정하면 그 처분을 경정하여야 한다(검찰청법 제10조 제3항).

ㄴ 재항고는 항고기각 결정을 통지받은 날 또는 항고 후 항고에 대한 처분이 이루어지지 아니하고 3개월이 지난 날부터 30일 이내에 하여야 한다(검찰청법 제10조 제5항). 재항고를 한 자가 자신에게 책임이 없는 사유로 정하여진 기

02장
수
사

간 이내에 재항고를 하지 못한 것을 소명하면 그 재항고 기간은 그 사유가 해소된 때부터 기산한다(검찰청법 제10조 제6항).

**실력up 기간이 지난 후 접수한 항고 및 재항고**

기간이 지난 후 접수된 항고 또는 재항고는 기각하여야 한다. 다만, 중요한 증거가 새로 발견된 경우 고소인이나 고발인이 그 사유를 소명하였을 때에는 그러하지 아니하다(검찰청법 제10조 제7항).

### (2) 재정신청(裁定申請)

① 재정신청의 의의 : 고소나 고발이 있는 특정범죄사건을 검사가 불기소처분하였을 때, 고등법원이 고소인 또는 고발인의 재정신청에 의하여 그 사건을 관할지방법원의 심판에 부하는 결정을 하면 그 사건에 대하여 공소가 제기된 것으로 보는 절차

② 재정신청의 절차

ⓐ 재정신청권자 : 고소권자로서 고소를 한 자(형법 직권남용부터 피의사실공표까지의 죄에 대하여는 고발을 한 자를 포함한다.)는 검사로부터 공소를 제기하지 아니한다는 통지를 받은 때에는 그 검사 소속의 지방검찰청 소재지를 관할하는 고등법원에 그 당부에 관한 재정을 신청할 수 있다. 다만, 형법 피의사실공표의 죄에 대하여는 피공표자의 명시한 의사에 반하여 재정을 신청할 수 없다(법 제260조 제1항).

ⓑ 재정신청의 대상 : 불기소처분에 대하여 재정신청을 할 수 있고 기소유예에 대해서도 할 수 있다.

③ 재정신청의 기간과 방법

ⓐ 전치주의 : 재정신청을 하려면 검찰청법 제10조에 따른 항고를 거쳐야 한다. 다만, 다음의 어느 하나에 해당하는 경우에는 그러하지 아니하다(법 제260조 제2항).
- 항고 이후 재기수사가 이루어진 다음에 다시 공소를 제기하지 아니한다는 통지를 받은 경우
- 항고 신청 후 항고에 대한 처분이 행하여지지 아니하고 3개월이 경과한 경우
- 검사가 공소시효 만료일 30일 전까지 공소를 제기하지 아니하는 경우

ⓑ 재정신청의 기간 : 재정신청을 하려는 자는 항고기각 결정을 통지받은 날 또는 사유가 발생한 날부터 10일 이내에 지방검찰청검사장 또는 지청장에게 재정신청서를 제출하여야 한다. 다만, 검사가 공소시효 만료일 30일 전까지 공소를 제기하지 아니하는 경우에는 공소시효 만료일 전날까지 재정신청서를 제출할 수 있다(법 제260조 제3항).

ⓒ 재정신청서 기재사항 : 재정신청서에는 재정신청의 대상이 되는 사건의 범죄사실 및 증거 등 재정신청을 이유있게 하는 사유를 기재하여야 한다(법 제260조 제4항).

ⓓ 재정신청의 효력
- 재정신청이 있으면 재정결정이 확정될 때까지 공소시효의 진행이 정지된다

**관련 판례**

검사의 불기소처분 당시에 공소시효가 완성되어 공소권이 없는 경우에는 위 불기소처분에 대한 재정신청은 허용되지 않는다(대결 90모34).

**내사종결처리의 재정신청**

내사종결처리는 불기소처분이 아니므로 재정신청의 대상이 아님

**관련 판례**

재정신청 제기기간이 경과된 후에 재정신청보충서를 제출하면서 원래의 재정신청에 재정신청 대상으로 포함되어 있지 않은 고발사실을 재정신청의 대상으로 추가한 경우, 그 재정신청보충서에서 추가한 부분에 관한 재정신청은 법률상 방식에 어긋난 것으로서 부적법하다(대결 97모30).

(법 제262조의4 제1항).

- 재정신청은 대리인에 의하여 할 수 있으며 <u>공동신청권자 중 1인의 신청은</u> <u>그 전원을 위하여 효력을 발생한다</u>(법 제264조 제1항).

ⓜ **재정신청의 취소**

- 재정신청은 결정이 있을 때까지 취소할 수 있다. <u>취소한 자는 다시 재정신</u> <u>청을 할 수 없다</u>(법 제264조 제2항).
- 취소는 다른 공동신청권자에게 효력을 미치지 아니한다(법 제264조 제3항).

ⓗ **지방검찰청검사장 등의 처리** : 재정신청서를 제출받은 지방검찰청검사장 또 는 지청장은 재정신청서를 제출받은 날부터 7일 이내에 재정신청서·의견 서·수사 관계 서류 및 증거물을 관할 고등검찰청을 경유하여 관할 고등법원 에 송부하여야 한다. 다만, 검찰전치주의를 거치지 않아도 되는 경우에는 지 방검찰청검사장 또는 지청장은 다음의 구분에 따른다(법 제261조).

- 신청이 이유 있는 것으로 인정하는 때에는 즉시 공소를 제기하고 그 취지를 관할 고등법원과 재정신청인에게 통지한다.
- 신청이 이유 없는 것으로 인정하는 때에는 30일 이내에 관할 고등법원에 송부한다.

④ **심리와 결정**

ⓐ **신청인에게 통지** : 법원은 재정신청서를 송부받은 때에는 송부 받은 날부터 10일 이내에 피의자에게 그 사실을 통지하여야 한다(법 제262조 제1항).

ⓑ **결정** : 법원은 재정신청서를 송부받은 날부터 3개월 이내에 항고의 절차에 준 하여 다음의 구분에 따라 결정한다. 이 경우 필요한 때에는 증거를 조사할 수 있다(법 제262조 제2항).

- 신청이 법률상의 방식에 위배되거나 이유 없는 때에는 신청을 기각한다.
- 신청이 이유 있는 때에는 사건에 대한 공소제기를 결정한다.

ⓒ **심리의 비공개** : 재정신청사건의 심리는 특별한 사정이 없는 한 공개하지 아 니한다(법 제262조 제3항).

ⓓ **결정에 대한 즉시항고** : 결정에 대하여는 <u>기각의 경우 즉시항고</u>를 할 수 있고, <u>공소제기의의 결정에 대하여는 불복할 수 없다. 기각의 결정이 확정된 사건 에 대하여는 다른 <u>중요한 증거를 발견한 경우를 제외하고는 소추할 수 없다</u> (법 제262조 제4항).

ⓔ **검사의 공소제기** : 재정결정서를 송부받은 관할 지방검찰청 검사장 또는 지청 장은 지체 없이 담당 검사를 지정하고 지정받은 검사는 공소를 제기하여야 한다(법 제262조 제6항).

**관련 판례** 공소제기결정과 재항고의 불허

공소제기결정에 잘못이 있는 경우에는 그 공소제기에 따른 본안사건의 절차가 개시되어 본안 사건 자체의 재판을 통하여 대법원의 최종적인 판단을 받는 길이 열려 있으므로, 이와 같은 공소제기의 결정에 대한 재항고를 허용하지 않는다고 하여 재판에 대하여 최종적으로 대법원 의 심사를 받을 수 있는 권리가 침해되는 것은 아니고, 따라서 공소제기결정에 대하여는 법 제415조의 재항고가 허용되지 않는다고 보아야 한다(대결 2012모1090).

SEMI-NOTE

**관련 판례**

공소를 제기하지 아니하는 검사의 처분의 당부에 관한 재정신청이 있 는 경우에 법원은 검사의 무혐의 불 기소처분이 위법하다 하더라도 기 록에 나타난 여러 가지 사정을 고려 하여 기소유예의 불기소처분을 할 만한 사건이라고 인정되는 경우에 는 재정신청을 기각할 수 있다(대결 97모30).

**결정의 송부**

법원은 결정을 한 때에는 즉시 그 정본 을 재정신청인·피의자와 관할 지방검 찰청검사장 또는 지청장에게 송부하여 야 한다. 이 경우 공소제기의 결정을 한 때에는 관할 지방검찰청검사장 또는 지 청장에게 사건기록을 함께 송부하여야 한다(법 제262조 제5항).

ⓑ **공소취소의 제한** : 공소제기의 결정이 있는 때에는 공소시효에 관하여 그 결정이 있는 날에 공소가 제기된 것으로 본다(법 제262조의4 제2항).

⑤ **비용부담 등**

ⓐ 법원은 재정신청기각의 결정 또는 재정신청의 취소가 있는 경우에는 결정으로 재정신청인에게 신청절차에 의하여 생긴 비용의 전부 또는 일부를 부담하게 할 수 있다(법 제262조의3 제1항).

ⓑ 법원은 직권 또는 피의자의 신청에 따라 재정신청인에게 피의자가 재정신청절차에서 부담하였거나 부담할 변호인선임료 등 비용의 전부 또는 일부의 지급을 명할 수 있다(법 제262조의3 제2항).

**(7) 헌법소원**

① **헌법소원의 의의** : 공권력의 행사 또는 불행사로 인하여 헌법상 보장된 기본권을 침해받은 자는 헌법상 보장된 국민의 기본권이 침해된 경우에 헌법재판소에 제소하여 그 침해된 기본권의 구제를 청구하는 제도

② **헌법소원의 절차**

ⓐ **청구권자** : 헌법상 기본권을 직접 침해받은 자로 고소하지 않은 범죄피해자, 피의자이다. 고소된 범죄피해자는 검찰항고와 재정신청을 할 수 있어 헌법소원이 허용되지 않음. 피의자인 경우 검사의 기소유예에 대하여 헌법소원을 청구할 수 있음

관련 판례 **피의자의 헌법소원심판의 청구**

범죄피해자는 그가 고소를 제기한 바 없었어도 검사의 불기소처분에 대하여 헌법소원심판을 청구할 자격이 있는 한편, 그는 고소인이 아니므로 불기소처분에 대하여 검찰청법에 정한 항고, 재항고의 제기에 의한 구제를 받을 방법이 없고, "고소권자로서 고소한 자"에 해당하지 않아 형사소송법 제260조 제1항 소정의 재정신청 절차를 취할 수도 없으므로 곧바로 헌법소원심판을 청구할 수 있다(헌재 2008헌마399).

ⓑ **청구의 대상**
• 공권력의 행사 또는 불행사
• 검사의 불기소처분
• 기소유예와 기소중지

ⓒ **청구절차**
• 청구기간 : 헌법소원의 심판은 그 사유가 있음을 안 날부터 90일 이내에, 그 사유가 있는 날부터 1년 이내에 청구하여야 한다. 다만, 다른 법률에 따른 구제절차를 거친 헌법소원의 심판은 그 최종결정을 통지받은 날부터 30일 이내에 청구하여야 한다(헌법재판소법 제69조 제1항).
• 청구와 공소시효 : 헌법소원심판이 청구되더라도 심판대상인 피의사실에 대한 공소시효는 정지되지 아니하므로 헌법소원심판청구 후 공소시효가 완성된 경우에도 그 심판청구는 권리보호의 이익이 없다(헌재 2003헌마882).

# 3. 공소제기 후의 수사

## (1) 개념

수사결과, 검사가 피의자의 혐의를 인정하여 공소를 제기하면 수사는 종결됨. 그러나 공소제기 후에도 공소유지 또는 공소유지 여부를 결정하기 위하여 수사를 할 필요성이 있음

## (2) 공소제기 후 강제수사

① **피고인 구속** : 공소제기 후의 피고인 구속은 법원의 권한에 속하므로 수사기관은 피고인을 구속할 수 없고 법원이 구속한다(법 제70조).

② **압수, 수색, 검증** : 공소제기 후 사건은 법원에 계속되므로 압수, 수색, 검증도 법원의 권한에 속한다. 따라서 수사기관에 의한 압수, 수색, 검증은 허용되지 않음

---

**관련 판례** 압수·수색과 유죄 증거 판단여부

형사소송법 제215조에서 검사가 압수·수색 영장을 청구할 수 있는 시기를 공소제기 전으로 명시적으로 한정하고 있지는 아니하나, 헌법상 보장된 적법절차의 원칙과 재판받을 권리, 공판 중심주의·당사자주의·직접주의를 지향하는 현행 형사소송법의 소송구조, 관련 법규의 체계, 문언 형식, 내용 등을 종합하여 보면, 일단 공소가 제기된 후에는 피고사건에 관하여 검사로서는 형사소송법 제215조에 의하여 압수·수색을 할 수 없다고 보아야 하며, 그럼에도 검사가 공소제기 후 형사소송법 제215조에 따라 수소법원 이외의 지방법원 판사에게 청구하여 발부받은 영장에 의하여 압수·수색을 하였다면, 그와 같이 수집된 증거는 기본적 인권 보장을 위해 마련된 적법한 절차에 따르지 않은 것으로서 원칙적으로 유죄의 증거로 삼을 수 없다(대판 2009도10412).

---

③ **예외** : 피고인에 대한 구속영장을 집행하는 수사기관은 체포현장에서 영장없이 압수, 수색, 검증을 할 수 있고 피의자 기타인의 유류한 물건이나 소유자, 소지자 또는 보관자가 임의로 제출한 물건을 영장없이 압수할 수 있다(법 제216조, 제218조).

## (3) 공소제기 후 임의수사

① **피고인조사** : 검사작성의 피고인에 대한 진술조서가 공소제기 후에 작성된 것이라는 이유만으로는 곧 그 증거능력이 없다고 할 수 없다(대판 84도1646).

② **참고인 조사** : 형사소송법 제316조 제2항은 "피고인 아닌 자의 공판준비 또는 공판기일에서의 진술이 피고인 아닌 타인의 진술을 그 내용으로 하는 것인 때에는 원진술자가 사망, 질병, 외국거주, 소재불명, 그 밖에 이에 준하는 사유로 인하여 진술할 수 없고, 그 진술이 특히 신빙할 수 있는 상태하에서 행하여졌음이 증명된 때에 한하여 이를 증거로 할 수 있다"고 규정하고 있고, 같은 조 제1항에 따르면 위 '피고인 아닌 자'에는 공소제기 전에 피고인 아닌 타인을 조사하였거나 그 조사에 참여하였던 자(이하 '조사자'라고 한다)도 포함된다. 따라서 조사자의 증언에 증거능력이 인정되기 위해서는 원진술자가 사망, 질병, 외국거주, 소재불명, 그 밖에 이에 준하는 사유로 인하여 진술할 수 없어야 하는 것이라서, 원진술자가 법정에 출석하여 수사기관에서 한 진술을 부인하는 취지로 증언한 이상 원진술자의 진술을 내용으로 하는 조사자의 증언은 증거능력이 없다(대판 2008도6985).

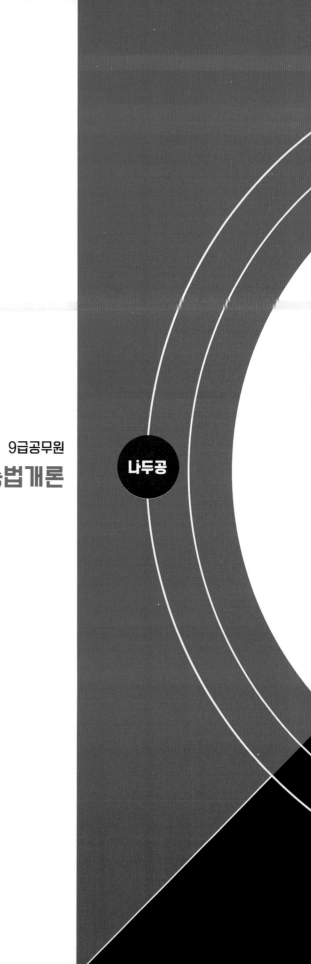

9급공무원
# 형사소송법개론

나두공

# ⊙나두공

## 03장 증거

SEMI-NOTE

## 01절 증거의 의의와 종류

## 1. 증거의 의의

### (1) 증거의 개념

① 증거 : 사실인정에 사용되는 객관적인 자료로 법관의 자의적인 심증형성에 따른 사실을 인정해서는 안 되는 것이므로 객관적 자료를 기초로 해야 함

② 증거방법과 증거자료 : 증거는 증거방법과 증거자료를 포함하는 개념
  ㉠ **증거방법** : 증거로 사용되는 유형물 자체로 피고인, 증인, 증거물 등
  ㉡ **증거자료** : 증거방법으로 조사하여 알게 된 내용을 말하는 것으로 자백, 증언, 증거물의 성질, 형상 등

③ **증거법의 이념** : 증거법의 이념은 실체적 진실의 발견으로 증거법은 사실을 합리적으로 인정하기 위한 제도

### (2) 증거의 종류

① 직접증거와 간접증거
  ㉠ **직접증거** : 범죄사실을 직접 증명하는데 사용되는 증거로 피고인의 자백, 범행목격자의 증언 등
  ㉡ **간접증거** : 범죄사실을 간접적으로 추인하게 하는 증거로 정황증거라고 하며 범죄현장에서 채취된 피고인의 지문, 상해사건의 진단서, 피고인 옷에 묻은 피해자의 혈흔 등
  ㉢ 증거의 증명력은 법관의 자유판단에 의하므로(법 제308조) 직접증거와 간접증거 간의 증명력에는 우열이 없음

> **관련 판례** 상해사건의 증거
>
> 상해사건의 경우 상처를 진단한 의사의 진술이나 진단서는 폭행, 상해 등의 사실자체에 대한 직접적인 증거가 되는 것은 아니고, 다른 증거에 의하여 폭행, 상해의 가해행위가 인정되는 경우에 그에 대한 상해의 부위나 정도의 점에 대한 증거가 된다 할 것이므로 의사의 진술이나 그가 작성한 진단서는 의사로서 피해자를 진찰한 결과 외력에 의하여 상처가 있었다는 소견을 나타낸데 불과하고 그것만으로 상해의 원인이 피고인의 폭행에 의한 것이라고 단정할 수 없다(대판 82도3021).

② 인증, 물증, 서증
  ㉠ **인증** : 사람의 구두진술이 증거가 되는 것으로 인적증거 또는 구술증거라고도 하며 증인의 증언, 감정인의 감정, 피고인의 자백 및 진술 등
  ㉡ **물증** : 물건의 존재 및 성질과 형상이 증거가 되는 것으로 물적증거 또는 증거물이라 하며 범행에 사용된 흉기, 장물, 지문 등

**증명**

자료가 증거이고, 증거를 통해 사실관계의 존부를 법관이 심증을 형성하거나 또는 소송관계인이 변론으로 시주을 혀서 하게 하는 것

**증거재판주의**
사실의 인정은 증거에 의하여야 한다 (법 제307조 제1항).

ⓒ **서증** : 증거물인 서면과 증거서류로 구분
- **증거물인 서면** : 서류의 존재나 의미 및 내용이 증거가 되는 것으로 위조죄에 있어서 위조문서, 손괴죄에 있어서 손괴문서, 협박죄에 있어서 협박문서, 명예훼손죄에 있어서 명예훼손문서 등
- **증거서류** : 서류의 존재 자체가 증거가 되지 아니하나 서류의 의미, 내용이 증거가 되는 것으로 증인신문조서, 검증조서, 법관작성 공판조서 등

---

**관련 판례** 증거물인 서면

본래 증거물이지만 증거서류의 성질도 가지고 있는 이른바 '증거물인 서면'을 조사하기 위해서는 증거서류의 조사방식인 낭독·내용고지 또는 열람의 절차와 증거물의 조사방식인 제시의 절차가 함께 이루어져야 하므로, 원칙적으로 증거신청인으로 하여금 그 서면을 제시하면서 낭독하게 하거나 이에 갈음하여 그 내용을 고지 또는 열람하도록 하여야 한다(대판 2013도2511).

---

③ **본증과 반증**
- ⓐ **본증** : 거증책임을 부담하는 당사자가 제출하는 증거로 형사소송의 거증책임은 검사가 부담하므로 검사가 제출하는 증거가 본증
- ⓑ **반증** : 본증의 의하여 증명될 사실을 부정하기 위하여 그에 반대되는 근거를 들어 증명하는 증거로 피고인이 제출하는 증거

**실력UP** 피고인에게 거증책임이 있는 경우

예외적으로 피고인에게 거증책임이 있는 경우 피고인이 제출하는 증거가 본증

④ **진술증거와 비진술증거**
- ⓐ **진술증거** : 사람의 진술내용이 증거가 되는 것으로 구두로 진술하는 진술증거와 서면에 의한 진술증거가 있으며 피고인의 자백, 증인의 증언, 진술서, 피의자신문조서 등
- ⓑ **비진술증거** : 진술증거 외의 서증, 물증으로 흉기, 장물, 지문 등

⑤ **실질증거와 보조증거**
- ⓐ **실질증거** : 범죄사실의 존부를 증명하는데 사용되는 증거로 범행을 목격한 증인의 증언이 해당
- ⓑ **보조증거** : 실질증거와 증명력을 다투거나 보강하기 위한 증거로 보강증거와 탄핵증거로 나눔
  - **보강증거** : 실질증거를 보강하기 위한 보조증거
  - **탄핵증거** : 실질증거의 증명력을 다투기 위한 보조증거

## 2. 증거능력과 증명력

### (1) 증거능력

① **개념** : 엄격한 증명의 자료로 사용될 수 있는 법률상의 자격으로 증거능력이 없

**증거서류에 대한 조사방식**

증거서류에 대한 증거조사방법은 원칙적으로 낭독이다. 즉 검사, 피고인 또는 변호인의 신청에 따라 증거서류를 조사하는 때에는 신청인이 이를 낭독하여야 한다. 법원이 직권으로 증거서류를 조사하는 때에는 소지인 또는 재판장이 이를 낭독하여야 한다(법 제292조 제1항, 제2항).

**거증책임**

거증책임은 소송상 어느 사항이 증명되지 않기 때문에 자기에게 불이익한 판단을 받을 우려가 있는 당사자가 그 불이익을 면하기 위하여 당해 사실을 증명할 증거를 제출해야 할 부담을 말하며 입증책임임

**진술증거와 비진술증거의 차이**

진술증거는 전문법칙이 적용되고, 비진술증거는 전문법칙이 적용되지 않음

는 증거는 사실인정의 자료가 될 수 없는데 증거능력은 법률에 의하여 형식적으로 규정되어 있기 때문임

② 증거능력과 관련된 증거법칙

    ㉠ 증거재판주의 : 사실의 인정은 증거에 의하여야 한다(법 제307조 제1항)고 하여 증거능력이 없는 증거는 사실인정의 자료가 될 수 없으며 법관의 자유심증은 허용되지 않음

    ㉡ 자백배제법칙 : 피고인의 자백이 고문, 폭행, 협박, 신체구속의 부당한 장기화 또는 기망 기타의 방법으로 임의로 진술한 것이 아니라고 의심할 만한 이유가 있는 때에는 이를 유죄의 증거로 하지 못한다(법 제309조)고 하여 임의성에 의심이 있는 자백의 증거능력 배제

    ㉢ 위법수집증거배제법칙 : 적법한 절차에 따르지 아니하고 수집한 증거는 증거로 할 수 없다(법 제308조의2)고 하여 위법하게 수집된 증거의 증거능력 배제

    ㉣ 당사자의 동의와 증거능력 : 검사와 피고인이 증거로 할 수 있음을 동의한 서류 또는 물건은 진정한 것으로 인정한 때에는 증거로 할 수 있다(법 제318조 제1항)고 하여 당사자가 동의하면 증거능력 인정

    ㉤ 전문법칙 : 공판준비 또는 공판기일에서의 진술에 대신하여 진술을 기재한 서류나 공판준비 또는 공판기일 외에서의 타인의 진술을 내용으로 하는 진술(전문증거)은 이를 증거로 할 수 없다(법 제310조의2).

## (2) 증명력

① 개념 : 증거가 가지는 실질적인 가치로 신빙성 또는 증거가치라고도 하며, 증거의 증명력은 법관의 자유판단에 의한다(법 제308조).

② 증명력과 관련 있는 증거법칙

    ㉠ 자유심증주의 : 증거의 증명력은 법관의 자유판단에 의한다(법 제308조).

    ㉡ 자백의 보강법칙 : 피고인의 자백이 그 피고인에게 불이익한 유일의 증거인 때에는 이를 유죄의 증거로 하지 못한다(법 제310조).

    ㉢ 탄핵증거 : 진술증거의 증명력을 탄핵하기 위하여 제출하는 증거이다(법 제318조의2 제1항).

    ㉣ 공판조서의 증명력 : 공판기일의 소송절차로서 공판조서에 기재된 것은 그 조서만으로써 증명한다(법 제56조).

실력up 공판조서의 증명력

공판조서에 기재된 소송절차에 관한 사항은 증명력이 인정됨

## (3) 증거능력과 증명력의 관계

증명력은 법관의 자유판단에 의하고(법 제308조), 증거능력은 법률에 형식적으로 규정되어 있음

관련 판례

피고인이 피의자신문조서에 기재된 피고인의 진술의 임의성을 다투면서 그것이 허위자백이라고 다투는 경우, 법원은 구체적인 사건에 따라 피고인의 학력, 경력, 직업, 사회적 지위, 지능정도, 진술의 내용, 피의자신문조서의 경우 그 조서의 형식 등 제반 사정을 참작하여 자유로운 심증으로 위 진술이 임의로 된 것인지의 여부를 판단하면 된다(대판 2007도4959).

## 02절　증명의 기본원칙

### 1. 증거재판주의

#### (1) 증거재판주의의 의의

① 의의 : 사실의 인정은 증거에 의하여야 한다(법 제307조 제1항). 또한 범죄사실의 인정은 합리적인 의심이 없는 정도의 증명에 이르러야 한다(법 제307조 제2항).

##### 관련 판례 증거능력

구성요건에 해당하는 사실은 엄격한 증명에 의하여 이를 인정하여야 하고, 증거능력이 없는 증거는 구성요건 사실을 추인하게 하는 간접사실이나 구성요건 사실을 입증하는 직접증거의 증명력을 보강하는 보조사실의 인정자료로도 사용할 수 없다(대판 2008도7112).

② 엄격한 증명과 자유로운 증명
  ㉠ 엄격한 증명 : 증거재판주의의 원칙상 주요사실은 증거능력이 있고, 정식의 증거조사를 거친 증거에 의하여야 한다는 증명
  ㉡ 자유로운 증명 : 주요 사실 이외의 사실은 증거능력이 있는 증거에 의하지 않거나 정식의 증거조사에 의하지 아니하고 증명하는 것
  ㉢ 범죄사실의 인정은 합리적인 의심이 없는 정도의 증명에 이르러야 한다(법 제307조 제2항).

##### 관련 판례 범죄사실의 인정

형사재판에서 범죄사실의 인정은 법관으로 하여금 합리적인 의심을 할 여지가 없을 정도의 확신을 가지게 하는 증명력을 가진 엄격한 증거에 의하여야 하므로, 검사의 증명이 위와 같은 확신을 가지게 하는 정도에 충분히 이르지 못한 경우에는 비록 피고인의 주장이나 변명이 모순되거나 석연치 않은 면이 있는 등 유죄의 의심이 간다고 하더라도 피고인의 이익으로 판단하여야 한다(대판 2012도231).

③ 증명과 소명
  ㉠ **증명** : 범죄사실의 인정은 합리적인 의심이 없는 정도의 증명
  ㉡ **소명** : 법관이 대략 납득 또는 수긍할 정도의 입증
  ㉢ 소명절차 : 소명절차에 관한 명문의 규정이 없으므로 법원이 적당하다고 인정하는 방법으로 하면 되고 엄격한 증명과 같은 형식이나 방식으로 하지 않아도 됨
  ㉣ 소명대상 : 기피사유(법 제19조 제2항), 증언거부사유(법 제150조), 정식재판청구권회복청구사유(법 제458조), 증거보전청구사유(법 제184조), 증인신문청구사유(법 제221조의2 제3항) 등

#### (2) 엄격한 증명의 대상

① 범죄사실 : 공소장에 기재된 범죄사실은 엄격한 증명의 대상이 됨

관련 판례

살인죄 등과 같이 법정형이 무거운 범죄의 경우에도 직접증거 없이 간접증거만으로 유죄를 인정할 수 있으나, 그러한 유죄 인정에는 공소사실에 대한 관련성이 깊은 간접증거들에 의하여 신중한 판단이 요구되므로, 간접증거에 의하여 주요사실의 전제가 되는 간접사실을 인정할 때에는 증명이 합리적인 의심을 허용하지 않을 정도에 이르러야 하고, 하나하나의 간접사실 사이에 모순, 저촉이 없어야 하는 것은 물론 간접사실이 논리와 경험칙, 과학법칙에 의하여 뒷받침되어야 한다(대판 2011도1902).

**고의**
고의에 관하여는 자유로운 증명으로도 족하다는 판례와 엄격한 증명의 대상이라는 판례가 혼재함

ㄱ **구성요건해당사실**
- 객관적 구성요건요소 : 주체, 객체, 행위, 결과, 인과관계, 수단, 방법 등 엄격한 증명의 대상
- 주관적 구성요건요소 : 고의, 과실, 목적, 불법영득의사 등 엄격한 증명의 대상

**관련 판례** 범죄의 상습성

범죄의 상습성이란 범죄자의 어떤 버릇, 범죄의 경향을 의미하는 것으로서 행위의 본질을 이루는 성질이 아니고 행위자의 특성을 이루는 성질을 의미하는 것이므로, 상습성의 유무는 행위자의 연령·성격·직업·환경·전과, 범행의 동기·수단·방법 및 장소, 전에 범한 범죄와 ~~의 상습성 여부, ~~ (대판 2007도3820).

**관련 판례** 뇌물수수의 범의

뇌물수수죄에서 공무원의 직무에 관하여 수수하였다는 범의를 인정하기 위해서는 엄격한 증명이 요구되지만, 피고인이 금품 등을 수수한 사실을 인정하면서도 범의를 부인하는 경우에는, 범의와 상당한 관련성이 있는 간접 사실을 증명하는 방법에 의하여 이를 입증할 수밖에 없는데, 간접 사실에 비추어 수수하는 금품이 공무원의 직무에 대한 대가로서의 성질을 가진다는 사정을 피고인이 미필적으로라도 인식하면서 묵인한 채 이를 수수한 것으로 볼 수 있다면 뇌물수수의 범의는 충분히 인정된다(대판 2017도11616).

ㄴ **위법성과 책임에 관한 사실** : 구성요건해당사실이 증명되면 위법성과 책임이 추정되지만 피고인이 위법성조각사유 또는 책임조각사유를 주장하는 경우 엄격한 증명의 대상이 됨

**관련 판례** 심신장애의 유무 및 정도의 판단

형법 제10조에 규정된 심신장애의 유무 및 정도의 판단은 법률적 판단으로서 반드시 전문감정인의 의견에 기속되어야 하는 것은 아니고, 정신질환의 종류와 정도, 범행의 동기, 경위, 수단과 태양, 범행 전후의 피고인의 행동, 반성의 정도 등 여러 사정을 종합하여 법원이 독자적으로 판단할 수 있다(대판 2007도8333).

ㄷ **처벌조건** : 형벌권 발생의 기초가 되는 사실이 처벌조건이므로 엄격한 증명의 대상이 됨

ㄹ **형의 가중·감면이 이유되는 사실** : 형의 가중·감면이 이유되는 사실은 범죄사실 그 자체는 아니지만 범죄사실에 준하는 엄격한 증명의 대상이 되는 것으로 누범, 중지미수, 방조범 등이다. 몰수와 추징은 자유로운 증명의 대상으로 봄

**파산범죄**
파산범죄에 있어서 파산선고의 확정, 사전수뢰죄에서 공무원이 된 사실, 친족상도례가 적용되는 재산범죄에서 일정한 친족관계의 존부사실은 엄격한 증명의 대상이 됨

**관련 판례** 몰수·추징의 사유

몰수대상이 되는지 여부나 추징액의 인정 등 몰수·추징의 사유는 범죄구성요건 사실에 관한 것이 아니어서 엄격한 증명은 필요 없지만 역시 증거에 의하여 인정되어야 한다(대판 2005도9858).

③ **간접사실** : 범죄성립에 관한 주요사실의 존부를 간접적으로 추인하게 하는 사실로 엄격한 증명의 대상임

④ **법규의 존재와 경험칙**

　㉠ 법규의 존재와 내용은 엄격한 증명의 대상이 되지 아니하나 외국법, 관습법, 자치법규는 엄격한 증명의 대상이 됨

　㉡ 경험칙은 사실판단의 전제가 되는 지식으로 일반적인 경험법칙은 증명을 요하지 아니하나 특정한 사람에게만 알려진 특별한 경험법칙은 엄격한 증명의 대상이 됨

## (3) 자유로운 증명의 대상

① **소송법적 사실** : 범죄사실이 아니기 때문에 자유로운 증명으로 족함. 고소의 유무, 각종 소송조건의 존부, 피고인의 구속기간, 공소제기, 자백의 임의성의 기초가 되는 사실 등

② **양형 관계사실** : 양형의 기초가 되는 정상관계 사실은 비유형적이고 법관의 재량에 속하므로 자유로운 증명의 대상이 됨. 범인의 연령·성행·지능·환경, 피해자에 대한 관계, 범행의 동기·수단·결과, 범행 후의 정황, 선고유예·집행유예의 사유가 되는 사실 등

> **관련 판례** 자유로운 증명의 대상
>
> 친고죄에서 적법한 고소가 있었는지는 자유로운 증명의 대상이 되고, 일죄의 관계에 있는 범죄사실 일부에 대한 고소의 효력은 일죄 전부에 대하여 미친다(대판 2011도4451).

> **관련 판례** 임의성의 유무
>
> 피고인의 검찰 진술의 임의성의 유무가 다투어지는 경우, 법원은 구체적인 사건에 따라 피고인의 학력, 경력, 직업, 사회적 지위, 지능 정도, 진술의 내용, 피의자신문조서의 형식 등 제반 사정을 참작하여 자유로운 심증으로 위 진술이 임의로 된 것인지의 여부를 판단하면 된다(대판 2003도8077).

③ **보조사실** : 증거의 증명력에 영향을 미치는 사실로 증거의 증명력을 탄핵하는 사실은 자유로운 증명으로 족하지만 증명력을 보강하는 사실은 엄격한 증명력을 요함

## (4) 불요증사실

① **개념** : 그 성질에 비추어 증명이 필요없는 사실

② **공지의 사실** : 보통의 지식과 경험있는 사람이면 누구나 아는 사실

③ **사실상 추정된 사실** : A라는 사실이 있으면 논리와 경험칙에 의하여 사실상 B라는 사실이 추정되는 것으로 구성요건해당성이 인정되면 사실상 위법성과 책임성이 추정된다는 것

④ **거증금지사실** : 소송법적 이익보다 초소송법적 이익이 크기 때문에 증명이 금지

된 사실로 공무원의 증언거부권이 이에 해당

> **법 령** 형사소송법

**제147조(공무상 비밀과 증인자격)** ① 공무원 또는 공무원이었던 자가 그 직무에 관하여 알게 된 사실에 관하여 본인 또는 당해 공무소가 직무상 비밀에 속한 사항임을 신고한 때에는 그 소속공무소 또는 감독관공서의 승낙 없이는 증인으로 신문하지 못한다.

### (5) 거증책임

① **의의** : 요증사실의 존부가 증명되지 않을 경우 불이익을 받게 될 당사자의 지위

② 거증책임의 주체 : 무죄추정의 원칙과 의심스러우면 피고인의 이익으로(in dubio pro reo) 원칙이 적용되므로 거증책임은 검사가 부담

  ㉠ **공소범죄사실** : 공소범죄사실에 대한 거증책임은 검사에게 있고, 구성요건해당성, 위법성, 책임성에 대한 거증책임도 검사가 부담

  ㉡ **처벌조건** : 인적처벌조각사유, 객관적 처벌조건에 관한 거증책임은 검사가 부담

  ㉢ **형의 가중, 감면사유** : 형의 가중이나 감면의 이유가 되는 사실에 대한 거증책임은 검사가 부담

  ㉣ **소송조건의 존재** : 소송조건은 공소제기의 적법·유효요건으로 소송조건의 존부에 대한 거증책임은 검사가 부담

  ㉤ **증거능력의 전제가 되는 사실** : 증거능력의 전제가 되는 사실에 대한 거증책임은 검사가 부담

③ **거증책임의 전환** : 거증책임은 원칙적으로 검사가 부담하지만 예외적으로 피고인이 부담하는 경우를 말함

  ㉠ **상해죄의 동시범특례** : 상해죄의 동시범에 관하여 형법은 독립행위가 경합하여 상해의 결과를 발생하게 한 경우에 있어서 원인된 행위가 판명되지 아니한 때에는 공동정범의 예에 의한다(형법 제263조)고 하여 자기의 행위로 인하여 상해가 발생하지 않았다는 것을 증명하지 않으면 공동정범으로 처벌하므로 거증책임이 피고인에게 있다는 것

  ㉡ **명예훼손죄의 진실성과 공공성 증명** : 명예훼손죄의 진실성과 공공성 증명에 관한 형법은 진실한 사실로서 오로지 공공의 이익에 관한 때에는 처벌하지 아니한다(형법 제310조)고 하여 거증책임이 피고인에게 있다는 것이 판례의 입장

> **관련 판례** 명예훼손죄의 공공성 증명

공연히 사실을 적시하여 사람의 명예를 훼손한 행위가 형법 제310조의 규정에 따라서 위법성이 조각되어 처벌 대상이 되지 않기 위하여는 그것이 진실한 사실로서 오로지 공공의 이익에 관한 때에 해당된다는 점을 행위자가 증명하여야 하는 것이고, 법원이 적법하게 증거를 채택하여 조사한 다음 형법 제310조 소정의 위법성조각사유의 요건이 입증되지 않는다면 그 불이익은 피고인이 부담하는 것이다(대판 2004도1497).

## 2. 자유심증주의

### (1) 자유심증주의의 의의

증거의 증명력은 법관의 자유판단에 의한다(법 제308조)고 하여 증거의 증명력을 적극적 또는 소극적으로 법률에 규정하지 않고 법관의 자유로운 판단에 맡긴다는 것이 자유심증주의임

### (2) 자유심증주의의 내용

① **자유판단의 주체** : 증거의 증명력은 법관의 자유판단에 의하므로 자유판단의 주체는 개개의 법관이고 합의부인 경우 구성원인 법관 각자 증거의 증명력을 판단

② **자유판단의 대상** : 자유판단의 대상은 증거의 증명력으로 증명력은 증거가 가지는 실질적인 가치로서 신용력과 협의 증명력을 포함하는 개념

③ **자유판단의 의미** : 자유심증은 법관이 증명력을 어떤 법적 제한을 받지 않고 자신의 주관적 확신에 따라 자유롭게 판단하는 것

ㄱ **자백** : 피고인이 자백한 경우 법관은 다른 사실을 인정할 수 있고 공판정에서 피고인이 부인해도 자백을 믿을 수 있음

> **관련 판례** 자백
>
> 검찰에서의 피고인의 자백이 법정진술과 다르다거나 피고인에게 지나치게 불리한 내용이라는 사유만으로는 그 자백의 신빙성이 의심스럽다고 할 수는 없는 것이고, 자백의 신빙성 유무를 판단할 때에는 자백의 진술 내용 자체가 객관적으로 합리성을 띠고 있는지, 자백의 동기나 이유가 무엇이며, 자백에 이르게 된 경위는 어떠한지 그리고 자백 이외의 정황증거 중 자백과 저촉되거나 모순되는 것이 없는지 하는 점 등을 고려하여 피고인의 자백에 형사소송법 제309조에 정한 사유 또는 자백의 동기나 과정에 합리적인 의심을 갖게 할 상황이 있었는지를 판단하여야 한다(대판 2009도1151).

ㄴ **증언** : 증인의 성년과 미성년자, 책임능력, 선서 유무에 관계없이 법관의 자유로운 선택에 의해 증명력 판단

> **관련 판례** 자백의 신빙성 유무
>
> 피고인의 제1심법정에서의 자백이 항소심에서의 법정진술과 다르다는 사유만으로는 그 자백의 증명력 내지 신빙성이 의심스럽다고 할 수는 없는 것이고, 자백의 신빙성 유무를 판단함에 있어서는 자백의 진술 내용 자체가 객관적으로 합리성을 띠고 있는지, 자백의 동기나 이유가 무엇이며, 자백에 이르게 된 경위는 어떠한지 그리고 자백 이외의 정황증거 중 자백과 저촉되거나 모순되는 것이 없는지 하는 점 등을 고려하여 피고인의 자백에 형사소송법 제309조 소정의 사유 또는 자백의 동기나 과정에 합리적인 의심을 갖게 할 상황이 있었는지를 판단하여야 한다(대판 2001도4091).

ㄷ **감정** : 법관은 감정인의 감정 결과에 구속당하지 않음

SEMI-NOTE

관련 판례

자유심증주의를 규정한 형사소송법 제308조가 증거의 증명력을 법관의 자유판단에 의하도록 한 것은 그것이 실체적 진실발견에 적합하기 때문이라 할 것이므로, 증거판단에 관한 전권을 가지고 있는 사실심 법관은 사실인정에 있어 공판절차에서 획득된 인식과 조사된 증거를 남김 없이 고려하여야 한다(대판 2004도2221).

03장

증거

**관련 판례** 감정의견의 판단

감정의견의 판단과 그 채부여부는 법원의 자유심증에 따르며 법원이 감정결과를 전문적으로 비판할 능력을 가지지 못하는 경우에는 그 결과가 사실상 존중되는 수가 많게 된다 해도 감정의견은 법원이 가지고 있지 못한 경험칙 등을 보태준다는 이유로 항상 따라야 하는 것도 아니고 감정의견이 상충된 경우 다수 의견을 안 따르고 소수 의견을 채용해도 되고 여러 의견 중에서 그 일부씩을 채용하여도 무방하며 여러 개의 감정의견이 일치되어 있어도 이를 배척하려면 특별한 이유를 밝히거나 또는 반대감정의견을 구하여야 된다는 법리도 없다(대판 75도2068).

ㄹ **물증과 서증** : 물증이나 서증도 법관이 자유롭게 판단할 수 있음

**관련 판례** 진술조서의 기재

진술조서의 기재 중 일부분을 믿고 다른 부분을 믿지 아니한다고 하여도 그것이 곧 부당하다고 할 수 없다(대판 80도145).

ㅁ **간접증거** : 법관은 직접증거만 아니라 간접증거 내지 정황증거에 의해서도 사실을 인정할 수 있음. 법관은 전체를 믿을 수도 있고 일부분만 믿을 수도 있음

## (3) 자유판단의 기준

① **개념** : 자유판단은 법관의 자의에 의한 판단이 아니라 일반인이라면 누구도 의심하지 않을 정도의 보편타당성을 가져야 함. 법관의 사실인정은 논리와 경험칙에 부합해야 함

② **자유판단의 논리** : 논리는 자명한 사고법칙 또는 수학적 공이를 의미하는 것으로 법관의 심증은 모순없는 논증에 의하여 형성되어야 한다는 것

③ **자유판단의 경험칙** : 경험칙은 일반인이 경험을 통하여 알게 된 지식으로 보편타당한 경험칙은 법관을 구속

## (4) 각종 증거의 증명력 판단

① **증언** : 피해자를 비롯한 증인들의 진술이 대체로 일관되고 공소사실에 부합하는 경우 객관적으로 보아 도저히 신빙성이 없다고 볼 만한 별도의 신빙성 있는 자료가 없는 한 이를 함부로 배척하여서는 안 된다(대판 2012도2631).

② **확정판결** : 동일한 사실관계에 관하여 이미 확정된 형사판결이 인정한 사실은 유력한 증거 자료가 되므로, 그 형사재판의 사실 판단을 채용하기 어렵다고 인정되는 특별한 사정이 없는 한 이에 배치되는 사실은 인정할 수 없는 것이다(대판 2009도11349).

③ **범인인식절차** : 범죄 발생 직후 목격자의 기억이 생생하게 살아있는 상황에서 현장이나 그 부근에서 범인식별 절차를 실시하는 경우에는, 목격자에 의한 생생하고 정확한 식별의 가능성이 열려 있고 범죄의 신속한 해결을 위한 즉각적인 대면의 필요성도 인정할 수 있으므로, 용의자와 목격자의 일대일 대면도 허용된다(대판 2008도12111).

관련 판례

자유심증주의를 규정한 형사소송법 제308조가 증거의 증명력을 법관의 자유판단에 의하도록 한 것은 그것이 실체적 진실발견에 적합하기 때문이지 법관의 자의적인 판단을 인용한다는 것은 아니므로, 증거판단에 관한 전권을 가지고 있는 사실심 법관은 사실인정에 있어 공판절차에서 획득된 인식과 조사된 증거를 남김없이 고려하여야 한다. 그리고 증거의 증명력은 법관의 자유판단에 맡겨져 있으나 그 판단은 논리와 경험법칙에 합치하여야 하고, 형사재판에서 유죄로 인정하기 위한 심증형성의 정도는 합리적인 의심을 할 여지가 없을 정도여야 한다(대판 2009도5858).

④ **음주측정** : 운전자에 대한 음주측정시 구강 내 잔류 알코올 등으로 인한 과다측정을 방지하기 위한 조치를 전혀 취하지 않았고, 위드마크(Widmark) 공식에 따라 혈중알코올농도를 산출하면서 적합하지 아니한 체중 관련 위드마크인수를 적용한 점 등에 비추어, 혈중알코올농도 측정치가 0.062%로 나왔다는 사실만으로는 운전자가 혈중알코올농도 0.05% 이상의 상태에서 자동차를 운전하였다고 단정할 수 없다고 한 사례(대판 2008도5531).

⑤ **과학적 증거** : 유전자, 혈액형, 소변, 수질 등

**관련 판례** 과학적 증거

피고인 모발에서 메스암페타민 성분이 검출되었다는 국립과학수사연구소장의 사실조회회보가 있는 경우, 그 회보의 기초가 된 감정에 있어서 실험물인 모발이 바뀌었다거나 착오나 오류가 있었다는 등의 구체적인 사정이 없는 한, 피고인으로부터 채취한 모발에서 메스암페타민 성분이 검출되었다고 인정하여야 하고, 따라서 논리와 경험의 법칙상 피고인은 감정의 대상이 된 모발을 채취하기 이전 언젠가에 메스암페타민을 투약한 사실이 있다고 인정하여야 할 것이다(대판 94도1680).

### (5) 자유심증주의의 합리성을 위한 제도

① **상소** : 법관의 심증형성이 논리와 경험칙에 반하는 경우 이유불비, 이유모순, 판결에 영향을 미치는 사실오인이 될 수 있어 항소이유가 되고, 채증법칙위반 또는 심리미진의 위법으로 상고이유가 됨

② **판결이유의 명시** : 형의 선고를 하는 때에는 판결이유에 범죄될 사실, 증거의 요지와 법령의 적용을 명시하여야 한다(법 제323조 제1항)고 하여 법관의 증거판단에 대한 재고의 기회를 주어 오류를 시정할 수 있는 계기를 줌

③ **증거능력의 제한** : 임의성 없는 자백의 증거능력을 부정하고 전문증거의 증거능력을 제한하고 있어 증거능력 없는 증거를 증거평가의 대상에서 제외하여 간접적으로 합리적 자유심증주의 도모

### (6) 자유심증주의 예외

① **자백의 보강법칙** : 피고인의 자백이 그 피고인에게 불이익한 유일의 증거인 때에는 이를 유죄의 증거로 하지 못한다(법 제310조). 피고인의 자백에 의하여 유죄의 심증을 얻었더라도 이에 대한 보강증거가 없으면 법관은 무죄판결을 선고할 수밖에 없음

② **공판조서의 증명력** : 공판기일의 소송절차로서 공판조서에 기재된 것은 그 조서만으로써 증명한다(법 제56조). 법관의 심증 여하를 불문하고 공판조서에 기재된 내용대로 인정해야 함

③ **진술거부권의 행사** : 피고인이 진술거부권을 행사하더라도 법관은 이를 불리하게 심증해서는 안됨

SEMI-NOTE

**채증법칙위반**
증거에 대한 사실의 인정 문제는 법관의 자유심증주의에 따르도록 되어 있으나 증거를 채택하는데 있어서 기본적인 원칙에 위배된 것

SEMI-NOTE

**관련 판례**

피고인이 수사기관에서 가혹행위 등으로 인하여 임의성 없는 자백을 하고 그 후 법정에서도 임의성 없는 심리상태가 계속되어 동일한 내용의 자백을 하였다면 법정에서의 자백도 임의성 없는 자백이라고 보아야 한다(대판 2010도3029).

**관련 판례**

자백의 신빙성 유무를 판단함에 있어서는 첫째로 자백의 진술내용 자체가 객관적인 합리성을 띠고 있는가, 둘째로 자백의 동기나 이유 및 자백에 이르게 된 경위가 어떠한가, 셋째로 자백 외의 정황증거 중 자백과 저촉되거나 모순되는 것이 없는가 하는 점 등을 고려하여 판단하여야 한다(대판 83도712).

## 03절 | 자백배제법칙

### 1. 자백배제법칙 개념

#### (1) 자백배제법칙 개념

① 피고인의 자백이 고문·폭행·협박·구속의 부당한 장기화 또는 기망 기타의 방법에 의하여 자의로 진술된 것이 아니라고 인정될 때 또는 정식재판에 있어서 피고인의 자백이 그에게 불리한 유일한 증거일 때에는 이를 유죄의 증거로 삼거나 이를 이유로 처벌할 수 없다(헌법 제12조 제7항).

② 피고인의 자백이 고문, 폭행, 협박, 신체구속의 부당한 장기화 또는 기망 기타의 방법으로 임의로 진술한 것이 아니라고 의심할 만한 이유가 있는 때에는 이를 유죄의 증거로 하지 못한다(법 제309조).

③ 고문 등 강제에 의하여 임의성이 의심스러운 자백의 증거능력을 부정하는 것

#### (2) 자백배제법칙의 이론적 근거

① **인권옹호설** : 피고인의 인권을 보호하기 위하여 진술거부권을 인정하고 임의성 없는 자백의 증거능력이 부정된다는 것

② **허위배제설** : 임의성 없는 자백은 허위가 숨어들 위험성이 크므로 이를 증거로 사용하는 것은 실체 진실발견을 저해하기 때문에 증거능력이 부정된다는 것

③ **위법배제설** : 자백의 취득과정에서 적법절차를 보장하기 위하여 임의성 없는 자백의 증거능력을 부정하는 것

④ **절충설** : 허위배제설과 인권옹호설의 절충적 입장에서 임의성 없는 자백은 허위일 위험성이 클 뿐만 아니라 자백강요의 방지를 통하여 인권을 보장하기 위해 증거능력을 부정하는 입장

#### (3) 입증방법

자백의 임의성은 소송법적 사실이므로 자유로운 증명으로 족하다고 봄. 자백의 임의성을 의심케 하는 사유가 존재하는 경우 입증책임은 검사에게 있다고 보는 입장(판례)

**관련 판례** 임의성의 의문점

임의성 없는 진술의 증거능력을 부정하는 취지는, 허위진술을 유발 또는 강요할 위험성이 있는 상태하에서 행하여진 진술은 그 자체가 실체적 진실에 부합하지 아니하여 오판을 일으킬 소지가 있을 뿐만 아니라 그 진위를 떠나서 진술자의 기본적 인권을 침해하는 위법·부당한 압박이 가하여지는 것을 사전에 막기 위한 것이므로, 그 임의성에 다툼이 있을 때에는 그 임의성을 의심할 만한 합리적이고 구체적인 사실을 피고인이 증명할 것이 아니고 검사가 그 임의성의 의문점을 없애는 증명을 하여야 하며, 검사가 그 임의성의 의문점을 없애는 증명을 하지 못한 경우에는 그 진술증거는 증거능력이 부정된다(대판 2010도3029).

## (4) 자백배제법칙의 효과

임의성 없는 자백은 절대적으로 증거능력이 부정됨. 당사자가 동의하더라도 증거능력이 인정되지 않고 탄핵증거로도 사용할 수 없음. 정식 공판절차는 물론 약식명령절차, 즉결심판절차에서도 증거로 사용될 수 없음

# 2. 자백배제법칙의 적용범위와 관련 문제

## (1) 자백배제법칙의 적용범위

형사소송법 제309조는 "피고인의 자백이 고문, 폭행, 협박, 신체구속의 부당한 장기화 또는 기망 기타의 방법으로 임의로 진술한 것이 아니라고 의심할 만한 이유가 있을 때에는 이를 유죄의 증거로 하지 못 한다"고 규정하고 있는 바, 위 법조에서 규정된 피고인의 진술의 자유를 침해하는 위법사유는 원칙적으로 예시사유로 보아야 한다(대판 82도2413).

## (2) 관련 문제

고문, 폭행, 협박, 신체구속의 장기화와 임의성 없는 자백 사이의 인과관계를 요구하는지가 문제가 됨

## 04절 위법수집증거배제법칙

# 1. 위법수집증거배제법칙의 의의 🔵 빈출개념

## (1) 위법수집증거의 배제

적법한 절차에 따르지 아니하고 수집한 증거는 증거로 할 수 없다(법 제308조의2).

## (2) 이론적 근거

① **적법절차의 보장** : 실체적 진실발견은 적법한 절차에 의하여 행하여져야 하므로 허용될 수 없는 절차에 의하여 수집된 증거의 증거능력을 부정허여 적법절차의 원리를 실현하여야 한다는 것
② **위법한 수사의 억제** : 위법한 수사를 억제하기 위하여 위법수집증거의 증거능력을 배제한다는 것

# 2. 위법수집증거배제법칙의 효과

## (1) 증거능력의 배제

위법하게 수집된 증거의 증거능력은 부정되고 당사자가 동의하더라도 증거능력이 인정되지 않음

SEMI-NOTE

**관련 판례**

그것이 제3자에 의하여 절취된 것으로서 소송사기 등의 피해자측이 이를 수사기관에 증거자료로 제출하기 위하여 대가를 지급하였다 하더라도, 공익의 실현을 위하여는 이 사건 업무일지를 범죄의 증거로 제출하는 것이 허용되어야 하고, 이로 말미암아 피고인의 사생활 영역을 침해하는 결과가 초래된다 하더라도 이는 피고인이 수인하여야 할 기본적 제한에 해당된다(대판 2008도1584).

## (2) 탄핵증거의 배제

탄핵증거로도 사용할 수 없음. 정식 공판절차는 물론 약식명령절차, 즉결심판절차에서도 증거로 사용될 수 없음

**관련 판례** 위법하게 수집된 증거

헌법과 형사소송법이 정한 절차에 따르지 아니하고 수집한 증거는 기본적 인권 보장을 위해 마련된 적법한 절차에 따르지 않은 것으로서 원칙적으로 유죄 인정의 증거로 삼을 수 없다. 수사기관의 위법한 압수수색을 억제하고 재발을 방지하는 가장 효과적이고 확실한 대응책은 이를 통하여 수집한 증거는 물론 이를 기초로 하여 획득한 2차적 증거를 유죄 인정의 증거로 삼을 수 없도록 하는 것이다(대판 2007도3061).

**관련 판례** 지문채취 대상물

범행 현장에서 지문채취 대상물에 대한 지문채취가 먼저 이루어진 이상, 수사기관이 그 이후에 지문채취 대상물을 적법한 절차에 의하지 아니한 채 압수하였다고 하더라도 채취된 지문은 위법하게 압수한 지문채취 대상물로부터 획득한 2차적 증거에 해당하지 아니함이 분명하여, 이를 가리켜 위법수집증거라고 할 수 없으므로, 원심이 이를 증거로 채택한 것이 위법하다고 할 수 없다(대판 2008도7471).

## 3. 일반 사인의 위법수집증거

### (1) 위법수집증거배제법칙의 대상

위법수집증거배제법칙은 국가기관이 위법하게 수집한 증거의 증거능력을 부정하는 일반원칙

### (2) 일반 사인

일반 사인이 불법적으로 수집한 증거에 대하여 판례는 형사소추 및 실체적 진실발견인 공익과 개인의 인격적 이익인 사익을 비교형량하여 결정하여야 한다고 봄

**관련 판례**

국민의 인간으로서의 존엄과 가치를 보장하는 것은 국가기관의 기본적인 의무에 속하고 이는 형사절차에서도 당연히 구현되어야 하지만, 국민의 사생활 영역에 관계된 모든 증거의 제출이 곧바로 금지되는 것으로 볼 수는 없으므로 법원으로서는 효과인인 형사소추 및 형사소송에서 진실발견이라는 공익과 개인의 인격적 이익 등 보호이익을 비교형량하여 그 허용 여부를 결정하여야 한다(대판 2010도12244).

---

**05절** 전문법칙

## 1. 전문법칙과 전문증거

### (1) 전문법칙의 개념

전문법칙은 전문증거의 증거능력을 부정하는 법칙

---

**법령** 형사소송법

제310조의2(전문증거와 증거능력의 제한) 제311조(법원 또는 법관의 조서) 내지 제316조(전문의 진술)에 규정한 것 이외에는 공판준비 또는 공판기일에서의 진술에 대신하여 진술을 기재한 서류나 공판준비 또는 공판기일 외에서의 타인의 진술을 내용으로 하는 진술은 이를 증거로 할 수 없다.

## (2) 전문증거의 의의

① **개념** : 사실인정의 기초가 되는 사실을 체험자 자신이 직접 공판정에서 진술하는 대신에 다른 형태(타인의 증언이나 진술서)로 간접적으로 법원에 보고하는 증거

② **전문증거의 종류**

ㄱ **전문진술** : 요증사실을 경험한 자로부터 그 경험내용을 전해들은 자가 그 내용을 법원에 한 진술

ㄴ **진술서** : 요증사실을 경험자 자신이 서면에 기재하여 법원에 제출한 서면

ㄷ **진술녹취서** : 요증사실을 경험자로부터 들은 자가 그 내용을 서면에 기재하여 법원에 제출한 서면

③ **재전문증거** : 원진술자가 다시 공판 기일 또는 심문 기일에 행한 진술 이외의 진술로, 그 주장 사실이 진실임을 입증하기 위하여 제출된 것

**관련 판례** 재전문증거

형사소송법은 전문진술에 대하여 제316조에서 실질상 단순한 전문의 형태를 취하는 경우에 한하여 예외적으로 그 증거능력을 인정하는 규정을 두고 있을 뿐, 재전문진술이나 재전문진술을 기재한 조서에 대하여는 달리 그 증거능력을 인정하는 규정을 두고 있지 아니하고 있으므로, 피고인이 증거로 하는 데 동의하지 아니하는 한 형사소송법 제310조의2의 규정에 의하여 이를 증거로 할 수 없다(대판 2000도159).

## (3) 전문법칙의 적용범위

① **요증사실과의 관계** : 어떤 증거가 전문증거이고 원본증거인지의 여부는 요증사실과의 관련성을 검토하여 결정해야 한다.

② **진술증거** : 전문증거는 요증사실을 직접 경험한 자의 진술을 내용으로 하는 진술증거로 진술증거가 아닌 흉기, 위조문서, 장물, 검증의 대상이 되는 장소, 물건 등의 비진술증거는 전문증거가 아님

## (4) 전문법칙의 이론적 근거

① **반대신문권의 결여** : 전문증거는 원진술의 진정성을 당사자의 반대신문으로 할 수 없기 때문에 증거능력이 부정된다고 봄

② **직접주의의 요청** : 법관의 심증형성은 직접 조사한 원본증거에 의하여야 하므로 직접주의에 반함

③ **신용성의 결여** : 전문증거는 선서가 결여되어 있고, 전달과정에 오류나 와전의

**증거능력이 있는 원본증거**

전문증거에 대립하는 개념은 원본증거 또는 본래증거로 전문법칙에 의할 때 원본증거만 증거능력이 있음

---

**관련 판례**

증거로 제출된 녹음파일이 대화 내용을 녹음한 원본이거나 혹은 복사 과정에서 편집되는 등 인위적 개작 없이 원본 내용을 그대로 복사한 사본이라는 점은 녹음파일의 생성과 전달 및 보관 등의 절차에 관여한 사람의 증언이나 진술, 원본이나 사본 파일 생성 직후의 해쉬(Hash)값과의 비교, 녹음파일에 대한 검증·감정 결과 등 제반 사정을 종합하여 판단할 수 있다(대판 2014도10978).

가능성이 있기 때문에 신용성이 결여되므로 증거능력 부정

## 2. 전문법칙에 대한 예외

### (1) 전문법칙 예외를 인정할 필요성

① 전문법칙을 엄격하게 적용하면 범인을 처벌하지 못할 가능성이 발생
② 실체적 진실의 발견과 소송경제를 위해서 일정한 조건하에서 전문증거도 증거능력을 인정하는 것이 필요함

### (2) 예외인정의 기준

① 피[...] 대체[...] 필요[...] 위하여 반드시[...] 수 있는 증거를 받는 것이 어렵기 때문에 전문증거도 사용할 필요성 있음
② 신용성의 정황적 보장 : 원진술자의 진술 당시 여러 정황상 진술의 진실성을 담보할 수 있는 경우로 진술 당시 상황에 비추어 허위개입의 위험성이 없는 경우

## 3. 전문법칙 예외의 구체적 내용

### 관련 판례

공판조서의 기재가 명백한 오기인 경우를 제외하고는 공판기일의 소송절차로서 공판조서에 기재된 것은 조서만으로써 증명하여야 하고, 그 증명력은 공판조서 이외의 자료에 의한 반증이 허용되지 않는 절대적인 것이다(대판 2003도3282).

### (1) 법원 또는 법관의 조서

공판준비 또는 공판기일에 피고인이나 피고인 아닌 자의 진술을 기재한 조서와 법원 또는 법관의 검증의 결과를 기재한 조서는 증거로 할 수 있다. 제184조(증거보전) 및 제221조의2(증인신문)의 규정에 의하여 작성한 조서도 또한 같다(법 제311조).

### (2) 피의자신문조서

① **피의자신문조서** : 수사기관이 피의자를 신문하고 작성한 조서

---

**관련 판례** 피의자신문조서

피의자의 진술을 녹취 내지 기재한 서류 또는 문서가 수사기관에서의 조사과정에서 작성된 것이라면, 그것이 '진술조서, 진술서, 자술서'라는 형식을 취하였다고 하더라도 피의자신문조서와 달리 볼 수 없다(대판 2010도1755).

---

**실력UP** 진술조서, 진술서

수사기관이 피의자를 신문하고 피의자의 진술을 기재한 서류는 명칭이 진술조서, 진술서라고 하더라도 피의자신문조서로 봄

---

② **검사작성 피의자신문조서** ★ 빈출개념
  ㉠ **피고인이 된 피의자신문조서** : 검사가 작성한 피의자신문조서는 적법한 절차와 방식에 따라 작성된 것으로서 공판준비, 공판기일에 그 피의자였던 피고인 또는 변호인이 그 내용을 인정할 때에 한정하여 증거로 할 수 있다(법 제312조 제1항).

ⓒ **피고인이 되지 않은 피의자신문조서** : 검사 또는 사법경찰관이 피고인이 아닌 자의 진술을 기재한 조서는 적법한 절차와 방식에 따라 작성된 것으로서 그 조서가 검사 또는 사법경찰관 앞에서 진술한 내용과 동일하게 기재되어 있음이 원진술자의 공판준비 또는 공판기일에서의 진술이나 영상녹화물 또는 그 밖의 객관적인 방법에 의하여 증명되고, 피고인 또는 변호인이 공판준비 또는 공판기일에 그 기재 내용에 관하여 원진술자를 신문할 수 있었던 때에는 증거로 할 수 있다. 다만, 그 조서에 기재된 진술이 특히 신빙할 수 있는 상태하에서 행하여졌음이 증명된 때에 한한다(법 제312조 제4항).

ⓒ **사법경찰관 작성 피의자신문조서** : 검사 이외의 수사기관이 작성한 피의자신문조서는 적법한 절차와 방식에 따라 작성된 것으로서 공판준비 또는 공판기일에 그 피의자였던 피고인 또는 변호인이 그 내용을 인정할 때에 한하여 증거로 할 수 있다(법 제312조 제3항).

> **관련 판례** 사법경찰관 작성 검증조서
>
> 사법경찰관이 작성한 검증조서에 피의자이던 피고인이 검사 이외의 수사기관 앞에서 자백한 범행내용을 현장에 따라 진술·재연한 내용이 기재되고 그 재연 과정을 촬영한 사진이 첨부되어 있다면, 그러한 기재나 사진은 피고인이 공판정에서 그 진술내용 및 범행재연의 상황을 모두 부인하는 이상 증거능력이 없다(대판 2003도6548).

## (3) 진술조서

① **진술조서** : 검사 또는 사법경찰관이 피의자 아닌 자의 진술을 기재한 조서

② **진술조서의 증거능력 인정요건** : 검사 또는 사법경찰관이 피고인이 아닌 자의 진술을 기재한 조서는 적법한 절차와 방식에 따라 작성된 것으로서 그 조서가 검사 또는 사법경찰관 앞에서 진술한 내용과 동일하게 기재되어 있음이 원진술자의 공판준비 또는 공판기일에서의 진술이나 영상녹화물 또는 그 밖의 객관적인 방법에 의하여 증명되고, 피고인 또는 변호인이 공판준비 또는 공판기일에 그 기재 내용에 관하여 원진술자를 신문할 수 있었던 때에는 증거로 할 수 있다. 다만, 그 조서에 기재된 진술이 특히 신빙할 수 있는 상태하에서 행하여졌음이 증명된 때에 한한다(법 제312조 제4항).

> **관련 판례** 진술조서
>
> 검사 또는 사법경찰관이 피의자 아닌 자의 진술을 기재한 조서에 대하여 그 원진술자가 공판기일에서 간인, 서명, 날인한 사실과 그 조서의 내용이 자기가 진술한대로 작성된 것이라는 점을 인정하면 그 조서는 원진술자의 공판기일에서의 진술에 의하여 성립의 진정함이 인정된 서류로서 증거능력이 있다 할 것이고, 원진술자가 공판기일에서 그 조서의 내용과 다른 진술을 하였다 하여 증거능력을 부정할 사유가 되지 못한다(대판 5도1843,265).

## (4) 검증조서

① **법원 또는 법관의 조서** : 공판준비 또는 공판기일에 피고인이나 피고인 아닌 자

**SEMI-NOTE**

**관련 판례** ★ 빈출개념

형사소송법 제312조 제4항은 검사 또는 사법경찰관이 피고인이 아닌 자의 진술을 기재한 조서의 증거능력이 인정되려면 '적법한 절차와 방식에 따라 작성된 것'이어야 한다고 규정하고 있다. 여기서 적법한 절차와 방식이라 함은 피의자 또는 제3자에 대한 조서 작성 과정에서 지켜야 할 진술거부권의 고지 등 형사소송법이 정한 제반 절차를 준수하고 조서의 작성방식에도 어긋남이 없어야 한다는 것을 의미한다(대판 2011도7757).

**관련 판례**

녹음테이프에 대한 검증의 내용이 그 진술 당시 진술자의 상태 등을 확인하기 위한 것인 경우에는, 검증조서는 법원의 검증의 결과를 기재한 조서로서 형사소송법 제311조에 의하여 당연히 증거로 할 수 있다(대판 2007도10755).

의 진술을 기재한 조서와 법원 또는 법관의 검증의 결과를 기재한 조서는 증거로 할 수 있다(법 제311조).

② **수사기관 작성의 검증조서** : 검사 또는 사법경찰관이 검증의 결과를 기재한 조서는 적법한 절차와 방식에 따라 작성된 것으로서 공판준비 또는 공판기일에서의 작성자의 진술에 따라 그 성립의 진정함이 증명된 때에는 증거로 할 수 있다(법 제312조 제6항).

> **관련 판례** 검찰관 작성의 검증조서
>
> 검찰서기가 아닌 군사법경찰관이 참여한 검찰관 작성의 검증조서는 그 형식적 참여자에 흠결이 있다 하더라도 피고인이 제1심법정에서 증거로 함에 동의한 이상 증거능력을 인다고 본다[판례가 의하면 어느도10163].

### (5) 진술서

① **진술서** : 법원이나 수사기관 이외의 일반 사인이 스스로 자기의 의사나 사상 및 관념 또는 사실관계를 기재한 서면

② **진술서의 증거능력**

  ㉠ **수사과정에서 작성한 진술서** : 피고인 또는 피고인이 아닌 자가 수사과정에서 작성한 진술서는 수사기관 작성 피의자신문조서 또는 참고인진술조서에 준하여 증거능력을 판단

  ㉡ **수사과정 이외의 절차에서 작성한 진술서** : 피고인 또는 피고인이 아닌 자가 작성한 진술서나 그 진술을 기재한 서류로서 그 작성자 또는 진술자의 자필이거나 그 서명 또는 날인이 있는 것은 공판준비나 공판기일에서의 그 작성자 또는 진술자의 진술에 의하여 그 성립의 진정함이 증명된 때에는 증거로 할 수 있다. 단, 피고인의 진술을 기재한 서류는 공판준비 또는 공판기일에서의 그 작성자의 진술에 의하여 그 성립의 진정함이 증명되고 그 진술이 특히 신빙할 수 있는 상태하에서 행하여 진 때에 한하여 피고인의 공판준비 또는 공판기일에서의 진술에 불구하고 증거로 할 수 있다(법 제313조 제1항).

### (6) 감정서

① **감정서** : 감정의 경과와 결과를 기재한 서류

② **감정서의 증거능력 인정요건** : 공판기일에 감정인의 진술에 성립의 진정성이 증명되면 증거능력이 있음

> **관련 판례** 과학적 증거방법
>
> 공소사실을 뒷받침하는 과학적 증거방법은 전제로 하는 사실이 모두 진실인 것이 입증되고 추론의 방법이 과학적으로 정당하여 오류 가능성이 전혀 없거나 무시할 정도로 극소한 것으로 인정되는 경우라야 법관이 사실인정을 하는 데 상당한 정도로 구속력을 가진다 할 것이다(대판 2011도1902).

### (7) 증거능력에 대한 예외

공판준비 또는 공판기일에 진술을 요하는 자가 사망·질병·외국거주·소재불명 그 밖에 이에 준하는 사유로 인하여 진술할 수 없는 때에는 그 조서 및 그 밖의 서류를 증거로 할 수 있다. 다만, 그 진술 또는 작성이 특히 신빙할 수 있는 상태하에서 행하여졌음이 증명된 때에 한한다(법 제314조).

### (8) 당연히 증거능력이 있는 서류(법 제315조)

① 가족관계기록사항에 관한 증명서, 공정증서등본 기타 공무원 또는 외국공무원의 직무상 증명할 수 있는 사항에 관하여 작성한 문서
② 상업장부, 항해일지 기타 업무상 필요로 작성한 통상문서
③ 기타 특히 신용할 만한 정황에 의하여 작성된 문서

> **관련 판례** 상업장부, 항해일지 기타 업무상 필요로 작성한 통상문서
>
> 상업장부나 항해일지, 진료일지 또는 이와 유사한 금전출납부 등과 같이 범죄사실의 인정 여부와는 관계없이 자기에게 맡겨진 사무를 처리한 내역을 그때그때 계속적, 기계적으로 기재한 문서는 사무처리 내역을 증명하기 위하여 존재하는 문서로서 형사소송법 제315조 제2호에 의하여 당연히 증거능력이 인정된다(대판 2017도12671).

### (9) 전문의 진술 ⭐빈출개념

① **피고인의 진술을 그 내용으로 하는 때** : 피고인이 아닌 자의 공판준비 또는 공판기일에서의 진술이 피고인의 진술을 그 내용으로 하는 것인 때에는 그 진술이 특히 신빙할 수 있는 상태하에서 행하여졌음이 증명된 때에 한하여 이를 증거로 할 수 있다(법 제316조 제1항).
② **피고인이 아닌 타인의 진술을 그 내용으로 하는 때** : 피고인 아닌 자의 공판준비 또는 공판기일에서의 진술이 피고인 아닌 타인의 진술을 그 내용으로 하는 것인 때에는 원진술자가 사망, 질병, 외국거주, 소재불명 그 밖에 이에 준하는 사유로 인하여 진술할 수 없고, 그 진술이 특히 신빙할 수 있는 상태하에서 행하여졌음이 증명된 때에 한하여 이를 증거로 할 수 있다(법 제316조 제2항).

## 4. 전문법칙과 관련된 문제

### (1) 녹음테이프의 증거능력

녹음테이프는 기록과 재생이 뛰어나 높은 증거가치를 지니지만 녹음자에 의한 조작 가능성이 있음

> **관련 판례** 녹음테이프의 증거능력
>
> 피고인이 그 녹음테이프를 증거로 할 수 있음에 동의하지 않은 이상 그 녹음테이프 검증조서의 기재 중 피고인의 진술내용을 증거로 사용하기 위해서는 형사소송법 제313조 제1항 단서에 따라 공판준비 또는 공판기일에서 그 작성자인 고소인의 진술에 의하여 녹음테이프에 녹음된

SEMI-NOTE

**관련 판례**

형사소송법 제314조에 의하면, 같은 법 제312조 소정의 조서나 같은 법 제313조 소정의 서류 등을 증거로 하기 위해서는, 첫째로 진술을 요할 자가 사망, 질병, 외국거주 기타 사유로 인하여 공판준비 또는 공판기일에 진술할 수 없는 경우('필요성의 요건')이어야 하고, 둘째로 그 진술 또는 서류의 작성이 특히 신빙할 수 있는 상태하에서 행하여진 것('신용성 정황적 보장의 요건')이어야 한다(대판 2004도3619).

03장
증거

**관련 판례**

피고인 아닌 자의 공판기일에서의 진술이 피고인의 진술을 그 내용으로 하는 것인 때에는 형사소송법 제316조 제1항의 규정에 따라 피고인의 진술이 특히 신빙할 수 있는 상태하에서 행하여진 때에는 이를 증거로 할 수 있고, 그 전문진술이 기재된 조서는 형사소송법 제312조 내지 제314조의 규정에 의하여 증거능력이 인정되어야 할 뿐만 아니라, 형사소송법 제316조 제1항의 규정에 따른 위와 같은 조건을 갖추고 있는 때에 한하여 증거능력이 있다(대판 2005도5831).

SEMI-NOTE

피고인의 진술내용이 피고인이 진술한 대로 녹음된 것이라는 점이 증명되고 그 진술이 특히 신빙할 수 있는 상태하에서 행하여진 것으로 인정되어야 한다(대판 2001도3106).

## (2) 비디오테이프와 컴퓨터디스켓 등의 증거능력

비디오테이프도 녹음테이프에 관한 증거능력을 가짐. 컴퓨터디스켓에 들어있는 내용이 증거가 되는 경우에도 전문증거와 같이 증거능력의 유무를 검토하면 되고 smartphone, MP3, USB, CD, PMP 등도 동일하게 취급하면 됨

## (3) 진술녹음의 증거능력

기술녹음이란 피고인이나 제삼자의 진술이 녹음되어 그 진술내용의 진실성이 증명의 대상이 되는 경우로, 법원, 수사기관, 일반 사인이 녹음할 수 있음. 진술녹음은 진술증거로 전문법칙이 적용된다는 것이 판례의 입장

## (4) 현장녹음의 증거능력

현장녹음은 범죄현장에서 범행에 수반하여 발생된 말이나 음성을 녹음한 것으로 음향상황이 증명의 대상이 되는 것임. 현장녹음은 녹음자의 진술에 진정이 인정되면 증거능력이 있음

## (5) 거짓말탐지기와 거짓말탐지기 검사결과

① 거짓말탐지기 : 사람이 진실을 말하는지 거짓말을 하는지를 알아내는 기계로 검사를 받는 사람의 맥박, 혈압, 호흡, 땀 같은 신체 기능의 변화를 측정하여 그래프로 나타내는 기계

② 거짓말탐지기 검사결과 : 판례는 거짓말탐지기 검사결과의 증거능력을 부정하는 입장이나 엄격한 요건을 충족하는 경우에 한하여 정황증거로 사용할 수 있다고 봄

> **관련 판례** 거짓말탐지기의 검사결과
>
> 거짓말탐지기의 검사결과에 대하여 사실적 관련성을 가진 증거로서 증거능력을 인정할 수 있으려면, 첫째로 거짓말을 하면 반드시 일정한 심리상태의 변동이 일어나고, 둘째로 그 심리상태의 변동은 반드시 일정한 생리적 반응을 일으키며, 셋째로 그 생리적 반응에 의하여 피검사자의 말이 거짓인지 아닌지가 정확히 판정될 수 있다는 세 가지 전제요건이 충족되어야 할 것이며, 특히 마지막 생리적 반응에 대한 거짓 여부 판정은 거짓말탐지기가 검사에 동의한 피검사자의 생리적 반응을 정확히 측정할 수 있는 장치이어야 하고, 질문사항의 작성과 검사의 기술 및 방법이 합리적이어야 하며, 검사자가 탐지기의 측정내용을 객관성 있고 정확하게 판독할 능력을 갖춘 경우라야만 그 정확성을 확보할 수 있는 것이므로, 이상과 같은 여러 가지 요건이 충족되지 않는 한 거짓말탐지기 검사 결과에 대하여 형사소송법상 증거능력을 부여할 수는 없다(대판 2005도130).

관련 판례

압수물인 디지털 저장매체로부터 출력한 문건을 증거로 사용하기 위해서는 디지털 저장매체 원본에 저장된 내용과 출력한 문건의 동일성이 인정되어야 하고, 이를 위해서는 디지털 저장매체 원본이 압수 시부터 문건 출력 시까지 변경되지 않았음이 담보되어야 한다. 그리고 압수된 디지털 저장매체로부터 출력한 문건을 진술증거로 사용하는 경우, 그 기재 내용의 진실성에 관하여는 전문법칙이 적용되므로 형사소송법 제313조 제1항에 따라 공판준비나 공판기일에서의 그 작성자 또는 진술자의 진술에 의하여 그 성립의 진정함이 증명된 때에 한하여 이를 증거로 사용할 수 있다(대판 2012도16001).

## 06절 증거동의

### 1. 증거동의의 개설

검사와 피고인이 증거로 할 수 있음을 동의한 서류 또는 물건은 진정한 것으로 인정한 때에는 증거로 할 수 있다(법 제318조 제1항). 따라서 전문법칙에 의하여 증거능력이 없는 전문증거도 당사자가 동의한 경우에는 증거능력이 있음

> **관련 판례** 증거동의
>
> 형사소송법 제318조 제1항은 "검사와 피고인이 증거로 할 수 있음을 동의한 서류 또는 물건은 진정한 것으로 인정한 때에는 증거로 할 수 있다."고 규정하고 있을 뿐 진정한 것으로 인정하는 방법을 제한하고 있지 아니하므로, 증거동의가 있는 서류 또는 물건은 법원이 제반 사정을 참작하여 진정한 것으로 인정하면 증거로 할 수 있다. 그리고 증거동의의 의사표시는 증거조사가 완료되기 전까지 취소 또는 철회할 수 있으나, 일단 증거조사가 완료된 뒤에는 취소 또는 철회가 인정되지 아니하므로 취소 또는 철회 전에 이미 취득한 증거능력은 상실되지 아니한다(대판 2015도3467).

### 2. 증거동의의 주체, 상대방, 대상

#### (1) 증거동의의 주체

동의의 주체는 당사자인 검사와 피고인이고, 법원이 직권으로 수집한 증거는 양 당사자의 동의가 있어야 하고 당사자 일방이 신청한 증거는 다른 당사자의 동의가 있으면 됨. 변호인은 피고인의 명시한 의사에 반하지 않으면 피고인을 대리하여 동의할 수 있다는 것이 판례의 입장임

> **관련 판례** 증거동의의 주체
>
> 형사소송법 제318조에 규정된 증거동의의 주체는 소송 주체인 검사와 피고인이고, 변호인은 피고인을 대리하여 증거동의에 관한 의견을 낼 수 있을 뿐이므로 피고인의 명시한 의사에 반하여 증거로 함에 동의할 수는 없다. 따라서 피고인이 출석한 공판기일에서 증거로 함에 부동의한다는 의견이 진술된 경우에는 그 후 피고인이 출석하지 아니한 공판기일에 변호인만이 출석하여 종전 의견을 번복하여 증거로 함에 동의하였다 하더라도 이는 특별한 사정이 없는 한 효력이 없다고 보아야 한다(대판 2013도3).

#### (2) 증거동의의 상대방

증거동의는 반대신문권의 포기이고 증거능력이 없는 전문증거에 증거능력을 부여하는 소송행위로서 증거동의의 상대방은 법원임

#### (3) 증거동의의 대상

① 증거동의의 대상이 되는 경우 : 증거동의의 대상은 증거능력이 없는 전문증거로 제318조 제1항은 서류와 물건으로 규정하고 있으나 전문증거인 이상 서류 외에도

증거동의의 대상이 됨. 진단서, 사진, 진술조서, 압수조서, 검증조서, 감정서 등

② **증거동의의 대상이 되지 않는 경우** : 탄핵증거는 증거능력을 요하지 아니하므로 증거동의의 대상이 아니고, 증거능력이 있는 전문증거와 비진술증거는 증거동의의 대상이 아님. 증거능력이 있는 전문증거, 비진술증거, 임의성이 없는 자백, 위법하게 수집된 증거 등

**관련 판례** 유죄의 자료인 증거

검사가 유죄의 자료로 제출한 증거들이 그 진정성립이 인정되지 아니하고 이를 증거로 함에 상대방의 동의가 없더라도, 이는 유죄사실을 인정하는 증거로 사용하는 것이 아닌 이상 공소사실과 양립할 수 없는 사실을 인정하는 자료로 쓸 수 있다고 보아야 한다(대판 94도1159).

## 3. 증거동의의 시기 및 방식

### (1) 증거동의의 시기

증거동의의 시기는 일반적으로 증거조사 전에 하여야 하나 증거조사 도중이나 증거조사 후에도 가능함. 이러한 동의가 있으면 그 하자가 치유되어 증거능력이 소급하여 인정되고 사후동의는 변론종결시까지 가능

### (2) 증거동의의 방식

① **명시적 동의** : 동의는 증거능력을 부여하는 소송행위이므로 명시적으로 동의하여야 하는 것이나 판례는 묵시적 동의로도 족하다고 봄

**관련 판례** 묵시적 동의

피고인이 신청한 증인의 증언이 피고인 아닌 타인의 진술을 그 내용으로 하는 전문진술이라고 하더라도 피고인이 그 증언에 대하여 별 의견이 없다고 진술하였다면 그 증언을 증거로 함에 동의한 것으로 볼 수 있으므로 이는 증거능력 있다(대판 83도516).

② **개별적 동의** : 증거동의는 개개의 증거에 대하여 개별적으로 이루어져야 하는 것이 원칙이지만 판례는 포괄적인 동의도 가능하다고 봄

**관련 판례** 개별적 동의

개개의 증거에 대하여 개별적인 증거조사방식을 거치지 아니하고 검사가 제시한 모든 증거에 대하여 피고인이 증거로 함에 동의한다는 방식으로 이루어진 것이라 하여도 증거동의로서의 효력을 부정할 이유가 되지 못한다(대판 82도2873).

## 4. 동의의 의제

### (1) 피고인의 불출석

① **동의의 의제** : 피고인의 출정없이 증거조사를 할 수 있는 경우에 피고인이 출정

하지 아니한 때에는 동의가 있는 것으로 간주한다. 단, 대리인 또는 변호인이 출정한 때에는 예외로 한다(법 제318조 제2항).

② **퇴정과 동의의 의제** : 피고인이 퇴정한 경우와 피고인이 퇴정명령을 받은 경우 판례는 피고인이 반대신문권을 포기한 것으로 보아 증거동의가 의제된다고 봄

## (2) 간이공판절차에서의 증거능력에 관한 특례

간이공판절차의 결정이 있는 사건의 증거에 관하여는 불이익한 자백의 증거능력, 검사 또는 사법경찰관의 조서 내지 증거능력에 대한 예외 및 전문의 진술에 의한 증거에 대하여 동의가 있는 것으로 간주한다. 단, 검사, 피고인 또는 변호인이 증거로 함에 이의가 있는 때에는 그러하지 아니하다(법 제319조의3).

## 5. 증거동의의 효과와 동의의 철회

### (1) 증거능력의 인정

당사자가 동의한 서류와 물건은 법원이 진정한 것으로 인정하면 증거능력이 인정되고, 당사자가 동의하더라도 법원이 진정한 것으로 인정하지 않으면 증거능력이 인정되지 않음

> **관련 판례** 증거능력의 인정
>
> 피고인이 공소사실 및 이를 뒷받침하는 수사기관이 원진술자의 진술을 기재한 조서 내용을 부인하였음에도 불구하고, 원진술자의 법정 출석과 피고인에 의한 반대신문이 이루어지지 못하였다면, 그 조서에 기재된 진술이 직접 경험한 사실을 구체적인 경위와 정황의 세세한 부분까지 정확하고 상세하게 묘사하고 있어 구태여 반대신문을 거치지 않더라도 진술의 정확한 취지를 명확히 인식할 수 있고 그 내용이 경험칙에 부합하는 등 신빙성에 의문이 없어 조서의 형식과 내용에 비추어 강한 증명력을 인정할 만한 특별한 사정이 있거나, 그 조서에 기재된 진술의 신빙성과 증명력을 뒷받침할 만한 다른 유력한 증거가 따로 존재하는 등의 예외적인 경우가 아닌 이상, 그 조서는 진정한 증거가치를 가진 것으로 인정받을 수 없는 것이어서 이를 주된 증거로 하여 공소사실을 인정하는 것은 원칙적으로 허용될 수 없다. 이는 원진술자의 사망이나 질병 등으로 인하여 원진술자의 법정 출석 및 반대신문이 이루어지지 못한 경우는 물론 수사기관의 조서를 증거로 함에 피고인이 동의한 경우에도 마찬가지이다(대판 2005도9730).

### (2) 증거동의의 범위

① **물적 범위** : 동의의 대상인 서류 및 물건에 대하여 일부에 대한 동의는 원칙상 허용되지 않으며 다만 증거가 가분할 수 있으면 일부동의 가능

② **인적 범위** : 증거동의는 동의한 피고인에게만 미치고 다른 공동피고인에게는 미치지 않음

③ **시간적 범위** : 증거동의의 효력은 공판절차의 갱신이 있는 경우나 심급을 달리하는 경우에도 소멸되지 않음

### (3) 동의의 철회

> **관련 판례**
>
> 형사소송법 제318조에 규정된 증거동의의 의사표시는 증거조사가 완료되기 전까지 취소 또는 철회할 수 있으나, 일단 증거조사가 완료된 뒤에는 취소 또는 철회가 인정되지 아니하므로 취소 또는 철회 이전에 이미 취득한 증거능력은 상실되지 않는다(대판 2008도7546).

SEMI-NOTE

동의의 철회는 절차의 안정성을 해치지 않는 범위에서 허용되고 증거조사 완료 전까지 철회할 수 있다는 것이 판례의 입장

## 07절  탄핵증거

### 1. 탄핵증거의 개설

#### (1) 의의

진술자의 증명력을 다투기 위한 증거를 말한다. 증거로 할 수 없는 서류나 진술이라도 공판준비 또는 공판기일에서의 피고인 또는 피고인이 아닌 자의 진술의 증명력을 다투기 위하여 증거로 할 수 있다(법 제318조의2 제1항).

#### (2) 탄핵증거와 전문법칙

탄핵증거는 진술의 증명력을 다투기 위한 증거이므로 증거능력을 요하지 않고 전문법칙에 의하여 증거능력이 없는 전문증거도 증거로 사용될 수 있음. 따라서 탄핵증거는 전문법칙의 예외가 아니고 처음부터 전문법칙이 적용되지 않는 경에 해당한다고 보는 것이 판례의 입장

> **관련 판례** 탄핵증거
>
> 형사소송법 제318조의 2에 규정된 소위 탄핵증거는 범죄사실을 인정하는 증거가 아니므로 그것이 증거서류이던 진술이던간에 유죄증거에 관한 소송법상의 엄격한 증거능력을 요하지 아니한다(대판 85도441).

### 2. 탄핵증거의 범위

#### (1) 탄핵증거의 사용제한

① 탄핵증거를 간접사실을 인정하기 위한 증거로 사용 여부 : 탄핵증거는 진술의 증명력을 다투기 위한 증거이므로 범죄사실이나 간접사실을 인정하는 증거로 사용 불가

② 임의성 없는 자백 : 임의성 없는 자백의 증거능력은 절대적으로 부정되기 때문에 탄핵증거로 사용 불가

③ 성립에 진정이 인정되지 않는 증거 : 기명날인나 서명이 없는, 즉 형식적 진정성립이 인정되지 않는 전문증거는 탄핵증거로 사용될 수 있다는 것이 판례의 입장

④ 증거능력 없는 사법경찰관 작성 피의자신문조서 : 피고인이 부인하여 증거능력이 없는 사법경찰관 작성의 피의자신문조서를 탄핵증거로 사용할 수 있다는 것이 판례의 입장

관련 판례

탄핵증거는 진술의 증명력을 감쇄하기 위하여 인정되는 것이고 범죄사실 또는 그 간접사실의 인정의 증거로서는 허용되지 않는다(대판 2011도5459).

관련 판례

형사소송법 제318조의 2에 규정된 소위 탄핵증거는 범죄사실을 인정하는 증거가 아니므로 그것이 증거서류이던 진술이던간에 유죄증거에 관한 소송법상의 엄격한 증거능력을 요하지 아니한다(대판 85도441).

**관련 판례** 사법경찰관 작성 피의자신문조서

사법경찰이 작성의 피고인에 대한 피의자신문조서와 피고인이 작성한 자술서들은 모두 검사가 유죄의 자료로 제출한 증거들로서 피고인이 각 그 내용을 부인하는 이상 증거능력이 없으나 그러한 증거라 하더라도 그것이 임의로 작성된 것이 아니라고 의심할 만한 사정이 없는 한 피고인의 법정에서의 진술을 탄핵하기 위한 반대증거로 사용할 수 있다(대판 97도1770).

### (2) 영상녹화물의 탄핵증거 사용제한

① 영상녹화물은 탄핵증거로 사용할 수 없음

② 피고인 또는 피고인이 아닌 자의 진술을 내용으로 하는 영상녹화물은 공판준비 또는 공판기일에 피고인 또는 피고인이 아닌 자가 진술함에 있어서 기억이 명백하지 아니한 사항에 관하여 기억을 환기시켜야 할 필요가 있다고 인정되는 때에 한하여 피고인 또는 피고인이 아닌 자에게 재생하여 시청하게 할 수 있다(법 제318조의2 제2항).

③ 기억 환기를 위한 영상녹화물의 조사 : 영상녹화물의 재생은 검사의 신청이 있는 경우에 한하고, 기억의 환기가 필요한 피고인 또는 피고인 아닌 자에게만 이를 재생하여 시청하게 하여야 한다(규칙 제134조의5 제1항).

## 3. 탄핵대상과 범위

### (1) 탄핵대상

탄핵의 대상은 진술의 증명력임. 진술은 구두에 의한 진술뿐만 아니라 진술을 기재한 서류도 포함하는 것으로 증인의 증언, 피고인의 진술도 탄핵의 대상임

### (2) 탄핵범위

탄핵증거는 진술의 증명력을 다투기 위한 경우에만 허용되고 처음부터 증명력을 지지하거나 보강하는 것은 불허용

## 4. 탄핵증거의 제출과 조사방법

### (1) 탄핵증거의 제출시기

탄핵증거는 증명력이 다투어질 진술이 행하여진 후에 제출할 수 있다. 증인의 경우 증인신문이 종료한 후 탄핵증거 제출

### (2) 조사방법

정식의 조사절차를 거칠 필요는 없고 공판중심주의의 원칙상 공판정에서 탄핵증거로서의 증거조사가 행하여져야 함

**관련 판례**

증거목록에 기재되지 않았고 증거결정이 있지 아니하였다 하더라도 공판과정에서 그 입증취지가 구체적으로 명시되고 제시까지 된 이상 위 각 서증들에 대하여 탄핵증거로서의 증거조사는 이루어졌다고 보아야 할 것이다(대판 2005도6271).

**관련 판례**

탄핵증거는 범죄사실을 인정하는 증거가 아니므로 엄격한 증거조사를 거쳐야 할 필요가 없음은 형사소송법 제318조의2의 규정에 따라 명백하다고 할 것이나, 법정에서 이에 대한 탄핵증거로서의 증거조사는 필요하다(대판 97도1770).

## 08절 　자백의 보강법칙

## 1. 자백의 보강법칙 개설

### (1) 의의

피고인의 자백이 그 피고인에게 불이익한 유일의 증거인 때에는 이를 유죄의 증거로 하지 못한다(법 제310조). 피고인이 임의로 한 자백이 증거능력이 있고 신빙성이 있어 법관이 유죄의 심증을 얻었다 하더라도 보강증거가 없으면 유죄판결을 선고할 수 없다는 원칙

### (2) 자유심증주의의 예외

법관이 유죄의 심증을 얻었다 하더라도 보강증거가 없으면 유죄판결을 선고할 수 없다는 것이 자유심증주의에 대한 예외에 해당

### (3) 자백의 보강법칙의 입법취지

① **오판의 금지** : 자백이 항상 진실하다고 할 수 없고 고문이나 강용에 의한 자백이 오판을 일으키기 쉬우므로 오판을 방비하기 위하여 도입
② **인권침해의 방비** : 자백만으로도 유죄선고를 할 수 있다면 수사기관은 자백편중 수사를 하게 되고 자백을 받아내기 위하여 강압수사를 할 가능성이 높아지므로 피고인의 인권을 위하여 도입

## 2. 자백의 보강법칙이 적용되는 절차

### (1) 적용되는 절차

자백의 보강법칙은 정식의 형사사건에 적용되고 간이공판절차, 약식명령절차에도 적용

### (2) 적용되지 않는 절차

즉결심판절차에 있어서는 형사소송법 제310조(불이익한 자백의 증거능력), 제312조 제3항(사법경찰관 작성 피의자신문조서) 및 제313조(진술서)의 규정은 적용하지 아니한다(즉결심판에 관한 절차법 제10조).

## 3. 보강이 필요한 자백

### (1) 당해 피고인의 자백

당해 피고인의 자백은 공판정이든 공판정 외이든 자백의 보강법칙이 당연히 적용

### (2) 공범자의 자백

공범자의 자백을 피고인의 자백으로 보면 자백의 보강증거가 없으면 유죄를 선고할

수 없게 됨. 그러나 공범자의 자백을 피고인의 자백으로 보지 않으면 보강증거 없이
유죄선고를 할 수 있다는 것으로 판례의 입장

---

**관련 판례** 공동피고인의 진술

형사소송법 제310조의 피고인의 자백에는 공범인 공동피고인의 진술이 포함되지 아니하므로
공범인 공동피고인의 진술은 다른 공동피고인에 대한 범죄사실을 인정하는데 있어서 증거로
쓸 수 있고 그에 대한 보강증거의 여부는 법관의 자유심증에 맡긴다(대판 85도951).

---

## 4. 보강증거의 자격

### (1) 의의

자백에 대한 보강증거는 증거능력이 있고 자백과는 실질적으로 독립된 증거여야 할
증거능력이 없으면 보강증거가 될 수 없음

### (2) 보강증거가 될 수 없는 증거방법

① **피고인의 자백** : 보강증거는 증명력을 보강하는 것으로 자백을 자백으로 보강할
수는 없음. 공판정 외의 자백을 공판정에서 자백으로 보강할 수 없고, 구두에 의
한 자백을 서면에 의한 자백으로 보강할 수 없음

**관련 판례**

실체적 경합범은 실질적으로 수죄
이므로 각 범죄사실에 관하여 자백
에 대한 보강증거가 있어야 한다(대
판 2007도10937).

---

**관련 판례** 피고인 아닌 자의 진술내용

피고인이 범행을 자인하는 것을 들었다는 피고인 아닌 자의 진술내용은 형사소송법 제310조
의 피고인의 자백에는 포함되지 아니하나 이는 피고인의 자백의 보강증거로 될 수 없다(대판
2007도10937).

---

② **독립된 증거이지만 보강증거가 될 수 없는 경우** : 독립된 증거이지만 그 증거와
피고인의 자백이 진실한 것이라고 인정하기 어려운 경우 자백의 보강증거가 될
수 없음

### (3) 보강증거가 될 수 있는 증거방법

① **증거능력이 있고 독립된 증거** : 증거능력이 있고 독립된 증거는 물증, 서증, 직접
증거, 간접증거를 불문하고 자백의 보강증거 인정

**관련 판례**

필로폰 매수 대금을 송금한 사실에
대한 증거가 필로폰 매수죄와 실체
적 경합범 관계에 있는 필로폰 투약
행위에 대한 보강증거가 될 수 없다
고 한 사례(대판 2007도10937).

---

**관련 판례** 자백에 대한 보강증거

자백에 대한 보강증거는 범죄사실의 전부 또는 중요부분을 인정할 수 있는 정도가 되지 아니
하더라도 피고인의 자백이 가공적인 것이 아닌 진실한 것임을 인정할 수 있는 정도만 되면 족
한 것으로서, 자백과 서로 어울러서 전체로서 범죄사실을 인정할 수 있으면 유죄의 증거로 충
분하고, 나아가 사람의 기억에는 한계가 있는 만큼 자백과 보강증거 사이에 어느 정도의 차이
가 있어도 중요부분이 일치하고 그로써 진실성이 담보되면 보강증거로서의 자격이 있다(대판
2008도2343).

---

**관련 판례** 사무처리 내역을 증명하기 위한 문서

상법장부나 항해일지, 진료일지 또는 이와 유사한 금전출납부 등과 같이 범죄사실의 인정 여부와는 관계없이 자기에게 맡겨진 사무를 처리한 사무 내역을 그때그때 계속적, 기계적으로 기재한 문서 등의 경우는 사무처리 내역을 증명하기 위하여 존재하는 문서로서 그 존재 자체 및 기재가 그러한 내용의 사무가 처리되었음의 여부를 판단할 수 있는 별개의 독립된 증거자료이고, 설사 그 문서가 우연히 피고인이 작성하였고 그 문서의 내용 중 피고인의 범죄사실의 존재를 추론해 낼 수 있는, 즉 공소사실에 일부 부합되는 사실의 기재가 있다고 하더라도, 이를 일컬어 피고인이 범죄사실을 자백하는 문서라고 볼 수는 없다(대판 94도2865).

② **공범자의 자백** : 공범자 모두 자백한 경우 그들의 자백은 상호간의 보강증거가 될 수 있다는 것이 판례의 입장

**관련 판례** 공동피고인의 자백

공동피고인의 자백은 이에 대한 피고인의 반대신문권이 보장되어 있어 증인으로 신문한 경우와 다를 바 없으므로 독립한 증거능력이 있는 것이다(대판 2007도5577).

### 5. 보강증거의 범위

#### (1) 범위

자백에 대한 보강증거는 자백의 진실성을 담보하는 정도면 족하는 것이 판례의 입장

**관련 판례** 자백에 대한 보강증거

자백에 대한 보강증거는 범죄사실의 전부 또는 중요 부분을 인정할 수 있는 정도가 되지 아니하더라도 피고인의 자백이 가공적인 것이 아닌 진실한 것임을 인정할 수 있는 정도만 되면 족한 것으로서, 자백과 서로 어울려서 전체로서 범죄사실을 인정할 수 있으면 유죄의 증거로 충분하다(대판 2011도8015).

#### (2) 보강증거의 필요성 여부

① 자백과 보강증거를 종합하여 자백이 진실한 것임을 인정할 수 있으면 족하기 때문에 어느 부분을 보강할 것인지는 일률적으로 정할 수 없음
② **보강이 필요 없는 경우** : 고의나 목적 등 주관적 구성요건요소는 보강증거 없이 자백만으로 인정할 수 있다는 것이 판례의 입장

**관련 판례** 자백에 대한 보강증거

자백에 대한 보강증거는 범죄사실의 전부 또는 중요 부분을 인정할 수 있는 정도가 되지 아니하더라도 피고인의 자백이 가공적인 것이 아닌 진실한 것임을 인정할 수 있는 정도만 되면 족할 뿐만 아니라, 직접증거가 아닌 간접증거나 정황증거도 보강증거가 될 수 있고, 또한 자백과 보강증거가 서로 어울려서 전체로서 범죄사실을 인정할 수 있으면 유죄의 증거로 충분하다(대판 2010도11272).

관련 판례

공범의 자백下 보강증거가 될 수 없는 것이므로 원심이 이를 보강증거로 하여 위 각 공소사실을 유죄로 인정한 것은 적법하고, 여기에 보강증거 없이 자백만으로 위 각 공소사실을 유죄로 인정한 위법이 있다고 할 수 없다(대판 96도2715).

> **관련 판례** 전과에 관한 사실의 인정
>
> 전과에 관한 사실은 엄격한 의미에서의 범죄사실과는 구별되는 것으로서 피고인의 자백만으로서도 이를 인정할 수 있다(대판 79도1528).

③ **죄수와 보강증거의 필요성** : 실체적 경합범은 실질적으로 수죄이므로 각 범죄사실에 관하여 자백에 대한 보강증거가 있어야 한다(대판 2007도10937).

**실력up 자백의 보강법칙 위반의 효과**

- 자백을 유일한 증거로 유죄판결을 한 경우 헌법위반이나 법률위반으로 상소의 이유가 되고 판결이 확정된 경우에는 비상상고의 이유가 됨
- 피고인의 자백이 그 피고인에게 불이익한 유일의 증거인 때에는 이를 유죄의 증거로 하지 못하는 것이므로, 보강증거가 없이 피고인의 자백만을 근거로 공소사실을 유죄로 판단한 경우에는 그 자체로 판결 결과에 영향을 미친 위법이 있는 것으로 보아야 한다(대판 2007도7835).

## 09절 공판조서의 증명력

### 1. 공판조서의 증명력 의의

**(1) 공판조서**

① **공판조서** : 공판기일의 소송절차를 기재한 조서
② **공판조서의 증명력** : 공판기일의 소송절차로서 공판조서에 기재된 것은 그 조서만으로써 증명한다(법 제56조).
③ 공판준비 또는 공판기일에 피고인이나 피고인 아닌 자의 진술을 기재한 조서와 법원 또는 법관의 검증의 결과를 기재한 조서는 증거로 할 수 있다(법 제311조).

**(2) 공판조서의 증명력**

공판기일의 소송절차로서 공판조서에 기재된 것은 그 조서만으로써 증명한다(법 제56조). 이는 공판조서의 절대적 또는 배타적 증명력임

**(3) 공판조서에 배타적 증명력인 인정하는 취지**

상소심에서 원심 공판절차의 적법 여부에 대한 다툼이 있는 경우 원심 법관이나 법원사무관을 증인으로 신문하는 불합리하기 때문이고 심리가 지연되는 것을 방지하는데 목적

### 2. 배타적 증명력의 범위

## (1) 공판기일의 절차

공판조서의 증명력은 공판기일의 절차에 한정하므로 공판준비절차, 공판기일 외의 절차를 기재한 조서는 배타적 증명력이 인정되지 않음

## (2) 소송절차

공판기일의 절차 중 소송절차에 대해서만 배타적 증명력이 인정되는 것으로 공판을 행한 일시와 법원, 피고인의 출석여부, 재판의 공개여부, 판결선고의 유무와 일시 등이 이에 해당함

> **실력UP  배타적 증명력이 인정되지 않는 경우**
>
> 피고인의 자백, 증인의 증언, 감정인의 감정은 배타적 증명력이 인정되지 않음

## (3) 공판조서에 기재된 것

배타적 증명력은 공판조서에 기재된 것에 한정됨. 공판조서에 오기가 있는 경우 정확한 내용대로 배타적 증명력 인정

---

**관련 판례 증거 동의**

형사소송법 제318조에 규정된 증거 동의는 소송 주체인 검사와 피고인이 하는 것이고, 변호인은 피고인을 대리하여 증거 동의에 관한 의견을 낼 수 있을 뿐이므로, 피고인이 변호인과 함께 출석한 공판기일의 공판조서에 검사가 제출한 증거에 대하여 동의한다는 기재가 되어 있다면 이는 피고인이 증거 동의를 한 것으로 보아야 하고, 그 기재는 절대적인 증명력을 가진다(대판 2015도19139).

---

**관련 판례 공판조서에 기재된 것**

공판조서의 기재가 명백한 오기인 경우를 제외하고는 공판기일의 소송절차로서 공판조서에 기재된 것은 조서만으로써 증명하여야 하고 그 증명력은 공판조서 이외의 자료에 의한 반증이 허용되지 않는 절대적인 것이므로, 검사 제출의 증거에 관하여 동의 또는 진정성립 여부 등에 관한 피고인의 의견이 증거목록에 기재된 경우에는 그 증거목록의 기재는 공판조서의 일부로서 명백한 오기가 아닌 이상 절대적인 증명력을 가지게 된다(대판 2012도2496).

---

**ⓘ 나두공**

# 04장 소송주체와 소송행위

**소송주체**
소송주체는 소송법상 권리의무의 주체로 법원, 검사, 피고인임

**수소법원**
검사로부터 공소제기를 받은 단독판사 또는 합의부를 맡하고 소송법상의 법원과 같은 의미로 사용되며 경찰서장으로부터 즉결심판의 청구를 받은 시·군 법원의 판사도 수소법원이 됨

**재판장**
재판장은 소송절차를 진행하는 경우 다른 합의부원보다 우월한 권한을 지니지만 사건의 심리나 합의에 관해서는 다른 합의부원의 권한과 동등

## 01절 소송주체

### 1. 법원

#### (1) 법원(法院)의 개설

① 법원의 의의

㉠ 국법상 의미의 범위

- 법원 : 국법상 의미의 법원은 사법행정상 의미에서의 법원으로 관청으로서의 법원과 관서로서의 법원으로 구분함, 관청으로서의 법원은 사법행정상 의사표시의 주체로서의 의미를 가지고, 관서로서의 법원은 그 자체로는 아무런 권한이 없는 법관과 직원을 포괄하는 사법행정상 단위임 법원이라 할 때 보통 관서로서의 법원을 말함

- 법원의 종류 : 일반법원과 특별법원
  - 일반법원 : 대법원, 고등법원, 지방법원, 행정법원, 특허법원, 가정법, 회생법원(법원조직법 제3조 제1항)이 있음. 형사재판은 대법원, 고등법원, 지방법원이 담당
  - 특별법원 : 군인 등에 관한 재판을 관할하기 위하여 설치하는 법원으로 대법원의 하급심으로 고등군사법원, 보통군사법원이 있다(군사법원법 제5조).

㉡ 소송법상 의미의 법원 : 구체적 사건에 대하여 재판권을 행사하는 법원을 말하는 것으로 형사소송법상 법원은 보통 이 법원을 말함

② 법원의 구성과 법관 ⭐빈출개념

㉠ 단독판사 : 1인의 법관으로 구성되는 법원으로 지방법원·가정법원·회생법원과 지방법원 및 가정법원의 지원, 가정지원 및 시·군법원의 심판권은 단독판사가 행사한다(법원조직법 제7조 제4항). 행정법원의 경우 단독판사가 심판할 것으로 행정법원 합의부가 결정한 사건의 심판권은 단독판사가 행사한다(법원조직법 제7조 제3항 단서).

㉡ 합의부 : 합의심판을 하여야 하는 경우에는 판사 3명으로 구성된 합의부에서 심판권을 행사한다(법원조직법 제7조 제5항). 제1심은 예외적으로 합의부에서 관할하고 제2심과 제3심은 언제나 합의부에서 관할함

㉢ 재판장 : 법원의 합의부인 경우 구성원 중 1인을 말하고, 재판장 이외의 법관을 합의부원 또는 배석판사라 함, 재판장은 공판기일의 소송을 지휘하고 법정경찰권을 행사한다(법 제279조, 제281조).

㉣ 수명법관 : 합의부 법원이 그 구성원인 법관에게 특정한 소송행위를 하도록 명하는 경우 명을 받은 법관으로 압수, 수색, 법정 외의 증인신문 등의 명을 받은 법관

ⓜ **수탁판사** : 소송이 계속되어 있는 수소법원의 촉탁을 받아 일정 사항(증거조사·구속·압수·수색, 화해의 권고 등)을 처리하는 수탁법원의 판사로 수탁판사는 증인이 관할구역 내에 현재하지 아니한 때에는 그 현재지의 지방법원 판사에게 전촉할 수 있고(법 제167조 제2항), 압수 또는 수색의 목적물이 그 관할구역 내에 없는 때에는 그 목적물 소재지지방법원 판사에게 전촉할 수 있다(법 제136조 제2항).

> **실력UP** **수임판사**
>
> 수소법원과 독립하여 소송법상 일정한 권한을 행사하는 개개의 법관으로 각종 영장을 발부하는 판사(법 제201조), 증거보전을 하는 판사(법 제184조), 증인신문을 행하는 판사(법 제221조의2), 피의자에 대하여 감정유치처분을 행하는 판사(법 제221조의3) 등

## (2) 법관의 제척, 기피, 회피제도

① **제도의 의의**

ㄱ **의의** : 법관이 구체적 사건에 대하여 소송관계인과 특수관계나 선입관 등이 있을 경우 법관도 사람인 이상 재판이 불공평해질 수 있으므로 불공평한 재판을 행할 수 있는 법관을 직무집행에 배제시킬 필요가 있는데 이 제도가 제척, 기피, 회피임

ㄴ **적용절차** : 제척, 기피, 회피는 일반 공판절차뿐만 아니라 <u>약식절차, 즉결심판절차, 재심절차에서도 적용</u>

ㄷ **적용대상** : 제척, 기피, 회피는 수명법관, 수탁판사, 법원사무관, 통역인, 배심원, 전문심리위원에게도 적용되나 검사에게는 적용되지 않는다는 것이 판례의 입장

② **제척**

ㄱ **제척의 의의** : 구체적 사건의 심판에서 법관이 불공평한 재판을 할 우려가 현저한 경우 그 사유를 정해 두고 그 사유에 해당하는 법관을 직무집행에서 당연히 배제시키는 제도

> **관련 판례** 불공정한 재판을 할 염려가 있는 때
>
> 기피원인에 관한 형사소송법 제18조 제1항 제2호 소정의 '불공정한 재판을 할 염려가 있는 때'라고 함은 당사자가 불공평한 재판이 될지도 모른다고 추측할 만한 주관적인 사정이 있는 때를 말하는 것이 아니라, 통상인의 판단으로서 법관과 사건과의 관계상 불공평한 재판을 할 것이라는 의혹을 갖는 것이 합리적이라고 인정할 만한 객관적인 사정이 있는 때를 말한다(대결 2001모2.)

ㄴ **제척원인(법 제17조)**

• **법관이 피해자인 때** : 법관이 직접적인 피해자인 경우에 한정함, 간접피해의 경우는 범위가 불분명해지기 때문

• 법관이 피고인 또는 피해자의 친족 또는 친족관계가 있었던 자인 때 : <u>친족</u>

SEMI-NOTE

> **관련 판례**
>
> 범죄의 피해자인 검사가 그 사건의 수사에 관여하거나, 압수·수색영장의 집행에 참여한 검사가 다시 수사에 관여하였다는 이유만으로 바로 그 수사가 위법하다거나 그에 따른 참고인이나 피의자의 진술에 임의성이 없다고 볼 수는 없다(대판 2011도12918).

> **관련 판례**
>
> 형사소송법 제17조 제2호는 '법관이 피고인 또는 피해자의 친족 또는 친족관계가 있었던 자인 때에는 직무집행에서 제척된다'고 규정하고 있고, 위 규정은 형사소송법 제25조 제1항에 의하여 통역인에게 준용되나, 사실혼관계에 있는 사람은 민법에서 정한 친족이라고 할 수 없어 형사소송법 제17조 제2호에서 말하는 친족에 해당하지 않으므로, 통역인이 피해자의 사실혼 배우자라고 하여도 통역인에게 형사소송법 제25조 제1항, 제17조 제2호에서 정한 제척사유가 있다고 할 수 없다(대판 2010도13583).

의 범위는 민법에 따른 친족에 한함
- 법관이 피고인 또는 피해자의 법정대리인, 후견감독인인 때 : 법정대리인, 피성년후견인의 후견인은 민법상의 규정 준용
- 법관이 사건에 관하여 증인, 감정인, 피해자의 대리인으로 된 때 : 사건은 형사사건을 말하고 피의사건도 포함됨, 실제로 증언, 감정을 한 경우만을 말함

### 관련 판례 제척

통역인 갑이 피고인들에 대한 특정경제범죄 가중처벌 등에 관한 법률 위반 사건의 제1심 공판기일에 증인으로 출석하여 진술한 다음, 같은 기일에 위 사건의 피해자로서 자신이 사실혼 배우자인 을인 을이 진술한 후에 이 사건에서, 제척사유 있는 갑이 통역인 을의 통인신문조서는 유죄 인정의 증거로 사용할 수 없는데도 원심이 이를 증거로 삼은 것은 잘못이라고 한 사례 (대판 2010도13583).

#### 관련 판례
- 약식명령을 한 판사가 그 정식재판 절차의 항소심판결에 관여함은 형사소송법 제17조 제7호 소정의 "법관이 사건에 관하여 전심재판 또는 그 기초되는 조사, 심리에 관여한 때"에 해당하여 제척의 원인이 된다(대판 2011도17).
- 제1심판결에서 피고인에 대한 유죄의 증거로 사용된 증거를 조사한 판사는 형사소송법 제17조 제7호 소정의 전심재판의 기초가 되는 조사, 심리에 관여하였다 할 것이고, 그와 같이 전심재판의 기초가 되는 조사, 심리에 관여한 판사는 직무집행에서 제척되어 항소심 재판에 관여할 수 없다(대판 99도3534).

- 법관이 사건에 관하여 피고인의 대리인, 변호인, 보조인으로 된 때 : 대리인에는 임의대리인은 물론 특별대리인도 포함되고 법인의 대표도 포함됨. 변호인은 사선 변호인뿐만 아니라 국선변호인도 포함
- 법관이 사건에 관하여 검사 또는 사법경찰관의 직무를 행한 때 : 법관으로 임용되기 전의 검사 또는 사법경찰관리로서 당해 사건에 관하여 수사 또는 소추 등을 행한 경우

### 관련 판례 법관이 사건에 관하여 사법경찰관의 직무를 행한 때

선거관리위원장은 형사소송법 제197조나 사법경찰관리의직무를행할자와그직무범위에관한법률에 사법경찰관의 직무를 행할 자로 규정되어 있지 아니하고 그 밖에 달리 사법경찰관에 해당한다고 볼 근거가 없으므로 선거관리위원장으로서 공직선거및선거부정방지법위반혐의사실에 대하여 수사기관에 수사의뢰를 한 법관이 당해 형사피고사건의 재판을 하는 경우 그것이 적절하다고는 볼 수 없으나 형사소송법 제17조 제6호의 제척원인인 '법관이 사건에 관하여 사법경찰관의 직무를 행한 때'에 해당한다고 할 수 없다(대판 99도155.)

- 법관이 사건에 관하여 전심재판 또는 그 기초되는 조사, 심리에 관여한 때 : 전심재판은 상소에 의하여 불복이 신청된 재판을 말하고, 그 기초되는 조사, 심리에 관여한 때는 전심재판의 내용형성에 사용된 자료의 수집, 조사에 관여하여 그 결과가 전심재판의 사실인정 자료로 쓰인 경우
- 법관이 사건에 관하여 피고인의 변호인이거나 피고인 · 피해자의 대리인인 법무법인, 법무법인(유한), 법무조합, 법률사무소, 외국법자문사법 제2조 제9호에 따른 합작법무법인에서 퇴직한 날부터 2년이 지나지 아니한 때
- 법관이 피고인인 법인 · 기관 · 단체에서 임원 또는 직원으로 퇴직한 날부터 2년이 지나지 아니한 때
ⓒ 제척효과 : 제척사유가 있는 법관은 법률의 규정에 의하여 당연히 직무집행에서 배제

③ 기피

ⓐ **기피의 의의** : 법관이 제척사유가 있음에도 재판에 관여하거나 불공평한 재판을 염려가 있는 때 당사자의 신청에 의하여 법원의 결정으로 법관을 직무집행에서 배제시키는 제도

ⓑ **기피사유(법 제18조 제1항)**

- 법관이 제척의 사유에 해당되는 때 : 제척사유를 기피사유로 규정한 것은 제척사유의 존부가 불분명하거나 법원이 이를 간과할 경우에 대비하여 제척사유를 심사하도록 의무를 부과하는 것
- 법관이 불공평한 재판을 할 염려가 있는 때 : 합리적이고 인정할만한 객관적인 사정으로 불공평한 재판을 할 염려가 있을 것

기피원인에 관한 형사소송법 제18조 제1항 제2호 소정의 '불공정한 재판을 할 염려가 있는 때'라고 함은 당사자가 불공평한 재판이 될지도 모른다고 추측할 만한 주관적인 사정이 있는 때를 말하는 것이 아니라, 통상인의 판단으로서 법관과 사건과의 관계상 불공평한 재판을 할 것이라는 의혹을 갖는 것이 합리적이라고 인정할 만한 객관적인 사정이 있는 때를 말한다(대결 2001모2).

ⓒ **기피신청의 절차**

- 검사 또는 피고인은 법관의 기피를 신청할 수 있고(법 제18조 제1항), 변호인은 피고인의 명시한 의사에 반하지 아니하는 때에 한하여 법관에 대한 기피를 신청할 수 있다(법 제18조 제2항).
- 대상 : 불공평한 재판을 염려가 있는 법관이다(법 제18조).

**실력up 기피**

기피는 재판부 자체에 대한 신청은 인정되지 않음

ⓓ **기피신청 재판**

- 간이기각결정 : 피신청이 소송의 지연을 목적으로 함이 명백하거나 관할위반인 경우, 3일 이내에 기피사유를 소명하지 않은 경우를 위배된 때에는 신청을 받은 법원 또는 법관은 결정으로 이를 기각한다(법 제20조 제1항).
- 의견서 제출 : 기피당한 법관은 간이기각결정의 경우를 제한 외에는 지체없이 기피신청에 대한 의견서를 제출하여야 한다(법 제20조 제2항).
- 기피신청에 대한 재판 : 기피신청에 대한 재판은 기피당한 법관의 소속법원합의부에서 결정으로 하여야 한다. 기피당한 법관은 결정에 관여하지 못한다. 기피당한 판사의 소속법원이 합의부를 구성하지 못하는 때에는 직근 상급법원이 결정하여야 한다(법 제21조).
- 기피신청과 소송의 정지 : 기피신청이 있는 때에는 간이기각결정의 경우를 제한 외에는 소송진행을 정지하여야 한다. 단, 급속을 요하는 경우에는 예외로 한다(법 제22조).

ⓔ **기피신청에 대한 재판**

**기피신청의 절차**

- **방법** : 기피신청은 서면 또는 구술로 할 수 있다(규칙 제176조 제1항).
- **관할** : 합의법원의 법관에 대한 기피는 그 법관의 소속법원에 신청하고 수명법관, 수탁판사 또는 단독판사에 대한 기피는 당해 법관에게 신청하여야 한다. 기피사유는 신청한 날로부터 3일 이내에 서면으로 소명하여야 한다(법 제19조).

- 기피신청이 이유없다고 인정하는 때에는 결정으로 기피신청을 기각한다. 이때 기피신청을 기각한 결정에 대하여는 즉시항고를 할 수 있다(법 제23조 제1항).
- 기피신청이 이유 있다고 인정하는 경우 결정을 기피당한 법관을 당해 사건에서 배제시키는 결정을 한다. 소송절차에 관한 결정에 대하여는 특히 즉시항고를 할 수 있는 경우 외에는 항고하지 못한다(법 제403조).

ⓗ **기피효과** : 기피신청이 이유 있다고 인정하는 경우 결정을 기피당한 법관을 당해 사건에서 배제시키는 결정을 한다. 당해 법관이 재판에 관여한 때에는 상소이유가 된다(법 제361조의5 제7호, 제383조 제1호).

④ **회피**

ⓐ **의의** : 법관 스스로 당해 사건에 관하여 제척 또는 기피의 원인이 있다고 생각하여 스스로 사건의 취급을 피하는 것으로 자발적으로 직무집행에서 탈퇴하는 제도

ⓑ **절차(법 제24조)**
- 법관이 기피의 규정에 해당하는 사유가 있다고 사료한 때에는 회피하여야 한다.
- 회피는 소속법원에 서면으로 신청하여야 한다.
- 기피신청에 대한 재판의 규정은 회피에 준용한다.

## (3) 법원의 관할

① **법원관할의 의의**

ⓐ **의의** : 관할은 각 법원에 대한 재판권의 분배, 즉 특정법원이 특정사건을 재판을 할 수 있는 권한

ⓑ **불시비 효과** : 재판권이 없으면 공소기각판결을 하고(법 제327조 제1호), 관할권이 없으면 관할위반의 판결을 한다(법 제319조).

② **관할의 종류**

ⓐ **사건관할, 직무관할** : 피고사건 자체의 심판에 관한 관할을 시간관할이라 하고, 특수절차의 심판에 관한 직무관할로 구별되고 보통 관할은 사건관할을 말함

ⓑ **법정관할, 재정관할** : 법정관할은 법률의 규정에 의해 정해지는 관할이고, 재정관할은 법원의 재판을 통해서 정해지는 관할

 **재정관할**

재정관할에는 관할의 지정과 이송이 있음

③ **법정관할**

ⓐ **토지관할**
- 의의 : 동등법원 사이에 지역적·장소적 관계에 의한 제1심 법원의 관할분배로 재판적이라 함

- 토지관할의 기준(법 제4조)
  - 토지관할은 범죄지, 피고인의 주소, 거소 또는 현재지로 한다.
  - 국외에 있는 대한민국 선박, 항공기 내에서 범한 죄에 관하여는 전항에 규정한 곳 외에 선적지 또는 범죄 후의 선착지로 한다.

**관련 판례** 토지관할의 기준

형사소송법 제4조 제1항은 토지관할을 범죄지, 피고인의 주소, 거소 또는 현재지로 하고 있으므로, 제1심 법원이 피고인의 현재지인 이상, 그 범죄지나 주소지가 아니더라도 그 판결에 토지관할 위반의 위법은 없다(대판 83도3333).

ⓒ **사물관할** : 사건의 경중이나 성질에 의한 제1심법원의 관할 분배
- 단독판사 관할 : 제1심은 원칙적으로 단독판사의 관할임
- 합의부 관할(법원조직법 제32조 제1항) : 제1심 관할을 합의부가 관할하는 사건
  - 합의부에서 심판할 것으로 합의부가 결정한 사건
  - 민사사건에 관하여는 대법원규칙으로 정하는 사건
  - 사형, 무기 또는 단기 1년 이상의 징역 또는 금고에 해당하는 사건
  - 사형, 무기 또는 단기 1년 이상의 징역 또는 금고에 해당하는 사건과 동시에 심판할 공범사건
  - 지방법원판사에 대한 제척·기피사건
  - 다른 법률에 따라 지방법원 합의부의 권한에 속하는 사건

**관련 판례** 보석보증금몰수신청기각에대한재항고

보증금몰수사건은 그 성질상 당해 형사본안 사건의 기록이 존재하는 법원 또는 그 기록을 보관하는 검찰청에 대응하는 법원의 토지관할에 속하고, 그 법원이 지방법원인 경우에 있어서 사물관할은 법원조직법 제7조 제4항의 규정에 따라 지방법원 단독판사에게 속하는 것이지 소송절차 계속중에 보석허가결정 또는 그 취소결정 등을 본안 관할법원인 제1심 합의부 또는 항소심인 합의부에서 한 바 있었다고 하여 그러한 법원이 사물관할을 갖게 되는 것은 아니다(대결 2001모53).

ⓒ **심급관할** : 상소관계에 있어서의 관할로 상소심법원의 심판권
- 판결에 대한 상소 : 제1심법원의 판결에 대하여 불복이 있으면 지방법원 단독판사가 선고한 것은 지방법원 본원합의부에 항소할 수 있으며 지방법원 합의부가 선고한 것은 고등법원에 항소할 수 있다(법 제357조). 제2심판결에 대하여 불복이 있으면 대법원에 상고할 수 있다(법 제371조).
- 결정에 대한 항고 : 지방법원 단독판사가 결정한 것은 지방법원 본원합의부에 항고할 수 있으며 지방법원 합의부가 결정한 것은 고등법원에 항고할 수 있다(법원조직법 28조). 항고법원 또는 고등법원의 결정에 대하여는 재판에 영향을 미친 헌법·법률·명령 또는 규칙의 위반이 있음을 이유로 하는 때에 한하여 대법원에 즉시항고를 할 수 있다(법 제415조).
ⓔ **관련사건의 관할** : 관할이 인정된 하나의 사건을 전제로 그 사건과 주관적 또

는 객관적 관련성이 인정되는 사건을 관련사건이라 하고 관련사건을 이유로 인정한 관할

- 관련사건의 정의(법 제11조)
    - 1인이 범한 수죄
    - 수인이 공동으로 범한 죄
    - 수인이 동시에 동일장소에서 범한 죄
    - 범인은닉죄, 증거인멸죄, 위증죄, 허위감정통역죄 또는 장물에 관한 죄 와 그 본범의 죄
- 관련사건의 병합
    - 토지관할의 병합 : 토지관할을 달리하는 수개의 사건이 관련된 때에는 1 개의 사건에 관하여 관할권 있는 법원은 다른 사건까지 관할할 수 있다 (법 제5조).
    - 사물관할의 병합 : 사물관할을 달리하는 수개의 사건이 관련된 때에는 법원합의부는 병합관할한다. 단, 결정으로 관할권 있는 법원단독판사에 게 이송할 수 있다(법 제9조).
- 관련사건의 병합심리
    - 토지관할의 병합심리 : 토지관할이 다른 여러 개의 관련사건이 각각 다 른 법원에 계속된 때에는 공통되는 바로 위의 상급법원은 검사나 피고인 의 신청에 의하여 결정(決定)으로 한 개 법원으로 하여금 병합심리하게 할 수 있다(법 제6조).
    - 사물관할의 병합심리 : 사물관할을 달리하는 수개의 관련사건이 각각 법 원합의부와 단독판사에 계속된 때에는 합의부는 결정으로 단독판사에 속한 사건을 병합하여 심리할 수 있다(법 제10조).
- 토지관할의 심리분리 : 토지관할을 달리하는 수개의 관련사건이 동일법원 에 계속된 경우에 병합심리의 필요 없는 때에는 법원은 결정으로 이를 분리하여 관할권 있는 다른 법원에 이송할 수 있다(법 제7조).

④ 재정관할 : 법원의 재판에 의하여 정해지는 관할
  ㉠ 관할의 지정 : 관할법원이 없거나 관할법원이 명확하지 않는 경우 상급법원이 심판할 법원 지정
    - 관할지정의 청구 : 검사는 다음의 경우 관계있는 제1심법원에 공통되는 바 로 위의 상급법원에 관할지정을 신청하여야 한다(법 제14조).
        - 법원의 관할이 명확하지 아니한 때
        - 관할위반을 선고한 재판이 확정된 사건에 관하여 다른 관할법원이 없는 때
    - 관할지정의 절차
        - 검사는 관계있는 제1심법원에 공통되는 바로 위의 상급법원에 관할지정 을 신청하여야 한다(법 제14조).
        - 신청을 받은 직근 상급법원은 이유 있다고 인정하면 관할법원을 결정으 로 정하고 이유 없을 경우 기각결정을 함
  ㉡ 관할의 이전 : 관할법원이 재판권을 행사할 수 없거나 재판의 공정을 유지하

**관련 판례**

형사소송법 제5조에 정한 관련 사건의 관할은, 이른바 고유관할사건 및 그 관련 사건이 반드시 병합기소되거나 병합되어 심리될 것을 전제요건으로 하는 것은 아니고, 고유관할사건 계속 중 고유관할 법원에 관련사건이 계속된 이상 그 후 양 사건이 병합되어 심리되지 아니한 채 고유사건에 대한 심리가 먼저 종결되었다 하더라도 관련 사건에 대한 관할권은 여전히 유지된다(대판 2006도8568).

**관련 판례**

토지관할을 달리하는 수개의 제1심법원들에 관련 사건이 계속된 경우에 그 소속 고등법원이 같은 경우에는 그 고등법원이, 그 소속 고등법원이 다른 경우에는 대법원이 제1심법원들의 공통되는 직근상급법원으로서 토지관할 병합심리 신청사건의 관할법원이 된다(대결 2006초기335).

**소송절차의 정지**

법원은 그 계속 중인 사건에 관하여 토지관할의 병합심리신청, 관할지정신청 또는 관할이전신청이 제기된 경우에는 그 신청에 대한 결정이 있기까지 소송절차를 정지하여야 한다. 다만, 급속을 요하는 경우에는 그러하지 아니하다(규칙 제7조).

기 어려운 경우 당사자의 신청에 의해 법원의 결정으로 관할권이 없는 법원으로 옮기는 것

- 관할이전의 신청 : 검사는 다음 경우에는 직근 상급법원에 관할이전을 신청하여야 한다. 피고인도 이 신청을 할 수 있다(법 제15조).
  - 관할법원이 법률상의 이유 또는 특별한 사정으로 재판권을 행할 수 없는 때
  - 범죄의 성질, 지방의 민심, 소송의 상황 기타 사정으로 재판의 공평을 유지하기 어려운 염려가 있는 때

---

**관련 판례** 관할이전의 신청

법원이 검사의 공소장변경을 허용하였다 하여 재판의 공평을 유지하기 어려울 염려가 있다고 인정되지 아니하므로 이를 이유로 한 관할이전신청은 이유없다(대결 84초45).

---

- 관할이전의 절차
  - 검사는 직근 상급법원에 관할이전을 신청하여야 한다. 피고인도 이 신청을 할 수 있다(법 제15조).
  - 공소를 제기한 후 관할의 이전을 신청할 때에는 즉시 공소를 접수한 법원에 통지하여야 한다(법 제16조 제2항).
  - 소송절차의 정지 : 법원은 그 계속 중인 사건에 관하여 토지관할의 병합심리신청, 관할지정신청 또는 관할이전신청이 제기된 경우에는 그 신청에 대한 결정이 있기까지 소송절차를 정지하여야 한다. 다만, 급속을 요하는 경우에는 그러하지 아니하다(규칙 제7조).
⑤ **관할경합** : 동일사건에 대하여 2이상의 법원이 관할권을 가지고 있거나 이중으로 기소되는 경우가 관할의 경합
  ㉠ **동일사건과 수개의 소송계속** : 동일사건이 사물관할을 달리하는 수개의 법원에 계속된 때에는 법원합의부가 심판한다(법 제12조).
  ㉡ **관할의 경합** : 같은 사건이 사물관할이 같은 여러 개의 법원에 계속된 때에는 먼저 공소를 받은 법원이 심판한다. 다만, 각 법원에 공통되는 바로 위의 상급법원은 검사나 피고인의 신청에 의하여 결정으로 뒤에 공소를 받은 법원으로 하여금 심판하게 할 수 있다(법 제13조)
  ㉢ **관할경합의 효과** : 관할경합으로 심판할 수 없는 경우 공소기각의 결정을 하여야 한다(법 제328조 제1항). 동일사건이 수개의 법원에서 확정된 경우 나중에 확정된 판결은 무효가 됨
⑥ **관할권부존재의 효과** : 토지관할은 공소제기에 존재하면 족하고, 사물관할은 공소제기시부터 판결종결시까지 구비되어야 함
  ㉠ **관할위반의 판결** : 피고사건이 법원의 관할에 속하지 아니한 때에는 판결로써 관할위반의 선고를 하여야 한다(법 제319조).
  ㉡ **토지관할 위반** : 법원은 피고인의 신청이 없으면 토지관할에 관하여 관할위반의 선고를 하지 못한다. 관할위반의 신청은 피고사건에 대한 진술 전에 하여야 한다(법 제320조).

**관할의 직권조사**
법원은 직권으로 관할을 조사하여야 한다(법 제1조).

ⓒ 관할구역 외에서의 집무 : 법원은 사실발견을 위하여 필요하거나 긴급을 요하는 때에는 관할구역 외에서 직무를 행하거나 사실조사에 필요한 처분을 할 수 있다. 수명법관에게도 준용한다(법 제3조).

ⓔ 관할위반과 소송행위의 효력 : 소송행위는 관할위반인 경우에도 그 효력에 영향이 없다(법 제2조).

ⓜ 관할위반과 상소

• 관할을 위반하여 선고한 판결한 항소와 상고의 이유가 된다.

• 원심법원에의 환송 : 공소기각 또는 관할위반의 재판이 법률에 위반됨을 이유로 원심판결을 파기하는 때에는 판결로써 사건을 원심법원에 환송하여야 한다(법 제366조).

• 관할법원에의 이송 : 관할인정이 법률에 위반됨을 이유로 원심판결을 파기하는 때에는 판결로써 사건을 관할법원에 이송하여야 한다. 단, 항소법원이 그 사건의 제1심관할권이 있는 때에는 제1심으로 심판하여야 한다(법 제367조).

⑦ 사건의 이송 : 수소법원이 소송계속중인 사건을 다른 법원이 심판하도록 소송계속을 이전시키는 것

ⓐ 사건의 직권이송(법 제8조)

• 법원은 피고인이 그 관할구역 내에 현재하지 아니하는 경우에 특별한 사정이 있으면 결정으로 사건을 피고인의 현재지를 관할하는 동급 법원에 이송할 수 있다.

• 단독판사의 관할사건이 공소장변경에 의하여 합의부 관할사건으로 변경된 경우에 법원은 결정으로 관할권이 있는 법원에 이송한다.

ⓑ 사건의 군사법원 이송 : 법원은 공소가 제기된 사건에 대하여 군사법원이 재판권을 가지게 되었거나 재판권을 가졌음이 판명된 때에는 결정으로 사건을 재판권이 있는 같은 심급의 군사법원으로 이송한다. 이 경우에 이송전에 행한 소송행위는 이송후에도 그 효력에 영향이 없다(법 제16조의2).

ⓒ 국민참여재판의 관할법원 이송 : 피고인이 국민참여재판을 원하는 의사를 표시한 경우 지방법원 지원 합의부가 배제결정을 하지 아니하는 경우에는 국민참여재판절차 회부결정을 하여 사건을 지방법원 본원 합의부로 이송하여야 한다(국민의 형사재판 참여에 관한 법률 제10조 제1항).

**관련 판례**

항소심에서 공소장변경에 의하여 단독판사의 관할사건이 합의부 관할사건으로 된 경우에도 법원은 사건을 관할권이 있는 법원에 이송하여야 하고, 항소심에서 변경된 위 합의부 관할사건에 대한 관할권이 있는 법원은 고등법원이라고 봄이 상당하다(대판 97도2463).

**관련 판례**

일반 국민이 범한 수 개의 죄 가운데 특정 군사범죄와 그 밖의 일반 범죄가 형법 제37조 전단의 경합범 관계에 있다고 보아 하나의 사건으로 기소된 경우, 특정 군사범죄에 대하여는 군사법원이 전속적인 재판권을 가지므로 일반 법원은 이에 대하여 재판권을 행사할 수 없다. 반대로 그 밖의 일반 범죄에 대하여 군사법원이 재판권을 행사하는 것도 허용될 수 없다. 이 경우 어느 한 법원에서 기소된 모든 범죄에 대해 재판권을 행사한다면 재판권이 없는 법원이 아무런 법적 근거 없이 임의로 재판권을 창설하여 재판권이 없는 범죄에 대한 재판을 하는 것이 되므로, 결국 기소된 사건 전부에 대하여 재판권을 가지지 아니한 일반 법원이나 군사법원은 사건 전부를 심판할 수 없다(대결 2016초기318).

**실력up 소년부 송치**

법원은 소년에 대한 피고사건을 심리한 결과 보호처분에 해당할 사유가 있다고 인정하면 결정으로써 사건을 관할 소년부에 송치하여야 한다(소년법 제50조).

## 2. 검사

### (1) 검사의 의의 및 성격

① 검사의 의의 : 검사는 검찰권을 행사하는 국가기관으로 수사권, 공소권, 형집행권 등은 검찰권의 핵심임

② 검사는 공익의 대표자로서 직무와 권한(검찰청법 제4조 제1항)

   ⊙ 범죄수사, 공소의 제기 및 그 유지에 필요한 사항

   ⓒ 범죄수사에 관한 특별사법경찰관리 지휘 · 감독

   ⓒ 법원에 대한 법령의 정당한 적용 청구

   ⓔ 재판 집행 지휘 · 감독

   ⓘ 국가를 당사자 또는 참가인으로 하는 소송과 행정소송 수행 또는 그 수행에 관한 지휘 · 감독

   ⓗ 다른 법령에 따라 그 권한에 속하는 사항

③ 검사의 성격 : 검사는 행정부 소속이므로 사법기관이 아니고 준사법기관에 속함

   ⊙ 사법기관적 성격

     • 단독제 : 검사는 자기의 책임과 명의로 검찰권을 행사하는 단독제 관청의 성격을 지니고 합의제는 존재하지 않음

     • 검사는 법관에 준하는 자격과 신분보장을 하고 있음

     • 검사의 처분에 대한 불복은 행정소송으로 할 수 없고 검찰항고, 재정신청, 헌법소원 등을 통하여 할 수 있음

**관련 판례** 공소내용취소

형사소송법에 의하면 검사가 공소를 제기한 사건은 기본적으로 법원의 심리대상이 되고 피의자 및 피고인은 수사의 적법성 및 공소사실에 대하여 형사소송절차를 통하여 불복할 수 있는 절차와 방법이 따로 마련되어 있으므로 검사의 공소제기가 적법절차에 의하여 정당하게 이루어진 것이냐의 여부에 관계없이 검사의 공소에 대하여는 형사소송절차에 의하여서만 이를 다툴 수 있고 행정소송의 방법으로 공소의 취소를 구할 수는 없다(대판 99두11264).

   ⓒ 행정기관적 성격

     • 법무부소속 : 검사의 임명과 보직은 법무부장관의 제청으로 대통령이 한다(검찰청법 제34조 제1항).

     • 검찰사무에 관한 지휘 · 감독 : 검사는 검찰사무에 관하여 소속 상급자의 지휘 · 감독에 따른다(검찰청법 제7조 제1항).

     • 법무부장관의 지휘 · 감독 : 법무부장관은 검찰사무의 최고 감독자로서 일반적으로 검사를 지휘 · 감독하고, 구체적 사건에 대하여는 검찰총장만을 지휘 · 감독한다(검찰청법 제8조).

     • 검사처분에 관한 기판력 : 검사의 불기소 처분 등에 관하여 기판력이나 일사부재리의 효력이 인정되지 않음

④ 검사의 자격과 신분보장

   ⊙ 검사의 임명자격 : 검사는 다음의 사람 중에서 임명한다(검찰청법 제29조).

     • 사법시험에 합격하여 사법연수원 과정을 마친 사람

     • 변호사 자격이 있는 사람

   ⓒ 검사의 임명과 보직은 법무부장관의 제청으로 대통령이 한다(검찰청법 제34

**관련 판례**

검사의 불기소처분에는 확정재판에 있어서의 확정력과 같은 효력이 없어 일단 불기소처분을 한 후에도 공소시효가 완성되기 전이면 언제라도 공소를 제기할 수 있으므로, 세무공무원 등의 고발이 있어야 공소를 제기할 수 있는 조세범처벌법 위반죄에 관하여 일단 불기소처분이 있었더라도 세무공무원 등이 종전에 한 고발은 여전히 유효하다. 따라서 나중에 공소를 제기함에 있어 세무공무원 등의 새로운 고발이 있어야 하는 것은 아니다(대판 2009도6614).

**심신장애로 인한 퇴직**

검사가 중대한 심신상의 장애로 인하여 직무를 수행할 수 없을 때 대통령은 법무부장관의 제청에 의하여 그 검사에게 퇴직을 명할 수 있다(검찰청법 제39조의2).

조 제1항).

ⓒ **신분보장** : 검사는 탄핵이나 금고 이상의 형을 선고받은 경우를 제외하고는 파면되지 아니하며, 징계처분이나 적격심사에 의하지 아니하고는 해임 · 면직 · 정직 · 감봉 · 견책 또는 퇴직의 처분을 받지 아니한다(검찰청법 제37조).

ⓔ **검사의 직무대리(검찰청법 제32조)**

- 검찰총장은 사법연수원장이 요청하면 사법연수생으로 하여금 일정 기간 지방검찰청 또는 지청 검사의 직무를 대리할 것을 명할 수 있다.
- 검찰총장은 필요하다고 인정하면 검찰수사서기관, 검찰사무관, 수사사무관 또는 마약수사사무관으로 하여금 지방검찰청 또는 지청 검사의 직무를 대리하게 할 수 있다.
- 검사의 직무를 대리하는 사람은 법원조직법에 따른 합의부의 심판사건은 처리하지 못한다.

> **관련 판례** 검사의 직무대리
>
> 검사직무대리자는 법원조직법에 규정된 합의부의 심판사건에 관하여서는 기소, 불기소등의 최종적 결정을 할 수 없음은 물론 수사도 할 수 없으므로 검사직무대리자가 작성한 합의부사건의 피고인에 대한 피의자신문조서는 증거로 할 수 없다(대판 78도49).

## (2) 검찰청

① **검찰청의 의의** : 검찰청은 검사의 사무를 총괄하는 기관으로 단독제 관청

② **검찰청의 설치와 관할구역(검찰청법 제3조)**

ⓐ 대검찰청은 대법원에, 고등검찰청은 고등법원에, 지방검찰청은 지방법원과 가정법원에 대응하여 각각 설치한다.

ⓑ 지방법원 지원 설치지역에는 이에 대응하여 지방검찰청 지청을 둘 수 있다.

ⓒ 각급 검찰청과 지청의 관할구역은 각급 법원과 지방법원 지원의 관할구역에 따른다.

## (3) 검찰사무에 관한 지휘와 감독

① **검찰사무에 관한 지휘와 감독(검찰청법 제7조)**

ⓐ 검사는 검찰사무에 관하여 소속 상급자의 지휘 · 감독에 따른다.

ⓑ 검사는 구체적 사건과 관련된 제1항의 지휘 · 감독의 적법성 또는 정당성에 대하여 이견이 있을 때에는 이의를 제기할 수 있다.

② **검사 직무의 위임 · 이전 및 승계(검찰청법 제7조의2)**

ⓐ 검찰총장, 각급 검찰청의 검사장 및 지청장은 소속 검사로 하여금 그 권한에 속하는 직무의 일부를 처리하게 할 수 있다.

ⓑ 검찰총장, 각급 검찰청의 검사장 및 지청장은 소속 검사의 직무를 자신이 처리하거나 다른 검사로 하여금 처리하게 할 수 있다.

③ **직무대리** : 차장검사는 검찰총장을 보좌하며, 검찰총장이 부득이한 사유로 직무를 수행할 수 없을 때에는 그 직무를 대리한다(검찰청법 제13조 제2항).

④ **검사교체의 효과** : 판사의 경질이 있는 때에는 공판절차를 갱신하여야 하지만(법 제301조) 검사가 교체된 경우에는 소송법상 효력에 영향이 없음

## (4) 검사의 소송법상 지위

① **검사의 지위**

ㄱ **검사의 수사** : 검사는 범죄의 혐의가 있다고 사료하는 때에는 범인, 범죄사실과 증거를 수사한다(법 제196조).

ㄴ **검사와 사법경찰관의 관계 등** : 검사와 사법경찰관은 수사, 공소제기 및 공소유지에 관하여 서로 협력하여야 한다(법 제195조 제1항).

ㄷ **보완수사요구** : 검사는 필요한 경우에 사법경찰관에게 보완수사를 요구할 수 있다(법 제197조의2 제1항).

ㄹ **시정조치요구 등** : 검사는 사법경찰관리의 수사과정에서 법령위반, 인권침해 또는 현저한 수사권 남용이 의심되는 사실의 신고가 있거나 그러한 사실을 인식하게 된 경우에는 사법경찰관에게 사건기록 등본의 송부를 요구할 수 있음

ㅁ **수사종결권** : 검사는 공소의 제기여부를 결정하는 수사종결권을 가진다(법 제246조 참조).

ㅂ **공소권 주체** : 검사는 공소를 제기할 수 있는 독점적 담당자로 공소제기권과 공소취소권을 가짐

ㅅ **재판 집행지휘** : 재판의 집행은 그 재판을 한 법원에 대응한 검찰청검사가 지휘한다(법 제460조 제1항).

② **검사의 의무**

ㄱ **권한과 의무** : 검사에게 인정되는 권한은 동시에 의무가 됨. 검사의 의무는 수사의무, 공소제기와 유지의무, 재판집행지휘 의무 등

ㄴ **검사의 객관의무** : 검사는 피고인에 대립하는 당사자이지만 동시에 공익의 대표자이자 준사법기관으로 그 직무를 수행할 때 국민 전체에 대한 봉사자로서 헌법과 법률에 따라 국민의 인권을 보호하고 적법절차를 준수하며, 정치적 중립을 지켜야 하고 주어진 권한을 남용하여서는 아니 된다(검찰청법 제4조 제2항). 피고인의 이익을 위한 상소와 재심청구, 피의자신문시 이익사실 진술 기회부여, 피고인을 위한 비상상고, 검사의 고소권자 지정 등

---

**관련 판례** 검사의 직무상 의무

검사는 공익의 대표자로서 실체적 진실에 입각한 국가 형벌권의 실현을 위하여 공소제기와 유지를 할 의무뿐만 아니라 그 과정에서 피고인의 정당한 이익을 옹호하여야 할 의무가 있다. 그리고 법원이 형사소송절차에서 피고인의 권리를 실질적으로 보장하기 위하여 마련되어 있는 형사소송법 등 관련 법령에 근거하여 검사에게 어떠한 조치를 이행할 것을 명하였고, 관련 법령의 해석상 그러한 법원의 결정에 따르는 것이 당연하고 그와 달리 해석될 여지가 없는 경우라면, 법에 기속되는 검사로서는 법원의 결정에 따라야 할 직무상 의무도 있다. 그런데도 그와 같은 상황에서 검사가 관련 법령의 해석에 관하여 대법원판례 등의 선례가 없다는 이유 등으로 법원의 결정에 어긋나는 행위를 하였다면 특별한 사정이 없는 한 당해 검사에게 직무상 의무를 위반한 과실이 있다고 보아야 한다(대판 2011다48452).

**검찰청 직원**
사법경찰관의 직무를 행하는 검찰청 직원은 검사의 지휘를 받아 수사하여야 한다(법 제245조의9 제2항).

**검사동일체의 원칙**
• 검사는 검찰권의 행사에 있어서 검찰총장을 정점으로 상하복종관계에 있다는 원칙으로 검찰조직의 피라미드형 계층구조 원리를 말함. 검사동일체의 원칙은 상명하복, 직무승계권, 직무이전권으로 이루어짐
• 상명하복 관계에 따라 검사는 전국적으로 통일적 계층제를 구성하는 조직체임
• 검찰총장은 직무승계권에 따라 소속 검사의 직무를 자신이 처리할 수 있으며, 직무이전권에 따라 다른 검사로 하여금 처리하도록 할 수 있음

**인권옹호의무**
검사 · 사법경찰관리와 그 밖에 직무상 수사에 관계있는 자는 피의자 또는 다른 사람의 인권을 존중하고 수사과정에서 취득한 비밀을 엄수하며 수사에 방해되는 일이 없도록 하여야 한다(법 제198조 제2항).

**피고인**

피고인은 공소제기 후 확정판결 전까지의 개념이고 공소제기 전 수사기관으로부터 수사를 받고 있는 자는 피의자에 해당함, 판결이 확정되어 형집행을 받고 있는 자는 수형자임

## 3. 피고인 ⭐ 빈출개념

### (1) 피고인의 의의와 종류

① **피고인의 의의** : 피고인은 검사에 의하여 형사책임을 져야 할 자로 공소가 제기된 자와 경찰서장에 의하여 즉결심판이 청구된 자

② **피고인의 종류**

㉠ **단독피고인과 공동피고인** : 단독으로 심판을 받는 피고인이 단독피고인이고, 동일한 소송절차에서 심판을 받고 있는 수인의 피고인이 공동피고인이다. 피고인을 위하여 원심판결을 파기하는 경우에 파기의 이유가 항소한 공동피고인에게 공통되는 때에는 그 공동피고인에게 대하여도 원심판결을 파기하여야 한다(법 제364조의2).

㉡ **일반피고인과 재심피고인** : 일반피고인은 통상의 공판절차에서 심판을 받고 있는 피고인이고, 재심피고인은 유죄의 확정판결을 받았으나 그 판결에 중대한 사실오인을 이유로 재심을 청구하여 재심심판을 받고 있는 피고인임. 일반피고인이 심신상실이 되면 공판절차가 정지되고 사망하면 공소기각결정을 함. 재심피고인이 심신상실이나 사망하더라도 재심심판절차에 영향을 주지 못함

**성년피고인과 소년피고인**

소년피고인은 만 19세 미만인 피고인이고, 성년피고인은 만 19세 이상인 피고인임. 성년피고인은 형사소송법이 적용되고, 소년피고인은 소년법이 적용됨

㉢ **구속피고인과 불구속피고인** : 피고인의 구속여부에 따른 분류로 소환방법, 궐석재판, 보석청구, 구속취소청구 등에 차이가 있음

③ **피고인 특정**

㉠ **피고인의 특정기준** : 형사소송법 제248조에 의하여 공소는 검사가 피고인으로 지정한 이외의 다른 사람에게 그 효력이 미치지 아니하는 것이므로 공소제기의 효력은 검사가 피고인으로 지정한 자에 대하여만 미치는 것이고, 따라서 피의자가 다른 사람의 성명을 모용한 탓으로 공소장에 피모용자가 피고인으로 표시되었다 하더라도 이는 당사자의 표시상의 착오일 뿐이고, 검사는 모용자에 대하여 공소를 제기한 것이므로 모용자가 피고인이 되고 피모용자에게 공소의 효력이 미친다고는 할 수 없다(대판 97도2215).

**관련 판례**

피의자가 다른 사람의 성명을 모용한 탓으로 공소장에 피모용자가 피고인으로 표시되었다 하더라도 이는 당사자의 표시상의 착오일 뿐이고 검사는 모용자에 대하여 공소를 제기한 것이므로 모용자가 피고인이 되고 피모용자에게 공소의 효력이 미친다고 할 수 없고, 이와 같은 경우 검사는 공소장의 인적 사항의 기재를 정정하여 피고인의 표시를 바로잡아야 하는 것인바, 이는 피고인의 표시상의 착오를 정정하는 것이지 공소장을 변경하는 것이 아니므로 형사소송법 제298조에 따른 공소장변경의 절차를 밟을 필요가 없고 법원의 허가도 필요로 하지 아니한다(대판 92도2554).

> **실력UP | 피고인표시를 정정하여 바로 잡은 경우**
>
> 검사가 공소장의 피고인표시를 정정하여 바로 잡은 경우에는 처음부터 모용자에 대한 공소의 제기가 있었고, 피모용자에 대한 공소의 제기가 있었던 것은 아니므로 법원은 모용자에 대하여 심리하고 재판을 하면 될 것이지, 원칙적으로는 피모용자에 대하여 심판할 것은 아님

㉡ **성명모용** : 수사절차에서 수사를 받는 피의자가 다른 사람의 성명을 모용함으로써 고소장에 다른 사람이 기재되어 그대로 공소가 제기되는 경우

- 공소제기의 효력은 모용자에게만 미치고 피모용자에게는 미치지 않음
- 피모용자 성명은 공소장기재의 착오에 불과하므로 검사는 공소장정정으로 모용관계를 바로 잡으면 족함
- 공소장정정이 이루어지지 않은 경우는 무효이므로 법원은 공소기각판결을 선고하여야 한다(법 제327조 제2호).

© 피모용자가 공판정에 출석한 경우

- 공소제기의 효력은 실질적 피고인에 대해서만 발생
- 피모용인이 출석하면 퇴정시키고 모용인을 소환하여 소송절차 진행
- 판결의 효력은 피모용인에게 미침

**관련 판례** 피모용자가 약식명령에 대하여 정식재판을 청구한 경우

피모용자가 약식명령을 송달받고 이에 대하여 정식재판의 청구를 하여 피모용자를 상대로 심리를 하는 과정에서 성명모용 사실이 발각되고 검사가 공소장을 정정하는 등 사실상의 소송계속이 발생하고 형식상 또는 외관상 피고인의 지위를 갖게 된 경우에는 법원으로서는 피모용자에게 적법한 공소의 제기가 없었음을 밝혀주는 의미에서 형사소송법 제327조 제2호를 유추적용하여 공소기각의 판결을 함으로써 피모용자의 불안정한 지위를 명확히 해소해 주어야 할 것이지만, 진정한 피고인인 모용자에게는 아직 약식명령의 송달이 없었다고 할 것이므로 검사는 공소장에 기재된 피고인 표시를 정정하고 법원은 이에 따라 약식명령의 피고인 표시를 정정하여 본래의 약식명령과 함께 이 경정결정을 모용자인 피고인에게 송달하면 이때야 비로소 위 약식명령은 적법한 송달이 있다고 볼 것이고, 이에 대하여 소정의 기간 내에 정식재판의 청구가 없으면 이 약식명령은 확정된다(대판 97도2215).

## (2) 피고인의 소송법상 지위

① **당사자로서의 지위** : 피고인은 소송주체로 검사와 함께 당사자에 해당하고, 검사의 공격에 자기를 방어하여야 하는 수동적 당사자

② **피고인의 방어권과 참여권**

㉠ **방어권** : 공판기일의 변경신청권, 소송서류 열람·복사권, 진술거부권, 진술권, 의견진술권, 접견교통권, 국선변호인제도, 변호인선임권 등

㉡ **참여권** : 기피신청권, 관할이전신청권, 관할위반신청권, 증인신문에의 참여권, 공판준비절차에서의 증거조사, 증거보전신청권, 압수·수색영장 집행에의 참여권 등

③ **증거방법으로서의 지위** : 피고인은 소송주체로서 당사자의 지위를 가지지만 증거방법으로서의 지위도 가짐, 증거방법으로서의 지위는 보조적 지위에 불과

㉠ **인적 증거방법** : 피고인신문을 통하여 임의로 행한 진술 또는 자백은 피고인에게 유리하거나 불리한 증거가 될 수 있음

**관련 판례** 증인적격 인정

형사소송절차상 피고인의 증인적격이 부정되고 있어 피고인의 진술거부권이 침해될 소지는 없다고 보여질 뿐 아니라, 피고인은 증인이 아닌 당사자로서 그 법정진술이 직접 자신을 위한 유리한 증거로 사용될 수 있다는 점에서 경찰공무원에 대한 증인적격 인정이 바로 피고인에 대한 증인적격 인정으로 귀결된다고 볼 아무런 근거가 없고, 그밖에 이 사건 법률조항에 의한 경찰 공무원의 증인적격 인정과 피고인의 진술거부권 침해와의 연관성을 인정할 만한 사정도 없다(헌재 2001헌바41).

㉡ **물적 증거방법** : 피고인의 신체가 감정의 대상이 될 수 있음

④ **절차대상으로서의 지위** : 피고인은 소환, 구속, 수색, 압수의 대상이 되며 피고인

**국민의 권리**
모든 국민은 고문을 받지 아니하며, 형사상 자기에게 불리한 진술을 강요당하지 아니한다(헌법 제12조 제2항).

**관련 판례**

미결구금일수 산입범위의 결정을 법관의 자유재량에 맡기는 이유는 피고인이 고의로 부당하게 재판을 지연시키는 것을 막아 형사재판의 효율성을 높이고, 피고인의 남상소를 방지하여 상소심 법원의 업무부담을 줄이는데 있다. 그러나 미결구금을 허용하는 것 자체가 헌법상 무죄추정의 원칙에서 파생되는 불구속수사의 원칙에 대한 예외인데, 형법 제57조 제1항 중 "또는 일부 부분"은 그 미결구금일수 중 일부만을 본형에 산입할 수 있도록 규정하여 그 예외에 대하여 사실상 다시 특례를 설정함으로써, 기본권 중에서도 가장 본질적인 신체의 자유에 대한 침해를 가중하고 있다(헌재 2007헌바25).

은 이를 거부할 수 없음

### (3) 무죄추정의 원칙

① 의의 : 형사피고인은 유죄의 판결이 확정될 때까지는 무죄로 추정된다(헌법 제27조 제4항). 피고인은 유죄의 판결이 확정될 때까지는 무죄로 추정된다(법 제275조의2).

② 주요 내용

  ㉠ 주체 : 무죄추정의 원칙은 피고인은 물론 피의자에게도 인정

  ㉡ 시간적 범위 : 무죄추정의 원칙은 유죄판결이 확정될 때까지이므로 제1심과 제2심에서 유죄가 선고되더라도 이 원칙은 깨지지 않음

  ㉢ 인신구속의 제한 : 피의자에 대한 수사는 불구속 상태에서 함을 원칙으로 한다(법 제198조 제1항).

  ㉣ 의심스러울 때에는 피고인의 이익으로(in dubio pro reo) : 무죄추정의 원칙상 법관이 유죄에 대한 확신을 가질 수 없을 때에는 피고인에게 유리하게 무죄판결을 선고하여야 한다는 것으로 이에 대한 거증책임은 검사가 부담

  ㉤ 불이익한 처우의 금지 : 공소장에는 사건에 관하여 법원에 예단이 생기게 할 수 있는 서류 기타 물건을 첨부하거나 그 내용을 인용하여서는 아니된다(규칙 제118조 제2항).

> **관련 판례** 무죄추정의 원칙
>
> 무죄추정의 원칙은 수사를 하는 단계뿐만 아니라 판결이 확정될 때까지 형사절차와 형사재판 전반을 이끄는 대원칙으로서, '의심스러우면 피고인의 이익으로'라는 오래된 법언에 내포된 이러한 원칙은 우리 형사법의 기초를 이루고 있다(대판 2016도21231).

**자기부죄거부특권**

자신에게 불리한 진술을 거부할 수 있는 특권으로 우리나라의 헌법과 형사소송법상의 피고인이나 피의자의 진술거부권과 증인이 가지는 증언 거부권을 포함하는 특권을 이름

### (4) 진술거부권 ★ 빈출개념

① 진술거부권의 의의 : 피고인 또는 피의자가 공판절차나 수사절차에서 법원이나 수사기관의 신문에 진술을 거부할 수 있는 권리로 헌법은 모든 국민은 고문을 받지 아니하며, 형사상 자기에게 불리한 진술을 강요당하지 아니한다(헌법 제12조 제2항)고 하고 형사소송법은 피고인은 진술하지 아니하거나 개개의 질문에 대하여 진술을 거부할 수 있다(법 제283조의2 제1항)고 하고 있음

> **관련 판례** 진술거부권조항에 위배되지 아니한 경우
>
> 주취운전의 혐의자에게 호흡측정기에 의한 주취여부의 측정에 응할 것을 요구하고 이에 불응할 경우 처벌한다고 하여도 이는 형사상 불리한 "진술"을 강요하는 것에 해당한다고 할 수 없으므로 헌법 제12조 제2항의 진술거부권조항에 위배되지 아니한다(헌재 96헌가11).

② 진술거부권의 내용

  ㉠ 진술거부권의 주체 : 모든 국민은 고문을 받지 아니하며, 형사상 자기에게 불리한 진술을 강요당하지 아니한다(헌법 제12조 제2항)고 하고 있으므로 피의

자, 피고인도 진술거부권을 가짐

ⓛ 진술거부권의 내용

- 진술의 강요금지 : 형사상 자기에게 불리한 진술을 강요당하지 않는다는 것은 진술의 거부로 형벌, 과태료를 과할 수 없고 진술을 강요하기 위한 고문도 금지

헌법상 보장된 진술거부권에 관한 법리에 비추어 살펴보면, 처벌규정은 적어도 새마을금고의 임직원이 장차 특정경제범죄법에 규정된 죄로 처벌받을 수도 있는 사항에 관한 질문을 받고 거짓 진술을 한 경우에는 특별한 사정이 없는 한 적용되지 않는다. 이러한 경우까지 항상 처벌규정으로 처벌될 수 있다고 본다면, 이는 실질적으로 장차 형사피의자나 피고인이 될 가능성이 있는 자로 하여금 수사기관 앞에서 자신의 형사책임을 자인하도록 강요하는 것과 다르지 않기 때문이다(대판 2015도3136).

- 진술 : 진술은 생각이나 지식, 경험 등을 언어를 통하여 표출하는 것으로 진술인 이상 서면에 의한 진술도 포함됨, 지문의 채취, 음주측정, 사진촬영 등은 대상이 아님
- 진술의 범위 : 피고인은 진술하지 아니하거나 개개의 질문에 대하여 진술을 거부할 수 있다(법 제283조의2 제1항). 진술은 불리한 진술뿐만 아니라 유리한 진술도 포함

③ 진술거부권의 고지

㉠ 고지 : 수사기관과 재판장은 피의자 또는 피고인에게 진술을 거부할 수 있음을 미리 고지하여야 한다(법 제244조의3 제1항, 제283조의2 제2항).

㉡ 고지방법 : 피의자 또는 피고인에게 진술을 거부할 수 있음을 적극적이고 명시적으로 고지해 주어야 한다. 공판절차의 갱신에 따라 재판장은 피고인에게 진술거부권 등을 고지한 후 법 제284조에 따른 인정신문을 하여 피고인임에 틀림없음을 확인하여야 한다(규칙 제144조 제1항 제1호).

형사소송법이 보장하는 피의자의 진술거부권은 헌법이 보장하는 형사상 자기에 불리한 진술을 강요당하지 않는 자기부죄거부의 권리에 터 잡은 것이므로 수사기관이 피의자를 신문함에 있어서 피의자에게 미리 진술거부권을 고지하지 않은 때에는 그 피의자의 진술은 위법하게 수집된 증거로서 진술의 임의성이 인정되는 경우라도 증거능력이 부인되어야 한다(대판 2010도8294).

㉢ 진술거부권 고지에 과한 명문의 규정이 없는 경우 : 명문의 규정이 없는 경우는 수사기관의 고지의무가 없다는 것이 판례의 입장

헌법 제12조는 제1항에서 적법절차의 원칙을 선언하고, 제2항에서 "모든 국민은 고문을 받지 아니하며, 형사상 자기에게 불리한 진술을 강요당하지 아니한다."고 규정하여 진술거부권을 국민의 기본적 권리로 보장하고 있다. 이는 형사책임과 관련하여 비인간적인 자백의 강요와

고문을 근절하고 인간의 존엄성과 가치를 보장하려는 데에 그 취지가 있다. 그러나 진술거부권이 보장되는 절차에서 진술거부권을 고지받을 권리가 헌법 제12조 제2항에 의하여 바로 도출된다고 할 수는 없고, 이를 인정하기 위해서는 입법적 뒷받침이 필요하다(대판 2013도5441).

### (5) 서류 등의 열람·등사권

① **공소제기 전 서류 등의 열람·등사** : 수사 비공개의 원칙에 의하여 공소제기 전에는 수사서류에 대한 열람·등사는 인정되지 않는 것이 원칙

> **관련 판례** 서류 등의 열람
>
> ～수사에 대한 변론은 기소전 절차인 구속적부심에서 피고소지를 변호하기 위하여 필요한 것인데, 그 열람불허를 구제받기 위하여 행정소송을 제기하더라도 그 심판에 소요되는 통상의 기간에 비추어 볼 때 이에 의한 구제가 기소전에 이루어질 가능성이 거의 없고 오히려 기소된 후에 이르러 권리보호이익의 흠결을 이유로 행정소송이 각하될 것이 분명한 만큼, 변호인인 청구인에게 이러한 구제절차의 이행을 요구하는 것은 불필요한 우회절차를 강요하는 셈이 되어 부당하다(헌재 2000헌마474).

② **공소제기 후 법원에 제출되지 않은 서류 등의 열람·등사** : 피고인 또는 변호인은 검사에게 공소제기 된 사건에 관한 서류 또는 물건의 목록과 공소사실의 인정 또는 양형에 영향을 미칠 수 있는 서류 등의 열람·등사 또는 서면의 교부를 신청할 수 있다. 다만, 피고인에게 변호인이 있는 경우에는 피고인은 열람만을 신청할 수 있다(법 제266조의3 제1항).

③ **공소제기 후 법원에 제출된 서류 등의 열람·등사** : 피고인과 변호인은 소송계속 중의 관계 서류 또는 증거물을 열람하거나 복사할 수 있다(법 제35조 제1항).

④ **판결확정 후 서류 등의 열람·복사** : 누구든지 권리구제·학술연구 또는 공익적 목적으로 재판이 확정된 사건의 소송기록을 보관하고 있는 검찰청에 그 소송기록의 열람 또는 등사를 신청할 수 있다(법 제59조의2 제1항).

### (6) 당사자능력과 소송능력

① **당사자능력**
  ㉠ **당사자능력의 의의** : 소송법상 당사자가 될 수 있는 능력으로 일반적·추상적 능력임
  ㉡ **당사자능력이 있는 사람** : 살아 있는 사람인 자연인은 당연히 당사자능력을 가지나 태어나 사망하면 당사자능력이 없음, 법인의 경우 법률에 처벌규정이 있는 경우에 한하여 당사자능력을 가짐
  ㉢ **당사자능력의 소멸** : 자연인은 사망으로 당사자능력이 소멸되고, 법인은 존속하지 않게 되었을 경우 당사자능력 소멸됨

> **관련 판례** 당사자능력의 상실 여부
>
> 법인은 그 청산종결의 등기가 경료되었다면 특단의 사정이 없는 한 법인격이 상실되어 법인의 당사자능력 및 권리능력이 상실되었다고 추정할 것이나 법인세체납 등으로 공소제기되어

그 피고사건의 공판계속중에 그 법인의 청산결료의 등기가 경료되었다고 하더라도 동 사건이 종결되지 아니하는 동안 법인의 청산사무는 종료된 것이라 할 수 없고 형사소송법상 법인의 당사자능력도 그대로 존속한다(대판 84도693).

   ⓔ **당사자능력의 소멸 효과** : 피고인이 사망하거나 피고인인 법인이 존속하지 아니하게 되었을 때에는 공소기각 결정을 하여야 한다(법 제328조 제1항 제2호).
   ⓜ **재심청구는** 사망하거나 심신장애가 있는 경우에도 청구할 수 있고, 재심심판 절차에서 재심피고인이 사망하더라도 절차는 진행된다(법 제438조 제2항).
  ② **소송능력**
   ㉠ **소송능력의 의의** : 피고인으로서 유효하게 소송행위를 할 수 있는 정신능력

> **관련 판례** 형사소송법상 소송능력
>
> 형사소송법상 소송능력이라 함은 소송당사자가 유효하게 소송행위를 할 수 있는 능력이라 함은 소송당사자가 유효하게 소송행위를 할 수 있는 능력, 즉 피고인 또는 피의자가 자기의 소송상의 지위와 이해관계를 이해하고 이에 따라 방어행위를 할 수 있는 의사능력을 의미한다. 의사능력이 있으면 소송능력이 있다는 원칙은 피해자 등 제3자가 소송행위를 하는 경우에도 마찬가지라고 보아야 한다(대판 2009도6058).

   ㉡ **소송능력 흠결의 효과**
    • **소송행위의 무효** : 소송능력이 없는 자의 소송행위는 무효
    • **공판절차의 정지** : 피고인이 사물의 변별 또는 의사의 결정을 할 능력이 없는 상태에 있는 때에는 법원은 검사와 변호인의 의견을 들어서 결정으로 그 상태가 계속하는 기간 공판절차를 정지하여야 한다(법 제306조 제1항).
    • 피고사건에 대하여 무죄, 면소, 형의 면제 또는 공소기각의 재판을 할 것으로 명백한 때에는 공판절차의 정지의 사유있는 경우에도 피고인의 출정없이 재판할 수 있다(법 제306조 제4항).

## 4. 변호인

### (1) 변호인의 의의

  형사소송에서 피의자나 피고인의 이익을 보호하는 보조자로서 변호를 담당하는 사람

> **실력UP** **변호인제도**
>
> 변호인제도는 검사와 법률전문가인 변호인을 피의자나 피고인을 보조하게 하여 무기평등의 원칙을 실현하고 공정한 재판을 하기 위함임

### (2) 변호인의 선임

  ① **사선변호인**
   ㉠ **사선변호인의 의의** : 피의자 또는 피고인 등 사인이 선임하는 변호인
   ㉡ **변호인선임권자** : 피고인 또는 피외자는 변호인을 선임할 수 있고, 피고인 또

---

SEMI-NOTE

**관련 판례**

피해자가 제1심 법정에서 피고인들에 대한 처벌희망 의사표시를 철회할 당시 비록 14세 10개월의 어린 나이였다고는 하나, 피해자의 의사표시가 당해 사건 범행의 의미, 본인이 피해를 당한 정황, 자신이 하는 처벌희망 의사표시 철회의 의미 및 효과 등을 충분히 이해하고 분별할 수 있는 등 의사능력이 있는 상태에서 행해졌다면 법정대리인의 동의가 없었더라도 그 철회의 의사표시는 유효하다(대판 2009도6058).

**소송능력 흠결의 효과**
• 피고인 또는 피의자가 의사무능력자인 경우에는 그 법정대리인이 소송행위를 대리한다(법 제26조).
• 피고인 또는 피의자가 법인인 때에는 그 대표자가 소송행위를 대표한다(법 제27조 제1항).
• 재심의 청구는 형의 집행을 정지하는 효력이 없다. 단 관할법원에 대응한 검찰청검사는 재심청구에 대한 재판이 있을 때까지 형의 집행을 정지할 수 있다(법 제428조).

**관련 판례**

형사소송에 있어서 변호인을 선임할 수 있는 자는 피고인 및 피의자와 형사소송법 제30조 제2항에 규정된 자에 한정되는 것이고, 피고인 및 피의자로부터 그 선임권을 위임받은 자가 피고인이나 피의자를 대리하여 변호인을 선임할 수는 없는 것이므로, 피고인이 법인인 경우에는 형사소송법 제27조 제1항 소정의 대표자가 피고인인 당해 법인을 대표하여 피고인을 위한 변호인을 선임하여야 하며, 대표자가 제3자에게 변호인 선임을 위임하여 제3자로 하여금 변호인을 선임하도록 할 수는 없다(대결 94모25).

는 피의자의 법정대리인, 배우자, 직계친족과 형제자매는 독립하여 변호인을 선임할 수 있다(법 제30조).

**실력UP 변호인의 선임**

피고인 또는 피의자의 법정대리인, 배우자, 직계친족과 형제자매는 피의자나 피고인의 명시한 의사에 반하여서도 변호인을 선임할 수 있고, 의사에 반한 변호인 선임도 본인에게 효력이 있음

ⓒ **변호인의 자격** : 변호인은 변호사 중에서 선임하여야 한다. 단, 대법원 이외의 법원은 특별한 사정이 있으면 변호사 아닌 자를 변호인으로 선임함을 허가할 수 있다(법 제31조).

ⓡ **변호인의 수** : 피의자 또는 피고인이 선임할 수 있는 변호인의 수는 제한이 없음

ⓜ **변호인선임의 방식** : 변호인의 선임은 심급마다 변호인과 연명날인한 서면으로 제출하여야 한다(법 제32조 제1항).

ⓗ **변호인선임의 성질** : 변호인선임은 사법상 계약으로 이루어지는 반면 국선변호인 선정은 법원의 재판행위

**사건이 병합되었을 경우의 변호인선임의 효력**

하나의 사건에 관하여 한 변호인선임은 동일법원의 동일피고인에 대하여 병합된 다른 사건에 관하여도 그 효력이 있다. 다만, 피고인 또는 변호인이 이와 다른 의사표시를 한 때에는 그러하지 아니하다(규칙 제13조).

**관련 판례** 변호인선임

피고인들의 제1심 변호인에게 변호사법 제31조 제1호의 수임제한 규정을 위반한 위법이 있다 하여도, 피고인들 스스로 위 변호사를 변호인으로 선임한 이 사건에 있어서 다른 특별한 사정이 없는 한 위와 같은 위법으로 인하여 변호인의 조력을 받을 피고인들의 권리가 침해되었다거나 그 소송절차가 무효로 된다고 볼 수는 없다(대판 2008도9812).

ⓢ **변호인선임의 효력** : 변호인의 선임은 심급마다 변호인과 연명날인한 서면으로 제출하여야 한다. 공소제기 전의 변호인선임은 제1심에도 그 효력이 있다(법 제32조).

**관련 판례**

환송전 원심에서 선임된 변호인의 변호권은 사건이 환송된 뒤에는 항소심에서 다시 생긴다(대판 68도64).

ⓞ **변호인선임과 심급과의 관계** ★빈출개념

• 변호인의 선임은 심급마다 변호인과 연명날인한 서면으로 제출하여야 한다(법 제32조 제1항).

• 공소제기 전의 변호인선임은 제1심에도 그 효력이 있다(법 제32조 제2항).

• 원심법원에서의 변호인 선임은 환송 또는 이송이 있은 후에도 효력이 있다(규칙 제158조).

ⓩ **대표변호인**(법 제32조의2)

• 수인의 변호인이 있는 때에는 재판장은 피고인 · 피의자 또는 변호인의 신청에 의하여 대표변호인을 지정할 수 있고 그 지정을 철회 또는 변경할 수 있다.

• 신청이 없는 때에는 재판장은 직권으로 대표변호인을 지정할 수 있고 그 지정을 철회 또는 변경할 수 있다.

• 대표변호인은 3인을 초과할 수 없다.

- 대표변호인에 대한 통지 또는 서류의 송달은 변호인 전원에 대하여 효력이 있다.
- 피의자에게 수인의 변호인이 있는 때에 검사가 대표변호인을 지정하는 경우에 이를 준용한다.

② 국선변호인

ⓘ **국선변호인의 의의** : 법원에 의해 선정된 변호인으로 국선변호인제도는 사선 변호인제도를 보충하기 위한 제도이자 피고인의 방어권을 보강하기 위한 제도

ⓛ **국선변호인의 선정사유**

- 체포되거나 구속된 피의자에게 변호인이 없는 때에는 법원은 국선변호인을 선정하여야 한다(법 제214조의2 제10항).
- 심문할 피의자에게 변호인이 없는 때에는 지방법원판사는 직권으로 변호인을 선정하여야 한다. 이 경우 변호인의 선정은 피의자에 대한 구속영장 청구가 기각되어 효력이 소멸한 경우를 제외하고는 제1심까지 효력이 있다(법 제201조의2 제8항).

ⓒ **필요적 변호사건**

- 법원은 피고인이 구속된 때, 피고인이 미성년자인 때, 피고인이 70세 이상인 때, 피고인이 듣거나 말하는 데 모두 장애가 있는 사람인 때, 피고인이 심신장애가 있는 것으로 의심되는 때, 피고인이 사형, 무기 또는 단기 3년 이상의 징역이나 금고에 해당하는 사건으로 기소된 때에는 법원은 직권으로 변호인을 선정하여야 한다(법 제33조 제1항).
- 법원은 피고인이 빈곤이나 그 밖의 사유로 변호인을 선임할 수 없는 경우에 피고인이 청구하면 변호인을 선정하여야 한다(법 제33조 제2항).

ⓔ **공판준비기일 출석** : 법원은 공판준비기일이 지정된 사건에 관하여 변호인이 없는 때에는 직권으로 변호인을 선정하여야 한다(법 제266조의8 제4항).

ⓜ **재심절차와 변호인선임** : 재심을 청구한 자가 변호인을 선임하지 아니한 때에는 재판장은 직권으로 변호인을 선임하여야 한다(법 제438조 제4항).

ⓗ **국신변호인의 자격과 수**

- 국선변호인은 법원의 관할구역안에 사무소를 둔 변호사, 그 관할구역안에 서 근무하는 공익법무관 또는 그 관할구역안에서 수습 중인 사법연수생 중에서 이를 선정한다(규칙 제14조 제1항).
- 국선변호인은 피고인 또는 피의자마다 1인을 선정한다. 다만, 사건의 특수성에 비추어 필요하다고 인정할 때에는 1인의 피고인 또는 피의자에게 수인의 국선변호인을 선정할 수 있다(규칙 제15조 제1항).

ⓐ 국선변호인의 선정취소
- 필요적 취소 : 법원 또는 지방법원 판사는 다음의 어느 하나에 해당하는 때에는 국선변호인의 선정을 취소하여야 한다(규칙 제18조 제1항).
  - 피고인 또는 피의자에게 변호인이 선임된 때
  - 국선변호인이 자격을 상실한 때
  - 법원 또는 지방법원 판사가 국선변호인의 사임을 허가한 때
- 임의적 취소 : 법원 또는 지방법원 판사는 다음의 어느 하나에 해당하는 때에는 국선변호인의 선정을 취소할 수 있다(규칙 제18조 제2항).
  - 국선변호인이 그 직무를 성실하게 수행하지 아니하는 때
  - 피고인 또는 피의자의 국선변호인 변경신청이 상당하다고 인정하는 때
  - 그 밖에 국선변호인의 선정결정을 취소할 상당한 이유가 있는 때

### (3) 변호인의 지위

① 보호자적 지위 : 변호인은 피고인의 정당한 법적 이익을 보호해 주는 보호자로서의 지위가 주된 지위이고 존재이유이기도 함. 변호인은 피고인의 이익을 위하지만 피고인에게 종속되지 않고 자신의 권한 행사

② 공익적 지위 : 변호사는 그 직무를 수행할 때에 진실을 은폐하거나 거짓 진술을 하여서는 아니 된다(변호사법 제24조 제2항). 변호인이 방어권을 남용하거나 자신의 변호권을 남용해서도 안됨. 변호인은 피고인에게 불리한 증거를 발견해도 이를 제출할 의무가 없고, 피고인의 유죄를 알고 있어도 무죄를 주장할 수 있음

### (4) 변호인의 권한

① 변호인은 독립하여 소송행위를 할 수 있다. 단, 법률에 다른 규정이 있는 때에는 예외로 한다(법 제36조). 변호인은 피의자나 피고인의 소송행위를 대리하는 대리권과 변호인에게 인정되는 고유권 있음

② 독립대리권
  ㉠ 명시한 의사에 반해서 행사할 수 있는 권리 : 보석청구권, 체포 · 구속취소청구, 증거보전청구, 증거조사에 대한 이의청구, 재판장 처분에 대한 이의신청 등
  ㉡ 명시한 의사에 반할 수 없으나 묵시적 의사에 반하여 행사할 수 있는 권리 : 기피신청, 증거동의, 상소제기 등

③ 종속대리권 : 피고인의 의사에 종속되어 행사하는 대리권으로 관할위반신청, 관할이전신청, 상소의 취소 등

④ 고유권 : 변호인의 권리로 특별히 규정된 것으로 대리권으로 볼 수 없는 것
  ㉠ 변호인만 가지는 권리 : 피고인신문권, 피의자 · 피고인과의 접견교통권, 피고

변호인의 권한
변호인은 피의자나 피고인이 할 수 있는 소송행위로서 대리가 허용되는 모든 소송행위에 포괄적 대리권을 가짐

인신문권 등

 ⓛ 피고인과 **중복해서 가지는 권리** : 증인신문권, 공판기일출석권, 서류 등 열람 · 복사권, 감정에의 참여권, 최종의견진술권 등

## 5. 보조인

### (1) 보조인의 의의

보조인은 피의자 또는 피고인과 일정한 신분관계에 있는 사람으로 변호인 외의 보조자를 말함

### (2) 보조인의 자격(법 제29조)

① 피고인 또는 피의자의 법정대리인, 배우자, 직계친족과 형제자매는 보조인이 될 수 있다.
② 보조인이 될 수 있는 자가 없거나 장애 등의 사유로 보조인으로서 역할을 할 수 없는 경우에는 피고인 또는 피의자와 신뢰관계 있는 자가 보조인이 될 수 있다.
③ 보조인이 되고자 하는 자는 심급별로 그 취지를 신고하여야 한다.

## 02절   소송행위

## 1. 소송행위의 의의 및 분류

### (1) 의의

소송절차를 형성하는 소송주체나 소송관계인 등의 행위로서 일정한 소송법적 효과가 발생하는 행위

**실력UP 소송행위**

법관의 임면, 사법사무의 분배, 법정경찰의 법정정리, 공판개정준비는 소송행위가 아님

### (2) 분류

 ① **주체에 의한 분류**
  ㉠ **법원의 소송행위** : 법원이 행하는 소송행위로 심리와 재판, 강제처분과 증거조사, 재판장 · 수명법관 · 수탁판사의 소송행위, 법원사무관 등의 소송행위 등
  ㉡ **당사자의 소송행위** : 당사자인 검사와 피고인이 행하는 소송행위로 피고인의 변호인 · 대리인 · 보조인의 소송행위, 각종 청구와 신청, 입증, 진술 등
  ㉢ **제3자의 소송행위** : 법원 또는 당사자가 아닌 제2자의 소송행위로 고소인의 고소, 증인의 증언, 감정인의 감정 등
 ② **기능에 의한 분류**

SEMI-NOTE

　　　⊙ **취효적 소송행위** : 행위 자체로만 소송상황을 형성하지 않고 법원의 재판이 있을 때 비로소 법적 효과가 발생하는 소송행위로 공소제기, 증거조사신청, 관할위반신청 등

　　　⊙ **여효적 소송행위** : 행위 그 자체로 직접적으로 소송절차를 형성하는 소송행위로 고소취소, 상소취소, 정식재판청구 등

　③ **목적에 의한 분류**

　　　⊙ **실체형성행위** : 피고사건에 대한 법관의 심증형성을 직접 목적으로 하는 소송행위로 피고인의 진술, 증거조사, 당사자의 진술·변론·증언, 법원의 검증 등

　　　⊙ **절차형성행위** : 형사절차를 진행시키는 소송행위로 공소제기, 공판기일의 지정, 소송관계인의 소환, 증거조사의 신청, 상수일 제기 등

## 2. 소송행위의 요소

### (1) 소송행위 주체

　① **소송행위의 적격** : 소송행위의 주체가 자신의 이름으로 소송행위를 할 수 있는 자격

　② **소송행위의 대리**

소송행위의 대리
검사나 법원은 소송행위의 대리가 인정되지 않음

　　　⊙ **개념** : 본인 이외의 제3자가 본인을 위하여 소송행위를 하고 그 효과가 본인에게 직접 미치도록 하는 것

　　　⊙ **대리의 허용범위**

**관련 판례**
고발은 피해자 본인 및 고소권자를 제외하고는 누구나 할 수 있는 것이어서 고발의 대리는 허용되지 않는다(대판 88도1533).

　　　　• 포괄대리 허용규정 : 경미사건에 대한 피고인 대리, 의사무능력자에 대한 법정대리, 법인의 대표자 대리, 특별대리인, 변호인·보조인에 의한 대리 등

　　　　• 개별대리

　　　　　– 명문의 허용규정이 있는 경우 : 고소 또는 고소취소의 대리, 재정신청의 대리, 변호인선임의 대리, 상소의 대리 등

　　　　　– 명문의 허용규정이 없는 경우 : 법적 안정성을 고려하여 명문의 허용 규정이 없는 경우 대리를 허용하지 않음, 고발, 자수, 자백, 증언, 감정의 대리는 인정하지 않음

### (2) 소송행위의 방식

　① **소송행위의 방식**

　　　⊙ **개념** : 형사절차의 형식적 확실성과 피고인의 방어권을 보장하기 이하여 법률에 규정한 소송행위의 개별적 방식으로 구두주의와 서면주의가 있음

　　　⊙ **구두주의와 서면주의**

구두주의, 서면주의 모두 허용되는 소송행위
고소·고발과 그 취소, 고소의 취소, 공소장 변경, 상소의 포기와 취하, 기피신청, 증거조사신청과 이의신청 등

　　　　• 구두주의 : 소송행위를 구두로 하는 주의로 표시내용이 신속·선명하고 표시와 표시자가 일치

　　　　• 서면주의 : 소송행위를 서면으로 하는 주의로 내용적·절차적으로 명확히 하여 장래의 분쟁 방지

**소송행위의 방식**

어느 방식에 의하든 국어를 사용하여야 하고 국어에 능통하지 아니하면 통역을 사용함

ⓒ 현행법상 소송행위의 방식
- 구두주의 : 검사·피고인의 모두진술, 피고인신문, 증인신문, 증거조사결과에 대한 피고인의 의견진술, 검사의 의견진술, 변호인의 최후변론과 피고인의 최후진술, 인정신문, 진술거부권의 고지, 불필요한 변론의 제한, 퇴정명령, 판결선고, 판결선고시 재판장의 훈계, 상소할 기간과 상소할 법원에 대한 재판장의 고지, 결정·명령의 고지의 원칙적 방법 등
- 서면주의 : 체포·구속시 가족·친지 등에 서면통지, 공소제기, 약식명령청구, 정식재판의 청구, 상소제기, 준항고의 제기, 재심청구, 비상상고, 영장발부, 변호인선임신고, 불기소처분통지 및 이유통지, 재정신청, 판결정정의 신청 등

② 소송서류
ⓐ 소송서류의 의의 : 특정한 소송과 관련하여 일체의 서류로 법원이 작성한 서류는 물론 소송관계인이 작성하여 제출한 서류도 포함
ⓑ 소송서류의 분류
- 성질에 의한 분류
  - 의사표시적 서류 : 일방적인 의사표시를 내용으로 하는 서류로 공소장, 변호인선임계 재판서 등
  - 보고적 서류 : 일정한 사실을 보고하는 서류로 검증조서, 공판조서, 피의자신문조서, 참고인진술조서 등
- 작성자에 의한 분류
  - 공무원의 서류 : 공무원이 서류를 작성함에는 문자를 변개하지 못한다. 삽입, 삭제 또는 난외기재를 할 때에는 이 기재한 곳에 날인하고 그 자수를 기재하여야 한다. 단, 삭제한 부분은 해득할 수 있도록 자체를 존치하여야 한다(법 제58조).
  - 비공무원의 서류 : 공무원 아닌 자가 작성하는 서류에는 연월일을 기재하고 기명날인 또는 서명하여야 한다. 인장이 없으면 지장으로 한다(법 제59조).

**관련 판례** 검사의 서명날인이 되어 있지 아니한 경우

검사 작성의 피의자신문조서에 작성자인 검사의 서명날인이 되어 있지 아니한 경우 그 피의자신문조서는 공무원이 작성하는 서류로서의 요건을 갖추지 못한 것으로서 위 법규정에 위반되어 무효이고 따라서 이에 대하여 증거능력을 인정할 수 없다고 보아야 할 것이다(대판 2001도4091).

ⓒ 조서 ★ 빈출개념
- 조서의 의의 : 보고적 문서 중 일정한 절차와 사실을 인증하기 위하여 작성

SEMI-NOTE

**소송에 관한 서류**
소송에 관한 서류는 공판의 개정 전에는 공익상 필요 기타 상당한 이유가 없으면 공개하지 못한다(법 제47조).

04장 소송주체와 소송행위

**관련 판례**
검사의 공소장은 법원에 대하여 형사재판을 청구하는 서류로서 그 기재내용이 실체적 사실인정의 증거자료가 될 수는 없다(대판 78도575).

**관련 판례**
공판조서에 그 공판에 관여한 법관의 성명이 기재되어 있지 아니하다면 공판절차가 법령에 위반되어 판결에 영향을 미친 위법이 있다 할 것이다(대판 70도1312).

된 공권적 문서로 공판조서, 진술조서, 검증조서, 압수 · 수색조서 등

- 조서의 작성방법 : 피고인, 피의자, 증인, 감정인, 통역인 또는 번역인을 신문하는 때에는 신문에 참여한 법원사무관 등이 조서를 작성하여야 한다(법 제48조 제1항).
- 조서의 기재요건 : 조서에는 서면, 사진, 속기록, 녹음물, 영상녹화물, 녹취서 등 법원이 적당하다고 인정한 것을 인용하고 소송기록에 첨부하거나 전자적 형태로 보관하여 조서의 일부로 할 수 있다(규칙 제29조 제1항).
- 공판조서 : 공판기일에 참여한 법원사무관등이 작성한 조서
- 공판조서의 기재사항(법 제51조 제2항)
  - 공판을 행한 일시와 법원
  - 법관, 검사, 법원사무관등의 관직, 성명
  - 피고인, 대리인, 대표자, 변호인, 보조인과 통역인의 성명
  - 피고인의 출석여부
  - 공개의 여부와 공개를 금한 때에는 그 이유
  - 공소사실의 진술 또는 그를 변경하는 서면의 낭독
  - 피고인에게 그 권리를 보호함에 필요한 진술의 기회를 준 사실과 그 진술한 사실
  - 조서에 기재한 사항
  - 증거조사를 한 때에는 증거될 서류, 증거물과 증거조사의 방법
  - 공판정에서 행한 검증 또는 압수
  - 변론의 요지
  - 재판장이 기재를 명한 사항 또는 소송관계인의 청구에 의하여 기재를 허가한 사항
  - 피고인 또는 변호인에게 최종 진술할 기회를 준 사실과 그 진술한 사실
  - 판결 기타의 재판을 선고 또는 고지한 사실
- 공판조서의 서명 : 공판조서에는 재판장과 참여한 법원사무관등이 기명날인 또는 서명하여야 한다(법 제53조 제1항).
- 피고인의 공판조서열람권등사 : 피고인은 공판조서의 열람 또는 등사를 청구할 수 있다. 피고인이 공판조서를 읽지 못하는 때에는 공판조서의 낭독을 청구할 수 있다. 청구에 응하지 아니한 때에는 그 공판조서를 유죄의 증거로 할 수 없다(법 제55조).
- 공판조서의 증명력 : 공판기일의 소송절차로서 공판조서에 기재된 것은 그 조서만으로써 증명한다(법 제56조).

ⓔ **공판정에서의 속기 · 녹음 및 영상녹화(법 제56조의2)**
- 법원은 검사, 피고인 또는 변호인의 신청이 있는 때에는 특별한 사정이 없는 한 공판정에서의 심리의 전부 또는 일부를 속기사로 하여금 속기하게 하거나 녹음장치 또는 영상녹화장치를 사용하여 녹음 또는 영상녹화하여야 하며, 필요하다고 인정하는 때에는 직권으로 이를 명할 수 있다.
- 법원은 속기록 · 녹음물 또는 영상녹화물을 공판조서와 별도로 보관하여야

한다.

- 검사, 피고인 또는 변호인은 비용을 부담하고 속기록 · 녹음물 또는 영상녹화물의 사본을 청구할 수 있다.

③ 소송서류의 송달

　㉠ 검사에 대한 송달 : 검사에 대한 송달은 서류를 소속검찰청에 송부하여야 한다(법 제62조).

　㉡ 피고인에 대한 송달

- 교부송달 : 송달은 특별한 규정이 없으면 송달받을 사람에게 서류의 등본 또는 부본을 교부하여야 한다(법 제65조).
- 우체에 부치는 송달 : 주거, 사무소 또는 송달영수인의 선임을 신고하여야 할 자가 그 신고를 하지 아니하는 때에는 법원사무관등은 서류를 우체에 부치거나 기타 적당한 방법에 의하여 송달할 수 있다(법 제61조 제1항).
- 재가감자에 대한 송달 : 교도소, 구치소 또는 국가경찰관서의 유치장에 체포 · 구속 또는 유치된 사람에 대한 송달은 교도소, 구치소 또는 국가경찰관서의 장에게 한다(법 제65조).
- 공시송달 : 피고인의 주거, 사무소와 현재지를 알 수 없는 때에는 공시송달을 할 수 있다(법 제63조 제1항).

> **관련 판례** 교도소 또는 구치소에 구속된 자에 대한 송달은 그 소장에게 송달하면 구속된 자에게 전달된 여부와 관계없이 효력이 생기는 것이다(대판 94도2687).

> **관련 판례** 공시송달
>
> 공시송달은 피고인의 주거, 사무소와 현재지를 알 수 없는 때에 한하여 할 수 있을 뿐이고 피고인의 주거, 사무소, 현재지 등이 기록상 나타나 있는 경우에는 이를 할 수 없다(대결 85모6).

### (3) 소송행위의 일시와 장소

① 소송행위의 일시 : 소송행위의 일시에는 기일과 기간이 있음

　㉠ 기일 : 소송행위를 하기로 법률이나 재판에 의해 정해진 때로 공판기일, 증인신문기일, 검증기일 등

　㉡ 기간 : 시기와 종기가 법률이나 재판에 의해 정해진 시간의 길이

　㉢ 기간의 종류

- 행위기간 : 일정한 기간 내에만 적법한 소송행위를 할 수 있는 기간으로 고소기간, 상소기간, 즉시항고 제출기간, 상고이유서 재출기간 등
- 불행위기간 : 일정기간 내에는 소송행위를 할 수 없는 기간으로 제1회 공판기일 유예기간, 소환장 송달의 유예기간 등
- 제한기간 : 그 기간을 넘어서는 소송행위가 계속될 수 없는 기간으로 구속기간, 감정유치기간 등
- 법정기간 : 기간의 길이가 법률로 정하여져 있는 기간으로 구속기간, 상소제기기간 등
- 재정기간 : 재판에 의해 정하여지는 기간으로 구속기간 연장, 영장의 유효기간, 감정유치기간 등
- 효력기간(불변기간) : 기간경과 후에 행한 소송행위가 무효로 되는 경우로

**공시송달의 방식(법 제64조)**

- 공시송달은 대법원규칙의 정하는 바에 의하여 법원이 명한 때에 한하여 할 수 있다.
- 공시송달은 법원사무관등이 송달할 서류를 보관하고 그 사유를 법원게시장에 공시하여야 한다.
- 법원은 전항의 사유를 관보나 신문지상에 공고할 것을 명할 수 있다.
- 최초의 공시송달은 제2항의 공시를 한 날로부터 2주일을 경과하면 그 효력이 생긴다. 단, 제2회 이후의 공시송달은 5일을 경과하면 그 효력이 생긴다.

**법정기간의 연장**

법정기간은 소송행위를 할 자의 주거 또는 사무소의 소재지와 법원 또는 검찰청 소재지와의 거리 및 교통통신의 불편 정도에 따라 대법원규칙으로 이를 연장할 수 있다(법 제67조).

서 연장이 허용되지 않는 기간으로 고소기간, 구속기간, 재정신청기간 등

• **훈시기간** : 기간경과 후에 소송행위를 하더라도 그 효력에 영향이 없는 기간으로 고소 · 고발사건처리기간, 재정결정기간, 재판기간, 사형집행기간 등

> **관련 판례** 훈시기간
>
> 형사소송법 제262조 제1항이 20일 이내에 재정결정을 하도록 규정한 것은 훈시적 규정에 불과하므로 그 기간이 지난 후에 재정결정을 하였다 하여 재정결정 자체가 위법한 것은 아니다(대결 90모58).

   ⓛ 기간의 계산(법 제66조)

     • 기간의 계산에 관하여는 시료 계산하는 것은 즉시부터 기산하고 일, 월 또는 연으로 계산하는 것은 초일을 산입하지 아니한다. 다만, 시효와 구속기간의 초일은 시간을 계산하지 아니하고 1일로 산정한다.

     • 연 또는 월로 정한 기간은 연 또는 월 단위로 계산한다.

     • 기간의 말일이 공휴일이거나 토요일이면 그날은 기간에 산입하지 아니한다. 다만, 시효와 구속기간에 관하여는 예외로 한다.

   ② **소송행위의 장소** : 공판은 법정에서 하고, 법원장은 필요에 따라 법원 외의 장소에서 개정하게 할 수 있다(법원조직법 제56조).

## 3. 소송행위에 대한 가치판단

### (1) 의의

해석에 의하여 소송행위의 내용을 확정한 후 그 소송행위의 소송법적 효과를 판단하는 것으로 성립과 불성립, 적법과 부적법, 이유 유무, 유효와 무효 등

### (2) 소송행위의 성립과 불성립

> **관련 판례**
>
> 엄격한 형식과 절차에 따른 공소장의 제출은 공소제기라는 소송행위가 성립하기 위한 본질적 요소라고 할 것이므로, 공소의 제기에 현저한 방식 위반이 있는 경우에는 공소제기의 절차가 법률의 규정에 위반하여 무효인 경우에 해당하고, 위와 같은 절차위배의 공소제기에 대하여 피고인과 변호인이 이의를 제기하지 아니하고 변론에 응하였다고 하여 그 하자가 치유되지는 않는다(대판 2008도11813).

   ① **의의** : 소송행위가 소송행위로서 본질적 구성요소를 전혀 구비하지 못한 경우가 불성립이고 형식과 외관을 갖춘 경우가 성립

   ② **법적 효과** : 소송행위가 성립하면 설령 무효라 하더라도 방치할 수 없고 법적 판단을 하여야 함. 불성립의 경우는 법원 및 소송관계인은 무시하거나 방치할 수 있음

> **관련 판례** 소송행위의 성립
>
> 소송행위로서 요구되는 본질적인 개념요소가 결여되어 소송행위로 성립되지 아니한 경우에는 소송행위가 성립되었으나 무효인 경우와는 달리 하자의 치유문제는 발생하지 않으나, 추후 당해 소송행위가 적법하게 이루어진 경우에는 그 때부터 위 소송행위가 성립된 것으로 볼 수 있다(대판 2003도2735).

### (3) 소송행위의 적법과 부적법

   ① **의의** : 소송행위의 성립을 전제로 소송행위가 법률에 합치되는가에 대한 가치판단

② **법적 효과** : 법률의 효력규정에 위반한 소송행위는 부적법, 무효가 되지만 훈시 규정을 위반한 행위는 부적법하지만 무효는 아님

## (4) 소송행위의 이유 유무

① **의의** : 소송행위가 적법한 것을 전제로 법률행위적 소송행위에 관하여 그 의사표 시의 내용이 정당한가에 대한 가치판단

② **법적 효과** : 소송행위의 실질적 내용이 타당성을 가진 경우에는 법원은 당사자가 원하는 효과를 발생시키는 재판을 하여야 하고, 소송행위의 실질적 내용이 타당 성이 없는 경우 재판을 기각하여야 함

## (5) 소송행위의 유효와 무효

① **의의** : 소송행위가 성립한 것을 전제로 소송행위의 본래적 효력을 인정할 것인가 에 대한 가치판단

② **법적 효과** : 본래의 효력이 발생하는 경우가 유효, 유효요건을 구비하지 못하여 그 본래의 효력이 발생하지 않는 경우 무효

③ **하자의 치유** : 하자의 치유는 무효인 소송행위가 사정변경에 의하여 유효한 소송 행위가 될 수 있는가의 문제로 하자의 치유에는 공격방어방법의 소멸과 추완이 있음

　㉠ **공격방어방법의 소멸** : 토지관할 위반, 공소장부본송달의 하자, 공판기일지정 의 하자, 제1회 공판기일의 유예기간의 하자, 증인신문 순서의 하자, 증인신 문이 기일과 장소의 불통지의 하자 등

> **관련 판례** 증거능력
>
> 제1회 공판기일 전에 형사소송법 제184조에 의한 증거보전절차에서 증인신문을 하면서, 위 증 인신문의 일시와 장소를 피의자 및 변호인에게 미리 통지하지 아니하여 증인신문에 참여할 수 있는 기회를 주지 아니하였고, 또 변호인이 제1심 공판기일에 위 증인신문조서의 증거조사 에 관하여 이의신청을 하였다면, 위 증인신문조서는 증거능력이 없다 할 것이고, 그 증인이 후 에 법정에서 그 조서의 진정성립을 인정한다 하여 다시 그 증거능력을 취득한다고 볼 수도 없 다(대판 91도2337).

　㉡ **추완** : 상소권 회복, 약식명령에 대한 정식재판청구권의 회복, 변호인선임의 추완, 공소장불특정의 추완, 고소의 추완 등

> **관련 판례** 정식재판청구로서의 효력
>
> 변호인선임신고서를 제출하지 아니한 변호인이 변호인 명의로 정식재판청구서만 제출하고, 형사소송법 제453조 제1항이 정하는 정식재판청구기간 경과 후에 비로소 변호인선임신고서 를 제출한 경우, 변호인 명의로 제출한 위 정식재판청구서는 적법 · 유효한 정식재판청구로서 의 효력이 없다(대결 2003모429).

## 4. 소송조건

SEMI-NOTE

> **관련 판례**
>
> 착오에 의한 소송행위가 무효로 되 기 위하여서는 첫째 통상인의 판단 을 기준으로 하여 만일 착오가 없었 다면 그러한 소송행위를 하지 않았 으리라고 인정되는 중요한 점(동기 를 포함)에 관하여 착오가 있고, 둘 째 착오가 행위자 또는 대리인이 책 임질 수 없는 사유로 인하여 발생하 였으며, 셋째 그 행위를 유효로 하 는 것이 현저히 정의에 반한다고 인 정될 것 등 세 가지 요건을 필요로 한다(대결 92모1).

04장

소송주체와 소송행위

> **관련 판례**
>
> 강간죄는 친고죄로서 피해자의 고 소가 있어야 죄를 논할 수 있고 기 소 이후의 고소의 추완은 허용되지 아니한다 할 것이며 이는 비친고죄 인 강간치사죄로 기소되었다가 친 고죄인 강간죄로 공소장이 변경되 는 경우에도 동일하다 할것이니, 강 간치사죄의 공소사실을 강간죄로 변경한 후에 이르러 비로소 피해자 의 부가 고소장을 제출한 경우에는 강간죄의 공소 제기절차는 법률의 규정에 위반하여 무효인때에 해당 한다(대판 82도1504).

## (1) 의의

형사절차의 허용조건, 즉 수사, 공판, 형집행의 허용조건으로 실체적 심판을 하기 위한 조건 또는 형사소송의 발생, 유지, 존속을 위한 기본조건

## (2) 소송조건의 종류

① **일반적 소송조건과 특별 소송조건** : 일반적 소송조건은 일반사건에 공통으로 요구되는 소송조건(재판권, 관할권)이고, 특별소송조건은 특수한 사건에 한해서만 필요한 소송조건(친고죄에 있어서 고소)

② **절대적 소송조건과 상대적 소송조건** : 절대적 소송조건은 법원의 직권으로 조사해야 하는 소송조건으로 당사기능력과 형사제민시이기 있고, 상대적 소송조건은 당사자의 신청을 기다려 비로소 조사하는 소송조건으로 토지관할이 있음

③ **적극적 소송조건과 소극적 소송조건** : 적극적 소송조건은 일정한 사실의 존재가 소송조건으로 되어 있는 경우로 공소제기, 당사자능력의 존재, 재판권 및 관할권의 존재가 있음, 소극적 소송조건은 일정한 사실의 부존재가 소송조건으로 되어 있는 경우로 확정판결이 없을 것, 이중의 공소제기가 없을 것, 공소시효기간이 완성되지 않았을 것 등

④ **형식적 소송조건과 실체적 소송조건** : 관할위반사유, 공소기각판결사유, 공소기각결정사유는 형식적 소송조건에 해당하고, 실체적 소송조건은 면소판결사유가 됨

## (3) 소송조건의 조사

① **직권조사** : 소송조건은 형사절차의 허용조건으로 수사절차에서는 수사기관이, 공판절차에서는 법원이 조사

② **소송조건의 증명** : 소송조건은 소송법적 사실로 자유로운 증명으로 족하다는 것이 판례의 입장

## (4) 소송조건 흠결의 법적 효과

① **불기소처분 및 형식재판** : 검사가 수사절차에서 소송조건에 흠결을 발견한 경우 불기소처분을 해야 하고, 검사가 이를 간과하여 공소를 제기한 경우 법원은 형식재판으로 소송 종결

② **소송조건 흠결의 경합** : 소송조건의 흠결이 경합하는 경우 하자의 중대성, 명백성을 기준으로 공소기각결정, 공소기각판결, 관할위반판결, 면소판결 순으로 재판

**관련 판례** 공소기각판결을 선고할 것인지의 여부

무죄의 제1심판결에 대하여 검사가 채증법칙 위배 등을 들어 항소하였으나 공소기각 사유가 있다고 인정될 경우, 항소심법원은 직권으로 판단하여 제1심판결을 파기하고 피고인에 대한 공소사실에 관하여 무죄라는 판단을 하기에 앞서 공소기각의 판결을 선고하여야 하고, 공소기각 사유가 있으나 피고인의 이익을 위한다는 이유로 검사의 항소를 기각하여 무죄의 제1심판결을 유지할 수 없다(대판 94도1818).

# 05장 공판

## 01절 공소의 제기

## 1. 공소제기

### (1) 공소제기와 공소권

**소송주체의 3대 기본권리**
법원의 심판권, 피고인의 방어권, 검사의 공소권

① **공소제기** : 공소는 검사가 법원이 특정 형사사건의 심판을 구하는 법률행위적 소송행위이고, 공소제기는 수사의 종결과 범위에 의한 심판개시의 특성을 가짐

② **공소권** : 공소권은 공소를 제기하여 수행하는 검사의 권리로 특정사건에 관한 구체적인 형벌권 존부의 확인인 유·무죄의 실체판결을 청구하는 권리

③ **공소권남용이론** : 공소권남용은 공소제기가 형식적으로는 적법하지만 실질적으로는 위법·부당한 경우이고, 공소권남용이론은 공소권의 남용이 있을 때 유·무죄의 실체판결을 하지 않고 공소기각판결 등 형식재판으로 소송을 종결하여야 한다는 것으로 검사의 공소권을 규제하자는 이론

**관련 판례**

어떤 사람에 대하여 공소가 제기된 경우 그 공소가 제기된 사람과 동일하거나 다소 중한 범죄구성요건에 해당하는 행위를 하였음에도 불기소된 사람이 있다는 사유만으로는 그 공소의 제기가 평등권 내지 조리에 반하는 것으로서 공소권 남용에 해당한다고 할 수 없다(대판 2006도1623).

> **관련 판례** 공소권의 남용 기준
>
> 검사가 자의적으로 공소권을 행사하여 피고인에게 실질적인 불이익을 줌으로써 소추재량권을 현저히 일탈한 것으로 보이는 경우에는 이를 공소권의 남용으로 판단하여 공소제기의 효력을 부인할 수 있으나, 이는 단순히 직무상의 과실에 의한 것만으로는 부족하고 적어도 미필적이나마 어떠한 의도가 있어야 한다(대판 2011도9243).

### (2) 공소제기의 기본원칙

① **국가소추주의** : 공소는 검사가 제기하여 수행한다(법 제246조). 즉, 공소제기의 권한이 국가기관인 검사에게 전담시키는 제도

② **기소독점주의** : 공소는 검사가 제기하여 수행한다(법 제246조). 따라서 공소권의 행사는 검사만이 행사할 수 있는 것으로 일반 사인은 공소권 행사 불가능

ㄱ **기소독점주의의 장·단점** : 공소제기의 공정성을 국가가 보장하고 국가적 입장에서 공평하고 획일적인 소추를 할 수 있는 반면, 공소권 행사가 검사의 자의와 독선에 빠질 위험이 있고 정치적 영향으로 공소권이 남용될 수 있음

ㄴ **기소독점주의의 예외** : 즉결심판은 관할경찰서장 또는 관할해양경찰서장이 관할법원에 이를 청구한다(즉결심판에 관한 절차법 제3조 제1항).

**기소법정주의**
수사결과 공소를 제기할 수 있는 혐의가 인정되어 소송조건을 구비하면 반드시 소송을 제기하여야 하는 제도

③ **기소편의주의** : 검사는 형법 제51조(양형의 조건)의 사항을 참작하여 공소를 제기하지 아니할 수 있다(법 제247조). 따라서 검사에게 형사소추와 관련하여 기소·불기소의 재량권을 인정하는 제도

ㄱ **기소편의주의의 장·단점** : 형사사법의 탄력성있는 운영으로 구체적인 정의 실현을 할 수 있고, 범인에게 조기 개선의 기회를 줄 수 있으며 불필요한 공소제기를 억제할 수 있다. 반면 형사사법의 투명성을 저해하여 법적 안정성

을 해칠 우려 존재

  ⓛ **기소편의주의의 예외** : 법원은 재정신청의 결정을 한 때에는 즉시 그 정본을 재정신청인·피의자와 관할 지방검찰청검사장 또는 지청장에게 송부하여야 한다. 이 경우 공소제기의 결정을 한 때에는 관할 지방검찰청검사장 또는 지청장에게 사건기록을 함께 송부하여야 한다(법 제262조 제5항). 공소제기의 결정에 따른 재정결정서를 송부받은 관할 지방검찰청 검사장 또는 지청장은 지체 없이 담당 검사를 지정하고 지정받은 검사는 공소를 제기하여야 한다(법 제262조 제6항).

  ⓒ **기소편의주의의 내용**

   • 공소취소 인정 : 검사는 공소를 제기한 후에도 공소를 취소할 수 있다. 공소는 제1심판결의 선고 전까지 취소할 수 있다. 공소취소는 이유를 기재한 서면으로 하여야 한다. 단, 공판정에서는 구술로써 할 수 있다(법 제255조).

   • 기소유예의 인정 : 불기소처분을 기소유예라 하는데 기소편의주의는 기소유예를 인정하는 입법주의임. 범인의 연령, 성행, 지능과 환경, 피해자에 대한 관계, 범행의 동기, 수단과 결과, 범행 후의 정황 등을 고려하여 기소유예할 수 있음

 ④ **기소변경주의** : 공소취소는 검사가 공소제기를 철회하는 법률행위적 소송행위로 공소취소를 인정하는 입법주의가 기소변경주의

  ㉠ **기소변경주의의 예외** : 검사는 재정신청의 결정에 따라 공소를 제기한 때에는 이를 취소할 수 없다(법 제264조의2).

  ⓛ **공소장의 변경과 구별** : 공소장의 변경은 공소사실의 동일성을 해하지 아니하는 한도에서 철회하여야 하고(법 제298조 제1항), 공소의 취소는 동일성이 인정되지 않는 수개의 공소사실의 전부 또는 일부를 철회하는 것(법 제255조)

---

**관련 판례** 공소장변경신청이 있는 경우

실체적 경합관계에 있는 수개의 공소사실 중 어느 한 공소사실을 전부 철회하는 검찰관의 공판정에서의 구두에 의한 공소장변경신청이 있는 경우 이것이 그 부분의 공소를 취소하는 취지가 명백하다면 비록 공소취소신청이라는형식을 갖추지 아니하였더라도 이를 공소취소로 보아 공소기각결정을 하여야 한다(대판 91도1438).

---

  ⓒ **공소취소의 절차** : 공소취소는 검사만이 할 수 있고, 취소의 사유에는 법률상 제한이 없으며 공소제기 후 사정변경으로 불기소처분을 상당하다고 인정하는 경우면 족하다. 공소취소는 이유를 기재한 서면으로 하여야 하고 제1심판결의 선고 전까지 취소할 수 있다(법 제255조).

  ② **고소인등에의 처분고지** : 검사는 고소 또는 고발있는 사건에 관하여 공소를 제기하거나 제기하지 아니하는 처분, 공소의 취소 또는 송치를 한 때에는 그 처분한 날로부터 7일 이내에 서면으로 고소인 또는 고발인에게 그 취지를 통지하여야 한다(법 제258조 제1항).

  ⓜ **공소취소의 효과**

   • 공소가 취소되었을 때 결정으로 공소를 기각하여야 한다(법 제328조 제1항

제1호).

• 공소취소와 재기소 : 공소취소에 의한 공소기각의 결정이 확정된 때에는 공소취소 후 그 범죄사실에 대한 다른 중요한 증거를 발견한 경우에 한하여 다시 공소를 제기할 수 있다(법 제329조).

> **관련 판례** 다시 공소를 제기할 수 있는 경우

> 형사소송법 제329조는 공소취소에 의한 공소기각의 결정이 확정된 때에는 공소취소 후 그 범죄사실에 대한 다른 중요한 증거를 발견한 경우에 한하여 다시 공소를 제기할 수 있다고 규정하고 있는바, 이는 단순일죄인 범죄사실에 대하여 공소가 제기되었다가 공소취소에 의한 공소기각결정이 확정된 후 다시 종전 범죄사실 그대로 재기소하는 경우뿐만 아니라 범죄의 태양, 수단 피해의 정도 범죄로 얻은 이익 등 범죄사실의 내용을 추가 변경하여 제기되는 경우에도 마찬가지로 적용된다(대판 2008노9634).

## 2. 공소제기의 효과와 방식

### (1) 공소제기의 방식 ★ 빈출개념

① 공소장 제출 : 공소를 제기함에는 공소장을 관할법원에 제출하여야 한다(법 제254조 제1항). 공소장에는 피고인수에 상응한 부본을 첨부하여야 하며(법 제254조 제2항), 법원은 공소의 제기가 있는 때에는 지체없이 공소장의 부본을 피고인 또는 변호인에게 송달하여야 한다. 단, 제1회 공판기일 전 5일까지 송달하여야 한다(법 제266조).

> **관련 판례** 공소제기일

> 공소제기는 공소장이 법원에 도달한 때 그 효력이 발생하므로 공소장의 제출일자와 법원직원이 접수인을 찍은 날짜가 다르다면 공소장 제출일자를 공소제기일로 보아야 하나 통상의 경우 공소장에 접수일로 찍혀 있는 날짜는 공소제기일로 추정된다(대판 2002도690).

② 공소장의 기재사항

　㉠ 필요적 기재사항 : 공소장에는 피고인의 성명 기타 피고인을 특정할 수 있는 사항, 죄명, 공소사실, 적용법조 사항을 기재하여야 한다(법 제254조 제3항).

> **관련 판례** 적용법조 기재

> 공소장에는 죄명·공소사실과 함께 적용법조를 기재하여야 하지만(형사소송법 제254조) 공소장에 적용법조를 기재하는 이유는 공소사실의 법률적 평가를 명확히 하여 공소의 범위를 확정하는 데 보조기능을 하도록 하고, 피고인의 방어권을 보장하고자 함에 있을 뿐이고, 법률의 해석 및 적용 문제는 법원의 전권이므로, 공소사실이 아닌 어느 처벌조항을 준용할지에 관한 해석 및 판단에 있어서는 법원은 검사의 공소장 기재 적용법조에 구속되지 않는다(대판 2018도3443).

**관련 판례** 공소의 제기의 무효인 경우

> 검사의 기명날인 또는 서명이 없는 상태로 관할법원에 제출된 공소장은 형사소송법 제57조 제1항에 위반된 서류라 할 것이다. 그리고 이와 같이 법률이 정한 형식을 갖추지 못한 공소장 제출에 의한 공소의 제기는 특별한 사정이 없는 한 그 절차가 법률의 규정에 위반하여 무효인 때(형사소송법 제327조 제2호)에 해당한다. 다만 이 경우 공소를 제기한 검사가 공소장에 기명날인 또는 서명을 추완하는 등의 방법에 의하여 공소의 제기가 유효하게 될 수 있다(대판 2010도17052).

㉡ 임의적 기재사항 : 수개의 범죄사실과 적용법조를 예비적 또는 택일적으로 기재할 수 있다(법 제254조 제5항).

**관련 판례** 공소장의 임의적 기재사항

> 형사소송법 제254조 제5항에 수개의 범죄사실과 적용법조를 예비적 또는 택일적으로 기재할 수 있다함은 수개의 범죄사실간에 범죄사실의 동일성이 인정되는 범위내에서는 물론 그들 범죄사실 상호간에 범죄의 일시, 장소, 수단 및 객체등이 달라서 수개의 범죄사실로 인정되는 경우에도 이들 수개의 범죄사실을 예비적 또는 택일적으로 기재할 수 있다는 취지다(대판 65도114).

③ 공소장일본주의 : 검사가 공소를 제기할 때 공소장 하나만을 법원에 제출하여야 하고 공소장에는 공소장 첨부서류 외에 사건에 관하여 법원에 예단이 생기게 할 수 있는 서류 기타 물건을 첨부하거나 그 내용을 인용하여서는 아니된다(규칙 제118조 제2항).

㉠ 이론적 근거 : 예단의 배제, 공판중심주의 요청, 위법수집증거의 차단 등

㉡ 공소장일본주의 내용

- 첨부의 금지, 인용의 금지 : 법원에 예단이 생기게 할 수 있는 서류 기타 물건을 첨부하거나 그 내용을 인용하여서는 아니된다(규칙 제118조 제2항).
- 여사기재의 금지 : 필요적 기재사항 이외의 사항을 기재하는 것을 금지하는 말함

㉢ 적용범위

- 공소장일본주의는 공소제기에 한하여 적용되고, 공소제기 이후의 정차에는 적용되지 않음.
- 약식명령의 청구는 공소의 제기와 동시에 서면으로 하여야 한다(법 제449조).

**관련 판례** 공소장일본주의 위반이 아닌 경우

> 검사가 약식명령을 청구하는 때에는 약식명령의 청구와 동시에 약식명령을 하는 데 필요한 증거서류 및 증거물을 법원에 제출하여야 하는바(형사소송규칙 제170조), 이는 약식절차가 서면심리에 의한 재판이어서 공소장일본주의의 예외를 인정한 것이므로 약식명령의 청구와 동시에 증거서류 및 증거물이 법원에 제출되었다 하여 공소장일본주의를 위반하였다 할 수 없다(대판 2007도3906).

- 약식명령에 대한 정식재판의 청구 : 약식명령에 대한 정식재판의 청구가 있는 때에는 공소장일본주의 적용

SEMI-NOTE

**관련 판례**

공소장에는 법령이 요구하는 사항만 기재할 것이고 공소사실의 첫머리에 공소사실과 관계 없이 법원의 예단만 생기게 할 사유를 불필요하게 나열하는 것은 옳다고 할 수 없고, 공소사실과 관련이 있는 것도 원칙적으로 범죄의 구성요건에 적어야 할 것이고, 이를 첫머리 사실로서 불필요하게 길고 장황하게 나열하는 것을 적절하다고 할 수 없다(대판 2007도748).

• 즉결심판에 대한 정식재판의 청구 : 즉결심판에 대한 정식재판의 청구가 있는 때에는 공소장일본주의가 적용되지 않음

공소장일본주의에 위배된 공소제기라고 인정되는 때에는, 그 절차가 법률의 규정에 위반하여 무효인 때에 해당하는 것으로 보아 공소기각의 판결을 선고하는 것이 원칙이다(대판 2012도2957).

**관련 판례** 공소장일본주의가 배제된 경우

즉결심판에 관한 절차법이 즉결심판의 청구와 동시에 판사에게 증거서류 및 증거물을 제출하도록 한 것은 즉결심판이 범증이 명백하고 죄질이 경미한 범죄사건을 신속·적정하게 심판하기 위한 입법적 고려에서 공소장일본주의가 배제되도록 한 것이라고 보아야 한다(대판 2008도7375).

ⓔ **공소장일본주의의 위반효과** : 공소제기의 절차가 법률의 규정에 위반하여 무효인 때에는 판결로써 공소기각의 선고를 하여야 한다(법 제327조 제2호).

## (2) 공소제기의 효과

불고불리의 원칙
법원은 공소제기가 없는 경우 사건을 심판하지 못함

① **소송계속** : 공소제기에 의하여 사건이 법원의 심리와 재판의 대상이 되는 상태를 소송계속이라 하고 소송계속은 공소제기가 유효한 경우는 물론 무효인 경우에도 발생

② **공소시효의 정지** : 시효는 공소의 제기로 진행이 정지되고(법 제253조 제1항), 공범의 1인에 대한 시효정지는 다른 공범자에게 대하여 효력이 미친다(법 제253조 제2항).

③ **공소제기의 효력범위** : 공소제기의 효력은 공소장에 기재된 피고인, 공소사실과 동일성이 인정되는 사실에 전부 미침
  ㉠ **공소제기의 인적 효력범위** : 공소의 효력은 검사가 피고인으로 지정한 자에게만 미친다(법 제248조 제1항).
  ㉡ **공소제기의 물적 효력범위** : 범죄사실의 일부에 대한 공소의 효력은 범죄사실 전부에 미친다(법 제248조 제2항).

④ **지위의 전환** : 공소가 제기되면 피의자는 피고인의 지위를 취득하고 피의사건이 피고사건으로 된다. 강제처분의 권한이 검사에서 법원으로 전환되고 구속기간의 기준변경, 보석청구권 발생 등

⑤ **일죄의 일부 기소 문제** : 판례는 기소편의주의 원칙상 일죄의 일부에 대한 공소제기를 허용

**관련 판례** 공소제기를 허용하는 경우

하나의 행위가 여러 범죄의 구성요건을 동시에 충족하는 경우 공소제기권자는 자의적으로 공소권을 행사하여 소추 재량을 현저히 벗어났다는 등의 특별한 사정이 없는 한 증명의 난이 등 여러 사정을 고려하여 그중 일부 범죄에 관해서만 공소를 제기할 수도 있다(대판 2017도13458).

## 3. 공소시효

### (1) 공소시효의 의의

① 의의 : 공소시효는 검사가 일정기간 동안 공소를 제기하지 않고 방치하는 경우 국가소추권이 소멸되는 제도

② 도입의 의미

  ㉠ 시간의 경과에 따른 증거의 멸실 등으로 진실발견이 어려워짐

  ㉡ 피해자 처벌감정의 약화

  ㉢ 범인의 도피는 대체 형벌에 해당

  ㉣ 국가 태만에 대한 제재수단

③ 공소시효의 연장 : 공소시효를 연장하는 법률의 개정이 헌법적으로 허용되는지 여부에 관하여 판례는 공소시효가 완성되지 않은 경우 원칙적으로 허용할 수 있으나 공소시효가 완성된 경우는 예외적인 경우에 한하여 허용된다는 입장

④ 공소시효 규정의 배제

  ㉠ 사람을 살해한 범죄로 사형에 해당하는 범죄에 대하여는 공소시효를 적용하지 아니한다(법 제253조의2).

  ㉡ 13세 미만의 사람 및 신체적인 또는 정신적인 장애가 있는 사람에 대하여 다음의 죄를 범한 경우에는 공소시효를 적용하지 아니한다(성폭력범죄의 처벌 등에 관한 특례법 제21조 제3항).

    • 형법 제297조(강간), 제298조(강제추행), 제299조(준강간, 준강제추행), 제301조(강간등 상해 · 치상), 제301조의2(강간등 살인 · 치사) 또는 제305조(미성년자에 대한 간음, 추행)의 죄

    • 제6조 제2항, 제7조 제2항 및 제5항, 제8조, 제9조의 죄

    • 아동 · 청소년의 성보호에 관한 법률 제9조 또는 제10조의 죄

  ㉢ 헌정질서 파괴범죄, 집단살해에 해당하는 범죄에 대하여 공소시효를 적용하지 아니한다(헌정질서 파괴범죄의 공소시효 등에 관한 특례법 제3조).

## (2) 공소시효 기간

① 형사소송법상 공소시효

  ㉠ 공소시효는 다음 기간의 경과로 완성한다(법 제249조 제1항).

    • 사형에 해당하는 범죄에는 25년

    • 무기징역 또는 무기금고에 해당하는 범죄에는 15년

    • 장기 10년 이상의 징역 또는 금고에 해당하는 범죄에는 10년

    • 장기 10년 미만의 징역 또는 금고에 해당하는 범죄에는 7년

    • 장기 5년 미만의 징역 또는 금고, 장기 10년 이상의 자격정지 또는 벌금에 해당하는 범죄에는 5년

    • 장기 5년 이상의 자격정지에 해당하는 범죄에는 3년

    • 장기 5년 미만의 자격정지, 구류, 과료 또는 몰수에 해당하는 범죄에는 1년

  ㉡ 공소가 제기된 범죄는 판결의 확정이 없이 공소를 제기한 때로부터 25년을 경과하면 공소시효가 완성한 것으로 간주한다(법 제249조 제2항).

② 특별법상 공소시효

  ㉠ 공직선거법에 규정한 죄의 공소시효는 당해 선거일 후 6개월을 경과함으로써 완성한다. 다만, 범인이 도피한 때나 범인이 공범 또는 범죄의 증명에 필요한 참

SEMI-NOTE

**형의 시효**

형을 선고하는 재판이 확정된 후에 그 집행이 이루어지지 않고 일정한 기간이 경과하면 형의 집행이 면제되는 제도

**관련 판례**

공소시효가 아직 완성되지 않은 경우 위 법률조항은 단지 진행중인 공소시효를 연장하는 법률로서 이른바 부진정소급효를 갖게 되나, 공소시효제도에 근거한 개인의 신뢰와 공시시효의 연장을 통하여 달성하려는 공익을 비교형량하여 공익이 개인의 신뢰보호이익에 우선하는 경우에는 소급효를 갖는 법률도 헌법상 정당화될 수 있다(헌재 96헌가2).

**집단살해(genocide)**

어느 특정한 종족이나 종교적 집단을 완전히 없앨 목적으로 그 구성원을 살해하거나 신체적 · 정신적 박해 등을 행하는 것을 말함

05장

공판

SEMI-NOTE

고인을 도피시킨 때에는 그 기간은 3년으로 한다(공직선거법 제268조 제1항).

ⓛ 정치운동의 금지에 위반한 죄에 대한 공소시효의 기간은 형사소송법 제249조 제1항에도 불구하고 10년으로 한다(국가공무원법 제84조 제2항).

ⓒ 조세범처벌법 제3조부터 제14조까지에 규정된 범칙행위의 공소시효는 7년이 지나면 완성된다. 다만, 행위자가 특정범죄가중처벌 등에 관한 법률 제8조의 적용을 받는 경우에는 법인에 대한 공소시효는 10년이 지나면 완성된다(조세 범처벌법 제22조).

### (3) 공소시효의 계산

① 기준이 되는 법정형 ★빈출개념

ⓐ 두 개 이상의 형과 시효기간 : 두 개 이상의 형을 병과하거나 두 개 이상의 형 에서 한 개를 과할 범죄에 대해서는 무거운 형을 적용한다(법 제250조).

ⓛ 형의 가중, 감경과 시효기간 : 형법에 의하여 형을 가중 또는 감경한 경우에는 가중 또는 감경하지 아니한 형에 의하여 공소시효의 규정을 적용한다(법 제 251조).

> **관련 판례** 형의 가중, 감경
>
> 형사소송법 제251조는 형법 이외의 법률에 의하여 형을 가중, 감경할 경우에는 적용되지 않는 다(대판 72도2976).

ⓒ 공소제기 후 법령개정으로 법정형이 변경된 경우 원칙적으로 구법이 적용되 나 예외적으로 신법의 형이 가벼워진 경우에는 신법 적용

> **관련 판례** 신법 적용
>
> 범죄 후 법률의 개정에 의하여 법정형이 가벼워진 경우에는 형법 제1조 제2항에 의하여 당해 범죄사실에 적용될 가벼운 법정형(신법의 법정형)이 공소시효기간의 기준이 된다(대판 2008 도4376).

ⓐ 교사범과 방조범 : 교사범과 방조범은 정범의 법정형을 기준으로 공소시효기 간을 계산하고, 필요적 공범의 경우 개별적으로 결정

ⓛ 양벌규정 : 양벌규정의 경우는 행위자에 대한 법정형이 공소시효 기준

② 법정형의 기초인 범죄사실

ⓐ 단순일죄 : 공소장에 기재된 범죄사실이 공소시효 기준

ⓛ 예비적·택일적 기재한 경우 : 각각의 범죄사실을 분리하여 별도로 공소시효 계산

ⓒ 상상적 경합범인 경우 : 과형상 일죄이지만 실질상 수죄이므로 각각의 범죄사 실을 분리하여 별도로 공소시효 계산

ⓐ 공소장이 변경된 경우 : 공소사실이 변경된 경우에는 변경된 공소시효에 대한 법정형이 공소시효 기준

**공소시효기간**

공소시효 기간은 범죄행위를 기수 시로 계 산함

**범죄의 성립과 처벌**

범죄 후 법률이 변경되어 그 행위가 범죄를 구성하지 아니하게 되거나 형이 구법보다 가벼워진 경우에는 신 법에 따른다(형법 제1조 제2항).

**시효의 기산점**

공범에는 최종행위가 종료한 때로부터 전공범에 대한 시효기간을 기산한다(법 제252조 제2항).

**관련 판례**

1개의 행위가 여러 개의 죄에 해당 하는 경우 형법 제40조는 이를 과형 상 일죄로 처벌한다는 것에 지나지 아니하고, 공소시효를 적용함에 있 어서는 각 죄마다 따로 따져야 할 것인바, 공무원이 취급하는 사건에 관하여 청탁 또는 알선을 할 의사와 능력이 없음에도 청탁 또는 알선을 한다고 기망하여 금품을 교부받은 경우에 성립하는 사기죄와 변호사 법 위반죄는 상상적 경합의 관계에 있으므로, 변호사법 위반죄의 공소 시효가 완성되었다고 하여 그 죄와 상상적 경합관계에 있는 사기죄의 공소시효까지 완성되는 것은 아니 다(대판 2006도6356).

> **관련 판례 공소장변경 공소시효 기준**
>
> 분묘발굴죄로 공소가 제기된 범죄사실에 대하여 예비적으로 매장및묘지등에관한법률위반죄를 추가하는 공소장변경이 된 경우에는 공소장 기재의 공소사실의 동일성에 관하여 아무런 소장이 없으므로 위 법률위반죄에 대한 공소시효의 완성 여부는 공소를 제기한 때를 기준으로 판단할 것이고, 공소장을 변경한 때를 기준으로 삼을 수 없다(대판 91도3150).

③ **공소시효의 기산점** : 시효는 범죄행위가 종료한 때로부터 진행한다(법 제252조 제1항).
  ㉠ **결과범, 결과적가중범, 과실범** : 경과가 발생한 때부터 공소시효 진행
  ㉡ **포괄일죄** : 최종 범죄행위가 종료한 때부터 진행
  ㉢ **거동범 또는 기타 범죄** : 범죄유형별로 구체적 · 개별적으로 공소시효 적용
  ㉣ **공소시효의 특칙** : 미성년자에 대한 성폭력범죄의 공소시효는 해당 성폭력범죄로 피해를 당한 미성년자가 성년에 달한 날부터 진행한다(성폭력범죄의 처벌 등에 관한 특례법 제21조 제1항).
  ㉤ **공법에 대한 특칙** : 공범에는 최종행위의 종료한 때로부터 전공범에 대한 시효기간을 기산한다(법 제252조 제2항).

> **관련 판례 계속범의 공소시효 기산점**
>
> 공유수면인 바닷가를 허가 없이 점 · 사용하는 행위는 그로 인하여 공유수면의 외부적 형상이 변경되었는지 여부와 관계없이 그 공유수면을 무단으로 점 · 사용하는 한 가벌적인 위법행위가 계속 반복되고 있는 계속범이라고 보아야 한다(대판 2008도7678).

> **관련 판례 즉시범의 공소시효 기산점**
>
> 도주죄는 도주상태가 계속되는 것이므로 도주중에는 시효가 진행 안된다는 소론을 채용할 수 없다(대판 79도622).

④ **공소시효의 계산** : 시효와 구속기간의 초일은 시간을 계산함이 없이 1일로 산정한다(법 제66조 제1항). 기간의 말일이 공휴일 또는 토요일에 해당하는 날은 기간에 산입하지 아니한다. 단, 시효와 구속의 기간에 관하여서는 예외로 한다(법 제66조 제3항).

## (4) 공소시효의 정지

① **공소시효 정지의 의의** : 공소시효는 일정한 사유가 있으면 진행이 정지되고 그 사유가 없어지면 다시 진행
② **시효의 정지사유**
  ㉠ **공소제기** : 시효는 공소의 제기로 진행이 정지되고 공소기각 또는 관할위반의 재판이 확정된 때로부터 진행한다(법 제253조 제1항).

**공소시효의 정지**
공소시효는 정지만 있고 중단이 없음

> **관련 판례** 공소제기와 시효의 정지
>
> 피고인의 신병이 확보되기 전에 공소가 제기되었다고 하더라도 그러한 사정만으로 공소제기가 부적법한 것이 아니고, 공소가 제기되면 규정에 따라 공소시효의 진행이 정지된다(대판 2016도15526).

ⓛ **범인의 해외도피** : 범인이 형사처분을 면할 목적으로 국외에 있는 경우 그 기간 동안 공소시효는 정지된다(법 제253조 제3항). ★ **빈출개념**

> **관련 판례** 형사처분을 면할 목적인 해외도피
>
> 형사소송법 제253조 제3항은 "범인이 형사처분을 면할 목적으로 국외에 있는 경우 그 기간 동안 공소시효는 정지된다."고 규정하여 공소시효의 정지를 위해서는 '형사처분을 면할 목적'이 있을 것을 요구한다. 여기에서 '형사처분을 면할 목적'은 국외 체류의 유일한 목적으로 되는 것에 한정되지 않고 범인이 가지는 여러 국외 체류 목적 중에 포함되어 있으면 족하고, 범인이 국외에 있는 것이 형사처분을 면하기 위한 방편이었다면 '형사처분을 면할 목적'이 있었다고 볼 수 있으며, '형사처분을 면할 목적'과 양립할 수 없는 범인의 주관적 의사가 명백히 드러나는 객관적 사정이 존재하지 않는 한 국외 체류기간 동안 '형사처분을 면할 목적'은 계속 유지된다(대판 2011도8462).

ⓒ **재정신청과 시효** : 재정신청이 있으면 재정결정이 확정될 때까지 공소시효의 진행이 정지된다(법 제262조의4 제1항).

ⓔ **소년보호사건의 심리개시결정** : 심리개시결정이 있었던 때로부터 그 사건에 대한 보호처분의 결정이 확정될 때까지 공소시효는 그 진행이 정지된다(소년법 제54조).

ⓜ **미성년자에 대하 성폭력범죄** : 미성년자에 대한 성폭력범죄의 공소시효는 해당 성폭력범죄로 피해를 당한 미성년자가 성년에 달한 날부터 진행한다(성폭력범죄의 처벌 등에 관한 특례법 제21조 제1항).

ⓗ **가정보호사건의 송치** : 가정폭력범죄에 대한 공소시효는 해당 가정보호사건이 법원에 송치된 때부터 시효 진행이 정지된다(가정폭력범죄의 처벌 등에 관한 특례법 제17조 제1항).

ⓢ **대통령으로 재직** : 대통령의 형사불소추특권에 따라 재직 중에는 공소시효가 정지된다는 것이 판례의 입장

ⓞ **관세범에 대한 통고처분** : 관세청장이나 세관장은 관세범을 조사한 결과 범죄의 확증을 얻었을 때에는 그 대상이 되는 자에게 그 이유를 구체적으로 밝히고 해당하는 금액이나 물품을 납부할 것을 통고할 수 있다(관세법 제311조 제1항). 통고가 있는 때에는 공소의 시효는 정지된다(관세법 제311조 제3항).

③ **시효정지의 범위** : 공소제기로 인한 공소시효정지는 공소제기된 피고인에 대해서만 미치는 것이 원칙이다. 다만 공범의 1인에 대한 시효정지는 다른 공범자에게 대하여 효력이 미치고 당해 사건의 재판이 확정된 때로부터 진행한다(법 제253조 제2항).

**관련 판례** 공범의 시효정지 효력범위

형사소송법 제253조 제1항, 제2항에 의하면 공소시효는 공소의 제기로 진행이 정지되고, 공범의 1인에 대한 공소시효의 정지는 다른 공범자에 대하여 효력이 미치고 당해 사건의 재판이 확정된 때로부터 진행한다고 규정하고 있는바, 위 제2항 소정의 공범관계의 존부는 현재 시효가 문제되어 있는 사건을 심판하는 법원이 판단하는 것으로서 법원조직법 제8조의 경우를 제외하고는 다른 법원의 판단에 구속되는 것은 아니라고 할 것이고, 위 형사소송법 제253조 제2항 소정의 재판이라 함은 종국재판이면 그 종류를 묻지 않는다고 할 것이나, 공범의 1인으로 기소된 자가 구성요건에 해당하는 위법행위를 공동으로 하였다고 인정되기는 하나 책임조각을 이유로 무죄로 되는 경우와는 달리 범죄의 증명이 없다는 이유로 공범 중 1인이 무죄의 확정판결을 선고받은 경우에는 그를 공범이라고 할 수 없어 그에 대하여 제기된 공소로써는 진범에 대한 공소시효정지의 효력이 없다(대판 98도4621).

SEMI-NOTE

**관련 판례**

공범 중 1인에 대해 약식명령이 확정된 후 그에 대한 정식재판청구권 회복결정이 있었다고 하더라도 그 사이의 기간 동안에는, 특별한 사정이 없는 한, 다른 공범자에 대한 공소시효는 정지함이 없이 계속 진행한다고 보아야 할 것이다(대판 2011도15137).

**공소시효 완성의 효과**

공소의 시효가 완성되었을 때 판결로써 면소의 선고를 하여야 한다(법 제326조 제3호).

## 02절  공판절차

### 1. 공판절차의 원칙

#### (1) 공판절차의 개설

공판절차는 공소가 제기되어 사건이 법원에 계속된 후부터 소송절차가 종결될 때까지의 모든 절차로 공판준비절차와 공판기일절차가 있고, 협의의 공판절차는 공판기일절차만이 공판절차임

#### (2) 공판절차의 원칙

① **공판중심주의** : 공판절차는 공판기일에 공판정에서 행해져야 한다는 원칙으로 공판기일절차가 당해 사건과 관련된 모든 형사소송절차의 중심이 되어야 한다는 원칙

② **직접주의** : 법관의 심증형성은 공판정에서 직접 조사한 원본증거에 의하여야 한다는 원칙으로 판사경질시 공판절차의 갱신, 전문법칙, 공판정에 법관의 출석요구, 서류·물건의 개별적 지시설명, 증거신청에 대한 법원의 결정 등

③ **공개주의**

㉠ 공개주의의 의의 : 재판의 심리와 판결은 공개한다(헌법 제109조). 따라서 일반국민에게 법원의 재판과정에 대한 방청을 허용하는 주의

㉡ 녹화 등의 금지 : 누구든지 법정 안에서는 재판장의 허가 없이 녹화, 촬영, 중계방송 등의 행위를 하지 못한다(법원조직법 제59조).

㉢ 심리의 비공개 : 재판의 심리와 판결은 공개한다. 다만, 심리는 국가의 안전보장 또는 안녕질서를 방해하거나 선량한 풍속을 해할 염려가 있을 때에는 법원의 결정으로 공개하지 아니할 수 있다(헌법 제109조).

㉣ 개별적인 심리의 비공개

• 피해자 진술의 비공개 : 법원은 범죄로 인한 피해자를 증인으로 신문하는

**관련 판례**

우리 형사소송법이 공판중심주의의 한 요소로서 채택하고 있는 실질적 직접심리주의의 정신에 따라 제1심과 항소심의 신빙성 평가 방법의 차이를 고려할 때, 제1심판결 내용과 제1심에서 적법하게 증거조사를 거친 증거들에 비추어 제1심 증인이 한 진술의 신빙성 유무에 관한 제1심의 판단이 명백하게 잘못되었다고 볼 만한 특별한 사정이 있거나, 제1심 증거조사 결과와 항소심 변론 종결시까지 추가로 이루어진 증거조사 결과를 종합하면 제1심 증인이 한 진술의 신빙성 유무에 관한 제1심의 판단을 그대로 유지하는 것이 현저히 부당하다고 인정되는 예외적인 경우가 아니라면, 항소심으로서는 제1심 증인이 한 진술의 신빙성 유무에 관한 제1심의 판단이 항소심의 판단과 다르다는 이유만으로 이에 관한 제1심의 판단을 함부로 뒤집어서는 안 된다(대판 2011도5313).

05장 공판

SEMI-NOTE

**심리의 비공개**

판사는 가정보호사건을 심리할 때 사생활 보호나 가정의 평화와 안정을 위하여 필요하거나 선량한 풍속을 해칠 우려가 있다고 인정하는 경우에는 결정으로 심리를 공개하지 아니할 수 있다(가정폭력범죄의 처벌 등에 관한 특례법 제32조 제1항).

**관련 판례**

헌법 제109조에 규정된 재판공개의 원칙이 법원이 판결하기 전에 당사자에게 미리 그 내용을 알려줄 것을 의미하는 것은 아니다(대판 2006도1427).

**판결**

판결은 법률에 다른 규정이 없으면 구두변론을 거쳐서 하여야 한다(법 제37조 제1항).

---

경우 당해 피해자·법정대리인 또는 검사의 신청에 따라 피해자의 사생활의 비밀이나 신변보호를 위하여 필요하다고 인정하는 때에는 결정으로 심리를 공개하지 아니할 수 있다(법 제294조의3 제1항).

• 소년보호사건 : 심리는 공개하지 아니한다. 다만, 소년부 판사는 적당하다고 인정하는 자에게 참석을 허가할 수 있다(소년법 제24조 제2항).

• 성폭력사건 : 성폭력범죄에 대한 심리는 그 피해자의 사생활을 보호하기 위하여 결정으로써 공개하지 아니할 수 있다(성폭력범죄의 처벌 등에 관한 특례법 제31조 제1항).

ⓜ 공개주의의 배제

• 피고인등의 퇴정 : 재판장은 증인 또는 감정인이 피고인 또는 어떤 재정인의 면전에서 충분한 신술을 할 수 없다고 인정한 때에는 그를 퇴정하게 하고 진술하게 할 수 있다. 피고인이 다른 피고인의 면전에서 충분한 진술을 할 수 없다고 인정한 때에도 같다(법 제297조 제1항).

• 증인의 퇴정 : 신문하지 아니한 증인이 재정한 때에는 퇴정을 명하여야 한다(법 제162조 제2항).

• 법정의 질서유지 : 재판장은 법정의 존엄과 질서를 해칠 우려가 있는 사람의 입정금지 또는 퇴정을 명할 수 있고, 그 밖에 법정의 질서유지에 필요한 명령을 할 수 있다(법원조직법 제58조 제2항).

**관련 판례 공개주의 위반되는 경우**

공개금지사유가 없음에도 불구하고 재판의 심리에 관한 공개를 금지하기로 결정하였다면 그러한 공개금지결정은 피고인의 공개재판을 받을 권리를 침해한 것으로서 그 절차에 의하여 이루어진 증인의 증언은 증거능력이 없고, 변호인의 반대신문권이 보장되었더라도 달리 볼 수 없으며, 이러한 법리는 공개금지결정의 선고가 없는 등으로 공개금지결정의 사유를 알 수 없는 경우에도 마찬가지이다(대판 2013도2511).

④ **구두변론주의** : 법원은 당사자의 구두에 의한 변론을 근거로 재판을 하여야 한다는 원칙이다. 공판정에서의 변론은 구두로 하여야 한다(법 제275조의3).

⑤ **집중심리주의**(법 제267조의2)

㉠ 공판기일의 심리는 집중되어야 한다.

㉡ 심리에 2일 이상이 필요한 경우에는 부득이한 사정이 없는 한 매일 계속 개정하여야 한다.

㉢ 재판장은 여러 공판기일을 일괄하여 지정할 수 있다.

㉣ 재판장은 부득이한 사정으로 매일 계속 개정하지 못하는 경우에도 특별한 사정이 없는 한 전회의 공판기일부터 14일 이내로 다음 공판기일을 지정하여야 한다.

㉤ 소송관계인은 기일을 준수하고 심리에 지장을 초래하지 아니하도록 하여야 하며, 재판장은 이에 필요한 조치를 할 수 있다.

## 2. 공판심리의 범위

## (1) 심판의 대상

① **공소의 제기** : 법원은 공소가 제기되지 아니한 사실에 대하여 심판할 수 없다는 원칙이 불고불리의 원칙

> **관련 판례**
> 공소가 제기되지 않은 특수절도의 범죄사실을 공소제기된 것으로 보아 이에 대하여 면소를 선고한 원심의 조치는 불고불리의 원칙에 위배된다고 한 사례(대판 2001도5304).

> **관련 판례** **불고불리의 원칙**
>
> 불고불리의 원칙상 검사의 공소제기가 없으면 법원이 심판할 수 없는 것이고, 법원은 검사가 공소제기한 사건에 한하여 심판을 하여야 하는 것이다(대판 2002도1855).

② **심판의 대상**

㉠ **심판대상의 판단방법** : 검사는 공소장의 공소사실과 적용법조 등을 명백히 함으로써 공소제기의 취지를 명확히 하여야 하는데, 검사가 어떠한 행위를 기소한 것인지는 기본적으로 공소장의 기재 자체를 기준으로 하되, 심리의 경과 및 검사의 주장내용 등도 고려하여 판단하여야 한다(대판 2017도3448).

㉡ **법원의 심판대상** : 형사재판에 있어서 법원의 심판대상이 되는 것은 공소장에 기재된 공소사실과 예비적 또는 택일적으로 기재된 공소사실, 그리고 소송의 발전에 따라 추가 또는 변경된 사실에 한하는 것이고, 공소사실과 동일성이 인정되는 사실이라 할지라도 위와 같은 공소장이나 공소장변경신청서에 공소사실로 기재되어 현실로 심판의 대상이 되지 아니한 사실은 법원이 그 사실을 인정하더라도 피고인의 방어에 실질적 불이익을 초래할 염려가 없는 경우가 아니면 법원이 임의로 공소사실과 다르게 인정할 수 없는 것이며, 이와 같은 사실을 인정하려면 공소장변경을 요한다(대판 90도1977).

## (2) 공소장변경

① **공소장변경의 의의**

㉠ **공소장의 변경** : 검사는 법원의 허가를 얻어 공소장에 기재한 공소사실 또는 적용법조의 추가, 철회 또는 변경을 할 수 있다(법 제298조 제1항).

㉡ **공소장변경의 취지** : 공소장의 변경은 적정한 형벌권의 발동을 가능하게 하고 법원은 동일성이 인정되는 사실일지라도 공소장변경이 있는 경우에만 이를 심판할 수 있게 하는 것으로 이는 피고인의 방어권을 보장하는 기능을 함

㉢ **다른 개념과 구별**

- 추가기소, 공소취소 : 공소장변경은 공소사실의 동일성이 인정되는 범위에서 허용되므로 추가기소와 공소취소는 공소장변경으로 할 수 없음

- 공소장정정 : 공소장정정은 공소장에 기재된 내용의 명백한 오류를 시정하는 것이므로 공소장변경과는 다르고 법원의 허가가 필요없음

**공소장변경의 필요성**
공소사실과 심리중 발혀진 사실 간에 차이가 있는 경우 법원이 어느 범위에서 공소장변경 없이 사실을 인정할 수 있는가의 문제

**공소장의 변경** ⭐ 빈출개념
공소장변경의 경우 법원은 공소사실의 동일성을 해하지 아니하는 한도에서 허가하여야 한다(법 제298조 제1항 후단).

> **관련 판례** **공소장의 오기와 누락**
>
> 공소장에는 공소사실의 법률적 평가를 명확히 하여 공소의 범위를 확정하는 데 보조기능을 하기 위하여 적용법조를 기재하여야 하는데(형사소송법 제254조 제3항), 적용법조의 기재에 오기·누락이 있거나 또는 적용법조에 해당하는 구성요건이 충족되지 않을 때에는 공소사실의 동일성이 인정되는 범위 내로서 피고인의 방어에 실질적인 불이익을 주지 않는 한도에서

법원이 공소장 변경의 절차를 거침이 없이 직권으로 공소장 기재와 다른 법조를 적용할 수 있지만, 공소장에 기재된 적용법조를 단순한 오기나 누락으로 볼 수 없고 구성요건이 충족됨에도 법원이 공소장 변경의 절차를 거치지 아니하고 임의적으로 다른 법조를 적용하여 처단할 수는 없다(대판 2015도12372).

② **이중기소와 공소장변경** : 검사가 포괄일죄를 이루는 일부사실을 단순일죄로 먼저 기소하고 이후 그 포괄일죄를 다시 기소하는 것이므로 이중기소가 되는데 실체판결을 할 것인가 공소기각판결을 할 것인가의 문제

#### 관련 판례 실체판결

피시기 + 개의 협박 범행를 믿서 기소하고 나시 별개의 협박 범행를 추가로 기소하였는데 이를 병합하여 심리하는 과정에서 전후에 기소된 각각의 범행이 모두 포괄하여 하나의 협박죄를 구성하는 것으로 밝혀진 경우, 이중기소에 대하여 공소기각판결을 하도록 한 형사소송법 제327조 제3호의 취지는 동일사건에 대하여 피고인으로 하여금 이중처벌의 위험을 받지 아니하게 하고 법원이 2개의 실체판결을 하지 아니하도록 함에 있으므로, 위와 같은 경우 법원이 각각의 범행을 포괄하여 하나의 협박죄를 인정한다고 하여 이중기소를 금하는 위 법의 취지에 반하는 것이 아닌 점과 법원이 실체적 경합범으로 기소된 범죄사실에 대하여 그 범죄사실을 그대로 인정하면서 다만 죄수에 관한 법률적인 평가만을 달리하여 포괄일죄로 처단하는 것이 피고인의 방어에 불이익을 주는 것이 아니어서 공소장변경 없이도 포괄일죄로 처벌할 수 있는 점에 비추어 보면, 비록 협박죄의 포괄일죄로 공소장을 변경하는 절차가 없었다거나 추가로 공소장을 제출한 것이 포괄일죄를 구성하는 행위로서 기존의 공소장에 누락된 것을 추가 · 보충하는 취지의 것이라는 석명절차를 거치지 아니하였다 하더라도, 법원은 전후에 기소된 범죄사실 전부에 대하여 실체판단을 할 수 있고, 추가기소된 부분에 대하여 공소기각판결을 할 필요는 없다(대판 2007도2595).

③ **공소장변경의 한계**
  ㉠ **공소장변경의 허용범위** : 공소사실과 동일성이 인정되는 범위 내
  ㉡ **공소사실 동일성의 기준** : 원칙적으로 공소사실을 기초가 되는 사회적 사실로 환원하여 그러한 사실 사이에 다소의 차이가 있더라도 기본적인 점에서 동일하면 동일성을 인정하는 것이 판례의 입장

#### 관련 판례 공소사실 동일성 여부의 판단기준

공소사실의 동일성은 그 사실의 기초가 되는 사회적 사실관계가 기본적인 점에서 동일하면 그대로 유지되는 것이나, 이러한 기본적 사실관계의 동일성을 판단함에 있어서는 그 사실의 동일성이 갖는 법률적 기능을 염두에 두고 피고인의 행위와 그 사회적인 사실관계를 기본으로 하되 규범적 요소도 아울러 고려하여야 한다(대판 2011도14986).

④ **공소장변경의 필요성**
  ㉠ 공소장에 기재된 내용과 조금만 달라도 공소장변경이 필요한가가 문제인데 공소장변경은 소송이 지연되는 결과가 발생하여 피고인에게 불리할 수도 있음
  ㉡ 피고인의 방어권 행사에 실질적으로 불이익을 초래할 염려가 없을 경우 공소장변경 없이 법원이 사실과 다른 판단을 할 수 있다는 것이 판례의 입장
  ㉢ **구성요건이 동일한 경우** : 구성요건이 동일하더라도 범행의 일시, 장소 등 사

실의 변경이 있으면 공소장변경을 요하지만 피고인의 방어권 행사에 실질적
으로 불이익을 초래할 염려가 없을 경우 공소장변경 없이 법원이 사실과 다
른 판단을 할 수 있다는 것이 판례의 입장

SEMI-NOTE

**관련 판례** 공소장변경을 요하는 경우

범행일시가 1991.5.14.이라는 공소사실에 대하여 1991.6.14.로 인정한 조치에 대하여 피해자의
수차례에 걸친 진술과 피고인의 변소내용을 대조하여 볼 때 오기 기타 단순한 오류로 볼 수
없어 위법하다고 본 사례(대판 92도2588).

**관련 판례** 공소장변경을 요하지 않는 경우

세무서직원인 피고인(갑)(을)이 공소외 관광회사 부사장으로부터 동 회사의 갑종근로소득세
등을 선처해 달라는 부탁과 함께 금 4천5백만원을 수뢰하여 그 중 5백만원을 상사인 피고인
(병)에게 전달한 경우 피고인(병)이 그 금전이 위 선처의 의미로 교부된 것임을 알고 있었다면
피고인(병)에 대한 뇌물수수 공소장에는 증뢰물전달자가 공범자중의 1인인(을)로 되어 있으
나 원심판결에서 (갑)으로 바꾸어 인정하였다 하여도 이를 가리켜 불고불리의 원칙위배라거나
사건의 동일성과 필요적 공범의 법리오해가 있다고 할 수 없다(대판 84도682).

**관련 판례**

피고인의 방어권 행사에 실질적인
불이익을 초래할 염려가 없는 경우
에는 공소사실과 기본적 사실이 동
일한 범위 내에서 법원이 공소장변
경절차를 거치지 아니하고 다르게
사실을 인정하더라도 불고불리 원
칙에 위배되지 아니한다(대판 2011
도1651).

ⓔ **구성요건이 다른 경우** : 구성요건이 달라지면 사실의 변경과 함께 적용법조까
지 달라지므로 피고인의 방어권 행사에 중대한 영향을 미치므로 원칙적으로
공소장변경을 요함. 또한 형이 더 무거운 조항을 적용하는 경우에는 공소장
변경을 요함. 그러나 축소사실을 인정하는 경우, 형이 무겁지 않게 법률적용
만 달리하는 경우에는 변경을 요하지 않음

**관련 판례** 공소장변경을 요하는 경우

상습특수협박죄는 특수협박죄보다 가중하여 처벌하도록 규정되어 있으므로, 특별한 사정이
없는 한 불고불리의 원칙상 법원이 특수협박죄로 공소가 제기된 범죄사실을 공소장변경 없이
상습특수협박죄로 처벌할 수 없다(대판 2016도11880).

**관련 판례** 공소장변경을 요하지 않는 경우

특수절도죄로 공소제기한 사실을 법원이 검사의 공소장변경절차없이 절도죄로 인정하더라도
공소원인 사실의 동일성에 변경이 없으므로 위법이라 할 수 없다(대판 73도1256).

ⓜ **축소사실의 인정** : 구성요건이 달라지는 경우 축소사실을 인정하는 경우 대(大)
는 소(小)를 포함한다는 이론에 의하면 공소장변경이 필요없음. 축소사실의 인
정은 의무가 아니라 법원의 재량이라는 것과 법원의 의무라는 판례가 있음

**관련 판례** 법원의 재량

피고인과 갑이 공동하여 피해자에게 폭행을 가하여 동인을 사망케 하였다고 상해치사죄로 공
소가 제기된 사건에서 피해자의 사망은 갑의 폭행으로 인한 것이며 피고인이 폭행한 사실은

인정되나 사망과는 관련이 없고 갑의 범행에 공동가공한 바도 없는 경우 공소장변경절차가 없었다면 피고인에게 상해죄 또는 폭행죄를 인정하지 아니하였다 하여 위법하다 할 수 없다 (대판 90도1090).

### 관련 판례 법원의 의무

"야간에 흉기를 휴대하여 형법 제319조(주거침입 퇴거불응)의 죄를 범한 자"라고 하여 폭력행위등처벌에관한법률 제3조 제2항, 제1항, 제2조 제1항, 형법 제319조 제1항 위반으로 공소를 제기한 공소사실 중에는 형법 제319조 제1항의 주거침입죄의 공소사실도 포함되어 있는 것이라고 보아야 할 것이고, 이 경우 법원이 주거침입의 사실을 인정하더라도 피고인의 방어에 실질적 불이익을 초래할 염려는 없는 것이므로 흉기휴대사실이 입정되지 아니할 때에는 법원은 ~~공I및비럼피피이수I몁밀내오사메이야라변나은소사펴에관하야심니, 나니해야야 할~~ 것이다(대판 90도401).

**공소장의 변경**

법원은 피고인이 재정하는 공판정에서는 피고인에게 이익이 되거나 피고인이 동의하는 경우 구술에 의한 공소장변경을 허가할 수 있다(규칙 제142조 제5항).

⑤ 검사신청에 의한 공소장변경
  ㉠ 신청의 주체와 방식 : 공소장변경은 검사의 신청에 의하고 피고인은 공소장변경을 신청할 수 없다. 검사가 공소장에 기재한 공소사실 또는 적용법조의 추가, 철회 또는 변경을 하고자 하는 때에는 그 취지를 기재한 공소장변경허가신청서를 법원에 제출하여야 한다(규칙 제142조 제1항).
  ㉡ 신청시기 : 공소장변경은 법원의 공판심리 종결 전에 하여야 함
  ㉢ 법원의 허가 : 법원은 공소사실의 동일성을 해하지 아니하는 한도에서 허가하여야 한다(법 제298조 제1항 후단).

### 관련 판례 공소장변경 의무적 허가

형사소송법 제298조 제1항의 규정에 의하면, '검사는 법원의 허가를 얻어 공소장에 기재한 공소사실 또는 적용법조의 추가 · 철회 또는 변경을 할 수 있고', '법원은 공소사실의 동일성을 해하지 아니하는 한도에서 이를 허가하여야 한다'고 되어 있으므로, 위 규정의 취지는 검사의 공소장 변경신청이 공소사실의 동일성을 해하지 아니하는 한 법원은 이를 허가하여야 한다는 뜻으로 해석하여야 할 것이다(대판 98도1438).

---

**관련 판례**

공소장의 변경은 그 변경사유가 변론종결 이후에 발생하는 등 특별한 사정이 없는 한 법원에서 공판의 심리를 종결하기 전에 한 신청에 한하여 공소사실의 동일성을 해하지 아니하는 한도에서 허가하여야 하는 것이지, 법원이 적법하게 공판의 심리를 종결한 뒤에 이르러 검사가 공소장변경허가신청을 한 경우에는 반드시 공판의 심리를 재개하여 공소장변경을 허가하여야 하는 것은 아니다(대판 2007도6553).

  ㉣ 피고인에 대한 고지 : 법원은 공소사실 또는 적용법조의 추가, 철회 또는 변경이 있을 때에는 그 사유를 신속히 피고인 또는 변호인에게 고지하여야 한다(법 제298조 제3항).

### 관련 판례 공소장변경허가신청서 불송달의 효과

원심의 공판절차에서는 공소장변경 허가 직후 검사가 공소장변경 요지를 진술하였을 뿐 공소장변경허가신청서를 송달받지 못해 그 내용을 자세히 파악하고 있는지 의문스러운 피고인에게는 그 변경허가에 관하여 의견을 진술할 기회도 부여되지 않았으며, 추가된 공소사실을 피고인이 인정하는지 여부 기타 아무 심리도 없이 변론이 종결된 상태에서 바로 피고인에게 불리한 판결이 선고되고 말았으니 이로 인해 피고인의 방어권은 본질적으로 침해되었다고 볼 것이고, 따라서 원심판결에는 소송절차가 법령에 위반되어 판결에 영향을 미친 위법이 있다 할 것이다(대판 2009도1830).

ⓜ **공소장변경 허가 후의 절차** : 공소장의 변경이 허가된 때에는 검사는 공판기일에 공소장변경허가신청서에 의하여 변경된 공소사실·죄명 및 적용법조를 낭독하여야 한다. 재판장은 필요하다고 인정하는 때에는 공소장변경의 요지를 진술하게 할 수 있다(규칙 제142조 제4항).

**관련 판례** 공소장변경허가의 취소

공소사실의 동일성이 인정되지 않는 등의 사유로 공소장변경허가결정에 위법사유가 있는 경우에는 공소장변경허가를 한 법원이 스스로 이를 취소할 수 있다(대판 2001도116).

SEMI-NOTE

**공소장의 변경**
법원은 공소사실 또는 적용법조의 추가, 철회 또는 변경이 피고인의 불이익을 증가할 염려가 있다고 인정한 때에는 직권 또는 피고인이나 변호인의 청구에 의하여 피고인으로 하여금 필요한 방어의 준비를 하게 하기 위하여 결정으로 필요한 기간 공판절차를 정지할 수 있다(법 제298조 제4항).

⑥ **법원의 공소장변경 요구**

㉠ **의의** : 법원은 심리의 경과에 비추어 상당하다고 인정할 때에는 공소사실 또는 적용법조의 추가 또는 변경을 요구하여야 한다(법 제298조 제2항).

㉡ **제도의 취지** : 국가형벌권의 적정한 실현을 위하여 인정하는 제도로 법원은 공소사실 또는 적용법조의 추가 또는 변경만을 요구할 수 있는 제도

㉢ **공소장변경 요구의 의무성** : 법원은 검사가 제기한 공소사실의 범위 안에서 판결을 하면 족하므로 공소장변경을 요구할 의무는 없다는 것이 판례의 입장

㉣ **공소장변경요구의 구속력** : 법원이 검사에게 공소장변경을 요구하였으나 검사가 불응하는 경우 공소장변경의 효력은 발생하지 않음

⑦ **상소심에서 공소장변경**

㉠ **항소심** : 항소심은 속심이므로 항소심에서도 공소장변경이 인정된다는 것이 판례의 입장

**관련 판례**

법원이 검사에게 공소장 변경을 요구할 것인지 여부는 재량에 속하는 것이므로, 법원이 검사에게 공소장의 변경을 요구하지 아니하였다고 하여 위법하다고 할 수 없다(대판 2010도5994).

**관련 판례** 항소심에서 공소장변경

법원이 종결된 변론을 재개하여 다시 공판심리를 하게 된 경우에도 검사는 적법하게 공소장변경 신청을 할 수 있고 항소심 절차에서도 이를 할 수 있으며 법원은 필요한 경우 직권으로 증거조사를 할 수 있다고 할 것이므로, 항소심법원이 변론기일에 변론을 종결하였다가 그 후 변론을 재개하여 심리를 속행한 다음 직권으로 증인을 심문한 뒤 검사의 공소장변경 신청을 허가하였다고 하더라도 이와 같은 항소심의 조처는 형사소송법의 절차나 규정에 위반하였다고 볼 수 없다(대판 94도1520).

㉡ **상고심** : 상고심은 법률심이고 사후심이므로 원칙적으로 공소장변경이 허용되지 않으나 파기환송 또는 파기이송의 경우 허용

⑧ **기타 절차에서 공소장변경**

㉠ **재심심판절차** : 재심절차에서는 제한적으로 허용된다는 설과 전면 허용된다는 설이 대립

㉡ **간이공판절차** : 통상의 공판절차와 동일하므로 당연히 인정

㉢ **약식명령절차** : 공판절차가 아니므로 인정되지 않음

# 3. 공판준비절차

## (1) 공판준비절차의 의의

SEMI-NOTE

공판준비절차란 공판기일에 있어서의 심리를 충분히 능률적으로 행하기 위한 준비로서, 수소법원에 의하여 행하여지는 절차를 말함

### (2) 공판준비절차의 내용

① 공소장부본의 송달 : 법원은 공소의 제기가 있는 때에는 지체없이 공소장의 부본을 피고인 또는 변호인에게 송달하여야 한다. 단, 제1회 공판기일 전 5일까지 송달하여야 한다(법 제266조).

② 의견서의 제출(법 제266조의2)

    ㉠ 피고인 또는 변호인은 공소장 부본을 송달받은 날부터 7일 이내에 공소사실에 대한 인정 여부, 공판준비절차에 관한 의견 등을 기재한 의견서를 법원에 제출하여야 하며, 다만, 피고인이 진술한 이유에는 성치에는 그 취지를 기재한 의견서를 제출할 수 있다.

    ㉡ 법원은 의견서가 제출된 때에는 이를 검사에게 송부하여야 한다.

③ 공소제기 후 검사가 보관하고 있는 서류 등의 열람 · 등사 : 피고인 또는 변호인은 검사에게 공소제기된 사건에 관한 서류 또는 물건의 목록과 공소사실의 인정 또는 양형에 영향을 미칠 수 있는 서류등의 열람 · 등사 또는 서면의 교부를 신청할 수 있다. 다만, 피고인에게 변호인이 있는 경우에는 피고인은 열람만을 신청할 수 있다(법 제266조의3 제1항).

④ 협의의 공판준비절차

    ㉠ 재판장은 효율적이고 집중적인 심리를 위하여 사건을 공판준비절차에 부칠 수 있다(법 제266조의5 제1항). 공판준비절차는 주장 및 입증계획 등을 서면으로 준비하게 하거나 공판준비기일을 열어 진행한다(법 제266조의5 제2항).

    ㉡ 공판준비를 위한 서면의 제출 : 검사, 피고인 또는 변호인은 법률상 · 사실상 주장의 요지 및 입증취지 등이 기재된 서면을 법원에 제출할 수 있다(법 제266조의6 제1항). 재판장은 검사, 피고인 또는 변호인에 대하여 서면의 제출을 명할 수 있다(법 제266조의6 제2항).

    ㉢ 공판준비기일(법 제266조의7) ★빈출개념

       • 법원은 검사, 피고인 또는 변호인의 의견을 들어 공판준비기일을 지정할 수 있다.

       • 검사, 피고인 또는 변호인은 법원에 대하여 공판준비기일의 지정을 신청할 수 있다. 이 경우 당해 신청에 관한 법원의 결정에 대하여는 불복할 수 없다.

       • 법원은 합의부원으로 하여금 공판준비기일을 진행하게 할 수 있다. 이 경우 수명법관은 공판준비기일에 관하여 법원 또는 재판장과 동일한 권한이 있다.

       • 공판준비기일은 공개한다. 다만, 공개하면 절차의 진행이 방해될 우려가 있는 때에는 공개하지 아니할 수 있다.

    ㉣ 공판준비에 관한 사항 : 법원은 공판준비절차에서 다음 행위를 할 수 있다(법 제266조의9 제1항).

       • 공소사실 또는 적용법조를 명확하게 하는 행위

       • 공소사실 또는 적용법조의 추가 · 철회 또는 변경을 허가하는 행위

       • 공소사실과 관련하여 주장할 내용을 명확히 하여 사건의 쟁점을 정리하는

**열람 · 등사 또는 서면의 교부를 신청할 수 있는 서류 등(법 제266조의3 제1항)**

• 검사가 증거로 신청할 서류등

• 검사가 증인으로 신청할 사람의 성명 · 사건과의 관계 등을 기재한 서면 또는 그 사람이 공판기일 전에 행한 진술을 기재한 서류등

• 위의 서면 또는 서류등의 증명력과 관련된 서류등

• 피고인 또는 변호인이 행한 법률상 · 사실상 주장과 관련된 서류등

행위

- 계산이 어렵거나 그 밖에 복잡한 내용에 관하여 설명하도록 하는 행위
- 증거신청을 하도록 하는 행위
- 신청된 증거와 관련하여 입증 취지 및 내용 등을 명확하게 하는 행위
- 증거신청에 관한 의견을 확인하는 행위
- 증거 채부(採否)의 결정을 하는 행위
- 증거조사의 순서 및 방법을 정하는 행위
- 서류등의 열람 또는 등사와 관련된 신청의 당부를 결정하는 행위
- 공판기일을 지정 또는 변경하는 행위
- 그 밖에 공판절차의 진행에 필요한 사항을 정하는 행위

ⓜ **공판준비기일 결과의 확인** : 법원은 공판준비기일을 종료하는 때에는 검사, 피고인 또는 변호인에게 쟁점 및 증거에 관한 정리결과를 고지하고, 이에 대한 이의의 유무를 확인하여야 한다(법 제266조의10 제1항).

ⓑ **공판준비절차의 종결사유** : 법원은 다음의 어느 하나에 해당하는 사유가 있는 때에는 공판준비절차를 종결하여야 한다. 다만, 사건을 공판준비절차에 부친 뒤 3개월이 지난 때 또는 검사·변호인 또는 소환받은 피고인이 출석하지 아니한 때에 해당하는 경우로서 공판의 준비를 계속하여야 할 상당한 이유가 있는 때에는 그러하지 아니하다(법 제266조의12 제1항).

- 쟁점 및 증거의 정리가 완료된 때
- 사건을 공판준비절차에 부친 뒤 3개월이 지난 때
- 검사·변호인 또는 소환받은 피고인이 출석하지 아니한 때

ⓢ **공판준비기일 종결의 효과** : 공판준비기일에서 신청하지 못한 증거는 다음의 어느 하나에 해당하는 경우에 한하여 공판기일에 신청할 수 있다(법 제266조의13 제1항).

- 그 신청으로 인하여 소송을 현저히 지연시키지 아니하는 때
- 중대한 과실 없이 공판준비기일에 제출하지 못하는 등 부득이한 사유를 소명한 때

ⓞ **기일간 공판준비절차** : 법원은 쟁점 및 증거의 정리를 위하여 필요한 경우에는 제1회 공판기일 후에도 사건을 공판준비절차에 부칠 수 있다. 이 경우 기일전 공판준비절차에 관한 규정을 준용한다(법 제266조의15).

⑤ **공판기일의 지정과 변경**

㉠ **공판기일의 지정** : 재판장은 공판기일을 정하여야 한다(법 제267조 제1항).

㉡ **제1회 공판기일의 유예기간** : 제1회 공판기일은 소환장의 송달 후 5일 이상의 유예기간을 두어야 한다(법 제269조 제1항).

㉢ **공판기일의 변경** : 재판장은 직권 또는 검사, 피고인이나 변호인의 신청에 의하여 공판기일을 변경할 수 있다(법 제270조 제1항).

⑥ **피고인의 소환과 통지**

㉠ 공판기일에는 피고인, 대표자 또는 대리인을 소환하여야 한다(법 제267조 제2항).

05장

공판

SEMI-NOTE

**공판준비기일 결과의 확인**
법원은 쟁점 및 증거에 관한 정리결과를 공판준비기일조서에 기재하여야 한다(법 제266조의10 제2항).

**공판기일의 변경**
공판기일 변경신청을 기각한 명령은 송달하지 아니한다(법 제270조 제2항).

ⓛ 피고인을 소환하려면 소환장을 발부하여야 하고 이를 송달하여야 함

ⓒ **소환장송달의 의제** : 법원의 구내에 있는 피고인에 대하여 공판기일을 통지한 때에는 소환장송달의 효력이 있다(법 제268조).

ⓔ **공판기일의 통지** : 공판기일은 검사, 변호인과 보조인에게 통지하여야 한다 (법 제267조 제3항).

ⓜ **불출석사유, 자료의 제출** : 공판기일에 소환 또는 통지서를 받은 자가 질병 기타의 사유로 출석하지 못할 때에는 의사의 진단서 기타의 자료를 제출하여야 한다(법 제271조).

⑦ 공판기일 전의 증거제출과 증거조사

ⓐ **당사자의 공판기일 전의 증거제출** : 검사, 피고인 또는 변호인은 공판기일 전에 서류나 물건을 증거로 법원에 제출할 수 있다(법 제274조).

ⓑ **공판기일 전의 증거조사(법 제273조)**

• 법원은 검사, 피고인 또는 변호인의 신청에 의하여 공판준비에 필요하다고 인정한 때에는 공판기일 전에 피고인 또는 증인을 신문할 수 있고 검증, 감정 또는 번역을 명할 수 있다.

• 재판장은 부원으로 하여금 전항의 행위를 하게 할 수 있다.

• 신청을 기각함에는 결정으로 하여야 한다.

⑧ 공무소 등에 대한 조회(법 272조)

ⓐ 법원은 직권 또는 검사, 피고인이나 변호인의 신청에 의하여 공무소 또는 공사단체에 조회하여 필요한 사항의 보고 또는 그 보관서류의 송부를 요구할 수 있다.

ⓑ 신청을 기각함에는 결정으로 하여야 한다.

## 4. 공판정의 구성과 심리

### (1) 공판정의 구성(법 제275조)

① 공판기일에는 공판정에서 심리한다.

② 공판정은 판사와 검사, 법원사무관등이 출석하여 개정한다.

③ 검사의 좌석과 피고인 및 변호인의 좌석은 대등하며, 법대의 좌우측에 마주 보고 위치하고, 증인의 좌석은 법대의 정면에 위치한다. 다만, 피고인신문을 하는 때에는 피고인은 증인석에 좌석한다.

### (2) 소송주체의 출석

① **판사의 출석** : 공판기일에 판사가 출석하여야 심리를 진행할 수 있으므로 사건의 심리에 관여하지 아니한 판사가 그 사건의 판결에 관여한 때에는 항소의 이유가 된다(법 제361조의5 제8호).

② **검사의 출석** ⭐빈출개념

ⓐ 공판정은 판사와 검사, 법원사무관등이 출석하여 개정한다(법 제275조 제2항).

ⓑ **검사의 불출석** : 검사가 공판기일의 통지를 2회 이상받고 출석하지 아니하거나 판결만을 선고하는 때에는 검사의 출석 없이 개정할 수 있다(법 제278조).

> **관련 판례** 검사 출석 없는 개정
>
> 판결 선고기일에는 검사의 출석 없이 개정할 수 있으므로(형사소송법 제278조), 검사에게 선고기일 통지를 하지 아니하였다고 판결에 영향을 미친 절차법규의 위반이 있다고 보기 어렵다(대판 2008도3435).

③ 피고인의 출석

㉠ 피고인의 출석권 : 피고인이 공판기일에 출석하지 아니한 때에는 특별한 규정이 없으면 개정하지 못한다. 단, 피고인이 법인인 경우에는 대리인을 출석하게 할 수 있다(법 제276조).

㉡ 피고인의 재정의무, 법정경찰권(법 제281조)
   • 피고인은 재판장의 허가없이 퇴정하지 못한다.
   • 재판장은 피고인의 퇴정을 제지하거나 법정의 질서를 유지하기 위하여 필요한 처분을 할 수 있다.

㉢ 예외
   • 피고인이 의사무능력자인 경우 : 범죄사건에 관하여 피고인 또는 피의자가 의사능력이 없는 때에는 그 법정대리인이 소송행위를 대리하므로(법 제26조) 법정대리인이나 특별대리인의 출석 요함
   • 피고인이 법인인 경우 : 피고인 또는 피의자가 법인인 때에는 그 대표자가 소송행위를 대표한다(법 제27조 제1항). 피고인이 법인인 경우에는 대리인을 출석하게 할 수 있다(법 제276조 단서).
   • 경미사건 등과 피고인의 불출석 : 다음의 어느 하나에 해당하는 사건에 관하여는 피고인의 출석을 요하지 아니한다. 이 경우 피고인은 대리인을 출석하게 할 수 있다(법 제277조).
     – 다액 500만원 이하의 벌금 또는 과료에 해당하는 사건
     – 공소기각 또는 면소의 재판을 할 것이 명백한 사건
     – 장기 3년 이하의 징역 또는 금고, 다액 500만원을 초과하는 벌금 또는 구류에 해당하는 사건에서 피고인의 불출석허가신청이 있고 법원이 피고인의 불출석이 그의 권리를 보호함에 지장이 없다고 인정하여 이를 허가한 사건. 다만, 인증신문에 따른 절차를 진행하거나 판결을 선고하는 공판기일에는 출석하여야 함
     – 피고인만이 정식재판의 청구를 하여 판결을 선고하는 사건
   • 즉결심판절차상 불출석 : 벌금 또는 과료를 선고하는 경우에는 피고인이 출석하지 아니하더라도 심판할 수 있다(즉결심판에 관한 절차법 제8조의2 제1항).
   • 무죄, 면소, 형의 면제 또는 공소기각의 재판을 할 것으로 명백한 때 : 피고사건에 대하여 무죄, 면소, 형의 면제 또는 공소기각의 재판을 할 것으로 명백한 때에는 피고인의 출정없이 재판할 수 있다(법 제306조 제4항).
   • 피고인의 진술없이 하는 판결 : 피고인이 진술하지 아니하거나 재판장의 허가없이 퇴정하거나 재판장의 질서유지를 위한 퇴정명령을 받은 때에는

05장

공판

> **관련 판례**
>
> 필요적 변호사건이라 하여도 피고인이 재판거부의 의사를 표시하고 재판장의 허가 없이 퇴정하고 변호인마저 이에 동조하여 퇴정해 버린 것은 모두 피고인측의 방어권의 남용 내지 변호권의 포기로 볼 수밖에 없는 것이므로 수소법원으로서는 형사소송법 제330조에 의하여 피고인이나 변호인의 재정 없이도 심리 판결 할 수 있다(대판 91도865).

SEMI-NOTE

**피고인의 출석거부와 공판절차**

피고인이 출석을 거부하는 경우 공판절차를 진행할 경우에는 출석한 검사 및 변호인의 의견을 들어야 한다(법 제277조의2 제2항).

---

**관련 판례**

피고인이 항소심 공판기일에 출정하지 아니한 때에는 다시 기일을 정하고 피고인이 정당한 사유 없이 다시 정한 기일에도 출정하지 아니한 때에는 피고인의 진술 없이 판결할 수 있도록 되어 있으나, 이는 피고인의 해태에 의하여 본안에 대한 변론권을 포기한 것으로 보는 일종의 제재적 규정이므로 그 2회 불출석의 책임을 피고인에게 귀속시키려면 그가 2회에 걸쳐 적법한 공판기일소환장을 받고서 정당한 사유 없이 출정하지 아니함을 필요로 한다(대판 2010도16538).

---

피고인의 진술없이 판결할 수 있다(법 제330조).

• **피고인의 출석거부와 공판절차** : 피고인이 출석하지 아니하면 개정하지 못하는 경우에 구속된 피고인이 정당한 사유없이 출석을 거부하고, 교도관에 의한 인치가 불가능하거나 현저히 곤란하다고 인정되는 때에는 피고인의 출석 없이 공판절차를 진행할 수 있다(법 제277조의2 제1항). ★ 빈출개념

---

**관련 판례** | 피고인의 출석 없이 공판절차를 진행하기 위한 요건

형사소송법 제277조의2의 규정에 의하여 피고인의 출석 없이 공판절차를 진행하기 위해서는 단지 구속된 피고인이 정당한 사유 없이 출석을 거부하였다는 것만으로는 부족하고 더 나아가 교도관리에 의한 인치가 불가능하거나 현저히 곤란하다고 인정되어야 하는 것이므로, 구속된 피고인이 출석하지 않은 상태에서 법원이 위 수배에 따라 피고인의 출석 없이 공판절차를 시행하기 위해서는 피고인의 출석거부사유가 정당한 것인지 여부뿐만 아니라 교도관에 의한 인치가 불가능하거나 현저히 곤란하였는지 여부 등 위 조문에 규정된 사유가 존재하는가의 여부를 조사하여야 한다(대판 2001도114).

---

• 피고인의 출정(법 제365조)
  – 피고인이 공판기일에 출정하지 아니한 때에는 다시 기일을 정하여야 한다.
  – 피고인이 정당한 사유없이 다시 정한 기일에 출정하지 아니한 때에는 피고인의 진술없이 판결을 할 수 있다.
• 상고심의 공판기일에는 피고인의 소환을 요하지 아니한다(법 제389조의2).
• 소송촉진특례법상 제1심 공판의 특례 : 제1심 공판절차에서 피고인에 대한 송달불능보고서가 접수된 때부터 6개월이 지나도록 피고인의 소재를 확인할 수 없는 경우에는 대법원규칙으로 정하는 바에 따라 피고인의 진술 없이 재판할 수 있다(소송촉진 등에 관한 특례법 제23조).
• 피치료감호청구인의 불출석 : 법원은 피치료감호청구인 심신장애로 공판기일에의 출석이 불가능한 경우에는 피치료감호청구인의 출석 없이 개정할 수 있다(치료감호 등에 관한 법률 제9조).

④ 변호인의 출석
  ㉠ 변호인은 소송의 주체가 아니므로 개정요건이 아님.
  ㉡ 필요적 변호사건에 관하여는 변호인 없이 개정하지 못한다. 단, 판결만을 선고할 경우에는 예외로 한다(법 제282조). 필요적 변호사건에 변호인이 출석하지 아니한 때에는 법원은 직권으로 변호인을 선정하여야 한다(법 제283조).

### (3) 전문심리위원

① **전문심리위원의 참여** : 법원은 소송관계를 분명하게 하거나 소송절차를 원활하게 진행하기 위하여 필요한 경우에는 직권으로 또는 검사, 피고인 또는 변호인의 신청에 의하여 결정으로 전문심리위원을 지정하여 공판준비 및 공판기일 등 소송절차에 참여하게 할 수 있다(법 제279조의2 제1항).

② **전문심리위원의 권한**
  ㉠ 전문심리위원은 전문적인 지식에 의한 설명 또는 의견을 기재한 서면을 제출하거나 기일에 전문적인 지식에 의하여 설명이나 의견을 진술할 수 있다. 다

만, 재판의 합의에는 참여할 수 없다(법 제279조의2 제2항).

ⓛ 전문심리위원은 기일에 재판장의 허가를 받아 피고인 또는 변호인, 증인 또는 감정인 등 소송관계인에게 소송관계를 분명하게 하기 위하여 필요한 사항에 관하여 직접 질문할 수 있다(법 제279조의2 제3항).

ⓒ 법원은 전문심리위원이 제출한 서면이나 전문심리위원의 설명 또는 의견의 진술에 관하여 검사, 피고인 또는 변호인에게 구술 또는 서면에 의한 의견진술의 기회를 주어야 한다(법 제279조의2 제4항).

③ **전문심리위원 참여결정의 취소(법 제279조의3)**

ⓐ 법원은 상당하다고 인정하는 때에는 검사, 피고인 또는 변호인의 신청이나 직권으로 결정을 취소할 수 있다.

ⓑ 법원은 검사와 피고인 또는 변호인이 합의하여 결정을 취소할 것을 신청한 때에는 그 결정을 취소하여야 한다.

④ **전문심리위원의 지정 등** : 전문심리위원을 소송절차에 참여시키는 경우 법원은 검사, 피고인 또는 변호인의 의견을 들어 각 사건마다 1인 이상의 전문심리위원을 지정한다(법 제279조의4 제1항).

⑤ **전문심리위원의 제척 및 기피** : 제척 또는 기피 신청이 있는 전문심리위원은 그 신청에 관한 결정이 확정될 때까지 그 신청이 있는 사건의 소송절차에 참여할 수 없다. 이 경우 전문심리위원은 해당 제척 또는 기피 신청에 대하여 의견을 진술할 수 있다(법 제279조의5 제2항).

## (4) 소송지휘권

① **소송지휘권의 의의** : 소송의 주재자로서의 법원이 심리를 원만하고 신속하게 또는 완전하게 진행시키기 위하여 정황에 응한 정당한 조치를 강구하는 권능으로, 공판기일의 소송지휘는 재판장이 한다(법 제279조).

② **소송지휘권의 주요내용**

ⓐ **공판기일의 지정** : 재판장은 공판기일을 정하여야 한다(법 제267조).

ⓑ **공판기일의 변경** : 재판장은 직권 또는 검사, 피고인이나 변호인의 신청에 의하여 공판기일을 변경할 수 있다(법 제270조 제1항).

ⓒ **인정신문** : 재판장은 피고인의 성명, 연령, 등록기준지, 주거와 직업을 물어서 피고인임에 틀림없음을 확인하여야 한다(법 제284조).

ⓓ **진술거부권의 고지** : 재판장은 피고인에게 진술을 거부할 수 있음을 고지하여야 한다(법 제283조의2 제2항).

ⓔ **증인신문의 변경** : 재판장은 필요하다고 인정하면 어느 때나 신문할 수 있으며 제1항의 신문순서를 변경할 수 있다(법 제161조의2 제3항).

ⓕ **석명권등** : 재판장은 소송관계를 명료하게 하기 위하여 검사, 피고인 또는 변호인에게 사실상과 법률상의 사항에 관하여 석명을 구하거나 입증을 촉구할 수 있다(규칙 141조 제1항).

③ **법원의 소송지휘권** : 국선변호인 신청, 증거신청에 대한 결정, 공소장변경의 요구와 허가, 증거조사에 대한 이의신청 결정, 재판장의 처분에 대한 이의신청의 결정, 공판절차의 정지 등

**관련 판례**

형사재판의 담당 법원은 전문심리위원에 관한 위 각각의 규정들을 지켜야 하고 이를 준수함에 있어서도 적법절차원칙을 특별히 강조하고 있는 헌법 제12조 제1항을 고려하여 전문심리위원과 관련된 절차 진행 등에 관한 사항을 당사자에게 적절한 방법으로 적시에 통지하여 당사자의 참여 기회가 실질적으로 보장될 수 있도록 세심한 배려를 하여야 한다(대판 2018도19051).

**관련 판례**

형사소송법 제279조 및 형사소송규칙 제141조 제1항에 의하면, 재판장은 소송지휘의 일환으로 검사, 피고인 또는 변호인에게 석명을 구하거나 입증을 촉구할 수 있는데, 여기에서 석명을 구한다는 것은 사건의 소송관계를 명확하게 하기 위하여 당사자에 대하여 사실상 및 법률상의 사항에 관하여 질문을 하고 그 진술 내지 주장을 보충 또는 정정할 기회를 부여하는 것을 말한다(대판 2010도14391).

SEMI-NOTE

### (5) 법정경찰권

① 의의 : 법정의 질서를 유지하기 위하여 법원이 행하는 권력작용이다. 법정의 질서유지는 재판장이 담당하고 재판장은 법정의 존엄과 질서를 해칠 우려가 있는 사람의 입정 금지 또는 퇴정을 명할 수 있고, 그 밖에 법정의 질서유지에 필요한 명령을 할 수 있다(법원조직법 제58조).

② 법정경찰권의 주요내용

   ⊙ 법정의 질서유지 : 재판장은 법정의 존엄과 질서를 해칠 우려가 있는 사람의 입정 금지 또는 퇴정을 명할 수 있고, 그 밖에 법정의 질서유지에 필요한 명령을 할 수 있다(법원조직법 제58조 제2항).

   ⓛ 경찰공무원의 파견 요구 : 재판장은 법정에서의 질서유지를 위하여 필요하다고 인정할 때에는 개정 전후에 상관없이 관할 경찰서장에게 경찰공무원의 파견을 요구할 수 있다. 파견된 경찰공무원은 법정 내외의 질서유지에 관하여 재판장의 지휘를 받는다(법원조직법 제60조).

   ⓒ 감치 등 : 법원은 직권으로 법정 내외에서 질서유지명령 또는 녹화 등의 금지를 위반하는 행위를 하거나 폭언, 소란 등의 행위로 법원의 심리를 방해하거나 재판의 위신을 현저하게 훼손한 사람에 대하여 결정으로 20일 이내의 감치에 처하거나 100만원 이하의 과태료를 부과할 수 있다. 이 경우 감치와 과태료는 병과할 수 있다(법원조직법 제61조).

   ⓔ 공판정에서의 신체구속의 금지 : 공판정에서는 피고인의 신체를 구속하지 못한다. 다만, 재판장은 피고인이 폭력을 행사하거나 도망할 염려가 있다고 인정하는 때에는 피고인의 신체의 구속을 명하거나 기타 필요한 조치를 할 수 있다(법 제280조).

**재판장의 처분**

재판장은 피고인의 퇴정을 제지하거나 법정의 질서를 유지하기 위하여 필요한 처분을 할 수 있음

## 5. 공판기일의 절차

### (1) 모두절차

**공판기일의 절차**

공판기일의 절차는 모두절차, 사실심리절차, 판결 순으로 진행

① 진술거부권의 고지 : 재판장은 피고인에게 제1항과 같이 진술을 거부할 수 있음을 고지하여야 하고, 피고인은 진술하지 아니하거나 개개의 질문에 대하여 진술을 거부할 수 있다(법 제283조의2).

② 인정신문 : 재판장은 피고인의 성명, 연령, 등록기준지, 주거와 직업을 물어서 피고인임에 틀림없음을 확인하여야 한다(법 제284조).

③ 검사의 모두진술 : 검사는 공소장에 의하여 공소사실·죄명 및 적용법조를 낭독하여야 한다. 다만, 재판장은 필요하다고 인정하는 때에는 검사에게 공소의 요지를 진술하게 할 수 있다(법 제285조). ★빈출개념

④ 피고인의 모두진술 : 피고인 및 변호인은 이익이 되는 사실 등을 진술할 수 있고, 피고인은 검사의 모두진술이 끝난 뒤에 공소사실의 인정 여부를 진술하여야 한다. 다만, 피고인이 진술거부권을 행사하는 경우에는 그러하지 아니하다(법 제286조).

⑤ 재판장의 쟁점정리 및 검사·변호인의 증거관계 등에 대한 진술(법 제287조)

ⓐ 재판장은 피고인의 모두진술이 끝난 다음에 피고인 또는 변호인에게 쟁점의 정리를 위하여 필요한 질문을 할 수 있다.

ⓑ 재판장은 증거조사를 하기에 앞서 검사 및 변호인으로 하여금 공소사실 등의 증명과 관련된 주장 및 입증계획 등을 진술하게 할 수 있다. 다만, 증거로 할 수 없거나 증거로 신청할 의사가 없는 자료에 기초하여 법원에 사건에 대한 예단 또는 편견을 발생하게 할 염려가 있는 사항은 진술할 수 없다.

## (2) 사실심리절차

① 증거조사

ⓐ 의의 : 법원이 피고사건의 사실인정과 양형에 관한 심증을 얻기 위해 인증, 물증, 서증 등 각종의 증거방법을 조사하여 그 내용을 알아내는 소송행위

ⓑ 시기

• 증거조사 : 증거조사는 모두절차에 따른 절차가 끝난 후에 실시한다(법 제290조).

• 간이공판절차에서의 증거조사 : 간이공판절차의 결정이 있는 사건에 대하여는 법원이 상당하다고 인정하는 방법으로 증거조사를 할 수 있다(법 제297조의2).

ⓒ 당사자의 신청에 의한 증거조사

• 검사, 피고인 또는 변호인은 서류나 물건을 증거로 제출할 수 있고, 증인·감정인·통역인 또는 번역인의 신문을 신청할 수 있다(법 제294조 제1항).

• 증거신청의 순서 : 증거신청은 검사가 먼저 이를 한 후 다음에 피고인 또는 변호인이 이를 한다(규칙 제133조).

• 신청의 시기 : 시기에는 제한이 없음

• 증거신청의 방식(규칙 제132조의2)

– 검사, 피고인 또는 변호인이 증거신청을 함에 있어서는 그 증거와 증명하고자 하는 사실과의 관계를 구체적으로 명시하여야 한다.

– 피고인의 자백을 보강하는 증거나 정상에 관한 증거는 보강증거 또는 정상에 관한 증거라는 취지를 특히 명시하여 그 조사를 신청하여야 한다.

– 서류나 물건의 일부에 대한 증거신청을 함에 있어서는 증거로 할 부분을 특정하여 명시하여야 한다.

– 법원은 필요하다고 인정할 때에는 증거신청을 한 자에게, 신문할 증인, 감정인, 통역인 또는 번역인의 성명, 주소, 서류나 물건의 표목 및 기재한 서면의 제출을 명할 수 있다.

• 증거결정의 절차 : 법원은 증거결정을 함에 있어서 필요하다고 인정할 때에는 그 증거에 대한 검사, 피고인 또는 변호인의 의견을 들을 수 있다(규칙 제134조 제1항).

• 증거신청에 대한 결정 : 법원은 증거신청에 대하여 결정을 하여야 하며 직권으로 증거조사를 할 수 있다(법 제295조).

SEMI-NOTE

**당사자의 증거신청**

법원은 검사, 피고인 또는 변호인이 고의로 증거를 뒤늦게 신청함으로써 공판의 완결을 지연하는 것으로 인정할 때에는 직권 또는 상대방의 신청에 따라 결정으로 이를 각하할 수 있다(법 제294조 제2항).

**관련 판례** 증거신청과 법원의 재량권

당사자의 증거신청을 받아들일 것인지는 법원이 재량에 따라 결정하는 것이 원칙이므로, 법원은 당사자가 신청한 증거가 적절하지 않다고 판단하거나 조사할 필요가 없다고 인정할 때에는 그 신청을 기각할 수 있다(대판 2008도763).

**관련 판례**

증인은 법원이 직권에 의하여 신문할 수도 있고 증거의 채부는 법원의 직권에 속하는 것이므로 피고인이 철회한 증인을 법원이 직권신문하고 이를 채증하더라도 위법이 아니다(대판 80도3210).

ⓔ **법원의 직권에 의한 증거조사** : 법원은 증거신청에 대하여 결정을 하여야 하며 직권으로 증거조사를 할 수 있다(법 제295조).

ⓜ **증거조사 방법**
- 증거조사의 순서 : 법원은 검사가 신청한 증거를 조사한 후 피고인 또는 변호인이 신청한 증거를 조사한다(법 제291조의2 제1항).
- 개별조사 : 소송관계인이 증거로 제출한 서류나 물건 또는 작성 또는 송부된 서류는 검사, 변호인 또는 피고인이 공판정에서 개별적으로 지시설명하여 조사하여야 한다(법 제291조 제1항).
- 자백의 조사 시기 : 증거로 할 수 있는 피고인 또는 피고인 아닌 자의 진술을 기재한 조서 또는 서류가 피고인의 자백 진술을 내용으로 하는 경우에는 범죄사실에 관한 다른 증거를 조사한 후에 이를 조사하여야 한다(규칙 제135조).
- 증거조사 결과와 피고인의 의견 : 재판장은 피고인에게 각 증거조사의결과에 대한 의견을 묻고 권리를 보호함에 필요한 증거조사를 신청할 수 있음을 고지하여야 한다(법 제293조).

**관련 판례**

본래 증거물이지만 증거서류의 성질도 가지고 있는 이른바 '증거물인 서면'을 조사하기 위해서는 증거서류의 조사방식인 낭독·내용고지 또는 열람의 절차와 증거물의 조사방식인 제시의 절차가 함께 이루어져야 하므로, 원칙적으로 증거신청인으로 하여금 그 서면을 제시하면서 낭독하게 하거나 이에 갈음하여 그 내용을 고지 또는 열람하도록 하여야 한다(대판 2013도2511).

ⓗ **증거결정과 증거조사에 대한 이의신청**
- 증거조사에 대한 이의신청 : 검사, 피고인 또는 변호인은 증거조사에 관하여 이의신청을 할 수 있다(법 제296조 제1항).
- 이의신청의 방식과 시기 : 이의신청은 개개의 행위, 처분 또는 결정시마다 그 이유를 간결하게 명시하여 즉시 이를 하여야 한다(규칙 제137조).
- 이의신청에 대한 결정의 방식 : 시기에 늦은 이의신청, 소송지연만을 목적으로 하는 것임이 명백한 이의신청은 결정으로 이를 기각하여야 한다. 다만, 시기에 늦은 이의신청이 중요한 사항을 대상으로 하고 있는 경우에는 시기에 늦은 것만을 이유로 하여 기각하여서는 아니된다(규칙 제139조 제1항).
- 배제결정 : 증거조사를 마친 증거가 증거능력이 없음을 이유로 한 이의신청을 이유있다고 인정할 경우에는 그 증거의 전부 또는 일부를 배제한다는 취지의 결정을 하여야 한다(규칙 제139조 제4항).
- 중복된 이의신청의 금지 : 이의신청에 대한 결정에 의하여 판단이 된 사항에 대하여는 다시 이의신청을 할 수 없다(규칙 제140조).

② **피고인신문**
ⓐ **의의** : 피고인에 대하여 공소사실과 그 정상에 관한 필요한 사항을 신문하는 절차
ⓑ **피고인신문의 시기와 방법**
- 시기 : 검사 또는 변호인은 증거조사 종료 후에 순차로 피고인에게 공소사

실 및 정상에 관하여 필요한 사항을 신문할 수 있다(법 제296조의2 제1항).
- 피고인신문의 방법 : 피고인을 신문함에 있어서 그 진술을 강요하거나 답변을 유도하거나 그 밖에 위압적 · 모욕적 신문을 하여서는 아니 된다(규칙 제140조의2).

### 관련 판례 변호인의 피고인신문권

재판장은 변호인이 피고인을 신문하겠다는 의사를 표시한 때에는 피고인을 신문할 수 있도록 조치하여야 하고, 변호인이 피고인을 신문하겠다는 의사를 표시하였음에도 변호인에게 일체의 피고인신문을 허용하지 않은 것은 변호인의 피고인신문권에 관한 본질적 권리를 해하는 것으로서 소송절차의 법령위반에 해당한다(대판 2020도10778).

ⓒ 피고인신문의 순서(법 제296조의2)
- 검사 또는 변호인은 증거조사 종료 후에 순차로 피고인에게 공소사실 및 정상에 관하여 필요한 사항을 신문할 수 있다. 다만, 재판장은 필요하다고 인정하는 때에는 증거조사가 완료되기 전이라도 이를 허가할 수 있다.
- 재판장은 필요하다고 인정하는 때에는 피고인을 신문할 수 있다.

ⓔ 장애인 등 특별히 보호를 요하는 자에 대한 특칙 : 재판장 또는 법관은 피고인을 신문하는 경우 다음의 어느 하나에 해당하는 때에는 직권 또는 피고인 · 법정대리인 · 검사의 신청에 따라 피고인과 신뢰관계에 있는 자를 동석하게 할 수 있다(법 제276조의2 제1항).
- 피고인이 신체적 또는 정신적 장애로 사물을 변별하거나 의사를 결정 · 전달할 능력이 미약한 경우
- 피고인의 연령 · 성별 · 국적 등의 사정을 고려하여 그 심리적 안정의 도모와 원활한 의사소통을 위하여 필요한 경우

③ 최후변론
ⓐ 증거조사 후의 검사의 의견진술 : 피고인 신문과 증거조사가 종료한 때에는 검사는 사실과 법률적용에 관하여 의견을 진술하여야 한다. 단, 검사의 불출석의 경우에는 공소장의 기재사항에 의하여 검사의 의견진술이 있는 것으로 간주한다(법 제302조).

### 관련 판례 검사의 의견진술에 구속여부

검사의 구형은 양형에 관한 의견진술에 불과하고 법원이 그 의견에 구속되는 것은 아니므로 피고인에 대한 형을 정함에 있어 검사의 구형에 포함되지 아니한 벌금형을 병과하였다 하여 위법이 될 수 없다(대판 83도1789).

ⓑ 피고인의 최후진술 : 재판장은 검사의 의견을 들은 후 피고인과 변호인에게 최종의 의견을 진술할 기회를 주어야 한다(법 제303조).
ⓒ 변론시간의 제한 : 재판장은 필요하다고 인정하는 경우 검사, 피고인 또는 변호인의 본질적인 권리를 해치지 아니하는 범위내에서 검사 및 피고인의 최후진술권에 의한 의견진술의 시간을 제한할 수 있다(규칙 제145조).

### (3) 공판기일 외 주장 등의 금지(규칙 제177조의2)

① 소송관계인은 기일 외에서 구술, 전화, 휴대전화 문자전송, 그 밖에 이와 유사한 방법으로 신체구속, 공소사실 또는 양형에 관하여 법률상 · 사실상 주장을 하는 등 법령이나 재판장의 지휘에 어긋나는 절차와 방식으로 소송행위를 하여서는 아니 된다.

② 재판장은 어긴 소송관계인에게 주의를 촉구하고 기일에서 그 위반사실을 알릴 수 있다.

### (4) 판결

① 재판의 선고 · 고지의 방식 : 재판의 선고 또는 고지는 공판정에서는 재판서에 의하여야 하고 기타의 경우에는 재판서등본의 송달 또는 다른 적당한 방법으로 하여야 한다. 단, 법률에 다른 규정이 있는 때에는 예외로 한다(법 제42조).

② 재판의 선고 또는 고지 : 재판의 선고 또는 고지는 재판장이 한다. 판결을 선고함에는 주문을 낭독하고 이유의 요지를 설명하여야 한다(법 제43조).

## 6. 증거조사

### (1) 증인신문

① 증인신문과 증인

ㄱ 증인신문 : 요증사실과 관련하여 증인의 경험을 내용하는 진술을 얻는 증거조사방법

ㄴ 증인 : 자신이 과거에 체험한 사실을 법원 또는 법관에게 진술하는 제3자

② 증인거부권, 증인적격, 증언능력

증인의 자격
법원은 법률에 다른 규정이 없으면 누구든지 증인으로 신문할 수 있다(법 제146조).

ㄱ 증인거부권 : 공무원 또는 공무원이었던 자가 그 직무에 관하여 알게 된 사실에 관하여 본인 또는 당해 공무소가 직무상 비밀에 속한 사항임을 신고한 때에는 그 소속공무소 또는 감독관공서의 승낙 없이는 증인으로 신문하지 못한다. 그 소속공무소 또는 당해 감독관공서는 국가에 중대한 이익을 해하는 경우를 제외하고는 승낙을 거부하지 못한다(법 제147조).

ㄴ 증인적격 : 증인으로 선서하고 진술할 수 있는 자격으로 법원은 법률에 다른 규정이 없으면 누구든지 증인으로 신문할 수 있다(법 제146조). 법관은 자신이 담당하는 사건에 관하여 증인적격이 없음. 또한 검사, 피고인, 변호인, 공범인 공동피고인 또한 증인적격 부정

> **관련 판례** 수사관 증인적격

형사소송법 제146조는 "법원은 법률에 다른 규정이 없으면 누구든지 증인으로 신문할 수 있다."라고 규정하고 있으므로, 원심이 당해 사건의 수사경찰관을 증인으로 신문한 것이 증거재판주의나 증인의 자격에 관한 법리를 오해하였다거나 헌법위반의 위법이 있다고 할 수 없다(대판 2000도2933).

SEMI-NOTE

**관련 판례** 공범 아닌 공동피고인의 증인적격

피고인과는 별개의 범죄사실로 기소되고 다만 병합심리된 것 뿐인 공동피고인은 피고인에 대한 관계에서는 증인의 지위에 있음에 불과하므로 선서없이 한 그 공동피고인의 피고인으로서 한 공판정에서의 진술을 피고인에 대한 공소범죄 사실을 인정하는 증거로 쓸 수 없다(대판 78도1031).

    ⓒ **증언능력** : 증인이 자신이 과거에 경험한 사실을 기억에 따라 진술할 수 있는 정신능력
  ③ **증인의 의무** : 증인은 출석, 선서, 증언의무 부담
    ㉠ **출석의무**
      • 증인의 소환 : 법원은 소환장의 송달, 전화, 전자우편, 그 밖의 상당한 방법으로 증인을 소환한다. 증인을 신청한 자는 증인이 출석하도록 합리적인 노력을 할 의무가 있다(법 제150조의2).
      • 증인이 출석하지 아니한 경우의 과태료 등 : 법원은 소환장을 송달받은 증인이 정당한 사유 없이 출석하지 아니한 때에는 결정으로 당해 불출석으로 인한 소송비용을 증인이 부담하도록 명하고, 500만원 이하의 과태료를 부과할 수 있다(법 제151조 제1항).
      • 소환불응과 구인 : 정당한 사유없이 소환에 응하지 아니하는 증인은 구인할 수 있다(법 제152조).

**관련 판례** 증거능력을 갖추기 위한 요건

조사자의 증언에 증거능력이 인정되기 위해서는 원진술자가 사망, 질병, 외국거주, 소재불명, 그 밖에 이에 준하는 사유로 인하여 진술할 수 없어야 하는 것이라서, 원진술자가 법정에 출석하여 수사기관에서 한 진술을 부인하는 취지로 증언한 이상 원진술자의 진술을 내용으로 하는 조사자의 증언은 증거능력이 없다(대판 2008도6985).

    ⓛ **선서의무** : 증인에게는 신문 전에 선서하게 하여야 한다. 단, 법률에 다른 규정이 있는 경우에는 예외로 한다(법 제156조).
      • 선서한 증인에 대한 경고 : 재판장은 선서할 증인에 대하여 선서 전에 위증의 벌을 경고하여야 한다(법 제158조).
      • 선서의 방식 : 선서는 선서서에 따라 하여야 한다. 선서서에는 "양심에 따라 숨김과 보탬이 없이 사실 그대로 말하고 만일 거짓말이 있으면 위증의 벌을 받기로 맹세합니다."라고 기재하여야 한다(법 제157조 제1항, 제2항).
      • 선서의 거부와 과태료 : 증인이 정당한 이유없이 선서를 거부한 때에는 결정으로 50만원이하의 과태료에 처할 수 있다(법 제161조 제1항).
      • 선서 무능력 : 증인이 다음에 해당한 때에는 선서하게 하지 아니하고 신문하여야 한다(법 제159조).
        – 16세미만의 자
        – 선서의 취지를 이해하지 못하는 자
    ⓒ **증언의무**

**관련 판례**

증인의 증언능력은 증인 자신이 과거에 경험한 사실을 그 기억에 따라 공술할 수 있는 정신적인 능력이라 할 것이므로, 유아의 증언능력에 관해서도 그 유무는 단지 공술자의 연령만에 의할 것이 아니라 그의 지적 수준에 따라 개별적이고 구체적으로 결정되어야 함은 물론 공술의 태도 및 내용 등을 구체적으로 검토하고, 경험한 과거의 사실이 공술자의 이해력, 판단력 등에 의하여 변식될 수 있는 범위 내에 속하는가의 여부도 충분히 고려하여 판단하여야 한다(대판 2005도9561).

05장

공판

**관련 판례**

선서 무능력자에 대하여 선서케하고 신문한 경우라 할지라도 그 선서만이 무효가 되고 그 증언의 효력에 관하여는 영향이 없고 유효하다(대판 4290형상23).

SEMI-NOTE

**증언거부권의 고지**
증언이 근친자, 업무상비밀에 따른 증언 거부에 해당하는 경우에는 재판장은 신문 전에 증언을 거부할 수 있음을 설명하여야 한다(법 제160조).

- 의의 : 증인은 양심에 따라 숨김과 보탬이 없이 사실 그대로 말할 의무 부담
- 증언의 거부와 과태료 : 증인이 정당한 이유없이 증언을 거부한 때에는 결정으로 50만원이하의 과태료에 처할 수 있다(법 제161조).

④ **증인의 권리** : 증인은 증언거부권, 비용상환청구권, 증인신문조서열람권 등
  ㉠ **증언거부권** : 증언의무가 인정되는 증인이 일정한 사유로 증언을 거부할 수 있는 권리
  - 근친자의 형사책임과 증언 거부 : 누구든지 자기나 다음의 어느 하나에 해당하는 자가 형사소추 또는 공소제기를 당하거나 유죄판결을 받을 사실이 드러날 염려가 있는 증언을 거부할 수 있다(법 제148조).
    - 친족이거나 친족이었던 사람
    - 법정대리인, 후견감독인

---

**관련 판례** **증언거부권의 대상**

범행을 하지 아니한 자가 범인으로 공소제기가 되어 피고인의 지위에서 범행사실을 허위자백하고, 나아가 공범에 대한 증인의 자격에서 증언을 하면서 그 공범과 함께 범행하였다고 허위의 진술을 한 경우에도 그 증언은 자신에 대한 유죄판결의 우려를 증대시키는 것이므로 증언거부권의 대상은 된다고 볼 것이다(대판 2010도10028).

---

  - 업무상비밀과 증언거부 : 변호사, 변리사, 공증인, 공인회계사, 세무사, 대서업자, 의사, 한의사, 치과의사, 약사, 약종상, 조산사, 간호사, 종교의 직에 있는 자 또는 이러한 직에 있던 자가 그 업무상 위탁을 받은 관계로 알게 된 사실로서 타인의 비밀에 관한 것은 증언을 거부할 수 있다. 단, 본인의 승낙이 있거나 중대한 공익상 필요있는 때에는 예외로 한다(법 제149조).
  - 증언거부사유의 소명 : 증언을 거부하는 자는 거부사유를 소명하여야 한다.
  ㉡ **비용상환청구권** : 소환받은 증인은 법률의 규정한 바에 의하여 여비, 일당과 숙박료를 청구할 수 있다. 단, 정당한 사유없이 선서 또는 증언을 거부한 자는 예외로 한다(법 제168조).
  ㉢ **증인의 증인신문조서 열람 등** : 증인은 자신에 대한 증인신문조서 및 그 일부로 인용된 속기록, 녹음물, 영상녹화물 또는 녹취서의 열람, 등사 또는 사본을 청구할 수 있다(규칙 제84조의2).

⑤ **증인신문의 방법**

**관련 판례**
피고인 본인 또는 그 변호인이 미리 증인심문에 참여케 하여 달라고 신청한 경우에는 변호인이 참여하겠다고 하여도 피고인의 참여없이 실시한 증인심문은 위법이다(대판 68도1481).

  ㉠ **당사자의 참여권, 신문권** : 검사, 피고인 또는 변호인은 증인신문에 참여할 수 있다. 증인신문의 시일과 장소는 전항의 규정에 의하여 참여할 수 있는 자에게 미리 통지하여야 한다. 단, 참여하지 아니한다는 의사를 명시한 때에는 예외로 한다(법 제163조).
  ㉡ **신문의 청구** : 검사, 피고인 또는 변호인이 증인신문에 참여하지 아니할 경우에는 법원에 대하여 필요한 사항의 신문을 청구할 수 있다. 피고인 또는 변호인의 참여없이 증인을 신문한 경우에 피고인에게 예기하지 아니한 불이익의 증언이 진술된 때에는 반드시 그 진술내용을 피고인 또는 변호인에게 알려주어야 한다(법 제164조).

ⓒ **신뢰관계에 있는 자의 동석** : 법원은 범죄로 인한 피해자를 증인으로 신문하는 경우 증인의 연령, 심신의 상태, 그 밖의 사정을 고려하여 증인이 현저하게 불안 또는 긴장을 느낄 우려가 있다고 인정하는 때에는 직권 또는 피해자·법정대리인·검사의 신청에 따라 피해자와 신뢰관계에 있는 자를 동석하게 할 수 있다(법 제163조의2 제1항).

ⓔ **증인신문의 절차**

• **증인의 동일성 확인** : 재판장은 증인으로부터 주민등록증 등 신분증을 제시받거나 그 밖의 적당한 방법으로 증인임이 틀림없음을 확인하여야 한다(규칙 제71조).

• **선서한 증인에 대한 경고** : 재판장은 선서할 증인에 대하여 선서 전에 위증의 벌을 경고하여야 한다(법 제158조).

• **증언거부권의 고지** : 증인이 근친자, 업무상비밀 증언거부에 해당하는 경우에는 재판장은 신문 전에 증언을 거부할 수 있음을 설명하여야 한다(법 제160조).

• **서면에 의한 신문** : 증인이 들을 수 없는 때에는 서면으로 묻고 말할 수 없는 때에는 서면으로 답하게 할 수 있다(규칙 제73조).

• **개별신문과 대질** : 증인신문은 각 증인에 대하여 신문하여야 한다. 필요한 때에는 증인과 다른 증인 또는 피고인과 대질하게 할 수 있다(법 제162조 제1항, 제3항). ★ 빈출개념

• **중계장치 등에 의한 증인신문** : 법원은 대면하여 진술할 경우 심리적인 부담으로 정신의 평온을 현저하게 잃을 우려가 있다고 인정되는 사람을 증인으로 신문하는 경우 상당하다고 인정할 때에는 검사와 피고인 또는 변호인의 의견을 들어 비디오 등 중계장치에 의한 중계시설을 통하여 신문하거나 가림 시설 등을 설치하고 신문할 수 있다(법 제165조의2).

ⓜ **교호신문** : 증인은 신청한 검사, 변호인 또는 피고인이 먼저 이를 신문하고 다음에 다른 검사, 변호인 또는 피고인이 신문한다(법 제161조의2 제1항).

• **주신문** : 증인을 신청한 당사자의 신문

• **반대신문**(규칙 제76조)

  – 반대신문은 주신문에 나타난 사항과 이에 관련된 사항에 관하여 한다.

  – 반대신문에 있어서 필요할 때에는 유도신문을 할 수 있다.

  – 재판장은 유도신문의 방법이 상당하지 아니하다고 인정할 때에는 이를 제한할 수 있다.

  – 반대신문의 기회에 주신문에 나타나지 아니한 새로운 사항에 관하여 신문하고자 할 때에는 재판장의 허가를 받아야 한다.

• **재 주신문** : 주신문을 한 검사, 피고인 또는 변호인은 반대신문이 끝난 후 반대신문에 나타난 사항과 이와 관련된 사항에 관하여 다시 신문을 할 수 있다(규칙 제78조).

• **재판장의 허가에 의한 재신문** : 검사, 피고인 또는 변호인은 주신문, 반대신문 및 재 주신문이 끝난 후에도 재판장의 허가를 얻어 다시 신문을 할 수

**관련 판례**

다른 증인을 퇴임시키지 않고서 증인신문을 하였다 하여 위법이라 할 수 없다(대판 59도725).

**유도신문이 허용되는 경우(규칙 제75조 제2항)**

• 증인과 피고인과의 관계, 증인의 경력, 교우관계등 실질적인 신문에 앞서 미리 밝혀둘 필요가 있는 준비적인 사항에 관한 신문의 경우

• 검사, 피고인 및 변호인 사이에 다툼이 없는 명백한 사항에 관한 신문의 경우

• 증인이 주신문을 하는 자에 대하여 적의 또는 반감을 보일 경우

• 증인이 종전의 진술과 상반되는 진술을 하는 때에 그 종전진술에 관한 신문의 경우

• 기타 유도신문을 필요로 하는 특별한 사정이 있는 경우

있다(법 제79조).

ⓑ 증인의 법정 외 신문 : 법원은 증인의 연령, 직업, 건강상태 기타의 사정을 고려하여 검사, 피고인 또는 변호인의 의견을 묻고 법정 외에 소환하거나 현재지에서 신문할 수 있다(법 제165조).

⑥ 피해자의 재판절차진술권

㉠ 피해자등의 진술권 : 법원은 범죄로 인한 피해자 또는 그 법정대리인의 신청이 있는 때에는 그 피해자등을 증인으로 신문하여야 한다(법 제294조의2 제1항).

㉡ 행사방법 : 원칙적으로 증인신문절차에 의하고 법원은 피해자등을 신문하는 경우 피해의 정도 및 결과, 피고인의 처벌에 관한 의견, 그 밖에 당해 사건에 관한 의견을 진술할 기회를 주어야 한다(법 제294조의2 제2항)

㉢ 피해자등의 의견진술 : 법원은 필요하다고 인정하는 경우에는 직권으로 또는 피해자등의 신청에 따라 피해자등을 공판기일에 출석하게 하여 범죄사실의 인정에 해당하지 않는 사항에 관하여 증인신문에 의하지 아니하고 의견을 진술하게 할 수 있다(규칙 제134조의10 제1항).

㉣ 의견진술에 갈음한 서면의 제출 : 재판장은 재판의 진행상황, 그 밖의 사정을 고려하여 피해자등에게 의견진술에 갈음하여 의견을 기재한 서면을 제출하게 할 수 있다(규칙 제134조의11 제1항).

### (2) 감정, 통역, 번역

① 감정

㉠ 감정의 의의 : 일정한 학식과 경험을 가진 제3자가 그 학식과 경험을 활용하여 얻은 판단을 법원, 법관에 보고하는 것

㉡ 감정인 : 법원으로부터 감정의 명을 받은 사람

㉢ 감정절차와 방법

• 감정인의 구인에 관하여 증인의 구인에 관한 규정을 준용한다(법 제177조).

• 당사자의 참여 : 검사, 피고인 또는 변호인은 감정에 참여할 수 있다(법 제176조 제1항).

• 당사자의 증거신청 : 검사, 피고인 또는 변호인은 서류나 물건을 증거로 제출할 수 있고, 증인·감정인·통역인 또는 번역인의 신문을 신청할 수 있다(법 제294조 제1항).

• 선서 : 감정인에게는 감정 전에 선서하게 하여야 한다(법 제170조 제1항).

• 감정보고 : 감정의 경과와 결과는 감정인으로 하여금 서면으로 제출하게 하여야 한다(법 제171조 제1항).

• 법원 외의 감정 : 법원은 필요한 때에는 감정인으로 하여금 법원 외에서 감정하게 할 수 있다(법 제172조 제1항).

㉣ 감정인의 권한

• 감정처분 : 감정에 관하여 법원의 허가를 얻어 신체의 검사, 사체의 해부 등을 위하여 필요한 처분을 할 수 있는 것

• 감정에 필요한 처분 : 감정인은 감정에 관하여 필요한 때에는 법원의 허가를 얻어 타인의 주거, 간수자 있는 가옥, 건조물, 항공기, 선차 내에 들어

갈 수 있고 신체의 검사, 사체의 해부, 분묘발굴, 물건의 파괴를 할 수 있다 (법 제173조 제1항).

- 허가장 발부 : 허가에는 피고인의 성명, 죄명, 들어갈 장소, 검사할 신체, 해부할 사체, 발굴할 분묘, 파괴할 물건, 감정인의 성명과 유효기간을 기재한 허가장을 발부하여야 한다(법 제173조 제2항).
- 감정인의 참여권, 신문권 : 감정인은 감정에 관하여 필요한 경우에는 재판장의 허가를 얻어 서류와 증거물을 열람 또는 등사하고 피고인 또는 증인의 신문에 참여할 수 있다(법 제174조 제1항).
- 비용상환청구권 : 감정인은 법률의 정하는 바에 의하여 여비, 일당, 숙박료 외에 감정료와 체당금의 변상을 청구할 수 있다(법 제178조).

② 번역, 통역 ⭐빈출개념

  ⊙ 통역 : 국어에 통하지 아니하는 자의 진술에는 통역인으로 하여금 통역하게 하여야 한다(법 제180조).

  ⓛ 청각 또는 언어장애인의 통역 : 듣거나 말하는 데 장애가 있는 사람의 진술에 대해서는 통역인으로 하여금 통역하게 할 수 있다(법 제181조).

  ⓒ 번역 : 국어 아닌 문자 또는 부호는 번역하게 하여야 한다(법 제182조).

## (3) 검증

① 검증의 의의 : 법원 또는 법관이 오관의 작용에 의하여 물건이나 신체 등의 존재나 상태 등을 알아보는 증거조사방법

② 검증의 요건과 절차

  ⊙ 검증의 요건 : 법원은 사실을 발견함에 필요한 때에는 검증을 할 수 있다(법 제139조).

  ⓛ 검증의 절차

  - 검사, 피고인 또는 변호인은 검증에 참여할 수 있다(법 제145조, 제121조).
  - 피고인의 신체검사 소환장의 기재사항 : 피고인에 대한 신체검사를 하기 위한 소환장에는 신체검사를 하기 위하여 소환한다는 취지를 기재하여야 한다(규칙 제64조).
  - 신체검사와 소환 : 법원은 신체를 검사하기 위하여 피고인 아닌 자를 법원 기타 지정한 장소에 소환할 수 있다(법 제142조).
  - 신체검사에 관한 주의(법 제141조)
    - 신체의 검사에 관하여는 검사를 받는 사람의 성별, 나이, 건강상태, 그 밖의 사정을 고려하여 그 사람의 건강과 명예를 해하지 아니하도록 주의하여야 한다.
    - 피고인 아닌 사람의 신체검사는 증거가 될 만한 흔적을 확인할 수 있는 현저한 사유가 있는 경우에만 할 수 있다.
    - 여자의 신체를 검사하는 경우에는 의사나 성년 여자를 참여하게 하여야 한다.
    - 시체의 해부 또는 분묘의 발굴을 하는 때에는 예(禮)에 어긋나지 아니하도록 주의하고 미리 유족에게 통지하여야 한다.

05장 공판

**검증의 보조**

검증을 함에 필요한 때에는 사법경찰관리에게 보조를 명할 수 있다(법 제144조).

---

- 시각의 제한(법 제143조)
  - 일출 전, 일몰 후에는 가주, 간수자 또는 이에 준하는 자의 승낙이 없으면 검증을 하기 위하여 타인의 주거, 간수자 있는 가옥, 건조물, 항공기, 선차 내에 들어가지 못한다. 단, 일출 후에는 검증의 목적을 달성할 수 없을 염려가 있는 경우에는 예외로 한다.
  - 일몰 전에 검증에 착수한 때에는 일몰 후라도 검증을 계속할 수 있다.
  - ⓒ 검증조서 : 공판준비 또는 공판기일에 피고인이나 피고인 아닌 자의 진술을 기재한 조서와 법원 또는 법관의 검증의 결과를 기재한 조서는 증거로 할 수 있다(법 제311조).

## 7. 증거조사의 복습

### (1) 간이공판절차

① 의의 : 피고인이 공판정에서 공소사실을 자백하는 때에 형사소송법이 규정하는 증거조사절차를 간이화하고 증거능력의 제한을 완화하여 심리를 간편·신속하게 진행할 수 있도록 하기 위하여 마련된 공판절차

② 개시요건
- ㉠ 대상심급 : 간이공판절차는 제1심 공판절차에서만 허용되고 상소심에는 적용되지 않음
- ㉡ 대강범죄 : 간이공판절차에서 심판할 수 있는 범죄에는 제한이 없고 합의부, 단독판사 관할사건도 가능
- ㉢ 간이공판절차의 결정 : 피고인이 공판정에서 공소사실에 대하여 자백한 때에는 법원은 그 공소사실에 한하여 간이공판절차에 의하여 심판할 것을 결정할 수 있다(법 제286조의2).

> **관련 판례** 공소사실의 자백
>
> 형사소송법 제286조의2가 규정하는 간이공판절차의 결정의 요건인 공소사실의 자백이라 함은 공소장 기재사실을 인정하고 나아가 위법성이나 책임조각사유가 되는 사실을 진술하지 아니하는 것으로 충분하고 명시적으로 유죄를 자인하는 진술이 있어야 하는 것은 아니다(대판 87도1269).

- ㉣ 결정의 취소 : 법원은 간이공판절차의 결정을 한 사건에 대하여 피고인의 자백이 신빙할 수 없다고 인정되거나 간이공판절차로 심판하는 것이 현저히 부당하다고 인정할 때에는 검사의 의견을 들어 그 결정을 취소하여야 한다(법 제286조의3).

③ 간이공판절차의 개시결정
- ㉠ 간이공판절차의 결정 : 피고인이 공판정에서 공소사실에 대하여 자백한 때에는 법원은 그 공소사실에 한하여 간이공판절차에 의하여 심판할 것을 결정할 수 있다(법 제286조의2).
- ㉡ 간이공판절차의 결정전의 조치 : 법원이 간이공판절차의 결정을 하고자 할 때

**간이공판절차의 개시결정**

간이공판절차의 개시결정은 법원의 재량사항에 속하는 것으로 항고하지 못함

에는 재판장은 이미 피고인에게 간이공판절차의 취지를 설명하여야 한다(규칙 131조).

④ 간이공판절차의 주요내용

　㉠ 간이공판절차에서의 증거조사 : 간이공판절차의 결정이 있는 사건에 대하여는 법원이 상당하다고 인정하는 방법으로 증거조사를 할 수 있다(법 제297조의2).

> **관련 판례** 간이공판절차의 증거조사방법
>
> 피고인이 공판정에서 공소사실을 자백한 때에 법원이 취하는 심판의 간이공판절차에서의 증거조사는 증거방법을 표시하고 증거조사내용을 "증거조사함"이라고 표시하는 방법으로 하였다면 간이절차에서의 증거조사에서 법원이 인정채택한 상당한 증거방법이라고 인정할 수 있다(대판 80도333).

　㉡ 간이공판절차에서의 증거능력에 관한 특례 : 간이공판절차의 결정이 있는 사건의 증거에 관하여는 증거에 대하여 동의가 있는 것으로 간주한다. 단, 검사, 피고인 또는 변호인이 증거로 함에 이의가 있는 때에는 그러하지 아니하다(법 제318조의2).

> **관련 판례** 증거서류의 동의 간주
>
> 피고인이 제1심 법정에서 범죄사실을 모두 시인한 까닭에 제1심이 간이공판절차에 의하여 심판할 것을 결정하여 검사가 제출한 증거서류가 증거로 함에 동의한 것으로 간주되어 유죄의 증거로 채택된 이상 동 증거서류들이 허위작성된 것이라는 상고이유는 부당하다(대판 83도877).

⑤ 간이공판절차의 취소 ★ 빈출개념

　㉠ 결정의 취소 : 법원은 간이공판절차의 결정을 한 사건에 대하여 피고인의 자백이 신빙할 수 없다고 인정되거나 간이공판절차로 심판하는 것이 현저히 부당하다고 인정할 때에는 검사의 의견을 들어 그 결정을 취소하여야 한다(법 제286조의3).

　㉡ 간이공판절차결정의 취소와 공판절차의 갱신 : 간이공판절차의 결정이 취소된 때에는 공판절차를 갱신하여야 한다. 단, 검사, 피고인 또는 변호인이 이의가 없는 때에는 그러하지 아니하다(법 제301조의2).

## (2) 공판절차의 정지와 갱신

① 공판절차의 정지

　㉠ 공판절차정지의 의의 : 심리를 진행할 수 없는 일정한 사유가 있는 경우 그 사유가 있을 때까지 결정으로 심리를 진행하지 않는 것

　㉡ 공판절차정지의 사유

　　• 피고인의 심신상실 : 피고인이 사물의 변별 또는 의사의 결정을 할 능력이 없는 상태에 있는 때에는 법원은 검사와 변호인의 의견을 들어서 결정으로 그 상태가 계속하는 기간 공판절차를 정지하여야 한다(법 제306조 제1항).

SEMI-NOTE

**간이공판절차에서 적용되지 않는 사유**
- 증인신문방식
- 증거조사
- 증거조사의 순서
- 증거서류에 대한 조사
- 증거물에 대한 조사
- 증거조사 결과와 피고인의 의견
- 피고인의 퇴정

05장
공판

**공판절차정지의 효과**
공판절차정지 기간이 경과하거나 정지결정이 취소된 경우에는 다시 공판절차 진행

- 피고인의 질병 : 피고인이 질병으로 인하여 출정할 수 없는 때에는 법원은 검사와 변호인의 의견을 들어서 결정으로 출정할 수 있을 때까지 공판절차를 정지하여야 한다(법 제306조 제2항).
- 공소장변경 : 법원은 공소사실 또는 적용법조의 추가, 철회 또는 변경이 피고인의 불이익을 증가할 염려가 있다고 인정한 때에는 직권 또는 피고인이나 변호인의 청구에 의하여 피고인으로 하여금 필요한 방어의 준비를 하게 하기 위하여 결정으로 필요한 기간 공판절차를 정지할 수 있다(법 제298조 제4항).
- 청구의 경합과 공판절차의 정지(규칙 제169조)
  - 항소기각의 확정판결과 그 판결에 의하여 확정된 제1심판결에 대하여 각가 재심의 청구가 있는 경우에 항소법원은 결정으로 제1심법원의 소송절차가 종료할 때까지 소송절차를 정지하여야 한다.
  - 상고기각의 판결과 그 판결에 의하여 확정된 제1심 또는 제2심의 판결에 대하여 각각 재심의 청구가 있는 경우에 상고법원은 결정으로 제1심법원 또는 항소법원의 소송절차가 종료할 때까지 소송절차를 정지하여야 한다.

② 공판절차의 갱신

ⓐ 공판절차갱신의 의의 : 판결선고 이전에 법원이 피고사건에 대해 이미 진행한 공판절차를 처음부터 다시 진행하는 것

ⓑ 공판절차갱신의 사유

- 판사경질 : 공판개정 후 판사의 경질이 있는 때에는 공판절차를 갱신하여야 한다. 단, 판결의 선고만을 하는 경우에는 예외로 한다(법 제301조).
- 간이공판절차결정의 취소와 공판절차의 갱신 : 간이공판절차의 결정이 취소된 때에는 공판절차를 갱신하여야 한다. 단, 검사, 피고인 또는 변호인이 이의가 없는 때에는 그러하지 아니하다(법 제301조의2).
- 공판절차정지후의 공판절차의 갱신 : 공판개정 후 피고인의 심신상실에 의하여 공판절차가 정지된 경우에는 그 정지사유가 소멸한 후의 공판기일에 공판절차를 갱신하여야 한다(규칙 제143조).
- 공판절차가 개시된 후 새로 재판에 참여하는 배심원 또는 예비배심원이 있는 때에는 공판절차를 갱신하여야 한다(국민의 형사재판 참여에 관한 법률 제45조 제1항).

ⓒ 공판절차의 갱신절차(규칙 제144조 제1항)

- 재판장은 피고인에게 진술거부권 등을 고지한 후 인정신문을 하여 피고인임에 틀림없음을 확인하여야 한다.
- 재판장은 검사로 하여금 공소장 또는 공소장변경허가신청서에 의하여 공소사실, 죄명 및 적용법조를 낭독하게 하거나 그 요지를 진술하게 하여야 한다.
- 재판장은 피고인에게 공소사실의 인정 여부 및 정상에 관하여 진술할 기회를 주어야 한다.
- 재판장은 갱신전의 공판기일에서의 피고인이나 피고인이 아닌 자의 진술 또는 법원의 검증결과를 기재한 조서에 관하여 증거조사를 하여야 한다.

- 재판장은 갱신전의 공판기일에서 증거조사된 서류 또는 물건에 관하여 다시 증거조사를 하여야 한다. 다만, 증거능력 없다고 인정되는 서류 또는 물건과 증거로 함이 상당하지 아니하다고 인정되고 검사, 피고인 및 변호인이 이의를 하지 아니하는 서류 또는 물건에 대하여는 그러하지 아니하다.

### (3) 변론의 분리, 병합, 재개

① **변론의 분리 및 병합** : 법원은 필요하다고 인정한 때에는 직권 또는 검사, 피고인이나 변호인의 신청에 의하여 결정으로 변론을 분리하거나 병합할 수 있다(법 제300조).

② **변론의 재개** : 법원은 필요하다고 인정한 때에는 직권 또는 검사, 피고인이나 변호인의 신청에 의하여 결정으로 종결한 변론을 재개할 수 있다(법 제305조).

> **관련 판례**
> 동일한 피고인에 대하여 각각 별도로 2개 이상의 사건이 공소 제기되었을 경우 반드시 병합심리하여 동시에 판결을 선고하여야만 되는 것은 아니다(대판 2004도5529).

> **관련 판례** 변론재개의 재량
>
> 종결한 변론을 재개하느냐의 여부는 법원의 재량에 속하는 사항으로서 원심이 변론종결 후 선임된 변호인의 변론재개신청을 들어주지 아니하였다 하여 심리미진의 위법이 있는 것은 아니다(대판 86도769).

## 8. 국민참여재판

### (1) 목적

국민의 형사재판 참여에 관한 법률은 사법의 민주적 정당성과 신뢰를 높이기 위하여 국민이 형사재판에 참여하는 제도를 시행함에 있어서 참여에 따른 권한과 책임을 명확히 하고, 재판절차의 특례와 그 밖에 필요한 사항에 관하여 규정함을 목적으로 한다(국민의 형사재판 참여에 관한 법률 제1조).

### (2) 대상사건(국민의 형사재판 참여에 관한 법률 제5조 제1항)

① 합의부 관할 사건

② 합의부 관할 사건에 해당하는 사건의 미수죄·교사죄·방조죄·예비죄·음모죄에 해당하는 사건

③ ① 또는 ②에 해당하는 사건과 관련 사건으로서 병합하여 심리하는 사건

### (3) 개시요건

피고인이 국민참여재판을 원하거나 배제결정이 없는 경우는 국민참여재판을 한다(국민의 형사재판 참여에 관한 법률 제5조 제2항 반대해석).

### (4) 배심원

배심원은 국민참여재판을 하는 사건에 관하여 사실의 인정, 법령의 적용 및 형의 양정에 관한 의견을 제시할 권한이 있다(국민의 형사재판 참여에 관한 법률 제12조 제1항).

SEMI-NOTE

**평의 등의 비밀**
배심원은 평의 · 평결 및 토의 과정에서 알게 된 판사 및 배심원 각자의 의견과 그 분포 등을 누설하여서는 아니 된다 (국민의 형사재판 참여에 관한 법률 제 47조).

**약식명령**
명령이 아니라 독립된 형식의 재판으로 내용은 판결이나 결정에 가깝고, 사건의 실체에 대하여 판단하는 실체판결. 약식명령에 대한 불복방법은 정식재판청구임

## (5) 국민참여재판의 절차

① **공판의 준비** : 재판장은 피고인이 국민참여재판을 원하는 의사를 표시한 경우에 사건을 공판준비절차에 부쳐야 한다(국민의 형사재판 참여에 관한 법률 제36조 제1항).

② **공판기일의 통지** : 공판기일은 배심원과 예비배심원에게 통지하여야 한다(국민의 형사재판 참여에 관한 법률 제38조 제1항).

③ **재판장의 설명 · 평의 · 평결 · 토의 등** : 재판장은 변론이 종결된 후 법정에서 배심원에게 공소사실의 요지와 적용법조, 피고인과 변호인 주장의 요지, 증거능력, 그 밖에 유의할 사항에 관하여 설명하여야 한다(국민의 형사재판 참여에 관한 법률 제46조 제1항).

④ **판결선고** : 재판장은 판결선고 시 피고인에게 배심원의 평결결과를 고지하여야 하며, 배심원의 평결결과와 다른 판결을 선고하는 때에는 피고인에게 그 이유를 설명하여야 한다(국민의 형사재판 참여에 관한 법률 제48조 제4항).

## 03절　재판

## 1. 재판의 개념

### (1) 재판의 의의

① **협의의 재판** : 피고사건의 실체에 대한 법원의 공권적 판단인 유 · 무죄의 판결

② **광의의 재판** : 법원, 법관의 법률행위적 소송행위

### (2) 재판의 종류

① **기능에 따른 분류**

　㉠ **종국재판** : 피고사건에 대한 소송계속을 그 심급에서 종결시키는 재판

　㉡ **종국 전 재판** : 종국재판에 이르기까지의 절차에 관한 재판

② **내용에 따른 분류**

　㉠ **실체재판** : 사건에 대한 실체적 법률관계를 판단하는 재판

　㉡ **형식재판** : 사건에 대한 절차적 법률관계를 판단하는 재판

③ **형식에 따른 분류**

　㉠ **판결** : 수소법원에 의한 종국재판의 원칙적 형식. 판결은 법률에 다른 규정이 없으면 구두변론을 거쳐서 하여야 한다(법 제37조 제1항).

　㉡ **결정** : 수소법원에 의한 종국적 재판의 원칙적 형식. 결정은 구두변론을 거치지 아니할 수 있고, 결정을 할 때 필요하면 사실을 조사할 수 있다(법 제37조 제2항, 제3항).

　㉢ **명령** : 재판장, 수명법관, 수탁판사, 수임판사의 재판형식. 명령은 구두변론을 거치지 아니할 수 있고, 명령을 할 때 필요하면 사실을 조사할 수 있다(법

제37조 제2항, 제3항).

## (3) 재판의 성립

① 재판의 내부적 성립

⊙ 의의 : 재판의 의사표시적 내용이 당해 사건의 심리에 관여한 재판기관의 내부에서 결정하는 것

© 성립시기 : 단독판사인 경우 재판서 작성시 내부적으로 성립하고, 합의부인 경우는 그 구성원인 법관의 합의에 의하여 내부적으로 성립

© 성립의 효과 : 재판의 내부적 성립이 있은 후에는 법관이 경질되어도 공판절차를 갱신할 필요가 없다(법 제301조 단서).

② 재판의 외부적 성립

⊙ 의의 : 재판의 의사표시적 내용이 재판을 받는 자에게 인식될 수 있는 상태에 이른 것

© 성립시기 : 재판의 선고 또는 고지에 의하여 외부적으로 성립

© 성립방법 : 재판의 선고 또는 고지는 공판정에서는 재판서에 의하여야 하고 기타의 경우에는 재판서등본의 송달 또는 다른 적당한 방법으로 하여야 한다. 단, 법률에 다른 규정이 있는 때에는 예외로 한다(법 제42조). 재판의 선고 또는 고지는 재판장이 한다. 판결을 선고함에는 주문을 낭독하고 이유의 요지를 설명하여야 한다(법 제43조).

② 판결선고기일(법 제318조의4)

• 판결의 선고는 변론을 종결한 기일에 하여야 한다. 다만, 특별한 사정이 있는 때에는 따로 선고기일을 지정할 수 있다.

• 변론을 종결한 기일에 판결을 선고하는 경우에는 판결의 선고 후에 판결서를 작성할 수 있다.

• 선고기일은 변론종결 후 14일 이내로 지정되어야 한다.

③ 재판의 외부적 성립효과 : 종국재판이 외부적으로 성립하면 그 재판을 한 법원도 취소, 변경을 함부로 할 수 없음. 종국재판이 성립하면 상소권이 발생

 한눈에 쏙~

**재판의 성립 조건**

| 내부적으로 의사결정이 있음 | 외부적으로 표현됨 |
|---|---|

## (4) 재판의 구성과 방식

① 재판의 구성 : 재판은 주문과 이류로 구성

⊙ 주문 : 재판의 대상이 된 사실에 대한 최종 결론

© 이유 : 최종 결론에 이르기까지의 추론과정을 설명한 것

② 재판선고기간의 제한

⊙ 일반사건 : 판결의 선고는 제1심에서는 공소가 제기된 날부터 6개월 이내에, 항소심 및 상고심에서는 기록을 송부받은 날부터 4개월 이내에 하여야 한다

SEMI-NOTE

**재판의 성립**
재판은 내부적으로 의사결정이 있고, 외부적으로 표현됨으로서 성립

**상소 제기기간** ★빈출개념
상소의 제기기간은 재판을 선고 또는 고지한 날로부터 진행된다(법 제343조 제2항).

SEMI-NOTE

(소송촉진 등에 관한 특례법 제21조).

ⓛ **선거범과 공범사건에 관한 특칙** : 선거범과 그 공범에 관한 재판은 다른 재판에 우선하여 신속히 하여야 하며, 그 판결의 선고는 제1심에서는 공소가 제기된 날부터 6월 이내에, 제2심 및 제3심에서는 전심의 판결의 선고가 있은 날부터 각각 3월 이내에 반드시 하여야 한다(공직선거법 제270조).

③ 재판서

㉠ **재판서의 방식** : 재판은 법관이 작성한 재판서에 의하여야 한다. 단, 결정 또는 명령을 고지하는 경우에는 재판서를 작성하지 아니하고 조서에만 기재하여 할 수 있다(법 제38조).

㉡ **재판서의 기재요건(법 제40조)**

• 재판서에는 법률에 다른 규정이 없으면 재판을 받는 자의 성명, 연령, 직업과 주거를 기재하여야 한다.

• 재판을 받는 자가 법인인 때에는 그 명칭과 사무소를 기재하여야 한다.

• 판결서에는 기소한 검사와 공판에 관여한 검사의 관직, 성명과 변호인의 성명을 기재하여야 한다.

㉢ **재판서의 서명 등(법 제41조)**

• 재판서에는 재판한 법관이 서명날인하여야 한다.

• 재판장이 서명날인할 수 없는 때에는 다른 법관이 그 사유를 부기하고 서명날인하여야 하며 다른 법관이 서명날인할 수 없는 때에는 재판장이 그 사유를 부기하고 서명날인하여야 한다.

• 판결서 기타 대법원규칙이 정하는 재판서를 제외한 재판서에 대하여는 제1항 및 제2항의 서명날인에 갈음하여 기명날인할 수 있다.

• 검사의 집행지휘를 요하는 사건 재판서의 송부 : 검사의 집행지휘를 요하는 재판은 재판서 또는 재판을 기재한 조서의 등본 또는 초본을 재판의 선고 또는 고지한 때로부터 10일 이내에 검사에게 송부하여야 한다. 단, 법률에 다른 규정이 있는 때에는 예외로 한다(법 제44조).

• 피고인에 대한 판결서 등본 등의 송달 : 법원은 피고인에 대하여 판결을 선고한 때에는 선고일부터 7일 이내에 피고인에게 그 판결서 등본을 송달하여야 한다. 다만, 피고인이 동의하는 경우에는 그 판결서 초본을 송달할 수 있다(규칙 제148조 제1항).

## (5) 재판서의 경정(규칙 제25조)

① 재판서에 잘못된 계산이나 기재, 그 밖에 이와 비슷한 잘못이 있음이 분명한 때에는 법원은 직권으로 또는 당사자의 신청에 따라 경정결정을 할 수 있다.

② 경정결정은 재판서의 원본과 등본에 덧붙여 적어야 한다. 다만, 등본에 덧붙여 적을 수 없을 때에는 경정결정의 등본을 작성하여 재판서의 등본을 송달받은 자에게 송달하여야 한다.

③ 경정결정에 대하여는 즉시 항고를 할 수 있다. 다만, 재판에 대하여 적법한 상소가 있는 때에는 그러하지 아니하다.

---

**재판의 이유**

재판에는 이유를 명시하여야 한다. 단, 상소를 불허하는 결정 또는 명령은 예외로 한다(법 제39조).

# 2. 종국재판

## (1) 종국재판의 의의

당해 심급을 종결시키는 재판으로 유죄판결, 무죄판결, 면소판결, 관할위반판결, 공소기각판결, 공소기각결정 등

## (2) 유죄판결

① 유죄판결의 의의 : 피고사건에 대하여 범죄의 증명이 있을 때 선고하는 실체재판

② 유죄판결과 형의 선고

　㉠ 형선고와 동시에 선고될 사항(법 제321조)

　　• 피고사건에 대하여 범죄의 증명이 있는 때에는 형의 면제 또는 선고유예의 경우 외에는 판결로써 형을 선고하여야 한다.

　　• 형의 집행유예, 판결 전 구금의 산입일수, 노역장의 유치기간은 형의 선고와 동시에 판결로써 선고하여야 한다.

　　• 재산형의 가납판결 : 법원은 벌금, 과료 또는 추징의 선고를 하는 경우에 판결의 확정 후에는 집행할 수 없거나 집행하기 곤란한 염려가 있다고 인정한 때에는 직권 또는 검사의 청구에 의하여 피고인에게 벌금, 과료 또는 추징에 상당한 금액의 가납을 명할 수 있다(법 제334조 제1항).

　㉡ 형면제 또는 형의 선고유예의 판결 : 피고사건에 대하여 형의 면제 또는 선고유예를 하는 때에는 판결로써 선고하여야 한다(법 제322조).

③ 유죄판결에 명시할 이유

　㉠ 유죄판결에 명시될 이유(법 제323조)

　　• 형의 선고를 하는 때에는 판결이유에 범죄될 사실, 증거의 요지와 법령의 적용을 명시하여야 한다.

　　• 법률상 범죄의 성립을 조각하는 이유 또는 형의 가중, 감면의 이유되는 사실의 진술이 있은 때에는 이에 대한 판단을 명시하여야 한다.

**관련 판례 판결이유의 명시**

유죄판결의 판결이유에는 범죄사실, 증거의 요지와 법령의 적용을 명시하여야 하는 것인바, 유죄판결을 선고하면서 판결이유에 이 중 어느 하나를 전부 누락한 경우에는 형사소송법 제383조 제1호에 정한 판결에 영향을 미친 법률위반으로서 파기사유가 된다(대판 2010도9151).

　㉡ **범죄될 사실** : 구성요건에 해당하고 위법하고 유책한 구체적 사실

**관련 판례 범죄사실의 명시**

유죄판결에는 그 판결 이유에 범죄사실과 증거의 요지, 법령의 적용을 명시하여야 할 것인바, 여기서 범죄사실은 특정한 구성요건에 해당하는 위법하고 유책한 구체적 사실을 말하고, 폭행치사죄는 폭행죄를 범하여 사람을 사망에 이르게 한 죄이므로 이를 유죄로 인정한 판결이유에는 피고인이 폭행의 구체적 사실이 명시되어야 할 것이다(대판 98도4181).

---

SEMI-NOTE

**피고사건, 범죄의 증명이 있는 때**

• 피고사건 : 공소장에 기재된 범죄사실

• 범죄의 증명이 있는 때 : 법원이 적법한 증거조사방법에 따라 범죄사실의 존재에 대한 합리적 의심의 여지가 없는 확신을 가진 것

**양형위원회의 구성과 양형기준**

• 양형위원회의 설치 : 형을 정할 때 국민의 건전한 상식을 반영하고 국민이 신뢰할 수 있는 공정하고 객관적인 양형(量刑)을 실현하기 위하여 대법원에 양형위원회를 둔다(법원조직법 제81조의2 제1항).

• 위원회의 구성 : 위원회는 위원장 1명을 포함한 13명의 위원으로 구성하되, 위원장이 아닌 위원 중 1명은 상임위원으로 한다(법원조직법 제81조의3 제1항).

• 양형기준의 설정 등 : 위원회는 법관이 합리적인 양형을 도출하는 데 참고할 수 있는 구체적이고 객관적인 양형기준을 설정하거나 변경한다(법원조직법 제81조의6 제6항).

• 양형기준의 효력 등 : 법관은 형의 종류를 선택하고 형량을 정할 때 양형기준을 존중하여야 한다. 다만, 양형기준은 법적 구속력을 갖지 아니한다. 법원이 양형기준을 벗어난 판결을 하는 경우에는 판결서에 양형의 이유를 적어야 한다. 다만, 약식절차 또는 즉결심판절차에 따라 심판하는 경우에는 그러하지 아니하다(법원조직법 제81조의7).

© 증거의 요지 : 사실인정의 자료가 된 증거의 요지

> **관련 판례** 증거의 중요부분
>
> 증거의 요지는 어느 증거의 어느 부분에 의하여 범죄사실을 인정하였느냐 하는 이유 설명까지 할 필요는 없지만 적어도 어떤 증거에 의하여 어떤 범죄사실을 인정하였는가를 알아볼 정도로 증거의 중요 부분을 표시하여야 한다(대판 2009도2338).

② 법령의 적용 : 범죄사실에 대하여 어떤 법령을 적용하였는지를 객관적으로 알 수 있도록 분명하게 기재

> **관련 판례** 실체법규 이외의 법규표시
>
> 구체적인 범죄사실에 적용하여야 할 실체법규 이외의 법규에 관하여는 판결문상 그 규정을 적용한 취지가 인정되면 되고 특히 그 법규를 법률적용란에 표시하지 아니하였다 하여 위법하다고 할 수는 없다(대판 2003도8153).

◎ 당사자의 주장에 대한 판단 : 법률상 범죄의 성립을 조각하는 이유 또는 형의 가중, 감면의 이유되는 사실의 진술이 있은 때에는 이에 대한 판단을 명시하여야 한다(법 제323조 제2항).

> **관련 판례** 당사자 주장에 대한 판단
>
> 피고인이 수사기관에 자진 출석하여 처음 조사를 받으면서는 돈을 차용하였을 뿐이라며 범죄사실을 부인하다가 제2회 조사를 받으면서 비로소 업무와 관련하여 돈을 수수하였다고 자백한 행위를 자수라고 할 수 없고, 설령 자수하였다고 하더라도 자수한 이에 대하여는 법원이 임의로 형을 감경할 수 있음에 불과한 것으로서 원심이 자수의 착오 주장에 대하여 판단하지 아니하였다 하여 위법하다고 할 수 없다고 한 사례(대판 2011도12041).

## (3) 무죄판결

① 무죄판결의 이유

㉠ 피고사건이 범죄로 되지 아니하는 때
- 공소제기된 사실 자체는 인정되지만 범죄구성요건을 충족하지 않는 경우
- 범죄구성요건을 충족하지만 위법성조각사유 또는 책임조각사유가 존재하는 경우
- 형벌법규가 소급하여 실효된 경우

㉡ 범죄사실의 증명이 없는 때
- 범죄사실의 부존재가 적극적으로 증명되는 경우
- 범죄사실의 존부에 관한 증거가 불충분하여 법관이 충분한 심증을 얻을 수 없는 경우
- 자백에 대한 보강증거가 없을 경우

② 무죄판결의 효과

㉠ 무죄판결이 확정된 경우 기판력이 발생

ⓛ 무죄판결과 비용보상 : 국가는 무죄판결이 확정된 경우에는 당해 사건의 피고
인이었던 자에 대하여 그 재판에 소요된 비용을 보상하여야 한다(법 제194조
의2 제1항).

ⓒ 비용보상의 절차 등(법 제194조의3)

- 비용의 보상은 피고인이었던 자의 청구에 따라 무죄판결을 선고한 법원의
합의부에서 결정으로 한다.
- 청구는 무죄판결이 확정된 사실을 안 날부터 3년, 무죄판결이 확정된 때부
터 5년 이내에 하여야 한다.
- 결정에 대하여는 즉시항고를 할 수 있다.

## (4) 면소판결

① 면소판결의 의의 : 실체적 소송조건이 결여된 경우 선고하는 종국판결

② 면소판결의 사유(법 제326조)

㉠ 확정판결이 있은 때

ⓛ 사면이 있은 때

> **관련 판례** 사면이 있는 때
>
> 면소판결 사유인 형사소송법 제326조 제2호의 '사면이 있는 때'에서 말하는 '사면'이란 일반사
> 면을 의미할 뿐, 형을 선고받아 확정된 자를 상대로 이루어지는 특별사면은 여기에 해당하지
> 않으므로, 재심대상판결 확정 후에 형 선고의 효력을 상실케 하는 특별사면이 있었다고 하더
> 라도, 재심개시결정이 확정되어 재심심판절차를 진행하는 법원은 그 심급에 따라 다시 심판하
> 여 실체에 관한 유·무죄 등의 판단을 해야지, 특별사면이 있음을 들어 면소판결을 하여서는
> 아니 된다(대판 2011도1932).

ⓒ 공소의 시효가 완성되었을 때

ⓔ 범죄 후의 법령개폐로 형이 폐지되었을 때

## (5) 관할위반판결

① 관할위반판결의 의의 : 피고사건이 법원의 관할에 속하지 아니한 때에는 판결로
써 관할위반의 선고를 하여야 한다(법 제319조).

② 토지관할 위반(법 제320조)

㉠ 법원은 피고인의 신청이 없으면 토지관할에 관하여 관할 위반의 선고를 하지
못한다.

ⓛ 관할 위반의 신청은 피고사건에 대한 진술 전에 하여야 한다.

## (6) 공소기각판결

① 공소기각판결의 의의 : 형식적 소송조건이 결여된 경우 내려지는 형식재판

② 공소기각판결의 이유(법 제327조)

㉠ 피고인에 대하여 재판권이 없을 때

ⓛ 공소제기의 절차가 법률의 규정을 위반하여 무효일 때

ⓒ 공소가 제기된 사건에 대하여 다시 공소가 제기되었을 때

> **관련 판례**
>
> 위헌결정의 효력이 공소사실에 미
> 쳐 무죄가 선고되어야 한다는 취지
> 로 상고한 사안에서, 공소사실에 대
> 하여 면소판결을 선고한 제1심 및
> 이를 유지한 원심의 조치가 타당하
> 다고 한 사례(대판 2019도15167).

05장

공판

SEMI-NOTE

**관련 판례**

불법구금, 구금장소의 임의적 변경 등의 위법사유가 있다고 하더라도 그 위법한 절차에 의하여 수집된 증거를 배제할 이유는 될지언정 공소제기의 절차 자체가 위법하여 무효인 경우에 해당한다고 볼 수 없다 (대판 96도561).

**관련 판례**

수표가 그 제시기일에 제시되지 아니한 사실이 공소사실 자체에 의하여 명백하다면 이 공소사실에는 범죄가 될만한 사실이 포함되지 아니하는 때에 해당하므로 형사소송법 제328조 제1항 제4호에 의하여 공소기각의 재판을 하여야 한다(대판 73도2173).

ⓔ 재기소를 위반하여 공소가 제기되었을 때

ⓜ 고소가 있어야 공소를 제기할 수 있는 사건에서 고소가 취소되었을 때

ⓗ 피해자의 명시한 의사에 반하여 공소를 제기할 수 없는 사건에서 처벌을 원하지 아니하는 의사표시를 하거나 처벌을 원하는 의사표시를 철회하였을 때

### (7) 공소기각결정 ★ 빈출개념

① **공소기각결정의 의의** : 관할권 이외의 형식적 조건이 결여된 경우 내려지는 형식재판. 공소기각판결에 대하여 즉시항고할 수 있다(법 제328조 제2항).

② **공소기각결정의 이유**(법 제328조 제1항)

  ㉠ 공소가 취소 되었을 때

  ㉡ 피고인이 사망하거나 피고인인 법인이 존속하지 아니하게 되었을 때

  ㉢ 동일사건의과 수개의 소송계속 또는 관할의 경합의 규정에 의하여 재판할 수 없는 때

  ㉣ 공소장에 기재된 사실이 진실하다 하더라도 범죄가 될 만한 사실이 포함되지 아니하는 때

### (8) 판결의 공시

① **일반사건**(형법 제58조)

  ㉠ 피해자의 이익을 위하여 필요하다고 인정할 때에는 피해자의 청구가 있는 경우에 한하여 피고인의 부담으로 판결공시의 취지를 선고할 수 있다.

  ㉡ 피고사건에 대하여 무죄의 판결을 선고하는 경우에는 무죄판결공시의 취지를 선고하여야 한다. 다만, 무죄판결을 받은 피고인이 무죄판결공시 취지의 선고에 동의하지 아니하거나 피고인의 동의를 받을 수 없는 경우에는 그러하지 아니하다.

  ㉢ 피고사건에 대하여 면소의 판결을 선고하는 경우에는 면소판결공시의 취지를 선고할 수 있다.

② **재심사건** : 재심에서 무죄의 선고를 한 때에는 그 판결을 관보와 그 법원소재지의 신문지에 기재하여 공고하여야 한다(법 제440조).

### (9) 기타 법원재판

① **형의 집행유예 취소의 절차**(법 제335조)

  ㉠ 형의 집행유예를 취소할 경우에는 검사는 피고인의 현재지 또는 최후의 거주지를 관할하는 법원에 청구하여야 한다.

  ㉡ 청구를 받은 법원은 피고인 또는 그 대리인의 의견을 물은 후에 결정을 하여야 한다.

  ㉢ 결정에 대하여는 즉시항고를 할 수 있다.

  ㉣ 유예한 형을 선고할 경우에 준용한다.

② **경합범 중 다시 형을 정하는 절차** : 판결선고후의 누범발각, 형의 집행에 있어서는 이미 집행한 형기를 통산 또는 선고유예의 실효에 의하여 형을 정할 경우에는 검사는 그 범죄사실에 대한 최종판결을 한 법원에 청구하여야 한다. 단, 선고

유예의 실효의 규정에 의하여 유예한 형을 선고할 때에는 이유를 명시하여야 하고 선고유예를 해제하는 이유를 명시하여야 한다(법 제336조 제1항).

③ 형의 소멸의 재판(법 제337조)

ㄱ 형의 실효 또는 복권에 의한 선고는 그 사건에 관한 기록이 보관되어 있는 검찰청에 대응하는 법원에 대하여 신청하여야 한다.

ㄴ 신청에 의한 선고는 결정으로 한다.

ㄷ 신청을 각하하는 결정에 대하여는 즉시항고를 할 수 있다.

## 3. 재판의 확정과 효력

### (1) 재판의 확정

① 의의 : 재판이 통상의 불복방법에 의해서는 다툴 수 없게 되어 그 내용을 변경할 수 없게 된 상태

② 확정시기

ㄱ 불복이 허용되지 않는 재판 : 대법원 재판의 선고 또는 고지와 동시에 확정

> **관련 판례 환송판결의 기속력**
>
> 상고심에서 상고이유의 주장이 이유 없다고 판단되어 배척된 부분은 그 판결 선고와 동시에 확정력이 발생하여 이 부분에 대하여는 피고인은 더 이상 다툴 수 없고, 또한 환송받은 법원으로서도 이와 배치되는 판단을 할 수 없다(대판 2008도8661).

ㄴ 불복이 허용되는 재판 : 불복신청의 기간경과, 불복신청의 포기 또는 취하, 불복신청을 기각하는 재판의 확정 등

### (2) 재판확정의 효력

① 형식적 확정력 : 재판이 통상의 불복방법에 의해서는 다툴 수 없는 상태

② 형식적 확정력의 효과 : 판은 이 법률에 특별한 규정이 없으면 확정한 후에 집행한다(법 제459조).

③ 실질적 확정력 : 재판이 형식적으로 확정되면 그 의사표시적 내용이 확정되는 이를 내용적 확정이라 하고, 재판의 내용적 확정에 의하여 재판의 판단내용인 일정한 법률관계가 확정되는 효력

④ 실질적 확정력의 효과 : 기판력 또는 일사부재리의 효력 발생

### (3) 기판력(일사부재리의 효력)

① 의의 : 확정된 재판의 판단 내용이 소송당사자와 후소법원을 구속하는 효과 발생

② 모든 국민은 동일한 범죄에 대하여 거듭 처벌받지 아니한다(헌법 제13조 제1항). 이는 일사부재리의 원칙을 선언한 것이고 형사소송법은 확정판결이 있은 때 면소판결을 하여야 한다(법 제326조 제1호)고 하고 있음

③ 기판력이 발생하는 재판

ㄱ 기판력이 발생하는 재판 또는 처분 : 실체재판, 면소판결, 법칙금 납부, 통고

**판결 전의 결정에 대한 항고**
법원의 관할 또는 판결 전의 소송절차에 관한 결정에 대하여는 특히 즉시항고를 할 수 있는 경우 외에는 항고하지 못한다(법 제403조 제1항).

**기판력**
확정된 재판의 판단 내용이 소송당사자와 후소법원을 구속하고, 이와 모순되는 주장·판단을 부적법으로 하는 소송법상의 효력

> **관련 판례**
>
> 헌법은 제13조 제1항에서 "모든 국민은 … 동일한 범죄에 대하여 거듭 처벌받지 아니한다."라고 규정하여 이른바 이중처벌금지의 원칙 내지 일사부재리의 원칙을 선언하고 있다. 이는 한번 판결이 확정되면 그 후 동일한 사건에 대해서는 다시 심판하는 것이 허용되지 않는다는 원칙을 말한다. 여기에서 '처벌'이란 원칙적으로 범죄에 대한 국가의 형벌권 실행으로서의 과벌을 의미하고, 국가가 행하는 일체의 제재나 불이익처분이 모두 여기에 포함되는 것은 아니다(대판 2016도5423).

05장
공판

처분의 이행

**관련 판례** 확정판결의 범주

확정판결에는 정식재판에서 선고된 유죄판결과 무죄의 판결 및 면소의 판결뿐만 아니라, 확정판결과 동일한 효력이 있는 약식 명령이나 즉결심판 등이 모두 포함되는 것이지만, 행정벌에 지나지 않는 과태료의 부과처분은 위 확정판결의 범주에 속하지 않는다고 할 것이다(대판 91도2536).

　　ⓒ **기판력이 발생하지 않는 재판 또는 처분** : 관할위반판결, 공소기각재판, 외국 판결, 불기소처분, 징계처분, 징벌, 누범 및 상습범의 가중처벌, 출국금지처분, 보안관찰처분 등

**관련 판례** 외국판결의 기판력

피고인이 동일한 행위에 관하여 외국에서 형사처벌을 과하는 확정판결을 받았다 하더라도 이런 외국판결은 우리나라에서는 기판력이 없으므로 여기에 일사부재리의 원칙이 적용될 수 없다(대판 83도2366).

　④ **기판력의 효력범위**
　　㉠ **기판력의 주관적 범위** : 기판력은 공소가 제기되어 판결을 받은 피고인에게만 발생
　　ⓒ **기판력의 객관적 범위** : 공소사실과 동일성이 인정되는 사실의 전부에 미친다는 것이 판례의 입장

**관련 판례**

주차장법 제29조 제1항 제2호 위반의 죄는 이른바 계속범으로서, 종전에 용도외 사용행위에 대하여 처벌받은 일이 있다고 하더라도 그 후에도 계속하여 용도외 사용을 하고 있는 이상 종전 재판 후의 사용에 대하여 다시 처벌할 수 있는 것이다(대판 2005도7283).

**관련 판례** 상상적 경합과 기판력

상상적 경합은 1개의 행위가 수개의 죄에 해당하는 경우를 말한다(형법 제40조). 여기에서 1개의 행위란 법적 평가를 떠나 사회관념상 행위가 사물자연의 상태로서 1개로 평가되는 것을 의미한다. 그리고 상상적 경합 관계의 경우에는 그중 1죄에 대한 확정판결의 기판력은 다른 죄에 대하여도 미친다(대판 2017도11687).

**관련 판례** 포괄일죄의 범위

범죄사실인 '영업으로 성매매에 제공되는 건물을 제공하는 행위'와 위 약식명령 발령 전에 행해진 구 성매매알선 등 처벌법 위반의 공소사실인 '영업으로 성매매를 알선한 행위'가 서로 독립된 가벌적 행위로서 별개의 죄를 구성한다고 보아야 한다(대판 2010도6090).

**관련 판례**

포괄일죄의 관계에 있는 범행 일부에 대하여 판결이 확정된 경우에는 사실심 판결선고 시를 기준으로 그 이전에 이루어진 범행에 대하여는 확정판결의 기판력이 미쳐 면소의 판결을 선고하여야 한다(대판 2013도11649).

　　ⓒ **기판력의 시적 범위** : 기판력은 사실심리가 가능한 최종적 시점까지 미치고, 항소심 판결선고시가 기판력의 시간적 표준

## (4) 기판력의 배제

　① **의의** : 기판력은 법적 안정성을 위하여 인정되는 제도이나 재판의 법률상 또는 사실상 명백한 오류가 있는 경우 정의를 위해 확정력을 배제하는 제도

② 배제사유

ⓐ **상소권회복청구** : 상소할 수 있는 자는 자기 또는 대리인이 책임질 수 없는 사유로 상소 제기기간 내에 상소를 하지 못한 경우에는 상소권회복의 청구를 할 수 있다(법 제345조).

ⓑ **재심청구** : 재심은 확정판결에 중대한 사실오인이 있는 경우에 유죄의 확정판결에 대하여 그 선고를 받은 자의 이익을 위하여 청구할 수 있다(법 제420조).

ⓒ **비상상고** : 검찰총장은 판결이 확정한 후 그 사건의 심판이 법령에 위반한 것을 발견한 때에는 대법원에 비상상고를 할 수 있다(법 제441조).

## 4. 소송비용

### (1) 소송비용의 의의

① 의의 : 소송절차를 진행함으로 인하여 발생하는 비용으로 형사소송비용법이 규정한 비용

② **형사소송비용의 범위(형사소송비용 등에 관한 법률 제2조)**

ⓐ 증인 · 감정인 · 통역인 또는 번역인의 일당, 여비 및 숙박료

ⓑ 감정인 · 통역인 또는 번역인의 감정료 · 통역료 · 번역료, 그 밖의 비용

ⓒ 국선변호인의 일당, 여비, 숙박료 및 보수

### (2) 비용의 부담자

① **피고인의 소송비용부담(법 제186조)**

ⓐ 형의 선고를 하는 때에는 피고인에게 소송비용의 전부 또는 일부를 부담하게 하여야 한다. 다만, 피고인의 경제적 사정으로 소송비용을 납부할 수 없는 때에는 그러하지 아니하다.

ⓑ 피고인에게 책임지울 사유로 발생된 비용은 형의 선고를 하지 아니하는 경우에도 피고인에게 부담하게 할 수 있다.

② **고소인등의 소송비용부담** : 고소 또는 고발에 의하여 공소를 제기한 사건에 관하여 피고인이 무죄 또는 면소의 판결을 받은 경우에 고소인 또는 고발인에게 고의 또는 중대한 과실이 있는 때에는 그 자에게 소송비용의 전부 또는 일부를 부담하게 할 수 있다(법 제188조).

③ **제3자의 소송비용부담(법 제190조)**

ⓐ 검사 아닌 자가 상소 또는 재심청구를 한 경우에 상소 또는 재심의 청구가 기각되거나 취하된 때에는 그 자에게 그 소송비용을 부담하게 할 수 있다.

ⓑ 피고인 아닌 자가 피고인이 제기한 상소 또는 재심의 청구를 취하한 경우에도 같다.

### (3) 소송비용부담의 재판절차

① **소송비용부담의 재판(법 제191조)**

ⓐ 재판으로 소송절차가 종료되는 경우에 피고인에게 소송비용을 부담하게 하는 때에는 직권으로 재판하여야 한다.

SEMI-NOTE

**공범의 소송비용**
공범의 소송비용은 공범인에게 연대부담하게 할 수 있다(형사소송법 제187조).

**소송비용의 집행면제**
• **소송비용의 집행면제의 신청** : 소송비용부담의 재판을 받은 자가 빈곤으로 인하여 이를 완납할 수 없는 때에는 그 재판의 확정 후 10일 이내에 재판을 선고한 법원에 소송비용의 전부 또는 일부에 대한 재판의 집행면제를 신청할 수 있다(법 제487조).
• **소송비용의 집행정지** : 소송비용의 집행면제의 신청기간 내와 그 신청이 있는 때에는 소송비용부담의 재판의 집행은 그 신청에 대한 재판이 확정될 때까지 정지된다(법 제472조).

     ⊙ 재판에 대하여는 본안의 재판에 관하여 상소하는 경우에 한하여 불복할 수 있다.

② **제3자부담의 재판(법 제192조)**

     ⊙ 재판으로 소송절차가 종료되는 경우에 피고인 아닌 자에게 소송비용을 부담하게 하는 때에는 직권으로 결정을 하여야 한다.

     ⊙ 결정에 대하여는 즉시항고를 할 수 있다.

③ **재판에 의하지 아니한 절차종료(법 제193조)**

     ⊙ 재판에 의하지 아니하고 소송절차가 종료되는 경우에 소송비용을 부담하게 하는 때에는 사건의 최종계속법원이 직권으로 결정을 하여야 한다.

     ⊙ 결정에 대하여는 즉시항고를 할 수 있다.

④ **부담액의 산정** : 소송비용의 부담을 명하는 재판에 그 금액을 표시하지 아니한 때에는 집행을 지휘하는 검사가 산정한다(법 제194조).

# 나두공

# 06장 상소 및 비상구제절차

## 01절　상소

## 1. 상소총론

### (1) 상소의 의의와 종류

**상소**
상소에는 항소, 상고, 항고가 있음

① 상소의 의의

ⓐ 상소는 법원의 미확정재판에 대하여 상급법원에 불복구제를 신청하는 제도

ⓑ 판결고는 재판장, 수명법원의 명령 또는 수사기관의 처분에 관한 불복으로 상소가 아님

ⓒ 재심, 비상상고, 상소회복청구, 이의신청, 정식재판청구 등은 상소가 아님

ⓓ **상소제도의 의의** : 원판결에 사실오인이 있는 경우 이를 시정하는 기능과 대법원을 정점으로 하는 법원조직을 통하여 법령의 해석과 작용을 통일하는 기능 수행

② 상소의 종류

ⓐ 판결에 대한 상소

- 항소 : 제1심판결에 대한 불복
- 상고 : 제2심판결에 대한 불복
- 비약적 상고 : 제1심판결에 대하여 제2심을 생략하고 제3심에 불복

ⓑ 결정에 대한 상소 : 일반항고와 재항고

- 일반항고 : 제1심결정에 대한 제2심에 불복하는 상소
- 재항고(특별항고) : 제2심결정에 대한 제3심에 불복하는 상소

### (2) 상소권

① 상소권자

ⓐ 검사 또는 피고인은 상소를 할 수 있다(법 제338조 제1항).

ⓑ 검사 또는 피고인 아닌 자가 결정을 받은 때에는 항고할 수 있다(법 제339조).

② 상소대리권자

ⓐ 피고인의 법정대리인은 피고인을 위하여 상소할 수 있다(법 제340조).

ⓑ 피고인의 배우자, 직계친족, 형제자매 또는 원심의 대리인이나 변호인은 피고인을 위하여 상소할 수 있다. 상소는 피고인의 명시한 의사에 반하여 하지 못한다(법 제341조).

③ **상소권의 발생, 소멸, 회복** ★빈출개념

ⓐ **상소권의 발생** : 재판의 선고 또는 고지로 발생

ⓑ **상소권의 소멸** : 상소의 제기기간은 재판을 선고 또는 고지한 날로부터 진행된다(법 제343조 제2항). 상소기간이 경과하면 상소권은 소멸하므로 제기기간 7일이 경과하면 소멸

ⓒ 상소권의 회복
- 상소할 수 있는 자는 자기 또는 대리인이 책임질 수 없는 사유로 상소 제기 기간 내에 상소를 하지 못한 경우에는 상소권회복의 청구를 할 수 있다(법 제345조).

**상소권 미발생인 재판**
상소가 발생하지 않는 재판은 선고 또는 고지가 있더라도 상소권 미발생

**보통항고**
보통항고는 기간의 제한이 없으므로 그 결정을 취소할 실익이 있으면 언제든지 제기할 수 있음

---

| 관련 판례 | 상소권회복 사유 |

형사소송법 제345조에 의한 상소권회복은 피고인 등이 책임질 수 없는 사유로 상소제기기간을 준수하지 못하여 소멸한 상소권을 회복하기 위한 것일 뿐, 상소의 포기로 인하여 소멸한 상소권까지 회복하는 것이라고 볼 수는 없다(대결 2002모180).

---

| 관련 판례 | 상소권회복 사유가 될 수 없는 경우 |

징역형의 실형이 선고되었으나 피고인이 형의 집행유예를 선고받은 것으로 잘못 전해 듣고 또한 판결주문을 제대로 알아들을 수가 없어서 항소제기기간 내에 항소하지 못한 것이라면 그 사유만으로는 형사소송법 제345조가 규정한 '자기 또는 대리인이 책임질 수 없는 사유로 상소제기기간 내에 상소하지 못한 경우'에 해당된다고 볼 수 없다(대결 2000모85).

---

- 상소권회복 청구의 방식 : 상소권회복을 청구할 때에는 그 사유가 해소된 날부터 상소 제기기간에 해당하는 기간 내에 서면으로 원심법원에 제출하여야 한다(법 제346조 제1항).
- 상소권회복에 대한 결정과 즉시항고 : 상소권회복의 청구를 받은 법원은 청구의 허부에 관한 결정을 하여야 한다. 결정에 대하여는 즉시항고를 할 수 있다(법 제347조).
- 상소권회복청구와 집행정지 : 상소권회복의 청구가 있는 때에는 법원은 결정을 할 때까지 재판의 집행을 정지하는 결정을 할 수 있다. 집행정지의 결정을 한 경우에 피고인의 구금을 요하는 때에는 구속영장을 발부하여야 한다(법 제348조).

## (3) 상소의 이익

① **상소이익의 의의** : 원심재판이 당사자의 법적 이익을 침해하고 있어 이를 시정할 필요가 있는 경우 상소가 허용되는데 이를 상소의 이익이라 함
② **상소이익의 판단**
ⓐ 검사의 상소이익
- 의의 : 검사는 상소권자이므로 당연히 상소의 이익이 있음
- 피고인에게 불이익한 상소 : 검사는 피고인의 반대 당사자이므로 당연히 피고인에게 불이익 상소를 제기할 수 있음
- 피고인의 이익을 위한 상소 : 검사는 공익을 위한 대표자이므로 피고인을 위한 상소를 제기할 수 있다는 것이 판례의 입장

06장
상소 및 비상구제절차

SEMI-NOTE

**관련 판례** 피고인을 위한 상소

검사는 피고인에게 불이익한 상소만이 아니라 피고인의 이익을 위한 상소도 가능하다(대판 2011도6705).

   ⓛ 피고인의 상소이익
    • 의의 : 피고인이 원심재판이 불리할 경우 이를 유리하게 변경하기 위하여 상소할 수 있음
    • 피고인이 무죄를 주장하거나 경한 형의 선고를 구하는 상소는 허용하고 무죄를 유죄로 구하거나 형이 중한 것으로 변경을 구한 상소는 허용되지 않음, 무죄판결에 대한 상소는 허용하지 않음

**관련 판례**

피고인의 상소는 불이익한 원재판을 시정하여 이익된 재판을 청구함을 그 본질로 하는 것이니 재판이 자기에게 불이익하지 아니하면 이에 대한 상소권을 가질 수 없으므로 피고인에게 가장 유리한 판결인 무죄판결에 대한 피고인의 상고는 부적법하다(대판 2012도11200).

**관련 판례** 피고인에게 불이익 상고이유

피고인에게 불이익한 결과를 초래하는 주장은 피고인측에서 상고이유로 삼을 수 없다고 할 것이다(대판 2006도1718).

    • 피고인에게는 실체 판결청구권이 없는 것이므로 면소판결에 대하여 무죄의 실체판결을 구하여 상소를 할 수는 없는 것이다(대판 84도2106).
    • 피고인을 위한 상소는 피고인에게 불이익한 재판을 시정하여 이익된 재판을 청구함을 그 본질로 하는 것이므로 피고인은 재판이 자기에게 불이익하지 아니하면 이에 대한 상소권이 없다. 공소기각의 재판이 있으면 피고인은 유죄판결의 위험으로부터 벗어나는 것이므로 그 재판은 피고인에게 불이익한 재판이라고 할 수 없어서 이에 대하여 피고인은 상소권이 없다(대판 2007도6793).
   ⓒ 상소의 이익이 없는 경우의 재판 : 항소이유 없다고 인정한 때에는 판결로써 항소를 기각하여야 한다(법 제364조 제4항).

### (4) 상소의 제기, 포기, 취하

 ① 상소제기
  ㉠ 상소제기의 방식 : 상소는 상소제기기간 내에 상소장을 서면으로 원심법원에 제출
  ⓛ 상소제기기간 : 항소, 상고, 즉시항고의 제기기간은 7일로 한다(법 제358조).
  ⓒ 상소의 제기기간은 재판을 선고 또는 고지한 날로부터 진행된다(법 제343조 제2항).

**관련 판례** 상소의 제기기간 기산일

형사소송법 제343조 제2항에서는, "상소의 제기기간은 재판을 선고 또는 고지한 날로부터 진행한다."고 규정하고 있으므로, 형사소송에 있어서는 판결등본이 당사자에게 송달되는 여부에 관계없이 공판정에서 판결이 선고된 날로부터 상소기간이 기산되며, 이는 피고인이 불출석한 상태에서 재판을 하는 경우에도 마찬가지이다(대결 2002모6).

ⓔ 재소자에 대한 특칙 : 교도소 또는 구치소에 있는 피고인이 상소의 제기기간 내에 상소장을 교도소장 또는 구치소장 또는 그 직무를 대리하는 자에게 제출한 때에는 상소의 제기기간 내에 상소한 것으로 간주한다(법 제344조 제1항).

ⓜ 상소제기의 효과 : 재판의 확정과 그 집행이 정지

② 상소의 포기와 취하

㉠ 상소의 포기는 상소권자가 상소제기기간 내에 법원에 대하여 상소권 행사를 포기하는 의사표시이고, 상소의 취하는 일단 제기한 상소를 철회하는 것

㉡ 상소의 포기·취하권자 : 검사나 피고인 또는 항고권자는 상소의 포기 또는 취하를 할 수 있다(법 제349조).

㉢ 상소포기의 제한 : 피고인 또는 피고인의 배우자, 직계친족, 형제자매 또는 원심의 대리인이나 변호인은 사형 또는 무기징역이나 무기금고가 선고된 판결에 대하여는 상소의 포기를 할 수 없다(법 제349조 단서).

ⓔ 상소의 포기·취하 절차

• 상소의 포기등과 법정대리인의 동의 : 법정대리인이 있는 피고인이 상소의 포기 또는 취하를 함에는 법정대리인의 동의를 얻어야 한다. 단, 법정대리인의 사망 기타 사유로 인하여 그 동의를 얻을 수 없는 때에는 예외로 한다(법 제350조).

• 상소의 취하와 피고인의 동의 : 피고인의 법정대리인 또는 피고인의 배우자, 직계친족, 형제자매 또는 원심의 대리인이나 변호인은 피고인의 동의를 얻어 상소를 취하할 수 있다(법 제351조).

ⓜ 상소포기 등의 방식(법 제352조)

• 상소의 포기 또는 취하는 서면으로 하여야 한다. 단, 공판정에서는 구술로써 할 수 있다.

• 구술로써 상소의 포기 또는 취하를 한 경우에는 그 사유를 조서에 기재하여야 한다.

ⓗ 상소포기 후의 재상소의 금지 : 상소를 취하한 자 또는 상소의 포기나 취하에 동의한 자는 그 사건에 대하여 다시 상소를 하지 못한다(법 제354조).

ⓢ 상소포기등과 상대방의 통지 : 상소, 상소의 포기나 취하 또는 상소권회복의 청구가 있는 때에는 법원은 지체없이 상대방에게 그 사유를 통지하여야 한다(법 제356조).

## (5) 일부상소

① 일부상소의 의의 : 재판의 일부에 대한 상소로 상소는 재판의 일부에 대하여 할 수 있다(법 제342조 제1항).

② 일부상소의 범위

㉠ 요건 : 일부상소를 하기 위해서는 실체적 경합관계의 존재와 판결주문의 분리가능성이 있어야 한다.

㉡ 상소불가분의 원칙 : 일부에 대한 상소는 그 일부와 불가분의 관계에 있는 부분에 대하여도 효력이 미친다(법 제342조 제2항).

㉢ 일부상소의 허용범위

- 경합범의 일부는 무죄, 일부는 유죄
- 경합범의 일부는 형식재판, 일부는 실체재판
- 경합범의 전부가 무죄인 경우
- 경합범에 이종(異種)의 형이 병과된 경우
- 유죄판결에 배상명령이 부가된 경우에 있어 배상명령에 대한 일부상소

ⓔ **일부상소가 허용되지 않는 경우** : 일죄의 일부, 한 개의 형이 선고된 경합범, 주형과 일체가 된 부가형

**관련 판례** 일부상소의 효력범위

경합범관계에 있는 수죄 중 일부 무죄의 선고가 있는 경우에 피고인만이 항소할 때에는 항소 안은 검사의 항소없는 위 무죄부분에 대하여 심판할 수 없으나, 일죄의 일부에 대하여서만 유죄로 인정된 경우에는 피고인만이 항소하였다 하여도 그 항소는 그 일죄의 전부에 미친다(대판 80도2847).

③ **일부상소의 방식** : 일부상소는 일부상소를 한다는 취지를 상소장에 명시하여야 하고 불복부분을 특정하지 아니하는 경우 전부상소로 간주

④ **상소심의 판단범위**

ⓐ 제1심이 단순일죄의 관계에 있는 공소사실의 일부에 대하여만 유죄로 인정한 경우에 피고인만이 항소하여도 그 항소는 그 일죄의 전부에 미쳐서 항소심은 무죄부분에 대하여도 심판할 수 있다 할 것이고, 그 경우 항소심이 위 무죄부분을 유죄로 판단하였다 하여 그로써 항소심판결에 불이익변경금지원칙에 위반하거나 심판범위에 대한 법리를 오해한 위법이 있다고 할 수 없다(대판 2000도5000).

ⓑ 경합범 중 일부에 대하여 무죄, 일부에 대하여 유죄를 선고한 항소심 판결에 대하여 검사만이 무죄 부분에 대하여 상고를 한 경우 피고인과 검사가 상고하지 아니한 유죄판결 부분은 상고기간이 지남으로써 확정되어 상고심에 계속된 사건은 무죄판결 부분에 대한 공소뿐이라 할 것이므로 상고심에서 이를 파기할 때에는 무죄 부분만을 파기할 수밖에 없다(대판 91도1402).

**(6) 불이익변경금지의 원칙** ⭐ 빈출개념

① **의의** : 피고인이 항소한 사건과 피고인을 위하여 항소한 사건에 대해서는 원심판결의 형보다 무거운 형을 선고할 수 없다(법 제368조).

② **입법취지** : 피고인이 중형변경의 위험 때문에 상소제기를 단념하는 것을 방지하고 피고인의 방어권을 보장하려는 것이 판례의 입장

③ **적용범위**

ⓐ 피고인이 상소한 사건

ⓑ 피고인을 위하여 상소한 사건

**관련 판례** 불이익변경금지의 원칙이 적용되는 경우

피고인과 검사 쌍방이 항소하였으나 검사가 항소 부분에 대한 항소이유서를 제출하지 아니하

여 결정으로 항소를 기각하여야 하는 경우에는 실질적으로 피고인만이 항소한 경우와 같게 되므로 항소심은 불이익변경금지의 원칙에 따라 제1심판결의 형보다 중한 형을 선고하지 못한다(대판 98도2111).

ⓒ 항소사건과 상고사건

ⓔ 파기환송 또는 파기이송사건

ⓜ 재심청구사건

ⓗ 즉결심판에 대한 정식재판청구사건

**관련 판례 즉결심판과 불이익변경금지의 원칙**

즉결심판에 대하여 피고인만이 정식재판을 청구한 사건에 대하여도 즉결심판에관한절차법 제19조의 규정에 따라 형사소송법 제457조의2 규정을 준용하여, 즉결심판의 형보다 무거운 형을 선고하지 못한다(대판 98도2550).

**관련 판례**

피고인의 상고에 의하여 상고심에서 원심판결을 파기하고, 사건을 항소심에 환송한 경우에는 환송 전 원심판결과의 관계에서도 불이익변경금지의 원칙이 적용되어 그 파기된 항소심판결보다 중한 형을 선고할 수 없다 할 것이다(대판 2005도8607).

④ **적용되지 않는 사건**

㉠ 약식명령에 대한 정식재판청구사건

ⓛ 재판서 경정사건

ⓒ 항고사건

**관련 판례 불이익변경금지의 원칙이 적용되지 않는 사건**

판결을 선고한 법원에서 당해 판결서의 명백한 오류에 대하여 판결서의 경정을 통하여 그 오류를 시정하는 것은 피고인에게 유리 또는 불리한 결과를 발생시키거나 피고인의 상소권 행사에 영향을 미치는 것이 아니므로, 여기에 불이익변경금지원칙이 적용될 여지는 없다(대판 2007도3448).

## (7) 파기판결의 기속력

① **의의** : 상소심이 원심판결을 파기환송 또는 이송한 경우에는 상소심의 판단이 당해사건에 관하여 환송 또는 이송하는 하급심 구속

② **기속력의 취지** : 하급심은 상급심의 판단에 구속되어야 한다는 원칙으로 심급제도를 유지하기 위한 것

③ **기속력의 범위**

㉠ **기속력이 미치는 법원** : 하급법원, 파기한 상급심, 상급법원

ⓛ **기속력이 미치는 판단** : 법률판단과 사실판단, 소극적 · 부정적 판단

**관련 판례**

파기판결의 기속력은 파기의 직접 이유가 된 원심판결에 대한 소극적인 부정 판단에 한하여 생긴다(대판 2004도340).

**기속력이 배제되는 경우**
• 새로운 사실과 증거에 의하여 사실관계의 변경
• 파기판결 후 법령이나 판례의 변경

**관련 판례 파기환송 법원의 기속력**

파기환송을 받은 법원은 환송판결이 파기이유로 삼은 사실상 및 법률상의 판단에 기속되는 것이고, 그에 따라 판단한 판결에 대하여 다시 상고를 한 경우에 그 상고사건을 재판하는 상고법원도 앞서의 파기이유로 한 판단에 기속되므로 이를 변경하지 못하는 것이다(대판 2007도5987).

SEMI-NOTE

## 2. 항소

### (1) 항소의 의의

① 항소 : 제1심판결에 불복하여 제2심법원에 제기하는 상소로 제1심법원의 판결에 대하여 불복이 있으면 지방법원 단독판사가 선고한 것은 지방법원 본원합의부에 항소할 수 있으며 지방법원 합의부가 선고한 것은 고등법원에 항소할 수 있다 (법 제357조).

② 상소심 구조에 관한 입법주의

㉠ 복심 : 원심의 심리, 판결을 무효로 하고 처음부터 다시 심리하는 상소심 구조

㉡ 속심 : 원심의 심리를 전제로 원심의 소송자료를 이어받아 종결된 변론을 재개하는 것처럼 심리를 새속이어서 하는 상소심 구조

㉢ 사후심 : 원심에 나타난 자료에 따라 원심 판결시를 기준으로 하여 원판결의 당부를 사후적으로 심사하는 상소심 구조

③ 현행 상소심의 구조

㉠ 항소심의 구조 : 원칙적으로 속심

㉡ 상고심의 구조 : 원칙적으로 사후심

### (2) 항소이유

① 항소이유 : 항소권자가 적법하게 항소할 수 있는 법률상의 이유

② 항소이유의 구분

㉠ 법령 위반을 이유로 하는 항소이유

㉡ 법령 위반 이외의 항소이유

③ 항소이유(법 제361조의5)

㉠ 판결에 영향을 미친 헌법·법률·명령 또는 규칙의 위반이 있는 때

㉡ 판결 후 형의 폐지나 변경 또는 사면이 있는 때

㉢ 관할 또는 관할위반의 인정이 법률에 위반한 때

㉣ 판결법원의 구성이 법률에 위반한 때

㉤ 법률상 그 재판에 관여하지 못할 판사가 그 사건의 심판에 관여한 때

㉥ 사건의 심리에 관여하지 아니한 판사가 그 사건의 판결에 관여한 때

㉦ 공판의 공개에 관한 규정에 위반한 때

㉧ 판결에 이유를 붙이지 아니하거나 이유에 모순이 있는 때

㉨ 재심청구의 사유가 있는 때

㉩ 사실의 오인이 있어 판결에 영향을 미칠 때

㉪ 형의 양정이 부당하다고 인정할 사유가 있는 때

**관련 판례** 항소이유의 기재에 해당하는 경우

변호인이 검사의 양형부당의 항소이유에 대한 답변과 더불어 제1심판결에 대하여 사실오인 내지 채증상 잘못을 들고 무고함을 밝혀달라는 항소이유를 겸하여 주장한 답변서를 항소이유서 제출기간내에 항소법원에 제출한 경우에는 법정기간내에 항소이유를 개진한 것으로 볼 수 있다(대판 76도580).

**관련 판례**

상고심은 원칙적으로 법률심으로서 사후심인 데 반하여, 항소심은 사후심적 성격이 가미된 속심이다(대결 2002모265).

**관련 판례**

다른 구체적인 이유의 기재 없이 단순히 항소장의 '항소의 범위'란에 '양형부당'이라는 문구가 기재되어 있다고 하여 이를 적법한 항소이유의 기재라고 볼 수는 없다(대판 2007도8117).

## (3) 항소심 절차

① 항소제기

    ㉠ **항소제기의 방식** : 항소장을 7일 이내에 원심법원에 제출

    ㉡ **원심법원의 결정** : 항소의 제기가 법률상의 방식에 위반하거나 항소권소멸 후인 것이 명백한 때에는 원심법원은 결정으로 항소를 기각하여야 한다. 결정에 대하여는 즉시항고를 할 수 있다(법 제360조).

    ㉢ **소송기록접수와 통지** : 항소법원이 기록의 송부를 받은 때에는 즉시 항소인과 상대방에게 그 사유를 통지하여야 한다(법 제361조의2 제1항).

    ㉣ **항소이유서와 답변서(법 제361조의3)**

      • 항소인 또는 변호인은 전조의 통지를 받은 날로부터 20일 이내에 항소이유서를 항소법원에 제출하여야 한다. 이 경우 제344조를 준용한다.

      • 항소이유서의 제출을 받은 항소법원은 지체없이 부본 또는 등본을 상대방에게 송달하여야 한다.

      • 상대방은 전항의 송달을 받은 날로부터 10일 이내에 답변서를 항소법원에 제출하여야 한다.

      • 답변서의 제출을 받은 항소법원은 지체없이 그 부본 또는 등본을 항소인 또는 변호인에게 송달하여야 한다.

② 항소심의 심리

    ㉠ **항소법원의 심판** : 항소법원은 항소이유에 포함된 사유에 관하여 심판하여야 하고, 항소법원은 판결에 영향을 미친 사유에 관하여는 항소이유서에 포함되지 아니한 경우에도 직권으로 심판할 수 있다(법 제364조 제1항, 제2항).

    ㉡ **항소심의 심판** : 항소심의 심판은 제1심 공판절차를 준용한다(법 제370조).

    ㉢ **피고인의 출정** : 피고인이 공판기일에 출정하지 아니한 때에는 다시 기일을 정하여야 하고, 피고인이 정당한 사유없이 다시 정한 기일에 출정하지 아니한 때에는 피고인의 진술없이 판결을 할 수 있다(법 제365조).

> **관련 판례 구두변론주의**
>
> 판결은 항소심에서 항소이유가 없음이 명백하여 항소기각의 판결을 하는 때와 상고심의 판결 등 예외적으로 법률에 의하여 서면심리에 의한 판결이 가능하도록 규정되어 있는 경우를 제외하고는 구두변론을 거쳐야 함이 원칙이다(대판 94도2078).

## (4) 항소심의 심판

① **항소기각의 결정** : 원심법원이 항소기각의 결정을 하지 아니한 때에는 항소법원은 결정으로 항소를 기각하여야 한다. 결정에 대하여는 즉시항고를 할 수 있다(법 제362조). 또한 항소인이나 변호인이 기간 내에 항소이유서를 제출하지 아니한 때에는 결정으로 항소를 기각하여야 한다. 단, 직권조사사유가 있거나 항소장에 항소이유의 기재가 있는 때에는 예외로 한다. 결정에 대하여는 즉시항고를 할 수 있다(법 제361조의4).

② **공소기각의 결정** : 공소기각의 결정에 해당한 사유가 있는 때에는 항소법원은 결

SEMI-NOTE

**관련 판례**

항소이유서는 적법한 기간 내에 항소법원에 도달하면 되는 것으로, 그 도달은 항소법원의 지배권 안에 들어가 사회통념상 일반적으로 알 수 있는 상태에 있으면 되고 나아가 항소법원의 내부적인 업무처리에 따른 문서의 접수, 결재과정 등을 필요로 하는 것은 아니다(대판 96도3325).

06장

상소 및 비상구제절차

SEMI-NOTE

정으로 공소를 기각하여야 한다. 결정에 대하여는 즉시항고를 할 수 있다(법 제363조).

③ **항소기각판결** : 항소이유 없다고 인정한 때에는 판결로써 항소를 기각하여야 한다. 항소이유 없음이 명백한 때에는 항소장, 항소이유서 기타의 소송기록에 의하여 변론없이 판결로써 항소를 기각할 수 있다(법 제364조 제4항, 제5항).

④ **파기판결** : 항소이유가 있다고 인정한 때에는 원심판결을 파기하고 다시 판결을 하여야 한다(법 제364조 제6항).

⑤ **원심법원에의 환송** : 공소기각 또는 관할위반의 재판이 법률에 위반됨을 이유로 원심판결을 파기하는 때에는 판결로써 사건을 원심법원에 환송하여야 한다(법 제366조).

⑥ **관할법원에의 이송** : 관할인정이 법률에 위반됨을 이유로 원심판결을 파기하는 때에는 판결로써 사건을 관할법원에 이송하여야 한다. 단, 항소법원이 그 사건의 제1심관할권이 있는 때에는 제1심으로 심판하여야 한다(법 제367조).

> **관련 판례** 파기환송
>
> 형사소송법 제366조는 "공소기각 또는 관할위반의 재판이 법률에 위반됨을 이유로 원심판결을 파기하는 때에는 판결로써 사건을 원심법원에 환송하여야 한다."라고 규정하고 있으므로, 원심으로서는 위와 같이 제1심의 공소기각 판결이 법률에 위반된다고 판단한 이상 본안에 들어가 심리할 것이 아니라 제1심판결을 파기하고 사건을 제1심법원에 환송하여야 한다(대판 2019도15987).

## 3. 상고

### (1) 상고의 의의

① **의의** : 제2심판결에 불복하여 대법원에 제기하는 상소

② **상고심의 구조**

ㄱ **법률심** : 상고심은 원칙적으로 법률문제를 심리, 판단하는 법률심이고, 예외적으로 중대한 사실의 오인이 있어 판결에 영향을 미친 때 또는 형의 양정이 심히 부당하다고 인정할 현저한 사유가 있는 때에도 상고할 수 있으므로 사실심의 성격도 있다(법 제383조 제4호).

ㄴ **사후심** : 상고심은 원판결의 당·부당을 사후적으로 심리하는 사후심으로 변론 없이 판결할 수 있다(법 제390조 제1항).

### (2) 상고이유(법 제383조)

① 판결에 영향을 미친 헌법·법률·명령 또는 규칙의 위반이 있는 때

② 판결 후 형의 폐지나 변경 또는 사면이 있는 때

③ 재심청구의 사유가 있는 때

④ 사형, 무기 또는 10년 이상의 징역이나 금고가 선고된 사건에 있어서 중대한 사실의 오인이 있어 판결에 영향을 미친 때 또는 형의 양정이 심히 부당하다고 인

정할 현저한 사유가 있는 때

**관련 판례** 위법한 처분과 상소이유

수사기관에서의 구금의 장소, 변호인의 접견 등 구금에 관한 처분이 위법한 것이라는 사실만으로는 그와 같은 위법이 판결에 영향을 미친것이 아닌 한 독립한 상소이유가 될 수 없다(대판 90도646).

## (3) 상고심 절차

① **상고의 제기** : 상고는 7일 이내에 상고장을 원심법원에 제출하여야 한다(법 제374조, 제375조).

② **원심법원의 조치**

ㄱ) **원심법원에서의 상고기각 결정** : 상고의 제기가 법률상의 방식에 위반하거나 상고권소멸 후인 것이 명백한 때에는 원심법원은 결정으로 상고를 기각하여야 한다. 결정에 대하여는 즉시항고를 할 수 있다(법 제376조).

ㄴ) **소송기록과 증거물의 송부** : 원심법원은 상고장을 받은 날부터 14일 이내에 소송기록과 증거물을 상고법원에 송부하여야 한다(법 제377조).

③ **상고법원의 조치**

ㄱ) **소송기록접수와 통지** : 상고법원이 소송기록의 송부를 받은 때에는 즉시 상고인과 상대방에 대하여 그 사유를 통지하여야 한다. 통지 전에 변호인의 선임이 있는 때에는 변호인에 대하여도 전항의 통지를 하여야 한다(법 제378조).

ㄴ) **상고이유서와 답변서**(법 제379조)

- 상고인 또는 변호인이 통지를 받은 날로부터 20일 이내에 상고이유서를 상고법원에 제출하여야 한다.
- 상고이유서에는 소송기록과 원심법원의 증거조사에 표현된 사실을 인용하여 그 이유를 명시하여야 한다.
- 상고이유서의 제출을 받은 상고법원은 지체없이 그 부본 또는 등본을 상대방에 송달하여야 한다.
- 상대방은 전항의 송달을 받은 날로부터 10일 이내에 답변서를 상고법원에 제출할 수 있다.
- 답변서의 제출을 받은 상고법원은 지체없이 그 부본 또는 등본을 상고인 또는 변호인에게 송달하여야 한다.

④ **상고심의 심리**

ㄱ) **심판범위** : 상고법원은 상고이유서에 포함된 사유에 관하여 심판하여야 한다. 그러나 상고이유서에 포함되지 아니한 때에도 직권으로 심판할 수 있다(법 제384조).

ㄴ) 상고심에는 변호사 아닌 자를 변호인으로 선임하지 못한다(법 제386조). 상고심에는 변호인 아니면 피고인을 위하여 변론하지 못한다(법 제387조).

ㄷ) **변론방식** : 검사와 변호인은 상고이유서에 의하여 변론하여야 한다(법 제388조).

ㄹ) **변호인의 불출석 등** : 변호인의 선임이 없거나 변호인이 공판기일에 출정하지

**상고할 수 있는 판결**
제2심판결에 대하여 불복이 있으면 대법원에 상고할 수 있다(법 제371조).

**관련 판례**
상고인이 제출한 상고장 또는 상고이유서에 위와 같은 구체적이고도 명시적인 이유의 설시가 없이 상고이유로 단순히 원심판결에 사실오인 내지 법리오해의 위배가 있다고만 기재한 경우에는 어느 증거에 관한 취사조치가 채증법칙에 위반되었다는 것인지, 또 어떠한 법령적용의 잘못이 있고 어떠한 점이 부당하다는 것인지 전혀 구체적 사유를 주장하지 아니한 것이어서 적법한 상고이유가 제출된 것이라고 볼 수 없다(대판 2004도7650).

아니한 때에는 검사의 진술을 듣고 판결을 할 수 있다(법 제389조 제1항).

  ⓑ 서면심리에 의한 판결 : 상고법원은 상고장, 상고이유서 기타의 소송기록에 의하여 변론 없이 판결할 수 있다. 상고법원은 필요한 경우에는 특정한 사항에 관하여 변론을 열어 참고인의 진술을 들을 수 있다(법 제390조).

### (4) 상고심의 심판

① **공소기각의 결정** : 공소기각결정사유가 있는 때에는 상고법원은 결정으로 공소를 기각하여야 한다(법 제382조).

② **상고기각 결정**

  ㉠ 상고인이나 변호인이 기간 내에 상고이유서를 제출하지 아니한 때에는 결정으로 상고를 기각하여야 한다. 단, 상고장에 이유의 기재가 있는 때에는 예외로 한다(법 제380조 제1항).

  ㉡ 상고장 및 상고이유서에 기재된 상고이유의 주장이 상고이유의 사유에 해당하지 아니함이 명백한 때에는 결정으로 상고를 기각하여야 한다(법 제380조 제2항).

  ㉢ 원심법원이 상고기각의 결정을 하지 아니한 때에는 상고법원은 결정으로 상고를 기각하여야 한다(법 제381조).

  ㉣ 상고법원은 상고가 이유없다고 인정한 때에는 판결로서 기각하여야 한다(법 제399조, 제364조 제4항).

③ **원심판결의 파기** : 상고이유가 있는 때에는 판결로써 원심판결을 파기하여야 한다(법 제391조).

  ㉠ **공소기각과 환송의 판결** : 적법한 공소를 기각하였다는 이유로 원심판결 또는 제1심판결을 파기하는 경우에는 판결로써 사건을 원심법원 또는 제1심법원에 환송하여야 한다(법 제393조).

  ㉡ **관할인정과 이송의 판결** : 관할의 인정이 법률에 위반됨을 이유로 원심판결 또는 제1심판결을 파기하는 경우에는 판결로써 사건을 관할있는 법원에 이송하여야 한다(법 제394조).

  ㉢ **파기자판** : 상고법원은 원심판결을 파기한 경우에 그 소송기록과 원심법원과 제1심법원이 조사한 증거에 의하여 판결하기 충분하다고 인정한 때에는 피고사건에 대하여 직접판결을 할 수 있다(법 제396조 제1항).

### (5) 비약적 상고

① **의의** : 제1심판결에 대한 대법원에의 상고

② **비약적 상고이유(법 제372조)**

  ㉠ 원심판결이 인정한 사실에 대하여 법령을 적용하지 아니하였거나 법령의 적용에 착오가 있는 때

  ㉡ 원심판결이 있은 후 형의 폐지나 변경 또는 사면이 있는 때

③ **항소와 비약적 상고** : 제1심판결에 대한 상고는 그 사건에 대한 항소가 제기된 때에는 그 효력을 잃는다. 단, 항소의 취하 또는 항소기각의 결정이 있는 때에는 예외로 한다(법 제373조).

**공동피고인을 위한 파기**

피고인의 이익을 위하여 원심판결을 파기하는 경우에 파기의 이유가 상고한 공동피고인에 공통되는 때에는 그 공동피고인에 대하여도 원심판결을 파기하여야 한다(법 제392조).

**관련 판례** 비약적 상고의 효력

피고인의 항소제기가 있으면 검사의 비약적 상고는 상고로서의 효력뿐 아니라 항소로서의 효력도 유지되지 않는다(대판 71도28).

### (6) 대법원결정의 정정

① 의의 : 상고심판결에 명백한 오류가 있는 경우에 이를 바로잡는 것

② 판결정정의 신청(법 제400조)

ㄱ 상고법원은 그 판결의 내용에 오류가 있음을 발견한 때에는 직권 또는 검사, 상고인이나 변호인의 신청에 의하여 판결로써 정정할 수 있다.

ㄴ 신청은 판결의 선고가 있은 날로부터 10일 이내에 하여야 한다.

ㄷ 신청은 신청의 이유를 기재한 서면으로 하여야 한다.

③ 정정의 판결(법 제401조)

ㄱ 정정의 판결은 변론없이 할 수 있다.

ㄴ 정정할 필요가 없다고 인정한 때에는 지체없이 결정으로 신청을 기각하여야 한다.

**관련 판례**

형사소송법 제400조 제1항에서 말하는 오류라 함은 명백한 것에 한한다고 할 것이어서 채증법칙위배에 대한 판단을 잘못하였으니 무죄판결로 정정하여 달라는 사유는 이에 해당되지 아니한다(대결 87초40).

## 4. 항고

### (1) 항고의 의의

법원의 결정에 대하여 불복이 있으면 항고를 할 수 있다(법 제402조).

### (2) 종류

① 일반항고 ★ 빈출개념

ㄱ 즉시항고 : 즉시항고는 법률에 규정이 있는 경우에 허용된다. 즉시항고의 제기기간은 7일로 하고(법 제405조), 즉시항고의 제기기간 내와 그 제기가 있는 때에는 재판의 집행은 정지된다(법 제410조).

ㄴ 보통항고 : 항고는 즉시항고 외에는 언제든지 할 수 있다. 단, 원심결정을 취소하여도 실익이 없게 된 때에는 예외로 한다(법 제404조).

ㄷ 판결 전의 결정에 대한 항고 : 법원의 관할 또는 판결 전의 소송절차에 관한 결정에 대하여는 특히 즉시항고를 할 수 있는 경우 외에는 항고하지 못한다(법 제403조).

② 재항고 : 항고법원 또는 고등법원의 결정에 대하여는 재판에 영향을 미친 헌법·법률·명령 또는 규칙의 위반이 있음을 이유로 하는 때에 한하여 대법원에 즉시항고를 할 수 있다(법 415조).

*일반항고와 재항고*
*일반항고(즉시항고, 보통항고)는 제1심*
*결정에 대하여 제2심에 불복하는 상*
*소이고, 재항고는 제2심결정에 대하*
*여 제3심에 불복하는 상소*

### (3) 항고심 절차

① 항고의 절차 : 항고를 함에는 항고장을 원심법원에 제출하여야 한다(법 제406조).

② 원심법원의 조치

**관련 판례**

대법원이 한 결정에 대하여는 이유 여하를 불문하고 불복항고 할 수 없다(대결 87모4).

㉠ **원심법원의 항고기각 결정** : 항고의 제기가 법률상의 방식에 위반하거나 항고 권소멸 후인 것이 명백한 때에는 원심법원은 결정으로 항고를 기각하여야 한다. 결정에 대하여는 즉시항고를 할 수 있다(법 제407조).

㉡ **원심법원의 갱신결정** : 원심법원은 항고가 이유있다고 인정한 때에는 결정을 경정하여야 하고, 항고의 전부 또는 일부가 이유없다고 인정한 때에는 항고 장을 받은 날로부터 3일 이내에 의견서를 첨부하여 항고법원에 송부하여야 한다(법 제408조).

③ 항고제기의 효과 ⭐ 빈출개념

㉠ **보통항고와 집행정지** : 항고는 즉시항고 외에는 재판의 집행을 정지하는 효력 이 없다. 단, 원심법원 또는 항고법원은 결정으로 항고에 대한 결정이 있을 때까지 집행을 정지할 수 있다(법 제409조).

㉡ **즉시항고와 집행정지의 효력** : 즉시항고의 제기기간 내와 그 제기가 있는 때 에는 재판의 집행은 정지된다(법 제410조).

### (4) 항고심 심판

① **항고기각의 결정** : 원심법원이 항고기각의 결정을 하지 아니한 때에는 항고법원 은 결정으로 항고를 기각하여야 한다(법 제413조).

② **항고기각과 항고이유 인정**(법 제414조)

㉠ 항고를 이유없다고 인정한 때에는 결정으로 항고를 기각하여야 한다.

㉡ 항고를 이유있다고 인정한 때에는 결정으로 원심결정을 취소하고 필요한 경 우에는 항고사건에 대하여 직접 재판을 하여야 한다.

③ **재항고** : 항고법원 또는 고등법원의 결정에 대하여는 재판에 영향을 미친 헌법 · 법률 · 명령 또는 규칙의 위반이 있음을 이유로 하는 때에 한하여 대법원에 즉시 항고를 할 수 있다(법 제415조).

### (5) 준항고

① **의의** : 재판장 또는 수명법관의 재판이나 검사 또는 사법경찰관의 처분에 대하여 관할법원에 취소 또는 변경을 청구하는 불복방법

② **대상**(법 제416조 제1항)

㉠ 기피신청을 기각한 재판

㉡ 구금, 보석, 압수 또는 압수물환부에 관한 재판

㉢ 감정하기 위하여 피고인의 유치를 명한 재판

㉣ 증인, 감정인, 통역인 또는 번역인에 대하여 과태료 또는 비용의 배상을 명한 재판

③ **수사기관의 처분** : 검사 또는 사법경찰관의 구금, 압수 또는 압수물의 환부에 관 한 처분과 변호인의 참여 등에 관한 처분에 대하여 불복이 있으면 그 직무집행 지의 관할법원 또는 검사의 소속검찰청에 대응한 법원에 그 처분의 취소 또는 변경을 청구할 수 있다(법 제417조).

④ **준항고의 절차**

㉠ 지방법원이 전항의 청구를 받은 때에는 합의부에서 결정을 하여야 한다(법 제

**준항고의 방식**
청구는 서면으로 관할법원에 제출하여 야 한다(법 제418조).

416조 제2항).

ⓛ 청구는 재판의 고지있는 날로부터 7일 이내에 하여야 한다(법 제416조 제3항).

ⓒ 청구기간 내와 청구가 있는 때에는 그 재판의 집행은 정지된다(법 제416조 제4항).

## 02절 | 비상구제절차

## 1. 재심

### (1) 재심의 의의

유죄의 확정판결에 중대한 사실오인이 있는 경우 판결을 받은 자의 이익을 위하여 이를 시정하는 비상구제절차

### (2) 재심의 대상

① **유죄의 확정판결** : 재심은 유죄의 확정판결에 대하여 그 선고를 받은 자의 이익을 위하여 청구할 수 있다(법 제420조).

② **상소의 기각판결** : 항소 또는 상고의 기각판결에 대하여는 그 사유있는 경우에 한하여 그 선고를 받은 자의 이익을 위하여 재심을 청구할 수 있다(법 제421조 제1항).

### (3) 유죄의 확정판결에 대한 재심사유(법 제420조)

① 원판결의 증거가 된 서류 또는 증거물이 확정판결에 의하여 위조되거나 변조된 것임이 증명된 때

② 원판결의 증거가 된 증언, 감정, 통역 또는 번역이 확정판결에 의하여 허위임이 증명된 때

③ 무고로 인하여 유죄를 선고받은 경우에 그 무고의 죄가 확정판결에 의하여 증명된 때

④ 원판결의 증거가 된 재판이 확정재판에 의하여 변경된 때

⑤ 유죄를 선고받은 자에 대하여 무죄 또는 면소를, 형의 선고를 받은 자에 대하여 형의 면제 또는 원판결이 인정한 죄보다 가벼운 죄를 인정할 명백한 증거가 새로 발견된 때

⑥ 저작권, 특허권, 실용신안권, 디자인권 또는 상표권을 침해한 죄로 유죄의 선고를 받은 사건에 관하여 그 권리에 대한 무효의 심결 또는 무효의 판결이 확정된 때

⑦ 원판결, 전심판결 또는 그 판결의 기초가 된 조사에 관여한 법관, 공소의 제기 또는 그 공소의 기초가 된 수사에 관여한 검사나 사법경찰관이 그 직무에 관한 죄를 지은 것이 확정판결에 의하여 증명된 때. 다만, 원판결의 선고 전에 법관, 검사 또는 사법경찰관에 대하여 공소가 제기되었을 경우에는 원판결의 법원이 그 사유를 알지 못한 때로 한정한다.

**관련 판례**

형사재판에서 재심은 형사소송법 제420조, 제421조 제1항의 규정에 의하여 유죄 확정판결 및 유죄판결에 대한 항소 또는 상고를 기각한 확정판결에 대하여만 허용된다. 면소판결은 유죄 확정판결이라 할 수 없으므로 면소판결을 대상으로 한 재심청구는 부적법하다(대결 2015모3243).

06장

상소 및 비상구제절차

### (4) 상소의 기각판결에 대한 재심사유(법 제421조)

① 항소 또는 상고의 기각판결에 대하여는 그 사유있는 경우에 한하여 그 선고를 받은 자의 이익을 위하여 재심을 청구할 수 있다.

② 제1심확정판결에 대한 재심청구사건의 판결이 있은 후에는 항소기각 판결에 대하여 다시 재심을 청구하지 못한다.

③ 제1심 또는 제2심의 확정판결에 대한 재심청구사건의 판결이 있은 후에는 상고기각판결에 대하여 다시 재심을 청구하지 못한다.

### (5) 특별법상 재심사유

① 헌법재판소법 : 헌법재판소에서 위헌으로 결정된 형법 또는 법률이 조항을 소급하여 효력을 상실하므로 이 경우 위헌으로 결정된 법률 또는 법률의 조항을 근거로 유죄의 확정판결에 대하여 재심을 청구할 수 있다(헌법재판소법 제47조 제4항).

② 소송촉진 등에 관한 특례법 : 유죄판결을 받고 그 판결이 확정된 자가 책임을 질 수 없는 사유로 공판절차에 출석할 수 없었던 경우 형사소송법 제424조에 규정된 자는 그 판결이 있었던 사실을 안 날부터 14일 이내에 제1심 법원에 재심을 청구할 수 있다(소송촉진 등에 관한 특례법 제23조 제1항).

### (6) 재심개시절차

① 재심의 관할 : 재심의 청구는 원판결의 법원이 관할한다(법 제423조).

② 재심청구권자(법 제424조)
  ㉠ 검사
  ㉡ 유죄의 선고를 받은 자
  ㉢ 유죄의 선고를 받은 자의 법정대리인
  ㉣ 유죄의 선고를 받은 자가 사망하거나 심신장애가 있는 경우에는 그 배우자, 직계친족 또는 형제자매

③ 재심청구의 시기 : 재심의 청구는 형의 집행을 종료하거나 형의 집행을 받지 아니하게 된 때에도 할 수 있다(법 제427조).

④ 재심과 집행정지의 효력 : 재심의 청구는 형의 집행을 정지하는 효력이 없다. 단 관할법원에 대응한 검찰청검사는 재심청구에 대한 재판이 있을 때까지 형의 집행을 정지할 수 있다(법 제428조).

⑤ 재심청구의 취하 : 재심의 청구는 취하할 수 있다. 재심의 청구를 취하한 자는 동일한 이유로써 다시 재심을 청구하지 못한다(법 제429조).

### (7) 재심청구에 대한 재판

① 사실조사 : 재심의 청구를 받은 법원은 필요하다고 인정한 때에는 합의부원에게 재심청구의 이유에 대한 사실조사를 명하거나 다른 법원판사에게 이를 촉탁할 수 있다. 수명법관 또는 수탁판사는 법원 또는 재판장과 동일한 권한이 있다(법 제431조).

② **재심에 대한 결정과 당사자의 의견** : 재심의 청구에 대하여 결정을 함에는 청구한 자와 상대방의 의견을 들어야 한다. 단, 유죄의 선고를 받은 자의 법정대리인이 청구한 경우에는 유죄의 선고를 받은 자의 의견을 들어야 한다(법 제432조).

③ **청구기각 결정** : 재심의 청구가 법률상의 방식에 위반하거나 청구권의 소멸 후인 것이 명백한 때에는 결정으로 기각하여야 한다(법 제433조). 재심의 청구가 이유없다고 인정한 때에는 결정으로 기각하여야 하고, 결정이 있는 때에는 누구든지 동일한 이유로써 다시 재심을 청구하지 못한다(법 제434조).

### (8) 재심심판절차

① **재심의 심판(법 제438조)**
  ㉠ 재심개시의 결정이 확정한 사건에 대하여는 청구기각결정의 경우 외에는 법원은 그 심급에 따라 다시 심판을 하여야 한다.
  ㉡ 피고인이 출정하지 아니하여도 심판을 할 수 있다. 단, 변호인이 출정하지 아니하면 개정하지 못한다.
  ㉢ 재재심을 청구한 자가 변호인을 선임하지 아니한 때에는 재판장은 직권으로 변호인을 선임하여야 한다.

② **불이익변경의 금지** : 재심에는 원판결의 형보다 무거운 형을 선고할 수 없다(법 제439조).

③ **무죄판결의 공시** : 재심에서 무죄의 선고를 한 때에는 그 판결을 관보와 그 법원소재지의 신문지에 기재하여 공고하여야 한다(법 제440조).

## 2. 비상상고

### (1) 비상상고의 의의

판결이 확정한 후 그 사건의 심판이 법령에 위반한 것을 발견한 때 이를 시정하기 위한 비상구제절차

### (2) 비상상고의 대상과 이유

① **비상상고의 대상** : 확정판결, 당연무효판결
② **비상상고의 이유(법 제446조)**
  ㉠ 원판결이 법령에 위반한 때에는 그 위반된 부분을 파기하여야 한다. 단, 원판결이 피고인에게 불이익한 때에는 원판결을 파기하고 피고사건에 대하여 다시 판결을 한다.
  ㉡ 원심소송절차가 법령에 위반한 때에는 그 위반된 절차를 파기한다.

### (3) 비상상고의 절차

① **비상상고이유** : 검찰총장은 판결이 확정한 후 그 사건의 심판이 법령에 위반한 것을 발견한 때에는 대법원에 비상상고를 할 수 있다(법 제441조).
② **비상상고의 방식** : 비상상고를 함에는 그 이유를 기재한 신청서를 대법원에 제출하여야 한다(법 제442조)

SEMI-NOTE

**관련 판례**
형벌에 관한 법령이 헌법재판소의 위헌결정으로 인하여 소급하여 그 효력을 상실하였거나 법원에서 위헌·무효로 선언된 경우, 당해 법령을 적용하여 공소가 제기된 피고사건에 대하여는 형사소송법 제325조에 따라 무죄를 선고하여야 한다(대판 2011도2631).

**즉시항고**
재심청구기각결정 또는 재심개시결정에 대하여는 즉시항고를 할 수 있다(법 제437조).

**관련 판례**
유죄의 확정판결에 대하여 재심개시결정이 확정되어 법원이 그 사건에 대하여 다시 심판을 한 후 재심의 판결을 선고하고 그 재심판결이 확정된 때에는 종전의 확정판결은 당연히 효력을 상실한다(대판 2017도4019).

③ 공판기일 : 공판기일에는 검사는 신청서에 의하여 진술하여야 한다(법 제443조).

④ 조사의 범위, 사실의 조사(법 제444조)

   ㉠ 대법원은 신청서에 포함된 이유에 한하여 조사하여야 한다.

   ㉡ 법원의 관할, 공소의 수리와 소송절차에 관하여는 사실조사를 할 수 있다.

## (4) 비상상고판결

① **기각의 판결** : 비상상고가 이유 없다고 인정한 때에는 판결로써 이를 기각하여야 한다(법 제445조).

② **파기의 판결** : 비상상고가 이유 있다고 인정한 때에는 판결을 하여야 한다(법 제446조).

⑩ **판결의 효력** : 비상상고의 판결은 원판결이 피고인에게 불리하여 파기자판을 하는 경우를 제외하고는 그 효력이 피고인에게 미치지 아니한다(법 제447조).

---

### 03절    특별절차

## 1. 약식절차

### (1) 약식절차의 의의

지방법원이 그 관할에 속한 사건에 대하여 통상의 공판절차를 거치지 아니하고 약식명령이라는 재판에 의하여 벌금·과료 또는 몰수에 처할 수 있는 간이한 절차

### (2) 약식명령의 청구

① **약식명령을 할 수 있는 사건** : 지방법원은 그 관할에 속한 사건에 대하여 검사의 청구가 있는 때에는 공판절차없이 약식명령으로 피고인을 벌금, 과료 또는 몰수에 처할 수 있다. 추징 기타 부수의 처분을 할 수 있다(법 제448조).

② **약식명령의 청구** : 약식명령의 청구는 공소의 제기와 동시에 서면으로 하여야 한다(법 제449조).

### (3) 약식명령의 심판

① **보통의 심판** : 약식명령의 청구가 있는 경우에 그 사건이 약식명령으로 할 수 없거나 약식명령으로 하는 것이 적당하지 아니하다고 인정한 때에는 공판절차에 의하여 심판하여야 한다(법 제450조).

② **법원의 사건심사**

   ㉠ 제기와 동시에 서면으로 하여야 한다(법 제449조).

   ㉡ 약식절차에서는 공판절차를 전제로 하는 공소장변경은 허용되지 않음

   ㉢ 법원사무관등은 약식명령의 청구가 있는 사건을 공판절차에 의하여 심판하기로 한 때에는 즉시 그 취지를 검사에게 통지하여야 한다(규칙 제172조 제1항).

- **약식명령의 시기** : 약식명령은 그 청구가 있은 날로부터 14일내에 이를 하여야 한다(규칙 171조).
- **약식명령의 방식** : 약식명령에는 범죄사실, 적용법령, 주형, 부수처분과 약식명령의 고지를 받은 날로부터 7일 이내에 정식재판의 청구를 할 수 있음을 명시하여야 한다(법 제451조).
- **약식명령의 효력** : 약식명령은 정식재판의 청구기간이 경과하거나 그 청구의 취하 또는 청구기각의 결정이 확정한 때에는 확정판결과 동일한 효력이 있다(법 제457조).

**서류 등의 제출**

검사는 약식명령의 청구와 동시에 약식명령을 하는데 필요한 증거서류 및 증거물을 법원에 제출하여야 한다(규칙 제170조).

## (4) 정식재판의 청구

① 의의 : 약식명령에 불복하여 정식의 공판절차에 의한 심판을 구하는 불복절차

② 정식재판의 청구(법 제453조)

    ㉠ 검사 또는 피고인은 약식명령의 고지를 받은 날로부터 7일 이내에 정식재판의 청구를 할 수 있다. 단, 피고인은 정식재판의 청구를 포기할 수 없다.

    ㉡ 정식재판의 청구는 약식명령을 한 법원에 서면으로 제출하여야 한다.

    ㉢ 정식재판의 청구가 있는 때에는 법원은 지체없이 검사 또는 피고인에게 그 사유를 통지하여야 한다.

③ 정식재판청구에 대한 재판

    ㉠ 기각의 결정 : 정식재판의 청구가 법령상의 방식에 위반하거나 청구권의 소멸 후인 것이 명백한 때에는 결정으로 기각하여야 하고, 결정에 대하여는 즉시항고를 할 수 있다. 정식재판의 청구가 적법한 때에는 공판절차에 의하여 심판하여야 한다(법 제455조).

    ㉡ 형종 상향의 금지 등(법 제457조의2)

        • 피고인이 정식재판을 청구한 사건에 대하여는 약식명령의 형보다 중한 종류의 형을 선고하지 못한다.

        • 피고인이 정식재판을 청구한 사건에 대하여 약식명령의 형보다 중한 형을 선고하는 경우에는 판결서에 양형의 이유를 적어야 한다.

    ㉢ 약식명령의 효력 : 약식명령은 정식재판의 청구기간이 경과하거나 그 청구의 취하 또는 청구기각의 결정이 확정한 때에는 확정판결과 동일한 효력이 있다(대판 457조).

## 2. 즉결심판절차

### (1) 즉결심판절차의 의의

① 의의 : 20만원 이하의 벌금, 구류, 과료에 처한 경미한 범죄에 대하여 공판절차에 의하지 않고 즉결심판에 관한 절차법에 의해 신속하게 처리하는 심판절차

② 기능 : 경미한 범죄를 신속히 처리하여 신속한 재판 구현

### (2) 즉결심판 청구

① 즉결심판청구 : 즉결심판은 관할경찰서장 또는 관할해양경찰서장이 관할법원에 이를 청구한다(즉결심판에 관한 절차법 제3조 제1항).

② 즉결심판의 대상 : 지방법원, 지원 또는 시·군법원의 판사는 즉결심판절차에 의하여 피고인에게 20만원 이하의 벌금, 구류 또는 과료에 처할 수 있다(즉결심판에 관한 절차법 제2조).

### (3) 즉결심판절차의 심리

① 청구의 기각 등(즉결심판에 관한 절차법 제5조)

    ㉠ 판사는 사건이 즉결심판을 할 수 없거나 즉결심판절차에 의하여 심판함이 적

SEMI-NOTE

**정식재판청구의 취하**

정식재판의 청구는 제1심판결선고 전까지 취하할 수 있다(법 제454조).

**약식명령의 실효**

약식명령은 정식재판의 청구에 의한 판결이 있는 때에는 그 효력을 잃는다(법 제456조).

06장

상소 및 비상구제절차

**즉결심판 청구방식**

• 즉결심판을 청구함에는 즉결심판청구서를 제출하여야 하며, 즉결심판청구서에는 피고인의 성명 기타 피고인을 특정할 수 있는 사항, 죄명, 범죄사실과 적용법조를 기재하여야 한다(즉결심판에 관한 절차법 제3조 제2항).

• 즉결심판을 청구할 때에는 사전에 피고인에게 즉결심판의 절차를 이해하는 데 필요한 사항을 서면 또는 구두로 알려주어야 한다(즉결심판에 관한 절차법 제3조 제3항).

당하지 아니하다고 인정할 때에는 결정으로 즉결심판의 청구를 기각하여야 한다.

ⓛ 결정이 있는 때에는 경찰서장은 지체없이 사건을 관할지방검찰청 또는 지청 의 장에게 송치하여야 한다.

② **심판** : 즉결심판의 청구가 있는 때에는 판사는 기각의 경우를 제외하고 즉시 심 판을 하여야 한다(즉결심판에 관한 절차법 제6조).

③ **개정**(즉결심판에 관한 절차법 제7조)

ⓖ 즉결심판절차에 의한 심리와 재판의 선고는 공개된 법정에서 행하되, 그 법정 은 경찰관서외의 장소에 설치되어야 한다.

ⓛ 법정은 판사와 법원서기관, 법원사무관, 법원주사 또는 법원주사보가 열석하 여 개정한다.

ⓒ 판사는 상당한 이유가 있는 경우에는 개정없이 피고인의 진술서와 서류 또는 증거물에 의하여 심판할 수 있다. 다만, 구류에 처하는 경우에는 그러하지 아 니하다.

④ **피고인의 출석** : 피고인이 기일에 출석하지 아니한 때에는 이 법 또는 다른 법률 에 특별한 규정이 있는 경우를 제외하고는 개정할 수 없다(즉결심판에 관한 절 차법 제8조).

**즉결심판절차**
즉결심판절차에서는 전문법칙이 적용되 지 않음. 또한 자백의 보강법칙이 적용 되지 않으나 자백배제법칙, 위법수집증 거배제 법칙은 적용됨

### (4) 즉결심판의 선고와 효력

① **즉결심판의 선고** : 즉결심판으로 유죄를 선고할 때에는 형, 범죄사실과 적용법조 를 명시하고 피고인은 7일 이내에 정식재판을 청구할 수 있다는 것을 고지하여 야 한다(즉결심판에 관한 절차법 제11조 제1항).

② **유치명령 등** : 판사는 구류의 선고를 받은 피고인이 일정한 주소가 없거나 또는 도망할 염려가 있을 때에는 5일을 초과하지 아니하는 기간 경찰서유치장에 유치 할 것을 명령할 수 있다(즉결심판에 관한 절차법 제17조 제1항).

③ 즉결심판은 정식재판의 청구기간의 경과, 정식재판청구의 취하·포기, 정식재판 청구의 기각결정으로 확정

④ **형의 집행**(즉결심판에 관한 절차법 제18조)

**즉결심판의 실효**
즉결심판은 정식재판의 청구에 의한 판 결이 있는 때에는 그 효력을 잃는다(즉 결심판에 관한 절차법 제15조).

ⓖ 형의 집행은 경찰서장이 하고 그 집행결과를 지체없이 검사에게 보고하여야 한다.

ⓛ 구류는 경찰서유치장·구치소 또는 교도소에서 집행하며 구치소 또는 교도소 에서 집행할 때에는 검사가 이를 지휘한다.

ⓒ 벌금, 과료, 몰수는 그 집행을 종료하면 지체없이 검사에게 이를 인계하여야 한다. 다만, 즉결심판 확정후 상당기간내에 집행할 수 없을 때에는 검사에게 통지하여야 한다. 통지를 받은 검사는 집행할 수 있다.

ⓔ 형의 집행정지는 사전에 검사의 허가를 얻어야 한다.

### (5) 정식재판의 청구

① **의의** : 즉결심판에 불복하여 정식의 공판절차에 의한 심판을 구하는 소송행위

② **정식재판의 청구**(즉결심판에 관한 절차법 제14조)

ⓐ 정식재판을 청구하고자 하는 피고인은 즉결심판의 선고·고지를 받은 날부터 7일 이내에 정식재판청구서를 경찰서장에게 제출하여야 한다. 정식재판청구서를 받은 경찰서장은 지체없이 판사에게 이를 송부하여야 한다.

ⓑ 경찰서장은 즉결심판의 선고·고지를 한 날부터 7일 이내에 정식재판을 청구할 수 있다. 이 경우 경찰서장은 관할지방검찰청 또는 지청의 검사의 승인을 얻어 정식재판청구서를 판사에게 제출하여야 한다.

ⓒ 판사는 정식재판청구서를 받은 날부터 7일 이내에 경찰서장에게 정식재판청구서를 첨부한 사건기록과 증거물을 송부하고, 경찰서장은 지체없이 관할지방검찰청 또는 지청의 장에게 이를 송부하여야 하며, 그 검찰청 또는 지청의 장은 지체없이 관할법원에 이를 송부하여야 한다.

③ **즉결심판의 실효** : 즉결심판은 정식재판의 청구에 의한 판결이 있는 때에는 그 효력을 잃는다(즉결심판에 관한 절차법 제15조).

## 3. 소년보호절차와 소년형사절차

### (1) 개설

① **소년의 의의** : 소년이란 19세 미만인 자를 말한다(소년법 제2조).

② **소년의 종류**

ⓐ **범죄소년** : 죄를 범한 소년으로 14세 이상 19세 미만인 소년을 말한다(소년법 제4조 제1항 제1호).

ⓑ **촉법소년** : 형벌 법령에 저촉되는 행위를 한 10세 이상 14세 미만인 소년(소년법 제4조 제1항 제2호)

ⓒ **우범소년** : 다음에 해당하는 사유가 있고 그의 성격이나 환경에 비추어 앞으로 형벌 법령에 저촉되는 행위를 할 우려가 있는 10세 이상인 소년(소년법 제4조 제1항 제3호)

• 집단적으로 몰려다니며 주위 사람들에게 불안감을 조성하는 성벽(性癖)이 있는 것

• 정당한 이유 없이 가출하는 것

• 술을 마시고 소란을 피우거나 유해환경에 접하는 성벽이 있는 것

### (2) 소년보호사건

① **관할** : 소년 보호사건의 관할은 소년의 행위지, 거주지 또는 현재지로 한다(소년법 제3조 제1항).

② **송치** : 촉법소년, 우범소년이 있을 때에는 경찰서장은 직접 관할 소년부에 송치하여야 한다(소년법 제4조 제2항).

③ **형사처분 등을 위한 관할 검찰청으로의 송치** : 소년부는 조사 또는 심리한 결과 금고 이상의 형에 해당하는 범죄 사실이 발견된 경우 그 동기와 죄질이 형사처분을 할 필요가 있다고 인정하면 결정으로써 사건을 관할 지방법원에 대응한 검찰청 검사에게 송치하여야 한다(소년법 제7조 제1항).

④ **법원의 송치** : 법원은 소년에 대한 피고사건을 심리한 결과 보호처분에 해당할

SEMI-NOTE

소년사건의 처리
• 촉법소년과 우범소년은 소년보호사건으로 처리하여 보호처분 부과
• 범죄소년은 형사사건으로 형벌부과

06장

상소 및 비상구제절차

사유가 있다고 인정하면 결정으로써 사건을 관할 소년부에 송치하여야 한다(소년법 제50조).

⑤ **심리 불개시의 결정** : 소년부 판사는 송치서와 조사관의 조사보고에 따라 사건의 심리를 개시할 수 없거나 개시할 필요가 없다고 인정하면 심리를 개시하지 아니한다는 결정을 하여야 한다. 이 결정은 사건 본인과 보호자에게 알려야 한다(소년법 제19조 제1항).

⑥ **심리 개시의 결정** : 소년부 판사는 송치서와 조사관의 조사보고에 따라 사건을 심리할 필요가 있다고 인정하면 심리 개시 결정을 하여야 한다(소년법 제20조 제1항).

⑦ **불처분 결정** : 소년부 판사는 심리 결과 보호처분을 할 수 없거나 할 필요가 없다고 인정하면 그 취지의 결정을 하고, 이를 사건 본인과 보호자에게 알려야 한다(소년법 제29조 제1항).

⑧ **보호처분의 결정** : 소년부 판사는 심리 결과 보호처분을 할 필요가 있다고 인정하면 결정으로써 처분을 하여야 한다(소년법 제32조 제1항).

⑨ **보호처분의 취소** : 보호처분이 계속 중일 때에 사건 본인이 처분 당시 19세 이상인 것으로 밝혀진 경우에는 소년부 판사는 결정으로써 그 보호처분을 취소하고 처리하여야 한다(소년법 제38조 제1항).

⑩ **항고** : 보호처분의 결정 및 부가처분 등의 결정 또는 보호처분·부가처분 변경 결정이 항소사유에 해당하면 사건 본인·보호자·보조인 또는 그 법정대리인은 관할 가정법원 또는 지방법원 본원 합의부에 항고할 수 있다(소년법 제43조 제1항).

⑪ **공소시효의 정지** : 심리 개시 결정이 있었던 때로부터 그 사건에 대한 보호처분의 결정이 확정될 때까지 공소시효는 그 진행이 정지된다(소년법 제54조).

⑫ **보호처분의 효력** : 보호처분을 받은 소년에 대하여는 그 심리가 결정된 사건은 다시 공소를 제기하거나 소년부에 송치할 수 없다. 다만, 보호처분의 취소의 경우에는 공소를 제기할 수 있다(소년법 제53조).

### (3) 소년형사사건

① **심판**

㉠ **조사의 위촉** : 법원은 소년에 대한 형사사건에 관하여 필요한 사항을 조사하도록 조사관에게 위촉할 수 있다(소년법 제56조).

㉡ **심리의 분리** : 소년에 대한 형사사건의 심리는 다른 피의사건과 관련된 경우에도 심리에 지장이 없으면 그 절차를 분리하여야 한다(소년법 제57조).

② **재판의 특례**

㉠ **사형 및 무기형의 완화** : 죄를 범할 당시 18세 미만인 소년에 대하여 사형 또는 무기형으로 처할 경우에는 15년의 유기징역으로 한다(소년법 제59조).

㉡ **부정기형** : 소년이 법정형으로 장기 2년 이상의 유기형에 해당하는 죄를 범한 경우에는 그 형의 범위에서 장기와 단기를 정하여 선고한다. 다만, 장기는 10년, 단기는 5년을 초과하지 못한다(소년법 제60조 제1항).

㉢ **환형처분의 금지** : 18세 미만인 소년에게는 유치선고를 하지 못한다. 다만, 판결선고 전 구속되었거나 소년분류심사원에 위탁의 조치가 있었을 때에는 그

SEMI-NOTE

**소년에 대한 구속영장의 제한**

소년에 대한 구속영장은 부득이한 경우가 아니면 발부하지 못한다. 소년을 구속하는 경우에는 특별한 사정이 없으면 다른 피의자나 피고인과 분리하여 수용하여야 한다(소년법 제55조).

**관련 판례**

법정형 중에서 무기징역을 선택한 후 작량감경한 결과 유기징역을 선고하게 되었을 경우에는 피고인이 미성년자라 하더라도 부정기형을 선고할 수 없는 것이므로, 피고인에게 법정형 중 무기징역형을 선택한 후 작량감경을 하여 징역 10년의 정기형을 선고한 판결에 소년법 제59조, 제60조의 해석을 잘못한 위법이 없다(대판 91도357).

구속 또는 위탁의 기간에 해당하는 기간은 노역장에 유치된 것으로 보아 형법 제57조를 적용할 수 있다(소년법 제2조).

③ 형집행의 특례
  ㉠ **징역 · 금고의 집행** : 징역 또는 금고를 선고받은 소년에 대하여는 특별히 설치된 교도소 또는 일반 교도소 안에 특별히 분리된 장소에서 그 형을 집행한다(소년법 제63조).
  ㉡ **가석방** : 징역 또는 금고를 선고받은 소년에 대하여는 다음의 기간이 지나면 가석방을 허가할 수 있다(소년법 제65조).
    • 무기형의 경우에는 5년
    • 15년 유기형의 경우에는 3년
    • 부정기형의 경우에는 단기의 3분의 1

# 4. 배상명령과 범죄피해자구조제도

## (1) 배상명령

① **의의** : 형사사건의 피해자가 범인의 형사재판 과정에서 간편한 방법으로 민사적인 손해배상명령까지 받아 낼 수 있는 제도
② **요건**
  ㉠ **대상** : 상해죄, 중상해죄, 상해치사죄, 과실치상죄, 강간추행죄, 절도 · 강도의 죄, 사기 · 공갈의 죄, 횡령 · 배임의 죄, 손괴죄 및 성폭력처벌법과 청소년성보호법 일부 성폭력범죄에 대하여 직접적인 물적(物的) 피해, 치료비 손해 및 위자료의 배상(소송촉진 등에 관한 특례법 제25조 제1항)
  ㉡ **범위** : 법원은 대상에 규정된 죄 및 그 외의 죄에 대한 피고사건에서 피고인과 피해자 사이에 합의된 손해배상액에 관하여도 배상을 명할 수 있다(소송촉진 등에 관한 특례법 제25조 제2항).
③ **절차**
  ㉠ **배상신청** : 피해자는 제1심 또는 제2심 공판의 변론이 종결될 때까지 사건이 계속된 법원에 피해배상을 신청할 수 있다. 이 경우 신청서에 인지를 붙이지 아니한다(소송촉진 등에 관한 특례법 제26조 제1항).
  ㉡ **배상신청의 통지** : 검사는 대상이 된 죄로 공소를 제기한 경우에는 지체 없이 피해자 또는 그 법정대리인에게 배상신청을 할 수 있음을 통지하여야 한다(소송촉진 등에 관한 특례법 제25조의2).
  ㉢ **취하** : 신청인은 배상명령이 확정되기 전까지는 언제든지 배상신청을 취하할 수 있다(소송촉진 등에 관한 특례법 제26조 제6항).
  ㉣ **효력** : 배상신청은 민사소송에서의 소의 제기와 동일한 효력이 있다(소송촉진 등에 관한 특례법 제26조 제8항).
④ **재판**
  ㉠ **배상명령의 선고 등** : 배상명령은 유죄판결의 선고와 동시에 하여야 한다(소송촉진 등에 관한 특례법 제31조 제1항).

**배상명령을 하여서는 안 되는 경우**

법원은 다음의 어느 하나에 해당하는 경우에는 배상명령을 하여서는 아니 된다(소송촉진 등에 관한 특례법 제25조 제3항).
• 피해자의 성명 · 주소가 분명하지 아니한 경우
• 피해 금액이 특정되지 아니한 경우
• 피고인의 배상책임의 유무 또는 그 범위가 명백하지 아니한 경우
• 배상명령으로 인하여 공판절차가 현저히 지연될 우려가 있거나 형사소송절차에서 배상명령을 하는 것이 타당하지 아니하다고 인정되는 경우

**06장**

상소 및 비상구제절차

SEMI-NOTE

ⓛ **배상신청의 각하** : 법원은 적법하지 아니하는 등의 경우에는 결정으로 배상신청을 각하하여야 한다(소송촉진 등에 관한 특례법 제32조 제1항).

ⓒ **불복** : 유죄판결에 대한 상소가 제기된 경우에는 배상명령은 피고사건과 함께 상소심(上訴審)으로 이심된다(소송촉진 등에 관한 특례법 제33조 제1항).

ⓔ **효력** : 확정된 배상명령 또는 가집행선고가 있는 배상명령이 기재된 유죄판결서의 정본은 민사집행법에 따른 강제집행에 관하여는 집행력 있는 민사판결 정본과 동일한 효력이 있다(소송촉진 등에 관한 특례법 제34조 제1항).

### (2) 범죄피해자구조제도

① **구조의 요건**

㉠ **범죄피해자** : 타인의 범죄행위로 피해를 당한 사람과 그 배우자(사실상의 혼인관계를 포함한다), 직계친족 및 형제자매를 말한다(범죄피해자 보호법 제3조 제1항 제1호).

㉡ **구조대상 범죄피해** : 대한민국의 영역 안에서 또는 대한민국의 영역 밖에 있는 대한민국의 선박이나 항공기 안에서 행하여진 사람의 생명 또는 신체를 해치는 죄에 해당하는 행위로 인하여 사망하거나 장해 또는 중상해를 입은 것을 말한다(범죄피해자 보호법 제3조 제1항 제4호).

② **구조금의 지급요건** : 국가는 구조대상 범죄피해를 받은 사람이 다음의 어느 하나에 해당하면 구조피해자 또는 그 유족에게 범죄피해 구조금을 지급한다(범죄피해자 보호법 제15조).

㉠ 구조피해자가 피해의 전부 또는 일부를 배상받지 못하는 경우

㉡ 자기 또는 타인의 형사사건의 수사 또는 재판에서 고소·고발 등 수사단서를 제공하거나 진술, 증언 또는 자료제출을 하다가 구조피해자가 된 경우

③ **구조금의 지급절차**

㉠ **구조금의 지급신청** : 구조금을 받으려는 사람은 법무부령으로 정하는 바에 따라 그 주소지, 거주지 또는 범죄 발생지를 관할하는 지구심의회에 신청하여야 한다(범죄피해자 보호법 제25조 제1항).

㉡ **구조결정** : 지구심의회는 신청을 받으면 신속하게 구조금을 지급하거나 지급하지 아니한다는 결정을 하여야 한다(범죄피해자 보호법 제26조).

㉢ **재심신청** : 지구심의회에서 구조금 지급신청을 기각 또는 각하하면 신청인은 결정의 정본이 송달된 날부터 2주일 이내에 그 지구심의회를 거쳐 본부심의회에 재심을 신청할 수 있다(범죄피해자 보호법 제27조 제1항).

㉣ **소멸시효** : 구조금을 받을 권리는 그 구조결정이 해당 신청인에게 송달된 날부터 2년간 행사하지 아니하면 시효로 인하여 소멸된다(범죄피해자 보호법 제31조).

④ **형사조정**

㉠ **형사조정 회부** : 검사는 피의자와 범죄피해자 사이에 형사분쟁을 공정하고 원만하게 해결하여 범죄피해자가 입은 피해를 실질적으로 회복하는 데 필요하다고 인정하면 당사자의 신청 또는 직권으로 수사 중인 형사사건을 형사조정에 회부할 수 있다(범죄피해자 보호법 제41조 제1항).

**범죄피해자구조제도의 의의**
타인의 범죄행위로 인하여 생명·신체에 피해를 받은 사람을 구조해 주는 제도

**구조금 수급권의 보호**
구조금을 받을 권리는 양도하거나 담보로 제공하거나 압류할 수 없다(범죄피해자 보호법 제32조).

ⓛ 형사조정 대상 사건(범죄피해자 보호법 시행령 제46조)

- 차용금, 공사대금, 투자금 등 개인 간 금전거래로 인하여 발생한 분쟁으로
서 사기, 횡령, 배임 등으로 고소된 재산범죄 사건
- 개인 간의 명예훼손 · 모욕, 경계 침범, 지식재산권 침해, 임금체불 등 사적
분쟁에 대한 고소사건
- 형사조정에 회부하는 것이 분쟁 해결에 적합하다고 판단되는 고소사건
- 고소사건 외에 일반 형사사건 중 이에 준하는 사건

## 04절 재판의 집행과 형사보상

## 1. 재판의 집행

### (1) 재판집행의 의의 및 기본원칙

① 재판집행의 의의 : 재판의 집행은 재판의 의사표시 내용을 국가권력에 의하여 강
제적으로 실현하는 것

② 재판집행의 시기

ⓐ 원칙 : 재판은 이 법률에 특별한 규정이 없으면 확정한 후에 집행한다(법 제
459조).

ⓑ 소송비용의 집행정지 : 신청기간 내와 그 신청이 있는 때에는 소송비용부담의
재판의 집행은 그 신청에 대한 재판이 확정될 때까지 정지된다(법 제472조).

ⓒ 사형의 집행 : 사형은 법무부장관의 명령에 의하여 집행한다(법 제463조).

③ 재판집행의 지휘

ⓐ 집행지휘(법 제460조)

- 재판의 집행은 그 재판을 한 법원에 대응한 검찰청검사가 지휘한다. 단, 재
판의 성질상 법원 또는 법관이 지휘할 경우에는 예외로 한다.
- 상소의 재판 또는 상소의 취하로 인하여 하급법원의 재판을 집행할 경우에
는 상소법원에 대응한 검찰청검사가 지휘한다. 단, 소송기록이 하급법원
또는 그 법원에 대응한 검찰청에 있는 때에는 그 검찰청검사가 지휘한다.

ⓑ 집행지휘의 방식 : 재판의 집행지휘는 재판서 또는 재판을 기재한 조서의 등
본 또는 초본을 첨부한 서면으로 하여야 한다. 단, 형의 집행을 지휘하는 경
우 외에는 재판서의 원본, 등본이나 초본 또는 조서의 등본이나 초본에 인정
하는 날인으로 할 수 있다(법 제461조).

### (2) 형의 집행

① 형 집행의 순서 : 2이상의 형을 집행하는 경우에 자격상실, 자격정지, 벌금, 과료
와 몰수 외에는 무거운 형을 먼저 집행한다. 다만, 검사는 소속 장관의 허가를
얻어 무거운 형의 집행을 정지하고 다른 형의 집행을 할 수 있다(법 제462조).

② 사형의 집행

SEMI-NOTE

**사형집행의 정지**

사형선고를 받은 사람이 심신의 장애로 의사능력이 없는 상태이거나 임신 중인 여자인 때에는 법무부장관의 명령으로 집행을 정지한다(법 제469조 제1항).

⊙ **사형의 집행** : 사형은 법무부장관의 명령에 의하여 집행한다(법 제463조).

ⓛ **사형집행명령의 시기** : 사형집행의 명령은 판결이 확정된 날로부터 6월 이내에 하여야 한다(법 제465조 제1항).

ⓒ **사형집행의 기간** : 법무부장관이 사형의 집행을 명한 때에는 5일 이내에 집행하여야 한다(법 제466조).

ⓔ **사형집행의 참여** : 사형의 집행에는 검사와 검찰청서기관과 교도소장 또는 구치소장이나 그 대리자가 참여하여야 한다. 검사 또는 교도소장 또는 구치소장의 허가가 없으면 누구든지 형의 집행장소에 들어가지 못한다(법 제467조).

③ **자유형의 집행**

⊙ 자유형은 교정시설에 수용하여 집행한다(형법 제66조, 제67조)

ⓛ **판결선고전 구금일수의 통산** : 판결선고전의 구금일수는 그 전부를 유기징역, 유기금고, 벌금이나 과료에 관한 유치 또는 구류에 산입한다(형법 제57조).

ⓒ **판결확정 전 구금일수 등의 산입** : 판결선고 후 판결확정 전 구금일수(판결선고 당일의 구금일수를 포함한다)는 전부를 본형에 산입한다(법 제482조 제1항).

ⓔ **자유형집행의 정지** : 징역, 금고 또는 구류의 선고를 받은 자가 심신의 장애로 의사능력이 없는 상태에 있는 때에는 형을 선고한 법원에 대응한 검찰청검사 또는 형의 선고를 받은 자의 현재지를 관할하는 검찰청검사의 지휘에 의하여 심신장애가 회복될 때까지 형의 집행을 정지한다(법 제470조 제1항).

④ **자격형의 집행** : 자격상실 또는 자격정지의 선고를 받은 자에 대하여는 이를 수형자원부에 기재하고 지체없이 그 등본을 형의 선고를 받은 자의 등록기준지와 주거지의 시·구·읍·면장에게 송부하여야 한다(법 제476조).

⑤ **재산형의 집행**

⊙ **재산형 등의 집행** : 벌금, 과료, 몰수, 추징, 과태료, 소송비용, 비용배상 또는 가납의 재판은 검사의 명령에 의하여 집행한다(법 제477조 제1항).

ⓛ **몰수물의 처분** : 몰수물은 검사가 처분하여야 한다(법 제483조).

ⓒ **위조등의 표시** : 위조 또는 변조한 물건을 환부하는 경우에는 그 물건의 전부 또는 일부에 위조나 변조인 것을 표시하여야 한다(법 제485조 제1항).

ⓔ **환부불능과 공고** : 압수물의 환부를 받을 자의 소재가 불명하거나 기타 사유로 인하여 환부를 할 수 없는 경우에는 검사는 그 사유를 관보에 공고하여야 한다(법 제486조 제1항).

**(3) 재판집행에 대한 구제방법**

① **재판해석에 대한 이의신청** : 형의 선고를 받은 자는 집행에 관하여 재판의 해석에 대한 의의가 있는 때에는 재판을 선고한 법원에 의의신청을 할 수 있다(법 제488조).

② **재판집행에 대한 이의신청** : 재판의 집행을 받은 자 또는 그 법정대리인이나 배우자는 집행에 관한 검사의 처분이 부당함을 이유로 재판을 선고한 법원에 이의신청을 할 수 있다(법 제489조).

③ **신청의 취하** : 신청은 법원의 결정이 있을 때까지 취하할 수 있다(법 제490조 제1항).

관련 판례

확정되지 아니한 판결의 집행에 대하여는 본조에 의한 이의신청을 할 수 있으며 판결의 집행에 대하여 이의신청이 있는 때에는 그 판결의 확정여부에 대하여 심리하여야 한다(대결 64모14).

**관련 판례** 이의신청 사유

형사소송법 제488조의 규정은 판결의 취지가 명료하지 아니하여 그 해석에 대한 의의가 있는 경우에 적용되는 것이고 재판의 내용 자체를 부당하다고 주장하는 것은 이에 해당되지 아니한다(대결 86모45).

## 2. 형사보상과 명예회복

### (1) 형사보상의 개념

① 의의 : 형사피의자 또는 형사피고인으로서 구금되었던 자가 법률이 정하는 불기소처분을 받거나 무죄판결을 받은 때에는 법률이 정하는 바에 의하여 국가에 정당한 보상을 청구할 수 있다(헌법 제28조).

② 법적 성질 : 객관적으로 공무원의 고의·과실을 묻지 않고 국가가 이를 배상해 주는 공무상 무과실 손해배상

### (2) 형사보상의 요건

① 피의자보상

㉠ 피의자로서 구금되었던 자 중 검사로부터 불기소처분을 받거나 사법경찰관으로부터 불송치결정을 받은 자는 국가에 대하여 그 구금에 대한 보상을 청구할 수 있다(형사보상 및 명예회복에 관한 법률 제27조 제1항).

㉡ 피의자보상의 제한 : 다음의 어느 하나에 해당하는 경우에는 피의자보상의 전부 또는 일부를 지급하지 아니할 수 있다(형사보상 및 명예회복에 관한 법률 제27조 제2항).

• 본인이 수사 또는 재판을 그르칠 목적으로 거짓 자백을 하거나 다른 유죄의 증거를 만듦으로써 구금된 것으로 인정되는 경우

• 구금기간 중에 다른 사실에 대하여 수사가 이루어지고 그 사실에 관하여 범죄가 성립한 경우

• 보상을 하는 것이 선량한 풍속이나 그 밖에 사회질서에 위배된다고 인정할 특별한 사정이 있는 경우

② 피고인보상

㉠ 무죄판결 : 일반 절차 또는 재심이나 비상상고 절차에서 무죄재판을 받아 확정된 사건의 피고인이 미결구금을 당하였을 때에는 이 법에 따라 국가에 대하여 그 구금에 대한 보상을 청구할 수 있다(형사보상 및 명예회복에 관한 법률 제2조 제1항).

㉡ 면소 등의 경우 : 면소 또는 공소기각의 재판을 받아 확정된 피고인이 면소 또는 공소기각의 재판을 할 만한 사유가 없었더라면 무죄재판을 받을 만한 현저한 사유가 있었을 경우, 치료감호의 독립 청구를 받은 피치료감호청구인의 치료감호사건이 범죄로 되지 아니하거나 범죄사실의 증명이 없는 때에 해당되어 청구기각의 판결을 받아 확정된 경우에도 국가에 대하여 구금에 대한 보상을 청구할 수 있다(형사보상 및 명예회복에 관한 법률 제26조 제1항).

SEMI-NOTE

**형사보상과 손해배상과의 관계**

이 법은 보상을 받을 자가 다른 법률에 따라 손해배상을 청구하는 것을 금지하지 아니한다(형사보상 및 명예회복에 관한 법률 제6조 제1항).

**06장**

**상소 및 비상구제절차**

⭐ **빈출개념**

**피고인보상하지 아니할 수 있는 경우**

다음의 어느 하나에 해당하는 경우에는 법원은 재량으로 보상청구의 전부 또는 일부를 기각할 수 있다(형사보상 및 명예회복에 관한 법률 제4조).

• 형사미성년자 및 심신장애의 사유로 무죄재판을 받은 경우

• 본인이 수사 또는 심판을 그르칠 목적으로 거짓 자백을 하거나 다른 유죄의 증거를 만듦으로써 기소, 미결구금 또는 유죄재판을 받게 된 것으로 인정된 경우

• 1개의 재판으로 경합범의 일부에 대하여 무죄재판을 받고 다른 부분에 대하여 유죄재판을 받았을 경우

**형사보상의 절차 ★ 빈출개념**

- 피의자보상의 청구 등(형사보상 및 명예회복에 관한 법률 제28조)
  - 피의자보상을 청구하려는 자는 불기소처분을 한 검사가 소속된 지방검찰청 또는 불송치결정을 한 사법경찰관이 소속된 경찰관서에 대응하는 지방검찰청의 심의회에 보상을 청구하여야 한다.
  - 피의자보상을 청구하는 자는 보상청구서에 불기소처분 또는 불송치결정을 받은 사실을 증명하는 서류를 첨부하여 제출하여야 한다.
  - 피의자보상의 청구는 불기소처분 또는 불송치결정의 고지 또는 통지를 받은 날부터 3년 이내에 하여야 한다.
- 피고인보상
  - 보상청구는 무죄재판을 한 법원에 대하여 하여야 한다(형사보상 및 명예회복에 관한 법률 제7조).
  - 보상청구의 기간 : 보상청구는 무죄재판이 확정된 사실을 안 날부터 3년, 무죄재판이 확정된 때부터 5년 이내에 하여야 한다(형사보상 및 명예회복에 관한 법률 제8조).
  - 보상청구의 방식 : 보상청구를 할 때에는 보상청구서에 재판서의 등본과 그 재판의 확정증명서를 첨부하여 법원에 제출하여야 한다(형사보상 및 명예회복에 관한 법률 제9조 제1항).
  - 불복신청 : 보상결정에 대하여는 1주일 이내에 즉시항고를 할 수 있다(형사보상 및 명예회복에 관한 법률 제20조 제1항).
  - 보상금 지급청구 : 보상금 지급을 청구하려는 자는 보상을 결정한 법원에 대응하는 검찰청에 보상금 지급청구서를 제출하여야 한다(형사보상 및 명예회복에 관한 법률 제21조 제1항).
  - 보상금 지급기한 등 : 보상금 지급청구서를 제출받은 검찰청은 3개월 이내에 보상금을 지급하여야 한다(형사보상 및 명예회복에 관한 법률 제21조의2 제1항).

### (3) 형사보상의 내용

① **구금에 대한 보상** : 구금에 대한 보상을 할 때에는 그 구금일수에 따라 1일당 보상청구의 원인이 발생한 연도의 최저임금법에 따른 일급 최저임금액 이상 대통령령으로 정하는 금액 이하의 비율에 의한 보상금을 지급한다(형사보상 및 명예회복에 관한 법률 제5조 제1항).

② **사형집행에 대한 보상** : 사형 집행에 대한 보상을 할 때에는 집행 전 구금에 대한 보상금 외에 3천만원 이내에서 모든 사정을 고려하여 법원이 타당하다고 인정하는 금액을 더하여 보상한다. 이 경우 본인의 사망으로 인하여 발생한 재산상의 손실액이 증명되었을 때에는 그 손실액도 보상한다(형사보상 및 명예회복에 관한 법률 제5조 제3항).

③ **벌금 또는 과료의 집행에 대한 보상** : 벌금 또는 과료의 집행에 대한 보상을 할 때에는 이미 징수한 벌금 또는 과료의 금액에 징수일의 다음 날부터 보상 결정일까지의 일수에 대하여 민법 제379조의 법정이율을 적용하여 계산한 금액을 더한 금액을 보상한다(형사보상 및 명예회복에 관한 법률 제5조 제4항).

④ **몰수 집행에 대한 보상** : 몰수 집행에 대한 보상을 할 때에는 그 몰수물을 반환하고, 그것이 이미 처분되었을 때에는 보상결정 시의 시가를 보상한다(형사보상 및 명예회복에 관한 법률 제5조 제6항).

⑤ **추징금에 대한 보상** : 추징금에 대한 보상을 할 때에는 그 액수에 징수일의 다음 날부터 보상 결정일까지의 일수에 대하여 민법 제379조의 법정이율을 적용하여 계산한 금액을 더한 금액을 보상한다(형사보상 및 명예회복에 관한 법률 제5조 제7항).

### (4) 명예회복

① **무죄재판서 게재 청구** : 무죄재판을 받아 확정된 사건의 피고인은 무죄재판이 확정된 때부터 3년 이내에 확정된 무죄재판사건의 재판서를 법무부 인터넷 홈페이지에 게재하도록 해당 사건을 기소한 검사가 소속된 지방검찰청에 청구할 수 있다(형사보상 및 명예회복에 관한 법률 제30조).

② **청구에 대한 조치(형사보상 및 명예회복에 관한 법률 제32조)**

㉠ 청구가 있을 때에는 그 청구를 받은 날부터 1개월 이내에 무죄재판서를 법무부 인터넷 홈페이지에 게재하여야 한다.

㉡ 다음의 어느 하나에 해당할 때에는 무죄재판서의 일부를 삭제하여 게재할 수 있다.

- 청구인이 무죄재판서 중 일부 내용의 삭제를 원하는 의사를 명시적으로 밝힌 경우
- 무죄재판서의 공개로 인하여 사건 관계인의 명예나 사생활의 비밀 또는 생명·신체의 안전이나 생활의 평온을 현저히 해칠 우려가 있는 경우

㉢ 청구인의 의사를 서면으로 확인하여야 한다. 다만, 소재불명 등으로 청구인의 의사를 확인할 수 없을 때에는 가족 중 1명의 의사를 서면으로 확인하는 것으로 대신할 수 있다.

㉣ 무죄재판서의 게재기간은 1년으로 한다.